Profitez du voyage ...

au

... nos cartographes...

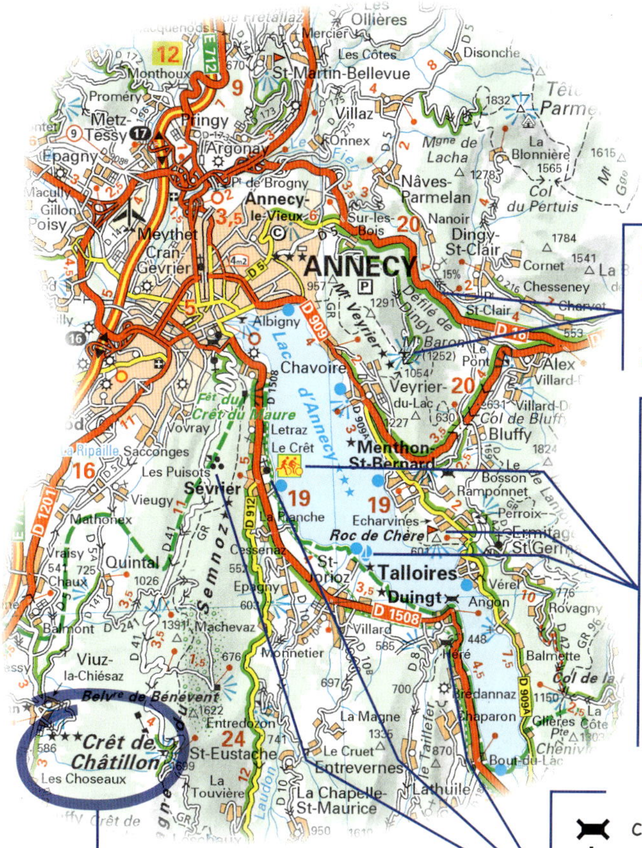

A. de Valroger / MICHELIN

Panoramas (parfois avec table d'orientation), **points de vue** et **parcours pittoresques**

Équipements de sport et de loisirs :

- piste cyclable ou voie verte
- golf
- baignade
- centres de voile
- parc aquatique
- base de loisirs
- refuge de montagne

A. de Valroger / MICHELIN

- château
- église ou abbaye
- ruines
- grotte
- petit train touristique

J.-L. Gallo / MICHELIN

Des sites touristiques cités et décrits dans la collection «Le Guide Vert».
Les étoiles indiquent leur cotation.

... et restez vigilant sur la route

Le positionnement des **radars automatiques** fixes

Les ponts à **hauteur limitée** et les **limites de charge** (d'un pont ou d'une route)

Les ponts mobiles ou les **barrière de péage**

Les **routes réglementées**

Les routes **difficiles et dangereuses**

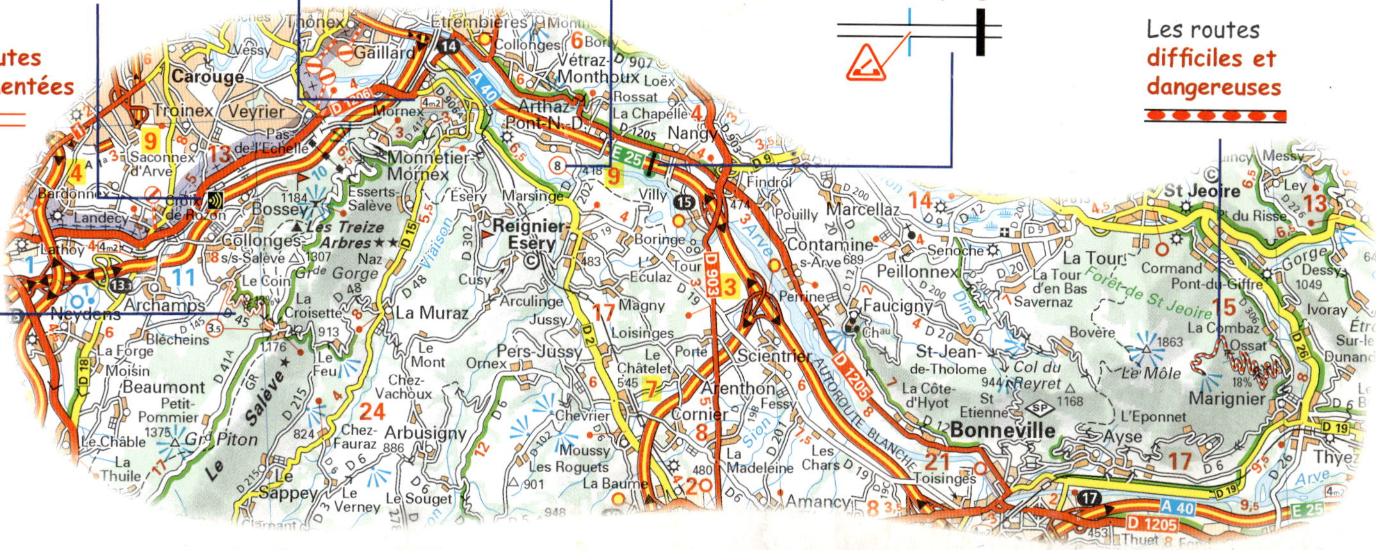

FRANCE

ATLAS ROUTIER & SERVICES UTILES

MICHELIN

Sommaire

la Garde
LES BRUYÈRES-PAISY
DARDILLY
Caluire-et-Cuire
ECULLY
Villeurb
Tassin la Demi-Lune
LYON-VAISE
TUNNEL DE FOURVIERE
LYON-Perrache
LYON
Rive gauche

Gjøvik
Flisa
Brandbu
Eidsvoll
Kongsvinger
Hønefoss
Kløfta
Magnor
OSLO
Drammen
Kongsberg
Arvika
Årjäng
Moss
Mysen
Horten
Sarpsborg
Tønsberg
Fredrikstad
Halden

Fécamp
Yport
Étretat
Valmont
Montivilliers
Ste-Adresse
LE HAVRE
Bolbec
Lillebonne
Trouville-s-M.
Honfleur
Deauville
Villers-s-M.
Houlgate
Beuzeville
Pont-Audemer
Dives
Pont-l'Évêque
Cormeilles

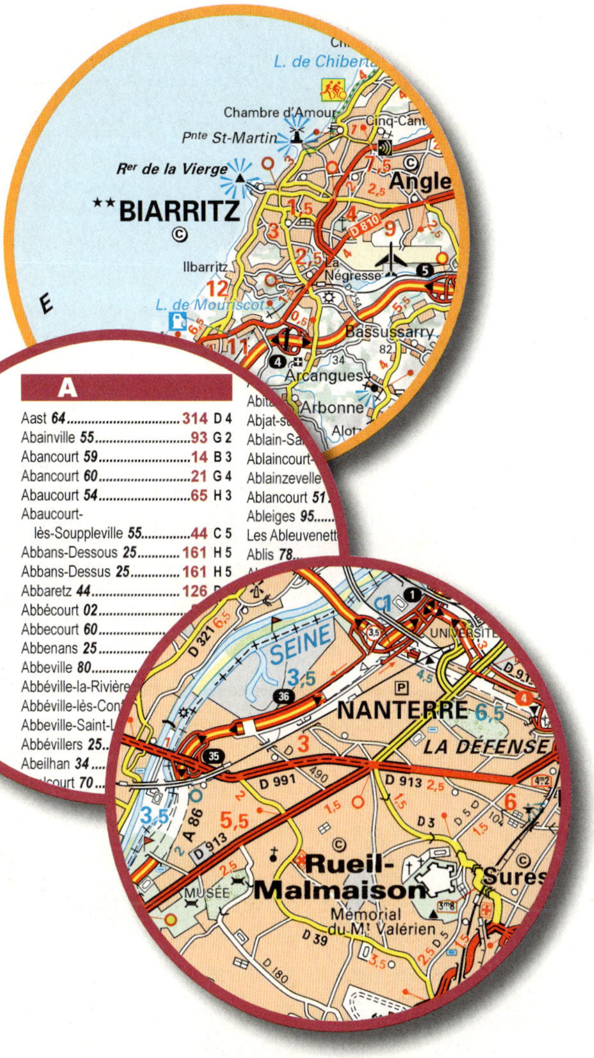

1 - 351
Légendes et FRANCE au 1/200 000

352 - 462
Index complet des communes
62 plans de ville

424 - 425
Paris

464 - 467
Environs de Paris

Plans de ville

352 Aix-en-Provence
353 Ajaccio
354 Amiens
355 Angers
355 Annecy
356 Arles
357 Avignon
359 Bastia
360 Bayonne
362 Besançon
362 Biarritz
363 Blois
365 Bordeaux
366 Bordeaux
367 Bourges
368 Caen
369 Calais
370 Cannes
371 Carcassonne
373 Châlons-en-Champagne
374 Chalon-sur-Saône
374 Chambéry
375 Chartres
376 Clermont-Ferrand
377 Clermont-Ferrand
380 Colmar
383 Dijon
384 Dijon
391 Grenoble
393 Le Havre
398 Lille
399 Lille
400 Limoges
401 Lorient
402 Environs de Lyon
404 Lyon
405 Le Mans
406 Marseille
407 Marseille
409 Metz
411 Monaco Monte-Carlo
412 Montpellier
414 Mulhouse
416 Nancy
417 Nantes
418 Nantes
419 Nice
420 Nevers
420 Nîmes
421 Orléans
422 Orléans
429 Pau
430 Perpignan
431 Poitiers
434 Reims
435 Rennes
436 La Rochelle
437 Rouen
440 Saint-Étienne
452 Strasbourg
454 Toulon
455 Toulouse
456 Tours
457 Troyes

FRANCE DÉPARTEMENTALE ET ADMINISTRATIVE

ALSACE
67 Bas-Rhin
68 Haut-Rhin

AQUITAINE
24 Dordogne
33 Gironde
40 Landes
47 Lot-et-Garonne
64 Pyrénées-Atlantiques

AUVERGNE
03 Allier
15 Cantal
43 Haute-Loire
63 Puy-de-Dôme

BOURGOGNE
21 Côte-d'Or
58 Nièvre
71 Saône-et-Loire
89 Yonne

BRETAGNE
22 Côtes-d'Armor
29 Finistère
35 Ille-et-Vilaine
56 Morbihan

CENTRE
18 Cher
28 Eure-et-Loir
36 Indre
37 Indre-et-Loire
41 Loir-et-Cher
45 Loiret

CHAMPAGNE-ARDENNE
08 Ardennes
10 Aube
51 Marne
52 Haute-Marne

CORSE
2A Corse-du-Sud
2B Haute-Corse

FRANCHE-COMTÉ
25 Doubs
39 Jura
70 Haute-Saône
90 Territoire-de-Belfort

ILE-DE-FRANCE
75 Ville de Paris
77 Seine-et-Marne
78 Yvelines
91 Essonne
92 Hauts-de-Seine
93 Seine-Saint-Denis
94 Val-de-Marne
95 Val-d'Oise

LANGUEDOC-ROUSSILLON
11 Aude
30 Gard
34 Hérault
48 Lozère
66 Pyrénées-Orientales

LIMOUSIN
19 Corrèze
23 Creuse
87 Haute-Vienne

LORRAINE
54 Meurthe-et-Moselle
55 Meuse
57 Moselle
88 Vosges

MIDI-PYRÉNÉES
09 Ariège
12 Aveyron
31 Haute-Garonne
32 Gers
46 Lot
65 Hautes-Pyrénées
81 Tarn
82 Tarn-et-Garonne

NORD-PAS-DE-CALAIS
59 Nord
62 Pas-de-Calais

BASSE-NORMANDIE
14 Calvados
50 Manche
61 Orne

HAUTE-NORMANDIE
27 Eure
76 Seine-Maritime

PAYS DE LA LOIRE
44 Loire-Atlantique
49 Maine-et-Loire
53 Mayenne
72 Sarthe
85 Vendée

PICARDIE
02 Aisne
60 Oise
80 Somme

POITOU-CHARENTES
16 Charente
17 Charente-Maritime
79 Deux-Sèvres
86 Vienne

PROVENCE-ALPES-CÔTE D'AZUR
04 Alpes-de-Haute-Provence
05 Hautes-Alpes
06 Alpes-Maritimes
13 Bouches-du-Rhône
83 Var
84 Vaucluse

RHÔNE-ALPES
01 Ain
07 Ardèche
26 Drôme
38 Isère
42 Loire
69 Rhône
73 Savoie
74 Haute-Savoie

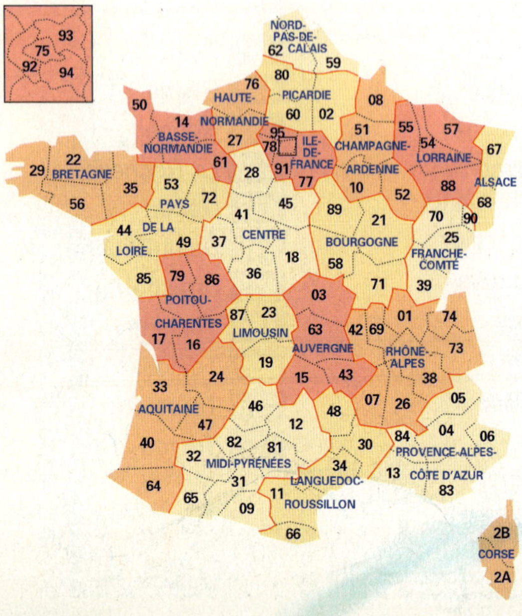

Dunkerque
Calais
Boulogne-sur-Mer
St-Omer
LILLE
BRUXELLES BRUSSEL
LIÈGE
NAMUR
Charleroi
Douai
Valenciennes
ARRAS
Abbeville
Dieppe
AMIENS
St-Quentin
CHARLEVILLE-MÉZIÈRES
Sedan
LAON
Montdidier
BEAUVAIS
Compiègne
Soissons
ROUEN
Reims
Senlis
CHÂLONS-EN-CHAMPAGNE
Verdun
METZ
LUXEMBOURG
Thionville
SAARBRÜCKEN
WIESBADEN
MAINZ
MANNHEIM
Sarreguemines
Haguenau
STRASBOURG
ÉVREUX
VERSAILLES
PARIS
ÉVRY
MELUN
Dreux
CHARTRES
BAR-LE-DUC
Vitry-le-François
St-Dizier
NANCY
Lunéville
St-Dié-des-Vosges
COLMAR
TROYES
Neufchâteau
CHAUMONT
ÉPINAL
Sens
Châteaudun
Montargis
Vendôme
ORLÉANS
AUXERRE
Langres
Mulhouse
BELFORT
BASEL
ZÜRICH
VESOUL
BLOIS
TOURS
DIJON
BESANÇON
Vierzon
BOURGES
NEVERS
Beaune
Dole
BERN
Pontarlier
Autun
Chalon-s-Saône
Châtellerault
CHÂTEAUROUX
LONS-LE-SAUNIER
LAUSANNE
POITIERS
MOULINS
Montluçon
MÂCON
BOURG-EN-BRESSE
GENÈVE
GUÉRET
Vichy
Roanne
ANNECY
LIMOGES
CLERMONT-FERRAND
Thiers
LYON
Albertville
CHAMBÉRY
Issoire
ST-ÉTIENNE
Vienne
St-Jean-de-Maurienne
PÉRIGUEUX
TULLE
Brive-la-Gaillarde
GRENOBLE
TORINO
Bergerac
AURILLAC
LE PUY-EN-VELAY
VALENCE
Briançon
PRIVAS
GAP
Villeneuve-s-Lot
CAHORS
MENDE
CUNEO
RODEZ
Millau
Alès
Carpentras
DIGNE-LES-BAINS
MONTAUBAN
ALBI
AVIGNON
NÎMES
Arles
Grasse
NICE
BASTIA
Castres
TOULOUSE
MONTPELLIER
Aix-en-Provence
Draguignan
Béziers
CARCASSONNE
MARSEILLE
TOULON
St-Gaudens
Narbonne
AJACCIO
FOIX
PERPIGNAN
ANDORRA LA VELLA
MÉDITERRANÉE

Stations-service sur autoroutes

- Échangeur complet avec numéro
- Demi-échangeur (entrée et sortie) avec numéro
- Échangeur partiel: entrée seule ou sortie seule
- Barrière de péage en pleine voie
- Police - Gendarmerie
- Station de gonflage gratuite
- NEMOURS Aire de service
- Distributeur de gaz(G.P.L.)
- Atelier d'entretien
- Hôtel
- Restaurant
- Cafétéria
- Bureau d'informations touristiques effectuant des réservations d'hôtels
- Bureau d'informations touristiques
- Billeterie automatique
- Vente de produits régionaux
- Point relax
- Jeux pour enfants
- «Village-Etape»

Les marques de pétroliers installés sur les aires de service représentées sur cette carte sont celles connues en juillet 2010.

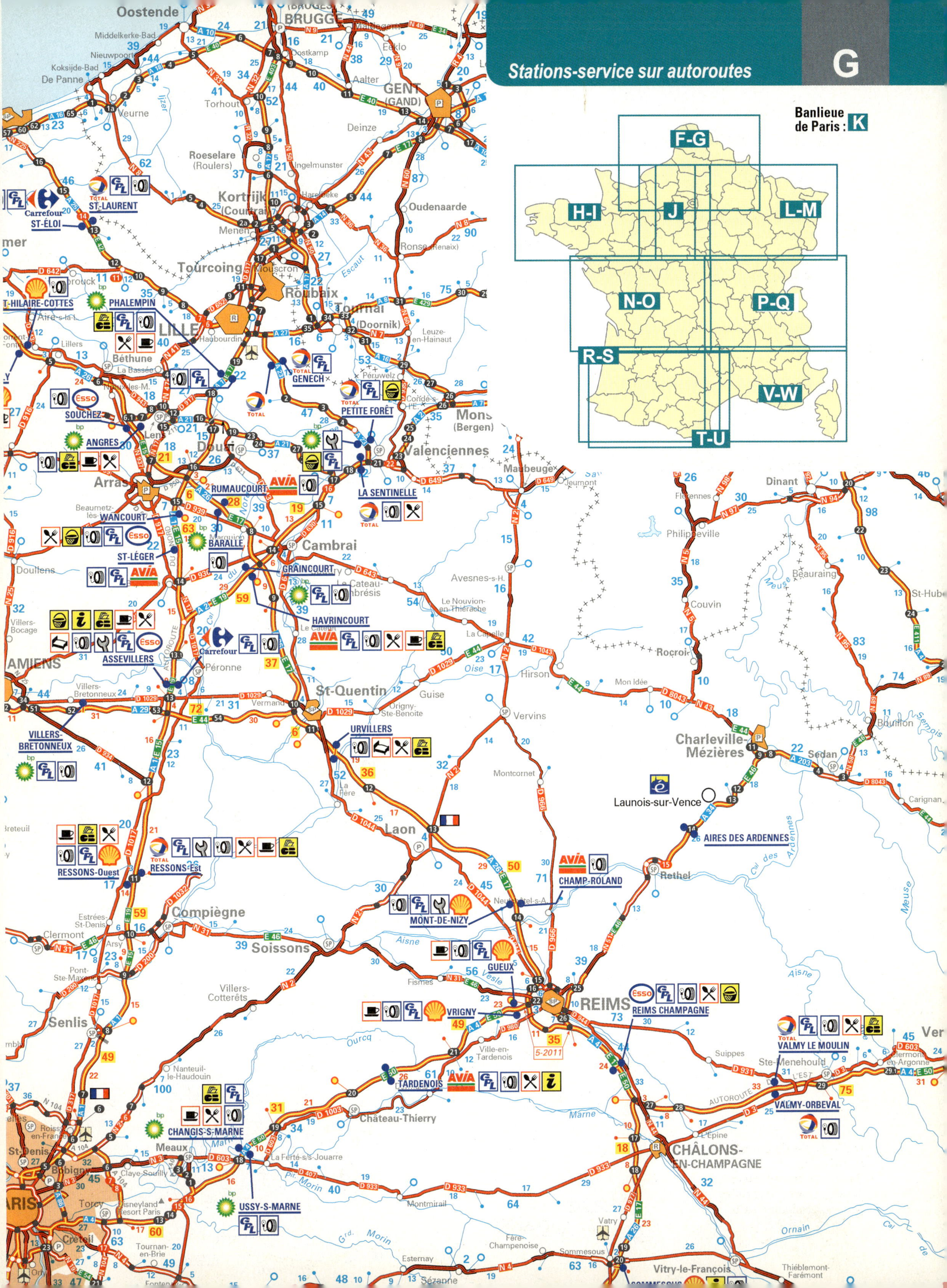
Banlieue de Paris : K
F-G
H-I
J
L-M
N-O
P-Q
R-S
V-W
T-U
Oostende
BRUGGE
GENT (GAND)
Kortrijk (Courtrai)
Tourcoing
Roubaix
LILLE
Tournai (Doornik)
Mons (Bergen)
Valenciennes
Maubeuge
Douai
Arras
Cambrai
St-Quentin
Péronne
AMIENS
Laon
Compiègne
Soissons
Senlis
Meaux
Château-Thierry
REIMS
CHÂLONS-EN-CHAMPAGNE
Charleville-Mézières
Sedan
Rethel
Launois-sur-Vence
Vitry-le-François
Dinant
Hirson
Vervins
ST-LAURENT
Carrefour ST-ÉLOI
ST-HILAIRE-COTTES
PHALEMPIN
GENECH
PETITE FORÊT
SOUCHEZ
ANGRES
RUMAUCOURT
LA SENTINELLE
WANCOURT
BARALLE
ST-LÉGER
GRAINCOURT
HAVRINCOURT
ASSEVILLERS
VILLERS-BRETONNEUX
URVILLERS
RESSONS-Ouest
RESSONS-Est
MONT-DE-NIZY
CHAMP-ROLAND
AIRES DES ARDENNES
GUEUX
VRIGNY
REIMS CHAMPAGNE
TARDENOIS
CHANGIS-S-MARNE
USSY-S-MARNE
VALMY LE MOULIN
VALMY-ORBEVAL
5-2011

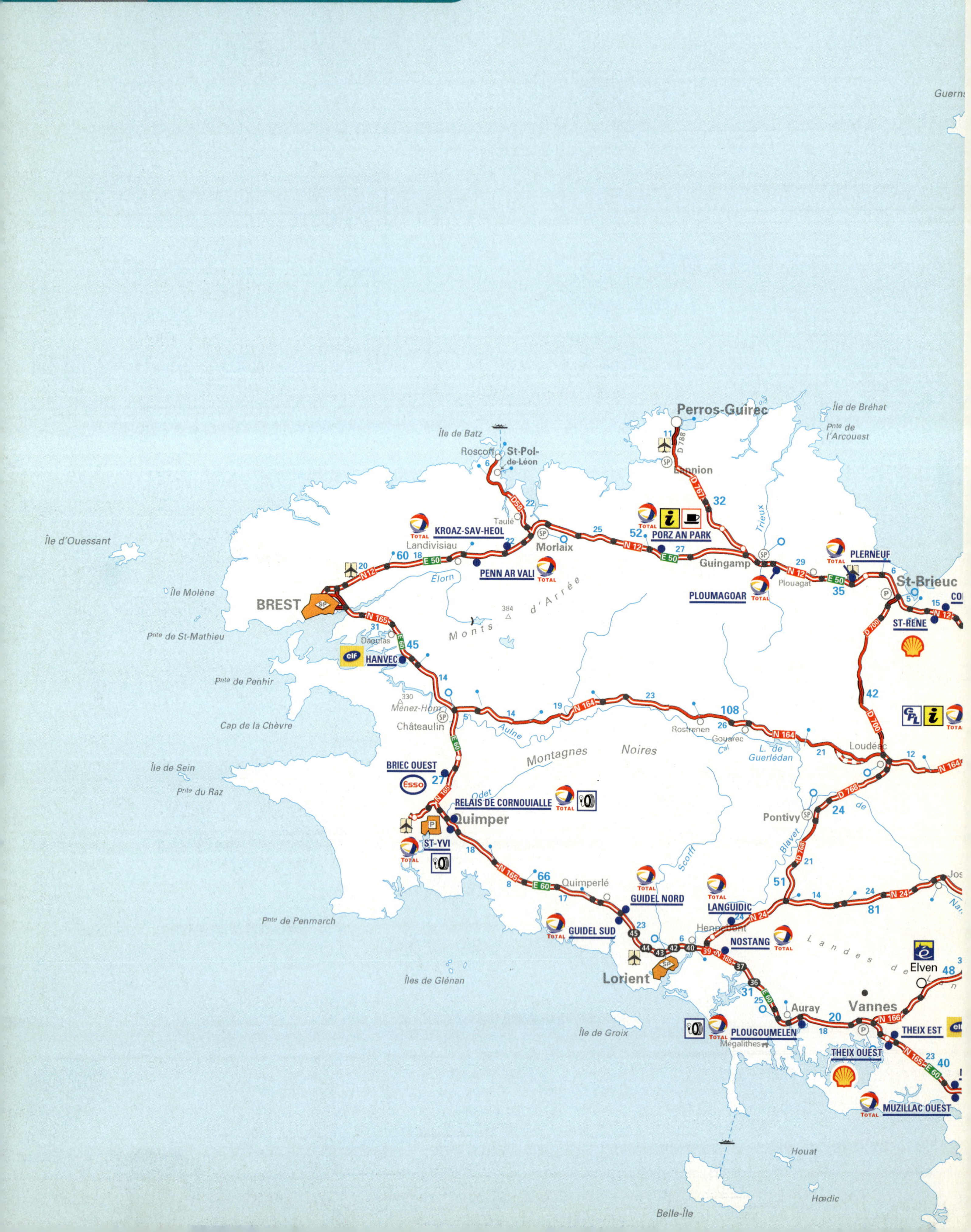
Guerns
Perros-Guirec
Île de Bréhat
Pnte de l'Arcouest
Île de Batz
Roscoff
St-Pol-de-Léon
Lannion
D 788
D 767
32
D 58
22
Taulé
Trieux
KROAZ-SAV-HEOL
Landivisiau
Morlaix
25
52
PORZ AN PARK
27
N 12
E 50
Guingamp
29
PLERNEUF
St-Brieuc
Île d'Ouessant
20
60
18
PENN AR VALI
Élorn
PLOUMAGOAR
Plouagat
35
15
ST-RENE
Île Molène
BREST
N 165
31
Daoulas
E 60
45
384
Monts d'Arrée
Pnte de St-Mathieu
HANVEC
D 700
42
Pnte de Penhir
14
330
Ménez-Hom
Châteaulin
5
19
N 164
23
108
Rostrenen
26
Gouarec
Cal
L. de Guerlédan
21
Loudéac
12
Cap de la Chèvre
Aulne
Montagnes Noires
Île de Sein
BRIEC OUEST
27
Pnte du Raz
RELAIS DE CORNOUAILLE
Odet
Quimper
D 768
24
Pontivy
ST-YVI
18
Blavet
Scorff
51
N 24
81
66
8
Quimperlé
17
GUIDEL NORD
LANGUIDIC
Hennebont
GUIDEL SUD
NOSTANG
Landes de Lanvaux
Elven
48
Pnte de Penmarch
Lorient
31
Auray
Vannes
N 166
THEIX EST
Îles de Glénan
PLOUGOUMELEN
Megalithes
THEIX OUEST
40
Île de Groix
MUZILLAC OUEST
Houat
Hœdic
Belle-Île

Cherbourg-Octeville
Cap de la Hague
Nez de Jobourg
Alderney
Cap Lévi
Pnte de Barfleur
Sark
Jersey
Îles Chausey
Cap Fréhel
Pnte du Grouin
Valognes
Ste-Mère-Église
St-Sauveur-le-Vicomte
La Haye-du-Puits
Lessay
Coutances
Granville
Avranches
Sartilly
Le Mont-St-Michel
St-Malo
Dinan
Lamballe
Dol-de-Bretagne
Pontorson
Ducey
St-Lô
St-Jean-de-Daye
Bayeux
CAEN
Villers-Bocage
Torigni-s-Vire
Villedieu-les-Poêles
Hambye
LA VALLÉE DE LA VIRE-GOUVETS
LE HAVRE
Deauville
Ouistreham
Troarn
Dozulé
GIBERVILLE
Lisieux
Pont-l'Évêque
Thury-Harcourt
Clécy
Condé-s-Noireau
Flers
Falaise
Argentan
DU PAYS D'ARGENTAN
Nonant-le-Pin
Mortrée
Sées
Gacé
LA DENTELLE D'ALENÇON
Alençon
Le Mêle-s-S.
Mt des Avaloirs
Pré-en-Pail
Couptrain
Juvigny-s/s-Andaine
Domfront
Le Teilleul
St-Hilaire-du-Harcouët
LE MONT-ST-MICHEL
St Brice-en-Coglès
Antrain
Fougères
Ernée
Mayenne
Ambrières-les-Vallées
Javron-les-Chapelles
VAL DE RANCE
ARMOR ET ARGOAT
Montauban-de-Bretagne
St-Aubin-d'Aubigné
PAYS DE RENNES
RENNES
ERBRÉE
MONDEVERT
LA GRAVELLE
Laval
LAVAL-BONCHAMP
LAVAL-LE-COUDRAY
Vaiges
ST-DENIS D'ORGUES
St-Denis-d'Orques
THORIGNÉ-EN-CHARNIE
LE MANS
Carrefour
SARTHE-SARGE-L
Beaumont-s-Sarthe
Plélan-le-Grand
Ploërmel
BROCÉLIANDE
POMMÉNIAC
Martigné-Ferchaud
Pouancé
Château-Gontier
PARCÉ-SUR-SARTHE
Ecommoy
La Flèche
Durtal
SARTHE-TOURAINE
Segré
Le Lion-d'Angers
LES PORTES D'ANGERS
Seiches-s-le-Loir
CORZÉ
Baugé
TOURS-LA-LON
LONGUÉ-LES-COSSONNIÈRES
Longué-Jumelles
LONGUÉ-LA-COUAILLE
ANGERS
Les Ponts-de-Cé
St-Georges-s-Loire
Serrant
BEAULIEU-S-LAYON
VARADES-LE GENETAIS
VARADES-LA-BÉDOIRE
Varades
Ingrandes
ANCENIS
Ancenis
LA CHAPELLE-SUR-ERDRE
TREILLÈRES
MUZILLAC EST
La Roche-Bernard
Pontchâteau
Blain
Nozay
Derval
La Baule
Vilaine
Erdre
Mayenne
Sarthe
Orne
Vire
Douve
Sélune
Sée
Couesnon
Rance
Ille
Brest
Loire

Stations-service sur autoroutes

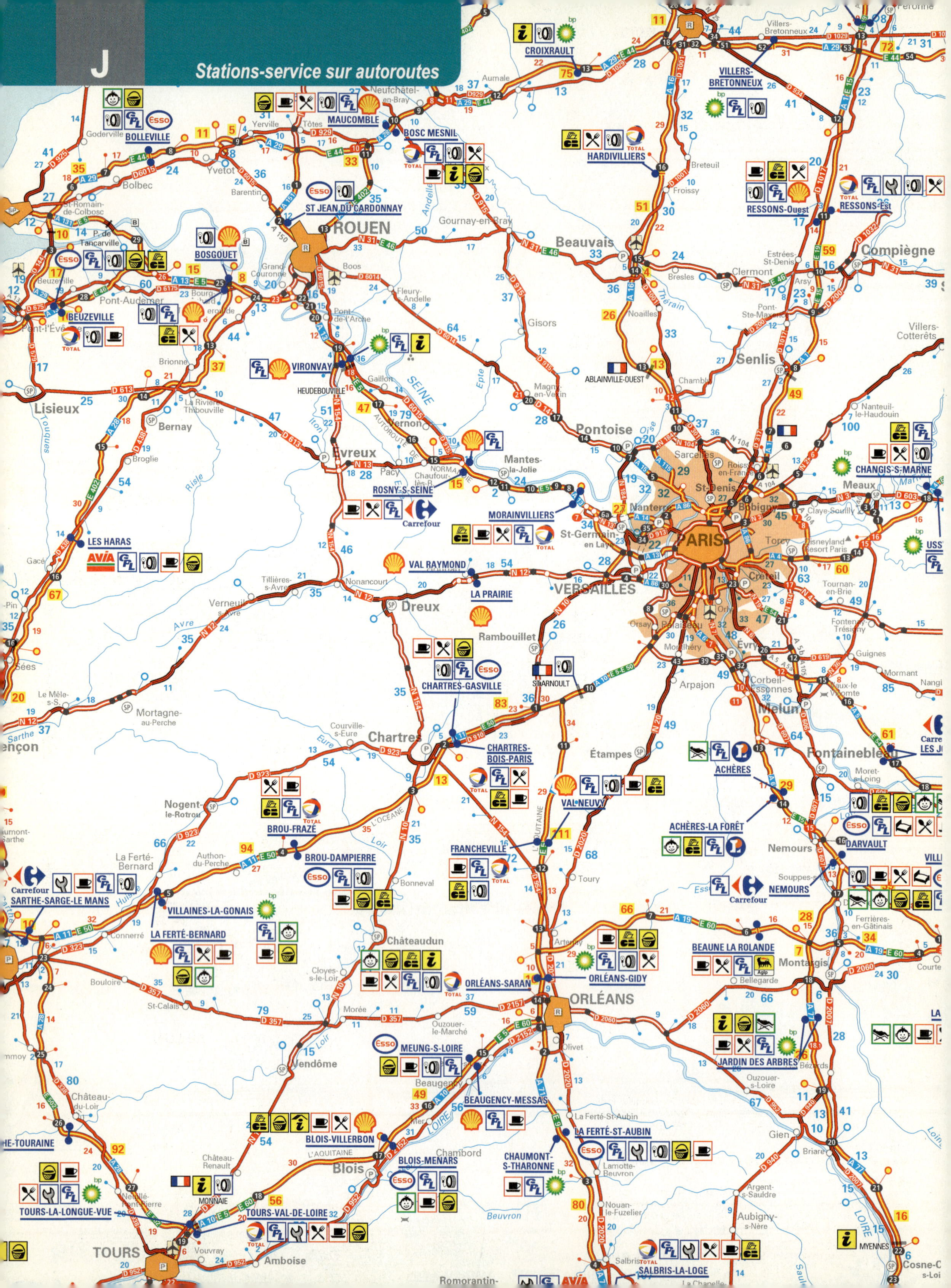

CROIXRAULT
VILLERS-BRETONNEUX
BOLLEVILLE
MAUCOMBLE
BOSC MESNIL
HARDIVILLIERS
ST JEAN DU CARDONNAY
RESSONS-Ouest
RESSONS-Est
BOSGOUET
BEUZEVILLE
VIRONVAY
HEUDEBOUVILLE
ABLAINVILLE-OUEST
ROSNY-S-SEINE
MORAINVILLIERS
CHANGIS-S-MARNE
LES HARAS
VAL RAYMOND
LA PRAIRIE
CHARTRES-GASVILLE
STARNOULT
CHARTRES-BOIS-PARIS
BROU-FRAZÉ
BROU-DAMPIERRE
VAL NEUVY
ACHÈRES
ACHÈRES-LA FORÊT
FRANCHEVILLE
DARVAULT
NEMOURS
SARTHE-SARGE-LE MANS
VILLAINES-LA-GONAIS
LA FERTÉ-BERNARD
ORLÉANS-SARAN
ORLÉANS-GIDY
BEAUNE LA ROLANDE
MEUNG-S-LOIRE
JARDIN DES ARBRES
BEAUGENCY-MESSAS
BLOIS-VILLERBON
LA FERTÉ-ST-AUBIN
CHAUMONT-S-THARONNE
BLOIS-MENARS
TOURS-LA-LONGUE-VUE
MONNAIE
TOURS-VAL-DE-LOIRE
SALBRIS-LA-LOGE
ROUEN
Beauvais
Compiègne
Lisieux
Evreux
Pontoise
PARIS
VERSAILLES
Dreux
Chartres
Melun
Fontainebleau
ORLÉANS
Blois
TOURS
Senlis
Meaux
Nemours
Montargis
Châteaudun
Vendôme
Gien
Étampes
Rambouillet
Mantes-la-Jolie
Vernon
Bernay
Gisors
Clermont
Amboise
Chambord
Nogent-le-Rotrou
La Ferté-Bernard
Mortagne-au-Perche
Sées
Carrefour
TOTAL
AVIA
Esso
bp

Environs de PARIS

Boulevard Périphérique 80 Vitesse limitée - Priorité à droite - En cas d'accident, ne jamais rester dans son véhicule.

Info-Voirie-Paris
Fermeture du boulevard périphérique & des voies sur berge : tel 01 40 28 72 72

Etat de la circulation à Paris
www.prefecture-police-paris.interieur.gouv.fr
Informations en direct : densité du trafic, travaux, fermetures, manifestations, cérémonies (informations fournies par la Direction de l'Ordre Public et de la Circulation de la Préfecture de Police de Paris)

www.infotrafic.com
Informations en direct fournies par la Direction Régionale de l'Equipement de l'Île-de-France et la ville de Paris.

L
Stations-service sur autoroutes
RESSONS-Ouest
RESSONS-Est
Compiègne
Soissons
Laon
Charleville-Mézières
Sedan
Launois-sur-Vence
AIRES DES ARDENNES
Rethel
CHAMP-ROLAND
MONT-DE-NIZY
GUEUX
VRIGNY
REIMS
REIMS CHAMPAGNE
VALMY LE MOULIN
Ste-Menehould
VALMY-ORBEVAL
CHÂLONS-EN-CHAMPAGNE
TARDENOIS
Château-Thierry
CHANGIS-S-MARNE
USSY-S-MARNE
Meaux
PARIS
Senlis
Villers-Cotterêts
Montmirail
Sézanne
Vitry-le-François
SOMMESOUS
St-Dizier
Provins
Carrefour LES JONCHETS
Sécurodrome
Nogent-s-Seine
Fontainebleau
ACHÈRES
DARVAULT
Nemours
NEMOURS
VILLEROY
Sens
VILLENEUVE-VAULUISANT
VILLENEUVE-L'ARCHEVÊQUE
TROYES
CHARMONT
TROYES-LE-PLESSIS
TROYES-FRESNOY-LE-CHÂTEAU
Bar-s-Aube
CHÂTEAUVILLAIN-ORGES
CHÂTEAUVILLAIN-VAL-MARNAY
Chaumont
BEAUNE LA ROLANDE
Montargis
LA COULINE
Joigny
LA RÉSERVE
JARDIN DES ARBRES
Auxerre
VENOY-SOLEIL LEVANT
VENOY-GROSSE PIERRE
LANGRES-PERROGNEY
MAISON-DIEU
Avallon
LA CHAPONNE
LES LOCHÈRES
DIJON-BROGNON
DIJON
Gien
Cosne-Cours-s-Loire
Clamecy

LUXEMBOURG
Trier
Arlon (Aarlen)
Longwy
Longuyon
Thionville
Merzig
Saarlouis
Neunkirchen
SAARBRÜCKEN
Forbach
Sarreguemines
Kaiserslautern
Landstuhl
Pirmasens
Neustadt an der Weinstraße
Landau in der Pfalz
Wissembourg
METZ
METZ-ST-PRIVAT
LA MAXE
ST-RÉMY
VERDUN-ST-NICOLAS
LONGEVILLE-LES-ST-AVOLD
St-Avold
KESKASTEL
Sarre-Union
SAVERNE-ECKARTSWILLER
Haguenau
BRUMATH
Carrefour
STRASBOURG
Kehl
L'OBRION
LOISY
Château-Salins
TOUL-DOMMARTIN
Toul
TOUL-CHAUDENEY
NANCY
VITRIMONT
Lunéville
Sarrebourg
Saverne
SAVERNE-MONSWILLER
Marmoutier
Molsheim
OSTWALD
Offenburg
ANTHELUPT
CANAL DE L'EST
GYE
Ligny-en-Barrois
Neufchâteau
LORRAINE-SANDAUCOURT
Vittel
Contrexéville
Épinal
St-Dié-des-Vosges
Sélestat
HAUT-KOENIGSBOURG
Ribeauvillé
Kaysersberg
COLMAR
BATTENHEIM
FREIBURG IM BREISGAU
MONTIGNY-LE-ROI
VAL DE MEUSE
Langres
LANGRES-NOIDANT
Remiremont
Luxeuil-les-Bains
Thann
FONTAINE
OTTMARSHEIM
MULHOUSE
Lure
Vesoul
Belfort
LA PORTE D'ALSACE
Montbéliard
LA COMBE RONDE
ECOT
BASEL
Lörrach
St-Louis
Porrentruy
Delémont
Liestal
BESANÇON-CHAMPOUX
DIJON-SPOY

Stations-service sur autoroutes

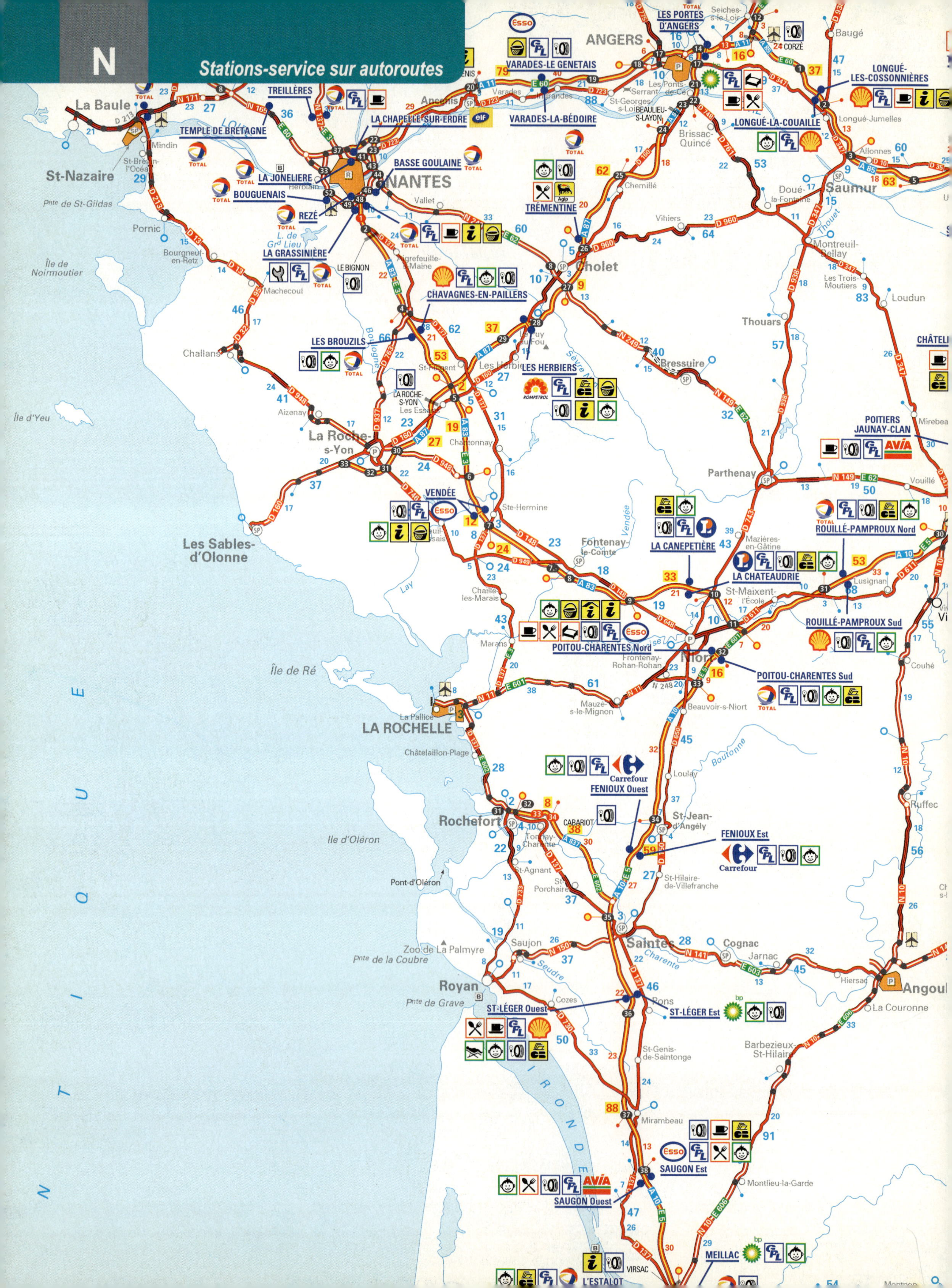

ANGERS
LES PORTES D'ANGERS
VARADES-LE GENETAIS
VARADES-LA-BÉDOIRE
TREILLÈRES
TEMPLE DE BRETAGNE
LA CHAPELLE-SUR-ERDRE
BASSE GOULAINE
LA JONELIERE
BOUGUENAIS
REZÉ
LA GRASSINIÈRE
NANTES
La Baule
St-Nazaire
Pornic
Cholet
TRÉMENTINE
CHAVAGNES-EN-PAILLERS
LES BROUZILS
LES HERBIERS
LONGUÉ-LES-COSSONNIÈRES
LONGUÉ-LA-COUAILLE
Saumur
Bressuire
Thouars
La Roche-s-Yon
VENDÉE
Les Sables-d'Olonne
Parthenay
POITIERS JAUNAY-CLAN
ROUILLÉ-PAMPROUX Nord
ROUILLÉ-PAMPROUX Sud
LA CANEPETIÈRE
LA CHATEAUDRIE
POITOU-CHARENTES Nord
POITOU-CHARENTES Sud
Niort
LA ROCHELLE
Île de Ré
Rochefort
Île d'Oléron
FENIOUX Ouest
FENIOUX Est
St-Jean-d'Angély
Saintes
Cognac
Royan
ST-LÉGER Ouest
ST-LÉGER Est
Angoulême
SAUGON Est
SAUGON Ouest
MEILLAC
L'ESTALOT
Île d'Yeu
Île de Noirmoutier
A T L A N T I Q U E

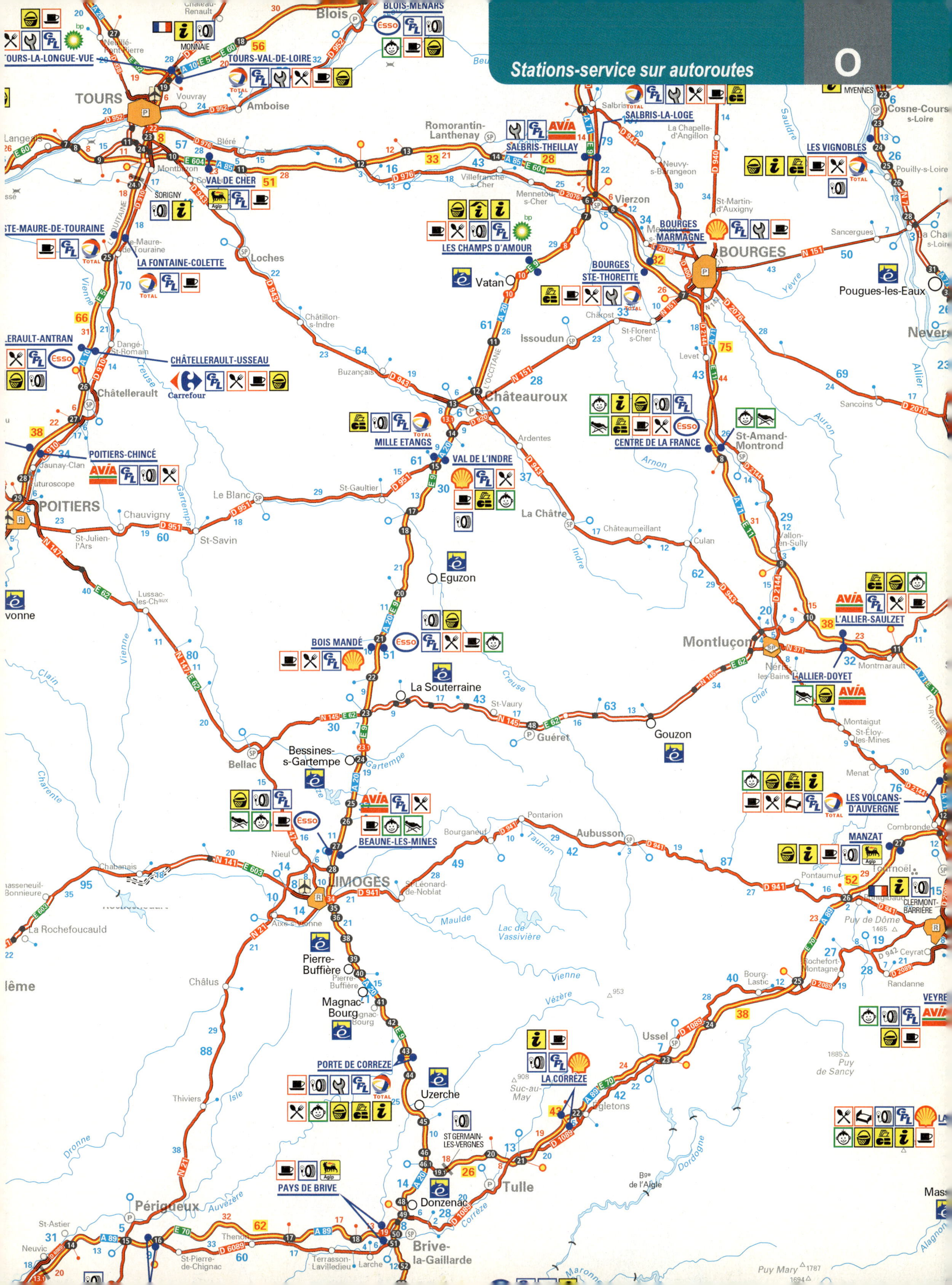
BLOIS-MÉNARS
Blois
MONNAIE
TOURS-LA-LONGUE-VUE
TOURS-VAL-DE-LOIRE
TOURS
Vouvray
Amboise
Romorantin-Lanthenay
SALBRIS-THEILLAY
Salbris
SALBRIS-LA-LOGE
MYENNES
Cosne-Cours-s-Loire
La Chapelle-d'Angillon
Neuvy-s-Barangeon
LES VIGNOBLES
Pouilly-s-Loire
Langeais
Bléré
Montbazon
VAL DE CHER
SORIGNY
Villefranche-s-Cher
Mennetou-s-Cher
Vierzon
St-Martin-d'Auxigny
STE-MAURE-DE-TOURAINE
Ste-Maure-de-Touraine
Loches
LA FONTAINE-COLETTE
LES CHAMPS D'AMOUR
BOURGES MARMAGNE
BOURGES
Sancergues
BOURGES STE-THORETTE
Vatan
Pougues-les-Eaux
Charost
Nevers
Châtillon-s-Indre
Issoudun
St-Florent-s-Cher
CHÂTELLERAULT-ANTRAN
Dangé-St-Romain
CHÂTELLERAULT-USSEAU
Carrefour
Buzançais
Levet
Châtellerault
Châteauroux
Sancoins
MILLE ETANGS
CENTRE DE LA FRANCE
St-Amand-Montrond
POITIERS-CHINCÉ
Jaunay-Clan
Futuroscope
Ardentes
VAL DE L'INDRE
POITIERS
Le Blanc
St-Gaultier
Chauvigny
La Châtre
St-Julien-l'Ars
St-Savin
Châteaumeillant
Culan
Vallon-en-Sully
Eguzon
Lussac-les-Châteaux
Civray
L'ALLIER-SAULZET
Montluçon
Montmarault
Néris-les-Bains
L'ALLIER-DOYET
BOIS MANDÉ
La Souterraine
St-Vaury
Guéret
Gouzon
Montaigut
St-Éloy-les-Mines
Bessines-s-Gartempe
Bellac
Menat
LES VOLCANS-D'AUVERGNE
BEAUNE-LES-MINES
Pontarion
Bourganeuf
Aubusson
MANZAT
Combronde
Nieul
Chabanais
LIMOGES
St-Léonard-de-Noblat
Pontaumur
Tournoël
CLERMONT-BARRIÈRE
Chasseneuil-Bonnieure
Aixe-s-Vienne
Puy de Dôme
La Rochefoucauld
Lac de Vassivière
Rochefort-Montagne
Ceyrat
Randanne
Pierre-Buffière
Châlus
Magnac-Bourg
Bourg-Lastic
VEYRE
Ussel
Puy de Sancy
PORTE DE CORRÈZE
LA CORRÈZE
Suc-au-May
Egletons
Thiviers
Uzerche
ST GERMAIN-LES-VERGNES
Tulle
Bge de l'Aigle
PAYS DE BRIVE
Donzenac
Périgueux
St-Astier
Neuvic
St-Pierre-de-Chignac
Thenon
Terrasson-Lavilledieu
Larche
Brive-la-Gaillarde
Puy Mary

P Stations-service sur autoroutes

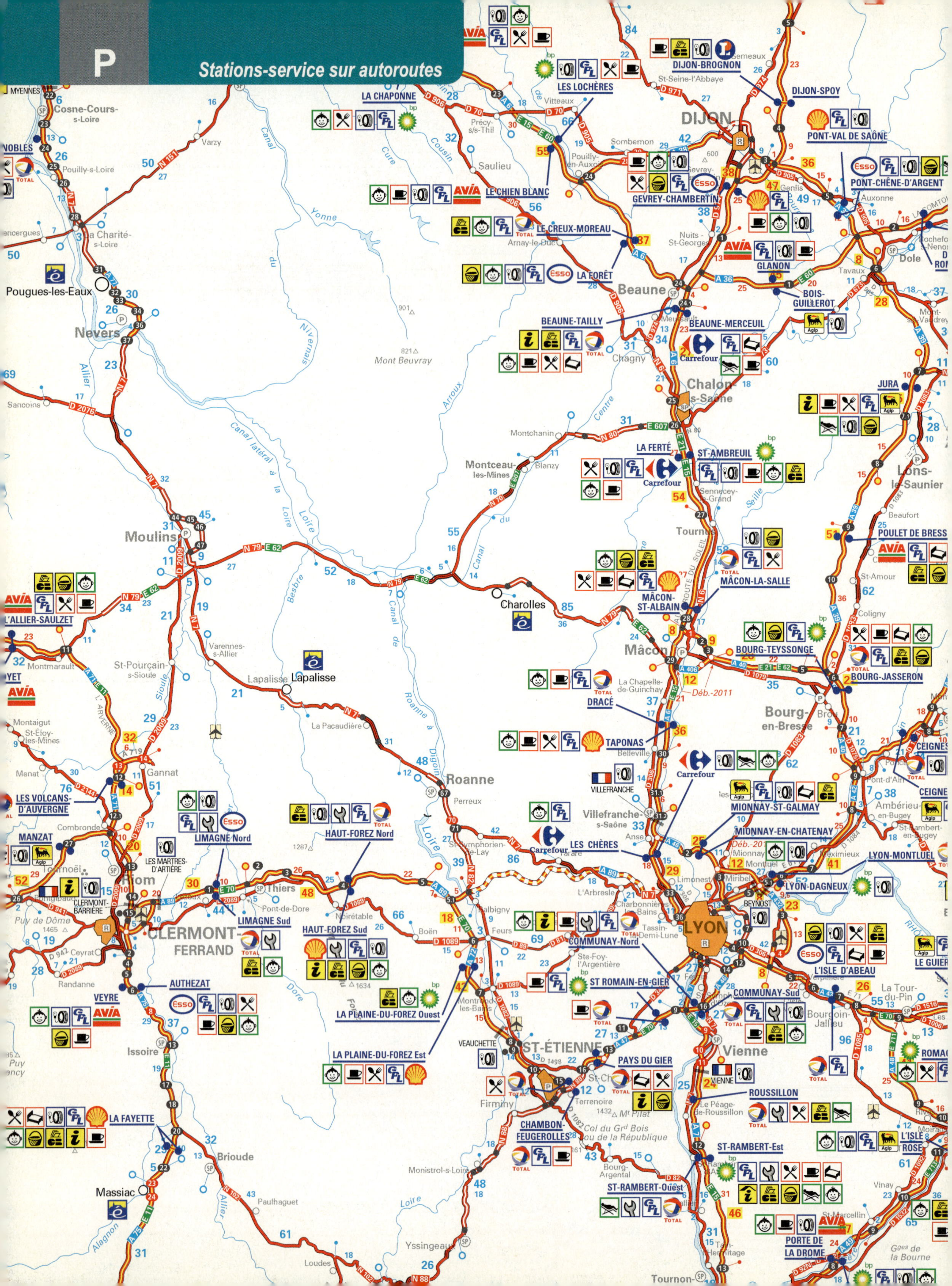

LA CHAPONNE
LES LOCHÈRES
DIJON-BROGNON
DIJON-SPOY
PONT-VAL DE SAÔNE
PONT-CHÊNE-D'ARGENT
LE CHIEN BLANC
GEVREY-CHAMBERTIN
LE CREUX-MOREAU
LA FORÊT
GLANON
BOIS-GUILLEROT
BEAUNE-TAILLY
BEAUNE-MERCEUIL
JURA
LA FERTÉ
ST-AMBREUIL
POULET DE BRESSE
MÂCON-LA-SALLE
MÂCON-ST-ALBAIN
BOURG-TEYSSONGE
BOURG-JASSERON
DRACÉ
TAPONAS
VILLEFRANCHE
MIONNAY-ST-GALMAY
MIONNAY-EN-CHATENAY
LES CHÈRES
LYON-MONTLUEL
LYON-DAGNEUX
COMMUNAY-Nord
ST ROMAIN-EN-GIER
COMMUNAY-Sud
L'ISLE D'ABEAU
PAYS DU GIER
ROUSSILLON
CHAMBON-FEUGEROLLES
ST-RAMBERT-Est
ST-RAMBERT-Ouest
PORTE DE LA DROME
L'ISLE ROSE
L'ALLIER-SAULZET
LES VOLCANS-D'AUVERGNE
MANZAT
LIMAGNE Nord
LIMAGNE Sud
HAUT-FOREZ Nord
HAUT-FOREZ Sud
LA PLAINE-DU-FOREZ Ouest
LA PLAINE-DU-FOREZ Est
AUTHEZAT
VEYRE
LA FAYETTE
CEIGNES
LE GUIER
ROMANS
Dijon
Beaune
Chalon-s-Saône
Mâcon
Bourg-en-Bresse
Lons-le-Saunier
Dole
Nevers
Moulins
Roanne
Lyon
Vienne
St-Étienne
Clermont-Ferrand
Riom
Issoire
Brioude
Massiac
Charolles
Lapalisse
Montceau-les-Mines
Villefranche-s-Saône
Pougues-les-Eaux
Déb.-2011

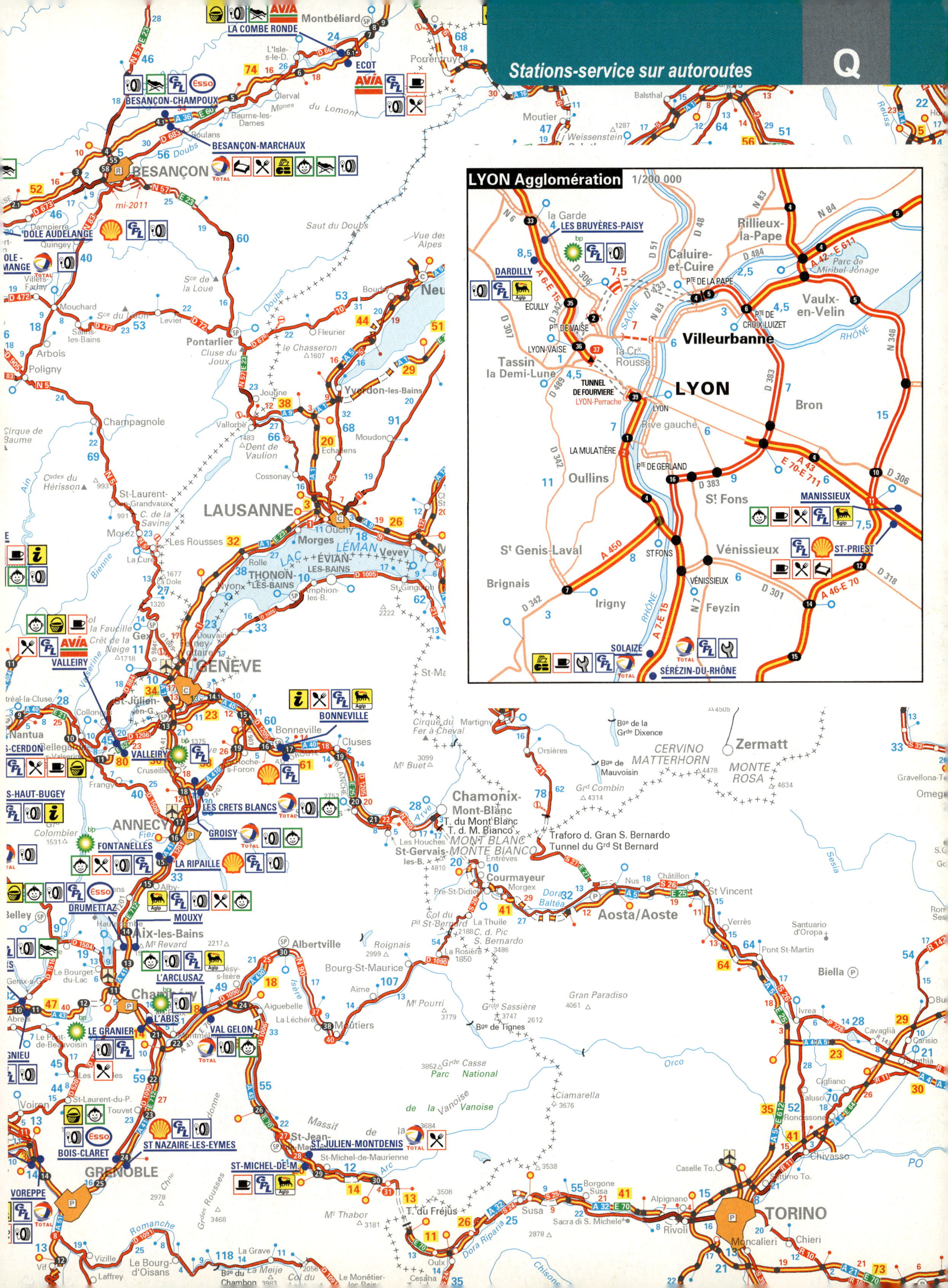
LA COMBE RONDE
Montbéliard
ECOT
BESANÇON-CHAMPOUX
BESANÇON-MARCHAUX
BESANÇON
DOLE AUDELANGE
DOLE-MANGE
Arbois
Poligny
Pontarlier
Champagnole
LAUSANNE
Morges
LÉMAN
THONON-LES-BAINS
ÉVIAN-LES-BAINS
Vevey
Yverdon-les-Bains
GENÈVE
VALLEIRY
BONNEVILLE
LES CRETS BLANCS
GROISY
FONTANELLES
LA RIPAILLE
ANNECY
DRUMETTAZ
MOUXY
Aix-les-Bains
L'ARCLUSAZ
Chambéry
L'ABIS
LE GRANIER
VAL GELON
Albertville
Bourg-St-Maurice
Moûtiers
ST NAZAIRE-LES-EYMES
BOIS-CLARET
GRENOBLE
VOREPPE
ST-MICHEL-DE-M.
ST-JULIEN-MONTDENIS
St-Jean-de-Maurienne
Chamonix-Mont-Blanc
T. du Mont Blanc
T. d. M. Bianco
Courmayeur
Aosta/Aoste
Traforo d. Gran S. Bernardo
Tunnel du Grd St Bernard
Zermatt
CERVINO MATTERHORN
MONTE ROSA
Biella
Gran Paradiso
Parc National de la Vanoise
T. du Fréjus
Susa
TORINO
Moncalieri
Chieri
Chivasso
Ivrea
LYON Agglomération 1/200 000
LES BRUYÈRES-PAISY
DARDILLY
Ecully
Tassin la Demi-Lune
Caluire-et-Cuire
Rillieux-la-Pape
Vaulx-en-Velin
Villeurbanne
LYON
TUNNEL DE FOURVIÈRE
Oullins
Bron
St Fons
MANISSIEUX
Vénissieux
ST-PRIEST
St Genis-Laval
Brignais
Irigny
Feyzin
SOLAIZE
SÉRÉZIN-DU-RHÔNE

SAUGON Est
SAUGON Ouest
Mirambeau
Montlieu-la-Garde
MEILLAC
L'ESTALOT
VIRSAC
RELAIS DE CANTELOUP
AQUITAINE 1-2
RELAIS D'AQUITAINE
Libourne
Carbon-Blanc
ARVEYRES
LES PALOMBIÈRES
Montpon-Ménestérol
Mussidan
MUSSIDAN
Neuvic
St-Astier
FONTEBELLEAU
RELAIS DE GIRONDE
BORDEAUX
Bergerac
Dordogne
BORDEAUX-CESTAS
THOUARS
RELAIS DE MOULINAT
BASSIN D'ARCACHON
Arcachon
La Teste-de-Buch
ST-SELVE
LES LANDES
Podensac
Langon
St-Macaire
La Réole
GARONNE
Miramont-de-Guyenne
Seyches
Eymet
Marmande
Carrefour
LE MAS D'AGENAIS
Tonneins
LILAIRE
LE MURET
Bazas
Début 2011
Captieux
Casteljaloux
Aiguillon
Port-Ste-Marie
Labouheyre
Houeillès
AGEN PORTE D'AQUITAINE
St-Justin
LE SOUQUET
Castets
Mont-de-Marsan
Villeneuve-de-Marsan
Tartas
Lectoure
Fleurance
St-Sever
Nogaro
Vic-Fezensac
BENESSE-MAREMME
Dax
Adour
Aire-s-l'Adour
Hagetmau
St-Vincent-de-Tyrosse
LABENNE
Tarnos
Peyrehorade
Anglet
BIARRITZ
Bayonne
St-Jean-de-Luz
SAMES
HASTINGUES
Orthez
LACQ-AUDEJOS Nord
LACQ-AUDEJOS Sud
Salies-de-Béarn
Mirande
Bidart
BIDART-EST
BIDART-OUEST
Grottes d'Isturits et d'Oxocelhaya
Pasaia
Irún
Behobia
La Rhune
St-Palais
Lescar
PAU
LES PYRÉNÉES
Tarbes
Rabastens-de-Bigorre
Miélan
Oloron-Ste-Marie
Tournay
Capvern-les-Bains
Lannemezan
St-Gaudens
Montréjeau
La Barthe-de-Neste
St-Jean-Pied-de-Port
Luzaide / Valcarlos
Orreaga / Roncesvalles
Pto Ibañeta
Pic d'Orhy
Pico d'Orhi
Grottes de Bétharram
Lourdes
Bagnères-de-Bigorre
Grotte de Médous
Argelès-Gazost
Auritz / Burguete
Irurtzun
R.Arakil
PAMPLONA
Oricain
Rio Bidasoa
Rio Irati
Embalse de Itoiz
Gave d'Aspe
Accous
Urdos
Pic du Midi d'Ossau
Pont-d'Espagne
P. du Midi de Bigorre
Arreau
Saison
Nive
Baïse-Darré
Gers
Dronne
Isle
Eyre
GASCOGNE

PAYS DE BRIVE
LE MANOIRE
PECH-MONTANT
JARDIN DES CAUSSES DU LOT
LE BOIS DE DOURRE
LA LOZÈRE
L'AVEYRON
GARONNE
NAUZE-VERT
FRONTONNAIS
LARZAC
LE CAYLAR
GARE DE MILLAU
MONTAUBAN Nord
TOULOUSE-NORD
TOULOUSE-EST
TOULOUSE-SUD
TOULOUSE-SUD-NORD
PORT-LAURAGAIS
VOLVESTRE
CARCASSONNE-ARZENS Nord
CARCASSONNE-ARZENS Sud
LES CORBIÈRES
BEZIERS - MONTBLANC Nord
NARBONNE-VINASSAN Nord
NARBONNE-VINASSAN Sud
LAPALME Ouest
LAPALME Est
LESTELLE
ST GERMAIN-LES-VERGNES
GIGNAC
MURET
Périgueux
Brive-la-Gaillarde
Tulle
Donzenac
Massiac
St-Flour
Figeac
Decazeville
Rodez
Millau
CAHORS
Agen
Montauban
ALBI
TOULOUSE
Muret
Castelnaudary
CARCASSONNE
Narbonne
Béziers
Pamiers
Foix
St-Girons

La Teste-de-Buch
Langon
St-Macaire
La Réole
LES LANDES
ST-SELVE
Bazas
LILAIRE
LE MURET
Labouheyre
Captieux
Début 2011
Marmande
Carrefour
LE MAS D'AGENAIS
Tonneins
Casteljaloux
Miramont-de-Guyenne
Seyches
Eymet
Castillonnès
Cancon
Villeneuve-s-Lot
Aiguillon
Port-Ste-Marie
Agen
AGEN PORTE D'AQUITAINE
Valence
Moissac
Castelsarrasin
GARONNE
Astaffort
Lectoure
Fleurance
Grisolles
FRONTONNAIS
Houeillès
St-Justin
Villeneuve-de-Marsan
Mont-de-Marsan
LE SOUQUET
Castets
Tartas
St-Sever
Dax
St-Vincent-de-Tyrosse
Nogaro
Vic-Fezensac
Aire-s-l'Adour
Hagetmau
Début 2011
Auch
Gimont
Léguevin
Peyrehorade
SAMES
HASTINGUES
Orthez
Salies-de-Béarn
LACQ-AUDEJOS Nord
LACQ-AUDEJOS Sud
Grottes d'Isturits et d'Oxocelhaya
St-Palais
Lescar
PAU
LES PYRÉNÉES
Tarbes
Mirande
Miélan
Rabastens-de-Bigorre
Muret
VOLVESTRE
Oloron-Ste-Marie
St-Jean-Pied-de-Port
Luzaide / Valcarlos
Orreaga / Roncesvalles
Pic d'Orhy
Pico d'Orhi
Grottes de Bétharram
Lourdes
Argelès-Gazost
Bagnères-de-Bigorre
Grotte de Médous
Tournay
Capvern-les-Bains
Lannemezan
La Barthe-de-Neste
St-Gaudens
COMMINGES
Montréjeau
St-Martory
LESTELLE
Salies-du-Salat
St-Girons
P. du Midi de Bigorre
Accous
Urdos
Pic du Midi d'Ossau
Parc National des Pyrénées
Pont-d'Espagne
Pic de Néouvielle
Vignemale
Visaurin
Arreau
St-Lary-Soulan
Tunnel d'Aragnouet-Bielsa
St-Béat
Fos
Les
Bossòst
Val d'Aran
Vielha
Embalse de Itoiz
Rio Irati
Rio Salazar
Rio Esca
Tunnel du Somport
Tunel de Somport
Canfranc
Autovía en obras
Leyre
Yesa
Embalse de Yesa
Puente la Reina de Jaca
S. Juan de la Peña
Sierra de la Peña
Jaca
Rio Aragón
Oroel
Sabiñánigo
Garganta del Escalar
Cirque de Gavarnie
Monte Perdido
Parque Nacional de Ordesa y Monte Perdido
Bielsa
Pico Posets
Pico de Aneto
MALADETA
Parc Nacional d'Aigüestortes
Vilaller
Pont de Suert
Rio Ara
Rio Cinca
Ainsa
Embalse de Mediano
Rio Gállego
Castillo de Loarre
Pto de Monrepós
Arguis
Sa de Guara
Autovía en obras
P. d'Escales
Sopeira
Sant Gervás
Estret de Collegats
Noguera Pallaresa

JARDIN DES CAUSSES DU LOT
LE BOIS DE DOURRE
MONTAUBAN Nord
NAUZE-VERT
FRONTONNAIS
TOULOUSE-EST
TOULOUSE-SUD
TOULOUSE-SUD-NORD
PORT-LAURAGAIS
CARCASSONNE-ARZENS Nord
CARCASSONNE-ARZENS Sud
LES CORBIÈRES
NARBONNE-VINASSAN Nord
NARBONNE-VINASSAN Sud
BEZIERS - MONTBLANC Nord
BEZIERS - MONTBLANC Sud
MONTPELLIER-FABRÈGUES-Nord
MONTPELLIER
AMBRUSSUM
LE CAYLAR
LARZAC
GARE DE MILLAU
L'AVEYRON
LAPALME Ouest
LAPALME Est
LE VILLAGE CATALAN Ouest
LE VILLAGE CATALAN Est
LE PERTHUIS
Mi 2011
Printemps 2011
Figeac
Decazeville
Rodez
Millau
La Canourgue
Mende
Florac
Montauban
Albi
TOULOUSE
CARCASSONNE
Narbonne
Béziers
Lodève
Pézenas
Castelnaudary
Pamiers
Foix
Quillan
PERPIGNAN
Prades
Céret
Mont-Louis
Puigcerdà
Andorra la Vella
Banyuls-s-M.
Collioure
Port-Vendres
GOLFE

PONT DE L'ISÈRE
ROYANS-VERCORS
LATITUDE 45
Valence
PORTES-LES-VALENCE Ouest
PORTES-LES-VALENCE Est
Privas
Aubenas
Crest
Die
SAULCE
Montélimar
MONTÉLIMAR Ouest
MONTÉLIMAR Est
Mende
Aumont-Aubrac
La Canourgue
Florac
AVEYRON
MORNAS VILLAGE
MORNAS LES-ADRETS
Orange
Bagnols-s-Cèze
Alès
TAVEL Sud
TAVEL Nord
SORGUES
AVIGNON
MORIERES
MARGUERITTES Nord
MARGUERITTES Sud
NÎMES
AMBRUSSUM Nord
AMBRUSSUM Sud
LANÇON-PROVENCE Est
LANÇON-PROVENCE Ouest
Arles
CANTARELLES
Salon-de-P
MEYRARGUES-FONTBELLE
ROUSSET
AIX-EN-PROVENCE
VITROLLES Est
REBUTY
LA NERTHE
LA CHAMPOUSE
MARSEILLE
LES CHABAUDS
LA POMME
LES PLAINES BARONNES
LE LIOUQUET
BAUME-DE-M
PEYPIN
VOLX
Manosque
MONTPELLIER
MONTPELLIER-FABRÈGUES-Nord
MONTPELLIER-FABRÈGUES-Sud
Lodève
Pézenas
BEZIERS - MONTBLANC Sud
E CAYLAR
ONNE-VINASSAN Sud
GOLFE DU LION
MER MÉDITERRA

Montgenèvre
Briançon
Embrun
Gap
Barcelonnette
Sisteron
AUBIGNOSC
Digne-les-Bains
Castellane
MANOSQUE
Grasse
NICE
Antibes
CANNES
Menton
Monte-Carlo Monaco
BEAUSOLEIL
SCOPERTA
LA TURBIE
ST ISIDORE
LES BRÉGUIÈRES Nord
LES BRÉGUIÈRES Sud
ANTIBES
ESTEREL
LE CANAVER
CAMBARETTE Nord
CAMBARETTE Sud
VIDAUBAN Nord
VIDAUBAN Sud
Fréjus
St-Raphaël
Ste-Maxime
PUGET-VILLE
ST- AUGUSTIN
TOULON
LA BIGUE
Hyères
Îles d'Hyères
Île du Levant
Cap Camarat
Ventimiglia
San Remo
Bordighera
Imperia
Alassio
Albenga
Savona
Cuneo
Mondovi
Fossano
Savigliano
Alba
Tende
Saorge
Col de Tende
Colle di Nava
Col de Larche
Parc National du Mercantour
Massif des Écrins
BASTIA
Calvi
L'Île-Rousse
Corte
AJACCIO
Propriano
Sartène
Porto-Vecchio
Bonifacio

Vous allez prendre le volant. Acte banal aujourd'hui, mais qui ne peut se passer de quelques précautions. Précautions d'agrément ou de sécurité, elles vous aideront à rendre vos étapes plus sereines et plus sûres. Vous lirez dans ces pages nos conseils pratiques et nos recommandations de « bonne conduite » sur la route.
Que ce soit pour les loisirs ou pour votre travail, vous y trouverez une mine d'informations essentielles : comment circuler sous les intempéries, bien entretenir sa voiture, installer ses enfants en toute sécurité, les bons gestes en cas d'accident…
Enfin, parce qu'un automobiliste prudent en vaut deux, vous pourrez consulter les tableaux des principales sanctions (retrait de points, amendes) auxquels vous devriez vous astreindre, en cas d'infractions ou de délits au Code de la route.

Bonne lecture
et bonne route !

Sommaire

Au volant :	soyez attentif et reposé	AB
Conduite :	les bons gestes	AF
Mauvais temps :	abordez la route prudemment	AI
Nuit :	minimisez les dangers	AL
Départs en vacances :	évitez le stress	AM
Enfants à bord :	installez-les avec soin	AN
Entretien automobile :	les bonnes précautions	AQ
Infractions :	les sanctions	AT
Panne ou accident :	comment réagir ?	AW
Environnement :	soyez doux avec la nature	AY

Au volant : soyez attentif et reposé

Position de conduite

LIMITATIONS DE VITESSE	Autoroute	Voies Express	Autres Routes	Agglomération
Par conditions normales de circulation	130	110	90	50
Par temps de pluie ou autre précipitation	110	100	80	50
En cas de visibilité inférieure à 50 m.	50	50	50	50

Installez-vous au volant de la manière la plus confortable qui soit, surtout si vous affrontez un long trajet : la position du corps doit être reposante, et contraindre au minimum les points sensibles que vous pouvez avoir (dos, épaules, bassin).

Avant de démarrer, opérez tous les ajustements nécessaires : position du siège, mais aussi du volant et des trois rétroviseurs. Les voitures modernes offrent de multiples possibilités : pensez au réglage en profondeur du volant, présent sur un nombre croissant de modèles. Ne vous placez, ni trop près, ni trop loin du volant : les bras doivent être légèrement infléchis. Bannissez la position « bras tendus » à l'extrême : elle devient vite fatigante et ne permet pas autant d'agilité dans vos gestes qu'une posture plus rapprochée.

- L'hiver, ne conservez pas vos manteaux épais : ils constituent une gêne patente dans les mouvements que vous avez à accomplir, surtout en cas d'urgence.

- L'été, proscrivez les tongs ou sandalettes, dont la semelle peut se glisser accidentellement sous la pédale, notamment à l'attaque d'un freinage brusque. Ne conduisez en aucun cas pieds nus, même pour quelques mètres.

Conseil Pratique

Les mains sur le volant

Les spécialistes de la conduite préconisent une position des mains à « 9h15 » ou « 10h10 » sur le volant. Lors de longues étapes, ne laissez pas vos mains glisser vers le bas du volant : aucune possibilité de réaction rapide en cas d'imprévu soudain.

Ceinture

Même si votre voiture est équipée d'airbags, la ceinture reste indispensable et continue de jouer le rôle essentiel dans la retenue du buste lors d'un éventuel choc. Bouclez son attache et assurez-vous qu'elle s'est correctement fixée. Puis tirez légèrement vers le haut la sangle supérieure, afin que toute la sangle soit au plus près plaquée contre votre corps. De cette étroitesse du contact dépend la sécurité apportée en cas de choc. Une ceinture trop lâche perd toute efficacité : lors d'un choc frontal, le buste qui a déjà entamé sa plongée va rencontrer soudainement la sangle, avec un risque de lésion sur la zone thoracique.

Si votre voiture dispose d'un réglage en hauteur des ceintures, choisissez le réglage le plus haut possible, à la limite de la gêne sur le cou.

Le saviez-vous ?

Les gestes à bannir

Surtout, évitez d'utiliser les pinces à ceinture qui bloquent la sangle passant sur l'épaule : elles ont pour but de libérer la légère traction de la sangle, et de la détendre au maximum. Conséquence : la perte de quasiment toute efficacité en cas de choc. Ne faites non plus jamais passer la sangle supérieure sous l'aisselle.

Au volant : soyez attentif et reposé

Sérénité

Au volant, il vous faut conserver le plus grand calme. Ne répondez à aucune provocation ou agression d'autres usagers de la route. Bannissez toute attitude d'affrontement ou de compétition avec un autre conducteur. Sur la route, vous n'êtes ni le justicier des autres, ni celui – ou celle – par qui la loi doit se faire respecter. Restez occupé à votre seule conduite, ne jugez pas celle des autres.

À bord, ne vous laissez pas affecter par une ambiance tendue ou survoltée. Si l'agacement ou la colère monte, optez pour une pause afin de décontracter l'atmosphère.

Vigilance et anticipation

Conduisez avec un maximum d'attention, même sur les routes les plus dégagées. Vous minimisez les risques d'accident si vous maintenez un état de vigilance maximale, et restez prêt à parer tout imprévu. Sur les routes que vous ne connaissez pas, adaptez votre conduite en fonction de situations inattendues : un virage plus serré qu'il n'y paraît, une chaussée soudainement très déformée, un croisement mal signalé.

En conduisant, essayez d'anticiper les risques. Anticipation systématique à l'approche de points sensibles : croisements, passages pour piétons,... Abordez ces endroits à vitesse réduite, le pied au-dessus de la pédale de frein, prêt à réagir en cas de surprise.

Fatigue

Au fil du temps, la conduite génère forcément de la fatigue : la position assise, maintenue sans quasiment aucune variation dans un espace restreint, un environnement sonore lancinant, l'attention portée à la conduite, tout concourt à favoriser la somnolence, même si vous n'en avez pas conscience. Physiologiquement, le relâchement progressif de l'attention n'épargne personne. La monotonie d'un itinéraire, par exemple sur une autoroute rectiligne et dégagée, peut majorer la lassitude. La chaleur est également un facteur qui accélère la fatigue.

Au bout de deux heures de conduite, vos temps de réaction sont doublés. À 130 km/h, il vous faudra 72 mètres avant d'appuyer sur la pédale de frein au lieu de 36 mètres !

Soyez attentifs aux premiers signes de fatigue : besoin de modifier fréquemment votre position, raideur de la nuque, engourdissement du dos, paupières lourdes, yeux qui piquent, bâillements. N'attendez pas : il faut alors vous arrêter.

Vous ne pouvez pas lutter contre la fatigue. Faire un courant d'air, mettre de la musique, converser avec un passager : toutes ces solutions palliatives retardent les effets de la fatigue de quelques minutes mais ne la suppriment pas. Attention : fatigué, vous surestimez forcément votre capacité à conduire.

Une pause de 10 minutes minimum toutes les 2 heures est indispensable. Profitez-en pour faire preuve de mobilité et vous dégourdir les jambes. Respirez à pleins poumons.

Conseil Pratique

Des gestes contre l'engourdissement

Contre l'ankylose de certaines parties du corps, vous pouvez effectuer des gestes, notamment si vous êtes bloqué dans un bouchon :

- *étirez-vous ;*
- *tendez un à un les bras à l'horizontale devant vous, en « cassant » le poignet vers l'extérieur et en le faisant pivoter ;*
- *placez tour à tour les bras à l'horizontale sur les côtés, avant-bras replié, et dirigez-les vers l'arrière en forçant légèrement sur l'articulation des épaules ;*
- *faites pivoter votre tête, et balancez-la de gauche à droite en effectuant de petites rotations.*

Au volant : soyez attentif et reposé

Alimentation

Ne surchargez pas votre alimentation avant de conduire, surtout s'il fait chaud. Lors de longs trajets, faites des repas simples, équilibrés, dépourvus de viandes en sauce et d'autres plats difficiles à digérer.

Au volant, l'absorption d'un excès de sucre est également déconseillée, car grignoter des sucreries pour se maintenir éveillé a un effet contre-productif : la digestion des sucres est plutôt un facteur de fatigue. Si vous ressentez une petite faim, préférez un fruit à des confiseries.

Le saviez-vous ?

Café sans excès

Un coup de fatigue ? Vous avez peut-être le réflexe « café ». Attention : les stimulants tels que la caféine donnent le sentiment de se sentir plus éveillé, mais cela ne signifie pas que vous serez effectivement d'avantage en mesure de conduire : le fond de votre fatigue reste bien présent. L'absorption de doses répétées de café pour lutter contre une fatigue qui ne part pas est un contresens absolu.

Médicaments

Certains médicaments sont formellement contre-indiqués si vous avez à prendre le volant. Notamment les somnifères et les analgésiques, qui ont pour but de réduire les douleurs. Il ne s'agit que de médicaments délivrés sur ordonnance. Si vous absorbez un médicament que vous ne connaissez pas, lisez les précautions d'emploi avant de prendre le volant. Fiez-vous aux pictogrammes de couleur inscrits sur les boîtes (jaune, orange, rouge) : ils indiquent le degré d'assoupissement que la prise des comprimés engendre.

Alcool

L'alcool engourdit l'esprit et réduit la coordination entre le cerveau et le corps. Même si vous êtes persuadé de bien tenir à l'alcool, vous réagissez avec moins de rapidité et pas forcément à bon escient. Votre vision est altérée : vous évaluez mal la distance à laquelle se trouvent un autre véhicule ou un piéton. Le champ de vision se rétrécit, la perception devient plus floue, vous avez une vue « en tunnel » : les objets vous semblent plus lointains.

L'alcool affecte le jugement : vous pouvez vous sentir trop sûr de vous, et sous-évaluer les risques de la route. Plongé dans un état plus ou moins euphorique, vous surestimerez votre capacité à aborder un virage ou vous arrêter sur une distance donnée.

En France, la limite légale est à 0,5 gramme d'alcool par litre de sang.

Drogue

Toutes les drogues altèrent le comportement et l'état des réflexes, avec, soit une surestimation dangereuse de ses possibilités, soit un engourdissement général de tous ses gestes. La vision est toujours dégradée, sans que le sujet sous effet de drogue en soit réellement conscient. Des illusions visuelles ou sonores peuvent provoquer des réactions désordonnées.

Le saviez-vous ?

Test salivaire

Depuis l'été 2008, ces types de tests ont commencé à remplacer les tests urinaires pour le dépistage de drogue chez le conducteur. Deux languettes sont introduites dans la bouche puis placées dans une boîte où une réaction chimique se produit, indiquant au bout de six minutes la nature et la quantité de stupéfiants absorbés.

Au volant : soyez attentif et reposé

Téléphone

Téléphoner en conduisant est interdit en France et dans de nombreux pays. Cependant, il reste toléré d'être en communication si vous disposez d'un kit « mains libres » : oreillette, cordon avec écouteur et micro, ou dispositif intégré à votre voiture. Mais ne vous illusionnez pas : votre cerveau ne peut pas dépasser son seuil maximal d'attention. Téléphoner accapare une grande partie de vos capacités, au détriment de l'attention portée à la conduite. Même avec un kit « mains libres », un agent peut vous verbaliser s'il estime que votre conversation téléphonique constitue une gêne pour votre conduite.

Le saviez-vous ?

Les gestes qui gênent

Sont déconseillés au volant, voire répréhensibles, tous les gestes, même anodins en apparence, qui peuvent distraire votre attention ou vous empêcher d'effectuer rapidement une manœuvre utile à votre conduite. Ainsi, manger, boire, fourrager dans la boîte à gants pendant que vous conduisez n'est pas indiqué. Vous pouvez être verbalisé. Dans ce cas, l'agent évalue suivant son appréciation si votre geste risquait ou non d'être gênant. En France, l'amende est de 35 € avec un retrait de 2 points.

GPS

Intégré à la planche de bord de votre voiture, ou acheté en accessoire, cet équipement vous permet d'être guidé par un fléchage et par une voix de synthèse. Ne pianotez pas ses commandes pendant que vous conduisez : cela monopolise une proportion importante de votre attention. Confiez ces manipulations à votre passager, ou arrêtez-vous pour le programmer. Placez les GPS amovibles de manière à détourner le moins possible votre regard de la route.

Régulateur de vitesse

Cet équipement vous permet de stabiliser votre vitesse sans plus avoir à toucher à la pédale d'accélérateur. Un facteur de décontraction, surtout sur de longues étapes. Vous programmez votre allure de croisière et elle est conservée automatiquement. Le fait de n'avoir plus à poser votre pied droit sur l'accélérateur ne vous dispense pas de le maintenir à proximité du pédalier, afin de pouvoir agir sur les freins sans délai si l'urgence le dicte. Évitez de placer votre pied droit en retrait. Attention lorsque vous réenclenchez le régulateur, celui-ci a pu garder en mémoire la vitesse précédente, et vous y amener, même si entre-temps votre allure a fortement baissé.

Conseil Pratique

Méfiez-vous de l'assoupissement

Avec le régulateur de vitesse, méfiez-vous du relâchement progressif de votre attention. La suppression de la commande active sur l'accélérateur augmente la monotonie des longs trajets. L'usage prolongé du régulateur est déconseillé dans certains pays, voire interdit sur certaines portions d'autoroutes en Belgique. Utilisez-le avec modération. Ne prolongez pas son emploi au-delà de 20 minutes : forcez-vous à reprendre une conduite « complète », avec une action manuelle sur l'accélérateur.

Conduite : les bons gestes

Restez maître de votre véhicule

Par tous les temps, dans toutes les circonstances, il vous faut assurer le maintien et l'équilibre de votre voiture. Des imprévus peuvent amener à une perte ponctuelle de maîtrise. Pour en diminuer les conséquences, anticipez toujours les risques et intégrez à votre conduite les événements extérieurs qui pourraient engendrer une perturbation soudaine.

Accélération

Rien de plus simple que d'appuyer sur l'accélérateur. Toutefois, une accélération trop vigoureuse et sans discernement peut perturber l'équilibre de la voiture et déstabiliser sa trajectoire. Modérez votre accélération sur les routes déformées qui réduisent l'adhérence des roues. Relâchez votre pression sur l'accélérateur si vous ressentez des réactions désordonnées de la voiture.

Le saviez-vous ?

L'antipatinage

Ce système électronique permet d'éviter le patinage des roues motrices à l'accélération. Un allié utile, car des roues qui patinent vous écartent de la trajectoire souhaitée :
– sur une traction (roues avant motrices), tendance à aller tout droit même si les roues sont braquées;
– sur une propulsion (roues arrière motrices), dérive de l'arrière et risque de tête à queue.

Virages

Tout virage tend à déporter votre voiture vers l'extérieur de la courbe, sous l'effet de la force centrifuge. Cette situation peut amener à un dérapage si vous avez maintenu une vitesse excessive ou si un élément imprévu sur la chaussée en dégrade soudain l'adhérence : flaque d'eau, tâche d'huile, gravillons...

De manière générale, évitez de freiner pendant un virage, lorsque l'équilibre de votre voiture est déjà perturbé par cette force latérale : faites décroître et stabilisez votre allure avant de commencer à braquer les roues.

En cas de nécessité absolue, freinez pendant le virage, mais attendez-vous alors à une possible dérobade de l'arrière de votre voiture.

Sur une route sinueuse, adoptez une allure modérée. Certains virages serrés peuvent ne pas être indiqués. D'autres, d'un tracé apparemment large, se resserrent progressivement : si vous vous êtes engagé trop vite, le maintien de la trajectoire peut devenir périlleux.

Dans les virages, surtout vers la droite, votre visibilité se trouve réduite. Certains paysages accentuent la baisse de visibilité : montagnes, champs avec des herbes hautes avant moisson... Un imprévu peut se présenter durant le virage : vélo, piétons... Dans de telles conditions, réduisez votre vitesse.

Conseil Pratique

L'ESP

Cette aide électronique au maintien de la trajectoire vous aide à maintenir le cap souhaité. L'ESP (Electronic Stability Program) intervient lors d'une amorce de dérapage et tente de rétablir la trajectoire indiquée par le braquage du volant. Il n'intervient pas qu'en cas de pluie, de neige, ou de chaussée à faible adhérence : sur route sèche, il peut aussi pallier les erreurs d'appréciation du conducteur, ou des gestes trop vigoureux en situation d'urgence, et qui ont déstabilisé la voiture.
Attention : très utile, l'ESP ne peut cependant pas faire de miracle. Il permet à la voiture de réagir au mieux dans une situation limite, mais sans aller au-delà de ce que permet le niveau d'adhérence. L'ESP intègre également la fonction antipatinage.

Conduite : les bons gestes

Dérapage

La perte d'équilibre de votre voiture sous-entend que vous avez dépassé les limites physiques que permet l'adhérence de la chaussée par une vitesse excessive. Un coup de volant soudain lorsque votre voiture approche déjà les limites de son équilibre (par exemple en virage), peut également la déstabiliser.

Lorsqu'une perte de trajectoire survient, évitez tout geste brusque sur les commandes (volant, freins). Tentez de remettre la voiture en ligne sans affolement.

Le saviez-vous ?

La théorie du « regard »

En cas de perte de contrôle, ne fixez surtout pas du regard l'obstacle à éviter : vos actions sur le volant vous y mèneraient tout droit. Au contraire, ***obligez-vous à regarder obstinément la route dans la direction qu'il faut maintenir :*** *vous avez alors de fortes chances pour que, instinctivement, vos gestes suivent, et ramènent la voiture dans la bonne direction.*

Savoir freiner

Les voitures modernes répondent avec docilité à vos actions sur la pédale de frein. Mais l'équilibre dynamique de la voiture s'altère lorsque vous imprimez une décélération forte. Aussi faut-il éviter de freiner dans un virage, ou de donner un coup de frein brusque lorsque l'adhérence de la chaussée est faible.

De manière générale, anticipez les ralentissements pour n'avoir toujours qu'à freiner en douceur et progressivement.

En cas d'urgence, sur les voitures munies d'un système antiblocage de roues (ABS), écrasez sans hésitation la pédale de frein : l'électronique se charge d'éviter le blocage des roues, et vous offre le meilleur freinage possible sans que vous ayez à doser votre action sur la pédale.

Conseil Pratique

L'ABS

Attention : l'antiblocage de roue n'augmente pas votre capacité de ralentissement.
L'ABS (Antiblockersystem) optimise juste les distances d'arrêt en fonction des conditions d'adhérence. En évitant le blocage des roues, il vous permet de garder un contrôle sur la direction. Mais n'espérez pas grâce à ce système électronique, freiner aussi court sous la pluie que sur le sec, ni obtenir un arrêt immédiat sur des surfaces très glissantes (neige, glace).

Distances d'arrêt

Votre distance d'arrêt n'est pas aussi courte que la distance de freinage dont est capable votre voiture car elle intègre votre temps de réaction. Au mieux, il vous faut une seconde pour réagir avant d'appuyer sur la pédale de frein en cas d'imprévu. Si votre attention est relâchée, ou si vous êtes en proie à une fatigue avancée, ce délai peut être doublé, voire plus.
Ci-contre, les distances d'arrêt qui intègrent un délai de réaction court, d'une seconde. À 90 km/h, vous parcourez 25 m avant de commencer à ralentir. Si votre attention est moindre, c'est 50 m au minimum que vous parcourez avant le début du freinage.

LES DISTANCES DE FREINAGE: Ces données sont valables sur route sèche.

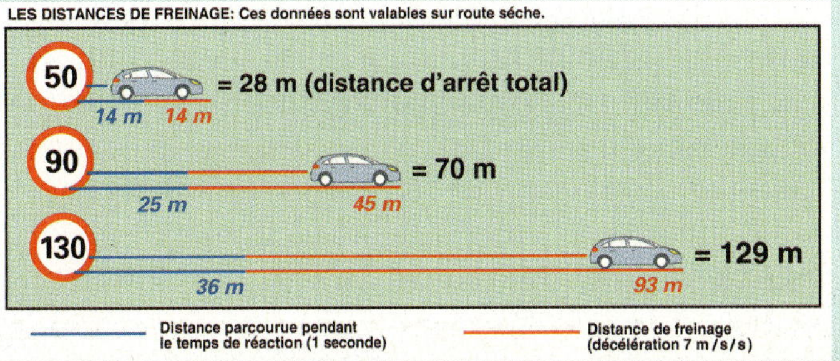

Conduite : les bons gestes

Distances de sécurité

Lorsque vous roulez, il vous faut toujours maintenir une distance suffisante avec le véhicule qui vous précède. Cette distance doit vous permettre de parer à tout imprévu. **Deux secondes au moins doivent séparer le passage de deux voitures.** Repérez sur le bord de la chaussée un point de passage du véhicule qui vous précède (arbre, panneau) et comptez au minimum deux secondes avant de l'atteindre à votre tour.

Si vous suivez un véhicule très imposant qui obstrue votre visibilité, majorez votre distance de sécurité. Par temps de pluie ou sur route glissante, augmentez-la aussi de manière significative.

Ne collez jamais à un véhicule que vous trouvez trop lent. Ne réduisez la distance qui vous sépare de lui que lorsque vous êtes sûr de pouvoir doubler.

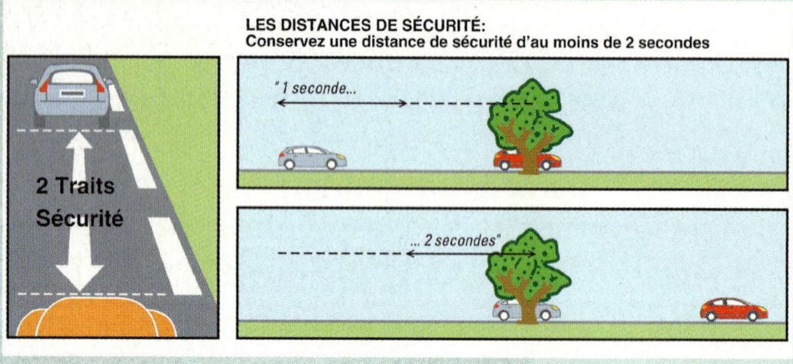

Les mesures indiquées sont valables sur sol sec.

Autres usagers : soyez fair-play

La route se partage entre des familles d'usagers très différents. Ce qui est une source de danger si les conducteurs ne se respectent pas entre eux.

• **Piétons** – En ville ou sur route de campagne, montrez-vous très attentif à la présence de piétons. Ralentissez dans les zones où ils sont nombreux. En ville, attendez-vous à voir des passants descendre soudainement sur la chaussée, surtout si les trottoirs sont encombrés. Sur une route de campagne ou dans les villages, portez votre attention aux enfants qui peuvent déborder de leur aire de jeu et faire irruption sur la voie de circulation.

• **Vélos** – Très vulnérables, ils doivent être l'objet de toute votre attention. Ne dépassez pas les vélos sans laisser au moins un mètre de large entre eux et vous. N'entreprenez pas de les doubler dans un virage à la visibilité masquée.

• **Motos** – Attention à celles qui remontent les files de voitures entre les voies de circulation. Redoublez de prudence avant de changer de file. Méfiance : sur certaines routes, les motards ont leurs habitudes et les automobilistes doivent en tenir compte. Par exemple sur le périphérique parisien, ils ont coutume de rouler entre les deux voies les plus à gauche. Lorsque vous prévoyez de changer de file, assurez-vous à l'aide de votre rétroviseur qu'aucun motard n'arrive à votre hauteur, et pensez à mettre votre clignotant bien avant de déboîter.

• **Poids lourds** – Larges, ils prennent une place importante sur la chaussée. Sur une route étroite, montrez-vous précautionneux pour les croiser. Sur route nationale, leur longueur élevée rend les dépassements problématiques : assurez-vous d'une visibilité très dégagée et d'une voie inverse totalement libre pour engager votre manœuvre.

Lorsque vous passez près d'un poids lourd, attendez-vous à voir votre trajectoire légèrement modifiée par l'appel d'air que sa hauteur importante engendre.

La nuit, sur les autoroutes à trois voies, les poids lourds s'approprient souvent les deux voies de droite : ils déboîtent pour se doubler sans forcément prêter attention aux voitures qui arrivent.

Le saviez-vous ?

Les pistes cyclables

Elles se multiplient dans les villes françaises, mais à des rythmes variables, et suivant des schémas très divers. Si vous n'êtes pas accoutumé de certaines agglomérations, attention à la forme que peuvent prendre ces étroites voies de circulation, tantôt en site protégé, tantôt à cheval sur les parties de chaussée également destinées à la circulation automobile.

Mauvais temps : abordez la route prudemment

Baisse d'adhérence

Les intempéries font baisser l'adhérence de la chaussée. Elles réduisent votre marge de sécurité et allongent les distances de freinage. La vitesse à laquelle vous pourrez passer dans un virage se réduit. Il vous faut donc adapter votre allure, et anticiper davantage les manœuvres à accomplir. Augmentez également vos distances de sécurité avec les véhicules qui vous précèdent. Les vitesses réglementaires sur route et autoroute se trouvent abaissées (voir tableau page 22).

Adhérence : comment l'apprécier

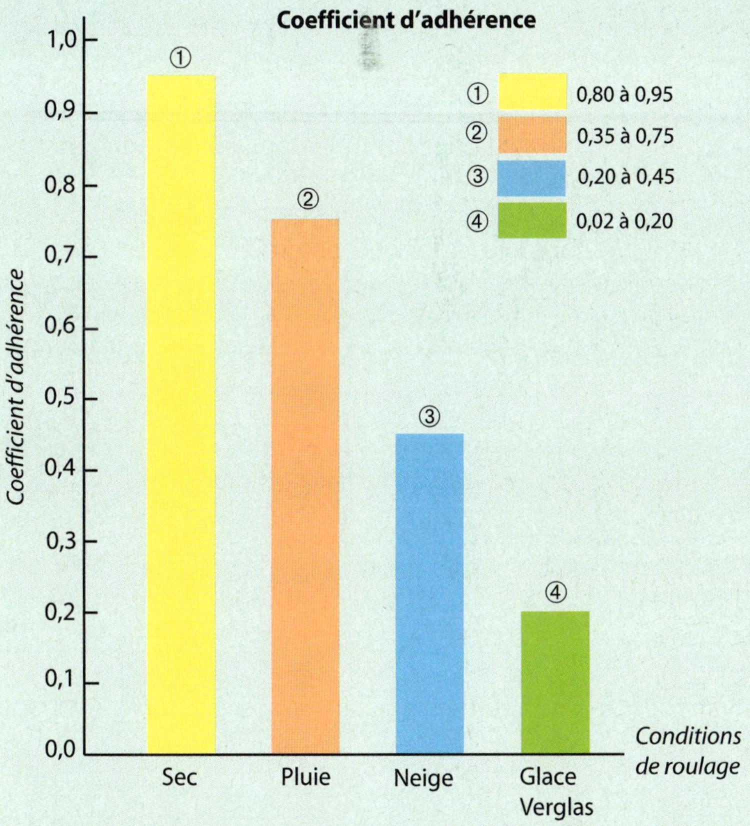

L'adhérence d'une chaussée s'évalue par un coefficient, de 0 à 1.
1 représente l'adhérence maximale. C'est dans ces conditions que la voiture répond le plus fidèlement aux commandes du conducteur et offre les distances de freinage les plus courtes. Ce coefficient diminue avec les intempéries.

- **Lorsque la chaussée est sèche**
L'adhérence est maximale. Ses variations ne sont fonction que du type de revêtement au sol.

- **Lorsque la chaussée est mouillée**
La pluie fait chuter l'adhérence et, surtout, crée des écarts élevés entre les différentes situations qu'elle engendre.

- **Lorsque la chaussée est enneigée**
La neige réduit encore plus l'adhérence et désoriente le conducteur avec des niveaux d'adhérences particulièrement variables.

- **Lorsque la chaussée est gelée**
La glace est la surface glissante par excellence, et rend la voiture quasi impossible à diriger aussi bien qu'à freiner.

Conseil Pratique

Feuilles mortes et gravillons

La pluie n'est pas le seul facteur d'une baisse d'adhérence : tout élément qui s'interpose entre le pneu et le bitume peut minorer l'adhérence. Sur de petites routes dont les bas-côtés sont mal stabilisés, attendez-vous à rencontrer des zones gravillonnées. En automne, méfiez-vous des sous-bois où les feuilles mortes, très innocentes d'aspect, peuvent constituer un piège inattendu.

Mauvais temps : abordez la route prudemment

Pluie

La pluie vous fait perdre 30 à 50 % d'adhérence. Les distances de freinage sont augmentées : + 60 %, jusqu'à doublées. Les risques de dérapage se trouvent accrus. Adaptez votre vitesse en fonction de ces nouvelles données.

Suivant l'intensité de la pluie, l'adhérence de la chaussée peut être très variable. Traverser une flaque d'eau de quelques centimètres d'épaisseur freine vos roues, et peut provoquer l'aquaplaning (voir encadré). Méfiez-vous : à juste voir la surface d'une flaque, il est impossible d'en apprécier la profondeur, de même que l'état de la chaussée. Attention aux flaques en bordure de route : elles peuvent dissimuler un trou ou une pierre. Contournez-les.

La pluie gomme la présence visuelle du marquage au sol. Il devient parfois très délicat de suivre sa voie, dont le conducteur ne perçoit plus les délimitations.

Sur la voie de droite des autoroutes ou sur les routes fréquentées, les camions ont pu creuser la chaussée à l'endroit du roulage de leurs pneus. L'eau s'y accumule, comme dans une rigole. Avec un risque d'aquaplaning accru.

Sur une chaussée détrempée, soyez attentif aux signes avant-coureurs de l'aquaplaning : la direction de votre voiture devient étrangement légère, preuve que le pneu est en train de perdre son contact avec la chaussée.

Le saviez-vous ?

Pluie fine, pluie traîtresse

Une petite pluie fine peut constituer un piège redoutable. Surtout si elle fait suite à une période de sécheresse : la chaussée n'ayant pas été « lavée » depuis longtemps s'est couverte de saleté grasse, provenant des pneus et des gaz d'échappement. Mélangée à l'humidité, cette infime couche de surface devient extrêmement glissante. Attention en début d'averse : avant que la route soit détrempée, l'adhérence descend très bas, et la chaussée peut devenir aussi glissante que… sur la neige !

Conseil Pratique

Aquaplaning : danger absolu !

L'aquaplaning survient lorsque les rainures à la surface de vos pneus n'arrivent plus à évacuer l'eau qui se trouve sur la chaussée. Le pneu va alors passer au-dessus du film d'eau qui recouvre le bitume et « surfer » à sa surface. La voiture glisse sur la route en suivant son élan et la pente de la chaussée. Elle demeure incontrôlable aussi longtemps que le pneu ne retrouve pas son contact normal avec le sol. L'aquaplaning survient lorsque :

– vous roulez trop vite sur une route détrempée ;
– vous traversez soudainement une flaque ;
– vos pneus, trop usés, ne sont plus capables d'évacuer correctement l'eau de la chaussée.

L'aquaplaning vous prive de tout pouvoir sur les commandes de votre voiture. *Lorsqu'il survient, les aides électroniques à la conduite ne sont plus d'aucune utilité. Cessez toute accélération, maintenez le volant dans l'axe de la route en évitant tout braquage, restez les yeux rivés sur la trajectoire à conserver, et… attendez le retour de l'adhérence.*

Baisse de visibilité

La pluie n'engendre pas seulement une baisse de l'adhérence, mais handicape aussi la visibilité. Les projections d'eau générées par les voitures qui vous précèdent ou celles que vous croisez provoquent des gerbes d'eau qui vont amoindrir ou occulter la transparence du pare-brise durant plusieurs secondes. Même si la pluie baisse d'intensité, maintenez la vitesse rapide de fonctionnement des balais tant que la chaussée reste inondée (à moins de disposer d'un cadencement automatique des essuie-glaces). Lorsque vous doublez un poids lourd, anticipez la baisse de visibilité : actionnez la vitesse rapide avant même votre dépassement.

Mauvais temps : abordez la route prudemment

Brouillard

Il vous empêche de bien voir, et aussi d'être vu. Il peut s'étendre sur une longue distance, mais également vous surprendre par des nappes très ponctuelles et particulièrement denses. Allumez vos codes et feux de brouillard, à l'avant comme à l'arrière. Réduisez fortement votre vitesse. Évitez d'avoir à donner un coup de frein brusque : les automobilistes qui vous suivent pourraient avoir du mal à percevoir à temps votre ralentissement et être surpris de votre soudain changement d'allure.

Par temps de brouillard, les collisions impliquant plusieurs voitures d'une même file sont nettement plus fréquentes. Ne collez pas à tout prix à la voiture qui vous précède, même si c'est pour ne pas perdre ses feux de vue : insensiblement, vous l'incitez à accroître sa vitesse, et c'est ainsi que vous augmentez les risques d'accident en chaîne.

Sur autoroute, les bornes d'appel d'urgence affichent un clignotant orange par temps de fort brouillard.

Neige

Elle fait chuter l'adhérence jusqu'à 80 %. Mais attention, le plus traître dans la neige, ce n'est pas cette chaussée plus glissante, mais la grande variation entre les niveaux d'adhérence. La neige fraîche non encore tassée offre une adhérence certes basse, mais continue. Au contraire, un tapis neigeux ancien mélange des degrés d'adhérence très variables et peu prévisibles : d'un mètre à l'autre, ou entre la partie gauche et droite de la route, l'adhérence peut varier du simple au triple. Méfiance : la surface peut recouvrir une sous-couche de glace dure. Enfin, la neige fondante se colle dans les sculptures des pneus et crée un effet « patinoire ».

Conseil Pratique

Pneus neige ou chaînes ?

Les pneus neige sont très utiles durant toute la saison hivernale. Sur la neige, ils permettent de limiter la perte d'adhérence, et se révèlent excellents pour la pluie. ***Il faut surtout les monter par quatre.***

Les chaînes ne sont à utiliser que ponctuellement, lorsque vous abordez une chaussée entièrement enneigée. Elles peuvent être rendues obligatoires par les forces de l'ordre. Si vous n'en disposez pas, vous pouvez vous voir refuser l'accès à une route. Les chaînes se montent sur les roues motrices de votre voiture. Si vous vous rendez en montagne l'hiver, anticipez votre achat lorsque vous êtes encore en plaine. Ne les placez pas au fond du coffre, sous les bagages.

Un conseil : avant de partir, entraînez-vous à monter et démonter vos chaînes plusieurs fois de suite afin d'être opérationnel le moment venu en montagne.

Glace et verglas

Sur cette surface tellement glissante, la voiture devient presque incontrôlable. Les aides électroniques à la conduite ne peuvent rien contre des adhérences aussi basses. **Une voiture qui perd sa trajectoire sur la glace devient irrattrapable, même entre les mains les plus expertes.** Souvent, la glace se trouve mélangée à la neige. Mais le verglas « noir » peut vous surprendre par plaques ponctuelles sur une route totalement dégagée : méfiez-vous, lorsque la température est négative, des zones restées dans l'ombre, des bordures de bois, des secteurs sujets à brouillard. C'est là que perdurent, même après le dégel, des plaques de glace qui peuvent vous prendre de cours.

Nuit : minimisez les dangers

Risque accru

La nuit représente moins de 10 % du trafic mais 35 % des blessés et 44 % des personnes tuées sur la route. La fatigue due au manque de sommeil et les conditions précaires de visibilité expliquent cet état de fait. Aucun conducteur n'échappe à ces difficultés de conduite accrues durant la nuit. Aussi, redoublez de prudence, surtout si les conditions météo sont de surcroît défavorables.

Changer ses repères

Dans des conditions de visibilité précaire, la façon de conduire et de suivre la route doit s'adapter. Le faisceau des phares, limité en largeur, maintient dans l'obscurité de nombreux éléments latéraux nécessaires au décryptage de la route et des événements qui peuvent s'y produire. Sur route sinueuse, ce manque de perception du contexte prend une importance accrue, les phares éclairant mal le tracé à suivre. La vision périphérique étant amputée, il devient difficile de se situer dans l'espace et de se faire une idée de son propre mouvement.
De nuit, il vous faut « balayer » la route du regard afin de détecter le plus loin possible les repères qui permettent d'appréhender la trajectoire à suivre. Aidez-vous des points fluorescents sur le côté des chaussées. Gardez à l'esprit que vous ne pouvez pas récupérer une aussi bonne vision que de jour.

Bien y voir

Votre visibilité nocturne dépend de deux facteurs :

• **La propreté du pare-brise** – Les saletés diminuent la qualité de vision et, surtout, créent, par diffraction de la lumière, des zones d'éblouissement sur le verre.

• **Le réglage des phares** – Vous pouvez le vérifier vous-même. Placez votre auto face à un mur sur un sol horizontal. Reculez de 10 mètres. Mettez vous en codes. Vérifiez d'abord que les deux pinceaux lumineux sont à même hauteur. La limite supérieure de la zone éclairée sur le mur doit être 10 % moins haute que le centre de votre phare. Si le centre de votre phare est à 67 cm du sol, la ligne sur le mur doit être à 60 cm.

Le saviez-vous ?

Phares au xénon : pas de réglage

Les voitures dotées d'éclairage au Xénon n'offrent pas de possibilité d'ajustement par le conducteur. Un correcteur automatique définit en permanence leur angle d'inclinaison pour un éclairage optimal en fonction de la charge de la voiture, et de ses inclinaisons en accélération ou en freinage. Si un phare au Xénon est mal ajusté en hauteur, vous devez le faire régler par un garagiste.

Éblouissement

C'est un des aspects les plus éprouvants de la conduite nocturne. Dans un environnement obscur, toute source lumineuse vive et concentrée crée une gêne visuelle, qui peut aller jusqu'à l'éblouissement. Spontanément, la pupille se rétracte. Jamais autant que de nuit les contrastes lumineux ne sont aussi marqués, ce qui oblige l'œil à une gymnastique incessante. Suivant l'intensité de la source aveuglante, vous ne récupérez une vision normale que 5 à 30 secondes plus tard.

Conseil Pratique

Ne fixez pas une lumière vive

Un réflexe naturel vous amène à fixer du regard une source lumineuse qui vous aveugle. Erreur. Vous allez accentuer l'effet néfaste sur votre vision. Au contraire, détournez volontairement le regard de toute source lumineuse gênante. Protégez-vous d'un faisceau de phare mal réglé venant en sens inverse par votre main mise en visière le long de votre arcade sourcilière.

Départs en vacances : évitez le stress

Chargement à bord

Anticipez les préparatifs de départs pour éviter la précipitation et l'énervement. Si vous disposez d'un garage fermé, chargez vos bagages la veille. Placez méthodiquement les objets dans le coffre, pour utiliser son volume au maximum.

Si vous avez un petit excédent de bagages, vous pouvez en placer certains dans l'habitacle, mais pas n'importe comment. Posez les paquets lourds sur le sol et non pas sur la banquette arrière. Et ménagez la visibilité du conducteur. Pas question de rétrécir son champ de vision ni la vue dans les rétroviseurs.

Conseil Pratique

Évitez les projectiles !

Ne laissez pas d'objets durs sur la plage arrière de votre voiture : au moindre choc, voire lors d'un ralentissement énergique, ils se transforment en projectiles violents, pouvant blesser lourdement les passagers des places avant ou arrière. À bord des voitures à hayon, ne placez pas de bagages au-dessus du niveau de la banquette, à moins de disposer d'un filet de retenue.

Surcroît de bagages

Si vous ne pouvez pas transporter tous vos bagages dans le coffre, vous devrez faire appel à des solutions annexes :

• **Sur le toit** – Utilisez des barres de toit, mais ne placez pas de bagages en vrac dessus. Préférez des coffres de toit, qui s'adaptent parfaitement à ce type de chargement. Faites bien attention à la solidité des fixations, et ne dépassez pas la charge prescrite. **Après avoir roulé 10 ou 20 km, vérifiez et resserrez si besoin les fixations.**

• **Dans une remorque** – Les petites remorques couvertes accueillent jusqu'à 500 kg de chargement, sans nécessiter d'immatriculation spécifique. Si vous n'êtes pas habitué à tracter, attention alors aux manœuvres, qui deviennent plus délicates. Avant le départ, vérifiez l'état et la pression des pneus de la remorque, ainsi que le fonctionnement de ses feux.

Le saviez-vous ?

Pauses

Arrêtez-vous au minimum une fois toutes les deux heures : *c'est indispensable pour maintenir votre vigilance au volant. L'été, profitez des nombreuses attractions prévues sur les autoroutes françaises. Sur le réseau des routes nationales et départementales, dégourdissez-vous les jambes par une petite promenade. Vous pouvez profiter d'un arrêt pour changer de conducteur.*

Partir tôt

Vous êtes tenté par un départ « à la fraîche », vers 4-5 heures du matin, pour échapper aux bouchons et aux grosses chaleurs. Les enfants peuvent ainsi continuer leur nuit à bord, sans être trop remuants. Bon calcul, mais qui ne convient pas à chacun. Si vous redoutez la conduite de nuit, ou si vous venez de traverser une période de fatigue, évitez ces horaires d'avant l'aube. **La tranche horaire durant laquelle votre corps a le plus besoin de sommeil se situe de 3 à 5 heures du matin.** Ne forcez pas la nature, elle reprendrait le dessus à votre insu.

Conseil Pratique

Une bonne nuit de sommeil

Partez toujours reposé. Une bonne nuit de sommeil avant d'entreprendre une route de plusieurs centaines de kilomètres est indispensable. Surtout si vous n'êtes pas un accoutumé de la conduite prolongée : la fatigue vous atteindra plus vite.

Enfants à bord : installez-les avec soin

À chaque âge son équipement

Il est interdit et dangereux de faire voyager un enfant en voiture sans équipement adapté à sa taille. Sa morphologie l'empêche d'utiliser directement les ceintures existantes. Il lui faut donc un siège dédié précisément à sa taille. Aucune autre solution ne lui permet de bénéficier d'une bonne sécurité en cas de choc. Sans siège spécifique, il risque des lésions très graves lors d'accidents même bénins.

Familles de sièges

Groupe 0 +

Jusqu'à 13 kg (naissance jusqu'à 12-15 mois environ)

Pour les nourrissons, siège coque dos à la route, avec harnais.

Groupe 1

9 à 18 kg (9 mois à 4 ans 1/2 environ)

Siège baquet muni de renforts latéraux face à la route, avec harnais.

Groupe 0 +1

Jusqu'à 18 kg (naissance jusqu'à 4 ans 1/2 environ)

Siège combiné qui suit la croissance de l'enfant de la naissance jusqu'à 4 ans et demi. Pour les plus petits, il se complète d'une housse interne qui comble le vide autour du corps.

Groupe 2

15 à 25 kg (3 ans 1/2 à 7 ans environ)

Rehausseur avec dossier, utilisation de la ceinture de la voiture. Aujourd'hui, ces équipements du Groupe 2 sont combinés avec ceux du Groupe 3.

Groupe 3

22 à 36 kg (6 à 11 ans environ)

Simple rehausseur d'assise, à utiliser jusqu'à une taille d'1,45 m.

Groupe 2/3

15 à 36 kg (3 ans 1/2 à 11 ans environ)

rehausseur avec dossier qui prend le relais des équipements du Groupe 1, et convient jusqu'à une taille d'1,45 m.

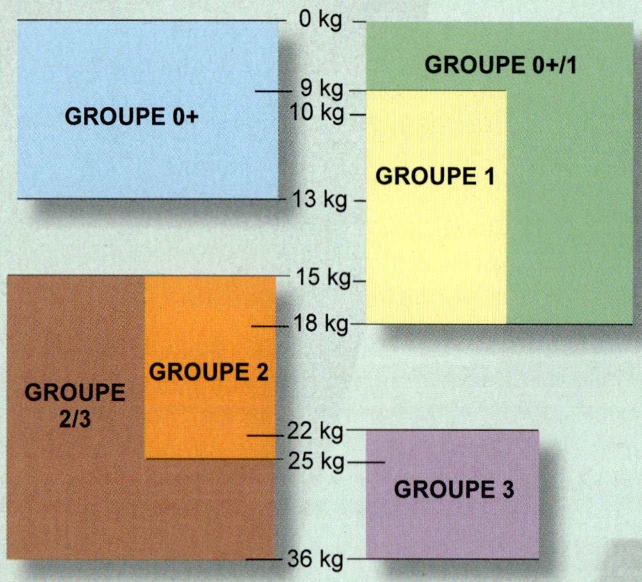

Où placer bébé ?

Jusqu'à 12 à 15 mois, la position dos à la route est, de loin, la plus recommandée. Le plus pratique est de placer votre enfant dans son siège coque sur le siège passager, à côté de vous : vous pourrez lui jeter un coup d'œil de temps à autre. Attention : cela exige qu'il n'y ait pas d'airbag passager, ou que celui-ci ait été désactivé selon la procédure indiquée par le constructeur. Sur certaines voitures, la désactivation de l'airbag passager est impossible ; la place avant est alors à proscrire pour l'enfant. Dans ce cas, installez-le à l'arrière, également dos à la route. Statistiquement, c'est sur la place centrale de la banquette que les conséquences d'un éventuel accident sont les plus légères.

Enfants à bord : installez-les avec soin

5 gestes à bannir

1. Bébé ceinturé avec adulte

La ceinture entoure le corps de l'adulte et de l'enfant posé sur ses genoux. En cas de ralentissement fort, la sangle va bloquer l'enfant, tandis que votre corps projeté en avant va littéralement l'écraser. Risque de lésions gravissimes sur un simple coup de frein.

2. Bébé sur les genoux

Tout petit, votre nouveau-né se transforme en projectile au premier ralentissement brusque. Même en l'absence de tout accident, un freinage appuyé suffit à le projeter violemment vers le pare-brise. Vos bras même agrippés à lui ne peuvent pas le retenir. En cas de choc, blessures lourdes dès 20 km/h.

3. Enfant entre les sièges

Surtout dans les monospaces, les enfants adorent rester debout, à l'arrière, entre les sièges avant, en prenant appui sur leurs dossiers. À proscrire absolument, même pour quelques centaines de mètres. Sur un coup de frein fort, l'enfant se transformerait en projectile vers le pare-brise, et rien ne pourrait freiner cette violente plongée vers l'avant.

4. Siège sans harnais attaché

De nombreux enfants sont juste posés dans leur siège, sans que le harnais soit fixé. L'utilité du siège est alors réduite à néant. De même, ne laissez pas le harnais trop relâché sur le corps de l'enfant : la retenue en cas de choc ne se ferait qu'avec un temps de retard ; le thorax serait projeté en avant d'être freiné par la sangle, qui l'étreindrait alors avec une violence excessive.

5. Ceinture sous l'épaule

À partir de 10-11 ans, les enfants commencent à prendre quelques libertés avec la ceinture. Ils décrètent que la sangle près de leur cou les gêne. Alors, ils la font passer sous l'aisselle. À proscrire : une forte décélération provoquerait un écrasement des cotes, qui sont des os fragiles. Risque de lésion thoracique lourde. En cas de choc, la retenue du buste et de la tête serait dégradée.

Installation : soyez attentif

Halte à tout bricolage dans la fixation des sièges pour enfant : toute approximation annihile leur efficacité. N'opérez pas avec flou par rapport au mode d'attache préconisé. Même si le montage vous apparaît assez simple, lisez la notice d'emploi du fabricant, car un point essentiel, notamment dans le cheminement de la ceinture et son passage dans des pinces bloquantes, peut vous avoir échappé. Ce qui compromet la sécurité de l'ensemble. Faites bien passer la ceinture de l'auto dans les guides prévus.

Assurez le tout par un serrage puissant.
Le siège une fois monté, vérifiez la solidité de la fixation en lui imprimant des mouvements brusques, d'avant en arrière et latéralement : il ne doit quasiment pas se décoller de sa position initiale.
Si le siège de l'enfant reste à demeure à la même place, assurez-vous périodiquement de sa bonne fixation : il peut se produire un relâchement progressif des sangles, exigeant un resserrage.

Conseil Pratique

Oubliez le lit nacelle !

Cet équipement a été recommandé jusqu'à une date récente. Mais le lit nacelle est déjà interdit dans de nombreux pays. Ne croyez pas que le nourrisson est mieux installé en position allongée. Le siège auto premier âge, avec sa coque incurvée, lui permet de retrouver une position fœtale qui convient dès la sortie de la maternité. Et, en cas d'accident, la sécurité offerte par les lits autos est déplorable : la sangle qui leur barre l'abdomen ou le filet anti-éjection constituent de très mauvaises parades.

Enfants à bord : installez-les avec soin

Du calme à bord

Même si votre enfant rechigne, restez ferme quant à l'obligation de l'installer dans un équipement adapté à son âge. Ne démarrez pas tant qu'il n'est pas correctement assis et ceinturé. Dès deux ans, expliquez-lui pourquoi il lui faut être sur un siège spécial. Surtout, n'omettez jamais de le placer dans « son » siège, même pour de brefs trajets : s'il en prend l'habitude, il s'y installera de lui-même et vous n'aurez plus à le convaincre chaque fois.

Sur la route, maintenez le calme à bord : en tant que conducteur, vous avez besoin de toute votre concentration. Si vous avez plusieurs enfants remuants à bord, tentez de les calmer. Au besoin, arrêtez-vous et faites une pause détente. Durant les longues étapes de vacances, n'hésitez pas à multiplier les arrêts. Soyez attentif aux pleurs du tout-petit s'ils perdurent. Surtout l'été, il a peut-être trop chaud, ou tout simplement soif. Les risques de déshydratation sont accrus dans une voiture surchauffée ou asséchée par la climatisation.

Jeux individuels ou participatifs

Les enfants aiment jouer. Les trajets en voiture vont vite leur paraître longs et ennuyeux. Incitez-les à se distraire avec leurs occupations favorites (console électronique, jeux de poche) ; puis, changer d'activités : faites avec eux des jeux oraux (pourquoi pas ne pas en profiter pour leur faire réviser les tables de multiplication) ou des jeux visuels (compter le nombre de voiture d'une marque ou d'un modèle précis). Ou encore, faites les participer au voyage, en leur montrant la progression de votre trajet à l'aide de cet atlas.

Gestes à interdire

Si les jeux oraux, visuels ou de console sont particulièrement indiqués s'ils sont pratiqués dans le calme, montrez-vous par contre très ferme face à quelques débordements qui peuvent être dangereux.

• **Jouer avec les vitres électriques –** Les vitres à remontée automatique sont toutes dotées d'une fonction anti-pincement qui stoppe le mouvement de la vitre lorsqu'elle rencontre un obstacle. Mais cette sécurité intervient alors que la poussée exercée par la vitre est déjà très forte, et suffisante pour faire très mal à un petit. Si votre voiture dispose de vitres arrière électriques, vous pouvez en bloquer le fonctionnement par une commande à portée du conducteur.

• **Jouer avec les portières –** À proscrire absolument. Sur les portes arrière, existent des « sécurités enfants » qui s'activent, soit par une petite manette sur la tranche des portes, soit par une commande électrique au tableau de bord.

• **Passer le bras ou la tête par la portière –** Attention aux débordements dangereux, et qui surviennent vite.

• **Taquiner le conducteur –** Intention souvent gentille, mais la surprise occasionnée sur le conducteur peut être source d'une réaction incontrôlée de sa part et nuisible à sa conduite.

• **Jet d'objets –** Jouer avec un ballon, ou un objet que l'on jette est amusant, mais ne doit pas se faire en voiture.

• **Encombrer la plage arrière –** Rien de plus facile que de se servir de la plage arrière pour poser ses affaires. Mais amputer la visibilité du conducteur n'est pas du tout indiqué.

Entretien automobile : les bonnes précautions

Amortisseurs

Usure insidieuse que celle des amortisseurs : elle est lente et très progressive, et confère à la voiture un comportement plus souple, qui accroît dans un premier temps l'impression de confort.

De l'état des amortisseurs dépend étroitement la tenue de route de votre voiture. Des amortisseurs usés vous font perdre :

– de la netteté dans la tenue de cap en ligne droite ;

– de la précision de trajectoire dans les virages ;

– de l'adhérence sur des chaussées déformées ; les réactions de votre voiture deviennent aléatoires et éventuellement dangereuses ;

– de l'efficacité au freinage.

Au-delà de 80 000 km, recommandez donc à votre garagiste d'être attentif sur l'état des amortisseurs.

Freins

La vérification des freins est inscrite dans le programme de révision de toutes les voitures. Il n'existe pas de kilométrage précis pour effectuer le changement des pièces usées (plaquettes, disques, garnitures de tambours). C'est à votre garagiste d'effectuer le remplacement lorsqu'il l'estime nécessaire. Si vous commencez à entendre un fort bruit métallique lors des ralentissements, c'est que les plaquettes de frein sont arrivées à usure totale. Danger : la capacité de freinage est alors réduite de 90 %.

Il faut également remplacer le liquide de frein tous les deux ans, car il se charge progressivement en eau : risque de formation de bulles dans le circuit de freinage et d'absence soudaine de répondant lors d'un enfoncement de la pédale.

Visibilité

Bien voir au volant est essentiel. Ne laissez pas votre champ de vision se rétrécir par la présence d'objets gênants ou envahissants. Si vous constatez une baisse de vos capacités visuelles, faites-vous examiner par un ophtalmologiste. Si vos verres datent de plus d'un an et que vous avez un doute, faites-vous refaire une paire de lunettes adaptées à votre vue dans les meilleurs délais.

• **Essuie-glaces –** Vérifiez l'état des balais tous les trois mois. Leur caoutchouc se dégrade avec le temps. L'essuyage du pare-brise s'accompagne alors de fines stries qui handicapent la vision. Avant de les changer, passez votre doigt sur la longueur de leur lame pour vous assurer que ce ne sont pas des petits corps étrangers qui sont à l'origine du mauvais essuyage. Refaites un essai avec les balais nettoyés.

• **Lave-glace –** Pensez à vérifier son niveau avant le départ, et complétez si besoin.

• **Éclairage –** Assurez-vous périodiquement du bon fonctionnement de l'éclairage avant (codes et pleins phares), ainsi que des feux arrière. Conservez à bord une boîte d'ampoules. Attention : sur un nombre croissant de voitures récentes, il est devenu impossible de changer une ampoule de phare soi-même.

Entretien automobile : les bonnes précautions

État des pneus

Ne prenez la route qu'avec des pneus en bon état. Eux seuls assurent le contact de votre voiture avec la chaussée. Voici ce qui peut les altérer et donc vous obliger à un remplacement :

• **Usure –** Légalement, la profondeur des sculptures doit être au minimum de 1,6 mm. Utilisez le témoin d'usure pour évaluer le niveau d'abrasion de la bande de roulement. Un triangle sur le flanc du pneu (ou un Bibendum chez Michelin) localise l'emplacement du témoin d'usure. Si ce petit bossage situé entre les sculptures est devenu affleurant, il faut alors changer les pneus, au moins les deux du même essieu. Attention : l'usure peut ne pas être égale sur toute la largeur du pneu. Il faut alors remplacer le pneu dès que sa zone la plus usée a atteint le minimum légal. Faites surtout vérifier simultanément le réglage de géométrie des suspensions.

• **Hernie –** Si vous percevez un bossage sur le flanc du pneu, c'est qu'il a heurté un obstacle. Sa structure est atteinte. Si l'hernie est grosse, le pneu est à changer. Faites évaluer son état par un spécialiste.

• **Déchirure –** Un simple accroc de surface n'est pas problématique. Soulevez le caoutchouc pour évaluer sa profondeur. Si vous voyez la trame du pneu, il faut le changer.

• **Sous-gonflage prolongé –** Un pneu garde des séquelles d'un roulage prolongé avec un fort déficit de pression. Si, par inadvertance, vous avez roulé plus de 20 km avec un déficit de pression d'un bar (1 kg) ou plus, faites examiner l'intérieur du pneu par un professionnel et disposez-vous à le changer. Sinon, risque de déchapage (perte de la bande de roulement).

Pression des pneus

Tout pneu enregistre une perte d'air infime mais régulière. C'est pourquoi il est indispensable de vérifier la pression tous les mois, ainsi qu'avant un long déplacement.

Le manque de pression (sous-gonflage) a des conséquences dangereuses pour vous et vos occupants :
– dégradation de la tenue de route, surtout en virage,
– allongement des distances de freinage,
– usure accélérée de la bande de roulement,
– fatigue de la structure du pneu,
– échauffement et risque d'éclatement.

Attention : les pneus modernes, aux flancs plus bas et plus rigides, ne permettent plus de détecter à l'œil nu un sous-gonflage. Pour qu'un manque de pression soit visuellement perceptible, il faut que le manque d'air soit au minimum de 30 à 40 %. À ce stade, la sécurité du comportement routier a déjà été largement compromise.

La bonne pression est indiquée dans le carnet d'entretien de la voiture et rappelée par un autocollant fixé sur la carrosserie, dans l'encadrement d'une portière avant ou sur le dos de la trappe à essence.

La pression préconisée dépend de la voiture et pas du pneu lui-même. Si vous avez égaré toute indication du constructeur, reportez-vous aux tableaux de pression présents à proximité des postes de gonflage.

Pour ajuster la pression, suivez ces quelques règles :
– surgonflez de 0,3 bar (300 grammes) en cas de voiture chargée. Ou alors reportez-vous aux préconisations du constructeur : sur un nombre croissant de voitures, les préconisations de pression en charge sont nettement plus élevées ;
– n'oubliez pas de vérifier la pression sur la roue de secours S'il s'agit d'une roue galette, la pression peut être très élevée (3 à 4 bars) ;
– surgonflez de 0,4 bar (400 grammes) à l'arrière si vous tractez une caravane ;
– pour la caravane, reportez-vous aux préconisations du fabricant ; en moyenne, la pression préconisée est de 3 bars ;
– pour les camping-cars, redoublez de précautions : sur ces véhicules utilisés ponctuellement, les pneus sont souvent dégonflés. Attention : les bonnes pressions ne sont pas celles de l'utilitaire dont ils sont issus, mais sont spécifiques au modèle. Reportez-vous précisément au carnet de bord du fabricant.

Entretien automobile : les bonnes précautions

Réparation d'un pneu

Quasiment tous les pneus peuvent se réparer, mais pas tous les dommages. Un petit trou « propre » fait par un clou fin se colmate par une mèche de caoutchouc (seul un professionnel est habilité à le faire). En revanche, une déchirure plus importante est irréparable. Si vous avez roulé plus d'un kilomètre avec un pneu à plat, il sera forcément à changer.

Sur les pneus « tubeless », proscrivez tout dépannage même momentané avec une chambre à air. Cette solution de fortune parfois proposée par certains réparateurs est dangereuse : l'air subit un réchauffement intense et, dès les bases vitesses, le risque d'éclatement est fort.

Conseil Pratique

Vérification à chaud

De préférence, évitez d'ajuster les pressions une fois les pneus montés en température, c'est-à-dire après avoir roulé plus de 5 à 8 km. Cependant, mieux vaut effectuer cette intervention à chaud plutôt que de vous en passer si vous avez un doute sur la quantité d'air dans vos pneus. C'est à cette fin que les compagnies autoroutières françaises ont installé des postes de gonflage après les barrières de péage. Dans ces conditions, majorez de 0,3 bar (300 grammes) la pression prescrite.

Contrôle technique

En France, toute voiture âgée de quatre ans doit passer un contrôle technique. La première visite doit se faire dans les six mois avant son quatrième anniversaire. La date de première immatriculation portée sur la carte grise fait référence pour définir le jour ultime de passage au contrôle. **Par la suite, les visites se font tous les deux ans.** L'administration n'envoie aucune convocation : c'est à vous de présenter spontanément votre voiture dans un centre agréé. Le passage coûte autour de 65 € et exige un rendez-vous.

En cas de points non conformes sur votre voiture, vous avez deux mois pour effectuer les réparations. Délai au terme duquel vous présenterez à nouveau votre voiture pour une contre-visite (10 à 30 €).

Le contrôleur n'a pas le droit d'effectuer la moindre intervention sur votre voiture, même pour remédier à une anomalie élémentaire. Aussi, préparez la visite en éliminant toutes les causes visibles et anodines de recalage : balais d'essuie-glace en mauvais état, pneus endommagés ou trop usés, ampoule défaillante, feu arrière brisé. Autant de points aisés à rectifier et qui vous éviteront une contre-visite.

Le saviez-vous ?

Ce que le contrôle ne vous dit pas

Très méthodique, le contrôle technique ne vous dit cependant pas tout sur l'état de votre voiture. Son but est d'identifier ce qui peut, à un instant donné, nuire à votre sécurité ou à l'environnement. Mais ce n'est pas un check-up poussé sur l'état général de la mécanique, ni sur le niveau d'usure des pièces. Impossible d'en déduire le degré de fatigue du moteur, ni le kilométrage qu'il peut encore effectuer. Certaines pièces, comme le disque d'embrayage, ne font l'objet d'aucun test. Des plaquettes de frein en fin de vie procurent encore un très bon freinage, mais sont raisonnablement à remplacer.

Infractions : les sanctions

Radars fixes

Début 2009, la France compte près de 1300 radars fixes. Ils vous photographient, soit de face, soit de dos. Leur marge d'erreur est décomptée pour la vitesse retenue du conducteur :

– jusqu'à 100 km/h, il est soustrait 5 km/h ;

– au-delà de 100 km/h, il est enlevé 5 %.

L'excès de vitesse est désormais verbalisé dès le 1er km/h de trop (par rapport à la vitesse retenue).

La liste des radars, régulièrement mise à jour, est à consulter sur le site du Ministère des Transports – **http://www.securiteroutiere.gouv.fr/** – puis tapez « liste des radars » dans la fenêtre de recherche.

Le saviez-vous ?

Radars supplémentaires

Des contrôles radars « classiques » ont toujours lieu au bord des routes, de façon aléatoire. Les appareils utilisés aujourd'hui (jumelles laser en particulier), très précis, permettent des repérages à 400 mètres et fonctionnent par tous les temps. Il existe aussi des contrôles de vitesse enregistrés par des radars embarqués à bord de voitures banalisées, roulant dans la circulation. Leur marge d'erreur est décomptée pour la vitesse retenue du conducteur :
– jusqu'à 100 km/h, il est soustrait 10 km/h ;
– au-delà de 100 km/h, il est enlevé 10 %.

Photo légale

N'espérez pas contester la validité légale de la photo du radar, au motif qu'elle porterait atteinte à votre vie privée. Cet argument a été jusqu'alors continûment rejeté par les juges, et même la Cour Européenne l'a estimé irrecevable.

Par ailleurs, les photos « de dos » sont également valables sans contestation, puisque c'est maintenant le titulaire de la carte grise, c'est-à-dire le propriétaire légal de la voiture, qui est redevable de l'amende pécuniaire.

Paiement immédiat

Pour les petites infractions (de la 2e à la 4e classe, hormis les contraventions de stationnement gênant), vous pouvez bénéficier d'un tarif minoré. À condition de ne pas contester l'infraction et de régler l'amende dans un délai bref :

– 3 jours pour les PV qui vous sont remis directement ;

– 15 jours pour un PV expédié à votre domicile. Pour les PV remis directement par les forces de l'ordre, vous pouvez la plupart du temps payer immédiatement, par chèque ou carte bancaire.

Infractions à l'étranger

Un nombre croissant de pays d'Europe a passé des accords pour que les automobilistes auteurs d'infractions routières en dehors de leur territoire soient poursuivis dans leur propre pays. Ces dispositions restent pour l'instant quasiment sans effet. Mais vous pouvez être contraint, par des forces de l'ordre étrangères qui vous interceptent, de payer une amende sur le champ. Par ailleurs, dans certains pays, si vous restez redevables d'amendes non réglées lors de votre précédent séjour, vous pourrez vous voir contraint lors d'un passage ultérieur à la frontière de payer votre dû.

Infractions : les sanctions

CONTRAVENTIONS				
Nature de la faute	**Amende**	**Retrait de points**	**Suspension de permis**	**Autre sanction possible**
Durée de stationnement dépassée	11 € (33 € si retard)	-	-	-
Gestes du conducteur entravant sa conduite		2	-	-
Usage d'un téléphone tenu en main en conduisant		2	-	-
Circulation sur bande d'arrêt d'urgence ou dans couloir de bus	35 €	3	-	-
Changement de direction sans avertissement préalable (clignotant)		3	-	-
Stationnement gênant	35 € (75 € si retard)	-	-	-
Éblouissement provoqué par mauvais réglage de phares	68 € (minorée 45 €, 180 € si retard)			
Stationnement abusif (1 semaine, > 1 jour à Paris)	35 € (75 € si retard)	-		-
Arrêt ou stationnement dangereux, ou de nuit sur route sans éclairage		3	Maxi 3 ans	-
Absence de gilet fluorescent ou de triangle de présignalisation à bord		-	-	-
Absence de contrôle technique		-	-	-
Plaque d'immatriculation absente ou illisible		-	-	-
Pneu trop usé ou détérioré		-	-	-
Défaut de port de ceinture de sécurité		3	-	-
Défaut de port de casque (2 roues motorisées)		3	-	-
Non-respect d'un feu rouge ou d'un stop ou au cédez le passage		4	Maxi 3 ans	-
Refus de priorité		4	Maxi 3 ans	-
Non-respect du céder le passage à un raccordement sur autoroute	135 €	4	Maxi 3 ans	-
Circulation en sens interdit		4	Maxi 3 ans	-
Marche arrière ou demi-tour sur autoroute et rocade d'accès		4	Maxi 3 ans	-
Non-respect de la distance de sécurité entre 2 véhicules		3	Maxi 3 ans	-
Chevauchement de ligne continue		1	Maxi 3 ans	-
Franchissement de ligne continue		3	Maxi 3 ans	-
Dépassement dangereux		3	Maxi 3 ans	-
Accélération du conducteur sur le point d'être dépassé		2	Maxi 3 ans	-
Circulation à gauche sur une chaussée à double sens		3	Maxi 3 ans	-
Circulation de nuit ou par visibilité insuffisante sans éclairage		4	Maxi 3 ans	-
Conduite en état alcoolique (0,5 à 0,8 g/litre de sang)		6	Maxi 3 ans	Immobilisation
Défaut de maîtrise de la vitesse		-	-	-
Excès de vitesse < 20 km/h si vitesse limite > 50 km/h	68 €	1	-	-
Excès de vitesse < 20 km/h si vitesse limite < ou = 50 km/h		1	-	-
Excès de vitesse = ou > 20 km/h et < 30 km/h	135 €	2	-	-
Excès de vitesse = ou > 30 km/h et < 40 km/h		3	Maxi 3 ans	-
Excès de vitesse = ou > 40 km/h et < 50 km/h		4	Maxi 3 ans	Confiscation
Excès de vitesse > 50 km/h	Maxi 1 500 €	6	Maxi 3 ans	Confiscation
Utilisation ou détention d'un détecteur de radar	1 500 €	2	Maxi 3 ans	Confiscation du matériel

Infractions : les sanctions

DÉLITS

Nature de la faute	Amende	Retrait de points	Suspension de permis	Autre sanction possible
Récidive d'excès de vitesse > 50 km/h	Maxi 3 750 €	6	Maxi 3 ans	Prison (maxi 3 mois)
Défaut d'assurance		-	suspension/ annulation de 3 ans	Immobilisation / confiscation
Refus d'obtempérer		6	Maxi 3 mois	Prison (maxi 3 mois)
Mise en danger d'autrui	Maxi 15 000 €	-	Maxi 5 ans (annulation)	Prison (maxi 1 an)
Usage de fausses plaques	Maxi 30 000 €	-	-	Prison (maxi 7 ans)
Délit de fuite	Maxi 30 000 €	6	Maxi 3 ans (annulation)	Prison (maxi 2 ans)
Conduite avec une alcoolémie égale ou supérieure à 0,8 g/litre de sang ou en état d'ivresse manifeste. Refus de se soumettre à une vérification de présence d'alcool dans le sang.	Maxi 4 500 €	6	suspension/ annulation de 3 ans (sans sursis ni «permis blanc»)	Immobilisation, prison 2 ans
Récidive avec une alcoolémie égale ou supérieure à 0,8 g/litre de sang ou en état d'ivresse manifeste	9 000 €	6	annulation de 3 ans de plein droit (sans sursis ni «permis blanc»)	Immobilisation / confiscation prison 4 ans
Conduite sous l'effet de drogue ou refus de dépistage de drogue	4 500 €	6	suspension/ annulation de 3 ans (sans sursis ni «permis blanc»)	Immobilisation / confiscation prison 2 ans
Conduite sans permis de conduire	Maxi 15 000 €	-	-	Immobilisation / confiscation prison 1 ans
Conduite malgré une suspension administrative ou judiciaire du permis de conduire ou une rétention du permis de conduire	Maxi 4 500 €	6	suspension/ annulation de 3 ans (sans sursis ni «permis blanc»)	Immobilisation / confiscation prison 2 ans
Accident occasionnant des blessures graves (incapacité temporaire de travail < 3 mois)	Maxi 30 000 €	6	Maxi 5 ans	Immobilisation immédiate, prison (maxi 2 ans)
Accident occasionnant des blessures graves (incapacité temporaire de travail < 3 mois) avec circonstances aggravantes (emprise d'alcool...)	Maxi 75 000 €	6	Maxi 10 ans (annulation)	Immobilisation immédiate, prison (maxi 5 ans)
Accident occasionnant des blessures graves (incapacité temporaire de travail > 3 mois)	Maxi 45 000 €	6	suspension/ annulation de 5 ans (sans sursis ni «permis blanc»)	Immobilisation / confiscation prison 3 ans
Accident occasionnant des blessures graves (incapacité temporaire de travail > 3 mois) avec circonstances aggravantes (emprise d'alcool...)	Maxi 100 000 €	6	Maxi 10 ans (annulation)	Immobilisation immédiate, prison (maxi 7 ans)
Accident avec homicide involontaire	Maxi 75 000 €	6	Maxi 5 ans (annulation)	Immobilisation immédiate, prison (maxi 5 ans)
Accident avec homicide involontaire avec circonstances aggravantes (emprise d'alcool...)	Maxi 150 000 €	6	Maxi 10 ans (annulation)	Immobilisation immédiate, prison (maxi 10 ans)

Panne ou accident : comment réagir ?

S'arrêter

En cas d'incident, l'arrêt sur le bord de la chaussée doit se faire de la façon la plus sûre qui soit.

• **Sur une route :**
– rangez-vous le plus à droite possible sur le bas-côté ;
– ne vous placez pas juste après le sommet d'une côte (descendez de quelques dizaines de mètres au moins), ni au milieu ou à la sortie d'un virage ;
– allumez vos feux de détresse (warnings) ;
– enfilez votre gilet fluorescent avant de sortir du véhicule ;
– faites descendre les occupants sans empressement, avec le maximum de précautions, de préférence par les portières opposées aux voies de circulation. Si ce n'est pas possible, encadrez leur descente en regardant vers l'arrière les véhicules qui risquent d'arriver ;
– surtout, ne restez pas sur la chaussée. Maintenez les enfants à proximité des adultes ;
– placez le triangle de présignalisation à 200 m en amont de votre voiture.

• **Sur une autoroute ou une voie rapide :**
– appliquez les consignes décrites ci-dessus « Sur une route » ;
– utilisez les aires d'arrêt situées à côté des bornes d'appel d'urgence. Si vous ne pouvez les atteindre, immobilisez-vous sur la bande d'arrêt d'urgence ;
– rangez-vous sur la droite au plus près de la glissière de sécurité s'il y en a une.
– passez de l'autre côté de la glissière de sécurité pour attendre les secours ;
– Si vous êtes impliqué dans un simple accrochage de circulation sur une autoroute ou une voie rapide, dégagez au plus vite la chaussée. Ne restez pas sur le lieu de l'incident pour remplir le constat. Ralliez une sortie pour établir les formalités avec les autres conducteurs.

Conseil Pratique

Triangle et gilet, nouvelles obligations

Depuis juillet 2008, sont devenus obligatoires à bord des voitures le triangle de présignalisation et un gilet fluorescent. Conservez un accès facile à ces objets, ne les enfouissez pas dans le coffre sous des bagages. Enfilez le gilet avant de descendre. Placez le triangle 200 mètres en amont de votre voiture.

Alerter

Sur les autoroutes et certaines voies rapides, des bornes d'appel d'urgence sont disposées tous les 2 à 3 km (appel gratuit). Sur les glissières de sécurité est indiqué à intervalles rapprochés l'emplacement de la borne la plus proche. Par téléphone, précisez le numéro de la route ou de l'autoroute, votre sens de circulation, et le point repère s'il y en a (sur les petits panneaux en forme de borne kilométrique fixés sur les glissières de sécurité).

N° utiles

- *SAMU : 15*
- *Police : 17*
- *Pompiers : 18*
- *Toutes urgences : 112 (poste fixe ou portable)*

Assistance

Vous bénéficiez peut-être d'une assistance : soit par votre assureur, soit par votre carte bancaire, soit par un contrat spécifique auprès d'un spécialiste en assistance. Dans ce cas, n'organisez pas votre dépannage par vous-même : la prise en charge ultérieure des frais que vous auriez engagés avant de vous faire connaître à votre assisteur pourrait vous être refusée.
Attention, les prestations d'assistance sont parfois soumises à une franchise kilométrique : en deçà d'une certaine distance de votre domicile (le plus souvent 30 km), votre assistance ne joue pas. Relisez votre contrat pour connaître ses conditions d'application.
Sur autoroute, le dépannage ne s'effectue que par une compagnie agréée avec laquelle vous êtes en contact après votre appel depuis une borne. Si vous avez une assistance, cette dépense dont le montant est fixé par la loi sera d'office pris en charge ou remboursé ultérieurement.

Panne ou accident : comment réagir ?

Secourir

Portez assistance à d'éventuels blessés, mais surtout sans accomplir de geste désordonné si vous n'êtes pas formé pour le secourisme.

• Ne déplacez jamais les victimes d'un accident de leur position initiale, sauf en cas de danger imminent, tel un incendie.

• N'ôtez pas le casque d'un motard.

• Ne donnez aucun aliment ni solide ni liquide aux victimes.

En attendant l'arrivée de secours professionnels, vous pouvez rechercher dans le voisinage la présence d'un médecin ou d'un spécialiste de la santé. Puis restez à proximité du ou des blessés, parlez-leur pour les rassurer si leur état le permet.

Constat

Le moindre accrochage de circulation exige que les automobilistes en présence se donnent mutuellement leurs coordonnées. Si l'un refuse, il y a délit de fuite.

Utilisez un formulaire type pour établir un constat. Si vous n'en disposez pas, essayez d'en trouver un auprès d'un autre automobiliste. À défaut, établissez le constat sur papier libre. Ne vous contentez pas de laisser repartir l'autre conducteur sans un papier co-signé par lui et par vous, où les circonstances de l'accident soient décrites. **Assurez-vous de l'identité de l'autre automobiliste. Vérifiez que les coordonnées qu'il porte sur le constat sont bien celles de ses documents officiels.**

Remplissez la totalité des cases proposées. Dans vos commentaires, soyez bref et précis sur les termes. Vous pouvez prendre des photos du lieu de l'accident.

Conseil Pratique

Schéma, soyez simple et clair

Sur le croquis du constat, schématisez au maximum. De simples rectangles pour les voitures, des flèches pour indiquer leur sens de circulation, des lignes pour délimiter les bords des chaussées, et si besoin des pointillés pour signifier les voies de circulation. Signalez par un fléchage ou par une croix le point d'impact. C'est tout. Le schéma le plus simple sera mieux compris par l'assureur.

Ne pas remplir de constat ?

En cas d'accrochage léger, vous avez tout à fait le droit de ne pas établir de constat et de ne pas déclarer l'incident à votre assureur. Mais soyez très prudent quant aux risques que vous encourrez. Tout d'abord, il se peut que l'autre conducteur rédige de son côté un constat, qu'il remplit unilatéralement, et qu'il expédie ensuite à son assureur en affirmant que vous vous êtes opposé à l'établissement de ce document amiable. Ensuite, méfiez-vous des chocs même très légers en apparence. Les moindres altérations de tôlerie, de peinture ou de pare-chocs coûtent bien plus cher à réparer que vous ne pouvez l'imaginer. Ne pas déclarer l'accrochage et s'engager à régler directement les dégâts à l'autre conducteur peut aboutir à une facture nettement plus lourde que vous ne l'imaginiez.

Le mieux est de remplir un constat sur les lieux, et de ne l'envoyer à l'assureur qu'après un chiffrage précis des travaux de remise en état. Si les réparations sont d'un coûté limité, ne pas déclarer l'incident pour échapper au malus et indemniser directement l'autre automobiliste est légal.

Environnement : soyez doux avec la nature

Voiture en bon état

Le premier gage d'une consommation maîtrisée est le bon état de votre voiture. Ce qui signifie :
– un filtre à air non encrassé. Faites-le changer à intervalles rapprochés si vous circulez beaucoup en ville ;
– des bougies en bon état (voiture à essence) ;
– des pneus bien gonflés. Un manque de pression de 0,4 bar (400 grammes) engendre une surconsommation de près de 5%.

Le saviez-vous ?

Pas de produit miracle

Ne croyez pas les publicités tapageuses qui font miroiter des réductions de 10, 15, voire 30 % de la consommation – et donc des réductions d'émission de gaz carbonique dans les mêmes proportions. Ces solutions miracles sont totalement illusoires : il n'existe pas de procédé magique pour réduire les besoins en carburant d'une voiture dans de telles proportions.

Conduite souple

C'est le facteur sur lequel vous pouvez le plus jouer. **La règle est simple : moins vous sollicitez l'accélérateur, plus faible sera votre consommation.** Sur autoroute, diminuer votre allure de croisière de 10 km/h vous fait économiser 8 % en moyenne. Démarrer en trombe au feu vert amène des surconsommations très importantes, de l'ordre de 50 à 80 % en ville.

Anticipez tous les freinages : lorsque vous détectez dans le lointain un signal d'arrêt (panneau stop, feu en train de passer au rouge,...), cessez toute accélération. En freinant le moins possible, vous éviterez tout gaspillage d'énergie.

Sur compte-tours, repérez les plages de fonctionnement optimales : en accélération, maintenez-vous en deçà des 2/3 du régime maximal (3800 tr/mn sur un moteur à essence, 2700 tr/mn sur un diesel). Une fois votre vitesse stabilisée, maintenez un régime de rotation bas (mais pas inférieur à 1 500 tr/mn).

Évitez les causes de surconsommation

Certains facteurs anodins génèrent une surconsommation, sans aucun bénéfice pour vous :

• **Climatisation en continu –** La climatisation est utile, l'hiver pour évacuer la buée rapidement, l'été pour rafraîchir l'habitacle. Optez pour son utilisation ponctuelle. Elle fait consommer 0,4 à 1,3 litre de plus aux 100 km.

• **Refroidissement accéléré –** L'été, ne misez pas d'abord sur la climatisation pour faire chuter la température. Commencez à rouler, à basse vitesse, toutes vitres ouvertes, puis sélectionnez la réfrigération au bout de quelques minutes.

• **Vitres ouvertes –** À vive allure, cela peut amener une surconsommation jusqu'à 5 %.

• **Barres de toit –** Si vous n'avez plus rien à transporter, démontez-les. À elles seules, elles engendrent 8 % de consommation sur autoroute.

• **Moteur tournant au démarrage –** Lorsque vous démarrez moteur froid, faites monter la température de la mécanique en roulant.

Le saviez-vous ?

Des pneus plus « sobres »

De nouvelles générations de pneumatiques existent, qui minimisent le frottement de la gomme sur la chaussée à chaque tour de roue, et permettent ainsi une baisse supplémentaire des besoins énergétiques. Ces réductions de consommation sont constantes, quel que soit votre rythme de conduite, et peuvent atteindre 4 %. Par exemple, le pneu Michelin Energy Saver « Green X » existe dans une large palette de dimensions couvrant 85 % du parc automobile français.

Aux passages à niveau

RALENTISSEZ !

Règles de sécurité

À l'abord d'un passage à niveau : respect des règles de sécurité routière

En voiture, en camion, en deux-roues, à un passage à niveau respecter le code de la route et prendre en compte la signalétique est vital.

Traverser une voie ferrée, encadrée par un passage à niveau n'est pas dangereux à condition d'être prudent.

Pour les Passages à Niveau avec barrières : au feu rouge clignotant, même si les barrières ne sont pas encore baissées, s'arrêter impérativement (un train peut passer 25 secondes après le début du signal et ne pourra s'arrêter en aucun cas).

Pour les Passages à Niveau Croix de Saint-André avec un stop : marquer l'arrêt au Stop. Vérifier que la voie est libre et qu'il n'y a pas de train sur les 2 côtés (le train roule à gauche sur une ligne à 2 voies).

Pour les Passages à Niveau Croix de Saint-André sans Stop : ralentir à l'abord de la signalétique et du passage à niveau et franchir le passage seulement si les voies sont libres dans les deux sens.

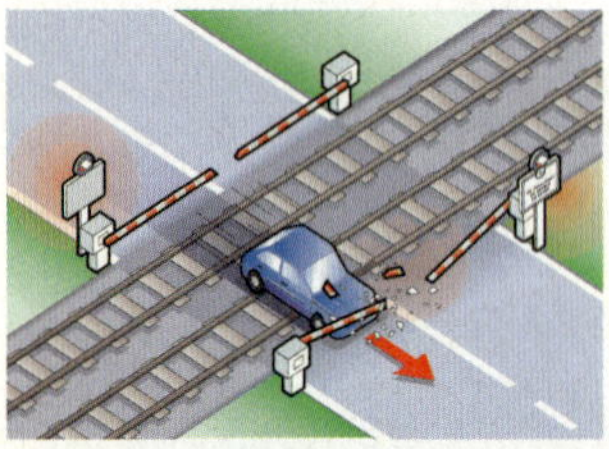

Ne s'engager au croisement d'un passage à niveau que si le conducteur est capable de le traverser sans risque de s'immobiliser et de s'arrêter au milieu.

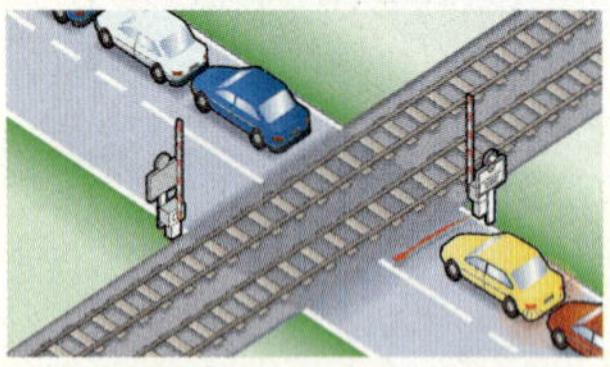

Une fois le véhicule engagé, si une barrière se ferme, ne pas hésiter pour se dégager à la briser avec le véhicule. Elle est conçue pour cela.

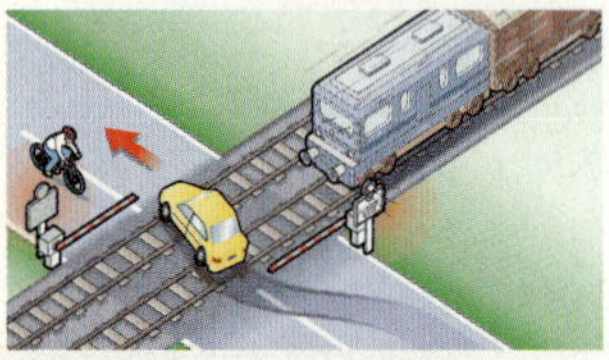

Rester maître de son véhicule, en conducteur responsable, que ce soit avec une automobile, une moto ou un camion.

En cas de problème, ne pas hésiter à utiliser le téléphone installé de part et d'autre des passages à niveau automatiques ; évacuer la voiture si elle est bloquée sur le passage à niveau et de téléphoner au 18 pour les passages sans barrières.

RÉSEAU FERRÉ DE FRANCE

EUROPE
1/3 500 000

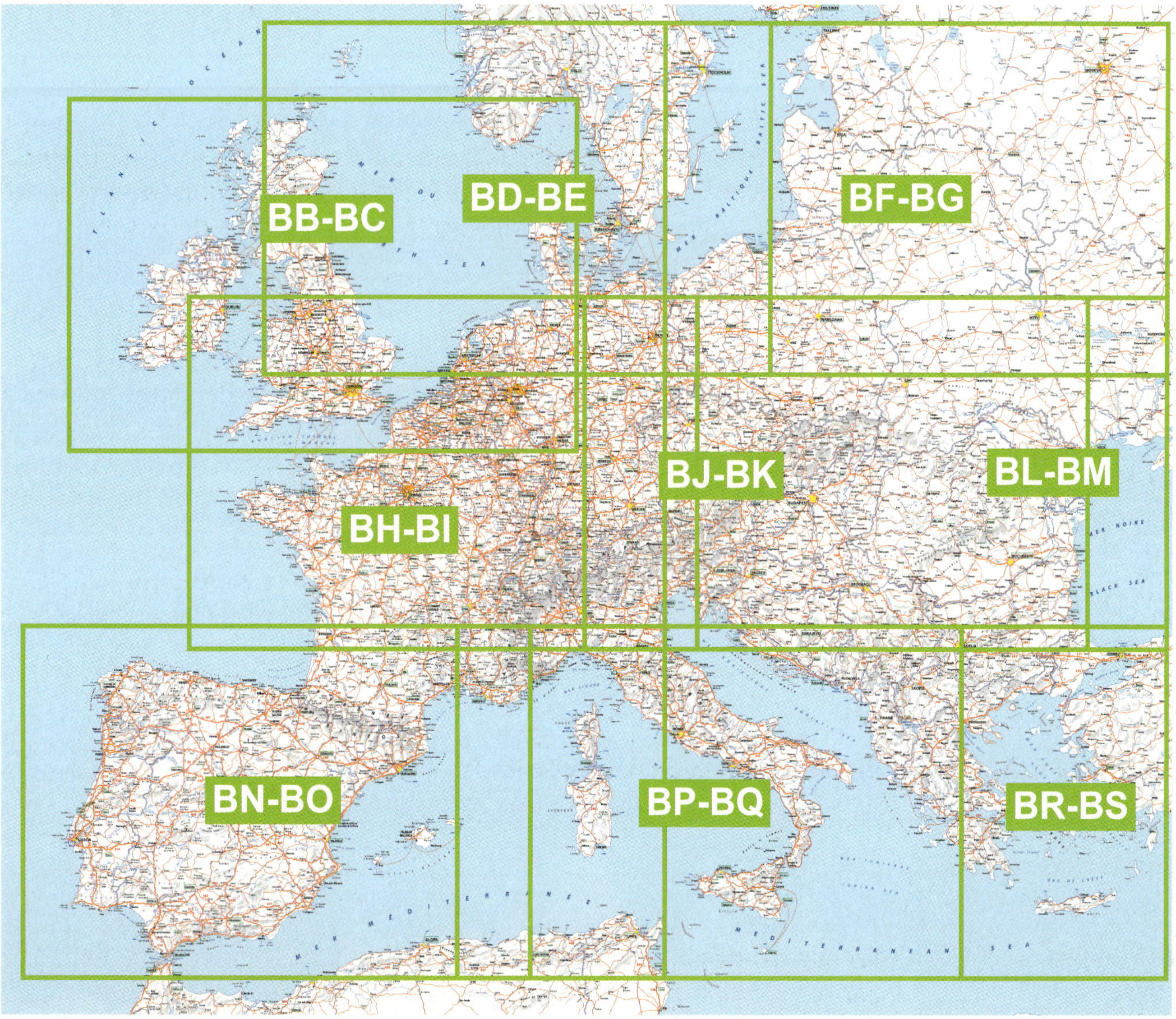
BB-BC
BD-BE
BF-BG
BH-BI
BJ-BK
BL-BM
BN-BO
BP-BQ
BR-BS

ATLANTIC
HEBRIDES
The Minch
Little Minch
Sea of the Hebrides
HIGHLANDS
SCOTLAND
Grampian Mountains
Moray Firth
Pentland Firth
Firth of Forth
Firth of Clyde
Firth of Lorn
Loch Linnhe
Loch Ness
Loch Fyne
North Channel
NORTHERN IRELAND
IRISH SEA
St. George's Channel
Cardigan Bay
Bristol Channel
Cambrian Mountains
WALES
CORNWALL
ENGLISH CHANNEL
LA MANCHE
Lewis
Stornoway
St. Kilda
Tarbert
Harris
North Uist
Lochmaddy
South Uist
Lochboisdale
Barra
Castlebay
Skye
Uig
Portree
Dunvegan
Rhum
Coll
Tiree
Mull
Tobermory
Craignure
Fionnphort
Colonsay
Islay
Port Askaig
Port Ellen
Jura
Kintyre
Arran
Tongue
Dunnet Head
Thurso
Wick
Hoy
Lochinver
Lairg
Brora
Dornoch
Ullapool
Dingwall
Nairn
Elgin
Keith
Inverness
Kyle of Lochalsh
Grantown-on-Spey
Aviemore
Newtonmore
Mallaig
Fort William
Ben Nevis
Braemar
Pitlochry
Forfar
Dundee
Arbroath
Oban
Crianlarich
Crieff
Perth
St Andrews
Kinross
Stirling
Falkirk
Kirkcaldy
North Berwick
Lochgilphead
Greenock
Dumbarton
Glasgow
EDINBURGH
Haddington
Dunoon
Rothesay
Brodick
Ardrossan
Hamilton
Lanark
Peebles
Galashiels
Campbeltown
Kilmarnock
Ayr
Moffat
Hawick
Jedburgh
Dumfries
Cairnryan
Stranraer
Kirkcudbright
Hadrian's Wall
Carlisle
Penrith
Keswick
Workington
Whitehaven
Windermere
Kendal
Barrow-in-Furness
Heysham
Lancaster
Fountains
Blackpool
Preston
Southport
Burnley
Bolton
LIVERPOOL
Birkenhead
Warrington
Chester
Macclesfield
Crewe
Stoke-on-Trent
Man
Ramsey
Peel
Douglas
Malin Head
Giant's Causeway
Buncrana
Portrush
Coleraine
Ballycastle
Letterkenny
Londonderry
Antrim Glens
Strabane
Ballymena
Larne
Donegal
Omagh
Bangor
BELFAST
Lisburn
Lough Neagh
Bundoran
Enniskillen
Armagh
Newry
Newcastle
Belmullet
Achill
Ballina
Sligo
Castlebar
Westport
Knock
Boyle
Carrick-on-Shannon
Monaghan
Cavan
Dundalk
Lough Mask
Lough Corrib
Clifden
Connemara
Roscommon
Longford
Ardee
Drogheda
Navan
Galway
Aran
Ballinasloe
Athlone
Lough Ree
Mullingar
Kinnegad
DUBLIN
Dun Laoghaire
Bray
Cliffs of Moher
Ennistimon
Loughrea
Lough Derg
Birr
Tullamore
Naas
Glendalough
Wicklow
Ennis
Limerick
Roscrea
Portlaoise
Nenagh
Carlow
Kilrush
Kilkenny
Arklow
Listowel
Tipperary
Cashel
Tralee
Dingle
Caher
Carrick-on-Suir
New Ross
Enniscorthy
Wexford
Rosslare
Carnsore Point
Lakes of Killarney
Killarney
Cahersiveen
Mallow
Fermoy
Clonmel
Waterford
Kenmare
Ring of Kerry
Cork
Dungarvan
Youghal
Cobh
Glengarriff
Bantry
Skibbereen
Anglesey
Holyhead
Bangor
Llandudno
Colwyn Bay
Caernarfon
Snowdon
Wrexham
Oswestry
Dolgellau
Welshpool
Shrewsbury
Stafford
Newtown
Wolverhampton
BIRMINGHAM
Aberystwyth
Ludlow
Kidderminster
Leominster
Llandrindod Wells
Worcester
Fishguard
Cardigan
Hereford
St David's
Carmarthen
Brecon
Ross-on-Wye
Haverfordwest
Milford Haven
Pembroke Dock
Llanelli
Merthyr Tydfil
Abergavenny
Gloucester
Cheltenham
Swansea
Cardiff
Newport
Cirencester
Swindon
Bristol
Chippenham
Bath
Weston-super-Mare
Ilfracombe
Minehead
Wells
Exmoor
Warminster
Barnstaple
Taunton
Salisbury
Yeovil
Bude
Launceston
Exeter
Honiton
Dartmoor
Sidmouth
Dorchester
Poole
Bournemouth
Newquay
Bodmin
Exmouth
Torquay
Paignton
Weymouth
St Ives
Truro
Plymouth
Penzance
Falmouth
Land's End
Lizard Point
Cap de

MER DU NORD
NORTH SEA
Skagerrak
Egersund
Flekkefjord
Grimstad
Kristiansand
Farsund
Lindesnes
Mandal
Hirtshals
Hjørring
Hanstholm
Ålborg
Thisted
Nykøbing Mors
Hobro
Struer
Skive
Viborg
Holstebro
Silkeborg
Ringkøbing
Herning
Skjern
Vejle
Horsens
Varde
Fredericia
Blåvands Huk
Esbjerg
Kolding
Ribe
Haderslev
Rømø
Sylt
Tønder
Westerland
Föhr
Niebüll
Flensburg
Schleswig
Nordfriesische Inseln
Husum
Sankt Peter-Ording
Rendsburg
Heide
Helgoland
Deutsche Bucht
Neumünster
Itzehoe
Cuxhaven
Elmshorn
Stade
Ostfriesische Inseln
Norden
Wilhelmshaven
Bremerhaven
Aurich
Emden
Bremervörde
Delfzijl
Groningen
Leer
Oldenburg
Bremen
Waddeneilanden
Leeuwarden
Harlingen
Texel
Afsluitdijk
Sneek
Assen
Den Helder
Heerenveen
Emmen
Cloppenburg
Verden
Usselmeer
Enkhuizen
Emmeloord
Meppel
Nienburg
Alkmaar
Hoorn
Lelystad
Kampen
Zwolle
Diepholz
IJmuiden
Amsterdam
Haarlem
Zandvoort
Harderwijk
Nordhorn
Almelo
Lingen
Osnabrück
Minden
Hannover
Keukenhof
Leiden
Hilversum
Het Loo
Deventer
Hengelo
Enschede
Rheine
Herford
Bielefeld
Den Haag
Scheveningen
Amersfoort
Apeldoorn
Hoek van Holland
Gouda
Utrecht
Arnhem
Winterswijk
Münster
Gütersloh
Detmold
Delft
Europoort
Rotterdam
Dordrecht
Nijmegen
Bocholt
Rheda-Wiedenbrück
Lippstadt
Paderborn
Zierikzee
Kleve
Wesel
Hamm
Middelburg
Bergen op Zoom
Roosendaal
Breda
's-Hertogenbosch
Tilburg
Helmond
Duisburg
Essen
Dortmund
Warburg
Vlissingen
Knokke-Heist
Terneuzen
Eindhoven
Krefeld
Wuppertal
Hagen
Iserlohn
Meschede
Zeebrugge
Blankenberge
Oostende
Brugge
Antwerpen
Venlo
Mönchengladbach
Lüdenscheid
Frankenberg
Gent
Sint-Niklaas
Mechelen
Roermond
Düsseldorf
Olpe
De Panne
Dunkerque
Veurne
Roeselare
Aalst
Diest
Hasselt
Köln
Siegen
Marburg
Alsfeld
Calais
Ieper
Kortrijk
Leuven
Sint-Truiden
Maastricht
Heerlen
Düren
Siegburg
Oudenaarde
Waterloo
Bruxelles/Brussel
Aachen
Bonn
Gießen
St-Omer
Tourcoing
Roubaix
Tournai
Eupen
Boulogne-sur-Mer
Hazebrouck
Lille
Beloeil
Liège
Verviers
Monschau
Euskirchen
Limburg an der Lahn
Wetzlar
Le Touquet-Paris-Plage
Béthune
Lens
Mons
Namur
Huy
Spa
Malmedy
Koblenz
Bad Orb
Montreuil
Douai
Valenciennes
Binche
Charleroi
Dinant
Marche-en-Famenne
La Roche-en-Ardenne
Mayen
Berck
Hesdin
St-Pol-sur-Ternoise
Arras
Maubeuge
Philippeville
Han-sur-Lesse
Prüm
Wiesbaden
Frankfurt am Main
Abbeville
Doullens
Cambrai
Givet
Cochem
Bingen am Rhein
Aschaffenburg
Le Tréport
Le Cateau-Cambrésis
Avesnes-sur-Helpe
Bastogne
Bitburg
Mainz
Darmstadt
Dieppe
Amiens
Péronne
Diekirch
Bernkastel-Kues
Fraserburgh
Peterhead
Aberdeen
Stonehaven
Montrose
Berwick-upon-Tweed
Alnwick
Blyth
South Shields
Newcastle upon Tyne
Tynemouth
Gateshead
Sunderland
Durham
Hartlepool
Darlington
Middlesbrough
Whitby
Thirsk
Scarborough
Fountains Abbey
Harrogate
Bridlington
Skipton
York
Leeds
Kingston-upon Hull
Wakefield
Huddersfield
Scunthorpe
Humber River
Grimsby
Doncaster
Manchester
Sheffield
Louth
Chatsworth
Chesterfield
Matlock
Mansfield
Lincoln
Skegness
Derby
Nottingham
Boston
The Wash
Cromer
Grantham
King's Lynn
Loughborough
Norfolk
Leicester
Stamford
Wisbech
Great Yarmouth
Coventry
Peterborough
Norwich
Kettering
Thetford
Lowestoft
Rugby
Huntingdon
Ely
Warwick
Northampton
Bury St Edmunds
Stratford-upon-Avon
Bedford
Cambridge
Ipswich
Banbury
England
Felixstowe
Blenheim Palace
Aylesbury
Colchester
Harwich
Luton
St Albans
Oxford
Chelmsford
Little Clacton
London
Southend-on-Sea
Reading
Sheerness
Newbury
Windsor
Margate
Ramsgate
Canterbury
Guildford
Maidstone
Ashford
Crawley
Royal Tunbridge Wells
Dover
Strait of Dover
Winchester
Folkestone
Pas de Calais
Cap Gris Nez
Portsmouth
Worthing
Newhaven
Hastings
Chichester
Brighton
Eastbourne
Newport
Wight
Southampton
Manche
English Channel

MER DU NORD
NORTH SEA
Shetland
Unst
Yell
Hillswick
Sandness
Mainland
Lerwick
Sumburgh
Orkney
Westray
Rousay
Sanday
Stronsay
Mainland
Stromness
Kirkwall
Hoy
Pentland Firth
Dunnet Head
Tongue
Thurso
Wick
Lairg
Brora
Dornoch
Moray Firth
Dingwall
Nairn
Elgin
Banff
Fraserburgh
Inverness
Keith
Peterhead
Grantown-on-Spey
R. Spey
Loch Ness
Aviemore
Newtonmore
Aberdeen
Braemar
Dee
Ben Nevis
Grampian Mountains
Stonehaven
Pitlochry
Forfar
Montrose
COTLAND
Dundee
Arbroath
Crieff
Perth
Crianlarich
St Andrews
Kinross
Stirling
Forth
Firth of Forth
Dumbarton
Falkirk
Kirkcaldy
North Berwick
Glasgow
EDINBURGH
Haddington
Ardrossan
Hamilton
Lanark
Berwick-upon-Tweed
Peebles
Galashiels
Kilmarnock
R.Tweed
Coldstream
Moffat
Hawick
Jedburgh
Alnwick
Dumfries
Blyth
Hadrian's Wall
Newcastle upon Tyne
South Shields
Tynemouth
Carlisle
Gateshead
Sunderland
Solway Firth
Kirkcudbright
Workington
Keswick
Penrith
The Pennines
Durham
Hartlepool
Whitehaven
Darlington
Middlesbrough
Windermere
Whitby
Ramsey
Kendal
YORKSHIRE
Douglas
Barrow-in-Furness
Thirsk
Scarborough
Fountains Abbey
Heysham
Lancaster
Skipton
Harrogate
Bridlington
Blackpool
Burnley
Bradford
Leeds
York
Preston
Halifax
Kingston-upon Hull
Southport
Bolton
Huddersfield
Wakefield
LIVERPOOL
MANCHESTER
Scunthorpe
Humber River
Llandudno
Birkenhead
Warrington
Stockport
Doncaster
Grimsby
Bangor
Colwyn Bay
Chester
Macclesfield
Chatsworth
Sheffield
Chesterfield
Louth
Snowdon
Wrexham
Crewe
Stoke-on-Trent
Matlock
Mansfield
Lincoln
Skegness
Oswestry
Derby
Nottingham
Boston
Dolgellau
Burton-upon-Trent
Grantham
The Wash
Cromer
Welshpool
Stafford
Loughborough
King's Lynn
Shrewsbury
Newtown
Wolverhampton
Walsall
Leicester
Stamford
Wisbech
NORFOLK
Great Yarmouth
Ludlow
BIRMINGHAM
Coventry
Peterborough
Norwich
Førde
Urnes
Balestrand
Sogndalsfjøra
Lærdalsøyri
Lavik
Vangsnes
Borgund
Brekke
Sognefjorden
Gudvangen
Flåm
Voss
Dale
Hardangerjøkulen
Osterøy
Bergen
Kinsarvik
Hardangervidda
Tysnesøy
Hardangerfjorden
Folgefonna
Rosendal
Odda
Stord
Mane
Sortland
Haukeligrend
Bømlo
Sauda
Hovden
Ølen
Sand
Åmot
Haugesund
Karmøy
Boknafjorden
Hjelmelandsvågen
Skudeneshavn
ROGALAND
Stavanger
Sandnes
Svartevatn
Setesdal
Tonstad
Egersund
Flekkefjord
Farsund
Lindesnes
Mandal
Waddeneilanden
Leeuwarden
Groningen
Delfzijl
Emden
Norden
Harlingen
Texel
Sneek
Assen
Afsluitdijk
Den Helder
Heerenveen
Ijsselmeer
Emmen
Enkhuizen
Emmeloord
Meppel
Alkmaar
Hoorn
Lelystad
Kampen
Flevoland
IJmuiden
Zwolle
AMSTERDAM
Ostfriesland

SVEALAND
VÄRMLAND
GÖTALAND
SMÅLAND
SKÅNE
MECKLENBURG
BRANDENBURG
POMORZE
NIEDERSACHSEN
BALTIC SEA
MER BALTIQUE
Skagerrak
Kattegat
Vänern
Vättern
Mälaren
Hjälmaren
Oslofjorden
Gotland (S)
Öland
Bornholm (DK)
Rügen
Læsø (DK)
Anholt (DK)
Sjælland
Fyn
Falster
Møn
Lolland
Langeland
Fehmarn
Mecklenburger Bucht
Pommersche Bucht
Stettiner Haff
Lüneburger Heide
OSLO
STOCKHOLM
KØBENHAVN
HAMBURG
BERLIN
GDAŃSK
SZCZECIN
POZNAŃ
BREMEN
HANNOVER
Göteborg
Malmö
Lund
Helsingborg
Uppsala
Linköping
Norrköping
Kalmar
Karlskrona
Visby
Växjö
Jönköping
Örebro
Västerås
Eskilstuna
Nyköping
Karlstad
Lillehammer
Hamar
Drammen
Kristiansand
Fredrikstad
Ålborg
Århus
Odense
Esbjerg
Ribe
Hillerød
Roskilde
Kiel
Lübeck
Flensburg
Rostock
Stralsund
Schwerin
Potsdam
Gdynia
Koszalin
Bydgoszcz
Toruń
Gorzów Wielkopolski
Malbork
Frankfurt an der Oder
Braunschweig
Wolfsburg

STOCKHOLM
Uppsala
Västerås
Drottningholm
Nyköping
Norrköping
Linköping
Visby
Gotland (S)
Kalmar
Karlskrona
Öland
Mariehamn
TALLINN
Tartu
Pärnu
Saaremaa
Hiiumaa
Kuressaare
Čudskoje Ozero
Pskov
RIGA
Rīgas Jūras Līcis
Jūrmala
Ventspils
Liepāja
Jelgava
Daugavpils
Valmiera
Šiauliai
Panevėžys
Klaipėda
KAUNAS
VILNIUS
Kaliningrad
(ROSSIJA)
Hrodna
Brest
Białystok
GDAŃSK
Gdynia
Olsztyn
Bydgoszcz
Toruń
SZCZECIN
POZNAŃ
WARSZAWA
ŁÓDŹ
LUBLIN
BALTIC SEA
MER BALTIQUE
Bornholm (DK)

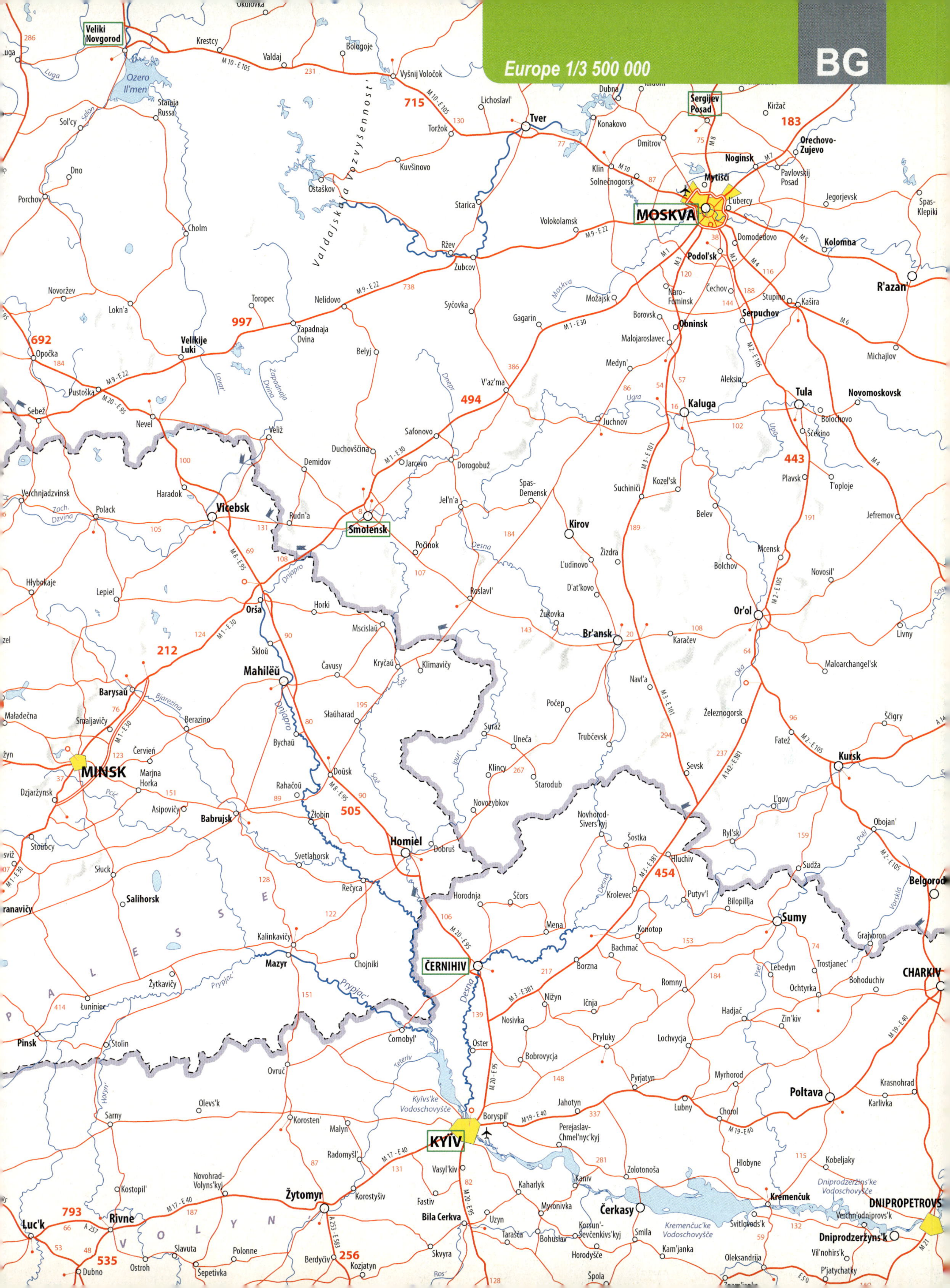
Veliki Novgorod
Krestcy
Valdaj
Bologoje
Vyšnij Voloček
Ozero Il'men
Luga
Staraja Russa
Sol'cy
Dno
Porchov
Cholm
Ostaškov
Valdajskaja Vozvyšennost'
Toržok
Lichoslavl'
Tver
Kuvšinovo
Starica
Ržev
Zubcov
Konakovo
Dubna
Dmitrov
Sergijev Posad
Kiržač
Orechovo-Zujevo
Noginsk
Mytišči
Pavlovskij Posad
Klin
Solnečnogorsk
MOSKVA
Lubercy
Jegorjevsk
Spas-Klepiki
Volokolamsk
Domodedovo
Kolomna
Podol'sk
R'azan'
Čechov
Naro-Fominsk
Stupino
Kašira
Serpuchov
Možajsk
Borovsk
Obninsk
Malojaroslavec
Gagarin
Sыčovka
Novoržev
Lokn'a
Toropec
Nelidovo
Zapadnaja Dvina
Belyj
Velikije Luki
Opočka
Pustoška
Sebež
Nevel
Medyn'
V'az'ma
Aleksin
Michajlov
Tula
Novomoskovsk
Bolochovo
Ščekino
Kaluga
Juchnov
Safonovo
Veliž
Duchovščina
Demidov
Jarcevo
Dorogobuž
Spas-Demensk
Suchiniči
Kozel'sk
Plavsk
T'oploje
Jefremov
Belev
Kirov
Verchnjadzvinsk
Polack
Haradok
Vicebsk
Rudn'a
Smolensk
Počinok
Jel'n'a
Žizdra
L'udinovo
Bolchov
Mcensk
Novosil'
Hlybokaje
Lepiel
Orša
Horki
Roslavl'
D'at'kovo
Žukovka
Or'ol
Livny
Mscislaŭ
Br'ansk
Karačev
Maloarchangel'sk
Barysaŭ
Škloŭ
Čavusy
Kryčaŭ
Klimavičy
Mahilëŭ
Navl'a
Maladečna
Smaljavičy
Berazino
Slaŭharad
Počep
Železnogorsk
Ščigry
Červień
Bychaŭ
Suraž
Uneča
Trubčevsk
Fatež
MINSK
Marjna Horka
Dzjaržynsk
Doŭsk
Klincy
Starodub
Sevsk
Kursk
Rahačoŭ
Asipovičy
Babrujsk
Žlobin
Novozybkov
L'gov
Stoŭbcy
Novhorod-Sivers'kyj
Šostka
Ryl'sk
Obojan'
Homiel
Dobruš
Svetlahorsk
Hluchiv
Sluck
Salihorsk
Rečyca
Horodnja
Ščors
Krolevec
Putyv'l
Bilopillja
Sudža
Belgorod
Hancavičy
PALESSE
Kalinkavičy
Mena
Konotop
Sumy
Grajvoron
Mazyr
Chojniki
Bachmač
Borzna
Černihiv
Lebedyn
Trostjanec'
Žytkavičy
Prypjac'
Romny
Ochtyrka
Bohoduchiv
CHARKIV
Pinsk
Łuniniec
Nižyn
Ičnja
Nosivka
Hadjač
Zin'kiv
Stolin
Čornobyl'
Oster
Pryluky
Lochvycja
Bobrovycja
Myrhorod
Ovruč
Pyrjatyn
Krasnohrad
Olevs'k
Kyïvs'ke Vodoschovyšče
Jahotyn
Poltava
Karlivka
Sarny
Korosten'
Boryspil'
Lubny
Chorol
Malyn
KYÏV
Perejaslav-Chmel'nyc'kyj
Radomyšl'
Vasyl'kiv
Zolotonoša
Hlobyne
Kobeljaky
Novohrad-Volyns'kyj
Kostopil'
Fastiv
Kaharlyk
Kaniv
Kremenčuk
Dniprodzeržyns'ke Vodoschovyšče
DNIPROPETROVS'K
Žytomyr
Korostyšiv
Bila Cerkva
Myronivka
Čerkasy
Verchn'odniprovs'k
Luc'k
Rivne
Uzyn
Tarašča
Bohuslav
Korsun'-Ševčenkivs'kyj
Smila
Kremenčuc'ke Vodoschovyšče
Svitlovods'k
Dniprodzeržyns'k
Vil'nohirs'k
Dubno
Ostroh
Slavuta
Polonne
Šepetivka
Berdyčiv
Kozjatyn
Skvyra
Horodyšče
Kam'janka
Oleksandrija
Špola
P'jatychatky
VOLYN
M10 - E105
M9 - E22
M1 - E30
M20 - E95
M8 - E95
M3 - E101
M2 - E105
M17 - E40
M19 - E40
M3 - E381
A142 - E381
A 253 - E583
715
997
692
494
443
212
505
454
793
535
256
183

LONDON
PARIS
BIRMINGHAM
MANCHESTER
Leeds
Bradford
Sheffield
Kingston-upon Hull
Nottingham
Leicester
Coventry
Wolverhampton
Stoke-on-Trent
Derby
Lincoln
Norwich
Cambridge
Oxford
Bristol
Cardiff
Swansea
Gloucester
Exeter
Plymouth
Southampton
Portsmouth
Bournemouth
Brighton
Canterbury
Dover
Ipswich
Colchester
Northampton
Peterborough
Winchester
Salisbury
Stonehenge
Wells
Bath
Windsor
Reading
Swindon
Caernarfon
Chester
Aberystwyth
Cardigan Bay
St. George's Channel
Bristol Channel
Cambrian Mountains
WALES
ENGLAND
NORFOLK
KENT
CORNWALL
Dartmoor
Exmoor
Snowdon 1085
The Wash
Humber River
R. Thames
Land's End
Lizard Point
Carnsore Point
Waterford
Wexford
Rosslare
Kilkenny
Carlow
Wicklow
Arklow
Cashel
Enniscorthy
New Ross
Dungarvan
Strait of Dover
Pas de Calais
ENGLISH CHANNEL
LA MANCHE
Cap de la Hague
Pointe de Barfleur
Alderney
Guernsey
Sark
Jersey
Channel Islands (GB)
Cherbourg-Octeville
Omaha Beach
CAEN
ROUEN
Le Havre
Dieppe
AMIENS
LILLE
Calais
Dunkerque
Boulogne-sur-Mer
Brugge
Oostende
Middelburg
Vlissingen
Beauvais
Compiègne
Versailles
Disneyland Paris
Chartres
Fontainebleau
Melun
ORLEANS
Blois
Chambord
Tours
Chenonceau
Châteaux de la Loire
Le Mans
Angers
NANTES
RENNES
St-Malo
Le Mont-St-Michel
Brest
Quimper
Vannes
Carnac
Lorient
St-Brieuc
Ouessant
Pointe de St. Mathieu
Pointe du Raz
Belle Ile
St-Nazaire
La Rochelle
Ré
Oléron
Niort
Poitiers
Châteauroux
Bourges
Limoges
Angoulême
Périgueux
BORDEAUX
Gironde
CLERMONT-FERRAND
Puy de Dôme
Vallée de la Dordogne
Gouffre de Padirac
NORMANDIE
BRETAGNE
Loire

Ostfriesische Inseln
Waddeneilanden
AMSTERDAM
Haarlem
EN HAAG
ROTTERDAM
Utrecht
Groningen
BREMEN
Bremerhaven
HANNOVER
BERLIN
Potsdam
MAGDEBURG
Bielefeld
Münster
Duisburg
Essen
Dortmund
DÜSSELDORF
KÖLN
Bonn
Aachen
ANTWERPEN
Gent
BRUXELLES/BRUSSEL
NAMUR
Leipzig
DRESDEN
ERFURT
Kassel
Göttingen
WIESBADEN
FRANKFURT AM MAIN
MAINZ
Mannheim
Würzburg
NÜRNBERG
Regensburg
LUXEMBOURG
SAARBRÜCKEN
METZ
Reims
Karlsruhe
STUTTGART
STRASBOURG
Augsburg
MÜNCHEN
SALZBURG
Innsbruck
Basel
Zürich
BERN
Luzern
DIJON
BESANÇON
LYON
GENÈVE
Lausanne
Grenoble
TORINO
MILANO
VENEZIA
Verona
Padova
Parma
Plzeň
Karlovy Vary
Ústí nad Labem
Chemnitz
Freiburg i. B.
Ulm
Colmar
Troyes
Nancy
Trier
Heidelberg
Bamberg
Bolzano/Bozen
Trento
Bergamo
Pavia
Ravenna
Le Puy-en-Velay

BERLIN
Potsdam
MAGDEBURG
Leipzig
DRESDEN
ERFURT
Chemnitz
NÜRNBERG
Regensburg
Augsburg
MÜNCHEN
Ingolstadt
Innsbruck
SALZBURG
Linz
WIEN
Graz
Klagenfurt
BRATISLAVA
BUDAPEST
PRAHA
Plzeň
České Budějovice
BRNO
Olomouc
OSTRAVA
Hradec Králové
Pardubice
Jihlava
Liberec
Ústí nad Labem
Karlovy Vary
POZNAŃ
WROCŁAW
ŁÓDŹ
WARSZ
Kielce
Częstochowa
Opole
Katowice
KRAKÓW
Gliwice
Bytom
Žilina
Banská Bystrica
Trenčín
Nitra
Trnava
Győr
Sopron
Veszprém
Székesfehérvár
Pécs
Szombathely
Zalaegerszeg
LJUBLJANA
ZAGREB
Maribor
Rijeka
Trieste
Udine
VENEZIA
Padova
Verona
Vicenza
Treviso
Trento
Bolzano/Bozen
Brescia
Bergamo
MILANO
Cremona
Mantova
Parma
Modena
Reggio nell'Emilia
Ferrara
Rovigo
Banja Luka
SARAJEVO
Osijek
Slavonski Brod
Tuzla
Bihać
Prijedor
Gospić
Karlovac
Varaždin
Sisak
Alpen
Dolomiti
Golfo di Venezia
Balaton
Donau
Erzgebirge
Böhmerwald
Šumava
Großglockner
Kärnten
Steiermark
Salzkammergut
Tatry
Slovenské
Mátra
Bakony
Lago di Garda
Lago di Como
Lombardia
Alto Adige
Liechtenstein

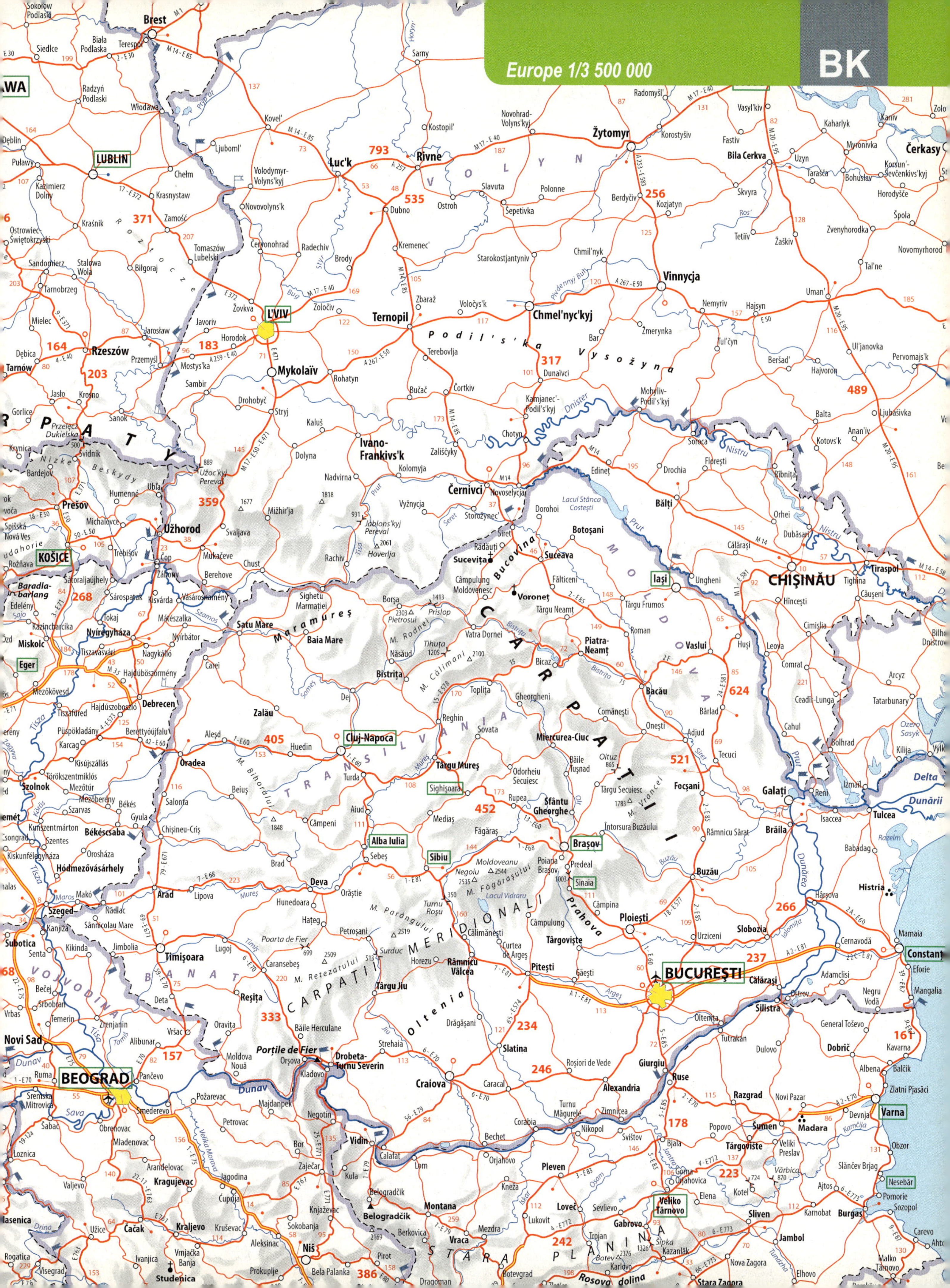
Brest
Sarny
Lublin
Kovel'
Luc'k
Rivne
Žytomyr
Korostyšiv
Bila Cerkva
Čerkasy
Berdyčiv
Vinnycja
Chmel'nyc'kyj
Ternopil
L'viv
Mykolaïv
Ivano-Frankivs'k
Černivci
Rzeszów
Przemyśl
Tarnów
Krosno
Sanok
Prešov
Košice
Užhorod
Mukačeve
Uman'
Mohyliv-Podil's'kyj
Kamjanec'-Podil's'kyj
Bălţi
Chişinău
Tiraspol
Iaşi
Suceava
Botoşani
Satu Mare
Baia Mare
Nyíregyháza
Debrecen
Miskolc
Eger
Oradea
Cluj-Napoca
Târgu Mureş
Bistriţa
Piatra-Neamţ
Bacău
Vaslui
Focşani
Galaţi
Brăila
Tulcea
Sighişoara
Alba Iulia
Sibiu
Braşov
Sinaia
Ploieşti
Buzău
Bucureşti
Piteşti
Râmnicu Vâlcea
Târgu Jiu
Craiova
Slatina
Deva
Arad
Timişoara
Szeged
Subotica
Novi Sad
Beograd
Smederevo
Kragujevac
Niš
Vidin
Montana
Pleven
Ruse
Veliko Târnovo
Šumen
Varna
Burgas
Constanţa
Mamaia
Silistra
Dobrič
Giurgiu
Călăraşi
Nesebăr
Drobeta-Turnu Severin
Porţile de Fier
C A R P A Ţ I I
M O L D O V A
T R A N S I L V A N I A
C A R P A Ţ I I   M E R I D I O N A L I
V O L Y N
Podil's'ka Vysožyna
Maramureş
Bucovina
Oltenia
B A N A T
V O J V O D I N A
S T A R A   P L A N I N A
Dunav
Dunărea
Dnister
Nistru
Prut
Siret
Tisa
Delta Dunării

WARSZAWA
POZNAŃ
ŁÓDŹ
LUBLIN
WROCŁAW
Częstochowa
Opole
Katowice
KRAKÓW
Rzeszów
L'VIV
Brest
DRESDEN
PRAHA
Hradec Králové
Pardubice
Ústí nad Labem
Liberec
Olomouc
OSTRAVA
BRNO
Žilina
Trenčín
Banská Bystrica
KOŠICE
Prešov
Užhorod
Nitra
Trnava
WIEN
BRATISLAVA
BUDAPEST
Esztergom
Győr
Sopron
Veszprém
Debrecen
Miskolc
Eger
Nyíregyháza
Szeged
Kecskemét
Pécs
Graz
SALZBURG
Linz
Klagenfurt
LJUBLJANA
ZAGREB
Trieste
Rijeka
BEOGRAD
Novi Sad
Timişoara
Arad
Oradea
Osijek
Banja Luka
SARAJEVO
K A R P A T Y
Balaton
Dunav
Kielce
Radom
Kalisz
Gniezno
Gliwice
Bielsko-Biała
Zakopane
Tatry
České Budějovice
Plzeň
Jihlava
Zlín
Kroměříž
Telč
Postojna
Pula
VENEZIA
Golfo di Venezia

KYÏV
Kyïvs'ke Vodoschovyšče
Ovruč
Olevs'k
Sarny
Korosten'
Malyn
Radomyšl'
Žytomyr
Novohrad-Volyns'kyj
Kostopil'
Luc'k
Rivne
Dubno
Ostroh
Slavuta
Polonne
Šepetivka
Berdyčiv
Kozjatyn
Vasyl'kiv
Fastiv
Bila Cerkva
Korostyšiv
Skvyra
Tetiïv
Žaškiv
Uzyn
Kaharlyk
Myronivka
Tarašča
Bohuslav
Korsun'-Ševčenkivs'kyj
Kaniv
Zolotonoša
Čerkasy
Smila
Kremenčuc'ke Vodoschovyšče
Hlobyne
Kremenčuk
Svitlovods'k
Kobeljaky
Dniprodzerzyns'ke Vodoschovyšče
DNIPROPETROVS'K
Verchn'odniprovs'k
Dniprodzerzyns'k
Vil'nohirs'k
P'jatychatky
Žovti Vody
Oleksandrija
Znam'janka
Kirovohrad
Kam'janka
Horodyšče
Špola
Zvenyhorodka
Novomyrhorod
Mala Vyska
Tal'ne
Uman'
Novoukraïnka
Bobrynec'
Kryvyj Rih
Ordžonikidze
Apostolove
Inhulec'
Kachovs'ke Vodoschovyšče
Novyj Buh
Velyka Lepetycha
Snihurivka
Beryslav
Kachovka
Nova Kachovka
Mykolaïv
Cherson
Cjurupyns'k
Hola Prystan'
Skadovs'k
Očakiv
Dniprovs'kyj Lyman
Karkinits'ka Zatoka
Čornomors'ke
Pervomajs'k
Voznesens'k
Pivdennyj Buh
Ljubašivka
Anan'ïv
Kotovs'k
Balta
Berezivka
Ul'janovka
Hajvoron
Beršad'
Tul'čyn
Nemyriv
Hajsyn
Vinnycja
Žmerynka
Bar
Chmil'nyk
Starokostjantyniv
Chmel'nyc'kyj
Voločys'k
Kremenec'
Brody
Zbaraž
Ternopil
Terebovlja
Čortkiv
Bučač
Rohatyn
Zoločiv
Podil's'ka Vysočyna
V O L Y N
Dunaïvci
Kam'janec'-Podil's'kyj
Mohyliv-Podil's'kyj
Dnister
Chotyn
Zališčyky
Ivano-Frankivs'k
Kolomyja
Nadvirna
Černivci
Novoselycja
Storožynec'
Vyžnycja
Jablons'kyj Pereval
Hoverlja
Rachiv
Soroca
Floreşti
Drochia
Edineţ
Bălţi
Rîbniţa
Orhei
Dubăsari
Călăraşi
CHIŞINĂU
Tiraspol
Tighina
Căuşeni
Hînceşti
Cimişlia
Leova
Comrat
Ceadîr-Lunga
Cahul
Bolhrad
Izmail
Reni
Kilija
Vylkove
Tatarbunary
Arcyz
Bilhorod-Dnistrovs'kyj
Dnistrovs'kyj Lyman
ODESA
Illičivs'k
Ozero Sasyk
Delta Dunării
Sulina
Tulcea
Isaccea
Babadag
Histria
Lacul Stânca Costeşti
Dorohoi
Botoşani
Siret
Rădăuţi
Suceviţa
Suceava
Bucovina
Câmpulung Moldovenesc
Voroneţ
Fălticeni
Târgu Neamţ
Iaşi
Ungheni
Târgu Frumos
Roman
Piatra-Neamţ
Vaslui
Huşi
Bacău
Bârlad
Oneşti
Comăneşti
Adjud
Tecuci
Focşani
Galaţi
Brăila
Râmnicu Sărat
Buzău
M O L D O V A
C A R P A Ţ I I
Borşa
Prislop
Pietrosul
M. Rodnei
Năsăud
Tihuţa
Vatra Dornei
M. Călimani
Bicaz
Bistriţa
Dej
Toplița
Gheorgheni
Reghin
Miercurea-Ciuc
Băile Tuşnad
Cluj-Napoca
Turda
Târgu Mureş
Sovata
Odorheiu Secuiesc
Sighişoara
Târgu Secuiesc
Sfântu Gheorghe
Întorsura Buzăului
M. Vrancei
Rupea
Mediaş
Aiud
Alba Iulia
Sebeş
Sibiu
Făgăraş
Braşov
Poiana Braşov
Predeal
Sinaia
Moldoveanu
Negoiu
M. Făgăraşului
Lacul Vidraru
Turnu Roşu
Orăştie
Deva
Petroşani
M. Parângului
Câmpina
Prahova
Ploieşti
Urziceni
Slobozia
Hârşova
Cernavodă
Constanţa
Mamaia
Eforie
Mangalia
Adamclisi
Negru Vodă
Călăraşi
BUCUREŞTI
Târgovişte
Câmpulung
Curtea de Argeş
Călimăneşti
Râmnicu Vâlcea
Horezu
Piteşti
Găeşti
Argeş
Târgu Jiu
M E R I D I O N A L I
Oltenia
Drăgăşani
Slatina
Craiova
Caracal
Roşiori de Vede
Alexandria
Giurgiu
Olteniţa
Turnu Măgurele
Zimnicea
Corabia
Drobeta-Turnu Severin
Strehaia
Herculane
Calafat
Vidin
Bechet
Lom
Orjahovo
Kula
Belogradčik
Montana
Berkovica
Vraca
Mezdra
Pleven
Kneža
Nikopol
Svištov
Ruse
Tutrakan
Silistra
Ostrov
Dulovo
General Toševo
Dobrič
Kavarna
Albena
Balčik
Zlatni Pjasăci
Varna
Devnja
Madara
Šumen
Novi Pazar
Razgrad
Popovo
Veliki Preslav
Târgovište
Kotel
Vârbica
Veliko Târnovo
Gorna Orjahovica
Elena
Bjala
Loveč
Sevlievo
Lukovit
Gabrovo
Trojan
Šipka
Kazanlăk
Karlovo
Sliven
Jambol
Nova Zagora
Stara Zagora
Karnobat
Ajtos
Burgas
Pomorie
Nesebăr
Sozopol
Slănčev Brjag
Obzor
Kamčija
Carevo
Ahtopol
Malko Tărnovo
Elhovo
Botevgrad
Pirot
Bela Palanka
Dragoman
Rosova dolina
S T A R A   P L A N I N A
MER NOIRE
BLACK SEA
Dunărea
Europe 1/3 500 000

Cabo Ortegal
Costa Verde
Golfe de Gascogne
A Coruña
Ferrol
Ortigueira
Viveiro
Ribadeo
Luarca
Avilés
Gijón
OVIEDO
Villaviciosa
Ribadesella
Llanes
SANTANDER
Torrelavega
Laredo
Castro-Urdiales
Bermeo
Bilbao
Gernika-Lumo
Zarautz
Zumaia
Tolosa
VITORIA-GASTEIZ
Estella
Logroño
Calahorra
Cabo Finisterre
Corcubión
Carballo
Ordes
Betanzos
Santiago de Compostela
Noia
Padrón
Sta Uxía de Ribeira
Cambados
Rías Gallegas
Pontevedra
Vigo
Baiona
Tui
Lugo
Mondoñedo
Vilalba
A Fonsagrada
Cangas del Narcea
Tineo
Mieres
Pola de Siero
Picos de Europa
Riaño
Cordillera Cantábrica
Villager de Laciana
Villafranca del Bierzo
Ponferrada
Monforte de Lemos
Lalín
Ourense
A Pobra de Trives
Montes de León
Sierra de la Cabrera
Astorga
León
La Bañeza
Puebla de Sanabria
Xinzo de Limia
Verín
Valença do Minho
Viana do Castelo
Ponte da Barca
Braga
Póvoa de Varzim
Guimarães
Chaves
Bragança
Mirandela
Amarante
Vila Real
Matosinhos
PORTO
Espinho
Lamego
Torre de Moncorvo
Miranda do Douro
Zamora
Toro
Benavente
Medina de Rioseco
Palencia
VALLADOLID
Tordesillas
Medina del Campo
Cervera de Pisuerga
Reinosa
Osorno la Mayor
Miranda de Ebro
Burgos
Sto Domingo de la Calzada
Sierra de la Demanda
Salas de los Infantes
Sto Domingo de Silos
Aranda de Duero
El Burgo de Osma
Soria
Peñafiel
Cuéllar
Riaza
Somosierra
Almazán
Medinaceli
Sigüenza
Alcolea del Pinar
Aveiro
Albergaria-a-Velha
Viseu
Celorico da Beira
Vilar Formoso
Ciudad Rodrigo
Salamanca
Peñaranda de Bracamonte
Arévalo
Segovia
Navacerrada
Sierra de Guadarrama
Buçaco
Seia
Guarda
Serra da Estrela
Covilhã
Fundão
Figueira da Foz
Coimbra
Pombal
Peña de Francia
La Alberca
Béjar
El Barco de Ávila
Ávila
El Escorial
MADRID
Guadalajara
Alcalá de Henares
Sacedón
Sierra de Gredos
Jarandilla de la Vera
Arenas de San Pedro
Plasencia
Coria
Leiria
Batalha
Nazaré
Fátima
Alcobaça
Tomar
Sertã
Castelo Branco
Berlenga
Peniche
Caldas da Rainha
Abrantes
Alcántara
Navalmoral de la Mata
Talavera de la Reina
Maqueda
Aranjuez
Ocaña
Tarancón
Cuenca
TOLEDO
Torres Vedras
Santarém
Ponte de Sor
Portalegre
Marvão
Valencia de Alcántara
Cáceres
Trujillo
Sierra de Guadalupe
Guadalupe
Navahermosa
Montes de Toledo
Mora
Madridejos
Quintanar de la Orden
Alcázar de San Juan
Belmonte
Alarcón
Cabo de Roca
Vila Franca de Xira
Sintra
Cascais
Estoril
LISBOA
Almada
Coruche
Vendas Novas
Estremoz
Elvas
Badajoz
Mérida
Villanueva de la Serena
Herrera del Duque
Daimiel
Tomelloso
La Roda
Setúbal
Montemor-o-Novo
Évora
Almendralejo
Ciudad Real
Manzanares
Valdepeñas
La Mancha
Munera
Alcácer do Sal
Santiago do Cacém
Sines
Ferreira do Alentejo
Beja
Moura
Serpa
Jerez de los Caballeros
Zafra
Villanueva del Fresno
Llerena
Castuera
Almadén
Peñarroya-Pueblonuevo
Pozoblanco
Villanueva de Córdoba
Fuente Obejuna
Puertollano
Sierra Morena
La Carolina
Alcaraz
Hellín
Aljustrel
Castro Verde
Ourique
Odemira
Mértola
Rosal de la Frontera
Aracena
Minas de Riotinto
Constantina
Lora del Río
Córdoba
Montoro
Andújar
Bailén
Linares
Villacarrillo
Baeza
Úbeda
Jaén
Cazorla
Caravaca de la Cruz
Algarve
Villanueva de los Castillejos
Valverde del Camino
Lagos
Sagres
Cabo de S. Vicente
Portimão
Albufeira
Faro
Tavira
Vila Real de Sto António
Ayamonte
Huelva
SEVILLA
Alcalá de Guadaíra
Carmona
Écija
Osuna
Utrera
Baena
Martos
Alcalá la Real
Priego de Córdoba
Lucena
Huéscar
Baza
Puerto Lumbreras
Huércal Overa
Golfo de Cádiz
Sanlúcar de Barrameda
El Puerto de Sta María
Cádiz
San Fernando
Arcos de la Frontera
Jerez de la Frontera
Morón de la Frontera
Campillos
Antequera
Loja
Alhama de Granada
Granada
Guadix
Sierra Nevada
Ronda
Málaga
Vélez-Málaga
Lanjarón
Motril
Adra
Almería
Cabo de Gata
Medina-Sidonia
Vejer de la Frontera
Marbella
Estepona
Fuengirola
Torremolinos
Nerja
Costa del Sol
Algeciras
Tarifa
La Línea de la Concepción
Gibraltar (GB)
Estrecho de Gibraltar
Cap Spartel
Ceuta (E)
Alborán (E)

BORDEAUX
TOULOUSE
MONTPELLIER
MARSEILLE
Nice
PAMPLONA
ZARAGOZA
BARCELONA
VALÈNCIA
MURCIA
Alacant/ Alicante
PALMA DE MALLORCA
ALGER
Lourdes
Carcassonne
Nîmes
Avignon
Arles
Les Baux-de-Provence
Aix-en-Provence
Albi
Moissac
Rocamadour
Conques
Gouffre de Padirac
Monestir de Poblet
P Y R É N É E S
P I R I N E O S
Golfe du Lion
Costa Brava
Golfo de València
I S L A S B A L E A R E S
Mallorca
Menorca
Ibiza
Formentera
M E R M É D I T E R R A N É E
Grande Kabylie
Perpignan
Lleida
Girona
Huesca
Teruel
Tarragona
Andorra la Vella
Castelló de la Plana/ Castellón de la Plana
Cartagena
Toulon
Cannes

MER LIGURE
Côte d'Azur
Riviera Ligure
Golfo di Genova
CORSE
Golfe de Porto
SARDEGNA
MER TYRRHÉNIENNE
TYRRHENIAN SEA
E R R A N É E
Bouches de Bonifacio
Cap Corse
Capraia (I)
Elba
Pianosa (I)
Asinara
S. Pietro
Djalita
Cap Blanc
Cap Bon
Pantelleria (I)
Golfe de Hammamet
Iles d'Hyères
Montélimar
Nyons
Mont Ventoux
Orange
Carpentras
Avignon
St-Rémy-de-Provence
Les Baux-de-Provence
Salon-de-Provence
Aix-en-Provence
Istres
Fos-sur-Mer
Martigues
MARSEILLE
Aubagne
La Ciotat
Toulon
Hyères
Le Lavandou
Brignoles
Le Luc
Draguignan
Fréjus
St-Raphaël
Ste-Maxime
St-Tropez
Cannes
Antibes
Grasse
Vence
Nice
Monaco
Monte-Carlo
Menton
Sospel
Castellane
Grand Canyon du Verdon
Digne-les-Bains
Sisteron
Manosque
Apt
Gap
Serres
Barcelonnette
St-Etienne-de-Tinée
Tende
Cuneo
Mondovì
Fossano
Ventimiglia
San Remo
Bordighera
Imperia
Alassio
Finale Ligure
Savona
GENOVA
Rapallo
Sestri Levante
La Spezia
Carrara
Massa
Forte dei Marmi
Viareggio
Lucca
Pisa
Livorno
San Gimignano
Volterra
Cecina
Piombino
Portoferraio
Follonica
Grosseto
Siena
Firenze
Prato
Pistoia
Empoli
Montecatini Terme
Abetone
Cerreto
Parma
Reggio nell'Emilia
Modena
BOLOGNA
Salsomaggiore Terme
Piacenza
Ferrara
Comacchio
Ravenna
Imola
Faenza
Forlì
Cesena
Cervia
Rimini
Riccione
Cattolica
San Marino
Pesaro
Fano
Senigallia
Ancona
Urbino
Bagno di Romagna
Pontassieve
Arezzo
Sansepolcro
Città di Castello
Gubbio
Fabriano
Jesi
Macerata
Civitanova Marche
Fermo
San Benedetto del Tronto
Ascoli Piceno
Teramo
Perugia
Assisi
Foligno
Spoleto
Todi
Orvieto
Cortona
Montepulciano
Chianciano Terme
Bolsena
Montefiascone
Viterbo
Terni
Rieti
L'Aquila
Gran Sasso
Tarquinia
Civitavecchia
ROMA
Vaticano
Tivoli
Ostia
Albano Laziale
Velletri
Frosinone
Fiuggi
Avezzano
Sora
Latina
Anzio
Terracina
Formia
Abbazia di Montecassino
Gaeta
EMILIA ROMAGNA
TOSCANA
LAZIO
APPENNINI
PROVENCE
ALPES
St-Florent
Bastia
L'Île-Rousse
Calvi
Monte Cinto
Corte
Porto
Cargèse
Vizzavona
Aléria
Ajaccio
Propriano
Sartène
Porto-Vecchio
Bonifacio
Maddalena
Sta Teresa Gallura
Palau
Golfo Aranci
Tempio Pausania
Olbia
Porto Torres
Sassari
Ozieri
Siniscola
Alghero
Bosa
Macomer
Nuoro
Monti del Gennargentu
Arbatax
Oristano
Laconi
Guspini
Iglesias
Carbonia
CAGLIARI
Muravera
S. Antioco
Erice
Egadi
Trapani
Marettimo
Favignana
Marsala
Mazara del Vallo
Alcamo
Segesta
Castelvetrano
Mali Lošinj
Bizerte
Menzel Bourguiba
Mateur
La Marsa
Carthage
TUNIS
Hammam Lif
Grombalia
Kelibia
Menzel Temime
Nabeul
Hammamet
Zaghouan
Enfida
Sousse
El Fahs
Téboursouk
Mts de Téboursouk
Béja
Mejez El Bab
Nefza
Tabarka
Aïn Draham
Jendouba
Sakiet Sidi Youssef
Le Kef
El Kala
Annaba
Chetaibi
Massif de l'Edough
Skikda
Collo
El Milia
Jijel
Cap Carbon
Bejaïa
Azazga
Ziama Mansouria
Djemila
Sétif
El Eulma
Bordj-Bou-Arreridi
Akbou
CONSTANTINE
Chelghoum El Aïd
Oued-Zénati
Guelma
Souk-Ahras
Azzaba
Mts de la Medjerda
O. Medjerda

SARAJEVO
Zadar
Starigrad Paklenica
Obrovac
Knin
Bosansko Grahovo
Donji Vakuf
Bugojno
Livno
Rogatica
Konjic
Jablanica
Foča
Pljevlja
Biograd na moru
Dugi Otok
Kornati
Šibenik
Trogir
Split
Omiš
Šolta
Brač
Sinj
Imotski
Makarska
Mostar
Hvar
Vis
Korčula
Lastovo
Pelješac
Mljet
Dubrovnik
Cavtat
Trebinje
Bileća
Nikšić
Žabljak
Herceg Novi
Kotor
Cetinje
Boka Kotorska
Budva
Bar
Ulcinj
PODGORICA
Andrijevica
Berane
Bijelo Polje
Novi Pazar
Kosovska Mitrovica / Mitrovicë
Priština / Prishtinë
Gračanica
Gnjilane / Gjilan
Vranje
Surdulica
Pernik
Kjustendil
Dupnica
Samokov
Rila
Blagoevgrad
Kriva Palanka
Kumanovo
Delčevo
Pec / Pejë
Dečani
Đakovica / Gjakovë
Prizren
Prokletije
KOSOVO
KOSOVË
Tetovo
SKOPJE
Štip
Veles
Strumica
Kičevo
Prilep
Gevgelija
Kilkis
Shkodër
Shëngjin
Lezhë
Pukë
Kukës
Peshkopi
Burrel
Krujë
Debar
Zerqan
Durrës
Shijak
TIRANË
Struga
Ohrid
Ohridsko Ezero
Prespansko Ezero
Resen
Bitola
Polýkastro
Édessa
Giannitsá
Alexándreia
Kavajë
Rrogozhinë
Cërrik
Elbasan
Lushnjë
Pogradec
Berat
Korçë
Flórina
Ptolemaïda
Kastoriá
Kozáni
Véroia
Kateríni
Náousa
Árgos Orestikó
Olympos
Fier
Vlorë
Këlcyrë
Përmet
Kepi i Gjihezës
Tepelenë
Gjirokastër
Grevená
Elassóna
Tírnavos
Lárisa
Metéora
Kalampáka
Tríkala
Métsovo
Sarandë
Buthrotum
Ioánnina
Kardítsa
Palaiokastrítsa
Kérkyra
Igoumenítsa
Párga
Paxoí
Árta
Karpenísi
Préveza
Vónitsa
Lefkáda
Amfilochía
Agrínio
Náfpaktos
Mesolóngi
Pátra
Itháki
Kefalloniá
Sámi
Argostóli
Káto Achaïa
Amaliáda
Olympia
Pýrgos
Zákynthos
Kyparissía
Gargaliánoi
Pescara
Chieti
Vasto
Termoli
Vieste
Promontorio del Gargano
Manfredonia
San Severo
Lucera
Foggia
Isernia
Campobasso
Cassino
Benevento
Ariano Irpino
Cerignola
Canosa di Puglia
Barletta
Trani
Molfetta
Bari
Andria
Bitonto
Altamura
Gioia del Colle
Fasano
Brindisi
Martina Franca
Taranto
Manduria
Lecce
Otranto
Gallipoli
C. Sta Maria di Leuca
Matera
Potenza
Melfi
Avellino
Caserta
NAPOLI
Pozzuoli
Vesuvio
Pompei
Castellammare
Sorrento
Amalfi
Capri
Costa Amalfitana
Salerno
Battipaglia
Paestum
Sapri
Scanzano Jonico
Golfo di Taranto
M. Pollino
Castrovillari
Sibari
Rossano
San Giovanni in Fiore
Crotone
Paola
Cosenza
La Sila
Nicastro
Catanzaro
Vibo Valentia
Gioia Tauro
Locri
Villa San Giovanni
Messina
Reggio di Calabria
Milazzo
Barcellona Pozzo di Gotto
Eolie o Lipari
Stromboli
Salina
Vulcano
PALERMO
Termini Imerese
Cefalù
Monreale
Nebrodi
Monte Etna
Taormina
Acireale
Adrano
Catania
Enna
Caltanissetta
Piazza Armerina
Lentini
Siracusa
Agrigento
Canicattì
Caltagirone
Licata
Gela
Ragusa
Noto
Modica
C. Passero
SICILIA
Gozo
Malta
Valletta
Linosa (I)
Dalmatinska Obala
ADRIATIQUE
ADRIATIC SEA
MER IONIENNE
IONIAN SEA
Iónia Nisiá
MEDITERRANEAN

SARAJEVO
PODGORICA
TIRANË
ROMA
NAPOLI
PALERMO
Valletta
ADRIATIC SEA
ADRIATIQUE
Dalmatinska Obala
MER TYRRHÉNIENNE
IONIAN SEA
MER IONIENNE
MEDITERRANE
SICILIA
Eolie o Lipari
Golfo di Taranto
Ancona
Pescara
Bari
Brindisi
Taranto
Lecce
Foggia
Campobasso
Salerno
Potenza
Cosenza
Catanzaro
Crotone
Reggio di Calabria
Messina
Catania
Siracusa
Agrigento
Trapani
Ragusa
Enna
Caltanissetta
Dubrovnik
Split
Mostar
Durrës
Shkodër
Vlorë
Kérkyra
Perugia
L'Aquila
Latina
Frosinone
Benevento
Caserta
Avellino
Matera
Rimini
Pesaro
San Marino
Pristina / Prishtinë

SOFIJA
Plovdiv
Edirne
İSTANBUL
Bursa
THESSALONÍKI
ATHÍNA
İZMIR
Kórinthos
Bodrum
Ródos
Niš
Pirot
Vraca
Bela Palanka
Dimitrovgrad
Dragoman
Botevgrad
Zlatica
Pernik
Samokov
Kostenec
Pazardžik
Haskovo
Stara Zagora
Nova Zagora
Kazanlăk
Karlovo
Hisarja
Panagjurište
Čirpan
Dimitrovgrad
Harmanli
Svilengrad
Asenovgrad
Bačkovo
Kărdžali
Ivajlovgrad
Smoljan
Pamporovo
Batak
Velingrad
Borovec
Rila
Dupnica
Kjustendil
Blagoevgrad
Razlog
Goce Delčev
Sandanski
Petrič
Strumica
Kriva Palanka
Kumanovo
Delčevo
Štip
Veles
Prilep
Bitola
Surdulica
Vranje
Stara Planina
Rosova dolina
Sredna Gora
Rodopi
Pirin
Maritsa
Komotiní
Xánthi
Alexandroúpoli
Orestiáda
Didymóteicho
Soufli
Dráma
Kavála
Sérres
Sidirókastro
Kilkís
Nigrita
Thásos
Samothráki (GR)
Gökçe (TR)
Límnos (GR)
Mýrina
Thrakikó Pélagos
Ágio Óros
Polýgyros
Chalkidikí
Gevgelija
Polýkastro
Giannitsá
Édessa
Náousa
Véroia
Flórina
Ptolemaïda
Kastoriá
Kozáni
Grevená
Kateríni
Litóchoro
Ólympos
Elassóna
Tírnavos
Lárisa
Trikala
Kalampáka
Metéora
Karditsa
Fársala
Vólos
Almyrós
Lamía
Thermaïkós Kólpos
Vóreies Sporádes
Skiáthos
Skópelos
Skýros
Ioánnina
Métsovo
Árta
Préveza
Lefkáda
Vónitsa
Amfilochía
Agrínio
Karpenísi
Ámfissa
Delfí
Itéa
Livádia
Thíva
Chalkída
Évvoia
Kými
Kárystos
Elefsína
Mégara
Dafní
Salamína
Peiraiás
Lávrio
Akrí Soúnio
Náfpaktos
Mesolóngi
Aígio
Pátra
Xylókastro
Kiáto
Loutráki
Mikínes
Árgos
Náfplio
Epídavros
Kalávryta
Kato Achaïa
Amaliáda
Pýrgos
Olympia
Trípoli
Megalópoli
Andritsaina
Kyparissía
Messíni
Kalamáta
Spárti
Mystrás
Gargaliánoi
Pýlos
Areópoli
Gýtheio
Monemvasía
Neápoli
Molái
Leonídio
Peloponnisos
Zákynthos
Sámi
Argostóli
Itháki
Kýthira
Aígina
Póros
Ýdra
Spétses
Myrtóo Pélagos
MER ÉGÉE
AEGEAN SEA
KYKLÁDES
Ándros
Tínos
Mýkonos
Dílos
Sýros
Ermoúpoli
Kéa
Kýthnos
Sérifos
Sífnos
Mílos
Páros
Náxos
Íos
Thíra
Amorgós
Astypálaia
Dodekánisa
Pátmos
Léros
Kálymnos
Kos
Nísyros
Tílos
Sými
Lindos
Ródos
Kárpathos
Kásos
MER DE CRÈTE
Chánia
Kastélli
Soúda
Réthymno
Iráklelo
Knossós
Mália
Ágios Nikólaos
Siteía
Ierápetra
Tympáki
Festós
Samariás
Hóra Sfakion
KRÍTI
Ikaría
Sámos
Karlovási
Chíos
Lésvos
Mytilíni
Míthymna
Plomári
Ayvalık
Ayvacık
Bergama
Dikili
Çeşme
Urla
Foça
Karaburun
Manisa
Turgutlu
Salihli
Alaşehir
Kula
Ödemiş
Bayındır
Tire
Selçuk
Efes
Kuşadası
Söke
Didim
Milâs
Muğla
Aydın
Nazilli
Sultanhisar
Denizli
Pamukkale
Buldan
Sarayköy
Aphrodisias
Bozdoğan
Marmaris
Uşak
Gediz
Simav
Demirci
Sındırgı
Soma
Kırkağaç
Akhisar
Balıkesir
Susurluk
Gönen
Biga
Çanakkale
Eceabat
Gelibolu
Truva
Ezine
Edremit
Burhaniye
Bandırma
Erdek
Karabiga
Mudanya
Gemlik
Bilecik
Bozüyük
Kütahya
Tavşanlı
Emet
Çavdarhisar
Yalova
İznik
Gebze
İzmit
Adapazarı
Sapanca
Kartal
Üsküdar
Silivri
Çorlu
Tekirdağ
Lüleburgaz
Saray
Keşan
İpsala
Uzunköprü
Marmara Denizi
Çanakkale Boğazı
Uludağ
AN SEA

	Agen	Amiens	Angers	Angoulême	Auch	Aurillac	Auxerre	Bayonne	Beaune	Besançon	Blois	Bordeaux	Boulogne-sur-Mer	Bourges	Brest	Brive-la-Gaillarde	Caen	Cahors	Calais	Carcassonne	Châlons-en-Champagne	Chambéry	Charleville-Mézières	Chartres	Cherbourg-Octeville	Clermont-Ferrand	Colmar	Dijon	Dunkerque	Gap	Grenoble	Le Havre	Lille	Limoges
Amiens	846																																	
Angers	513	422																																
Angoulême	254	584	252																															
Auch	75	883	577	318																														
Aurillac	260	706	450	292	298																													
Auxerre	669	307	405	487	707	433																												
Bayonne	230	884	563	304	225	490	787																											
Beaune	649	448	547	494	687	413	148	796																										
Besançon	768	551	647	596	805	515	249	915	110																									
Blois	526	319	195	277	590	439	221	576	363	463																								
Bordeaux	141	704	383	124	204	311	607	191	614	734	399																							
Boulogne-sur-Mer	954	137	482	704	1005	827	428	1003	569	662	442	824																						
Bourges	512	382	272	293	550	339	148	596	280	353	116	417	503																					
Brest	781	629	378	574	844	833	720	830	862	962	542	633	687	648																				
Brive-la-Gaillarde	238	619	357	199	276	104	427	388	409	511	353	209	739	287	743																			
Caen	725	256	254	475	788	673	406	775	547	648	309	596	314	424	376	581																		
Cahors	91	708	446	288	190	132	530	413	512	614	442	280	828	376	832	100	671																	
Calais	984	167	512	734	1037	859	459	1033	614	651	474	854	38	535	719	772	345	863																
Carcassonne	209	903	642	449	172	354	743	385	597	672	638	336	1024	571	974	296	866	210	1054															
Châlons-en-Champagne	821	219	477	609	905	600	169	908	302	339	345	729	328	318	774	593	427	733	321	892														
Chambéry	704	705	725	639	667	391	405	881	259	266	569	682	826	413	1118	478	803	580	831	498	519													
Charleville-Mézières	936	201	520	674	973	770	288	974	421	459	410	794	277	442	817	708	471	799	270	1011	128	638												
Chartres	602	217	209	352	698	519	218	652	359	459	134	472	315	195	507	433	236	523	345	718	271	616	314											
Cherbourg-Octeville	830	379	375	596	893	794	530	880	671	770	430	682	438	545	426	702	125	792	468	987	552	928	594	359										
Clermont-Ferrand	405	557	448	329	443	158	283	550	265	368	292	371	678	191	834	166	594	268	708	431	451	294	620	372	720									
Colmar	929	513	767	756	966	676	410	1076	271	172	626	894	622	514	1064	672	722	791	664	862	297	411	406	562	845	529								
Dijon	688	471	551	533	743	452	153	835	47	94	369	670	580	257	865	449	550	551	574	637	262	299	381	363	674	305	250							
Dunkerque	1005	208	553	743	1043	864	464	1043	619	658	479	863	79	540	760	777	387	868	45	1063	327	836	267	388	510	717	641	580						
Gap	656	836	855	770	619	568	536	833	390	444	699	783	956	543	1248	608	933	658	996	450	684	189	803	746	1057	424	596	428	1004					
Grenoble	648	710	730	644	611	397	410	824	264	318	574	688	831	418	1123	483	808	585	870	442	558	58	677	621	932	298	466	303	879	133				
Le Havre	803	185	331	553	866	720	369	852	510	610	335	673	244	397	469	634	96	724	274	919	399	767	383	198	220	573	695	514	315	898	770			
Lille	929	139	514	668	967	789	389	967	544	582	404	788	119	465	763	702	390	792	111	988	252	761	191	309	513	642	568	505	80	926	798	319		
Limoges	324	527	265	104	362	189	345	407	396	498	261	227	647	195	650	97	490	187	678	383	502	540	615	342	610	227	654	434	686	671	542	541	610	
Lorient	654	590	251	448	717	706	630	678	772	871	446	506	649	521	135	614	338	704	679	849	684	987	726	415	386	700	969	776	720	1118	990	430	724	523
Lyon	602	600	578	475	615	303	301	749	154	257	422	567	721	308	1013	362	698	465	760	446	448	112	567	511	822	178	413	193	769	243	115	661	693	423
Le Mans	558	335	96	308	621	505	335	608	477	577	142	428	393	257	397	413	166	504	424	699	389	710	431	120	286	434	674	481	464	841	713	242	426	322
Marseille	520	912	908	760	483	432	612	697	466	541	751	647	1032	651	1285	523	1009	522	1072	314	760	330	879	822	1132	476	731	504	1080	182	274	972	1004	609
Mende	364	750	640	456	335	176	476	559	374	448	484	491	870	384	1020	268	787	219	901	294	668	313	787	565	907	203	630	412	909	408	294	764	833	354
Metz	970	360	618	772	1008	717	335	1071	312	269	508	892	469	483	915	714	569	833	462	902	159	529	204	413	692	570	207	273	439	694	566	541	366	715
Mont-de-Marsan	122	828	507	248	109	367	731	104	738	858	523	135	947	541	755	333	719	260	977	276	853	769	917	596	806	496	1014	777	987	723	712	796	912	351
Montpellier	355	882	773	595	318	257	600	531	454	529	617	482	1003	516	1120	348	919	356	1033	149	747	354	866	697	1039	335	715	492	1041	308	297	896	966	434
Mulhouse	892	547	731	720	930	639	373	1039	234	136	589	857	656	477	1028	636	713	755	684	826	331	380	436	526	837	492	49	219	670	566	434	676	597	620
Nancy	916	375	633	767	954	663	321	1066	258	208	500	881	484	473	896	660	550	779	478	848	159	475	259	394	674	516	144	219	493	640	512	556	420	644
Nantes	464	509	90	275	526	534	493	513	634	735	283	334	568	360	299	442	294	532	598	659	564	814	607	295	341	537	853	638	639	944	817	386	601	351
Narbonne	267	923	700	507	230	297	687	444	541	616	657	394	1043	557	1033	355	925	269	1074	62	835	441	954	738	1045	376	802	579	1082	395	384	937	1007	441
Nevers	556	381	353	376	594	320	121	701	159	345	197	521	501	79	728	317	478	419	530	594	289	374	457	247	602	173	501	230	538	505	377	441	463	276
Nice	676	1067	1063	916	639	587	768	852	621	669	907	803	1188	807	1441	679	1165	677	1227	470	915	479	1034	978	1289	631	718	660	1236	237	328	1128	1161	765
Nîmes	405	854	775	645	368	316	554	582	408	483	619	532	975	518	1170	408	952	407	1014	199	702	309	821	700	1075	338	664	447	1023	263	251	915	947	494
Orange	456	798	794	696	419	367	499	632	352	428	638	583	919	538	1174	459	896	458	958	250	646	253	765	709	1020	362	608	391	967	243	195	859	892	608
Orléans	587	269	245	327	625	446	165	626	306	406	63	447	389	123	542	360	320	450	420	645	286	563	358	84	444	299	562	310	428	694	566	283	353	269
Paris	711	135	295	449	748	570	171	749	311	411	183	569	255	246	592	483	234	574	289	769	190	568	233	90	357	423	452	315	297	698	571	197	222	392
Pau	196	891	570	311	123	418	825	113	807	927	586	198	1010	671	818	396	782	310	1040	284	916	777	980	659	869	564	1083	845	1050	731	720	859	975	482
Périgueux	137	626	353	87	212	187	445	316	490	592	361	136	747	294	758	84	566	174	777	370	602	560	715	442	686	247	748	528	785	691	563	640	710	102
Perpignan	320	983	753	560	283	358	748	497	602	677	718	447	1104	617	1085	407	978	322	1134	114	895	502	1014	799	1098	436	863	640	1142	456	444	998	1067	493
Poitiers	363	474	138	114	427	314	377	413	518	618	169	234	592	244	515	221	365	312	623	507	498	607	563	242	485	331	774	522	633	738	610	442	558	130
Le Puy-en-Velay	453	677	568	459	425	172	431	681	285	360	412	502	798	311	948	297	714	399	828	383	579	224	698	492	834	130	541	323	836	355	227	691	761	358
Reims	848	173	432	586	885	682	208	886	340	378	322	706	282	353	729	620	383	710	275	906	48	557	90	226	506	535	345	301	284	722	594	355	209	529
Rennes	579	441	134	391	643	650	482	629	623	723	304	450	499	419	243	558	188	648	530	775	536	880	578	266	236	596	821	627	570	1003	875	280	574	422
La Rochelle	323	608	195	152	386	451	511	373	652	752	302	193	671	377	442	350	443	460	701	518	632	751	697	398	493	474	908	656	742	882	754	520	691	253
Rodez	257	794	508	349	229	102	520	453	518	557	528	384	914	427	893	162	732	112	945	240	705	420	873	609	852	247	777	557	953	502	401	808	877	248
Rouen	770	124	298	520	833	654	303	820	444	544	269	640	183	331	500	568	127	658	213	853	337	701	321	133	251	507	634	448	254	832	704	90	258	477
Saint-Brieuc	692	485	229	486	756	745	576	742	718	818	398	545	543	513	147	653	232	743	574	888	630	975	672	361	280	690	915	722	615	1105	977	324	619	517
Saint-Étienne	573	623	581	495	499	245	361	720	215	289	424	538	743	324	960	333	727	436	820	467	508	153	627	505	847	149	470	253	829	284	156	704	754	394
Saint-Nazaire	530	564	145	341	593	600	548	580	689	790	340	400	623	415	272	508	311	598	653	725	620	869	662	350	359	592	905	693	694	1000	872	403	657	417
Strasbourg	1006	518	776	834	1044	753	487	1153	348	249	637	971	627	591	1073	750	727	869	621	940	317	481	363	571	850	606	75	333	597	667	534	699	524	734
Toulon	584	976	972	824	547	496	676	761	530	605	816	711	1096	715	1350	587	1073	586	1136	379	824	386	943	887	1197	540	792	568	1144	238	329	1036	1069	674
Toulouse	120	815	553	360	81	229	637	299	619	737	549	247	935	483	885	207	778	122	966	94	839	587	904	630	898	376	894	674	974	541	530	829	899	294
Tours	466	373	123	216	529	413	276	515	417	518	68	336	492	164	498	321	264	411	522	607	398	618	462	141	384	341	674	421	532	749	621	341	457	230
Troyes	742	295	435	530	780	513	83	829	231	269	266	650	404	239	732	514	417	605	398	821	86	448	205	230	540	366	340	191	406	613	485	380	331	423
Valence	552	700	696	610	515	363	400	729	254	330	540	654	821	439	1076	449	798	551	860	347	548	155	667	611	921	264	510	293	868	226	98	761	793	510
Valenciennes	916	125	500	654	953	775	375	954	514	552	390	774	171	451	749	688	376	779	161	974	222	732	139	295	500	628	530	475	129	897	769	306	54	597

Distances

S'informer avant de prendre la route

Conditions de circulation sur tout le réseau routier:

(Centres d'Information Routière):
Internet «Bison Futé»
www.bison-fute.equipement.gouv.fr
Serveur vocal: 0800 100 200.

Conditions de circulation sur le réseau autoroutier:

Internet: www.autoroutes.fr

État de la circulation à Paris

(fermetures, travaux, manifestations, cérémonies) sur le site Internet de la préfecture de Police de Paris:
www.prefecture-police-paris.interieur.gouv.fr

Pour la région Ile de France:

Trafic en temps réel, fermetures, travaux et prévisions de circulation pour le lendemain sur le site Internet de la Direction Régionale de l'Equipement:
www.sytadin.fr

Pour la région lyonnaise:

Trafic en temps réel, fermetures, travaux et prévisions de circulation sur le site Internet de la Coordination et régulation du trafic sur les voies rapides de l'Agglomération lyonnaise:
www.coraly.com

Météo:

Internet: www.meteofrance.com

610 km

Le Mans - Toulouse

	Lorient	Lyon	Le Mans	Marseille	Mende	Metz	Mont-de-Marsan	Montpellier	Mulhouse	Nancy	Nantes	Narbonne	Nevers	Nice	Nîmes	Orange	Orléans	Paris	Pau	Périgueux	Perpignan	Poitiers	Le Puy-en-Velay	Reims	Rennes	La Rochelle	Rodez	Rouen	Saint-Brieuc	Saint-Étienne	Saint-Nazaire	Strasbourg	Toulon	Toulouse	Tours	Troyes	Valence
Lyon	837																																				
Le Mans	306	562																																			
Marseille	1158	314	893																																		
Mende	900	223	625	271																																	
Metz	824	459	529	770	677																																
Mont-de-Marsan	628	691	552	586	438	1017																															
Montpellier	993	303	758	171	198	757	420																														
Mulhouse	937	381	642	694	596	234	981	680																													
Nancy	805	405	510	716	624	58	1005	702	178																												
Nantes	172	666	186	969	742	706	457	804	821	688																											
Narbonne	905	390	758	258	238	844	333	92	774	789	716																										
Nevers	601	270	338	581	364	455	645	497	472	437	440	538																									
Nice	1314	471	1048	204	426	925	741	324	686	870	1124	414	733																								
Nîmes	1043	258	760	123	150	712	471	54	636	656	853	143	519	282																							
Orange	1054	202	779	118	207	656	521	105	580	601	905	194	464	274	56																						
Orléans	493	458	144	758	490	458	571	623	533	438	332	664	175	914	682	644																					
Paris	501	463	206	775	614	332	693	747	481	314	382	787	245	931	712	660	133																				
Pau	691	727	615	594	456	1128	86	429	1054	1072	520	341	708	750	478	530	635	758																			
Périgueux	631	443	398	680	341	810	260	422	737	738	442	427	390	836	564	616	368	493	322																		
Perpignan	958	451	810	318	299	905	386	153	835	850	768	65	592	475	203	254	725	849	394	475																	
Poitiers	388	443	197	790	522	663	357	560	745	650	217	565	321	946	702	675	217	340	419	204	619																
Le Puy-en-Velay	827	134	552	298	90	589	527	287	512	533	664	327	285	454	236	184	418	543	545	372	387	449															
Reims	638	487	343	798	706	190	830	784	380	205	518	874	366	954	736	684	269	143	891	629	934	475	617														
Rennes	152	725	160	1049	781	678	573	914	792	653	111	832	497	1211	973	940	353	355	635	557	886	332	715	490													
La Rochelle	315	587	287	828	665	797	317	663	879	784	144	575	455	984	712	764	351	474	378	277	629	140	593	609	261												
Rodez	766	331	565	365	109	822	332	190	748	767	595	230	402	521	249	300	535	660	350	230	290	372	197	785	712	500											
Rouen	461	596	209	908	698	480	764	831	613	494	385	872	373	1064	845	793	217	131	826	576	932	410	626	292	314	486	745										
Saint-Brieuc	124	870	254	1143	875	772	668	1008	886	747	206	945	591	1299	1067	1029	447	450	730	670	999	427	803	584	98	356	807	358									
Saint-Étienne	840	64	565	334	164	518	662	322	442	463	667	411	245	492	273	221	431	487	620	409	471	462	76	548	728	608	275	639	817								
Saint-Nazaire	145	721	239	1035	793	762	524	870	876	744	70	782	493	1191	919	946	389	439	585	508	836	283	721	574	127	211	662	441	222	724							
Strasbourg	982	495	687	808	710	163	1095	794	117	156	863	884	578	788	741	689	578	489	1164	825	944	794	622	348	834	928	861	637	929	551	919						
Toulon	1222	379	957	67	335	834	650	233	763	778	1033	323	641	150	187	183	823	841	658	655	383	853	361	863	1113	892	431	971	1208	398	1099	874					
Toulouse	758	537	610	406	257	939	183	239	866	884	568	151	519	560	288	340	556	680	196	275	205	418	346	816	686	428	149	763	799	421	634	976	469				
Tours	371	470	97	800	532	562	459	665	645	550	210	664	242	956	724	686	117	240	521	318	718	105	460	374	259	239	475	310	354	473	265	690	865	516			
Troyes	641	377	346	689	596	253	774	675	312	214	522	764	198	845	626	574	207	174	835	523	824	419	508	125	493	553	621	314	588	437	577	385	753	710	319		
Valence	955	104	681	215	200	558	618	201	482	502	783	291	365	371	152	100	547	565	626	524	351	578	193	587	843	723	311	695	932	122	838	592	280	438	588	477	
Valenciennes	710	661	411	972	819	328	898	959	562	382	587	992	445	1129	910	858	338	212	960	697	1052	544	747	177	563	678	866	244	605	720	643	485	1037	884	443	299	760

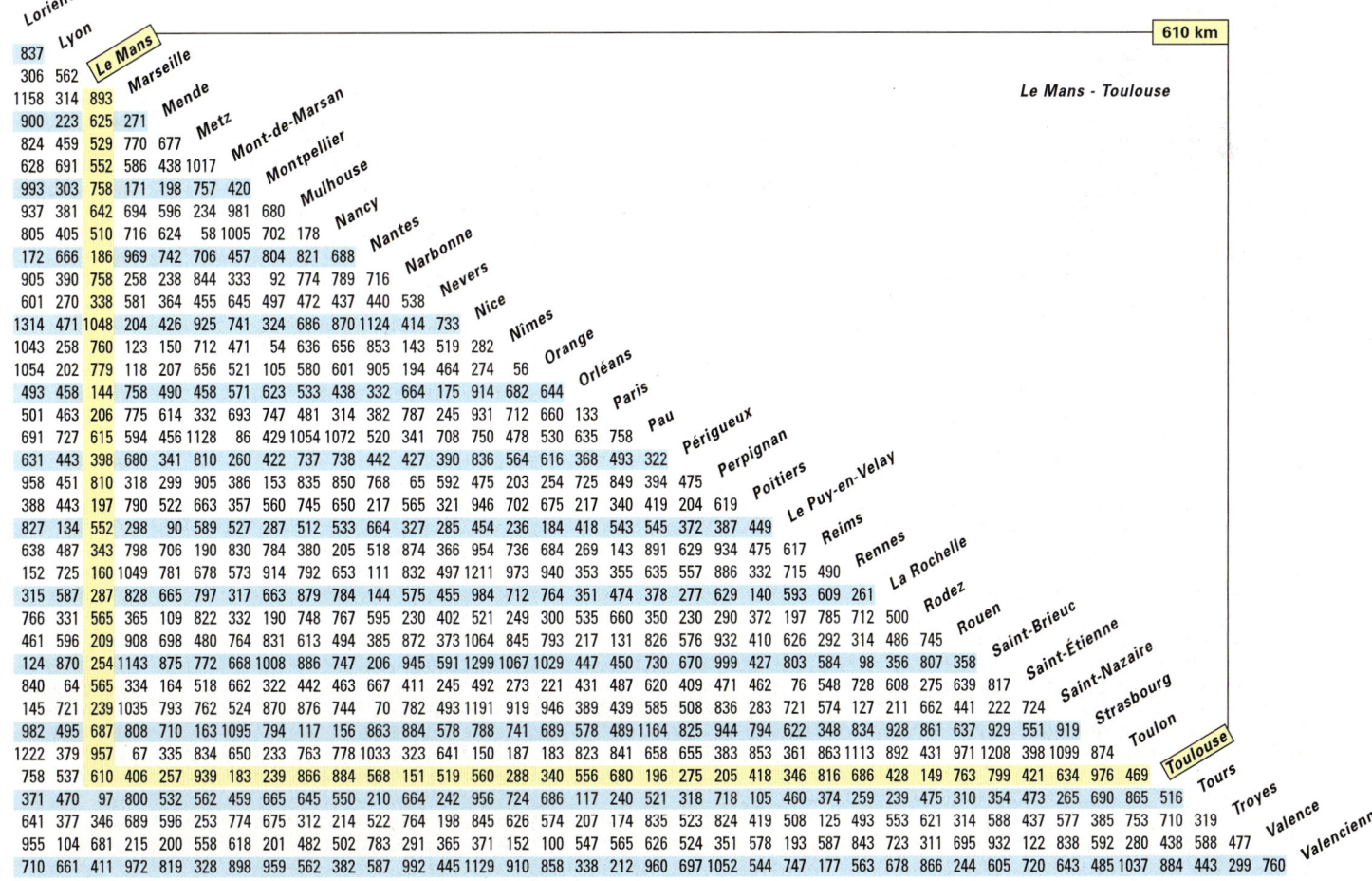

Temps de parcours

	Agen	Amiens	Angers	Angoulême	Auch	Aurillac	Auxerre	Bayonne	Beaune	Besançon	Blois	Bordeaux	Boulogne-sur-Mer	Bourges	Brest	Brive-la-Gaillarde	Caen	Cahors	Calais	Carcassonne	Châlons-en-Champagne	Chambéry	Charleville-Mézières	Chartres	Cherbourg-Octeville	Clermont-Ferrand	Colmar	Dijon	Dunkerque	Gap	Grenoble	Le Havre	Lille	Limoges
Amiens	7:56																																	
Angers	4:47	3:53																																
Angoulême	2:34	5:47	3:06																															
Auch	1:14	8:35	5:48	3:33																														
Aurillac	3:28	7:14	5:46	3:51	4:09																													
Auxerre	6:52	3:13	4:04	4:56	7:33	5:22																												
Bayonne	2:46	8:38	5:20	3:06	2:33	5:21	7:48																											
Beaune	6:31	4:20	5:11	5:37	7:12	5:02	1:25	8:02																										
Besançon	7:25	4:59	6:03	6:31	8:05	5:55	2:17	8:56	1:04																									
Blois	5:04	3:19	1:52	2:45	6:04	4:49	2:28	5:37	3:36	4:27																								
Bordeaux	1:21	6:59	3:41	1:26	2:22	3:41	6:09	1:54	6:12	7:07	4:01																							
Boulogne-sur-Mer	8:51	1:19	4:23	6:32	9:36	8:13	4:12	9:24	5:19	5:53	4:21	7:45																						
Bourges	5:04	3:53	2:29	3:31	5:46	3:44	2:06	6:25	3:25	4:09	1:29	4:46	4:52																					
Brest	7:16	6:00	3:46	5:54	8:16	8:52	6:46	7:49	7:53	8:46	5:12	6:14	6:28	6:07																				
Brive-la-Gaillarde	2:17	5:57	4:24	2:28	2:59	1:42	4:52	3:41	4:32	5:27	3:33	2:02	6:56	3:07	7:34																			
Caen	6:59	2:24	2:32	4:40	8:00	7:21	3:48	7:32	4:55	5:49	3:05	5:53	2:52	4:04	3:47	5:58																		
Cahors	1:27	6:47	5:13	3:18	2:16	2:10	5:41	3:53	5:21	6:16	4:23	2:40	7:46	3:57	8:24	1:07	6:50																	
Calais	9:08	1:36	4:40	6:49	9:44	8:21	4:19	9:41	5:19	5:40	4:29	8:02	0:29	4:59	6:47	7:02	3:09	7:54																
Carcassonne	2:00	8:28	6:55	4:16	2:00	4:10	6:32	3:30	5:16	6:20	6:05	3:04	9:28	5:39	9:00	2:49	8:32	2:09	9:34															
Châlons-en-Champagne	8:12	2:10	4:23	6:05	8:56	7:32	2:08	8:57	2:41	3:03	3:40	7:18	3:05	3:49	7:20	6:11	4:02	7:06	2:55	7:48														
Chambéry	6:19	6:37	6:32	6:34	6:20	4:52	3:42	7:50	2:25	3:08	5:32	6:20	7:36	4:39	10:09	4:42	7:10	5:30	7:47	4:34	5:08													
Charleville-Mézières	8:29	2:35	4:46	6:20	9:10	8:00	3:09	9:12	3:42	4:05	3:55	7:33	3:29	4:35	7:42	6:28	4:24	7:20	3:19	8:49	1:16	6:09												
Chartres	6:21	2:29	1:56	4:02	6:46	5:23	2:10	6:55	3:17	4:09	1:31	5:16	3:14	2:02	4:53	4:04	2:24	4:56	3:31	6:39	2:42	5:30	3:04											
Cherbourg-Octeville	7:51	3:50	3:54	6:02	8:52	8:43	5:14	8:24	6:22	7:11	4:27	6:50	4:18	5:26	4:33	7:20	1:33	8:13	4:34	9:55	5:27	8:35	5:49	3:51										
Clermont-Ferrand	3:58	5:21	3:58	3:49	4:39	2:11	3:28	5:19	3:09	4:04	2:58	3:40	6:21	1:52	7:42	2:01	5:48	2:50	6:27	4:05	5:35	2:53	6:05	3:31	6:53									
Colmar	8:56	5:44	7:36	8:02	9:37	7:27	3:49	10:28	2:36	1:48	6:02	8:38	6:38	5:40	10:32	6:59	7:35	7:48	6:08	7:43	3:41	4:15	4:08	5:57	9:00	5:36								
Dijon	6:54	4:20	5:19	6:00	7:35	5:25	1:33	8:25	0:34	0:59	3:47	6:36	5:15	3:25	8:00	4:57	5:02	5:46	5:05	5:41	2:25	2:46	3:26	3:25	6:26	3:34	2:29							
Dunkerque	9:11	1:57	5:01	7:01	9:52	8:29	4:27	9:54	5:28	5:51	4:37	8:15	0:50	5:07	7:08	7:10	3:30	8:02	0:32	9:44	3:02	7:55	3:10	3:53	4:54	6:38	6:14	5:13						
Gap	5:58	8:24	8:19	8:21	5:59	6:13	5:28	7:29	4:12	5:01	7:19	7:03	9:23	6:26	11:55	6:28	8:57	6:07	9:22	4:12	6:43	2:26	7:44	7:20	10:21	4:42	6:30	4:34	9:32					
Grenoble	5:45	6:42	6:37	6:39	5:45	4:57	3:47	7:16	2:30	3:21	5:37	6:25	7:41	4:44	10:13	4:46	7:15	5:35	7:40	3:59	5:01	0:38	6:02	5:38	8:39	3:00	4:42	2:52	7:51	1:58				
Le Havre	7:28	1:49	3:00	5:08	8:28	7:26	3:33	8:01	4:40	5:32	3:34	6:22	2:17	4:04	4:41	6:07	1:03	6:59	2:33	8:42	3:39	6:53	4:07	2:11	2:27	5:35	7:16	4:49	2:55	8:42	6:55			
Lille	8:28	1:28	4:45	6:19	9:10	7:47	3:45	9:11	4:46	5:09	3:54	7:33	1:34	4:25	7:12	6:28	3:34	7:20	1:12	9:02	2:20	7:13	2:28	3:07	4:59	5:56	5:39	4:31	0:55	8:47	7:00	3:00		
Limoges	3:00	5:05	3:32	1:26	3:41	2:22	4:13	4:20	4:21	5:16	2:42	2:42	6:05	2:16	6:43	1:00	5:09	1:52	6:10	3:34	5:18	5:00	5:37	3:15	6:28	2:22	6:45	4:43	6:20	6:49	5:02	5:16	5:40	
Lorient	6:00	5:32	2:30	4:38	7:00	7:37	5:55	6:43	7:03	7:54	4:19	4:58	6:00	4:51	1:30	6:14	3:19	7:06	6:16	7:43	6:28	9:39	6:50	4:00	4:01	6:36	9:39	7:11	6:37	11:28	9:41	4:10	6:42	5:25
Lyon	5:54	5:36	5:54	5:56	5:43	4:00	2:41	7:25	1:25	2:19	4:54	5:36	6:36	3:38	9:08	3:57	6:09	4:45	6:35	3:57	3:55	1:10	4:57	4:33	7:34	2:11	3:49	1:47	6:45	2:59	1:12	5:55	6:05	4:17
Le Mans	5:34	3:12	0:59	3:15	6:34	5:55	3:09	6:07	4:17	5:08	1:39	4:28	3:40	2:39	3:57	4:33	1:49	5:25	3:57	7:07	3:41	6:41	4:03	1:14	3:08	4:10	6:52	4:25	4:17	8:29	6:42	2:17	4:06	3:44
Marseille	4:40	8:21	8:00	6:56	4:39	4:54	5:25	6:10	4:09	5:14	7:00	5:44	9:20	5:54	11:40	6:08	8:56	4:48	9:19	2:52	6:39	3:39	7:41	7:16	10:17	4:24	6:37	4:31	9:29	1:53	3:09	8:39	8:51	6:51
Mende	4:10	7:08	5:45	6:05	4:17	2:23	5:15	5:52	4:18	5:23	4:45	5:15	8:08	3:39	9:44	3:54	7:35	3:15	8:14	2:57	6:48	3:49	7:50	5:18	8:55	2:07	6:45	4:40	8:23	4:51	3:55	7:19	7:43	4:38
Metz	9:07	3:20	5:33	7:07	9:48	7:38	3:30	9:59	2:47	3:05	4:42	8:20	4:14	5:11	8:29	7:10	5:11	7:59	4:04	7:54	1:31	5:14	2:03	3:54	6:35	5:47	2:15	2:32	4:12	6:48	5:01	4:51	3:34	6:26
Mont-de-Marsan	1:42	8:29	5:11	2:56	1:39	4:51	7:39	1:11	7:42	8:37	5:31	1:44	9:14	6:20	7:44	3:31	7:22	3:00	9:30	3:31	8:43	7:47	9:01	6:45	8:14	5:11	10:06	8:04	9:43	7:29	7:11	7:51	9:03	4:17
Montpellier	3:15	8:20	6:57	5:31	3:15	3:23	5:20	4:45	4:04	5:10	5:57	4:19	9:20	4:51	10:15	4:37	8:47	3:24	9:26	1:29	6:34	3:20	7:36	6:30	10:07	3:19	6:30	4:26	9:35	3:02	2:44	8:31	8:55	5:20
Mulhouse	8:32	6:01	7:11	7:38	9:13	7:02	3:24	10:03	2:11	1:24	5:38	8:14	6:56	5:16	10:08	6:35	7:10	7:23	6:49	7:19	3:58	4:00	4:48	5:32	8:34	5:12	0:38	2:07	6:56	6:22	4:30	6:55	6:18	6:22
Nancy	8:40	3:53	6:07	7:17	9:21	7:11	3:24	10:09	2:20	2:33	4:53	8:22	4:48	5:02	9:08	6:43	5:56	7:32	4:38	7:27	1:51	4:47	2:37	4:33	7:20	5:20	2:07	2:05	4:46	6:21	4:34	5:25	4:08	6:30
Nantes	4:23	4:45	0:59	2:57	5:23	5:56	4:56	4:56	6:03	6:55	2:47	3:17	5:13	3:20	3:16	4:33	3:02	5:25	5:29	6:07	5:14	7:22	5:36	2:47	3:41	4:52	8:27	6:11	5:50	9:13	7:24	3:51	5:40	3:44
Narbonne	2:28	8:37	7:23	4:45	2:29	3:39	6:02	3:59	4:45	5:50	6:13	3:33	9:36	5:07	9:28	3:17	9:00	2:37	9:42	0:42	7:16	4:02	8:17	6:46	10:19	3:35	7:11	5:07	9:51	3:43	3:25	8:48	9:11	4:01
Nevers	5:31	3:47	3:28	4:31	6:12	4:01	1:34	6:51	2:28	3:44	2:29	5:13	4:47	1:10	7:07	3:34	4:21	4:22	4:52	5:55	3:40	4:00	4:10	2:48	5:45	2:11	5:13	2:53	5:01	5:48	4:02	4:06	4:21	3:15
Nice	6:07	9:48	9:28	8:24	6:08	6:22	6:53	7:38	5:37	7:19	8:28	7:12	10:48	7:22	13:07	7:36	10:21	6:16	10:47	4:21	8:07	4:49	9:09	8:45	11:46	5:51	7:18	5:59	10:57	3:37	4:55	10:07	10:17	8:19
Nîmes	3:40	7:53	7:52	5:56	3:40	3:54	4:58	5:10	3:41	4:47	6:52	4:44	8:52	5:46	10:40	5:08	8:26	3:49	8:51	1:54	6:12	2:58	7:13	7:25	9:50	4:14	6:09	4:03	9:02	2:39	2:21	8:11	8:22	5:52
Orange	4:01	7:21	7:00	6:17	4:01	4:15	4:26	5:31	3:09	4:14	6:00	5:05	8:20	4:54	11:00	5:29	7:54	4:09	8:19	2:15	5:40	2:26	6:41	6:17	9:18	3:24	5:36	3:31	8:30	2:33	1:49	7:39	7:50	5:30
Orléans	5:17	2:54	2:18	3:10	5:59	4:36	1:59	6:03	3:06	3:58	0:45	4:24	3:53	1:14	5:56	3:17	3:20	4:09	3:59	5:51	3:03	5:19	3:26	1:03	4:44	2:45	5:26	3:14	4:08	7:08	5:21	3:05	3:28	2:28
Paris	6:33	1:40	2:50	4:24	7:13	5:51	1:49	7:16	2:57	3:49	1:58	5:37	2:40	2:30	5:46	4:32	2:24	5:25	2:48	7:07	1:55	5:10	2:17	1:10	3:46	4:01	5:43	3:06	2:57	7:01	5:12	2:08	2:19	3:43
Pau	2:54	9:28	6:10	3:55	1:43	4:55	8:17	1:10	7:57	8:53	6:30	2:43	10:13	6:33	8:43	3:43	8:21	3:04	10:29	2:43	9:42	6:59	10:00	7:44	9:13	5:26	10:22	8:20	10:42	6:41	6:22	8:50	10:02	4:27
Périgueux	2:12	6:32	4:50	1:26	3:28	2:32	5:39	2:59	5:02	5:58	4:08	1:21	7:31	3:42	7:06	0:51	6:01	1:43	7:37	3:26	6:45	5:10	7:04	4:42	7:21	2:31	7:26	5:24	7:46	6:59	5:12	6:43	7:06	1:37
Perpignan	2:54	9:07	7:49	5:10	2:54	4:10	6:32	4:24	5:15	6:22	6:44	3:58	10:07	5:38	9:53	3:42	9:25	3:02	10:13	1:08	7:46	4:32	8:47	7:17	10:45	4:06	7:42	5:37	10:22	4:13	3:55	9:18	9:42	4:26
Poitiers	3:39	4:42	1:56	1:20	4:40	4:04	3:52	4:13	5:00	5:51	1:45	2:34	5:27	2:20	5:03	2:42	3:36	3:34	5:44	5:16	4:57	6:23	5:14	2:59	4:55	3:53	7:20	5:08	5:57	8:12	6:25	4:04	5:17	1:53
Le Puy-en-Velay	5:36	6:44	5:20	5:20	5:43	2:33	4:10	6:50	2:54	3:58	4:20	5:11	7:43	3:14	9:19	3:33	7:11	4:21	7:49	4:22	5:24	2:25	6:26	4:53	8:30	1:42	5:21	3:16	7:58	4:14	2:27	6:55	7:18	3:53
Reims	7:40	1:42	3:57	5:30	8:21	7:11	2:24	8:23	2:57	3:21	3:06	6:44	2:37	3:45	6:53	5:39	3:35	6:31	2:27	8:13	0:32	5:24	0:54	2:17	4:59	5:20	4:09	2:42	2:38	6:59	5:12	3:15	1:58	4:50
Rennes	5:34	4:02	1:48	4:08	6:35	7:06	4:26	6:07	5:34	6:25	2:52	4:28	4:30	3:51	2:32	5:44	1:50	6:36	4:46	7:18	4:58	7:47	5:20	2:31	2:31	5:23	8:10	5:42	5:07	9:42	7:55	2:40	5:12	5:14
La Rochelle	2:59	5:52	2:09	1:51	3:59	5:28	5:02	3:32	6:10	7:01	2:54	1:53	6:20	3:30	4:42	3:28	4:29	4:16	6:37	4:42	6:07	7:40	6:24	3:54	5:13	5:09	8:30	6:18	6:58	9:29	7:42	4:58	6:27	3:11
Rodez	2:48	7:39	6:37	4:42	2:55	1:46	5:46	4:30	5:26	6:51	5:15	3:52	8:38	4:09	9:48	2:31	8:13	1:51	8:44	2:41	7:53	5:17	8:23	5:48	9:33	2:37	7:50	5:48	8:53	5:03	5:24	7:50	8:13	3:14
Rouen	7:08	1:14	2:40	4:49	8:08	6:50	2:57	7:41	4:05	4:56	2:58	6:02	1:42	3:29	4:52	5:31	1:14	6:24	1:59	8:06	3:04	6:18	3:32	1:36	2:39	5:00	6:41	4:13	2:20	8:06	6:20	1:00	2:25	4:42
Saint-Brieuc	6:24	4:33	2:42	5:02	7:24	8:00	5:19	6:57	6:26	7:18	3:45	5:22	5:01	4:44	1:33	6:38	2:21	7:30	5:17	8:07	5:51	8:39	6:13	3:24	3:02	6:15	9:02	6:35	5:38	10:28	8:41	3:11	5:43	6:08
Saint-Étienne	5:17	6:40	5:10	5:12	6:41	3:27	3:23	6:48	2:06	3:09	4:10	4:59	7:39	3:04	9:09	3:20	7:01	4:08	7:17	4:15	4:37	1:37	5:38	4:43	8:20	1:34	4:34	2:28	7:27	3:26	1:39	6:45	6:47	3:40
Saint-Nazaire	5:02	5:13	1:28	3:36	6:03	6:35	5:24	5:35	6:32	7:23	3:17	3:56	5:41	3:49	2:57	5:12	3:11	6:04	5:58	6:46	5:43	7:51	6:05	3:15	3:52	5:20	8:54	6:40	6:19	9:40	7:53	4:01	6:07	4:23
Strasbourg	9:33	4:43	6:56	8:39	10:14	8:03	4:25	11:04	3:12	2:24	6:18	9:15	5:37	6:17	9:52	7:36	6:34	8:24	5:27	8:20	2:54	4:52	3:27	5:17	7:58	6:13	0:53	3:08	5:36	7:13	5:21	6:14	4:58	7:23
Toulon	5:14	8:55	8:35	7:31	5:14	5:28	6:00	6:45	4:43	5:49	7:35	6:18	9:54	6:29	12:14	6:42	9:28	5:23	9:54	3:28	7:14	4:10	8:15	7:52	10:53	4:58	7:10	5:06	10:04	2:22	3:40	9:14	9:24	7:26
Toulouse	1:17	7:45	6:12	3:33	1:17	3:17	6:39	2:49	6:19	7:12	5:21	2:21	8:44	4:55	8:17	2:05	7:48	1:25	8:50	1:03	7:59	5:20	8:17	5:54	9:08	3:48	8:44	6:42	8:59	5:01	4:43	7:56	8:19	2:49
Tours	4:31	3:45	1:17	2:12	5:31	4:52	2:54	5:04	4:02	4:54	0:47	3:25	4:29	1:36	4:47	3:30	2:38	4:22	4:46	6:04	3:59	5:37	4:17	2:01	3:57	3:07	6:22	4:10	4:59	7:26	5:39	3:07	4:19	2:41
Troyes	7:25	2:51	3:54	5:18	8:07	6:42	1:19	8:11	2:05	2:28	2:53	6:32	3:46	3:03	6:50	5:25	3:53	6:17	3:36	7:12	0:56	4:33	1:57	2:15	5:17	4:52	3:57	1:50	3:46	6:07	4:20	3:38	3:06	4:36
Valence	4:54	6:32	6:11	6:13	4:54	4:31	3:37	6:25	2:20	3:25	5:12	6:00	7:31	4:06	10:11	4:21	7:05	5:10	7:30	3:08	4:51	1:35	5:52	5:28	8:29	2:35	4:48	2:42	7:41	2:46	0:59	6:50	7:01	4:41
Valenciennes	8:22	1:22	4:39	6:13	9:03	7:40	3:39	9:05	4:31	4:54	3:48	7:26	1:53	4:19	7:06	6:21	3:28	7:14	1:39	8:56	2:06	6:58	2:01	3:00	4:52	5:50	5:18	4:16	1:22	8:33	6:46	2:53	0:42	5:32

Périodes de Vacances 2010-2011

Vacances	Zone A	Zone B	Zone C
Noël	18/12/2010 au 03/01/2011	18/12/2010 au 03/01/2011	18/12/2010 au 03/01/2011
Hiver	26/02/2011 au 14/03/2011	19/02/2011 au 07/03/2011	12/02/2011 au 28/02/2011
Printemps	23/04/2011 au 09/05/2011	16/04/2011 au 02/05/2011	09/04/2011 au 26/04/2011
Eté	02/07/2011 au 02/09/2011	02/07/2011 au 02/09/2011	02/07/2011 au 02/09/2011

Rentrée scolaire des élèves le 02/09/2010

ZONES DE CONGÉS SCOLAIRES

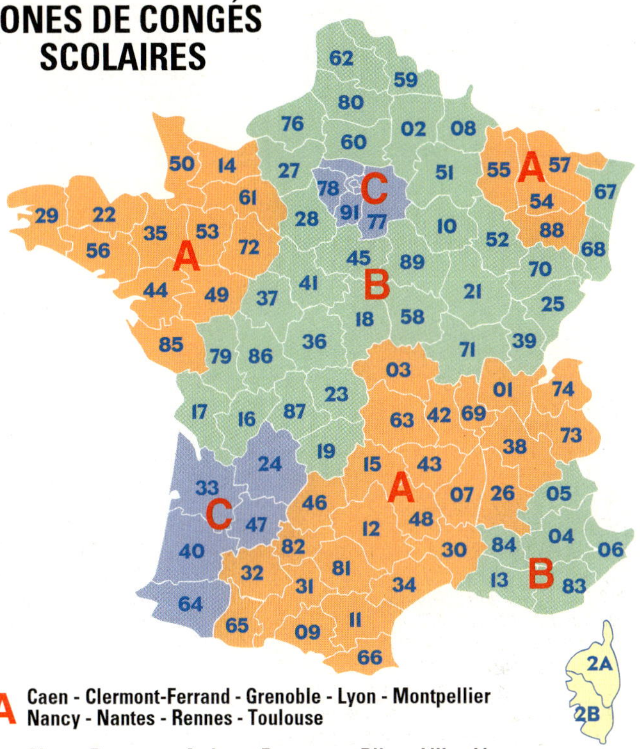

A Caen - Clermont-Ferrand - Grenoble - Lyon - Montpellier
Nancy - Nantes - Rennes - Toulouse

B Aix-en-Provence - Amiens - Besançon - Dijon - Lille - Limoges
Nice - Orléans - Poitiers - Reims - Rouen - Strasbourg

C Bordeaux - Créteil - Paris - Versailles

6:22 Le Mans - Toulouse

	Lorient	Lyon	Le Mans	Marseille	Mende	Metz	Mont-de-Marsan	Montpellier	Mulhouse	Nancy	Nantes	Narbonne	Nevers	Nice	Nîmes	Orange	Orléans	Paris	Pau	Périgueux	Perpignan	Poitiers	Le Puy-en-Velay	Reims	Rennes	La Rochelle	Rodez	Rouen	Saint-Brieuc	Saint-Étienne	Saint-Nazaire	Strasbourg	Toulon	Toulouse	Tours	Troyes	Valence
Lyon	9:01																																				
Le Mans	3:04	6:06																																			
Marseille	10:22	2:53	8:10																																		
Mende	8:55	3:01	5:55	3:30																																	
Metz	7:37	4:03	4:50	6:46	6:53																																
Mont-de-Marsan	6:26	7:08	5:56	6:11	5:46	9:51																															
Montpellier	8:58	2:47	7:06	1:43	2:12	6:42	4:43																														
Mulhouse	9:15	3:28	6:29	6:11	6:19	2:52	9:42	6:05																													
Nancy	8:16	3:36	5:30	6:19	6:26	0:41	9:50	6:13	2:20																												
Nantes	1:59	6:49	1:53	8:44	7:31	6:26	4:45	7:20	8:03	7:13																											
Narbonne	8:11	3:28	7:34	2:23	2:28	7:23	3:56	0:58	6:49	7:00	6:32																										
Nevers	5:50	3:04	3:38	5:46	3:57	5:05	6:41	5:08	4:50	5:01	4:20	5:25																									
Nice	11:50	4:20	9:38	2:01	4:58	8:15	7:35	3:07	7:01	7:51	10:12	3:51	7:15																								
Nîmes	9:23	2:24	8:02	1:18	2:23	6:19	5:07	0:40	5:46	5:56	7:46	1:24	5:20	2:46																							
Orange	10:10	1:52	7:10	1:07	2:52	5:47	5:28	1:01	5:14	5:24	8:06	1:44	4:48	2:34	0:41																						
Orléans	4:40	4:23	2:13	6:47	4:32	4:16	5:52	5:43	5:04	4:21	3:10	5:59	2:04	8:14	6:13	5:45																					
Paris	4:54	4:15	2:08	6:57	5:47	3:07	7:05	6:58	5:09	3:53	3:42	7:16	2:27	8:24	6:30	5:56	1:31																				
Pau	7:25	6:25	6:55	5:20	5:04	10:36	1:20	3:55	9:59	10:12	5:44	3:08	6:57	6:47	4:20	4:40	6:52	8:05																			
Périgueux	5:49	4:28	4:35	6:03	4:31	7:41	2:49	5:13	7:04	7:17	4:11	3:52	4:02	7:30	5:03	5:24	3:54	5:17	3:47																		
Perpignan	8:36	3:58	7:59	2:54	2:59	7:53	4:21	1:28	7:19	7:30	7:00	0:41	5:54	4:20	1:53	2:13	6:30	7:45	3:33	4:20																	
Poitiers	3:46	5:48	2:10	7:54	5:39	6:04	4:02	7:03	6:58	6:15	2:04	5:42	3:21	9:21	6:53	6:53	2:07	3:19	5:00	2:42	6:08																
Le Puy-en-Velay	8:30	1:37	5:30	3:40	1:26	5:32	7:11	3:36	4:59	5:09	6:45	3:52	3:31	5:08	3:14	2:39	4:06	5:21	6:27	4:04	4:21	5:14															
Reims	6:01	4:14	3:14	6:57	7:04	1:44	8:12	6:50	4:23	2:18	4:48	7:34	3:23	8:24	6:30	5:56	2:36	1:27	9:10	6:16	8:03	4:26	5:41														
Rennes	1:40	7:19	1:37	9:39	7:24	6:10	5:56	8:35	7:47	6:49	1:26	7:44	4:53	10:51	9:05	8:23	3:14	3:25	6:55	5:23	8:09	3:15	6:44	4:32													
La Rochelle	3:25	7:05	2:58	7:20	6:56	7:14	3:21	5:55	8:08	7:25	1:44	5:08	4:31	8:47	6:19	6:40	3:16	4:29	4:19	2:48	5:34	1:29	6:31	5:36	2:53												
Rodez	8:30	4:29	6:48	3:43	1:30	8:04	4:22	2:12	7:28	7:41	6:49	2:29	4:25	5:10	2:43	3:03	5:01	6:16	3:39	3:08	2:57	4:57	2:54	7:35	7:59	5:43											
Rouen	4:24	5:22	1:57	8:04	6:46	4:16	7:30	7:57	6:18	4:50	3:33	8:14	3:33	9:31	7:38	7:03	2:30	1:32	8:28	6:08	8:42	3:45	6:21	2:38	2:54	4:37	7:18										
Saint-Brieuc	1:29	7:43	2:29	10:31	8:17	7:03	6:50	9:27	8:40	7:42	2:20	8:33	5:45	11:59	9:58	9:30	4:07	4:18	7:49	6:13	8:59	4:09	7:51	5:25	1:04	3:49	8:58	3:26									
Saint-Étienne	8:17	0:49	5:20	3:07	2:24	4:44	6:27	3:01	4:11	4:21	6:02	3:45	3:06	4:35	2:41	2:07	3:56	5:16	7:25	3:51	4:14	5:04	1:00	4:56	6:33	6:21	3:54	6:10	7:42								
Saint-Nazaire	1:39	7:16	2:19	9:23	7:39	6:55	5:25	7:59	8:32	7:38	0:57	7:12	4:50	10:50	8:23	8:53	3:39	4:10	6:23	4:51	7:38	2:43	7:14	5:17	1:32	2:24	7:32	4:01	2:26	6:30							
Strasbourg	9:00	4:29	6:14	7:11	7:20	1:33	10:43	7:06	1:14	1:38	7:47	7:50	5:51	7:55	6:47	6:12	5:45	4:26	10:59	8:07	8:18	7:39	5:57	3:07	7:31	8:49	8:31	5:39	8:25	5:09	8:16						
Toulon	10:57	3:27	8:45	0:46	4:05	7:21	6:42	2:14	6:47	6:58	9:19	2:58	6:22	1:38	1:51	1:42	7:21	7:31	5:54	7:20	3:27	8:28	4:12	7:34	10:13	7:55	4:19	8:39	11:07	3:40	9:59	7:49					
Toulouse	6:59	4:46	6:22	3:40	3:20	8:58	2:44	2:16	8:21	8:34	5:19	1:29	5:19	5:08	2:41	3:01	5:07	6:19	1:58	2:43	1:55	4:31	4:43	7:29	6:32	3:58	1:57	7:21	7:22	5:42	6:01	9:23	4:18				
Tours	3:39	5:03	1:12	7:08	4:53	5:06	4:53	6:04	6:00	5:17	2:09	6:30	2:37	8:35	6:34	6:07	1:09	2:22	5:51	3:58	6:56	1:07	4:28	3:29	2:25	2:17	5:49	2:49	3:19	4:17	2:37	6:38	7:46	5:15			
Troyes	5:58	3:22	3:12	6:05	6:12	2:21	8:00	5:58	3:35	2:29	4:46	6:42	2:55	7:32	5:38	5:04	2:21	1:56	8:58	6:02	7:11	4:14	4:49	1:16	4:29	5:24	7:10	3:04	5:23	4:01	5:14	3:43	6:42	7:10	3:17		
Valence	9:22	1:03	6:21	2:01	3:07	4:58	6:22	1:54	4:25	4:35	7:04	2:38	3:59	3:28	1:34	0:59	4:58	5:08	5:34	4:53	3:07	6:05	2:04	5:10	7:35	7:23	4:38	6:16	8:44	1:17	7:31	5:27	2:38	3:53	5:18	4:16	
Valenciennes	6:37	5:48	3:57	8:30	7:36	3:15	8:54	8:24	5:58	3:46	5:31	9:04	4:15	9:58	8:04	7:30	3:20	2:09	9:53	6:59	9:33	5:09	7:11	1:40	5:08	6:19	8:08	2:19	5:38	6:27	5:59	4:35	9:08	8:06	4:11	2:48	6:43

00.0 **Atelier Mobile**

00.0 **Centres Véhicules Industriels**

00.0 **Centres Véhicules Légers**

00.0 **Centres Mixtes**

SOUTHAMPTON
PORTSMOUTH
BOURNEMOUTH
Chichester
Worthing
Eastbourne
ISLE OF WIGHT
Weymouth
Poole
Newport
St. Catherine's Point
M
A
N
C
H
E
Alderney
Cap de la Hague
Cherbourg-Octeville
Jersey
St. Hélier
Îles Chausey
St-Malo
Dinard
Dinan
Granville
Avranches
Le Mont-St-Michel
Cancale
Fougères
RENNES
Vitré
Laval
Mayenne
Coutances
St-Lô
Bayeux
CAEN
Vire
Flers
Falaise
Argentan
Domfront
Alençon
LE MANS
Lisieux
Deauville
Honfleur
LE HAVRE
Fécamp
Étretat
Dieppe
Yvetot
Bolbec
Bernay
Évreux
L'Aigle
Mortagne-au-Perche
Nogent-le-Rotrou
Sablé-s-Sarthe
Château-Gontier
Valognes
Carentan

Dover
Folkestone
Tunnel sous la Manche
Channel Tunnel
Calais
Dunkerque
BRIGHTON
Worthing
Hastings
Eastbourne
Bognor Regis
St-Omer
Boulogne-sur-Mer
Le Touquet-Paris-Plage
Berck-Plage
LILLE
Tourcoing
Béthune
Arras
Douai
Abbeville
AMIENS
Le Tréport
Dieppe
Fécamp
Étretat
LE HAVRE
Honfleur
Deauville
CAEN
Lisieux
ROUEN
Évreux
Beauvais
Compiègne
Senlis
Chantilly
Pontoise
VERSAILLES
PARIS
Meaux
Melun
Fontainebleau
Étampes
Chartres
Dreux
Rambouillet
Alençon
LE MANS
Nogent-le-Rotrou
Pithiviers
Nemours
Montargis
ORLÉANS

GENT (GAND)
Mechelen (Malines)
BRUXELLES BRUSSEL
Leuven (Louvain)
Maastricht
AACHEN
LIÈGE
Verviers
Namur
Charleroi
Mons (Bergen)
Valenciennes
Tournai (Doornik)
Roubaix
Cambrai
St-Quentin
Laon
Soissons
Charleville-Mézières
Sedan
Rethel
REIMS
Épernay
Château-Thierry
CHÂLONS-EN-CHAMPAGNE
Vitry-le-François
St-Dizier
Bar-le-Duc
Verdun
METZ
Thionville
LUXEMBOURG
Arlon (Aarlen)
Bastogne
Trier
NANCY
Toul
Lunéville
Épinal
Vittel
Chaumont
TROYES
Sens
Provins
Sézanne
Nogent-s-Seine
Dinant
Philippeville
Maubeuge
Bouillon
Neufchâteau
St-Hubert
Marche-en-Famenne
La Roche-en-Ardenne
Spa
Malmedy
Huy
Wavre
Waterloo
Mirecourt
Commercy
Joinville
Neufchâteau
Vouziers
Ste-Menehould

BRUXELLES
BRUSSEL
Leuven (Louvain)
St-Omer
Tourcoing
Roubaix
Tournai
(Doornik)
LILLE
Béthune
Mons
(Bergen)
Valenciennes
Charleroi
Namur
Arras
Douai
Cambrai
Maubeuge
Abbeville
AMIENS
St-Quentin
Charleville-
Mézières
Sedan
Laon
Rethel
Beauvais
Compiègne
Soissons
REIMS
Senlis
Pontoise
Château-Thierry
Épernay
CHÂLONS-
EN-CHAMPAGNE
PARIS
VERSAILLES
Meaux
Rambouillet
Vitry-le-François
St-Dizier
Melun
Fontainebleau
Provins
Étampes
TROYES
Sens
Nemours
Pithiviers
Montargis
Chaumont
ORLÉANS

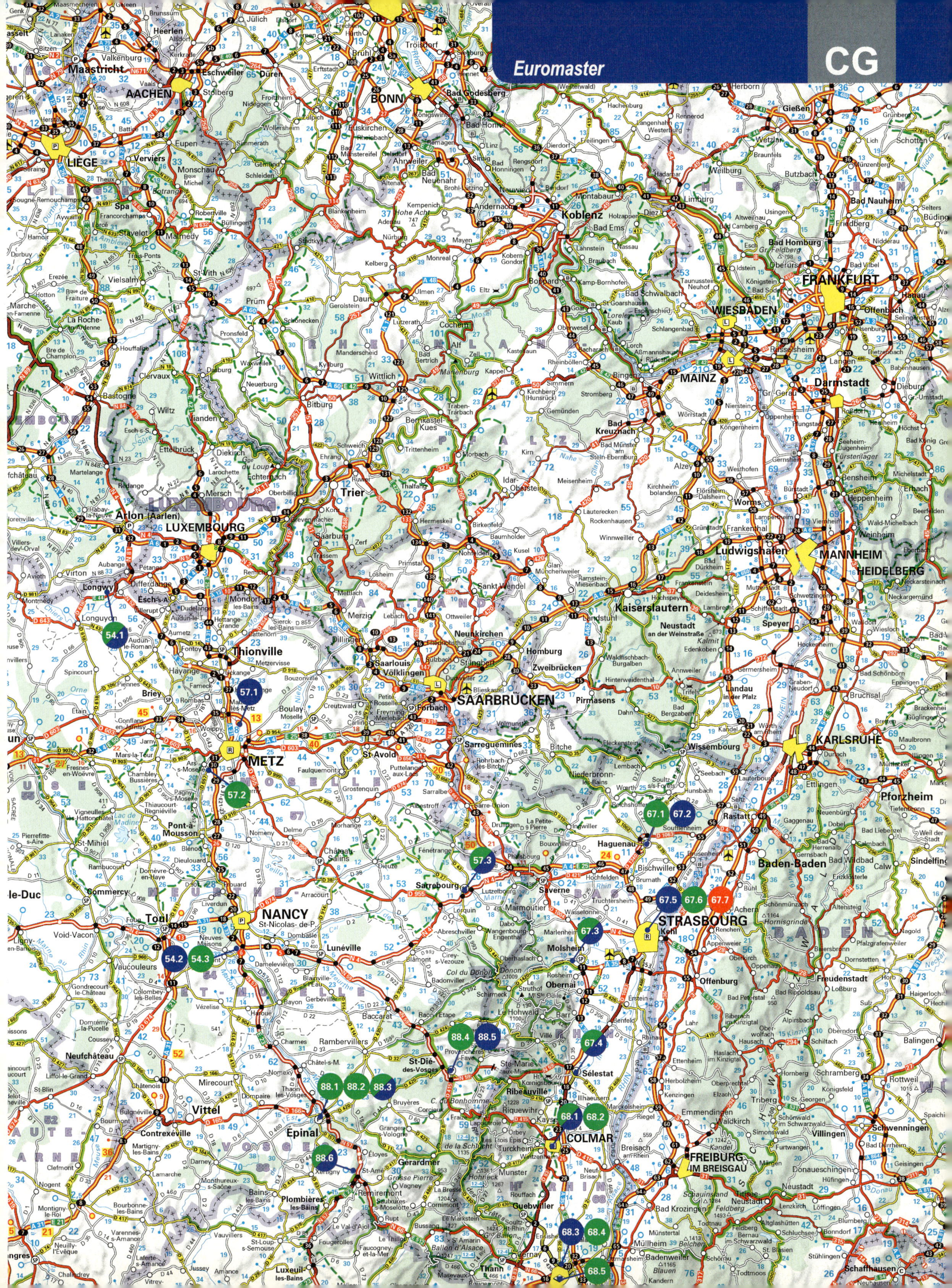
Maastricht
AACHEN
LIÈGE
BONN
Bad Godesberg
Koblenz
Gießen
Bad Nauheim
Bad Homburg
FRANKFURT
Offenbach
WIESBADEN
MAINZ
Darmstadt
LUXEMBOURG
Arlon (Aarlen)
Bastogne
Trier
Bitburg
Wittlich
Bernkastel-Kues
Idar-Oberstein
Bad Kreuznach
Worms
Ludwigshafen
MANNHEIM
HEIDELBERG
Kaiserslautern
Speyer
Neunkirchen
Homburg
Zweibrücken
Pirmasens
Saarlouis
Völklingen
SAARBRÜCKEN
Thionville
Longwy
Longuyon
Briey
METZ
St-Avold
Sarreguemines
Bitche
Wissembourg
KARLSRUHE
Pforzheim
Rastatt
Baden-Baden
Haguenau
Saverne
Sarrebourg
Pont-à-Mousson
NANCY
Toul
Lunéville
STRASBOURG
Kehl
Offenburg
Molsheim
Obernai
Sélestat
St-Dié-des-Vosges
Épinal
Vittel
Contrexéville
Neufchâteau
Remiremont
Gérardmer
COLMAR
FREIBURG IM BREISGAU
Villingen
Schwenningen
Donaueschingen
Mulhouse
Schaffhausen
54.1
57.1
57.2
57.3
54.2
54.3
67.1
67.2
67.3
67.4
67.5
67.6
67.7
68.1
68.2
68.3
68.4
68.5
88.1
88.2
88.3
88.4
88.5
88.6

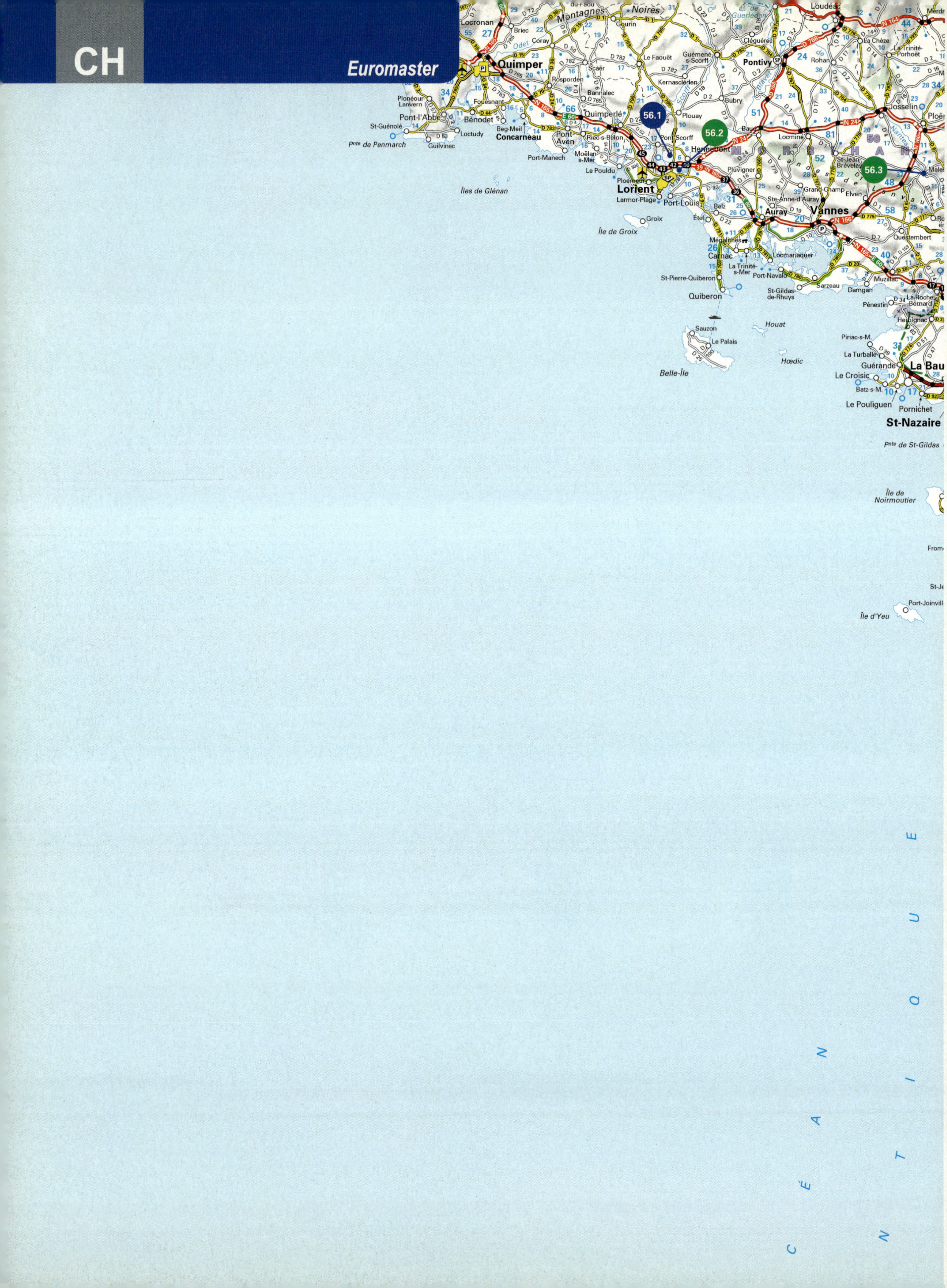
Quimper
Locronan
Briec
Coray
Gourin
Montagnes
Noires
Le Faouët
Guémené-s-Scorff
Cléguérec
Pontivy
Loudéac
La Chèze
Rohan
La Trinité-Porhoët
Kernascléden
Bubry
Plouay
Quimperlé
Rosporden
Scaër
Bannalec
Fouesnant
Bénodet
Plonéour-Lanvern
Pont-l'Abbé
St-Guénolé
Pnte de Penmarch
Guilvinec
Loctudy
Beg-Meil
Concarneau
Pont-Aven
Riec-s-Bélon
Moëlan-s-Mer
Port-Manech
Le Pouldu
Ploemeur
Lorient
Larmor-Plage
Port-Louis
Pont-Scorff
Hennebont
Îles de Glénan
Groix
Île de Groix
Baud
Locminé
Josselin
Pluvigner
St-Jean-Brévelay
Grand-Champ
Elven
Ste-Anne-d'Auray
Auray
Vannes
Questembert
Belz
Etel
Mégalithes
Carnac
La Trinité-s-Mer
Locmariaquer
Port-Navalo
St-Gildas-de-Rhuys
Sarzeau
Damgan
Muzillac
St-Pierre-Quiberon
Quiberon
Sauzon
Le Palais
Belle-Île
Houat
Hœdic
Pénestin
La Roche-Bernard
Herbignac
Piriac-s-M.
La Turballe
Guérande
Le Croisic
Batz-s-M.
Le Pouliguen
Pornichet
St-Nazaire
Pnte de St-Gildas
Île de Noirmoutier
Port-Joinville
Île d'Yeu
56.1
56.2
56.3
OCÉAN
ATLANTIQUE

RENNES
Laval
LE MANS
Vitré
Château-Gontier
Sablé
Redon
Châteaubriant
Segré
La Flèche
Vendôme
Blois
ANGERS
TOURS
Amboise
Ancenis
NANTES
Saumur
Chinon
Loches
Cholet
Clisson
Pornic
Bressuire
Thouars
Loudun
Châtellerault
La Roche-sur-Yon
Les Sables-d'Olonne
Parthenay
POITIERS
Fontenay-le-Comte
Luçon
Niort
St-Maixent-l'École
Montmorillon
Le Blanc
Île de Ré
St-Martin-de-Ré
LA ROCHELLE
Rochefort
Île d'Oléron
St-Jean-d'Angély
Saintes
Cognac
Royan
Angoulême
Confolens
St-Junien
Rochechouart
Jonzac
Barbezieux-St-Hilaire
Lesparre-Médoc
Blaye
Périgueux
Brantôme
LOIRE
CHARENTE
VENDÉE
DEUX-SÈVRES
VIENNE
SARTHE
MAYENNE
GIRONDE
35.7
35.8
35.9
35.12
35.13
35.1
35.2
53.2
53.3
72.4
72.2
72.3
41.3
41.4
49.1
49.3
49.2
49.4
37.3
37.1
37.2
44.1
44.2
44.4
44.5
44.8
44.6
44.7
44.3
85.1
86.1
36.2
17.2
17.3
17.5
17.6
17.4
16.1
16.2
17.1

ORLÉANS
Châteaudun
Pithiviers
Nemours
Sens
Montargis
Auxerre
Joigny
Vendôme
Blois
TOURS
Amboise
Chambord
Romorantin-Lanthenay
Vierzon
BOURGES
Gien
Cosne-Cours-s-Loire
Clamecy
Nevers
Loches
Châtellerault
Issoudun
Châteauroux
POITIERS
Le Blanc
La Châtre
Montluçon
Moulins
Vichy
St-Amand-Montrond
Guéret
Aubusson
LIMOGES
St-Junien
Rochechouart
Bellac
Confolens
Ussel
Tulle
Brive
Périgueux
Thiers
CLERMONT-FERRAND
Riom
Issoire
Brioude
Égletons
Vézelay
LOIRET
LOIR-ET-CHER
CHER
INDRE
CREUSE
CORRÈZE
PUY-DE-DÔME
NIÈVRE

Chaumont
Langres
Vesoul
Belfort
Montbéliard
MULHOUSE
Altkirch
Gray
DIJON
BESANÇON
Dole
Beaune
Autun
Chalon-s-Saône
Lons-le-Saunier
Louhans
Mâcon
Bourg-en-Bresse
Roanne
Villefranche-s-Saône
LYON
Vienne
ST-ÉTIENNE
Neuchâtel
BERN
Fribourg
LAUSANNE
Montreux
GENÈVE
Annemasse
ANNECY
Chamonix-Mont-Blanc
Albertville
Chambéry
Aix-les-Bains
GRENOBLE
St-Claude
Pontarlier
Sion
Megève
Morzine
Thonon-les-Bains
Évian-les-Bains
Yverdon-les-Bains
Delémont
Biel/Bienne
Château-Chinon
Tournus
Cluny
Charolles
Nantua
Oyonnax
Belley
Vercors
Voiron
Bourgoin-Jallieu
Montbrison
Firminy
Annonay
St-Jean-de-Maurienne
Bourg-St-Maurice
Val-d'Isère
Modane

OCÉAN ATLANTIQUE
GOLFE DE GASCOGNE
BORDEAUX
Arcachon
Lesparre-Médoc
Blaye
Libourne
St-Émilion
Bergerac
Langon
La Réole
Marmande
Agen
Nérac
Condom
Auch
Mont-de-Marsan
Dax
Hossegor
Capbreton
Biarritz
Bayonne
Anglet
St-Jean-de-Luz
Hendaye
Orthez
Pau
Oloron-Ste-Marie
Tarbes
Lourdes
Bagnères-de-Bigorre
St-Gaudens
Bagnères-de-Luchon
Mimizan
Biscarrosse
Parentis-en-Born
Roquefort
Aire-s-l'Adour
Nogaro
Mirande
DONOSTIA-S. SEBASTIÁN
Irun
PAMPLONA
Estella
Logroño
Jaca
Sabiñánigo
NAVARRA
COMUNIDAD FORAL
PYRÉNÉES ATLANTIQUES
LANDES
GIRONDE
GERS
Début 2011
Début 2011

Périgueux
Brive-la-Gaillarde
Tulle
Aurillac
St-Flour
Le Puy-en-Velay
Sarlat-la-Canéda
Gourdon
Figeac
Decazeville
Mende
Marvejols
CAHORS
Villefranche-de-Rouergue
Rodez
Millau
Montauban
ALBI
Castres
Mazamet
TOULOUSE
Muret
Pamiers
Foix
St-Girons
Castelnaudary
CARCASSONNE
Limoux
Narbonne
Béziers
Sète
Agde
Lodève
Le Vigan
Alès
MONTPELLIER
PERPIGNAN
Prades
Céret
Font-Romeu-Odeillo-Via
Andorra la Vella
Puigcerdà
Collioure
Banyuls-s-M.
GOLFE DU LION
MÉDITERRANÉE

Tulle
Aurillac
Figeac
Rodez
Villefranche-de-Rouergue
Millau
Albi
Castres
Mazamet
Castelnaudary
CARCASSONNE
Limoux
Narbonne
Béziers
Sète
MONTPELLIER
Lodève
Le Vigan
Alès
NÎMES
Arles
AVIGNON
Orange
Montélimar
Valence
Privas
Aubenas
Mende
Le Puy-en-Velay
St-Flour
Annonay
PERPIGNAN
Prades
Céret
Font-Romeu-Odeillo-Via
GOLFE DU LION
MÉDITERRANÉE
00.0 Atelier Mobile
00.0 Centres Véhicules Industriels

00.0 Centres Véhicules Légers

00.0 Centres Mixtes

01 AIN

01-1 01210 FERNEY-VOLTAIRE
19, RUE DE LA POTERIE
☎ 04 50 40 58 02 - 📠 04 50 40 54 07

01-2 01960 PERONNAS
738, AV. DE LYON
☎ 04 74 21 20 99 - 📠 04 74 32 08 53

02 AISNE

02-1 02400 CHATEAU-THIERRY
38, AV. DE PARIS
☎ 03 23 84 88 20 - 📠 03 23 84 88 29

02-2 02140 FONTAINE-LES-VERVINS
7, PONT DE PIERRE
☎ 03 23 98 30 79 - 📠 03 23 98 04 72

02-3 02000 LAON
10, RUE DES MINIMES - ZI
☎ 03 23 23 01 17 - 📠 03 23 23 71 04

02-4 02200 SOISSONS
60, AV. DE COMPIEGNE
☎ 03 23 59 95 99 - 📠 03 23 59 95 95

02-5 02200 SOISSONS
60, AV. DE COMPIEGNE
☎ 03 23 76 41 00 - 📠 03 23 59 95 95

02-6 02100 ST-QUENTIN
51 TER, AV. GENERAL DE GAULLE - ZI
☎ 03 23 06 67 67 - 📠 03 23 06 67 69

02-7 02100 ST-QUENTIN
51 TER, AV. GENERAL DE GAULLE - ZI
☎ 03 23 67 91 98 - 📠 03 23 67 82 38

03 ALLIER

03-1 03100 MONTLUCON
1, RUE DE BLANZAT
☎ 04 70 08 43 30 - 📠 04 70 08 43 39

03-2 03000 MOULINS
103, RTE DE LYON
☎ 04 70 46 31 42 - 📠 04 70 46 91 58

03-3 03000 MOULINS
36, RTE DE PARIS
☎ 04 70 46 90 70 - 📠 04 70 46 90 79

03-4 03400 TOULON-SUR-ALLIER
PARC D'ACTIVITÉ LOGISTIQUE SUD
ZAC DES GRIS
☎ 04 70 46 90 81 - 📠 04 70 46 90 89

04 ALPES-DE-H.-PROVENCE

04-1 04100 MANOSQUE
QUARTIER DU PRECHE - RTE DE LA DURANCE
☎ 04 92 87 72 00 - 📠 04 92 87 88 64

04-2 04100 MANOSQUE
QUARTIER DU PRECHE - RTE DE LA DURANCE
☎ 04 92 71 70 50 - 📠 04 92 71 70 59

06 ALPES-MARITIMES

06-1 06600 ANTIBES
754, RTE DE GRASSE
☎ 04 92 91 84 50 - 📠 04 92 91 84 59

06-2 06150 CANNES
240, AV. FRANCIS TONER
☎ 04 93 48 72 00 - 📠 04 93 48 72 09

06-3 06200 NICE
17, BD PAUL MONTEL
☎ 04 97 25 76 60 - 📠 04 97 25 76 69

06-4 06200 NICE
492, RTE DE GRENOBLE
☎ 04 92 29 52 60 - 📠 04 92 29 52 69

06-5 06010 ATELIER MOBILE NICE MONTEL
☎ 0 820 311 311

08 ARDENNES

08-1 08000 CHARLEVILLE MEZIERES
RUE PAULIN RICHIER
ZAC DE LA CROISETTE
☎ 03 24 57 02 44 - 📠 03 24 57 00 35

08-2 08300 RETHEL
RUE DE BASTOGNE
ZI DE PARGNY
☎ 03 24 72 64 80 - 📠 03 24 72 64 89

08-3 08340 VILLERS-SEMEUSE
CENTRE COMMERCIAL CORA - RN 64
☎ 03 24 57 68 89 - 📠 03 24 57 90 91

09 ARIÈGE

09-1 09000 FOIX
33, AV. DU MARECHAL LECLERC
☎ 05 34 09 34 80 - 📠 05 34 09 34 89

09-2 09100 PAMIERS
16, AV. DE LA RIJOLE - ZI
☎ 05 34 01 32 90 - 📠 05 34 01 32 99

09-3 09100 PAMIERS
43, AV. DE LA RIJOLE - ZI
☎ 05 34 01 37 10 - 📠 05 34 01 37 19

09-4 09190 ST-LIZIER
CHANTEREINE
☎ 05 34 14 34 90 - 📠 05 34 14 34 99

10 AUBE

10-1 10100 ROMILLY
223, RUE ARISTIDE BRIAND
☎ 03 25 21 04 44 - 📠 03 25 21 04 49

10-2 10120 ST-GERMAIN
RTE D'AUXERRE - RN 77
☎ 03 51 35 80 40 - 📠 03 51 35 80 49

11 AUDE

11-1 11000 CARCASSONNE
BD DENIS PAPIN
ZI DE LA BOURIETTE
☎ 04 68 11 47 60 - 📠 04 68 11 47 69

11-2 11000 CARCASSONNE
BD DENIS PAPIN
ZI DE LA BOURIETTE
☎ 04 68 11 49 00 - 📠 04 68 11 49 01

11-3 11400 CASTELNAUDARY
98, AV. MONSEIGNEUR DELANGLE
RTE DE CARCASSONNE
☎ 04 68 94 55 40 - 📠 04 68 23 52 06

11-4 11400 CASTELNAUDARY
98, AV. MONSEIGNEUR DELANGLE
RTE DE CARCASSONNE
☎ 04 68 23 11 44 - 📠 04 68 23 52 06

11-5 11100 NARBONNE
RUE DU REC DE VEYRET
☎ 04 68 42 54 90 - 📠 04 68 42 54 99

11-6 11100 NARBONNE
5, RUE MARIUS BERLIET
ZI CROIX SUD
☎ 04 68 42 59 80 - 📠 04 68 42 59 89

12 AVEYRON

12-1 12850 RODEZ
LES 4 SAISONS - RTE D'ESPALION
PARC SAINT-MARC
☎ 05 65 67 16 11 - 📠 05 65 67 86 88

12-2 12850 RODEZ
LES 4 SAISONS - RTE D'ESPALION
PARC SAINT-MARC
☎ 05 65 78 74 71 - 📠 05 65 78 74 72

12-3 12200 VILLEFRANCHE-DE-ROUERGUE
RTE HAUTE DE FARROU
☎ 05 65 81 10 03 - 📠 05 65 81 10 44

13 BOUCHES-DU-RHÔNE

13-1 13090 AIX-EN-PROVENCE
128, AV. BESSEMER
ZI LES MILLES
☎ 04 42 97 58 10 - 📠 04 42 97 58 11

13-2 13090 AIX-EN-PROVENCE
128, AV. BESSEMER
ZI LES MILLES
☎ 04 42 24 46 56 - 📠 04 42 24 52 74

13-3 13200 ARLES
RTE DES SAINTES MARIES - RD 570
☎ 04 90 49 61 80 - 📠 04 90 49 54 44

13-4 13400 AUBAGNE
RN 8 - IMPASSE DES FYOLS
☎ 04 42 18 60 90 - 📠 04 42 18 60 89

13-5 13009 MARSEILLE
61 BD SAINTE-MARGUERITE
☎ 04 91 79 79 86 - 📠 04 91 79 03 10

13-6 13010 MARSEILLE
37 RUE DU CAPITAINE GALINAT
☎ 04 91 78 10 13 - 📠 04 91 78 99 99

13-7 13014 MARSEILLE
15 BD GAY LUSSAC
ZI LES ARNAVAUX
☎ 04 91 10 19 60 - 📠 04 91 10 19 69

13-8 13014 MARSEILLE
15 BD GAY LUSSAC
ZI LES ARNAVAUX
☎ 04 91 98 33 21 - 📠 04 91 98 33 29

13-9 13500 MARTIGUES
PUITS DE POUANE - RN 568
☎ 04 42 06 73 01 - 📠 04 42 06 73 09

13-10 13500 MARTIGUES
PUITS DE POUANE - RN 568
☎ 04 42 40 70 10 - 📠 04 42 40 70 11

13-11 13300 SALON-DE-PROVENCE
BD DU ROI RENE
☎ 04 90 53 15 75 - 📠 04 90 53 86 89

13-12 13730 ST-VICTORET
6 BD ROBERT FERRISSE
☎ 04 42 89 07 88 - 📠 04 42 75 08 27

13-13 13127 VITROLLES
AV. DE BRUXELLES N° 2
ZI DES ESTROUBLANS
☎ 04 42 77 46 21 - 📠 04 42 77 46 29

13-14 13014 ATELIER MOBILE MARSEILLE NORD
☎ 0 820 311 311

14 CALVADOS

14-1 14000 CAEN
2, RUE DU CHEMIN VERT - ANGLE BD DUNOIS
☎ 02 31 73 43 18 - 📠 02 31 73 59 81

14-2 14540 GRENTHEVILLE
Z.I CENTRE ROUTIER
SORTIE PERIPHERIQUE 15
☎ 02 31 82 89 80 - 📠 02 31 84 56 38

14-3 14540 GRENTHEVILLE
ZI MONDEVILLE SUD
☎ 02 31 82 89 70 - 📠 02 31 82 89 79

15 CANTAL

15-1 15000 AURILLAC
96 AV. CONTHE
☎ 04 71 63 73 52 - 📠 04 71 63 73 86

15-2 15000 AURILLAC
96 AV. CONTHE
☎ 04 71 63 90 04 - 📠 04 71 63 90 03

16 CHARENTE

16-1 16000 ANGOULEME
37, BD BESSON BEY
PORT L'HOUMEAU
☎ 05 45 92 41 86 - 📠 05 45 92 44 86

16-2 16000 ANGOULEME
37, BD BESSON BEY
PORT L'HOUMEAU
☎ 05 45 22 97 00 - 📠 05 45 22 97 09

17 CHARENTE-MARITIME

17-1 17500 JONZAC
30, AV. DU 19 MARS 1962
☎ 05 46 48 35 05 - 📠 05 46 48 58 49

17-2 17000 LA ROCHELLE
153, BD ANDRE SAUTEL
☎ 05 46 34 85 71 - 📠 05 46 34 93 59

17-3 17180 PERIGNY
RUE MARIOTTE
ZI PERIGNY
☎ 05 46 55 44 60 - 📠 05 46 55 44 69

17-4 17200 ROYAN
50, BD DE LATTRE DE TASSIGNY
☎ 05 46 05 54 24 - 📠 05 46 05 57 07

17-5 17100 SAINTES
RUE DU CHEMIN FERRE
ZI DE L'ORMEAU DE PIED
☎ 05 46 92 86 34 - 📠 05 46 92 86 40

17-6 17100 SAINTES
RUE DU CHEMIN FERRE
ZI DE L'ORMEAU DE PIED
☎ 05 46 74 83 00 - 📠 05 46 74 83 09

18 CHER

18-1 18000 BOURGES
RUE NICEPHORE NIEPCE
ZAC DE VARENNE
☎ 02 48 48 19 50 - 📠 02 48 48 19 59

18-2 18390 ST-GERMAIN-DU-PUY
RTE DE LA CHARITE - ZI
☎ 02 48 27 51 60 - 📠 02 48 27 51 69

18-3 18100 VIERZON
27, AV. DU 14 JUILLET
☎ 02 48 53 07 20 - 📠 02 48 53 07 29

19 CORRÈZE

19-1 19100 BRIVE
26, RUE JEAN-CHARLES RIVET
☎ 05 55 88 96 39 - 📠 05 55 88 96 48

19-2 19100 BRIVE
IMPASSE DE LA SARRETIE
☎ 05 55 88 96 29 - 📠 05 55 88 96 38

2B HAUTE-CORSE

20-1 20290 BORGO
MARCELLI PNEUS - RN 193 REVINCO
☎ 04 95 38 36 19 - 📠 04 95 38 37 10

20-2 20290 LUCCIANA
MARCELLI PNEUS - RN 193 CASAMOZZA
☎ 04 95 36 00 28 - 📠 04 95 38 31 24

21 CÔTE-D'OR

21-1 21300 CHENOVE
11, RUE A. BECQUEREL
☎ 03 80 52 54 70 - 📠 03 80 52 18 78

21-2 21850 ST-APOLLINAIRE
RUE DE LA GOULETTE
ZAC DU BOIS GUILLAUME
☎ 03 80 28 85 20 - 📠 03 80 28 85 29

21-3 21850 ST-APOLLINAIRE
RUE DE LA GOULETTE
ZAC DU BOIS GUILLAUME
☎ 03 80 28 85 30 - 📠 03 80 28 85 39

22 CÔTES-D'ARMOR

22-1 22190 PLERIN-ST-BRIEUC
21, RUE LEQUIER
ESPACE ARTISANAL & ROSENGART
☎ 02 96 79 94 00 - 📠 02 96 79 94 59

22-2 22190 PLERIN-ST-BRIEUC
21, RUE LEQUIER
ESPACE ARTISANAL & ROSENGART
☎ 02 96 79 28 60 - 📠 02 96 79 28 69

22-3 22100 TADEN-DINAN
4, RUE DU ZEF
ZA DES ALLEUX
☎ 02 96 39 61 18 - 📠 02 96 85 48 84

25 DOUBS

25-1 25403 AUDINCOURT
RUE DE LA JALESIE - BP 83108
☎ 03 81 35 02 28 - 📠 03 81 30 38 45

25-2 25000 BESANCON
22 BIS, RUE AUGUSTE JOUCHOUX
☎ 03 81 53 06 96 - 📠 03 81 53 05 63

26 DRÔME

26-1 26200 MONTELIMAR
112, AV. JEAN JAURES
☎ 04 75 92 02 60 - 📠 04 75 92 02 61

26-2 26200 MONTELIMAR
ZI DU MEYROL
☎ 04 75 92 05 50 - 📠 04 75 92 05 59

26-3 26800 PORTES-LES-VALENCE
RUE LOUIS SAILLANT - ZI DE LA MOTTE
☎ 04 75 57 67 40 - 📠 04 75 57 67 49

26-4 26100 ROMANS
11 AV. ALLOBROGES - RN 92 - Z.I
☎ 04 75 70 45 67 - 📠 04 75 70 88 29

26-5 26800 VALENCE
AV. DE PROVENCE
PONT DES ANGLAIS
☎ 04 75 44 13 40 - 📠 04 75 78 33 74

27 EURE

27-1 27000 EVREUX
54, AV. FOCH
☎ 02 32 33 91 08 - 📠 02 32 31 22 42

27-2 27000 EVREUX
2, RUE DU GENERAL DE LANGLE DE CARY
ZI N°2 - LA MADELEINE
☎ 02 32 28 50 30 - 📠 02 32 28 50 39

27-3 27110 LE NEUBOURG
441, RTE D'ELBEUF VITOT
☎ 02 32 35 10 47 - 📠 02 32 35 68 38

27-4 27400 LOUVIERS
49, RUE DE PARIS
☎ 02 32 25 59 00 - 📠 02 32 25 59 09

27-5 27200 ST-MARCEL
11, RUE DE LA GARENNE - ZI
☎ 02 32 21 68 04 - 📠 02 32 21 08 21

28 EURE-ET-LOIR

28-1 28200 CHATEAUDUN
RN 10
☎ 02 37 94 09 40 - 📠 02 37 94 09 49

28-2 28100 DREUX
27, AV. DES FENOTS
☎ 02 37 62 55 30 - 📠 02 37 62 87 48

28-3 28101 DREUX
27, AV. DES FENOTS
☎ 02 37 62 55 15 - 📠 02 37 62 87 48

28-4 28630 GELLAINVILLE
28 AV. LOUIS PASTEUR - Z.I
☎ 02 37 88 42 20 - 📠 02 37 88 42 29

28-5 28110 LUCE
1 BIS RUE DE LA MOTTE LUCE
ESPACES ACTIVITES
☎ 02 37 88 02 30 - 📠 02 37 88 02 39

28-6 28310 TOURY
RUE DE LA MALADRERIE
ZI DE LA HAUTE BORNE
☎ 02 37 90 41 90 - 📠 02 37 90 41 99

29 FINISTÈRE

29-1 29800 LANDERNEAU
27, RUE HERVE DE GUEBRIANT
☎ 02 98 30 35 80 - 📠 02 98 30 35 89

29-2 29800 LANDERNEAU
RUE LAENNEC
☎ 02 98 85 68 50 - 📠 02 98 85 68 59

30 GARD

30-1 30100 ALÈS
ALÈS PNEUS - CHEMIN DE LA TOURTUGUE
☎ 04 66 56 77 77 - 📠 04 66 56 28 68

30-2 30200 BAGNOLS-SUR-CEZE
ROND POINT DE L'EUROPE
☎ 04 66 89 54 19 - 📠 04 66 89 62 91

30-3 30900 NIMES
1 COURS DE DION BOUTON
CENTRE ROUTIER - KILOMÈTRE DELTA
☎ 04 66 01 72 96 - 📠 04 66 01 73 05

31 HAUTE-GARONNE

31-1 31150 BRUGUIERES
6 AV. DE L'INDUSTRIE
PARC INDUSTRIEL EURONORD II
☎ 05 34 40 25 60 - 📠 05 34 40 25 69

31-2 31770 COLOMIERS
AV. EDOUARD SERRES
☎ 05 61 15 50 50 - 📠 05 61 15 25 79

31-3 31800 ST-GAUDENS
5, PLACE DU MARECHAL JUIN
☎ 05 62 00 89 20 - 📠 05 62 00 89 29

31-4 31200 TOULOUSE
336, AV. DE FRONTON
☎ 05 34 40 13 70 - 📠 05 34 40 13 79

31-5 31400 TOULOUSE
10, AV. DIDIER DAURAT - ZI MONTAUDRAN
☎ 05 62 47 51 60 - 📠 05 62 47 51 69

31-6 31000 TOULOUSE
19, BD THIBAUD
☎ 05 62 87 49 30 - 📠 05 62 87 49 39

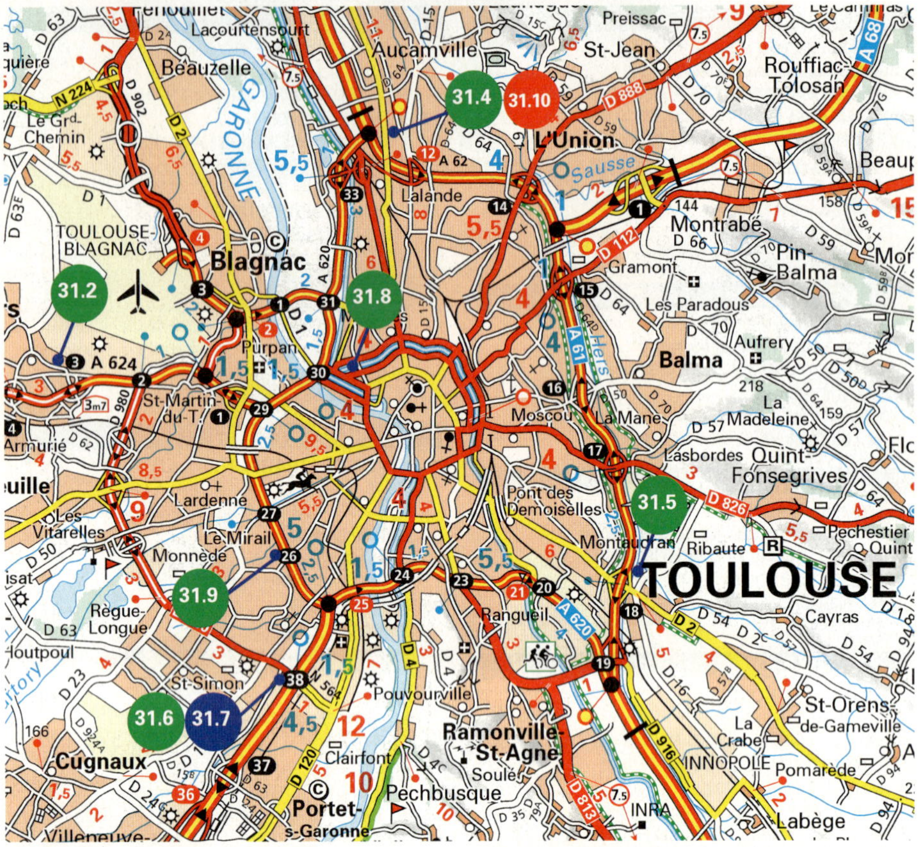

31-7 **31000 TOULOUSE**
19, BD THIBAUD
☎ 05 62 87 46 70 - 05 62 87 46 79

31-8 **31000 TOULOUSE**
71, BD DE LA MARQUETTE
☎ 05 62 30 69 30 - 05 62 30 69 39

31-9 **31100 TOULOUSE**
82, RUE NICOLAS VAUQUELIN
☎ 05 61 43 20 60 - 05 61 43 20 69

31-10 **31400 ATELIER MOBILE TOULOUSE**
FRONTON
☎ 0 820 311 311

32 GERS

32-1 **32000 AUCH**
23, RUE FREDERICO GARCIA LORCA
ZI DE L'HIPPODROME
☎ 05 62 60 23 85 - 05 62 60 23 89

32-2 **32000 AUCH**
23, RUE FREDERICO GARCIA LORCA
ZI DE L'HIPPODROME
☎ 05 62 63 61 63 - 05 62 63 47 86

32-3 **32100 CONDOM**
7, AV. DE L'ARMAGNAC
☎ 05 62 28 01 91 - 05 62 28 30 72

32-4 **32800 EAUZE**
23, RTE DE GASCOGNE
☎ 05 62 08 16 00 - 05 62 08 16 09

33 GIRONDE

33-1 **33130 BÈGLES**
RUE CHARLES TELLIER
ZI DE TARTIFUME
☎ 05 56 49 92 50 - 05 56 49 92 59

33-2 **33200 BORDEAUX**
91, AV. DE LA REPUBLIQUE
☎ 05 56 17 34 20 - 05 56 17 34 29

33-3 **33520 BRUGES**
18, RUE DE CAMPILLEAU - ZI CAMPILLEAU
☎ 05 56 95 56 71 - 05 56 95 56 72

33-4 **33210 LANGON**
22-24, RTE NATIONALE 113
☎ 05 56 62 33 44 - 05 56 62 23 98

33-5 **33310 LORMONT**
4 BIS RUE DU COURANT
LOTISSEMENT DE LA GARDETTE
☎ 05 57 77 02 30 - 05 57 77 02 39

33-6 **33700 MERIGNAC**
24 AV. DE LA SOMME
RTE DU CAP FERRET
☎ 05 56 47 43 50 - 05 56 97 25 46

33-7 **33600 PESSAC**
253, AV. PASTEUR
☎ 05 57 26 39 70 - 05 57 26 39 79

33-8 **33560 STE-EULALIE**
63, AV. DE L'AQUITAINE
☎ 05 56 38 03 48 - 05 56 38 32 85

33-9 **33130 ATELIER MOBILE BÈGLES**
☎ 0 820 311 311

34 HÉRAULT

34-1 **34500 BEZIERS**
AV. DE LA DEVEZE - ZI DU CAPISCOLE
☎ 04 67 62 85 85 - 04 67 62 85 81

34-2 **34500 BEZIERS**
AV. DE LA DEVEZE - ZI DU CAPISCOLE
☎ 04 67 35 86 00 - 04 67 35 86 09

34-3 **34000 MONTPELLIER**
AV. DU MAS D'ARGELLIERS
☎ 04 67 92 05 93 - 04 67 92 92 66

34-4 **34070 MONTPELLIER**
4800, RUE DE LA JEUNE PARQUE
ZAC DE GAROSUD
☎ 04 99 52 81 00 - 04 99 52 81 01

34-5 **34200 SETE**
ZI DES EAUX BLANCHES
☎ 04 67 18 31 30 - 04 67 18 31 39

34-6 **34000 ATELIER MOBILE MONTPELLIER**
☎ 0 820 311 311

35 ILLE-ET-VILAINE

35-1 **35510 CESSON-SEVIGNE**
RUE DES CHARMILLES
ZI SUD EST - CHANTEPIE
☎ 02 99 53 77 77 - 02 99 53 53 99

35-2 **35510 CESSON-SEVIGNE**
RUE DES CHARMILLES
ZI SUD EST - CHANTEPIE
☎ 02 99 53 23 53 - 02 99 53 51 99

35-3 **35300 FOUGÈRES**
BD GROSLAY
☎ 02 99 17 01 70 - 02 99 17 01 79

35-4 **35300 FOUGÈRES**
BD GROSLAY
☎ 02 99 94 45 45 - 02 99 94 90 09

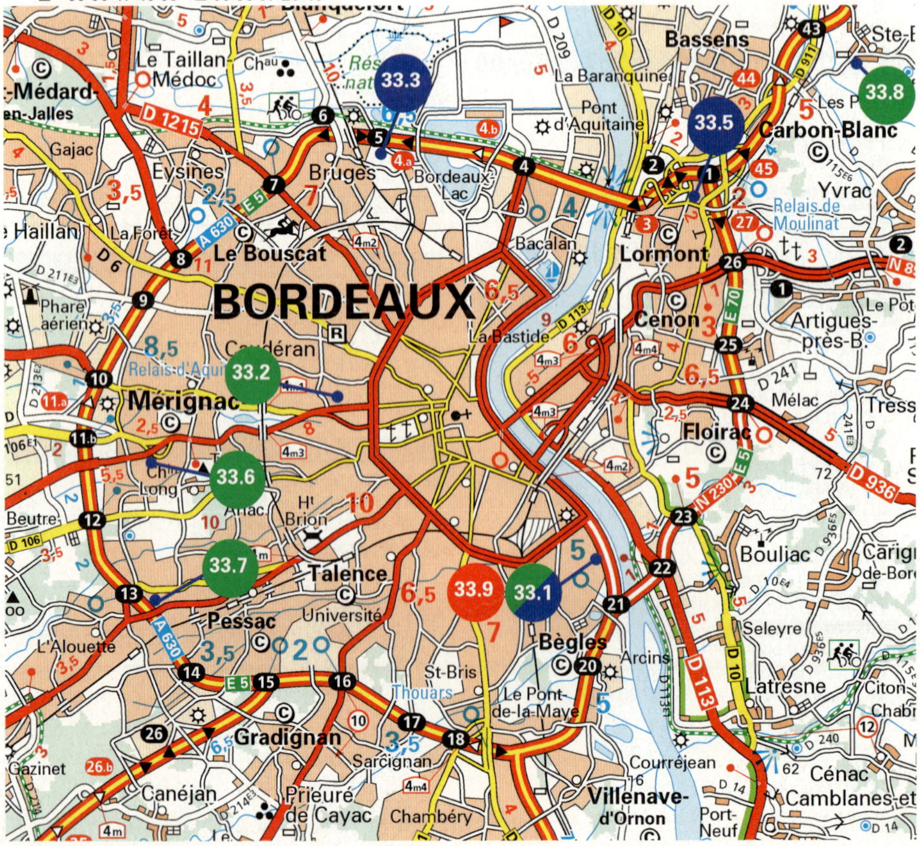

35-5 35600 REDON
RTE DE VANNES
☎ 02 99 70 35 40 - 🖷 02 99 70 35 49

35-6 35600 REDON
RTE DE VANNES
☎ 02 99 70 34 00 - 🖷 02 99 70 34 09

35-7 35000 RENNES
67, RUE DU MANOIR DE SERVIGNE
☎ 02 99 14 57 59 - 🖷 02 99 14 57 61

35-8 35000 RENNES
70, AV. DU MAIL FRANÇOIS MITTERRAND
☎ 02 99 59 35 29 - 🖷 02 99 59 86 98

35-9 35000 RENNES
67, RUE DU MANOIR DE SERVIGNE
RTE DE LORIENT
☎ 02 99 14 67 00 - 🖷 02 99 14 67 09

35-10 35400 ST-MALO
18, AV. DU GENERAL FERIE
LE FORUM DES ENTREPRISES
ZI SUD
☎ 02 23 18 38 00 - 🖷 02 23 18 38 09

35-11 35400 ST-MALO
18, AV. DU GENERAL FERIE
LE FORUM DES ENTREPRISES
ZI SUD
☎ 02 99 56 41 41 - 🖷 02 99 56 66 77

35-12 35500 VITRE
AV. D'HELMSTEDT
☎ 02 23 55 11 20 - 🖷 02 23 55 11 29

35-13 35500 VITRE
AV. D'HELMSTEDT
☎ 02 23 55 11 30 - 🖷 02 23 55 11 39

36 INDRE

36-1 36000 CHATEAUROUX
86, BD DE CLUIS
☎ 02 54 34 12 22 - 🖷 02 54 34 48 98

36-2 36300 LE BLANC
72 BIS, RUE DE LA REPUBLIQUE
☎ 02 54 37 00 39 - 🖷 02 54 37 63 42

37 INDRE-ET-LOIRE

37-1 37170 CHAMBRAY-LES-TOURS
14, RUE JEAN PERRIN
ZI N° 1
☎ 02 47 74 10 60 - 🖷 02 47 74 86 09

37-2 37170 CHAMBRAY-LES-TOURS
14, RUE JEAN PERRIN
ZI N° 1
☎ 02 47 71 40 20 - 🖷 02 47 71 40 29

37-3 37100 TOURS
16, RUE C. HUYGENS
ZI DE LA MILLETIERE
☎ 02 47 51 03 03 - 🖷 02 47 51 53 53

38 ISÈRE

38-1 38300 BOURGOIN
4 RUE ISAAC ASIMOV
ZI DE LA MALADIERE
☎ 04 74 19 00 90 - 🖷 04 74 19 00 99

38-2 38130 ECHIROLLES
71, COURS JEAN JAURES
LA QUINZAINE
☎ 04 76 09 11 95 - 🖷 04 76 23 34 92

38-3 38600 FONTAINE
39, BD PAUL LANGEVIN
☎ 04 76 26 32 45 - 🖷 04 76 26 36 12

38-4 38150 SALAISE S/SANNE
219, RUE D'ALAMBERT
Z.A. CHAMPS ROLLAND
☎ 04 74 11 12 90 - 🖷 04 74 29 63 08

38-5 38150 SALAISE S/SANNE
318, RUE DE BALMES
☎ 04 74 29 03 20 - 🖷 04 74 29 03 28

38-6 38120 ST EGREVE
AV. DE L'ILE BRUNE - ZI
☎ 04 76 75 86 69 - 🖷 04 76 75 94 34

38-7 38120 ST EGREVE
54, RUE DU PONT NOIR
☎ 04 38 02 19 50 - 🖷 04 38 02 19 59

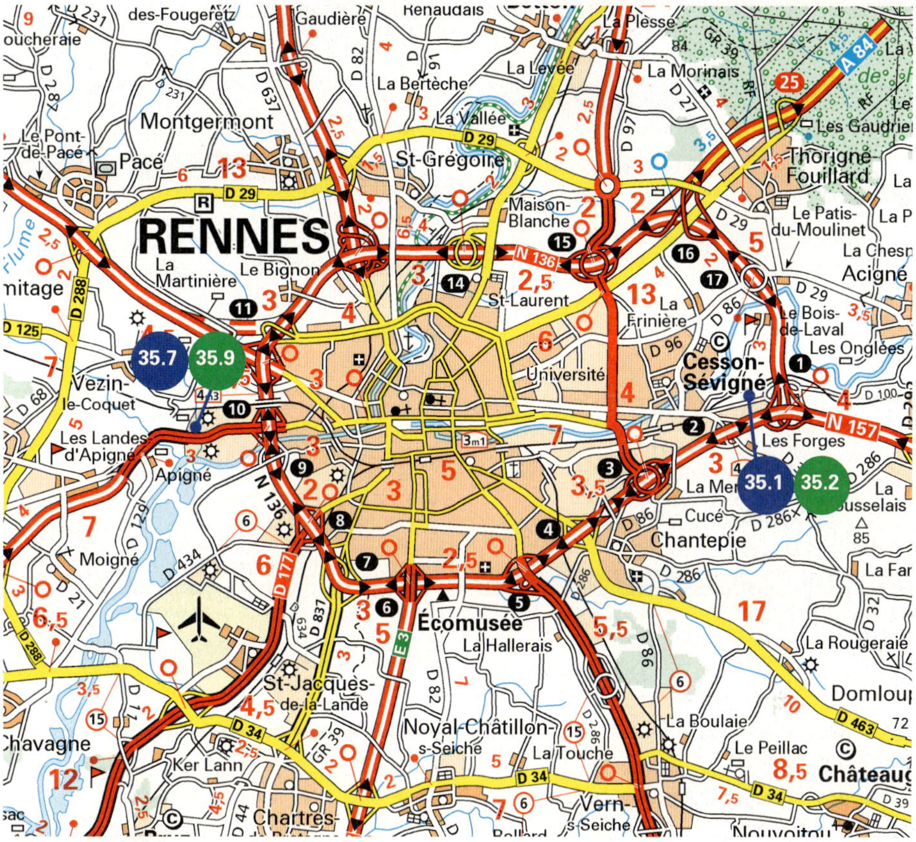

38-8 38400 ST-MARTIN-D'HERES
91, AV. GABRIEL PERI
☎ 04 76 42 10 59 - 🖷 04 76 42 98 38

38-9 38500 VOIRON
BD DENFERT ROCHEREAU
☎ 04 76 05 06 39 - 🖷 04 76 05 79 88

38-10 38600 ATELIER MOBILE GRENOBLE
FONTAINE
☎ 0 820 311 311

39 JURA

39-1 39100 DOLE
24, AV DU MARECHAL JUIN
☎ 03 84 70 81 11 - 🖷 03 84 70 81 19

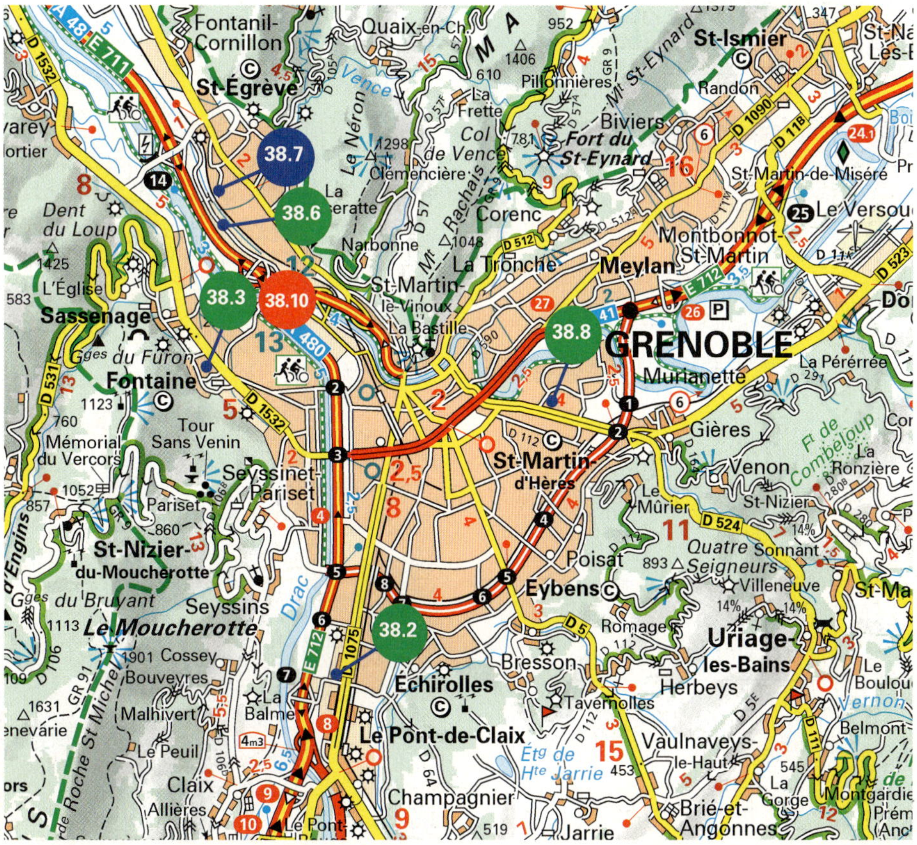

39-2 39570 MONTMOROT
CHEMIN DES SONDES
☎ 03 84 86 11 31 - 🖷 03 84 86 11 30

40 LANDES

40-1 40800 AIRE-SUR-L'ADOUR
65, AV. DE BORDEAUX
☎ 05 58 71 62 14 - 🖷 05 58 71 69 05

40-2 40260 CASTETS-DOURS
DOURS PNEUS* - ZI JUSTON
307, RUE MOUSQUETAIRES
☎ 05 58 55 03 28 - 🖷 05 17 47 50 84

40-3 40100 DAX
122, AV. ST-VINCENT-DE-PAUL
☎ 05 58 58 40 10 - 🖷 05 58 58 40 19

40-4 40100 DAX
4, RUE ASPREMONT
☎ 05 58 90 17 97 - 🖷 05 17 47 50 21

40-5 40700 HAGETMAU
DOURS PNEUS* - RTE D'ORTHEZ
☎ 05 58 79 38 25 - 🖷 05 17 47 50 85

40-6 40990 ST-VINCENT-DE-PAUL
ZI DE LA CARRERE
☎ 05 58 58 01 90 - 🖷 05 58 58 01 99

41 LOIR-ET-CHER

41-1 41000 BLOIS
132, AV. DE CHATEAUDUN
☎ 02 54 78 18 74 - 🖷 02 54 78 66 52

41-2 41000 BLOIS
132, AV. DE CHATEAUDUN
☎ 02 54 78 06 83 - 🖷 02 54 78 71 63

41-3 41100 VENDOME
CENTRE COMMERCIAL CHAMPION
☎ 02 54 77 21 13 - 🖷 02 54 77 66 60

41-4 41100 VENDOME
25 RTE DE PARIS - R.N 10
☎ 02 54 73 36 10 - 🖷 02 54 73 71 79

42 LOIRE

42-1 42120 LE COTEAU
47, BD CHARLES DE GAULLE - ZI
☎ 04 77 70 04 44 - 🖷 04 77 70 74 76

42-2 42000 ST-ETIENNE
22, RUE JEAN NEYRET
☎ 04 77 49 08 77 - 🖷 04 77 49 55 39

42-3 42000 ST-ETIENNE
22, RUE JEAN NEYRET
☎ 04 77 49 75 90 - 🖷 04 77 49 75 99

43 HAUTE-LOIRE

43-1 43100 BRIOUDE
AV. D'AUVERGNE
ZI SAINT-FERREOL
☎ 04 71 50 37 01 - 🖷 04 71 50 36 11

43-2 43200 YSSINGEAUX
ZA LA GUIDE
LIEU-DIT LE FROMENTAL
☎ 04 71 59 18 13 - 🖷 04 71 59 00 35

44 LOIRE-ATLANTIQUE

44-1 44470 CARQUEFOU
36, RUE DE GRANDE-BRETAGNE - Z.I
☎ 02 51 85 29 10 - 🖷 02 51 85 29 19

44-2 44470 CARQUEFOU
36, RUE DE GRANDE-BRETAGNE - ZI
☎ 02 51 85 28 90 - 🖷 02 51 85 28 99

44-3 44190 CLISSON
GETIGNE - Z.A.
☎ 02 40 36 12 82 - 🖷 02 40 36 09 09

44-4 44700 ORVAULT
262, RTE DE VANNES
☎ 02 51 77 82 30 - 🖷 02 51 77 82 39

44-5 44000 NANTES
13, BD DES MARTYRS NANTAIS
☎ 02 40 47 87 14 - 🖷 02 40 47 38 40

44-6 44800 ST-HERBLAIN
BD SALVADOR ALLENDE
ATLANTIS
☎ 02 40 92 00 25 - 🖷 02 40 92 01 54

44-7 44800 ST-HERBLAIN
BD SALVADOR ALLENDE - ATLANTIS
☎ 02 40 92 00 05 - 🖷 02 40 92 08 32

44-8 44000 ATELIER MOBILE NANTES
MARTYRS
☎ 0 820 311 311

45 LOIRET

45-1 45500 GIEN
RUE JULES CESAR
☎ 02 38 67 42 08 - 🖷 02 38 67 33 62

45-2 45200 MONTARGIS
64, RUE JEAN JAURES
☎ 02 38 93 38 33 - 🖷 02 38 93 92 55

45-3 45160 OLIVET
101, RUE D'ALSACE - ZAC DES PROVINCES
☎ 02 38 63 41 64 - 🖷 02 38 63 88 78

45-4 45300 PITHIVIERS
RUE JEAN MONNET
ZAC DE SENIVES
☎ 02 38 06 11 30 - 🖷 02 38 06 11 39

45-5 45570 SARAN
168, RUE FRANCIS PERRIN
☎ 02 38 70 93 20 - 🖷 02 38 70 93 29

45-6 45700 VILLEMANDEUR
26, RUE DE LA BARAUDIERE - Z.A.
☎ 02 38 07 15 70 - 🖷 02 38 07 15 79

46 LOT

46-1 46000 CAHORS
RIVIERE DE REGOURD - CHEMIN DE LA SABLIERE
☎ 05 65 53 26 50 - 🖷 05 65 53 26 59

46-2 46000 CAHORS
RTE DE TOULOUSE
☎ 05 65 53 20 10 - 🖷 05 65 53 06 71

47 LOT-ET-GARONNE

47-1 47550 AGEN
RTE DE LAYRAC
☎ 05 53 98 58 50 - 🖷 05 53 98 58 59

47-2 47240 BON-ENCONTRE
ZI JEAN MALEZE
☎ 05 53 48 04 60 - 🖷 05 53 48 04 69

47-3 47500 FUMEL
RTE DE PERIGUEUX
ZI CLOS DU BARDY
☎ 05 53 71 01 50 - 🖷 05 53 71 70 25

49 MAINE-ET-LOIRE

49-1 49100 ANGERS
4, AV. BESNARDIERE
☎ 02 41 31 13 50 - 🖷 02 41 31 13 59

49-2 49300 CHOLET
17, RUE DE LA JOMINIERE
☎ 02 41 63 91 00 - 🖷 02 41 63 91 09

49-3 49130 LES PONTS-DE-CE
AV. DU MOULIN MARCILLE
☎ 02 41 18 12 93 - 🖷 02 41 95 70 69

49-4 49400 SAUMUR
GODELU PNEUS - RTE DE CHOLET
☎ 02 41 40 25 40 - 🖷 02 41 50 38 64

50 MANCHE

50-1 50000 ST-LO
700, AV. DE PARIS
☎ 02 33 77 83 50 - 🖷 02 33 77 83 59

51 MARNE

51-1 51000 CHALONS-EN-CHAMPAGNE
1 BIS, AV. DU 106 R.I.
☎ 03 26 26 96 70 - 🖷 03 26 26 96 79

51-2 51000 CHALONS-EN-CHAMPAGNE
1 BIS, AV. DU 106 R.I.
☎ 03 26 26 19 97 - 🖷 03 26 26 90 89

51-3 51530 EPERNAY-MAGENTA
94, AV. A. THEVENET
☎ 03 26 55 90 40 - 🖷 03 26 55 90 46

51-4 51530 EPERNAY-MAGENTA
94, AV. A. THEVENET
☎ 03 26 55 27 47 - 🖷 03 26 55 78 97

51-5 51210 MONTMIRAIL
RTE DE CHALONS - ZI LA GUINOTERIE
☎ 03 26 81 22 14 - 🖷 03 26 81 19 99

51-6 51100 REIMS
47-49, AV. NATIONALE - LA NEUVILLETTE
☎ 03 26 77 44 10 - 🖷 03 26 77 44 19

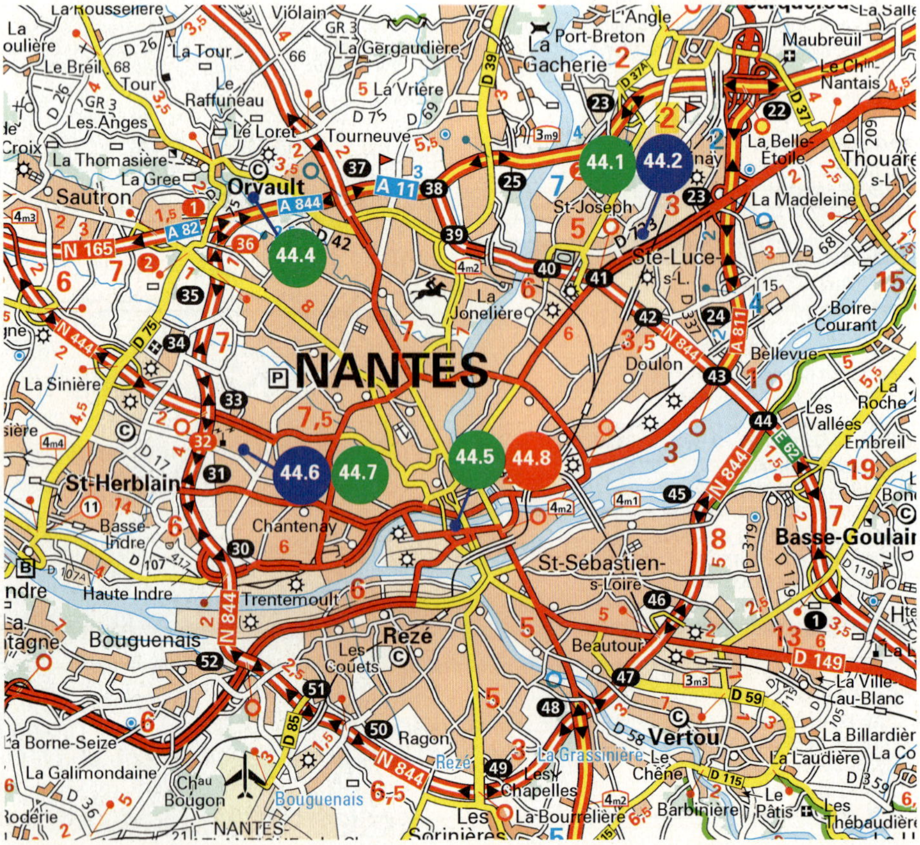

51-7 51100 REIMS
2A, BD VAL DE VESLE
☎ 03 51 30 81 30 - 📠 03 51 30 81 39

51-8 51300 VITRY LE FRANCOIS
RUE DE LA VIOLETTE - ZI DES MAROLLES
☎ 03 26 72 27 33 - 📠 03 26 72 68 05

53 MAYENNE

53-1 53100 MAYENNE
RUE MARIE ANDRE AMPERE
ZI DE LA PEYENNEIRE
☎ 02 43 04 19 47 - 📠 02 43 04 65 09

53-2 53940 ST-BERTHEVIN
10, BD DES LOGES
☎ 02 43 91 45 50 - 📠 02 43 91 45 59

53-3 53940 ST BERTHEVIN
10, BD DES LOGES
☎ 02 43 69 15 08 - 📠 02 43 69 36 78

54 MEURTHE-ET-MOSELLE

54-1 54400 COSNES ET ROMAIN
ZI DES 4 CHEMINS
☎ 03 82 23 94 77 - 📠 03 82 23 01 38

54-2 54710 LUDRES
145 RUE PASTEUR
☎ 03 83 50 19 19 - 📠 03 83 50 19 10

54-3 54710 LUDRES
422, RUE PIERRE ET MARIE CURIE
ZI DU FRANCLOS
☎ 03 83 57 33 15 - 📠 03 83 57 33 23

56 MORBIHAN

56-1 56850 CAUDAN
752 RTE DE CAUDAN - ZAC DE KERGOUSSEL
☎ 02 97 76 88 70 - 📠 02 97 76 88 78

56-2 56600 LANESTER
68, AV. AMBROISE CROIZAT
☎ 02 97 76 12 03 - 📠 02 97 76 83 08

56-3 56140 MALESTROIT
60, BD SAINTE ANNE
☎ 02 97 75 23 04 - 📠 02 97 75 28 18

56-4 56000 VANNES
JAHIER PNEUS - ZI DU PRAT-
RUE NICÉPHORE NIÉPCE
☎ 02 97 47 64 65 - 📠 02 97 47 54 71

56-5 56000 VANNES
JAHIER PNEUS - RTE DE PONTIVY
2, RUE DU 65 ÈME R.I.
☎ 02 97 47 18 50 - 📠 02 97 42 42 41

57 MOSELLE

57-1 57640 ARGANCY
RUE BLERIOT
ZI D'ENNERY
☎ 03 87 73 55 40 - 📠 03 87 73 55 49

57-2 57130 METZ
6, ALLEE DES TILLEULS
PARC LES ARAVIS
☎ 03 87 65 00 56 - 📠 03 87 65 04 10

57-3 57400 SARREBOURG
5, RUE DU DOCTEUR SCHWEITZER
☎ 03 87 25 71 43 - 📠 03 87 25 71 49

58 NIÈVRE

58-1 58000 NEVERS
3, RUE DU PETIT MOUESSE
☎ 03 86 93 08 40 - 📠 03 86 93 09 49

59 NORD

59-1 59640 DUNKERQUE
RUE DE L'ALBECK
ZI PETITE SYNTHE
☎ 03 28 25 96 40 - 📠 03 28 25 96 49

59-2 59110 LA MADELEINE
261 BIS, AV. DE LA REPUBLIQUE
☎ 03 28 38 91 30 - 📠 03 28 38 91 39

59-3 59810 LESQUIN
RUE DE LA CROIX BOUGARD
CENTRE ROUTIER
☎ 03 20 16 98 80 - 📠 03 20 16 98 89

59-4 59810 LESQUIN
RUE DE LA CROIX BOUGARD - CENTRE ROUTIER
☎ 03 20 87 90 60 - 📠 03 20 87 01 24

59-5 59000 LILLE
20, RUE D'ISLY
☎ 03 20 00 17 20 - 📠 03 20 00 17 29

59-6 59370 MONS-EN-BAROEUL
322, RUE DU GENERAL DE GAULLE
☎ 03 20 04 88 08 - 📠 03 20 04 18 14

59-7 59100 ROUBAIX
281, RUE PIERRE DE ROUBAIX
☎ 03 20 20 06 50 - 📠 03 20 20 06 59

59-8 59200 TOURCOING
15, CHAUSSEE. MARCELIN BERTHELOT
☎ 03 20 27 90 80 - 📠 03 20 27 90 89

59-9 59200 TOURCOING
15, CHAUSSEE. MARCELIN BERTHELOT
☎ 03 20 27 90 10 - 📠 03 20 27 90 19

59-10 59328 VALENCIENNES
ROUVIGNIES PROUVY - ZI 2
☎ 03 27 21 02 54 - 📠 03 27 21 01 78

59-11 59810 ATELIER MOBILE LILLE LESQUIN
☎ 0 820 311 311

60 OISE

60-1 60000 BEAUVAIS
21, AV. BLAISE PASCAL
☎ 03 44 14 31 10 - 📠 03 44 14 31 19

60-2 60000 BEAUVAIS
21, AV. BLAISE PASCAL
☎ 03 44 14 33 90 - 📠 03 44 14 33 99

60-3 60200 COMPIEGNE
10, RUE JACQUES DE VAUCANSON
ZAC DE MERCIERES
☎ 03 44 30 27 70 - 📠 03 44 30 37 39

60-4 60200 COMPIEGNE
10, RUE JACQUES DE VAUCANSON
ZAC DE MERCIERES
☎ 03 44 30 37 37 - 📠 03 44 30 37 39

60-5 60100 CREIL
ZA ECONOMIQUE & TERTIAIRE ST-MAXIMIN
70 RUE HENRY BASSEMER
☎ 03 44 64 66 20 - 📠 03 44 64 66 29

60-6 60100 CREIL
ZA ECONOMIQUE & TERTIAIRE ST-MAXIMIN
70 RUE HENRY BASSEMER
☎ 03 44 64 66 20 - 📠 03 44 64 66 89

61 ORNE

61-1 61000 ALENCON
26, RUE LAZARE CARNOT - ZI NORD
☎ 02 33 81 28 50 - 📠 02 33 81 28 59

62 PAS-DE-CALAIS

62-1 62000 ARRAS
245, AV. KENNEDY
☎ 03 21 21 71 40 - 📠 03 21 21 71 49

62-2 62000 ARRAS
245, AV. KENNEDY
☎ 03 21 21 76 40 - 📠 03 21 21 76 49

62-3 62500 ST-MARTIN-AU-LAERT
RUE DES CORMETTES
ZI FOND SQUIN
☎ 03 21 38 99 00 - 📠 03 21 38 99 09

62-4 62280 ST-MARTIN-LES-BOULOGNE
RUE PIERRE MARTIN
ZI DE L'INQUIETERIE
☎ 03 91 90 00 30 - 📠 03 91 90 00 39

63 PUY-DE-DÔME

63-1 63170 AUBIERE
49, AV. LAVOISIER - ZAC DES VARENNES
☎ 04 73 26 03 04 - 📠 04 73 15 06 28

63-2 63100 CLERMONT-FERRAND
238, BD ETIENNE CLEMENTEL
☎ 04 73 16 12 20 - 📠 04 73 16 12 29

63-3 63100 CLERMONT-FERRAND
53, BD JEAN BAPTISTE DUMAS
☎ 04 63 30 10 30 - 📠 04 63 30 10 39

63-4 63100 CLERMONT-FERRAND
14 RUE DES FRERES LUMIERE
ZI DU BREZET
☎ 04 73 14 60 10 - 📠 04 73 14 60 19

63-5 63000 CLERMONT-FERRAND
2 RUE KEPLER
☎ 04 73 14 55 40 - 📠 04 73 14 55 49

63-6 63500 ISSOIRE
63, BD KENNEDY
☎ 04 73 89 18 83 - 🖷 04 73 89 17 30

63-7 63370 LEMPDES
30 AV. DE L'EUROPE
☎ 04 73 83 75 20 - 🖷 04 73 83 75 29

63-8 63300 THIERS
AV. LEO LAGRANGE
ZI LES MOLLES
☎ 04 73 80 15 97 - 🖷 04 73 80 97 48

63-9 63300 THIERS
AV. LEO LAGRANGE
ZI LES MOLLES
☎ 04 73 80 94 00 - 🖷 04 73 80 94 09

64 PYRÉNÉES-ATLANTIQUES

64-1 64100 BAYONNE
35, ALLEE MARINES
☎ 05 59 59 18 26 - 🖷 05 59 59 61 74

64-2 64100 BAYONNE
DOURS PNEUS* - RTE DE CASTERA
QUARTIER SAINTE-CROIX
☎ 05 59 50 89 00 - 🖷 05 59 50 89 09

64-3 64100 BAYONNE
DOURS PNEUS* - 2, ALLEE BOUFFLERS
☎ 05 59 59 11 73 - 🖷 05 17 47 50 88

64-4 64100 BAYONNE
DOURS PNEUS* - ZI DES PONTOTS
☎ 05 59 63 09 33 - 🖷 05 17 47 50 91

64-5 64230 LESCAR
DOURS PNEUS*
RN 117 - ROND-POINT DU BILAA
☎ 05 59 81 22 32 - 🖷 05 17 47 50 87

64-6 64130 MAULEON
3, RUE DU MARECHAL HARISPE
☎ 05 59 28 77 60 - 🖷 05 59 28 77 69

64-7 64400 OLORON-STE-MARIE
DOURS PNEUS*
AV ALEXANDER FLEMING
☎ 05 59 36 11 21 - 🖷 05 17 47 50 90

64-8 64000 PAU
31, RUE CARNOT
☎ 05 59 30 30 68 - 🖷 05 59 30 81 52

64-9 64121 SERRES CASTET
DOURS PNEUS*
RUE DE LA VALLEE D'OSSAU - ZI
☎ 05 59 12 40 30 - 🖷 05 59 12 40 39

64-10 64121 SERRES CASTET
DOURS PNEUS*
RUE DE LA VALLEE D'OSSAU - ZI
☎ 05 59 33 90 40 - 🖷 05 59 33 71 48

64-11 64260 ST-PALAIS
DOURS PNEUS*
BEAHASQUE LAPISTE - LOTISSEMENT RECART
☎ 05 59 38 63 97 - 🖷 05 59 38 98 92

65 HAUTES-PYRÉNÉES

65-1 65420 IBOS
DOURS PNEUS*
RN 117 - ROUTE DE PAU
☎ 05 62 34 48 49 - 🖷 05 17 55 12 95

65-2 65100 LOURDES
DOURS PNEUS*
27, AV FRANCOIS LAGARDERE
☎ 05 62 94 06 70 - 🖷 05 17 47 50 89

65-3 65000 TARBES
DOURS PNEUS*
1, BD DE LATTRE DE TASSIGNY
☎ 05 62 56 31 60 - 🖷 05 62 56 31 69

65-4 65000 TARBES
5 RTE D'AZEREIX - Z.I BASTILLAC SUD
☎ 05 62 56 32 50 - 🖷 05 62 56 32 59

66 PYRÉNÉES-ORIENTALES

66-1 66000 PERPIGNAN
33, AV. VICTOR DALBIEZ
☎ 04 68 54 57 78 - 🖷 04 68 54 88 59

66-2 66000 PERPIGNAN
RUE DE MUNICH - ZI ST CHARLES
☎ 04 68 68 38 80 - 🖷 04 68 68 38 89

66-3 66000 PERPIGNAN
252, AV. DE BRUXELLES - ZI ST CHARLES
☎ 04 68 54 30 11 - 🖷 04 68 54 80 09

67 BAS-RHIN

67-1 67500 HAGUENAU
105, RTE DE STRASBOURG
☎ 03 88 93 00 51 - 🖷 03 88 93 58 98

67-2 67500 HAGUENAU
15 RTE DE BITCHE
☎ 03 88 73 30 79 - 🖷 03 88 73 00 33

67-3 67190 MUTZIG
ESPACE ATRIUM
☎ 03 88 38 06 53 - 🖷 03 88 49 89 14

67-4 67600 SELESTAT
28, RTE DE COLMAR
☎ 03 88 92 86 80 - 🖷 03 88 82 99 06

67-5 67100 STRASBOURG
3, RUE DE BAYONNE - ZONE EUROFRET
☎ 03 88 39 39 09 - 🖷 03 88 39 32 29

67-6 67100 STRASBOURG
280, AV DE COLMAR
☎ 03 88 65 70 42 - 🖷 03 88 65 70 35

67-7 67100 ATELIER MOBILE STRASBOURG
☎ 0 820 311 311

68 HAUT-RHIN

68-1 68000 COLMAR
64, RUE DES PAPETERIES
☎ 03 89 41 02 13 - 🖷 03 89 41 15 09

68-2 68027 COLMAR-HOUSSEN
CENTRE COMMERCIAL CORA
☎ 03 89 21 07 00 - 🖷 03 89 21 17 68

68-3 68110 ILLZACH
RUE D'ANNECY
☎ 03 89 31 12 61 - 🖷 03 89 31 12 69

68-4 68110 ILLZACH
11-15, RUE DE LONDRES
AV. DE FRIBOURG
☎ 03 89 61 82 81 - 🖷 03 89 61 63 91

68-5 68200 MULHOUSE
2, RUE ANTOINE HERZOG
☎ 03 89 33 17 38 - 🖷 03 89 42 01 88

69 RHÔNE

69-1 69300 CALUIRE
7, RUE DES MARGNOLLES
☎ 04 72 10 07 55 - 🖷 04 72 10 07 56

69-2 69960 CORBAS
52, RUE LOUIS PRADEL - ZI
☎ 04 37 25 33 01 - 🖷 04 37 25 33 09

69-3 69960 CORBAS
52, RUE LOUIS PRADEL - ZI
☎ 04 78 20 98 56 - 🖷 04 78 20 98 99

69-4 69570 DARDILLY
CHEMIN MOULIN CARRON
ZI LE PAISY
☎ 04 78 35 58 50 - 🖷 04 78 35 83 98

69-5 69150 DECINES
239, AV. JEAN JAURES
☎ 04 78 49 37 71 - 🖷 04 78 49 90 16

69-6 69330 MEYZIEU
CENTRE COMMERCIAL LECLERC
☎ 04 78 04 30 29 - 🖷 04 78 04 30 31

69-7 69007 LYON
190, AV. BERTHELOT
☎ 04 78 72 41 76 - 🖷 04 78 72 37 04

69-8 69008 LYON
22 BIS, RUE ANTOINE LUMIERE
☎ 04 78 77 01 61 - 🖷 04 78 77 94 09

69-9 69009 LYON
48, RUE DE BOURGOGNE
☎ 04 78 83 77 76 - 🖷 04 78 83 12 85

69-10 69007 LYON GERLAND
153, RUE MARCEL MERIEUX
☎ 04 78 72 73 87 - 🖷 04 78 58 65 33

69-11 69200 VENISSIEUX
69, RUE ANDRE SENTUC - ZAC DE L'ARSENAL
☎ 04 72 90 13 90 - 🖷 04 72 90 13 99

69-12 69400 VILLEFRANCHE-SUR-SAÔNE
AV. EDOUARD HERRIOT - ZI
☎ 04 74 09 43 90 - 🖷 04 74 09 43 99

69-13 69400 VILLEFRANCHE-SUR-SAÔNE
AV. EDOUARD HERRIOT - ZI
☎ 04 74 65 86 60 - 🖷 04 74 65 86 68

69-14 69692 ATELIER MOBILE LYON VÉNISSIEUX
☎ 0 820 311 311

70 HAUTE-SAÔNE

70-1 70000 VESOUL
22, BD CHARLES DE GAULLE
☎ 03 84 75 34 32 - 🖷 03 84 75 11 32

71 SAÔNE-ET-LOIRE

71-1 71100 CHALON-SUR-SAÔNE
11, RUE PIERRE DE COUBERTIN - ZI NORD
☎ 03 85 46 82 60 - 🖷 03 85 46 89 79

72 SARTHE

72-1 72400 LA-FERTÉ-BERNARD
Z.A. LA PETITE CIBOLE - LA CHAPELLE DU BOIS
☎ 02 43 60 16 30 - 🖷 02 43 60 16 39

72-2 72000 LE MANS
RUE DES FRÈRES VOISIN - ZI NORD
☎ 02 43 52 12 80 - 🖷 02 43 52 12 89

72-3 72300 SABLÉ-SUR-SARTHE
RTE DE LA FLECHE
ZONE D'ACTIVITE ST-LAURENT
☎ 02 43 62 16 90 - 🖷 02 43 62 16 99

72-4 72190 ST-PAVACE
14, RUE. DU MAINE - ZI DE L'EPINE
☎ 02 43 24 27 74 - 🖷 02 43 24 29 36

73 SAVOIE

73-1 73200 ALBERTVILLE
156, RUE LOUIS ARMAND
☎ 04 79 32 04 60 - 🖷 04 79 32 88 62

73-2 73200 ALBERTVILLE
RUE LOUIS ARMAND
☎ 04 79 10 02 21 - 🖷 04 79 10 02 29

73-3 73490 LA RAVOIRE
RN 6 - ZI DE LA TROUSSE
☎ 04 79 72 82 41 - 🖷 04 79 72 98 66

73-4 73600 MOUTIERS
CENTRE COMMERCIAL - ZAC DE LA CHAUDANNE
AV. DES JEUX OLYMPIQUES
☎ 04 79 24 21 95 - 🖷 04 79 24 68 49

73-5 73230 ST ALBAN
672, AV. DE CHAMBERY
☎ 04 79 33 20 09 - 🖷 04 79 33 97 22

73-6 73300 ST-JEAN-DE-MAURIENNE
PLACE DU CHAMPS DE FOIRE
☎ 04 79 83 50 03 - 🖷 04 79 83 50 19

74 HAUTE-SAVOIE

74-1 74600 ANNECY-SEYNOD
6, RUE DE LA CEZIERE - ZI DE VOVRAY
☎ 04 50 45 99 70 - 🖷 04 50 45 99 98

74-2 74600 ANNECY-SEYNOD
6, RUE DE LA CEZIERE - ZI DE VOVRAY
☎ 04 50 51 31 41 - 🖷 04 50 51 50 48

74-3 74130 BONNEVILLE
744, AV. DE GENEVE
☎ 04 50 97 02 22 - 🖷 04 50 97 15 04

74-4 74800 LA-ROCHE-SUR-FORON
AV. LUCIEN RANNARD
☎ 04 50 03 10 46 - 🖷 04 50 03 49 29

74-5 74800 SAINT-PIERRE-EN-FAUCIGNY
30 RUE CHAMPS PLANS
LIEU-DIT LES JOURDIES
☎ 04 50 25 07 08 - 🖷 04 50 25 08 99

75 VILLE DE PARIS

75-1 75017 PARIS
181 TER, AV. DE CLICHY
☎ 01 53 06 67 00 - 🖷 01 53 06 67 09

76 SEINE-MARITIME

76-1 76210 BOLBEC
PAIN PNEU
83, RUE G. CLEMENCEAU
☎ 02 35 31 06 87 - 🖷 02 35 31 69 12

76-2 76320 CANTELEU
9021, RUE DU CANAL
CENTRE COMMERCIAL LECLERC
☎ 02 35 74 27 69 - 🖷 02 35 74 60 09

76-3 76370 DIEPPE
15, RUE JACQUES MONOD - ZI EUROCHANEL
☎ 02 32 90 58 50 - 🖷 02 32 90 58 59

76-4 76200 DIEPPE-LEVEILLARD
PNEUS 7 QUAI TRUDAINE
☎ 02 35 84 17 00

76-5 76260 EU
7, RUE DES BELGES
☎ 02 27 28 03 40 - 🖷 02 27 28 03 49

76-6 76700 GONFREVILLE L'ORCHER
RTE INDUSTRIELLE - ZI PORTUAIRE
☎ 02 35 53 36 74 - 🖷 02 35 53 92 93

76-7 76100 LILLEBONNE
PAIN PNEU - 30, RUE DE LA REPUBLIQUE
☎ 02 35 38 28 90 - 🖷 02 35 38 93 55

76-8 76370 NEUVILLE LÈS DIEPPE
LEVEILLARD PNEUS - RUE LOUIS BLÉRIOT
ZONE EUROCHANNEL
☎ 02 32 14 68 08 - 🖷 02 35 83 36 49

76-9 76100 ROUEN
PLACE DES EMMUREES
☎ 02 35 72 32 38 - 🖷 02 35 72 07 07

76-10 76808 SAINT-ETIENNE-DU-ROUVRAY
RUE DE LA GRANDE EPINE - ZI EST
☎ 02 32 91 74 40 - 🖷 02 32 91 74 49

76-11 76190 YVETOT
PAIN PNEU - 18, RUE JEAN MOULIN
☎ 02 35 95 42 13 - 🖷 02 35 95 22 88

77 SEINE-ET-MARNE

77-1 77120 COULOMMIERS
8, RUE DE L'ORGEVAL - ZI
☎ 01 64 03 01 95 - 🖷 01 64 03 82 71

77-2 77400 LAGNY-SUR-MARNE
6 à 8, RUE CLAUDE CHAPPE - ZI
☎ 01 60 94 08 98 - 🖷 01 60 94 08 99

77-3 77400 LAGNY-SUR-MARNE
7 à 8, RUE CLAUDE CHAPPE - ZI
☎ 01 60 94 00 44 - 🖷 01 60 94 08 99

77-4 77130 MONTEREAU
7, RUE DES GRANDES HAIES - ZI
☎ 01 64 32 11 98 - 🖷 01 64 32 48 55

77-5 77140 NEMOURS
16, RUE D'EGREVILLE
☎ 01 64 28 11 21 - 🖷 01 64 28 46 83

77-6 77160 PROVINS
RTE DE CHAMPBENOIST
ZAC DES BORDES
☎ 01 64 00 03 23 - 🖷 01 64 00 90 84

77-7 77530 VAUX-LE-PENIL
22, RUE DU MARECHAL JUIN
☎ 01 64 39 12 63 - 🖷 01 64 39 84 30

77-8 77530 VAUX-LE-PENIL
22, RUE DU MARECHAL JUIN
☎ 01 64 79 77 90 - 🖷 01 64 79 77 99

78 YVELINES

78-1 78310 COIGNIERES
109 à 115, RTE NATIONALE 10
☎ 01 30 05 00 00 - 🖷 01 30 05 00 09

78-2 78310 COIGNIERES
109 à 115, RTE NATIONALE 10
☎ 01 30 49 06 40 - 🖷 01 30 49 06 34

78-3 78700 CONFLANS-ST-HONORINE
9, RUE DE L'ACTIVITE
ZI DU CHAMP GAILLARD
☎ 01 39 72 04 00 - 🖷 01 39 72 04 09

78-4 78711 MANTES LA VILLE
125, BD ROGER SALENGRO
☎ 01 30 92 49 49 - 🖷 01 30 92 49 25

78-5 78711 MANTES LA VILLE
125, BD ROGER SALENGRO
☎ 01 30 92 93 04 - 🖷 01 30 92 13 64

78-6 78250 MEULAN
41 BIS, AV. GAMBETTA
☎ 01 30 91 24 70 - 🖷 01 30 91 24 79

78-7 78300 POISSY
40, BD ROBESPIERRE - 43 BD DEVAUX
☎ 01 30 06 31 40 - 🖷 01 30 06 31 49

78-8 78210 ST-CYR-L'ECOLE
10, AV. H. BARBUSSE
☎ 01 30 45 29 72 - 🖷 01 30 45 61 28

78-9 78000 VERSAILLES
77, RUE DES CHANTIERS
☎ 01 30 21 24 25 - 🖷 01 30 21 99 41

78-10 78220 VIROFLAY
199, AV. DU GENERAL LECLERC
☎ 01 30 24 49 96 - 🖷 01 30 24 52 15

78-11 78000 ATELIER MOBILE VERSAILLES
☎ 0 820 311 311

80 SOMME

80-1 80000 AMIENS
AV. ROGER DUMOULIN - Z.I NORD
☎ 03 22 67 55 80 - 🖷 03 22 67 55 89

80-2 80000 AMIENS
120, CHAUSSEE JULES FERRY
☎ 03 22 50 43 43 - 🖷 03 22 50 43 49

80-3 80500 MONTDIDIER
30, AV. MAURICE LECONTE
☎ 03 22 37 08 67 - 🖷 03 22 78 50 50

81 TARN

81-1 81000 ALBI
30, RUE AMPERE - ZI DE JARLARD
☎ 05 63 46 01 07 - 🖷 05 63 46 31 19

81-2 81100 CASTRES
88 RTE DE TOULOUSE
☎ 05 63 59 33 83 - 🖷 05 63 59 33 57

81-3 81300 GRAULHET
78, BD DE GENEVE
☎ 05 63 42 18 70 - 🖷 05 63 42 10 54

81-4 81200 MAZAMET
LA RICHARDE - RN 112
☎ 05 63 97 57 30 - 🖷 05 63 97 57 39

83 VAR

83-1 83170 BRIGNOLES
RTE D'AIX - QUARTIER CHANTE PERDRIX
☎ 04 94 69 49 64 - 🖷 04 94 69 60 79

83-2 83300 DRAGUIGNAN
QUARTIER ST-LEGER - RN 555
☎ 04 94 50 45 70 - 🖷 04 94 50 45 79

83-3 83600 FREJUS
161 RUE GEORGE BESSE
ZI LA PALUD
☎ 04 94 52 77 40 - 🖷 04 94 52 77 49

83-4 83140 SIX-FOURS-LES-PLAGES
AV. DE L'EUROPE - ZA DES PLAYES
☎ 04 94 10 96 80 - 🖷 04 94 10 96 89

83-5 83130 TOULON LA GARDE
ZONE COMMERCIALE LA GARDE
CARREFOUR DES 4 CHEMINS
LA PAULINE
☎ 04 94 08 01 48 - 🖷 04 94 08 01 98

84 VAUCLUSE

84-1 84000 AVIGNON
CENTRE COMMERCIAL CAP SUD - RN 7
☎ 04 90 81 89 20 - 🖷 04 90 81 89 29

84-2 84300 CAVAILLON
867, AV. DE LA LIBERATION
☎ 04 90 78 78 10 - 🖷 04 90 78 78 09

84-3 84130 LE PONTET
RUE DE LA VERDETTE
LOTISS. D'ACTIVITE LA GAULOISE
☎ 04 90 31 29 60 - 🖷 04 90 31 69 19

85 VENDÉE

85-1 85500 LES-HERBIERS
Z.A LA BUZENIERE
11, RUE EDOUARD BRANLY
☎ 02 51 91 19 08 - 🖷 02 51 91 25 18

86 VIENNE

86-1 86000 POITIERS
174, AV. DU 8 MAI 1945
☎ 05 49 57 25 82 - 🖷 05 49 57 91 59

87 HAUTE-VIENNE

87-1 87220 FEYTIAT
RTE D'EYMOUTIERS - ZI DU PONTEIX
☎ 05 55 06 06 47 - 🖷 05 55 06 04 09

87-2 87280 LIMOGES
RTE DE PARIS - ZAC DE BEAUBREUIL
CENTRE COMMERCIAL CORA
☎ 05 55 35 07 45 - 🖷 05 55 35 08 99

87-3 87000 LIMOGES
5 à 9, RUE AUGUSTE COMTE - ZI NORD
☎ 05 55 38 10 71 - 🖷 05 55 38 94 29

87-4 87000 LIMOGES
5 à 9, RUE AUGUSTE COMTE
ZI NORD
☎ 05 55 38 84 20 - 🖷 05 55 38 88 48

88 VOSGES

88-1 88000 EPINAL
13, AV DE LA FONTANELLE
☎ 03 29 81 50 00 - 🖷 03 29 34 19 89

88-2 88000 EPINAL
PARKING CASINO
RTE DE REMIREMOND
☎ 03 29 82 46 34 - 🖷 03 29 35 60 73

88-3 88190 GOLBEY
68, RUE LORRAINE - LA CÔTE OLIE - RN57
☎ 03 29 81 11 20 - 🖷 03 29 81 11 22

88-4 88100 ST-DIE
821, RUE E. CHARLIER
STE MARGUERITE
☎ 03 29 42 10 35 - 🖷 03 29 42 14 49

88-5 88100 ST-DIE-DES-VOSGES
38 RTE DE RAON L'ETAPE
☎ 03 29 53 14 18 - 🖷 03 29 53 14 10

88-6 88200 ST-NABORD
24 RANFAING - ECHANGEUR MOULIN
☎ 03 29 62 23 13 - 🖷 03 29 62 40 17

89 YONNE

89-1 89000 AUXERRE
15, ALLEE DES FRERES LUMIERE
☎ 03 86 18 00 30 - 🖷 03 86 18 00 39

89-2 89000 AUXERRE
14, ALLEE DES FRERES LUMIERE
☎ 03 86 18 00 40 - 🖷 03 86 18 00 49

89-3 89200 AVALLON
AV. DU GENERAL LECLERC
CENTRE COMMERCIAL AUCHAN
☎ 03 86 34 56 64 - 🖷 03 86 34 56 33

89-4 89100 SENS
24, RUE DES GRAHUCHES
ZI DES VAUGUILLETTES
☎ 03 86 95 80 55 - 🖷 03 86 95 80 60

89-5 89100 SENS
105, RUE DU GENERAL DE GAULLE
☎ 03 86 83 87 30 - 🖷 03 86 83 87 39

90 TERRITOIRE-DE-BELFORT

90-1 90000 BELFORT
AV. DE LAURENCIE
☎ 03 84 22 48 91 - 🖷 03 84 28 63 80

91 ESSONNE

91-1 91100 CORBEIL ESSONNES
80-84, BD DE FONTAINEBLEAU
☎ 01 60 89 15 25 - 🖷 01 60 89 95 49

91-2 91150 ETAMPES
MORIGNY - ZI DES ROCHETTES
☎ 01 69 78 18 30 - 🖷 01 69 78 18 39

91-3 91150 ETAMPES
MORIGNY - ZI DES ROCHETTES
☎ 01 69 16 16 06 - 🖷 01 69 16 15 99

91-4 91160 LONGJUMEAU
5, RTE DE VERSAILLES - PETIT CHAMPLAN
☎ 01 69 74 18 88 - 🖷 01 69 74 18 89

91-5 91885 MASSY
120, AV. DE L'EUROPE
CENTRE COMMERCIAL CORA
☎ 01 64 53 13 55 - 🖷 01 64 53 19 78

91-6 91300 MASSY
12, RUE MARCEL PAUL
ZI DE LA BONDE
☎ 01 69 75 13 50 - 🖷 01 69 75 13 59

91-7 91300 MASSY
12, RUE MARCEL PAUL
ZI DE LA BONDE
☎ 01 69 20 38 20 - 🖷 01 69 20 18 91

91-8 91150 MORIGNY
ZI DES ROCHETTES
☎ 01 69 78 18 30 - 🖷 01 69 78 18 39

91-9 91170 VIRY CHATILLON
134, AV. DU GENERAL DE GAULLE - R.N 7
☎ 01 69 44 30 07 - 🖷 01 69 44 87 86

92 HAUTS-DE-SEINE

92-1 92000 NANTERRE
74-76, AV. W. LENINE
☎ 01 55 69 16 00 - 🖷 01 55 69 16 09

92-2 92200 NEUILLY SUR SEINE
69 AV. DU GENERAL DE GAULLE
☎ 01 46 24 33 69 - 🖷 01 46 24 37 88

92-3 92390 VILLENEUVE-LA-GARENNE
8 AV. DE LA REDOUTE-ZI
☎ 01 47 98 07 34 - 🖷 01 47 98 20 26

92-4 92390 VILLENEUVE-LA-GARENNE
8, AV DE LA REDOUTE - ZI
☎ 01 41 21 86 60 - 🖷 01 41 21 86 69

92-5 92000 ATELIER MOBILE NANTERRE 2
☎ 0 820 311 311

93 SEINE-SAINT-DENIS

93-1 93150 BLANC MESNIL
190, AV. CHARLES FLOQUET
☎ 01 55 81 19 60 - 🖷 01 55 81 19 69

93-2 93150 BLANC MESNIL
190, AV. CHARLES FLOQUET
☎ 01 48 67 17 40 - 🖷 01 48 67 79 59

93-3 93110 ROSNY SOUS BOIS
183, BD ALSACE LORRAINE
☎ 01 56 63 06 80 - 🖷 01 45 28 40 25

93-4 93150 ATELIER MOBILE BLANC-MESNIL
☎ 0 820 311 311

94 VAL-DE-MARNE

94-1 94500 CHAMPIGNY
146, AV. ROGER SALENGRO - RN 4
☎ 01 48 81 32 12 - 🖷 01 48 81 24 04

94-2 94579 RUNGIS
2, RUE DES TRANSPORTS
CENTRE ROUTIER
☎ 01 56 34 27 50 - 🖷 01 56 34 27 59

94-3 94460 VALENTON
54, AV. HENRI BARBUSSE
☎ 01 43 89 06 54 - 🖷 01 43 89 50 13

94-4 94800 VILLEJUIF
21, RUE DE VERDUN
☎ 01 46 77 06 06 - 🖷 01 47 26 28 94

95 VAL-D'OISE

95-1 95480 PIERRELAYE
121, AV. DU GENERAL LECLERC - RN 14
☎ 01 34 21 34 34 - 🖷 01 34 21 34 39

95-2 95480 ATELIER MOBILE PIERRELAYE
☎ 0 820 311 311

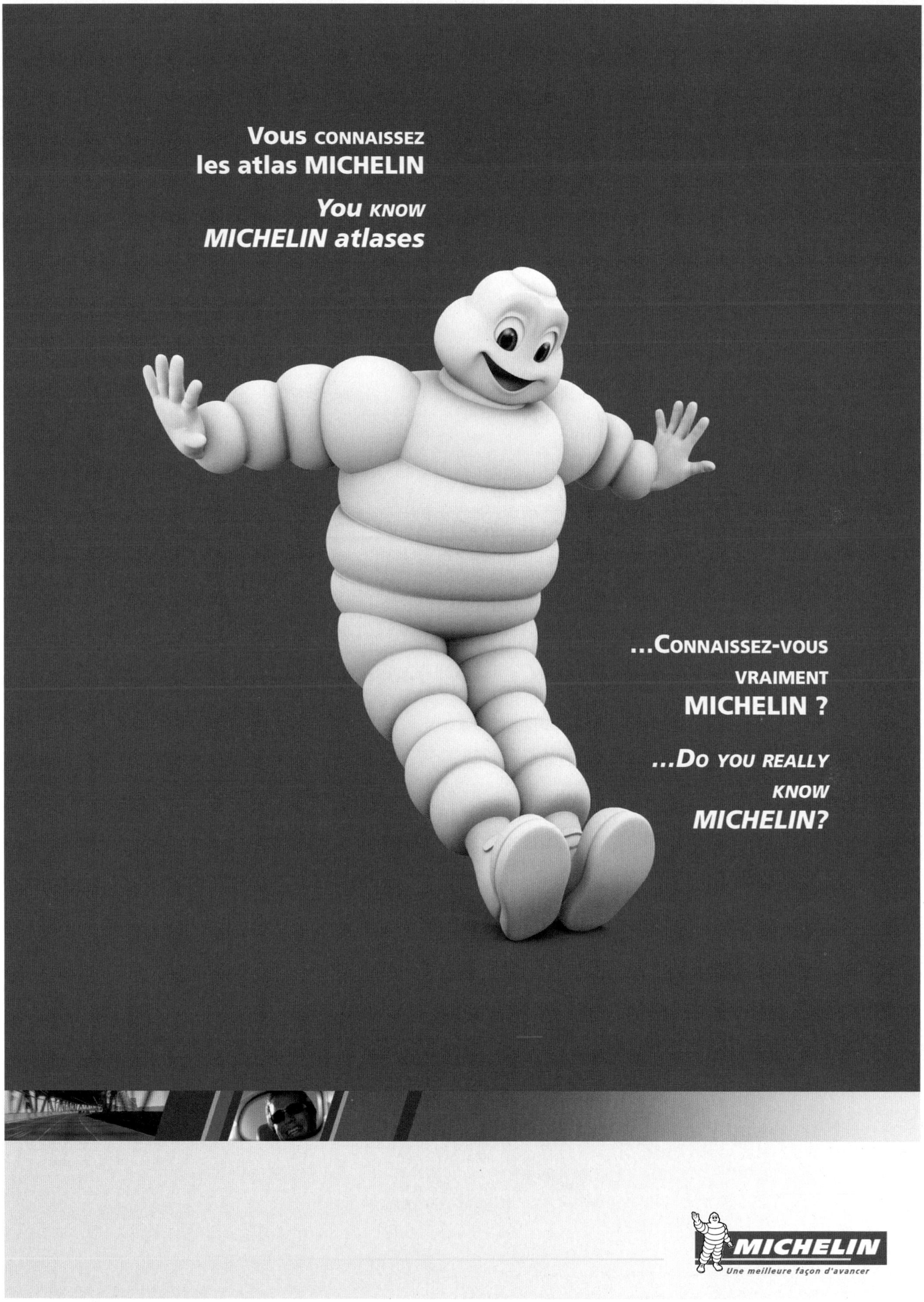
Vous CONNAISSEZ les atlas MICHELIN
You KNOW MICHELIN atlases
...CONNAISSEZ-VOUS VRAIMENT MICHELIN ?
...DO YOU REALLY KNOW MICHELIN?
MICHELIN
Une meilleure façon d'avancer

N°1 mondial des pneumatiques avec 16,3 % du marché

Une présence commerciale dans plus de 170 pays

Une implantation industrielle au cœur des marchés

72 sites industriels dans **19** pays ont produit en 2009 :

- **150** millions de pneus
- **10** millions de cartes et guides

Des équipes très internationales

Plus de **109 200** employés* de toutes cultures sur tous les continents dont **6 000** personnes employées dans les centres de R&D en Europe, aux États-Unis, en Asie.

*102 692 en équivalent temps plein

The world No.1 in tires with 16.3% of the market

A business presence in over 170 countries

A manufacturing footprint at the heart of markets

In 2009, ***72*** *industrial sites in* ***19*** *countries produced:*

- ***150*** *million tires*
- ***10*** *million maps and guides*

Highly international teams

Over ***109 200*** *employees* from all cultures on all continents including* ***6 000*** *people employed in R&D centers in Europe, the US and Asia.*

**102 692 full-time equivalent staff*

Le groupe Michelin en un coup d'œil
The Michelin Group at a glance

Michelin présent en compétition

A fin 2009

- **24h du Mans**
  12 années de victoires consécutives
- **Endurance 2008**
  • 6 victoires sur 6 épreuves en Le Mans Series
  • 12 victoires sur 12 épreuves en American Le Mans Series
- **Paris-Dakar**
  Depuis le début de l'épreuve, le groupe Michelin remporte toutes les catégories (auto, moto, camion)
- **Endurance moto**
  Champion du monde 2009
- **Trial**
  Tous les titres de champion du monde depuis 1981 (sauf 1992)

Michelin competes

At the end of 2009

- ***Le Mans 24-hour race***
  12 consecutive years of victories
- ***Endurance 2008***
  • 6 victories on 6 stages in Le Mans Series
  • 12 victories on 12 stages in American Le Mans Series
- ***Paris-Dakar***
  Since the beginning of the event, the Michelin group has won in all categories
- ***Moto endurance***
  2009 *World Champion in the premier category*
- ***Trial***
  Every World Champion title since 1981 (except 1992)

• Données au 31/12/2009 / *Data 31/12/2009*

Michelin, implanté près de ses clients

● **Un centre de technologies réparti sur 3 continents**
- Amérique du Nord
- Asie
- Europe

● **Production de caoutchouc naturel**
- Brésil

● **72 sites de production dans 19 pays**
- Algérie
- Allemagne
- Brésil
- Canada
- Chine
- Colombie
- Espagne
- Etats-Unis
- France
- Hongrie
- Italie
- Japon
- Mexique
- Pologne
- Roumanie
- Royaume-Uni
- Russie
- Serbie
- Thaïlande

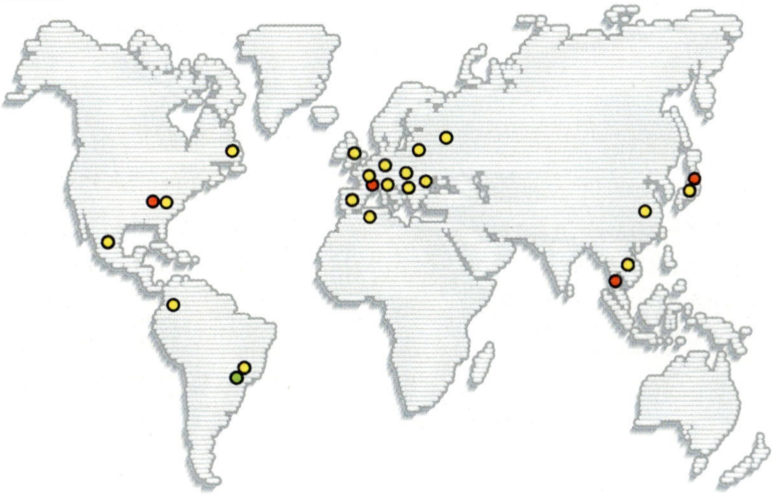

Michelin, established close to its customers

● ***A Technology Center spread over 3 continents***
- *Asia*
- *Europe*
- *North America*

● ***Natural rubber plantations***
- *Brazil*

● ***672 plants in 19 countries***
- *Algeria*
- *Brazil*
- *Canada*
- *China*
- *Colombia*
- *France*
- *Germany*
- *Hungary*
- *Italy*
- *Japan*
- *Mexico*
- *Poland*
- *Romania*
- *Russia*
- *Serbia*
- *Spain*
- *Thailand*
- *UK*
- *USA*

Notre mission

Contribuer, de manière durable, au progrès de la mobilité des personnes et des biens en facilitant la liberté, la sécurité, l'efficacité et aussi le plaisir de se déplacer.

Our mission

To make a sustainable contribution to progress in the mobility of goods and people by enhancing freedom of mouvement, safety, efficiency and the pleasure of travelling.

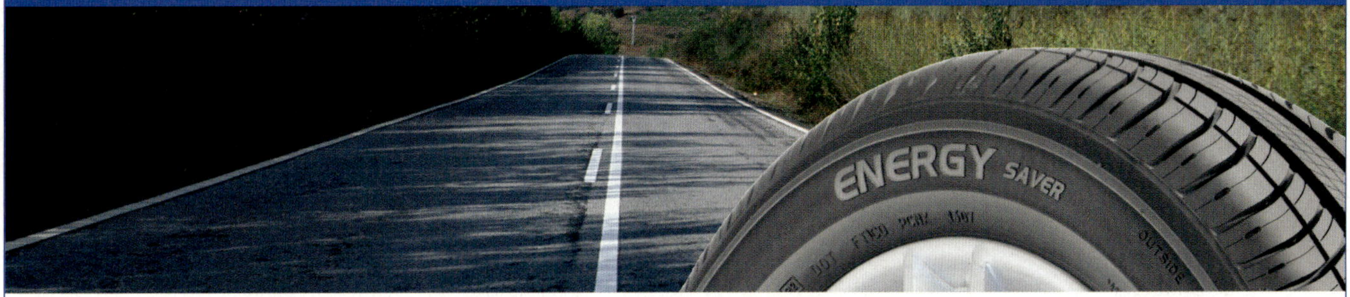

Michelin s'engage pour l'environnement

Michelin, 1er producteur mondial de pneus à basse résistance au roulement, contribue à la diminution de la consommation de carburant et des émissions de gaz par les véhicules.

Michelin développe, pour ses produits, les technologies les plus avancées afin de :

- diminuer la consommation de carburant, tout en améliorant les autres performances du pneumatique ;
- allonger la durée de vie pour réduire le nombre de pneus à traiter en fin de vie ;
- privilégier les matières premières à faible impact sur l'environnement.

Par ailleurs, à fin 2008, 99,5 % de la production de pneumatiques en tonnage est réalisé dans des usines certifiées ISO 14001*.

Michelin est engagé dans la mise en œuvre de filières de valorisation des pneus en fin de vie.

*certification environnementale

Michelin committed to environmental-friendliness

Michelin, world leader in low rolling resistance tires, actively reduces fuel consumption and vehicle gas emission.

For its products, Michelin develops state-of-the-art technologies in order to:

- *Reduce fuel consumption, while improving overall tire performance.*
- *Increase life cycle to reduce the number of tires to be processed at the end of their useful lives;*
- *Use raw materials which have a low impact on the environment.*

Furthermore, at the end of 2008, 99.5% of tire production in volume was carried out in ISO 14001 certified plants.*

Michelin is committed to implementing recycling channels for end-of-life tires.

*environmental certification

Tourisme camionnette
Passenger Car Light Truck

Poids lourd
Truck

Michelin au service de la mobilité
Michelin a key mobility enabler

Génie civil
Earthmover

Avion
Aircraft

Agricole
Agricultural

Deux roues
Two-wheel

Distribution

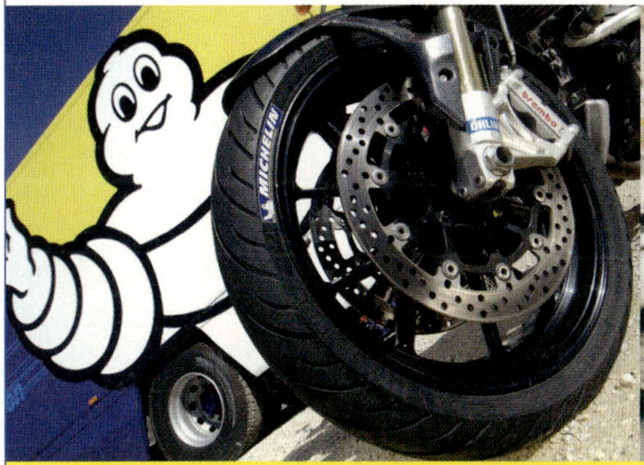

Partenaire des constructeurs, à l'écoute des utilisateurs, présent en compétition et dans tous les circuits de distribution, Michelin ne cesse d'innover pour servir la mobilité d'aujourd'hui et inventer celle de demain.

Partnered with vehicle manufacturers, in tune with users, active in competition and in all the distribution channels, Michelin is continually innovating to promote mobility today and to invent that of tomorrow.

Cartes et Guides
Maps and Guides

ViaMichelin
des services d'aide au voyage /
travel assistance services

Michelin Lifestyle
des accessoires pour vos déplacements /
for your travel accessories

MICHELIN

joue l'équilibre des performances / *plays on balanced performance*

- Longévité des pneumatiques
- Économies de carburant
- Sécurité sur la route

... les pneus MICHELIN vous offrent les meilleures performances, sans en sacrifier aucune.

- *Long tire life*
- *Fuel savings*
- *Safety on the road*

... MICHELIN tires provide you with the best performance, without making a single sacrifice.

Le pneu MICHELIN, un concentré de technologie
The MICHELIN tire, pure technology

1 Bande de roulement
Une épaisse couche de gomme assure le contact avec le sol. Elle doit évacuer l'eau et durer très longtemps.

Tread
A thick layer of rubber provides contact with the ground. It has to channel water away and last as long as possible.

2 Armature de sommet
Cette double ou triple ceinture armée est à la fois souple verticalement et très rigide transversalement. Elle procure la puissance de guidage.

Crown plies
This double or triple reinforced belt has both vertical flexibility and high lateral rigidity. It provides the steering capacity.

3 Flancs
Ils recouvrent et protègent la carcasse textile dont le rôle est de relier la bande de roulement du pneu à la jante.

Sidewalls
These cover and protect the textile casing whose role is to attach the tire tread to the wheel rim.

4 Talons d'accrochage à la jante
Grâce aux tringles internes, ils serrent solidement le pneu à la jante pour les rendre solidaires.

Bead area for attachment to the rim
Its internal bead wire clamps the tire firmly against the wheel rim.

5 Gomme intérieure d'étanchéité
Elle procure au pneu l'étanchéité qui maintient le gonflage à la bonne pression.

Inner liner
This makes the tire almost totally impermeable and maintains the correct inflation pressure.

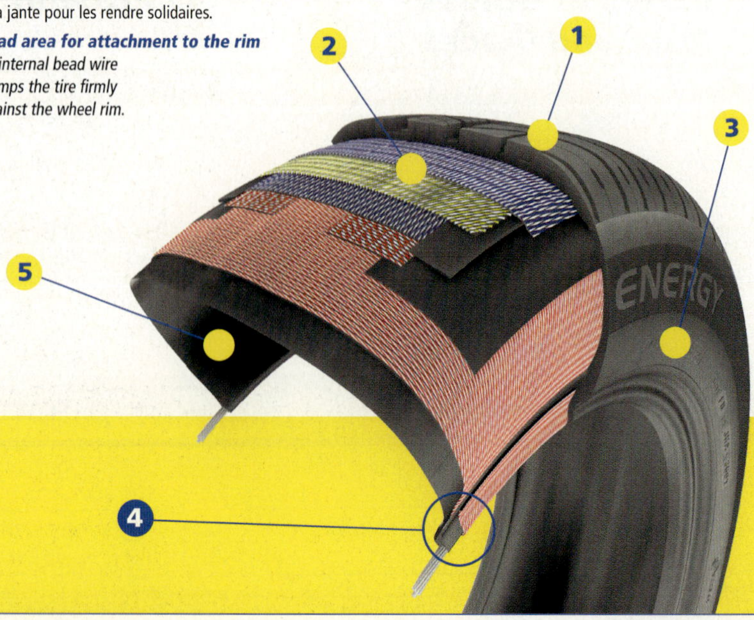

Plans de ville

Curiosités

Bâtiment intéressant

Édifice religieux intéressant:

Catholique

Protestant

Voirie

Autoroute - Double chaussée de type autoroutier

Échangeurs numérotés : complet - partiels

Grande voie de circulation

Sens unique - Rue réglementée ou impraticable

Rue piétonne

Tramway

R. Pasteur — Rue commerçante

Parking - Parking Relais

Porte - Passage sous voûte - Tunnel

Gare et voie ferrée - Auto / Train

Funiculaire - Téléphérique, télécabine

Pont mobile - Bac pour autos

Signes divers

Information touristique

Mosquée - Synagogue

Tour - Ruines

Moulin à vent - Château d'eau

Jardin, parc, bois

Cimetière - Calvaire

Stade - Golf

Hippodrome - Patinoire

Piscine de plein air, couverte

Vue - Panorama - Table d'orientation

Monument - Fontaine - Usine

Centre commercial - Cinéma Multiplex

Port de plaisance - Phare

Tour de télécommunications

Aéroport - Station de métro

S.N.C.F. — Gare routière

Transport par bateau :

passagers et voitures, passagers seulement

Repère commun aux plans et aux cartes Michelin détaillées

Bureau principal de poste restante et téléphone

Hôpital - Marché couvert - Caserne

Bâtiment public repéré par une lettre :

A C — Chambre d'agriculture - Chambre de commerce

G H J — Gendarmerie - Hôtel de ville - Palais de justice

M P T — Musée - Préfecture, sous-préfecture - Théâtre

U — Université, grande école

POL. — Police (commissariat central)

Passage bas (inf. à 4 m 50) - Charge limitée (inf. à 19 t)

Cartographie

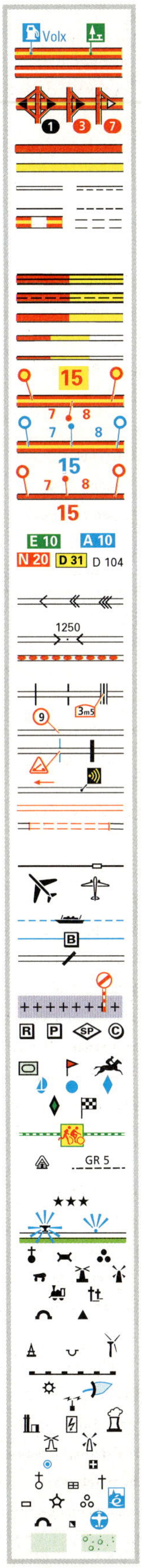

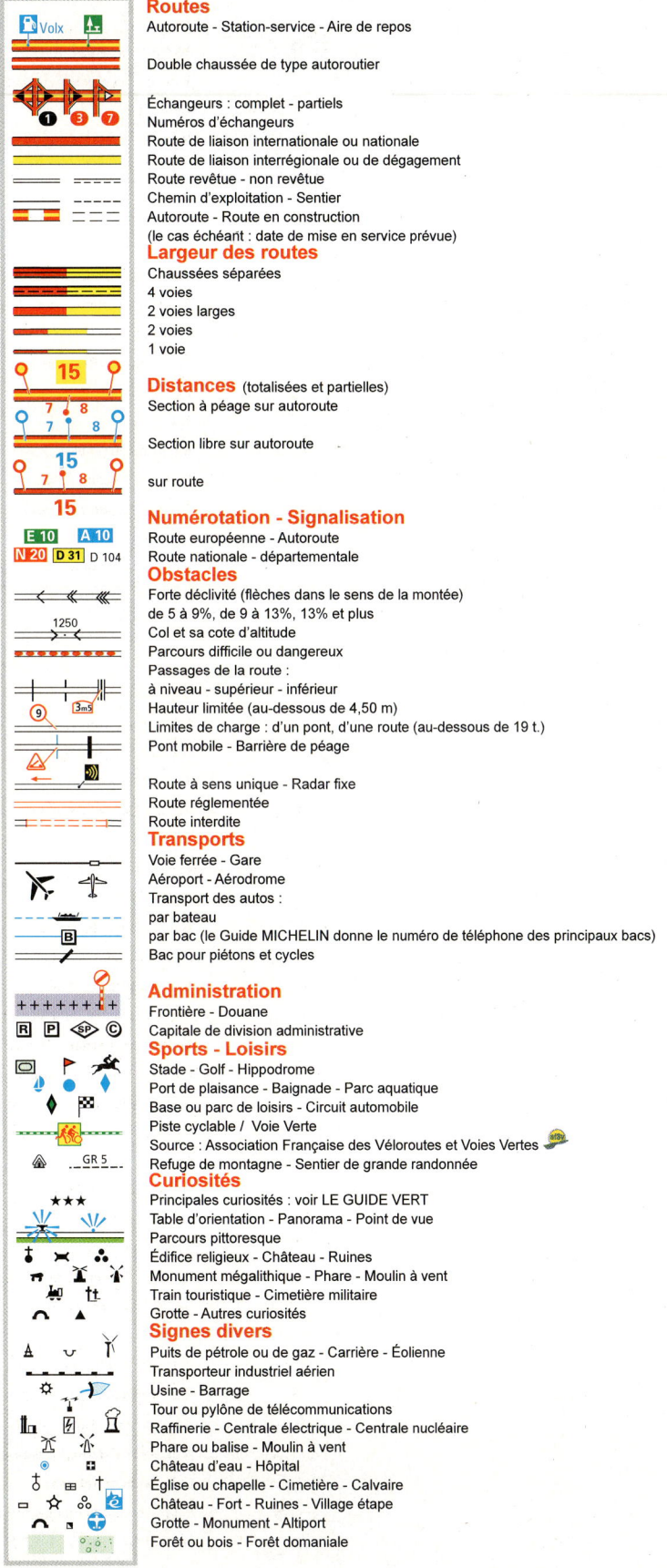

Routes
Autoroute - Station-service - Aire de repos

Double chaussée de type autoroutier

Échangeurs : complet - partiels
Numéros d'échangeurs
Route de liaison internationale ou nationale
Route de liaison interrégionale ou de dégagement
Route revêtue - non revêtue
Chemin d'exploitation - Sentier
Autoroute - Route en construction
(le cas échéant : date de mise en service prévue)

Largeur des routes
Chaussées séparées
4 voies
2 voies larges
2 voies
1 voie

Distances (totalisées et partielles)
Section à péage sur autoroute

Section libre sur autoroute

sur route

Numérotation - Signalisation
Route européenne - Autoroute
Route nationale - départementale

Obstacles
Forte déclivité (flèches dans le sens de la montée)
de 5 à 9%, de 9 à 13%, 13% et plus
Col et sa cote d'altitude
Parcours difficile ou dangereux
Passages de la route :
à niveau - supérieur - inférieur
Hauteur limitée (au-dessous de 4,50 m)
Limites de charge : d'un pont, d'une route (au-dessous de 19 t.)
Pont mobile - Barrière de péage

Route à sens unique - Radar fixe
Route réglementée
Route interdite

Transports
Voie ferrée - Gare
Aéroport - Aérodrome
Transport des autos :
par bateau
par bac (le Guide MICHELIN donne le numéro de téléphone des principaux bacs)
Bac pour piétons et cycles

Administration
Frontière - Douane
Capitale de division administrative

Sports - Loisirs
Stade - Golf - Hippodrome
Port de plaisance - Baignade - Parc aquatique
Base ou parc de loisirs - Circuit automobile
Piste cyclable / Voie Verte
Source : Association Française des Véloroutes et Voies Vertes
Refuge de montagne - Sentier de grande randonnée

Curiosités
Principales curiosités : voir LE GUIDE VERT
Table d'orientation - Panorama - Point de vue
Parcours pittoresque
Édifice religieux - Château - Ruines
Monument mégalithique - Phare - Moulin à vent
Train touristique - Cimetière militaire
Grotte - Autres curiosités

Signes divers
Puits de pétrole ou de gaz - Carrière - Éolienne
Transporteur industriel aérien
Usine - Barrage
Tour ou pylône de télécommunications
Raffinerie - Centrale électrique - Centrale nucléaire
Phare ou balise - Moulin à vent
Château d'eau - Hôpital
Église ou chapelle - Cimetière - Calvaire
Château - Fort - Ruines - Village étape
Grotte - Monument - Altiport
Forêt ou bois - Forêt domaniale

2
0 2 4 6 8 10 km
A
B
C
D
1
2
3
4
5
6
PAS DE CALAIS
Côte d'Opale
Tunnel sous la Manche
CALAIS
Phare de Walde
TERMINAL TRANSMANCHE
Blériot-Plage
Sangatte
Coquelles
Marck
Offekerque
Coulogne
Guemps
Fréthun
TERMINAL TUNNEL
Mont Latham
Cap Blanc-Nez
Mont d'Hubert
Escalles
Peuplingues
Nielles-lès-C.
Les Attaques
Wissant
Bonningues-lès-Calais
St-Tricat
Hervelinghen
St-Inglevert
Hames-Boucres
Pihen-lès-Guînes
Guînes
Andres
Balinghem
Brêmes
Ardres
Cap Gris-Nez
Framzelle
Le Châtelet
Tardinghen
Audembert
Mont de Couple
Leubringhen
Cran-aux-Oeufs
Audinghen
Warcove
Landrethun-le-Nord
Caffiers
Campagne-lès-Guînes
Rodelinghem
Landrethun-lès-Ardres
Autingues
Audresselles
Bazinghen
Leulinghen-Bernes
Ferques
Elinghen
Fiennes
Bouquehault
Ambleteuse
Marquise
Hydrequent
Beuvrequen
Rinxent
Hardinghen
Hermelinghen
Clerques
Pointe aux Oies
PARC NATUREL RÉGIONAL DES
Conninchtun
Offrethun
Wacquinghen
Wierre-Effroy
Rety
Mont Cornet
Alembon
Sanghen
Licques
Wimereux
Maninghen-Henne
Pittefaux
Boursin
Mont Dauphin
Colembert
Herbinghen
Hocquinghen
Wimille
Le Wast
Belle-et-Houllefort
Bainghen
Nabringhen
Rebergues
Terlincthun
Colonne de la Gde Armée
Pernes-lès-B.
Conteville-lès-B.
Le Plouy
Surques
Haut-Loquin
Alquines
NAUSICAÄ
BOULOGNE-SUR-MER
St-Martin-Boulogne
La Capelle-lès-B.
Bellebrune
Alincthun
Longueville
Henneveux
Escœuilles
Bouvelinghem
Le Portel
Outreau
Cap d'Alprech
Ningles
Echinghen
St-Léonard
Bainchun
La Culbute
Crémarest
Bournonville
Brunembert
Quesques
Selles
Colembert
Lottinghen

E
F
G
H
1
2
3
4
5
7
DUNKERQUE
Malo-les-Bains
Leffrinckoucke
Zuydcoote
Bray-Dunes
De Panne
Koksijde-Ba
St-Idesbald
Oosthoek
Plopsaland
Adinkerke
Ghyvelde
De Moeren
Rosendaël
Fort-Mardyck
Grde Synthe
St-Pol-sur-Mer
Coudekerque-Branche
Coudekerque
Teteghem
Uxem
Les Moëres
ZONE INDUSTRIELLE PORTUAIRE
Grand-Fort-Philippe
Gravelines
Loon-Plage
Mardyck
Cappelle-la-Grde
Armbouts-Cappel
Hoymille
Bergues
Warhem
Hondschoote
Killem
Rexpoëde
Craywick
Spycker
Brouckerque
Steene
Socx
Crochte
Quaedypre
Bourbourg
St-Georges-sur-l'Aa
St-Folquin
St-Omer-Capelle
Vieille-Eglise
Nouvelle-Eglise
Pitgam
Looberghe
Drincham
Eringhem
Bissezeele
West-Cappel
Wylder
Bambecque
Oost-Cappel
Cappelle-Brouck
Ste-Marie-Kerque
St-Pierre-Brouck
Audruicq
Zegerscappel
Esquelbecq
Wormhout
Herzeele
Houtkerque
Bollezeele
Merckeghem
Millam
Holque
Watten
Volckerinckhove
Ledringhem
Rubrouck
Arnèke
Wulverdinghe
Ledersele
Broxeele
Ochtezeele
Zermezeele
Oudezeele
Winnezeele
Hardifort
Cassel
Terdeghem
Steenvoorde
Blockhaus
Forêt d'Eperlecques
Eperlecques
Houlle
Moulle
Serques
Nieurlet
Buysscheure
Noordpeene
Zuytpeene
Wemaers-Cappel
Oxelaëre
Bavinchove
Ste-Marie-Cappel
St-Sylvestre-Cappel
Tilques
Salperwick
Clairmarais
ST-OMER
Arques
Hondeghem
Staple
Ebblinghem
Wallon-Cappel
Hazebrouck
Caëstre
Blendecques
Helfaut
Lumbres
La Coupole
Wizernes
Esquerdes
Heuringhem
Racquinghem
Renescure
Lynde
Blaringhem
Morbecque
Tournehem-sur-la-Hem
Nordausques
Recques-sur-Hem
Zutkerque
Polincove
Nortkerque
Moringhem
Quercamps
Boisdinghem
Acquin-Westbécourt
Leulinghem
Setques
Elnes
Wavrans-sur-l'Aa
Affringues
Bayenghem-lès-Seninghem
Mentque-Nortbécourt

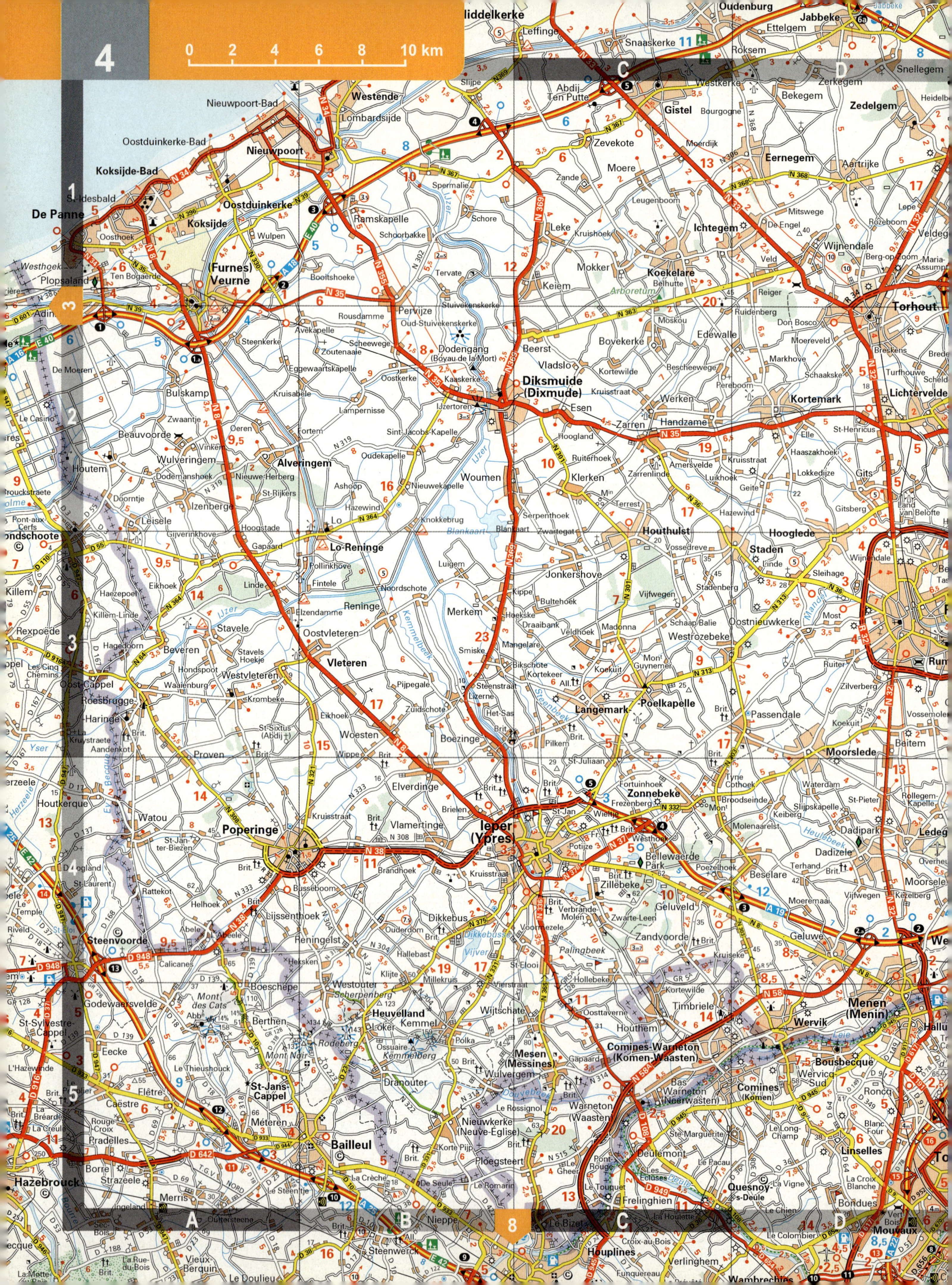
0 2 4 6 8 10 km
Middelkerke
Leffinge
Snaaskerke
Oudenburg
Jabbeke
Ettelgem
Roksem
Zerkegem
Snellegem
Westende
Lombardsijde
Nieuwpoort-Bad
Nieuwpoort
Oostduinkerke-Bad
Koksijde-Bad
De Panne
St-Idesbald
Oostduinkerke
Koksijde
Oosthoek
Wulpen
Ramskapelle
Schoorbakke
Spermalie
Schore
Slijpe
Abdij Ten Putte
Gistel
Bourgogne
Westkerke
Bekegem
Zedelgem
Zevekote
Moere
Zande
Leugenboom
Moerdijk
Eernegem
Aartrijke
Ichtegem
Mitswege
De Engel
Wijnendale
Veldegem
Leke
Kruishoek
Mokker
Keiem
Koekelare
Belhutte
Arboretum
Tervate
(Furnes) Veurne
Ten Bogaerde
Westhoek
Plopsaland
Adinkerke
Booitshoeke
Pervijze
Stuivekenskerke
Oud-Stuivekenskerke
Dodengang (Boyau de la Mort)
Beerst
Vladslo
Diksmuide (Dixmude)
Esen
Kortewilde
Kruisstraat
Bovekerke
Moskou
Edewalle
Reiger
Ruidenberg
Don Bosco
Moereveld
Torhout
Lichtervelde
Markhove
Schaakske
Rousdamme
Avekapelle
Steenkerke
Zoutenaaie
Scheewege
Eggewaartskapelle
Oostkerke
Kaaskerke
IJzertoren
Kruisabele
Lampernisse
De Moeren
Bulskamp
Zwaantje
Le Casino
Beauvoorde
Oeren
Vinkem
Fortem
Sint-Jacobs-Kapelle
Oudekapelle
Alveringem
Wulveringem
Dodemanshoek
Nieuwe-Herberg
St-Rijkers
Houtem
Izenberge
Doorntje
Leisele
Hoogstade
Gapaard
Ashoop
Hazewind
Lo
Lo-Reninge
Pollinkhove
Fintele
Nieuwkapelle
Woumen
Knokkebrug
Blankaart
Hoogland
Ruiterhoek
Klerken
Terrest
Zarrenlinde
Zarren
Werken
Handzame
Amersvelde
Kruisstraat
Luikhoek
Geite
Elle
Haaszakhoek
Lokkedijze
Gits
Gitsberg
St-Henricus
Kortemark
Serpenthoek
Zwartegat
Houthulst
Vossedreve
Hooglede
Staden
Linde
Sleihage
Stadenberg
Wijnendale
Jonkershove
Luigem
Noordschote
Reninge
Linde
Eikhoek
Haezepoel
Killem-Linde
Stavele
Elzendamme
Oostvleteren
Merkem
Kippe
Bultehoek
Hoekske
Draaibank
Veldhoek
Madonna
Vijfwegen
Schaap Balie
Oostnieuwkerke
Westrozebeke
Most
Beveren
Hagedoorn
Stavels Hoekje
Hondspoot
Westvleteren
Vleteren
Smiske
Mangelare
Bikschote
Kortekeer
Koekuit
Mon' Guynemer
Poelkapelle
Langemark
Passendale
Ruiter
Zilverberg
Rexpoëde
Oost-Cappel
Roesbrugge-Haringe
Waalenburg
Krombeke
Pipegale
Steenstraat
Lizerne
Het Sas
Zuidschote
Eikhoek
St-Sixtus (Abdij)
Proven
Woesten
Wippe
Boezinge
Pilkem
St-Juliaan
Moorslede
Koekuit
Vossemolen
Beitem
Houtkerque
Watou
Poperinge
St-Jan-ter-Biezen
Elverdinge
Vlamertinge
Brielen
Ieper (Ypres)
St-Jan
Wieltje
Fortuinhoek
Zonnebeke
Frezenberg
Broodseinde
Tyne Cothoek
Waterdam
Slijpskapelle
Keiberg
St-Pieter
Rollegem-Kapelle
Dadipark
Dadizele
Ledegem
Molenaarelst
Westhoek
Potijze
Bellewaarde Park
Zillebeke
Poezelhoek
Beselare
Terhand
Moorsele
Overhe
Kezelberg
Vijfwegen
Moeremaai
Geluveld
Geluwe
Wevelgem
Menen (Menin)
Rattekot
Helhoek
Busseboom
Brandhoek
Kruisstraat
Dikkebus
Verbrande Molen
Zwarte-Leen
Zandvoorde
Kruiseke
Dikkebusvijver
Voormezele
Palingbeek
St-Eloois
Hollebeke
Hallebast
Ouderdom
Lijssenthoek
Abele
Steenvoorde
Calicanes
Reningelst
Hekken
Boeschepe
Westouter
Scherpenberg
Klijte
Millekruis
Vierstraat
Wijtschate
Oosttaverne
Houthem
Timbriele
Kortewilde
Wervik
Heuvelland
Kemmel
Loker
Ossuaire
Kemmelberg
Polka
Mesen (Messines)
Wulvergem
Comines-Warneton (Komen-Waasten)
Bas Warneton (Neerwaasten)
Comines (Komen)
Bousbecque
Wervicq-Sud
Godewaersvelde
Mont des Cats
Berthen
Mont Noir
Rodeberg
St-Sylvestre-Cappel
Eecke
Le Thieushouck
St-Jans-Cappel
Dranouter
Le Rossignol
Warneton (Waasten)
Ste-Marguerite
Le Long-Champ
Roncq
Blanc-Four
Linselles
Flêtre
Caëstre
Méteren
Bailleul
Nieuwkerke (Neuve-Eglise)
Ploegsteert
Le Romarin
Deûlémont
Le Pacau
Quesnoy-s-Deûle
La Vigne
Le Chien
La Croix Blanche
Bondues
Rouge Croix
Pradelles
Borre
Strazeele
Hazebrouck
La Crèche
De Seule
Korte Pijp
Le Touquet
Frelinghien
La Houlette
Le Bizet
Le Colombier
Mouvaux
Merris
Nieppe
Steenwerck
Oultersteene
Ingeland
Vieux-Berquin
La Rue-du-Bois
Le Doulieu
Houplines
Croix-au-Bois
Verlinghem
Funquereau
Wambrechies
Rum
Hallu

St-Michiels
Oedelem
Oostkamp
Loppem
Beernem
St-Joris
Knesselare
Ursel
Zomergem
Lovendegem
Evergem
Sleidinge
Zuidwege
Waardamme
Hertsberge
Lippensgoed Bulskampveld
Aalterbrug
Aalter
Bellem
Hansbeke
Vinderhoute
Mariakerke
Wondelgem
GENT (GAND)
Ruddervoorde
Wingene
Ruiselede
Lotenhulle
Poeke
Poesele
Nevele
Vosselare
Drongen
Landegem
Merendree
Afsnee
St-Martens-Latem
St-Denijs-Westrem
Zwijnaarde
Merelbeke
Tielt
Pittem
Ardooie
Koolskamp
Egem
Schuiferskapelle
Kanegem
Aarsele
Deinze
Vinkt
Petegem-aan-de-Leie
Astene
De Pinte
Nazareth
Dentergem
Wontergem
Gottem
Machelen
Grammene
(Roulers) Roeselare
Meulebeke
Markegem
Oeselgem
Olsene
Zulte
Ingelmunster
Oostrozebeke
Wakken
St-Baafs-Vijve
Izegem
Wielsbeke
St-Eloois-Vijve
Waregem
Nokere
Kruishoutem
Ouwegem
Gavere
Semmerzake
Zingem
Lendelede
Desselgem
Beveren-Leie
Ooigem
(COURTRAI) KORTRIJK
Kuurne
Bavikhove
Harelbeke
Deerlijk
Vichte
Anzegem
Wortegem-Petegem
Oudenaarde (Audenarde)
Zwalm
Horebeke
Gullegem
Heule
Bissegem
Wevelgem
Zwevegem
Otegem
Tiegem
Kerkhove
Ingooigem
Maarkedal
Kluisbergen
Avelgem
Mont de l'Enclus
Kluisberg
Mouscron (Moeskroen)
Dottignies (Dottenijs)
Spiere-Helkijn (Espierres-Helchin)
Ronse (Renaix)
Ellezelles
Flobecq (Vloesberg)
Celles
Wattrelos
Estaimpuis
Pecq
Tourcoing
ROUBAIX
PARC NATUREL DU PAYS DES COLLINES
E
F
G
H
9

6
0 2 4 6 8 10 km
A B C D
1 2 3 4 5
Pointe aux Oies
Wimereux
Wimille
Colonne de la Grde Armée
★★★ NAUSICAÄ
★★ BOULOGNE-SUR-MER
St-Martin-Boulogne
Le Portel
Outreau
Cap d'Alprech
Ningles
Équihen-Plage
St-Étienne-au-Mont
Isques
Condette
Hardelot-Plage
Neufchâtel-Hardelot
Mont St-Frieux
Dannes
Côte d'Opale
Ste-Cécile-Plage
St-Gabriel-Plage
Pointe de Lornel
Camiers
Embouchure de la Canche
★★ LE TOUQUET-PARIS-PLAGE
Étaples
Stella-Plage
Merlimont-Plage
Merlimont
Parc de Bagatelle
Berck
Berck-Plage
Baie d'Authie
Groffliers
Fort-Mahon-Plage
Quend-Plage-les-Pins
PARC NATUREL RÉGIONAL DES CAPS ET MARAIS D'OPALE
Desvres
Mont Hulin
Samer
Wirwignes
Questrecques
Longfossé
Hesdin-l'Abbé
Hesdigneul-lès-B.
Carly
Verlincthun
Tingry
Mont Violette
Halinghen
Widehem
Hubersent
Frencq
Cormont
Bernieulles
Longvilliers
Maresville
Tubersent
Brexent-Enocq
Estréelles
Beutin
Attin
La Calotterie
La Madelaine s/s-Montreuil
Montreuil
Neuville-sous-Montreuil
Marles-s-Canche
Marenla
Beaumerie-St-Martin
Brimeux
Écuires
St-Josse
Sorrus
St-Aubin
Campigneulles-les-Petites
Campigneulles-les-Grandes
Airon-N.-Dame
Airon-St-Vaast
Rang-du-Fliers
Verton
Wailly-Beaucamp
Waben
Conchil-le-Temple
Nempont-St-Firmin
Roussent
Tigny-Noyelle
Colline-Beaumont
Maintenay
Campagne-lès-Hesdin
Beaurainville
Hucqueliers
Humbert
Clenleu
Alette
Beussent
Inxent
Recques-s-Course
Parenty
Bezinghem
Enquin-sur-Baillons
Preures
Zoteux
Bourthes
Wicquinghem
Lottinghen
Selles
Menneville
Crémarest
Bournonville
Alincthun
Bellebrune
Colembert
Nabringhen
Longueville
Henneveux
Brunembert
Quesques
Wierre-Effroy
Rety
Fiennes
Hardinghen
Licques
Alembon
Sanghen
Hocquinghen
Herbinghen
Surques
Escœuilles
Lumbres
Coulomby
Seninghem
Vieil-Moutier
Bléquin
Lédinghem
Bécourt
Embry
Royon
Lebiez
Offin
Loison-s-Créquoise
Maresquel-Ecquemicourt
Contes
Aubin-St-Vaast
Guisy
Bouin-Plumoison
Gouy-St-André
Maintenay
Saulchoy
Argoules
Dominois
Douriez
Mouriez
Capelle-lès-Hesdin
Brévillers
Guigny
Valloires
Rodelinghem
Landrethun-lès-Ardres
Bouquehault
Clerques
Audrehem
Journy
Alquines
Bouvelinghem
Wambercourt
Cavron-St-Martin
Torcy
Rimboval
Quilen
St-Michel-sous-Bois
Maninghem
Avesnes
Herly
Verdure
N 42
A 16
D 901
D 940
D 939
D 341
D 343
D 126
D 349
D 119
D 303
D 317
D 1001
2
11
15
22

St-Omer
Arques
Blendecques
Lumbres
La Coupole
Thérouanne
Aire-s-la-Lys
Isbergues
Hazebrouck
Merville
Lillers
Fauquembergues
Fruges
Heuchin
Auchel
Calonne-Ricouart
Bruay-la-Buissière
Divion
Houdain
Barlin
Hesdin
Le Parcq
St-Pol-s-Ternoise
Marles-les-Mines
Annezin
Norrent-Fontes
Wizernes
Setques
Esquerdes
Helfaut
Wardrecques
Racquinghem
Steenbecque
Morbecque
Blaringhem
Lambres
Lynde
Ebblinghem
Renescure
Clairmarais
Forêt de Rihoult-Clairmarais
Forêt de Nieppe
Vieil-Hesdin
Marconne
Ste-Austreberthe
Anvin
Tangry
Auchy-au-Bois
Ferfay
Burbure
Lozinghem
Diéval
Ourton
Maisnil-lès-Ruitz
Ligny-St-Flochel
Averdoingt
Aubigny-en-Artois
E
F
G
H
2
3
4
5
3
8
12

0 2 4 6 8 10 km
A
B
C
D
1
2
3
4
5
4
7
13
Boeschèpe
Westouter
Heuvelland
Kemmel
Godewaersvelde
St-Sylvestre-Cappel
Berthen
Eecke
Mont Noir
Mesen (Messines)
Wijtschate
Comines-Warneton (Komen-Waasten)
Wervik
Menen (Menin)
Bousbecque
Wervicq-Sud
Comines (Komen)
Linselles
St-Jans-Cappel
Flêtre
Caëstre
Méteren
Bailleul
Nieuwkerke (Neuve-Eglise)
Ploegsteert
Warneton (Waasten)
Deûlémont
Quesnoy-s-Deûle
Frelinghien
Houplines
Nieppe
Le Bizet
Armentières
Hazebrouck
Strazeele
Merris
Steenwerck
Erquinghem-Lys
La Chapelle-d'Armentières
Pérenchies
Verlinghem
Wambrechies
Marquette-lez-Lille
Marcq-en-B.
Mouvaux
Bondues
Vieux-Berquin
Le Doulieu
Neuf-Berquin
Merville
Estaires
Sailly-s-la-Lys
Fleurbaix
Bois-Grenier
Prémesques
Lomme
Lambersart
La Madeleine
St-André-lez-Lille
Mons-en-Barœul
LILLE (RIJSEL)
Haverskerque
La Gorgue
Lestrem
Laventie
Capinghem
Ennetières-en-Weppes
Escobecques
Sequedin
Englos
Hallennes-lez-H.
Haubourdin
Loos
Ronchin
Lezennes
Lesquin
St-Floris
Calonne-sur-la-Lys
Robecq
Fromelles
Aubers
Beaucamps-Ligny
Fournes-en-W.
Santes
Emmerin
Wattignies
Faches-Thumesnil
Vieille-Chapelle
La Couture
Richebourg
Neuve-Chapelle
Herlies
Illies
Wicres
Wavrin
Noyelles-lès-S.
Templemars
Vendeville
Mont-Bernanchon
Locon
Hinges
Lorgies
Marquillies
Sainghin-en-Weppes
Houplin-Ancoisne
Seclin
Gondecourt
Lille-Lesquin
Oblinghem
Chocques
Essars
Festubert
La Bassée
Salomé
Hantay
Don
Herrin
Chemy
Avelin
Fretin
Ennevelin
Annezin
Béthune
Fouquières
Beuvry
Cuinchy
Cambrin
Violaines
Givenchy-lès-la-B.
Annœullin
Bauvin
Provin
Carnin
Allennes-les-Marais
Phalempin
Attiches
Pont-à-Marcq
Gosnay
Vaudricourt
Verquigneul
Verquin
Sailly-Labourse
Annequin
Auchy-les-Mines
Haisnes
Douvrin
Wingles
Billy-Berclau
Meurchin
Carvin
Camphin-en-Carembault
Libercourt
Tourmignies
La Neuville
Mérignies
Bruay-la-Buissière
Labourse
Noyelles-lès-V.
Vermelles
Hulluch
Pont-à-Vendin
Thumeries
Haillicourt
Houchin
Nœux-les-Mines
Mazingarbe
Loos-en-Gohelle
Bénifontaine
Vendin-le-Vieil
Annay
Estevelles
Courrières
Oignies
Ostricourt
Barlin
Hersin-Coupigny
Sains-en-G.
Grenay
Harnes
Montigny-en-Gohelle
Evin-Malmaison
Leforest
Raimbeaucourt
Bully-les-Mines
Lens
Noyelles-s/s-Lens
Fouquières-lès-L.
Dourges
Noyelles-Godault
Courcelles-lès-Lens
Auby
Roost-Warendin
Ohain
Bouvigny-Boyeffles
Liévin
Angres
Aix-Noulette
Eleu-dit-Leauwette
Avion
Sallaumines
Billy-Montigny
Hénin-Beaumont
Flers-en-Escrebieux
Fresnicourt-le-Dolmen
Colline de N.-D. de Lorette
Souchez
Givenchy-en-Gohelle
Méricourt
Rouvroy
Lauwin-Planque
Waziers
Gauchin-Légal
Servins
Gouy-Servins
Ablain-St-Nazaire
Carency
Mémorial canadien
Acheville
Drocourt
Bois-Bernard
Esquerchin
Cuincy
DOUAI
Villers-Châtel
Camblain-l'Abbé
Villers-au-Bois
Neuville-St-Vaast
Vimy
Farbus
Willerval
Arleux-en-Gohelle
Fresnoy-en-Gohelle
Izel-lès-Équerchin
Quiéry-la-Motte
Neuvireuil
Mont-St-Eloi
Savy-Berlette
Agnières
Capelle-Fermont
Aubigny-en-Artois
Thélus
Bailleul-Sir-Berthoult
Roclincourt
Fresnes-lès-Montauban
Vitry-en-Artois
Brebières
Corbehem
Courchelettes
Sin-le-Noble
Haute-Avesnes
Écurie
Marœuil
Tilloy-lès-Hermaville

Zwevegem
Ingooigem
St-Lodewijk
Otegem
Waarmaarde
Berchem
Kluisbergen
Avelgem
Mouscron (Moeskroen)
Dottignies (Dottenijs)
Spiere-Helkijn (Espierres-Helchin)
Mont-de-l'Enclus
Ronse (Renaix)
Ellezelles
Flobecq (Vloesberg)
Celles
Estaimpuis
Wattrelos
ROUBAIX
Pecq
Estaimbourg
Frasnes-lez-Anvaing
Lannoy
Templeuve
Rumillies
Leuze-en-Hainaut
Villeneuve-d'Ascq
TOURNAI (DOORNIK)
Antoing
Péruwelz
Bernissart
Quevaucamps
Beloeil
Cysoing
Orchies
Brunehaut
St-Amand-les-Eaux
Mortagne-du-Nord
Condé-sur-l'Escaut
Marchiennes
Raismes
Anzin
Onnaing
Quiévrechain
Quiévrain
Crespin
VALENCIENNES
Denain
Escaudain
Somain
Auberchicourt
Aniche
Fenain
Wallers
Haveluy
Hérin
Marly
Flines-lez-Raches
Hensies
Honnelles
PARC NATUREL DES PLAINES DE L'ESCAUT
PARC NATUREL DU PAYS DES COLLINES
PARC NATUREL RÉGIONAL SCARPE-ESCAUT

10
0 2 4 6 8 10 km
C
D
1
2
3
4
5
A
B
C
D
20
Onival
Ault
Le Bois-de-Cise
Mers-les-Bains
Blingues
Le Tréport
Calvaire des Terrasses
Eu
Mesnil-Sorel
Brit.
Mesnil-Sterling
Mesnil-Val
Criel-Plage
Flocques
Les Quesnets
Etalondes
Ponts-et-Marais
Mont Jolibois
Criel-sur-Mer
Heudelimont
Boscrocourt
La Bourdaine
Le Fresne
Mesnil-en-Caux
Tocqueville-s-Eu
Touffreville-s-Eu
St-Rémy-Boscrocourt
Godelmesnil
Neuvillette
Assigny
St-Sulpice-s-Yères
Le Thil
Biville-s-Mer
Baromesnil
Etocquigny
Penly
Litteville
Canehan
St-Martin-le-Gaillard
St-Martin-Plage
Brunville
Berneval-s-Mer
Vassonville
Guilmécourt
Cuverville-sur-Yères
Berneval-le-Grand
St-Martin-en-Campagne
Bois-Ricard
Le Coudroy
Sept-Meules
Belleville-sur-Mer
Greny
Auquemesnil
Mélincamp
N.-D. Bon-Secours
Bracquemont
Englesqueville
Tourville-la-Chapelle
Grattepanche
Puys
Silo
Derchigny
Glicourt
St-Quentin-au-Bosc
St-Aignan
DIEPPE
Graincourt
Gouchaupre
Le Burel
Regnetuit
Phare d'Ailly
Valleuse
Vasterival
Pourville-s-Mer
Port-l'Ailly
Grèges
Coquereaumont
Sauchay-le-Haut
La Vauvaye
Intraville
Taillemesnil
Avesnes-en-Val
Aigumont
Neuville-lès-D.
Sauchay-le-Bas
Ste-Marguerite-s-Mer
Varengeville-s-Mer
Thibermont
Breuilly
Brétigny
Etrimont
Quiberville-Plage
Petit-Appeville
Le Bucq
Villy-le-Haut
Quiberville
Ancourt
Bailly-en-Rivière
Blanques
Maisoncelle
Manoir d'Ango
Rouxmesnil-Bouteilles
Martin-Eglise
Bellengreville
Bray
St-Ouen-s/s-Bailly
Folny
Hautot-s-Mer
Monthuit
Pelvert
Feuilloy
Touffécal
Blainville
Calmont
Torqueville
Envermeu
Montigny
Les Ifs
Archelles
Fresnoy-Folny
Flainville
Longueil
Le Hamelet
Renouval
Lionde
Tous-les-Mesnils
Offranville
Gruchet
Arques-la-Bataille
St-Laurent
Fumechon
Englesqueville
St-Aubin-s-Scie
Angreville
Les Vieux Ifs
Ouville-la-Rivière
St-Aubin-le-Cauf
St-Nicolas-
Bailly-en-Campagne
St-Denis-
Yères
Scie
D 925
D 940
D 1015
D 1314
D 149
D 920
D 75

Baie d'Authie
Fort-Mahon-Plage
Quend-Plage-les-Pins
Rue
Parc ornithologique du Marquenterre
Baie de Somme
Le Crotoy
St-Valery-sur-Somme
Cayeux-sur-Mer
Cap Hornu
Nouvion
Crécy-en-Ponthieu
Forêt de Crécy
Abbeville
St-Riquier
Bagatelle
Moyenneville
Friville-Escarbotin
Gamaches
Blangy-s-Bresle
Oisemont
Hallencourt
Airaines
Longpré-les-Corps-Saints
Ailly-le-Haut-Clocher
Labroye
Argoules
Abbe de Valloires
Dompierre-sur-Authie
Somme
A 16
A 28
E 402
D 925
D 1001
D 936
D 901
D 928
E
F
G
H
1
2
3
4
5
6
12
21

0 2 4 6 8 10 km
Hesdin
St-Pol-s-Ternoise
Frévent
Auxi-le-Château
Doullens
Abbeville
St-Riquier
Crécy-en-Ponthieu
Bernaville
Domart-en-Ponthieu
Naours
Ailly-le-Ht-Clocher
Villers-Bocage
Flixecourt
Hallencourt
Le Parcq
Blangy-sur-Ternoise
Conchy-s-Canche
Boubers-s-Canche
Beauquesne
Candas
Bouquemaison
Lucheux
Hem-Hardinval
Buire-au-Bois
Willencourt
Labroye
Tollent
Dompierre-sur-Authie
Gézaincourt
Longuevillette
Canaples
Talmas
Pernois
Vignacourt
L'Étoile
Long
Pont-Remy
Bellancourt
Vauchelles-les-Quesnoy
Drucat
Gapennes
Domvast
Brailly-Cornehotte
Beaumetz
Prouville
Heuzecourt
Barly
Outrebois
Occoches
Remaisnil
Beauvoir-Wavans
Boffles
Vacquerie-le-Boucq
Sibiville
Séricourt
Ligny-s-Canche
Herlincourt
Gauchin-Verloingt
Wavrans-sur-Ternoise
Pierremont
Humières
Neulette
Incourt
Rollancourt
Grigny
Huby-St-Leu
Marconnelle
Ste-Austreberthe
Vieil-Hesdin
Fresnoy
Wail
Galametz
Aubrometz
Fillièvres
Willeman
Linzeux
Guinecourt
Croisette
Héricourt
Flers
Framecourt
Ramecourt
Ternas
Buneville
Magnicourt-s-Canche
Houvin-Houvigneul
Rebreuve-s-Canche
Rebreuviette
Ivergny
Le Souich
Grouches-Luchuel
Milly
Beaurepaire
Halloy
Authieule
Amplier
Orville
Sarton
Terramesnil
Marieux
Val Vion
Raincheval
Puchevillers
Rubempré
Mirvaux
Pierregot
Molliens-au-Bois
Rainneville
Montigny-s-l'Hallue
Bertangles
Flesselles
St-Vaast-en-Chaussée
Havernas
Wargnies
Halloy-lès-P.
St-Léger-lès-Domart
St-Ouen
Berteaucourt-les-Dames
Surcamps
Vauchelles-lès-Domart
Brucamps
Ergnies
Bussus-Bussuel
Yaucourt-Bussus
Buigny-l'Abbé
Francières
Cocquerel
Longpré-les-Corps-Saints
Fontaine-s-Somme
Sorel-en-Vimeu
Bettencourt-Rivière
Hangest-sur-Somme
Crouy-St-Pierre
Yzeux
Belloy

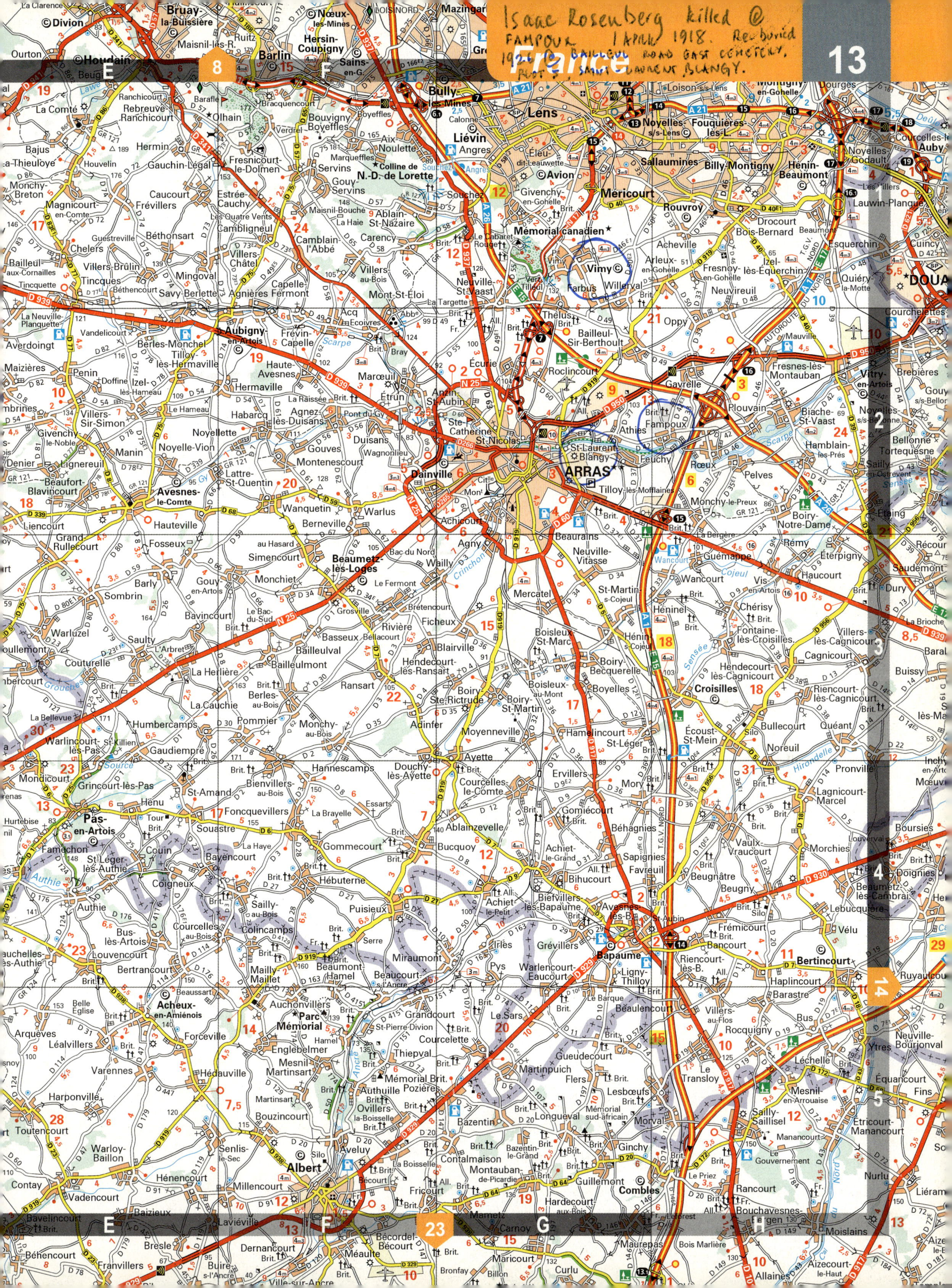
Isaac Rosenberg killed @ FAMPOUX 1 APRIL 1918. Reburied 1926 @ BAILLEUL ROAD EAST CEMETERY. PLOT 5. SAINT LAURENT BLANGY.
Lens
Liévin
Avion
Méricourt
Noyelles-s/s-Lens
Fouquières-lès-L.
Sallaumines
Billy-Montigny
Hénin-Beaumont
Rouvroy
Mémorial canadien
Vimy
Farbus
Willerval
Thélus
Bailleul-Sir-Berthoult
Roclincourt
Oppy
Gavrelle
Plouvain
Fampoux
Athies
St-Laurent-Blangy
Feuchy
Rœux
ARRAS
Dainville
Achicourt
Ste-Catherine
St-Nicolas
Anzin-St-Aubin
Mont-St-Éloi
Neuville-St-Vaast
Aubigny-en-Artois
Avesnes-le-Comte
Beaumetz-lès-Loges
Croisilles
Bapaume
Albert
Pas-en-Artois
Acheux-en-Amiénois
Douai
Vitry-en-Artois
Colline de N.-D. de Lorette
Parc Mémorial
Mémorial Brit.
Mémorial sud-africain
Combles
Bertincourt
E
F
G
H
8
23
14
29

0 2 4 6 8 10 km
PARC NATUREL RÉGIONAL
SCARPE-ESCAUT
DOUAI
Flines-lez-Raches
Marchiennes
St-Amand-les-Eaux
Vieux-Condé
Raismes
Anzin
Valenciennes
Marly
Denain
Escaudain
Somain
Abscon
Aniche
Waziers
Sin-le-Noble
Lallaing
Pecquencourt
Auby
Lauwin-Planque
Cuincy
Douchy-les-Mines
Bouchain
Lourches
Trith-St-Léger
Hérin
Haveluy
Wallers
Aubry-du-H.
Fenain
Hornaing
Hélesmes
Erre
Auberchicourt
Centre Minier
Arleux
Brunémont
Aubigny-au-Bac
Fressain
Marcq-en-Ostrevant
Wavrechain-s-Faulx
Iwuy
Avesnes-le-Sec
Avesnes-lès-Aubert
Haspres
Saulzoir
Montrécourt
Haussy
St-Aubert
St-Python
Solesmes
Vitry-en-Artois
Brebières
Corbehem
Férin
Gouy-s/s-Bellonne
Hamblain-les-Prés
Sailly-en-Ostrevent
Étaing
Saudemont
Récourt
Écourt-St-Quentin
Rumaucourt
Épinoy
Oisy-le-Verger
Marquion
Sains-lès-Marquion
Bourlon
Sailly-lez-C.
Raillencourt-Ste-Olle
Fontaine-N.-D.
Tilloy-lez-C.
Neuville-St-Rémy
Escaudœuvres
CAMBRAI
Carnières
Awoingt
Proville
Niergnies
Rumilly-en-Cambrésis
Marcoing
Flesquières
Cantaing-sur-Escaut
Anneux
Graincourt-lès-Havrincourt
Havrincourt
Ribécourt-la-Tour
Masnières
Les Rues-des-Vignes
Crèvecœur-sur-l'Escaut
Lesdain
Esnes
Walincourt-Selvigny
Caudry
Beauvois-en-Cambrésis
Fontaine-au-Pire
Haucourt-en-Cambrésis
Ligny-en-Cambrésis
Caullery
Bévillers
Quiévy
Viesly
Briastre
Neuvilly
Le Cateau-Cambrésis
Montay
Inchy
Troisvilles
Reumont
Maurois
Honnechy
Clary
Maretz
Busigny
Bertry
Serain
Prémont
Bohain-en-Vermandois
Le Catelet
Gouy
Vendhuile
Honnecourt-sur-Escaut
Villers-Guislain
Gonnelieu
Banteux
Bantouzelle
Abbᵉ de Vaucelles
Villers-Outréaux
Malincourt
Dehéries
Élincourt
Gouzeaucourt
Metz-en-Couture
Neuville-Bourjonval
Ytres
Trescault
Villers-Plouich
Ruyaulcourt
Bertincourt
Velu
Lebucquière
Beaumetz-lès-Cambrai
Hermies
Doignies
Boursies
Mœuvres
Inchy-en-Artois
Pronville
Quéant
Lagnicourt-Marcel
Morchies
Louverval
Buissy
Baralle
Cagnicourt
Riencourt-lès-Cagnicourt
Villers-lès-Cagnicourt
Dury
Haucourt
Étergny
Équancourt
Fins
Sorel
Heudicourt
Épehy
Nurlu
Liéramont
Guyencourt-Saulcourt
Ronssoy
Moislains
Aizecourt-le-Haut
Longavesnes
Templeux
Villers-Faucon
Ste-Émilie
Mémorial Américain
Bony
Estrées
Bellicourt
Brancourt-le-Grand
Fresnoy-
Seboncourt
Mennevret
Petit-Verly
Vaux-le-Prêtre
Beaurevoir
Aubencheul-aux-Bois
La Terrière
Ossu
Rancourt
Montecouvez
Vaux-Andigny
La Vallée-Mulâtre
Becquigny
Molain
St-Souplet
St-Benin
Escaufourt
La Haie Menneresse
Printemps 2011
Été 2011
A
B
C
D
1
2
3
4
5
9
13
24

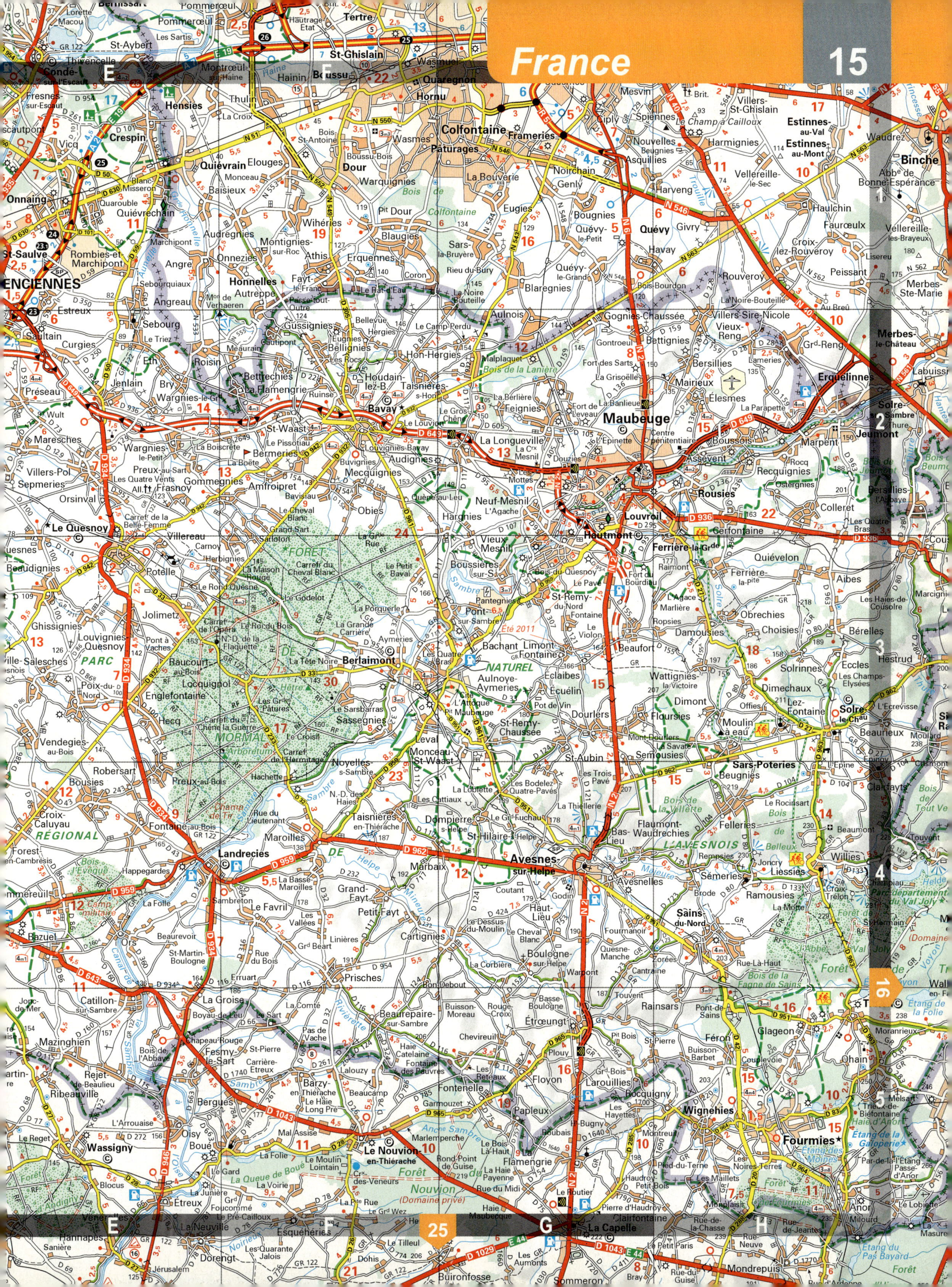
Maubeuge
Avesnes-sur-Helpe
Landrecies
Le Quesnoy
Bavay
Berlaimont
Fourmies
Wignehies
Le Nouvion-en-Thiérache
La Capelle
Wassigny
Hautmont
Louvroil
Jeumont
Erquelinnes
Quiévrain
Colfontaine
Frameries
Quaregnon
St-Ghislain
Hensies
Crespin
Onnaing
Sains-du-Nord
Solre-le-Château
Sars-Poteries
Trélon
Glageon
Anor
Binche
Quévy
Maroilles
Prisches
Cartignies
Étrœungt
Feignies
Rousies
Ferrière-la-Grande
Aulnoye-Aymeries
Pont-sur-Sambre
Forêt de Mormal
Parc Naturel Régional de l'Avesnois
Sambre
Helpe
Forêt du Nouvion
E
F
G
H
1
2
3
4
5
16
25

0 2 4 6 8 10 km
15
26
A
B
C
D
1
2
3
4
5
Charleroi
Jumet
Ransart
Gosselies
Fontaine-l'Évêque
Anderlues
Binche
Montigny-le-Tilleul
Marcinelle
Couillet
Châtelineau
Châtelet
Bouffioulx
Farciennes
Aiseau-Presles
Sambreville
Auvelais
Fosses-la-Ville
Mettet
Gerpinnes
Nalinnes
Ham-sur-Heure
Thuin
Lobbes
Abb° d'Aulne
Merbes-le-Château
Erquelinnes
Solre-sur-Sambre
Jeumont
Beaumont
Walcourt
Florennes
Philippeville
Silenrieux
Cerfontaine
Froidchapelle
Sivry-Rance
Rance
Chimay
Couvin
Mariembourg
Viroinval
Nismes
Frasnes
Boussu-en-Fagne
Momignies
Macon
Salles
Virelles
Lompret
Baileux
Bourlers
Forges
Brûly
Brûly-de-Pesche
Pesche
Trélon
Wallers-en-Fagne
Eppe-Sauvage
Moustier-en-Fagne
Solre-le-Château
Cousolre
Marpent
Jamiolle
Samart
Neuville
Senzeille
Villers-le-Gambon
Merlemont
Sautour
Roly
Matagne-la-Grande
Treignes
Vierves-sur-Viroin
Oignies-en-Thiérache
Olloy-sur-Viroin
Pont-de-Loup
Loverval
Gozée
Barbençon
Solre-St-Géry
Lac de l'Eau d'Heure
Plate Taille
Forêt de Chimay
Bois de Nismes
Forêt de Signy-le-Petit
Rocroi

Floreffe
Fosses-la-Ville
Profondeville
Annevoie-Rouillon
Dave
Naninne
Sart-Bernard
Assesse
Gesves
Havelange
Hamois
Spontin
Yvoir
Anhée
Ciney
Achêne
Leignon
Dinant
Onhaye
Anseremme
Hastière
Houyet
Rochefort
Givet
Fort de Charlemont
Beauraing
Han-s-Lesse
Grotte de Han
Wellin
Tellin
Vireux-Wallerand
Hierges
Haybes
Fumay
Gedinne
Bièvre
Daverdisse
Euro Space Center
Transinne
Doische
Agimont
Mesnil-St-Blaise
Finnevaux
Celles
Furfooz
Dréhance
Walzin
Rochers de Freÿr
Aiguilles de Chaleux
Dom. provincial Valéry Cousin
Croix Scaille
Bois de Rienne
Étang de Boiron
Bourseigne-Neuve
Bourseigne-Vieille
Vencimont
Malvoisin
Patignies
Haut-Fays
Gembes
Porcheresse
Maissin
Redu
Villance
Anloy
Louette-St-Pierre
Louette-St-Denis
Willerzie
Rienne
Felenne
Landrichamps
Fromelennes
Rancennes
Chooz
Aubrives
Montigny-sur-Meuse
Hargnies
Fépin
Vireux-Molhain
Niverlée
Gimnée
Vodelée
Romedenne
Surice
Soulme
Morville
Anthée
Flavion
Serville
Falaën
Sommière
Bouvignes-s-Meuse
Lisogne
Thynes
Sorinnes
Foy-N.-D.
Custinne
Ciergnon
Villers-s-Lesse
Éprave
Lessive
Jemelle
Wavreille
Resteigne
Chanly
Halma
Lomprez
Sohier
Honnay
Revogne
Pondrôme
Wancennes
Vonêche
Froidfontaine
Baronville
Focant
Martouzin-Neuville
Wiesme
Mesnil-Église
Hour
Havenne
Wanlin
Lavaux-Ste-Anne
E
F
G
H
1
2
3
4
5

27

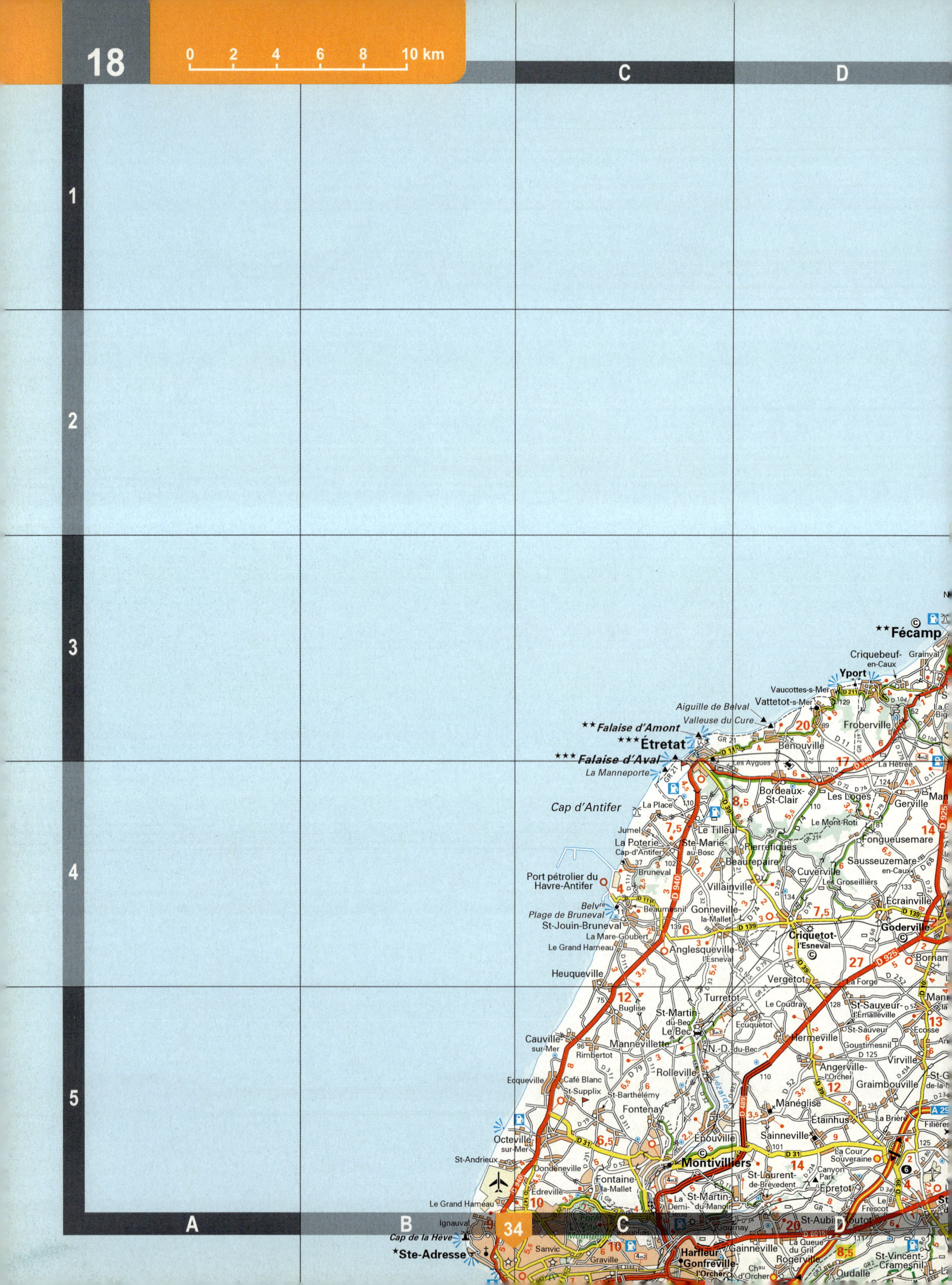
0 2 4 6 8 10 km
A
B
C
D
1
2
3
4
5
Fécamp
Criquebeuf-en-Caux
Grainval
Yport
Vaucottes-s-Mer
Vattetot-s-Mer
Aiguille de Belval
Valleuse du Curé
Falaise d'Amont
Étretat
Falaise d'Aval
La Manneporte
Froberville
Bénouville
Les Aygues
La Hêtrée
Bordeaux-St-Clair
Les Loges
Gerville
Cap d'Antifer
La Place
Le Tilleul
Le Mont-Roti
Jumel
La Poterie-Cap-d'Antifer
Ste-Marie-au-Bosc
Pierrefiques
Fongueusemare
Beaurepaire
Sausseuzemare-en-Caux
Bruneval
Cuverville
Les Groseilliers
Port pétrolier du Havre-Antifer
Villainville
Écrainville
Belvre
Plage de Bruneval
Beaumesnil
Gonneville-la-Mallet
St-Jouin-Bruneval
Criquetot-l'Esneval
Goderville
La Mare-Goubert
Le Grand Hameau
Anglesqueville-l'Esneval
Heuqueville
Vergetot
La Forge
Turretot
Le Coudray
St-Sauveur-d'Émalleville
Buglise
St-Martin-du-Bec
Le Bec
Écuquetot
St-Sauveur
Cauville-sur-Mer
Hermeville
Goustimesnil
Rimbertot
Mannevillette
N.-D.-du-Bec
Virville
Rolleville
Angerville-l'Orcher
Grainbouville
Écqueville
Café Blanc
St-Supplix
St-Barthélemy
Fontenay
Manéglise
Étainhus
La Brière
Octeville-sur-Mer
Épouville
Sainneville
La Cour Souveraine
St-Andrieux
Montivilliers
St-Laurent-de-Brèvedent
Canyon Park
Dondeneville
Fontaine-la-Mallet
Épretot
Edreville
Le Grand Hameau
La Demi-Lieue
St-Martin-du-Manoir
Le Frescot
Ignauval
Gournay
St-Aubin-Routot
Cap de la Hève
Ste-Adresse
Sanvic
Graville
Harfleur
Gonfreville-l'Orcher
Gainneville
Chau d'Orcher
La Queue du Gril
Rogerville
Oudalle
St-Vincent-Cramesnil
34

St-Valery-en-Caux
Falaise d'Aval
Falaise d'Amont
Veules-les-Roses
Sotteville-s-Mer
St-Aubin-s-Mer
Quiberville
Ste-Marguerite-s-Mer
Phare d'Ailly
Veulettes-s-Mer
Cany-Barville
Fécamp
Valmont
Ourville-en-Caux
Doudeville
Yerville
Yvetot
Fauville-en-Caux
Bolbec
Lillebonne
Caudebec-en-Caux
Pont de Brotonne
Villequier
Barentin
Fontaine-le-Dun
Hericourt-en-Caux
Ecretteville-les-Baons
Allouville-Bellefosse
Le Bourg-Dun
Blosseville
Angiens
Houdetot
Ocqueville
Sassetot-le-Mauconduit
Ancretteville-s-Mer
Thérouldeville
Gerponville
Goderville
Bréauté
Mirville
Nointot
Lintot
Bolleville
Raffetot
Auzouville-Auberbosc
Hattenville
Bennetot
Normanville
Sorquainville
Thiétreville
Riville
Robertot
Auffay
Grainville-la-Teinturière
Barville
Bosville
Ste-Colombe
Drosay
Cailleville
Manneville-ès-Plains
Ingouville
Janville
Paluel
Vittefleur
Malleville-les-Grès
Auberville-la-Manuel
St-Martin-aux-Buneaux
Vinnemerville
Criquetot-le-Mauconduit
Ecretteville-s-Mer
Életot
Senneville-s-Fécamp
Ste-Hélène-Bondeville
Colleville
Toussaint
Contremoulins
Thiergeville
Daubeuf-Serville
Mentheville
Annouville-Vilmesnil
Limpiville
Valliquerville
Vatteville-s/s-Beaumont
Beuzeville-la-Grenier
Gruchet-le-Valasse
St-Antoine-la-Forêt
Mélamare
Auberville-la-Campagne
St-Nicolas-de-la-Haie
Maulévrier-Ste-Gertrude
Louvetot
Trouville
Alvimare
Foucart
Cléville
Ricarville
Envronville
Bermonville
Autretot
Rocquefort
Étoutteville
Hautot-St-Sulpice
Anvéville
Harcanville
Amfreville-les-Champs
Ecalles-Alix
Mont-de-l'If
Croix-Mare
Freville
Fréville
Motteville
Flamanville
Ectot-les-Baons
Baons-le-Comte
Ste-Marie-des-Champs
Auzouville-l'Esneval
Étalleville
Berville
Ouville-l'Abbaye
Criquetot-s-Ouville
Lindebeuf
Vibeuf
Bourdainville
Saussay
Limésy
Mesnil-Panneville
Blacqueville
Bouville
Ermenouville
Bourville
Héberville
Fultot
Gonzeville
Canville-les-Deux-Églises
Brettevillle-St-Laurent
St-Laurent-en-Caux
Auzouville-s-Saâne
Saâne-St-Just
Gueutteville-les-Grès
Pleine-Sève
Le Mesnil-Durdent
Crasville-la-Mallet
Crasville-la-Rocquefort
Autigny
Vénestanville
Rainfreville
Sassetot-le-Malgardé
Gonnetot
La Chapelle-s-Dun
St-Pierre-le-Vieux
La Gaillarde
St-Pierre-le-Viger
Gruchet-St-Siméon
Luneray
Avremesnil
St-Denis-d'Aclon
Flainville
Blainville

0 2 4 6 8 10 km
DIEPPE
Neuville-lès-D.
Varengeville
Offranville
Arques-la-Bataille
Envermeu
St-Nicolas-d'Aliermont
Londinières
Bacqueville-en-Caux
Longueville
Tôtes
Bellencombre
St-Saëns
Beaumont-le-Hareng
Yerville
Clères
Montville
Pavilly
Barentin
Malaunay
Le Houlme
Buchy
Neufchâtel-en-Bray
Criel-sur-Mer
Tocqueville-s-Eu
Penly
Berneval-le-Grand
Bracquemont
Pourville-s-Mer
Hautot-s-Mer
Luneray
Auffay
Rosay
Massy
Quiévrecourt
Esclavelles
Bosc-le-Hard
Grugny
Cailly
Vieux-Manoir
Auzouville
Montérolier
Sommery
Bois-Guilbert
Quincampoix
Isneauville
Pierreval
Bierville
Ste-Agathe-d'Aliermont
Wanchy-Capval
Bailly-en-Rivière
Dampierre-St-Nicolas
Martin-Église
Ancourt
Ardouval
Pommeréval
Fresles
Mesnil-Follemprise
Bures-en-Bray
Osmoy-St-Valery
Forêt d'Eawy
Forêt d'Arques
Forêt du Hellet
Forêt des Nappes
Forêt du Croc
Forêt de Pimont

Gamaches
Blangy-s-Bresle
Oisemont
Hallencourt
Airaines
Senarpont
Molliens-Dreuil
Hornoy-le-Bourg
Aumale
Poix-de-Picardie
Grandvilliers
Formerie
Forges-les-Eaux
Marseille-en-Beauvaisis
Songeons
Gerberoy
Foucarmont
Neufchâtel-en-Bray
Aubéguimont
Fourcimont
E
F
G
H
11
37
22

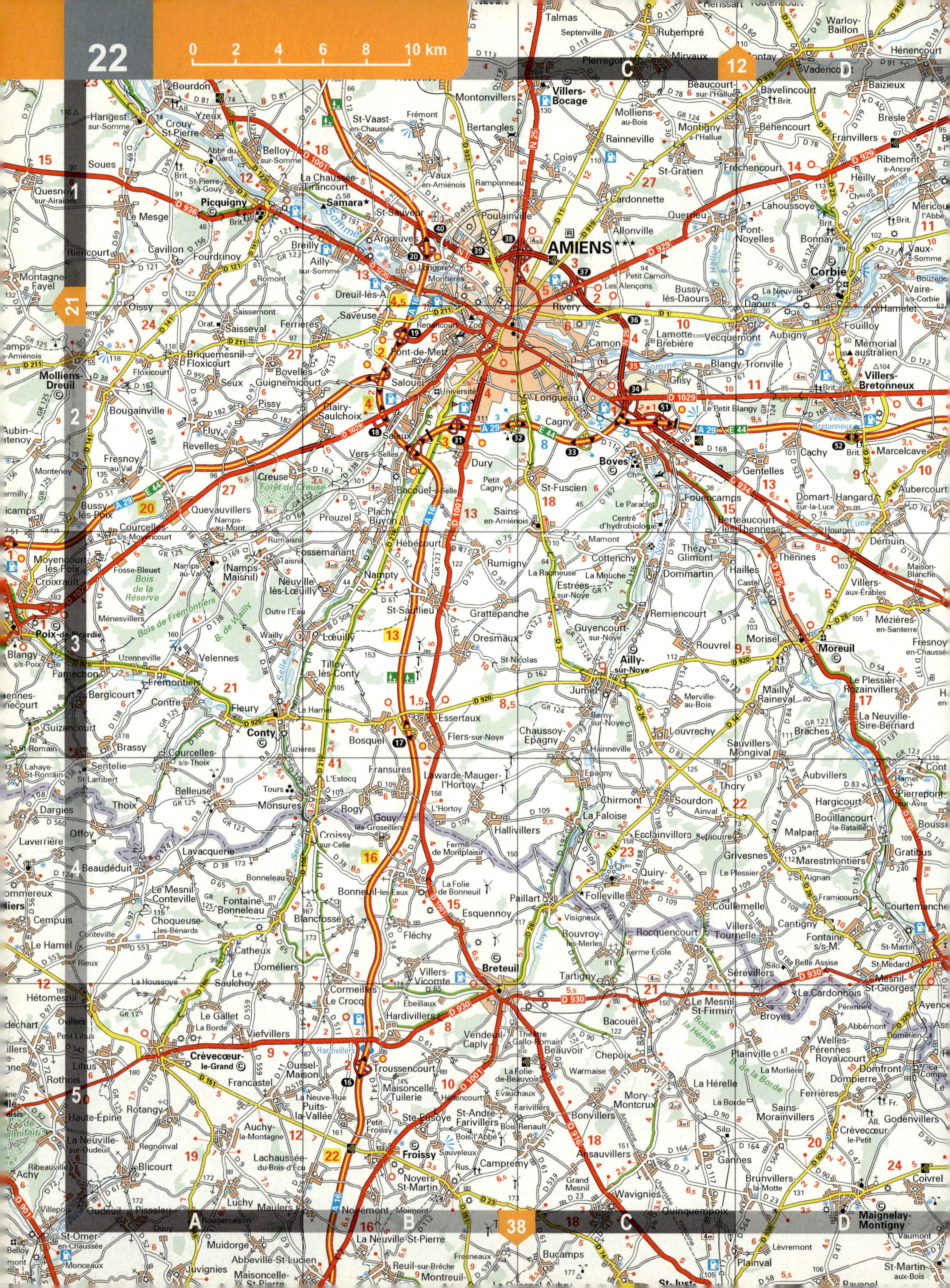
0 2 4 6 8 10 km
AMIENS
Picquigny
Corbie
Villers-Bretonneux
Boves
Moreuil
Ailly-sur-Noye
Conty
Poix-de-Picardie
Molliens-Dreuil
Breteuil
Crèvecœur-le-Grand
Froissy
Maignelay-Montigny
Villers-Bocage
Talmas
Rubempré
Mirvaux
Montonvillers
Bertangles
Poulainville
Allonville
Querrieu
Pont-Noyelles
Rainneville
Cardonnette
St-Gratien
Fréchencourt
Lahoussoye
Bavelincourt
Béhencourt
Franvillers
Heilly
Ribemont-s-Ancre
Méricourt-l'Abbé
Bonnay
Vaux-s-Somme
Vaire-s/s-Corbie
Le Hamelet
Fouilloy
Aubigny
Vecquemont
Lamotte-Brebière
Camon
Rivery
Blangy-Tronville
Glisy
Longueau
Cagny
Gentelles
Cachy
Marcelcave
Domart-sur-la-Luce
Hangard
Aubercourt
Demuin
Thennes
Berteaucourt-les-Thennes
Fouencamps
Thézy-Glimont
Dommartin
Hailles
Castel
Morisel
Villers-aux-Érables
Mézières-en-Santerre
Fresnoy-en-Chaussée
Le Plessier-Rozainvillers
La Neuville-Sire-Bernard
Braches
Mailly-Raineval
Sauvillers-Mongival
Louvrechy
Merville-au-Bois
Rouvrel
Remiencourt
Cottenchy
Estrées-sur-Noye
Guyencourt-sur-Noye
Jumel
Berny-sur-Noye
Chaussoy-Epagny
Hainneville
Chirmont
La Faloise
Sourdon
Thory
Aubvillers
Hargicourt
Bouillancourt-la-Bataille
Malpart
Marestmontiers
Gratibus
Grivesnes
Le Plessier
St-Aignan
Framicourt
Courtemanche
Cantigny
Fontaine-s/s-M.
Villers-Tournelle
Coullemelle
Quiry-le-Sec
Folleville
Ecclainvillers
Paillart
Rouvroy-les-Merles
Rocquencourt
Tartigny
Sérévillers
Broyes
Le Mesnil-St-Firmin
Bacouël
Chepoix
La Hérelle
Mory-Montcrux
Bonvillers
Ansauvillers
Wavignies
Quinquempoix
Sains-Morainvillers
Welles-Pérennes
Royaucourt
Dompierre
Domfront
Ferrières
Godenvillers
Crèvecœur-le-Petit
Brunvillers-la-Motte
Coivrel
Le Cardonnois
Mesnil-St-Georges
Ayencourt
Montdidier
Esquennoy
Flers-sur-Noye
Essertaux
Lawarde-Mauger-l'Hortoy
Hallivillers
Fransures
Rogy
Gouy-les-Groseillers
Croissy-sur-Celle
Bonneuil-les-Eaux
Fléchy
Villers-Vicomte
Hardivillers
Vendeuil-Caply
Beauvoir
Troussencourt
Maisoncelle-Tuilerie
St-André-Farivillers
Noyers-St-Martin
Campremy
Oursel-Maison
Francastel
Puits-la-Vallée
Auchy-la-Montagne
Lachaussée-du-Bois-d'Écu
Blicourt
Luchy
Maulers
Rotangy
Haute-Épine
Viefvillers
Le Gallet
Cormeilles
Le Crocq
Doméliers
Catheux
Le Saulchoy
Choqueuse-les-Bénards
Fontaine-Bonneleau
Blancfosse
Le Mesnil-Conteville
Cempuis
Le Hamel
Hétomesnil
Lavacquerie
Offoy
Thoix
Belleuse
Monsures
Tours
L'Estocq
Courcelles-s/s-Thoix
Brassy
Contre
Fleury
Bergicourt
Frémontiers
Fossemanant
Namps-Maisnil
Velennes
Tilloy-lès-Conty
Loeuilly
St-Sauflieu
Nampty
Hébécourt
Plachy-Buyon
Bacouel-s-Selle
Sains-en-Amiénois
St-Fuscien
Dury
Rumigny
Grattepanche
Oresmaux
Saleux
Vers-s-Selles
Prouzel
Quevauvillers
Revelles
Fluy
Pissy
Clairy-Saulchoix
Bougainville
Guignemicourt
Bovelles
Ferrières
Saisseval
Seux
Briquemesnil-Floxicourt
Oissy
Saveuse
Dreuil-lès-A.
Pont-de-Metz
Salouel
Ailly-sur-Somme
Breilly
Fourdrinoy
Cavillon
Le Mesge
Belloy-sur-Somme
La Chaussée-Tirancourt
Samara
Argœuves
St-Sauveur
St-Vaast-en-Chaussée
Vaux-en-Amiénois
Crouy-St-Pierre
Hangest-sur-Somme
Yzeux
Bourdon
Soues
Quesnoy-sur-Airaines
Riencourt
Montagne-Fayel
Fresnoy-au-Val
Bussy-lès-Poix
Courcelles-s/s-Moyencourt
Moyencourt-lès-Poix
Croixrault
Blangy-s/s-Poix
Famechon
Thieulloy-l'Abbaye
Lahaye-St-Romain
Dargies
Lavernère
Beaudéduit
Sentelie
Ménesvillers
Bois de la Réserve
Bois de Frémontiers
Forêt de Creuse
Creuse
Somme
Selle
Noye
Luce
Avre
Hallue
Ancre
Bois de la Hérelle
Monts
Bucamps
Fresneaux
Reuil-sur-Brêche
Montreuil-
Nourard-le-Franc
La Neuville-St-Pierre
Muidorge
Juvignies
Abbeville-St-Lucien
Maisoncelle-St-Pierre
St-Omer-en-Chaussée
Pisseleu
Oudeuil
Villepoix
Achy
La Neuville-sur-Oudeuil
Regnonval
St-Martin-aux-Bois
Vaumont
Lèvremont
Plainval
A
B
C
D
1
2
3
4
5
12
21
38
A 16
A 29
E 44
N 25
D 1001
D 1029
D 929
D 934
D 935
D 930
D 920
D 916
D 210
D 211

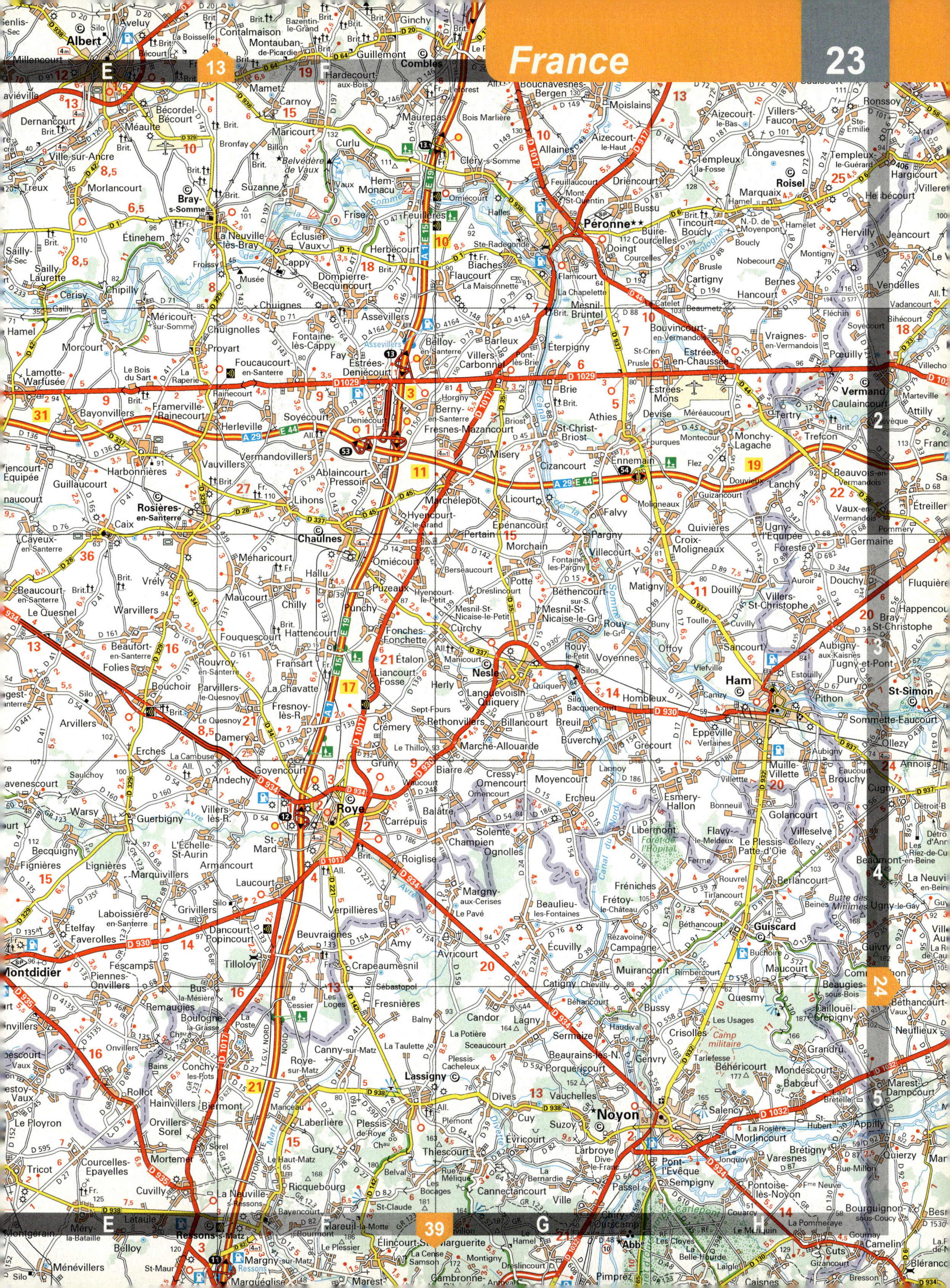
Albert
Péronne
Roisel
Vermand
Bray-s-Somme
Chaulnes
Rosières-en-Santerre
Nesle
Ham
St-Simon
Roye
Montdidier
Guiscard
Noyon
Lassigny
Ressons-s-Matz
Combles
Moislains
Athies
Falvy
Guerbigny
Beaulieu-les-Fontaines
Villeselve
Flavy-le-Meldeux
Cuts
Abbécourt
E
F
G
H
13
19
24
39
1
2
3
4
5

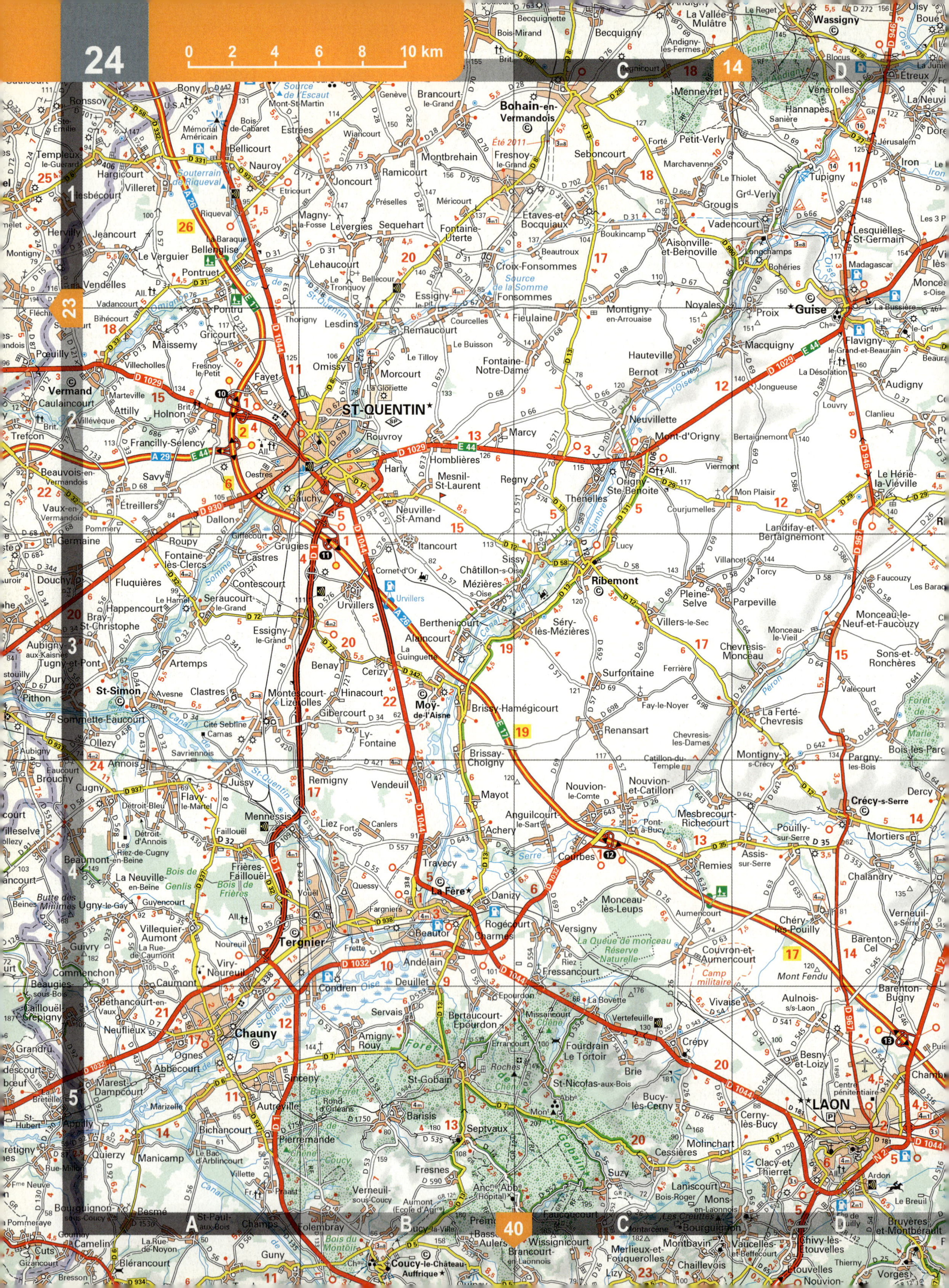
0 2 4 6 8 10 km
14
23
40
ST-QUENTIN
Bohain-en-Vermandois
Wassigny
Guise
Vermand
Holnon
Harly
Rouvroy
Gauchy
Omissy
Lesdins
Fonsommes
Croix-Fonsommes
Fontaine-Uterte
Sequehart
Levergies
Joncourt
Ramicourt
Montbrehain
Fresnoy-le-Grand
Seboncourt
Étaves-et-Bocquiaux
Aisonville-et-Bernoville
Vadencourt
Grougis
Proix
Macquigny
Hauteville
Bernot
Neuvillette
Mont-d'Origny
Origny-Ste-Benoite
Thenelles
Ribemont
Sissy
Châtillon-s-Oise
Mézières-s-Oise
Itancourt
Neuville-St-Amand
Mesnil-St-Laurent
Homblières
Marcy
Regny
Urvillers
Essigny-le-Grand
Séraucourt-le-Grand
Castres
Grugies
Contescourt
Fluquières
Happencourt
Dallon
Fontaine-lès-Clercs
Savy
Étreillers
Francilly-Selency
Attilly
Maissemy
Pontru
Pontruet
Vendelles
Le Verguier
Bellenglise
Jeancourt
Hargicourt
Villeret
Nauroy
Bellicourt
Estrées
Bony
Moÿ-de-l'Aisne
Benay
Cerizy
Hinacourt
Alaincourt
Berthenicourt
Séry-lès-Mézières
Surfontaine
Brissy-Hamégicourt
Renansart
Brissay-Choigny
Mayot
Achery
Anguilcourt-le-Sart
Nouvion-et-Catillon
Nouvion-le-Comte
Mesbrecourt-Richecourt
Crécy-s-Serre
Pouilly-sur-Serre
Mortiers
Chalandry
Remies
Assis-sur-Serre
Courbes
Monceau-lès-Leups
Versigny
Danizy
La Fère
Travecy
Vendeuil
Remigny
Ly-Fontaine
Gibercourt
Montescourt-Lizerolles
Clastres
Artemps
St-Simon
Tugny-et-Pont
Ollezy
Annois
Jussy
Flavy-le-Martel
Cugny
Mennessis
Liez
Frières-Faillouël
Tergnier
Viry-Noureuil
Chauny
Ognes
Abbecourt
Sinceny
Autreville
Pierremande
Bichancourt
Manicamp
Quierzy
Condren
Deuillet
Andelain
Beautor
Charmes
Rogécourt
Fressancourt
Servais
Amigny-Rouy
St-Gobain
Barisis
Septvaux
Fresnes
Verneuil-sous-Coucy
Bertaucourt-Epourdon
Fourdrain
St-Nicolas-aux-Bois
Crépy
Vivaise
Couvron-et-Aumencourt
Chéry-lès-Pouilly
Barenton-Cel
Barenton-Bugny
Aulnois-s/s-Laon
Besny-et-Loizy
LAON
Molinchart
Cessières
Suzy
Laniscourt
Clacy-et-Thierret
Ardon
Bucy-lès-Cerny
Cerny-lès-Bucy
Coucy-le-Château Auffrique
Folembray
St-Paul-aux-Bois
Champs
Camelin
Blérancourt
Guny
Prémontré
Wissignicourt
Merlieux-et-Fouquerolles
Montbavin
Chailvois
Bourguignon
Vorges
Bruyères-et-Montbérault
Chivy-lès-Etouvelles
Etouvelles
Sons-et-Ronchères
Monceau-le-Neuf-et-Faucouzy
Parpeville
Villers-le-Sec
Pleine-Selve
Chevresis-Monceau
La Ferté-Chevresis
Montigny-s-Crécy
Landifay-et-Bertaignemont
Audigny
Flavigny-le-Grand-et-Beaurain
Lesquielles-St-Germain
Tupigny
Vénérolles
Hannapes
Etreux
Mennevret
Petit-Verly
Grd-Verly
Montigny-en-Arrouaise
Noyales
Fieulaine
Fontaine-Notre-Dame
Remaucourt
Morcourt
Beauvois-en-Vermandois
Vaux-en-Vermandois
Germaine
Roupy
Douchy
Bray-St-Christophe
Aubigny
Dury
Pithon
Sommette-Eaucourt
Brouchy
Beaumont-en-Beine
La Neuville-en-Beine
Ugny-le-Gay
Villequier-Aumont
Guivry
Commenchon
Caumont
Béthancourt-en-Vaux
Neuflieux
Marest-Dampcourt
Appilly
Forêt de St-Gobain
Camp militaire
La Queue de monceau Réserve Naturelle
Source de l'Escaut
Source de la Somme
A 26
A 29
E 44
E 17
D 1029
D 1044
D 1032
D 967
D 946
D 930

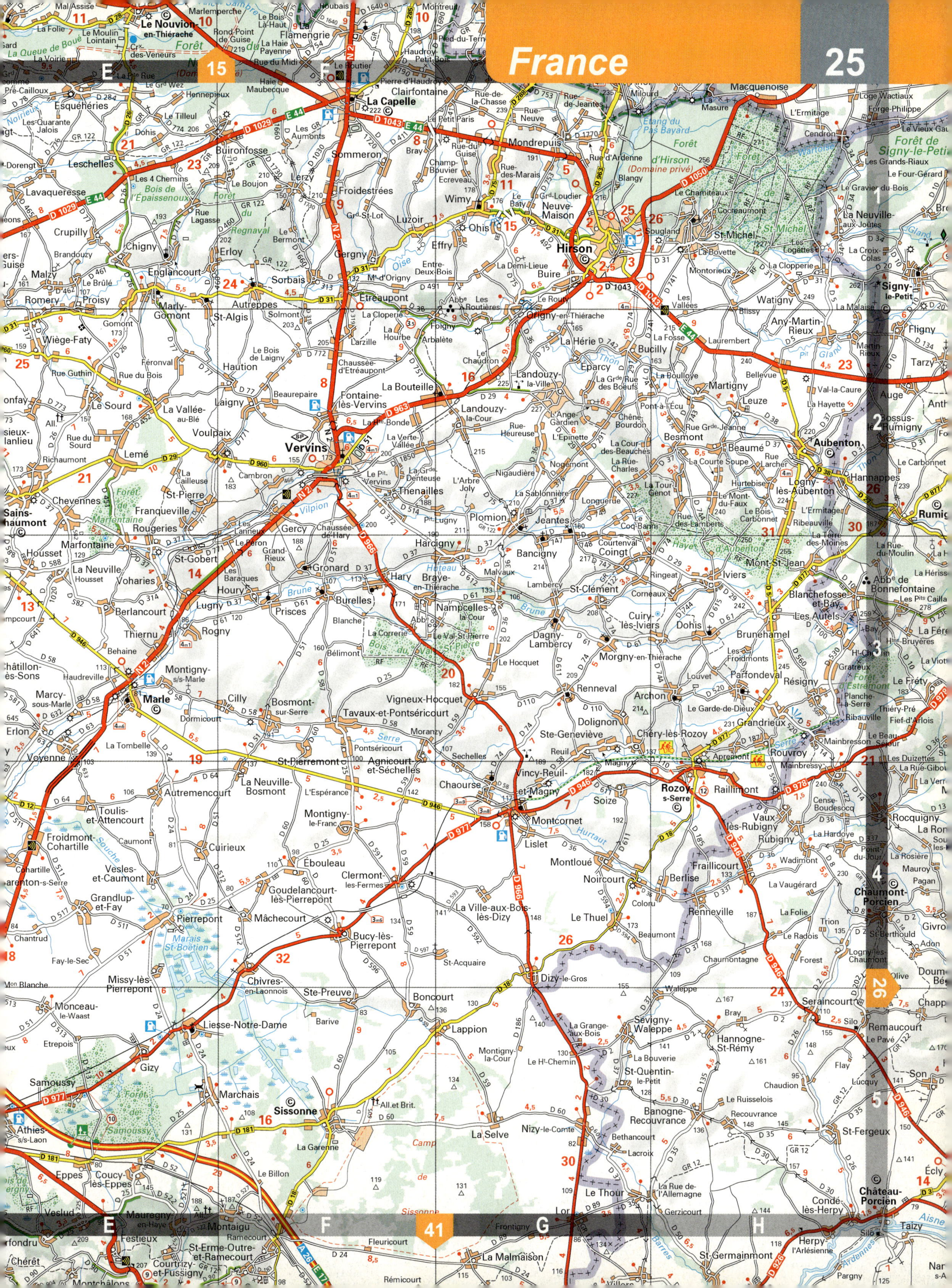
Le Nouvion-en-Thiérache
La Capelle
Clairfontaine
Mondrepuis
Hirson
Buironfosse
Sommeron
Froidestrées
Wimy
Ohis
Neuve-Maison
St-Michel
Signy-le-Petit
Leschelles
Lavaqueresse
Chigny
Englancourt
Erloy
Sorbais
Luzoir
Gergny
Effry
Étréaupont
Origny-en-Thiérache
Buire
Autreppes
St-Algis
Marly-Gomont
Proisy
Romery
Malzy
Wiège-Faty
Haution
Laigny
Fontaine-lès-Vervins
La Bouteille
Landouzy-la-Ville
Landouzy-la-Cour
Eparcy
Bucilly
Martigny
Leuze
Aubenton
Beaumé
Besmont
Vervins
Le Sourd
La Vallée-au-Blé
Voulpaix
Lemé
Thenailles
Plomion
Jeantes
La Vallée
Franqueville
Rougeries
Sains-Richaumont
Marfontaine
Housset
La Neuville-Housset
Voharies
St-Gobert
Gercy
Gronard
Hary
Bancigny
Harcigny
Coingt
Iviers
Mont-St-Jean
Berlancourt
Thiernu
Lugny
Prisces
Burelles
Rogny
Nampcelles-la-Cour
Dagny-Lambercy
St-Clément
Cuiry-lès-Iviers
Dohis
Brunehamel
Montigny-s/s-Marle
Marle
Cilly
Bosmont-sur-Serre
Tavaux-et-Pontséricourt
Vigneux-Hocquet
Renneval
Archon
Dolignon
Ste-Geneviève
Chéry-lès-Rozoy
Grandrieux
Rouvroy
Résigny
Parfondeval
Morgny-en-Thiérache
St-Pierremont
Agnicourt-et-Séchelles
La Neuville-Bosmont
Autremencourt
Chaourse
Vincy-Reuil-et-Magny
Rozoy-s-Serre
Raillimont
Montcornet
Soize
Lislet
Toulis-et-Attencourt
Froidmont-Cohartille
Vesles-et-Caumont
Cuirieux
Montigny-le-Franc
Éboulea
Goudelancourt-lès-Pierrepont
Clermont-les-Fermes
Grandlup-et-Fay
Pierrepont
Mâchecourt
Bucy-lès-Pierrepont
La Ville-aux-Bois-lès-Dizy
Montloué
Noircourt
Le Thuel
Renneville
Fraillicourt
Rubigny
Vaux-lès-Rubigny
Berlise
Chaumont-Porcien
Missy-lès-Pierrepont
Chivres-en-Laonnois
Ste-Preuve
Boncourt
Dizy-le-Gros
Lappion
Sévigny-Waleppe
Hannogne-St-Rémy
Seraincourt
Remaucourt
Monceau-le-Waast
Liesse-Notre-Dame
Gizy
Samoussy
Marchais
Sissonne
La Selve
Nizy-le-Comte
St-Quentin-le-Petit
Banogne-Recouvrance
St-Fergeux
Château-Porcien
Athies-s/s-Laon
Eppes
Coucy-lès-Eppes
Mauregny-en-Haye
Montaigu
St-Erme-Outre-et-Ramecourt
La Malmaison
St-Germainmont
Herpy-l'Arlésienne
Condé-lès-Herpy
Le Thour
Forêt de Signy-le-Petit
Forêt du Regnaval
Marais de St-Boëtien
Forêt de Samoussy
Camp de Sissonne
Oise
Serre
Brune
Vilpion
Aisne

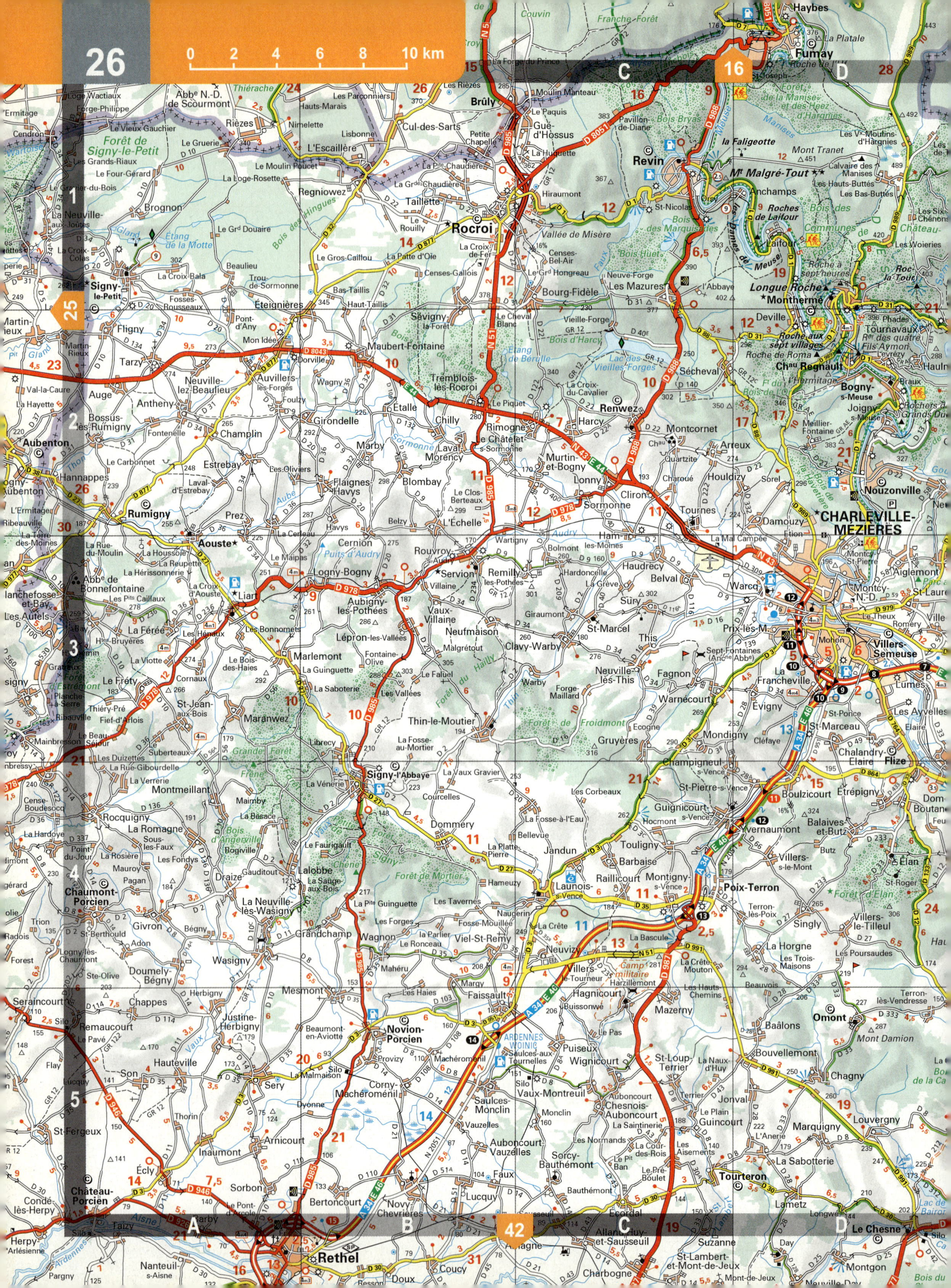
0 2 4 6 8 10 km
16
42
25
28
24
Haybes
Fumay
Revin
Rocroi
Brûly
Gué-d'Hossus
Signy-le-Petit
Forêt de Signy-le-Petit
Rumigny
Aubenton
Liart
Maubert-Fontaine
Renwez
Montcornet
Deville
Monthermé
Bogny-s-Meuse
Nouzonville
CHARLEVILLE-MÉZIÈRES
Villers-Semeuse
Flize
Signy-l'Abbaye
Launois-s-Vence
Poix-Terron
Chaumont-Porcien
Novion-Porcien
Château-Porcien
Rethel
Tourteron
Le Chesne
Omont
Chagny
Vallée de Misère
Forêt de Froidmont
Forêt de Mortier
Forêt d'Élan
Camp militaire
Longue Roche
Roche à sept villages
Dames de Meuse
Mt Malgré-Tout
Roches de Laifour

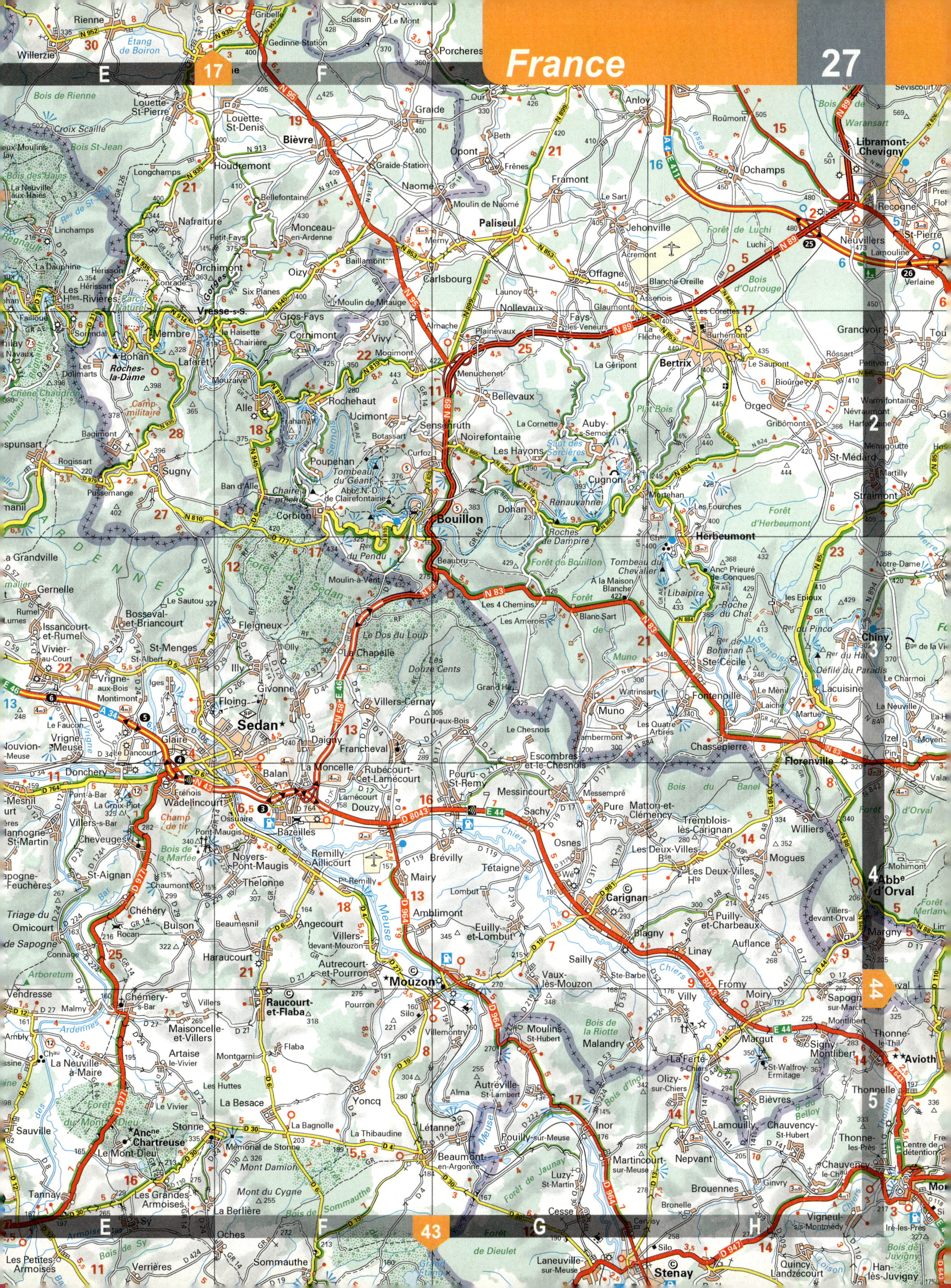
Rienne
Willerzie
Louette-St-Pierre
Louette-St-Denis
Bièvre
Gedinne-Station
Porcheres
Graide
Graide-Station
Houdremont
Opont
Anloy
Libramont-Chevigny
Recogne
Neufvilles
Framont
Paliseul
Naomé
Moulin de Naomé
Nafraiture
Monceau-en-Ardenne
Jehonville
Ochamps
Orchimont
Oizy
Baillamont
Carlsbourg
Offagne
Assenois
Vresse-s-S.
Gros-Fays
Cornimont
Membre
Bohan
Roches-la-Dame
Nollevaux
Fays-les-Veneurs
Glaumont
Blanche Oreille
Les Corettes
Burhémont
Bertrix
Grandvoir
Menuchenet
Bellevaux
La Géripont
Le Saupont
Rochehaut
Ucimont
Alle
Sensenruth
Noirefontaine
Auby-s-Semois
Orgeo
Les Hayons
Sugny
Poupehan
Cugnon
Mortehan
St-Médard
Straimont
Corbion
Bouillon
Dohan
Herbeumont
Roches de Dampire
Forêt de Bouillon
Tombeau du Géant
Tombeau du Chevalier
Les 4 Chemins
Les Amerois
Blanc Sart
Les Epioux
Chiny
La Grandville
Gernelle
Bosseval-et-Briancourt
Issancourt-et-Rumel
Vivier-au-Court
St-Menges
Fleigneux
Illy
Givonne
Floing
La Chapelle
Villers-Cernay
Pourru-aux-Bois
Ste-Cécile
Fontenoille
Muno
Lacuisine
Vrigne-aux-Bois
Vrigne-Meuse
Sedan
Glaire
Donchery
Daigny
Francheval
Escombres-et-le-Chesnois
Chassepierre
Florenville
Balan
La Moncelle
Rubécourt-et-Lamécourt
Pouru-St-Remy
Messincourt
Pure
Matton-et-Clémency
Frénois
Wadelincourt
Bazeilles
Douzy
Sachy
Tremblois-lès-Carignan
Williers
Noyers-Pont-Maugis
Remilly-Aillicourt
Brévilly
Osnes
Les Deux-Villes
Mogues
Orval
St-Aignan
Thelonne
Mairy
Tétaigne
Carignan
Pouru
Chéhéry
Bulson
Angecourt
Villers-devant-Mouzon
Amblimont
Euilly-et-Lombut
Blagny
Puilly-et-Charbeaux
Margny
Haraucourt
Autrecourt-et-Pourron
Mouzon
Vaux-lès-Mouzon
Sailly
Linay
Auflance
Raucourt-et-Flaba
Villemontry
Moulins-St-Hubert
Malandry
Villy
Fromy
Moiry
Margut
Sapogne-sur-Marche
Signy-Montlibert
Thonne-le-Thil
Avioth
La Neuville-à-Maire
Artaise-le-Vivier
Yoncq
Autréville-St-Lambert
La Ferté-s-Chiers
Olizy-sur-Chiers
Thonnelle
Le Vivier
La Besace
Stonne
Létanne
Pouilly-sur-Meuse
Inor
Lamouilly
Chauvency-St-Hubert
Sauville
Chartreuse
Le Mont-Dieu
Beaumont-en-Argonne
Luzy-St-Martin
Martincourt-sur-Meuse
Nepvant
Brouennes
Thonne-les-Prés
Chauvency-le-Château
Tannay
Les Grandes-Armoises
La Berlière
Cesse
Vigneul-s-Montmédy
Les Petites-Armoises
Verrières
Sommauthe
Oches
Laneuville-sur-Meuse
Stenay
Quincy-Landzécourt
Han-lès-Juvigny

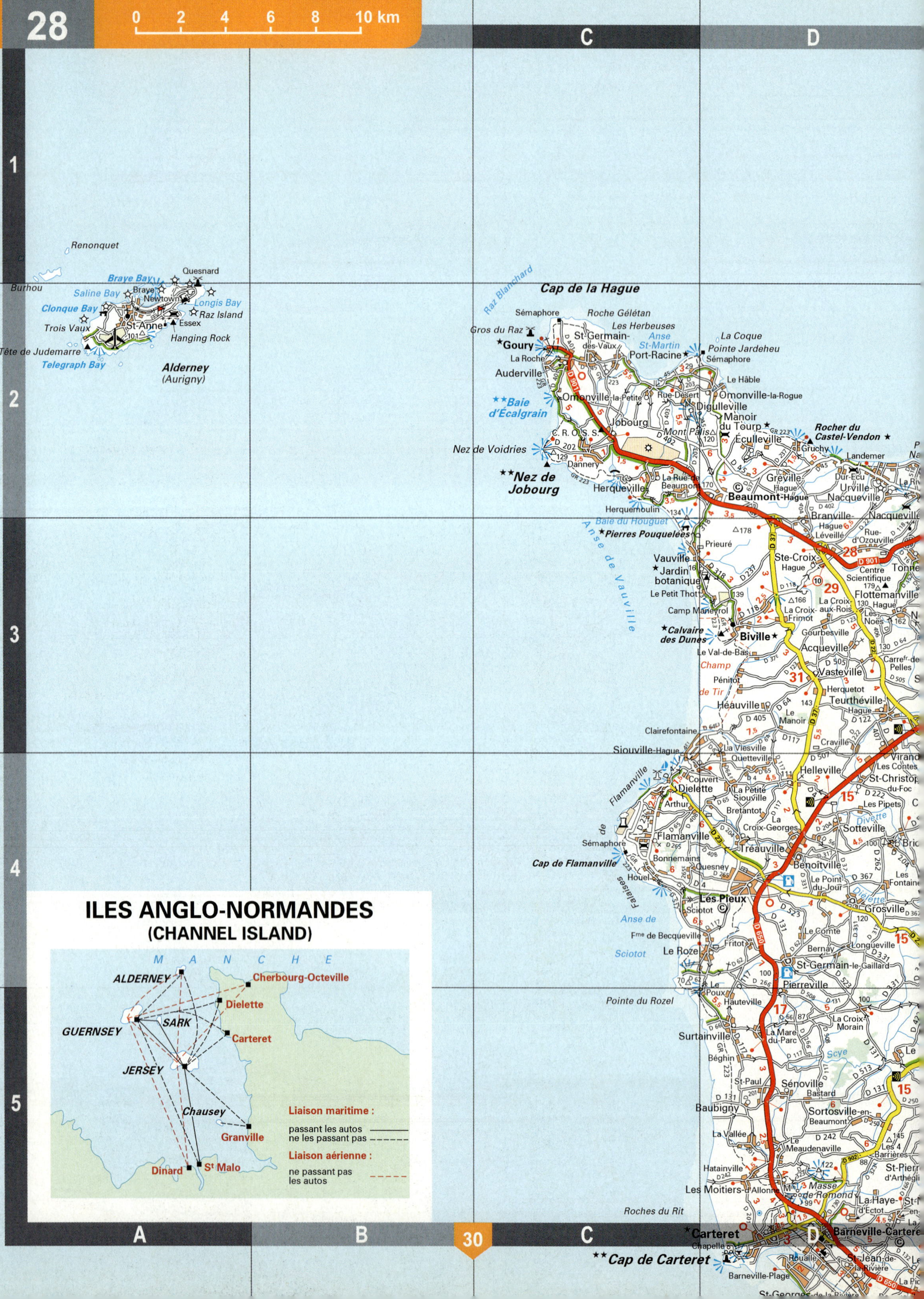

0 2 4 6 8 10 km
C
D
1
2
3
4
5
A
B
Renonquet
Burhou
Braye Bay
Quesnard
Saline Bay
Braye
Newtown
Longis Bay
Clonque Bay
Raz Island
Trois Vaux
St-Anne
Essex
Hanging Rock
Tête de Judemarre
Telegraph Bay
Alderney
(Aurigny)
Raz Blanchard
Cap de la Hague
Sémaphore
Roche Gélétan
Les Herbeuses
Gros du Raz
St-Germain-des-Vaux
Anse St-Martin
La Coque
Pointe Jardeheu
Goury
La Roche
Port-Racine
Sémaphore
Auderville
Le Hâble
Omonville-la-Petite
Rue-Désert
Omonville-la-Rogue
Baie d'Écalgrain
Digulleville
Manoir du Tourp
Jobourg
Rocher du Castel-Vendon
Nez de Voidries
C. R. O. S. S.
Éculleville
Gruchy
Landemer
Dannery
Nez de Jobourg
Herqueville
La Rue-de-Beaumont
Beaumont-Hague
Gréville-Hague
Dur-Écu
Urville-Nacqueville
Herquemoulin
Baie du Houguet
Pierres Pouquelées
Anse de Vauville
Branville-Hague
Nacqueville
Prieuré
Rue-d'Ozouville
Léveillé
Vauville
Jardin botanique
Ste-Croix-Hague
Centre Scientifique
Tonne
Le Petit Thot
Flottemanville-Hague
Camp Maneyrol
La Croix-aux-Rois
La Croix-Frimot
Les Noës
Calvaire des Dunes
Biville
Gourbesville
Acqueville
Le Val-de-Bas
Champ de Tir
Carrefour-des-Pelles
Vasteville
Pénitot
Herquetot
Teurthéville-Hague
Héauville
Le Manoir
Clairefontaine
Cravillé
Siouville-Hague
La Viesville
Quetteville
Virandeville
Les Contes
Flamanville
Couvert
Dielette
Helleville
St-Christophe-du-Foc
La Petite Siouville
Arthur
Les Pipets
Bretantot
La Croix-Georges
Sotteville
Sémaphore
Flamanville
Tréauville
Bonnemains
Cap de Flamanville
Quesney
Benoîtville
Le Point-du-Jour
Houel
Falaises
Les Fontaines
Les Pieux
Grosville
Sciotot
Anse de Sciotot
Fme de Becqueville
Le Rozel
Fritot
Le Comte
Bernay
Longueville
St-Germain-le-Gaillard
Le Poux
Pierreville
Pointe du Rozel
Hauteville
La Croix Morain
Surtainville
La Mare-du-Parc
Scye
Béghin
St-Paul
Sénoville
Bastard
Baubigny
Sortosville-en-Beaumont
La Vallée
Le Meaudenaville
Les Barrières
Hatainville
St-Pierre-d'Arthéglise
Les Moitiers-d'Allonne
Masse de Rômond
La Haye-d'Ectot
Roches du Rit
Carteret
Chapelle
Barneville-Carteret
Cap de Carteret
Rouaille
St-Jean-de-la-Rivière
Barneville-Plage
St-Georges-de-la-Rivière
ILES ANGLO-NORMANDES
(CHANNEL ISLAND)
MANCHE
ALDERNEY
Cherbourg-Octeville
Dielette
GUERNSEY
SARK
Carteret
JERSEY
Chausey
Granville
Dinard
St Malo
Liaison maritime :
passant les autos
ne les passant pas
Liaison aérienne :
ne passant pas les autos

E
F
G
H
1
2
3
4
5
Basses du Renier
Basses du Sen
Raz du Cap Lévi
Anse de la Mondrée
Cap Lévi
Raz de Barfleur
Pointe de Barfleur ★★
Gatteville-le-Phare
Barfleur ★
La Bretonne
Pointe de Querqueville
Querqueville
Grande Rade
Île Pelée
Pointe du Brulay
Anse du Brick
Fermanville
Cosqueville
Réthoville
Neville-s-Mer
Carneville
St-Pierre-Église
Maupertus-s-Mer
CHERBOURG-OCTEVILLE ★
Cité de la Mer
Équeurdreville-Hainneville
Tourlaville
Bretteville
Digosville
Gonneville
Théville
Tocqueville
Varouville
Gouberville
Clitourps
Canteloup
Ste-Geneviève
Montfarville
Anneville-en-Saire
Landemer
Pointe du Moulard
Maltot
La Crasvillerie
Réville
Pointe de Saire
Jonville
Val de Saire
Bois de Boutron
Bois de Brillevast
Le Vast
La Pernelle
Le Theil
La Glacerie
Le Mesnil-au-Val
Bois de Barnavast
Quettehou
Île de Tatihou ★
Fort de l'Ilet
St-Vaast-la-Hougue
Fort de la Hougue
Parc à huîtres
Morsalines
Teurthéville-Bocage
Martinvast
Hardinvast
Tollevast
St-Martin-le-Gréard
Brix
Sottevast
St-Joseph
Saussemesnil
Montaigu-la-Brisette
Videcosville
Crasville
Aumeville-Lestre
Octeville-l'Avenel
St-Germain-de-Tournebut
St-Martin-d'Audouville
Rauville-la-Bigot
Bricquebec
Négreville
Yvetot-Bocage
Valognes ★
Tamerville
Huberville
Quinéville
Roches St-Floxel
Hameau-du-Nord
Les Gougins
Îles St-Marcouf
accès interdit
St-Cyr
Montebourg
Ozeville
St-Floxel
Fontenay-s-Mer
Hameau-du-Sud
St-Marcouf
Ravenoville-Plage
Ravenoville
Joganville
Azeville
Écausseville
Éroudeville
Camp militaire
Émondeville
Hémevez
Urville
Colomby
Morville
L'Étang-Bertrand
Magneville
Golleville
Orglandes
Gourbesville
Le Ham
Fresville
Neuville-au-Plain
Amfreville
Ste-Mère-Église
Turqueville
Audouville-la-Hubert
Foucarville
St-Germain-de-Varreville
St-Martin-de-Varreville
Mont Leclerc
Les Dunes-de-Varreville
Utah Beach
La Madeleine
Musée
St-Sauveur-le-Vicomte
Reigneville-Bocage
Crosville
Écoquenéauville
Chef-du-Pont
Picauville
Étienville
Boutteville
Ste-Marie-du-Mont
Hiesville
Banc du Grand Vey
31

ILES ANGLO-NORMANDES (CHANNEL ISLAND)

0 2 4 6 8 10 km
A
B
C
D
1
2
3
4
5
M A N C H E
ALDERNEY
Cherbourg-Octeville
Dielette
GUERNSEY
SARK
Carteret
JERSEY
Chausey
Granville
Dinard
St Malo
Liaison maritime :
passant les autos
ne les passant pas
Liaison aérienne :
ne passant pas les autos
Renonquet
Burhou
Braye Bay
Quesnard
Saline Bay
Braye
Newtown
Longis Bay
Clonque Bay
Raz Island
Trois Vaux
St-Anne
Essex
Hanging Rock
Tête de Judemarre
Telegraph Bay
Alderney
(Aurigny)
GUERNSEY
(GUERNESEY)
Pembroke Bay
Fort le Marchant
La Varde
L'Ancresse
Fort-Doyle
Grand-Havre
Beaucette Marina
Clos-du-Valle
Déhus
La Passée
Vale
Bordeaux Harbour
Grandes Rocques
Côbo Bay
Vale Castle
Côbo
Vazon Bay
Saumarez Park
Capelles
St-Sampson
Perelle Bay
Saumarez
Brehon
Fort Saumarez
St-Apolline's
Le Villocq
Les Marais
Lihou
Le Creux-ès-Faies
Catel
Belle Grève Bay
L'Erée Headland
Trépied
King's-Mills
St-Peter-Port
(St-Pierre-Port)
Rocquaine Bay
St-Saviour
Pezeries Point
St-Peter-in the Wood
Little Chapel
St-Andrew
Castle Cornet
Portelet
St-Martin
Les Hanois
Fort George
Torteval
Fermain Bay
Pleinmont Pnt
Forest
Monument
La Forge Bay
Le Gouffre
St-Martin Point
Petit Bôt Bay
Moulin Huet Bay
Moye Point
Icart Point
Jerbourg Point
Grde Anfroque
Longue Pierre
Petit Russel
Le Gd Monceau
Herm
St-Tugual's
Jethou
Grand Russel
Great Sark
Port du Moulin
La Seigneurie
Brecqhou
La Collinette
Sark
(Sercq)
Pilcher Mont
Creux Harbour
Hog's Back
Little Sark
La Coupée
Port Gorey
Venus'Pool
L'Etac de Sercq
JERSEY
Grève au Lanchon
Plémont Pnt
Sorel Point
Grosnez Pnt
Plémont
Devil's Hole
Bonne Nuit Bay
Belle Hougue Pnt
Grosnez Castle
Portinfer
Grève de Lecq
St-John
Tour
Le Rondin
La Falaise
Hautes-Croix
Pit Etacquerel
Puits-Léoville
Bouley Bay
L'Etacq
Rozel Bay
St-Mary
Trinity
La Coupe Pnt
St-Ouen
Carrefr Selous
Rozel
Kempt Tower
La Hague
Zoo
Fliquet Bay
St-Lawrence
Augrès
St-Catherine's Bay
St-Peter
St Ouen's Bay
Becquet-Vincent
St-Martin
Archirondel Tour
Quetivel
Orchid Foundation
Grds Vaux
La Haule
Millbrook
Faldouet
La Rocco Tour
Five-Oaks
Tumulus
Anne Port
St-Brelade
Beaumont
First Tower
La Hougue-Bie
La Pulente
St-Aubin
St-Saviour
Mont-Orgueil
St-Aubin's Bay
Victoria-College
Gorey
Corbière Pnt
St-Helier
Ville-es-Renauds
Pnt la Moye
Noirmont
Samarès
Grouville
St-Brelade's Bay
Elizabeth
St-Clément
Royal Bay of Grouville
Portelet Bay
Noirmont Pnt
Le Croc
Pontac
La Rocque
St-Clement's Bay
La Rocque Pnt
Seymour Tour
Pointe du Rozel
Roches du Rit
Cap de Carteret

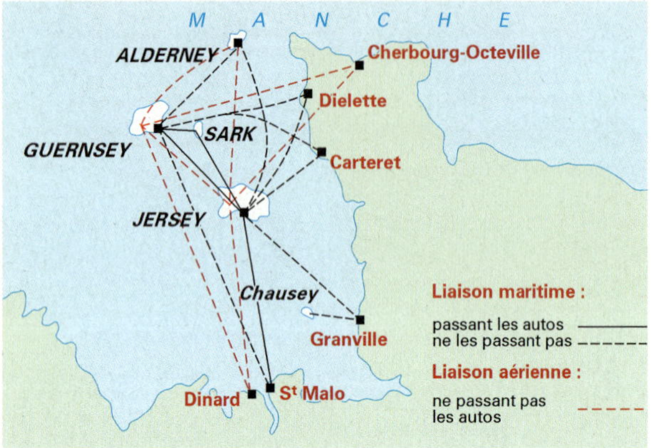

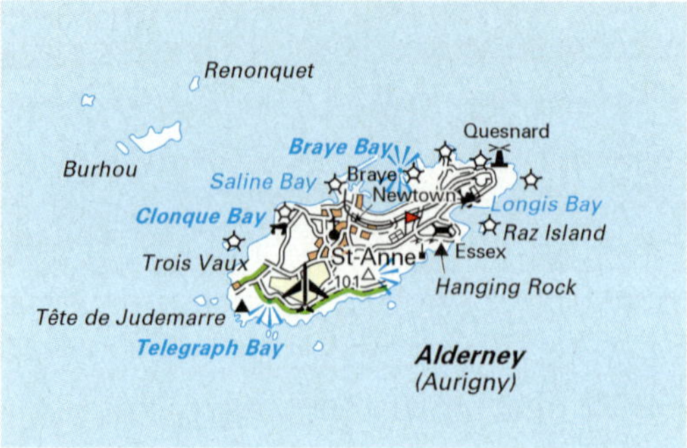

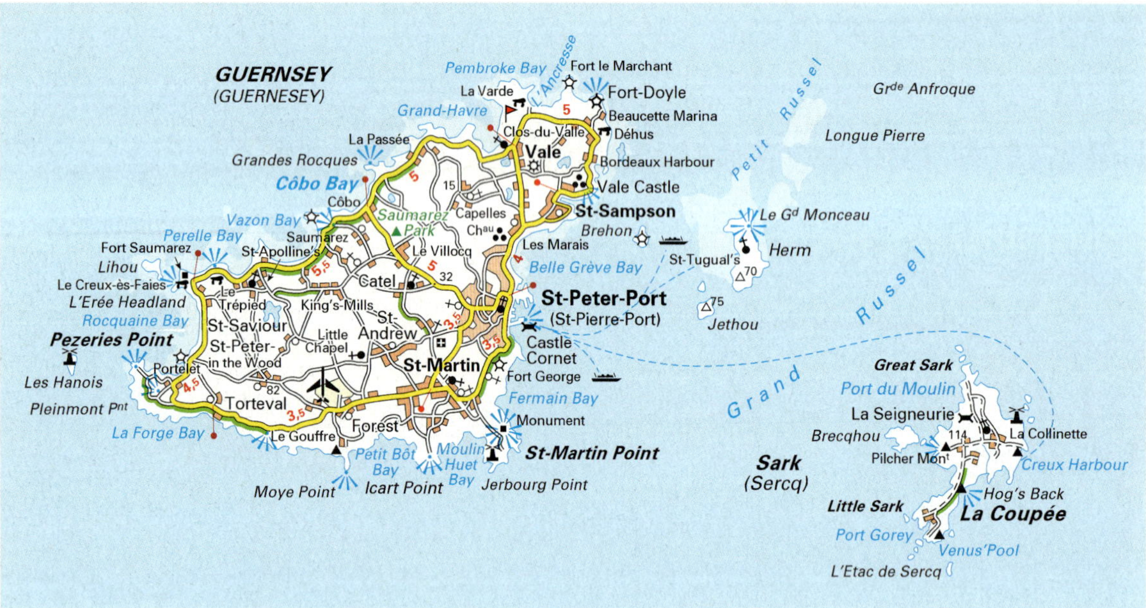

Bricquebec
Montebourg
Barneville-Carteret
St-Sauveur-le-Vicomte
Ste-Mère-Église
Carentan
La Haye-du-Puits
Lessay
Périers
Coutances
Agon-Coutainville
Pirou
St-Sauveur-Lendelin
Marigny
Portbail
Denneville
St-Germain-s-Ay
Créances
Gouville-s-Mer
Blainville-s-Mer
Montmartin-s-Mer
Cerisy-la-Salle
Regnéville-s-Mer
Roches du Sac de Pirou
PARC NATUREL RÉGIONAL DES MARAIS DU COTENTIN ET DU BESSIN
Mont Castre
Abbatiale
E
F
G
H
28
32
51
1
2
3
4
5

0 2 4 6 8 10 km
C
D
A
B
C
D
1
2
3
5
31
52
Îles St-Marcouf
accès interdit
Utah Beach
Musée
Banc du Grand Vey
Roches de Grandcamp
Grandcamp-Maisy
Pointe du Hoc
Pointe et raz de la Percée
Omaha Beach
Plages
Passe d'Isigny
Passe de Carentan
Port-en-Bessin-Huppain
St-Marcouf
Ravenoville
Foucarville
Ste-Mère-Église
Audouville-la-Hubert
Ste-Marie-du-Mont
Brucheville
Vierville
Angoville-au-Plain
Carentan
St-Hilaire-Petitville
Isigny-s-Mer
Osmanville
Géfosse-Fontenay
Cardonville
Cricqueville-en-Bessin
Englesqueville-la-Percée
Vierville-s-Mer
St-Laurent-s-Mer
Colleville-s-Mer
Ste-Honorine-des-Pertes
Deux-Jumeaux
Longueville
Formigny
Surrain
Mosles
Trévières
Mandeville-en-Bessin
Tour-en-Bessin
Vaucelles
Barbeville
Cussy
Crouay
Ranchy
Montfréville
Colombières
Bricqueville
Rubercy
Saonnet
Le Molay-Littry
Cerisy-la-Forêt
Balleroy
Vaubadon
Castillon
Trungy
St-Paul-du-Vernay
Lison
La Folie
St-Marcouf
Cartigny-l'Épinay
Tournières
Airel
St-Clair-s-l'Elle
St-Jean-de-Daye
Graignes-Mesnil-Angot
Montmartin-en-Graignes
St-Pellerin
Tribehou
Le Dézert
Le Hommet-d'Arthenay
Les Champs-de-Losque
Pont-Hébert
Le Mesnil-Rouxelin
Villiers-Fossard
St-Georges-d'Elle
St-André-de-l'Épine
Bérigny
Litteau
Planquery
Montfiquet
La Bazoque
Cahagnolles
ST-LÔ
Agneaux
St-Gilles
Hébécrevon
La Chapelle-en-Juger
Le Mesnil-Amey
Marigny
Canisy
Baudre
La Barre-de-Semilly
St-Pierre-de-Semilly
Rouxeville
Vidouville
Précorbin
Lamberville
Bieville
Vacquerie
Sallen
Caumont-l'Éventé
Sept-Vents
Cahagnes
Livry
Ste-Honorine-de-Ducy
Foulognes
Cormolain
Torteval-Quesnay
Dampierre
Torigni-s-Vire
Roches de Ham
Ste-Suzanne-s-Vire
Condé-s-Vire
St-Samson-de-Bonfossé
Quibou
St-Ébremond-de-Bonfossé
Cerisy-la-Salle
Dangy
Placy-Montaigu
St-Amand
Le Perron
Mont-Brianne
Sublès
Agy
Campigny
Noron-la-Poterie
Arganchy

du Débarquement
Gold Beach
Juno Beach
Sword Beach
Rade de Caen
Arromanches-les-Bains
BAYEUX
Courseulles-s-Mer
St-Aubin-s-Mer
Langrune-s-Mer
Luc-s-Mer
Lion-s-Mer
Riva-Bella
Ouistreham
Cabourg
Merville-Franceville-Plage
Douvres-la-Délivrande
Hermanville-s-Mer
Colleville-Montgomery
Bénouville
Hérouville-St-Clair
CAEN
Mondeville
Troarn
Creully
Thaon
Tilly-s-Seulles
Villers-Bocage
Evrecy
Bourguébus
Ifs
Fin 2011
53
34

0 2 4 6 8 10 km
18
33
54
A
B
C
D
1
2
3
4
5
LE HAVRE
Ste-Adresse
Cap de la Hève
Octeville-sur-Mer
Montivilliers
Harfleur
Gonfreville-l'Orcher
Sanvic
Graville
Bléville
PORT 2000
Grand Canal du Havre
Pont de Normandie
Honfleur
Côte de Grâce
Vasouy
Pennedepie
Cricqueboeuf
Villerville
Hennequeville
Trouville-s-Mer
DEAUVILLE
Benerville-s-Mer
Blonville-s-Mer
Villers-s-Mer
Falaise des Vaches Noires
Houlgate
Cabourg
Dives-s-Mer
Merville-Franceville-Plage
Gonneville-en-Auge
Pont-l'Évêque
Beuzeville
Fiquefleur-Equainville
Équemauville
Barneville-la-Bertran
Tourgéville
St-Arnoult
Touques
Canapville
Annebault
Dozulé
Troarn
Beuvron-en-Auge
Cambremer
Crèvecœur-en-Auge
LISIEUX
Blangy-le-Château
Cormeilles
St-Julien-sur-Calonne
Manerbe
Fauguernon
Hermival-les-Vaux
Mézidon-Canon
St-Pierre-sur-Dives
Livarot
Ouilly-le-Vicomte
Coquainvilliers
Le Breuil-en-Auge
Glos
Courtonne-la-Meurdrac
A 13
A 29
A 131
A 132
E 46
N 1029
D 675
D 613
D 579

Lillebonne
Port-Jérôme
Quillebeuf-sur-Seine
N.-D.-de-Gravenchon
Villequier
Caudebec-en-Caux
Pont de Brotonne
Duclair
Le Trait
Jumièges
Pont de Tancarville
Tancarville
Pointe de la Roque
Marais Vernier
Réserve Naturelle des Mannevilles
Vieux-Port
Aizier
Ételan
Norville
Bourneville
Routot
Hauville
PARC NATUREL RÉGIONAL DES BOUCLES DE LA SEINE NORMANDE
Forêt de Brotonne
Forêt de Mauny
Pont-Audemer
Manneville
Corneville-sur-Risle
Bourg-Achard
Bosgouet
La Bouille
Château de Robert-le-Diable
Montfort-sur-Risle
Appeville-Annebault
Bourgtheroulde-Infreville
Cormeilles
Lieurey
St-Georges-du-Vièvre
Le Bec-Hellouin
Brionne
Harcourt
Champ de Bataille
Le Neubourg
Amfreville-la-Campagne
Thiberville
Bernay
Beaumont-le-Roger
Serquigny
Nassandres
Fontaine-la-Soret
Épaignes
Conteville
Foulbec
Quevillon
Yainville
Bardouville
St-Martin-de-Boscherville
Infreville
Thuit-Hébert
SEINE
A 13
A 131
A 28
D 613
D 982
D 675
E 46
E 5
E
F
G
H
19
36
55
1
2
3
4
5

0 2 4 6 8 10 km
35
20
56
ROUEN
Mont-St-Aignan
Bois-Guillaume
Bihorel
Darnétal
Déville-lès-R.
Maromme
Canteleu
Le Pt-Quevilly
Le Grd-Quevilly
Petit-Couronne
Grd-Couronne
Sotteville-lès-R.
St-Étienne-du-Rouvray
Bonsecours
Le Mesnil-Esnard
Franqueville-St-Pierre
Boos
Belbeuf
Amfreville-la-Mi-Voie
Oissel
Moulineaux
La Bouille
Chau de Robert-le-Diable
Orival
Cléon
St-Aubin-lès-E.
Caudebec-lès-E.
Elbeuf
St-Pierre-lès-Elbeuf
Tourville-la-Rivière
Pont-de-l'Arche
Val-de-Reuil
Louviers
Incarville
Pîtres
Alizay
Igoville
Poses
Amfreville-s/s-les-Monts
Tournedos-s-Seine
Porte-Joie
Herqueville
Muids
Andé
Vironvay
Heudebouville
Gaillon
Aubevoye
Les Andelys
Chau Gaillard
Vézillon
Tosny
Bernières-s-Seine
Écouis
Fleury-s-Andelle
Charleval
Ménesqueville
Pont-St-Pierre
Romilly-s-Andelle
Douville-s-Andelle
Radepont
Abbaye de Fontaine-Guérard
La Neuville-Chant-d'Oisel
Martainville-Epreville
Vascœuil
Morgny-la-Pommeraye
Préaux
Quincampoix
Isneauville
Houppeville
Malaunay
Le Houlme
N.-D.-de-Bondeville
Duclair
Le Trait
Le Neubourg
Crosville-la-Vieille
Acquigny
Pinterville
St-Aubin-sur-Gaillon
Ste-Barbe-s-Gaillon
St-Pierre-la-Garenne
St-Marcel
Vernon
SEINE
D 6014
D 6015
A 13
A 28
N 31
N 154
E 46
E 5

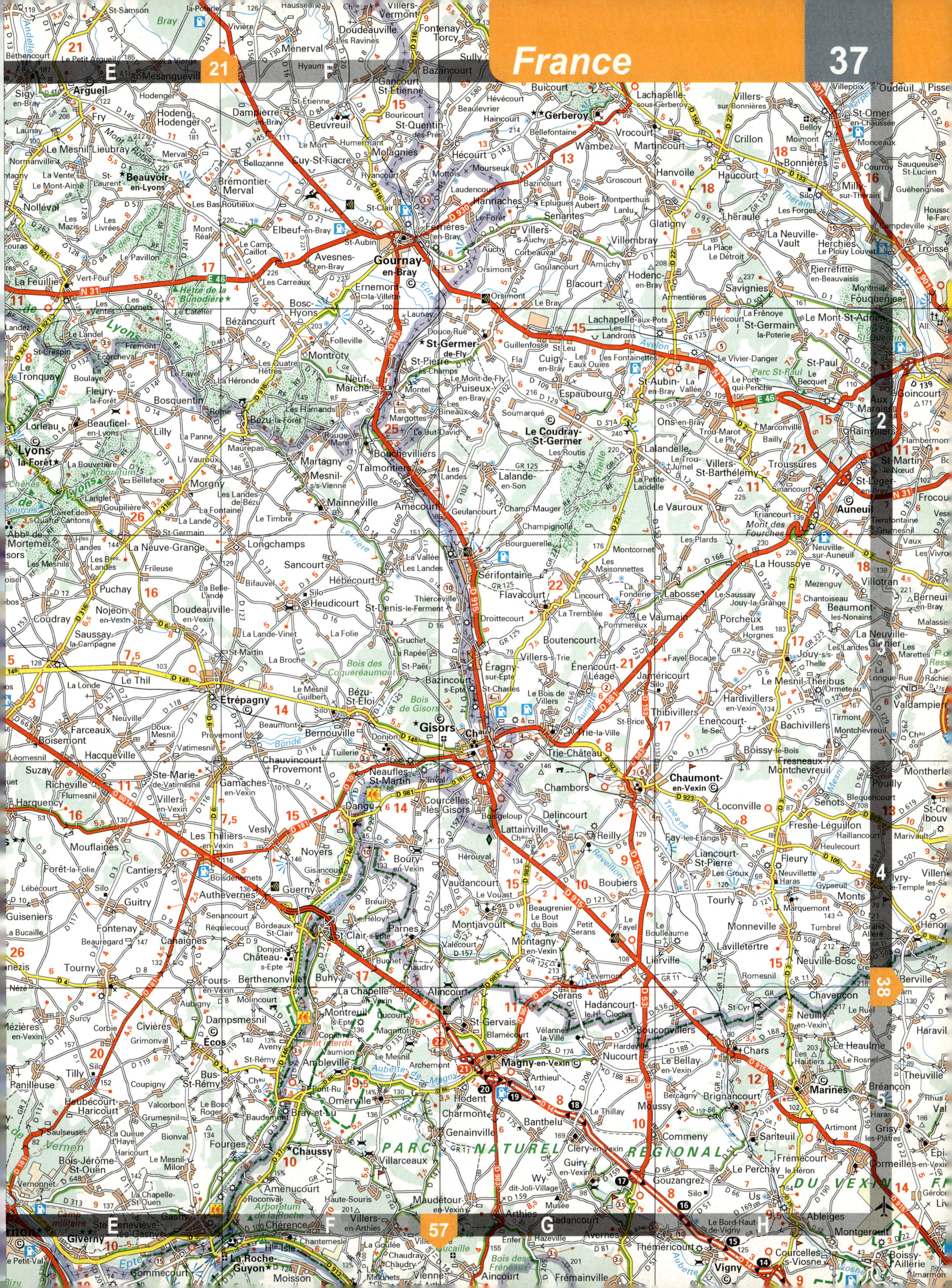
Gournay-en-Bray
Gisors
Magny-en-Vexin
Étrépagny
Chaumont-en-Vexin
Lyons-la-Forêt
Beauvoir-en-Lyons
Argueil
Auneuil
Marines
Écos
Vigny
Le Coudray-St-Germer
St-Germer-de-Fly
Gerberoy
Songeons
Formerie
Forges-les-Eaux
La Feuillie
Morgny
Longchamps
Chaussy
Bray-et-Lû
St-Clair-sur-Epte
Dangu
Trie-Château
Auteuil
Fleury
Ennery
Serifontaine
Flavacourt
Lachapelle-aux-Pots
St-Aubin-en-Bray
La Houssoye
Fouquenies
Savignies
Crillon
Hanvoile
Lavilletertre
Bouconvilliers
Chars
Berville
Boissy-l'Aillerie
Courcelles-lès-Gisors
Bézu-St-Éloi
Hébécourt
Heudicourt
Sancourt
Mainneville
Coudray
Puchay
Richeville
Mouflaines
Cantiers
Guitry
Fontenay
Tourny
Dampsmesnil
Tilly
Ambleville
Omerville
Villarceaux
Genainville
Banthelu
Commeny
Gouzangrez
Le Perchay
Us
Ableiges
Montgeroult
Courcelles-s-Viosne
Chérence
La Roche-Guyon
Vétheuil
PARC NATUREL RÉGIONAL DU VEXIN FRANÇAIS
N 31
D 915
D 981
E 46
21
38
57

0 2 4 6 8 10 km
22
37
58
BEAUVAIS
Clermont
Creil
Chantilly
Senlis
Méru
Noailles
Mouy
Liancourt
Nogent-sur-Oise
Montataire
St-Just-en-Chaussée
Beaumont-sur-Oise
L'Isle-Adam
Persan
Chambly
Luzarches
Viarmes
Abbaye de Royaumont
Lamorlaye
Neuilly-en-Thelle
Auneuil
Nivillers
Maignelay-Montigny
Froissy
Bresles
Hermes
St-Félix
Cauffry
Précy-sur-Oise
Villers-St-Paul
Auvers-sur-Oise
Forêt de Chantilly
PAYS DE FRANCE
VEXIN FRANÇAIS
PARC

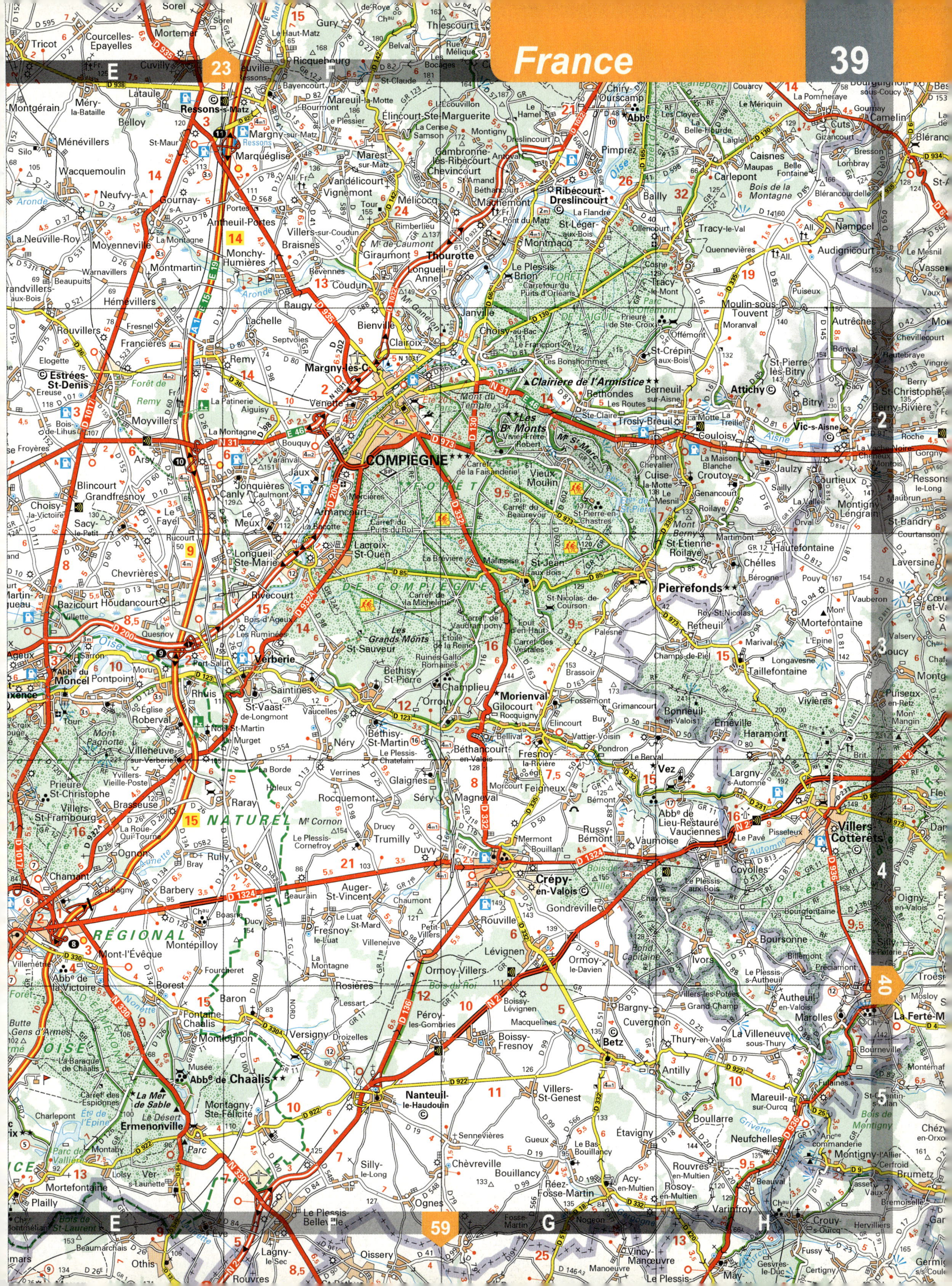
COMPIÈGNE
Margny-lès-C.
Venette
Clairoix
Choisy-au-Bac
Thourotte
Ribécourt-Dreslincourt
Longueil-Ste-Marie
Verberie
Pierrefonds
Vic-s-Aisne
Attichy
Villers-Cotterêts
Crépy-en-Valois
Nanteuil-le-Haudouin
Betz
Ermenonville
Abbaye de Chaalis
Ressons-s-Matz
Estrées-St-Denis
Moyvillers
Clairière de l'Armistice
Les Beaux Monts
St-Jean-aux-Bois
Vez
Morienval
Béthisy-St-Pierre
Béthisy-St-Martin
Lacroix-St-Ouen
Rivecourt
Jaux
Armancourt
Le Meux
Moncel
Pontpoint
Rully
Barbery
Mont-l'Évêque
Baron
Montagny-Ste-Félicité
Silly-le-Long
Le Plessis-Belleville
Ormoy-Villers
Lévignen
Péroy-les-Gombries
Villers-St-Genest
Acy-en-Multien
Étavigny
Mareuil-sur-Ourcq
La Ferté-M.
Marolles
Thury-en-Valois
Cuvergnon
Boursonne
Fleury
Largny-s-Automne
Vivières
Taillefontaine
Mortefontaine
Cuise-la-Motte
Trosly-Breuil
Berneuil-sur-Aisne
Tracy-le-Mont
Carlepont
Bailly
Pimprez
Chiry-Ourscamp
Montmacq
Janville
Bienville
Coudun
Baugy
Monchy-Humières
Antheuil-Portes
Marquéglise
Margny-sur-Matz
Villers-sur-Coudun
Vignemont
Mélicocq
Giraumont
Jonquières
Canly
Arsy
Remy
Rémy
Lachelle
Sacy-le-Petit
Blincourt
Grandfresnoy
Chevrières
Houdancourt
Bazicourt
Néry
Saintines
Glaignes
Séry
Magneval
Duvy
Trumilly
Auger-St-Vincent
Rocquemont
Raray
Brasseuse
Villeneuve-sur-Verberie
Fresnoy-la-Rivière
Feigneux
Russy-Bémont
Vaumoise
Gondreville
Rouville
Ormoy-le-Davien
Boissy-Fresnoy
Versigny
Fontaine-Chaalis
Borest
Montépilloy
Fresnoy-le-Luat
Chamant
Plailly
Mortefontaine
Lagny-le-Sec
Oissery
Fosse-Martin
Rosoy-en-Multien
Neufchelles
Boullarre
Antilly
Bargny
Ivors
Haramont
Émeville
Bonneuil-en-Valois
Glicourt
Orrouy
Champlieu
Saint-Sauveur
Les Grands Monts
FORÊT DE COMPIÈGNE
FORÊT DE LAIGUE
NATUREL
RÉGIONAL
Forêt de Retz
Forêt de Remy
Montigny-l'Allier
Crouy-s-Ourcq
Vincy-Manœuvre
Nampcel
Audignicourt
Moulin-sous-Touvent
Autrêches
Bitry
Jaulzy
Courtieux
Croutoy
Couloisy
Chelles
Hautefontaine
St-Étienne-Roilaye
Retheuil
Coyolles
Pisseleux
Oigny-en-Valois
Puiseux-en-Retz
St-Bandry
Laversine
Cœuvres-et-Valsery

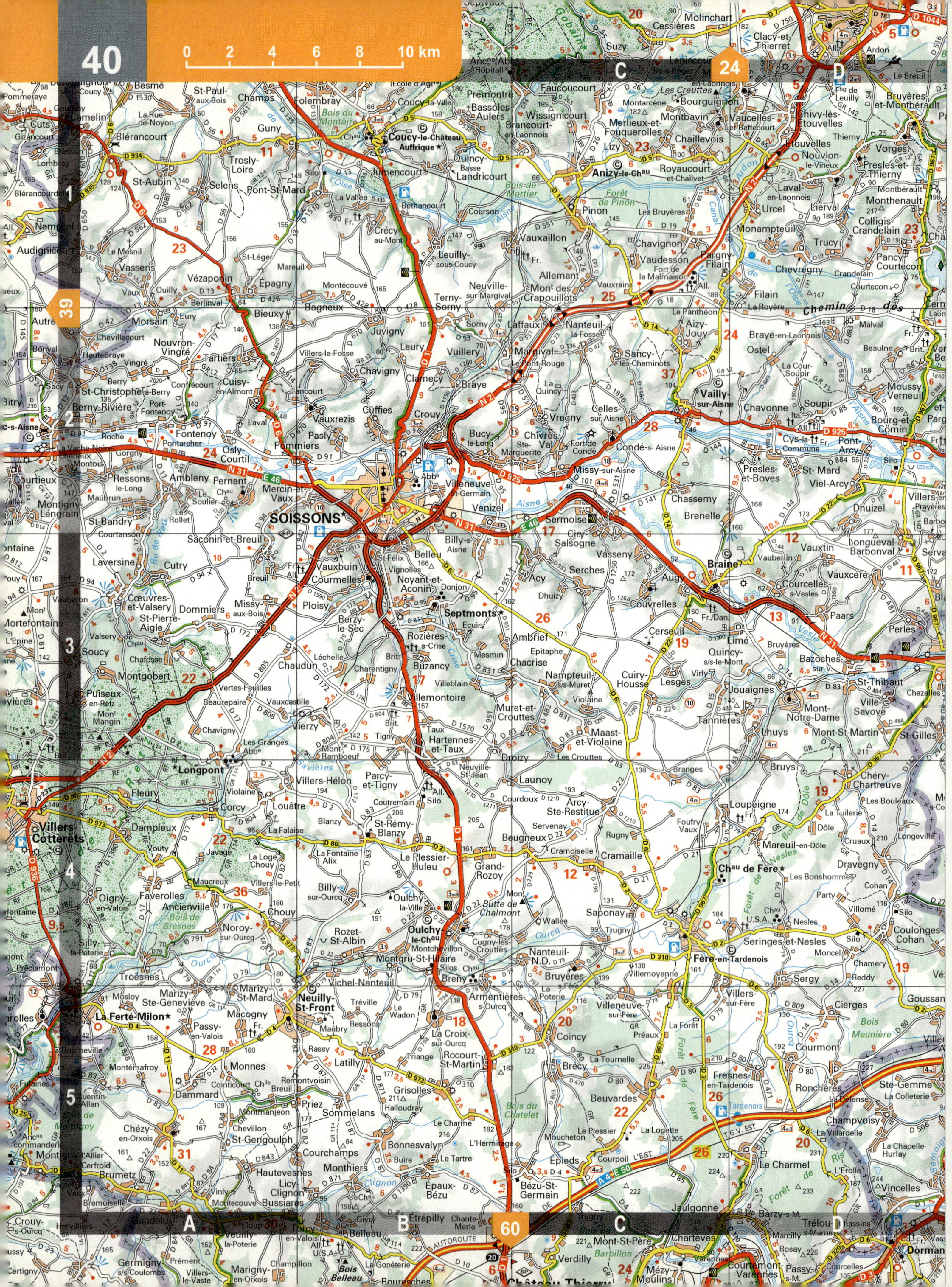
0 2 4 6 8 10 km
24
39
60
A
B
C
D
1
2
3
4
5
SOISSONS
Coucy-le-Château Auffrique
Anizy-le-Château
Vailly-sur-Aisne
Braine
Septmonts
Longpont
Villers-Cotterêts
Oulchy-le-Château
Neuilly-St-Front
La Ferté-Milon
Fère-en-Tardenois
Bézu-St-Germain
Château-Thierry
Dormans
Chau de Fère
Butte de Chalmont
Forêt de Retz
Forêt de Pinon
Bois de Mortier
Chemin des Dames
Aisne
Vesle
Ourcq
Oise
Crouy
Bucy-le-Long
Venizel
Billy-sur-Aisne
Belleu
Vauxbuin
Courmelles
Noyant-et-Aconin
Mercin-et-Vaux
Pommiers
Pasly
Cuffies
Vauxrezis
Laffaux
Nanteuil-la-Fosse
Pinon
Chavignon
Vaudesson
Allemant
Margival
Vuillery
Braye
Clamecy
Leury
Juvigny
Bieuxy
Epagny
Vézaponin
Nouvron-Vingré
Berny-Rivière
Vic-sur-Aisne
Fontenoy
Osly-Courtil
Ambleny
Pernant
Saconin-et-Breuil
Missy-aux-Bois
Ploisy
Berzy-le-Sec
Rozières-sur-Crise
Buzancy
Chaudun
Vierzy
Villemontoire
Taux
Hartennes-et-Taux
Parcy-et-Tigny
Villers-Hélon
Louâtre
Corcy
Fleury
Dampleux
Oigny-en-Valois
Faverolles
Ancienville
Chouy
Noroy-sur-Ourcq
Rozet-St-Albin
Montgru-St-Hilaire
Breny
Armentières-sur-Ourcq
La Croix-sur-Ourcq
Rocourt-St-Martin
Latilly
Grisolles
Bonnesvalyn
Épaux-Bézu
Monthiers
Hautevesnes
Marizy-Ste-Geneviève
Marizy-St-Mard
Passy-en-Valois
Monnes
Dammard
Chézy-en-Orxois
Priez
Sommelans
Courchamps
Brumetz
Grand-Rozoy
Cramaille
Saponay
Nanteuil-Notre-Dame
Bruyères
Coincy
Villeneuve-sur-Fère
Beuvardes
Épieds
Le Charmel
Jaulgonne
Mont-St-Père
Cierges
Sergy
Seringes-et-Nesles
Coulonges-Cohan
Mareuil-en-Dôle
Loupeigne
Arcy-Ste-Restitue
Launoy
Droizy
Muret-et-Crouttes
Nampteuil-sous-Muret
Maast-et-Violaine
Cuiry-Housse
Ambrief
Chacrise
Acy
Serches
Ciry-Salsogne
Sermoise
Missy-sur-Aisne
Condé-sur-Aisne
Celles-sur-Aisne
Chivres-Val
Vregny
Sancy-les-Cheminots
Aizy-Jouy
Ostel
Braye-en-Laonnois
Chavonne
Soupir
Bourg-et-Comin
Presles-et-Boves
Chassemy
Brenelle
Vasseny
Augy
Courcelles-sur-Vesle
Cerseuil
Lesges
Quincy-sous-le-Mont
Jouaignes
Tannières
Mont-Notre-Dame
Bazoches-sur-Vesle
Paars
Vauxtin
Vauxcéré
Longueval-Barbonval
Perles
Mont-St-Martin
Chéry-Chartreuve
Bruys
Dravegny
Villome
Cohan
Goussancourt
Ste-Gemme
Champvoisy
Vincelles
Trélou-sur-Marne
Barzy-sur-Marne
Chartèves
Mézy-Moulins
Verdilly
Charly-sur-Marne
Étrépilly
Bezu-St-Germain
Belleau
Torcy-en-Valois
Veuilly-la-Poterie
Gandelu
Germigny-sous-Coulombs
Marigny-en-Orxois
Vaucelles
Bourguignon
Chaillevois
Montbavin
Royaucourt-et-Chailvet
Merlieux-et-Fouquerolles
Wissignicourt
Brancourt-en-Laonnois
Faucoucourt
Prémontré
Bassoles-Aulers
Quincy-Basse
Landricourt
Jumencourt
Crécy-au-Mont
Leuilly-sous-Coucy
Terny-Sorny
Neuville-sur-Margival
Vauxaillon
Folembray
Champs
Guny
Trosly-Loire
Selens
Pont-St-Mard
St-Aubin
Blérancourt
Camelin
Besmé
St-Paul-aux-Bois
Molinchart
Cessières
Suzy
Clacy-et-Thierret
Chivy-lès-Étouvelles
Étouvelles
Laval-en-Laonnois
Urcel
Nouvion-le-Vineux
Presles-et-Thierny
Vorges
Bruyères-et-Montbérault
Monampteuil
Filain
Pargny-Filain
Chevregny
Trucy
Colligis-Crandelain
Pancy-Courtecon
Monthenault
Lierval
Ardon
Le Breuil

REIMS
Neufchâtel-sur-Aisne
Asfeld
Guignicourt
Craonne
Fismes
Ville-en-Tardenois
Tinqueux
Bezannes
Cormontreuil
Taissy
Sillery
Puisieulx
Witry-lès-Reims
Bétheny
Cernay-lès-Reims
Nogent-l'Abbesse
Beine-Nauroy
Verzy
Verzenay
Mailly-Champagne
Rilly-la-Montagne
Ludes
Chigny-les-Roses
Villers-Marmery
Louvois
Bouzy
Ambonnay
Tours-s-Marne
Ay
Mutigny
Avenay-Val-d'Or
Hautvillers
Cumières
Damery
Mareuil-le-Port
Châtillon-s-Marne
Vandières
Verneuil
Anthénay
Olizy
Ormes
Gueux
Muizon
Jonchery-sur-Vesle
Branscourt
Courcelles-Sapicourt
Champigny
St-Brice-Courcelles
La Neuvillette
St-Thierry
Merfy
Pouillon
Villers-Franqueux
Hermonville
Cauroy-lès-Hermonville
Cormicy
Loivre
Brimont
Courcy
Berru
Caurel
Lavannes
Isles-s-Suippe
Warmeriville
Bazancourt
Pomacle
Bourgogne
Auménancourt
Pontgivart
Bertricourt
Berry-au-Bac
Variscourt
Condé-s-Suippe
Menneville
Évergnicourt
Pignicourt
Brienne-s-Aisne
Poilcourt-Sydney
Roizy
Bergnicourt
L'Écaille
St-Remy-le-Petit
Houdilcourt
Sault-St-Remy
Vieux-lès-Asfeld
Balham
Blanzy-la-Salonnaise
Gomont
Herpy-l'Arlésienne
Avaux
Amifontaine
Prouvais
Proviseux-et-Plesnoy
La Malmaison
Juvincourt-et-Damary
Corbeny
Berrieux
Goudelancourt-lès-Berrieux
Aubigny-en-Laonnois
Montaigu
Courtrizy-et-Fussigny
Festieux
Mauregny-en-Haye
Eppes
Coucy-lès-Eppes
Bouconville-Vauclair
Chermizy-Ailles
Neuville
Beaurieux
Pontavert
Gernicourt
Chaudardes
Maizy
Révillon
Glennes
Merval
Ventelay
Romain
Bouvancourt
Pévy
Prouilly
Trigny
Chenay
Magneux
Unchair
Hourges
Vandeuil
Crugny
Savigny-s-Ardres
Treslon
Germigny
Faverolles-et-Coëmy
Méry-Prémecy
Bouleuse
Aubilly
Coulommes-la-Montagne
Pargny-lès-Reims
Jouy-lès-Reims
Les Mesneux
Ville-Dommange
Sacy
Écueil
Chamery
Sermiers
Nogent
Villers-aux-Nœuds
Champfleury
Montbré
Villers-Allerand
Courtagnon
Nanteuil-la-Forêt
Pourcy
Marfaux
Chaumuzy
Bligny
Sarcy
Poilly
Lhéry
Lagery
Arcis-le-Ponsart
Brouillet
Romigny
Champlat-et-Boujacourt
Jonquery
La Neuville-aux-Larris
Cuchery
Belval-sous-Châtillon
Baslieux-s-Châtillon
Cormoyeux
Romery
Fleury-la-Rivière
Venteuil
Germaine
Fontaine-sur-Ay
Tauxières-Mutry
Trépail
Billy-le-Grand
Vaudemange
Prunay
Beaumont-s-Vesle
Les Petites-Loges
Fort de la Pompelle
Forêt de la Montagne de Reims
PARC NATUREL RÉGIONAL DE LA MONTAGNE DE REIMS
Mont Sinaï
Faux de Verzy
REIMS-CHAMPAGNE
Aisne
Vesle
Marne
Suippe
E
F
G
H
25
42
61

0 2 4 6 8 10 km
26
41
62
Rethel
Barby
Taizy
Chevrières
Sault-lès-Rethel
Acy-Romance
Nanteuil-s-Aisne
Biermes
Doux
Coucy
Amagne
Ambly-Fleury
Givry
Thugny-Trugny
Seuil
Attigny
Ste-Vaubourg
Rilly-s-Aisne
Semuy
Voncq
Le Chesne
Montgon
Neuville-Day
Les Alleux
Tourteron
La Sabotterie
Lametz
Ecordal
Alland'Huy-et-Sausseuil
Charbogne
Suzanne
St-Lambert-et-Mont-de-Jeux
Mont-Laurent
Saulces-Champenoises
Vaux-Champagne
Coulommes-et-Marqueny
Chuffilly-Roche
Terron-s-Aisne
Vandy
Ballay
Vrizy
Vouziers
Mars-s/s-Bourcq
Blaise
Bourcq
Falaise
Ménil-Annelles
Annelles
Pauvres
Perthes
Tagnon
Le Châtelet-sur-Retourne
Neuflize
Bergnicourt
Alincourt
Juniville
Bignicourt
Ville-s-Retourne
Mont-St-Remy
Dricourt
Leffincourt
Mazagran
Tourcelles-Chaumont
Quilly
Grivy-Loisy
Chardeny
Ste-Marie
Sugny
Contreuve
Machault
Ménil-Lépinois
La Neuville-en-Tourne-à-Fuy
Cauroy
Aussonce
Warmeriville
Heutrégiville
Semide
Mont-St-Martin
St-Morel
Monthois
Challerange
Savigny-s-Aisne
Olizy-Primat
Liry
Les Monts Chéry
Marvaux-Vieux
Ardeuil-et-Montfauxelles
Séchault
Aure
Manre
St-Masmes
Selles
Hauviné
St-Clément-à-Arnes
St-Étienne-à-Arnes
St-Pierre-à-Arnes
Bétheniville
Pontfaverger-Moronvilliers
Époye
St-Hilaire-le-Petit
Vaudétré
Ragonet
Vauroisy
Beine-Nauroy
Nauroy
Moronvilliers
Dontrien
St-Martin-l'Heureux
St-Souplet-sur-Py
Ste-Marie-à-Py
Sommepy-Tahure
Gratreuil
Fontaine-en-Dormois
Butte de Tahure
Butte de Souain
Rouvroy-Ripont
Mont Cornillet
Vaudesincourt
Aubérive
Prunay
Prosnes
Val-de-Vesle
Baconnes
Sept-Saulx
St-Hilaire-le-Grand
Jonchery-sur-Suippe
Souain-Perthes-lès-Hurlus
Mont de la Fme de Navarin
Camp militaire
Massiges
Minaucourt-le-Mesnil-lès-Hurlus
Virginy
Wargemoulin-Hurlus
Laval-s-Tourbe
Mourmelon-le-Grand
Mourmelon-le-Petit
Les Petites-Loges
Suippes
Somme-Suippe
Somme-Tourbe
Somme-Bionne
St-Jean-sur-Tourbe
Hans
Livry-Louvercy
Bouy
Vadenay
Cuperly
Les Grandes-Loges
St-Hilaire-au-Temple
Mont Frenet
Mont Piémont
Bussy-le-Château
St-Remy-sur-Bussy
La Croix-en-Champagne
Vaudemange
Billy-le-Grand
Ambonnay
Isse
Camp de Mourmelon
Ancienne Voie Romaine
Aisne
Retourne
Suippe
Vesle
D 946
D 980
D 977
D 931
D 925
D 983
N 51 E 46
A 4 E 17

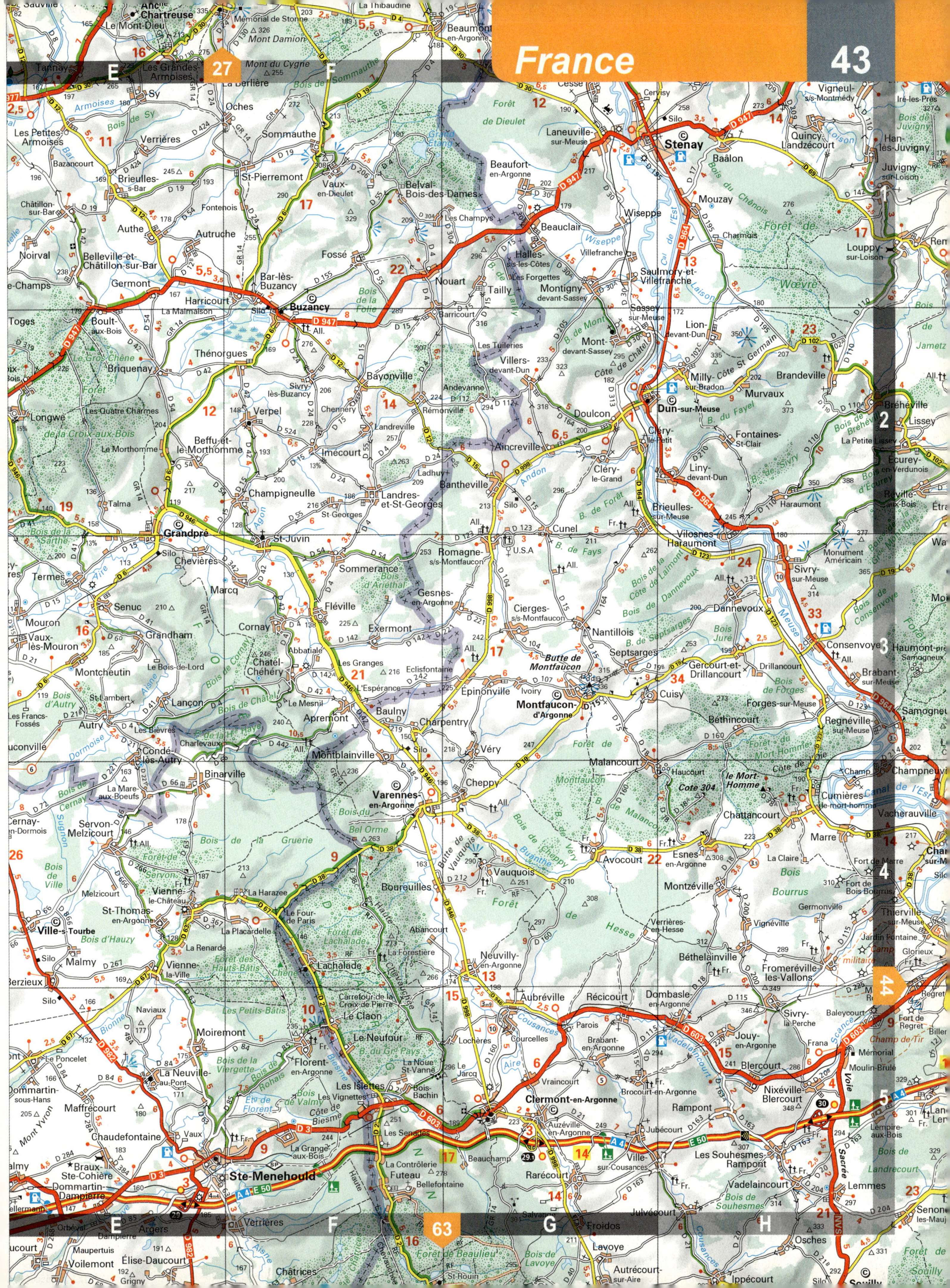
Stenay
Baâlon
Mouzay
Laneuville-sur-Meuse
Beaufort-en-Argonne
Beauclair
Wiseppe
Halles-sous-les-Côtes
Saulmory-et-Villefranche
Montigny-devant-Sassey
Sassey-sur-Meuse
Lion-devant-Dun
Mont-devant-Sassey
Milly-sur-Bradon
Dun-sur-Meuse
Doulcon
Murvaux
Brandeville
Fontaines-St-Clair
Liny-devant-Dun
Cléry-le-Grand
Cléry-le-Petit
Brieulles-sur-Meuse
Vilosnes-Haraumont
Sivry-sur-Meuse
Consenvoye
Brabant-sur-Meuse
Dannevoux
Gercourt-et-Drillancourt
Cuisy
Forges-sur-Meuse
Béthincourt
Regnéville-sur-Meuse
Samogneux
Champneuville
Cumières-le-Mort-Homme
Vacherauville
Chattancourt
Marre
Esnes-en-Argonne
Montzéville
Malancourt
Montfaucon-d'Argonne
Septsarges
Nantillois
Cierges-sous-Montfaucon
Cunel
Romagne-sous-Montfaucon
Bantheville
Aincreville
Landres-et-St-Georges
Imécourt
Bayonville
Buzancy
Harricourt
Bar-lès-Buzancy
Nouart
Tailly
Fossé
Vaux-en-Dieulet
Belval-Bois-des-Dames
Sommauthe
St-Pierremont
Oches
Sy
Verrières
Brieulles-sur-Bar
Les Petites-Armoises
Authe
Belleville-et-Châtillon-sur-Bar
Germont
Boult-aux-Bois
Briquenay
Thénorgues
Verpel
Sivry-lès-Buzancy
Beffu-et-le-Morthomme
Champigneulle
Grandpré
St-Juvin
Chevières
Termes
Senuc
Marcq
Sommerance
Fléville
Exermont
Gesnes-en-Argonne
Cornay
Grandham
Châtel-Chéhéry
Apremont
Baulny
Charpentry
Épinonville
Véry
Cheppy
Varennes-en-Argonne
Montblainville
Lançon
Autry
Condé-lès-Autry
Binarville
Vienne-le-Château
Servon-Melzicourt
St-Thomas-en-Argonne
Ville-sur-Tourbe
Vienne-la-Ville
Malmy
Moiremont
La Neuville-au-Pont
Florent-en-Argonne
Le Claon
Le Neufour
Les Islettes
Lachalade
Boureuilles
Vauquois
Avocourt
Neuvilly-en-Argonne
Aubréville
Récicourt
Dombasle-en-Argonne
Clermont-en-Argonne
Auzéville-en-Argonne
Brabant-en-Argonne
Jouy-en-Argonne
Sivry-la-Perche
Nixéville-Blercourt
Rampont
Les Souhesmes-Rampont
Ville-sur-Cousances
Jubécourt
Rarécourt
Futeau
Ste-Menehould
Chaudefontaine
Dommartin-Dampierre
Vadelaincourt
Lemmes
Osches
Froidos
Lavoye
Autrécourt-sur-Aire
Ippécourt
Senoncourt-les-Maujouy
Forêt de Dieulet
Forêt de Woëvre
Forêt de Hesse
Forêt d'Argonne
Butte de Montfaucon
Cote 304
le Mort-Homme
Monument Américain
Meuse
Aisne
Aire
A 4 E 50
D 947
D 946
D 964
D 603
D 3

44
0 2 4 6 8 10 km
43
64
C
D
A
B
1
2
3
4
5
Virton
St-Léger
Châtillon
Meix-devant-Virton
Robelmont
Belmont
Ethe
Bleid
Musson
Longwy
Villy
Moiry
Sapogne-sur-Marche
Margut
Signy-Montlibert
Avioth
Thonne-le-Thil
Breux
Sommethonne
Thonne-la-Long
La Ferté-s-Chiers
Olizy-sur-Chiers
Bièvres
Lamouilly
Chauvency-St-Hubert
Chauvency-le-Château
Thonnelle
Thonne-les-Prés
Verneuil-Petit
Verneuil-Grand
Écouviez
Rouvroy
Dampicourt
Harnoncourt
St-Mard
Latour
Gomery
Ruette
Montmédy
Villécloye
Velosnes
Torgny
Lamorteau
Iré-les-Prés
Bazeilles-sur-Othain
Othe
Flassigny
Villers-le-Rond
Épiez-sur-Chiers
Charency-Vezin
Villette
Colmey
Longuyon
Stenay
Baâlon
Quincy-Landzécourt
Han-lès-Juvigny
Juvigny-sur-Loison
Iré-le-Sec
Mouzay
Wiseppe
Louppy-sur-Loison
Remoiville
Marville
St-Jean-lès-Longuyon
Petit-Failly
Grand-Failly
Noërs
Jametz
Saulmory-et-Villefranche
Lion-devant-Dun
Forêt de Woëvre
Milly-sur-Bradon
Dun-sur-Meuse
Murvaux
Brandeville
Delut
Dombras
Rupt-sur-Othain
St-Laurent-sur-Othain
Sorbey
Arrancy-sur-Crusne
Pierrepont
Vittarville
Merles-sur-Loison
Villers-lès-Mangiennes
Pillon
Duzey
Rouvrois-sur-Othain
Nouillonpont
Bréhéville
Lissey
Peuvillers
Écurey-en-Verdunois
Fontaines-St-Clair
Liny-devant-Dun
Damvillers
Mangiennes
Billy-sous-Mangiennes
Muzeray
Spincourt
Réville-aux-Bois
Étraye
Haraumont
Brieulles-sur-Meuse
Vilosnes-Haraumont
Sivry-sur-Meuse
Wavrille
Romagne-sous-les-Côtes
Vaudoncourt
Loison
Houdelaucourt-sur-Othain
Dannevoux
Consenvoye
Moirey-Flabas-Crépion
Chaumont-devant-Damvillers
Ville-devant-Chaumont
Azannes-et-Soumazannes
Gouraincourt
Senon
Amel-s-l'Étang
Haumont-près-Samogneux
Brabant-sur-Meuse
Gercourt-et-Drillancourt
Forges-sur-Meuse
Cuisy
Béthincourt
Regnéville-sur-Meuse
Samogneux
Gremilly
Ornes
Maucourt-sur-Orne
Mogeville
Gincrey
Foameix-Ornel
Louvemont-Côte-du-Poivre
Beaumont-en-Verdunois
Bezonvaux
Dieppe-sous-Douaumont
Morgemoulin
Étain
Malancourt
Le Mort-Homme
Cote 304
Cumières-le-Mort-Homme
Champneuville
Chattancourt
Vacherauville
Douaumont
Fort de Douaumont
Vaux-devant-Damloup
Damloup
Abaucourt-Hautecourt
Fromezey
Warcq
Boinville-en-Woëvre
Esnes-en-Argonne
Avocourt
Marre
Charny-sur-Meuse
Bras-sur-Meuse
Fleury-devant-Douaumont
Fort de Vaux
Hermeville-en-Woëvre
Montzéville
Bois Bourrus
Belleville-sur-Meuse
Moranville
Eix
Gussainville
Buzy-Darmont
Thierville-sur-Meuse
Bethelainville
Fromeréville-les-Vallons
VERDUN
Moulainville
Blanzée
Châtillon-sous-les-Côtes
Braquis
Parfondrupt
Dombasle-en-Argonne
Sivry-la-Perche
Belrupt
Haudainville
Haudiomont
Ronvaux
Watronville
Manheulles
Pintheville
Ville-en-Woëvre
Hennemont
Pareid
Jouy-en-Argonne
Bois de Consenvoye
Forêt de Spincourt
Forêt de Mangiennes
E 44
E 25
N 18
D 964
D 643
D 603
D 618
D 905

Messancy
Athus
Aubange
Petange
Bascharage
Sanem
Mont-St-Martin
Differdange
Herserange
Dippach
Bertrange
Hesperange
Leudelange
Bettembourg
Dalheim
Mondorf-les-Bains
Schifflange
Esch-sur-A.
Kayl
Dudelange
Rumelange
Villerupt
Audun-le-Tiche
Tiercelet
Crusnes
Errouville
Ecomusée
Aumetz
Tressange
Ottange
Hettange-Grande
Cattenom
Fillières
Serrouville
Audun-le-Roman
Beuvillers
Boulange
Algrange
Fontoy
Nilvange
Thionville
Yutz
Hayange
Ecomusée des Mines de fer
Florange
Uckange
Fameck
Guénange
Metzervisse
Piennes
Tucquegnieux
Mancieulles
Briey
Rosselange
Moyeuvre-Grde
Amnéville
Hagondange
Rombas
Walygator Parc
Maizières-lès-M.
Homécourt
Auboué
Conflans-en-Jarnisy
Jarny
Marange-Silvange
Woippy
Vigy
Metz
Landres
Murville
Joudreville
Valleroy
Moineville
Batilly
Jœuf
Sancy
Serémange-Erzange
Terville
Richemont
Mondelange
Talange
Ennery
Argancy
La Maxe
Plappeville
Lorry-lès-M.
Saulny
St-Privat-la-Montagne
Amanvillers
Gravelotte
Chazelles
E
F
G
H
65
46
1
2
3
4
5

0 2 4 6 8 10 km
NATURPARK
SAAR
Hesperange
Remich
Schengen
Mondorf-les-Bains
Perl
Apach
Sierck-les-Bains
Cattenom
Hettange-Grande
Thionville
Yutz
Florange
Uckange
Fameck
Richemont
Hagondange
Amnéville
Walygator Parc
Maizières-lès-M.
Metzervisse
Kédange-s-Canner
Hombourg-Budange
Guénange
Bertrange
Hackenberg
Bouzonville
Boulay-Moselle
Merzig
Mettlach
Serrig
Saarburg
Rehlingen
Siersburg
Creutzwald
Vigy
Ste-Barbe
Retonfey
Vaudoncourt
Marange-Zondrange
Bambiderstroff
Longeville-lès-St-Avold
Woippy
St-Julien-lès-M.
METZ
Coincy
Maizery
Tromborn
Falck
Hargarten-aux-Mines
Kirschnaumen
Launstroff
Waldwisse
Schwerdorff
Colmen
Filstroff
Laumesfeld
Dalstein
Freistroff
Anzeling
Piblange
Bettange
Valmunster
Éblange
Guinkirchen
Hinckange
Volmerange-lès-Boulay
Les Étangs
Landonvillers
Condé-Northen
Narbéfontaine
Momerstroff
Varize
Bionville-s-Nied
Fouligny
Raville

Losheim
Weiskirchen
Wadern
Tholey
St Wendel
Schmelz
Marpingen
Lebach
Eppelborn
Ottweiler
Illingen
Schiffweiler
Saarwellingen
Dillingen
Neunkirchen
Merchweiler
Friedrichsthal
Heusweiler
Quierschied
Saarlouis
Schwalbach
Riegelsberg
Sulzbach
St Ingbert
Kirkel
Püttlingen
Völklingen
Wadgassen
Dudweiler
Blieskastel
SAARBRÜCKEN
Überherrn
Petite-Rosselle
Forbach
Stiring-Wendel
Großrosseln
Mandelbachtal
Gersheim
Kleinblittersdorf
Grosbliederstroff
Behren-lès-F.
Freyming-Merlebach
Sarreguemines
Hombourg-Haut
Farébersviller
Spicheren
Bliesransbach
HUNSRÜCK
SCHWARZWALDER HOCHWALD
Forst der Warndt
Spiesen-Elversberg
E
F
G
H
1
2
3
4
5
48
67

48
0 2 4 6 8 10 km
47
68
A
B
C
D
1
2
3
4
5
Blaubach
Altenglan
Rammelsbach
Kusel
Haschbach
Etschberg
Theisbergstegen
Neunkirchen am Potzberg
Matzenbach
Rehweiler
Glan-Münchweiler
Konken
Schellweiler
Ehweiler
Hüffler
Wahnwegen
Quirnbach
Henschtal
Steinbach am Glan
Börsborn
Brücken
Gries
Sand
Schönenberg-Kübelberg
Miesau
Bruchmühlbach-Miesau
Hauptstuhl
Landstuhl
Kindsbach
Ramstein-Miesenbach
Landstuhler Bruch
Steinwenden
Kottweiler-Schwanden
Mackenbach
Rodenbach
Weilerbach
Erzenhausen
Eulenbis
Schwedelbach
Kollweiler
Rothselberg
Frankelbach
Jettenbach
Rosenbach
Niederstaufenbach
Oberstaufenbach
Reichenbach-Steegen
Nanzdietschweiler
Hütschenhausen
Spesbach
Reichswald
Oberarnbach
Mittelbrunn
Langwieden
Vogelbach
Bann
Queidersbach
Krickenbach
Linden
Obernheim-Kirchenarnbach
Gerhardsbrunn
Knopp-Labach
Martinshöhe
Bechhofen
Lambsborn
Rosenkopf
Wiesbach
Krähenberg
Biedershausen
Kleinbundenbach
Großbundenbach
Käshofen
Saalstadt
Wallhalben
Herschberg
Schauerberg
Hermersberg
Steinalben
Höheinöd
Schmitshausen
Winterbach
Reifenberg
Battweiler
Maßweiler
Thaleischweiler-Fröschen
Höhfröschen
Petersberg
Rieschweiler-Mühlbach
Contwig
Dellfeld
Höheischweiler
Nünschweiler
Pirmasens
Zweibrücken
Ixheim
Einöd
Ingweiler
Homburg
Kirrberg
Mörsbach
Jägersburg
Waldmohr
Bexbach
Neunkirchen
Ludwigsthal
Spiesen-Elversberg
Kohlhof
Limbach
Altstadt
Kirkel
St Ingbert
Rohrbach
Hassel
Blieskastel
Lautzkirchen
Niederwürzbach
Alschbach
Webenheim
Mimbach
Mölschbacherhof
Ommersheim
Ensheim
Saarbrücken-Ensheim
Mandelbachtal
Ormesheim
Wittersheim
Bebelsheim
Gersheim
Reinheim
Habkirchen
Bliesbruck
Niedergailbach
Obergailbach
Erching
Epping
Rimling
Volmunster
Ormersviller
Schweyen
Loutzviller
Hornbach
Althornbach
Dietrichingen
Mauschbach
Großsteinhausen
Riedelberg
Walsheim
Kleinsteinhausen
Bottenbach
Winzeln
Vinningen
Kröppen
Trulben
Eppenbrunn
Hilst
Schweix
Liederschiedt
Breidenbach
Bousseviller
Lengelsheim
Hanviller
Roppeviller
Haspelschiedt
Nousseviller-lès-Bitche
Schorbach
Bitche
Hottviller
Sarreguemines
Sarreinsming
Wiesviller
Woelfling-lès-Sarreguemines
Gros-Réderching
Petit-Réderching
Siersthal
Enchenberg
Sturzelbronn
Camp militaire de Bitche
St Wendel
Ottweiler
Schiffweiler
Friedrichsthal
Sulzbach
Saarbrücken
Namborn
Oberthal
Reitscheid
Selchenbach
Langenbach
Herschweiler-Pettersheim
Krottelbach
Frohnhofen
Altenkirchen
Dittweiler
Breitenbach
Dunzweiler
Fürth
Hangard
Münchwies
Frankenholz
Oberbexbach
Wellesweiler
Niederbexbach
Heinitz
Rentrisch
Scheidt
Bliesransbach
Bliesmengen-Bolchen
Kleinblittersdorf
Auersmacher
Parc archéologique européen
Schwarzenacker
Römermuseum
Karlsberg
Sanddorf
Reiskirchen
Erbach
Bruchhof
Eichelscheid
Fechingen
Eschringen
Heckendalheim
Biesingen
Wecklingen
Ballweiler
Wolfersheim
Böckweiler
Breitfurt
Bliesdalheim
Herbitzheim
Seyweiler
Brenschelbach
Altheim
Peppenkum
Medelsheim
Riesweiler
Utweiler
Stuppacherhof
Walschbronn
Waldhouse
Dorst
Rolbing
Obersimten
Niedersimten
Lemberg
Ruhbank
Fehrbach
Staffelhof
Hengsberg
Gersbach
Windsberg
Walshausen
Hubertshof
Hochstellerhof
Felsenbrunnerhof
Kettrichhof
Eschweiler
Mittelbach
Hengstbach
Wahlerhof
Wattweiler
Bubenhausen
Ernstweiler
Schwarzenbach
Wörschweiler
Oberauerbach
Niederauerbach
Falkenbusch
Stambach
Rimschweiler
Kirrberg
Erlenbrunn
Fröschen
Thalfröschen
Ebersberg
Hohlenbach
Saal
Bubach
Marth
Hoof
Osterbrücken
Leitersweiler
Urweiler
Remmesweiler
Niederlinxweiler
Werschweiler
Wetschhausen
Steinbach
Welschbach
Stennweiler
Landsweiler
Sinnerthal
Wellesweiler
Haus Furpach
Eschweilerhof
Reichenbrunn
Oberwürzbach
Rittershof
Seelbach
Bliesdalheim
Niedergailbach
Folpersviller
Blies-Ebersing
Blies-Guersviller
Zetting
Dieding
Neufgrange
Remelfing
Sarreguemines
Urbach
Guiderkirch
Bettviller
Hoelling
Rahling
Schmittweiler
Waldziegelhütte
Höchen
Websweiler
Lautenbach
Remmesfurth
Turm
Neumünster
Ziegelhütte
Mainzweiler
Habenichts
Leopoldsthal
Heiligenwald
Bildstock
Elversberg
Schnappach
Schüren
Altenwald
Rohrbach
Sengscheid
Eichelscheiderhof
Ohmbach
Frutzweiler
Ohm
Schwarzbach
Nassau
Rehweiler
Eisenbach
Godelhausen
Gimsbach
Steinbach am Glan
Dietschweiler
Elschbach
Katzenbach
Reuschbach
Obermohr
Niedermohr
Kirchmohr
Bettenhausen
Schrollbach
Weltersbach
Miesenbach
Perlenberg
Einsiedlerhof
Steigerhof
Mackenbach
Siegelbach
Kühbörncheshof
Pörrbach
Fockenberg-Limbach
Albersbach
Bosenbach
Friedelhausen
Wolfskirche
Kreimbach-Kaulbach
Olsbrücken
Schallodenbach
Hirschhorn
Sulzbachtal
Zweikirchen
Ruthweiler
Dennweiler-Frohnbach
Bledesbach
Pfeffelbach
Reichweiler
Albessen
Herchweiler
Haupersweiler
Seitzweiler
Gehweiler
Hirstein
Furschweiler
Gronig
Roschberg
Hofeld
Mauschbach
Alsfassen
Breiten
Bliesen
Steinberg
Mittelbexbach
Heiligenwald
Hermersbergerhof
Heltersberg
Wiesbach
Kleinbundenbach
Merzalben
Waldfischbach-Burgalben
Münchweiler an der Rodalb
Rodalben
Ruppertsweiler
Lemberg
Fehrbach
Hengsberg
Erlenbrunn
Obersimten
Stausteinerhof
Schelermühle
Imsbacherhof
Ransbrunnerhof
Glashütte
Ludwigswinkel
Hohekirkel
La Hardt
La Main du Prince
Belle-Roche
Saarbrücken-Ensheim
Ensheim
Aßweiler
Rubenheim
Wittersheim
Erfweiler-Ehlingen
Bliesdalheim
Kahlenberg
Blickweiler
Bierbach
Biesingen
Wolfersheim
Mimbach
Reinheim
Hornbach
Opperding
Ohrenthal
Dietrichingen
Hottviller
Olsberg
Weiskirch
Epping
Ste Anne
Bliesbruck
Hermes Kappel
Wiesviller
Grosbliederstroff
Simsernof
Légeret
Neumühle
Freudenberg
Breitenstein
D 35
A 6
A 8
A 62
E 50
423
424
420
269
270
41
Lothringen

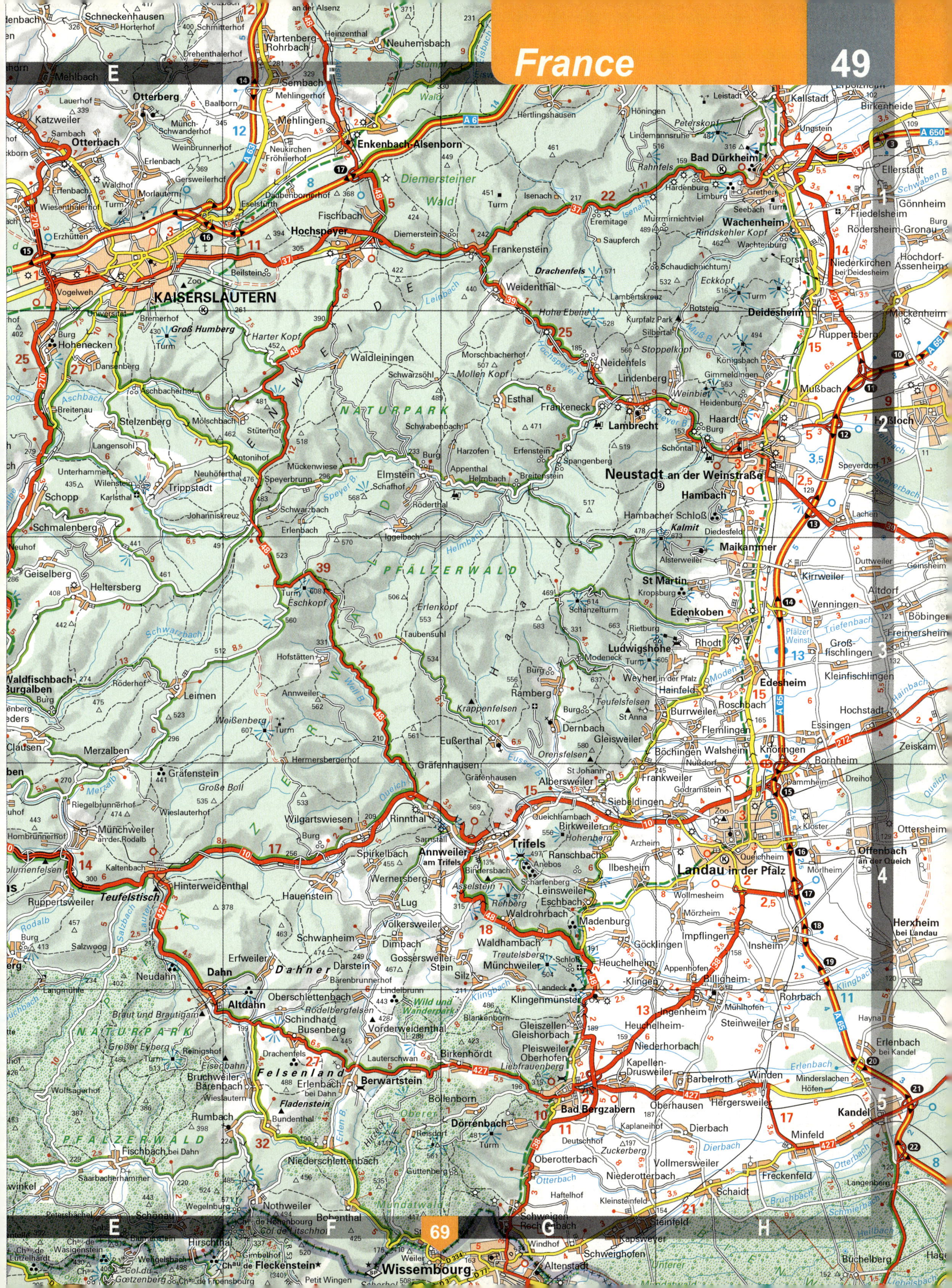
Kaiserslautern
Otterberg
Otterbach
Enkenbach-Alsenborn
Hochspeyer
Fischbach
Mehlingen
Sembach
Neuhemsbach
Diemersteiner Wald
Frankenstein
Weidenthal
Bad Dürkheim
Wachenheim
Deidesheim
Forst
Kallstadt
Ungstein
Ellerstadt
Friedelsheim
Gönnheim
Rödersheim-Gronau
Hochdorf-Assenheim
Niederkirchen bei Deidesheim
Ruppertsberg
Meckenheim
Mußbach
Haßloch
Lambrecht
Neustadt an der Weinstraße
Hambach
Hambacher Schloß
Maikammer
St Martin
Edenkoben
Kirrweiler
Venningen
Altdorf
Böbingen
Freimersheim
Rhodt
Edesheim
Ludwigshöhe
Großfischlingen
Kleinfischlingen
Hochstadt
Essingen
Zeiskam
Bornheim
Landau in der Pfalz
Ottersheim
Offenbach an der Queich
Herxheim bei Landau
Insheim
Rohrbach
Billigheim
Steinweiler
Erlenbach bei Kandel
Kandel
Minfeld
Freckenfeld
Winden
Barbelroth
Bad Bergzabern
Oberhausen
Dierbach
Vollmersweiler
Niederotterbach
Oberotterbach
Schweigen-Rechtenbach
Schweighofen
Wissembourg
Annweiler am Trifels
Trifels
Rinnthal
Wilgartswiesen
Hauenstein
Dahn
Erfweiler
Altdahn
Schindhard
Busenberg
Bundenthal
Fischbach bei Dahn
Rumbach
Nothweiler
Bobenthal
Schönau
Hirschthal
Dörrenbach
Birkenhördt
Klingenmünster
Gleiszellen-Gleishorbach
Pleisweiler-Oberhofen
Waldrohrbach
Waldhambach
Münchweiler
Silz
Lug
Gossersweiler-Stein
Völkersweiler
Merzalben
Gräfenstein
Leimen
Heltersberg
Geiselberg
Schmalenberg
Schopp
Trippstadt
Stelzenberg
Hohenecken
Elmstein
Esthal
Frankeneck
Neidenfels
Lindenberg
Waldleiningen
Naturpark Pfälzerwald
Pfälzerwald
Eußerthal
Ramberg
Dernbach
Gleisweiler
Burrweiler
Flemlingen
Böchingen
Walsheim
Knöringen
Frankweiler
Albersweiler
Siebeldingen
Godramstein
Birkweiler
Ilbesheim
Leinsweiler
Eschbach
Madenburg
Göcklingen
Heuchelheim-Klingen
Impflingen
Mörzheim
Wollmesheim
Arzheim
Ranschbach
Münchweiler an der Rodalb
Teufelstisch
Hinterweidenthal
Ruppertsweiler
Salzwoog
Kaltenbach
Felsenland
Berwartstein
Erlenbach bei Dahn
Niederschlettenbach
Oberschlettenbach
Vorderweidenthal
Lauterschwan
Böllenborn
Kapellen-Drusweiler
Niederhorbach
Ingenheim
Mühlhofen
Wanderpark
Wild und Wanderpark
Fladenstein
Clausen
Waldfischbach-Burgalben
Weißenberg
Eschkopf
Kalmit
Drachenfels
Hohe Ebene
Stoppelkopf
Rotsteig
Eckkopf
Wachtenburg
Limburg
Hardenburg
Leistadt
Haardt
Schöntal
Speyerdorf
Lachen
Diedesfeld
Kropsburg
Hainfeld
Weyher in der Pfalz
Roschbach
Burgalben
E
F
G
H
1
2
3
4
5
A 6
A 63
A 65
A 650
37
48
39
10
427
272
271
38
69

0 2 4 6 8 10 km

C
D
1
2
3
4
5
A
B
79
Chenal
Grd Romont
Grande Île
Île Long
D ' É M E R A U D E
★★★ C Ô T E
Cap Fréhel ★★★
Fort la Latte ★★
La Latte
Roche-Lossoye
Anse des Sévignés
Lande de Fréhel
Plévenon
St-Géran
Frênaye
Pointe de St-Cast ★★
St-Cast-le-Guildo ★
Notre-Dame
Pte de la Garde ★★
Pen-Guen
Pte du Chevet
Île Agot
Île Ébihens
St-Briac-s-Mer
Lancieux
Pte de la Garde Guérin
Plage du Port-Hue
Pte du Décollé
St-Lunaire ★
★★ DINARD
St-Enogat
Passage du Décollé
Île de Cézembre
Le Grd-Jardin
Île Harbour
Grd Bé
★★★ ST-MALO
Rochebonne
★ Paramé
Les Haies de la Conchée
Rochers sculptés
Rothéneuf
Pte de la Varde
Le Minihic
Pte du Meinga
Les Tintiaux
Île Du Guesclin
La Guimorais
Le Lupin
★★ Pnte du Grouin
Îles des Landes
La Pierre de Herpin
Port-Mer
Basse-Cancale
Port-Briac
Îles des Rimains
Pointe de la Chaîne
Pointe du Hock
Cancale ★
St-Coulomb
La Mare
Le Verger
St-Vincent
St-Ideuc
Le Gué
La Croix Blanche
La Beuglais
Les Portes Rouges
Terrelabouët
La Coudre
La Massuère
La Buzardière
Grand-Frotu
St-Méloir-des-Ondes
Blessin
St-Servan-s-M. ★
Grd Aquarium ★★
Pte de la Vicomte
La Richardais
Usine marémotrice
La Passagère
St-Jouan-des-Guérets
Les Gastines
Château-Malo
La Chapelle-de-la-Lande
La Gouesnière
St-Benoît-des-Ondes
Vildé-la-Marine
La Quémière
La Fresnais
Hirel
Le Vivier-s-Mer
Mirlange
La Guéhairie
St-Père
St-George
Les Landes
La Motte
Bonaban
Les Quatre Croix
La Pigassière
Le Roblin
St-Guinoux
Le Turmeau
Châteauneuf-d'Ille-et-Vilaine
Lillemer
Le Fédeuil
★ Dol-de-Bretagne
Mesnil-des-Aulnays
L'Angle
Le Havre
St-Suliac
Tréguondé
La Rabinais
Mont Garrot
Les Bagais
Langrolay-sur-Rance
La Ville-ès-Nonais
Le Minihic-s-Rance
Pleurtuit
Montmarin
La Jouvente
La Landriais
Le Bos
Rance
Magdeleine
Dinard
Bourgneuf
Les Rues
Kergoat
Rogerais
La Ville-Agan
Le Pont
Fourberie
La Fosse
La Chapelle
Prévotais
La Ville-Nizan
La Ville-aux-Monniers
La Mettrie
La Ruais
Ploubalay
La Hamonais
Frémur
Vaulou
Trémereuc
Tréméfour
Pleslin
La Chiennais
Le Gray
Le Chesnay
Ville-Oger
La Rochardais
Pont-Cornou
Pont-Arson
Giclais
Trégon
La Ville-ès-Comte
Beaussais
St-Jacut-de-la-Mer ★
Biord
Plage du Rougeret
Pte de Bay
Le Biot
Ste-Brigitte
Quatre Vaux
St-Jaguel
Pierres Sonnantes
N.-D. du Guildo
Le Guildo
Ville-Briend
Le Kerpont
Guébriand
La Croix-aux-Merles
Brousse
St-Gallery
La Hauguemorais
St-Potan
La Ville-Robert
La Saudrale
St-Pierre
Créhen
St-Lormel
Pluduno
Vx-Bourg
La Rougerais
La Ville
Le Bourg
La Chapelle
La Cour
Le Chesnay
L'Hôpital
Trécaradeuc
St-Germain
La Baillie
La Ville-Norme
Le Meurtel
L'Isle
Baie de la Frênaye
Trécelin
Ville-Roger
Les Rues
St-Aide
Port-à-la-Duc
Crissouet
Pléboulle
Matignon
Le Temple
Ville Abbé
Les Mauffries
Ruca
Le-Clos-Noël
La Rompaie
La Ville-Oreux
D 786
D 603
D 168
D 137
D 155
D 355
D 201
D 794
GR 34

Agon-Coutainville
Regnéville-s-Mer
Pointe d'Agon
Montmartin-s-Mer
Hauteville-Plage
Annoville
Lingreville
Bricqueville-s-Mer
Bréhal
St-Martin-de-Bréhal
Coudeville-Plage
Coudeville-s-Mer
Bréville-s-Mer
Donville-les-Bains
Longueville
Granville
Pointe du Roc
Banc de Tombelaine
St-Pair-s-Mer
Kairon-Plage
Le Pont-Bleu
Jullouville
Edenville
Carolles-Plage
Le Pignon Butor
Cabane Vauban
Pointe de Champeaux
St-Jean-le-Thomas
Bec d'Andaine
Genêts
BAIE
DU MONT-SAINT-MICHEL
Tombelaine
Pointe du Grouin du Sud
Pointe de Roche-Torin
LE MONT-ST-MICHEL
Avranches
Pontaubault
Ducey
Beauvoir
Pontorson
Cherrueix
St-Broladre
Roz
St-Georges-de-Gréhaigne
Chausey
Le Pignon
Les Huguenans
route submersible
Fermé à la circulation
Montchaton
Orval
Hyenville
Hérenguerville
Quettreville-s-Sienne
Trelly
Contrières
Nicorps
Saussey
Courcy
Belval
Ouville
Cerisy-la-Salle
Roncey
Guéhébert
Grimesnil
St-Denis-le-Gast
Hambye
Abbe de Hambye
Lengronne
Cérences
Le Mesnil-Aubert
Muneville-s-Mer
Chanteloup
Gavray
Le Mesnil-Amand
Le Loreur
Hudimesnil
La Meurdraquière
Le Mesnil-Rogues
Villedieu-les-Poêles
Beauchamps
Folligny
St-Planchers
Champrepus
Hocquigny
La Haye-Pesnel
Abbe de La Lucerne
La Lucerne-d'Outremer
St-Pierre-Langers
Sartilly
Champcervon
La Rochelle-Normande
Les Chambres
Montviron
Champcey
Bacilly
Marcey-les-Grèves
Vains
St-Senier-s-Avranches
St-Martin-des-Champs
St-Quentin-s-le-Homme
Le Val-St-Père
Céaux
Courtils
Huisnes-s-Mer
Ardevon
Tanis
Servon
Précey
Juilley
Poilley
Crollon
Macey
Vergoncey
Les Chéris
Marcilly
Tirepied
Vernix
Brécey
Le Petit-Celland
La Godefroy
St-Ovin
Braffais
Fleury
Bourguenolles
Rouffigny
La Trinité
E
F
G
H
31
52
80
1
2
3
4
5

0 2 4 6 8 10 km
Cerisy-la-Salle
Dangy
Soulles
Le Mesnil-Herman
Roches de Ham
Condé-s-Vire
Torigni-s-Vire
Placy-Montaigu
Dampierre
Bieville
Caumont-l'Éventé
Cahagnes
Canteloup
St-Pierre-du-Fresne
Jurques
Brectouville
Giéville
Guilbervillle
St-Louet-s-Vire
Domjean
La Haye-Bellefond
Moyon
Fervaches
Tessy-s-Vire
Beuvrigny
Chevry
Villebaudon
Maupertuis
Beaucoudray
Hambye
Abbé de Hambye
Percy
Montabot
Mont Robin
Gouvets
Pont-Farcy
Ste-Marie-Outre-l'Eau
Pont-Bellanger
Malloué
Bures-les-Monts
Mont-Bertrand
Campeaux
St-Martin-des-Besaces
St-Denis-Maisoncelles
La Ferrière-Harang
Brémoy
St-Pierre-Tarentaine
Le Tourneur
Le Bény-Bocage
Montamy
Carville
Montchauvet
Ste-Marie-Laumont
St-Martin-Don
St-Vigor-des-Monts
Le Chefresne
Margueray
Montbray
Morigny
Landelles-et-Coupigny
Beaumesnil
Campagnolles
Étouvy
La Graverie
Le Reculey
Le Désert
Estry
Presles
Le Theil-Bocage
Villedieu-les-Poêles
La Colombe
Sept-Frères
Le Mesnil-Benoist
Coulonces
Burcy
Pierres
Courson
Le Mesnil-Caussois
Mesnil-Clinchamps
Vire
Vaudry
Chênedollé
Viessoix
Ste-Cécile
Beslon
St-Aubin-des-Bois
St-Sever-Calvados
St-Manvieu-Bocage
St-Martin-de-Tallevende
Roullours
St-Maur-des-Bois
Fontenermont
La Chapelle-Cécelin
Boisyvon
Chérencé-le-Héron
St-Martin-le-Bouillant
Coulouvray-Boisbenâtre
Champ-du-Boult
St-Germain-de-Tallevende-la-Lande-Vaumont
Maisoncelles-la-Jourdan
Truttemer-le-Grand
Truttemer-le-Petit
Le Ménil-Ciboult
Tinchebray
Les Loges-s-Brécey
Gathemo
St-Michel-de-Montjoie
Vengeons
St-Pois
Brécey
Perriers-en-Beauficel
Beauficel
Lingeard
Cuves
St-Christophe-de-Chaulieu
Chaulieu
Sourdeval
Le Petit-Celland
Le Mesnil-Gilbert
Le Mesnil-Adelée
Chérencé-le-Roussel
Le Fresne-Poret
Le Grand-Celland
Juvigny-le-Tertre
Le Mesnil-Tôve
Bellefontaine
St-Barthélemy
St-Clément-Rancoudray
Ger
Le Mesnil-Ozenne
Reffuveille
Le Mesnil-Rainfray
La Chapelle-Urée
Le Neufbourg
Mortain
Beauchêne
Chasseguey
Romagny
La Bazoge
Isigny-le-Buat
Le Mesnillard
Fontenay
Martigny
Chèvreville
Milly
Bion
St-Jean-du-Corail
Barenton
Lonlay-l'Abbaye
St-Georges-de-Rouelle
Parigny
Virey
St-Hilaire-du-Harcouët
Villechien
Rouelle

Villers-Bocage
Aunay-s-Odon
Thury-Harcourt
Bretteville-s-Laize
Clécy
Falaise
Condé-s-Noireau
Vassy
Pont-d'Ouilly
Putanges-Pont-Écrepin
Flers
Athis-de-l'Orne
Messei
Briouze
Écouché
Rânes
La Ferté-Macé
Domfront
Tinchebray
La Ferrière-aux-Étangs
St-Pierre-du-Regard
Roche d'Oëtre
Brèche au Diable
Mont Pinçon
Montilly-sur-Noireau
Ste-Honorine-la-Chardonne
Ménil-Hubert-sur-Orne
St-Philbert-sur-Orne
Rabodanges
Mt Myrrha
La Carneille
Landigou
Chênedouit
Ste-Opportune
Craménil
St-Hilaire-de-B.
Pointel
Lignou
Les Yveteaux
Lougé-sur-Maire
St-Ouen-sur-Maire
Montgaroult
Ménil-Glaise
Batilly
Sevrai
Cintheaux
Soulangy
Potigny
Ussy
Villers-Canivet
St-Pierre-Canivet
Aubigny
Versainville
Fresné-la-Mère
Martigny-s-l'Ante
Leffard
Pierrepont
Pierrefitte-en-Cinglais
Cossesseville
Le Vey
St-Omer
Combray
Goupillières
Curcy-s-Orne
Esson
Cauville
Périgny
Lassy
Proussy
La Rocque
Cerisy-Belle-Étoile
Landisacq
Chanu
La Chapelle-Biche
Durcet
La Lande-St-Siméon
Taillebois
Bazoches-au-Houlme
Neuvy-au-Houlme
Champcerie
Habloville
Giel-Courteilles
La Courbe
Montreuil-au-Houlme
Faverolles
Saires-la-Verrerie
Banvou
Dompierre
Champsecret
Beauvain
St-Georges-d'Annebecq
La Sauvagère
La Coulonche
Le Châtellier
Bellou-en-Houlme
Le Ménil-de-Briouze
Échalou
Landigou
E
F
G
H
33
82
54
1
2
3
4
5

0 2 4 6 8 10 km
53
34
83
30
23
A
B
C
D
1
2
3
4
5
St-Pierre-s-Dives
Vendeuvre
Livarot
Vimoutiers
Falaise
Trun
Argentan
Gacé
Écouché
Mortrée
Sées
Le Merlerault
Haras National du Pin
Le Bourg-St-Léonard
Exmes
Camembert
Morteaux-Coulibœuf
Mont-Ormel
Chambois
Forêt de Gouffern
Nonant-le-Pin
Courtomer
Ticheville
Orville
Canapville
Fervaques
Cernay
Prêtreville
Auquainville
Le Sap
Mardilly
Neuville-sur-Touques
Fresnay-le-Samson
Roiville
Champosoult
Croisilles
Ginai
Coulmer
Cisai-St-Aubin
Orgères
Échauffour
Ménil-Froger
Almenêches
Médavy
Marmouillé
Chailloué
Neauphe-sur-Dive
Coudehard
Montabard
Occagnes
Sévigny
Sai
Urou-et-Crennes
Juvigny-sur-Orne
Sarceaux
Fleuré
Tanques
Vrigny
Boucé
Avoine
Montmerrei
Macé
Francheville
Ménil-Glaise
Commeaux
Montgaroult
Brieux
Ommoy
Louvières-en-Auge
Ammeville
Abbeville
Barou-en-Auge
Louvagny
Vicques
Jort
Courcy
Ernes
Magny-la-Campagne
Thiéville
Mittois
Boissey
Castillon-en-Auge
Heurtevent
Tortisambert
Lisores
Bellou
Meulles
Familly
Cerqueux
Préaux-St-Sébastien
Les Moutiers-Hubert
St-Ouen-le-Houx
N.-D.-de-Courson
Gâprée
St-Léonard-des-Parcs
Brullemail
Godisson
Montrond
Neuville-près-Sées
Les Authieux-du-Puits
Lignerès
Champ-Haut
Le Ménil-Vicomte
Résenlieu
Avernes-sous-Exmes
Ménil-Hubert-en-Exmes
Villebadin
Omméel
Silly-en-Gouffern
Aunou-le-Faucon
Fontenai-sur-Orne
Goulet
Serans
Louée
Commeaux
Sentilly
Moulins-sur-Orne
Tournai-sur-Dive
Aubry-en-Exmes
Guêprei
Fourches
Merri
Vignats
Nécy
Rônai
Pommainville
Bailleul
Villedieu-lès-Bailleul
Coulonces
Montreuil-la-Cambe
Norrey-en-Auge
Les Moutiers-en-Auge
Le Marais-la-Chapelle
Beaumais
Fresné-la-Mère
Crocy
Perrières
Épaney
Ailly
Mont-Jacob
Grisy
Hiéville
Ouville-la-Bien-Tournée
Percy-en-Auge
Vieux-Fumé
Écajeul
Bretteville-s-Dives
Vieux-Pont-en-Auge
Coupesarte
Le Mesnil-Durand
Le Mesnil-Germain
St-Michel-de-Livet
Ste-Marguerite-des-Loges
Cheffreville-Tonnencourt
La Croupte
Tordouet
St-Martin-de-Bienfaite-la-Cressonnière
Le Mesnil-Eudes
Fin 2011

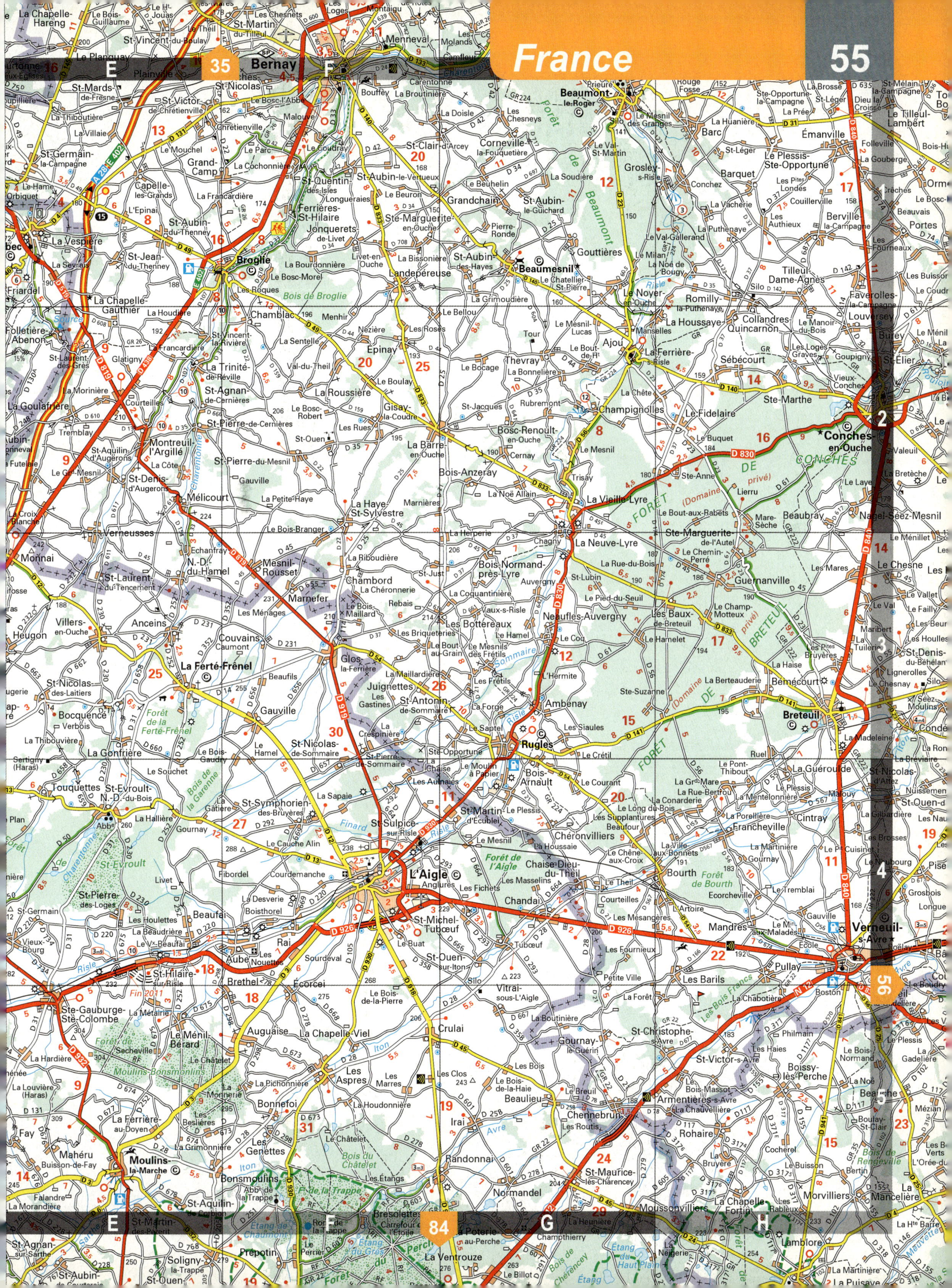
Bernay
Beaumont-le-Roger
Broglie
Beaumesnil
Conches-en-Ouche
La Ferrière-sur-Risle
La Vieille-Lyre
La Neuve-Lyre
Rugles
Breteuil
L'Aigle
Verneuil-s-Avre
La Ferté-Frênel
Moulins-la-Marche
Forêt de Conches
Forêt de Breteuil
Forêt de Beaumont
St-Évroult-N.-D.-du-Bois
Chandai
Bourth
Crulai
Randonnai
Normandel
Montreuil-l'Argillé
Glos-la-Ferrière
Damville
Le Sap
35
56
84

56
0 2 4 6 8 10 km
36
55
85
A
B
C
D
1
2
3
4
5
ÉVREUX
Conches-en-Ouche
Pacy-s-Eure
St-André-de-l'Eure
Damville
Nonancourt
Verneuil-s-Avre
Dreux
Ivry-la-Bataille
Anet
Brezolles
St-Georges-Motel
Vernouillet
Forêt d'Évreux
Forêt de Merey
Forêt d'Ivry
Forêt de Dreux
Guichainville
Gravigny
Angerville-la-Campagne
Arnières-s-Iton
Aulnay-s-Iton
La Bonneville-s-Iton
Gaudreville-la-Rivière
Le Plessis-Grohan
Grossœuvre
Prey
St-Luc
Serez
Mousseaux-Neuville
Marcilly-s-Eure
Tillières
St-Lubin-des-Joncherets
St-Rémy-s-Avre
Sorel-Moussel
Chérisy
Mézières-en-Drouais
Saulnières
St-Ange-et-Torçay
Crécy-Couvé
Louvilliers-en-Drouais
Châtaincourt
Laons
Dampierre-s-Avre
Muzy
Montreuil

Mantes-la-Jolie
Mantes-la-Ville
Limay
Les Mureaux
Meulan
Vigny
Houdan
Rambouillet
Thoiry
Montfort-l'Amaury
Plaisir
Élancourt
Maurepas
Trappes
St-Quentin-en-Yvelines
Bonnières-s-S.
La Roche-Guyon
Giverny
Aubergenville
Epône
Guerville
Rosny-s-S.
Forêt de Rosny
Magnanville
Septeuil
Orgerus
Richebourg
Gambais
St-Léger-en-Yvelines
Le Perray-en-Yvelines
Dampierre-en-Yvelines
Chevreuse
Limours
St-Nom-la-Bretèche
Les Clayes-s/s-Bois
Neauphle-le-Château
Jouars-Pontchartrain
Les Essarts-le-Roi
Le Mesnil-St-Denis
Cergy
Poissy
Triel-s-Seine
Verneuil-s-Seine
Meulan
Ecquevilly
Maule
Beynes
Seine
Parc Naturel Régional de la Haute-Vallée de Chevreuse
E
F
G
H
37
86
58
1
2
3
4
5

0 2 4 6 8 10 km
A
B
C
D
1
2
3
4
5
38
57
87
Pontoise
Cergy-Pontoise
Conflans-Ste-Honorine
Herblay
Maisons-Laffitte
Poissy
ST-GERMAIN-EN-LAYE
Argenteuil
Sartrouville
Houilles
Bezons
Colombes
Asnières
Clichy
Levallois-Perret
Courbevoie
La Défense
Nanterre
Rueil-Malmaison
Chatou
Le Vésinet
Le Pecq
Puteaux
Suresnes
Neuilly-s-S.
Boulogne-Billancourt
St-Cloud
PARIS
Tour Eiffel
Notre-Dame
Vincennes
Montreuil
ST-DENIS
St-Ouen
Aubervilliers
Pantin
Bobigny
Drancy
Le Bourget
Aulnay-s/s-Bois
Livry-Gargan
Villepinte
Sevran
Le Blanc-Mesnil
Bondy
Le Raincy
Gagny
Rosny-s/s-Bois
Noisy-le-Sec
Romainville
Les Lilas
Bagnolet
Nogent-s-M.
Neuilly-Plaisance
Champigny-s-M.
Joinville-le-Pont
St-Maur-des-Fossés
Charenton-le-Pont
Maisons-Alfort
CRÉTEIL
Bonneuil-s-M.
Alfortville
Ivry-s-Seine
Vitry-s-Seine
Le Kremlin-Bicêtre
Villejuif
L'Haÿ-les-Roses
Chevilly-Larue
Thiais
Choisy-le-Roi
Orly
Villeneuve-le-Roi
Athis-Mons
Paray-Vieille-Poste
Chilly-Mazarin
Juvisy-s-Orge
Savigny-s-Orge
Morsang-s-Orge
Grigny
Ris-Orangis
EVRY
Montrouge
Malakoff
Vanves
Issy-les-M.
Clamart
Châtillon
Bagneux
Arcueil
Cachan
Fontenay-aux-Roses
Sceaux
Bourg-la-Reine
Châtenay-Malabry
Le Plessis-Robinson
Antony
Fresnes
Massy
Palaiseau
Orsay
Les Ulis
Saclay
Bièvres
Meudon
Sèvres
Chaville
Viroflay
Vélizy-Villacoublay
VERSAILLES
Le Chesnay
St-Cyr-l'École
Montigny-le-Bretonneux
Guyancourt
Trappes
Louveciennes
Marly-le-Roi
Bougival
Garches
Vaucresson
Ville-d'Avray
Chevreuse
Longjumeau
Villebon
Montlhéry
Ste-Geneviève-des-Bois
Sarcelles
Montmorency
Enghien-les-Bains
Épinay-s-Seine
Villeneuve-la-Garenne
Gennevilliers
Stains
Garges-lès-G.
Pierrefitte-s-S.
Goussainville
Gonesse
Villiers-le-Bel
Écouen
Ermont
Eaubonne
Sannois
Cormeilles-en-Parisis
Franconville
St-Leu-la-Forêt
Domont
Taverny
Luzarches
AÉROPORT DE PARIS CHARLES DE GAULLE
AÉROPORT DE PARIS LE BOURGET
AÉROPORT DE PARIS-ORLY
Montgeron
Brunoy
Yerres
Villeneuve-St-Georges
Valenton
Sucy-en-Brie
Boissy-St-Léger
Limeil-Brévannes
Draveil
Forêt de Sénart

MEAUX
Coulommiers
Lagny-s-Marne
Disneyland Resort Paris
Brie-Comte-Robert
Rozay-en-Brie
Lizy-s-Ourcq
Dammartin-en-Goële
Claye-Souilly
Mitry-Mory
Noisiel
Torcy
Pontault-Combault
Roissy-en-Brie
Ozoir-la-Ferrière
Tournan-en-Brie
Crécy-la-Chapelle
La Ferté-s-Jouarre
Jouarre
Trilport
Serris
Chessy
Bussy-St-Georges
Ferrières-en-Brie
Guermantes
Villeparisis
Nanteuil-lès-Meaux
Quincy-Voisins
Coupvray
Esbly
Montry
Faremoutiers
Mortcerf
Fontenay-Trésigny
Chaumes-en-Brie
Voulangis
Villeneuve-le-Comte
La Houssaye-en-Brie
Marles-en-Brie
Pommeuse
Mouroux
Jablines
Charny
Marchémoret
St-Soupplets
Monthyon
Penchard
Varreddes
Congis-s-Thérouanne
Ocquerre
Mary-s-Marne
Changis-s-Marne
Sammeron
Signy-Signets
Pierre-Levée
Vaucourtois
La Haute-Maison
Giremoutiers
St-Augustin
Mauperthuis
Touquin
Pézarches
Lumigny
Neufmoutiers-en-Brie
Les Chapelles-Bourbon
Chevry-Cossigny
Servon
Lésigny
Férolles-Attilly
Gretz-Armainvilliers
Presles-en-Brie
Liverdy-en-Brie
Grisy-Suisnes
Coubert
Évry-Grégy
Solers
Ozouer-le-Voulgis
Courquetaine
Argentières
Courpalay
Vaudoy-en-Brie
La Chapelle-Iger
Pécy
Guignes
Yèbles
Champdeuil
Limoges-Fourches
Lissy
Aubepierre
Moissy-Cramayel
Forêt de Crécy
Forêt d'Armainvilliers
Marne
E
F
G
H
1
2
3
4
5
39
60
88

0 2 4 6 8 10 km
C
40
D
59
89
A
B
C
D
1
2
3
4
5
Château-Thierry
Coulommiers
La Ferté-Gaucher
La Ferté-s/s-Jouarre
Montmirail
Esternay
Villiers-St-Georges
Jouarre
Rebais
Charly-s-M.
Condé-en-Brie
Dormans
Essômes-s-Marne
Nogent-l'Artaud
Viels-Maisons
Montreuil-aux-Lions
Sablonnières
Chézy-s-Marne
Verdelot
St-Siméon
Choisy-en-Brie
Meilleray
Montolivet
Réveillon
Champguyon
Châtillon-sur-Morin
Courgivaux
Montceaux-lès-Provins
Sancy-lès-Provins
Beton-Bazoches
Courtacon
Marolles-en-Brie
Doue
Boissy-le-Châtel
Chauffry
St-Rémy-la-Vanne
Montdauphin
Vendières
Marchais-en-Brie
Mécringes
Fontenelle-en-Brie
Artonges
Pargny-la-Dhuys
Montigny-lès-Condé
Baulne-en-Brie
Vauchamps
Le Gault-Soigny
Morsains
Joiselle
Neuvy
Villeneuve-la-Lionne
Le Vézier
Tréfols
Bellot
Hondevilliers
Boitron
Orly-s-Morin
St-Ouen-s-Morin
Saâcy-s-M.
Méry
Citry
Luzancy
Nanteuil
Crouttes-s-M.
Saulchery
Romeny-s-M.
Viffort
Montfaucon
Rozoy-Bellevalle
Villiers-St-Denis
Domptin
Coupru
Bézu-le-Guéry
Ste-Aulde
Bussières
Basseville
Pavant
Montlevon
Verdon
Corrobert
Rieux
Montenils
Bergères-s-Montmirail
Charleville
Verdelot
Villeneuve-s-Bellot
St-Germain-s/s-Doue
Mauperthuis
Aulnoy
Chartronges
Leudon-en-Brie
Dagny
Frétoy
Cerneux
Augers-en-Brie
St-Bon
Bouchy-St-Genest
Les Essarts-le-Vicomte
La Forestière
Nesle-la-Reposte
Louan-Villegruis-Fontaine
Beauchery-St-Martin
Pécy
Jouy-le-Châtel
Bannost
Courchamp
Voulton
St-Hilliers
Chenoise
Blesmes
Crézancy
Connigis
Monthurel
St-Agnan
St-Eugène
Courboin
Nesles-la-Montagne
Etampes-s-Marne
Chierry
Brasles
Verdilly
Mont-St-Père
Jaulgonne
Barzy-s-M.
Trélou-s-Marne
Courtemont-Varennes
Reuilly-Sauvigny
Passy-s-M.
Belleau
Bouresches
Lucy-le-Bocage
Marigny-en-Orxois
Veuilly-la-Poterie
Torcy-en-Valois
Étrépilly
Epieds
Bézu-St-Germain
Gandelu
Crouy-s-Ourcq
Germigny-s-s-Coulombs
Coulombs-en-Valois
Dhuisy
Sept-Sorts
Reuil-en-Brie
Chamigny
Sammeron
Signy-Signets
Montmenard
Morin
Aubetin
Volmerot
Dollau
Marne
Surmelin
D 1003
D 933
D 934
D 407
D 603
D 222
D 402
N 4
E 50
A 4

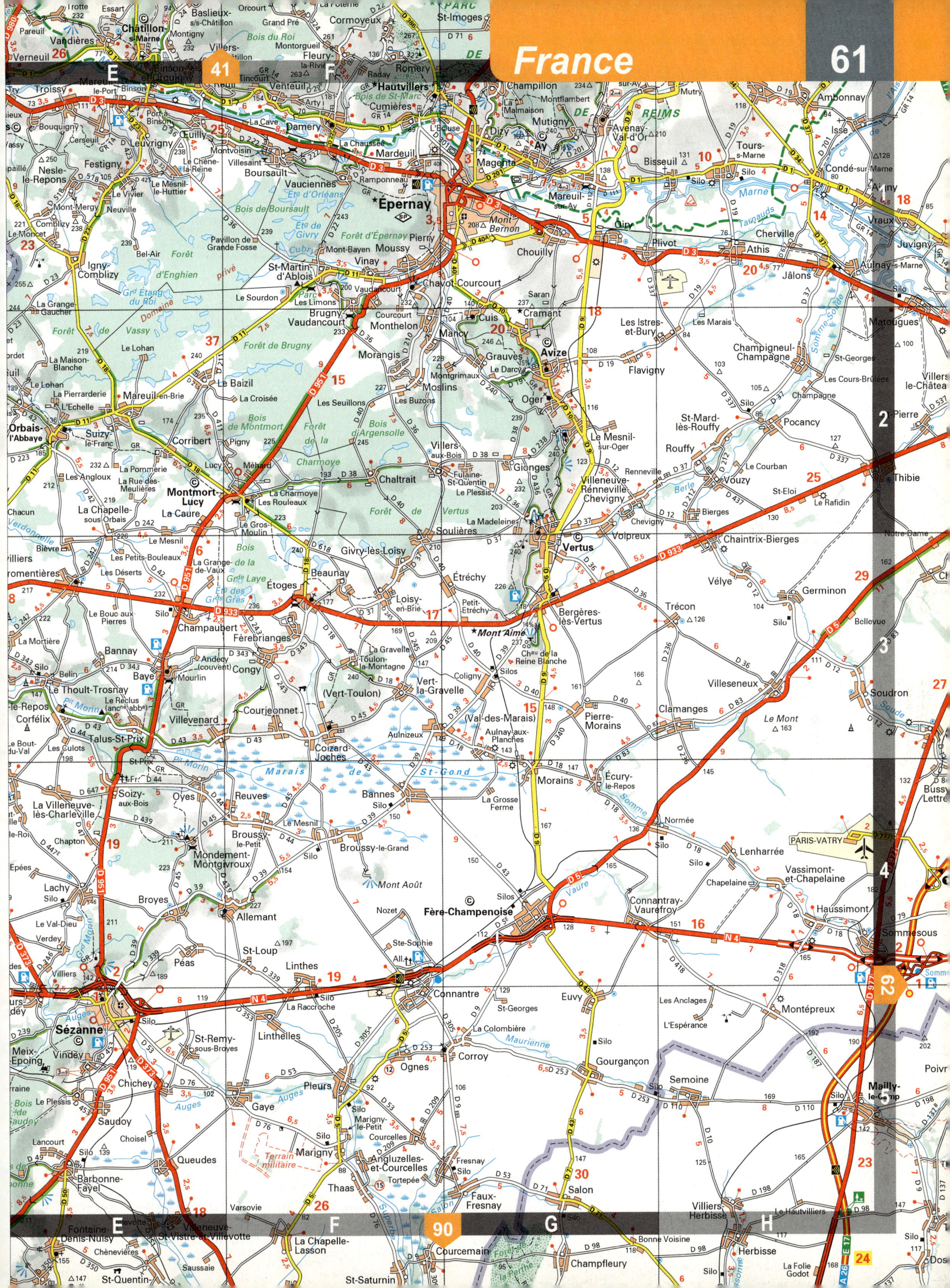

Châtillon-s-Marne
Vandières
Verneuil
Hautvillers
Cumières
St-Imoges
Champillon
Dizy
Ay
Mutigny
Avenay-Val-d'Or
Bisseuil
Tours-s-Marne
Ambonnay
Isse
Condé-sur-Marne
Damery
Mardeuil
Magenta
Mareuil-sur-Ay
Épernay
Pierry
Moussy
Vinay
Chouilly
Plivot
Athis
Cherville
Jâlons
Aulnay-s-Marne
Juvigny
Matougues
St-Martin-d'Ablois
Brugny-Vaudancourt
Monthelon
Chavot-Courcourt
Cuis
Cramant
Avize
Grauves
Oger
Le Mesnil-sur-Oger
Les Istres-et-Bury
Flavigny
Champigneul-Champagne
St-Mard-lès-Rouffy
Rouffy
Pocancy
Vouzy
Thibie
Villeneuve-Renneville-Chevigny
Vertus
Voipreux
Chaintrix-Bierges
Germinon
Vélye
Trécon
Bergères-lès-Vertus
Mont Aimé
Étréchy
Loisy-en-Brie
Givry-lès-Loisy
Soulières
Chaltrait
Villers-aux-Bois
Gionges
Mareuil-en-Brie
Suizy-le-Franc
Orbais-l'Abbaye
Le Baizil
Montmort-Lucy
La Chapelle-sous-Orbais
Étoges
Beaunay
Fèrebrianges
Congy
Champaubert
Bannay
Baye
Talus-St-Prix
Villevenard
Courjeonnet
Coizard-Joches
Vert-la-Gravelle
Villeseneux
Clamanges
Pierre-Morains
Soudron
Morains
Écury-le-Repos
Bannes
Oyes
Reuves
Soizy-aux-Bois
Broussy-le-Petit
Broussy-le-Grand
Mondement-Montgivroux
Allemant
Fère-Champenoise
Connantray-Vaurefroy
Normée
Lenharrée
Vassimont-et-Chapelaine
Haussimont
Sommesous
PARIS-VATRY
Sézanne
Linthes
Linthelles
St-Loup
Connantre
Euvy
Montépreux
Corroy
Ognes
Gourgançon
Semoine
Mailly-le-Camp
Pleurs
Gaye
Chichey
Saudoy
Queudes
Marigny
Angluzelles-et-Courcelles
Faux-Fresnay
Thaas
Salon
Villiers-Herbisse
Herbisse
La Chapelle-Lasson
Courcemain
Champfleury
Barbonne-Fayel
Marais de St-Gond
Forêt de Brugny
Bois de Montmort
Forêt de Vertus
REIMS

0 2 4 6 8 10 km

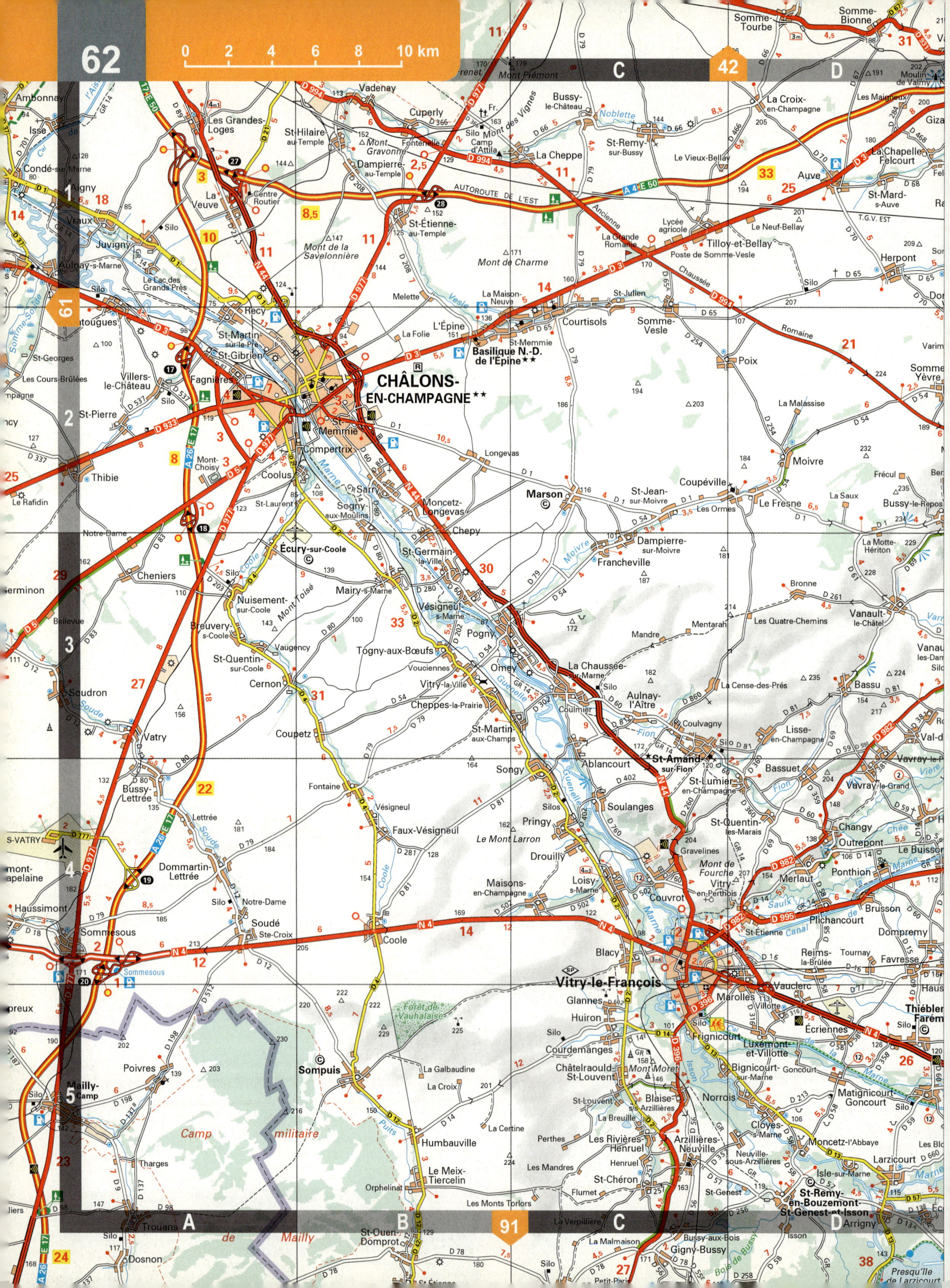
42
61
91
C
D
A
B
Somme-Tourbe
Somme-Bionne
Mont Prémont
Vadenay
Cuperly
Bussy-le-Château
La Croix-en-Champagne
Ambonnay
Isse
Les Grandes-Loges
St-Hilaire-au-Temple
Mont Gravonne
Fontenelle
Silo Camp d'Attila
Mont des Vignes
La Cheppe
Noblette
St-Remy-sur-Bussy
Le Vieux-Bellay
Auve
La Chapelle-Felcourt
Condé-sur-Marne
Dampierre-au-Temple
AUTOROUTE DE L'EST
St-Mard-s-Auve
La Veuve
Centre Routier
St-Étienne-au-Temple
Ancienne
La Grande Romaine
Lycée agricole
Tillov-et-Bellay
Le Neuf-Bellay
T.G.V. EST
Herpont
Vraux
Juvigny
Silo
Mont de la Savelonnière
Mont de Charme
Poste de Somme-Vesle
Chaussée
Aulnay-s-Marne
Le Lac des Grands Prés
La Maison-Neuve
St-Julien
Recy
Melette
Vesle
Courtisols
Somme-Vesle
Romaine
Matougues
St-Martin-sur-le-Pré
St-Gibrien
L'Épine
La Folie
St-Memmie
Basilique N.-D. de l'Épine ★★
Poix
St-Georges
Les Cours-Brûlées
Villers-le-Château
Fagnières
CHÂLONS-EN-CHAMPAGNE ★★
Somme-Yèvre
St-Pierre
St-Memmie
La Malassise
Compertrix
Longevas
Moivre
Thibie
Mont-Choisy
Coolus
Marne
Sarry
Marson
St-Jean-sur-Moivre
Coupéville
Le Fresne
Les Ormes
La Saux
Frécul
Bussy-le-Repos
Le Rafidin
St-Laurent
Sogny-aux-Moulins
Moncetz-Longevas
Chepy
Dampierre-sur-Moivre
La Motte-Hériton
Notre-Dame
Écury-sur-Coole
St-Germain-la-Ville
Francheville
Moivre
Cheniers
Coole
Mairy-s-Marne
Bronne
Nuisement-sur-Coole
Mont Toisé
Vésigneul-s-Marne
Mentarah
Les Quatre-Chemins
Vanault-le-Châtel
Bellevue
Breuvery-s-Coole
Pogny
Mandre
Vaugency
Togny-aux-Bœufs
Omey
La Chaussée-sur-Marne
St-Quentin-sur-Coole
Vouciennes
Cernon
Vitry-la-Ville
Guenelle
La Cense-des-Prés
Bassu
Soudron
Cheppes-la-Prairie
Coulmier
Aulnay-l'Aître
Coulvagny
Soude
Vatry
Coupetz
St-Martin-aux-Champs
Fion
Lisse-en-Champagne
St-Amand-sur-Fion
Ablancourt
Songy
Bassuet
Vavray-le-Petit
Vavray-le-Grand
St-Lumier-en-Champagne
Bussy-Lettrée
Fontaine
Silos
Soulanges
Vésigneul
Lettrée
Faux-Vésigneul
St-Quentin-les-Marais
Changy
Outrepont
Le Buisson
Le Mont Larron
Pringy
Gravelines
Drouilly
Mont de Fourche
S-VATRY
Dommartin-Lettrée
Merlaut
Ponthion
Loisy-s-Marne
Vitry-en-Perthois
Saulx
Maisons-en-Champagne
Brusson
Haussimont
Notre-Dame
Couvrot
Plichancourt
Dompremy
Soudé
Ste-Croix
St-Étienne
Canal
Coole
Sommesous
Blacy
Reims-la-Brûlée
Tournay
Favresse
Sommesous
Vitry-le-François
Vauclerc
Glannes
Marolles
Villotte
Thiéblemont-Farémont
Forêt de Vauhalaise
Huiron
Frignicourt
Écriennes
Courdemanges
Luxémont-et-Villotte
Poivres
Châtelraould-St-Louvent
Mont Moret
Bignicourt-sur-Marne
Goncourt
Sompuis
Norrois
Matignicourt-Goncourt
Mailly-Camp
La Galbaudine
La Croix
St-Louvent
Blaise-s-Arzillières
La Certine
La Breuille
Cloyes-s-Marne
Moncetz-l'Abbaye
Camp
militaire
Puits
Perthes
Les Rivières-Henruel
Arzillières-Neuville
Humbauville
Isle-sur-Marne
Larzicourt
Tharges
Le Meix-Tiercelin
Les Mandres
Henruel
Neuville-sous-Arzillières
Orphelinat
St-Chéron
Flumet
St-Remy-en-Bouzemont-St-Genest-et-Isson
Les Monts Torlors
St-Genest
Trouans
La Vergillière
Arrigny
de
Mailly
St-Ouen-Domprot
Bussy-aux-Bois
Isson
Dosnon
La Malmaison
Gigny-Bussy
Silo
Petit-Paris
Bois de Bussy
Presqu'île de Larzicourt
AUTOROUTE DE L'EST

Ste-Menehould
Givry-en-Argonne
Triaucourt-en-Argonne
Vaubecourt
Revigny-s-Ornain
BAR-LE-DUC
St-Dizier
Sermaize-les-Bains
Heiltz-le-Maurupt
Vavincourt
Ligny-en-Barrois
Ancerville
Souilly
Possesse
Sommeilles
Laheycourt
Contrisson
Brizeaux
Passavant-en-Argonne
Beaulieu-en-Argonne
Les Charmontois
Lisle-en-Barrois
Chaumont-s-Aire
Érize-la-Petite
Érize-la-Grande
Rembercourt-aux-Pots
Seigneulles
Longeville-en-Barrois
Tronville-en-Barrois
Nançois-sur-Ornain
Saudrupt
Stainville
Montplonne
Fains-Véel
Mognéville
Couvonges
Robert-Espagne
Trémont-sur-Saulx
Baudonvilliers
Eurville-Bienville
Chancenay
Bettancourt-la-Ferrée
Moëslains
Valcourt
Eclaron-Braucourt-Ste-Livière
Ste-Marie-du-Lac-Nuisement
Vouillers
St-Vrain
Perthes
Hauteville
Saudrupt
Aulnois-en-Perthois
Cousances-les-Forges
Juvigny-en-Perthois
Dammarie-sur-Saulx
Ménil-sur-Saulx
Velaines
Guerpont
Silmont
Resson
Naives-Rosières
Behonne
Rumont
Belrain
Vaudeville-le-Haut
Nettancourt
Brabant-le-Roi
Villers-aux-Vents
Louppy-le-Château
Noyers-Auzécourt
Charmont
Vernancourt
Sogny-en-l'Angle
Alliancelles
Pargny-s-Saulx
Étrepy
Maurupt-le-Montois
Cheminon
Trois-Fontaines-l'Abbaye
Scrupt
Bussemont
St-Lumier-la-Populeuse
St-Eulien
Villiers-en-Lieu
Hallignicourt
Forêt de Beaulieu
Forêt du Haut Jure
Forêt de Trois-Fontaines

0 2 4 6 8 10 km

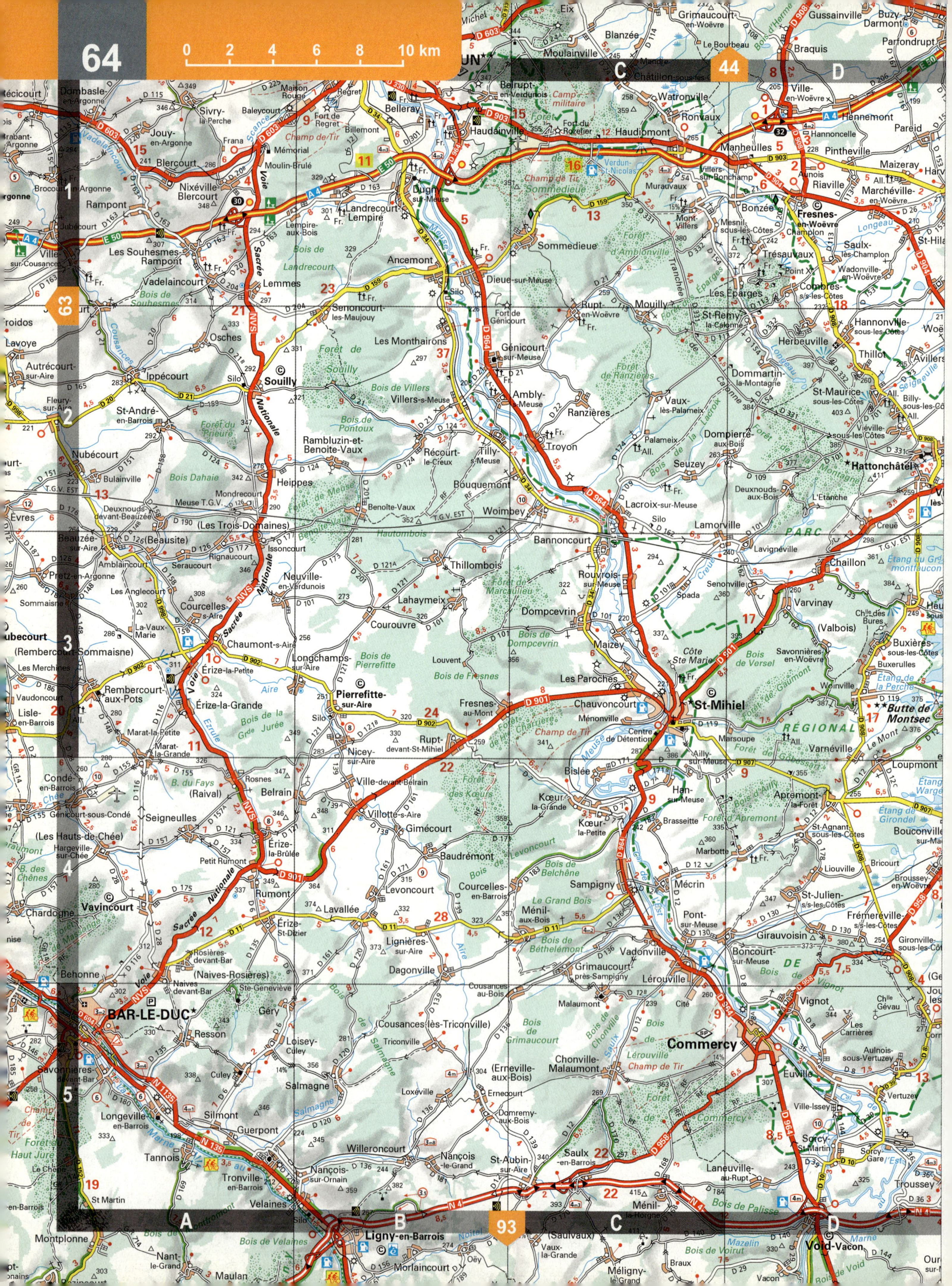

63
44
93
A
B
C
D
1
2
3
4
5
Dombasle-en-Argonne
Sivry-la-Perche
Baleycourt
Maison Rouge
Regret
Fort de Regret
Belleray
Belrupt-en-Verdunois
Camp militaire
Haudainville
Fort du Rozelier
Haudiomont
Watronville
Ronvaux
Châtillon-sous-les-Côtes
Moulainville
Blanzée
Eix
Grimaucourt-en-Woëvre
Le Bourbeau
Braquis
Gussainville
Buzy-Darmont
Parfondrupt
Ville-en-Woëvre
Hennemont
Pareid
Hannoncelle
Pintheville
Maizeray
Manheulles
Villers-sous-Bonchamp
Aulnois
Riaville
Marchéville-en-Woëvre
Bonzée
Fresnes-en-Woëvre
Mesnil-sous-les-Côtes
Champlon
Saulx-lès-Champlon
Trésauvaux
Wadonville-en-Woëvre
Combres-s/s-les-Côtes
Les Éparges
St-Remy-la-Calonne
Hannonville-sous-les-Côtes
Herbeuville
Thillot
Dommartin-la-Montagne
St-Maurice-sous-les-Côtes
Billy-sous-les-Côtes
Viéville-sous-les-Côtes
Hattonchâtel
Dompierre-aux-Bois
Seuzey
Deuxnouds-aux-Bois
L'Étanche
Vaux-lès-Palameix
Palameix
Jouy-en-Argonne
Frana
Champ de Tir
Mémorial
Moulin-Brûlé
Blercourt
Nixéville-Blercourt
Rampont
Landrecourt-Lempire
Lempire-aux-Bois
Dugny-sur-Meuse
Verdun-St-Nicolas
Champ de Tir
Sommedieue
Muraux
Mont-Villers
Les Souhesmes-Rampont
Bois de Landrecourt
Ancemont
Dieue-sur-Meuse
Forêt d'Amblonville
Vadelaincourt
Bois de Souhesmes
Lemmes
Senoncourt-les-Maujouy
Silo
Fort de Génicourt
Rupt-en-Woëvre
Mouilly
Oscnes
Les Monthairons
Génicourt-sur-Meuse
Forêt de Souilly
Souilly
Bois de Villers
Villers-s-Meuse
Ambly-s-Meuse
Ranzières
Forêt de Ranzières
Autrécourt-sur-Aire
Ippécourt
Fleury-sur-Aire
St-André-en-Barrois
Forêt du Prieuré
Bois de Pontoux
Rambluzin-et-Benoite-Vaux
Récourt-le-Creux
Tilly-s-Meuse
Troyon
Nubécourt
Bulainville
Bois Dahaie
Heippes
Bouquemont
Lacroix-sur-Meuse
Lamorville
Hattonchâtel
Évres
Deuxnouds-devant-Beauzée
Meuse T.G.V.
Mondrecourt
Benoite-Vaux
Woimbey
T.G.V. EST
Beauzée-sur-Aire
(Beausite)
(Les Trois-Domaines)
Isoncourt
Hautombois
Bannoncourt
Lavignéville
Chaillon
Étang du Grand Montfaucon
Pretz-en-Argonne
Amblaincourt
Seraucourt
Rignaucourt
Thillombois
Rouvrois-sur-Meuse
Spada
Senonville
Creüe
Sommaisne
Les Anglecourt
Neuville-en-Verdunois
Forêt de Marcaulieu
Lahaymeix
Dompcevrin
Varvinay
(Valbois)
Chaillon
Courcelles-s-Aire
La-Vaux-Marie
Courouvre
Bois de Dompcevrin
Maizey
Bois de Versel
Savonnières-en-Woëvre
Buxières-sous-les-Côtes
Buxerulles
Woinville
Étang de la Perche
Butte de Montsec
Montsec
Aubecourt
(Rembercourt-Sommaisne)
Chaumont-s-Aire
Longchamps-sur-Aire
Bois de Pierrefitte
Louvent
Bois de Fresnes
Les Paroches
Côte Ste Marie
St-Mihiel
Forêt de Gaumont
Les Merchines
Rembercourt-aux-Pots
Érize-la-Petite
Érize-la-Grande
Pierrefitte-sur-Aire
Fresnes-au-Mont
Chauvoncourt
Ménonville
Centre de Détention
Marsoupe
Forêt de Gobessart
Régional
Parc
Varnéville
Loupmont
Vaudoncourt
Lisle-en-Barrois
Marat-la-Petite
Marat-la-Grande
Bois de la Grande Jurée
Nicey-sur-Aire
Rupt-devant-St-Mihiel
Forêt de la Charnière
Champ de Tir
Bislée
Ailly-sur-Meuse
Apremont-la-Forêt
Étang de Warge
Condé-en-Barrois
B. du Fays
(Raival)
Rosnes
Belrain
Ville-devant-Belrain
Forêt des Kœurs
Kœur-la-Grande
Kœur-la-Petite
Han-sur-Meuse
Brasseitte
Forêt d'Apremont
Bois d'Ailly
St-Agnant-sous-les-Côtes
Étang de Girondel
Bouconville-sur-Madt
Génicourt-sous-Condé
Seigneulles
(Les Hauts-de-Chée)
Hargeville-sur-Chée
B. des Chênes
Érize-la-Brûlée
Villotte-s-Aire
Gimécourt
Baudrémont
Levoncourt
Bois de Belchêne
Marbotte
Liouville
Bricourt
Broussey-en-Woëvre
Petit Rumont
Rumont
Vavincourt
Chardogne
Lavallée
Courcelles-en-Barrois
Le Grand Bois
Ménil-aux-Bois
Sampigny
Mécrin
St-Julien-s/s-les-Côtes
Frémeréville-s/s-les-Côtes
Érize-St-Dizier
Lignières-sur-Aire
Bois de Béthelémont
Pont-sur-Meuse
Giraubvoisin
Boncourt-sur-Meuse
Gironville-sous-les-Côtes
Rosières-devant-Bar
(Naives-Rosières)
Naives-devant-Bar
Ste-Geneviève
Géry
Dagonville
Cousances-aux-Bois
Vadonville
Grimaucourt-près-Sampigny
Lérouville
Bois de Vignot
Vignot
Behonne
Bar-le-Duc
Resson
(Cousances-lès-Triconville)
Triconville
Bois de Grimaucourt
Malaumont
Cité
Commercy
Chonville-Malaumont
Bois de Chonville
Bois de Lérouville
Champ de Tir
Les Carrières
Aulnois-sous-Vertuzey
Chle Gévau
Loisey-Culey
Culey
Salmagne
Bois de Salmagne
(Erneville-aux-Bois)
Ernecourt
Loxéville
Forêt de Commercy
Euville
Vertuzey
Savonnières-devant-Bar
Longeville-en-Barrois
Silmont
Guerpont
Salmagne
Dompremy-aux-Bois
Ville-Issey
Sorcy-St-Martin
Sorcy-Gare
Tannois
Willeroncourt
Nançois-le-Grand
Nançois-sur-Ornain
St-Aubin-sur-Aire
Saulx-en-Barrois
Laneuville-au-Rupt
Trousey
Le Chêne
Forêt de Haut Juré
Tronville-en-Barrois
Velaines
Bois de Velaines
Ménil-la-Horgne
Bois de Palisse
St Martin
Montplonne
Nant-le-Grand
Maulan
Ligny-en-Barrois
Morlaincourt
Oëy
(Saulvaux)
Vaux-la-Grande
Méligny-le-Grand
Braux
Bois de Voirut
Mazelin
Void-Vacon
Vacon
Marne
Voie Sacrée
Nationale
Meuse
Aire
Ezrule
Saulx
D 603
D 964
D 901
D 902
D 34
D 908
D 907
D 958
N 4
N 135
N 1135
A 4
E 50
E 46

METZ
Pont-à-Mousson
NANCY
TOUL
Thiaucourt-Regniéville
Dieulouard
Pompey
Frouard
Liverdun
Champigneulles
Malzéville
Tomblaine
Jarville-la-Malgrange
Vandœuvre-lès-N.
Laxou
Villers-lès-N.
Essey-lès-N.
St-Max
Maxéville
Montigny-lès-M.
Ars-s-Moselle
Novéant-s-Moselle
Gorze
Chambley-Bussières
Jaulny
Vandières
Norroy-lès-Pont-à-Mousson
Blénod-lès-Pont-à-Mousson
Jezainville
Maidières
Montauville
Atton
Loisy
Ste-Geneviève
Bezaumont
Landremont
Belleville
Marbache
Custines
Millery
Autreville-s-Moselle
Verny
Silligny
Louvigny
Cheminot
Nomeny
Domèvre-en-Haye
Tremblecourt
Rosières-en-Haye
Avrainville
Andilly
Manoncourt-en-Woëvre
Bernécourt
Noviant-aux-Prés
Mandres-aux-Quatre-Tours
Beaumont
Seicheprey
Richecourt
Lahayville
Flirey
Limey-Remenauville
Régniéville
Essey-et-Maizerais
Nonsard-Lamarche
Pannes
Euvezin
Bouillonville
Vieville-en-Haye
Villers-s-Prény
Prény
Pagny-s-Moselle
Arnaville
Onville
Waville
Dommartin-la-Chaussée
Xonville
Sponville
Puxieux
Mars-la-Tour
Vionville
Tronville
Rezonville
Gravelotte
Jarny
Doncourt-lès-Conflans
Lorry-Mardigny
Vittonville
Champey-s-Moselle
Arry
Corny-s-Moselle
Dornot
Ancy-s-Moselle
Jouy-aux-Arches
Augny
Marly
Cuvry
Coin-lès-Cuvry
Coin-s-Seille
Fey
Pommérieux
Goin
Pagny-lès-Goin
Fleury
Pournoy-la-Grasse
Pouilly
Peltre
Chesny
Orny
Liéhon
Sillegny
Secourt
Solgne
Vigny
Sailly-Achâtel
Vulmont
Raucourt
Éply
Mailly-s-Seille
Phlin
Abaucourt
Morville-s-Seille
Port-s-Seille
Clémery
Rouves
Bénicourt
Létricourt
Manoncourt-s-Seille
Mange-Seille
Lixières
Chenicourt
Jeandelaincourt
Serrières
Sivry
Mont St-Jean
Moivrons
Bratte
Faulx
Malleloy
Montenoy
Eulmont
Agincourt
Dommartemont
Pulnoy
Seichamps
Saulxures-lès-Nancy
Lay-St-Christophe
Bouxières-aux-Dames
Bouxières-aux-Chênes
Aingeray
Sexey-les-Bois
Velaine-en-Haye
Gondreville
Fontenoy-s-Moselle
Villey-St-Étienne
Francheville
Bouvron
Ménil-la-Tour
Lagney
Lucey
Bruley
Pagney-derrière-Barine
Écrouves
Choloy-Ménillot
Chaudeney-sur-Moselle
Dommartin-lès-Toul
Villey-le-Sec
Boucq
Trondes
Laneuveville-derrière-Foug
Foug
Royaumeix
Sanzey
Minorville
Manonville
Grosrouvres
Rambucourt
Hamonville
Ansauville
Gézoncourt
Griscourt
Villers-en-Haye
Rogéville
Martincourt
Mamey
Lironville
Xammes
Beney-en-Woëvre
Charey
Rembercourt-sur-Mad
Villecey-s-Mad
Vandelainville
Bayonville-sur-Mad
Hagéville
Lachaussée
Hannonville-Suzémont
Mariaville
Latour-en-Woëvre
Jonville-en-Woëvre
Labeuville
Allamont
Brainville
Puxe
Friauville
Bruville
Urcourt
St-Marcel
Villers-aux-Bois
Flavigny
Auconville
Saulcy
Bussières
Les Baraques
LORRAINE
Lac de Madine
Butte de Mousson
Forêt de Haye
Moselle
Metz-Nancy Lorraine

0 2 4 6 8 10 km
Metz
Montigny-lès-M.
Peltre
Laquenexy
Pange
Courcelles-sur-Nied
Marly
Pouilly
Chesny
Fleury
Mécleuves
Orny
Verny
Pournoy-la-Grasse
Coin-lès-Cuvry
Cuvry
Pommérieux
Sillegny
Louvigny
Vigny
Goin
Pagny-lès-Goin
METZ-NANCY-LORRAINE
Buchy
Solgne
Secourt
Sailly-Achâtel
Vulmont
Moncheux
Juville
Liocourt
Xocourt
Puzieux
Delme
Donjeux
Oriocourt
Aulnois-s-Seille
Lemoncourt
Alaincourt-la-Côte
Thézey-St-Martin
Foville
Phlin
Abaucourt
Mailly-s-Seille
Nomeny
Raucourt
Éply
Morville-s-Seille
Port-s-Seille
Clémery
Rouves
Bénicourt
Létricourt
Chenicourt
Manoncourt-sur-Seille
Mange-Seille
Lixières
Landremont
Serrières
Sivry
Mont St-Jean
Moivrons
Villers-lès-Moivrons
Leyr
Montenoy
Faulx
Malleloy
Custines
Millery
Bratte
Belleau
Morey
Autreville-s-Moselle
Pompey
Frouard
Champigneulles
Maxéville
Malzéville
St-Max
Essey-lès-N.
Tomblaine
Laxou
Nancy
Villers-
Vandœuvre
Jarville-la-Malgrange
Bouxières-aux-Chênes
Bouxières-aux-Dames
Eulmont
Agincourt
Dommartemont
Lay-St-Christophe
Amance
Laître-s/s-Amance
Dommartin-s/s-Amance
Pain de Sucre
Laneuvelotte
Seichamps
Pulnoy
Saulxures-lès-Nancy
Buissoncourt
Cerville
Velaine-s/s-Amance
Champenoux
Mazerulles
Moncel-sur-Seille
Brin-sur-Seille
Bey-sur-Seille
Lanfroicourt
Armaucourt
Arraye-et-Han
Ajoncourt
Jeandelaincourt
Fossieux
Malaucourt-sur-Seille
Manhoué
Aboncourt-sur-Seille
Alincourt
Bioncourt
Attilloncourt
Pettoncourt
Grémecey
Chambrey
Jallaucourt
Fresnes-en-Saulnois
Coutures
Château-Salins
Amelécourt
Lubécourt
Morville-lès-Vic
Salonnes
Vic-sur-Seille
Moyenvic
Marsal
Haraucourt-sur-Seille
Juvelize
Xanrey
Bezange-la-Grande
Bezange-la-Petite
Juvrecourt
Réchicourt-la-Petite
Arracourt
Athienville
Hoéville
Serres
Réméréville
Erbéviller-sur-Amezule
Courbesseaux
Gellenoncourt
Drouville
Sornéville
Bathelémont-lès-Bauzemont
Bauzemont
Valhey
Parroy
Hénaménil
Bures
Coincourt
Einville
Raville-
Crion
Varangéville
Haraucourt
Art-s-Meurthe
Laneuveville-devant-N.
Heillecourt
Houdemont
Marange-Zondrange
Bionville-s-Nied
Raville
Servigny-lès-Raville
Fouligny
Guinglange
Elvange
Créhange
Faulquemont
Hémilly
Villers-Stoncourt
Chanville
Vaucremont
Sorbey
Sanry-sur-Nied
Bazoncourt
Lemud
Aube
Ancerville
Voimhaut
Rémilly
Vittoncourt
Adaincourt
Many
Arriance
Herny
Vatimont
Holacourt
Arraincourt
Brulange
Thicourt
Thonville
Eincheville
Landroff
Harprich
Suisse
Destry
Baronville
Morhange
Marthille
Achain
Bréhain
Château-Bréhain
Oron
Fonteny
Frémery
Hannocourt
Viviers
Tincry
Prévocourt
Bacourt
Morville-s-Nied
Thimonville
Tragny
Luppy
Béchy
St-Epvre
Flocourt
Baudrecourt
Lesse
Chenois
Lucy
Chicourt
Villers-s-Nied
Vannecourt
Haboudange
Dalhain
Burlioncourt
Puttigny
Obreck
Dédeling
Château-Voué
Vaxy
Gerbécourt
Laneuveville-en-Saulnois
Hampont
Bellange
Pévange
Riche
Conthil
Sotzeling
Mainvillers
Chémery
Adelange
Boustroff
Vahl-lès-Faulquemont
Bambiderstroff
Laudrefang
Tritteling-Redlach
Longeville-lès-St-Avold
Zimming
Boucheporn
Vaudoncourt
Varize
Brouck
Courcelles-Chaussy
Maizery
Ogy
Colligny
Marsilly
Ars-Laquenexy
Coincy
Mercy
Jury
Frontigny
Chailly-lès-Ennery
Maizeroy
Chevillon
Vigneulles
Hte-Vigneulles
Pontpierre
Guessling-Hémering
Lelling
Thonville
Ancy-lès-Solgne
Zedrevaux
Silly-en-Saulnois
Lorry-Mardigny
Marieulles
Pont-à-Mousson
Blénod
Mousson
Dieulouard
A
B
C
D
1
2
3
4
5
46
65
95

France
67
Sarreguemines
Sarralbe
Sarre-Union
Drulingen
Fénétrange
Sarrebourg
Albestroff
Dieuze
Grostenquin
Puttelange-aux-Lacs
Réchicourt-le-Château
Lorquin
Abreschviller
Phalsbourg
Forêt de Fénétrange
PARC NATUREL REGIONAL
LORRAINE
Parc animalier
Hombourg-Haut
Freyming
Farébersviller
Saint-Avold
Lixing-lès-St-Avold
Morsbronn
Keskastel
Hambach
Rémering-lès-Puttelange
Diffembach-lès-Hellimer
Bénestroff
Vergaville
Guébling
Bourdonnay
Maizières-lès-Vic
Moussey
Avricourt
Hattigny
Heming
Imling
Buhl-Lorraine
Réding
Mittersheim
Loudrefing
Munster
Insming
Vittersbourg
Harskirchen
Diedendorf
Postroff
Hirschland
Rauwiller
Bickenholtz
Wintersbourg
Hommarting
Arzviller
Niderviller
Troisfontaines
Dabo
Walscheid
Voyer
Nitting
Hesse
Xouaxange
Gondrexange
Languimberg
Azoudange
Guermange
Tarquimpol
Lindre-Haute
Lindre-Basse
Mulcey
Gelucourt
Bisping
Angviller-lès-Bisping
Rhodes
Fribourg
Desseling
Assenoncourt
Kerprich-aux-Bois
Sarraltroff
Hilbesheim
Berthelming
Romelfing
Oberstinzel
Gosselming
Kirrberg
Hellering-lès-Fénétrange
Bettborn
Zommange
Cutting
Bidestroff
Lostroff
Guinzeling
Lhor
Vibersviller
Insviller
Givrycourt
Torcheville
Nébing
Vahl-lès-Bénestroff
Montdidier
Léning
Francaltroff
Réning
Virming
Bermering
Erstroff
Gréning
Freybouse
Frémestroff
Altrippe
Maxstadt
Laning
Vahl-Ebersing
Biding
Altviller
Folschviller
Lachambre
Barst
Cappel
Hoste
Valette
Leyviller
Petit-Tenquin
Hellimer
Hilsprich
Holving
Kappelkinger
Nelling
Hazembourg
Kirviller
Honskirch
Altwiller
Bissert
Hinsingen
Schopperten
Sarrewerden
Zollingen
Burbach
Wolfskirchen
Eschwiller
Eywiller
Weyer
Gungwiller
Bettwiller
Berg
Thal-Drulingen
Rexingen
Mackwiller
Rimsdorf
Domfessel
Dehlingen
Oermingen
Herbitzheim
Kalhausen
Etting
Achen
Wittring
Wiesviller
Zetting
Woustviller
Ernestviller
Loupershouse
Grundviller
Richeling
Willerwald
Rémelfing
Neufgrange
Siltzheim
Hirbach
Schweix
Le Val-de-Guéblange
Ventzviller
Steinbach
Zellen
St-Jean-Rohrbach
Ackerbach
Rohrbach-lès-Dieuze
Lidrezing
Zarbeling
Racrange
Rodalbe
Bourgaltroff
Kutzeling
Domnon-lès-Dieuze
Bassing
Marimont-lès-Bénestroff
Val-de-Bride
Guébestroff
Blanche-Église
Guéblange-lès-Dieuze
Brû
Marimont
Xirxange
Basse-Xirxange
Lagarde
Ommeray
Bataville
Port-Ste-Marie
Vaucourt
Xousse
Remoncourt
Igney
Foulcrey
Amenoncourt
Embermenil
Hablutz
Richeval
Fraquelfing
Niderhoff
Métairies-St-Quirin
Vasperviller
Landange
Aspach
Laneuveville-lès-Lorquin
Hertzing
Barchain
Diane-Capelle
Bébing
Langatte
Haut-Clocher
Dolving
Schneckenbusch
Brouderdorff
Plaine-de-Walsch
Hartzviller
Guntzviller
Brouviller
Lixheim
Vieux-Lixheim
Fleisheim
Metting
Schalbach
Veckersviller
Siewiller
Struth
Adamswiller
Asswiller
Ratzwiller
Lorentzen
Butten
Rahling
Bining
Schmittviller
Singling
Gros-Réderching
Woelfling-lès-Sarreguemines
Plan incliné
St-Louis
Hérange
Zilling
Forêt de Hambach
Étang du Stock
Étang de Lindre
Étang de Mittersheim
Étang de Gondrexange
Étang de Réchicourt

0 2 4 6 8 10 km
48
67
96
A
B
C
D
1
2
3
4
5
Camp militaire de Bitche
Bitche
Simserhof
Rohrbach-lès-Bitche
Fort Casso
Reyersviller
Lemberg
Enchenberg
Montbronn
St-Louis-lès-Bitche
Goetzenbruck
Meisenthal
Soucht
Pierre des 12 Apôtres
Wingen-s-Moder
Sturzelbronn
Obersteinbach
Niedersteinbach
Ch.au de Falkenstein
Ch.au Vieux Windstein
Philippsbourg
Niederbronn-les-Bains
Reichshoffen
PARC NATUREL RÉGIONAL
DES VOSGES DU NORD
Lichtenberg
Zinswiller
Oberbronn
Offwiller
Gumbrechtshoffen
Ingwiller
Bouxwiller
Neuwiller-lès-Saverne
La Petite-Pierre
Wimmenau
Weinbourg
Hochfelden
Mommenheim
Brumath
Saverne
Phalsbourg
Lutzelbourg
Ch.au du Haut-Barr
St Michel
Steinbourg
Dettwiller
Marmoutier
Wasselonne
Marlenheim
Truchtersheim
Mundolsheim
Schweighouse-s-Moder
Haguenau
Plan incliné
Rocher de Dabo
Dabo
Wangenbourg-Engenthal
Westhoffen
Kirchheim
Romanswiller
Hohengœft
Ettendorf
Pfaffenhoffen
Uberach
Morsbronn-les-Bains
Gundershoffen
Dauendorf
Wintershouse
Bernolsheim
Wingersheim
Hohatzenheim
Olwisheim
Vendenheim
Berstett
Pfulgriesheim
Oberhausbergen
Mittelhausbergen
Niederhausbergen
Dingsheim
Griesheim
Stutzheim-Offenheim
Furdenheim
Ittenheim
Oberschaeffolsheim
Hurtigheim
Quatzenheim
Fessenheim-le-Bas
Nordheim
Kuttolsheim
Willgottheim
Landersheim
Reutenbourg
Sindelsberg
Dimbsthal
Zehnacker
Singrist
Jetterswiller
Allenwiller
Salenthal
Birkenwald
Hengwiller
Reinhardsmunster
Haselbourg
Garrebourg
Hultehouse
Henridorff
Waltembourg
Dannelbourg
Mittelbronn
Vilsberg
Berling
Wintersbourg
Zilling
Hérange
Metting
Schalbach
Siewiller
Bust
Lohr
Petersbach
Asswiller
Struth
Tieffenbach
Hinsbourg
Puberg
Weislingen
Frohmuhl
Waldhambach
Volksberg
Ratzwiller
Rosteig
Zittersheim
Sparsbach
Erckartswiller
Weiterswiller
Obersoultzbach
Niedersoultzbach
Menchhoffen
Uttwiller
Kirrwiller
Bosselshausen
Zoebersdorf
Hattmatt
Printzheim
Gottesheim
Geiswiller
Wickersheim-Wilshausen
Scherlenheim
Melsheim
Wilwisheim
Ingenheim
Lupstein
Littenheim
Altenheim
Duntzenheim
Furchhausen
Wolschheim
Schwenheim
Lochwiller
Kleingœft
Westhouse-Marmoutier
Knœrsheim
Zeinheim
Rangen
Crastatt
Gougenheim
Saessolsheim
Rohr
Kienheim
Durningen
Mittelhausen
Gingsheim
Hohfrankenheim
Schaffhouse-s-Zorn
Mutzenhouse
Waltenheim-s-Zorn
Krautwiller
Donnenheim
Bilwisheim
Mittelschaeffolsheim
Eckwersheim
Schwindratzheim
Minversheim
Wittersheim
Hochstett
Wahlenheim
Batzendorf
Bossendorf
Alteckendorf
Ringendorf
Huttendorf
Grassendorf
Morschwiller
Ringeldorf
Schalkendorf
Obermodern-Zutzendorf
Niedermodern
Uhlwiller
Ohlungen
Engwiller
Mietesheim
Mertzwiller
Bitschhoffen
Kindwiller
La Walck
Uhrwiller
Mulhausen
Schillersdorf
Bischholtz
Uttenhoffen
Laubach
Eschbach
Forstheim
Niederbronn
Woerth
Frœschwiller
Langensoultzbach
Windstein
Dambach
Neunhoffen
Lembach
Fischbach bei Dahn
PFÄLZERWALD
Schönau
Roppeviller
Haspelschiedt
Bettviller
Sarreguemines
Gros-Réderching
Petit-Réderching
Singling
Etting
Bining
Schmittviller
Rahling
Butten
Lorentzen
Drulingen
Ottwiller
Bettwiller
Adamswiller
Durstel
Weckersviller
Hommert
Harreberg
Abreschviller
St-Léon
Hohwalsch
Oberhaslach

Wissembourg
Lauterbourg
Seebach
Hunspach
Soultz s/s-Forêts
Hoffen
Betschdorf
Seltz
Rastatt
Haguenau
Soufflenheim
Bischwiller
Drusenheim
BADEN-BADEN
BADEN-AIRPARK
Gaggenau
Bühl
Achern
Rheinau
La Wantzenau
Bischheim
Schiltigheim
STRASBOURG
Durmersheim
Rheinstetten
Malsch
Kuppenheim
Sinzheim
Iffezheim
Hügelsheim
Lichtenau
Kehl
Renchen
Oberkirch
Ottersweier
Sasbach
Forêt de Haguenau
Rhein
Schwarzwald-Hochstraße
Hornisgrinde
Mummelsee
Yburg
Rheinmünster
Stollhofen
Fort-Louis
Beinheim
Roppenheim
Kaltenhouse
Gambsheim
Brumath
Weyersheim
Hoerdt
Kurtzenhouse
Weitbruch
Oberhoffen-s-Moder
Schirrhein
Schirrhoffen
Rountzenheim
Sessenheim
Dalhunden
Herrlisheim
Offendorf
Kilstett
Reichstett
Souffelweyersheim
Hoenheim
Lingolsheim
Cleebourg
Rott
Steinseltz
Riedseltz
Schleithal
Niederlauterbach
Oberlauterbach
Mothern
Munchhausen
Kesseldorf
Forstfeld
Kauffenheim
Leutenheim
Roeschwoog
Neuhaeusel
Stattmatten
Auenheim
Kuhlendorf
Rittershoffen
Hatten
Niederrœdern
Surbourg
Morsbronn
Walbourg
Schweighofen
Kapsweyer
Steinfeld
Oberotterbach
Niederotterbach
Büchelberg
Hagenbach
Maximiliansau
Neuburg am Rhein
Au am Rhein
Elchesheim-Illingen
Bietigheim
Steinmauern
Ötigheim
Plittersdorf
Ottersdorf
Wintersdorf
Sandweier
Haueneberstein
Oos
Balg
Ebersteinburg
Favorite
Lichtental
Varnhalt
Steinbach
Neuweier
Eisental
Altschweier
Bühlertal
Neusatz
Schwarzach
Wimbuch
Moos
Oberbruch
Hildmannsfeld
Scherzheim
Helmlingen
Muckenschopf
Memprechtshofen
Freistett
Gamshurst
Großweier
Fautenbach
Önsbach
Wagshurst
Holzhausen
Diersheim
Honau
Leutesheim
Linx
Zierolshofen
Bodersweier
Querbach
Mösbach
Waldulm
Kappelrodeck
Seebach
Furschenbach
Ottenhöfen

0 2 4 6 8 10 km

C
D
1
2
3
4
5
A
B
C
D
74
Pointe de Pontu
Chapelle
Ménéham
Plateau d'Amand ar Ross
Karrec-Hir
La Digue
Théven
Boutrouilles
Nels-Vran
St-Egareo
Rudoloc
L'Île Vierge
La Grève Blanche
St-Michel
Le Libenter
Î. Stagadon
Î. Venan
Keledut
Île Penenès
Grève du Vougot
Grève de Zorn
Nodéven
Kerlouan
Guissény
Tréguennoc
Chenal de l'Aber Wrac'h
Î. de la Croix
Î. Vrac'h
Lilia
Église
Iliz-Koz
Kerbrezant
Presqu'île de St-Marguerite
Î. Cézon
St-Cava
Lanvaon
Leure
Kerhornaouen
Kervaro
Île Guenioc
Dunes
Fort
Î. d'Erch
Perros
Plouguerneau
Keroudern
Brendaouez
Lavengat
Î. Tariec
Poulloc
B. des Anges
L'Aber-Wrac'h
20
Croas-ar-Gall
Corn Carhai
Île Trevors
Î. Garo
Gouvent
St-Antoine
Ste-Anne
Antéren
Kerdélant
St-Frégant
Roches de Portsall
Rosservor
Î. du Bec
Dunes de Corn-ar-Gazel
Brouënnou
Paluden
Lanneuval
Île Carne
Tumulus
Landéda
Kerouartz
Le Grouanec
Lannébeur
Kerdennec
Porsguen
Île Verte
Tréompan
Lampaul-Ploudalmézeau
Prat-ar-Coum
Croix-Rouge
Prat-Paul
Penmarch
Guiquelleau
Roches d'Argenton
Trémazan
Portsall
St-Pabu
Lannilis
Aber Benoît
Wrac'h
Kernilis
Kergolestroc
St-Samson
Bar-ar-Lan
Chau
Stréat Veur
Pellan
Pointe de Landunvez
Kerlanou
Diouris
Kérarédeau
16
Kersaint
Ploudalmézeau
13
Moulin-du-Châtel
Menez-Bras
Loc-Brévalaire
Croas-Kerzu
St-Gonvel
Penfoul
10
Landunvez
Tréglonou
3
Le Folgoët
Île d'Iock
Le Four
St-Roch
Tariec
Kérouné
Kergrac'h
Lanarvily
Presqu'île St-Laurent
Argenton
Kernevez
Kerantour
Plouvien
St-Jean-Balanant
Landouzan
Le Drennec
Porspoder
Kerouslat
Kergastel
14
Plourin
Plouguin
St-Jaoua
Locmaria
Larret
St-Roch
13
Kérivinoc
Kerdalaes
Pentreff
Coat-Élez
Lestonet
Les Liniou
Kergadiou
Couloudouarn
Trémobian
Coat-Méal
18
Breventec
Île Melon
Melon
Tréouergat
St-Urfold
Bourg-Blanc
Plabennec
Le Leuhan
Kerangueven
15
Lanildut
Brélès
15
Pen-an-Dreff
13
Rocher du Crapaud
Kergroadès
Guipronvel
Tollan
23
Fuzoret
Porscave
Aber Ildut
Lanrivoaré
Les Trois Curés
Lanorven
Grève de Gouérou
Brescanvel
Lesquelen
Lannon
Chenal
Lanvénec
Milizac
Tumulus
Porspaul
Lampaul-Plouarzel
St-Eloi
Kéranflech
Kergoat
Mendy
22
Keralias
St-Th
Lanvélar
Les Plâtresses
Le Faix
Île Ségal
Lokornou-Vian
Kérivot
12
Kervalguen
Gouesnou
Kersaint-Plabennec
Pen-ar-Fo
Trézien
Plouarzel
Kervéatoux
Kerhuon
Kervao
17
St-Divy
Ruscumunoc
Pointe de Corsen
Kerloas
Guilers
Bohars
Tromeur
La Haye
Porsmoguer
Lamber
Loscoat
Kergaradec
Guipavas
La Forest-Landerneau
Kerouzien
Cohars
Tregorff
Grand-Kervao
Langongar

E
F
G
H
1
2
3
4
5
Île-de-Batz
Trou du Serpent
Le Ru
Chapelle Ste-Anne
Jardin exotique
Pte de Perharidy
Roscoff
Jardin exotique
Pointe de Primel
Rochers
Primel-Trégastel
Pte de Diben
Le Diben
Baie de Morlaix
Île Callot
Île de Sieck
an Annec
Théven
Kerbrat
Santec
Le Pouldu
Laber
Keradennec
Dossen
Moguériec
Bois de Santec
Kersaliou
St-Pol-de-Léon
Rocher Ste-Anne
Pempoul
Kernevez
La Madeleine
Trégondern
Carantec
Chaise du Curé
Route submersible
Chau du Taureau
Pte de Pen-al-Lann
Cairn de Barnenez
Rade de Morlaix
Terenez
Plougasnou
Ste-Barbe
Le Guerzit
St-Samson
Plage des Chardons Bleus
Sémaphore
Brignogan-Plages
Le Garo
Plage du Lividic
Gouëltoc
Kérurus
Plounéour-Trez
Grève de Goulven
Grève de Frouden
Plages de Pors-Meur et de Pors-Guen
Baie de Kernic
Rocher
Poulfoën
Kerfissien
Forban
Kerdanné
Lanrurien
St-Eden
Leur-ar-Bagan
Kersauson
Kérouzéré
St-Maudez
Kerider
Brélévenez
Tronjoly
Cléder
Sibiril
Lanneusfeld
Trégor
Plougoulm
Croissant-de-Plougoulm
Kerisnel
Keremma
Maison des Dunes
Plouescat
Pont-Christ
Kerzéan
Kerlissien
Kermenguy
Kerdézant
Lanveur
Kervren
Mezonan
Goulven
Tréflez
Lochrist
Moulin-du-Chatel
Maillé
Quéran
Fme Mée du Léon
Tréflaouénan
Plouider
Gare de Tréflez
Plounévez-Lochrist
Runeven
Croazou
Chau de Kergornadeac
Kerdrein
Meslein
Kerouzec
Trézilidé
Ste-Catherine
Stang
Ruplouénan
Plouénan
Kerlaudy
Pont de la Corde
Henvic
Les Bruyères
Locquénolé
Kermen
La Lande
Kerdanet
Trodibon
St-Julien
Le Dourduff
Plouezoc'h
Kergaradec
Woallas
St-Gonven
Mesgouez
Kermouster
St-Antoine
Pen Ar Guer
Kerguelen
Pontéalet
Kerizinen
Mengleus
Berven
Plouzévédé
Kervigodou
Mespaul
Kermancouez
Kertanguy
Pont-Eon
Lopreden
Forêt de Lannuzouarn
Taulé
Penzé
Kergunic
Pont-du-Châtel
Mouster
Lesneven
Porléach
St-Méen
Kérilien
Lanhouarneau
St-Vougay
Kerjean
Keruzoret
Plouvorn
Trévien
Lambader
Croas-ar-Born
Kerilly
Croix-Neuve
Penhoat
Lanuguy
Penguer
St-Martin-des-Champs
Morlaix
Dourduff
Pen-an-Traon
Trefeunteuniou
Ploujean
Ste-Geneviève
Kerozar
Trégarantec
Lichen
Kergroas
Locmélar
Plougar
Trémagon
Coativellec
Kerguédal
Moulin-Neuf
Kerbrat
Trébodennic
Bellevue
Traonien-Querné
St-Derrien
Lesvéoc
Kéryvon
Langéoguer
Plougourvest
Guerruas
Kerlidou
Kergoat
Ste-Sève
La Chapelle-du-Mur
Kergongar
Kergoff
Kerlaer
Bodilis
Base aéronavale
Kernoter
Kervoanec
La Poterie
Guiclan
Hellin
Kerivin
St-Fiacre
La Croix-de-Pierre
Kerfelgar
Plounéventer
Coatilézec
Vallon-du-Pont
Kervenarc'hant
Locmenven
Guerjean
Penn ar Vali
Plourin-lès-Morlaix
Vieux Moulin
Trémaouézan
Château
St-Servais
Kérivin
Landivisiau
St-Thégonnec
Kermat
St-Jacques
Penvern
Coat-Miniou
Coatelan
Kériel
Lanneuffret
Kerbenéat
Moulin de Brézal
Quinquis
Lampaul-Guimiliau
Guimiliau
Silo
Pleyber-Christ
Quélern
Créach-Miloc
Ploudiry
Pont-Christ
Lespodou
Kergalein
Trégunvez
Bodister
Queffleuth
St-Eloi
Runhuel
Plouédern
La Roche-Maurice
Mescoat
Traonien
Roch Fily
Kerozven
Pen-ar-Vern
Kergrenn
Botiguery
St-Derbot
Kerriou
Loc-Eguiner
Le Cloître-St-Thégonnec
Landerneau
Kervevez
Ploudiry
Eguiner
Kerouat
Penhoat Huon
Ste Brigitte
Kervern
Coat-Losquet
Pont
Kermaria
La Martyre
St-Antoine
Locmélar
Croix Rouge
Loc-Eguiner-St-Thégonnec
Perros
Goazeuzen
St-Sauveur
Keramhellec
Le Plessis
Kermeur
Quillien
Pencran
Le Quéff
Le Tréhon
Boscornou
Plabennec
Chapelle
Kerbriant
D 10
D 788
D 69
D 58
D 19
D 32
D 30
D 712
D 769
D 173
D 125
N 12
E 50
GR 34
GR 380
75
72

0 2 4 6 8 10 km
A
B
C
D
1
2
3
4
5
71
76
Île Rouzic
Île Plate
Île Malban
Île Bono
Île aux Moines
Les Sept Îles
(Réserve naturelle)
Côte de Granit Rose
Île Renote
Rochers
Tréqastel-Plage
Pnte de Squéouel
Rochers Ploumanach
PERROS-GUIREC
Trestraou
Pnte du Château
Île Tomé
Le Four
Île St-Gildas
Port-Blanc
Buguélès
Le Royau
Trestel
Sémaphore
Trévou-Tréguignec
St-Guénolé
Kériec
Port-l'Épine
Trélévern
Nantouar
Louannec
Île Grande
Landrellec
Kerguntuil
Tréqastel
La Clarté
Ste-Anne
St-Guirec
Île Aganton
Penvern
Menhir
St-Samson
St-Quay-Perros
Cité des télécoms
Planétarium
Guéradur
Kervoasdoué
Barac'h
Mabiliès
Ker-Ham
St-Nicolas
Camlez
Côte
Le Castel
Île Milliau
St-Uzec
Trébeurden
Pleumeur-Bodou
Keringant
Cruguil
Petit Camp
Kermaria-Sulard
Coatréven
Lochrist
Porz Mabo
Pnte de Bihit
Kerduel
Le Rhu
Coataliou
Trézény
Servel
Le Rusquet
La Ville-Blanche
Langoat
Beg Léguer
Lannion
Brélévenez
Côte des Bruyères
Pointe de Primel
Rochers
Primel-Trégastel
de Diben
Le Diben
Baie de Lannion
Pnte de Dourvin
Pointe de Séhar
Le Yaudet
Loguivy-lès-Lannion
Kerivon
St-Dogmel
Rospez
Lanmérin
Kervosquer
Quemperven
La Roche-Derrien
Pointe Run Glas
Pnte de Beg-an-Fry
Ste-Barbe
Plougasnou
Locquémeau
Kergerven
Christ
Ploulec'h
Bel-Air
Léguer
Kéruel
Guindy
Lanvézéac
Le Cosquer
Marc'h Sammet
Le Prajou
St-Jean-du-Doigt
Poul-Rodou
Les Sables Blancs
Pointe de Locquirec
Moulin de la Rive
Locquirec
Trédrez-Locquémeau
Pnte de Beg-ar-Forn
Pnte de Plestin
St-Jean
St-Herbot
Kerangias
Ploubezre
Pont-Keriel
Buhulien
Chau de Coatfrec
Caouënnec-Lanvézéac
Confort
Berhet
Mantallot
Plaintcoat
Christ
Kerboullic
St-Michel-en-Grève
Kerblat
Kerfons
Les Cinq-Croix
Guimaëc
N.D. de la Joie
L'Arm
St-Efflam
Lieue de Grève
Ploumilliau
La Lande
Chau de Tonquédec
Masgouez
Kervélégant
Kersco
Toul-an-Héry
Peulven
St-Haran
Grd Rocher
Kergrist
Prat
Kergaradec
Kermouster
Lanmeur
Le Hellès
Plestin-les-Grèves
Tréduder
St-Mélar
Lanascol
Kéraudy
Keugéron
Coatroué
Kerauzern
Tonquédec
Barderou
Coatascorn
Plouezoc'h
St-Antoine
Pont-Menou
St-Sébastien
Plouzélambre
Kernalégan
Croissant
St-André
Pen Ar Guer
Dourduff
Ste-Anne
Coat-ar-Sal
St-Jagut
St-Yves
Rosanbo
Pluzunet
Crec'h-Allain
Trézélan
Pen-an-Traon
Trefeuntec
Le Bois-de-la-Roche
Plouégat-Guérand
Lezormel
Lanvellec
Les Sept-Saints
Lanneven
Bégard
Kervolauger
Garlan
Kermouster
St-Idunet
Bottézan
Ploujean
Keranroux
Ste-Geneviève
Kerozar
Ste Anne
Lanleya
Plufur
Ruisseau de Rosanbo
Plouaret
Loc
Guénézan
Kertanguy
Lescoat
Kerlécun
Trébriand
Trémel
St-Nicolas
St-Maurice
Bernantec
Le Vieux-Marché
Katle
St-Éloi
Quinquis
Pédernec
Encremer
Uséli
Trudujou
Trégrom
St-Conéry
Morlaix
La Chapelle-du-Mûr
Tromorgant
Plouigneau
Plouégat-Moysan
La Gare
St-Carré
Roche de Kiriou
Plounérin
Trinité
Manaty
Ménez-Bré
St-Efflam
St-Hervé
Rosampoul
Kerstrad
St-Eutrope
Pen-Ar-Parc-Hir
Luzivilly
Le Ponthou
Beg-ar-C'hra
Keramanac'h
Plounévez-Moëdec
Louargat
Gollot
Lorette
Maudez
La Croix-de-Pierre
Plourin-lès-Morlaix
Étang du Moulin Neuf
Ar-Réchou
Locmaria
Tréglamus
Bourouguel
St-Éloi
Coadon
St-Maudez
Porz an Park
Belle-Isle-en-Terre
Pen-an-Stang
Gurguiniou
Botsorhel
La Vieille Côte
Coat-Guégan
Guernalin
Coatélan
Plougonven
Kerlosser
Guerlesquin
Loguivy-Plougras
Lequellou
Forêt de Coat-an-Hay
Quélern
Kerangueven
Plougras
Kerroué
Loc-Envel
Panfourby
Trégunvez
Bodister
Christ
Coatilan
Kerguelven
Gurunhuel
La Cloître-St-Thégonnec
Lannéanou
Kerret
Beffou
Croix-Jonçourt
Forêt de Beffou
Kergorre
Kerbriant
Kermeur
Kervezec
Les Avrégan
Coat-ar-Herno
Scalon
Relais
Kergoguen
Pen-lan-Steunou
Plougonver
Kerambellec
Dourdu
Kerambuan
Launay
Quillien

E
F
1
2
3
4
5
Pointe du Château
Le Gouffre
Pors-Hir
Îles d'Er
Île Loaven
Anse de Pors Scaff
Plougrescant
Gouermel Plage
St-Gonéry
Kerbors
Créac'h Maout
Sillon de Talbert
Larmor-Pleubian
Québo
Lanéros
Kermagen
Pleubian
St-Antoine
Lanmodez
Île Maudez
Le Rosédo
Sémaphore
La Corderie
St-Michel
Le Paon
Île de Bréhat
Phare de la Croix
Île Béniguet
Le Bourg
Île Logodec
Pors-Guyon
Île à Bois
Port-Clos
Grève du Guerzido
Pointe de l'Arcouest
Loguivy-de-la-Mer
L'Arcouest
Lannevez
Kermouster
Pleumeur-Gautier
Plouguiel
Jardins de Kerdalo
Tréguier
Trédarzec
La Croix-Neuve
Lézardrieux
Le Bodic
Ploubazlanec
Launay
Perros-Hamon
Pors-Éven
Île St-Riom
Roches du Roho
Côte du Goëlo
Paimpol
Kérity
Abbe de Beauport
Île Lemenez
Mez de Goëlo
Pte de Guilben
Pointe de Bilfot
Minihy-Tréguier
Ste-Anne
Pouldouran
Pleudaniel
Plounez
Penvern
Ste-Barbe
Port-Lazo
L'Armorizel
Troguéry
Hengoat
Centre de formation d'Armor
Pommerit-Jaudy
La Roche-Jagu
Kergorlay
Plourivo
Kerléau
Bourg Blanc
Ruclé
Kerfot
Vieux-Bourg
Plouézec
St-Riom
Pointe de Minard
St-Yves
Le Questel
Pors Pin
Pointe Berjule
Le Taureau
Bréhec-en-Plouha
Pointe de la Tour
Penhoat
St-Jean
Kermaria
Quemper-Guézennec
Yvias
Tumulus
Danot
Baratot
Lanloup
La Madeleine
St-Paul
Ploëzal
Penlan
Briantel
Coat-Nevenez
Kerguen
Kerrot
Pontrieux
Runan
Plouëc-du-Trieux
La Belle-Église
Brélidy
Kervic
Kervorgan
Temple
La Trinité
Lanleff
Le Faouët
Le Cabaret
St-Jacques
Kerlivan
Kérognan
Kergrist
Plage Bonaparte
Port-Moguer
Trévos
La Trinité
Pte de Plouha
Kérouziel
Le Palus-Plage
Port-Goret
Kermaria
Plouha
Pléhédel
Kergresquen
St-Laurent
Tréméven
Pludual
Lannebert
St-Clet
Trévérec
La Corderie
Kerouzever
Kerprovost
Clérin
Landebaëron
St-Gilles-les-Bois
Gommenec'h
Pommerit-le-Vicomte
Rangaré
Lanvollon
Croix Kérizel
Liscorno
Nonen
Coat-Aroa
Kerbellec
Pléguien
Beaugouyen
Froideville
Carrefour
Tréveneuc
Fonteny
Kertugal
Pte de St-Quay
St-Quay-Portrieux
Roches de St-Quay
Île Harbour
Pte du Bec de Vir
Kérégal
St-Barnabé
Le Moulin
N.-D. de l'Espérance
Étables-sur-Mer
Les Godelins
St-Laurent
Kermoroc'h
Squiffiec
Le Restmeur
Trégonneau
Le Vieux Poirier
Kermilon
Paradis
La Croix Blanche
St-Yves
Kermarc
Plouisy
Runévarec
Kerhré
Pabu
Kerlan
St-Patern
Le Cozen
St-Jean
Guingamp
Grâces
Kernilien
Keridret
Le Merzer
Bringolo
Goudelin
La Grandville
Tressignaux
La Croix Pierre
Catroual
Treguidel
Le Ribot
La Ribot
Le Roha
Le Bois-de-la-Salle
Lantic
Plourhan
St-Roch
Binic
Pte de la Rognouze
Ste-Marguerite
La Ville-Louais
Pte de Pordic
La Ville-Rouault
La Perrine
Les Rosaires
Rocher des Tablettes
Pordic
Tournemine
St-Éloi
Martin Plage
Pte du Roselier
La Ville-Fontaine
La Ville-Agan
La Ville-Hervy
St-Laurent-de-la-Mer
N.-D. de-la-Cour
Pridor
Trévenais
Zoo de Trégomeur
Les Courtillons
St-Quay
La Corderie
Le Vaudic
Le Forville
Trégomeur
Trémeloir
Toise
L'Isle
Les Rampes
Le Sépulcre
Plérin
Les Mines
Villages
St-Agathon
Malaunay
Le Traou
Ploumagoar
St-Jean-Kerdaniel
La Ville-Chevalier
Plélo
St-Guignan
Lautremen
Locmaria
Ste-Brigitte
Plouagat
Châtelaudren
St-Blaise
St-Nicolas
St-Mathurin
Goëlo
Kerguillerm
Resmarec
Kernen
Lanrodec
Le Vallet
Cesson
Pointe des Guettes
Réserve naturelle
Sous-la-Tour
Pte de Cesson
Trémuson
Plerneuf
St-Hervé
Coadout
Danouët
Bois de Kerauffret
St-Hernin
Gros Prigent
Bois de Malaunay
Kerguiniou
Kerbaëlen
St-Adrien
St-Roch
Goudemail
Kerhamon
La Croix
Seignaux
St-Ilan
Ginglin
Marinarium
Dourlan
BAIE
SAINT-
77
G
H
E 50
N 12
D 786
D 787
D 7
D 9
D 6
24
18
10
14
16
19
25
20
15
13
12
17
21
11
5

0 2 4 6 8 10 km
70
98
A
B
C
D
1
2
3
4
5
ÎLE D'OUESSANT ★★★
Passage du Fromrust
Île de Keller
Pte de Cadoran
Baie de Béninou
Stiff
Pte de Bac'haol
★★Côte sauvage
Porz Yusin
Frugullou
Baie du Stiff
Men-Korn
Niou-Uhella
Kergadou
N.-D. de Bon Voyage
Penn-Arlan
Porz Arlan
Pte de Pern
Lampaul
Kergoff
Nividic
Feunteun Velen
Porsguen
Baie de Lampaul
Pointe de Pen-ar-Roc'h
Pointe de Porz Doun
PARC
La Jument
Passage du Fromveur
Kéréon
Île de Bannec
La Helle
Île de Balanec
Les Trois Pierres
Le Faix
Chenal de la Helle
Les Plâtresses
Lédénès de Molène
Petit Port
Île-Molène
NATUREL
Les Pierres Vertes
Lédénès de Quéménès
Île de Trielen
Île de Lytiry
Île de Quéménès
Île de Morgol
Les Serroux
RÉGIONAL
Île de Béniguet
D'ARMORIQUE
Les Pierres Noires
Kervourou
Chaussée des Pierres Noires
Chenal du Four
Pointe de Corsen
Grande-Vinotière
Pte de Kermorvan
★Le Conquet
Pte des Renards
Plage de Porsliogan
★★Pointe de St-Mathieu
Les Vieux Moines
Abbatiale
St-Mathieu
Stèles
Plougonvelin
Trez-Hir
Anse de Bertheaume
Pointe de Creac'h-Meur
Pte du Grand Minou
Pointe du Petit Minou
Goulet
Pointe des Capucins
Roches d'Argenton
Pointe de Landunvez
St-Samson
Portsall
Bar-ar-Lan
Kerlanou
Kersaint
Landunvez
Ploudalmézeau
Île d'Yock
Le Four
Argenton
Presqu'île St-Laurent
Porspoder
Kerhostat
Kergastel
St-Roch
Plourin
Coulouddouarn
Les Liniou
Île Melon
Melon
Lanildut
Brélès
Rocher du Crapaud
Kergroadès
Lanrivoaré
Porscave
Aber Ildut
Brescanvel
Lanvenec
Kéranflech
Grève de Gouérou
Porspaul
Lampaul-Plouarzel
St-Eloi
Lokornou-Vian
Île Ségal
Trézien
Plouarzel
Kervéatoux
Kerloas
Ruscumunoc
Porsmoguer
Lamber
Kerouzien
Cohars
Grève de Porsmoguer
Kerhornou
Kervadéza
Pont-L'Hôpital
Langongar
Ploumoguer
Kerzévéon
Illien
Plage des Blancs Sablons
L'Ilette
Lanfeust
Moguérou
Kerscao
Plouzané
Trébabu
Kergounan
St-Sébastien
Berbouguis
Goasmeur
Kerfili
Locmaria-Plouzané
Lochrist
Kérinou
Porsmilin
Trégana
Toulbroc'h
Kersalaun
Pointe du Grand Gouin
Pointe du Toulinguet
Alignements de Lagatjar
Camaret-sur-Mer
La Parquette
Chenal du Corbeau
Chenal du Petit Leac'h
★★★Pointe de Penhir
Les Tas de Pois
Veryach
Lannilier
Château de Dinan
★★Pointe de Dinan
Lost-
Plage de la Pa
★Cap de la Ch
Tévennec
★Pointe de Brézellec
Pte de Penharn
★Réserve du Cap Sizun
Ar Men
PARC NATUREL RÉGIONAL
Île-de-Sein
★★Pointe du Van
Pointe de Castelmeur
St-They
Kermeur
Moulin de Kerharo
Baie des Trépassés
Mescran
Cléden-Cap-Sizun
Goulien
Lannourec
La Vieille
D 789
D 5
D 28
D 168
D 68
D 67
D 85
D 7
D 43

Le Folgoët
Lannilis
Aber Benoît
Kergolestroc
Loc-Brévalaire
Moulin-du-Châtel
Plouguin
Plouvien
St-Jaoua
Le Drennec
Ploudaniel
Locmaria
Coat-Méal
Bourg-Blanc
Plabennec
Trémaouézan
Lanneuffret
Plounéventer
St-Derrien
Bodilis
Base aéronavale
Plougourvest
St-Servais
Landivisiau
Lampaul-Guimiliau
Moulin de Brézal
Milizac
Gouesnou
Kersaint-Plabennec
St-Thonan
Landerneau
Ploudiry
La Roche-Maurice
Plouédern
Guilers
Bohars
Guipavas
St-Divy
La Forest-Landerneau
Pencran
La Martyre
Loc-Eguiner
Lambézellec
Bellevue
Conservatoire botanique
Le Relecq-Kerhuon
Pont de l'Iroise
St-Urbain
Trefléveneź
Sizun
Dirinon
Le Tréhou
Fort Montbarey Mémorial du Finistère
Océanopolis
BREST
Plougastel-Daoulas
Loperhet
Daoulas
Irvillac
St-Eloy
RADE DE BREST
Pte des Espagnols
Roscanvel
Île Longue
Pointe de Kerdéniel
Logonna-Daoulas
Hôpital-Camfrout
Hanvec
Forêt du Cranou
Lanvéoc
Le Faou
Rumengol
Landévennec
Crozon
Morgat
Pont de Térénez
Rosnoën
NATUREL
RÉGIONAL
Argol
Telgruc-sur-Mer
Trégarvan
Dinéault
Ménez-Hom
Châteaulin
St-Ségal
Pont-de-Buis-lès-Quimerch
Pleyben
Port-Launay
Ploéven
Plomodiern
St-Nic
Pentrez-Plage
BAIE DE DOUARNENEZ
Cast
St-Coulitz
Lothey
Pointe de Talagrip
Plonévez-Porzay
Kergoat
Quéménéven
Douarnenez
Pointe du Millier
Pointe de Beuzec
Locronan
Montagne de Locronan
Beuzec-Cap-Sizun
Poullan-s-Mer
Briec
Landrévarzec
71
99
76
E
F
G
H
1
2
3
4
5

0 2 4 6 8 10 km
Morlaix
St-Thégonnec
Guimiliau
Lampaul-Guimiliau
Landivisiau
Plouigneau
Plougonven
Pleyber-Christ
Plourin-lès-Morlaix
Guerlesquin
Botsorhel
Plougras
Le Ponthou
Plouégat-Moysan
Sizun
Commana
Roc Trévezel
PARC
NATUREL
RÉGIONAL
D'ARMORIQUE
La Feuillée
Berrien
Huelgoat
Brennilis
Botmeur
Locmaria-Berrien
St-Herbot
Loqueffret
Lannédern
Brasparts
Plouyé
Poullaouen
Carnoët
Carhaix-Plouguer
Plounévézel
Kergloff
Cléden-Poher
Landeleau
Collorec
Plonévez-du-Faou
Le Cloître-Pleyben
Pleyben
Lennon
Châteauneuf-du-Faou
Spézet
St-Goazec
Laz
Gourin
Motreff
Tréogan
Briec
Edern
Gouézec
Lothey
Montagne St-Michel
Réservoir de St-Michel
Yeun-Elez
MONTAGNES NOIRES
Roc de Toullaëron
N.-D. du Crann
Trévarez
Roc'h Begheor
Scrignac
Bolazec
Plourac'h
Callac
Lannéanou
Trémel
Plufur
Locmélar
St-Sauveur
Plounéour-Ménez
Loc-Eguiner-St-Thégonnec
Le Cloître-St-Thégonnec
Rochers
Treffrin
St-Hernin
Port-Launay
A
B
C
D
1
2
3
4
5
71
75
100

72
E
F
Plouaret
Les Sept-Saints
Bégard
Trégrom
Pédernec
Ménez-Bré
Louargat
Plounévez-Moëdec
Belle-Isle-en-Terre
Tréglamus
Guingamp
St-Agathon
Plouisy
Grâces
Ploumagoar
Le Merzer
Goudelin
Bringolo
Plouagat
Châtelaudren
Loguivy-Plougras
Loc-Envel
Forêt de Coat-an-Hay
Gurunhuel
Moustéru
Coadout
Bourbriac
St-Adrien
Avaugour
St-Péver
St-Fiacre
Bois Meur
Plougonver
La Chapelle-Neuve
Pont-Melvez
Bulat-Pestivien
Calanhel
Callac
Maël-Pestivien
St-Servais
Duault
Gorges du Corong
St-Nicodème
Peumerit-Quintin
Lanrivain
Kerien
Magoar
Kerpert
St-Gilles-Pligeaux
Plésidy
Senven-Léhart
St-Connan
St-Gildas
Le Vieux-Bourg
Le Leslay
St-Bihy
Locarn
Trémargat
Gorges de Toul-Goulic
St-Nicolas-du-Pélem
Canihuel
Corlay
Le Haut-Corlay
Kergrist-Moëlou
Maël-Carhaix
Plounévez-Quintin
Ste-Tréphine
St-Igeaux
Plussulien
Rostrenen
Glomel
Plouguernével
Gouarec
Laniscat
Gorges du Daoulas
St-Gelven
Mûr-de-Bretagne
Lac de Guerlédan
Caurel
St-Aignan
Mellionnec
Lescouët-Gouarec
Perret
Silfiac
Ste-Brigitte
La Trinité-Langonnet
Paule
Plourac'h
Kergrist
78
101
G
H

0 2 4 6 8 10 km
73
77
102
A
B
C
D
1
2
3
4
5
Grand Léjon
Petit Léjon
Le Grand Pourier
Rohinet
Rohein
Île Harbour
Roches de St-Quay
BAIE DE SAINT-BRIEUC
Côte de Penthièvre
Cap d'Erquy
Plage du Guen
Erquy
Plage de Caroual
Plateau des Jaunes
Le Verdelet
Pte de Pléneuf
Le Val-André
La Guette
Dahouët
Pléneuf-Val-André
Le Port-Morvan
Jospinet
Plage Bonaparte
Port-Moguer
Pte de Plouha
Plouha
Kermaria
Pte du Bec de Vir
Le Palus-Plage
Tréveneuc
St-Quay-Portrieux
Étables-sur-Mer
Binic
Pte de la Rognouze
Pte de Pordic
Pordic
Les Rosaires
Rocher des Tablettes
Martin-Plage
Pte du Roselier
Pointe des Guettes
Lanvollon
Pludual
Pléguien
Tressignaux
Goudelin
Tréguidel
Lantic
Zoo de Trégomeur
Trégomeur
Tréméloir
Bringolo
St-Jean-Kerdaniel
Châtelaudren
Plélo
Plouagat
Plérin
Trémuson
ST-BRIEUC
Ploufragan
Langueux
Trégueux
Yffiniac
Hillion
Réserve naturelle
Plerneuf
Plouvara
La Méaugon
St-Donan
Cohiniac
Le Leslay
Plaine-Haute
St-Julien
Le Fœil
Quintin
St-Brandan
Le Vieux-Bourg
St-Bihy
Lanfains
Forêt de Lorge
L'Hermitage-Lorge
Plœuc-sur-Lié
Plaintel
St-Carreuc
Plédran
Hénon
Moncontour
Trédaniel
Plémy
Uzel
Allineuc
St-Hervé
Le Bodéo
La Harmoye
Merléac
Plouguenast
Gausson
Le Quillio
Grâce-Uzel
Langast
Plessala
Collinée
Le Gouray
St-Glen
Penguily
La Malhoure
Bréhand
Landéhen
Noyal
Lamballe
Pommeret
Quessoy
Meslin
Andel
Coëtmieux
Morieux
Planguenoual
St-Alban
La Bouillie
Lamballe
Trébry
Le Mené
St-Gouéno
Landes du Mené
B. de Plédran
Caulnes
St-Trimoël
Penguily

E
F
G
H
Cap Fréhel ★★★
Fort la Latte ★★
Pointe de St-Cast ★★
St-Cast-le-Guildo★
CÔTE D'ÉMERAUDE
Penthièvre
Sables-d'Or-les-Pins
Fréhel
Pléboulle
Matignon
Pte de la Garde ★★
St-Jacut-de-la-Mer
Lancieux
St-Briac-s-Mer
St-Lunaire★
DINARD
Pte du Décollé ★★
★★★ST-MALO
Paramé
Rothéneuf
St-Servan-s-M.★
Grd Aquarium★★
Île de Cézembre
Les Haies de la Conchée
Pte du Meinga
Pte de la Varde
Ploubalay
Pleurtuit
Châteauneuf-d'Ille-et-Vilaine
Plancoët
Hénanbihen
Landébia
St-Denoual
Corseul
DINAN★★
Lanvallay
Quévert
Taden
Plélan-le-Petit
Jugon-les-Lacs
Broons
Plénée-Jugon
Sévignac
Trélivan
Vildé-Guingalan
Évran
St-Juvat
Tréfumel
Guenroc
St-Maden
Bécherel
Montmuran
Plouasne
Caulnes
La Bourbansais★
Pleudihen-s-Rance
Plouër-s-Rance
La Vicomte-s-Rance
Chau de la Hunaudaye★
Trélat
Tressé
Pleslin-Trigavou
Languédias
Mégrit
Trédias
Yvignac-la-Tour
N 176
E 401
N 12
103
80

0 2 4 6 8 10 km
BAIE
DU MONT-SAINT-MICHEL
LE MONT-ST-MICHEL
Tombelaine
Pointe du Grouin du Sud
Pointe de Roche-Torin
Avranches
Pontaubault
Ducey
Pontorson
Beauvoir
Moidrey
Polders
Cherrueix
Le Vivier-s-Mer
Hirel
La Fresnais
St-Benoît-des-Ondes
St-Méloir-des-Ondes
Châteauneuf-d'Ille-et-Vilaine
St-Guinoux
Lillemer
Mont-Dol
Mont Dol
Dol-de-Bretagne
Roz-Landrieux
Baguer-Pican
Baguer-Morvan
Menhir de Champ-Dolent
St-Broladre
St-Marcan
Roz-s-Couesnon
St-Georges-de-Gréhaigne
Sains
Pleine-Fougères
Miniac-Morvan
Plerguer
Epiniac
La Boussac
Trans-la-Forêt
Vieux-Viel
Sougéal
Sacey
Montanel
Argouges
Vessey
Aucey-la-Plaine
Villiers-le-Pré
St-Quentin-s-le-Homme
Tressé
Lanhélin
Bonnemain
Cuguen
Broualan
Carrefour de Dol
La Fontenelle
Antrain
St-Ouen-la-Rouërie
Bazouges-la-Pérouse
Noyal-s/s-Bazouges
Tremblay
St-Brice-en-Coglès
Meillac
Combourg
Lourmais
Trémeheuc
Rimou
Marcillé-Raoul
Romazy
St-Rémy-du-Plain
Chauvigné
St-Marc-le-Blanc
Baillé
Le Tiercent
St-Christophe-de-Valains
Vieux-Vy-s-Couesnon
Sens-de-Bretagne
Dingé
Feins
Forêt de Tanouarn
Étang de Boulet
Tinténiac
Québriac
St-Domineuc
La Chapelle-aux-Filtzméens
La Baussaine
Hédé
Montmuran
Les Iffs
St-Brieuc-des-Iffs
St-Symphorien
Guipel
Montreuil-sur-Ille
Aubigné
St-Médard-s-Ille
Andouillé-Neuville
Gahard
St-Aubin-d'Aubigné
St-Germain-s-Ille
Mouazé
Chasné-sur-Illet
Ercé-près-Liffré
Gosné
St-Aubin-du-Cormier
Mézières-s-Couesnon
St-Ouen-des-Alleux
St-Marc-s-Couesnon
St-Jean-s-Couesnon
Langouet
Vignoc
Montreuil-le-Gast
Melesse
Gévezé
Langan
La Mézière
Chevaigné
St-Sulpice-la-Forêt
Liffré
Livré-s-Changeon
Parthenay-de-Bretagne
Pleumeleuc
La Bourbansais
Pleugueneuc
Forêt de Villecartier
Forêt du Mesnil
A B C D
1 2 3 4 5
51 79 104

Mortain
Juvigny-le-Tertre
Le Neufbourg
Barenton
St-Hilaire-du-Harcouët
Isigny-le-Buat
Ducey
St-James
Le Teilleul
Louvigné-du-Désert
Landivy
Fougerolles-du-Plessis
Gorron
Fougères
Ernée
Chailland
La Pellerine
Parc floral de Hte Bretagne
Mantilly
Désertines
Landéan
Pontmain
St-Ellier-du-Maine
Larchamp
Montaudin
Carelles
Colombiers-du-Plessis
St-Denis-de-Gastines
Montenay
Vautorte
Le Ferré
Montours
St-Georges-de-Reintembault
St-Brice-de-Landelles
St-Martin-de-Landelles
St-Symphorien-des-Monts
Buais
Savigny-le-Vieux
Heussé
Lécousse
Romagné
Javené
Billé
Combourtillé
Parcé
Dompierre-du-Chemin
Luitré
La Chapelle-Janson
Beaucé
Laignelet
Fleurigné
Vendel
La Selle-en-Luitré
Chasseguey
Reffuveille
Ferrières
Husson
Ste-Marie-du-Bois
St-Cyr-du-Bailleul
Vieuvy
Lesbois
St-Aubin-Fosse-Louvain
Herce
Levaré
Châtillon-en-Vendelais
Princé
Montautour
La Croixille
St-Hilaire-du-Maine
Bourgon
St-Pierre-des-Landes
Rochers du Saut Roland
Forêt de Fougères
La Dorée
Mausson
Chiloup
Montreuil-des-Landes
La Bazouge-du-Désert
Monthorin
Mellé
Parigné
Villamée
Poilley
Le Loroux
Larchamp
Vaubarbot
Livré-la-Touche
Brecé
Placé
Alexain
Lévaré

0 2 4 6 8 10 km
81
53
106
A
B
C
D
1
2
3
4
5
PARC RÉGIONAL
NORMANDIE MAINE
Domfront
La Ferté-Macé
Bagnoles-de-l'Orne
Briouze
Passais
Juvigny-sous-Andaine
Lassay-les-Châteaux
Gorron
Ambrières-les-Vallées
Mayenne
Couptrain
Villaines-la-Juhel
Javron-les-Chapelles
Le Horps
Couterne
Bais
Lonlay-l'Abbaye
Champsecret
Ste-Geneviève
Tour de Bonvouloir
Saires-la-Verrerie
La Ferrière-aux-Étangs
Messei
Pointel
Fontenay
Mont d'Hère
Tessé-Froulay
Haleine
Ceaucé
St-Fraimbault
Couesmes-Vaucé
Soucé
Montreuil-Poulay
Champéon
Hardanges
Loupfougères
Champgenéteux
Aron
Contest
Moulay
Jublains
Belgeard
Marcillé-la-Ville
La Chapelle-au-Riboul
Oisseau
Châtillon-sur-Colmont
Alexain
Commer
Montesson
Butte de Montaigu
Gorges de Villiers
Mont du Saule
Terrain militaire
Étang de Beaucoudray
Forêt de Halouze
Forêt de Mayenne

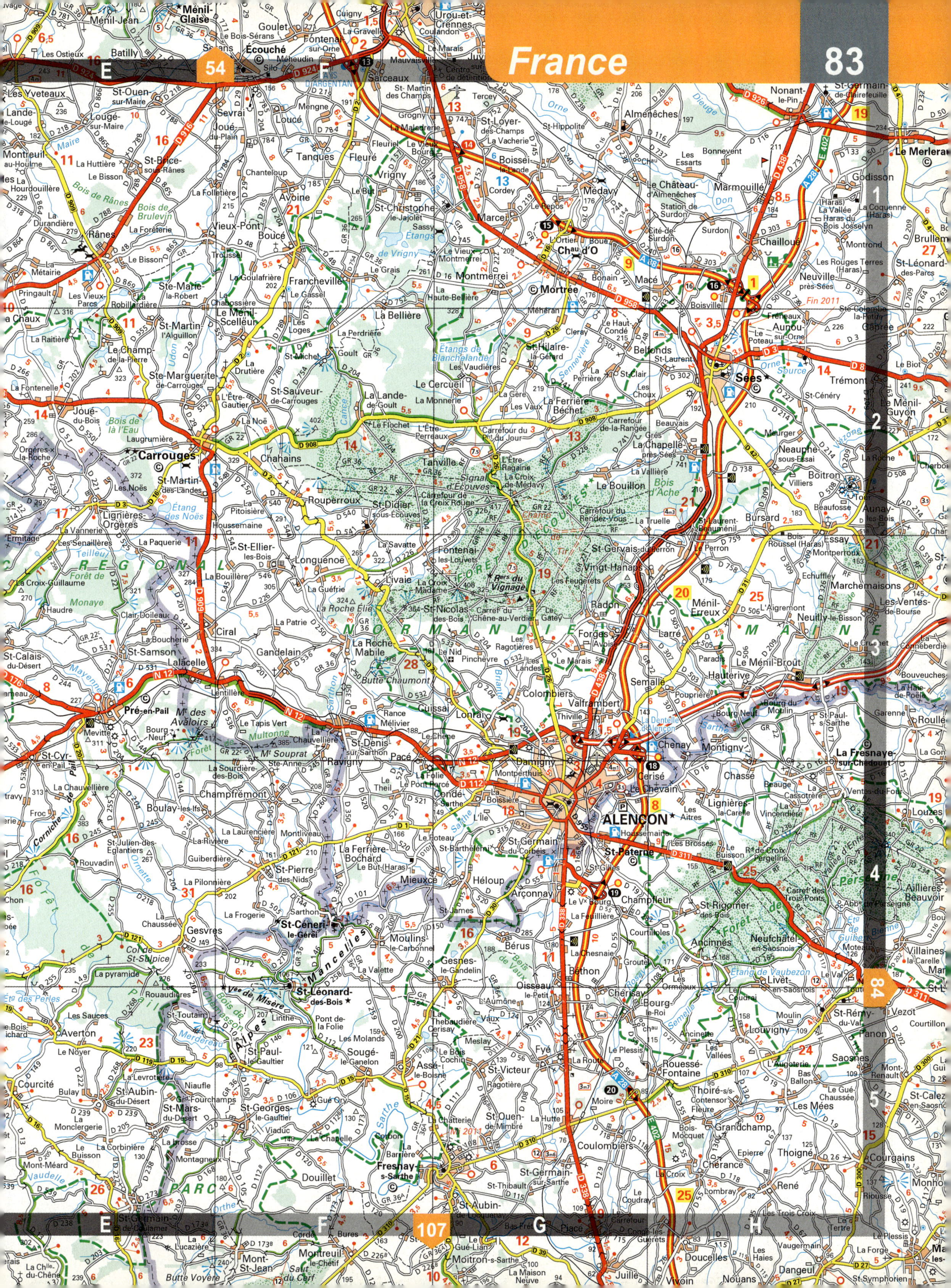
ALENÇON
Sées
Carrouges
Pré-en-Pail
St-Céneri-le-Gérei
St-Léonard-des-Bois
Fresnay-s-Sarthe
Écouché
Sarceaux
Mortrée
Chau d'O
Rânes
La Ferrière-Béchet
Le Bouillon
Essay
Hauterive
Le Ménil-Broût
St-Paterne
Damigny
Cerisé
Condé-s-Sarthe
Champfrémont
Gesvres
Moulins-le-Carbonnel
Champfleur
Ancinnes
Neufchâtel-en-Saosnois
Louvigny
Rouessé-Fontaine
Bourg-le-Roi
Coulombiers
St-Germain-sur-Sarthe
Assé-le-Boisne
Sougé-le-Ganelon
Douillet
Montreuil-le-Chétif
La Fresnaye-sur-Chédouet
Marchemaisons
Neuilly-le-Bisson
Mêle-sur-Sarthe
Forêt d'Écouves
Signal d'Écouves
Rochers du Vignage
NORMANDIE
MAINE
Alpes Mancelles
Mt des Avaloirs
Corniche de Pail
Forêt de Perseigne
Bois de Rânes
Forêt de Monaye
Courtomer
St-Léonard-des-Parcs
Le Merlerault
Nonant-le-Pin
Almenêches
Médavy
Mortrée
Vingt-Hanaps
Radon
Forges
Semallé
Valframbert
Colombiers
Larré
Ménil-Erreux
Lonrai
Cuissai
St-Denis-sur-Sarthon
Pacé
Lignières-Orgères
Ciral
Gandelain
La Roche-Mabile
Livaie
Longuenoë
Rouperroux
Chahains
Joué-du-Bois
Boucé
Francheville
Le Ménil-Scelleur
St-Sauveur-de-Carrouges
Ste-Marguerite-de-Carrouges
Vrigny
Marcei
Boissei-la-Lande
Montmerrei
La Bellière
Le Cercueil
Tanville
St-Ellier-les-Bois
Fontenai-les-Louvets
St-Nicolas-des-Bois
La Lacelle
Gesnes-le-Gandelin
Oisseau-le-Petit
Fyé
Béthon
Chérisay
St-Rigomer-des-Bois
Livet-en-Saosnois
Moire
Thoiré-sous-Contensor
Les Mées
Saosnes
Thoigné
René
Doucelles
Juillé
Vivoin
Nouans
Dangeul
Piacé
St-Aubin-de-Locquenay
Moitron-s-Sarthe
E
F
G
H
1
2
3
4
5
54
83
84
107

0 2 4 6 8 10 km
Le Merlerault
Moulins-la-Marche
Courtomer
Tourouvre
Mortagne-au-Perche
Longny-au-Perche
Le Mêle-sur-Sarthe
Bazoches-sur-Hoëne
Pervenchères
Rémalard
Bellême
Mamers
Nocé
Courboyer
Le Theil
Marolles-les-Braults
St-Cosme-en-Vairais
La Fresnaye-sur-Chédouet
Bubertré
Autheuil
Randonnai
Normandel
Crulai
St-Michel-Tubœuf
Chennebrun
St-Maurice-lès-Charencey
La Ventrouze
Moulicent
Feings
Loisail
Réveillon
Comblot
Courgeon
Corbon
Mauves-sur-Huisne
Colonard-Corubert
Bellou-sur-Huisne
Verrières
Dancé
Berd'huis
Préaux-du-Perche
St-Hilaire-sur-Erre
Igé
Appenai-sous-Bellême
La Chapelle-Souëf
St-Germain-de-la-Coudre
Gémages
Pouvrai
Sérigny
Dame-Marie
St-Martin-du-Vieux-Bellême
La Perrière
Montgaudry
Contilly
Louzes
Les Aulneaux
Vezot
St-Rémy-du-Val
Saosnes
St-Calez-en-Saosnois
Commerveil
St-Rémy-des-Monts
St-Pierre-des-Ormes
St-Vincent-des-Prés
Monhoudou
Courgains
Moncé-en-Saosnois
Saint-Léger-sur-Sarthe
Barville
Coulimer
Courgeoût
Parfondeval
Boëcé
Bures
Laleu
Montchevrel
Brullemail
Ferrières-la-Verrerie
Mahéru
Planches
Ste-Gauburge-Ste-Colombe
Auguaise
La Chapelle-Viel
Bonnefoi
Les Aspres
Prépotin
Soligny-la-Trappe
Lignerolles
Champs
Bivilliers
Villiers-sous-Mortagne
Maison-Maugis
Boissy-Maugis
Monceaux-au-Perche
Bizou
Le Mage
Trémont
St-Germain-le-Vieux
Ste-Scolasse-sur-Sarthe
Le Plantis
Courtomer
Neuville-près-Sées
C
D
A
B
1
2
3
4
5
55
83
108

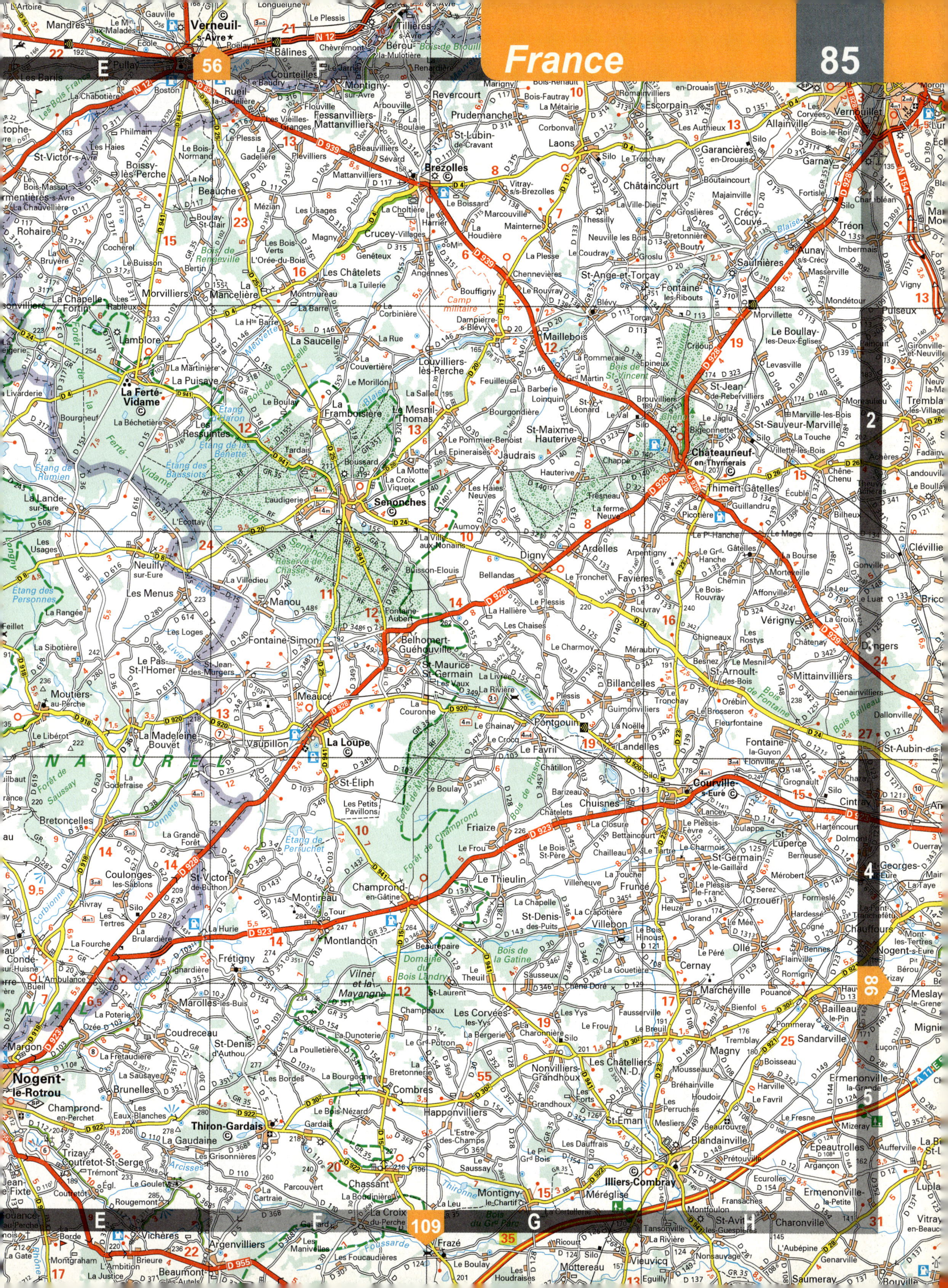
Verneuil-s-Avre
Tillières-s-Avre
Bâlines
Courteilles
Rueil-la-Gadelière
Montigny-sur-Avre
Revercourt
Prudemanche
Brezolles
Laons
Châtaincourt
Escorpain
Allainville
Garnay
Vernouillet
Boissy-lès-Perche
Beauche
Crucey-Villages
Les Châtelets
Maillebois
Saulnières
Tréon
Aunay-s/s-Crécy
Manceliere
Morvilliers
Lamblore
La Saucelle
La Ferté-Vidame
Louvilliers-lès-Perche
La Framboisière
Le Mesnil-Thomas
St-Maixme-Hauterive
Jaudrais
Châteauneuf-en-Thymerais
St-Jean-de-Rebervilliers
St-Sauveur-Marville
Thimert-Gâtelles
Senonches
Ardelles
Digny
Favières
Neuilly-sur-Eure
Les Menus
Manou
Fontaine-Simon
Belhomert-Guéhouville
St-Maurice-St-Germain
Pontgouin
Billancelles
Mittainvilliers
Vérigny
Dangers
Moutiers-au-Perche
La Madeleine-Bouvet
Meaucé
La Loupe
Vaupillon
Landelles
Courville-s-Eure
Fontaine-la-Guyon
St-Aubin-des-Bois
St-Éliph
Bretoncelles
Coulonges-les-Sablons
St-Victor-de-Buthon
Champrond-en-Gâtine
Friaize
Chuisnes
St-Germain-le-Gaillard
St-Luperce
Montireau
Montlandon
Frétigny
Villebon
Chauffours
Marolles-les-Buis
Coudreceau
St-Denis-d'Authou
Vilner et la Mayange
Les Corvées-les-Yys
Fruncé
Cernay
Marchéville
Bailleau-le-Pin
Sandarville
Nogent-le-Rotrou
Margon
Champrond-en-Perchet
Brunelles
Thiron-Gardais
Combres
Happonvilliers
Nonvilliers-Grandhoux
Magny
Blandainville
Illiers-Combray
Méréglise
Épeautrolles
Ermenonville-la-Petite
La Gaudaine
Trizay-Coutretot-St-Serge
Chassant
Montigny-le-Chartif
Frazé
Charonville
St-Avit-les-Guespières
Argenvilliers
Vichères
Vieuvicq
Sauméray
Foret de Senonches
Forêt de Champrond
Forêt de la Ferté-Vidame
PARC NATUREL

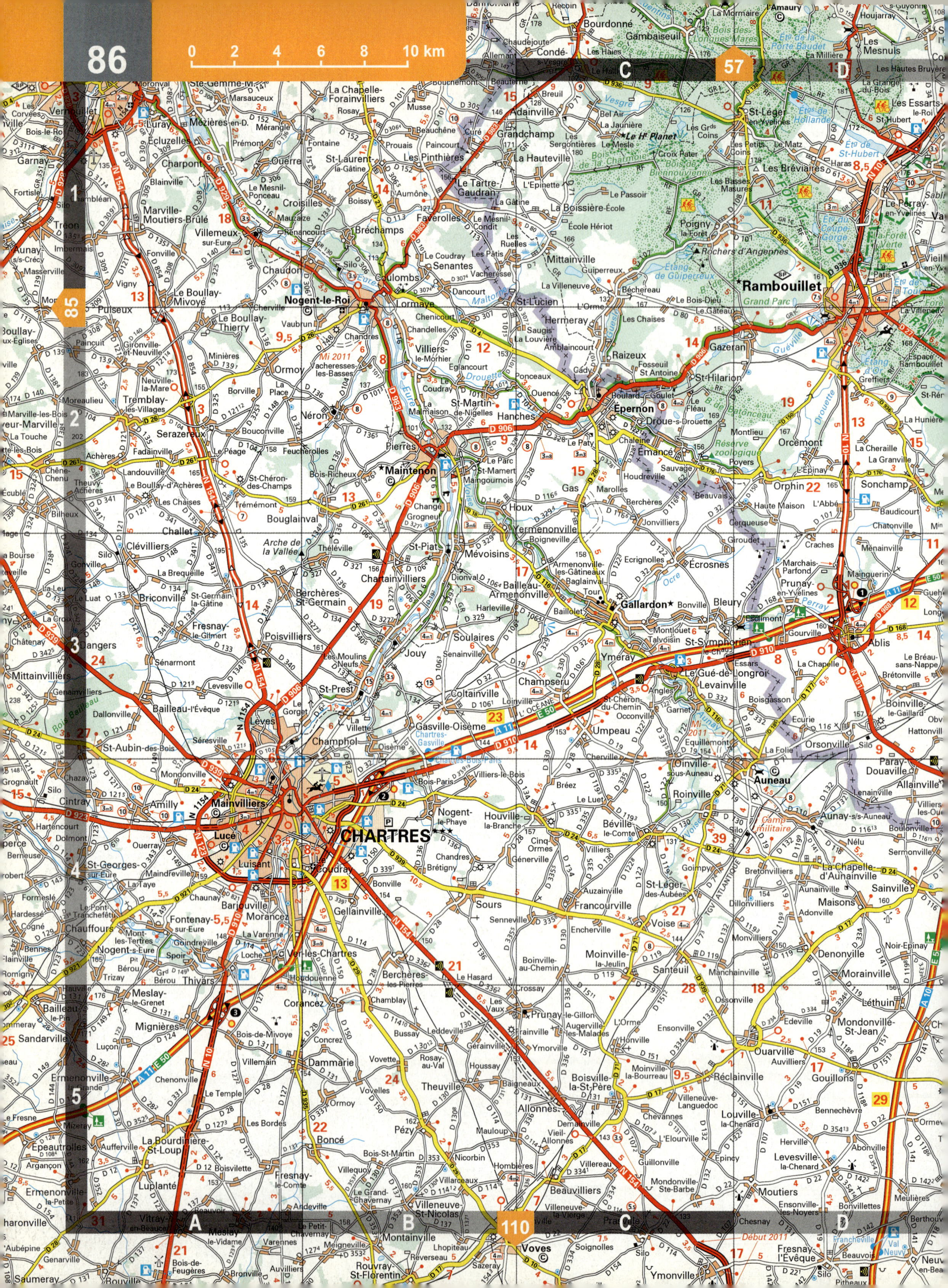
0 2 4 6 8 10 km
57
85
110
CHARTRES
Rambouillet
Nogent-le-Roi
Maintenon
Epernon
Gallardon
Auneau
Mainvilliers
Lucé
Lèves
Luisant
Ablis
Voves
Illiers-Combray
Courville-sur-Eure
Châteauneuf-en-Thymerais
Senonches
Orphin
Orcemont
Gazeran
St-Hilarion
Droue-sur-Drouette
Hanches
Pierres
Coulombs
Lormaye
Villiers-le-Morhier
Bréchamps
Faverolles
St-Lucien
Hermeray
Raizeux
Émancé
Houx
Yermenonville
Bailleau-Armenonville
Ecrosnes
Bleury
St-Symphorien
Le Gué-de-Longroi
Levainville
Umpeau
Oinville-sous-Auneau
Roinville
Béville-le-Comte
St-Léger-des-Aubées
Santeuil
Voise
Moinville-la-Jeulin
Prunay-le-Gillon
Boisville-la-St-Père
Allonnes
Sours
Nogent-le-Phaye
Champhol
Gasville-Oisème
St-Prest
Jouy
Soulaires
Coltainville
Champseru
Mévoisins
St-Piat
Chartainvilliers
Berchères-St-Germain
Poisvilliers
Fresnay-le-Gilmert
Briconville
Clévilliers
Bouglainval
Néron
Ormoy
Chaudon
Croisilles
Villemeux-sur-Eure
Le Boullay-Mivoye
Le Boullay-Thierry
Tremblay-les-Villages
Serazereux
Challet
Bailleau-l'Évêque
St-Aubin-des-Bois
Amilly
Cintray
St-Georges-sur-Eure
Fontenay-sur-Eure
Barjouville
Morancez
Ver-lès-Chartres
Thivars
Mignières
Corancez
Dammarie
Vovelles
Theuville
Pézy
Bonce
Fresnay-le-Comte
Bouglainval
Le Coudray
Gellainville
Berchères-les-Pierres
Sandarville
Ermenonville-la-Grande
Luplanté
Montainville
Villeneuve-St-Nicolas
Rouvray-St-Florentin
Beauvilliers
Fresnay-l'Évêque
Ymonville
Ouarville
Réclainville
Louville-la-Chenard
Levesville-la-Chenard
Moutiers
Gouillons
Mondonville-St-Jean
Denonville
Morainville
Sainville
Aunay-sous-Auneau
Paray-Douaville
Allainville
Boinville-le-Gaillard
Orsonville
Prunay-en-Yvelines
Sonchamp
St-Léger-en-Yvelines
Poigny-la-Forêt
Les Bréviaires
Le Perray-en-Yvelines
Les Essarts-le-Roi
Forêt de Rambouillet
Étang de Guiperreux
Rochers d'Angennes
Mittainvilliers
Dallonville
Pontgouin
Vitray-en-Beauce
Bouglainval
Mi 2011
Début 2011

Maurepas
Trappes
St-Quentin-en-Yvelines
Les Loges-en-Josas
Versailles
Massy
Wissous
AÉROPORT DE PARIS-ORLY
Villeneuve-le-Roi
Athis-Mons
Saclay
Palaiseau
Chilly-Mazarin
Paray-Vieille-Poste
Orsay
Villebon-s-Yvette
Juvisy-s-Orge
Montgeron
Draveil
Chevreuse
Gif-s-Yvette
Bures-s-Yvette
Les Ulis
Longjumeau
Savigny-s-Orge
Dampierre-en-Yvelines
Senlisse
Cernay-la-Ville
Breteuil
Les Molières
Limours
Villejust
Nozay
Montlhéry
Ste-Geneviève-des-Bois
St-Michel-s-Orge
Morsang-s-Orge
Grigny
Ris-Orangis
EVRY
Forges-les-Bains
Briis-s-Forges
Marcoussis
Linas
Leuville-s-Orge
Camp de Linas-Montlhéry
Bonnelles
Bullion
Clairefontaine-en-Yvelines
Vaugrigneuse
Bruyères-le-Châtel
Arpajon
Brétigny-s-Orge
Rochefort-en-Yvelines
St-Arnoult-en-Yvelines
Longvilliers
Angervilliers
St-Cyr-s-Dourdan
Le Marais
Breuillet
Egly
La Norville
Ollainville
Avrainville
Marolles-en-Hurepoix
Mennecy
Dourdan
St-Chéron
St-Sulpice-de-Favières
Cheptainville
Torfou
Lardy
Bouray-s-Juine
Ballancourt-s-Essonne
Roinville
Souzy-la-Briche
Mauchamps
Chamarande
Janville-s-Juine
Itteville
Chauffour-lès-Étréchy
Étréchy
Auvers-St-Georges
La Ferté-Alais
Corbreuse
Boissy-le-Sec
Villeneuve-s-Auvers
Cerny
Guigneville-s-Essonne
Chatignonville
Richarville
Authon-la-Plaine
Boutervilliers
Morigny-Champigny
D'Huison-Longueville
Orveau
Vayres-s-Essonne
Boutigny-s-Essonne
Plessis-St-Benoist
Chalo-St-Mars
St-Hilaire
Étampes
Bouville
Farcheville
Courdimanche-sur-Essonne
Garancières-en-Beauce
Méróbert
Puiselet-le-Marais
Valpuiseaux
Maisse
Ormoy-la-Rivière
Congerville-Thionville
Oysonville
Chalou-Moulineux
La Forêt-Ste-Croix
Marolles-en-Beauce
Gironville-sur-Essonne
Mondésir
Guillerval
Saclas
Bois-Herpin
Champ-Beau
Prunay-s-Essonne
Buno-Bonnevaux
Monnerville
Fontaine-la-Rivière
Roinvilliers
Mespuits
Pussay
Gommerville
Abbéville-la-Rivière
Arrancourt
Rouvres-St-Jean
Champmotteux
Boigneville
Angerville
Méréville
Blandy
Estouches
Brouy
Nangeville
Pannecières
Sermaises
Mainvilliers
Malesherbes
Thignonville
Audeville
Orveau-Bellesauve
Coudray
Intville-la-Guétard
Andonville
Autruy-sur-Juine
Barmainville
PARC NATUREL RÉGIONAL DE LA HAUTE-VALLÉE DE CHEVREUSE
PARC NATUREL RÉGIONAL
Forêt de Sénart
58
88
111

0 2 4 6 8 10 km
Brie-Comte-Robert
Combs-la-Ville
Sénart (Ville Nlle)
Évry
Corbeil-Essonnes
Melun
Le Mée-s-Seine
Vaux-le-Vicomte
Blandy
Champeaux
Mormant
Fontainebleau
Barbizon
Milly-la-Forêt
Courances
Moret-s-Loing
Montereau-Fault-Yonne
La Chapelle-la-Reine
Nemours
Larchant
Perthes
Savigny-le-Temple
Yerres
Brunoy
Montgeron
Draveil
Villecresnes
Tournan-en-Brie
Le Châtelet-en-Brie
Samois-s-Seine
Avon
Thomery
Saint-Mammès
Veneux-les-Sablons
Samoreau
Héricy
Bois-le-Roi
Chartrettes
Dammarie-les-Lys
Livry-s-Seine
Guignes
Yèbles
Verneuil-l'Étang
Forêt de Fontainebleau
Forêt de Sénart
Gorges d'Apremont
Gorges de Franchard
Les Trois Pignons
Rocher de la Dame Jouanne
GÂTINAIS FRANÇAIS
PARC NATUREL RÉGIONAL DU GÂTINAIS FRANÇAIS
Bois de Valence
A5
A6
N6
N7
N36
N104
D619
D606
59
87
112
A B C D
1 2 3 4 5

Provins
Nangis
Nogent-s-Seine
Bray-s-Seine
Donnemarie-Dontilly
Villiers-St-Georges
Sergines
Pont-s-Yonne
Montereau
Jouy-le-Châtel
Sézanne
Chenoise
Mormant
Beton-Bazoches
Courtacon
Sancy-lès-Provins
Montceaux-lès-Provins
Courgivaux
Esternay
Louan-Villegruis-Fontaine
Villenauxe-la-Grande
Montpothier
Léchelle
St-Brice
Sourdun
Chalautre-la-Grande
St-Nicolas-la-Chapelle
La Saulsotte
Le Mériot
La Motte-Tilly
Fontaine-Mâcon
Melz-s-Seine
Hermé
Gouaix
Chalmaison
Everly
Les Ormes-s-Voulzie
Longueville
Savins
Sognolles-en-Montois
Mons-en-Montois
Thénisy
Paroy
Jutigny
Sigy
Luisetaines
Gurcy-le-Châtel
Montigny-Lencoup
Vimpelles
Egligny
Châtenay-sur-Seine
Gravon
Balloy
Bazoches-lès-Bray
Mousseaux-lès-Bray
Jaulnes
Mouy-s-Seine
St-Sauveur-lès-Bray
Villenauxe-la-Petite
Vilivis
Noyen-s-Seine
Grisy-s-Seine
Passy-sur-Seine
Villiers-sur-Seine
Gumery
Fontenay-de-Bossery
Traînel
Bouy-sur-Orvin
Soligny-les-Étangs
Fontaine-Fourches
La Louptière-Thénard
Plessis-du-Mée
Vertilly
Villiers-Bonneux
St-Maurice-aux-Riches-Hommes
Courlon-s-Yonne
Serbonnes
Vinneuf
Misy-s-Yonne
Barbey
Marolles-sur-Seine
St-Germain-Laval
La Tombe
Compigny
Plessis-St-Jean
Michery
Thorigny-s-Oreuse
Fleurigny
La Chapelle-s-Oreuse
St-Martin-s-Oreuse
Villeblevin
Chaumont
Champigny
Villemanoche
Cessoy-en-Montois
Vieux-Champagne
Rampillon
Vanvillé
Maison-Rouge
Vulaines-lès-Provins
St-Loup-de-Naud
Ste-Colombe
Poigny
Chalautre-la-Petite
Soisy-Bouy
Mortery
Rouilly
Voulton
Beauchery-St-Martin
Cerneux
Augers-en-Brie
Les Marêts
Champcenest
Courchamp
St-Hilliers
Bannost
Boisdon
Frétoy
Dagny
Chevru
Chartronges
Leudon-en-Brie
Vaudoy-en-Brie
Pécy
Gastins
La Croix-en-Brie
Clos-Fontaine
Fontains
Meigneux
Villeneuve-les-Bordes
Coutençon
Laval-en-Brie
Salins
Courcelles-en-Bassée
SEINE
Yonne
A 5
E 54
N 4
D 619
D 411
D 231
D 403
D 412
D 976
D 606
60
113
27
E
F
G
H
1
2
3
4
5
06

0 2 4 6 8 10 km
61
89
114
A
B
C
D
1
2
3
4
5
Allemant
Fère-Champenoise
Nozet
Ste-Sophie
St-Loup
Linthes
Connantre
Euvy
St-Georges
La Colombière
Corroy
Gourgançon
Ognes
Maurienne
Sézanne
Vindey
Chichey
Saudoy
St-Remy-sous-Broyes
Linthelles
La Raccroche
Pleurs
Gaye
Auges
Marigny
Marigny-le-Petit
Courcelles
Angluzelles-et-Courcelles
Tortepée
Thaas
Terrain militaire
Fresnay
Faux-Fresnay
Salon
Champfleury
Courcemain
Forêt de la Perthe
Queudes
Choisel
Barbonne-Fayel
Lancourt
Le Plessis
Tourraine
Le Meix-St-Epoing
Launat
Mœurs-Verdey
Bois du Gril d'Arcan
Forêt de la Loge à Gond
Châtillon-sur-Morin
Escardes
Bricot-la-Ville
Seu
Bois de Prés du But
La Paimbaudière
Les Essarts-le-Vicomte
L'Étoile
Forêt de la Traconne
Bois de Saudoy
Bois de Barbonne
La Forestière
La Chalmelle
Bois de Béthon
Bouchy-St-Genest
Les Pinons
Nesle-la-Reposte
Chantemerle
Bethon
Montgenost
Bois de Montgenost
Villenauxe-la-Grande
Dival
Fontaine-Denis-Nuisy
Villevotte
Villeneuve-St-Vistre-et-Villevotte
Chenevières
St-Quentin-le-Verger
Saussaie
Allemanche-Launay-et-Soyer
La Celle-s/s-Chantemerle
Beaugis
Soyer
Launay
Varsovie
La Chapelle-Lasson
Marsangis
St-Saturnin
Vouarces
Granges-s-Aube
Anglure
Montahon
Bécheret
Boulages
Abbaye-sous-Plancy
Plancy-l'Abbaye
Viâpres-le-Grand
Viâpres-le-Petit
Longueville-sur-Aube
Charny-le-Bachot
Rhèges
Bessy
Étrelles-s-Aube
Bagneux
Les Grèves
Baudement
Saron-s-Aube
St-Just-Sauvage
Sauvage
Marcilly-s-Seine
Esclavolles-Lurey
Villiers-aux-Corneilles
Potangis
Charmoy
Plessis-Barbuise
La Rue
Soulaunoy
La Villeneuve-au-Châtelot
Barbuise
Montpothier
Périgny-la-Rose
Courtavant
Frécul
La Saulsotte
Conflans-s-Seine
Barbenthal
Romilly-s-Seine
Maizières-la-Gr.de-Paroisse
Clesles
Poussey
St-Oulph
Méry-sur-Seine
Prémierfait
Les Banles
Pont-s-Seine
Crancey
Sellières
Lion
Marnay-sur-Seine
Nogent-s-Seine
Port St-Nicolas
Bernières
La Poste
St-Hilaire-s/s-Romilly
Les Granges
Châtres
Mesgrigny
Droupt-Ste-Marie
Le Ruez
Droupt-St-Basle
La Chapelle-Godefroy
La Crouillère
Parc de Pont
Longueperte
Gélannes
Pars-lès-Romilly
Pommereau
St-Aubin
Quincey
Ardusson
Origny-le-Sec
La Belle-Étoile
Le Petit St-Georges
Vallant-St-Georges
Courtanges
Les Grandes-Chapelles
Fontaine-Mâcon
Le Paraclet (Anc.ne Abb.e)
Malminou
Vaudepuits
St-Loup-de-Buffigny
Ferreux-Quincey
Corduan
St-Martin-de-Bossenay
Ossey-les-Trois-Maisons
Orvilliers-St-Julien
Fontaine-les-Grès
St-Mesmin
Rilly-Ste-Syre
Chauchigny
Chapelle-Vallon
Tremblay
La Fosse-Corduan
Bossenay
Les Ormeaux
Rozières
Avant-lès-Marcilly
Le Clos
Bouy-sur-Orvin
Fontenay-le-Pierreux
Fay-lès-Marcilly
Bois de Fay
Belle-Assise
Rigny-la-Nonneuse
La Pèze
St-Flavy
Marigny-le-Châtel
Savières
Villacerf
Mergey
Payns
Soligny-les-Étangs
Le Vallon
Charmoy
Perthelaine
Montaphilant
Avon-la-Pèze
Échemines
Belleville
Prunay-Belleville
Camp militaire
Obélisque
Villeloup
Le Pavillon-Ste-Julie
La Malmaison
St-Lyé
Vermoise
Barberey-aux-Moines
St-Benoît
Charmesseaux
Trancault
Orvin
Bourdenay
Bellevillotte
St-Lupien
Marcilly-le-Hayer
Le Mothois
St-Maurice-aux-Riches-Hommes
La Villeneuve-aux-Riches-Hommes
Bercenay-le-Hayer
Faux-Villecerf
Dierrey-St-Pierre
Dierrey-St-Julien
Barberey-St-Sulpice
TROYES
Grange l'Évêque
La Chapelle-St-Luc
Les Noës-près-Troyes
Les Dagues
Mesnil-Vallon
Montgueux
Macey
Ste-Savine
Mauny
Lussin
Chavaudon
Four gaulois
Bois de Cornillon
Villadin
Chanteloup
Mesnil-St-Loup
Picardie
Ste-Marie
Vierge-Ste-Espérance
Pierre-Couverte
Pouy-s-Vannes
Bois l'Abbesse
Palis
Clairlieu
Fontvannes
La Grange-au-Rez
La Rivière-de-Corps
St-André-les-Vergers
Torvilliers
La Singerie
Ferme de Vauluisant (Anc.ne Abb.e)
Bois de Bagneaux
Les Essarts
Rateau
Planty
Villemaur-sur-Vanne
Estissac
Neuville-
Bucey-en-Othe
Messon
Thuisy
Lépine
St-Germain
Viélaines
Vanne
Seine
Aube
Noxe
Barbuise
Superbe
Salon
Bachot
Melda
Alain
N 4
D 951
D 373
D 619
D 442
D 441
D 660
D 374
D 440
D 50
D 19
D 54
D 5
D 7
D 43
D 56
D 51
D 71
D 78
D 15
D 31
D 60
D 23
D 29
D 36

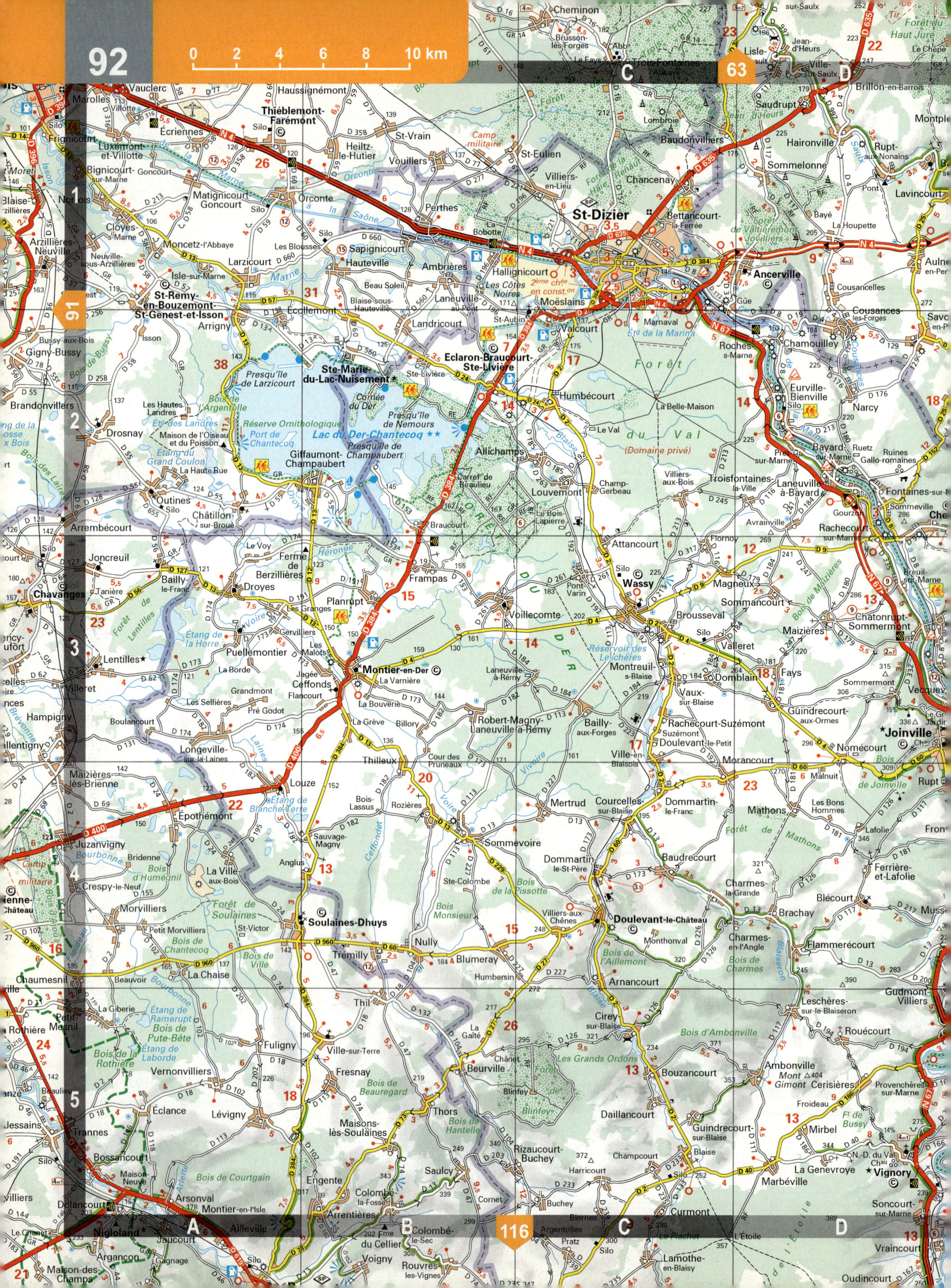
0 2 4 6 8 10 km
St-Dizier
Thiéblemont-Farémont
Marolles
Vauclerc
Écriennes
Luxémont-et-Villotte
Frignicourt
Bignicourt-sur-Marne
Matignicourt-Goncourt
Orconte
Heiltz-le-Hutier
St-Vrain
Vouillers
Perthes
St-Eulien
Villiers-en-Lieu
Chancenay
Bettancourt-la-Ferrée
Baudonvilliers
Saudrupt
Hallignicourt
Moëslains
Valcourt
Ancerville
Cousances-les-Forges
Chamouilley
Roches-s-Marne
Eurville-Bienville
Narcy
Larzicourt
Hauteville
Ambrières
Isle-sur-Marne
St-Remy-en-Bouzemont-St-Genest-et-Isson
Arrigny
Ecollemont
Landricourt
Eclaron-Braucourt-Ste-Livière
Ste-Marie-du-Lac-Nuisement
Lac du Der-Chantecoq
Giffaumont-Champaubert
Humbécourt
Allichamps
Louvemont
Drosnay
Outines
Châtillon-sur-Broué
Arrembécourt
Joncreuil
Chavanges
Bailly-le-Franc
Droyes
Frampas
Planrupt
Attancourt
Wassy
Voillecomte
Brousseval
Valleret
Magneux
Sommancourt
Chatonrupt-Sommermont
Lentilles
Puellemontier
Montier-en-Der
Ceffonds
Montreuil-s-Blaise
Vaux-sur-Blaise
Domblain
Fays
Rachecourt-Suzémont
Joinville
Robert-Magny-Laneuville-à-Rémy
Longeville-sur-la-Laines
Louze
Thilleux
Mertrud
Courcelles-sur-Blaise
Dommartin-le-Franc
Maizières-lès-Brienne
Epothémont
Juzanvigny
Crespy-le-Neuf
Morvilliers
La Ville-aux-Bois
Soulaines-Dhuys
Sommevoire
Dommartin-le-St-Père
Baudrecourt
Doulevant-le-Château
Charmes-la-Grande
Brachay
Blécourt
La Chaise
Trémilly
Nully
Blumeray
Arnancourt
Chaumesnil
Petit Mesnil
Fuligny
Ville-sur-Terre
Fresnay
Beurville
Cirey-sur-Blaise
Bouzancourt
Ambonville
Vernonvilliers
Lévigny
Éclance
Maisons-lès-Soulaines
Thors
Rizaucourt-Buchey
Daillancourt
Guindrecourt-sur-Blaise
Mirbel
Vignory
Trannes
Bossancourt
Engente
Colombé-la-Fosse
Saulcy
Marbéville
La Genevroye
Dolancourt
Nigloland
Arsonval
Montier-en-l'Isle
Jaucourt
Ailleville
Arrentières
Colombé-le-Sec
Voigny
Rouvres-les-Vignes
Argentolles
Pratz
Lamothe-en-Blaisy
Curmont
Vraincourt
Oudincourt
Soncourt-sur-Marne
91
63
116
A
B
C
D
1
2
3
4
5

Ligny-en-Barrois
Void-Vacon
Vaucouleurs
Gondrecourt-le-Château
Domrémy-la-Pucelle
Coussey
Neufchâteau
Liffol-le-Grand
St-Blin
Andelot-Blancheville
Doulaincourt-Saucourt
Poissons
Montiers-sur-Saulx
Tronville-en-Barrois
Nançois-sur-Ornain
Menaucourt
Naix-aux-Forges
Tréveray
St-Joire
Demange-aux-Eaux
Houdelaincourt
Abainville
Bonnet
Bure
Mandres-en-Barrois
Saudron
Effincourt
Osne-le-Val
Échenay
Cirfontaines-en-Ornois
Chassey-Beaupré
Dainville
Lezéville
Germay
Grand
Trampot
Brechainville
Aillianville
Epizon
Chambroncourt
Busson
Orquevaux
Humberville
Prez-sous-Lafauche
Sommerécourt
Harréville-les-Chanteurs
Pompierre
Grand Rupt
Greux
Vouthon-Haut
Sionne
Midrevaux
Mont-lès-Neufchâteau
Fréville
Bazoilles-sur-Meuse
Montigny-lès-Vaucouleurs
Sepvigny
Champougny
Taillancourt
Montbras
Maxey-sur-Vaise
Épiez-sur-Meuse
Burey-en-Vaux
Badonvilliers-Gérauvilliers
Delouze-Rosières
Mauvages
Broussey-en-Blois
Méligny-le-Grand
Méligny-le-Petit
Marson-s-Barboure
Boviolles
Reffroy
Hévilliers
Couvertpuis
Biencourt-sur-Orge
Ribeaucourt
Dammarie-sur-Saulx
Morley
Juvigny-en-Perthois
Brauvilliers
Ménil-sur-Saulx
Paroy-s-Saulx
Thonnance-lès-Joinville
Suzannecourt
Noncourt-s-le-Rongeant
Thonnance-les-Moulins
St-Urbain-Maconcourt
Donjeux
Rouvroy-s-Marne
Domremy-Landéville
Pautaines-Augeville
Roches-Bettaincourt
Vignes-la-Côte
Manois
Rimaucourt
Froncles
Vouécourt
Signéville
Forêt de Montiers
Forêt de Vaucouleurs
Forêt du Vau
Forêt de Mureau
Forêt du Heu
Bois de Vaux
Bois de Gérard
E
F
G
H
64
94
117
1
2
3
4
5

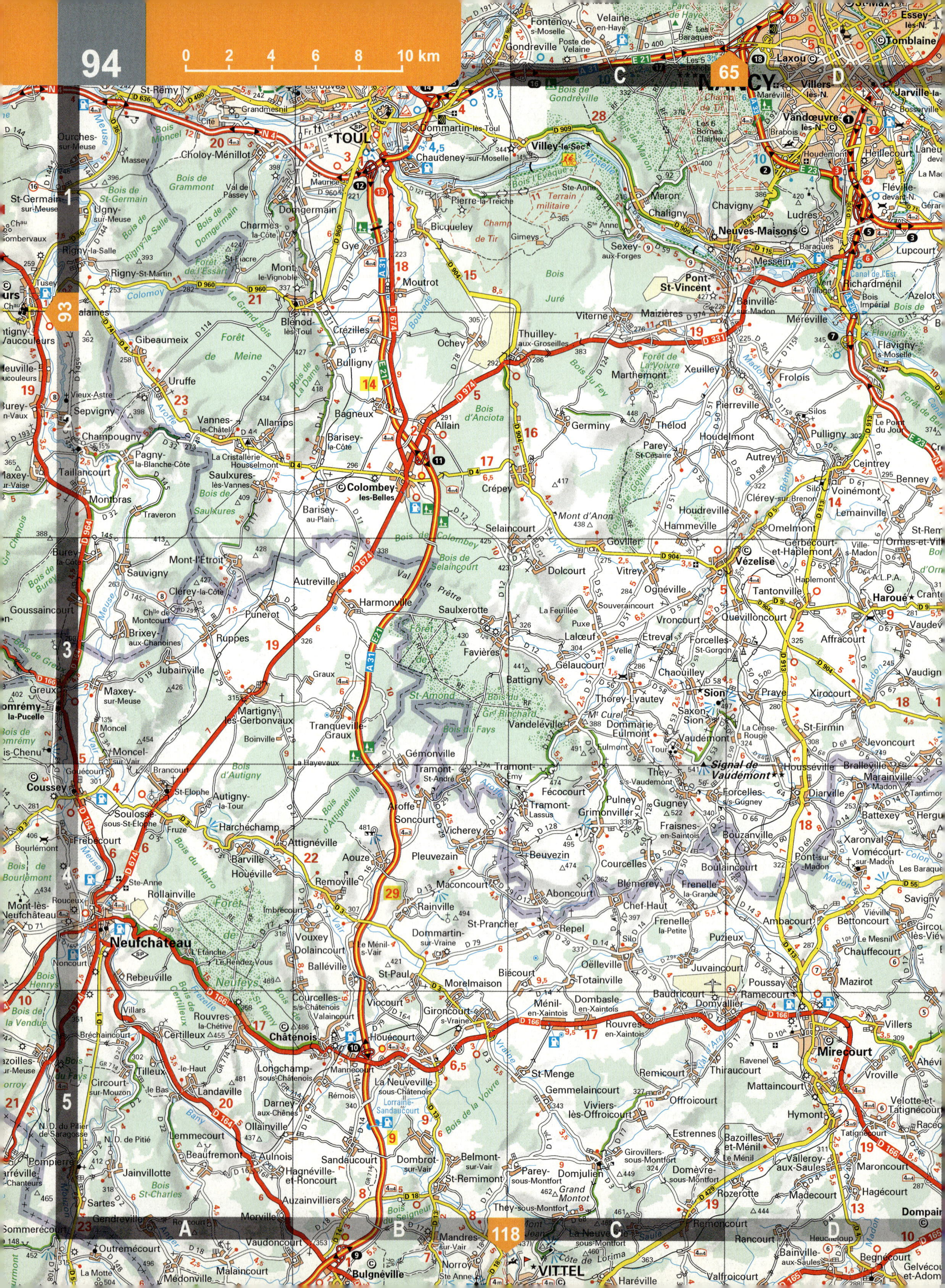

0 2 4 6 8 10 km
NANCY
Toul
Fontenoy-s-Moselle
Velaine-en-Haye
Gondreville
Laxou
Tomblaine
Essey-lès-N.
Villers-lès-N.
Vandœuvre-lès-N.
Jarville-la-M.
Heillecourt
Fléville-devant-N.
Ludres
Chavigny
Neuves-Maisons
Messein
Lupcourt
Richardménil
Azelot
Villey-le-Sec
Chaudeney-sur-Moselle
Dommartin-lès-Toul
Pierre-la-Treiche
Bicqueley
Maron
Chaligny
Sexey-aux-Forges
Pont-St-Vincent
Bainville-sur-Madon
Méréville
Flavigny-s-Moselle
Maizières
Viterne
Thuilley-aux-Groseilles
Ochey
Moutrot
Gye
Choloy-Ménillot
Domgermain
Charmes-la-Côte
Mont-le-Vignoble
Blénod-lès-Toul
Crézilles
Bulligny
Allain
Bagneux
Barisey-la-Côte
Colombey-les-Belles
Crépey
Selaincourt
Germiny
Thélod
Parey-St-Césaire
Xeuilley
Pierreville
Houdelmont
Pulligny
Ceintrey
Voinémont
Clérey-sur-Brenon
Autrey
Houdreville
Hammeville
Goviller
Vézelise
Omelmont
Tantonville
Haroué
Quevilloncourt
Affracourt
Xirocourt
Praye
St-Firmin
Sion
Saxon-Sion
Vaudémont
Signal de Vaudémont
Forcelles-St-Gorgon
Chaouilley
Vroncourt
Ognéville
Dolcourt
Vitrey
Puxe
Lalœuf
Gélaucourt
Favières
Saulxerotte
Battigny
Vandeléville
Dommarie-Eulmont
Thorey-Lyautey
Mont-l'Étroit
Autreville
Harmonville
Punerot
Ruppes
Uruffe
Gibeaumeix
Vannes-le-Châtel
Allamps
Sepvigny
Champougny
Pagny-la-Blanche-Côte
Taillancourt
Montbras
Saulxures-lès-Vannes
Barisey-au-Plain
Sauvigny
Goussaincourt
Brixey-aux-Chanoines
Jubainville
Maxey-sur-Meuse
Domrémy-la-Pucelle
Greux
Coussey
Moncel
Martigny-les-Gerbonvaux
Tranqueville-Graux
Gémonville
Tramont-St-André
Tramont-Lassus
Fécocourt
Grimonviller
Pulney
Gugney
Praissnes-en-Saintois
Diarville
Housséville
Bralleville
Autigny-la-Tour
Soulosse-sous-St-Élophe
Harchéchamp
Attignéville
Barville
Houéville
Removille
Aouze
Pleuvezain
Vicherey
Soncourt
Aroffe
Beuvezin
Courcelles
Blémerey
Aboncourt
Rainville
Maconcourt
Boulaincourt
Frenelle-la-Grande
Frenelle-la-Petite
Ambacourt
Puzieux
Neufchâteau
Rebeuville
Rollainville
Frebécourt
Vouxey
Dolaincourt
Balléville
St-Paul
Dommartin-sur-Vraine
Biécourt
Morelmaison
Repel
Oëlleville
Totainville
Juvaincourt
Poussay
Mirecourt
Mazirot
Villers
Baudricourt
Domvallier
Ramecourt
Dombasle-en-Xaintois
Ménil-en-Xaintois
Rouvres-en-Xaintois
Viocourt
Gironcourt-s-Vraine
Houécourt
Châtenois
Certilleux
Rouvres-la-Chétive
Villars
Tilleux
Longchamp-sous-Châtenois
Landaville
Circourt-sur-Mouzon
La Neuveville-sous-Châtenois
Darney-aux-Chênes
Ollainville
St-Menge
Gemmelaincourt
Viviers-lès-Offroicourt
Remicourt
Thiraucourt
Offroicourt
Mattaincourt
Hymont
Vroville
Estrennes
Bazoilles-et-Ménil
Valleroy-aux-Saules
Maroncourt
Hagécourt
Madecourt
Rozerotte
Domèvre-sous-Montfort
Girovillers-sous-Montfort
Domjulien
Parey-sous-Montfort
Belmont-sur-Vair
St-Remimont
Dombrot-sur-Vair
Sandaucourt
Hagnéville-et-Roncourt
Aulnois
Beaufremont
Lemmecourt
Jainvillotte
Pompierre
Sartes
Auzainvilliers
Morville
Vaudoncourt
Bulgnéville
Mandres-sur-Vair
Norroy
They-sous-Montfort
VITTEL
La Neuveville-sous-Montfort
Remoncourt
Rancourt
Bainville-aux-Saules
Begnécourt
Gelvécourt-et-Adompt
Haréville
Valfroicourt
Outremécourt
Médonville
Malaincourt
Gendreville

St-Nicolas-de-Port
Varangéville
Dombasle-s-Meurthe
Lunéville
Rosières-aux-Salines
Dameleviėres
Blainville-s-l'Eau
Gerbéviller
Bayon
Moyen
Baccarat
Charmes
Rambervillers
Châtel-s-Moselle
Nomexy
Thaon-les-Vosges
Golbey
Brouvelieures
Bruyères
Forêt de Parroy
Forêt de Mondon
Forêt de Vitrimont
Forêt de Charmes
Forêt de Rambervillers
Lachapelle
Raon-l'Étape
St-Clément
Azerailles
Ménil-sur-Belvitte
Xaffévillers
Magnières
Essey-la-Côte
Haillainville
Padoux
Destord
Dompierre
Girecourt-s-Durbion
Domèvre-sur-Durbion
Vaxoncourt
Igney
Portieux
Vincey
Mirecourt
Moriville
Rehaincourt
Hadigny-les-Verrières
Jeanménil
St-Gorgon
Autrey
Fremifontaine
Grandvillers
Vervezelle
Deneuvre
Fontenoy-la-Joûte
Glonville
Flin
Chenevières
Vathiménil
Hériménil
Moncel-lès-Lunéville
Croismare
Marainviller
Thiébauménil
Bénaménil
Manonviller
Domjevin
Vého
Leintrey
Reillon
Blémerey
Ogéviller
Buriville
Mignéville
Herbéviller
Vaxainville
Brouville
Merviller
Gélacourt
E
F
G
H
66
119
96

0 2 4 6 8 10 km
Abreschviller
St-Quirin
Cirey-s-Vezouze
Blâmont
Badonviller
Raon-l'Étape
Senones
Donon
Col du Donon
Schirmeck
Le Struthof
Champ du Feu
Saales
Col de Saales
St-Dié-des-Vosges
Provenchères-s-Fave
Ste-Marie-aux-Mines
Col de Ste-Marie
Fraize
Col du Bonhomme
Le Bonhomme
Dabo
Rocher de Dabo
Lutzelhouse
Wisches
Grendelbruch
Natzwiller
Étival-Clairefontaine
Moyenmoutier
Corcieux
Bertrichamps
Baccarat
Pierre-Percée
Lac de Pierre-Percée
Col de la Chipotte
Col d'Urbeis
Col du Bonhomme
Col de Steige
Sainte-Marguerite
Saint-Léonard
Le Brézouard
Lubine
Colroy-la-Roche
Ranrupt
Bourg-Bruche
Lusse
Combrimont
Wisembach
Luvigny
Vexaincourt
Allarmont
Raon-sur-Plaine
Grandfontaine
Wackenbach
Barembach
Russ
Rothau
La Broque
A B C D

95
67
120

68

STRASBOURG
Kehl
Schiltigheim
Illkirch-Graffenstaden
Lingolsheim
Ostwald
Geispolsheim
Molsheim
Mutzig
Obernai
Rosheim
Barr
Erstein
Benfeld
Sélestat
Marckolsheim
Ribeauvillé
Europa-Park
Rust
Herbolzheim
Kenzingen
Ettenheim
Mahlberg
Schwanau
Meißenheim
Neuried
Altenheim
Willstätt
Offenburg
Schutterwald
Eckbolsheim
Wolfisheim
Entzheim
Duppigheim
Duttlenheim
Dachstein
Dorlisheim
Dinsheim
Gresswiller
Boersch
Ottrott
Bischoffsheim
Krautergersheim
Meistratzheim
Niedernai
Goxwiller
Heiligenstein
Valff
Zellwiller
Stotzheim
Kertzfeld
Huttenheim
Sermersheim
Kogenheim
Ebersmunster
Ebersheim
Kintzheim
Orschwiller
Scherwiller
Châtenois
Dambach-la-Ville
Blienschwiller
Nothalten
Epfig
Eichhoffen
Itterswiller
Andlau
Le Hohwald
Mt Ste-Odile
St-Nabor
Hindisheim
Limersheim
Lipsheim
Blaesheim
Fegersheim
Eschau
Plobsheim
Nordhouse
Gerstheim
Obenheim
Daubensand
Boofzheim
Rhinau
Friesenheim
Diebolsheim
Witternheim
Hilsenheim
Bindernheim
Wittisheim
Sundhouse
Saasenheim
Schœnau
Artolsheim
Richtolsheim
Baldenheim
Mussig
Muttersholtz
Heidolsheim
Hessenheim
Bootzheim
Mackenheim
Ohnenheim
Guémar
Illhaeusern
Bergheim
St-Hippolyte
Rodern
Rorschwihr
Kœnigsbourg
Schutterzell
Ottenheim
Allmannsweier
Nonnenweier
Wittenweier
Kappel-Grafenhausen
Orschweier
Altdorf
Ringsheim
Wagenstadt
Bombach
Hecklingen
Forchheim
Wyhl
Weisweil
Riegel
Endingen
Sasbach
Malterdingen
Kehl
Auenheim
Neumühl
Marlen
Goldscheuer
Kittersburg
Hohnhurst
Eckartsweier
Hesselhurst
Dundenheim
Ichenheim
Kürzell
Schuttern
Friesenheim
Dinglingen
Lahr
RHEIN
A 35
A 5
E 25
E 35
E

121

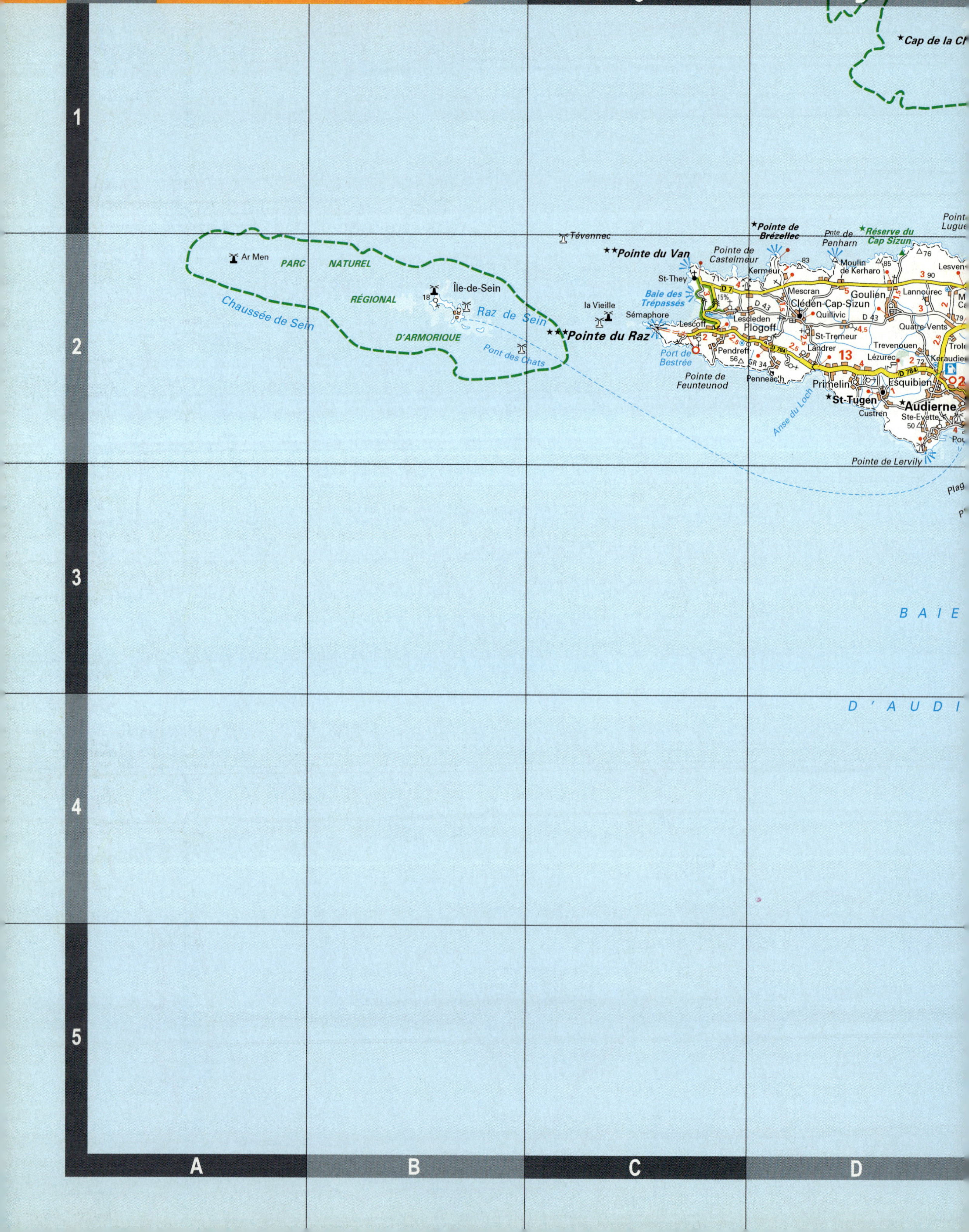
0 2 4 6 8 10 km
A
B
C
D
1
2
3
4
5
Plage de la Pa
Cap de la Ch
Ar Men
PARC NATUREL RÉGIONAL D'ARMORIQUE
Chaussée de Sein
Île-de-Sein
Raz de Sein
Pont des Chats
Tévennec
Pointe du Van
Pointe de Castelmeur
Pointe de Brézellec
Pte de Penharn
Réserve du Cap Sizun
St-They
Baie des Trépassés
la Vieille
Sémaphore
Pointe du Raz
Lescoff
Port de Bestrée
Pointe de Feunteunod
Kermeur
Mescran
Cléden-Cap-Sizun
Goulien
Moulin de Kerharo
Lannourec
Lesven
Quillivic
Lesceden
Plogoff
St-Tremeur
Quatre-Vents
Trevenouen
Pendreff
Landrer
Lézurec
Keraudier
Penneac'h
Primelin
Esquibien
St-Tugen
Audierne
Custren
Ste-Evette
Anse du Loch
Pointe de Lervily
D 7
D 43
D 784
GR 34
BAIE
D'AUDI

E
F
G
H
75
100
1
2
3
4
5
BAIE DE DOUARNENEZ
Douarnenez
Tréboul
Pointe du Millier
Pointe de Beuzec
Pointe de Leydé
Pointe de la Jument
Les Sables Blancs
Île Tristan
Anse d'Ar-Vechen
Pointe de Tréfeuntec
Pointe de Talagrip
Ste-Anne-la-Palud
Ty-Anquer
Pentrez-Plage
St-Nic
Trez-Bellec-Plage
Rostegoff
Elléouet
Pointe du Bellec
Pointe de St-Hernot
St-Hernot
Kerdreux
Rostudel
Lieue de Grève
Pors-ar-Vag
Lestrevet
St-Sébastien
Lanvelliau
Kervigen
Plomodiern
Ploéven
Kerlaziou
Lescobet
Kérinec
Gorré-Toulhoat
Lagadven
Cast
Quillidoaré
Kerhoc
Ste-Barbe
Plonévez-Porzay
Kernir
Kergoat
Moëllien
Tréfeuntec
Kervel
Trezmalaouen
Kerléot
Kerlaz
La Clarté
Locronan
Montagne de Locronan
St-Ronan
Goulit-ar-Guer
Forêt de Nevet
Le Juch
Plogonnec
Plaisance
Le Croëzou
St-Pierre
Kermenguy
Trézent
Le Merdy
Guengat
Gourlizon
Ploneis
La Boissière
Kerandoaré
Le Marhallach
Champ de Tir
Kergaben
Ste-Anne
QUIMPER
Penhars
Kerfeunteun
Cuzon
Ergué-Gabéric
Kerdévot
Pluguffan
St-Germain
Notre-Dame-des-Grâces
Chapelle St-Honoré
St-Joseph
Kerhuel
Stang-ar-Bacol
St-Sébastien
Peumérit
Tréogat
Plovan
Languidou
Étang de Kergalan
Étang de Trunvel
Trunvel
Plonéour-Lanvern
Languivoa
La Coudraie
Ty-Robin
Le Béron
Tréméoc
Lestremec
Tréguennec
Kerguellec
Kerbascol
St-Vio
Étang de St-Vio
St-Evy
Méjou-Roz
St-Jean-Trolimon
N.-D. de Tréminou
Pont-l'Abbé
N.-D. de Tronoën (Calvaire)
Pointe de la Torche
Plage de Pors-Carn
Beuzec
Kérugou
Plomeur
Kernuz
Langougou
Kérazan
Le Suler
Île Chevalier
Île Garo
Plage du Teven
Île-Tudy
Langoz
Loctudy
Kergall
Kerhervant
Hent-Croas
Lodonnec
Pointe de St-Oual
Palue du Cosquer
Lesconil
Plobannalec-Lesconil
Treffiagat
Lechiagat
Guilvinec
Pendreff
Penmarch
Rochers
St-Guénolé
Musée
N.-D. de la Joie
St-Pierre
Eckmühl
Kérity
Pointe de Penmarc'h
Roches de Penmarc'h
La Madeleine
Plomelin
Anse de Rosulien
Vire-Court
Le Perennou
Kerouzien
Le Croissant
Lanhuron
Pors-Kéraign
Pors-Guen
Combrit
Pont-de-Cornouaille
Kermaria
Anse du Pouldon
Ste-Marine
Pointe de Combrit
Bénodet
Le Letty
Pointe de St-Gilles
Anse de Bénodet
Pointe de Mousterlin
Mousterlin
Menez-Groas
Clohars-Fouesnant
Gouesnach
Le Drennec
Bodinio
Menez-St-Jean
Kergos
Ty-Glas
Pleuven
Cheffontaines
Fouesnant
La Forêt-Fouesnant
St-Anne
Beg-Meil
Concarn
Cap-Coz
Baie de la Forêt
Bréhoulou
Le Perguet
Kerbader
Brallac'h
Kervéltrec
Île aux Moutons
Îles de Glénan
Kerlagatu
Keraval
Kerdour
Baie de Kérogan
Port du Corniguel
Ti-Lipic
Lanroz
Kerbernez
Kerambleiz
St-Cadou
Pors-Meillou
Ménez-Bily
L'Arbre du Chapon
St-Evarzec
Moulin-du-Pont
Créac'h-Queta
Prajou
Ty Bos
Troyalac'h
Kerdilès
Le Roudou
Bois de
Pleuven
Ty Broën
Croas-en-Intron
Carn-Yann
Grande Halte
Croas-Avel
Kerleven
Bot-Conan
Pont-Croix
Beuzec-Cap-Sizun
Coat-Pin
Goyen
Lescogan
Pors-Piron
Kérandraon
Quillouarn
Livroac'h
Kervoal
Lesconil
Poullan-s-Mer
Pouldavid
Ploaré
N.-D. de Kérinec
St-They
Confort-Meilars
Mahalon
Lanfiacre
Lésivi
Pouldergat
Pellay
Ty Guen
Larrin
Lescongar
Lambabu
Étang de Poulguidou
Plouhinec
Ty-Pic
Guiler-s-Goyen
Kergabet
La Trinité
Poul-ar-Marquis
Landudec
Kervargon
Guilguiffin
Plogastel-St-Germain
Le Hilguy
Kerveyen
Pte de Souc'h
Pors-Poulhan
St-Renan
Kervinou
Plozévet
St-Demet
Keristenvet
Kervriec
Lababan
Pouldreuzic
Jarnellou
Zoo
Penhors
Audierne
Pointe de Kersigny
Plage de Mesperleuc
St-Coulitz
Kerlahun
Pont-Coblant
Lothey
Kroaz-Kerabri
Cabaret
Gouézec
Roche du Feu
Les Trois-Fontaines
Hellen
Stang-Kergourlay
Les Trois Croix
St-Maudez
Briec
St-Laurent
Croas-ar-Born
Lannurgad
Kerbolé
Terrain militaire
Trégain
St-Gildas
Ménez-Kerque
Kernaou
Kergaradec
Gare de Quéménéven
Quéménéven
Menez Roch-Veur
St-Venec
Garnilis
La Magdeleine
Landrévarzec
Quilinen
St-Albin
Pont-Quéau
Kéradily
Seznec
Savardiry
N.-D. de Lorette
Kernilis
Ty-Sanquer
Site du Stangala
Quellenec
St-Guénolé
Squividan
Croix Rouge
Lestonan
Ty-Ru
Ste-Cécile
Moncouar
Gougastel
La Croix-St-André
Toul-ar-C'Hoat
Pen-ar-Yeun
Vieux-Bourg-de-Lothey
Le Quinquis

0 2 4 6 8 10 km
76
99
122
A
B
C
D
1
2
3
4
5
Châteauneuf-du-Faou
Lennon
Pleyben
St-Thois
Gouézec
Roche du Feu
Trévarez
St-Goazec
Spézet
N.-D. du Crann
Roc de Toullaëron
MONTAGNES NOIRES
Cléden-Poher
St-Hernin
Motreff
Tréogan
Gourin
Roudouallec
Laz
Briec
Edern
Langolen
Landudal
Trégourez
Leuhan
Coray
Guiscriff
Scaër
Le Saint
Kerdévot
Ergué-Gabéric
Elliant
Tourch
St-Yvi
Rosporden
Bannalec
St-Thurien
Querrien
Roches du Diable
Locunolé
Tréméven
Mellac
Le Trévoux
Quimperlé
Baye
Rocher Royal
Forêt de Carnoët
Clohars-Carnoët
Moëlan-sur-Mer
Riec-sur-Belon
Pont-Aven
Nizon
Névez
Port-Manech
Raguenès-Plage
Île Raguenès
Trégunc
Concarneau
Beg-Meil
Pointe de Beg-Meil
Pte de Cabellou
Le Cabellou
Baie de Pouldohan
Pointe de la Jument
Pointe de Trévignon
Trévignon
Kerfany-les-Pins
Belon
Le Pouldu
Guidel
Guidel-Plages
La Forêt-Fouesnant
Fouesnant
Cap-Coz
Baie de la Forêt
Melgven
Bois de Pleuven
Île Verte
Îles de Glénan
Moutons
Laïta
Anse du Pouldu
Aéroport Lann-Bihoué
Forêt de Coat-Loc'h
Bois d'Amour

Rostrenen
Plouguernével
Gouarec
Laniscat
Gorges du Daoulas
St-Gelven
Caurel
Lac de Guerlédan
Mûr-de-Bretagne
St-Guen
Glomel
Etang du Corong
Mellionnec
Lescouët-Gouarec
Plélauff
Perret
Forêt de Quénécan
St-Aignan
La Trinité-Langonnet
Plouray
Ste-Brigitte
Silfiac
Langoëlan
Kergrist
Neulliac
Cléguérec
Séglien
St-Tugdual
Ploërdut
Guémené-s-Scorff
Locmalo
Malguénac
Pontivy
Noyal-Pontivy
Priziac
Le Croisty
Lignol
Persquen
St-Caradec-Trégomel
Kernascléden
Pont-Calleck
Le Sourn
Guern
St-Thuriau
Inguiniel
Bubry
Melrand
Bieuzy
St-Nicodème
Site de Castennec
St-Nicolas-des-Eaux
Pluméliau
Moustoir-Remungol
Guilligomarc'h
Plouay
Arzano
Quistinic
Lanvaudan
St-Barthélemy
Calan
Inzinzac-Lochrist
Languidic
Baud
Camors
La Chapelle-Neuve
Cléguer
Pont-Scorff
Caudan
Hennebont
Lanester
Guénin
St-Adrien
Plumelin
Brandivy
Blavet
Scorff
Evel
Sarre
Ellé
N 24
N 164
D 1
D 768
D 769
D 782
D 764
E
F
G
H
77
123
102
1
2
3
4

0 2 4 6 8 10 km
78
101
124
Collinée
Langast
Plessala
St-Gouéno
St-Jacut-du-Mené
Langourla
Mûr-de-Bretagne
Le Quillio
St-Thélo
Grâce-Uzel
La Motte
St-Caradec
Trévé
Loudéac
Hémonstoir
St-Connec
La Prénessaye
Plémet
Laurenan
St-Gilles-du-Mené
Gomené
Forêt de Loudéac
Croixanvec
St-Gérard
St-Gonnery
St-Barnabé
St-Maudan
La Chèze
La Ferrière
Coëtlogon
Ménéac
Pontivy
Noyal-Pontivy
Kerfourn
Gueltas
Rohan
St-Étienne-du-Gué-de-l'Isle
Plumieux
La Trinité-Porhoët
Bréhan
Forêt de Branguily
Forêt de Lanouée
Mohon
Crédin
Les Forges
Lanouée
Pleugriffet
Naizin
Réguiny
Radenac
St-Malo-des-Trois-Fontaines
La Grée-St-Laurent
Josselin
Guégon
Lantillac
Buléon
Moréac
Remungol
Locminé
Moustoir-Ac
Kerguehennec
Bignan
Guéhenno
St-Allouestre
St-Jean-Brévelay
Plumelec
Cruguel
Lizio
St-Servant
Guillac
Le Roc-St-André
Sérent
Colpo
St-Thuriau
Moustoir-Remungol
Pluméliau
Plumelin
N 164
N 24
D 700
D 768
D 764
D 767

Broons
Caulnes
Bécherel
Montmuran
Médréac
Quédillac
St-Méen-le-Grand
Montauban-de-Bretagne
Bédée
Pleumeleuc
Montfort-sur-Meu
Iffendic
Gaël
Mauron
Concoret
Paimpont
Plélan-le-Grand
Treffendel
Talensac
Mordelles
Bréal-s/s-Montfort
Tréhorenteuc
Campénéac
Ploërmel
Augan
Porcaro
Guer
Maure-de-Bretagne
Beignon
St-Malo-de-Beignon
Loutehel
Baulon
Lassy
Guignen
Lohéac
Manoir de l'Automobile
Malestroit
Ruffiac
Carentoir
Quelneuc
Réminiac
Monteneuf
Caro
Comblessac
Les Brulais
Mernel
Bovel
Campel
Maxent
St-Séglin
Lieuron
Illifaut
Brignac
Merdrignac
Trémorel
Plumaugat
St-Jouan-de-l'Isle
Irodouër
Landujan
La Nouaye
Breteil
Cintré
Le Verger
St-Thurial
Goven
St-Gonlay
St-Malon-sur-Mel
Muel
St-Maugan
Boisgervilly
St-Onen-la-Chapelle
Néant-sur-Yvel
Forêt de Paimpont
Coëtquidan-St-Cyr
N 12
N 24
N 164
E 50
79
104
125

0 2 4 6 8 10 km
RENNES
Montmuran
Hédé
Guipel
Montreuil-sur-Ille
Aubigné
Andouille-Neuville
Gahard
St-Christophe-de-Valains
St-Gondran
Langouet
Vignoc
St-Médard-s-Ille
St-Aubin-d'Aubigné
St-Aubin-du-Cormier
St-Germain-s-Ille
Mouazé
Chasné-sur-Illet
Ercé-près-Liffré
Gosné
Montreuil-le-Gast
Melesse
Gévezé
La Mézière
Chevaigné
St-Sulpice-la-Forêt
Liffré
Betton
Parthenay-de-Bretagne
Pleumeleuc
La Chapelle-des-Fougeretz
Montgermont
St-Grégoire
Thorigné-Fouillard
Dourdain
La Bouëxière
Le Rheu
Vezin-le-Coquet
Cesson-Sévigné
Noyal-sur-Vilaine
Brécé
Servon-s-Vilaine
Châteaubourg
St-Gilles
L'Hermitage
Breteil
Mordelles
Chantepie
Acigné
Marpiré
Chavagne
St-Jacques-de-la-Lande
Noyal-Châtillon-s-Seiche
Domloup
Châteaugiron
Domagné
Bruz
Chartres-de-Bretagne
Vern-s-Seiche
Nouvoitou
Ossé
St-Aubin-du-Pavail
Louvigné-de-Bais
Pont-Péan
St-Erblon
St-Armel
Amanlis
Piré-s-Seiche
Moulins
Bourgbarré
Orgères
Corps-Nuds
Janzé
Boistrudan
Guichen
Laillé
Chanteloup
Brie
Essé
Marcillé-Robert
La Roche aux Fées
Bourg-des-Comptes
Crevin
Le Sel-de-Bretagne
Saulnières
Retiers
Guignen
St-Senoux
Pléchâtel
Poligné
Pancé
Tresbœuf
Coësmes
Ste-Colombe
Lohéac
St-Malo-de-Phily
La Bosse-de-Bretagne
Bain-de-Bretagne
Messac
Thourie
Lalleu
Forêt de Rennes
Forêt du Theil
Écomusée
Rennes
A B C D
1 2 3 4 5
80
103
126

Ernée
Vitré
Chailland
Juvigné
La Croixille
Montaudin
Dompierre-du-Chemin
Châtillon-en-Vendelais
Princé
Montautour
St-M'Hervé
Bourgon
Le Bourgneuf-la-Forêt
St-Ouën-des-Toits
Launay-Villiers
La Baconnière
Andouillé
Changé
Laval
St-Berthevin
Loiron
La Gravelle
Port-Brillet
Olivet
Le Genest-St-Isle
La Brûlate
Argentré-du-Plessis
Étrelles
Torcé
Erbrée
Mondevert
Bréal-s/s-Vitré
St-Pierre-la-Cour
Le Pertre
St-Cyr-le-Gravelais
Ruillé-le-Gravelais
Beaulieu-sur-Oudon
Montjean
Ahuillé
L'Huisserie
Montigné-le-Brillant
Nuillé-sur-Vicoin
Courbeveille
Astillé
Cossé-le-Vivien
Quelaines-St-Gault
Méral
St-Poix
Cuillé
Gennes-sur-Seiche
La Guerche-de-Bretagne
Moutiers
Domalain
St-Germain-du-Pinel
Vergéal
Bais
Visseiche
Rannée
Drouges
Moussé
Forges-la-Forêt
Chelun
Martigné-Ferchaud
Livré-la-Touche
Ballots
La Roë
Fontaine-Couverte
St-Michel-de-la-Roë
La Selle-Guerchaise
Brains-s/-les-Marches
Laubrières
Gastines
Simplé
Denazé
Athée
Craon
La Chapelle-Craonnaise
Peuton
Loigné-s/-Mayenne
Marigné-Peuton
Houssay
Orgné
Champeaux
Montreuil-s/s-Pérouse
Balazé
Taillis
Val-d'Izé
Landavran
St-Aubin-des-Landes
Cornillé
Pocé-les-Bois
St-Christophe-des-Bois
Mecé
St-Georges-de-Chesné
Billé
Combourtillé
Parcé
Luitré
Javené
Vendel
La Chapelle-St-Aubert
Romagné
Fleurigné
La Pellerine
St-Pierre-des-Landes
Montenay
Vautorte
Larchamp
Forêt de Mayenne
Bois de Misedon
Forêt du Pertre
Forêt de la Guerche
Forêt de Craon
Rochers du Saut Roland
Les Rochers-Sévigné
N 12
N 157
A 81
E 50
D 178
D 771
D 31
D 32
Thévalles
Trappe du Port-du-Salut

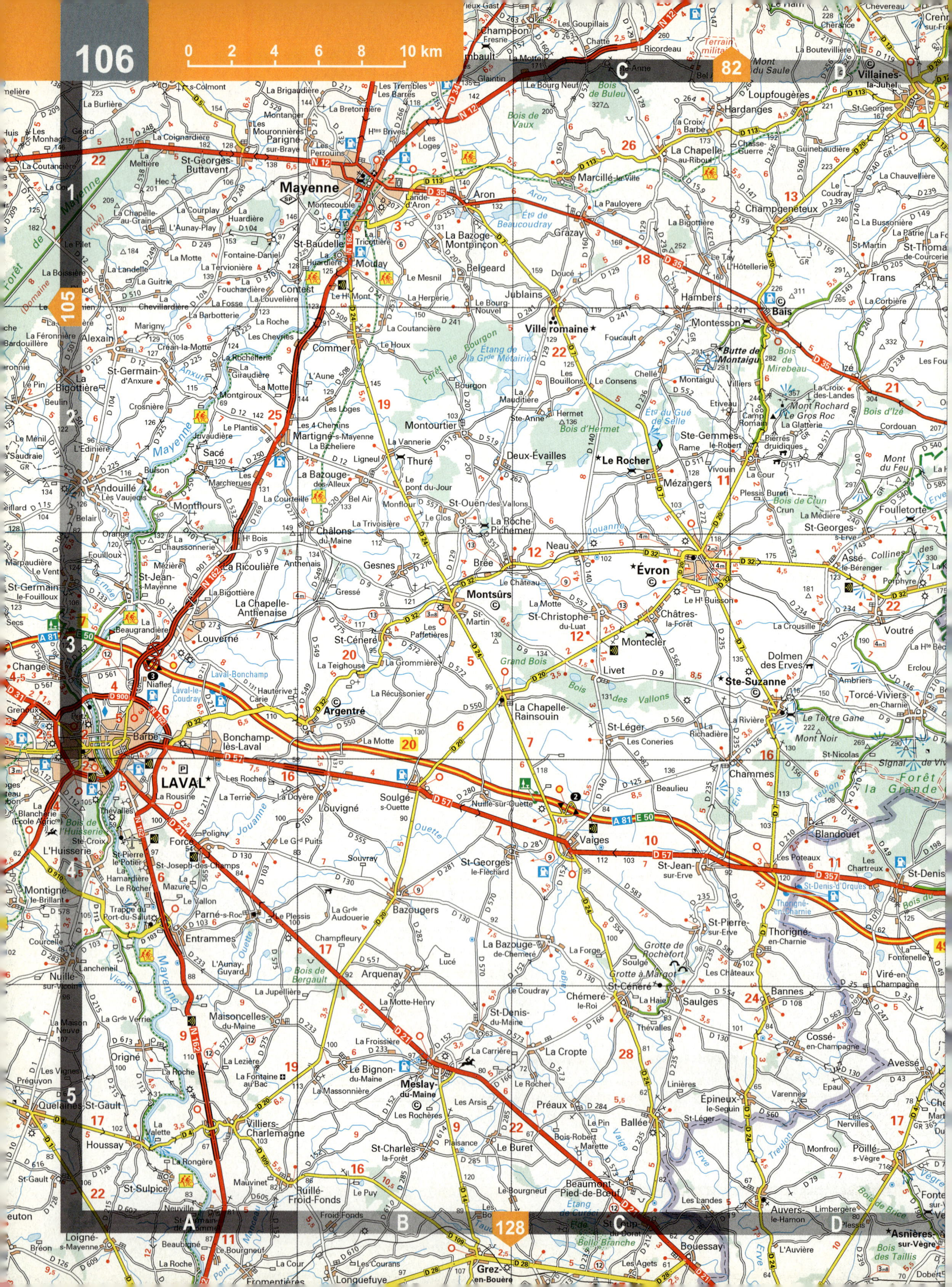
0 2 4 6 8 10 km
82
105
128
Mayenne
Laval
Évron
Montsûrs
Ste-Suzanne
Meslay-du-Maine
Villaines-la-Juhel
Bais
Argentré
Bonchamp-lès-Laval
Louverné
Changé
Martigné-sur-Mayenne
Commer
Moulay
St-Baudelle
Aron
Marcillé-la-Ville
La Chapelle-au-Riboul
Hardanges
Loupfougères
Champgenéteux
Jublains
Ville romaine
Grazay
Belgeard
La Bazoge-Montpinçon
Hambers
Montesson
Trans
Izé
Ste-Gemmes-le-Robert
Mézangers
Le Rocher
Deux-Évailles
Montourtier
Thuré
La Bazouge-des-Alleux
St-Ouen-des-Vallons
La Roche-Pichemer
Neau
Brée
Gesnes
Châlons-du-Maine
Andouillé
Montflours
St-Germain-d'Anxure
Alexain
La Bigottière
Sacé
St-Jean-sur-Mayenne
La Chapelle-Anthenaise
St-Christophe-du-Luat
Châtres-la-Forêt
Montecler
Livet
Voutré
Assé-le-Bérenger
Torcé-Viviers-en-Charnie
St-Léger
Chammes
St-Céneré
La Chapelle-Rainsouin
Soulgé-s-Ouette
Louvigné
Vaiges
St-Jean-sur-Erve
Blandouet
St-Denis-d'Orques
Thorigné-en-Charnie
St-Pierre-sur-Erve
Saulges
Chémeré-le-Roi
Bannes
Cossé-en-Champagne
St-Georges-le-Fléchard
Bazougers
La Bazouge-de-Chemeré
Arquenay
Forcé
Parné-s-Roc
Entrammes
L'Huisserie
Montigné-le-Brillant
Nuillé-sur-Vicoin
Maisoncelles-du-Maine
Origné
Le Bignon-du-Maine
St-Denis-du-Maine
Préaux
Ballée
Épineux-le-Seguin
Villiers-Charlemagne
Houssay
Quelaines-St-Gault
St-Sulpice
Ruillé-Froid-Fonds
St-Charles-la-Forêt
Le Buret
Beaumont-Pied-de-Bœuf
Bouessay
Grez-en-Bouère
Auvers-le-Hamon
Poillé-s-Vègre
Asnières-sur-Vègre
Forêt de Mayenne
Forêt de Bourgon
Bois d'Hermet
Bois des Vallons
Forêt de la Grande Charnie
Bois de Mirebeau
Bois de Clun
Bois de l'Huisserie
Bois de Bergault
Étg de Beaucoudray
Grotte de Rochefort
Grotte à Margot
Mont Rochard
Le Gros Roc
Le Tertre Gane
Mont Noir
Butte de Montaigu
A 81
E 50
N 12
N 162
D 35
D 32
D 57
D 21
D 24
D 20
D 7
D 113

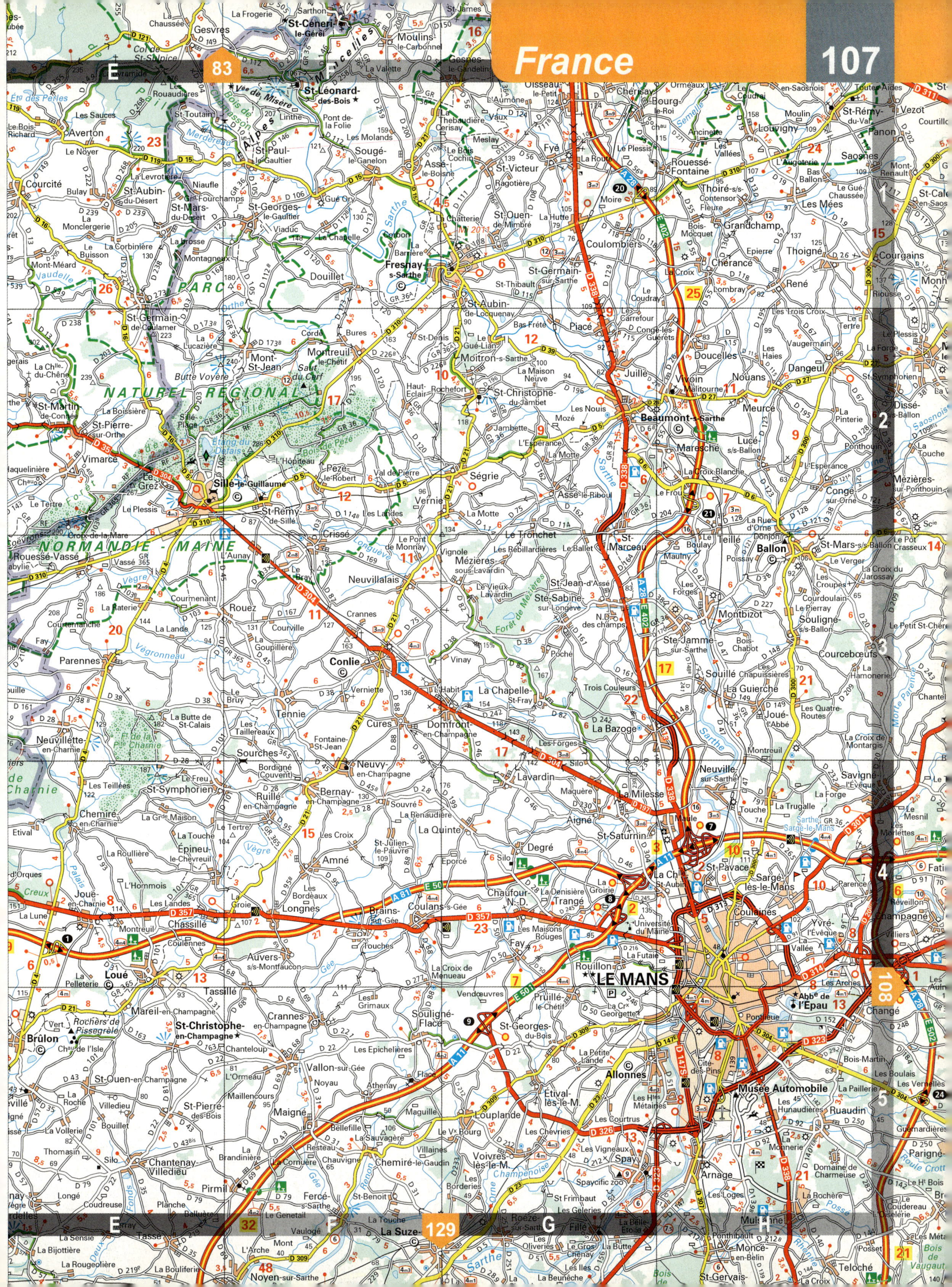
83
129
E
F
G
H
1
2
3
4
5
108
St-Céneri-le-Gérei
St-Léonard-des-Bois
Alpes Mancelles
Fresnay-s-Sarthe
Sillé-le-Guillaume
Beaumont-s-Sarthe
Ballon
Conlie
Montbizot
Ste-Jamme-sur-Sarthe
La Bazoge
Neuville-sur-Sarthe
Savigné-l'Évêque
Coulans-s-Gée
Chauffour-N.-D.
Trangé
LE MANS
Yvré-l'Évêque
Abbaye de l'Épau
Changé
Allonnes
Musée Automobile
Arnage
Mulsanne
La Suze
Loué
Brûlon
St-Christophe-en-Champagne
Chassillé
Joué-en-Charnie
Rouessé-Vassé
Parennes
Vimarcé
Mont-St-Jean
Douillet
Assé-le-Boisne
St-Paul-le-Gaultier
St-Georges-le-Gaultier
Gesvres
Moulins-le-Carbonnel
Coulombiers
Piacé
Vivoin
Juillé
Doucelles
Dangeul
Nouans
Marolles
Bernay-en-Champagne
Neuvy-en-Champagne
Domfront-en-Champagne
Lavardin
Aigné
Degré
Sargé-lès-le-Mans
Coulaines
Étival-lès-le-M.
Voivres-lès-le-M.
Louplande
Spay
Fillé
Noyen-sur-Sarthe
Vègre
PARC NATUREL RÉGIONAL NORMANDIE - MAINE

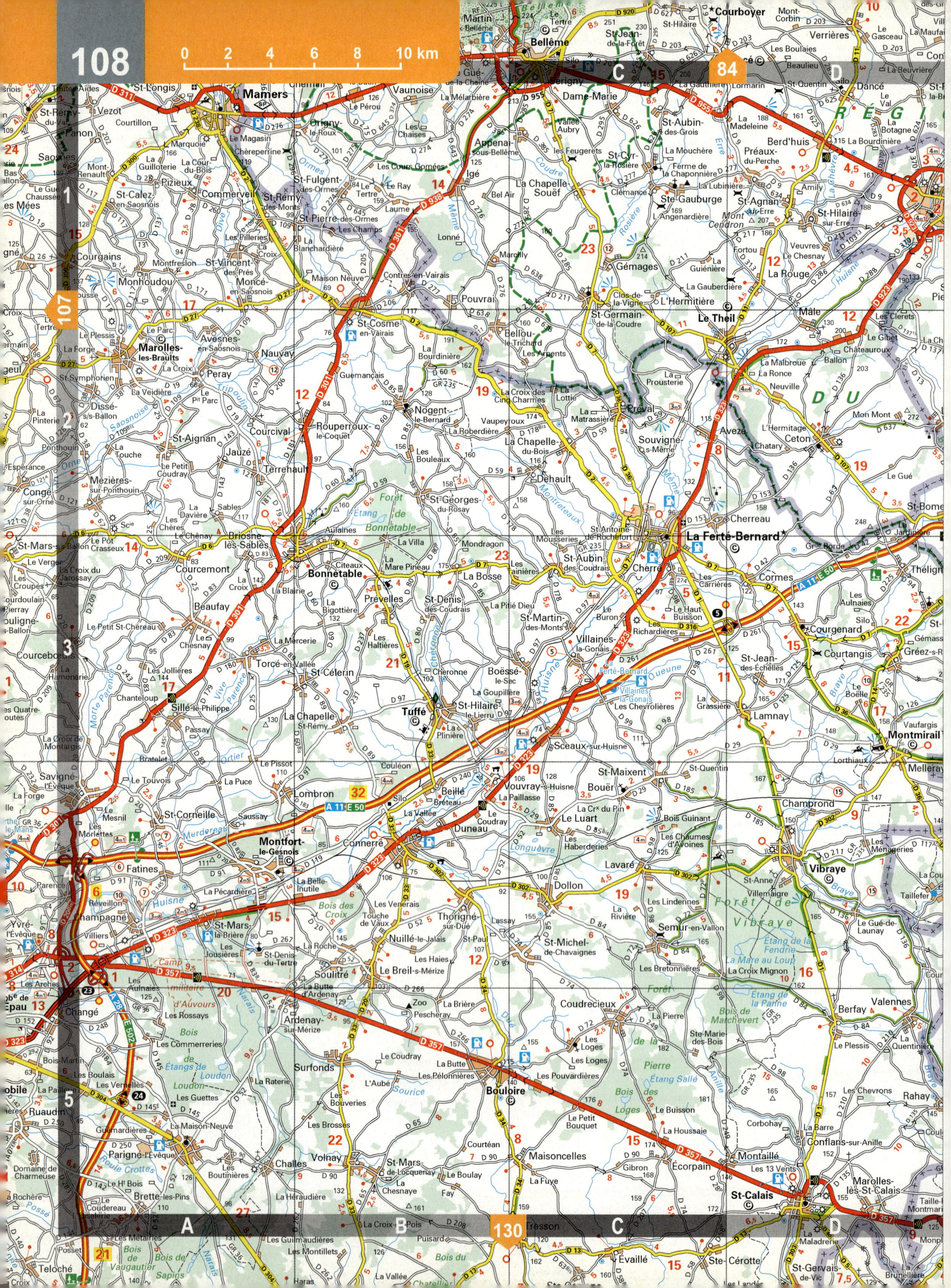
0 2 4 6 8 10 km
107
84
130
A
B
C
D
1
2
3
4
5
Mamers
Bellême
Courboyer
St-Longis
Vaunoise
Dame-Marie
St-Aubin-des-Grois
Préaux-du-Perche
Berd'huis
St-Rémy-du-Val
Vezot
Pizieux
Commerveil
St-Rémy-des-Monts
St-Fulgent-des-Ormes
St-Pierre-des-Ormes
Igé
Appenai-sous-Bellême
La Chapelle-Souëf
St-Cyr-la-Rosière
Ste-Gauburge
St-Agnan-sur-Erre
St-Hilaire-sur-Erre
Courgains
Monhoudou
St-Vincent-des-Prés
Moncé-en-Saosnois
Contres-en-Vairais
Pouvrai
Gémages
Clos-de-la-Vigne
L'Hermitière
Le Theil
Mâle
La Rouge
St-Cosme-en-Vairais
St-Germain-de-la-Coudre
Bellou-le-Trichard
Marolles-les-Braults
Avesnes-en-Saosnois
Nauvay
Peray
Dissé-s/s-Ballon
Nogent-le-Bernard
Préval
Souvigné-s-Même
Avezé
Ceton
St-Aignan
Courcival
Rouperroux-le-Coquet
Jauzé
Terrehault
Mézières-sur-Ponthouin
Conge-sur-Orne
St-Georges-du-Rosay
Dehault
La Chapelle-du-Bois
Cherreau
La Ferté-Bernard
St-Mars-s-Ballon
Briosne-lès-Sables
Bonnétable
Courcemont
Prévelles
St-Denis-des-Coudrais
La Bosse
St-Aubin-des-Coudrais
Cherré
Cormes
St-Martin-des-Monts
Villaines-la-Gonais
Courgenard
Courtangis
Beaufay
Torcé-en-Vallée
St-Célerin
Boëssé-le-Sec
St-Hilaire-le-Lierru
Tuffé
Sillé-le-Philippe
La Chapelle-St-Rémy
St-Jean-des-Échelles
Lamnay
Montmirail
Sceaux-sur-Huisne
St-Maixent
Savigné-l'Évêque
Lombron
Beillé
Vouvray-s-Huisne
Bouër
St-Corneille
Montfort-le-Gesnois
Connerré
Duneau
Le Luart
Champrond
Vibraye
Fatines
Lavaré
Dollon
Champagné
Yvré-l'Évêque
St-Mars-la-Brière
Thorigné-sur-Dué
St-Michel-de-Chavaignes
Semur-en-Vallon
Nuillé-le-Jalais
Soulitré
Le Breil-s-Mérize
Changé
Ardenay-sur-Mérize
Coudrecieux
Berfay
Valennes
Surfonds
Bouloire
Parigné-l'Évêque
Challes
Volnay
St-Mars-de-Locquenay
Maisoncelles
Écorpain
Montaillé
St-Calais
Marolles-lès-St-Calais
Conflans-sur-Anille
Rahay
Brette-les-Pins
Évaillé
Ste-Cérotte
St-Gervais-de-Vic
Teloché
Forêt de Bonnétable
Forêt de Vibraye
A 11 E 50
D 357
D 323
D 301

Nogent-le-Rotrou
Thiron-Gardais
Illiers-Combray
Brou
Authon-du-Perche
Châteaudun
Cloyes-sur-le-Loir
Mondoubleau
Épuisay
Droue
Arrou
Courtalain
Bonneval
Yèvres
Dangeau
Montigny-le-Chartif
Frazé
Combres
Happonvilliers
Magny
Sandarville
Châtillon-en-Dunois
Logron
Chapelle-Royale
La Bazoche-Gouet
Le Gault-Perche
Montigny-le-Gannelon
St-Jean-Froidmentel
Moisy
Morée
Fréteval
Forêt de Fréteval
PERCHE
Bois du Grd Parc
Forêt de Bois Ruffin
Camp militaire
Loir
Yerre
Ozanne
Foussarde
Thironne
Egvonne
Grenne
Aigre
E
F
G
H
85
110
131
1
2
3
4
5
A 11
D 955
D 927
D 921
D 922
D 357

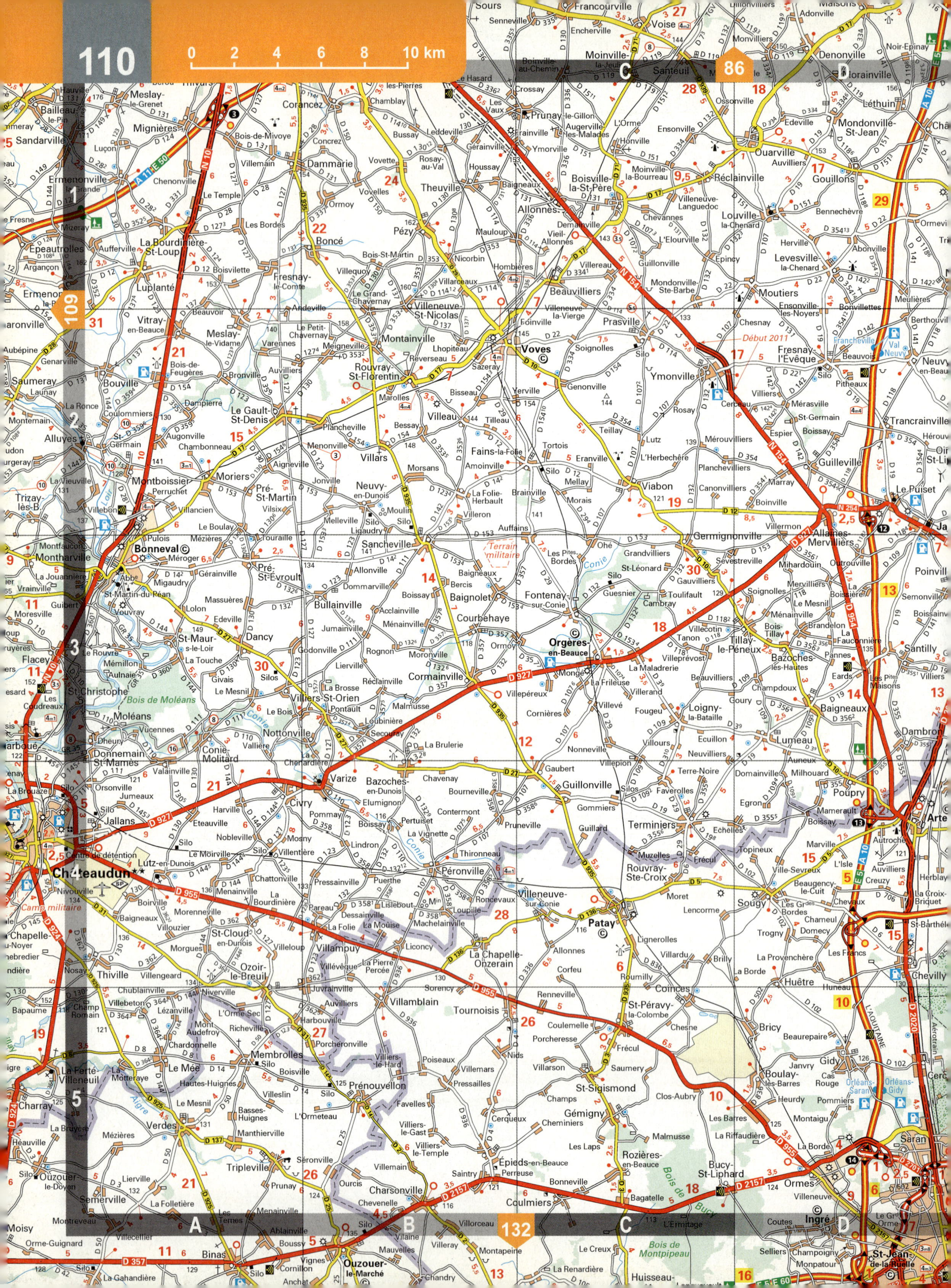
0 2 4 6 8 10 km
86
109
132
Châteaudun
Bonneval
Voves
Orgères-en-Beauce
Patay
Allonnes
Sancheville
Cormainville
Varize
Cloyes
Ozoir-le-Breuil
Tournoisis
St-Sigismond
Coulmiers
Ingré
Ormes
Saran
St-Jean-de-la-Ruelle
Ouzouer-le-Marché
Binas
Membrolles
Prénouvellon
Charsonville
Épieds-en-Beauce
Rozières-en-Beauce
Bucy-St-Liphard
Huêtre
Bricy
Boulay-les-Barres
Gidy
Chevilly
Artenay
Poupry
Lumeau
Baigneaux
Loigny-la-Bataille
Terminiers
Guillonville
Rouvray-Ste-Croix
Sougy
Tillay-le-Péneux
Allaines-Mervilliers
Germignonville
Viabon
Ymonville
Prasville
Moutiers
Ouarville
Réclainville
Santeuil
Boisville-la-St-Père
Theuville
Montainville
Villeau
Fains-la-Folie
Neuvy-en-Dunois
Villars
Le Gault-St-Denis
Moriers
Pré-St-Martin
Dancy
Bullainville
Péronville
Villeneuve-sur-Conie
La Chapelle-Onzerain
Villampuy
St-Cloud-en-Dunois
Jallans
Civry
Bazoches-en-Dunois
Nottonville
Conie-Molitard
Donnemain-St-Mamès
Moléans
St-Christophe
Marboué
Alluyes
Saumeray
Bouville
Montboissier
Dammarie
Corancez
Meslay-le-Vidame
Vitray-en-Beauce
Luplanté
Ermenonville
Sandarville
Francourville
Voise
Prunay-le-Gillon
Fresnay-l'Évêque
Trancrainville
Guilleville
Le Puiset
Mondonville-St-Jean
Gouillons
Léthuin
Denonville
Terrain militaire
Camp militaire
Bois de Moléans
Bois de Bucy
Bois de Montpipeau
Début 2011
A 10
A 11
E 5
E 50
N 10
N 154
D 955
D 927
D 2157
D 357
L'Aquitaine
Aigre
Conie

Angerville
Méréville
Pithiviers
Malesherbes
Outarville
Neuville-aux-Bois
Beaune-la-Rolande
Bellegarde
Orléans
Toury
Artenay
Chilleurs-aux-Bois
Chamerolles
Boynes
Puiseaux
Estouy
Bondaroy
Mareau-aux-Bois
Bouzonville-aux-Bois
Sermaises
Audeville
Engenville
Ramoulu
Marsainvilliers
Manchecourt
Labrosse
Dimancheville
Barville-en-Gâtinais
Gaubertin
Escrennes
Attray
Montigny
Crottes-en-Pithiverais
Jouy-en-Pithiverais
Chaussy
Bazoches-les-Gallerandes
Greneville-en-Beauce
Guigneville
Léouville
Erceville
Andonville
Boisseaux
Autruy-sur-Juine
Thignonville
Estouches
Pannecières
Mondésir
Guillerval
Saclas
Monnerville
Abbéville-la-Rivière
Roinvilliers
Mespuits
Champmotteux
Boigneville
Buno-Bonnevaux
Nangeville
Orveau-Bellesauve
Coudray
Nancray-sur-Rimarde
St-Michel
Montbarrois
Boiscommun
Nibelle
Nesploy
Ingrannes
Sully-la-Chapelle
Seichebrières
Combreux
Sury-aux-Bois
Vitry-aux-Loges
Trainou
Loury
Rebréchien
Marigny-les-Usages
Chanteau
Fleury-les-Aubrais
Semoy
Boigny-sur-Bionne
Donnery
Saran
Ascoux
Laas
Santeau
Vrigny
Courcy-aux-Loges
Bouilly-en-Gâtinais
Courcelles
Batilly-en-Gâtinais
Egry
Givraines
Yèvre-la-Ville
Dadonville
Forêt d'Orléans
GÂTINAIS
A 19
E 60
N 20
D 2152
D 2020
D 950
D 948
D 921
D 97
87
111
112
133

0 2 4 6 8 10 km

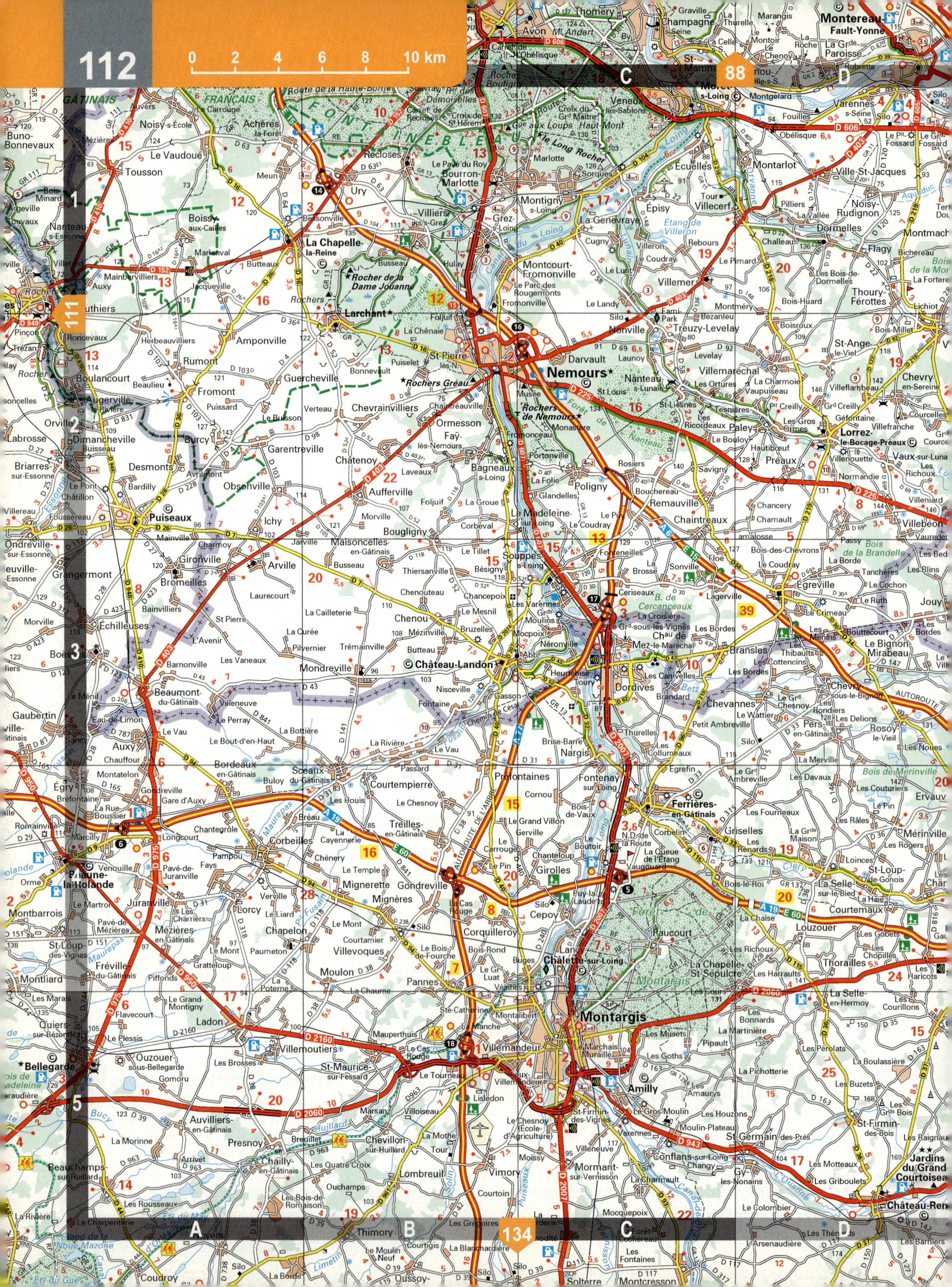
Montereau-Fault-Yonne
Champagne-sur-Seine
Thomery
Avon
Moret-sur-Loing
Veneux-les-Sablons
Écuelles
Montarlot
Ville-St-Jacques
Noisy-Rudignon
Dormelles
Flagy
Villecerf
Épisy
Montigny-sur-Loing
Bourron-Marlotte
Recloses
Ury
La Chapelle-la-Reine
Achères-la-Forêt
Noisy-sur-École
Le Vaudoué
Tousson
Boissy-aux-Cailles
Buno-Bonnevaux
Larchant
Grez-sur-Loing
Montcourt-Fromonville
Nemours
Darvault
St-Pierre-lès-Nemours
Nanteau-sur-Lunain
Villemaréchal
Treuzy-Levelay
Villemer
Thoury-Férottes
Chevry-en-Sereine
Lorrez-le-Bocage-Préaux
Vaux-sur-Lunain
Villebéon
Paley
Remauville
Chaintreaux
Poligny
Bagneaux-sur-Loing
Ormesson
Châtenoy
Chevrainvilliers
Guercheville
Amponville
Rumont
Fromont
Garentreville
Obsonville
Burcy
Puiseaux
Ichy
Aufferville
Bougligny
Souppes-sur-Loing
Maisoncelles-en-Gâtinais
Arville
Gironville
Bromeilles
Échilleuses
Château-Landon
Mondreville
Chenou
Beaumont-du-Gâtinais
Dordives
Égreville
Chevannes
Nargis
Préfontaines
Fontenay-sur-Loing
Ferrières-en-Gâtinais
Courtempierre
Treilles-en-Gâtinais
Gondreville
Corbeilles
Mignerette
Mignères
Girolles
Cepoy
Pannes
Corquilleroy
Villevoques
Chalette-sur-Loing
Montargis
Paucourt
La Chapelle-St-Sépulcre
Amilly
Villemandeur
Villemoutiers
St-Maurice-sur-Fessard
Auvilliers-en-Gâtinais
Chevillon-sur-Huillard
Vimory
Lombreuil
Pressigny-les-Pins
Chailly-en-Gâtinais
Conflans-sur-Loing
St-Germain-des-Prés
Courtemaux
Louzouer
Thorailles
St-Firmin-des-Bois
Jardins du Grand Courtoiseau
Château-Renard
Bellegarde
Quiers-sur-Bézonde
Ouzouer-sous-Bellegarde
Ladon
Juranville
Mézières-en-Gâtinais
Fréville-du-Gâtinais
Montliard
Montbarrois
Beaune-la-Rolande
Égry
Auxy
Gaubertin
Boësses
Malesherbes
Sceaux-du-Gâtinais
Bordeaux-en-Gâtinais
Fontainebleau
Rocher de la Dame Jouanne
Rochers Gréau
Rochers de Nemours
Mez-le-Maréchal
Cercanceaux
Griselles
Corbeilles
Thimory
Coudroy
Beauchamps-sur-Huillard
AUTOROUTE DE L'ARBRE
A 6
A 19
A 77
D 2007
D 2060
D 2160
D 403
D 606
D 225
D 950
D 975
D 943
D 963
88
111
134
A
B
C
D
1
2
3
4
5

SENS
Villeneuve-s-Yonne
Joigny
Courtenay
Pont-s-Yonne
Sergines
Chéroy
St-Valérien
Villeneuve-la-Guyard
Champigny
St-Julien-du-Sault
Cerisiers
Malay-le-Grand
Véron
Passy
Michery
Gron
Saligny
Soucy
Paron
Villeblevin
Chaumont
Serbonnes
Vinneuf
Courlon-s-Yonne
Villemanoche
St-Agnan
Thorigny-s-Oreuse
Fleurigny
La Postolle
Vaumort
Noé
Theil-sur-Vanne
Villiers-Louis
Pont-sur-Vanne
Chigy
Les Clérimois
Foissy-s-Vanne
Villethierry
Vallery
Brannay
Lixy
Dollot
Villebougis
Fouchères
Subligny
Collemiers
Étigny
Rosoy
Egriselles-le-Bocage
Marsangy
Rousson
Dixmont
Armeau
Villevallier
St-Aubin-s-Yonne
Cézy
Paroy-s-Tholon
Champlay
Béon
Chamvres
Cudot
Précy-s-Vrin
St-Romain-le-Preux
Sépeaux
Villefranche St-Phal
Douchy
Triguères
St-Loup-d'Ordon
St-Martin-d'Ordon
Piffonds
Chevillon
Prunoy
La Ferté-Loupière
Laroche-St-Cydroine
Migennes
Charmoy
Épineau-les-Voves
Bussy-en-Othe
Brion
Looze
Vaudeurs
Villechétive
Dilo
Montacher-Villegardin
Bazoches-sur-le-Betz
Domats
Vernoy
Savigny-sur-Clairis
Fontaine-la-Gaillarde
St-Clément
St-Denis
Maillot
Forêt de Vauluisant
Bois de Chavan
Forêt du Mileu
Yonne
Vanne
A 5
E 54
E 511
A 19
A 6
E 15
D 606
D 660
D 943
D 81
89
114
135
E
F
G
H
1
2
3
4
5

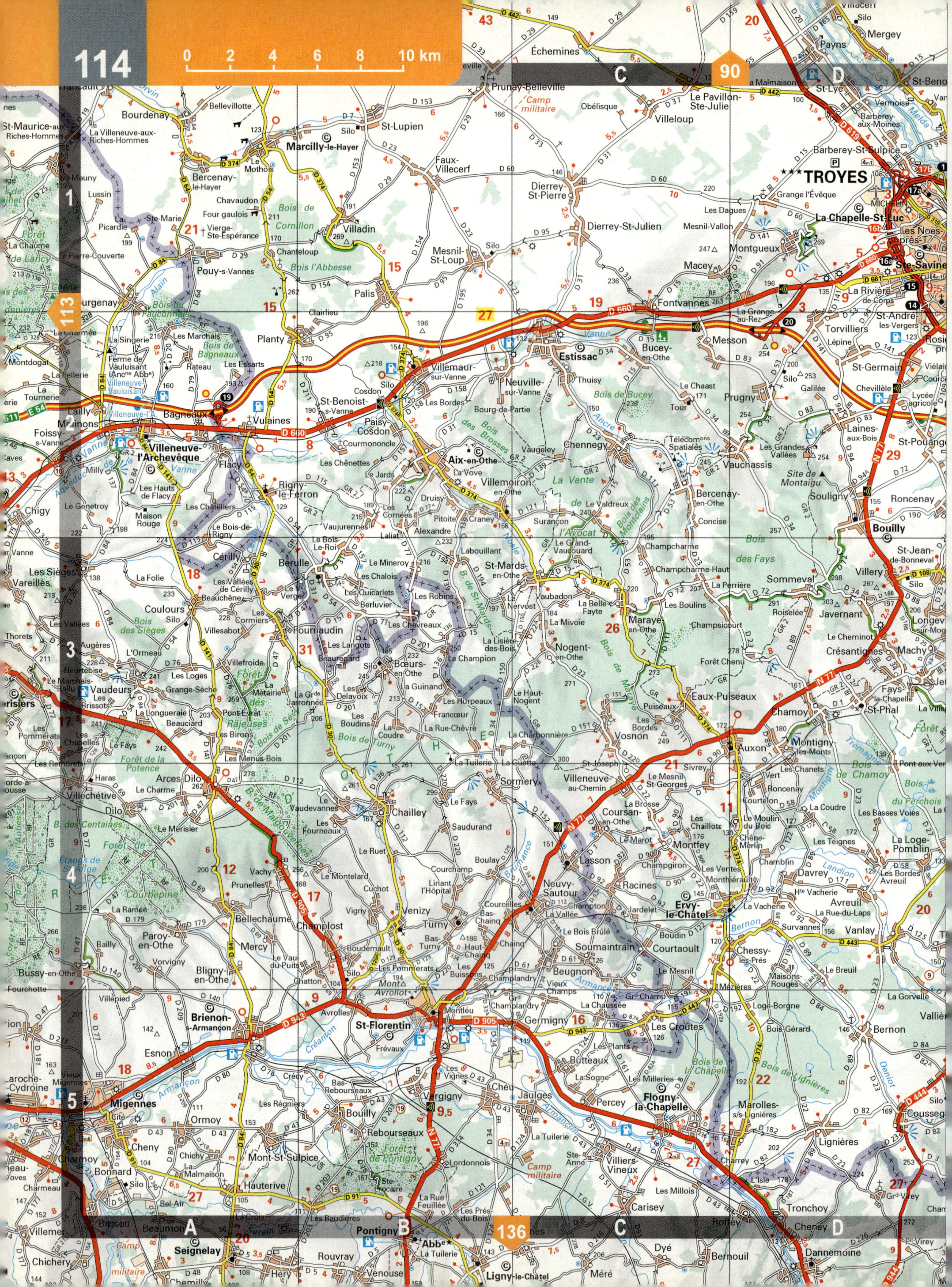
0 2 4 6 8 10 km
90
113
136
TROYES
La Chapelle-St-Luc
Ste-Savine
St-Lyé
Payns
Mergey
Échemines
Prunay-Belleville
Villeloup
Le Pavillon-Ste-Julie
Marcilly-le-Hayer
St-Lupien
Bourdenay
Bercenay-le-Hayer
Faux-Villecerf
Dierrey-St-Pierre
Dierrey-St-Julien
Villadin
Mesnil-St-Loup
Pouy-s-Vannes
Palis
Planty
Fontvannes
Montgueux
Torvilliers
Estissac
Bucey-en-Othe
Messon
Prugny
Villemaur-sur-Vanne
St-Benoist-s-Vanne
Paisy-Cosdon
Bagneaux
Vulaines
Villeneuve-l'Archevêque
Aix-en-Othe
Villemoiron-en-Othe
Vauchassis
Chennegy
Bercenay-en-Othe
Bouilly
Souligny
Roncenay
Rigny-le-Ferron
Flacy
Chigy
Cérilly
Berulle
Vareilles
St-Mards-en-Othe
Maraye-en-Othe
Nogent-en-Othe
Sommeval
Javernant
Villery
Coulours
Fournaudin
Bœurs-en-Othe
Vaudeurs
Eaux-Puiseaux
Auxon
Chamoy
Montigny-les-Monts
Vosnon
Villeneuve-au-Chemin
Sormery
Chailley
Arces-Dilo
Dilo
Coursan-en-Othe
Montfey
Ervy-le-Châtel
Lasson
Neuvy-Sautour
Davrey
Avreuil
Vanlay
Chessy-les-Prés
Turny
Venizy
Vachy
Champlost
Bellechaume
Mercy
Paroy-en-Othe
Bligny-en-Othe
Brienon-s-Armançon
St-Florentin
Germigny
Soumaintrain
Beugnon
Les Croûtes
Bernon
Esnon
Migennes
Ormoy
Cheny
Bouilly
Vergigny
Jaulges
Butteaux
Flogny-la-Chapelle
Percey
Marolles-s/s-Lignières
Lignières
Mont-St-Sulpice
Hauterive
Villiers-Vineux
Carisey
Tronchoy
Cheney
Seignelay
Pontigny
Ligny-le-Châtel
Dannemoine
Bernouil
Dyé
Méré
Rouvray
Venouse
Charmoy
Bonnard
Chichery
Forêt d'Othe
Bois de la Vente
Bois de Bucey
Bois des Fays
Forêt de Potence
Forêt de Pontigny
Camp militaire
D 660
N 77
D 905
D 943
A 5
E 54

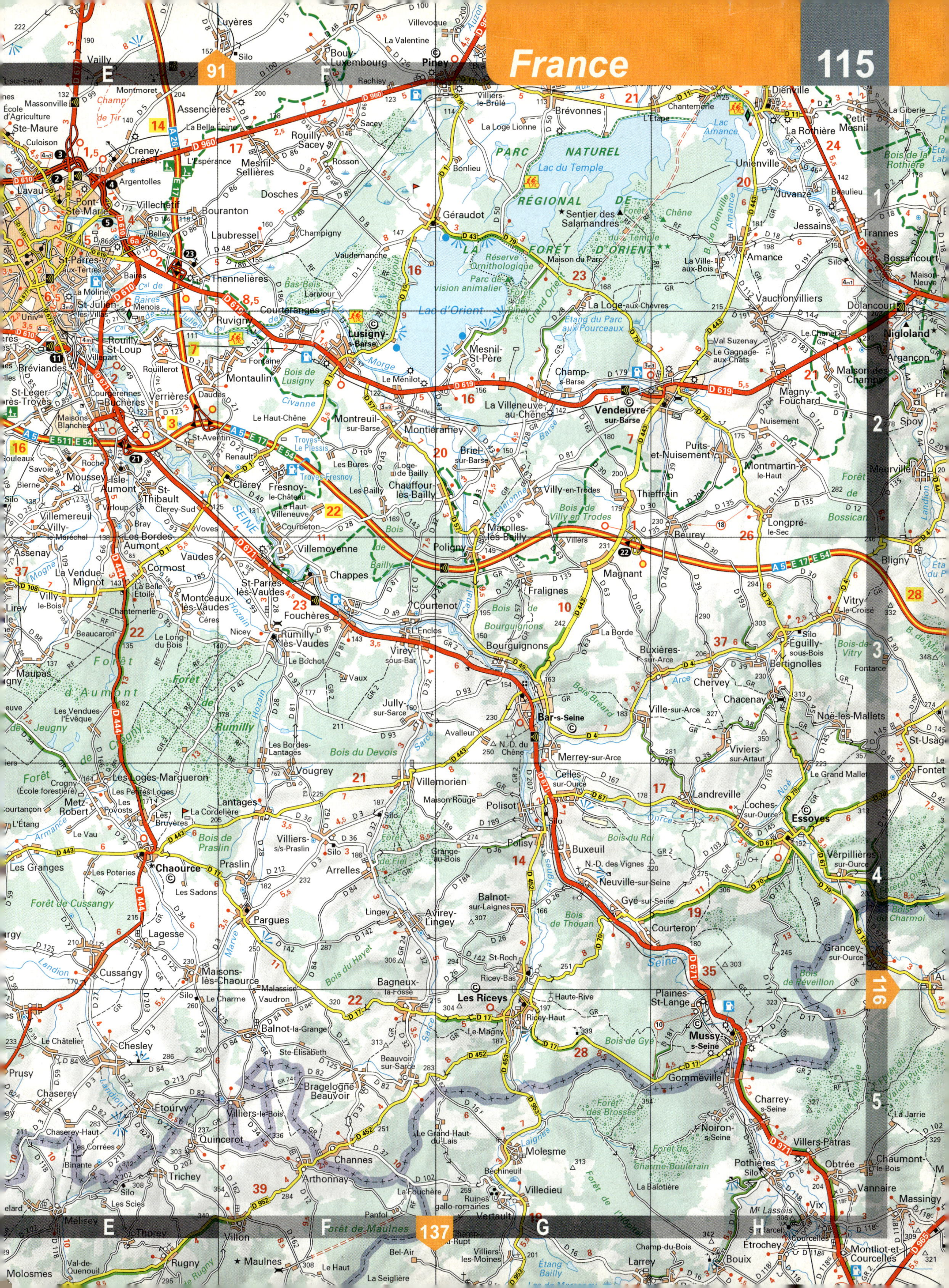
Piney
Brévonnes
Dienville
Parc Naturel Régional de la Forêt d'Orient
Lac du Temple
Lac d'Orient
Lac Amance
Géraudot
Lusigny-s-Barse
Mesnil-St-Père
Vendeuvre-sur-Barse
Unienville
Jessains
Amance
Vauchonvilliers
Dolancourt
Nigloland
Trannes
Bossancourt
Maison-des-Champs
Magny-Fouchard
Spoy
Ste-Maure
Creney-près-Troyes
Pont-Ste-Marie
St-Parres-aux-Tertres
St-Julien-les-Villas
Rouilly-St-Loup
Bréviandes
St-Léger-près-Troyes
Buchères
Verrières
Montaulin
Ruvigny
Courteranges
Thennelières
Laubressel
Mesnil-Sellières
Bouranton
Dosches
Rouilly-Sacey
Assencières
Luyères
Bouy-Luxembourg
Montiéramey
Montreuil-sur-Barse
Briel-sur-Barse
Chauffour-lès-Bailly
Villy-en-Trodes
Thieffrain
Puits-et-Nuisement
Montmartin-le-Haut
Longpré-le-Sec
Beurey
Bligny
Vitry-le-Croisé
Eguilly-sous-Bois
Bertignolles
Fontaine
Magnant
Fralignes
Marolles-lès-Bailly
Poligny
Villemoyenne
Chappes
Fresnoy-le-Château
Clérey
St-Thibault
Isle-Aumont
Moussey
Cormost
Vaudes
St-Parres-lès-Vaudes
Fouchères
Rumilly-lès-Vaudes
Courtenot
Virey-sous-Bar
Bourguignons
Buxières-sur-Arce
Chervey
Chacenay
Noé-les-Mallets
Bar-s-Seine
Merrey-sur-Arce
Ville-sur-Arce
Viviers-sur-Artaut
Jully-sur-Sarce
Villemorien
Vougrey
Polisot
Celles-sur-Ource
Landreville
Loches-sur-Ource
Essoyes
Verpillières-sur-Ource
Polisy
Buxeuil
Neuville-sur-Seine
Gyé-sur-Seine
Courteron
Grancey-sur-Ource
Chaource
Lagesse
Cussangy
Maisons-lès-Chaource
Villiers-s/s-Praslin
Praslin
Arrelles
Pargues
Avirey-Lingey
Balnot-sur-Laignes
Bagneux-la-Fosse
Les Riceys
Ricey-Haut
Ricey-Bas
Plaines-St-Lange
Mussy-s-Seine
Gomméville
Charrey-s-Seine
Noiron-s-Seine
Pothières
Villers-Patras
Obtrée
Vannaire
Chaumont-le-Bois
Massingy
Vix
Etrochey
Montliot-et-Courcelles
Molesme
Villedieu
Channes
Arthonnay
Trichey
Quincerot
Étourvy
Chesley
Balnot-la-Grange
Bragelogne-Beauvoir
Villiers-le-Bois
Chaserey
Prusly
Mélisey
Thorey
Villon
Maulnes
Rugny
Molosmes
Larrey
Bouix
Forêt d'Aumont
Forêt de Rumilly
Forêt de Cussangy
Forêt de Maulnes
Bois du Devois
Bois de Bourguignons
Les Loges-Margueron
Metz-Robert
Villemereuil
Assenay
La Vendue-Mignot
Villy-le-Bois
Lirey
Maupas
Les Bordes-Aumont
Montceaux-lès-Vaudes
Bois de Réveillon
Forêt de Charme-Boulerain
Forêt des Brosses
France
115
91
116
137

0 2 4 6 8 10 km
Doulevant-le-Château
Villiers-aux-Chênes
Brachay
Charmes-en-l'Angle
Flammerécourt
Monthonval
Humbersin
Arnancourt
Leschères-sur-le-Blaiseron
Gudmont-Villiers
Thil
Cirey-sur-Blaise
Rouécourt
Bois d'Ambonville
Ambonville
Mont Gimont
Cerisières
Provenchères-sur-Marne
La Giberie
Étang de Ramerupt
Bois de Pute-Bête
Étang de Laborde
Bois de la Rothière
Rothière
Petit-Mesnil
Fuligny
Ville-sur-Terre
La Gaîté
Beurville
Chânet
Les Grands Ordons
Bouzancourt
Vernonvilliers
Fresnay
Bois de Beaurégard
Daillancourt
Froideau
Mirbel
Bois de Bussy
Éclance
Lévigny
Maisons-lès-Soulaines
Thors
Bois de Hantelle
Blinfey
Bois de Blinfey
Guindrecourt-sur-Blaise
Blaise
Trannes
Bossancourt
Maison-Neuve
Bois de Courtgain
Engente
Saulcy
Rizaucourt-Buchey
Champcourt
Harricourt
La Genevroye
N.-D. du Val
Vignory
Marbéville
Arsonval
Montier-en-l'Isle
Colombé-la-Fosse
Cornet
Buchey
Curmont
Soncourt-sur-Marne
Nigloland
Jaucourt
Ailleville
Arrentières
Colombé-le-Sec
Argentolles
Biernes
Pratz
Le Plachet
L'Étoile
Vraincourt
Maison-des-Champs
Argançon
Gagnage
Fme du Cellier
Voigny
Rouvres-les-Vignes
Lamothe-en-Blaisy
Forêt de l'Étoile
Oudincourt
Bar-sur-Aube
Fravaux
Proverville
Lignol-le-Château
Lavilleneuve-aux-Fresnes
Mémorial
Colombey-les-Deux-Églises
Ormoy-lès-Sexfontaines
Lamancine
Spoy
Ste-Germaine
Aube
La Boisserie
Sexfontaines
Annéville-la-Prairie
Couvignon
Fontaine
Belroy
La Pièrière
Lachapelle-en-Blaisy
Meures
Meurville
Le Val Perdu
La Belle Idée
Bayel
Juzennecourt
Marault
Forêt de Bossican
Bois de Pimeux
Baroville
Forêt des Dhuits
Blaisy
Bergères
La Borde
Montheries
Laharmand
Bligny
Urville
La Bretonnière
Gillancourt
Étang du Patis
Forges-St-Bernard
Lavilleneuve-au-Roi
Brethenay
Côte d'Alun
Sarcicourt
Arconville
Clairvaux Maison Centrale (Anc^{ne} Abb^e)
Silo
Rennepont
Jonchery
Vitry-le-Croisé
Fraville
Longchamp-sur-Aujon
St-Martin-sur-la-Renne
Outre-Aube
Champignol-lez-Mondeville
Fontaine St-Bernard
Maranville
Forêt de Bois-Génard
Euffigneix
Ville-s/s-la-Ferté
Vaudrémont
Autreville-sur-la-Renne
Buxières-lès-Villiers
Villiers-le-Sec
Viaduc
Juvancourt
Moulin
Valdelancourt
Cirfontaines-en-Azois
Aizanville
Braux-le-Châtel
CHAUMONT
Noë-les-Mallets
Fays-Haut
Laferté-sur-Aube
Varencey
Pont-la-Ville
St-Usage
Bois de Laferté
Montsaon
Orges
Bricon
Les Fosses
Fontette
Le Grand Mallet
Fins
Le Val-du-Four
Forêt de Châteauvillain-Orges
Châteauvillain-Orges
Semoutiers-Montsaon
Essoyes
Villars-en-Azois
Silvarouvres
Essey-les-Ponts
Marmesse
Châteauvillain-Val-Marnay
Blessonville
Ste-Anastasie
Verpillières-sur-Ource
Cunfin
Ste-Anne
Forêt de Beaumont
La Forge
Corgebin
Dinteville
Derville
Châteauvillain
Bonshommes
Maison Renaud
Richebourg
Lanty-sur-Aube
La Folie
Bois de la Longe
Beaumont
Forêt du Charmoi
Valfond
Créancey
Forêt de Châteauvillain
Val des Dames
Grancey-sur-Ource
Bois de Lanty
Ormoy-sur-Aube
Bon Air
Montribourg
Bois des Forts
Forêt de Vigne Rouget
Autricourt
Bois de Réveillon
Les Essarts
Gevrolles
Latrecey-Ormoy-sur-Aube
La Lucine
Coupray
Carref de la Croix-de-Fer
Champigny
Riel-les-Eaux
Fme du Mont
St-Roch
Cour-l'Évêque
Maison Paulin
Montigny-sur-Aube
Mont Rémin
Arc-en-Barrois
La Vendue
Bugnières
Forêt du Val des Puits
Belan-sur-Ource
Forêt du Montot
Veuxhaulles-sur-Aube
Bois de Faye
Bois de Dancevoir
La Jarrie
Thoires
Bois de la Fontaine
Le Souhy
Boudreville
Dancevoir
Maison-Fouin
Val Brunant
Villiers-Patras
Obtrée
Chaumont-le-Bois
Mosson
Brion-sur-Ource
Bissey-la-Côte
Courban
Longue
Aubepierre-sur-Aube
Montrot
N.-D. de Montrot
Vannaire
Massingy
Lignerolles
Giey-sur-Aujon
Vix
Montliot-et-Courcelles
Layer-sur-Roche
Louesme
Crépan
Les Goulles
La Chaume
Etufs
Eriseul
St-Loup-sur-Aujon
Forêt d'Arc
116
92
115
138
A B C D
1 2 3 4 5

Morionvilliers
Chambroncourt
Donjeux
Domremy-Landéville
Pautaines-Augeville
Leurville
Busson
Doulaincourt-Saucourt
Roches-Bettaincourt
Froncles
Orquevaux
Humberville
St-Blin
Vesaignes-s/s-Lafauche
Lafauche
Prézsous-Lafauche
Liffol-le-Grand
Fréville
Bazoilles-sur-Meuse
Circourt-sur-Mouzon
Vouécourt
Signéville
Montot-sur-Rognon
Vignes-la-Côte
Manois
Semilly
Harréville-les-Chanteurs
Pompierre
Viéville
Rimaucourt
Andelot-Blancheville
Chalvraines
Goncourt
Sommerécourt
Rochefort-sur-la-Côte
Ecot-la-Combe
Illoud
St-Thiébault
Bourmont
Nijon
Bologne
Briaucourt
Chantraines
Cirey-lès-Mareilles
Mareilles
Clinchamp
Ozières
Romain-s-Meuse
Bourg-Ste-Marie
Brainville-s-Meuse
Graffigny-Chemin
Riaucourt
Darmannes
Bourdons-s-Rognon
Consigny
Huilliécourt
Malaincourt-s-Meuse
Treix
Forcey
Thol-lès-Millières
Vroncourt-la-Côte
Doncourt-s-Meuse
Levécourt
Chaumont-la-Ville
Condes
Millières
Longchamp
Maisoncelles
Champigneulles-en-Bassigny
Germainvilliers
Bievaincourt
Esnouveaux
Audeloncourt
Breuvannes-en-Bassigny
Damblain
Chamarandes-Choignes
Ageville
Mennouveaux
Clefmont
Biesles
Cuves
Buxières-lès-Clefmont
Perrusse
Daillecourt
Laville-aux-Bois
Lanques-sur-Rognon
Ninville
Basoncourt
Choiseul
Verbiesles
Luzy-sur-Marne
Sarcey
Mandres-la-Côte
Essey-les-Eaux
Noyers
Merrey
Rangecourt
Neuilly-sur-Suize
Foulain
Poulangy
Louvières
Nogent
Is-en-Bassigny
Lavilleneuve
(Val-de-Meuse)
Vesaignes-sur-Marne
Marnay-sur-Marne
Thivet
Sarrey
Montigny-le-Roi
(Parnoy-en-Bassigny)
Dammartin-s-Meuse
Poinson-lès-Nogent
Vitry-lès-Nogent
Chauffourt
Villiers-sur-Suize
Faverolles
Rolampont
Dampierre
Frécourt
Bonnecourt
Avrecourt
Damrémont
Charmoilles
Changey
Neuilly-l'Évêque
Andilly-en-Bassigny
Rançonnières
Chanoy
Marac
Beauchemin
Ormancey
Humes-Jorquenay
Bannes
Celles-en-Bassigny
Marcilly-en-Bassigny
Plesnoy
(Terre-Natale)
St-Martin-lès-Langres
Champigny-lès-Langres
Orbigny-au-Mont
Vauxbons
Langres
Champigny-sous-Varennes
Arbigny-sous-Varennes
E
F
G
H
93
139
118

0 2 4 6 8 10 km
94
117
140
Châtenois
Mirecourt
Bulgnéville
VITTEL
Contrexéville
Lamarche
Darney
Monthureux-sur-Saône
Bourbonne-les-Bains
Vauvillers
Jonvelle
Châtillon-sur-Saône
Dompaire
Mattaincourt
Ramecourt
Rouvres-en-Xaintois
Dombasle-en-Xaintois
Remoncourt
Haréville
Valleroy-le-Sec
Lignéville
St-Baslemont
Thuillières
Dombrot-le-Sec
Viviers-le-Gras
Gignéville
Martigny-les-Bains
Serécourt
Tignécourt
Isches
St-Julien
Fouchécourt
Godoncourt
Fignévelle
Regnévelle
Martinvelle
Passavant-la-Rochère
Bousseraucourt
Ameuvelle
Vougécourt
Corre
Demangevelle
Ranzevelle
Ormoy
Selles
Ambiévillers
Pont-du-Bois
Relanges
Bonvillet
Attigny
Belrupt
Hennezel
Claudon
Jésonville
Senonges
Pierrefitte
Frénois
Esley
Dommartin-lès-Vallois
Sauville
Vrécourt
Robécourt
Rozières-sur-Mouzon
Rocourt
Villotte
Tollaincourt
Romain-aux-Bois
Aureil-Maison
Serqueux
Aigremont
Larivière-Arnoncourt
Fresnes-sur-Apance
Enfonvelle
Melay
Voisey
Montcharvot
Blondefontaine
Barges
Soyers
Forêt Domaniale de Darney

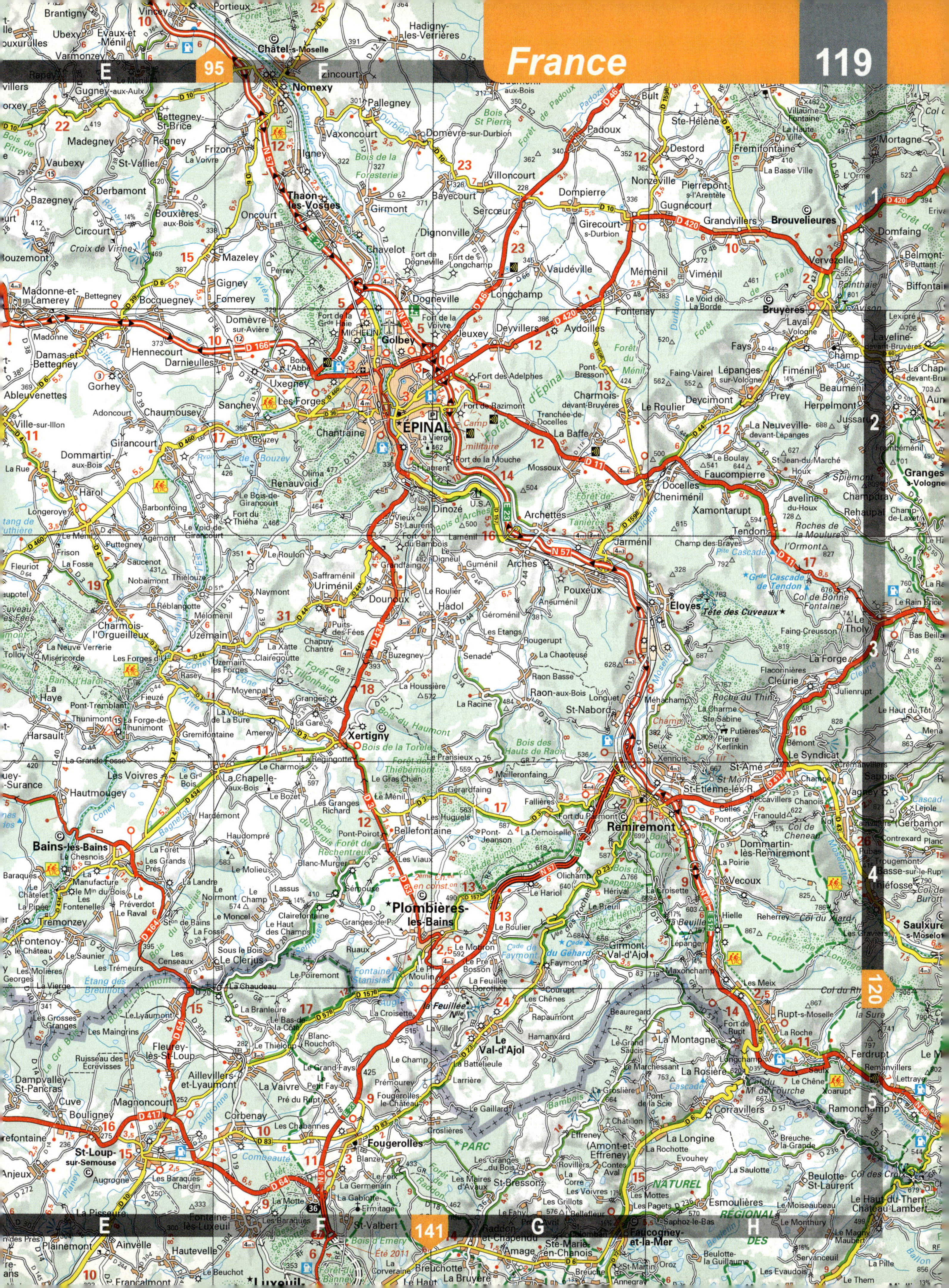

Châtel-s-Moselle
Nomexy
Thaon-les-Vosges
Golbey
ÉPINAL
Chantraine
Dogneville
Jeuxey
Deyvillers
Aydoilles
Padoux
Bult
Ste-Hélène
Destord
Fremifontaine
Brouvelieures
Grandvillers
Dompierre
Girecourt-s-Durbion
Vaudéville
Longchamp
Dignonville
Sercœur
Villoncourt
Bayecourt
Domèvre-sur-Durbion
Pallegney
Igney
Girmont
Chavelot
Oncourt
Mazeley
Gigney
Fomerey
Domèvre-sur-Avière
Dommartin-aux-Bois
Darnieulles
Uxegney
Les Forges
Sanchey
Chaumousey
Hennecourt
Gorhey
Madegney
Vaubexy
Derbamont
Bazegney
Circourt
Bouxières-aux-Bois
Regney
Frizon
Bettegney-St-Brice
St-Vallier
Madonne-et-Lamerey
Bocquegney
Damas-et-Bettegney
Ville-sur-Illon
Girancourt
Renauvoid
Harol
Dinozé
Archettes
Arches
Pouxeux
Jarménil
Éloyes
Tête des Cuveaux
Docelles
Cheniménil
Xamontarupt
Tendon
Faucompierre
Deycimont
Laval-s-Vologne
Bruyères
Lépanges-sur-Vologne
Fimenil
Beauménil
Herpelmont
Jussarupt
Granges-s-Vologne
Champdray
Le Tholy
La Forge
Cleurie
Le Syndicat
Vecoux
Saulxures-s-Moselotte
Dommartin-lès-Remiremont
Remiremont
St-Étienne-lès-R.
St-Amé
St-Nabord
Raon-aux-Bois
Uriménil
Uzemain
Dounoux
Hadol
Xertigny
Charmois-l'Orgueilleux
Bains-les-Bains
Hautmougey
Les Voivres
La Chapelle-aux-Bois
Bellefontaine
Plombières-les-Bains
Le Val-d'Ajol
Girmont-Val-d'Ajol
Fougerolles
Corbenay
Aillevillers-et-Lyaumont
Fleurey-lès-St-Loup
St-Loup-sur-Semouse
Magnoncourt
Bouligney
Dampvalley-St-Pancras
Fontenoy-le-Château
Le Clerjus
Ruaux
Rupt-s-Moselle
Ferdrupt
Ramonchamp
Beulotte-St-Laurent
Esmoulières
Faucogney-et-la-Mer
Ste-Marie-en-Chanois
Amage
Raddon-et-Chapendu
St-Bresson
La Longine
Corravillers
La Rosière
Luxeuil
St-Valbert
Fontaine-lès-Luxeuil
Hautevelle
Ainvelle
Plainemont
Francalmont
La Bruyère
Breuchotte
Forêt d'Épinal
Forêt de Tanières
Bois du Haumont
Bois des Hauts de Raon
Croix de Virine
Tête des Cuveaux
NATUREL
RÉGIONAL
PARC
E
F
G
H
1
2
3
4
5
95
120
141

0 2 4 6 8 10 km
96
119
142
Ste-Marie-aux-Mines
Col de Ste-Marie
Le Bonhomme
Col du Bonhomme
Lapoutroie
Kaysersberg
Orbey
Les Trois-Epis
Turckheim
Munster
Col de la Schlucht
Hohneck
Gérardmer
Xonrupt-Longemer
La Bresse
Cornimont
Saulxures-s-Moselotte
Le Thillot
Bussang
Col de Bussang
St-Maurice-s-Moselle
Ballon d'Alsace
Grd Ballon
Guebwiller
Soultz-Haut-Rhin
Thann
Cernay
St-Amarin
Le Markstein
Pt Ballon
Fraize
Plainfaing
Anould
Corcieux
Granges-s-Vologne
Saint-Léonard
Mandray
Saulcy-s-Meurthe
Ste-Marguerite
Remomeix
Provenchères-s-Fave
Lusse
Gerbépal
Route des Crêtes
Lac de Longemer
Lac de Retournemer
Lac Blanc
Lac Noir
Vieil Armand
Wesserling
Oderen
Fellering
Kruth
Wildenstein
Grand Ventron
Ventron
Lautenbach
Murbach
Soultzmatt
Wasserbourg
Metzeral
Mittlach
Sondernach
Muhlbach
Luttenbach-près-M.
Gunsbach
Soultzbach
Zimmerbach
Walbach
Hohrodberg
Le Linge
Col du Calvaire
Gazon du Faing
Le Valtin
Col de Sapois
Rochesson
Sapois
Vagney
Col du Ménil
Le Ménil
Ferdrupt
Ramonchamp
Fresse-s-Moselle
Col du Page
Storckensohn
Malmerspach
Moosch
Willer-s-Thur
Bitschwiller-lès-T.
Vieux-Thann
Wattwiller
Berrwiller
Hartmannswiller
Wuenheim
Le Bréhat
PARC NATUREL
VOSGES

Sélestat
Muttersholtz
Sundhouse
Saasenheim
Schœnau
Rheinhausen
Ettenheim
Ringsheim
Herbolzheim
Tutschfelden
Bleichheim
Kœnigsbourg
Orschwiller
Kintzheim
St-Hippolyte
Rodern
Rorschwihr
Bergheim
Ribeauvillé
Ribeaupierre
Chau de St-Ulrich
Guémar
Illhaeusern
Heidolsheim
Ohnenheim
Elsenheim
Mussig
Baldenheim
Schwobsheim
Bœsenbiesen
Richtolsheim
Artolsheim
Hessenheim
Bootzheim
Mackenheim
Marckolsheim
Wyhl
Forchheim
Weisweil
Kenzingen
Bombach
Hecklingen
Malterdingen
Riegel
Endingen
Sasbach
Limburg
Bahlingen
Teningen
Emmendingen
Königschaffhausen
Amoltern
Leiselheim
Kiechlinsbergen
Jechtingen
Bischoffingen
Burkheim
Vogtsburg
Oberrotweil
Oberbergen
Eichstetten
Bötzingen
Nimburg
Holzhausen
March
Neuershausen
Buchheim
Hugstetten
Niederrotweil
Bickensohl
Achkarren
Wasenweiler
Ihringen
Gottenheim
Umkirch
Breisach am Rhein
Merdingen
Waltershofen
St Nikolaus
FREIBURG IM BREISGAU
Hochstetten
Gündlingen
Opfingen
Tiengen
Munzingen
Schallstadt
Wolfenweiler
Ebringen
Niederrimsingen
Oberrimsingen
Grezhausen
Hausen an der Möhlin
Mengen
Scherzingen
Norsingen
Pfaffenweiler
Ehrenkirchen
Kirchhofen
Offnadingen
Biengen
Feldkirch
Hartheim
Bad Krozingen
Bremgarten
Eschbach
Heitersheim
Staufen im Breisgau
Ballrechten-Dottingen
Sulzburg
Laufen
Britzingen
Müllheim
Neuenburg
Badenweiler
Buggingen
Seefelden
Grißheim
Zienken
Dattingen
Hügelheim
Zunzingen
Schweighof
Vögisheim
Lipburg
Ostheim
Zellenberg
Beblenheim
Bennwihr
Mittelwihr
Sigolsheim
Ammerschwihr
Ingersheim
Houssen
Holtzwihr
Riedwihr
Wickerschwihr
Bischwihr
Grussenheim
Jebsheim
Muntzenheim
Durrenentzen
Urschenheim
Artzenheim
Baltzenheim
Kunheim
Horbourg-Wihr
Fortschwihr
Andolsheim
Widensolen
Biesheim
COLMAR
Sundhoffen
Wettolsheim
Eguisheim
Appenwihr
Wolfgantzen
Neuf-Brisach
Volgelsheim
Vogelgrun
Weckolsheim
Logelheim
Ste-Croix-en-Plaine
Hettenschlag
Algolsheim
Obersaasheim
Herrlisheim-près-C.
Hattstatt
Niederhergheim
Geiswasser
Heiteren
Dessenheim
Oberhergheim
Rouffach
Biltzheim
Niederentzen
Oberentzen
Rustenhart
Nambsheim
Balgau
Fessenheim
Hirtzfelden
Gundolsheim
Munwiller
Meyenheim
Merxheim
Réguisheim
Roggenhouse
Blodelsheim
Raedersheim
Ungersheim
Ensisheim
Munchhouse
Rumersheim-le-Haut
Feldkirch
Bollwiller
Ecomusée d'Alsace
Pulversheim
Ruelisheim
Battenheim
Bantzenheim
Chalampé
Wittenheim
Baldersheim
Ottmarsheim
Sausheim
Rhein
Kaiserstuhl
Forêt de Colmar
Forêt de la Hardt
E
F
G
H
97
143

0 2 4 6 8 10 km
Langoz
Loctudy
Mousterlin
Pointe de Mousterlin
Beg Meil
Le Cabellou
Baie de Pouldohan
Pendruc
Lambell
Cosquer
Pointe de la Jument
Kerdallé
Ruat
Lanénos
Kerlin
Trévignon
Pointe de Trévignon
St-Philibert
Kercanic
Raguenès-Plage
Île Raguenès
Île Verte
Île aux Moutons
Îles de Glénan
St-Nicolas
Drenec
Cigogne
Penfret
Loch
Croissant-Bouillet
Kérampaou
Trégunc
Kerminaouët
Penanrun
Kériquel
Tréhubert
Célan
Kersidan
Névez
Kerambail
Kermen
Trémorvezen
Kerascoët
Rospico
Kerangall
Port-Manech
Kerfany-les-Pins
Kerdoualen
Botquélen
Le Hénant
Kerdruc
Rosbras
Goulet-Riec
Nizon
Kergazuel
St-Maudé
Trémalo
Bois d'Amour
St-André
Croissant-Kergos
Kerangosquer
Pont-Aven
Croas-Kerrun
Trémor
Lanmeur
Bossulan
Kérandréo
Kervran
Lanorgard
La Croix-Verte
Quimperlé
Laniscar
St-Jean
Croaz-Hent-Loctudy
Locquillec
Kéraël
Riec-sur-Belon
Lande-Julien
Kerviger
Lanneguy
Belon
Kergoulouet
Lanriot
Kerglien
Kergroës
Kerduel
Kerroch
St-Pierre
Brigneau
Port de Merrien
Placamen
St-Cado
Chef-du-Bois
La Grange
St-Thamec
Doëlan
Moëlan-sur-Mer
Clohars-Carnoët
Gare-de-la-Forêt
Baye
N 165
E 60
D 783
D 24
Le Pouldu
ÎLE DE GROIX
100
A B C D
1 2 3 4 5

101
E
F
G
H
144
124
2
3
4
5
Arzano
Pont-Scorff
Cléguer
Rédené
Calan
Hennebont
Inzinzac-Lochrist
Languidic
Baud
Guidel
Guidel-Plages
Quéven
Gestel
Caudan
Lanester
LORIENT
Ploemeur
Larmor-Plage
Port-Louis
Gâvres
Locmiquélic
Riantec
Kervignac
Nostang
Merlevenez
Ste-Hélène
Plouhinec
Brandérion
Landévant
Landaul
Pluvigner
Locoal-Mendon
Belz
Étel
Erdeven
Ploemel
Plouharnel
Carnac
Carnac-Plage
La Trinité-sur-Mer
Locmariaquer
Crach
Auray
St-Philibert
Quiberon
St-Pierre-Quiberon
Portivy
Kerhostin
Port-Haliguen
Beg Rohu
Beg er Vil
Port Maria
Beg er Lan
Beg er Goalennec
Pointe du Percho
Côte Sauvage
PRESQU'ÎLE DE QUIBERON
Plateau des Birvideaux
Pnte du Conguel
La Teignouse
Chaussée de la Teignouse
Passage de la Teignouse
Chaussée du Béniguet
Île Glazic
BAIE DE QUIBERON
Île Theviec
Penthièvre
Fort de Penthièvre
Sables Blancs
Pnte de Légenès
Alignements
Pnte d'Erdeven
Barre d'Étel
Roches de Magouëro
Magouëro
Pnte de Gâvres
Passe du Sud
Passe de l'Ouest
Les Errants
Basse des Bretons
GROIX
Groix
Port-Tudy
Port Mélin
Port Mélite
Pen-Men
Pnte de Biléric
Port St-Nicolas
Trou de l'Enfer
Locmaria
Pnte des Chats
Plage des Grands Sables
Fort Surville
Pnte du Talut
Anse du Pouldu
Fort Bloqué
Le Courégant
Aéroport de Lann-Bihoué
Étg de Lannénec
Étg du Moulin de Rhodes
Étang de Coët Rivas
Blavet
Scorff
Rocher Royal
Forêt de Carnoet

0 2 4 6 8 10 km
102
123
Baud
Camors
Locminé
Kerguehennec
Moustoir-Ac
St-Jean-Brévelay
Guéhenno
Plumelec
Plumelin
Colpo
Pluvigner
Brandivy
Grand-Champ
Locqueltas
Plaudren
Elven
Forteresse de Largoët
Landaul
Plumergat
Ste-Anne-d'Auray
Auray
Pluneret
Plescop
Meucon
St-Avé
Treffléan
Sulniac
La Vraie-Croix
Plougoumelen
Ploeren
VANNES
Theix
Bono
Crach
Baden
Arradon
Séné
Noyalo
Surzur
La Trinité-sur-Mer
Locmariaquer
Larmor-Baden
Île-aux-Moines
Île-d'Arz
GOLFE DU MORBIHAN
Port-Navalo
Arzon
Sarzeau
St-Armel
Le Hézo
Ambon
Damgan
Le Tour-du-Parc
Presqu'île de Rhuys
Chau de Suscinio
St-Gildas-de-Rhuys
Pte de Kerpenhir
Méaban
BAIE DE QUIBERON
Rade de Penerf
Pénestin
Plateau de la Recherche
A
B
C
D
1
2
3
4
5

Ploërmel
Malestroit
Guer
Maure-de-Bretagne
La Gacilly
Rochefort-en-Terre
Questembert
Redon
St-Nicolas-de-Redon
Allaire
Muzillac
La Roche-Bernard
St-Gildas-des-Bois
Herbignac
Pipriac
Missillac
Drefféac
Carentoir
St-Martin
Peillac
Malansac
Pluherlin
St-Gravé
St-Jacut-les-Pins
Rieux
Fégréac
Théhillac
Nivillac
Marzan
Péaule
Le Guerno
Noyal-Muzillac
Parc de Branféré
Forêt de la Roche-Bernard
Forêt de la Bourdonnaye
Landes de Couesmé
Parc de la Préhistoire
Parc de Bodelio
Canal de Nantes à Brest
E
F
G
H
103
146
126

0 2 4 6 8 10 km
Pipriac
Guipry
Messac
Bain-de-Bretagne
Grand-Fougeray
Derval
Guémené-Penfao
Nozay
Rougé
Louisfert
St-Vincent-des-Landes
Janzé
Le Sel-de-Bretagne
Lohéac
Manoir de l'Automobile
Maure-de-Bretagne
Sion-les-Mines
Jans
Treffieux
Blain
Conquereuil
Soulvache
Teillay
Lusanger
Ste-Anne-s-Vilaine
Langon
Massérac
Avessac
Pléchâtel
Pancé
Poligné
Crevin
Saulnières
Thourie
Forêt du Gâvre
Le Gâvre
La Grigonnais
Puceul
Abbaretz
Issé
Marsac-s-Don
Vay
Plessé
A
B
C
D
104
125
147

La Guerche-de-Bretagne
Retiers
Martigné-Ferchaud
Châteaubriant
Pouancé
Craon
Segré
Candé
St-Aignan-sur-Roë
Renazé
Cossé-le-Vivien
Moisdon-la-Rivière
La Meilleraye-de-Bretagne
Riaillé
St-Mars-la-Jaille
St-Julien-de-Vouvantes
Le Louroux-Béconnais
Forêt de la Guerche
Forêt de Juigné
Forêt d'Ombrée
Forêt d'Ancenis
Noyant-la-Gravoyère
Challain-la-Potherie
Soudan
Juigné-des-Moutiers
La Chapelle-Glain
E
F
G
H
105
128
148
1
2
3
4
5

0 2 4 6 8 10 km

Cossé-le-Vivien
Craon
Château-Gontier
Segré
Meslay-du-Maine
Grez-en-Bouère
Sablé-s
Châteauneuf-s-Sarthe
Le Lion-d'Angers
Haras national
Le Plessis Bourré
Tiercé
Seiches-s-le-Loir
Le Plessis-Macé
Montreuil-Juigné
Le Louroux-Béconnais
Bécon-les-Granits
Quelaines-St-Gault
Villiers-Charlemagne
Ruillé-Froid-Fonds
Bierné
Daon
Coudray
Ménil
Chemazé
St-Sauveur-de-Flée
Miré
Morannes
Champigné
Briollay
Feneu
Sceaux-d'Anjou
Grez-Neuville
La Membrolle-s-Longuenée
Vern-d'Anjou
Raguin
Andigné
Chambellay
Montreuil-s-Maine
Sœurdres
Marigné
Contigné
Juvardeil
Étriché
Soucelles
Pellouailles-les-Vignes
St-Sylvain-d'Anjou
Ballée
St-Loup-du-Dorat
Bouère
St-Denis-d'Anjou
Bouessay
Saulges
Préaux
St-Cénéré
Longuefuye
Gennes-sur-Glaize
Fromentières
Azé
Bazouges
Laigné
Pommerieux
Peuton
Houssay
St-Sulpice
Origné
Denazé
Simplé
Ampoigné
Mée
St-Quentin-les-Anges
Mortiercrolles
L'Hôtellerie-de-Flée
La Ferrière-de-Flée
Nyoiseau
Louvaines
La Chapelle-s-Oudon
Marans
Gené
Montguillon
La Jaille-Yvon
Chenillé-Changé
Querré
Cherré
Châtelain
Argenton-N.-D.
St-Michel-de-Feins
St-Laurent-des-Mortiers
Vaux
Brissarthe
Daumeray
Cheffes
Écuillé
Soulaire-et-Bourg
Villevêque
Corzé
La Pouëze
Brain-s-Longuenée
Le Bignon-du-Maine
Maisoncelles-du-Maine
Arquenay
Bazougers
Le Buret
Beaumont-Pied-de-Bœuf
Fontaine-Couverte
Laigné
Pruillé
Cantenay-Epinard
Écouflant
Meignanne
Sarrigné

E
F
G
H
1
2
3
4
5
107
130
150
Thorigné-en-Charnie
Chassillé
Loué
Tassillé
Bannes
Viré-en-Champagne
Brûlon
St-Christophe-en-Champagne
Cranné-en-Champagne
Souligné-Flacé
St-Georges-du-Bois
Allonnes
Le Mans
Cossé-en-Champagne
Avessé
St-Ouen-en-Champagne
Vallon-sur-Gée
Étival-lès-le-M.
Chevillé
St-Pierre-des-Bois
Maigné
Louplande
Spay
Poillé-s-Vègre
Chantenay-Villedieu
Pirmil
Chemiré-le-Gaudin
Voivres-lès-le-M.
Arnage
Fontenay-sur-Vègre
Auvers-le-Hamon
Asnières-sur-Vègre
Tassé
Fercé-sur-Sarthe
La Suze-s-Sarthe
Roëzé-sur-Sarthe
Fillé
Noyen-sur-Sarthe
St-Jean-du-Bois
Guécélard
Juigné-sur-Sarthe
Avoise
Parcé-sur-Sarthe
Dureil
Solesmes
Sablé
Parigné-le-Pôlin
Vion
Malicorne-sur-Sarthe
Mézeray
Cérans-Foulletourte
Yvré-le-Pôlin
Courtillers
Louailles
Arthezé
Courcelles-la-Forêt
La Fontaine-St-Martin
Précigné
Le Bailleul
Villaines-s/s-Malicorne
Ligron
Requeil
Crosmières
Mansigné
Pontvallain
Château-Sénéchal
St-Jean-de-la-Motte
Clermont-Créans
Gallerande
Pringé
Vénevelles
Sarcé
Bazouges-sur-le-Loir
La Flèche
Mareil-sur-Loir
Luché-Pringé
Durtal
Thorée-les-Pins
Le Lude
Huillé
Les Rairies
Fougeré
Clefs
St-Quentin-lès-Beaurepaire
Savigné-s/s-le-Lude
Montigné-lès-Rairies
Vaulandry
Genneteil
Chigné
Dissé-s/s-le-Lude
Marcé
Beauvau
Montpollin
Broc
N.-D. de Montplacé
St-Martin-d'Arcé
Musée rég. de l'Air
Jarzé
Chaumont-d'Anjou
Échemiré
Pontigné
Chavaignes
La Boissière
Chalonnes-sous-le-Lude
Lué-en-Baugeois
Vieil-Baugé
Sermaise
Lasse
Denezé-s/s-le-Lude
Noyant
Loir
Sarthe
Forêt de Chambiers
Terrain militaire
A 11
A 28
E 501
D 323
D 306
D 309
D 766
D 938

0 2 4 6 8 10 km

108
129
151
Allonnes
Musée Automobile
Abbe de l'Epau
Changé
Ruaudin
Arnage
Mulsanne
Parigné-l'Évêque
Challes
Volnay
Surfonds
Ardenay-sur-Mérize
Bouloire
Maisoncelles
Écorpain
Coudrecieux
St-Michel-de-Chavaignes
Tresson
Évaillé
Ste-Osmane
Brette-les-Pins
Teloché
Moncé-en-Belin
St-Gervais-en-Belin
Laigné-en-Belin
Guécélard
St-Mars-d'Outillé
Le Grand-Lucé
Villaines-s/s-Lucé
Montreuil-le-Henri
Pruillé-l'Éguillé
St-Vincent-du-Lorouër
St-Georges-de-la-Couée
Courdemanche
Vancé
Cogners
Ecommoy
St-Ouen-en-Belin
St-Biez-en-Belin
Marigné-Laillé
Jupilles
Thoiré-sur-Dinan
Beaumont-Pied-de-Bœuf
Château-l'Hermitage
Pontvallain
Mayet
Verneil-le-Chétif
Sarcé
Lavernat
Luceau
Château-du-Loir
Vouvray-s-Loir
Marçon
La Chartre-s-le-Loir
Lhomme
Chahaignes
Ruillé-s-Loir
Poncé-s-le-Loir
Tréhet
Villedieu-le-Château
Beaumont-sur-Dême
Chemillé-sur-Dême
Aubigné-Racan
Coulongé
Vaas
Montabon
Nogent-sur-Loir
Dissay-s-Courcillon
Villebourg
Bueil-en-Touraine
Épeigné-sur-Dême
La Bruère-sur-Loir
St-Aubin-le-Dépeint
St-Christophe-sur-le-Nais
St-Paterne-Racan
Neuvy-le-Roi
Louestault
Marray
La Chapelle-aux-Choux
St-Germain-d'Arcé
Chenu
Villiers-au-Bouin
Brèches
Couesmes
La Roche-Racan
Château-la-Vallière
Neuillé-Pont-Pierre
Beaumont-la-Ronce
Sonzay
Forêt de Bercé
Loir

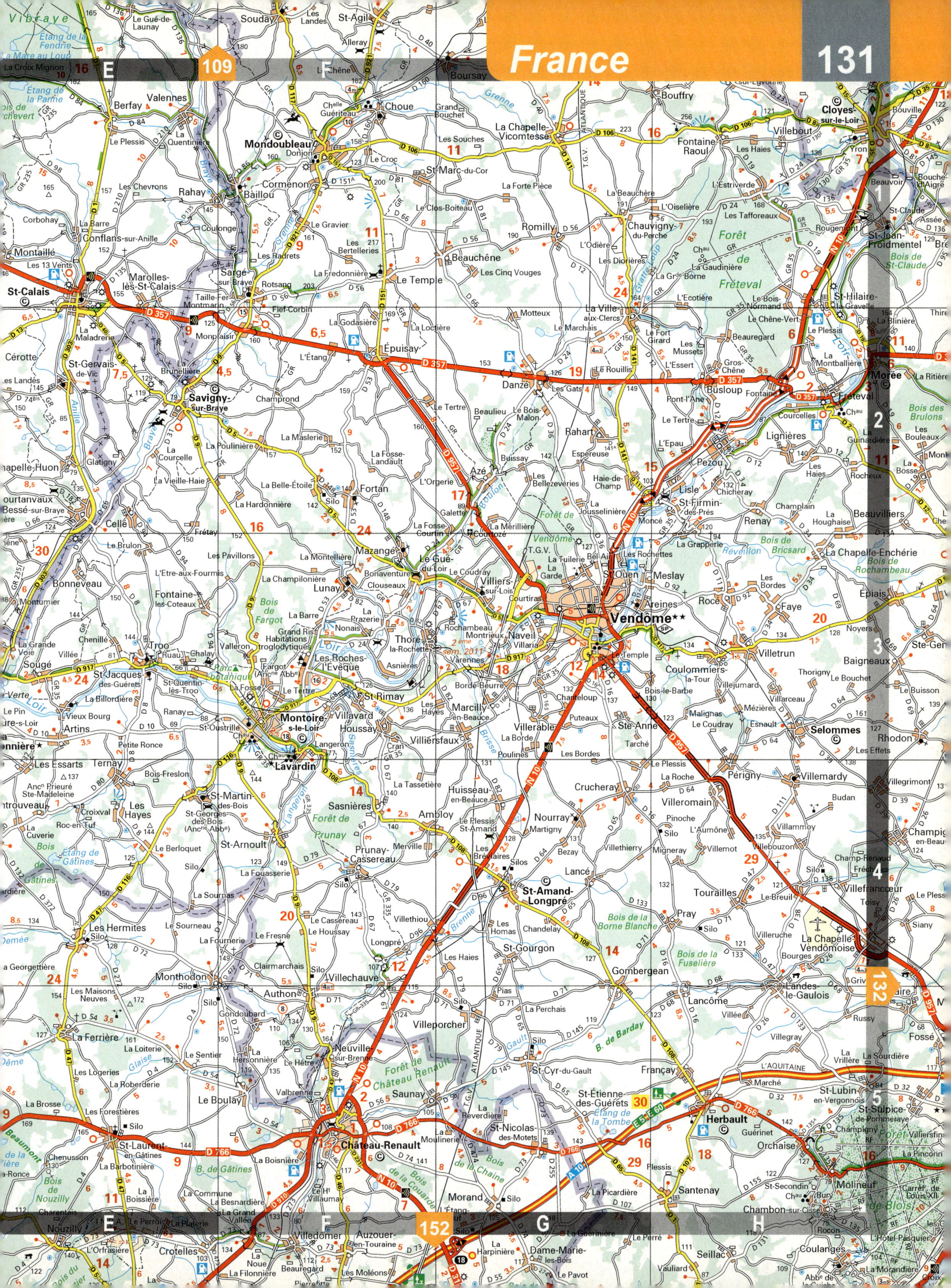

Vendôme
Montoire-s-le-Loir
Lavardin
St-Calais
Mondoubleau
Savigny-sur-Braye
Château-Renault
St-Amand-Longpré
Herbault
Selommes
Morée
Cloyes-sur-le-Loir
Fréteval
Pezou
Épuisay
Danzé
Lunay
Thoré-la-Rochette
Naveil
Villiers-sur-Loir
Mazangé
Fortan
Azé
Souday
Choue
Cormenon
Baillou
Sargé-sur-Braye
Marolles-lès-St-Calais
Conflans-sur-Anille
Rahay
Valennes
Berfay
Bouffry
Fontaine-Raoul
Villebout
Chauvigny-du-Perche
Romilly
Beauchêne
Le Temple
St-Marc-du-Cor
La Chapelle-Vicomtesse
St-Hilaire-la-Gravelle
Busloup
Lignières
Rahart
Lisle
St-Firmin-des-Prés
Renay
Beauvilliers
La Chapelle-Enchérie
Meslay
Areines
Coulommiers-la-Tour
Villetrun
Faye
Épiais
Baigneaux
Rhodon
Villemardy
Périgny
Villeromain
Crucheray
Nourray
Lancé
Tourailles
Pray
La Chapelle-Vendômoise
Landes-le-Gaulois
Lancôme
Gombergean
St-Gourgon
Françay
St-Cyr-du-Gault
St-Étienne-des-Guérets
St-Lubin-en-Vergonnois
St-Sulpice-de-Pommeray
Molineuf
Orchaise
Santenay
Saunay
Neuville-sur-Brenne
Villechauve
Authon
Ambloy
Sasnières
Houssay
Villiersfaux
Villavard
St-Rimay
Les Roches-l'Évêque
Troo
Sougé
Artins
Ternay
Les Hermites
Monthodon
La Ferrière
St-Laurent-en-Gâtines
Le Boulay
Morand
Autrèche
Villedômer
Auzouer-en-Touraine
Crotelles
Nouzilly
Dame-Marie-les-Bois
Coulanges
Seillac
Chambon-sur-Cisse
Villefrancœur
Villeporcher
Forêt de Fréteval
Forêt de Vendôme
Forêt de Prunay
Forêt de Château Renault
Bois de Fargot
D 357
N 10
D 957
D 766
A 10
E 5
E 60
L'AQUITAINE
T.G.V. ATLANTIQUE

109
132
152

0 2 4 6 8 10 km
Patay
Cloyes-sur-le-Loir
Romilly-sur-Aigre
La Ferté-Villeneuil
Charray
Verdes
Membrolles
Prénouvellon
Villamblain
Tournoisis
St-Sigismond
Gémigny
Rozières-en-Beauce
Coulmiers
Epieds-en-Beauce
Charsonville
Tripleville
Semerville
Ouzouer-le-Doyen
Moisy
Morée
Fréteval
Binas
Ouzouer-le-Marché
Huisseau-sur-Mauves
Baccon
Autainville
St-Laurent-des-Bois
Villermain
Vievy-le-Rayé
Beauvilliers
St-Léonard-en-Beauce
Marchenoir
Le Plessis-l'Echelle
Briou
Lorges
Cravant
Le Bardon
Meung-sur-Loire
Cléry-St-André
Baule
Messas
Villorceau
Beaugency
Ouques
La Chapelle-Enchérie
Villeneuve-Frouville
Ste-Gemmes
Roches
Josnes
Talcy
Concriers
La Madeleine-Villefrouin
Lailly-en-Val
Tavers
Séris
Boisseau
Selommes
Conan
Rhodon
Maves
Villexanton
Mer
Avaray
Lestiou
St-Laurent-Nouan
Courbouzon
La Chapelle-St-Martin-en-Plaine
Champigny-en-Beauce
Mulsans
Averdon
Suèvres
Muides-sur-Loire
La Ferté-St-Cyr
Crouy-sur-Cosson
Montlivault
Maslives
Chambord
Thoury
Villerbon
Ménars
Cour-sur-Loire
Marolles
Fossé
Villebarou
St-Denis-sur-Loire
St-Claude-de-Diray
BLOIS
La Chaussée-St-Victor
Vineuil
Huisseau-sur-Cosson
Dhuizon
Mont-près-Chambord
Villesavin
Bracieux
Beauregard
Chailles
Montrieux-en-Sologne
Forêt de Marchenoir
Bois de la Ferté
Forêt de Boulogne
Parc de Chambord
Loire

ORLÉANS
Fleury-les-Aubrais
Saran
Ingré
Ormes
St-Jean-de-la-Ruelle
St-Jean-de-Braye
St-Jean-le-Blanc
St-Pryvé-St-Mesmin
St-Hilaire-St-Mesmin
Olivet
La Source
Semoy
Chécy
Mardié
Combleux
St-Denis-en-Val
Sandillon
Jargeau
St-Denis-de-l'Hôtel
Châteauneuf-sur-Loire
Germigny-des-Prés
St-Benoît-s-Loire
Sigloy
Ouvrouer-les-Champs
Tigy
Vienne-en-Val
Neuvy-en-Sullias
Férolles
St-Cyr-en-Val
Marcilly-en-Villette
La Ferté-St-Aubin
Ménestreau-en-Villette
Vannes-s-Cosson
Isdes
Sennely
Vouzon
Souvigny-en-Sologne
Lamotte-Beuvron
Chaumont-sur-Tharonne
Yvoy-le-Marron
Ligny-le-Ribault
Ardon
Jouy-le-Potier
Mézières-lez-Cléry
Cercottes
Chanteau
Marigny-les-Usages
Boigny-sur-Bionne
Vennecy
Loury
Traînou
Rebréchien
Donnery
Fay-aux-Loges
Seichebrières
Combreux
Vitry-aux-Loges
Sully-la-Chapelle
Ingrannes
Vigny
Brinon-sur-Sauldre
Clémont
Chaon
FORÊT D'ORLÉANS
LOIRE
Loiret
Cosson
Beuvron
Sauldre
E
F
G
H
111
134
154

0 2 4 6 8 10 km
112
133
155
Montargis
Châlette-sur-Loing
Amilly
Villemandeur
Corquilleroy
Bellegarde
Quiers-sur-Bézonde
Nesploy
Ladon
Ouzouer-sous-Bellegarde
Villemoutiers
St-Maurice-sur-Fessard
Auvilliers-en-Gâtinais
Presnoy
Chevillon-sur-Huillard
Chailly-en-Gâtinais
Lombreuil
Vimory
Mormant-sur-Vernisson
Conflans-sur-Loing
Beauchamps-sur-Huillard
Combreux
Sury-aux-Bois
Châtenoy
Noyers
Thimory
Coudroy
Lorris
Oussoy-en-Gâtinais
La Cour-Marigny
St-Hilaire-sur-Puiseaux
Ouzouer-des-Champs
Solterre
Montcresson
Pressigny-les-Pins
Vieilles-Maisons-sur-Joudry
Varennes-Changy
Nogent-sur-Vernisson
Montbouy
St-Martin-d'Abbat
Germigny-des-Prés
Bouzy-la-Forêt
Montereau
St-Aignan-des-Gués
Bray-en-Val
Le Moulinet-sur-Solin
Langesse
St-Benoît-s-Loire
Les Bordes
Les Choux
Bonnée
Ste-Geneviève-des-Bois
Boismorand
Ouzouer-sur-Loire
Dampierre-en-Burly
Sully-s-Loire
St-Père-s-Loire
La Bussière
Adon
St-Aignan-le-Jaillard
Viglain
Lion-en-Sullias
Nevoy
Gien
Escrignelles
St-Florent
St-Gondon
Poilly-lez-Gien
Villemurlin
Ouzouer-s-Trézée
St-Martin-s-Ocre
St-Brisson-sur-Loire
Briare
St-Firmin-s-Loire
Cerdon
Coullons
Autry-le-Châtel
Châtillon-sur-Loire
Clémont
Argent-sur-Sauldre
Blancafort
Forêt de Sully
Forêt de St-Brisson
LOIRE

Courtenay
Louzouer
Thorailles
La Selle-en-Hermoy
Chuelles
St-Firmin-des-Bois
Jardins du Grand-Courtoiseau
Château-Renard
Triguères
Douchy
Montcorbon
Villefranche-St-Phal
Cudot
St-Loup-d'Ordon
Verlin
Villecien
St-Aubin-sur-Yonne
Cézy
Joigny
Précy-s-Vrin
La Celle-St-Cyr
Béon
Chamvres
Paroy-s-Tholon
Sépeaux
Champvallon
Volgré
Senan
St-Romain-le-Preux
Dicy
Chevillon
Prunoy
La Ferté-Loupière
Charny
Chêne-Arnoult
Melleroy
Fontenouilles
Villiers-s-Tholon
Laduz
Aillant-s-Tholon
Chambeugle
Perreux
Sommecaise
Les Ormes
La Chapelle-sur-Aveyron
St-Maurice-sur-Aveyron
St-Martin-sur-Ouanne
Marchais-Beton
St-Denis-sur-Ouanne
St-Aubin-Château-Neuf
St-Maurice-Thizouaille
Châtillon-Coligny
Malicorne
Grandchamp
Villiers-St-Benoît
Merry-la-Vallée
St-Martin-s-Ocre
Égleny
Beauvoir
Dammarie-s-Loing
Aillant-s-Milleron
Champignelles
Louesme
La Villotte
Dracy
Rogny-les-Sept-Écluses
Tannerre-en-Puisaye
Toucy
Champcevrais
Villeneuve-les-Genêts
Moulins-s-Ouanne
Bléneau
Septfonds
Mézilles
Fontaines
Lalande
Leugny
Breteau
St-Privé
Montréal
Ronchères
Levis
St-Martin-des-Champs
St-Fargeau
St-Sauveur-en-Puisaye
Fontenoy
Dammarie-en-Puisaye
Batilly-en-Puisaye
Moutiers-en-P.
Saints
Lain
Lavau
Chantier médiéval de Guédelon
Thury
Ste-Colombe-sur-Loing
Faverelles
Thou
Arquian
St-Amand-en-Puisaye
Lainsecq
Sougères-en-Puisaye

0 2 4 6 8 10 km
114
135
157
A
B
C
D
1
2
3
4
5
AUXERRE
Joigny
Migennes
St-Florentin
Brienon-s-Armançon
Seignelay
Pontigny
Chablis
Ligny-le-Châtel
Flogny-la-Chapelle
Vermenton
Coulanges-la-Vineuse
Courson-les-Carrières
Appoigny
Monéteau
Gurgy
Chevannes
St-Georges-s-Baulche
Perrigny
Villefargeau
Champs-sur-Yonne
Vincelottes
Cravant
Irancy
Escolives-Ste-Camille
Augy
Vaux
Quenne
St-Bris-le-Vineux
Chitry
Courgis
Préhy
St-Cyr-les-Colons
Lichères-près-Aigremont
Sacy
Accolay
Mailly-le-Château
Mailly-la-Ville
Arcy-sur-Cure
Lucy-sur-Cure
Bessy-sur-Cure
St-Moré
Voutenay-s-Cure
Fontenay-près-Chablis
Villy
Lignorelles
Maligny
Beine
Chichée
Fleys
Béru
Montigny-la-Resle
Venouse
Rouvray
Hauterive
Chemilly-s-Yonne
Héry
Bleigny-le-Carreau
Villeneuve-St-Salves
Sougères-s-Sinotte
Vergigny
Germigny
Rebourseaux
Bouilly
Mont-St-Sulpice
Ormoy
Chéu
Jaulges
Villiers-Vineux
Carisey
Varennes
Dyé
Méré
Vézannes
Tissey
Collan
Cheny
Bonnard
Charmoy
Épineau-les-Voves
Laroche-St-Cydroine
Esnon
Champlay
Paroy-s-Tholon
Chamvres
Cézy
St-Aubin-s-Yonne
Neuilly
Laduz
Aillant-s-Tholon
Guerchy
Chichery
Branches
Fleury-la-Vallée
Poilly-sur-Tholon
Charbuy
Lindry
Pourrain
Diges
Escamps
Gy-l'Évêque
Jussy
Vallan
Ouanne
Chastenay
Merry-Sec
Mouffy
Fontenailles
Molesmes
Taingy
Fouronnes
Fontenay-s/s-Fouronnes
Trucy-sur-Yonne
Sery
Prégilbert
Ste-Pallaye
Bazarnes
Charentenay
Val-de-Mercy
Migé
Coulangeron
Festigny
Merry
Châtel-Censoir
Druyes-les-Belles-Fontaines
Coulanges
Sermizelles
Girolles
Joux-la-Ville
Précy-le-Sec
Nitry
Aigremont
Yonne
Serein
Armançon
Cure
Forêt de Frétoy
Forêt de Pontigny
Forêt St-Germain
Bois de Senoy
Bois de Trucy
Grottes d'Arcy
Camp militaire
A 6
E 15
E 60
N 6
N 77
N 65
N 151
D 965
D 905
D 943
D 606

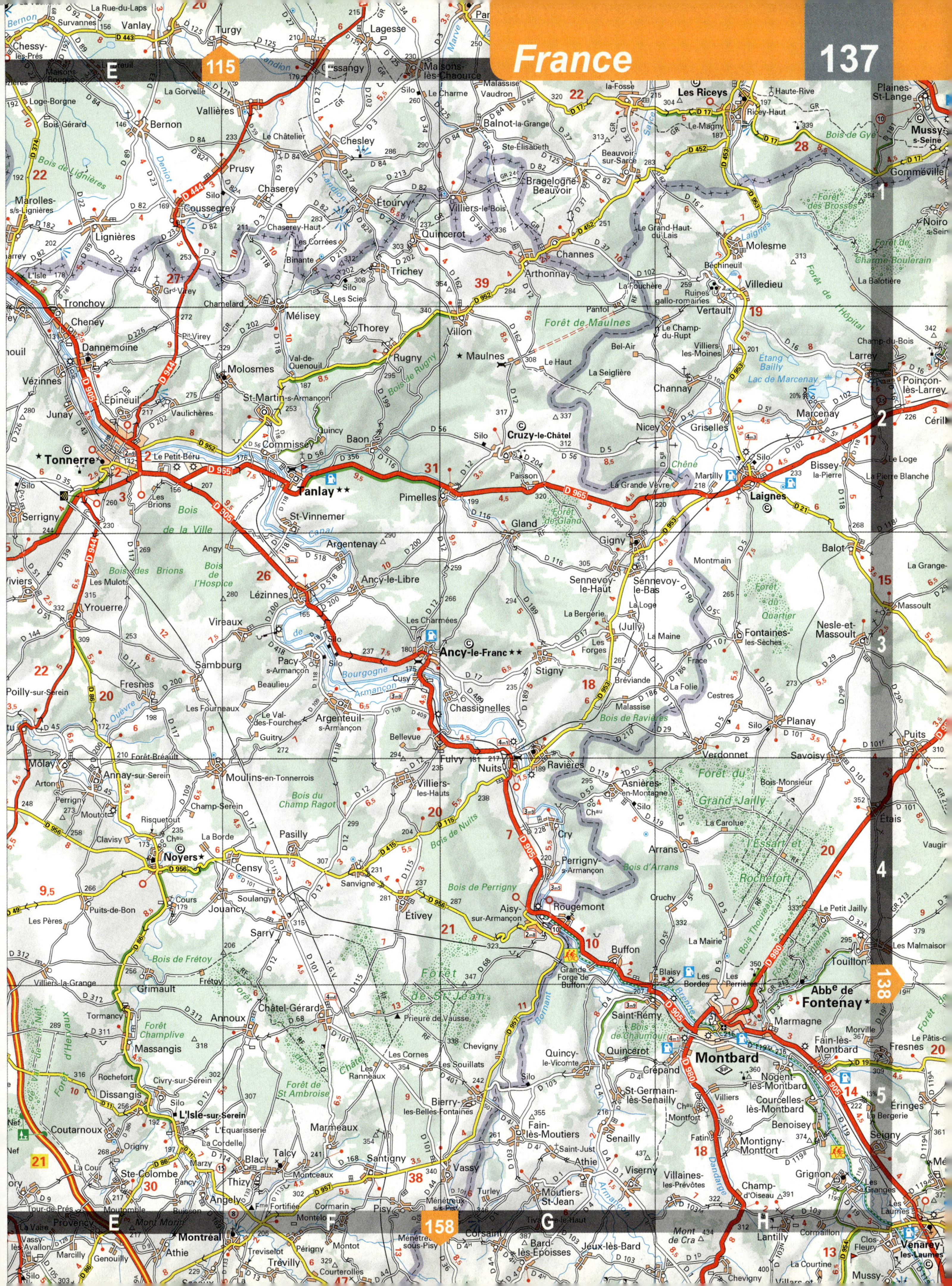
Tonnerre
Tanlay
Ancy-le-Franc
Montbard
Laignes
Les Riceys
Cruzy-le-Châtel
Noyers
Chablis
L'Isle-sur-Serein
Montréal
Abbe de Fontenay
Forêt de Maulnes
Forêt du Grand Jailly
Forêt de St-Jean
Bois de la Ville
Bois de Frétoy
Bois de Perrigny
Forêt de Champlive
Forêt de St Ambroise
Canal de Bourgogne
Armançon
Molesme
Villedieu
Vertault
Channay
Marcenay
Griselles
Bissey-la-Pierre
Balot
Nesle-et-Massoult
Planay
Savoisy
Puits
Étais
Marmagne
Fain-lès-Montbard
Seigny
Grignon
Venarey-les-Laumes
Buffon
Rougemont
Aisy-sur-Armançon
Nuits
Ravières
Fulvy
Chassignelles
Stigny
Gigny
Sennevoy-le-Haut
Sennevoy-le-Bas
Pimelles
Gland
Baon
Rugny
Villon
Melisey
Thorey
Molosmes
Vézinnes
Dannemoine
Épineuil
Junay
Serrigny
Yrouerre
Lézinnes
Argenteuil-s-Armançon
Pacy-s-Armançon
Vireaux
Sambourg
Fresnes
Annay-sur-Serein
Censy
Sarry
Etivey
Villiers-les-Hauts
Pasilly
Jouancy
Massangis
Dissangis
Coutarnoux
Ste-Colombe
Blacy
Thizy
Angely
Talcy
Marmeaux
Santigny
Vassy
Montberthault
Quincy-le-Vicomte
Fain-lès-Moutiers
Moutiers-St-Jean
Athie
Viserny
Villaines-les-Prévôtes
Senailly
St-Germain-lès-Senailly
Crépand
Quincerot
St-Rémy
Montigny-Montfort
Courcelles-lès-Montbard
Nogent-lès-Montbard
Benoisey
Champ-d'Oiseau
Lantilly
Jeux-lès-Bard
Bard-lès-Époisses
Fontaines-les-Sèches
Cestres
Verdonnet
Asnières-en-Montagne
Perrigny-s-Armançon
Arrans
Cry
Crushy
La Mairie
Touillon
Larrey
Poinçon-lès-Larrey
Gommeville
Mussy-s-Seine
Plaines-St-Lange
Ricey-Haut
Balnot-la-Grange
Bragelogne-Beauvoir
Channes
Arthonnay
Quincerot
Villiers-le-Bois
Étourvy
Chesley
Prusy
Chaserey
Coussegrey
Vallières
Bernon
Lignières
Marolles-s/s-Lignières
Turgny
Lagesse
Vanlay
Chessy-les-Prés
Maisons-lès-Chaource
Essoyes
Vaudron

0 2 4 6 8 10 km
Mussy-sur-Seine
Gommeville
Charrey-s-Seine
Noiron-s-Seine
Villers-Patras
Pothières
Obtrée
Chaumont-le-Bois
Vannaire
Vix
Massingy
Mosson
Belan-sur-Ource
Thoires
Brion-sur-Ource
Bissey-la-Côte
Courban
Riel-les-Eaux
Champigny
Gevrolles
Montigny-sur-Aube
Veuxhaulles-sur-Aube
Boudreville
Latrecey-Ormoy-sur-Aube
Ormoy-sur-Aube
Créancey
Bon Air
Montribourg
Coupray
St-Roch
Dancevoir
Longue
Aubepierre-sur-Aube
Lignerolles
Louesme
La Chaume
Les Goulles
Etufs
Gurgy-la-Ville
Lucey
Faverolles-lès-Lucey
Gurgy-le-Château
Buxerolles
Chambain
Colmier-le-Haut
Colmier-le-Bas
Recey-sur-Ource
Menesble
Larrey
Poinçon-lès-Larrey
Bouix
Étrochey
Montliot-et-Courcelles
Ste-Colombe-sur-Seine
Cérilly
Châtillon-s-Seine
Marigny
Crépan
Prusly-sur-Ource
Villotte-sur-Ource
Maisey-le-Duc
Vanvey
Villiers-le-Duc
Voulaines-les-Templiers
Leuglay
Lugny
Buncey
Ampilly-le-Sec
Balot
Bissey-la-Pierre
Le Loge
La Pierre Blanche
La Grange-Joly
Chamesson
Massoult
Nesle-et-Massoult
Forêt de Châtillon
Val des Choues
La Forge
Essarois
Nod-sur-Seine
Aisey-sur-Seine
St-Germain-le-Rocheux
Coulmier-le-Sec
Puits
Chemin-d'Aisey
Brémur-et-Vaurois
Busseaut
Rochefort
Beaulieu
Montmoyen
Terrefondrée
Bure-les-Templiers
Chaugey
Semond
Étais
Origny
St-Marc-sur-Seine
Mauvilly
Bellenod-sur-Seine
Meulson
Beaunotte
Aignay-le-Duc
Moitron
St-Broing-les-Moines
Minot
Bussières
Fraignot-et-Vesvrotte
Beneuvre
Vaugimois
Magny-Lambert
Villaines-en-Duesmois
Chalvosson
Quemigny-sur-Seine
Duesme
Étalante
Les Malmaisons
Touillon
Fontaines-en-Duesmois
Jours-lès-Baigneux
Ampilly-les-Bordes
Chaume-lès-Baigneux
Abbᵉ de Fontenay
Fain-lès-Montbard
Fresnes
Lucenay-le-Duc
St-Georges
Étormay
Baigneux-les-Juifs
Échalot
Salives
Poiseul-la-Grange
Éringes
Seigny
Bussy-le-Grand
Bussy-Rabutin
Ménétreux-le-Pitois
Grésigny-Ste-Reine
La Villeneuve-les-Convers
Poiseul-la-Ville-et-Laperrière
Oigny
Billy-lès-Chanceaux
Darcey
Corpoyer-la-Chapelle
Frôlois
Venarey-les-Laumes
Alise-Ste-Reine
Chanceaux
Lamargelle
Moloy
Frénois
Léry
Vaux

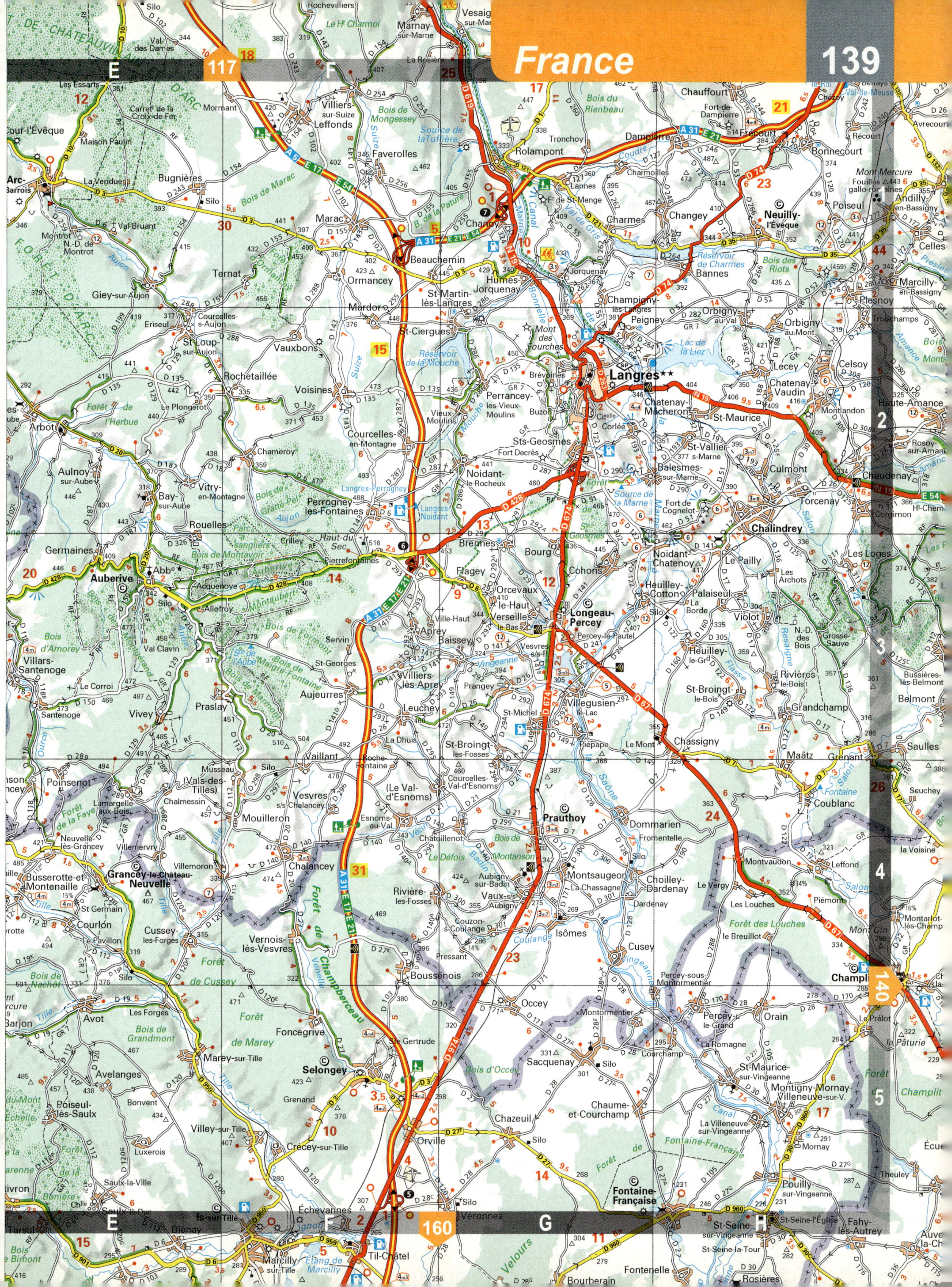
Langres
Chalindrey
Longeau-Percey
Prauthoy
Auberive
Grancey-le-Château-Neuvelle
Selongey
Til-Châtel
Fontaine-Française
Neuilly-l'Évêque
Champlitte
Villegusien-le-Lac
Montsaugeon
Rolampont
Beauchemin
Humes-Jorqueney
Saints-Geosmes
Noidant-le-Rocheux
Perrogney-les-Fontaines
Vivey
Chassigny
Dommarien
Isômes
Sacquenay
Orville
Chazeuil
Marey-sur-Tille
Poiseul-lès-Saulx
Avelanges
Courlon
Cussey-les-Forges
Vernois-lès-Vesvres
Foncegrive
Villey-sur-Tille
Crécey-sur-Tille
Mouilleron
Vesvres-sous-Chalancey
Chalancey
Praslay
Aujeurres
Villiers-lès-Aprey
Leuchey
Vaillant
St-Broingt-les-Fosses
Chatenay-Mâcheron
St-Maurice
Culmont
Torcenay
Bannes
Changey
Charmes
Peigney
Orbigny-au-Mont
Celsoy
Montlandon
Heuilley-le-Grand
St-Broingt-le-Bois
Grandchamp
Maâtz
Coublanc
Occey
Montormentier
Percey-le-Grand
Orain
St-Maurice-sur-Vingeanne
Montigny-Mornay-Villeneuve-sur-V.
Pouilly-sur-Vingeanne
St-Seine-sur-Vingeanne
Forêt de Chamberceau
Forêt de Marey
Réservoir de la Mouche
Réservoir de Charmes
Lac de la Liez
Canal de la Marne à la Saône
E
F
G
H
117
140
160
A 31
E 17
E 21
N 19
D 674
D 974
D 67
D 428
D 960
D 3

0 2 4 6 8 10 km
118
139
161
Bourbonne-les-Bains
Dammartin
Avrecourt
Saulxures
Rançonnières
Vicq
Laneuvelle
Coiffy-le-Bas
Coiffy-le-Haut
Andilly-en-Bassigny
Lavernoy
Celles-en-Bassigny
Varennes-s-Amance
Marcilly-en-Bassigny
(Terre-Natale)
Champigny-sous-Varennes
Arbigny-sous-Varennes
Haute-Amance
Maizières-s-Amance
Rougeux
Chaudenay
Corgirnon
(Fayl-la-Forêt)
Fayl-Billot
Poinson-lès-Fayl
(Champsevraine)
Belmont
Genevrières
Saulles
Champlitte
Pierrecourt
Fouvent-St-Andoche
Dampierre-sur-Salon
Autet
Savoyeux
Seveux
Vars
Oyrières
Écuelle
Fresnes-sur-Apance
Grignoncourt
Châtillon-sur-Saône
Jonvelle
Enfonvelle
Montcharvot
Voisey
Melay
Blondefontaine
Barges
Raincourt
Jussey
Cemboing
Rosières-sur-Mance
St-Marcel
Vitrey-sur-Mance
Laferté-s-Amance
Guyonvelle
Anrosey
Bize
Pisseloup
Ouge
Chauvirey-le-Châtel
Chauvirey-le-Vieil
La Quarte
Preigney
Bougey
Oigney
Semmadon
Cintrey
Malvillers
Gourgeon
Combeaufontaine
Lavigney
Pressigny
Charmes-St-Valbert
Molay
Vonécourt
Bourguignon-lès-Morey
St-Julien
Morey
La Roche-Morey
Cornot
Villers-Vaudey
Fleurey-Lavoncourt
Vauconcourt-Nervezain
Confracourt
Scey-s-Saône-et-St-Albin
Francourt
Renaucourt
Lavoncourt
Mt-St-Léger
Theuley
Roche-et-Raucourt
Volon
Brotte-lès-Ray
Vaite
Membrey
Recologne
Ferrières-lès-Ray
Ray-sur-Saône
Vanne
Fédry
Grandecourt
Vy-lès-Rupt
Chantes
Soing-Cubry-Charentenay
Noidans-le-Ferroux
Vy-le-Ferroux
Fresne-St-Mamès
Vezet
Greucourt
St-Gand
Beaujeu-St-Vallier-et-Pierrejux
Motey-sur-Saône
Ste-Reine
Bourbévelle
Ameuvelle
Montcourt
Corre
Demangevelle
Ranzevelle
Ormoy
Saponcourt
Magny-lès-Jussey
Betaucourt
Cendrecourt
Tartécourt
Venisey
Contréglise
Montureux-lès-Baulay
Buffignécourt
Fouchécourt
Baulay
Abonccourt-Gesincourt
Purgerot
Chargey-lès-Port
Arbecey
Lambrey
Augicourt
Gevigney-et-Mercey
Montigny-lès-Cherlieu
La Neuvelle-lès-Scey
Ferrières-lès-Scey
Chassey-lès-Scey
Bucey-lès-Traves
Traves
Ovanches
Le Pont-de-Planches
Neuvelle-la-Charité
Bourguignon-lès-la-Charité
Fretigney-et-Velloreille
Les Bâties
La Vernotte
Courtesoult-et-Gatey
Delain
Denèvre
Montot
Achey
Framont
Larret
Argillières
Gilley
Tornay
Savigny
Vaux-la-Douce
Neuvelle-lès-Voisey
Vernois-sur-Mance
Betoncourt-sur-Mance
Villars-le-Pautel
Aisey-et-Richecourt
Mercey
Montureux-et-Prantigny
Auvet-et-la-Chapelotte
Fahy-lès-Autrey
Saône
Salon
N 19
E 54
D 417
D 70

119
142
162
E
F
G
H
Vauvillers
Montdoré
Alaincourt
Fontenois-la-Ville
Betoncourt-St-Pancras
Mailleroncourt-St-Pancras
Dampvalley-St-Pancras
Cuve
Bouligney
Magnoncourt
Girefontaine
St-Loup-sur-Semouse
Aillevillers-et-Lyaumont
Fleurey-lès-St-Loup
Corbenay
La Vaivre
Fougerolles
Le Val-d'Ajol
Melincourt
Anjeux
Jasney
Anchenoncourt-et-Chazel
Aurigne
Fontaine-lès-Luxeuil
Hautevelle
Ainvelle
Plainemont
La Pisseure
Dampierre-lès-Conflans
Francalmont
Briaucourt
Luxeuil-les-Bains
St-Sauveur
Froideconche
St-Valbert
Raddon-et-Chapendu
Amage
Faucogney-et-la-Mer
La Bruyère
La Proiselière-et-Langle
Les Fessey
Esboz-Brest
La Corbière
Belmont
La Lanterne-et-les-Armonts
Ecromagny
Belonchamp
Magnivray
Rignovelle
Mélisey
Linexert
Lantenot
Montessaux
St-Barthélemy
Franchevelle
St-Germain
La Neuvelle-lès-Lure
Malbouhans
N.-D. du Haut
Froideterre
Lure
Roye
La Côte
Palante
Frotey-lès-Lure
Vouhenans
Lyoffans
Magny-Vernois
Amblans-et-Velotte
Genevreuille
Bouhans-lès-Lure
Adelans-et-le-Val-de-Bithaine
Dambenoit-lès-Colombe
Quers
Citers
Ailloncourt
La Chapelle-lès-Luxeuil
Brotte-lès-Luxeuil
Betoncourt-lès-Brotte
Genevrey
Villers-lès-Luxeuil
Visoncourt
Ehuns
Baudoncourt
Ste-Marie-en-Chaux
Abelcourt
Breuches
Ormoiche
Conflans-sur-Lanterne
Bassigney
St-Remy
Cubry-lès-Faverney
Menoux
Bourguignon-lès-Conflans
Mersuay
Amance
Faverney
Équevilley
Velorcey
Meurcourt
La Villedieu-en-Fontenette
Breurey-lès-Faverney
Fleurey-lès-Faverney
Neurey-en-Vaux
Le Val-St-Eloi
Mailleroncourt-Charette
Servigney
Amoncourt
Provenchère
Vilory
Varogne
Villers-sur-Port
Port-s-Saône
Bougnon
Flagy
Vellefrie
La Villeneuve-Bellenoye-et-la-Maize
Saulx
Châteney
Châtenois
Creveney
Velleminfroy
Pomoy
Mollans
Vy-lès-Lure
Les Aynans
Moffans-et-Vacheresse
Le Val-de-Gouhenans
La Vergenne
Athesans-Etroitefontaine
Gouhenans
Longevelle
Villafans
Senargent-Mignafans
Beveuge
St-Sulpice
St-Ferjeux
Villersexel
Villers-la-Ville
Villargent
Les Magny
Mélecey
Grammont
Fallon
Courchaton
Bournois
Accolans
Geney
Pusy-et-Epenoux
Colombier
Villeparois
Montcey
Calmoutier
Colombotte
Lièvans
Auxon
Charmoille
Grattery
Pusey
Coulevon
Comberjon
Dampvalley-lès-Colombe
Noroy-le-Bourg
Autrey-lès-Cerre
Montjustin-et-Velotte
Arpenans
Oricourt
Aillevans
Oppenans
Borey
Cerre-lès-Noroy
VESOUL
Frotey-lès-V.
Colombe-lès-V.
Quincey
Navenne
Vaivre-et-Montoille
Noidans-lès-Vesoul
Chariez
Mont-le-Vernois
Echenoz-la-Méline
Andelarre
Andelarrot
Rosey
Neurey-lès-la-Demie
La Demie
Villers-le-Sec
Vallerois-le-Bois
Vallerois-Lorioz
Velleguindry-et-Levrecey
Echenoz-le-Sec
Mailley-et-Chazelot
Le Magnoray
Filain
Dampierre-sur-Linotte
Vy-lès-Filain
Esprels
Marast
Moimay
Autrey-le-Vay
Chassey-lès-Montbozon
Pont-sur-l'Ognon
Abbenans
Bonnal
Tressandans
Cubrial
Rougemont
Cuse-et-Adrisans
Fontenois-lès-Montbozon
Bouhans-lès-Montbozon
Pennesières
Authoison
Roche-s-Linotte
Gondenans
Montagney-Servigney
Uzelle
Nans
Chau médiéval
Grand Fougeray
Bois de la Brûlée
Grande Vaivre
Bois de Dampierre
Bois de Moustier
Mont Jésus
Mont Jarrot
Mont d'Ahie
PARC NATUREL
Cascade
Été 2011

0 2 4 6 8 10 km
120
141
163
A
B
C
D
1
2
3
4
5
Ballon d'Alsace
Ballon de Servance
Col du Ballon
Giromagny
Masevaux
Thann
Sewen
Oberbruck
Kirchberg
Niederbruck
Bourbach-le-Bas
Rougemont-le-Château
Étueffont
Lamadeleine-Val-des-Anges
Plancher-Bas
Plancher-les-Mines
Auxelles-Haut
Auxelles-Bas
Lachapelle-s/s-Chaux
Rougegoutte
Vescemont
Chaux
Sermamagny
Valdoie
Offemont
Vétrigne
Roppe
Éloie
Anjoutey
Grosmagny
Petitmagny
Menoncourt
Lagrange
Lachapelle-s/s-Rougemont
Angeot
Bethonvilliers
Fontaine
Frais
Foussemagne
Chavannes-les-Grands
Lacollonge
Denney
Pérouse
Chèvremont
Bessoncourt
BELFORT
Citadelle
Danjoutin
Andelnans
Essert
Bavilliers
Cravanche
Chalonvillars
Échenans-sous-Mont-Vaudois
Héricourt
Botans
Sevenans
Dorans
Bermont
Trévenans
Bourogne
Meroux
Moval
Chèvremont
Vézelois
Fontenelle
Novillard
Montreux-Château
Bretagne
Vellescot
Grosne
Brebotte
Froidefontaine
Morvillars
Grandvillars
Joncherey
Faverois
Delle
Thiancourt
Méziré
Châtenois-les-Forges
Allenjoie
Brognard
Dambenois
Nommay
Bethoncourt
Montbéliard
Sochaux
Étupes
Exincourt
Audincourt
Taillecourt
Seloncourt
Hérimoncourt
Valentigney
Mandeure
Beaulieu
Mathay
Bondeval
Blamont
Pont-de-Roide
Beaucourt
Badevel
Dasle
Vandoncourt
Abbévillers
Porrentruy
Courtedoux
Boncourt
Fahy
Glay
Meslières
Roches-lès-Blamont
Dannemarie
Croix
Villars-le-Sec
Bure
Fesches-le-Châtel
Dampierre-les-Bois
Courcelles-lès-Montbéliard
Arbouans
Vieux-Charmont
Bart
Dung
Allondans
Présentevillers
Ste-Marie
Montenois
Bavans
Dampierre-sur-le-Doubs
Étouvans
Colombier-Fontaine
Berche
Voujeaucourt
Écot
Villars-s-Écot
L'Isle-sur-le-Doubs
Appenans
Blussans
Blussangeaux
Médière
Étrappe
Faimbe
Accolans
Onans
Longevelle-s-Doubs
Lougres
Bretigney
St-Maurice-Colombier
Sourans
Goux-lès-Dambelin
Lanthenans
St-Georges
Clerval
Anteuil
Glainans
Chaux-lès-Clerval
Hyémondans
Vermondans
Gémonval
Marvelise
Courchaton
Grammont
Villers-sur-Saulnot
Saulnot
Chavanne
Crevans-et-la-Chapelle-lès-G.
Corcelles
Semondans
Désandans
Échenans
Raynans
Issans
Arcey
St-Julien-lès-Montbéliard
Laire
Aibre
Tavey
Le Vernoy
Trémoins
Verlans
Coisevaux
Couthenans
Champey
Chagey
Chenebier
Étobon
Belverne
Lomont
Faymont
Courmont
Frédéric-Fontaine
Clairegoutte
Magny-Danigon
Magny-Jobert
Andornay
Palante
Lyoffans
Moffans-et-Vacheresse
Ronchamp
N.-D. du Haut
Champagney
Malbouhans
Froideterre
La Côte
Éboulet
Errevet
Frahier-et-Chatebier
Évette-Salbert
Échavanne
Fresse
St-Barthélemy
Montessaux
Belfahy
Miellin
Servance
Melay
Ternuay-Melay-et-St-Hilaire
Belonchamp
Faucogney-et-la-Mer
BALLONS DES VOSGES
PARC NATUREL RÉGIONAL
Bassin de Champagney
Canal
Forêt de la Beusinière
Planche des Belles Filles
Lepuix
Malvaux
Rhône

MULHOUSE
BASEL (BÂLE)
Altkirch
Cernay
Ferrette
Delémont
Laufen
St-Louis
Huningue
Hirsingue
Dannemarie
Sierentz
Habsheim
Illzach
Wittenheim
Wittelsheim
Pfastatt
Lutterbach
Riedisheim
Rixheim
Ottmarsheim
Kembs
Neuenburg
Weil
Riehen
Binningen
Allschwil
Reinach
Arlesheim
Dornach
Muttenz
Münchenstein
Burnhaupt-le-Haut
Burnhaupt-le-Bas
Thann
Zillisheim
Illfurth
Brunstatt
Didenheim
Morschwiller-le-Bas
Heimsbrunn
Hochstatt
Galfingue
Frœningen
Spechbach-le-Haut
Spechbach-le-Bas
Ammerzwiller
Bernwiller
Eglingen
Hagenbach
Heidwiller
Aspach
Walheim
Tagolsheim
Luemschwiller
Steinbrunn-le-Bas
Steinbrunn-le-Haut
Landser
Schlierbach
Dietwiller
Geispitzen
Waltenheim
Uffheim
Kœtzingue
Rantzwiller
Magstatt-le-Bas
Magstatt-le-Haut
Bartenheim
Brinckheim
Kappelen
Stetten
Zaessingue
Helfrantzkirch
Blotzheim
Michelbach-le-Bas
Hésingue
Hégenheim
Buschwiller
Attenschwiller
Ranspach-le-Bas
Ranspach-le-Haut
Folgensbourg
Wentzwiller
Knœringue
Berentzwiller
Jettingen
Franken
Hundsbach
Hausgauen
Schwoben
Tagsdorf
Wittersdorf
Emlingen
Heiwiller
Wahlbach
Obermorschwiller
Carspach
Ballersdorf
Manspach
Fulleren
Mertzen
Hindlingen
Friesen
Largitzen
Hirtzbach
Heimersdorf
Bettendorf
Henflingen
Willer
Grentzingen
Ruederbach
Oberdorf
Waldighofen
Steinsoultz
Muespach
Roppentzwiller
Muespach-le-Haut
Hagenthal-le-Bas
Hagenthal-le-Haut
Schœnenbuch
Neuwiller
Oberwil
Biel
Benken
Leymen
Bettlach
Linsdorf
Werentzhouse
Durmenach
Riespach
Feldbach
Bisel
Seppois-le-Bas
Seppois-le-Haut
Ueberstrass
Mooslargue
Kœstlach
Vieux-Ferrette
Bouxwiller
Fislis
Oltingue
Liebenswiller
Rodersdorf
Mœrnach
Durlinsdorf
Bendorf
Sondersdorf
Raedersdorf
Biederthal
Metzerlen
Hofstetten
Ettingen
Aesch
Pfeffingen
Nenzlingen
Grellingen
Blauen
Dittingen
Zwingen
Brislach
Breitenbach
Fehren
Büsserach
Wahlen
Röschenz
Kleinlützel
Roggenburg
Ederswiller
Movelier
Soyhières
Mettembert
Bourrignon
Pleigne
Liesberg
Bärschwil
Grindel
Erschwil
Lucelle
Charmoille
Pleujouse
Asuel
Miécourt
Alle
Cornol
Fregiécourt
Courgenay
Courtemautruy
Les Malettes
Outremont
St-Ursanne
Seleute
Montmelon
Montenol
Boécourt
Develier
Vicques
Courchapoix
Corban
Mervelier
Montsevelier
Courroux
Winkel
Ligsdorf
Oberlarg
Levoncourt
Courtavon
Liebsdorf
Bonfol
Lugnez
Beurnevésin
Pfetterhouse
Réchésy
Vendlincourt
Cœuve
Kiffis
Wolschwiller
Burg
Lutter
Hippoltskirch
Schweighouse-Thann
Aspach-le-Bas
Reiningue
Richwiller
Kingersheim
Sausheim
Baldersheim
Battenheim
Hombourg
Niffer
Petit-Landau
Bad Bellingen
Bamlach
Rheinweiler
Blansingen
Kleinkems
Istein
Efringen-Kirchen
Eimeldingen
Binzen
Rötteln
Schliengen
Steinenstadt
Auggen
Mappach
Holzen
Wintersweiler
Huttingen
Welmlingen
Egringen
Wittlingen
Fischingen
Schallbach
Haltingen
Ötlingen
Lörrach
Grenzach
Birsfelden
Village-Neuf
Rosenau
Petite Camargue Alsacienne
BÂLE-MULHOUSE (EURO AIRPORT)
Diefmatten
Gildwiller
Falkwiller
St-Bernard
Balschwiller
Buethwiller
Gommersdorf
Steinbach
Uffholtz
Staffelfelden
Vieil Armand
Ecomusée d'Alsace
Ungersheim
Pulversheim
Ruelisheim
Forêt de la Harth
Rhein
Birs
Gersbach

0 2 4 6 8 10 km
123
Ploemel
Erdeven
Carnac
Carnac-Plage
La Trinité-sur-Mer
Plouharnel
Alignements
St-Philibert
Crach
Locmariaquer
Î. Gavrinis
Cairn
Larmor-Baden
Baden
Port-Navalo
Méaban
Île Theviec
Penthièvre
Fort de Penthièvre
Sables Blancs
Kerhostin
Portivy
Beg en Aud
Pointe du Percho
St-Pierre-Quiberon
Côte Sauvage
PRESQU'ÎLE DE QUIBERON
Î. de la Truie
Beg Rohu
Saint-Julien
Port-Haliguen
Quiberon
Beg er Goalennec
Beg er Lan
Port Maria
Beg er Vil
Pte du Conguel
BAIE DE QUIBERON
St-Gildas
Plateau des Birvideaux
La Teignouse
Chaussée de la Teignouse
Passage de la Teignouse
Chaussée du Béniguet
Passage du Béniguet
Île Glazic
Île Valhuec
Banc de Taillefer
Beg er Vachif
Île d'Houat
Houat
En Thal
Banc de Houat
Île Cenis
Chaussée de l'Île aux Chevaux
Île aux Chevaux
Passage des Sœurs
Pte du Vieux Château
Hœdic
Île de Hœdic
Les Poulains
Pointe des Poulains
Fort Sarah Bernhardt
Plage de Deuborch
Stêr-Vraz et Stêr-Ouen
Pte du Vieux Château
Pte du Cardinal
Pte de Kerzo
Sauzon
Port Jean
Grotte de l'Apothicairerie
Port Fouquet
Pte de Taillefer
Sémaphore
Citadelle
Le Palais
Rade du Palais
Pte de Ramonette
Port Güen
Plage de Bordardoué
Port Yorc'h
Plage des Grands Sables
Côte Sauvage
Port Donnant
Grand Phare
Îles Baguenères
Aiguilles de Port Coton
Port Goulphar
Pte du Talus
Bangor
Kervilahouen
Pointe de Kerdonis
Port-An-Dro
Locmaria
Port-Maria
Port-Blanc
Pointe du Skeul
Pte de Pouldon
Pte de St Marc
Plage d'Herlin
Port Kérel
Île de Bangor
BELLE-ÎLE
A
B
C
D
1
2
3
4
5

VANNES
124
146
E
F
G
H
1
2
3
4
5
Arradon
Séné
Theix
Noyalo
Surzur
Ambon
Muzillac
Billiers
Le Tour-du-Parc
Damgan
Sarzeau
Presqu'île de Rhuys
Ch^au de Suscinio
Tumiac
Golfe du Morbihan
Île-aux-Moines
Île-d'Arz
Île de Boëdic
Rade de Penerf
Passe de la Gr^de Accroche
Plateau de la Recherche
Île Dumet
Les Petits Cardinaux
Les Grands Cardinaux
Le Four
La Calebasse
Pénestin
Camoël
Arzal
Roche Bernard
Herbignac
Assérac
Mesquer
Piriac-sur-Mer
Pointe du Castelli
La Turballe
Guérande
Rade du Croisic
Le Croisic
Batz-sur-Mer
Côte Sauvage
LA BAULE
Le Pouliguen
La Baule Escoublac
Pornichet
P^te de Penchâteau
Chenal du Nord
La Banche
G^rd Charpentier
P^te de Chémoulin
Ste-Marguerite
St-Sébastien
Parc de Branféré
Péaule
Le Guerno
Noyal-Muzillac
Étang de Pen-Mur
Lauzach
Berric
La Trinité-Surzur
Le Plessis-Josso
Kerlevenan
P^te de Penvins
P^te de St-Jacques
Anse de Suscinio
P^te du Halguen
P^te de Cofrenau
P^te du Bile
P^te de Merquel
Plage de Lansèria
Port-au-Loup
Sémaphore
Pen ar Ran
Maisons Brûlées
Port aux Rocs
P^te du Croisic
Grotte des Korrigans
Kervalet
Saillé
Mazy
Bonne Source
E 60
N 165
D 780
D 774

0 2 4 6 8 10 km
125
145
164
A
B
C
D
1
2
3
4
5
Herbignac
Pontchâteau
Guérande
Le Croisic
LA BAULE
La Baule Escoublac
Le Pouliguen
Pornichet
ST-NAZAIRE
Pont routier
LOIRE
Paimbœuf
Montoir-de-Bretagne
Donges
Savenay
St-Brevin-les-Pins
St-Brevin-l'Océan
St-Michel-Chef-Chef
Tharon-Plage
La Plaine-s-Mer
Préfailles
Pornic
St-Père-en-Retz
St-Viaud
Corsept
Chauvé
La Bernerie-en-Retz
Les Moutiers-en-Retz
Bourgneuf-en-Retz
St-Lyphard
St-Joachim
Crossac
Besné
Prinquiau
La Chapelle-Launay
Drefféac
Ste-Anne-s-Brivet
Ste-Reine-de-Bretagne
Guenrouet
Missillac
Mesquer
St-Molf
Assérac
Kerbourg
Kerhinet
Trignac
PARC NATUREL RÉGIONAL DE BRIÈRE
La Grande-Brière
Île de Fédrun
Pointe de Chémoulin
Pte de St-Gildas
Anse de la Prée
Anse du Sud
Côte de Jade
Plage des Sablons
Pointe de la Noëveillard
BAIE DE BOURGNEUF
Pierre Moine
Île du Pilier
Pointe de l'Herbaudière
L'Herbaudière
ÎLE DE NOIRMOUTIER
Pointe de la Gardette
Plage des Souzeaux
Pointe des Dames
Bois de la Chaise
Pointe de la Coupelasse
Canal de Haute Perche
Grd Charpentier
Nord
Bourgneuf

126
148
165
E
F
G
H
NANTES
St-Herblain
Rezé
Orvault
Carquefou
Couëron
Le Pellerin
Indre
Bouguenais
Vertou
Basse-Goulaine
St-Sébastien-s-Loire
Ste-Luce-s-Loire
Thouaré-s-Loire
La Chapelle-s-Erdre
Sucé-sur-Erdre
Nort-sur-Erdre
Blain
Héric
Treillières
Grandchamps-des-Fontaines
Vigneux-de-Bretagne
Le Temple-de-Bretagne
St-Étienne-de-Montluc
Sautron
Cordemais
Bouvron
Fay-de-Bretagne
Malville
Bouaye
Brains
Port-St-Père
St-Léger-les-Vignes
St-Aignan-Grandlieu
Pont-St-Martin
Les Sorinières
Château-Thébaud
La Haie-Fouassière
Aigrefeuille-s-Maine
Le Bignon
Montbert
Geneston
Remouillé
Monnières
Maisdon-s-Sèvre
St-Philbert-de-Grand-Lieu
Ste-Pazanne
St-Hilaire-de-Chaléons
Rouans
Cheix-en-Retz
Vue
Chémeré
St-Mars-de-Coutais
St-Lumine-de-Coutais
Lac de Grand-Lieu
Planète sauvage
Réserve naturelle
NANTES ATLANTIQUE
LOIRE
Petit-Mars
Ligne
Mauves-s-L.
Mars-du-Désert
Canal de Nantes à Brest

0 2 4 6 8 10 km
127
147
166
39
Ancenis
St-Géréon
Varades
St-Florent-le-Vieil
Champtoceaux
Oudon
Ligné
Mésanger
Couffé
Le Loroux-Bottereau
Vallet
Clisson
Le Pallet
Mouzillon
Tillières
Montfaucon
Beaupréau
Montrevault
St-Pierre-Montlimart
Chaudron-en-Mauges
Le Fuilet
Bouzillé
La Chapelle-St-Florent
Le Marillais
Landemont
St-Laurent-des-Autels
La Remaudière
La Boissière-du-Doré
Le Puiset-Doré
La Regrippière
Gesté
Villedieu-la-Blouère
St-Philbert-en-Mauges
St-Macaire-en-Mauges
St-André-de-la-Marche
St-Germain-s-Moine
Gétigné
Cugand
Torfou
Maumusson
Belligné
La Rouxière
La Roche-Blanche
Pouillé-les-Côteaux
St-Mars-la-Jaille
St-Sigismond
Ingrandes
Le Fresne
Montrelais
St-Mars-du-Désert
Mauves-s-L.
Le Cellier
St-Julien-de-Concelles
Aigrefeuille-s-Maine
Maisdon-s-Sèvre
Monnières
Gorges
Vieillevigne
Bégrolles-en-Mauges
Le May-s-Èvre
La Jubaudière
Andrezé
Jallais
St-Quentin-en-Mauges
Botz-en-Mauges
La Boissière-sur-Èvre
Le Pin-en-Mauges
La Salle-et-Chapelle-Aubry
Beausse
Le Mesnil-en-Vallée
St-Laurent-du-Mottay
Bourgonnière
Loire
Forêt de Leppo
Forêt de la Foucaudière

128
150
167
E
F
G
H
1
2
3
4
5
ANGERS
Le Louroux-Béconnais
Bécon-les-Granits
La Meignanne
Avrillé
Beaucouzé
St-Lambert-la-Potherie
St-Léger-des-Bois
St-Augustin-des-Bois
St-Sylvain-d'Anjou
Le Plessis-Grammoire
Pignerolle
St-Barthélemy-d'Anjou
Trélazé
Andard
Brain-sur-l'Authion
Sarrigné
Bauné
Corné
Champtocé-s-Loire
St-Georges-sur-Loire
Serrant
St-Germain-des-Prés
St-Martin-du-Fouilloux
Bouchemaine
Ste-Gemmes-sur-Loire
Les Ponts-de-Cé
La Daguenière
La Bohalle
Juigné-sur-Loire
St-Jean-de-la-Croix
Mûrs-Erigné
St-Jean-des-Mauvrets
St-Saturnin-sur-L.
Blaison-Gohier
St-Sulpice
St-Mathurin-s-L.
Savennières
Béhuard
Denée
La Possonnière
Chalonnes-s-Loire
Rochefort-s-L.
St-Melaine-sur-A.
Soulaines-sur-Aubance
Brissac-Quincé
Charcé-St-Ellier-s-Aubance
Coutures
Chaudefonds-s-Layon
Chau de la Hte guerche
St-Aubin-de-Luigné
Beaulieu-s-Layon
Forêt de Beaulieu
Vauchrétien
Les Alleuds
Grézillé
St-Georges-des-Sept-Voies
Bourgneuf-en-Mauges
St-Laurent-de-la-Plaine
Rablay-sur-Layon
Faye-d'Anjou
N.-D.-d'Allençon
Saulgé-l'Hôpital
Louerre
Jumellière
St-Lambert-du-Lattay
Ste-Christine
Neuvy-en-Mauges
Chanzeaux
Le Champ-sur-Layon
Thouarcé
Chavagnes
Luigné
Noyant-la-Plaine
Ambillou-Château
St-Lézin
La Chapelle-Rousselin
Chemillé
Valanjou
Faveraye-Mâchelles
Aubigné-sur-L.
Martigné-Briand
Brigné
Tigné
La Fosse-de-Tigné
Melay
Montilliers
Tancoigné
Cernusson
Trémont
Cossé-d'Anjou
La Salle-de-Vihiers
Vihiers
Coron
La Tourlandry
St-Georges-des-Gardes
Trémentines
Vezins
Nuaillé
Chanteloup-les-Bois
Cléré-s-Layon
Passavant-sur-L.
Nueil-sur-Layon
Les Verchers-s-Layon
Doué-la-Fontaine
Toutlemonde
La Plaine
St-Paul-du-Bois
Cerqueux
Yzernay
Maulévrier
A 11
A 87
E 501
E 60
E 62
D 347
D 723
D 751
D 160
D 748
D 761
D 960
D 756
D 84
Loire
Layon
Aubance
Authion
MICHELIN

0 2 4 6 8 10 km
129
149
168
Baugé
Noyant
Beaufort-en-Vallée
Longué-Jumelles
Gennes
Cunault
Saumur
Doué-la-Fontaine
Montreuil-Bellay
Fontevraud-l'Abbaye
Candes-St-Martin
Montsoreau
Bourgueil
Allonnes
Vernantes
Vernoil-le-Fourrier
Mouliherne
Linières-Bouton
Méon
Breil
Parçay-les-Pins
Blou
Neuillé
Vivy
St-Philbert-du-Peuple
Brion
Fontaine-Guérin
Mazé
Montgeoffroy
St-Georges-du-Bois
Cuon
Chartrené
Le Guédéniau
La Lande-Chasles
St-Mathurin-s-L.
St-Rémy-la-Varenne
Le Thoureil
Les Rosiers-sur-Loire
St-Clément-des-Levées
St-Martin-de-la-Place
Boumois
Chênehutte-Trèves-Cunault
Louerre
Varrains
Chacé
Distré
Brézé
Turquant
Souzay-Champigny
Parnay
Villebernier
Varennes
Vivy
St-Just-s-Dive
Le Coudray-Macouard
Méron
Epieds
Saix
Roiffé
Morton
Les Trois-Moutiers
Concourson-s-Layon
Les Verchers-s-Layon
Vaudelnay
Brossay
Dénezé-s-Doué
Louresse-Rochemenier
Rou-Marson
Meigné
Courchamps
PARC NATUREL RÉGIONAL LOIRE-ANJOU
LOIRE
Authion
Lathan
Couasnon
Vienne
Thouet
Dive
Forêt de Chandelais
Forêt de Fontevraud
Forêt de Milly
Camp militaire
A
B
C
D
1
2
3
4
5

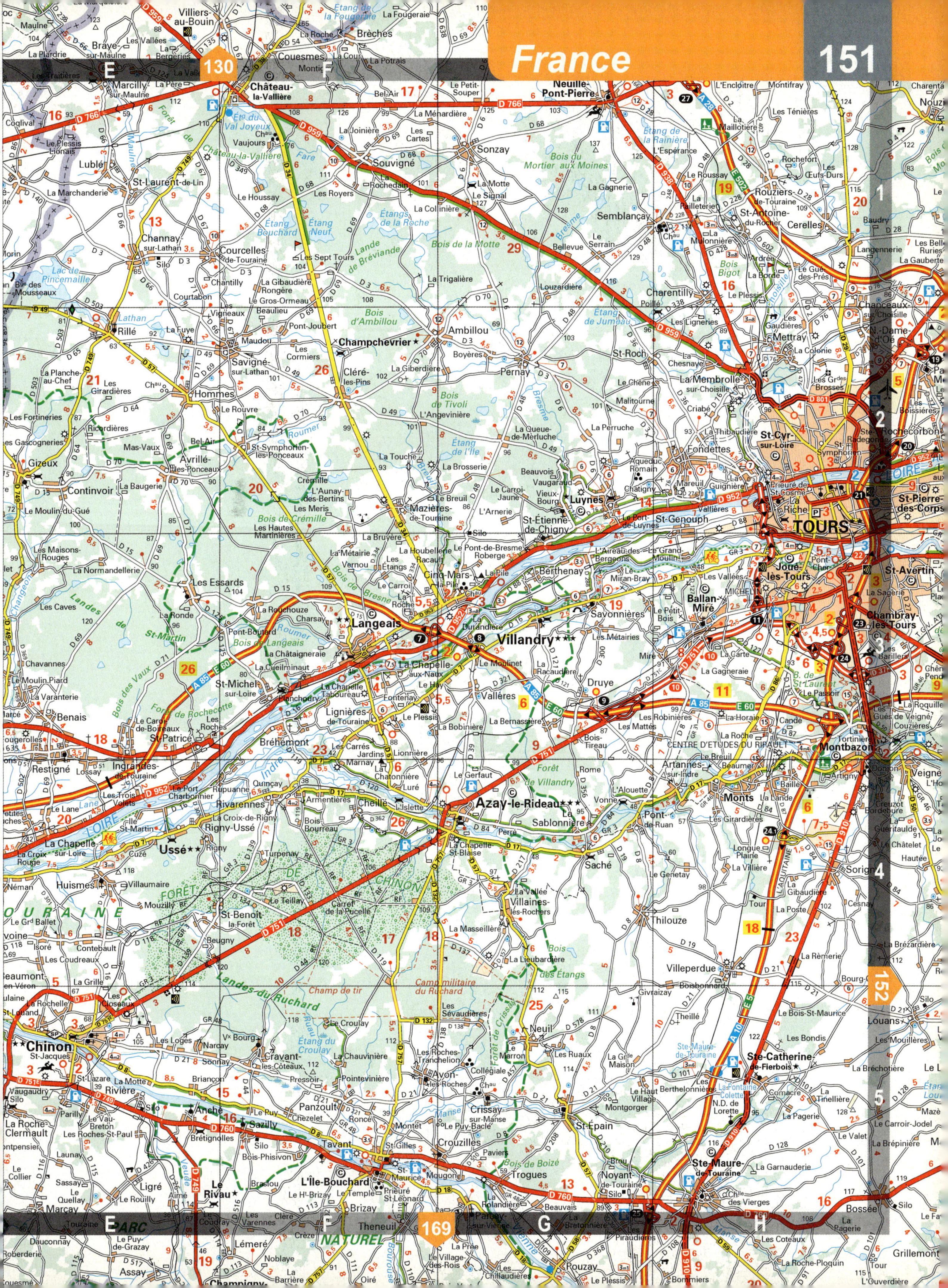
Château-la-Vallière
Neuillé-Pont-Pierre
Souvigné
Sonzay
Semblançay
St-Antoine-du-Rocher
Cerelles
Courcelles-de-Touraine
Channay-sur-Lathan
St-Laurent-de-Lin
Rillé
Savigné-sur-Lathan
Hommes
Ambillou
Champchevrier
Cléré-les-Pins
Pernay
Charentilly
St-Roch
La Membrolle-sur-Choisille
Mettray
Fondettes
St-Cyr-sur-Loire
TOURS
St-Pierre-des-Corps
Luynes
St-Étienne-de-Chigny
St-Genouph
Mazières-de-Touraine
Continvoir
Gizeux
Avrillé-les-Ponceaux
Langeais
Cinq-Mars-la-Pile
Villandry
Berthenay
Savonnières
Ballan-Miré
Joué-lès-Tours
St-Avertin
Chambray-lès-Tours
St-Michel-sur-Loire
St-Patrice
Bréhémont
Lignières-de-Touraine
Vallères
Druye
Montbazon
Veigné
Artannes-sur-Indre
Monts
Azay-le-Rideau
Saché
Pont-de-Ruan
Cheillé
Rivarennes
Rigny-Ussé
Ussé
Huismes
Chinon
St-Benoît-la-Forêt
Forêt de Chinon
Thilouze
Villeperdue
Ste-Catherine-de-Fierbois
Sorigny
Crouzilles
L'Île-Bouchard
Tavant
Panzoult
Cravant-les-Côteaux
Avon-les-Roches
Crissay-sur-Manse
Neuil
St-Épain
Ste-Maure-de-Touraine
Noyant-de-Touraine
Trogues
Rivière
Anché
Ligré
Le Rivau
Marçay
Bossée
Restigné
Ingrandes-de-Touraine
Benais
LOIRE
INDRE
TOURAINE

0 2 4 6 8 10 km

Tours
St-Pierre-des-Corps
St-Avertin
Chambray-lès-Tours
Montbazon
Vouvray
Rochecorbon
Montlouis-sur-Loire
Amboise
Pagode de Chanteloup
Forêt d'Amboise
Chenonceaux
Bléré
Chissay-en-Touraine
Montrichard
Chaumont-sur-Loire
Onzain
Mesland
Limeray
Nazelles-Négron
Pocé-sur-Cisse
Chargé
Souvigny-de-Touraine
St-Règle
Civray-de-Touraine
Chisseaux
Francueil
Épeigné-les-Bois
Faverolles-sur-Cher
St-Julien-de-Chédon
Athée-sur-Cher
Azay-sur-Cher
Véretz
Larçay
Esvres
Truyes
Cormery
Courçay
Reignac-sur-Indre
Azay-sur-Indre
Chédigny
Sublaines
Luzillé
Montpoupon
Céré-la-Ronde
Genillé
St-Quentin-sur-Indrois
Chemillé-sur-Indrois
Montrésor
Beaumont-Village
Loches
Beaulieu-lès-Loches
Chambourg-sur-Indre
Dolus-le-Sec
Chanceaux-près-Loches
Manthelan
Louans
Tauxigny
St-Branchs
Sorigny
Parçay-Meslay
Grange de Meslay
Monnaie
Reugny
Vernou-sur-Brenne
Noizay
Chançay
Vallières-les-Grandes
Rilly-sur-Loire
Mosnes
Cangey
Dierre
La Croix-en-Touraine
Perrusson
Sennevières
Loire
Cher
Indre
Indrois
A 10
A 85
D 31
D 952
D 976
D 760
D 943
131
151
170

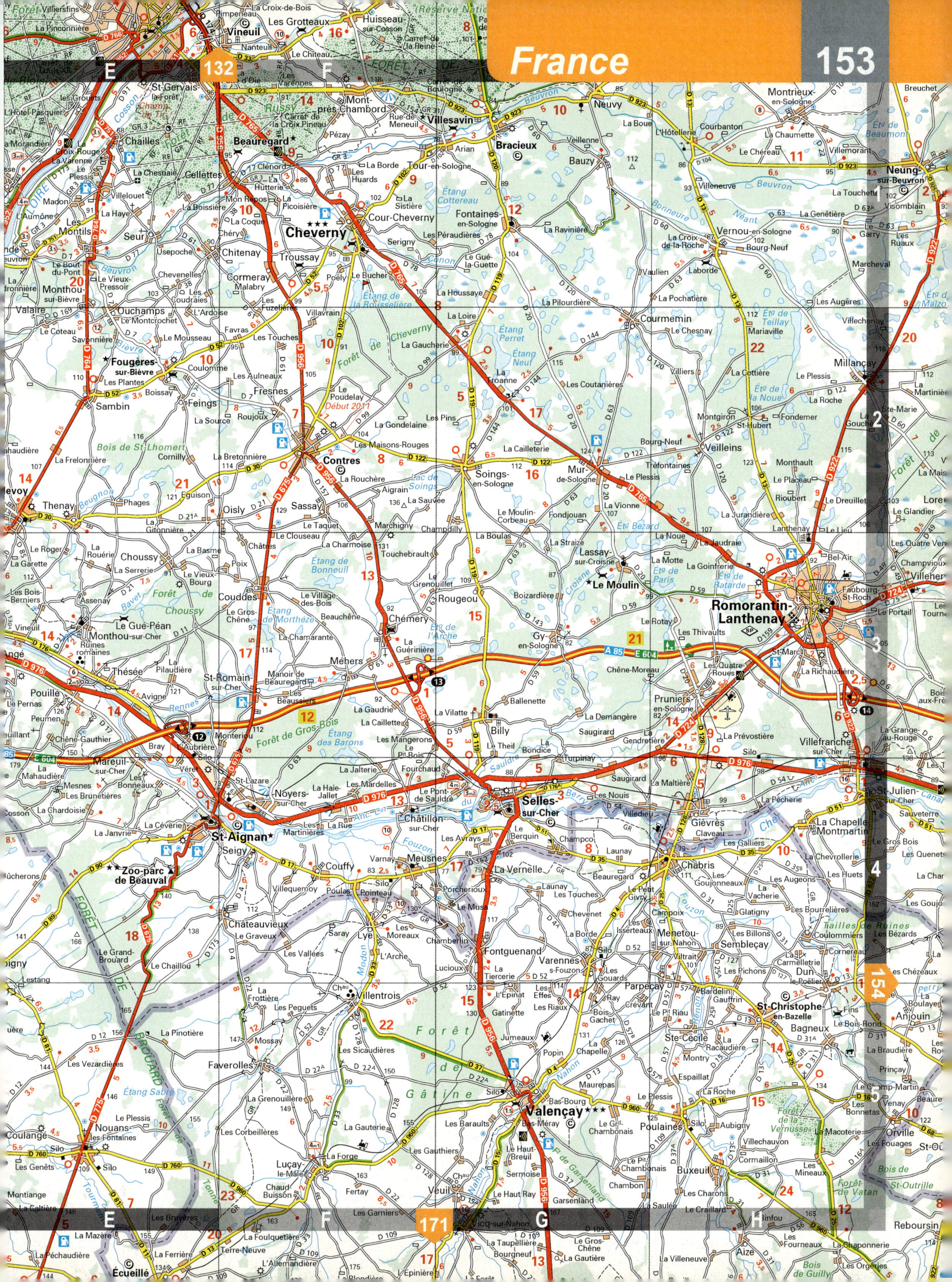
Vineuil
St-Gervais-la-Forêt
Mont-près-Chambord
Villesavin
Bracieux
Neuvy
Montrieux-en-Sologne
Neung-sur-Beuvron
Beauregard
Chailles
Cellettes
Tour-en-Sologne
Bauzy
Cour-Cheverny
Cheverny
Fontaines-en-Sologne
Vernou-en-Sologne
Les Montils
Seur
Chitenay
Troussay
Cormeray
Monthou-sur-Bièvre
Ouchamps
Fougères-sur-Bièvre
Sambin
Feings
Fresnes
Courmemin
Millançay
Contres
Soings-en-Sologne
Mur-de-Sologne
Veilleins
Thenay
Oisly
Sassay
Choussy
Lassay-sur-Croisne
Le Moulin
Romorantin-Lanthenay
Couddes
Rougeou
Chémery
Gy-en-Sologne
Monthou-sur-Cher
Thésée
Méhers
St-Romain-sur-Cher
Pruniers-en-Sologne
Pouillé
Billy
Villefranche-sur-Cher
Mareuil-sur-Cher
Noyers-sur-Cher
Selles-sur-Cher
Châtillon-sur-Cher
St-Aignan
Seigy
Meusnes
Gièvres
St-Julien-sur-Cher
Chabris
Zoo-parc de Beauval
Couffy
La Vernelle
Châteauvieux
Menetou-sur-Nahon
Fontguenand
Varennes-s-Fouzon
St-Christophe-en-Bazelle
Villentrois
Faverolles
Valençay
Poulaines
Nouans-les-Fontaines
Luçay-le-Mâle
Veuil
Vicq-sur-Nahon
Écueillé
Forêt de Gâtine
Forêt de Gros-Bois
Forêt de Cheverny
E
F
G
H
132
154
171
A 85
E 604

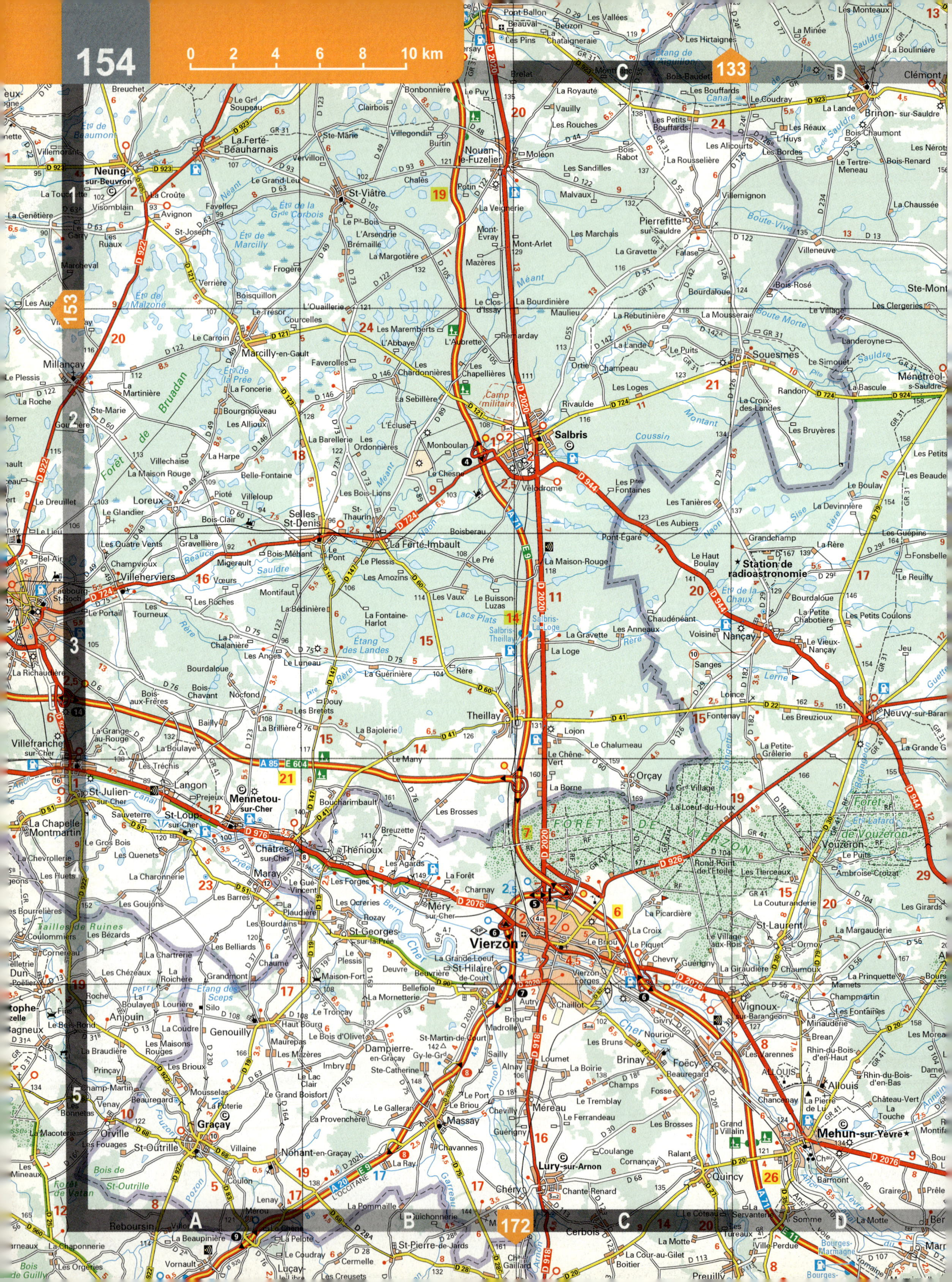
0 2 4 6 8 10 km
133
153
172
Neung-sur-Beuvron
La Ferté-Beauharnais
St-Viâtre
Nouan-le-Fuzelier
Pierrefitte-sur-Sauldre
Brinon-sur-Sauldre
Clémont
Marcilly-en-Gault
Millançay
Souesmes
Ménétréol-s-Sauldre
Salbris
Selles-St-Denis
La Ferté-Imbault
Loreux
Villeherviers
Station de radioastronomie
Nançay
Neuvy-sur-Barangeon
Theillay
Orçay
Langon
Mennetou-sur-Cher
St-Julien-sur-Cher
St-Loup-sur-Cher
Châtres-sur-Cher
Thénioux
Méry-sur-Cher
Vierzon
St-Georges-sur-la-Prée
St-Hilaire-de-Court
Vouzeron
St-Laurent
Vignoux-sur-Barangeon
Genouilly
Dampierre-en-Graçay
Graçay
St-Outrille
Massay
Méreau
Lury-sur-Arnon
Quincy
Mehun-sur-Yèvre
Foëcy
Brinay
Allouis
Forêt de Vierzon
Forêt de Vouzeron
Camp militaire
Sauldre
Cher
A 85
A 20
A 71
D 2020
D 2076
D 724
D 944
D 976
D 926
D 922

Argent-sur-Sauldre
Blancafort
Aubigny-sur-Nère
Concressault
Barlieu
Oizon
Dampierre-en-Crot
Vailly-sur-Sauldre
Sury-ès-Bois
Santranges
Pierrefitte-ès-Bois
Cernoy-en-Berry
Beaulieu-s-Loire
Belleville-sur-Loire
Sury-près-Léré
Léré
Savigny-en-Sancerre
Ennordres
La Verrerie
Villegenon
Thou
Assigny
Subligny
Jars
Presly
Le Noyer
La Chapelle-d'Angillon
Ivoy-le-Pré
La Chapelotte
Boucard
Sens-Beaujeu
Menetou-Râtel
Verdigny
Chavignol
Sancerre
Ménétréol-sous-Sancerre
Méry-ès-Bois
Henrichemont
Neuilly-en-Sancerre
Crézancy-en-Sancerre
Bué
Vinon
Achères
La Borne
Humbligny
Veaugues
Gardefort
St-Palais
Menetou-Salon
Quantilly
Morogues
Montigny
Jalognes
Parassy
Aubinges
St-Céols
St-Martin-d'Auxigny
Les Aix-d'Angillon
Rians
Azy
St-Georges-sur-Moulon
Vignoux-sous-les-Aix
Soulangis
Pigny
Étréchy
Lugny-Champagne
St-Michel-de-Volangis
Ste-Solange
Vasselay
Fussy
St-Eloy-de-Gy
Asnières
Brécy
Chaumoux-Marcilly
Sévry
St-Doulchard
St-Germain-du-Puy
Villabon
E
F
G
H
134
156
173

0 2 4 6 8 10 km
135
155
174
A
B
C
D
1
2
3
4
5
Cosne-Cours-sur-Loire
La Charité-s-Loire
Pouilly-s-Loire
Sancerre
Donzy
St-Amand-en-Puisaye
Entrains-s-Nohain
Prémery
Sancergues
Châteauneuf-Val-de-Bargis
Menou
Saint-Vérain
Alligny-Cosne
Neuvy-s-Loire
Myennes
St-Père
Beaulieu
Léré
Bouhy
Ciez
Perroy
Couloutre
Menestreau
Varzy
La Chapelle-St-André
Colméry
Garchy
Narcy
Nannay
Arbourse
Chasnay
Murlin
Beaumont-la-Ferrière
Dompierre-sur-Nièvre
La Celle-sur-Nièvre
St-Bonnot
Champlemy
Cessy-les-Bois
Sichamps
Poiseux
Champvoux
Chaulgnes
La Marche
Tracy-sur-Loire
Mesves-s-Loire
Bulcy
Varennes-lès-Narcy
St-Andelain
St-Martin-sur-Nohain
Pougny
Suilly-la-Tour
St-Laurent-l'Abbaye
St-Quentin-sur-Nohain
Ste-Colombe-des-Bois
Vielmanay
St-Satur
Thauvenay
Couargues
Vinon
Feux
Herry
Gardefort
Bannay
Charentonnay
La Chapelle-Montlinard
Sury-près-Léré
Belleville-sur-Loire
Arquian
Annay
Thury
Lainsecq
Sougères-en-Puisaye
Sainpuits
Étais-la-Sauvin
Treigny
Ratilly
Perreuse
Dampierre-s-s-Bouhy
Chantier médiéval de Guédelon
Forêt de Donzy
Forêt des Bertranges
Forêt de Bellary
Forêt des Courgeonneries
Loire
Nièvre
Nohain
Vrille
Mazou
A 77
N 151
N 7
D 33
D 955
D 957
D 977

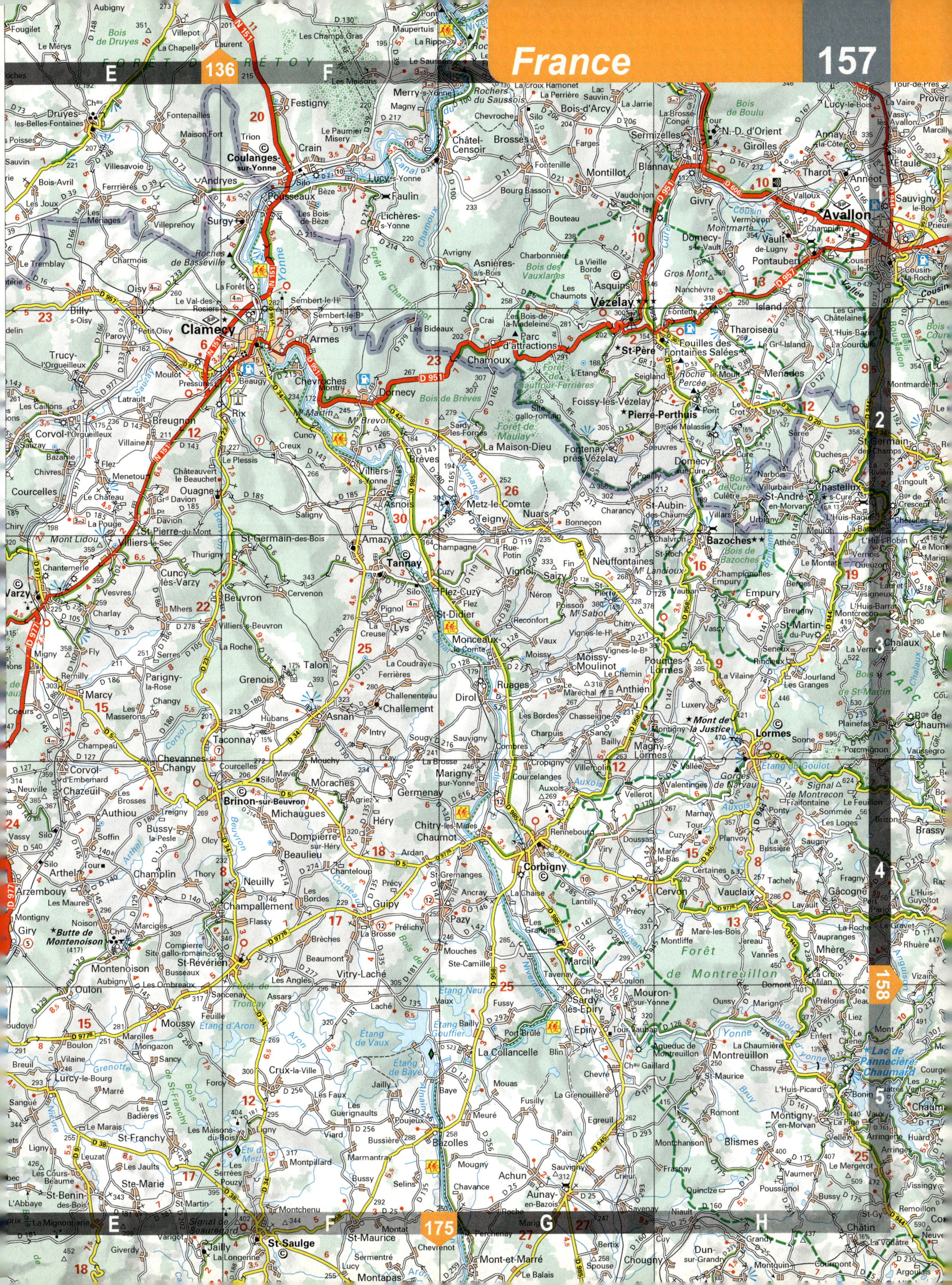

Avallon
Vézelay
Clamecy
Coulanges-sur-Yonne
Corbigny
Tannay
Lormes
Brinon-sur-Beuvron
St-Saulge
St-Révérien
Bazoches
Chastellux
St-Père
Asquins
Pierre-Perthuis
Fontenay-près-Vézelay
Montillot
Blannay
Sermizelles
Givry
Pontaubert
Vault-de-Lugny
Island
Menades
Quarré-les-Tombes
Châtel-Censoir
Lucy-sur-Yonne
Festigny
Crain
Druyes-les-Belles-Fontaines
Andryes
Surgy
Pousseaux
Armes
Dornecy
Chamoux
Asnières-s-Bois
Brèves
Villiers-s-Yonne
Metz-le-Comte
Asnois
Amazy
Varzy
Villiers-le-Sec
Beuvron
Grenois
Asnan
Challement
Dirol
Ruages
Monceaux-le-Comte
St-Didier
Flez-Cuzy
Vignol
Neuffontaines
Moissy-Moulinot
Anthien
Empury
St-André-en-Morvan
Marigny-sur-Yonne
Chitry-les-Mines
Chaumot
Germenay
Héry
Guipy
Champallement
Neuilly
Champlin
Montenoison
Oulon
Moussy
Crux-la-Ville
Bazolles
Achun
Aunay-en-Bazois
Sardy-lès-Epiry
Mouron-sur-Yonne
Cervon
Vauclaix
Mhère
Montreuillon
Blismes
Montigny-en-Morvan
Lac de Pannecière-Chaumard
Forêt de Montreuillon
Étang de Vaux
Étang de Baye
Mont-et-Marré
Chougny
Dun-sur-Grandry
Châtin
Beaulieu
Dompierre-sur-Héry
Taconnay
Chevannes-Changy
Marcy
Ste-Marie
St-Franchy
St-Benin-des-Bois
Jailly
Mont de la Justice
Butte de Montenoison
E
F
G
H
136
158
175
1
2
3
4
5

0 2 4 6 8 10 km
137
157
176
Avallon
Montréal
Guillon
Époisses
Semur-en-Auxois
Montbard
Précy-sous-Thil
Quarré-les-Tombes
Rouvray
Ste-Magnance
Saulieu
Liernais
Montsauche-les-Settons
Les Settons
Lac de Pannecière-Chaumard
Lucenay-l'Évêque
Moux-en-Morvan
Gien-sur-Cure
Chaumard
Planchez
Dun-les-Places
St-Brisson
Marigny-l'Église
Chastellux
Bierre-lès-Semur
Thoisy-la-Berchère
Vic-sous-Thil
Marcigny-s/s Thil
Forléans
Montberthault
Courcelles-Frémoy
Toutry
Vieux-Château
Savigny-en-Terre-Plaine
Molphey
St-Didier
Champeau-en-Morvan
Alligny-en-Morvan
Ménessaire
Villiers-en-Morvan
Manlay
Bard-le-Régulier
Vianges
Brazey-en-Morvan
Marcheseuil
Sussey
Chissey-en-Morvan
PARC NATUREL RÉGIONAL DU MORVAN
A6
E 15 - E 60
D 606
D 980
D 970
D 954
D 906

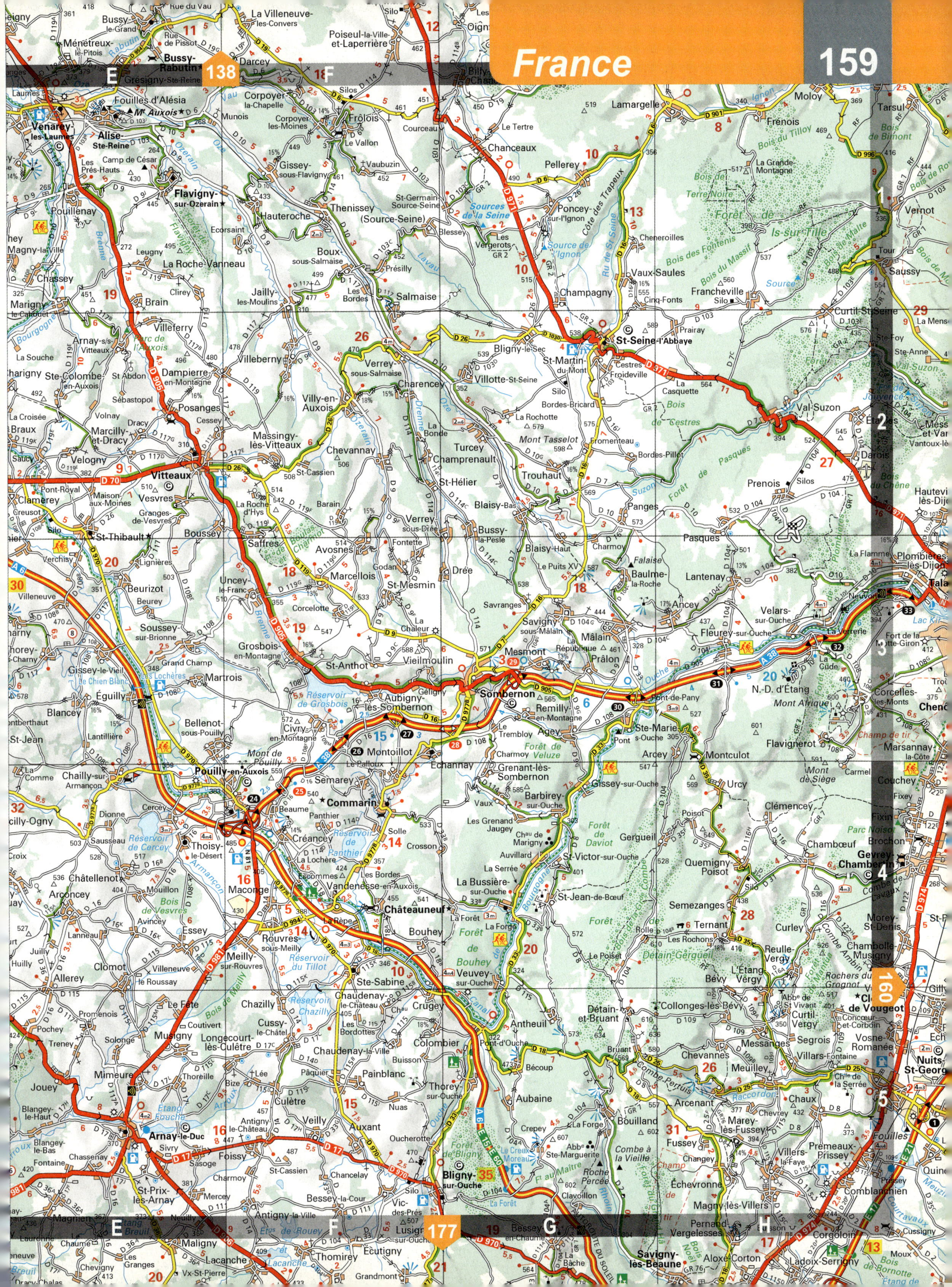
Bussy-le-Grand
Bussy-Rabutin
La Villeneuve-les-Convers
Poiseul-la-Ville-et-Laperrière
Darcey
Venarey-les-Laumes
Alise-Ste-Reine
Mt Auxois
Fouilles d'Alésia
Grésigny-Ste-Reine
Corpoyer-la-Chapelle
Frôlois
Flavigny-sur-Ozerain
Gissey-sous-Flavigny
Thenissey
Sources de la Seine
Chanceaux
Pellerey
Poncey-sur-l'Ignon
Lamargelle
Frénois
Moloy
Forêt de Is-sur-Tille
Pouillenay
Hauteroche
Boux-sous-Salmaise
Salmaise
Champagny
Vaux-Saules
Francheville
St-Seine-l'Abbaye
La Roche-Vanneau
Jailly-les-Moulins
Villeberny
Verrey-sous-Salmaise
Blligny-le-Sec
Villotte-St-Seine
St-Martin-du-Mont
Curtil-St-Seine
Val-Suzon
Dampierre-en-Montagne
Posanges
Villy-en-Auxois
Massingy-lès-Vitteaux
Chevannay
Turcey
Champrenault
Vitteaux
St-Hélier
Blaisy-Bas
Trouhaut
Prenois
Darois
Marcilly-et-Dracy
Velogny
St-Thibault
Boussey
Saffres
Avosnes
Verrey-sous-Drée
Bussy-la-Pesle
Blaisy-Haut
Pasques
Lantenay
Plombières-lès-Dijon
Marcellois
Drée
Baulme-la-Roche
Ancey
Velars-sur-Ouche
Beurizot
Soussey-sur-Brionne
St-Mesmin
Savranges
Savigny-sous-Mâlain
Mâlain
Fleurey-sur-Ouche
Grosbois-en-Montagne
Vieilmoulin
Mesmont
Prâlon
Martrois
Thoisy-la-Berchère
Éguilly
St-Anthot
Aubigny-lès-Sombernon
Sombernon
Remilly-en-Montagne
N.-D. d'Étang
Mont Afrique
Corcelles-les-Monts
Bellenot-sous-Pouilly
Civry-en-Montagne
Montoillot
Ste-Marie-s-Ouche
Montculot
Flavignerot
Marsannay-la-Côte
Pouilly-en-Auxois
Chailly-sur-Armançon
Semarey
Echannay
Grenant-lès-Sombernon
Barbirey-sur-Ouche
Gissey-sur-Ouche
Urcy
Couchey
Commarin
Créancey
Crosson
Gerguell
Clémencey
Thoisy-le-Désert
Châtellenot
Vandenesse-en-Auxois
La Bussière-sur-Ouche
St-Victor-sur-Ouche
Quemigny-Poisot
Chambœuf
Gevrey-Chambertin
Châteauneuf
St-Jean-de-Bœuf
Semezanges
Ternant
Morey-St-Denis
Chambolle-Musigny
Arconcey
Maconge
Essey
Rouvres-sous-Meilly
Meilly-sur-Rouvres
Ste-Sabine
Veuvey-sur-Ouche
Bouhey
Reulle-Vergy
L'Étang-Vergy
Clos de Vougeot
Allerey
Clomot
Chazilly
Chaudenay-le-Château
Crugey
Antheuil
Détain-et-Bruant
Collonges-lès-Bévy
Curtil-Vergy
Segrois
Vosne-Romanée
Longecourt-lès-Culêtre
Cussy-le-Châtel
Colombier
Chevannes
Messanges
Villars-Fontaine
Nuits-St-Georges
Mimeure
Culètre
Painblanc
Thorey-sur-Ouche
Bécoup
Aubaine
Bouilland
Arcenant
Meuilley
Marey-lès-Fussey
Arnay-le-Duc
Antigny-le-Château
Veilly
Auxant
Nuas
Fussey
Villers-la-Faye
Premeaux-Prissey
Foissy
St-Prix-lès-Arnay
St-Cassien
Chancelay
Bligny-sur-Ouche
Ste-Marguerite
Roche Percée
Échevronne
Magny-lès-Villers
Comblanchien
Maligny
Lacanche
Thomirey
Ecutigny
Lusigny-sur-Ouche
Bessey-en-Chaume
Savigny-lès-Beaune
Pernand-Vergelesses
Aloxe-Corton
Ladoix-Serrigny
Corgoloin

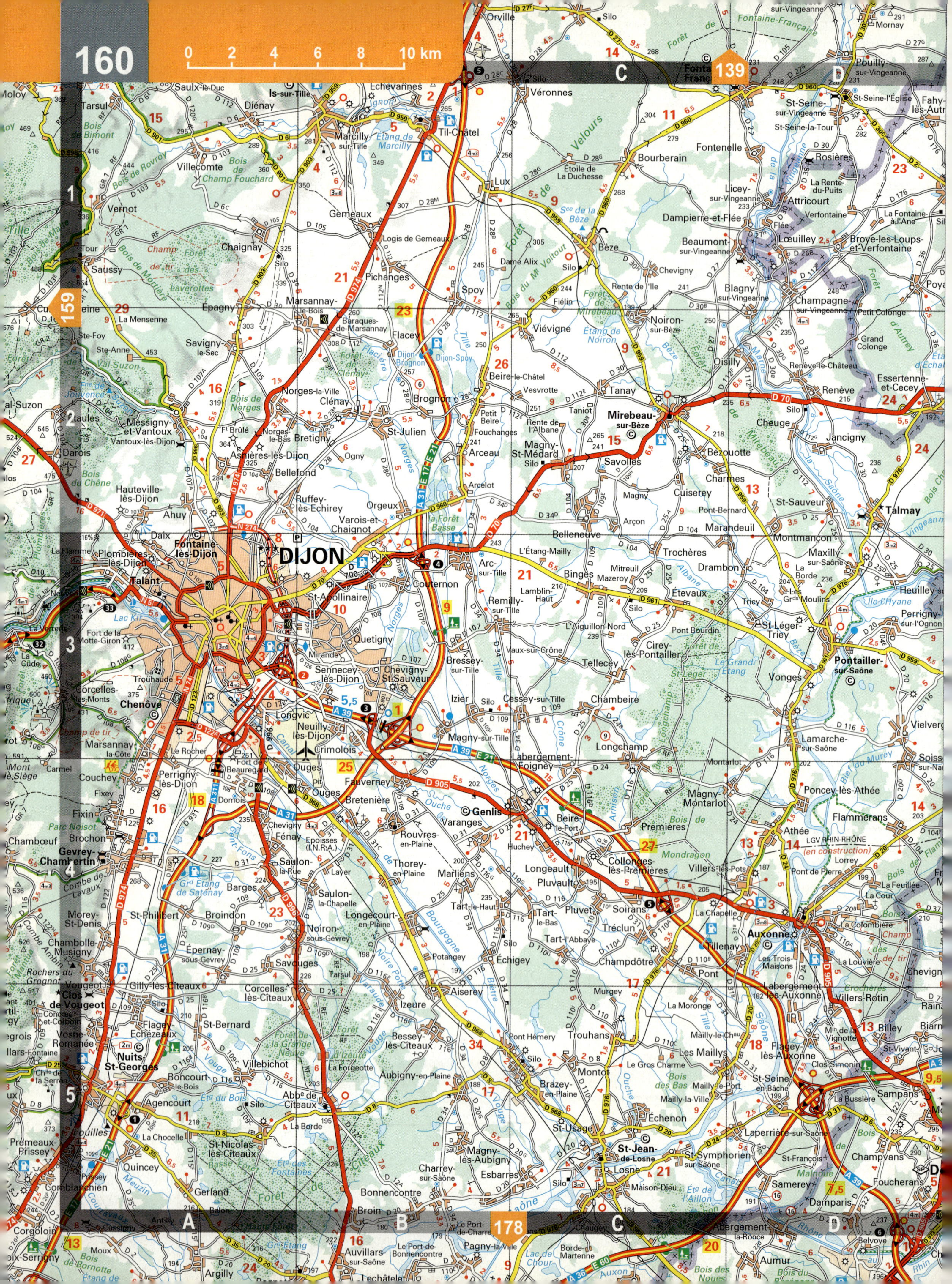
0 2 4 6 8 10 km
139
159
178
DIJON
Fontaine-lès-Dijon
Talant
Chenôve
Marsannay-la-Côte
Longvic
Quetigny
Chevigny-St-Sauveur
St-Apollinaire
Is-sur-Tille
Til-Châtel
Mirebeau-sur-Bèze
Pontailler-sur-Saône
Auxonne
Genlis
Gevrey-Chambertin
Nuits-St-Georges
St-Jean-de-Losne
Seurre
Arc-sur-Tille
Fontaine-Française
St-Seine-sur-Vingeanne
Talmay
Bèze
Spoy
Norges-la-Ville
Messigny-et-Vantoux
Clos de Vougeot
Cîteaux
Brazey-en-Plaine
Saulon-la-Chapelle
Izeure
Aiserey
Échenon
Villers-les-Pots
Flagey-lès-Auxonne
Champvans
Foucherans
Damparis
Vielverge
Athée
Magny-Montarlot
Lamarche-sur-Saône
Montmançon
Heuilley-sur-Saône
Perrigny-sur-l'Ognon
Essertenne-et-Cecey
Renève
Champagne-sur-Vingeanne
Véronnes
Orville
Marcilly-sur-Tille
Savigny-le-Sec
Hauteville-lès-Dijon
Ruffey-lès-Echirey
Varois-et-Chaignot
Couternon
Bressey-sur-Tille
Sennecey-lès-Dijon
Crimolois
Ouges
Fauverney
Bretenière
Rouvres-en-Plaine
Thorey-en-Plaine
Varanges
Longecourt-en-Plaine
Tart-le-Haut
Échigey
Pluvault
Collonges-lès-Premières
Soirans
Tréclun
Champdôtre
Longchamp
Chambeire
Izier
Magny-sur-Tille
Cessey-sur-Tille
Labergement-Foigney
Remilly-sur-Tille
Binges
Belleneuve
Trochères
Drambon
Étevaux
Cirey-lès-Pontailler
Tellecey
Vonges
Perrigny-lès-Dijon
Couchey
Fixin
Brochon
Morey-St-Denis
Chambolle-Musigny
Vosne-Romanée
Gilly-lès-Cîteaux
St-Bernard
Flagey-Echézeaux
Broindon
Barges
Epernay-sous-Gevrey
Savouges
Noiron-sous-Gevrey
Corcelles-lès-Cîteaux
Villebichot
Boncourt-le-Bois
Agencourt
Quincey
Premeaux-Prissey
Corgoloin
Gerland
Bonnencontre
Esbarres
Magny-lès-Aubigny
Charrey-sur-Saône
Losne
Aubigny-en-Plaine
Bessey-lès-Cîteaux
Montot
Trouhans
Les Maillys
St-Symphorien-sur-Saône
Laperrière-sur-Saône
Samerey
St-Seine-en-Bâche
Labergement-lès-Auxonne
Villers-Rotin
Billey
Sampans
Labergement-la-Ronce
Aumur
Auvillars-sur-Saône
Broin
Pagny-la-Ville
Argilly
A 31
A 39
A 36
E 21
E 17
E 60
D 905
D 974
D 70
D 960
D 959
D 968
D 976
A
B
C
D
1
2
3
4
5

E
140
F
E
F
179
G
H
162
Gray
Autrey-lès-Gray
Arc-lès-Gray
Nantilly
Beaujeu-St-Vallier-et-Pierrejux
Forêt de Belle Vaivre
Sauvigney-lès-Gray
Vellemoz
Angirey
Vantoux-et-Longevelle
Vellefrey-et-Vellefrange
Citey
Bucey-lès-Gy
Gy
Velleclaire
Fretigney-et-Velloreille
Fondremand
Tresilley
Villers-Bouton
Oiselay-et-Grachaux
Cordonnet
Montarlot-lès-Rioz
Sorans-lès-Breurey
Velesmes-Echevanne
St-Loup-Nantouard
Battrans
Mantoche
Esmoulins
Champvans
Apremont
Cresancey
Champtonnay
Villefrancon
Velloreille-lès-Choye
Choye
Autoreille
Bonnevent-Velloreille
Montboillon
Étuz
Boult
Germigney
Arsans
Cugney
Venère
Charcenne
Vadans
Lieucourt
Bonboillon
Tromarey
Avrigney-Virey
Courcuire
Chambornay-lès-Pin
Cussey-sur-l'Ognon
Geneuille
Devecey
Châtillon-le-Duc
Tallenay
Chevigney
Valay
Chancey
Beaumotte-lès-Pin
Pin
Sauvagney
Moncley
Émagny
Auxon-Dessus
Miserey-Salines
Aubigney
La Résie-St-Martin
Hugier
Cult
Brussey
Chevigney-sur-l'Ognon
Chaucenne
Broye-Aubigney-Montseugny
Chaumercenne
Motey-Besuche
Marnay
Ruffey-le-Château
Recologne
Noironte
Pouilley-les-Vignes
Pirey
École-Valentin
Sauvigney-lès-Pesmes
Pesmes
Montagney
Bard-lès-Pesmes
Bay
Sornay
Chenevrey-et-Morogne
Burgille
Franey
Audeux
Champagney
Champvans-les-Moulins
Serre-les-Sapins
Mutigney
Champagney
Malans
Bresilley
Pagney
Jallerange
Courchapon
Placey
Lavernay
Mazerolles-le-Salin
Corcondray
Vaux-les-Prés
Dammartin-Marpain
Thervay
Vitreux
Le Moutherot
Lantenne-Vertière
Franois
Châteaufarine
Chemaudin
Dannemarie-sur-Crête
Grandfontaine
Montferrand-le-Château
Avanne-Aveney
Montmirey-le-Château
Offlanges
Brans
Ougney
Taxenne
Saligney
Gendrey
Rouffange
Étrabonne
Mercey-le-Grand
Corcelles-Ferrières
Ferrières-les-Bois
Villers-Buzon
Pouilley-Français
Velesmes-Essarts
Torpes
Thoraise
Rancenay
Larnod
Busy
Pugey
Serre-les-Moulières
Moissey
Peintre
Vriange
Sermange
Louvatange
Berthelange
Mercey
Évans
St-Vit
Roset-Fluans
Salans
Routelle
Boussières
Vorges-les-Pins
Massif de la Serre
Malange
Auxange
Amange
Romange
Menotey
Gredisans
Archelange
Châtenois
Lavangeot
Lavans-lès-D.
Monteplain
Dampierre
Ranchot
Orchamps
Rans
Fraisans
La Barre
Courtefontaine
Osselle
Abbans-Dessous
Abbans-Dessus
Grottes d'Osselle
Villars-St-Georges
Chenecey-Buillon
Charnay
Epeugney
Authume
Rochefort-s-Nenon
Audelange
Éclans-Nenon
Étrepigney
La Bretenière
Plumont
Fourg
Byans-s-Doubs
Quingey
Lavans-Quingey
Cessey
Courcelles
Rurey
Baverans
Falletans
Brevans
Forêt de Chaux
Lombard
Pessans
Palantine
Rouhe
Goux-s/s-Landet
Châtillon-s-Lison
Cussey-s-Lison
Amondans
Liesle
Mesmay
Pointvillers
Montfort
Samson
Champagne-sur-Loue
Ronchaux
Paroy
Bartherans
Buffard
Chay
Villette-lès-D.
Crissey
Lizine
Echay
Doulaize

0 2 4 6 8 10 km
141
161
180
C
D
A
B
1
2
3
4
5
BESANÇON
Rougemont
Montbozon
Baume-les-Dames
Clerval
Marchaux
Roulans
Ornans
Valdahon
Vercel-Villedieu-le-Camp
Pierrefontaine-les-Varans
Mouthier-Haute-Pierre
Amancey
Rioz
Musée des Maisons comtoises
Camp militaire du Valdahon
Fente de Babre
Source Bleue
Grotte de la Glacière
Grotte de Plaisir Fontaine
Miroir de la Loue
Gouffre de Poudrey
Quenoche
Fondremand
Trésilley
La Malachère
Authoison
Fontenois-lès-Montbozon
Cognières
Thieffrans
Cubrial
Cuse-et-Adrisans
Gondenans-les-Moulins
Fontenelle-Montby
Gondenans-Montby
Viéthorey
Fontaine-lès-Clerval
Pompierre-sur-Doubs
Mancenans
Soye
Uzelle
Ormenans
Besnans
Loulans-Verchamp
Maussans
Cenans
Beaumotte-Aubertans
Flagey-Rigney
Rigney
Ollans
Avilley
Tallans
Rognon
Trouvans
Mésandans
Romain
Rillans
Tournans
Vergranne
Voillans
Verne
Luxiol
Autechaux
L'Hôpital-St-Lieffroy
Hyèvre-Magny
Hyèvre-Paroisse
Roche-lès-Clerval
Villers-St-Martin
Lomont-s-Crête
Crosey-le-Petit
Cusance
Pont-les-Moulins
Guillon-les-Bains
Montivernage
Vellevans
Servin
Lanans
Randevillers
Ouvans
Vaudrivillers
Landresse
Orsans
Courtetain-et-Salans
Vellerot-lès-Vercel
Villers-la-Combe
Germéfontaine
Épenoux
Villers-Chief
Eysson
Domprel
Grandfontaine-s-Creuse
La Sommette
Longechaux
Loray
Adam-lès-Vercel
Chevigney-lès-Vercel
Flangebouche
Avoudrey
Orchamps-Vennes
Épenoy
Rantechaux
Passonfontaine
Vanclans
Longemaison
Étray
Nods
Athose
Hautepierre-le-Châtelet
Lods
Vuillafans
Échevannes
Chasnans
Vernierfontaine
Voires
Lavans-Vuillafans
Durnes
Guyans-Durnes
Saules
Étalans
Fallerans
Oupans
Bonnevaux-le-Prieuré
Charbonnières-les-Sapins
L'Hôpital-du-Grosbois
Foucherans
Trépot
Tarcenay
Mérey-s-Montrond
Villers-s-Montrond
Montrond-le-Château
Malbrans
Scey-Maisières
Chassagne-St-Denis
Montgesoye
Cléron
Amondans
Rurey
Cademène
Épeugney
Flagey
Silley-Amancey
Chantrans
Malans
Mamirolle
Le Gratteris
Saône
Morre
Montfaucon
Gennes
Nancray
Bouclans
Glamondans
Osse
Vauchamps
Champlive
Deluz
Laissey
Vaire-Arcier
Roche-lez-Beaupré
Chalèze
Chalezeule
Novillars
Amagney
Thise
Braillans
Tallenay
Châtillon-le-Duc
Devecey
Bonnay
Mérey-Vieilley
Vieilley
Venise
Champoux
Chaudefontaine
Pouligney-Lusans
Châtillon-Guyotte
St-Hilaire
Vennans
Ougney-Douvot
Fourbanne
Esnans
Silley-Bléfond
Grosbois
Breconchaux
Val-de-Roulans
Villers-Grélot
Corcelle-Mieslot
Moncey
Thurey-le-Mont
Palise
Cromary
Perrouse
Buthiers
Voray-sur-l'Ognon
Sorans-lès-Breurey
Neuvelle-lès-Cromary
Vandelans
Cirey
Valleroy
Aulx-lès-Cromary
Rignosot
La Tour-de-Sçay
La Bretenière
Fontenotte
Bretigney-Notre-Dame
Adam-lès-Passavant
St-Juan
Passavant
Aïssey
Dammartin-les-Templiers
Côtebrune
Chaux-lès-Passavant
Gonsans
Magny-Châtelard
Belmont
Bremondans
Naisey-les-Granges
Verrières-du-Grosbois
Granges-de-Vienney
Arguel
Fontain
Pugey
La Vèze
Avanne-Aveney
Beure
Châtillon-s-Lison
Échay
Lizine
Fertans
Mont Bichoux
Forêt de Chailluz
Forêt de Chaux
Côte de Joux
Bois de Gondenans
Bois de la Grosse Aige
Bois du Chanois
Forêt de Sorans

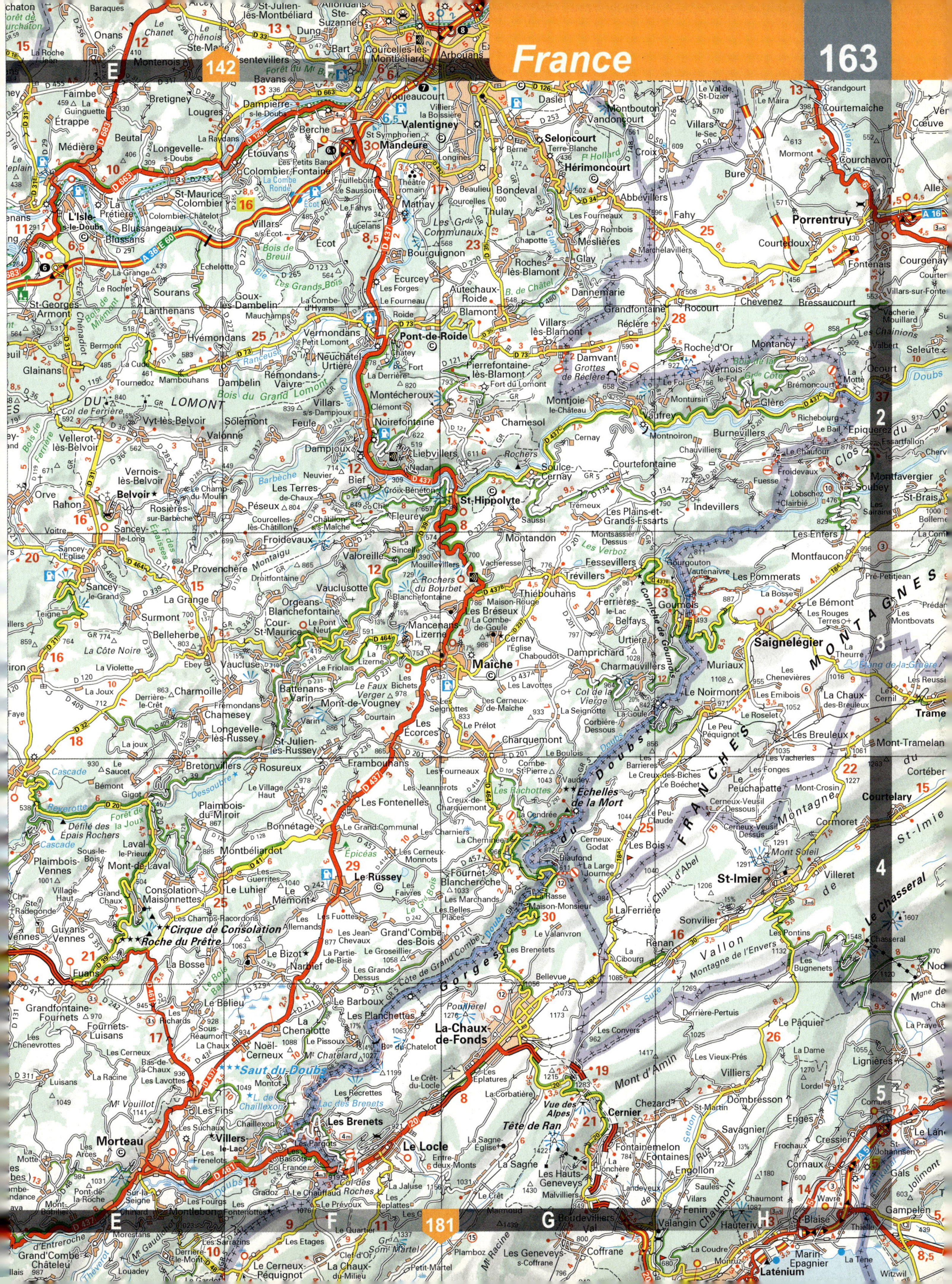
Valentigney
Mandeure
Porrentruy
Pont-de-Roide
St-Hippolyte
Belvoir
Maîche
Saignelégier
Les Franches Montagnes
Le Russey
Cirque de Consolation
Roche du Prêtre
St-Imier
Le Chasseral
Morteau
Villers-le-Lac
Saut du Doubs
Les Brenets
Le Locle
La Chaux-de-Fonds
Tête de Ran
Cernier
Blaise
Laténium

0 2 4 6 8 10 km
146
A
B
C
D
1
2
3
4
5
BOURGNEUF
ÎLE DE NOIRMOUTIER
Pointe des Charniers
La Linière
Le Grand-Viel
Guérande
L'Herbaudière
Tour Plantier
Plage des Souzeaux
Pointe des Dames
Luzay
Bois de la Chaise
Le Sableau
Pointe de Devin
Océanile
Noirmoutier-en-l'Île
Étier de l'Arceau
Bressuire
La Bosse
L'Épine
La Guérinière
La Mongendrie
Le Fier
La Tresson
Le Bonhomme
Pointe de la Loire
Roches de la Loire
La Maison-Rouge
Barbâtre
Passage du Gois
(Route praticable à basse mer)
Les Onchères
La Frandière
La Fosse
Pointe de la Fosse
Pointe N.D. de Monts
La Grande Côte
Pey de la Blet
Forêt des Pays de Monts
Fief-Haut
Les Marguerites
N.-D.-de-Monts
La Mouraine
Plage du Pont d'Yeu
La Tonnelle
Pont d'Yeu
Plage de la Tonnelle
Plage St-Jean
St-Jean-de-Monts
Plage des Demoiselles
CÔTE
Côte
des
Monts
DE
LUMIÈRE
La Préoire
La Vendette
Le Fain
Roches de Bouin
Parc à Huîtres
Pointe de la Coupelasse
La Coupelasse
Les Brochets
Le Bernard
Les Champs
Port du Bec
Époids
Les Billarderies
Le Petit-Fresne
Le Port
La Croix Rouge
Bellevue
Cossonnière
Beauvoir-sur-Mer
Fromentine
La Barre-de-Monts
Le Grand Pont
Le Poirot
Écomusée du Daviaud
Le Pré-aux-Filles
Bourrine à Rosalie
Grande Croix
Le Vieux Cerne
Le Plaud
Le Perrier
La Cailletterie
Le Porteau
Les Chapelles
Le Petit-Bec
Le Grand-Bec
Les Mouettes
La Pège
La Parée-Préneau
La Conge
Orouet
Les Loires
Sion-sur-l'Océan
Corniche Vendéenne
Croix de Vie
Pnte de Grosse Terre
Pnte de la Garenne
Le Pont-Jaunay
N.-D. des Dunes
La Sauzaie
Brétignolles-s-Mer
La Parée
Pré-Vincent
Les Moutiers-en-Retz
Sables
La Davière
Lyonne
Le Collet
Bourgneuf-en-Retz
Les Rivières
Polders St-Seran
Le Pont-du-Fresne
Bouin
Les Virées
Port-la-Roche
La Guillaudière
Le Marais-Moreau
Abbe de l'Île Chauvet
La Raguenerie
La Gaubretière
Bordevert
Le Pit Moulin
St-Gervais
La Bonnetière
La Pierre-Blanche
La Lande
St-Urbain
La Croix-Verte
Les Quatre Moulins
La Croix-Joslain
Les Bouchauds
Raire
Sallertaine
Pont Habert
Challans
La Paunière
Licheret
La Gobetière
Pierre Levée
Le Grand Pinier
Le Petit Mariau
La Rivière
Soullans
Les Mattes
Musée Milcendeau-Jean Yole
La Bourrine du Bois Jucaud
Le Bois-Jucaud
Les Rouches
Le Pissot
St-Hilaire-de-Riez
Le Plessis
St-Gilles-Croix-de-Vie
La Bégaudière
Givrand
Les Chiens Perrins
Pnte du But
La Planche à Puare
Port-Joinville
Cadouère
Ker-Châlon
Grd Phare
Fort de Pierre-Levée
(L'Île-d'Yeu)
Ker-Chauvineau
Saint-Sauveur
Ker Bossy
Le Vx Château
Marais-Salé
Pnte du Châtelet
La Croix
Plage des Sabias
Port-de-la-Meule
Côte Sauvage
Pnte de la Tranche
Anse des Vieilles
Tour
Pnte des Corbeaux

147
E
F
St-Philbert-de-Grand-Lieu
Machecoul
St-Colomban
Vieillevigne
Rocheservière
Touvois
Legé
Falleron
Froidfond
Palluau
St-Christophe-du-Ligneron
Grand'Landes
St-Paul-Mont-Penit
La Chapelle-Palluau
Le Poiré-sur-Vie
Aizenay
Commequiers
Apremont
Maché
Belleville-sur-Vie
Saligny
St-Denis-la-Chevasse
L'Herbergement
Mormaison
La Chabotterie
Les Lucs-sur-Boulogne
Beaufou
Venansault
Landeronde
Martinet
Beaulieu-s/s-la-Roche
St-Maixent-sur-Vie
Coëx
St-Révérend
La Chapelle-Hermier
L'Aiguillon-sur-Vie
La Chaize-Giraud
Landevieille
St-Julien-des-Landes
La Mothe-Achard
St-Georges-de-Pointindoux
Ste-Flaive-des-Loups
Aubigny
Nesmy
LA ROCHE-SUR-YON
Dompierre-sur-Yon
Mouilleron-le-Captif
La Génétouze
Chaillé-s/s-les-Ormeaux
Brem-s-Mer
Vairé
166
182
G
H
1
2
3
4
5

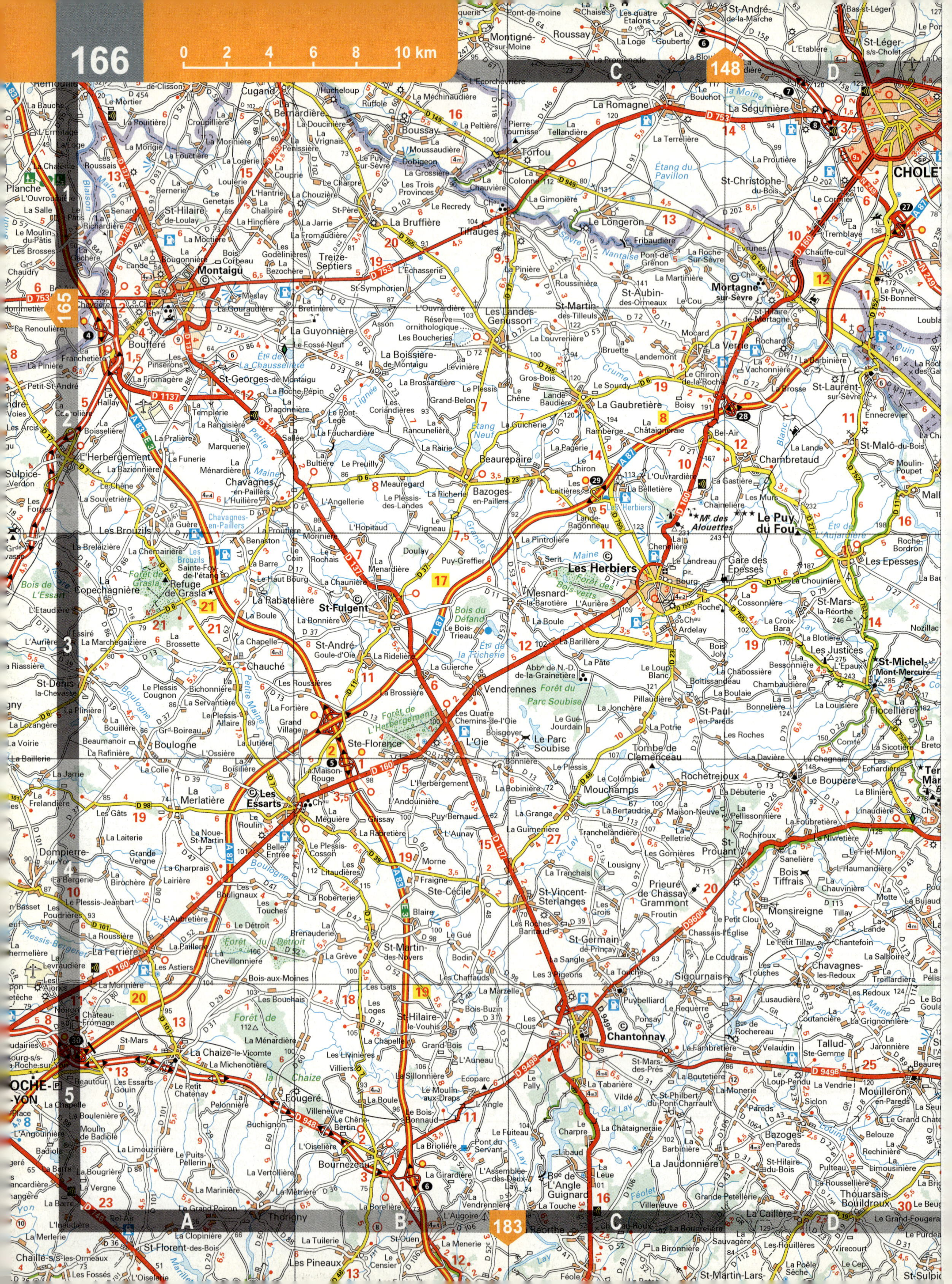

0 2 4 6 8 10 km
148
165
183
A
B
C
D
1
2
3
4
5
Montaigu
Cholet
St-Léger-s/s-Cholet
Montigné-sur-Moine
Roussay
Torfou
Tiffauges
La Romagne
La Séguinière
St-Christophe-du-Bois
Mortagne-sur-Sèvre
Le Longeron
La Bruffière
Treize-Septiers
St-Hilaire-de-Loulay
Cugand
Boussay
Boufféré
St-Georges-de-Montaigu
La Guyonnière
La Boissière-de-Montaigu
Les Landes-Genusson
St-Aubin-des-Ormeaux
St-Martin-des-Tilleuls
La Verrie
St-Laurent-sur-Sèvre
La Gaubretière
Beaurepaire
Bazoges-en-Paillers
Chambretaud
Le Puy du Fou
Les Épesses
St-Malô-du-Bois
L'Herbergement
Chavagnes-en-Paillers
Les Brouzils
St-Fulgent
Les Herbiers
Mesnard-la-Barotière
St-Mars-la-Réorthe
St-Michel-Mont-Mercure
Les Justices
Flocellière
Chauché
Ste-Florence
Vendrennes
Mouchamps
Rochetrejoux
Le Boupère
Boulogne
Les Essarts
St-André-Goule-d'Oie
Sainte-Foy-de-l'Étang
Refuge de Grasla
Copechagnière
Dompierre-sur-Yon
La Merlatière
Ste-Cécile
St-Vincent-Sterlanges
Prieuré de Chassay-Grammont
Sigournais
Monsireigne
Chavagnes-les-Redoux
Tallud-Ste-Gemme
Chantonnay
St-Martin-des-Noyers
St-Hilaire-le-Vouhis
La Ferrière
La Chaize-le-Vicomte
Fougeré
Bournezeau
Thorigny
St-Germain-de-Prinçay
La Jaudonnière
Bazoges-en-Pareds
Mouilleron-en-Pareds
Thouarsais-Bouildroux
La Roche-sur-Yon
St-Florent-des-Bois
Les Pineaux
Chaillé-s/s-les-Ormeaux
St-Martin-Lars
A 87
A 83
D 160
D 137
D 753
D 949

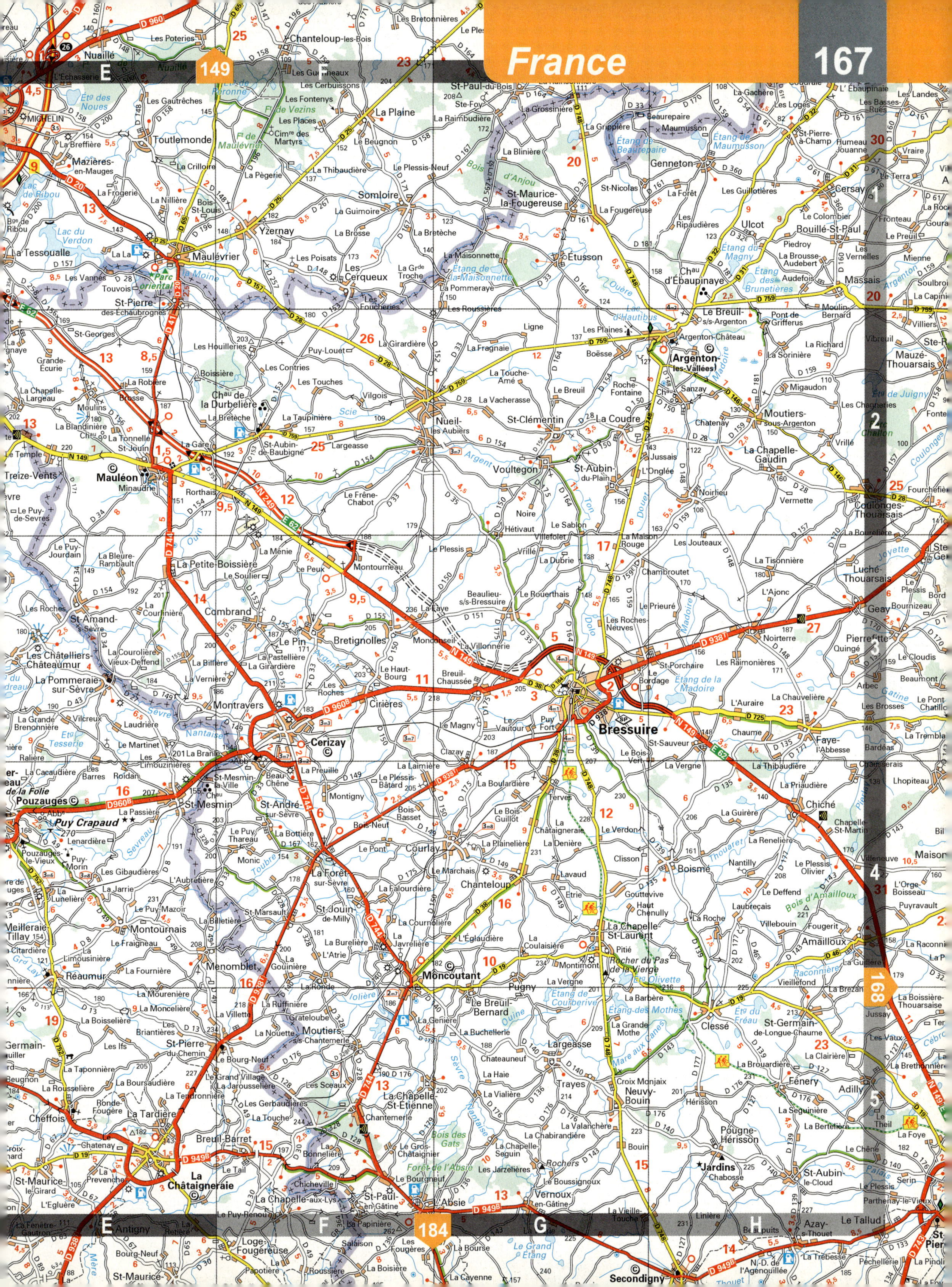
Nuaillé
Chanteloup-les-Bois
Toutlemonde
Mazières-en-Mauges
Maulévrier
Yzernay
Somloire
La Plaine
St-Paul-du-Bois
St-Maurice-la-Fougereuse
Étusson
Genneton
Cersay
Ulcot
Bouillé-St-Paul
Massais
St-Pierre-des-Échaubrognes
Les Cerqueux
Argenton-Château
Le Breuil-s/s-Argenton
(Argenton-les-Vallées)
La Tessoualle
Mauléon
Nueil-les-Aubiers
St-Clémentin
La Coudre
Moutiers-sous-Argenton
Voultegon
St-Aubin-du-Plain
La Chapelle-Gaudin
Coulonges-Thouarsais
Mauzé-Thouarsais
Treize-Vents
La Petite-Boissière
St-Amand-sur-Sèvre
Les Châtelliers-Châteaumur
La Pommeraie-sur-Sèvre
Combrand
Le Pin
Bretignolles
Cirières
Montravers
Cerizay
Bressuire
Chiché
Faye-l'Abbesse
Luché-Thouarsais
Geay
Pierrefitte
Pouzauges
Puy Crapaud
St-Mesmin
St-André-sur-Sèvre
La Forêt-sur-Sèvre
Courlay
Chanteloup
Boismé
Clessé
Amailloux
Réaumur
Montournais
Menomblet
Moncoutant
La Chapelle-St-Laurent
Largeasse
Moutiers-sous-Chantemerle
St-Pierre-du-Chemin
Cheffois
La Tardière
La Châtaigneraie
Breuil-Barret
La Chapelle-St-Étienne
Trayes
Neuvy-Bouin
Pougne-Hérisson
Fénery
Adilly
St-Germain-de-Longue-Chaume
St-Aubin-le-Cloud
Vernoux-en-Gâtine
St-Paul-en-Gâtine
L'Absie
Secondigny
Azay-sur-Thouet
Le Tallud
Antigny
Loge-Fougereuse
Jardins
Rocher du Pas de la Vierge
Bois d'Anjou
Forêt de l'Absie
Lac de Ribou
Lac du Verdon
Puy Crapaud
149
168
184

0 2 4 6 8 10 km

Les Trois-Moutiers
Loudun
Thouars
St-Jacques-de-Thouars
Oiron
St-Jouin-de-Marnes
Moncontour
St-Varent
Airvault
St-Loup-Lamairé
Thénezay
Parthenay
Mirebeau
Vouillé
Argenton-l'Église
Ste-Radegonde
Mauzé-Thouarsais
Coulonges-Thouarsais
Luché-Thouarsais
Boussais
Glénay
Assais-les-Jumeaux
La Grimaudière
Maisontiers
Amailloux
Viennay
Châtillon-sur-Thouet
Chalais
Angliers
Martaizé
Aulnay
La Chaussée
Mazeuil
Craon
Vouzailles
Ayron
La Ferrière-en-Parthenay
Curçay-sur-Dive
Glénouze
Ranton
Mouterre-Silly
Pas-de-Jeu
Marnes
Pressigny
Aubigny
Gourgé
Lhoumois
Oroux
Chalandray
St-Pierre
Saurais
Tessonnière
Louin
Irais
Availles-Thouarsais
Brie
Taizé
Missé
Luzay
Ste-Gemme
Geay
Pierrefitte
Chiché
150
167
185
A
B
C
D
1
2
3
4
5

151
186
170
PARC NATUREL RÉGIONAL LOIRE-ANJOU-TOURAINE
L'Île-Bouchard
Richelieu
Champigny-sur-Veude
Chaveignes
Courcoué
Luzé
Marcilly-sur-Vienne
Nouâtre
Maillé
Ports
Pussigny
Port-de-Piles
Descartes
Balesmes
Buxeuil
Les Ormes
Dangé-St-Romain
Vellèches
Marigny-Marmande
Faye-la-Vineuse
Jaulnay
Mondion
Braslou
Razines
Loudun
Sepmes
Draché
Marcé-sur-Esves
Abilly
Leugny
La Guerche
Mairé
Vaux-sur-Vienne
Ingrandes
Oyré
Antran
St-Gervais-les-Trois-Clochers
Leigné-sur-Usseau
Usseau
Sérigny
Orches
Sossais
Thuré
Châtellerault
Lencloître
Scorbé-Clairvaux
St-Genest-d'Ambière
Naintré
Cenon-sur-Vienne
Availles-en-Châtellerault
Senillé
St-Sauveur
Coussay-les-Bois
Leigné-les-Bois
Pleumartin
Monthoiron
Chenevelles
Archigny
Vouneuil-s-Vienne
Bonneuil-Matours
Beaumont
Jaunay-Clan
St-Georges-lès-Baillargeaux
Chasseneuil-du-Poitou
Futuroscope
Neuville-de-Poitou
Vendeuvre-du-Poitou
Chabournay
Mangny-Brizay
Ouzilly
Colombiers
Savigny-sous-Faye
Doussay
Cernay
Berthegon
Princay
Saires
La Roche-Posay
Forêt de Châtellerault
Forêt de la Guerche
Bois de Vératon
Réserve naturelle du Pinail
E
F
G
H
1
2
3
4
5

0 2 4 6 8 10 km
Loches
Beaulieu-lès-Loches
Chartreuse du Liget
Ligueil
Descartes
Le Grand-Pressigny
Preuilly-sur-Claise
St-Flovier
Châtillon-sur-Indre
Azay-le-Ferron
Mézières-en-Brenne
La Roche-Posay
Yzeures-sur-Creuse
Tournon-St-Martin
Angles-sur-l'Anglin
Pleumartin
Le Blanc
Fontgombault
Lésigny
Paulnay
Cléré-du-Bois
Martizay
Rosnay
Sennevières
St-Senoch
Esves-le-Moutier
Betz-le-Château
Ferrière-Larçon
Paulmy
Abilly
Barrou
La Guerche
Chaumussay
Boussay
Lureuil
Douadic
Forêt de Ste Jullite
Forêt de Preuilly
Bois de Verneuil
Parc de Boussay
Étang Neuf
Étang de la Mer Rouge
152
169
187
C
D
A
B

Écueillé
Villedomain
Préaux
Palluau-sur-Indre
St-Genou
Arpheuilles
Buzançais
Pellevoisin
Heugnes
Argy
Villegouin
Levroux
Vineuil
Villegongis
Chezelles
Villedieu-sur-Indre
Niherne
Déols
CHÂTEAUROUX
St-Maur
Le Poinçonnet
Ardentes
Arthon
Velles
Méobecq
Neuillay-les-Bois
Vendœuvres
Migné
Ste-Gemme
Luant
Fontenay
Bouges-le-Château
Brion
Bretagne
Montierchaume
Liniez
La Chapelle-St-Laurian
Vicq-sur-Nahon
Langé
Baudres
Moulins-sur-Céphons
Sougé
Francillon
St-Lactencin
Chasseneuil
St-Gaultier
Nuret-le-Ferron
Clion
Sauzelles
Forêt de Châteauroux
Bois de Champ d'Oiseau
Forêt de Lancosme
PARC RÉGIONAL
E
F
G
H
153
172
188

0 2 4 6 8 10 km

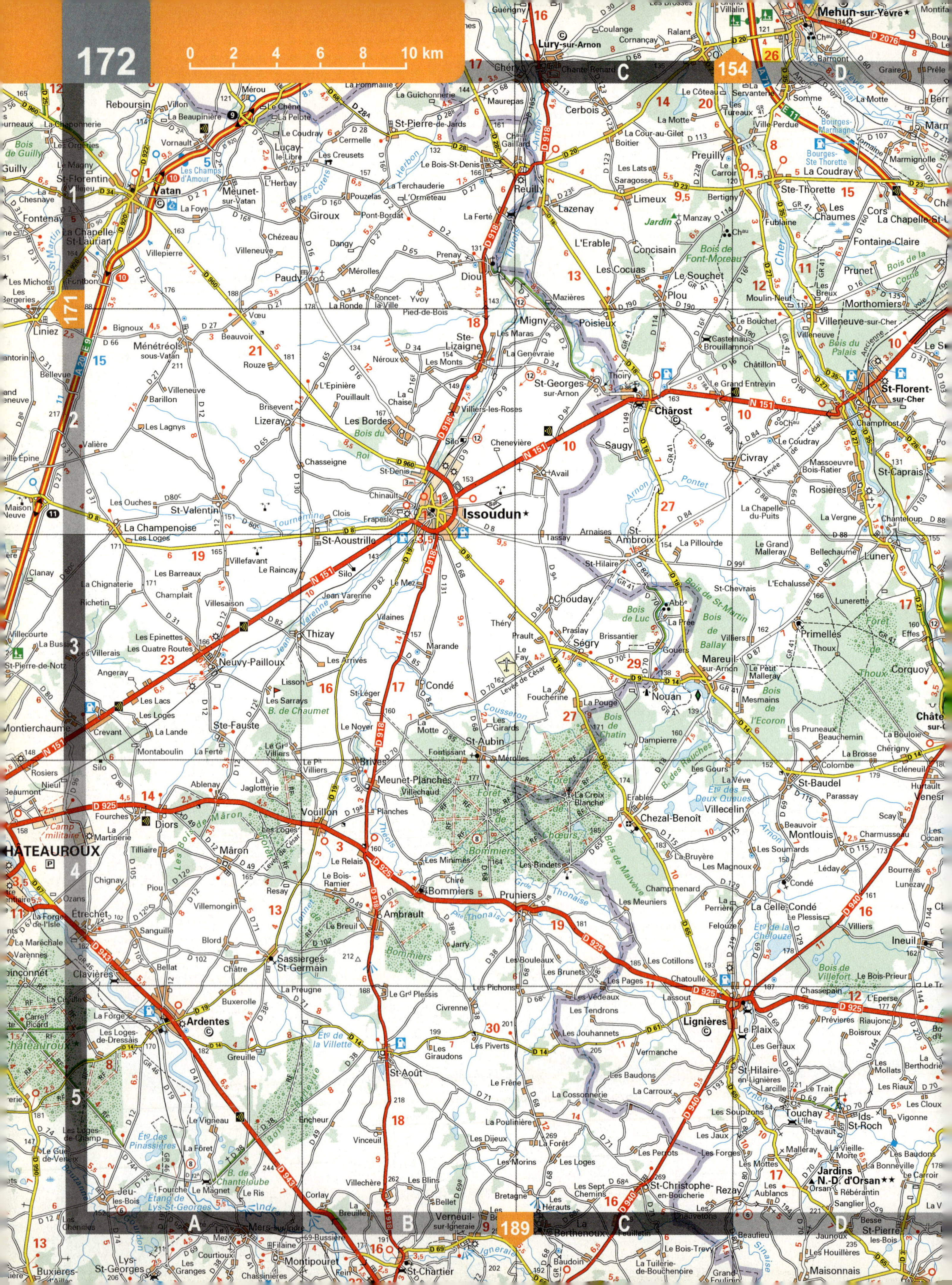

Mehun-sur-Yèvre
Lury-sur-Arnon
154
Vatan
Reuilly
Giroux
Meunet-sur-Vatan
Paudy
Diou
Limeux
Lazenay
Preuilly
Ste-Thorette
La Chapelle-St-Laurian
St-Florentin
Liniez
171
Ménétréols-sous-Vatan
Ste-Lizaigne
Migny
Poisieux
St-Georges-sur-Arnon
Chârost
Villeneuve-sur-Cher
St-Florent-sur-Cher
Lizeray
Les Bordes
Issoudun
St-Valentin
La Champenoise
St-Aoustrille
Saugy
Civray
Rosières
St-Caprais
Lunery
St-Ambroix
Chouday
Ségry
Thizay
Neuvy-Pailloux
Mareuil-sur-Arnon
Primelles
Corquoy
Nouan
Condé
St-Aubin
Ste-Fauste
Brives
Meunet-Planches
Vouillon
Diors
Mâron
Chezal-Benoît
Villecelin
St-Baudel
Montlouis
La Celle-Condé
Châteauroux
Étrechet
Ambrault
Bommiers
Pruniers
Sassierges-St-Germain
Ardentes
St-Août
Lignières
Ineuil
Jeu-les-Bois
Mers-sur-Indre
Montipouret
Verneuil-sur-Igneraie
St-Christophe-en-Boucherie
Rezay
Touchay
Ids-St-Roch
Jardins N.-D. d'Orsan
Maisonnais
St-Chartier
189

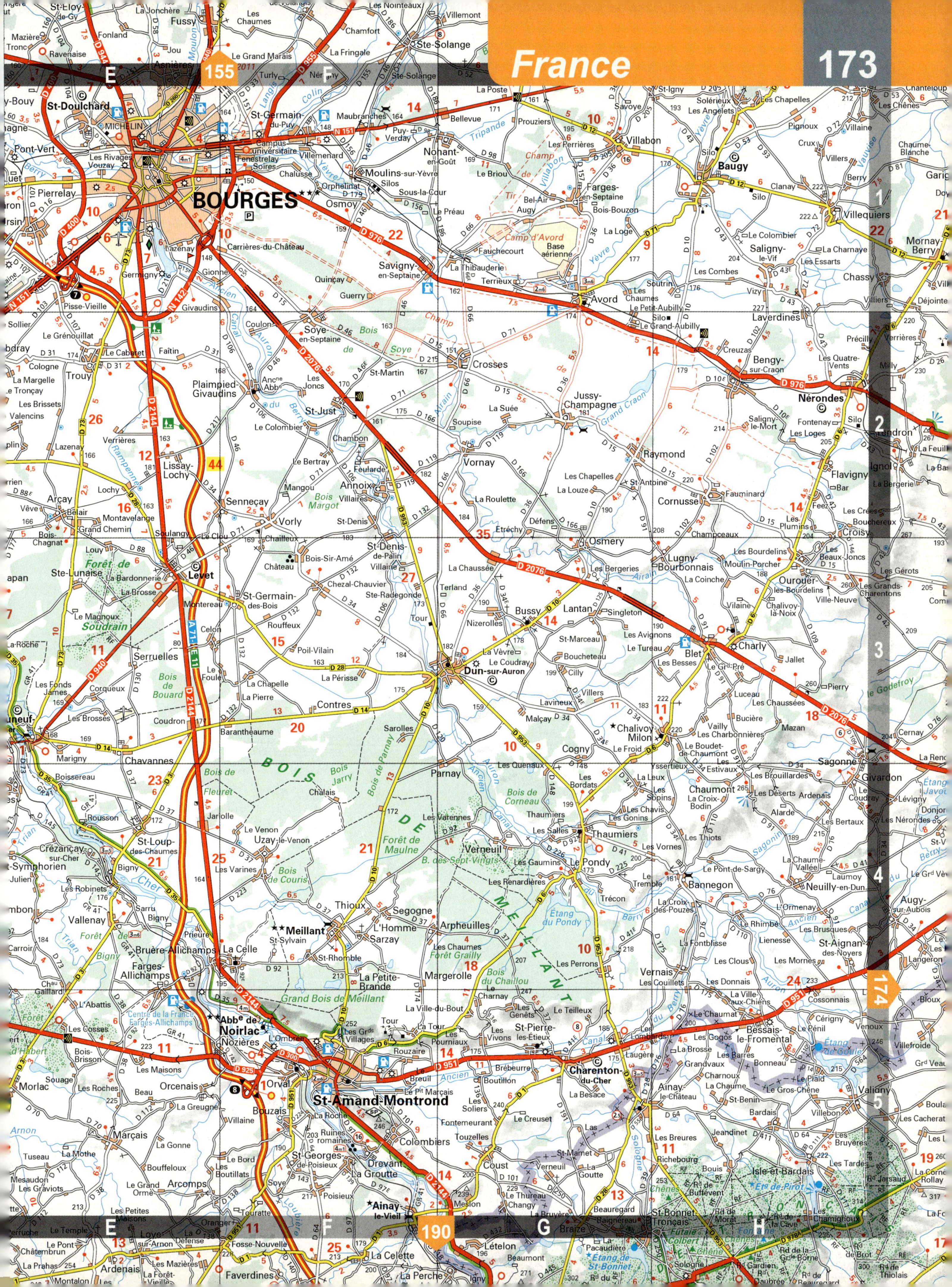
BOURGES
St-Doulchard
St-Amand-Montrond
Dun-sur-Auron
Levet
Baugy
Avord
Nérondes
Charenton-du-Cher
Sancoins
Meillant
Noirlac
Ainay-le-Vieil
Lignières
Châteauneuf-sur-Cher
Mehun-sur-Yèvre
Vierzon
Camp d'Avord
Base aérienne
Forêt de Soudrain
Forêt de Meillant
Bois de Meillant
Forêt de Maulne
Grand Bois de Meillant
Étang du Pondy
Canal de Berry
Cher
Yèvre
Auron
Airain
Marmande
155
174
190
E
F
G
H
1
2
3
4
5

0 2 4 6 8 10 km
156
173
191
A
B
C
D
1
2
3
4
5
NEVERS
Fourchambault
Varennes-Vauzelles
Pougues-les-Eaux
Garchizy
Marzy
Coulanges-lès-Nevers
Guérigny
Urzy
Varennes
Challuy
Sermoise-sur-Loire
Gimouille
Saincaize-Meauce
Magny-Cours
St-Parize-le-Châtel
Imphy
Chevenon
Sauvigny-les-Bois
St-Éloi
St-Pierre-le-Moûtier
Chantenay-St-Imbert
Mornay-sur-Allier
Sancoins
La Guerche-sur-l'Aubois
Nérondes
Lurcy-Lévis
Pouzy-Mésangy
Neuvy-le-Barrois
Apremont-sur-Allier
La Chapelle-Hugon
Grossouvre
Cuffy
Le Chautay
Torteron
Jouet-sur-l'Aubois
Marseilles-lès-Aubigny
Villequiers
Mornay-Berry
Germigny-l'Exempt
Azy-le-Vif
Neuville-lès-Decize
Luthenay-Uxeloup
Fleury-sur-Loire
Villeneuve-sur-Allier
Tresnay
Livry
Langeron
Montigny-aux-Amognes
St-Jean-aux-Amognes
Ourouër
Forêt des Bertranges
LOIRE
Allier

St-Saulge
Châtillon-en-Bazois
St-Benin-d'Azy
Moulins-Engilbert
Decize
La Machine
St-Honoré-les-Bains
Fours
Cercy-la-Tour
Tamnay-en-Bazois
Rouy
Biches
Vandenesse
Dommartin
Sermages
Luzy
Fléty
Rémilly
Savigny-Poil-Fol
Ternant
La Nocle-Maulaix
Cronat
Maltat
Bourbon-Lancy
St-Germain-Chassenay
Dornes
St-Ennemond
Lucenay-lès-Aix
Gannay-sur-Loire
St-Hilaire-Fontaine
Montambert
Devay
Champvert
Verneuil
Thianges
Diennes-Aubigny
Montigny-sur-Canne
Fertrève
Anlezy
Ville-Langy
Cizely
Frasnay-Reugny
Billy-Chevannes
Bona
Saxi-Bourdon
St-Firmin
Montapas
Mont-et-Marré
Limanton
Brinay
Alluy
Isenay
Montaron
Sémelay
Préporché
Forêt de Vincence
Forêt de Buremont
Bois de Briffault
Forêt des Glénons
Forêt de Vanzé
LOIRE
Aron
D 978
D 981
D 979
E
F
G
H
157
176
192
Signal de Mont
Mont d'Azy

0 2 4 6 8 10 km
158
175
193
Château-Chinon
Arleuf
Lucenay-l'Évêque
AUTUN
Mont Beuvray
St-Léger-s/s-Beuvray
Roussillon-en-Morvan
La Celle-en-Morvan
Anost
MORVAN
Sommant
Reclesne
Cordesse
Dracy-St-Loup
Tavernay
Curgy
St-Forgeot
St-Symphorien
Monthelon
Broye
Étang-s-Arroux
Mesvres
La Comelle
Poil
Laizy
Brion
St-Symphorien-de-Marmagne
Marmagne
Uchon
Signal d'Uchon
La Tagnière
Montcenis
Luzy
Larochemillay
Millay
Chiddes
St-Didier-s-Arroux
St-Nizier-s-Arroux
Charbonnat
Dettey
Cuzy
Issy-l'Évêque
Montmort
Toulon-sur-Arroux
Marly-sous-Issy
Uxeau
Ste-Radegonde
St-Eugène
St-Romain-sous-Versigny
Montceau-les-Mines
Sanvignes-les-Mines
St-Berain-sous-Sanvignes
Ternant
Savigny-Poil-Fol
Tazilly
Onlay
Villapourçon
Glux-en-Glenne
Préporché
Fâchin
St-Hilaire-en-Morvan
St-Léger-de-Fougeret
Sermages
Montigny-sur-Canne
Signal de Mont
Temple des Mille Bouddhas
Circuit de Moto-Cross international
Croix de la Libération
Forêt de Planoise
Forêt de Marmagne
Étang de Poisson
Étang du Bousson
Forêt de Martenet
Bois de Beaumont
PARC NATUREL RÉGIONAL DU MORVAN

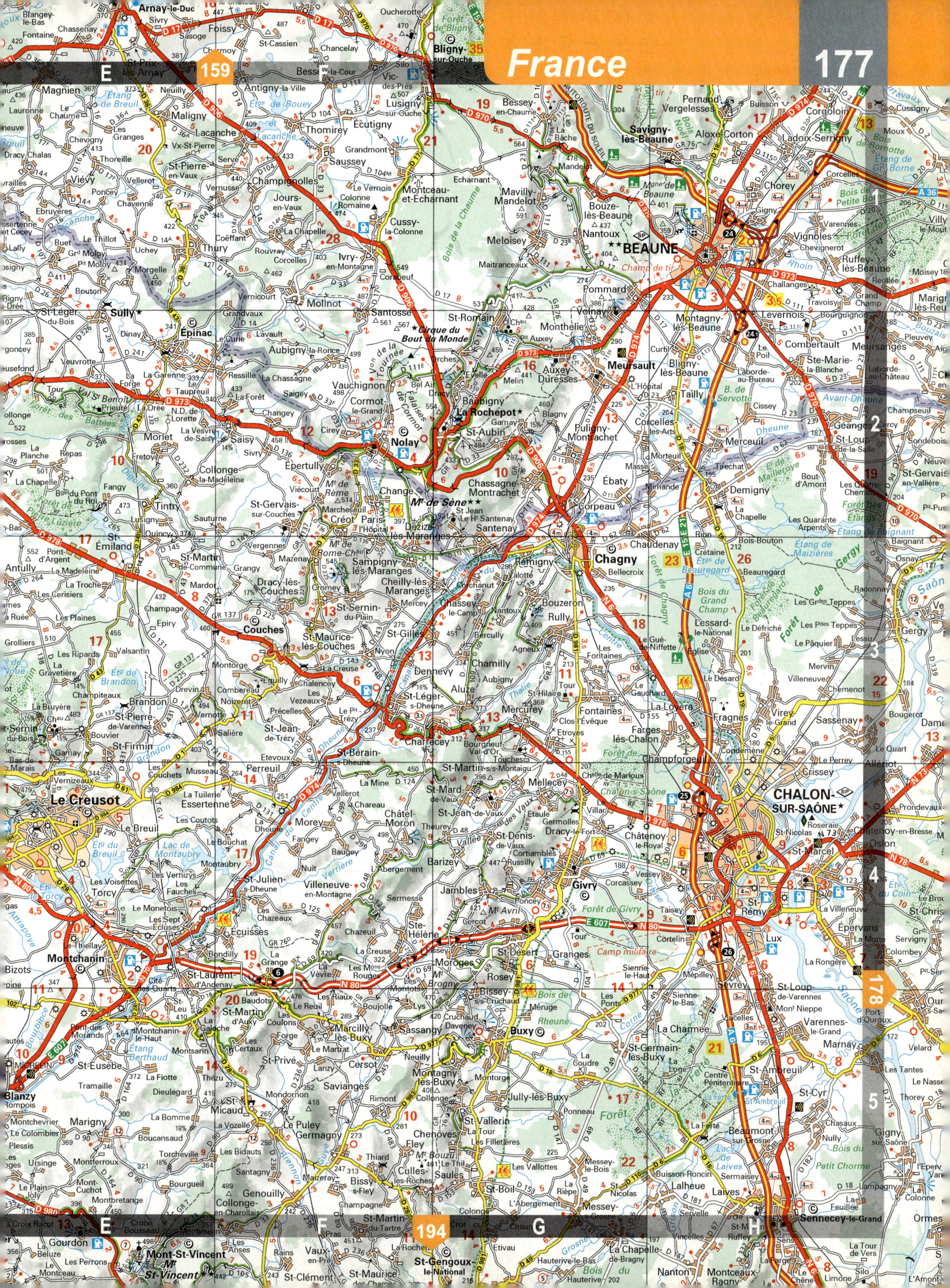
Arnay-le-Duc
Bligny-sur-Ouche
Savigny-lès-Beaune
Aloxe-Corton
Ladoix-Serrigny
Corgoloin
Chorey
Bouze-lès-Beaune
BEAUNE
Vignoles
Ruffey-lès-Beaune
Pommard
Volnay
Meursault
Montagny-lès-Beaune
Combertault
Levernois
Sully
Épinac
Auxey-Duresses
Monthélie
St-Romain
Cirque du Bout du Monde
La Rochepot
St-Aubin
Puligny-Montrachet
Chassagne-Montrachet
Nolay
Corcelles-les-Arts
Merceuil
Tailly
Ébaty
Corpeau
Chagny
Santenay
Mt de Sène
Dezize-lès-Maranges
Sampigny-lès-Maranges
Cheilly-lès-Maranges
Dracy-lès-Couches
Couches
St-Sernin-du-Plain
St-Maurice-lès-Couches
Chamilly
Aluze
Rully
Bouzeron
Remigny
Chaudenay
Demigny
Lessard-le-National
Fontaines
Mercurey
St-Léger-s-Dheune
Charrecey
Farges-lès-Chalon
Champforgeuil
CHALON-SUR-SAÔNE
St-Marcel
St-Rémy
Lux
Givry
Jambles
Barizey
Le Creusot
Torcy
Montchanin
Écuisses
St-Laurent-d'Andenay
Blanzy
St-Eusèbe
Marigny
Mont-St-Vincent
Gourdon
Genouilly
St-Gengoux-le-National
Saules
Sennecey-le-Grand
Buxy
St-Désert
Moroges
Jully-lès-Buxy
St-Vallerin
St-Boil
Messey-sur-Grosne
Laives
Beaumont-sur-Grosne
St-Ambreuil
St-Cyr
Marnay
Varennes-le-Grand
St-Loup-de-Varennes
Sevrey
Épervans
Oslon
Châtenoy-en-Bresse
Crissey
Châtenoy-le-Royal
Dracy-le-Fort
Sassenay
Virey-le-Grand
Fragnes
Forêt de Gergy
Forêt de Givry
Camp militaire
Saône
A6
E 15-E 21
N 6
N 80
E 607
D 974
D 973
D 978
159
194
178
E
F
G
H
1
2
3
4
5

0 2 4 6 8 10 km

160
177
195
C
D
A
B
1
2
3
4
5
St-Usage
St-Jean-de-Losne
Losne
St-Symphorien-sur-Saône
Laperrière-sur-Saône
Champvans
Magny-lès-Aubigny
Esbarres
Samerey
Damparis
Foucherans
Corgoloin
Antilly
Cussigny
Balon
Broin
Auvillars-sur-Saône
Le Port-de-Charrey
Pagny-la-Ville
Abergement-la-Ronce
Aumur
Tavaux
Gevry
Argilly
Bagnot
Lechâtelet
Labruyère
Glanon
Pagny-le-Château
Franxault
Borde-Rouge
St-Aubin
Villy-le-Moutier
Villy-le-Brûlé
Montmain
Pouilly-sur-Saône
Chamblanc
Montagny-lès-Seurre
Champdivers
Molay
Vignoles
Ruffey-lès-Beaune
Corberon
Seurre
Grosbois-lès-Tichey
Tichey
St-Loup
Marigny-lès-Reullée
Labergement-lès-Seurre
Jallanges
Lanthes
Bousselange
Chemin
Peseux
Chaussin
St-Baraing
Meursanges
Corgengoux
Chivres
Trugny
Annoire
Longwy-s-le-Doubs
Petit-Noir
Asnans-Beauvoisin
Chevigny-en-Valière
Palleau
La Villeneuve
Clux
Pourlans
Mont-lès-Seurre
Ecuelles
St-Martin-en-Gâtinois
St-Gervais-en-Vallière
Navilly
Longepierre
Charnay-lès-Chalon
Pontoux
Charette-Varennes
Lays-sur-le-Doubs
Fretterans
Neublans-Abergement
Les Hays
Frontenard
Bragny-sur-Saône
Saunières
Sermesse
Pierre-de-Bresse
Grand-Mont
Authumes
Allerey-sur-Saône
Les Bordes
Verdun-sur-le-Doubs
Ciel
Verjux
Toutenant
Gergy
Mont
St-Bonnet-en-Bresse
Mouthier-en-Bresse
St-Maurice-en-Rivière
St-Didier-en-Bresse
Dampierre-en-Bresse
La Chapelle-St-Sauveur
Torpes
Bellevesvre
La Racineuse
Serrigny-en-Bresse
La Chaux
Damerey
Allériot
St-Martin-en-Bresse
Villegaudin
Mervans
Montjay
Chalon-sur-Saône
Montcoy
Guerfand
Serley
St-Germain-du-Bois
Le Planois
Oslon
Lans
L'Abergement-Ste-Colombe
St-Christophe-en-Bresse
Diconne
Devrouze
Thurey
Bosjean
Sens-sur-Seille
Bletterans
Épervans
Frangy-en-Bresse
Simard
Ouroux-sur-Saône
St-Étienne-en-Bresse
Vérissey
St-Usuge
Montcony
Sergenon
Fontainebrux
Sailleuand
St-Germain-du-Plain
Montret
Beaurepaire-en-Bresse
St-Cyr
Baudrières
St-Vincent-en-Bresse
St-André-en-Bresse
Branges
Vincelles
Montagny-près-Louhans
Ratte
Sennecey-le-Grand
Louhans
Savigny-sur-Seille
Sornay
Simandre
Bantanges
Sagy

161
E
F
G
H
196
180
Forêt de Chaux
Saline royale
Arc-et-Senans
Montbarrey
Villers-Farlay
Mouchard
Salins-les-Bains
Fort St-André
Arbois
Reculée des Planches
Cirque du Fer à Cheval
Poligny
Chamole
Grotte des Moidons
Champagnole
Nozeroy
Sellières
Voiteur
Château-Chalon
Cirque de Ladoye
Baume-les-Messieurs
Cirque de Baume
LONS-LE-SAUNIER
Les Roches de Baume
Conliège
Creux de Revigny
Lac de Chalain
Pic de l'Aigle
Belv. de la Dame Blanche
Cascades du Hérisson
Chaumergy
Arlay
Bletterans
Montmorot
Perrigny
Crançot
Mirebel
Clairvaux-les-Lacs
Doucier
Montigny-sur-l'Ain
Crotenay
Sirod
Bourg-de-Sirod
Andelot-en-Montagne
Ivrey
Montmarlon
Lemuy
Valempoulières
Vers-en-Montagne
Le Pasquier
Montrond
Villers-Robert
Nevy-lès-Dole
Souvans
Vaudrey
Mont-sous-Vaudrey
La Vieille-Loye
Germigney
Chissey
Mouchard
Aiglepierre
Les Arsures
Montigny-lès-Arsures
Mesnay
Pupillon
Buvilly
Tourmont
Toulouse-le-Château
St-Lothain
Miéry
Plasne
Frontenay
Ménétru-le-Vignoble
Nevy-sur-Seille
Ladoye-sur-Seille
Plainoiseau
Vernantois
Revigny
Publy
Verges
Châtillon
Vevy
Briod
Pont-du-Navoy
Le Frasnois
Ménétrux-en-Joux
Chaux-du-Dombief
Bonlieu
Saffloz
Chevrotaine
Marigny
Fontenu
Foncine-le-Haut

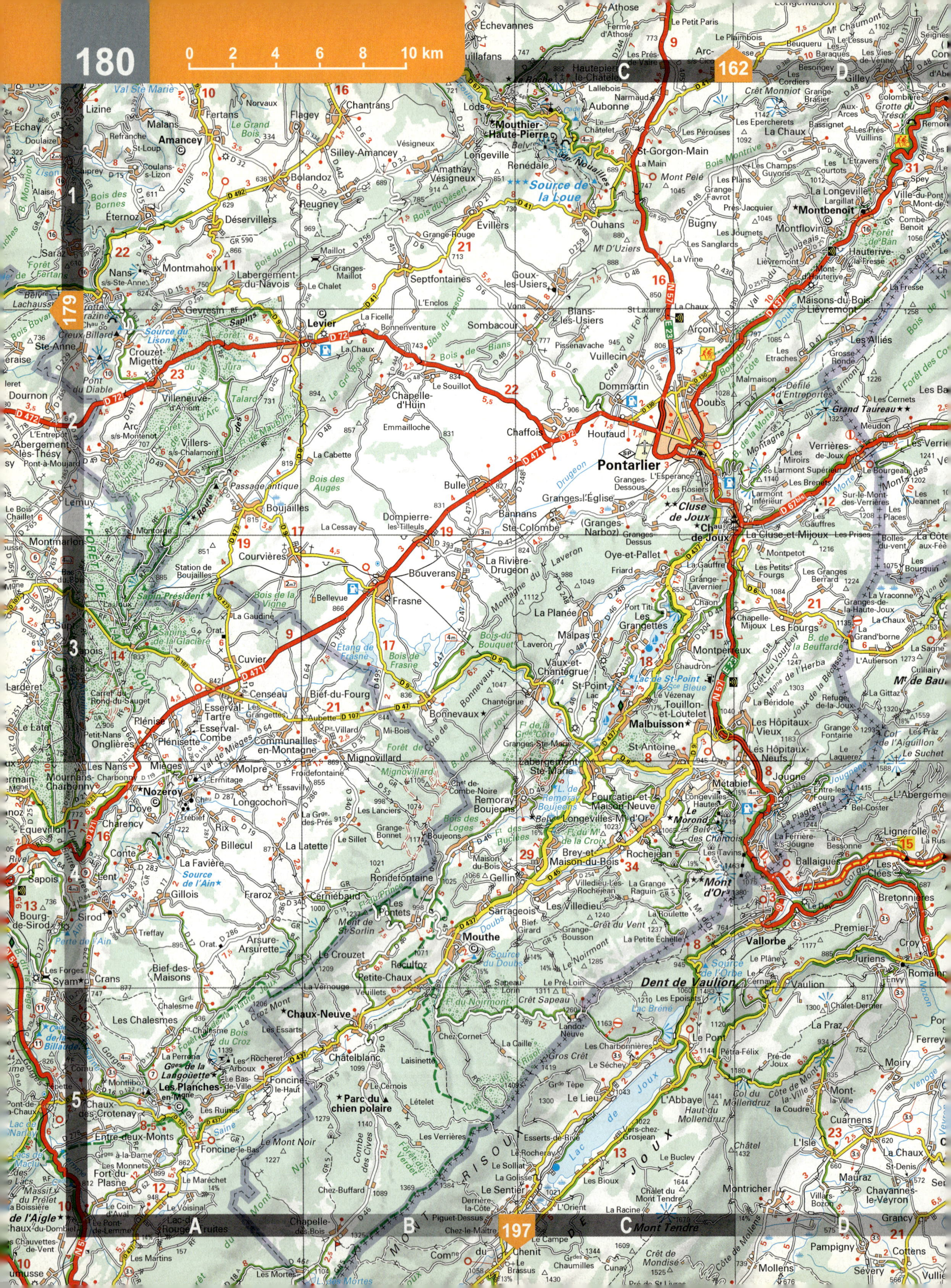
0 2 4 6 8 10 km
162
179
197
A
B
C
D
1
2
3
4
5
Pontarlier
Levier
Nozeroy
Mouthe
Vallorbe
Malbuisson
Frasne
Mouthier-Haute-Pierre
Source de la Loue
Amancey
Chantrans
Flagey
Silley-Amancey
Amathay-Vésigneux
Longeville
Renédale
Lods
Échevannes
Athose
Hauterive-la-Fresse
Arc-sous-Cicon
Aubonne
Ouhans
Évillers
Septfontaines
Goux-les-Usiers
Sombacour
Bians-les-Usiers
Vuillecin
Dommartin
Chaffois
Houtaud
Doubs
St-Gorgon-Main
Bugny
Montflovin
Montbenoît
Maisons-du-Bois-Lièvremont
Les Alliés
Arçon
Chapelle-d'Huin
Bulle
Bannans
Ste-Colombe
Dompierre-les-Tilleuls
Bouverans
La Rivière-Drugeon
Granges-Narboz
Oye-et-Pallet
La Cluse-et-Mijoux
Cluse de Joux
Verrières-de-Joux
Montperreux
Lac de St-Point
St-Point-Lac
Chaon
Malpas
La Planée
Vaux-et-Chantegrue
Bonnevaux
Labergement-Ste-Marie
Remoray-Boujeons
Métabief
Jougne
Les Hôpitaux-Vieux
Les Hôpitaux-Neufs
Longevilles-Mt-d'Or
Rochejean
Mont d'Or
Les Fourgs
Sarrageois
Gellin
Chaux-Neuve
Châtelblanc
Parc du chien polaire
Foncine-le-Haut
Les Planches-en-Montagne
Chaux-des-Crotenay
Entre-deux-Monts
Foncine-le-Bas
Source de l'Ain
Sirod
Bourg-de-Sirod
Syam
Crans
Les Chalesmes
Bief-des-Maisons
Billecul
La Latette
Cerniébaud
Mignovillard
Mièges
Molpré
Longcochon
Charency
Doye
Conte
Lent
Gillois
Fraroz
La Favière
Plénise
Plénisette
Esserval-Tartre
Esserval-Combe
Communailles-en-Montagne
Bief-du-Fourg
Cuvier
Censeau
Courvières
Boujailles
Villers-sous-Chalamont
Villeneuve-d'Amont
Arc-sous-Montenot
Abergement-lès-Thésy
Crouzet-Migette
Gevresin
Nans-sous-Ste-Anne
Montmahoux
Labergement-du-Navois
Déservillers
Reugney
Bolandoz
Éternoz
Malans
Lizine
Dent de Vaulion
Lac de Joux
L'Abbaye
Le Pont
Le Lieu
Le Sentier
L'Orient
Le Brassus
Vallorbe
Ballaigues
Lignerolle
Premier
Juriens
Romainmôtier
Croy
L'Isle
Mont-la-Ville
Cuarnens
Montricher
Mauraz
Chavannes-le-Veyron
Grancy
Pampigny
Cottens
Mollens
Mont Tendre
Risoux
Forêt du Risoux
Col du Mollendruz
Fort de Joux
Ste-Anne
Chapelle-des-Bois
Bellefontaine

NEUCHÂTEL
LAC DE NEUCHÂTEL
LAC
Yverdon-les-Bains
Estavayer-le-Lac
Payerne
Grandson
Moudon
Romont
Lucens
Orbe
Echallens
Boudry
Colombier
Cortaillod
Auvernier
Peseux
Marin-Epagnier
Laténium
Le Locle
Morteau
Couvet
Fleurier
Môtiers
St-Sulpice
La Brévine
Les Ponts-de-Martel
Noiraigue
Travers
Bevaix
Gorgier
St-Aubin-Sauges
Vaumarcus
Concise
Onnens
Champagne
Cudrefin
Portalban
Chevroux
Autavaux
Montagny-la-Ville
Cugy
Granges-près-Marnand
Chavannes-le-Chêne
Yvonand
Cheyres
Font
Châbles
Bussy
Sévaz
Corcelles
Dompierre
Domdidier
Avenches
Faoug
Vallamand
Villars-le-Grand
Valeyres-s/s-Rances
Montcherand
Chavornay
Essertines-s-Yverdon
Pailly
Vuarrens
Thierrens
St-Cierges
Chapelle-s-Moudon
Bercher
Poliez-Pittet
Bottens
Froideville
Oron-la-Ville
Châtillens
Palézieux
Servion
Mézières
Ropraz
Vucherens
Carrouge
Siviriez
Villaraboud
Vuisternens-devt-Romont
Mézières
Grangettes
Massonnens
Villarimboud
Torny-le-Grand
Lentigny
Cottens
Neyruz
Ecuvillens
Avry-devant-Pont
Sorens
Vaulruz
Vuadens
Sâles
Maules
Le Crêt
La Joux
La Magne
Bouloz
Porsel
Besencens
Attalens
Bossonnens
Remaufens
Semsales
Progens
Le Châtelard
Billens
Ursy
Rue
Vuarmarens
Lovatens
Curtilles
Dompierre
Prévonloup
Henniez
Villeneuve
Surpierre
Cheiry
Combremont-le-Grand
Combremont-le-Petit
Démoret
Molondin
Donneloye
Prahins
Chêne-Pâquier
Treytorrens
Rovray
Murist
Nuvilly
Aumont
Sassel
Ménières
Fétigny
Trey
Corcelles-près-Payerne
Mannens
Grandsivaz
Prez-vers-Noréaz
Noréaz
Corserey
Onnens
Chénens
Autigny
Estavayer-le-Gibloux
Villarlod
Rueyres-St-Laurent
Orsonnens
Villargiroud
Villarsiviriaux
Chavannes-s/s-Orsonnens
Lussy
Villaz-St-Pierre
Berlens
Estévenens
Romanens
Sommentier
Lieffrens
Les Ecasseys
Grattavache
Fiaugères
St-Martin
Maracon
Bussigny
La Rogivue
Essertes
Auboranges
Chapelle
Ecublens
Promasens
Mossel
Blessens
Vuarmarens
Esmonts
Morlens
Chavannes-les-Forts
Les Colombettes
Vuippens
Marsens
Gumefens
Riaz
La Tour-de-Trême
Le Pâquier
Moléson-sur-Gruyères
Villars-sous-Mont
Orges
Vugelles-la-Mothe
Novalles
Grandevent
Fontaines-s-Grandson
Giez
Fiez
Bonvillars
Champagne
Vaugondry
Villars-Burquin
Mauborget
Romairon
Fontanezier
Provence
Mutrux
Fresens
Montalchez
Chez-le-Bart
Bullet
Ste-Croix
Vuiteboeuf
Peney
Baulmes
Champvent
Mathod
Suscévaz
Valeyres-s-Montagny
Montagny
Chamblon
Treycovagnes
Pomy
Cuarny
Cronay
Ursins
Orzens
Oppens
Ogens
Bioley-Magnoux
Rueyres
Boulens
Peyres-Possens
Sugnens
Dommartin
Naz
Villars-Mendraz
Sottens
Martherenges
Montaubion-Chardonney
Villars-Tiercelin
Poliez-le-Grand
Assens
Bretigny
Etagnières
Bioley-Orjulaz
Goumoens-la-Ville
Eclagnens
Oulens
Villars-le-Terroir
Penthéréaz
Bavois
Orny
Arnex-s-Orbe
Agiez
Bofflens
La Sarraz
Eclépens
Lussery-Villars
Daillens
Penthalaz
Cossonay-Gare
Penthaz
Bournens
Sullens
Boussens
Vufflens
Cheseaux
Romanel
Epalinges
Cugy
Le Mont
Montpreveyres
Les Cullayes
Mollie-Margot
Corcelles-le-Jorat
Chalet-à-Gobet
Villars-Ste-Croix
Crissier
Aclens
Mormont
Le Chasseron
Les Rasses
Buttes
La Robella
Boveresse
La Côte-aux-Fées
Les Verrières
La Chaux-du-Milieu
Le Cerneux-Péquignot
Brot-Dessous
Brot-Plamboz
Rochefort
Montmollin
Montezillon
Coffrane
Les Geneveys-s-Coffrane
Valangin
Hauterive
St-Blaise
Thielle
Gampelen
Witzwil
La Tène
Champmartin
Montmagny
Constantine
Chabrey
Delley
Gletterens
St-Aubin
Vallon
Missy
Carignan
Grandcour
Forel
Rueyres-les-Prés
Montbrelloz
Morens
Lully
Châtillon
Frasses
Montet
Vesin
Seiry
Bollion
Granges-de-Vesin
Les Montets
Gampelen
Witzwil

0 2 4 6 8 10 km
165
LES SABLES-D'OLONNE
Pointe de l'Aiguille
Fort St-Nicolas
La Chaume
Phare des Barges
Rudelière
Zoo
La Corniche
Puits d'Enfer
Anse de Cayola
Château-d'Olonne
La Mouzinière
La Pironnière
Olonne-s-Mer
L'Île-d'Olonne
Réserve ornithologique
Champclou
Sauveterre
La Bauduère
L'Allerie
La Girvière
L'Aubraie
La Rouliere
Pierre Levée
St-Mathurin
Ste-Foy
Grosbreuil
Les Granges
La Salaire
La Burelière
La Chausserie
La Bradière
Bourgneuf
Beausejour
Musée automobile de Vendée
Les Arpents
Saint-Jean-d'Orbestier
Maison-Neuve
Querry-Pigeon
Le Porteau
Port-Bourgenay
Plage du Veillon
Pointe du Payré
Talmont-St-Hilaire
Les Hautes Mers
La Guittière
Abb.ye de N.-D. de Lieu-Dieu
La Grange
Jard-sur-Mer
Roche de L'Islatte
St-Vincent-s-Jard
Maison de Clemenceau
La Chapelle-Achard
Le Plessis-Jousselin
Ste-Flaive-des-Loups
Le Girouard
Nieul-le-Dolent
La Boissière-des-Landes
Aubigny
Nesmy
Chaillé-s-les-Ormeaux
Poiroux
St-Avaugourd-des-Landes
St-Vincent-sur-Graon
Moutiers-les-Mauxfaits
Le Champ-St-Père
Avrillé
La Guignardière
Dolmen de la Frébouchère
Le Bernard
St-Hilaire-la-Forêt
Longeville-s-Mer
Angles
Le Givre
La Tranche-sur-Mer
Pointe du Grouin du Cou
Pointe du Chiquet
Parc Floral
La Terrière
Les Conches
L'Alouette
Saligotière
Le Rocher
Canal de Ceinture
Pnte du Rocher
La Faute-s-Mer
PERTUIS
Les Baleines
Pnte du Lizay
Conche des Baleines
Les Portes-en-Ré
L'Arche de Noé
Le Gillieux
Réserve Naturelle
Fier d'Ars
Pnte du Fier
Loix
Pnte du Grouin
Rade de St-Martin
Fosse de Loix
St-Martin
Citadelle
St-Clément-des-Baleines
Ars-en-Ré
Pnte de Grignon
Le Martray
La Passe
La Couarde-s-Mer
Le Bois-Plage-en-Ré
La Gollandière
Gros-Jonc
Pnte de Chanchardon
Phare de Chanchardon
Les Grenettes
ÎLE DE RÉ
A
B
C
D
1
2
3
4
5
D 949
D 160
D 747
D 21
D 36
D 32
A 87

166
184
200
E
F
G
H
Luçon
Chaillé-les-Marais
Marans
Ste-Hermine
L'Hermenault
Nalliers
Mareuil-sur-Lay-Dissais
L'Aiguillon-sur-Mer
St-Michel-en-l'Herm
Esnandes
Marsilly
Nieul-s-Mer
LA ROCHELLE
Courçon
Lagord
Puilboreau
Dompierre-s-Mer
Andilly
Villedoux
Anse de l'Aiguillon
Pointe de l'Aiguillon
Pointe d'Arçay
MARAIS
INTERREGIONAL
Champagné-les-Marais
Puyravault
Ste-Radégonde-des-Noyers
Moreilles
Vouillé-les-Marais
Velluire
Le Gué-de-Velluire
L'Île-d'Elle
Triaize
Grues
St-Denis-du-Payré
La Taillée
Le Langon
Mouzeuil-St-Martin
Pouillé
Ste-Gemme-la-Plaine
St-Jean-de-Beugné
St-Aubin-la-Plaine
Corpe
Péault
Moutiers-sur-le-Lay
Bessay
Ste-Pexine
Château-Guibert
Thorigny
Bournezeau
La Réorthe
St-Juire-Champgillon
St-Martin-Lars-en-Ste-Hermine
Thiré
La Chapelle-Thémer
St-Étienne-de-Brillouet
St-Valérien
St-Martin-des-Fontaines
Marsais-Ste-Radégonde
Longèves
Petosse
Auzay
Fontaines
Montreuil
Doix
Vix
Maillé
St-Jean-de-Liversay
Taugon
La Ronde
Ferrières
Nuaillé-d'Aunis
St-Sauveur-d'Aunis
Anais
Angliers
Longèves
St-Ouen-d'Aunis
St-Xandre
L'Houmeau
Périgny
St-Rogatien
St-Médard-d'Aunis
Montroy
Clavette
Vérines
Ste-Soulle
St-Clément
Charron
La Rochelle
Rivedoux-Plage
La Flotte

0 2 4 6 8 10 km
183
167
201
La Châtaigneraie
Breuil-Barret
St-Paul-en-Gâtine
Vernoux-en-Gâtine
La Caillère
Antigny
St-Maurice-des-Noues
Loge-Fougereuse
St-Hilaire-de-Voust
Secondigny
Champgillon
St-Martin-Lars-en-Ste-Hermine
St-Sulpice-en-Pareds
Cezais
Vouvant
Le Busseau
Le Beugnon
La Chapelle-Thémer
Marsais-Ste-Radégonde
Mervent
Forêt de Mervent-Vouvant
Puy-de-Serre
Marillet
La Chapelle-Thireuil
Fenioux
Faymoreau
L'Hermenault
Pouillé
Sérigné
Foussais-Payré
St-Laurs
Puihardy
Pamplie
Longèves
Pissotte
L'Orbrie
St-Michel-le-Cloucq
St-Maixent-de-Beugné
Coulonges-s-l'Autize
Xaintray
Petosse
Fontenay-le-Comte
St-Hilaire-des-Loges
Ardin
Béceleuf
Surin
Le Langon
Auzay
Chaix
Xanton-Chassenon
St-Pompain
Faye-sur-Ardin
St-Martin-de-Fraigneau
Nieul-s-l'Autise
Oulmes
Fontaines
Montreuil
Velluire
Doix
Bouillé-Courdault
Villiers-en-Plaine
Coudray-Salbart
St-Maxire
Marais Poitevin
Maillezais
St-Pierre-le-Vieux
Vix
Liez
Benet
St-Rémy
Sciecq
Le Gué-de-Velluire
L'Île-d'Elle
Maillé
St-Sigismond
Le Mazeau
Coulon
Magné
Niort
Marans
Taugon
La Ronde
Damvix
Arçais
Le Vanneau-Irleau
La Garette
Bessines
St-Jean-de-Liversay
St-Georges-de-Rex
Sansais
Amuré
St-Cyr-du-Doret
St-Hilaire-la-Palud
Frontenay-Rohan-Rohan
St-Symphorien
Courçon
Nuaillé-d'Aunis
Ferrières
La Laigne
Cramchaban
Prin-Deyrançon
Épannes
Vallans
Granzay-Gript
St-Sauveur-d'Aunis
Mauzé-s-le-Mignon
La Rochénard
La Foye-Monjault
Beauvoir-sur-Niort
Le Gué-d'Alleré
A 83
A 10
N 11
N 248
E 601

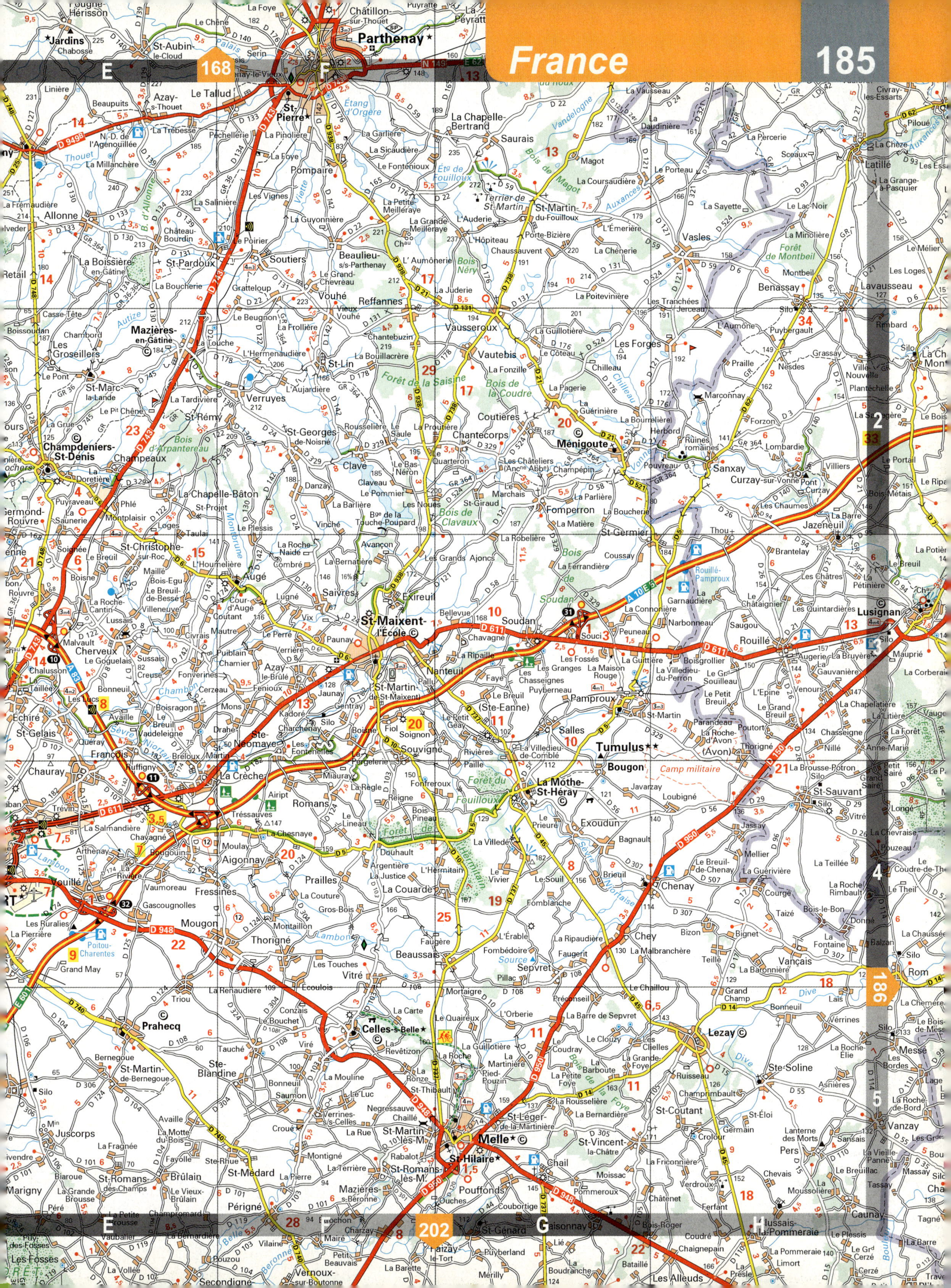
Parthenay
Châtillon-sur-Thouet
St-Aubin-le-Cloud
Jardins
Chabosse
Azay-s-Thouet
Le Tallud
St-Pierre
Pompaire
La Chapelle-Bertrand
Saurais
St-Martin-du-Fouilloux
La Coursaudière
Latillé
Vasles
Allonne
Château-Bourdin
St-Pardoux
Soutiers
Beaulieu-s/s-Parthenay
La Boissière-en-Gâtine
Mazières-en-Gâtine
Les Groseillers
Vouhé
Reffannes
Vausseroux
Vautebis
Les Forges
Benassay
Lavausseau
St-Marc-la-Lande
Verruyes
St-Lin
Forêt de la Saisine
Coutières
Chantecorps
Ménigoute
Champdeniers-St-Denis
St-Georges-de-Noisné
Clavé
Sanxay
Curzay-sur-Vonne
Jazeneuil
La Chapelle-Bâton
St-Christophe-sur-Roc
L'Houmelière
Augé
Fomperron
St-Germier
Exireuil
St-Maixent-l'École
Soudan
Lusignan
Rouillé
Cherveux
Azay-le-Brûlé
Nanteuil
Pamproux
St-Martin-de-St-Maixent
Ste-Néomaye
Souvigné
Salles
Tumulus
Bougon
La Mothe-St-Héray
Exoudun
Avon
St-Sauvant
Échiré
St-Gelais
François
Chauray
La Crèche
Romans
Aigonnay
Prailles
La Couarde
Chenay
Fressines
Mougon
Thorigné
Beaussais
Vitré
Sepvret
Chey
Vançais
Lezay
Prahecq
Celles-s-Belle
Ste-Blandine
St-Martin-de-Bernegoue
Melle
St-Hilaire
St-Léger-de-la-Martinière
Ste-Soline
Juscorps
Brûlain
St-Médard
St-Romans-des-Champs
Périgné
Pouffonds
Chail
St-Vincent-la-Châtre
Sauzé-Vaussais
Vernoux-sur-Boutonne
Secondigné
Limalonges
Lié
Poitou-Charentes
Camp militaire
168
186
202
E
F
G
H
1
2
3
4
5

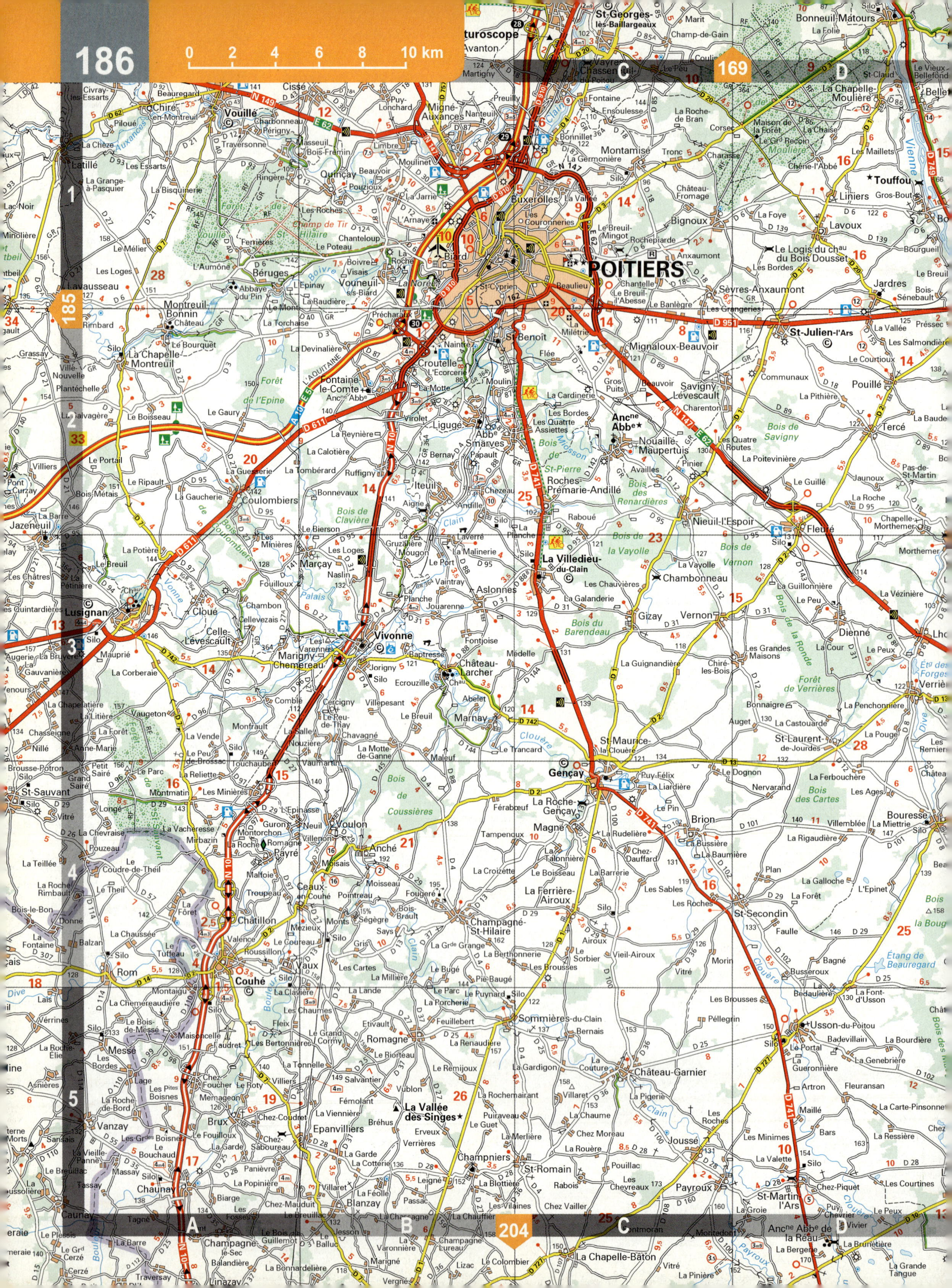
0 2 4 6 8 10 km
169
185
204
A
B
C
D
1
2
3
4
5
Futuroscope
St-Georges-lès-Baillargeaux
Bonneuil-Matours
Marit
Champ-de-Gain
Avanton
Martigny
Cissé
Vouillé
Chiré-en-Montreuil
Beauregard
Latillé
La Grange-à-Pasquier
Les Essarts
La Bisquerinie
Charbonneau
Périgny
Masseuil
Bois-Frémin
Migné-Auxances
Nanteuil
Preuilly
Fontaine
Ensoulesse
La Roche-de-Bran
Montamisé
Tronc
Charassé
Chasseneuil-du-Poitou
La Chapelle-Moulière
Corseo
Les Maillets
Touffou
Liniers
Gros-Bout
Buxerolles
La Vallée
Les Couronneries
Quinçay
Beauvoir
Moulinet
La Jarrie
L'Arnaye
Limbre
Traversonne
Ringère
Pouzioux
Château-Fromage
Bignoux
Lavoux
La Foye
Le Logis du château du Bois Dousset
Les Bordes
Bourgueil
Le Breuil-Mingot
Rochepiarde
Anxaumont
POITIERS
Sèvres-Anxaumont
Jardres
Bois-Sénebault
Beaulieu
Chantelle
Le Breuil-l'Abesse
Le Banlège
Les Grangeries
St-Julien-l'Ars
La Vallée
Pressec
Les Salmondières
Le Courtioux
Biard
St-Cyprien
Boivre
Vouneuil-sous-Biard
Visais
Chanteloup
Le Poteau
Ferrières
L'Aumône
Béruges
Abbaye du Pin
L'Epinay
La Raudière
Lavausseau
Montreuil-Bonnin
Château
Le Bourquet
La Chapelle-Montreuil
Rimbard
Grassay
Ville-Nouvelle
Planchèchelle
Le Mont
La Torchaise
La Devinalière
Fontaine-le-Comte
Croutelle
L'Ecorcerie
La Motte
Moulin
Nainte
St-Benoît
Flée
Mignaloux-Beauvoir
Savigny-Lévescault
Charenton
Communaux
Pouillé
La Pithière
Tercé
La Baude
Pas-de-St-Martin
Gros Puits
La Cardinerie
Les Bordes
Les Quatre Assiettes
Ancne Abbe
Nouaillé-Maupertuis
Avalles
Pinier
Les Quatre Routes
La Poitevinière
Bois de Savigny
Jaunoux
La Roche
Chapelle-Morthemer
Morthemer
Forêt de l'Epine
Le Gaury
Le Boisseau
La Salvagère
Villiers
Le Portail
Le Ripault
La Gaucherie
La Guesserie
Coulombiers
Pont Curzay
Bois Métais
Jazeneuil
La Barre
La Reynière
La Calotière
La Tomberand
Ruffigny
Bonnevaux
Ligugé
Abbaye St-Martin
Smarves
Bernay
Papault
Iteuil
Chezeau
Aigne
Andillé
Roches-Prémarie-Andillé
Raboué
Bois de St-Pierre
Bois des Renardières
Nieuil-l'Espoir
Fleuré
Bois de la Vayolle
La Villedieu-du-Clain
Bois de Vernon
La Vavolle
Chambonneau
Les Chauvières
La Galanderie
Gizay
Vernon
La Guillonnière
Le Peu
La Vézinière
Dienné
Bois de Clavière
Le Bierson
Les Minières
Les Loges
Marçay
Naslin
Fouilloux
Gruzalière
Mougon
Laverré
La Malinerie
Le Port
Vaintray
Aslonnes
Jouarenne
La Planche
Fontjoise
Medelle
Bois du Barendeau
La Guignandière
Chiré-les-Bois
Les Grandes Maisons
La Cour
Le Peux
Forêt de Verrières
La Penchonnière
Bonnaigre
Auget
La Castouarde
St-Laurent-de-Jourdes
La Pouge
La Potière
Le Breuil
Les Châtres
La Pétinière
Lusignan
Cloué
Celle-Lévescault
Chambon
Cellevezais
Marigny-Chemereau
Vivonne
Baptresse
Jorigny
Ecrouzille
Château-Larcher
Abelet
Marnay
Villepesant
Le Breuil
Cercigny
Le Peu-de-Thay
Chavagné
La Motte-de-Ganne
Maleuf
Le Trancard
St-Maurice-la-Clouère
Gençay
Puy-Félix
La Liardière
Le Dognon
Nervarand
La Ferbouchère
Bois des Cartes
Les Ages
Mauprié
La Bruyère
Gauvanière
La Corberie
Vaugeton
La Chapelatière
La Litière
Chasseigne
Nillé
La Forêt
Anne-Marie
Combié
Montfault
La Vende
Le Peu-de-Brossac
La Reliette
Touchauben
La Salle
Nouzière
Vaumartin
Brousse-Potron
Petit Sairé
Grand Sairé
St-Sauvant
Le Parc
Montmatin
Les Minières
Longé
Vitré
La Chevraise
Pouzeau
La Vacheresse
Mirbazin
L'Epinasse
Neuil
Guron
Montorchon
Villenon
La Roche
Romagne
Payré
Voulon
Anché
Bois de Coussières
Férabœuf
La Roche-Gençay
Magné
La Rudelière
Chez-Dauffard
Le Pin
Brion
La Bussière
La Baumière
Villemblée
La Rigaudière
Bouresse
La Miettrie
La Teillée
Le Coudre-de-Theil
Le Theil
La Roche-Rimbault
Bois-le-Bon
Donné
Malfoie
Mosais
Moisseau
Troupeau
Ceaux-en-Couhé
Pointreau
Bois-Brault
Fougeré
Tampenoux
La Croizette
Le Boisseau
La Talonnière
La Ferrière-Airoux
La Barrerie
Les Sables
Les Roches
St-Secondin
Plan
La Galloche
La Forêt
L'Epinet
Bois de la Bouge
La Chaussée
Balzan
La Fontaine
Le Tuffeau
Châtillon
Valence
Le Coureau
Roussillon
Mezieux
Monts
Ségègre
Says
Gris
Champagné-St-Hilaire
La Grande Grange
La Berthonnerie
Airoux
Le Sorbier
Les Brousses
Vieil-Airoux
Vitré
Morin
Faulle
Bagné
Busseroux
Etang de Beaurigard
Rom
Couhé
Vaux
Les Cartes
La Millière
Le Bugé
Pie-Baugé
Montaigu
La Chemeraudière
La Clavière
La Lande
Le Parc
La Porcherie
Le Puynard
Les Brousses
Pellegrin
Bedaulière
La Font-d'Usson
Usson-du-Poitou
Badevillain
La Bourdière
Le Portail
Guéronnière
La Genebrière
Lais
Vérrines
Le Bois-de-Messé
Messé
Maisoncelle
Taudret
Les Bertonnières
Le Grand Corny
Etivault
Romagne
Feuillebert
La Renaudière
Sommières-du-Clain
Bernais
Le Riorteau
Le Remijoux
La Gardigon
Couture
Château-Garnier
Asnières
Lage
Les Petites Boisnes
Chez-Foucher
Le Roty
Villiers
Salvantier
Vublon
La Vallée des Singes
La Rochemaintrant
Villaret
La Chaume
La Pigerie
Les Roches
Artron
Fleuransan
La Carte-Pinsonne
Vanzay
Le Roche-de-Bord
Mernageon
Brux
Le Fouilloux
Chez-Coudret
La Viennière
Fémolant
Epanvilliers
Bréhus
Erveux
Verrières
Puiraveau
Le Guet
La Merlière
Chez Moreau
La Rouère
Jousse
Les Minimes
Maillé
Bars
La Ressière
Sansais
La Vieille-Panne
Le Bouchaud
Les Grandes Boisnes
La Garde
Chez-Sabourneau
Massay
Le Breuillac
Tassay
Chaunay
Panièvre
La Popinière
La Garde
La Cotterie
Champniers
St-Romain
Pouillac
Les Chevreaux
Payroux
La Valette
St-Martin-l'Ars
Chez-Piquet
Les Courtines
Biarge
Chez-Mauduit
Villaret
Leigné
Passac
La Féolle
Blanzay
La Blottière
Les Vilaines
Rabois
Chez Vaillier
Montmoran
La Groie
Ancne Abbe de la Réau
Chez Vivier
Le Peux
Tagné
Le Plessis
Le Grand Cerzé
Champagné-le-Sec
Le Bois
Le Breuillac
Jesson
La Chassagne
La Chauffier
Champagné-Lureau
La Chapelle-Bâton
La Brunetière
La Bergerie
La Grande Tangue
Balandière
Traversay
Linazay
La Bonnardelière
Vergné
Varonnière
Marigné
Lizac
Le Colombier
Vitré
La Pinière
Forêt de Vouillé St-Hilaire
Clain
Vienne
Vonne
Clouère
Dive
Miosson
Boivre
Auxance
Payroux
N 10
N 147
N 149
N 151
A 10
E 5
E 62
D 611
D 741
D 742
D 951

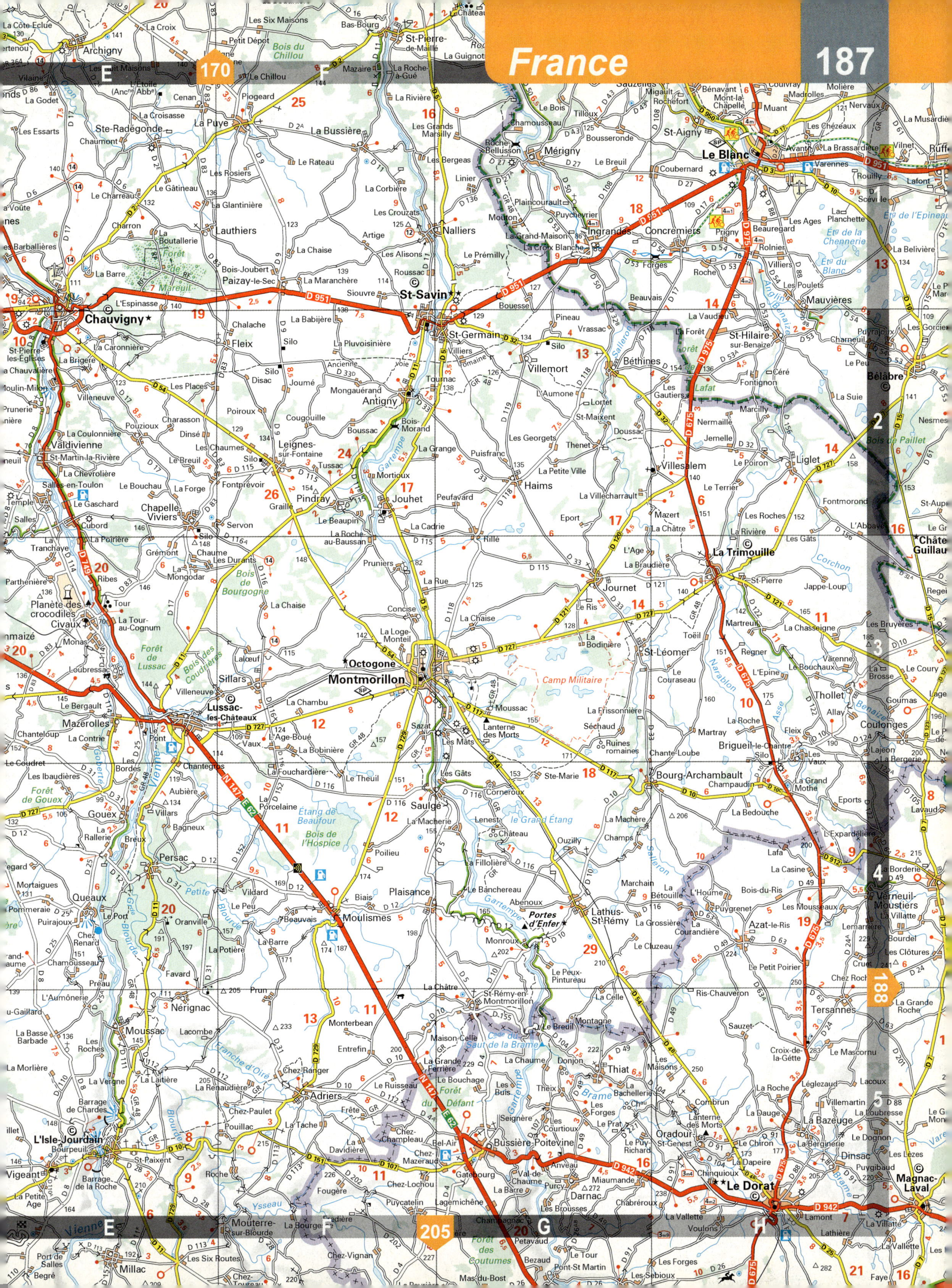
Chauvigny
St-Savin
Le Blanc
Montmorillon
La Trimouille
Lussac-les-Châteaux
L'Isle-Jourdain
Le Dorat
Magnac-Laval
Bélâbre
Archigny
Ste-Radégonde
Lauthiers
Paizay-le-Sec
Nalliers
Mérigny
Ingrandes
Concremiers
St-Aigny
Fleix
Antigny
Villemort
Béthines
St-Hilaire-sur-Benaize
Mauvières
Valdivienne
Leignes-sur-Fontaine
Pindray
Jouhet
Haims
Villesalem
Journet
Chapelle-Viviers
Civaux
Planète des crocodiles
Mazerolles
Sillars
Octogone
Saulge
St-Léomer
Brigueil-le-Chantre
Bourg-Archambault
Gouex
Persac
Queaux
Moulismes
Plaisance
Lathus-St-Rémy
Azat-le-Ris
Verneuil-Moustiers
Tersannes
Nérignac
Moussac
Adriers
Bussière-Poitevine
Oradour-St-Genest
Darnac
Portes d'Enfer
Camp Militaire
Forêt de Lussac
Bois de Bourgogne
Étang de Beaufour
Bois de l'Hospice
Forêt du Défant
Millac
Mouterre-sur-Blourde
Gartempe
Vienne
Anglin
Benaize
Salleron
Asse
Brame
D 951
D 727
D 942
N 147
E 62
D 675
D 54
D 5
D 11
D 10
E
F
G
H
170
188
205
1
2
3
4
5

0 2 4 6 8 10 km
187
171
206
BRENNE
St-Gaultier
Argenton-sur-Creuse
St-Marcel
Le Pont-Chrétien-Chabenet
Chasseneuil
Tendu
Bélâbre
Ruffec
Ciron
Romefort
Oulchès
Rivarennes
Thenay
La Garde-Giron
Luzeret
Prissac
Chalais
Château-Guillaume
Lignac
Dunet
Chazelet
Celon
Vigoux
St-Civran
Sacierges-St-Martin
Roussines
Chaillac
St-Benoît-du-Sault
Parnac
St-Gilles
Éguzon-Chantôme
Gargilesse-Dampierre
Baraize
Ceaulmont
Cuzion
Crozant
Brosse
La Châtre-Langlin
Mouhet
Azerables
St-Sébastien
Tilly
Coulonges
Beaulieu
Bonneuil
St-Martin-le-Mault
Lussac-les-Églises
Jouac
Verneuil-Moustiers
Cromac
St-Georges-les-Landes
St-Sulpice-les-Feuilles
La Chapelle-Baloue
Mailhac-s-Benaize
St-Léger-Magnazeix
Vareilles
St-Germain-Beaupré
St-Léger-Bridereix
Colondannes
St-Agnant-de-Versillat
Arnac-la-Poste
St-Hilaire-la-Treille
La Souterraine
Dompierre-les-Églises
Magnac-Laval
Lizières
St-Priest-la-Feuille
Forêt de la Luzeraize
Forêt des Ris
Forêt des Corollans
Bois de Cochet
Bois des Taillès
Étg de Barrière
B. de Souvigny
Creuse
Sonne
Abloux
Anglin
Benaize
Brame
Gartempe
Asse
Sédelle
A 20
E 9
E 62
N 145
D 951
D 927
D 942
A
B
C
D
1
2
3
4
5

La Châtre
Nohant-Vic
Nohant
St-Chartier
Montgivray
Neuvy-St-Sépulchre
Châteaumeillant
Ste-Sévère-sur-Indre
Aigurande
Cluis
Lourdoueix-St-Michel
Genouillac
Bonnat
Châtelus-Malvaleix
Dun-le-Palestel
St-Vaury
Glénic
Jouillat
Boussac
Thevet-St-Julien
Vicq-Exemplet
Lourouer-St-Laurent
Briantes
Champillet
La Motte-Feuilly
Pouligny-St-Martin
Pouligny-Notre-Dame
Crozon-sur-Vauvre
Mortroux
Moutier-Malcard
Nouziers
Tercillat
Bussière-St-Georges
Nouzerines
Malleret-Boussac
Clugnat
Jalesches
Ladapeyre
Fleurat
Bussière-Dunoise
Champsanglard
Anzême
Le Bourg-d'Hem
St-Sulpice-le-Dunois
Chéniers
Linard
Malval
Nouzerolles
Chambon-Ste-Croix
Maison-Feyne
Villard
St-Plantaire
Montchevrier
Fougerolles
St-Denis-de-Jouhet
Chassignolles
Mouhers
Gournay
Bouesse
Buxières-d'Aillac
Lys-St-Georges
Tranzault
Sarzay
Montipouret
Mers-sur-Indre
Verneuil-sur-Igneraie
La Berthenoux
Feusines
Urciers
Lignerolles
Pérassay
Vijon
Vigoulant
Sazeray
La Cellette
St-Dizier-Les-Domaines
Toulx-Ste-Croix
St-Silvain-sous-Toulx
Domeyrot
Blaudeix
Rimondeix
La Celle-Dunoise
Fresselines
Lourdoueix-St-Pierre
Méasnes
La Forêt-du-Temple
Bois de Fontenay
Forêt de Montpégat
Étang de Lys-St-Georges
B. de Chanteloube
Pierres Jaumâtres
D 940
D 943
D 927
D 951
D 917
D 990
D 997
172
190
207

0 2 4 6 8 10 km
173
189
208
Montluçon
Châteaumeillant
Culan
Le Châtelet
Boussac
Huriel
Domérat
Néris-les-Bains
St-Christophe-le-Chaudry
Saulzais-le-Potier
Ainay-le-Vieil
Urçay
Meaulne
Vallon-en-Sully
Hérisson
Chambon-sur-Voueize
Désertines
St-Victor
Chambérat
Préveranges
Sidiailles
St-Désiré
Vesdun
Toulx-Ste-Croix
Lavaufranche
Quinssaines
Prémilhat
Estivareilles
Nassigny
Chazemais
Reugny
Vitray
Braize
Lételon
St-Georges-de-Poisieux
Drevant
Colombiers
Faverdines
Ardenais
Epineuil-le-Fleuriel
La Chapelaude
Viplaix
Courçais
Treignat
Archignat
Lamaids
Lignerolles
Teillet-Argenty
Budelière
St-Marien
Mazirat
Ste-Thérence
Verneix
Audes
Givarlais
Maillet
D 943
N 145
E 62
A 71
E 11
D 2144
Forêt de Tronçais
Forêt de Bornacq
Étang de St-Bonnet
Camp militaire
Aménagt en cours

174
209
192
E
F
G
H
1
2
3
4
5
Cérilly
Tronçais
Theneuille
Le Brethon
Le Vilhain
Louroux-Bourbonnais
Ygrande
Bourbon-l'Archambault
Franchesse
St-Plaisir
Couleuvre
Couzon
Bagneux
Agonges
Montilly
St-Menoux
Marigny
Souvigny
Autry-Issards
St-Aubin-le-Monial
Meillers
Noyant-d'Allier
Châtillon
Gipcy
St-Hilaire
Buxières-les-Mines
Cosne-d'Allier
Venas
Louroux-Hodement
Sauvagny
Tortezais
Vieure
Bizeneuille
Murat
Chappes
Villefranche-d'Allier
Montmarault
St-Bonnet-de-Four
Le Montet
Tronget
Rocles
Deux-Chaises
Cressanges
Treban
Bresnay
Laféline
Voussac
Target
Blomard
Commentry
Malicorne
Montvicq
Doyet
Bézenet
Colombier
Hyds
Louroux-de-Beaune
Beaune-d'Allier
Vernusse
Chirat-l'Église
Louroux-de-Bouble
Coutansouze
Lapeyrouse
Buxières-s-Montaigut
Monestier
Deneuille-lès-Chantelle
Chantelle
Fourilles
Fleuriel
Étroussat
Charroux
Bellenaves
Échassières
Ronnet
Forêt de Tronçais
Forêt de Dreuille
Forêt de Messarges
Forêt des Colettes
Forêt de Lespinasse
Forêt de Vacheresse
D 953
D 945
N 79
E 62
A 71
E 11
D 2371
D 46
D 998
D 987

0 2 4 6 8 10 km

175
191
210
MOULINS
Yzeure
Avermes
Trévol
Gennetines
Chézy
Lusigny
Chevagnes
Beaulon
Garnat-sur-Engièvre
Paray-le-Frésil
Montbeugny
Thiel-sur-Acolin
Dompierre-sur-Besbre
Parc le Pal
Toulon-sur-Allier
Bressolles
Coulandon
Neuvy
Montilly
Chemilly
Neuilly-le-Réal
Chapeau
Thoury
St-Pourçain-sur-Besbre
Beauvoir
Vaumas
Mercy
Besson
Rochefort
Fourchaud
Bresnay
Bessay-sur-Allier
Châtel-de-Neuvre
La Ferté-Hauterive
Monétay-s-Allier
Meillard
Gouise
St-Voir
Thionne
Jaligny-sur-Besbre
St-Léon
Châtelperron
Sorbier
Montcombroux-les-Mines
Chavroches
Treteau
Vieux Chambord
St-Gérand-de-Vaux
Contigny
Verneuil-en-Bourbonnais
St-Loup
St-Pourçain-sur-Sioule
Varennes-s-Allier
Saulcet
Louchy-Montfand
Montoldre
Boucé
Cindré
Trézelles
Varennes-sur-Tèche
Bert
Rongères
Paray-s/s-Briailles
Montaigu-le-Blin
Servilly
Barrais-Bussolles
Loriges
Créchy
Langy
Sanssat
St-Gérand-le-Puy
Périgny
Lapalisse
St-Prix
Chareil-Cintrat
Bayet
Marcenat
Billy
St-Félix
Magnet
Ancne Abbe de St Gilbert
St-Didier-la-Forêt
St-Germain-des-Fossés
Seuillet
Billezois
Forêt de Marcenat
Forêt des Prieurés Moladier
Bois de Chapeau
Bois de Leyde
Forêt de Mouzières
Bois de Vauvre
Allier
Besbre
Loire
Sioule
Canal latéral à la Loire
Aménagement en cours

Bourbon-Lancy
Gueugnon
Digoin
Paray-le-Monial
Charolles
Le Donjon
Marcigny
Semur-en-Brionnais
La Pacaudière
Neuvy-Grandchamp
Perrigny-sur-Loire
Pierrefitte-sur-Loire
Chalmoux
Molinet
Coulanges
St-Agnan
La Motte-St-Jean
Rigny-sur-Arroux
Vendenesse-s-Arroux
Chassy
Clessy
Palinges
Génelard
Volesvres
St-Léger-lès-Paray
Vitry-en-Charollais
Chassenard
St-Yan
L'Hôpital-le-Mercier
Monétay-sur-Loire
St-Didier-en-Donjon
Neuilly-en-Donjon
Luneau
Avrilly
Vindecy
Anzy-le-Duc
Montceaux-l'Étoile
Versaugues
Varenne-St-Germain
Hautefond
Lugny-lès-Charolles
Changy-Tourny
St-Julien-de-Civry
St-Germain-en-Brionnais
Oyé
Briant
St-Christophe-en-Brionnais
Vauban
St-Laurent-en-Brionnais
Ligny-en-Brionnais
St-Maurice-lès-Châteauneuf
Châteauneuf
St-Julien-de-Jonzy
Artaix
Melay
Chambilly
Baugy
Céron
Urbise
Lenax
Loddes
Montaiguët-en-Forez
Andelaroche
Sail-les-Bains
Chenay-le-Châtel
Vivants
Iguerande
St-Pierre-la-Noaille
Fleury-la-Montagne
St-Edmond
Mailly
LOIRE
Forêt de Germigny
Bois de Vesvre
Bois de la Motte
Forêt de Charolles
E
F
G
H
176
194
211
1
2
3
4
5

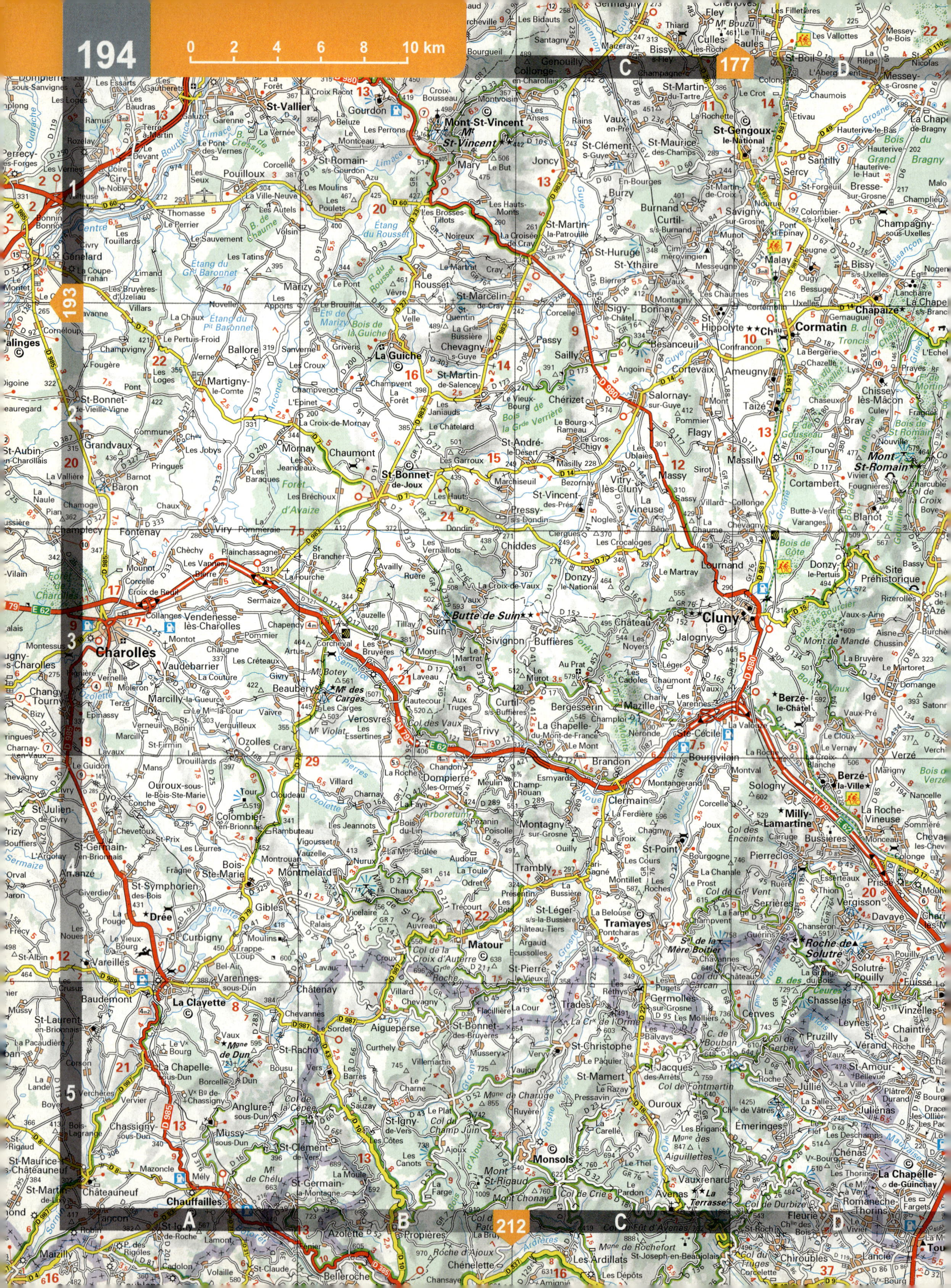
0 2 4 6 8 10 km
177
193
212
St-Vallier
Gourdon
Mont-St-Vincent
Genouilly
St-Gengoux-le-National
Pouilloux
Génelard
La Guiche
Cormatin
Chapaize
Palinges
Martigny-le-Comte
St-Bonnet-de-Joux
Salornay-sur-Guye
Massilly
Mont St-Romain
Charolles
Cluny
Berzé-la-Ville
Milly-Lamartine
Roche de Solutré
Matour
Tramayes
Dompierre-les-Ormes
La Clayette
Chauffailles
Monsols
St-Igny-de-Vers
Aigueperse
Vauxrenard
La Chapelle-de-Guinchay
Butte de Suin
Col des Vaux
Col du Champ Juin
Col de Crie
Mont St-Rigaud
Chénelette
Azolette
Propières
Belleroche

Louhans
Tournus
Cuisery
Sennecey-le-Grand
St-Trivier-de-Courtes
Pont-de-Vaux
Mâcon
Bâgé-le-Châtel
Montrevel-en-Bresse
Pont-de-Veyle
Bourg-en-Bresse
Brou
St-Amour
Varennes-St-Sauveur
Lugny
Dommartin-lès-Cuiseaux
Montpont-en-Bresse
St-Cyr-s-M.
Viriat
Coligny
Marboz
Thoissey
Romenay
Cormoz
Saône
Reyssouze
Veyle
Seille
Sâne Vive
Sâne Morte
Réserve naturelle
Musée de la Bresse
Ferme-Mée de la Forêt
Étang Montaliberd
Forêt du Villard
Bois du Châtelet

0 2 4 6 8 10 km

179
195
214
A
B
C
D
1
2
3
4
5
Conliège
Revigny
Creux de Revigny
Verges
Publy
Binans
Charcier
Vertamboz
Pellier
Denezières
Uxelles
Patornay
Clairvaux-les-Lacs
Bissia
Cogna
Hautecour
Soucia
Thoiria
Châtel-de-Joux
Mesnois
Pont-de-Poitte
Marnézia
Largillay-Marsonnay
Nogna
Poids-de-Fiole
Dompierre
Présilly
Moutonne
Orgelet
Plaisia
La Tour-du-Meix
Coyron
Meussia
Etival
Les Ronchaux
Maisod
Charchilla
Crenans
Les Crozets
Moirans-en-Montagne
Ravilloles
Villards-d'Héria
St-Lupicin
Lavans-lès-St-C.
Vaux-lès-St-Claude
Molinges
Chassal
Lavancia-Epercy
Dortan
Oyonnax
Arbent
Belleydoux
Échallon
Apremont
Martignat
Nantua
Charix
St-Germain-de-Joux
Châtillon-en-Michaille
Lalleyriat
Bonnaud
Cesancey
Ste-Agnès
Beaufort
Augea
Cuisia
Gizia
Cousance
Rosay
Cressia
Rothonay
Beffia
Chavéria
Pimorin
Loisia
Cuiseaux
Champagnat
Graye-et-Charnay
Gigny
Monnetay
Nancuise
Chambéria
Sarrogna
Savigna
Fétigny
Onoz
Écrille
Véria
Balanod
St-Amour
L'Aubépin
Andelot-Morval
Louvenne
Montrevel
La Boissière
Dramelay
Chatonnay
Légna
Nantey
St-Julien
Arinthod
Coligny
Florentia
Val-d'Épy
Villechantria
Salavre
Broissia
Bourcia
Montagna-le-Templier
Genod
Vosbles
Valfin
St-Hymetière
Cézia
Vescles
Condes
Montfleur
Villeneuve-lès-Charnod
Charnod
Verjon
Villemotier
Courmangoux
Pouillat
Pressiat
Germagnat
Aromas
Thoirette
Matafelon-Granges
Samognat
Géovreisset
Bellignat
Izernore
Treffort-Cuisiat
Meillonnas
Simandre-sur-Suran
Drom
Ramasse
Jasseron
Ceyzériat
Revonnas
Villereversure
Bolozon
Serrières
Montréal-la-Cluse
Peyriat
Leyssard
Nurieux-Volognat
St-Étienne-du-Bois
Pirajoux
Frontenaud
Le Miroir
Dommartin-lès-Cuiseaux
Condal
Joudes
St-Martin-du-Mont
Sagy
Montagnat
Forêt de Macretet
Lac de Vouglans
Lac de Coiselet
Lac de Genin
Gorges de l'Ain
Forêt de Coissennet
Forêt de Montreal
Belvédère du Regardoir

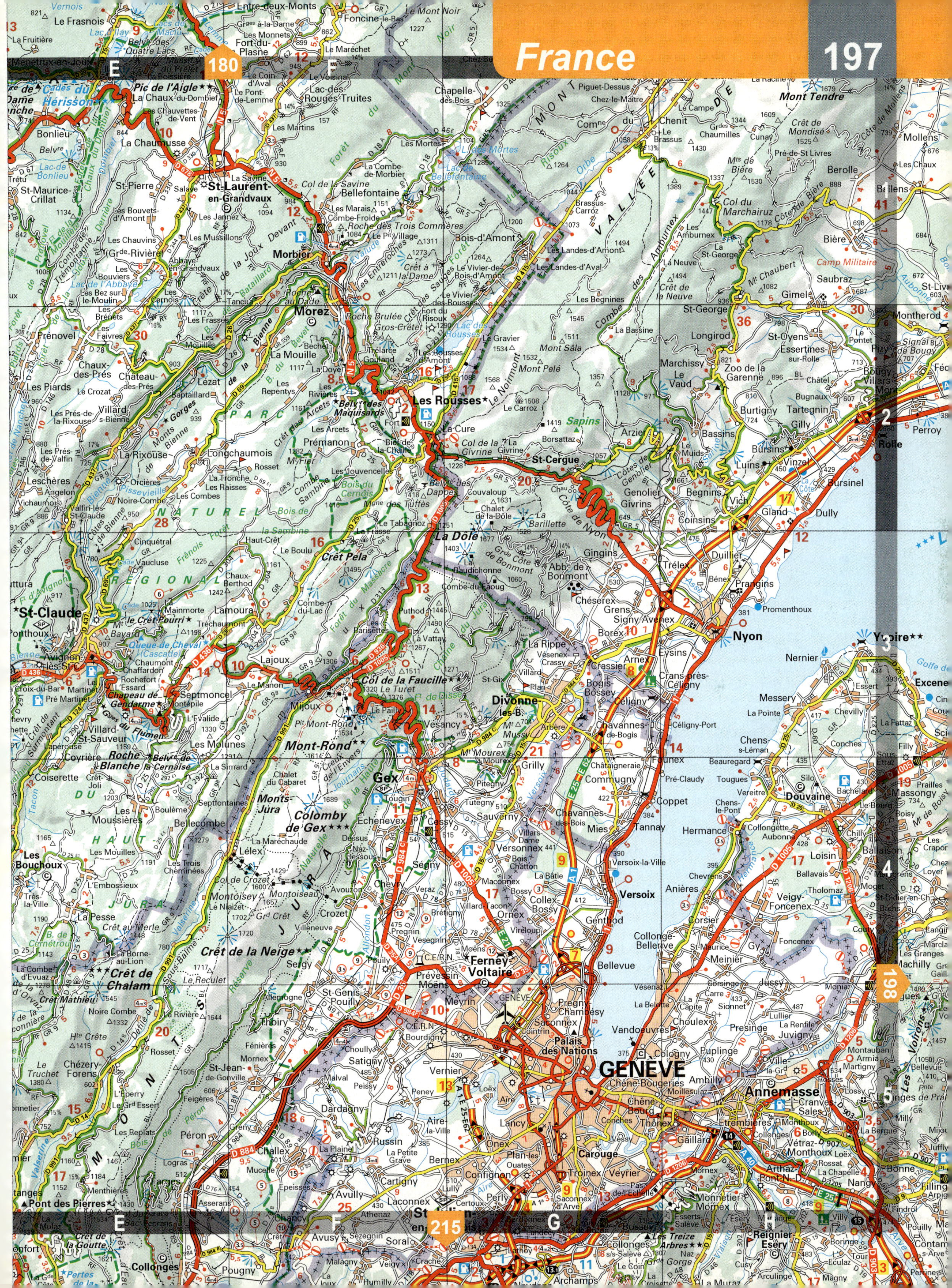
180
198
215
St-Laurent-en-Grandvaux
Morbier
Morez
Les Rousses
St-Cergue
La Dôle
Col de la Faucille
Gex
Divonne-les-Bains
Ferney-Voltaire
GENÈVE
Annemasse
Nyon
Rolle
Gland
St-Claude
Mont-Rond
Colomby de Gex
Crêt de la Neige
Crêt Pela
Mont Tendre
Versoix
Coppet
Douvaine
Carouge
Meyrin
Vallée de Joux
Marchairuz
Col de la Givrine
Lac Léman
PARC NATUREL RÉGIONAL DU HAUT JURA
Chêne-Bougeries
Thonex
Prangins
Céligny
Hermance
Yvoire
St-Genis-Pouilly
Collonges
Vesancy
Crassier
Chavannes-de-Bogis
Longirod
Bière
Saubraz
Gimel
St-George
Arzier
Begnins
Genolier
Givrins
Coinsins
Vich
Dully
Bursinel
Perroy
Messery
Chens-sur-Léman
Nernier
Excenevex
Sciez
Massongy
Ballaison
Loisin
Veigy-Foncenex
Corsier
Anières
Collonge-Bellerive
Vésenaz
Cologny
Vandœuvres
Presinge
Juvigny
Ambilly
Gaillard
Étrembières
Vétraz-Monthoux
Arthaz-Pont-N.-D.
Bonne
Nangy
Reignier-Esery
Veyrier
Troinex
Plan-les-Ouates
Onex
Lancy
Bernex
Chancy
Avully
Avusy
Aire-la-Ville
Satigny
Dardagny
Russin
Thoiry
Sergy
Crozet
Échenevex
Cessy
Segny
Ornex
Chevry
Versonnex
Sauverny
Mies
Tannay
Founex
Commugny
Chéserex
Grens
Signy-Avenex
Trélex
Borex
Arnex
Eysins
Gingins
Duillier
Lajoux
Lamoura
Septmoncel
Prémanon
Bois-d'Amont
Bellefontaine
Les Mouilles
Longchaumois
Chaux-des-Prés
Les Piards
Prénovel
Bonlieu
Pic de l'Aigle
La Chaux-du-Dombief
Le Frasnois
Foncine-le-Bas
Chapelle-des-Bois
Le Brassus
Le Sentier
L'Abbaye
Les Bouchoux
Chézery-Forens
Crêt de Chalam
Pont des Pierres
Léaz
Péron
Challex
Farges
Collonges
Vulbens
Valleiry

0 2 4 6 8 10 km
181
197
216
A
B
C
D
1
2
3
4
5
LAUSANNE
LÉMAN
LAC
ÉVIAN-LES-BAINS
THONON-LES-BAINS
Morges
Vevey
La Tour-de-Peilz
Rolle
Aubonne
Allaman
Perroy
Bursinel
Dully
St-Prex
Buchillon
Préverenges
St-Sulpice
Ouchy
Pully
Paudex
Lutry
Villette
Grandvaux
Cully
Epesses
Rivaz
St-Saphorin
Corseaux
Chardonne
Chexbres
Puidoux
Renens
Prilly
Ecublens
Chavannes
Crissier
Romanel
Epalinges
Belmont
Savigny
Forel
Oron-la-Ville
Palézieux
Châtillens
Bussigny
Echandens
Denges
Lonay
Echichens
Vufflens-le-Ch.
Tolochenaz
Lully
Etoy
Féchy
Pizy
Bougy-Villars
Mont
Montherod
Lavigny
Bière
Ballens
Berolle
Mollens
Apples
Reverolle
Bussy-Chardonney
Yens
Villars-s-Y.
Denens
St-Livres
Saubraz
Pampigny
Sévery
Cottens
Grancy
Gollion
Vullierens
Colombier
Clarmont
Cheseaux
Cugy
Montpreveyres
Les Cullayes
Mollie-Margot
Essertes
Les Tavernes
Granges
Chesalles
Attalens
Pèlerin
Mont-Pèlerin
Jongny
Amphion-les-Bains
Port Ripaille
Ripaille
Publier
Neuvecelle
Maxilly
Grande-Rive
Maxilly-Pte Rive
Blonay
Tourronde
Lugrin
Meillerie
Le Locum
St-Gingolph
Le Bouveret
Novel
Thollon-les-M.
Pic de Mémise
Yvoire
Excenevex
Sciez
Anthy-sur-Léman
Corzent
Margencel
Allinges
Armoy
Marin
Champanges
Larringes
Féternes
Vinzier
Chevenoz
Bernex
La Dent d'Oche
Les Cornettes de Bises
Vacheresse
La Chapelle-d'Abondance
Abondance
Châtel
Lyaud
Reyvroz
Orcier
Draillant
Perrignier
Massongy
Douvaine
Brenthonne
Fessy
Lullin
Bellevaux
Le Biot
Seytroux
St-Jean-d'Aulps
Montriond
Morzine
Avoriaz
Les Gets
Mont Chéry
Roc d'Enfer
Mégevette
Onnion
Boëge
Bogève
Habère-Lullin
Habère-Poche
Burdignin
Saxel
Machilly
Bons-en-Chablais
Fillinges
Marcellaz
St Jeoire
Mieussy
Taninges
Peillonnex
Faucigny
Contamine
Col de Joux Plane
Pic de la Corne
Nantaux
Tête du Linga
Mont de Grange
Col du Corbier
Col de Cou
Col de Saxel
Lac de Vallon
Pointe de Chalune
Les Voirons

181

Gruyères
Château-d'Oex
Saanen
Gstaad
Zweisimmen
Lenk
Saanenmöser
Blonay
Montreux
Chillon
Villeneuve
Rochers de Naye
Leysin
Aigle
Les Diablerets
LES DIABLERETS
Villars-s-Ollon
Ollon
Bex
Monthey
St-Maurice
Sion
Conthey
Vétroz
St-Pierre-de-Clages
Martigny
Verbier
Champéry
Dents du Midi
Grd Muveran
Col du Pillon
Scex Rouge
Anzère
Pays d'Enhaut
Rhône
Fully
Saillon
Riddes
Nendaz
Châtel-St-Denis
Les Pléiades
Col des Mosses
Pic Chaussy
Wildhorn
Sex Rouge
Vallée des Ormonts
Pont du Gueuroz
Trient

217

0 2 4 6 8 10 km
183
218
A
B
C
D
1
2
3
4
5
ÎLE DE RÉ
PERTUIS D'ANTIOCHE
ÎLE D'OLÉRON
LA ROCHELLE
Sablanceaux
La Pallice
Port-Neuf
Les Minimes
Pnte de Chauveau
Phare de Chauveau
Tour du Lavardin
Pnte du chef de Baie
Ste-Marie-de-Ré
La Noue
Aytré
La Plage d'Aytré
Pnte de Roux
Pnte du Chay
Angoulins
St-Jean-des-Sables
Châtelaillon-Plage
Pnte de Châtelaillon
Rade des Basques
Pnte du Parc
Île-d'Aix
Fort Liedot
Pnte de Coudepont
Fort Boyard
Pnte Ste Catherine
Fort de la Rade
Fort Enet
Pnte de la Fumée
La Fumée
Fouras
Rade de l'Île d'Aix
Anse de Fouras
Île Madame
Passe aux Bœufs (Route submersible)
Port-des-Barques
ROCHEFORT
Soubise
St-Nazaire-s-Charente
St-Froult
Moëze
Tour de Juliard
Réserve naturelle des Marais de Moëze
Tour d'Antioche
Rocher d'Antioche
Pnte de Chassiron
Phare de Chassiron
Chassiron
La Morelière
Plage de Soubrejon
St-Denis-d'Oléron
La Brée-les-Bains
Les Boulassiers
Port du Douet
Anse de Maleconche
Les Trois-Pierres
Les Seulières
Les Huttes
Anse du Marais Salé
Chaucre
St-Georges-d'Oléron
Pnte de Chaucre
Domino
Plage des Sables-Vigniers
Les Sables-Vigniers
Boyardville
La Perrotine
Pnte de Chardonnière
Côte Sauvage
St-Pierre-d'Oléron
La Cotinière
Dolus-d'Oléron
Le Château-d'Oléron
Plage de Vert-Bois
Le Grd-Village-Plage
Port des Salines
Fort Louvois
Pnte des Chardons
Bourcefranc-le-Chapus
Plage de la Giraudière
St-Trojan-les-Bains
Pnte de Manson
Centre Hélio-Marin
Centre Lannelongue
Pnte de Gatseau
Pertuis de Maumusson
Viaduc de la Seudre
Marennes
Marennes-Plage
Brouage
Hiers-Brouage
Pointe Espagnole ou Pointe d'Arvert
Ronce-les-Bains
Plage de l'Embellie
La Tremblade
Forêt de la Coubre
Arvert
Étaules
Chaillevette
Mornac-s-Seudre
La Coubre
Zoo
Bonne Anse
Les Mathes
St-Just-Luzac
St-Agnant
Échillais
Breuil-Magné
Yves
Rochefort
La Jarrie
Croix-Chapeau
Aigrefeuille-d'Aunis
Thairé
Ballon
St-Vivien
Salles-s-Mer
Perigny
Dompierre-s-Mer
Bourgneuf
St-Rogatien
Lagord
Puilboreau
St-Soulle
Nieulle-s-Seudre
St-Sornin
Le Gua
L'Éguille
Saujon

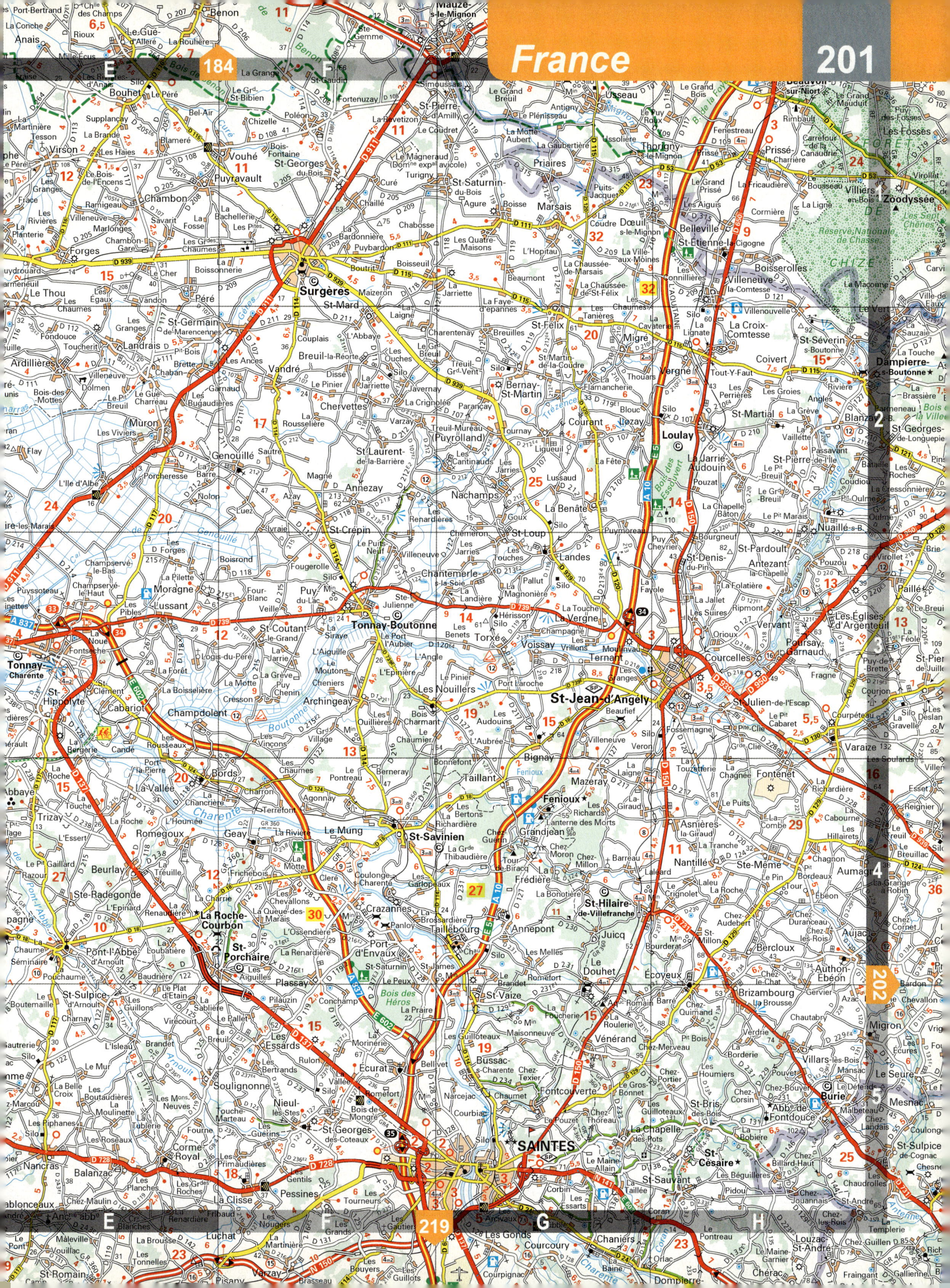
Surgères
Tonnay-Boutonne
St-Jean-d'Angély
St-Savinien
Taillebourg
SAINTES
Tonnay-Charente
St-Hippolyte
La Roche-Courbon
St-Porchaire
Pont-l'Abbé-d'Arnoult
Loulay
Aulnay
Matha
Burie
Dampierre-s-Boutonne
Beauvoir-sur-Niort
Mauzé-s-le-Mignon
Zoodyssée
St-Hilaire-de-Villefranche
Fenioux
St-Césaire
Charente
Boutonne
184
202
219

0 2 4 6 8 10 km
185
201
220
A
B
C
D
1
2
3
4
5
Melle
St-Hilaire
Chail
St-Vincent-la-Châtre
Pouffonds
Maisonnay
Montigné
Rabalot
St-Romans-lès-M.
Mazières-s-Béronne
La Terrière
La Pierre
St-Médard
Périgné
Ste-Rhue
Brûlain
Le Vieux-Brûlain
Beauvoir-sur-Niort
Usseau
Thorigny
Prissé-la-Charrière
Rimbault
Les Fosses
Fenestreau
Virollet
Zoodyssée
Villiers-en-Bois
Forêt de Chizé
Réserve Nationale de Chasse
Chizé
Secondigné-sur-Belle
Séligné
Vernoux-sur-Boutonne
Brioux-sur-Boutonne
Lusseray
Paizay-le-Tort
Sompt
Tillou
Gournay-Loizé
Luché-sur-Brioux
Chérigné
Villefollet
Juillé
Fontenille-St-Martin-d'Entraigues
Javarzay
Chef-Boutonne
Belleville
St-Étienne-la-Cigogne
Boisserolles
Villeneuve-la-Comtesse
Cormière
Le Vert
Asnières-en-Poitou
Dampierre-s-Boutonne
Migré
Vergné
La Croix-Comtesse
Coivert
St-Séverin-s-Boutonne
Asnière
Tout-Y-Faut
Ensigne
Paizay-le-Chapt
Crézières
Loubigné
Ardilly
La Bataille
Aubigné
Loubillé
Loulay
St-Martial
Blanzay-s-B.
St-Georges-de-Longuepierre
La Villedieu
Forêt d'Aulnay
Fleury
Villemain
La Jarrie-Audouin
St-Pierre-de-l'Isle
Aulnay
St-Mandé-s-Brédoire
Contré
Vinax
Romazières
Saleignes
Nuaillé-s-B.
St-Pardoult
St-Denis-du-Pin
Antezant-la-Chapelle
Villemorin
Les Éduts
Villiers-Couture
Couture-d'Argenson
Paillé
Cherbonnières
Néré
Les Églises-d'Argenteuil
Varaize
Poursay-Garnaud
St-Pierre-de-Juillers
Fontaine-Chalendray
Chives
Lupsault
St-Jean-d'Angély
St-Julien-de-l'Escap
Fossemagne
Courcelles
Vervant
Mazeray
Fontenet
Les Touches-de-Périgny
Cressé
Bazauges
Barbezières
Oradour
Ranville-Breuillaud
Asnières-la-Giraud
Gourvillette
Beauvais-s-Matha
Bresdon
Verdille
Nantillé
Ste-Même
Aumagne
Matha
Blanzac-lès-M.
Bagnizeau
Massac
St-Ouen
Haimps
Louzignac
Siecq
Auge-St-Médard
Bonneville
St-Hilaire-de-Villefranche
Bercloux
Authon-Ébéon
Prignac
Thors
Sonnac
Ballans
Brizambourg
Mons
Neuvicq-le-Ch.
Sonneville
Montigné
Vénérand
Migron
Villars-les-Bois
Le Seure
Bréville
Macqueville
Rouillac
Burie
St-Bris-des-Bois
Mesnac
Ste-Sévère
Courbillac
Houlette
St-Césaire
St-Sulpice-de-Cognac
Cherves-Richemont
Sigogne
Vaux-Rouillac
Plaizac
St-Sauvant
Chaniers
Louzac-St-André
Boutiers-St-Trojan
Nercillac
Réparsac
Échallat
Fleurac
D 950
D 939
D 150
D 130
D 731
D 736
D 739
N 141
E 5
A 10

Civray
Savigné
Charroux
Sauzé-Vaussais
Chaunay
Ruffec
Villefagnan
Champagne-Mouton
Mansle
St-Claud
Aigre
Verteuil-s-Charente
Nanteuil-en-Vallée
La Rochefoucauld
St-Amant-de-Boixe
Montignac-Charente
Chasseneuil-s-Bonnieure
Aunac
Valence
Cellefrouin
Tusson
Montembœuf
ANGOULÊME-COGNAC
Camp militaire

0 2 4 6 8 10 km
187
203
222
L'Isle-Jourdain
Charroux
Availles-Limouzine
Pressac
St-Germain-de-Confolens
Confolens
Champagne-Mouton
Alloue
Ansac-s-Vienne
Ambernac
Chabrac
St-Maurice-des-Lions
Saulgond
Brigueuil
Rochebrune
Étagnac
St-Claud
Roumazières-Loubert
Chabanais
Exideuil
Chasseneuil-s-Bonnieure
Rochechouart
Montembœuf
Massignac
Vitrac-St-Vincent
La Rochefoucauld
Oradour-s-Vayres
Mauprévoir
Millac
Abzac
Lessac
Esse
Brillac
Oradour-Fanais
Lesterps
St-Christophe
Verneuil
Videix
Lésignac-Durand
Mouzon
Lussac
Nieuil
Cellefrouin
Parzac
Turgon
Chassiecq
Le Vieux-Cérier
Épenède
Pleuville
Le Bouchage
Benest
Surin
Asnois
Luchapt
Bussière-Boffy
Saillat-s-Vienne
Chaillac-s-Vienne
Chassenon
Pressignac
Suris
Genouillac
Mazières
Cherves-Châtelars
Taponnat-Fleurignac
Yvrac-et-Malleyrand
Marillac-le-Franc
Vayres
Cognac-la-Forêt
Thermes
Forêt de Plessac
Bois du Chambon
Forêt de Belair
Charente
Vienne
Clain

Le Dorat
Bellac
Mézières-s-Issoire
Châteauponsac
Bessines-s-G.
Nantiat
Mortemart
Oradour-s-Glane
St-Junien
Nieul
Couzeix
LIMOGES
Aixe-s-Vienne
Isle
Ambazac
Compreignac
St-Sylvestre
Le Palais-s-Vienne
Panazol
Feytiat
St-Laurent-sur-Gorre
Solignac
Cieux
Javerdat
Blond
Rancon
Balledent
Peyrat-de-Bellac
St-Sornin-Leulac
Razès
St-Pardoux
Veyrac
Verneuil
St-Victurnien
Séreilhac
Boisseuil
Condat
St-Cyr
St-Auvent
Montrol-Sénard
Berneuil
Thouron
Chamboret
Peyrilhac
St-Priest-Taurion
St-Jouvent
Bonnac-la-Côte
Rilhac-Rancon
Chaptelat
188
206
223
E
F
G
H
1
2
3
4
5

0 2 4 6 8 10 km
188
205
224
A
B
C
D
1
2
3
4
5
Châteauponsac
Bessines-s-G.
St-Amand-Magnazeix
St-Sornin-Leulac
Fromental
St-Étienne-de-Fursac
St-Pierre-de-Fursac
Folles
Laurière
Bersac
St-Sulpice-Laurière
St-Pardoux
Lac de St-Pardoux
Razès
St-Léger-la-M.
St-Sylvestre
Compreignac
Ambazac
Monts d'Ambazac
La Jonchère-St-Maurice
Les Billanges
St-Laurent-les-Églises
Pont du Dognon
St-Martin-Terressus
Rilhac-Rancon
Chaptelat
Couzeix
Le Palais-s-Vienne
LIMOGES
Panazol
Feytiat
Aureil
Eyjeaux
Royères
St-Léonard-de-Noblat
Le Châtenet-en-Dognon
Moissannes
Sauviat-sur-Vige
Auriat
Champnétery
Cheissoux
Bujaleuf
St-Julien-le-Petit
St-Moreil
Eybouleuf
La Geneytouse
Le Grand-Bourg
Chamborand
Bénévent-l'Abbaye
Puy de Goth
Marsac
Arrènes
Mourioux-Vieilleville
Ceyroux
Aulon
St-Goussaud
Châtelus-le-Marcheix
St-Pierre-Chérignat
St-Martin-Ste-Catherine
Montboucher
St-Amand-Jartoudeix
St-Priest-Palus
St-Dizier-Leyrenne
Janaillat
Bosmoreau-les-Mines
Masbaraud-Mérignat
Augères
Azat-Châtenet
Montaigut-le-Blanc
St-Silvain-Montaigut
Gartempe
Vienne
Taurion
Maulde
Eymoutiers
Peyrat
Solignac
Bourganeuf
St-Vaury
Lizières
St-Priest-la-Plaine
Salagnac
Fleurat
Nouziers

Guéret
Ajain
Jarnages
Parsac
Gouzon
St-Fiel
St-Sulpice-le-Guérétois
Ste-Feyre
St-Laurent
Pionnat
Vigeville
Cressat
St-Dizier-la-Tour
Chénérailles
Villemonteix
Moutier-d'Ahun
Ahun
Sous-Parsat
Lavaveix-les-Mines
Issoudun-Létrieix
St-Médard-la-Rochette
Peyrat-la-Nonière
St-Christophe
Savennes
St-Yrieix-les-Bois
Maisonnisses
Sardent
Chamberaud
St-Martial-le-Mont
Puy-Malsignat
Pontarion
La Chapelle-St-Martial
Le Donzeil
Masgot
Fransèches
St-Georges-la-Pouge
St-Sulpice-les-Champs
St-Avit-le-Pauvre
Alleyrat
Aubusson
St-Maixant
St-Amand
Bellegarde-en-Marche
Champagnat
Vidaillat
Chavanat
St-Michel-de-Veisse
Blessac
Felletin
Vallière
Moutier-Rozeille
Néoux
St-Pardoux-le-Neuf
St-Pierre-Bellevue
St-Yrieix-la-Montagne
Banizette
St-Quentin-la-Chabanne
Ste-Feyre-la-Montagne
Royère-de-Vassivière
St-Marc-à-Loubaud
La Nouaille
Pont de Sénoueix
Gioux
Poussanges
Croze
St-Georges-Nigremont
Gentioux-Pigerolles
Pallier
Clairavaux
Lac de Vassivière
Beaumont-du-Lac
St-Martin-Château
Faux-la-Montagne
Féniers
Le Rat
E
F
G
H
189
225
208
1
2
3
4
5

0 2 4 6 8 10 km
190
207
226
A
B
C
D
1
2
3
4
5
Aubusson
Chénérailles
Gouzon
Chambon-s-Voueize
Évaux-les-Bains
Marcillat-en-Combraille
Pionsat
Bellegarde-en-Marche
Auzances
Crocq
Felletin
Giat
Herment
Mérinchal
Lussat
Tardes
Sannat
Le Chauchet
St-Priest
Lupersat
Champagnat
St-Maixant
St-Amand
St-Silvain-Bellegarde
Mainsat
Rougnat
Dontreix
Charensat
Montel-de-Gelat
Villosanges
Tralaigues
Landogne
Condat-en-Combraille
Sauvagnat
Voingt
Verneugheol
Fontanières
St-Fargeol
St-Marcel-en-Marcillat
St-Hilaire
Vergheas
Biollet
Pontcharraud
Moutier-Rozeille
St-Pardoux-le-Neuf
Néoux
Ste-Feyre-la-Montagne
St-Georges-Nigremont
Poussanges
Clairavaux
Magnat-l'Étrange
St-Agnant-près-Crocq
La Villeneuve
St-Bard
Flayat
Tour-St-Austrille
Lioux-les-Monges
Chard
La Mazière-aux-Bons-Hommes
Basville
St-Avit
D 941
D 990
D 997
D 915
D 988
D 982
D 996
D 4

Montaigut
St-Éloy-les-Mines
Menat
Gorges de la Sioule
Gorges de Chouvigny
Ébreuil
Gannat
Aigueperse
Châteauneuf-les-Bains
St-Gervais-d'Auvergne
Méandre de Queuille
Viaduc des Fades
Manzat
Combronde
Châtel-Guyon
Riom
Mozac
Volvic
Château de Tournoël
St-Ours
Pontgibaud
Vulcania
Puy de Dôme
Chamalières
Royat
Clermont-Ferrand
Montferrand
Beaumont
Aubière
Parc Naturel Régional des Volcans d'Auvergne
Puy de Louchadière
Puy de Côme
Puy de Pariou
Charroux
Bellenaves
Montpensier
Ennezat
Gerzat
Cébazat
Pont-du-Château
Lempdes
Cournon-d'Auvergne
191
227
210

0 2 4 6 8 10 km
192
209
228
VICHY
Cusset
Bellerive-sur-Allier
Gannat
St-Germain-des-Fossés
Creuzier-le-Vieux
Creuzier-le-Neuf
Charmeil
St-Rémy-en-Rollat
Seuilly
Billezois
St-Félix
Magnet
St-Étienne-de-Vicq
St-Christophe
Isserpent
Le Breuil
Le Mayet-de-Montagne
Châtel-Montagne
Arronnes
Busset
Mariol
Abrest
Hauterive
St-Yorre
St-Sylvestre-Pragoulin
Brugheas
Serbannes
Espinasse-Vozelle
Cognat-Lyonne
Escurolles
Le Mayet-d'École
Saulzet
Monteignet-s-l'Andelot
Broût-Vernet
Charmes
Biozat
Effiat
Montpensier
Aigueperse
Bas-et-Lezat
Randan
Villeneuve-les-Cerfs
St-Clément-de-Régnat
Bussières-et-Pruns
Thuret
Sardon
St-André-le-Coq
St-Denis-Combarnazat
Beaumont-lès-R.
Limons
Puy-Guillaume
Châteldon
Ris
Lachaux
Ferrières-sur-Sichon
Montgacon
Luzillat
Maringues
St-Ignat
Surat
Ennezat
Entraigues
Joze
Crevant-Laveine
Vinzelles
Noalhat
Paslières
Dorat
St-Rémy-sur-Durolle
Thiers
Peschadoires
Pont-de-Dore
Lezoux
Lempty
Culhat
Bulhon
Orléat
Seychalles
Courpière
Aulteribe
Ravel
Moissat
Vertaizon
Pont-du-Château
MONTFERRAND
Cournon-d'Auvergne
Lempdes
Chavaroux
Les Martres-d'Artière
St-Beauzire
Puy de Montoncel
Vollore-Ville
Vollore-Montagne
Escoutoux
Celles-s-Durolle
Palladuc
Aubusson-d'Auvergne
Néronde-s-Dore
Bort-l'Étang
Ch. de Codignat
St-Jean-d'Heurs
A 71
A 89
A 710
D 2009
D 906
D 2089

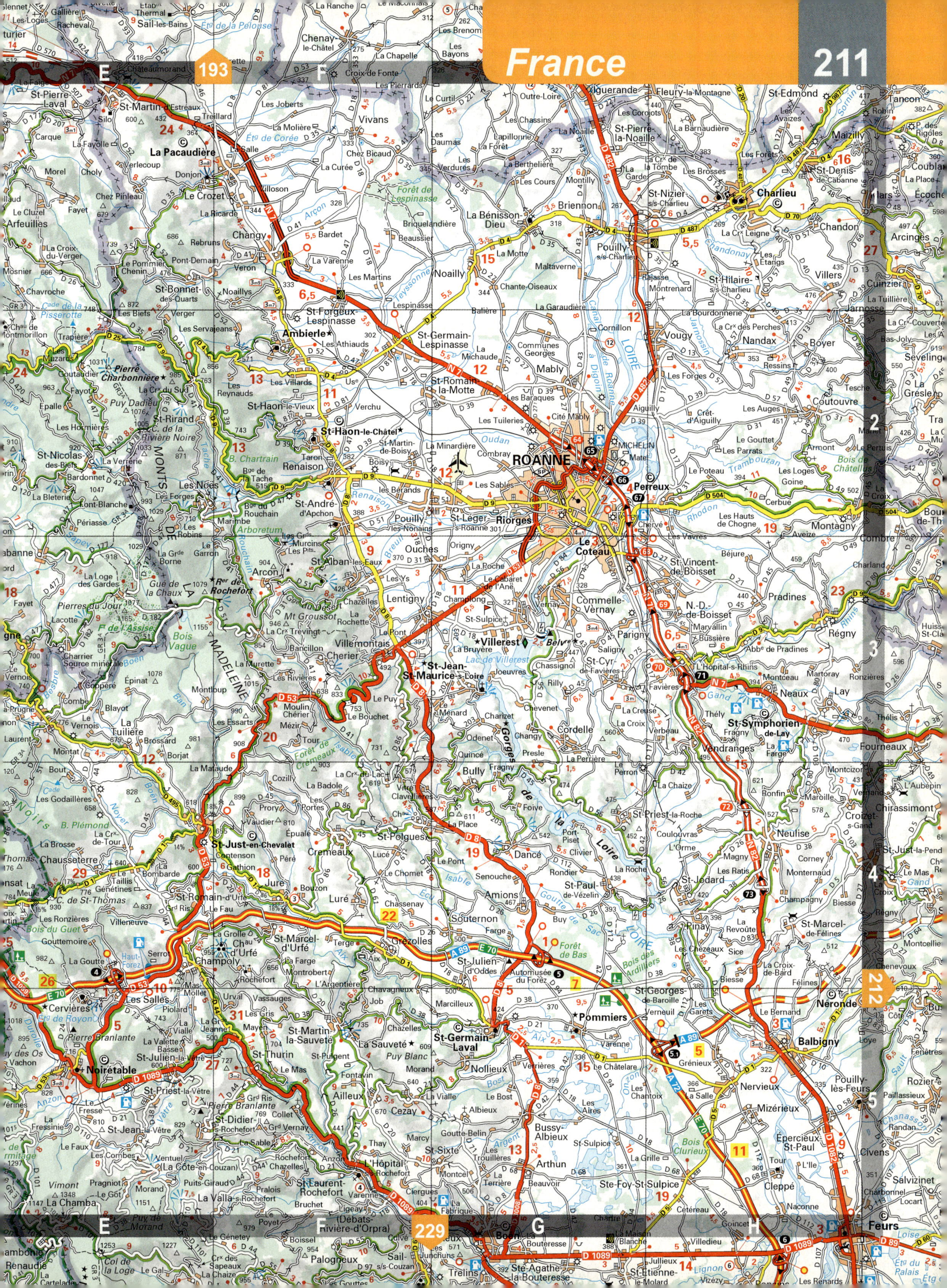

ROANNE
Riorges
Le Coteau
Perreux
Mably
Charlieu
Feurs
Balbigny
Néronde
St-Just-en-Chevalet
Noirétable
St-Germain-Laval
Boën
Villerest
St-Haon-le-Châtel
Renaison
Ambierle
La Pacaudière
Noailly
Pouilly-sous-Charlieu
Vougy
Nandax
Régny
L'Hôpital-s-Rhins
St-Symphorien-de-Lay
Neulise
St-Jodard
Pommiers
Champoly
St-Marcel-d'Urfé
St-Martin-la-Sauveté
St-Romain-d'Urfé
Cervières
Les Salles
St-Didier-s-Rochefort
St-Laurent-Rochefort
Arthun
Ste-Foy-St-Sulpice
Mizérieux
Pouilly-lès-Feurs
Épercieux-St-Paul
Cleppé
Nervieux
Grézolles
St-Polgues
Cremeaux
Lentigny
Ouches
Pouilly-les-Nonains
St-Léger-s-Roanne
St-Alban-les-Eaux
Arcon
Cherier
St-Rirand
Les Noës
Bully
Dancé
Souternon
Amions
St-Paul-de-Vézelin
Pinay
Cordelle
Commelle-Vernay
St-Vincent-de-Boisset
N.-D.-de-Boisset
Pradines
Montagny
Combray
Parigny
St-Cyr-de-Favières
St-Sulpice
St-Jean-St-Maurice-s-Loire
Villemontais
St-Forgeux-Lespinasse
Changy
St-Germain-Lespinasse
St-Romain-la-Motte
St-Nizier-s-Charlieu
St-Pierre-la-Noaille
Briennon
La Bénisson-Dieu
Vivans
Chenay-le-Châtel
St-Martin-d'Estreaux
St-Pierre-Laval
St-Hilaire-s-Charlieu
Boyer
Coutouvre
Villers
St-Denis-de-Cabanne
Chandon
Arcinges
Cuinzier
Jarnosse
Sevelinges
Maizilly
St-Edmond
Vendranges
Fourneaux
Croizet-s-Gand
Chirassimont
St-Marcel-de-Félines
Violay
Rozier-en-Donzy
Salvizinet
Civens
Grenieux
St-Georges-de-Baroille
St-Julien-d'Oddes
Juré
Vaudier
Chausseterre
St-Priest-la-Prugne
La Tuilière
Laval
St-Bonnet-des-Quarts
Arfeuilles
St-Nicolas-des-Biefs
La Chabanne
Monts de la Madeleine
Pierre Charbonnière
Puy Dadieu
Gorges de la Loire
Loire
MICHELIN
Forêt de Lespinasse
Forêt de Bas
Bois des Ardillers
Barrage de Villerest
Lac de Villerest
E 70
A 89
A 72
N 7
N 82
D 482
D 1089
D 1082
193
212
229
E
F
G
H
1
2
3
4
5

0 2 4 6 8 10 km
194
211
230
Monsols
Beaujeu
Belmont-de-la-Loire
Cours-la-Ville
Lamure-sur-Azergues
Thizy
Amplepuis
Villefranche-sur-Saône
Tarare
L'Arbresle
Feurs
St-Laurent-de-Chamousset
Anse
Chazay-d'Azergues
Lozanne
Dommartin
Charbonnières-les-Bains
Vaugneray
Balbigny
Néronde
Chambost-Allières
Le Bois-d'Oingt
Oingt
Ternand
Valsonne
Ronno
Cublize
Villié-Morgon
Corcelles-en-B.
La Chapelle-de-Guinchay
Quincié-en-Beaujolais
Odenas
Denicé
Fléchères
Trévoux
Sain-Bel
Savigny
Bessenay
Brullioles
Montrottier
Longessaigne
Violay
Joux
Affoux
D 385
D 338
D 504
N 7
A 89
A 6

Châtillon-s-Chalaronne
Villars-les-Dombes
Chalamont
Pérouges
Meximieux
Montluel
Miribel
Trévoux
Reyrieux
Neuville-s-Saône
Villeurbanne
LYON
Vaulx-en-Velin
Meyzieu
Décines-Charpieu
Bron
Genas
Pont-de-Chéruy
Crémieu
Lagnieu
Ambérieux-en-Dombes
St-Trivier-s-Moignans
St-Paul-de-Varax
Marlieux
Joyeux
Versailleux
Birieux
Le Montellier
St-André-de-Corcy
Mionnay
Rillieux-la-Pape
Caluire-et-Cuire
Ile de Miribel-Jonage
Parc archéologique de Larina
Loyettes
Dagneux
Beynost
Balan
Niévroz
Thil
Jons
Villette-d'Anthon
Chavanoz
St-Jean-de-Niost
St-Maurice-de-Gourdans
Charnoz-sur-Ain
Faramans
Bourg-St-Christophe
Bressolles
Béligneux
Pizay
Ste-Croix
Tramoyes
Neuville-les-Dames
Condeissiat
Romans
Sandrans
Relevant
Bouligneux
Savigneux
Misérieux
Toussieux
Civrieux
Parcieux
Massieux
Genay
Montanay
Sathonay
Fontaines
Rochetaillée
Curis-au-Mt-d'Or
Albigny
Poleymieux
Couzon
St-Germain-au-Mt-d'Or
Quincieux
St-Didier-de-Formans
Thoissey
Mogneneins
Peyzieux-s-Saône
Chaneins
Montceaux
Francheleins
Lurcy
Messimy-s-Saône
Chaleins
Villeneuve
Dompierre-s-C.
L'Abergement-Clémenciat
Sulignat
Bey
Garnerans
Baneins
Valeins
Illiat
Servas
Lent
St-André-s-Vieux-Jonc
Dompierre-sur-Veyle
Châtenay
Crans
Châtillon-la-Palud
Villieu-Loyes-Mollon
Rignieux-le-Franc
Joyeux
Montagnat
Péronnas
Druillat
Priay
Varambon
Leyment
Chazey-sur-Ain
Blyes
St-Vulbas
Ecully
Champagne-au-Mt-d'Or
Chassieu
Janneyrias
Charvieu-Chavagneux
Tignieu-Jameyzieu
Villemoirieu
Pusignan
Colombier-Saugnieu
LYON-ST-EXUPÉRY
EUREXPO
Mi-Plaine
Meyzieu
Jonage
Anthon
Dizimieu
Forêt de Chassagne
Camp de la Valbonne
Forêt du Nover
Parc des Oiseaux
Grd Étang de Birieux
Étang Chapelier
Marais des Echets
195
231
214
E
F
G
H
2
3
4
5

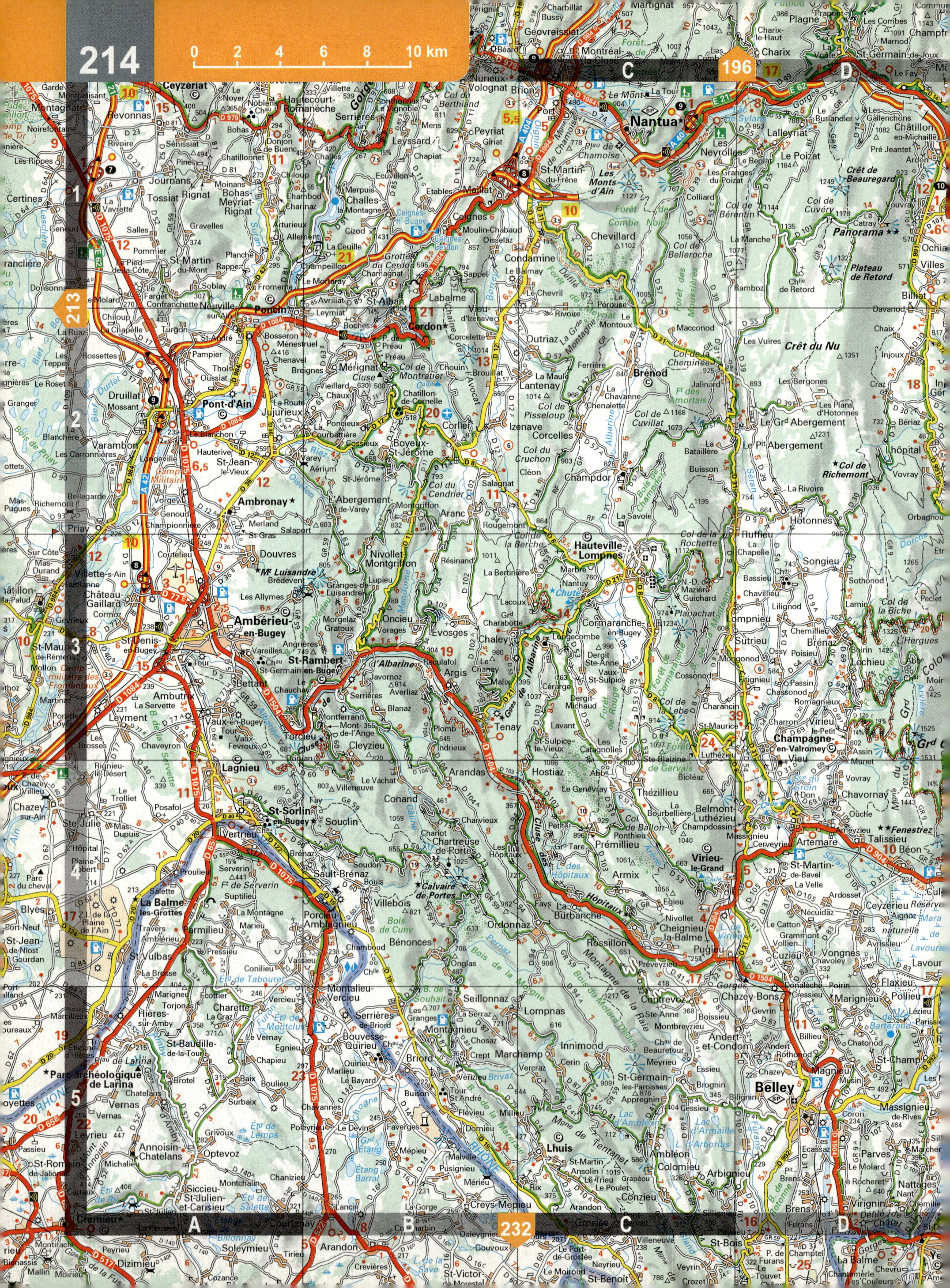
0 2 4 6 8 10 km
213
196
232
A
B
C
D
1
2
3
4
5
Nantua
Ceyzériat
Pont-d'Ain
Poncin
Cerdon
Ambérieu-en-Bugey
St-Rambert-en-Bugey
Lagnieu
St-Sorlin-en-Bugey
Hauteville-Lompnes
Brénod
Champagne-en-Valromey
Virieu-le-Grand
Belley
Lhuis
Crémieu
La Balme-les-Grottes
Montalieu-Vercieu
Ambronay
Jujurieux
Chaley
Tenay
Artemare
Culoz
Châtillon-en-Michaille
Plateau de Retord
Crêt du Nu
Le Grd Abergement
Lalleyriat
Le Poizat
Neyrolles
Meyriat
Izenave
Ordonnaz
Arandas
Conand
Souclin
Villebois
Briord
Serrières-de-Briord
Seillonnaz
Innimond
Prémillieux
Rossillon
Pugieu
Contrevoz
Andert-et-Condon
Ambléon
Arbignieu
Chazey-Bons
Vieu
Talissieu
Béon
Ceyzérieu
Flaxieu
Marignieu
Parves
Nattages
Brens
Virignin
Groslée
St-Benoît
Arandon
Courtenay
Soleymieu
Optevoz
Annoisin-Chatelans
Hières-sur-Amby
Vertrieu
Porcieu-Amblagnieu
Sault-Brénaz
Chartreuse de Portes
Calvaire de Portes
Argis
Evosges
Oncieu
Nivollet-Montgriffon
Aranc
Corlier
Boyeux-St-Jérôme
Douvres
Vaux-en-Bugey
Leyment
St-Denis-en-Bugey
Château-Gaillard
Villette-s-Ain
Druillat
Varambon
Tossiat
Journans
Revonnas
Montagnat
Dortan
Matafelon
Thoirette
Sonthonnax-la-Montagne
Géovreissiat
Montréal-la-Cluse
Charix
Plagne
Champfromier
Panorama
Col de la Rochette
Col de Richemont
Bois de Cuny
Ruffieu
Songieu
Hotonnes
Thézillieu
Belmont-Luthézieu
Cormaranche-en-Bugey
Lompnieu
Sutrieu
Virieu
Cheignieu-la-Balme
Les Hôpitaux
Torcieu
Cleyzieu
Bettant
Ambutrix
Blyes
Chazey-sur-Ain
Loyettes
Parc archéologique de Larina
Vernas
Siccieu-St-Julien-et-Carisieu
Bouvesse-Quirieu
Montagnieu
Lompnas
Marchamp
St-Germain-les-Paroisses
Colomieu
Conzieu
Massignieu-de-Rives

ANNECY
Annecy-le-Vieux
St-Julien-en-Genevois
Bellegarde-s-Valserine
Rumilly
Seyssel
Seynod
Cran-Gevrier
Meythet
Albens
Alby-s-Chéran
Faverges
Talloires
Menthon-St-Bernard
Sévrier
Thorens-Glières
Cruseilles
Frangy
Reignier-Esery
La Roche-s-Foron
Collonges
Hautecombe
Lac du Bourget
Lac d'Annecy
AIX-LES-BAINS
Le Châtelard
Grésy-s-Aix
Crêt de Châtillon
Montagne du Semnoz
Le Salève
Mont Salève
Tête du Parmelan
Fort de l'Écluse
Doussard
Chevaline
Lathuile
Duingt
Veyrier-du-Lac
Pringy
Poisy
Epagny
Chavanod
Marcellaz-Albanais
Sallenôves
Musièges
Clermont
Vallières
Hauteville-s-Fier
Bons-Nons
La Balme-de-Sillingy
Sillingy
Choisy
Allonzier-la-Caille
Villy-le-Pelloux
Groisy
Evires
Viry
Valleiry
Chênex
Dingy-en-Vuache
Chevrier
Vulbens
Neydens
Archamps
Collonges-s-Salève
Bossey
Beaumont
Présilly
Andilly
St-Blaise
Jonzier-Epagny
Savigny
Chaumont
Vanzy
Chessenaz
Clarafond-Arcine
Eloise
Chêne-en-Semine
Franclens
St-Germain-s-Rhône
Bge de Génissiat
Usinens
Desingy
Chilly
Mésigny
Menthonnex-s-Clermont
Thusy
Droisy
Crempigny-Bonneguête
Vaulx
Nonglard
Lovagny
Montagny-les-Lanches
Quintal
Viuz-la-Chiésaz
Gruffy
Héry-s-Alby
St-Félix
Mûres
Cusy
Chainaz-les-Frasses
Allèves
Leschaux
Bellecombe-en-Bauges
Entrevernes
La Chapelle-St-Maurice
St-Eustache
Chevaline
Bluffy
Alex
Dingy-St-Clair
Nâves-Parmelan
Villaz
Argonay
St-Martin-Bellevue
Charvonnex
Cuvat
Ollières
Aviernoz
Evires
Ruffieux
Serrières-en-Chautagne
Motz
Chindrieux
Conjux
Chanaz
Vions
St-Pierre-de-Curtille
Ontex
Chambotte
Trévignin
Pugny-Chatenod
Mouxy
Montcel
St-Offenge
Epersy
Mognard
St-Ours
St-Girod
Cessens
La Biolle
Savigny
Massingy
Moye
Sales
Marigny-St-Marcel
Boussy
Vallières
Marlioz
Versonnex
Col du Leschaux
Col de Bluffy
Roc de Chère
Tournette
Col de la Forclaz
Montmin
Col de l'Aulp
Serraval
St-Ferréol
Dent du Cruet
Col des Glières
La Balme-de-Thuy
Dent de Cons
Pont du Diable
Pte de Banc Plat
Montagne de Bange
Pt de l'Abîme
Belvédère de Bénévent
Montagne du Charbon
Dent des Portes
Mont Pelat
Le Trélod
Doucy-en-Bauges
E
F
G
H
197
233
216
1
2
3
4
5

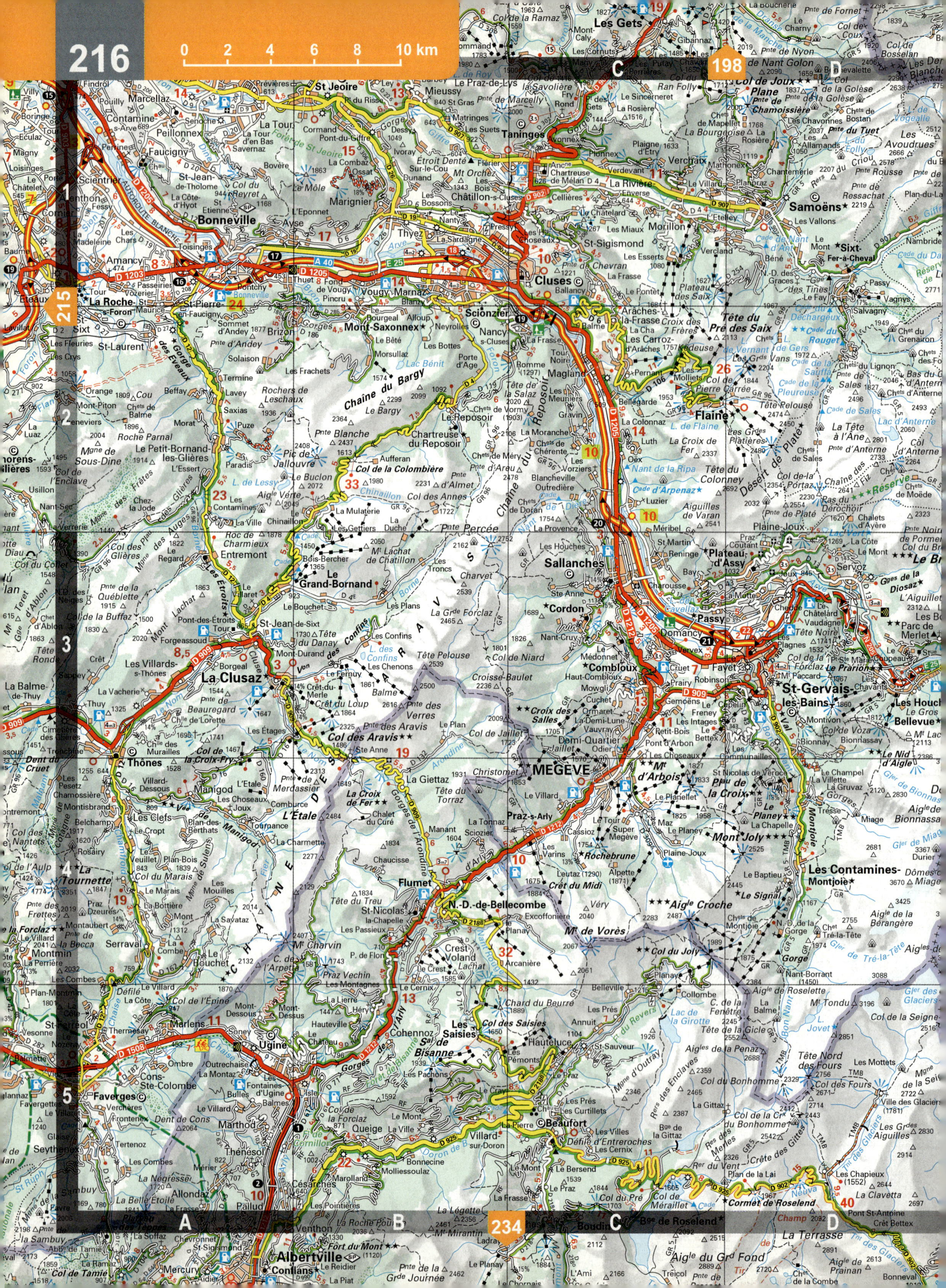
0 2 4 6 8 10 km
198
215
234
A
B
C
D
1
2
3
4
5
Les Gets
Taninges
Samoëns
Sixt-Fer-à-Cheval
St-Jeoire
Mieussy
Marignier
Bonneville
La Roche-sur-Foron
Cluses
Scionzier
Mont-Saxonnex
Thyez
Châtillon-sur-Cluses
Marnaz
Vougy
Marcellaz
Faucigny
Contamine-sur-Arve
Pers-Jussy
St-Pierre-en-Faucigny
Amancy
St-Laurent
Chaîne du Bargy
Le Reposoir
Col de la Colombière
Magland
Flaine
Tête du Pré des Saix
Arâches-la-Frasse
Les Carroz-d'Arâches
Désert de Platé
Sallanches
Passy
Cordon
Combloux
Domancy
St-Gervais-les-Bains
Le Fayet
Plateau-d'Assy
Servoz
Chaîne des Aravis
Le Grand-Bornand
St-Jean-de-Sixt
La Clusaz
Entremont
Col des Aravis
Thônes
Manigod
Col de la Croix-Fry
La Giettaz
Mégève
Demi-Quartier
Praz-s-Arly
Mt d'Arbois
Mont Joly
Les Contamines-Montjoie
Flumet
N.-D.-de-Bellecombe
St-Nicolas-la-Chapelle
Crest-Voland
Col des Saisies
Les Saisies
Hauteluce
Beaufort
Villard-sur-Doron
Signal de Bisanne
Queige
Ugine
Faverges
Marlens
Serraval
Col de l'Épine
Albertville
Conflans
Mercury
Gilly
Allondaz
Thénésol
Marthod
Col du Joly
Aigle Croche
Col du Bonhomme
Cormet de Roselend
Col de Tamié
Lac de la Girotte
Montmin
Col de la Forclaz
La Tournette
Dent de Cons
Mont Charvin
L'Étale
Tête Pelouse
Pointe Percée
Aiguilles de Varan
Col de Joux Plane
Praz-sur-Arly
Le Plan
Les Houches
Bionnassay

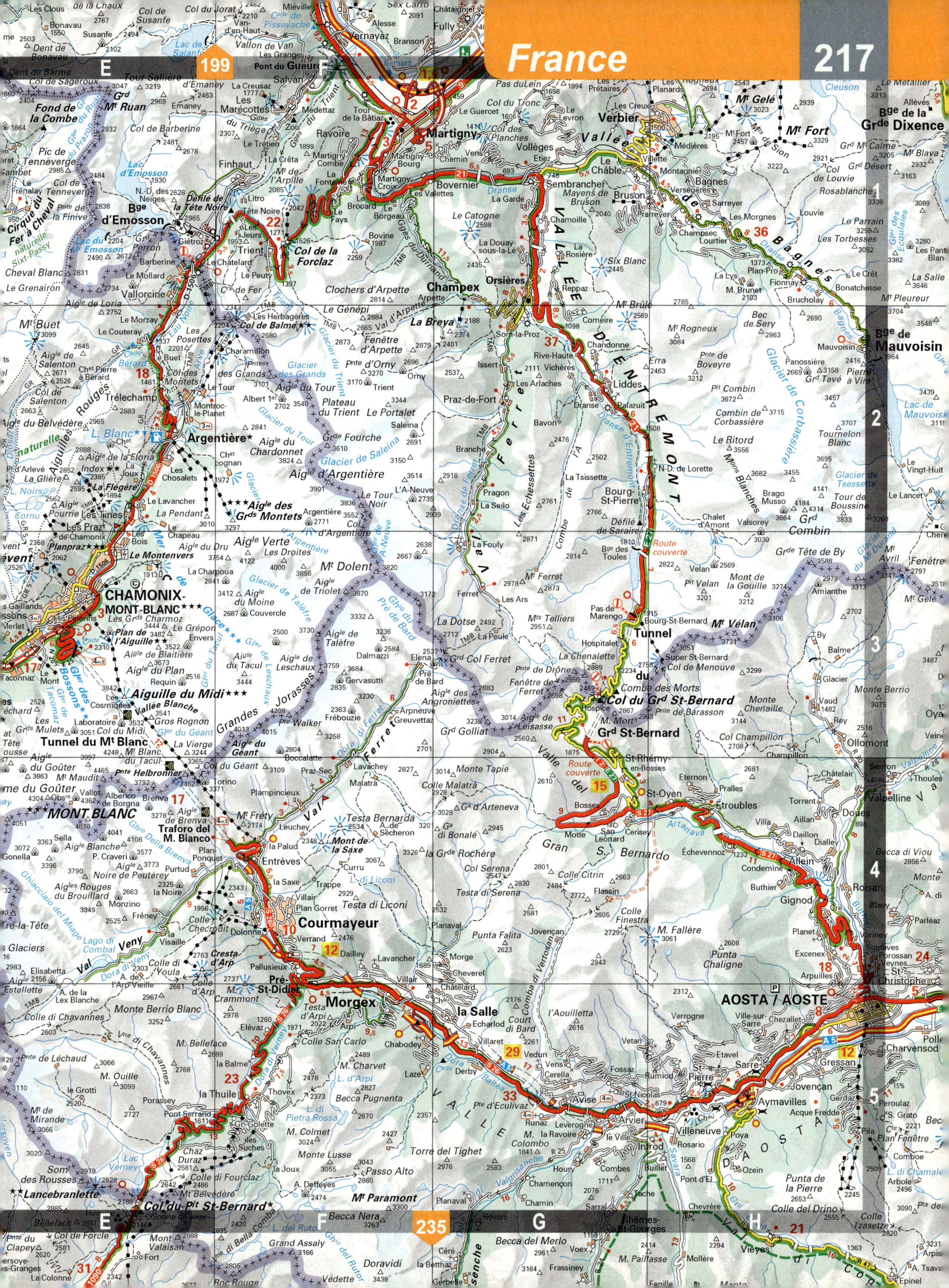

Martigny
Verbier
Champex
Orsières
Col de la Forclaz
Col de Balme
Argentière
CHAMONIX-MONT-BLANC
Aiguille du Midi
Tunnel du Mt Blanc
MONT BLANC
Traforo del M. Bianco
Courmayeur
Pré-St-Didier
Morgex
la Salle
la Thuile
Col du Pt St-Bernard
Col du Grd St-Bernard
Grd St-Bernard
Bourg-St-Pierre
Liddes
VALLÉE D'ENTREMONT
Val Ferret
St-Rhémy-en-Bosses
St-Oyen
Etroubles
AOSTA / AOSTE
Aymavilles
Villeneuve
Arvier
Avise
Mauvoisin
Bagnes
Le Châble
Grd Combin
Emosson
Vallorcine
Val Veny
199
235
E
F
G
H

0 2 4 6 8 10 km
A
B
C
D
1
2
3
4
5
200
236
Pointe de la Coubre
La Coubre
Bonne Anse
La Palmyre
Zoo
Les Mathes
Arvert
Étaules
St-Augustin
Forêt de la Coubre
La Grande Côte
Phare de Terre-Nègre
St-Palais-s-Mer
Vaux-s-Mer
Nauzan
Pontaillac
ROYAN
St-Sulpice-de-Royan
Breuillet
Mornac-s-Seudre
L'Éguille
Saujon
Médis
Semussac
Cordouan
Pointe de Grave
Pte de Vallières
St-Georges-de-Didonne
Pte de Suzac
Plage de Suzac
Plage de l'Arnèche
Plage des Vergnes
Plage des Nonnes
Meschers-s-Gironde
Talmont-s-Gironde
Port Bloc
Fort du Verdon
Port Médoc
Le Verdon-sur-Mer
Pte de la Chambrette
Le Royannais
Grands Maisons
ZONE PORTUAIRE
Les Huttes
Soulac-sur-Mer
Le Jeune Soulac
Neyran
Les Coustaux
Banc des Olives
L'Amélie-sur-Mer
Lillan
Pointe de la Négade
Talais
Les Mattes
Pointe aux Oiseaux
Lède de la Négade
Port-de-St Vivien
Grayan-et-l'Hôpital
Les Eyres
Le Gurp
Lède du Gurp
Le Piqueau
Étang de la Barreyre
Dépée
Euronat
St-Vivien-de-Médoc
La Fosse
Richard
La Brasserie
Jau-Dignac-et-Loirac
Port-de-Richard
Lède de la Canillouse
Montalivet-les-Bains
Centre Hélio-Marin
Vensac
Le Gua
Mayan
Meugas
Périgueys
Mouline yre
Vendays-Montalivet
Queyrac
Forêt de Vendays
Marais de Lespaut
Sarnac
Hourcau
Pey-du-Haut
Coudessant
Gaillan-en-Médoc
Lesparre-Médoc
Berganton
La Bresquette
Forêt du Junca
St-Isidore
Le Pin-Sec
Naujac-sur-Mer
Lizan
Magagnan
D 1215
D 101
D 102
D 25
D 730

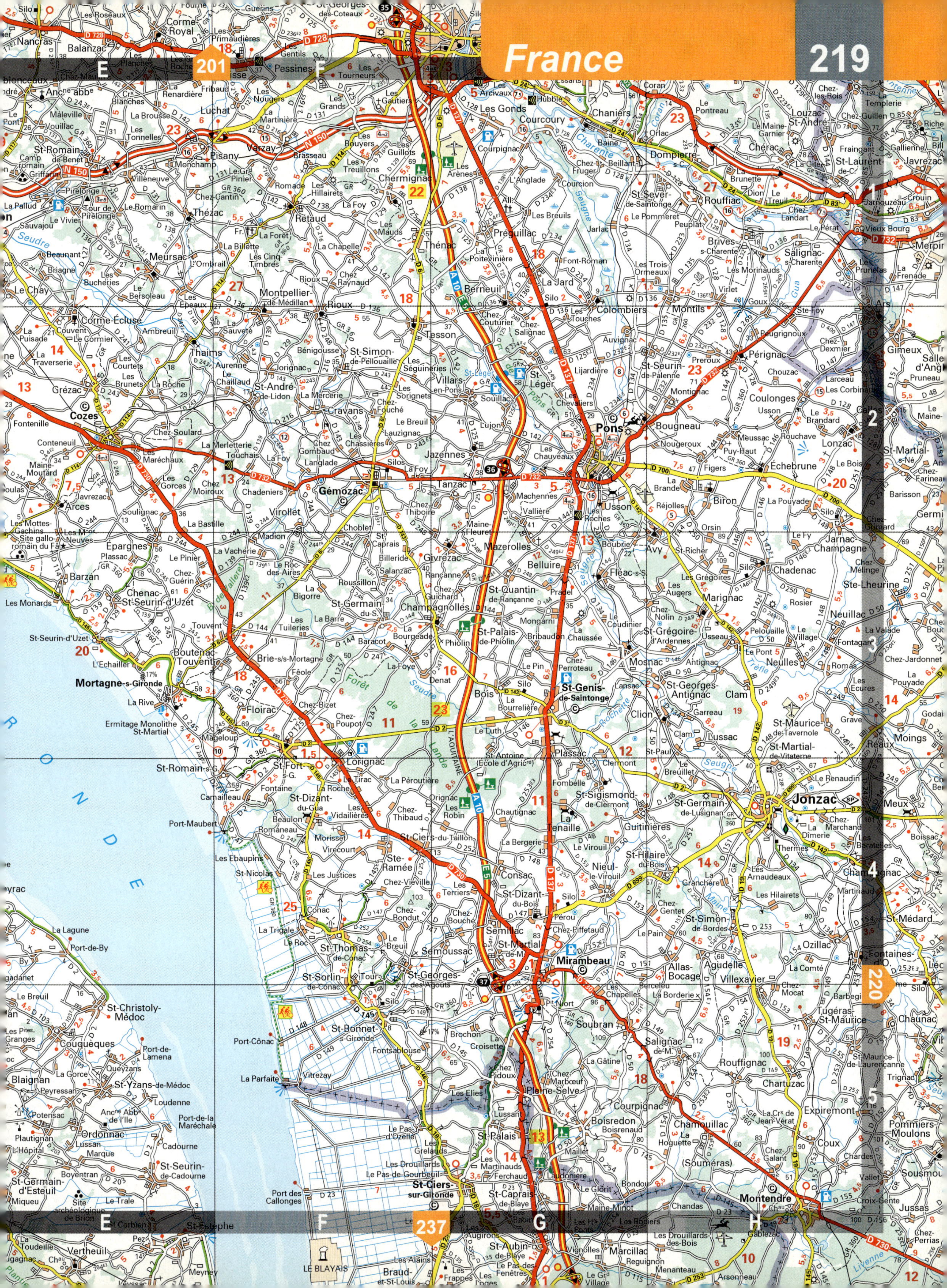
Pons
Jonzac
Gémozac
Cozes
Mirambeau
Mortagne-s-Gironde
St-Genis-de-Saintonge
St-Ciers-sur-Gironde
Montendre
Saintes
Archiac
Lorignac
St-Fort-s-G.
Pisany
Saujon
Thénac
Berneuil
Tesson
Villars-en-Pons
Jazennes
Tanzac
Mazerolles
Belluire
Fléac-s-S.
Champagnolles
St-Palais-de-Phiolin
Brie-s/s-Mortagne
Floirac
Semillac
Ozillac
Chadenac
Marignac
Clam
Neulles
St-Germain-de-Lusignan
Meux
Allas-Bocage
Agudelle
Rouffignac
Chartuzac
Expiremont
Pommiers-Moulons
St-Christoly-Médoc
St-Yzans-de-Médoc
Ordonnac
Vertheuil
Braud-et-St-Louis
LE BLAYAIS
Port-Maubert
Port-Cônac
La Parfaite
Port des Callonges
Ermitage Monolithe St-Martial
201
237
220

0 2 4 6 8 10 km
Cognac
Jarnac
Châteauneuf-s-Charente
Segonzac
Pons
Archiac
Jonzac
Barbezieux-St-Hilaire
Baignes-Ste-Radegonde
Montendre
Brossac
Chevanceaux
St-Germain-de-Lusignan
Champagnac
Mortiers
St-Fort-s-le-Né
Lonzac
Gensac-la-Pallue
Bourg-Charente
St-Même-les-Carrières
Angeac-Charente
Ambleville
Lignières-Sonneville
Criteuil-la-Magdeleine
Lagarde-s-le-Né
St-Médard
Salles-de-Barbezieux
Condéon
Reignac
Touvérac
Chantillac
St-Palais-du-Né
Germignac
Jarnac-Champagne
Neuillac
Marignac
Chadenac
St-Maurice-de-Tavernole
Lussac
Clam
St-Grégoire-d'Ardennes
Mosnac
Meux
St-Ciers-Champagne
Brie-s-Archiac
Guimps
St-Germain-de-Vibrac
Léoville
Fontaines-d'O.
Ozillac
Agudelle
Allas-Bocage
Villexavier
Tugéras-St-Maurice
Chaunac
Vanzac
Messac
Mérignac
Pommiers-Moulons
Sousmoulins
Chatenet
Expiremont
Rouffignac
Chartuzac
Coux
Salignac-de-M.
Courpignac
Chamouillac
St-Sigismond-de-Clermont
Guitinières
St-Hilaire-du-Bois
Nieul-le-Virouil
St-Simon-de-Bordes
Bougneau
Pérignac
Coulonges
Échebrune
Biron
Montils
Rouffiac
Salignac-s-Charente
Brives-s-Charente
Merpins
Châteaubernard
Javrezac
St-Laurent-de-C.
Louzac-St-André
Sigogne
Réparsac
Nercillac
Les Métairies
Foussignac
Triac-Lautrait
Gondeville
Mainxe
Bassac
St-Simon
Vibrac
Graves-St-Amant
Mosnac
Bouteville
Bonneuil
Malaville
Éraville
Birac
Touzac
Vignolles
Nonaville
Jurignac
Ladiville
Aubeville
Péreuil
Angeduc
Berneuil
Challignac
Oriolles
Chillac
Passirac
Boisbreteau
Guizengeard
Bardenac
Yviers
St-Vallier
Pouillac
St-Palais
Boresse-et-Martron
Ste-Colombe
Polignac
Jussas
Marcillac
Gabiezac
Chatignac
N 10
N 141
D 731
D 700
D 699
202
219
238

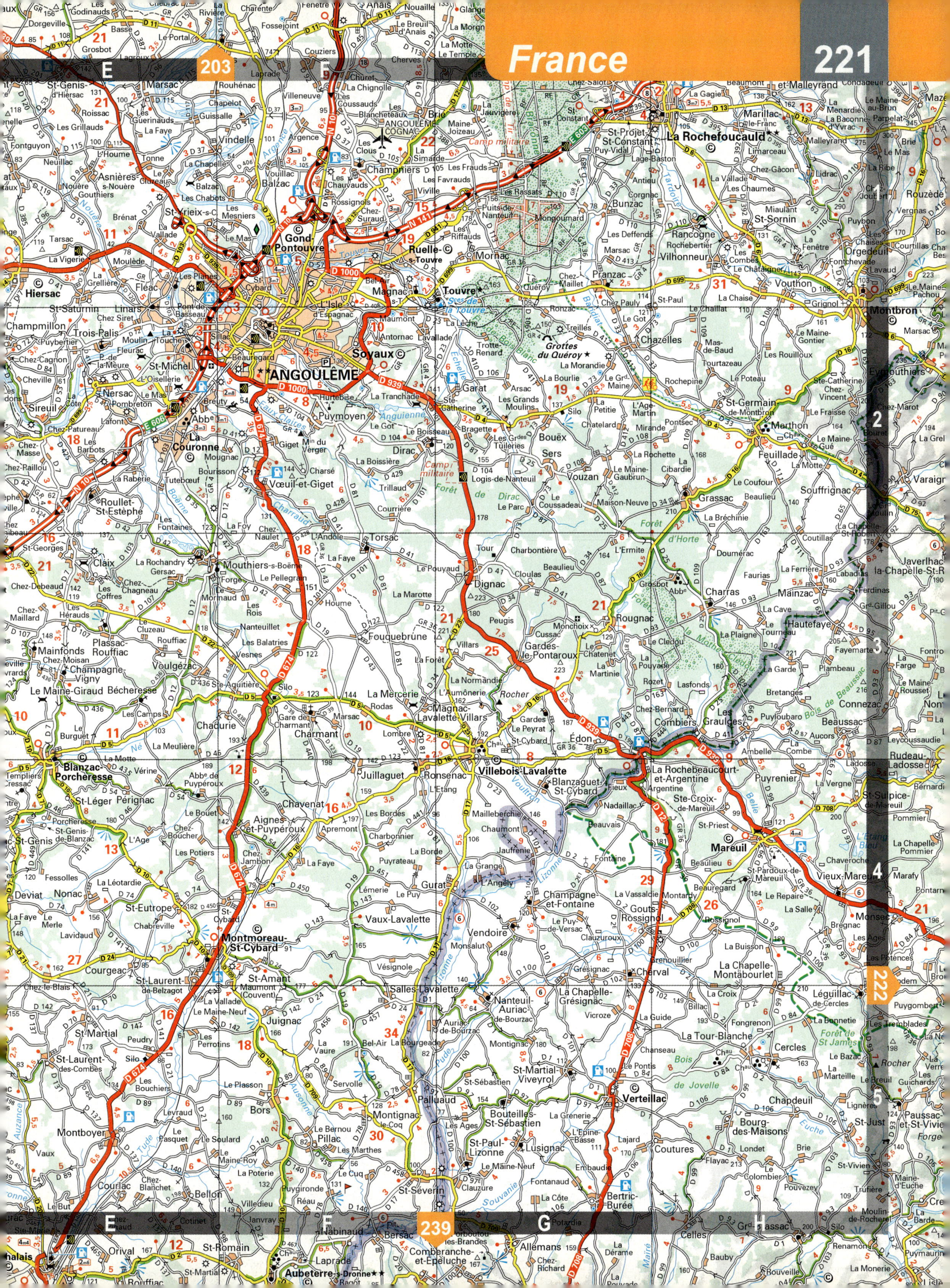
ANGOULÊME
La Rochefoucauld
Gond-Pontouvre
Ruelle-s-Touvre
Touvre
Soyaux
Magnac
L'Isle-d'Espagnac
La Couronne
St-Michel
Hiersac
Champniers
Brie
Puymoyen
Vœuil-et-Giget
Mouthiers-s-Boëme
Dignac
Gardes-le-Pontaroux
Rougnac
Montbron
Marthon
Chazelles
Pranzac
Rancogne
Vilhonneur
Grottes du Quéroy
Blanzac-Porcheresse
Villebois-Lavalette
Magnac-Lavalette-Villars
Fouquebrune
Torsac
Charmant
Juillaguet
Ronsenac
Montmoreau-St-Cybard
Aubeterre-s-Dronne
St-Séverin
Salles-Lavalette
Nanteuil-Auriac-de-Bourzac
Verteillac
Mareuil
La Rochebeaucourt-et-Argentine
Champagne-et-Fontaine
La Tour-Blanche
Cercles
Bertric-Burée
Chalais
Combiers
Édon
Grassac
Feuillade
Vouzan
Sers
Bouëx
Garat
Dirac
Sireuil
Claix
Plassac-Rouffiac
Voulgézac
Chadurie
Aignes-et-Puypéroux
Pérignac
St-Eutrope
Courgeac
Juignac
Palluaud
Bouteilles-St-Sébastien
Montignac-le-Coq
Pillac
Bors
Bellon
Courlac
Montboyer
Vendoire
Gurat
Vaux-Lavalette
Blanzaguet-St-Cybard
Puyrenier
Vieux-Mareuil
La Chapelle-Montabourlet
Léguillac-de-Cercles
Bourg-des-Maisons
Lusignac
St-Paul-Lizonne
Forêt de Dirac
Forêt d'Horte
Forêt de Jovelle

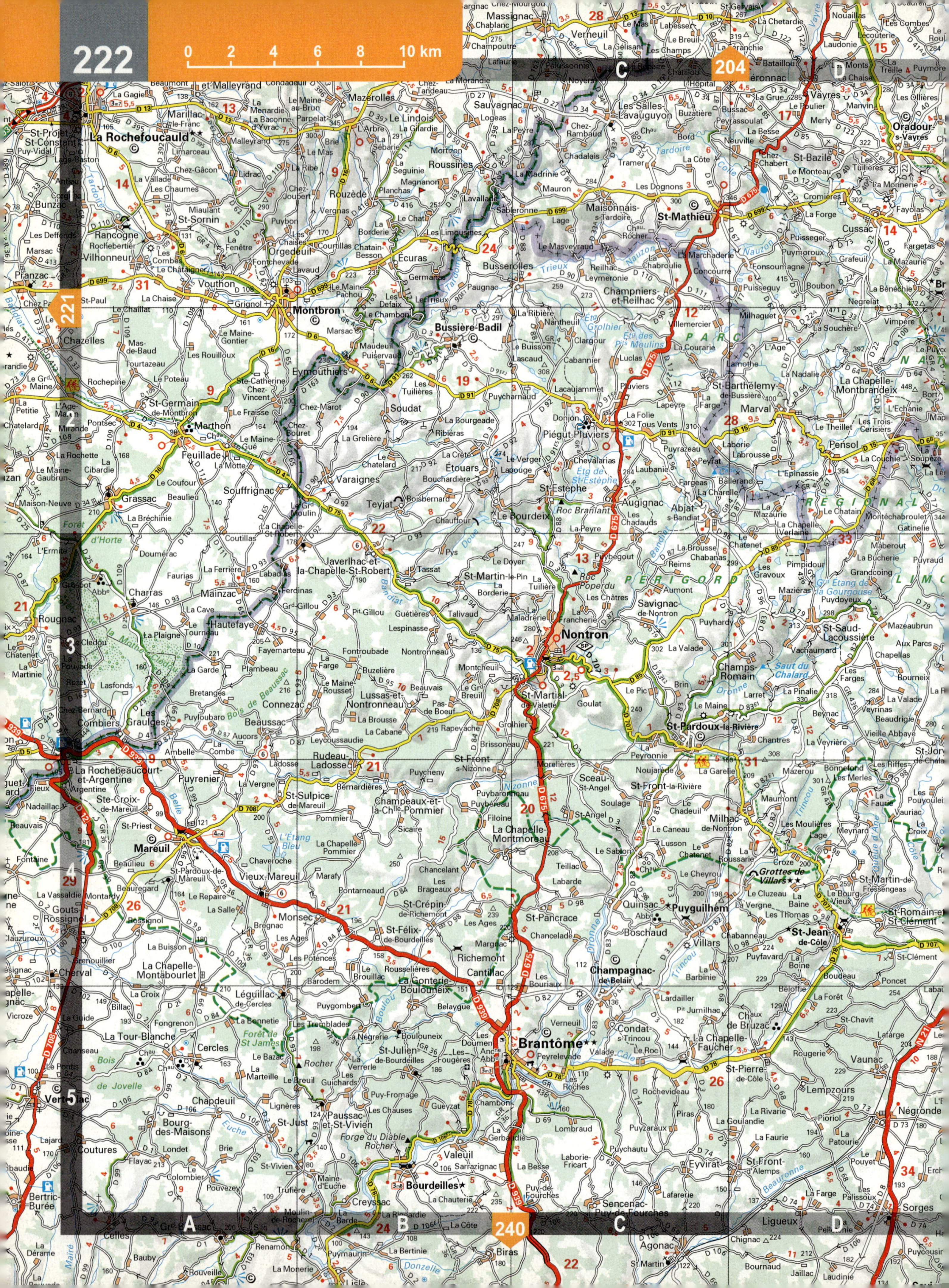
0 2 4 6 8 10 km
204
221
240
A
B
C
D
1
2
3
4
5
La Rochefoucauld
Montbron
Bussière-Badil
St-Mathieu
Marthon
Nontron
Piégut-Pluviers
Mareuil
Brantôme
Bourdeilles
St-Pardoux-la-Rivière
Champagnac-de-Belair
Puyguilhem
St-Jean-de-Côle
Thiviers
Verteillac
La Rochebeaucourt-et-Argentine
Javerlhac-et-la-Chapelle-St-Robert
Oradour-s-Vayres
Cussac
Champs-Romain
Villars
Grottes de Villars
Chalais
Rancogne
Vilhonneur
Vouthon
Feuillade
Souffrignac
Teyjat
Varaignes
Étouars
Abjat-s-Bandiat
Augignac
Savignac-de-Nontron
St-Martial-de-Valette
Milhac-de-Nontron
St-Front-la-Rivière
Quinsac
Condat-s-Trincou
Valeuil
Paussac-et-St-Vivien
Lisle
Agonac
Sorges
Ligueux
Négrondes
St-Pierre-de-Côle
Eyvirat
Cercles
La Tour-Blanche
Léguillac-de-Cercles
La Chapelle-Montabourlet
Vieux-Mareuil
Champeaux-et-la-Chapelle-Pommier
St-Crépin-de-Richemont
St-Félix-de-Bourdeilles
Richemont
Cantillac
La Gonterie-Boulouneix
St-Julien-de-Bourdeilles
Sencenac-Puy-de-Fourches
Puy-de-Fourches
Biras
Marsac
Rouzède
Ecuras
Eymouthiers
Busserolles
Maisonnais-s-Tardoire
Champniers-et-Reilhac
Lacaujamet
Pensol
Marval
La Chapelle-Montbrandeix
Dournazac
Bussière-Galant
PARC NATUREL RÉGIONAL PÉRIGORD LIMOUSIN
Forêt d'Horte
Bois de Beaussac
Forêt de St James
Bois de Jouvelle
Forge du Diable
Roc Branlant
Roc Poperdu
Saut du Chalard
Grolhier
Rudeau-Ladosse
Ste-Croix-de-Mareuil
Puyrenier
Hautefaye
Mainzac
Charras
Rougnac
Grassac
St-Germain-de-Montbron
Sauvagnac
Massignac
Verneuil
Mazerolles
Pranzac
Bunzac
St-Projet-St-Constant
Marillac-le-Franc
Orgedeuil
Connezac
Beaussac
Lussas-et-Nontronneau
St-Front-s-Nizonne
Sceau-St-Angel
La Chapelle-Faucher
Lempzours
Vaunac
St-Martin-de-Fressengeas
St-Romain-et-St-Clément
Tocane-St-Apre
Gouts-Rossignol
Chapdeuil
Bourg-des-Maisons
Coutures
Creyssac
St-Just

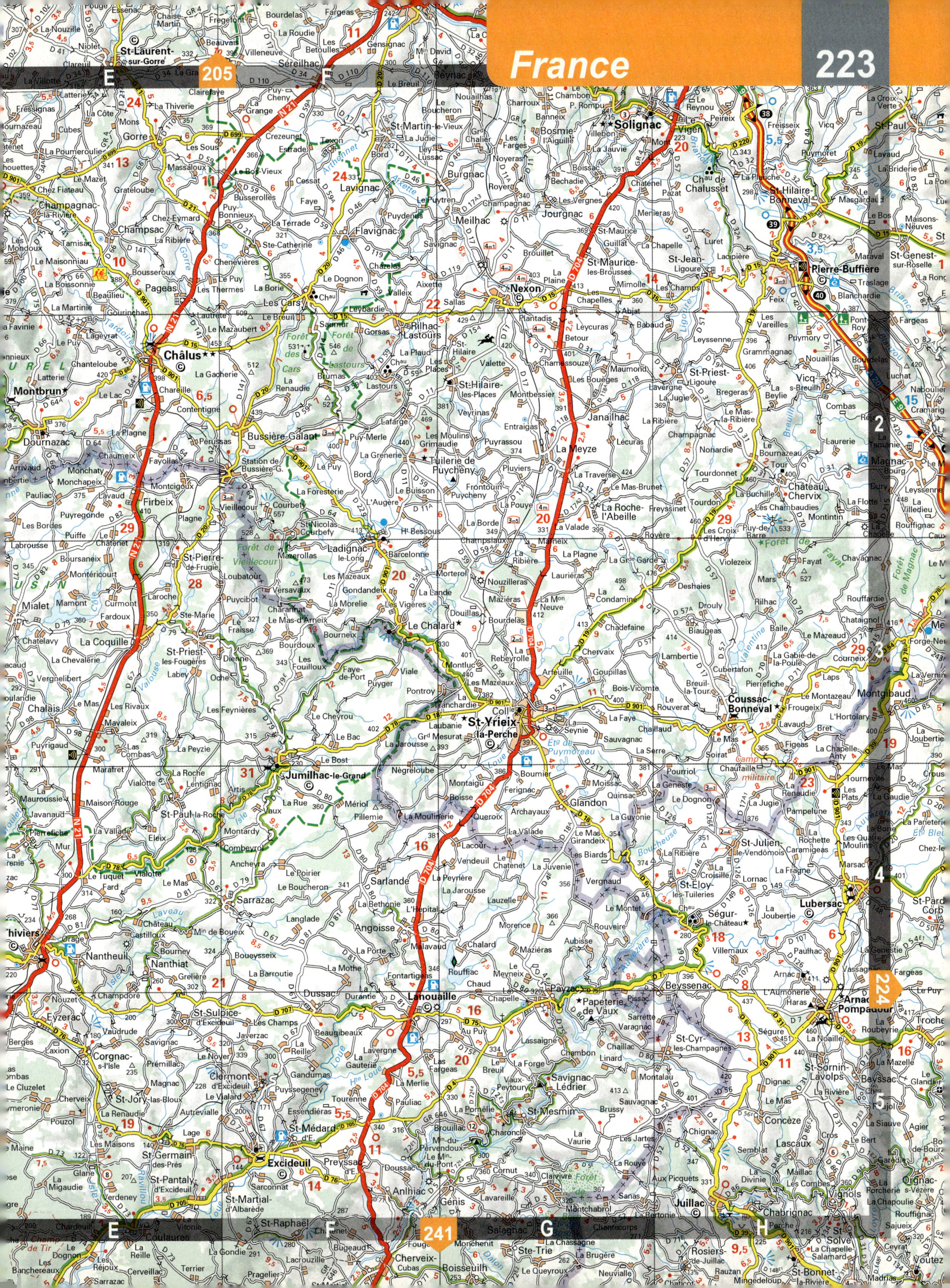
Châlus
Solignac
Pierre-Buffière
Nexon
St-Yrieix-la-Perche
Jumilhac-le-Grand
Thiviers
Excideuil
Lanouaille
Lubersac
Coussac-Bonneval
Arnac-Pompadour
Juillac
Bussière-Galant
St-Laurent-sur-Gorre
St-Hilaire-Bonneval
Montbrun
La Coquille
Payzac
Chabrignac
205
241
224
E
F
G
H
2
3
4
5

0 2 4 6 8 10 km

206
223
242
Solignac
Eymoutiers
St-Hilaire-Bonneval
Pierre-Buffière
Châteauneuf-la-Forêt
Neuvic-Entier
Masléon
St-Germain-les-Belles
Mt Gargan
Surdoux
Magnac-Bourg
Masseret
Meuzac
Chamberet
Meilhards
Lamongerie
Coussac-Bonneval
Montgibaud
Salon-la-Tour
Rilhac-Treignac
Peyrissac
Lubersac
Uzerche
Espartignac
Chamboulive
Pierrefitte
Ségur-le-Château
Beyssenac
Arnac-Pompadour
Vigeois
Seilhac
Juillac
Naves
Estivaux
St-Ybard
Eyburie
Le Lonzac
Condat-s-Ganaveix
St-Julien-le-Vendômois
St-Pardoux-Corbier
St-Martin-Sepert
Lagraulière
St-Clément
St-Sornin-Lavolps
Beyssac
Concèze
Lascaux
Vignols
St-Cyr-les-Champagnes
Orgnac-s-Vézère
Perpezac-le-Noir
St-Jal
Chaillac
Soudaine-Lavinadière
Affieux
Domps
Sussac
St-Gilles-les-Forêts
Linards
St-Méard
St-Vitte-s-Briance
La Porcherie
Benayes
Vicq-s-Breuilh
Glanges
St-Paul
St-Bonnet-Briance
St-Genest-sur-Roselle
Château-Chervix
La Roche-l'Abeille
Janailhac
St-Priest-Ligoure
Le Chalard
Ladignac-le-Long

Lac de Vassivière
Gentioux-Pigerolles
Faux-la-Montagne
Peyrelevade
St-Setiers
Féniers
La Courtine
Camp militaire
Tarnac
Sornac
PARC NATUREL RÉGIONAL DE MILLEVACHES EN LIMOUSIN
St-Merd-les-Oussines
Millevaches
Toy-Viam
Bugeat
Chavanac
Tourbière du Longeyroux
St-Sulpice-les-Bois
St-Germain-Lavolps
St-Pardoux-le-Vieux
Bellechassagne
St-Rémy
Ussel
Meymac
Mt Bessou
Pérols-s-Vézère
Viam
Lacelle
St-Hilaire-les-Courbes
Gourdon-Murat
Bonnefond
Davignac
Ambrugeat
St-Angel
Mestes
Valiergues
Combressol
Maussac
Soudeilles
Égletons
Moustier-Ventadour
Darnets
Palisse
Neuvic
St-Hilaire-Luc
Lamazière-Basse
Chapelle-Spinasse
St-Hippolyte
Rosiers-d'Égletons
Montaignac
Eyrein
Corrèze
Chaumeil
Suc-au-May
St-Augustin
Sarran
St-Yrieix-le-Déjalat
Chirac-Bellevue
St-Étienne-la-Geneste
Lapleau
Gimel
Champagnac-la-Noaille
St-Pantaléon-de-Lapleau
Rte des Ajustants
La Dordogne
E
F
G
H
1
2
3
4
5
207
243
226

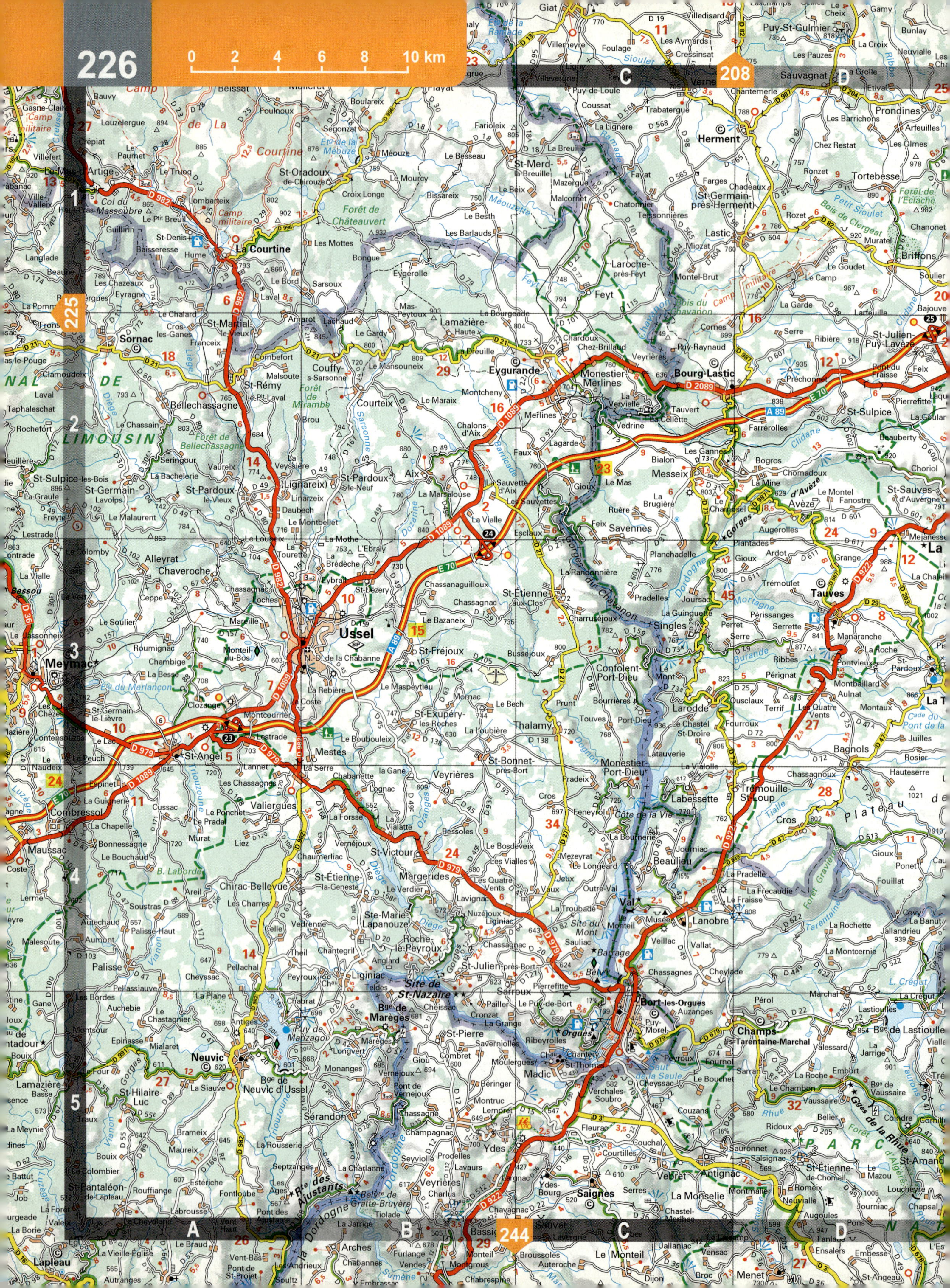
0 2 4 6 8 10 km
208
225
244
Ussel
Meymac
Bort-les-Orgues
Bourg-Lastic
Eygurande
Herment
La Courtine
Sornac
Neuvic
Lanobre
Champs
Tauves
Saignes
Ydes
Lapleau
Monestier-Merlines
Messeix
Savennes
Singles
Larodde
Tremouille-St-Loup
Lastic
St-Julien-Puy-Lavèze
St-Sulpice
Avèze
Bagnols
St-Angel
Mestes
Valiergues
Chirac-Bellevue
Liginiac
Sérandon
Madic
St-Étienne-aux-Clos
St-Fréjoux
St-Exupéry-les-Roches
Thalamy
Monestier-Port-Dieu
Confolent-Port-Dieu
Labessette
Beaulieu
Veyrières
Margerides
St-Victour
Aix
Courteix
Couffy-s-Sarsonne
Feyt
Laroche-près-Feyt
St-Merd-la-Breuille
Sauvagnat
Puy-St-Gulmier
Prondines
Tortebesse
Briffons
Sarsonne
Forêt de Châteauvert
Gorges du Chavanon
Dordogne
Rte des Ajustants
Site de St-Nazaire
Puy de Manzagol
LIMOUSIN
Plateau
PARC
A 89
E 70

209
228
245

Clermont-Ferrand
Royat
Beaumont
Aubière
Cournon-d'Auvergne
Puy de Dôme
Ceyssat
Orcines
Puy de Pariou
Puy de Côme
Rochefort-Montagne
Orcival
Laqueuille
La Banne d'Ordanche
Murat-le-Quaire
La Bourboule
le Mont-Dore
Puy de Sancy
Chambon-sur-Lac
Lac Chambon
Murol
St-Nectaire
Champeix
Issoire
Besse-et-St-Anastaise
Lac Pavin
Puy de Montchal
Super-Besse
Vassivière
Montlosier
Aydat
Lac d'Aydat
St-Saturnin
St-Amant-Tallende
Veyre-Monton
Montpeyroux
Coudes
Neschers
St-Floret
Vodable
Colamine-s/s-Vodable
Ardes
Valbeleix
Compains
Condat
Égliseneuve-d'Entraigues
Picherande
St-Donat
La Godivelle
Le Luguet
Anzat-le-Luguet
Mazoires
Blesle
Allanche
Le Vernet-Ste-Marguerite
Chastreix
PARC NATUREL RÉGIONAL DES VOLCANS D'AUVERGNE
MONTS DORE
CÉZALLIER
Gorges de Courgoul
Puy de Bessolles
Puy d'Ysson
Le Crest
La Roche-Blanche
Gergovie
Mirefleurs
Chadeleuf
Perrier
St-Germain-Lembron
Rentières
St-Hérent
Madriat
Auzat
Tourzel-Ronzières
Solignat

0 2 4 6 8 10 km
210
227
246
Billom
Courpière
Olliergues
St-Dier-d'Auvergne
Cunlhat
PARC NATUREL RÉGIONAL
LIVRADOIS
St-Amant-Roche-Savine
Issoire
Sauxillanges
Usson
Parentignat
Nonette
St-Germain-Lembron
Jumeaux
Brassac-les-Mines
Auzon
Fournols
St-Germain-l'Herm
Chassignolles
Champagnac-le-Vieux
La Chaise-Dieu
Brioude
Paulhac
Lempdes
Vic-le-Comte
Montpeyroux
Sugères
Manglieu
Echandelys
Condat-lès-Montboissier
Egliseneuve-des-Liards
St-Quentin-s-S.
Vertolaye
Marat
Augerolles
Sauviat
Domaize
Ceilloux
St-Flour
Mauzun
Estandeuil
Isserteaux
Busséol
Sallèdes
Pignols
Vassel
Espirat
Reignat
Glaine-Montaigut
Neuville
Bongheat
Egliseneuve-près-Billom
Sermentizon
Vollore-Ville
Vollore-Montagne
Grandval
Bertignat
Tours-s-Meymont
St-Gervais-sous-Meymont
La Chapelle-Agnon
Auzelles
Brousse
Chambon-sur-Dolore
Novacelles
St-Bonnet-le-Bourg
Doranges
Fayet-Ronaye
St-Alyre-d'Arlanc
Cistrières
Laval-sur-Doulon
Agnat
Azérat
Vergongheon
Frugères-les-Mines
Charbonnier-les-Mines
Beaulieu
Collanges
Orsonnette
Bansat
Vernet-la-Varenne
La Chapelle-sur-Usson
Champagnat-le-Jeune
Ste-Catherine
Esteil
Valz-s/s-Châteauneuf
Peslières
St-Martin-d'Ollières
St-Jean-St-Gervais
St-Hilaire
Lamothe
Cohade
Bournoncle-St-Pierre
Lempdes-s-Allagnon
Léotoing
Gorges de l'Alagnon
Parc Naturel du Livradois-Forez

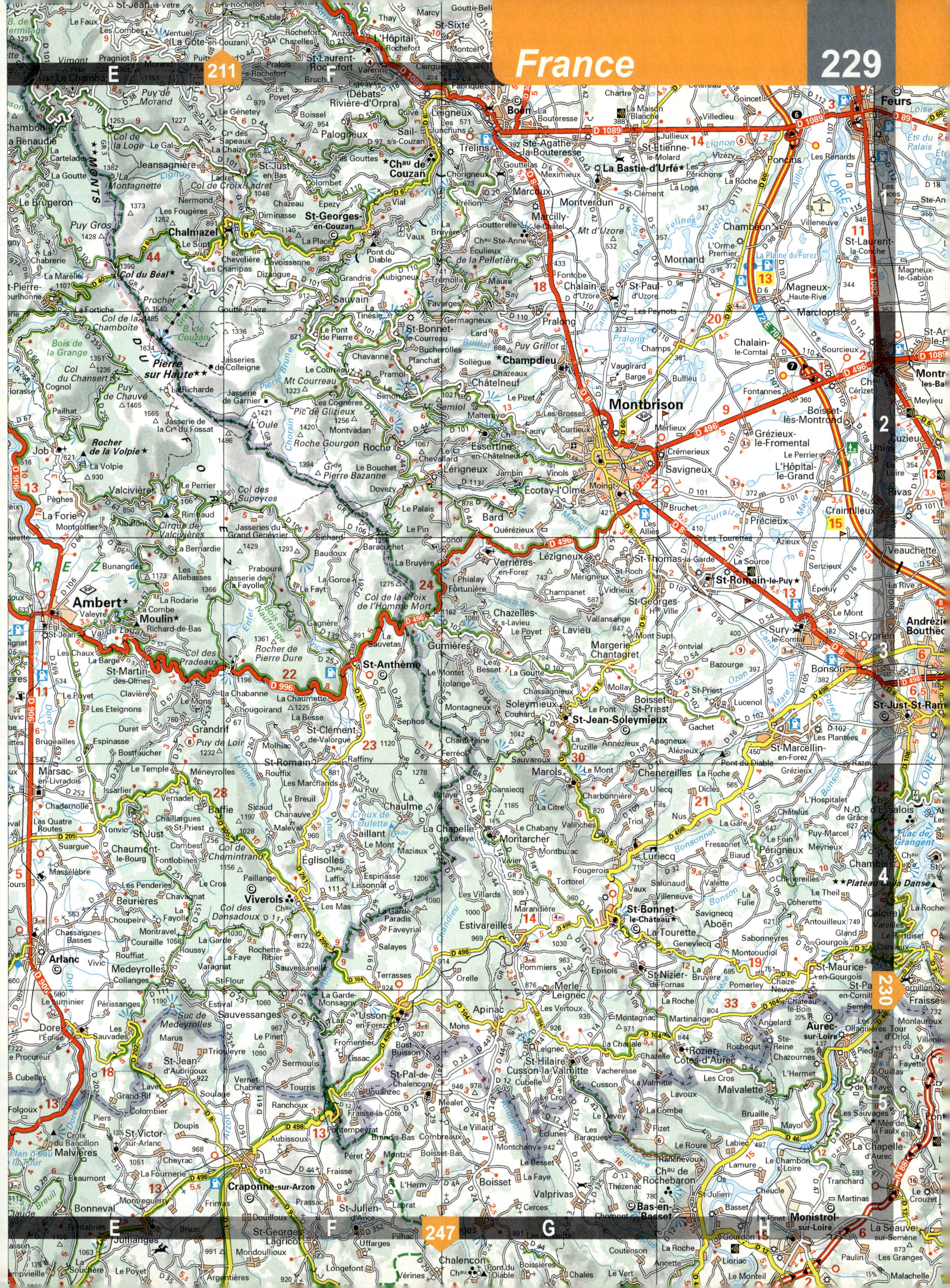
Montbrison
Feurs
Boën
Ambert
St-Anthème
Viverols
St-Bonnet-le-Château
St-Jean-Soleymieux
Arlanc
Craponne-sur-Arzon
Usson-en-Forez
Apinac
Montarcher
Estivareilles
Monistrol-sur-Loire
Aurec-sur-Loire
Bas-en-Basset
St-Just-St-Rambert
St-Marcellin-en-Forez
Sury-le-Comtal
St-Romain-le-Puy
Savigneux
Champdieu
Sail-sous-Couzan
St-Georges-en-Couzan
Chalmazel
Pierre sur Haute
Jeansagnière
Le Brugeron
Valcivières
St-Just
Marols
Luriecq
Périgneux
Chambles
St-Maurice-en-Gourgois
Rozier-Côtes-d'Aurec
Malvalette
Boisset
Valprivas
St-Pal-de-Chalencon
Tiranges
St-Hilaire-Cusson-la-Valmitte
Merle-Leignec
St-Nizier-de-Fornas
La Tourette
Aboën
Sauvessanges
Medeyrolles
St-Jean-d'Aubrigoux
St-Victor-sur-Arlanc
Beurières
Eglisolles
Baffie
Marsac-en-Livradois
Saillant
La Chaulme
La Chapelle-en-Lafaye
Chenereilles
Gumières
Lérigneux
Essertines-en-Châtelneuf
Bard
Verrières-en-Forez
Lézigneux
Précieux
Magneux-Haute-Rive
Chalain-le-Comtal
Mornand
Montverdun
Marcilly-le-Châtel
Poncins
Chambéon
St-Laurent-la-Conche
Boisset-lès-Montrond
Grézieux-le-Fromental
L'Hôpital-le-Grand
Craintilleux
Bonson
St-Cyprien
Veauchette
Moulin
Col du Béal
Rocher de la Volpie
Chau de Couzan
La Bastie-d'Urfé
Ste-Agathe-la-Bouteresse
Trelins
Débats-Rivière-d'Orpra
St-Laurent-Rochefort
D 1089
D 496
D 498
D 8
E
F
G
H
211
230
247
Plateau de la Danse

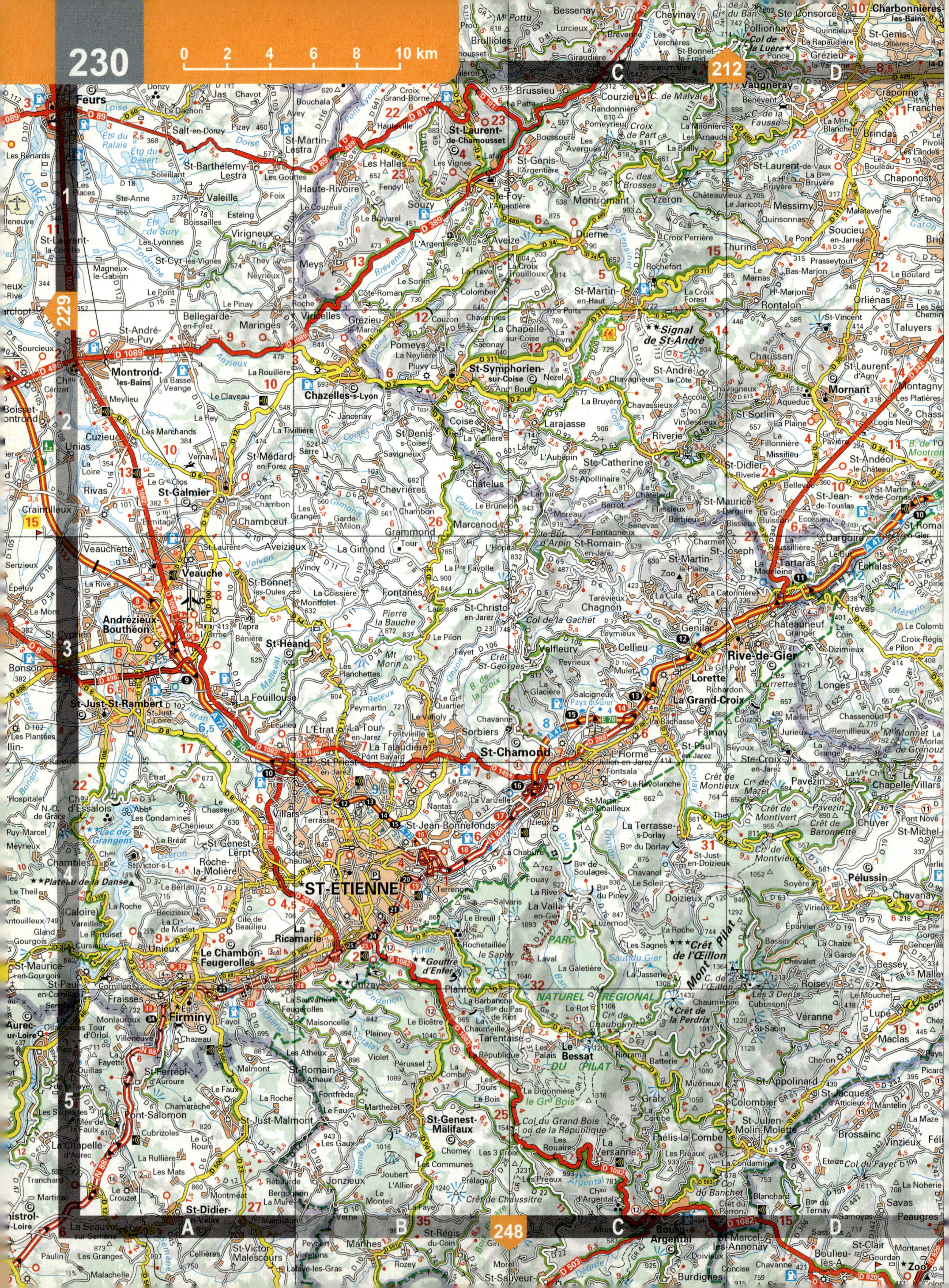
0 2 4 6 8 10 km
212
229
248
A
B
C
D
1
2
3
4
5
Feurs
St-Laurent-de-Chamousset
Brussieu
Courzieu
Vaugneray
Craponne
Bessenay
Chevinay
St-Genis-les-Ollières
Salt-en-Donzy
St-Barthélemy-Lestra
St-Martin-Lestra
Haute-Rivoire
Les Halles
Souzy
Ste-Foy-l'Argentière
Montromant
Yzeron
Messimy
Brindas
Chaponost
Virigneux
Meys
Aveize
Duerne
Thurins
Soucieu-en-Jarrest
Orliénas
Taluyers
Grézieu-le-Marché
Pomeys
Coise
Larajasse
St-Symphorien-sur-Coise
Signal de St-André
St-André-la-Côte
Mornant
St-Laurent-d'Agny
Montagny
Montrond-les-Bains
Chazelles-s-Lyon
Maringes
Viricelles
Bellegarde-en-Forez
St-André-le-Puy
Cuzieu
Unias
Rivas
St-Galmier
Chambœuf
St-Médard-en-Forez
St-Denis-s-Coise
Chevrières
Grammond
Marcenod
Châtelus
Ste-Catherine
St-Didier-s-Riverie
Riverie
St-Sorlin
St-Andéol-le-Château
St-Jean-de-Touslas
St-Maurice-sur-Dargoire
Dargoire
Tartaras
Échalas
Veauchette
Veauche
Aveizieux
La Gimond
St-Bonnet-les-Oules
Fontanès
St-Christo-en-Jarez
St-Romain-en-Jarez
St-Martin-la-Plaine
St-Joseph
Col de la Gachet
Chagnon
Genilac
Châteauneuf
Rive-de-Gier
Lorette
La Grand-Croix
Andrézieux-Bouthéon
St-Just-St-Rambert
St-Héand
La Fouillouse
Valfleury
Cellieu
St-Paul-en-Jarez
Farnay
L'Étrat
La Tour-en-Jarez
La Talaudière
Sorbiers
St-Chamond
L'Horme
St-Priest-en-Jarez
St-Jean-Bonnefonds
La Terrasse-s-Dorlay
Pavezin
Chuyer
Pélussin
Chavanay
Crêt de Montiveux
Villars
St-Genest-Lerpt
Roche-la-Molière
ST-ÉTIENNE
La Ricamarie
Le Chambon-Feugerolles
Unieux
Firminy
Fraisses
Doizieux
Crêt de l'Œillon
Mont Pilat
Gouffre d'Enfer
Planfoy
Crêt de la Perdrix
Le Bessat
PARC NATUREL RÉGIONAL DU PILAT
Tarentaise
Véranne
Maclas
Lupé
St-Appolinard
Colombier
St-Julien-Molin-Molette
Thélis-la-Combe
La Versanne
Bourg-Argental
St-Romain-les-Atheux
St-Ferréol-d'Auroure
Pont-Salomon
St-Just-Malmont
St-Genest-Malifaux
Jonzieux
Marlhes
St-Régis-du-Coin
St-Didier-en-Velay
St-Victor-Malescours
La Chapelle-d'Aurec
Aurec-sur-Loire
St-Sauveur
Burdignes
St-Marcel-lès-Annonay
Boulieu-lès-A
Col du Grand Bois ou de la République
Plateau de la Danse
Lac de Grangent
Chambles
St-Maurice-en-Gourgois
Caloire
Loire
Furan
Gier
Coise

Lyon
Villeurbanne
Bron
Décines-Charpieu
Genas
Ste-Foy-lès-Lyon
La Mulatière
Oullins
St-Genis-Laval
St-Fons
Vénissieux
St-Priest
Irigny
Feyzin
Corbas
Mions
Toussieu
St-Bonnet-de-Mure
St-Laurent-de-Mure
Colombier-Saugnieu
Lyon-Saint-Exupéry
Grenay
St-Pierre-de-Chandieu
Heyrieux
La Verpillière
St-Quentin-Fallavier
L'Isle-d'Abeau
Villefontaine
Vaulx-Milieu
Bourgoin-Jallieu
Crémieu
Vernaison
Millery
Solaize
St-Symphorien-d'Ozon
Chaponnay
Marennes
Sérézin-du-Rhône
Simandres
Communay
Grigny
Ternay
Givors
Chasse-s-Rhône
Villette-de-Vienne
Chuzelles
Luzinay
St-Just-Chaleyssin
Diémoz
Bonnefamille
Four
Oytier-St-Oblas
Septème
Serpaize
Seyssuel
Loire-s-Rhône
St-Romain-en-Gal
Ste-Colombe
Vienne
Pont-Évêque
Estrablin
St-Georges-d'Espéranche
Charantonnay
Beauvoir-de-Marc
Moidieu-Détourbe
Royas
St-Jean-de-Bournay
Meyrieu-les-Étangs
Châtonnay
Savas-Mépin
Villeneuve-de-Marc
Eyzin-Pinet
Jardin
Ampuis
Tupin-et-Semons
Condrieu
Les Roches-de-Condrieu
Chonas-l'Amballan
Reventin-Vaugris
Les Côtes-d'Arey
St-Sorlin-de-Vienne
Châlons
Meyssiès
Lieudieu
Cour-et-Buis
Montseveroux
St-Julien-de-l'Herms
Arzay
Bossieu
Cheyssieu
Vernioz
Monsteroux-Milieu
St-Alban-de-Varèze
Auberives-s-Varèze
Clonas-s-Varèze
St-Clair-du-Rhône
St-Alban-du-Rhône
St-Maurice-l'Exil
St-Prim
Assieu
La Chapelle-de-Surieu
Primarette
Moissieu-sur-Dolon
Revel-Tourdan
Pisieu
Pommier-de-Beaurepaire
Faramans
Pajay
Penol
Sardieu
La Côte-St-André
Ornacieux
Balbins
Le Péage-de-Roussillon
Roussillon
St-Romain-de-Surieu
Bellegarde-Poussieu
Ville-s-s-Anjou
Sonnay
Anjou
Agnin
Salaise-s-Sanne
Beaurepaire
St-Barthélemy
Lapeyrouse-Mornay
Jarcieu
Bougé-Chambalud
Épinouze
Sablons
Chanas
Serrières
Manthes
Lens-Lestang
Marcollin
Beaufort
Thodure
Viriville
Marcilloles
St-Siméon-de-Bressieux
Châtenay
Marnans
Lentiol
Le Grand-Serre
St-Rambert-d'Albon
Anneyron
Roybon
Forêt de Chambaran
Forêt de Bonnevaux
Forêt des Blaches
Rhône
E
F
G
H
213
249
232

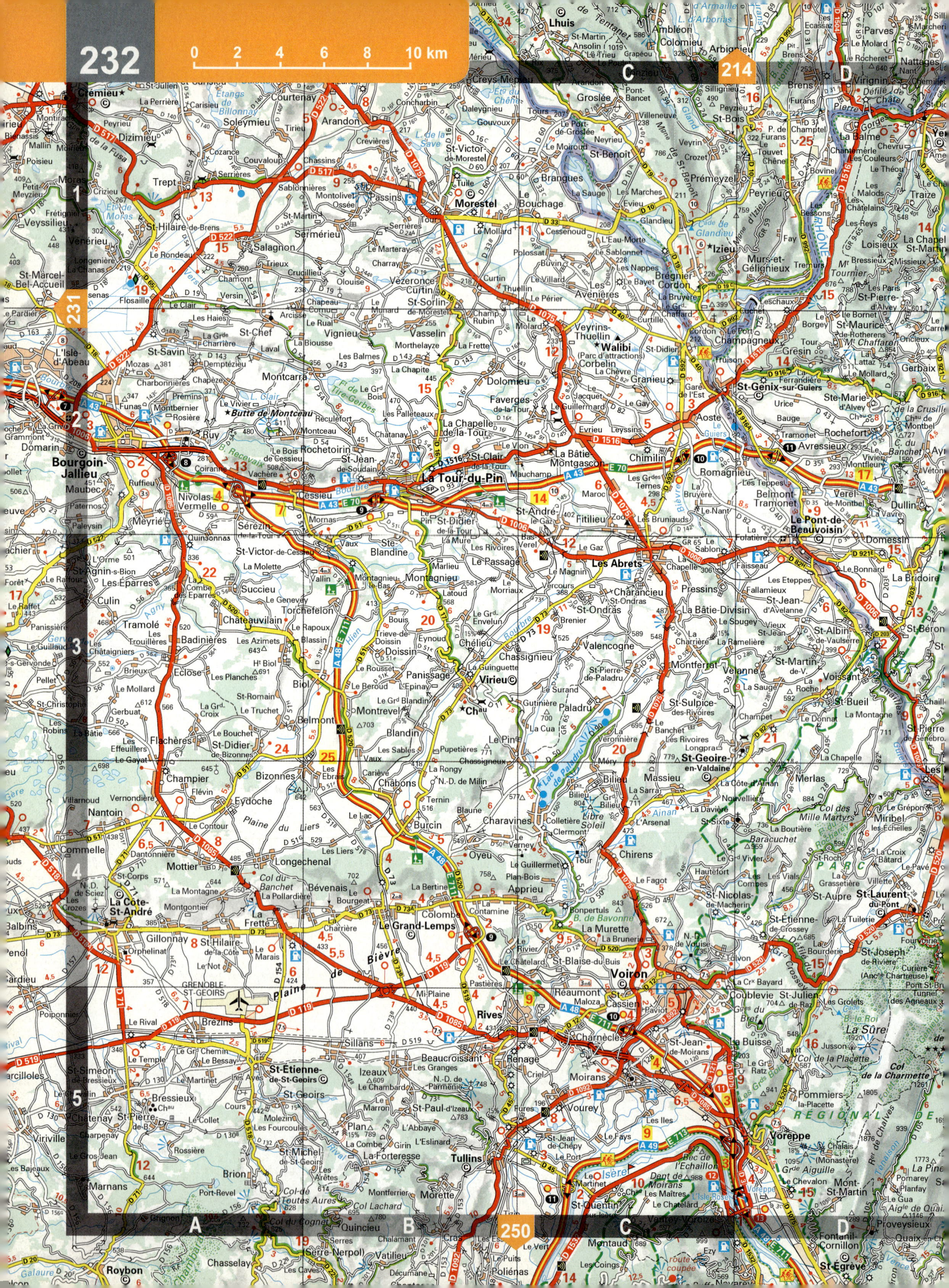
0 2 4 6 8 10 km
214
231
250
A
B
C
D
Crémieu
Morestel
Bourgoin-Jallieu
La Tour-du-Pin
Les Abrets
St-Genix-sur-Guiers
Le Pont-de-Beauvoisin
Virieu
St-Geoire-en-Valdaine
Le Grand-Lemps
La Côte-St-André
Voiron
Rives
Moirans
Voreppe
Tullins
St-Étienne-de-St-Geoirs
St-Laurent-du-Pont
Lac de Paladru
Parc Régional
Walibi
Col de la Placette
Col de la Charmette

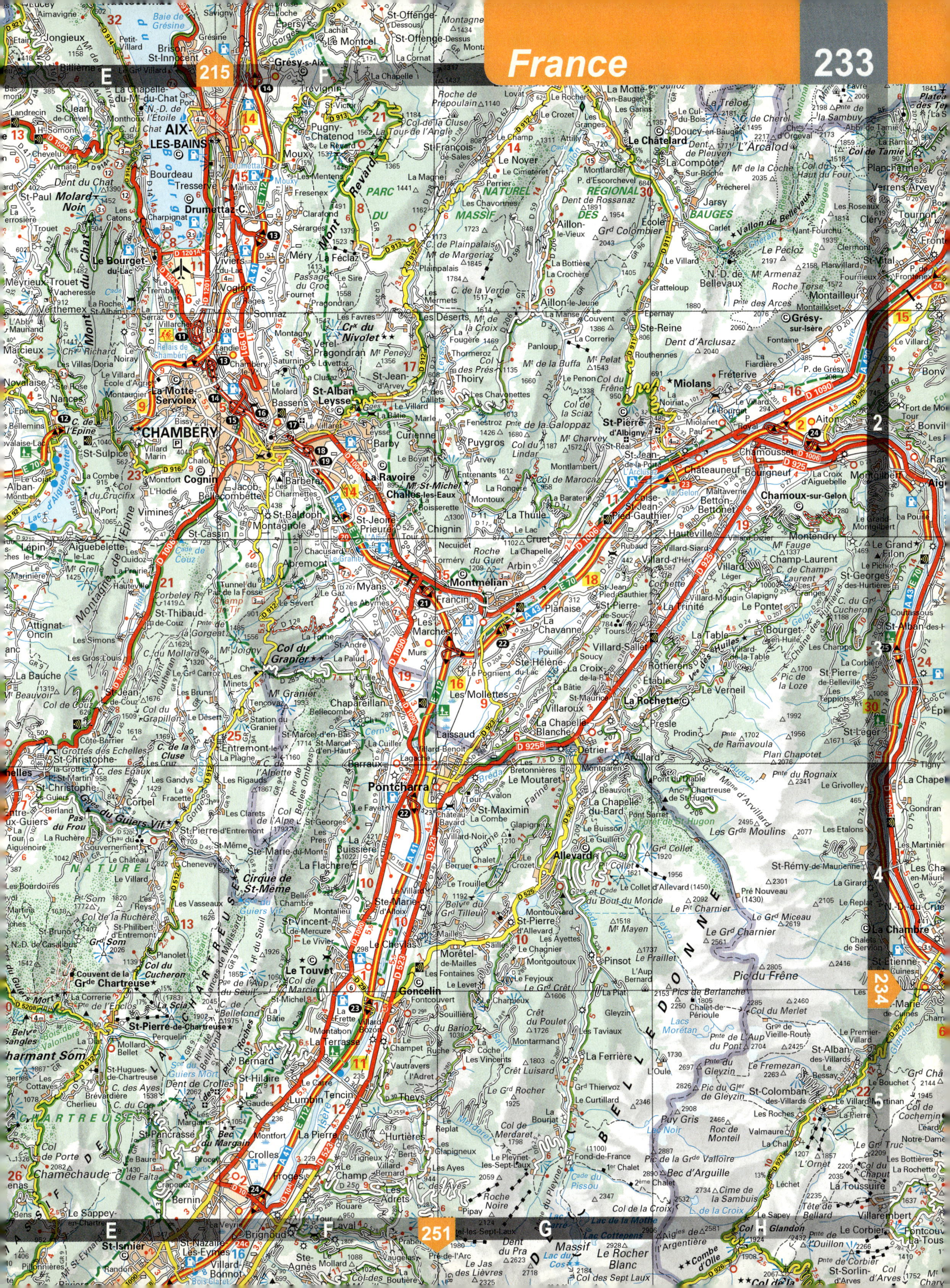

AIX-LES-BAINS
CHAMBÉRY
La Motte-Servolex
Le Bourget-du-Lac
Drumettaz-C.
Grésy-s-Aix
St-Alban-Leysse
Barby
La Ravoire
Challes-les-Eaux
Cognin
Montmélian
Pontcharra
Allevard
Le Touvet
Goncelin
Chamoux-sur-Gelon
Aiton
Miolans
St-Pierre-d'Albigny
La Rochette
St-Pierre-de-Chartreuse
Col du Granier
Mt Granier
Crt du Nivolet
PARC NATUREL RÉGIONAL DU MASSIF DES BAUGES
BELLEDONNE
CHARTREUSE
Le Châtelard
Grésy-sur-Isère
La Chambre
Villard-Bonnot
Crolles
Brignoud
Le Versoud
Froges
La Terrasse
Lumbin
Tencin
Theys
St-Hilaire
St-Ismier
Chamechaude
Charmant Som
Col du Glandon
Pic du Frêne

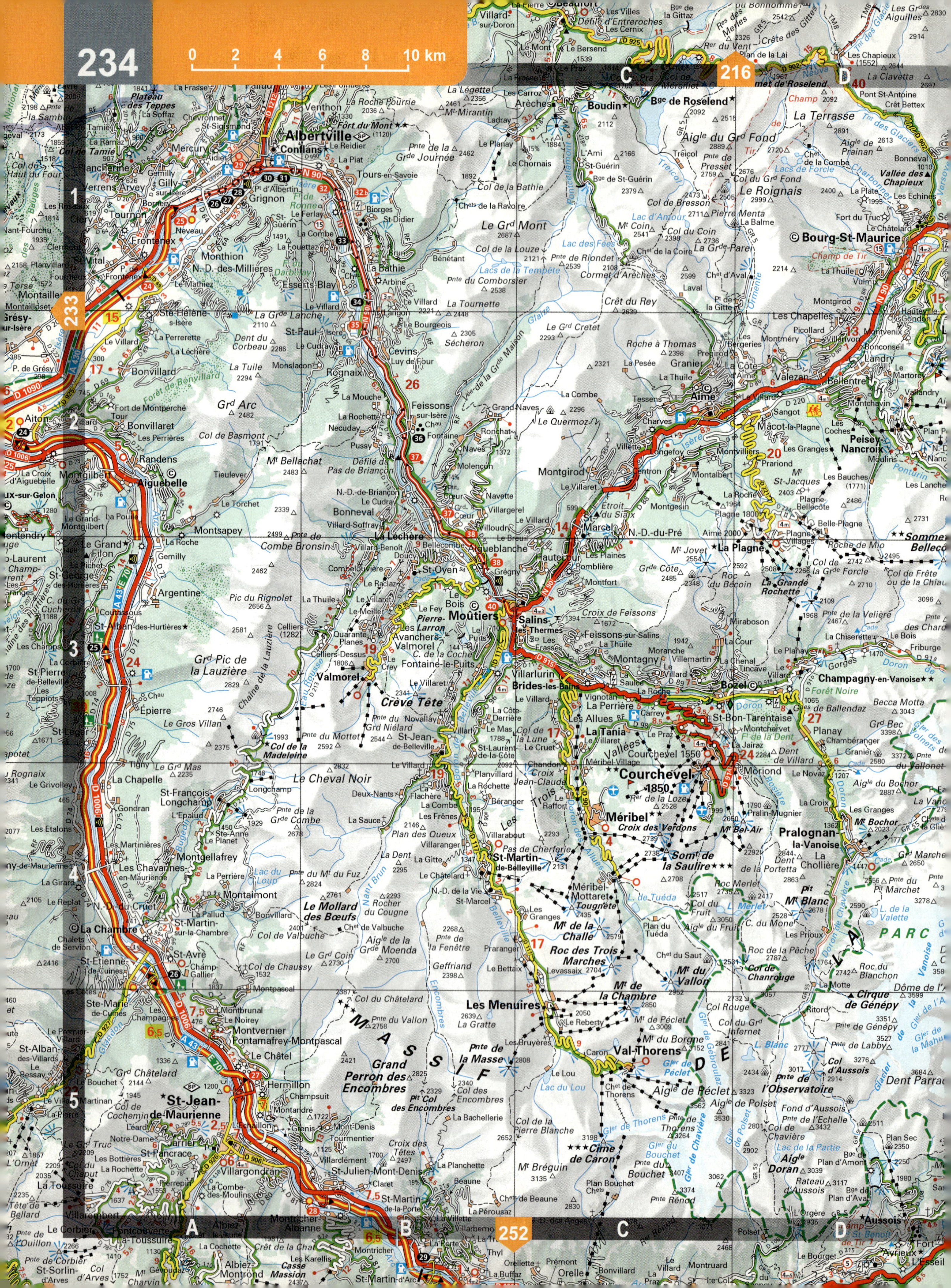
0 2 4 6 8 10 km
216
233
252
A
B
C
D
1
2
3
4
5
Albertville
Conflans
Grignon
Frontenex
Aiguebelle
Randens
Montsapey
Argentine
St-Alban-des-Hurtières
Épierre
La Chambre
St-Étienne-de-Cuines
St-Avre
St-Jean-de-Maurienne
Hermillon
Villargondran
St-Julien-Mont-Denis
St-Martin-d'Arc
La Toussuire
Montricher-Albanne
Valloire
Bonneval
La Léchère
Aigueblanche
Moûtiers
Salins-les-Thermes
Brides-les-Bains
Valmorel
Crève Tête
La Tania
Courchevel 1850
Méribel
Bozel
St-Bon-Tarentaise
Champagny-en-Vanoise
Pralognan-la-Vanoise
Les Menuires
Val-Thorens
St-Martin-de-Belleville
Aime
La Plagne
Bourg-St-Maurice
Peisey-Nancroix
Landry
Boudin
Bge de Roselend
Aussois
Massif de la Vanoise
Parc de la Vanoise
Le Grd Mont
Grd Pic de la Lauzière
Le Cheval Noir
Col de la Madeleine
Col du Glandon
Col de la Croix de Fer

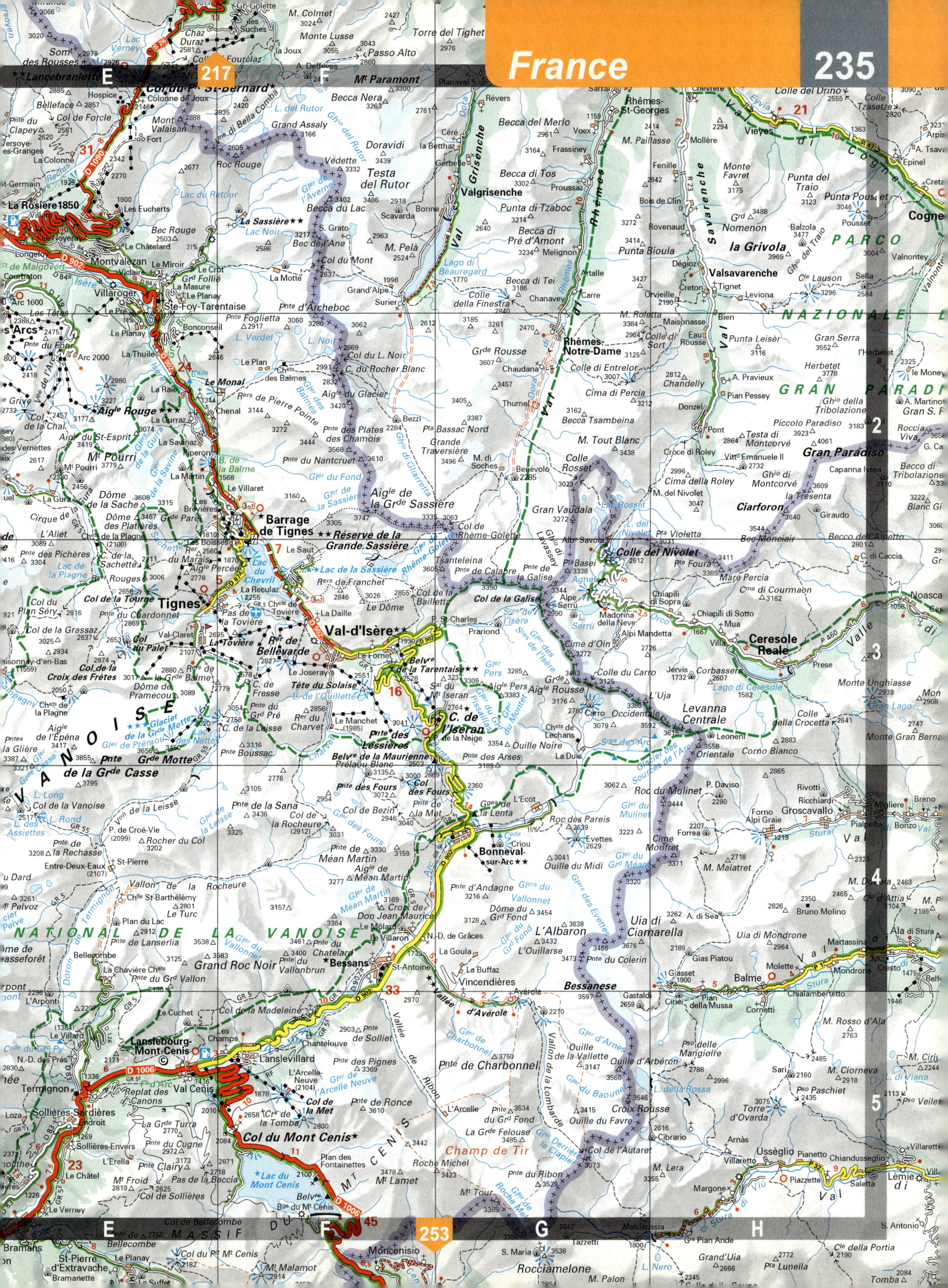

217
253
E
F
G
H
1
2
3
4
5
Col du Pt St-Bernard
La Rosière 1850
Montvalezan
Villaroger
Ste-Foy-Tarentaise
Arc 2000
Le Monal
Aigle Rouge
Mt Pourri
Dôme de la Sache
Barrage de Tignes
Réserve de la Grande Sassière
Lac du Chevril
Tignes
Val-d'Isère
Col de l'Iseran
Col de la Galise
Col du Palet
Glacier de la Grde Motte
Grde Motte
de la Grde Casse
VANOISE
NATIONAL DE LA VANOISE
Grand Roc Noir
Bessans
Bonneval-sur-Arc
Col de la Madeleine
Lanslebourg-Mont-Cenis
Lanslevillard
Termignon
Sollières-Sardières
Col du Mont Cenis
Lac du Mont Cenis
MASSIF DU MT CENIS
Champ de Tir
Pnte de Charbonnel
L'Albaron
Uia di Ciamarella
Bessanese
Rocciamelone
Moncenisio
Testa del Rutor
Valgrisenche
Val di Rhêmes
Rhêmes-Notre-Dame
Rhêmes-St-Georges
Valsavarenche
la Grivola
Cogne
PARCO NAZIONALE GRAN PARADISO
Gran Paradiso
Ciarforon
Colle del Nivolet
Ceresole Reale
Levanna Centrale
Groscavallo
Balme
Usseglio
Val di Viù
Lemie
Val d'Isère
Col de la Grande Sassière
Aigle Rouge
Pointe de la Sana
Dôme de Chasseforêt
Vallée d'Avérole
D 902
D 1006
D 1090
D 87A

0 2 4 6 8 10 km
218
254
A
B
C
D
1
2
3
4
5
Lesparre-Médoc
Hourtin-Plage
Hourtin
Lac d'Hourtin-Carcans
Carcans-Plage
Carcans
Maubuisson
Bombannes
Lacanau-Océan
Lacanau
Lac de Lacanau
Le Moutchic
Talaris
Brach
Ste-Hélène
Saumos
Le Temple
Le Porge
Le Porge-Océan
Lège-Cap-Ferret
Grand Crohot Océan
Naujac-sur-Mer
Vertheuil
Lande de Vignolles
Landes de Méogas
Lande de Villeneuve Taussac
Landes du Gartiou-Croutat
Landes de Lacousteyre
Landes d'Eyron
Lande des Courtious Brûlés
Forêt du Porge
Dunes du Hugney
Dunes de Partillot
Étang de Cousseau
Réserve naturelle
Canal des Étangs
Forêt de St-Laurent et Benon
Terrain militaire
Bois de Boutas
Phares d'Hourtin
Dunes des Places
Le Crohot de France
Le Crohot des Cavales
L'Alexandre
Le Lion
Le Gressier
La Jenny
Lauros
Laruau
Lescarran
Maisonneuve
Gleyse Vieille
Le Crastieu
Sautuges
Serigas
Grand Bos
Petit Bos
Mistre
Le Grand Courgas
Le Petit Courgas
Tronquats
Bedillon
Planque-Peyre
Au Chalet
Aux Andraux
Mejos
Narsot
Le Port
Méogas
Constantenins
Petit Ludée
Grand Ludée
Lande de Ludée
Devinas
Le Montaut
Cap de Ville
Mayne-Pauvre
Troussas
Couyrasseau
Couyras
Villeneuve
Berdillan
Garthieu
Lupian
Lachanau
Pey-de-Camin
Hourtin-Port
Piqueyrot
Cartignac
Contaut
Louley
Lizan
Berganton
La Bresquette
St-Isidore
Le Pin-Sec
Magagnan
La Prise
Bas-Bré
Haut-Bré
Lagunan
Mourlan
Silo
Escot
Bouries
Plassan
Gausseron
Liard
St-Gaux
Lagune
Conneau
Cazeaux
Ste-Hélène-de-Hourtin
Ste-Hélène-de-l'étang
Pointe-Blanche
La Gracieuse
Carreyre
Le Tedey
L'Ardilouse
Le Huga
La Gde Escoure
Longarisse
Lède du Gd Bernos
Le Bernos
Les Nerps
Étang de Batejin
Étang de Batourtot
Étang de Lède Basse
Le Pas-du-Bouc
Les Dorat
Maispenieu
Mautans
D 6
D 3
D 207
D 5
D 101
D 104
D 105

219
238
255
E
F
G
H
1
2
4
5
BORDEAUX
Blaye
Pauillac
St-Laurent-Médoc
Castelnau-de-Médoc
St-Julien-Beychevelle
Margaux
Lamarque
Cussac-Fort-Médoc
Citadelle
Bourg
St-André-de-Cubzac
St-Savin
St-Ciers-sur-Gironde
Étauliers
Reignac
Mérignac
Le Bouscat
Lormont
Cenon
Floirac
Talence
Blanquefort
St-Médard-en-Jalles
Ambarès-et-Lagrave
Bassens
Carbon-Blanc
St-Loubès
Ste-Eulalie
Cavignac
Cézac
Cubnezais
Marsas
St-Yzan-de-Soudiac
St-Mariens
St-Christoly-de-Blaye
St-Vivien-de-Blaye
St-Ciers-de-Canesse
St-Seurin-de-Bourg
Prignac-et-Marcamps
St-Gervais
Ambès
Macau
Ludon-Médoc
Parempuyre
Le Pian-Médoc
Le Taillan-Médoc
Eysines
Le Haillan
Martignas-sur-Jalle
Salaunes
Avensan
Moulis-en-Médoc
Listrac-Médoc
Arcins
Soussans
Cantenac
Labarde
Arsac
Lesparre
St-Estèphe
Vertheuil
Cissac-Médoc
Lafite-Rothschild
Mouton-Rothschild
St-Sauveur
Anglade
Campugnan
Cars
Berson
Plassac
Villeneuve
Samonac
Comps
Bayon-sur-Gironde
Lansac
Tauriac
Pugnac
Teuillac
Mombrier
Gauriac
St-Trojan
St-Paul
Mazion
St-Seurin-de-Cursac
Fours
St-Genès-de-Blaye
St-Martin-Lacaussade
St-Androny
St-Aubin-de-Blaye
Générac
Saugon
St-Girons-d'Aiguevives
Marcillac
Donnezac
Corignac
Bussac-Forêt
Cartelègue
Virsac
Peujard
Aubie-et-Espessas
Gauriaguet
St-Antoine
St-Romain-la-Virvée
St-Vincent-de-Paul
Tarnès
Cadillac-en-Fronsadais
Asques
St-Germain-de-la-Rivière
St-Sulpice-et-Cameyrac
Montussan
Yvrac
Beychac-et-Caillau
Artigues-près-B.
Tresses
Fargues-St-Hilaire
Bouliac
Carignan-de-Bordeaux
Pompignac
Salleboeuf
Camarsac
Croignon
Île Patiras
Île Verte
Île du Nord
Bec d'Ambès
GARONNE
Dordogne
Gironde
LE BLAYAIS
Réserve naturelle
Camp militaire de Souge
Marais des Vergnes
Terrain militaire

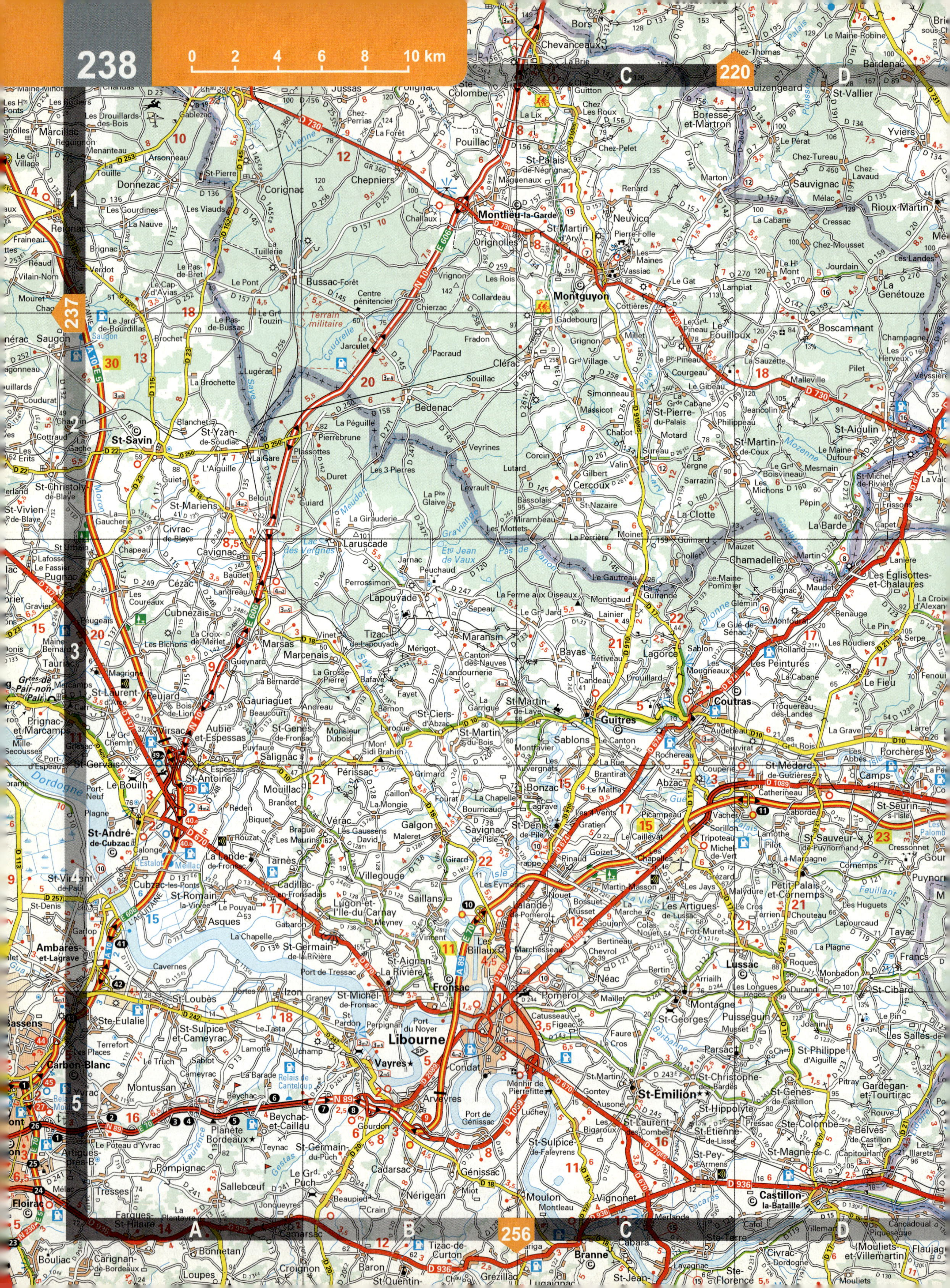
0 2 4 6 8 10 km
220
237
256
A
B
C
D
1
2
3
4
5
Montlieu-la-Garde
Montguyon
Chevanceaux
Pouillac
St-Palais-de-Négrignac
Bussac-Forêt
Corignac
Chepniers
Donnezac
Marcillac
Reignac
St-Savin
St-Yzan-de-Soudiac
Clérac
Bedenac
Cercoux
St-Aigulin
Chamadelle
Les Églisottes-et-Chalaures
Cavignac
Laruscade
Lapouyade
Marsas
Marcenais
Guîtres
Coutras
Lagorce
Bayas
Sablons
Abzac
St-Médard-de-Guizières
St-Seurin-s-l'Isle
St-Sauveur-de-Puynormand
Bourg
St-André-de-Cubzac
Virsac
St-Antoine
Aubie-et-Espessas
Saint-Laurent-d'Arce
Cubzac-les-Ponts
St-Romain-la-Virvée
Asques
St-Loubès
Ste-Eulalie
St-Sulpice-et-Cameyrac
Carbon-Blanc
Ambarès-et-Lagrave
Fronsac
Libourne
Vayres
Arveyres
Pomerol
Lalande-de-Pomerol
Néac
Montagne
St-Georges
Puisseguin
Lussac
St-Émilion
St-Christophe-des-Bardes
St-Hippolyte
St-Laurent-des-Combes
St-Sulpice-de-Faleyrens
Vignonet
Castillon-la-Bataille
St-Magne-de-C.
Ste-Colombe
Belvès-de-Castillon
Gardegan-et-Tourtirac
Petit-Palais-et-Cornemps
Beychac-et-Caillau
St-Germain-du-Puch
Pompignac
Tresses
Floirac
Artigues-près-Bordeaux
Génissac
Moulon
Branne
Nérigean
Cadarsac
Bassens
Izon
Galgon
Vérac
Savignac-de-l'Isle
Les Billaux
Dordogne
Isle
Laurence

Aubeterre-s-Dronne
Ribérac
St-Aulaye
Montagrier
Chalais
Puymangou
Parcoul
Festalemps
Vanxains
Siorac-de-Ribérac
Segonzac
Douchapt
Chantérac
St-Astier
Échourgnac
Servanches
La Jemaye
St-André-de-Double
Neuvic
Douzillac
St-Léon-s-l'Isle
Mussidan
St-Front-de-Pradoux
St-Médard-de-Mussidan
St-Laurent-des-Hommes
St-Martial-d'Artenset
Ménesplet
Montpon-Ménestérol
Beaupouyet
Bourgnac
Issac
Villamblard
Montréal
St-Géry
Les Lèches
Église-Neuve-d'Issac
Beleymas
Villefranche-de-Lonchat
Montpeyroux
St-Rémy
Fraisse
Bosset
Laveyssière
Maurens
Ginestet
Lunas
St-Méard-de-Gurçon
Montazeau
Nastringues
Le Fleix
La Force
BERGERAC
Prigonrieux
Port-Ste-Foy-et-Ponchapt
Ste-Foy-la-Grande
Vélines
Gardonne
Lamonzie-St-Martin
FORÊT DE LA DOUBLE
FORÊT DU LANDAIS
Dronne
Isle
Dordogne
A 89
E 70
D 6089
D 708
D 709
D 710
D 936
E F G H
221 240 257

0 2 4 6 8 10 km
C
D
222
239
258
A
B
C
D
1
2
3
4
5
PÉRIGUEUX
BERGERAC
Montagrier
Celles
Grd-Brassac
Bauby
Rouveille
Villetoureix
St-Victor
St-Méard-de-D.
Les Rivières
Tocane-St-Apre
Douchapt
St-Pardoux-de-Drône
Segonzac
Fayolle
Mensignac
Lisle
Bussac
Biras
Puy-de-Fourches
Agonac
Ligueux
Château-l'Évêque
Cornille
Prieuré de Merlande
La Chapelle-Gonaguet
Chancelade
Champcevinel
Trélissac
Sarliac-s-l'Isle
Les Bories
Escoire
Antonne-et-Trigonant
St-Aquilin
Léguillac-de-l'Auche
Chantérac
St-Vincent-de-Connezac
Annesse-et-Beaulieu
St-Astier
Razac-s-l'Isle
Marsac-s-l'Isle
Coulounieix-Chamiers
Boulazac
Bassillac
St-Laurent-s-Manoire
Atur
Eyliac
St-Jean-d'Ataux
St-Germain-du-Salembre
St-Léon-s-l'Isle
Montrem
Coursac
N.-D.-de-Sanilhac
Ste-Marie-de-Chignac
St-Crépin-d'Auberoche
St-Pierre-de-Chignac
Neuvic
Douzillac
Manzac-s-Vern
Grignols
Vallereuil
St-Paul-de-Serre
Chalagnac
Creyssensac-et-Pissot
Église-Neuve-de-Vergt
Marsaneix
Breuilh
La Douze
Mussidan
St-Séverin-d'Estissac
Jaures
Bourrou
Grun-Bordas
St-Jean-d'Estissac
Villamblard
Vergt
Salon
Veyrines-de-Vergt
Lacropte
Bourgnac
Montréal
Issac
St-Hilaire-d'Estissac
Douville
Beleymas
Montagnac-la-Crempse
Église-Neuve-d'Issac
Beauregard-et-Bassac
St-Amand-de-Vergt
St-Michel-de-Villadeix
Fouleix
Cendrieux
St-Julien-de-Crempse
St-Martin-des-Combes
La Gaubertie
St Maurice
St-Laurent-des-Bâtons
Ste-Alvère
St-Avit-de-Vialard
Laveyssière
Maurens
Campsegret
St-Georges-de-Montclard
Clermont-de-Beauregard
Lapouleille
St-Félix-de-Villadeix
Ginestet
Lembras
Queyssac
Lamonzie-Montastruc
Liorac-s-Louyre
St-Marcel-du-Périgord
Pressignac-Vicq
Ste-Foy-de-Longas
Pezuls
Paunat
Limeuil
Trémolat
Cingle de Trémolat
La Force
St-Sauveur
Creysse
Mouleydier
Cause-de-Clérans
Mauzac-et-Grd-Castang
Lalinde
St-Agne
Badefols-s-D.
Forêt de Montclard
Forêt de Lanmary
L. du Rosier
Lac de Neufont
Étgs de Buyssou
Isle
Vern
Crempse
Dordogne
LANDAIS
A 89
E 70
N 21
D 6089
D 710
N 221

E
F
G
H
223
259
242
Excideuil
St-Germain-des-Prés
Martial-d'Albarède
St-Raphaël
Coulaures
Salagnac
Ste-Trie
Cherveix-Cubas
Boisseuilh
Segonzac
Mayac
Tourtoirac
Hautefort
Teillots
St-Robert
Ayen
Coubjours
Ste-Eulalie-d'Ans
St-Pantaly-d'Ans
Chourgnac
Temple-Laguyon
Nailhac
Badefols-d'Ans
Louignac
Perpezac-le-Blanc
Objat
Cubjac
La Boissière-d'Ans
Brouchaud
Gabillou
Ste-Orse
Granges-d'Ans
La Chapelle-St-Jean
Villac
Puy d'Yssandon
Yssandon
Brignac-la-Plaine
Montagnac-d'Auberoche
Bauzens
Châtres
St-Rabier
Peyrignac
Limeyrat
Ajat
Azerat
Rastignac
La Bachellerie
Beauregard-de-Terrasson
Terrasson-Lavilledieu
Mansac
Cublac
Thenon
Le Lardin-St-Lazare
Condat-s-Vézère
Les Fages
Pazayac
Larche
Bars
Auriac-du-Périgord
Chavagnac
Fanlac
Montignac
Lascaux
Coly
Aubas
St-Amand-de-Coly
La Dornac
Rouffignac-St-Cernin-de-Reilhac
Plazac
Thonac
Losse
Valojoulx
La Chapelle-Aubareil
La Cassagne
Jayac
Nadaillac
Fleurac
St-Léon-s-Vézère
Sergeac
Archignac
Paulin
St-Geniès
Peyzac-le-Moustier
Tursac
La Roque St-Christophe
Marcillac-St-Quentin
St-Crépin-et-Carlucet
Salignac-Eyvigues
Les Eyzies-de-Tayac-Sireuil
Manaurie
Le Bugue
Campagne
Marquay
Proissans
Jardins d'Eyrignac
Borrèze
Meyrals
Sarlat-la-Canéda
Orliaguet
St-Cyprien
Castels
Allas
Carlux
Beynac-et-Cazenac
Vézac
Le Buisson-de-Cadouin
Dordogne
Vézère
A 89
E 70
D 704
D 6089
D 47

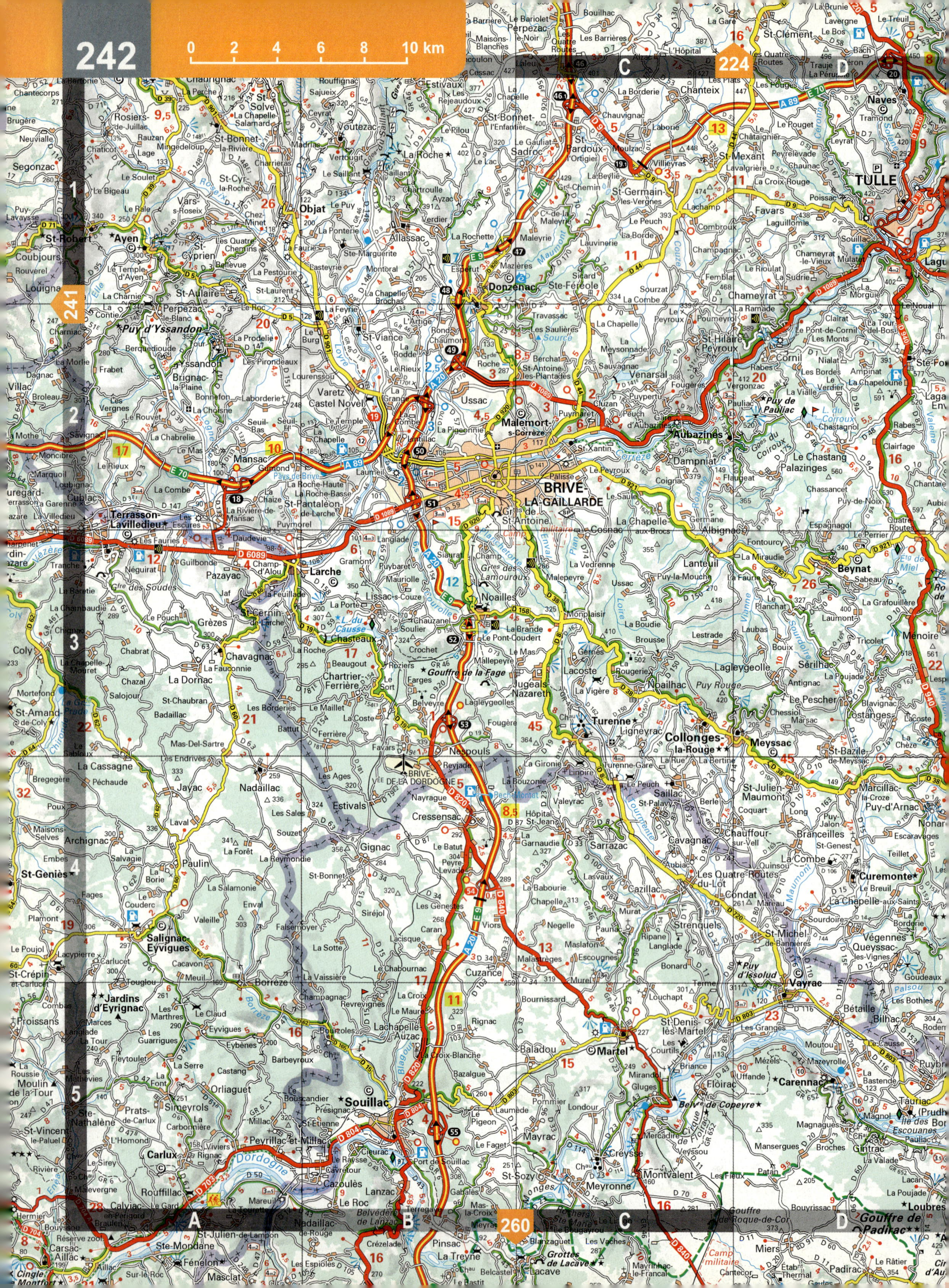
0 2 4 6 8 10 km
224
241
260
A
B
C
D
1
2
3
4
5
TULLE
BRIVE-LA-GAILLARDE
Malemort-s-Corrèze
Donzenac
Allassac
Objat
Ayen
St-Robert
Terrasson-Lavilledieu
Larche
Noailles
Turenne
Collonges-la-Rouge
Meyssac
Beynat
Aubazines
Naves
Chanteix
St-Germain-les-Vergnes
St-Hilaire-Peyroux
Cornil
Lanteuil
Curemonte
Vayrac
Martel
Souillac
Carlux
Salignac-Eyvigues
St-Geniès
Jardins d'Eyrignac
Nadaillac
Jayac
Chavagnac
Cressensac
Sarrazac
Cavagnac
Floirac
Carennac
Creysse
Meyronne
Lanzac
Pinsac
Grottes de Lacave
Lacave
Gouffre de Padirac
Padirac
Loubressac
Montvalent
Gluges
Belvédère de Copeyre
Gouffre de la Fage
Puy d'Yssandon
Yssandon
Ussac
Varetz
Castel Novel
Mansac
Cublac
St-Pantaléon-de-Larche
Lissac-s-Couze
Chasteaux
Lac du Causse
Jugeals-Nazareth
Nespouls
BRIVE VALLÉE DE LA DORDOGNE
St-Julien-Maumont
Chauffour-sur-Vell
Les Quatre-Routes-du-Lot
Condat
Strenquels
St-Michel-de-Bannières
Puy d'Issolud
St-Denis-lès-Martel
Dordogne
Peyrillac-et-Millac
Rouffillac
Calviac-en-Périgord
St-Julien-de-Lampon
Ste-Mondane
Fénelon
Cazoulès
Dampniat
Puy de Pauliac
Le Chastang
Palazinges
Albignac
Sérilhac
Ligneyrac
Saillac
Branceilles
Puy-d'Arnac
La Chapelle-aux-Saints
Queyssac-les-Vignes
Bétaille
Bilhac
Tauriac
Gintrac
Gouffre de Roque-de-Cor
Camp militaire
Escouanes

Lapleau
Soursac
Marcillac-la-Croisille
Clergoux
Gimel-les-Cascades
Bge de la Valette
St-Pardoux-la-Croisille
Bge de l'Aigle
Chalvignac
Dordogne
Gros-Chastang
La Roche-Canillac
Champagnac-la-Prune
St-Martin-la-Méanne
Bge du Chastang
St-Privat
Rilhac-Xaintrie
Pleaux
Servières-le-Château
St-Martial-Entraygues
Argentat
St-Julien-aux-Bois
Bge d'Enchanet
Tours de Merle
St-Geniez-ô-Merle
Goulles
Sexcles
La Chapelle-St-Géraud
Mercœur
Monceaux-s-Dordogne
Beaulieu-s-Dordogne
Camps-St-Mathurin-Léobazel
Montvert
Laroquebrou
St-Gérons
Bge de St-Étienne-Cantalès
St-Étienne-Cantalès
Siran
Gorges de la Cère
Bretenoux
Castelnau
St-Céré
Montal
Sousceyrac
Glénat
La Ségalassière
Roumégoux
St-Mamet-la-Salvetat
St-Santin-Cantalès
Arnac
Cros-de-Montvert
Marcolès
St-Paul-des-Landes
Chaussenac
Barriac-les-Bosquets
Brageac
Sourniac
St-Sylvain
Forgès
Neuville
Brivezac
Astaillac
N.-D. de Verdale
Lacapelle-Viescamp
Latronche
Lafage-s-Sombre
E
F
G
H
225
244
261
1
2
3
4
5

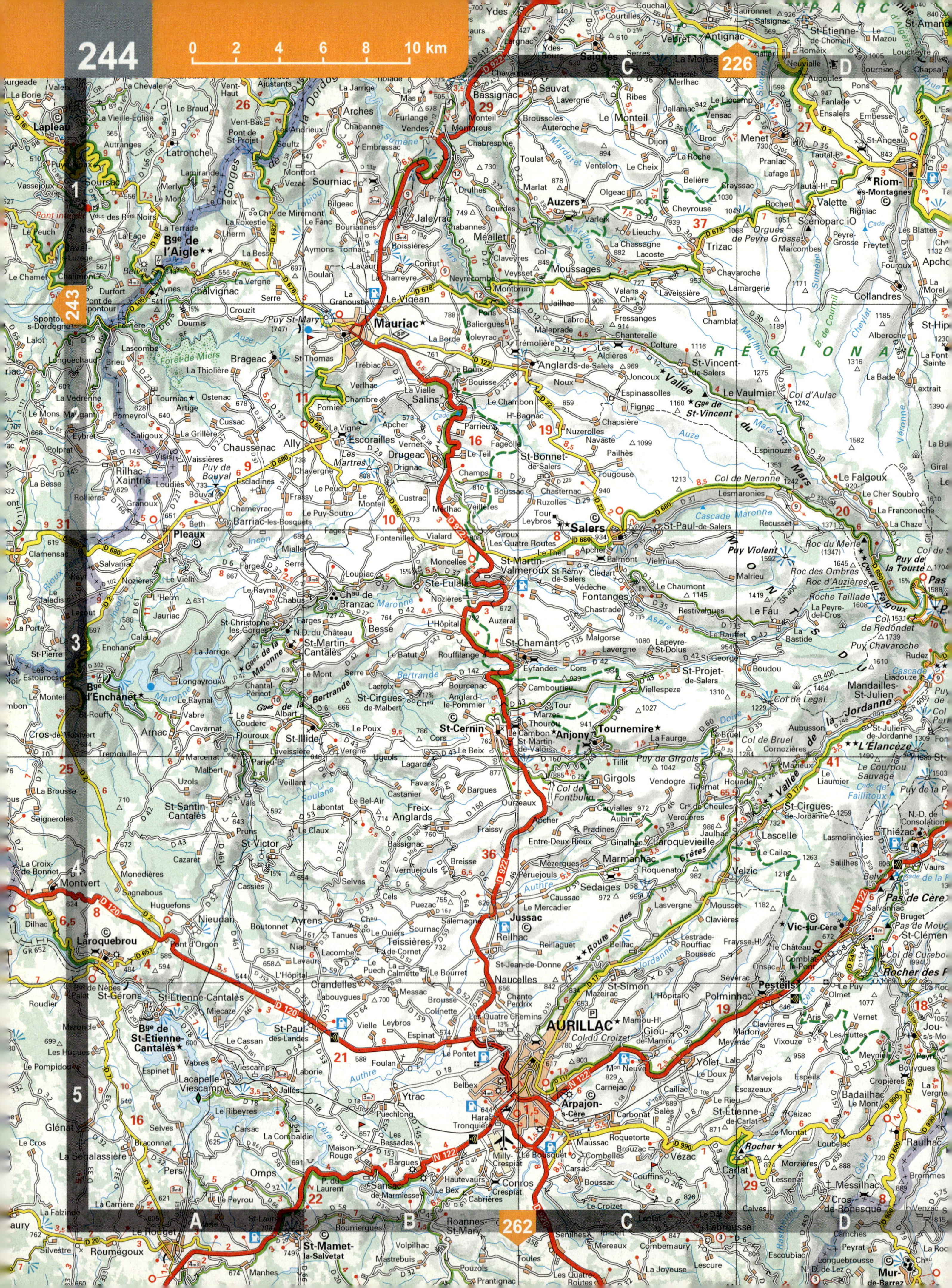
0 2 4 6 8 10 km
226
243
262
A
B
C
D
1
2
3
4
5
Mauriac
Salers
AURILLAC
Pleaux
Laroquebrou
Riom-ès-Montagnes
Vic-sur-Cère
Arpajon-sur-Cère
Jussac
St-Cernin
St-Martin-Valmeroux
Anglards-de-Salers
St-Bonnet-de-Salers
Tournemire
Anjony
Girgols
Ally
Drugeac
Salins
Le Vigean
Brageac
Chaussenac
Rilhac-Xaintrie
Auzers
Moussages
Trizac
Menet
Valette
Collandres
Le Falgoux
Le Vaulmier
St-Vincent-de-Salers
Fontanges
Le Fau
St-Projet-de-Salers
St-Chamant
St-Illide
Arnac
Montvert
Nieudan
St-Victor
Ayrens
Crandelles
Naucelles
Reilhac
Marmanhac
Laroquevieille
Lascelle
Velzic
St-Simon
Polminhac
Yolet
Giou-de-Mamou
Thiézac
Pas de Cère
St-Clément
Ytrac
Sansac-de-Marmiesse
St-Mamet-la-Salvetat
Roumégoux
St-Gérons
St-Étienne-Cantalès
Lacapelle-Viescamp
Glénat
St-Paul-des-Landes
Omps
Pers
Parc Régional
Monts du Cantal
Puy Violent
Puy de la Tourte
Roc des Ombres
Puy Chavaroche
Col de Legal
L'Élancèze
Vallée de la Jordanne
Vallée du Mars
Col de Néronne
Col d'Aulac
Bge de l'Aigle
Bge d'Enchanet
Bge de St-Étienne-Cantalès
Gorges de la Dordogne
Forêt de Miers
Route des Crêtes
Rocher des Pendus
Conros
Crespiat
N 122
D 922
D 120
D 680

Condat
Marcenat
Allanche
Murat
Bredons
Le Lioran
Super-Lioran
Plomb du Cantal
St-Flour
Coltines
Ussel
Neussargues-Moissac
Massiac
Ste-Madeleine
Pierrefort
Chaudes-Aigues
Viaduc de Garabit
Chau d'Alleuze
Loubaresse
St-Georges
Lavastrie
Neuvéglise
Paulhac
Cézens
Malbo
Brezons
Dienne
Ségur-les-Villas
Landeyrat
Pradiers
Molèdes
Laurie
Talizat
Andelat
Valjouze
Ferrières-St-Mary
Molompize
Vieillespesse
Tiviers
Mentières
Anglards-de-St-Flour
Faverolles
Ruynes-en-Margeride
Villedieu
Les Ternes
Tanavelle
Valuéjols
Albepierre-Bredons
Laveissière
Chastel-sur-Murat
Virargues
Chalinargues
Ste-Anastasie
Chavagnac
Vernols
Narnhac
Thérondels
Pont de Tréboul
Gorges de la Truyère
Monts du Cantal
Plateau du Limon
Col de la Fageole
Puy de Mathonière
Gorges de l'Alagnon
E
F
G
H
227
246
263
1
2
3
4
5

0 2 4 6 8 10 km
Brioude
Paulhac
Espalem
Lamothe
Fontannes
Vieille-Brioude
Lavaudieu
St-Laurent-Chabreuges
Lespinasse
Massiac
Ste-Madeleine
St-Beauzire
Lubilhac
Javaugues
Frugières-le-Pin
Domeyrat
Vals-le-Chastel
St-Préjet-Armandon
Montclard
Berbezit
Connangles
Chaise-Dieu
Cistrières
DU LIVRADOIS - FOREZ
St-Didier-s-Doulon
Sembadel
St-Pal-de-Senouire
Collat
Josat
La Chapelle-Bertin
Allègre
St-Just-près-Brioude
Lorlanges
La Chomette
Salzuit
Chassagnes
Paulhaguet
Mazerat-Aurouze
Couteuges
St-Privat-du-Dragon
Villeneuve-d'Allier
St-Ilpize
Mercœur
La Chapelle-Laurent
Blassac
Lavoûte-Chilhac
Chilhac
Cerzat
St-Georges-d'Aurac
Chavaniac-Lafayette
Ste-Eugénie-de-Villeneuve
Fix-St-Geney
St-Poncy
Ally
Celoux
St-Cirgues
Aubazat
Vissac-Auteyrac
St-Austremoine
Arlet
Mazeyrat-d'Allier
Allier
Langeac
Chazelles
Rageade
Cronce
Ferrussac
Soulages
Chastel
Védrines-St-Loup
Pinols
Chanteuges
St-Arcons-d'Allier
Siaugues-Ste-Marie
Montchamp
Tiviers
Forêt de la Margeride
Vabres
Tailhac
Desges
Pébrac
St-Julien-des-Chazes
Prades
Gorges de l'Allier
St-Bérain
Ruynes-en-Margeride
Clavières
Mont Mouchet
Auvers
Venteuges
Saugues
Monistrol-d'Allier
Garabit
Chaliers
Lorcières
MONTAGNE
Paulhac-en-Margeride
Loubaresse
Chaulhac
Julianges
St-Privat-du-Fau
Montgrand
Grèzes
Esplantas
Vazeilles-près-Saugues
St-Préjet-d'Allier
Croisances
St-Marc
St-Just
Albaret-Ste-Marie
Blavignac
St-Léger-du-Malzieu
Le Malzieu-Ville
Thoras
St-Symphorien
A B C D
1 2 3 4 5
228 245 264

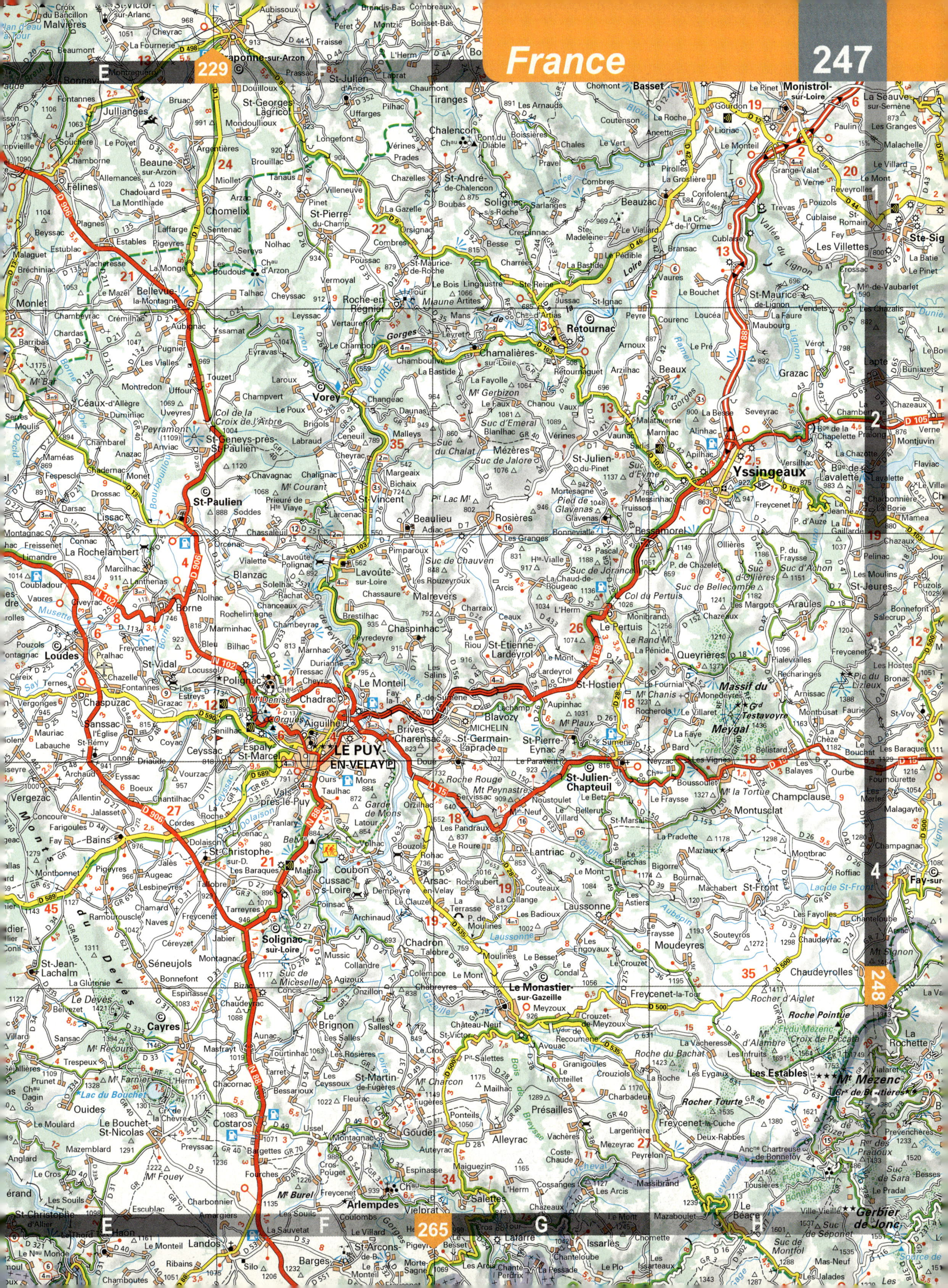
Le Puy-en-Velay
Yssingeaux
Retournac
Monistrol-sur-Loire
Vorey
St-Paulien
Loudes
Polignac
Aiguilhe
Espaly-St-Marcel
Vals-près-le-Puy
Brives-Charensac
St-Germain-Laprade
St-Julien-Chapteuil
Le Monastier-sur-Gazeille
Solignac-sur-Loire
Cayres
Costaros
Landos
Arlempdes
Chaspuzac
Sanssac-l'Église
Allègre
Craponne-sur-Arzon
Bellevue-la-Montagne
Lavoûte-sur-Loire
Rosières
Beaulieu
Blavozy
Bessamorel
Tence
Le Chambon
Les Estables
Mt Mezenc
Gerbier de Jonc
Massif du Meygal
Mt Testavoyre
Monts du Devès
Gorges de la Loire
Chalencon
Beauzac
Bas-en-Basset
Vertaizon
Malrevers
Chaspinhac
Lantriac
Laussonne
Moudeyres
Présailles
Alleyrac
Freycenet-la-Tour
Champclause
Montusclat
Queyrières
Araules
Ste-Sigolène
Fay-sur-Lignon
Chaudeyrolles
Le Monteil
Chadrac
Coubon
Le Brignon
St-Jean-Lachalm
Ouides
Le Bouchet-St-Nicolas
St-Christophe-sur-Dolaison
Cussac-sur-Loire
Borne
Blanzac
St-Vincent
Mézères
Malleys
St-Julien-du-Pinet
Glavenas
Beaux
St-Pierre-Eynac
St-Étienne-Lardeyrol
St-Hostien
Le Pertuis
Salettes
Goudet
Ussel
Barges
Séneujols
Bains
Fix-St-Geneys
Vergezac
St-Geneys-près-St-Paulien
Lissac
Rochelambert
Mt Burel
Mt Fouey
Lac du Bouchet
Roche Rouge
Mt Plaux
Rocher Tourte
Roche du Bachat
Suc de Sara
Mt Signon
E
F
G
H
229
248
265
1
2
3
4
5

0 2 4 6 8 10 km
230
247
266
Annonay
Bourg-Argental
St-Marcel-lès-Annonay
Boulieu-lès-A.
Davézieux
Ste-Sigolène
Dunières
Riotord
Montfaucon-en-Velay
Montregard
Tence
St-Bonnet-le-Froid
Lalouvesc
Satillieu
St-Félicien
St-Agrève
Le Chambon-sur-Lignon
Mazet-St-Voy
Fay-sur-Lignon
Devesset
Rochepaule
Désaignes
Lamastre
St-Martin-de-Valamas
Le Cheylard
St-Julien-Boutières
Chau de Rochebonne
St-Michel-d'Aurance
St-Barthélemy-Grozon
Vernoux-en-Vivarais
Chau de la Tourrette
Mt Mézenc
Gerbier de Jonc
St-Pierreville
PARC NATUREL
Col des Baraques
Col du Buisson
Col du Marchand
Col de Juvenet
Quintenas
Vocance
St-Julien-Vocance
St-Symphorien-de-Mahun
St-Romain-d'Ay
Vaudevant
Chalencon
St-Apollinaire-de-Rias
Châteauneuf-de-Vernoux
Gilhoc-sur-Ormèze
Le Crestet
Nozières
Labatie-d'Andaure
Mars
Intres
Mariac
Accons
Arcens
Borée

Serrières
Sablons
Épinouze
Hauterives
Palais Idéal
Le Grand-Serre
Roybon
Anneyron
Tour
Albon
Andancette
St-Désirat
Colombier-le-Cardinal
Champagne
Beausemblant
Châteauneuf-de-Galaure
Tersanne
St-Martin-d'Août
Montrigaud
Laveyron
St-Vallier
St-Uze
Ratières
Claveyson
Miribel
St-Antoine-l'Abbaye
Crépol
Forêt de Thivolet
Margès
Charmes-sur-l'Herbasse
Arthemonay
Montmiral
Ponsas
Arras-sur-Rhône
Sécheras
Serves-sur-Rhône
St-Donat-sur-l'Herbasse
Geyssans
Parnans
Érôme
Gervans
Marsaz
Chantemerle-les-Blés
Chavannes
Peyrins
Lemps
Vion
Larnage
Tain-l'Hermitage
Crozes-Hermitage
Mercurol
Veaunes
Clérieux
St-Bardoux
Mours-St-Eusèbe
Génissieux
Châtillon-St-Jean
St-Paul-lès-Romans
Tournon-s-R.
Chanos-Curson
Romans-sur-Isère
Bourg-de-Péage
Eymeux
St-Nazaire-en-Royans
St-Barthélemy-le-Plain
Mauves
Beaumont-Monteux
Pizançon
Jaillans
Châteauneuf-sur-Isère
Chatuzange-le-Goubet
Glun
La Roche-de-Glun
Pont-de-l'Isère
Valence-T.G.V.
Châteaubourg
Panorama
Cornas
St-Marcel-lès-Valence
Alixan
Besayes
Rochefort-Samson
Barbières
St-Romain-de-Lerps
Bourg-lès-V.
St-Péray
Ch.au de Crussol
VALENCE
Montélier
Charpey
St-Vincent-la-Commanderie
Guilherand-Granges
Malissard
Chabeuil
Col de la Bataille
Léoncel
Toulaud
Soyons
Portes-lès-Valence
Montvendre
Combovin
St-Georges-les-Bains
Beaumont-lès-Valence
Montéléger
Beauvallon
Barcelonne
Ch.au de Pierre-Gourde
Étoile-sur-Rhône
La Baume-Cornillane
Plan-de-Baix
Ourches
Vercors
231
250
267
E
F
G
H
1
2
3
4
5

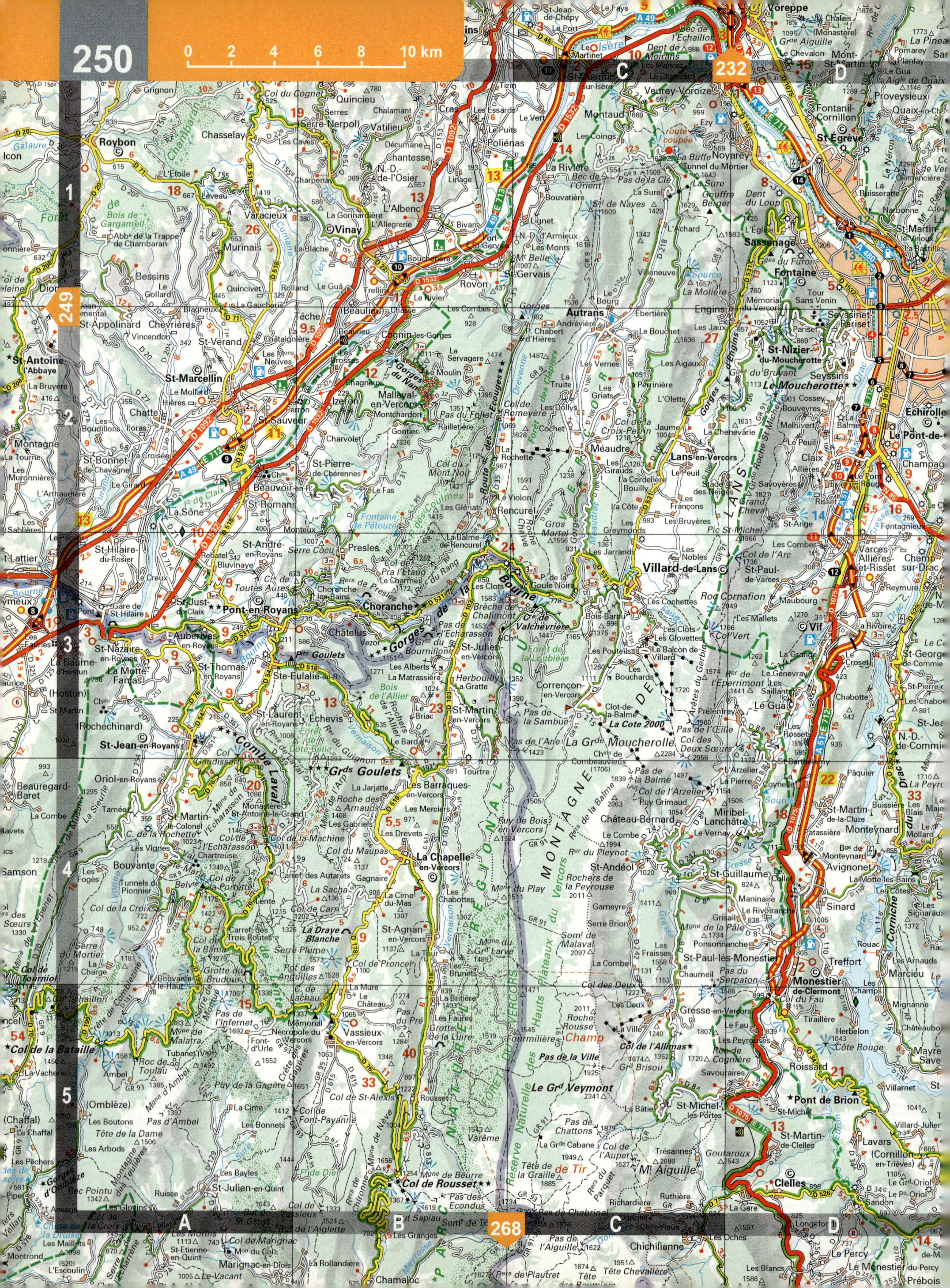
0 2 4 6 8 10 km
249
232
268
Roybon
Vinay
St-Marcellin
St-Sauveur
Pont-en-Royans
Choranche
St-Jean-en-Royans
Villard-de-Lans
Lans-en-Vercors
Autrans
Méaudre
Sassenage
Fontaine
St-Égrève
Voreppe
Seyssinet-Pariset
St-Nizier-du-Moucherotte
Le Moucherotte
Claix
Échirolles
Le Pont-de-Claix
Varces-Allières-et-Risset
Vif
La Chapelle-en-Vercors
St-Agnan-en-Vercors
Vassieux-en-Vercors
Col de Rousset
Col de la Bataille
Monestier-de-Clermont
Clelles
Gresse-en-Vercors
Le Gd Veymont
Pont de Brion
Gorges de la Bourne
Grds Goulets
Combe Laval
Montagne de Lans
Réserve Naturelle des Hauts Plateaux du Vercors
Parc Naturel Régional du Vercors

GRENOBLE
Meylan
St-Ismier
Eybens
Uriage-les-Bains
Chamrousse
Crête de Chamrousse
Vizille
Laffrey
Le Sapey
La Mure
Valbonnais
Corps
St-Firmin
Le Bourg-d'Oisans
Alpe-d'Huez
Vaujany
Les Deux-Alpes
Bge du Chambon
Chaîne de Belledonne
Grd Pic de Belledonne
Pic de l'Etendard
Pic du Lac Blanc
Col du Glandon
Col de la Croix de Fer
St-Jean-d'Arves
Défilé de Maupas
Allemont
Ornon
Gorges de la Romanche
Le Taillefer
Parc National
Massif des Écrins
Cime du Vallon
Pic d'Olan
Le Râteau
Dôme de la Lauze
Galibier-Grandes-Rousses
Oratoire du Chazelet
Combe de Malaval
Mizoën
Besse
Le Désert
La Chapelle-en-Valjouffrey
N.-D. de la Salette
Col Accarias
Bge du Sautet
Venosc
Le Freney-d'Oisans
Rocher Blanc
Massif d'Allevard
Vallon des Etages
E
F
G
H
2
3
4
5
233
252
269

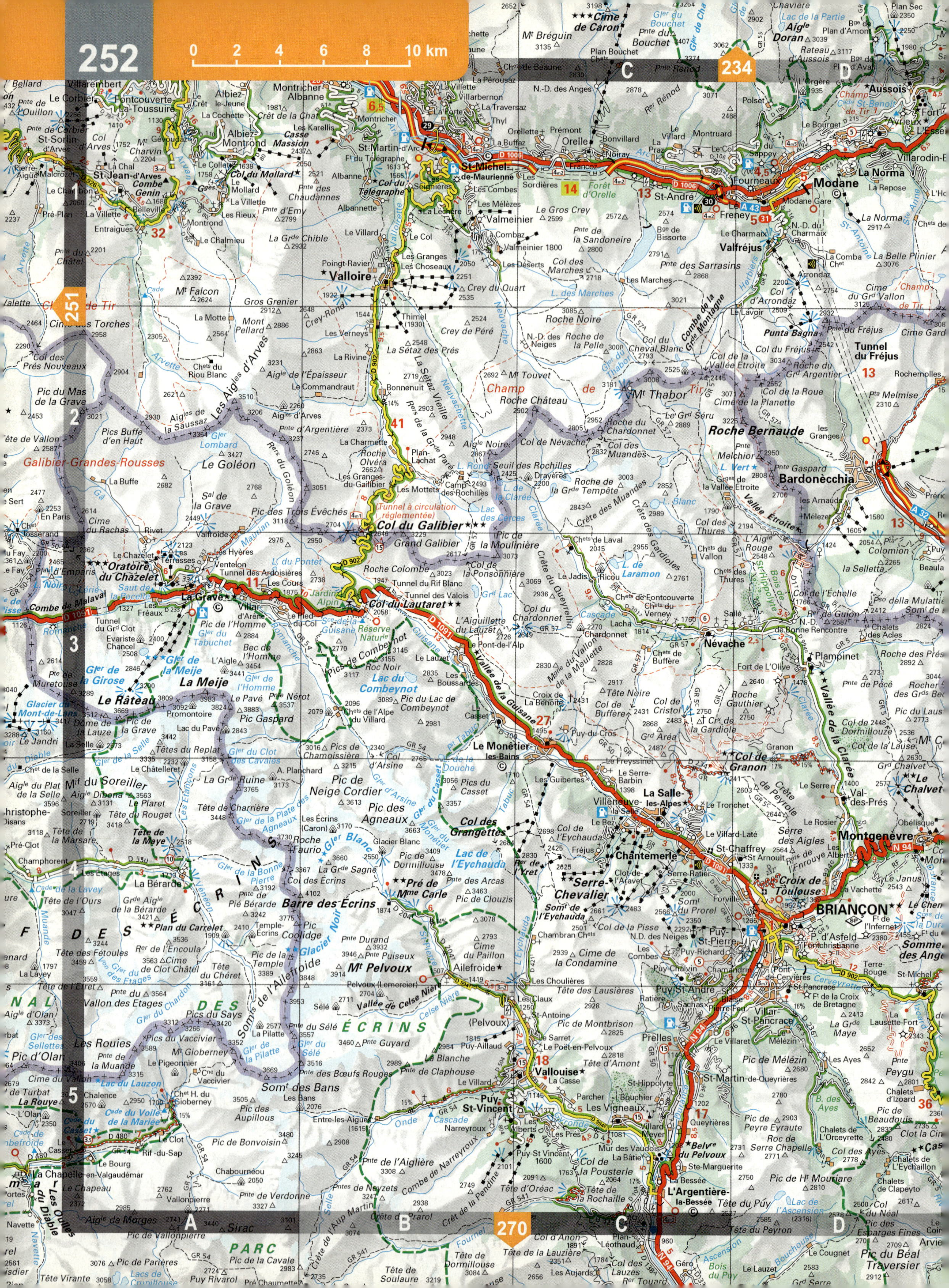
0 2 4 6 8 10 km
234
251
270
A
B
C
D
1
2
3
4
5
St-Jean-d'Arves
Col du Mollard
Valloire
Col du Télégraphe
St-Michel-de-Maurienne
Valmeinier
Orelle
St-André
Modane
Fourneaux
Freney
Valfréjus
Aussois
La Norma
Avrieux
Tunnel du Fréjus
Mt Thabor
Roche Bernaude
Bardonècchia
Les Aiguilles d'Arves
Le Goléon
Galibier-Grandes-Rousses
Col du Galibier
Grand Galibier
Col du Lautaret
La Grave
Villar-d'Arène
Oratoire du Chazelet
La Meije
Le Râteau
Pic Gaspard
Lac du Combeynot
Le Monêtier-les-Bains
Vallée de la Guisane
Névache
Vallée de la Clarée
Plampinet
Col de l'Échelle
Col de Granon
La Salle-les-Alpes
Villeneuve
Chantemerle
Serre-Chevalier
Montgenèvre
Croix de Toulouse
BRIANÇON
Barre des Écrins
Mt Pelvoux
Pic de Neige Cordier
Pic des Agneaux
Glacier Blanc
Glacier Noir
Pré de Mme Carle
Ailefroide
Vallouise
Puy-St-Vincent
Les Vigneaux
L'Argentière-la-Bessée
Puy-St-André
Puy-St-Pierre
Villar-St-Pancrace
Pic de Montbrison
PARC DES ÉCRINS
La Bérarde
Plan du Carrelet
Les Rouies
Pic d'Olan
Sirac
Pic du Béal Traversier
Vallée Étroite
Col des Rochilles
Pic de Rochebrune

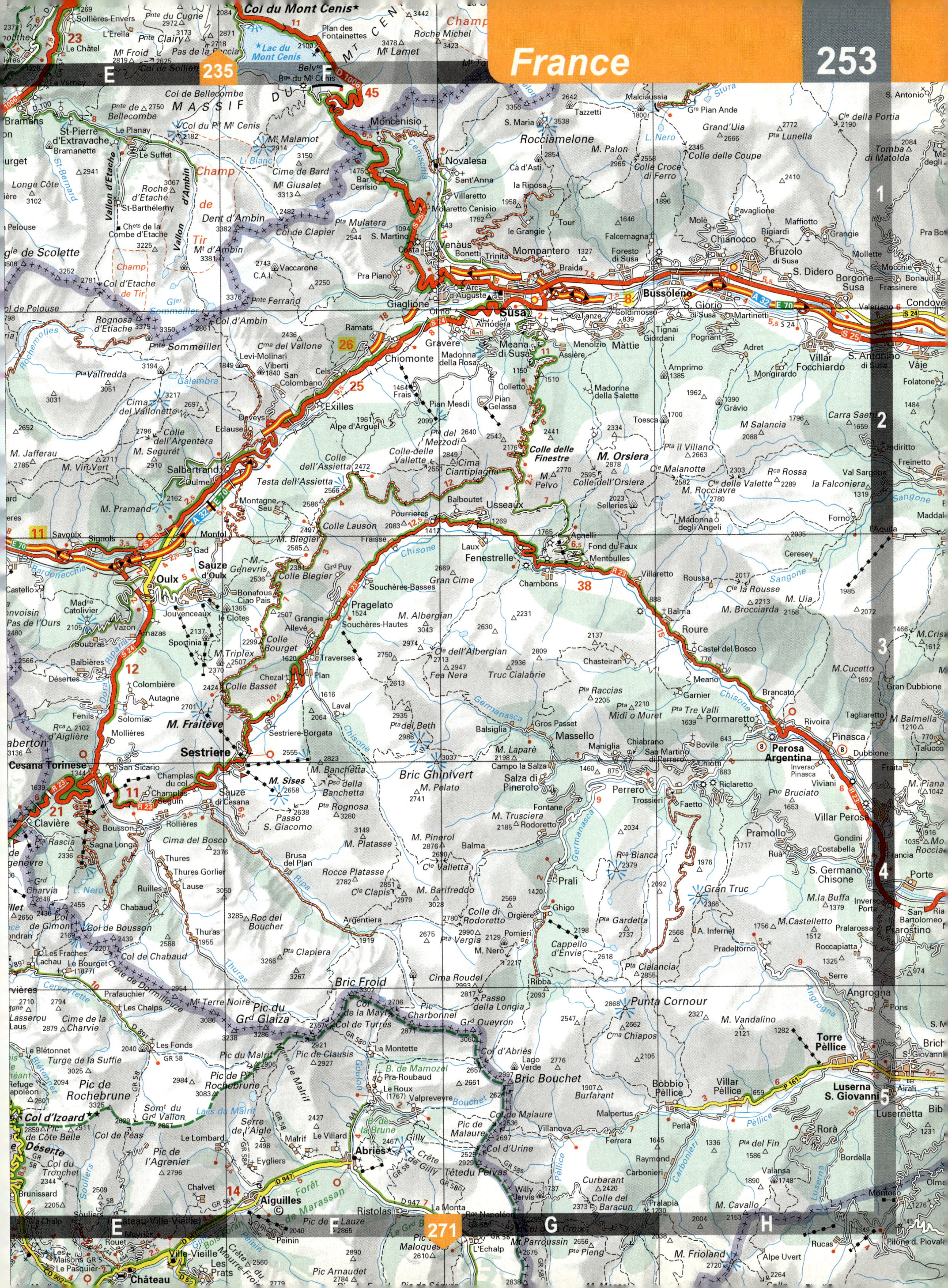

Col du Mont Cenis
Lac du Mont Cenis
Moncenisio
Novalesa
Rocciamelone
Venaus
Mompantero
Bussoleno
Susa
Gravere
Chiomonte
Exilles
Salbertrand
Oulx
Sauze d'Oulx
Cesana Torinese
Clavière
Sestriere
Pragelato
Usseaux
Fenestrelle
Roure
Perosa Argentina
Pinasca
Villar Perosa
Pinerolo
S. Germano Chisone
Torre Pellice
Luserna S. Giovanni
Bobbio Pellice
Villar Pellice
Abriès
Aiguilles
Col d'Izoard
Col Agnel
Bric Froid
Bric Ghinivert
Punta Cornour
Bric Bouchet
M. Orsiera
M. Fraiteve
M. Sises
Colle delle Finestre
Colle Basset
Colle Lauson
Massif du Mont Cenis
Champ de Tir
Col de Scolette
Pic de Rochebrune
Col de Bousson
E
F
G
H
235
271
1
2
3
4
5

0 2 4 6 8 10 km
236
272
C
D
A
B
1
2
3
4
5
Grand Crohot Océan
Lège-Cap-Ferret
Le Cousteau de la Machine
Réserve naturelle
Arès
Andernos-les-Bains
La Pignada
Jane-de-Boy
Claouey
Les Jacquets
Le Truc Vert
Le Petit Piquey
Le Grand Piquey
Piraillan
Le Canon
L'Herbe
Villa Algérienne
La Vigne
Belisaire
Cap Ferret
Les Abatilles
ARCACHON
BASSIN
D'ARCACHON
Île aux Oiseaux
Parcs à huîtres
Pnte de l'Aiguillon
Le Moulleau
Pyla-sur-Mer
La Teste-de-Buch
Pilat-Plage
Cap Ferret
Banc du Toulinguet
Réserve naturelle du Banc d'Arguin
Dune du Pilat
Gailloumeys
Dunes de Ginestras
Forêt usagère de la Teste
Pointe d'Arcachon
La Salie
Cazaux
Champ de Tir
Étang de Cazaux et de Sanguinet
Les Hautes Rives
Port-Maguide
Biscarrosse-Plage
Ispes
En Mayotte
Navarrosse
La Broutasse
En Belliard
Millas
En Bergoin
Pt Étang de Biscarrosse
Trappe
Biscarrosse
Hourtiquets
En Bonnet
Étang de Biscarrosse et de Parentis
CENTRE D'ESSAIS DES LANDES
Lahitte
Parentis-en-Born
Le Lac
Les Moulies
Le Bôo
Naoutoy
Bourruque
Mothes
Le Mauret
Taussat
Cassy
Le Renet
Pnte de Branne
Le Nan
Lanton
Certes
Réservoirs à Poissons
Audenge
Les Trucailles
Bas-Vallon
Vigneau
Tagon
Biganos
Parc ornithologique du Teich
Ruat
Le Teich
Lamothe
Port de Larros
Gujan-Mestras
Les Bordes
La Hume
Meyran
Les Miguelots
Le Truc de la Truque
Le Courneau
Zoo
Montmorency
Forêt Nezer
Canal des Landes
Balanos
Facture
Mios
Le Voisin
Petit Caudos
Moura
Peyot
Caze
Arnauton
Lillet
Hobre
Peylon
Larrieu
Gassian
Castandet
Arnautille
Caudos
Salles
Le Caplanne
Le Mayne
Béguey
Bilos
Lanot
Lugos
Forêt de Salles
Le Petit Lagnereau
Forêt de Lagnereau
Langeot
Bernon
Louse
Sanguinet
Lombard
Méoule
Le Bouges
Once
Courneilley
Sillac
Le Clerc
Silo
Gare de Lugos
Forêt de Lugos
Forêt usagère de Biscarrosse
Goubern
Bosque
Narp
En Hill
CENTRE D'ESSAIS
Nigon
Camontès
Marian
Le Mure
Bidaou
La Crabette
Le Muret
Les Dorat
Maisonnieu
Mautans
Blagon
Les Chalets
Les Nargues
Josseaume
La Huillarde
La Grde Heyre
PARC NATUREL RÉGIONAL
La Pointe Emile
Lubec
Houguevra
La Possession
La Courbe
Les Argentières
Quartier Bas
Lacanau-de-Mios
Florence
Les Douils
Testarolle
Terrain militaire
des Courtious Brûlés
Paris
Perrin
D 106
D 3
D 650
A 660
A 63
D 1250
D 216
D 652
D 218
D 46
D 110
D 5
D 112

BORDEAUX
Caudéran
Mérignac
Talence
Pessac
Bègles
Gradignan
Villenave-d'Ornon
Canéjan
Cestas
Léognan
Martillac
La Brède
Saucats
Cabanac-et-Villagrains
Le Barp
Belin-Béliet
Hostens
St-Symphorien
Villandraut
Landiras
Podensac
Cadaujac
Langoiran
Créon
Cazeneuve
St-Magne
Louchats
Guillos
Origne
Balizac
Saugnacq-et-Muret
Belhade
Argelouse
Moustey
St-Jean-d'Illac
Marcheprime
Castres-Gironde
Portets
Cérons
Barsac
Illats
Budos
Sauternes
Léogeats
Noaillan
Préchac
Uzeste
Bourideys
Lesquire
Mano
Le Tuzan
L A N D E S   D E   G A S C O G N E
Domaine départemental
CENTRE D'ÉTUDES NUCLÉAIRES
CENTRE D'ESSAIS
GARONNE
237
256
273

0 2 4 6 8 10 km
238
Castillon-la-Bataille
Fargues-St-Hilaire
Carignan-de-Bordeaux
Créon
Branne
Pujols
Targon
Labarthe
Sauveterre-de-Guyenne
Podensac
Cadillac
Ste-Croix-du-Mont
St-Macaire
Langon
La Réole
Villandraut
Roquetaillade
Auros
Bazas
Uzeste
Cazeneuve
Grignols
Landiras
Barsac
Sauternes
Monségur
255
274
Début 2011
A
B
C
D
1
2
3
4
5

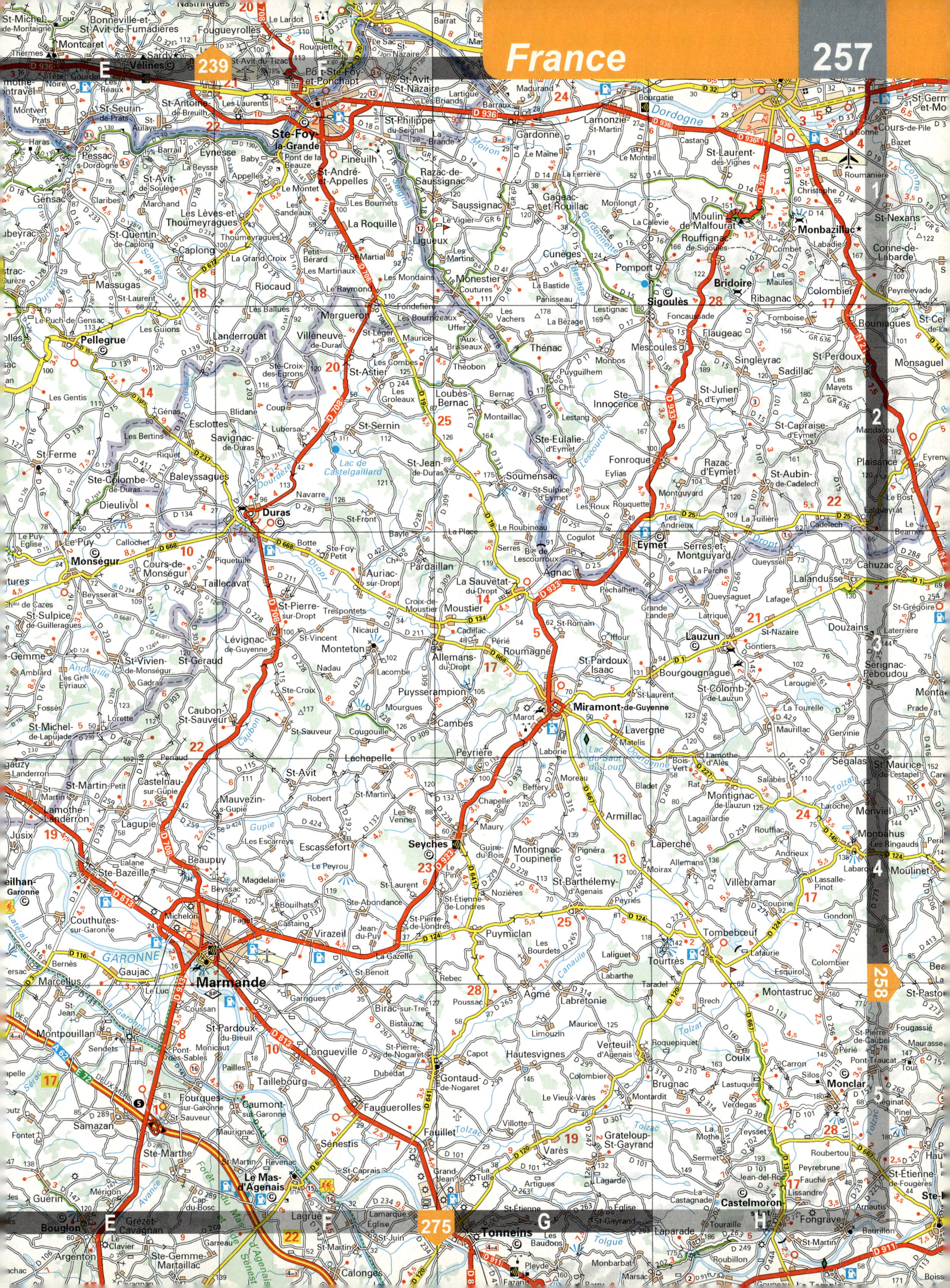
Ste-Foy-la-Grande
Dordogne
Bergerac
Monbazillac
Sigoulès
Bridoire
Eymet
Duras
Lac de Castelgaillard
Pellegrue
Monségur
Lauzun
Miramont-de-Guyenne
Seyches
Marmande
GARONNE
Tombebœuf
Tonneins
Le Mas-d'Agenais
Castelmoron
Monclar
Allemans-du-Dropt
La Sauvetat-du-Dropt
Sainte-Bazeille
Virazeil
Beaupuy
Lévignac-de-Guyenne
Castelnau-sur-Gupie
Puymiclan
Gontaud-de-Nogaret
Fauillet
Varès
Agmé
Labretonie
Verteuil-d'Agenais
Brugnac
Coulx
Laperche
Villebramar
Armillac
Lavergne
Roumagne
St-Pardoux-Isaac
Cahuzac
Douzains
Lalandusse
Sérignac-Péboudou
Ségalas
Monbahus
Moulinet
Colombier
Montastruc
Tourtrès
Laparade
Fauguerolles
Longueville
Taillebourg
Couthures-sur-Garonne
Gaujac
Marcellus
Samazan
Fourques-sur-Garonne
Caumont-sur-Garonne
Montpouillan
Sénestis
Fongrave
Castelnau-sur-Gupie
Escassefort
Cambes
Peyrière
Agnac
Soumensac
Thénac
Saussignac
Gageac-et-Rouillac
Pomport
Cunèges
Margueron
Riocaud
Landerrouat
Savignac-de-Duras
Esclottes
Baleyssagues
Dieulivol
St-Ferme
Massugas
Pessac-sur-Dordogne
Gensac
Eynesse
Pineuilh
Ligueux
St-Avit-St-Nazaire
Vélines
Port-Ste-Foy-et-Ponchapt
Gardonne
Lamonzie-St-Martin
St-Laurent-des-Vignes
Rouffignac-de-Sigoulès
Ribagnac
Flaugeac
Singleyrac
Sadillac
Fonroque
Razac-d'Eymet
Serres-et-Montguyard
Ste-Innocence
Ste-Eulalie-d'Eymet
Loubès-Bernac
St-Sernin
St-Jean-de-Duras
Pardaillan
Moustier
Auriac-sur-Dropt
St-Pierre-sur-Dropt
Monteton
Caubon-St-Sauveur
St-Géraud
St-Sulpice-de-Guilleragues
Lagupie
Mauvezin-sur-Gupie
Lamothe-Landerron
Ste-Marthe
Guérin
Bouglon
Grézet-Cavagnan
Argenton
Calonges
Lagruère
Canal latéral à la Garonne

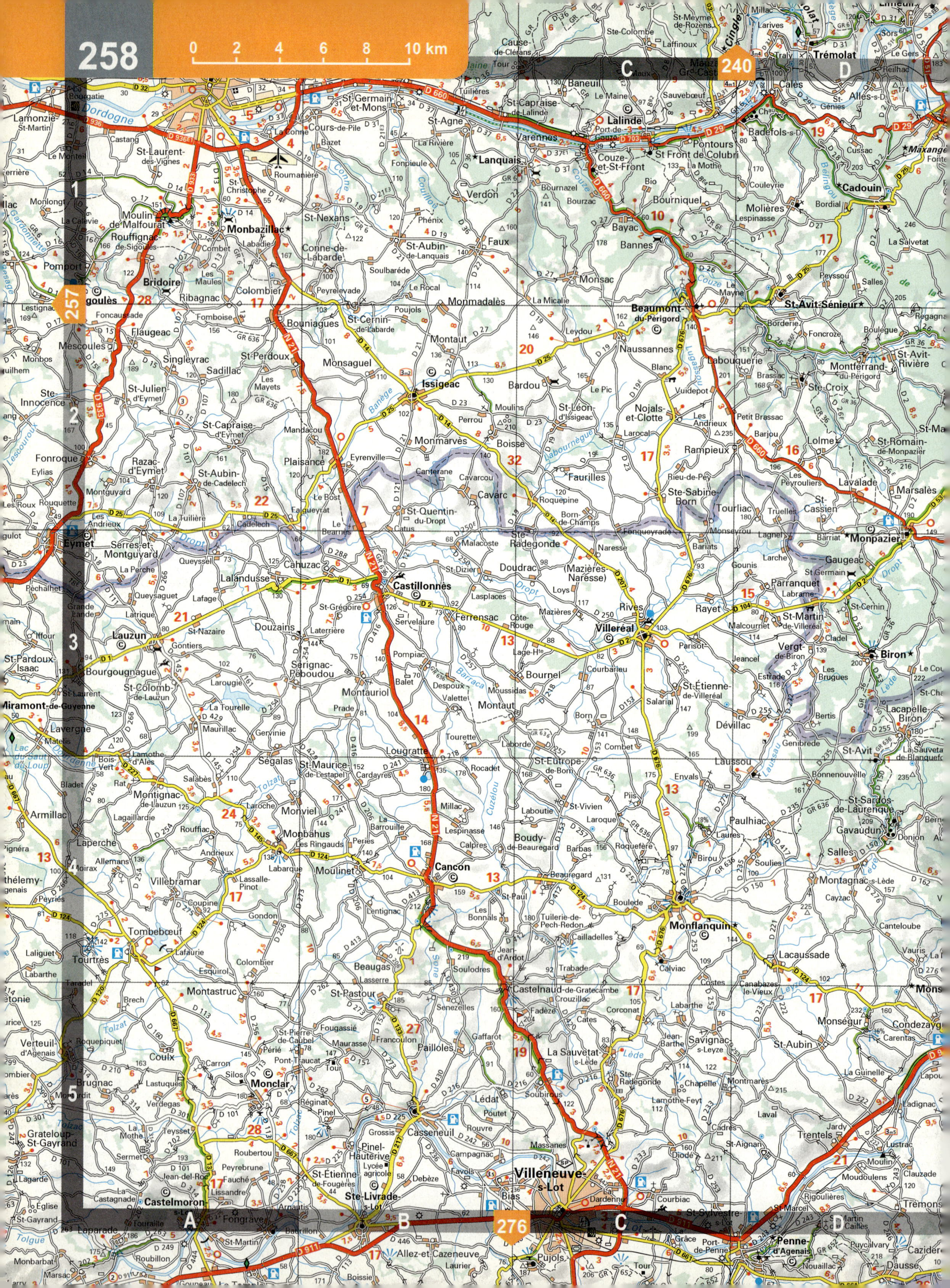
0 2 4 6 8 10 km
240
257
276
Dordogne
Bergerac
Lamonzie-St-Martin
St-Laurent-des-Vignes
Roumanière
St-Germain-et-Mons
Cours-de-Pile
Tuillières
St-Capraise-de-Lalinde
St-Agne
Lanquais
Varennes
Lalinde
Couze-et-St-Front
Mauzac
Baneuil
Badefols-s-D.
Molières
Cadouin
Trémolat
Alles-s-D.
Monbazillac
Moulin de Malfourat
Rouffignac-de-Sigoulès
Pomport
Bridoire
Ribagnac
Colombier
St-Nexans
Conne-de-Labarde
Faux
St-Aubin-de-Lanquais
Verdon
Bourniquel
Bayac
Bannes
Monsac
Montmadalès
Beaumont-du-Périgord
St-Avit-Sénieur
Naussannes
Issigeac
Bardou
Bouniagues
St-Cernin-de-Labarde
Monsaguel
Flaugeac
Singleyrac
Sadillac
St-Perdoux
St-Julien-d'Eymet
Ste-Innocence
Fonroque
St-Capraise-d'Eymet
Razac-d'Eymet
St-Aubin-de-Cadelech
Plaisance
Monmarvès
Boisse
Faurilles
Nojals-et-Clotte
Rampieux
Ste-Sabine-Born
Lolme
St-Romain-de-Monpazier
Lavalade
Marsalès
St-Cassien
Monpazier
Eymet
Serres-et-Montguyard
Cahuzac
St-Quentin-du-Dropt
Ste-Radegonde
Doudrac
Rives
Villeréal
Castillonnès
Lalandusse
Ferrensac
Lauzun
St-Pardoux-Isaac
Bourgougnague
Miramont-de-Guyenne
Lavergne
Sérignac-Péboudou
Montauriol
Montaut
Bournel
St-Étienne-de-Villeréal
Dévillac
Lacapelle-Biron
Biron
Vergt-de-Biron
Ségalas
St-Maurice-de-Lestapel
Lougratte
St-Eutrope-de-Born
Monviel
Monbahus
Montignac-de-Lauzun
Armillac
Laperche
Villebramar
Moulinet
Cancon
Boudy-de-Beauregard
Monflanquin
Paulhiac
St-Sardos-de-Laurenque
Gavaudun
Salles
Montagnac-s-Lède
Tombebœuf
Tourtrès
Castelnaud-de-Gratecambe
Lacaussade
Beaugas
St-Pastour
Pailloles
La Sauvetat-s-Lède
Savignac-s-Leyze
St-Aubin
Monségur
Condezaygues
Montastruc
Coulx
Monclar
Verteuil-d'Agenais
Brugnac
Grateloup-St-Gayrand
Casseneuil
Lédat
Castelmoron-s-Lot
Ste-Livrade-s-Lot
Villeneuve-s-Lot
Trentels
Penne-d'Agenais
Fongrave
Allez-et-Cazeneuve
Pujols
Dausse

Le Buisson-de-Cadouin
Beynac-et-Cazenac
La Roque-Gageac
Castelnaud-la-Chapelle
Marqueyssac
Domme
Montfort
Cingle de Montfort
Les Milandes
Veyrines-de-Domme
Belvès
St-Cyprien
Siorac-en-Périgord
Monplaisant
St-Germain-de-Belvès
Sagelat
Carves
St-Pardoux-et-Vielvic
St-Amand-de-Belvès
Grives
St-Laurent-la-Vallée
Daglan
St-Pompont
Larzac
Ste-Foy-de-Belvès
Doissat
Orliac
Salles-de-Belvès
Prats-du-Périgord
Campagnac-lès-Quercy
Bouzic
Gourdon
Grottes de Cougnac
Payrignac
Nabirat
St-Martial-de-Nabirat
St-Cirq-Madelon
Milhac
Groléjac
Fénelon
Léobard
Florimont-Gaumier
Salviac
Dégagnac
Marminiac
Cazals
Rampoux
Lavercantière
Gindou
Montcléra
Les Arques
Mazeyrolles
Besse
Villefranche-du-Périgord
Loubejac
St-Cernin-de-l'Herm
Sauveterre-la-Lémance
Blanquefort-s-Briolance
Frayssinet-le-Gélat
Goujounac
Pomarède
St-Caprais
Cassagnes
Montcabrier
Bonaguil
Fumel
Duravel
Puy-l'Évêque
Prayssac
Castelfranc
Catus
Crayssac
Mercuès
Luzech
Albas
Bélaye
Grézels
Anglars-Juillac
Lagardelle
Pescadoires
Touzac
Vire-sur-Lot
Soturac
Montayral
Lacapelle-Cabanac
Mauroux
Floressas
Sérignac
Thézac
Bourlens
Tournon-d'Agenais
Masquières
St-Matré
Sauzet
Parnac
Douelle
Cahors
Pradines
Labastide-du-Vert
Nuzéjouls
Calamane
Espère
Boissières
Gigouzac
Uzech
Montgesty
Thédirac
Concorès
Peyrilles
St-Denis-Catus
Mechmont
St-Médard
Pontcirq
Lherm
Les Junies
Le Boulve
Cambayrac
Trespoux-Rassiels
Villesèque
Lamothe-Fénelon
Nadaillac-de-Rouge
Rouffilhac
Anglars-Nozac
St-Clair
Le Vigan
St-Chamarand
Cuzorn
St-Front-s-Lémance
Gavaudun
Lacapelle-Biron
Urval
Bouillac
Soulaures
Lavaur
Pomport
E
F
G
H
1
2
3
4
5
241
260
277
D 660
D 811
D 703
D 820
D 673
D 710

0 2 4 6 8 10 km
242
259
278
A
B
C
D
1
2
3
4
5
Calviac-en-Périgord
Carsac-Aillac
Ste-Mondane
St-Julien-de-Lampon
Fénelon
Masclat
Veyrignac
Grolejac
Nadaillac-de-Rouge
Lamothe-Fénelon
Belvédère de Lacave
Crézelade
Pinsac
La Treyne
Mayrac
Creysse
Montvalent
Meyronne
Gouffre de Padirac
Padirac
Alvignac
Thégra
Lavergne
Miers
Loubressac
Grottes de Lacave
Lacave
Calès
Payrac
Loupiac
Fajoles
Milhac
St-Cirq-Madelon
Rouffilhac
Anglars-Nozac
Rocamadour
Gramat
L'Hospitalet
Forêt des Singes
Gouffre de Cabouy
Reilhaguet
Bois de la Pannonie
Couzou
Nabirat
Payrignac
Gourdon
Grottes de Cougnac
St-Projet
Le Vigan
N.-D.-des Neiges
St-Aubin
Léobard
Ginouillac
Carlucet
Le Bastit
St-Cirq-Souillaguet
Soucirac
Séniergues
Montfaucon
Vaylats
Issendolus
Flaujac-Gare
Reilhac
Lunegarde
Dégagnac
Concorès
St-Chamarand
Frayssinet
Beaumat
Labastide-Murat
Soulomès
Caniac-du-Causse
Fontanes-du-Causse
Quissac
Espédaillac
St-Germain-du-Bel-Air
Lavercantière
Rampoux
Salapis
Thédirac
Peyrilles
Montamel
Lamothe-Cassel
St-Sauveur-la-Vallée
Sénaillac-Lauzès
St-Cernin
Ussel
Uzech
Gigouzac
Montgesty
Catus
St-Denis-Catus
Mechmont
St-Martin-de-Vers
Lauzès
Sabadel-Lauzès
Blars
Marcilhac-sur-Célé
St-Sulpice
Pontcirq
St-Médard
Nuzéjouls
Boissières
Maxou
Francoulès
Nadillac
Cras
Orniac
Cuzals
Calamane
Crayssac
Espère
St-Pierre-Lafeuille
Valroufié
Vers
Grotte du Pech-Merle
Cabrerets
Sauliac-sur-Célé
Mercuès
Luzech
Parnac
Caillac
Pradines
Douelle
Laroque-des-Arcs
Lamagdelaine
St-Géry
Bouziès
Tour-de-Faure
Cénevières
Larnagol
Calvignac
CAHORS
Arcambal
St-Cirq-Lapopie
Crégols
Berganty
Esclauzels
Lalbenque
Flaujac-Poujols
Villesèque
Cremps
Concots
Limogne-en-Quercy
Laburgade
PARC NATUREL RÉGIONAL DES CAUSSES DU QUERCY
Trespoux-Rassiels
Lacapelle
Le Montat
Mont St-Cyr
Vayrols

St-Céré
Montal
Sousceyrac
Latronquière
Maurs
Figeac
Capdenac
Decazeville
Aubin
Cajarc
Villeneuve
Montbazens
Rignac
Belcastel
Livernon
Assier
Lacapelle-Marival
Leyme
Aynac
Labathude
Bagnac-sur-Célé
St-Étienne-de-Maurs
Montredon
Montmurat
Livinhac-le-Haut
Firmi
Cransac
Peyrusse-le-Roc
Lanuéjouls
Salles-Courbatiès
Asprières
Naussac
Balaguier-d'Olt
Grottes de Foissac
Saut de la Mounine
Gouffre de Lantouy
Salvagnac-Cajarc
St-Mamet-la-Salvetat
Marcolès
Roumégoux
Parlan
N.-D. de Verdale
Lac du Tolerme
Sénaillac-Latronquière
Site médiéval
243
262
279
E
F
G
H
1
2
3
4
5

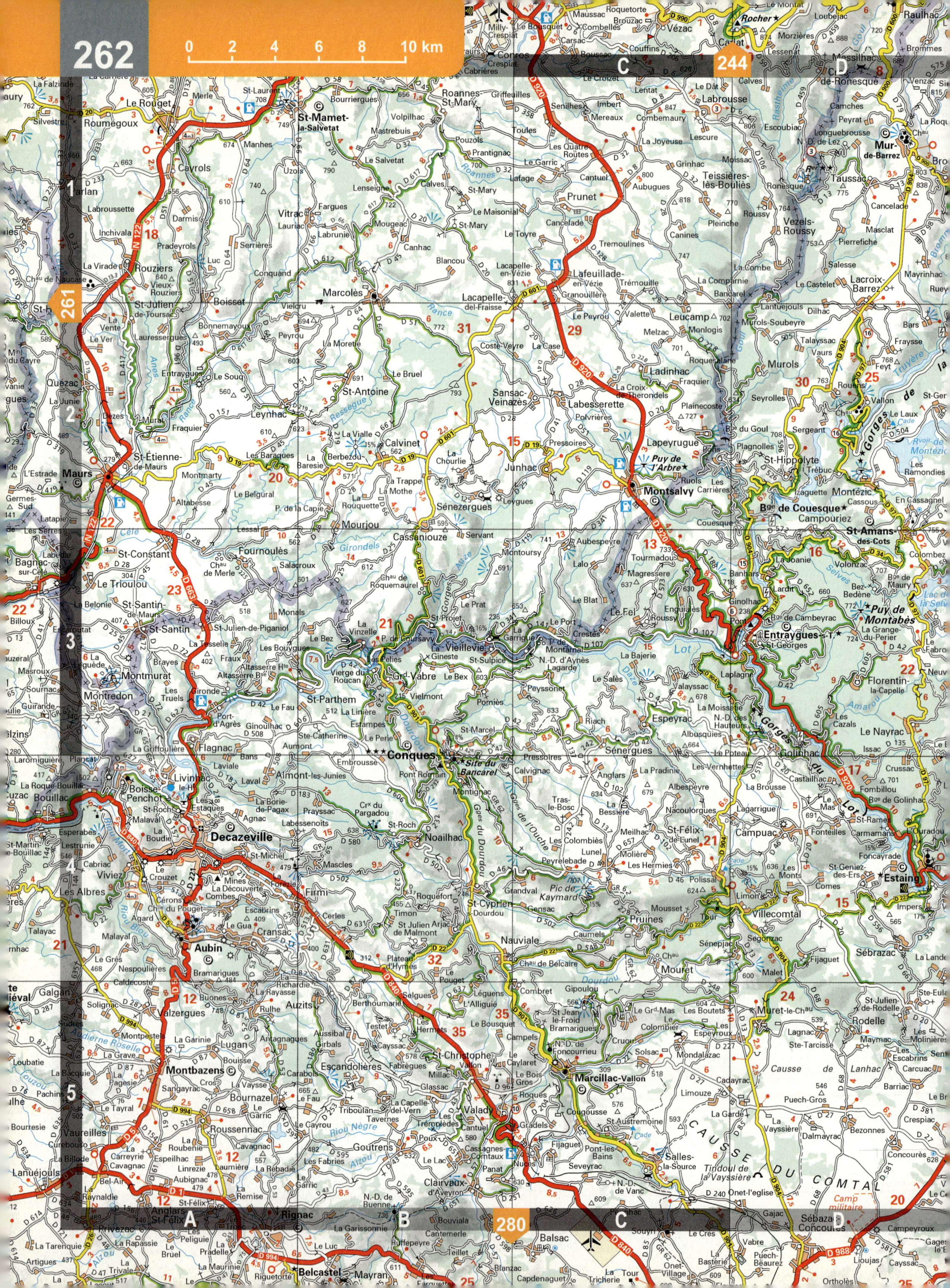
0 2 4 6 8 10 km
244
261
280
A
B
C
D
1
2
3
4
5
St-Mamet-la-Salvetat
Le Rouget
Roumegoux
Cayrols
Marcolès
Maurs
St-Étienne-de-Maurs
Calvinet
Montsalvy
Puy de l'Arbre
Lacapelle-del-Fraisse
Prunet
Labrousse
Mur-de-Barrez
Vezels-Roussy
Lacroix-Barrez
Ladinhac
Leucamp
Junhac
Sénezergues
Cassaniouze
Vieillevie
Grand-Vabre
Conques
Site du Bancarel
St-Parthem
Flagnac
Livinhac
Decazeville
Firmi
Aubin
Cransac
Montmurat
St-Santin
Fournoulès
Entraygues
Puy de Montabès
Estaing
St-Amans-des-Cots
Campouriez
Golinhac
Espeyrac
Sénergues
Noailhac
St-Cyprien
Pic de Kaymard
Nauviale
Marcillac-Vallon
Salles-la-Source
Valady
Villecomtal
Mouret
Pruines
Rodelle
Sébrazac
Bozouls
Montbazens
Valzergues
Lugan
Roussennac
Goutrens
Clairvaux-d'Aveyron
Rignac
Anglars-St-Félix
Belcastel
Balsac
Causse de Lanhac
Causse du Comtal
Gorges du Lot
Gorges de la Truyère
Lot
Cère
Dourdou

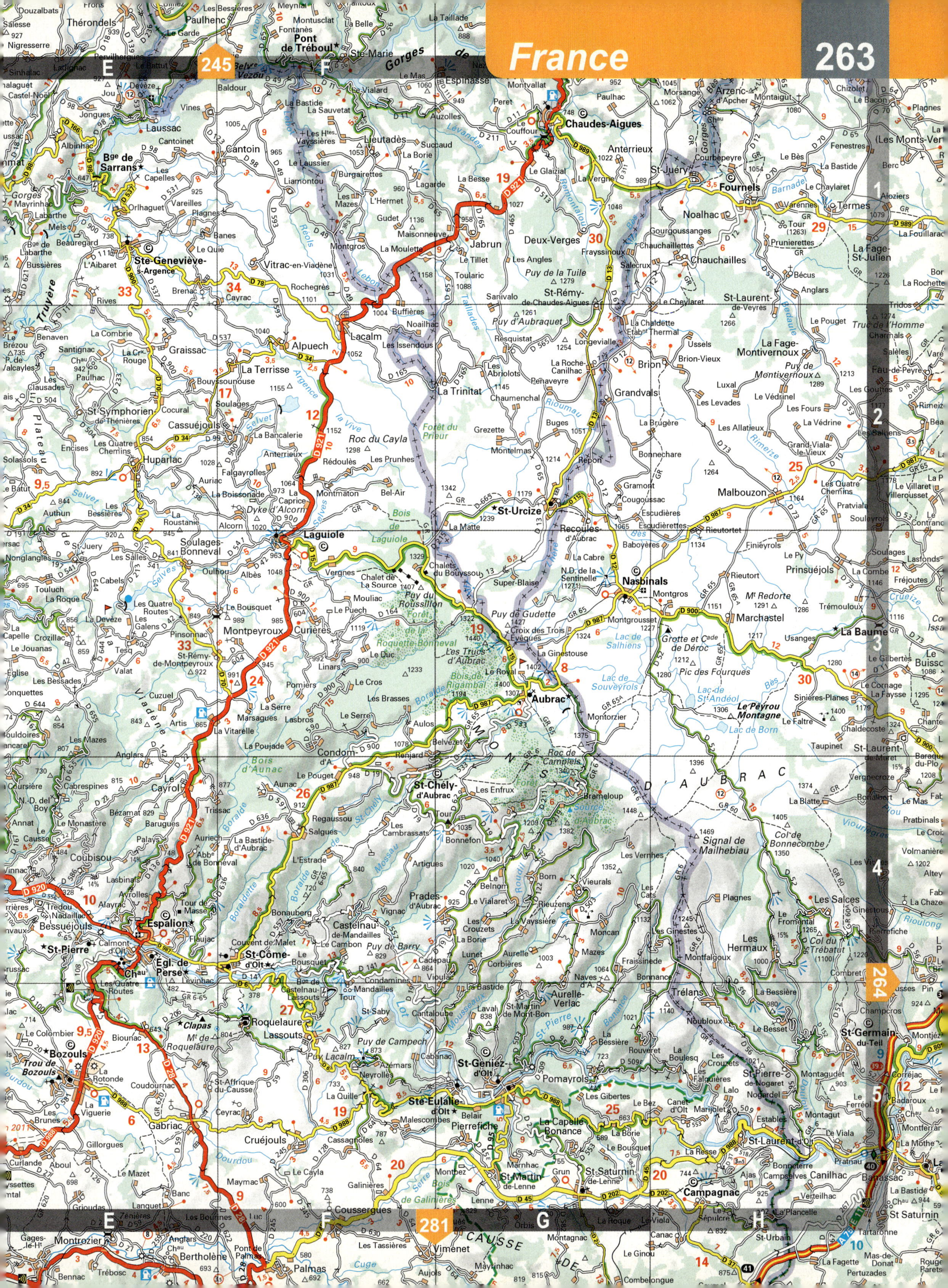
Chaudes-Aigues
Fournels
Ste-Geneviève-s-Argence
Bge de Sarrans
Laguiole
St-Urcize
Nasbinals
Aubrac
St-Chély-d'Aubrac
Espalion
St-Côme-d'Olt
St-Geniez-d'Olt
Ste-Eulalie-d'Olt
Bozouls
Campagnac
St-Laurent-d'Olt
St-Germain-du-Teil
La Baume
Malbouzon
Lacalm
Alpuech
Montpeyroux
Roquelaure
Prades-d'Aubrac
Signal de Mailhebiau
Roc du Cayla
Puy de Gudette
Monts d'Aubrac
Gorges de la Truyère
Plateau de la Viadène
Causse de Sévérac
245
264
281

0 2 4 6 8 10 km
246
263
282
St-Chély-d'Apcher
Le Malzieu-Ville
St-Alban-sur-Limagnole
Aumont-Aubrac
Javols
Serverette
St-Amans
Rieutort-de-Randon
Châteauneuf-de-Randon
Grandrieu
St-Symphorien
Chambon-le-Château
Laval-Atger
Roc de Fenestre
St-Denis-en-Margeride
La Villedieu
St-Sauveur-de-Ginestoux
Signal de Randon
Truc de Fortunio
Lac de Charpal
Parc à loups du Gévaudan
Antrenas
Marvejols
Montrodat
Mende
Chastel-Nouvel
Badaroux
Le Born
Pelouse
Laubert
Ste-Hélène
Chadenet
Bagnols-les-Bains
St-Julien-du-Tournel
Lanuéjols
St-Bauzile
Balsièges
Barjac
Chanac
Grèzes
Chirac
Le Monastier-Pin-Moriès
St-Germain-du-Teil
La Canourgue
Les Salelles
Esclanèdes
St-Étienne-du-Valdonnez
Col de Montmirat
Mont Chabio
Sabot de Malepeyre
Le Buisson
La Baume
Les Bessons
Rimeize
Fontans
Ste-Colombe-de-Peyre
St-Sauveur-de-Peyre
Termes
La Fage-St-Julien
MARGERIDE
Causse de Changefège
Causse de Mende
Causse de Sauveterre
A 75
N 88
N 106
D 806

Langogne
Pradelles
Coucouron
Le Lac-d'Issarlès
Ste-Eulalie
Burzet
Montpezat-s/s-Bauzon
Thueyts
Mayres
Col de la Chavade
St-Étienne-de-Lugdarès
Laveyrune
Luc
La Bastide-Puylaurent
Villefort
La Garde-Guérin
Le Bleymard
Altier
Valgorge
Joyeuse
Les Vans
Thines
Montselgues
Loubaresse
St-Laurent-les-Bains
Borne
Col de Meyrand
Le Tanargue
D'ARDÈCHE
Montagne du Goulet
Le Moure de la Gardille
Forêt de Mercoire
Barrage de Naussac
Naussac
Auroux
Rocles
St-Flour-de-Mercoire
Chaudeyrac
Cheylard-l'Évêque
Lespéron
Cellier-du-Luc
St-Alban-en-Montagne
Arlempdes
Landos
St-Paul-de-Tartas
St-Étienne-du-Vigan
Issarlès
Lafarre
Lavillatte
Lanarce
Astet
Serre de la Croix de Bauzon
Col de la Croix de Bauzon
Massif de Prataubérat
Dompnac
Beaumont
St-Mélany
Sablières
Planzolles
Faugères
Payzac
Chambonas
Malarce-s-la-Thines
Ste-Marguerite-Lafigère
Pied-de-Borne
Prévenchères
Laval-d'Aurelle
St-Frézal-d'Albuges
Belvezet
Chasseradès
Cubières
Cubiérettes
Pourcharesses
Col de Finiels
Mas Camargues
Concoules
Ponteils-et-Brésis
Malons-et-Elze
St-André-Capcèze
Berrias-et-Casteljau
Gravières

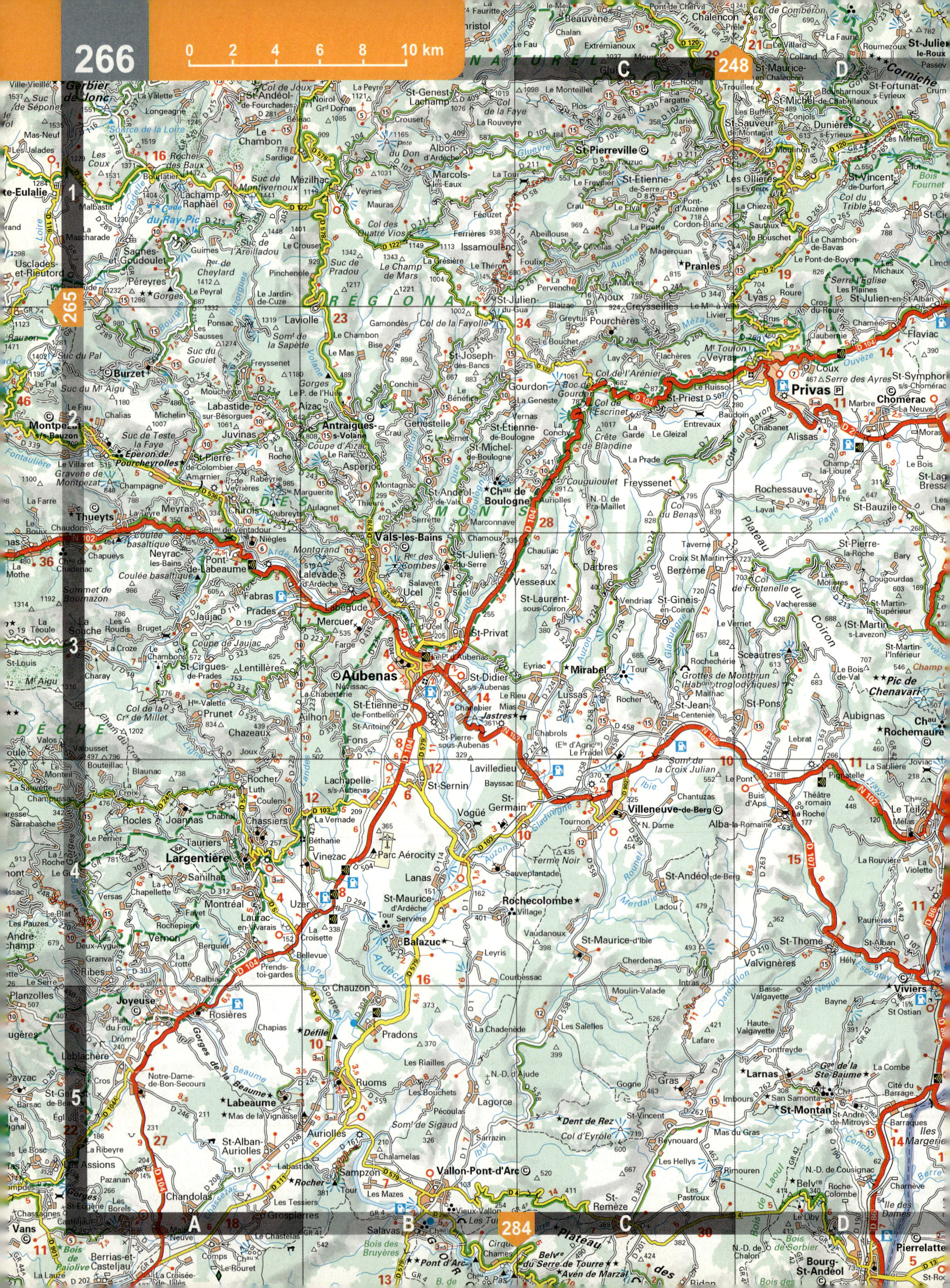
0 2 4 6 8 10 km
248
265
284
A
B
C
D
1
2
3
4
5
Gerbier de Jonc
St-Genest-Lachamp
Albon-d'Ardèche
Marcols-les-Eaux
St-Pierreville
St-Sauveur-de-Montagut
Les Ollières-s-Eyrieux
St-Fortunat-s-Eyrieux
Dunières-s-Eyrieux
St-Vincent-de-Durfort
Corniche
Le Chambon
Mézilhac
Lachamp-Raphaël
Col du Ray-Pic
Sagnes-et-Goudoulet
Péreyres
Issamoulenc
Pranles
Ajoux
Pourchères
Creysseilles
St-Julien-du-Gua
Gourdon
Col de l'Escrinet
Privas
Chomérac
Coux
Alissas
Flaviac
St-Priest
Veyras
Burzet
Laviolle
Antraigues-s-Volane
Juvinas
Labastide-sur-Bésorgues
Aizac
Genestelle
St-Joseph-des-Bancs
St-Étienne-de-Boulogne
St-Michel-de-Boulogne
Ch.au de Boulogne
Freyssenet
Rochessauve
St-Bauzile
Montpezat-s-Bauzon
Thueyts
Meyras
Chirols
Vals-les-Bains
St-Andéol-de-Vals
St-Julien-du-Serre
Neyrac-les-Bains
Pont-de-Labeaume
Lalevade-d'Ardèche
Fabras
Prades
Jaujac
Ucel
Vesseaux
Darbres
St-Laurent-sous-Coiron
Berzème
St-Gineis-en-Coiron
St-Pierre-la-Roche
Plateau du Coiron
Mercuer
Aubenas
St-Privat
St-Didier-s-Aubenas
Mirabel
Lussas
St-Jean-le-Centenier
St-Pons
Aubignas
Rochemaure
St-Cirgues-de-Prades
Lentillères
St-Étienne-de-Fontbellon
Ailhon
Prunet
Chazeaux
Fons
St-Pierre-sous-Aubenas
Lavilledieu
Villeneuve-de-Berg
Alba-la-Romaine
Le Teil
Lachapelle-s-s-Aubenas
St-Sernin
Vogüé
St-Germain
Rochers
Chassiers
Largentière
Vinezac
Parc Aérocity
Lanas
St-Maurice-d'Ardèche
Rochecolombe
St-Andéol-de-Berg
Montréal
Laurac-en-Vivarais
Uzer
Balazuc
St-Maurice-d'Ibie
St-Thomé
Valvignères
Viviers
Joyeuse
Rosières
Chauzon
Pradons
Larnas
St-Montan
Labeaume
Ruoms
Vallon-Pont-d'Arc
Sampzon
Auriolles
St-Alban-Auriolles
Chandolas
Grospierres
Salavas
Vans
Berrias-et-Casteljau
Bourg-St-Andéol
Pierrelatte
Gorges de l'Ardèche
Plateau des Gras

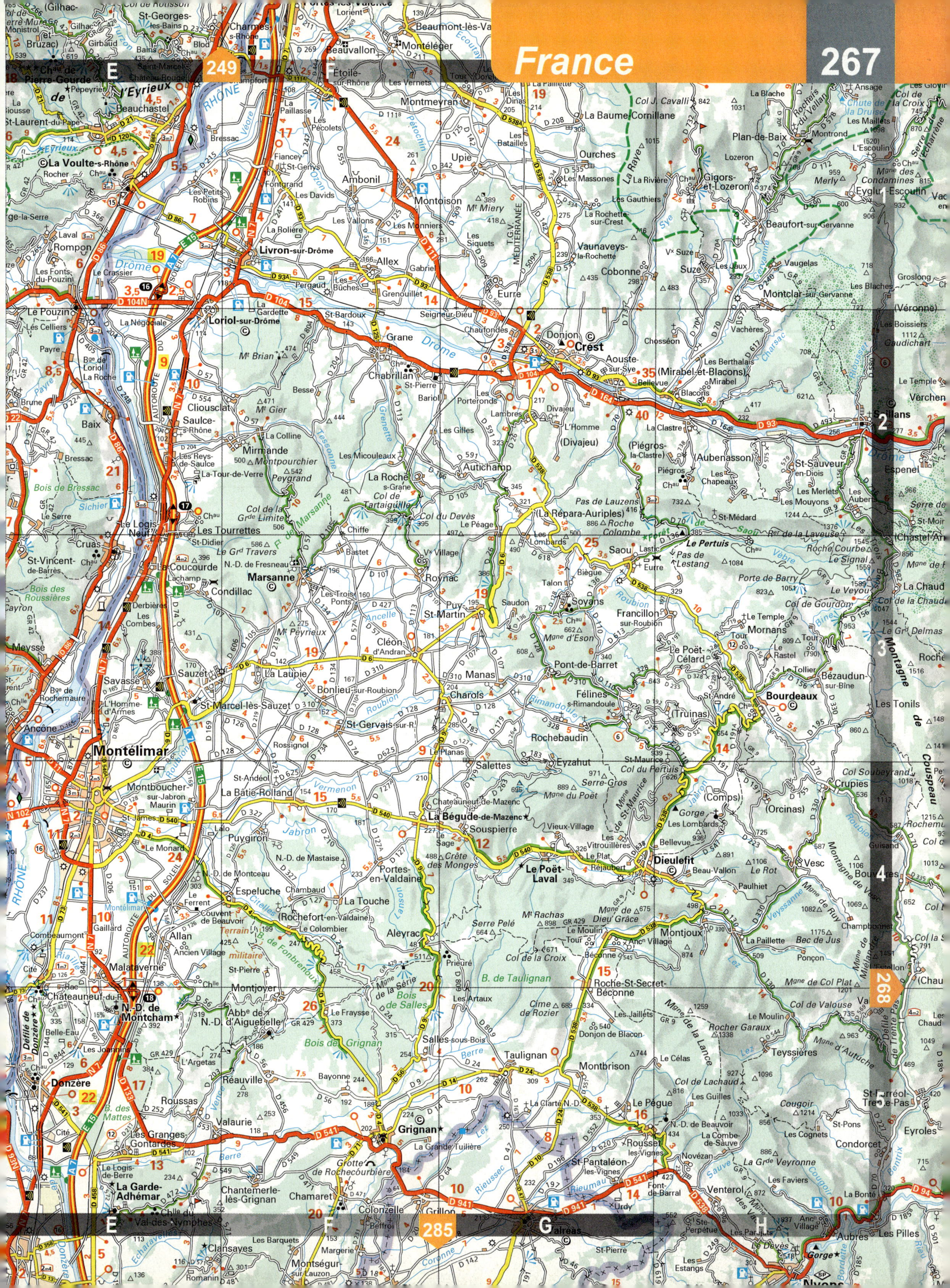

Montélimar
Crest
Livron-sur-Drôme
Loriol-sur-Drôme
La Voulte-s-Rhône
Le Pouzin
Allex
Grane
Chabrillan
Eurre
Aouste-sur-Sye
Saou
Dieulefit
Bourdeaux
Grignan
Valréas
Nyons
Marsanne
Cléon-d'Andran
La Bégude-de-Mazenc
Le Poët-Laval
Taulignan
Donzère
Pierrelatte
Châteauneuf-du-Rhône
La Garde-Adhémar
Puygiron
Allan
Malataverne
Espeluche
Sauzet
Savasse
Cruas
Baix
Ancone
Condillac
La Laupie
Bonlieu-sur-Roubion
Charols
Manas
Pont-de-Barret
Soyans
Francillon-sur-Roubion
Félines-s-Rimandoule
Le Poët-Célard
Montjoux
Vesc
Beaufort-sur-Gervanne
Plan-de-Baix
Gigors-et-Lozeron
Cobonne
Suze
Vaunaveys-la-Rochette
Upie
Montoison
Ambonil
Montmeyran
Beaumont-lès-Valence
Étoile-sur-Rhône
Beauvallon
Mirmande
Saulce-s-Rhône
Cliousclat
Les Tourrettes
La Coucourde
Roynac
Puy-St-Martin
Autichamp
Divajeu
Piégros-la-Clastre
Aubenasson
Saillans
Espenel
Montclar-sur-Gervanne
Vaugelas
Rochebaudin
Salettes
Souspierre
Portes-en-Valdaine
La Touche
Aleyrac
Salles-sous-Bois
Montbrison
Le Pègue
Rousset-les-Vignes
St-Pantaléon-les-Vignes
Colonzelle
Chamaret
Chantemerle-lès-Grignan
Réauville
Valaurie
Roussas
Les Granges-Gontardes
Montségur-sur-Lauzon
Clansayes
Teyssières
Condorcet
Eyroles
St-Ferréol-Trente-Pas
Aubres
Les Pilles
Montagne de Couspeau
Forêt de Marsanne
Bois de Grignan
Forêt de Saou
Col du Pertuis
Col de la Chaudière
Col de Valouse
N.-D. de Montchamp
N. D. de Fresneau
Rhône
Drôme
Roubion
Jabron
Lez
E
F
G
H
1
2
3
4
5
249
268
285

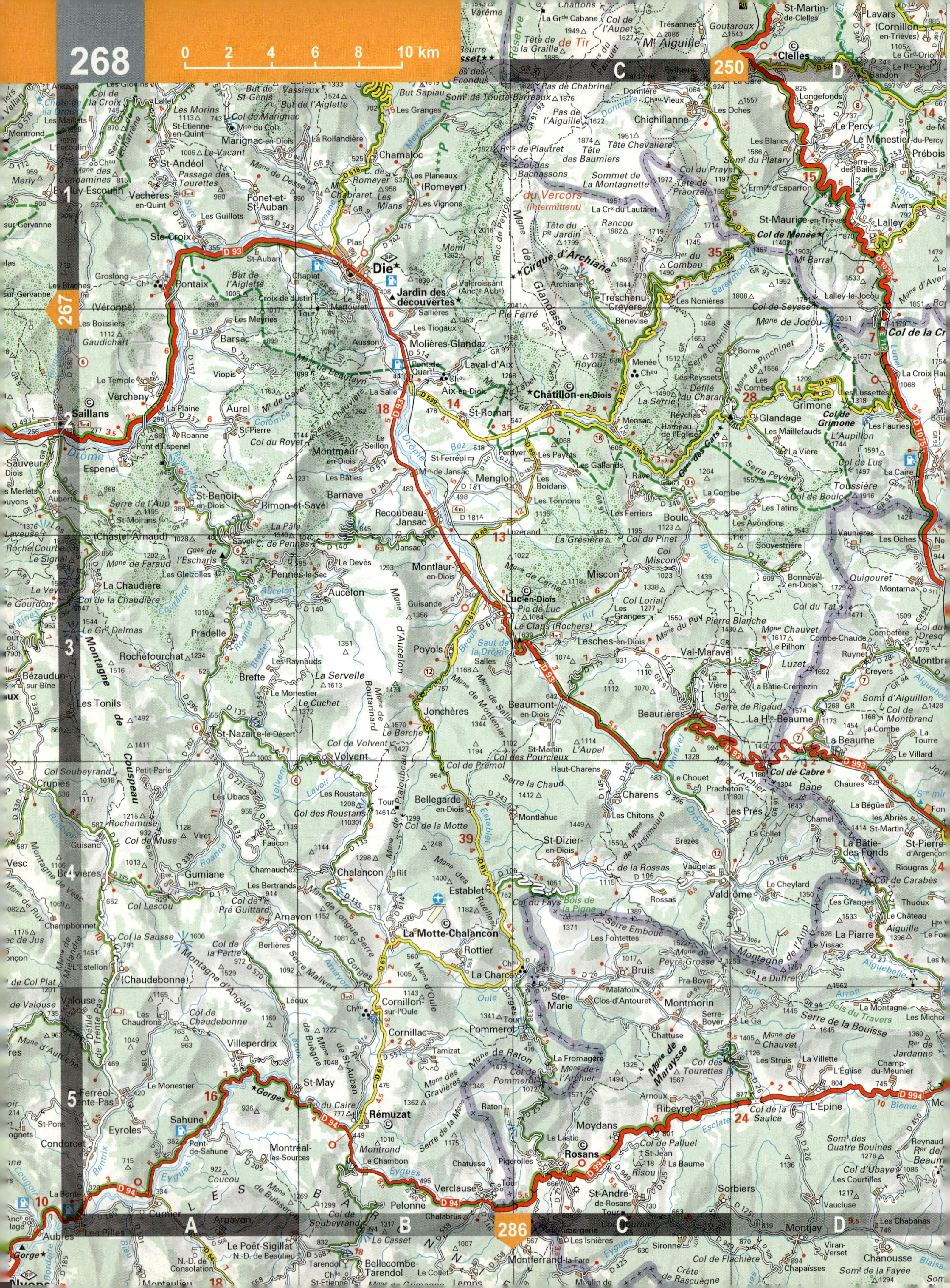
0 2 4 6 8 10 km
250
267
286
A
B
C
D
1
2
3
4
5
Die
Jardin des découvertes
Chamaloc
Romeyer
Marignac-en-Diois
Ponet-et-St-Auban
Vachères-en-Quint
St-Andéol
Ste-Croix
Pontaix
Barsac
Aurel
Vercheny
Saillans
Espenel
Molières-Glandaz
Laval-d'Aix
Aix-en-Diois
St-Roman
Châtillon-en-Diois
Menglon
Recoubeau-Jansac
Montmaur-en-Diois
Barnave
Rimon-et-Savel
Pennes-le-Sec
Auceton
Montlaur-en-Diois
Luc-en-Diois
Poyols
Jonchères
Beaumont-en-Diois
Miscon
Lesches-en-Diois
Val-Maravel
Beaurières
Col de Cabre
Boulc
Glandage
Grimone
Col de Grimone
Lalley
Col de Menée
St-Maurice-en-Trièves
Clelles
Chichilianne
Mt Aiguille
Cirque d'Archiane
Glandasse
Vercors
Col de la Croix Haute
Pradelle
Rochefourchat
Brette
La Servelle
Bézaudun-sur-Bîne
Les Tonils
St-Nazaire-le-Désert
Volvent
Crupies
Bellegarde-en-Diois
Chalancon
La Motte-Chalancon
Arnayon
Gumiane
Establet
St-Dizier-en-Diois
Charens
Valdrôme
La Bâtie-des-Fonds
Bruis
Ste-Marie
Montmorin
Rottier
La Charce
Cornillon-sur-l'Oule
Cornillac
Pommerol
Rémuzat
Villeperdrix
Ferréol-Trente-Pas
Sahune
Eyroles
Condorcet
Montréal-les-Sources
St-May
Gorges
Verclause
Pelonne
Rosans
Moydans
Ribeyret
L'Épine
Sorbiers
Montjay
Chanousse
Montagne de Couspeau
Montagne de l'Aup
Serre de la Bouisse
Col de Perty
Aubres
Nyons
Le Poët-Sigillat
Bellecombe-Tarendol
Montferrand-la-Fare
D 93
D 94
D 539
D 61
D 994
D 1075
Drôme
Eygues
Oule

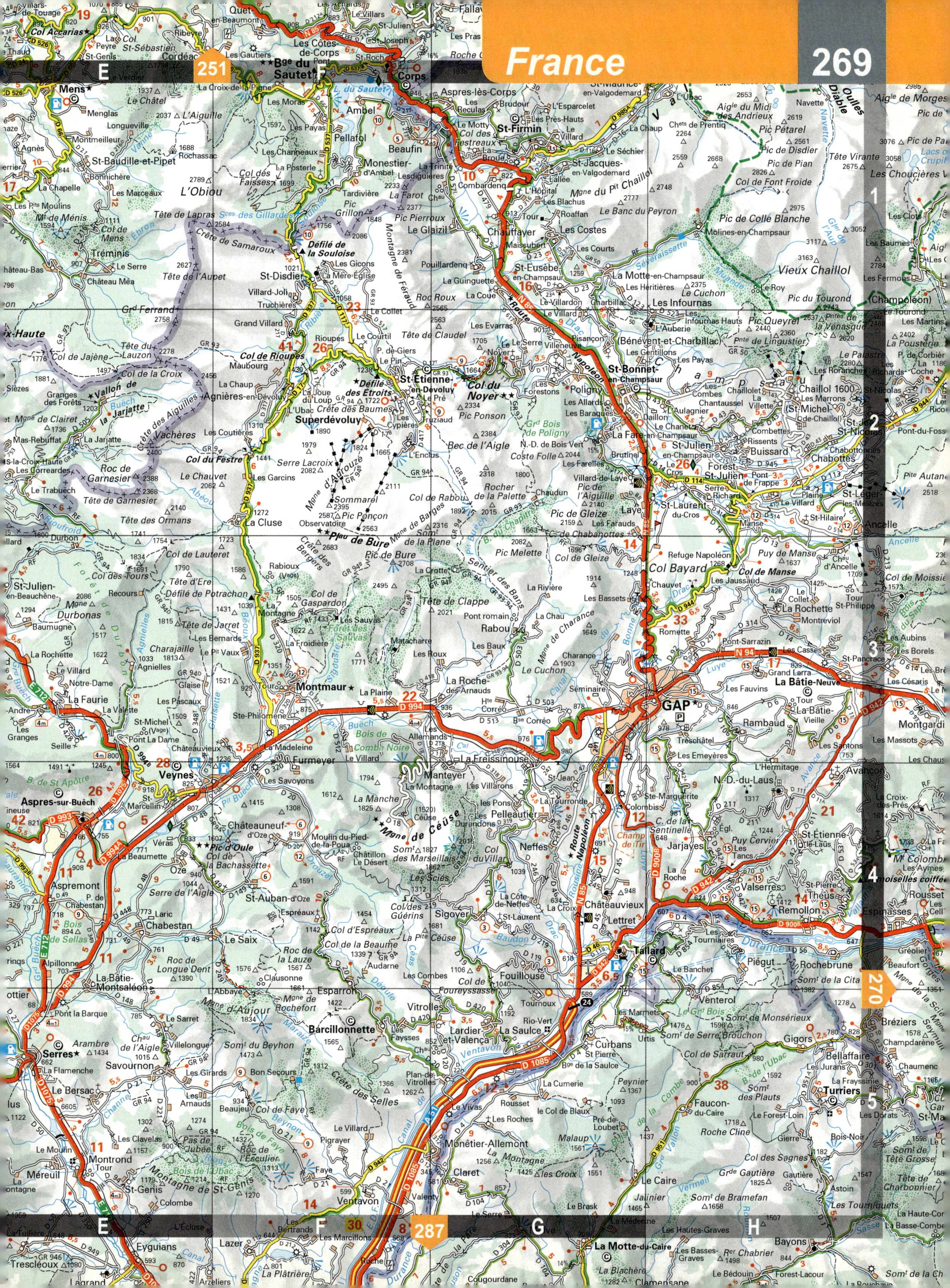
Mens
Corps
Bge du Sautet
St-Firmin
St-Bonnet-en-Champsaur
St-Étienne-en-Dévoluy
Superdévoluy
Col du Noyer
Col de Rioupes
Col Bayard
Col de Manse
GAP
La Bâtie-Neuve
Chorges
Montmaur
Veynes
Aspres-sur-Buëch
Serres
Tallard
La Saulce
Barcillonnette
Ventavon
Monêtier-Allemont
Turriers
La Motte-du-Caire
Vieux Chaillol
Pic de Bure
Mgne de Céuse
Pic de Chabre
D 994
N 85
N 94
D 1075
A 51
D 1085
251
270
287

0 2 4 6 8 10 km
269
252
288
A
B
C
D
1
2
3
4
5
PARC NATIONAL DES ÉCRINS
Aigle de Morges
Pic de Vallonpierre
Sirac
Crête de Prarol
Pic de Parières
Puy Rivarol
Tête Virante
Les Choucières Vertes
Pic de la Cavale
Pas de la Cavale
Tête de Soulaure
Crête de Dormillouse
Tête de Dormillouse
Ptes de Rougnoux
Pnte des Estaris
Col de Prelles
Somt de Prelles
Roc des Hommes
Aigle de Cédera
Mgne de Cédera
Col de Freissinières
Dormillouse
Vallée de Freissinières
Cascades
Lac Faravel
Grd Pinier
Somt Drouvet
Chaillol
Champoléon
Orcières-Merlette
Orcières
Prapic
Roc d'Allibrandes
Les Estaris
Forest-des-Estaris
Pic de Rochelaire
Tête de Vautisse
Tête de Couleau
Roc Blanc
Le Tuba
La Saulce
Le Carabrut
Drac Noir
Les Audiberts
Serre-Eyraud
Archinard
Chabottes
St-Léger-les-Mélèzes
Pont-du-Fossé
St-Jean-St-Nicolas
Pnte de la Diablée
Le Pain de Sucre
Le Mourre Froid
Tête des Maïtz
Col des Tourettes
Pite Autane
Grde Autane
La Coupa
Le Barle
Ancelle
Pnte de Serre
Tête de Lucy
Tête de Colly
Pnte de Fleurendon
Col de Moissière
Le Piolit
Les Parias
La Pousterle
Pic de Chabrières
Réallon
Mt Guillaume
Les Méans
Tête de Soleil Bœuf
Pic de Pied Brun
Tête de l'Hivernet
Bramafan
Les Fontaniers
Crots
Puy-St-Eusèbe
Le Puy
Puy-Sanières
Chorges
Montgardin
Prunières
St-Apollinaire
Les Croix de Viandre
L. de St-Apollinaire
Bâtie-Neuve
La Bâtie-Vieille
Avançon
Serre-Ponçon
Pont de Savines
Savines-le-Lac
Embrun
Baratier
St-Sauveur
Les Orres
Crévoux
Le Pic Haut
La Méale
Châteauroux-les-Alpes
St-Marcellin
Chanteloube
Réotier
St-Clément-sur-Durance
Mont-Dauphin
Guillestre
Eygliers
Risoul
Risoul 1850
Vars
Crête de Razis
Ste-Marie-de-Vars
Pic de Chabrières
Col de Valbelle
Pic du Clocher
St-André-d'Embrun
Pic St-André
Praveyral
La Chalp
Pnte de l'Eyssina
Col du Crachet
Pic de Boussolenc
Col de Parpaillon
Grd Parpaillon
Mgne de Parpaillon
Grd Bérard
Grde Eperviere
Col des Orres
Col de la Pare
La Chalanche
Tête de Crouès
Col de l'Ane
Les Plastres
L'Aupillon
Le Pouzenc
Tête de la Mazelière
Crête du Lauzerot
Bois du Lauzerot
Abbaye de Boscodon
Forêt de Boscodon
Cirque du Bragousse
Pic de Morgon
Demoiselles coiffées
Col de Pontis
Pontis
Sauze-du-Lac
Le Sauze
Belvre J. Wilhem
Bge de Serre-Ponçon
Rousset
Espinasses
La Bréole
St-Vincent-les-Forts
Le Lauzet-Ubaye
Tête de Louis XVI
Grande Blache
Méolans-Revel
Les Thuiles
Barcelonnette
St-Pons
Faucon-de-B.
Pra-Loup
Uvernet-Fours
Molanès
Super-Sauze
Rochebrune
Bréziers
Turriers
Bellaffaire
St-Martin-lès-Seyne
Selonnet
Montclar
Dormillouse
Seyne
Col du Fanget
Tête Grosse
Somt de la Chanau
Col de la Pare
L'Argentière-la-Bessée
Pic du Béal Traversier
Col de Furfande
Plan-de-Phazy
La Roche-de-Rame
Gouffre de Gourfouran
St-Crépin
Les Vigneaux
Col d'Anon
Tête de la Lauzière
Champcella
Pallon
Freissinières
Le Pontell
Roche Charnière
Tête de Fouran
Tête de Clotinaille
St-Alban
Col des Lauzes
Tête des Ruines

Abriès
Aiguilles
Ristolas
Château-Ville-Vieille
Ville-Vieille
Château Queyras
Molines-en-Queyras
St-Véran
RÉGIONAL
QUEYRAS
Ceillac
Col Agnel
le Pain de Sucre
Crissolo
Ostana
Oncino
M. Viso
M. Granero
M. Frioland
Pontechianale
Casteldelfino
Bellino
Sampeyre
Valle Varaita
Elva
Stroppo
Macra
Prazzo
Acceglio
Valle Maira
Marmora
Canosio
Bric de Rubren
Tête des Toillies
Maurin
Col de Larche (Colle della Maddalena)
Larche
Meyronnes
St-Paul-sur-Ubaye
Jausiers
La Condamine-Châtelard
Fort de Tournoux
Pont du Châtelet
Tête de Siguret
Argentera
Pietraporzio
Sambuco
Vinadio
Aisone
Cime de la Bonette
Col de Fer
Tête de l'Enchastraye
Pas de la Cavale
Tête de Moïse
Brec de Chambeyron
Aigle de Chambeyron
Lac Ste-Anne
Col de Vars
Réserve Naturelle du Val d'Escreins
Castelmagno
M. Tibert
Canosio
E
F
G
H
253
289
1
2
3
4
5

0 2 4 6 8 10 km
254
292
A
B
C
D
1
2
3
4
5
Biscarrosse
Ourtiquets
En Bonnet
CENTRE D'ESSAIS DES LANDES
Étang de Biscarrosse et de Parentis
Lahitte
Les Mouliès
Le Bôo
Naoutoy
Parentis-en-Born
Bourruque
Pome
Le Lac
Les Espalanques
Herran
Rau des Forges
Les Forges
Gastes
Le Pourjeau
Esleys
Hillan
Maynage
Lucats
Dupouy
Zone militaire interdite
Lafont
Pelouche
Mongaillard
Forêt de Piche
St-Trosse
Forêt de Ligautenx
Courant de Ste-Eulalie
Forêt de Ste-Eulalie
P. de l'Oustaline
Ste-Eulalie-en-Born
Grand Ligautenx
Petit Ligautenx
Lette de Semisat
Guirosse
Souleyrau
Pontenx-les-Forges
Menaut
Bestaven
Baxente
Bouricos
Lüe
Chau
Étang d'Aureilhan
Aureilhan
Jean de Crabe
Fne miraculeuse
Larrousseau
Cantaloup
Mimizan-Plage
Merquedey
Vigon
Daricau
St-Paul-en-Born
La Barde
Haza
Médous
Gillet
Mimizan
Villenave
Baschoc
Méhéou
Terrenave
Cantaure
Réserve
Forêt de Mimizan
Salin
Esting
Lette d'Esting
Archus
Chéou
Leych
Gaye
Angoulin
Escource
Jouanicot
Bias
Jouanon
Bouheben
Capas
Lisacq
Forêt de St-Julien-en-Born
Larden
Lestajaou
Salbert
Contis-Plage
P. Rose
Lesbordes
Silo
Tuquelets du Nord
Contis-les-Marais
Courant de Contis
La Lette
Tresse
Le Cusson
Mézos
Caoule
Guetch
Casteja
Onesse
Onesse-et-Laharie
Les Pignats
Tuquelets du Sud
St-Julien-en-Born
Lafitte
Cap-de-l'Homy Plage
Laharie
Tuc-Gaillat
Lit-et-Mixe
Le Cout
Grand Coulin
Hourre
Uza
Harenoin
Padaou
Sindères
Forêt de Lit-et-Mixe
Lévignacq
Miquéou
Lugadets
Moulin-Vieux
Mixe
Naboude
Vignac
Le Bouscat
Vignacot
Carpit
Louise
Frouas
Bernadic
Mathiouic
St-Girons
Caillaube
Lesperon
Le Souquet
Boucaou
St-Girons-Plage
Forêt de Vielle-St-Girons
Cerboueyre
(Vielle-St-Girons)
Bernadon
Labaste
Crière
Jeantot
Gracian
Vielle
Péliou
Gournau
Rion-des-Landes
Linxe
Lassalle
Arnaoutchot
Mansenes
Pouin
Leuteyroun
Huchet
Courant d'Huchet
Pas du Loup
Étang de Léon
Escalus
Pichelèbe
(St-Michel-Escalus)
Castets
Lestage
O G N E

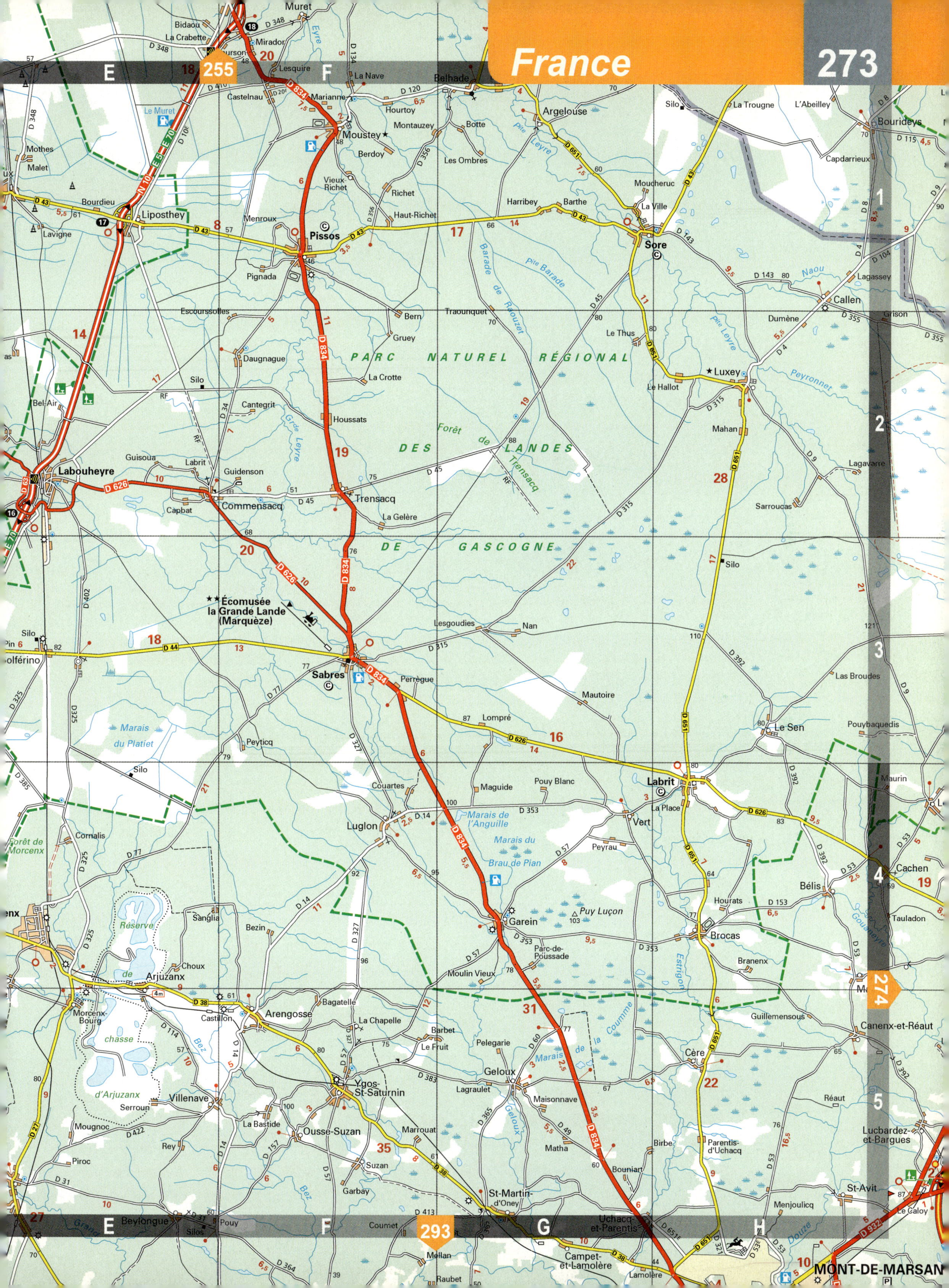

Bidaou
La Crabette
Muret
Mirador
Lesquire
La Nave
Belhade
Castelnau
Marianne
Hourtoy
Montauzey
Moustey
Botte
Argelouse
Silo
La Trougne
L'Abeillery
Bourideys
Capdarrieux
Le Muret
Mothes
Malet
Berdoy
Les Ombres
Vieux-Richet
Richet
Haut-Richet
Harribey
Barthe
Moucheruc
La Ville
Bourdieu
Liposthey
Lavigne
Menroux
Pissos
Sore
Pignada
Lagassey
Callen
Naou
Escourssolles
Bern
Traouhquet
Gruey
Dumène
Grison
Le Thus
Luxey
Le Hallot
Daugnague
PARC NATUREL RÉGIONAL
La Crotte
Peyronnet
Silo
Cantegrit
Bel-Air
Houssats
Mahan
Forêt de
DES LANDES
Trensacq
Guisoua
Labrit
Lagavarre
Labouheyre
Guidenson
Commensacq
Capbat
La Gelère
Sarroucas
DE GASCOGNE
Écomusée la Grande Lande (Marquèze)
Lesgoudies
Nan
Solférino
Sabres
Perrègue
Las Broudes
Mautoire
Marais du Platiet
Lompré
Le Sen
Pouybaquedis
Peyticq
Silo
Maguide
Pouy Blanc
Labrit
Maurin
Courtes
La Place
Vert
Marais de l'Anguille
Luglon
Marais du Brau de Pian
Peyrau
Forêt de Morcenx
Cornalis
Cachen
Bélis
Tauladon
Hourats
Réserve
Sanglia
Bezin
Garein
Puy Luçon
Brocas
Parc-de-Poussade
Branenx
Choux
Arjuzanx
Moulin Vieux
Estrigon
Morcenx-Bourg
Castillon
Bagatelle
Arengosse
La Chapelle
Barbet
Guillemensous
Canenx-et-Réaut
chasse
Le Fruit
Pelegarie
Marais de la Coumme
Cère
d'Arjuzanx
Ygos-St-Saturnin
Lagraulet
Geloux
Maisonnave
Réaut
Villenave
Serroun
La Bastide
Ousse-Suzan
Marrouat
Matha
Birbe
Parentis-d'Uchacq
Lucbardez-et-Bargues
Mougnoc
Rey
Suzan
Bouniart
Piroc
Garbay
St-Martin-d'Oney
St-Avit
Menjoulicq
Le Caloy
Beylongue
Pouy
Silos
Coumet
Mellan
Uchacq-et-Parentis
Campet-et-Lamolère
Lamolère
Raubet
MONT-DE-MARSAN
Douze
Gouaneyre
Geloux
Bez

0 2 4 6 8 10 km
256
273
294
Début 2011
Birac
Sendets
Bijoux
Gadine
Cauvignac
St-Loubert
Sallette
Bonneau
Romestaing
Sauviac
Masseilles
Grignols
Balahade
Lavazan
Marions
Sillas
Flaujacq
Auzac
Cours-les-Bains
La Rode
Ruffiac
Luas
Bourideys
Merrein
Peygros
Les Gillets
Libet
Cudos
St-Clément
Bernos-Beaulac
Beaulac
Capdarrieux
Souis
Bernatgé
Cazalis
Lucmau
Briel
Musset
Taves
Heulies
Antagnac
Pechon
Pètron
Lerm-et-Musset
Les Trisots
Mauriac
Beys
St-Martin-Curton
Bialayre
Saurine
Beauziac
Carnine
Le Tren
Lagassey
Escaudes
Goualade
Les Bordes
Destrac
Biret
Grison
Captieux
Frayon
Castelnau
Cœur d'Aquitaine
Grd Lèbe
Paropy
La Fille
Pèjouans
Giscos
St-Michel-de-Castelnau
Bouchon
Pindères
Rivedieu
Pichon
Les Barbes
Lartigue
Pompogne
Maillas
Parsol
Lagavarre
Champ de Tir
Les Cultures
Chalan
Hourquey
Videau
Lubans
Rieussout
St-Clair-de-Gouts
Sauméjan
Le Pont Long
Publanc
Monturon
Allons
Houeillès
Le Poteau
Luxuriguey
Capchicot
Thivet
Tourneuve
Silos
Étang de Graoulie
Las Broudes
Traverses
Lubernos
Poyubaquedis
Grateloup
Bourriot-Bergonce
Silo
La Gare
Bergonce
Carref du Tremblant
Miquelot
Maurin
Le Bouche
Lencouacq
Retjons
Vialotte
Gouillardet
Losse
Lubbon
Chau de Peyrebère
Lussolle
Peyrebère
Chinanin
Cachen
Bélis
Chicoy
Lugazaut
Maison Neuve
Arue
Guinas
Tauladon
Nabias
St-Gor
Estampon
Lapeyrade
Perret
Roquefort
Vielle-Soubiran
Pijo
Cazaubon
Bellevue
Carrère
Maillères
Estigarde
Balen
Canenx-et-Réaut
Sarbazan
St-Martin-de-Noët
Laslangaches
Lou Maisouot
Jourdan
St-Meille
Herré
Buros
Loustalot
Le Jay
Corbleu
Arouille
Douzevielle
Créon-d'Armagnac
Réaut
Beillons
Parisso
Paguy
St-Julien-d'Armagnac
Gabarret
La Terrade
Caumale
St-Justin
Fondat
Labrise
Betbezer-d'Armagnac
Lucbardez-et-Bargues
Bostens
Labastide-d'Armagnac
Chicot
Cap-de-la-Hargue
Rouge
Escalans
Pouydesseaux
Bernet
Lagrange
Le Marais
Lasserre
Pillelardit
Briat
Barbotan-les-Thermes
St-Avit
Gaillères
Lacquy
Noel
N.-D.-des Cyclistes
Mauvezin-d'Armagnac
Parleboscq
Le Caloy
Ste-Foy
Chateau-Garreau (Écomusée)
St-Cricq
Tavernes
Lacaze
Le Frêche
La Bataille
Bégué
Lac d'Uby
St-Christau
Cazaubon
Mura
Bouau
Mont-de-Marsan
Cucassé
Monclar
Eglise
St-Vidou
Brechan
Labalie
Églo
Douze
Ciron
Gouaneyre
Giscos
Barthos
Rimbez
Laurret
Estampon
A 65
N 524
D 932
D 933
D 934
D 626
D 655
D 10
D 24
D 379
D 224
D 323
D 35
D 114
D 115
D 12
D 124
D 291
D 157
D 445
D 154
D 156
D 433
D 377
D 381
D 428
D 53
D 59
D 9

Tonneins
Aiguillon
Port-Ste-Marie
Casteljaloux
Damazan
Nérac
Lavardac
Mézin
Francescas
Laplume
Condom
Prayssas
Montesquieu
Walibi Aquitaine
Colayrac-St-Cirq
La Romieu
Fourcès
Montréal
Sos
Poudenas
Moncrabeau
Layrac
Astaffort
Lectoure
Fleurance
Auch
Agen
Moirax
Valence
Vic-Fezensac
Montfort
Barbaste
Bruch
Feugarolles
Vianne
Xaintrailles
Houeillès
Durance
Lamontjoie
Ligardes
Gazaupouy
Cassaigne
Larressingle
Aubiac
Saumont
Caubeyres
Pompiey
Clairac
Lafitte-sur-Lot
Granges-sur-Lot
Le Temple-sur-Lot
Castelmoron
Fongrave
Ste-Marthe
Bouglon
Grézet-Cavagnan
Le Mas-d'Agenais
Lagruère
Calonges
Villeton
Razimet
Puch-d'Agenais
Nicole
Montpezat
St-Sardos
Lacépède
Galapian
Clermont-Dessous
Moncaut
Sérignac-sur-Garonne
Brax
Roquefort
Estillac
Fieux
Nomdieu
St-Vincent-de-Lamontjoie
Lasserre
Réaup-Lisse
Andiran
Fréchou
Poudenas
Lannes
Castelnau-d'Auzan
Labarrère
Cazeneuve
Mouchan
Caussens
Blaziert
Marsolan
France
275
257
276
295

0 2 4 6 8 10 km
258
275
296
Villeneuve-s-Lot
Bias
Pujols
Penne-d'Agenais
St-Sylvestre-s-Lot
Trentels
Allez-et-Cazeneuve
Ste-Colombe-de-Villeneuve
Le Temple-s-Lot
Granges-sur-Lot
Laparade
Fongrave
Montpezat
Dolmayrac
Lafitte-s-Lot
Grottes de Lastournelle
Grottes de Fontirou
St-Antoine-de-Ficalba
Hautefage-la-Tour
Auradou
Massoulès
Lacépède
St-Sardos
Cours
Sembas
Castella
Laugnac
Prayssas
Lac de Néguenou
St-Salvy
Galapian
Frégimont
Madaillan
Lusignan-Petit
Monbalen
La Croix-Blanche
Laroque-Timbaut
Cassignas
Frespech
Massels
Blaymont
Beauville
Cauzac
St-Ste-Marie
Clermont-Dessous
St-Laurent
Foulayronnes
Bajamont
Sauvagnas
St-Robert
Engayrac
Dondas
La Sauvetat-de-Savères
St-Martin-de-Beauville
Pont-du-Casse
St-Hilaire-de-Lusignan
Sérignac-sur-G.
Colayrac-St-Cirq
Brax
Le Passage
AGEN
Bon-Encontre
Walibi Aquitaine
Montesquieu
Roquefort
Ste-Colombe-en-Bruilhois
Estillac
AGROPOLE
Moirax
Boé
Castelculier
Lafox
St-Pierre-de-Clairac
Puymirol
St-Jean-de-Thurac
Sauveterre-St-Denis
St-Nicolas-de-la-Balerme
St-Sixte
St-Romain-le-Noble
Clermont-Soubiran
St-Urcisse
Grayssas
Tayrac
St-Maurin
Perville
Montagnac-Auvignon
Moncaut
Aubiac
Layrac
Caudecoste
Lamagistère
Golfech
Valence
Donzac
Dunes
St-Loup
Auvillar
Laplume
Saumont
Caligniac
Nomdieu
St-Vincent-de-Lamontjoie
Marmont-Pachas
Fals
Cuq
Sistels
Francescas
Lamontjoie
Astaffort
Pergain-Taillac
Ligardes
Pouy-Roquelaure
St-Mézard
Gimbrède
St-Antoine
Bardigues
Mansonville
Flamarens
Miradoux
Peyrecave
St-Jean-du-Bouzet
Lachapelle
Gazaupouy
La Romieu
Larroque-Engalin
St-Martin-de-Goyne
Sempesserre
Ste-Mère
St-Avit-Frandat
Castelnau-sur-l'Auvignon
Castéra-Lectourois
Castet-Arrouy
Poupas
Puygaillard-de-Lomagne
Lavit
Condom
Caussens
Marsolan
Lectoure
Plieux
Dalignac
A
B
C
D
1
2
3
4
5
A 62
E 72
D 813
D 911
D 656
N 21

259
Tournon-d'Agenais
Masquières
St-Matré
Fargues
Carnac-Rouffiac
Rassiels
Villesèque
Courbiac
Saux
Montaigu-de-Quercy
Valprionde
Belmontet
Bagat-en-Quercy
St-Pantaléon
St-Daunès
Lhospitalet
Montcuq
Lascabanes
Cézac
Belvèze
Ste-Croix
Lebreil
Roquecor
Ste-Cécile
St-Cyprien
St-Laurent-Lolmie
Ste-Alauzie
Lacour
Bouloc
Montlauzun
Ste-Juliette
Castelnau-Montratier
Flaugnac
Touffailles
Lauzerte
Tréjouls
Sauveterre
Montagudet
Miramont-de-Quercy
Cazes-Mondenard
Montbarla
Brassac
Montfermier
Montesquieu
Labarthe
Castelsagrat
Durfort-Lacapelette
Vazerac
Molières
St-Paul-d'Espis
Lafrançaise
Puycornet
Moissac
St-Nicolas-de-la-Grave
Montastruc
Piquecos
Albias
Castelsarrasin
La Ville-Dieu-du-Temple
Villemade
Lamothe-Capdeville
MONTAUBAN
Castelmayran
St-Aignan
Castelferrus
Cordes-Tolosannes
St-Porquier
Montbeton
Lacourt-St-Pierre
Escatalens
Labourgade
Montech
Bressols
St-Nauphary
Corbarieu
278
297
E
F
G
H

0 2 4 6 8 10 km
260
277
298
A
B
C
D
1
2
3
4
5
MONTAUBAN
Caussade
Caylus
St-Antonin-Noble-Val
Négrepelisse
Montricoux
Bruniquel
Puycelci
Montpezat-de-Quercy
Castelnau-Montratier
Limogne-en-Quercy
Lalbenque
Molières
Septfonds
Réalville
Albias
Puylaroque
Monclar-de-Quercy
La Salvetat-Belmontet
Vaïssac
Puygaillard-de-Quercy
Cazals
Penne
Vaour
Villemade
Lamothe-Capdeville
Piquecos
Léojac
Montalzat
Mirabel
Cayriech
Lavaurette
Belmont-Ste-Foi
Varaire
Bach
Vaylats
Escamps
Concots
Laburgade
Cremps
Aujols
Cieurac
Fontanes
Montdoumerc
Belfort-du-Quercy
Lapenche
Auty
Labastide-de-Penne
Mouillac
Saillac
C A U S S E D E L I M
Camp de Caylus
Forêt de Grésigne
Gorges de l'Aveyron
Aveyron

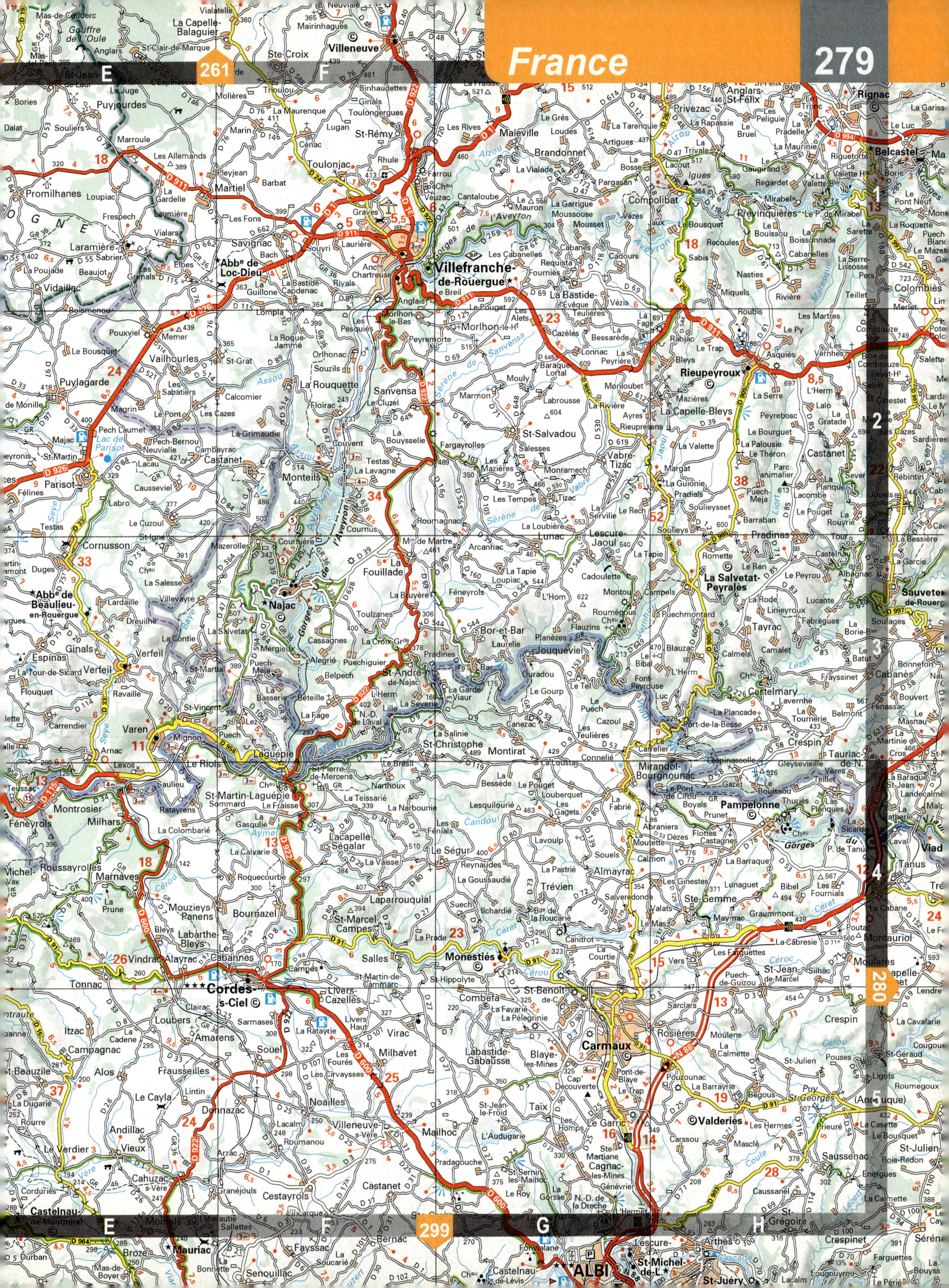
261
280
299
Villefranche-de-Rouergue
Villeneuve
Rieupeyroux
Najac
Laguépie
Cordes-s-Ciel
Carmaux
Monestiés
Pampelonne
La Salvetat-Peyralès
Valderiès
Albi
Castelnau-de-Montmiral
Mauriac
Rignac
Belcastel
Sauveterre-de-Rouergue
Caylus
Parisot
Verfeil
Varen
Abbᵉ de Beaulieu-en-Rouergue
Abbᵉ de Loc-Dieu
Puylagarde
Sanvensa
Montirat
Mirandol-Bourgnounac
Tanus
Montauriol
Crespin
Blaye-les-Mines
Cagnac-les-Mines
St-Juéry
Lescure
Arthès
St-Grégoire
Vindrac-Alayrac
Milhars
Montrosier
Féneyrols
Laparrouquial
Salles
Virac
Milhavet
Souel
Noailles
Andillac
Cestayrols
Castanet
Mailhoc
Almayrac
Trévien
Ste-Gemme
Moularès
Crespinet
St-Michel-de-L.
Castelnau-de-Lévis
Fayssac
Bernac
Senouillac

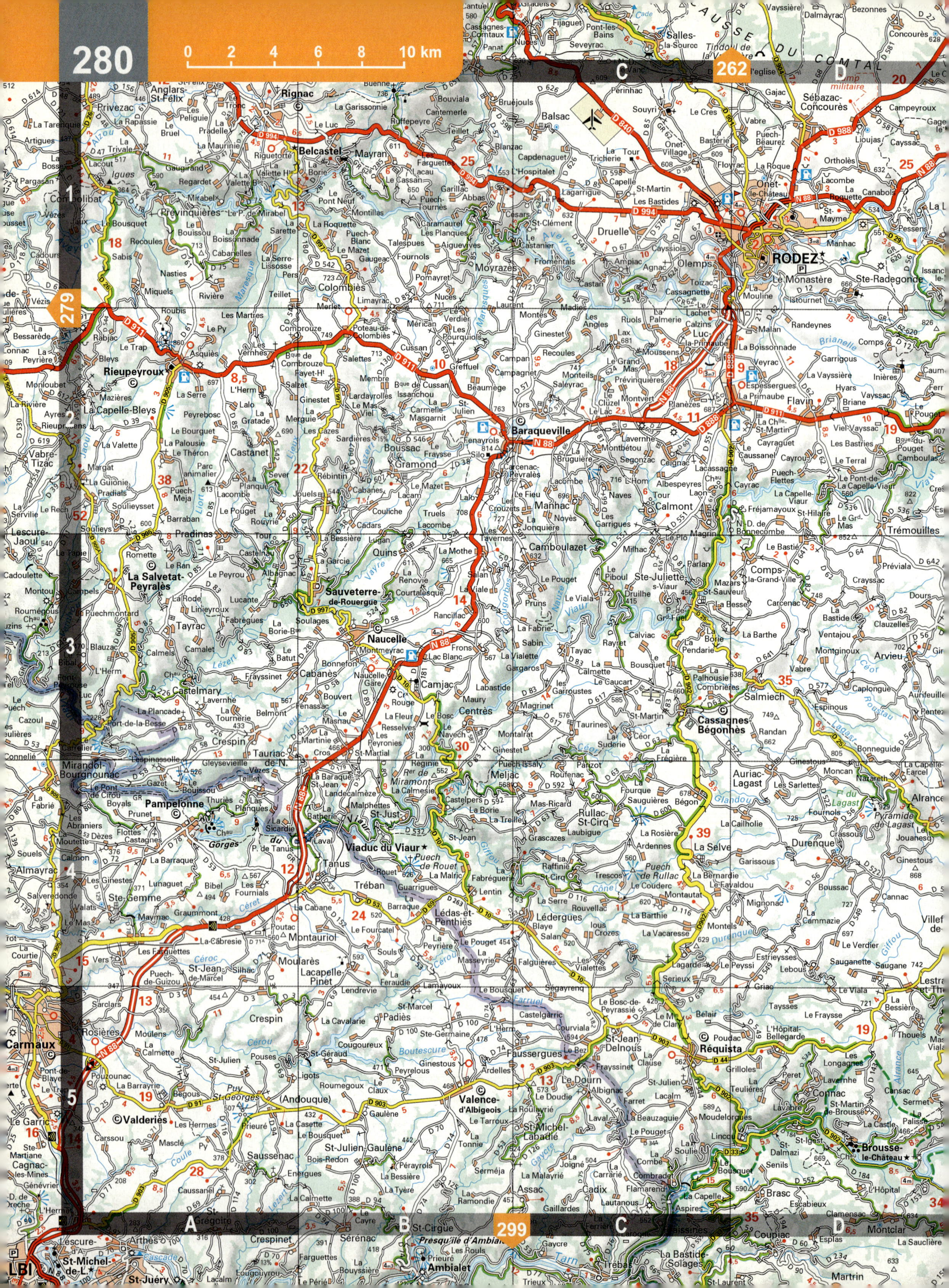
0 2 4 6 8 10 km
262
279
299
C
D
A
B
1
2
3
4
5
RODEZ
Rignac
Belcastel
Mayran
Balsac
Sébazac-Concourès
Onet-le-Château
Olemps
Druelle
Le Monastère
Ste-Radegonde
Flavin
Baraqueville
Rieupeyroux
Colombiès
La Salvetat-Peyralès
Sauveterre-de-Rouergue
Naucelle
Camjac
Centrès
Moyrazès
Calmont
Cassagnes-Bégonhès
Salmiech
Pampelonne
Viaduc du Viaur
Tanus
Tréban
Ste-Gemme
Carmaux
Valderiès
Valence-d'Albigeois
Réquista
Durenque
Brousse-le-Château
Ambialet
Arthès
St-Juéry
Crespin
Tauriac-de-N.
Mirandol-Bourgnounac
Crespin
Lédergues
La Selve
Trémouilles
Comps-la-Grand-Ville
Anglars-St-Félix
Privezac
Pradinas
Tayrac
Castelmary
Meljac
Rullac-St-Cirq
Auriac-Lagast
Montauriol
Moularès
Lacapelle-Pinet
Padiès
Faussergues
Le Dourn
St-Michel-Labadié
Assac
Cadix
Coupiac
Saussenac
St-Julien-Gaulène
Rosières
Pouzounac
Blaye
Le Garric
Cagnac-les-Mines
St-Michel-de-L.
Lescure-d'Albigeois
Sérénac
Crespinet
Almayrac
Mailhoc
Vézins
Jaoul
Lescure-Jaoul
Vabre-Tizac
La Capelle-Bleys
D 994
D 911
N 88
D 888
D 903
D 902
D 53
D 10
D 91
D 71
D 997
D 905
Aveyron
Viaur
Céor
Tarn
Giffou
Lézert
Cérou
Boutescure
Gorges du Viaur
Presqu'île d'Ambialet

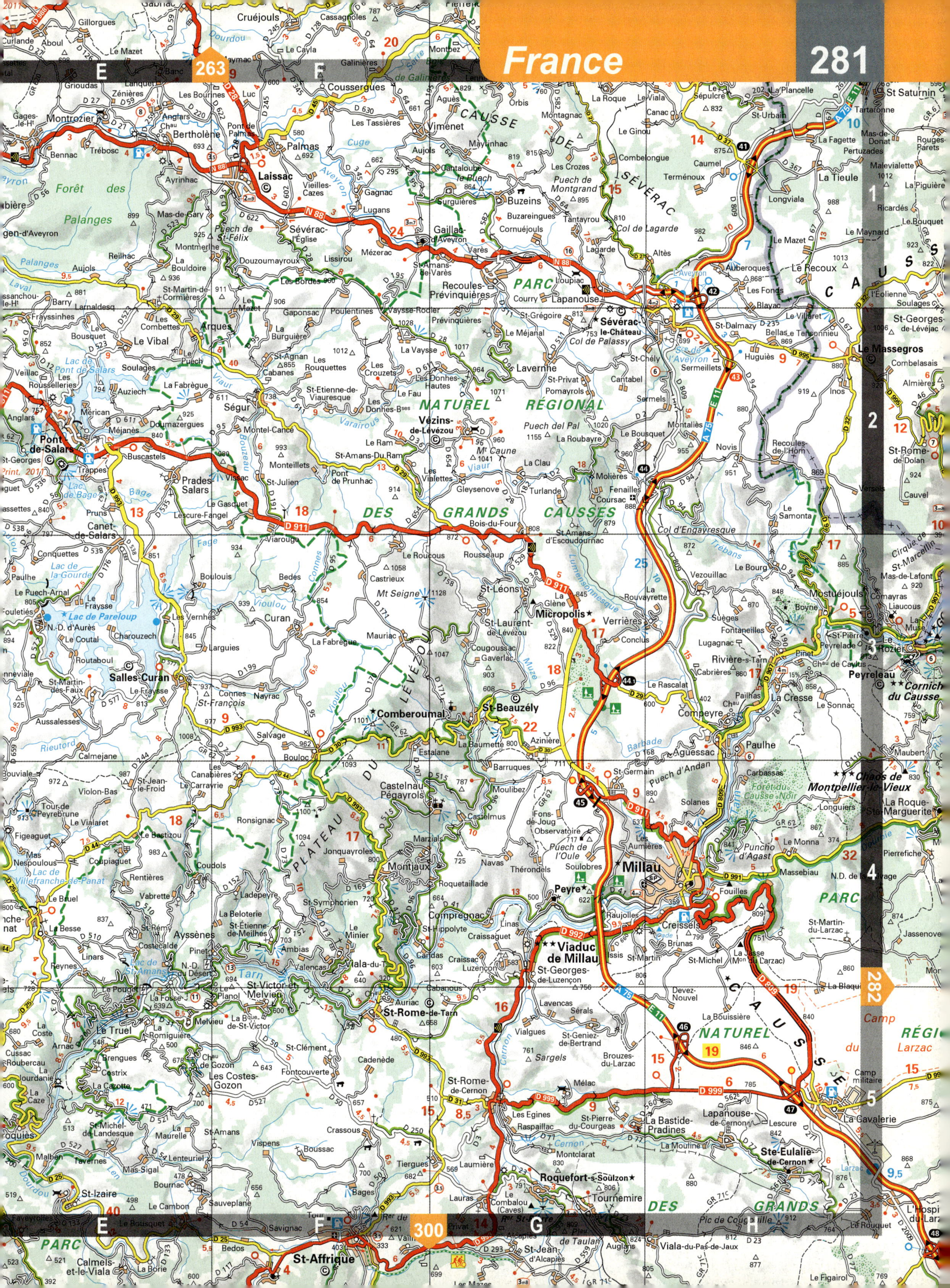
Laissac
Sévérac-l'Église
CAUSSE DE SÉVÉRAC
Sévérac-le-Château
Buzeins
Lapanouse
PARC NATUREL RÉGIONAL DES GRANDS CAUSSES
Vézins-de-Lévézou
Ségur
Pont-de-Salars
Prades-Salars
Canet-de-Salars
Lac de Pareloup
Salles-Curan
Micropolis
St-Beauzély
Comberoumal
Castelnau-Pégayrols
PLATEAU DU LÉVÉZOU
Millau
Viaduc de Millau
St-Georges-de-Luzençon
St-Rome-de-Tarn
Le Truel
St-Victor-et-Melvieu
St-Rome-de-Cernon
Roquefort-s-Soulzon
Tournemire
St-Affrique
La Cavalerie
Ste-Eulalie-de-Cernon
Peyreleau
Chaos de Montpellier-le-Vieux
Rivière-s-Tarn
Compeyre
Aguessac
Creissels
Le Massegros
Tarn
A 75
E 11
D 911
D 999
D 992
N 88
263
282
300

0 2 4 6 8 10 km
281
264
301
A
B
C
D
1
2
3
4
5
St Saturnin
Sabot de Malepeyre
Le Massegros
St-Georges-de-Lévéjac
Point Sublime
Les Vignes
St-Rome-de-Dolan
CAUSSE DE SAUVETERRE
Laval-du-Tarn
Ste-Énimie
Cirque de Pougnadoires
Chau de la Caze
Cirque de St Chély
St-Chély-du-Tarn
Mas-St-Chély
Castelbouc
Prades
Quézac
Ispagnac
Florac
Bédouès
Cocurès
La Salle-Prunet
Les Bondons
Mont Chabio
CAUSSE MÉJEAN
Hures-la-Parade
Chaos de Nîmes le Vieux
Aven Armand
Le Rozier
Peyreleau
Corniche du Causse Noir
Gorges de la Jonte
Grotte de Dargilan
Meyrueis
Roquedols
CAUSSE NOIR
Lanuéjols
Chaos de Montpellier-le-Vieux
La Roque-Ste-Marguerite
Canyon de la Dourbie
St-Véran
Revens
Trèves
Cantobre
Nant
Dourbies
Camprieu
Abîme de Bramabiau
MONT AIGOUAL
Col de la Serreyrède
L'Espérou
Valleraugue
Col du Minier
PARC NATIONAL DES CÉVENNES
Le Vigan
Aulas
Mandagout
Molières-Cavaillac
Alzon
Sauclières
L'Hospitalet-du-Larzac
La Cavalerie
PARC RÉGIONAL
Larzac
CAUSSES
Corniche des Cévennes
Barre-des-Cévennes
Rousses
Fraissinet-de-Fourques
Vebron
Col de Perjuret
Gatuzières
Massevaques
St-André-de-Vézines
Montjardin
Camp militaire

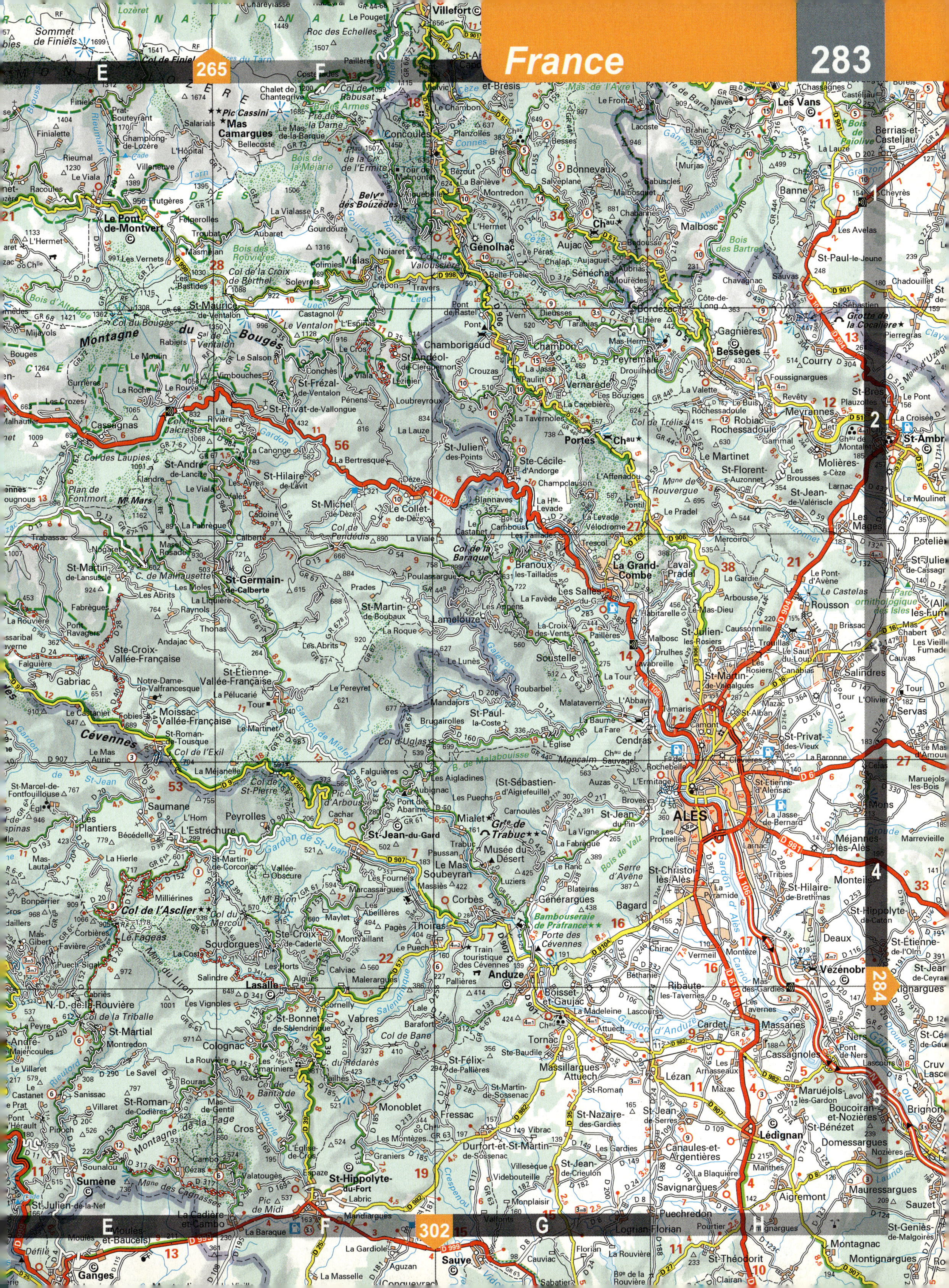
265
E
F
Les Vans
Villefort
Génolhac
Le Pont-de-Montvert
Montagne du Bougès
Mas Camargues
Pic Cassini
Bessèges
St-Ambroix
St-Germain-de-Calberte
St-Jean-du-Gard
La Grand-Combe
Alès
St-Hippolyte-du-Fort
Lasalle
Anduze
Vézénobres
Ledignan
Sumène
Ganges
Sauve
St-Martin-de-Lansuscle
Ste-Croix-Vallée-Française
Cévennes
Col de l'Asclier
Mialet
Grotte de Trabuc
Musée du Désert
Bambouseraie de Prafrance
Porte des Cévennes
Train touristique des Cévennes
Boisset-et-Gaujac
Cardet
Massanes
Cassagnoles
Vabres
Monoblet
Durfort-et-St-Martin-de-Sossenac
Savignargues
Aigremont
Maruéjols-les-Gardon
Boucoiran-et-Nozières
Domessargues
Mauressargues
Montagnac
Montignargues
Moussac
Salindres
Rousson
St-Privat-des-Vieux
Robiac-Rochessadoule
Meyrannes
Molières-sur-Cèze
St-Jean-de-Valériscle
Portes
Chamborigaud
Concoules
Vialas
St-Frézal-de-Ventalon
St-Privat-de-Vallongue
St-Andéol-de-Clerguemort
Le Collet-de-Dèze
St-Michel-de-Dèze
St-Julien-des-Points
Ste-Cécile-d'Andorge
Branoux-les-Taillades
Les Salles-du-Gardon
Soustelle
St-Paul-la-Coste
Cendras
St-Martin-de-Valgalgues
St-Julien-les-Rosiers
Lamelouze
St-Martin-de-Boubaux
Moissac-Vallée-Française
St-Étienne-Vallée-Française
Gabriac
Saumane
L'Estréchure
Les Plantiers
Peyrolles
Soudorgues
Colognac
St-Roman-de-Codières
Cros
St-Bonnet-de-Salendrinque
Ste-Croix-de-Caderle
Thoiras
Générargues
Corbès
Bagard
St-Christol-lès-Alès
Ribaute-les-Tavernes
Massillargues-Attuech
Lézan
Tornac
St-Félix-de-Pallières
Fressac
N. D.-de-la-Rouvière
St-Martial
Col de la Triballe
Pont-d'Hérault
Montagne de la Fage
St-Julien-de-la-Nef
Moulès-et-Baucels
Pic de Midi
Col de Jalcreste
Col des Laupies
Plan de Fontmort
Col de Pendédis
Col de la Baraque
Col d'Uglas
Col de St-Pierre
Gardon de St-Jean
Gardon d'Anduze
Gardon d'Alès
N 106
302
284
G
H
1
2
3
4
5

0 2 4 6 8 10 km
283
266
303
A
B
C
D
1
2
3
4
5
Les Vans
Berrias-et-Casteljau
Grospierres
Salavas
Vallon-Pont-d'Arc
Pont d'Arc
Gorges de l'Ardèche
Plateau des Gras
Haute Corniche
Bourg-St-Andéol
Pierrelatte
Labastide-de-Virac
Vagnas
Bessas
Beaulieu
Barjac
Aven d'Orgnac
Orgnac-l'Aven
Aven de la Forestière
La Madeleine
Le Garn
Laval-St-Roman
Aiguèze
St-Martin-d'Ardèche
St-Marcel-d'Ardèche
St-Just
Lapalud
St-Paul-le-Jeune
St-André-de-Cruzières
St-Sauveur-de-Cruzières
St-Privat-de-Champclos
Issirac
St-Julien-de-Peyrolas
Pont-St-Esprit
St-Ambroix
St-Jean-de-Maruéjols-et-Avéjan
Tharaux
Rochegude
Montclus
St-André-de-Roquepertuis
St-Christol-de-Rodières
Salazac
Chartreuse de Valbonne
Carsan
St-Paulet-de-Caisson
St-Alexandre
St-Victor-de-Malcap
St-Denis
Potelières
Rivières
Méjannes-le-Clap
Goudargues
Cornillon
St-Laurent-de-Carnols
St-Julien-de-Cassagnas
Allègre-les-Fumades
Château d'Allègre
Fons-sur-Lussan
La Roque-sur-Cèze
St-Michel-d'Euzet
St-Nazaire
St-Gervais
Vénéjan
Rousson
Salindres
Servas
Navacelles
Lussan
Verfeuil
St-André-d'Olérargues
Bagnols-sur-Cèze
Sabran
St-Marcel-de-Careiret
Guidon du Bouquet
Brouzet-lès-Alès
Vallérargues
La Bruguière
St-Laurent-la-Vernède
Cavillargues
Orsan
Laudun-l'Ardoise
Mons
St-Just-et-Vacquières
Seynes
Fontarèches
Pougnadoresse
Tresques
Connaux
Méjannes-lès-Alès
Monteils
Euzet
Belvézet
Bois de St-Quentin
La Bastide-d'Engras
Le Pin
Gaujac
St-Hippolyte-de-Caton
St-Victor-la-Coste
Vézénobres
Baron
Foissac
Aigaliers
Vallabrix
St-Quentin-la-Poterie
St-Victor-des-Oules
La Capelle-et-Masmolène
Pouzilhac
Martignargues
St-Maurice-de-Cazevieille
Serviers-et-Labaume
Montaren-et-St-Médiers
Uzès
St-Siffret
Flaux
Valliguières
St-Césaire-de-Gauzignan
Cruviers-Lascours
Castelnau-Valence
Collorgues
Aubussargues
Garrigues-Ste-Eulalie
Arpaillargues-et-Aureillac
St-Maximin
Argilliers
Castillon-du-Gard
St-Hilaire-d'Ozilhan
Brignon
Moussac
St-Dézéry
St-Chaptes
Bourdic
Blauzac
Sanilhac-Sagriès
Collias
Vers-Pont-du-Gard
Pont du Gard
Remoulins
Fournès
Montignargues
Sauzet
Ste-Anastasie
Dions
La Baume
Forêt de Malmont
Forêt de Tavel
Plateau du Camp de César
Le Rhône
Ardèche
Cèze
Gardon
D 6086
D 981
D 979
D 6
D 901
D 86
N 86
N 580
D 982
D 6110

Valréas
Nyons
Grignan
Grillon
Richerenches
Visan
St-Maurice-sur-Eygues
Vinsobres
Mirabel-aux-Baronnies
Piégon
Tulette
Villedieu
Buisson
St-Roman-de-Malegarde
Puyméras
Mérindol-les-Oliviers
Faucon
Vaison-la-Romaine
St-Marcellin-lès-Vaison
Crestet
Entrechaux
Rasteau
Cairanne
Roaix
Séguret
Sablet
Gigondas
Vacqueyras
Lafare
Suzette
Malaucène
N.-D. du Groseau
Le Barroux
St-Hippolyte-le-Graveyron
Crillon-le-Brave
Bédoin
Beaumes-de-Venise
Aubignan
Caromb
Modène
St-Pierre-de-Vassols
Mazan
Carpentras
Loriol-du-Comtat
Sarrians
Monteux
Pernes-les-Fontaines
St-Didier
Venasque
Le Beaucet
Saumane-de-Vaucluse
Fontaine-de-Vaucluse
Abbaye de Sénanque
Gordes
L'Isle-sur-la-Sorgue
Velleron
Althen-des-Paluds
Entraigues-sur-la-Sorgue
Bédarrides
Courthézon
Jonquières
Violès
Travaillan
Camaret-sur-Aigues
Sérignan-du-Comtat
Piolenc
ORANGE
Caderousse
Châteauneuf-du-Pape
Roquemaure
Sorgues
Vedène
Le Pontet
St-Saturnin-lès-Avignon
Jonquerettes
Morières-lès-Avignon
Châteauneuf-de-Gadagne
AVIGNON
Villeneuve-lès-Avignon
Les Angles
Rochefort-du-Gard
Tavel
Sauveterre
Pujaut
Mornas
Mondragon
Bollène
Suze-la-Rousse
Rochegude
Ste-Cécile-les-Vignes
Lagarde-Paréol
Uchaux
St-Paul-Trois-Châteaux
St-Restitut
Clansayes
Solérieux
La Baume-de-Transit
Montségur-sur-Lauzon
Bouchet
Pierrelatte
La Garde-Adhémar
Chamaret
Colonzelle
Montmirail
Dentelles de Montmirail
Rhône
Ouvèze
Aigues
Sorgue
Auzon
Nesque
Eygues
E
F
G
H
1
2
3
4
5
267
286
304

0 2 4 6 8 10 km
268
285
305
A
B
C
D
1
2
3
4
5
Nyons
Aubres
Les Pilles
Curnier
Arpavon
Le Poët-Sigillat
Ste-Jalle
Montaulieu
Rochebrune
Bellecombe-Tarendol
Chalabrus
Rosans
Le Lastic
Col de Palluel
St-Jean
La Baume
Risou
Sorn des Quatre Bouines
Col d'Ubaye
Les Courtilles
Reynaud
Montferrand-la-Fare
Lemps
St-Sauveur-Gouvernet
Gouvernet
La Bâtie-Verdun
Montjay
Chanousse
Les Chabanas
Col de Flachière
Crête de Rascuègne
Sirone
Coustouran
Aubergerie
Les Isnières
Roussieux
Mgne de la Clavelière
Chauvac-Laux-Montaux
Laux-Montaux
Villebois-les-Pins
Étoile-St-Cyrice
St-Cyrice
Col de Reychasset
Mgne de Pierre-Vesce
Crête de Jaurand
Laborel
Ste-Colombe
Col de Perty
Mgne de l'Arsuc
Bésignan
Verclause
Vercoiran
Ste-Euphémie-s-O.
Col de Peyruergue
La Pigière
Beauvoisin
Bénivay
Mgne de Linceuil
Col d'Ey
Mgne de Baume Noire
Col d'Ubrieux
St-Martin
Mgne des Plates
Colombrette
Hubac
Douas
Montguers
Montauban-sur-l'Ouvèze
Défilé St-Auban-sur-l'Ouvèze
La Rochette-du-Buis
Gorges
(Rioms)
La Combe
Bons
Somecure
Chamouse
Ballons
Col St-Jean
Buis-les-Baronnies
Les Jonchiers
Propiac
Mérindol-les-Oliviers
La Penne-sur-l'Ouvèze
Faucon
Mgne du Gravas
La Roche-sur-le-Buis
Alauzon
Rocher St-Julien
St-Trophime
La Nible
Le Poët-en-Percip
Les Sias
Les Granges
Mgne de Cros
Gresse
Pelleret
Aumagne
Voluy
Izon-la-Bruisse
Eygalayes
La Calandre
Lachau
Moulin-Gauthier
Pierrelongue
Mollans-sur-Ouvèze
Pas-du-Ventoux
Les Richards
Montagne de Bluye
Eygaliers
Plaisians
St-Léger-du-Ventoux
Notre-Dame
Mgne de Banne
Col de la Bohémienne
Aiguières
Col d'Aulan
Le Col
(Mévouillon)
La Farette
St-Côme
(Vers-sur-Méouge)
Pré-Rond
Villefranche-le-Château
Aulan
Mgne du Buc
Vergol
N.-D. de la Brune
Riouffret
N.-D.-de-Calma
St-Jaume
Chante Duc
Séderon
Mgne de Palle
Entrechaux
St-André
Veaux
Col de Fontaube
Col des Aires
Brantes
Granges-de-Bernard
La Gabelle
Briançon
Crête du Rissas
Sommet de la Plate
Col du Comte
St-Roch
Les Valettes
Beaumont-du-Ventoux
Ste-Marguerite
Les Alazards
Mt Serein
St-Basile
Le Contrat
St-Roch
Savoillan
Reilhanette
Montbrun-les-Bains
Barret-de-Lioure
Le Moulin
Col de Macuègne
Col du Négron
Montagne d'Albion
Col de la Pigière
Montfroc
La Bègue
Les Etangs
Curel
Les Omergues
Le Jambard
Les Parrichaux
Crête de la Faye
Pas de Redortiers
Villevielle
Somt de Larran
N.-D. du Groseau
Mont Ventoux
Observatoire
Col des Tempêtes
Chalet-Reynard
Belvédère
La Grave
Gour des Oules
Col de l'Homme Mort
Le Grand Terme
Hautes-Ferrassières
Ferrassières
St-André-de-Villesèche
La Rédoune
Néoures
Le Gd Collet
Jas-des-Melettes
Massif des Cèdres
Maison Cantero
Plateau de Perrache
Les Crottes
Le Ventouret
Aurel
Les Michouilles
La Gabelle
Silance
Les Morards
Les Martins
Bois du Cracq
N.-D. du Moustier
Les Baux
Bédoin
Ste-Colombe
Les Bruns
St-Estève
St-Jean
Combe de la Canaud
Aven
Défens
St-Trinit
Haut-Labouret
Les Bastians
Le Contadour
Vière
Le Crapon
Le Jonquet
Col N.-D. des Abeilles
Verdolier
La Loge
Sault
Les Petites Pourâches
Flassan
Souquette
Les Maridats
Le Jas
Les Gaps
La Gabelle
Les Isnards
Combe de Coste Chaude
Monieux
Belair
Le Gendre
Revest-du-Bion
(Redortiers)
St-Pancrace
La Grande Partie
N.-D. de l'Ortiguière
Les Perrets
Plateau d'Albion
Mormoiron
St-Albans
Villes-sur-Auzon
Combe de l'Hermitage
Rocher du Cire
Belvédère de Castellaras
Gorges de la Nesque
Bois du Défens
St-Jean-de-Sault
Champ-Long
Brouville
St-Christol
Banon
Gouffre du Caladaire
Haut Montsalier
Montsalier
La Lauze
Les Gauchers
St-Estève
Blauvac
Malemort-du-Comtat
Trappistines
Méthamis
St-Hubert
Jean Nouveau
Le Crozat
Savouillon
Chavon
Cheyran
Les Bastides
Fillol
Javon
Grand Turme
Pierascas
Col de la Liguère
Le Cluyer
Le Rouan
Colline de Berre
Observatoire Sirène
Bel Air
Lagarde-d'Apt
St-Pierre
Simiane-la-Rotonde
Carniol
Val-Martine
Venasque
N.-D. de Vie
Unang
Forêt de Venasque
Col de Murs
Preventorium
St-Lambert
Forêt des Eymians
Le Buisseron
Le Château
Valsaintes
Boulinette
Beaucet
Gorges
Les Castellas
Bézaure
Les Vergiers
Les Beylons
Murs
Fontjouvale
Les Tambours
Forêt de la Plate
Gde Montagne
Pichovet
L'Abbadie
N.-D. de Be
Aubenas
Le Château
Lioux
Le Perrotier
Damazian
Les Redons
Croagnes
Les Bassacs
Les Cordiers
St-Saturnin-lès-Apt
Les Grands Clements
Fumeirasse
Brieugne
Rustrel
Oppedette
Fenouillet
Vachères
Abbaye de Sénanque
Fontaube
La Tuillère
Les Barbiers
Les Lombards
Villars
Gignac
Ste-Croix-à-Lauze
Gordes
Village des Bories
Les Cortasses
Les Sauvestres
Roussillon
Les Ripert
Les Bassacs
Gargas
Jean-Jean
Colorado de Rustrel
Carrés d'Ocre
St-Amas

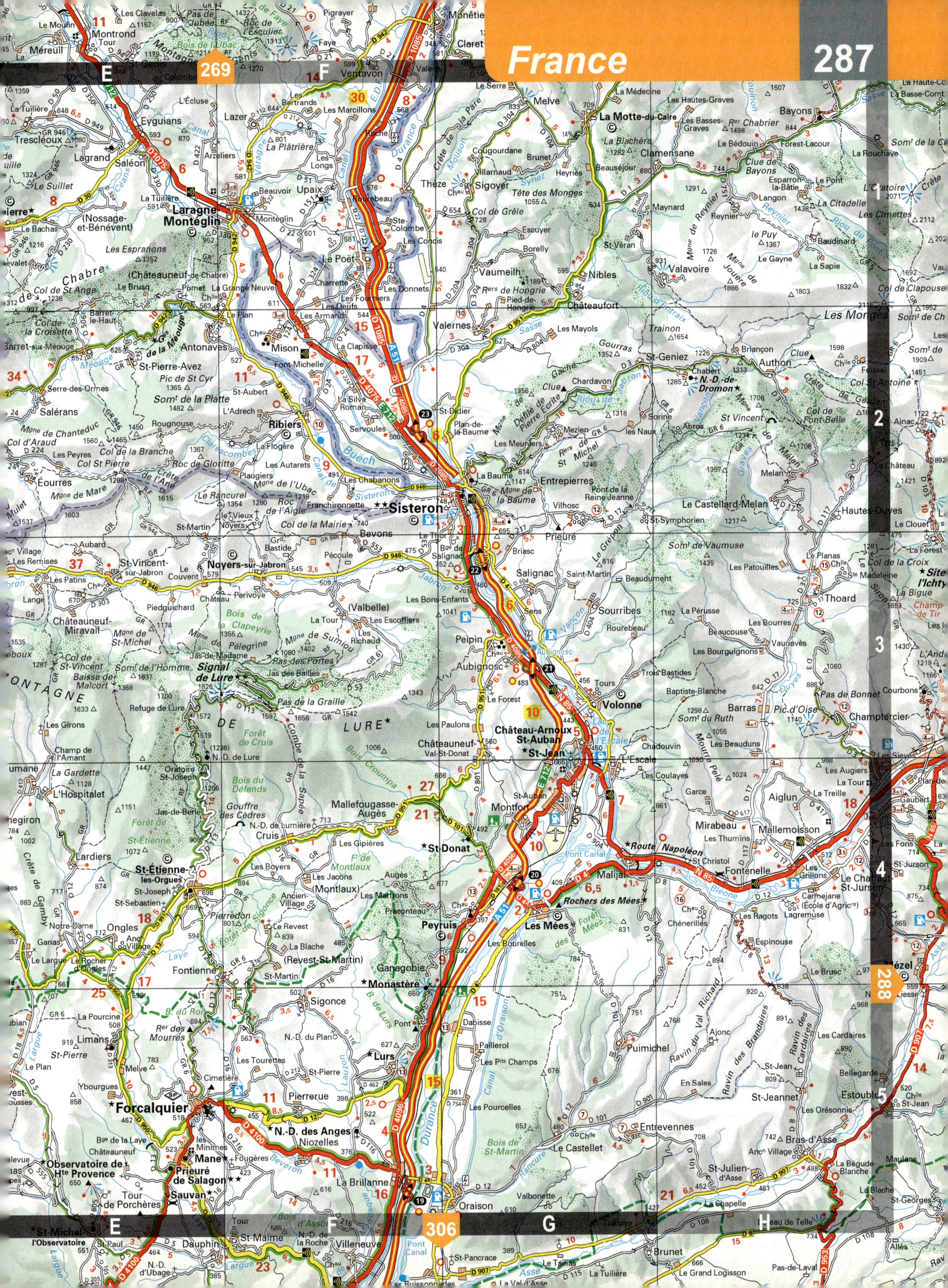

269
288
306
E
F
G
H
1
2
3
4
5
Laragne-Montéglin
Sisteron
Château-Arnoux-St-Auban
Volonne
Forcalquier
Les Mées
Peyruis
La Motte-du-Caire
Noyers-sur-Jabron
Ribiers
Mison
Upaix
Eyguians
Lagrand
Serres
Saléon
Ventavon
Montrond
Monêtier
Claret
Melve
Thèze
Sigoyer
Valernes
Vaumeilh
Nibles
Châteaufort
Clamensane
Bayons
Authon
St-Geniez
Entrepierres
Salignac
Sourribes
Aubignosc
Peipin
Châteauneuf-Val-St-Donat
L'Escale
Malijai
Mirabeau
Mallemoisson
Aiglun
Thoard
Barras
Champtercier
Digne
Mézel
Estoublon
Bras-d'Asse
St-Jeannet
Puimichel
Oraison
Lurs
Ganagobie
Mallefougasse-Augès
St-Étienne-les-Orgues
Ongles
Cruis
Montlaux
Pierrerue
Mane
Dauphin
Villeneuve
La Brillanne
Niozelles
Signal de Lure
MONTAGNE DE LURE
Rochers des Mées
Route Napoléon
Durance
Buëch
Bléone
Jabron
Sasson
Valavoire
Le Castellard-Mélan
Prieuré de Salagon
Observatoire de Hte Provence
St-Michel-l'Observatoire
N.-D. des Anges
Monastère
Sigonce
St-Donat
Montfort
Vilhosc
Les Monges
Hautes-Duyes

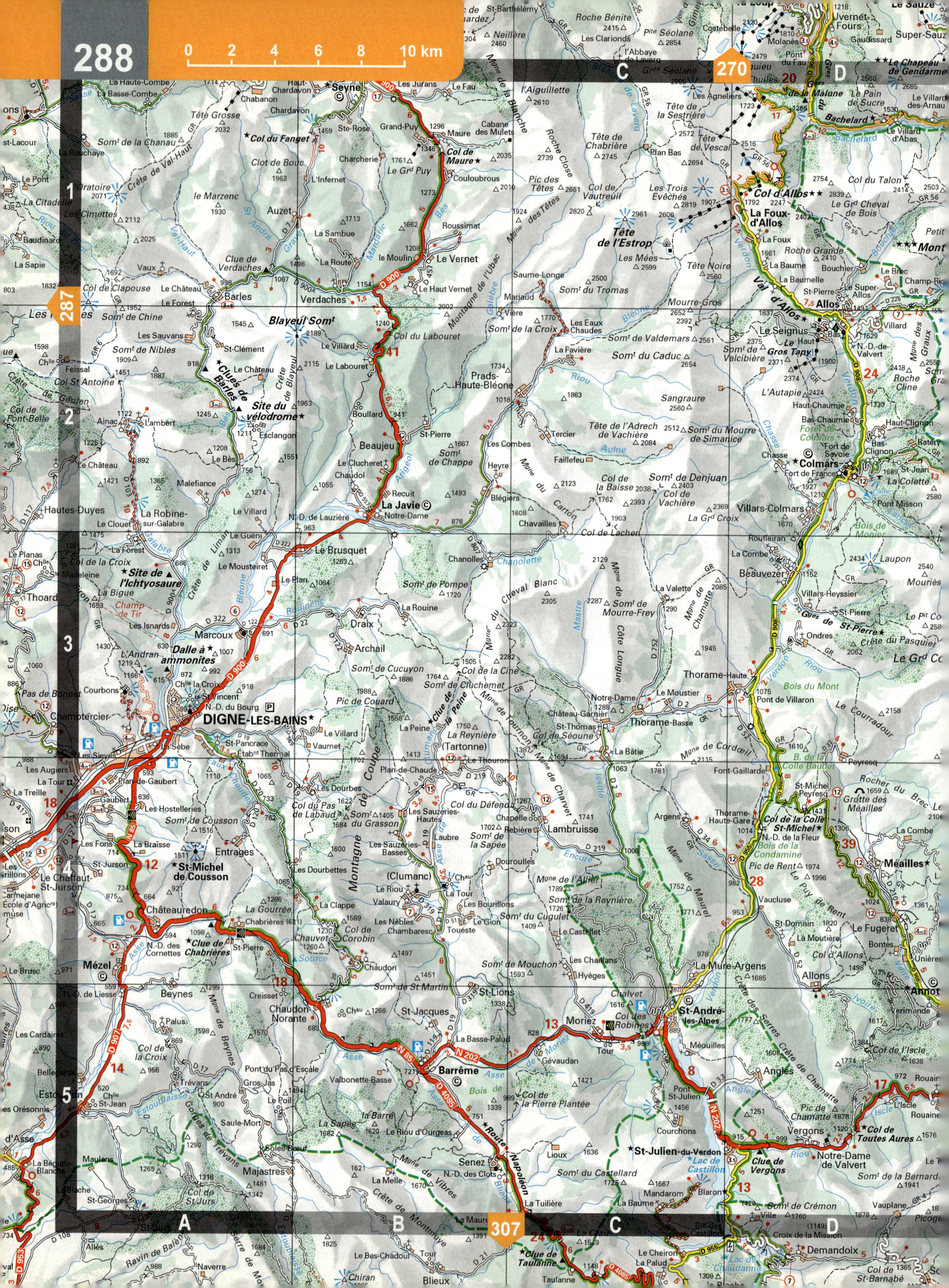

0 2 4 6 8 10 km
270
287
307
DIGNE-LES-BAINS
Seyne
Barles
Verdaches
La Javie
Le Brusquet
Marcoux
Draix
Archail
Entrages
Châteauredon
Mézel
Barrême
Moriez
St-André-les-Alpes
St-Julien-du-Verdon
Colmars
Allos
Beauvezer
Thorame-Haute
Thorame-Basse
Lambruisse
Vergons
Col d'Allos
La Foux-d'Allos
Col de Maure
Col du Labouret
Blayeul Somt
Tête de l'Estrop
Col de la Colle St-Michel
Col de Toutes Aures
Clue de Taulanne
Clue de Chabrières
Clue de Vergons
Lac de Castillon
Route Napoléon
Site de l'Ichtyosaure
Dalle à ammonites
Clues de Barles
Site du vélodrome
Col du Fanget
Prads-Haute-Bléone
Méailles
Annot
Allons
Angles
Senez
N 85
N 202
D 900
D 908
D 955
D 4085

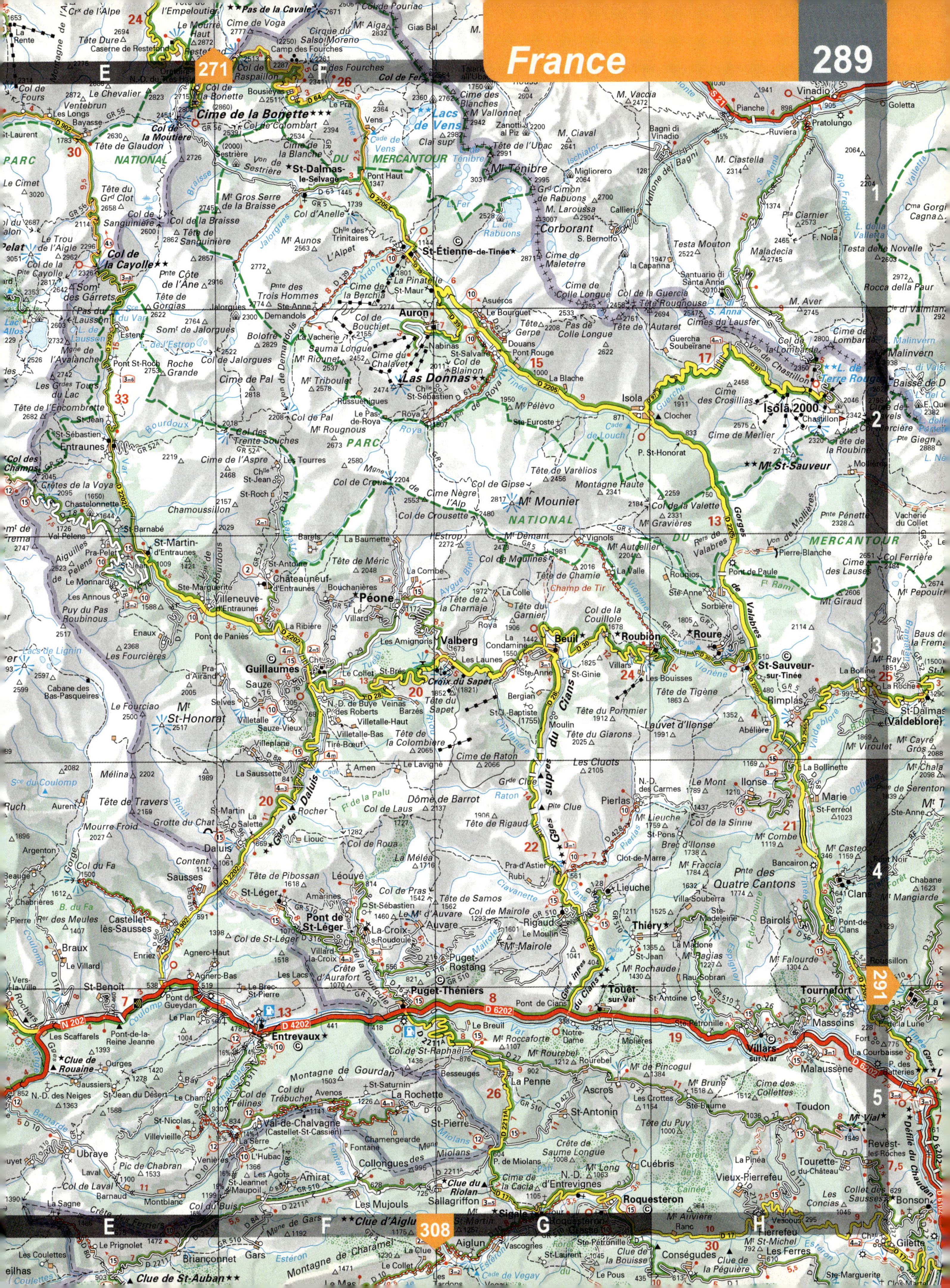
Cime de la Bonette
St-Dalmas-le-Selvage
MERCANTOUR
St-Étienne-de-Tinée
Mt Ténibre
Corborant
Vinadio
Col de la Cayolle
Auron
Las Donnas
Isola
Isola 2000
PARC
NATIONAL
DU
MERCANTOUR
Mt St-Sauveur
Entraunes
St-Martin-d'Entraunes
Châteauneuf-d'Entraunes
Péone
Valberg
Beuil
Roubion
Roure
St-Sauveur-sur-Tinée
Guillaumes
Croix du Sapet
Mt St-Honorat
Villeneuve-d'Entraunes
Gges de Daluis
Gges supres du Cians
Daluis
Pont de St-Léger
Puget-Théniers
Entrevaux
Touët-sur-Var
Villars-sur-Var
Tournefort
Massoins
Malaussène
Thiéry
Lieuche
Rigaud
Quatre Cantons
Ilonse
Pierlas
Marie
Clans
Bairols
Sallagriffon
Roquesteron
Sigale
Aiglun
Clue d'Aiglun
Clue de St-Auban
Clue du Riolan
Briançonnet
Collongues
Val-de-Chalvagne
Ubraye
Les Mujouls
Conségudes
Les Ferres
Gilette
Bonson
Toudon
Revest-les-Roches
St-Antonin
Ascros
La Penne
Col de St-Raphaël
Sauze
Castellet-lès-Sausses
Braux
Le Fugeret
St-Benoît
Clue de Rouaine
Montagne de Gourdan
Montagne de Charamel
La Bollène
St-Dalmas (Valdeblore)
Malinvern
Testa della Novelle
Col de la Lombarde
N 202
D 6202
D 4202
E
F
G
H
271
308
291

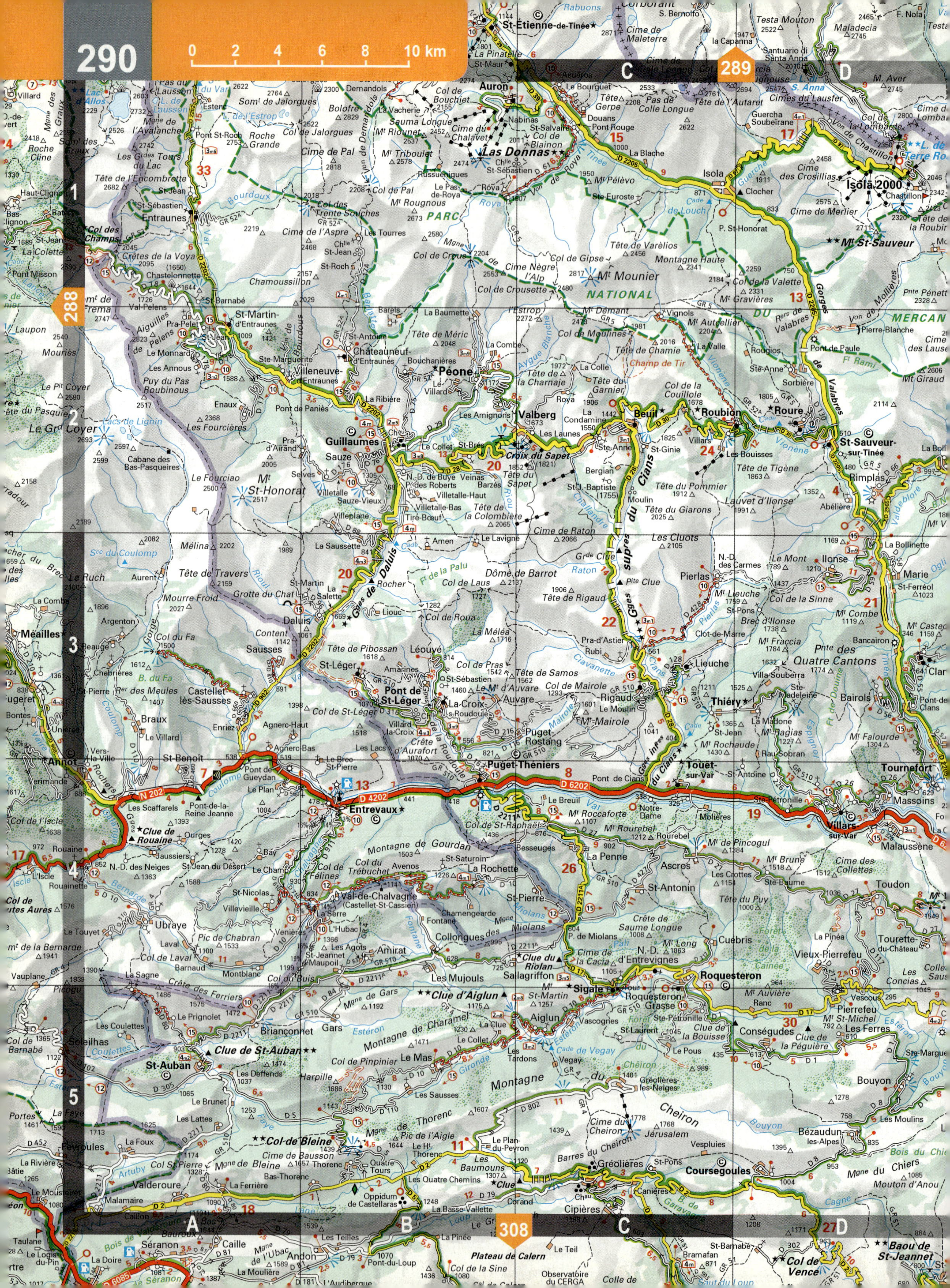
0 2 4 6 8 10 km
289
288
308
A
B
C
D
1
2
3
4
5
St-Étienne-de-Tinée
Auron
Las Donnas
Isola
Isola 2000
Mt St-Sauveur
Entraunes
Col des Champs
St-Martin-d'Entraunes
Châteauneuf-d'Entraunes
Villeneuve-Entraunes
Péone
Valberg
Beuil
Roubion
Roure
St-Sauveur-sur-Tinée
Rimplas
Guillaumes
Croix du Sapet
Mt St-Honorat
Gges de Daluis
Daluis
Sausses
Pont de St-Léger
Puget-Théniers
Touët-sur-Var
Villars-sur-Var
Tournefort
Massoins
Malaussène
Annot
Entrevaux
Clue de Rouaine
Gges du Cians
Lieuche
Thiéry
Pierlas
Ilonse
Clans
La Penne
Ascros
St-Antonin
Sigale
Roquesteron
Conségudes
Les Ferres
Bouyon
Briançonnet
Clue de St-Auban
St-Auban
Clue d'Aiglun
Aiglun
Col de Bleine
Gréolières
Coursegoules
Cipières
Baou de St-Jeannet
Col de Vence
Séranon
Caille
Andon
Valderoure
PARC
NATIONAL
MERCAN
Montagne du Cheiron
Montagne de Charamel

E
F
G
H
REGIONALE
ALPI MARITTIME
PARC
NATIONAL
DU
MERCANTOUR
St-Martin-Vésubie
Le Boréon
Venanson
Roquebillière
Belvédère
Lantosque
La Bollène-Vésubie
L'Authion
Col de Turini
Peïra-Cava
Lucéram
Coaraze
Utelle
La Madone d'Utelle
Levens
Duranus
L'Escarène
Contes
Sospel
Col de Braus
Col de Brouis
Moulinet
Breil-s-Roya
Saorge
Fontan
Tende
La Brigue
Col de Tende
Tunnel de Tende
Limone-Piemonte
Cime du Diable
Mt Bégo
Cime du Gélas
Mt Clapier
Vallée des Merveilles
Ventimiglia
Bordighera
MENTON
Cap Martin
Roquebrune
MONTE-CARLO
Beausoleil
Peillon
Peille
Ste-Agnès
Castillon
Gorbio
L'Annonciade
Dolceacqua
Airole
Olivetta San-Michele
Pigna
Castel Vittorio
Mt Saccarel
Monte Gerbonte
Cime du Bec
Marguareis
St-Dalmas-de-Tende
N.-D. des Fontaines
Mt Agel
Falicon
Colomars
Carros
Aspremont
Tourrette-Levens
Châteauneuf-Villevieille
St-André
Drap
Gilette
Bonson
Mt Chauve
Col de Castillon
Col St-Jean
Col de la Madone
Gges de la Vésubie
Gges de Bergue
Gges de Saorge
Col de Raus
Plateau de la Céva
Mt Pépouiri
Col Ferrière
St-Dalmas (Valdeblore)
La Colmiane
Rocca Seira
Mt Férion
Caramagne
Viévola
Cima di Lausetto
Mt Matto
Trinità
Entracque
Capo Mortola
Latte
Mortola Inferiore
Vallecrosia
Camporosso
San Biagio
Ponte San Ludovico
Grimaldi
Castellar
Monti
Peïra-Cava
Turini
Mille Fourches
Camp d'Argent
Cime de l'Authion
Mangiabo
Trois Communes
Mt Ventabren
Mt Agu
Mt Lègue
Pas de Muratone
Mt Grai
Mt Peyrevieille
Rocchetta-Nervina
Isolabona
Apricale
Perinaldo
Soldano
Vallebona
Sasso
C. S.

0 2 4 6 8 10 km
272
312
Huchet
Pichelèbe
Réserve naturelle
Moliets-Plage
Moliets-et-Maa
Maa
Marquis
Léon
Étang de Léon
Escalus
(St-Michel-Escalus)
Castets
Camerade
St-Michel
Taller
Castillon
Lacay
Quartier-Laguain
Le Conte
Le Village sous les Pins
Betoy
Étang de Laprade
Étang de Coidoum
Chanchon
Minjouay
Messanges-Plage
Messanges
Bayle
Étg de Moysan
Quartier-Caliot
Tustète
Tropica parc
Azur
Vieux-Boucau-les-Bains
Port d'Albret
Étg de Pinsolle
Étang de Soustons
Coudère
Grangeon
Herm
Petit Marquis
Cluquetardit
Magescq
Larroze
Tastet
Soustons
Le Houdin
Nerthe
Candale
Leborde
Abbesse
Dolouets
Duha
Plage des Casernes
Guin
Gaillou-de-Pountaoutt
Hardy
La Bagnère
Seignosse-le-Penon
Seignosse-les-Estagnots
Seignosse
Étang Blanc
Étang Noir
Frat
Tosse
Réserve naturelle
N.-D. de Fatima
Gourby
Les Monts
La Pince
St-Paul-lès-Dax
St-Vincent-de-Xaintes
Hossegor
Sorts-Hossegor
Lac d'Hossegor
Saubion
Lagrollet
St-Geours-de-Maremne
Saas
Angoumé
Mées
Rivière-Saas-et-Gourby
Thermes-de-Saubusse
Capbreton
Pont d'Hiern
Angresse
St-Vincent-de-Tyrosse
Casablanca
Saubusse
Vimport
Tercis-les-Bains
Siest
Seyresse
Yzosse
St-Pandelon
La Rocque
Bénesse-Maremne
Josse
St-Jean-de-Marsacq
Pont Lamarquèze
Orist
Petit Carrère
Heugas
Labenne-Océan
Labenne
Réserve Naturelle du Marais d'Orx
Orx
Saubrigues
Gayrosse
Silo Puyau
Pey
Bernets
Castets
Mombet
Mahourat
St-Lon-les-Mines
La Mine
Ondres-Plage
Ondres
Castets
Ugne
Navachon
Montauzet
Villenave
Lacarmenté
St-Étienne-d'Orthe
Rasport
Le Moulin à Vent
Bellegarde
Bélus
Tastet
Cagnotte
Tarnos-Plage
Larroque
Étg de Garros
Monchoisi
Lalanne
St-André-de-Seignanx
Camiade
St-Martin-de-Hinx
Ste-Marie-de-Gosse
Port-de-Lanne
Orthevielle
Peyrehorade
Pissot
St-Martin-de-Seignanx
La Pipette
Biaudos
Biarrotte
Bordus
Le Bec du Gave
Ch. d'Aspremont
Cauneille
Tarnos
Castillon
Boucau
Vincennes
Quartier-Neuf
Monplaisir
Labadie
St-Laurent-de-Gosse
Benzin
Horgave
Hastingues
Abbaye d'Arthous
Sorde-l'Abbaye
Eyregave
L. de Chiberta
Anglet
Bayonne
St-Étienne
Grand Villenave
Saubis
St-Barthélemy
Barthes
Les Barthes
Montpellier
Lissalde
La Bourgade
Sames
Guiche
Bordes-du-Haut
Bordes-du-Bas
Rondigou
St-Pierre-d'Irube
Oyhanto
Lahonce
Quartier-du-Port
Urcuit
Urt
Lassarrade
Lagaillardie
Butte de Miremont
Lanusse
Ch. de Gramont
Les Cinq Cantons
Came
St-Pé-de-Léren
Mouguerre
Briscous-les-Salines
Briscous
Séquillon
Bardos
Q. des Tisserands
Q. Lambert
Bidache
La Gaïte
Arcangues
Arbonne
Villefranque
Hasparren
Abbaye de Belloc
La Bastide-Clairence
Monastère des Bénédictines
Le Mech
Guinaude
La Ferrerie
Labastide-Villefranche
Arancou

Tartas
Mugron
St-Sever
Hagetmau
DAX
Montfort-en-Chalosse
Orthez
Amou
Pouillon
Peyrehorade
Salies-de-Béarn
Puyoô
Bellocq
Baigts-de-Béarn
Castelnau-Chalosse
Pomarez
Castel-Sarrazin
Arsague
St-Girons-en-Béarn
Tilh
Estibeaux
Mouscardès
Habas
Labatut
Misson
Gaujacq
Brassempouy
Bastennes
Donzacq
Doazit
Samadet
Serreslous-et-Arribans
Horsarrieu
Audignon
Dumes
Aurice
Bas-Mauco
Haut-Mauco
Souprosse
Cauna
Toulouzette
Nerbis
Laurède
Poyanne
Cassen
Gousse
Vicq-d'Auribat
Onard
Gouts
Audon
Bégaar
Pontonx-s-l'Adour
St-Vincent-de-Paul
Téthieu
Buglose
Laluque
Boos
Lesgor
Beylongue
St-Yaguen
Meilhan
Carcarès-Ste-Croix
Campagne
St-Perdon
Le Leuy
Lamothe
Montaut
Banos
Hauriet
St-Aubin
Maylis
Larbey
Caupenne
Baigts
Gibret
Poyartin
Lahosse
Nousse
Lourquen
Goos
Gamarde-les-Bains
Louer
Préchacq-les-Bains
Hinx
Narrosse
Candresse
Yzosse
Sort-en-Chalosse
Garrey
Ozourt
Clermont
Mimbaste
Saugnac-et-Cambran
Bénesse-lès-Dax
Cagnotte
Cauneille
Sallespisse
Bonnegarde
Nassiet
Castaignos-Souslens
Marpaps
Beyries
Sault-de-Navailles
Labeyrie
Lacadée
Argelos
Morganx
Poudenx
Castelner
St-Médard
Casteide-Candau
Hagetaubin
Mesplède
Balansun
Bonnut
Ste-Marie
St-Boès
Ramous
Bérenx
Salles-Mongiscard
Carresse-Cassaber
Lanneplaà
Castagnède
Artix-de-Béarn
Argagnon
St-Cricq-Chalosse
Labastide-Chalosse
Lacrabe
Monségur
Cazalis
Momuy
Bergouey
Lurbe
St-Laurent
Marquebielle
Lamasquère
Lataulade
Arènes
Coumet
Mellan
Raubet
Campet-et-Lamolère
Uchacq-et-Parentis
St-Orens
Gaube
Patton
Barlac
Bourg-Neuf
Parpaillot
Lestronques
Jeanbidaou
Mugret
Pelin
Bernada
Guiroton
Le Cout
Laurède
Goudosse
Gendarme
Lagastet
Candille
Loustalet
Laguillon
Fleurus
Escales
Captan
Labouyrie
Eyres-Moncube
Barrat
Candale
Aules
Brocas
Poyaller
Dirrabé
Garrey
Lamothe
Pouy
Silos
Ricq
Cougnala
Lestage
Le Cos
Perichon
Gourbera
La Gare
Berceau de St-Vincent-de-Paul
N.-D. de Buglose
Gurgues
Établt thermal
St-Jean-de-Lier
St-Geours-d'Auribat
Boucosse
Lembeye
Moulièron
Charles
Argoubet
Grotte du Pape
Le Pouy
Lamothe
Maréchal
St-Martin
Cap-de-Monpeyroux
Macouaou
Bégu
Lapeyre
Villandrau
Ossages
Bellevue
Lahontan
St-Cricq-du-Gave
N.-D. d'Abet
Cassaber
Qr du Bois
Qr du Guilhat
Lavie
Ste-Suzanne
Baure
Mont du Gal Foy
Noarrieu
Lescloupé
Castelle
Biron
Sarpourenx
Brassalay
Mondrans
Plèchot
Trescoint
Beigmau
Lasbordes
Escos
Donjon
Auterrive
Pène de Mu
Le Cout
Mascouette
N'Haux
Auriit
Cazet
Castillon
Arnos
Uzan
Pomps
Marlat
Geus-d'Arzacq
Morlanne
Moustrou
Arget
Mont
Mala
Peyre
Loup
Abesque
Cazalon
Casenave
Bellegarde
Le Trace
Crypte
St-Girons
Téoulé
Ste-Colombe
Aubag
Serres-Gaston
Lande d'Agès
Agès
Lacapère
Fauréunre
Coudures
Soustras
Loubart
Ste-Eulalie
Aurenç
Cazaubon
Bergouey
Lacaze
Mant
Lacrabe
Adour
Luy
Louts
Gabas
Bahus
Gave de Pau
Gert
Arrigan
Laudon
Retjon
Luzou
Midouze
Grand
Gave d'Oloron
Saleys
Lucuspin
Camp militaire
Champ de Tir
St-Pierre-du-Mont
St-Jean-d'Août
Lamolère
Bertheuil
Le Calou
Grd Candeles
Marrein
Ste-Croix
Cangrand
Ponson
Carsen-Ponson
Pouy-des-Trucs
Quartier-de-Marcel
Piroc
Rey
Gournau
Rion-des-Landes
Quartierot
Ronsacq
Deyouan
Lavatère
Ste-Étienne
Lauret
Monge
Baron
A 64
E 80
D 824
D 947
D 933
D 32
D 10
D 15
D 3
D 817
273
294
313
E
F
G
H
2
3
4
5

0 2 4 6 8 10 km
MONT-DE-MARSAN
Villeneuve-de-Marsan
Grenade-sur-l'Adour
Aire-sur-l'Adour
Barcelonne-du-Gers
Geaune
Riscle
Garlin
Arzacq-Arraziguet
Cazaubon
Hagetmau
Samadet
Le Houga
Labastide-d'Armagnac
Lannemaignan
Monguilhem
Nogaro
Bretagne-de-Marsan
Mazerolles
Bougue
Perquie
Pujo-le-Plan
Cazères-sur-l'Adour
Renung
Duhort-Bachen
Eugénie-les-Bains
Pécorade
Castelnau-Tursan
Miramont-Sensacq
Lannux
Aurensan
Projan
Diusse
Conchez-de-Béarn
Castetpugon
Mascaraàs-Haron
Lembeye
Vielle-Tursan
Aubagnan
Serres-Gaston
Philondenx
Malaussanne
Pouliacq
Mialos
Fichous-Riumayou
Viven
Auga
Thèze
Miossens-Lanusse
Début 2011
A 65
D 834
D 824
D 932
D 30
D 931
D 935
D 944
D 946
Adour
Midou
Douze
Bahus
Gabas
Louts
A
B
C
D
1
2
3
4
5
274
293
314

275
Eauze
Gondrin
Larressingle
Beaumont
Valence-sur-Baïse
Abbaye de Flaran
Cassaigne
Mouchan
Manciet
Nogaro
Vic-Fezensac
Jegun
Dému
Lannepax
Ramouzens
Noulens
Bascous
Aignan
Sabazan
Plaisance
Beaumarchès
Marciac
Bassoues
Montesquiou
Mirande
L'Isle-de-Noé
Castelnau-d'Anglès
Peyrusse-Grande
Lupiac
Belmont
Caillavet
St-Jean-Poutge
Biran
Barran
Courrensan
Roques
Lagardère
Bezolles
Mansencôme
Cazeneuve
Bretagne-d'Armagnac
Campagne-d'Armagnac
Réans
Ayzieu
Bourrouillan
Salles-d'Armagnac
Ste-Christie-d'Armagnac
Espas
Séailles
Margouët-Meymes
Termes-d'Armagnac
Tasque
Lasserade
Maubourguet
Castelnau-d'Auzan
Labarrère
Montréal
Forêt de Gondrin
Forêt d'Aignan
Forêt de Montpellier
Bois de Mazous
Bois de Bassoues
Lac d'Uby
Lacs d'Armagnac
N 124
D 931
D 943
D 939
D 930
N 21
E
F
G
H
2
3
4
5
296
315

0 2 4 6 8 10 km
276
295
316
A
B
C
D
1
2
3
4
5
Lectoure
Lac des Trois Vallées
St-Clar
Fleurance
Montestruc-sur-Gers
Jegun
Mauvezin
AUCH
Gimont
Saramon
Samatan
Castéra-Verduzan
Lavardens
Roquelaure
Preignan
Montaut-les-Créneaux
Ordan-Larroque
Duran
Pessan
Montégut
Leboulin
Marsan
Aubiet
L'Isle-Arné
Auterive
Pavie
Boucagnères
Durban
Orbessan
Haulies
Seissan
Miramont-d'Astarac
Castelnau-Barbarens
Tirent-Pontéjac
Montfort
Solomiac
Avensac
Cologne
Terraube
Marsolan
Mas-d'Auvignon
Lamothe-Goas
Pauilhac
Urdens
Brugnens
Cadeilhan
Bajonnette
Goutz
Céran
Lalanne
Préchac
Puységur
Ste-Christie
Gavarret-sur-Aulouste
Mirepoix
Tourrenquets
Puycasquier
Crastes
Augnax
Nougaroulet
Blanquefort
Gramont
Plieux
Castet-Arrouy
Montgaillard
Lavit
Gaudonville
Tournecoupe
Mauroux
Gramont
Castillon-Massas
Peyrusse-Massas
Biran
Barran
St-Jean-le-Comtal
Lasséran
Lamazère
Labéjan
Ornézan
Monferran-Plavès
Lamaguère
St-Élix
Montamat
Polastron
Bézéril
Aurimont
Montiron
N 21
N 124
2e chaussée en construction

E
F
G
H
277
298
317
Montech
Beaumont-de-Lomagne
Verdun-s-Garonne
Grisolles
Fronton
Grenade
Cologne
Cadours
Castelnau-d'Estrétefonds
Villeneuve-lès-B.
Blagnac
TOULOUSE-BLAGNAC
Colomiers
L'Isle-Jourdain
Léguevin
Tournefeuille
Plaisance-du-Touch
La Salvetat-St-Gilles
Cugnaux
Villeneuve-Tolosane
Portet-s-Garonne
Ramonville-St-Agne
St-Lys
Mauvezin
Larrazet
Sérignac
St-Sardos
Finhan
Mas-Grenier
Bessens
Dieupentale
Canals
Campsas
Labastide-St-Pierre
St-Rustice
Bouloc
St-Sauveur
Bruguières
Gratentour
St-Alban
Aucamville
Launac
Merville
Daux
Aussonne
Mondonville
Cornebarrieu
Pibrac
Brax
Lévignac
Menville
Montaigut-sur-Save
Ste-Livrade
Ségoufielle
Mérenville
Pujaudran
Fontenilles
Fonsorbes
Saiguède
Empeaux
Bonrepos-sur-Aussonnelle
Monferran-Savès
Clermont-Savès
Frégouville
Marestaing
Castillon-Savès
Endoufielle
Caumont
Razengues
Beaupuy
Monbrun
Thoux
Roquelaure-St-Aubin
St-Cricq
Encausse
Ardizas
Sirac
Pelleport
Grès
Caubiac
Drudas
Puysségur
Cox
Brignemont
Le Causé
Faudoas
Goas
Garies
Escazeaux
Auterive
Vigueron
Belbèse
Comberouger
Bouillac
Savenès
Aucamville
Le Burgaud
Bellesserre
Lagraulet-St-Nicolas
Beaupuy
Cabanac-Séguenville
St-Cézert
Ondes
Castelnau
Seilh
Gagnac
Fenouillet
Lespinasse
St-Jory
Eurocentre
Forêt de Bouconne
Thil
Bretx
St-Paul-s-Save
Larra
Pelleport
Garac
Vignaux
Bellegarde-Ste-Marie
Le Castéra
Pradère-les-Bourguets
Lasserre
Roquettes
Pinsaguel
Frouzins
Seysses
Lacroix-Falgarde
Vigoulet-Auzil
Pechbusque
Pompiac
St-Thomas
Labastide-Savès
Cazaux-Savès
GARONNE
A 62
A 624
A 20
N 124
N 224
D 820

0 2 4 6 8 10 km
278
297
318
TOULOUSE
Montauban
Puycelci
Castelnau-de-Montmiral
Monclar-de-Quercy
Villebrumier
Villemur-sur-Tarn
Fronton
Salvagnac
Montgaillard
Rabastens
Coufouleux
Lisle-sur-Tarn
Giroussens
St-Sulpice
Montastruc-la-Conseillère
Lavaur
Labastide-St-Georges
Verfeil
L'Union
Balma
Castanet-Tolosan
Ramonville-St-Agne
Portet-sur-Garonne
Lanta
Caraman
Cuq-Toulza
Bessières
Buzet-sur-Tarn
Mirepoix-sur-Tarn
Bondigoux
Villematier
La Magdelaine-sur-Tarn
Gragnague
Castelmaurou
Rouffiac-Tolosan
St-Jean
Quint-Fonsegrives
Flourens
Drémil-Lafage
Aigrefeuille
Vallesvilles
Saussens
Bourg-St-Bernard
Francarville
Villeneuve-lès-Lavaur
Maurens-Scopont
Vendine
Loubens-Lauragais
Teulat
Montcabrier
Bannières
Viviers-lès-Lavaur
Roquevidal
Lugan
Azas
Roqueserière
Garrigues
St-Agnan
St-Lieux-lès-Lavaur
Montans
Parisot
Peyrole
Gaillac
Mauriac
Cahuzac
Vieux
Broze
Grazac
Mézens
Montvalen
Tauriac
Vacquiers
Villariès
Bazus
Paulhac
Gémil
Gargas
Labastide-St-Sernin
St-Sauveur
Bouloc
Villeneuve-lès-Bouloc
Villaudric
Castelginest
Aucamville
Launaguet
Pin-Balma
Mons
Montrabé
Beaupuy
Mondouzil
Lavalette
St-Marcel-Paulel
Bonrepos-Riquet
St-Pierre
Gauré
Auzielle
Lauzerville
St-Orens-de-Gameville
Labège
Préserville
Odars
Fourquevaux
Aurin
Maureville
Mascarville
Prunet
Albiac
Auriac-sur-Vendinelle
Le Faget
Algans
Cambon-lès-Lavaur
Massac-Séran
Viterbe
Teyssode
Forêt de Sivens
Forêt de Buzet
Forêt de Giroussens
Tarn
Agout
A 68
A 62
A 61
D 999
D 888
D 112
D 20
D 826
D 630
N 126

Albi
Castres
Graulhet
Réalmont
Lautrec
Cadalen
Puylaurens
Labruguière
Mazamet
Aussillon
Villefranche-d'Albigeois
Montredon-Labessonnié
Vabre
Roquecourbe
Vielmur-s-Agout
St-Paul-Cap-de-Joux
Lacrouzette
St-Juéry
Lescure
Marssac-s-T.
Rivières
Florentin
Lagrave
Puygouzon
Saliès
Dénat
Lombers
Fréjairolles
Arthès
Ambialet
Terssac
Le Sequestre
Carlus
Poulan-Pouzols
Lamillarié
Ronel
Roumégoux
St-Lieux-Lafenasse
Arifat
Travet
Teillet
Montdragon
St-Julien-du-Puy
Brousse
Moulayrès
Vénès
St-Germier
Peyregoux
Laboulbène
Jonquières
Guitalens-L'Albarède
Cuq
Serviès
Damiatte
Puycalvel
Busque
Fénols
Orban
Sieurac
Labessière-Candeil
Lasgraisses
Montfa
Burlats
Valdurenque
Noailhac
Lagarrigue
Saïx
Soual
Sémalens
Cambounet-s-le-Sor
St-Germain-des-Prés
Viviers-lès-Montagnes
Navès
St-Affrique-les-Montagnes
Escoussens
Payrin-Augmontel
Pont-de-Larn
Boissezon
Peyro-Clabado
Chaos de la Resse
Lac du Merle
Trois Fromages
Gorges
Dadou
Agout
Tarn
Thoré
Sor
N 88
N 126
N 112
A 68
D 612
D 631
D 999
D 622
GR 36
E
F
G
H
1
2
3
4
5
279
300
319

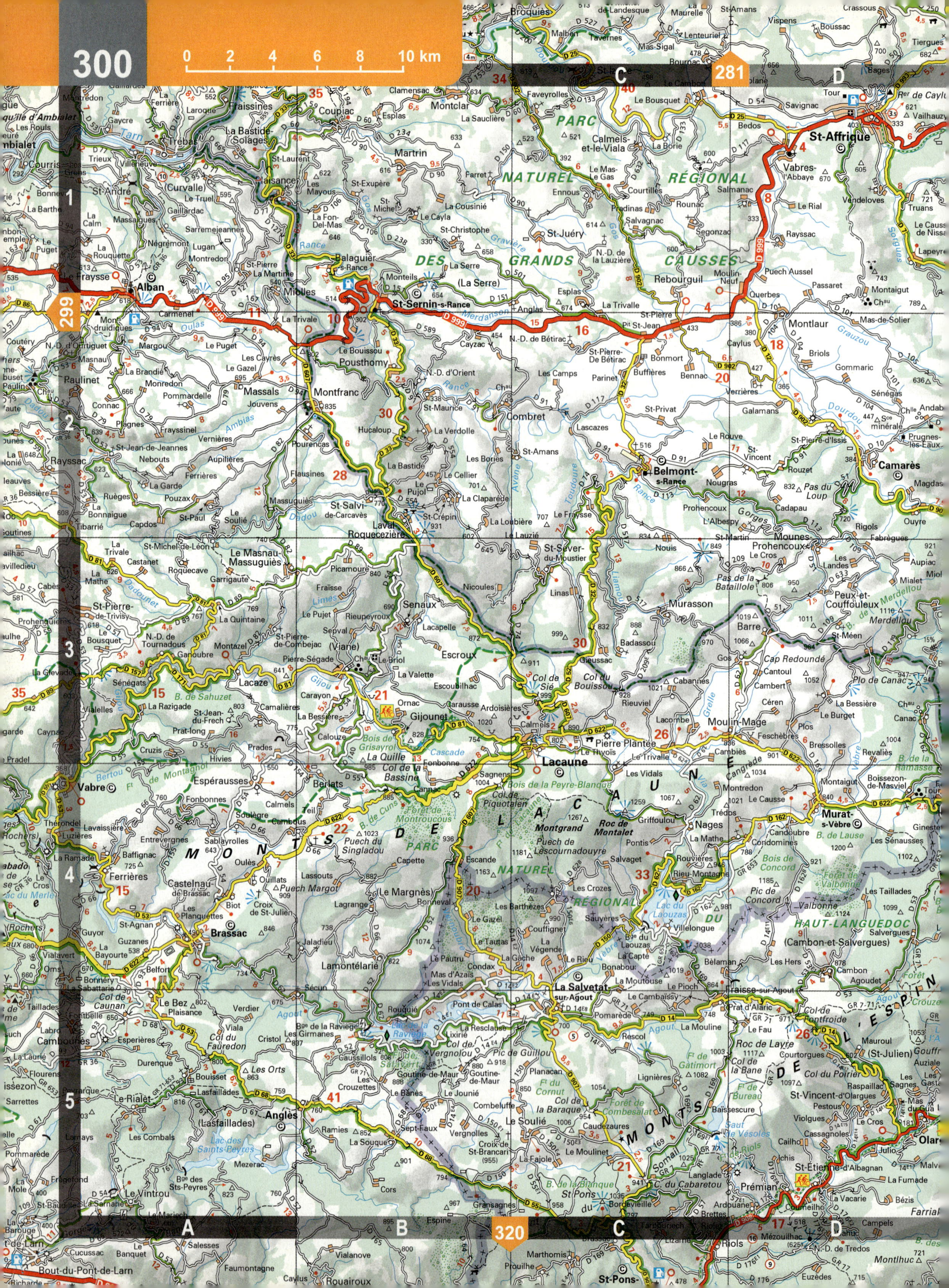
0 2 4 6 8 10 km
281
299
320
A
B
C
D
1
2
3
4
5
PARC NATUREL RÉGIONAL DES GRANDS CAUSSES
PARC NATUREL RÉGIONAL DU HAUT-LANGUEDOC
MONTS DE LACAUNE
MONTS DE L'ESPINOUSE
St-Affrique
Vabres-l'Abbaye
St-Sernin-s-Rance
Balaguier-s-Rance
Plaisance
Coupiac
Montclar
Martin
St-Juéry
Rebourguil
Belmont-s-Rance
Camarès
Alban
Le Fraysse
Paulinet
Massals
Montfranc
Pousthomy
Combret
Murasson
Barre
Moulin-Mage
Lacaune
Gijounet
Vabre
Brassac
Anglès
Lamontélarié
La Salvetat-sur-Agout
Murat-s-Vèbre
Fraisse-sur-Agout
St-Pons-de-Thomières
Prémian
St-Étienne-d'Albagnan
Olargues
Le Soulié
Castelnau-de-Brassac
Ferrières
Lacaze
Senaux
Escroux
Viane
Le Masnau-Massuguiès
St-Pierre-de-Trivisy
St-Salvi-de-Carcavès
Laval-Roquecezière
Nages
Pierre Plantée
Col de Sié
Roc de Montalet
Lac du Laouzas
Lac de la Raviège
Lac des Saints-Peyres
Cambounès
Le Vintrou
Le Bez
Tarn
Rance
Dourdou
Agout
Gijou
Ambialet
Broquiès
Tour
Vendeloves
Ceilhes
Montlaur
Gissac
Sylvanès
St-Sever-du-Moustier
Mounes-Prohencoux
Peux-et-Couffouleux
Cambon
Rieu-Montagne
Espérausses
Berlats
Col de la Bassine
Puech de Rayssac
Col du Cabaretou
Bout-du-Pont-de-Larn
Rouairoux

Roquefort-s-Soulzon
Ste-Eulalie-de-Cernon
L'Hospitalet-du-Larzac
Pic de Cougouille
St-Jean-d'Alcapies
Viala-du-Pas-de-Jaux
La Blaquererie
Combe-Redonde
Alzon
Campestre-et-Luc
St-Paul-des-Fonts
(St-Jean-et-St-Paul)
Caussenuéjouls
La Couvertoirade
Rocher du Larzac
Cornus
St-Beaulize
Versols-et-Lapeyre
Nonenque
Marnhagues
(Marnhagues-et-Latour)
St-Félix-de-Sorgues
St-Maurice-de-Sorgues
Fondamente
Plateau de Guilhaumard
Aven de Mas-Raynal
Le Caylar
LARZAC
Sorbs
Le Cros
St-Michel
Montagnol
Pas de Licous
Les Rives
Madières
St-Félix-de-l'Héras
Pas de l'Escalette
Le Clapier
Col Notre-Dame
Ceilhes-et-Rocozels
Roqueredonde
Romiguières
Pégairolles-de-l'Escalette
Cirque du Bout du Monde
Fayet
Cirque de Labeil
Lauroux
Soubès
St-Étienne-de-Gourgas
Brusque
Tauriac-de-Camarès
Avène
Col de l'Homme Mort
Plateau de l'Escandorgue
Les Plans
Poujols
St-Privat
Lodève
Prieuré St-Michel-de-Grandmont
Mélagues
Soumont
Col du Perthus
Les Aires
Lunas
Le Bosc
St-Jean-de-la-Blaquière
St-Saturnin-de-Lucian
Olmet-et-Villecun
Le Puech
Lavalette
Plo de Laurier
Le Bousquet-d'Orb
St-Geniès-de-Varensal
Graissessac
Camplong
St-Étienne-Estréchoux
Dio-et-Valquières
Celles
Lac du Salagou
Sommet de l'Espinouse
St-Gervais-sur-Mare
La Tour-sur-Orb
Octon
Clermont-l'Hérault
Col de l'Ourtigas
Brenas
Mérifons
Cirque de Mourèze
Mourèze
Bédarieux
Carlencas-et-Levas
Salasc
Villeneuvette
Lamalou-les-Bains
Hérépian
Pézènes-les-Mines
Valmascle
Lieuran-Cabrières
Mont Caroux
Combes
Colombières
St-Martin-de-l'Arçon
Le Poujol-sur-Orb
Faugères
Cabrières
Aspiran
Mons
Olargues
Pic de la Coquillade
Roquessels
Vailhan
Paulhan
Causses-et-Veyran
Caussiniojouls
Neffiès
Adissan
Vieussan
Laurens
Nizas
St-Nazaire-de-Ladarez
Autignac
Cabrerolles
Gabian
Roujan
Caux
Berlou
Roquebrun
Fouzilhon
Margon
Lézignan-la-Cèbe

0 2 4 6 8 10 km
283
301
322
A
B
C
D
1
2
3
4
5
Alzon
Sumène
St-Hippolyte-du-Fort
Ganges
Laroque
Cazilhac
Agonès
Grotte des Demoiselles
Grotte des Lauriers
Plateau de Thaurac
Montoulieu
Pompignan
Ferrières-les-Verreries
Claret
Cirque de Navacelles
Cirque de Vissec
Vissec
Blandas
Montdardier
Rogues
Gorniès
St-Maurice-Navacelles
Montagne de la Séranne
St-Bauzille-de-Putois
Brissac
St-André-de-Buèges
St-Jean-de-Buèges
Pégairolles-de-Buèges
Causse-de-la-Selle
St-Martin-de-Londres
Notre-Dame-de-Londres
Pic St-Loup
Valflaunès
Cazevieille
Le Vigan
La Vacquerie-et-St-Martin-de-Castries
St-Pierre-de-la-Fage
St-Privat
Mont St-Baudille
St-Guilhem-le-Désert
Grotte de Clamouse
Puéchabon
Argelliers
Viols-le-Fort
Mas de Londres
Les Matelles
St-Gély-du-Fesc
Murles
Combaillaux
Vailhauquès
Aniane
Gignac
St-André-de-Sangonis
Montarnaud
La Boissière
St-Paul-et-Valmalle
Clermont-l'Hérault
Lac du Salagou
Canet
Le Pouget
Vendémian
Popian
St-Bauzille-de-la-Sylve
Pouzols
Tressan
Puilacher
Plaissan
Aspiran
Bélarga
Campagnan
St-Pargoire
St-Pons-de-Mauchiens
Paulhan
Usclas-d'Hérault
Cournonterral
Cournonsec
Fabrègues
Saussan
Pignan
Murviel-lès-Montpellier
Lavérune
St-Georges-d'Orques
Juvignac
Grabels
Montpellier
Montferrier-sur-Lez
Prades-le-Lez
St-Clément-de-Rivière
Les Matelles
Le Triadou
St-Mathieu-de-Tréviers
Montbazin
Gigean
Villeveyrac
Abbaye de Valmagne
Mireval
Vic-la-Gardiole
Villeneuve-lès-Maguelone
Maguelone
Étang de Vic
Montagne de la Gardiole
Hérault
Lézignan-la-Cèbe
Cazouls-d'Hérault
Nizas
Adissan
Nébian
Villeneuvette
Ceyras
Jonquières
St-Félix-de-Lodez
Lacoste
Montpeyroux
St-Jean-de-Fos
Arboras
St-Saturnin-de-Lucian
Lagamas
St-Guiraud
Soubès
Gorges de l'Hérault
Pont du Diable
Grotte de la Baume Cellier
Cirque de l'Infernet
Séranne
Bois de Fontanilles
A 750
A 75
A 9
E 11
D 999
D 986
N 109

Nîmes
Montpellier
Lunel
Sommières
Aigues-Mortes
La Grande-Motte
Le Grau-du-Roi
Vauvert
Carnon-Plage
Palavas-les-Flots
Mauguio
Castries
Quissac
St-Mamert-du-Gard
Gallargues-le-Montueux
Aimargues
Vergèze
Codognan
Uchaud
Bernis
Milhaud
Caissargues
Marguerittes
Rodilhan
Garons
Générac
Beauvoisin
Aubord
St-Gilles
Calvisson
Congénies
Aubais
Aigues-Vives
Villetelle
Ambrussum
Marsillargues
Lansargues
Candillargues
Valergues
Lunel-Viel
Baillargues
Vendargues
St-Aunès
Pérols
Lattes
Saturargues
St-Christol
Vérargues
Restinclières
Sussargues
Beaulieu
St-Drézéry
Montaud
Boisseron
Villevieille
Junas
Souvignargues
Aujargues
Fontanès
Salinelles
Lecques
Gailhan
Sardan
Crespian
Combas
Montpezat
Montmirat
Moulézan
Montagnac
Montignargues
St-Bauzély
Fons
Gajan
Parignargues
La Calmette
Dions
Caveirac
Clarensac
Langlade
St-Côme-et-Maruéjols
Nages-et-Solorgues
Boissières
Le Cailar
Franquevaux
Gallician
Camp des Garrigues
Étang de Mauguio ou de l'Or
Étang de Scamandre
Golfe d'Aigues-Mortes
Pointe de l'Espiguette
L'Espiguette
Seaquarium
Canal du Rhône à Sète
Vidourle
Vistre
Petit Rhône
Nîmes-Arles-Camargue
Montpellier-Méditerranée
Parc des Expositions
Port-Camargue
La Vaunage
Pic de Guerre
E
F
G
H
284
304
323
1
2
3
4
5
A 9
E 15
N 106
N 113
D 999
D 979
D 6110

0 2 4 6 8 10 km
284
303
325
A
B
C
D
1
2
3
4
5
AVIGNON
Villeneuve-lès-Avignon
Rochefort-du-Gard
Remoulins
Fournès
Estézargues
Domazan
Saze
Les Angles
Barbentane
Rognonas
Châteaurenard
Noves
Montfrin
Aramon
Théziers
Meynes
Sernhac
Lédenon
Cabrières
Poulx
St-Gervasy
Bezouce
Marguerittes
Redessan
Manduel
Jonquières-St-Vincent
Vallabrègues
Abbe de St-Roman
Beaucaire
Tarascon
Boulbon
Abbe St-Michel-de-Frigolet
La Montagnette
Graveson
Maillane
St-Rémy-de-Provence
St-Étienne-du-Grès
Mas-Blanc-des-Alpilles
Les Antiques
Glanum
Les Baux-de-Provence
Chaîne des Alpilles
PARC RÉGIONAL DES ALPILLES
La Caume
Fontvieille
Moulin de Daudet
Paradou
Maussane-les-Alpilles
Mouriès
Abbe de Montmajour
Fourques
ARLES
Raphèle-lès-Arles
St-Martin-de-Crau
Bellegarde
Garons
Bouillargues
Rodilhan
NÎMES-ARLES-CAMARGUE
St-Gilles
Musée de la Camargue
PARC NATUREL RÉGIONAL DE CAMARGUE
Étang de Vaccarès
GRAND RHÔNE
PETIT RHÔNE
PLAINE DE LA CRAU
Le Sambuc
Salin-de-Badon
Étang de Malagroy
Étang du Landre
Marais du Vigueirat
Parc ornithologique
Mas-Thibert
Albaron
Gimeaux
Saliers
Rhône
Durance
A 9
A 54
N 113
N 568
N 572
D 999
D 570

St-Saturnin-lès-Avignon
Vellerons
L'Isle-sur-la-Sorgue
Le Thor
Saumane-de-Vaucluse
Fontaine-de-Vaucluse
Abbaye de Sénanque
Gordes
Village des Bories
Roussillon
Chaussée des Géants
Apt
Châteauneuf-de-Gadagne
Caumont-sur-Durance
Chartreuse de Bonpas
Cabrières-d'Avignon
Lagnes
Velorgues
Cavaillon
Robion
Taillades
Maubec
Oppède
Ménerbes
Lacoste
Bonnieux
Enclos des Bories
Buoux
Sivergues
Goult
St-Pantaléon
N.-D.-de-Lumières
Beaumettes
Cheval-Blanc
Oppède-le-Vieux
Petit Luberon
MONTAGNE DU LUBERON
Massif des Cèdres
Mollégès
Plan-d'Orgon
Orgon
St-Andiol
Eygalières
Sénas
Mallemort
Charleval
Abbaye de Silvacane
La Roque-d'Anthéron
Cadenet
Lourmarin
Puyvert
Lauris
Mérindol
Puget
Durance
Lamanon
Eyguières
Alleins
Vernègues
Lambesc
Rognes
St-Estève-Janson
Salon-de-Provence
Pélissanne
La Barben
Château
Zoo
St-Cannat
Miramas
Grans
Lançon-Provence
Cornillon-Confoux
St-Chamas
La Fare-les-Oliviers
Coudoux
Ventabren
Velaux
Éguilles
Istres
Aqueduc de Roquefavour
Berre-l'Étang
Rognac
Vitrolles
ÉTANG DE BERRE
A7
A54
E80
A8
D 900
D 973
D 7n
D 561
285
306
326
E
F
G
H
1
2
3
4
5

0 2 4 6 8 10 km
287
305
327
Apt
Saignon
Colorado de Rustrel
Gignac
Viens
Reillanne
Céreste
Montjustin
St-Michel-l'Observatoire
Observatoire de Hte Provence
Mane
Prieuré de Salagon
Forcalquier
La Brillanne
Villeneuve
Volx
Manosque
Pierrevert
Ste-Tulle
Corbières
Gréoux-les-Bains
Vinon-sur-Verdon
Mourre Nègre
Grand Luberon
Vitrolles-en-Luberon
Cucuron
Ansouis
La Tour-d'Aigues
Pertuis
Cadenet
Villelaure
Mirabeau
St-Paul-lès-Durance
Centre d'études de Cadarache (C.E.A.)
Ginasservis
Jouques
Peyrolles-en-Provence
Meyrargues
Rians
Artigues
Esparron
Venelles
Puyricard
Vauvenargues
Montagne Ste-Victoire
La Croix de Provence
Puyloubier
Pourrières
AIX-EN-PROVENCE
Le Tholonet
Meyreuil
Fuveau
Gardanne
Bouc-Bel-Air
Rousset
Trets
Pourcieux
St-Maximin-la-Ste-Baume
Ollières
Durance
Verdon
Parc naturel régional du Luberon

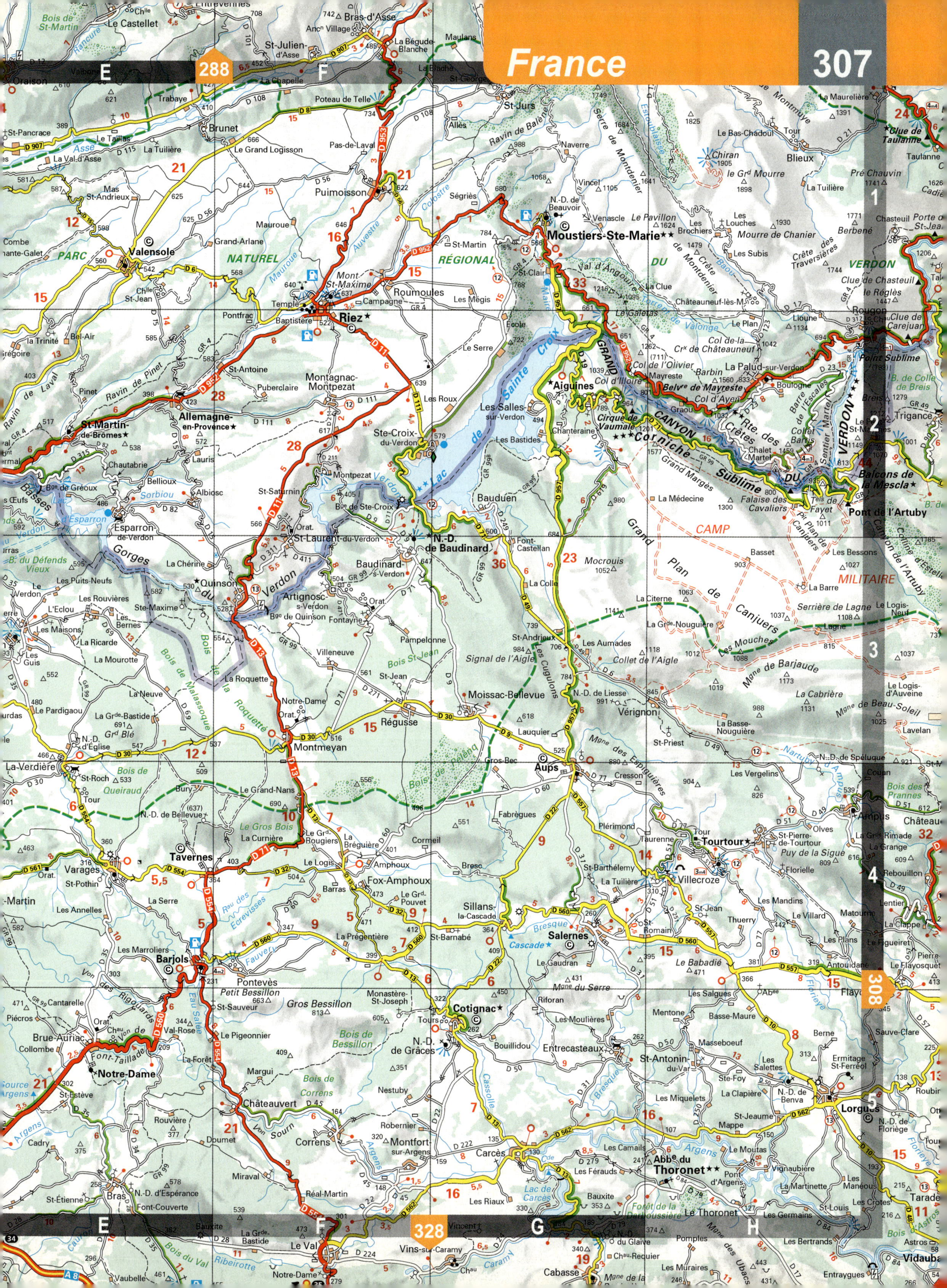

Moustiers-Ste-Marie
Riez
Valensole
Allemagne-en-Provence
St-Martin-de-Brômes
Esparron-de-Verdon
Quinson
Montmeyan
Tavernes
Varages
Barjols
Cotignac
Salernes
Aups
Régusse
Moissac-Bellevue
Tourtour
Villecroze
Entrecasteaux
Carcès
Correns
Montfort-sur-Argens
Châteauvert
Lorgues
Abbaye du Thoronet
Le Val
Aiguines
Les Salles-sur-Verdon
Ste-Croix-du-Verdon
Bauduen
N.-D. de Baudinard
Puimoisson
Lac de Sainte Croix
Grand Canyon du Verdon
Corniche Sublime
Camp Militaire
Grand Plan de Canjuers
Parc Naturel Régional du Verdon
Gorges du Verdon
Pont de l'Artuby
Balcons de la Mescla
Point Sublime
Trigance
Vérignon
Fox-Amphoux
Sillans-la-Cascade
Pontevès
Brue-Auriac
Bras
Vins-sur-Caramy

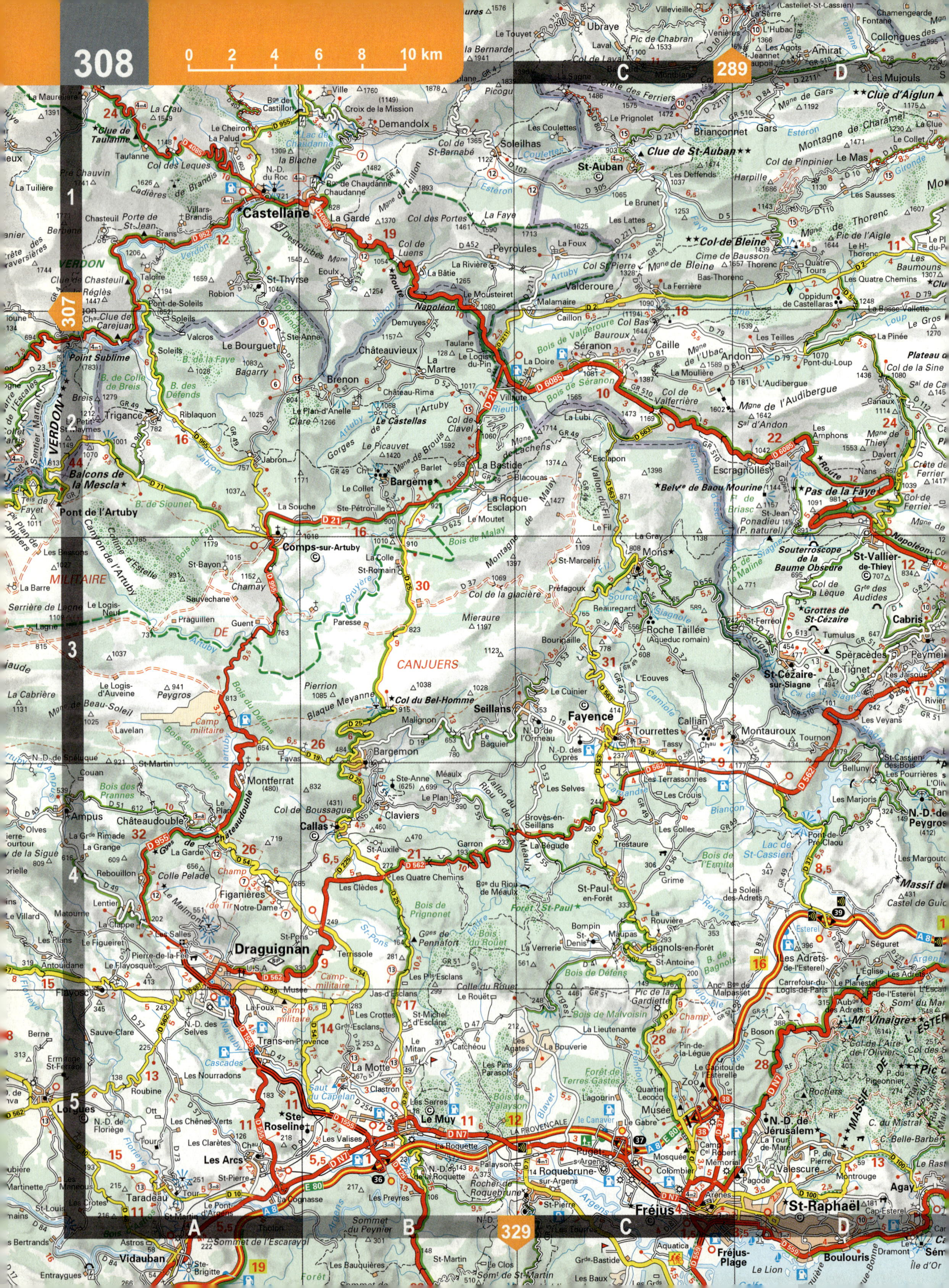
0 2 4 6 8 10 km
289
307
329
Castellane
St-Auban
Clue de St-Auban
Col de Bleine
Valderoure
Séranon
Caille
Andon
Comps-sur-Artuby
Bargème
Trigance
Point Sublime
Balcons de la Mescla
Pont de l'Artuby
VERDON
MILITAIRE
CANJUERS
Col du Bel-Homme
Seillans
Fayence
Tourrettes
Callian
Montauroux
Mons
Roche Taillée
St-Cézaire-sur-Siagne
St-Vallier-de-Thiey
Cabris
Pas de la Faye
Bargemon
Montferrat
Callas
Claviers
Châteaudouble
Ampus
Figanières
Draguignan
Trans-en-Provence
La Motte
Le Muy
Les Arcs
Ste-Roseline
Taradeau
Lorgues
Vidauban
Roquebrune-sur-Argens
Puget-sur-Argens
Fréjus
Fréjus-Plage
St-Raphaël
Boulouris
Agay
Bagnols-en-Forêt
St-Paul-en-Forêt
Lac de St-Cassien
Les Adrets-de-l'Esterel
Mt Vinaigre
MASSIF DE L'ESTEREL
A
B
C
D
1
2
3
4
5

290
E
F
G
H
2
3
4
5
GRASSE
Vence
St-Paul
Cagnes-s-M.
Villeneuve-Loubet
St-Laurent-du-Var
NICE
NICE CÔTE-D'AZUR
Baie des Anges
Cros-de-Cagnes
Biot
Valbonne
Sophia-Antipolis
Mougins
Mouans-Sartoux
Pégomas
Le Cannet
Vallauris
Golfe-Juan
Juan-les-Pins
ANTIBES
Cap d'Antibes
Marineland
CANNES
Golfe de la Napoule
Île Ste-Marguerite
Île St-Honorat
Îles de Lérins
Mandelieu-la-Napoule
La Napoule
Théoule-sur-Mer
Pte de l'Esquillon
Miramar
Le Trayas
Pic du Cap Roux
l'Esterel
Anthéor
Villefranche-sur-Mer
Beaulieu-sur-Mer
St-Jean-Cap-Ferrat
Cap Ferrat
Èze
Cap-d'Ail
La Turbie
Beausoleil
MONTE-CARLO
MONACO
La Condamine
Cap-Martin
Peillon
L'Escarène
Contes
Tourrette-Levens
Carros
Colomars
Gattières
Le Broc
Bouyon
Coursegoules
Gréolières
Cipières
Gourdon
Le Bar-s-Loup
Tourrettes-sur-Loup
La Colle-sur-Loup
Châteauneuf-Grasse
Opio
Plascassier
Cheiron
Col de Vence
Baou de St-Jeannet
St-Jeannet
La Gaude
Falicon
St-André-de-la-Roche
Aspremont
Castagniers
Levens
Gilette
Conségudes
Les Ferres
Roquesteron
Cuébris
Sigale
Aiglun
Bézaudun-les-Alpes

0 2 4 6 8 10 km
A
B
C
D
1
2
3
4
5
292
330
Hossegor
Capbreton
Labenne-Océan
Labenne
Ondres-Plage
Ondres
Tarnos-Plage
Tarnos
Boucau
La Barre
Chiberta
L. de Chiberta
BAYONNE
Anglet
Chambre d'Amour
Pnte St-Martin
Rer de la Vierge
★★BIARRITZ
Ilbarritz
St-Pierre-d'Irube
Bidart
Ste-Madeleine
Les Embruns
Plage de Parlementia
Guéthary
Arcangues
Bassussarry
Arbonne
Villefranque
Ahetze
CÔTE BASQUE
★★ST-JEAN-DE-LUZ
Pnte de Ste-Barbe
Corniche Basque
Socoa
Ciboure
Ustaritz
Jatxou
Halsou
Larressore
I. Amuitz
Cabo Higer
Pnte de Ste-Anne
Punta Turulla
Na Sa de Guadalupe
Alto del Jaizkibel
Hondarribia/Fuenterrabia
Hendaye
Hendaye-Plage
Abbadie
Urrugne
Urtubie
N-D de Socorri
Behobie
Monte Jaizkibel
Irun
San Martzial
Biriatou
Col de Courlecou
Herboure
Olhette
Mt Choldocogagna
Ascain
St-Pée-s-Nivelle
Olha
Souraïde
Espelette
Itxassou
Amotz
Cherchebruit
Col de St-Ignace
Sare
La Rhune
Ainhoa
Col de Pinodiéta
Col d'Ibardin
Mendale
Ibarron
Fagosse
Chantaco
Serres
Lezo
Uruenea
Elizalde
Gurutze
San Narziso
Erlaitz
Pagogaña
Castillo del Inglés
Peñas de Haya
Ergoien
Altzibar
Karrika
(Oiartzun)
TIA-BASTIÁN
Endarlatsa
Xantelerreka/Elzaurdia
Zia
Col de Lizuniaga
Bera/Vera de Bidasoa
Pic d'Ibanteli
Zugarramurdi
Grotte de Sare
Cuevas de Bruja
Urdazubi/Urdax
Dantxarinea
Dancharia
Col de Lizarrieta
Pic Sayberri
Col des Trois Bornes
Cuevas de Landarbaso
Collado de Arichulegui
San Antón
Ermita de San Antón
Monte Aldura
Bianditz
Alto de Bianditz
Mte Aguerregui
Zaria
Lesaka
Urritzokieta
Etxalar
Gorra
Azkar
Puerto de Otxondo
Goizamendi
Pic d'Iguzki
Lizartzu
Pico Gorramakil
Gorramendi
Amaiur/Maya
Artzamendi
Mt Urzumu
Mt Ereby
Aubépine
Col des Trois-Croix
Pic du Mondarrain
Santiago
Arano
Goizueta
Artikutza
Pagolleta egana
Altueta
Unanue
Igantzi
Berriz
San Juan
San José
Arantza
Apaola
Arrigaztelu
Azkilarrea
Bidasoa
Domekea
Azcusa
Bardo
Collado de Edquisaroy
Collado Achuela
Alcurrunz
Izcolegui
Azpilkueta
Parque Natural Señorio de Bertiz
Erratzu
Bozate
Arizkun
Gorostapalo
Inarbil
Legate
Montes de
Sunbilla
Descarga
Arzán
Loizate
Ecaitza
Mendaur
Asquin
Oteson
Elhorrikokaski
Bazt.
Forêt
Route Impériale
Landa d'Ordotz
Erratzu
Telleria
Irun
Hendaye
Bidasoa

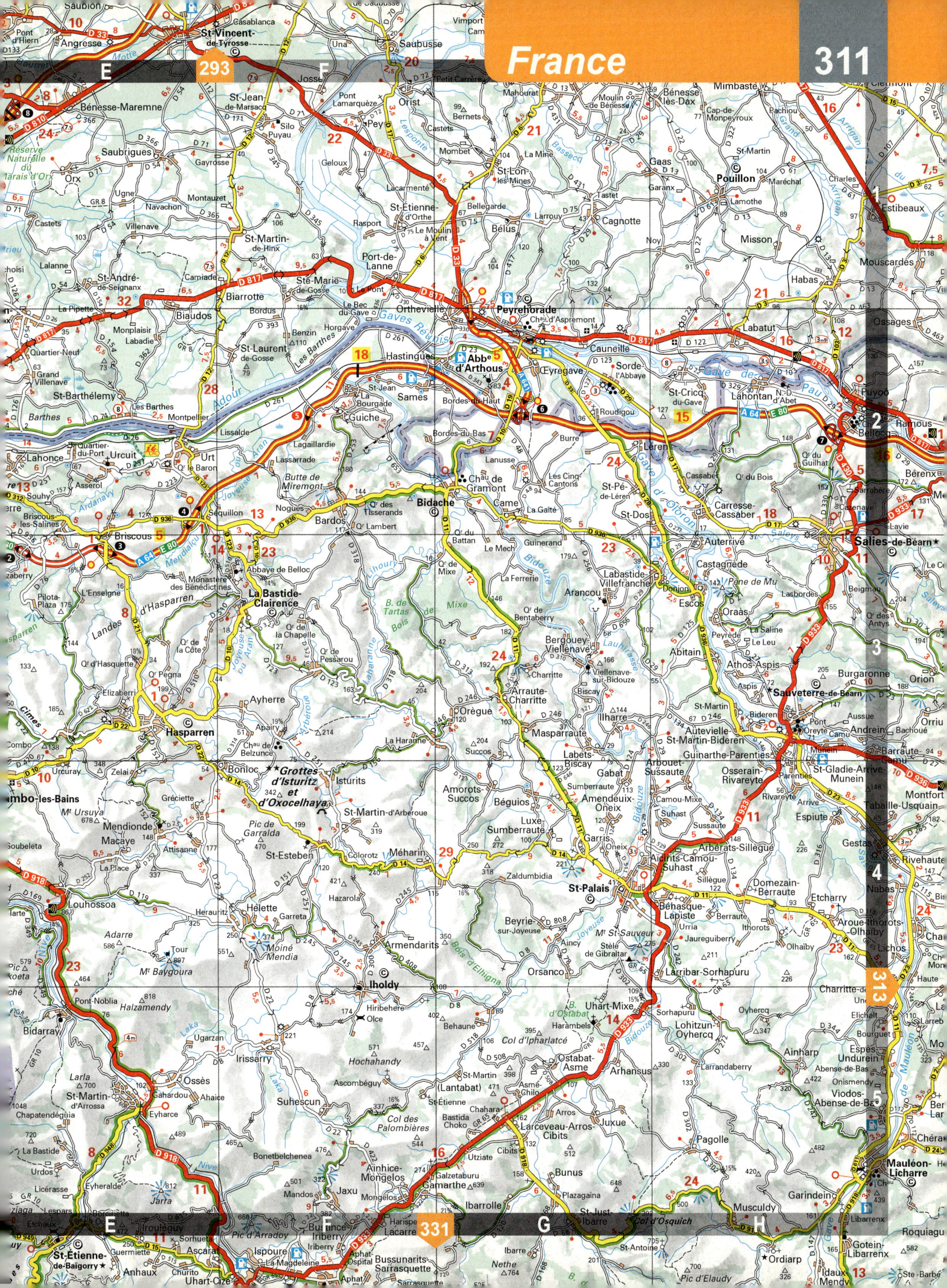
St-Vincent-de-Tyrosse
Saubusse
Angresse
Bénesse-Maremne
Saubrigues
Orx
St-Jean-de-Marsacq
Josse
Pont Lamarquèze
Orist
Pey
Mimbaste
Bénesse-lès-Dax
Pouillon
Gaas
Cagnotte
Estibeaux
Misson
Habas
Mouscardes
St-Martin-de-Hinx
Ste-Marie-de-Gosse
St-André-de-Seignanx
Biarrotte
Biaudos
Port-de-Lanne
Peyrehorade
Orthevielle
Hastingues
Abbaye d'Arthous
Sorde-l'Abbaye
Cauneille
Labatut
Ossages
Puyoo
Bellocq
Ramous
St-Laurent-de-Gosse
St-Barthélemy
Urt
Urcuit
Lahonce
Guiche
Sames
Bidache
Came
Léren
St-Pé-de-Léren
St-Dos
Carresse-Cassaber
Salies-de-Béarn
Auterrive
Castagnède
Labastide-Villefranche
Briscous
Bardos
Sames
La Bastide-Clairence
Hasparren
Ayherre
Orègue
Arraute-Charritte
Masparraute
Ilharre
Arancou
Bergouey-Viellenave
Abitain
Athos-Aspis
Sauveterre-de-Béarn
Orion
Autevielle-St-Martin-Bideren
Guinarthe-Parenties
Osserain-Rivareyte
St-Gladie-Arrive-Munein
Barraute-Camu
Andrein
Montfort
Taballe-Usquain
Cambo-les-Bains
Bonloc
Grottes d'Isturitz et d'Oxocelhaya
Isturits
St-Martin-d'Arberoue
Amorots-Succos
Béguios
Luxe-Sumberraute
Garris
Amendeuix-Oneix
Arbouet-Sussaute
Aïcirits-Camou-Suhast
St-Palais
Méharin
St-Esteben
Macaye
Mendionde
Louhossoa
Hélette
Armendarits
Iholdy
Orsanco
Béhasque-Lapiste
Domezain-Berraute
Etcharry
Aroue-Ithorots-Olhaïby
Gestas
Rivehaute
Charritte-de-Bas
Uhart-Mixe
Larribar-Sorhapuru
Lohitzun-Oyhercq
Ostabat-Asme
Arhansus
Bidarray
St-Martin-d'Arrossa
Ossès
Irissarry
Suhescun
Jaxu
Ainhice-Mongelos
Gamarthe
Larceveau-Arros-Cibits
Bunus
Juxue
Pagolle
Garindein
Mauléon-Licharre
Musculdy
Col d'Osquich
St-Étienne-de-Baïgorry
Anhaux
Ispoure
Lacarre
Bussunarits-Sarrasquette
Ordiarp
Gotein-Libarrenx
Viodos-Abense-de-Bas
Espès-Undurein
Ainharp
E
F
G
H
293
331
313
1
2
3
4
5

0 2 4 6 8 10 km
292
310
330
Bayonne
Anglet
Boucau
Tarnos
St-Martin-de-Seignanx
St-Pierre-d'Irube
Mouguerre
Urcuit
Urt
Biaudos
St-Laurent-de-Gosse
St-Barthélemy
Sames
Guiche
Hastingues
Abbe d'Arthous
Peyrehorade
Orthevielle
Port-de-Lanne
Cauneille
Bidache
Came
Bardos
Briscous
Lahonce
La Bastide-Clairence
Hasparren
Ustaritz
Villefranque
Jatxou
Halsou
Larressore
Arcangues
Arbonne
St-Pée-s-Nivelle
Espelette
Cambo-les-Bains
Souraïde
Itxassou
Ainhoa
Louhossoa
Bonloc
Grottes d'Isturitz et d'Oxocelhaya
Isturitz
St-Martin-d'Arberoue
Méharin
St-Esteben
Hélette
Mendionde
Macaye
Ayherre
Orègue
Masparraute
Labets-Biscay
Amorots-Succos
Béguios
Luxe-Sumberraute
Garris
St-Palais
Beyrie-sur-Joyeuse
Armendarits
Iholdy
Irissarry
Suhescun
Ossès
St-Martin-d'Arrossa
Bidarray
Urdazubi/Urdax
Pico Gorramakil
St-Étienne-de-Baïgorry
Anhaux
Irouléguy
Ispoure
St-Jean-Pied-de-Port
St-Jean-le-Vieux
Uhart-Cize
Lasse
Caro
St-Michel
Aincille
Bussunarits-Sarrasquette
Lacarre
Ibarrolle
Jaxu
Gamarthe
Larceveau-Arros-Cibits
Ostabat-Asme
Uhart-Mixe
Bunus
St-Just-Ibarre
Mendive
Lecumberry
Béhorléguy
Arnéguy
Estérençuby
Banca
Aldudes
Urepel
Elizondo
Col d'Ispéguy
Col de Méhatché
Artzamendi
Mt Baygoura
Mt Ursuya
Vallée des Aldudes
Labastide-Villefranche
Arancou
Bergouey-Viellenave
Arraute-Charritte
Ilharre
Sumberraute
Amendeuix-Oneix
Arhansus
St-Sauveur

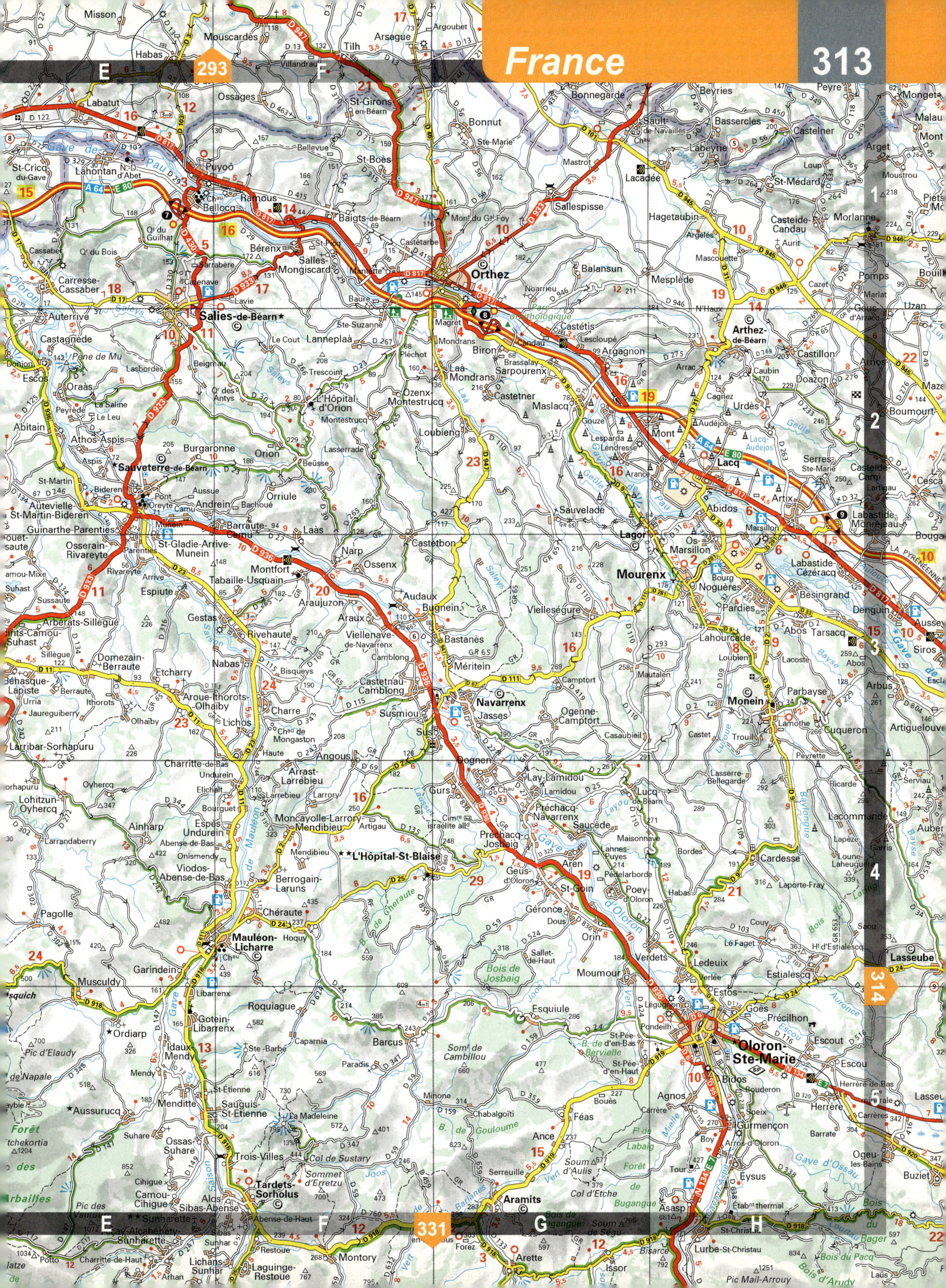

Misson
Mouscardès
Habas
Tilh
Arsague
Labatut
Ossages
Puyoô
Bellocq
Ramous
Baigts-de-Béarn
St-Girons
St-Boès
Bonnut
Bonnegarde
Sault-de-Navailles
Beyries
Bassercles
Labeyrie
Castelner
Peyre
Mastrot
Lacadée
Sallespisse
Hagetaubin
Argelos
Castelde-Candau
Morlanne
St-Médard
St-Cricq-du-Gave
Lahontan
Cassaber
Carresse-Cassaber
Bérenx
Salles-Mongiscard
Orthez
Balansun
Mesplède
Arthez-de-Béarn
Salies-de-Béarn
Auterrive
Castagnède
Lanneplaà
Baure
Magret
Biron
Castétis
Argagnon
Castillon
Doazon
Escos
Oraàs
Laà-Mondrans
Sarpourenx
Castetner
Maslacq
Urdès
Mont
Ozenx-Montestrucq
L'Hôpital-d'Orion
Loubieng
Abitain
Athos-Aspis
Burgaronne
Orion
Lacq
Serres-Ste-Marie
Sauveterre-de-Béarn
Orriule
Andrein
Sauvelade
Abidos
Artix
Labastide-Monréjeau
Autevielle-St-Martin-Bideren
Guinarthe-Parenties
Barraute-Camu
Laàs
Castetbon
Lagor
Os-Marsillon
Mourenx
Labastide-Cézéracq
Osserain-Rivareyte
St-Gladie-Arrive-Munein
Narp
Ossenx
Montfort
Tabaille-Usquain
Noguères
Pardies
Bésingrand
Espiute
Araujuzon
Audaux
Bugnein
Vielleségure
Denguin
Aussevielle
Arbérats-Sillègue
Gestas
Rivehaute
Araux
Viellenave-de-Navarrenx
Bastanès
Lahourcade
Abos
Tarsacq
Siros
Domezain-Berraute
Nabas
Méritein
Etcharry
Castetnau-Camblong
Navarrenx
Camptort
Monein
Parbayse
Aroue-Ithorots-Olhaiby
Charre
Lichos
Sus
Susmiou
Jasses
Ogenne-Camptort
Cuqueron
Artiguelouve
Larribar-Sorhapuru
Angous
Dognen
Lay-Lamidou
Lucq-de-Béarn
Charritte-de-Bas
Arrast-Larrebieu
Gurs
Préchacq-Navarrenx
Lacommande
Lohitzun-Oyhercq
Ainharp
Espès-Undurein
Moncayolle-Larrory-Mendibieu
Préchacq-Josbaig
Sauceède
L'Hôpital-St-Blaise
Cardesse
Viodos-Abense-de-Bas
Berrogain-Laruns
Aren
Geüs-d'Oloron
St-Goin
Poey-d'Oloron
Estialescq
Pagolle
Chéraute
Mauléon-Licharre
Géronce
Dous
Orin
Verdets
Ledeuix
Lasseube
Garindein
Musculdy
Moumour
Bois de Josbaig
Gotein-Libarrenx
Roquiague
Esquiule
Estos
Goès
Précilhon
Escout
Ordiarp
Idaux-Mendy
Barcus
Oloron-Ste-Marie
Escou
Herrère
Aussurucq
Menditte
Sauguis-St-Étienne
Féas
Agnos
Gurmençon
Ogeu-les-Bains
Trois-Villes
Ance
Aramits
Eysus
Buziet
Tardets-Sorholus
Alos-Sibas-Abense
Asasp
Lurbe-St-Christau
Montory
Laguinge-Restoue
Lichans-Sunhar
Arette
Issor
Pic Mail-Arrouy
Forêt des Arbailles
Forêt de Labaig
293
314
331
E
F
G
H
1
2
3
4
5

0 2 4 6 8 10 km
294
313
332
C
D
A
B
1
2
3
4
5
PAU
Lescar
Billère
Jurançon
Gelos
Bizanos
Morlaàs
Garlin
Arzacq-Arraziguet
Thèze
Lembeye
Nay
Pontacq
LOURDES
Arudy
Lasseube
Soumoulou
Lons
Idron
Lée
Ousse
Sendets
Artiguelouve
Poey-de-Lescar
Siros
Aussevielle
Denguin
Labastide-Monréjeau
Uzein
PAU-PYRÉNÉES
Serres-Castet
Montardon
Buros
Maucor
Navailles-Angos
Sauvagnon
Auriac
Miossens-Lanusse
Lalonquette
Claracq
Mazerolles
Momas
Caubios-Loos
Viellenave-d'Arthez
Beyrie-en-Béarn
Sévignacq
Lasclaveries
Ribarrouy
Mascaraàs-Haron
Castetpugon
Diusse
Moncla
Conchez-de-Béarn
Aurions-Idernes
Cadillon
Lasserre
Monpezat
Arricau-Bordes
Simacourbe
Peyrelongue-Abos
Lespielle
Castillon
Gayon
Lalongue
Lannecaube
Mouhous
Cosledaà-Lube-Boast
Lussagnet-Lusson
Monassut-Audiracq
Maspie-Lalonquère-Juillacq
Gerderest
Anoye
Momy
Lucarré
Abère
Bentayou-Sérée
Baleix
Maure
St-Laurent-Bretagne
Higuères-Souye
Riupeyrous
Barinque
St-Armou
Anos
St-Castin
Bernadets
St-Jammes
Gabaston
Lespourcy
Sedzère
Sedze-Maubecq
Urost
Lombia
Séron
Ponson-Debat-Pouts
Ponson-Dessus
Saubole
Eslourenties-Daban
Aast
Gardères
Luquet
Ger
Limendous
Lourenties
Espéchède
Andoins
Ouillon
Serres-Morlaàs
Artigueloutan
Nousty
Gomer
Espoey
Lucgarier
Hours
Livron
Barzun
Beuste
Lagos
Bordères
Bénéjacq
Labatmale
Coarraze
Igon
Lestelle-Bétharram
Montaut
St-Vincent
Barlest
Loubajac
Ossun
Plateau de Ger
Bourdettes
Mirepeix
Baudreix
Boeil-Bezing
Baliros
Bordes
Angaïs
Assat
Meillon
Narcastet
Rontignon
Uzos
Mazères-Lezons
Aressy
Pardies-Piétat
St-Abit
Arros-de-Nay
Bosdarros
Haut-de-Bosdarros
Rébénacq
Sévignacq-Meyracq
Buzy
Bescat
Lasseubetat
Herrère
Escout
Escou
Ogeu-les-Bains
Buziet
Gan
St-Faust
Aubertin
Lacommande
Laroin
Artiguelouve
Cuqueron
Arbus
Tarsacq
Bésingrand
Labastide-Cézéracq
Bougarber
Cescau
Lartigau
Casteide-Cami
Serres-Ste-Marie
Doazon
Arnos
Boumourt
Uzan
Larreule
Pomps
Mialos
Bouillon
Garos
Louvigny
Piets-Plasence-Moustrou
Cabidos
Montagut
Malaussanne
Mont-Disse
Aubous
Aydie
Viella
Portet
Lalonquère
Astis
Doumy
Argelos
Viven
Auga
Lème
Sévignacq
Séby
Méracq
Garlède-Mondebat
Pouliacq
Coublucq
Vignes
Boueilh-Boueilho-Lasque
Poursiugues-Boucoue
Philondenx
Monget
Pechevin
Lauret
Sarron
St-Agnet
Projan
Vérlus
Cannet
Candelle
Forêt Bastard
Camp mil' d'Astra
Échangeur printemps 2011
Début 2011
Vignoble de Gaye
Ste-Colome
Capbis
Pédestarres
Bruges-Capbis-Mifaget
Lys
Asson
St-Pé-de-Bigorre
Peyrouse
Bartrès
Aurions
LA PYRÉNÉENNE
A 64
E 80
A 65
D 817
D 834
D 943
D 938
D 934
D 936
D 940
D 37
D 35
D 39

Plaisance
Marciac
Montesquiou
Bassoues
Mirande
Maubourguet
Miélan
Vic-en-Bigorre
Rabastens-de-Bigorre
Puntous de Laguian
Trie-sur-Baïse
Pouyastruc
Séméac
Aureilhan
TARBES
Tournay
Galan
Lannemezan
Castelnau-Magnoac
Montaner
Bordères-sur-l'Échez
Laloubère
Juillan
Ossun
Chelle-Debat
Castelvieilh
Estampures
Sadournin
Montaut
Barcugnan
Ponsampère
Bazugues
Laas
Tillac
Estipouy
Pouylebon
Scieurac-et-Flourès
Armous-et-Cau
Lagarde
Andrest
Sarniguet
Ibos
Soues
Lannemezan
Capvern-les-Bains
295
333
316
E
F
G
H
1
2
3
4
5

0 2 4 6 8 10 km
296
315
334
A
B
C
D
1
2
3
4
5
Gimont
Saramon
Samatan
Lombez
Simorre
Masseube
Castelnau-Magnoac
Boulogne-sur-Gesse
L'Isle-en-Dodon
Aurignac
St-Martory
Miramont-d'Astarac
Durban
Orbessan
Seissan
Monferran-Plavès
Faget-Abbatial
Sémézies-Cachan
Villefranche
Montesquieu-Guittaut
Puymaurin
Nénigan
Lunax
Péguilhan
Mondilhan
Escanecrabe
Ciadoux
Montgaillard-sur-Save
Cassagnabère-Tournas
Boussan
Peyrouzet
Cazeneuve-Montaut
Lodes
St-Plancard
Montmaurin
St-Marcet
Lalouret-Laffiteau
Cardeilhac
Arné
Boudrac
Lassales
Monléon-Magnoac
Puntous
Larroque
Sariac-Magnoac
Thermes-Magnoac
Chélan
Arrouède
Panassac
Aujan-Mournède
Ponsan-Soubiran
Viozan
Moncassin
Clermont-Pouyguillès
Labarthe
Pouy-Loubrin
Moncorneil-Grazan
Betcave-Aguin
Tachoires
Lamaguère
Tournan
Sabaillan
Sauveterre
Puylausic
Espaon
Mirambeau
Frontignan-Savès
Montamat
Gaujac
Pellefigue
Mongausy
Polastron
Montiron
Aurimont
Bédéchan
Tirent-Pontéjac
Boulaur
Lartigue
Haulies
Castelnau-Barbarens
Traversères
Sansan
Ornézan
Labéjan
Lasseube-Propre
Boucagnères
Auterive
Lussan
N. D. de Cahuzac
Molas
Cadeillan
Boissède
Martisserre
Anan
Coueilles
Riolas
Fabas
Lilhac
Montbernard
Salerm
St-Frajou
St-Laurent
Castéra-Vignoles
Esparron
Mondilhan
St-Pé-Delbosc
Blajan
Gensac-de-Boulogne
St-Loup-en-Comminges
Nizan-Gesse
Sarrecave
Sarremezan
Lespugue
Saman
Charlas
St-Lary-Boujean
Aulon
Proupiary
Auzas
Laffite-Toupière
Montoulieu-St-Bernard
Benque
Peyrissas
Castelgaillard
Le Fréchet
Mancioux
St-Élix-Séglan
Bouzin
Latoue
Lieoux
Saux-et-Pomarède
St-Ignan
Larcan
Mauvezin
Recurt
Monlong
Galaise
Lalanne-Arqué
Manent-Montané
Cabas-Loumassès
Sarcos
Monbardon
Gaujan
Meilhan
Bellegarde
Esclassan-Labastide
St-Arroman
Lourties-Monbrun
Samaran
Lagarde-Hachan
Bézues-Bajon
Aussos
Sère
Monlaur-Bernet
Cizos
Villemur
Caubous
Organ
Devèze
Lalanne
Aries-Espénan
Betbèze
Barthe
Hachan
Cuélas
Ste-Aurence-Cazaux
Sauviac
Montaut
Viozan
Berdoues
Mouchès
Lamazère
Loubersan
Mongardin
Samaran
Peyret-St-André
Gaussan
Bazordan
Lalanne
Larroque
Puydarrieux
Galan
Barthe
Villeneuve-Lécussan
Uglas
Aulon
Lécussan
Lacroix

L'Isle-Jourdain
Leguevin
Tournefeuille
Plaisance-du-Touch
Cugnaux
Portet-s-Garonne
Ramonville-St-Agne
Muret
St-Lys
Rieumes
Carbonne
Rieux-Volvestre
Cazères
Montesquieu-Volvestre
Le Fousseret
Lézat-sur-Lèze
Le Fossat
St-Ybars
Auterive
Noé
Pinsaguel
Seysses
Frouzins
Villeneuve-Tolosane
Roquettes
Eaunes
Labarthe-sur-Lèze
Longages
Bérat
Peyssies
Salles-s-Garonne
Martres-Tolosane
Samatan
Lherm
St-Hilaire
Fonsorbes
Fontenilles
Saiguède
Bonrepos-sur-Aussonnelle
St-Thomas
Poucharramet
Lavernose-Lacasse
Capens
Marquefave
Montgazin
Gratens
Marignac-Lasclares
Mondavezan
Gensac-s-Garonne
St-Julien-sur-Garonne
Lavelanet-de-Comminges
Mauran
Montclar-de-Comminges
Daumazan-sur-Arize
Carla-Bayle
Massabrac
St-Sulpice-sur-Lèze
Puydaniel
Mauressac
Vernet
Miremont
Auribail
Lagardelle-sur-Lèze
Beaumont-sur-Lèze

0 2 4 6 8 10 km
298
317
336
TOULOUSE
Ramonville-St-Agne
Portet-s-Garonne
Castanet-Tolosan
Labège
Escalquens
Quint-Fonsegrives
Drémil-Lafage
Aigrefeuille
Lauzerville
Auzielle
Odars
Lanta
Vallesvilles
Caraman
Fourquevaux
Labastide-Beauvoir
Montgiscard
Baziège
Ayguesvives
Villenouvelle
Villefranche-de-Lauragais
Renneville
Gardouch
Vieillevigne
Montesquieu-Lauragais
Nailloux
Montgeard
Auterive
Cintegabelle
Saverdun
Mazères
Calmont
Salles-sur-l'Hers
Belpech
Molandier
Avignonet-Lauragais
Montferrand
Seuil de Naurouze
Labastide-d'Anjou
Cuq-Toulza
St-Félix-Lauragais
Revel
Maurens
Beauville
Folcarde
Montclar-Lauragais
Lagarde
Baraigne
Molleville
Mas-Stes-Puelles
Villeneuve-la-Comptal
Fendeille
Mayreville
Pech-Luna
Fajac-la-Relenque
La Louvière-Lauragais
Gaja-la-Selve
Le Fossat
Lézat
Esplas
Unzent
Bonnac
Tremoulet
Lapenne
Le Vernet
Villeneuve-du-Paréage
Échangeur Automne 2011
Canal du Midi
A 61
A 66
D 820
D 813
D 622
D 624
D 625
N 126

Castres
Mazamet
Puylaurens
Revel
Sorèze
Dourgne
Labruguière
Aussillon
Castelnaudary
Carcassonne
La Cité
Saissac
Montolieu
Alzonne
Bram
Fanjeaux
Montréal
Conques-sur-Orbiel
Mas-Cabardès
Villardonnel
Cuxac-Cabardès
Pennautier
Villemoustaussou
Villegailhenc
Lastours
Salsigne
Limousis
Trèbes
Berriac
Palaja
Cazilhac
Rouffiac
Pezens
Arzens
Alairac
Lavalette
Villesèquelande
Villepinte
Pexiora
Mireval-Lauragais
Laurac
Villasavary
Prouille Monastère
Brézilhac
Lasserre-de-Prouille
Villeneuve-lès-Montréal
Carlipa
St-Martin-le-Vieil
Villespy
Labécède-Lauragais
Les Brunels
Vaudreuille
Les Cammazes
Arfons
Lacombe
Fontiers-Cabardès
Fraisse-Cabardès
Aragon
Moussoulens
Ventenac-Cabardès
Caux-et-Sauzens
Montagne Noire
Pic de Montaud
Forêt de Montaud
Parc Naturel Régional du Haut-Languedoc
Bassin de St-Ferréol
Prise d'Alzeau
Lac de la Cavayère
Saïx
Lagarrigue
Valdurenque
Navès
Soual
Sémalens
Cambounet-s-le-Sor
Viviers-lès-Montagnes
St-Affrique-les-Montagnes
Verdalle
Escoussens
Massaguel
Cahuzac
St-Amancet
Durfort
Palleville
Garrevaques
Blan
Lempaut
Lescout
St-Avit
Lagardiolle
Belleserre
Pont-de-Larn
Bout-du-Pont-de-Larn
St-Amans
Pradelles-Cabardès
Labastide-Esparbairenque
Roquefère
Miraval-C.
Cabrespine
Trassanel
Villeneuve-Minervois
Bagnoles
Villalier
Malves-en-Minervois
Bouilhonnac
Fonties-d'Aude
Montirat
Monze
Couffoulens
Preixan
Villarzel-du-Razès
Montclar
Roullens
Cavanac
Leuc
Mazerolles-du-Razès
Gramazie
Cailhavel
Cailhau
La Courtète
Hounoux
Ferran
Camp Roquemaurel
Terrain militaire
Champ de tir
E
F
G
H
1
2
3
4
5
299
320
337
A 61
E 80
D 6113
N 126
D 118
D 612

0 2 4 6 8 10 km
300
319
338
A
B
C
D
1
2
3
4
5
La Salvetat-sur-Agout
HAUT-LANGUEDOC
Anglès
St-Amans-Valtoret
St-Amans-Soult
Albine
Sauveterre
Rouairoux
Labastide-Rouairoux
Lacabarède
Courniou
St-Pons-de-Thomières
Riols
Prémian
St-Étienne-d'Albagnan
Olargues
Mons
MONTS DE L'ESPINOUSE
St-Vincent-d'Olargues
Ferrières-Poussarou
Rieussec
Pardailhan
Verreries-de-Moussans
Boisset
Ferrals-les-Montagnes
Vélieux
Minerve
La Caunette
Cassagnoles
Pic de Nore
MONTAGNE NOIRE
Castans
Lespinassière
Citou
Cabrespine
Trassanel
Caunes-Minervois
Félines-Minervois
Cesseras
Azillanet
Aigues-Vives
Agel
Bize-Minervois
Argeliers
Mailhac
Pouzols-Minervois
Mirepeisset
Ginestas
Olonzac
Homps
Tourouzelle
Pépieux
Azille
Peyriac-Minervois
Rieux-Minervois
Laure-Minervois
Villeneuve-Minervois
Villarzel-Cabardès
Bagnoles
Malves-en-Minervois
Villalier
Bouilhonnac
Trèbes
Badens
Rustiques
Marseillette
Capendu
Puichéric
Barbaira
Douzens
Moux
Fontiès-d'Aude
Floure
Comigne
Fontcouverte
Roquecourbe-Minervois
Escales
Montbrun-des-C.
Conilhac-Corbières
Lézignan-Corbières
Argens-Minervois
Roubia
Paraza
Canet
Raissac-d'Aude
Marcorignan
Villedaigne
Névian
St-Nazaire-d'Aude
Ventenac-en-M.
Cruscades
Ornaisons
Luc-sur-Orbieu
Bizanet
Ferrals-les-Corbières
Fabrezan
Montirat
Monze
Pradelles-en-Val
Camplong
Étang asséché de Marseillette
Canal du Midi
Aude
D 612
D 610
D 6113
D 11
D 5
D 908
A 61

Bédarieux
Lamalou-les-Bains
Hérépian
Faugères
Roquessels
Caussiniojouls
Laurens
Autignac
Cabrerolles
Pic de la Coquillade
St-Nazaire-de-Ladarez
Roquebrun
Causses-et-Veyran
Murviel-lès-Béziers
Cessenon-sur-Orb
Prades-sur-Vernazobre
Cazedarnes
Pierrerue
Cébazan
Creissan
Puisserguier
Cruzy
Quarante
Capestang
Montady
Maureilhan
Maraussan
Thézan-lès-Béziers
Puimisson
Pailhès
Puissalicon
Magalas
Fouzilhon
Pouzolles
Gabian
Roujan
Margon
Alignan-du-Vent
Abeilhan
Servian
Coulobres
Espondeilhan
Lieuran-lès-Béziers
Bassan
Boujan-sur-Libron
Corneilhan
Lignan-sur-Orb
BÉZIERS
Écluses de Fonsérannes
Colombiers
Oppidum d'Ensérune
Nissan-lez-Enserune
Poilhes
Montels
Ouveillan
Amphoralis
Sallèles-d'Aude
Cuxac-d'Aude
Coursan
Salles-d'Aude
Fleury
Vinassan
Armissan
NARBONNE
Narbonne-Plage
St-Pierre-sur-Mer
Gouffre de l'Œil Doux
Valras-Plage
Sérignan
Sauvian
Villeneuve-lès-Béziers
Vendres
Lespignan
Cers
Portiragnes
Portiragnes-Plage
Sérignan-Plage
Montblanc
Bessan
Vias
St-Thibéry
Valros
Tourbes
Pézenas
Nizas
Caux
Lézignan-la-Cèbe
Adissan
Paulhan
Aspiran
Péret
Lieuran-Cabrières
Cabrières
Fontès
Vailhan
Neffiès
Fos
Pézènes-les-Mines
Valmascle
Grau de Vendres
Port de Brossolette
PARC NATUREL RÉGIONAL
Béziers Cap d'Agde
Béziers-Montblanc
Canal du Midi
La Clape
E F G H
301 322 339
1 2 3 4 5

0 2 4 6 8 10 km
302
321
A
B
C
D
1
2
3
4
5
Usclas-du-Bosc
Rocher des Vierges
Arboras
Grotte de Clamouse
Puéchabon
Pont du Diable
St-Jean-de-la-Blaquière
St-Saturnin-de-Lucian
Montpeyroux
St-Jean-de-Fos
Aniane
Lavalette
Le Puech
St-Guiraud
Jonquières
St-Félix-de-Lodez
Lagamas
Gignac
St-André-de-Sangonis
La Boissière
Celles
Lac du Salagou
Octon
Brenas
Mérifons
Salasc
Liausson
Mourèze
Cirque de Mourèze
Clermont-l'Hérault
Ceyras
Cambous
Brignac
Canet
Pouzols
Popian
St-Bauzille-de-la-Sylve
Bédarieux
Carlencas-et-Levas
Le Bousquet
Villeneuvette
Nébian
Le Mas-Roujou
Lieuran-Cabrières
Cabrières
Péret
Aspiran
Tressan
Puilacher
Le Pouget
Vendémian
Plaissan
Faugères
Roquessels
Caussiniojouls
Fos
Vailhan
Neffiès
Fontès
Adissan
Paulhan
Usclas-d'Hérault
Campagnan
St-Pargoire
Bélarga
Laurens
Gabian
Cassan
Roujan
Caux
Nizas
Cazouls-d'Hérault
Lézignan-la-Cèbe
St-Pons-de-Mauchiens
Abbaye de Valmagne
Villeveyrac
Montagnac
Autignac
Fouzilhon
Margon
Pouzolles
Magalas
Puissalicon
Coulobres
Espondeilhan
Abeilhan
Alignan-du-Vent
Tourbes
Pézenas
Aumes
Castelnau-de-Guers
Loupian
Villa Loupian
Mèze
Puimisson
Pailhès
Thézan-lès-Béziers
Lieuran-lès-Béziers
Servian
Valros
Nézignan-l'Évêque
St-Thibéry
Pinet
Pomérols
Florensac
Corneilhan
Bassan
Lignan-sur-Orb
Boujan-sur-Libron
Montblanc
Bessan
Marseillan
Béziers
Cers
Villeneuve-lès-Béziers
Portiragnes
Vias
Agde
Sauvian
Sérignan
Vendres
Écluses de Fonséranes
Le Cap-d'Agde
Marseillan-Plage
Étang de Thau
Bassin de Thau
Portiragnes-Plage
Sérignan-Plage
Valras-Plage
Béziers Cap d'Agde
Colombiers
Maureilhan
Nissan-lez-Enserune
Lespignan
Fleury
Rochelongue
Fort Brescou
Rocher de la Lauze
Tamarissière
Grau-d'Agde
A 75
A 9
A 750
D 612
D 613
N 9

E
F
G
H
1
2
3
4
5
303
324
MONTPELLIER
Lunel
Aimargues
Castries
Vendargues
Baillargues
St-Brès
Valergues
Lunel-Viel
Marsillargues
Lansargues
St-Just
Mudaison
St-Nazaire-de-Pézan
Mauguio
Candillargues
Castelnau-le-Lez
Le Crès
St-Aunès
Jacou
Teyran
Clapiers
Montferrier-sur-Lez
Prades-le-Lez
St-Clément-de-Rivière
St-Gély
Assas
St-Vincent-de-Barbeyrargues
Restinclières
Grabels
Juvignac
Montarnaud
Vailhauquès
Murles
Combaillaux
Argeliers
St-Paul-et-Valmalle
St-Georges-d'Orques
Murviel-lès-Montpellier
Pignan
Lavérune
Saussan
St-Jean-de-Védas
Cournonterral
Cournonsec
Fabrègues
Montbazin
Gigean
Mireval
Vic-la-Gardiole
Villeneuve-lès-Maguelone
Lattes
Pérols
Carnon-Plage
Palavas-les-Flots
Maguelone
La Grande-Motte
Le Grau-du-Roi
Port-Camargue
Pointe de l'Espiguette
L'Espiguette
Seaquarium
Frontignan
Frontignan-Plage
Balaruc-le-Vieux
Sète
La Corniche
MONTPELLIER-MÉDITERRANÉE
PARC DES EXPOSITIONS
Étang de Mauguio ou de l'Or
Golfe d' Aigues-Mortes
G O L F E
D U
Canal du Rhône à Sète
Étang de Pérols
Étang de l'Arnel
Étang du Prévost
Étang de Vic
Étang des Moures
Étang de Pierre Blanche
Étang d'Ingril
A 9
A 750
N 109
N 113
D 62
D 612
D 613
D 986

0 2 4 6 8 10 km
A
B
C
D
1
2
3
4
5
323
304
Lunel
Aimargues
Le Cailar
Marsillargues
St-Laurent-d'Aigouze
Aigues-Mortes
Le Grau-du-Roi
Seaquarium
Caves de Listel
Espiguette
St-Gilles
Musée de la Camargue
Albaron
Gimeaux
Saliers
Étang de Scamandre
Étang du Charnier
Étg de Grey
Gallician
Franquevaux
Montcalm
Sylvéréal
Avignon
Mas de Capette
Le Ménage
Petite Camargue
Pioch-Badet
Pont-de-Gau
Parc ornithologique
Stes-Maries-de-la-Mer
Port Gardian
Musée
Grau d'Orgon
Étang de Vaccarès
PARC NATUREL RÉGIONAL DE CAMARGUE
PLAINE DE LA CAMARGUE
Île de Mornes
Étang de Malagroy
Étang de l'Impérial
Étang de Monro
Bois des Rièges
Étg du Lion
Digue à la Mer
Phare de la Gacholle
Étg du Tampan
Golfe de Beauduc
Beauduc
Pointe du Sablon
Étg de Beauduc
Étg du Fournelet
Fiélouse
La Capelière
Villeneuve
Méjanes
Grand Mar
Arles
Fourques
Étang de Galabert
Étg du Fangassier
Étg du Grd Rascaillan
Étg de Vaissea
L I O N
Rhône
Petit Rhône
Rhône Vif
Canal du Rhône à Sète
Canal Philippe Lamour
Vidourle
Vistre
D 570
D 979
D 58
D 37
D 6572
D 38
D 85
N 572

Salon-de-Provence
Pélissanne
St-Martin-de-Crau
Raphèle-lès-Arles
Mouriès
Miramas
Istres
St-Chamas
Cornillon-Confoux
Grans
Lançon-Provence
Calissanne
Fos-s-Mer
Port-de-Bouc
Martigues
St-Mitre-les-Remparts
Oppidum St-Blaise
Châteauneuf-les-Martigues
La Mède
Sausset-les-Pins
Carry-le-Rouet
Carro
Cap Couronne
Port-St-Louis-du-Rhône
Salin-de-Giraud
Le Sambuc
PLAINE DE LA CRAU
Marais du Vigueirat
Port de Fos
GOLFE DE FOS
ÉTANG DE BERRE
Chaîne de l'Estaque
GRAND RHÔNE
Plage de Piémanson
Étang de Faraman
La Palissade
Entressen
Camp militaire
ISTRES-LE-TUBÉ
Miramas-le-Vx
Sulauze
Rassuen
Lavéra
Ponteau
Sausset-les-Pins
Ile Aragnon
305
326
E
F
G
H
1
2
3
4
5

0 2 4 6 8 10 km
305
Aqueduc de Roquefavour
Berre-l'Étang
Vitrolles
Rognac
Étang de Vaïne
DE
BERRE
Marignane
MARSEILLE-PROVENCE
Hydroaérodrome
Fos-s-Mer
Oppidum St-Blaise
St-Mitre-les-Remparts
N.-D. des Marins
Martigues
Port-de-Bouc
Port de Fos
Terminal méthanier
Terminal pétrolier
Phare de St-Louis
Port pétrolier de Lavéra
GOLFE
DE
FOS
Cal. des Renaires
Pointe de Bonnieu
Les Ragues d'Arnette
Carro
Cap Couronne
Ile Aragnon
Sausset-les-Pins
Carry-le-Rouet
Châteauneuf-les-Martigues
Chaîne de l'Estaque
Bois de Châteauneuf
Bois de Carry
Ensuès-la-Redonne
Madrague-de-Gignac
Le Rove
Gignac-la-Nerthe
Niolon
L'Estaque
St-Antoine
Les Pennes-Mirabeau
Cabriès
Aix-en-Provence T.G.V.
Rade de Marseille
MARSEILLE
Île Ratonneau
Le Frioul
Île Pomègues
Chau d'If
Cap Caveaux
Îles du Frioul
Rade d'Endoume
Plages du Prado
Cap Croisette
Île Tiboulen
Île Maïre
Les Goudes
Callelongue
Île de Planier
Île de Jarre
Île de Riou
A
B
C
D
1
2
3
4
5

E
F
G
H
1
2
3
4
5
306
328
Bouc-Bel-Air
Gardanne
Simiane-Collongue
Mimet
Fuveau
Gréasque
Belcodène
Peynier
Trets
Pourcieux
St-Maximin-la-Ste-Baume
Mont Aurélien
Oratoire St-Jean-du-Puy
Montagne de Regagnas
La Bouilladisse
Pas-de-Trets
Auriol
St-Zacharie
Nans-les-Pins
Rougiers
Cadolive
St-Savournin
Peypin
La Destrousse
Roquevaire
Plan-de-Cuques
Allauch
Aubagne
Gémenos
Massif de la Sainte Baume
St-Pilon
Signal de la Ste-Baume
Forêt domaniale de la Ste-Baume
Plan-d'Aups-Ste-Baume
Col de l'Espigoulier
Riboux
Mazaugues
Signes
Cuges-les-Pins
O.K. Corral
Castellet Paul-Ricard
Le Beausset
Le Castellet
St-Marcel
La Penne-sur-Huveaune
Carnoux-en-Provence
Roquefort-la-Bédoule
Ceyreste
La Cadière-d'Azur
St-Cyr-sur-Mer
Cassis
Cap Canaille
Sémaphore
La Ciotat
Les Lecques
Bandol
Sanary-sur-Mer
Six-Fours-les-Plages
Ollioules
Le Gros Cerveau
Évenos
Gorges d'Ollioules
Bec Sormiou
Cal. de Sormiou
Cal. de Morgiou
Cal. de Sugiton
Cal. d'En-Vau
Cal. de Port-Pin
Cal. de Port-Miou
Les Calanques
Île Calseraigne
Congloué
Cal. de Figuerolles
Île Verte
Cap de l'Aigle
Île de Bendor
Pnte de la Cride
Institut Océanographique Paul Ricard
Îles des Embiez
Le Brusc
Presqu'île du Cap Sicié
N.-D. du Mai
Cap Sicié
Fort de Six-Fours
La Seyne-sur-Mer
Les Sablettes
Massif de Puget
Forêt de la Gardiole
Col de la Gineste
Luminy
Mazargues
Valmante
A 50
A 52
A 8

0 2 4 6 8 10 km
307
327
A
B
C
D
1
2
3
4
5
Brignoles
TOULON
Hyères
La Seyne-s-Mer
La Valette-du-Var
La Garde
La Crau
Carqueiranne
Six-Fours-les-Plages
St-Mandrier-sur-Mer
Presqu'île de St-Mandrier
Cap Sicié
N.-D. du Mai
Cuers
Solliès-Pont
Solliès-Ville
Solliès-Toucas
Pierrefeu-du-Var
Puget-Ville
Carnoules
Pignans
Gonfaron
Le Luc
Le Cannet-des-Maures
Flassans-sur-Issole
Besse-s-Issole
Ste-Anastasie-sur-Issole
Forcalqueiret
Rocbaron
Garéoult
Néoules
La Roquebrussanne
Mazaugues
Signes
Méounes-lès-Montrieux
Belgentier
Tourves
Vins-sur-Caramy
Cabasse
Le Val
Camps-la-Source
Carcès
Montfort-sur-Argens
Abbaye du Thoronet
Le Thoronet
Collobrières
Bormes-les-Mimosas
La Londe-les-Maures
Le Lavandou
N.-D. des Anges
Massif des Maures
Mont Caume
Mt Faron
Le Revest-les-Eaux
Hyères-Plage
Presqu'île de Giens
Giens
La Capte
Rade d'Hyères
Golfe de Giens
Îles
Île de Porquerolles
Porquerolles
Cap d'Arme
Cap de Léoube
Cap de Brégançon
Les Salins-d'Hyères
Port-de-Miramar
Ayguade-Ceinturon
Le Pradet
Cap Cépet
Fort Balaguier
Conservatoire Botanique National
Autodrome du Var
Village de tortues
Jardin d'oiseaux tropicaux

308
E
F
G
H
1
2
3
4
5
Les Arcs
Taradeau
Vidauban
Fréjus
Fréjus-Plage
Boulouris
Cap du Dramont
Sémaphore★★
Île d'Or
Golfe de Fréjus
★★★Corniche
St-Aygulf
Pte de la Lauvette
Les Issambres
Les Calanques
San-Peïre-s-Mer
La Nartelle
Cap des Sardinaux
Ste-Maxime★
Golfe de St-Tropez
★★ST-TROPEZ
Port-Grimaud★
Grimaud
La Garde-Freinet
Roches Blanches
M A U R E S
Col de Vignon
Plan-de-la-Tour
Col du Grateloup
Cap de St-Tropez
Plage des Salins
Cap du Pinet
Plage de Tahiti
Plage de Pampelonne
Cogolin
Gassin
Ramatuelle★
Phare de Camarat★
Cap Camarat
Presqu'île de St-Tropez★★
La Croix-Valmer
Col de Collebasse
Gigaro
Plage de l'Escalet
Cap Taillat
Cavalaire-sur-Mer
Baie de Cavalaire
Cap Cavalaire
★★Cap Lardier
★★Col du Canadel
Domaine du Rayol★★
Rayol-Canadel-sur-Mer
Cavalière
Aiguebelle
Le Lavandou★
Cap Nègre
Pramousquier
Pte de la Chappe
★★Corniche des Maures
Monastère de la Verne★★
La Môle
Collobrières
Plage de la Favière
Port de Bormes-les-Mimosas
Baie de Gau
Pte de l'Esquillette
Cap Bénat
Cap Blanc
Île de Port-Cros★★★
(Parc National)
Port-Cros
Port-Man
Col des 4 Chemins
Pte du Vallon
Rer de la Gabinière
Île du Levant
Héliopolis
Le Grd Cap
Pte Maupertuis
Phare du Titan
Pte de l'Arest
Pte de Calle-Rousse
Pte du Castellas
D'HYÈRES

0 2 4 6 8 10 km

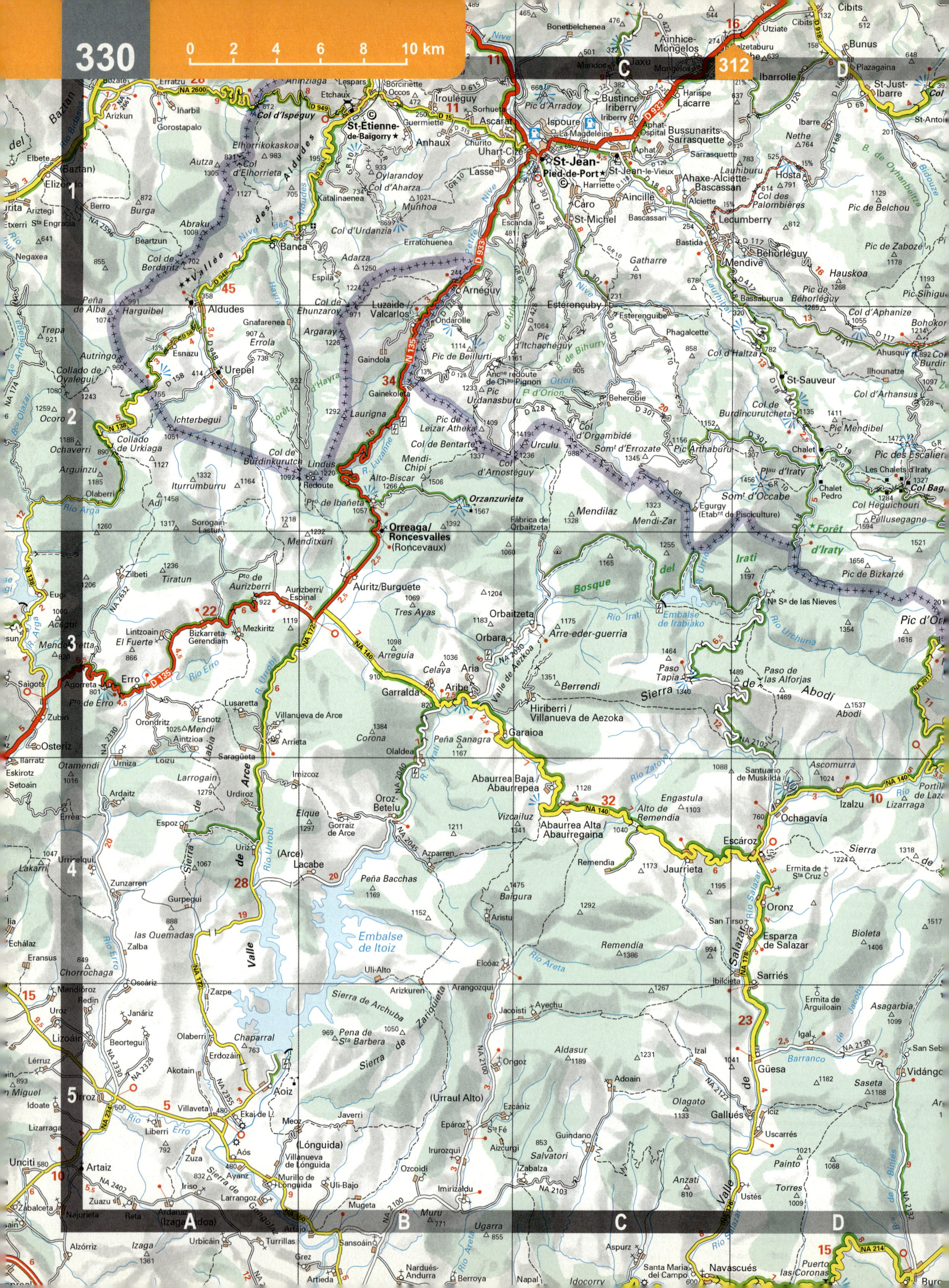
312
St-Jean-Pied-de-Port
St-Étienne-de-Baïgorry
Orreaga/Roncesvalles
(Roncevaux)
Auritz/Burguete
Aldudes
Urepel
Banca
Arnéguy
Estérençuby
Lecumberry
Mendive
Béhorléguy
St-Michel
Ispoure
Uhart-Cize
Lasse
Anhaux
Irouléguy
Ascarat
Bussunarits-Sarrasquette
Ahaxe-Alciette-Bascassan
Aincille
Caro
Col d'Ispéguy
Col de Roncevaux
Col de Bentarte
Col d'Orgambidé
Col d'Arnostéguy
Col de Burdincurutcheta
Col Bagargui
Forêt d'Iraty
Bosque del Irati
Embalse de Irabiako
Sierra de Abodi
Embalse de Itoiz
Valle de Arce
Valle de Aezkoa
Valle de Salazar
Sierra de Gorgolla
Sierra de Archuba
Sierra de Zariquieta
Garralda
Aribe
Garaioa
Orbaitzeta
Orbara
Aria
Hiriberri / Villanueva de Aezkoa
Abaurrea Baja / Abaurrepea
Abaurrea Alta / Abaurregaina
Jaurrieta
Ochagavía
Izalzu
Escároz
Oronz
Esparza de Salazar
Sarriés
Güesa
Gallués
Uscarrés
Navascués
Aoiz
Lizoáin
Urroz
Erro
Mezkiritz
Eugi
Zubiri
Osteriz
Lacabe
Oroz-Betelu
Vizcaílluz
Artaiz
Villaveta
Nagore
Arrieta
Villanueva de Arce
Lusarreta
Mendi
Abodi
Tiratun
Sierra de Labia
NA 135
NA 140
NA 172
NA 2030
NA 2040
NA 2100
NA 2130
NA 2012
NA 178
NA 214
N 135
N 138
D 933
D 948
D 15
D 301
D 18
D 117
A
B
C
D
1
2
3
4
5
10
15
22
23
28
32
34
45
16
11

Mauléon-Licharre
Oloron-Ste-Marie
Tardets-Sorholus
Aramits
Arette
Lanne-en-Barétous
Montory
Ste-Engrâce
Lescun
Accous
Bedous
Osse-en-Aspe
Lées-Athas
Cette-Eygun
Etsaut
Urdos
Sarrance
Escot
Lurbe-St-Christau
Asasp
Eysus
Gurmençon
Bidos
Agnos
Féas
Ance
Barcus
Esquiule
Larrau
Laguinge-Restoue
Lichans-Sunhar
Alçay-Alcabéhéty-Sunharette
Ordiarp
Aussurucq
Ossas-Suhare
Trois-Villes
Sauguis-St-Etienne
Idaux-Mendy
Gotein-Libarrenx
Pic d'Anie
Col du Somport
Candanchú
Somport
Tunnel du Somport
Canfranc-Estación
Isaba
Uztárroz
Roncal
Urzainqui
Garde
Ansó
Siresa
Hecho
Fago
Pic d'Orhy
Pic des Moines
Pic de Sesques
Table des trois Rois
Pic d'Ansabère
Pic Lariste
Pic Rouge
PARC NATIONAL DES PYRÉNÉES
VALLÉE D'ASPE
Sierra de Arrigorrieta
Punta Barrena
Monte Campanil
Visaurin
La Cuta
Forêt des Arbailles
Pic Roumendarès
Pic Soulaing
Pic de Guilhers
Col de la Pierre St-Martin
Arette-Pierre-St-Martin
Crevasses d'Holcarté
Gorges de Kakuetta
Col d'Erroymendi
Pic Lakhoura
Portillo de Eraice

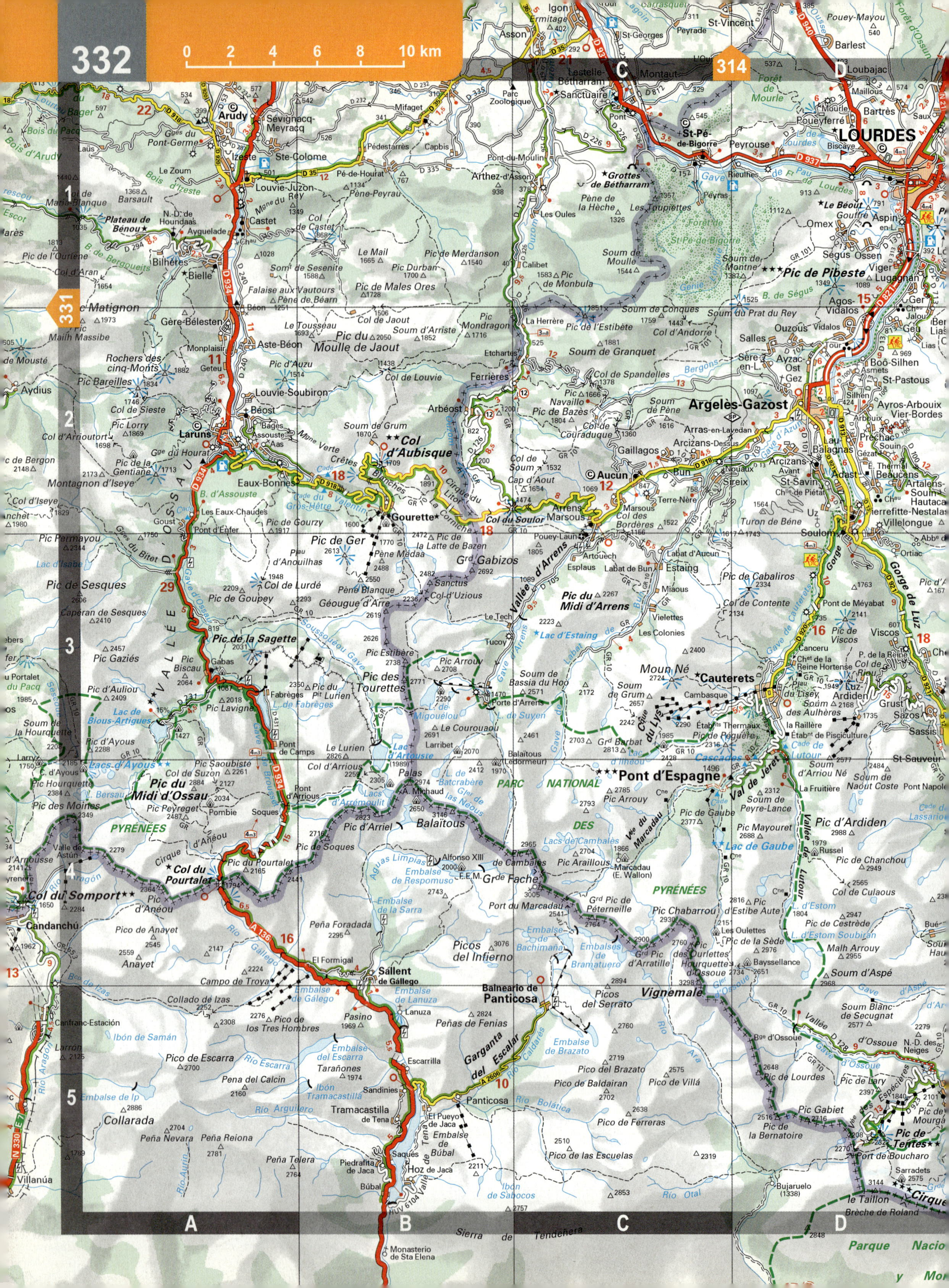
0 2 4 6 8 10 km
314
331
A
B
C
D
1
2
3
4
5
LOURDES
Argelès-Gazost
Cauterets
Arudy
Laruns
Eaux-Bonnes
Gourette
Col d'Aubisque
Col du Soulor
Arrens-Marsous
Aucun
Pic du Midi d'Ossau
Col du Pourtalet
Col du Somport
Candanchú
Pont d'Espagne
Vignemale
Balaïtous
Pic de Pibeste
Grottes de Bétharram
St-Pé-de-Bigorre
Luz-Ardiden
Gorge de Luz
Sallent de Gállego
Balneario de Panticosa
Panticosa
Garganta del Escalar
Picos del Infierno
Biescas
Pic de Tentes
Vallée d'Ossau
Vallée d'Arrens
Val de Jéret
Vallée du Lutour
PARC NATIONAL DES PYRÉNÉES
Lacs d'Ayous
Lac de Bious-Artigues
Lac d'Artouste
Lac de Gaube
Lac d'Estaing
Pic de Ger
Pic de Sesques
Pic de la Sagette
Pic Gabizos
Pic du Midi d'Arrens
Pic Arriel
Pic d'Ardiden
Pic de Cabaliros
Pic Chabarrou
Pic Estibère
Pic des Tourettes
Pico de Anayet
Collarada
Peña Telera
Tramacastilla de Tena
Piedrafita de Jaca
Hoz de Jaca
Escarrilla
Sandiniés
Villanúa
Canfranc-Estación
Pic de Gaube
Pic de Lourdes
Pic de Péterneille
Ibón de Sabocos
Sierra de Tendeñera
Monasterio de Sta Elena
Parque Nacional
Brèche de Roland
Cirque
Le Taillon
Bujaruelo

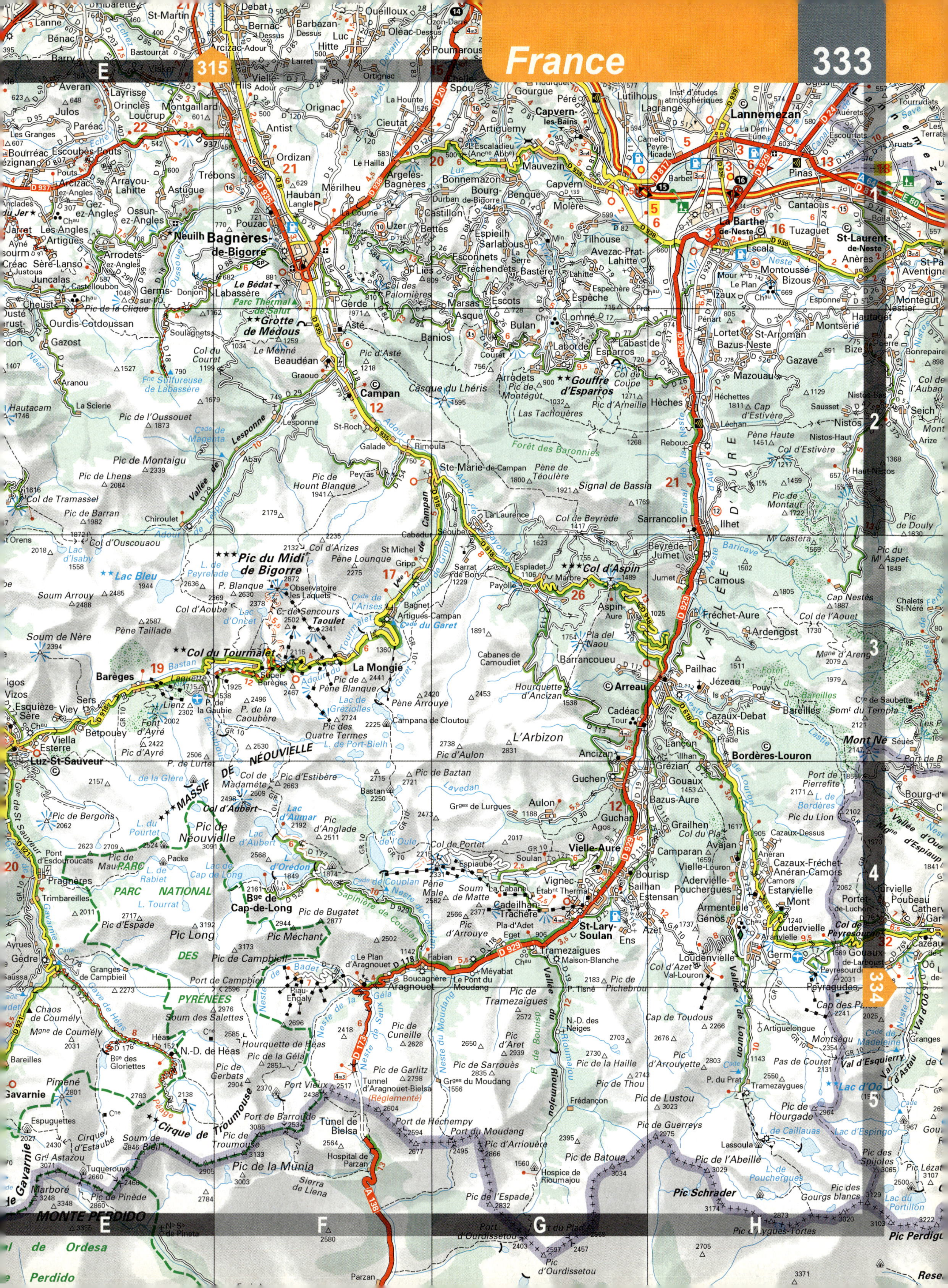

Lannemezan
Bagnères-de-Bigorre
Campan
Pic du Midi de Bigorre
Col du Tourmalet
La Mongie
Barèges
Luz-St-Sauveur
Massif de Néouvielle
Pic de Néouvielle
Parc National des Pyrénées
Cirque de Troumouse
Gavarnie
Arreau
Vielle-Aure
St-Lary-Soulan
Loudenvielle
Sarrancolin
Col d'Aspin
Gouffre d'Esparros
Grotte de Médous
Capvern
La Barthe-de-Neste
St-Laurent-de-Neste
Tunnel d'Aragnouet-Bielsa
Aragnouet
Pic Méchant
Pic Long
Pic de la Munia
Monte Perdido
Pic Schrader
L'Arbizon
Vallée d'Aure
Vallée du Louron
Bordères-Louron
Tunel de Bielsa
Ordesa

St-Gaudens
Montréjeau
Valentine
Miramont-de-Comminges
Estancarbon
Labarthe-Inard
Pointis-Inard
Montespan
Salies-du-Salat
St-Martory
Castillon-de-St-Martory
St-Médard
Beauchalot
Mane
Figarol
St-Laurent-de-Neste
Anères
Aventignan
St-Paul
Lombrès
Gourdan-Polignan
Labroquère
Valcabrère
St-Bertrand-de-Comminges
Sarp
Barbazan
Loures-Barousse
Luscan
Génos
Malvezie
Arbon
Izaut-de-l'Hôtel
Encausse-les-Thermes
Soueich
Aspet
Milhas
Sengouagnet
Cazaunous
Juzet-d'Izaut
Razecueille
Col de Portet-d'Aspet
Portet-d'Aspet
St-Lary
Augirein
Orgibet
Mauléon-Barousse
Ferrère
Sost
Cierp-Gaud
Marignac
St-Béat
Boutx
Lez
Arlos
Fos
Melles
Signac
Binos
Bachos
Guran
Burgalays
Cazaux-Layrisse
Baren
Gouaux-de-Luchon
Pic de Bacanère
Canejan
Bausen
Pontaut
Les
Bossòst
St-Aventin
Castillon-de-Larboust
Cazaux
Superbagnères
Bagnères-de-Luchon
Montauban
St-Mamet
Col du Portillon
Vilamòs
Arres
Es Bordes
Vielha
Betren
Escunhau
Casau
Arties
Salardú
Gessa
Baqueira
VAL D'ARAN
Pic des Crabioules
Pic Lézat
Port de Vénasque
Reserva Nacional
Pic Perdiguère
Superbagnères
Vallée du Lys
Vallée d'Oueil
Kiosque de Mayrègne
Peyragudes
Col de Peyresourde
Montsaunès
Garonne
Cap de la Pique
Col d'Aouéran
Plan de Montmajou
A
B
C
D
1
2
3
4
5

317
E
F
G
H
340
336
1
2
3
4
5
St-Girons
St-Lizier
Castillon-en-Couserans
Oust
Massat
Seix
Aulus-les-Bains
Le Mas-d'Azil
Ste-Croix-Volvestre
Montesquieu-Avantès
Durban-s-Arize
Montseron
La Bastide-de-Sérou
Saint-Michel
Montbrun-Bocage
Daumazan-sur-Arize
Campagne-sur-Arize
Sabarat
Pailhès
Montjoie-en-Couserans
Lacourt
Mérigon
Contrazy
Fabas
Montardit
Prat-Bonrepaux
Mauvezin-de-Prat
Bethmale
Sentenac-d'Oust
Ercé
Biert
Boussenac
Col de Port
Col d'Agnes
Col de Pause
Mont Valier
Mont Rouch
Pic de Certascan
Pic Rouge de Bassiès
Pointe des Trois Comtes
Port de Salau
Pic de Maubermé
Col de la Core
Col de Catchaudègue
Col de Saraillé
Col de Péguère
Col de la Crouzette
Col des Caougnous
Col de Rille
Som[t] de Portel
Grotte du Mas-d'Azil
Gorges de Ribaouto
Massif de l'Arize
Vallée de Bethmale
Vallée d'Ustou
Vallée du Garbet
Cap Blanc
Pic de Montgarie
Tuc de Quer Ner
Pic de Fonta
Pic de Soubirou
Pic de Montagnou
Pic de Séron
Pic de Girantes
Pic des Trois Seigneurs
Pic de la Journalade
Pic d'Estibat
Pic de Freychet
Guzet-Neige
Col d'Escots
Pico de Moredo
Cabeza de Marimanya
Cordillera de Plas
Port d'Aula
Pic de la Pale
Pic des Trois Comtes
D 117
D 618
D 119
D 3
D 32
D 8
22
24
30
40
45
MONTAGNE
Montels
Alzen
Esplas-de-Sérou
Rimont
Castelnau-Durban
Clermont
Larbont
Nescus
Suzan
Allières
Gabre
Aigues-Juntes
Artigat
Carla-Bayle
Lanoux
Castéras
Barjac
Tourtouse
Bédeille
Lasserre
Taurignan-Castet
Taurignan-Vieux
Gajan
Caumont
Lorp-Sentaraille
Montégut-en-Couserans
Moulis
Eycheil
Encourtiech
Rivèrenert
Erp
Alos
Soueix-Rogalle
Aleu
Engomer
Audressein
Argein
Arrout
Cescau
Salsein
Les Bordes-s-Lez
Uchentein
Arrien-en-Bethmale
Couflens
Salau
Ustou
Seix
Mauvezin-de-Ste-Croix
Cabanères
Camarade
Montfa
Raynaude
Les Bordes-sur-Arize
Lézères
Montagagne
Sentenac-de-Sérou
Burret
Saurat
Suc-et-Sentenac
Auzat
Vicdessos
Marc
Montcalm
Cazavet
Montgauch
Francazal
Betchat
Touille
Marsoulas
Mane
Salies-du-Salat
Castagnède
Belbèze-en-Comminges
Escoulis
Cérizols
Montbéraud
Lahitère
Le Plan
Gouzens
Montclar-de-Comminges
Roquefort-s-Garonne
Ausseing
Mailhac
Gaillard-du-Bosc
La Noguera Pallaresa
Salat

0 2 4 6 8 10 km
318
335
340
A
B
C
D
1
2
3
4
5
Pamiers
Mirepoix
Varilhes
FOIX
Montgaillard
Lavelanet
Tarascon-s-Ariège
Parc de la Préhistoire
Les Cabannes
Vicdessos
Ax-les-Thermes
Montségur
La Bastide-de-Sérou
Saint-Jean-de-Verges
Saint-Paul-de-Jarrat
Mercus-Garrabet
Arignac
Bompas
Ussat
Grotte de Niaux
Auzat
Carrière de Trimouns
Pic de St-Barthélemy
Signal de Chioula
Pas de l'Ours
Col de Port
Pic des Trois Seigneurs
Roquefort-les-Cascades
Dalou
Crampagna
Rieucros
Vals
Laroque-d'Olmes
Dreuilhe
Bélesta
Villeneuve-d'Olmes
Benaix
L'Aiguillon
Fougax-et-Barrineuf
Montaillou
Prades
Camurac
Luzenac
Unac
Lordat
Bestiac
Caussou
Sorgeat
Ascou
Orlu
Savignac-les-Ormeaux
Aulos
Verdun
Axiat
Vèbre
Château-Verdun
Larcat
Aston
Sinsat
Bouan
Capoulet-et-Junac
Miglos
Niaux
Lapège
Illiers-et-Laramade
Sem
Goulier
Siguer
Gestiès
Lercoul
Orus
Suc-et-Sentenac
Surba
Rabat-les-Trois-Seigneurs
Bédeilhac-et-Aynat
Saurat
Montoulieu
Prayols
Ferrières-sur-Ariège
Ganac
Brassac
Bénac
Burret
Serres-sur-Arget
Montagagne
Alzen
Nescus
Montels
Baulou
Cadarcet
Suzan
Loubens
Cazaux
Aigues-Juntes
Gabre
Pailhès
Lanoux
Artigat
St-Michel
Escosse
St-Amans
Bézac
Madière
St-Victor-Rouzaud
St-Bauzeil
Benagues
Rieux-de-Pelleport
Ségura
Gudas
Malléon
Coussa
Arvigna
Vira
Dun
Limbrassac
Troye-d'Ariège
Aigues-Vives
Léran
Régat
Esclagne
Sautel
Lieurac
Ventenac
Arabaux
Pradières
L'Herm
Soula
Celles
Nalzen
Freychenet
Montferrier
Raissac
Péreille
Villeneuve-du-Paréage
Manses
Teilhet
Coutens
Besset
Tourtrol
Vivies
Malegoude
La Bastide-de-Bousignac
Roumengoux
Lapenne
Trémoulet
La Bastide-de-Lordat
Ludiès
St-Amadou
Les Pujols
Les Issards
Verniolle
La Tour-du-Crieu
Saverdun
Ribouisse
Plavilla
Ste-Foi
St-Quentin-la-Tour
Belloc
Lagarde
Moulin-Neuf
Gaudiès
Pic de Saint-Barthélemy
Forêt d'Embeyre
Montagne de Tabe
Pla de Montcamp
Pic de Baljésou
Pic du Midi de Siguer
Pique d'Endron
Pic de Montaud
Pic de Serembarre
Col de Chioula
Col de Marmare
Col de la Lauze
Col de Sarnac
Col del Bouich
Col de Grail
Col de Lhers
Pic de la Journalade
Pic de Fontfrède
Crête de Madoual
Pic de Mède
Pic de Soularac
Station de Beille
Plateau de Beille
Pic du Han
Pic de la Lauzate
Pic de l'Aspre
Pech de Foix
Col de Py
Le Pain de Sucre
Mont Fourcat
Signal de la Journalade
Bois de la Bélène
Pic de Montegut
Pic de Montmiou
Forêt de Bélesta
Montagne de la Frau
Gorges de la Frau

Fanjeaux
Limoux
Quillan
Couiza
Chalabre
Axat
Alaigne
St-Hilaire
Belcaire
Puivert
Espéraza
Alet-les-Bains
Villefort
Belvis
Rodome
Escouloubre
Quérigut
Sournia
Fenouillet
Caudiès-de-Fenouillèdes
Bugarach
Rennes-les-Bains
Arques
Serres
Montazels
Campagne-sur-Aude
Nébias
Ginoles
Coudons
St-Martin-Lys
Gorges de St-Georges
Défilé de Pierre-Lys
Pic de Bugarach
Col du Linas
Col de St-Louis
Lavagnac
Puilaurens
Cailla
Marsa
Joucou
Mazuby
Niort-de-Sault
Mérial
La Fajolle
Campagna-de-Sault
Mijanès
Rouze
Artigues
Le Puch
Carcanières
Montfort-sur-Boulzane
Gincla
Salvezines
Rabouillet
Roquefort-de-Sault
Counozouls
Sainte-Colombe-sur-Guette
Villefloure
Leuc
Couffoulens
Preixan
Rouffiac-d'Aude
Verzeille
Pomas
Pieusse
Cépie
Malviès
Cambieure
Brugairolles
Montclar
Routier
Lauraguel
Gaja-et-Villedieu
Donazac
Pauligne
Loupia
Malras
La Digne-d'Aval
La Digne-d'Amont
Magrie
Tourreilles
Cournanel
Roquetaillade
Véraza
Terroles
Peyrolles
Cassaignes
Coustaussa
Luc-s-Aude
Antugnac
Rennes-le-Château
Sougraigne
Fourtou
Camps-sur-l'Agly
Prugnanes
Villerage
Vira
Le Vivier
Pellado
St-Paul-de-Fenouillet
Sarrat Naout
Montjardin
Sonnac-sur-l'Hers
Camon
Montbel
Ste-Colombe-sur-l'Hers
Rivel
Courtauly
Peyrefitte-du-Razès
Corbières
Tréziers
St-Benoît
Festes-et-St-André
Bouriège
Bourigeole
St-Couat-du-Razès
Castelreng
Ajac
La Bezole
Villelongue-d'Aude
Pomy
Roquefeuil
Espezel
Galinagues
Comus
Aunat
Bessède-de-Sault
Gesse
Le Clat
Belvianes-et-Cavirac
St-Ferriol
Granès
St-Just-et-le-Bézu
St-Julia-de-Bec
St-Louis-et-Parahou
Col de Jau
Roc Cornut
E
F
G
H
319
338
341

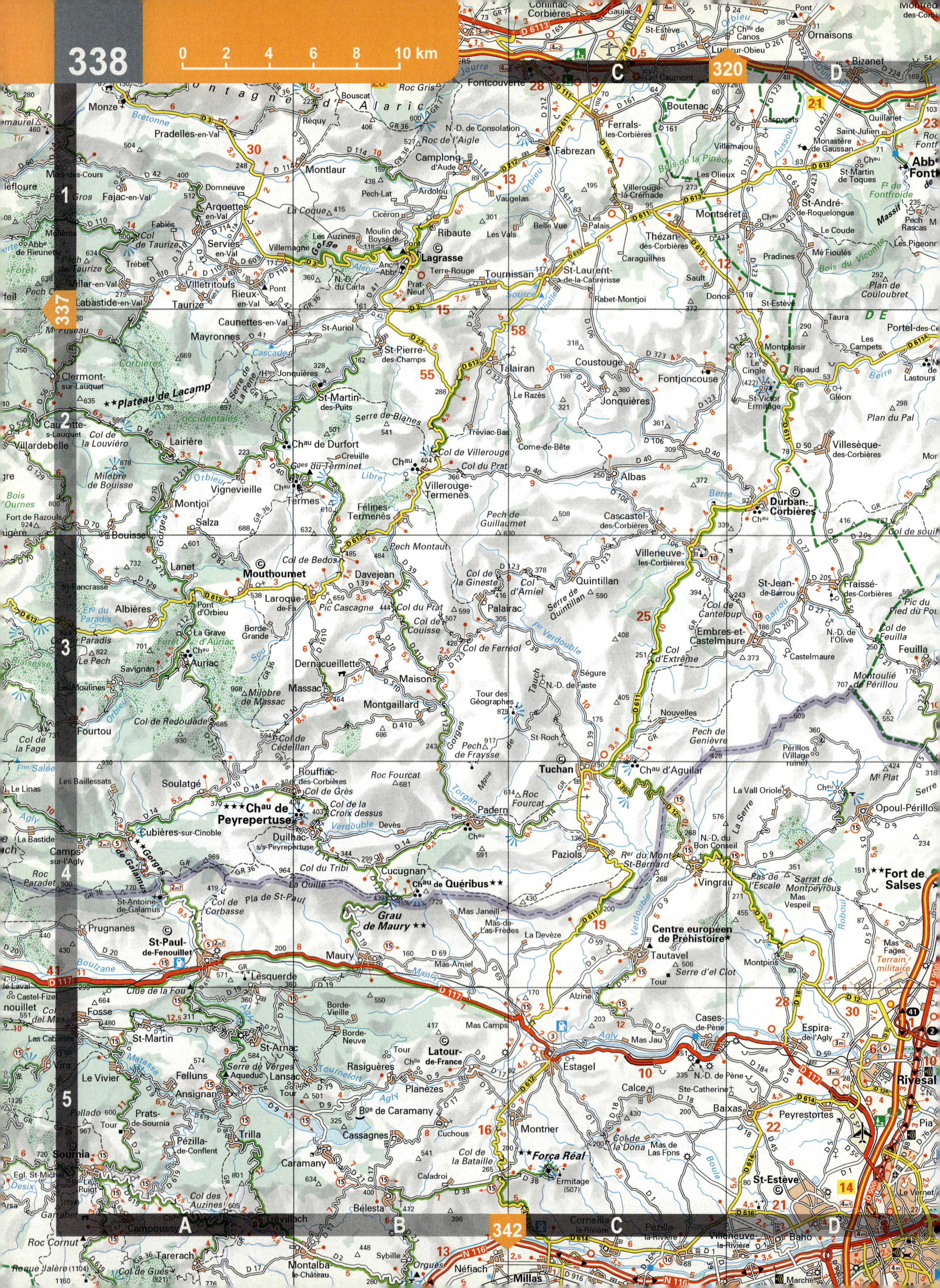
0 2 4 6 8 10 km
320
337
342
Lagrasse
Tournissan
St-Laurent-de-la-Cabrerisse
Fabrezan
Ferrals-les-Corbières
Boutenac
Montséret
Thézan-des-Corbières
Ornaisons
Bizanet
St-André-de-Roquelongue
Portel-des-Corbières
Montlaur
Camplong-d'Aude
Ribaute
Pradelles-en-Val
Monze
Arquettes-en-Val
Villetritouls
Rieux-en-Val
Taurize
Labastide-en-Val
Caunettes-en-Val
Mayronnes
St-Pierre-des-Champs
Talairan
Coustouge
Fontjoncouse
Jonquières
St-Martin-des-Puits
Clermont-sur-Lauquet
Plateau de Lacamp
Lairière
Villardebelle
Vignevieille
Montjoi
Termes
Félines-Termenès
Villerouge-Termenès
Albas
Durban-Corbières
Villesèque-des-Corbières
Cascastel-des-Corbières
Villeneuve-les-Corbières
Mouthoumet
Davejean
Quintillan
Palairac
Laroque-de-Fa
Albières
Auriac
Dernacueillette
Massac
Maisons
Montgaillard
Embres-et-Castelmaure
St-Jean-de-Barrou
Fraissé-des-Corbières
Feuilla
Tuchan
Padern
Paziols
Rouffiac-des-Corbières
Soulatgé
Chau de Peyrepertuse
Duilhac-s/s-Peyrepertuse
Cucugnan
Chau de Quéribus
Grau de Maury
Cubières-sur-Cinoble
St-Paul-de-Fenouillet
Maury
Lesquerde
Vingrau
Tautavel
Centre européen de Préhistoire
Opoul-Périllos
Fort de Salses
Estagel
Latour-de-France
Cases-de-Pène
Espira-de-l'Agly
Rivesaltes
Baixas
Peyrestortes
St-Estève
Montner
Força Réal
Calce
Planèzes
Rasiguères
Cassagnes
Caramany
Ansignan
Trilla
Sournia
Bélesta
Millas
Néfiach
Corneilla-la-Rivière
Pézilla-la-Rivière
Villeneuve-la-Rivière
Baho
Montalba-le-Château
Prugnanes
Fosse
St-Martin
Le Vivier
Fellluns
Prats-de-Sournia
Pézilla-de-Conflent
St-Arnac
Lansac

Armissan
Vires
Clape
Terrain militaire
Narbonne-Plage
Les Hauts de Narbonne
Moujan
L'Hospitalet
Pech Redon
Coffre de Pech Redon
Rouquette
Montagne
Le Pech Rouge
Les Ayguades
Cimetière marin
N.-D. des Auzils
Le Rec d'Argent
Les Monges
Cabrioles
Montfort
Jonquières
Montplaisir
Rochegrise
La Nautique
Mandirac
Les Pesquis
Bages
Prat de Cest
Estarac
Milan
Ét. de Mateille
Étang de Gruissan
Gruissan
Gruissan-Plage
Musée
Île St-Martin
Ét. de Campignol
L'Évêque
Salin de St-Martin
Grazel
L'Ayrolle
Étang de L'Ayrolle
Ét. du Doul
Peyriac-de-Mer
Î. de Planasse
Étang de Bages
Réserve africaine
Île de l'Aute
NARBONNAISE
RÉGIONAL
PARC
Le Hameau du Lac
Île Ste-Lucie
Grau de la Vieille Nouvelle
La Courtive
Villefalse
Les Cabanes
Gd Salin
Salin de Ste-Lucie
Étang de Sigean
Sigean
Port-la-Nouvelle
Parc éolien des Corbières maritimes
Cap Romarin
Marbre
St-Martin
Roquefort-des-Corbières
La Palme
Salin de Lapalme
Ét. de Lapalme
Les Cabanes-de-Lapalme
St-Pancrace
Lapalme
MÉDITERRANÉE
Grau de la Franqui
La Franqui
Caves
Treilles
Cap Leucate
Leucate
Leucate-Plage
Fitou
St-Aubin
Les Cabanes-de-Fitou
Grau de Leucate
Port-Fitou
Étang de Leucate ou de Salses
Pnte de la Corrège
LA CATALANE
Port-Leucate
Aquamagic
Salses-le-Château
Grde Dosse
Paquebot Lydia (ensablé)
Garrieux
Île de la Coudalère
Luna Park
Port-Barcarès
Centre nautique
Camp militaire
Port St-Ange
Le Barcarès
des-Corbières
St-Hippolyte
St-Laurent-de-la-Salanque
Salut Claira
Agly
Jouègue
Torreilles-Plage
Torreilles
Villelongue-de-la-Salanque
Ste-Marie
Ste-Marie-Plage
Bompas
Têt
Canet-en-Roussillon
PERPIGNAN
Cabestany
L'Esparrou
Canet-Plage
E
F
G
H
1
2
3
4
5
321
343

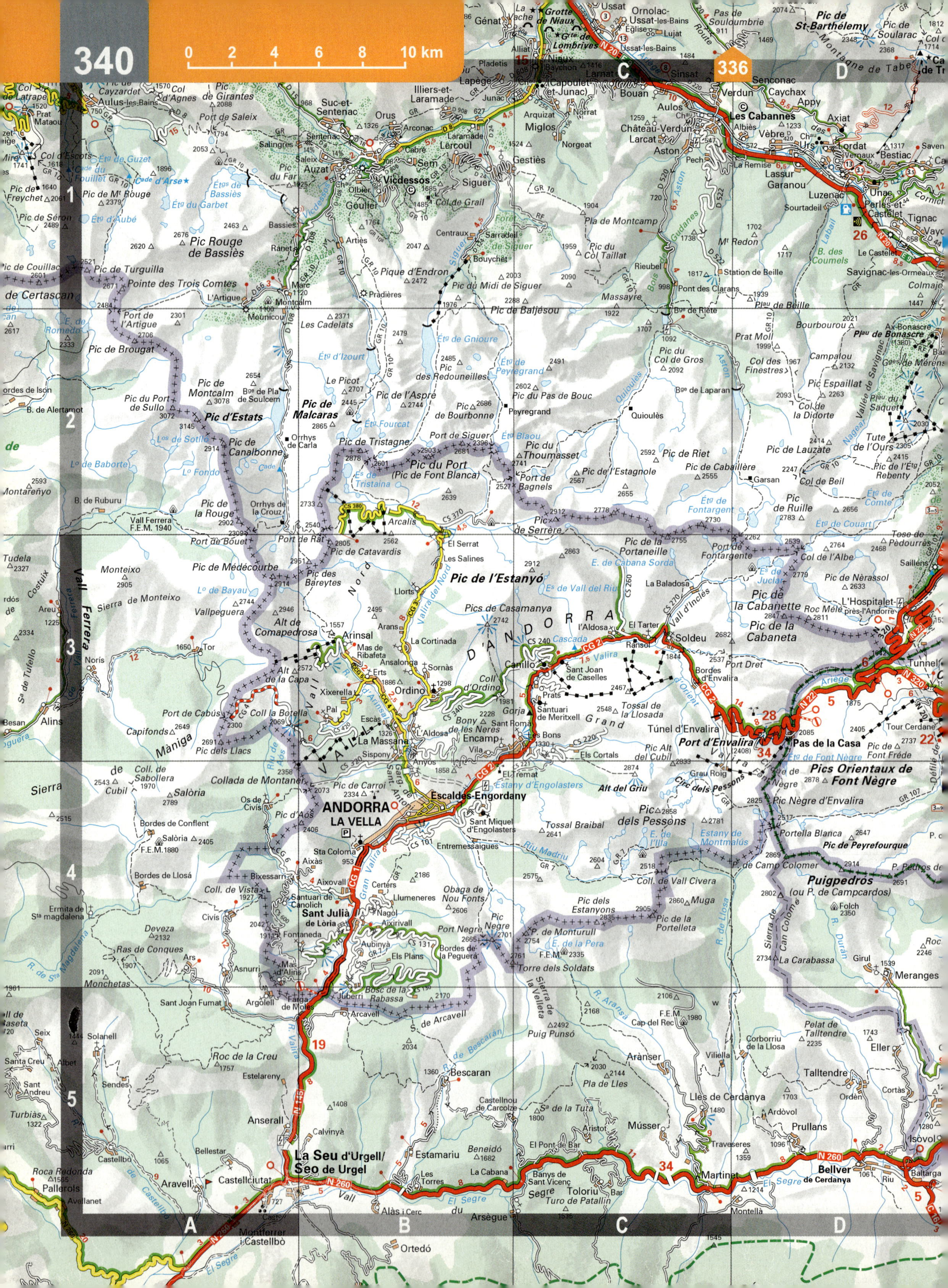
0 2 4 6 8 10 km
336
A
B
C
D
1
2
3
4
5
ANDORRA LA VELLA
Escaldes-Engordany
Sant Julià de Lòria
La Seu d'Urgell/ Seo de Urgel
Vicdessos
Auzat
Les Cabannes
Pic d'Estats
Pic de Montcalm
Pic Rouge de Bassiès
Pic de Médécourbe
Pic de l'Estanyó
Pic du Port (Pic de Font Blanca)
Pic de Tristagne
Pic de Malcaras
Pic de Turguilla
Pointe des Trois Comtes
Pic de Certascan
Pic de Brougat
Pic de Baljésou
Pic du Midi de Siguer
Pique d'Endron
Pic de Serrère
Pic de la Portaneille
Pic de Fontargente
Pic de la Cabanette
Pic de la Cabaneta
Pic de Casamanya
Pic de Carroi
Pic dels Pessons
Pic de Peyrefourque
Pics Orientaux de Font Nègre
Pic Nègre d'Envalira
Puigpedros (ou P. de Campcardos)
Port d'Envalira
Pas de la Casa
Túnel d'Envalira
Soldeu
Canillo
Encamp
Ordino
La Massana
Arinsal
El Serrat
Sant Joan de Caselles
Santuari de Meritxell
Vall Ferrera
Vall del Nord
Port de Rat
Port de Cabús
Coll de la Botella
Alt de la Capa
Alt de Comapedrosa
Collada de Montaner
Estany d'Engolasters
Coll. de Vall Civera
Pic dels Estanyons
Pic Negre
Torre dels Soldats
Tossal Braibal
Puig Punsó
Bescaran
Estamariu
Aravell
Castellciutat
Montferrer i Castellbò
Ortedó
Martinet
Bellver de Cerdanya
Lles de Cerdanya
Prullans
Talltendre
Meranges
Aranser
Músser
Arsèguel
Alàs i Cerc
El Segre
Segre
Anserall
Calvinyà
Argolell
Fontaneda
Aixirivall
Aixovall
Bixessarri
Civís
Os de Civís
Saloria
Cubil
Monteixo
Noris
Alins
Tor
Areu
Mas de Ribafeta
Erts
Pal
Xixerella
Llorts
Arans
La Cortinada
Sornàs
Les Salines
Arcalís
Pic de Catavardis
Pic des Bareytes
Lo de Bayau
Vallpeguera
Marc
Montcalm
L'Artigue
Goulier
Olbier
Siguer
Gestiès
Lercoul
Miglos
Niaux
Capoulet (et-Junac)
Bouan
Verdun
Aulos
Château-Verdun
Larcat
Aston
Luzenac
Unac
Perles-et-Castelet
Garanou
Lassur
Vèbre
Urs
Lordat
Bestiac
Tignac
Axiat
Caychax
Appy
Senconac
Sinsat
Pic de Montcamp
Massayre
Pic du Col Taillat
Mt Redon
Station de Beille
Pic de Beille
Pont des Clarans
Prat Moll
Col des Finestres
Campalou
Pic Espaillat
Col de la Didorte
Pic de Lauzate
Pic de Rhode
Pic de Ruille
Pic de Riet
Pic de Caballière
Garsan
Col de Beil
Quioulès
Peyregrand
Pic de Bourbonne
Pic de l'Aspre
Pic des Redouneilles
Pic du Pas de Bouc
Pic du Col de Gros
Pic du Thoumasset
Port de Siguer
Port de Bagnels
Pic de l'Estagnole
Ét. de Fontargent
Ét. de Couart
Col de l'Albe
Pic de Nérassol
L'Hospitalet-près-l'Andorre
Port Dret
Bordes d'Envalira
Pic Alt del Cubil
Grau Roig
Estany de Montmalús
Alt del Griu
Muga
Pic de la Portelleta
P. de Monturull
Sierra de la Vellerta
Cap del Rec
Pla de Lles
Pic de Saloria
Roc de la Creu
Estelareny
Sendes
Solanell
Castellbò
Pallerols
Avellanet
Roca Redonda
Turbiàs
Sant Andreu
Santa Creu
Seix
Monchetas
Ras de Conques
Deveza
Ermita de Sta magdalena
Coll. de Vista
Bordes de Llosà
Bordes de Conflent
Màniga
Capifonds
Pic dels Llacs
Sierra de Monteixo
Pic de Rubiuro
Vall Ferrera F.E.M. 1940
Pic de la Rouge
Pic de Canalbonne
Pic du Port de Sullo
Orrhys de Carla
Orrhys de la Croux
Les Cadelats
Le Picot
Étg d'Izourt
Étg de Gnioure
Étg Fourcat
Pic de Girantes
Port de Saleix
Aulus-les-Bains
Col d'Agnes
Suc-et-Sentenac
Orus
Illiers-et-Laramade
Sem
Saleix
Génat
Pic de St-Barthélemy
Pic de Soularac
Montagne de Tabe
Lujat
Ussat-les-Bains
Ornolac-Ussat-les-Bains
Grotte de Niaux
Grotte de Lombrives
Pas de Soulombrie
Col de Gudanes

Ax-les-Thermes
Orlu
Mérens-les-Vals
Pic Carlit
Pic Pédrous
Pic Peric
Querigut
Carcanières
Escouloubre
Axat
Puyvalador
Formiguères
Les Angles
Matemale
Mont-Louis
Font-Romeu-Odeillo-Via
Bolquère
La Cabanasse
Saillagouse
Llo
Err
Puigcerdà
Bourg-Madame
Llívia
Olette
Sournia
Villefranche-de-Conflent
Madrès
Mantet
Nuria
Puigmal
La Molina
Queralbs
Vall de Núria
Gorges de la Carança
Gorges du Sègre
Forêt de Navarre
Forêt de Gesse
PARC NATUREL RÉGIONAL DES PYRÉNÉES CATALANES
Rodome
Aunat
Roquefeuil
Belcaire
Mérial
Campagna-de-Sault
Mijanès
Rouze
Artigues
Real
Odeillo
Fontrabiouse
Sansa
Railleu
Ayguatébia-Talau
Canaveilles
Thuès-Entre-Valls
Fontpédrouse
Planès
St-Pierre-dels-Forcats
Eyne
Estavar
Angoustrine
Targassonne
Égat
Porté-Puymorens
Dorres
Enveitg
Latour-de-Carol
Ur
Palau-de-Cerdagne
Osséja
Nahuja
Ste-Léocadie
Valcebollère
Alp
Urtx
Queixans
Puig de Terres Estelles
Pic de la Dona
Pic du Géant
Roc Colom
Col de Puymorens
Col de Jau
Col des Hares
Col de Sansa
Col de Creu
Col de la Quillane
Col de la Llose
Col de Nuria
Col de Mantet
Pic de Finestrelles
Pic de Sègre
Pic de Dorria
Cambras d'Azé
Pic de Madides
Pic de l'Orry
Pic Redoun
Pic de Gallinas
Valcebollère
Setcases
E
F
G
H
1
2
3
4
5
337
342
53
57
48

0 2 4 6 8 10 km
338
341
A
B
C
D
1
2
3
4
5
Grau de Maury
Maury
Lesquerde
Tautavel
Centre europ. de Préhistoire
Puilaurens
Fenouillet
Fosse
St-Martin
St-Arnac
Latour-de-France
Estagel
Salvezines
Vira
Le Vivier
Felluns
Ansignan
Lansac
Rasiguères
Planèzes
Caramany
Cassagnes
Montner
Sournia
Rabouillet
Prats-de-Sournia
Pézilla-de-Conflent
Trilla
Força Réal
Col d'Aussières
Campoussy
Trévillach
Bélesta
Corneilla-la-Rivière
Pézilla-la-Rivière
Montalba-le-Château
Néfiach
Millas
St-Féliu-d'Amont
St-Féliu-d'Avall
PARC
NATUREL
RÉGIONAL
DES
PYRÉNÉES
CATALANES
Mosset
Molitg-les-Bains
Campôme
Urbanya
Arboussols
Eus
Marcevol
Rodès
Ille-sur-Têt
Corbère
Corbère-les-Cabanes
Thuir
Bouleternère
St-Michel-de-Llotes
Prades
Catllar
Vinça
Marquixanes
Espira-de-Conflent
Rigarda
Joch
Finestret
Casefabre
Castelnou
Ste-Colombe-de-la-Commanderie
Llupia
Codalet
Ria-Sirach
Conat
Villefranche-de-Conflent
Abbe St-Michel-de-Cuxa
Prieuré de Serrabone
Boule-d'Amont
Fourques
Corneilla-de-Conflent
Taurinya
Glorianes
Baillestavy
Prunet-et-Belpuig
Montauriol
Tordères
Vernet-les-Bains
Fillols
Sahorre
Valmanya
La Bastide
St-Marsal
Llauro
Oms
Calmeilles
Vivès
Casteil
Abbe St-Martin
MASSIF DU CANIGOU
PIC DU CANIGOU
Mantet
Col de Mantet
Py
Taulis
Montbolo
Palalda
Amélie-les-Bains-Palalda
Céret
Reynès
Arles-sur-Tech
Corsavy
Gges de la Fou
Montferrer
Prats-de-Mollo-la-Preste
Pic de Costabonne
Roc Colom
La Preste
Serralongue
St-Laurent-de-Cerdans
Coustouges
Lamanère
Col d'Ares
Roc de France
Roc de Frausse
Le Tech
Villalonga de Ter
Llanars
Tech
Têt
Agly

339
Port-Barcarès
Le Barcarès
St-Hippolyte
Rivesaltes
St-Laurent-de-la-Salanque
Torreilles-Plage
Torreilles
Peyrestortes
Villelongue-de-la-Salanque
Ste-Marie
Ste-Marie-Plage
Bompas
St-Estève
Canet-en-Roussillon
Baho
PERPIGNAN
Canet-Plage
Cabestany
Toulouges
Canohès
Saleilles
St-Nazaire
Étang de Canet et de St-Nazaire
Alénya
Théza
Ponteilla
Pollestres
Villeneuve-de-la-Raho
St-Cyprien-Plage
Corneilla-del-Vercol
St-Cyprien
Les Capellans
Trouillas
Bages
Montescot
Elne
Latour-Bas-Elne
Aqualand
Villemolaque
St-Jean-Lasseille
Ortaffa
Palau-del-Vidre
Taxo d'Avall
Banyuls-dels-Aspres
Brouilla
Argelès-s-Mer
Argelès-Plage
Tresserre
St-Genis-des-Fontaines
St-André
Port-Argelès
Racou-Plage
Fort Miradou
Collioure
Port-Vendres
CÔTE VERMEILLE
Le Boulou
Villelongue-dels-Monts
Laroque-des-Albères
Sorède
Cap Béar
Montesquieu-des-Albères
St-Martin-de-Fenollar
Site de Paulilles
Cap Oullestreil
Tour Madeloc
Banyuls-sur-Mer
Cap l'Abeille
Cap Réderis
Pic des 3 Termes
Le Perthus
Col du Perthus / Coll del Pertús
Cap Peyrefite
Cap Canadell
Cerbère
Cap Cerbère
C. des Balitres/ C. des Belitres
Portbou
La Jonquera
Cap Lladró
Colera
Agullana
Platja de Garbet
Cap de Ras
Capmany
Sant Climent Sescebes
Espolla
Rabós
Vilamaniscle
El Port de Llançà
Llançà
Darnius
Masarac
Mollet de Peralada
Garriguella
Cap Gros
Port de la Selva
Vilajuïga
Boadella d'Empordà

Genova
La Spezia
ITALIE
FRANCE
Livorno
Nice
Marseille
Bastia
l'Ile-Rousse
Calvi
Ajaccio
Porto-Vecchio
Propriano
LIAISONS MARITIMES PERMANENTES
SARDEGNA

0 2 4 6 8 10 11 km
C
D
1
2
3
4
5
A
B
C
D
346
Marine d'Alga
Anse de Pinzuta
Plage de l'Ostriconi
Anse de Peraiola
Ogliastro
N 1197
Lozari
Ile de la Pietra
L'Ile-Rousse
Pnta Vallitoni
Marine de Davia
Monticello
Corbara
Sta-Reparata-di-Balagna
Algajola
Bocca di Carbonaja
Marine de St-Ambroggio
Pnta di Spano
Pigna
St Antonino
Belgodere
Speloncato
Ville-di-Paraso
Baie d'Algaio
Pte de la Revellata
Pnta Caldano
Calvi
Golfe de Calvi
Col de Salvi
Avapessa
Capo Nielle
Palasca
Cima lo Caigo
Mte Negro
Pnta d'Arco
Pnta di Solche
Mte Orlando
Grotte des
Camp militaire

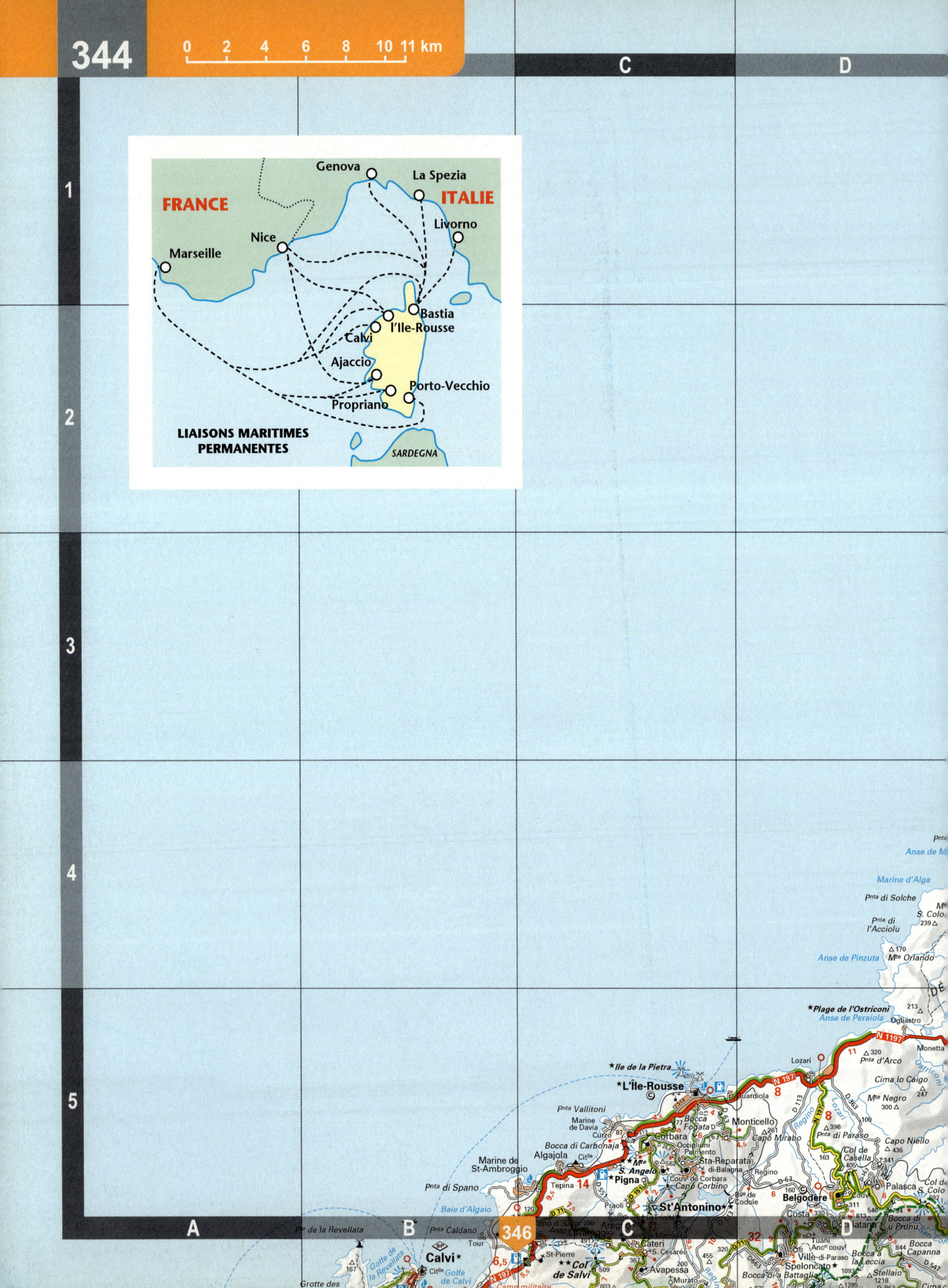

CAP CORSE
I. de la Giraglia
Capo Grosso
Capo Bianco
Barcaggio
Tollare
Rogliano
Macinaggio
Baie de Tamarone
I. Finocchiarola (Réserve naturelle)
Centuri-Port
Centuri
Belvre du Moulin Mattei
Cannelle
Morsiglia
Tomino
Marine de Meria
Meria
Capo Corvoli
Golfe d'Aliso
Col de Ste Lucie
Luri
Pino
Tour de Sénèque
Sta-Severa
Marine de Luri
Cagnano
Barrettali
Marine de Porticciolo
Tour de Losse
Marine de Giottani
Pietracorbara
Marine de Pietracorbara
Canari
Punta di Canelle
Marine de Canelle
Ogliastro
Sisco
Marine de Sisco
Rocher d'Albo
Marine d'Albo
Olcani
Monte Stello
Nonza
Erbalunga
Brando
Sta-Maria-Assunta
Lavasina
GOLFE DE ST FLORENT
Olmeta-di-Capocorso
Sta-Maria-di-Lota
Miomo
Marine de Negru
San Martino-di-Lota
Pietranera
Marine de Farinole
Farinole
Ville-di-Pietrabugno
Ste Lucie
Plage de Saleccia
Plage de Loto
Punta di Curza
Pnta di Santolino
Serra di Pigno
Patrimonio
Col de S. Bernardino
Les Marines du Soleil
Barbaggio
BASTIA
Citadelle
Col de Teghime
St-Florent
DES AGRIATES
Mont Genova
Mont Robbia
Furiani
La Marana
Poggio-d'Oletta
Oletta
Biguglia
Défilé de Lancone
Col de S. Stefano
Vallecalle
Sto-Pietro-di-Tenda
San-Gavino-di-Tenda
San Michele
Murato
Rutali
Borgo
Étang de Biguglia
Réserve Naturelle
Les Sables de Biguglia
Pineto
Plage de la Marana
Plage de Pineto
Bastia-Poretta
La Canonica
Lucciana
Casamozza
Vignale
Scolca
Campitello
Bigorno
Volpajola
Pietralba
Urtaca
Lama
Mte Asto
Cap Sud
E F G H
1 2 3 4 5
347

0 2 4 6 8 10 11 km
A
B
C
D
1
2
3
4
5
348
L'Île-Rousse
Ile de la Pietra
Algajola
Marine de St-Ambroggio
Pta di Spano
Baie d'Algajo
Pte de la Revellata
Calvi
Golfe de la Revellata
Golfe de Calvi
Grotte des Veaux Marins
Anse de Recisa
N. D. de la Serra
Pta Cataraghiu
Pietra Major
Champ de Tir
Baie de Nichiareto
Pta di Cantaleli
Capo a u Cavallo
Sémaphore
Bocca Serria
Capo Rutalbo
Capo Piano
Calvi-Ste-Catherine
Capo di u Tir
Capu di a Veta
Montemaggiore
Ste-Restitude
Calenzana
Moncale
Col de Salvi
Camp militaire
Fiume Secco
Lumio
Pta Caldano
Tour
St-Pierre
Lavatoggio
Aregno
Cateri
Avapessa
St-Rainier
Muro
Feliceto
Zilia
Montegrosso
Lunghignano
Cassano
St-Antonino
La Trinité
Pigna
S. Angelo
Corbara
Monticello
Sta-Reparata di-Balagna
Belgodère
Costa
Occhiatana
Ville-di-Paraso
Speloncato
Nessa
Pioggiola
Olmi-Cappella
Mausoléo
Vallica
Gorges de la Tartagine
Lozari
Cima lo Cagio
Mte Negro
Capo Niello
Palasca
Pta d'Arco
Plage de l'Ostriconi
Anse de Peraiola
Anse de Pinzuta
Pta di l'Acciolu
Mte Orlando
Ogliastro
Monetta
N 1197
N 197
Guardiola
Capo Mirabo
Pta di Paraso
Col de Casella
Bocca di u Prunu
Bocca Capanna
Bocca a Croce
Bocca di a Battaglia
Cima di Tornabue
Cima a Forra
Stellaio
Altiani
Forcini
Mte Tolo
S. Parteo
Cima Gazelle
Mte Grosso
Pta Radiche
Cima Gallichiccia
Capo a Dente
Capo Iovo
Col de Tartagine
Mte Padro
Capo Selolla
Asco
Gorges
Pont Génois
Mte Corona
Cima di a Statoghia
Bocca di l'Ondella
Capo Ladroncello
Chaos de Bocca Rezza
Bonifato
Cirque de Bonifato
Forêt de Bonifato
Pta Gialba
Spasimata
Capo Formicolaro
Capo a u Ceppo
La Mufrella
Haut-Asco
Capo Bianco
Capo Razino
Capo a u Perdato
Capo Terri Corscia
Mte Cinto
Pta Jumentella
Capo Stranciacone
Pta Scalla
Capo Mondolo
Capo Porcarello
San Quilico
Mon Cantre
Argentella
Capo di l'Argentella
Amago
Capo di Vegno
Capo Ghinepaco
Capo Alovano
Bocca di Marsolinu
Bocca di Bonasa
Santa Lucia
Prezzuna
Crête de Chiumi
Chiomia
Mte Martino
Bocca Bassa
Pta Ciuttone
Capo di a Morsetta
Baie de Crovani
Golfe de Galéria
Pta Stollo
Pta Rossa
Capo Porcilicato
Galéria
Tour
Olmo
Léva
Le Fango
Manso
Tuarelli
Capo Tondo
Colombo
Calca
Focolara
Golfe de Focolara
Pta Validori
Pta Nera
Punta Palazzu
Bocca di Fuata
Elbo
I. de Gargalo
Golfe de Solana
Scandola
Réserve Naturelle
Golfe de Girolata
Girolata
Punta Rossa
Pta Muchillina
Pta Scandola
Capo d'Osani
Capo Senino
Osani
Mte Senino
Col de la Croix
Capo di Curzo
Curzo
Partinello
Serriera
Capo Rosso
Capo Ovaggia
Bardiana
Capo Tafonato
Paglia Orba
Trouée du Tafonato
Capo di Guagnerola
Col de Capronale
Capo a u Cellu
Capo Toso
Bocca a u Verghiolu
Capo a u Querceto
Bes de Radule
Col de Cocavera
Col de Vergio
Col de Salto
Capo a u Frassello
Capo Aggitorio
Forêt d'Aïtone
Capo Ferolata
Capo d'Ota
Évisa
Gges de Spelunca
P. de Pianella
Ota
Porto
Marine de Porto
Anse de Castagna
Golfe de Porto
Anse de Ficajola
Les Calanche
Piana
Capo Rosso
Col de Lava
Capo Vardiola
Col d'Osini
Capo d'Orto
Foce d'Orto
Capo a la Tellia
Capo Macendole
Bocca di San Martino
Capo di u Vitullo
Marignana
Col de Sevi
Cristinacce
Capo S. Angelo
Renno
Letia
Soccia
Orto
Poggiolo
Guagno
Vico
Balogna
Murzo
Plage de Gradelle
Plage de Caspio
Pta Bianca
Plage de Bussaglia
Anse de Lignaggia
Plage d'Arone
Golfe de Topiti
Mte Rao
Revinda
Capu di Celazzu
Vergio
Calasima
Albertacce
Calacuccia
Corscia
Lozzi
Casamaccioli
Capo Uccello
Mte Albano
Grotte des Anges
Capo di Valandro
Cimatella
Capo Tozzo
Lac de Nino
Col de Stazzona
Pta Artica
Capo Facciato
Lac de Capitello
Lac de Creno
Capo a u Pruno
Capo a la Moneta
Pta a le Porte
Bocca a Soglia
Col de St Pierre
U Territore
Tavulella
Minuta
Capo al Mangano
Bergerie de Bicharello
Réserve de Chasse
Parc Naturel

St-Florent
Oletta
Biguglia
San Michele
Murato
Borgo
La Canonica
Vescovato
Campitello
Ponte-Leccia
Morosaglia
La Porta
Piedicroce
Cervione
Corte
Sermano
Moïta
Venaco
Vezzani
Col de Bellagranajo
Cap Sud
Pineto
Les Sables de Biguglia
Folelli
Ste Christine
Marine de Bravone
Casamozza
Col de Morello
Col de Sorba
345
349
E
F
G
H
1
2
3
4
5

0 2 4 6 8 10 11 km
346
350
A
B
C
D
1
2
3
4
5
Cargèse
Plage de Chiuni
Golfe de Chiuni
Golfe de Topiti
Plage d'Arone
Golfe de Pero
Sagone
Cathédrale St'Appiano
Vico
Murzo
Balogna
Coggia
Arbori
Rosazia
Salice
Lopigna
Azzana
Rezza
Orto
Poggiolo
Guagno
Pastricciola
Ambiegna
Arro
Casaglione
Sari-d'Orcino
Cannelle
St'Andréa-d'Orcino
Calcatoggio
Appietto
Sarrola-Carcopino
Tavaco
Vero
Ucciani
Carbuccia
Bocognano
GOLFE DE SAGONE
Golfe de la Liscia
Tiuccia
Afa
Alata
Villanova
Capo di Feno
Mezzavia
Tolla
Ocana
Cuttoli-Corticchiato
Bastelicaccia
Eccica-Suarella
Cauro
AJACCIO
AJACCIO NAPOLEON BONAPARTE
Pnte de la Parata
Îles Sanguinaires
Grande Sanguinaire
Porticcio
Plage d'Agosta
Pietrosella
Grosseto-Prugna
Albitreccia
Guargualé
Urbalacone
Cognocoli-Monticchi
Pila-Canale
Coti-Chiavari
Serra-di-Ferro
Olmeto
Propriano
Site préhistorique de Filitosa
Sollacaro
Casalabriva
Petreto-Bicchisano
Ste-Marie-Siché
GOLFE D'AJACCIO
Golfe d'Arena Rossa
Capo di Muro
Capo Nero
Baie de Cupabia
Olmeto-Plage
N 194
N 193
N 196
D 81

347
351
E
F
G
H
1
2
3
4
5
Aléria
Ville antique
Thermes romains
Étang de Diane
Tavignano
Plage de Padulone
Cateraggio
Vaccaja
Campo-Quercio
Casevecchie
Aghione
Teppe Rosse
Samuleto
Vadina
Centre pénitencier agricole
Réserve de Faune de Casabianda
Domaine de Casabianda
Étang de Sale
Maison Pieraggi
St-Antoine
Pratello
Ghisonaccia Gare
Étang d'Urbino
Île d'Urbino
Domaine de Pinia
Ghisonaccia
Prunelli-di-Fiumorbo
Abbazia
Migliacciaro
Casamozza
Calzarello
Serra-di-Fiumorbo
Isolaccio-di-Fiumorbo
San-Gavino-di-Fiumorbo
Pietrapola
Piediquarcio
Migaliaja
Plage de Quercioni
Étang de Palo
Vix
Ventiseri
Travo
Lostinchello
Solaro
Marine de Solaro
Marine de Scaffa Rossa
Kamiesch
Solenzara
(Sari-Solenzara)
Cala d'Oro
Canella
Anse de Favone
Favone
Col de Guardia
Anse de Tarco
Tarco
Conca
Ste-Lucie-de-Porto-Vecchio
Anse de Fautea
Bocca di a Parata
Pinarellu
Golfe de Pinarellu
Î. Roscana
Î. de Pinarellu
Lecci
Torraccia
Porto-Vecchio
Cirendinu
Punta Capicciola
Punta d'Araso
Fossi
Ribba
Castellu d'Araghju
Valle Maggiore
Col de Larone
Aig les de Bavella
Col de Bavella
Trou de la Bombe
Mte Incudine
Réserve de Chasse de Bavella
Sambuco
Quenza
Zonza
Serra-di-Scopamène
Sites de Cucuruzzu et Capula
Levie
Carbini
Sorbollano
Aullène
Col de St Eustache
Zérubia
Cargiaca
Loreto-di-Tallano
St-Jean-Baptiste
Altagène
Zoza
Ste-Lucie-de-Tallano
Olmiccia
Mela
Zicavo
Cozzano
Sampolo
Tasso
Ciamannacce
Palneca
Guitera-les-Bains
Corrano
Zévaco
Frasseto
Argiusta-Moriccio
Olivese
Azilone-Ampaza
Forciolo
Mte Renoso
Bocognano
Bastelica
Tolla
Ghisoni
Col de Sorba
Vivario
Vezzani
Col de Morello
Muracciole
Pietroso
Noceta
Rospigliani
Col de Vizzavona
Vizzavona
Mte d'Oro
La Madonuccia
Col de Palmente
Défilé de l'Inzecca
Défilé des Strette
Lugo-di-Nazza
Poggio-di-Nazza
Chisa
Solenzara
Tinturaia
Col de Luana
Col de Pré d'Agnellu
Bocca di u Saltu
PARC NATUREL RÉGIONAL DE CORSE
Printemps 2011

0 2 4 6 8 10 11 km
348
A
B
C
D
1
2
3
4
5
Plage de Ruppione
Port de Chiavari
Plage de Portigliolo
Pte di a Castagna
La Castagna
Golfe d'Arena Rossa
Ariezza
Saparella
Figoni
Anse de Cacao
Monte Biancu
Pta Guardiola
Tour
Capo di Muro
Anse d'Orzo
Pta di Tavis
Pta Tonda
Capo Nero
Cala di Ciglio
Baie de Cupabia
Plage de Cupabia
Serra-di-Ferro
Porto-Pollo
Suara
Marmontaja
Acqua Doria
Coti-Chiavari
Campestra
Col de Cortone
Acellasca
Pozzaccio
Portigliolo
Col de Gradello
Pratavone
Stiliccione
Zivignola
Tassinca
Pietra Rossa
Favallello
u Forcono
P. du Taravo
Mte Barbato
Tour de Micalona
Abbartello
Olmeto Plage
Castello de Cuntorba
Olmeto
Site préhistorique de Filitosa
Sollacaro
Calvese
Contra Maiore
P. de Calzola
Casalabriva
Col de Celaccia
Pta Finocchiaia
Castello della Rocca
Pta Cavallini
Milucia
Pta di Buturetto
Bastiano
Pta di Rossagio
Sta-Manza
Marato
Pila-Canale
Cognocoli-Monticchi
Pta di Pisola
Bains-de-Taccana
Ponte Vecchiu
Bicchisano
Petreto-Bicchisano
Pecorareccia
Mte S. Pietro
Furchicciol
Pta dell'Orco
P. de Copala
Forêt Penenti
Pte de Porto Pollo
Tour de la Calanca
Propriano
Viggianello
Sources thermales de Baracci
Vetaro
Col de Sta-Giulia
P. de Rena Bianca
Pont Spin'a Cava
Rizzanèse
GOLFE DE VALINCO
Pta di Cardicciani
Portigliolo
Pte de Campomoro
Tour
Campomoro
Belvédère-Campomoro
Belvedere
Pta di Turco
Pta di Muro
Col de Bilia
Bilia
Tivolaggio
Sartène
Bocca di Biscelli
Bocca d'Albitrina
Pta d'Arboli
Col de Suara
Bocca di Piave
Pta di Manna Molina
Pta di Cuccari
Grossa
Alo Bisucce
Zevoli
Pta di u Monte
Anse d'Agulia
Pta d'Eccica
Pta Quarcioqua
Castello di Cagalla
Calanque de Conca
Pta Capannaccia
Alignements de Palaggiu
Bocca di Capirossu
Pta Pastania
Punta di Senetosa
Tizzano
Pta Pietra Nera
Bergerie
Pta di Castello
Mégalithes de Cauria
Zivia
Pta di Villa
Pta Cauria
Cap de Zivia
Golfe de Murtoli
Murtoli
Rocher du Lion
Plage d'Erbaju
Golfe de Roccapina
Tour
Cap de Roccapina
Îlots des Moines
Orasi
Giuncheto
N 196
D 121
D 157
D 757
D 155

Porto-Vecchio
Bonifacio
Figari
Levie
Zonza
Quenza
Aullène
Serra-di-Scopamène
Sites de Cucuruzzu et Capula
Ste-Lucie-de-Tallano
Sotta
San Gavino
Monacia-d'Aullène
Pianottolo-Caldarello
Golfe de Porto-Vecchio
Plage de Palombaggia
Tamariccio
Plage de Sta-Giulia
Baie de Rondinara
Golfe de Sta Manza
Capo Pertusato
Île Lavezzi
Archipel des Lavezzi
Col de Bavella
Aig. de Bavella
Castellu d'Araghju
L'Uomo di Cagna
Figari Sud Corse
Bocche di Bonifacio
Parco Nazionale dell' Arcipelago della Maddalena
I. Razzoli
I. Budelli
I. Spargi
I. Sta Maria
Isola Maddalena
N 198
N 196
E
F
G
H
1
2
3
4
5
349

Numéro de département / Number of French «Département»
Nummer des Departements / Nummer van departement
Numero di dipartimento / Número de departamento

Numéro de page / Page number / Seitenzahl
Paginanummer / Numero di pagina / Numéro de Página

Localité / Place / Ort
Plaatsen / Località / Localidad

Abainville *55* ... 93 G 2

Coordonnées de carroyage / Grid coordinates
Koordinatenangabe / Verwijstekens ruitsysteem
Coordinate riferite alla quadrettatura
Coordenadas en los mapas

A

Aast *64* ... 314 D 4
Abainville *55* ... 93 G 2
Abancourt *59* ... 14 B 3
Abancourt *60* ... 21 G 4
Abaucourt *54* ... 65 H 3
Abaucourt-lès-Souppleville *55* ... 44 C 5
Abbans-Dessous *25* ... 161 H 5
Abbans-Dessus *25* ... 161 H 5
Abbaretz *44* ... 126 D 5
Abbécourt *02* ... 24 A 5
Abbecourt *60* ... 38 A 3
Abbenans *25* ... 141 H 5
Abbeville *80* ... 11 G 3
Abbéville-la-Rivière *91* ... 87 F 5
Abbéville-lès-Conflans *54* ... 45 E 5
Abbeville-Saint-Lucien *60* ... 38 B 1
Abbévillers *25* ... 142 C 5
Abeilhan *34* ... 321 G 2
Abelcourt *70* ... 141 F 2
L'Aber-Wrac'h *29* ... 70 C 4
Abère *64* ... 314 C 3
L'Abergement-Clémenciat *01* ... 213 F 1
L'Abergement-de-Cuisery *71* ... 195 F 1
L'Abergement-de-Varey *01* ... 214 B 2
Abergement-la-Ronce *39* ... 178 D 1
Abergement-le-Grand *39* ... 179 F 2
Abergement-le-Petit *39* ... 179 F 2
Abergement-lès-Thésy *39* ... 179 H 2
Abergement-Saint-Jean *39* ... 178 D 3
L'Abergement-Sainte-Colombe *71* ... 178 A 4
Abidos *64* ... 313 H 2
Abilly *37* ... 169 H 2
Abîme *Pont de l'* *74* ... 215 G 5
Abitain *64* ... 311 H 3
Abjat-sur-Bandiat *24* ... 222 C 2
Ablain-Saint-Nazaire *62* ... 8 A 5
Ablaincourt-Pressoir *80* ... 23 F 2
Ablainzevelle *62* ... 13 G 4
Ablancourt *51* ... 62 C 3
Ableiges *95* ... 57 H 1
Les Ableuvenettes *88* ... 118 D 2
Ablis *78* ... 86 D 3
Ablon *14* ... 34 D 2
Ablon-sur-Seine *94* ... 58 C 5
Aboën *42* ... 229 H 4
Aboncourt *54* ... 94 C 4
Aboncourt *57* ... 46 B 4
Aboncourt-Gesincourt *70* ... 140 D 3
Aboncourt-sur-Seille *57* ... 66 B 4
Abondance *74* ... 198 C 4
Abondant *28* ... 56 D 4
Abos *64* ... 313 H 3
Abreschviller *57* ... 96 C 1
Abrest *03* ... 210 B 2
Les Abrets *38* ... 232 C 3
Abriès *05* ... 253 F 5
Abscon *59* ... 14 C 2
L'Absie *79* ... 167 F 5
Abzac *16* ... 204 C 2
Abzac *33* ... 238 C 4
Accarias *Col* *38* ... 251 E 5
Accia *Pont de l'* *2B* ... 347 E 4
Accolans *25* ... 141 H 5
Accolay *89* ... 136 C 4
Accons *07* ... 248 B 5
Accous *64* ... 331 H 3
Achain *57* ... 66 D 3
Achen *57* ... 67 H 1
Achenheim *67* ... 97 G 1
Achères *18* ... 155 F 4
Achères *78* ... 58 A 2
Achères-la-Forêt *77* ... 88 A 5
Achery *02* ... 24 B 4
Acheux-en-Amiénois *80* ... 13 E 5
Acheux-en-Vimeu *80* ... 11 F 4
Acheville *62* ... 8 C 5
Achey *70* ... 140 A 5
Achicourt *62* ... 13 G 2
Achiet-le-Grand *62* ... 13 G 4
Achiet-le-Petit *62* ... 13 G 4
Achun *58* ... 157 G 5
Achy *60* ... 21 H 5
Acigné *35* ... 104 C 3
Aclou *27* ... 35 G 5
Acon *27* ... 56 B 4
Acq *62* ... 13 F 2
Acqueville *14* ... 53 G 2
Acqueville *50* ... 28 D 3
Acquigny *27* ... 36 B 5
Acquin *62* ... 3 E 5
Acy *02* ... 40 C 3
Acy-en-Multien *60* ... 39 G 5
Acy-Romance *08* ... 42 A 1
Adaincourt *57* ... 66 C 2
Adainville *78* ... 57 F 5
Adam-lès-Passavant *25* ... 162 C 3
Adam-lès-Vercel *25* ... 162 C 4
Adamswiller *67* ... 67 H 3
Adast *65* ... 332 D 2
Adé *65* ... 314 D 5
Adelange *57* ... 66 D 2
Adelans-et-le-Val-de-Bithaine *70* ... 141 G 3
Adervielle *65* ... 333 H 4
Adilly *79* ... 168 A 5
Adinfer *62* ... 13 F 3
Adissan *34* ... 302 A 5
Les Adjots *16* ... 203 F 2
Adon *45* ... 134 D 3
Les Adrets *38* ... 233 F 5
Les Adrets-de-l'Esterel *83* ... 308 D 4
Adriers *86* ... 187 F 5
Aérocity *Parc* *07* ... 266 B 4
Afa *2A* ... 348 C 3
Affieux *19* ... 224 D 3
Affléville *54* ... 45 E 4
Affoux *69* ... 212 B 4
Affracourt *54* ... 94 D 3
Affringues *62* ... 7 E 2
Agassac *31* ... 316 D 3
Agay *83* ... 329 H 1
Agde *34* ... 322 C 5
Agel *34* ... 320 D 4
Agen *47* ... 276 B 3
Agen-d'Aveyron *12* ... 280 D 1
Agencourt *21* ... 160 A 5
Agenville *80* ... 12 B 4
Agenvillers *80* ... 11 H 2
Les Ageux *60* ... 39 E 3
Ageville *52* ... 117 F 3
Agey *21* ... 159 G 3
Aghione *2B* ... 349 G 1
Agincourt *54* ... 65 H 5
Agmé *47* ... 257 G 5
Agnac *47* ... 257 G 3
Agnat *43* ... 228 B 5
Agneaux *50* ... 32 A 5
Agnetz *60* ... 38 C 2
Agnez-lès-Duisans *62* ... 13 F 2
Agnicourt-et-Séchelles *02* ... 25 F 3
Agnières *62* ... 8 A 5
Agnières *80* ... 21 H 4
Agnières-en-Dévoluy *05* ... 269 F 2
Agnin *38* ... 231 F 5
Agnos *64* ... 331 H 1
Agny *62* ... 13 G 3
Agon-Coutainville *50* ... 31 F 5
Agonac *24* ... 240 C 1
Agonès *34* ... 302 C 1
Agonges *03* ... 191 H 1
Agonnay *17* ... 201 F 4
Agos-Vidalos *65* ... 332 D 2
Agris *16* ... 203 G 5
Agudelle *17* ... 219 H 4
Les Agudes *31* ... 333 H 4
Aguessac *12* ... 281 H 3
Aguilar *Château d'* *11* ... 338 C 3
Aguilcourt *02* ... 41 G 2
Aguts *81* ... 298 D 5
Agy *14* ... 32 D 3
Ahaxe-Alciette-Bascassan *64* ... 330 C 1
Ahetze *64* ... 310 C 3
Ahéville *88* ... 94 D 5
Ahuillé *53* ... 105 H 4
Ahun *23* ... 207 F 2
Ahusquy *64* ... 330 D 2
Ahuy *21* ... 160 A 2
Aibes *59* ... 15 H 3
Aibre *25* ... 142 B 4
Aïcirits *64* ... 311 G 4
Aiffres *79* ... 185 E 4
Aigaliers *30* ... 284 B 4
L'Aigle *61* ... 55 F 4
Aigle *Barrage de l'* *19* ... 243 H 1
Aiglemont *08* ... 26 D 3
Aiglepierre *39* ... 179 G 2
Aigleville *27* ... 56 D 1
Aiglun *04* ... 287 H 4
Aiglun *06* ... 309 E 1
Aignan *32* ... 295 F 3
Aignay-le-Duc *21* ... 138 C 4
Aigne *34* ... 320 C 4
Aigné *72* ... 107 G 4
Aignerville *14* ... 32 C 3
Aignes *31* ... 318 B 4
Aignes-et-Puypéroux *16* ... 221 F 4
Aigneville *80* ... 11 F 4
Aigny *51* ... 61 H 1
Aigonnay *79* ... 185 F 4
Aigoual *Mont* *48* ... 282 D 4
Aigre *16* ... 203 E 4
Aigrefeuille *31* ... 298 B 5
Aigrefeuille-d'Aunis *17* ... 200 D 1
Aigrefeuille-sur-Maine *44* ... 147 H 5
Aigremont *30* ... 283 H 5
Aigremont *52* ... 118 A 4
Aigremont *78* ... 57 H 3
Aigremont *89* ... 136 D 4
Aiguebelette-le-Lac *73* ... 233 E 2
Aiguebelle *73* ... 234 A 2
Aiguebelle *83* ... 329 E 4
Aigueblanche *73* ... 234 B 3
Aiguefonde *81* ... 319 H 2
Aigueperse *63* ... 209 H 3
Aigueperse *69* ... 194 B 5
Aigues-Juntes *09* ... 336 A 2
Aigues-Mortes *30* ... 303 G 5
Aigues-Vives *09* ... 336 D 2
Aigues-Vives *11* ... 320 A 5
Aigues-Vives *30* ... 303 G 3
Aigues-Vives *34* ... 320 D 4
Aiguèze *30* ... 284 C 2
Aiguilhe *43* ... 247 F 3
Aiguilles *05* ... 253 F 5
L'Aiguillon *09* ... 336 D 3
Aiguillon *47* ... 275 G 2
L'Aiguillon-sur-Mer *85* ... 183 E 4
L'Aiguillon-sur-Vie *85* ... 165 E 5
Aiguines *83* ... 307 G 2
Aigurande *36* ... 189 F 3
Ailefroide *05* ... 252 B 4
Ailhon *07* ... 266 B 3
Aillant-sur-Milleron *45* ... 135 E 3
Aillant-sur-Tholon *89* ... 135 H 2
Aillas *33* ... 256 D 5
Ailleux *42* ... 211 F 5
Aillevans *70* ... 141 G 4
Ailleville *10* ... 116 A 2
Aillevillers-et-Lyaumont *70* ... 119 F 5
Aillianville *52* ... 93 G 4
Aillières-Beauvoir *72* ... 84 A 4
Aillon-le-Jeune *73* ... 233 G 1
Aillon-le-Vieux *73* ... 233 G 1
Ailloncourt *70* ... 141 G 3
Ailly *27* ... 36 C 5
Ailly-le-Haut-Clocher *80* ... 11 H 4
Ailly-sur-Meuse *55* ... 64 C 4
Ailly-sur-Noye *80* ... 22 C 3
Ailly-sur-Somme *80* ... 22 B 1
Aimargues *30* ... 303 G 3
Aime *73* ... 234 C 2
Ain *Source de l'* *39* ... 180 A 4
Ainac *04* ... 288 A 2
Ainay-le-Château *03* ... 173 G 5
Ainay-le-Vieil *18* ... 173 F 5
Aincille *64* ... 330 C 1
Aincourt *95* ... 57 G 1
Aincreville *55* ... 43 G 2
Aingeray *54* ... 65 G 5
Aingeville *88* ... 118 A 2
Aingoulaincourt *52* ... 93 F 3
Ainharp *64* ... 311 H 5
Ainhice-Mongelos *64* ... 311 F 5
Ainhoa *64* ... 310 D 4
Ainvelle *70* ... 141 F 2
Ainvelle *88* ... 118 B 4
Airaines *80* ... 11 H 5
Airan *14* ... 34 A 5
Aire *08* ... 41 H 1
Aire-sur-la-Lys *62* ... 7 G 2
Aire-sur-l'Adour *40* ... 294 C 3
Airel *50* ... 32 B 4
Les Aires *34* ... 301 F 5
Airion *60* ... 38 C 2
Airon-Notre-Dame *62* ... 6 B 5
Airon-Saint-Vaast *62* ... 6 B 5
Airoux *11* ... 318 D 3
Airvault *79* ... 168 B 3
Aiserey *21* ... 160 B 5
Aisey-et-Richecourt *70* ... 118 C 5
Aisey-sur-Seine *21* ... 138 B 3
Aisne *85* ... 183 G 3
Aisonville-et-Bernoville *02* ... 24 C 1
Aïssey *25* ... 162 C 3
Aisy-sous-Thil *21* ... 158 C 2
Aisy-sur-Armançon *89* ... 137 G 4
Aiti *2B* ... 347 F 3
Aiton *73* ... 233 H 2
Aix *19* ... 226 B 2
Aix *59* ... 9 E 4
Aix *Ile d'* *17* ... 200 C 2
Les Aix-d'Angillon *18* ... 155 G 5
Aix-en-Diois *26* ... 268 B 2
Aix-en-Ergny *62* ... 6 D 3
Aix-en-Issart *62* ... 6 C 4
Aix-en-Othe *10* ... 114 B 2
Aix-en-Provence *13* ... 306 A 5
Aix-la-Fayette *63* ... 228 C 3
Aix-les-Bains *73* ... 233 F 1
Aix-Noulette *62* ... 8 A 5
Aixe-sur-Vienne *87* ... 205 F 5
Aizac *07* ... 266 B 2
Aizanville *52* ... 116 C 3
Aize *36* ... 171 H 1
Aizecourt-le-Bas *80* ... 23 H 1
Aizecourt-le-Haut *80* ... 23 G 1
Aizecq *16* ... 203 G 3
Aizelles *02* ... 41 E 1
Aizenay *85* ... 165 G 4
Aizier *27* ... 35 F 2
Aizy-Jouy *02* ... 40 C 2
Ajac *11* ... 337 F 2
Ajaccio *2A* ... 348 B 3
Ajain *23* ... 207 F 1
Ajat *24* ... 241 E 2
Ajoncourt *57* ... 66 B 4
Ajou *27* ... 55 G 2
Ajoux *07* ... 266 C 1
Alaigne *11* ... 337 F 1
Alaincourt *02* ... 24 B 3
Alaincourt *70* ... 118 D 5
Alaincourt-la-Côte *57* ... 66 B 3
Alairac *11* ... 319 G 5
Alaise *25* ... 179 H 1
Alan *31* ... 316 D 5
Alando *2B* ... 347 F 4
Alata *2A* ... 348 B 3
Alba-la-Romaine *07* ... 266 D 4
Alban *81* ... 300 A 1
Albaret-le-Comtal *48* ... 245 H 5
Albaret-Sainte-Marie *48* ... 246 A 5
Albarine *Gorges de l'* *01* ... 214 C 3
L'Albaron *13* ... 304 A 4
Albas *11* ... 338 C 2
Albas *46* ... 259 G 5
Albé *67* ... 97 E 4
Albefeuille-Lagarde *82* ... 277 G 5
L'Albenc *38* ... 250 B 1
Albens *73* ... 215 F 5
Albepierre-Bredons *15* ... 245 F 3
L'Albère *66* ... 343 E 4
Albert *80* ... 13 F 5
Albert-Louppe *Pont* *29* ... 75 F 2
Albertacce *2B* ... 346 D 4
Albertville *73* ... 234 A 1
Albestroff *57* ... 67 F 2
Albi *81* ... 299 F 1
Albiac *31* ... 298 C 5
Albiac *46* ... 261 E 2
Albias *82* ... 278 B 4
Albières *11* ... 338 A 3
Albiès *09* ... 336 C 5
Albiez-le-Jeune *73* ... 252 A 1
Albiez-le-Vieux *73* ... 252 A 1
Albignac *19* ... 242 D 2
Albigny *74* ... 215 G 3
Albigny-sur-Saône *69* ... 213 E 4
Albine *81* ... 320 A 2
Albiosc *04* ... 307 E 2
Albitreccia *2A* ... 348 D 4
Albon *26* ... 249 E 1
Albon-d'Ardèche *07* ... 266 B 1
Alboussière *07* ... 249 E 4
Les Albres *12* ... 261 G 4
Albussac *19* ... 243 E 3
Alby-sur-Chéran *74* ... 215 F 4
Alçay-Alçabéhéty-Sunharette *64* ... 331 E 2
Aldudes *64* ... 330 A 1
Alembon *62* ... 2 D 5
Alençon *61* ... 83 G 4
Alénya *66* ... 343 F 2

AIX-EN-PROVENCE

Agard (Passage) ... CY 2
Albertas (Pl.) ... BY 3
Aude (R.) ... BY 4
Bagniers (R. des) ... BY 5
Bellegarde (Pl.) ... CX 7
Bon Pasteur (R.) ... BX 9
Boulégon (R.) ... BX 12
Brossolette (Av.) ... AZ 13
Cardeurs (Pl. des) ... BY 16
Clemenceau (R.) ... BY 18
Cordeliers (R. des) ... BY 20
Couronne (R. de la) ... BY 21
Curie (R. Pierre-et-Marie) ... BX 22
Espariat (R.) ... BY 26
Fabrot (R.) ... BY 28
Foch (R. du Maréchal) ... BY 30
Hôtel de Ville (Pl.) ... BY 37
Italie (R. d') ... CY 42
Lattre-de-Tassigny (Av. de) ... AY 46
De-la-Roque (R. J.) ... BX 25
Matheron (R.) ... BY 49
Méjanes (R.) ... BY 51
Minimes (Crs des) ... AY 52
Mirabeau (Cours) ... BCY
Montigny (R. de) ... BY 55
Napoléon-Bonaparte (Av.) ... AY 57
Nazareth (R.) ... BY 58
Opéra (R. de l') ... CY 62
Pasteur (Av.) ... BX 64
Paul-Bert (R.) ... BX 66
Prêcheurs (Pl. des) ... CY 70
Richelme (Pl.) ... BY 72
Saporta (R. G.-de) ... BX 75
Thiers (R.) ... CY 80
Verdun (Pl. de) ... CY 85
4-Septembre (R.) ... BZ 87

Bonaparte (R.) Z 6
Dr-Ramaroni (Av. du) Z 17
Eugénie (Av. Impératrice) Z 18
Fesch (R. Cardinal) Z
Forcioli-Conti (R.) Z 20
Grandval (Cours) Z
Herminier (Quai l') Z 23
Macchini (Av. E.) Z 27
Napoléon-III (Av.) Z 37
Napoléon (Cours) Z
Notre-Dame (R.) Z 39
Pozzo-di-Borgo (R.) Z 44
Premier-Consul (Av.) Z 45
République (Q. de la) Z 48
Roi-de-Rome (R.) Z 49
Roi-Jérôme (Bd) Z 50
Sebastiani (R. Gén.) Z 53
Sérafini (Av. A.) Z 55
Soeur-Alphonse (R.) Z 56
Vero (R. Lorenzo) Z 58
Zévaco-Maire (R.) Z 60

Aléria 2B 349 H 1
Alès 30 283 H 4
Alet-les-Bains 11 337 G 2
Alette 62 6 C 4
Aleu 09 335 G 3
Alex 74 215 H 3
Alexain 53 106 A 2
Aleyrac 26 267 F 4
Alfortville 94 58 C 4
Algajola 2B 344 C 5
Algans 81 298 D 5
Algolsheim 68 121 G 3
Algrange 57 45 G 3
Alièze 39 196 C 1
Alignan-du-Vent 34 321 H 2
Alincourt 08 42 A 2
Alincourt 60 37 G 4
Alincthun 62 2 C 5
Alise-Sainte-Reine 21 159 E 1
Alissas 07 266 D 2
Alix 69 212 D 4
Alixan 26 249 G 4
Alizay 27 36 B 3
Allain 54 94 B 2
Allaines 80 23 G 1
Allaines-Mervilliers 28 110 D 2
Allainville 28 56 C 5
Allainville 78 86 D 4
Allainville-en-Beauce 45 111 F 2
Allaire 56 125 G 4
Allamont 54 65 E 1
Allamps 54 94 A 2
Allan 26 267 E 4
Allanche 15 245 F 1
Alland'Huy-et-Sausseuil 08 42 C 1
Allarmont 88 96 B 2
Allas-Bocage 17 219 H 4
Allas-Champagne 17 220 B 3
Allas-les-Mines 24 259 F 1
Allassac 19 242 B 1
Allauch 13 327 E 2
Allègre 43 247 E 2
Allègre Château d' 30 284 A 3
Allègre-les-Fumades 30 284 A 3
Alleins 13 305 G 3
Allemagne-en-Provence 04 307 E 2
Allemanche-Launay-et-Soyer 51 90 B 2
Allemans 24 239 G 1
Allemans-du-Dropt 47 257 G 3
Allemant 02 40 C 1
Allemant 51 61 E 4
Allemont 38 251 G 2
Allenay 80 11 E 3
Allenc 48 264 D 4
Allenjoie 25 142 C 4
Allennes-les-Marais 59 8 C 4
Allenwiller 67 68 B 5
Allerey 21 159 E 5
Allerey-sur-Saône 71 178 A 3
Allériot 71 178 A 4
Allery 80 11 H 5
Alles-sur-Dordogne 24 258 D 1
Les Alleuds 49 149 H 3
Les Alleuds 79 203 E 1
Les Alleux 08 42 D 1
Alleuze 15 245 H 4
Allevard 38 233 G 4
Allèves 74 215 G 5
Allex 26 267 F 1
Alleyrac 43 247 G 5
Alleyras 43 246 D 5
Alleyrat 19 225 H 3
Alleyrat 23 207 G 3
Allez-et-Cazeneuve 47 276 B 1
Alliancelles 51 63 E 3
Alliat 09 336 B 4
Allibaudières 10 91 E 2
Allichamps 52 92 C 2
Allier 65 315 F 5
Allières 09 335 H 2
Les Alliés 25 180 D 2
Alligny-Cosne 58 156 B 2
Alligny-en-Morvan 58 158 C 4
Allimas Col de l' 38 250 C 5
Allineuc 22 78 A 5
Allinges 74 198 B 3
Allogny 18 155 E 4
Allondans 25 142 B 4
Allondaz 73 216 A 5
Allondrelle-la-Malmaison 54 44 C 1
Allonne 60 38 A 2
Allonne 79 185 E 1
Allonnes 28 86 C 5
Allonnes 49 150 C 3
Allonnes 72 107 G 5
Allons 04 288 D 4
Allons 47 274 D 3
Allonville 80 22 C 1
Allonzier-la-Caille 74 215 G 2
Allos 04 288 D 2
Allos Col d' 04 288 D 1
Allouagne 62 7 H 4
Alloue 16 204 B 2
Allouis 18 154 D 5
Allouville-Bellefosse 76 19 G 5
Les Allues 73 234 C 3
Les Alluets-le-Roi 78 57 H 3
Alluy 58 175 G 1
Alluyes 28 109 H 2
Ally 15 244 B 2
Ally 43 246 A 2
Almayrac 81 279 G 4
Almenêches 61 54 B 5
Almont-les-Junies 12 261 H 4
Alos 09 335 F 3
Alos 81 279 E 5
Alos-Sibas-Abense 64 331 F 1
Alouettes Mont des 85 166 C 2
Aloxe-Corton 21 177 H 1
Alpe-d'Huez 38 251 G 2
Alpuech 12 263 F 2
Alquines 62 2 D 5
Alrance 12 281 E 4
Alsting 57 47 G 5
Altagène 2A 349 E 5
Alteckendorf 67 68 C 4
Altenach 68 143 E 3
Altenbach 68 120 C 5
Altenheim 67 68 B 4
Altenstadt 67 69 F 1
Althen-des-Paluds 84 285 G 5
Altiani 2B 347 F 5
Altier 48 265 F 5
Altillac 19 243 E 4
Altkirch 68 143 F 3
Altorf 67 97 F 2
Altrippe 57 67 F 1
Altviller 57 67 E 1
Altwiller 67 67 G 2
Aluze 71 177 G 3
Alvignac 46 260 D 1
Alvimare 76 19 F 5
Alzen 09 336 A 2
Alzi 2B 347 F 4
Alzing 57 46 C 4
Alzon 30 282 C 5
Alzonne 11 319 F 4
Amage 70 141 H 2
Amagne 08 42 B 1
Amagney 25 162 B 3
Amailloux 79 168 A 4
Amance 10 91 H 5
Amance 54 66 B 5
Amance 70 141 E 2
Amancey 25 180 A 1
Amancy 74 216 A 1
Amange 39 161 E 4
Amanlis 35 104 C 4
Amanty 55 93 H 2
Amanvillers 57 45 G 5
Amanzé 71 193 H 4
Amareins 01 213 E 2
Amarens 81 279 E 5
Amathay-Vésigneux 25 180 B 1
Amayé-sur-Orne 14 33 F 5
Amayé-sur-Seulles 14 32 D 5
Amazy 58 157 F 3
Ambacourt 88 94 D 4
Ambarès-et-Lagrave 33 237 G 4
Ambax 31 316 D 3
Ambazac 87 205 H 3
Ambel 38 269 F 1
Ambenay 27 55 G 3
Ambérac 16 203 E 4
Ambérieu-en-Bugey 01 214 A 3
Ambérieux 69 212 D 3
Ambérieux-en-Dombes 01 213 F 3
Ambernac 16 204 B 3
Amberre 86 168 D 4
Ambert 63 229 E 3
Ambès 33 237 G 3
Ambeyrac 12 261 F 4
Ambialet 81 299 H 1
Ambiegna 2A 348 C 2
Ambierle 42 211 F 2
Ambiévillers 70 118 D 4
Ambillou 37 151 F 2
Ambillou-Château 49 149 H 4
Ambilly 74 197 H 5
Amblaincourt 55 63 H 2
Amblainville 60 38 A 4
Amblans-et-Velotte 70 141 G 3
Ambleny 02 40 A 2
Ambléon 01 214 C 5
Ambleteuse 62 2 B 4
Ambleville 16 220 C 3
Ambleville 95 37 F 5
Amblie 14 33 F 3
Amblimont 08 27 F 4
Ambloy 41 131 F 4
Ambly-Fleury 08 42 B 1
Ambly-sur-Meuse 55 64 B 2
Amboise 37 152 C 2
Ambon 56 124 D 4
Ambonil 26 267 F 1
Ambonnay 51 61 H 1
Ambonville 52 92 D 5
Ambourville 76 35 H 1
Ambrault 36 172 B 4
Ambres 81 298 D 3
Ambricourt 62 7 F 4
Ambrief 02 40 B 3
Ambrières 51 63 E 5
Ambrières-les-Vallées 53 82 B 4
Ambrines 62 13 E 2
Ambronay 01 214 A 2
Ambrugeat 19 225 G 3
Ambrumesnil 76 20 A 2
Ambrus 47 275 F 2
Ambutrix 01 214 A 3
Amécourt 27 37 F 2
Amel-sur-l'Étang 55 44 D 4
Amelécourt 57 66 C 4
Amélie-les-Bains-Palalda 66 342 C 4
L'Amélie-sur-Mer 33 218 C 3
Amendeuix-Oneix 64 311 G 4
Amenoncourt 54 96 A 1
Amenucourt 95 37 F 5
Ames 62 7 G 3
Amettes 62 7 G 4
Ameugny 71 194 D 2
Ameuvelle 88 118 C 5
Amfreville 14 33 H 3
Amfreville 50 29 G 5
Amfreville-la-Campagne 27 35 H 4
Amfreville-la-Mi-Voie 76 36 B 2
Amfreville-les-Champs 27 36 C 3
Amfreville-les-Champs 76 19 H 4
Amfreville-sous-les-Monts 27 36 C 3
Amfreville-sur-Iton 27 36 B 5
Amfroipret 59 15 F 2
Amiens 80 22 B 2
Amifontaine 02 41 F 1
Amigny 50 32 A 4
Amigny-Rouy 02 24 B 5
Amillis 77 60 A 4
Amilly 28 86 A 4
Amilly 45 112 C 5
Amions 42 211 G 4
Amirat 06 289 F 5
Ammerschwihr 68 121 E 2
Ammerzwiller 68 143 E 2
Ammeville 14 54 B 2
Amné 72 107 F 4
Amnéville 57 45 G 4
Amoncourt 70 141 E 3
Amondans 25 162 A 5
Amont-et-Effreney 70 119 G 5
Amorots-Succos 64 311 G 4
Amou 40 293 G 4
Amphion-les-Bains 74 198 B 3
Ampiac 12 280 C 1
Ampilly-le-Sec 21 138 A 3
Ampilly-les-Bordes 21 138 B 5
Amplepuis 69 212 A 3
Amplier 62 12 D 4
Ampoigné 53 128 A 2
Amponville 77 112 A 2
Ampriani 2B 347 G 5
Ampuis 69 231 E 3
Ampus 83 307 H 4
Amuré 79 184 C 5
Amy 60 23 F 4
Anais 16 203 F 5
Anais 17 183 H 5
Anan 31 316 C 3
Ance 64 331 G 1
Anceaumeville 76 20 B 5
Anceins 61 55 E 3
Ancelle 05 269 H 2
Ancemont 55 64 B 1
Ancenis 44 148 B 2
Ancerville 55 63 G 5
Ancerville 57 66 B 1
Ancerviller 54 96 A 2
Ancey 21 159 H 3
Anchamps 08 26 D 1
Anché 37 151 E 5
Anché 86 186 B 4
Anchenoncourt-et-Chazel 70 141 E 2
Ancienville 02 40 A 4
Ancier 70 161 F 1
Ancinnes 72 83 H 4
Ancizan 65 333 G 3
Les Ancizes-Comps 63 209 E 4
Ancône 26 267 E 3
Ancourt 76 10 B 5
Ancourteville-sur-Héricourt 76 19 G 4
Ancretiéville-Saint-Victor 76 20 A 4
Ancretteville-sur-Mer 76 19 F 3
Ancteville 50 31 G 5
Anctoville 14 33 E 5
Anctoville-sur-Boscq 50 51 F 3
Ancy 69 212 C 5
Ancy-le-Franc 89 137 F 3
Ancy-le-Libre 89 137 F 3
Ancy-sur-Moselle 57 65 G 1
Andaine Bec d' 50 51 F 4
Andainville 80 21 G 2
Andance 07 249 E 1
Andancette 26 249 E 1
Andard 49 149 H 1
Andé 27 36 C 4
Andechy 80 23 E 4
Andel 22 78 D 3
Andelain 02 24 B 4
Andelaroche 03 193 E 5
Andelarre 70 141 E 5
Andelarrot 70 141 E 5
Andelat 15 245 G 3
Andelnans 90 142 C 3
Andelot 52 117 F 2
Andelot-en-Montagne 39 179 H 3
Andelot-lès-Saint-Amour 39 196 A 3
Andelu 78 57 G 3
Les Andelys 27 36 D 4
Andernay 55 63 F 4
Andernos-les-Bains 33 254 C 1
Anderny 54 45 F 3
Andert-et-Condon 01 214 D 5
Andevanne 08 43 G 2
Andeville 60 38 A 4
Andigné 49 128 A 4
Andillac 81 279 E 5
Andilly 17 183 G 5
Andilly 54 65 F 5
Andilly 74 215 G 2
Andilly 95 58 B 2
Andilly-en-Bassigny 52 117 H 5
Andiran 47 275 F 4
Andlau 67 97 E 3
Andoins 64 314 C 4
Andolsheim 68 121 F 3
Andon 06 308 D 2
Andonville 45 111 E 2
Andornay 70 142 A 3
Andouillé 53 106 A 2
Andouillé-Neuville 35 80 C 5
Andouque 81 280 B 5
Andrein 64 311 H 3
Andres 62 2 D 4
Andrest 65 315 E 3
Andrésy 78 58 A 2
Andrezé 49 148 D 4
Andrezel 77 88 C 2
Andrézieux-Bouthéon 42 230 A 3
Andryes 89 157 E 1
Anduze 30 283 G 4
Anéran-Camors 65 333 H 4
Anères 65 333 H 1
Anet 28 56 D 3
Anetz 44 148 C 2
Angaïs 64 314 C 4
Angé 41 152 D 3
Angeac-Champagne 16 220 B 2
Angeac-Charente 16 220 D 2
Angecourt 08 27 F 4
Angeduc 16 220 D 3
Angely 89 137 E 5
Angeot 90 142 D 2
Angers 49 149 G 1
Angerville 14 34 A 4
Angerville 91 87 E 5
Angerville-Bailleul 76 19 E 4
Angerville-la-Campagne 27 56 B 2
Angerville-la-Martel 76 19 F 3
Angerville-l'Orcher 76 18 D 5
Angervilliers 91 87 F 2
Angeville 82 277 E 5
Angevillers 57 45 G 3
Angey 50 51 G 4
Angicourt 60 38 D 3
Angiens 76 19 H 2
Angirey 70 161 G 1
Angivillers 60 38 D 1
Anglade 33 237 F 1
Anglards-de-Saint-Flour 15 245 H 4
Anglards-de-Salers 15 244 C 2
Anglars 46 261 E 2
Anglars-Juillac 46 259 G 5
Anglars-Nozac 46 259 H 1
Anglars-Saint-Félix 12 261 H 5
Anglefort 01 215 E 3
Anglemont 88 95 H 4
Angles 04 288 D 5
Les Angles 30 285 E 5
Les Angles 65 333 E 1
Les Angles 66 341 G 3
Anglès 81 300 B 5
Angles 85 182 D 3
Les Angles-sur-Corrèze 19 243 E 1
Angles-sur-l'Anglin 86 170 B 5
Anglesqueville-la-Bras-Long 76 19 H 3
Anglesqueville-l'Esneval 76 18 D 4
Anglet 64 292 A 5
Angliers 17 183 G 5
Angliers 86 168 D 2
Anglure 51 90 C 2
Anglure-sous-Dun 71 194 A 5
Anglus 52 92 B 4
Angluzelles-et-Courcelles 51 61 F 5
Angoisse 24 223 F 4
Angomont 54 96 B 2
Angos 65 315 F 5
Angoulême 16 221 F 2
Angoulins 17 200 C 1
Angoumé 40 292 D 3
Angous 64 313 F 4
Angoustrine 66 341 F 4
Angoville 14 53 G 2
Angoville-au-Plain 50 32 A 2
Angoville-en-Saire 50 29 G 2
Angoville-sur-Ay 50 31 F 3
Angres 62 8 B 5
Angresse 40 292 B 3

Angrie 49 ..... 127 H 5
Anguerny 14 ..... 33 G 3
Anguilcourt-le-Sart 02 ..... 24 C 4
Angviller-lès-Bisping 57 ..... 67 F 4
Angy 60 ..... 38 C 3
Anhaux 64 ..... 330 B 1
Anhiers 59 ..... 9 E 5
Aniane 34 ..... 302 B 4
Aniche 59 ..... 14 B 2
Anisy 14 ..... 33 G 3
Anizy-le-Château 02 ..... 40 C 1
Anjeux 70 ..... 119 E 5
Anjony *Château d'* 15 ..... 244 C 3
Anjou 38 ..... 231 F 5
Anjouin 36 ..... 154 A 5
Anjoutey 90 ..... 142 C 2
Anla 65 ..... 334 A 2
Anlezy 58 ..... 175 F 2
Anlhiac 24 ..... 223 F 5
Annay 58 ..... 156 A 1
Annay 62 ..... 8 C 4
Annay-la-Côte 89 ..... 157 H 1
Annay-sur-Serein 89 ..... 137 E 4
Annebault 14 ..... 34 B 3
Annebecq 14 ..... 52 B 2
Annecy 74 ..... 215 G 3
Annecy-le-Vieux 74 ..... 215 G 3
Annelles 08 ..... 42 B 2
Annemasse 74 ..... 197 H 5
Annéot 89 ..... 157 H 1
Annepont 17 ..... 201 G 4
Annequin 62 ..... 8 B 4
Annesse-et-Beaulieu 24 ..... 240 B 2
Annet-sur-Marne 77 ..... 59 F 2
Anneux 59 ..... 14 A 4
Anneville-en-Saire 50 ..... 29 H 3
Annéville-la-Prairie 52 ..... 116 D 2
Anneville-sur-Mer 50 ..... 31 F 5
Anneville-sur-Scie 76 ..... 20 B 2
Anneville-sur-Seine 76 ..... 35 H 1
Anneyron 26 ..... 249 F 1
Annezay 17 ..... 201 F 2
Annezin 62 ..... 8 A 4
Annœullin 59 ..... 8 C 4
Annoire 39 ..... 178 C 2
Annois 02 ..... 24 A 4
Annoisin-Chatelans 38 ..... 214 A 5
Annoix 18 ..... 173 F 2
Annonay 07 ..... 248 D 1
Annonville 52 ..... 93 E 4
Annot 04 ..... 289 E 5
Annouville-Vilmesnil 76 ..... 19 E 4
Annoux 89 ..... 137 F 5
Annoville 50 ..... 51 F 1
Anor 59 ..... 15 H 5
Anos 64 ..... 314 B 3
Anost 71 ..... 176 B 1
Anould 88 ..... 120 B 2
Anoux 54 ..... 45 E 4
Anoye 64 ..... 314 D 3
Anquetierville 76 ..... 35 F 1
Anrosey 52 ..... 140 B 2
Ansac-sur-Vienne 16 ..... 204 C 3
Ansacq 60 ..... 38 C 3
Ansan 32 ..... 296 C 3
Ansauville 54 ..... 65 E 4
Ansauvillers 60 ..... 22 C 5
Anse 69 ..... 212 D 3
Anserville 60 ..... 38 B 4
Ansignan 66 ..... 338 A 5
Ansigny 73 ..... 215 F 4
Ansost 65 ..... 315 F 2
Ansouis 84 ..... 306 A 3
Anstaing 59 ..... 9 E 3
Antagnac 47 ..... 274 D 1
Anterrieux 15 ..... 263 G 1
Anteuil 25 ..... 163 E 2
Antezant 17 ..... 201 H 3
Anthé 47 ..... 277 E 1
Anthelupt 54 ..... 95 F 1
Anthenay 51 ..... 41 E 5
Antheny 08 ..... 26 A 2
Anthéor 83 ..... 309 E 5
Antheuil 21 ..... 159 G 5
Antheuil-Portes 60 ..... 39 F 1
Anthien 58 ..... 157 G 3
Anthon 38 ..... 213 H 5
Anthy-sur-Léman 74 ..... 198 A 3
Antibes 06 ..... 309 F 4
Antibes *Cap d'* 06 ..... 309 F 4
Antichan 65 ..... 334 A 2
Antichan-de-Frontignes 31 ..... 334 B 2
Antignac 15 ..... 226 C 5
Antignac 17 ..... 219 H 3
Antignac 31 ..... 334 A 4
Antigny 85 ..... 184 B 1
Antigny 86 ..... 187 F 2
Antigny-la-Ville 21 ..... 159 F 5
Antilly 57 ..... 45 H 5
Antilly 60 ..... 39 G 5
Antin 65 ..... 315 G 3
Les Antiques 13 ..... 304 D 2
Antisanti 2B ..... 347 G 5
Antist 65 ..... 333 F 1
Antogny le Tillac 37 ..... 169 G 2
Antoigné 49 ..... 168 B 1
Antoigny 61 ..... 82 D 3
Antoingt 63 ..... 227 H 3
Antonaves 05 ..... 287 E 2
Antonne-et-Trigonant 24 ..... 240 D 2
Antony 92 ..... 58 B 4
Antorpe 25 ..... 161 G 4
Antraigues-sur-Volane 07 ..... 266 B 2
Antrain 35 ..... 80 C 3
Antran 86 ..... 169 G 3
Antras 09 ..... 334 D 4
Antras 32 ..... 296 A 3
Antrenas 48 ..... 264 A 4
Antugnac 11 ..... 337 G 3
Antully 71 ..... 177 E 3
Anvéville 76 ..... 19 G 4
Anville 16 ..... 202 D 5
Anvin 62 ..... 7 F 4
Any-Martin-Rieux 02 ..... 25 H 2
Anzat-le-Luguet 63 ..... 227 G 5
Anzeling 57 ..... 46 C 4
Anzême 23 ..... 189 F 5
Anzex 47 ..... 275 E 2
Anzin 59 ..... 9 G 5
Anzin-Saint-Aubin 62 ..... 13 G 2
Anzy-le-Duc 71 ..... 193 G 4
Aoste 38 ..... 232 C 2
Aougny 51 ..... 41 E 4
Aouste 08 ..... 26 A 3
Aouste-sur-Sye 26 ..... 267 G 2
Aouze 88 ..... 94 B 4
Apach 57 ..... 46 B 2
Apchat 63 ..... 227 H 5
Apchon 15 ..... 245 E 1
Apinac 42 ..... 229 G 5
Apothicairerie
Grotte de l' 56 ..... 144 B 3
Appelle 81 ..... 299 E 5
Appenai-sous-Bellême 61 ..... 84 C 5
Appenans 25 ..... 142 A 5
Appenwihr 68 ..... 121 F 3
Appeville 50 ..... 31 H 2
Appeville-Annebault 27 ..... 35 F 3
Appietto 2A ..... 348 C 2
Appilly 60 ..... 23 H 5
Appoigny 89 ..... 136 B 2
Apprieu 38 ..... 232 C 4
Appy 09 ..... 336 C 5
Apremont 01 ..... 196 C 5
Apremont 08 ..... 43 F 3
Apremont 60 ..... 38 D 4
Apremont 70 ..... 161 E 2
Apremont 73 ..... 233 F 3
Apremont 85 ..... 165 F 4
Apremont-la-Forêt 55 ..... 64 D 4
Apremont-sur-Allier 18 ..... 174 B 3
Aprey 52 ..... 139 F 3
Apt 84 ..... 305 H 1
Arabaux 09 ..... 336 B 2
Arâches 74 ..... 216 C 2
Araghju *Castellu d'* 2A ..... 351 G 2
Aragnouet 65 ..... 333 F 4
Aragon 11 ..... 319 H 4
Aramits 64 ..... 331 G 1
Aramon 30 ..... 304 C 1
Aranc 01 ..... 214 B 2
Arance 64 ..... 313 H 2
Arancou 64 ..... 311 G 3
Arandas 01 ..... 214 B 4
Arandon 38 ..... 232 B 1
Araujuzon 64 ..... 313 F 3
Araules 43 ..... 247 H 3
Araux 64 ..... 313 F 3
Aravis *Col des* 74 ..... 216 B 4
Arbanats 33 ..... 255 H 2

Aguesseau (Pl.) ..... CY 3
Alsace-Lorraine (Bd d') ..... CY 5
Beauvais (R. de) ..... BY
Briand (Pl. A.) ..... CXY 10
Cange (Pt du) ..... CY 15
Catelas (R. Jean) ..... BY
Cauvin (R. E.) ..... CY 17
Célestins (Bd des) ..... CX 19
Chapeau-des-Violettes (R.) ..... BY 20
Châteaudun (Bd de) ..... AZ 21
Chaudronniers (R. des) ..... BY 23
Cormont (R.) ..... CY 27
Courbet (R. de l'Amiral) ..... CY 29
Défontaine (R. du Cdt) ..... BY 31
Delambre (R.) ..... BY 32
Denfert-Rochereau (R.) ..... AZ 33
Déportés (R. des) ..... CX 34
Dodane (Pont de la) ..... CY 36
Dodane (R. de la) ..... CY 35
Don (Pl. du) ..... CY 37
Duméril (R.) ..... BY 38
Engoulvent (R. d') ..... CY 40
Fil (Pl. au) ..... BY 43
Fiquet (Pl. Alphonse) ..... CZ 44
Flatters (R.) ..... CY 45
Francs-Mûriers (R. des) ..... CY 51
Fusillés (Bd des) ..... CX 52
Gambetta (Pl.) ..... BY 53
Gde-Rue de la Veillère ..... BY 57
Gloriette (R.) ..... CY 54
Goblet (Pl. René) ..... CY 55
Granges (R. des) ..... CY 58
Gresset (R.) ..... BY 59
Henri-IV (R.) ..... CY 60
Hocquet (R. du) ..... CY 62
Jacobins (R. des) ..... CY 65
Jardin-des-Plantes (Bd) ..... BX 67
Lattre-de-Tassigny (R. Mar.-de) ..... BY 76
Leclerc (R. du Gén.) ..... BY 78
Lefèvre (R. Adéodat) ..... CY 80
Leroux (R. Florimond) ..... BY 81
Lin (R. au) ..... BY 83
Majots (R. des) ..... CY 85
Marché-aux-Chevaux (R. du) ..... BY 87
Marché-de-Lanselles (R. du) ..... BY 88
Motte (R.) ..... CY 89
Noyon (R. de) ..... CZ 91
Oratoire (R. de l') ..... CY 93
Otages (R. des) ..... CZ 94
Parmentier (Pl.) ..... CY 96
Prémontrées (R. des) ..... AY 102
République (R. de la) ..... BZ 105
Résistance (R. de la) ..... BX 106
St-Fuscien (R.) ..... CZ 108
Sergents (R. des) ..... CY 115
Trois-Cailloux (R. des) ..... CY 120
Vanmarcke (R.) ..... CY 121
Vergeaux (R. des) ..... BY 122
Victor-Hugo (R.) ..... CY 123
2e-D.-B. (Av. de la) ..... BY 124

ANGERS

Alsace (R. d') .... CZ
Aragon (Av. Yolande d') .... AY 2
Baudrière (R.) .... BY 5
Beaurepaire (R.) .... AY
Bichat (R.) .... AY 8
Bon-Pasteur (Bd du) .... AY 9
Bout-du-Monde (Prom. du) .... AY 12
Bressigny (R.) .... CZ
Chaperonnière (R.) .... BYZ 15
Commerce (R. du) .... CY 19
David-d'Angers (R.) .... CY 21
Denis-Papin (R.) .... BZ 22
Droits-de-l'Homme (Av. des) .... CY 25
Espine (R. de l') .... BY 27
Estoile (Sq. J. de l') .... AY 28
Foch (Bd du Mar.) .... BCZ
Freppel (Pl.) .... BY 31
Gare (R. de la) .... BZ 32
Laiterie (Pl.) .... AY
Lenepveu (R.) .... CY 40
Lices (R. des) .... BZ
Lionnaise (R.) .... AY
Lise (R. P.) .... CY 43
Marceau (R.) .... AZ 45
Mirault (Bd) .... BY 49
Mondain-Chanlouineau (Sq.) .... BY 51
Oisellerie (R.) .... BY 53
Parcheminerie (R.) .... BY 54
Pasteur (Av.) .... CY 55
Pilori (Pl. du) .... CY 56
Plantagenêt (R.) .... BY 57
Pocquet-de-Livonnières (R.) .... CY 58
Poëliers (R. des) .... CY 59
Pompidou (Allées) .... CY 60
Prés.-Kennedy (Place du) .... AZ 62
Ralliement (Pl. du) .... BY 66
Résistance-et-de-la-Déport. (Bd) .... CY 68
Robert (Bd) .... BY 69
La Rochefoucauld Liancourt (Pl.) .... ABY 38
Roë (R. de la) .... BY 70
Ronceray (Bd du) .... AY 71
Ste-Croix (Pl.) .... BZ 86
St-Aignan (R.) .... AY 72
St-Aubin (R.) .... BZ 73
St-Étienne (R.) .... CY 75
St-Julien (R.) .... BCZ
St-Laud (R.) .... BY 77
St-Lazare (R.) .... AY 79
St-Martin (R.) .... BZ 80
St-Maurice (Mtée) .... BY 82
St-Maurille (R.) .... CY 83
St-Michel (Bd) .... CY 84
St-Samson (R.) .... CY 85
Talot (R.) .... BZ 89
Tonneliers (R. des) .... AY 90
Ursules (R. des) .... CY 91
Voltaire (R.) .... BZ 93
8-Mai-1945 (Av. du) .... CZ 94

Arbas 31 .... 334 D 2
Arbecey 70 .... 140 D 3
Arbellara 2A .... 351 E 2
Arbent 01 .... 196 D 4
Arbéost 65 .... 332 B 2
Arbérats-Sillègue 64 .... 311 H 4
Arbignieu 01 .... 214 D 5
Arbigny 01 .... 195 F 2
Arbigny-sous-Varennes 52 .... 140 A 2
Arbin 73 .... 233 G 3
Arbis 33 .... 256 B 2
Arblade-le-Bas 32 .... 294 C 3
Arblade-le-Haut 32 .... 294 D 3
Arbois 39 .... 179 G 2
Arbois *Mont d'* 74 .... 216 C 4
Arbon 31 .... 334 C 2
Arbonne 64 .... 310 C 3
Arbonne-la-Forêt 77 .... 88 A 4
Arboras 34 .... 302 A 3
Arbori 2A .... 348 C 1
Arbot 52 .... 139 E 2
Arbouans 25 .... 142 B 4
Arboucave 40 .... 294 A 4
Arbouet-Sussaute 64 .... 311 H 4
Arbourse 58 .... 156 C 4
Arboussols 66 .... 342 B 2
L'Arbresle 69 .... 212 C 4
L'Arbret 62 .... 13 E 3
Arbrissel 35 .... 105 E 5
Arbus 64 .... 314 A 3
Arbusigny 74 .... 215 H 1
Arc 1800 73 .... 234 D 2
Arc-en-Barrois 52 .... 116 D 5
Arc-et-Senans 25 .... 179 G 1
Arc-lès-Gray 70 .... 161 E 1
Arc-sous-Cicon 25 .... 162 C 5
Arc-sous-Montenot 25 .... 180 A 2
Arc-sur-Tille 21 .... 160 B 3
Arcachon 33 .... 254 B 2
Arçais 79 .... 184 B 4
Arcambal 46 .... 260 B 5
Arcangues 64 .... 310 C 3
Arçay 18 .... 173 E 2
Arçay 86 .... 168 C 2
Arceau 21 .... 160 B 2
Arcenant 21 .... 159 H 5
Arcens 07 .... 248 A 5
Arces 17 .... 219 E 2
Arces 89 .... 114 A 4
Arcey 21 .... 159 H 3
Arcey 25 .... 142 A 4
Archail 04 .... 288 B 3
Archamps 74 .... 215 G 1
Archelange 39 .... 161 E 5
Archéodrome 21 .... 177 H 2
Arches 15 .... 244 B 1
Arches 88 .... 119 G 3
Archettes 88 .... 119 G 2
Archiac 17 .... 220 B 3
Archiane *Cirque d'* 26 .... 268 C 1
Archignac 24 .... 241 H 4
Archignat 03 .... 190 B 4
Archigny 86 .... 169 H 5
Archingeay 17 .... 201 F 3
Archon 02 .... 25 H 3
Arcier 25 .... 162 A 3
Arcine 74 .... 215 E 1
Arcinges 42 .... 212 A 1
Arcins 33 .... 237 F 3
Arcis-le-Ponsart 51 .... 41 E 4
Arcis-sur-Aube 10 .... 91 E 3
Arcizac-Adour 65 .... 315 E 5
Arcizac-ez-Angles 65 .... 333 E 1
Arcizans-Avant 65 .... 332 D 2
Arcizans-Dessus 65 .... 332 C 2
Arcomie 48 .... 246 A 5
Arcomps 18 .... 173 E 5
Arçon 25 .... 180 C 2
Arcon 42 .... 211 F 3
Arconcey 21 .... 159 E 4
Arçonnay 72 .... 83 G 4
Arconsat 63 .... 210 D 4
Arconville 10 .... 116 A 3
L'Arcouest *Pointe de* 22 .... 73 F 2
Les Arcs 73 .... 234 D 1
Les Arcs 83 .... 308 A 5
Arcueil 94 .... 58 C 4
Arcy-Sainte-Restitue 02 .... 40 C 4
Arcy-sur-Cure 89 .... 136 C 5
Ardelles 28 .... 85 G 3
Ardelu 28 .... 87 E 5
Ardenais 18 .... 190 B 1
Ardenay-sur-Mérize 72 .... 108 A 5
Ardengost 65 .... 333 H 3
Ardenne *Abbaye d'* 14 .... 33 G 4
Ardentes 36 .... 172 A 5
Ardes 63 .... 227 H 5
Ardeuil-et-Montfauxelles 08 .... 42 D 3
Ardevon 50 .... 51 G 5
Ardiège 31 .... 334 B 1
Les Ardillats 69 .... 212 C 1
Ardilleux 79 .... 202 D 2
Ardillières 17 .... 201 E 2
Ardin 79 .... 184 C 2
Ardizas 32 .... 297 E 3
L'Ardoise 30 .... 285 E 4
Ardoix 07 .... 249 E 2
Ardon 39 .... 179 H 4
Ardon 45 .... 133 E 3
Ardouval 76 .... 20 C 3
Ardres 62 .... 2 D 4
Arèches 73 .... 234 C 1
Aregno 2B .... 346 C 2
Areines 41 .... 131 G 3
Aren 64 .... 313 G 4
Arenberg 59 .... 9 G 5
Arengosse 40 .... 273 F 5

ANNECY

Chambéry (Av. de) .... DY 23
Chappuis (Q. Eustache) .... EY 26
Filaterie (R.) .... EY 43
Grenette (R.) .... EY 51
Hôtel-de-Ville (Pl. de l') .... EY 53
Jean-Jacques-Rousseau (R.) .... DY 55
Lac (R. du) .... EY 57
Libération (Pl. de la) .... EY 61
Pâquier (R. du) .... EY 71
Perrière (R.) .... EY 75
Pont-Morens (R. du) .... EY 76
Poste (R. de la) .... DY 78
République (R.) .... DY 83
Royale (R.) .... DY 85
Ste-Claire (Fg et R.) .... DY 91
St-François-de-Sales (Pl.) .... EY 87
St-François-de-Sales (R.) .... DY 89
Tour-la-Reine (Ch.) .... EY 95

Arenthon **74** .... 216 A 1
Arès **33** .... 254 B 1
Ares *Col d'* **66** .... 342 B 5
Ares *Col des* **31** .... 334 B 2
Aresches **39** .... 179 H 2
Aressy **64** .... 314 B 5
Arette **64** .... 331 G 2
Arette-Pierre-Saint-Martin **64** .... 331 G 3
Arfeuille-Châtain **23** .... 208 B 2
Arfeuilles **03** .... 210 D 1
Arfons **81** .... 319 F 3
Argagnon **64** .... 313 G 2
Arganchy **14** .... 32 D 4
Argançon **10** .... 116 A 2
Argancy **57** .... 45 H 5
Argein **09** .... 335 E 3
Argelès **65** .... 333 F 1
Argelès-Gazost **65** .... 332 D 2
Argelès-Plage **66** .... 343 G 3
Argelès-sur-Mer **66** .... 343 F 3
Argeliers **11** .... 320 D 4
Argelliers **34** .... 302 C 3
Argelos **40** .... 293 H 4
Argelos **64** .... 314 B 2
Argelouse **40** .... 273 G 1
Argences **14** .... 33 H 5
Argens **04** .... 288 C 4
Argens-Minervois **11** .... 320 C 5
Argent-sur-Sauldre **18** .... 155 F 1
Argentan **61** .... 54 A 4
Argentat **19** .... 243 F 3
Argentenay **89** .... 137 F 3
Argenteuil **95** .... 58 B 2
Argenteuil-sur-Armançon **89** .... 137 F 3
Argentière **74** .... 217 E 2
L'Argentière-la-Bessée **05** .... 252 C 5
Argentières **77** .... 59 G 5
Argentine **73** .... 234 A 3
Argentolles **52** .... 116 C 2
Argenton **29** .... 70 A 5
Argenton **47** .... 275 E 1
Argenton-Château **79** .... 167 H 2
Argenton-l'Église **79** .... 168 A 1
Argenton-Notre-Dame **53** .... 128 C 3
Argenton-sur-Creuse **36** .... 188 C 1
Argentré **53** .... 106 B 3
Argentré-du-Plessis **35** .... 105 F 3
Argenvières **18** .... 156 B 5
Argenvilliers **28** .... 109 F 2
Argers **51** .... 63 E 1
Arget **64** .... 294 A 5
Argiésans **90** .... 142 B 3
Argillières **70** .... 140 B 4
Argilliers **30** .... 284 C 5
Argilly **21** .... 178 A 1
Argis **01** .... 214 B 3
Argiusta-Moriccio **2A** .... 349 E 4
Argœuves **80** .... 22 B 1
Argol **29** .... 75 F 4
Argonay **74** .... 215 G 3
Argouges **50** .... 80 D 2
Argoules **80** .... 11 G 1
Argueil **76** .... 37 E 1
Arguel **25** .... 162 A 4
Arguel **80** .... 21 G 2
Arguenos **31** .... 334 C 3
Argut-Dessous **31** .... 334 B 3
Argut-Dessus **31** .... 334 C 3
Argy **36** .... 171 F 2
Arhansus **64** .... 311 G 5
Aries-Espénan **65** .... 316 A 4
Arifat **81** .... 299 H 3
Arignac **09** .... 336 B 4
Arinthod **39** .... 196 C 3
Arith **73** .... 215 G 5
Arjuzanx **40** .... 273 E 5
Arlanc **63** .... 229 E 4
Arlay **39** .... 179 E 4
Arlebosc **07** .... 248 D 3
Arlempdes **43** .... 247 F 5
Arles **13** .... 304 B 4
Arles-sur-Tech **66** .... 342 C 4
Arlet **43** .... 246 B 3
Arleuf **58** .... 176 B 1
Arleux **59** .... 14 A 2
Arleux-en-Gohelle **62** .... 8 C 5
Arlos **31** .... 334 B 3
Armaillé **49** .... 127 G 3
Armancourt **60** .... 39 F 2
Armancourt **80** .... 23 E 4
Armaucourt **54** .... 66 B 4

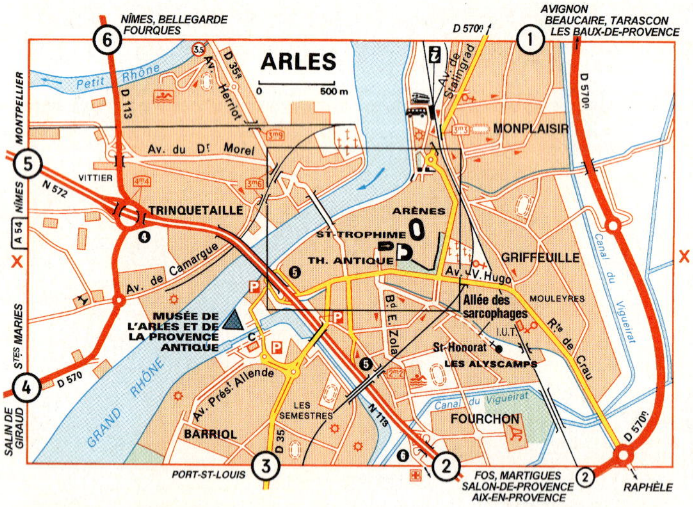

Alyscamps (Av. des) .... Z 2
Amphithéâtre (R. de l') .... Y 3
Anatole-France (R.) .... Z 4
Antonelle (Pl.) .... Z 5
Arènes (Rd-Pt des) .... YZ 6
Arènes (R. des) .... YZ 7
Balze (R.) .... Z 8
Blum (R. Léon) .... Y 10
Calade (R. de la) .... Z 12
Cavalerie (R. de la) .... Y 13
Cloître (R. du) .... Z 14
Forum (Pl. du) .... Z 15
Gambetta (R.) .... Z 17
Hôtel de Ville (R. de l') .... Z 18
Jean-Jaurès (R.) .... Z 19
Lamartine (Av.) .... Y 21
Lices (Bd des) .... Z
Maïsto (R. Dominique) .... Y 27
Major (Pl. de la) .... Y 29
Mistral (R. Frédéric) .... Z 30
Place (R. de la) .... Y 32
Plan de la Cour (R. du) .... Z 33
Porte de Laure (R.) .... Z 36
Président Wilson (R. du) .... Z 37
Réattu (R.) .... Y 41
Redoute (Pl. de la) .... Z 42
République (Pl. de la) .... Z 39
République (R. de la) .... Z 40
Vauban (Montée) .... Z 43
Voltaire (R.) .... Y 45
4-Septembre (R. du) .... Y 47

Armbouts-Cappel **59** .... 3 G 3
Armeau **89** .... 113 G 4
Armendarits **64** .... 311 F 4
Armenonville-les-Gâtineaux **28** .... 86 C 3
Armenteule **65** .... 333 H 4
Armentières **59** .... 8 C 2
Armentières-en-Brie **77** .... 59 H 2
Armentières-sur-Avre **27** .... 55 G 5
Armentières-sur-Ourcq **02** .... 40 B 5
Armentieux **32** .... 295 F 5
Armes **58** .... 157 F 2
Armillac **47** .... 257 G 4
Armissan **11** .... 321 F 5
Armistice *Clairière de l'* **60** .... 39 G 2
Armix **01** .... 214 C 4
Armous-et-Cau **32** .... 295 F 5
Armoy **74** .... 198 B 3
Arnac **15** .... 243 H 3
Arnac-la-Poste **87** .... 188 B 5
Arnac-Pompadour **19** .... 223 H 5
Arnac-sur-Dourdou **12** .... 301 E 3
Arnage **72** .... 107 H 5
Arnancourt **52** .... 92 C 4
Arnas **69** .... 212 D 2
Arnaud-Guilhem **31** .... 334 D 1
Arnave **09** .... 336 B 4
Arnaville **54** .... 65 G 2
Arnay-le-Duc **21** .... 159 E 5
Arnay-sous-Vitteaux **21** .... 159 E 2
Arnayon **26** .... 268 A 4
Arné **65** .... 316 A 5
Arnéguy **64** .... 330 B 1
Arnèke **59** .... 3 G 4
Arnicourt **08** .... 26 A 5
Arnières-sur-Iton **27** .... 56 B 2
Arnoncourt-sur-Apance **52** .... 118 A 4
Arnos **64** .... 313 H 2
Arnouville-lès-Gonesse **95** .... 58 C 2
Arnouville-lès-Mantes **78** .... 57 F 3
Aroffe **88** .... 94 B 4
Aromas **39** .... 196 B 4
Aron **53** .... 82 B 5
Arone *Plage d'* **2A** .... 348 A 1
Aroue **64** .... 311 H 4
Aroz **70** .... 140 D 4
Arpaillargues-et-Aureillac **30** .... 284 B 5
Arpajon **91** .... 87 G 2
Arpajon-sur-Cère **15** .... 244 C 5
Arpavon **26** .... 286 A 1
Arpenans **70** .... 141 G 4
Arpenaz *Cascade d'* **74** .... 216 C 2
Arpheuilles **18** .... 173 F 4
Arpheuilles **36** .... 171 E 3
Arpheuilles-Saint-Priest **03** .... 190 D 5
Arphy **30** .... 282 D 5
Arquenay **53** .... 106 B 4
Arques **11** .... 337 H 3
Arques **12** .... 281 E 2
Les Arques **46** .... 259 G 3
Arques **62** .... 3 G 5
Arques-la-Bataille **76** .... 20 B 2
Arquettes-en-Val **11** .... 338 A 1
Arquèves **80** .... 13 E 5
Arquian **58** .... 156 B 1
Arrabloy **45** .... 134 D 4
Arracourt **54** .... 66 D 5
Arradon **56** .... 124 B 4
Arraincourt **57** .... 66 C 2
Arrancourt **91** .... 87 F 5
Arrancy **02** .... 41 E 1
Arrancy-sur-Crusne **55** .... 44 D 2
Arrans **21** .... 137 H 4
Arras **62** .... 13 G 2
Arras-en-Lavedan **65** .... 332 D 2
Arras-sur-Rhône **07** .... 249 E 2
Arrast-Larrebieu **64** .... 313 F 4
Arraute-Charritte **64** .... 311 G 3
Arraye-et-Han **54** .... 66 B 4
Arrayou-Lahitte **65** .... 333 E 1
Arre **30** .... 282 C 5
Arreau **65** .... 333 H 3
Arrelles **10** .... 115 F 4
Arrembécourt **10** .... 91 H 2
Arrènes **23** .... 206 C 2
Arrens *Porte d'* **65** .... 332 B 3
Arrens-Marsous **65** .... 332 C 2
Arrentès-de-Corcieux **88** .... 120 A 2
Arrentières **10** .... 92 B 5
Arrest **80** .... 11 F 3
Arreux **08** .... 26 C 2
Arriance **57** .... 66 C 2
Arricau-Bordes **64** .... 314 D 2
Arrien **64** .... 314 C 4
Arrien-en-Bethmale **09** .... 335 E 3
Arrigas **30** .... 282 C 5
Arrigny **51** .... 92 A 2
Arro **2A** .... 348 C 2
Arrodets **65** .... 333 G 2
Arrodets-ez-Angles **65** .... 333 E 1
Arromanches-les-Bains **14** .... 33 E 2
Arronnes **03** .... 210 C 2
Arronville **95** .... 38 A 5
Arros-de-Nay **64** .... 314 B 5
Arros-d'Oloron **64** .... 331 H 1
Arrosès **64** .... 294 D 5
Arrou **28** .... 109 G 3
Arrouède **32** .... 316 B 3
Arrout **09** .... 335 E 3
Arry **57** .... 65 G 2
Arry **80** .... 11 F 1
Ars **16** .... 220 B 2
Ars **23** .... 207 G 3
Ars-en-Ré **17** .... 182 C 5
Ars-Laquenexy **57** .... 65 H 1
Ars-les-Favets **63** .... 209 E 1
Ars-sur-Formans **01** .... 213 E 3
Ars-sur-Moselle **57** .... 65 G 1
Arsac **33** .... 237 F 4
Arsac-en-Velay **43** .... 247 F 4
Arsague **40** .... 293 F 4
Arsans **70** .... 161 F 2
L'Arsenal **42** .... 211 G 2
Arsonval **10** .... 92 A 5
Arsure-Arsurette **39** .... 180 A 4
Les Arsures **39** .... 179 G 2
Arsy **60** .... 39 E 2
Art-sur-Meurthe **54** .... 95 E 1
Artagnan **65** .... 315 E 3
Artaise-le-Vivier **08** .... 27 E 5
Artaix **71** .... 193 G 5
Artalens-Souin **65** .... 332 D 2
Artannes-sur-Indre **37** .... 151 H 4
Artannes-sur-Thouet **49** .... 150 B 4
Artas **38** .... 231 H 3
Artassenx **40** .... 294 B 2
Artemare **01** .... 214 D 4
Artemps **02** .... 24 A 3
Artenay **45** .... 110 D 4
Arthaz-Pont-Notre-Dame **74** .... 197 H 5
Arthel **58** .... 157 E 4
Arthémonay **26** .... 249 G 2
Arthenac **17** .... 220 B 3
Arthenas **39** .... 196 B 1
Arthès **81** .... 299 G 1
Arthez-d'Armagnac **40** .... 294 C 1
Arthez-d'Asson **64** .... 332 C 1
Arthez-de-Béarn **64** .... 313 H 2
Arthezé **72** .... 129 F 3
Arthies **95** .... 57 G 1
Arthon **36** .... 171 H 5
Arthon-en-Retz **44** .... 146 D 5
Arthonnay **89** .... 115 F 5
Arthous *Abbaye d'* **40** .... 292 D 5
Arthun **42** .... 211 G 5
Artigat **09** .... 335 H 1
Artige *Prieuré de l'* **87** .... 206 B 5
Artignosc-sur-Verdon **83** .... 307 F 3
Artigue **31** .... 334 B 4
Artiguedieu **32** .... 316 A 2
Artigueloutan **64** .... 314 C 4
Artiguelouve **64** .... 314 A 3
Artiguemy **65** .... 333 G 1
Artigues **09** .... 337 E 5
Artigues **11** .... 337 G 4
Artigues **65** .... 333 E 1
Artigues **83** .... 306 D 4
Artigues-Campan **65** .... 333 F 3
Les Artigues-de-Lussac **33** .... 238 C 4
Artigues-près-Bordeaux **33** .... 237 G 5
Artins **41** .... 131 E 3
Artix **09** .... 336 A 2
Artix **46** .... 260 C 4
Artix **64** .... 313 H 2
Artolsheim **67** .... 97 G 5
Artonges **02** .... 60 D 2
Artonne **63** .... 209 H 3
Artres **59** .... 14 D 2
Artuby *Pont de l'* **83** .... 307 H 2
Artzenheim **68** .... 121 F 2
Arudy **64** .... 332 A 1
Arue **40** .... 274 A 4
Arvant **43** .... 228 A 5
Arvert **17** .... 200 C 5
Arveyres **33** .... 238 B 5
Arvieu **12** .... 280 D 3
Arvieux **05** .... 271 E 1
Arvigna **09** .... 336 C 2
Arvillard **73** .... 233 G 3
Arville **41** .... 109 E 4
Arville **77** .... 112 A 3
Arvillers **80** .... 23 E 3
Arx **40** .... 275 E 4
Arzacq-Arraziguet **64** .... 294 A 5
Arzal **56** .... 125 E 5
Arzano **29** .... 101 E 4
Arzay **38** .... 231 H 4
L'Arzelier *Col de* **38** .... 250 C 4
Arzembouy **58** .... 157 E 4
Arzenc-d'Apcher **48** .... 263 H 1
Arzenc-de-Randon **48** .... 264 D 3
Arzens **11** .... 319 G 5
Arzillières-Neuville **51** .... 62 C 5
Arzon **56** .... 124 A 4
Arzviller **57** .... 67 H 5
Asasp **64** .... 331 H 1
Ascain **64** .... 310 C 4
Ascarat **64** .... 330 B 1
Aschbach **67** .... 69 F 2
Aschères-le-Marché **45** .... 111 E 3
Asclier *Col de l'* **30** .... 283 E 4
Asco **2B** .... 346 D 3
Asco *Gorges de l'* **2B** .... 347 E 3
Ascou **09** .... 336 D 5
Ascou-Pailhérès **09** .... 337 E 5
Ascoux **45** .... 111 G 3
Ascros **06** .... 289 G 5
Asfeld **08** .... 41 H 1
Aslonnes **86** .... 186 B 3
Asnan **58** .... 157 F 3
Asnans **39** .... 178 D 2
Asnelles **14** .... 33 F 2
Asnières **27** .... 35 E 4
Asnières *Ancienne Abbaye d'* **49** .... 150 B 5
Asnières-en-Bessin **14** .... 32 C 2
Asnières-en-Montagne **21** .... 137 G 4
Asnières-en-Poitou **79** .... 202 C 1
Asnières-la-Giraud **17** .... 201 H 4
Asnières-les-Bourges **18** .... 155 E 5
Asnières-lès-Dijon **21** .... 160 A 2
Asnières-sous-Bois **89** .... 157 G 1
Asnières-sur-Blour **86** .... 204 D 1
Asnières-sur-Nouère **16** .... 221 E 1
Asnières-sur-Oise **95** .... 38 C 5
Asnières-sur-Saône **01** .... 195 E 3
Asnières-sur-Seine **92** .... 58 B 3
Asnières-sur-Vègre **72** .... 129 F 2
Asnois **58** .... 157 F 2
Asnois **86** .... 203 H 2
Aspach **57** .... 67 G 5
Aspach **68** .... 143 F 3
Aspach-le-Bas **68** .... 143 E 1
Aspach-le-Haut **68** .... 143 E 1
Aspères **30** .... 303 E 2
Asperjoc **07** .... 266 B 2
Aspet **31** .... 334 C 2
Aspin *Col d'* **65** .... 333 G 3
Aspin-Aure **65** .... 333 G 3
Aspin-en-Lavedan **65** .... 332 D 1
Aspiran **34** .... 302 A 5
Aspremont **05** .... 269 E 4
Aspremont **06** .... 291 E 5
Les Aspres **61** .... 55 F 5
Aspres-lès-Corps **05** .... 269 G 1
Aspres-sur-Buëch **05** .... 269 E 4
Aspret-Sarrat **31** .... 334 C 1
Asprières **12** .... 261 G 4
Asque **65** .... 333 G 2
Asques **33** .... 237 H 4
Asques **82** .... 277 E 5
Asquins **89** .... 157 G 1
Assac **81** .... 280 C 5
Assainvillers **80** .... 23 E 5
Assais **79** .... 168 B 4
Assas **34** .... 302 D 3
Assat **64** .... 314 B 4
Assay **37** .... 169 E 1
Assé-le-Bérenger **53** .... 106 D 3
Assé-le-Boisne **72** .... 83 F 5
Assé-le-Riboul **72** .... 107 G 2
Assenay **10** .... 115 E 3
Assencières **10** .... 91 F 5
Assenoncourt **57** .... 67 F 4
Assérac **44** .... 145 H 3
Assevent **59** .... 15 H 2
Assevillers **80** .... 23 F 2
Assier **46** .... 261 E 3
Assieu **38** .... 231 F 4
Assignan **34** .... 320 D 3
Assigny **18** .... 155 H 2
Assigny **76** .... 10 C 5
Les Assions **07** .... 265 H 5
Assis-sur-Serre **02** .... 24 D 4
Asson **64** .... 314 C 5
Asswiller **67** .... 68 A 3
Assy **14** .... 53 H 1
Astaffort **47** .... 276 B 4
Astaillac **19** .... 243 E 5

AVIGNON

Amirande (Pl. de l') .... EY 2
Arroussaire (Av. de l') .... FZ 3
Aubanel (R. Théodore) .... EZ 5
Balance (R. de la) .... EY 7
Bancasse (R.) .... EY 9
Bertrand (R.) .... FY 10
Bon Martinet (R. du) .... FZ 13
Campane (R.) .... FY 14
Collège d'Annecy (R.) .... EZ 18
Collège du Roure (R. du) .... EY 19
Corps Saints (Pl. des) .... EZ 20
David (R. Félicien) .... EY 22
Dorée (R.) .... EY 23
Folco-de-Baroncelli (R.) .... EY 28
Fourbisseurs (R. des) .... EY 34
Four de la Terre (R. du) .... FZ 35
Four (R. du) .... FY 33
Galante (R.) .... EY 37
Grande Fusterie (R. de la) .... EY 39
Grottes (R. des) .... EY 41
Italiens (Av. des) .... GY 44
Jean-Jaurès (Cours) .... EZ
Jérusalem (Pl.) .... FY 45
Ledru-Rollin (R.) .... FY 47
Manivet (R. P.) .... EFZ 48
Marchands (R. des) .... EY 49
Masse (R. de la) .... FZ 52
Molière (R.) .... EY 54
Monclar (Av.) .... EZ 55
Mons (R. de) .... EY 59
Muguet (R.) .... GY 62
Ortolans (R. des) .... EZ 63
Palais (Pl. du) .... EY 64
Palapharnerie (R.) .... FY 66
Petite Calade (R. de la) .... EY 67
Petite Fusterie (R. de la) .... EY 68
Petite Saunerie (R. de la) .... FY 70
Pétramale (R.) .... EZ 72
Peyrollerie (R.) .... EY 73
Pont (R. du) .... EY 74
Président-Kennedy (Cours) .... EZ 76
Prévot (R.) .... EZ 77
Rascas (R. de) .... GY 79
Rempart de l'Oulle (R. du) .... DY 82
Rempart du Rhône (R. du) .... EY 83
Rempart St-Michel (R. du) .... FZ 84
Rempart St-Roch (R. du) .... DEZ 86
République (R. de la) .... EYZ
Rhône (Pte du) .... EY 88
Rouge (R.) .... EY 90
Ste-Catherine (R.) .... FY 109
St-Agricol (R.) .... EY 94
St-Christophe (R.) .... FZ 97
St-Dominique (Bd) .... DZ 98
St-Étienne (R.) .... EY 99
St-Jean le Vieux (Pl.) .... FY 101
St-Jean le Vieux (R.) .... FY 102
St-Joseph (R.) .... FY 104
St-Michel (R.) .... EZ 105
St-Pierre (Pl.) .... EY 106
St-Ruf (Av.) .... FZ 108
Saraillerie (R. de la) .... EYZ 110
Taulignan (R. de) .... EY 113
Tour (R. de la) .... GY 116
Vernet (R. Horace) .... EZ 118
Vernet (R. Joseph) .... EYZ
Viala (R. Jean) .... EY 119
Vice-Légat (R.) .... EY 120
Vieux Sextier (R. du) .... EFY 122
Vilar (R. Jean) .... EY 123
Violette (R.) .... EZ 124
3 Pilats (R. des) .... FY 127
3 Faucons (R. des) .... EZ 126

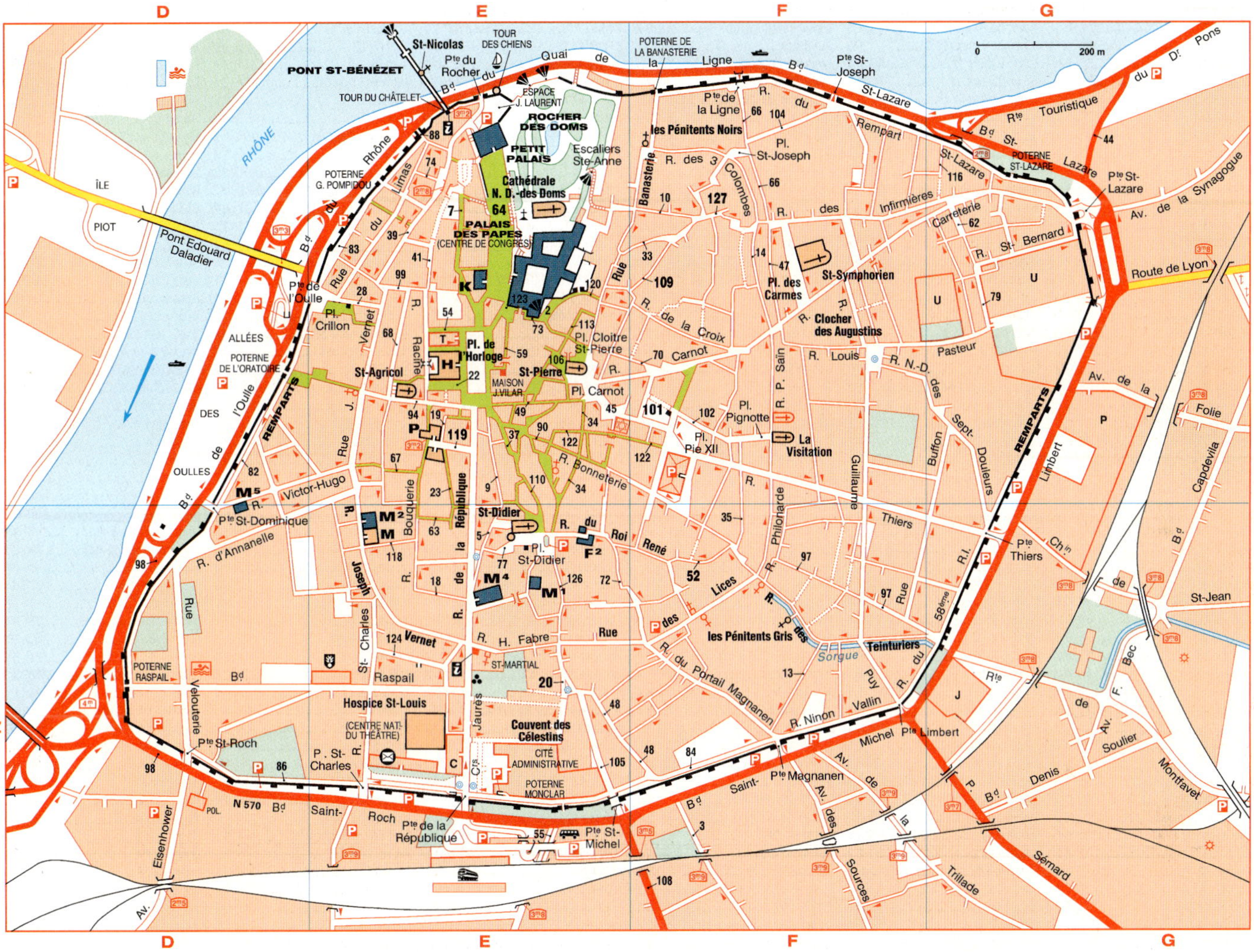

Asté *65* .... 333 F 2
Aste-Béon *64* .... 332 A 2
Astérix *Parc* *60* .... 38 D 5
Astet *07* .... 265 G 2
Astillé *53* .... 105 H 5
Astis *64* .... 314 B 2
Astoin *04* .... 269 H 5
Aston *09* .... 336 B 5
Astugue *65* .... 333 E 1
Athée *21* .... 160 D 4
Athée *53* .... 105 G 5
Athée-sur-Cher *37* .... 152 B 3
Athesans *70* .... 141 H 4
Athie *21* .... 137 G 5
Athie *89* .... 158 A 1
Athienville *54* .... 66 C 5
Athies *62* .... 13 G 2
Athies *80* .... 23 G 2
Athies-sous-Laon *02* .... 24 D 5
Athis *51* .... 61 H 1
Athis-de-l'Orne *61* .... 53 F 3
Athis-Mons *91* .... 58 C 5
Athos-Aspis *64* .... 311 H 3
Athose *25* .... 162 C 5
Attainville *95* .... 58 C 1
Attancourt *52* .... 92 C 3
Les Attaques *62* .... 2 D 3
Attenschwiller *68* .... 143 G 3
Attiches *59* .... 8 D 4
Attichy *60* .... 39 H 2
Attignat *01* .... 195 H 4
Attignat-Oncin *73* .... 233 E 3
Attignéville *88* .... 94 A 4
Attigny *08* .... 42 C 1
Attigny *88* .... 118 C 3
Attilloncourt *57* .... 66 B 4
Attilly *02* .... 24 A 2
Attin *62* .... 6 C 4
Atton *54* .... 65 G 3
Attray *45* .... 111 F 3
Attricourt *70* .... 160 D 1
Atur *24* .... 240 C 2
Aubagnan *40* .... 294 A 3
Aubagne *13* .... 327 F 2
Aubaine *21* .... 159 G 5
Aubais *30* .... 303 F 3
Aubarède *65* .... 315 G 4
Aubas *24* .... 241 G 3
Aubazat *43* .... 246 B 2
Aubazines *19* .... 242 D 2
Aube *57* .... 66 B 2
Aube *61* .... 55 F 4
Aubéguimont *76* .... 21 F 3
Aubenas *07* .... 266 B 3
Aubenas-les-Alpes *04* .... 287 E 5
Aubenasson *26* .... 267 H 2
Aubencheul-au-Bac *59* .... 14 B 3
Aubencheul-aux-Bois *02* .... 14 B 5
Aubenton *02* .... 25 H 2
Aubepierre *77* .... 88 D 2
Aubepierre-sur-Aube *52* .... 116 C 5
L'Aubépin *39* .... 196 A 3
Auberchicourt *59* .... 14 B 2
Aubercourt *80* .... 22 D 2
Aubergenville *78* .... 57 G 2
Aubérive *51* .... 42 B 4
Auberive *52* .... 139 E 3
Auberives-en-Royans *38* .... 250 A 3
Auberives-sur-Varèze *38* .... 231 E 4
Aubermesnil-aux-Érables *76* .... 21 E 2
Aubermesnil-Beaumais *76* .... 20 B 2
Aubers *59* .... 8 B 3
Aubertans *70* .... 162 B 1
Aubertin *64* .... 314 A 4
Auberville *14* .... 34 B 3
Auberville-la-Campagne *76* .... 19 F 5
Auberville-la-Manuel *76* .... 19 F 2
Auberville-la-Renault *76* .... 19 E 4
Aubervilliers *93* .... 58 C 3
Aubeterre *10* .... 91 E 4
Aubeterre-sur-Dronne *16* .... 239 F 1
Aubeville *16* .... 220 D 3
Aubevoye *27* .... 36 C 5
Aubiac *33* .... 256 B 5
Aubiac *47* .... 276 B 3
Aubiat *63* .... 209 H 3
Aubie-et-Espessas *33* .... 237 H 3
Aubière *63* .... 227 H 1
Les Aubiers *79* .... 167 F 2
Aubiet *32* .... 296 C 4
Aubignan *84* .... 285 G 4
Aubignas *07* .... 266 D 3
Aubigné *35* .... 80 B 5
Aubigné *79* .... 202 D 2
Aubigné-Racan *72* .... 130 A 4
Aubigné-sur-Layon *49* .... 149 H 4
Aubigney *70* .... 161 E 3
Aubignosc *04* .... 287 G 3
Aubigny *03* .... 174 C 5
Aubigny *14* .... 53 H 2
Aubigny *79* .... 168 B 4
Aubigny *80* .... 23 H 3
Aubigny *85* .... 182 D 1
Aubigny-au-Bac *59* .... 14 B 2
Aubigny-aux-Kaisnes *02* .... 23 H 3
Aubigny-en-Artois *62* .... 13 F 2
Aubigny-en-Laonnois *02* .... 41 E 1
Aubigny-en-Plaine *21* .... 160 B 5
Aubigny-la-Ronce *21* .... 177 F 2
Aubigny-les-Pothées *08* .... 26 B 3
Aubigny-lès-Sombernon *21* .... 159 F 3
Aubigny-sur-Nère *18* .... 155 E 1
Aubilly *51* .... 41 F 4
Aubin *12* .... 261 H 4
Aubin *64* .... 314 A 2
Aubin-Saint-Vaast *62* .... 6 D 5
Aubinges *18* .... 155 G 4
Aubisque *Col d'* *64* .... 332 B 2
Auboncourt-Vauzelles *08* .... 26 B 5
Aubonne *25* .... 180 C 1
Aubord *30* .... 303 H 3
Auboué *54* .... 45 F 5
Aubous *64* .... 294 D 5
Aubrac *12* .... 263 G 3
Aubres *26* .... 285 H 1
Aubréville *55* .... 43 G 5
Aubrives *08* .... 17 E 4
Aubrometz *62* .... 12 C 2
Aubry-du-Hainaut *59* .... 9 G 5
Aubry-en-Exmes *61* .... 54 B 4
Aubry-le-Panthou *61* .... 54 C 3
Aubure *68* .... 96 D 5
Aubussargues *30* .... 284 B 5
Aubusson *23* .... 207 G 3
Aubusson *61* .... 53 F 4
Aubusson-d'Auvergne *63* .... 228 D 1
Aubvillers *80* .... 22 D 4
Auby *59* .... 8 D 5
Aucaleuc *22* .... 79 G 4
Aucamville *31* .... 297 H 4
Aucamville *82* .... 297 G 2
Aucazein *09* .... 335 E 3
Aucelon *26* .... 268 B 3
Aucey-la-Plaine *50* .... 80 D 2
Auch *32* .... 296 B 4
Auchel *62* .... 7 H 4
Auchonvillers *80* .... 13 F 5
Auchy-au-Bois *62* .... 7 G 3
Auchy-la-Montagne *60* .... 22 A 5
Auchy-lès-Hesdin *62* .... 7 E 5
Auchy-les-Mines *62* .... 8 B 4
Auchy-lez-Orchies *59* .... 9 E 4
Aucun *65* .... 332 C 2
Audaux *64* .... 313 F 3
Audéjos *64* .... 313 H 2
Audelange *39* .... 161 E 5
Audeloncourt *52* .... 117 G 3
Audembert *62* .... 2 B 4
Audencourt *59* .... 14 D 4
Audenge *33* .... 254 C 2
Auderville *50* .... 28 C 2
Audes *03* .... 190 C 3
Audeux *25* .... 161 G 3
Audeville *45* .... 111 G 2
Audierne *29* .... 99 E 2
Audignicourt *02* .... 40 A 1
Audignies *59* .... 15 F 2
Audignon *40* .... 293 H 3
Audigny *02* .... 24 D 2
Audincourt *25* .... 142 C 5
Audincthun *62* .... 7 E 3
Audinghen *62* .... 2 B 4
Audon *40* .... 293 F 2
Audouville-la-Hubert *50* .... 29 H 5
Audrehem *62* .... 2 D 5
Audressein *09* .... 335 E 3
Audresselles *62* .... 2 A 4
Audrieu *14* .... 33 E 4
Audrix *24* .... 241 E 5
Audruicq *62* .... 3 E 4
Audun-le-Roman *54* .... 45 F 3
Audun-le-Tiche *57* .... 45 F 2
Auenheim *67* .... 69 F 3
Auffargis *78* .... 57 G 5
Auffay *76* .... 20 B 4
Aufferville *77* .... 112 B 2
Auffreville-Brasseuil *78* .... 57 F 2
Auflance *08* .... 27 H 4
Auga *64* .... 314 B 2
Augan *56* .... 103 E 5
Auge *08* .... 26 A 2
Auge *23* .... 190 B 5
Augé *79* .... 185 F 3
Auge-Saint-Médard *16* .... 202 D 4
Augea *39* .... 196 A 1
Auger-Saint-Vincent *60* .... 39 F 4
Augerans *39* .... 179 E 1
Augères *23* .... 206 D 2

Augerolles 63 ..... 228 D 1
Augers-en-Brie 77 ..... 60 B 5
Augerville-la-Rivière 45 ..... 111 H 2
Augès 04 ..... 287 F 4
Augeville 52 ..... 93 F 4
Augicourt 70 ..... 140 C 3
Augignac 24 ..... 222 C 2
Augirein 09 ..... 334 D 3
Augisey 39 ..... 196 B 1
Augnat 63 ..... 227 H 4
Augnax 32 ..... 296 C 3
Augne 87 ..... 206 D 5
Augny 57 ..... 65 G 1
Auguaise 61 ..... 55 F 5
Augy 02 ..... 40 C 3
Augy 89 ..... 136 B 3
Augy-sur-Aubois 18 ..... 174 A 4
Aujac 17 ..... 201 H 4
Aujac 30 ..... 283 G 1
Aujan-Mournède 32 ..... 316 A 3
Aujargues 30 ..... 303 F 2
Aujeurres 52 ..... 139 F 3
Aujols 46 ..... 278 B 1
Aulac Col d' 15 ..... 244 D 2
Aulan 26 ..... 286 B 2
Aulas 30 ..... 282 D 5
Aulhat-Saint-Privat 63 ..... 228 A 3
Aullène 2A ..... 349 E 5
Aulnat 63 ..... 209 H 5
Aulnay 10 ..... 91 G 3
Aulnay 17 ..... 202 B 2
Aulnay 86 ..... 168 D 3
Aulnay-aux-Planches 51 ..... 61 G 3
Aulnay-la-Rivière 45 ..... 111 H 3
Aulnay-l'Aître 51 ..... 62 C 3
Aulnay-sous-Bois 93 ..... 58 D 2
Aulnay-sur-Iton 27 ..... 56 A 2
Aulnay-sur-Marne 51 ..... 61 H 1
Aulnay-sur-Mauldre 78 ..... 57 G 2
Les Aulneaux 72 ..... 84 A 4
Aulnizeux 51 ..... 61 F 3
Aulnois 88 ..... 94 A 5
Aulnois-en-Perthois 55 ..... 63 G 5
Aulnois-sous-Laon 02 ..... 24 D 5
Aulnois-sous-Vertuzey 55 ..... 64 D 5
Aulnois-sur-Seille 57 ..... 66 B 3
Aulnoy 77 ..... 59 H 3
Aulnoy-lez-Valenciennes 59 ..... 14 D 2
Aulnoy-sur-Aube 52 ..... 139 E 2
Aulnoye-Aymeries 59 ..... 15 F 3
Aulon 23 ..... 206 D 2
Aulon 31 ..... 316 C 5
Aulon 65 ..... 333 G 4
Aulos 09 ..... 336 B 5
Ault 80 ..... 10 D 3
Aulteribe Château d' 63 ..... 210 C 5
Aulus-les-Bains 09 ..... 335 H 5
Aulx-lès-Cromary 70 ..... 162 A 2
Aumagne 17 ..... 201 H 4
Aumale 76 ..... 21 G 3
Aumâtre 80 ..... 11 G 5
Aumelas 34 ..... 302 B 4
Auménancourt 51 ..... 41 G 2
Aumerval 62 ..... 7 G 4
Aumes 34 ..... 322 C 3
Aumessas 30 ..... 282 C 5
Aumetz 57 ..... 45 F 2
Aumeville-Lestre 50 ..... 29 G 4
Aumont 39 ..... 179 F 2
Aumont 80 ..... 21 H 2
Aumont-Aubrac 48 ..... 264 A 2
Aumont-en-Halatte 60 ..... 38 D 4
Aumontzey 88 ..... 120 A 2
Aumur 39 ..... 178 D 1
Aunac 16 ..... 203 F 4
Aunat 11 ..... 337 F 5
Aunay-en-Bazois 58 ..... 157 G 5
Aunay-les-Bois 61 ..... 84 A 2
Aunay-sous-Auneau 28 ..... 86 D 4
Aunay-sous-Crécy 28 ..... 56 C 5
Aunay-sur-Odon 14 ..... 53 E 1
Auneau 28 ..... 86 D 4
Auneuil 60 ..... 37 H 2
Aunou-le-Faucon 61 ..... 54 B 4
Aunou-sur-Orne 61 ..... 83 H 2
Auppegard 76 ..... 20 A 2
Aups 83 ..... 307 G 4
Auquainville 14 ..... 54 C 1
Auquemesnil 76 ..... 10 D 5
Auradé 32 ..... 297 E 5
Auradou 47 ..... 276 D 1
Auragne 31 ..... 318 A 3
Auray 56 ..... 124 A 3
Aure 08 ..... 42 C 3
Aurec-sur-Loire 43 ..... 229 H 5
Aureil 87 ..... 205 H 5
Aureilhan 40 ..... 272 B 2
Aureilhan 65 ..... 315 F 4
Aureille 13 ..... 305 E 3
Aurel 26 ..... 268 A 2
Aurel 84 ..... 286 B 3
Aurelle-Verlac 12 ..... 263 G 5
Aurensan 32 ..... 294 C 4
Aurensan 65 ..... 315 E 4
Aureville 31 ..... 318 A 2
Auriac 11 ..... 338 A 3
Auriac 19 ..... 243 G 2
Auriac 64 ..... 314 B 2
Auriac-de-Bourzac 24 ..... 221 F 5
Auriac-du-Périgord 24 ..... 241 F 3
Auriac-Lagast 12 ..... 280 D 4
Auriac-l'Église 15 ..... 245 H 1
Auriac-sur-Dropt 47 ..... 257 F 3
Auriac-sur-Vendinelle 31 ..... 298 D 5
Auriat 23 ..... 206 C 4
Auribail 31 ..... 317 H 3
Auribeau 84 ..... 306 A 1
Auribeau-sur-Siagne 06 ..... 309 E 4
Aurice 40 ..... 293 H 2
Auriébat 65 ..... 315 F 2
Aurières 63 ..... 227 F 1
Aurignac 31 ..... 316 D 5
Aurillac 15 ..... 244 C 5
Aurimont 32 ..... 296 C 5
Aurin 31 ..... 298 B 5
Auriol 13 ..... 327 F 2
Auriolles 07 ..... 266 B 5
Auriolles 33 ..... 257 E 2
Aurions-Idernes 64 ..... 294 D 5
Auris 38 ..... 251 G 3
Auron 06 ..... 289 F 2
Aurons 13 ..... 305 F 4
Auros 33 ..... 256 C 4
Aurouër 03 ..... 174 D 5
Auroux 48 ..... 265 E 2
Aussac 81 ..... 299 E 2
Aussac-Vadalle 16 ..... 203 F 5
Ausseing 31 ..... 335 E 1
Aussevielle 64 ..... 314 A 3
Aussillon 81 ..... 319 H 2
Aussois 73 ..... 252 D 1
Ausson 31 ..... 334 B 1
Aussonce 08 ..... 42 A 3
Aussonne 31 ..... 297 H 4
Aussos 32 ..... 316 B 3
Aussurucq 64 ..... 331 E 1
Autainville 41 ..... 132 B 2
Autechaux 25 ..... 162 C 2
Autechaux-Roide 25 ..... 142 C 5
Les Autels 02 ..... 25 H 3
Les Autels-Saint-Bazile 14 ..... 54 B 2
Les Autels-Villevillon 28 ..... 109 F 3
Auterive 31 ..... 318 A 3
Auterive 32 ..... 296 B 5
Auterive 82 ..... 297 E 2
Auterrive 64 ..... 311 H 3
Autet 70 ..... 140 B 5
Auteuil 60 ..... 38 A 3
Auteuil 78 ..... 57 G 3
Autevielle-Saint-Martin-Bideren 64 ..... 311 H 3
Authe 08 ..... 43 E 1
Autheuil 28 ..... 109 H 5
Autheuil 61 ..... 84 C 2
Autheuil-Authouillet 27 ..... 36 C 5
Autheuil-en-Valois 60 ..... 39 H 5
Autheux 80 ..... 12 C 4
Authevernes 27 ..... 37 F 4
Authezat 63 ..... 227 H 2
Authie 14 ..... 33 G 4
Authie 80 ..... 13 E 4
Authieule 80 ..... 12 D 4
Les Authieux 27 ..... 56 C 3
Les Authieux-du-Puits 61 ..... 54 D 5
Les Authieux-Papion 14 ..... 54 B 1
Authieux-Ratiéville 76 ..... 20 B 5
Les Authieux-sur-Calonne 14 ..... 34 D 3
Les Authieux-sur-le-Port-Saint-Ouen 76 ..... 36 B 3
Authiou 58 ..... 157 E 4
Authoison 70 ..... 162 A 1
Authon 04 ..... 287 H 2
Authon 17 ..... 201 H 4
Authon 41 ..... 131 F 5
Authon-du-Perche 28 ..... 109 E 2
Authon-la-Plaine 91 ..... 87 E 4
Authou 27 ..... 35 G 4
Authuille 80 ..... 13 F 5
Authume 39 ..... 161 E 5
Authumes 71 ..... 178 C 3
Autichamp 26 ..... 267 G 2
Autignac 34 ..... 321 G 2
Autigny 76 ..... 19 H 3
Autigny-la-Tour 88 ..... 94 A 4
Autigny-le-Grand 52 ..... 92 D 3
Autigny-le-Petit 52 ..... 92 D 3
Autingues 62 ..... 2 D 4
Autoire 46 ..... 261 E 1
Autoreille 70 ..... 161 G 2
Autouillet 78 ..... 57 G 3
Autrac 43 ..... 227 H 5
Autrans 38 ..... 250 C 2
Autrèche 37 ..... 152 C 1
Autrechêne 90 ..... 142 C 3
Autrêches 60 ..... 39 H 2
Autrecourt-et-Pourron 08 ..... 27 F 4
Autrécourt-sur-Aire 55 ..... 63 G 1
Autremencourt 02 ..... 25 E 4
Autrepierre 54 ..... 96 A 1
Autreppes 02 ..... 25 F 1
Autretot 76 ..... 19 G 4
Autreville 02 ..... 24 A 5
Autreville 88 ..... 94 B 3
Autréville-Saint-Lambert 55 ..... 27 G 5
Autreville-sur-la-Renne 52 ..... 116 C 3
Autreville-sur-Moselle 54 ..... 65 G 4
Autrey 54 ..... 94 D 2
Autrey 88 ..... 95 H 5
Autrey-le-Vay 70 ..... 141 G 5
Autrey-lès-Cerre 70 ..... 141 G 4
Autrey-lès-Gray 70 ..... 161 E 1
Autricourt 21 ..... 116 A 4
Autruche 08 ..... 43 E 1
Autruy-sur-Juine 45 ..... 111 F 2
Autry 08 ..... 43 E 3
Autry-Issards 03 ..... 191 H 2
Autry-le-Châtel 45 ..... 134 C 5
Autun 71 ..... 176 D 2
Auty 82 ..... 278 B 3
Auvare 06 ..... 289 F 4
Auve 51 ..... 62 D 1
Auvernaux 91 ..... 88 A 3
Auvers 43 ..... 246 B 4
Auvers 50 ..... 31 H 3
Auvers-le-Hamon 72 ..... 106 D 5
Auvers-Saint-Georges 91 ..... 87 G 3
Auvers-sous-Montfaucon 72 ..... 107 F 4
Auvers-sur-Oise 95 ..... 58 B 1
Auverse 49 ..... 150 D 1
Auvet-et-la-Chapelotte 70 ..... 161 E 1
Auvillar 82 ..... 276 D 4
Auvillars 14 ..... 34 B 4
Auvillars-sur-Saône 21 ..... 178 B 1
Auvillers-les-Forges 08 ..... 26 A 2
Auvilliers 76 ..... 21 E 3
Auvilliers-en-Gâtinais 45 ..... 112 A 5
Aux-Aussat 32 ..... 315 G 2
Aux Marais 60 ..... 38 A 2
Auxais 50 ..... 31 H 4
Auxange 39 ..... 161 F 4
Auxant 21 ..... 159 F 5
Auxelles-Bas 90 ..... 142 B 2
Auxelles-Haut 90 ..... 142 B 2
Auxerre 89 ..... 136 B 3
Auxey-Duresses 21 ..... 177 G 2
Auxi-le-Château 62 ..... 12 B 3
Auxillac 48 ..... 264 A 5
Auxon 10 ..... 114 D 3
Auxon 70 ..... 141 E 4
Auxon-Dessous 25 ..... 161 H 3
Auxon-Dessus 25 ..... 161 H 3
Auxonne 21 ..... 160 D 4
Auxy 45 ..... 112 A 3
Auxy 71 ..... 176 D 2
Auzainvilliers 88 ..... 118 B 2
Auzances 23 ..... 208 C 3
Auzas 31 ..... 316 D 5
Auzat 09 ..... 336 A 5
Auzat-la-Combelle 63 ..... 228 A 4
Auzay 85 ..... 183 H 3
Auzebosc 76 ..... 19 G 5
Auzécourt 55 ..... 63 F 3
Auzelles 63 ..... 228 C 2
Auzers 15 ..... 244 C 1
Auzet 04 ..... 288 B 1
Auzéville-en-Argonne 55 ..... 43 G 5
Auzeville-Tolosane 31 ..... 298 A 5
Auzielle 31 ..... 298 B 5
Auzits 12 ..... 262 B 5
Auzon 43 ..... 228 B 5
Auzouer-en-Touraine 37 ..... 152 B 1
Auzouville-Auberbosc 76 ..... 19 F 5
Auzouville-l'Esneval 76 ..... 19 H 4
Auzouville-sur-Ry 76 ..... 36 C 2
Auzouville-sur-Saâne 76 ..... 20 A 3
Availles-en-Châtellerault 86 ..... 169 G 4
Availles-Limouzine 86 ..... 204 C 1
Availles-sur-Chizé 79 ..... 202 B 1
Availles-sur-Seiche 35 ..... 105 E 5
Availles-Thouarsais 79 ..... 168 B 3
Avajan 65 ..... 333 H 4
Avallon 89 ..... 158 A 1
Les Avanchers-Valmorel 73 ..... 234 B 3
Avançon 05 ..... 269 H 4
Avançon 08 ..... 42 A 1
Avanne 25 ..... 161 H 4
Avant-lès-Marcilly 10 ..... 90 A 4
Avant-lès-Ramerupt 10 ..... 91 F 4
Avanton 86 ..... 169 E 5
Avapessa 2B ..... 346 C 2
Avaray 41 ..... 132 C 4
Avaugour Chapelle d' 22 ..... 77 G 2
Avaux 08 ..... 41 G 1
Aveize 69 ..... 230 B 1
Aveizieux 42 ..... 230 B 3
Avelanges 21 ..... 139 E 5
Avelesges 80 ..... 11 H 5
Avelin 59 ..... 8 D 3
Aveluy 80 ..... 13 F 5
Aven Armand 48 ..... 282 B 3
Avenas 69 ..... 212 C 1
Avenay 14 ..... 33 F 5
Avenay-Val-d'Or 51 ..... 61 G 1
Avène 34 ..... 301 F 3
Aveney 25 ..... 161 H 4
Avenheim 67 ..... 68 C 5
Les Avenières 38 ..... 232 C 1
Avensac 32 ..... 296 D 2
Avensan 33 ..... 237 E 3
Aventignan 65 ..... 334 A 1
Averan 65 ..... 315 E 5
Averdoingt 62 ..... 12 D 2
Averdon 41 ..... 132 A 4
Avermes 03 ..... 192 A 1
Avernes 95 ..... 57 G 1
Avernes-Saint-Gourgon 61 ..... 54 D 2
Avernes-sous-Exmes 61 ..... 54 C 4
Avéron-Bergelle 32 ..... 295 E 3
Averton 53 ..... 83 E 5
Avesnelles 59 ..... 15 G 4
Avesnes 62 ..... 6 D 3
Avesnes-Chaussoy 80 ..... 21 G 2
Avesnes-en-Bray 76 ..... 37 F 1
Avesnes-en-Saosnois 72 ..... 108 A 2
Avesnes-en-Val 76 ..... 10 D 5
Avesnes-le-Comte 62 ..... 13 E 2
Avesnes-le-Sec 59 ..... 14 C 3
Avesnes-les-Aubert 59 ..... 14 C 3
Avesnes-lès-Bapaume 62 ..... 13 G 4
Avesnes-sur-Helpe 59 ..... 15 G 4
Avessac 44 ..... 125 H 4
Avessé 72 ..... 106 D 5
Aveux 65 ..... 334 A 2
Avezac-Prat 65 ..... 333 G 1
Avezan 32 ..... 296 C 1
Avèze 30 ..... 282 D 5
Avèze 63 ..... 226 D 2
Avezé 72 ..... 108 C 2
Aviernoz 74 ..... 215 H 2
Avignon 84 ..... 285 F 5
Avignon-lès-Saint-Claude 39 ..... 197 E 3
Avignonet 38 ..... 250 D 4
Avignonet-Lauragais 31 ..... 318 C 3
Avillers 54 ..... 44 D 3
Avillers 88 ..... 94 D 5
Avillers-Sainte-Croix 55 ..... 64 D 2
Avilley 25 ..... 162 B 1
Avilly-Saint-Léonard 60 ..... 38 D 4
Avion 62 ..... 8 B 5
Avioth 55 ..... 44 B 1
Aviré 49 ..... 128 A 4
Avirey-Lingey 10 ..... 115 F 4
Aviron 27 ..... 56 B 1
Avize 51 ..... 61 G 2
Avocourt 55 ..... 43 G 4
Avoine 37 ..... 150 D 4
Avoine 61 ..... 54 A 5
Avoise 72 ..... 129 F 2
Avolsheim 67 ..... 97 F 1
Avon 77 ..... 88 C 4
Avon 79 ..... 185 H 3
Avon-la-Pèze 10 ..... 90 B 4
Avon-les-Roches 37 ..... 151 F 5
Avondance 62 ..... 7 E 4
Avord 18 ..... 173 G 1
Avoriaz 74 ..... 198 D 5
Avosnes 21 ..... 159 F 2
Avot 21 ..... 139 E 5
Avoudrey 25 ..... 162 D 4
Avrainville 52 ..... 92 D 2
Avrainville 54 ..... 65 F 5
Avrainville 88 ..... 94 D 4
Avrainville 91 ..... 87 G 2
Avranches 50 ..... 51 H 4
Avranville 88 ..... 93 G 4
Avrechy 60 ..... 38 C 2
Avrecourt 52 ..... 117 H 5
Avrée 58 ..... 175 H 4
Avregny 74 ..... 215 G 2
Avremesnil 76 ..... 20 A 2
Avressieux 73 ..... 232 D 2
Avreuil 10 ..... 114 D 4
Avricourt 54 ..... 96 A 1
Avricourt 57 ..... 96 A 1
Avricourt 60 ..... 23 G 4
Avrieux 73 ..... 252 D 1
Avrigney 70 ..... 161 G 3
Avrigny 60 ..... 39 E 2
Avril 54 ..... 45 F 4
Avril-sur-Loire 58 ..... 175 E 4
Avrillé 49 ..... 149 G 1
Avrillé 85 ..... 182 C 2
Avrillé-les-Ponceaux 37 ..... 151 E 2
Avrilly 03 ..... 193 F 4
Avrilly 27 ..... 56 B 2
Avrilly 61 ..... 82 B 2
Avroult 62 ..... 7 E 2
Avy 17 ..... 219 G 3
Awoingt 59 ..... 14 B 4
Ax-les-Thermes 09 ..... 336 D 5
Axat 11 ..... 337 G 4
Axiat 09 ..... 336 C 5
Ay 51 ..... 61 G 1
Ay-sur-Moselle 57 ..... 45 H 4
Ayat-sur-Sioule 63 ..... 209 F 2
Aydat 63 ..... 227 G 2
Aydie 64 ..... 294 D 5
Aydius 64 ..... 331 H 3
Aydoilles 88 ..... 119 G 2
Ayen 19 ..... 241 H 1
Ayencourt 80 ..... 22 D 5
Ayette 62 ..... 13 G 3
Ayguade-Ceinturon 83 ..... 328 C 4
Ayguatébia-Talau 66 ..... 341 H 3
Ayguemorte-les-Graves 33 ..... 255 G 2
Ayguesvives 31 ..... 318 B 2
Ayguetinte 32 ..... 295 H 2
Ayherre 64 ..... 311 F 3
Ayn 73 ..... 232 D 2
Aynac 46 ..... 261 E 1
Les Aynans 70 ..... 141 H 4
Ayrens 15 ..... 244 B 4
Ayron 86 ..... 168 C 5
Ayros-Arbouix 65 ..... 332 D 2
Ayse 74 ..... 216 A 1
Ayssènes 12 ..... 281 E 4
Aytré 17 ..... 200 C 1
Les Ayvelles 08 ..... 26 D 3
Ayzac-Ost 65 ..... 332 D 2
Ayzieu 32 ..... 295 E 2
Azannes-et-Soumazannes 55 ..... 44 C 4
Azans 39 ..... 161 E 5
Azas 31 ..... 298 B 3
Azat-Châtenet 23 ..... 206 D 2
Azat-le-Ris 87 ..... 187 H 4
Azay-le-Brûlé 79 ..... 185 F 3
Azay-le-Ferron 36 ..... 170 C 3
Azay-le-Rideau 37 ..... 151 G 4
Azay-sur-Cher 37 ..... 152 A 3
Azay-sur-Indre 37 ..... 152 B 4
Azay-sur-Thouet 79 ..... 185 E 1
Azé 41 ..... 131 G 2
Azé 53 ..... 128 B 2
Azé 71 ..... 194 D 3
Azelot 54 ..... 94 D 1
Azerables 23 ..... 188 C 4
Azerailles 54 ..... 95 H 2
Azerat 24 ..... 241 F 2
Azérat 43 ..... 228 B 5
Azereix 65 ..... 315 E 5
Azet 65 ..... 333 G 4
Azeville 50 ..... 29 G 5
Azillanet 34 ..... 320 C 4
Azille 11 ..... 320 B 4
Azilone-Ampaza 2A ..... 349 E 4
Azincourt 62 ..... 7 E 4
Azolette 69 ..... 212 B 1
Azoudange 57 ..... 67 F 5
Azur 40 ..... 292 B 2
Azy 18 ..... 155 H 5
Azy-le-Vif 58 ..... 174 D 4
Azy-sur-Marne 02 ..... 60 B 2
Azzana 2A ..... 348 D 1

B

Baâlon 55 ..... 43 H 1
Baâlons 08 ..... 26 D 5
Babaou Col de 83 ..... 328 D 3
Babeau-Bouldoux 34 ..... 320 D 2
Babœuf 60 ..... 23 H 5
Le Babory-de-Blesle 43 ..... 245 H 1
Baby 77 ..... 89 G 4
Baccarat 54 ..... 95 H 3
Baccon 45 ..... 132 C 2
Bach 46 ..... 278 C 1
Bachant 59 ..... 15 G 3
Bachas 31 ..... 316 D 4
La Bachellerie 24 ..... 241 F 2
Bachivillers 60 ..... 37 H 3
Bachos 31 ..... 334 B 3
Bachy 59 ..... 9 E 3
Bacilly 50 ..... 51 G 4
Le Bacon 48 ..... 264 A 1
Baconnes 51 ..... 42 A 5
La Baconnière 53 ..... 105 H 2
Bacouël 60 ..... 22 C 5
Bacouel-sur-Selle 80 ..... 22 B 2
Bacourt 57 ..... 66 C 3
Bacquepuis 27 ..... 36 A 5
Bacqueville 27 ..... 36 D 3
Bacqueville-en-Caux 76 ..... 20 A 3
Badailhac 15 ..... 244 D 5
Badaroux 48 ..... 264 C 4
Badecon-le-Pin 36 ..... 188 D 2
Badefols-d'Ans 24 ..... 241 G 1
Badefols-sur-Dordogne 24 ..... 258 D 1
Baden 56 ..... 124 A 4
Badens 11 ..... 320 A 5
Badevel 25 ..... 142 C 4
Badinières 38 ..... 232 A 3
Badménil-aux-Bois 88 ..... 95 G 5
Badonviller 54 ..... 96 A 2
Badonvilliers 55 ..... 93 H 2
Baerendorf 67 ..... 67 H 3
Baerenthal 57 ..... 68 C 2
La Baffe 88 ..... 119 G 2
Baffie 63 ..... 229 E 4
Bagard 30 ..... 283 G 4
Bagargui Col 64 ..... 330 D 2
Bagas 33 ..... 256 D 3
Bagat-en-Quercy 46 ..... 277 G 1
Bagatelle Parc de 62 ..... 6 B 5
Bâgé-la-Ville 01 ..... 195 F 4
Bâgé-le-Châtel 01 ..... 195 F 4
Bagert 09 ..... 335 F 1
Bages 11 ..... 339 E 1
Bages 66 ..... 343 E 3
Bagiry 31 ..... 334 B 2
Bagnac-sur-célé 46 ..... 261 G 3
Bagneaux 89 ..... 114 A 2
Bagneaux-sur-Loing 77 ..... 112 B 2
Bagnères-de-Bigorre 65 ..... 333 F 1
Bagnères-de-Luchon 31 ..... 334 A 4
Bagneux 02 ..... 40 B 1
Bagneux 03 ..... 191 H 1
Bagneux 36 ..... 153 H 5
Bagneux 49 ..... 150 B 4
Bagneux 51 ..... 90 C 2
Bagneux 54 ..... 94 B 2
Bagneux 79 ..... 168 A 1
Bagneux 92 ..... 58 B 4
Bagneux-la-Fosse 10 ..... 115 F 5
Bagnizeau 17 ..... 202 B 4
Bagnoles 11 ..... 320 A 4
Bagnoles-de-l'Orne 61 ..... 82 C 2
Bagnolet 93 ..... 58 C 3
Bagnols 63 ..... 226 D 3
Bagnols 69 ..... 212 C 4
Bagnols-en-Forêt 83 ..... 308 C 4
Bagnols-les-Bains 48 ..... 264 D 4
Bagnols-sur-Cèze 30 ..... 284 D 3
Bagnot 21 ..... 178 B 1
Baguer-Morvan 35 ..... 80 A 2
Baguer-Pican 35 ..... 80 B 2
Baho 66 ..... 343 E 2
Bahus-Soubiran 40 ..... 294 B 3
Baigneaux 28 ..... 110 D 3
Baigneaux 33 ..... 256 C 2
Baigneaux 41 ..... 132 A 3
Baignes 70 ..... 141 E 5
Baignes-Sainte-Radegonde 16 ..... 220 C 4
Baigneux-les-Juifs 21 ..... 138 B 5
Baignolet 28 ..... 110 B 3
Baigts 40 ..... 293 G 3
Baigts-de-Béarn 64 ..... 293 F 5
Baillargues 34 ..... 303 E 4
Baillé 35 ..... 80 D 4
Bailleau-le-Pin 28 ..... 85 H 5
Bailleau-l'Évêque 28 ..... 86 A 3
Bailleau-sous-Gallardon 28 ..... 86 C 3
Baillestavy 66 ..... 342 B 3
Baillet-en-France 95 ..... 58 B 1
Bailleul 59 ..... 4 B 5
Bailleul 61 ..... 54 B 4
Le Bailleul 72 ..... 129 F 3
Bailleul 80 ..... 11 G 4
Bailleul Château de 76 ..... 19 E 4

Campinchi (R. César) . . . . . Y
Carbuccia (R. Gén.-de) . . . . . Z 2
Casanova (R. L.) . . . . . Z 3
Chanoine Colombani (R.) . . . . . X 4
Chanoine Leschi (R.) . . . . . X 5
Dr-Favale (Cours du) . . . . . Z 6
Donjon (Pl. du) . . . . . Z 7
Evêché (R. de l') . . . . . Z 8
Gaudin (Bd A.) . . . . . Z
Giraud (Bd Gén.) . . . . . YZ 9
Landry (R. A.) . . . . . X 15
Leclerc (Sq. du Mar.) . . . . . X 17
Luccioni (R. José) . . . . . X 18
Marché (Pl. du) . . . . . Y 19
Marine (R. de la) . . . . . Z 20
Napoléon (R.) . . . . . Y 23
Neuve-St-Roch (R.) . . . . . Y 25
Paoli (Bd) . . . . . YZ
Pierangeli (Cours H.) . . . . . Y 29
St-François (R.) . . . . . Y 32
St-Michel (R.) . . . . . Z 34
St-Roch (R.) . . . . . Y 35
Salicetti (R.) . . . . . Y 37
Sari (Av. Émile) X
Sébastiani (Av. Mar.) . . . . . X 38
Terrasses (R. des) . . . . . Y 39
Zéphyrs (R. des) . . . . . Y 42

Bailleul-aux-Cornailles 62 ... 7 G 5
Bailleul-la-Vallée 27 ... 35 E 4
Bailleul-le-Soc 60 ... 38 D 2
Bailleul-lès-Pernes 62 ... 7 G 4
Bailleul-Neuville 76 ... 20 D 3
Bailleul-Sir-Berthoult 62 ... 13 G 2
Bailleul-sur-Thérain 60 ... 38 B 2
Bailleulmont 62 ... 13 F 3
Bailleulval 62 ... 13 F 3
Bailleval 60 ... 38 D 3
Baillolet 76 ... 20 D 3
Baillou 41 ... 109 E 5
Bailly 60 ... 39 G 1
Bailly 78 ... 58 A 3
Bailly-aux-Forges 52 ... 92 C 3
Bailly-Carrois 77 ... 89 E 2
Bailly-en-Rivière 76 ... 10 D 5
Bailly-le-Franc 10 ... 92 A 3
Bailly-Romainvilliers 77 ... 59 F 3
Bain-de-Bretagne 35 ... 126 C 2
Baincthun 62 ... 6 B 2
Bainghen 62 ... 2 D 5
Bains 43 ... 247 E 4
Bains-de-Guitera 2A ... 349 E 3
Bains-les-Bains 88 ... 119 E 4
Bains-sur-Oust 35 ... 125 H 3
Bainville-aux-Miroirs 54 ... 95 E 3
Bainville-aux-Saules 88 ... 118 D 2
Bainville-sur-Madon 54 ... 94 C 2
Bairols 06 ... 289 H 4
Bais 35 ... 105 E 4
Bais 53 ... 106 D 2
Baisieux 59 ... 9 E 3
Baissey 52 ... 139 G 3
Baives 59 ... 16 A 5
Baix 07 ... 267 E 2
Baixas 66 ... 338 D 5
Baizieux 80 ... 22 D 1
Le Baizil 51 ... 61 E 2
Bajamont 47 ... 276 C 2
Bajonnette 32 ... 296 C 2
Bajus 62 ... 7 H 5
Balacet 09 ... 335 E 4
Baladou 46 ... 242 C 5
Balagny-sur-Thérain 60 ... 38 C 3
Balaguères 09 ... 335 E 3
Balaguier d'Olt 12 ... 261 F 4
Balaguier-sur-Rance 12 ... 300 B 1
Balaine *Arboretum de* 03 ... 174 D 5
Balaiseaux 39 ... 179 E 2
Balaives-et-Butz 08 ... 26 D 4
Balan 01 ... 213 G 4
Balan 08 ... 27 F 4
Balanod 39 ... 196 A 2
Balansun 64 ... 293 G 5
Balanzac 17 ... 201 E 5
Balaruc-le-Vieux 34 ... 323 E 3
Balaruc-les-Bains 34 ... 323 E 3
Balâtre 80 ... 23 G 4
Balazé 35 ... 105 E 2
Balazuc 07 ... 266 B 4
Balbigny 42 ... 211 H 5
Balbins 38 ... 231 H 4
Balbronn 67 ... 97 E 1
Balcon de Merlet
Parc du 74 ... 216 D 3
Baldenheim 67 ... 97 F 5
Baldersheim 68 ... 143 G 1
La Baleine 50 ... 51 H 2
Baleines *Phare des* 17 ... 182 C 4
Baleix 64 ... 314 D 3
Balesmes 37 ... 169 H 2
Balesmes-sur-Marne 52 ... 139 G 2
Balesta 31 ... 316 A 5
Baleyssagues 47 ... 257 E 2
Balgau 68 ... 121 G 4
Balham 08 ... 41 H 1
Balignac 82 ... 296 D 1
Balignicourt 10 ... 91 G 3
Bâlines 27 ... 56 A 4
Balinghem 62 ... 2 D 4
Baliracq-Maumusson 64 ... 294 C 5
Baliros 64 ... 314 B 4
Balizac 33 ... 255 H 4
Balizy 91 ... 58 C 5
Ballainvilliers 91 ... 58 B 5
Ballaison 74 ... 197 H 4
Ballan-Miré 37 ... 151 H 3
Ballancourt-sur-Essonne 91 ... 87 H 3
Ballans 17 ... 202 C 5
Ballay 08 ... 42 D 2
Balledent 87 ... 205 G 2
Ballée 53 ... 106 C 5
Balleray 58 ... 174 D 1
Balleroy 14 ... 32 D 4
Ballersdorf 68 ... 143 E 3
Balléville 88 ... 94 B 4
Ballon 17 ... 200 D 2
Ballon 72 ... 107 H 3
Ballon de Servance 70 ... 142 B 1
Ballons 26 ... 286 D 2
Ballore 71 ... 194 A 2
Ballots 53 ... 105 F 5
Balloy 77 ... 89 F 4
Balma 31 ... 298 A 4
La Balme 73 ... 232 D 1
La Balme-de-Sillingy 74 ... 215 F 3
La Balme-de-Thuy 74 ... 215 H 3
La Balme-d'Épy 39 ... 196 A 3
La Balme-les-Grottes 38 ... 214 A 4
Balmont 74 ... 215 G 4
Balnot-la-Grange 10 ... 115 F 5
Balnot-sur-Laignes 10 ... 115 G 4
Balogna 2A ... 348 C 1
Balot 21 ... 137 H 3
Balsac 12 ... 280 C 1
Balschwiller 68 ... 143 E 2
Balsièges 48 ... 264 C 5
Baltzenheim 68 ... 121 G 2
Balzac 16 ... 221 F 1
Bambecque 59 ... 3 H 3
Bambiderstroff 57 ... 66 D 1
Ban-de-Laveline 88 ... 96 C 5
Ban-de-Sapt 88 ... 96 B 4
Le Ban-Saint-Martin 57 ... 45 H 5
Ban-sur-Meurthe-Clefcy 88 ... 120 B 2
Banassac 48 ... 264 A 5
Banat 09 ... 336 A 4
Banca 64 ... 330 A 1
Bancarel *Site du* 12 ... 262 B 4
Bancigny 02 ... 25 G 3
Bancourt 62 ... 13 H 4
Bandol 83 ... 327 H 4
Baneins 01 ... 213 F 1
Baneuil 24 ... 258 C 1
Bangor 56 ... 144 B 4
Banhars 12 ... 262 D 3
Banios 65 ... 333 G 2
Banize 23 ... 207 F 4
Bannalec 29 ... 100 C 4
Bannans 25 ... 180 B 2
Bannay 18 ... 156 A 3
Bannay 51 ... 61 E 3
Bannay 57 ... 46 C 5
Banne 07 ... 283 H 1
Bannegon 18 ... 173 H 4
Bannes 46 ... 261 E 1
Bannes 51 ... 61 F 4
Bannes 52 ... 117 G 5
Bannes 53 ... 106 D 5
Banneville-la-Campagne 14 ... 33 H 4
Banneville-sur-Ajon 14 ... 33 F 5
Bannières 81 ... 298 C 4
Bannoncourt 55 ... 64 C 3
Bannost 77 ... 60 A 5
Banogne-Recouvrance 08 ... 25 H 5
Banon 04 ... 286 D 4
Banos 40 ... 293 H 3
Bans 39 ... 179 E 2
Bansat 63 ... 228 B 4
Bantanges 71 ... 195 G 1
Banteux 59 ... 14 B 5
Banthelu 95 ... 37 G 5
Bantheville 55 ... 43 G 2
Bantigny 59 ... 14 B 3
Bantouzelle 59 ... 14 B 5
Bantzenheim 68 ... 121 F 5
Banvillars 90 ... 142 B 3
Banville 14 ... 33 F 3
Banvou 61 ... 53 E 5
Banyuls-dels-Aspres 66 ... 343 E 3
Banyuls-sur-Mer 66 ... 343 G 4
Baon 89 ... 137 F 2
Baons-le-Comte 76 ... 19 G 4
Baou de 4 Oures 83 ... 328 A 4
Bapaume 62 ... 13 G 4
Bapeaume-lès-Rouen 76 ... 36 A 1
Bar 19 ... 225 E 5
Bar-le-Duc 55 ... 63 H 4
Bar-lès-Buzancy 08 ... 43 F 1
Bar-sur-Aube 10 ... 116 A 2
Le Bar-sur-Loup 06 ... 309 E 2
Bar-sur-Seine 10 ... 115 G 3
Baracé 49 ... 128 D 4
Baracuchet *Col de* 63 ... 229 F 3
Baraigne 11 ... 318 D 4
Baraize 36 ... 188 D 2
Baralle 62 ... 14 A 3
Baraqueville 12 ... 280 B 2
Barastre 62 ... 13 H 5
Baratier 05 ... 270 C 3
Barbachen 65 ... 315 F 2
Barbaggio 2B ... 345 G 4
Barbaira 11 ... 320 A 5
Barbaise 08 ... 26 C 4
Barbas 54 ... 96 A 1
Barbaste 47 ... 275 F 3
Barbâtre 85 ... 164 B 2
Barbazan 31 ... 334 B 2
Barbazan-Debat 65 ... 315 F 5
Barbazan-Dessus 65 ... 315 F 5
Barbechat 44 ... 148 A 3
La Barben 13 ... 305 G 4
Barbentane 13 ... 304 C 1
Barberaz 73 ... 233 F 2
Barberey-aux-Moines 10 ... 90 D 5
Barberey-Saint-Sulpice 10 ... 90 D 5
Barberier 03 ... 192 A 5
Barbery 14 ... 53 G 1
Barbery 60 ... 39 E 4
Barbeville 14 ... 32 D 3
Barbey 77 ... 89 E 5
Barbey-Seroux 88 ... 120 A 2
Barbezières 16 ... 202 D 4
Barbezieux 16 ... 220 C 4
Barbières 26 ... 249 H 4
Barbirey-sur-Ouche 21 ... 159 G 4
Barbizon 77 ... 88 B 4
Barbonne-Fayel 51 ... 61 E 5
Barbonval 02 ... 40 D 2
Barbonville 54 ... 95 E 2
Barbotan-les-Thermes 32 ... 274 D 5
Le Barboux 25 ... 163 F 5
Barbuise 10 ... 90 A 2
Barby 08 ... 42 A 1
Barby 73 ... 233 F 2
Barc 27 ... 55 H 1
Barcaggio 2B ... 345 F 1
Le Barcarès 66 ... 339 E 5
Barcelonne 26 ... 249 G 5
Barcelonne-du-Gers 32 ... 294 C 3
Barcelonnette 04 ... 270 D 5
Barchain 57 ... 67 G 5
Barchetta 2B ... 347 G 2
Barcillonnette 05 ... 269 F 5
Barcugnan 32 ... 315 H 3
Barcus 64 ... 331 F 1
Barcy 77 ... 59 G 1
Bard 42 ... 229 G 2
Bard-le-Régulier 21 ... 158 D 5
Bard-lès-Époisses 21 ... 158 C 1
Bard-lès-Pesmes 70 ... 161 F 3
La Barde 17 ... 238 D 2
Bardenac 16 ... 220 D 5
Bardiana 2B ... 346 B 4
Bardigues 82 ... 276 D 5
Le Bardon 45 ... 132 D 2
Bardos 64 ... 292 C 5
Bardou 24 ... 258 C 2
Bardouville 76 ... 35 H 2
Barèges 65 ... 333 E 3
Bareilles 65 ... 333 H 3
Barembach 67 ... 96 D 2
Baren 31 ... 334 B 4
Barentin 76 ... 20 A 5
Barenton 50 ... 81 H 2
Barenton-Bugny 02 ... 24 D 4
Barenton-Cel 02 ... 24 D 4
Barenton-sur-Serre 02 ... 24 D 4
Barésia-sur-l'Ain 39 ... 196 D 1
Barfleur 50 ... 29 H 2
Barfleur *Pointe de* 50 ... 29 H 2
Bargème 83 ... 308 B 2
Bargemon 83 ... 308 B 3
Barges 21 ... 160 A 4
Barges 43 ... 265 F 1
Barges 70 ... 140 C 2
Bargny 60 ... 39 G 5
Barie 33 ... 256 C 4
Les Barils 27 ... 55 H 4
Barinque 64 ... 314 C 2
Barisey-au-Plain 54 ... 94 B 2
Barisey-la-Côte 54 ... 94 B 2
Barisis 02 ... 24 B 5
Barizey 71 ... 177 G 4
Barjac 09 ... 335 F 1
Barjac 30 ... 284 B 2
Barjac 48 ... 264 B 4
Barjols 83 ... 307 E 4
Barjon 21 ... 138 D 5
Barjouville 28 ... 86 A 4
Barles 04 ... 288 A 1
Barlest 65 ... 314 D 5
Barleux 80 ... 23 G 2
Barlieu 18 ... 155 G 1
Barlin 62 ... 8 A 4
Barly 62 ... 13 E 3
Barly 80 ... 12 C 3
Barmainville 28 ... 111 E 2
Barnas 07 ... 265 H 3
Barnave 26 ... 268 B 2
Barnay 71 ... 176 D 1
Barnenez *Tumulus de* 29 ... 71 H 3
Barneville-Carteret 50 ... 31 E 2
Barneville-la-Bertran 14 ... 34 C 2
Barneville-sur-Seine 27 ... 35 H 2
La Baroche-Gondouin 53 ... 82 C 3
La Baroche-sous-Lucé 61 ... 82 B 2
Les Baroches 54 ... 45 F 4
Baromesnil 76 ... 10 D 5
Baron 30 ... 284 A 4
Baron 33 ... 256 B 1
Baron 60 ... 39 F 5
Baron 71 ... 194 A 2
Baron-sur-Odon 14 ... 33 F 5
Baronville 57 ... 66 D 2
Barou-en-Auge 14 ... 54 A 2
Baroville 10 ... 116 A 2
Le Barp 33 ... 255 E 3
La Barque 13 ... 306 B 5
Barquet 27 ... 55 H 1
Barr 67 ... 97 F 3
Barracone 2A ... 348 D 3
Barrais-Bussolles 03 ... 192 D 5
Barran 32 ... 295 H 4
Barrancoueu 65 ... 333 G 3
Les Barraques-
en-Vercors 26 ... 250 B 4
Barras 04 ... 287 H 3
Barraute-Camu 64 ... 313 F 2
Barraux 38 ... 233 F 4
La Barre 39 ... 161 F 5
La Barre 70 ... 162 B 2
Barre 81 ... 300 D 3
La Barre-de-Monts 85 ... 164 C 2
La Barre-de-Semilly 50 ... 32 B 5
Barre-des-Cévennes 48 ... 282 D 2
La Barre-en-Ouche 27 ... 55 F 2
Barrême 04 ... 288 B 5
Barret 16 ... 220 C 3
Barret-de-Lioure 26 ... 286 C 3
Barret-sur-Méouge 05 ... 287 E 2
Barretaine 39 ... 179 F 3
Barrettali 2B ... 345 F 2
Barriac-les-Bosquets 15 ... 243 H 2
Barricourt 08 ... 43 F 1
Barro 16 ... 203 F 3
Barrou 37 ... 170 A 3
Le Barroux 84 ... 285 H 3
Barry 65 ... 315 E 5
Barry 84 ... 285 E 1
Barry-d'Islemade 82 ... 277 G 4
Bars 24 ... 241 F 3
Bars 32 ... 295 G 5
Barsac 26 ... 268 A 2
Barsac 33 ... 256 B 3
Barsanges 19 ... 225 F 3
Barst 57 ... 67 F 1
Bart 25 ... 142 B 4
Bartenheim 68 ... 143 G 3
Barthe 65 ... 316 A 4
Barthe *Barrage de la* 12 ... 263 E 1
La Barthe-de-Neste 65 ... 333 H 1
Bartherans 25 ... 179 H 1
Les Barthes 82 ... 277 F 4
Bartrès 65 ... 332 D 1
Barville 27 ... 35 E 5
Barville 61 ... 84 A 3
Barville 76 ... 19 G 3
Barville 88 ... 94 A 4
Barville-en-Gâtinais 45 ... 111 H 3
Barzan 17 ... 219 E 3
Barzun 64 ... 314 D 5
Barzy-en-Thiérache 02 ... 15 F 5
Barzy-sur-Marne 02 ... 60 D 1
Bas-en-Basset 43 ... 229 H 5
Bas-et-Lezat 63 ... 210 A 3
Bas-Lieu 59 ... 15 G 4
Bas-Mauco 40 ... 293 H 2
Bas-Rupts 88 ... 120 B 3
Bascons 40 ... 294 B 2
Bascous 32 ... 295 F 2

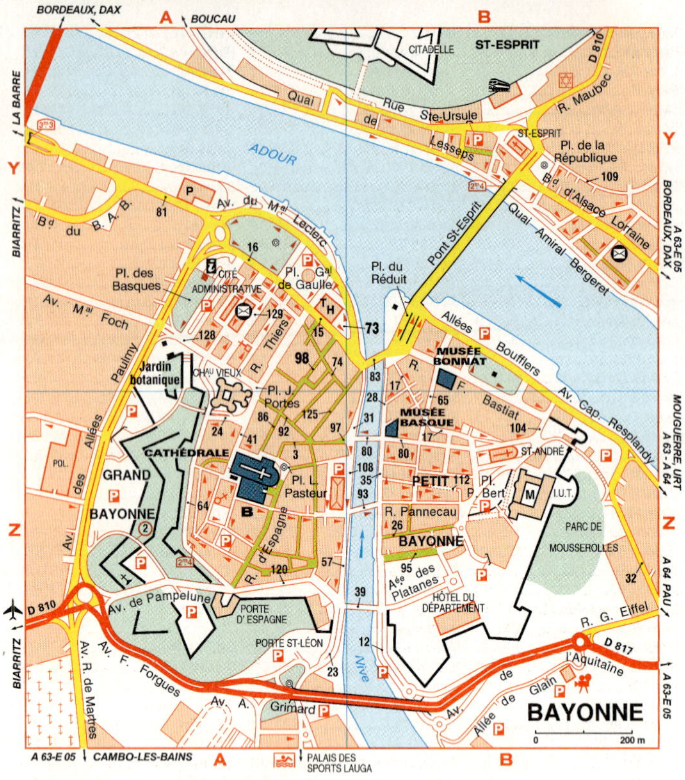

Argenterie (R.) ... AZ 3
Bastion Royal (R. du) ... BZ 12
Bernède (R.) ... AY 15
Bonnat (Av. Léon) ... AY 16
Bourgneuf (R.) ... BYZ 17
Château-Vieux (Pl.) ... AZ 24
Cordeliers (R. des) ... BZ 26
Corsaires (Quai des) ... BZ 28
Dubourdieu (Q. Amiral) ... BZ 31
Duvergier-de-Hauranne (Av.) ... BZ 32
Galuperie (Quai) ... BZ 35
Génie (Pont du) ... BZ 39
Gouverneurs (R. des) ... AZ 41
Hugo (R. Victor) ... AZ 125
Jaureguiberry (Q.) ... AZ 57
Lachepaillet (Bd du Rempart) ... AZ 64
Laffitte (R. Jacques) ... BYZ 65
Lamarque (Av. du Chanoine) ... AZ 23
Liberté (Pl. de la) ... BY 73
Lormand (R.) ... AY 74
Marengo (Pont et R. de) ... BZ 80
Marines (Av. des Allées) ... AY 81
Mayou (Pont) ... BY 83
Monnaie (R. de la) ... AZ 86
Orbe (R.) ... AZ 92
Pannecau (Pont) ... BZ 93
Pelletier (R.) ... BZ 95
Port-de-Castets (R.) ... AZ 97
Port-Neuf (R.) ... AY 98
Ravignan (R.) ... BZ 104
Roquebert (Q. du Cdt) ... BZ 108
Ste-Catherine (R.) ... BY 109
Thiers (R.) ... AY
Tonneliers (R. des) ... BZ 112
Tour-de-Sault (R.) ... AZ 120
11-Novembre (Av.) ... AY 128
49e (R. du) ... AY 129

Baslieux 54 ... 45 E 2
Baslieux-lès-Fismes 51 ... 41 E 3
Baslieux-sous-Châtillon 51 ... 41 E 5
Basly 14 ... 33 G 3
Bassac 16 ... 220 D 1
Bassan 34 ... 321 G 3
Bassanne 33 ... 256 C 4
Basse-Goulaine 44 ... 147 H 4
Basse-Ham 57 ... 45 H 3
Basse-Indre 44 ... 147 F 4
Basse-Rentgen 57 ... 45 H 2
Basse-sur-le-Rupt 88 ... 120 A 4
La Basse-Vaivre 70 ... 118 D 5
La Bassée 59 ... 8 B 3
Bassemberg 67 ... 96 D 4
Basseneville 14 ... 34 A 4
Bassens 33 ... 237 G 5
Bassens 73 ... 233 F 2
Bassercles 40 ... 293 H 5
Basses 86 ... 168 D 1
Basseux 62 ... 13 F 3
Bassevelle 77 ... 60 B 2
Bassignac 15 ... 244 B 1
Bassignac-le-Bas 19 ... 243 E 4
Bassignac-le-Haut 19 ... 243 G 2
Bassigney 70 ... 141 F 2
Bassillac 24 ... 240 D 2
Bassillon-Vauzé 64 ... 314 D 2
Bassing 57 ... 67 F 3
Bassoles-Aulers 02 ... 40 B 1
Bassoncourt 52 ... 117 H 3
Bassou 89 ... 114 A 5
Bassoues 32 ... 295 G 5
Bassu 51 ... 62 D 3
Bassuet 51 ... 62 D 4
Bassurels 48 ... 282 D 3
Bassussarry 64 ... 310 D 3
Bassy 74 ... 215 E 3
Bastanès 64 ... 313 G 3
Bastelica 2A ... 349 E 2
Bastelicaccia 2A ... 348 C 3
Bastennes 40 ... 293 G 4
Bastia 2B ... 345 G 4
La Bastide 66 ... 342 C 3
La Bastide 83 ... 308 B 2
La Bastide-Clairence 64 ... 311 F 3
La Bastide-de-Besplas 09 ... 317 G 5
La Bastide-de-Bousignac 09 ... 336 D 2
La Bastide de Couloumat 11 ... 318 C 5
La Bastide-de-Lordat 09 ... 336 C 1
La Bastide-de-Sérou 09 ... 335 H 2
La Bastide-d'Engras 30 ... 284 C 4
La Bastide-des-Jourdans 84 ... 306 B 2
La Bastide-du-Salat 09 ... 335 E 2
La Bastide-l'Évêque 12 ... 279 G 1
La Bastide-Pradines 12 ... 281 G 5
La Bastide-Puylaurent 48 ... 265 F 3
La Bastide-Solages 12 ... 300 A 1
La Bastide-sur-l'Hers 09 ... 336 D 3
La Bastidonne 13 ... 327 F 3
La Bastidonne 84 ... 306 B 3
La Bastie-d'Urfé *Château de* 42 ... 229 G 1
Le Bastit 46 ... 260 C 2
Basville 23 ... 208 B 4
La Bataille 79 ... 202 D 2
Bataille *Col de la* 26 ... 250 A 5
La Batarelle 13 ... 327 E 2
Bataville 57 ... 67 F 5
Bathelémont-lès-Bauzemont 54 ... 66 D 5
Bathernay 26 ... 249 G 2
La Bâthie 73 ... 234 B 1
La Bâtie-Crémezin 26 ... 268 D 3
La Bâtie-des-Fonds 26 ... 268 D 4
La Bâtie-Divisin 38 ... 232 C 3
La Bâtie-Montgascon 38 ... 232 C 2
La Bâtie-Montsaléon 05 ... 269 E 5
La Bâtie-Neuve 05 ... 269 H 3
La Bâtie-Rolland 26 ... 267 F 4
La Bâtie-Vieille 05 ... 269 H 3
Les Bâties 70 ... 161 G 1
Batilly 54 ... 45 F 5
Batilly 61 ... 53 H 4
Batilly-en-Gâtinais 45 ... 111 H 4
Batilly-en-Puisaye 45 ... 135 E 5
Bats 40 ... 294 A 4
Batsère 65 ... 333 G 1
Battenans-les-Mines 25 ... 162 B 1
Battenans-Varin 25 ... 163 F 3
Battenheim 68 ... 121 E 5
Battexey 88 ... 94 D 4
Battigny 54 ... 94 C 3
Battrans 70 ... 161 F 2
Batz *Île de* 29 ... 71 G 3
Batz-sur-Mer 44 ... 145 G 5
Batzendorf 67 ... 68 D 4
Baubigny 21 ... 177 G 2
Baubigny 50 ... 28 D 5
La Bauche 73 ... 233 E 3
Baud 56 ... 101 H 5
Baudement 51 ... 90 B 2
Baudemont 71 ... 194 A 5
Baudignan 40 ... 274 D 4
Baudignécourt 55 ... 93 G 2
Baudinard-sur-Verdon 83 ... 307 F 3
Baudoncourt 70 ... 141 G 2
Baudonvilliers 55 ... 63 F 5
Baudre 50 ... 32 B 5
Baudrecourt 52 ... 92 C 4
Baudrecourt 57 ... 66 C 2
Baudreix 64 ... 314 C 5
Baudrémont 55 ... 64 B 4
Baudres 36 ... 171 G 1
Baudreville 28 ... 87 E 5
Baudreville 50 ... 31 F 2
Baudricourt 88 ... 94 C 5
Baudrières 71 ... 178 A 5
Bauduen 83 ... 307 G 2
Baugé 49 ... 129 F 5
Baugy 18 ... 173 H 1
Baugy 60 ... 39 F 1
Baugy 71 ... 193 G 5
Baulay 70 ... 140 D 2
La Baule 44 ... 145 H 5
Baule 45 ... 132 D 3
La Baule-Escoublac 44 ... 145 H 5
Baulme-la-Roche 21 ... 159 G 3
Baulne 91 ... 87 H 3
Baulne-en-Brie 02 ... 60 D 2
Baulny 55 ... 43 F 3
Baulon 35 ... 103 H 4
Baulou 09 ... 336 A 2
La Baume 74 ... 198 C 4
Baume *Cirque de* 39 ... 179 F 5
La Baume-Cornillane 26 ... 267 G 1
La Baume-de-Transit 26 ... 285 F 1
La Baume-d'Hostun 26 ... 249 H 3
Baume-les-Dames 25 ... 162 C 2
Baume-les-Messieurs 39 ... 179 F 5
Bauné 49 ... 150 A 1
Baupte 50 ... 31 H 3
Bauquay 14 ... 53 E 1
Baurech 33 ... 255 H 2
La Baussaine 35 ... 79 H 5
Bauvin 59 ... 8 C 4
Les Baux-de-Breteuil 27 ... 55 H 3
Les Baux-de-Provence 13 ... 304 D 3
Les Baux-Sainte-Croix 27 ... 56 B 2
Bauzemont 54 ... 66 D 5
Bauzy 41 ... 153 G 1
Bavans 25 ... 142 B 5
Bavay 59 ... 15 F 2
Bavelincourt 80 ... 22 D 1
Bavella *Col de* 2A ... 349 F 4
Bavent 14 ... 33 H 4
Baverans 39 ... 161 E 5
Bavilliers 90 ... 142 C 3
Bavinchove 59 ... 3 H 5
Bavincourt 62 ... 13 E 3
Bax 31 ... 317 G 5
Bay 08 ... 26 A 3
Bay 70 ... 161 F 3
Bay-sur-Aube 52 ... 139 E 2
Bayac 24 ... 258 C 1
Bayard *Château de* 38 ... 233 G 4
Bayard *Col* 05 ... 269 G 3
Bayas 33 ... 238 C 3
Baye 29 ... 100 C 5
Baye 51 ... 61 E 3
Bayecourt 88 ... 95 G 5
Bayel 10 ... 116 B 2
Bayencourt 80 ... 13 E 4
Bayenghem-lès-Éperlecques 62 ... 3 E 4
Bayenghem-lès-Seninghem 62 ... 7 E 2
Bayers 16 ... 203 F 4
Bayet 03 ... 192 A 5
Bayeux 14 ... 33 E 3
Bayon 54 ... 95 E 3
Bayon-sur-Gironde 33 ... 237 G 3
Bayonne 64 ... 292 A 5
Bayons 04 ... 287 H 1
Bayonville 08 ... 43 F 2
Bayonville-sur-Mad 54 ... 65 G 2
Bayonvillers 80 ... 23 E 2
Bazac 16 ... 239 E 1
Bazaiges 36 ... 188 D 2
Bazailles 54 ... 45 E 3
Bazainville 78 ... 57 F 4
Bazancourt 51 ... 41 H 2
Bazancourt 60 ... 21 F 5
Bazarnes 89 ... 136 C 4
Bazas 33 ... 256 B 5
Bazauges 17 ... 202 C 4
Bazegney 88 ... 95 E 5
Bazeilles 08 ... 27 F 4
Bazeilles-sur-Othain 55 ... 44 B 2
Bazelat 23 ... 188 D 4
Bazemont 78 ... 57 G 2
Bazens 47 ... 275 G 2
Bazentin 80 ... 13 G 5
Bazenville 14 ... 33 E 3
Bazet 65 ... 315 E 4
La Bazeuge 87 ... 187 H 5
Bazian 32 ... 295 G 4
Bazicourt 60 ... 39 E 3
Baziège 31 ... 318 B 2
Bazien 88 ... 95 H 3
Bazillac 65 ... 315 F 3
Bazincourt-sur-Epte 27 ... 37 G 3
Bazincourt-sur-Saulx 55 ... 63 G 5
Bazinghen 62 ... 2 B 4
Bazinval 76 ... 11 E 5
La Bazoche-Gouet 28 ... 109 F 3
Bazoches 58 ... 157 H 3
Bazoches-au-Houlme 61 ... 53 H 3
Bazoches-en-Dunois 28 ... 110 B 4
Bazoches-lès-Bray 77 ... 89 F 4
Bazoches-les-Gallerandes 45 ... 111 F 3
Bazoches-les-Hautes 28 ... 110 D 3
Bazoches-sur-Guyonne 78 ... 57 G 4
Bazoches-sur-Hoëne 61 ... 84 B 2
Bazoches-sur-le Betz 45 ... 113 E 3
Bazoches-sur-Vesles 02 ... 40 D 3
La Bazoge 50 ... 52 B 5
La Bazoge 72 ... 107 G 3
La Bazoge-Montpinçon 53 ... 82 B 5
Bazoges-en-Pailliers 85 ... 166 B 2
Bazoges-en-Pareds 85 ... 166 D 5
Bazoilles-et-Ménil 88 ... 94 D 5
Bazoilles-sur-Meuse 88 ... 93 H 5
Bazolles 58 ... 157 F 5
Bazoncourt 57 ... 66 B 1
Bazonville 54 ... 45 F 3
La Bazoque 14 ... 32 C 4
La Bazoque 61 ... 53 E 3
Bazoques 27 ... 35 F 5
Bazordan 65 ... 316 A 5
La Bazouge-de-Chemeré 53 ... 106 C 4
La Bazouge-des-Alleux 53 ... 106 B 2
La Bazouge-du-Désert 35 ... 81 F 3
Bazougers 53 ... 106 B 4
Bazouges 53 ... 128 B 2
Bazouges-la-Pérouse 35 ... 80 C 3
Bazouges-sous-Hédé 35 ... 80 A 4
Bazouges-sur-le-Loir 72 ... 129 F 4
Bazuel 59 ... 15 E 4
Bazugues 32 ... 315 H 2
Bazus 31 ... 298 A 3
Bazus-Aure 65 ... 333 G 4
Bazus-Neste 65 ... 333 H 2
Le Béage 07 ... 265 H 1
Béal *Col du* 63 ... 229 E 1
Béalcourt 80 ... 12 C 3
Béalencourt 62 ... 7 E 5
Béard 58 ... 174 D 3
Beaubec-la-Rosière 76 ... 21 E 4
Beaubery 71 ... 194 B 3
Beaubray 27 ... 55 H 2
Beaucaire 30 ... 304 B 2
Beaucaire 32 ... 295 H 2
Beaucamps-le-Jeune 80 ... 21 G 3
Beaucamps-le-Vieux 80 ... 21 G 2
Beaucamps-Ligny 59 ... 8 C 3
Beaucé 35 ... 81 F 4
Beaucens 65 ... 332 D 2
Le Beaucet 84 ... 285 H 5
Beauchalot 31 ... 334 D 1
Beauchamp 95 ... 58 B 1
Beauchamps 50 ... 51 H 3
Beauchamps 80 ... 11 E 4
Beauchamps-sur-Huillard 45 ... 112 A 5
Beaucharmoy 52 ... 118 A 4
Beauchastel 07 ... 267 E 1
Beauche 28 ... 56 A 5
Beauchemin 52 ... 117 E 5
Beauchêne 41 ... 109 F 5
Beauchêne 61 ... 52 D 5
Beauchery-Saint-Martin 77 ... 89 H 2
Beauclair 55 ... 43 G 1
Beaucoudray 50 ... 52 A 1
Beaucourt 90 ... 142 C 4
Beaucourt-en-Santerre 80 ... 23 E 3
Beaucourt-sur-l'Ancre 80 ... 13 F 5
Beaucourt-sur-l'Hallue 80 ... 22 D 1
Beaucouzé 49 ... 149 F 1
Beaucroissant 38 ... 232 B 5
Beaudéan 65 ... 333 F 2
Beaudéduit 60 ... 22 A 4
Beaudignies 59 ... 15 E 3
Beaudricourt 62 ... 12 D 3
Beaufai 61 ... 55 E 4
Beaufay 72 ... 108 A 3
Beauficel 50 ... 52 B 4
Beauficel-en-Lyons 27 ... 37 E 2
Beaufin 38 ... 269 F 1
Beaufort 31 ... 317 F 2
Beaufort 34 ... 320 C 4
Beaufort 38 ... 231 H 5
Beaufort 39 ... 196 B 1
Beaufort 59 ... 15 G 3
Beaufort 73 ... 216 C 5
Beaufort-Blavincourt 62 ... 13 E 2
Beaufort-en-Argonne 55 ... 43 G 1
Beaufort-en-Santerre 80 ... 23 E 3
Beaufort-en-Vallée 49 ... 150 A 2
Beaufort-sur-Gervanne 26 ... 267 H 1
Beaufou 85 ... 165 G 3
Beaufour 14 ... 34 B 4
Beaufremont 88 ... 94 A 5
Beaugas 47 ... 258 B 4
Beaugeay 17 ... 200 D 4
Beaugency 45 ... 132 C 3
Beaugies-sous-Bois 60 ... 23 H 4
Beaujeu 04 ... 288 B 2
Beaujeu 69 ... 212 C 1
Beaujeu-Saint-Vallier-et-Pierrejux 70 ... 161 F 1
Beaulac 33 ... 274 B 1
Beaulandais 61 ... 82 B 2
Beaulencourt 62 ... 13 H 5
Beaulieu 07 ... 284 A 1
Beaulieu 08 ... 26 A 1
Beaulieu 14 ... 52 D 2
Beaulieu 15 ... 226 C 4
Beaulieu 21 ... 138 C 3
Beaulieu 25 ... 142 C 5
Beaulieu 34 ... 303 E 3
Beaulieu 36 ... 188 B 4
Beaulieu 38 ... 250 B 1
Beaulieu 43 ... 247 F 3
Beaulieu 58 ... 157 F 4
Beaulieu 61 ... 55 G 5
Beaulieu 63 ... 228 A 4
Beaulieu-en-Argonne 55 ... 63 G 1
Beaulieu-en-Rouergue *Abbaye de* 82 ... 279 E 3
Beaulieu-les-Fontaines 60 ... 23 G 4
Beaulieu-lès-Loches 37 ... 152 C 5
Beaulieu-sous-Bressuire 79 ... 167 G 3
Beaulieu-sous-la-Roche 85 ... 165 G 5
Beaulieu-sous-Parthenay 79 ... 185 F 1
Beaulieu-sur-Dordogne 19 ... 243 E 4
Beaulieu-sur-Layon 49 ... 149 G 3
Beaulieu-sur-Loire 45 ... 155 H 1
Beaulieu-sur-Mer 06 ... 309 H 2
Beaulieu-sur-Oudon 53 ... 105 G 4
Beaulieu-sur-Sonnette 16 ... 203 H 4
Beaulon 03 ... 192 D 1
Beaumais 14 ... 54 A 2
Beaumarchés 32 ... 295 F 5
Beaumat 46 ... 260 B 3
Beaumé 02 ... 25 H 2
La Beaume 05 ... 268 D 3
Beauménil 88 ... 119 H 2
Beaumerie-Saint-Martin 62 ... 6 C 4
Beaumes-de-Venise 84 ... 285 G 3
Beaumesnil 14 ... 52 B 2
Beaumesnil 27 ... 55 G 1
Beaumettes 84 ... 305 G 1
Beaumetz 80 ... 12 B 4
Beaumetz-lès-Aire 62 ... 7 F 3
Beaumetz-lès-Cambrai 62 ... 13 H 4
Beaumetz-lès-Loges 62 ... 13 F 3
Beaumont 07 ... 265 H 4
Beaumont 19 ... 225 E 4
Beaumont 32 ... 295 G 1
Beaumont 43 ... 246 B 1
Beaumont 54 ... 65 E 4
Beaumont 63 ... 227 G 1
Beaumont 74 ... 215 G 1
Beaumont 86 ... 169 F 5
Beaumont 89 ... 136 B 2
Beaumont-de-Lomagne 82 ... 297 E 1
Beaumont-de-Pertuis 84 ... 306 C 3
Beaumont-du-Gâtinais 77 ... 112 A 3
Beaumont-du-Lac 87 ... 207 E 5
Beaumont-du-Périgord 24 ... 258 C 2
Beaumont-du-Ventoux 84 ... 285 H 3
Beaumont-en-Argonne 08 ... 27 F 5
Beaumont-en-Auge 14 ... 34 C 3
Beaumont-en-Beine 02 ... 23 H 4
Beaumont-en-Cambrésis 59 ... 14 D 4
Beaumont-en-Diois 26 ... 268 C 3
Beaumont-en-Verdunois 55 ... 44 B 4
Beaumont-en-Véron 37 ... 150 D 4
Beaumont-Hague 50 ... 28 D 2
Beaumont-Hamel 80 ... 13 F 5
Beaumont-la-Ferrière 58 ... 156 C 5
Beaumont-la-Ronce 37 ... 130 D 5
Beaumont-le-Hareng 76 ... 20 C 4
Beaumont-le-Roger 27 ... 55 G 1
Beaumont-les-Autels 28 ... 109 F 2
Beaumont-les-Nonains 60 ... 37 H 3
Beaumont-lès-Randan 63 ... 210 B 3
Beaumont-lès-Valence 26 ... 249 F 5
Beaumont-Monteux 26 ... 249 F 4
Beaumont-Pied-de-Bœuf 53 ... 106 C 5
Beaumont-Pied-de-Bœuf 72 ... 130 B 3
Beaumont-Sardolles 58 ... 175 E 3
Beaumont-sur-Dême 72 ... 130 C 4
Beaumont-sur-Grosne 71 ... 177 H 5
Beaumont-sur-Lèze 31 ... 317 H 3
Beaumont-sur-Oise 95 ... 38 B 5
Beaumont-sur-Sarthe 72 ... 107 G 2
Beaumont-sur-Vesle 51 ... 41 H 4
Beaumont-sur-Vingeanne 21 ... 160 D 1
Beaumont-Village 37 ... 152 D 5
Beaumontel 27 ... 35 G 5
Beaumotte-lès-Montbozon 70 ... 162 B 1
Beaumotte-lès-Pin 70 ... 161 G 3
Beaunay 51 ... 61 F 3
Beaune 21 ... 177 H 1
Beaune 73 ... 234 B 5

A B C D E F G H I J K L M N O P Q R S T U V W X Y Z

Beaune-d'Allier *03* 191 F 5
Beaune-la-Rolande *45* 111 H 4
Beaune-le-Froid *63* 227 F 2
Beaune-les-Mines *87* 205 H 4
Beaune-sur-Arzon *43* 247 E 1
Beaunotte *21* 138 C 4
Beaupont *01* 195 H 3
Beauport *Abbaye de* *22* 73 F 3
Beaupouyet *24* 239 F 4
Beaupréau *49* 148 D 4
Beaupuy *31* 298 A 4
Beaupuy *32* 297 E 4
Beaupuy *47* 257 E 4
Beaupuy *82* 297 F 2
Beauquesne *80* 12 D 5
Beaurain *59* 14 D 3
Beaurains *62* 13 G 2
Beaurains-lès-Noyon *60* 23 G 5
Beaurainville *62* 6 D 5
Beaurecueil *13* 306 B 5
Beauregard *01* 212 D 3
Beauregard *46* 278 D 1
Beauregard-Baret *26* 249 H 4
Beauregard-de-Terrasson *24* 241 G 2
Beauregard-et-Bassac *24* 240 B 4
Beauregard-l'Évêque *63* 210 A 5
Beauregard-Vendon *63* 209 H 3
Beaurepaire *38* 231 G 5
Beaurepaire *60* 38 D 3
Beaurepaire *76* 18 C 4
Beaurepaire *85* 166 C 2
Beaurepaire-en-Bresse *71* 178 D 5
Beaurepaire-sur-Sambre *59* 15 F 5
Beaurevoir *02* 14 C 5
Beaurières *26* 268 C 3
Beaurieux *02* 41 E 2
Beaurieux *59* 16 A 3
Beauronne *24* 239 G 3
Beausemblant *26* 249 E 1
Beausoleil *06* 309 H 5
Beaussac *24* 221 H 3
Beaussais *79* 185 G 4
Beaussault *76* 21 E 4
Beausse *49* 148 D 3
Le Beausset *83* 327 H 3
Beauteville *31* 318 C 3
Beautheil *77* 59 H 4
Beautiran *33* 255 H 2
Beautor *02* 24 B 4
Beautot *76* 20 A 4
Beauvain *61* 82 D 2
Beauvais *60* 38 A 2
Beauvais-sur-Matha *17* 202 C 4
Beauvais-sur-Tescou *81* 298 B 1
Beauval *80* 12 D 4
Beauval-en-Caux *76* 20 A 3
Beauvallon *26* 249 F 5
Beauvallon *83* 329 F 2
Beauvau *49* 129 E 5
Beauvène *07* 248 C 5
Beauvernois *71* 178 D 3
Beauvezer *04* 288 D 3
Beauville *31* 318 C 2
Beauville *47* 276 D 2
Beauvilliers *28* 86 C 5
Beauvilliers *41* 132 A 2
Beauvilliers *89* 158 B 2
Beauvoir *50* 51 F 5
Beauvoir *60* 22 C 5
Beauvoir *77* 88 D 2
Beauvoir *89* 135 H 3
Beauvoir *Château de* *03* 192 D 3
Beauvoir-de-Marc *38* 231 G 3
Beauvoir-en-Lyons *76* 37 E 1
Beauvoir-en-Royans *38* 250 A 2
Beauvoir-sur-Mer *85* 164 C 2
Beauvoir-sur-Niort *79* 201 H 1
Beauvoir-sur-Sarce *10* 115 F 5
Beauvoir-Wavans *62* 12 C 3
Beauvois *62* 7 F 5
Beauvois-en-Cambrésis *59* 14 C 4
Beauvois-en-Vermandois *02* 23 H 2
Beauvoisin *26* 286 A 1
Beauvoisin *30* 303 H 3
Beauvoisin *39* 178 D 2
Beaux *43* 247 H 2
Beauzac *43* 247 H 1
Beauzée-sur-Aire *55* 63 H 2
Beauzelle *31* 297 H 4
Beauziac *47* 274 D 1
Bébing *57* 67 G 5
Beblenheim *68* 121 E 2
Bec-de-Mortagne *76* 19 E 4
Le Bec-Hellouin *27* 35 G 4
Le Bec-Thomas *27* 36 A 4
Beccas *32* 315 F 2
Béceleuf *79* 184 D 2
Béchamps *54* 45 E 5
Bécherel *35* 103 H 1
Bécheresse *16* 221 E 3
Béchy *57* 66 B 2
Bécon-les-Granits *49* 149 E 1
Béconne *26* 267 G 4
Bécordel-Bécourt *80* 23 E 1
Bécourt *62* 6 D 2
Becquigny *02* 14 D 5
Becquigny *80* 23 E 4
Bédarieux *34* 301 F 4
Bédarrides *84* 285 F 4
Beddes *18* 190 A 1
Bédéchan *32* 296 C 5
Bédée *35* 103 H 2
Bédeilhac-et-Aynat *09* 336 A 4
Bédeille *09* 335 F 1
Bédeille *64* 314 D 3
Bedenac *17* 238 B 2
Bédoin *84* 286 A 3
Bédouès *48* 282 D 1
Bedous *64* 331 H 3
Béduer *46* 261 F 4
Beffes *18* 174 B 1
Beffia *39* 196 B 2
Beffu-et-le-Morthomme *08* 43 E 2
Beg-Meil *29* 99 H 4
Bégaar *40* 293 F 2
Bégadan *33* 218 D 5
Béganne *56* 125 F 4
Bégard *22* 72 D 4
Bègles *33* 255 G 1
Begnécourt *88* 118 D 2
Bégole *65* 315 G 5
Bégrolles-en-Mauges *49* 148 D 5
La Bégude-de-Mazenc *26* 267 F 4
Bègues *03* 209 H 1
Béguey *33* 256 B 3
Béguios *64* 311 G 4
Béhagnies *62* 13 G 4
Béhasque-Lapiste *64* 311 H 4
Béhen *80* 11 G 4
Béhencourt *80* 22 D 1
Béhéricourt *60* 23 H 5
Behlenheim *67* 68 D 5
Béhobie *64* 310 A 4
Behonne *55* 63 H 3
Béhorléguy *64* 330 D 1
Béhoust *78* 57 F 3
Behren-lès-Forbach *57* 47 F 5
Béhuard *49* 149 F 2
Beignon *56* 103 F 4
Beillé *72* 108 B 4
Beine *89* 136 C 3
Beine-Nauroy *51* 41 H 4
Beinheim *67* 69 G 3
Beire-le-Châtel *21* 160 B 2
Beire-le-Fort *21* 160 C 4
Beissat *23* 207 H 5
Bel-Air *49* 127 H 3
Bel-Homme *Col du* *83* 308 B 3
Bélâbre *36* 188 A 2
Belan-sur-Ource *21* 116 A 5
Bélarga *34* 302 A 5
Bélaye *46* 259 G 5
Belberaud *31* 318 B 2
Belbèse *82* 297 F 1
Belbeuf *76* 36 B 2
Belbèze-de-Lauragais *31* 318 A 2
Belbèze-en-Comminges *31* 335 E 1
Belcaire *11* 337 E 4
Belcastel *12* 280 B 1
Belcastel *81* 298 C 4
Belcastel *Château de* *46* 260 B 1
Belcastel-et-Buc *11* 337 H 2
Belcodène *13* 327 F 1
Bélesta *09* 336 D 3
Bélesta *66* 338 B 5
Bélesta-en-Lauragais *31* 318 D 2
Beleymas *24* 239 H 4
Belfahy *70* 142 B 1
Belfays *25* 163 G 3
Belflou *11* 318 C 4
Belfonds *61* 83 G 2
Belfort *90* 142 C 3
Belfort-du-Quercy *46* 278 B 2
Belfort-sur-Rebenty *11* 337 E 4
Belgeard *53* 82 B 5
Belgentier *83* 328 B 3
Belgodère *2B* 344 D 5
Belhade *40* 273 G 1
Belhomert-Guéhouville *28* 85 F 3
Le Bélieu *25* 163 E 5
Béligneux *01* 213 G 4
Belin-Béliet *33* 255 E 4
Bélis *40* 273 H 4
Bellac *87* 205 F 2
Bellaffaire *04* 269 H 5
Bellagranajo *Col de* *2B* 347 F 5
Bellaing *59* 9 G 5
Bellancourt *80* 11 H 3
Bellange *57* 66 D 3
Bellavilliers *61* 84 B 4
Le Bellay-en-Vexin *95* 37 G 5
Belle-Église *60* 38 B 4
Belle-et-Houllefort *62* 2 C 5
Belle-Ile *56* 144 B 4
Belle-Isle-en-Terre *22* 72 C 5
Belleau *02* 60 B 1
Belleau *54* 65 H 4
Bellebat *33* 256 B 2
Bellebrune *62* 2 C 5
Bellechassagne *19* 225 H 2
Bellechaume *89* 114 A 4
Bellecombe *39* 197 E 4
Bellecombe *73* 234 B 3
Bellecombe-en-Bauges *73* 215 G 5
Bellecombe-Tarendol *26* 286 B 1
Bellefond *21* 160 A 2
Bellefond *33* 256 C 1
Bellefonds *86* 186 D 1
Bellefontaine *39* 197 F 1
Bellefontaine *50* 52 B 5
Bellefontaine *88* 119 F 4
Bellefontaine *95* 38 D 5
Bellefosse *67* 96 D 3
Bellegarde *30* 304 A 3
Bellegarde *32* 316 B 2
Bellegarde *45* 111 H 5
Bellegarde *81* 299 G 1
Bellegarde-du-Razès *11* 337 E 1
Bellegarde-en-Diois *26* 268 B 4
Bellegarde-en-Forez *42* 230 A 2
Bellegarde-en-Marche *23* 207 H 3
Bellegarde-Poussieu *38* 231 F 5
Bellegarde-Sainte-Marie *31* 297 F 4
Bellegarde-sur-Valserine *01* 215 E 1
Belleherbe *25* 163 E 3
Bellemagny *68* 142 D 2
Bellême *61* 84 C 4
Bellenaves *03* 209 G 1
Bellencombre *76* 20 C 4
Belleneuve *21* 160 C 2
Bellenglise *02* 24 A 1
Bellengreville *14* 33 H 5
Bellengreville *76* 10 C 5
Bellenod-sur-Seine *21* 138 B 4
Bellenot-sous-Pouilly *21* 159 E 3
Bellentre *73* 234 D 2
Belleray *55* 64 B 1
Bellerive-sur-Allier *03* 210 B 2
Belleroche *42* 212 B 1
Bellesserre *81* 319 E 2
Bellesserre *31* 297 F 2
Belleu *02* 40 B 3
Belleuse *80* 22 A 4
Bellevaux *74* 198 B 4
Bellevesvre *71* 178 D 3
Belleville *54* 65 G 4
Belleville *69* 212 D 1
Belleville *79* 201 H 1
Belleville-en-Caux *76* 20 A 4
Belleville-sur-Bar *08* 43 E 1
Belleville-sur-Loire *18* 156 A 1
Belleville-sur-Mer *76* 10 B 5
Belleville-sur-Meuse *55* 44 B 5
Belleville-sur-Vie *85* 165 H 4
Bellevue *44* 147 H 3
Bellevue *Grotte de* *46* 260 D 4
Bellevue-Coëtquidan *56* 103 F 4
Bellevue-la-Montagne *43* 247 E 1
Belley *01* 214 D 5
Belley *10* 91 E 5
Belleydoux *01* 196 D 5
Bellicourt *02* 24 A 1
La Bellière *61* 54 A 5
La Bellière *76* 21 E 5
Bellignat *01* 196 C 5
Belligné *44* 148 C 1
Bellignies *59* 15 F 2
La Belliole *89* 113 E 3
Belloc *09* 336 D 2
Belloc-Saint-Clamens *32* 315 H 2
Bellocq *64* 293 E 5
Bellon *16* 221 E 5
Bellonne *62* 14 A 2
Bellot *77* 60 B 3
Bellou *14* 54 C 2
Bellou-en-Houlme *61* 53 F 5
Bellou-le-Trichard *61* 108 B 2
Bellou-sur-Huisne *61* 84 D 4
Belloy *60* 37 H 1
Belloy-en-France *95* 58 C 1
Belloy-en-Santerre *80* 23 F 2
Belloy-Saint-Léonard *80* 11 H 5
Belloy-sur-Somme *80* 22 A 1
Belluire *17* 219 G 3
Belmesnil *76* 20 A 3
Belmont *25* 162 C 4
Belmont *32* 295 G 3
Belmont *38* 232 A 3
Belmont *39* 179 E 1
Belmont *52* 140 A 3
Belmont *67* 96 D 3
Belmont *70* 141 H 2
Belmont-Bretenoux *46* 243 E 5
Belmont-d'Azergues *69* 212 D 4
Belmont-de-la-Loire *42* 212 A 1
Belmont-lès-Darney *88* 118 C 3
Belmont-Luthézieu *01* 214 D 4
Belmont-Sainte-Foi *46* 278 C 2
Belmont-sur-Buttant *88* 96 A 5
Belmont-sur-Rance *12* 300 C 2
Belmont-sur-Vair *88* 94 B 5
Belmont-Tramonet *73* 232 D 2
Belmontet *46* 277 F 1
Belon *29* 100 C 5
Belonchamp *70* 142 A 1
Belpech *11* 318 C 5
Belrain *55* 64 B 4
Belrupt *88* 118 D 3
Belrupt-en-Verdunois *55* 64 B 1
Bélus *40* 292 D 4
Belval *08* 26 C 3
Belval *50* 51 H 1
Belval *88* 96 C 3
Belval-Bois-des-Dames *08* 43 F 1
Belval-en-Argonne *51* 63 F 2
Belval-sous-Châtillon *51* 41 F 5
Belvédère *06* 291 F 3
Belvédère-Campomoro *2A* 350 C 2
Belverne *70* 142 A 3
Belvès *24* 259 E 1
Belvès-de-Castillon *33* 238 D 5
Belvèze *82* 277 F 1
Belvèze-du-Razès *11* 337 F 1
Belvézet *30* 284 B 4
Belvezet *48* 265 E 4
Belvianes-et-Cavirac *11* 337 G 4
Belvis *11* 337 F 4
Belvoir *25* 163 E 2
Belz *56* 123 G 3
Bémécourt *27* 55 H 3
Bénac *09* 336 A 3
Bénac *65* 315 E 5
Benagues *09* 336 B 1
Benais *37* 151 E 3
Bénaix *09* 336 D 3
Bénaménil *54* 95 H 2
Bénarville *76* 19 E 4
Benassay *86* 185 H 1
La Benâte *17* 201 G 2
La Bénate *44* 165 G 2
Benauge *Château de* *33* 256 B 2
Benay *02* 24 B 3
Benayes *19* 224 B 3
Bendejun *06* 291 F 5
Bendor *Île de* *83* 327 H 4
Bendorf *68* 143 F 4
Bénéjacq *64* 314 C 5
Benerville-sur-Mer *14* 34 B 2
Bénesse-lès-Dax *40* 293 E 4
Bénesse-Maremne *40* 292 B 4
Benest *16* 203 H 2
Bénestroff *57* 67 E 3
Bénesville *76* 19 H 3
Benet *85* 184 C 3
Beneuvre *21* 138 D 4
Bénévent-et-Charbillac *05* 269 G 2
Bénévent-l'Abbaye *23* 206 C 2
Beney-en-Woëvre *55* 65 E 2
Benfeld *67* 97 G 3
Bengy-sur-Craon *18* 173 H 2
Bénifontaine *62* 8 B 4
Béning-lès-Saint-Avold *57* 47 F 5
La Bénisson-Dieu *42* 211 G 1
Bénivay-Ollon *26* 285 H 1
Bennecourt *78* 57 E 1
Bennetot *76* 19 F 4
Benney *54* 94 D 2
Bennwihr *68* 121 E 2
Bénodet *29* 99 H 4
Benoisey *21* 137 H 5
Benoîtville *50* 28 D 4
Benon *17* 183 H 5
Bénonces *01* 214 B 4
Bénouville *14* 33 H 4
Bénouville *76* 18 D 3
Benque *31* 316 D 4
Benqué *65* 333 G 1
Benque-Dessous-et-Dessus *31* 334 A 4
Benquet *40* 294 A 2
Bentayou-Sérée *64* 314 D 3
Bény *01* 195 H 4
Le Bény-Bocage *14* 52 C 2
Bény-sur-Mer *14* 33 G 3
Béon *01* 214 D 4
Béon *89* 113 G 5
Béost *64* 332 A 2
La Bérarde *38* 252 A 4
Bérat *31* 317 F 3
Béraut *32* 295 H 1
Berbérust-Lias *65* 332 D 1
Berbezit *43* 246 D 1
Berbiguières *24* 259 F 1
Berc *48* 264 A 1
Bercenay-en-Othe *10* 114 C 2
Bercenay-le-Hayer *10* 90 A 5
Berche *25* 142 B 5
Berchères-la-Maingot *28* 86 A 3
Berchères-les-Pierres *28* 86 B 4
Berchères-sur-Vesgre *28* 57 E 3
Berck-Plage *62* 6 A 5
Berck *62* 6 A 5
Bercloux *17* 201 H 4
Berd'Huis *61* 84 D 5
Berdoues *32* 315 H 2
Bérelles *59* 15 H 3
Bérengeville-la-Campagne *27* 36 A 5
Berentzwiller *68* 143 G 3
Bérenx *64* 293 F 5
Béréziat *01* 195 G 3
Berfay *72* 108 D 5
Berg *67* 67 H 3
Berg-sur-Moselle *57* 46 B 2
Berganty *46* 260 C 5
Bergbieten *67* 97 F 1
Bergerac *24* 257 H 1
Bergères *10* 116 A 2
Bergères-lès-Vertus *51* 61 G 3
Bergères-sous-Montmirail *51* 60 D 3
Bergesserin *71* 194 C 3
Bergheim *68* 97 E 5
Bergholtz *68* 120 D 4
Bergholtzzell *68* 120 D 4
Bergicourt *80* 22 A 3
Bergnicourt *08* 42 A 2
Bergonne *63* 228 A 3
Bergouey *40* 293 G 3
Bergouey *64* 311 G 3
La Bergue *74* 197 H 5
Bergueneuse *62* 7 F 4
Bergues *59* 3 G 3
Bergues-sur-Sambre *02* 15 F 5
Berguette *62* 7 H 3
Berhet *22* 72 D 3
Bérig-Vintrange *57* 67 E 2
Bérigny *50* 32 C 4
Berjou *61* 53 F 3
Berlaimont *59* 15 F 3
Berlancourt *02* 25 E 3
Berlancourt *60* 23 H 4
Berlats *81* 300 B 4
Berlencourt-le-Cauroy *62* 12 D 2
Berles-au-Bois *62* 13 F 3
Berles-Monchel *62* 13 E 2
La Berlière *08* 27 E 5
Berling *57* 68 A 4
Berlise *02* 25 H 4
Berlou *34* 321 E 2
Bermerain *59* 14 D 3
Berméricourt *51* 41 G 2
Bermeries *59* 15 F 2
Bermering *57* 67 E 2
Bermesnil *80* 21 F 2
Bermicourt *62* 7 F 5
Bermont *90* 142 C 3
Bermonville *76* 19 G 5
Bernac *16* 203 F 2
Bernac *81* 299 E 1
Bernac-Debat *65* 315 F 5
Bernac-Dessus *65* 315 F 5
Bernadets *64* 314 B 3
Bernadets-Debat *65* 315 G 3
Bernadets-Dessus *65* 315 G 5
Le Bernard *85* 182 C 2
La Bernardière *85* 166 A 1
Bernardswiller *67* 97 F 2
Bernardvillé *67* 97 E 3
Bernâtre *80* 12 B 3
Bernaville *80* 12 C 4
Bernay *17* 201 G 2
Bernay *27* 35 F 5
Bernay *72* 107 F 4
Bernay-en-Brie *77* 59 G 5
Bernay-en-Ponthieu *80* 11 F 1
Berné *56* 101 E 3
Bernécourt *54* 65 E 4
Bernède *32* 294 C 4
La Bernerie-en-Retz *44* 146 D 5
Bernes *80* 23 H 1
Bernes-sur-Oise *95* 38 B 5
Bernesq *14* 32 C 3
Berneuil *16* 220 D 4
Berneuil *17* 219 G 1
Berneuil *80* 12 C 4
Berneuil *87* 205 F 2
Berneuil-en-Bray *60* 38 A 3
Berneuil-sur-Aisne *60* 39 H 2
Berneval-le-Grand *76* 10 B 5
Berneville *62* 13 F 2
Bernex *74* 198 C 3
Bernienville *27* 56 A 1
Bernières *76* 19 E 4
Bernières-d'Ailly *14* 54 A 2
Bernières-le-Patry *14* 52 D 3
Bernières-sur-Mer *14* 33 G 3
Bernières-sur-Seine *27* 36 C 4
Bernieulles *62* 6 C 3
Bernin *38* 233 E 5
Bernis *30* 303 G 3
Bernolsheim *67* 68 D 4
Bernon *10* 114 D 5
Bernos-Beaulac *33* 274 B 1
Bernot *02* 24 C 2
Bernouil *89* 136 D 2
Bernouville *27* 37 F 3
Bernwiller *68* 143 E 2
Berny-en-Santerre *80* 23 F 2
Berny-Rivière *02* 40 A 2
Bérou-la-Mulotière *28* 56 A 4
Berrac *32* 275 H 5
Berre-les-Alpes *06* 291 F 5
Berre-l'Étang *13* 326 C 1
Berriac *11* 319 H 5
Berrias-et-Casteljau *07* 284 A 1
Berric *56* 124 D 4
Berrie *86* 168 B 1
Berrien *29* 76 C 2
Berrieux *02* 41 F 1
Berrogain-Laruns *64* 313 F 4
Berru *51* 41 H 3
Berrwiller *68* 120 D 5
Berry-au-Bac *02* 41 F 2
Berry-Bouy *18* 172 D 1
Le Bersac *05* 269 E 5
Bersac-sur-Rivalier *87* 206 B 2
Bersaillin *39* 179 F 3
Bersée *59* 8 D 4
Bersillies *59* 15 H 2
Berson *33* 237 G 2
Berstett *67* 68 D 5
Berstheim *67* 68 D 4
Bert *03* 192 D 4
Bertangles *80* 22 B 1
Bertaucourt-Epourdon *02* 24 B 5
Berteaucourt-les-Dames *80* 12 B 5
Berteaucourt-lès-Thennes *80* 22 D 3
Bertheauville *76* 19 F 3
Berthecourt *60* 38 B 3
Berthegon *86* 169 E 3
Berthelange *25* 161 G 4
Berthelming *57* 67 G 4
Berthen *59* 4 A 5
Berthenay *37* 151 G 3
Berthenicourt *02* 24 B 3
Berthenonville *27* 37 F 5
La Berthenoux *36* 189 H 1
Berthez *33* 256 C 4
Bertholène *12* 281 E 1
Berthouville *27* 35 F 4
Bertignat *63* 228 D 2
Bertignolles *10* 115 H 3
Bertincourt *62* 13 H 4
Bertoncourt *08* 26 B 5
Bertrambois *54* 96 B 1
Bertrancourt *80* 13 E 4
Bertrange *57* 45 H 3
Bertre *81* 298 D 5
Bertren *65* 334 B 2
Bertreville *76* 19 F 3
Bertreville-Saint-Ouen *76* 20 A 3
Bertric-Burée *24* 221 G 5
Bertrichamps *54* 96 A 3
Berticourt *02* 41 G 2
Bertrimont *76* 20 A 4
Bertrimoutier *88* 96 C 5
Bertry *59* 14 D 4
Béru *89* 136 D 3
Béruges *86* 186 A 1
Bérulle *10* 114 B 3

BESANÇON

Battant (Pont) ... AY 3
Battant (R.) ... AY
Bersot (R.) ... BY
Carnot (Av.) ... BYX 7
Castan (Sq.) ... BZ 8
Chapitre (R. du) ... BZ 14
Convention (R. de la) ... BZ 4
Denfert-Rochereau (Av.) ... BY 17
Denfert-Rochereau (Pont) ... BY 18
Fusillés-de-la-Résistance (R. des) ... BZ 20
Gambetta (R.) ... ABY 21
Gare-d'eau (Av. de la) ... AZ 22
Gaulle (Bd Ch.de) ... AZ 23
Girod-de-Chantrans (R.) ... AYZ 24
Grande-Rue ... ABYZ
Granges (R. des) ... ABY
Krug (R. Ch.) ... BY 26
Lycée (R. du) ... AY 28
Madeleine (R. de la) ... AY 29
Martelots (Pl. des) ... BZ 30
Mégevand (R.) ... ABZ 32
Moncey (R.) ... BY 33
Orme-de-Chamars (R. de l') ... AZ 36
Pouillet (R. C.) ... AY 39
République (R. de la) ... ABY 40
Révolution (Pl. de la) ... AY 41
Rivotte (Faubourg) ... BZ 42
Ronchaux (R.) ... BZ 43
Rousseau (R. J. J.) ... AY 45
Saint-Amour (Sq.) ... BY 48
Sarrail (R. Gén.) ... ABY 52
Vauban (Q.) ... AY 56
1ère-Armée-Française (Pl. de la) ... BY 58

Bérus *72* ... 83 G 4
Berven *29* ... 71 F 4
Berville *14* ... 54 B 1
Berville *76* ... 19 H 4
Berville *95* ... 38 A 4
Berville-en-Roumois *27* ... 35 H 3
Berville-la-Campagne *27* ... 55 H 1
Berville-sur-Mer *27* ... 34 D 2
Berville-sur-Seine *76* ... 35 H 1
Berviller-en-Moselle *57* ... 46 D 4
Berzé-la-Ville *71* ... 194 D 4
Berzé-le-Châtel *71* ... 194 D 3
Berzème *07* ... 266 C 3
Berzieux *51* ... 43 E 4
Berzy-le-Sec *02* ... 40 B 3
La Besace *08* ... 27 F 5
Besain *39* ... 179 G 4
Besançon *25* ... 162 A 3
Bésayes *26* ... 249 G 4
Bescat *64* ... 314 A 5
Bésignan *26* ... 286 B 1
Bésingrand *64* ... 313 H 3
Beslé *44* ... 126 A 3
La Beslière *50* ... 51 G 3
Beslon *50* ... 52 A 3
Besmé *02* ... 40 A 1
Besmont *02* ... 25 H 2
Besnans *70* ... 162 B 1
Besné *44* ... 146 C 1
Besneville *50* ... 31 F 2
Besny-et-Loizy *02* ... 24 D 5
Bessac *16* ... 220 D 4
Bessais-le-Fromental *18* ... 173 H 5
Bessamorel *43* ... 247 H 3
Bessan *34* ... 322 C 4
Bessancourt *95* ... 58 B 1
Bessans *73* ... 235 F 4
Bessas *07* ... 284 A 1
Le Bessat *42* ... 230 C 5
Bessay *85* ... 183 F 1
Bessay-sur-Allier *03* ... 192 B 3
Besse *15* ... 244 B 3
Bessé *16* ... 203 E 3
La Besse *19* ... 243 G 2
Besse *24* ... 259 F 3
Besse *38* ... 251 H 3
Besse-en-Chandesse *63* ... 227 F 3
Bessé-sur-Braye *72* ... 131 E 2
Besse-sur-Issole *83* ... 328 C 2
Bessède-de-Sault *11* ... 337 F 5
Bessèges *30* ... 283 H 2
Bessenay *69* ... 212 C 5
Bessens *82* ... 297 G 1
Besset *09* ... 336 D 1
Bessey *42* ... 230 D 4
Bessey-en-Chaume *21* ... 177 G 1
Bessey-la-Cour *21* ... 159 F 5
Bessey-lès-Cîteaux *21* ... 160 B 5
La Besseyre-Saint-Mary *43* ... 246 B 4
Bessières *31* ... 298 B 2
Bessines *79* ... 184 D 4
Bessines-sur-Gartempe *87* ... 205 H 2
Bessins *38* ... 250 A 1
Besson *03* ... 192 A 3
Bessoncourt *90* ... 142 C 3
Bessonies *46* ... 261 G 1
Les Bessons *48* ... 264 A 2
Bessuéjouls *12* ... 263 E 4
Bessy *10* ... 90 D 2
Bessy-sur-Cure *89* ... 136 C 5
Bestiac *09* ... 336 C 5
Bétaille *46* ... 242 D 5
Betaucourt *70* ... 140 D 2
Betbèze *65* ... 316 A 5
Betbezer-d'Armagnac *40* ... 274 C 5
Betcave-Aguin *32* ... 316 B 2
Betchat *09* ... 335 E 1
Bétête *23* ... 189 H 4
Béthancourt-en-Valois *60* ... 39 G 3
Béthancourt-en-Vaux *02* ... 24 A 5
Bétharram *Grottes de* *64* ... 332 C 1
Béthelainville *55* ... 43 H 4
Béthemont-la-Forêt *95* ... 58 B 1
Béthencourt *59* ... 14 D 4
Béthencourt-sur-Mer *80* ... 11 E 4
Béthencourt-sur-Somme *80* ... 23 G 3
Bétheniville *51* ... 42 B 3
Bétheny *51* ... 41 G 3
Béthincourt *55* ... 43 H 3
Béthines *86* ... 187 G 2
Béthisy-Saint-Martin *60* ... 39 F 3
Béthisy-Saint-Pierre *60* ... 39 F 3
Bethmale *09* ... 335 E 3
Bethon *51* ... 90 A 2
Béthon *72* ... 83 G 4
Bethoncourt *25* ... 142 B 4
Béthonsart *62* ... 7 H 5
Béthonvilliers *28* ... 109 E 2
Bethonvilliers *90* ... 142 C 2
Béthune *62* ... 8 A 4
Bétignicourt *10* ... 91 G 4
Beton-Bazoches *77* ... 60 A 5
Betoncourt-lès-Brotte *70* ... 141 G 3
Betoncourt-les-Ménétriers *70* ... 140 C 4
Betoncourt-Saint-Pancras *70* ... 118 D 5
Betoncourt-sur-Mance *70* ... 140 B 2
Bétous *32* ... 295 E 3
Betplan *32* ... 315 F 2
Betpouey *65* ... 333 E 3
Betpouy *65* ... 315 H 4
Bétracq *64* ... 294 D 5
Betschdorf *67* ... 69 F 2
Bettaincourt-sur-Rognon *52* ... 93 E 5
Bettainvillers *54* ... 45 F 4
Bettancourt-la-Ferrée *52* ... 63 F 5
Bettancourt-la-Longue *51* ... 63 E 3
Bettange *57* ... 46 C 4
Bettant *01* ... 214 A 3
Bettborn *57* ... 67 G 4
Bettegney-Saint-Brice *88* ... 95 E 5
Bettelainville *57* ... 46 B 4
Bettembos *80* ... 21 G 3
Bettencourt-Rivière *80* ... 11 H 4
Bettencourt-Saint-Ouen *80* ... 12 B 5
Bettendorf *68* ... 143 F 3
Bettes *65* ... 333 F 1
Betteville *76* ... 19 H 5
Bettignies *59* ... 15 G 2
Betting *57* ... 47 E 5
Bettlach *68* ... 143 G 4
Betton *35* ... 104 B 2
Betton-Bettonet *73* ... 233 H 2
Bettoncourt *88* ... 94 D 4
Bettoncourt-le-Haut *52* ... 93 F 4
Bettrechies *59* ... 15 F 2
Bettviller *57* ... 68 A 1
Bettwiller *67* ... 67 H 3
Betz *60* ... 39 G 5
Betz-le-Château *37* ... 170 B 2
Beugin *62* ... 7 H 5
Beugnâtre *62* ... 13 H 4
Beugneux *02* ... 40 C 4
Beugnies *59* ... 15 H 4
Le Beugnon *79* ... 184 D 1
Beugnon *89* ... 114 C 4
Beugny *62* ... 13 H 4
Beuil *06* ... 289 G 3
Le Beulay *88* ... 96 C 4
Beulotte-Saint-Laurent *70* ... 119 H 5
Beure *25* ... 162 A 4
Beurey *10* ... 115 H 2
Beurey-Bauguay *21* ... 159 E 4
Beurey-sur-Saulx *55* ... 63 G 4
Beurières *63* ... 229 E 4
Beurizot *21* ... 159 E 3
Beurlay *17* ... 201 E 4
Beurville *52* ... 92 B 5
Beussent *62* ... 6 C 3
Beuste *64* ... 314 C 5
Beutal *25* ... 142 A 5
Beutin *62* ... 6 B 4
Beuvardes *02* ... 40 C 5
Beuveille *54* ... 44 D 2
Beuvezin *54* ... 94 C 4
Beuvillers *14* ... 34 C 5
Beuvillers *54* ... 45 F 3
Beuvrages *59* ... 9 G 5
Beuvraignes *80* ... 23 F 4
Beuvray *Mont* *71* ... 176 B 3
Beuvrequen *62* ... 2 B 5
Beuvreuil *76* ... 37 F 1
Beuvrigny *50* ... 52 B 1
Beuvron *58* ... 157 E 3
Beuvron-en-Auge *14* ... 34 A 4
Beuvry *62* ... 8 A 4
Beuvry-la-Forêt *59* ... 9 E 4
Beux *57* ... 66 B 2
Beuxes *86* ... 168 D 1
Beuzec-Cap-Sizun *29* ... 99 E 2
Beuzeville *27* ... 34 D 3
Beuzeville-au-Plain *50* ... 29 G 5
Beuzeville-la-Bastille *50* ... 31 H 2
Beuzeville-la-Grenier *76* ... 19 E 5
Beuzeville-la-Guérard *76* ... 19 F 4
Beuzevillette *76* ... 19 F 5
Bévenais *38* ... 232 B 4
Beveuge *70* ... 141 H 5
Béville-le-Comte *28* ... 86 C 4
Bévillers *59* ... 14 C 4
Bevons *04* ... 287 F 3
Bévy *21* ... 159 H 5
Bey *01* ... 195 E 5
Bey *71* ... 178 A 3
Bey-sur-Seille *54* ... 66 B 4
Beychac-et-Caillau *33* ... 237 H 5
Beychevelle *33* ... 237 F 2
Beylongue *40* ... 293 F 1
Beynac *87* ... 205 G 5
Beynac-et-Cazenac *24* ... 259 F 1
Beynat *19* ... 242 D 3
Beynes *04* ... 288 A 5
Beynes *78* ... 57 G 3
Beynost *01* ... 213 F 4
Beyrède *Col de* *65* ... 333 G 2
Beyrède-Jumet *65* ... 333 H 3
Beyren-lès-Sierck *57* ... 45 H 2
Beyrie-en-Béarn *64* ... 314 A 3
Beyrie-sur-Joyeuse *64* ... 311 G 4
Beyries *40* ... 293 H 4
Beyssac *19* ... 223 H 5
Beyssac *Château de* *24* ... 241 F 5
Beyssenac *19* ... 223 G 4
Le Bez *81* ... 300 A 5
Bez-et-Esparon *30* ... 282 C 5
Bézac *09* ... 336 B 1
Bezalles *77* ... 60 A 5
Bézancourt *76* ... 37 F 2
Bezange-la-Grande *54* ... 66 C 5
Bezange-la-Petite *57* ... 66 D 5
Bezannes *51* ... 41 G 4
Les Bézards *45* ... 134 D 3
Bézaudun-les-Alpes *06* ... 309 F 1
Bézaudun-sur-Bîne *26* ... 267 H 3
Bezaumont *54* ... 65 G 4
Bèze *21* ... 160 C 1
Bézenac *24* ... 259 F 1
Bézenet *03* ... 191 F 4
Bézéril *32* ... 296 D 5
Béziers *34* ... 321 G 3
Bezinghem *62* ... 6 C 3
Bezins-Garraux *31* ... 334 B 3
La Bezole *11* ... 337 F 2
Bezolles *32* ... 295 H 2
Bezons *95* ... 58 B 2
Bezonvaux *55* ... 44 C 5
Bezouce *30* ... 304 A 1
Bézouotte *21* ... 160 C 2
Bézu-la-Forêt *27* ... 37 F 2
Bézu-le-Guéry *02* ... 60 A 1
Bézu-Saint-Éloi *27* ... 37 F 3
Bézu-Saint-Germain *02* ... 40 C 5
Bézues-Bajon *32* ... 316 B 3
Biache-Saint-Vaast *62* ... 13 H 2
Biaches *80* ... 23 G 1
Bians-les-Usiers *25* ... 180 C 2
Biard *86* ... 186 B 1
Les Biards *50* ... 81 F 2
Biarne *39* ... 160 D 5
Biarre *80* ... 23 G 4
Biarritz *64* ... 310 C 2
Biarritz-Bayonne-Anglet *Aéroport de* *64* ... 310 C 2
Biarrotte *40* ... 292 C 4
Biars-sur-Cère *46* ... 243 E 5
Bias *40* ... 272 B 3
Bias *47* ... 258 B 5
Biaudos *40* ... 292 B 4
Bibiche *57* ... 46 C 3
Biblisheim *67* ... 69 E 2
Bibost *69* ... 212 C 5
Bichancourt *02* ... 24 A 5
Biches *58* ... 175 G 2
Bickenholtz *57* ... 67 H 4
Bicqueley *54* ... 94 B 1
Bidache *64* ... 292 D 5
Bidarray *64* ... 311 E 5
Bidart *64* ... 310 C 3
Bidestroff *57* ... 67 E 3
Biding *57* ... 67 E 1
Bidon *07* ... 284 C 1
Bidos *64* ... 331 H 1
Biécourt *88* ... 94 C 4
Biederthal *68* ... 143 G 4
Bief *25* ... 163 F 2
Bief-des-Maisons *39* ... 180 A 4
Bief-du-Fourg *39* ... 180 B 3
Biefmorin *39* ... 179 E 2
Biefvillers-lès-Bapaume *62* ... 13 G 4
Bielle *64* ... 332 A 1
Bielsa *Tunnel de* *65* ... 333 F 5
Bienassis *Château de* *22* ... 78 D 2
Biencourt *80* ... 11 F 5
Biencourt-sur-Orge *55* ... 93 F 2
Bienville *60* ... 39 F 2
Bienville-la-Petite *54* ... 95 F 1
Bienvillers-au-Bois *62* ... 13 F 3
Biermes *08* ... 42 B 1
Biermont *60* ... 23 F 5
Bierné *53* ... 128 C 2
Bierne *59* ... 3 G 3
Biernes *52* ... 92 C 5
Bierre-lès-Semur *21* ... 158 D 2
Bierry-les-Belles-Fontaines *89* ... 137 G 5
Biert *09* ... 335 G 3
Bierville *76* ... 36 C 1
Biesheim *68* ... 121 F 3
Biesles *52* ... 117 F 3

Atalaye (Pl.) ... DY 4
Barthou (Av. Louis) ... EY 11
Beaurivage (Av.) ... DZ 12
Champ-Lacombe (R.) ... EZ 22
Clemenceau (Pl.) ... EY 25
Édouard-VII (Av.) ... EY
Espagne (R. d') ... DZ 35
Foch (Av. du Mar.) ... EZ
Gambetta (R.) ... DEZ
Gaulle (Bd du Gén.-de) ... EY 37
Goélands (R. des) ... DY 40
Helder (R. du) ... EY 49
Hélianthe (Rd-Pt) ... DZ 50
Larralde (R.) ... EY 66
Larre (R. Gaston) ... DY 67
Leclerc (Bd Mar.) ... DEY 70
Libération (Pl. de la) ... EZ 72
Marne (Av. de la) ... EY 81
Mazagran (R.) ... EY 84
Osuna (Av. d') ... EY 95
Port-Vieux (Pl. du) ... DY 99
Port-Vieux (R. du) ... DY 100
Rocher de la Vierge (Espl. du) ... DY 114
Sobradiel (Pl.) ... EZ 117
Verdun (Av. de) ... EY
Victor-Hugo (Av.) ... EYZ

Bietlenheim *67* 69 E 4
Bieujac *33* 256 C 4
Bieuxy *02* 40 A 2
Bieuzy *56* 101 G 4
Bieuzy-Lanvaux *56* 124 A 2
Biéville *50* 32 C 5
Biéville-Beuville *14* 33 G 4
Biéville-en-Auge *14* 34 A 5
Biéville-Quétiéville *14* 34 A 5
Biéville-sur-Orne *14* 33 G 4
Bièvres *02* 41 E 1
Bièvres *08* 27 H 5
Bièvres *91* 58 B 4
Biffontaine *88* 96 A 5
Biganos *33* 254 C 2
Bignac *16* 203 E 5
Bignan *56* 102 B 5
Bignay *17* 201 G 3
La Bigne *14* 52 D 1
Bignicourt *08* 42 B 2
Bignicourt-sur-Marne *51* 62 C 5
Bignicourt-sur-Saulx *51* 63 E 4
Le Bignon *44* 147 H 5
Le Bignon-du-Maine *53* 106 B 5
Le Bignon-Mirabeau *45* 112 D 3
Bignoux *86* 186 C 1
Bigny *18* 173 E 4
Bigorno *2B* 347 F 2
La Bigottière *53* 105 H 2
Biguglia *2B* 345 G 5
Bihorel *76* 36 B 1
Bihucourt *62* 13 G 4
Bilazais *79* 168 B 2
Bile *Pointe du* *56* 145 G 3
Bilhères *64* 332 A 1
Bilia *2A* 350 D 2
Bilieu *38* 232 C 4
Billac *19* 242 D 5
Billancelles *28* 85 G 3
Billancourt *80* 23 G 3
Les Billanges *87* 206 C 3
Billaude *Cascade de la* *39* 179 H 5
Les Billaux *33* 238 B 4
Billé *35* 81 E 5
Billecul *39* 180 A 4
Billère *64* 314 B 3
Billey *21* 160 D 5
Billezois *03* 210 C 1
Billiat *01* 214 D 2
Billième *73* 215 E 5
Billière *31* 334 A 4
Billiers *56* 124 D 5
Billio *56* 102 C 5
Billom *63* 228 B 1
Billy *03* 192 B 5
Billy *14* 33 H 5
Billy *41* 153 G 3
Billy-Berclau *62* 8 C 4
Billy-Chevannes *58* 175 E 2
Billy-le-Grand *51* 42 A 5
Billy-lès-Chanceaux *21* 138 C 5
Billy-Montigny *62* 8 C 5
Billy-sous-les-Côtes *55* 64 D 2
Billy-sous-Mangiennes *55* 44 C 3
Billy-sur-Aisne *02* 40 B 3
Billy-sur-Oisy *58* 157 E 1
Billy-sur-Ourcq *02* 40 B 4
Biltzheim *68* 121 E 4
Bilwisheim *67* 68 D 4
Bimont *62* 6 D 3
Binarville *51* 43 E 4
Binas *41* 132 B 2
Bindernheim *67* 97 G 4
Binges *21* 160 C 3
Binic *22* 73 H 5
Bining *57* 68 A 1
Biniville *50* 29 F 5
Binos *31* 334 B 3
Binson-et-Orquigny *51* 41 E 5
Bio *46* 261 D 5
Biol *38* 232 B 3
La Biolle *73* 215 F 5
Biollet *63* 208 D 3
Bion *50* 52 C 5
Bioncourt *57* 66 B 4
Bionville *54* 96 B 2
Bionville-sur-Nied *57* 66 C 1
Biot *06* 309 F 3
Le Biot *74* 198 C 4
Bioule *82* 278 B 4
Bioussac *16* 203 G 2
Biozat *03* 210 A 2
Birac *16* 220 D 2
Birac *33* 256 C 5
Birac-sur-Trec *47* 257 F 5
Biran *32* 295 H 3
Biras *24* 240 B 1
Biriatou *64* 310 B 4
Birieux *01* 213 G 3
Birkenwald *67* 68 B 5
Birlenbach *67* 69 E 1
Biron *17* 219 H 2
Biron *24* 258 D 3
Biron *64* 313 G 2
Bisanne *Signal de* *73* 216 B 5
Biscarrosse *40* 254 B 5
Biscarrosse-Plage *40* 254 A 5
Bischheim *67* 97 H 1
Bischholtz *67* 68 C 3
Bischoffsheim *67* 97 F 2
Bischtroff-sur-Sarre *67* 67 G 3
Bischwihr *68* 121 F 2
Bischwiller *67* 69 E 4
Bisel *68* 143 E 4
Bisinao *2A* 348 D 4
Bisinchi *2B* 347 F 2
Bislée *55* 64 C 4
Bisping *57* 67 F 4
Bissert *67* 67 G 2
Bisseuil *51* 61 H 1
Bissey-la-Côte *21* 116 A 5
Bissey-la-Pierre *21* 137 H 2
Bissey-sous-Cruchaud *71* 177 G 5
Bissezeele *59* 3 G 3
Bissières *14* 34 A 5
Bissy-la-Mâconnaise *71* 195 E 2
Bissy-sous-Uxelles *71* 194 D 1
Bissy-sur-Fley *71* 177 F 5
Bisten-en-Lorraine *57* 46 D 5
Bistroff *57* 67 E 2
Bitche *57* 68 B 1
Bitry *58* 156 B 1
Bitry *60* 39 H 2
Bitschhoffen *67* 68 D 3
Bitschwiller-lès-Thann *68* 142 D 1
Biver *13* 327 E 1
Bivès *32* 296 C 2
Biviers *38* 251 E 1
Biville *50* 28 D 3
Biville-la-Baignarde *76* 20 A 3
Biville-la-Rivière *76* 20 A 3
Biville-sur-Mer *76* 10 C 5
Bivilliers *61* 84 C 2
Bizanet *11* 320 D 5
Bizanos *64* 314 B 4
Bize *52* 140 A 2
Bize *65* 334 A 2
Bize-Minervois *11* 320 D 4
Bizeneuille *03* 191 E 3
Le Bizet *59* 8 C 2
Biziat *01* 195 F 5
Bizonnes *38* 232 B 4
Le Bizot *25* 163 F 4
Les Bizots *71* 176 D 4
Bizou *61* 84 D 3
Bizous *65* 333 H 1
Blacé *69* 212 D 2
Blaceret *69* 212 D 2
Blacourt *60* 37 G 1
Blacqueville *76* 19 H 5
Blacy *51* 62 C 4
Blacy *89* 137 F 5
Blaesheim *67* 97 G 2
Blagnac *31* 297 H 4
Blagny *08* 27 G 4
Blagny-sur-Vingeanne *21* 160 D 2
Blaignac *33* 256 D 2
Blaignan *33* 219 E 5
Blain *44* 147 F 1
Blaincourt-lès-Précy *60* 38 C 4
Blaincourt-sur-Aube *10* 91 G 4
Blainville-Crevon *76* 36 C 1
Blainville-sur-l'Eau *54* 95 F 2
Blainville-sur-Mer *50* 31 F 5
Blainville-sur-Orne *14* 33 H 4
Blairville *62* 13 F 3
Blaise *08* 42 D 2
Blaise *52* 92 C 5
Blaise-sous-Arzillières *51* 62 C 5
Blaison *49* 149 H 2
Blaisy *52* 116 D 2
Blaisy-Bas *21* 159 G 2
Blaisy-Haut *21* 159 G 3
Blajan *31* 316 B 4
Blajoux *48* 282 C 1
Blamont *25* 163 G 2
Blâmont *54* 96 A 1
Blan *81* 299 E 5
Le Blanc *36* 187 H 1
Blanc *Lac* *68* 120 C 2
Le Blanc-Mesnil *93* 58 D 2
Blanc-Misseron *59* 9 H 5
Blanc-Nez *Cap* *62* 2 B 3
Blancafort *18* 155 F 1
Blancey *21* 159 E 3
Blancfossé *60* 22 B 4
Blanche-Église *57* 67 E 4
Blanchefontaine *25* 163 F 3
Blanchefosse *08* 25 H 3
Blancherupt *67* 96 D 3
Blancheville *52* 117 E 2
Blandainville *28* 85 H 5
Blandas *30* 302 A 1
Blandin *38* 232 B 3
Blandouet *53* 106 D 4
Blandy *77* 88 C 2
Blandy *91* 87 G 5
Blangermont *62* 12 C 2
Blangerval *62* 12 C 2
Blangy-le-Château *14* 34 D 4
Blangy-sous-Poix *80* 21 H 3
Blangy-sur-Bresle *76* 11 F 5
Blangy-sur-Ternoise *62* 7 F 5
Blangy-Tronville *80* 22 C 2
Blannay *89* 157 H 1
Blanot *21* 158 C 5
Blanot *71* 194 D 2
Blanquefort *32* 296 C 4
Blanquefort *33* 237 F 5
Blanquefort-
sur-Briolance *47* 259 E 3
Blanzac *16* 221 E 3
Blanzac *43* 247 F 3
Blanzac *87* 205 F 1
Blanzac-lès-Matha *17* 202 B 4
Blanzaguet-
Saint-Cybard *16* 221 G 4
Blanzat *63* 209 G 5
Blanzay *86* 186 B 5
Blanzay-sur-Boutonne *17* 201 H 2
Blanzée *55* 44 C 5
Blanzy *71* 176 D 5
Blanzy-la-Salonnaise *08* 41 H 1
Blanzy-lès-Fismes *02* 40 D 3
Blargies *60* 21 G 4
Blarians *25* 162 B 2
Blaringhem *59* 7 G 2
Blars *46* 260 D 4
Blaru *78* 56 D 1
Blasimon *33* 256 D 2
Blaslay *86* 169 E 5
Blassac *43* 246 B 2
Blaudeix *23* 189 H 5
Blausasc *06* 291 F 5
Blauvac *84* 286 A 4
Blauzac *30* 284 B 5
Blavignac *48* 246 A 5
Blavozy *43* 247 G 3
Blay *14* 32 D 3
Blaye *33* 237 F 2
Blaye-les-Mines *81* 279 G 5
Blaymont *47* 276 D 2
Blaziert *32* 296 A 1
Blécourt *52* 92 D 4
Blécourt *59* 14 B 3
Blégiers *04* 288 B 2
Bléigny-le-Carreau *89* 136 C 2
Bleine *Col de* *06* 308 D 1
Blémerey *54* 95 H 1
Blémerey *88* 94 C 4
Blendecques *62* 3 F 5
Bléneau *89* 135 E 4
Blennes *77* 113 E 2
Blénod-lès-Pont-
à-Mousson *54* 65 G 3
Blénod-lès-Toul *54* 94 B 1
Bléquin *62* 6 D 2
Blérancourt *02* 40 A 1
Blercourt *55* 43 H 5
Bléré *37* 152 C 3
Blériot-Plage *62* 2 C 3
Bléruais *35* 103 G 3
Blésignac *33* 256 B 1
Blesle *43* 227 H 5
Blesme *51* 63 E 4
Blesmes *02* 60 C 1
Blessac *23* 207 G 3
Blessonville *52* 116 D 4
Blessy *62* 7 G 3
Blet *18* 173 H 3
Bletterans *39* 179 E 4
Bleurville *88* 118 C 3
Bleury *28* 86 C 3
Blevaincourt *88* 118 A 3
Blèves *72* 84 A 3
Blévy *28* 85 G 2
Le Bleymard *48* 265 E 5
Blicourt *60* 22 A 5
Blienschwiller *67* 97 E 4
Blies-Ébersing *57* 47 H 5
Blies-Guersviller *57* 47 G 5
Bliesbruck *57* 47 H 5
Blieux *04* 307 H 1
Blignicourt *10* 91 H 3
Bligny *10* 116 A 3
Bligny *51* 41 F 4
Bligny-en-Othe *89* 114 A 4
Bligny-le-Sec *21* 159 G 2
Bligny-lès-Beaune *21* 177 H 2
Bligny-sur-Ouche *21* 159 F 5
Blincourt *60* 39 E 2
Blingel *62* 7 E 5
Blis-et-Born *24* 241 E 2
Blismes *58* 157 H 5
Blodelsheim *68* 121 G 5
Blois *41* 132 A 5
Blois-sur-Seille *39* 179 F 4
Blomac *11* 320 B 5
Blomard *03* 191 G 5
Blombay *08* 26 B 2
Blond *87* 205 F 2
Blondefontaine *70* 118 B 5
Blonville-sur-Mer *14* 34 B 3
Blosseville *76* 19 H 2
Blosville *50* 31 H 2
Blot-l'Église *63* 209 G 2
Blotzheim *68* 143 G 3
Blou *49* 150 C 2
Blousson-Sérian *32* 315 F 2
La Bloutière *50* 52 A 2
Bloye *74* 215 F 4
Bluffy *74* 215 H 4
Blumeray *52* 92 B 4
Blussangeaux *25* 142 A 5
Blussans *25* 142 A 5
Blye *39* 179 F 5
Blyes *01* 213 H 4
Le Bô *14* 53 F 2
Bobigny *93* 58 D 3
Bobital *22* 79 G 4
Le Bocasse *76* 20 B 5
La Bocca *06* 309 E 4
Bocca Bassa *Col de* *2B* 346 A 3
Bocca di Vezzu *2B* 345 E 5
Bocé *49* 150 C 1
Bocognano *2A* 349 E 2
Bocquegney *88* 119 E 2
Bocquencé *61* 55 E 3
Le Bodéo *22* 78 A 5
Bodilis *29* 71 F 5
Boé *47* 276 B 3
Boëcé *61* 84 B 3
Boëge *74* 198 A 5
Boeil-Bezing *64* 314 C 4
Le Boël *35* 104 A 4
Boën *42* 229 G 1
Bœrsch *67* 97 E 2
Boeschepe *59* 4 A 5
Boëseghem *59* 7 G 2
Bœsenbiesen *67* 97 G 5
Boësse *79* 167 G 2
Boëssé-le-Sec *72* 108 C 3
Boësses *45* 112 A 3
Bœurs-en-Othe *89* 114 B 3
Boffles *62* 12 C 3
Boffres *07* 248 D 5
Bogève *74* 198 A 5
Bogny-sur-Meuse *08* 26 D 2
Bogros *63* 226 D 2
Bogy *07* 249 E 1
Bohain-en-Vermandois *02* 24 C 1
Bohal *56* 125 E 2
La Bohalle *49* 149 H 2
Bohars *29* 75 E 2
Bohas *01* 214 A 1
Boigneville *91* 87 H 5
Boigny-sur-Bionne *45* 111 E 5
Boinville-en-Mantois *78* 57 F 2
Boinville-en-Woëvre *55* 44 D 5
Boinville-le-Gaillard *78* 86 D 3
Boinvilliers *78* 57 F 2
Boiry-Becquerelle *62* 13 G 3
Boiry-Notre-Dame *62* 13 H 2
Boiry-Saint-Martin *62* 13 G 3
Boiry-Sainte-Rictrude *62* 13 G 3
Bois *17* 219 G 3
Le Bois *73* 234 B 3
Bois-Anzeray *27* 55 G 2
Bois-Arnault *27* 55 G 4
Bois-Aubry *Abbaye de* *37* 169 G 2
Bois-Bernard *62* 8 C 5
Bois-Chenu
Basilique du *88* 93 H 3
Bois-Chevalier
Château de *44* 165 G 2
Bois-Colombes *92* 58 B 3
Bois-d'Amont *39* 197 G 1
Bois-d'Arcy *78* 58 A 4
Bois-d'Arcy *89* 157 G 1
Bois-de-Céné *85* 165 E 2
Bois-de-Champ *88* 96 A 5
Bois-de-Gand *39* 179 E 3
Bois-de-la-Chaize *85* 164 B 1
Bois-de-la-Pierre *31* 317 F 3
Bois-d'Ennebourg *76* 36 C 2
Le Bois-d'Oingt *69* 212 C 4

BLOIS

Abbé-Grégoire (Quai de l') Z 2
Anne-de-Bretagne (R.) Z 3
Augustin Thierry (Sq.) Z 4
Balzac (R. H. de) V 5
Beauvoir (R.) Y 6
Bourg-St-Jean (R. du) Y 10
Cartier (R. R.) V 13
Chemonton (R.) Y 16
Clouseau (Mail) Y 17
Commerce (R. du) Z
Cordeliers (R. des) Y 18
Curie (R. Pierre et Marie) X 19
Déportés (Av. des) X 78
Dion (R. R.) V 20
Dupuis (Bd D.) X 21
Fontaine-des-Élus (R.) Z 22
Fossés-du-Château (R. des) Z 23
Gambetta (Av.) X 25
Gaulle (Pont Ch.-de) X 26
Gentils (Bd R.) X 27
Industrie (Bd de l') V 29
Jeanne-d'Arc (R.) Z 30
Laigret (Av. J.) Z 32
Leclerc (Av. du Mar.) X 33
Lices (Pl. des) Z 34
Lion-Ferré (R. du) Z 35
Maunoury (Av. du Mar.) Y 39
Monsabre (R. du Père) Z 41
Orfèvres (R. des) Z 43
Papegaults (R. des) Y 44
Papin (Escaliers Denis) Y 45
Papin (R. Denis) Z
Pierre-de-Blois (R.) Z 46
Poids-du-Roi (R. du) Z 47
Porte-Côté (R.) Z 48
Président-Wilson (Av.) X, Z 51
Puits-Châtel (R. du) Y 52
Remparts (R. des) Y 53
Résistance (Carrefour de la) Z 55
Ronsard (R. P. de) X 58
St-Honoré (R.) YZ 59
St-Jean (Q.) Y 60
St-Louis (Pl.) Y 62
St-Martin (R.) Z 63
Schuman (Av. R.) V 64
Signeux (R. de) V 66
Trois-Marchands (R. des) Z 67
Trouessard (R.) Y 69
Vauvert (R.) Z 70
Verdun (Av. de) X 72
Vezin (R. A.) V 74
Villebois-Mareuil (Q.) X, Z 75

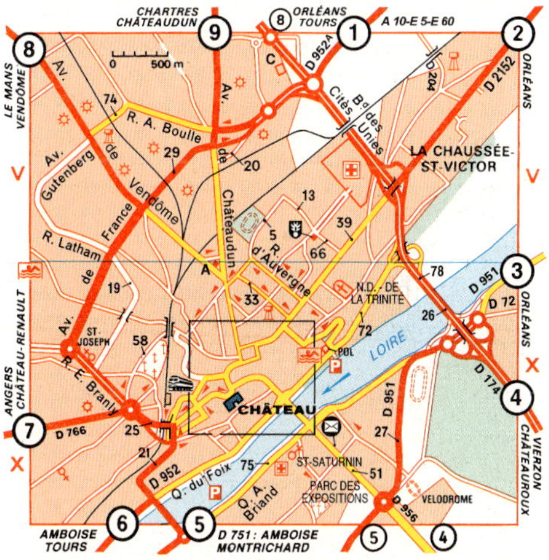

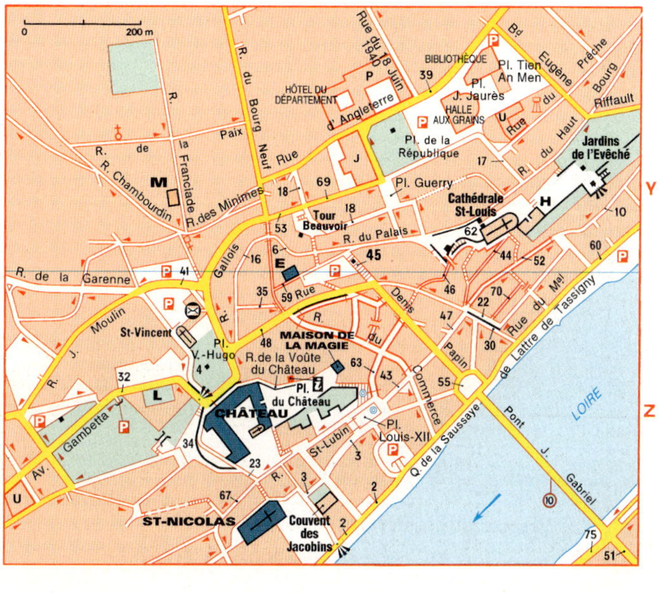

A B C D E F G H I J K L M N O P Q R S T U V W X Y Z

Bois Dousset
Château du **86** 186 D 1
Bois-du-Four **12** 281 G 2
Bois-Grenier **59** 8 C 2
Bois-Guilbert **76** 20 D 5
Bois-Guillaume **76** 36 B 1
Le Bois-Hellain **27** 35 E 3
Bois-Héroult **76** 20 D 5
Bois-Herpin **91** 87 G 5
Bois-Himont **76** 19 G 5
Bois-Jérôme-Saint-Ouen **27** 37 E 5
Bois-la-Ville **25** 162 C 2
Bois-le-Roi **27** 56 C 3
Bois-le-Roi **77** 88 B 3
Bois-lès-Pargny **02** 24 D 3
Bois-l'Évêque **76** 36 C 2
Bois Noirs **42** 210 D 4
Bois-Normand-près-Lyre **27** 55 G 3
Le Bois-Plage-en-Ré **17** 182 D 5
Le Bois-Robert **76** 20 B 2
Bois-Sainte-Marie **71** 194 A 4
Bois-Sir-Amé
Château de **18** 173 F 3
Bois-Thibault *Château de* **53** 82 C 3
Boisbergues **80** 12 C 4
Boisbreteau **16** 220 C 5
Boiscommun **45** 111 H 4
Boisdinghem **62** 3 E 5
Boisdon **77** 60 A 5
Boisemont **27** 37 E 3
Boisemont **95** 57 H 1
Boisgasson **28** 109 G 4
Boisgervilly **35** 103 G 2
Boisjean **62** 6 C 5
Le Boisle **80** 11 H 1
Boisleux-au-Mont **62** 13 G 3
Boisleux-Saint-Marc **62** 13 G 3
Boismé **79** 167 H 4
Boismont **54** 44 D 3
Boismont **80** 11 F 3
Boismorand **45** 134 D 3
Boisney **27** 35 F 5
Boisrault **80** 21 G 2
Boisredon **17** 219 G 5
Boisroger **50** 31 F 5
Boissay **76** 36 D 1
La Boisse **01** 213 G 4
Boisse **24** 258 B 2
Boisse-Penchot **12** 261 H 4
Boisseau **41** 132 A 3
Boisseaux **45** 111 E 2
Boissède **31** 316 C 3
Boissei-la-Lande **61** 54 B 5
Boisserolles **79** 201 H 1
Boisseron **34** 303 F 3
Les Boisses **73** 235 F 2
Boisset **15** 261 H 1
Boisset **34** 320 C 3
Boisset **43** 229 G 5
Boisset-et-Gaujac **30** 283 G 5
Boisset-lès-Montrond **42** 229 H 2
Boisset-les-Prévanches **27** 56 C 2
Boisset-Saint-Priest **42** 229 H 3
Boissets **78** 57 E 3
Boissettes **77** 88 B 3
Boisseuil **87** 205 H 5
Boisseuilh **24** 241 G 1
Boissey **01** 195 F 3
Boissey **14** 54 B 1
Boissey-le-Châtel **27** 35 G 3
Boissezon **81** 299 H 5
Boissia **39** 196 D 1
La Boissière **14** 34 C 5
La Boissière **27** 56 D 2
La Boissière **34** 302 B 4
La Boissière **39** 196 B 3
La Boissière **53** 127 H 3
La Boissière
Ancienne Abbaye **49** 129 H 5
La Boissière-d'Ans **24** 241 E 1
La Boissière-
de-Montaigu **85** 166 B 2
La Boissière-
des-Landes **85** 182 D 1
La Boissière-du-Doré **44** 148 B 4
La Boissière-École **78** 57 F 5
La Boissière-en-Gâtine **79** 185 E 1
La Boissière-sur-Èvre **49** 148 C 3
Boissières **30** 303 G 2
Boissières **46** 259 H 4
Boissise-la-Bertrand **77** 88 B 3
Boissise-le-Roi **77** 88 A 3
Boissy-aux-Cailles **77** 88 A 5
Boissy-en-Drouais **28** 56 C 5
Boissy-Fresnoy **60** 39 G 5
Boissy-la-Rivière **91** 87 F 5
Boissy-l'Aillerie **95** 57 H 1
Boissy-Lamberville **27** 35 F 5
Boissy-le-Bois **60** 37 H 4
Boissy-le-Châtel **77** 60 A 4
Boissy-le-Cutté **91** 87 G 3
Boissy-le-Repos **51** 60 D 3
Boissy-le-Sec **91** 87 F 3
Boissy-lès-Perche **28** 55 H 5
Boissy-Maugis **61** 84 D 4
Boissy-Mauvoisin **78** 57 E 2
Boissy-Saint-Léger **94** 58 D 4
Boissy-sans-Avoir **78** 57 G 4
Boissy-sous-Saint-Yon **91** 87 G 3
Boissy-sur-Damville **27** 56 B 3
Boistrudan **35** 104 D 4
Boisville-la-Saint-Père **28** 86 C 5
Boisyvon **50** 52 A 3
Boitron **61** 83 H 2
Boitron **77** 60 B 3
Bolandoz **25** 180 A 1
Bolazec **29** 76 D 2
Bolbec **76** 19 E 5
Bollène **84** 285 E 2
La Bollène-Vésubie **06** 291 F 3
Bolleville **50** 31 F 3
Bolleville **76** 19 F 5
Bollezeele **59** 3 G 4
La Bolline **06** 289 H 3
Bollwiller **68** 121 E 5
Bologne **52** 117 E 2
Bolozon **01** 196 B 5
Bolquère **66** 341 G 4
Bolsenheim **67** 97 G 3
Bombannes **33** 236 B 2
Bombon **77** 88 D 2
Bommes **33** 255 H 4
Bommiers **36** 172 B 4
Bompas **09** 336 B 4
Bompas **66** 339 E 5
Bomy **62** 7 F 3
Bon-Encontre **47** 276 B 3
Bona **58** 175 E 1
Bonac-Irazein **09** 335 E 4
Bonaguil *Château de* **47** 259 E 4
Bonas **32** 295 H 2
Bonascre *Plateau de* **09** 340 D 2
Bonboillon **70** 161 F 3
Boncé **28** 86 B 5
Bonchamp-lès-Laval **53** 106 A 3
Boncourt **02** 25 F 5
Boncourt **27** 56 C 1
Boncourt **28** 56 D 3
Boncourt **54** 45 E 5
Boncourt-le-Bois **21** 160 A 5
Boncourt-sur-Meuse **55** 64 C 4
Bondaroy **45** 111 G 3
Bondeval **25** 142 C 5
Bondigoux **31** 298 A 2
Les Bondons **48** 282 D 1
Bondoufle **91** 87 H 2
Bondues **59** 8 D 2
Bondy **93** 58 D 3
Bonen **22** 77 F 5
Bonette *Cime de la* **04** 289 E 1
Bongheat **63** 228 B 1
Le Bonhomme **68** 120 C 2
Bonhomme *Col du* **88** 120 C 2
Bonifacio **2A** 351 F 4
Bonifato *Cirque de* **2B** 346 C 3
Bonlier **60** 38 A 1
Bonlieu **39** 197 E 1
Bonlieu-sur-Roubion **26** 267 F 3
Bonloc **64** 311 E 4
Bonnac **09** 318 B 5
Bonnac **15** 245 H 2
Bonnac-la-Côte **87** 205 H 4
Bonnal **25** 141 G 5
Bonnard **89** 114 A 5
Bonnat **23** 189 F 4
Bonnatrait **74** 198 A 3
Bonnaud **39** 196 A 1
Bonnay **25** 162 A 2
Bonnay **71** 194 C 2
Bonnay **80** 22 D 1
Bonne **74** 197 H 5
Bonne-Fontaine **57** 68 A 4
Bonne-Fontaine
Château de **35** 80 C 3
Bonnebosq **14** 34 B 4
Bonnecourt **52** 117 G 5
Bonnée **45** 134 A 3
Bonnefamille **38** 231 H 2
Bonnefoi **61** 55 F 5
Bonnefond **19** 225 F 3
Bonnefont **65** 315 H 4
Bonnefontaine **39** 179 G 4
Bonnefontaine
Ancienne Abbaye de **08** 25 H 3
Bonnegarde **40** 293 G 4
Bonneil **02** 60 B 1
Bonnelles **78** 87 E 2
Bonnemain **35** 80 A 3
Bonnemaison **14** 53 E 1
Bonnemazon **65** 333 G 1
Bonnencontre **21** 178 B 1
Bonnes **16** 239 F 1
Bonnes **86** 186 D 1
Bonnesvalyn **02** 40 B 5
Bonnet **55** 93 G 2
Bonnétable **72** 108 B 3
Bonnétage **25** 163 F 4
Bonnetan **33** 255 H 1
Bonneuil **16** 220 C 2
Bonneuil **36** 188 A 4
Bonneuil-en-France **95** 58 C 2
Bonneuil-en-Valois **60** 39 G 3
Bonneuil-les-Eaux **60** 22 B 4
Bonneuil-Matours **86** 169 G 5
Bonneuil-sur-Marne **94** 58 D 4
Bonneval **28** 110 A 3
Bonneval **43** 247 E 1
Bonneval **73** 234 B 2
Bonneval-en-Diois **26** 268 D 3
Bonneval-sur-Arc **73** 235 G 4
Bonnevaux **25** 180 B 3
Bonnevaux **30** 283 G 1
Bonnevaux **74** 198 C 4
Bonnevaux-le-Prieuré **25** 162 B 5
Bonneveau **41** 131 E 3
Bonnevent-Velloreille **70** 161 H 2
Bonneville **16** 202 D 4
La Bonneville **50** 31 G 2
Bonneville **74** 216 A 1
Bonneville **80** 12 C 5
Bonneville-Aptot **27** 35 G 4
Bonneville-et-Saint-Avit-
de-Fumadières **24** 239 E 5
Bonneville-la-Louvet **14** 34 D 3
La Bonneville-sur-Iton **27** 56 A 2
Bonneville-sur-Touques **14** 34 C 3
Bonnières **60** 37 H 1
Bonnières **62** 12 C 3
Bonnières-sur-Seine **78** 57 E 1
Bonnieux **84** 305 H 2
Bonningues-lès-Ardres **62** 2 D 5
Bonningues-lès-Calais **62** 2 C 4
Bonnœil **14** 53 G 2
Bonnœuvre **44** 127 F 5
Bonnut **64** 293 G 5
Bonny-sur-Loire **45** 156 A 1
Bono **56** 124 A 3
Bonrepos **65** 315 H 5
Bonrepos-Riquet **31** 298 B 4
Bonrepos-
sur-Aussonnelle **31** 297 F 5
Bons-en-Chablais **74** 198 A 4
Bons-Tassilly **14** 53 H 2
Bonsecours **76** 36 B 2
Bonsmoulins **61** 55 E 5
Bonson **06** 291 E 4
Bonson **42** 229 H 3
Bonvillard **73** 234 A 2
Bonvillaret **73** 234 A 2
Bonviller **54** 95 F 1
Bonvillers **60** 22 C 5
Bonvillet **88** 118 C 3
Bonvouloir *Tour de* **61** 82 C 2
Bony **02** 24 A 1
Bonzac **33** 238 C 4
Bonzée-en-Woëvre **55** 64 D 1
Boô-Silhen **65** 332 D 2
Boofzheim **67** 97 G 4
Boos **40** 293 E 1
Boos **76** 36 B 2
Bootzheim **67** 97 G 5
Boqueho **22** 78 A 3
Boquen *Abbaye de* **22** 78 D 5
Bor-et-Bar **12** 279 G 3
Boran-sur-Oise **60** 38 C 5
Borce **64** 331 H 4
Borcq-sur-Airvault **79** 168 B 3
Bord-Saint-Georges **23** 190 A 5
Bordeaux **33** 237 G 5
Bordeaux-en-Gâtinais **45** 112 A 4
Bordeaux-Mérignac
Aéroport de **33** 237 F 5
Bordeaux-Saint-Clair **76** 18 D 4
Bordères **64** 314 C 5
Bordères-et-Lamensans **40** 294 B 2
Bordères-Louron **65** 333 H 3
Bordères-sur-l'Échez **65** 315 E 4
Les Bordes **36** 172 B 2
Les Bordes **45** 134 B 2
Bordes **64** 314 B 5
Bordes **65** 315 G 5
Les Bordes **71** 178 A 3
Les Bordes **89** 113 H 4
Les Bordes-Aumont **10** 115 E 2
Bordes-de-Rivière **31** 334 B 1
Les Bordes-sur-Arize **09** 335 H 1
Les Bordes-sur-Lez **09** 335 E 3
Bordezac **30** 283 H 2
Bords **17** 201 E 4
Borée **07** 248 A 5
Le Boréon **06** 291 E 2
Boresse-et-Martron **17** 238 D 1
Borest **60** 39 E 5
Borey **70** 141 G 4
Borgo **2B** 347 G 2
Bormes-les-Mimosas **83** 328 D 4
Le Born **31** 298 A 1
Le Born **48** 264 C 4
Born-de-Champs **24** 258 C 2
Bornambusc **76** 18 D 4
Bornay **39** 196 B 1
Borne **07** 265 G 3
La Borne **18** 155 G 4
Borne **43** 247 E 3
Bornel **60** 38 B 4
Borny **57** 65 H 1
Boron **90** 142 D 4
Borre **59** 3 H 5
Borrèze **24** 241 H 5
Bors **16** 220 C 5
Bors **16** 221 F 5
Bort-les-Orgues **19** 226 C 5
Bort-l'Étang **63** 210 B 5
Borville **54** 95 F 3
Le Bosc **09** 336 A 3
Le Bosc **34** 301 H 3
Bosc-Bénard-Commin **27** 35 H 3
Bosc-Bénard-Crescy **27** 35 H 3
Bosc-Bérenger **76** 20 C 4
Bosc-Bordel **76** 20 D 5
Bosc-Édeline **76** 20 D 5
Bosc-Guérard-
Saint-Adrien **76** 20 B 5
Bosc-Hyons **76** 37 F 2
Bosc-le-Hard **76** 20 B 5
Bosc-Mesnil **76** 20 D 4
Le Bosc-Morel **27** 55 F 1
Le Bosc-Renoult **61** 54 D 2
Bosc-Renoult-en-Ouche **27** 55 G 2
Bosc-Renoult-
en-Roumois **27** 35 G 3
Le Bosc-Roger-
en-Roumois **27** 35 H 3
Bosc-Roger-sur-Buchy **76** 20 D 5
Boscamnant **17** 238 D 2
Boscherville **27** 35 H 3
Boscodon *Abbaye de* **05** 270 C 4
Bosdarros **64** 314 B 5
Bosgouet **27** 35 H 2
Bosguérard-
de-Marcouville **27** 35 H 3
Bosjean **71** 178 D 4
Bosmie-l'Aiguille **87** 223 G 1
Bosmont-sur-Serre **02** 25 F 3
Bosmoreau-les-Mines **23** 206 D 3
Bosnormand **27** 35 H 3
Le Bosquel **80** 22 B 3
Bosquentin **27** 37 E 2
Bosrobert **27** 35 G 4
Bosroger **23** 207 H 3
Bossancourt **10** 92 A 5
Bossay-sur-Claise **37** 170 B 4
La Bosse **25** 163 E 4
La Bosse **41** 132 A 2
La Bosse **72** 108 B 3
La Bosse-de-Bretagne **35** 104 B 5
Bossée **37** 152 A 5
Bosselshausen **67** 68 C 3
Bossendorf **67** 68 C 4
Bosserville **54** 94 D 1
Bosset **24** 239 G 4
Bosseval-et-Briancourt **08** 27 E 3
Bossey **74** 215 G 1
Bossieu **38** 231 H 4
Les Bossons **74** 217 E 3
Bossugan **33** 256 D 1
Bossus-lès-Rumigny **08** 26 A 2
Bost **03** 210 C 1
Bostens **40** 274 A 5
Bostz *Château du* **03** 192 A 3
Bosville **76** 19 G 3
Botans **90** 142 C 3
Botforn **29** 99 G 4
Botmeur **29** 76 A 3
Botsorhel **29** 72 B 5
Les Bottereaux **27** 55 F 3
Botticella **2B** 345 F 1
Botz-en-Mauges **49** 148 D 3
Bou **45** 133 G 2
Bouafle **78** 57 H 2
Bouafles **27** 36 D 4
Bouan **09** 336 B 5
Bouaye **44** 147 F 4
Boubers-lès-Hesmond **62** 6 D 4
Boubers-sur-Canche **62** 12 C 2
Boubiers **60** 37 G 4
Bouc-Bel-Air **13** 327 E 1
Boucagnères **32** 296 B 5
Boucard *Château de* **18** 155 G 3
Boucau **64** 292 A 5
Boucé **03** 192 C 4
Boucé **61** 54 A 5
Boucey **50** 80 C 2
Le Bouchage **16** 203 H 2
Le Bouchage **38** 232 C 1
Bouchain **59** 14 C 2
Bouchamps-lès-Craon **53** 127 H 2
Le Bouchaud **03** 193 F 4
Le Bouchaud **39** 179 F 3
Bouchavesnes-Bergen **80** 23 G 1
Bouchemaine **49** 149 G 2
Boucheporn **57** 46 D 5
Bouchet **26** 285 F 2
Le Bouchet **74** 216 A 4
Bouchet *Château du* **36** 170 D 5
Bouchet *Lac du* **43** 247 E 5
Le Bouchet-
Saint-Nicolas **43** 247 E 5
Bouchevilliers **27** 37 F 2
Bouchoir **80** 23 E 3
Les Boucholeurs **17** 200 C 2
Bouchon **80** 12 B 5
Le Bouchon-sur-Saulx **55** 63 H 5
Les Bouchoux **39** 197 E 4
Bouchy-Saint-Genest **51** 60 C 5
Boucieu-le-Roi **07** 248 D 3
Bouclans **25** 162 B 3
Boucoiran-et-Nozières **30** 284 A 5
Bouconville **08** 42 D 3
Bouconville-sur-Madt **55** 65 E 4
Bouconville-Vauclair **02** 41 E 1
Bouconvillers **60** 37 H 5
Boucq **54** 65 E 5
Boudes **63** 227 H 3
Boudeville **76** 19 H 3
Boudin **73** 234 C 1
Boudou **82** 277 E 4
Boudrac **31** 316 A 5
Boudreville **21** 116 B 5
Boudy-de-Beauregard **47** 258 B 4
Boué **02** 15 F 5
Bouée **44** 147 E 2
Boueilh-Boueilho-
Lasque **64** 294 B 5
Bouelles **76** 21 E 4
Bouër **72** 108 C 4
Bouère **53** 128 D 2
Bouessay **53** 128 D 2
Bouesse **36** 189 E 1
Bouëx **16** 221 G 2
La Bouëxière **35** 104 D 2
Bouffémont **95** 58 B 1
Boufféré **85** 166 A 2
Bouffignereux **02** 41 F 2
Boufflers **80** 11 H 2
Bouffry **41** 109 F 5
Bougainville **80** 22 A 2
Bougarber **64** 314 A 2
Bougé-Chambalud **38** 231 F 5
Bouges-le-Château **36** 171 H 1
Bougey **70** 140 C 3
Bougival **78** 58 A 3
Bouglainval **28** 86 B 2
Bougligny **77** 112 B 2
Bouglon **47** 275 E 1
Bougneau **17** 219 G 2
Bougnon **70** 141 E 3
Bougon **79** 185 G 4
Bougue **40** 294 B 1
Bouguenais **44** 147 G 4
Bougy **14** 33 F 5
Bougy-lez-Neuville **45** 111 E 4
Bouhans **71** 178 C 4
Bouhans-et-Feurg **70** 161 E 1
Bouhans-lès-Lure **70** 141 G 3
Bouhans-
lès-Montbozon **70** 162 B 1
Bouhet **17** 201 E 1
Bouhey **21** 159 F 4
Bouhy **58** 156 C 1
Bouilh *Château du* **33** 237 H 4
Bouilh-Devant **65** 315 G 3
Bouilh-Péreuilh **65** 315 F 4
Bouilhonnac **11** 320 A 5
Bouillac **12** 261 G 4
Bouillac **24** 259 E 2
Bouillac **82** 297 F 2
La Bouilladisse **13** 327 F 1
Bouillancourt-en-Séry **80** 11 F 5
Bouillancourt-la-Bataille **80** 22 D 4
Bouillancy **60** 39 G 5
Bouilland **21** 159 G 5
Bouillargues **30** 304 A 2
La Bouille **76** 36 A 3
Bouillé-Courdault **85** 184 B 3
Bouillé-Loretz **79** 168 A 1
Bouillé-Ménard **49** 127 H 3
Bouillé-Saint-Paul **79** 167 H 1
La Bouillie **22** 79 E 2
Le Bouillon **61** 83 G 2
Bouillon **64** 294 A 5
Bouillonville **54** 65 E 3
Bouillouses *Lac des* **66** 341 F 3
Bouilly **10** 114 D 2
Bouilly **51** 41 F 4
Bouilly **89** 114 B 5
Bouilly-en-Gâtinais **45** 111 G 4
Bouin **62** 6 D 5
Bouin **79** 203 E 2
Bouin **85** 164 D 1
Bouin-Plumoison **62** 6 D 5
Bouisse **11** 338 A 2
Bouix **21** 138 A 2
Boujailles **25** 180 A 2
Boujan-sur-Libron **34** 321 G 3
Boujeons **25** 180 B 4
Boulages **10** 90 C 2
Boulaincourt **88** 94 C 4
Boulancourt **77** 111 H 2
Boulange **57** 45 F 3
Boulaur **32** 296 C 5
Le Boulay **37** 131 F 5
Le Boulay **88** 119 H 2
Boulay-les-Barres **45** 110 D 5
Boulay-les-Ifs **53** 83 E 4
Le Boulay-Morin **27** 56 B 1
Boulay-Moselle **57** 46 C 5
La Boulaye **71** 176 B 5
Boulazac **24** 240 C 2
Boulbon **13** 304 C 1
Boulc **26** 268 C 2
Boule d'Amont **66** 342 C 3
Bouleternère **66** 342 C 2
Bouleurs **77** 59 G 3
Bouleuse **51** 41 F 4
Bouliac **33** 255 G 1
Boulieu-lès-Annonay **07** 248 D 1
Bouligneux **01** 213 F 2
Bouligney **70** 119 E 5
Bouligny **55** 45 E 4
Boulin **65** 315 F 4
Boullarre **60** 39 H 5
Le Boullay-
les-Deux-Églises **28** 85 H 2
Boullay-les-Troux **91** 58 A 5
Le Boullay-Mivoye **28** 56 D 5
Le Boullay-Thierry **28** 86 A 2
Boulleret **18** 156 A 2
Boulleville **27** 35 E 2
Bouloc **31** 297 H 3
Bouloc **82** 277 F 2
Boulogne **85** 166 A 3
Boulogne
Château de **07** 266 B 2
Boulogne-Billancourt **92** 58 B 3
Boulogne-la-Grasse **60** 23 E 5
Boulogne-sur-Gesse **31** 316 B 4
Boulogne-sur-Helpe **59** 15 G 4
Boulogne-sur-Mer **62** 2 B 5
Bouloire **72** 108 B 5
Boulon **14** 53 G 1
Boulot **70** 161 H 2
Le Boulou **66** 343 E 4
Boulouris **83** 329 H 1
La Boulouze **50** 52 A 5
Boult **70** 161 H 2
Boult-aux-Bois **08** 43 E 1
Boult-sur-Suippe **51** 41 H 2
Le Boulvé **46** 259 F 5
Boulzicourt **08** 26 D 4
Boumois *Château de* **49** 150 B 3
Boumourt **64** 314 A 2
Bouniagues **24** 257 H 2
Le Boupère **85** 166 D 4
Bouquehault **62** 2 D 4
Bouquelon **27** 35 E 2
Bouquemaison **80** 12 D 3
Bouquemont **55** 64 C 2
Bouquet **30** 284 A 3
Bouquetot **27** 35 G 2
Bouqueval **95** 58 C 1
Bouranton **10** 91 E 5

BÈGLES

Buisson (R. F.) .... BV 28
Capelle (Av. A.) .... BV 31
Chevalier-de-la-Barre (R. du) BV 42
Guesde (Av. J.) .... BV 76

BORDEAUX

Aliénor-d'Aquitaine (Bd) .... BT 3
Arnozan (Crs Xavier) .... BU 5
Arsenal (R. de l') .... BU 6
Bacalan (Quai de) .... BT 9
Barthou (Av. L.) .... AU 12
Boutaut (Allée de) .... BT 22
Brandenburg (BD) .... BT 24
Brazza (Quai de) .... BT 25
Brienne (Quai de) .... BU 27
Chartrons (Quai des) .... BTU 39
Croix-de-Seguey (R.) .... BU 45
Dassault (Av. M.) .... BT 46
Domergue (Bd G.) .... BT 51
Duché (R. des Gén.) .... BT 55
Galin (R.) .... BU 66
Gautier (Bd A.) .... AU 72
Georges-V (Bd) .... BU 73
Johnston (R. D.) .... BU 81
Joliot-Curie (Bd) .... BU 84
Leclerc (Av. Gén.) .... AU 90
Leclerc (Bd Mar.) .... BU 93
Lombard (R.) .... BT 96
Mérignac (Av. de) .... AU 101
Pierre-1er (Bd) .... BT 115
Président-Wilson (Bd) .... AU 119
République (Av. de la) ..... AU 121
Roosevelt (Bd Franklin) ... BU 123
Thiers (Av.) .... BU 134
Tourville (Av. de) .... BT 136

BRUGES

Gaulle (Av. Gén.-de) .... AT 70
Quatre-Ponts (R. des) ..... AT 120

CENON

Carnot (Av.) .... BT 32
Entre-Deux-Mers (Bd de l') BU 61
Jean-Jaurès (Av.) .... BU 79

EYSINES

Libération (Av. de la) .... AT 94

FLOIRAC

Gambetta (Crs) .... BU 67
Guesde (R. J.) .... BU 78

LE BOUSCAT

Libération (Av. de la) .... AT 95
Louis-Blanc (Cours) .... BT 97
Tivoli (Av. de) .... BT 135
Zola (R. Émile) .... AT 145

LORMONT

Paris (Rte de) .... BT 108

MÉRIGNAC

Barbusse (Av. H.) .... AT 10
Beaudésert (Av. de) .... AU 13
Belfort (Av. de) .... AU 15
Bon-Air (Av.) .... AU 18
Cassin (Av. R.) .... AU 34
Garros (Av. Rolland) .... AU 69
Gouraud (Pl. du Gén.) ..... AU 74
Kaolack (Av. de) .... AU 87
Leclerc (Av. M.) .... AU 91
Souvenir (Av. du) .... AU 131

PESSAC

Dr-Nancel-Pénard (Av.) .... AV 47
Eiffel (Av. Gustave) .... AV 60
Madran (R. de) .... AV 99
Montagne (R. P.) .... AV 103
Pont-d'Orient (Av. du) ..... AV 117
Transvaal (Av. du) .... AV 137

TALENCE

Lamartine (R.) .... BV 88
Roul (Av.) .... BV 124
Université (Av. de l') .... AV 138

Bouray-sur-Juine *91* ....87 G 3
Bourbach-le-Bas *68* .... 142 D 1
Bourbach-le-Haut *68* .... 142 D 1
La Bourbansais
Château de *35* ....79 H 4
Bourberain *21* .... 160 C 1
Bourbévelle *70* .... 118 C 5
Bourbon-Lancy *71* .... 193 E 1
Bourbon-l'Archambault *03*... 191 G 1
Bourbonne-les-Bains *52*...... 118 A 5
La Bourboule *63* .... 227 E 2
Bourbourg *59*............................3 F 3
Bourbriac *22*..........................77 G 2
Bourcefranc-le-Chapus *17*.. 200 C 4
Bourcia *39* .... 196 A 4
Bourcq *08*..............................42 C 2
Bourdainville *76*.....................20 A 4
Bourdalat *40* .... 294 C 2
Bourdeau *73*......................... 233 E 1
Bourdeaux *26*....................... 267 H 3
Bourdeilles *24*...................... 222 B 5
Le Bourdeix *24* .... 222 B 2
Bourdelles *33* .... 256 D 4
Bourdenay *10*.........................90 A 5
Le Bourdet *79*...................... 184 C 5
Bourdettes *64*...................... 314 B 5
Bourdic *30*........................... 284 B 5
La Bourdinière-
Saint-Loup *28* ....86 A 5
Bourdon *80*............................22 A 1
Bourdonnay *57*......................67 E 5
Bourdonné *78*........................57 F 4
Bourdons-sur-Rognon *52*.... 117 F 2
Bourecq *62*..............................7 G 3
Bouresches *02* ....60 B 1
Bouresse *86*......................... 186 D 4
Bouret-sur-Canche *62*...........12 D 2
Boureuilles *55*........................43 F 4
Bourg *33*.............................. 237 G 3
Le Bourg *46*......................... 261 E 2
Bourg *52*.............................. 139 G 3
Bourg-Achard *27*....................35 H 3
Bourg-Archambault *86* .... 187 G 4
Bourg-Argental *42* .... 248 C 1
Bourg-Beaudouin *27* ....36 C 2
Bourg-Blanc *29*......................70 C 5
Bourg-Bruche *67*....................96 C 4
Bourg-Charente *16*............. 220 C 1
Le Bourg-d'Arud *38* .... 251 H 3
Bourg-de-Bigorre *65*........... 333 G 1
Bourg-de-Péage *26*............. 249 G 3
Bourg-de-Sirod *39*.............. 179 H 4
Bourg-de-Thizy *69*.............. 212 A 2
Bourg-de-Visa *82* .... 277 E 2
Bourg-des-Comptes *35*....... 104 A 5
Bourg-des-Maisons *24* .... 221 H 5
Le Bourg-d'Hem *23* .... 189 F 5
Le Bourg-d'Iré *49*................ 127 H 4
Le Bourg-d'Oisans *38*.......... 251 G 3
Bourg-d'Oueil *31* .... 334 A 4
Bourg-du-Bost *24* .... 239 F 1
Le Bourg-Dun *76*....................19 H 2
Bourg-en-Bresse *01* .... 195 H 5
Bourg-et-Comin *02*................40 D 2
Bourg-Fidèle *08*......................26 C 1
Bourg-la-Reine *92*..................58 C 4
Bourg-Lastic *63* .... 226 C 2
Bourg-le-Comte *71* .... 193 F 4
Bourg-le-Roi *72* ....83 G 5
Bourg-lès-Valence *26*.......... 249 F 4
Bourg-l'Évêque *49*.............. 127 H 3
Bourg-Madame *66*.............. 341 F 5
Bourg-Saint-Andéol *07*........ 284 D 1
Bourg-Saint-Bernard *31* ...... 298 C 5
Bourg-Saint-Christophe *01*.. 213 H 4
Le Bourg-Saint-Léonard *61*....54 B 4
Bourg-Saint-Maurice *73* ...... 234 D 1
Bourg-Sainte-Marie *52* .... 117 H 2
Bourg-sous-Châtelet *90* ...... 142 C 2
Bourgaltroff *57*.......................67 E 3
Bourganeuf *23*..................... 206 D 3
Bourgbarré *35* .... 104 B 4
Bourgeauville *14*....................34 B 3
Bourges *18*.......................... 173 E 1
Le Bourget *93*........................58 C 2
Le Bourget-du-Lac *73*......... 233 E 1
Bourget-en-Huile *73* .... 233 H 3
Bourgheim *67*.........................97 F 3
Bourghelles *59* ....9 E 3
Bourgnac *24*........................ 239 G 4
Bourgneuf *17*....................... 183 G 5
Bourgneuf *73*....................... 233 H 2
Bourgneuf-en-Mauges *49*.... 149 E 3
Bourgneuf-en-Retz *44*......... 146 D 5
Le Bourgneuf-la-Forêt *53*.... 105 G 2
Bourgneuf-Val-d'Or *71*......... 177 G 3
Bourgogne *51*..........................41 G 3
Bourgoin-Jallieu *38*............. 232 A 2
Bourgon *53*.......................... 105 F 2
La Bourgonce *88*....................96 A 4
La Bourgonnière
Chapelle de *49*................. 148 C 2
Bourgougnague *47*............. 257 G 3
Bourgtheroulde-Infreville *27*...35 H 3
Bourguébus *14*........................33 H 5
Bourgueil *37* .... 150 D 3
Bourguenolles *50* ....51 H 3
Le Bourguet *83*.................... 308 A 2
Bourguignon *25*................... 142 B 5
Bourguignon-
lès-Conflans *70*................ 141 E 2
Bourguignon-
lès-la-Charité *70* .... 161 H 1
Bourguignon-lès-Morey *70*.. 140 B 3

Albret (Crs d')	CY	
Alsace-et-Lorraine (Crs d')	DEY	
Argentiers (R. des)	EY	4
Ausone (R.)	EY	7
Bordelaise (Galerie)	DX	21
Capdeville (R.)	CX	30
Carpenteyre (R.)	EFY	33
Chapeau-Rouge (Crs)	EX	36
Chartres (Allées de)	DX	37
Château-d'Eau (R. du)	CXY	40
Clemenceau (Crs G.)	DX	
Comédie (Pl. de la)	DX	43
Croix-de-Seguey (R.)	CX	45
Dr-Nancel-Pénard (R.)	CX	48
Domercq (R. C.)	FZ	49
Douane (Quai de la)	EX	52
Duffour-Dubergier (R.)	DY	57
Esprit-des-Lois (R. de l')	EX	62
Ferme-de-Richemont (Pl. de la)	DY	63
Foch (R. Mar.)	DX	64
Fusterie (R. de la)	EY	65
Grands-Hommes (Pl. des)	DX	75
Intendance (Crs de l')	DX	
Jean-Jaurès (Pl.)	EX	
Johnston (R. D.)	CX	81
Mautrec (R.)	DX	100
Meynard (Pl.)	EY	102
Orléans (Allées d')	EX	106
Parlement St-Pierre (R. du)	EX	110
Parlement (Pl. du)	EX	109
Pas-St-Georges (R. du)	EXY	112
Philippart (R. F.)	EX	114
Porte de la Monnaie (R.)	FY	118
Porte Dijeaux (R. de la)	DX	
Renaudel (Pl. P.)	FZ	120
Richelieu (Quai)	EY	
Rousselle (R. de la)	EY	126
Ste-Catherine (R.)	DXY	
St-Pierre (Pl.)	EX	129
St-Projet (Pl.)	DY	130
St-Rémi (R.)	EX	132
Sarget (Passage)	DX	133
Tourny (Allées de)	DX	
Verdun (Crs de)	DX	139
Victor-Hugo (Crs)	EY	
Vilaris (R.)	EZ	142

Bourguignon-sous-Coucy **02**..**24** A 5
Bourguignon-sous-Montbavin **02**.....**40** C 1
Bourguignons **10**.....**115** G 3
Bourgvilain **71**.....**194** C 4
Bourideys **33**.....**273** H 1
Bouriège **11**.....**337** F 2
Bourigeole **11**.....**337** F 2
Bourisp **65**.....**333** G 4
Bourlens **47**.....**259** E 5
Bourlon **62**.....**14** A 3
Bourmont **52**.....**117** H 2
Bournainville-Faverolles **27**....**35** E 5
Bournan **37**.....**170** A 1
Bournand **86**.....**168** D 1
Bournazel **12**.....**261** H 5
Bournazel **81**.....**279** F 4
Bourneau **85**.....**184** B 1
Bournel **47**.....**258** C 3
Bourneville **27**.....**35** F 2
Bournezeau **85**.....**166** B 5
Bourniquel **24**.....**258** C 1
Bournois **25**.....**141** H 5
Bournoncle-Saint-Pierre **43**.**228** A 5
Bournoncles **15**.....**245** H 5
Bournonville **62**.....**6** C 2
Bournos **64**.....**314** B 2
Bourogne **90**.....**142** C 4
Bourran **47**.....**275** G 1
Bourré **41**.....**152** D 3
Bourréac **65**.....**333** E 1
Bourret **82**.....**297** F 1
Bourriot-Bergonce **40**.....**274** B 3
Bourron-Marlotte **77**.....**88** B 5
Bourrou **24**.....**240** B 3
Bourrouillan **32**.....**295** E 2
Bours **62**.....**7** G 4
Bours **65**.....**315** E 4
Boursault **51**.....**61** F 1
Boursay **41**.....**109** F 4
Bourscheid **57**.....**67** H 4
Bourseul **22**.....**79** F 3
Bourseville **80**.....**11** E 3
Boursières **70**.....**141** E 4
Boursies **59**.....**14** A 4
Boursin **62**.....**2** C 5
Boursonne **60**.....**39** H 4
Bourth **27**.....**55** G 4
Bourthes **62**.....**6** D 3
Bourtzwiller **68**.....**143** F 1
Bourville **76**.....**19** H 3
Boury-en-Vexin **60**.....**37** F 4
Bousbach **57**.....**47** F 5
Bousbecque **59**.....**4** D 5
Le Bouscat **33**.....**237** G 5
Bousies **59**.....**15** E 4
Bousignies **59**.....**9** F 5
Bousignies-sur-Roc **59**.....**16** A 2
Le Bousquet **11**.....**337** F 5
Le Bousquet-d'Orb **34**.....**301** F 3
Boussac **12**.....**280** B 2
Boussac **23**.....**190** A 4
La Boussac **35**.....**80** B 2
Boussac **46**.....**261** E 3
Boussac-Bourg **23**.....**190** A 4
Boussais **79**.....**168** A 3
Boussan **31**.....**316** D 4
Boussay **37**.....**170** B 3
Boussay **44**.....**166** B 1
Bousse **57**.....**45** H 4
Bousse **72**.....**129** G 3
Bousselange **21**.....**178** C 2
Boussenac **09**.....**335** H 3
Boussenois **21**.....**139** F 4
Boussens **31**.....**317** E 5
Bousseraucourt **70**.....**118** C 5
Boussès **47**.....**275** E 3
Bousseviller **57**.....**48** C 5
Boussey **21**.....**159** E 2
Boussicourt **80**.....**22** D 4
Boussières **25**.....**161** H 4
Boussières-en-Cambrésis **59**.**14** C 4
Boussières-sur-Sambre **59**.....**15** G 3
Boussois **59**.....**15** H 2
Boussy **74**.....**215** F 4
Boussy-Saint-Antoine **91**.....**58** D 5
Boust **57**.....**45** H 2
Boustroff **57**.....**66** D 2
Le Bout-d'Oye **62**.....**3** E 2
Bout-du-Lac **74**.....**215** H 4
Bout du Monde *Cirque du* **21**.....**177** F 2
Bout-du-Pont-de-Larn **81**.....**319** H 2
Boutancourt **08**.....**26** D 4
Boutavent **60**.....**21** G 4
La Bouteille **02**.....**25** G 2
Bouteilles-Saint-Sébastien **24**.....**221** G 5
Boutenac **11**.....**338** C 1
Boutenac-Touvent **17**.....**219** F 3
Boutencourt **60**.....**37** G 3
Boutervilliers **91**.....**87** F 4
Bouteville **16**.....**220** C 2
Bouthéon **42**.....**230** A 3
Boutiers-Saint-Trojan **16**.....**220** B 1
Boutigny **77**.....**59** G 2
Boutigny-sur-Essonne **91**.....**87** H 4
Boutigny-sur-Opton **28**.....**57** E 4
Bouttencourt **80**.....**11** F 5
Boutteville **50**.....**32** A 2
Boutx **31**.....**334** C 3
Bouvaincourt-sur-Bresle **80**....**11** E 4
Bouvancourt **51**.....**41** F 3
Bouvante **26**.....**250** A 4
Bouvante-le-Haut **26**.....**250** A 5
Bouvelinghem **62**.....**3** E 5
Bouvellemont **08**.....**26** D 5
Bouvent **01**.....**196** C 4
Bouverans **25**.....**180** B 3
Bouvesse-Quirieu **38**.....**214** B 5
Bouvières **26**.....**268** A 4
Bouvignies **59**.....**9** E 5
Bouvigny-Boyeffles **62**.....**8** A 5
Bouville **28**.....**110** A 2
Bouville **76**.....**19** H 5
Bouville **91**.....**87** G 4
Bouvincourt-en-Vermandois **80**.....**23** H 2
Bouvines **59**.....**9** E 3
Bouvresse **60**.....**21** G 4
Bouvron **44**.....**147** E 1
Bouvron **54**.....**65** F 5
Boux-sous-Salmaise **21**.....**159** F 1
Bouxières-aux-Bois **88**.....**95** E 5
Bouxières-aux-Chênes **54**.....**66** B 4
Bouxières-aux-Dames **54**.....**65** H 5
Bouxières-sous-Froidmont **54**.....**65** G 2
Bouxurulles **88**.....**95** E 4
Bouxwiller **67**.....**68** B 3
Bouxwiller **68**.....**143** F 4
Bouy **51**.....**42** A 5
Bouy-Luxembourg **10**.....**91** F 4
Bouy-sur-Orvin **10**.....**89** H 4
Bouyon **06**.....**309** F 1
Le Bouyssou **46**.....**261** F 2
Bouzais **18**.....**173** F 5
Bouzancourt **52**.....**92** C 5
Bouzanville **54**.....**94** D 4
Bouze-lès-Beaune **21**.....**177** G 1
Bouzèdes *Belvédère des* **30**.....**283** F 1
Bouzel **63**.....**210** A 5
Bouzemont **88**.....**95** E 5
Bouzeron **71**.....**177** G 3
Bouzic **24**.....**259** G 2
Bouziès **46**.....**260** C 5
Bouzigues **34**.....**322** D 3
Bouzillé **49**.....**148** C 2
Bouzin **31**.....**316** D 5
Bouzincourt **80**.....**13** F 5
Bouzon-Gellenave **32**.....**295** E 3
Bouzonville **57**.....**46** C 4
Bouzonville-aux-Bois **45**.....**111** G 4
Bouzonville-en-Beauce **45**...**111** G 2
Bouzy **51**.....**61** H 1
Bouzy-la-Forêt **45**.....**134** A 2
Bovée-sur-Barboure **55**.....**93** G 1

Bovel 35 ... 103 H 4
Bovelles 80 ... 22 A 2
Boves 80 ... 22 C 2
Boviolles 55 ... 93 F 1
Boyardville 17 ... 200 B 3
Boyaval 62 ... 7 G 4
Boyelles 62 ... 13 G 3
Boyer 42 ... 211 H 2
Boyer 71 ... 195 E 1
Boyeux-Saint-Jérôme 01 ... 214 B 2
Boynes 45 ... 111 H 3
Boz 01 ... 195 F 3
Bozas 07 ... 248 D 3
Bozel 73 ... 234 C 3
Bozouls 12 ... 263 E 5
Brabant-en-Argonne 55 ... 43 G 5
Brabant-le-Roi 55 ... 63 F 3
Brabant-sur-Meuse 55 ... 43 H 3
Brach 33 ... 236 D 3
Brachay 52 ... 92 D 4
Braches 80 ... 22 D 3
Brachy 76 ... 20 A 2
Bracieux 41 ... 153 G 1
Bracon 39 ... 179 H 2
Bracquemont 76 ... 10 B 5
Bracquetuit 76 ... 20 B 4
Bradiancourt 76 ... 20 D 4
Braffais 50 ... 51 H 4
Bragassargues 30 ... 303 F 1
Bragayrac 31 ... 317 E 2
Brageac 15 ... 243 H 2
Bragelogne 10 ... 115 F 5
Bragny-sur-Saône 71 ... 178 A 2
La Brague 06 ... 309 F 3
Brahic 07 ... 283 H 1
Braillans 25 ... 162 A 3
Brailly-Cornehotte 80 ... 11 H 2
Brain 21 ... 159 E 1
Brain-sur-Allonnes 49 ... 150 D 3
Brain-sur-l'Authion 49 ... 149 H 2
Brain-sur-Longuenée 49 ... 128 A 5
Brain-sur-Vilaine 35 ... 126 A 3
Brainans 39 ... 179 F 3
Braine 02 ... 40 C 3
Brains 44 ... 147 F 4
Brains-sur-Gée 72 ... 107 F 4
Brains-sur-les-Marches 53 ... 105 E 5
Brainville 50 ... 31 G 5
Brainville 54 ... 65 E 1
Brainville-sur-Meuse 52 ... 117 H 2
Braisnes 60 ... 39 F 1
Braize 03 ... 173 G 5
Bralleville 54 ... 94 D 4
Bram 11 ... 319 F 5
Bramabiau *Abîme du* 30 ... 282 C 4
Bramans 73 ... 253 E 1
Brametot 76 ... 19 H 3
Bramevaque 65 ... 334 A 2
Bran 17 ... 220 B 5
Branceilles 19 ... 242 D 4
Branches 89 ... 136 A 2
Brancion 71 ... 195 E 2
Brancourt-en-Laonnois 02 ... 40 C 1
Brancourt-le-Grand 02 ... 24 B 1
Brandérion 56 ... 123 G 2
Brandeville 55 ... 43 H 2
Brandivy 56 ... 124 A 2
Brando 2B ... 345 G 3
Brandon 71 ... 194 C 4
Brandonnet 12 ... 279 G 1
Brandonvillers 51 ... 91 H 2
Branféré
Parc zoologique de 56 ... 125 E 4
Branges 02 ... 40 C 4
Branges 71 ... 178 B 5
Brangues 38 ... 232 C 1
Brannay 89 ... 113 F 2
Branne 25 ... 162 D 2
Branne 33 ... 256 C 1
Brannens 33 ... 256 C 4
Branoux-les-Taillades 30 ... 283 G 3
Brans 39 ... 161 E 4
Bransat 03 ... 192 A 4
Branscourt 51 ... 41 F 3
Bransles 77 ... 112 C 3
Brantes 84 ... 286 B 3
Brantigny 88 ... 95 E 4
Brantôme 24 ... 222 C 5
Branville 14 ... 34 B 3
Branville-Hague 50 ... 28 D 3
Braquis 55 ... 44 D 5
Bras 83 ... 307 E 5
Bras-d'Asse 04 ... 287 H 5
Bras-sur-Meuse 55 ... 44 B 5
Brasc 12 ... 280 D 5
Brasles 02 ... 60 C 1
Braslou 37 ... 169 F 2
Brasparts 29 ... 76 A 3
Brassac 09 ... 336 A 3
Brassac 81 ... 300 A 4
Brassac 82 ... 277 E 5
Brassac-les-Mines 63 ... 228 A 4
Brasseitte 55 ... 64 C 4
Brassempouy 40 ... 293 G 4
Brasseuse 60 ... 39 E 4
Brassy 58 ... 158 A 4
Brassy 80 ... 22 A 3
Bratte 54 ... 65 H 4
Braucourt 52 ... 92 B 2
Braud-et-Saint-Louis 33 ... 237 F 1
Braus *Col de* 06 ... 291 F 4
Brauvilliers 55 ... 92 D 2
Braux 04 ... 289 E 4
Braux 08 ... 26 D 2
Braux 10 ... 91 H 3
Braux 21 ... 159 E 2
Braux-le-Châtel 52 ... 116 C 3
Braux-Saint-Remy 51 ... 63 E 1
Braux-Sainte-Cohière 51 ... 43 E 5
Bravone 2B ... 347 H 5
Brax 31 ... 297 G 4
Brax 47 ... 275 H 3
Bray 27 ... 35 H 5
Bray 71 ... 194 D 2
Bray-Dunes 59 ... 3 H 1
Bray-en-Val 45 ... 134 A 3
Bray-et-Lû 95 ... 37 F 5
Bray-la-Campagne 14 ... 33 H 5
Bray-lès-Mareuil 80 ... 11 G 4
Bray-Saint-Christophe 02 ... 24 A 3
Bray-sur-Seine 77 ... 89 F 4
Bray-sur-Somme 80 ... 23 E 1
Braye 02 ... 40 B 2
Braye-en-Laonnois 02 ... 40 D 2
Braye-en-Thiérache 02 ... 25 F 3
Braye-sous-Faye 37 ... 169 F 2
Braye-sur-Maulne 37 ... 130 A 5
Brazey-en-Morvan 21 ... 158 D 5
Brazey-en-Plaine 21 ... 160 C 5
Bréal-sous-Montfort 35 ... 103 H 3
Bréal-sous-Vitré 35 ... 105 F 3
Bréançon 95 ... 37 H 5
Bréau 77 ... 88 D 2
Bréau-et-Salagosse 30 ... 282 D 5
Bréauté 76 ... 19 E 4
Bréban 51 ... 91 G 2
Brebières 62 ... 14 A 2
Brebotte 90 ... 142 D 3
Brécé 35 ... 104 C 3
Brecé 53 ... 82 A 4
Brécey 50 ... 52 A 4
Brech 56 ... 124 A 2
Brechainville 88 ... 93 G 4
Bréchamps 28 ... 57 E 5
Bréchaumont 68 ... 142 D 2
Brèche au Diable 14 ... 53 H 2
Brèches 37 ... 130 B 5
Breconchaux 25 ... 162 B 2
Brectouville 50 ... 52 B 1
Brécy 02 ... 40 C 5
Brécy 18 ... 155 G 5
Brécy-Brières 08 ... 42 D 3
La Brède 33 ... 255 G 2
Brée 53 ... 106 B 3
La Brée-les-Bains 17 ... 200 A 2
Bréel 61 ... 53 G 3
Brégnier-Cordon 01 ... 232 C 1
Brégy 60 ... 59 G 1
Bréhain 57 ... 66 D 3
Bréhain-la-Ville 54 ... 45 E 2
Bréhal 50 ... 51 G 2
Bréhan 56 ... 102 B 3
Bréhand 22 ... 78 C 4
Bréhat *Île de* 22 ... 73 G 2
Bréhec-en-Plouha 22 ... 73 G 3
Bréhémont 37 ... 151 F 3
Bréhéville 55 ... 43 H 2
Breidenbach 57 ... 48 C 5
Breil 49 ... 150 D 1
Le Breil-sur-Mérize 72 ... 108 B 4
Breil-sur-Roya 06 ... 291 G 3
La Breille-les-Pins 49 ... 150 D 3
Breilly 80 ... 22 B 1
Breistroff-la-Grande 57 ... 45 H 2
Breitenau 67 ... 96 D 4
Breitenbach 67 ... 96 D 4
Breitenbach-Haut-Rhin 68 ... 120 C 3
Brélès 29 ... 70 B 5
Brélidy 22 ... 73 E 4
Brem-sur-Mer 85 ... 165 E 5
Bréménil 54 ... 96 B 2
Brêmes 62 ... 2 D 4
Bremmelbach 67 ... 69 E 1
Brémoncourt 54 ... 95 E 3
Bremondans 25 ... 162 C 3
Brémontier-Merval 76 ... 37 E 1
Brémoy 14 ... 52 D 1
Brémur-et-Vaurois 21 ... 138 B 3
Bren 26 ... 249 F 2
Brenac 11 ... 337 F 3
Brenas 34 ... 301 G 4
Brenat 63 ... 228 A 3
Brénaz 01 ... 214 D 3
Brenelle 02 ... 40 C 2
Brengues 46 ... 261 E 4
Brennes 52 ... 139 G 3
Brennilis 29 ... 76 B 3
Brénod 01 ... 214 C 2
Brenon 83 ... 308 B 2
Brenouille 60 ... 38 D 3
Brenoux 48 ... 264 C 5
Brens 01 ... 214 D 5
Brens 81 ... 298 D 1
Brenthonne 74 ... 198 A 4
Breny 02 ... 40 B 4
La Bréole 04 ... 270 A 4
Brères 25 ... 179 G 1
Bréry 39 ... 179 E 4
Bresdon 17 ... 202 C 4
Les Bréseux 25 ... 163 G 3
Bresilley 70 ... 161 F 3
Bresle 80 ... 22 D 1
Bresles 60 ... 38 B 2
Bresnay 03 ... 192 A 3
Bresolettes 61 ... 84 C 2
La Bresse 88 ... 120 B 4
Bresse-sur-Grosne 71 ... 194 D 1
Bressey-sur-Tille 21 ... 160 B 3
Bressieux 38 ... 232 A 5
Bressolles 01 ... 213 G 4
Bressolles 03 ... 192 A 2
Bressols 82 ... 277 H 5
Bresson 38 ... 251 E 2
Bressoncourt 52 ... 93 F 3
Bressuire 79 ... 167 G 3
Brest 29 ... 75 E 2
Brestot 27 ... 35 G 3
Bretagne 36 ... 171 H 2
Bretagne 90 ... 142 D 3
Bretagne-d'Armagnac 32 ... 295 F 1
Bretagne-de-Marsan 40 ... 294 A 1
Bretagnolles 27 ... 56 D 2
Breteau 45 ... 135 E 4
Breteil 35 ... 103 H 2
Bretenière 21 ... 160 B 4
La Bretenière 25 ... 162 B 2
La Bretenière 39 ... 161 F 5
Bretenières 39 ... 179 E 2
Bretenoux 46 ... 243 E 5
Breteuil 60 ... 22 B 5
Breteuil *Château de* 78 ... 57 H 5
Breteuil-sur-Iton 27 ... 55 H 3
Brethel 61 ... 55 F 5
Brethenay 52 ... 117 E 3
Le Brethon 03 ... 191 E 2
Bretigney 25 ... 142 A 5
Bretigney-Notre-Dame 25 ... 162 C 3
Bretignolles 79 ... 167 F 3
Brétignolles *Château de* 37 ... 151 E 5
Bretignolles-sur-Mer 85 ... 165 E 5
Bretigny 21 ... 160 B 2
Brétigny 27 ... 35 G 4
Brétigny 60 ... 23 H 5
Brétigny-sur-Orge 91 ... 87 H 2
Bretoncelles 61 ... 85 E 4
La Bretonnière-
La Claye 85 ... 183 E 2
Bretonvillers 25 ... 163 E 4
Brette 26 ... 268 A 3
Brette-les-Pins 72 ... 108 A 5
Bretten 68 ... 142 D 2
Brettes 16 ... 203 E 3
Bretteville 50 ... 29 F 3
Bretteville-
du-Grand-Caux 76 ... 19 E 4
Bretteville-le-Rabet 14 ... 53 H 1
Bretteville-l'Orgueilleuse 14 ... 33 F 4
Bretteville-Saint-Laurent 76 ... 19 H 3
Bretteville-sur-Ay 50 ... 31 F 3
Bretteville-sur-Dives 14 ... 54 A 1
Bretteville-sur-Laize 14 ... 53 G 1
Bretteville-sur-Odon 14 ... 33 G 4
Brettnach 57 ... 46 C 4
Bretx 31 ... 297 G 3
Breuches 70 ... 141 G 2
Breuchotte 70 ... 141 H 2
Breugnon 58 ... 157 E 2
Le Breuil 03 ... 210 D 1
Breuil 51 ... 41 E 3
Le Breuil 51 ... 60 D 2
Le Breuil 69 ... 212 C 4
Le Breuil 71 ... 177 E 4
Breuil 80 ... 23 G 3
Breuil-Barret 85 ... 167 F 5
Le Breuil-Bernard 79 ... 167 G 5
Breuil-Bois-Robert 78 ... 57 F 2
Breuil-Chaussée 79 ... 167 G 3
Le Breuil-en-Auge 14 ... 34 C 4
Le Breuil-en-Bessin 14 ... 32 C 3
Breuil-la-Réorte 17 ... 201 F 2
Breuil-le-Sec 60 ... 38 D 2
Breuil-le-Vert 60 ... 38 C 3
Breuil-Magné 17 ... 200 D 3
Breuil-Mingot
Château du 86 ... 186 C 1
Le Breuil-sous-Argenton 79 ... 167 H 2
Le Breuil-sur-Couze 63 ... 228 A 4
Breuil-sur-Marne 52 ... 92 D 3
Breuilaufa 87 ... 205 F 2
Breuilh 24 ... 240 C 3
Breuillet 17 ... 218 C 1
Breuillet 91 ... 87 G 2
Breuilpont 27 ... 56 D 2
Breurey-lès-Faverney 70 ... 141 E 3
Breuschwickersheim 67 ... 97 G 1
Breuvannes 52 ... 117 H 3
Breuvery-sur-Coole 51 ... 62 A 3
Breuville 50 ... 29 E 4
Breux 55 ... 44 B 1
Breux-Jouy 91 ... 87 G 2
Breux-sur-Avre 27 ... 56 B 4
Brévainville 41 ... 109 H 5
Bréval 78 ... 57 E 2
Brévands 50 ... 32 A 2
Brevans 39 ... 161 E 5
Le Brévedent 14 ... 34 D 4
Brèves 58 ... 157 F 2
Les Bréviaires 78 ... 57 G 5
Bréviandes 10 ... 115 E 2
La Brévière 14 ... 54 C 2
Bréville 14 ... 33 H 4
Bréville 16 ... 202 C 5
Bréville-sur-Mer 50 ... 51 F 2
Brévillers 62 ... 11 H 1
Brévillers 80 ... 12 D 3
Brevilliers 70 ... 142 B 3
Brévilly 08 ... 27 G 4
Brévonnes 10 ... 91 G 5
Bréxent-Énocq 62 ... 6 B 4
Brey-et-Maison-du-Bois 25 ... 180 C 4
Brézal *Moulin de* 29 ... 71 F 5
Brézé 49 ... 150 C 5
Brézellec *Pointe de* 29 ... 98 D 2
Bréziers 05 ... 270 A 5
Brézilhac 11 ... 319 F 5
Brézins 38 ... 232 A 5
Brézolles 28 ... 56 A 5
Brezons 15 ... 245 E 4
Le Brézouard 68 ... 96 C 5
Briançon 05 ... 252 D 4
Briançonnet 06 ... 308 C 1
Brianny 21 ... 158 D 2
Briant 71 ... 193 H 4
Briantes 36 ... 189 G 2
Briare 45 ... 134 D 5
Briarres-sur-Essonne 45 ... 111 H 2
Brias 62 ... 7 G 5
Briastre 59 ... 14 D 4
Briatexte 81 ... 298 D 3
Briaucourt 52 ... 117 E 2
Briaucourt 70 ... 141 F 2
Bricon 52 ... 116 C 4
Briconville 28 ... 86 A 3
Bricot-la-Ville 51 ... 60 D 5
Bricquebec 50 ... 29 E 5
Bricquebosq 50 ... 28 D 4
Bricqueville 14 ... 32 C 3
Bricqueville-la-Blouette 50 ... 51 G 1
Bricqueville-sur-Mer 50 ... 51 F 2
Bricy 45 ... 110 D 5
Brides-les-Bains 73 ... 234 C 3
La Bridoire 73 ... 232 D 3
Bridoire *Château de* 24 ... 257 H 1
Bridoré 37 ... 170 C 1
Brie 02 ... 24 C 5
Brie 09 ... 318 A 5
Brie 16 ... 221 F 1
Brie 35 ... 104 C 5
Brie 79 ... 168 C 2
Brie 80 ... 23 G 2
Brie-Comte-Robert 77 ... 59 E 5
Brié-et-Angonnes 38 ... 251 E 2
Brie-sous-Archiac 17 ... 220 B 3
Brie-sous-Barbezieux 16 ... 220 D 4
Brie-sous-Chalais 16 ... 220 D 5
Brie-sous-Matha 17 ... 202 C 5
Brie-sous-Mortagne 17 ... 219 F 3
Briec 29 ... 100 A 2
Briel-sur-Barse 10 ... 115 G 2
Brielles 35 ... 105 F 4
Brienne 71 ... 195 F 1
Brienne-la-Vieille 10 ... 91 H 4
Brienne-le-Château 10 ... 91 H 4
Brienne-sur-Aisne 08 ... 41 G 2
Brienon 42 ... 211 G 1
Brienon-sur-Armançon 89 ... 114 A 5
Brières-les-Scellés 91 ... 87 F 4
Brieuil-sur-Chizé 79 ... 202 B 1
Brieulles-sur-Bar 08 ... 43 E 1
Brieulles-sur-Meuse 55 ... 43 G 2
Brieux 61 ... 54 A 3
Briey 54 ... 45 F 4
Briffons 63 ... 226 D 1
Brignac 34 ... 302 A 4
Brignac 56 ... 103 E 2
Brignac 87 ... 206 B 4
Brignac-la-Plaine 19 ... 241 H 2
Brignais 69 ... 231 E 1
Brignancourt 95 ... 37 H 5
Brigné 49 ... 149 H 4
Brignemont 31 ... 297 E 3
Brignogan-Plages 29 ... 71 E 3
Brignoles 83 ... 328 B 1

BOURGES

Rue	Carré	N°
Armuriers (R. des)	Z	2
Auron (Bd d')	Z	
Barbès (R.)	Z	4
Beaux-Arts (R. des)	Y	5
Bourbonnoux (Prom.)	YZ	
Calvin (R.)	Y	7
Cambournac (R.)	Y	8
Champ-de-Foire (R. du)	Z	12
Commerce (R. du)	Y	13
Coursarlon (R.)	Y	
Cujas (Pl.)	Y	15
Dr-Témoin (R. du)	Y	17
Dormoy (Av. Marx)	Y	19
Équerre (R. de l')	Z	20
George-Sand (Escalier)	Y	27
Hémerettes (R. des)	Z	29
Jacobins (Cour des)	Z	31
Jacques-Coeur (R.)	Y	32
Jean-Jaurès (Av.)	Y	
Joyeuse (R.)	Y	35
Juranville (Pl.)	Z	36
J.-J. Rousseau (R.)	Z	33
Leblanc (R. N.)	YZ	40
Linières (R. de)	Z	42
Louis XI (Av.)	Z	43
Mallet (R. L.)	Z	44
Marceau (Rampe)	Z	45
Mirebeau (R.)	Y	
Moyenne (R.)	YZ	
Orléans (Av. d')	Y	48
Pelvoysin (R.)	Y	50
Poissonnerie (R. de la)	Y	52
Prinal (R. du)	Y	55
Rimbault (R. J.)	Z	61
Strasbourg (Bd de)	Z	71
Thaumassière (R. de la)	Y	72
Tory (R. G.)	Y	73
Victor-Hugo (R.)	Z	74
3-Maillets (R. des)	Z	75
4-Piliers (Pl. des)	Z	76
95e-de-Ligne (Av. du)	Z	78

A B C D E F G H I J K L M N O P Q R S T U V W X Y Z

A B C D E F G H I J K L M N O P Q R S T U V W X Y Z

CAEN

Académie (R. de l') .... CY 2
Alliés (Bd des) .... DY 3
Bagatelle (Av. de) .... CX 4
Barbey-d'Aurevilly (R.) .... CX 7
Bayeux (R. de) .... CX 8
Bir-Hakeim (Pont de) .... EZ 9
Brunet (R. H.) .... EYZ 10
Caponière (R.) .... CY 12
Carrières-St-Julien (R. des) .... CDX 13
Caumont (R. A. de) .... CY 15
Chanoine X. de St-Paul (R.) .... CDX 16
Chaussée-Ferrée (R. de la) .... EZ 18
Churchill (Pont) .... EZ 21
Courtonne (Pl.) .... EY 26
Creully (Av. de) .... CX 27
Decaen (R. Gén.) .... EZ 28
Délivrande (R. de la) .... DX 29
Docteur-Rayer (R.) .... CX 32
Doumer (R. Paul) .... DY 33
Écuyère (R.) .... CY
Édimbourg (Av. d') .... DX 35
Falaise (R. de) .... EZ 38
Foch (Pl. Mar.) .... DZ 39
Fontette (Pl.) .... CY 40
Froide (R.) .... DY 42
Fromages (R. aux) .... CY 43
Guillaume-le-Conquérant (R.) .... CY 45
Guillouard (Pl. L.) .... CY 46
Juifs (R. aux) .... CX 47
Lair (R. P.-A.) .... DY 49
Lebisey (R. de) .... EX 50
Lebret (R. G.) .... DYZ 51
Leclerc (Bd Mar.) .... DYZ
Libération (Av. de la) .... DXY 52
Malherbe (Pl.) .... CDY 54
Manissier (R.) .... EX 55
Marot (R. J.) .... CY 56
Meslin (Q. E.) .... EZ 57
Miséricorde (R. de la) .... EYZ 58
Montalivet (Cours) .... EZ 59
Montoir-Poissonnerie (R.) .... DY 61
Pémagnie (R.) .... CX 63
Petit-Vallerent (Bd du) .... CZ 65
Pont-St-Jacques (R. du) .... DY 68
Reine-Mathilde (Pl.) .... EX 69
Sadi-Carnot (R.) .... DZ 72
St-Gabriel (R.) .... CX 74
St-Jean (R.) .... DEYZ
St-Manvieu (R.) .... CY 75
St-Michel (R.) .... EZ 77
St-Nicolas (R.) .... CY 78
St-Pierre (Pl.) .... DY 80
St-Pierre (R.) .... DY
Sévigné (Prom. de) .... EZ 81
Strasbourg (R. de) .... DY 83
Vaucelles (R. de) .... EZ 85
Vaugueux (R. du) .... DX 86
6-Juin (Av. du) .... DEYZ
11-Novembre (R. du) .... DEZ 90

Brignon **30** .... 284 A 5
Le Brignon **43** .... 247 F 5
Brignoud **38** .... 251 F 1
La Brigue **06** .... 291 H 2
Brigueil-le-Chantre **86** .... 187 H 3
Brigueuil **16** .... 204 D 3
Briis-sous-Forges **91** .... 87 F 2
Brillac **16** .... 204 D 2
La Brillanne **04** .... 287 F 5
Brillecourt **10** .... 91 G 3
Brillevast **50** .... 29 G 3
Brillon **59** .... 9 F 5
Brillon-en-Barrois **55** .... 63 G 4
Brimeux **62** .... 6 C 4
Brimont **51** .... 41 G 3
Brin-sur-Seille **54** .... 66 B 4
Brinay **18** .... 154 C 5
Brinay **58** .... 175 G 2
Brinckheim **68** .... 143 G 3
Brindas **69** .... 230 D 1
Bringolo **22** .... 73 F 5
Brinon-sur-Beuvron **58** .... 157 E 4
Brinon-sur-Sauldre **18** .... 154 D 1
Briod **39** .... 179 F 5
Briollay **49** .... 128 C 5
Brion **01** .... 214 C 1
Brion **36** .... 171 H 2
Brion **38** .... 232 A 5
Brion **48** .... 263 H 2
Brion **49** .... 150 B 2
Brion **71** .... 176 C 3
Brion **86** .... 186 C 4
Brion **89** .... 113 H 5
Brion *Pont de* **38** .... 250 D 5
Brion-près-Thouet **79** .... 168 B 1
Brion-sur-Ource **21** .... 116 A 5
La Brionne **23** .... 206 D 1
Brionne **27** .... 35 G 4
Briord **01** .... 214 B 5
Briosne-lès-Sables **72** .... 108 A 3
Briot **60** .... 21 H 4
Briou **41** .... 132 B 3
Brioude **43** .... 246 B 1
Brioux-sur-Boutonne **79** .... 202 C 1
Briouze **61** .... 53 G 5
Briquemesnil-Floxicourt **80** .... 22 A 2
Briquenay **08** .... 43 E 2
Briscous **64** .... 292 B 5
Brison **73** .... 215 E 5
Brison-Saint-Innocent **73** .... 215 E 5
Brissac **34** .... 302 C 1
Brissac *Château de* **49** .... 149 H 3
Brissac-Quincé **49** .... 149 H 3
Brissarthe **49** .... 128 D 4
Brissay-Choigny **02** .... 24 B 3
Brissy-Hamégicourt **02** .... 24 B 3
Brive-la-Gaillarde **19** .... 242 B 2
Brives **36** .... 172 B 4
Brives-Charensac **43** .... 247 F 3
Brives-sur-Charente **17** .... 219 H 1
Brivezac **19** .... 243 E 4
Brix **50** .... 29 E 4
Brixey-aux-Chanoines **55** .... 94 A 3
Brizambourg **17** .... 201 H 5
Brizay **37** .... 169 F 1
Brizeaux **55** .... 63 G 1
Brizon **74** .... 216 B 2
Le Broc **06** .... 291 E 5
Broc **49** .... 129 H 5
Le Broc **63** .... 228 A 3
Brocas **40** .... 273 H 4
Brochon **21** .... 160 A 4
Brocottes **14** .... 34 A 4
Brocourt **80** .... 21 G 2
Brocourt-en-Argonne **55** .... 43 G 5
Broglie **27** .... 55 F 1
Brognard **25** .... 142 C 4
Brognon **08** .... 26 A 1
Brognon **21** .... 160 B 2
Broin **21** .... 178 B 1
Broindon **21** .... 160 A 4
Broissia **39** .... 196 B 3
Brombos **60** .... 21 G 4
Bromeilles **45** .... 112 A 3
Brommat **12** .... 262 D 1
Bromont-Lamothe **63** .... 209 E 5
Bron **69** .... 231 F 1
Broncourt **52** .... 140 B 3
Bronvaux **57** .... 45 G 5
Broons **22** .... 79 F 5
Broons-sur-Vilaine **35** .... 104 D 3
La Broque **67** .... 96 D 2
Broquiers **60** .... 21 G 4
Broquiès **12** .... 281 E 5
Brossac **16** .... 220 D 5
Brossainc **07** .... 230 D 5
Brossay **49** .... 150 A 5
La Brosse-Montceaux **77** .... 89 E 5
Brosses **89** .... 157 G 1
Brosville **27** .... 36 B 5
Brotonne *Pont de* **76** .... 35 G 1
Brotte-lès-Luxeuil **70** .... 141 G 3
Brotte-lès-Ray **70** .... 140 B 5
Brottes **52** .... 117 E 3
Brou **01** .... 195 H 5
Brou **28** .... 109 G 2
Brou-sur-Chantereine **77** .... 59 E 3
Brouage **17** .... 200 C 4
Brouains **50** .... 52 B 4
Broualan **35** .... 80 B 3
Brouay **14** .... 33 F 4
Brouchaud **24** .... 241 E 2
Brouchy **80** .... 23 H 4
Brouck **57** .... 46 C 5
Brouckerque **59** .... 3 F 3
Brouderdorff **57** .... 67 H 5
Broué **28** .... 57 E 4
Brouennes **55** .... 27 H 5
Le Brouilh-Monbert **32** .... 295 H 4
Brouilla **66** .... 343 E 3
Brouillet **51** .... 41 E 4
Brouis *Col de* **06** .... 291 G 4
Brouqueyran **33** .... 256 C 4
La Brousse **17** .... 202 B 4
Brousse **23** .... 208 C 3
Brousse **63** .... 228 B 2
Brousse **81** .... 299 F 3
Brousse-le-Château **12** .... 280 D 5
Brousses-et-Villaret **11** .... 319 G 3
Brousseval **52** .... 92 C 3
Broussey-en-Blois **55** .... 93 G 1
Broussey-en-Woëvre **55** .... 64 D 4
Broussy-le-Grand **51** .... 61 F 4
Broussy-le-Petit **51** .... 61 F 4
Broût-Vernet **03** .... 210 A 1
Brouthières **52** .... 93 F 4
Brouvelieures **88** .... 95 H 5
Brouville **54** .... 95 H 2
Brouviller **57** .... 67 H 4
Brouy **91** .... 87 G 5
Brouzet-lès-Alès **30** .... 284 A 3
Brouzet-lès-Quissac **30** .... 303 E 2
Les Brouzils **85** .... 166 A 2
Brovès **83** .... 308 B 3
Broxeele **59** .... 3 G 4
Broye **71** .... 176 D 3
Broye-les-Loups-et-Verfontaine **70** .... 160 D 1
Broye-lès-Pesmes **70** .... 161 E 3
Broyes **51** .... 61 E 4
Broyes **60** .... 22 D 5
Broze **81** .... 298 D 1
Brû **88** .... 95 H 4
Bruailles **71** .... 195 H 1
Bruay-la-Buissière **62** .... 7 H 4
Bruay-sur-l'Escaut **59** .... 9 G 5
Bruc-sur-Aff **35** .... 125 H 2
Brucamps **80** .... 12 B 5
Bruch **47** .... 275 G 3
Brucheville **50** .... 32 A 2
Brucourt **14** .... 34 A 4
Brue-Auriac **83** .... 307 E 5
Bruebach **68** .... 143 F 2
Brueil-en-Vexin **78** .... 57 G 1
Bruère-Allichamps **18** .... 173 E 4
La Bruère-sur-Loir **72** .... 130 B 4
La Bruffière **85** .... 166 B 1
Brugairolles **11** .... 337 F 1
Le Brugeron **63** .... 228 D 1
Bruges **33** .... 237 F 5
Bruges **64** .... 332 B 1
Brugheas **03** .... 210 B 2
Brugnac **47** .... 257 H 5
Brugnens **32** .... 296 C 2
Brugny-Vaudancourt **51** .... 61 F 1
La Bruguière **30** .... 284 B 4
Bruguières **31** .... 297 H 3
Bruille-lez-Marchiennes **59** .... 9 E 5
Bruille-Saint-Amand **59** .... 9 G 4
Bruis **05** .... 268 C 4
Brûlain **79** .... 185 E 5
Les Brulais **35** .... 103 G 5
Brulange **57** .... 66 D 2
La Brûlatte **53** .... 105 G 3
Bruley **54** .... 65 F 5
Brullemail **61** .... 54 D 5
Brullioles **69** .... 212 C 5
Brûlon **72** .... 107 E 5
Brumath **67** .... 68 D 4
Brumetz **02** .... 40 A 5
Brunehamel **02** .... 25 H 3
Brunelles **28** .... 85 E 5
Les Brunels **11** .... 319 E 3
Brunembert **62** .... 2 D 5
Brunémont **59** .... 14 A 2
Brunet **04** .... 307 E 1
Bruniquel **82** .... 278 C 5
Brunissard **05** .... 253 E 5
Brunoy **91** .... 58 D 5
Brunstatt **68** .... 143 F 2
Brunville **76** .... 10 C 5
Brunvillers-la-Motte **60** .... 22 D 5
Le Brusc **83** .... 327 H 5
Brusque **12** .... 301 E 3
Le Brusquet **04** .... 288 B 3
Brussey **70** .... 161 G 3
Brussieu **69** .... 230 C 1
Brusson **51** .... 62 D 4
Brusvily **22** .... 79 G 4
Brutelles **80** .... 11 E 3
Bruville **54** .... 65 F 1
Brux **86** .... 186 A 5
La Bruyère **70** .... 141 H 2
Bruyères **88** .... 95 H 5
Bruyères-et-Montbérault **02** .... 40 D 1
Bruyères-le-Châtel **91** .... 87 G 2
Bruyères-sur-Fère **02** .... 40 C 4
Bruyères-sur-Oise **95** .... 38 C 5
Bruys **02** .... 40 D 3
Bruz **35** .... 104 A 4
Bry **59** .... 15 E 2
Bry-sur-Marne **94** .... 58 D 3
Bû **28** .... 57 E 4
Le Bû-sur-Rouvres **14** .... 53 H 1
Buais **50** .... 81 G 2
Buanes **40** .... 294 A 3
Bubertré **61** .... 84 C 2
Bubry **56** .... 101 G 4
Buc **78** .... 58 A 4
Buc **90** .... 142 B 3
Bucamps **60** .... 38 C 1
Bucéels **14** .... 33 E 4
Bucey-en-Othe **10** .... 114 C 2
Bucey-lès-Gy **70** .... 161 G 2

Bucey-lès-Traves *70* .... **140** D 4
Buchelay *78* .... **57** F 2
Buchères *10* .... **115** E 2
Buchey *52* .... **92** C 5
Buchy *57* .... **66** B 2
Buchy *76* .... **20** D 5
Bucilly *02* .... **25** G 2
Bucquoy *62* .... **13** F 4
Bucy-le-Long *02* .... **40** B 2
Bucy-le-Roi *45* .... **111** E 4
Bucy-lès-Cerny *02* .... **24** C 5
Bucy-lès-Pierrepont *02* .... **25** F 4
Bucy-Saint-Liphard *45* .... **110** C 5
Budelière *23* .... **190** C 5
Buding *57* .... **46** B 3
Budling *57* .... **46** B 3
Budos *33* .... **255** H 4
Bué *18* .... **155** H 3
Bueil *27* .... **56** D 2
Bueil-en-Touraine *37* .... **130** C 5
Buellas *01* .... **195** G 5
Le Buet *74* .... **217** E 2
Buethwiller *68* .... **143** E 2
Buffard *25* .... **179** G 1
Buffières *71* .... **194** C 3
Buffignécourt *70* .... **140** D 2
Buffon *21* .... **137** G 4
Bugarach *11* .... **337** H 4
Bugard *65* .... **315** G 5
Bugeat *19* .... **225** F 2
Bugnein *64* .... **313** F 3
Bugnicourt *59* .... **14** B 2
Bugnières *52* .... **116** D 5
Bugny *25* .... **180** C 1
Le Bugue *24* .... **241** E 5
Buhl *67* .... **69** F 2
Buhl *68* .... **120** D 4
Buhl-Lorraine *57* .... **67** H 5
Buhy *95* .... **37** F 4
Buicourt *60* .... **37** G 1
Buigny-l'Abbé *80* .... **11** H 3
Buigny-lès-Gamaches *80* .... **11** E 4
Buigny-Saint-Maclou *80* .... **11** G 3
Buire *02* .... **25** G 1
Buire-au-Bois *62* .... **12** B 3
Buire-Courcelles *80* .... **23** H 1
Buire-le-Sec *62* .... **6** C 5
Buire-sur-l'Ancre *80* .... **23** E 1
Buironfosse *02* .... **25** E 1
Le Buis *87* .... **205** G 2
Buis-les-Baronnies *26* .... **286** A 2
Buis-sur-Damville *27* .... **56** B 3
Buissard *05* .... **269** H 2
La Buisse *38* .... **232** C 5
La Buissière *38* .... **233** F 4
Le Buisson *48* .... **264** A 3
Le Buisson *51* .... **62** D 4
Buisson *84* .... **285** G 2
Le Buisson-de-Cadouin *24* .... **258** D 1
Buissoncourt *54* .... **66** B 5
Buissy *62* .... **14** A 3
Bujaleuf *87* .... **206** C 5
Bulainville *55* .... **63** H 1
Bulan *65* .... **333** G 2
Bulat-Pestivien *22* .... **77** F 2
Bulcy *58* .... **156** B 4
Buléon *56* .... **102** B 4
Bulgnéville *88* .... **118** B 2
Bulhon *63* .... **210** B 4
Bullainville *28* .... **110** B 3
Bulle *25* .... **180** B 2
Bullecourt *62* .... **13** H 3
Bulles *60* .... **38** C 1
Bulligny *54* .... **94** B 2
Bullion *78* .... **87** E 2
Bullou *28* .... **109** H 2
Bully *14* .... **33** G 5
Bully *42* .... **211** G 4
Bully *69* .... **212** C 4
Bully *76* .... **20** D 3
Bully-les-Mines *62* .... **8** A 4
Bulson *08* .... **27** E 4
Bult *88* .... **95** G 5
Bun *65* .... **332** C 2
Buncey *21* .... **138** A 2
Buneville *62* .... **12** D 2
Buno-Bonnevaux *91* .... **87** H 5
Bunodière *Hêtre de la 76* .... **37** E 1
Bunus *64* .... **311** G 5
Bunzac *16* .... **221** G 1
Buoux *84* .... **305** H 2
Burbach *67* .... **67** H 3
La Burbanche *01* .... **214** C 4
Burbure *62* .... **7** H 3
Burcin *38* .... **232** B 4
Burcy *14* .... **52** D 3
Burcy *77* .... **112** A 2
Burdignes *42* .... **248** C 1
Burdignin *74* .... **198** A 5
Bure *55* .... **93** F 3
Bure *57* .... **45** F 2
Buré *61* .... **84** A 3
Bure-les-Templiers *21* .... **138** D 3
Burelles *02* .... **25** F 3
Bures *54* .... **66** D 5
Bures *61* .... **84** A 2
Bures-en-Bray *76* .... **20** C 3
Bures-les-Monts *14* .... **52** C 2
Bures-sur-Dives *14* .... **33** H 4
Bures-sur-Yvette *91* .... **58** A 5
Le Buret *53* .... **106** B 5
Burey *27* .... **56** A 2
Burey-en-Vaux *55* .... **93** H 2
Burey-la-Côte *55* .... **94** A 3
Burg *65* .... **315** G 5
Burgalays *31* .... **334** B 3
Burgaronne *64* .... **311** H 3
Le Burgaud *31* .... **297** F 2
Burgille *25* .... **161** G 3
Burgnac *87* .... **223** G 1
Burgy *71* .... **195** E 3
Burie *17* .... **201** H 5
Buriville *54* .... **95** H 2
Burlats *81* .... **299** H 4
Burlioncourt *57* .... **66** D 3
Burnand *71* .... **194** C 1
Burnevillers *25* .... **163** H 2
Burnhaupt-le-Bas *68* .... **143** E 2
Burnhaupt-le-Haut *68* .... **143** E 2
Buron *63* .... **228** A 2
Buros *64* .... **314** B 3
Burosse-Mendousse *64* .... **294** C 5
Burret *09* .... **336** A 3
Bursard *61* .... **83** H 3
Burthecourt-aux-Chênes *54* .... **95** E 1
Burtoncourt *57* .... **46** B 4
Bury *60* .... **38** C 3
Burzet *07* .... **266** A 2
Burzy *71* .... **194** C 1
Bus *62* .... **13** H 5
Bus-la-Mésière *80* .... **23** E 4
Bus-lès-Artois *80* .... **13** E 4
Bus-Saint-Rémy *27* .... **37** F 5
Busca-Maniban
Château de 32 .... **295** G 1
Buschwiller *68* .... **143** H 3
Busigny *59* .... **14** D 5
Busloup *41* .... **131** H 2
Busnes *62* .... **7** H 3
Busque *81* .... **299** E 3
Bussac *24* .... **240** B 1
Bussac-Forêt *17* .... **237** H 1
Bussac-sur-Charente *17* .... **201** G 5
Bussaglia *Plage de 2A* .... **346** B 5
Bussang *88* .... **120** B 5
Bussang *Col de 88* .... **120** B 5
Le Busseau *79* .... **184** C 1
Busseau-sur-Creuse *23* .... **207** F 2
Busseaut *21* .... **138** B 3
Busséol *63* .... **228** A 1
Busserolles *24* .... **222** C 1
Busserotte-
et-Montenaille *21* .... **139** E 4
Busset *03* .... **210** C 2
Bussiares *02* .... **60** A 1
La Bussière *45* .... **134** D 4
La Bussière *86* .... **187** F 1
Bussière-Badil *24* .... **222** B 2
Bussière-Boffy *87* .... **204** D 2
Bussière-Dunoise *23* .... **189** E 5
Bussière-Galant *87* .... **223** F 2
Bussière-Nouvelle *23* .... **208** B 3
Bussière-Poitevine *87* .... **187** G 5
Bussière-Saint-Georges *23* .... **189** H 3
La Bussière-sur-Ouche *21* .... **159** G 4
Bussières *21* .... **138** D 4
Bussières *42* .... **212** A 5
Bussières *63* .... **208** D 2
Bussières *70* .... **161** H 2
Bussières *71* .... **194** D 4
Bussières *77* .... **60** A 2
Bussières *89* .... **158** B 2
Bussières-et-Pruns *63* .... **210** A 3
Busson *52* .... **93** F 5
Bussu *80* .... **23** G 1
Bussunarits-
Sarrasquette *64* .... **330** C 1
Bussurel *70* .... **142** B 4
Bussus-Bussuel *80* .... **11** H 3
Bussy *18* .... **173** G 3
Bussy *60* .... **23** G 5
Bussy-Albieux *42* .... **211** G 5
Bussy-en-Othe *89* .... **114** A 4
Bussy-la-Côte *55* .... **63** G 3
Bussy-la-Pesle *21* .... **159** G 2
Bussy-la-Pesle *58* .... **157** E 4
Bussy-le-Château *51* .... **62** C 1
Bussy-le-Grand *21* .... **138** A 5
Bussy-le-Repos *51* .... **63** E 2
Bussy-le-Repos *89* .... **113** F 4
Bussy-lès-Daours *80* .... **22** C 1
Bussy-lès-Poix *80* .... **21** H 2
Bussy-Lettrée *51* .... **62** A 4
Bussy-Rabutin
Château de 21 .... **138** A 5
Bussy-Saint-Georges *77* .... **59** E 3
Bussy-Saint-Martin *77* .... **59** E 3
Bust *67* .... **68** A 3
Bustanico *2B* .... **347** F 4
Bustince-Iriberry *64* .... **330** C 1
Buswiller *67* .... **68** C 3
Busy *25* .... **161** H 4
Butgnéville *55* .... **64** D 1
Buthiers *70* .... **162** A 2
Buthiers *77* .... **111** H 2
Butot *76* .... **20** A 5
Butot-Vénesville *76* .... **19** F 2
Butry-sur-Oise *95* .... **58** B 1
Butteaux *89* .... **114** C 5
Butten *67* .... **68** A 2
Buverchy *80* .... **23** G 3
Buvilly *39* .... **179** F 3
La Buxerette *36* .... **189** F 2
Buxerolles *21* .... **138** D 3
Buxerolles *86* .... **186** C 1
Buxerulles *55* .... **64** D 3
Buxeuil *10* .... **115** G 4
Buxeuil *36* .... **153** H 5
Buxeuil *86* .... **169** H 2
Buxières-d'Aillac *36* .... **189** E 1
Buxières-lès-Clefmont *52* .... **117** G 3
Buxières-les-Mines *03* .... **191** G 3
Buxières-lès-Villiers *52* .... **116** D 3
Buxières-sous-les-Côtes *55* .... **64** D 3
Buxières-
sous-Montaigut *63* .... **209** F 1
Buxières-sur-Arce *10* .... **115** H 3
Buxy *71* .... **177** G 5
Buysscheure *59* .... **3** G 4
Buzan *09* .... **335** E 3
Buzançais *36* .... **171** F 3
Buzancy *02* .... **40** B 3
Buzancy *08* .... **43** F 2
Buzeins *12* .... **281** G 1
Buzet-sur-Baïse *47* .... **275** F 2
Buzet-sur-Tarn *31* .... **298** B 3
Buziet *64* .... **314** A 5
Buzignargues *34* .... **303** E 3
Buzon *65* .... **315** F 2
Buzy *55* .... **44** D 5
Buzy *64* .... **314** A 5
By *25* .... **179** H 1
Byans-sur-Doubs *25* .... **161** G 5

C

Cabanac *65* .... **315** G 4
Cabanac-Cazaux *31* .... **334** C 2
Cabanac-et-Villagrains *33* .... **255** G 3
Cabanac-Séguenville *31* .... **297** E 2
La Cabanasse *66* .... **341** G 4
Cabanès *12* .... **279** H 3
Cabanès *81* .... **299** E 3
Les Cabanes-de-Fitou *11* .... **339** E 3
Le Cabanial *31* .... **318** D 2
Les Cabannes *09* .... **336** B 5
Cabannes *13* .... **305** E 1
Les Cabannes *81* .... **279** F 4
Cabara *33* .... **256** C 1
Cabariot *17* .... **201** E 3
Cabas-Loumassès *32* .... **316** B 3
Cabasse *83* .... **328** C 1
Cabasson *83* .... **328** D 4
Le Cabellou *29* .... **100** A 4
Cabestany *66* .... **343** F 2
Cabidos *64* .... **294** A 5
Cabourg *14* .... **34** A 3
Cabre *Col de 05* .... **268** D 4
Cabrerets *46* .... **260** C 5
Cabrerolles *34* .... **301** F 5
Cabrespine *11* .... **320** A 3
Cabrières *30* .... **304** A 1
Cabrières *34* .... **301** H 5
Cabrières-d'Aigues *84* .... **306** A 2
Cabrières-d'Avignon *84* .... **305** F 1
Cabriès *13* .... **326** D 1
Cabris *06* .... **308** D 3
Cachan *94* .... **58** C 4
Cachen *40* .... **274** A 4
Cachy *80* .... **22** D 2
Cadalen *81* .... **299** E 2
Cadarache *Barrage de 13* .... **306** C 3
Cadarcet *09* .... **336** A 2
Cadarsac *33* .... **238** B 5
Cadaujac *33* .... **255** G 1
Cadéac *65* .... **333** G 3
Cadeilhan *32* .... **296** C 2
Cadeilhan-Trachère *65* .... **333** G 4
Cadeillan *32* .... **316** D 2
Cademène *25* .... **162** A 5
Caden *56* .... **125** F 4
Les Cadeneaux *13* .... **326** D 1
Cadenet *84* .... **305** H 3
Caderousse *84* .... **285** E 4
La Cadière-d'Azur *83* .... **327** H 4
La Cadière-et-Cambo *30* .... **302** D 1
Cadillac *33* .... **256** B 3
Cadillac-en-Fronsadais *33* .... **237** H 4
Cadillon *64* .... **294** D 5
Cadix *81* .... **280** C 5
Cadolive *13* .... **327** F 1
Cadouin *24* .... **258** D 1
Cadours *31* .... **297** E 3
Cadrieu *46* .... **261** E 5
Caen *14* .... **33** G 4
Caëstre *59* .... **4** A 5
Caffiers *62* .... **2** C 4
Cagnac-les-Mines *81* .... **279** G 5
Cagnano *2B* .... **345** G 2
Cagnes-sur-Mer *06* .... **309** G 3
Cagnicourt *62* .... **13** H 3
Cagnoncles *59* .... **14** C 3
Cagnotte *40* .... **292** D 4
Cagny *14* .... **33** H 5
Cagny *80* .... **22** C 2
Cahagnes *14* .... **32** D 5
Cahagnolles *14* .... **32** D 4
Cahaignes *27* .... **37** E 4
Cahan *61* .... **53** F 3
Caharet *65* .... **315** G 5
Cahon *80* .... **11** F 3
Cahors *46* .... **260** B 5
Cahus *46* .... **243** E 5
Cahuzac *11* .... **318** D 5
Cahuzac *47* .... **258** B 3
Cahuzac *81* .... **319** F 2
Cahuzac-sur-Adour *32* .... **295** E 4
Cahuzac-sur-Vère *81* .... **279** E 5
Caignac *31* .... **318** C 4
Le Cailar *30* .... **303** G 4
Cailhau *11* .... **337** F 1
Cailhavel *11* .... **319** F 5
Cailla *11* .... **337** G 4
Caillac *46* .... **259** H 5
Caillavet *32* .... **295** H 3
Caille *06* .... **308** C 2
Caille *Ponts de la 74* .... **215** G 2
La Caillère *85* .... **183** H 1
Cailleville *76* .... **19** G 2
Caillouël-Crépigny *02* .... **23** H 5
Caillouet-Orgeville *27* .... **56** C 1
Cailloux-sur-Fontaines *69* .... **213** E 4
Cailly *76* .... **20** C 5
Cailly-sur-Eure *27* .... **36** C 5
La Caine *14* .... **53** F 1
Cairanne *84* .... **285** F 2
Le Caire *04* .... **269** G 5
Cairon *14* .... **33** F 4
Caisnes *60* .... **39** H 1
Caissargues *30* .... **303** H 2
Caix *80* .... **23** E 2
Caixas *66* .... **342** D 3
Caixon *65* .... **315** E 2
Cajarc *46* .... **261** E 5
Cala Rossa *2A* .... **351** G 2
Calacuccia *2B* .... **346** D 4
Calais *62* .... **2** C 3
Calamane *46* .... **259** H 4
Calan *56* .... **101** E 5
Calanhel *22* .... **77** E 2
Calas *13* .... **326** D 1
Calavanté *65* .... **315** F 5
Calcatoggio *2A* .... **348** C 2
Calce *66* .... **338** C 5
Caldégas *66* .... **341** F 4
Calenzana *2B* .... **346** C 2
Calès *24* .... **258** D 1
Calès *46* .... **260** B 1
Calignac *47* .... **275** G 4
Caligny *61* .... **53** E 3
Callac *22* .... **77** E 3
Callac *56* .... **124** D 2
Callas *83* .... **308** B 4
Callen *40* .... **273** H 1
Callengeville *76* .... **21** E 2
Calleville *27* .... **35** G 4
Calleville-
les-Deux-Églises *76* .... **20** A 4
Callian *32* .... **295** G 4
Callian *83* .... **308** C 3
Calmeilles *66* .... **342** D 3
Calmels-et-le-Viala *12* .... **300** C 1
La Calmette *30* .... **303** G 1
Calmont *12* .... **280** C 2

CALAIS

Amsterdam (R. d')	DXY	3
Angleterre (Pl. d')	DX	4
Barbusse (Pl. Henri)	DX	6
Bonnique (R. du Cdt)	DX	7
Bruxelles (R. de)	DX	10
Chanzy (R. du Gén.)	DY	13
Commune-de-Paris (R. de la)	CDY	16
Escaut (Quai de l')	CY	21
La-Fayette (Bd)	DY	
Foch (Pl. Mar.)	CXY	22
Fontinettes (R. des)	CDY	24
Gambetta (Bd Léon)	CY	
Georges-V (Pont)	CY	31
Jacquard (Bd)	CDY	
Jacquard (Pont)	CY	36
Jean-Jaurès (R.)	DY	37
Londres (R. de)	DX	42
Mer (R. de la)	CX	45
Notre-Dame (R.)	CDX	46
Paix (R. de la)	CX	48
Pasteur (Bd)	DY	
Paul-Bert (R.)	CDY	49
Prés.-Wilson (Av. du)	CY	54
Quatre-Coins (R. des)	CY	55
Rhin (Quai du)	CY	58
Richelieu (R.)	CX	60
Rome (R. de)	CY	61
Royale (R.)	CX	63
Soldat-Inconnu (Pl. du)	DY	64
Tamise (Quai de la)	CDY	66
Thermes (R. des)	CX	67
Varsovie (R. de)	DY	70
Vauxhall (R. du)	CY	72

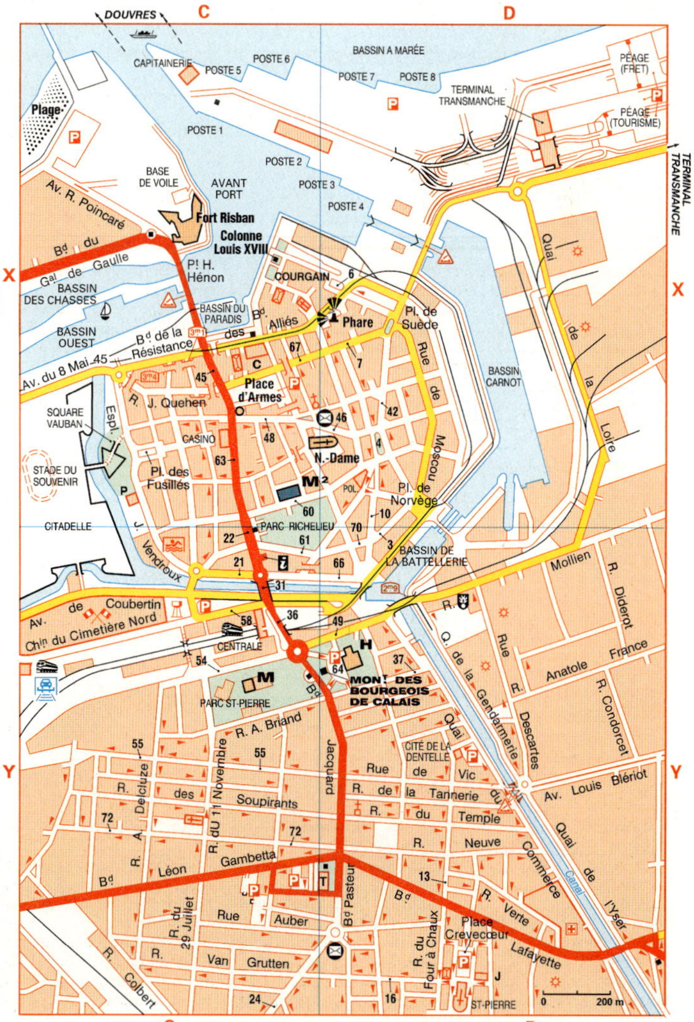

Calmont 31 .... 318 B 4
Calmoutier 70 .... 141 F 4
Caloire 42 .... 230 A 4
Calonges 47 .... 275 F 1
Calonne-Ricouart 62 .... 7 H 4
Calonne-sur-la-Lys 62 .... 8 A 3
Calorguen 22 .... 79 G 4
La Calotterie 62 .... 6 B 4
Caluire-et-Cuire 69 .... 213 E 5
Calvaire des Dunes 50 .... 28 D 3
Calvi 2B .... 346 B 2
Calviac 46 .... 243 F 5
Calviac-en-Périgord 24 .... 259 H 1
Calvignac 46 .... 260 D 5
Calvinet 15 .... 262 B 2
Calvisson 30 .... 303 G 2
Calzan 09 .... 336 C 2
Camalès 65 .... 315 E 3
Camarade 09 .... 335 G 1
Camarès 12 .... 300 D 2
Camaret-sur-Aigues 84 .... 285 F 3
Camaret-sur-Mer 29 .... 74 D 3
Camarsac 33 .... 255 H 1
Cambayrac 46 .... 259 G 5
La Cambe 14 .... 32 B 2
Cambernard 31 .... 317 F 2
Cambernon 50 .... 31 H 5
Cambes 33 .... 255 H 2
Cambes 46 .... 261 F 3
Cambes 47 .... 257 F 3
Cambes-en-Plaine 14 .... 33 G 4
Cambia 2B .... 347 F 4
Cambiac 31 .... 318 C 2
Cambieure 11 .... 337 F 1
Camblain-Châtelain 62 .... 7 H 4
Camblain-l'Abbé 62 .... 8 A 5
Camblanes-et-Meynac 33 .... 255 G 1
Cambligneul 62 .... 8 A 5
Cambo-les-Bains 64 .... 310 D 4
Cambon 81 .... 299 G 1
Cambon-et-Salvergues 34 .... 300 D 4
Cambon-lès-Lavaur 81 .... 298 D 5
Camboulazet 12 .... 280 C 3
Camboulit 46 .... 261 F 4
Cambounès 81 .... 300 A 5
Cambounet-sur-le-Sor 81 .... 299 F 5
Le Cambout 22 .... 102 C 3
Cambrai 59 .... 14 B 3
Cambremer 14 .... 34 B 5
Cambrin 62 .... 8 B 4
Cambron 80 .... 11 G 3
Cambronne-lès-Clermont 60 .. 38 C 3
Cambronne-lès-Ribécourt 60 . 39 G 1
Camburat 46 .... 261 F 3
Came 64 .... 292 D 5
Camélas 66 .... 342 D 2
Camelin 02 .... 40 A 1
Camembert 61 .... 54 C 3
Cametours 50 .... 31 H 5
Camiac-et-Saint-Denis 33 .... 256 B 1
Camiers 62 .... 6 B 3
Camiran 33 .... 256 D 3
Camjac 12 .... 280 B 3
Camlez 22 .... 72 D 3
Les Cammazes 81 .... 319 F 3
Camoël 56 .... 125 E 5
Camon 09 .... 337 E 2
Camon 80 .... 22 C 2
Camors 56 .... 101 H 5
Camou-Cihigue 64 .... 331 E 1
Camou-Mixe-Suhast 64 .... 311 H 4
Camous 65 .... 333 H 3
Le Camp-du-Castellet 83 .... 327 G 3
Campagna-de-Sault 11 .... 337 E 5
Campagnac 12 .... 263 H 5
Campagnac 81 .... 279 E 5
Campagnac-les-Quercy 24 . 259 G 2
Campagnan 34 .... 302 A 5
Campagne 24 .... 241 E 5
Campagne 34 .... 303 E 2
Campagne 40 .... 293 H 1
Campagne 60 .... 23 G 4
Campagne-d'Armagnac 32 . 295 E 1
Campagne-lès-Boulonnais 62 .. 6 D 3
Campagne-lès-Guînes 62 .... 2 D 4
Campagne-lès-Hesdin 62 .... 6 C 5
Campagne-lès-Wardrecques 62 .... 3 G 5
Campagne-sur-Arize 09 .... 335 H 1
Campagne-sur-Aude 11 .... 337 G 3
Campagnolles 14 .... 52 C 2
Campan 65 .... 333 F 2
Campana 2B .... 347 G 3
Campandré-Valcongrain 14 .... 53 E 1
Camparan 65 .... 333 G 4
Campbon 44 .... 146 D 1
Campeaux 14 .... 52 C 2
Campeaux 60 .... 21 G 5
Campel 35 .... 103 G 5
Campénéac 56 .... 103 E 4
Campes 81 .... 279 F 4
Campestre-et-Luc 30 .... 301 H 1
Campet-et-Lamolère 40 .... 293 1
Camphin-en-Carembault 59 .... 8 C 4
Camphin-en-Pévèle 59 .... 9 E 3
Campi 2B .... 347 G 4
Campigneulles-les-Grandes 62 .... 6 B 5
Campigneulles-les-Petites 62 ... 6 B 4
Campigny 14 .... 32 D 3
Campigny 27 .... 35 F 3
Campile 2B .... 347 G 2
Campistrous 65 .... 315 H 5
Campitello 2B .... 347 F 2
Camplong 34 .... 301 F 4
Camplong-d'Aude 11 .... 338 B 1
Campneuseville 76 .... 21 F 2
Campo 2A .... 348 D 3
Campoloro *Port de* 2B .... 347 H 4
Campôme 66 .... 342 A 2
Campouriez 12 .... 262 D 2
Campoussy 66 .... 342 B 2
Campremy 60 .... 22 C 5
Camprond 50 .... 31 H 5
Camps 19 .... 243 F 4
Camps-en-Amiénois 80 .... 21 H 2
Camps-la-Source 83 .... 328 B 1
Camps-sur-l'Agly 11 .... 338 A 4
Camps-sur-l'Isle 33 .... 238 D 4
Campsas 82 .... 297 H 1
Campsegret 24 .... 240 B 5
Campuac 12 .... 262 D 4
Campugnan 33 .... 237 G 2
Campuzan 65 .... 315 H 4
Camurac 11 .... 336 D 5
Can Parterre 66 .... 342 C 4
Canadel *Col du* 83 .... 329 E 4
Canadel-sur-Mer 83 .... 329 E 4
Canaille *Cap* 13 .... 327 F 4
Canale-di-Verde 2B .... 347 H 4
Canals 82 .... 297 G 2
Canaples 80 .... 12 C 5
Canappeville 27 .... 36 B 5
Canapville 14 .... 34 C 3

Albert-Édouard (Jetée) .... BZ
Alexandre-III (Bd) .... X 2
Alsace (Bd) .... BDY
Anc.-Combattants-d'Afrique-du-Nord (Av.) .... AYZ 4
André (R. du Cdt) .... CZ
Antibes (R. d') .... BCY
Aubarède (Ch. de l') .... V 8
Bachaga-Saïd-Boualam (Av.) .... AY 5
Beauséjour (Av.) .... DYZ
Beau-Soleil (Bd) .... X 10
Belges (R. des) .... BZ 12
Bellevue (Pl.) .... V 13
Blanc (R. Louis) .... AYZ
Bréguières (Rte des) .... V 14
Broussailles (Av. des) .... V 16
Buttura (R.) .... BZ 17
Canada (R. du) .... DZ
Cannes (Av. de) .... V 18
Cannes (R. de) .... V 19
Carnot (Bd) X
Carnot (Bd) V
Carnot (Square) .... V 20
Castre (Pl. de la) .... AZ 21
Chabaud (R.) .... CY 22
Cheval (Av. Maurice) .... V 23
Clemenceau (Av. G.) .... V 25
Clemenceau (R. G.) .... AZ
Collines (Ch. des) V
Coteaux (Av. des) V
Croisette (Bd de la) .... BDZ
Croix-des-Gardes (Bd) .... VX 29
Delaup (Bd) .... AY 30
Dr J. Ugo (Bd du) .... V 56
Dr-Pierre Gazagnaire (R.) .... AZ 32
Dr-R. Picaud (Av.) X
Dollfus (R. Jean) .... AZ 33
Doumer (Bd Paul) .... V 31
Écoles (Av. des) .... V 34
États-Unis (R. des) .... CZ 35
Favorite (Av. de la) .... X 38
Félix-Faure (R.) .... ABZ
Ferrage (Bd de la) .... ABY 40
Fiesole (Av.) .... X 43
Foch (R. du Mar.) .... BY 44
Four-à-Chaux (Bd du) .... V 45
Gallieni (R. du Mar.) .... BY 48
Gambetta (Bd) .... V 50
Gaulle (Av. Gén.-de) V
Gaulle (Pl. Gén.-de) .... BZ 51
Gazagnaire (Bd Eugène) X
Golfe (Av. du) .... V 52
Grasse (Av. de) .... VX 53
Guynemer (Bd) .... AY
Hespérides (Av. des) .... X 55
Hibert (Bd Jean) .... AZ
Hibert (R.) .... AZ
Isola-Bella (Av. d') X
Jeanpierre (Av. Maurice) .... V 58
Jean-Jaurès (R.) .... BCY
Joffre (R. du Mar.) .... BY 60
Juin (Av. Mar.) .... DZ
Koening (Av. Gén.) .... DY
Lacour (Bd Alexandre) .... X 62
Latour-Maubourg (R.) .... DZ
Lattre-de-Tassigny (Av. de) .... AY 63
Laubeuf (Quai Max) .... AZ
Lérins (Av. de) .... X 65
Liberté-Charles de Gaulle (A. de la) .... AZ 70
Lorraine (Bd de) .... CDY
Macé (R.) .... CZ 66
Madrid (Av. de) .... DZ
Mermoz (Av. Jean) .... V 67
Meynadier (R.) .... ABY
Midi (Bd du) X
Mimont (R. de) .... BY
Monod (Bd Jacques) .... V 68
Montfleury (Bd) .... CDY 74
Monti (R. Marius) .... AY 75
Mont-Chevalier (R. du) .... AZ 72
Mont-Joli (Av. du) .... V 73
Noailles (Av. J.-de) X
N.-D.-des-Anges (Av.) .... V 79
Observatoire (Bd de l') .... X 84
Olivetum (Bd d') .... V 86
Olivet (Ch. de l') .... V 85
Oxford (Bd d') .... V 87
Paillassou (Av. R. et I.) .... V 64
Pantiero (La) .... ABZ
Paradis-Terrestre (Corniches du) .... V 88
Paris (R. de) .... V 89
Pasteur (R.) .... DZ
Pastour (R. Louis) .... AY 90
Perier (Bd du) .... V 91
Perrissol (R. Louis) .... AZ 92
Petit-Juas (Av. du) VX
Picasso (Av. Pablo) .... V 93
Pinède (Av. de la) .... V 94
Pins (Bd des) .... X 95
Pompidou (Av. Georges) .... V 96
Pompidou (Espl. G.) .... BZ
Prince-de-Galles (Av. du) .... X 97
République (Bd de la) X
République (Bd de la) V
Riouffe (R. Jean de) .... BY 98
Riou (Bd du) VX
Roi-Albert 1er (Av.) X
Roosevelt (Av. Franklin) .... V 99
Rouguière (R.) .... BY 100
Rouvier (Bd Maurice) .... V 102
St-Antoine (R.) .... AZ 102
St-Nicolas (Av.) .... BY 105
St-Pierre (Quai) .... AZ
St-Sauveur (R.) .... V 106
Sardou (R. Léandre) .... X 108
Serbes (R. des) .... BZ 110
Source (Bd de la) .... X 112
Stanislas (Pl.) .... AY
Strasbourg (Bd de) .... CDY
Tapis-Vert (Av. du) .... V 113
Teisseire (R.) .... CY 114
Tuby (Bd Victor) .... AYZ 115
Vallauris (Av. de) .... VX 116
Vallombrosa (Bd) .... AY 118
Vautrin (Bd Gén.) .... DZ
Victoria (Av.) V
Victor-Hugo (R.) .... V 119
Vidal (R. du Cdt) .... CY 120
Wemyss (Av. Amiral Wester) .... X 122
1ère Division-Française (Bd de la) .... BCY 124

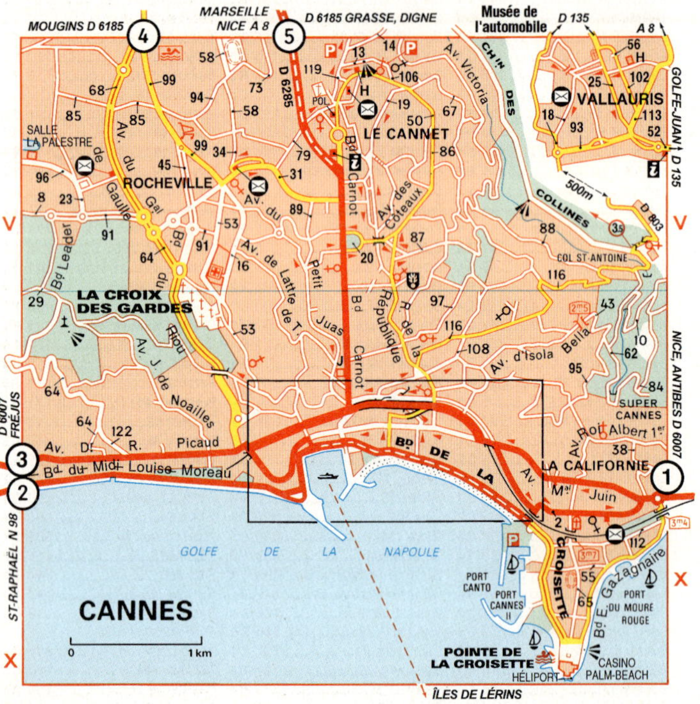

Canapville 61 ... 54 D 2
Canari 2B ... 345 F 2
Canaules-et-Argentières 30 ... 283 H 5
Canavaggia 2B ... 347 F 2
Canaveilles 66 ... 341 H 3
Cancale 35 ... 50 D 4
Canchy 14 ... 32 C 2
Canchy 80 ... 11 G 2
Cancon 47 ... 258 B 4
Candas 80 ... 12 C 4
Candé 49 ... 127 G 5
Candé-sur-Beuvron 41 ... 153 E 1
Candes-Saint-Martin 37 ... 150 D 4
Candillargues 34 ... 303 F 4
Candor 60 ... 23 G 5
Candresse 40 ... 293 E 3
Canehan 76 ... 10 D 5
Canéjan 33 ... 255 F 1
Canens 31 ... 317 H 5
Canenx-et-Réaut 40 ... 273 H 5
Canet 11 ... 320 D 5
Canet 34 ... 302 A 5
Canet-de-Salars 12 ... 281 E 3
Canet-en-Roussillon 66 ... 343 F 2
Canet-Plage 66 ... 343 F 2
Canettemont 62 ... 12 D 2
Cangey 37 ... 152 C 2
Caniac-du-Causse 46 ... 260 C 3
Canigou *Pic du* 66 ... 342 B 3
Canihuel 22 ... 77 G 4
Canilhac 48 ... 263 H 5
Canisy 50 ... 32 A 5
Canlers 62 ... 7 E 4
Canly 60 ... 39 E 2
Cannectancourt 60 ... 23 G 5
Cannelle 2A ... 348 C 2
Cannelle 2B ... 345 F 1
Cannes 06 ... 309 F 4
Cannes-Écluse 77 ... 89 E 5
Cannes-et-Clairan 30 ... 303 F 1
Cannessières 80 ... 11 G 5
Le Cannet 06 ... 309 F 4
Cannet 32 ... 294 D 4
Le Cannet-des-Maures 83 ... 328 D 1
Canny-sur-Matz 60 ... 23 F 5
Canny-sur-Thérain 60 ... 21 F 5
Canohès 66 ... 343 E 2
Canon 14 ... 34 A 5
Le Canon 33 ... 254 B 4
La Canonica 2B ... 347 H 2
La Canonica *Ancienne Cathédrale de* 2B ... 347 H 2
La Canourgue 48 ... 264 A 5
Canouville 76 ... 19 F 2
Cantaing-sur-Escaut 59 ... 14 B 4
Cantaous 65 ... 333 H 1
Cantaron 06 ... 309 H 2
Canté 09 ... 318 A 4
Cantebonne 54 ... 45 F 2
Canteleu 76 ... 36 A 2
Canteleux 62 ... 12 D 3
Canteloup 14 ... 34 A 5
Canteloup 50 ... 29 G 3
Cantenac 33 ... 237 F 3
Cantenay-Épinard 49 ... 128 C 5
Cantiers 27 ... 37 E 4
Cantigny 80 ... 22 D 4
Cantillac 24 ... 222 B 4
Cantin 59 ... 14 A 2
Cantobre 12 ... 282 B 5
Cantoin 12 ... 263 F 1
Cantois 33 ... 256 B 2
Canville-la-Rocque 50 ... 31 F 2
Canville-les-Deux-Églises 76 ... 19 H 3
Cany-Barville 76 ... 19 F 3
Caorches-Saint-Nicolas 27 ... 35 F 5
Caouënnec-Lanvézéac 22 ... 72 D 3
Caours 80 ... 11 G 3
Cap Corse 2B ... 345 G 1
Cap-Coz 29 ... 100 A 4
Le Cap-d'Agde 34 ... 322 C 5
Cap-d'Ail 06 ... 309 H 5
Cap-de-l'Homy-Plage 40 ... 272 A 4
Cap-de-Long *Barrage de* 65 ... 333 F 4
Cap Ferrat 06 ... 309 H 2
Cap-Ferret 33 ... 254 A 3
Cap-Martin 06 ... 309 H 5
Cap Sizun *Réserve du* 29 ... 98 D 2
Capbis 64 ... 332 B 1
Capbreton 40 ... 292 A 3
Capdenac 46 ... 261 G 4
Capdenac-Gare 12 ... 261 G 4
Capdrot 24 ... 259 E 2
La Capelle 02 ... 25 F 1
La Capelle 48 ... 282 B 1
Capelle 59 ... 14 D 3
La Capelle-Balaguier 12 ... 261 F 5
La Capelle-Bleys 12 ... 279 H 2
La Capelle-Bonance 12 ... 263 G 5
La Capelle-et-Masmolène 30 ... 284 C 4
Capelle-Fermont 62 ... 13 F 2
La Capelle-lès-Boulogne 62 ... 2 B 5
Capelle-les-Grands 27 ... 55 E 1
Capelle-lès-Hesdin 62 ... 11 H 1
Capendu 11 ... 320 B 5
Capens 31 ... 317 G 3
Capestang 34 ... 321 E 4
Capian 33 ... 256 B 2
Capinghem 59 ... 8 C 2
Caplong 33 ... 257 E 1
Capoulet-et-Junac 09 ... 336 B 5
Cappel 57 ... 67 F 1
Cappelle-Brouck 59 ... 3 F 3
Cappelle-en-Pévèle 59 ... 9 E 4
Cappelle-la-Grande 59 ... 3 G 2
Cappy 80 ... 23 F 1
La Capte 83 ... 328 C 5
Captieux 33 ... 274 B 2
Capula *Castello de* 2A ... 349 F 5
Capvern 65 ... 333 G 1
Capvern-les-Bains 65 ... 333 G 1
Carabès *Col de* 05 ... 268 D 4
Caradeuc *Château de* 35 ... 103 H 1
Caragoudes 31 ... 318 C 2
Caraman 31 ... 298 C 5
Caramany 66 ... 338 B 5
Carantec 29 ... 71 H 3
Carantilly 50 ... 32 A 5
Carayac 46 ... 261 E 4
Carbay 49 ... 127 F 3
Carbes 81 ... 299 F 4
Carbini 2A ... 351 F 2
Carbon-Blanc 33 ... 237 G 5
Carbonne 31 ... 317 G 4
Carbuccia 2A ... 348 D 2
Carcagny 14 ... 33 E 4
Carcanières 09 ... 337 F 5
Carcans 33 ... 236 C 3
Carcans-Plage 33 ... 236 B 2
Carcarès-Sainte-Croix 40 ... 293 G 1
Carcassonne 11 ... 319 H 5
Carcen-Ponson 40 ... 293 F 1
Carcès 83 ... 307 G 5
Carcheto-Brustico 2B ... 347 G 3
Cardaillac 46 ... 261 F 3
Cardan 33 ... 255 H 2
Cardeilhac 31 ... 316 B 5
Cardesse 64 ... 313 H 4
Cardet 30 ... 283 H 5
Cardo-Torgia 2A ... 348 D 4
Cardonnette 80 ... 22 C 1
Le Cardonnois 80 ... 22 D 5
Cardonville 14 ... 32 B 2
Cardroc 35 ... 103 H 1
Careil 44 ... 145 H 4
Carelles 53 ... 81 H 4
Carency 62 ... 8 A 5
Carennac 46 ... 242 D 5
Carentan 50 ... 32 A 3
Carentoir 56 ... 125 G 2
Cargèse 2A ... 348 A 1
Cargiaca 2A ... 349 E 5
Carhaix-Plouguer 29 ... 76 D 4
Carignan 08 ... 27 G 4
Carignan-de-Bordeaux 33 ... 255 G 1
Carisey 89 ... 114 C 5
Carla-Bayle 09 ... 335 H 1
Carla-de-Roquefort 09 ... 336 C 3
Le Carlaret 09 ... 336 C 1
Carlat 15 ... 244 D 5
Carlencas-et-Levas 34 ... 301 G 4
Carlepont 60 ... 39 H 1
Carling 57 ... 47 E 5
Carlipa 11 ... 319 F 4
Carlucet 24 ... 241 H 4
Carlucet 46 ... 260 C 2
Carlus 81 ... 299 F 1
Carlux 24 ... 241 H 5
Carly 62 ... 6 B 2
Carmaux 81 ... 279 G 5
Carnac 56 ... 123 H 4
Carnac-Plage 56 ... 123 H 4
Carnac-Rouffiac 46 ... 277 G 1
Carnas 30 ... 303 E 2
La Carneille 61 ... 53 F 4
Carnet 50 ... 80 D 2
Carnetin 77 ... 59 E 3
Carneville 50 ... 29 F 2
Carnières 59 ... 14 C 4
Carnin 59 ... 8 C 4
Carniol 04 ... 286 D 5
Carnoët 22 ... 76 D 3
Carnon-Plage 34 ... 303 E 5
Carnoules 83 ... 328 C 2
Carnoux-en-Provence 13 ... 327 F 3
Carnoy 80 ... 23 F 1
Caro 56 ... 103 E 5
Caro 64 ... 330 C 1
Carolles 50 ... 51 F 4
Caromb 84 ... 285 H 4
Carpentras 84 ... 285 G 4
Carpineto 2B ... 347 G 4
Carpiquet 14 ... 33 F 4
Carquebut 50 ... 31 H 2
Carquefou 44 ... 147 H 3
Carqueiranne 83 ... 328 B 5
La Carquois 22 ... 79 E 1
Carrépuis 80 ... 23 F 4
Carrère 64 ... 314 C 2
Carresse 64 ... 293 E 5
Carri *Col de* 26 ... 250 B 4
Carrières-sous-Bois 78 ... 58 A 2
Carrières-sous-Poissy 78 ... 58 A 2
Carrières-sur-Seine 78 ... 58 B 3
Carro 13 ... 325 H 4
Carros 06 ... 309 G 2
Carrouges 61 ... 83 E 2
Les Carroz-d'Arâches 74 ... 216 C 2
Carry-le-Rouet 13 ... 326 C 2
Cars 33 ... 237 F 2
Les Cars 87 ... 223 F 1
Les Cars *Ruines gallo-romaines* 19 ... 225 F 2
Carsac-Aillac 24 ... 259 G 1
Carsac-de-Gurson 24 ... 239 E 4
Carsan 30 ... 284 D 2
Carsix 27 ... 35 G 5
Carspach 68 ... 143 E 3
Cartelègue 33 ... 237 G 2
Carteret 50 ... 31 E 2
Carticasi 2B ... 347 F 4
Cartignies 59 ... 15 G 4
Cartigny 80 ... 23 H 1
Cartigny-l'Épinay 14 ... 32 B 3
Carves 24 ... 259 F 1
Carville 14 ... 52 C 2
Carville-la-Folletière 76 ... 19 H 5
Carville-Pot-de-Fer 76 ... 19 G 3
Carvin 62 ... 8 C 4
Cas *Château de* 82 ... 278 D 3
Casabianca 2B ... 347 G 3
Casaglione 2A ... 348 C 2
Casalabriva 2A ... 348 D 5
Casalta 2B ... 347 G 3
Casamaccioli 2B ... 346 D 4
Casamozza 2B ... 347 G 2
Casanova 2B ... 347 E 5
Casardo *Col de* 2B ... 347 F 4
Casatorra 2B ... 345 G 5
Cascastel-des-Corbières 11 ... 338 C 2
Casefabre 66 ... 342 C 3
Caseneuve 84 ... 306 A 1
Cases-de-Pène 66 ... 338 C 5
Casevecchie 2B ... 349 G 1
Cassaber 64 ... 293 E 5
Cassagnabère-Tournas 31 ... 316 C 5
Cassagnas 48 ... 283 E 2
La Cassagne 24 ... 241 H 3
Cassagne 31 ... 335 E 1
Cassagnes 46 ... 259 F 4
Cassagnes 66 ... 338 B 5
Cassagnes-Bégonhès 12 ... 280 C 3
Cassagnoles 30 ... 283 H 5
Cassagnoles 34 ... 320 B 3
La Cassaigne 11 ... 319 E 5
Cassaigne 32 ... 295 H 1
Cassaignes 11 ... 337 G 3
Cassaniouze 15 ... 262 B 2
Cassano 2B ... 346 C 2
Cassel 59 ... 3 H 5
Cassen 40 ... 293 F 2
Casseneuil 47 ... 258 B 5
Les Cassés 11 ... 318 D 3
Casset *Cascade du* 05 ... 252 A 5
Casseuil 33 ... 256 C 3
Cassignas 47 ... 276 C 2
La Cassine 08 ... 27 E 5
Cassis 13 ... 327 F 3
Casson 44 ... 147 G 2
Cassuéjouls 12 ... 263 F 2
Cast 29 ... 75 H 5
Castagnac 31 ... 317 H 5
Castagnède 31 ... 335 E 2
Castagnède 64 ... 311 H 3
Castagniers 06 ... 291 E 5
Castaignos-Souslens 40 ... 293 H 4
Castandet 40 ... 294 B 2
Castanet 12 ... 279 H 2
Castanet 81 ... 279 F 5
Castanet 82 ... 279 F 2
Castanet-le-Haut 34 ... 301 E 4
Castanet-Tolosan 31 ... 318 A 2
Castans 11 ... 320 A 3
Casteide-Cami 64 ... 314 A 2
Casteide-Candau 64 ... 293 H 5
Casteide-Doat 64 ... 315 E 3
Casteil 66 ... 342 A 4
Castel-Sarrazin 40 ... 293 F 4
Castel Vendon *Rocher du* 50 ... 28 D 2
Castelbajac 65 ... 315 H 5
Castelbiague 31 ... 334 D 2
Castelbouc *Château de* 48 ... 282 C 1
Castelculier 47 ... 276 C 3
Le Castelet 09 ... 336 C 5
Castelferrus 82 ... 277 F 5
Castelfranc 46 ... 259 G 5
Castelgaillard 31 ... 316 D 3
Castelginest 31 ... 297 H 4
Casteljaloux 47 ... 275 E 1
Casteljau 07 ... 284 A 1
Castella 47 ... 276 C 2
Castellane 04 ... 308 A 1
Castellar 06 ... 291 G 5
Le Castellard 04 ... 287 H 2
Castellare-di-Casinca 2B ... 347 G 2
Castellare-di-Mercurio 2B ... 347 F 4
Le Castellet 04 ... 287 G 5
Le Castellet 83 ... 327 H 3
Castellet 84 ... 306 A 1
Castellet-les-Sausses 04 ... 289 E 4
Castelli *Pointe du* 44 ... 145 G 4
Castello 2B ... 345 F 2
Castello-di-Rostino 2B ... 347 F 3
Castelmary 12 ... 279 H 3
Castelmaurou 31 ... 298 A 4
Castelmayran 82 ... 277 E 5
Castelmoron-d'Albret 33 ... 256 D 2
Castelmoron-sur-Lot 47 ... 275 H 1
Castelnau-Barbarens 32 ... 296 C 5
Castelnau-Bretenoux *Château de* 46 ... 243 E 5
Castelnau-Chalosse 40 ... 293 F 3
Castelnau-d'Anglès 32 ... 295 G 4
Castelnau-d'Arbieu 32 ... 296 C 1
Castelnau-d'Aude 11 ... 320 B 5
Castelnau-d'Auzan 32 ... 275 E 5
Castelnau-de-Brassac 81 ... 300 A 4
Castelnau-de-Guers 34 ... 322 C 3
Castelnau-de-Lévis 81 ... 299 F 1
Castelnau-de-Mandailles 12 ... 263 F 4
Castelnau-de-Médoc 33 ... 237 E 3
Castelnau-de-Montmiral 81 ... 298 D 1
Castelnau-d'Estrétefonds 31 ... 297 H 3
Castelnau-Durban 09 ... 335 H 2
Castelnau-le-Lez 34 ... 302 D 4
Castelnau-Magnoac 65 ... 316 A 4
Castelnau-Montratier 46 ... 277 H 2
Castelnau-Pégayrols 12 ... 281 F 4
Castelnau-Picampeau 31 ... 317 E 4
Castelnau-Rivière-Basse 65 ... 295 E 5
Castelnau-sur-Gupie 47 ... 257 E 4
Castelnau-sur-l'Auvignon 32 ... 275 H 5
Castelnau-Tursan 40 ... 294 B 4
Castelnau-Valence 30 ... 284 A 5
Castelnaud-de-Gratecambe 47 ... 258 C 4
Castelnaud-la-Chapelle 24 ... 259 F 1
Castelnaudary 11 ... 319 E 4
Castelnavet 32 ... 295 F 4
Castelner 40 ... 293 H 5
Castelnou 66 ... 342 D 3
Castelpers 12 ... 280 B 4
Castelreng 11 ... 337 F 2
Castels 24 ... 241 F 5
Castelsagrat 82 ... 277 E 3
Castelsarrasin 82 ... 277 F 5
Castelvieilh 65 ... 315 F 4
Castelviel 33 ... 256 C 2
Castennec *Site de* 56 ... 101 H 4
Le Castéra 31 ... 297 F 4
Castéra-Bouzet 82 ... 276 D 5
Castéra-Lanusse 65 ... 315 G 5
Castéra-Lectourois 32 ... 276 B 5
Castéra-Lou 65 ... 315 F 3
Castéra-Loubix 64 ... 314 D 3
Castéra-Verduzan 32 ... 295 H 2
Castéra-Vignoles 31 ... 316 C 4
Castéras 09 ... 335 H 1
Casterets 65 ... 316 B 4
Castéron 32 ... 296 D 1
Castet 64 ... 332 A 1
Castet-Arrouy 32 ... 276 C 5
Castetbon 64 ... 313 F 2
Castétis 64 ... 313 G 2
Castetnau-Camblong 64 ... 313 F 3
Castetner 64 ... 313 G 2
Castetpugon 64 ... 294 C 5
Castets 40 ... 292 D 1

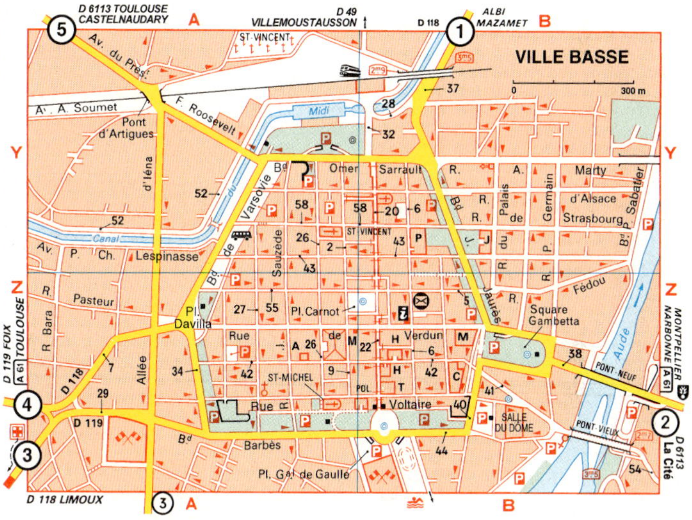

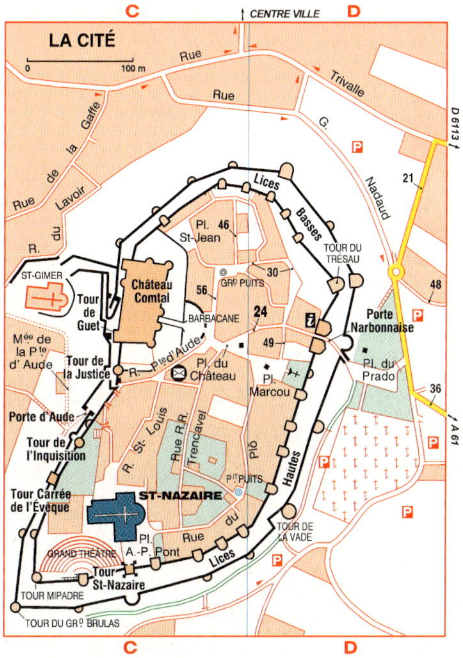

CARCASSONNE

Armagnac (R. A.) ... AY 2
Barbès (R.) ... BZ 5
Bringer (R. Jean) ... BYZ 6
Bunau-Varilla (Av.) ... AZ 7
Chartran (R.) ... AZ 9
Clemenceau (R. G.) ... BY 20
Combéléran (Mtée G.) ... D 21
Courtejaire (R.) ... BZ 22
Cros-Mayrevieille (R.) ... D 24
Dr-A.-Tomey (R.) ... AYZ 26
Études (R. des) ... AZ 27
Foch (Av. du Mar.) ... BY 28
Gout (Av. Henri) ... AZ 29
Grand-Puits (R. du) ... CD 30
Joffre (Av. du Mar.) ... BY 32
Marcou (Bd) ... AZ 34
Médiévale (Voie) ... D 36
Minervoise (Rte) ... BY 37
Mullot (Av. Arthur) ... BZ 38
Pelletan (Bd C.) ... BZ 40
Pont-Vieux (R. du) ... BZ 41
Ramon (R. A.) ... ABZ 42
République (R. de la) ... ABY 43
Roumens (Bd du Cdt) ... BZ 44
St-Jean (R.) ... C 46
St-Saëns (R. C.) ... D 48
St-Sernin (R.) ... D 49
Semard (Av. Pierre) ... AY 52
Trivalle (R.) ... BZ 54
Verdun (R. de) ... ABZ
Victor-Hugo (R.) ... AZ 55
Viollet-le-Duc (R.) ... C 56
4-Septembre (R. du) ... ABY 58

A B C D E F G H I J K L M N O P Q R S T U V W X Y Z

Castets-en-Dorthe 33 ... 256 C4
Castex 09 ... 317 G5
Castex 32 ... 315 G3
Castex-d'Armagnac 32 ... 294 D1
Casties-Labrande 31 ... 317 E4
Castifao 2B ... 347 E2
Castiglione 2B ... 347 E3
Castillon 06 ... 291 G5
Castillon 14 ... 32 D4
Castillon 64 ... 313 H2
Castillon 64 ... 314 D2
Castillon 65 ... 333 F1
Castillon *Barrage de* 04 ... 308 B1
Castillon *Col de* 06 ... 291 G5
Castillon-de-Castets 33 ... 256 C4
Castillon-de-Larboust 31 ... 334 A4
Castillon-de-Saint-Martory 31 ... 334 D1
Castillon-Debats 32 ... 295 G3
Castillon-du-Gard 30 ... 284 D5
Castillon-en-Auge 14 ... 54 B1
Castillon-en-Couserans 09 ... 335 E3
Castillon-la-Bataille 33 ... 238 D5
Castillon-Massas 32 ... 296 A3
Castillon-Savès 32 ... 297 E5
Castillonnès 47 ... 258 B3
Castilly 14 ... 32 B3
Castin 32 ... 296 A3
Castineta 2B ... 347 F3
Castirla 2B ... 347 E4
Castres 02 ... 24 A3
Castres 81 ... 299 G5
Castres-Gironde 33 ... 255 H2
Castries 34 ... 303 E4
Le Cateau-Cambrésis 59 ... 14 D4
Le Catelet 02 ... 14 B5
Le Catelier 76 ... 20 B3
Catenay 76 ... 36 C1
Catenoy 60 ... 38 D2
Cateri 2B ... 346 C2
Cathervielle 31 ... 334 A4
Catheux 60 ... 22 A4
Catigny 60 ... 23 G4
Catillon-Fumechon 60 ... 38 C1
Catillon-sur-Sambre 59 ... 15 E5
Catllar 66 ... 342 A2
Les Catons 73 ... 233 E1
Catonvielle 32 ... 297 E4
Cattenières 59 ... 14 C4
Cattenom 57 ... 45 H2
Catteville 50 ... 31 F2
Catus 46 ... 259 H4
Catz 50 ... 32 A3
Caubeyres 47 ... 275 F2
Caubiac 31 ... 297 F3
Caubios-Loos 64 ... 314 B2
Caubon-Saint-Sauveur 47 ... 257 F3
Caubous 31 ... 334 A4
Caubous 65 ... 316 A4
Caucalières 81 ... 299 H5
La Cauchie 62 ... 13 F3
Cauchy-à-la-Tour 62 ... 7 H4
Caucourt 62 ... 7 H5
Caudan 56 ... 101 E5
Caudebec-en-Caux 76 ... 35 G1
Caudebec-lès-Elbeuf 76 ... 36 A3
Caudebronde 11 ... 319 H3
Caudecoste 47 ... 276 C4
Caudéran 33 ... 237 F5
Caudeval 11 ... 337 E1
Caudiès-de-Conflent 66 ... 341 G3
Caudiès-de-Fenouillèdes 66 ... 337 H4
Caudon-de-Vitrac 24 ... 259 G1
Caudos 33 ... 254 C3
Caudrot 33 ... 256 C3
Caudry 59 ... 14 C4
Cauffry 60 ... 38 D3
Caugé 27 ... 56 A1
Caujac 31 ... 318 A4
Caulaincourt 02 ... 23 H2
Le Caule-Sainte-Beuve 76 ... 21 E3
Caulières 80 ... 21 G3
Caullery 59 ... 14 C4
Caulnes 22 ... 103 F1
La Caume *Panorama de* 13 ... 304 D3
Caumont 02 ... 24 A5
Caumont 09 ... 335 F2
Caumont 27 ... 35 H2
Caumont 32 ... 294 D3
Caumont 33 ... 256 D2
Caumont 62 ... 12 B2
Caumont 82 ... 277 E5
Caumont *Château de* 32 ... 297 E5
Caumont-l'Éventé 14 ... 32 D5
Caumont-sur-Durance 84 ... 305 E1
Caumont-sur-Garonne 47 ... 257 F5
Caumont-sur-Orne 14 ... 53 F2
Cauna 40 ... 293 H2
Caunay 79 ... 185 H5
Cauneille 40 ... 292 D5
Caunes-Minervois 11 ... 320 A4
La Caunette 34 ... 320 C3
Caunette-sur-Lauquet 11 ... 337 H2
Caunettes-en-Val 11 ... 338 B2
Caupenne 40 ... 293 G3
Caupenne-d'Armagnac 32 ... 294 D2
La Caure 51 ... 61 E2
Caurel 22 ... 77 H5
Caurel 51 ... 41 H3
Cauria *Mégalithes de* 2A ... 350 D3
Cauro 2A ... 348 D3
Cauroir 59 ... 14 C3
Cauroy 08 ... 42 B3
Cauroy-lès-Hermonville 51 ... 41 F3
Le Causé 82 ... 297 E2
Cause-de-Clérans 24 ... 240 C5
Caussade 82 ... 278 B3
Caussade-Rivière 65 ... 295 E5
Causse-Bégon 30 ... 282 B4
Causse-de-la-Selle 34 ... 302 B2
Causse Noir *Corniche du* 12 ... 282 A3
Caussens 32 ... 295 H1
Causses-et-Veyran 34 ... 321 F2
Caussidières 31 ... 318 B3
Caussiniojouls 34 ... 301 F5
Caussols 06 ... 309 E2
Caussou 09 ... 336 C5
Cauterets 65 ... 332 D3
Cauverville-en-Roumois 27 ... 35 F3
Cauvicourt 14 ... 53 H1
Cauvignac 33 ... 256 C5
Cauvigny 60 ... 38 B3
Cauville 14 ... 53 E2
Cauville-sur-Mer 76 ... 18 C5
La Cauvinière *Haras* 14 ... 54 D1
Caux 34 ... 321 H2
Caux-et-Sauzens 11 ... 319 G5
Cauzac 47 ... 276 D2
Cavagnac 46 ... 242 C4
Cavaillon 84 ... 305 F2
Cavalaire-sur-Mer 83 ... 329 F3
La Cavalerie 12 ... 281 H5
Cavalière 83 ... 329 E4
Cavaliers *Falaise des* 83 ... 307 H2
Cavan 22 ... 72 D4
Cavanac 11 ... 319 H5
Cavarc 47 ... 258 B2
Caveirac 30 ... 303 G2
Caves 11 ... 339 E3
Cavignac 33 ... 237 H3
Cavigny 50 ... 32 B4
Cavillargues 30 ... 284 C4
Cavillon 80 ... 22 A1
Cavron-Saint-Martin 62 ... 6 D5
Caychax 09 ... 336 C5
Cayeux-en-Santerre 80 ... 23 E2
Cayeux-sur-Mer 80 ... 11 E2
Le Cayla *Musée* 81 ... 279 E5
Le Caylar 34 ... 301 H2
Caylus 82 ... 278 D3
La Cayolle *Col de* 06 ... 289 E1
Cayrac 82 ... 278 B4
Cayres 43 ... 247 E5
Cayriech 82 ... 278 C3
Le Cayrol 12 ... 263 E4
Cayrols 15 ... 261 H1
Cazac 31 ... 316 D3
Cazalis 33 ... 274 A1
Cazalis 40 ... 293 H4
Cazalrenoux 11 ... 319 E5
Cazals 46 ... 259 G3
Cazals 82 ... 278 D4
Cazals-des-Baylès 09 ... 337 E1
Cazaril-Laspènes 31 ... 334 A4
Cazaril-Tambourès 31 ... 316 A5
Cazarilh 65 ... 334 A3
Cazats 33 ... 256 B5
Cazaubon 32 ... 294 D1
Cazaugitat 33 ... 256 D2
Cazaunous 31 ... 334 C2
Cazaux 09 ... 336 A2
Cazaux 33 ... 254 B4
Cazaux-d'Anglès 32 ... 295 G4
Cazaux-Debat 65 ... 333 H3
Cazaux-Fréchet 65 ... 333 H4
Cazaux-Layrisse 31 ... 334 B4
Cazaux-Savès 32 ... 297 E5
Cazaux-Villecomtal 32 ... 315 F2
Cazavet 09 ... 335 E2
La Caze *Château de* 48 ... 282 B1
Cazeaux-de-Larboust 31 ... 334 A4
Cazedarnes 34 ... 321 E3
Cazenave-Serres-et-Allens 09 ... 336 B4
Cazeneuve 32 ... 295 F1
Cazeneuve-Montaut 31 ... 316 D5
Cazères 31 ... 317 F5
Cazères-sur-l'Adour 40 ... 294 B2
Cazes-Mondenard 82 ... 277 G3
Cazevieille 34 ... 302 C3
Cazideroque 47 ... 277 E1
Cazilhac 11 ... 319 H5
Cazilhac 34 ... 302 C1
Cazilhac *Château de* 34 ... 301 F3
Cazillac 46 ... 242 C4
Cazoulès 24 ... 242 B5
Cazouls-d'Hérault 34 ... 322 C3
Cazouls-lès-Béziers 34 ... 321 F3
Ceaucé 61 ... 82 B3
Ceaulmont 36 ... 188 D2
Céaux 50 ... 51 G5
Céaux-d'Allègre 43 ... 247 E2
Ceaux-en-Couhé 86 ... 186 B4
Ceaux-en-Loudun 86 ... 169 E1
Cébazan 34 ... 321 E3
Cébazat 63 ... 209 H5
Ceccia *Site préhistorique* 2A ... 351 G3
Ceffia 39 ... 196 B4
Ceffonds 52 ... 92 B3
Ceignac 12 ... 280 C2
Ceignes 01 ... 214 B1
Ceilhes-et-Rocozels 34 ... 301 F2
Ceillac 05 ... 271 E2
Ceilloux 63 ... 228 C2
Ceintrey 54 ... 94 D2
La Celette 18 ... 190 C1
La Celle 03 ... 191 E5
La Celle 18 ... 173 F4
Cellé 41 ... 131 E2
La Celle 63 ... 208 C5
La Celle 83 ... 328 B1
La Celle-Condé 18 ... 172 D4
La Celle-Dunoise 23 ... 189 E4
La Celle-en-Morvan 71 ... 176 C2
La Celle-Guenand 37 ... 170 B2
La Celle-les-Bordes 78 ... 87 E2
Celle-Lévescault 86 ... 186 A3
La Celle-Saint-Avant 37 ... 169 H1
La Celle-Saint-Cloud 78 ... 58 A3
La Celle-Saint-Cyr 89 ... 113 G5
La Celle-sous-Chantemerle 51 ... 90 B2
La Celle-sous-Gouzon 23 ... 207 H1
La Celle-sous-Montmirail 02 ... 60 C3
La Celle-sur-Loire 58 ... 156 A2
La Celle-sur-Morin 77 ... 59 G4
La Celle-sur-Nièvre 58 ... 156 C4
La Celle-sur-Seine 77 ... 88 C4
Cellefrouin 16 ... 203 H4
Celles 09 ... 336 B3
Celles 15 ... 245 G3
Celles 17 ... 220 B2
Celles 24 ... 239 H1
Celles 34 ... 301 H4
Celles-en-Bassigny 52 ... 117 H5
Celles-lès-Condé 02 ... 60 D1
Celles-sur-Aisne 02 ... 40 C2
Celles-sur-Belle 79 ... 185 F5
Celles-sur-Durolle 63 ... 210 D4
Celles-sur-Ource 10 ... 115 G4
Celles-sur-Plaine 88 ... 96 B3
La Cellette 23 ... 189 G3
La Cellette 63 ... 209 E2
Cellettes 16 ... 203 F4
Cellettes 41 ... 153 F1
Le Cellier 44 ... 148 A3
Cellier-du-Luc 07 ... 265 F2
Celliers 73 ... 234 B3
Cellieu 42 ... 230 C3
Cellule 63 ... 209 H3
Celon 36 ... 188 C2
Celony 13 ... 306 A5
Celoux 15 ... 246 A2
Celsoy 52 ... 139 H2
Cély 77 ... 88 A4
Cemboing 70 ... 140 C2
Cempuis 60 ... 21 H4
Cénac 33 ... 255 H1
Cénac-et-Saint-Julien 24 ... 259 G1
Cenans 70 ... 162 B1
Cendras 30 ... 283 H3
Le Cendre 63 ... 227 H1
Cendrecourt 70 ... 140 D2
Cendrey 25 ... 162 B2
Cendrieux 24 ... 240 D4
Cénevières 46 ... 260 D5
Cenne-Monestiés 11 ... 319 F4
Cenomes 12 ... 301 E2
Cenon 33 ... 237 G5
Cenon-sur-Vienne 86 ... 169 G4
Censeau 39 ... 180 A3
Censerey 21 ... 158 D4
Censy 89 ... 137 F4
Les Cent-Acres 76 ... 20 B3
Centeilles *Chapelle de* 34 ... 320 B4
Centrès 12 ... 280 B3
Centuri 2B ... 345 F1
Centuri-Port 2B ... 345 F1
Cenves 69 ... 194 D5
Cépet 31 ... 297 H3
Cépie 11 ... 337 G1
Cepoy 45 ... 112 C4
Céran 32 ... 296 B2
Cérans-Foulletourte 72 ... 129 H2
Cerbère 66 ... 343 H4
Cerbois 18 ... 172 C1
Cercié 69 ... 212 D1
Cercier 74 ... 215 F2
Cercles 24 ... 221 H5
Cercottes 45 ... 110 D5
Cercoux 17 ... 238 C2
Le Cercueil 61 ... 83 G2
Cercy-la-Tour 58 ... 175 G3
Cerdon 01 ... 214 B2
Cerdon 45 ... 134 A5
Cerdon *Grottes du* 01 ... 214 B1
Cère 40 ... 273 H5
Cère *Pas de* 15 ... 244 D4
Céré-la-Ronde 37 ... 152 D4
Cerelles 37 ... 151 H1
Cérences 50 ... 51 G2
Céreste 04 ... 306 B1
Céret 66 ... 342 D4
Cerfontaine 59 ... 15 H2
Le Cergne 42 ... 212 A1
Cergy 95 ... 58 A1
Cergy-Pontoise *Ville nouvelle* 95 ... 58 A1
Cérilly 03 ... 191 E1
Cérilly 21 ... 138 A2
Cérilly 89 ... 114 A3
Cerisé 61 ... 83 G4
Cerisières 52 ... 92 D5
Cerisiers 89 ... 113 H3
Cerisy 80 ... 23 E2
Cerisy-Belle-Étoile 61 ... 53 E3
Cerisy-Buleux 80 ... 11 F5
Cerisy-la-Forêt 50 ... 32 C4
Cerisy-la-Salle 50 ... 51 H1
Cerizay 79 ... 167 F3
Cérizols 09 ... 335 E1
Cerizy 02 ... 24 B3
La Cerlangue 76 ... 35 E1
La Cerleau 08 ... 26 A2
Cernans 39 ... 179 H2
Cernay 14 ... 54 D1
Cernay 28 ... 85 H4
Cernay 68 ... 143 E1
Cernay 86 ... 169 E3
Cernay-en-Dormois 51 ... 42 D4
Cernay-la-Ville 78 ... 57 H5
Cernay-l'Église 25 ... 163 G3
Cernay-lès-Reims 51 ... 41 H4
Cerneux 77 ... 60 B5
Cernex 74 ... 215 F2
Cerniébaud 39 ... 180 B4
Cernion 08 ... 26 B3
Cernon 39 ... 196 C3
Cernon 51 ... 62 A3
Cernoy 60 ... 38 D2
Cernoy-en-Berry 45 ... 155 G1
Cernusson 49 ... 149 G4
Cerny 91 ... 87 H3
Cerny-en-Laonnois 02 ... 40 D2
Cerny-lès-Bucy 02 ... 24 D5
Céron 71 ... 193 F5
Cérons 33 ... 256 B3
Cerqueux 14 ... 54 D1
Les Cerqueux 49 ... 167 F1
Les Cerqueux-sous-Passavant 49 ... 149 G5
Cerre-lès-Noroy 70 ... 141 G4
Cers 34 ... 321 H4
Cersay 79 ... 167 H1
Cerseuil 02 ... 40 C3
Cersot 71 ... 177 F5
Certémery 39 ... 179 G2
Certilleux 88 ... 94 A5
Certines 01 ... 213 H1
Cervens 74 ... 198 A4
Cervières 05 ... 252 D5
Cervières 42 ... 211 E5
Cerville 54 ... 66 B5
Cervione 2B ... 347 H4
Cervon 58 ... 157 G4
Cerzat 43 ... 246 C2
Cesancey 39 ... 196 B1
Césarches 73 ... 216 A5
Césarville-Dossainville 45 ... 111 G2
Cescau 09 ... 335 E3
Cescau 64 ... 314 A2
Cesny-aux-Vignes 14 ... 34 A5
Cesny-Bois-Halbout 14 ... 53 G1
Cessac 33 ... 256 C2
Cessales 31 ... 318 C2
Cesse 55 ... 43 G1
Cesseins 01 ... 213 E2
Cessenon-sur-Orb 34 ... 321 F2
Cessens 73 ... 215 E5
Cesseras 34 ... 320 C4
Cesset 03 ... 192 A5
Cesseville 27 ... 36 A4
Cessey 25 ... 161 H5
Cessey-sur-Tille 21 ... 160 C3
Cessières 02 ... 24 C5
Cessieu 38 ... 232 A2
Cesson 22 ... 78 B3
Cesson 77 ... 88 B2
Cesson-Sévigné 35 ... 104 B3
Cessoy-en-Montois 77 ... 89 F3
Cessy 01 ... 197 F4
Cessy-les-Bois 58 ... 156 C3
Cestas 33 ... 255 F1
Cestayrols 81 ... 279 F5
Ceton 61 ... 108 D2
Cette-Eygun 64 ... 331 H4
Céüze 05 ... 269 F4
Cevins 73 ... 234 B2
Ceyras 34 ... 302 A4
Ceyrat 63 ... 227 G1
Ceyreste 13 ... 327 G3
Ceyroux 23 ... 206 D2
Ceyssac 43 ... 247 F4
Ceyssat 63 ... 227 F1
Ceyzériat 01 ... 214 A1
Ceyzérieu 01 ... 214 D4
Cézac 33 ... 237 H3
Cézac 46 ... 277 H1
Cezais 85 ... 184 B1
Cézan 32 ... 296 A2
Cezay 42 ... 211 F5
Cézens 15 ... 245 F4
Cézia 39 ... 196 C3
Cézy 89 ... 113 G5
Chaalis *Abbaye de* 60 ... 39 E5
Chabanais 16 ... 204 C4
La Chabanne 03 ... 211 E3
La Chabasse *Église de* 63 ... 228 D1
Chabestan 05 ... 269 E4
Chabeuil 26 ... 249 G5
Chablis 89 ... 136 D3
Chabons 38 ... 232 B4
La Chabossière 44 ... 147 F4
La Chabotterie *Château de* 85 ... 165 H2
Chabottes 05 ... 269 H2
Chabournay 86 ... 169 E5
Chabrac 16 ... 204 C4
Chabreloche 63 ... 210 D4
Chabrières 04 ... 288 A4
Chabrignac 19 ... 223 H5
Chabrillan 26 ... 267 F2
Chabris 36 ... 153 H4
Chacé 49 ... 150 B4
Chacenay 10 ... 115 H3
Chacrise 02 ... 40 B3
Chadeleuf 63 ... 227 H3
Chadenac 17 ... 219 H3
Chadenet 48 ... 264 D4
Chadrac 43 ... 247 F3
Chadron 43 ... 247 F4
Chadurie 16 ... 221 F3
Le Chaffal 26 ... 249 H5
Le Chaffaut-Saint-Jurson 04 ... 287 H4
Chaffois 25 ... 180 C2
Chagey 70 ... 142 B3
Chagnolet 17 ... 183 F5
Chagnon 42 ... 230 C3
Chagny 08 ... 26 D5
Chagny 71 ... 177 G2
Chahaignes 72 ... 130 C3
Chahains 61 ... 83 F2
Chaignay 21 ... 160 A1
Chaignes 27 ... 56 D1
Chail 79 ... 185 G5
Chaillac 36 ... 188 B3
Chaillac-sur-Vienne 87 ... 204 D4
Chailland 53 ... 105 H2
Chaillé-les-Marais 85 ... 183 G3
Chaillé-sous-les-Ormeaux 85 ... 182 D1
Chailles 41 ... 153 E1
Chaillevette 17 ... 200 C5
Chaillevois 02 ... 40 C1
Chailley 89 ... 114 B4
Chaillol 05 ... 269 H2
Chaillon 55 ... 64 D3
Chailloué 61 ... 54 C5
Chailly-en-Bière 77 ... 88 B4
Chailly-en-Brie 77 ... 60 A4
Chailly-en-Gâtinais 45 ... 112 A5
Chailly-lès-Ennery 57 ... 45 H5
Chailly-sur-Armançon 21 ... 159 E4
Chainaz-les-Frasses 74 ... 215 F5
Chaînée-des-Coupis 39 ... 178 D2
Chaingy 45 ... 133 E2
Chaintré 71 ... 194 D5
Chaintreaux 77 ... 112 C2
Chaintrix-Bierges 51 ... 61 H3
La Chaise 10 ... 92 A4
La Chaise-Baudouin 50 ... 51 H4
La Chaise-Dieu 43 ... 228 D5
Chaise-Dieu-du-Theil 27 ... 55 G4
Chaix 85 ... 183 H3
La Chaize-Giraud 85 ... 165 E5
La Chaize-le-Vicomte 85 ... 166 A5
Chalabre 11 ... 337 E2
Chalagnac 24 ... 240 C3
Chalain *Lac de* 39 ... 179 G5
Chalain-d'Uzore 42 ... 229 G1
Chalain-le-Comtal 42 ... 229 H2
Chalaines 55 ... 93 H1
Chalais 16 ... 239 E1
Chalais 24 ... 223 E3
Chalais 36 ... 188 A2
Chalais 86 ... 168 D2
Chalam *Crêt de* 01 ... 197 E5
Chalamont 01 ... 213 H3
Chalampé 68 ... 121 G5
Chalancey 52 ... 139 F4
Chalancon 26 ... 268 B4
Chalandray 86 ... 168 C5
Chalandry 50 ... 52 A5
Chalandry 02 ... 24 D4
Chalandry-Elaire 08 ... 26 D3
Le Chalange 61 ... 84 A2
Le Chalard 87 ... 223 F3
Chalautre-la-Grande 77 ... 89 H3
Chalautre-la-Petite 77 ... 89 G3
Chalautre-la-Reposte 77 ... 89 E3
Chalaux 58 ... 158 A3
La Chaldette 48 ... 263 G2
Chaleins 01 ... 213 E2
Chalencon 07 ... 248 C5
Chalencon *Château de* 43 ... 247 G1
Les Chalesmes 39 ... 180 A5
Châlette-sur-Loing 45 ... 112 C5
Chalette-sur-Voire 10 ... 91 G4
Chaley 01 ... 214 B3
Chalèze 25 ... 162 A3
Chalezeule 25 ... 162 A3
Chaliers 15 ... 246 A4
Chalifert 77 ... 59 F3
Chaligny 54 ... 94 C1
Chalinargues 15 ... 245 F2
Chalindrey 52 ... 139 H2
Chalivoy-Milon 18 ... 173 H3
Challain-la-Potherie 49 ... 127 G4
Challans 85 ... 165 E3
Challement 58 ... 157 F3
Challerange 08 ... 42 D3
Challes 72 ... 108 A5
Challes-la-Montagne 01 ... 214 B1
Challes-les-Eaux 73 ... 233 F2
Challet 28 ... 86 A2
Challex 01 ... 197 F5
Challignac 16 ... 220 D4
Challonges 74 ... 215 E2
Challuy 58 ... 174 C2
Chalmaison 77 ... 89 G3
Chalmazel 42 ... 229 F1
Chalmessin 52 ... 139 E4
Chalmoux 71 ... 193 E1
Chalo-Saint-Mars 91 ... 87 F4
Le Chalon 26 ... 249 G2
Chalon-sur-Saône 71 ... 177 H4
Chalonnes-sous-le-Lude 49 ... 129 H5
Chalonnes-sur-Loire 49 ... 149 E2
Chalons 17 ... 200 D5
Châlons 38 ... 231 F4
Châlons-du-Maine 53 ... 106 B2
Châlons-en-Champagne 51 ... 62 B2
Châlons-sur-Vesle 51 ... 41 F3
Châlonvillars 70 ... 142 B3
Chalou-Moulineux 91 ... 87 E4

La Chalp 05 271 E 1
Chaltrait 51 61 F 2
Chalus 63 228 A 4
Châlus 87 223 E 2
Chalusset *Château de* 87 223 H 1
Chalvignac 15 243 H 1
Chalvraines 52 117 G 2
Chamadelle 33 238 D 3
Chamagne 88 95 E 3
Chamagnieu 38 231 H 1
Chamalières 63 209 G 5
Chamalières-sur-Loire 43 247 G 2
Chamaloc 26 268 B 1
Chamant 60 39 E 4
Chamarande 91 87 G 3
Chamarandes 52 117 E 3
Chamaret 26 267 F 5
La Chamba 42 229 E 1
Chambain 21 138 D 3
Chambeire 21 160 C 3
Chambellay 49 128 B 4
Chambéon 42 229 H 1
Chambérat 03 190 B 3
Chamberaud 23 207 F 2
Chamberet 19 224 D 3
Chambéria 39 196 B 2
Chambéry 73 233 F 2
Chambéry-le-Vieux 73 233 F 2
Chambeugle 89 135 F 2
Chambezon 43 228 A 5
Chambilly 71 193 G 5
Chamblac 27 55 F 2
Chamblanc 21 178 B 1
Chamblay 39 179 F 1
Chambles 42 230 A 4
Chamblet 03 191 E 4
Chambley-Bussières 54 65 F 1
Chambly 60 38 B 5
Chambœuf 21 159 H 4
Chambœuf 42 230 A 2
Chambois 61 54 B 4
Chambolle-Musigny 21 160 A 4
Le Chambon 07 266 A 1
Chambon 17 201 E 1
Chambon 18 173 E 4
Chambon 30 283 G 2
Chambon 37 170 A 3
Chambon *Barrage du* 38 251 H 3
Chambon *Lac* 63 227 F 3
Chambon *Lac de* 36 188 D 3
Le Chambon-Feugerolles 42 230 A 4
Chambon-la-Forêt 45 111 G 4
Chambon-le-Château 48 264 D 1
Chambon-Sainte-Croix 23 189 E 4
Chambon-sur-Cisse 41 152 D 1
Chambon-sur-Dolore 63 228 D 3
Chambon-sur-Lac 63 227 F 3
Le Chambon-sur-Lignon 43 248 A 3
Chambon-sur-Voueize 23 208 B 1
Chambonas 07 265 H 5
Chambonchard 23 208 C 1
La Chambonie 42 229 E 1
Chamborand 23 206 C 1
Chambord 27 55 F 3
Chambord 41 132 C 5
Chamboret 87 205 F 3
Chamborigaud 30 283 G 2
Chambornay-lès-Bellevaux 70 162 A 2
Chambornay-lès-Pin 70 161 H 2
Chambors 60 37 G 4
Chambost-Allières 69 212 B 3
Chambost-Longessaigne 69 212 B 5
La Chambotte 73 215 E 5
Chamboulive 19 224 D 4
Chambourcy 78 58 A 3
Chambourg-sur-Indre 37 152 B 5
Chambray 27 56 A 3
Chambray 27 56 C 1
Chambray-lès-Tours 37 151 H 3
La Chambre 73 234 A 4
Chambrecy 51 41 F 4
Les Chambres 50 51 G 4
Chambretaud 85 166 D 2
Chambrey 57 66 C 4
Chambroncourt 52 93 F 4
Chambroutet 79 167 G 3
Chambry 02 24 D 5
Chambry 77 59 G 2
Chaméane 63 228 B 3
Chamelet 69 212 C 3
Chameroy 52 139 F 2
Chamery 51 41 G 5
Chamesey 25 163 E 3
Chamesol 25 163 G 2
Chamesson 21 138 A 3
Chameyrat 19 242 D 1
Chamigny 77 60 A 2
Chamilly 71 177 G 3
Chammes 53 106 C 4
Chamole 39 179 G 3
Chamonix-Mont-Blanc 74 217 E 3
Chamouillac 17 219 H 5
Chamouille 02 40 D 1
Chamouilley 52 92 D 2
Chamousset 73 233 H 2
Chamoux 89 157 G 2
Chamoux-sur-Gelon 73 233 H 2
Chamoy 10 114 D 3
Champ de Bataille *Château du* 27 35 H 5
Le Champ-de-la-Pierre 61 83 E 2
Champ-d'Oiseau 21 137 H 5
Champ-Dolent 27 56 A 2
Champ-Dolent *Menhir de* 35 80 B 2
Champ-du-Boult 14 52 B 3
Champ du Feu 67 96 D 3
Champ-Haut 61 54 D 4
Champ-Laurent 73 233 H 3
Champ-le-Duc 88 119 H 2
Le Champ-près-Froges 38 233 F 5
Le Champ-Saint-Père 85 182 D 2
Champ-sur-Barse 10 115 G 2
Champ-sur-Drac 38 250 D 3
Le Champ-sur-Layon 49 149 G 3
Champagnac 15 226 B 5
Champagnac 17 219 H 4
Champagnac-de-Belair 24 222 C 5
Champagnac-la-Noaille 19 243 F 1
Champagnac-la-Prune 19 243 F 2
Champagnac-la-Rivière 87 223 E 1
Champagnac-le-Vieux 43 228 C 5
Champagnat 23 207 H 3
Champagnat 71 196 A 2
Champagnat-le-Jeune 63 228 B 4
Champagne 07 249 E 1
Champagne 17 201 E 4
Champagne 28 57 E 4
Champagné 72 108 A 4
Champagne-au-Mont-d'Or 69 213 E 5
Champagne-en-Valromey 01 214 D 3
Champagne-et-Fontaine 24 221 G 4
Champagné-le-Sec 86 203 F 1
Champagné-les-Marais 85 183 F 3
Champagne-Mouton 16 203 H 3
Champagné-Saint-Hilaire 86 186 B 4
Champagne-sur-Loue 39 179 G 1
Champagne-sur-Oise 95 38 B 5
Champagne-sur-Seine 77 88 C 4
Champagne-sur-Vingeanne 21 160 D 1
Champagne-Vigny 16 221 E 3
Champagneux 73 232 D 2
Champagney 25 161 H 3
Champagney 39 161 E 3
Champagney 70 142 A 2
Champagnier 38 250 D 2
Champagnole 39 179 H 4
Champagnolles 17 219 G 3
Champagny 21 159 G 1
Champagny 39 179 H 2
Champagny-en-Vanoise 73 234 D 3
Champagny-sous-Uxelles 71 194 D 1
Champallement 58 157 E 4
Champanges 74 198 B 3
Champaubert 51 61 E 3
Champcella 05 270 C 1
Champcenest 77 60 B 5
Champcerie 61 53 H 4
Champcervon 50 51 G 3
Champcevinel 24 240 C 2
Champcevrais 89 135 E 4
Champcey 50 51 G 4
Champclause 43 247 H 4
Champcourt 52 92 C 5
Champcueil 91 88 A 3
Champdeniers-Saint-Denis 79 185 E 2
Champdeuil 77 88 C 2
Champdieu 42 229 G 2
Champdivers 39 178 D 1
Champdolent 17 201 E 3
Champdor 01 214 C 2
Champdôtre 21 160 C 4
Champdray 88 120 A 2
Champeau-en-Morvan 21 158 B 4
Champeaux 35 105 E 2
Champeaux 50 51 F 4
Les Champeaux 61 54 C 3
Champeaux 77 88 C 2
Champeaux 79 185 E 2
Champeaux-et-la-Chapelle-Pommier 24 222 B 4
Champeaux-sur-Sarthe 61 84 B 2
Champeix 63 227 H 2
Champenard 27 36 C 5
La Champenoise 36 172 A 2
Champenoux 54 66 B 5
Champéon 53 82 C 4
Champétières 63 228 D 3
Champey 70 142 A 3
Champey-sur-Moselle 54 65 G 2
Champfleur 72 83 G 4
Champfleury 10 90 D 2
Champfleury 51 41 G 4
Champforgeuil 71 177 H 3
Champfrémont 53 83 F 4
Champfromier 01 197 E 5
Champgenéteux 53 82 D 5
Champguyon 51 60 D 4
Champhol 28 86 B 3
Champien 80 23 F 4
Champier 38 232 A 4
Champigné 49 128 C 4
Champignelles 89 135 F 3
Champigneul-Champagne 51 61 H 2
Champigneul-sur-Vence 08 26 C 4
Champigneulle 08 43 F 2
Champigneulles 54 65 H 5
Champigneulles-en-Bassigny 52 117 H 3
Champignol-lez-Mondeville 10 116 A 3
Champignolles 21 177 F 1
Champignolles 27 55 G 2
Champigny 51 41 G 3
Champigny 89 89 F 5
Champigny-en-Beauce 41 132 A 4
Champigny-la-Futelaye 27 56 C 3
Champigny-le-Sec 86 168 D 5
Champigny-lès-Langres 52 117 F 5
Champigny-sous-Varennes 52 140 A 2
Champigny-sur-Aube 10 91 E 2
Champigny-sur-Marne 94 58 D 4
Champigny-sur-Veude 37 169 E 1
Champillet 36 189 H 2
Champillon 51 61 G 1
Champis 07 249 E 4
Champlan 91 58 B 5
Champlat-et-Boujacourt 51 41 F 5
Champlay 89 113 H 5
Champlecy 71 193 H 3
Champlemy 58 156 D 4
Champlieu 71 194 D 1
Champlieu *Ruines gallo-romaines de* 60 39 F 3
Champlin 08 26 A 2
Champlin 58 157 E 4
Champlitte-et-le-Prélot 70 140 A 4
Champlitte-la-Ville 70 140 A 5
Champlive 25 162 B 3
Champlon 55 64 D 1
Champlost 89 114 B 4
Champmillon 16 221 E 2
Champmotteux 91 87 H 5
Champnétery 87 206 C 5
Champneuville 55 44 B 5
Champniers 16 221 F 1
Champniers 86 186 B 5
Champniers-et-Reilhac 24 222 C 1
Champoléon 05 270 A 1
Champoly 42 211 E 4
Champosoult 61 54 C 3
Champougny 55 94 A 2
Champoulet 45 135 E 4
Champoux 25 162 A 2
Champrenault 21 159 F 2
Champrepus 50 51 H 3
Champrond 72 108 D 4
Champrond-en-Gâtine 28 85 F 4
Champrond-en-Perchet 28 85 E 5
Champrosay 91 58 C 5
Champrougier 39 179 E 3
Champs 02 40 A 1
Champs 61 84 C 2
Champs 63 209 H 2
Champs *Col des* 06 289 E 2
Les Champs-de-Losque 50 32 A 4
Les Champs-Géraux 22 79 H 4
Champs-Romain 24 222 D 3
Champs-sur-Marne 77 59 E 3
Champs-sur-Tarentaine 15 226 C 5
Champs-sur-Yonne 89 136 B 4
Champsac 87 223 E 1
Champsanglard 23 189 F 5
Champsecret 61 82 B 2
Champseru 28 86 C 3
Champsevraine 52 140 A 3
Champtercier 04 287 H 3
Champteussé-sur-Baconne 49 128 B 4
Champtocé-sur-Loire 49 149 E 2
Champtoceaux 49 148 B 2
Champtonnay 70 161 F 2
Champvallon 89 113 G 5
Champvans 39 160 D 5
Champvans 70 161 E 2
Champvans-les-Baume 25 162 C 2
Champvans-les-Moulins 25 161 H 3
Champvert 58 175 F 3
Champvoisy 51 40 D 5
Champvoux 58 156 B 5
Chamrousse 38 251 F 2
Chamvres 89 113 G 5
Chanac 48 264 B 5
Chanac-les-Mines 19 243 E 1
Chanaleilles 43 264 C 1
Chanas 38 231 E 5
Chanat-la-Mouteyre 63 209 G 5
Chanay 01 214 D 2
Chanaz 73 215 E 4
Chançay 37 152 B 2
Chancé 35 104 D 4
Chanceaux 21 159 G 1
Chanceaux-près-Loches 37 152 B 5
Chanceaux-sur-Choisille 37 151 H 1
Chancelade 24 240 C 2
Chancenay 52 63 F 5
Chancey 70 161 F 3
Chancia 39 196 C 4
Chandai 61 55 G 4
Chandolas 07 284 A 1
Chandon 42 211 H 1
Chanéac 07 248 A 5
Chaneins 01 213 E 2
Chânes 71 194 D 5
Le Change 24 240 D 2
Changé 53 105 H 3
Change 71 177 F 2
Changé 72 107 H 5
Changey 52 117 F 5
Changis-sur-Marne 77 59 H 2
Changy 42 211 F 1
Changy 51 62 D 4
Changy-Tourny 71 193 H 3
Chaniat 43 228 C 5
Chaniaux 48 265 F 3
Chaniers 17 219 G 1
Channay 21 137 H 2
Channay-sur-Lathan 37 151 E 1
Channes 10 115 F 5
Chanonat 63 227 H 1
Chanos-Curson 26 249 F 3
Chanousse 05 286 D 1
Chanoy 52 117 F 5
Chanoz-Châtenay 01 213 F 1
Chanteau 45 111 E 5
Chantecoq 45 112 D 4
Chantecorps 79 185 G 2
Chanteheux 54 95 G 1
Chanteix 19 242 C 1
Chantelle 03 191 H 5
Chanteloup 27 56 A 3
Chanteloup 35 104 B 4
Chanteloup 50 51 G 2
Chanteloup 79 167 G 4
Chanteloup *Pagode de* 37 152 B 2
Chanteloup-en-Brie 77 59 F 3
Chanteloup-les-Bois 49 149 F 5
Chanteloup-les-Vignes 78 57 H 2
Chantelouve 38 251 F 4
Chantemerle 05 252 C 4
Chantemerle 51 90 A 2
Chantemerle-les-Blés 26 249 F 2
Chantemerle-lès-Grignan 26 267 F 5
Chantemerle-sur-la-Soie 17 201 G 3
Chantemesle 95 57 F 1
Chantenay-Saint-Imbert 58 174 C 5
Chantenay-Villedieu 72 107 E 5
Chantepie 35 104 B 3
Chantérac 24 239 H 2
Chanterelle 15 227 E 5
Chantes 70 140 D 4
Chantesse 38 250 B 1
Chanteuges 43 246 C 3
Chantillac 16 220 B 5
Chantilly 60 38 D 4
Chantôme 36 188 D 3
Chantonnay 85 166 C 5
Chantraine 88 119 F 2
Chantraines 52 117 E 2
Chantrans 25 180 B 1
Chantrigné 53 82 B 4
Chanturgue *Plateau de* 63 209 H 5
Chanu 61 53 E 4
Chanville 57 66 C 1
Chanzeaux 49 149 F 3
Chaon 41 133 H 5
Chaouilley 54 94 C 3
Chaource 10 115 E 4
Chaourse 02 25 G 4
Chapaize 71 194 D 1
Chapareillan 38 233 F 3
Chaparon 74 215 H 4
Chapdes-Beaufort 63 209 F 4
Chapdeuil 24 221 H 5
Chapeau 03 192 C 2
Chapeauroux 48 265 E 1
Chapeiry 74 215 F 4
Chapelaine 51 91 H 2
La Chapelaude 03 190 C 3
La Chapelle 03 210 C 2
La Chapelle 08 27 F 3
La Chapelle 16 203 E 4
La Chapelle 19 225 H 4
La Chapelle 73 234 A 4
La Chapelle-Achard 85 182 B 1
La Chapelle-Agnon 63 228 D 2
La Chapelle-Anthenaise 53 106 A 3
La Chapelle-au-Mans 71 193 F 1
La Chapelle-au-Moine 61 53 E 4
La Chapelle-au-Riboul 53 82 C 5
La Chapelle-Aubareil 24 241 G 4
La Chapelle-aux-Bois 88 119 F 4
La Chapelle-aux-Brocs 19 242 C 2
La Chapelle-aux-Chasses 03 175 F 5
La Chapelle-aux-Choux 72 130 A 5
La Chapelle-aux-Filtzméens 35 80 A 4
La Chapelle-aux-Lys 85 184 C 1
La Chapelle-aux-Naux 37 151 F 3
La Chapelle-aux-Saints 19 242 D 4
La Chapelle-Baloue 23 188 D 4
La Chapelle-Basse-Mer 44 148 A 3
La Chapelle-Bâton 17 201 H 2
La Chapelle-Bâton 79 185 E 2

CHÂLONS EN CHAMPAGNE

Arche-de-Mauvillain (Pt de l') BZ 2
Bourgeois (R. Léon) ABY
Chastillon (R. de) ABZ 6
Croix-des-Teinturiers (R.) AZ 9
Flocmagny (R. du) BY 12
Foch (Pl. du Maréchal) AY 13
Gantelet (Rue du) AY 14
Gaulle (Av. du Gén. Charles-de) BZ 15
Godart (Pl.) AY 17
Jean-Jaurès (R.) AZ 20
Jessaint (R. de) BZ 22
Libération (Pl. de la) AZ 24
Mariniers (Pt des) AY 26
Marne (R. de la) AY
Martyrs-de-la-Résistance (R. des) BY 29
Orfeuil (R. d') AZ 31
Ormesson (Cours d') AZ 32
Prieur-de-la-Marne (R.) BY 36
Récamier (R. Juliette) AZ 38
République (Pl. de la) AZ 39
Vaux (R. de) AY 47
Vinetz (R. de) BZ 49
Viviers (Pt des) AY 50

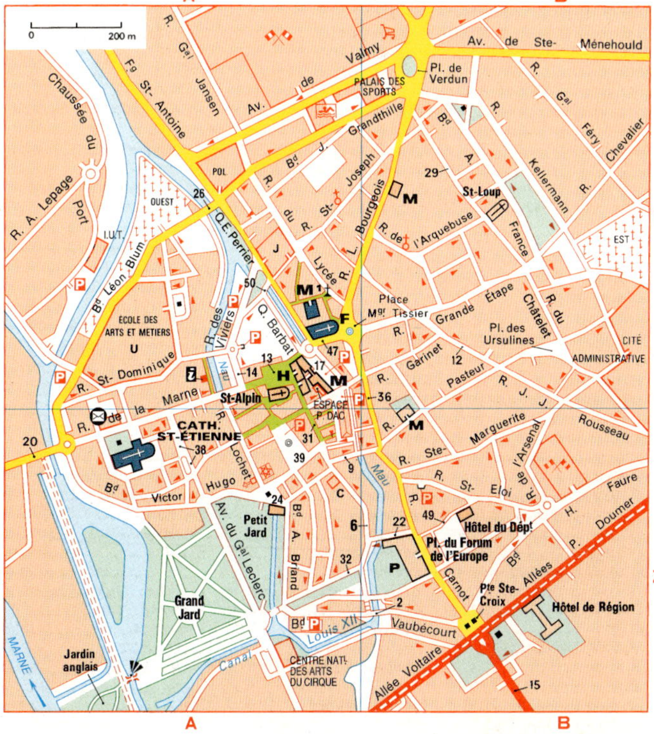

A B C D E F G H I J K L M N O P Q R S T U V W X Y Z

CHALON-SUR-SAÔNE

Banque (R. de la) . . . . BZ 3
Châtelet (Pl. du) . . . . BZ 5
Châtelet (R. du) . . . . CZ 6
Citadelle (R. de la) . . . . BY 7
Couturier (R. Ph.-L.) . . . . . . BZ 9
Duhesme (R. du Gén.) . . . AY 12
Evêché (R. de l') . . . . CZ 15
Fèvres (R. aux) . . . . CZ 16
Gaulle (Pl. Gén.-de) . . . . . . BZ 17
Grande-R. . . . . BCZ 18
Hôtel-de-Ville (Pl. de l') . . . . BZ 19
Leclerc (R. Gén.) . . . . BZ
Lyon (R. de) . . . . BZ 21
Messiaen (R. O.) . . . . AZ 24
Obélisque (Pl. de l') . . . . . . BY 27
Pasteur (R.) . . . . BZ 28
Poissonnerie (R. de la) . . . CZ 31
Pompidou (Av. G.) . . . . AZ 32
Pont (R. du) . . . . CZ 35
Porte-de-Lyon (R.) . . . . BZ 36
Port-Villiers (R. du) . . . . BZ 37
Poterne (Q. de la) . . . . CZ 38
Pretet (R. René) . . . . AZ 40
République (Bd) . . . . ABZ 42
Ste-Marie (Prom.) . . . . CZ 47
St-Georges (R.) . . . . BZ 45
St-Vincent (Pl. et R.) . . . . . CZ 46
Strasbourg (R. de) . . . . CZ 48
Trémouille (R. de la) . . . . BCY 51

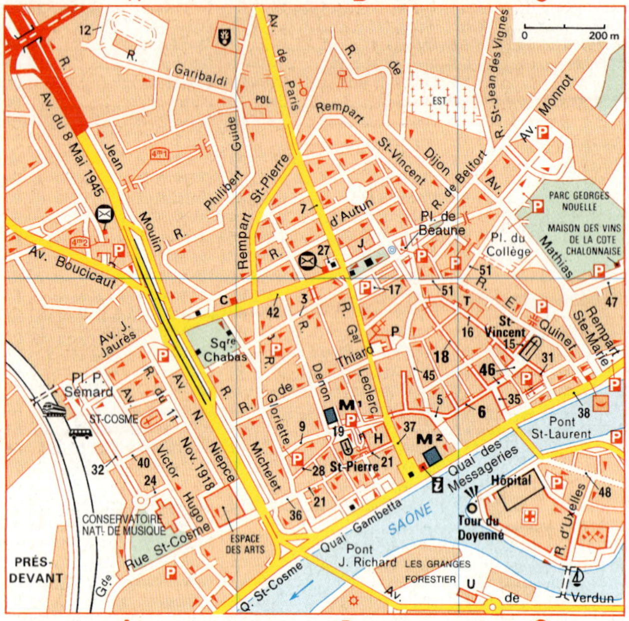

La Chapelle-Bâton 86.......... 203 H 1
La Chapelle-Bayvel 27...........35 E 3
La Chapelle-Bertin 43.......... 246 D 2
La Chapelle-Bertrand 79..... 185 G 1
La Chapelle-Biche 61.............53 E 4
La Chapelle-Blanche 22...... 103 G 1
La Chapelle-Blanche 73...... 233 G 3
La Chapelle-Blanche-Saint-Martin 37............... 170 A 1
La Chapelle-Bouëxic 35...... 103 H 5
La Chapelle-Caro 56........... 102 D 5
La Chapelle-Cécelin 50..........52 A 3
La Chapelle-Chaussée 35......80 A 5
La Chapelle-Craonnaise 53. 105 G 5
La Chapelle-d'Abondance 74.............. 198 D 4
La Chapelle-d'Alagnon 15... 245 F 3
La Chapelle-d'Aligné 72...... 129 E 3
La Chapelle-d'Andaine 61......82 C 2
La Chapelle-d'Angillon 18... 155 E 3
La Chapelle-d'Armentières 59..8 C 2
La Chapelle-d'Aunainville 28..86 D 4
La Chapelle-d'Aurec 43....... 229 H 5
La Chapelle-de-Bragny 71.. 194 D 1
La Chapelle-de-Brain 35..... 126 A 3
La Chapelle-de-Guinchay 71194 D 5
La Chapelle-de-la-Tour 38... 232 B 2
La Chapelle-de-Mardore 69................ 212 A 2
La Chapelle-de-Surieu 38... 231 F 4
Chapelle-des-Bois 25.......... 197 G 1
La Chapelle-des-Fougeretz 35............ 104 A 2
La Chapelle-des-Marais 44. 146 B 1
La Chapelle-des-Pots 17..... 201 G 5
La Chapelle-devant-Bruyères 88......... 120 A 2
Chapelle-d'Huin 25............. 180 B 2
La Chapelle-du-Bard 38...... 233 G 4
La Chapelle-du-Bois 72....... 108 C 2
La Chapelle-du-Bois-des-Faulx 27..........36 B 5
La Chapelle-du-Bourgay 76...20 B 2
La Chapelle-du-Châtelard 01213 G 2
La Chapelle-du-Chêne 85... 129 E 2
La Chapelle-du-Fest 50..........32 C 5
La Chapelle-du-Genêt 49.... 148 C 4
La Chapelle-du-Lou 35....... 103 H 1
La Chapelle-du-Mont-de-France 71..... 194 C 3
La Chapelle-du-Mont-du-Chat 73......... 233 E 1
La Chapelle-du-Noyer 28.... 109 H 4
La Chapelle-en-Juger 50........32 A 5
La Chapelle-en-Lafaye 42... 229 G 4
La Chapelle-en-Serval 60.......38 D 5
La Chapelle-en-Valgaudémar 05......... 251 H 5
La Chapelle-en-Vercors 26.. 250 B 4
La Chapelle-en-Vexin 95........37 F 5
La Chapelle-Enchérie 41..... 131 H 3
La Chapelle-Engerbold 14......53 E 2
La Chapelle-Erbrée 35........ 105 F 3
La Chapelle-Faucher 24...... 222 C 5
La Chapelle-Felcourt 51.........62 D 1
La Chapelle-Forainvilliers 28..57 E 5
La Chapelle-Fortin 28.............55 H 5
La Chapelle-Gaceline 56..... 125 G 2
La Chapelle-Gaudin 79....... 167 H 2
La Chapelle-Gaugain 72..... 130 D 3
La Chapelle-Gauthier 27........55 E 2
La Chapelle-Gauthier 77........88 D 3
La Chapelle-Geneste 43..... 228 D 5
La Chapelle-Glain 44........... 127 F 4
La Chapelle-Gonaguet 24... 240 B 1
La Chapelle-Grésignac 24... 221 G 4
Chapelle-Guillaume 28........ 109 E 3
La Chapelle-Hareng 27..........35 E 5
La Chapelle-Haute-Grue 14...54 C 2
La Chapelle-Hermier 85...... 165 F 5
La Chapelle-Heulin 44......... 148 A 4
La Chapelle-Hugon 18........ 174 A 3
La Chapelle-Hullin 49.......... 127 G 3
La Chapelle-Huon 72.......... 131 E 2
La Chapelle-Iger 77................59 H 5
La Chapelle-Janson 35..........81 F 4
La Chapelle-la-Reine 77.........88 A 5
La Chapelle-Largeau 79...... 167 E 2
La Chapelle-Lasson 51..........90 C 2
La Chapelle-Launay 44....... 146 D 2
La Chapelle-Laurent 15....... 246 A 2
La Chapelle-lès-Luxeuil 70.. 141 G 2
La Chapelle-Marcousse 63. 227 H 4
La Chapelle-Montabourlet 24............... 221 H 4
La Chapelle-Montbrandeix 87............. 222 D 2
La Chapelle-Monthodon 02....60 D 1
La Chapelle-Montligeon 61....84 C 3
La Chapelle-Montlinard 18.. 156 B 5
La Chapelle-Montmartin 41. 153 H 4
La Chapelle-Montmoreau 24............... 222 B 4
La Chapelle-Montreuil 86.... 186 A 2
Chapelle-Morthemer 86....... 186 D 2
La Chapelle-Moulière 86..... 186 D 1
La Chapelle-Moutils 77...........60 B 4
La Chapelle-Naude 71........ 195 H 1
La Chapelle-Neuve 22............77 E 2
La Chapelle-Neuve 56......... 101 H 5
La Chapelle-Onzerain 45.... 110 B 4
La Chapelle-Orthemale 36.. 171 F 4
La Chapelle-Palluau 85....... 165 G 3
La Chapelle-Péchaud 24..... 259 F 1
La Chapelle-Pouilloux 79.... 203 E 1
La Chapelle-près-Sées 61......83 H 2
La Chapelle-Rablais 77..........88 D 3
La Chapelle-Rainsouin 53... 106 B 3
La Chapelle-Rambaud 74... 215 H 1
La Chapelle-Réanville 27.......36 D 5
La Chapelle-Rousselin 49... 149 E 4
Chapelle-Royale 28............ 109 F 3
La Chapelle-Saint-André 58................ 156 D 2
La Chapelle-Saint-Aubert 35...................81 E 5
La Chapelle-Saint-Aubin 72................ 107 G 4
La Chapelle-Saint-Étienne 79............. 167 F 5
La Chapelle-Saint-Florent 49.............. 148 C 3
La Chapelle-Saint-Fray 72.. 107 G 3
La Chapelle-Saint-Géraud 19............. 243 F 4
La Chapelle-Saint-Jean 24.. 241 G 2
La Chapelle-Saint-Laud 49.. 129 E 5
La Chapelle-Saint-Laurent 79............. 167 G 4
La Chapelle-Saint-Laurian 36............. 172 A 1
La Chapelle-Saint-Luc 10.......90 D 5
La Chapelle-Saint-Martial 23................ 207 F 3
La Chapelle-Saint-Martin 73............... 232 D 1
La Chapelle-Saint-Martin-en-Plaine 41.................... 132 B 4
La Chapelle-Saint-Maurice 74............ 215 G 5
La Chapelle-Saint-Mesmin 45............ 133 E 2
La Chapelle-Saint-Ouen 76....36 D 1
La Chapelle-Saint-Quillain 70............. 161 G 1
La Chapelle-Saint-Rémy 72................ 108 B 3
La Chapelle-Saint-Sauveur 44............ 148 D 1
La Chapelle-Saint-Sauveur 71............ 178 C 3
La Chapelle-Saint-Sépulcre 45........... 112 D 4
La Chapelle-Saint-Sulpice 77.89 F 3
La Chapelle-Saint-Ursin 18. 173 E 1
La Chapelle-Souëf 61............84 C 5
La Chapelle-sous-Brancion 71............ 195 E 2
La Chapelle-sous-Dun 71.... 194 A 5
La Chapelle-sous-Orbais 51...61 E 2
La Chapelle-sous-Uchon 71................ 176 C 3
Chapelle-Spinasse 19......... 225 F 5
La Chapelle-sur-Aveyron 45............... 135 E 2
La Chapelle-sur-Chézy 02......60 B 2
La Chapelle-sur-Coise 69.... 230 C 2
La Chapelle-sur-Crécy 77......59 G 3
La Chapelle-sur-Dun 76.........19 H 2
La Chapelle-sur-Erdre 44.... 147 G 3
La Chapelle-sur-Furieuse 39............... 179 G 1
La Chapelle-sur-Loire 37..... 151 E 4
La Chapelle-sur-Oreuse 89....89 G 5
La Chapelle-sur-Oudon 49.. 128 A 4
La Chapelle-sur-Usson 63... 228 B 4
La Chapelle-sur-Vire 50.........52 B 1
La Chapelle-Taillefert 23...... 207 E 2
La Chapelle-Thècle 71........ 195 G 1
La Chapelle-Thémer 85....... 183 G 1
La Chapelle-Thireuil 79....... 184 D 1
La Chapelle-Thouarault 35.. 103 H 2
La Chapelle-Urée 50.............52 A 5
Chapelle-Vallon 10.................90 D 4
La Chapelle-Vaupelteigne 89.............. 136 C 2
La Chapelle-Vendômoise 41............... 131 H 4
La Chapelle-Vicomtesse 41................ 109 F 5
La Chapelle-Viel 61................55 F 5
La Chapelle-Villars 42......... 230 D 3
Chapelle-Viviers 86............ 187 E 2
Chapelle-Voland 39............ 178 D 4
La Chapelle-Yvon 14.............54 D 1
Les Chapelles 53....................82 D 3
Les Chapelles 73................ 234 D 2
Les Chapelles-Bourbon 77.....59 F 4
Chapelon 45....................... 112 B 4
La Chapelotte 18................ 155 G 3
Chapet 78..............................57 H 2
Les Chapieux 73................. 216 D 5
Chapois 39......................... 179 H 3
Chaponnay 69..................... 231 F 2
Chaponost 69...................... 230 D 1
Chaponost Arches de 69..... 231 E 1
Chappes 03........................ 191 F 4
Chappes 08...........................26 A 5
Chappes 10........................ 115 F 3
Chappes 63........................ 210 A 4
Chaptelat 87....................... 205 G 4
Chaptuzat 63...................... 209 H 3
Charade 63......................... 227 G 1
Charancieu 38..................... 232 C 3
Charancin 01...................... 214 C 3
Charantonnay 38................ 231 G 3
Charavines 38..................... 232 C 4
Charbogne 08........................42 C 1
Charbonnat 71.................... 176 B 4
Charbonnier-les-Mines 63... 228 A 4
Charbonnières 28............... 109 E 2
Charbonnières 71............... 195 E 3
Charbonnières-les-Bains 69.................... 212 D 5
Charbonnières-les-Sapins 25.................. 162 B 4
Charbonnières-les-Varennes 63.............. 209 G 4
Charbonnières-les-Vieilles 63................. 209 G 3
Charbuy 89......................... 136 A 3
La Charce 26...................... 268 C 4
Charcé-Saint-Ellier-sur-Aubance 49.............. 149 H 3
Charcenne 70..................... 161 G 2
Charchigné 53......................82 C 4
Charchilla 39...................... 196 D 2
Charcier 39......................... 179 G 5
Chard 23............................ 208 C 4
Chardeny 08.........................42 C 2
Chardes 17......................... 219 H 5
Chardogne 55.......................63 G 3
Chardonnay 71................... 195 E 2
Chareil-Cintrat 03............... 192 A 5
Charencey 21...................... 159 F 2
Charency 39....................... 180 A 4
Charency-Vezin 54................44 C 2
Charens 26......................... 268 C 4
Charensat 63...................... 208 D 3
Charentay 69...................... 212 D 2
Charentenay 70.................. 140 C 5
Charentenay 89.................. 136 B 5
Charentilly 37..................... 151 H 1
Charenton 58...................... 156 B 4
Charenton-du-Cher 18........ 173 G 5
Charenton-le-Pont 94............58 C 4
Charentonnay 18................ 156 A 5
Charette 38........................ 214 A 5
Charette-Varennes 71......... 178 C 2
Charey 54.............................65 F 2
Charézier 39....................... 196 D 1
Chargé 37.......................... 152 C 2
Chargey-lès-Gray 70.......... 161 E 1
Chargey-lès-Port 70........... 140 D 3
Chariez 70.......................... 141 E 4
Charigny 21........................ 158 D 2
La Charité-sur-Loire 58....... 156 B 5
Charix 01........................... 196 D 5
Charlas 31.......................... 316 B 5
Charleval 13....................... 305 G 3
Charleval 27..........................36 D 2
Charleville 51........................61 E 4
Charleville-Mézières 08..........26 D 3
Charleville-sous-Bois 57.........46 B 5
Charlieu 42......................... 211 H 1
Charly 18........................... 173 H 3
Charly 69........................... 231 E 2
Charly-Oradour 57..................45 H 5
Charly-sur-Marne 02..............60 B 2
Charmant 16....................... 221 F 3
Charmauvillers 25.............. 163 G 3
Charmé 16......................... 203 F 3
La Charme 39..................... 179 E 3
Le Charme 45..................... 135 F 3
La Charmée 71................... 177 G 5
Charmeil 03....................... 210 B 1
Le Charmel 02.......................40 D 5
Charmensac 15.................. 245 H 2
Charmentray 77.....................59 F 2
Charmes 02..........................24 B 4
Charmes 03....................... 210 A 2
Charmes 21....................... 160 C 2
Charmes 52....................... 117 F 5
Charmes 88..........................95 E 4
Charmes-en-l'Angle 52..........92 D 4
Charmes-la-Côte 54..............94 A 1
Charmes-la-Grande 52..........92 C 4
Charmes-Saint-Valbert 70... 140 B 3
Charmes-sur-l'Herbasse 26 249 G 2

CHAMBÉRY

Allobroges (Q. des) . . . . A 2
Banque (R. de la) . . . . B 3
Basse-du-Château (R.) . . . . A 4
Bernardines (Av. des) . . . . . A 6
Boigne (R. de) . . . . B
Borrel (Q. du Sénateur A.) . B 7
Charvet (R. F.) . . . . B 9
Château (Pl. du) . . . . A 10
Colonne (Bd de la) . . . . B 12
Ducis (R.) . . . . B 13
Ducs-de-Savoie (Av. des) . . B 14
Europe (Espl. de l') . . . . B 16
Freizier (R.) . . . . AB 17
Gaulle (Av. Gén.-de) . . . . . . B 18
Italie (R. d') . . . . B 20
Jean-Jaurès (Av.) . . . . A 21
Jeu-de-Paume (Q. du) . . . . A 23
Juiverie (R.) . . . . A
Lans (R. de) . . . . A 24
Libération (Pl. de la) . . . . B 25
Maché (Pl.) . . . . A 27
Maché (R. du Fg) . . . . A 28
Martin (R. Cl.) . . . . B 30
Métropole (Pl.) . . . . B 31
Michaud (R.) . . . . B 32
Mitterrand (Pl. F.) . . . . B 33
Musée (Bd. du) . . . . AB 34
Ravet (Q. Ch.) . . . . B 35
St-François (R.) . . . . B 38
St-Léger (Pl.) . . . . B
St- Antoine (R.) . . . . A 36
Théâtre (Bd du) . . . . B 39
Vert (Av. du Comte) . . . . A 40

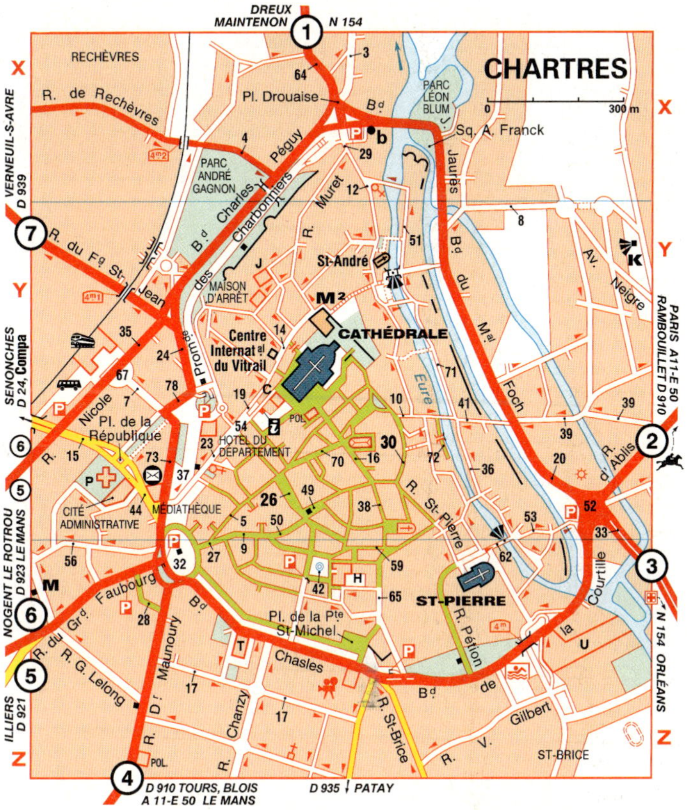

Aligre (Av. d') X 3
Alsace-Lorraine (Av. d') X 4
Ballay (R. Noël) Y 5
Beauce (Av. Jehan-de) Y 7
Bethouard (Av.) Y 8
Bois-Merrain (R. du) Y 9
Bourg (R. du) Y 10
Brèche (R. de la) X 12
Cardinal-Pie (R. du) Y 14
Casanova (R. Danièle) Y 15
Changes (R. des) Y 16
Châteaudun (R. de) Z 17
Châtelet (Pl.) Y 18
Cheval-Blanc (R. du) Y 19
Clemenceau (Bd) Y 20
Collin-d'Harleville (R.) Y 23
Couronne (R. de la) Y 24
Cygne (Pl. du) Y 26
Delacroix (R. Jacques) Y 27
Dr-Gibert (R. du) Z 28
Drouaise (R. Porte) X 29
Écuyers (R. des) Y 30
Épars (Pl. des) Z 32
Faubourg La Grappe (R. du) Y 33
Félibien (R.) Y 35
Fessard (R. G.) Y 78
Foulerie (R. de la) Y 36
Gaulle (Pl. Gén.-de) Y 37
Grenets (R. des) Y 38
Guillaume (R. du Fg) Y 39
Guillaume (R. Porte) Y 41
Halles (Pl. des) Z 42
Koenig (R. du Gén.) Y 44
Marceau (Pl.) Y 49
Marceau (R.) Y 50
Massacre (R. du) Y 51
Morard (Pl.) Y 52
Morard (R. de la Porte) Y 53
Moulin (Pl. Jean) Y 54
Péri (R. Gabriel) Z 56
Poêle-Percée (R. de la) Z 59
St-Hilaire (R. du Pont) Z 62
St-Maurice (R.) X 64
St-Michel (R.) Z 65
Semard (Pl. Pierre) Y 67
Soleil-d'Or (R. du) Y 70
Tannerie (R. de la) Y 71
Teinturiers (Q. des) Y 72
Violette (Bd Maurice) Y 73

Charmes-sur-Rhône 07 249 E 5
Charmette Col de la 38 232 D 5
Les Charmettes 73 233 F 2
Charmoille 25 163 F 3
Charmoille 70 141 E 4
Charmoilles 52 117 F 5
Charmois 54 95 F 2
Charmois 90 142 C 3
Charmois-devant-Bruyères 88 119 G 2
Charmois-l'Orgueilleux 88 119 E 3
Charmont 51 63 E 3
Charmont 95 37 G 5
Charmont-en-Beauce 45 111 F 2
Charmont-sous-Barbuise 10 91 E 4
Les Charmontois 51 63 F 2
Charmoy 10 90 A 4
Charmoy 52 140 A 2
Charmoy 71 176 D 4
Charmoy 89 113 H 5
Charnas 07 231 E 5
Charnat 63 210 B 3
Charnay 25 161 H 5
Charnay 69 212 D 4
Charnay-lès-Chalon 71 178 B 2
Charnay-lès-Mâcon 71 195 E 4
Charnècles 38 232 C 5
Charnizay 37 170 B 3
Charnod 39 196 B 4
Charnois 08 17 F 4
Charnoz-sur-Ain 01 213 H 4
Charny 21 159 E 3
Charny 77 59 F 2
Charny 89 135 F 2
Charny-le-Bachot 10 90 D 2
Charny-sur-Meuse 55 44 B 5
Charolles 71 194 A 3
Charols 26 267 G 3
Charonville 28 109 H 2
Chârost 18 172 C 2
Charousse 74 216 C 3
Charpentry 55 43 F 3
Charpey 26 249 G 4
Charpont 28 56 D 5
Charquemont 25 163 G 3
Charrais 86 168 D 5
Charraix 43 246 C 4
Charras 16 221 H 3
Charray 28 109 H 5
Charre 64 313 F 3
Charrecey 71 177 F 3
Charrey-sur-Saône 21 160 B 5
Charrey-sur-Seine 21 115 H 5
Charrin 58 175 F 4
Charritte-de-Bas 64 313 F 3
Charron 17 183 F 4
Charron 23 208 C 2
Charroux 03 209 H 1
Charroux 86 203 H 1
Chars 95 37 H 5
Charsonville 45 110 B 5
Chartainvilliers 28 86 B 3
Chartèves 02 60 C 1
La Chartre-sur-le-Loir 72 130 C 4
Chartrené 49 150 B 1
Chartres 28 86 A 4
Chartres-de-Bretagne 35 104 B 3
Chartrettes 77 88 B 3
Chartrier-Ferrière 19 242 B 3
Chartronges 77 60 B 4
Chartuzac 17 219 H 5
Charvieu-Chavagneux 38 213 H 5
Charvonnex 74 215 G 2
Chas 63 228 A 1
Chaserey 10 115 E 5
Chasnais 85 183 E 2
Chasnans 25 162 C 5
Chasnay 58 156 C 4
Chasné-sur-Illet 35 80 C 5
Chaspinhac 43 247 F 3
Chaspuzac 43 247 E 3
La Chassagne 39 179 E 3
Chassagne 63 227 H 4
Chassagne-Montrachet 21 177 G 2
Chassagne-Saint-Denis 25 162 A 5
Chassagnes 07 265 H 5
Chassagnes 43 246 C 2
Chassagny 69 230 D 2
Chassaignes 24 239 F 1
Chassal 39 196 D 3
Chassant 28 85 F 5
Chassé 72 83 H 4
Chasse-sur-Rhône 38 231 E 2
Chasseguey 50 52 B 5
Chasselas 71 194 D 5
Chasselay 38 250 A 1
Chasselay 69 213 E 4
Chassemy 02 40 C 2
Chassenard 03 193 F 3
Chasseneuil 36 188 C 1
Chasseneuil-du-Poitou 86 186 C 1
Chasseneuil-sur-Bonnieure 16 203 H 5
Chassenon 16 204 D 4
Chasseradès 48 265 F 4
Chassey 21 159 E 1
Chassey-Beaupré 55 93 G 3
Chassey-le-Camp 71 177 G 3
Chassey-lès-Montbozon 70 141 G 5
Chassey-lès-Scey 70 140 D 4
Chassezac Belvédère du 48 265 F 5
Chassiecq 16 203 H 3
Chassiers 07 266 A 4
Chassieu 69 213 F 5
Chassignelles 89 137 G 3
Chassignieu 38 232 B 3
Chassignolles 36 189 G 2
Chassignolles 43 228 C 5
Chassigny 52 139 H 3
Chassigny-sous-Dun 71 194 A 5
Chassillé 72 107 E 4
Chassiron Phare de 17 200 A 2
Chassors 16 220 C 1
Chassy 18 174 A 1
Chassy 71 193 G 1
Chassy 89 135 H 2
Le Chastang 19 242 D 2
Chastang Barrage du 19 243 F 2
Chastanier 48 265 E 2
Chasteaux 19 242 B 3
Chastel 43 246 B 3
Chastel-Arnaud 26 268 A 2
Chastel-Nouvel 48 264 C 4
Chastel-sur-Murat 15 245 F 3
Chastellux-sur-Cure 89 157 H 2
Chastenay 89 136 A 4
Chasteuil 04 308 A 1
Chastreix 63 227 E 3
La Châtaigneraie 85 167 E 5
Chatain 86 203 H 2
Châtaincourt 28 56 C 5
Châtas 88 96 C 4
Château 71 194 C 3
Château-Arnoux-Saint-Auban 04 287 G 3
Château-Bas 13 305 G 3
Château-Bernard 38 250 C 4
Château-Bréhain 57 66 C 3
Château-Chalon 39 179 F 4
Château-Chervix 87 223 H 2
Château-Chinon 58 176 A 1
Le Château-d'Almenêches 61 54 B 5
Château-des-Prés 39 197 E 2
Le Château-d'Oléron 17 200 B 4
Château-d'Olonne 85 182 A 1
Château-du-Loir 72 130 B 4
Château-Farine 25 161 H 4
Château-Gaillard 01 214 A 3
Château Gaillard 27 36 D 4
Château-Gaillard 28 111 E 3
Château-Garnier 86 186 C 5
Château-Gombert 13 327 E 2
Château-Gontier 53 128 B 2
Château-Guibert 85 183 E 1
Château-Guillaume 36 188 A 3
Château-la-Vallière 37 151 F 1
Château-l'Abbaye 59 9 G 4
Château-Lambert 70 120 A 5
Château-Landon 77 112 B 3
Château-Larcher 86 186 B 3
Château-l'Évêque 24 240 C 1
Château-l'Hermitage 72 130 A 3
Château-Porcien 08 42 A 1
Château-Queyras 05 271 E 1
Château-Regnault 08 26 D 2
Château-Renard 45 112 D 5
Château-Renault 37 131 F 5
Château-Rouge 57 46 D 4
Château-Salins 57 66 C 4
Château-sur-Allier 03 174 B 4
Château-sur-Cher 63 208 C 2
Château-sur-Epte 27 37 F 4
Château-Thébaud 44 147 H 5
Château-Thierry 02 60 C 1
Château-Verdun 09 336 B 5
Château-Ville-Vieille 05 271 E 1
Château-Voué 57 66 D 3
Châteaubernard 16 220 B 1
Châteaubleau 77 89 E 2
Châteaubourg 07 249 E 4
Châteaubourg 35 104 D 3
Châteaubriant 44 127 E 3
Châteaudouble 26 249 G 5
Châteaudouble 83 308 A 4
Châteaudun 28 109 H 4
Châteaufort 04 287 G 1
Châteaufort 78 58 A 5
Châteaugay 63 209 H 5
Châteaugiron 35 104 C 3
Châteaulin 29 75 H 5
Châteaumeillant 18 190 A 2
Châteauneuf 21 159 F 4
Châteauneuf 39 161 F 4
Châteauneuf 42 230 D 3
Châteauneuf 71 194 A 5
Châteauneuf 73 233 H 2
Châteauneuf 85 164 D 2
Châteauneuf-de-Bordette 26 285 H 1
Châteauneuf-de-Chabre 05 287 F 1
Châteauneuf-de-Gadagne 84 305 E 1
Châteauneuf-de-Galaure 26 249 F 1
Châteauneuf-de-Randon 48 264 D 3
Châteauneuf-de-Vernoux 07 248 D 5
Châteauneuf-d'Entraunes 06 289 F 3
Châteauneuf-d'Ille-et-Vilaine 35 79 H 3
Châteauneuf-d'Oze 05 269 F 4
Châteauneuf-du-Faou 29 76 B 5
Châteauneuf-du-Pape 84 285 F 4
Châteauneuf-du-Rhône 26 267 E 4
Châteauneuf-en-Thymerais 28 85 H 2
Châteauneuf-Grasse 06 309 E 3
Châteauneuf-la-Forêt 87 224 C 1
Châteauneuf-le-Rouge 13 306 B 5
Châteauneuf-les-Bains 63 209 F 3
Châteauneuf-les-Martigues 13 326 C 2
Châteauneuf-lès-Moustiers 04 307 H 1
Châteauneuf-Miravail 04 287 E 3
Châteauneuf-sur-Charente 16 220 D 2
Châteauneuf-sur-Cher 18 173 E 3
Châteauneuf-sur-Isère 26 249 F 4
Châteauneuf-sur-Loire 45 133 H 2
Châteauneuf-sur-Sarthe 49 128 D 4
Châteauneuf-Val-de-Bargis 58 156 C 4
Châteauneuf-Val-Saint-Donat 04 287 G 3
Châteauneuf-Villevieille 06 291 F 5
Châteauponsac 87 205 H 1
Châteauredon 04 288 A 4
Châteaurenard 13 304 D 1
Châteaurenaud 71 178 C 5
Châteauroux 36 171 H 4
Châteauroux-les-Alpes 05 270 C 2
Châteauvert 83 307 F 5
Châteauvieux 05 269 G 4
Châteauvieux 41 153 E 4
Châteauvieux 83 308 B 2
Châteauvieux-les-Fossés 25 162 B 5
Châteauvilain 38 232 A 3
Châteauvillain 52 116 C 4
Le Châtel 73 234 A 5
Châtel 74 198 D 4
Châtel-Censoir 89 157 F 1
Chatel-Chéhéry 08 43 F 3
Châtel-de-Joux 39 196 D 2
Châtel-de-Neuvre 03 192 A 3
Châtel-Gérard 89 137 F 5
Châtel-Guyon 63 209 G 4
Châtel-Montagne 03 210 D 2
Châtel-Moron 71 177 F 4
Châtel-Saint-Germain 57 65 G 1
Châtel-sur-Moselle 88 95 F 4
Châtelaillon-Plage 17 200 C 2
Châtelain 53 128 C 2
La Châtelaine 39 179 G 3
Châtelais 49 127 H 3
Châtelard 23 208 C 3
Châtelard 38 251 G 3
Le Châtelard 73 233 G 1
Châtelaudren 22 73 G 5
Chatelay 39 179 F 1
Châtelblanc 25 180 B 5
Châteldon 63 210 C 3
Le Châtelet 18 190 A 1
Châtelet Pont du 04 271 E 3
Le Châtelet-en-Brie 77 88 C 3
Le Châtelet-sur-Retourne 08 42 A 2
Le Châtelet-sur-Sormonne 08 26 B 2
Les Châtelets 28 56 A 5
Le Chateley 39 179 E 3
Le Châtelier 51 63 F 2
Châtellenot 21 159 E 4
Châtellerault 86 169 G 4
Le Châtellier 35 81 E 3
Le Châtellier 61 53 E 5
Les Châtelliers-Châteaumur 85 167 E 3
Les Châtelliers-Notre-Dame 28 85 G 5
Châtelneuf 39 179 H 5
Châtelneuf 42 229 G 2
Chateloy 03 191 E 2
Châtelperron 03 192 D 3
Châtelraould-Saint-Louvent 51 62 C 5
Châtelus 03 211 E 1
Châtelus 38 250 B 3
Châtelus 42 230 B 2
Châtelus-le-Marcheix 23 206 C 3
Châtelus-Malvaleix 23 189 G 5
Châtenay 01 213 H 2
Châtenay 28 86 D 5
Châtenay 38 231 H 5
Châtenay 71 194 A 5
Châtenay-en-France 95 58 D 1
Chatenay-Mâcheron 52 139 H 2
Châtenay-Malabry 92 58 B 4
Châtenay-sur-Seine 77 89 E 4
Chatenay-Vaudin 52 139 H 2
Chatenet 17 220 B 5
Le Châtenet-en-Dognon 87 206 B 4
Châteney 70 141 G 3
Châtenois 39 161 E 5
Châtenois 67 97 E 4
Châtenois 70 141 G 3
Châtenois 88 94 B 5
Châtenois-les-Forges 90 142 C 4
Châtenoy 45 134 A 2
Châtenoy 77 112 B 2
Châtenoy-en-Bresse 71 177 H 4
Châtenoy-le-Royal 71 177 H 4
Châtignac 16 220 D 5
Chatignonville 91 87 E 3
Châtillon 03 191 H 3
Châtillon 39 179 G 5
Châtillon 69 212 D 4
Châtillon 86 186 A 4
Châtillon 92 58 B 4
Châtillon Crêt de 74 215 G 4
Châtillon-Coligny 45 135 E 3
Châtillon-en-Bazois 58 175 G 1
Châtillon-en-Diois 26 268 C 2
Châtillon-en-Dunois 28 109 G 3
Châtillon-en-Michaille 01 214 D 1
Châtillon-en-Vendelais 35 105 F 2
Châtillon-Guyotte 25 162 B 2
Châtillon-la-Borde 77 88 C 3
Châtillon-la-Palud 01 213 H 3
Châtillon-le-Duc 25 161 H 3
Châtillon-le-Roi 45 111 F 3
Châtillon-lès-Sons 02 24 D 3
Châtillon-Saint-Jean 26 249 H 3
Châtillon-sous-les-Côtes 55 44 C 5
Châtillon-sur-Bar 08 43 E 1
Châtillon-sur-Broué 51 92 A 2
Châtillon-sur-Chalaronne 01 213 F 1
Châtillon-sur-Cher 41 153 F 4
Châtillon-sur-Cluses 74 216 C 1
Châtillon-sur-Colmont 53 82 A 5
Châtillon-sur-Indre 36 170 D 2
Châtillon-sur-Lison 25 161 H 5
Châtillon-sur-Loire 45 134 D 5
Châtillon-sur-Marne 51 41 E 5
Châtillon-sur-Morin 51 60 D 5
Châtillon-sur-Oise 02 24 C 3
Châtillon-sur-Saône 88 118 B 5
Châtillon-sur-Seine 21 138 A 2
Châtillon-sur-Thouet 79 168 A 5
Châtin 58 175 H 1
Chatoillenot 52 139 G 4
Châtonnay 38 231 H 3
Chatonnay 39 196 B 3
Chatonrupt 52 92 D 3
Chatou 78 58 A 3
La Châtre 36 189 G 1
La Châtre-Langlin 36 188 B 3
Châtres 10 90 C 3
Châtres 24 241 G 2
Châtres 77 59 F 5
Châtres-la-Forêt 53 106 C 3
Châtres-sur-Cher 41 154 A 4
Châtrices 51 63 F 1
Chattancourt 55 43 H 4
Chatte 38 250 A 2
Chatuzange-le-Goubet 26 249 G 4
Chaucenne 25 161 H 3
Chauchailles 48 263 H 1
Chauché 85 166 A 3
Le Chauchet 23 208 B 2
Chauchigny 10 90 D 4
Chauconin 77 59 F 2
Chauconin-Neufmontiers 77 59 F 2
Chaucre 17 200 A 2
Chaudanne Barrage de 04 308 B 1
Chaudardes 02 41 E 2
Chaudebonne 26 268 A 4
Chaudefonds-sur-Layon 49 149 F 3
Chaudefontaine 25 162 B 2
Chaudefontaine 51 43 E 5
Chaudenay 52 139 H 2
Chaudenay 71 177 G 2
Chaudenay-la-Ville 21 159 F 5

A B C D E F G H I J K L M N O P Q R S T U V W X Y Z

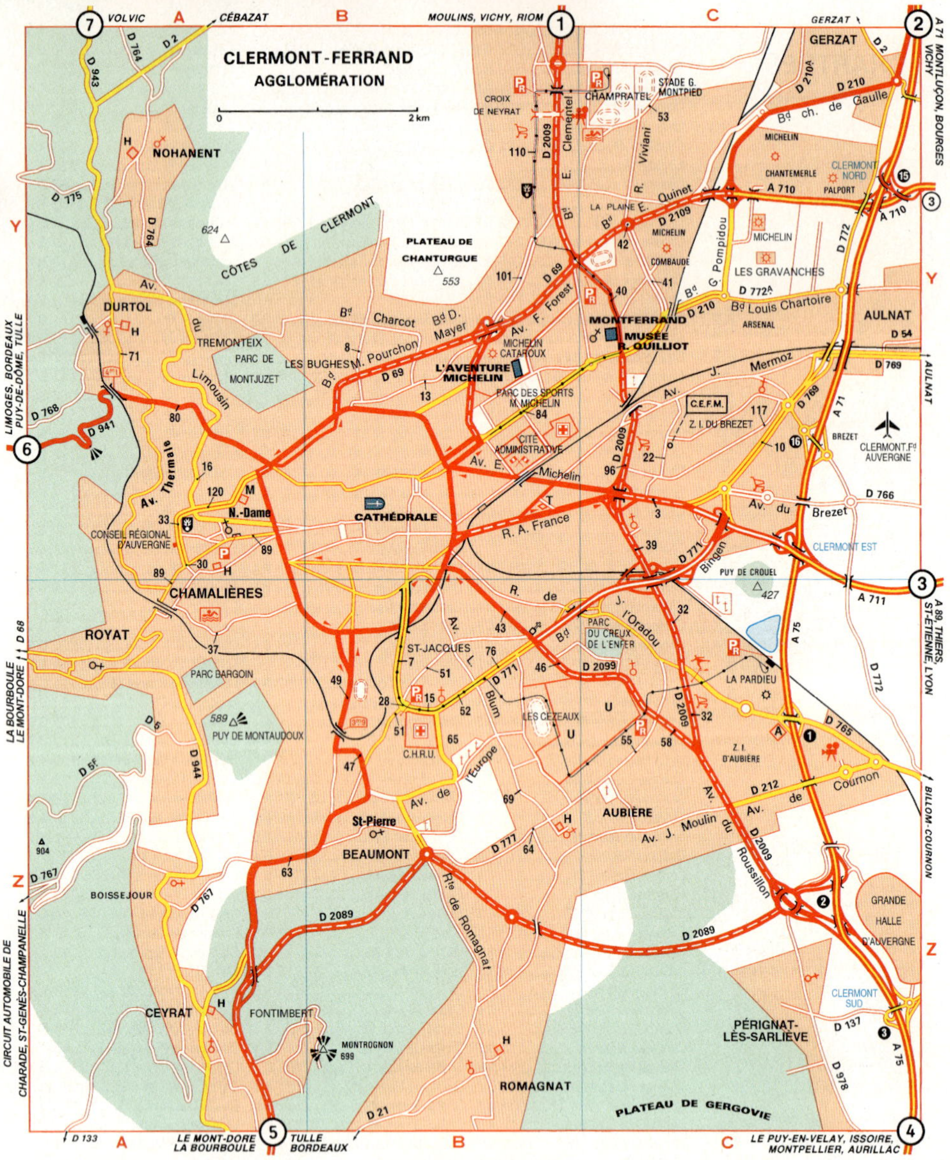

AUBIÈRE

Cournon (Av. de) . . . . . . CZ
Maerte (Av. R.) . . . . . . CZ 55
Mont Mouchet (Av. du) . . . . . . BZ 64
Moulin (Av. Jean) . . . . . . CZ
Noellet (Av. J.) . . . . . . BZ 69
Roussillon (Av. du) . . . . . . CZ

BEAUMONT

Europe (Av. de l') . . . . . . BZ
Leclerc (Av. du Mar.) . . . . . . BZ 47
Mont Dore (Av. du) . . . . . . ABZ 63
Romagnat (Rte de) . . . . . . BZ

CHAMALIÈRES

Claussat (Av. J.) . . . . . . AY 16
Europe (Carrefour de l') . . . . . . AY 30
Fontmaure (Av. de) . . . . . . AY 33
Gambetta (Bd) . . . . . . AZ 37
Royat (Av. de) . . . . . . AY 89
Thermale (Av.) . . . . . . AY
Voltaire (R.) . . . . . . AY 120

CLERMONT-FERRAND

Agriculture (Av. de l') . . . . . . CY 3
Anatole-France (R.) . . . . . . BY
Bernard (Bd Cl.) . . . . . . BZ 7
Bingen (Bd J.) . . . . . . BCYZ
Blanzat (R. de) . . . . . . BY 8
Blériot (R. L.) . . . . . . CY 10
Blum (Av. L.) . . . . . . BZ
Brezet (Av. du) . . . . . . CY
Champfleuri (R. de) . . . . . . BY 13
Charcot (Bd) . . . . . . BY
Churchill (Bd Winston) . . . . . . BZ 15
Clementel (Bd E.) . . . . . . BY
Cugnot (R. N.-J.) . . . . . . CY 22
Dunant (Pl. H.) . . . . . . BZ 28
La-Fayette (Bd) . . . . . . BZ 43
Flaubert (Bd G.) . . . . . . CZ 32
Forest (Av. F.) . . . . . . BY
Jean-Moulin (Bd) . . . . . . CY 39
Jouhaux (Bd L.) . . . . . . CY 40
Kennedy (Bd J.-F.) . . . . . . CY 41
Kennedy (Carrefour) . . . . . . CY 42
Landais (Av. des) . . . . . . BCZ 46
Libération (Av. de la) . . . . . . BZ 49
Limousin (Av. du) . . . . . . AY
Liondards (Av. des) . . . . . . BZ 51
Loucheur (Bd Louis) . . . . . . BZ 52
Mabrut (R. A.) . . . . . . CY 53
Margeride (Av. de la) . . . . . . CZ 58
Mayer (Bd D.) . . . . . . BY
Mermoz (Av. J.) . . . . . . CY
Michelin (Av. Édouard) . . . . . . BY
Montalembert (R.) . . . . . . BZ 64
Oradour (R. de l') . . . . . . BCZ
Pochet-Lagaye (Bd P.) . . . . . . BZ 76
Pompidou (Bd G.) . . . . . . CY
Pourchon (Bd M.) . . . . . . BY
Puy de Dôme (Av. du) . . . . . . AY 80
Quinet (Bd Edgar) . . . . . . CY
République (Av. de la) . . . . . . BY 84
St-Jean (Bd) . . . . . . CY 96
Sous les Vignes (R.) . . . . . . BY 101
Torpilleur Sirocco (R. du) . . . . . . BY 110
Verne (R. Jules) . . . . . . CY 117
Viviani (R.) . . . . . . CY

DURTOL

Paix (Av. de la) . . . . . . AY 71

Chaudenay-le-Château *21*..159 F 5
Chaudeney-sur-Moselle *54*...94 B 1
Chaudes-Aigues *15*..........263 G 1
Chaudeyrac *48*...............265 E 3
Chaudeyrolles *43*...............247 H 4
La Chaudière *26*...............268 A 3
Chaudière *Col de la* *26*........267 H 3
Chaudon *28*.....................57 E 5
Chaudon-Norante *04*..........288 B 5
Chaudrey *10*.....................91 F 3
Chaudron-en-Mauges *49*......148 D 3
Chaudun *02*.......................40 B 3
Chauffailles *71*...............194 A 5
Chauffayer *05*..................269 G 1
Chauffecourt *88*..................94 D 4
Chauffour-lès-Bailly *10*........115 G 2
Chauffour-lès-Étréchy *91*........87 F 3
Chauffour-sur-Vell *19*..........242 C 4
Chauffours *28*.....................85 H 4
Chauffourt *52*....................117 G 5
Chauffry *77*........................60 A 4
Chaufour-lès-Bonnières *78*......56 D 1
Chaufour-Notre-Dame *72*.....107 G 4
Chaugey *21*........................178 C 1
Chaulgnes *58*......................156 C 5
Chaulhac *48*.......................246 A 5
Chaulieu *50*..........................52 C 4
La Chaulme *63*....................229 F 4
Chaulnes *80*.........................23 F 2
Chaum *31*...........................334 B 3
Chaumard *58*........................158 A 5
La Chaume *21*......................138 C 2
La Chaume *85*......................182 A 1
Chaume-et-Courchamp *21*..139 G 5
Chaume-lès-Baigneux *21*....138 B 5
Chaumeil *19*........................225 E 4
Chaumercenne *70*...............161 F 3
Chaumeré *35*.......................104 D 4
Chaumergy *39*......................179 E 3
Chaumes-en-Brie *77*...............59 F 5
Chaumesnil *10*......................91 H 4
Chaumont *18*........................173 H 4
Chaumont *39*........................197 E 3
Chaumont *52*........................117 E 3
Chaumont *61*..........................54 D 3
Chaumont *74*........................215 F 2
Chaumont *89*..........................89 E 5
Chaumont
Château de *71*...................194 B 2
Chaumont-d'Anjou *49*...........129 E 5
Chaumont-
devant-Damvillers *55*..........44 B 4
Chaumont-en-Vexin *60*...........37 G 4
Chaumont-la-Ville *52*............117 H 3
Chaumont-le-Bois *21*.............115 H 5
Chaumont-le-Bourg *63*..........229 E 4
Chaumont-Porcien *08*..............26 A 4
Chaumont-sur-Aire *55*..............63 H 2
Chaumont-sur-Loire *41*..........152 D 1
Chaumont-
sur-Tharonne *41*..................133 F 5
Chaumontel *95*.........................38 C 5
Chaumot *58*...........................157 G 4
Chaumot *89*...........................113 F 4
Chaumousey *88*......................119 E 2
Chaumoux-Marcilly *18*...........155 H 5
Chaumussay *37*......................170 A 3
La Chaumusse *39*...................197 E 1
Chaumuzy *51*...........................41 F 5
Chaunac *17*...........................220 B 5
Chaunay *86*............................186 A 5
Chauny *02*...............................24 A 5
Chauray *79*............................185 E 4
Chauriat *63*............................228 A 1
Chausey *Îles* *50*.......................50 D 2
La Chaussade *23*....................207 H 3
La Chaussaire *49*....................148 B 4
Chaussan *69*...........................230 D 2
La Chaussée *76*.........................20 B 2
La Chaussée *86*......................168 D 3
La Chaussée-d'Ivry *28*..............56 D 3
La Chaussée-
Saint-Victor *41*.....................132 A 5
La Chaussée-sur-Marne *51*......62 C 3
La Chaussée-Tirancourt *80*......22 A 1
Chaussenac *15*.......................243 H 2
Chaussenans *39*.....................179 G 3
Chausseterre *42*.....................211 E 4
Chaussin *39*...........................178 D 2
Chaussoy-Epagny *80*.................22 C 3
Chaussy *45*............................111 E 3
Chaussy *95*...............................37 F 5
Le Chautay *18*........................174 B 2
Chauvac *26*............................286 C 1
Chauvé *44*..............................146 D 4
Chauve d'Aspremont
Mont *06*..................................291 E 5
Chauvency-le-Château *55*.......27 H 5
Chauvency-Saint-Hubert *55*....27 H 5
Chauvigné *35*...........................80 D 4
Chauvigny *86*.........................187 E 1
Chauvigny-du-Perche *41*........109 F 5
Chauvincourt *27*.......................37 F 3
Chauvirey-le-Châtel *70*..........140 B 2
Chauvirey-le-Vieil *70*..............140 B 3
Chauvoncourt *55*......................64 C 3
Chauvry *95*...............................58 B 1
Chaux *21*................................159 H 5
La Chaux *25*...........................180 D 1
La Chaux *61*..............................83 E 2
La Chaux *71*............................178 C 3
Chaux *90*.................................142 B 2
Chaux-Champagny *39*.............179 H 2
Chaux-des-Crotenay *39*..........180 A 5
Chaux-des-Prés *39*.................197 E 2
La Chaux-du-Dombief *39*........197 E 1
La Chaux-en-Bresse *39*..........179 E 3
Chaux-la-Lotière *70*................161 H 2
Chaux-lès-Clerval *25*...............162 D 2
Chaux-lès-Passavant *25*..........162 C 3
Chaux-lès-Port *70*....................140 D 3
Chaux-Neuve *25*......................180 B 5
Chauzon *07*.............................266 B 5
Chavagnac *15*..........................245 F 2
Chavagnac *24*..........................241 H 3
Chavagne *35*............................104 A 3
Chavagnes *49*..........................149 H 3
Chavagnes-en-Paillers *85*......166 A 2
Chavagnes-les-Redoux *85*......166 D 4
Chavagneux-
Montbertand *38*......................231 H 1
Chavaignes *49*.........................150 C 1
Chavanac *19*...........................225 G 2
Chavanat *23*............................207 F 3
Chavanatte *90*..........................142 D 3
Chavanay *42*............................231 E 4
Chavanges *10*.............................91 H 3
Chavaniac-Lafayette *43*..........246 D 2
Chavannaz *74*...........................215 F 2
Chavanne *39*.............................179 E 5
Chavanne *70*.............................142 A 4
La Chavanne *73*........................233 G 3
Chavannes *18*............................173 E 3
Chavannes *26*............................249 F 3
Les Chavannes-
en-Maurienne *73*....................234 A 4
Chavannes-les-Grands *90*..142 D 3
Chavannes-sur-l'Étang *68*..142 D 3
Chavannes-
sur-Reyssouze *01*..................195 F 3
Chavannes-sur-Suran *01*......196 B 5
Chavanod *74*..............................215 F 4
Chavanoz *38*..............................213 H 5
Les Chavants *74*........................216 D 3
Chavaroux *63*.............................210 A 5
La Chavatte *80*.............................23 F 3
Chaveignes *37*.............................169 F 1
Chavelot *88*...................................95 F 5
Chavenat *16*...............................221 F 4
Chavenay *78*..................................57 H 3
Chavençon *60*................................37 H 4
Chavenon *03*...............................191 F 3
Chavéria *39*................................196 C 2
Chaveroche *19*............................225 H 3
Chaveyriat *01*..............................195 G 5
Chavignol *18*...............................155 H 3
Chavignon *02*.................................40 C 1
Chavigny *02*...................................40 B 2
Chavigny *54*...................................94 D 1
Chavigny *Château de* *37*..........150 D 5
Chavigny-Bailleul *27*....................56 B 3
Chaville *92*.....................................58 B 4
Chavin *36*......................................188 D 2
Chavoire *74*....................................215 G 3
Chavonne *02*.....................................40 D 2
Chavornay *01*..................................214 D 4
Chavot-Courcourt *51*.......................61 F 1
Chavoy *50*..51 H 4
Chavroches *03*.................................192 C 4
Le Chay *17*.......................................219 E 1
Chay *25*..179 G 1
Chazay-d'Azergues *69*.....................212 D 4
La Chaze-de-Peyre *48*.....................264 A 2
Chazé-Henry *49*...............................127 G 3
Chazé-sur-Argos *49*.........................127 H 4
Chazeaux *07*.....................................266 A 3
Le Chazelet *05*.................................252 A 3
Chazelet *36*......................................188 C 2
Chazelles *15*.....................................246 B 3
Chazelles *16*.....................................221 G 2
Chazelles *39*.....................................196 A 3
Chazelles *43*.....................................246 C 4
Chazelles-sur-Albe *54*........................96 A 1
Chazelles-sur-Lavieu *42*..................229 G 3
Chazelles-sur-Lyon *42*.....................230 B 2
Chazelot *25*.......................................162 C 1
Chazemais *03*....................................190 C 3
Chazeuil *21*.......................................139 G 5
Chazeuil *58*.......................................157 E 4
Chazey-Bons *01*................................214 D 5
Chazey-sur-Ain *01*............................213 H 4
Chazilly *21*.......................................159 F 5
Chazot *25*...163 E 2
Chazoy *25*...161 G 3
La Chebuette *44*................................147 H 3
Chécy *45*...133 F 2
Chedde *74*...216 D 3
Chédigny *37*.....................................152 C 4
Chef-Boutonne *79*............................202 D 1
Chef-du-Pont *50*.................................31 H 2
Chef-Haut *88*......................................94 C 4
Cheffes *49*..128 C 5
Cheffois *85*.......................................167 E 5
Cheffreville-Tonnencourt *14*...54 C 1
Le Chefresne *50*.................................52 A 2
Chéhéry *08*...27 E 4

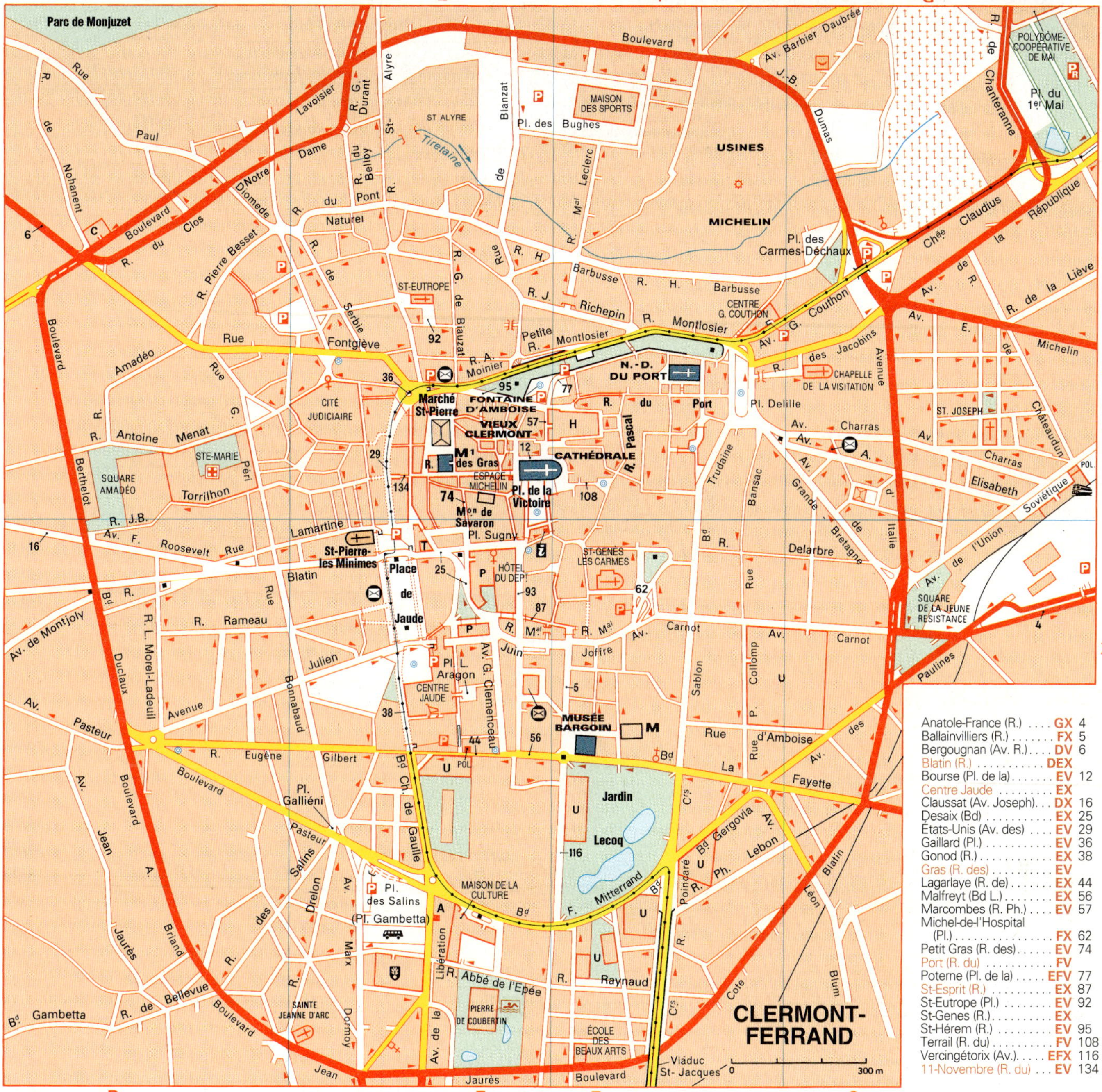

- Anatole-France (R.) .... GX 4
- Ballainvilliers (R.) .... FX 5
- Bergougnan (Av. R.).... DV 6
- Blatin (R.) .... DEX
- Bourse (Pl. de la)........ EV 12
- Centre Jaude .... EX
- Claussat (Av. Joseph)... DX 16
- Desaix (Bd) .... EX 25
- États-Unis (Av. des) .... EV 29
- Gaillard (Pl.) .... EV 36
- Gonod (R.)............. EX 38
- Gras (R. des).......... EV
- Lagarlaye (R. de) .... EX 44
- Malfreyt (Bd L.)......... EX 56
- Marcombes (R. Ph.) .... EV 57
- Michel-de-l'Hospital (Pl.) .... FX 62
- Petit Gras (R. des)....... EV 74
- Port (R. du) .... FV
- Poterne (Pl. de la) ...... EFV 77
- St-Esprit (R.) .... EX 87
- St-Eutrope (Pl.) .... EV 92
- St-Genes (R.)........... EX
- St-Hérem (R.) .... EV 95
- Terrail (R. du) .... FV 108
- Vercingétorix (Av.)...... EFX 116
- 11-Novembre (R. du) ... EV 134

Cheignieu-la-Balme **01**........ 214 C 4
Cheillé **37** .... 151 F 4
Cheilly-lès-Maranges **71**...... 177 F 3
Chein-Dessus **31**................ 334 D 2
Cheissoux **87**....................... 206 C 5
Le Cheix **63** .... 209 H 3
Le Cheix **63** .... 227 G 3
Cheix-en-Retz **44** .... 147 E 4
Chélan **32**............................ 316 A 3
Chelers **62**................................7 H 5
Chélieu **38** .... 232 B 3
Chelle-Debat **65** .... 315 G 4
Chelle-Spou **65**.................... 333 G 1
Chelles **60** ....39 H 3
Chelles **77** ....59 E 3
Chelun **35**............................ 127 F 2
Chemaudin **25**..................... 161 H 4
Chemault **45**........................111 H 4
Chemazé **53**........................ 128 A 3
Chemellier **49**...................... 149 H 3
Chemenot **39**....................... 179 E 3
Chéméré **44**......................... 146 D 5
Chémeré-le-Roi **53**............. 106 C 5
Chémery **41**......................... 153 F 3
Chémery **57**...........................66 D 2
Chémery-les-Deux **57** ....46 C 3
Chémery-sur-Bar **08**...............27 E 5
Chemilla **39** .... 196 C 3
Chemillé **49** .... 149 F 4
Chemillé-sur-Dême **37** .... 130 D 4
Chemillé-sur-Indrois **37**....... 152 D 5
Chemilli **61**..............................84 B 4
Chemilly **03**.......................... 192 A 2
Chemilly **70**.......................... 140 D 4
Chemilly-sur-Serein **89**........ 136 D 3
Chemilly-sur-Yonne **89**........ 136 B 2
Chemin **39**........................... 178 C 2
Le Chemin **51**.........................63 F 1
Chemin-d'Aisey **21** .... 138 A 3
Cheminas **07** .... 249 E 2
Cheminon **51**..........................63 F 4
Cheminot **57**...........................65 H 2
Chemiré-en-Charnie **72**....... 107 E 4
Chemiré-le-Gaudin **72**......... 107 F 5
Chemiré-sur-Sarthe **49**........ 128 D 3
Chemy **59**.................................8 C 4
Chenac-Saint-Seurin-d'Uzet **17**......................... 219 E 3
Chenailler-Mascheix **19**....... 243 E 3
La Chenalotte **25**................. 163 F 5
Chénas **69**........................... 194 D 5
Chenaud **24**......................... 239 E 1
Chenay **51**..............................41 F 3
Chenay **72**..............................83 H 3
Chenay **79**........................... 185 G 4
Chenay-le-Châtel **71** .... 193 F 5
Le Chêne **10**...........................91 E 2
Chêne-Arnoult **89**................ 135 F 2
Chêne-Bernard **39**............... 179 E 2
Chêne-Chenu **28**....................85 H 2
Chêne-en-Semine **74**.......... 215 E 2
Chêne-Sec **39** .... 178 D 3
Chenebier **70**....................... 142 B 3
Chenecey-Buillon **25**........... 161 H 5
Cheneché **86**....................... 169 E 4
Chênedollé **14** ....52 D 3
Chênedouit **61** ....53 G 4
Chênehutte-les-Tuffeaux **49**................ 150 B 3
Chénelette **69**...................... 212 B 1
Chénérailles **23** .... 207 H 2
Chenereilles **42** .... 229 G 4
Chenereilles **43** .... 248 A 2
Chénerilles **04** .... 287 H 4
Chenevelles **86**.................... 169 H 5
Chenevières **54** ....95 G 2
Chenevrey-et-Morogne **70**.. 161 F 3
Chênex **74**........................... 215 F 1
Cheney **89**........................... 137 E 2
Chenicourt **54**.........................66 B 3
Chenières **54**..........................45 E 2
Chéniers **23**......................... 189 F 4
Cheniers **51**............................62 A 3
Chenillé-Changé **49**............ 128 B 4
Cheniménil **88** .... 119 G 2
Chennebrun **27**.......................55 G 5
Chennegy **10** .... 114 C 2
Chennevières **55**....................93 F 1
Chennevières-lès-Louvres **95**....................58 D 1
Chennevières-sur-Marne **94**...58 D 4
Chenois **57** ....66 C 2
Chenoise **77** ....89 F 2
Chenommet **16**.................... 203 G 3
Chenon **16**........................... 203 G 3
Chenonceau *Château de* **37**................. 152 C 3
Chenonceaux **37**................. 152 C 3
Chenou **77**........................... 112 B 3
Chenôve **21**......................... 160 A 3
Chenôves **71** .... 177 G 5
Chens-sur-Léman **74**.......... 197 H 4
Chenu **72**............................. 130 B 5
Cheny **89**............................. 114 A 5
Chepniers **17**....................... 238 B 1
Chepoix **60** ....22 C 5
La Cheppe **51**..........................62 C 1
Cheppes-la-Prairie **51** ....62 B 3
Cheppy **55**...............................43 G 4
Cheptainville **91**......................87 G 3
Chepy **51** ....62 B 3
Chépy **80** ....11 F 4
Chérac **17**............................. 219 H 1
Chérancé **53**........................ 127 H 2
Chérancé **72**...........................83 H 5
Chéraute **64**........................ 313 F 4
Chéray **17**............................ 200 A 3
Cherbonnières **17**................ 202 B 3
Cherbourg-Octeville **50** ....29 E 3
Chérence **95**...........................57 F 1
Chérencé-le-Héron **50**............52 A 3
Chérencé-le-Roussel **50**.........52 B 4
Chéreng **59**...............................9 E 3
Les Chères **69**..................... 212 D 4
Chérêt **02**................................40 D 1
Chériennes **62**.........................12 B 2
Cherier **42**............................ 211 F 3
Chérigné **79**......................... 202 C 1
Les Chéris **50** ....51 H 5
Chérisay **72** ....83 G 5
Chérisey **57** ....65 H 2
Cherisy **28** ....56 D 4
Chérisy **62** ....13 H 3
Chérizet **71** .... 194 C 2
Chermignac **17**.................... 219 F 1
Chermisey **88** ....93 H 4
Chermizy-Ailles **02** ....41 E 1
Chéronnac **87**...................... 204 D 5
Chéronvilliers **27**....................55 G 4
Chéroy **89**............................ 113 E 2
Cherré **49** .... 128 C 4
Cherré **72** .... 108 C 3
Cherreau **72** .... 108 C 2
Cherrueix **35**............................51 E 5
Cherval **24** .... 221 G 4
Cherveix-Cubas **24**.............. 241 F 1
Cherves **86**........................... 168 C 5
Cherves-Châtelars **16** .... 204 B 5
Cherves-de-Cognac **16**....... 202 B 5
Chervettes **17**...................... 201 F 2

A B C D E F G H I J K L M N O P Q R S T U V W X Y Z

Cherveux 79 ... 185 E 3
Chervey 10 ... 115 H 3
Cherville 51 ... 61 H 1
Chervinges 69 ... 212 D 3
Chéry 18 ... 154 C 5
Chéry-Chartreuve 02 ... 40 D 4
Chéry-lès-Pouilly 02 ... 24 D 4
Chéry-lès-Rozoy 02 ... 25 G 3
Chesley 10 ... 115 E 5
Le Chesnay 78 ... 58 A 3
Le Chesne 08 ... 42 D 1
Le Chesne 27 ... 56 A 3
Chesnel 16 ... 202 B 5
Chesnois-Auboncourt 08 ... 26 C 5
Chesny 57 ... 65 H 1
Chessenaz 74 ... 215 E 2
Chessy 69 ... 212 C 4
Chessy 77 ... 59 F 3
Chessy-les-Prés 10 ... 114 C 4
Chéu 89 ... 114 B 5
Cheuge 21 ... 160 D 2
Cheust 65 ... 333 E 1
Cheux 14 ... 33 F 4
Chevagnes 03 ... 192 C 1
Chevagny-les-Chevrières 71 ... 194 D 4
Chevagny-sur-Guye 71 ... 194 B 2
Chevaigné 35 ... 104 B 2
Chevaigné-du-Maine 53 ... 82 D 4
Le Chevain 72 ... 83 G 4
Cheval-Blanc 84 ... 305 F 2
La Chevalerie 17 ... 200 B 4
Chevaline 74 ... 215 H 5
La Chevallerais 44 ... 147 G 1
Le Chevalon 38 ... 232 D 5
Chevanceaux 17 ... 220 C 5
Chevannay 21 ... 159 F 2
Chevannes 21 ... 159 H 5
Chevannes 45 ... 112 D 3
Chevannes 89 ... 136 A 3
Chevannes 91 ... 88 A 3
Chevannes-Changy 58 ... 157 E 4
Chevennes 02 ... 25 E 2
Chevenon 58 ... 174 D 3
Chevenoz 74 ... 198 C 3
Cheverny 41 ... 153 F 1
Cheveuges 08 ... 27 E 4
Chevières 08 ... 43 E 3
Chevigney 70 ... 161 E 3
Chevigney-lès-Vercel 25 ... 162 C 4
Chevigney-sur-l'Ognon 25 ... 161 G 3
Chevigny 39 ... 161 E 4
Chevigny-en-Valière 21 ... 178 A 2
Chevigny-Saint-Sauveur 21 ... 160 B 3
Chevillard 01 ... 214 C 1
Chevillé 72 ... 107 E 5
Chevillon 52 ... 92 D 2
Chevillon 89 ... 135 G 2
Chevillon-sur-Huillard 45 ... 112 B 5
La Chevillotte 25 ... 162 B 4
Chevilly 45 ... 110 D 4
Chevilly-Larue 94 ... 58 C 4
Chevinay 69 ... 212 C 5
Chevincourt 60 ... 39 F 1
Cheviré-le-Rouge 49 ... 129 F 5
Chevrainvilliers 77 ... 112 B 2
Chèvre Cap de la 29 ... 75 E 5
Chevreaux 39 ... 196 A 2
Chevregny 02 ... 40 D 1
Chèvremont 90 ... 142 C 3
La Chèvrerie 16 ... 203 F 2
Chèvrerie Vallon de la 74 ... 198 B 5
Chevresis-les-Dames 02 ... 24 C 3
Chevresis-Monceau 02 ... 24 D 3
Chevreuse 78 ... 58 A 5
Chèvreville 50 ... 52 B 5
Chèvreville 60 ... 39 G 5
Chevrier 74 ... 215 E 1
Chevrières 38 ... 250 A 2
Chevrières 42 ... 230 B 2
Chevrières 60 ... 39 E 3
Chevroches 58 ... 157 F 2
La Chevrolière 44 ... 147 G 5
Chevrotaine 39 ... 179 H 5
Chevroux 01 ... 195 F 3
Chevroz 25 ... 161 H 2
Chevru 77 ... 60 A 4
Chevry 01 ... 197 F 4
Chevry 39 ... 196 D 3
Chevry 50 ... 52 A 1
Chevry-Cossigny 77 ... 59 E 5
Chevry-en-Sereine 77 ... 112 D 2
Chevry-sous-le-Bignon 45 ... 112 D 3
Chey 79 ... 185 G 4
Cheylade 15 ... 245 E 2
Le Cheylard 07 ... 248 B 5
Cheylard-l'Évêque 48 ... 265 E 3
Le Cheylas 38 ... 233 F 4
Cheyssieu 38 ... 231 E 4
Chezal-Benoît 18 ... 172 C 4
La Chèze 22 ... 102 C 2
Chèze 65 ... 332 D 3
Chézeaux 52 ... 140 B 2
Chezelle 03 ... 191 H 5
Chezelles 36 ... 171 G 3
Chezelles 37 ... 169 F 1
Chézeneuve 38 ... 231 H 2
Chézery-Forens 01 ... 197 E 5
Chézy 03 ... 192 B 1
Chézy-en-Orxois 02 ... 40 A 5
Chézy-sur-Marne 02 ... 60 B 2
Chiappa Pointe de la 2A ... 351 G 2
Chiatra 2B ... 347 H 4
Chiché 79 ... 167 H 4
Chicheboville 14 ... 33 H 5
Chichée 89 ... 136 D 3
Chichery 89 ... 136 B 2
Chichey 51 ... 61 E 5
Chichilianne 38 ... 268 C 1
Chicourt 57 ... 66 C 3
Chiddes 58 ... 176 A 3
Chiddes 71 ... 194 B 3
Chidrac 63 ... 227 H 3
Chierry 02 ... 60 C 1
Chieulles 57 ... 45 H 5
Chigné 49 ... 129 H 5
Chignin 73 ... 233 F 2
La Chignolle 16 ... 203 F 5
Chigny 02 ... 25 E 1
Chigny-les-Roses 51 ... 41 G 5
Chigy 89 ... 113 H 2
Chilhac 43 ... 246 B 2
Chillac 16 ... 220 D 5
Chille 39 ... 179 E 5
Chilleurs-aux-Bois 45 ... 111 F 4
Le Chillou 79 ... 168 B 4
Chilly 08 ... 26 B 2
Chilly 74 ... 215 F 2
Chilly 80 ... 23 F 3
Chilly-le-Vignoble 39 ... 179 E 5
Chilly-Mazarin 91 ... 58 C 5
Chilly-sur-Salins 39 ... 179 H 2
Chimilin 38 ... 232 C 2
Le Chinaillon 74 ... 216 B 2
Chindrieux 73 ... 215 E 4
Chinon 37 ... 151 E 5
Chinon Centre de production nucléaire 37 ... 150 D 4
Chioula Col de 09 ... 336 D 5
Chipilly 80 ... 23 E 1
Chirac 16 ... 204 C 4
Chirac 48 ... 264 A 4
Chirac-Bellevue 19 ... 226 B 4
Chirassimont 42 ... 212 A 4
Chirat-l'Église 03 ... 191 G 5
Chiré-en-Montreuil 86 ... 186 A 1
Chirens 38 ... 232 C 4
Chirmont 80 ... 22 C 4
Chirols 07 ... 266 A 2
Chiroubles 69 ... 212 D 1
Chiry-Ourscamp 60 ... 23 G 5
Chis 65 ... 315 F 4
Chisa 2B ... 349 F 3
Chissay-en-Touraine 41 ... 152 D 3
Chisseaux 37 ... 152 C 3
Chisséria 39 ... 196 C 3
Chissey-en-Morvan 71 ... 158 C 5
Chissey-lès-Mâcon 71 ... 194 D 2
Chissey-sur-Loue 39 ... 179 F 1
Chitenay 41 ... 153 E 1
Chitray 36 ... 188 B 1
Chitry 89 ... 136 C 3
Chitry-les-Mines 58 ... 157 G 4
Chiuni Plage de 2A ... 348 A 1
Chives 17 ... 202 D 3
Chivres 21 ... 178 B 2
Chivres-en-Laonnois 02 ... 25 F 4
Chivres-Val 02 ... 40 C 2
Chivy-lès-Étouvelles 02 ... 40 D 1
Chizé 79 ... 202 B 1
Chocques 62 ... 7 H 3
Choignes 52 ... 117 E 3
Choilley 52 ... 139 G 4
Choisel 78 ... 57 H 5
Choiseul 52 ... 117 H 4
Choisey 39 ... 178 D 1
Choisies 59 ... 15 H 3
Choisy 74 ... 215 G 2
Choisy-au-Bac 60 ... 39 G 2
Choisy-en-Brie 77 ... 60 A 4
Choisy-la-Victoire 60 ... 39 E 2
Choisy-le-Roi 94 ... 58 C 4
Cholet 49 ... 166 D 1
Cholonge 38 ... 251 E 3
Choloy-Ménillot 54 ... 94 A 1
Chomelix 43 ... 247 E 1
Chomérac 07 ... 266 D 2
La Chomette 43 ... 246 C 1
Chonas-l'Amballan 38 ... 231 E 4
Chonville 55 ... 64 C 5
Chooz 08 ... 17 E 4
Choqueuse-les-Bénards 60 ... 22 A 4
Choranche 38 ... 250 B 3
Chorey 21 ... 177 H 1
Chorges 05 ... 270 A 3
Chouain 14 ... 33 E 4
Chouday 36 ... 172 C 3
Choue 41 ... 109 E 5
Chougny 58 ... 175 H 1
Chouilly 51 ... 61 G 1
Chouppes 86 ... 168 D 4
Chourgnac 24 ... 241 F 1
Choussy 41 ... 153 E 3
Chouvigny 03 ... 209 G 2
Chouvigny Gorges de 63 ... 209 G 2
Choux 39 ... 196 D 4
Les Choux 45 ... 134 C 3
Chouy 02 ... 40 A 4
Chouzé-sur-Loire 37 ... 150 D 4
Chouzelot 25 ... 161 H 5
Chouzy-sur-Cisse 41 ... 152 D 1
Choye 70 ... 161 G 2
Chozeau 38 ... 231 H 1
Chuelles 45 ... 112 D 5
Chuffilly-Roche 08 ... 42 C 1
Chuignes 80 ... 23 F 2
Chuignolles 80 ... 23 F 2
Chuisnes 28 ... 85 G 4
Chusclan 30 ... 285 E 3
Chuyer 42 ... 230 D 4
Chuzelles 38 ... 231 F 2
Ciadoux 31 ... 316 C 4
Ciamannacce 2A ... 349 E 3
Cians Gorges du 06 ... 289 G 5
Ciboure 64 ... 310 B 3
Cideville 76 ... 19 H 5
Ciel 71 ... 178 A 3
Cier-de-Luchon 31 ... 334 B 4
Cier-de-Rivière 31 ... 334 B 1
Cierges 02 ... 40 D 5
Cierges-sous-Montfaucon 55 ... 43 G 3
Cierp-Gaud 31 ... 334 B 3
Cierrey 27 ... 56 C 1
Cierzac 17 ... 220 B 2
Cieurac 46 ... 278 B 1
Cieutat 65 ... 333 F 1
Cieux 87 ... 205 F 3
Ciez 58 ... 156 C 2
Cigné 53 ... 82 B 4
Cigogné 37 ... 152 B 4
Cilly 02 ... 25 F 3
Cinais 37 ... 150 D 5
Cindré 03 ... 192 C 4
Cinq-Chemins 74 ... 198 A 3
Cinq-Mars-la-Pile 37 ... 151 G 3
Cinquétral 39 ... 197 E 3
Cinqueux 60 ... 38 D 3
Cintegabelle 31 ... 318 A 4
Cintheaux 14 ... 53 H 1
Cintray 27 ... 55 H 4
Cintray 28 ... 86 A 4
Cintré 35 ... 103 H 3
Cintrey 70 ... 140 B 3
La Ciotat 13 ... 327 F 4
Cipières 06 ... 309 E 1
Ciral 61 ... 83 E 3
Ciran 37 ... 170 B 1
Circourt 88 ... 95 E 5
Circourt-sur-Mouzon 88 ... 94 A 5
Ciré-d'Aunis 17 ... 200 D 2
Cirès 31 ... 334 A 4
Cires-lès-Mello 60 ... 38 C 4
Cirey 21 ... 177 F 2
Cirey 70 ... 162 A 2
Cirey-lès-Mareilles 52 ... 117 F 2
Cirey-lès-Pontailler 21 ... 160 C 3
Cirey-sur-Blaise 52 ... 92 C 5
Cirey-sur-Vezouze 54 ... 96 B 1
Cirfontaines-en-Azois 52 ... 116 C 3
Cirfontaines-en-Ornois 52 ... 93 F 3
Cirières 79 ... 167 F 3
Ciron 36 ... 188 A 1
Cirque Belvédère du 05 ... 271 G 1
Ciry-le-Noble 71 ... 194 A 1
Ciry-Salsogne 02 ... 40 C 2
Cisai-Saint-Aubin 61 ... 54 D 4
Cisery 89 ... 158 B 1
Cissac-Médoc 33 ... 237 E 1
Cissé 86 ... 169 E 5
Cisternes-la-Forêt 63 ... 209 E 5
Cistrières 43 ... 228 D 5
Cîteaux Abbaye de 21 ... 160 B 5
Citerne 80 ... 11 G 5
Citers 70 ... 141 G 3
Citey 70 ... 161 G 1
Citou 11 ... 320 A 3
Citry 77 ... 60 A 2
Civaux 86 ... 187 E 3
Civens 42 ... 212 A 5
Civières 27 ... 37 E 5
Civrac-de-Blaye 33 ... 237 H 2
Civrac-en-Médoc 33 ... 218 D 5
Civrac-sur-Dordogne 33 ... 256 D 1
Civray 18 ... 172 D 2
Civray 86 ... 203 G 1
Civray-de-Touraine 37 ... 152 C 3
Civray-sur-Esves 37 ... 169 H 1
Civrieux 01 ... 213 E 3
Civrieux-d'Azergues 69 ... 212 D 4
Civry 28 ... 110 A 4
Civry-en-Montagne 21 ... 159 F 3
Civry-la-Forêt 78 ... 57 E 3
Civry-sur-Serein 89 ... 137 E 5
Cizancourt 80 ... 23 G 2
Cizay-la-Madeleine 49 ... 150 B 4
Cize 01 ... 196 B 5
Cize 39 ... 179 H 4
Cizely 58 ... 175 E 2
Cizos 65 ... 316 A 4
Clacy-et-Thierret 02 ... 24 D 5
Cladech 24 ... 259 F 1
Claira 66 ... 339 E 5
Clairac 47 ... 275 G 1
Clairavaux 23 ... 207 G 5
Clairefontaine-en-Yvelines 78 ... 87 E 2
Clairefougère 61 ... 52 D 3
Clairegoutte 70 ... 142 A 3
Clairfayts 59 ... 16 A 4
Clairfontaine 02 ... 25 G 1
Clairmarais 62 ... 3 F 5
Clairoix 60 ... 39 F 2
Clairvaux 10 ... 116 B 3
Clairvaux-d'Aveyron 12 ... 262 B 5
Clairvaux-les-Lacs 39 ... 196 D 1
Clairvivre 24 ... 223 H 5
Clairy-Saulchoix 80 ... 22 B 2
Clais 76 ... 20 D 3
Claix 16 ... 221 E 3
Claix 38 ... 250 D 2
Clam 17 ... 219 H 3
Clamanges 51 ... 61 H 3
Clamart 92 ... 58 B 4
Clamecy 02 ... 40 B 2
Clamecy 58 ... 157 F 2
Clamensane 04 ... 287 H 1
Clamerey 21 ... 159 E 2
Clamouse Grotte de 34 ... 302 B 3
Clans 06 ... 289 H 4
Clans 70 ... 141 E 4
Clansayes 26 ... 285 E 1
Le Claon 55 ... 43 F 5
Claouey 33 ... 254 B 1
Le Clapier 12 ... 301 F 2
Clapiers 34 ... 302 D 4
La Claquette 67 ... 96 D 3
Clara 66 ... 342 B 3
Clarac 31 ... 334 B 1
Clarac 65 ... 315 G 5
Claracq 64 ... 294 B 5
Clarafond 74 ... 215 E 2
Clarbec 14 ... 34 C 4
Clarens 65 ... 315 H 5
Clarensac 30 ... 303 G 2
Claret 04 ... 269 G 5
Claret 34 ... 302 D 2
Clarques 62 ... 7 F 2
La Clarté 22 ... 72 C 2
Clary 59 ... 14 C 5
Classun 40 ... 294 B 3
Clastres 02 ... 24 A 3
Clasville 76 ... 19 F 3
Le Clat 11 ... 337 F 5
Claudon 88 ... 118 C 4
Les Claux 05 ... 270 D 3
Le Claux 15 ... 245 E 2
Clavans-en-Haut-Oisans 38 ... 251 H 3
Clavé 79 ... 185 F 2
Claveisolles 69 ... 212 B 2
Clavette 17 ... 200 D 1
Claveyson 26 ... 249 F 2
Clavières 15 ... 246 A 4
Claviers 83 ... 308 B 4
Claville 27 ... 56 A 1
Claville-Motteville 76 ... 20 B 5
Clavy-Warby 08 ... 26 C 3
La Claye 85 ... 183 E 2
Claye-Souilly 77 ... 59 E 2
Clayes 35 ... 104 A 2
Les Clayes-sous-Bois 78 ... 57 H 4
La Clayette 71 ... 194 A 5
Clayeures 54 ... 95 F 3
Clazay 79 ... 167 G 4
Clécy 14 ... 53 F 2
Cléden-Cap-Sizun 29 ... 98 D 2
Cléden-Poher 29 ... 76 C 4
Cléder 29 ... 71 F 3
Clèdes 40 ... 294 B 4
Cleebourg 67 ... 69 E 1
Clefmont 52 ... 117 G 3
Clefs 49 ... 129 G 5
Les Clefs 74 ... 216 A 4
Cléguer 56 ... 101 E 5
Cléguérec 56 ... 101 H 2
Clelles 38 ... 250 D 5
Clémencey 21 ... 159 H 4
Clémensat 63 ... 227 H 3
Clémery 54 ... 65 H 3
Clémont 18 ... 133 H 5
Clénay 21 ... 160 B 2
Clenleu 62 ... 6 C 4
Cléon 76 ... 36 A 3
Cléon-d'Andran 26 ... 267 F 3
Cleppé 42 ... 211 H 5
Clérac 17 ... 238 C 2
Cléré-du-Bois 36 ... 170 C 3
Cléré-les-Pins 37 ... 151 F 2
Cléré-sur-Layon 49 ... 149 H 5
Clères 76 ... 20 B 5
Clérey 10 ... 115 F 2
Clérey-la-Côte 88 ... 94 A 3
Clérey-sur-Brenon 54 ... 94 D 2
Clergoux 19 ... 243 F 1
Clérieux 26 ... 249 F 3
Les Clérimois 89 ... 113 H 2
Le Clerjus 88 ... 119 F 4
Clerlande 63 ... 209 H 4
Clermain 71 ... 194 C 4
Clermont 09 ... 335 G 2
Clermont 40 ... 293 E 4
Clermont 60 ... 38 C 2
Clermont 74 ... 215 E 3
Clermont Abbaye de 53 ... 105 G 3
Clermont-Créans 72 ... 129 G 4
Clermont-de-Beauregard 24 ... 240 B 4
Clermont-Dessous 47 ... 275 G 2
Clermont-d'Excideuil 24 ... 223 F 5
Clermont-en-Argonne 55 ... 43 G 5
Clermont-en-Auge 14 ... 34 B 4
Clermont-Ferrand 63 ... 209 H 5
Clermont-le-Fort 31 ... 317 H 2
Clermont-les-Fermes 02 ... 25 F 4
Clermont-l'Hérault 34 ... 302 A 4
Clermont-Pouyguillès 32 ... 316 A 2
Clermont-Savès 32 ... 297 E 4
Clermont-Soubiran 47 ... 276 D 3
Clermont-sur-Lauquet 11 ... 337 H 2
Cléron 25 ... 162 A 5
Clerques 62 ... 2 D 5
Clerval 25 ... 162 D 2
Cléry 21 ... 161 E 3
Cléry 73 ... 234 A 1
Cléry-en-Vexin 95 ... 37 G 5
Cléry-le-Grand 55 ... 43 G 2
Cléry-le-Petit 55 ... 43 G 2
Cléry-Saint-André 45 ... 132 D 3
Cléry-sur-Somme 80 ... 23 G 1
Clesles 51 ... 90 C 3
Clessé 71 ... 195 E 3
Clessé 79 ... 167 H 5
Clessy 71 ... 193 G 2
Cléty 62 ... 7 F 2
Cleurie 88 ... 119 H 3
Cleuville 76 ... 19 F 4
Cléville 14 ... 34 A 5
Cléville 76 ... 19 F 5
Clévilliers 28 ... 86 A 3
Cleyrac 33 ... 256 D 2
Cleyzieu 01 ... 214 B 3
Clézentaine 88 ... 95 G 3
Clichy 92 ... 58 C 3
Clichy-sous-Bois 93 ... 58 D 3
Climbach 67 ... 69 E 1
Le Climont 67 ... 96 D 4
Clinchamp 52 ... 117 G 2
Clinchamps-sur-Orne 14 ... 33 G 5
Clion 17 ... 219 H 3
Clion 36 ... 170 D 2
Le Clion-sur-Mer 44 ... 146 C 5
Cliousclat 26 ... 267 F 2
Cliponville 76 ... 19 G 4
Cliron 08 ... 26 C 2
Clis 44 ... 145 G 4
La Clisse 17 ... 201 F 5
Clisson 44 ... 148 A 5
Clitourps 50 ... 29 G 3
Clohars-Carnoët 29 ... 100 C 5
Clohars-Fouesnant 29 ... 99 H 4
Le Cloître-Pleyben 29 ... 76 B 4
Le Cloître-Saint-Thégonnec 29 ... 76 B 2
Clomot 21 ... 159 E 4
Clonas-sur-Varèze 38 ... 231 E 4
Clos Futaie des 72 ... 130 C 3
Clos-Fontaine 77 ... 89 E 2
La Clotte 17 ... 238 C 2
Clouange 57 ... 45 G 4
Cloué 86 ... 186 A 3
Les Clouzeaux 85 ... 165 G 5
Cloyes-sur-le-Loir 28 ... 109 G 5
Cloyes-sur-Marne 51 ... 62 D 5
Clucy 39 ... 179 H 2
Clugnat 23 ... 189 H 4
Cluis 36 ... 189 E 2
Clumanc 04 ... 288 B 4
Cluny 71 ... 194 D 3
La Clusaz 74 ... 216 A 3
La Cluse 01 ... 214 C 1
La Cluse 05 ... 269 F 2
La Cluse-et-Mijoux 25 ... 180 D 2
Les Cluses 66 ... 343 E 4
Cluses 74 ... 216 C 1
Clussais-la-Pommeraie 79 ... 203 E 1
Clux 71 ... 178 B 2
Coadout 22 ... 73 E 5
Coaraze 06 ... 291 F 4
Coarraze 64 ... 314 C 5
Coat-Méal 29 ... 70 C 5
Coatascorn 22 ... 73 E 4
Coatfrec Château de 22 ... 72 C 3
Coatréven 22 ... 72 D 3
Cobonne 26 ... 267 G 1
Cobrieux 59 ... 9 E 3
Cocalière Grotte de la 30 ... 283 H 2
La Cochère 61 ... 54 C 4
Cocherel 27 ... 56 C 1
Cocherel 77 ... 59 H 1
Cocheren 57 ... 47 F 5
Coclois 10 ... 91 F 3
Cocquerel 80 ... 11 H 4
Cocumont 47 ... 256 D 5
Cocurès 48 ... 282 D 1
Codalet 66 ... 342 A 3
Codognan 30 ... 303 G 3
Codolet 30 ... 285 E 3
Coémont 72 ... 130 B 4
Coësmes 35 ... 104 D 5
Coëtlogon 22 ... 102 C 2
Coëtmieux 22 ... 78 C 3
Coëtquidan-Saint-Cyr Camp de 56 ... 103 F 4
Cœuilly 94 ... 58 D 4
Cœuvres-et-Valsery 02 ... 40 A 3
Coëx 85 ... 165 E 4
Coggia 2A ... 348 B 1
Coglès 35 ... 80 D 3
Cogna 39 ... 196 D 1
Cognac 16 ... 220 B 1
Cognac-la-Forêt 87 ... 205 E 5
Cognat-Lyonne 03 ... 210 A 2
Cogners 72 ... 130 D 2
Cognet 38 ... 251 E 5
Cognières 70 ... 162 C 1
Cognin 73 ... 233 E 2
Cognin-les-Gorges 38 ... 250 B 2
Cognocoli-Monticchi 2A ... 348 D 4
Cogny 18 ... 173 G 3
Cogny 69 ... 212 C 3
Cogolin 83 ... 329 F 3
Cohade 43 ... 228 B 5
Cohan 02 ... 40 D 4
Cohennoz 73 ... 216 B 5
Cohiniac 22 ... 78 A 3
Cohons 52 ... 139 G 3
Coiffy-le-Bas 52 ... 118 A 5
Coiffy-le-Haut 52 ... 118 A 5
Coigneux 80 ... 13 E 4
Coignières 78 ... 57 H 4
Coigny 50 ... 31 H 2
Coimères 33 ... 256 B 4
Coin-lès-Cuvry 57 ... 65 H 1
Coin-sur-Seille 57 ... 65 H 2
Coinces 45 ... 110 C 5
Coinches 88 ... 96 C 5
Coincourt 54 ... 66 D 5
Coincy 02 ... 40 C 5
Coincy 57 ... 66 B 1
Coings 36 ... 171 H 3
Coingt 02 ... 25 G 3

Coirac 33 256 C 2
Coise 69 230 B 2
Coise-Saint-Jean-Pied-Gauthier 73 233 G 2
Coiserette 39 197 E 4
Coisevaux 70 142 B 3
Coisia 39 196 C 4
Coisy 80 22 C 1
Coivert 17 201 H 2
Coivrel 60 22 D 5
Coizard-Joches 51 61 F 3
Colayrac-Saint-Cirq 47 275 H 3
Colembert 62 2 C 5
Coligny 01 196 A 3
Coligny 51 61 G 3
Colincamps 80 13 F 4
Collan 89 136 D 2
La Collancelle 58 157 G 5
Collandres 15 244 D 1
Collandres-Quincarnon 27 55 H 1
Collanges 63 228 A 4
Collat 43 246 D 1
La Colle-sur-Loup 06 309 F 2
Collégien 77 59 E 3
Collemiers 89 113 F 3
Colleret 59 15 H 2
Le Collet 88 120 C 3
Le Collet-d'Allevard 38 233 G 4
Le Collet-de-Dèze 48 283 F 2
Colletot 27 35 F 3
Colleville 76 19 E 3
Colleville-Montgomery 14 33 H 3
Colleville-sur-Mer 14 32 D 2
Collias 30 284 C 5
Colligis-Crandelain 02 40 D 1
Colligny 57 66 B 1
Colline-Beaumont 62 11 F 1
Collinée 22 78 D 5
Collioure 66 343 G 4
Collobrières 83 328 D 3
Collonge-en-Charollais 71 194 C 1
Collonge-la-Madeleine 71 177 E 2
Collonges 01 215 E 1
Collonges-au-Mont-d'Or 69 213 E 5
Collonges-la-Rouge 19 242 C 3
Collonges-lès-Bévy 21 159 H 5
Collonges-lès-Premières 21 160 C 4
Collonges-sous-Salève 74 215 G 1
Collongues 06 289 F 5
Collongues 65 315 F 4
Collorec 29 76 B 4
Collorgues 30 284 A 5
Colmar 68 121 E 3
Colmars 04 288 D 2
Colmen 57 46 C 3
Colméry 58 156 D 3
Colmesnil-Manneville 76 20 A 2
Colmey 54 44 C 2
Colmier-le-Bas 52 138 D 3
Colmier-le-Haut 52 138 D 3
Colognac 30 283 F 5
Cologne 32 297 E 3
Colomars 06 309 G 2
Colombe 38 232 B 4
La Colombe 41 132 B 2
La Colombe 50 52 A 2
Colombé-la-Fosse 10 92 B 5
Colombé-le-Sec 10 116 B 2
Colombe-lès-Bithaine 70 141 G 3
Colombe-lès-Vesoul 70 141 F 4
Colombelles 14 33 H 4
Colombes 92 58 B 2
Colombey-les-Belles 54 94 B 2
Colombey-lès-Choiseul 52 117 H 3
Colombey-les-Deux-Églises 52 116 C 2
Colombier 03 191 E 5
Colombier 21 159 F 5
Colombier 24 257 H 1
Colombier 42 230 D 5
Colombier 70 141 F 4
Colombier-Châtelot 25 142 A 5
Colombier-en-Brionnais 71 194 A 4
Colombier-Fontaine 25 142 B 5
Colombier-le-Cardinal 07 249 E 1
Colombier-le-Jeune 07 248 D 4
Colombier-le-Vieux 07 248 D 3
Colombier-Saugnieu 69 231 G 1
Colombière *Col de la* 74 216 B 2
Colombières 14 32 C 3
Colombières-sur-Orb 34 301 E 5
Colombiers 17 219 G 2
Colombiers 18 173 F 5
Colombiers 34 321 F 4
Colombiers 61 83 G 3
Colombiers 86 169 F 4
Colombiers-du-Plessis 53 81 H 4
Colombiers-sur-Seulles 14 33 F 3
Colombiès 12 280 B 1
Colombotte 70 141 F 4
Colomby 50 29 F 5
Colomby de Gex *Mont* 01 197 F 4
Colomby-sur-Thaon 14 33 G 3
Colomiers 31 297 H 4
Colomieu 01 214 C 5
Colonard-Corubert 61 84 C 4
Colondannes 23 188 D 5
Colonfay 02 25 E 2
Colonne 39 179 E 3
Colonzelle 26 267 F 5
Colpo 56 102 A 5
Colroy-la-Grande 88 96 C 4
Colroy-la-Roche 67 96 D 3
Coltainville 28 86 B 3
Coltines 15 245 G 3
Coly 24 241 G 3
Combaillaux 34 302 C 4
Combas 30 303 F 2
La Combe-de-Lancey 38 251 F 1
La Combe des Eparres 38 232 A 3
Combe Laval 26 249 H 4
Combeaufontaine 70 140 C 3
Combefa 81 279 G 5
La Combelle 63 228 A 4
Comberanche-et-Épeluche 24 239 G 1
Comberjon 70 141 F 4
Comberouger 82 297 F 2
Combéroumal *Prieuré de* 12 281 G 3
Combertault 21 177 H 2
Les Combes 25 163 E 5
Combes 34 301 F 5
Combiers 16 221 H 3
Comblanchien 21 159 H 5
Combles 80 13 H 5
Combles-en-Barrois 55 63 G 4
Comblessac 35 103 G 5
Combleux 45 133 F 2
Comblot 61 84 C 3
Combloux 74 216 C 3
Combon 27 35 H 5
Combourg 35 80 A 3
Combourtillé 35 81 E 5
Combovin 26 249 G 5
Combrailles 63 208 D 5
Combrand 79 167 F 3
Combray 14 53 F 2
Combre 42 212 A 2
Combrée 49 127 G 3
Combres 28 85 F 5
Combres-sous-les-Côtes 55 64 D 1
Combressol 19 225 G 4
Combret 12 300 B 2
Combreux 45 111 H 5
Combrimont 88 96 C 5
Combrit 29 99 G 4
Combronde 63 209 H 3
Combs-la-Ville 77 58 D 5
La Comelle 71 176 B 3
Comiac 46 243 F 5
Comigne 11 320 B 5
Comines 59 4 C 5
Commana 29 76 A 2
Commarin 21 159 F 4
Commeaux 61 54 A 4
Commelle 38 231 H 4
Commelle-Vernay 42 211 G 3
Commenailles 39 178 D 4
Commenchon 02 24 A 4
Commensacq 40 273 E 2
Commentry 03 191 E 5
Commeny 95 37 G 5
Commequiers 85 165 E 4
Commer 53 106 B 2
Commercy 55 64 D 5
Commerveil 72 84 A 5
Commes 14 32 D 2
Commissey 89 137 F 2
Communailles-en-Montagne 39 180 A 3
Communay 69 231 E 2
Compaing *Pas de* 15 245 E 4
Compains 63 227 F 4
Compainville 76 21 E 4
Compans 77 59 E 2
Le Compas 23 208 C 3
Compertrix 51 62 A 2
Compeyre 12 281 H 3
Compiègne 60 39 F 2
Compigny 89 89 G 5
Compolibat 12 279 H 1
La Compôte 73 233 H 1
Comprégnac 12 281 G 4
Compreignac 87 205 H 3
Comps 26 267 H 4
Comps 30 304 B 2
Comps 33 237 G 3
Comps-la-Grand-Ville 12 280 D 3
Comps-sur-Artuby 83 308 A 2
La Comté 62 7 H 5
Comus 11 336 D 4
Conan 41 132 A 3
Conand 01 214 B 4
Conat 66 342 A 3
Conca 2A 349 G 5
Concarneau 29 100 A 4
Concevreux 02 41 E 2
Concèze 19 223 H 5
Conches-en-Ouche 27 56 A 2
Conches-sur-Gondoire 77 59 F 3
Conchez-de-Béarn 64 294 C 5
Conchil-le-Temple 62 6 B 5
Conchy-les-Pots 60 23 F 5
Conchy-sur-Canche 62 12 C 2
Les Concluses 30 284 B 3
Concorès 46 259 H 3
Concoret 56 103 F 3
Concots 46 278 C 1
Concoules 30 283 G 1
Concourson-sur-Layon 49 149 H 5
Concremiers 36 187 H 1
Concressault 18 155 G 1
Concriers 41 132 B 3
Condac 16 203 F 2
Condal 71 195 H 2
Condamine 01 214 C 1
Condamine 39 178 D 5
La Condamine-Châtelard 04 271 E 4
Condat 15 227 E 5
Condat 46 242 C 4
Condat-en-Combraille 63 208 C 5
Condat-lès-Montboissier 63 228 C 3
Condat-sur-Ganaveix 19 224 C 4
Condat-sur-Trincou 24 222 C 5
Condat-sur-Vézère 24 241 G 3
Condat-sur-Vienne 87 205 G 5
Condé 36 172 B 3
Condé-en-Barrois 55 63 H 3
Condé-en-Brie 02 60 D 1
Condé-Folie 80 11 H 4
Condé-lès-Autry 08 43 E 3
Condé-lès-Herpy 08 41 H 1
Condé-Northen 57 46 C 5
Condé-Sainte-Libiaire 77 59 F 3
Condé-sur-Aisne 02 40 C 2
Condé-sur-Huisne 61 85 E 4
Condé-sur-Ifs 14 54 A 1
Condé-sur-Iton 27 56 A 3
Condé-sur-l'Escaut 59 9 H 4
Condé-sur-Marne 51 61 H 1
Condé-sur-Noireau 14 53 F 3
Condé-sur-Risle 27 35 F 3
Condé-sur-Sarthe 61 83 G 4
Condé-sur-Seulles 14 33 E 4
Condé-sur-Suippe 02 41 F 2
Condé-sur-Vesgre 78 57 F 4
Condé-sur-Vire 50 32 B 5
Condeau 61 85 E 4
Condécourt 95 57 H 1
Condeissiat 01 213 G 1
Condéon 16 220 C 4
Condes 39 196 C 4
Condes 52 117 E 3
Condette 62 6 B 2
Condezaygues 47 258 D 5
Condillac 26 267 E 3
Condom 32 275 G 5
Condom-d'Aubrac 12 263 F 3
Condorcet 26 268 A 5
Condren 02 24 B 5
Condrieu 69 231 E 4
Conflandey 70 141 E 3
Conflans-en-Jarnisy 54 45 E 5
Conflans-Sainte-Honorine 78 58 A 2
Conflans-sur-Anille 72 108 D 5
Conflans-sur-Lanterne 70 141 F 2
Conflans-sur-Loing 45 112 C 5
Conflans-sur-Seine 51 90 B 2
Confolens 16 204 C 3
Confolens *Cascade de* 38 251 G 4
Confolent-Port-Dieu 19 226 C 3
Confort 01 215 E 1
Confort-Meilars 29 99 E 2
Confracourt 70 140 C 4
Confrançon 01 195 G 5
Congé-sur-Orne 72 107 H 2
Congénies 30 303 F 2
Congerville 91 87 E 4
Congerville-Thionville 91 87 E 4
Congis-sur-Thérouanne 77 59 G 1
Congrier 53 127 G 2
Congy 51 61 F 3
Conie-Molitard 28 110 A 3
Conilhac-Corbières 11 320 C 5
Conilhac-de-la-Montagne 11 337 G 3
Conjux 73 215 E 5
Conlie 72 107 F 3
Conliège 39 179 F 5
Connac 12 280 D 5
Connangles 43 246 D 1
Connantray-Vaurefroy 51 61 G 4
Connantre 51 61 F 5
Connaux 30 284 D 4
Conne-de-Labarde 24 258 B 1
Connelles 27 36 C 4
Connerré 72 108 B 4
Connezac 24 222 B 3
Connigis 02 60 C 1
Conquereuil 44 126 B 4
Conques 12 262 B 4
Conques-sur-Orbiel 11 319 H 4
Le Conquet 29 74 C 2
Conqueyrac 30 302 D 1
Cons-la-Grandville 54 44 D 2
Cons-Sainte-Colombe 74 216 A 5
Consac 17 219 G 4
Conségudes 06 309 F 1
Consenvoye 55 43 H 3
Consigny 52 117 G 2
Consolation *Cirque de* 25 163 E 4
Consolation-Maisonnettes 25 163 E 4
Contalmaison 80 13 G 5
Contamine-Sarzin 74 215 F 2
Contamine-sur-Arve 74 216 A 1
Les Contamines-Montjoie 74 216 D 4
Contault 51 63 E 2
Contay 80 13 E 5
Conte 39 180 A 4
Contes 06 291 F 5
Contes 62 6 D 5
Contescourt 02 24 A 3
Contest 53 82 B 5
Conteville 14 33 H 5
Conteville 27 35 E 2
Conteville 60 22 A 4
Conteville 76 21 F 4
Conteville 80 12 B 3
Conteville-en-Ternois 62 7 G 5
Conteville-lès-Boulogne 62 2 B 5
Conthil 57 66 D 3
Contigné 49 128 C 3
Contigny 03 192 A 4
Contilly 72 84 A 4
Continvoir 37 151 E 2
Contis-Plage 40 272 A 3
Contoire 80 22 D 4
Contrazy 09 335 G 2
Contré 17 202 B 2
Contre 80 22 A 3
Contréglise 70 140 D 2
Contremoulins 76 19 E 3
Contres 18 173 F 3
Contres 41 153 F 2
Contreuve 08 42 C 2
Contrevoz 01 214 C 5
Contrexéville 88 118 B 2
Contrières 50 51 G 1
Contrisson 55 63 F 3
Conty 80 22 A 3
Contz-les-Bains 57 46 B 2
Conzieu 01 214 C 5
Coole 51 62 B 4
Coolus 51 62 B 2
La Copechagnière 85 166 A 3
Copponex 74 215 G 2
Coq *Col du* 38 233 E 5
Coquainvilliers 14 34 C 4
Coquelles 62 2 C 3
La Coquille 24 223 E 3
Corancez 28 86 B 5
Corancy 58 176 A 1
Coray 29 100 B 2
Corbara 2B 344 C 5
Corbarieu 82 297 H 1
Corbas 69 231 F 1
Corbehem 62 14 A 2
Corbeil 51 91 G 2
Corbeil-Cerf 60 38 A 3
Corbeil-Essonnes 91 88 A 2
Corbeilles 45 112 A 4
Corbel 73 233 E 4
Corbelin 38 232 C 2
Corbenay 70 119 F 5
Corbeny 02 41 F 1
Corbère 66 342 C 2
Corbère-Abères 64 314 D 2
Corbère-les-Cabanes 66 342 D 2
Corberon 21 178 A 1
Corbès 30 283 G 4
Corbie 80 22 D 2
Le Corbier 73 252 A 1
La Corbière 70 141 H 2
Corbières 04 306 C 2
Corbières 11 337 E 2
Corbigny 58 157 G 4
Corbon 14 34 A 5
Corbon 61 84 C 4
Corbonod 01 215 E 3
Corbreuse 91 87 E 3
Corcelle-Mieslot 25 162 B 2
Corcelles 01 214 C 2
Corcelles 58 174 B 2
Corcelles 70 142 A 4
Corcelles-en-Beaujolais 69 212 D 1
Corcelles-Ferrières 25 161 G 4
Corcelles-les-Arts 21 177 G 2
Corcelles-lès-Cîteaux 21 160 B 5
Corcelles-les-Monts 21 159 H 3
Corcieux 88 120 B 2
Corcondray 25 161 G 4
Corconne 30 303 E 1
Corcoué-sur-Logne 44 165 G 1
Corcy 02 40 A 4
Cordéac 38 251 E 5
Cordebugle 14 34 D 5
Cordelle 42 211 G 3
Cordemais 44 147 E 3
Cordes-sur-Ciel 81 279 F 4
Cordes-Tolosannes 82 277 F 5
Cordesse 71 176 D 1
Cordey 14 53 H 3
Cordieux 01 213 G 4
Cordiron 25 161 G 3
Cordon 74 216 C 3
Cordonnet 70 161 H 2
Coren 15 245 H 3
Corenc 38 251 E 1
Corent 63 227 H 2
Corfélix 51 61 E 3
Corgengoux 21 178 A 2
Corgenon 01 195 G 5
Corgirnon 52 139 H 2
Corgnac-sur-l'Isle 24 223 E 5
Corgoloin 21 177 H 1
Corignac 17 237 H 1
Corlay 22 77 H 4
Corlée 52 139 G 2
Corlier 01 214 B 2
Cormainville 28 110 B 3
Cormaranche-en-Bugey 01 214 C 3
Cormatin 71 194 D 2
Corme-Écluse 17 219 E 1
Corme-Royal 17 201 E 5
Cormeilles 27 34 D 4
Cormeilles 60 22 B 4
Cormeilles-en-Parisis 95 58 B 2
Cormeilles-en-Vexin 95 37 H 5
Cormelles-le-Royal 14 33 G 5
Le Cormenier 79 184 D 5
Cormenon 41 109 E 5
Cormeray 41 153 F 1
Cormeray 50 80 D 2
Cormery 37 152 A 4
Cormes 72 108 D 3
Cormet de Roselend 73 216 D 5
Cormicy 51 41 F 2
Le Cormier 27 56 C 2
Cormolain 14 32 C 5
Cormont 62 6 B 3
Cormontreuil 51 41 G 4
Cormoranche-sur-Saône 01 195 E 5
Cormost 10 115 E 3
Cormot-le-Grand 21 177 F 2
Cormoyeux 51 41 F 5
Cormoz 01 195 H 3
Corn 46 261 E 3
Cornac 46 243 E 5
Cornant 89 113 F 3
Cornas 07 249 F 4
Cornay 08 43 F 3
Corné 49 149 H 1
Cornebarrieu 31 297 H 4
Corneilhan 34 321 G 3
Corneilla-de-Conflent 66 342 A 3
Corneilla-del-Vercol 66 343 F 2
Corneilla-la-Rivière 66 342 D 2
Corneillan 32 294 C 4
Corneuil 27 56 B 3
Corneville-la-Fouquetière 27 55 G 1
Corneville-sur-Risle 27 35 F 3
Cornier 74 215 H 1
Corniéville 55 64 D 5
Cornil 19 242 D 2
Cornillac 26 268 B 5
Cornille 24 240 D 1
Cornillé 35 105 E 3
Cornillé-les-Caves 49 150 A 1
Cornillon 30 284 C 2
Cornillon-Confoux 13 305 F 5
Cornillon-en-Trièves 38 250 D 5
Cornillon-sur-l'Oule 26 268 B 5
Cornimont 88 120 A 4
Cornod 39 196 B 4
Cornot 70 140 C 4
La Cornuaille 49 148 D 1
Cornus 12 301 G 1
Cornusse 18 173 H 2
Cornusson *Château de* 82 279 E 3
Corny 27 36 D 3
Corny-Machéroménil 08 26 B 5
Corny-sur-Moselle 57 65 G 2
Coron 49 149 F 5
Corong *Gorges du* 22 77 E 3
Corpe 85 183 F 2
Corpeau 21 177 G 2
Corpoyer-la-Chapelle 21 159 F 1
Corps 38 251 F 5
Corps-Nuds 35 104 B 4
Corquilleroy 45 112 B 4
Corquoy 18 172 D 3
Corrano 2A 349 E 3
Corravillers 70 119 H 5
Corre 70 118 C 5
Corrençon-en-Vercors 38 250 C 3
Correns 83 307 F 5
Corrèze 19 225 E 5
Corribert 51 61 E 2
Corrobert 51 60 D 2
Corrombles 21 158 C 1
Corronsac 31 318 A 2
Corroy 51 61 F 5
Corsaint 21 158 C 1
Corsavy 66 342 C 4
Corscia 2B 346 D 4
Corsen *Pointe de* 29 74 C 2
Corsept 44 146 C 3
Corseul 22 79 F 3
Cortambert 71 194 D 2
Corte 2B 347 E 4
Cortevaix 71 194 C 2
Cortone *Col de* 2A 348 C 5
Cortrat 45 134 D 2
Les Corvées-les-Yys 28 85 G 5
Corveissiat 01 196 B 5
Corvol-d'Embernard 58 157 E 4
Corvol-l'Orgueilleux 58 157 E 2
Corzé 49 128 D 5
Cos 09 336 A 2
Cosges 39 178 D 4
Coslédaà-Lube-Boast 64 314 C 2
Cosmes 53 105 H 5
Cosnac 19 242 C 3
Cosne-d'Allier 03 191 F 3
Cosne-sur-Loire 58 156 A 2
Cosnes-et-Romain 54 44 D 1
Cosqueville 50 29 G 2
Cossaye 58 175 E 5
Cossé-d'Anjou 49 149 F 5
Cossé-en-Champagne 53 106 D 5
Cossé-le-Vivien 53 105 H 5
Cossesseville 14 53 F 2
Cosswiller 67 97 E 1
Costa 2B 346 D 2
Costaros 43 247 F 5
Les Costes 05 269 G 1
Les Costes-Gozon 12 281 E 5
La Côte 70 141 H 3
Cote 304 55 43 H 4
La Côte-d'Aime 73 234 D 2
La Côte-d'Arbroz 74 198 C 5
La Côte-en-Couzan 42 211 E 5
La Côte-Saint-André 38 232 A 4
Le Coteau 42 211 G 3
Côtebrune 25 162 C 3
Les Côtes-d'Arey 38 231 F 4
Les Côtes-de-Corps 38 251 F 5
Coti-Chiavari 2A 348 C 5
Cotignac 83 307 G 5
La Cotinière 17 200 A 3
Cottance 42 212 A 5
Cottenchy 80 22 C 3
Cottévrard 76 20 C 4
Cottier 25 161 G 4
Cottun 14 32 D 3

COLMAR

Agen (R. d') . . . BY
Alsace (Av. d') . . . CYZ
Ancienne Douane (Pl. de l') . . . CZ 2
Augustins (R. des) . . . BZ 3
Bagatelle (R. de la) . . . AY
Bains (R. des) . . . BY 5
Bâle (Route de) . . . CZ
Bartholdi (R.) . . . BCZ
Blés (R. des) . . . BZ 9
Boulangers (R. des) . . . BY 12
Brasseries (R. des) . . . CY 13
Bruat (R.) . . . BZ 14
Cathédrale (Pl. de la) . . . BY 17
Cavalerie (R. de la) . . . BCY
Champ-de-Mars (Bd du) . . . BYZ 18
Chauffour (R.) . . . BZ 20
Clefs (R. des) . . . BCY
Clemenceau (Av. Georges) . . . BCZ
Écoles (R. des) . . . BZ 22
Est (R. de l') . . . CYZ
Fleischhauer (R.) . . . BCY
Fleurent (R. J.-B.) . . . BY 24
Fleurs (R. des) . . . CZ
Florimont (R. du) . . . AY 25
Foch (Av.) . . . BZ
Fribourg (Av. de) . . . CZ
Gare (Pl. et R. de la) . . . AZ
Gaulle (Av. Gén.-de) . . . ABYZ
Golbéry (R.) . . . BY
Grad (R. Charles) . . . AY
Grand'Rue . . . BCZ 31
Grenouillère (R. de la) . . . CYZ 32
Herse (R. de la) . . . BZ 33
Ingersheim (Rte d') . . . ABY
Jeanne d'Arc (Pl.) . . . CY
Joffre (Av.) . . . BZ
Kléber (R.) . . . BY 35
Ladhof (R. du) . . . CY 36
Lasch (R. Georges) . . . AZ 37
Lattre-de-Tassigny (Av. J. de) . . . ABY 43
Leclerc (Bd du Gén.) . . . BZ 45
Liberté (Av. de la) . . . AZ
Logelbach (R. du) . . . AY
Manège (R. du) . . . BZ 49
Marchands (R. des) . . . BYZ 50
Marché-aux-Fruits (Pl. du) . . . BZ 51
Marne (Av. de la) . . . BZ
Messimy (R.) . . . ABZ 52
Molly (R. Berthe) . . . BYZ 54
Mouton (R. du) . . . CY 57
Mulhouse (R. de) . . . AZ
Neuf-Brisach (Rte de) . . . CY
Nord (R. du) . . . BCY
Poincaré (Av. Raymond) . . . ABZ
Poissonnerie (R. et Q. de la) . . . BCZ 62
Preiss (R. Jacques) . . . ABZ 63
Rapp (Pl.) . . . BZ
Rapp (R.) . . . BCY
Reims (R. de) . . . BZ 65
République (Av. de la) . . . ABZ
Ribeauvillé (R. de) . . . BY 67
Roesselman (R.) . . . BY 69
Rouffach (Rte de) . . . AZ
St-Jean (R.) . . . BZ 71
St-Joseph (Pl. et R.) . . . AY
St-Josse (R.) . . . CZ
St-Léon (R.) . . . AY
St-Nicolas (R.) . . . BY 73
St-Pierre (Bd et Pont) . . . BCZ
Schlumberger (R. Camille) . . . ABZ
Schwendi (R.) . . . CZ
Sélestat (Rte de) . . . CY
Semm (R. de la) . . . CZ
Serruriers (R. des) . . . BY 75
Sinn (Quai de la) . . . BY 77
Six-Montagnes-Noires (Pl. des) . . . BZ 79
Stanislas (R.) . . . BY
Tanneurs (R. des) . . . CZ 82
Têtes (R. des) . . . BY 83
Thann (R. de) . . . CY
Tir (R. du) . . . AZ
Turckheim (R. de) . . . AY
Turenne (R.) . . . BCZ
Unterlinden (Pl. d') . . . BY 85
Val St-Grégoire (R. du) . . . AY
Vauban (R.) . . . CY
Voltaire (R.) . . . ABZ
Weinemer (R.) . . . BZ 86
1ère Armée Française (R. de la) . . . BY
2 Février (Pl. du) . . . CY 87
5e Division-Blindée (R. de la) . . . BY 95
18 Novembre (Pl. du) . . . BY 97

Cou *Col de* **74** ..... 198 A 4
La Couarde **79** ..... 185 G 4
La Couarde-sur-Mer **17** ..... 182 D 5
Couargues **18** ..... 156 A 4
Coubert **77** ..... 59 E 5
Coubeyrac **33** ..... 257 E 1
Coubisou **12** ..... 263 E 4
Coubjours **24** ..... 241 G 1
Coublanc **52** ..... 139 H 4
Coublanc **71** ..... 212 A 1
Coublevie **38** ..... 232 C 5
Coublucq **64** ..... 294 B 5
Coubon **43** ..... 247 F 4
La Coubre *Phare de* **17** ..... 218 B 1
Coubron **93** ..... 58 D 3
Couches **71** ..... 177 F 3
Couchey **21** ..... 160 A 4
La Coucourde **26** ..... 267 E 3
Coucouron **07** ..... 265 G 1
Coucy **08** ..... 42 B 1
Coucy-la-Ville **02** ..... 40 B 1
Coucy-le-Château-
Auffrique **02** ..... 40 B 1
Coucy-lès-Eppes **02** ..... 25 E 5
Couddes **41** ..... 153 F 3
Coudehard **61** ..... 54 C 3
Coudekerque **59** ..... 3 G 2
Coudekerque-Branche **59** ..... 3 G 2
Coudes **63** ..... 228 A 2
Coudeville-sur-Mer **50** ..... 51 F 2
Le Coudon **83** ..... 328 B 4
Coudons **11** ..... 337 F 4
Coudoux **13** ..... 305 G 5
Coudray **27** ..... 37 E 3
Le Coudray **28** ..... 86 B 4
Le Coudray **44** ..... 126 A 5
Coudray **45** ..... 111 H 2
Coudray **53** ..... 128 B 3
Coudray-au-Perche **28** ..... 109 E 2
Le Coudray-Macouard **49** ..... 150 B 4
Le Coudray-Montceaux **91** ..... 88 A 2
Coudray-Rabut **14** ..... 34 C 3
Le Coudray-Saint-Germer **60** ..... 37 G 2
Coudray-Salbart
Château de **79** ..... 184 D 3
Le Coudray-sur-Thelle **60** ..... 38 A 3
La Coudre **79** ..... 167 G 2
Les Coudreaux **77** ..... 59 E 3
Coudreceau **28** ..... 85 E 5
Coudrecieux **72** ..... 108 C 5
Coudres **27** ..... 56 C 3
Coudroy **45** ..... 134 B 2
Coudun **60** ..... 39 F 1
Coudures **40** ..... 294 A 3
Coueilles **31** ..... 316 D 3
Couëlan *Château de* **22** ..... 103 F 1
Couëron **44** ..... 147 F 4
Couesmes **37** ..... 130 B 5
Couesmes-en-Froulay **53** ..... 82 A 3
Couesque *Barrage de* **12** ..... 262 D 2
Les Couets **44** ..... 147 G 4
Couffé **44** ..... 148 A 2
Couffoulens **11** ..... 337 G 1
Couffy **41** ..... 153 F 4
Couffy-sur-Sarsonne **19** ..... 226 B 2
Couflens **09** ..... 335 F 5
Coufouleux **81** ..... 298 C 2
Cougnac *Grottes de* **46** ..... 259 H 2
Couhé **86** ..... 186 A 4
Couilly-Pont-aux-Dames **77** ..... 59 G 3
Couin **62** ..... 13 E 4
Couiza **11** ..... 337 G 3
Couladère **31** ..... 317 F 5
Coulaines **72** ..... 107 H 4
Coulandon **03** ..... 192 A 2
Coulangeron **89** ..... 136 A 4
Coulanges **03** ..... 193 E 2
Coulanges **41** ..... 152 D 1
Coulanges-la-Vineuse **89** ..... 136 B 4
Coulanges-lès-Nevers **58** ..... 174 C 2
Coulanges-sur-Yonne **89** ..... 157 F 1
Coulans-sur-Gée **72** ..... 107 F 4
Coulans-sur-Lizon **25** ..... 180 A 1
Coulaures **24** ..... 241 E 1
Couledoux **31** ..... 334 C 3
Couleuvre **03** ..... 174 A 5
Coulevon **70** ..... 141 F 4
Coulgens **16** ..... 203 G 5
Coulimer **61** ..... 84 B 3
Coullemelle **80** ..... 22 C 4
Coullemont **62** ..... 13 E 3
Coullons **45** ..... 134 B 5
Coulmer **61** ..... 54 D 4
Coulmier-le-Sec **21** ..... 138 A 3
Coulmiers **45** ..... 110 C 5
Coulobres **34** ..... 321 G 2
Coulogne **62** ..... 2 D 3
Couloisy **60** ..... 39 H 2
Coulombiers **72** ..... 83 G 5
Coulombiers **86** ..... 186 A 2
Coulombs **14** ..... 33 F 3
Coulombs **28** ..... 57 E 5
Coulombs-en-Valois **77** ..... 60 A 1
Coulomby **62** ..... 6 D 2
Coulommes **77** ..... 59 G 3
Coulommes-et-Marqueny **08** ..... 42 C 1
Coulommes-la-Montagne **51** ..... 41 F 4
Coulommiers **77** ..... 59 H 4
Coulommiers-la-Tour **41** ..... 131 H 3
Coulon **79** ..... 184 C 4
Coulonces **14** ..... 52 C 3
Coulonces **61** ..... 54 B 3
La Coulonche **61** ..... 53 F 5
Coulongé **72** ..... 130 A 4
Coulonge-sur-Charente **17** ..... 201 F 4
Coulonges **16** ..... 203 E 4
Coulonges **17** ..... 219 H 2
Coulonges **27** ..... 56 B 3
Coulonges **86** ..... 188 A 3
Coulonges-Cohan **02** ..... 40 D 4
Coulonges-les-Sablons **61** ..... 85 E 4
Coulonges-sur-l'Autize **79** ..... 184 C 2
Coulonges-sur-Sarthe **61** ..... 84 A 3
Coulonges-Thouarsais **79** ..... 167 H 2
Coulonvillers **80** ..... 11 H 3
Couloumé-Mondebat **32** ..... 295 F 4
Coulounieix-Chamiers **24** ..... 240 C 2
Coulours **89** ..... 114 A 3
Couloutre **58** ..... 156 C 2
Coulouvray-Boisbenâtre **50** ..... 52 A 3
Coulvain **14** ..... 52 D 1
Coulx **47** ..... 257 H 5
Coume **57** ..... 46 D 5
Counozouls **11** ..... 337 G 5
Coupelle-Neuve **62** ..... 7 E 4
Coupelle-Vieille **62** ..... 7 E 4
Coupesarte **14** ..... 54 B 1
Coupetz **51** ..... 62 B 3
Coupéville **51** ..... 62 D 2
Coupiac **12** ..... 300 B 1
Coupray **52** ..... 116 C 5
Coupru **02** ..... 60 B 1
Couptrain **53** ..... 82 D 3
Coupvray **77** ..... 59 F 3
Couquèques **33** ..... 219 E 5
Cour-Cheverny **41** ..... 153 F 1
Cour-et-Buis **38** ..... 231 G 4
Cour-l'Évêque **52** ..... 116 C 5
La Cour-Marigny **45** ..... 134 C 2
Cour-Saint-Maurice **25** ..... 163 F 3
Cour-sur-Loire **41** ..... 132 B 5
Courances **91** ..... 88 A 4
Courant **17** ..... 201 G 2
Courban **21** ..... 116 B 5
La Courbe **61** ..... 53 H 4
Courbehaye **28** ..... 110 B 3
Courbépine **27** ..... 35 F 5
Courbes **02** ..... 24 C 4
Courbesseaux **54** ..... 66 C 5
Courbette **39** ..... 196 B 1
Courbeveille **53** ..... 105 H 4
Courbevoie **92** ..... 58 B 3
Courbiac **47** ..... 277 E 1
Courbillac **16** ..... 202 C 5
Courboin **02** ..... 60 C 2
Courbons **04** ..... 288 A 3
Courbouzon **39** ..... 179 E 5
Courbouzon **41** ..... 132 C 4
Courboyer *Manoir de* **61** ..... 84 C 4
Courçais **03** ..... 190 B 3
Courçay **37** ..... 152 B 4
Courceaux **89** ..... 89 G 4
Courcebœufs **72** ..... 107 H 3
Courcelette **80** ..... 13 G 5
Courcelle **91** ..... 58 A 5
Courcelles **17** ..... 201 H 3
Courcelles **25** ..... 161 H 5
Courcelles **45** ..... 111 H 4
Courcelles **54** ..... 94 C 4
Courcelles **58** ..... 157 E 2
Courcelles **90** ..... 142 D 4
Courcelles-au-Bois **80** ..... 13 F 4
Courcelles-Chaussy **57** ..... 66 B 1
Courcelles-de-Touraine **37** ..... 151 E 1
Courcelles-en-Barrois **55** ..... 64 C 4
Courcelles-en-Bassée **77** ..... 89 E 4
Courcelles-
en-Montagne **52** ..... 139 F 2
Courcelles-Epayelles **60** ..... 23 E 5
Courcelles-Frémoy **21** ..... 158 C 2
Courcelles-la-Forêt **72** ..... 129 G 3
Courcelles-le-Comte **62** ..... 13 G 4
Courcelles-lès-Gisors **60** ..... 37 F 4
Courcelles-lès-Lens **62** ..... 8 D 5
Courcelles-
lès-Montbard **21** ..... 137 H 5
Courcelles-
lès-Montbéliard **25** ..... 142 B 4
Courcelles-lès-Semur **21** ..... 158 D 2
Courcelles-Sapicourt **51** ..... 41 F 4
Courcelles-
sous-Châtenois **88** ..... 94 B 4
Courcelles-
sous-Moyencourt **80** ..... 22 A 3

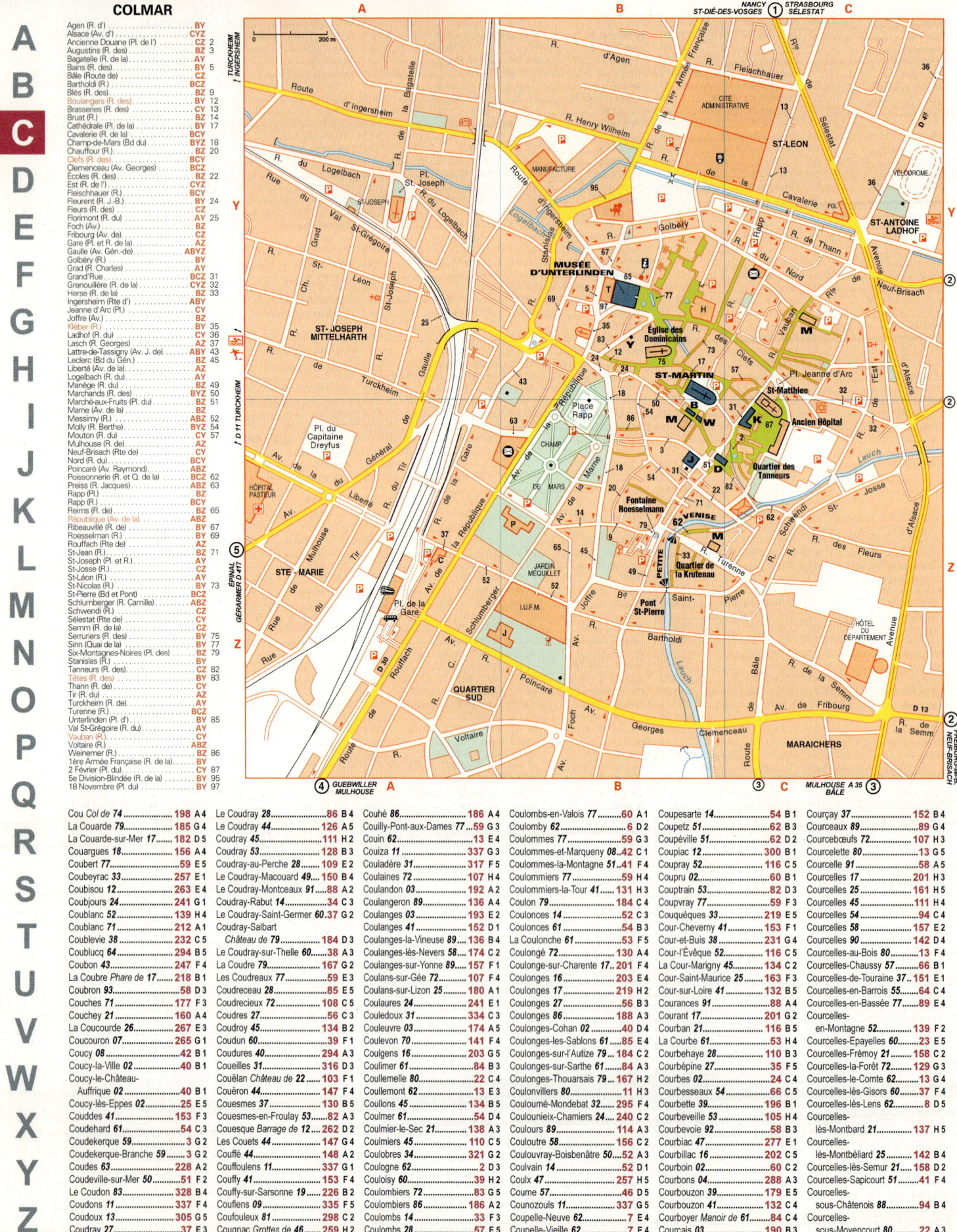

Courcelles-sous-Thoix 80 ... 22 A4
Courcelles-sur-Aire 55 ... 63 H2
Courcelles-sur-Aujon 52 ... 139 E2
Courcelles-sur-Blaise 52 ... 92 C4
Courcelles-sur-Nied 57 ... 66 B1
Courcelles-sur-Seine 27 ... 36 D5
Courcelles-sur-Vesles 02 ... 40 D3
Courcelles-sur-Viosne 95 ... 57 H1
Courcelles-sur-Voire 10 ... 91 H3
Courcelles-Val-d'Esnoms 52 ... 139 F4
Courcemain 51 ... 90 C2
Courcemont 72 ... 108 A3
Courcerac 17 ... 202 B4
Courcerault 61 ... 84 C4
Courceroy 10 ... 89 H3
Courchamp 21 ... 139 H5
Courchamp 77 ... 89 G2
Courchamps 02 ... 40 A5
Courchamps 49 ... 150 B4
Courchapon 25 ... 161 G3
Courchaton 70 ... 141 H5
Courchelettes 59 ... 8 D5
Courchevel 73 ... 234 C4
Courcité 53 ... 83 E5
Courcival 72 ... 108 A2
Courcôme 16 ... 203 F3
Courçon 17 ... 183 H5
Courcoué 37 ... 169 F1
Courcouronnes 91 ... 87 H2
Courcoury 17 ... 219 G1
Courcuire 70 ... 161 G2
Courcy 14 ... 54 A2
Courcy 50 ... 31 G5
Courcy 51 ... 41 G3
Courcy-aux-Loges 45 ... 111 G4
Courdemanche 27 ... 56 C4
Courdemanche 72 ... 130 C3
Courdemanges 51 ... 62 C5
Courdimanche 95 ... 57 H1
Courdimanche-sur-Essonne 91 ... 87 H4
Couret 31 ... 334 C2
Courgains 72 ... 83 H5
Courgeac 16 ... 221 E4
Courgenard 72 ... 108 D3
Courgenay 89 ... 90 A5
Courgent 78 ... 57 F3
Courgeon 61 ... 84 C3
Courgeoût 61 ... 84 B3
Courgis 89 ... 136 C3
Courgivaux 51 ... 60 C5
Courgoul 63 ... 227 G3
Courjeonnet 51 ... 61 F3
Courlac 16 ... 221 E5
Courlandon 51 ... 41 E3
Courlans 39 ... 179 E5
Courlaoux 39 ... 179 E5
Courlay 79 ... 167 G4
Courlay-sur-Mer 17 ... 218 C1
Courléon 49 ... 150 D2
Courlon 21 ... 139 E4
Courlon-sur-Yonne 89 ... 89 F5
Courmangoux 01 ... 196 A4
Courmas 51 ... 41 F4
Courmelles 02 ... 40 B3
Courmemin 41 ... 153 G2
Courménil 61 ... 54 C4
Courmes 06 ... 309 E2
Courmont 02 ... 40 D5
Courmont 70 ... 142 A3
Cournanel 11 ... 337 G2
La Courneuve 93 ... 58 C2
Courniou 34 ... 320 C2
Cournols 63 ... 227 G2
Cournon 56 ... 125 G3
Cournon-d'Auvergne 63 ... 227 H1
Cournonsec 34 ... 302 C5
Cournonterral 34 ... 302 C5
La Couronne 13 ... 325 H4
La Couronne 16 ... 221 E2
Courouvre 55 ... 64 B3
Courpalay 77 ... 59 G5
Courpiac 33 ... 256 C1
Courpière 63 ... 228 C1
Courpignac 17 ... 219 H5
Courquetaine 77 ... 59 F5
Courrensan 32 ... 295 G2
Courrières 62 ... 8 C4
Courris 81 ... 299 H1
Courry 30 ... 283 H2
Cours 46 ... 260 B4
Cours 47 ... 276 B1
Le Cours 56 ... 124 D2
Cours 58 ... 156 B2
Cours 69 ... 212 A2
Cours 79 ... 185 E2
Cours-de-Monségur 33 ... 257 E3
Cours-de-Pile 24 ... 258 B1
Cours-les-Bains 33 ... 274 D1
Cours-les-Barres 18 ... 174 B2
Coursac 24 ... 240 B2
Coursan 11 ... 321 F5
Coursan-en-Othe 10 ... 114 C4
Coursegoules 06 ... 309 F1
Courset 62 ... 6 C2
Courseulles-sur-Mer 14 ... 33 F3
Courson 14 ... 52 B3
Courson *Château de* 91 ... 87 F2
Courson-les-Carrières 89 ... 136 A5
Courson-Monteloup 91 ... 87 F2
Courtacon 77 ... 60 B5
Courtagnon 51 ... 41 F5
Courtalain 28 ... 109 G4
Courtangis *Château de* 72 ... 108 D3
Courtanvaux *Château de* 72 ... 131 E2
Courtaoult 10 ... 114 C4
Courtauly 11 ... 337 E2
Courtavon 68 ... 143 E5
Courtefontaine 25 ... 163 G2
Courtefontaine 39 ... 161 G5
Courteilles 27 ... 56 A5
Courteix 19 ... 226 B2
Courtelevant 90 ... 142 D4
Courtemanche 80 ... 22 D4
Courtemaux 45 ... 112 D4
Courtémont 51 ... 43 E5
Courtemont-Varennes 02 ... 60 D1
Courtempierre 45 ... 112 B4
Courtenay 38 ... 214 A5
Courtenay 45 ... 113 E4
Courtenot 10 ... 115 F3
Courteranges 10 ... 115 F2
Courteron 10 ... 115 G4
Courtes 01 ... 195 G2
Courtesoult-et-Gatey 70 ... 140 A4
Courtetain-et-Salans 25 ... 162 D3
La Courtète 11 ... 337 E1
Courteuil 60 ... 38 D4
Courthézon 84 ... 285 F4
Courthiézy 51 ... 60 D1
Courties 32 ... 295 F5
Courtieux 60 ... 39 H2
Courtillers 72 ... 129 E3
Courtils 50 ... 51 G5
La Courtine 23 ... 225 H1
Courtisols 51 ... 62 C2
Courtivron 21 ... 139 E5
Courtoin 89 ... 113 E3
Courtois-sur-Yonne 89 ... 113 G2
Courtomer 61 ... 84 A2
Courtomer 77 ... 59 G5
Courtonne-la-Meurdrac 14 ... 34 D5
Courtonne-les-Deux-Églises 14 ... 34 D5
Courtrizy-et-Fussigny 02 ... 41 E1
Courtry 77 ... 59 E2
Courvaudon 14 ... 53 E1
Courvières 25 ... 180 A3
Courville 51 ... 41 E3
Courville-sur-Eure 28 ... 85 H4
Courzieu 69 ... 230 C1
Cousance 39 ... 196 A2
Cousances-au-Bois 55 ... 64 C5
Cousances-les-Forges 55 ... 92 D2
Cousolre 59 ... 16 A3
Coussa 09 ... 336 B2
Coussac-Bonneval 87 ... 223 H3
Coussan 65 ... 315 F4
Coussay 86 ... 168 D3
Coussay-les-Bois 86 ... 170 A4
Coussegrey 10 ... 114 D5
Coussergues 12 ... 281 F1
Coussey 88 ... 94 A4
Coust 18 ... 173 G5
Coustaussa 11 ... 337 G3
Coustellet 84 ... 305 F1
Coustouge 11 ... 338 C2
Coustouges 66 ... 342 C5
Coutances 50 ... 31 G5
Coutansouze 03 ... 209 G1
Coutarnoux 89 ... 137 E5
Coutençon 77 ... 89 E3
Coutens 09 ... 336 D1
Couterne 61 ... 82 C3
Couternon 21 ... 160 B3
Couteuges 43 ... 246 C2
Coutevroult 77 ... 59 G3
Couthenans 70 ... 142 B3
Couthures-sur-Garonne 47 ... 257 E4
Coutiches 59 ... 9 E4
Coutières 79 ... 185 G2
Coutouvre 42 ... 211 H2
Coutras 33 ... 238 C3
Couture 16 ... 203 G3
La Couture 62 ... 8 A3
La Couture 85 ... 183 E1
La Couture-Boussey 27 ... 56 D3
Couture-d'Argenson 79 ... 202 D3
Couture-sur-Loir 41 ... 130 D3
Couturelle 62 ... 13 E3
Coutures 24 ... 221 G5
Coutures 33 ... 256 D3
Coutures 49 ... 149 H2
Coutures 57 ... 66 C4
Coutures 82 ... 297 E1
Couvains 50 ... 32 B4
Couvains 61 ... 55 F3
La Couvertoirade 12 ... 301 H1
Couvertpuis 55 ... 93 F2
Couvignon 10 ... 116 A2
Couville 50 ... 29 E4
Couvonges 55 ... 63 G4
Couvrelles 02 ... 40 C3
Couvron-et-Aumencourt 02 ... 24 C4
Couvrot 51 ... 62 C4
Coux 07 ... 266 D2
Coux 17 ... 219 H5
Coux-et-Bigaroque 24 ... 259 E1
Couy 18 ... 173 H1
La Couyère 35 ... 104 C5
Couzan *Château de* 42 ... 229 F1
Couze-et-Saint-Front 24 ... 258 C1
Couzeix 87 ... 205 G4
Couziers 37 ... 150 D5
Couzon 03 ... 191 H1
Couzon-au-Mont-d'Or 69 ... 213 E4
Couzou 46 ... 260 C2
Cox 31 ... 297 E3
Coye-la-Forêt 60 ... 38 D5
Coyecques 62 ... 7 F3
Coyolles 02 ... 39 H4
Coyrière 39 ... 197 E4
Coyron 39 ... 196 D2
Coyviller 54 ... 95 E1
Cozes 17 ... 219 E2
Cozzano 2A ... 349 F3
Crach 56 ... 124 A4
Craches 78 ... 86 D2
Crachier 38 ... 231 H3
Crain 89 ... 157 F1
Craincourt 57 ... 66 B3
Craintilleux 42 ... 230 A2
Crainvilliers 88 ... 118 B3
Cramaille 02 ... 40 C4
Cramans 39 ... 179 G1
Cramant 51 ... 61 G2
Cramchaban 17 ... 184 B5
Craménil 61 ... 53 G4
Cramoisy 60 ... 38 C4
Cramont 80 ... 12 B4
Crampagna 09 ... 336 B2
Cran-Gevrier 74 ... 215 G3
Crancey 10 ... 90 A3
Crançot 39 ... 179 F5
Crandelles 15 ... 244 B4
Crannes-en-Champagne 72 ... 107 F5
Crans 01 ... 213 H3
Crans 39 ... 180 A4
Cransac 12 ... 261 H4
Crantenoy 54 ... 95 E3
Cranves-Sales 74 ... 197 H5
Craon 53 ... 127 H2
Craon 86 ... 168 C4
Craonne 02 ... 41 E2
Craonnelle 02 ... 41 E2
Crapeaumesnil 60 ... 23 F4
Craponne 69 ... 230 D1
Craponne-sur-Arzon 43 ... 229 F5
Cras 38 ... 250 B1
Cras 46 ... 260 B4
Cras-sur-Reyssouze 01 ... 195 G4
Crastatt 67 ... 68 B5
Crastes 32 ... 296 C3
Crasville 27 ... 36 B4
Crasville 50 ... 29 G4
Crasville-la-Mallet 76 ... 19 G3
Crasville-la-Rocquefort 76 ... 19 H3
La Crau 83 ... 328 B4
Cravanche 90 ... 142 C3
Cravans 17 ... 219 F2
Cravant 45 ... 132 C3
Cravant 89 ... 136 C4
Cravant-les-Côteaux 37 ... 151 F5
Cravencères 32 ... 295 E3
Cravent 78 ... 57 E2
Crayssac 46 ... 259 H4
Craywick 59 ... 3 F3
Craz 01 ... 214 D2
Crazannes 17 ... 201 F4
Cré 72 ... 129 F4
Créac'h *Phare de* 29 ... 74 A1
Créances 50 ... 31 F4
Créancey 21 ... 159 F4
Créancey 52 ... 116 C4
Crécey-sur-Tille 21 ... 139 F5
La Crèche 79 ... 185 E4
Crêches-sur-Saône 71 ... 195 E5
Créchets 65 ... 334 A2
Créchy 03 ... 192 B5
Crécy-au-Mont 02 ... 40 B1
Crécy-Couvé 28 ... 56 C5
Crécy-en-Ponthieu 80 ... 11 G2
Crécy-la-Chapelle 77 ... 59 G3
Crécy-sur-Serre 02 ... 24 D4
Crédin 56 ... 102 B3
Crégols 46 ... 260 D5
Crégy-lès-Meaux 77 ... 59 G2
Créhange 57 ... 66 D1
Créhen 22 ... 79 F3
Creil 60 ... 38 D4
Creissan 34 ... 321 E3
Creissels 12 ... 281 H4
Crémarest 62 ... 6 C2
Cremeaux 42 ... 211 F4
Crémery 80 ... 23 F3
Crémieu 38 ... 231 H1
Crempigny-Bonneguête 74 ... 215 E3
Cremps 46 ... 278 C1
Crenans 39 ... 196 D2
Crenay 52 ... 117 E4
Creney-près-Troyes 10 ... 91 E5
Crennes-sur-Fraubée 53 ... 82 D4
Creno *Lac de* 2A ... 346 D5
Créon 33 ... 255 H1
Créon-d'Armagnac 40 ... 274 C5
Créot 71 ... 177 F2
Crépand 21 ... 137 H5
Crépey 54 ... 94 C2
Crépieux-la-Pape 69 ... 213 F5
Crépion 55 ... 44 B4
Crépol 26 ... 249 G2
Crépon 14 ... 33 F3
Crépy 02 ... 24 C5
Crépy 62 ... 7 F4
Crépy-en-Valois 60 ... 39 G4
Créquy 62 ... 7 E4
Le Crès 34 ... 303 E4
Cresancey 70 ... 161 F2
Crésantignes 10 ... 114 D3
Les Cresnays 50 ... 52 A4
Crespian 30 ... 303 F1
Crespières 78 ... 57 H3
Crespin 12 ... 279 H3
Crespin 59 ... 9 H5
Crespin 81 ... 279 H5
Crespinet 81 ... 299 G1
Crespy-le-Neuf 10 ... 91 H4
Cressac-Saint-Genis 16 ... 221 E4
Cressanges 03 ... 191 H3
Cressat 23 ... 207 G1
La Cresse 12 ... 281 H3
Cressé 17 ... 202 C4
Cressely 78 ... 58 A5
Cressensac 46 ... 242 B4
Cresserons 14 ... 33 G3
Cresseveuille 14 ... 34 B4
Cressia 39 ... 196 B2
Cressin-Rochefort 01 ... 214 D5
La Cressonnière 14 ... 54 D1
Cressonsacq 60 ... 38 D1
Cressy 76 ... 20 B3
Cressy-Omencourt 80 ... 23 G4
Cressy-sur-Somme 71 ... 175 H5
Crest 26 ... 267 G2
Le Crest 63 ... 227 H1
Crest-Voland 73 ... 216 B4
Creste 63 ... 227 G3
Le Crestet 07 ... 248 D4
Crestet 84 ... 285 H2
Crestot 27 ... 36 A4
Créteil 94 ... 58 D4
Créton 27 ... 56 B3
Cretteville 50 ... 31 H2
Creuë 55 ... 64 D2
Creully 14 ... 33 F3
La Creuse 70 ... 141 G4
Creuse 80 ... 22 A2
Le Creusot 71 ... 177 E4
Creutzwald 57 ... 46 D4
Creuzier-le-Neuf 03 ... 210 B1
Creuzier-le-Vieux 03 ... 210 B1
Crevans-et-la-Chapelle-lès-Granges 70 ... 142 A4
Crevant 36 ... 189 G3
Crevant-Laveine 63 ... 210 B4
Crévéchamps 54 ... 95 E2
Crèvecœur-en-Auge 14 ... 34 B5
Crèvecœur-en-Brie 77 ... 59 G4
Crèvecœur-le-Grand 60 ... 22 A5
Crèvecœur-le-Petit 60 ... 22 D5
Crèvecœur-sur-l'Escaut 59 ... 14 B4
Creveney 70 ... 141 F3
Crévic 54 ... 95 F1
Crévin 35 ... 104 B5
Crévoux 05 ... 270 D3
Creys-Mépieu 38 ... 214 B5
Creyssac 24 ... 222 B5
Creysse 24 ... 240 B5
Creysse 46 ... 242 C5
Creysseilles 07 ... 266 C2
Creyssensac-et-Pissot 24 ... 240 C3
Crézançay-sur-Cher 18 ... 173 E4
Crézancy 02 ... 60 C1
Crézancy-en-Sancerre 18 ... 155 H3
Crézières 79 ... 202 D2
Crézilles 54 ... 94 B2
Cricquebœuf 14 ... 34 C2
Cricqueville-en-Auge 14 ... 34 A4
Cricqueville-en-Bessin 14 ... 32 C2
Criel-sur-Mer 76 ... 10 C4
Crillat 39 ... 196 D1
Crillon 60 ... 37 H1
Crillon-le-Brave 84 ... 285 H3
Crimolois 21 ... 160 B3
Crion 54 ... 95 G1
La Crique 76 ... 20 B4
Criquebeuf-en-Caux 76 ... 18 D3
Criquebeuf-la-Campagne 27 ... 36 A4
Criquebeuf-sur-Seine 27 ... 36 B3
Criquetot-le-Mauconduit 76 ... 19 F3
Criquetot-l'Esneval 76 ... 18 D4
Criquetot-sur-Longueville 76 ... 20 B3
Criquetot-sur-Ouville 76 ... 19 H4
Criquiers 76 ... 21 F4
Crisenoy 77 ... 88 C2
Crisolles 60 ... 23 H5
Crissay-sur-Manse 37 ... 151 G5
Crissé 72 ... 107 F3
Crissey 39 ... 179 E1
Crissey 71 ... 177 H4
Cristinacce 2A ... 346 C5
Cristot 14 ... 33 E4
Criteuil-la-Magdeleine 16 ... 220 C3
Critot 76 ... 20 C5
Croce 2B ... 347 G3
Crochte 59 ... 3 G3
Crocicchia 2B ... 347 G2
Crocq 23 ... 208 B4
Le Crocq 60 ... 22 B5
Crocy 14 ... 54 A3
Crœttwiller 67 ... 69 F2
Croignon 33 ... 255 H1
Croisances 43 ... 246 D5
Croisette 62 ... 12 C2
La Croisette 74 ... 215 G1
Le Croisic 44 ... 145 G4
La Croisière 23 ... 205 H1
La Croisille 27 ... 56 A2
La Croisille-sur-Briance 87 ... 224 C2
Croisilles 14 ... 53 F1
Croisilles 28 ... 57 E5
Croisilles 61 ... 54 C4
Croisilles 62 ... 13 H3
Croismare 54 ... 95 G1
Croissanville 14 ... 34 A5
Croissy-Beaubourg 77 ... 59 E3
Croissy-sur-Celle 60 ... 22 B4
Croissy-sur-Seine 78 ... 58 A3
Le Croisty 56 ... 101 E2
Croisy 18 ... 173 H2
Croisy-sur-Andelle 76 ... 36 D1
Croisy-sur-Eure 27 ... 56 C1
Croix 59 ... 9 E2
Croix 90 ... 142 D5
Croix *Col de la* 2A ... 346 A4
Croix *Plateau de la* 74 ... 216 D4
La Croix-aux-Bois 08 ... 43 E2
La Croix-aux-Mines 88 ... 96 C5
La Croix-Avranchin 50 ... 80 D2
La Croix-Blanche 47 ... 276 C2
La Croix-Blanche 71 ... 194 D4
Croix-Caluyau 59 ... 15 E4
Croix-Chapeau 17 ... 200 D1
La Croix-Comtesse 17 ... 201 H2
Croix-de-Bauzon *Col de la* 07 ... 265 H3
La Croix-de-Berny 92 ... 58 C4
La Croix-de-Fer *Col de* 73 ... 251 H1
La Croix-de-la-Rochette 73 ... 233 G3
Croix-de-l'Homme-Mort *Col de la* 42 ... 229 F3
Croix-de-Vie 85 ... 164 D4
Croix-du-Bac 59 ... 8 B2
La Croix-du-Perche 28 ... 109 F2
La Croix-en-Brie 77 ... 89 E2
La Croix-en-Champagne 51 ... 62 D1
Croix-en-Ternois 62 ... 7 F5
La Croix-en-Touraine 37 ... 152 C3
Croix-Fonsommes 02 ... 24 B1
La Croix-Fry *Col de* 74 ... 216 A3
Croix-Haute *Col de la* 26 ... 268 D2
La Croix-Helléan 56 ... 102 D4
Croix-Mare 76 ... 19 H5
Croix-Moligneaux 80 ... 23 H2
Croix-Morand ou de Diane *Col de la* 63 ... 227 F2
Croix-Rampau 69 ... 213 E4
La Croix-Saint-Leufroy 27 ... 36 C5
Croix-Saint-Robert *Col de la* 63 ... 227 F3
Croix Saint-Thomas 21 ... 158 D3
Croix-Sainte 13 ... 325 G3
La Croix-sur-Gartempe 87 ... 205 E1
La Croix-sur-Ourcq 02 ... 40 B5
La Croix-sur-Roudoule 06 ... 289 F4
La Croix-Valmer 83 ... 329 F3
Croixanvec 56 ... 102 A2
Croixdalle 76 ... 20 D2
La Croixille 53 ... 105 G2
Croixrault 80 ... 21 H3
Croizet-sur-Gand 42 ... 211 H4
Crolles 38 ... 233 F5
Crollon 50 ... 80 D2
Cromac 87 ... 188 B4
Cromary 70 ... 162 A2
Cronat 71 ... 175 G5
Cronce 43 ... 246 B3
La Cropte 53 ... 106 C5
Cropus 76 ... 20 B3
Cros 30 ... 283 F5
Le Cros 34 ... 301 H2
Cros 63 ... 226 D4
Cros-de-Cagnes 06 ... 309 G3
Cros-de-Géorand 07 ... 265 H1
Cros-de-Montvert 15 ... 243 G3
Cros-de-Ronesque 15 ... 244 D5
Crosey-le-Grand 25 ... 162 D2
Crosey-le-Petit 25 ... 162 D2
Crosmières 72 ... 129 F3
Crosne 91 ... 58 D5
Crossac 44 ... 146 C1
Crosses 18 ... 173 G2
Crosville-la-Vieille 27 ... 36 A5
Crosville-sur-Douve 50 ... 31 G2
Crosville-sur-Scie 76 ... 20 B2
Crotelles 37 ... 152 A1
Crotenay 39 ... 179 G4
Croth 27 ... 56 D3
Le Crotoy 80 ... 11 F2
Crots 05 ... 270 C3
Crottes-en-Pithiverais 45 ... 111 F3
Crottet 01 ... 195 E5
Le Crouais 35 ... 103 F1
Crouay 14 ... 32 D3
La Croupte 14 ... 54 D1
Crouseilles 64 ... 294 D5
Croutelle 86 ... 186 B2
Les Croûtes 10 ... 114 C5
Croutoy 60 ... 39 H2
Crouttes 61 ... 54 C2
Crouttes-sur-Marne 02 ... 60 A2
Crouy 02 ... 40 B2
Crouy 80 ... 22 A1
Crouy-en-Thelle 60 ... 38 C4
Crouy-sur-Cosson 41 ... 132 C5
Crouy-sur-Ourcq 77 ... 59 H1
Le Crouzet 25 ... 180 B4
Crouzet-Migette 25 ... 180 A2
La Crouzille 63 ... 209 E1
La Crouzille 87 ... 205 H3
Crouzilles 37 ... 151 F5
Crozant 23 ... 188 D4
Croze 23 ... 207 G5
Crozes-Hermitage 26 ... 249 F3
Crozet 01 ... 197 F4
Le Crozet 42 ... 211 E1
Les Crozets 39 ... 196 D2
Crozon 29 ... 75 E4
Crozon-sur-Vauvre 36 ... 189 F2
Cruas 07 ... 267 E3
Crucey 28 ... 56 A5
Crucheray 41 ... 131 G4
Cruéjouls 12 ... 263 F5
Cruet 73 ... 233 G3
Crugey 21 ... 159 F5
Crugny 51 ... 41 E4
Cruguel 56 ... 102 C5
Cruis 04 ... 287 F4
Crulai 61 ... 55 F5

A B C D E F G H I J K L M N O P Q R S T U V W X Y Z

Crupies *26* ... 267 H 4
Crupilly *02* ... 25 E 1
Cruscades *11* ... 320 D 5
Cruseilles *74* ... 215 G 2
Crusnes *54* ... 45 F 2
Crussol *Château de* *07* ... 249 F 4
Cruviers-Lascours *30* ... 284 A 5
Crux-la-Ville *58* ... 157 F 5
Cruzille *71* ... 195 E 2
Cruzilles-lès-Mépillat *01* ... 195 E 5
Cruzy *34* ... 321 E 3
Cruzy-le-Châtel *89* ... 137 G 2
Cry *89* ... 137 G 4
Cubelles *43* ... 246 D 4
Cubières *48* ... 265 E 5
Cubières-sur-Cinoble *11* ... 338 A 4
Cubiérettes *48* ... 265 E 5
Cubjac *24* ... 241 E 1
Cublac *19* ... 241 H 2
Cublize *69* ... 212 B 3
Cubnezais *33* ... 237 H 3
Cubrial *25* ... 162 C 1
Cubry *25* ... 162 D 1
Cubry-lès-Faverney *70* ... 141 E 2
Cubry-lès-Soing *70* ... 140 D 4
Cubzac-les-Ponts *33* ... 237 H 4
Cucharmoy *77* ... 89 F 2
Cucheron *Col du* *38* ... 233 E 4
Cuchery *51* ... 41 F 5
Cucq *62* ... 6 B 4
Cucugnan *11* ... 338 B 4
Cucuron *84* ... 306 A 2
Cucuruzzu *Castellu de* *2A* ... 349 F 5
Cudos *33* ... 274 B 1
Cudot *89* ... 113 F 5
Cuébris *06* ... 289 G 5
Cuélas *32* ... 315 H 3
Cuers *83* ... 328 B 3
Cuffies *02* ... 40 B 2
Cuffy *18* ... 174 B 2
Cugand *85* ... 148 A 5
Cuges-les-Pins *13* ... 327 G 3
Cugnaux *31* ... 297 H 5
Cugney *70* ... 161 F 2
Cugny *02* ... 24 A 4
Cugny-lès-Crouttes *02* ... 40 C 4
Cuguen *35* ... 80 B 3
Cuguron *31* ... 334 A 1
Cuhon *86* ... 168 D 4
Cuignières *60* ... 38 D 2
Cuigy-en-Bray *60* ... 37 G 2
Cuillé *53* ... 105 F 4
Cuinchy *62* ... 8 B 4
Cuincy *59* ... 8 D 5
Le Cuing *31* ... 316 B 5
Cuinzier *42* ... 212 A 1
Cuirieux *02* ... 25 E 4
Cuiry-Housse *02* ... 40 C 3
Cuiry-lès-Chaudardes *02* ... 41 E 2
Cuiry-lès-Iviers *02* ... 25 H 3
Cuis *51* ... 61 G 2
Cuise-la-Motte *60* ... 39 H 2
Cuiseaux *71* ... 196 A 2
Cuiserey *21* ... 160 C 2
Cuisery *71* ... 195 F 1
Cuisia *39* ... 196 A 1
Cuisiat *01* ... 196 A 4
Cuisles *51* ... 41 E 5
Cuissai *61* ... 83 G 3
Cuissy-et-Geny *02* ... 41 E 2
Cuisy *55* ... 43 G 3
Cuisy *77* ... 59 F 1
Cuisy-en-Almont *02* ... 40 A 2
La Cula *42* ... 230 C 3
Culan *18* ... 190 B 2
Culêtre *21* ... 159 F 5
Culey *55* ... 63 H 4
Culey-le-Patry *14* ... 53 F 2
Culhat *63* ... 210 A 4
Culin *38* ... 232 A 3
Culles-les-Roches *71* ... 177 F 5
Cully *14* ... 33 F 3
Culmont *52* ... 139 H 2
Culoison *10* ... 91 E 5
Culoz *01* ... 214 D 4
Cult *70* ... 161 F 3
Cultures *48* ... 264 B 5
Cumières *51* ... 61 F 1
Cumières-le-Mort-Homme *55* ... 43 H 4
Cumiès *11* ... 318 D 4
Cumont *82* ... 296 D 1
Cunac *81* ... 299 G 1
Cunault *49* ... 150 B 3
Cuncy-lès-Varzy *58* ... 157 E 3
Cunèges *24* ... 257 G 1
Cunel *55* ... 43 G 2
Cunelières *90* ... 142 D 3
Cunfin *10* ... 116 A 4
Cunlhat *63* ... 228 C 2
Cuntorba *Castello de* *2A* ... 348 D 5
Cuon *49* ... 150 B 1
Cuperly *51* ... 62 B 1
Cuq *47* ... 276 C 4
Cuq *81* ... 299 F 4
Cuq-Toulza *81* ... 298 D 5
Cuqueron *64* ... 313 H 3
Curac *16* ... 239 E 1
Curan *12* ... 281 F 3
Curbans *04* ... 269 G 5
Curbigny *71* ... 194 A 4
Curçay-sur-Dive *86* ... 168 C 1
Curchy *80* ... 23 F 3
Curciat-Dongalon *01* ... 195 G 2
Curcy-sur-Orne *14* ... 53 F 1
Curdin *71* ... 193 F 1
La Cure *39* ... 197 F 2
Curebourse *Col de* *15* ... 244 D 4
Curel *04* ... 286 D 3
Curel *52* ... 92 D 3
Curemonte *19* ... 242 D 4
Cures *72* ... 107 F 3
Curey *50* ... 80 D 2
Curgies *59* ... 15 E 2
Curgy *71* ... 176 D 2
Curienne *73* ... 233 F 2
Curières *12* ... 263 F 3
Curis-au-Mont-d'Or *69* ... 213 E 4
Curley *21* ... 159 H 4
Curlu *80* ... 23 F 1
Curmont *52* ... 92 C 5
Curnier *26* ... 268 A 5
Cursan *33* ... 256 B 1
Curtafond *01* ... 195 G 5
Curtil-Saint-Seine *21* ... 159 H 1
Curtil-sous-Buffières *71* ... 194 C 3
Curtil-sous-Burnand *71* ... 194 C 1
Curtil-Vergy *21* ... 159 H 5
Le Curtillard *38* ... 233 G 5
Curtin *38* ... 232 B 1
Curvalle *81* ... 300 A 1
Curzay-sur-Vonne *86* ... 185 H 2
Curzon *85* ... 183 E 2
Cusance *25* ... 162 D 2
Cuse-et-Adrisans *25* ... 162 C 1
Cusey *52* ... 139 G 4
Cussac *15* ... 245 F 4
Cussac *87* ... 222 D 1
Cussac-Fort-Médoc *33* ... 237 F 2
Cussac-sur-Loire *43* ... 247 F 4
Cussangy *10* ... 115 E 4
Cussay *37* ... 170 A 1
Cusset *03* ... 210 B 1
Cussey-les-Forges *21* ... 139 E 4
Cussey-sur-Lison *25* ... 161 H 5
Cussey-sur-l'Ognon *25* ... 161 H 2
Cussy *14* ... 32 D 3
Cussy-en-Morvan *71* ... 176 C 1
Cussy-la-Colonne *21* ... 177 F 1
Cussy-le-Châtel *21* ... 159 F 5
Cussy-les-Forges *89* ... 158 A 1
Custines *54* ... 65 H 4
Cusy *74* ... 215 F 5
Cusy *89* ... 137 F 3
Cutry *02* ... 40 A 3
Cutry *54* ... 44 D 2
Cuts *60* ... 39 H 1
Cutting *57* ... 67 F 3
Cuttoli-Corticchiato *2A* ... 348 D 3
Cuttura *39* ... 196 D 3
Cuvat *74* ... 215 G 2
Cuve *70* ... 119 E 5
Cuvergnon *60* ... 39 H 5
Cuverville *14* ... 33 H 4
Cuverville *27* ... 36 D 3
Cuverville *76* ... 18 D 4
Cuverville-sur-Yères *76* ... 10 D 5
Cuvéry *Col de* *01* ... 214 D 1
Cuves *50* ... 52 A 4
Cuves *52* ... 117 G 3
Cuvier *39* ... 180 A 3
Cuvillers *59* ... 14 B 3
Cuvilly *60* ... 23 E 5
Cuvry *57* ... 65 H 1
Cuxac-Cabardès *11* ... 319 G 3
Cuxac-d'Aude *11* ... 321 E 5
Cuy *60* ... 23 G 5
Cuy *89* ... 113 G 2
Cuy-Saint-Fiacre *76* ... 37 F 1
Cuzac *46* ... 261 G 4
Cuzals *Musée de* *46* ... 260 D 4
Cuzance *46* ... 242 B 4
Cuzieu *01* ... 214 D 4
Cuzieu *42* ... 230 A 2
Cuzion *36* ... 188 D 3
Cuzorn *47* ... 259 E 4
Cuzy *71* ... 176 B 4
Cys-la-Commune *02* ... 40 D 2
Cysoing *59* ... 9 E 3

D

Dabisse *04* ... 287 G 5
Dabo *57* ... 68 A 5
Dabo *Rocher de* *57* ... 68 A 5
Dachstein *67* ... 97 F 1
Dadonville *45* ... 111 G 3
Daglan *24* ... 259 G 2
Dagneux *01* ... 213 G 4
Dagny *77* ... 60 A 5
Dagny-Lambercy *02* ... 25 G 3
Dagonville *55* ... 64 B 4
La Daguenière *49* ... 149 H 2
Dahlenheim *67* ... 97 F 1
Daignac *33* ... 256 B 1
Daigny *08* ... 27 F 3
Daillancourt *52* ... 92 C 5
Daillecourt *52* ... 117 G 3
Dainville *62* ... 13 F 2
Dainville-Bertheléville *55* ... 93 G 3
Daix *21* ... 160 A 3
Dalem *57* ... 46 D 4
Dalhain *57* ... 66 D 3
Dalhunden *67* ... 69 F 4
Dallet *63* ... 210 A 5
Dallon *02* ... 24 A 2
Dalou *09* ... 336 B 2
Dalstein *57* ... 46 B 3
Daluis *06* ... 289 F 4
Damas-aux-Bois *88* ... 95 F 3
Damas-et-Bettegney *88* ... 119 E 2
Damazan *47* ... 275 F 2
Dambach *67* ... 68 C 1
Dambach-la-Ville *67* ... 97 E 4
Dambelin *25* ... 163 E 2
Dambenois *25* ... 142 C 4
Dambenoît-lès-Colombe *70* ... 141 G 3
Damblain *88* ... 117 H 3
Damblainville *14* ... 54 A 2
Dambron *28* ... 110 D 3
Dame-Marie *27* ... 56 A 4
Dame-Marie *61* ... 84 C 5
Dame-Marie-les-Bois *37* ... 152 C 1
Damelevières *54* ... 95 F 2
Daméraucourt *60* ... 21 H 4
Damerey *71* ... 178 A 3
Damery *51* ... 61 F 1
Damery *80* ... 23 F 3
Damgan *56* ... 124 D 5
Damiatte *81* ... 299 E 4
Damigny *61* ... 83 G 3
Damloup *55* ... 44 C 5
Dammard *02* ... 40 A 5
Dammarie *28* ... 86 A 5
Dammarie-en-Puisaye *45* ... 135 E 5
Dammarie-les-Lys *77* ... 88 B 3
Dammarie-sur-Loing *45* ... 135 E 3
Dammarie-sur-Saulx *55* ... 93 E 2
Dammartin-en-Goële *77* ... 59 E 1
Dammartin-en-Serve *78* ... 57 E 3
Dammartin-
les-Templiers *25* ... 162 B 3
Dammartin-Marpain *39* ... 161 E 3
Dammartin-sur-Meuse *52* ... 117 H 4
Dammartin-sur-Tigeaux *77* ... 59 G 4
Damousies *59* ... 15 H 3
Damouzy *08* ... 26 D 2
Damparis *39* ... 178 D 1
Dampierre *10* ... 91 G 2
Dampierre *14* ... 52 C 1
Dampierre *39* ... 161 G 5
Dampierre *52* ... 117 G 5
Dampierre-au-Temple *51* ... 62 B 1
Dampierre-en-Bray *76* ... 37 F 1
Dampierre-en-Bresse *71* ... 178 C 3
Dampierre-en-Burly *45* ... 134 B 3
Dampierre-en-Crot *18* ... 155 G 2
Dampierre-en-Graçay *18* ... 154 B 5
Dampierre-en-Montagne *21* ... 159 E 2
Dampierre-en-Yvelines *78* ... 57 H 5
Dampierre-et-Flée *21* ... 160 D 1
Dampierre-le-Château *51* ... 63 E 1
Dampierre-les-Bois *25* ... 142 C 4
Dampierre-lès-Conflans *70* ... 141 F 2
Dampierre-Saint-Nicolas *76* ... 20 C 2
Dampierre-sous-Bouhy *58* ... 156 C 1
Dampierre-sous-Brou *28* ... 109 G 2
Dampierre-sur-Avre *28* ... 56 B 4
Dampierre-sur-Blévy *28* ... 85 G 2
Dampierre-
sur-Boutonne *17* ... 201 H 2
Dampierre-sur-le-Doubs *25* ... 142 B 5
Dampierre-sur-Linotte *70* ... 141 F 5
Dampierre-sur-Loire *49* ... 150 C 4
Dampierre-sur-Moivre *51* ... 62 C 3
Dampierre-sur-Salon *70* ... 140 B 5
Dampjoux *25* ... 163 F 2
Dampleux *02* ... 40 A 4
Dampmart *77* ... 59 F 3
Dampniat *19* ... 242 C 2
Damprichard *25* ... 163 G 3
Les Damps *27* ... 36 B 3
Dampsmesnil *27* ... 37 F 5
Dampvalley-
lès-Colombe *70* ... 141 F 4
Dampvalley-
Saint-Pancras *70* ... 119 E 5
Dampvitoux *54* ... 65 E 2
Damrémont *52* ... 117 H 5
Damville *27* ... 56 A 3
Damvillers *55* ... 44 B 3
Damvix *85* ... 184 B 4
Dancé *42* ... 211 G 4
Dancé *61* ... 84 D 5
Dancevoir *52* ... 116 C 5
Dancharia *64* ... 310 C 4
Dancourt *76* ... 21 E 2
Dancourt-Popincourt *80* ... 23 F 4
Dancy *28* ... 110 A 3
Danestal *14* ... 34 B 3
Dangé-Saint-Romain *86* ... 169 H 2
Dangeau *28* ... 109 H 2
Dangers *28* ... 85 H 3
Dangeul *72* ... 107 H 2
Dangolsheim *67* ... 97 F 1
Dangu *27* ... 37 F 4
Dangy *50* ... 52 A 1
Danizy *02* ... 24 B 4
Danjoutin *90* ... 142 C 3
Danne-et-Quatre-Vents *57* ... 68 A 4
Dannelbourg *57* ... 68 A 4
Dannemarie *25* ... 142 C 5
Dannemarie *68* ... 143 E 3
Dannemarie *78* ... 57 E 4
Dannemarie-sur-Crète *25* ... 161 G 4
Dannemoine *89* ... 137 E 2
Dannemois *91* ... 88 A 4
Dannes *62* ... 6 B 3
Dannevoux *55* ... 43 H 3
Danvou-la-Ferrière *14* ... 53 E 2
Danzé *41* ... 131 G 2
Daon *53* ... 128 B 3
Daoulas *29* ... 75 G 3
Daoulas *Gorges du* *22* ... 77 G 5
Daours *80* ... 22 D 2
Darazac *19* ... 243 G 2
Darbonnay *39* ... 179 F 3
Darbres *07* ... 266 C 3
Darcey *21* ... 138 B 5
Dardenac *33* ... 256 B 1
Dardenay *52* ... 139 G 4
Dardez *27* ... 56 B 1
Dardilly *69* ... 213 E 5
Dareizé *69* ... 212 B 4
Dargies *60* ... 21 H 4
Dargilan *Grotte de* *48* ... 282 B 3
Dargnies *80* ... 11 E 4
Dargoire *42* ... 230 D 3
Darmannes *52* ... 117 E 2
Darmont *55* ... 44 D 5
Darnac *87* ... 187 G 5
Darnétal *76* ... 36 B 2
Darnets *19* ... 225 G 4
Darney *88* ... 118 C 3
Darney-aux-Chênes *88* ... 94 B 5
Darnieulles *88* ... 119 F 2
Darois *21* ... 159 H 2
Darvault *77* ... 112 C 2
Darvoy *45* ... 133 G 2
Dasle *25* ... 142 C 4
Daubensand *67* ... 97 H 3
Daubeuf-la-Campagne *27* ... 36 A 4
Daubeuf-près-Vatteville *27* ... 36 C 4
Daubeuf-Serville *76* ... 19 E 4
Daubèze *33* ... 256 C 2
Dauendorf *67* ... 68 D 3
Daumazan-sur-Arize *09* ... 335 G 1
Daumeray *49* ... 128 D 4
Dauphin *04* ... 306 C 1
Dausse *47* ... 276 D 1
Daux *31* ... 297 G 4
Dauzat-sur-Vodable *63* ... 227 H 4
Davayat *63* ... 209 H 4
Davayé *71* ... 194 D 4
Davejean *11* ... 338 B 3
Davenescourt *80* ... 23 E 4
Davézieux *07* ... 248 D 1
Davignac *19* ... 225 G 4
Davrey *10* ... 114 D 4
Davron *78* ... 57 H 3
Dax *40* ... 292 D 3
Deauville *14* ... 34 B 2
Deaux *30* ... 283 H 4
Débats-Rivière-d'Orpra *42* ... 211 F 5
Decazeville *12* ... 261 H 4
Dechy *59* ... 8 D 5
Décines-Charpieu *69* ... 213 F 5
Decize *58* ... 175 E 4
Dédeling *57* ... 66 D 3
La Défense *92* ... 58 B 3
Dégagnac *46* ... 259 H 3
Degré *72* ... 107 G 4
Dehault *72* ... 108 C 2
Dehéries *59* ... 14 C 5
Dehlingen *67* ... 67 H 2
Deinvillers *88* ... 95 G 3
Delain *70* ... 140 B 5
Delettes *62* ... 7 F 3
Delincourt *60* ... 37 G 4
Delle *90* ... 142 D 4
Delme *57* ... 66 B 3
Delouze *55* ... 93 G 2
Le Déluge *60* ... 38 A 3
Delut *55* ... 44 B 3
Deluz *25* ... 162 B 3
Demandolx *04* ... 308 B 1
Demange-aux-Eaux *55* ... 93 G 2
Demangevelle *70* ... 118 C 5
Demi-Quartier *74* ... 216 C 3
La Demie *70* ... 141 F 5
Demigny *71* ... 177 H 2
Demoiselle Coiffée *05* ... 271 E 1
Demoiselles *Grotte des* *34* ... 302 C 1
Demoiselles Coiffées *05* ... 269 H 4
Démouville *14* ... 33 H 4
Dému *32* ... 295 F 3
Démuin *80* ... 22 D 2
Denain *59* ... 14 C 2
Dénat *81* ... 299 G 2
Denazé *53* ... 128 A 2
Dénecourt *Tour* *77* ... 88 C 4
Denée *49* ... 149 G 2
Dénestanville *76* ... 20 B 3
Deneuille-lès-Chantelle *03* ... 191 H 5
Deneuille-les-Mines *03* ... 191 E 4
Deneuvre *54* ... 95 H 3
Denèvre *70* ... 140 B 5
Dénezé-sous-Doué *49* ... 150 A 4
Dénezé-sous-le-Lude *49* ... 150 D 1
Denezières *39* ... 196 D 1
Denguin *64* ... 314 A 3
Denicé *69* ... 212 D 3
Denier *62* ... 13 E 2
Denipaire *88* ... 96 B 4
Dennebrœucq *62* ... 7 E 3
Dennemont *78* ... 57 F 1
Denneville *50* ... 31 F 2
Dennevy *71* ... 177 F 3
Denney *90* ... 142 C 2
Denone *Château de* *63* ... 210 A 2
Denonville *28* ... 86 D 4
Denting *57* ... 46 C 5
Déols *36* ... 171 H 4
Der-Chantecoq *Lac du* *21* ... 92 A 2
Derbamont *88* ... 95 E 5
Dercé *86* ... 169 E 2
Derchigny *76* ... 10 C 5
Dercy *02* ... 24 D 4
Dernacueillette *11* ... 338 B 3
Dernancourt *80* ... 23 E 1
Derval *44* ... 126 C 4
Désaignes *07* ... 248 C 4
Désandans *25* ... 142 A 4
Descartes *37* ... 169 H 2
Le Deschaux *39* ... 179 E 2
Le Désert *14* ... 52 D 2
Le Désert *38* ... 251 G 5
Désertines *03* ... 190 D 4
Désertines *53* ... 81 H 3
Les Déserts *73* ... 233 F 1
Déservillers *25* ... 180 A 1
Desges *43* ... 246 C 4
Desingy *74* ... 215 E 2
Desmonts *45* ... 112 A 2
Desnes *39* ... 179 E 4
Desseling *57* ... 67 F 4
Dessenheim *68* ... 121 F 4
Dessia *39* ... 196 B 3
Destord *88* ... 95 H 5
La Destrousse *13* ... 327 F 2
Destry *57* ... 66 D 2
Desvres *62* ... 6 C 2
Détain-et-Bruant *21* ... 159 G 5
Détrier *73* ... 233 G 3
Le Détroit *14* ... 53 G 3
Les Détroits *48* ... 282 A 2
Dettey *71* ... 176 C 4
Dettwiller *67* ... 68 B 4
Deuil-la-Barre *95* ... 58 C 2
Deuillet *02* ... 24 B 4
Deûlémont *59* ... 4 C 5
Les Deux-Alpes *38* ... 251 H 3
Deux Amants *Côte des* *27* ... 36 C 3
Deux-Chaises *03* ... 191 G 4
Deux-Évailles *53* ... 106 B 2
Les Deux-Fays *39* ... 179 E 3
Deux-Jumeaux *14* ... 32 C 2
Deux-Verges *15* ... 263 G 1
Les Deux-Villes *08* ... 27 H 4
Deuxnouds-aux-Bois *55* ... 64 D 2
Deuxnouds-
devant-Beauzée *55* ... 63 H 1
Deuxville *54* ... 95 F 1
Devay *58* ... 175 F 4
Devecey *25* ... 161 H 3
Devesset *07* ... 248 B 3
Devèze *65* ... 316 A 4
Devèze *Grotte de la* *34* ... 320 C 2
Deviat *16* ... 221 E 4
Dévillac *47* ... 258 D 3
Deville *08* ... 26 D 1
Déville-lès-Rouen *76* ... 36 A 1
La Devinière *Musée* *37* ... 150 D 5
Devise *80* ... 23 H 2
Devrouze *71* ... 178 B 4
Deycimont *88* ... 119 H 2
Deyme *31* ... 318 A 2
Deyvillers *88* ... 119 G 2
Le Dézert *50* ... 32 A 4
Dezize-lès-Maranges *71* ... 177 F 3
Dhuisy *77* ... 60 A 1
Dhuizel *02* ... 40 D 2
Dhuizon *41* ... 132 D 5
Diable *Roche du* *88* ... 120 B 3
Diable *Roches du* *29* ... 100 D 4
Diancey *21* ... 158 D 5
Diane-Capelle *57* ... 67 G 5
Diant *77* ... 113 E 2
Diarville *54* ... 94 D 4
Le Diben *29* ... 71 H 3
Diconne *71* ... 178 B 4
Dicy *89* ... 113 E 5
Didenheim *68* ... 143 F 2
Die *26* ... 268 B 1
Diebling *57* ... 47 F 5
Diebolsheim *67* ... 97 G 4
Diedendorf *67* ... 67 G 3
Dieffenbach-au-Val *67* ... 97 E 4
Dieffenbach-lès-Wœrth *67* ... 69 E 2
Dieffenthal *67* ... 97 E 4
Diefmatten *68* ... 143 E 2
Dielette *50* ... 28 C 4
Dième *69* ... 212 B 3
Diemeringen *67* ... 67 H 2
Diémoz *38* ... 231 G 2
Diénay *21* ... 160 A 1
Dienne *15* ... 245 E 2
Dienné *86* ... 186 D 3
Diennes-Aubigny *58* ... 175 F 3
Dienville *10* ... 91 H 5
Dieppe *76* ... 10 B 5
Dieppe-sous-Douaumont *55* ... 44 C 5
Dieppedalle-Croisset *76* ... 36 A 2
Dierre *37* ... 152 B 3
Dierrey-Saint-Julien *10* ... 90 C 5
Dierrey-Saint-Pierre *10* ... 90 C 5
Diesen *57* ... 46 D 5
Dietwiller *68* ... 143 G 2
Dieudonné *60* ... 38 B 4
Dieue-sur-Meuse *55* ... 64 B 1
Dieulefit *26* ... 267 G 4
Dieulivol *33* ... 257 E 2
Dieulouard *54* ... 65 G 4
Dieupentale *82* ... 297 G 2
Dieuze *57* ... 67 E 4
Diéval *62* ... 7 H 5
Diffembach-lès-Hellimer *57* ... 67 F 2
Diges *89* ... 136 A 4
Digna *39* ... 196 A 2
Dignac *16* ... 221 G 3
La Digne-d'Amont *11* ... 337 F 2
La Digne-d'Aval *11* ... 337 F 2
Digne-les-Bains *04* ... 288 A 3
Dignonville *88* ... 95 G 5
Digny *28* ... 85 G 3
Digoin *71* ... 193 F 2
Digoine *Château de* *71* ... 193 H 2
Digosville *50* ... 29 F 3
Digulleville *50* ... 28 C 2
Dijon *21* ... 160 A 3
Dilo *89* ... 114 A 4
Dimancheville *45* ... 111 H 2
Dimbsthal *67* ... 68 B 5
Dimechaux *59* ... 15 H 3

DIJON

Aiguillottes (Bd des) A 2
Allobroges (Bd des) A 3
Bachelard (Bd Gaston) A 4
Bellevue (R. de) A 5
Bertin (Av. J.B.) B 6
Briand (Av. A.) B 8
Camus (Av. Albert) B 12
Castel (Bd du) A 13
Champollion (Av.) B 15
Chanoine-Bardy (Imp.) B 16
Chanoine-Kir (Bd) A 17
Chateaubriand (R. de) B 19
Chèvre-Morte (Bd de) A 20
Churchill (Bd W.) B 24
Clomiers (Bd des) A 26
Concorde (Av. de la) B 28
Einstein (Av. Albert) A 36
Europe (Bd de l') B 38
Europe (Rd-Pt de l') B 40
Fauconnet (R. Gén.) AB 42
Fontaine-des-Suisses (Bd) B 44
Fontaine-lès-Dijon (R.) A 43
France-Libre (Pl. de la) AB 45
Gabriel (Bd) B 46
Gallieni (Bd Mar.) AB 48
Gaulle (Crs Gén.-de) B 50
Gorgets (Bd des) A 52
Jeanne-d'Arc (Bd) B 55
Kennedy (Bd J.) A 56
Magenta (R.) B 58
Maillard (Bd) A 60
Mansard (Bd) B 62
Mont-Blanc (Av. du) B 65
Moulin (R. Jean) B 63
Nation (Rd-Pt de la) B 66
Orfèvres (R. des) A 68
Ouest (Bd de l') A 69
Parc (Cours du) B 70
Poincaré (Av. R.) B 71
Pompidou (Rd-Pt Georges) B 72
Pompon (Bd F.) A 73
Prat (Av. du Colonel) B 75
Rembrandt (Bd) B 78
Rolin (Q. Nicolas) A 79
Roosevelt (Av. F. D.) B 80
Saint-Exupéry (Pl.) B 85
Schuman (Bd Robert) B 88
Strasbourg (Bd de) B 90
Trimolet (Bd) B 91
8-Mai-1945 (Rd-Pt du) B 96
26e-Dragons (R. du) B 98

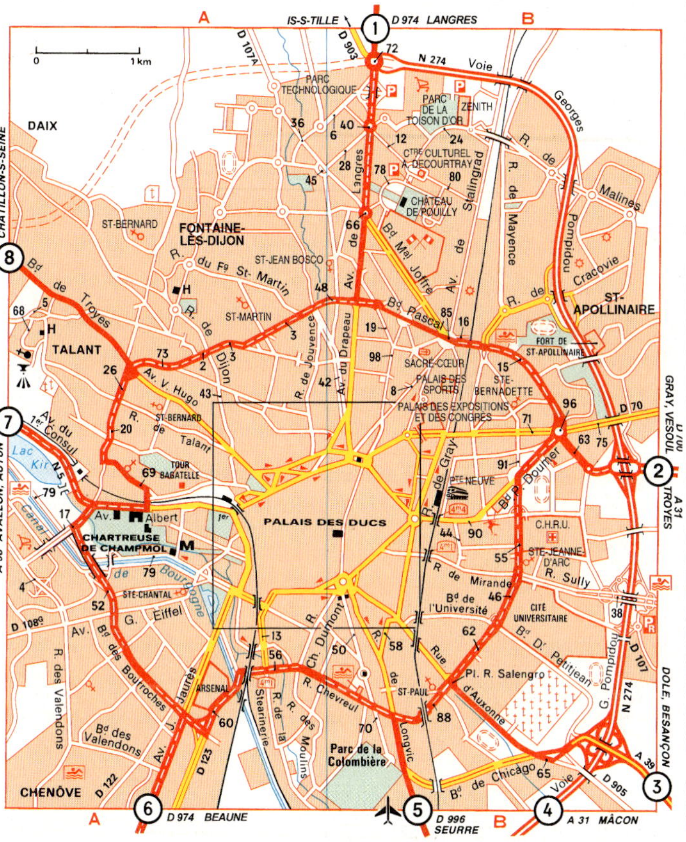

Dimont 59 15 H 3
Dinan 22 79 G 4
Dinan *Pointe de* 29 75 E 4
Dinard 35 50 B 5
Dinéault 29 75 G 4
Dingé 35 80 B 4
Dingsheim 67 68 D 5
Dingy-en-Vuache 74 215 F 1
Dingy-Saint-Clair 74 215 H 3
Dinozé 88 119 G 2
Dinsac 87 187 H 5
Dinsheim 67 97 E 1
Dinteville 52 116 B 4
Dio-et-Valquières 34 301 G 4
Dionay 38 249 H 1
Dions 30 303 G 1
Diors 36 172 A 4
Diou 03 193 E 2
Diou 36 172 B 1
Dirac 16 221 F 2
Dirinon 29 75 G 2
Dirol 58 157 G 3
Disneyland Paris 77 59 F 3
Dissais 85 183 F 1
Dissangis 89 137 E 5
Dissay 86 169 F 5
Dissay-sous-Courcillon 72 130 C 4
Dissé-sous-Ballon 72 108 A 2
Dissé-sous-le-Lude 72 129 H 5
Distré 49 150 B 4
Distroff 57 45 H 3
Diusse 64 294 C 5
Divajeu 26 267 G 2
Dives 60 23 G 5
Dives-sur-Mer 14 34 A 3
Divion 62 7 H 4
Divonne-les-Bains 01 197 G 3
Dixmont 89 113 H 4
Dizimieu 38 232 A 1
Dizy 51 61 G 1
Dizy-le-Gros 02 25 G 4
Doazit 40 293 H 3
Doazon 64 313 H 2
Docelles 88 119 H 2
Doëlan 29 100 C 5
Dœuil-sur-le-Mignon 17 201 G 1
Dognen 64 313 G 4
Dogneville 88 95 F 5
Dohem 62 7 F 2
Dohis 02 25 H 3
Doignies 59 14 A 4
Doingt 80 23 G 1
Doissat 24 259 F 2
Doissin 38 232 B 3
Doix 85 184 B 3
Doizieux 42 230 C 4
Dol-de-Bretagne 35 80 A 2
Dolaincourt 88 94 B 4
Dolancourt 10 92 A 5
Dolcourt 54 94 C 3
Dole 39 161 E 5
Dolignon 02 25 G 3
Dolleren 68 142 C 1
Dollon 72 108 C 4
Dollot 89 113 E 2
Dolmayrac 47 276 B 1
Dolo 22 79 E 4
Dolomieu 38 232 B 2
Dolus-d'Oléron 17 200 B 3
Dolus-le-Sec 37 152 B 5
Dolving 57 67 G 4
Dom-le-Mesnil 08 27 E 4
Domagné 35 104 D 3
Domaize 63 228 C 1
Domalain 35 105 E 4
Domancy 74 216 C 3
Domarin 38 231 H 2
Domart-en-Ponthieu 80 12 B 5
Domart-sur-la-Luce 80 22 D 2
Domats 89 113 E 3
Domazan 30 304 B 1
Dombasle-
devant-Darney 88 118 D 3
Dombasle-en-Argonne 55 43 H 5
Dombasle-en-Xaintois 88 94 C 5
Dombasle-sur-Meurthe 54 95 E 1
Domblain 52 92 C 3
Domblans 39 179 F 4
Dombras 55 44 B 3
Dombrot-le-Sec 88 118 B 2
Dombrot-sur-Vair 88 94 B 5
Domecy-sur-Cure 89 157 H 2
Domecy-sur-le-Vault 89 157 H 1
Doméliers 60 22 A 5
Domène 38 251 E 1
Domérat 03 190 C 4
Domesmont 80 12 B 4
Domessargues 30 283 H 5
Domessin 73 232 D 2
Domèvre-en-Haye 54 65 F 4
Domèvre-sous-Montfort 88 94 C 5
Domèvre-sur-Avière 88 119 F 2
Domèvre-sur-Durbion 88 95 F 5
Domèvre-sur-Vezouze 54 96 A 2
Domeyrat 43 246 C 1
Domeyrot 23 189 H 5
Domezain-Berraute 64 311 H 4
Domfaing 88 96 A 5
Domfessel 67 67 H 2
Domfront 60 22 D 5
Domfront 61 82 B 2
Domfront-
en-Champagne 72 107 G 3
Domgermain 54 94 A 1
La Dominelais 35 126 C 3
Domino 17 200 A 3
Dominois 80 11 G 1
Domjean 50 52 B 1
Domjevin 54 95 H 1
Domjulien 88 94 C 5
Domléger 80 12 B 4
Domloup 35 104 C 3
Dommarie-Eulmont 54 94 C 3
Dommarien 52 139 G 4
Dommartemont 54 65 H 5
Dommartin 01 195 F 4
Dommartin 25 180 C 2
Dommartin 58 175 H 1
Dommartin 69 212 D 5
Dommartin 80 22 C 3
Dommartin-aux-Bois 88 119 E 2
Dommartin-Dampierre 51 43 E 5
Dommartin-la-Chaussée 54 65 F 2
Dommartin-la-Montagne 55 64 D 2
Dommartin-le-Coq 10 91 G 3
Dommartin-le-Franc 52 92 C 4
Dommartin-le-Saint-Père 52 92 C 4
Dommartin-
lès-Cuiseaux 71 195 H 2
Dommartin-
lès-Remiremont 88 119 H 4
Dommartin-lès-Toul 54 94 B 1
Dommartin-lès-Vallois 88 118 D 2
Dommartin-Lettrée 51 62 A 4
Dommartin-sous-Amance 54 66 B 5
Dommartin-sous-Hans 51 43 E 5
Dommartin-sur-Vraine 88 94 B 4
Dommartin-Varimont 51 63 E 2
Dommary-Baroncourt 55 44 D 4
Domme 24 259 G 1
Dommery 08 26 B 4
Dommiers 02 40 A 3
Domnon-lès-Dieuze 57 67 F 3
Domont 95 58 C 1
Dompaire 88 119 E 2
Dompcevrin 55 64 C 3
Dompierre 60 22 D 5
Dompierre 61 53 E 5
Dompierre 88 95 G 5
Dompierre-aux-Bois 55 64 D 2
Dompierre-Becquincourt 80 23 F 1
Dompierre-du-Chemin 35 81 F 5
Dompierre-en-Morvan 21 158 C 2
Dompierre-les-Églises 87 188 A 5
Dompierre-les-Ormes 71 194 B 4
Dompierre-les-Tilleuls 25 180 B 3
Dompierre-
sous-Sanvignes 71 176 C 5
Dompierre-sur-Authie 80 11 H 1
Dompierre-sur-Besbre 03 192 D 2
Dompierre-
sur-Chalaronne 01 213 F 1
Dompierre-sur-Charente 17 219 H 1
Dompierre-sur-Helpe 59 15 G 4
Dompierre-sur-Héry 58 157 F 4
Dompierre-sur-Mer 17 183 G 5
Dompierre-sur-Mont 39 196 C 1
Dompierre-sur-Nièvre 58 156 D 4
Dompierre-sur-Veyle 01 213 H 2
Dompierre-sur-Yon 85 165 H 4
Dompnac 07 265 H 4
Domprel 25 162 D 4
Dompremy 51 62 D 4
Domprix 54 45 E 3
Domps 87 224 D 2
Domptail 88 95 G 3
Domptail-en-l'Air 54 95 E 2
Domptin 02 60 B 1
Domqueur 80 12 B 4
Domremy-aux-Bois 55 64 B 5
Domremy-en-Ornois 52 93 E 4
Domremy-la-Canne 55 44 D 4
Domrémy-la-Pucelle 88 93 H 3
Domsure 01 195 H 3
Domvallier 88 94 D 5
Domvast 80 11 H 2
Don 59 8 C 3
Donazac 11 337 F 1
Donchery 08 27 E 4
Doncières 88 95 H 3
Doncourt-aux-Templiers 55 64 D 1
Doncourt-lès-Conflans 54 45 F 5
Doncourt-lès-Longuyon 54 44 D 2
Doncourt-sur-Meuse 52 117 H 3
Dondas 47 276 D 2
Donges 44 146 C 2
Donjeux 52 93 E 4
Donjeux 57 66 C 3
Le Donjon 03 193 E 4
Donnay 14 53 G 2
Donnazac 81 279 F 5
Donnelay 57 67 E 4
Donnemain-
Saint-Mamès 28 110 A 3
Donnemarie 52 117 G 3
Donnemarie-Dontilly 77 89 F 3
Donnement 10 91 G 3
Donnenheim 67 68 D 4
Donnery 45 133 G 2
Donneville 31 318 A 2
Donnezac 33 237 H 1
Donon *Col du* 67 96 C 2
Dontreix 23 208 C 3
Dontrien 51 42 B 4
Donville-les-Bains 50 51 F 2
Donzac 33 256 B 3
Donzac 82 276 D 4
Donzacq 40 293 F 3
Le Donzeil 23 207 F 3
Donzenac 19 242 B 1
Donzère 26 267 E 5
Donzy 58 156 C 3
Donzy-le-National 71 194 C 3
Donzy-le-Pertuis 71 194 D 3
Donzy-le-Pré 58 156 C 3
Doranges 63 228 D 4
Dorans 90 142 C 3
Dorat 63 210 C 4
Le Dorat 87 187 H 5
Dorceau 61 84 D 4
Dordives 45 112 C 3
Dore-l'Église 63 229 E 5
La Dorée 53 81 G 3
Dorengt 02 24 D 1
Dorignies 59 8 D 5
Dorlisheim 67 97 F 2
Dormans 51 60 D 1
Dormelles 77 88 D 5
La Dornac 24 241 H 3
Dornas 07 248 B 5
Dornecy 58 157 F 2
Dornes 58 175 E 5
Dornot 57 65 G 1
Dorres 66 341 E 4
Dortan 01 196 C 4
Dosches 10 91 F 5
Dosnon 10 91 F 2
Dossenheim-Kochersberg 67 68 C 5
Dossenheim-sur-Zinsel 67 68 B 4
Douadic 36 170 C 5
Douai 59 8 D 5
Douains 27 56 D 1
Douarnenez 29 99 F 2
Douaumont 55 44 B 5
Doubs 25 180 C 2
Doucelles 72 107 H 2
Douchapt 24 239 H 1
Douchy 02 23 H 3
Douchy 45 113 E 5
Douchy-lès-Ayette 62 13 F 3
Douchy-les-Mines 59 14 C 2
Doucier 39 179 G 5
Doucy 73 234 B 3
Doucy-en-Bauges 73 233 H 1
Doudeauville 62 6 C 3
Doudeauville 76 21 F 5
Doudeauville-en-Vexin 27 37 E 3
Doudelainville 80 11 G 4
Doudeville 76 19 H 3
Doudrac 47 258 C 3
Doue 77 60 A 3
Doué-la-Fontaine 49 150 A 4
Douelle 46 259 H 5
Le Douhet 17 201 G 5
Douillet 72 83 F 5
Douilly 80 23 H 3
Doulaincourt 52 93 E 5
Doulaize 25 179 H 1
Doulcon 55 43 G 2
Doulevant-le-Château 52 92 C 4
Doulevant-le-Petit 52 92 C 3
Doulezon 33 256 D 1
Le Doulieu 59 8 A 2
Doullens 80 12 D 4
Doumely-Bégny 08 26 A 4
Doumy 64 314 B 2
Dounoux 88 119 F 3
Les Dourbes 04 288 B 4
Dourbies 30 282 C 4
Dourdain 35 104 D 2
Dourdan 91 87 E 3
Dourges 62 8 C 5
Dourgne 81 319 F 2
Douriez 62 11 G 1
Dourlers 59 15 G 3
Le Dourn 81 280 C 5
Dournazac 87 223 E 2
Dournon 39 179 H 2
Dours 65 315 F 4
Doussard 74 215 H 5
Doussay 86 169 E 3
Douvaine 74 197 H 4
Douville 24 240 B 4
Douville-en-Auge 14 34 B 3
Douville-sur-Andelle 27 36 C 3
Douvrend 76 20 C 2
Douvres 01 214 A 3
Douvres-la-Délivrande 14 33 G 3
Douvrin 62 8 B 4
Doux 08 42 B 1
Doux 79 168 C 4
Douy 28 109 H 4
Douy-la-Ramée 77 59 G 1
Douzains 47 257 H 3
Douzat 16 221 E 1
La Douze 24 240 D 3
Douzens 11 320 B 5
Douzies 59 15 G 2
Douzillac 24 239 H 3
Douzy 08 27 F 4
Doville 50 31 G 2
Doye 39 180 A 4
La Doye 39 197 F 2
Doyet 03 191 E 4
Dozulé 14 34 A 4
Dracé 69 212 D 1
Draché 37 169 H 1
Drachenbronn 67 69 E 1
Dracy 89 135 H 3
Dracy-le-Fort 71 177 G 4
Dracy-lès-Couches 71 177 F 3
Dracy-Saint-Loup 71 176 D 1
Dragey 50 51 G 4
Draguignan 83 308 A 4
Draillant 74 198 A 4
Drain 49 148 B 2
Draix 04 288 B 3
Draize 08 26 A 4
Drambon 21 160 D 3
Dramelay 39 196 B 3
Le Dramont 83 329 H 1
Drancy 93 58 D 2
Drap 06 309 H 2
Dravegny 02 40 D 4
Draveil 91 58 C 5
Drée 21 159 G 3
Drée *Château de* 71 194 A 4
Drefféac 44 146 D 1
Drémil-Lafage 31 298 B 5
Le Drennec 29 70 D 5
Dreslincourt 60 39 G 1
Dreuil-Hamel 80 11 H 5
Dreuil-lès-Amiens 80 22 B 1
Dreuil-lès-Molliens 80 22 A 2
Dreuilhe 09 336 D 3
Dreux 28 56 D 4
Drevant 18 173 F 5
Dricourt 08 42 C 2
Driencourt 80 23 H 1
Drignac 15 244 B 2
Drincham 59 3 G 3
Drocourt 62 8 C 5
Drocourt 78 57 G 1
Droisy 27 56 B 4
Droisy 74 215 E 3
Droitaumont 54 45 F 5
Droitfontaine 25 163 F 3
Droiturier 03 192 D 5
Droizy 02 40 B 3
Drom 01 196 A 5
Dromesnil 80 21 G 2
Drosay 76 19 G 3
Drosnay 51 92 A 2
Droué 41 109 F 4
Droue-sur-Drouette 28 86 C 2
Drouges 35 105 E 5
Drouilly 51 62 C 4
Droupt-Saint-Basle 10 90 D 3
Droupt-Sainte-Marie 10 90 C 3
Drouville 54 66 C 5
Drouvin-le-Marais 62 8 A 4
Droux 87 205 G 1
Droyes 52 92 A 3
Drubec 14 34 C 4
Drucat 80 11 G 3
Drucourt 27 35 E 5
Drudas 31 297 F 3
Druelle 12 280 C 1
Drugeac 15 244 B 2
Druillat 01 214 A 2
Drulhe 12 261 G 5
Drulingen 67 67 H 3
Drumettaz-Clarafond 73 233 F 1
Drusenheim 67 69 F 4
Druval 14 34 B 4

A B C D E F G H I J K L M N O P Q R S T U V W X Y Z

DIJON

Adler (Pl. E.) . . . . . EZ
Albert-1er (Av.) . . . . . CY
Arquebuse (R. de l') . . . . . CY
Audra (R.) . . . . . CY
Auxonne (R. d') . . . . . EZ
Barabant (Pl. Henri) . . . . . DZ
Baudin (R. J.-B.) . . . . . EYZ
Berbisey (R.) . . . . . CYZ
Berlier (R.) . . . . . DEY
Bordot (R.) . . . . . DZ
Bossuet (R. et Pl.) . . . . . CDY
Bouhey (Pl. J.) . . . . . EX
Bourg (R. du) . . . . . DY
Briand (Av. A.) . . . . . EX 8
Brosses (Bd de) . . . . . CY 9
Buffon (R.) . . . . . DY
Cabet (R. P.) . . . . . EY
Carnot (Bd) . . . . . DEY
Castell (Bd du) . . . . . CZ
Cellerier (R. J.) CX
Chabot-Charny (R.) . . . . . DYZ
Champagne (Bd de) . . . . . EX 14
Charrue (R.) . . . . . DY 18
Chouette (R. de la) . . . . . DY 21
Clemenceau (Bd G.) . . . . . EX
Colmar (R. de) . . . . . EX
Comte (R. A.) . . . . . DY 27
Condorcet (R.) . . . . . CY
Cordeliers (Pl. des) . . . . . DY
Courtépée (R.) . . . . . DX
Darcy (Pl.) . . . . . CY
Daubenton (R.) . . . . . CZ
Davout (R.) . . . . . EY
Devosge (R.) . . . . . CDXY
Diderot (R.) . . . . . EY
Dr-Chaussier (R.) . . . . . CY 32
Dubois (Pl. A.) . . . . . CY 33
Dumont (R. Ch.) . . . . . DZ
École-de-Droit (R.) . . . . . DY 35
Égalité (R. de l') CX
Févret (R.) . . . . . DZ
Foch (Av. Mar.) . . . . . CY 43
Fontaine-lès-Dijon (R.) CX
Forges (R. des) . . . . . DY
Fremiet (R. A.) . . . . . DX
Gagnereaux (R.) . . . . . DX
Garibaldi (Av.) . . . . . DX
Gaulle (Crs Général-de) . . . . . DZ
Godrans (R. des) . . . . . DY 51
Grangier (Pl.) . . . . . DY 54
Gray (R. de) . . . . . EY
Guillaume-Tell (R.) . . . . . CY
Hôpital (R. de l') . . . . . CZ
Ille (R. de l') . . . . . CZ
Jeannin (R.) . . . . . DEY
Jean-Jaurès (Av.) . . . . . CZ
Jouvence (R. de) . . . . . DX
J.-J.-Rousseau (R.) . . . . . DY
Ledru-Rollin (R.) . . . . . EXY
Libération (Pl. de la) . . . . . DY 57
Liberté (R. de la) . . . . . CY
Longvic (R. de) . . . . . DEZ
Magenta (R.) . . . . . EZ 58
Manutention (R. de la) . . . . . CZ
Marceau (R.) . . . . . DX
Mariotte (R.) . . . . . CY
Marne (Bd de la) . . . . . EX
Metz (R. de) . . . . . EY
Michelet (R.) . . . . . CY 64
Mirande (R. de) . . . . . EY
Monge (R.) . . . . . CY
Montchapet (R. de) CX
Mulhouse (R. de) . . . . . EXY
Musette (R.) . . . . . DY
Parmentier (R.) . . . . . EX
Pasteur (R.) . . . . . DYZ
Perrières (R. des) . . . . . CY
Perspective (Pl. de la) . . . . . CZ
Petit-Citeaux (R. du) . . . . . CZ
Petit-Potet (R. du) . . . . . DY 71
Piron (R.) . . . . . DY
Préfecture (R. de la) . . . . . DY
Prés.-Wilson (Pl.) . . . . . DZ
Prévert (Pl. J.) . . . . . CZ
Raines (R. du Fg) . . . . . CYZ
Rameau (R.) . . . . . DY 77
République (Pl. de la) . . . . . DX
Rolin (Quai N.) . . . . . CZ
Roses (R. des) CX
Roussin (R. Amiral) . . . . . DY
Rude (Pl. F.) . . . . . DY
Rude (R. F.) . . . . . DY 81
Ste-Anne (R.) . . . . . DYZ
St-Bénigne (Pl.) . . . . . CY 82
St-Bernard (Pl.) . . . . . DY 83
St-Michel (Pl.) . . . . . DY 86
Sambin (R.) . . . . . DX
Sévigné (Bd de) . . . . . CY
Suquet (Pl.) . . . . . CZ
Tanneries (Rd-Pt des) . . . . . CZ
Théâtre (Pl. du) . . . . . DY
Thibert (R. M.) . . . . . EZ
Thiers (Bd) . . . . . EY
Tivoli (R. de) . . . . . CDZ
Transvaal (R. du) . . . . . CDZ
Trémouille (Bd de la) . . . . . DXY
Turgot (R.) . . . . . DZ
Vaillant (R.) . . . . . DY 92
Vannerie (R.) . . . . . DY
Vauban (R.) . . . . . DY
Verdun (Bd de) . . . . . EX 93
Verrerie (R.) . . . . . DY
Victor-Hugo (Av.) . . . . . CXY
Voltaire (Bd) . . . . . EYZ
Zola (Pl. E.) . . . . . CY
1er-Mai (Pl. du) . . . . . CZ 94
1re-Armée-Française (Av.) . . . . . CY 95
26e-Dragons (R. du) . . . . . EX 98
30-Octobre (Pl. du) . . . . . EY

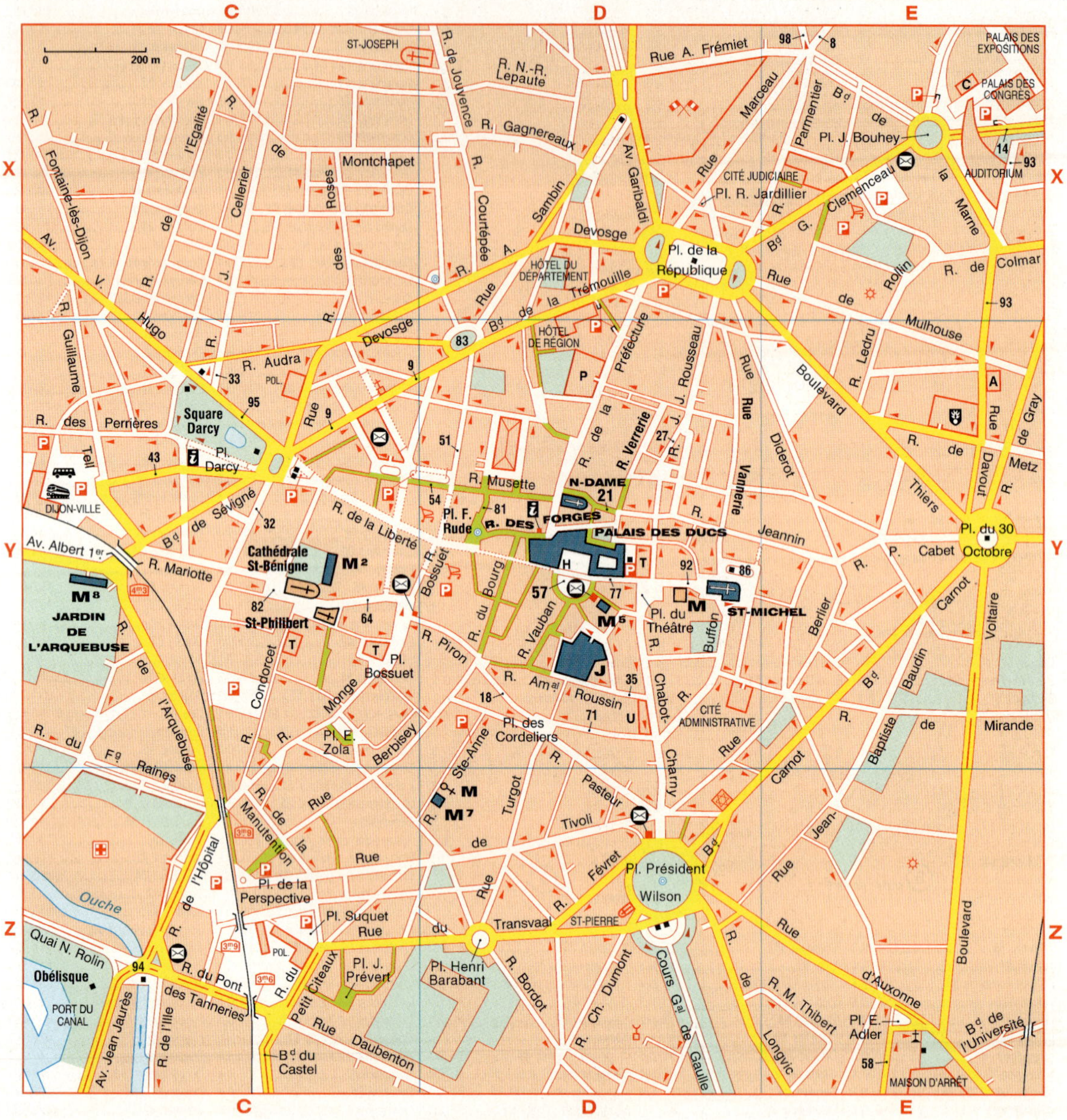

Druy-Parigny *58* .... 175 E 3
Druye *37* .... 151 G 3
Druyes-les-Belles-Fontaines *89* ... 157 E 1
Dry *45* .... 132 D 3
Duault *22* .... 77 E 3
Ducey *50* .... 51 H 5
Duclair *76* .... 35 H 1
Ducy-Sainte-Marguerite *14* .... 33 E 4
Duerne *69* .... 230 C 1
Duesme *21* .... 138 B 4
Duffort *32* .... 315 H 3
Dugny *93* .... 58 C 2
Dugny-sur-Meuse *55* .... 64 B 1
Duhort-Bachen *40* .... 294 B 3
Duilhac-sous-Peyrepertuse *11* ...... 338 B 4
Duingt *74* .... 215 H 4
Duisans *62* .... 13 F 2
Dullin *73* .... 232 D 2
Dumes *40* .... 293 H 3
Dun *09* .... 336 C 2
Dun-le-Palestel *23* .... 189 E 4
Dun-le-Poëlier *36* .... 153 H 5
Dun-les-Places *58* .... 158 A 4
Dun-sur-Auron *18* .... 173 G 3
Dun-sur-Grandry *58* .... 175 H 1
Dun-sur-Meuse *55* .... 43 G 2
Duneau *72* .... 108 B 4
Dunes *82* .... 276 C 4
Dunet *36* .... 188 B 3
Dung *25* .... 142 B 4
Dunière-sur-Eyrieux *07* .... 266 D 1
Dunières *43* .... 248 B 1
Dunkerque *59* .... 3 G 2
Duntzenheim *67* .... 68 C 5
Duppigheim *67* .... 97 G 2
Duran *32* .... 296 A 4
Durance *47* .... 275 E 3
Duranus *06* .... 291 E 4
Duranville *27* .... 35 E 5
Duras *47* .... 257 F 2
Duravel *46* .... 259 F 4
Durban *32* .... 296 A 5
Durban-Corbières *11* .... 338 D 2
Durban-sur-Arize *09* .... 335 H 2
Durbans *46* .... 260 D 3
Durbelière *Château de la* *79* .... 167 F 2
Durcet *61* .... 53 F 4
Durdat-Larequille *03* .... 191 E 5
Dureil *72* .... 129 F 2
Durenque *12* .... 280 D 4
Durette *69* .... 212 C 1
Durfort *09* .... 318 A 5
Durfort *81* .... 319 F 2
Durfort-et-Saint-Martin-de-Sossenac *30* .... 283 G 5
Durfort-Lacapelette *82* .... 277 F 3
Durlinsdorf *68* .... 143 F 4
Durmenach *68* .... 143 F 4
Durmignat *63* .... 209 F 1
Durnes *25* .... 162 B 5
Durningen *67* .... 68 C 5
Durrenbach *67* .... 69 E 2
Durrenentzen *68* .... 121 F 2
Durstel *67* .... 67 H 3
Durtal *49* .... 129 E 4
Durtol *63* .... 209 G 5
Dury *02* .... 23 H 3
Dury *62* .... 14 A 3
Dury *80* .... 22 B 2
Dussac *24* .... 223 F 5
Duttlenheim *67* .... 97 F 2
Duvy *60* .... 39 G 4
Duzey *55* .... 44 D 3
Dyé *89* .... 136 D 2
Dyo *71* .... 194 A 4

E

Eancé *35* .... 127 F 2
Eaubonne *95* .... 58 B 2
Eaucourt-sur-Somme *80* .... 11 H 4
Eaunes *31* .... 317 H 3
Eaux-Bonnes *64* .... 332 A 2
Eaux-Chaudes *64* .... 332 A 2
Eaux-Puiseaux *10* .... 114 C 3
Eauze *32* .... 295 F 1
Ébange *57* .... 45 G 3
Ébaty *21* .... 177 G 2
Ebaupinaye *Château d'* *79* .. 167 H 1
Ebblinghem *59* .... 3 G 5
Ébéon *17* .... 201 H 4
Eberbach-Seltz *67* .... 69 G 2
Eberbach-Wœrth *67* .... 68 D 2
Ebersheim *67* .... 97 F 4
Ebersmunster *67* .... 97 F 4
Ébersviller *57* .... 46 B 4
Éblange *57* .... 46 C 4
Ébouleau *02* .... 25 F 4
Ébréon *16* .... 203 E 3
Ébreuil *03* .... 209 H 2
L'Écaille *08* .... 41 H 2
Écaillon *59* .... 9 E 5
Écajeul *14* .... 54 A 1
Ecalgrain *Baie d'* *50* .... 28 C 2
Écalles-Alix *76* .... 19 H 5
Écaquelon *27* .... 35 G 3
Écardenville-la-Campagne *27* .... 35 H 5
Écardenville-sur-Eure *27* .... 36 C 5
Écausseville *50* .... 29 G 5
Écauville *27* .... 36 A 5
Eccica-Suarella *2A* .... 348 D 3
Eccles *59* .... 15 H 3
Échalas *69* .... 230 D 3
Échallat *16* .... 220 D 1
Échallon *01* .... 196 D 5
Échalot *21* .... 138 D 5
Échalou *61* .... 53 F 4
Échandelys *63* .... 228 C 3
Échannay *21* .... 159 F 3
Écharcon *91* .... 87 H 2
Les Écharmeaux *69* .... 212 B 1
Échassières *03* .... 209 F 1
Échauffour *61* .... 54 D 4
Échavanne *70* .... 142 B 3
Échay *25* .... 179 H 1
Échebrune *17* .... 219 H 2
L'Échelle *08* .... 26 B 2
L'Échelle-Saint-Aurin *80* .... 23 E 4
Les Échelles *73* .... 232 D 4
Échemines *10* .... 90 C 4
Échemiré *49* .... 129 F 5
Échenans *25* .... 142 B 4
Échenans-sous-Mont-Vaudois *70* ..... 142 B 3
Échenay *52* .... 93 F 3
Échenevex *01* .... 197 F 4
Échenon *21* .... 160 C 5
Échenoz-la-Méline *70* .... 141 E 4
Échenoz-le-Sec *70* .... 141 E 5
Échery *68* .... 96 D 5
Les Échets *01* .... 213 F 4
Échevanne *70* .... 161 F 2
Échevannes *21* .... 160 B 1
Échevannes *25* .... 162 B 5
Échevis *26* .... 250 B 3
Échevronne *21* .... 159 H 5
Échigey *21* .... 160 B 4
Échillais *17* .... 200 D 4
Échilleuses *45* .... 112 A 3
Echinghen *62* .... 6 B 2
Échiré *79* .... 185 E 3
Échirolles *38* .... 250 D 2
Échouboulains *77* .... 88 D 4

Échourgnac 24 239 F 2
Eckartswiller 67 68 B 4
Eckbolsheim 67 97 G 1
Eckmühl Phare d' 29 99 F 5
Eckwersheim 67 68 D 5
Éclaibes 59 15 G 3
Éclaires 51 63 F 1
Éclance 10 92 A 5
Éclans 39 161 E 5
Eclaron 52 92 B 2
Eclassan 07 249 E 2
Écleux 39 179 G 1
Éclimeux 62 7 F 5
Éclose 38 232 A 3
Écluse Défilé de l' 74 215 E 1
Éclusier-Vaux 80 23 F 1
Écluzelles 28 56 D 5
Écly 08 26 A 5
Écoche 42 212 A 1
Écoivres 62 12 C 2
École 73 233 H 1
École-Valentin 25 161 H 3
Écollemont 51 92 A 2
Écoman 41 132 A 2
Écommoy 72 130 A 2
Écomusée de Haute-Alsace 68 121 E 5
Écoquenéauville 50 31 H 2
Écorcei 61 55 F 5
Les Écorces 25 163 G 3
Écorches 61 54 B 3
Écordal 08 26 C 5
Écorpain 72 108 C 5
Écos 27 37 E 5
Écot 25 142 B 5
Ecot-la-Combe 52 117 F 2
Écotay-l'Olme 42 229 G 2
Écots 14 54 B 1
Écouché 61 54 A 4
Écouen 95 58 C 1
Écouflant 49 149 G 1
Écouis 27 36 D 3
Écourt-Saint-Quentin 62 14 A 3
Écoust-Saint-Mein 62 13 H 3
Écouves Forêt d' 61 83 G 2
Écouviez 55 44 B 1
L'Écouvotte 25 162 B 2
Écoyeux 17 201 H 5
Ecquedecques 62 7 H 3
Ecques 62 7 F 2
Ecquetot 27 36 A 5
Ecquevilly 78 57 H 2
Écrainville 76 18 D 4
Écrammeville 14 32 C 2
Les Écrennes 77 88 D 3
Écretteville-lès-Baons 76 19 G 4
Écretteville-sur-Mer 76 19 E 3
Écriennes 51 62 D 5
Écrille 39 196 C 2
Écromagny 70 141 H 2
Écrosnes 28 86 C 3
Écrouves 54 94 B 1
Ectot-l'Auber 76 20 A 4
Ectot-lès-Baons 76 19 H 4
Écublé 28 85 H 2
Écueil 51 41 G 4
Écueillé 36 171 E 1
Écuélin 59 15 G 3
Écuelle 70 140 A 5
Écuelles 71 178 A 2
Écuelles 77 88 C 5
Écuillé 49 128 C 5
Écuires 62 6 C 4
Écuisses 71 177 F 4
Éculleville 50 28 D 2
Écully 69 213 E 5
Écuras 16 222 B 1
Écurat 17 201 F 5
Écurcey 25 142 B 5
Écurey-en-Verdunois 55 44 B 3
Écurie 62 13 G 2
Écury-le-Repos 51 61 G 4
Écury-sur-Coole 51 62 A 3
Écutigny 21 177 F 1
Écuvilly 60 23 G 4
Edern 29 100 A 2
Édon 16 221 G 3
Les Éduts 17 202 C 3
Eecke 59 4 A 5
Effiat 63 210 A 2
Effincourt 52 93 E 3
Effry 02 25 G 1
Égat 66 341 F 4
Égleny 89 135 H 3
Égletons 19 225 F 5
Égligny 77 89 F 4
Eglingen 68 143 E 2
L'Église-aux-Bois 19 225 E 2
Église-Neuve-de-Vergt 24 240 C 3
Église-Neuve-d'Issac 24 239 H 4
Égliseneuve-d'Entraigues 63 227 F 5
Égliseneuve-des-Liards 63 228 B 3
Égliseneuve-près-Billom 63 228 B 1
Les Églises d'Argenteuil 17 201 H 3
Églisolles 63 229 F 4
Les Églisottes-et-Chalaures 33 238 D 3
Égly 91 87 G 2
Égreville 77 112 D 3
Égriselles-le-Bocage 89 113 F 3
Égry 45 111 H 4
Éguelshardt 57 68 B 1
Eguenigue 90 142 C 2
L'Éguille 17 218 D 1
Éguilles 13 305 H 5
Éguilly 21 159 E 3
Éguilly-sous-Bois 10 115 H 3
Éguisheim 68 121 E 3
Éguzon 36 188 D 3
Éguzon Barrage d' 36 188 D 3
Éhuns 70 141 G 2
Eichhoffen 67 97 F 3
Eincheville 57 66 D 2
Einvaux 54 95 F 2
Einville-au-Jard 54 95 F 1
Eix 55 44 C 5
Élan 08 26 D 4
Élancourt 78 57 H 4
Elbach 68 142 D 3
Elbeuf 76 36 A 3
Elbeuf-en-Bray 76 37 F 1
Elbeuf-sur-Andelle 76 36 D 1
Élencourt 60 21 H 4
Élesmes 59 15 H 2
Életot 76 19 E 3
Éleu-Dit-Leauwette 62 8 B 5
Élincourt 59 14 C 5
Élincourt-Sainte-Marguerite 60 39 F 1
Élisabethville 78 57 G 2
Élise-Daucourt 51 63 E 1
Elizaberry 64 310 D 3
Ellecourt 76 21 F 3
Elliant 29 100 A 3
Ellon 14 33 E 4
Elne 66 343 F 3
Elnes 62 7 E 2
Éloie 90 142 C 2
Éloise 74 215 E 1
Éloyes 88 119 H 3
Elsenheim 67 121 F 2
Elvange 57 66 D 1
Elven 56 124 D 3
Elzange 57 45 H 3
Émagny 25 161 G 3
Émalleville 27 36 B 5
Émancé 78 86 C 2
Émanville 27 55 H 1
Émanville 76 20 A 5
Emberménil 54 95 H 1
Embourie 16 203 E 2
Embres-et-Castelmaure 11 338 D 3
Embreville 80 11 E 4
Embrun 05 270 C 3
Embry 62 6 D 4
Émerainville 77 59 E 4
Émerchicourt 59 14 B 2
Émeringes 69 194 D 5
Éméville 60 39 H 3
Émiéville 14 33 H 5
Emlingen 68 143 F 3
Emmerin 59 8 C 3
Émondeville 50 29 G 5
Empeaux 31 297 F 5
Empurany 07 248 D 4
Empuré 16 203 E 2
Empury 58 157 H 3
Encausse 32 297 E 3
Encausse-les-Thermes 31 334 C 2
Enchanet Barrage d' 15 243 H 3
Enchastrayes 04 271 E 5
Enchenberg 57 68 A 1
L'Enclave-de-la-Martinière 79 185 G 4
Encourtiech 09 335 F 3
Encrenaz Col de l' 74 198 C 5
Endoufielle 32 297 E 5
Énencourt-le-Sec 60 37 H 3
Énencourt-Léage 60 37 G 3
Enfer Gouffre d' 42 230 B 4
Enfer Portes d' 86 187 G 4
Enfonvelle 52 118 B 5
Engarran Château de l' 34 302 D 5
Engayrac 47 276 D 2
Engayresque Col d' 12 281 G 2
Engente 10 92 B 5
Engenthal 67 68 A 5
Engenville 45 111 G 2
Enghien-les-Bains 95 58 C 2
Engins 38 250 D 2
Englancourt 02 25 E 1
Englebelmer 80 13 F 5
Englefontaine 59 15 E 3
Englesqueville-en-Auge 14 34 C 3
Englesqueville-la-Percée 14 32 C 2
Englos 59 8 C 2
Engomer 09 335 E 3
Engraviès 09 336 C 2
Enguinegatte 62 7 F 3
Engwiller 67 68 C 3
Ennemain 80 23 G 2
Ennery 57 45 H 4
Ennery 95 58 A 1
Ennetières-en-Weppes 59 8 C 2
Ennevelin 59 8 D 3
Ennezat 63 210 A 4
Ennordres 18 155 E 2
Enquin-les-Mines 62 7 F 3
Enquin-sur-Baillons 62 6 C 3
Ens 65 333 G 4
Ensérune Oppidum d' 34 321 F 5
Ensigné 79 202 C 2
Ensisheim 68 121 E 5
Ensuès-la-Redonne 13 326 C 2
Entrages 04 288 A 4
Entraigues 38 251 F 4
Entraigues 63 210 A 4
Entraigues-sur-la-Sorgue 84 285 G 5
Entrains-sur-Nohain 58 156 D 2
Entrammes 53 106 A 4
Entrange 57 45 G 2
Entraunes 06 289 E 2
Entraygues-sur-Truyère 12 262 D 3
Entre-deux-Eaux 88 96 B 5
Entre-deux-Guiers 38 232 D 4
Entre-deux-Monts 39 180 A 5
Entrecasteaux 83 307 G 5
Entrechaux 84 285 H 2
Entremont 74 216 A 3
Entremont-le-Vieux 73 233 E 3
Entrepierres 04 287 G 2
Entressen 13 305 E 4
Entrevaux 04 289 F 5
Entrevennes 04 287 G 5
Entrevernes 74 215 H 4
Entzheim 67 97 G 1
Enval 63 209 G 4
Enveitg 66 341 E 4
Envermeu 76 20 C 2
Envronville 76 19 G 4
Éoulx 04 308 B 1
Éourres 05 287 E 2
Eoux 31 316 D 4
Épagne 10 91 G 4
Épagne-Epagnette 80 11 G 4
Épagny 02 40 A 1
Épagny 21 160 A 1
Épagny 74 215 G 3
Épaignes 27 35 E 3
Épaney 14 53 H 2
Épannes 79 184 C 5
Éparcy 02 25 G 2
Les Éparges 55 64 D 1
Épargnes 17 219 E 3
Les Éparres 38 232 A 3
Epau Abbaye de l' 72 107 H 5
Épaumesnil 80 11 G 5
Épaux-Bézu 02 40 B 5
Épeautrolles 28 85 H 5
Épécamps 80 12 B 4
Épégard 27 35 H 4
Épehy 80 14 A 5
Épeigné-les-Bois 37 152 C 4
Épeigné-sur-Dême 37 130 D 4
Épénancourt 80 23 G 2
Épenède 16 204 B 2
Épenouse 25 162 C 4
Épenoy 25 162 C 5
Épense 51 63 E 2
Épercieux-Saint-Paul 42 211 H 5
Éperlecques 62 3 E 4
Épernay 51 61 G 1
Épernay-sous-Gevrey 21 160 A 4
Épernon 28 86 C 2
Éperrais 61 84 B 4
Épersy 73 215 F 5
Épertully 71 177 F 2
Épervans 71 177 H 4
Les Epesses 85 166 D 3
Épeugney 25 162 A 5
Epfig 67 97 F 4
Épiais 41 132 A 3
Épiais-lès-Louvres 95 58 D 1
Épiais-Rhus 95 38 A 5
Épieds 02 40 C 5
Épieds 27 56 D 2
Épieds 49 150 C 5
Épieds-en-Beauce 45 110 B 5
Épierre 73 234 A 3
Épiez-sur-Chiers 54 44 C 2
Épiez-sur-Meuse 55 93 H 2
Épinac 71 177 E 2
Épinal 88 119 F 2
Épinant 52 117 G 4
Épinay 27 55 F 2
Épinay-Champlâtreux 95 58 C 1
L'Épinay-le-Comte 61 81 H 3
Épinay-sous-Sénart 91 58 D 5
Épinay-sur-Duclair 76 35 H 1
Épinay-sur-Odon 14 33 E 5
Épinay-sur-Orge 91 58 C 5
Épinay-sur-Seine 93 58 C 2
L'Épine 05 268 D 5
L'Épine 51 62 B 2
L'Épine 85 164 B 1
Épine Col de l' 73 233 E 2
L'Épine-aux-Bois 02 60 C 3
Épineau-les-Voves 89 113 H 5
Épineu-le-Chevreuil 72 107 E 4
Épineuil 89 137 E 2
Épineuil-le-Fleuriel 18 190 D 2
Épineuse 60 38 D 2
Épineux-le-Seguin 53 106 D 5
Épiniac 35 80 B 2
Épinonville 55 43 G 3
Épinouze 26 231 F 5
Épinoy 62 14 B 3
Épire 49 149 F 2
Épiry 58 157 G 5
Épisy 77 88 C 5
Épizon 52 93 F 4
Éplessier 80 21 H 3
Épluches 95 58 A 1
Éply 54 65 H 3
Époisses 21 158 C 1
Épône 78 57 G 2
Épothémont 10 92 A 4
Épouville 76 18 C 5
Époye 51 42 A 3
Eppe-Sauvage 59 16 A 4
Eppes 02 25 E 5
Eppeville 80 23 H 3
Epping 57 48 B 5
Épretot 76 18 D 5
Épreville 76 19 E 4
Épreville-en-Lieuvin 27 35 F 4
Épreville-en-Roumois 27 35 G 3
Épreville-près-le-Neubourg 27 35 H 5
Épron 14 33 G 4
Eps 62 7 F 4
Épuisay 41 131 F 2
Équancourt 80 14 A 5
Équemauville 14 34 C 2
Équennes-Éramecourt 80 21 H 3
Équeurdreville-Hainneville 50 29 E 3
Équevilley 70 141 F 3
Équevillon 39 179 H 4
Équihen-Plage 62 6 A 2
Équilly 50 51 G 3
Équirre 62 7 F 4
Éragny 95 58 A 1
Éragny-sur-Epte 60 37 G 3
Eraines 14 53 H 2
Éramecourt 80 21 H 4
Éraville 16 220 D 2
Erbajolo 2B 347 F 5
Erbalunga 2B 345 G 3
Erbéviller-sur-Amezule 54 66 C 5
Erbray 44 127 E 4
Erbrée 35 105 F 3
Ercé 09 335 G 4
Ercé-en-Lamée 35 126 D 2
Ercé-près-Liffré 35 80 C 5
Erceville 45 111 F 2
Erches 80 23 E 4
Ercheu 80 23 G 4
Erchin 59 14 B 2
Erching 57 48 B 5
Erckartswiller 67 68 B 3
Ercourt 80 11 F 4
Ercuis 60 38 B 4
Erdeven 56 123 G 3
Éréac 22 103 E 1
Ergersheim 67 97 F 1
Ergnies 80 12 B 4
Ergny 62 6 D 3
Ergué-Gabéric 29 99 H 3
Érigné 49 149 G 2
Érin 62 7 F 5
Éringes 21 138 A 5
Eringhem 59 3 G 3
Ériseul 52 139 E 2
Érize-la-Brûlée 55 63 H 3
Érize-la-Grande 55 63 H 2
Érize-la-Petite 55 63 H 2
Érize-Saint-Dizier 55 63 H 3
Erlon 02 25 E 3
Erloy 02 25 E 1
Ermenonville 60 39 E 5
Ermenonville-la-Grande 28 86 A 5
Ermenonville-la-Petite 28 85 H 5
Ermenouville 76 19 H 3
Ermitage-du-Frère-Joseph 88 120 B 5
Ermont 95 58 B 2
Ernecourt 55 64 B 5
Ernée 53 81 G 5
Ernemont-Boutavent 60 21 G 5
Ernemont-la-Villette 76 37 F 1
Ernemont-sur-Buchy 76 36 D 1
Ernes 14 54 A 1
Ernestviller 57 67 G 1
Ernolsheim-Bruche 67 97 F 1
Ernolsheim-lès-Saverne 67 68 B 4
Erny-Saint-Julien 62 7 F 3
Érôme 26 249 E 2
Érondelle 80 11 G 4
Érone 2B 347 F 3
Éroudeville 50 29 G 5
Erp 09 335 F 3
Erquery 60 38 D 2
Erquières 62 12 B 2
Erquinghem-le-Sec 59 8 C 3
Erquinghem-Lys 59 8 B 2
Erquinvillers 60 38 D 1
Erquy 22 78 D 2
Err 66 341 F 5
Erre 59 9 F 5
Errevet 70 142 B 2
Errouville 54 45 F 2
Ersa 2B 345 F 1
Erstein 67 97 G 3
Erstroff 57 67 E 2
Ervauville 45 113 E 4
Ervillers 62 13 G 4
Ervy-le-Châtel 10 114 C 4
Esbareich 65 334 A 3
Esbarres 21 160 C 5
Esbly 77 59 F 3
Esboz-Brest 70 141 G 2
Escala 65 333 H 1
Escalans 40 274 D 5
Les Escaldes 66 341 F 4
L'Escale 04 287 G 4
Escales 11 320 C 5
Escalette Pas de l' 34 301 H 2
Escalles 62 2 B 3
Escalquens 31 318 A 2
Escames 60 21 G 5
Escamps 46 278 C 1
Escamps 89 136 A 4
Escandolières 12 262 B 5
Escanecrabe 31 316 C 4
Escardes 51 60 C 5
L'Escarène 06 291 F 5
Escarmain 59 14 D 3
Escaro 66 342 A 3
Escassefort 47 257 F 4
Escatalens 82 277 G 5
Escaudain 59 14 C 2
Escaudes 33 274 B 1
Escaudœuvres 59 14 B 3
Escaufourt 59 14 D 5
Escaunets 65 314 D 3
Escautpont 59 9 G 5
Escazeaux 82 297 E 2
Eschau 67 97 G 2
Eschbach 67 68 D 3
Eschbach-au-Val 68 120 D 3
Eschbourg 67 68 A 3
Eschêne-Autrage 90 142 C 3
Eschentzwiller 68 143 G 2
Escherange 57 45 G 2
Esches 60 38 A 4
Eschwiller 67 67 H 3
Esclagne 09 336 D 2
Esclainvillers 80 22 C 4
Esclanèdes 48 264 B 5
Esclangon 04 288 A 2
Esclassan-Labastide 32 316 A 2
Esclauzels 46 260 C 5
Esclavelles 76 20 D 4
Esclavolles-Lurey 51 90 A 2
Escles 88 118 D 3
Escles-Saint-Pierre 60 21 G 3
Esclimont 28 86 D 3
Esclottes 47 257 E 2
Escobecques 59 8 C 2
Escœuilles 62 2 D 5
Escoire 24 240 D 2
Escolives-Sainte-Camille 89 136 B 4
Escombres-et-le-Chesnois 08 27 G 4
Esconac 33 255 G 2
Escondeaux 65 315 F 3
Esconnets 65 333 G 1
Escorailles 15 244 B 2
Escornebœuf 32 296 D 4
Escorpain 28 56 B 5
Escos 64 311 H 3
Escosse 09 336 A 1
Escot 64 331 H 2
Escots 65 333 G 1
Escou 64 331 H 1
Escoubès 64 314 C 2
Escoubès-Pouts 65 333 E 1
Escoublère Manoir de l' 53 128 C 3
Escoulis 31 335 E 1
Escouloubre 11 337 F 5
Escource 40 272 D 3
Escoussans 33 256 B 2
Escoussens 81 319 G 2
Escout 64 331 H 1
Escoutoux 63 210 C 5
Escoville 14 33 H 4
Escragnolles 06 308 D 2
Escrennes 45 111 G 3
Escrignelles 45 134 D 4
Escrinet Col de l' 07 266 C 2
Escroux 81 300 B 3
Escueillens 11 337 E 1
Escurès 64 314 D 2
Escures-sur-Favières 14 54 A 1
Escurolles 03 210 A 1
Esery 74 215 H 1
Eslettes 76 20 A 5
Esley 88 118 C 2
Eslourenties-Daban 64 314 D 4
Esmans 77 88 D 5
Esmery-Hallon 80 23 H 4
Esmoulières 70 119 H 5
Esmoulins 70 161 E 2
Esnandes 17 183 F 5
Esnans 25 162 C 2
Esnes 59 14 C 4
Esnes-en-Argonne 55 43 H 4
Esnoms-au-Val 52 139 F 4
Esnon 89 114 A 5
Esnouveaux 52 117 F 3
Espagnac 19 243 E 1
Espagnac-Sainte-Eulalie 46 261 E 4
Espagnols Pointe des 29 75 E 3
Espalais 82 276 D 4
Espalem 43 246 A 1
Espalion 12 263 E 4
Espaly-Saint-Marcel 43 247 F 3
Espanès 31 318 A 2
Espaon 32 316 D 3
Esparron 05 269 F 4
Esparron 31 316 C 4
Esparron 83 306 D 4
Esparron-de-Verdon 04 307 E 2
Esparron-la-Bâtie 04 287 H 1
Esparros 65 333 G 2
Esparsac 82 297 E 1
Espartignac 19 224 C 4
Espas 32 295 E 2
Espaubourg 60 37 G 2
Espèche 65 333 G 1
Espéchède 64 314 C 3
Espédaillac 46 260 D 3
Espelette 64 310 D 4
Espeluche 26 267 F 4
Espenel 26 268 A 2
Espérausses 81 300 A 4
Espéraza 11 337 G 3
Esperce 31 317 H 4
Espère 46 259 H 4
L'Espérou 30 282 C 4
Espès-Undurein 64 313 F 4
Espeyrac 12 262 C 3
Espeyroux 46 261 E 2
Espezel 11 337 E 4
Espieilh 65 333 G 1
Espiens 47 275 G 3
Espiet 33 256 B 1

Espinas 82 279 E 3
Espinasse 15 245 G 5
Espinasse 63 209 E 3
Espinasse-Vozelle 03 210 A 2
Espinasses 05 270 A 4
Espinchal 63 227 F 5
Espinouse 04 287 H 4
Espins 14 53 G 1
Espira-de-Conflent 66 342 B 3
Espira-de-l'Agly 66 338 D 5
Espirat 63 228 B 1
Espiute 64 311 H 4
Esplantas 43 246 C 5
Esplas 09 318 A 5
Esplas-de-Sérou 09 335 H 3
Espoey 64 314 C 4
Espondeilhan 34 321 G 2
Esprels 70 141 G 5
Esquay-Notre-Dame 14 33 F 5
Esquay-sur-Seulles 14 33 E 3
Esquéhéries 02 25 E 1
Esquelbecq 59 3 G 4
Esquennoy 60 22 B 4
Esquerchin 59 8 D 5
Esquerdes 62 7 F 2
Esquibien 29 98 D 2
Esquièze-Sère 65 333 E 3
Esquillon Pointe de l' 06 309 E 5
Esquiule 64 331 G 1
Essalois Château d' 42 230 A 4
Les Essards 16 239 E 1
Les Essards 17 201 F 5
Les Essards 37 151 E 3
Les Essards-Taignevaux 39 178 D 2
Essarois 21 138 C 3
Essars 62 8 A 3
Les Essarts 27 56 A 3
Les Essarts 41 131 E 4
Les Essarts 76 36 A 3
Les Essarts 85 166 B 4
Les Essarts-le-Roi 78 57 G 5
Les Essarts-le-Vicomte 51 60 D 5
Les Essarts-lès-Sézanne 51 60 D 4
Les Essarts-Varimpré 76 21 E 2
Essavilly 39 180 A 4
Essay 61 83 H 2
Esse 16 204 C 2
Essé 35 104 D 5
Essegney 88 95 E 4
Les Esseintes 33 256 D 3
Essert 89 136 D 5
Essert 90 142 B 3
Essert-Romand 74 198 C 5
Essertaux 80 22 B 3
Essertenne 71 177 F 4
Essertenne-et-Cecey 70 160 D 2
Essertines-en-Châtelneuf 42 229 G 2
Essertines-en-Donzy 42 212 A 5
Esserts-Blay 73 234 B 1
Esserts-Salève 74 215 H 1
Esserval-Combe 39 180 A 3
Esserval-Tartre 39 180 A 3
Essey 21 159 E 4
Essey-et-Maizerais 54 65 E 3
Essey-la-Côte 54 95 F 3
Essey-les-Eaux 52 117 G 4
Essey-lès-Nancy 54 65 H 5
Essey-les-Ponts 52 116 C 4
Essia 39 196 B 1
Essigny-le-Grand 02 24 B 3
Essigny-le-Petit 02 24 B 2
Essises 02 60 C 2
Essômes-sur-Marne 02 60 B 1
Esson 14 53 F 2
Essoyes 10 115 H 4
Essuiles 60 38 B 1
Les Estables 43 247 H 5
Estables 48 264 C 3
Establet 26 268 B 4
Estadens 31 334 D 2
Estagel 66 338 C 5
Estaing 12 262 D 4
Estaing 65 332 C 3
Estaires 59 8 B 2
Estal 46 243 E 5
Estampes 32 315 G 3
Estampures 65 315 G 3
Estancarbon 31 334 C 1
Estandeuil 63 228 B 1
Estang 32 294 D 1
L'Estaque 13 326 D 2
Estarvielle 65 333 H 4
Estavar 66 341 F 4
Esteil 63 228 B 4
Estenc 06 289 E 2
Esténos 31 334 B 3
Estensan 65 333 G 4
Estérençuby 64 330 C 1
Esternay 51 60 D 4
Esterre 65 333 E 3
Estevelles 62 8 C 4
Esteville 76 20 C 5
Estézargues 30 304 B 1
Estialescq 64 313 H 4
Estibeaux 40 293 F 4
Estigarde 40 274 C 5
Estillac 47 276 B 3
Estipouy 32 295 H 5
Estirac 65 295 E 5
Estissac 10 114 C 2
Estivals 19 242 B 4
Estivareilles 03 190 D 3
Estivareilles 42 229 G 4
Estivaux 19 242 B 1
Estoher 66 342 B 3
Estos 64 331 H 1
Estoublon 04 288 A 5
Estouches 91 87 F 5
Estourmel 59 14 C 4
Éstouteville-Écalles 76 20 C 5
Estouy 45 111 H 3
Estrablin 38 231 F 3
Estramiac 32 296 D 2
Estrebay 08 26 A 2
Estrébœuf 80 11 F 3
L'Estréchure 30 283 E 4
Estrée 62 6 C 4
Estrée-Blanche 62 7 G 3
Estrée-Cauchy 62 8 A 5
Estrée-Wamin 62 12 D 2
Estréelles 62 6 C 4
Estrées 02 24 B 1
Estrées 59 14 A 2
Estrées-Deniécourt 80 23 F 2
Estrées-en-Chaussée 80 23 H 2
Estrées-la-Campagne 14 53 H 1
Estrées-lès-Crécy 80 11 H 2
Estrées-Saint-Denis 60 39 E 2
Estrées-sur-Noye 80 22 C 3
Estrennes 88 94 C 5
Estreux 59 9 H 5
Estrun 59 14 C 3
Estry 14 52 D 2
Esves-le-Moutier 37 170 B 1
Esvres 37 152 A 4
Eswars 59 14 B 3
Étable 73 233 H 3
Étables 07 249 E 3
Étables-sur-Mer 22 73 H 4
Étagnac 16 204 D 4
Étaimpuis 76 20 B 4
Étain 55 44 D 5
Étaing 62 13 H 2
Étainhus 76 18 D 5
Étais 21 137 H 4
Étais-la-Sauvin 89 156 D 1
Étalans 25 162 C 4
Étalante 21 138 C 4
Étalle 08 26 B 2
Étalleville 76 19 H 3
Étalon 80 23 F 3
Étalondes 76 10 D 4
Étampes 91 87 F 4
Étampes-sur-Marne 02 60 C 1
L'Étang-Bertrand 50 29 E 5
L'Étang-la-Ville 78 58 A 3
Étang-sur-Arroux 71 176 C 3
L'Étang-Vergy 21 159 H 5
Les Étangs 57 46 B 5
Étaples 62 6 B 4
Étaule 89 158 A 1
Étaules 17 200 C 5
Étaules 21 159 H 2
Étauliers 33 237 G 1
Étaves-et-Bocquiaux 02 24 C 1
Étavigny 60 39 G 5
Etcharry 64 311 H 4
Etchebar 64 331 E 2
Eteaux 74 215 H 1
Éteignières 08 26 B 2
Eteimbes 68 142 D 2
Ételfay 80 23 E 4
Étel 56 123 G 3
L'Etelon 03 190 D 1
Étercy 74 215 F 3
Éternoz 25 180 A 1
Éterpigny 62 13 H 3
Éterpigny 80 23 G 2
Éterville 14 33 G 5
Étevaux 21 160 C 3
Eth 59 15 E 2
Étienville 50 31 G 2
Étigny 89 113 G 3
Les Étilleux 28 108 D 2
Étinehem 80 23 E 1
Étiolles 91 88 A 2
Étival 39 196 D 2
Étival-Clairefontaine 88 96 A 4
Étival-lès-le-Mans 72 107 G 5
Étivey 89 137 F 4
Étobon 70 142 A 3
Étoges 51 61 F 3
L'Étoile 39 179 E 4
L'Étoile 80 12 B 5
Étoile-Saint-Cyrice 05 286 D 1
Étoile-sur-Rhône 26 267 F 1
Éton 55 44 D 4
Étormay 21 138 B 5
Étouars 24 222 B 2
Étourvy 10 115 E 5
Étoutteville 76 19 G 4
Étouvans 25 142 B 5
Étouvelles 02 40 D 1
Étouvy 14 52 C 2
Étouy 60 38 C 2
Étrabonne 25 161 G 4
Étrappe 25 142 A 5
L'Étrat 42 230 B 3
Étray 25 162 C 5
Étraye 55 44 B 3
Étréaupont 02 25 F 1
Étrechet 36 172 A 4
Étréchy 18 155 H 5
Étréchy 51 61 G 3
Étréchy 91 87 G 3
Étréham 14 32 D 3
Étreillers 02 24 A 2
Étréjust 80 11 H 5
Étrelles 35 105 E 3
Étrelles-et-la-Montbleuse 70 161 G 1
Étrelles-sur-Aube 10 90 C 2
Étrembières 74 197 H 5
Étrépagny 27 37 E 3
Étrepigney 39 161 F 5
Étrépigny 08 26 D 4
Étrépilly 02 60 B 1
Étrépilly 77 59 G 1
Étrepy 51 63 E 4
Étretat 76 18 C 3
Étreux 02 15 E 5
Étreval 54 94 D 3
Étréville 27 35 F 2
Étrez 01 195 H 4
Étriac 16 220 D 3
Étriché 49 128 D 4
Étricourt-Manancourt 80 13 H 5
Étrigny 71 195 E 1
Étrochey 21 138 A 2
Étrœungt 59 15 G 5
Étroitefontaine 70 141 H 5
Étroussat 03 192 A 5
Étrun 62 13 F 2
Etsaut 64 331 H 4
Ettendorf 67 68 C 3
Etting 57 67 H 1
Étueffont 90 142 C 2
Étupes 25 142 C 4
Éturqueraye 27 35 G 2
Étusson 79 167 G 1
Étuz 70 161 H 2
Etzling 57 47 F 5
Eu 76 10 D 4
Euffigneix 52 116 D 3
Eugénie-les-Bains 40 294 B 3
Euilly-et-Lombut 08 27 G 4
Eulmont 54 65 H 5
Eup 31 334 B 3
Eurre 26 267 G 1
Eurville-Bienville 52 92 D 2
Eus 66 342 B 2
Euvezin 54 65 E 3
Euville 55 64 D 5
Euvy 51 61 G 5
Euzet 30 284 A 4
Évaillé 72 130 D 2
Évans 39 161 G 4
Évaux-et-Ménil 88 95 E 4
Évaux-les-Bains 23 208 C 1
Ève 60 59 E 1
Évecquemont 78 57 H 1
Évenos 83 327 H 4
Évergnicourt 02 41 G 2
Everly 77 89 G 3
Évette-Salbert 90 142 B 2
Éveux 69 212 D 5
Évian-les-Bains 74 198 B 3
Évigny 08 26 D 3
Évillers 25 180 B 1
Évin-Malmaison 62 8 D 5
Évires 74 215 H 2
Évisa 2A 346 C 5
Évosges 01 214 B 3
Évran 22 79 H 5
Évrange 57 45 H 1
Évrecy 14 33 F 5
Èvres 55 63 G 1
Évreux 27 56 B 1
Évricourt 60 23 G 5
Évriguet 56 102 D 3
Évron 53 106 C 3
Évry 89 113 G 2
Évry 91 87 H 2
Évry-Grégy-sur-Yerres 77 59 E 5
Excenevex 74 198 A 3
Excideuil 24 223 F 5
Exermont 08 43 F 3
Exideuil 16 204 C 4
Exincourt 25 142 C 4
Exireuil 79 185 F 3
Exmes 61 54 C 4
Exoudun 79 185 G 4
Expiremont 17 220 B 5
Expo Faune Lorraine 88 120 B 3
Eybens 38 251 E 2
Eybouleuf 87 206 B 5
Eyburie 19 224 C 4
Eycheil 09 335 F 3
Eydoche 38 232 A 4
Eygalayes 26 286 D 2
Eygalières 13 305 E 2
Eygaliers 26 286 A 2
Eygliers 05 270 D 2
Eygluy-Escoulin 26 267 H 1
Eyguians 05 287 E 1
Eyguières 13 305 E 3
Eygurande 19 226 C 2
Eygurande-Gardedeuil 24 239 E 3
Eyharce 64 311 E 5
Eyjeaux 87 205 H 5
Eyliac 24 240 D 2
Eymet 24 257 G 3
Eymeux 26 249 H 3
Eymouthiers 16 222 B 2
Eymoutiers 87 224 D 1
Eyne 66 341 G 4
Eyne 2600 66 341 G 4
Eynesse 33 257 E 1
Eyragues 13 304 D 2
Eyrans 33 237 G 2
Eyrein 19 225 F 5
Eyrenville 24 258 B 2
Eyres-Moncube 40 293 H 3
Eyrignac Jardins d' 24 241 H 5
Eyroles 26 268 A 5
Eysines 33 237 F 5
Eysson 25 162 D 4
Eysus 64 331 H 1
Eyvirat 24 222 C 5
Eywiller 67 67 H 3
Eyzahut 26 267 G 4
Eyzerac 24 223 E 5
Les Eyzies-de-Tayac 24 241 E 5
Eyzin-Pinet 38 231 G 3
Ézanville 95 58 C 1
Èze 06 309 H 2
Ézy-sur-Eure 27 56 D 3

F

Fa 11 337 G 3
Fabas 09 335 F 1
Fabas 31 316 D 4
Fabas 82 297 H 2
Fabras 07 266 A 3
Fabrègues 34 302 C 5
Fabrezan 11 338 C 1
Faches-Thumesnil 59 8 D 3
Fâchin 58 176 A 2
Facture 33 254 C 2
Fades Viaduc des 63 209 E 3
Fage Gouffre de la 19 242 B 3
La Fage-Montivernoux 48 263 H 2
La Fage-Saint-Julien 48 264 A 1
Fageole Col de la 15 245 H 3
Le Faget 31 298 D 5
Faget-Abbatial 32 316 B 2
Fagnières 51 62 A 2
Fagnon 08 26 C 3
Fahy-lès-Autrey 70 160 D 1
Failly 57 45 H 5
Faimbe 25 142 A 5
Fain-lès-Montbard 21 137 H 5
Fain-lès-Moutiers 21 137 G 5
Fains 27 56 D 2
Fains-la-Folie 28 110 C 2
Fains-les-Sources 55 63 G 4
Faissault 08 26 B 5
Fajac-en-Val 11 338 A 1
Fajac-la-Relenque 11 318 C 4
Fajoles 46 259 H 1
La Fajolle 11 337 E 5
Fajolles 82 277 E 5
Falaise 08 42 D 2
Falaise 14 53 H 2
La Falaise 78 57 G 2
Falck 57 46 D 4
Faleyras 33 256 B 1
Falga 31 318 D 2
Le Falgoux 15 244 D 2
Falgueyrat 24 257 H 2
Falicon 06 309 H 2
Falkwiller 68 143 E 2
Fallencourt 76 21 E 2
Fallerans 25 162 C 5
Falleron 85 165 F 2
Falletans 39 161 E 5
Fallières 88 119 G 4
Fallon 70 141 H 5
La Faloise 80 22 C 4
Fals 47 276 B 4
Falvy 80 23 G 2
Famars 59 14 D 2
Famechon 62 13 E 4
Famechon 80 22 A 3
Fameck 57 45 G 4
Familly 14 54 D 2
Fampoux 62 13 H 2
Fanget Col du 04 288 B 1
Fanjeaux 11 319 E 5
Fanlac 24 241 F 3
Le Faou 29 75 G 3
Le Faouët 22 73 F 4
Le Faouët 56 100 D 3
Faramans 01 213 G 4
Faramans 38 231 H 4
Farbus 62 8 B 5
Farceaux 27 37 E 3
Farcheville Château de 91 87 G 4
La Fare-en-Champsaur 05 269 G 2
La Fare-les-Oliviers 13 305 G 5
Farébersviller 57 47 F 5
Fareins 01 213 E 2
Faremoutiers 77 59 H 4
Farges 01 197 E 5
Les Farges 24 241 G 3
Farges-Allichamps 18 173 E 4
Farges-en-Septaine 18 173 G 1
Farges-lès-Chalon 71 177 H 3
Farges-lès-Mâcon 71 195 E 2
Fargniers 02 24 B 4
Fargues 33 256 B 4
Fargues 40 294 A 3
Fargues 46 277 G 1
Fargues-Saint-Hilaire 33 255 H 1
Fargues-sur-Ourbise 47 275 E 2
Farincourt 52 140 B 4
Farinole 2B 345 F 4
La Farlède 83 328 B 4
Farnay 42 230 C 3
Faron Mont 83 328 A 4
Faronville 45 111 F 2
Farrou 12 279 F 1
Farschviller 57 67 F 1
Fatines 72 108 A 4
Fatouville-Grestain 27 34 D 2
Le Fau 15 244 D 3
Fau-de-Peyre 48 264 A 2
Fauch 81 299 G 2
Faucigny 74 216 A 1
Faucogney-et-la-Mer 70 141 H 2
Faucompierre 88 119 H 2
Faucon 84 285 H 2
Faucon-de-Barcelonnette 04 270 D 5
Faucon-du-Caire 04 269 H 5
Fauconcourt 88 95 G 4
Faucoucourt 02 40 C 1
Faudoas 82 297 E 2
Le Fauga 31 317 G 3
Faugères 07 265 H 5
Faugères 34 301 G 5
Fauguernon 14 34 D 4
Fauguerolles 47 257 F 5
Fauillet 47 257 F 5
Le Faulq 14 34 D 4
Faulquemont 57 66 D 1
Faulx 54 65 H 4
Faumont 59 8 D 4
Fauquembergues 62 7 E 3
La Faurie 05 269 E 3
Faurilles 24 258 C 2
Fauroux 82 277 E 2
Faussergues 81 280 C 5
La Faute-sur-Mer 85 183 E 4
Fauverney 21 160 B 4
Fauville 27 56 B 1
Fauville-en-Caux 76 19 F 4
Faux 08 26 B 5
Faux 24 258 B 1
Faux de Verzy 51 41 H 5
Faux-Fresnay 51 61 G 5
Faux-la-Montagne 23 225 F 1
Faux-Mazuras 23 206 D 4
Faux-Vésigneul 51 62 B 4
Faux-Villecerf 10 90 B 5
Favalello 2B 347 F 4
Favars 19 242 D 1
La Favède 30 283 G 3
Faverage-Mâchelles 49 149 G 4
Faverdines 18 190 C 1
Faverelles 45 135 E 5
Faverges 74 216 A 5
Faverges-de-la-Tour 38 232 C 2
Faverney 70 141 E 3
Faverois 90 142 D 4
Faverolles 02 40 A 4
Faverolles 15 245 H 5
Faverolles 28 57 E 5
Faverolles 36 153 F 5
Faverolles 52 117 E 5
Faverolles 61 53 G 5
Faverolles 80 23 E 4
Faverolles-et-Coëmy 51 41 E 4
Faverolles-la-Campagne 27 55 H 1
Faverolles-lès-Lucey 21 138 D 2
Faverolles-les-Mares 27 35 E 5
Faverolles-sur-Cher 41 152 D 3
La Favière 39 180 A 4
La Favière 83 329 E 4
La Favière Plage de 83 329 E 4
Favières 28 85 H 3
Favières 54 94 B 3
Favières 77 59 F 4
Favières 80 11 F 2
Favone 2A 349 H 4
Favresse 51 62 D 4
Favreuil 62 13 G 4
Favrieux 78 57 F 2
Le Favril 27 35 F 4
Le Favril 28 85 G 3
Le Favril 59 15 F 4
Fay 61 55 E 5
Le Fay 71 178 D 5
Fay 72 107 G 4
Fay 80 23 F 2
Fay-aux-Loges 45 111 F 5
Fay-de-Bretagne 44 147 F 1
Fay-en-Montagne 39 179 G 4
Fay-le-Clos 26 249 F 1
Fay-les-Étangs 60 37 H 4
Fay-lès-Marcilly 10 90 A 4
Fay-lès-Nemours 77 112 B 2
Le Fay-Saint-Quentin 60 38 B 2
Fay-sur-Lignon 43 248 A 4
Faycelles 46 261 F 4
La Faye 16 203 F 2
Faye 41 131 H 3
La Faye Pas de 06 308 D 2
Faye-d'Anjou 49 149 G 3
Faye-la-Vineuse 37 169 F 2
Faye-l'Abbesse 79 167 H 3
Faye-sur-Ardin 79 184 D 3
Le Fayel 60 39 E 2
Fayence 83 308 C 3
Fayet 02 24 A 2
Fayet 12 301 E 2
Le Fayet 74 216 D 3
Fayet-le-Château 63 228 B 1
Fayet-Ronaye 63 228 C 4
Fayl-Billot 52 140 A 3
Faymont 70 142 A 3
Faymoreau 85 184 C 1
Fayrac 24 259 F 1
Fays 52 92 D 3
Fays 88 119 H 2
Fays-la-Chapelle 10 114 D 3
Fayssac 81 299 E 1
Féas 64 331 G 1
Febvin-Palfart 62 7 G 3
Fécamp 76 19 E 3
Féchain 59 14 B 2
Fêche-l'Église 90 142 D 4
La Féclaz 73 233 F 1
Fécocourt 54 94 C 4
Fédry 70 140 C 4
Fegersheim 67 97 G 2
Fégréac 44 125 H 4
Feigères 74 215 G 1
Feigneux 60 39 G 4

Feignies 59 15 G 2
Feillens 01 195 E 4
Feings 41 153 E 2
Feings 61 84 C 2
Feins 35 80 B 4
Feins-en-Gâtinais 45 135 E 4
Feissons-sur-Isère 73 234 B 2
Feissons-sur-Salins 73 234 C 3
Le Fel 12 262 C 3
Fel 61 54 B 4
Felce 2B 347 G 4
Feldbach 68 143 F 4
Feldkirch 68 121 E 5
Feliceto 2B 346 C 2
Félines 07 231 E 5
Félines 43 247 E 1
Félines-Minervois 34 320 B 4
Félines-sur-Rimandoule 26 267 G 3
Félines-Termenès 11 338 B 2
Felleries 59 15 H 4
Fellering 68 120 B 5
Felletin 23 207 G 4
Felluns 66 338 A 5
Felon 90 142 D 2
Felzins 46 261 G 3
Fenain 59 9 F 5
Fénay 21 160 A 4
Fendeille 11 319 E 4
Fénery 79 167 H 5
Fénétrange 57 67 G 3
Feneu 49 128 C 5
Féneyrols 82 279 E 4
Féniers 23 225 G 1
Féniers *Abbaye de* 15 227 E 5
Fenioux 17 201 G 4
Fenioux 79 184 D 2
Fenneviller 54 96 A 2
Fénols 81 299 E 2
Le Fenouiller 85 164 D 4
Fenouillet 31 297 H 4
Fenouillet 66 337 H 5
Fenouillet *Sommet du* 83 328 B 4
Fenouillet-du-Razès 11 337 E 1
Fépin 08 17 E 5
Fer à Cheval *Cirque du* 74 217 E 1
Ferayola 2B 346 B 3
Fercé 44 127 E 2
Fercé-sur-Sarthe 72 129 G 2
Ferdrupt 88 119 H 5
La Fère 02 24 B 4
Fère *Château de* 02 40 C 4
Fère-Champenoise 51 61 G 4
Fère-en-Tardenois 02 40 C 4
Fèrebrianges 51 61 F 3
La Férée 08 26 A 3
Férel 56 125 E 5
Ferfay 62 7 G 4
Féricy 77 88 C 4
Férin 59 14 A 2
Fermanville 50 29 F 2
Ferme de Navarin *Monument de la* 51 42 C 4
La Fermeté 58 174 D 2
Ferney-Voltaire 01 197 G 4
Fernoël 63 208 B 5
Férolles 45 133 G 3
Férolles-Attilly 77 59 E 5
Féron 59 15 H 5
Ferques 62 2 C 4
Ferrals-les-Corbières 11 338 C 1
Ferrals-les-Montagnes 34 320 B 3
Ferran 11 337 F 1
Ferrassières 26 286 C 3
Le Ferré 35 81 E 3
Ferrensac 47 258 B 3
Ferrère 65 334 A 3
Les Ferres 06 309 F 1
Ferrette 68 143 F 4
Ferreux 10 90 A 4
La Ferrière 22 102 C 2
La Ferrière 37 131 E 5
La Ferrière 38 233 G 5
La Ferrière 85 166 A 4
La Ferrière-Airoux 86 186 C 4
La Ferrière-au-Doyen 14 52 D 1
La Ferrière-au-Doyen 61 55 E 5
La Ferrière-aux-Étangs 61 53 F 5
La Ferrière-Béchet 61 83 G 2
La Ferrière-Bochard 61 83 F 4
La Ferrière-de-Flée 49 128 A 3
La Ferrière-Duval 14 53 E 2
La Ferrière-en-Parthenay 79 168 B 5
Ferrière-et-Lafolie 52 92 D 4
La Ferrière-Harang 14 52 C 1
Ferrière-la-Grande 59 15 H 2
Ferrière-la-Petite 59 15 H 3
Ferrière-Larçon 37 170 B 2
Ferrière-sur-Beaulieu 37 152 C 5
La Ferrière-sur-Risle 27 55 G 2
Ferrières 17 183 H 5
Ferrières 50 81 G 2
Ferrières 54 95 E 2
Ferrières 60 22 D 5
Ferrières 65 332 B 2
Ferrières 74 215 G 3
Ferrières 80 22 B 2
Ferrières 81 300 A 4
Ferrières-en-Bray 76 37 F 1
Ferrières-en-Brie 77 59 E 4
Ferrières-en-Gâtinais 45 112 C 4
Ferrières-Haut-Clocher 27 56 A 1
Ferrières-la-Verrerie 61 54 D 5
Ferrières-le-Lac 25 163 G 3
Ferrières-les-Bois 25 161 G 4
Ferrières-lès-Ray 70 140 C 5
Ferrières-lès-Scey 70 140 D 4
Ferrières-les-Verreries 34 302 C 1
Ferrières-Poussarou 34 320 D 2
Ferrières-Saint-Hilaire 27 55 F 1
Ferrières-Saint-Mary 15 245 G 2
Ferrières-sur-Ariège 09 336 B 3
Ferrières-sur-Sichon 03 210 D 3
Ferrussac 43 246 B 3
Fertans 25 180 A 1
La Ferté 39 179 F 2
La Ferté-Alais 91 87 H 3
La Ferté-Beauharnais 41 154 A 1
La Ferté-Bernard 72 108 C 2
La Ferté-Chevresis 02 24 D 3
La Ferté-Frênel 61 55 E 3
La Ferté-Gaucher 77 60 B 4
La Ferté-Hauterive 03 192 A 3
La Ferté-Imbault 41 154 B 3
La Ferté-Loupière 89 135 G 2
La Ferté-Macé 61 82 D 2
La Ferté-Milon 02 39 H 5
La Ferté-Saint-Aubin 45 133 F 4
La Ferté-Saint-Cyr 41 132 D 4
La Ferté-Saint-Samson 76 21 E 5
La Ferté-sous-Jouarre 77 60 A 2
La Ferté-sur-Chiers 08 27 H 5
La Ferté-Vidame 28 85 E 2
La Ferté-Villeneuil 28 109 H 5
Fertrève 58 175 F 2
Fervaches 50 52 B 1
Fervaques 14 54 D 1
Fescamps 80 23 E 4
Fesches-le-Châtel 25 142 C 4
Fesmy-le-Sart 02 15 E 5
Fesques 76 21 E 3
Fessanvilliers-Mattanvilliers 28 56 A 5
Fessenheim 68 121 G 4
Fessenheim-le-Bas 67 68 C 5
Fessevillers 25 163 G 3
Les Fessey 70 141 H 2
Fessy 74 198 A 4
Festalemps 24 239 F 1
Festes-et-Saint-André 11 337 F 3
Festieux 02 41 E 1
Festigny 51 61 E 1
Festigny 89 157 F 1
Festre *Col du* 05 269 F 2
Festubert 62 8 B 3
Le Fête 21 159 E 5
Féternes 74 198 B 3
Fétigny 39 196 C 2
Feucherolles 78 57 H 3
Feuchy 62 13 G 2
Feugarolles 47 275 G 3
Feugères 50 31 H 4
Feuges 10 91 E 4
Feuguerolles 27 36 A 5
Feuguerolles-sur-Orne 14 33 G 5
Feuguerolles-sur-Seulles 14 33 E 5
Feuilla 11 338 D 3
Feuillade 16 221 H 2
La Feuillade 24 241 H 3
La Feuillée 29 76 B 3
Feuillères 80 23 F 1
La Feuillie 50 31 G 4
La Feuillie 76 37 E 1
Feule 25 163 F 2
Feuquières 60 21 G 4
Feuquières-en-Vimeu 80 11 E 4
Feurs 42 229 H 1
Feusines 36 189 H 2
Feux 18 156 A 4
Fèves 57 45 G 5
Féy 57 65 G 2
Fey-en-Haye 54 65 F 3
Feyt 19 226 C 1
Feytiat 87 205 H 5
Feyzin 69 231 E 1
Fiac 81 298 D 3
Ficaja 2B 347 G 3
Ficajola 2A 346 A 5
Ficheux 62 13 G 3
Fichous-Riumayou 64 294 A 5
Le Fidelaire 27 55 H 2
Le Fied 39 179 G 4
Le Fief-Sauvin 49 148 C 4
Fieffes 80 12 C 5
Fiefs 62 7 G 4
Fiennes 62 2 C 4
Fienvillers 80 12 C 4
Fier *Gorges du* 74 215 F 3
Fierville-la-Campagne 14 53 H 1
Fierville-les-Mines 50 29 E 5
Fierville-les-Parcs 14 34 C 4
Le Fieu 33 238 D 3
Fieulaine 02 24 C 2
Fieux 47 275 G 4
Figanières 83 308 A 4
Figareto 2B 347 H 3
Figari 2A 351 F 3
Figarol 31 334 D 1
Figeac 46 261 F 3
Fignévelle 88 118 B 4
Fignières 80 23 E 4
Filain 02 40 D 1
Filain 70 141 F 5
Filitosa (Station Préhistorique de) 2A 348 D 5
Fillé 72 129 H 2
Fillières 54 45 E 3
Fillièvres 62 12 B 2
Fillinges 74 198 A 5
Fillols 66 342 A 3
Filstroff 57 46 C 3
Fiménil 88 119 H 2
Findrol 74 215 H 1
Finestret 66 342 B 3
Finhan 82 297 G 1
Finiels *Col de* 48 265 E 5
Les Fins 25 163 E 5
Fins 80 14 A 5
Fiquefleur-Équainville 27 34 D 2
Firbeix 24 223 E 2
Firfol 14 34 D 5
Firmi 12 262 B 4
Firminy 42 230 A 5
Fislis 68 143 G 4
Fismes 51 40 D 3
Fitignieu 01 214 D 3
Fitilieu 38 232 C 2
Fitou 11 339 E 3
Fitz-James 60 38 C 2
Fix-Saint-Geneys 43 246 D 2
Fixem 57 45 H 2
Fixin 21 160 A 4
Flabas 55 44 B 4
Flacé-lès-Mâcon 71 195 E 4
Flacey 21 160 B 2
Flacey 28 109 H 3
Flacey-en-Bresse 71 196 A 1
La Flachère 38 233 F 4
Flachères 38 232 A 3
Flacourt 78 57 F 2
Flacy 89 114 A 2
Flagey 25 180 A 1
Flagey 52 139 G 3
Flagey-Echézeaux 21 160 A 5
Flagey-lès-Auxonne 21 160 D 5
Flagey-Rigney 25 162 B 1
Flagnac 12 261 H 3
Flagy 70 141 F 3
Flagy 71 194 C 2
Flagy 77 88 D 5
Flaignes-Havys 08 26 B 2
Flaine 74 216 C 2
Flainval 54 95 F 1
Flamanville 50 28 C 4
Flamanville 76 19 H 4
Flamarens 32 276 C 5
La Flamengrie 02 15 G 5
La Flamengrie 59 15 F 2
Flamets-Frétils 76 21 E 3
Flammerans 21 160 D 4
Flammerécourt 52 92 D 4
Flancourt-Catelon 27 35 G 3
Flangebouche 25 162 D 4
Flaran *Abbaye de* 32 295 H 1
Flassan 84 286 A 4
Flassans-sur-Issole 83 328 C 1
Flassigny 55 44 B 2
Flastroff 57 46 B 3
Flat 63 228 A 3
Flaucourt 80 23 G 1
Flaugeac 24 257 H 2
Flaugnac 46 277 H 2
Flaujac-Gare 46 260 D 2
Flaujac-Poujols 46 278 B 1
Flaujagues 33 257 E 1
Flaumont-Waudrechies 59 15 G 4
Flaux 30 284 C 5
Flavacourt 60 37 G 3
Flaviac 07 266 D 2
Flavignac 87 223 F 1
Flavignerot 21 159 H 3
Flavigny 18 173 H 2
Flavigny 51 61 G 2
Flavigny-le-Grand-et-Beaurain 02 24 D 2
Flavigny-sur-Moselle 54 94 D 2
Flavigny-sur-Ozerain 21 159 E 1
Flavin 12 280 D 2
Flavy-le-Martel 02 24 A 4
Flavy-le-Meldeux 60 23 H 4
Flaxieu 01 214 D 4
Flaxlanden 68 143 F 2
Flayat 23 208 B 5
Flayosc 83 308 A 5
Fléac 16 221 E 1
Fléac-sur-Seugne 17 219 G 3
La Flèche 72 129 G 4
Fléchères *Château de* 01 212 D 2
Fléchin 62 7 F 3
Fléchy 60 22 B 4
Fleckenstein *Château de* 67 68 D 1
Flée 21 158 D 2
Flée 72 130 C 3
Fleigneux 08 27 F 3
Fleisheim 57 67 H 4
Le Fleix 24 239 F 5
Fleix 86 187 F 2
Fléré-la-Rivière 36 170 C 2
Flers 61 53 E 4
Flers 62 12 C 2
Flers 80 13 G 5
Flers-en-Escrebieux 59 8 D 5
Flers-sur-Noye 80 22 B 3
Flesquières 59 14 A 4
Flesselles 80 12 C 5
Flétrange 57 66 D 1
Flêtre 59 4 A 5
Fléty 58 176 A 4
Fleurac 16 220 D 1
Fleurac 24 241 E 4
Fleurance 32 296 B 2
Fleurat 23 189 E 5
Fleurbaix 62 8 B 2
Fleuré 61 54 A 5
Fleuré 86 186 D 2
Fleurey 25 163 F 2
Fleurey-lès-Faverney 70 141 E 3
Fleurey-lès-Lavoncourt 70 140 C 4
Fleurey-lès-Saint-Loup 70 119 E 5
Fleurey-sur-Ouche 21 159 H 3
Fleurie 69 212 D 1
Fleuriel 03 191 H 5
Fleurieu-sur-Saône 69 213 E 4
Fleurieux-sur-l'Arbresle 69 212 D 4
Fleurigné 35 81 F 4
Fleurigny 89 89 G 5
Fleurines 60 39 E 4
Fleurville 71 195 E 3
Fleury 02 40 A 4
Fleury 11 321 F 5
Fleury 50 51 H 3
Fleury 57 65 H 1
Fleury 60 37 H 4
Fleury 62 7 F 5
Fleury 80 22 A 3
Fleury-devant-Douaumont 55 44 B 5
Fleury-en-Bière 77 88 A 4
Fleury-la-Forêt 27 37 E 2
Fleury-la-Montagne 71 211 H 1
Fleury-la-Rivière 51 41 F 5
Fleury-la-Vallée 89 136 A 2
Fleury-les-Aubrais 45 111 E 5
Fleury-Mérogis 91 87 H 2
Fleury-sur-Aire 55 63 G 1
Fleury-sur-Andelle 27 36 D 2
Fleury-sur-Loire 58 174 D 4
Fleury-sur-Orne 14 33 G 5
Flévieu 01 214 B 5
Fléville 08 43 F 3
Fléville-devant-Nancy 54 94 D 1
Fléville-Lixières 54 45 E 4
Flévy 57 45 H 4
Flexanville 78 57 F 3
Flexbourg 67 97 E 1
Fley 71 177 F 5
Fleys 89 136 D 3
Flez-Cuzy 58 157 F 3
Fligny 08 26 A 2
Flin 54 95 H 2
Flines-lès-Mortagne 59 9 G 4
Flines-lez-Raches 59 9 E 5
Flins-Neuve-Église 78 57 E 3
Flins-sur-Seine 78 57 G 2
Flipou 27 36 C 3
Flirey 54 65 E 3
Flixecourt 80 12 B 5
Flize 08 26 D 4
La Flocellière 85 166 D 3
Flocourt 57 66 C 2
Flocques 76 10 D 4
Flogny-la-Chapelle 89 114 C 5
Floing 08 27 E 3
Floirac 17 219 F 3
Floirac 33 237 G 5
Floirac 46 242 C 5
Florac 48 282 D 1
Florange 57 45 G 3
Florémont 88 95 E 4
Florensac 34 322 C 4
Florent-en-Argonne 51 43 F 5
Florentia 39 196 A 3
Florentin 81 299 E 1
Florentin-la-Capelle 12 262 D 3
Floressas 46 259 F 5
Florimont 90 142 D 4
Florimont-Gaumier 24 259 G 2
Floringhem 62 7 G 4
Flornoy 52 92 C 3
La Flotte 17 183 E 5
Flottemanville 50 29 F 5
Flottemanville-Hague 50 28 D 3
Floudès 33 256 D 4
Floure 11 320 A 5
Flourens 31 298 A 5
Floursies 59 15 G 3
Floyon 59 15 G 5
Flumet 73 216 B 4
Fluquières 02 24 A 3
Fluy 80 22 A 2
Foameix 55 44 D 4
Foce 2A 351 E 2
Focicchia 2B 347 F 5
Foëcy 18 154 C 5
Le Fœil 22 78 A 4
Foisches 08 17 E 4
Foissac 12 261 F 4
Foissac 30 284 A 4
Foissiat 01 195 H 3
Foissy 21 159 F 5
Foissy-lès-Vézelay 89 157 G 2
Foissy-sur-Vanne 89 113 H 2
Foix 09 336 B 3
Folcarde 31 318 C 3
Folelli 2B 347 H 3
Folembray 02 40 B 1
Folgensbourg 68 143 G 3
Le Folgoët 29 71 E 4
La Folie 14 32 C 3
Folies 80 23 E 3
Folkling 57 47 F 5
Follainville-Dennemont 78 57 F 1
Folles 87 206 B 2
La Folletière 76 19 H 5
La Folletière *Château de* 27 56 D 2
La Folletière-Abenon 14 55 E 2
Folleville 27 35 E 5
Folleville 80 22 C 4
Folligny 50 51 G 3
Folpersviller 57 47 H 5
Folschviller 57 66 D 1
Fomerey 88 119 E 2
Fomperron 79 185 G 2
Fonbeauzard 31 298 A 4
Foncegrive 21 139 F 5
Fonches-Fonchette 80 23 F 3
Foncine-le-Bas 39 180 A 5
Foncine-le-Haut 39 180 A 5
Foncquevillers 62 13 F 4
Fond-de-France 38 233 G 5
Fondamente 12 301 F 1
Fondettes 37 151 H 2
Fondremand 70 162 A 1
Fongalop 24 259 E 2
Fongrave 47 275 H 1
Fongueusemare 76 18 D 4
Fonroque 24 257 H 2
Fons 07 266 B 3
Fons 30 303 G 1
Fons 46 261 F 3
Fons-sur-Lussan 30 284 B 3
Fonsommes 02 24 B 1
Fonsorbes 31 297 G 5
Font-Romeu-Odeillo-Via 66 341 F 4
Fontain 25 162 A 4
Fontaine 10 116 A 2
Fontaine 38 250 D 1
Fontaine 90 142 D 2
Fontaine-au-Bois 59 15 E 4
Fontaine-au-Pire 59 14 C 4
Fontaine-Bellenger 27 36 C 4
Fontaine-Bonneleau 60 22 A 4
Fontaine-Chaalis 60 39 E 5
Fontaine-Chalendray 17 202 C 3
Fontaine-Couverte 53 105 F 5
Fontaine-Daniel 53 82 A 5
Fontaine-de-Vaucluse 84 305 F 1
Fontaine-Denis-Nuisy 51 90 B 2
Fontaine-en-Bray 76 20 D 4
Fontaine-en-Dormois 51 42 D 4
Fontaine-Étoupefour 14 33 F 5
Fontaine-Fourches 77 89 H 4
Fontaine-Française 21 160 D 1
Fontaine-Guérard *Abbaye de* 27 36 C 3
Fontaine-Guérin 49 150 B 1
Fontaine-Henry 14 33 F 3
Fontaine-Heudebourg 27 36 C 5
Fontaine-la-Gaillarde 89 113 G 2
Fontaine-la-Guyon 28 85 H 3
Fontaine-la-Louvet 27 35 E 5
Fontaine-la-Mallet 76 18 C 5
Fontaine-la-Rivière 91 87 F 5
Fontaine-la-Soret 27 35 G 5
Fontaine-l'Abbé 27 35 G 5
Fontaine-Lavaganne 60 21 H 5
Fontaine-le-Bourg 76 20 B 5
Fontaine-le-Comte 86 186 B 2
Fontaine-le-Dun 76 19 H 2
Fontaine-le-Pin 14 53 H 2
Fontaine-le-Port 77 88 C 3
Fontaine-le-Puits 73 234 B 3
Fontaine-le-Sec 80 11 G 5
Fontaine-les-Bassets 61 54 B 3
Fontaine-lès-Boulans 62 7 F 4
Fontaine-lès-Cappy 80 23 F 2
Fontaine-lès-Clercs 02 24 A 3
Fontaine-lès-Clerval 25 162 D 1
Fontaine-les-Coteaux 41 131 E 3
Fontaine-lès-Croisilles 62 13 H 3
Fontaine-lès-Dijon 21 160 A 3
Fontaine-les-Grès 10 90 C 4
Fontaine-lès-Hermans 62 7 G 4
Fontaine-lès-Luxeuil 70 141 G 2
Fontaine-les-Ribouts 28 56 C 5
Fontaine-lès-Vervins 02 25 F 2
Fontaine-l'Étalon 62 12 B 2
Fontaine-Luyères 10 91 E 4
Fontaine-Mâcon 10 89 H 3
Fontaine-Milon 49 150 A 1
Fontaine-Notre-Dame 02 24 C 2
Fontaine-Notre-Dame 59 14 B 4
Fontaine-Raoul 41 109 G 5
Fontaine-Saint-Lucien 60 38 A 1
La Fontaine-Saint-Martin 72 129 H 3
Fontaine-Simon 28 85 F 3
Fontaine-sous-Jouy 27 56 C 1
Fontaine-sous-Montaiguillon 77 89 H 2
Fontaine-sous-Montdidier 80 22 D 4
Fontaine-sous-Préaux 76 36 B 1
Fontaine-sur-Ay 51 61 G 1
Fontaine-sur-Coole 51 62 B 4
Fontaine-sur-Maye 80 11 H 2
Fontaine-sur-Somme 80 11 H 4
Fontaine-Uterte 02 24 B 1
Fontainebleau 77 88 B 4
Fontainebrux 39 178 D 5
Fontaines 71 177 G 3
Fontaines 85 183 H 3
Fontaines 89 135 H 4
Fontaines-d'Ozillac 17 219 H 4
Fontaines-en-Duesmois 21 138 A 4
Fontaines-en-Sologne 41 153 G 1
Fontaines-les-Sèches 21 137 H 3
Fontaines-Saint-Clair 55 43 H 2
Fontaines-Saint-Martin 69 213 E 4
Fontaines Salées *Fouilles des* 89 157 H 2
Fontaines-sur-Marne 52 92 D 2
Fontaines-sur-Saône 69 213 E 4
Les Fontainettes 60 37 H 2
Fontains 77 89 E 3
Fontan 06 291 H 3
Fontanès 30 303 F 2
Fontanès 34 302 D 2
Fontanès 42 230 B 3
Fontanes 46 278 B 2
Fontanes 48 265 E 1
Fontanès-de-Sault 11 337 F 5
Fontanes-du-Causse 46 260 C 3
Fontanges 15 244 C 3

Fontangy 21 158 D 3
Fontanières 23 208 C 2
Fontanil-Cornillon 38 250 D 1
Fontannes 43 246 B 1
Fontans 48 264 B 2
Fontarèches 30 284 C 4
Fontcaude Abbaye de 34 321 F 3
Fontclaireau 16 203 F 4
Fontcouverte 11 320 C 5
Fontcouverte 17 201 G 5
Fontcouverte-la-Toussuire 73 252 A 1
Fontdouce Abbaye de 17 201 H 5
La Fontelaye 76 20 A 4
Fontenai-les-Louvets 61 83 F 3
Fontenai-sur-Orne 61 54 A 4
Fontenailles 77 88 D 2
Fontenailles 89 136 A 5
Fontenay 27 37 E 4
Fontenay 36 171 H 1
Fontenay 50 52 B 5
Fontenay 71 194 A 2
Fontenay 76 18 C 5
Fontenay 88 95 G 5
Fontenay Abbaye de 21 137 H 5
Fontenay-aux-Roses 92 58 B 4
Fontenay-de-Bossery 10 89 H 4
Fontenay-en-Parisis 95 58 D 1
Fontenay-le-Comte 85 184 B 2
Fontenay-le-Fleury 78 58 A 4
Fontenay-le-Marmion 14 33 G 5
Fontenay-le-Pesnel 14 33 E 4
Fontenay-le-Vicomte 91 87 H 3
Fontenay-lès-Briis 91 87 F 2
Fontenay-Mauvoisin 78 57 F 2
Fontenay-près-Chablis 89 136 D 2
Fontenay-près-Vézelay 89 157 G 2
Fontenay-Saint-Père 78 57 F 1
Fontenay-sous-Bois 94 58 D 3
Fontenay-sous-Fouronnes 89 136 B 5
Fontenay-sur-Conie 28 110 C 3
Fontenay-sur-Eure 28 86 A 4
Fontenay-sur-Loing 45 112 C 4
Fontenay-sur-Mer 50 29 G 4
Fontenay-sur-Vègre 72 107 E 5
Fontenay-Torcy 60 21 G 5
Fontenay-Trésigny 77 59 G 5
Fontenelle 02 15 G 5
Fontenelle 21 160 D 1
La Fontenelle 35 80 C 3
La Fontenelle 41 109 F 4
Fontenelle 90 142 C 3
Fontenelle Château de 04 287 H 4
Fontenelle-en-Brie 02 60 C 2
Fontenelle-Montby 25 162 C 1
Les Fontenelles 25 163 F 4
Fontenelles Abbaye des 85 165 G 5
Fontenermont 14 52 A 3
Fontenet 17 201 H 4
Fontenille 16 203 F 4
Fontenille 79 202 D 1
Fontenilles 31 297 F 5
Les Fontenis 70 162 A 1
Fontenois-la-Ville 70 118 D 5
Fontenois-lès-Montbozon 70 162 B 1
Fontenotte 25 162 C 2
Fontenouilles 89 135 F 2
Fontenoy 02 40 A 2
Fontenoy 89 135 H 5
Fontenoy-la-Joûte 54 95 H 3
Fontenoy-le-Château 88 119 E 4
Fontenoy-sur-Moselle 54 65 G 5
Fontenu 39 179 G 5
Fonteny 39 179 H 2
Fonteny 57 66 C 3
Fonters-du-Razès 11 318 D 5
Fontès 34 301 H 5
Fontet 33 256 D 4
Fontette 10 116 A 4
Fontevraud-l'Abbaye 49 150 C 5
Fontfreide 63 227 G 2
Fontfroide Abbaye de 11 338 D 1
Fontgombault 36 170 B 5
Fontguenand 36 153 G 4
Fontienne 04 287 E 4
Fontiers-Cabardès 11 319 G 3
Fontiès-d'Aude 11 320 A 4
Fontjoncouse 11 338 C 2
Fontoy 57 45 F 3
Fontpédrouse 66 341 G 4
Fontrabiouse 66 341 G 2
Fontrailles 65 315 H 3
Fontvannes 10 90 C 5
Fontvieille 13 304 C 3
Forbach 57 47 F 5
Força Réal Ermitage de 66 338 C 5
Forcalqueiret 83 328 B 2
Forcalquier 04 287 E 5
La Force 11 319 F 5
La Force 24 239 G 5
Forcé 53 106 A 4
Forcelles-Saint-Gorgon 54 94 D 3
Forcelles-sous-Gugney 54 94 C 4
Forceville 80 13 E 5
Forceville-en-Vimeu 80 11 G 5
Forcey 52 117 F 3
Forciolo 2A 349 E 4
La Forclaz 74 198 C 3
Forclaz Col de la 74 215 H 4
Forest-en-Cambrésis 59 15 E 4
Forest-l'Abbaye 80 11 G 2
Forest-Landerneau 29 75 G 2
Forest-Montiers 80 11 F 2
Forest-Saint-Julien 05 269 H 2
Forest-sur-Marque 59 9 E 2
Foreste 02 23 H 3
La Forestière 51 60 D 5
Forestière Aven de la 30 284 B 1
La Forêt 33 237 F 5
La Forêt-Auvray 61 53 G 3
La Forêt-de-Tessé 16 203 E 2
La Forêt-du-Parc 27 56 C 2
La Forêt-du-Temple 23 189 F 3
La Forêt-Fouesnant 29 100 A 4
Forêt-la-Folie 27 37 E 4
La Forêt-le-Roi 91 87 F 3
La Forêt-Sainte-Croix 91 87 G 4
La Forêt-sur-Sèvre 79 167 F 4
Forfry 77 59 F 1
La Forge 88 119 H 3
Forges 17 201 E 1
Forgès 19 243 E 2
Les Forges 23 207 H 1
Forges 49 150 A 4
Les Forges 56 102 C 3
Forges 61 83 G 3
Forges 77 88 D 4
Les Forges 79 185 H 2
Les Forges 88 119 F 2
Les Forges-de-Paimpont 35 103 F 4
Forges-la-Forêt 35 127 F 2
Forges-les-Bains 91 87 F 2
Forges-les-Eaux 76 21 E 5
Forges-sur-Meuse 55 43 H 3
Forgevieille 23 188 D 4
Forgues 31 317 E 2
La Forie 63 229 E 2
Forléans 21 158 C 1
Formentin 14 34 C 4
Formerie 60 21 F 4
Formigny 14 32 C 2
Formiguères 66 341 G 3
Fornex 09 317 G 5
Fors 79 185 E 5
Forstfeld 67 69 G 3
Forstheim 67 68 D 2
Fort-Bloqué 56 123 E 2
Fort-du-Plasne 39 180 A 5
Fort-Louis 67 69 G 3
Fort-Mahon-Plage 80 11 E 1
Fort-Mardyck 59 3 G 2
Fort-Médoc 33 237 F 2
Fort-Moville 27 35 E 3
Fortan 41 131 F 2
Fortel-en-Artois 62 12 C 3
La Forteresse 38 232 B 5
Fortschwihr 68 121 F 2
Fos 31 334 C 4
Fos 34 301 G 5
Fos-sur-Mer 13 325 G 3
Le Fossat 09 317 H 5
Fossé 08 43 F 1
Fossé 41 132 A 5
Fosse 66 338 A 5
Le Fossé 76 21 E 5
La Fosse Hameau troglodytique de 49 150 A 4
La Fosse Arthour 50 52 D 5
La Fosse-Corduan 10 90 A 4
La Fosse-de-Tigné 49 149 H 4
Fossemagne 24 241 E 3
Fossemanant 80 22 B 3
Les Fosses 79 202 B 1
Fosses 95 58 D 1
Fossès-et-Baleyssac 33 257 E 3
La Fossette 83 329 E 4
Fosseuse 60 38 B 4
Fosseux 62 13 E 3
Fossieux 57 66 B 3
Fossoy 02 60 C 1
Fou Gorges de la 66 342 C 4
Foucarmont 76 21 E 2
Foucart 76 19 F 5
Foucarville 50 29 H 5
Foucaucourt-en-Santerre 80 23 F 2
Foucaucourt-Hors-Nesle 80 11 F 5
Foucaucourt-sur-Thabas 55 63 G 1
Fouchécourt 70 140 D 2
Fouchécourt 88 118 B 4
Foucherans 25 162 B 4
Foucherans 39 160 D 5
Fouchères 10 115 F 3
Fouchères 89 113 F 3
Fouchères-aux-Bois 55 63 H 5
Foucherolles 45 113 E 4
Fouchy 67 96 D 4
Foucrainville 27 56 C 2
Fouday 67 96 D 3
Fouencamps 80 22 C 2
Fouesnant 29 99 H 4
Foufflin-Ricametz 62 12 D 2
Foug 54 94 A 1
Fougaron 31 334 D 2
Fougax-et-Barrineuf 09 336 D 4
Fougeré 49 129 F 5
Fougeré 85 166 A 5
Fougères 35 81 F 4
Fougères-sur-Bièvre 41 153 E 2
Les Fougerêts 56 125 G 3
Fougerolles 36 189 F 2
Fougerolles 70 119 F 5
Fougerolles-du-Plessis 53 81 G 3
Fougueyrolles 24 239 F 5
La Fouillade 12 279 F 3
Fouilleuse 60 38 D 2
Fouillouse 05 269 G 4
La Fouillouse 42 230 A 3
Le Fouilloux 17 238 C 2
Fouillouze 04 271 E 3
Fouilloy 60 21 G 3
Fouilloy 80 22 D 2
Fouju 77 88 C 2
Foulain 52 117 E 4
Foulangues 60 38 C 4
Foulayronnes 47 276 B 2
Foulbec 27 35 E 2
Foulcrey 57 96 A 1
Fouleix 24 240 C 4
Foulenay 39 179 E 3
Fouligny 57 66 C 1
Foulognes 14 32 D 5
Foulzy 08 26 A 2
Fouquebrune 16 221 F 3
Fouquenies 60 38 A 1
Fouquereuil 62 8 A 4
Fouquerolles 60 38 B 1
Fouquescourt 80 23 F 3
Fouqueure 16 203 E 4
Fouqueville 27 36 A 4
Fouquières-lès-Béthune 62 8 A 4
Fouquières-lès-Lens 62 8 C 5
Four 38 231 H 2
Fouras 17 200 C 3
Fourbanne 25 162 C 2
Fourcatier-et-Maison-Neuve 25 180 C 4
Fourcès 32 275 F 5
Fourchambault 58 174 B 2
Fourchaud Château de 03 192 A 3
Fourches 14 54 A 3
Fourcigny 80 21 G 3
Fourdrain 02 24 C 5
Fourdrinoy 80 22 A 1
Fourg 25 161 G 5
Fourges 27 37 F 5
Les Fourgs 25 180 D 3
Fourilles 03 191 H 5
Fourmagnac 46 261 F 3
Fourmetot 27 35 F 2
Fourmies 59 15 H 5
Fournaudin 89 114 A 3
Fourneaux 23 207 G 3
Fourneaux 42 211 H 3
Fourneaux 45 133 E 2
Fourneaux 50 52 B 1
Fourneaux 73 252 D 1
Fourneaux-le-Val 14 53 H 3
Fournels 48 263 H 1
Fournès 30 304 B 1
Fournes-Cabardès 11 319 H 3
Fournes-en-Weppes 59 8 C 3
Le Fournet 14 34 B 4
Fournet-Blancheroche 25 163 G 4
Fournets-Luisans 25 163 E 5
Fourneville 14 34 C 2
Fournival 60 38 C 1
Fournols 63 228 D 3
Fournoulès 15 261 H 3
Fouronnes 89 136 B 5
Fourques 30 304 B 3
Fourques 66 342 D 3
Fourques-sur-Garonne 47 257 E 5
Fourqueux 78 58 A 3
Fourquevaux 31 318 B 2
Fours 33 237 F 2
Fours 58 175 G 4
Fours-en-Vexin 27 37 E 4
Fourtou 11 337 H 3
Foussais-Payré 85 184 C 2
Foussemagne 90 142 D 3
Le Fousseret 31 317 E 4
Foussignac 16 220 D 1
Foussignargues 30 283 H 2
Fouvent-le-Bas 70 140 B 4
Fouvent-le-Haut 70 140 B 4
La Foux 83 329 F 2
La Foux-d'Allos 04 288 D 1
Fouzilhon 34 321 G 2
Foville 57 66 B 3
Fox-Amphoux 83 307 F 4
La Foye-Monjault 79 184 D 5
Fozières 34 301 H 3
Fozzano 2A 349 E 5
Fragnes 71 177 H 3
Frahier-et-Chatebier 70 142 B 3
Fraignot-et-Vesvrotte 21 138 D 4
Fraillicourt 08 25 H 4
Fraimbois 54 95 G 2
Frain 88 118 B 3
Frais 90 142 D 3
Frais-Marais 59 8 D 5
Fraisans 39 161 G 5
Fraisnes-en-Saintois 54 94 C 4
Fraisse 24 239 G 5
Fraisse-Cabardès 11 319 G 4
Fraissé-des-Corbières 11 338 D 3
Fraisse-sur-Agout 34 300 C 5
Fraisses 42 230 A 5
Fraissines 81 300 A 1
Fraissinet-de-Fourques 48 282 C 3
Fraissinet-de-Lozère 48 283 E 1
Fraize 88 120 B 2
Fralignes 10 115 G 3
La Framboisière 28 85 F 2
Frambouhans 25 163 F 3
Framecourt 62 12 D 2
Framerville-Rainecourt 80 23 E 2
Framicourt 80 11 F 5
Framont 70 140 A 5
Frampas 52 92 B 3
Francalmont 70 141 F 2
Francaltroff 57 67 E 2
Francardo 2B 347 E 3
Francarville 31 298 C 5
Francastel 60 22 A 5
Françay 41 131 H 5
Francazal 31 335 E 2
Francescas 47 275 G 4
Francheleins 01 213 E 2
Franchesse 03 191 G 1
Francheval 08 27 F 3
Franchevelle 70 141 H 3
La Francheville 08 26 D 3
Francheville 21 159 H 1
Francheville 27 55 H 4
Francheville 39 179 E 3
Francheville 51 62 C 3
Francheville 54 65 F 5
Francheville 61 54 A 5
Francheville 69 231 E 1
Francières 60 39 E 2
Francières 80 11 H 4
Francillon 36 171 G 2
Francillon-sur-Roubion 26 267 H 3
Francilly-Selency 02 24 A 2
Francin 73 233 G 3
Franclens 74 215 E 2
François 79 185 E 3
Francon 31 317 E 4
Franconville 54 95 F 2
Franconville 95 58 B 2
Francoulès 46 260 B 4
Francourt 70 140 B 4
Francourville 28 86 C 4
Francs 33 238 D 4
Francueil 37 152 C 3
Franey 25 161 G 3
Frangy 74 215 F 2
Frangy-en-Bresse 71 178 D 4
Franken 68 143 F 3
Franleu 80 11 F 3
Franois 25 161 H 4
Franquevielle 31 334 A 1
Franqueville 02 25 E 2
Franqueville 27 35 G 4
Franqueville 80 12 B 4
Franqueville-Saint-Pierre 76 36 B 2
La Franqui 11 339 E 3
Frans 01 213 E 3
Fransart 80 23 F 3
Fransèches 23 207 F 3
Fransu 80 12 B 4
Fransures 80 22 B 4
Franvillers 80 22 D 1
Franxault 21 178 C 1
Frapelle 88 96 C 4
Fraquelfing 57 96 B 1
Fraroz 39 180 A 4
Frasnay-Reugny 58 175 F 2
Frasne 25 180 B 3
Frasne-le-Château 70 161 H 1
Frasne-les-Meulières 39 161 E 4
La Frasnée 39 196 D 1
Le Frasnois 39 179 H 5
Frasnoy 59 15 E 2
La Frasse 74 216 C 1
Frasseto 2A 349 E 3
Frauenberg 57 47 H 5
Frausseilles 81 279 E 5
Fravaux 10 116 A 2
Le Fraysse 81 299 H 1
Frayssinet 46 260 B 3
Frayssinet-le-Gélat 46 259 F 4
Frayssinhes 46 243 F 5
Frazé 28 109 G 2
Fréauville 76 20 D 2
Frebécourt 88 93 H 4
Frébuans 39 179 E 5
Le Frêche 40 294 C 1
Fréchède 65 315 G 3
Fréchencourt 80 22 C 1
Fréchendets 65 333 G 1
Le Fréchet 31 316 D 5
Fréchet-Aure 65 333 H 3
Le Fréchou 47 275 G 4
Fréchou-Fréchet 65 315 F 5
Frécourt 52 117 G 5
Frédéric-Fontaine 70 142 A 3
La Frédière 17 201 G 4
Frédille 36 171 F 2
Frégimont 47 275 H 2
Frégouville 32 297 E 5
Fréhel 22 79 E 2
Fréhel Cap 22 79 E 1
Freigné 49 127 G 5
Freissinières 05 270 C 1
La Freissinouse 05 269 G 4
Freistroff 57 46 C 4
Freix-Anglards 15 244 B 4
Fréjairolles 81 299 G 1
Fréjeville 81 299 F 5
Fréjus 83 329 G 1
Fréjus Parc zoologique 83 308 C 5
Fréjus Tunnel du 73 252 D 1
Fréland 68 120 D 2
Frelinghien 59 4 C 5
Frémainville 95 57 G 1
Frémécourt 95 37 H 5
Fréménil 54 95 H 2
Frémeréville-sous-les-Côtes 55 64 D 4
Frémery 57 66 C 3
Frémestroff 57 67 E 1
Frémicourt 62 13 H 4
Fremifontaine 88 95 H 5
Frémontiers 80 22 A 3
Frémonville 54 96 A 1
La Frénaye 76 35 E 1
Frencq 62 6 B 3
Frêne Col du 73 233 G 2
Frenelle-la-Grande 88 94 D 4
Frenelle-la-Petite 88 94 C 4
Frênes 61 53 E 4
Freneuse 76 36 B 3
Freneuse 78 57 E 1
Freneuse-sur-Risle 27 35 G 4
Freney 73 252 C 1
Le Freney-d'Oisans 38 251 H 3
Fréniches 60 23 H 4
Frénois 21 159 H 1
Frénois 88 118 D 2
Frénouse Musée de la 53 105 H 5
Frénouville 14 33 H 5
Frépillon 95 58 B 1
Fresles 76 20 D 3
La Fresnaie-Fayel 61 54 C 3
La Fresnais 35 50 D 5
Fresnay 10 92 B 5
Fresnay-en-Retz 44 165 E 1
Fresnay-le-Comte 28 86 A 5
Fresnay-le-Gilmert 28 86 A 3
Fresnay-le-Long 76 20 B 4
Fresnay-le-Samson 61 54 C 3
Fresnay-l'Évêque 28 110 D 2
Fresnay-sur-Sarthe 72 83 G 5
La Fresnaye-au-Sauvage 61 53 H 4
La Fresnaye-sur-Chédouet 72 83 H 4
Le Fresne 27 56 A 2
Le Fresne 51 62 D 2
Le Fresne-Camilly 14 33 F 3
Fresne-Cauverville 27 35 E 4
Fresné-la-Mère 14 54 A 2
Fresne-l'Archevêque 27 36 D 3
Fresne-le-Plan 76 36 C 2
Fresne-Léguillon 60 37 H 4
Le Fresne-Poret 50 52 C 4
Fresne-Saint-Mamès 70 140 C 5
Le Fresne-sur-Loire 44 148 D 2
Fresneaux-Montchevreuil 60 37 H 3
Fresnes 02 24 B 5
Fresnes 21 138 A 5
Fresnes 41 153 F 2
Fresnes 89 137 E 3
Fresnes 94 58 C 4
Fresnes-au-Mont 55 64 B 3
Fresnes-en-Saulnois 57 66 C 4
Fresnes-en-Tardenois 02 40 D 5
Fresnes-en-Woëvre 55 64 D 1
Fresnes-lès-Montauban 62 13 H 2
Fresnes-lès-Reims 51 41 H 3
Fresnes-Mazancourt 80 23 G 2
Fresnes-sur-Apance 52 118 B 5
Fresnes-sur-Escaut 59 9 H 5
Fresnes-sur-Marne 77 59 F 2
Fresnes-Tilloloy 80 11 G 5
Fresneville 80 21 G 2
Fresney 27 56 C 2
Fresney-le-Puceux 14 53 G 1
Fresney-le-Vieux 14 53 G 1
Fresnicourt-le-Dolmen 62 8 A 5
Fresnières 60 23 F 5
Fresnois-la-Montagne 54 44 D 2
Fresnoy 62 7 E 5
Fresnoy-Andainville 80 11 G 5
Fresnoy-au-Val 80 22 A 2
Fresnoy-en-Bassigny 52 118 A 4
Fresnoy-en-Chaussée 80 23 E 3
Fresnoy-en-Gohelle 62 8 C 5
Fresnoy-en-Thelle 60 38 B 4
Fresnoy-Folny 76 20 D 2
Fresnoy-la-Rivière 60 39 G 3
Fresnoy-le-Château 10 115 F 2
Fresnoy-le-Grand 02 24 B 1
Fresnoy-le-Luat 60 39 F 4
Fresnoy-lès-Roye 80 23 F 3
Frespech 47 276 D 2
Fresquiennes 76 20 A 5
Fressac 30 283 F 5
Fressain 59 14 B 2
Fressancourt 02 24 C 4
Fresse 70 142 A 1
Fresse-sur-Moselle 88 120 A 5
Fresselines 23 189 E 4
Fressenneville 80 11 E 4
Fressies 59 14 B 3
Fressin 62 7 E 4
Fressines 79 185 E 4
Le Frestoy-Vaux 60 23 E 5
Fresville 50 29 G 5
Le Fret 29 75 E 3
Fréterive 73 233 H 2
Fréteval 41 131 H 2
Fréthun 62 2 C 3
Fretigney-et-Velloreille 70 161 H 1
Frétigny 28 85 F 4
Fretin 59 8 D 3
Frétoy 77 60 A 5
Frétoy-le-Château 60 23 G 4
La Frette 38 232 A 4
La Frette 71 178 A 5
La Frette-sur-Seine 95 58 B 2
Frettecuisse 80 11 G 5
Frettemeule 80 11 F 4
Frettemolle 80 21 G 3
Fretterans 71 178 C 2
Frettes 70 140 A 4
Le Fréty 08 26 A 3
Freulleville 76 20 C 2
Frévent 62 12 C 2
Fréville 76 19 H 5
Fréville 88 93 H 5
Fréville-du-Gâtinais 45 112 A 4
Frévillers 62 7 H 5
Frévin-Capelle 62 13 F 2
Freybouse 57 67 E 2
Freycenet-la-Cuche 43 247 H 5
Freycenet-la-Tour 43 247 G 5
Freychenet 09 336 C 3
Freyming-Merlebach 57 47 E 5

Freyssenet 07 266 C 2
Friaize 28 85 G 4
Friardel 14 54 D 1
Friaucourt 80 11 E 3
Friauville 54 45 E 5
Fribourg 57 67 F 4
Fricamps 80 21 H 2
Frichemesnil 76 20 B 5
Fricourt 80 13 F 5
Fridefont 15 245 H 5
Friedolsheim 67 68 C 5
Frières-Faillouël 02 24 A 4
Friesen 68 143 E 3
Friesenheim 67 97 G 4
Frignicourt 51 62 C 5
Le Friolais 25 163 F 3
Frise 80 23 F 1
Friville-Escarbotin 80 11 E 3
Frizon 88 95 F 5
Froberville 76 18 D 3
Frocourt 60 38 A 2
Frœningen 68 143 F 2
Frœschwiller 67 68 D 2
Froges 38 233 F 5
Frohen-le-Grand 80 12 C 3
Frohen-le-Petit 80 12 C 3
Frohmuhl 67 68 A 2
Froideconche 70 141 G 2
Froidefontaine 39 180 B 4
Froidefontaine 90 142 C 4
Froidestrées 02 25 F 1
Froideterre 70 141 H 3
Froidevaux 25 163 F 3
Froideville 39 179 E 3
Froidfond 85 165 F 2
Froidmont-Cohartille 02 25 E 4
Froidos 55 63 G 1
Froissy 60 22 B 5
Frôlois 21 159 F 1
Frolois 54 94 D 2
Fromelennes 08 17 F 4
Fromelles 59 8 B 3
Fromental 87 205 H 1
Fromentières 51 61 E 3
Fromentières 53 128 B 2
Fromentine 85 164 C 2
Fromentine *Pont de* 85 164 C 2
Fromeréville-les-Vallons 55 43 H 4
Fromezey 55 44 C 5
Fromont 77 112 A 2
Fromy 08 27 H 5
Froncles-Buxières 52 93 E 5
Fronsac 31 334 B 3
Fronsac 33 238 B 5
Frontenac 33 256 C 2
Frontenac 46 261 F 4
Frontenard 71 178 B 2
Frontenas 69 212 C 3
Frontenaud 71 195 H 1
Frontenay 39 179 F 4
Frontenay-Rohan-Rohan 79 184 D 5
Frontenay-sur-Dive 86 168 C 3
Frontenex 73 234 A 1
Frontignan 34 323 E 3
Frontignan-de-Comminges 31 334 B 2
Frontignan-Plage 34 323 E 3
Frontignan-Savès 31 316 D 3
Fronton 31 297 H 2
Frontonas 38 231 H 1
Fronville 52 93 E 4
Frossay 44 146 D 3
Frotey-lès-Lure 70 141 H 4
Frotey-lès-Vesoul 70 141 F 4
Frouard 54 65 H 5
Frouville 95 38 A 5
Frouzins 31 317 H 2
Froville 54 95 E 3
Froyelles 80 11 H 2
Frozes 86 168 D 5
Frucourt 80 11 G 4
Frugères-les-Mines 43 228 A 5
Fruges 62 7 E 4
Frugières-le-Pin 43 246 C 1
Fruncé 28 85 H 4
Fry 76 37 E 1
Fuans 25 163 E 5
Fublaines 77 59 G 2
Le Fugeret 04 288 D 4
Le Fuilet 49 148 C 3
Fuilla 66 342 A 3
Fuissé 71 194 D 5
Fuligny 10 92 A 5
Fulleren 68 143 E 3
Fultot 76 19 H 3
Fulvy 89 137 F 3
Fumay 08 17 E 5
Fumel 47 259 E 5
Fumichon 14 34 D 4
Furchhausen 67 68 B 4
Furdenheim 67 97 F 1
Fures 38 232 B 5
Furiani 2B 345 G 4
Furmeyer 05 269 F 4
Fussey 21 159 H 5
Fussy 18 155 E 5
La Fuste 04 306 D 2
Fustérouau 32 295 E 3
Fustignac 31 317 E 4
Futeau 55 43 F 5
Futuroscope 86 169 F 5
Fuveau 13 327 F 1
Fyé 72 83 G 5
Fyé 89 136 D 3

G

Gaas 40 292 D 4
Gabarnac 33 256 B 3
Gabarret 40 274 D 5
Gabas 64 332 A 3
Gabaston 64 314 C 3
Gabat 64 311 G 4
Gabian 34 321 G 2
Gabillou 24 241 F 2
Gabre 09 335 H 1
Gabriac 12 263 E 5
Gabriac 48 283 E 3
Gabrias 48 264 B 4
Gacé 61 54 D 4
La Gacilly 56 125 G 2
Gâcogne 58 157 H 4
Gadancourt 95 57 G 1
Gadencourt 27 56 D 2
Gaël 35 103 F 2
Gageac-et-Rouillac 24 257 G 1
Gages-le-Haut 12 281 E 1
Gagnac-sur-Cère 46 243 E 5
Gagnac-sur-Garonne 31 297 H 3
Gagnières 30 283 H 2
Gagny 93 58 D 3
Gahard 35 80 C 5
Gailhan 30 303 E 2
Gaillac 81 298 D 1
Gaillac-d'Aveyron 12 281 F 1
Gaillac-Toulza 31 318 A 4
Gaillagos 65 332 C 2
Gaillan-en-Médoc 33 218 D 5
Gaillard 74 197 H 5
Gaillardbois-Cressenville 27 36 D 3
La Gaillarde 76 19 H 2
Gaillefontaine 76 21 F 4
Gaillères 40 274 A 5
Gaillon 27 36 C 5
Gaillon-sur-Montcient 78 57 G 1
Gainneville 76 34 D 1
Gaja-et-Villedieu 11 337 G 1
Gaja-la-Selve 11 318 D 5
Gajac 33 256 C 5
Gajan 09 335 F 2
Gajan 30 303 G 1
Gajoubert 87 204 D 2
Galametz 62 12 B 2
Galamus *Gorges de* 11 338 A 4
Galan 65 315 H 5
Galapian 47 275 G 2
Galargues 34 303 E 3
La Galère 06 309 E 5
Galéria 2B 346 A 3
Galey 09 334 D 3
Galez 65 315 H 5
Galfingue 68 143 E 2
Galgan 12 261 G 5
Galgon 33 238 B 4
Galiax 32 295 E 4
Galibier *Col du* 05 252 B 3
Galié 31 334 B 2
Galinagues 11 337 E 4
Gallardon 28 86 C 3
Gallargues-le-Montueux 30 303 F 3
Gallerande *Château de* 72 129 G 4
Le Gallet 60 22 A 5
Galluis 78 57 G 4
Gamaches 80 11 E 5
Gamaches-en-Vexin 27 37 F 4
Gamarde-les-Bains 40 293 F 3
Gamarthe 64 311 F 5
Gambais 78 57 F 4
Gambaiseuil 78 57 F 4
Gambsheim 67 69 F 5
Gan 64 314 B 4
Ganac 09 336 A 3
Ganagobie 04 287 F 4
Ganagobie *Prieuré de* 04 287 F 5
Gancourt-Saint-Étienne 76 21 F 5
Gandelain 61 83 F 3
Gandelu 02 40 A 5
Gandrange 57 45 G 4
Ganges 34 302 C 1
Gannat 03 209 H 2
Gannay-sur-Loire 03 175 F 5
Gannes 60 22 C 5
Les Gannes 63 226 C 2
Gans 33 256 C 5
Ganties 31 334 C 1
Ganzeville 76 19 E 3
Gap 05 269 H 3
Gapennes 80 11 H 2
Gâprée 61 84 A 2
Garabit *Viaduc de* 15 245 H 4
Garac 31 297 F 4
Garancières 78 57 F 4
Garancières-en-Beauce 28 87 E 4
Garancières-en-Drouais 28 56 C 5
Garanou 09 336 C 5
Garat 16 221 G 2
Garcelles-Secqueville 14 33 H 5
Garche 57 45 H 3
Garches 92 58 B 3
Garchizy 58 174 C 1
Garchy 58 156 B 4
Gardanne 13 327 E 1
La Garde 04 308 B 1
La Garde 38 251 G 3
La Garde 48 246 A 5
La Garde 83 328 B 4
La Garde-Adhémar 26 285 E 1
La Garde-Freinet 83 329 E 2
La Garde-Guérin 48 265 F 5
Gardefort 18 155 H 4
Gardegan-et-Tourtirac 33 238 D 5
Gardères 65 314 D 4
Les Gardes 49 149 E 5
Gardes-le-Pontaroux 16 221 G 3
Gardie 11 337 G 1
Gardonne 24 257 G 1
Gardouch 31 318 B 3
Garein 40 273 G 4
Garencières 27 56 C 2
La Garenne-Colombes 92 58 B 3
Garennes-sur-Eure 27 56 D 3
Garentreville 77 112 A 2
Garéoult 83 328 B 2
La Garette 79 184 C 4
Gargan *Mont* 87 224 C 2
Garganvillar 82 277 F 5
Gargas 31 298 A 3
Gargas 84 305 H 1
Gargenville 78 57 G 2
Garges-lès-Gonesse 95 58 C 2
Gargilesse-Dampierre 36 188 D 2
Garidech 31 298 A 3
Gariès 82 297 E 2
Garigny 18 174 A 1
Garin 31 334 A 4
Garindein 64 311 H 5
Garlan 29 72 A 4
Garlède-Mondebat 64 294 B 5
Garlin 64 294 C 5
Le Garn 30 284 C 2
La Garnache 85 165 E 2
Garnat-sur-Engièvre 03 192 D 1
Garnay 28 56 C 5
Garnerans 01 195 E 5
Garnetot 14 54 B 2
La Garonne 83 328 B 5
Garons 30 304 A 2
Garos 64 294 A 5
Garravet 32 316 D 3
Garrebourg 57 68 A 5
Garrevaques 81 319 E 2
Garrey 40 293 F 3
Le Garric 81 279 G 5
Garrigues 34 303 E 2
Garrigues 81 298 C 4
Garrigues-Sainte-Eulalie 30 284 B 5
Garris 64 311 G 4
Garrosse 40 273 E 5
Gars 06 308 D 1
Gartempe 23 206 D 1
Gas 28 86 C 2
Gaschney 68 120 C 3
Gasny 27 57 E 1
Gasques 82 276 D 3
Gassin 83 329 F 3
Le Gast 14 52 B 3
Gastes 40 272 C 1
Gastines 53 105 F 5
Gastins 77 89 E 2
Gasville-Oisème 28 86 B 3
Gâtelles 28 85 H 3
Gatey 39 178 D 2
Gathemo 50 52 B 4
Gatteville-le-Phare 50 29 H 2
Gattières 06 309 G 2
Gatuzières 48 282 C 3
Gaubertin 45 111 H 3
La Gaubretière 85 166 C 2
Gauchin-Légal 62 7 H 5
Gauchin-Verloingt 62 7 G 5
Gauchy 02 24 A 2
Gauciel 27 56 C 1
La Gaudaine 28 85 E 5
La Gaude 06 309 G 2
Gaudechart 60 21 H 5
Gaudent 65 334 A 2
Gaudiempré 62 13 E 3
Gaudiès 09 318 C 5
Gaudonville 32 296 D 1
Gaudreville-la-Rivière 27 56 A 2
Gaugeac 24 258 D 3
Gaujac 30 284 D 4
Gaujac 32 316 D 2
Gaujac 47 257 E 4
Gaujacq 40 293 G 4
Gaujan 32 316 C 3
Le-Gault-du-Perche 41 109 F 4
Le Gault-Saint-Denis 28 110 A 2
Le Gault-Soigny 51 60 D 4
Gauré 31 298 B 4
Gauriac 33 237 G 3
Gauriaguet 33 237 H 3
Gaussan 65 316 A 5
Gausson 22 78 B 5
Les Gautherets 71 194 A 1
Gauville 61 55 F 3
Gauville 80 21 G 3
Gauville-la-Campagne 27 56 B 1
Gavarnie 65 332 D 5
Gavarnie *Port de* 65 332 D 5
Gavarret-sur-Aulouste 32 296 B 3
Gavaudun 47 258 D 4
Gavet 38 251 F 3
Gavignano 2B 347 F 3
Gavisse 57 45 H 2
La Gavotte 13 326 D 2
Gavray 50 51 H 2
Le Gâvre 44 126 B 5
Gavrelle 62 13 H 2
Gâvres 56 123 F 3
Gavrinis *Cairn de* 56 124 A 4
Gavrus 14 33 F 5
Gayan 65 315 E 4
Gaye 51 61 F 5
Gayon 64 314 C 2
Gazaupouy 32 275 H 5
Gazave 65 333 H 2
Gazax-et-Baccarisse 32 295 F 4
Gazeran 78 86 D 2
Gazinet 33 255 E 1
Gazost 65 333 E 2
Geaune 40 294 B 4
Geay 17 201 F 4
Geay 79 167 H 3
Gèdre 65 333 E 4
Gée 49 150 A 1
Gée-Rivière 32 294 C 3
Geffosses 50 31 F 4
Géfosse-Fontenay 14 32 B 2
Gehée 36 171 F 1
Geishouse 68 120 C 5
Geispitzen 68 143 G 2
Geispolsheim 67 97 G 2
Geiswasser 68 121 G 4
Geiswiller 67 68 C 4
Gélacourt 54 95 H 2
Gélannes 10 90 B 3
Gélaucourt 54 94 C 3
Gellainville 28 86 B 4
Gellenoncourt 54 66 C 5
Gelles 63 209 E 5
Gellin 25 180 C 4
Gelos 64 314 B 4
Geloux 40 273 G 5
Gelucourt 57 67 E 4
Gelvécourt-et-Adompt 88 118 D 2
Gémages 61 84 C 5
Gemaingoutte 88 96 C 5
Gembrie 65 334 A 2
Gemeaux 21 160 B 1
Gémenos 13 327 F 2
Gémigny 45 110 C 5
Gémil 31 298 B 3
Gemmelaincourt 88 94 C 5
Gémonval 25 142 A 4
Gémonville 54 94 B 4
Gémozac 17 219 F 2
Genac 16 203 E 5
Genainville 95 37 F 5
Genas 69 231 G 1
Génat 09 336 A 4
Genay 21 158 C 1
Genay 69 213 E 4
Gençay 86 186 C 4
Gendreville 88 118 A 2
Gendrey 39 161 F 4
Gené 49 128 A 4
Génébrières 82 278 B 5
Genech 59 9 E 3
Génelard 71 193 H 1
Générac 30 303 H 3
Générac 33 237 G 2
Générargues 30 283 G 4
Générest 65 334 A 2
Generville 11 318 D 5
Geneslay 61 82 C 3
Le Genest 53 105 H 3
Genestelle 07 266 B 2
Geneston 44 147 H 5
La Genête 71 195 F 1
La Genétouze 17 238 D 1
La Génétouze 85 165 G 4
Genêts 50 51 G 4
Les Genettes 61 55 F 5
Geneuille 25 161 H 3
La Genevraie 61 54 D 5
La Genevraye 77 88 C 5
Genevreuille 70 141 G 4
Genevrey 70 141 G 3
Genevrières 52 140 A 3
La Genevroye 52 92 D 5
Geney 25 142 A 5
La Geneytouse 87 206 B 5
Génicourt 95 58 A 1
Génicourt-sous-Condé 55 63 G 3
Génicourt-sur-Meuse 55 64 B 2
Genilac 42 230 C 3
Genillé 37 152 C 5
Genin *Lac* 01 196 D 5
Génis 24 223 G 5
Génissac 33 238 B 5
Génissiat *Barrage de* 01 215 E 2
Génissieux 26 249 G 3
Genlis 21 160 C 4
Gennes 25 162 A 3
Gennes 49 150 A 3
Gennes-Ivergny 62 12 B 2
Gennes-sur-Glaize 53 128 C 2
Gennes-sur-Seiche 35 105 F 4
Genneteil 49 129 H 5
Gennetines 03 192 B 1
Genneton 79 167 H 1
Genneville 14 34 D 2
Gennevilliers 92 58 B 2
Genod 39 196 B 4
Génois *Pont* 2B 346 D 3
Génois *Pont* 2B 347 F 5
Génolhac 30 283 G 1
Génos 31 334 B 2
Génos 65 333 H 4
Genouillac 16 204 B 4
Genouillac 23 189 G 4
Genouillé 17 201 F 2
Genouillé 86 203 G 2
Genouilleux 01 213 E 1
Genouilly 18 154 A 5
Genouilly 71 177 F 5
Genrupt 52 118 A 5
Gensac 33 257 E 1
Gensac 65 315 E 2
Gensac 82 297 E 1
Gensac-de-Boulogne 31 316 B 4
Gensac-la-Pallue 16 220 C 1
Gensac-sur-Garonne 31 317 F 5
Genté 16 220 B 2
Gentelles 80 22 D 2
Gentilly 94 58 C 4
Gentioux 23 207 F 5
Genvry 60 23 G 5
Georfans 70 141 H 5
Géovreisset 01 196 C 5
Géovreissiat 01 196 C 5
Ger 50 52 D 5
Ger 64 314 D 4
Ger 65 332 D 1
Geraise 39 179 H 2
Gérardmer 88 120 B 3
Géraudot 10 91 F 5
Gérauvilliers 55 93 H 2
Gerbaix 73 232 D 2
Gerbamont 88 120 A 4
Gerbécourt 57 66 C 3
Gerbécourt-et-Haplemont 54 94 D 3
Gerbépal 88 120 B 2
Gerberoy 60 37 G 1
Gerbéviller 54 95 G 2
Gerbier de Jonc *Mont* 07 266 A 1
Gercourt-et-Drillancourt 55 43 H 3
Gercy 02 25 F 2
Gerde 65 333 F 1
Gerderest 64 314 C 2
Gère-Bélesten 64 332 A 2
Gergny 02 25 F 1
Gergovie *Plateau de* 63 227 H 1
Gergueil 21 159 H 4
Gergy 71 178 A 3
Gerland 21 160 A 5
Germ 65 333 H 4
Germagnat 01 196 B 4
Germagny 71 177 F 5
Germaine 02 23 H 3
Germaine 51 41 G 5
Germaines 52 139 E 3
Germainville 28 56 D 4
Germainvilliers 52 117 H 3
Germay 52 93 F 4
Germéfontaine 25 162 D 3
Germenay 58 157 F 4
Germignac 17 220 B 2
Germigney 39 179 F 1
Germigney 70 161 E 2
Germignonville 28 110 C 3
Germigny 51 41 F 4
Germigny 89 114 C 5
Germigny-des-Prés 45 133 H 2
Germigny-l'Évêque 77 59 G 2
Germigny-l'Exempt 18 174 A 3
Germigny-sous-Coulombs 77 60 A 1
Germigny-sur-Loire 58 174 B 1
Germinon 51 61 H 3
Germiny 54 94 C 2
Germisay 52 93 F 4
Germolles *Château de* 71 177 G 4
Germolles-sur-Grosne 71 194 C 5
Germond-Rouvre 79 185 E 3
Germondans 25 162 B 2
Germont 08 43 E 1
Germonville 54 94 D 3
Germs-sur-l'Oussouet 65 333 E 1
Gernelle 08 27 E 3
Gernicourt 02 41 F 2
Géronce 64 313 G 4
Gerponville 76 19 F 3
Gerrots 14 34 B 4
Gerstheim 67 97 G 3
Gertwiller 67 97 F 3
Geruge 39 179 E 5
Gervans 26 249 E 3
Gerville 76 18 D 4
Gerville-la-Forêt 50 31 G 3
Géry 55 63 H 4
Gerzat 63 209 H 5
Gesnes 53 106 B 3
Gesnes-en-Argonne 55 43 G 3
Gesnes-le-Gandelin 72 83 G 5
Gespunsart 08 27 E 2
Gestas 64 313 F 3
Gesté 49 148 C 4
Gestel 56 100 D 5
Gestiès 09 336 A 5
Gesvres 53 83 E 4
Gesvres-le-Chapitre 77 59 G 1
Gétigné 44 148 B 5
Les Gets 74 198 C 5
Geu 65 332 D 2
Geudertheim 67 69 E 4
Géus-d'Arzacq 64 294 A 5
Geüs-d'Oloron 64 313 G 4
Gévezé 35 80 A 5
Gevigney-et-Mercey 70 140 D 2
Gevingey 39 179 E 5
Gevresin 25 180 A 2
Gevrey-Chambertin 21 160 A 4
Gevrolles 21 116 B 5
Gevry 39 178 D 1
Gex 01 197 F 4
Geyssans 26 249 G 2
Gez 65 332 D 2
Gez-ez-Angles 65 333 E 1
Gézaincourt 80 12 D 4
Gezier-et-Fontenelay 70 161 H 2
Gézoncourt 54 65 G 4
Ghisonaccia 2B 349 G 2
Ghisoni 2B 349 F 1
Ghissignies 59 15 E 3
Ghyvelde 59 3 H 2
Giat 63 208 C 5
Gibeaumeix 54 94 A 2
Gibel 31 318 B 4
Gibercourt 02 24 B 3
Giberville 14 33 H 4

A B C D E F G H I J K L M N O P Q R S T U V W X Y Z

Gibles 71 ... 194 A 4
Gibourne 17 ... 202 B 3
Gibret 40 ... 293 F 3
Le Gicq 17 ... 202 C 3
Gidy 45 ... 110 D 5
Giel-Courteilles 61 ... 53 H 4
Gien 45 ... 134 C 4
Gien-sur-Cure 58 ... 158 B 5
Giens 83 ... 328 C 5
Gières 38 ... 251 E 1
La Giettaz 73 ... 216 B 4
Giéville 50 ... 52 B 1
Gièvres 41 ... 153 H 4
Giey-sur-Aujon 52 ... 116 D 5
Giez 74 ... 215 H 5
Gif-sur-Yvette 91 ... 58 A 5
Giffaumont-Champaubert 51 .. 92 B 2
Gigean 34 ... 323 E 3
Gignac 34 ... 302 B 4
Gignac 46 ... 242 B 4
Gignac 84 ... 306 A 1
Gignac-la-Nerthe 13 ... 326 C 1
Gignat 63 ... 228 A 4
Gignéville 88 ... 118 B 3
Gigney 88 ... 95 E 5
Gigny 39 ... 196 B 2
Gigny 89 ... 137 G 3
Gigny-Bussy 51 ... 91 H 2
Gigny-sur-Saône 71 ... 178 A 5
Gigondas 84 ... 285 G 3
Gigors 04 ... 269 H 5
Gigors-et-Lozeron 26 ... 267 H 1
Gigouzac 46 ... 260 B 4
Gijounet 81 ... 300 B 3
Gildwiller 68 ... 143 E 2
Gilette 06 ... 291 E 5
Gilhac-et-Bruzac 07 ... 249 E 5
Gilhoc-sur-Ormèze 07 ... 248 D 4
Gillancourt 52 ... 116 C 3
Gillaumé 52 ... 93 F 3
Gilles 28 ... 57 E 3
Gilley 25 ... 162 D 5
Gilley 52 ... 140 A 4
Gillois 39 ... 180 A 4
Gillonnay 38 ... 232 A 4
Gilly-lès-Cîteaux 21 ... 160 A 5
Gilly-sur-Isère 73 ... 234 A 1
Gilly-sur-Loire 71 ... 193 E 2
Gilocourt 60 ... 39 G 3
Gimat 82 ... 297 E 2
Gimbrède 32 ... 276 C 5
Gimbrett 67 ... 68 D 5
Gimeaux 63 ... 209 H 4
Gimécourt 55 ... 64 B 4
Gimel-les-Cascades 19 ... 243 E 1
Gimeux 16 ... 220 B 2
La Gimond 42 ... 230 B 3
Gimont 32 ... 296 D 4
Gimouille 58 ... 174 B 2
Ginai 61 ... 54 C 4
Ginals 82 ... 279 E 3
Ginasservis 83 ... 306 D 3
Ginchy 80 ... 13 G 5
Gincla 11 ... 337 H 5
Gincrey 55 ... 44 C 4
Gindou 46 ... 259 G 3
Ginestas 11 ... 320 D 4
Ginestet 24 ... 239 H 5
Gingsheim 67 ... 68 C 4
Ginoles 11 ... 337 F 4
Ginouillac 46 ... 260 B 2
Gintrac 46 ... 242 D 5
Giocatojo 2B ... 347 G 3
Gionges 51 ... 61 G 2
Giou-de-Mamou 15 ... 244 C 5
Gioux 23 ... 207 G 5
Gipcy 03 ... 191 G 2
Girac 46 ... 243 E 5
Girancourt 88 ... 119 E 2
Giraumont 54 ... 45 F 5
Giraumont 60 ... 39 F 1
Girauvoisin 55 ... 64 D 4
Gircourt-lès-Viéville 88 ... 94 D 4
Girecourt-sur-Durbion 88 ... 95 G 5
Girefontaine 70 ... 118 D 5
Giremoutiers 77 ... 59 H 3
Girgols 15 ... 244 C 4
Giriviller 54 ... 95 F 3
Girmont 88 ... 95 F 5
Girmont-Val-d'Ajol 88 ... 119 G 4
Girolles 45 ... 112 C 4
Girolles 89 ... 157 H 1
Giromagny 90 ... 142 B 2
Giron 01 ... 196 D 5
Gironcourt-sur-Vraine 88 ... 94 B 5
Gironde-sur-Dropt 33 ... 256 C 3
Girondelle 08 ... 26 B 2
Gironville 77 ... 112 A 3
Gironville-et-Neuville 28 ... 86 A 2
Gironville-sous-les-Côtes 55 .. 64 D 4
Gironville-sur-Essonne 91 ... 87 H 5
Le Girouard 85 ... 182 C 1
Giroussens 81 ... 298 C 3
Giroux 36 ... 172 B 1
Girovillers-sous-Montfort 88 ... 94 C 5
Giry 58 ... 157 E 4
Gisay-la-Coudre 27 ... 55 F 2
Giscaro 32 ... 296 D 4
Giscos 33 ... 274 C 2
Gisors 27 ... 37 G 3
Gissac 12 ... 301 E 2
Gissey-le-Vieil 21 ... 159 E 3
Gissey-sous-Flavigny 21 ... 159 F 1
Gissey-sur-Ouche 21 ... 159 G 4
Gisy-les-Nobles 89 ... 113 F 2
Giuncaggio 2B ... 347 G 5
Giuncheto 2A ... 350 D 3
Givardon 18 ... 173 H 4
Givarlais 03 ... 190 D 3
Givenchy-en-Gohelle 62 ... 8 B 5
Givenchy-le-Noble 62 ... 13 E 2
Givenchy-lès-la-Bassée 62 ... 8 B 4
Giverny 27 ... 57 E 1
Giverville 27 ... 35 F 4
Givet 08 ... 17 F 4
Givonne 08 ... 27 F 3
Givors 69 ... 231 E 2
Givraines 45 ... 111 H 3
Givrand 85 ... 164 D 5
Givrauval 55 ... 93 F 1
Le Givre 85 ... 182 D 2
Givrezac 17 ... 219 G 3
Givron 08 ... 26 A 4
Givry 08 ... 42 C 1
Givry 71 ... 177 G 4
Givry 89 ... 157 H 1
Givry-en-Argonne 51 ... 63 E 2
Givry-lès-Loisy 51 ... 61 F 3
Givrycourt 57 ... 67 F 2
Gizaucourt 51 ... 63 E 1
Gizay 86 ... 186 C 3
Gizeux 37 ... 151 E 2
Gizia 39 ... 196 A 2
Gizy 02 ... 25 E 5
La Glacerie 50 ... 29 E 3
Glacière Grotte de la 25 ... 162 C 3
Glageon 59 ... 15 H 5
Glaignes 60 ... 39 F 4
Glainans 25 ... 163 E 2
Glaine-Montaigut 63 ... 228 B 1
Glaire 08 ... 27 E 3
Le Glaizil 05 ... 269 G 1
Glamondans 25 ... 162 C 3
Gland 02 ... 60 C 1
Gland 89 ... 137 G 3
Glandage 26 ... 268 D 2
Glandon 87 ... 223 G 4
Glandon Col du 73 ... 251 H 1
Glanes 46 ... 243 E 5
Glanges 87 ... 224 B 2
Glannes 51 ... 62 C 5
Glanon 21 ... 178 B 1
Glanville 14 ... 34 B 3
Glatens 82 ... 296 D 1
Glatigny 50 ... 31 F 3
Glatigny 57 ... 46 B 5
Glatigny 60 ... 37 H 1
Glay 25 ... 142 C 5
Gleizé 69 ... 212 D 3
Glénac 56 ... 125 G 3
Glénat 15 ... 243 H 5
Glénay 79 ... 168 A 3
Glénic 23 ... 189 G 5
Glennes 02 ... 41 E 3
Glénouze 86 ... 168 C 2
Glère 25 ... 163 H 2
Glicourt 76 ... 10 C 5
Glisolles 27 ... 56 A 2
Glisy 80 ... 22 C 2
Glomel 22 ... 77 E 5
Glonville 54 ... 95 H 3
Glorianes 66 ... 342 C 3
Glos 14 ... 34 D 5
Glos-la-Ferrière 61 ... 55 F 3
Glos-sur-Risle 27 ... 35 G 3
Gluges 46 ... 242 C 5
Gluiras 07 ... 266 C 1
Glun 07 ... 249 E 4
Glux-en-Glenne 58 ... 176 B 2
Goas 82 ... 297 E 2
La Godefroy 50 ... 51 H 4
Godenvillers 60 ... 22 D 5
Goderville 76 ... 19 E 4
Godewaersvelde 59 ... 4 A 5
Godisson 61 ... 54 C 5
La Godivelle 63 ... 227 F 5
Godoncourt 88 ... 118 B 4
Gœrlingen 67 ... 67 H 4
Gœrsdorf 67 ... 69 E 2
Goès 64 ... 331 H 1
Goetzenbruck 57 ... 68 B 2
Gœulzin 59 ... 14 A 2
Gogney 54 ... 96 A 1
Gognies-Chaussée 59 ... 15 G 2
La Gohannière 50 ... 51 H 4
Gohier 49 ... 149 H 2
Gohory 28 ... 109 H 3
Goin 57 ... 65 H 2
Goincourt 60 ... 38 A 2
Golancourt 60 ... 23 H 4
Golbey 88 ... 119 F 2
Goldbach 68 ... 120 C 5
Golfe-Juan 06 ... 309 F 4
Golfech 82 ... 276 D 4
Golinhac 12 ... 262 D 3
Golleville 50 ... 29 F 5
Gombergean 41 ... 131 G 5
Gomelange 57 ... 46 C 4
Gomené 22 ... 102 D 2
Gomer 64 ... 314 C 4
Gometz-la-Ville 91 ... 58 A 5
Gometz-le-Châtel 91 ... 58 A 5
Gomiécourt 62 ... 13 G 4
Gommecourt 62 ... 13 F 4
Gommecourt 78 ... 57 E 1
Gommegnies 59 ... 15 F 2
Gommenec'h 22 ... 73 F 4
Gommersdorf 68 ... 143 E 3
Gommerville 28 ... 87 E 5
Gommerville 76 ... 18 D 5
Gomméville 21 ... 115 H 5
Gomont 08 ... 41 H 1
Gonaincourt 52 ... 117 H 2
Goncelin 38 ... 233 F 5
Goncourt 52 ... 117 H 2
Gond-Pontouvre 16 ... 221 F 1
Gondecourt 59 ... 8 C 3
Gondenans-les-Moulins 25 . 162 C 1
Gondenans-Montby 25 ... 162 D 1
Gondeville 16 ... 220 C 1
Gondrecourt-Aix 54 ... 45 E 4
Gondrecourt-le-Château 55 ... 93 G 3
Gondreville 45 ... 112 B 4
Gondreville 54 ... 65 F 5
Gondreville 60 ... 39 G 4
Gondrexange 57 ... 67 G 5
Gondrexon 54 ... 95 H 1
Gondrin 32 ... 295 G 1
Les Gonds 17 ... 219 G 1
Gonesse 95 ... 58 D 2
Gonez 65 ... 315 F 4
Gonfaron 83 ... 328 D 2
Gonfreville 50 ... 31 H 3
Gonfreville-Caillot 76 ... 19 E 4
Gonfreville-l'Orcher 76 ... 34 C 1
La Gonfrière 61 ... 55 E 3
Gonnehem 62 ... 7 H 3
Gonnelieu 59 ... 14 B 5
Gonnetot 76 ... 19 H 3
Gonneville 50 ... 29 F 3
Gonneville-en-Auge 14 ... 33 H 3
Gonneville-la-Mallet 76 ... 18 C 4
Gonneville-sur-Honfleur 14 ... 34 D 2
Gonneville-sur-Mer 14 ... 34 A 3
Gonneville-sur-Scie 76 ... 20 B 3
Gonsans 25 ... 162 C 4
Gontaud-de-Nogaret 47 ... 257 F 5
La Gonterie-Boulouneix 24 .. 222 B 5
Gonvillars 70 ... 142 A 4
Gonzeville 76 ... 19 H 3
Goos 40 ... 293 F 3
Gorbio 06 ... 291 G 5
Gorcy 54 ... 44 D 1
Gordes 84 ... 305 G 1
Gorenflos 80 ... 12 B 4
Gorges 44 ... 148 A 5
Gorges 50 ... 31 G 3
Gorges 80 ... 12 C 4
La Gorgue 59 ... 8 A 2
Gorhey 88 ... 119 E 2
Gornac 33 ... 256 C 2
Gorniès 34 ... 302 B 1
Gorre 87 ... 223 E 1
Gorrevod 01 ... 195 F 3
Gorron 53 ... 81 H 4
Gorses 46 ... 261 F 1
Gorze 57 ... 65 G 1
Gosnay 62 ... 7 H 4
Gosné 35 ... 80 D 5
Gosselming 57 ... 67 G 4
Gotein-Libarrenx 64 ... 331 E 1
Gottenhouse 67 ... 68 B 5
Gottesheim 67 ... 68 C 4
Gouaix 77 ... 89 G 3
Goualade 33 ... 274 C 1
Gouarec 22 ... 77 G 5
Gouaux 65 ... 333 H 4
Gouaux-de-Larboust 31 ... 334 A 4
Gouaux-de-Luchon 31 ... 334 B 4
Gouberville 50 ... 29 G 2
Gouchaupre 76 ... 10 C 5
Goudargues 30 ... 284 C 3
Goudelancourt-
lès-Berrieux 02 ... 41 F 1
Goudelancourt-
lès-Pierrepont 02 ... 25 F 4
Goudelin 22 ... 73 F 5
Goudet 43 ... 247 F 5
Goudex 31 ... 317 E 3
Goudon 65 ... 315 G 4
Goudourville 82 ... 276 D 4
Gouesnach 29 ... 99 H 4
La Gouesnière 35 ... 50 D 5
Gouesnou 29 ... 70 C 5
Gouex 86 ... 187 E 4
Gouézec 29 ... 76 A 5
Gougenheim 67 ... 68 C 5
Gouhelans 25 ... 162 C 1
Gouhenans 70 ... 141 H 4
Gouillons 28 ... 86 D 5
Gouise 03 ... 192 B 3
Goujounac 46 ... 259 G 4
La Goulafrière 27 ... 55 E 2
Goulaine Château de 44 ... 147 H 4
Goulet 61 ... 54 A 4
Goulien 29 ... 98 D 2
Goulier 09 ... 336 A 5
Goulles 19 ... 243 G 4
Les Goulles 21 ... 138 D 2
Gouloux 58 ... 158 B 4
Goult 84 ... 305 G 1
Goulven 29 ... 71 E 4
Goumois 25 ... 163 H 3
Goupillières 14 ... 53 F 1
Goupillières 27 ... 35 G 5
Goupillières 76 ... 20 A 5
Goupillières 78 ... 57 G 3
Gouraincourt 55 ... 44 D 4
Le Gouray 22 ... 78 D 5
Gourbera 40 ... 292 D 2
Gourbesville 50 ... 29 G 5
Gourbit 09 ... 336 A 4
Gourchelles 60 ... 21 G 3
Gourdan-Polignan 31 ... 334 A 1
Gourdièges 15 ... 245 F 5
Gourdon 06 ... 309 E 2
Gourdon 07 ... 266 B 2
Gourdon 46 ... 259 H 2
Gourdon 71 ... 194 B 1
Gourdon-Murat 19 ... 225 E 3
Gourette 64 ... 332 B 2
Gourfaleur 50 ... 32 B 5
Gourfouran Gouffre de 05 ... 270 C 1
Gourgançon 51 ... 61 G 5
Gourgé 79 ... 168 B 5
Gourgeon 70 ... 140 C 3
Gourgue 65 ... 333 G 1
Gourhel 56 ... 103 E 4
Gourin 56 ... 76 C 5
Gourlizon 29 ... 99 G 2
Gournay 36 ... 189 E 1
Gournay 76 ... 34 C 1
Gournay 79 ... 202 D 1
Gournay-en-Bray 76 ... 37 F 1
Gournay-le-Guérin 27 ... 55 G 5
Gournay-sur-Aronde 60 ... 39 E 1
Gournay-sur-Marne 93 ... 58 D 3
Les Gours 16 ... 202 D 3
Gours 33 ... 238 D 4
Gourvieille 11 ... 318 C 4
Gourville 16 ... 202 D 5
Gourvillette 17 ... 202 C 4
Goury 50 ... 28 C 2
Gourzon 52 ... 92 D 2
Goussaincourt 55 ... 94 A 3
Goussainville 28 ... 57 E 4
Goussainville 95 ... 58 D 1
Goussancourt 02 ... 40 D 5
Gousse 40 ... 293 F 2
Goussonville 78 ... 57 G 2
Goustranville 14 ... 34 A 4
La Goutelle 63 ... 209 E 5
Goutevernisse 31 ... 317 F 5
Goutrens 12 ... 262 B 5
Gouts 40 ... 293 F 2
Gouts 82 ... 277 E 1
Gouts-Rossignol 24 ... 221 G 4
Gouttières 27 ... 55 G 1
Gouttières 63 ... 209 E 2
Goutz 32 ... 296 C 2
Gouvernes 77 ... 59 E 3
Gouves 62 ... 13 F 2
Gouvets 50 ... 52 B 2
Gouvieux 60 ... 38 C 4
Gouville 27 ... 56 A 3
Gouville-sur-Mer 50 ... 31 F 5
Gouvix 14 ... 53 G 1
Goux 32 ... 295 E 4
Goux 39 ... 179 E 1
Goux-lès-Dambelin 25 ... 163 E 2
Goux-les-Usiers 25 ... 180 C 1
Goux-sous-Landet 25 ... 161 H 5
Gouy 02 ... 14 B 5
Gouy 76 ... 36 B 3
Gouy-en-Artois 62 ... 13 F 3
Gouy-en-Ternois 62 ... 12 D 2
Gouy-les-Groseillers 60 ... 22 B 4
Gouy-l'Hôpital 80 ... 21 H 2
Gouy-Saint-André 62 ... 6 D 5
Gouy-Servins 62 ... 8 A 5
Gouy-sous-Bellonne 62 ... 14 A 2
Gouzangrez 95 ... 37 H 5
Gouze 64 ... 313 G 2
Gouzeaucourt 59 ... 14 A 5
Gouzens 31 ... 317 F 5
Gouzon 23 ... 207 H 1
Gouzougnat 23 ... 207 H 1
Goven 35 ... 104 A 4
Goviller 54 ... 94 C 3
Goxwiller 67 ... 97 F 3
Goyencourt 80 ... 23 F 3
Goyrans 31 ... 317 H 2
Grabels 34 ... 302 D 4
Graçay 18 ... 154 A 5
Grâce-Uzel 22 ... 102 B 1
Grâces 22 ... 73 E 5
Gradignan 33 ... 255 F 1
Graffigny-Chemin 52 ... 117 H 2
Gragnague 31 ... 298 B 4
Graignes 50 ... 32 A 3
Grailhen 65 ... 333 H 4
Graimbouville 76 ... 18 D 5
Graincourt-
lès-Havrincourt 62 ... 14 A 4
Grainville 27 ... 36 D 3
Grainville-la-Teinturière 76 ... 19 F 3
Grainville-Langannerie 14 ... 53 H 1
Grainville-sur-Odon 14 ... 33 F 5
Grainville-sur-Ry 76 ... 36 C 1
Grainville-Ymauville 76 ... 19 E 4
Le Grais 61 ... 53 G 5
Graissac 12 ... 263 E 2
Graissessac 34 ... 301 F 4
Graix 42 ... 230 C 5
Le Grallet 17 ... 218 C 1
Gramat 46 ... 260 D 2
Gramazie 11 ... 337 F 1
Grambois 84 ... 306 B 2
Grammond 42 ... 230 B 3
Grammont 70 ... 141 H 5
Gramond 12 ... 280 B 2
Gramont 82 ... 296 C 1
Granace 2A ... 351 E 2
Grancey-le-Château 21 ... 139 E 4
Grancey-sur-Ource 21 ... 116 A 4
Grand 88 ... 93 G 4
Le Grand-Abergement 01 ... 214 D 2
Grand-Auverné 44 ... 127 E 5
Grand-Ballon 68 ... 120 C 5
Grand Bois ou de la République
Col du 42 ... 230 C 5
Le Grand-Bornand 74 ... 216 A 3
Le Grand-Bourg 23 ... 206 C 1
Grand-Brassac 24 ... 239 H 1
Grand-Camp 27 ... 55 E 1
Grand-Camp 76 ... 19 F 5
Grand-Castang 24 ... 240 C 5
Le Grand-Celland 50 ... 52 A 5
Grand-Champ 56 ... 124 B 2
Grand-Charmont 25 ... 142 C 4
Grand-Châtel 39 ... 196 D 3
La Grand-Combe 30 ... 283 G 3
Grand-Corent 01 ... 196 B 5
Grand-Couronne 76 ... 36 A 3
La Grand-Croix 42 ... 230 C 3
Grand-Failly 54 ... 44 C 2
Grand-Fayt 59 ... 15 F 4
Grand Fenestrez 01 ... 214 D 4
Grand-Fort-Philippe 59 ... 3 E 2
Grand-Fougeray 35 ... 126 B 3
Grand-Laviers 80 ... 11 G 3
Le Grand-Lemps 38 ... 232 B 4
Le Grand-Lucé 72 ... 130 C 2
Le Grand-Madieu 16 ... 203 H 3
Grand Phare 85 ... 164 A 4
Le Grand Piquey 33 ... 254 B 2
Le Grand-Pressigny 37 ... 170 A 3
Grand-Puch
Château du 33 ... 238 B 5
Le Grand-Quevilly 76 ... 36 A 2
Grand-Rozoy 02 ... 40 B 4
Grand-Rullecourt 62 ... 13 E 3
Le Grand-Serre 26 ... 249 G 1
Grand Taureau 25 ... 180 D 2
Grand-Vabre 12 ... 262 B 3
Le Grand-Valtin 88 ... 120 B 3
Grand-Verly 02 ... 24 D 1
Le Grand-Village-Plage 17 .. 200 B 4
Grandcamp-Maisy 14 ... 32 B 2
Grandchain 27 ... 55 G 1
Grandchamp 08 ... 26 B 4
Grandchamp 52 ... 139 H 3
Grandchamp 72 ... 83 H 5
Grandchamp 78 ... 57 E 5
Grandchamp 89 ... 135 G 3
Grandchamp-
des-Fontaines 44 ... 147 G 2
Grandchamp-le-Château 14 ... 34 B 5
Grand'Combe-Châteleu 25 . 181 E 1
Grand'Combe-des-Bois 25 .. 163 G 4
Grandcourt 76 ... 11 E 5
Grandcourt 80 ... 13 F 5
Grande Chartreuse
Couvent de la 38 ... 233 E 5
La Grande-Fosse 88 ... 96 C 4
La Grande-Motte 34 ... 303 F 5
La Grande-Paroisse 77 ... 88 D 4
La Grande-Résie 70 ... 161 E 3
Grande-Rivière 39 ... 197 E 1
Grande-Synthe 59 ... 3 F 2
La Grande-Verrière 71 ... 176 B 2
Grandecourt 70 ... 140 C 4
Les Grandes-Armoises 08 ... 27 E 5
Les Grandes-Chapelles 10 ... 90 D 3
Les Grandes-Dalles 76 ... 19 F 2
Les Grandes-Loges 51 ... 62 A 1
Les Grandes-Rivières 17 ... 183 G 5
Les Grandes-Ventes 76 ... 20 C 3
Grandeyrolles 63 ... 227 G 3
Grandfontaine 25 ... 161 H 4
Grandfontaine 67 ... 96 C 2
Grandfontaine-
sur-Creuse 25 ... 162 D 4
Grandfresnoy 60 ... 39 E 2
Grandham 08 ... 43 E 3
Grandjean 17 ... 201 G 4
Grand'Landes 85 ... 165 F 3
Grandlup-et-Fay 02 ... 25 E 4
Grandmesnil 14 ... 54 B 2
Grandmesnil 54 ... 94 A 1
Grandouet 14 ... 34 B 5
Grandpré 08 ... 43 E 3
Grandpuits 77 ... 88 D 2
Grandrieu 48 ... 264 D 1
Grandrieux 02 ... 25 H 3
Grandrif 63 ... 229 E 3
Grandris 69 ... 212 B 2
Grandrû 60 ... 23 H 5
Grandrupt 88 ... 96 C 4
Grandrupt-de-Bains 88 ... 118 D 3
Les Grands-Chézeaux 87 ... 188 B 4
Grandsaigne 19 ... 225 E 4
Grandval 63 ... 228 D 2
Grandval Barrage de 15 ... 245 H 5
Grandvals 48 ... 263 G 2
Grandvaux 71 ... 194 A 2
Grandvelle-
et-le-Perrenot 70 ... 161 H 1
Grandvillars 90 ... 142 D 4
La Grandville 08 ... 26 D 3
Grandville 10 ... 91 F 2
Grandvillers 88 ... 95 H 5
Grandvillers-aux-Bois 60 ... 39 E 2
Grandvilliers 27 ... 56 A 4
Grandvilliers 60 ... 21 H 4
Grane 26 ... 267 F 2
Granès 11 ... 337 G 3
La Grange 25 ... 163 E 3
Grange-de-Vaivre 39 ... 179 G 1
Grange-le-Bocage 89 ... 89 H 5
Grangent Barrage de 42 ... 230 A 4
Grangermont 45 ... 111 H 3
Granges 01 ... 196 B 5
Les Granges 10 ... 115 E 4
Granges 71 ... 177 G 4
Les Granges Château 58 ... 156 B 3
Granges-d'Ans 24 ... 241 F 2
Granges-de-Vienney 25 ... 162 B 4
Les Granges-Gontardes 26 . 267 E 5
Granges-la-Ville 70 ... 142 A 4
Granges-le-Bourg 70 ... 142 A 4
Les Granges-le-Roi 91 ... 87 E 3

Granges-l'Église *25*....180 C 2
Granges-les-Beaumont *26*....249 G 3
Granges-lès-Valence *07*....249 F 4
Granges-Maillot *25*....180 B 1
Granges-Narboz *25*....180 C 2
Granges-Sainte-Marie *25*....180 C 3
Granges-sur-Aube *51*....90 C 2
Granges-sur-Baume *39*....179 F 4
Granges-sur-Lot *47*....275 H 1
Granges-sur-Vologne *88*....120 A 2
Les Grangettes *25*....180 C 3
Grangues *14*....34 A 3
Granier *73*....234 C 2
Granier *Col du* *73*....233 F 3
Granieu *38*....232 C 2
Granon *Col de* *05*....252 C 4
Grans *13*....305 F 4
Granville *50*....51 F 3
Granzay-Gript *79*....184 D 5
Gras *07*....266 C 5
Les Gras *25*....181 E 1
Gras *Plateau des* *07*....284 C 1
Grassac *16*....221 H 2
Grasse *06*....309 E 3
Grassendorf *67*....68 C 3
Grateloup-Saint-Gayrand *47*....257 G 5
Gratens *31*....317 F 4
Gratentour *31*....297 H 3
Gratibus *80*....22 D 4
Gratot *50*....31 G 5
Gratreuil *51*....42 D 4
Grattepanche *80*....22 B 3
Le Gratteris *25*....162 B 4
Grattery *70*....141 E 4
Le Grau-d'Agde *34*....322 C 5
Grau de Maury *66*....338 B 4
Le Grau-du-Roi *30*....303 F 5
Graufthal *67*....68 A 3
Les Graulges *24*....221 H 3
Graulhet *81*....299 E 3
Grauves *51*....61 G 2
Graval *76*....21 E 3
La Grave *05*....252 A 3
La Grave *06*....291 F 5
Grave *Pointe de* *33*....218 C 2
Gravelines *59*....3 E 2
La Gravelle *53*....105 G 3
Gravelotte *57*....65 G 1
La Graverie *14*....52 C 2
Graveron-Sémerville *27*....36 A 5
Graves-Saint-Amant *16*....220 D 2
Graveson *13*....304 C 2
Gravières *07*....265 H 5
Gravigny *27*....56 B 1
Gravon *77*....89 F 4
Gray *70*....161 E 1
Gray-la-Ville *70*....161 E 1
Grayan-et-l'Hôpital *33*....218 C 4
Graye-et-Charnay *39*....196 B 2
Graye-sur-Mer *14*....33 F 3
Grayssas *47*....276 D 3
Grazac *31*....318 A 4
Grazac *43*....247 H 2
Grazac *81*....298 B 2
Grazay *53*....82 C 5
Gréalou *46*....261 E 4
Gréasque *13*....327 F 1
Grébault-Mesnil *80*....11 F 4
Grécourt *80*....23 G 3
Gredisans *39*....161 E 5
La Grée-Penvins *56*....124 C 5
La Grée-Saint-Laurent *56*....102 D 4
Gréez-sur-Roc *72*....108 D 3
Greffeil *11*....337 H 1
Grèges *76*....10 B 5
Grégy-sur-Yerres *77*....59 E 5
Grémecey *57*....66 C 4
Grémévillers *60*....21 H 5
Gremilly *55*....44 C 4
Grémonville *76*....19 H 4
Grenade *31*....297 G 3
Grenade-sur-l'Adour *40*....294 A 2
Grenant *52*....139 H 3
Grenant-lès-Sombernon *21*....159 G 4
Grenay *38*....231 G 1
Grenay *62*....8 B 4
Grendelbruch *67*....97 E 2
Greneville-en-Beauce *45*....111 F 3
Grenier-Montgon *43*....245 H 1
Gréning *57*....67 F 2
Grenoble *38*....250 D 1
Grenois *58*....157 F 3
Grentheville *14*....33 H 5
Grentzingen *68*....143 F 3
Greny *76*....10 C 5
Gréolières *06*....309 E 1
Gréolières-les-Neiges *06*....309 E 1
Gréoux-les-Bains *04*....306 D 2
Grépiac *31*....318 A 3
Le Grès *31*....297 F 3
Grésigny-Sainte-Reine *21*....138 A 5
Gresin *73*....232 D 2
La Gresle *42*....212 A 2
Gresse-en-Vercors *38*....250 C 5
Gressey *78*....57 E 3
Gresswiller *67*....97 E 2
Gressy *77*....59 E 2
Grésy-sur-Aix *73*....215 F 5
Grésy-sur-Isère *73*....233 H 2
Gretz-Armainvilliers *77*....59 F 4
Greucourt *70*....140 C 5
Greuville *76*....19 H 2
Greux *88*....93 H 3
La Grève-sur-Mignon *17*....184 B 5
Les Grèves *22*....78 C 3
Gréville-Hague *50*....28 D 2
Grévillers *62*....13 G 4
Grevilly *71*....195 E 2
Grez *60*....21 H 4
Le Grez *72*....107 E 2
Grez-en-Bouère *53*....128 C 2
Grez-Neuville *49*....128 B 5
Grez-sur-Loing *77*....88 B 5
Grézac *17*....219 E 2
Grézels *46*....259 F 5
Grèzes *24*....241 H 3
Grèzes *43*....246 C 5
Grèzes *46*....261 E 3
Grèzes *48*....264 B 4
Grézet-Cavagnan *47*....275 E 1
Grézian *65*....333 G 4
Grézieu-la-Varenne *69*....212 D 5
Grézieu-le-Marché *69*....230 B 2
Grézieux-le-Fromental *42*....229 H 2
Grézillac *33*....256 C 1
Grézillé *49*....149 H 3
Grézolles *42*....211 F 4
Gricourt *02*....24 A 2
Grièges *01*....195 E 5
La Grière *85*....182 D 3
Gries *67*....69 E 4
Griesbach *67*....68 D 2
Griesbach-au-Val *68*....120 D 3
Griesbach-le-Bastberg *67*....68 B 3
Griesheim-près-Molsheim *67*....97 F 2
Griesheim-sur-Souffel *67*....68 D 5
Grignan *26*....267 F 5
Grigneuseville *76*....20 B 4
Grignols *24*....240 B 3
Grignols *33*....274 D 1
Grignon *21*....137 H 5
Grignon *73*....234 A 1
Grignoncourt *88*....118 B 5
Grigny *62*....7 E 5

GRENOBLE

Alsace-Lorraine (Av.) .... DYZ 3
Barnavel (R.) .... EFY 5
Bayard (R.) .... FY 6
Belgique (Av. Albert-1er-de) .... EFZ 7
Belgrade (R. de) .... EY 9
Bistesi (R.) .... FZ 10
Blanchard (R. P.) .... EYZ
Bonne (R. de) .... EZ 12
Brenier (R. C.) .... DY 13
Brocherie (R.) .... EY 15
Casimir-Périer (R.) .... EZ 16
Champollion (R.) .... FZ 17
Chenoise (R.) .... EFY 18
Clot-Bey (R.) .... EYZ 21
Diables-Bleus (Bd des) .... FZ 24
Dr-Girard (Pl.) .... FY 26
Driant (Bd Col.) .... FZ 27
Dubedout (Pl. H.) .... DY 28
Fantin-Latour (R.) .... FZ 32
Flandrin (R. J.) .... GZ 33
Foch (Bd Mar.) .... DEZ
Fourier (R.) .... FZ 34
Grande-Rue .... EY 37
Grenette (Pl.) .... EY
Lavalette (Pl.) .... FY 40
La Fayette (R.) .... EY 39
L'Herminier (R. Cdt) .... FY 41
Lyautey (Bd Mar.) .... EZ 42
Montorge (R.) .... EY 43
Palanka (R.) .... EY 44
Pasteur (Pl.) .... FZ 45
Perrière (Q.) .... EY 46
Poulat (R. F.) .... EY 48
Rivet (Pl. G.) .... EZ 53
Rousseau (R. J.-J.) .... EY 55
Ste-Claire (Pl.) .... EY 57
St-André (Pl.) .... EY 56
Servan (R.) .... FY 59
Strasbourg (R. de) .... EFZ 62
Très-Cloître (R.) .... FY 63
Vicat (R.) .... EZ 66
Victor-Hugo (Pl.) .... EZ
Voltaire (R.) .... FY 68

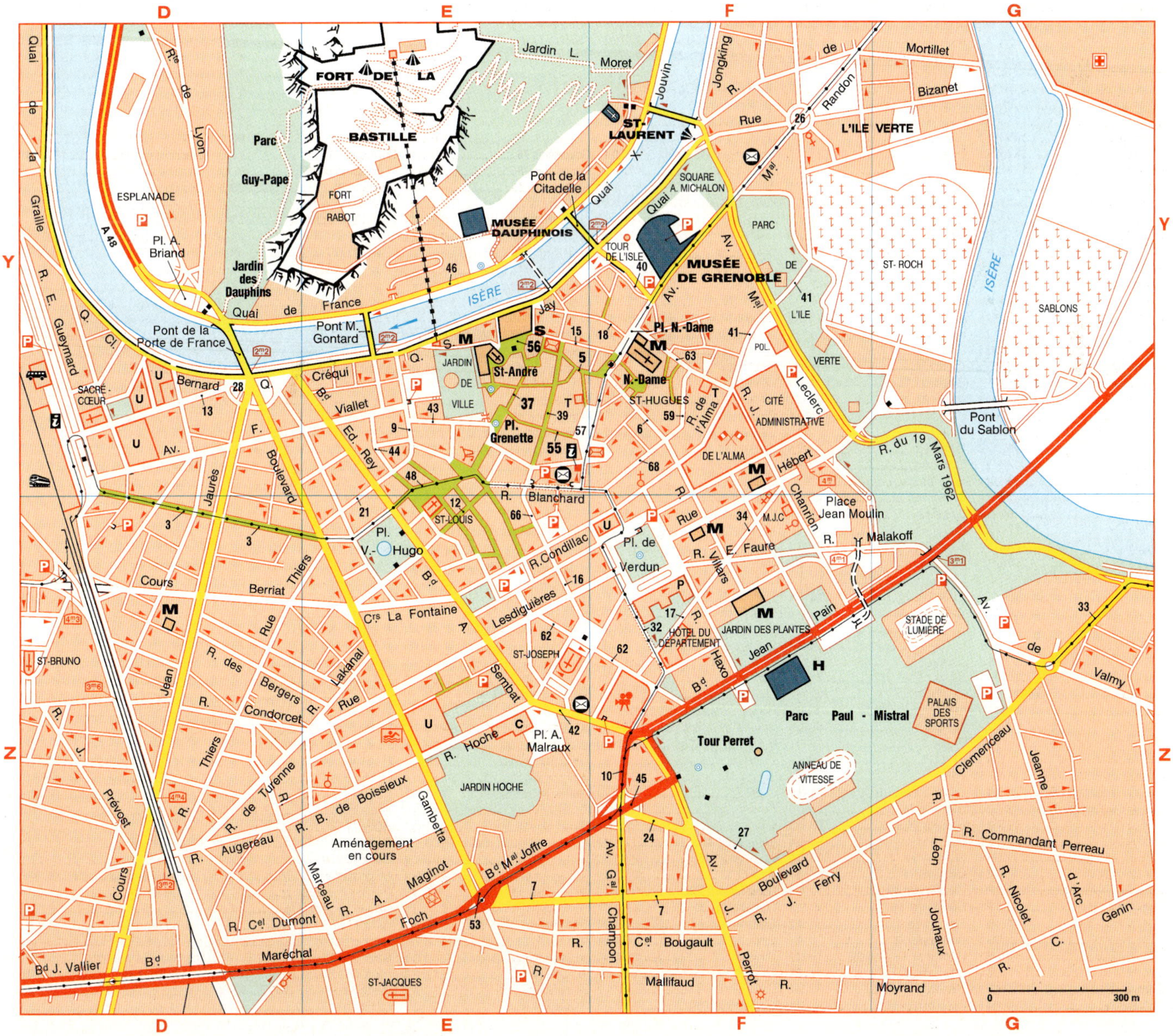

Grigny 69 — 231 E 2
Grigny 91 — 58 C 5
La Grigonnais 44 — 126 C 5
Grillemont Château de 37 — 170 A 1
Grillon 84 — 267 F 5
Grilly 01 — 197 G 4
Grimaucourt-en-Woëvre 55 — 44 C 5
Grimaucourt-près-Sampigny 55 — 64 C 4
Grimaud 83 — 329 F 2
La Grimaudière 86 — 168 C 4
Grimault 89 — 137 E 4
Grimbosq 14 — 53 F 1
Grimesnil 50 — 51 H 1
Grimone 26 — 268 D 2
Grimone Col de 26 — 268 D 2
Grimonviller 54 — 94 C 4
Grincourt-lès-Pas 62 — 13 E 4
Grindorff-Bizing 57 — 46 C 2
Gripp 65 — 333 F 3
La Gripperie-Saint-Symphorien 17 — 200 D 5
Gripport 54 — 95 E 3
Gris-Nez Cap 62 — 2 A 4
Griscourt 54 — 65 G 4
Griselles 21 — 137 H 2
Griselles 45 — 112 C 4
Grisolles 02 — 40 B 5
Grisolles 82 — 297 G 2
Grisy 14 — 54 A 1
Grisy-les-Plâtres 95 — 38 A 5
Grisy-Suisnes 77 — 59 E 5
Grisy-sur-Seine 77 — 89 G 4
La Grive 38 — 231 H 2
Grives 24 — 259 F 2
Grivesnes 80 — 22 D 4
Grivillers 80 — 23 E 4
Grivy-Loisy 08 — 42 C 2
Groffliers 62 — 6 B 5
La Groise 59 — 15 E 5
Groises 18 — 155 H 4
Groissiat 01 — 196 C 5
Groisy 74 — 215 G 2
Groix 56 — 123 E 3
Groléjac 24 — 259 H 1
Gron 18 — 155 H 5
Gron 89 — 113 G 3
Gronard 02 — 25 F 3
Le Gros Cerveau 83 — 327 H 4
Gros-Chastang 19 — 243 F 2
Gros-Réderching 57 — 67 H 1
Le Gros-Theil 27 — 35 H 4
Grosbliederstroff 57 — 47 G 5
Grosbois 25 — 162 C 2
Grosbois Château de 94 — 58 D 5
Grosbois-en-Montagne 21 — 159 F 3
Grosbois-lès-Tichey 21 — 178 C 1
Grosbreuil 85 — 182 B 1
Les Groseillers 79 — 185 E 2
Groslay 95 — 58 C 2
Groslée 01 — 232 C 1
Grosley-sur-Risle 27 — 55 H 1
Grosmagny 90 — 142 C 2
Grosne 90 — 142 D 3
Grospierres 07 — 284 A 1
Grosrouvre 78 — 57 F 4
Grosrouvres 54 — 65 E 4
Grossa 2A — 350 D 2
Grosseto-Prugna 2A — 348 D 4
Grossœuvre 27 — 56 B 2
Grossouvre 18 — 174 A 3
Grostenquin 57 — 67 E 2
Grosville 50 — 28 D 4
Le Grouanec 29 — 70 D 4
Grouches-Luchuel 80 — 12 D 3
Grougis 02 — 24 C 1
Grouin Pointe du 35 — 50 D 4
La Groulais Château de 44 — 147 F 1
La Groutte 18 — 173 F 5
Grozon 39 — 179 F 2
Gruchet-le-Valasse 76 — 19 E 5
Gruchet-Saint-Siméon 76 — 19 H 2
Grues 85 — 183 E 3
Gruey-lès-Surance 88 — 118 D 4
Gruffy 74 — 215 G 5
Grugé-l'Hopital 49 — 127 G 3
Grugies 02 — 24 A 3
Grugny 76 — 20 B 5
Gruissan 11 — 339 F 1
Gruissan-Plage 11 — 339 F 1
Grumesnil 76 — 21 F 5
Grun-Bordas 24 — 240 B 3
Grundviller 57 — 67 G 1
Gruny 80 — 23 F 3
Grury 71 — 176 A 5
Gruson 59 — 9 E 3
Grusse 39 — 196 B 1
Grussenheim 68 — 121 F 2
Grust 65 — 332 D 3
Gruyères 08 — 26 C 3
Le Gua 17 — 200 D 5
Le Gua 38 — 250 D 3
Guagno 2A — 348 D 1
Guagno-les-Bains 2A — 348 C 1
Guainville 28 — 57 E 2
Guarbecque 62 — 7 H 3
Guargualé 2A — 348 D 4
Guchan 65 — 333 G 4
Guchen 65 — 333 G 4
Gudas 09 — 336 B 2
Gudmont 52 — 93 E 5
Le Gué-d'Alleré 17 — 183 H 5
Le Gué-de-la-Chaîne 61 — 84 B 4
Le Gué-de-Longroi 28 — 86 C 3
Le Gué-de-Velluire 85 — 183 H 3
Gué-d'Hossus 08 — 26 C 1
Le Gué-du-Loir 41 — 131 F 3
Le Gué-Lian 72 — 107 G 2
Guebenhouse 57 — 67 F 1
Gueberschwihr 68 — 121 E 3
Guébestroff 57 — 67 E 4
Guéblange-lès-Dieuze 57 — 67 E 4
Guébling 57 — 67 E 3
Guebwiller 68 — 120 D 5
Guécélard 72 — 129 H 2
Le Guédéniau 49 — 150 C 1
Guégon 56 — 102 C 4
Guéhébert 50 — 51 H 1
Guéhenno 56 — 102 C 5
Gueltas 56 — 102 B 2
Guémappe 62 — 13 H 3
Guémar 68 — 97 E 5
Guémené-Penfao 44 — 126 A 4
Guémené-sur-Scorff 56 — 101 F 2
Guémicourt 80 — 21 F 3
Guemps 62 — 2 D 3
Guénange 57 — 45 H 4
Guengat 29 — 99 G 2
Guénin 56 — 101 H 4
Guénouvry 44 — 126 B 4
Guenroc 22 — 79 G 5
Guenrouet 44 — 125 H 5
Guentrange 57 — 45 G 3
Guenviller 57 — 47 E 5
Guêprei 61 — 54 B 3
Guer 56 — 103 F 5
Guérande 44 — 145 H 4
Guérard 77 — 59 G 4
Guerbigny 80 — 23 E 4
La Guerche 37 — 170 A 3
La Guerche-de-Bretagne 35 — 105 E 5
La Guerche-sur-l'Aubois 18 — 174 A 2
Guercheville 77 — 112 A 2
Guerchy 89 — 136 A 2
Guéreins 01 — 213 E 1
Guéret 23 — 207 E 1
Guerfand 71 — 178 A 4
Guérigny 58 — 174 C 1
Guérin 47 — 257 E 5
La Guérinière 85 — 164 B 1
Guerlédan Lac de 22 — 77 H 5
Guerlesquin 29 — 72 B 5
Guermange 57 — 67 F 4
Guermantes 77 — 59 E 3
Guern 56 — 101 G 3
Guernanville 27 — 55 H 3
Guernes 78 — 57 F 1
Le Guerno 56 — 125 E 4
Guerny 27 — 37 F 4
Guéron 14 — 33 E 3
La Guéroulde 27 — 55 H 4
Guerpont 55 — 63 H 4
Guerquesalles 61 — 54 C 2
Les Guerreaux 71 — 193 F 2
Guerstling 57 — 46 D 3
Guerting 57 — 46 D 5
Guerville 76 — 11 E 5
Guerville 78 — 57 F 2
Guéry Col de 63 — 227 F 2
Gueschart 80 — 11 H 2
Guesnain 59 — 8 D 5
Guesnes 86 — 168 D 2
Guessling-Hémering 57 — 66 D 1
Guéthary 64 — 310 C 3
Le Guétin 18 — 174 B 2
Gueudecourt 80 — 13 G 5
Gueugnon 71 — 193 G 1
Gueures 76 — 20 A 2
Gueutteville 76 — 20 A 4
Gueutteville-les-Grès 76 — 19 G 2
Gueux 51 — 41 F 4
Guevenatten 68 — 142 D 2
Guewenheim 68 — 142 D 1
Gueynard 33 — 237 H 3
Gueytes-et-Labastide 11 — 337 E 2
Gueyze 47 — 275 E 4
Gugnécourt 88 — 95 H 5
Gugney 54 — 94 C 4
Gugney-aux-Aulx 88 — 95 E 5
Guibermesnil 80 — 21 G 2
Guibeville 91 — 87 G 2
Guichainville 27 — 56 B 2
Guiche 64 — 292 C 5
La Guiche 71 — 194 B 2
Guichen 35 — 104 A 4
Guiclan 29 — 71 G 5
Guidel 56 — 100 D 5
Guidon du Bouquet 30 — 284 A 3
La Guierche 72 — 107 H 3
Guignecourt 60 — 38 A 1
Guignemicourt 80 — 22 B 2
Guignen 35 — 103 H 5
Guignes 77 — 88 C 2
Guigneville 45 — 111 G 2
Guigneville-sur-Essonne 91 — 87 H 3
Guignicourt 02 — 41 G 2
Guignicourt-sur-Vence 08 — 26 C 4
La Guignière 37 — 151 H 2
Guignonville 45 — 111 F 3
Guigny 62 — 11 H 1
Guilberville 50 — 52 C 1
Le Guildo 22 — 50 A 5
Guiler-sur-Goyen 29 — 99 F 2
Guilers 29 — 75 E 2
Guilherand-Granges 07 — 249 F 4
Guillac 33 — 256 C 1
Guillac 56 — 102 D 5
Guillaucourt 80 — 23 E 2
Guillaumes 06 — 289 F 3
Guillemont 80 — 13 G 5
La Guillermie 03 — 210 D 3
Guillerval 91 — 87 F 5
Guillestre 05 — 270 D 2
Guilleville 28 — 110 D 2
Guilliers 56 — 102 D 3
Guilligomarc'h 29 — 101 E 4
Guillon 89 — 158 B 1
Guillon-les-Bains 25 — 162 C 2
Guillonville 28 — 110 C 4
Guillos 33 — 255 G 4
Guilly 36 — 171 H 1
Guilly 45 — 133 H 3
Guilmécourt 76 — 10 C 5
Guilvinec 29 — 99 F 5
Guimaëc 29 — 72 A 4
Guimiliau 29 — 71 G 5
Guimps 16 — 220 C 4
Guinarthe-Parenties 64 — 311 H 3
Guincourt 08 — 26 C 5
Guindrecourt-aux-Ormes 52 — 92 D 3
Guindrecourt-sur-Blaise 52 — 92 C 5
Guinecourt 62 — 12 C 2
Guînes 62 — 2 C 4
Guingamp 22 — 73 E 5
Guinglange 57 — 66 C 1
Guinkirchen 57 — 46 C 4
Guinzeling 57 — 67 F 3
Guipavas 29 — 75 F 2
Guipel 35 — 80 B 5
Guipronvel 29 — 70 C 5
Guipry 35 — 126 A 2
Guipy 58 — 157 F 4
Guirlange 57 — 46 C 4
Guiry-en-Vexin 95 — 37 G 5
Guiscard 60 — 23 H 4
Guiscriff 56 — 100 C 2
Guise 02 — 24 D 1
Guiseniers 27 — 37 E 4
Le Guislain 50 — 52 A 1
Guissény 29 — 70 D 4
Guisy 62 — 6 D 5
Guitalens 81 — 299 E 4
Guitera-les-Bains 2A — 349 E 3
Guitinières 17 — 219 G 4
Guitrancourt 78 — 57 G 1
Guîtres 33 — 238 C 3
Guitry 27 — 37 E 4
Guitté 22 — 103 G 1
Guivry 02 — 23 H 4
Guizancourt 80 — 21 H 3
Guizengeard 16 — 220 D 5
Guizerix 65 — 315 H 4
Gujan-Mestras 33 — 254 C 2
Gumbrechtshoffen 67 — 68 D 2
Gumery 10 — 89 H 4
Gumiane 26 — 268 A 4
Gumières 42 — 229 G 3
Gumond 19 — 243 F 2
Gundershoffen 67 — 68 D 2
Gundolsheim 68 — 121 E 4
Gungwiller 67 — 67 H 3
Gunsbach 68 — 120 D 3
Gunstett 67 — 69 E 2
Guntzviller 57 — 67 H 5
Guny 02 — 40 A 1
Guran 31 — 334 B 3
Gurat 16 — 221 G 4
Gurcy-le-Châtel 77 — 89 E 3
Gurgy 89 — 136 B 2
Gurgy-la-Ville 21 — 138 D 2
Gurgy-le-Château 21 — 138 D 2
Gurmençon 64 — 331 H 1
Gurs 64 — 313 G 4
Gurunhuel 22 — 72 D 5
Gury 60 — 23 F 5
Gussainville 55 — 44 D 5
Gussignies 59 — 15 F 2
Guyancourt 78 — 58 A 4
Guyans-Durnes 25 — 162 B 5
Guyans-Vennes 25 — 163 E 4
Guyencourt 02 — 41 F 2
Guyencourt-Saulcourt 80 — 14 A 5
Guyencourt-sur-Noye 80 — 22 C 3
La Guyonnière 85 — 166 A 2
Guyonvelle 52 — 140 B 2
Guzargues 34 — 303 E 3
Guzet-Neige 09 — 335 G 5
Gy 70 — 161 G 2
Gy-en-Sologne 41 — 153 G 3
Gy-les-Nonains 45 — 112 D 5
Gy-l'Évêque 89 — 136 B 4
Gye 54 — 94 B 1
Gyé-sur-Seine 10 — 115 G 4

H

Habarcq 62 — 13 F 2
Habas 40 — 293 E 4
Habère-Lullin 74 — 198 B 4
Habère-Poche 74 — 198 B 4
L'Habit 27 — 56 D 3
L'Habitarelle 48 — 264 D 3
L'Habitarelle 48 — 265 F 5
Hablainville 54 — 95 H 2
Habloville 61 — 53 H 4
Habonville 54 — 45 F 5
Haboudange 57 — 66 D 3
Habsheim 68 — 143 G 1
Hachan 65 — 315 H 4
Hâcourt 52 — 117 H 2
Hacqueville 27 — 37 E 3
Hadancourt-le-Haut-Clocher 60 — 37 G 5
Hadigny-les-Verrières 88 — 95 F 4
Hadol 88 — 119 G 3
Hadonville-lès-Lachaussée 55 — 65 E 1
Haegen 67 — 68 B 5
Hagécourt 88 — 94 D 5
Hagedet 65 — 295 E 5
Hagen 57 — 45 H 1
Hagenbach 68 — 143 E 2
Hagenthal-le-Bas 68 — 143 G 4
Hagenthal-le-Haut 68 — 143 G 4
Haget 32 — 315 F 2
Hagetaubin 64 — 293 H 5
Hagetmau 40 — 293 H 4
Hagéville 54 — 65 F 2
Hagnéville-et-Roncourt 88 — 94 A 5
Hagnicourt 08 — 26 C 5
Hagondange 57 — 45 H 4
La Hague Usine atomique de 50 — 28 C 2
Haguenau 67 — 69 E 3
La Haie-Fouassière 44 — 147 H 4
La Haie-Longue 49 — 149 F 3
La Haie-Traversaine 53 — 82 B 4
Les Haies 69 — 231 E 3
Haigneville 54 — 95 E 3
Haillainville 88 — 95 F 4
Le Haillan 33 — 237 F 5
Hailles 80 — 22 C 3
Haillicourt 62 — 7 H 4
Haimps 17 — 202 C 4
Haims 86 — 187 G 2
Hainvillers 60 — 23 E 5
Haironville 55 — 63 G 5
Haisnes 62 — 8 B 4
Haleine 61 — 82 C 3
Halinghen 62 — 6 B 3
Hallencourt 80 — 11 G 5
Hallennes-lez-Haubourdin 59 — 8 C 3
Hallering 57 — 46 D 5
Les Halles 69 — 230 B 1
Halles-sous-les-Côtes 55 — 43 G 1
Hallignicourt 52 — 63 E 5
Hallines 62 — 7 F 2
Halling-lès-Boulay 57 — 46 C 5
Hallivillers 80 — 22 B 4
La Hallotière 76 — 36 D 1
Halloville 54 — 96 A 2
Halloy 60 — 21 H 4
Halloy 62 — 12 D 4
Halloy-lès-Pernois 80 — 12 C 5
Hallu 80 — 23 F 3
Halluin 59 — 4 D 5
Halsou 64 — 310 D 3
Halstroff 57 — 46 C 2
Le Ham 14 — 34 A 4
Le Ham 50 — 29 G 5
Le Ham 53 — 82 D 4
Ham 80 — 23 H 3
Ham Roches de 50 — 52 B 1
Ham-en-Artois 62 — 7 H 3
Ham-les-Moines 08 — 26 C 2
Ham-sous-Varsberg 57 — 46 D 5
Ham-sur-Meuse 08 — 17 E 4
Hamars 14 — 53 F 1
Hambach 57 — 67 G 1
Hambers 53 — 106 C 2
Hamblain-les-Prés 62 — 13 H 2
Hambye 50 — 51 H 2
Hambye Abbaye de 50 — 51 H 2
Hameau-de-la-Mer 50 — 29 E 2
Hamel 59 — 14 A 2
Le Hamel 60 — 21 H 4
Le Hamel 80 — 22 D 2
Hamelet 80 — 22 D 1
Hamelin 50 — 81 F 2
Hamelincourt 62 — 13 G 3
Hames-Boucres 62 — 2 C 4
Hammeville 54 — 94 C 2
Hamonville 54 — 65 E 4
Hampigny 10 — 91 H 3
Hampont 57 — 66 D 4
Han-devant-Pierrepont 54 — 44 D 3
Han-lès-Juvigny 55 — 43 H 1
Han-sur-Meuse 55 — 64 C 4
Han-sur-Nied 57 — 66 C 2
Hanau Étang de 57 — 68 C 1
Hanc 79 — 203 E 2
Hanches 28 — 86 C 2
Hancourt 80 — 23 H 1
Handschuheim 67 — 97 F 1
Hangard 80 — 22 D 2
Hangenbieten 67 — 97 G 1
Hangest-en-Santerre 80 — 23 E 3
Hangest-sur-Somme 80 — 22 A 1
Hangviller 57 — 68 A 4
Hannaches 60 — 37 G 1
Hannapes 02 — 24 D 1
Hannappes 08 — 25 H 2
Hannescamps 62 — 13 F 4
Hannocourt 57 — 66 C 3
Hannogne-Saint-Martin 08 — 27 E 4
Hannogne-Saint-Rémy 08 — 25 H 5
Hannonville-sous-les-Côtes 55 — 64 D 2
Hannonville-Suzémont 54 — 65 E 1
Le Hanouard 76 — 19 G 3
Hans 51 — 42 D 5
Hantay 59 — 8 B 3
Hantz Col du 88 — 96 C 3
Hanvec 29 — 75 H 3
Hanviller 57 — 48 C 5
Hanvoile 60 — 37 G 1
Haplincourt 62 — 13 H 4
Happencourt 02 — 24 A 3
Happonvilliers 28 — 85 G 5
Harambels 64 — 311 G 5
Haramont 02 — 39 H 3
Haraucourt 08 — 27 F 4
Haraucourt 54 — 95 E 1
Haraucourt-sur-Seille 57 — 66 D 4
Haraumont 55 — 43 H 2
Haravesnes 62 — 12 B 2
Haravilliers 95 — 38 A 5
Harbonnières 80 — 23 E 2
Harbouey 54 — 96 A 1
Harcanville 76 — 19 G 3
Harchéchamp 88 — 94 A 4
Harcigny 02 — 25 G 3
Harcourt 27 — 35 G 5
Harcy 08 — 26 C 2
Hardancourt 88 — 95 G 4
Hardanges 53 — 82 C 5
Hardecourt-aux-Bois 80 — 23 F 1
Hardelot-Plage 62 — 6 A 2
Hardencourt-Cocherel 27 — 56 C 1
Hardifort 59 — 3 H 4
Hardinghen 62 — 2 C 5
Hardinvast 50 — 29 E 3
Hardivillers 60 — 22 C 5
Hardivillers-en-Vexin 60 — 37 H 3
La Hardoye 08 — 25 H 4
Hardricourt 78 — 57 G 1
La Harengère 27 — 36 A 4
Haréville 88 — 118 C 2
Harfleur 76 — 34 C 1
Hargarten-aux-Mines 57 — 46 D 4
Hargeville 78 — 57 F 3
Hargeville-sur-Chée 55 — 63 H 3
Hargicourt 02 — 24 A 1
Hargicourt 80 — 22 D 4
Hargnies 08 — 17 E 5
Hargnies 59 — 15 G 2
Haricourt 27 — 37 E 5
Harly 02 — 24 B 2
Harméville 52 — 93 F 3
Harmonville 88 — 94 B 3
La Harmoye 22 — 77 H 4
Harnes 62 — 8 C 4
Harol 88 — 119 E 2
Haroué 54 — 94 D 3
Harponville 80 — 13 E 5
Harprich 57 — 66 D 2
Harquency 27 — 37 E 4
Harreberg 57 — 67 H 5
Harréville-les-Chanteurs 52 — 93 H 5
Harricourt 08 — 43 F 1
Harricourt 52 — 92 C 5
Harsault 88 — 119 E 3
Harskirchen 67 — 67 G 2
Hartennes-et-Taux 02 — 40 B 3
Hartmannswiller 68 — 120 D 5
Hartzviller 57 — 67 H 5
Harville 55 — 65 E 1
Hary 02 — 25 F 3
Haselbourg 57 — 68 A 5
Hasnon 59 — 9 F 5
Hasparren 64 — 311 E 3
Haspelschiedt 57 — 48 C 5
Haspres 59 — 14 C 3
Hastingues 40 — 292 D 5
Hatrize 54 — 45 F 5
Hatten 67 — 69 F 2
Hattencourt 80 — 23 F 3
Hattenville 76 — 19 F 4
Hattigny 57 — 96 B 1
Hattmatt 67 — 68 B 4
Hattonchâtel 55 — 64 D 2
Hattonville 55 — 64 D 2
Hattstatt 68 — 121 E 3
Hauban 65 — 333 F 1
Haubourdin 59 — 8 C 3
Hauconcourt 57 — 45 H 4
Haucourt 60 — 37 H 1
Haucourt 62 — 13 H 3
Haucourt 76 — 21 F 4
Haucourt-en-Cambrésis 59 — 14 C 4
Haucourt-la-Rigole 55 — 44 D 4
Haucourt-Moulaine 54 — 45 E 2
Haudainville 55 — 64 B 1
Haudiomont 55 — 64 C 1
Haudivillers 60 — 38 B 1
Haudonville 54 — 95 G 2
Haudrecy 08 — 26 C 3
Haudricourt 76 — 21 F 3
Haulchin 59 — 14 D 2
Haulies 32 — 296 B 5
Haulmé 08 — 26 D 2
Haumont-lès-Lachaussée 55 — 65 E 2
Haumont-près-Samogneux 55 — 44 B 4
Hauriet 40 — 293 G 3
Hausgauen 68 — 143 F 3
Haussez 76 — 21 F 5
Haussignémont 51 — 63 E 4
Haussimont 51 — 61 H 4
Haussonville 54 — 95 E 2
Haussy 59 — 14 D 3
Haut-Asco 2B — 346 C 3
Haut-Barr Château du 67 — 68 B 4
Haut-Clocher 57 — 67 G 4
Le Haut-Corlay 22 — 77 H 4
Haut-de-Bosdarros 64 — 314 B 5
Le Haut-du-Them 70 — 142 B 1
Haut-Kœnigsbourg Château du 67 — 97 E 5
Haut-Lieu 59 — 15 G 4
Haut-Loquin 62 — 2 D 5
Haut-Maînil 62 — 12 B 2
Haut-Mauco 40 — 293 H 2
Le Haut Planet Balcon 78 — 57 F 5
Hautaget 65 — 333 H 1
Hautbos 60 — 21 G 5
Haute-Avesnes 62 — 13 F 2
La Haute-Beaume 05 — 268 D 3
La Haute-Chapelle 61 — 82 B 2
Haute-Epine 60 — 21 H 5
Haute-Goulaine 44 — 147 H 4
Haute-Isle 95 — 57 F 1

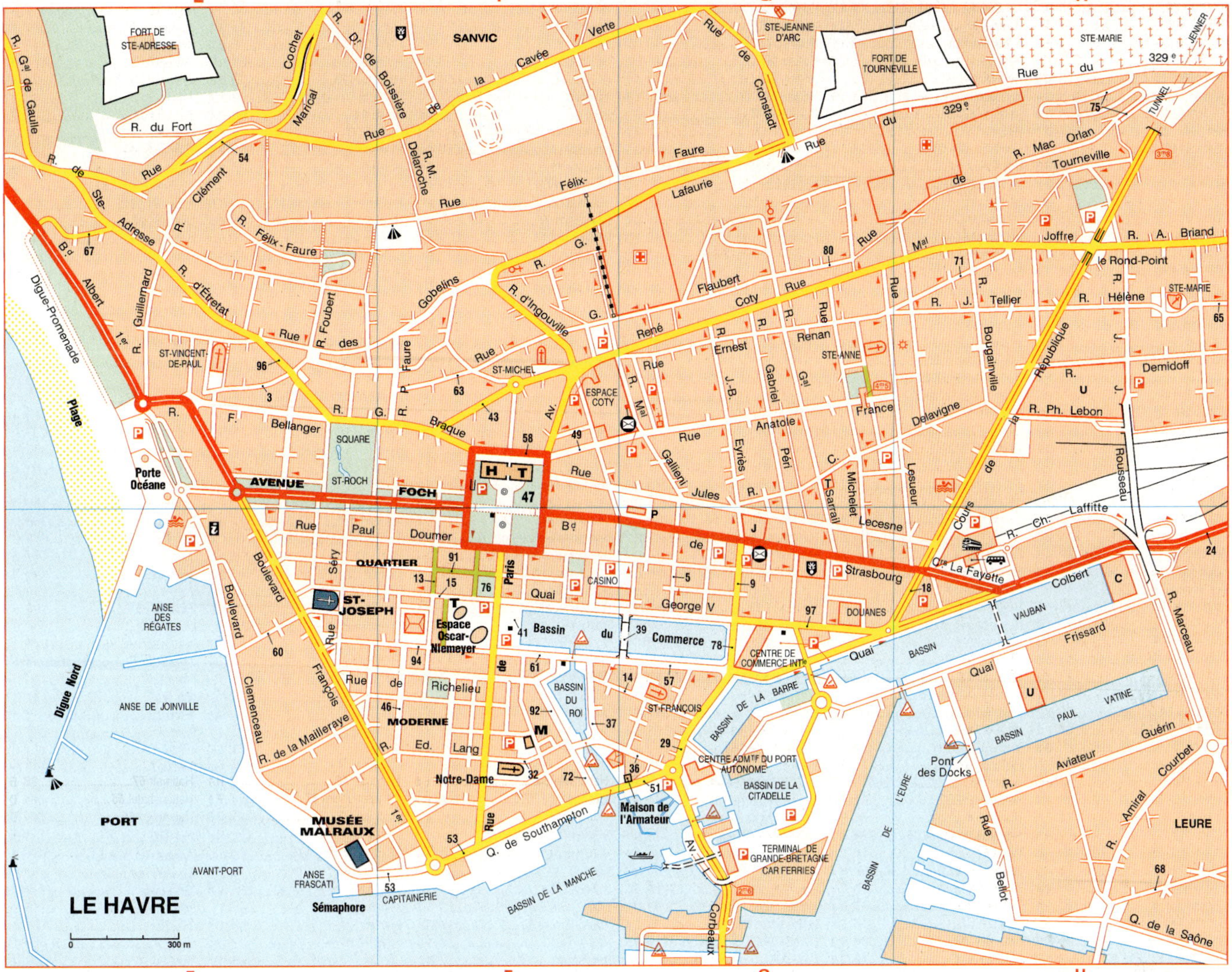

Alma (R. de l') .... EY 3
Anfray (R.) .... GZ 5
Archinard (Av. Gén.) .... GZ 9
Bernardin-de-St-Pierre (R.) .... FZ 13
La Bourdonnais (R.) .... EY 54
Bretagne (R. de) .... FGZ 14
Briand (R. A.) .... HY
Brindeau (R. L.) .... EFZ 15
Churchill (Bd W.) .... HZ 24
Delavigne (Quai C.) .... GZ 29
Delavigne (R. C.) .... GHY
Drapiers (R. des) .... FZ 32
Étretat (R. d') .... EY
Faidherbe (R. Gén.) .... GZ 36
Féré (Quai Michel) .... FZ 37
François le Chevalier (Passerelle) .... GZ 39
Fratacci (Crs Cdt) .... HZ 18
Gaulle (Pl. Gén.-de) .... FZ 41
Genestal (R. H.) .... FY 43
Honegger (R. A.) .... FZ 46
Hôtel-de-Ville (Pl. de l') .... FYZ 47
Huet (R. A.-A.) .... FY 49
Ile (Quai de l') .... GZ 51
Joffre (R. Maréchal) .... GHY
Kennedy (Chée J.) .... EFZ 53
Lamblardie (Quai) .... FGZ 57
Leclerc (Av. Gén.) .... FY 58
Lemaître (R. F.) .... EZ 60
Louer (R. J.) .... FY 63
Massillon (R.) .... HY 65
Maupassant (R. G.-de) .... EY 67
Neustrie (R. de) .... HY 71
Notre-Dame (Quai) .... FZ 72
Paris (R. de) .... FZ
Pasteur (R.) .... HY 75
Perret (Pl. Auguste) .... FZ 76
Pompidou (Chée G.) .... GZ 78
République (Cours de la) .... HY
Risson (R. F.) .... GY 80
Le Testu (Quai G.) .... FZ 61
Victor-Hugo (R.) .... FZ 91
Videcoq (Quai) .... FZ 92
Voltaire (R.) .... EFZ 94
Wilson (R. Président) .... EY 96
24e-Territorial (Chée du) .... GZ 97

Haute-Kontz **57** .... 46 B 2
La Haute-Maison **77** .... 59 H 3
Haute Provence
Observatoire de **04** .... 287 E 5
Haute-Rivoire **69** .... 230 B 1
Haute-Vigneulles **57** .... 66 D 1
Hautecloque **62** .... 12 D 2
Hautecombe *Abbaye de* **73** .... 215 E 5
Hautecôte **62** .... 12 C 2
Hautecour **39** .... 196 D 1
Hautecour **73** .... 234 C 3
Hautecourt-lès-Broville **55** .... 44 C 5
Hautecourt-Romanèche **01** .... 214 B 1
Hautefage **19** .... 243 F 3
Hautefage-la-Tour **47** .... 276 C 1
Hautefaye **24** .... 221 H 3
Hautefeuille **77** .... 59 G 4
Hautefond **71** .... 193 H 3
Hautefontaine **60** .... 39 H 2
Hautefort **24** .... 241 F 1
Hauteluce **73** .... 216 C 5
Hautepierre-le-Châtelet **25** .... 180 C 1
Hauterive **03** .... 210 B 2
Hauterive **61** .... 83 H 3
Hauterive **89** .... 114 A 5
Hauterive-la-Fresse **25** .... 180 D 1
Hauterives **26** .... 249 G 1
Hauteroche **21** .... 159 F 1
Hautes-Duyes **04** .... 287 H 2
Les Hautes-Rivières **08** .... 27 E 1
Hautesvignes **47** .... 257 G 5
Hautevelle **70** .... 141 F 2
Hautevesnes **02** .... 40 A 5
Hauteville **02** .... 24 C 2
Hauteville **08** .... 26 A 5
Hauteville **51** .... 63 E 5
Hauteville **62** .... 13 E 2
Hauteville **73** .... 233 H 2
La Hauteville **78** .... 57 E 5
Hauteville-Gondon **73** .... 234 D 1
Hauteville-la-Guichard **50** .... 31 H 5
Hauteville-lès-Dijon **21** .... 160 A 2
Hauteville-Lompnes **01** .... 214 C 3
Hauteville-sur-Fier **74** .... 215 F 3
Hauteville-sur-Mer **50** .... 51 F 1
L'Hautil **78** .... 57 H 2
Haution **02** .... 25 F 2
Hautmont **59** .... 15 G 3
Hautmougey **88** .... 119 E 4
Hautot-l'Auvray **76** .... 19 G 3
Hautot-le-Vatois **76** .... 19 G 4
Hautot-Saint-Sulpice **76** .... 19 G 4
Hautot-sur-Mer **76** .... 20 A 2
Hautot-sur-Seine **76** .... 36 A 2
Hautteville-Bocage **50** .... 29 F 5
Hautvillers **51** .... 61 F 1
Hautvillers-Ouville **80** .... 11 G 3
Hauville **27** .... 35 G 2
Hauviné **08** .... 42 B 3
Haux **33** .... 255 H 2
Haux **64** .... 331 F 2
Havange **57** .... 45 F 3
Havelu **28** .... 57 E 4
Haveluy **59** .... 9 F 5
Havernas **80** .... 12 C 5
Haverskerque **59** .... 7 H 2
Le Havre **76** .... 34 C 1
Le Havre-Antifer
Port pétrolier **76** .... 18 C 4
Havrincourt **62** .... 14 A 4
Havys **08** .... 26 B 2
L'Hay-les-Roses **94** .... 58 C 4
Hayange **57** .... 45 G 3
Haybes **08** .... 17 E 5
La Haye **76** .... 36 D 1
La Haye **88** .... 119 E 3
La Haye-Aubrée **27** .... 35 G 2
La Haye-Bellefond **50** .... 52 A 1
La Haye-de-Calleville **27** .... 35 G 4
La Haye-de-Routot **27** .... 35 G 2
La Haye-d'Ectot **50** .... 28 D 5
La Haye-du-Puits **50** .... 31 F 3
La Haye-du-Theil **27** .... 35 H 4
La Haye-le-Comte **27** .... 36 B 4
La Haye-Malherbe **27** .... 36 A 4
La Haye-Pesnel **50** .... 51 G 3
La Haye-Saint-Sylvestre **27** .... 55 F 2
Les Hayes **41** .... 131 E 4
Hayes **57** .... 46 B 5
Haynecourt **59** .... 14 B 3
Les Hays **39** .... 178 D 2
Hazebrouck **59** .... 3 H 5
Hazembourg **57** .... 67 F 2
Héas **65** .... 333 E 5
Le Heaulme **95** .... 37 H 5
Héauville **50** .... 28 D 3
Hébécourt **27** .... 37 F 3
Hébécourt **80** .... 22 B 3
Hébécrevon **50** .... 32 A 5
Héberville **76** .... 19 H 3
Hébuterne **62** .... 13 F 4
Hèches **65** .... 333 H 2
Hecken **68** .... 143 E 2
Hecmanville **27** .... 35 F 4
Hécourt **27** .... 56 D 2
Hécourt **60** .... 37 G 1
Hecq **59** .... 15 E 3
Hectomare **27** .... 36 A 4
Hédauville **80** .... 13 E 5
Hédé **35** .... 80 A 5
Hédouville **95** .... 38 B 5
Hegeney **67** .... 68 D 2
Hégenheim **68** .... 143 H 3
Heidolsheim **67** .... 97 F 5
Heidwiller **68** .... 143 F 2
Heiligenberg **67** .... 97 E 2
Heiligenstein **67** .... 97 F 3
Heillecourt **54** .... 94 D 1
Heilles **60** .... 38 B 3
Heilly **80** .... 22 D 1
Heiltz-le-Hutier **51** .... 63 E 5
Heiltz-le-Maurupt **51** .... 63 E 4
Heiltz-l'Évêque **51** .... 62 D 4
Heimersdorf **68** .... 143 F 3
Heimsbrunn **68** .... 143 E 2
Heining-lès-Bouzonville **57** .... 46 D 3
Heippes **55** .... 63 H 1
Heiteren **68** .... 121 G 4
Heiwiller **68** .... 143 F 3
Hélesmes **59** .... 9 F 5
Hélette **64** .... 311 F 4
Helfaut **62** .... 7 F 2
Helfrantzkirch **68** .... 143 G 3
Helléan **56** .... 102 D 4
Hellemmes-Lille **59** .... 8 D 2
Hellenvilliers **27** .... 56 B 4
Hellering-lès-Fénétrange **57** .... 67 G 4
Helleville **50** .... 28 D 4
Hellimer **57** .... 67 F 2
Héloup **61** .... 83 G 4
Helstroff **57** .... 46 C 5
Hem **59** .... 9 E 2
Hem-Hardinval **80** .... 12 C 4
Hem-Lenglet **59** .... 14 B 3
Hem-Monacu **80** .... 23 F 1
Hémevez **50** .... 29 F 5
Hémévillers **60** .... 39 E 1
Hémilly **57** .... 66 C 1
Héming **57** .... 67 G 5
Hémonstoir **22** .... 102 A 2
Hénaménil **54** .... 66 D 5
Hénanbihen **22** .... 79 E 2
Hénansal **22** .... 79 E 3
Hendaye **64** .... 310 A 3
Hendecourt-
lès-Cagnicourt **62** .... 13 H 3
Hendecourt-lès-Ransart **62** .... 13 G 3
Hénencourt **80** .... 13 E 5
Henflingen **68** .... 143 F 3
Hengoat **22** .... 73 E 3
Hengwiller **67** .... 68 B 5
Hénin-Beaumont **62** .... 8 C 5
Hénin-sur-Cojeul **62** .... 13 G 3
Héninel **62** .... 13 G 3
Hennebont **56** .... 101 F 5
Hennecourt **88** .... 119 E 2
Hennemont **55** .... 64 D 1
Henneveux **62** .... 2 C 5
Hennezel **88** .... 118 D 3
Hennezis **27** .... 36 D 4
Hénon **22** .... 78 C 4
Hénonville **60** .... 38 A 4
Hénouville **76** .... 36 A 1
Henrichemont **18** .... 155 F 3
Henridorff **57** .... 68 A 4
Henriville **57** .... 67 F 1
Hénu **62** .... 13 E 4
Henvic **29** .... 71 H 4
Hérange **57** .... 67 H 4
L'Herbaudière **85** .... 164 B 1
Herbault **41** .... 131 H 5
Herbeauvilliers **77** .... 112 A 2
Herbécourt **80** .... 23 F 1
Herbelles **62** .... 7 F 2
L'Herbergement **85** .... 165 H 2
Herbeuval **08** .... 27 H 4
Herbeuville **55** .... 64 D 2
Herbeville **78** .... 57 G 3
Herbéviller **54** .... 95 H 2
Herbeys **38** .... 251 E 2
Les Herbiers **85** .... 166 C 3
Herbignac **44** .... 146 B 1
Herbinghen **62** .... 2 D 5
Herbisse **10** .... 91 E 2
Herbitzheim **67** .... 67 G 1
Herblay **95** .... 58 A 2
Herbsheim **67** .... 97 G 4
Hercé **53** .... 81 H 4

A B C D E F G H I J K L M N O P Q R S T U V W X Y Z

Herchies *60* ..... 37 H 1
La Hérelle *60* ..... 22 C 5
Hérenguerville *50* ..... 51 G 1
Hérépian *34* ..... 301 F 5
Hères *65* ..... 295 E 5
Hergnies *59* ..... 9 G 4
Hergugney *88* ..... 94 D 4
Héric *44* ..... 147 G 1
Héricourt *62* ..... 12 C 2
Héricourt *70* ..... 142 B 3
Héricourt-en-Caux *76* ..... 19 G 4
Héricourt-sur-Thérain *60* ..... 21 G 5
Héricy *77* ..... 88 C 4
La Hérie *02* ..... 25 G 2
Le Hérie-la-Viéville *02* ..... 24 D 2
Hériménil *54* ..... 95 F 2
Hérimoncourt *25* ..... 142 C 5
Hérin *59* ..... 9 G 5
Hérissart *80* ..... 12 D 5
Hérisson *03* ..... 191 E 2
Hérisson *Cascades du* *39* ..... 179 H 5
Herleville *80* ..... 23 F 2
La Herlière *62* ..... 13 E 3
Herlies *59* ..... 8 B 3
Herlin-le-Sec *62* ..... 7 G 5
Herlincourt *62* ..... 12 C 2
Herly *62* ..... 6 D 3
Herly *80* ..... 23 G 3
L'Herm *09* ..... 336 B 3
Herm *40* ..... 292 D 2
L'Herm *Château de* *24* ..... 241 E 3
Hermanville *76* ..... 20 A 2
Hermanville-sur-Mer *14* ..... 33 G 3
Les Hermaux *48* ..... 263 H 4
Hermaville *62* ..... 13 F 2
Hermé *77* ..... 89 G 3
Hermelange *57* ..... 67 G 5
Hermelinghen *62* ..... 2 C 5
L'Hermenault *85* ..... 183 H 2
Herment *63* ..... 226 D 1
Hermeray *78* ..... 86 C 2
Hermerswiller *67* ..... 69 F 2
Hermes *60* ..... 38 B 3
Hermeville *76* ..... 18 D 5
Herméville-en-Woëvre *55* ..... 44 C 5
Hermies *62* ..... 14 A 4
Hermillon *73* ..... 234 A 5
Hermin *62* ..... 7 H 5
L'Hermitage *35* ..... 104 A 2
L'Hermitage-Lorge *22* ..... 78 A 5
Les Hermites *37* ..... 131 E 4
L'Hermitière *61* ..... 84 C 5
Hermival-les-Vaux *14* ..... 34 D 5
Hermonville *51* ..... 41 F 3
Hernicourt *62* ..... 7 G 5
Herny *57* ..... 66 C 2
Le Héron *76* ..... 36 D 1
Héronchelles *76* ..... 36 D 1
Hérouville *95* ..... 38 A 5
Hérouville-Saint-Clair *14* ..... 33 G 4
Hérouvillette *14* ..... 33 H 4
Herpelmont *88* ..... 119 H 2
La Herpinière *Moulin* *49* ..... 150 C 4
Herpont *51* ..... 62 D 1
Herpy-l'Arlésienne *08* ..... 41 H 1
Herqueville *27* ..... 36 C 4
Herqueville *50* ..... 28 C 2
Herran *31* ..... 334 D 2
Herré *40* ..... 274 D 5
Herrère *64* ..... 331 H 1
Herrin *59* ..... 8 C 3
Herrlisheim *67* ..... 69 F 4
Herrlisheim-
près-Colmar *68* ..... 121 E 3
Herry *18* ..... 156 A 4
Hersbach *67* ..... 96 D 2
Herserange *54* ..... 45 E 1
Hersin-Coupigny *62* ..... 8 A 4
Hertzing *57* ..... 67 G 5
Hervelinghen *62* ..... 2 B 4
Hervilly *80* ..... 23 H 1
Héry *58* ..... 157 F 4
Héry *89* ..... 136 B 2
Héry-sur-Alby *74* ..... 215 F 5
Herzeele *59* ..... 3 H 4
Hesbécourt *80* ..... 23 H 1
Hescamps-Saint-Clair *80* ..... 21 G 3
Hesdigneul-lès-Béthune *62* ..... 8 A 4
Hesdigneul-
lès-Boulogne *62* ..... 6 B 2
Hesdin *62* ..... 7 E 5
Hesdin-l'Abbé *62* ..... 6 B 2
Hésingue *68* ..... 143 H 3
Hesmond *62* ..... 6 D 4
Hesse *57* ..... 67 G 5
Hessenheim *67* ..... 97 F 5
Hestroff *57* ..... 46 C 4
Hestrud *59* ..... 16 A 3
Hestrus *62* ..... 7 G 4
Hétomesnil *60* ..... 22 A 5
Hettange-Grande *57* ..... 45 G 2
Hettenschlag *68* ..... 121 F 3
Heubécourt-Haricourt *27* ..... 37 E 5
Heuchin *62* ..... 7 F 4
Heucourt-Croquoison *80* ..... 11 G 5
Heudebouville *27* ..... 36 C 4
Heudicourt *27* ..... 37 F 3
Heudicourt *80* ..... 14 A 5
Heudicourt-
sous-les-Côtes *55* ..... 64 D 3
Heudreville-en-Lieuvin *27* ..... 35 E 4
Heudreville-sur-Eure *27* ..... 36 B 5
Heugas *40* ..... 292 D 3
Heugleville-sur-Scie *76* ..... 20 B 3
Heugnes *36* ..... 171 F 2
Heugon *61* ..... 54 D 3
Heugueville-sur-Sienne *50* ..... 31 G 5
Heuilley-Cotton *52* ..... 139 G 3
Heuilley-le-Grand *52* ..... 139 H 3
Heuilley-sur-Saône *21* ..... 160 D 3
Heuland *14* ..... 34 B 3
Heume-l'Église *63* ..... 227 E 1
La Heunière *27* ..... 56 D 1
Heuqueville *27* ..... 36 C 3
Heuqueville *76* ..... 18 C 5
Heuringhem *62* ..... 7 F 2
Heurteauville *76* ..... 35 H 2
Heurtevent *14* ..... 54 C 2
Heussé *50* ..... 81 H 3
Heutrégiville *51* ..... 42 A 3
Heuzecourt *80* ..... 12 C 4
Hévilliers *55* ..... 93 F 2
Heyrieux *38* ..... 231 G 2
Hézecques *62* ..... 7 F 4
Le Hézo *56* ..... 124 C 4
Hibarette *65* ..... 315 E 5
Hières-sur-Amby *38* ..... 214 A 5
Hierges *08* ..... 17 E 4
Hiermont *80* ..... 12 B 3
Hiers-Brouage *17* ..... 200 C 4
Hiersac *16* ..... 221 E 1
Hiesse *16* ..... 204 B 2
Hiesville *50* ..... 32 A 2
Hiéville *14* ..... 54 B 1
Higuères-Souye *64* ..... 314 C 3
Hiis *65* ..... 315 F 5
Hilbesheim *57* ..... 67 H 4
Hillion *22* ..... 78 C 3
Hilsenheim *67* ..... 97 G 4
Hilsprich *57* ..... 67 F 1
Hinacourt *02* ..... 24 B 3
Hinckange *57* ..... 46 C 5
Hindisheim *67* ..... 97 G 2
Hindlingen *68* ..... 143 E 3
Hinges *62* ..... 8 A 3
Le Hinglé *22* ..... 79 G 4
Hinsbourg *67* ..... 68 A 2
Hinsingen *67* ..... 67 G 2
Hinx *40* ..... 293 E 3
Hipsheim *67* ..... 97 G 2
Hirel *35* ..... 50 D 5
Hirmentaz *74* ..... 198 B 4
Hirschland *67* ..... 67 H 3
Hirsingue *68* ..... 143 F 3
Hirson *02* ..... 25 G 1
Hirtzbach *68* ..... 143 E 3
Hirtzfelden *68* ..... 121 F 4
His *31* ..... 335 E 1
Hitte *65* ..... 315 F 5
Hoc *Pointe du* *14* ..... 32 C 2
Hochfelden *67* ..... 68 C 4
Hochstatt *68* ..... 143 F 2
Hochstett *67* ..... 68 D 4
Hocquigny *50* ..... 51 G 3
Hocquincourt *80* ..... 11 G 4
Hocquinghen *62* ..... 2 D 5
Hodenc-en-Bray *60* ..... 37 H 1
Hodenc-l'Evêque *60* ..... 38 A 3
Hodeng-au-Bosc *76* ..... 21 F 2
Hodeng-Hodenger *76* ..... 37 E 1
Hodent *95* ..... 37 G 5
Hœdic *56* ..... 144 D 4
Hœnheim *67* ..... 69 E 5
Hœrdt *67* ..... 69 E 5
Hoéville *54* ..... 66 C 5
Hoffen *67* ..... 69 F 2
Les Hogues *27* ..... 36 D 2
La Hoguette *14* ..... 53 H 3
Hohatzenheim *67* ..... 68 D 4
Hohengœft *67* ..... 68 C 5
Hohfrankenheim *67* ..... 68 C 4
Hohneck *68* ..... 120 C 3
Hohrod *68* ..... 120 C 3
Hohrodberg *68* ..... 120 C 3
Le Hohwald *67* ..... 97 E 3
Hohwiller *67* ..... 69 F 2
Holacourt *57* ..... 66 C 2
Holling *57* ..... 46 C 4
Holnon *02* ..... 24 A 2
Holque *59* ..... 3 F 4
Holtzheim *67* ..... 97 G 1
Holtzwihr *68* ..... 121 F 2
Holving *57* ..... 67 G 1
Hombleux *80* ..... 23 G 3
Homblières *02* ..... 24 B 2
Hombourg *68* ..... 143 G 1
Hombourg-Budange *57* ..... 46 B 4
Hombourg-Haut *57* ..... 47 E 5
L'Hôme-Chamondot *61* ..... 84 D 2
Homécourt *54* ..... 45 F 4
Hommarting *57* ..... 67 H 4
L'Homme-d'Armes *26* ..... 267 E 3
Hommert *57* ..... 67 H 5
Hommes *37* ..... 151 E 2
Le Hommet-d'Arthenay *50* ..... 32 A 4
Homps *11* ..... 320 C 4
Homps *32* ..... 296 D 2
Hon-Hergies *59* ..... 15 F 2
Hondainville *60* ..... 38 B 3
Hondeghem *59* ..... 3 H 5
Hondevilliers *77* ..... 60 B 3
Hondouville *27* ..... 36 B 5
Hondschoote *59* ..... 3 H 2
Honfleur *14* ..... 34 C 2
Honguemare-Guenouville *27* ..... 35 H 2
Honnechy *59* ..... 14 D 5
Honnecourt-sur-Escaut *59* ..... 14 B 5
L'Honor-de-Cos *82* ..... 277 H 4
Honskirch *57* ..... 67 G 2
Hontanx *40* ..... 294 C 2
L'Hôpital *22* ..... 78 C 4
L'Hôpital *48* ..... 283 E 1
L'Hôpital *57* ..... 47 E 5
Hôpital-Camfrout *29* ..... 75 G 3
L'Hôpital-d'Orion *64* ..... 313 F 2
L'Hôpital-du-Grosbois *25* ..... 162 B 4
L'Hôpital-le-Grand *42* ..... 229 H 2
L'Hôpital-le-Mercier *71* ..... 193 G 3
L'Hôpital-Saint-Blaise *64* ..... 313 F 4
L'Hôpital-Saint-Lieffroy *25* ..... 162 D 2
L'Hôpital-sous-Rochefort *42* 211 F 5
L'Hôpital-sur-Rhins *42* ..... 211 H 3
Les Hôpitaux-Neufs *25* ..... 180 D 4
Les Hôpitaux-Vieux *25* ..... 180 D 3
Horbourg *68* ..... 121 E 3
Hordain *59* ..... 14 C 2
La Horgne *08* ..... 26 D 4
Horgues *65* ..... 315 E 5
L'Horme *42* ..... 230 C 3
Hornaing *59* ..... 9 F 5
Hornoy *80* ..... 21 H 2
Le Horps *53* ..... 82 C 4
Horsarrieu *40* ..... 293 H 3
Hortes *52* ..... 140 A 2
Horville-en-Ornois *55* ..... 93 G 3
L'Hosmes *27* ..... 56 A 4
Hospice de France *31* ..... 334 B 5
L'Hospitalet *04* ..... 287 E 4
L'Hospitalet *46* ..... 260 C 1
L'Hospitalet-du-Larzac *12* ..... 282 A 5
L'Hospitalet-
près-l'Andorre *09* ..... 340 D 3
Hossegor *40* ..... 292 A 3
Hosta *64* ..... 330 D 1
Hoste *57* ..... 67 F 1
Hostens *33* ..... 255 F 4
Hostias *01* ..... 214 C 4
Hostun *26* ..... 249 H 3
L'Hôtellerie *14* ..... 35 E 5
L'Hôtellerie-de-Flée *49* ..... 128 A 3
Hotonnes *01* ..... 214 D 2
Hotot-en-Auge *14* ..... 34 A 4
Hottot-les-Bagues *14* ..... 33 E 4
Hottviller *57* ..... 68 A 1
La Houblonnière *14* ..... 34 B 5
Les Houches *74* ..... 216 D 3
Houchin *62* ..... 8 A 4
Houdain *62* ..... 7 H 4
Houdain-lez-Bavay *59* ..... 15 F 2
Houdan *78* ..... 57 E 4
Houdancourt *60* ..... 39 E 3
Houdelaincourt *55* ..... 93 G 2
Houdelaucourt-sur-Othain *55* ..... 44 D 4
Houdelmont *54* ..... 94 C 2
Houdemont *54* ..... 94 D 1
Houdetot *76* ..... 19 H 2
Houdilcourt *08* ..... 41 H 2
Houdreville *54* ..... 94 D 2
Houécourt *88* ..... 94 B 5
Houeillès *47* ..... 274 D 3
Houesville *50* ..... 31 H 2
Houetteville *27* ..... 36 B 5
Houéville *88* ..... 94 A 4
Houeydets *65* ..... 315 H 5
Le Houga *32* ..... 294 C 2
Houilles *78* ..... 58 B 2
Houlbec-Cocherel *27* ..... 56 D 1
Houlbec-
près-le-Gros-Theil *27* ..... 35 H 4
Houldizy *08* ..... 26 D 2
Houlette *16* ..... 202 C 5
Houlgate *14* ..... 34 A 3
Houlle *62* ..... 3 F 5
Le Houlme *76* ..... 36 A 1
L'Houmeau *17* ..... 183 F 5
Hounoux *11* ..... 337 E 1
Houplin-Ancoisne *59* ..... 8 C 3
Houplines *59* ..... 8 C 2
Houppeville *76* ..... 36 B 1
Houquetot *76* ..... 19 E 5
Hourc *65* ..... 315 F 4
Le Hourdel *80* ..... 11 E 2
Hourges *51* ..... 41 E 3
Hours *64* ..... 314 C 4
Hourtin *33* ..... 236 C 1
Hourtin-Plage *33* ..... 236 B 1
Hourtous *Roc des* *48* ..... 282 A 2
Houry *02* ..... 25 F 3
Houssay *41* ..... 131 F 3
Houssay *53* ..... 106 A 5
La Houssaye *27* ..... 55 H 2
La Houssaye-Béranger *76* ..... 20 B 4
La Houssaye-en-Brie *77* ..... 59 G 4
Le Housseau *53* ..... 82 C 3
Houssen *68* ..... 121 E 2
Housseras *88* ..... 95 H 4
Housset *02* ..... 25 E 3
Housséville *54* ..... 94 D 3
La Houssière *88* ..... 120 A 2
La Houssoye *60* ..... 37 H 3
Houtaud *25* ..... 180 C 2
Houtkerque *59* ..... 4 A 4
Houtteville *50* ..... 31 H 2
Houville-en-Vexin *27* ..... 36 D 3
Houville-la-Branche *28* ..... 86 C 4
Houvin-Houvigneul *62* ..... 12 D 2
Houx *28* ..... 86 B 2
Hoymille *59* ..... 3 H 3
Huanne-Montmartin *25* ..... 162 C 1
Hubersent *62* ..... 6 B 3
Hubert-Folie *14* ..... 33 G 5
Huberville *50* ..... 29 F 4
Huby-Saint-Leu *62* ..... 7 E 5
Huchenneville *80* ..... 11 G 4
Huclier *62* ..... 7 G 5
Hucqueliers *62* ..... 6 D 3
Hudimesnil *50* ..... 51 G 2
Hudiviller *54* ..... 95 F 1
Huelgoat *29* ..... 76 C 3
Huest *27* ..... 56 B 1
Huêtre *45* ..... 110 D 4
Huez *38* ..... 251 G 2
Hugier *70* ..... 161 F 3
Hugleville-en-Caux *76* ..... 20 A 4
Huillé *49* ..... 129 E 4
Huilliécourt *52* ..... 117 H 2
Huilly-sur-Seille *71* ..... 195 G 1
Huiron *51* ..... 62 C 5
Huismes *37* ..... 151 E 4
Huisnes-sur-Mer *50* ..... 51 G 5
D'Huison-Longueville *91* ..... 87 H 4
Huisseau-en-Beauce *41* ..... 131 G 4
Huisseau-sur-Cosson *41* ..... 132 B 5
Huisseau-sur-Mauves *45* ..... 132 D 2
L'Huisserie *53* ..... 106 A 4
Hulluch *62* ..... 8 B 4
Hultehouse *57* ..... 68 A 5
Humbauville *51* ..... 62 B 5
Humbécourt *52* ..... 92 C 2
Humbercamps *62* ..... 13 E 3
Humbercourt *80* ..... 13 E 3
Humbert *62* ..... 6 D 4
Humberville *52* ..... 93 F 5
Humbligny *18* ..... 155 G 4
La Hume *33* ..... 254 B 2
Humerœuille *62* ..... 7 F 5
Humes *52* ..... 117 F 5
Humières *62* ..... 7 F 5
Hunaudaye
Château de la *22* ..... 79 E 3
Hunawihr *68* ..... 121 E 2
Hundling *57* ..... 47 G 5
Hundsbach *68* ..... 143 F 3
Huningue *68* ..... 143 H 3
Hunspach *67* ..... 69 F 2
Hunting *57* ..... 46 B 2
Huos *31* ..... 334 B 1
Huparlac *12* ..... 263 E 2
Huppain *14* ..... 32 D 2
Huppy *80* ..... 11 G 4
Hurbache *88* ..... 96 B 4
Hure *33* ..... 256 D 4
Hurecourt *70* ..... 118 D 5
Hures-la-Parade *48* ..... 282 B 2
Huriel *03* ..... 190 C 4
Hurigny *71* ..... 195 E 4
Hurtières *38* ..... 233 F 5
Hurtigheim *67* ..... 97 F 1
Husseren-les-Châteaux *68* ..... 121 E 3
Husseren-Wesserling *68* ..... 120 C 5
Hussigny-Godbrange *54* ..... 45 E 2
Husson *50* ..... 81 H 2
La Hutte *72* ..... 83 G 5
Huttendorf *67* ..... 68 D 3
Huttenheim *67* ..... 97 G 3
Hyds *03* ..... 191 F 5
Hyémondans *25* ..... 163 E 2
Hyencourt-le-Grand *80* ..... 23 F 2
Hyenville *50* ..... 51 G 1
Hyères *83* ..... 328 C 4
Hyères-Plage *83* ..... 328 C 5
Hyet *70* ..... 162 A 1
Hyèvre-Magny *25* ..... 162 D 2
Hyèvre-Paroisse *25* ..... 162 D 2
Hymont *88* ..... 94 D 5

I

Ibarrolle *64* ..... 311 G 5
Ibarron *64* ..... 310 C 4
Ibigny *57* ..... 96 A 1
Ibos *65* ..... 315 E 4
Ichtratzheim *67* ..... 97 G 2
Ichy *77* ..... 112 A 2
Idaux-Mendy *64* ..... 331 E 1
Idrac-Respaillès *32* ..... 296 A 5
Idron *64* ..... 314 B 4
Ids-Saint-Roch *18* ..... 172 D 5
If *Château d'* *13* ..... 326 D 3
Iffendic *35* ..... 103 G 2
Les Iffs *35* ..... 80 A 5
Ifs *14* ..... 33 G 5
Les Ifs *76* ..... 19 E 4
Igé *61* ..... 84 B 5
Igè *71* ..... 194 D 3
Ignaucourt *80* ..... 22 D 2
Ignaux *09* ..... 336 D 5
Igney *54* ..... 96 A 1
Igney *88* ..... 95 F 5
Ignol *18* ..... 174 A 2
Igny *70* ..... 161 G 1
Igny *91* ..... 58 B 4
Igny-Comblizy *51* ..... 61 E 1
Igon *64* ..... 314 C 5
Igornay *71* ..... 176 D 1
Igoville *27* ..... 36 B 3
Iguerande *71* ..... 193 G 5
Iholdy *64* ..... 311 F 5
Ilay *39* ..... 179 H 5
Ile-aux-Moines *56* ..... 124 B 4
L'Ile-Bouchard *37* ..... 151 F 5
Ile-d'Aix *17* ..... 200 C 2
Ile-d'Arz *56* ..... 124 B 4
Ile-de-Batz *29* ..... 71 G 3
Ile-de-Bréhat *22* ..... 73 G 2
Ile-de-Sein *29* ..... 98 B 2
L'Ile-d'Elle *85* ..... 183 G 4
Ile-d'Houat *56* ..... 144 D 3
L'Ile-d'Olonne *85* ..... 182 A 1
L'Île-d'Yeu *85* ..... 164 A 4
Ile-Molène *29* ..... 74 B 2
L'Ile-Rousse *2B* ..... 344 C 5
L'Ile-Saint-Denis *93* ..... 58 C 2
Ile-Tudy *29* ..... 99 G 4
Ilhan *65* ..... 333 H 3
Ilharre *64* ..... 311 G 3
Ilhat *09* ..... 336 C 3
Les Ilhes *11* ..... 319 H 3
Ilhet *65* ..... 333 H 2
Ilheu *65* ..... 334 B 2
Illange *57* ..... 45 H 3
Illartein *09* ..... 335 E 3
Las Illas *66* ..... 342 D 5
Illats *33* ..... 255 H 3
Ille-sur-Têt *66* ..... 342 C 2
Illeville-sur-Montfort *27* ..... 35 G 3
Illfurth *68* ..... 143 F 2
Illhaeusern *68* ..... 97 F 5
Illiat *01* ..... 213 E 1
Illier-et-Laramade *09* ..... 336 A 5
Illiers-Combray *28* ..... 85 H 5
Illiers-l'Évêque *27* ..... 56 C 4
Illies *59* ..... 8 B 3
Illifaut *22* ..... 103 E 2
Illkirch-Graffenstaden *67* ..... 97 G 1
Illois *76* ..... 21 F 3
Illoud *52* ..... 117 H 2
Illy *08* ..... 27 F 3
Illzach *68* ..... 143 F 1
Ilonse *06* ..... 289 H 4
Imbleville *76* ..... 20 A 4
Imbsheim *67* ..... 68 B 4
Imécourt *08* ..... 43 F 2
Imling *57* ..... 67 G 5
Immonville *54* ..... 45 E 4
Imphy *58* ..... 174 D 3
Imsthal *Étang d'* *67* ..... 68 A 3
Inaumont *08* ..... 26 A 5
Incarville *27* ..... 36 B 4
Incheville *76* ..... 11 E 4
Inchy *59* ..... 14 D 4
Inchy-en-Artois *62* ..... 14 A 3
Incourt *62* ..... 7 E 5
Indevillers *25* ..... 163 H 2
Indre *44* ..... 147 F 4
Ineuil *18* ..... 172 D 4
Les Infournas *05* ..... 269 H 2
Infreville *27* ..... 35 H 3
Ingenheim *67* ..... 68 C 4
Ingersheim *68* ..... 121 E 2
Inghem *62* ..... 7 F 2
Inglange *57* ..... 46 B 3
Ingolsheim *67* ..... 69 F 1
Ingouville *76* ..... 19 G 2
Ingrandes *36* ..... 187 G 1
Ingrandes *49* ..... 148 D 2
Ingrandes *86* ..... 169 G 3
Ingrandes-de-Touraine *37* ..... 151 E 3
Ingrannes *45* ..... 111 G 5
Ingré *45* ..... 133 E 2
Inguiniel *56* ..... 101 F 3
Ingwiller *67* ..... 68 B 3
Injoux-Génissiat *01* ..... 215 E 2
Innenheim *67* ..... 97 F 2
Innimond *01* ..... 214 C 5
Inor *55* ..... 27 G 5
Insming *57* ..... 67 F 2
Insviller *57* ..... 67 F 3
Intraville *76* ..... 10 C 5
Intres *07* ..... 248 B 4
Intréville *28* ..... 87 E 5
Intville-la-Guétard *45* ..... 111 G 2
Inval-Boiron *80* ..... 21 G 2
Inxent *62* ..... 6 C 3
Inzinzac-Lochrist *56* ..... 101 F 5
Ippécourt *55* ..... 63 H 1
Ippling *57* ..... 47 G 5
Irai *61* ..... 55 G 5
Irais *79* ..... 168 B 3
Irancy *89* ..... 136 C 4
Iré-le-Sec *55* ..... 44 B 2
Iré-les-Prés *55* ..... 44 B 2
Irigny *69* ..... 231 E 1
Irissarry *64* ..... 311 F 5
Irles *80* ..... 13 G 4
Irmstett *67* ..... 97 F 1
Irodouër *35* ..... 103 H 1
Iron *02* ..... 24 D 1
Irouléguy *64* ..... 330 B 1
Irreville *27* ..... 36 B 5
Irvillac *29* ..... 75 G 3
Is-en-Bassigny *52* ..... 117 G 4
Is-sur-Tille *21* ..... 160 B 1
Isbergues *62* ..... 7 H 2
Isches *88* ..... 118 B 4
Isdes *45* ..... 133 H 4
Isenay *58* ..... 175 G 3
Iseran *Col de l'* *73* ..... 235 F 3
Isigny-le-Buat *50* ..... 52 A 5
Isigny-sur-Mer *14* ..... 32 B 3
Island *89* ..... 157 H 1
Isle *87* ..... 205 G 5
L'Isle-Adam *95* ..... 38 B 5
L'Isle-Arné *32* ..... 296 C 4
Isle-Aubigny *10* ..... 91 F 3
Isle-Aumont *10* ..... 115 E 2
L'Isle-Bouzon *32* ..... 296 C 1
Isle-Briand *Haras de l'* *49* ..... 128 B 4
L'Isle-d'Abeau *38* ..... 231 H 2
L'Isle-d'Abeau
Ville nouvelle *38* ..... 231 H 2
L'Isle-de-Noé *32* ..... 295 H 5
L'Isle-d'Espagnac *16* ..... 221 F 1
L'Isle-en-Dodon *31* ..... 316 D 3
Isle-et-Bardais *03* ..... 173 H 5
L'Isle-Jourdain *32* ..... 297 F 4
L'Isle-Jourdain *86* ..... 187 E 5
Isle-Saint-Georges *33* ..... 255 G 2
Isle-Savary *Château d'* *36* ..... 170 D 2
L'Isle-sur-la-Sorgue *84* ..... 305 F 1
L'Isle-sur-le-Doubs *25* ..... 142 A 5
Isle-sur-Marne *51* ..... 62 D 5
L'Isle-sur-Serein *89* ..... 137 E 5

Les Isles-Bardel 14 53 G 3
Isles-les-Meldeuses 77 59 H 2
Isles-lès-Villenoy 77 59 F 3
Isles-sur-Suippe 51 41 H 2
Les Islettes 55 43 F 5
Isneauville 76 36 B 1
Isola 06 289 G 2
Isola 2000 06 289 H 2
Isolaccio-di-Fiumorbo 2B 349 F 2
Isômes 52 139 G 4
Ispagnac 48 282 C 1
Ispe 40 254 B 5
Ispoure 64 330 C 1
Isques 62 6 B 2
Issac 24 239 H 4
Les Issambres 83 329 G 1
Issamoulenc 07 266 C 1
Issancourt-et-Rumel 08 27 E 3
Issanlas 07 265 G 2
Issans 25 142 B 4
Les Issards 09 336 C 1
Issarlès 07 265 G 1
Issé 44 126 D 4
Isse 51 61 H 1
Issel 11 319 E 3
Issendolus 46 260 D 2
Issenhausen 67 68 C 3
Issenheim 68 120 D 5
Issepts 46 261 F 3
Isserpent 03 210 D 1
Isserteaux 63 228 B 2
Issigeac 24 258 B 2
Issirac 30 284 C 2
Issoire 63 228 A 3
Issolud *Puy d'* 46 242 D 4
Issoncourt 55 63 H 2
Issor 64 331 G 2
Issou 78 57 G 2
Issoudun 36 172 B 2
Issoudun-Létrieix 23 207 G 2
Issus 31 318 A 3
Issy-les-Moulineaux 92 58 B 4
Issy-l'Évêque 71 176 A 5
Istres 13 305 E 5
Les Istres-et-Bury 51 61 H 2
Isturits 64 311 F 4
Itancourt 02 24 B 3
Iteuil 86 186 B 2
Ithorots-Olhaïby 64 311 H 4
Ittenheim 67 97 G 1
Itterswiller 67 97 E 3
Itteville 91 87 H 3
Itxassou 64 310 D 4
Itzac 81 279 E 5
Ivergny 62 12 D 3
Iverny 77 59 F 2
Iviers 02 25 H 3
Iville 27 35 H 5
Ivors 60 39 H 4
Ivory 39 179 H 2
Ivoy-le-Pré 18 155 F 3
Ivrey 39 179 H 1
Ivry *Obélisque d'* 27 56 D 2
Ivry-en-Montagne 21 177 F 1
Ivry-la-Bataille 27 56 D 3
Ivry-le-Temple 60 37 H 4
Ivry-sur-Seine 94 58 C 4
Iwuy 59 14 C 3
Izaourt 65 334 B 2
Izaut-de-l'Hôtel 31 334 C 2
Izaux 65 333 H 1
Izé 53 106 D 2
Izeaux 38 232 B 5
Izel-lès-Équerchin 62 8 C 5
Izel-les-Hameaux 62 13 E 2
Izenave 01 214 B 2
Izernore 01 196 C 5
Izeron 38 250 B 2
Izeste 64 332 A 1
Izeure 21 160 B 5
Izier 21 160 B 3
Izieu 01 232 C 1
Izoard *Col d'* 05 253 E 5
Izon 33 237 H 5
Izon-la-Bruisse 26 286 D 2
Izotges 32 295 E 4
Izy 45 111 F 3

J

Jablines 77 59 F 2
Jabreilles-les-Bordes 87 206 B 3
Jabrun 15 263 G 1
Jacob-Bellecombette 73 233 F 2
Jacou 34 302 D 4
Jacque 65 315 F 3
Jagny-sous-Bois 95 58 D 1
Jaignes 77 59 H 2
Jaillans 26 249 H 3
La Jaille-Yvon 49 128 B 3
Jaillon 54 65 F 5
Jailly 58 175 E 1
Jailly-les-Moulins 21 159 F 1
Jainvillotte 88 94 A 5
Jalesches 23 189 H 5
Jaleyrac 15 244 B 1
Jaligny-sur-Besbre 03 192 C 4
Jallais 49 148 D 4
Jallanges 21 178 B 2
Jallans 28 110 A 4
Jallaucourt 57 66 B 4
Jallerange 25 161 F 3
Jalognes 18 155 H 4
Jalogny 71 194 C 3
Jâlons 51 61 H 1
La Jalousie 14 33 G 5
Jambles 71 177 G 4
Jambville 78 57 G 1
Jaméricourt 60 37 G 3
Jametz 55 44 B 2
Jameyzieu 38 231 H 1
Janailhac 87 223 G 2
Janaillat 23 206 D 2
Jancigny 21 160 D 2
Jandun 08 26 C 4
Janneyrias 38 213 G 5
Jans 44 126 C 4
Jansac 26 268 B 3
Janville 14 34 A 4
Janville 28 110 D 2
Janville 60 39 G 1
Janville-sur-Juine 91 87 G 3
Janvilliers 51 60 D 3
Janvry 51 41 F 4
Janvry 91 58 A 5
Janzé 35 104 C 4
Jarcieu 38 231 F 5
La Jard 17 219 G 1
Jard-sur-Mer 85 182 C 2
Le Jardin 19 225 F 5
Jardin 38 231 F 3
Jardres 86 186 D 1
Jargeau 45 133 G 2
Jarjayes 05 269 H 4
Jarménil 88 119 G 3
Jarnac 16 220 C 1
Jarnac-Champagne 17 219 H 2
Jarnages 23 207 G 1
La Jarne 17 200 C 1
Jarnioux 69 212 C 3
Jarnosse 42 211 H 2
Jarny 54 45 F 5
Jarret 65 333 E 1
La Jarrie 17 200 D 1
Jarrie 38 251 E 2
La Jarrie-Audouin 17 201 H 2
Jarrier 73 234 A 5
Jars 18 155 G 2
Jarsy 73 233 H 1
Jarville-la-Malgrange 54 94 D 1
Jarzé 49 129 E 5
Jas 42 230 A 1
Jasney 70 118 D 5
Jassans-Riottier 01 213 E 3
Jasseines 10 91 G 3
Jasseron 01 196 A 5
Jasses 64 313 G 3
Jatxou 64 310 D 3
Jau *Col de* 11 341 H 2
Jau-Dignac-et-Loirac 33 218 D 4
Jaucourt 10 116 A 2
La Jaudonnière 85 166 D 5
Jaudrais 28 85 G 2
Jaujac 07 266 A 3
Jauldes 16 203 G 5
Jaulges 89 114 C 5
Jaulgonne 02 60 C 1
Jaulnay 37 169 F 2
Jaulnes 77 89 G 4
Jaulny 54 65 F 2
Jaulzy 60 39 H 2
Jaunac 07 248 B 5
Jaunay-Clan 86 169 F 5
Jaures 24 240 B 3
Jausiers 04 271 E 5
Jaux 60 39 F 2
Jauzé 72 108 A 2
Javaugues 43 246 C 1
Javené 35 81 E 5
Javerdat 87 205 E 3
Javerlhac-et-la-Chapelle-
Saint-Robert 24 222 B 3
Javernant 10 114 D 3
La Javie 04 288 B 2
Javols 48 264 B 2
Javrezac 16 220 B 1
Javron 53 82 D 4
Jax 43 246 D 2
Jaxu 64 311 F 5
Jayac 24 241 H 4
Jayat 01 195 G 3
Jazeneuil 86 185 H 3
Jazennes 17 219 G 2
Jeancourt 02 24 A 1
Jeandelaincourt 54 65 H 4
Jeandelize 54 45 E 5
Jeanménil 88 95 H 4
Jeansagnière 42 229 E 1
Jeantes 02 25 G 3
Jebsheim 68 121 F 2
Jegun 32 296 A 3
La Jemaye 24 239 F 2
Jenlain 59 15 E 2
Jenzat 03 209 H 1
Jésonville 88 118 D 3
Jessains 10 91 H 5
Jetterswiller 67 68 B 5
Jettingen 68 143 G 3
Jeu-les-Bois 36 172 A 5
Jeu-Maloches 36 171 F 1
Jeufosse 78 57 E 1
Jeugny 10 114 D 3
Jeumont 59 15 H 2
Jeurre 39 196 D 3
Jeux-lès-Bard 21 158 C 1
Jeuxey 88 119 G 2
Jevoncourt 54 94 D 3
Jezainville 54 65 G 3
Jézeau 65 333 H 3
Joannas 07 266 A 4
Job 63 229 E 2
Jobourg 50 28 C 2
Jobourg *Nez de* 50 28 C 2
Joch 66 342 B 3
Jœuf 54 45 G 4
Joganville 50 29 G 5
Joigny 89 113 H 5
Joigny-sur-Meuse 08 26 D 2
Joinville 52 92 D 3
Joinville-le-Pont 94 58 D 4
Joiselle 51 60 C 4
Jolimetz 59 15 E 3
Jolivet 54 95 G 1
Jonage 69 213 G 5
Joncels 34 301 G 3
La Jonchère 85 182 D 2
La Jonchère-
Saint-Maurice 87 206 B 3
Jonchères 26 268 B 3
Joncherey 90 142 D 4
Jonchery 52 116 D 3
Jonchery-sur-Suippe 51 42 B 5
Jonchery-sur-Vesle 51 41 E 3
Joncourt 02 24 B 1
Joncreuil 10 92 A 3
Joncy 71 194 C 1
Jongieux 73 215 E 5
Jonquerets-de-Livet 27 55 F 1
Jonquerettes 84 285 G 5
Jonquery 51 41 E 5
Jonquières 11 338 C 2
Jonquières 34 302 A 4
Jonquières 60 39 F 2
Jonquières 81 299 F 4
Jonquières 84 285 F 4
Jonquières-
Saint-Vincent 30 304 B 2
Jons 69 213 G 5
Jonval 08 26 D 5
Jonvelle 70 118 C 5
Jonville-en-Woëvre 55 65 E 1
Jonzac 17 219 H 4
Jonzier-Épagny 74 215 F 2
Jonzieux 42 230 B 5
Joppécourt 54 45 E 3
Jorquenay 52 117 F 5
Jort 14 54 A 2
Jorxey 88 95 E 5
Josat 43 246 D 2
Josnes 41 132 C 3
Josse 40 292 C 4
Josselin 56 102 C 4
Jossigny 77 59 F 3
Jou-sous-Monjou 15 244 D 5
Jouac 87 188 A 4
Jouaignes 02 40 C 3
Jouancy 89 137 E 4
Jouarre 77 60 A 2
Jouars-Pontchartrain 78 57 H 4
Jouaville 54 45 F 5
Joucas 84 305 G 1
Joucou 11 337 F 4
Joudes 71 196 A 2
Joudreville 54 45 E 4
Joué-du-Bois 61 83 E 2
Joué-du-Plain 61 54 A 5
Joué-en-Charnie 72 107 E 4
Joué-Étiau 49 149 F 4
Joué-l'Abbé 72 107 H 3
Joué-lès-Tours 37 151 H 3
Joué-sur-Erdre 44 147 H 1
Jouet-sur-l'Aubois 18 174 B 1
Jouey 21 159 E 5
Jougne 25 180 D 4
Jouhe 39 161 E 5
Jouhet 86 187 F 2
Jouillat 23 189 G 5
Jouques 13 306 B 4
Jouqueviel 81 279 G 3
Jourgnac 87 223 G 1
Journans 01 214 A 1
Journet 86 187 G 3
Journiac 24 240 D 4
Journy 62 2 D 5
Jours-en-Vaux 21 177 F 1
Jours-lès-Baigneux 21 138 B 5
Joursac 15 245 G 2
Joussé 86 186 C 5
Jouvençon 71 195 G 1
La Jouvente 35 50 C 5
Joux 69 212 B 4
Joux *Château de* 25 180 C 2
Joux *Forêt de la* 39 180 A 3
Joux-la-Ville 89 136 D 5
Joux Plane *Col de la* 74 216 D 1
Joux Verte *Col de la* 74 198 D 5
Jouy 28 86 B 3
Jouy 89 112 D 3
Jouy-aux-Arches 57 65 G 1
Jouy-en-Argonne 55 43 H 5
Jouy-en-Josas 78 58 B 4
Jouy-en-Pithiverais 45 111 F 3
Jouy-le-Châtel 77 60 A 5
Jouy-le-Moutier 95 58 A 1
Jouy-le-Potier 45 133 E 3
Jouy-lès-Reims 51 41 F 4
Jouy-Mauvoisin 78 57 F 2
Jouy-sous-les-Côtes 55 64 D 5
Jouy-sous-Thelle 60 37 H 3
Jouy-sur-Eure 27 56 C 1
Jouy-sur-Morin 77 60 B 4
Joyeuse 07 266 A 5
Joyeux 01 213 G 3
Joze 63 210 A 4
Jozerand 63 209 H 3
Jû-Belloc 32 295 E 5
Juan-les-Pins 06 309 F 4
Juaye-Mondaye 14 33 E 4
Jubainville 88 94 A 3
La Jubaudière 49 148 D 4
Jubécourt 55 43 G 5
Jublains 53 106 C 2
Le Juch 29 99 G 2
Jugazan 33 256 C 1
Jugeals-Nazareth 19 242 C 3
Jugon-les-Lacs 22 79 E 4
Jugy 71 195 E 1
Juicq 17 201 G 4
Juif 71 178 B 5
Juignac 16 221 F 5
Juigné-des-Moutiers 44 127 F 4
Juigné-sur-Loire 49 149 G 2
Juigné-sur-Sarthe 72 129 E 2
Juignettes 27 55 F 3
Juillac 19 223 H 5
Juillac 32 295 F 5
Juillac 33 257 E 1
Juillac-le-Coq 16 220 B 2
Juillaguet 16 221 F 4
Juillan 65 315 E 5
Juillé 16 203 F 3
Juillé 72 107 G 2
Juillé 79 202 C 1
Juillenay 21 158 C 3
Juilles 32 296 D 4
Juilley 50 51 H 5
Juilly 21 158 D 1
Juilly 77 59 E 1
Jujols 66 341 H 3
Jujurieux 01 214 B 2
Julianges 48 246 A 5
Juliénas 69 194 D 5
Julienne 16 220 C 1
Julienrupt 88 119 H 3
Jullianges 43 247 E 1
Jullié 69 194 D 5
Jullouville 50 51 F 3
Jully 89 137 G 3
Jully-lès-Buxy 71 177 G 5
Jully-sur-Sarce 10 115 F 3
Julos 65 333 E 1
Julvécourt 55 43 H 5
Jumeauville 78 57 G 3
Jumeaux 63 228 B 4
Les Jumeaux 79 168 B 4
Jumel 80 22 C 3
Jumelles 27 56 B 2
Jumelles 49 150 B 2
La Jumellière 49 149 F 3
Jumencourt 02 40 B 1
Jumièges 76 35 H 2
Jumigny 02 41 E 2
Jumilhac-le-Grand 24 223 F 3
Junas 30 303 F 3
Junay 89 137 E 2
Juncalas 65 333 E 1
Jungholtz 68 120 D 5
Junhac 15 262 C 2
Les Junies 46 259 G 4
Juniville 08 42 B 2
Jupilles 72 130 B 3
Jurançon 64 314 B 5
Juranville 45 112 A 4
Juré 42 211 F 4
Jurignac 16 220 D 3
Jurques 14 52 D 1
Jurvielle 31 334 A 4
Jury 57 65 H 1
Juscorps 79 185 E 5
Jusix 47 257 E 4
Jussac 15 244 B 4
Jussarupt 88 120 A 2
Jussas 17 238 B 1
Jussecourt-Minecourt 51 63 E 4
Jussey 70 140 C 2
Jussy 02 24 A 4
Jussy 57 65 G 1
Jussy 74 215 G 2
Jussy 89 136 B 4
Jussy-Champagne 18 173 G 2
Jussy-le-Chaudrier 18 156 A 5
Justian 32 295 G 2
Justine-Herbigny 08 26 A 5
Justiniac 09 318 A 5
Jutigny 77 89 F 3
Juvaincourt 88 94 C 4
Juvancourt 10 116 B 3
Juvanzé 10 91 H 5
Juvardeil 49 128 C 4
Juvelize 57 66 D 4
Juvignac 34 302 D 4
Juvigné 53 105 G 2
Juvignies 60 38 A 1
Juvigny 02 40 B 2
Juvigny 51 62 A 1
Juvigny 74 197 H 5
Juvigny-en-Perthois 55 93 E 2
Juvigny-le-Tertre 50 52 B 5
Juvigny-sous-Andaine 61 82 C 2
Juvigny-sur-Loison 55 44 B 2
Juvigny-sur-Orne 61 54 B 4
Juvigny-sur-Seulles 14 33 E 4
Juville 57 66 B 3
Juvinas 07 266 A 2
Juvincourt-et-Damary 02 41 F 2
Juvisy-sur-Orge 91 58 C 5
Juvrecourt 54 66 D 5
Juxue 64 311 G 5
Juzanvigny 10 91 H 4
Juzennecourt 52 116 C 2
Juzes 31 318 C 2
Juzet-de-Luchon 31 334 B 4
Juzet-d'Izaut 31 334 C 2
Juziers 78 57 G 2

K

Kalhausen 57 67 H 1
Kaltenhouse 67 69 E 3
Kanfen 57 45 G 2
Kappelen 68 143 G 3
Kappelkinger 57 67 F 2
Les Karellis 73 252 B 1
Katzenthal 68 121 E 2
Kauffenheim 67 69 F 3
Kaysersberg 68 120 D 2
Kédange-sur-Canner 57 46 B 3
Keffenach 67 69 E 2
Kembs 68 143 G 2
Kembs-Loéchlé 68 143 H 2
Kemplich 57 46 B 3
Kerazan *Manoir de* 29 99 G 4
Kerbach 57 47 F 5
Kerbors 22 73 E 2
Kerdéniel *Pointe de* 29 75 F 3
Kerdévot *Chapelle de* 29 100 A 3
Kerfany-les-Pins 29 100 B 5
Kerfons *Chapelle de* 22 72 C 3
Kerfot 22 73 F 3
Kerfourn 56 102 A 3
Kergloff 29 76 D 4
Kergonadeac'h
Château de 29 71 F 4
Kergrist 56 101 H 2
Kergrist *Château de* 22 72 C 4
Kergrist-Moëlou 22 77 F 4
Kergroadès
Château de 29 70 B 5
Kerguehennec
Château de 56 102 B 5
Kerien 22 77 G 3
Kérity 29 99 F 5
Kerjean *Château de* 29 71 F 4
Kerlaz 29 99 G 2
Kerling-lès-Sierck 57 46 B 2
Kerlouan 29 70 D 3
Kermaria 56 102 A 5
Kermaria *Chapelle* 22 73 G 4
Kermaria-Sulard 22 72 D 3
Kermoroc'h 22 73 E 4
Kernascléden 56 101 F 3
Kernével 29 100 B 3
Kernilis 29 70 D 4
Kernouës 29 70 D 4
Kérouzéré *Château de* 29 71 G 3
Kerpape 56 123 F 2
Kerpert 22 77 G 3
Kerprich-aux-Bois 57 67 G 4
Kersaint 29 70 B 4
Kersaint-Plabennec 29 70 D 5
Kertzfeld 67 97 F 3
Kervignac 56 123 G 2
Keskastel 67 67 G 2
Kesseldorf 67 69 G 2
Kienheim 67 68 C 5
Kientzheim 68 121 E 2
Kientzville 67 97 F 4
Kiffis 68 143 G 5
Killem 59 3 H 3
Kilstett 67 69 E 5
Kindwiller 67 68 C 3
Kingersheim 68 143 F 1
Kintzheim 67 97 E 5
Kirchberg 68 142 C 1
Kirchheim 67 97 F 1
Kirrberg 67 67 G 3
Kirrwiller 67 68 C 3
Kirsch-lès-Sierck 57 46 B 2
Kirschnaumen 57 46 B 2
Kirviller 57 67 G 2
Klang 57 46 B 3
Kleinfrankenheim 67 68 C 5
Kleingœft 67 68 B 5
Klingenthal 67 97 E 2
Knœringue 68 143 G 3
Knœrsheim 67 68 B 5
Knutange 57 45 G 3
Koeking 57 45 H 2
Kœnigsmacker 57 45 H 2
Kœstlach 68 143 F 4
Kœtzingue 68 143 G 2
Kœur-la-Grande 55 64 C 4
Kœur-la-Petite 55 64 C 4
Kogenheim 67 97 F 4
Kolbsheim 67 97 F 1
Krautergersheim 67 97 F 2
Krautwiller 67 68 D 4
Le Kremlin-Bicêtre 94 58 C 4
Kreuzweg *Col du* 67 96 D 3
Kriegsheim 67 68 D 4
Kruth 68 120 B 4
Kuhlendorf 67 69 F 2
Kunheim 68 121 F 3
Kuntzig 57 45 H 3
Kurtzenhouse 67 69 E 4
Kuttolsheim 67 68 C 5
Kutzenhausen 67 69 E 2

L

Laà-Mondrans 64 313 G 2
Laas 32 315 G 2
Laas 45 111 G 3
Laàs 64 313 F 3
Labalme 01 214 B 1
Labarde 33 237 F 3
Labaroche 68 120 D 2
Labarrère 32 275 E 5
Labarthe 32 316 B 2
Labarthe 82 277 H 3
Labarthe *Moulin de* 33 256 D 1
Labarthe-Bleys 81 279 E 4
Labarthe-Inard 31 334 D 1
Labarthe-Rivière 31 334 B 1
Labarthe-sur-Lèze 31 317 H 2

A B C D E F G H I J K L M N O P Q R S T U V W X Y Z

Labarthète *32* 294 D 4
Labassère *65* 333 E 1
Labastide *65* 333 H 2
Labastide-Beauvoir *31* 318 B 2
Labastide-Castel-Amouroux *47* 275 E 1
Labastide-Cézéracq *64* 313 H 3
Labastide-Chalosse *40* 293 H 4
Labastide-Clermont *31* 317 F 3
Labastide-d'Anjou *11* 318 D 3
Labastide-d'Armagnac *40* 274 B 5
Labastide-de-Lévis *81* 299 E 1
Labastide-de-Penne *82* 278 C 2
Labastide-de-Virac *07* 284 B 1
Labastide-Dénat *81* 299 G 2
Labastide-du-Haut-Mont *46* 261 G 1
Labastide-du-Temple *82* 277 G 4
Labastide-du-Vert *46* 259 G 4
Labastide-en-Val *11* 338 A 1
Labastide-Esparbairenque *11* 319 H 3
Labastide-Gabausse *81* 279 G 5
Labastide-Marnhac *46* 277 H 1
Labastide-Monréjeau *64* 314 A 2
Labastide-Murat *46* 260 C 3
Labastide-Paumès *31* 316 D 3
Labastide-Rouairoux *81* 320 B 2
Labastide-Saint-Georges *81* 298 D 3
Labastide-Saint-Pierre *82* 297 H 1
Labastide-Saint-Sernin *31* 298 A 3
Labastide-Savès *32* 297 E 5
Labastide-sur-Bésorgues *07* 266 A 2
Labastide-Villefranche *64* 311 G 3
Labastidette *31* 317 G 2
Labathude *46* 261 F 2
Labatie-d'Andaure *07* 248 C 4
Labatmale *64* 314 C 5
Labatut *09* 318 A 4
Labatut *40* 293 E 5
Labatut *64* 315 E 2
Labatut-Rivière *65* 295 E 5
Labbeville *95* 38 A 5
Labeaume *07* 266 A 5
Labécède-Lauragais *11* 319 E 3
Labège *31* 298 A 5
Labégude *07* 266 B 3
Labéjan *32* 296 A 5
Labenne *40* 292 A 4
Labenne-Océan *40* 292 A 4
Labergement-du-Navois *25* 180 A 1
Labergement-Foigney *21* 160 C 4
Labergement-lès-Auxonne *21* 160 D 5
Labergement-lès-Seurre *21* 178 B 2
Labergement-Sainte-Marie *25* 180 C 4
Laberlière *60* 23 F 5
Labescau *33* 256 C 5
Labesserette *15* 262 C 2
Labessette *63* 226 C 4
Labessière-Candeil *81* 299 E 2
Labets-Biscay *64* 311 G 3
Labeuville *55* 65 E 1
Labeuvrière *62* 7 H 4
Labeyrie *64* 293 H 5
Lablachère *07* 266 A 5
Laboissière-en-Santerre *80* 23 E 4
Laboissière-en-Thelle *60* 38 A 3
Laboissière-Saint-Martin *80* 21 G 2
Laborde *65* 333 G 2
Laborel *26* 286 D 1
Labosse *60* 37 H 3
Labouheyre *40* 273 E 2
Labouiche *Rivière souterraine de 09* 336 B 2
Laboulbène *81* 299 G 4
Laboule *07* 265 H 3
Labouquerie *24* 258 D 2
Labouret *Col du 04* 288 B 2
Labourgade *82* 297 F 1
Labourse *62* 8 A 4
Laboutarie *81* 299 F 3
Labretonie *47* 257 G 5
Labrihe *32* 296 D 3
Labrit *40* 273 H 4
Labroquère *31* 334 A 2
Labrosse *45* 111 H 2
Labrousse *15* 262 C 1
Labroye *62* 11 H 1
Labruguière *81* 299 G 5
Labruyère *21* 178 B 1
Labruyère *60* 38 D 3
Labruyère-Dorsa *31* 318 A 3
Labry *54* 45 F 5
Labuissière *62* 7 H 4
Laburgade *46* 278 B 1
Lac-des-Rouges-Truites *39* 197 F 1
Le Lac-d'Issarlès *07* 265 H 1
Lacabarède *81* 320 B 2
Lacadée *64* 293 H 5
Lacajunte *40* 294 A 4
Lacalm *12* 263 F 2
Lacam-d'Ourcet *46* 261 F 1
Lacanau *33* 236 C 4
Lacanau-de-Mios *33* 254 D 2
Lacanau-Océan *33* 236 B 3
Lacanche *21* 177 F 1
Lacapelle-Barrès *15* 245 E 5
Lacapelle-Biron *47* 258 D 3
Lacapelle-Cabanac *46* 259 F 5
Lacapelle-del-Fraisse *15* 262 C 1
Lacapelle-Livron *82* 278 D 2
Lacapelle-Marival *46* 261 E 2
Lacapelle-Pinet *81* 280 B 4
Lacapelle-Ségalar *81* 279 F 4
Lacapelle-Viescamp *15* 243 H 5
Lacarre *64* 330 C 1
Lacarry-Arhan-Charritte-de-Haut *64* 331 E 2
Lacassagne *65* 315 F 3
Lacaugne *31* 317 G 4
Lacaune *81* 300 C 3
Lacaussade *47* 258 D 4
Lacave *09* 335 E 2
Lacave *46* 260 C 1
Lacaze *81* 300 A 3
Lacelle *19* 225 E 2
Lacenas *69* 212 D 3
Lacépède *47* 275 H 1
Lachaise *16* 220 C 3
Lachalade *55* 43 F 4
Lachambre *57* 67 E 1
Lachamp *48* 264 B 3
Lachamp-Raphaël *07* 266 A 1
Lachapelle *47* 257 F 4
Lachapelle *54* 96 A 3
Lachapelle *80* 21 H 3
Lachapelle *82* 276 D 5
Lachapelle-aux-Pots *60* 37 H 2
Lachapelle-Auzac *46* 242 B 5
Lachapelle-en-Blaisy *52* 116 C 2
Lachapelle-Graillouse *07* 265 G 1
Lachapelle-Saint-Pierre *60* 38 B 4
Lachapelle-sous-Aubenas *07* 266 B 4
Lachapelle-sous-Chanéac *07* 248 A 4
Lachapelle-sous-Chaux *90* 142 B 2
Lachapelle-sous-Gerberoy *60* 37 G 1
Lachapelle-sous-Rougemont *90* 142 D 2
Lachassagne *69* 212 D 3
Lachau *26* 286 D 2
Lachaussée *55* 65 E 2
Lachaussée-du-Bois-d'Écu *60* 22 B 5
Lachaux *63* 210 C 3
Lachelle *60* 39 F 2
Lachy *51* 61 E 4
Lacollonge *90* 142 C 2
Lacombe *11* 319 G 3
Lacommande *64* 314 A 4
Lacoste *34* 302 A 4
Lacoste *84* 305 G 2
Lacougotte-Cadoul *81* 298 D 4
Lacour *82* 277 E 2
Lacour-d'Arcenay *21* 158 C 3
Lacourt *09* 335 F 3
Lacourt-Saint-Pierre *82* 277 G 5
Lacq *64* 313 H 2
Lacquy *40* 274 B 5
Lacrabe *40* 293 H 4
Lacres *62* 6 C 3
Lacroisille *81* 298 D 5
Lacroix-Barrez *12* 262 D 1
Lacroix-Falgarde *31* 317 H 2
Lacroix-Saint-Ouen *60* 39 F 3
Lacroix-sur-Meuse *55* 64 C 2
Lacropte *24* 240 D 4
Lacrost *71* 195 F 1
Lacrouzette *81* 299 H 4
Lacs *36* 189 G 1
Ladapeyre *23* 189 H 5
Ladaux *33* 256 B 2
Ladern-sur-Lauquet *11* 337 H 1
Ladevèze-Rivière *32* 295 E 5
Ladevèze-Ville *32* 295 E 5
Ladignac-le-Long *87* 223 F 2
Ladignac-sur-Rondelles *19* 243 E 1
Ladinhac *15* 262 C 2
Ladirat *46* 261 F 1
Ladiville *16* 220 D 3
Ladoix *21* 177 H 1
Ladoix-Serrigny *21* 177 H 1
Ladon *45* 112 A 5
Lados *33* 256 C 5
Ladoye-sur-Seille *39* 179 F 4
Laduz *89* 136 A 2
Lafage *11* 318 D 5
Lafage-sur-Sombre *19* 243 G 1
Lafare *84* 285 G 3
Lafarre *07* 248 C 3
Lafarre *43* 265 G 1
Lafat *23* 188 D 4
Lafauche *52* 93 G 5
Laféline *03* 191 H 4
Laferté-sur-Amance *52* 140 B 2
Laferté-sur-Aube *52* 116 B 3
Lafeuillade-en-Vézie *15* 262 C 1
Laffaux *02* 40 C 2
Laffite-Toupière *31* 316 D 5
Laffrey *38* 251 E 3
Lafite Rothschild *Château de 33* 237 E 1
Lafitole *65* 315 E 2
Lafitte *82* 277 F 5
Lafitte-sur-Lot *47* 275 H 1
Lafitte-Vigordane *31* 317 F 4
Lafosse *33* 237 G 3
Lafox *47* 276 C 3
Lafrançaise *82* 277 G 4
Lafraye *60* 38 B 1
Lafresnoye *80* 21 G 2
Lafrimbolle *57* 96 B 1
Lagamas *34* 302 A 4
Lagarde *09* 336 D 2
Lagarde *31* 318 C 3
Lagarde *32* 275 H 5
Lagarde *57* 67 E 5
Lagarde *65* 315 E 4
Lagarde d'Apt *84* 286 C 5
Lagarde-Enval *19* 243 E 2
Lagarde-Hachan *32* 316 A 3
Lagarde-Paréol *84* 285 F 2
Lagarde-sur-le-Né *16* 220 C 3
Lagardelle *46* 259 F 5
Lagardelle-sur-Lèze *31* 317 H 3
Lagardère *32* 295 H 2
Lagardiolle *81* 319 F 2
Lagarrigue *47* 275 G 2
Lagarrigue *81* 299 G 5
Lagatjar *Alignements de 29* 74 D 3
Lageon *79* 168 A 4
Lagery *51* 41 E 4
Lagesse *10* 115 E 4
Laghet *06* 309 H 2
Laglelygeolle *19* 242 D 3
Laglorieuse *40* 294 B 1
Lagnes *84* 305 F 1
Lagney *54* 65 F 5
Lagnicourt-Marcel *62* 13 H 4
Lagnieu *01* 214 A 4
Lagny *60* 23 G 5
Lagny-le-Sec *60* 59 F 1
Lagny-sur-Marne *77* 59 E 3
Lagor *64* 313 H 3
Lagorce *07* 266 B 5
Lagorce *33* 238 C 3
Lagord *17* 183 F 5
Lagos *64* 314 C 5
Lagrâce-Dieu *31* 317 H 3
Lagrand *05* 287 E 1
Lagrange *40* 274 C 5
Lagrange *65* 333 H 1
Lagrange *90* 142 D 2
Lagrasse *11* 338 B 1
Lagraulas *32* 295 G 3
Lagraulet-du-Gers *32* 295 G 1
Lagraulet-Saint-Nicolas *31* 297 F 2
Lagraulière *19* 224 C 5
Lagrave *81* 299 E 1
Lagruère *47* 275 F 1
Laguenne *19* 242 D 1
Laguépie *82* 279 F 4
Laguian-Mazous *32* 315 G 2
Laguinge-Restoue *64* 331 F 2
Laguiole *12* 263 F 3
Lagupie *47* 257 E 4
Lahage *31* 317 E 2
Laharie *40* 272 D 4
Laharmand *52* 116 D 3
Lahas *32* 296 D 5
Lahaye-Saint-Romain *80* 21 H 4
Lahaymeix *55* 64 B 3
Lahayville *55* 65 E 3
Laheycourt *55* 63 F 2
Lahitère *31* 335 F 1
Lahitte *32* 296 B 4
Lahitte *65* 333 G 1
Lahitte-Toupière *65* 315 E 2
Lahonce *64* 292 B 5
Lahontan *64* 293 E 5
Lahosse *40* 293 F 3
Lahourcade *64* 313 H 3
Lahoussoye *80* 22 D 1
Laifour *08* 26 D 1
La Laigne *17* 184 B 5
Laigné *53* 128 A 2
Laigné-en-Belin *72* 130 A 2
Laignelet *35* 81 F 4
Laignes *21* 137 H 2
Laigneville *60* 38 C 3
Laigny *02* 25 F 2
Laillé *35* 104 A 4
Lailly *89* 114 A 2
Lailly-en-Val *45* 132 D 3
Laimont *55* 63 G 3
Lain *89* 135 H 5
Laines-aux-Bois *10* 114 D 2
Lains *39* 196 B 3
Lainsecq *89* 156 D 1
Lainville-en-Vexin *78* 57 G 1
Laire *25* 142 B 4
Laires *62* 7 F 3
Lairière *11* 338 A 2
Lairoux *85* 183 E 2
Laissac *12* 281 F 1
Laissaud *73* 233 G 3
Laissey *25* 162 B 3
Laître-sous-Amance *54* 66 B 5
Laives *71* 177 H 5
Laix *54* 45 E 2
Laiz *01* 195 E 5
Laizé *71* 195 E 3
Laize-la-Ville *14* 33 G 5
Laizy *71* 176 C 3
Lajo *48* 264 B 1
Lajoux *39* 197 F 3
Lalacelle *61* 83 E 3
Lalande *89* 135 H 4
Lalande-de-Pomerol *33* 238 C 4
Lalande-en-Son *60* 37 G 2
Lalandelle *60* 37 G 2
Lalandusse *47* 257 H 3
Lalanne *32* 296 B 2
Lalanne *65* 316 A 4
Lalanne-Arqué *32* 316 B 3
Lalanne-Trie *65* 315 H 4
Lalaye *67* 96 D 4
Lalbarède *81* 299 E 4
Lalbenque *46* 278 B 1
Laleu *61* 84 A 2
Laleu *80* 11 H 5
Lalevade-d'Ardèche *07* 266 A 3
Lalheue *71* 177 H 5
Lalinde *24* 258 C 1
Lalizolle *03* 209 G 1
Lallaing *59* 9 E 5
Lalleu *35* 126 D 2
Lalley *38* 268 D 1
Lalleyriat *01* 214 D 1
Lalobbe *08* 26 A 4
Lalœuf *54* 94 C 3
Lalongue *64* 314 C 2
Lalonquette *64* 294 B 5
Laloubère *65* 315 E 5
Lalouret-Laffiteau *31* 316 B 5
Lalouvesc *07* 248 C 2
Laluque *40* 293 E 1
Lama *2B* 345 E 5
Lamadeleine-Val-des-Anges *90* 142 C 1
Lamagdelaine *46* 260 B 5
Lamagistère *82* 276 D 4
Lamaguère *32* 316 B 2
Lamaids *03* 190 B 5
Lamairé *79* 168 B 4
Lamalou-les-Bains *34* 301 F 5
Lamancine *52* 116 D 2
Lamanère *66* 342 B 5
Lamanon *13* 305 F 3
Lamarche *88* 118 A 3
Lamarche-en-Woëvre *55* 65 E 3
Lamarche-sur-Saône *21* 160 D 3
Lamargelle *21* 159 H 1
Lamargelle-aux-Bois *52* 139 E 4
Lamaronde *80* 21 H 3
Lamarque *33* 237 F 2
Lamarque-Pontacq *65* 314 D 5
Lamarque-Rustaing *65* 315 G 4
Lamasquère *31* 317 G 2
Lamastre *07* 248 C 4
Lamath *54* 95 F 2
Lamativie *46* 243 F 5
Lamayou *64* 315 E 3
Lamazère *32* 295 H 5
Lamazière-Basse *19* 225 G 5
Lamazière-Haute *19* 226 B 2
Lambach *57* 68 A 1
Lambader *29* 71 G 4
Lamballe *22* 78 D 3
Lambersart *59* 8 D 2
Lambert *04* 288 A 2
Lamberville *50* 32 C 5
Lamberville *76* 20 A 3
Lambesc *13* 305 G 4
Lamblore *28* 85 E 2
Lambres *62* 7 G 3
Lambres-lez-Douai *59* 8 D 5
Lambrey *70* 140 D 3
Lambruisse *04* 288 C 4
Laméac *65* 315 G 3
Lamécourt *60* 38 D 2
Lamelouze *30* 283 G 3
Lamenay-sur-Loire *58* 175 F 4
Lamérac *16* 220 C 4
Lametz *08* 26 D 5
Lamillarié *81* 299 F 2
Lammerville *76* 20 A 3
Lamnay *72* 108 D 3
Lamongerie *19* 224 C 3
Lamontélarié *81* 300 B 4
Lamontgie *63* 228 B 4
Lamontjoie *47* 275 H 4
Lamonzie-Montastruc *24* 240 B 5
Lamonzie-Saint-Martin *24* 257 G 1
Lamorlaye *60* 38 C 5
Lamorville *55* 64 C 3
Lamothe *40* 293 H 2
Lamothe *43* 246 B 1
Lamothe-Capdeville *82* 277 H 4
Lamothe-Cassel *46* 260 B 3
Lamothe-Cumont *82* 296 D 1
Lamothe-en-Blaisy *52* 116 C 2
Lamothe-Fénelon *46* 259 H 1
Lamothe-Goas *32* 296 A 2
Lamothe-Landerron *33* 257 E 4
Lamothe-Montravel *24* 238 D 5
Lamotte-Beuvron *41* 133 F 5
Lamotte-Brebière *80* 22 C 2
Lamotte-Buleux *80* 11 G 2
Lamotte-du-Rhône *84* 284 D 2
Lamotte-Warfusée *80* 23 E 2
Lamouilly *55* 27 H 5
Lamoura *39* 197 F 3
Lampaul *29* 74 A 1
Lampaul-Guimiliau *29* 71 G 5
Lampaul-Plouarzel *29* 70 A 5
Lampaul-Ploudalmézeau *29* 70 B 4
Lampertheim *67* 68 D 5
Lampertsloch *67* 69 E 2
Lamure-sur-Azergues *69* 212 B 2
Lanans *25* 162 D 3
Lanarce *07* 265 G 2
Lanarvily *29* 70 D 4
Lanas *07* 266 B 4
Lancé *41* 131 G 4
Lanchères *80* 11 E 3
Lanches-Saint-Hilaire *80* 12 B 4
Lanchy *02* 23 H 2
Lancié *69* 212 D 1
Lancieux *22* 50 B 5
Lancôme *41* 131 H 5
Lançon *08* 43 E 3
Lançon *65* 333 H 3
Lançon-Provence *13* 305 F 4
Lancrans *01* 215 E 1
Landal *Château de 35* 80 B 2
Landange *57* 67 G 5
Landas *59* 9 F 4
Landaul *56* 123 H 2
Landaville *88* 94 A 5
Landavran *35* 105 E 2
La Lande-Chasles *49* 150 C 1
La Lande-d'Airou *50* 51 H 3
La Lande-de-Fronsac *33* 237 H 4
La Lande-de-Goult *61* 83 F 2
La Lande-de-Lougé *61* 53 H 5
La Lande-Patry *61* 53 E 4
La Lande-Saint-Léger *27* 34 D 3
La Lande-Saint-Siméon *61* 53 F 3
La Lande-sur-Drôme *14* 32 C 5
La Lande-sur-Eure *61* 85 E 2
La Lande-Vaumont *14* 52 C 4
Landéan *35* 81 F 4
Landebaëron *22* 73 E 4
Landébia *22* 79 E 3
La Landec *22* 79 F 4
Landécourt *54* 95 F 2
Landéda *29* 70 C 4
Landéhen *22* 78 D 4
Landeleau *29* 76 C 4
Landelles *28* 85 G 3
Landelles-et-Coupigny *14* 52 B 2
Landemont *49* 148 B 3
Landepéreuse *27* 55 F 1
Landerneau *29* 75 G 2
Landeronde *85* 165 G 5
Landerrouat *33* 257 E 2
Landerrouet-sur-Ségur *33* 256 D 3
Landersheim *67* 68 C 5
Landes *17* 201 G 3
Les Landes-Genusson *85* 166 B 2
Landes-le-Gaulois *41* 131 H 5
Landes-sur-Ajon *14* 33 E 5
Landes-Vieilles-et-Neuves *76* 21 F 3
Landévant *56* 123 H 2
Landévennec *29* 75 G 3
Landevieille *85* 165 E 5
Landéville *52* 93 F 4
Landeyrat *15* 245 F 1
Landifay-et-Bertaignemont *02* 24 D 2
Landigou *61* 53 F 4
Le Landin *27* 35 H 2
Landiras *33* 255 H 3
Landisacq *61* 53 E 4
Landivisiau *29* 71 F 5
Landivy *53* 81 G 3
Landogne *63* 208 D 4
Landonvillers *57* 46 B 5
Landorthe *31* 334 C 1
Landos *43* 265 F 1
Landouge *87* 205 G 5
Landouzy-la-Cour *02* 25 G 2
Landouzy-la-Ville *02* 25 G 2
Landrais *17* 201 E 2
Le Landreau *44* 148 A 4
Landrecies *59* 15 E 4
Landrecourt *55* 64 B 1
Landrellec *22* 72 C 2
Landremont *54* 65 H 4
Landres *54* 45 E 3
Landres-et-Saint-Georges *08* 43 F 2
Landresse *25* 162 D 3
Landrethun-le-Nord *62* 2 C 4
Landrethun-lès-Ardres *62* 2 D 4
Landrévarzec *29* 99 H 2
Landreville *10* 115 H 4
Landrichamps *08* 17 F 4
Landricourt *02* 40 B 1
Landricourt *51* 92 B 2
Landroff *57* 66 D 2
Landry *73* 234 D 2
Landser *68* 143 G 2
Landudal *29* 100 A 2
Landudec *29* 99 F 3
Landujan *35* 103 H 1
Landunvez *29* 70 B 4
Lanéria *39* 196 A 3
Lanespède *65* 315 G 5
Lanessan *Château de 33* 237 E 2
Lanester *56* 123 F 2
Lanet *11* 338 A 3
Laneuvelle *52* 118 A 5
Laneuvelotte *54* 66 B 5
Laneuveville-aux-Bois *54* 95 H 1
Laneuveville-derrière-Foug *54* 65 E 5
Laneuveville-devant-Bayon *54* 95 E 3
Laneuveville-devant-Nancy *54* 94 D 1
Laneuveville-en-Saulnois *57* 66 C 3
Laneuveville-lès-Lorquin *57* 67 G 5
Laneuville-à-Bayard *52* 92 D 2
Laneuville-à-Rémy *52* 92 C 3
Laneuville-au-Bois *52* 93 G 4
Laneuville-au-Pont *52* 63 E 5
Laneuville-au-Rupt *55* 64 D 5
Laneuville-sur-Meuse *55* 43 G 1
Laneuvilleroy *60* 38 D 1
Lanfains *22* 78 A 4
Lanfroicourt *54* 66 B 4
Langan *35* 80 A 5
Langast *22* 78 C 5
Langatte *57* 67 G 4
Langé *36* 171 F 1
Langeac *43* 246 C 3
Langeais *37* 151 F 3
Langensoultzbach *67* 68 D 2
Langeron *58* 174 B 4
Langesse *45* 134 C 3
Langey *28* 109 G 4
Langlade *30* 303 G 2
Langley *88* 95 E 4
Langoat *22* 72 D 3

Langoëlan 56 101 F2
Langogne 48 265 F2
Langoiran 33 255 H2
Langolen 29 100 A2
Langon 33 256 B4
Langon 35 126 A3
Langon 41 154 A4
Le Langon 85 183 G3
Langonnet 56 100 D2
Langonnet *Abbaye de* 56 101 E2
Langouet 35 80 A5
Langourla 22 78 D5
Langres 52 139 G2
Langrolay-sur-Rance 22 79 H3
Langrune-sur-Mer 14 33 G3
Languédias 22 79 F4
Languenan 22 79 G3
Langueux 22 78 B3
Languevoisin-Quiquery 80 23 G3
Languidic 56 101 G5
Languidou *Chapelle de* 29 99 F4
Languimberg 57 67 F4
Languivoa *Chapelle de* 29 99 F4
Langy 03 192 C5
Lanhélin 35 80 A3
Lanhères 55 44 D5
Lanhouarneau 29 71 E4
Lanildut 29 70 A5
Laning 57 67 E1
Laniscat 22 77 G5
Laniscourt 02 24 C5
Lanleff 22 73 F4
Lanloup 22 73 G3
Lanmérin 22 72 D3
Lanmeur 29 72 A4
Lanmodez 22 73 F2
Lann-Bihoué 56 123 F2
Lanne 65 315 E5
Lanne-en-Barétous 64 331 F2
Lanne-Soubiran 32 294 D3
Lannéanou 29 76 C2
Lannebert 22 73 F4
Lannecaube 64 314 C2
Lannédern 29 76 B4
Lannemaignan 32 294 C1
Lannemezan 65 333 H1
Lannepax 32 295 G2
Lanneplaà 64 313 F2
Lanneray 28 109 H4
Lannes 47 275 F5
Lannes 52 117 F5
Lanneuffret 29 71 E5
Lannilis 29 70 C4
Lannion 22 72 C3
Lannoy 59 9 E2
Lannoy-Cuillère 60 21 F4
Lannux 32 294 C4
Lano 2B 347 F3
Lanobre 15 226 C4
Lanouaille 24 223 F5
Lanouée 56 102 C4
Lanoux 09 335 H1
Lanquais 24 258 C1
Lanques-sur-Rognon 52 117 F3
Lanquetot 76 19 F5
Lanrelas 22 103 E1
Lanrigan 35 80 B4
Lanrivain 22 77 G3
Lanrivoaré 29 70 B5
Lanrodec 22 77 H2
Lans 71 177 H4
Lans-en-Vercors 38 250 C2
Lansac 33 237 G3
Lansac 65 315 F5
Lansac 66 338 B5
Lansargues 34 303 F4
Lanslebourg-Mont-Cenis 73 235 E5
Lanslevillard 73 235 F5
Lanta 31 298 B5
Lantabat 64 311 G5
Lantages 10 115 F4
Lantan 18 173 G3
Lantéfontaine 54 45 F4
Lantenay 01 214 C2
Lantenay 21 159 H3
Lantenne-Vertière 25 161 G4
Lantenot 70 141 H3
La Lanterne-et-les-Armonts 70 141 H2
Lanteuil 19 242 C3
Lanthenans 25 163 E2
Lanthes 21 178 C1
Lantheuil 14 33 F3
Lantic 22 73 G5
Lantignié 69 212 C1
Lantillac 56 102 B4
Lantilly 21 158 D1
Lanton 33 254 C2
Lantosque 06 291 F3
Lantriac 43 247 G4
Lanty 58 175 H4
Lanty-sur-Aube 52 116 B4
Lanuéjols 30 282 B4
Lanuéjols 48 264 D5
Lanuéjouls 12 261 G5
Lanvallay 22 79 G4
Lanvaudan 56 101 F4
Lanvellec 22 72 B4
Lanvénégen 56 100 D3
Lanvéoc 29 75 E3
Lanvézéac 22 72 D3
Lanvollon 22 73 G4
Lanzac 46 242 B5
Laon 02 24 D5
Laons 28 56 B5
Laouzas *Barrage de* 81 300 C4
Lapalisse 03 192 D5
Lapalud 84 284 D1
Lapan 18 172 D3
Lapanouse 12 281 G1
Lapanouse-de-Cernon 12 281 H5
Laparade 47 275 H1
Laparrouquial 81 279 F4
Lapège 09 336 A4
Lapenche 82 278 C3
Lapenne 09 336 C1
Lapenty 50 81 G2
Laperche 47 257 G4
Laperrière-sur-Saône 21 160 D5
Lapeyre 65 315 H3
Lapeyrère 31 317 G5
Lapeyrouse 01 213 F3
Lapeyrouse 63 191 F5
Lapeyrouse-Fossat 31 298 A4
Lapeyrouse-Mornay 26 231 G5
Lapeyrugue 15 262 C2
Lapleau 19 243 G1
Laplume 47 275 H4
Lapoutroie 68 120 D2
Lapouyade 33 238 B3
Lappion 02 25 G5
Laprade 11 319 E4
Laprade 16 239 F1
Lapradelle 11 337 G4
Laprugne 03 211 E3
Laps 63 228 A2
Lapte 43 248 A2
Lapugnoy 62 7 H4
Laquenexy 57 66 B1
Laqueuille 63 227 E2
Laragne-Montéglin 05 287 F1
Larajasse 69 230 C2
Laramière 46 279 E1
Laran 65 316 A5
Larbey 40 293 G3
Larbont 09 335 H2
Larbroye 60 23 G5
Larcan 31 316 C5
Larcat 09 336 B5
Larçay 37 152 A3
Larceveau-Arros-Cibits 64 311 G5
Larchamp 53 81 G4
Larchamp 61 53 E5
Larchant 77 112 B2
Larche 04 271 F4
Larche 19 241 H3
Larche *Col de* 04 271 F4
Le Larderet 39 179 H3
Lardier-et-Valença 05 269 G5
Lardiers 04 287 E4
Le Lardin-Saint-Lazare 24 241 G3
Lardy 91 87 G3
Larée 32 295 E1
Laréole 31 297 E3
Largeasse 79 167 G5
Largentière 07 266 A4
Largillay-Marsonnay 39 196 C1
Largitzen 68 143 E3
Largny-sur-Automne 02 39 H4
Largoët *Forteresse de* 56 124 D3
Larians-et-Munans 70 162 B1
Larivière 90 142 D2
Larivière-sur-Apance 52 118 A4
Larmor-Baden 56 124 A4
Larmor-Plage 56 123 F2
Larnage 26 249 F3
Larnagol 46 260 D5
Larnas 07 266 D5
Larnat 09 336 B5
Larnaud 39 179 E5
Larnod 25 161 H4
Laroche-près-Feyt 19 226 C1
Laroche-Saint-Cydroine 89 113 H5
Larochemillay 58 176 A3
Larodde 63 226 C3
Laroin 64 314 A4
Larone *Col de* 2A 349 G4
Laronxe 54 95 G2
Laroque 33 256 B2
Laroque 34 302 C1
Laroque-de-Fa 11 338 B3
Laroque-des-Albères 66 343 F4
Laroque-des-Arcs 46 260 B5
Laroque-d'Olmes 09 336 D3
Laroque-Timbaut 47 276 C2
Laroquebrou 15 243 H4
Laroquevieille 15 244 C4
Larouillies 59 15 G5
Larra 31 297 G3
Larrau 64 331 E3
Larrazet 82 297 F1
Larré 56 124 D3
Larré 61 83 H3
Larressingle 32 295 G1
Larressore 64 310 D3
Larret 29 70 B5
Larret 70 140 A4
Larreule 64 314 A2
Larreule 65 315 E2
Larrey 21 137 H2
Larribar-Sorhapuru 64 311 H4
Larringes 74 198 B3
Larrivière-Saint-Savin 40 294 A2
Larrivoire 39 196 D4
Larroque 31 316 B5
Larroque 65 316 A4
Larroque 81 278 D5
Larroque-Engalin 32 275 H5
Larroque-Saint-Sernin 32 296 A2
Larroque-sur-l'Osse 32 275 F5
Larroque-Toirac 46 261 F4
Lartigue 32 296 C5
Lartigue 33 274 C2
Laruns 64 332 A2
Laruscade 33 238 B2
Larzac 24 259 E2
Larzicourt 51 62 D5
Lasalle 30 283 F5
Lasbordes 11 319 E4
Lascabanes 46 277 H1
Lascaux 19 223 H5
Lascaux *Grotte de* 24 241 G3
Lascazères 65 295 E5
Lascelle 15 244 D4
Laschamps-de-Chavanat 23 207 E1
Lasclaveries 64 314 B2
Lasfaillades 81 300 A5
Lasgraisses 81 299 E2
Laslades 65 315 F5
Lassales 65 316 A5
Lassay-les-Châteaux 53 82 C3
Lassay-sur-Croisne 41 153 G3
Lasse 49 150 C1
Lasse 64 330 B1
Lasserade 32 295 E4
Lasséran 32 296 A5
Lasserre 09 335 F1
Lasserre 31 297 F4
Lasserre 47 275 G4
Lasserre 64 294 D5
Lasserre-de-Prouille 11 319 F5
Lasseube 64 314 A4
Lasseube-Propre 32 296 B5
Lasseubetat 64 314 A5
Lassicourt 10 91 H4
Lassigny 60 23 F5
Lasson 14 33 F4
Lasson 89 114 C4
Lassouts 12 263 F5
Lassur 09 336 C5
Lassy 14 53 E2
Lassy 35 103 H4
Lassy 95 38 D5
Lastelle 50 31 G3
Lastic 15 246 A3
Lastic 63 226 D1
Lastioulles *Barrage de* 15 226 D5
Lastours 11 319 H4
Le Latet 39 179 H3
La Latette 39 180 A4
Lathuile 74 215 H5
Lathus 86 187 G4
Latillé 86 185 H1
Latilly 02 40 B5
Latoue 31 316 C5
Latouille-Lentillac 46 261 F1
Latour 31 317 G5
Latour-Bas-Elne 66 343 F3
Latour-de-Carol 66 341 E4
Latour-de-France 66 338 B5
Latour-en-Woëvre 55 65 E1
Latrape 31 317 G5
Latrecey 52 116 C5
Latresne 33 255 G1
Latrille 40 294 C4
Latronche 19 243 H1
Latronquière 46 261 G1
Lattainville 60 37 G4
La Latte *Fort* 22 50 A4
Lattes 34 302 D5
Lattre-Saint-Quentin 62 13 E2
Lau-Balagnas 65 332 D2
Laubach 67 68 D3
Laubert 48 264 D4
Les Laubies 48 264 B2
Laubressel 10 91 F5
Laubrières 53 105 F5
La Lauch *Lac de* 68 120 C4
Laucourt 80 23 F4
Laudrefang 57 66 D1
Laudun-l'Ardoise 30 284 D4
Laugnac 47 276 B2
Laujuzan 32 294 D2
Laulne 50 31 G3
Laumesfeld 57 46 C3
Launac 31 297 F3
Launaguet 31 298 A4
Launay 27 35 G5
Launay-Villiers 53 105 G3
Launois-sur-Vence 08 26 C4
Launoy 02 40 B4
Launstroff 57 46 C2
La Laupie 26 267 F3
Laurabuc 11 319 E5
Laurac 11 319 E5
Laurac-en-Vivarais 07 266 A4
Lauraët 32 295 G1
Lauraguel 11 337 F1
Laure-Minervois 11 320 A4
Laurède 40 293 G2
Laurenan 22 102 D1
Laurens 34 301 G5
Lauresses 46 261 G2
Lauret 34 302 D2
Lauret 40 294 B5
Laurie 15 245 H1
Laurière 24 240 D1
Laurière 87 206 B2
Lauris 84 305 H3
Lauroux 34 301 G3
Laussac 12 263 E1
Laussonne 43 247 G4
Laussou 47 258 D4
Lautaret *Col du* 05 252 B3
Lautenbach 68 120 D4
Lautenbachzell 68 120 D4
Lauterbourg 67 69 H1
Lauthiers 86 187 E1
Lautignac 31 317 E3
Lautrec 81 299 F3
Lauw 68 142 D1
Lauwin-Planque 59 8 D5
Laux-Montaux 26 286 C1
Lauzach 56 124 D4
Lauzerte 82 277 F2
Lauzerville 31 298 B5
Lauzès 46 260 C4
Le Lauzet-Ubaye 04 270 B5
Lauzières 17 183 F5
Lauzun 47 257 H3
Lava *Col de* 2A 346 A5
Lava *Golfe de* 2A 348 B3
Lavacquerie 60 22 A4
Laval 38 251 F1
Laval 53 106 A3
Laval *Chalets de* 05 252 C3
Laval-Atger 48 264 D1
Laval-d'Aix 26 268 B2
Laval-d'Aurelle 07 265 G4
Laval-de-Cère 46 243 F5
Laval-du-Tarn 48 282 B1
Laval-en-Brie 77 89 E4
Laval-en-Laonnois 02 40 D1
Laval-le-Prieuré 25 163 E4
Laval-Morency 08 26 B2
Laval-Pradel 30 283 H3
Laval-Roquecezière 12 300 B2
Laval-Saint-Roman 30 284 C2
Laval-sur-Doulon 43 228 C5
Laval-sur-Luzège 19 243 G1
Laval-sur-Tourbe 51 42 D5
Laval-sur-Vologne 88 119 H2
Lavalade 24 258 D2
Lavaldens 38 251 F4
Lavalette 11 319 G5
Lavalette 31 298 B4
Lavalette 34 301 G4
Lavalette *Barrage de* 43 247 H2
Lavallée 55 64 B4
Le Lavancher 74 217 E2
Lavancia-Epercy 39 196 C4
Le Lavandou 83 329 E4
Lavangeot 39 161 F5
Lavannes 51 41 H3
Lavans-lès-Dole 39 161 F5
Lavans-lès-Saint-Claude 39 196 D3
Lavans-Quingey 25 161 H5
Lavans-sur-Valouse 39 196 C4
Lavans-Vuillafans 25 162 B5
Lavaqueresse 02 25 E1
Lavardac 47 275 F3
Lavardens 32 296 A3
Lavardin 41 131 F3
Lavardin 72 107 G4
Lavaré 72 108 C4
Lavars 38 250 D5
Lavasina 2B 345 G3
Lavastrie 15 245 G5
Lavatoggio 2B 346 C2
Lavau 10 91 E5
Lavau 89 135 F5
Lavau-sur-Loire 44 146 D3
Lavaudieu 43 246 C1
Lavaufranche 23 190 A4
Lavault-de-Frétoy 58 176 A1
Lavault-Sainte-Anne 03 190 D4
Les Lavaults 89 158 B3
Lavaur 24 259 E3
Lavaur 81 298 C3
Lavaurette 82 278 C3
Lavausseau 86 185 H1
Lavaveix-les-Mines 23 207 G2
Lavazan 33 256 C5
Laveissenet 15 245 F3
Laveissière 15 245 E3
Lavelanet 09 336 D3
Lavelanet-de-Comminges 31 317 F4
Laveline-devant-Bruyères 88 120 A2
Laveline-du-Houx 88 119 H2
Lavenay 72 130 D3
Laventie 62 8 B2
Lavéra 13 325 G4
Laveraët 32 295 G5
Lavercantière 46 259 H3
Laverdines 18 173 H1
Lavergne 46 260 D1
Lavergne 47 257 G3
Lavernat 72 130 B4
Lavernay 25 161 G3
Lavernhe 12 281 G2
Lavernose-Lacasse 31 317 G3
Lavernoy 52 117 H5
Laverrière 60 21 H4
Laversine 02 40 A3
Laversines 60 38 B2
Lavérune 34 302 D5
Laveyron 26 249 E1
Laveyrune 07 265 F3
Laveyssière 24 239 H5
Lavieu 42 229 G3
Laviéville 80 22 D1
Lavigerie 15 245 E2
Lavignac 87 223 F1
Lavignéville 55 64 D3
Lavigney 70 140 C3
Lavignolle 33 255 E3
Lavigny 39 179 F4
Lavillatte 07 265 G2
Laville-aux-Bois 52 117 E3
Lavilledieu 07 266 C4
Lavilleneuve 52 117 G4
Lavilleneuve-au-Roi 52 116 C3
Lavilleneuve-aux-Fresnes 52 116 B2
Lavilletertre 60 37 H4
Lavincourt 55 63 G5
Laviolle 07 266 B1
Laviron 25 163 E3
Lavit-de-Lomagne 82 296 D1
Lavoine 03 210 D3
Lavoncourt 70 140 C4
Lavours 01 214 D4
Lavoûte-Chilhac 43 246 B2
Lavoûte-sur-Loire 43 247 F3
Lavoux 86 186 D1
Lavoye 55 63 G1
Lawarde-Mauger-l'Hortoy 80 22 B4
Laxou 54 65 H5
Lay 42 211 H3
Lay-Lamidou 64 313 G4
Lay-Saint-Christophe 54 65 H5
Lay-Saint-Remy 54 94 A1
Laye 05 269 G2
Laymont 32 317 E3
Layrac 47 276 B4
Layrac-sur-Tarn 31 298 A2
Layrisse 65 315 E5
Lays-sur-le-Doubs 71 178 C2
Laz 29 76 B5
Lazenay 18 172 C1
Lazer 05 287 F1
Léalvillers 80 13 E5
Léaupartie 14 34 B4
Léaz 01 215 E1
Lebetain 90 142 D4
Lebeuville 54 95 E3
Lebiez 62 6 D4
Leboulin 32 296 B4
Lebreil 46 277 F1
Lebucquière 62 13 H4
Lécaude 14 34 B5
Lecci 2A 349 G5
Lecelles 59 9 F4
Lecey 52 139 H2
Lechâtelet 21 178 B1
Léchelle 62 13 H5
Léchelle 77 89 G2
La Léchère 73 234 B2
Les Lèches 24 239 G4
Lechiagat 29 99 F5
Lécluse 59 14 A2
Lécourt 52 117 H4
Lécousse 35 81 E4
Lecques 30 303 F2
Les Lecques 83 327 G4
Lect 39 196 C3
Lectoure 32 296 B1
Lecumberry 64 330 C1
Lécussan 31 316 A5
Lédas-et-Penthiès 81 280 B4
le Lédat 47 258 B5
Lédenon 30 304 A1
Lédergues 12 280 C4
Lederzeele 59 3 G4
Ledeuix 64 313 H4
Lédignan 30 283 H5
Ledinghem 62 6 D2
Ledringhem 59 3 G4
Lée 64 314 B4
Leers 59 9 E2
Lées-Athas 64 331 H3
Lefaux 62 6 B3
Leffard 14 53 G2
Leffincourt 08 42 C2
Leffond 70 139 H4
Leffonds 52 117 E5
Leffrinckoucke 59 3 G2
Leforest 62 8 D5
Lège 31 334 B3
Legé 44 165 G2
Lège-Cap-Ferret 33 254 B1
Légéville-et-Bonfays 88 118 D2
Léglantiers 60 38 D1
Légna 39 196 C3
Légny 69 212 C4
Léguevin 31 297 G5
Léguillac-de-Cercles 24 221 H5
Léguillac-de-l'Auche 24 240 B2
Lehaucourt 02 24 B1
Léhélec *Château de* 56 125 F4
Léhon 22 79 G4
Leigné-les-Bois 86 169 H4
Leigné-sur-Usseau 86 169 G3
Leignes-sur-Fontaine 86 187 F2
Leigneux 42 229 G1
Leimbach 68 142 D1
Leintrey 54 95 H1
Leiterswiller 67 69 F2
Lélex 01 197 E4
Lelin-Lapujolle 32 294 D3
Lelling 57 67 E1
Lemainville 54 94 D2
Lembach 67 69 E1
Lemberg 57 68 B1
Lembeye 64 314 D2
Lembras 24 239 H5
Lemé 02 25 E2
Lème 64 294 B5
Leménil-Mitry 54 95 E3
Lémeré 37 169 E1
Lemmecourt 88 94 A5
Lemmes 55 43 H5
Lemoncourt 57 66 B3
Lempaut 81 299 F5
Lempdes 63 209 H5
Lempdes-sur-Allagnon 43 228 A5
Lempire 02 24 A1

HAUBOURDIN
Carnot (R. Sadi) .... GT 22
Vanderhaghen (R. A.) .... GT 157

HELLEMMES-LILLE
Salengro (R. Roger) ..... HS 142

HEM
Clemenceau (Bd G.) ...... JS 28
Croix (R. de) .... JS 40
Gaulle (Av. Ch.-de) ..... JS 64

LAMBERSART
Hippodrome (Av. de l') ... GS 76

LANNOY
Leclerc (R. du Gén.) ..... JS 97
Tournai (R. de) .... JS 153

LA MADELEINE
Gambetta (R.) .... GS 63
Gaulle (R. du Gén.-de) .. HS 69
Lalau (R.) .... HS 87

LILLE
Arras (R. du Fg d') ...... GT 4
Postes (R. du Fg des) .. GST 129

LOMME
Dunkerque (Av. de) ...... GS 52

LOOS
Doumer (R. Paul) .... GT 49
Foch (R. du Mar.) .... GST 58
Potié (R. Georges) ...... GT 130

LYS-LEZ-LANNOY
Guesde (R. Jules) .... JS 75
Lebas (R. J.-B.) .... JS 94

MARCQ-EN-BARŒUL
Clemenceau (Bd) .... HS 30
Couture (R. de la) ...... HS 39
Foch (Av. Mar.) .... HS 57
Nationale (R.) .... HS 122

MARQUETTE-LEZ-LILLE
Lille (R. de) .... GS 103
Menin (R. de) .... HS 117

MONS-EN-BARŒUL
Gaulle (R. du Gén.-de) ... HS 70

MOUVAUX
Carnot (Bd) .... HR 21

ST-ANDRÉ-LEZ-LILLE
Lattre-de-Tassigny (Av. du Mar.-de) ...... GS 91
Leclerc (R. du Gén.) ..... GS 99

TOUFFLERS
Déportés (R. des) .... JS 48

TOURCOING
Yser (R. de l') .... JR 165
3-Pierres (R. des) ...... JR 166

VILLENEUVE-D'ASCQ
Ouest (Bd de l') .... HS 124
Ronsse (R. Ch.) .... JT 136
Tournai (Bd de) .... JT 151

WAMBRECHIES
Marquette (R. de) .... GZ 108

WATTIGNIES
Clemenceau (R.) .... GT 31
Gaulle (R. du Gén.-de) ... GT 72
Victor-Hugo (R.) .... GT 160

WATTRELOS
Carnot (R.) .... JRS 24
Jean-Jaurès (R.) .... JR 82
Lebas (R. J.-B.) .... JR 96
Mont-à-Leux (R. du) ..... JR 121

Lempire-aux-Bois *55* ..... 43 H 5
Lemps *07* ..... 249 E 3
Lemps *26* ..... 286 B 1
Lempty *63* ..... 210 A 5
Lempzours *24* ..... 222 D 5
Lemud *57* ..... 66 B 1
Lemuy *39* ..... 179 H 2
Lénault *14* ..... 53 E 2
Lenax *03* ..... 193 E 4
Lencloître *86* ..... 169 E 4
Lencouacq *40* ..... 274 A 4
Lendresse *64* ..... 313 G 2
Lengelsheim *57* ..... 48 C 5
Lengronne *50* ..... 51 G 2
Lenharrée *51* ..... 61 H 4
Léning *57* ..... 67 E 2
Lénizeul *52* ..... 117 H 4
Lennon *29* ..... 76 A 5
Lenoncourt *54* ..... 95 E 1
Lens *62* ..... 8 B 5
Lens-Lestang *26* ..... 231 G 5
Lent *01* ..... 213 H 1
Lent *39* ..... 180 A 4
Lentigny *42* ..... 211 G 3
Lentillac-Lauzès *46* ..... 260 C 4
Lentillac-Saint-Blaise *46* ..... 261 G 4
Lentillères *07* ..... 266 A 3
Lentilles *10* ..... 92 A 3
Lentilly *69* ..... 212 D 5
Lentiol *38* ..... 231 G 5
Lento *2B* ..... 347 F 2
Léobard *46* ..... 259 H 2
Léogeats *33* ..... 255 H 4
Léognan *33* ..... 255 F 2
Léojac *82* ..... 277 H 5
Léon *40* ..... 292 B 1
Léoncel *26* ..... 249 H 5
Léotoing *43* ..... 228 A 5
Léouville *45* ..... 111 F 2
Léoville *17* ..... 220 B 4
Lépanges-sur-Vologne *88* ..... 119 H 2
Lépaud *23* ..... 190 B 5
Lépin-le-Lac *73* ..... 233 E 2
Lépinas *23* ..... 207 F 2
Lépine *62* ..... 6 B 5
Lépron-les-Vallées *08* ..... 26 B 3
Lepuix *90* ..... 142 B 1
Lepuix-Neuf *90* ..... 143 E 4
Léran *09* ..... 336 D 2
Lercoul *09* ..... 336 A 5
Léré *18* ..... 156 A 2
Léren *64* ..... 292 D 5
Lérigneux *42* ..... 229 F 2
Lerm-et-Musset *33* ..... 274 C 1
Lerné *37* ..... 150 D 5
Lérouville *55* ..... 64 C 4
Lerrain *88* ..... 118 D 2
Léry *21* ..... 138 D 5
Léry *27* ..... 36 B 3
Lerzy *02* ..... 25 F 1
Lesbœufs *80* ..... 13 H 5
Lesbois *53* ..... 81 H 3
Lescar *64* ..... 314 A 3
Leschaux *74* ..... 215 G 5
Leschelles *02* ..... 25 E 1
Lescheraines *73* ..... 215 G 5
Leschères *39* ..... 197 E 2
Leschères-sur-le-Blaiseron *52* ..... 92 D 5
Lescherolles *77* ..... 60 B 4
Lescheroux *01* ..... 195 G 3
Lesches *77* ..... 59 F 3
Lesches-en-Diois *26* ..... 268 C 3
Lesconil *29* ..... 99 G 5
Lescouët-Gouarec *22* ..... 77 F 5
Lescouët-Jugon *22* ..... 79 E 4
Lescousse *09* ..... 336 A 1
Lescout *81* ..... 299 F 5
Lescun *64* ..... 331 G 4
Lescuns *31* ..... 317 E 5
Lescure *09* ..... 335 G 2
Lescure-d'Albigeois *81* ..... 299 F 1
Lescure-Jaoul *12* ..... 279 G 3
Lescurry *65* ..... 315 F 3
Lesdain *59* ..... 14 B 4
Lesdins *02* ..... 24 B 2
Lesges *02* ..... 40 C 3
Lesgor *40* ..... 293 F 1
Lésigny *77* ..... 59 E 4
Lésigny *86* ..... 170 A 3
Le Leslay *22* ..... 78 A 4
Lesme *71* ..... 192 D 1
Lesménils *54* ..... 65 G 3
Lesmont *10* ..... 91 G 4
Lesneven *29* ..... 71 E 4
Lesparre-Médoc *33* ..... 218 D 5
Lesparrou *09* ..... 336 D 3
Lespéron *07* ..... 265 F 2
Lesperon *40* ..... 272 C 5
Lespesses *62* ..... 7 G 3
Lespielle *64* ..... 314 D 2
Lespignan *34* ..... 321 G 4
Lespinasse *31* ..... 297 H 3
Lespinasse *Château de* *43* ..... 246 A 1
Lespinassière *11* ..... 320 A 3
Lespinoy *62* ..... 6 D 5
Lespiteau *31* ..... 334 C 1
Lesponne *65* ..... 333 F 2
Lespouey *65* ..... 315 F 5
Lespourcy *64* ..... 314 D 3
Lespugue *31* ..... 316 B 5
Lesquerde *66* ..... 338 A 4
Lesquielles-Saint-Germain *02* ..... 24 D 1
Lesquin *59* ..... 8 D 3
Lessac *16* ..... 204 C 2
Lessard-en-Bresse *71* ..... 178 B 4
Lessard-et-le-Chêne *14* ..... 54 C 1
Lessard-le-National *71* ..... 177 H 3
Lessay *50* ..... 31 G 3
Lesse *57* ..... 66 C 2
Lesseux *88* ..... 96 C 4
Lesson *85* ..... 184 C 3
Lessy *57* ..... 65 G 1
Lestanville *76* ..... 20 A 3
Lestards *19* ..... 225 E 3
Lestelle-Bétharram *64* ..... 314 C 5
Lestelle-de-Saint-Martory *31* ..... 334 D 1
Lesterps *16* ..... 204 D 3
Lestiac-sur-Garonne *33* ..... 255 H 2
Lestiou *41* ..... 132 C 4
Lestrade-et-Thouels *12* ..... 280 D 5
Lestre *50* ..... 29 G 4
Lestrem *62* ..... 8 A 2
Létanne *08* ..... 27 G 5
Léthuin *28* ..... 86 D 5
Letia *2A* ..... 348 C 1
Létra *69* ..... 212 C 3
Létricourt *54* ..... 66 B 3
Letteguives *27* ..... 36 C 2
Lettret *05* ..... 269 G 4
Leubringhen *62* ..... 2 B 4
Leuc *11* ..... 337 H 1
Leucamp *15* ..... 262 C 2
Leucate *11* ..... 339 E 3
Leucate-Plage *11* ..... 339 F 3
Leuchey *52* ..... 139 F 3
Leudeville *91* ..... 87 H 2
Leudon-en-Brie *77* ..... 60 B 4
Leuglay *21* ..... 138 C 2
Leugny *86* ..... 169 H 3
Leugny *89* ..... 136 A 4
Leugny *Château de* *37* ..... 152 B 3
Leuhan *29* ..... 100 B 2
Leuilly-sous-Coucy *02* ..... 40 B 1
Leulinghem *62* ..... 3 F 5
Leulinghen-Bernes *62* ..... 2 B 4
Leurville *52* ..... 93 F 5
Leury *02* ..... 40 B 2
Leutenheim *67* ..... 69 F 3
Leuville-sur-Orge *91* ..... 87 G 2
Leuvrigny *51* ..... 61 E 1
Le Leuy *40* ..... 293 H 2
Leuze *02* ..... 25 H 2
La Levade *30* ..... 283 G 2
Levainville *28* ..... 86 C 3
Leval *59* ..... 15 F 3

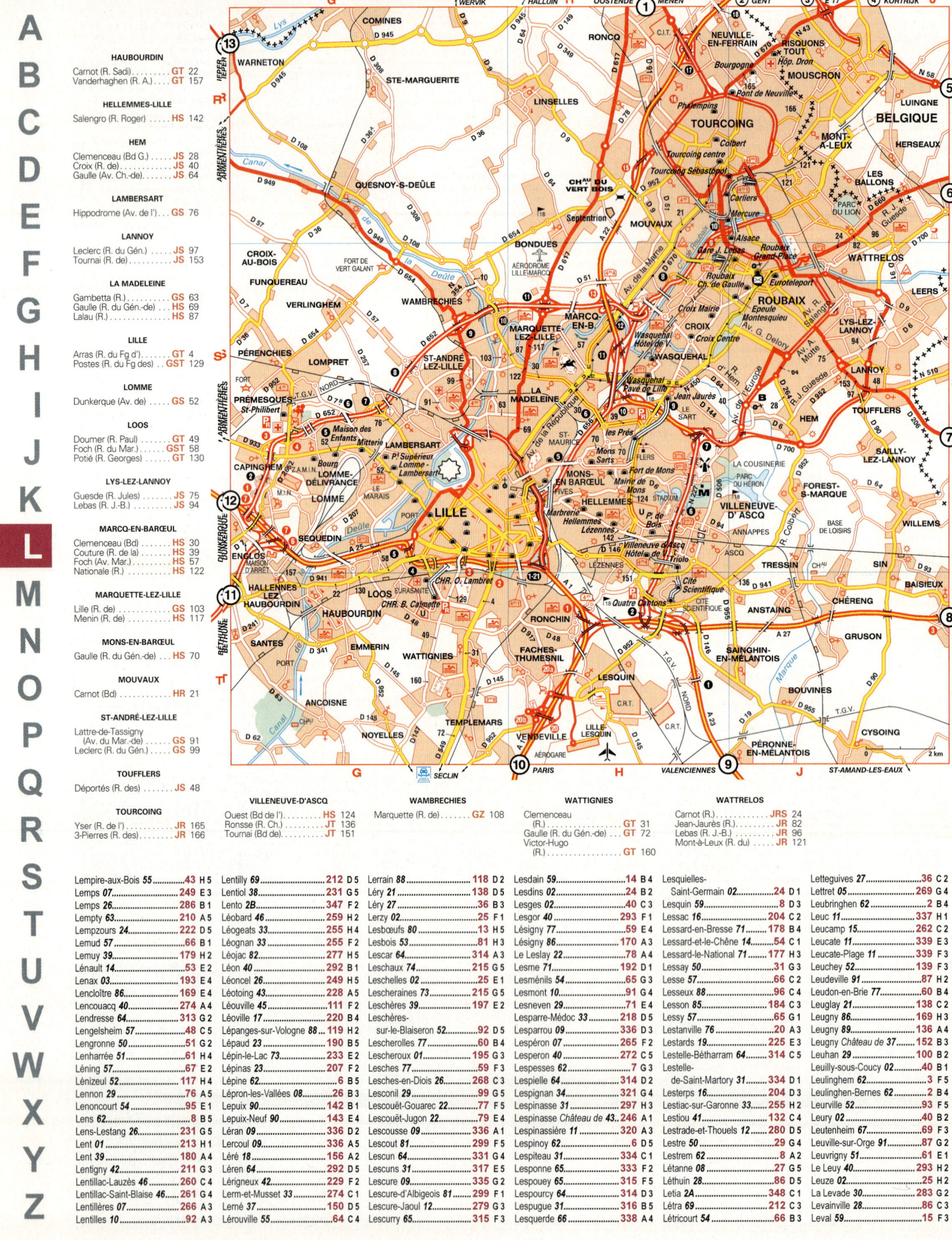

Leval 90 ... 142 D 2
Levallois-Perret 92 ... 58 B 3
Levant Île du 83 ... 329 E 5
Levaré 53 ... 81 H 4
Levécourt 52 ... 117 H 3
Levens 06 ... 291 E 4
Levergies 02 ... 24 B 1
Levernois 21 ... 177 H 2
Lèves 28 ... 86 A 3
Les Lèves-
et-Thoumeyragues 33 ... 257 F 1
Levesville-la-Chenard 28 ... 86 D 5
Levet 18 ... 173 E 3
Levie 2A ... 349 F 5
Levier 25 ... 180 B 2
Lévignac 31 ... 297 G 4
Lévignac-de-Guyenne 47 ... 257 F 3
Lévignacq 40 ... 272 C 4
Lévignen 60 ... 39 G 4
Lévigny 10 ... 92 A 5
Levis 89 ... 135 H 5
Lévis-Saint-Nom 78 ... 57 H 5
Levoncourt 55 ... 64 B 4
Levoncourt 68 ... 143 E 5
Levroux 36 ... 171 G 2
Lewarde 59 ... 14 B 2
Lexos 82 ... 279 E 4
Lexy 54 ... 44 D 1
Ley 57 ... 66 D 5
Leychert 09 ... 336 C 3
Leydé Pointe de 29 ... 75 F 5
Leyme 46 ... 261 E 1
Leymen 68 ... 143 G 4
Leyment 01 ... 214 A 3
Leynes 71 ... 194 D 5
Leynhac 15 ... 261 H 2
Leyr 54 ... 66 B 4
Leyrat 23 ... 190 A 4
Leyrieu 38 ... 213 H 5
Leyritz-Moncassin 47 ... 275 E 1
Leyssard 01 ... 214 B 1
Leyvaux 15 ... 245 G 1
Leyviller 57 ... 67 F 1
Lez 31 ... 334 B 3
Lez-Fontaine 59 ... 15 H 3
Lézan 30 ... 283 G 5
Lézardrieux 22 ... 73 F 3
Lézat 39 ... 197 E 2
Lézat-sur-Lèze 09 ... 317 H 5
Lezay 79 ... 185 H 5
Lezennes 59 ... 8 D 3
Lezéville 52 ... 93 F 3
Lezey 57 ... 66 D 4
Lézignac-Durand 16 ... 204 C 5
Lézignan 65 ... 333 E 1
Lézignan-Corbières 11 ... 320 C 5
Lézignan-la-Cèbe 34 ... 322 C 3
Lézigné 49 ... 129 E 4
Lézigneux 42 ... 229 G 3
Lézinnes 89 ... 137 F 3
Lezoux 63 ... 210 B 5
Lhéraule 60 ... 37 H 1
Lherm 31 ... 317 G 2
Lherm 46 ... 259 G 4
Lhéry 51 ... 41 E 4
Lhez 65 ... 315 F 5
Lhommaizé 86 ... 186 D 3
Lhomme 72 ... 130 C 3
Lhôpital 01 ... 214 D 2
Lhor 57 ... 67 F 3
Lhospitalet 46 ... 277 H 1
Lhoumois 79 ... 168 B 5
Lhuis 01 ... 214 C 5
Lhuître 10 ... 91 F 2
Lhuys 02 ... 40 D 3
Liac 65 ... 315 F 2
Liancourt 60 ... 38 D 3
Liancourt-Fosse 80 ... 23 F 3
Liancourt-Saint-Pierre 60 ... 37 H 4
Liart 08 ... 26 A 3
Lias 32 ... 297 F 5
Lias-d'Armagnac 32 ... 294 D 1
Liausson 34 ... 301 H 4
Libaros 65 ... 315 H 4
Libération Croix de la 71 ... 176 D 2
Libercourt 62 ... 8 C 4
Libermont 60 ... 23 G 4
Libourne 33 ... 238 B 5
Librecy 08 ... 26 B 3
Licey-sur-Vingeanne 21 ... 160 D 1
Lichans-Sunhar 64 ... 331 F 2
Lichères 16 ... 203 F 4
Lichères-
près-Aigremont 89 ... 136 D 4
Lichères-sur-Yonne 89 ... 157 F 1
Lichos 64 ... 313 F 3
Lichtenberg 67 ... 68 B 2
Licourt 80 ... 23 G 2
Licq-Athérey 64 ... 331 E 2
Licques 62 ... 2 D 5
Licy-Clignon 02 ... 40 B 5
Lidrezing 57 ... 67 E 3
Liebenswiller 68 ... 143 G 4
Liebsdorf 68 ... 143 F 4
Liebvillers 25 ... 163 F 2
Liederschiedt 57 ... 48 C 5
Lieffrans 70 ... 140 D 5
Le Liège 37 ... 152 C 4
Liéhon 57 ... 65 H 2
Liencourt 62 ... 13 E 2
Lieoux 31 ... 316 C 5
Liépvre 68 ... 96 D 5
Liéramont 80 ... 14 A 5
Liercourt 80 ... 11 H 4
Lières 62 ... 7 G 3
Liergues 69 ... 212 D 3
Liernais 21 ... 158 C 4
Liernolles 03 ... 193 E 3
Lierval 02 ... 40 D 1
Lierville 60 ... 37 G 4
Lies 65 ... 333 F 1
Liesle 25 ... 179 G 1
Liesse-Notre-Dame 02 ... 25 E 5
Liessies 59 ... 15 H 4
Liesville-sur-Douve 50 ... 31 H 2
Liettres 62 ... 7 G 3
Lieu-Saint-Amand 59 ... 14 C 2
Lieuche 06 ... 289 G 4
Lieucourt 70 ... 161 F 2
Lieudieu 38 ... 231 H 4
Lieurac 09 ... 336 C 2
Lieuran-Cabrières 34 ... 301 H 5
Lieuran-lès-Béziers 34 ... 321 G 3
Lieurey 27 ... 35 E 4
Lieuron 35 ... 103 H 5
Lieury 14 ... 54 B 1
Lieusaint 50 ... 29 F 5
Lieusaint 77 ... 88 A 2
Lieutadès 15 ... 263 F 1
Lieuvillers 60 ... 38 D 1
Liévans 70 ... 141 G 4
Liévin 62 ... 8 B 5
Lièvremont 25 ... 180 D 1
Liez 02 ... 24 B 4
Liez 85 ... 184 B 3
Liézey 88 ... 120 A 3
Liffol-le-Grand 88 ... 93 H 5
Liffol-le-Petit 52 ... 93 G 5
Liffré 35 ... 104 C 2
Ligardes 32 ... 275 H 5
Ligescourt 80 ... 11 G 1
Liget Chartreuse du 37 ... 152 D 5
Liginiac 19 ... 226 B 4
Liglet 86 ... 187 H 2
Lignac 36 ... 188 A 3
Lignairolles 11 ... 337 E 1
Lignan-de-Bazas 33 ... 256 B 5
Lignan-de-Bordeaux 33 ... 255 H 1
Lignan-sur-Orb 34 ... 321 F 3
Lignareix 19 ... 225 H 2
Ligné 16 ... 203 E 4
Ligné 44 ... 148 A 2
Lignères 61 ... 54 D 4
Lignereuil 62 ... 13 E 2
Lignerolles 03 ... 190 D 5
Lignerolles 21 ... 138 D 2
Lignerolles 27 ... 56 C 3
Lignerolles 36 ... 189 H 2
Lignerolles 61 ... 84 C 2
Lignéville 88 ... 118 C 2
Ligneyrac 19 ... 242 C 3
Lignières 10 ... 114 D 5
Lignières 18 ... 172 D 5
Lignières 41 ... 131 H 2
Lignières 80 ... 23 E 4
Lignières-Châtelain 80 ... 21 G 3
Lignières-de-Touraine 37 ... 151 F 3
Lignières-en-Vimeu 80 ... 11 F 5
Lignières-la-Carelle 72 ... 83 H 4
Lignières-Orgères 53 ... 83 E 2
Lignières-Sonneville 16 ... 220 C 3
Lignières-sur-Aire 55 ... 64 B 4
Lignol 56 ... 101 F 3
Lignol-le-Château 10 ... 116 B 2
Lignon 51 ... 91 H 2
Lignorelles 89 ... 136 C 2
Lignou 61 ... 53 G 5
Ligny-en-Barrois 55 ... 93 F 1
Ligny-en-Brionnais 71 ... 193 H 5
Ligny-en-Cambrésis 59 ... 14 C 4
Ligny-le-Châtel 89 ... 136 C 2
Ligny-le-Ribault 45 ... 133 E 4
Ligny-lès-Aire 62 ... 7 G 3
Ligny-Saint-Flochel 62 ... 7 G 5
Ligny-sur-Canche 62 ... 12 C 2
Ligny-Thilloy 62 ... 13 G 4
Ligré 37 ... 151 E 5
Ligron 72 ... 129 G 3
Ligsdorf 68 ... 143 F 4
Lignueil 37 ... 170 A 1
Ligueux 24 ... 240 D 1
Ligueux 33 ... 257 F 1
Ligugé 86 ... 186 B 2
Lihons 80 ... 23 F 2

Bapaume (R. de) ... CX 7
Beethoven (Av.) ... AX 12
Bernos (R.) ... DV 13
Bigo-Danel (Bd) ... BV 18
Carrel (R. Armand) ... CX 25
Colpin (R. du Lt) ... BV 33
Courmont (R.) ... CX 37
Cuvier (Av.) ... BV 42
Desmazières
(R.) ... BV 47
Esplanade (Façade de l') ... BUV 54
Fébvrier (Pl. J.) ... CX 56
Fontenoy
(R. de) ... CX 60
Gaulle (R. du Gén.-de) ... CU 67
Justice (R. de la) ... BX 85
Lambret (Av. Oscar) ... AX 88
Lebas (Bd J.-B.) ... CV 93
Magasin (R. du) ... BU 104
Manuel (R.) ... BV 106
Marronniers (Allée des) ... BU 109
Marx-Dormoy
(Av.) ... AV 111
Maubeuge (R. de) ... CX 112
Max (Av. Adolphe) ... BU 114
Meurein (R.) ... BV 118
St-Sébastien
(R.) ... BCU 140
Schuman (Pl. Maurice) ... BV
Stations (R. des) ... BV 145
Valenciennes
(R. de) ... CX 156
Verdun (Bd de) ... DX 159
Wazemmes (R. de) ... BCX 163
43e-Régt-d'Infanterie
(Av. du) ... BV 168

Lihus 60....22 A 5
Les Lilas 93....58 C 3
Lilhac 31....316 C 4
Lilignod 01....214 D 3
Lille 59....8 D 2
Lillebonne 76....35 F 1
Lillemer 35....80 A 2
Lillers 62....7 H 3
Lilly 27....37 E 2
Limalonges 79....203 F 1
Limans 04....287 E 5
Limanton 58....175 G 2
Limas 69....212 D 3
Limay 78....57 F 2
Limbrassac 09....336 D 2
Limé 02....40 D 3
Limeil-Brévannes 94....58 D 4
Limendous 64....314 C 4
Limeray 37....152 C 2
Limersheim 67....97 G 2
Limerzel 56....125 E 4
Limésy 76....20 A 5
Limetz-Villez 78....57 E 1
Limeuil 24....240 D 5
Limeux 18....172 C 1
Limeux 80....11 G 4
Limey-Remenauville 54....65 F 3
Limeyrat 24....241 E 2
Limoges 87....205 G 5
Limoges-Fourches 77....88 B 2
Limogne-en-Quercy 46....278 D 1
Limoise 03....174 B 5
Limon 58....175 E 2
Limonest 69....213 E 4
Limons 63....210 B 3
Limont-Fontaine 59....15 G 3
Limony 07....231 E 5
Limours-en-Hurepoix 91....87 F 2
Limousis 11....319 H 4
Limoux 11....337 G 2
La Limouzinière 44....165 G 1
La Limouzinière 85....166 A 5
Limpiville 76....19 E 4
Linac 46....261 G 3
Linard 23....189 F 4
Linards 87....224 C 1
Linars 16....221 E 1
Linas 91....87 G 2
Linay 08....27 H 4
Linazay 86....203 F 1
Lincel 04....306 C 1
Lincheux-Hallivillers 80....21 H 2
Lindebeuf 76....19 H 4
Le Lindois 16....222 B 1
Lindre-Basse 57....67 E 4
Lindre-Haute 57....67 E 4
Lindry 89....136 A 3
Linexert 70....141 H 3
Lingé 36....170 C 4
Lingeard 50....52 B 4
Lingèvres 14....33 E 4
Linghem 62....7 G 3
Lingolsheim 67....97 G 1
Lingreville 50....51 F 1
Linguizzetta 2B....347 H 4
Linières-Bouton 49....150 D 1
Liniers 86....186 D 1
Liniez 36....171 H 2
Linsdorf 68....143 G 4
Linselles 59....4 D 5
Linthal 68....120 C 4
Linthelles 51....61 F 5
Linthes 51....61 F 4
Lintot 76....19 F 5
Lintot-les-Bois 76....20 B 3
Linxe 40....272 B 5
Liny-devant-Dun 55....43 H 2
Linzeux 62....12 C 2
Liocourt 57....66 B 3
Liomer 80....21 G 2
Le Lion-d'Angers 49....128 B 4
Lion-devant-Dun 55....43 H 2
Lion-en-Beauce 45....111 E 3
Lion-en-Sullias 45....134 B 4
Lion-sur-Mer 14....33 G 3
Liorac-sur-Louyre 24....240 B 5
Le Lioran 15....245 E 3
Liouc 30....303 E 1
Le Liouquet 13....327 G 4
Liourdres 19....243 E 5
Liouville 55....64 D 4
Lioux 84....286 B 5
Lioux-les-Monges 23....208 C 3
Liposthey 40....273 E 1
Lipsheim 67....97 G 2
Lirac 30....285 E 4
Liré 49....148 B 2
Lirey 10....114 D 3
Lironcourt 88....118 B 4
Lironville 54....65 F 3
Liry 08....42 D 3
Lisbourg 62....7 F 4
Liscia Golfe de la 2A....348 B 2
Lisieux 14....34 C 5
Lisle 24....240 B 1
Lisle 41....131 H 2
Lisle-en-Barrois 55....63 G 2
Lisle-en-Rigault 55....63 G 4
Lisle-sur-Tarn 81....298 C 2
Lislet 02....25 G 4
Lison 14....32 B 3
Lison Source du 25....180 A 2
Lisores 14....54 C 2
Lisors 27....36 D 3
Lissac 09....318 A 4
Lissac 43....247 E 2
Lissac-et-Mouret 46....261 F 3
Lissac-sur-Couze 19....242 B 3
Lissay-Lochy 18....173 E 2
Lisse 47....275 F 4
Lisse-en-Champagne 51....62 D 3
Lisses 91....87 H 2
Lisseuil 63....209 F 2
Lissey 55....44 B 3
Lissieu 69....212 D 4
Lissy 77....88 B 2
Listrac-de-Durèze 33....257 E 1
Listrac-Médoc 33....237 E 3
Lit-et-Mixe 40....272 B 4
Lithaire 50....31 G 3
Litteau 14....32 C 4
Littenheim 67....68 C 4
Littry 14....32 C 4
Litz 60....38 C 2
Livaie 61....83 F 3
Livarot 14....54 C 1
Liverdun 54....65 G 5
Liverdy-en-Brie 77....59 F 5
Livernon 46....261 E 3
Livers-Cazelles 81....279 F 5
Livet 53....106 C 3
Livet-en-Saosnois 72....83 H 4
Livet-et-Gavet 38....251 F 2
Livet-sur-Authou 27....35 F 4
Livilliers 95....58 A 1
Livinhac-le-Haut 12....261 H 4
La Livinière 34....320 B 4
Livré 53....105 G 5
Livré-sur-Changeon 35....104 D 2
Livron 64....314 D 4
Livron-sur-Drôme 26....267 F 1
Livry 14....32 D 5
Livry 58....174 B 4
Livry-Gargan 93....58 D 2
Livry-Louvercy 51....42 A 5
Livry-sur-Seine 77....88 B 3
Lixhausen 67....68 C 4
Lixheim 57....67 H 4
Lixières 54....65 H 3
Lixing-lès-Rouhling 57....47 G 5
Lixing-lès-Saint-Avold 57....67 E 1
Lixy 89....113 E 2
Lizac 82....277 F 4
Lizant 86....203 G 2
Lizeray 36....172 A 2
Lizières 23....206 C 1
Lizine 25....180 A 1
Lizines 77....89 F 3
Lizio 56....102 C 5
Lizos 65....315 F 4
Lizy 02....40 C 1
Lizy-sur-Ourcq 77....59 H 1
La Llagonne 66....341 G 4
Llauro 66....342 D 3
Llo 66....341 F 4
Llous 66....341 F 5
Llupia 66....342 D 2
Lobsann 67....69 E 2
Loc-Brévalaire 29....70 D 4
Loc Dieu Ancienne Abbaye de 12....279 E 1
Loc-Eguiner 29....71 F 5
Loc-Eguiner-Saint-Thégonnec 29....76 A 2
Loc-Envel 22....72 C 5
Locarn 22....77 E 4
Loché 71....194 D 5
Loché-sur-Indrois 37....170 D 1
Loches 37....152 C 5
Loches-sur-Ource 10....115 H 4
Le Locheur 14....33 F 5
Lochieu 01....214 D 3
Lochwiller 67....68 B 5
Locmalo 56....101 G 2
Locmaria 22....72 C 5
Locmaria 56....144 C 4
Locmaria Chapelle de 29....70 D 5
Locmaria-Berrien 29....76 C 3
Locmaria-Grand-Champ 56....124 B 2
Locmaria-Plouzané 29....74 D 2
Locmariaquer 56....124 A 4
Locmélar 29....75 H 2
Locminé 56....102 A 5
Locmiquélic 56....123 F 2
Locoal-Mendon 56....123 H 3
Locon 62....8 A 3
Loconville 60....37 H 4
Locqueltas 56....124 B 2
Locquémeau 22....72 B 3
Locquénolé 29....71 H 4
Locquignol 59....15 F 3
Locquirec 29....72 B 3
Locronan 29....99 G 2
Loctudy 29....99 G 5
Locunolé 29....100 D 4
Loddes 03....193 E 5
Lodes 31....316 B 5
Lodève 34....301 H 3
Lods 25....180 B 1
Lœuilley 70....160 D 1
Lœuilly 80....22 B 3
Loëx 74....197 H 5
Loffre 59....9 E 5
La Loge 62....7 E 5
La Loge-aux-Chèvres 10....91 G 5
La Loge des Gardes 03....211 E 3
Loge-Fougereuse 85....184 C 1
La Loge-Pomblin 10....114 D 4
Logelbach 68....121 E 3
Logelheim 68....121 F 3
Les Loges 14....52 D 1
Les Loges 52....139 H 3
Les Loges 72....108 C 5
Les Loges 76....18 D 4
Les Loges-en-Josas 78....58 A 4
Les Loges-Marchis 50....81 F 2
Les Loges-Margueron 10....115 E 4
Les Loges-Saulces 14....53 G 3
Les Loges-sur-Brécey 50....52 A 4
Le Logis-du-Pin 06....308 B 2
Le Logis-Neuf 01....195 G 5
Le Logis-Neuf 13....327 E 2
Lognes 77....59 E 3
Logny-Bogny 08....26 B 3
Logny-lès-Aubenton 02....25 H 2
Logny-lès-Chaumont 08....25 H 4
Logonna-Daoulas 29....75 G 3
Logrian-Florian 30....303 E 1
Logron 28....109 H 3
Loguivy-de-la-Mer 22....73 F 2
Loguivy-Plougras 22....72 C 5
Lohéac 35....103 H 5
Lohitzun-Oyhercq 64....311 H 5
Lohr 67....68 A 3
Lohuec 22....76 D 2
Loigné-sur-Mayenne 53....128 B 2
Loigny-la-Bataille 28....110 C 3
Loiré 49....127 H 4
Loire-les-Marais 17....200 D 2
Loiré-sur-Nie 17....202 B 3
Loire-sur-Rhône 69....231 E 3
Loiron 53....105 G 4
Loisail 61....84 C 3
Loisey-Culey 55....63 H 4
Loisia 39....196 B 2
Loisieux 73....232 D 1
Loisin 74....197 H 4
Loison 55....44 D 4
Loison-sous-Lens 62....8 C 5
Loison-sur-Créquoise 62....6 D 5
Loisy 54....65 G 3
Loisy 71....195 F 1
Loisy-en-Brie 51....61 F 3
Loisy-sur-Marne 51....62 C 4
Loivre 51....41 G 3
Loix 17....182 D 5
Loizé 79....202 D 1
Lolif 50....51 G 4
Lolme 24....258 D 2
Lombard 25....161 G 5
Lombard 39....179 E 4
Lombers 81....299 F 2
Lombez 32....316 D 2
Lombia 64....314 D 3
Lombray 02....39 H 1
Lombrès 65....334 A 1
Lombreuil 45....112 B 5
Lombron 72....108 A 4
Lomener 56....123 E 2
Lomme 59....8 C 2
Lommerange 57....45 F 3
Lommoye 78....57 E 2
Lomné 65....333 G 2
Lomont 70....142 A 3
Lomont-sur-Crête 25....162 D 2
Lompnas 01....214 B 5
Lompnieu 01....214 D 3
Lompret 59....8 C 2
Lonçon 64....314 A 2
La Londe 76....36 A 3
La Londe-les-Maures 83....328 D 4
Londigny 16....203 F 2
Londinières 76....20 D 2
Long 80....11 H 4
Longages 31....317 G 3
Longaulnay 35....79 H 5
Longavesnes 80....23 H 1
Longchamp 21....160 C 4
Longchamp 52....117 G 3
Longchamp 73....234 A 4
Longchamp 88....95 G 5
Longchamp-sous-Châtenois 88....94 B 5
Longchamp-sur-Aujon 10....116 B 3
Longchamps 02....24 D 1
Longchamps 27....37 F 3
Longchamps-sur-Aire 55....64 B 3
Longchaumois 39....197 E 2
Longcochon 39....180 A 4
Longeau 52....139 G 3
Longeault 21....160 C 4
Longeaux 55....93 F 1
Longechaux 25....162 D 4
Longechenal 38....232 A 4
Longecourt-en-Plaine 21....160 B 4
Longecourt-lès-Culêtre 21....159 F 5
Longefoy 73....234 C 2
Longemaison 25....162 D 5
Longemer 88....120 B 3
Longepierre 71....178 C 2
Le Longeron 49....166 C 1
Longes 69....230 D 3
Longessaigne 69....212 B 5
Longevelle 70....141 H 4
Longevelle-lès-Russey 25....163 E 3
Longevelle-sur-Doubs 25....142 A 5
Longèves 17....183 G 5
Longèves 85....183 H 2
La Longeville 25....180 D 1
Longeville 25....180 B 1
Longeville-en-Barrois 55....63 H 4
Longeville-lès-Metz 57....65 G 1
Longeville-lès-Saint-Avold 57....46 D 5
Longeville-sur-la-Laines 52....92 A 3
Longeville-sur-Mer 85....182 C 2
Longeville-sur-Mogne 10....115 E 3
Longevilles-Mont-d'Or 25....180 C 4
Longfossé 62....6 C 2
La Longine 70....119 H 5
Longjumeau 91....58 B 5
Longlaville 54....45 E 1
Longmesnil 76....21 E 5
Longnes 72....107 F 4
Longnes 78....57 E 2
Longny-au-Perche 61....84 D 3
Longperrier 77....59 E 1
Longpont 02....40 A 4
Longpont-sur-Orge 91....87 G 2
Longpré-le-Sec 10....115 H 2
Longpré-les-Corps-Saints 80....11 H 4
Longraye 14....33 E 4
Longré 16....203 E 3
Longroy 76....11 E 5
Longsols 10....91 F 4
Longué 49....150 B 2
Longueau 80....22 C 2
Longuefuye 53....128 C 2
Longueil 76....20 A 2
Longueil-Annel 60....39 G 1
Longueil-Sainte-Marie 60....39 F 3
Longuenesse 62....3 F 5
Longuenoë 61....83 F 3
Longuerue 76....20 C 5
Longues 63....228 A 2
Longues-sur-Mer 14....33 E 2
Longuesse 95....57 H 1
Longueval 80....13 G 5
Longueval-Barbonval 02....40 D 3
Longueville 14....32 C 2
Longueville 47....257 F 5
Longueville 50....51 F 2
La Longueville 59....15 G 2
Longueville 62....2 D 5
Longueville 77....89 F 3
Longueville-sur-Aube 10....90 C 2
Longueville-sur-Scie 76....20 B 3
Longuevillette 80....12 C 4
Longuyon 54....44 C 2
Longvic 21....160 A 3
Longvillers 14....53 E 1
Longvillers 80....12 B 4
Longvilliers 62....6 B 3
Longvilliers 78....87 E 2
Longwé 08....43 E 2
Longwy 54....45 E 1
Longwy-sur-le-Doubs 39....178 D 2
Lonlay-l'Abbaye 61....52 D 5
Lonlay-le-Tesson 61....53 G 5
Lonnes 16....203 F 3
Lonny 08....26 C 2
Lonrai 61....83 G 3
Lons 64....314 A 3
Lons-le-Saunier 39....179 E 5
Lonzac 17....219 H 2
Le Lonzac 19....224 D 4
Looberghe 59....3 F 3
Loon-Plage 59....3 F 2
Loos 59....8 C 3
Loos-en-Gohelle 62....8 B 4
Looze 89....113 H 5
Lopérec 29....75 H 4
Loperhet 29....75 G 2
Lopigna 2A....348 C 1
Loqueffret 29....76 B 3
Lor 02....41 G 1
Loray 25....162 D 4
Lorcières 15....246 A 4
Lorcy 45....112 A 4
Lordat 09....336 C 5
Loré 61....82 B 3
Lorentzen 67....67 H 2
Loreto-di-Casinca 2B....347 G 2
Loreto-di-Tallano 2A....349 E 5
Lorette 42....230 C 3
Le Loreur 50....51 G 2
Loreux 41....154 A 2

LIMOGES

Aine (Pl. d')	BZ	2
Allois (R. des)	DZ	6
Amphithéâtre (R. de l')	BY	8
Barreyrrette (Pl. de la)	CZ	12
Bénédictins (Av. des)	DY	14
Betoulle (Pl. L.)	CZ	16
Boucherie (R. de la)	CZ	18
Cathédrale (R. de la)	DZ	23
Clocher (R. du)	CZ	25
Collège (R. du)	CZ	26
Consulat (R. du)	CZ	
Coopérateurs (R. des)	BY	27
Dupuytren (R.)	CZ	30
Ferrerie (R.)	CZ	33
Fonderie (R. de la)	BY	35
Fontaine-des-Barres (Pl.)	CY	37
Gambetta (Bd)	BCZ	
Giraudoux (Square Jean)	CY	42
Haute-Cité (R.)	DZ	46
Jacobins (Pl. des)	CZ	49
Jean-Jaurès (R.)	CYZ	
Louis-Blanc (Bd)	CZ	
Louvrier-de-Lajolais (R.)	BY	55
Manigne (Pl.)	CZ	57
Maupas (R. du)	DY	59
Michels (R. Charles)	CZ	63
Motte (Pl. de la)	CZ	66
Périn (Bd G.)	CY	71
Préfecture (R. de la)	CY	83
Raspail (R.)	DZ	89
Réforme (R. de la)	CY	91
République (Pl. de la)	CY	95
St-Martial (R.)	CY	107
St-Maurice (Bd)	DZ	109
St-Pierre (Pl.)	CZ	110
Stalingrad (Pl.)	CY	113
Temple (Cour du)	CZ	115
Temple (R. du)	CZ	116
Tourny (Carrefour)	CY	118
Victor-Hugo (Bd)	BY	120
Vigne-de-Fer (R.)	CZ	122
71e-Mobile (R. du)	DZ	125

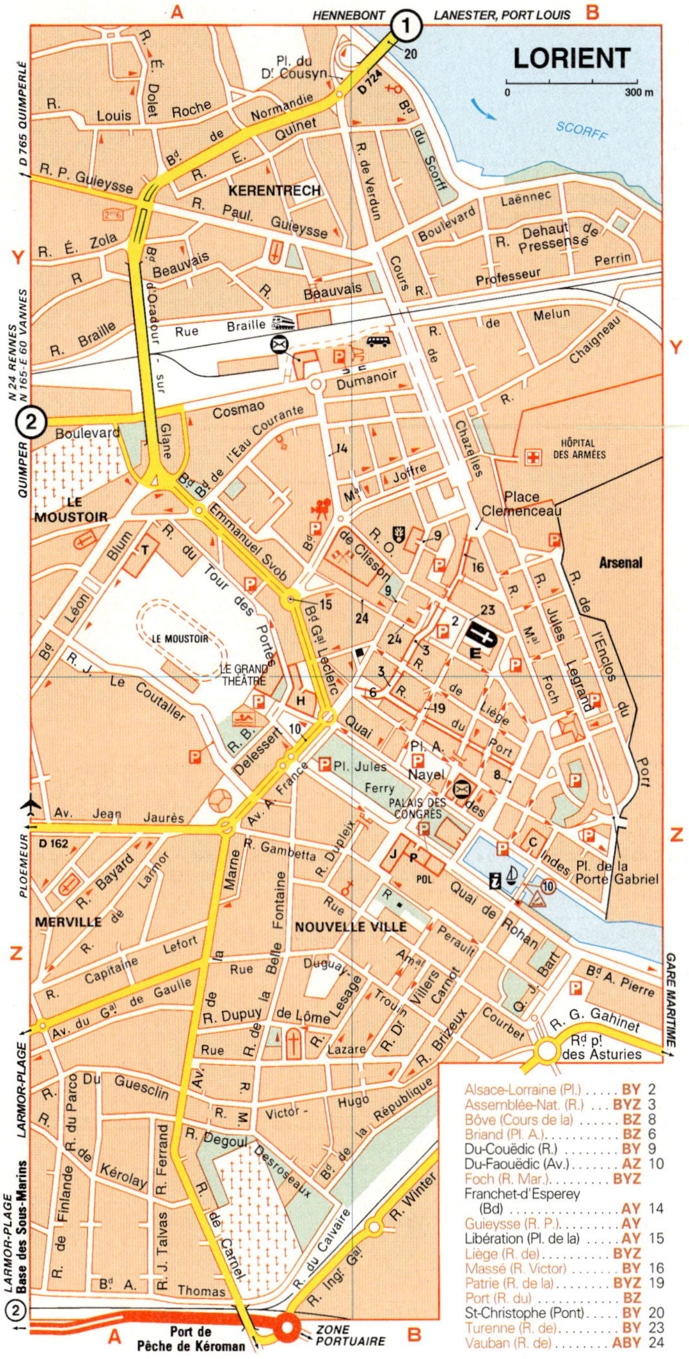

Le Lorey 50 ... 31 H 5
Lorey 54 ... 95 E 2
Lorges 41 ... 132 B 3
Lorgies 62 ... 8 B 3
Lorgues 83 ... 307 H 5
La Lorie Château de 49 ... 128 A 4
Lorient 56 ... 123 F 2
Loriges 03 ... 192 B 5
Lorignac 17 ... 219 F 3
Lorigné 79 ... 203 E 1
Loriol-du-Comtat 84 ... 285 G 4
Loriol-sur-Drôme 26 ... 267 E 1
Lorlanges 43 ... 228 A 5
Lorleau 27 ... 37 E 2
Lormaison 60 ... 38 A 4
Lormaye 28 ... 57 E 5
Lormes 58 ... 157 H 4
Lormont 33 ... 237 G 5
Lornay 74 ... 215 E 3
Loromontzey 54 ... 95 F 3
Le Loroux 35 ... 81 G 4
Le Loroux-Bottereau 44 ... 148 A 4
Lorp-Sentaraille 09 ... 335 F 2
Lorquin 57 ... 67 G 5
Lorrez-le-Bocage 77 ... 112 D 2
Lorris 45 ... 134 B 2
Lorry-lès-Metz 57 ... 45 G 5
Lorry-Mardigny 57 ... 65 G 2
Lortet 65 ... 333 H 2
Loscouët-sur-Meu 22 ... 103 F 2
Losne 21 ... 160 C 5
Losse 40 ... 274 C 4
Lostanges 19 ... 242 D 3
Lostroff 57 ... 67 F 3
Lothey 29 ... 75 H 5
Lottinghen 62 ... 6 D 2
Le Lou-du-Lac 35 ... 103 H 2
Louailles 72 ... 129 E 3
Louan 77 ... 89 H 2
Louannec 22 ... 72 D 2
Louans 37 ... 152 A 5
Louargat 22 ... 72 D 5
Louâtre 02 ... 40 A 4
Loubajac 65 ... 332 D 1
Loubaresse 07 ... 265 G 3
Loubaresse 15 ... 246 A 5
Loubaut 09 ... 317 G 5
Loubédat 32 ... 295 E 3
Loubejac 24 ... 259 F 4
Loubens 09 ... 336 A 2
Loubens 33 ... 256 D 3
Loubens-Lauragais 31 ... 298 C 5
Loubers 81 ... 279 E 5
Loubersan 32 ... 316 A 2
Loubès-Bernac 47 ... 257 G 2
Loubeyrat 63 ... 209 G 4
Loubieng 64 ... 313 G 2
La Loubière 12 ... 280 D 1
Loubières 09 ... 336 B 2
Loubigné 79 ... 202 D 2
Loubillé 79 ... 202 D 2
Loublande 79 ... 167 E 2
Loubressac 46 ... 243 E 5
Loucé 61 ... 54 A 5
Loucelles 14 ... 33 E 4
Louchats 33 ... 255 G 4
Louches 62 ... 2 D 4
Louchy-Montfand 03 ... 192 A 4
Loucrup 65 ... 333 E 1
Loudéac 22 ... 102 B 2
Loudenvielle 65 ... 333 H 4
Loudervielle 65 ... 333 H 4
Loudes 43 ... 247 E 3
Loudet 31 ... 316 A 5
Loudrefing 57 ... 67 F 3
Loudun 86 ... 168 D 2
Loué 72 ... 107 E 4
La Loue Source de 25 ... 180 C 1
Louens 33 ... 237 F 4
Louer 40 ... 293 F 2
Louerre 49 ... 150 A 3
Louesme 21 ... 138 C 2
Louesme 89 ... 135 G 3
Louestault 37 ... 130 D 5
Loueuse 60 ... 21 G 5
Louey 65 ... 315 E 5
Lougé-sur-Maire 61 ... 53 H 5
Lougratte 47 ... 258 B 4
Lougres 25 ... 142 B 5
Louhans 71 ... 178 C 5
Louhossoa 64 ... 311 E 4
Louignac 19 ... 241 G 1
Louin 79 ... 168 B 4
Louisfert 44 ... 126 D 4
Louit 65 ... 315 F 4
Loulans-Verchamp 70 ... 162 B 1
Loulay 17 ... 201 H 2
Loulle 39 ... 179 H 4
La Loupe 28 ... 85 F 3
Loupeigne 02 ... 40 C 4
Loupershouse 57 ... 67 F 1
Loupes 33 ... 255 H 1
Loupfougères 53 ... 82 D 5
Loupia 11 ... 337 F 2
Loupiac 12 ... 261 F 4
Loupiac 15 ... 244 B 3
Loupiac 33 ... 256 B 3
Loupiac 46 ... 260 B 1
Loupiac 81 ... 298 C 2
Loupiac-de-la-Réole 33 ... 256 D 4
Loupian 34 ... 322 D 3
Louplande 72 ... 107 G 5
Loupmont 55 ... 64 D 3
Louppy-le-Château 55 ... 63 G 3
Louppy-sur-Chée 55 ... 63 G 3
Louppy-sur-Loison 55 ... 44 B 2
Loups du Gévaudan Parc des 48 ... 264 A 3
La Louptière-Thénard 10 ... 89 H 4
Lourches 59 ... 14 C 2
Lourde 31 ... 334 B 2
Lourdes 65 ... 332 D 1
Lourdios-Ichère 64 ... 331 G 2
Lourdoueix-Saint-Michel 36 ... 189 E 3
Lourdoueix-Saint-Pierre 23 ... 189 F 3
Lourenties 64 ... 314 C 4
Loures-Barousse 65 ... 334 B 2
Louresse-Rochemenier 49 ... 150 A 4
Lourmais 35 ... 80 B 3
Lourmarin 84 ... 305 H 2
Lournand 71 ... 194 D 3
Lourouer-Saint-Laurent 36 ... 189 G 1
Le Louroux 37 ... 152 A 5
Le Louroux-Béconnais 49 ... 148 D 1
Louroux-Bourbonnais 03 ... 191 F 2
Louroux-de-Beaune 03 ... 191 F 5
Louroux-de-Bouble 03 ... 191 G 5
Louroux-Hodement 03 ... 191 E 3
Lourquen 40 ... 293 G 3
Lourties-Monbrun 32 ... 316 A 2
Loury 45 ... 111 F 5
Louslitges 32 ... 295 F 4
Loussous-Débat 32 ... 295 E 4
Loutehel 35 ... 103 G 4
Loutremange 57 ... 46 C 5
Loutzviller 57 ... 48 C 5
Louvagny 14 ... 54 A 2
Louvaines 49 ... 128 A 4
Louvatange 39 ... 161 F 4
Louveciennes 78 ... 58 A 3
Louvemont 52 ... 92 C 2
Louvemont-Côte-du-Poivre 55 ... 44 B 5
Louvencourt 80 ... 13 E 4
Louvenne 39 ... 196 B 3
Louvergny 08 ... 26 D 5
Louverné 53 ... 106 A 3
Le Louverot 39 ... 179 F 4
Louversey 27 ... 55 H 2
Louvetot 76 ... 19 G 5
Louvie-Juzon 64 ... 332 A 1
Louvie-Soubiron 64 ... 332 A 2
La Louvière-Lauragais 11 ... 318 C 4
Louvières 14 ... 32 C 2
Louvières 52 ... 117 F 4
Louvières-en-Auge 61 ... 54 B 3
Louviers 27 ... 36 B 4
Louvigné 53 ... 106 B 4
Louvigné-de-Bais 35 ... 104 D 4
Louvigné-du-Désert 35 ... 81 F 3
Louvignies-Bavay 59 ... 15 F 2
Louvignies-Quesnoy 59 ... 15 E 3
Louvigny 14 ... 33 G 4
Louvigny 57 ... 65 H 2
Louvigny 64 ... 294 A 5
Louvigny 72 ... 83 H 5
Louvil 59 ... 9 E 3
Louville-la-Chenard 28 ... 86 D 5
Louvilliers-en-Drouais 28 ... 56 C 5
Louvilliers-lès-Perche 28 ... 85 F 2
Louvois 51 ... 41 H 5
Louvrechy 80 ... 22 C 3
Louvres 95 ... 58 D 1
Louvroil 59 ... 15 G 2
Louye 27 ... 56 C 4
Louzac 16 ... 219 H 1
Louze 52 ... 92 A 4
Louzes 72 ... 84 A 4
Louzignac 17 ... 202 C 4
Louzouer 45 ... 112 D 4
Louzy 79 ... 168 B 1
Lovagny 74 ... 215 F 3
Loxéville 55 ... 64 B 5
Loyat 56 ... 103 E 4
La Loye 39 ... 179 E 1
Loye-sur-Arnon 18 ... 190 B 1
La Loyère 71 ... 177 H 3
Loyettes 01 ... 213 H 5
Lozanne 69 ... 212 D 4
Lozari 2B ... 344 D 5
Lozay 17 ... 201 G 2
Loze 82 ... 278 D 2
Lozère Mont 48 ... 265 E 5
Lozinghem 62 ... 7 H 4
Lozon 50 ... 31 H 4
Lozzi 2B ... 346 D 4
Luant 36 ... 171 G 5
Le Luart 72 ... 108 C 4
Lubbon 40 ... 274 D 4
Lubécourt 57 ... 66 C 3
Lubersac 19 ... 223 H 4
Lubey 54 ... 45 E 4
Lubilhac 43 ... 246 A 1
Lubine 88 ... 96 C 4
Lublé 37 ... 151 E 1
Lubret-Saint-Luc 65 ... 315 G 4
Luby-Betmont 65 ... 315 G 4
Luc 48 ... 265 F 3
Luc 65 ... 315 F 5
Le Luc 83 ... 328 D 1
Luc-Armau 64 ... 314 D 2
Luc-en-Diois 26 ... 268 B 3
Luc-la-Primaube 12 ... 280 C 2
Luc-sur-Aude 11 ... 337 G 3
Luc-sur-Mer 14 ... 33 G 3
Luc-sur-Orbieu 11 ... 320 C 5
Lucarré 64 ... 314 D 2
Luçay-le-Libre 36 ... 172 A 1
Luçay-le-Mâle 36 ... 153 F 5
Lucbardez-et-Bargues 40 ... 274 A 5
Lucciana 2B ... 347 G 2
Lucé 28 ... 86 A 4
Lucé 61 ... 82 B 2
Lucé-sous-Ballon 72 ... 107 H 2
Luceau 72 ... 130 B 4
Lucelle 68 ... 143 F 5
Lucenay 69 ... 212 D 4
Lucenay-le-Duc 21 ... 138 A 5
Lucenay-lès-Aix 58 ... 175 F 5
Lucenay-l'Évêque 71 ... 176 C 1
Lucéram 06 ... 291 F 4
Lucerne Abbaye de la 50 ... 51 G 3
La Lucerne-d'Outremer 50 ... 51 G 3
Lucey 21 ... 138 D 2
Lucey 54 ... 65 E 5
Lucey 73 ... 215 E 5
Lucgarier 64 ... 314 C 5
Luchapt 86 ... 204 D 1
Luchat 17 ... 219 F 1
Luché-Pringé 72 ... 129 H 4
Luché-sur-Brioux 79 ... 202 D 1
Luché-Thouarsais 79 ... 167 H 3
Lucheux 80 ... 12 D 3
Luchy 60 ... 22 A 5
Lucinges 74 ... 197 H 5
Lucmau 33 ... 274 B 1
Luçon 85 ... 183 F 2
Lucq-de-Béarn 64 ... 313 G 4
Lucquy 08 ... 26 B 5
Les Lucs-sur-Boulogne 85 ... 165 H 3
Lucy 51 ... 61 F 2
Lucy 57 ... 66 C 2
Lucy 76 ... 20 D 3
Lucy-le-Bocage 02 ... 60 B 1
Lucy-le-Bois 89 ... 157 H 1
Lucy-sur-Cure 89 ... 136 C 5
Lucy-sur-Yonne 89 ... 157 F 1
Le Lude 72 ... 129 H 4
Ludes 51 ... 41 G 5
Ludesse 63 ... 227 H 2
Ludiès 09 ... 336 C 1
Ludon-Médoc 33 ... 237 G 4
Ludres 54 ... 94 D 1
Lüe 40 ... 272 D 2
Lué-en-Baugeois 49 ... 150 A 1
Luemschwiller 68 ... 143 F 2
Luère Col de la 69 ... 212 D 5
Lugagnac 46 ... 278 D 1
Lugagnan 65 ... 332 D 1
Lugaignac 33 ... 256 C 1
Lugan 12 ... 261 H 5
Lugan 81 ... 298 C 3
Lugarde 15 ... 245 E 1
Lugasson 33 ... 256 C 1
Luglon 40 ... 273 F 4
Lugny 02 ... 25 E 3
Lugny 71 ... 195 E 2
Lugny-Bourbonnais 18 ... 173 H 3
Lugny-Champagne 18 ... 155 H 5
Lugny-lès-Charolles 71 ... 193 H 3
Lugo-di-Nazza 2B ... 349 G 1
Lugon-et-l'Ile-du-Carnay 33 ... 238 B 4
Lugos 33 ... 254 D 4
Lugrin 74 ... 198 C 3
Lugy 62 ... 7 F 4
Le Luhier 25 ... 163 E 4
Luigné 49 ... 149 H 3
Luigny 28 ... 109 F 2
Luisans 25 ... 163 E 5
Luisant 28 ... 86 A 4
Luisetaines 77 ... 89 F 3
Luitré 35 ... 81 F 5
Lullin 74 ... 198 B 4
Lully 74 ... 198 A 4
Lumbin 38 ... 233 F 5
Lumbres 62 ... 7 E 2
Lumeau 28 ... 110 D 3
Lumes 08 ... 26 D 3
Luméville-en-Ornois 55 ... 93 G 3
Lumigny 77 ... 59 G 4
Lumio 2B ... 346 C 2
Lunac 12 ... 279 G 3
Lunan 46 ... 261 G 3
Lunaret Zoo de 34 ... 302 D 4
Lunas 24 ... 239 G 5
Lunas 34 ... 301 G 3
Lunax 31 ... 316 B 3
Lunay 41 ... 131 F 3
Luneau 03 ... 193 F 4
Lunegarde 46 ... 260 D 2
Lunel 34 ... 303 F 4
Lunel-Viel 34 ... 303 F 4
Luneray 76 ... 19 H 2
Lunery 18 ... 172 D 3
Lunéville 54 ... 95 F 1
Le Luot 50 ... 51 H 4
Lupcourt 54 ... 94 D 1
Lupé 42 ... 230 D 5
Lupersat 23 ... 208 B 3
Lupiac 32 ... 295 F 3
Luplanté 28 ... 86 A 5
Luppé-Violles 32 ... 294 D 3
Luppy 57 ... 66 B 2
Lupsault 16 ... 202 D 3
Lupstein 67 ... 68 C 4
Luquet 65 ... 314 D 4
Lurais 36 ... 170 B 5
Luray 28 ... 56 D 5
Lurbe-Saint-Christau 64 ... 331 H 2
Lurcy 01 ... 213 E 2
Lurcy-le-Bourg 58 ... 157 E 5
Lurcy-Lévis 03 ... 174 A 5
Luré 42 ... 211 F 4
Lure 70 ... 141 H 3
Lureuil 36 ... 170 C 5
Luri 2B ... 345 G 2
Luriecq 42 ... 229 G 4
Lurs 04 ... 287 F 5
Lury-sur-Arnon 18 ... 154 C 5
Lus-la-Croix-Haute 26 ... 268 D 2
Lusanger 44 ... 126 C 4
Lusans 25 ... 162 B 2
Luscan 31 ... 334 B 2
Lusignac 24 ... 221 G 5
Lusignan 86 ... 186 A 3
Lusignan-Petit 47 ... 275 H 2
Lusigny 03 ... 192 C 1
Lusigny-sur-Barse 10 ... 115 F 2
Lusigny-sur-Ouche 21 ... 177 F 1
Lussac 16 ... 203 H 4
Lussac 17 ... 219 H 3
Lussac 33 ... 238 D 4
Lussac-les-Châteaux 86 ... 187 E 3
Lussac-les-Églises 87 ... 188 A 4
Lussagnet 40 ... 294 C 2
Lussagnet-Lusson 64 ... 314 C 2

la Tour-de-Salvagny
Dardilly
Champagne-au-Mont d'Or
St-Didier-au-Mont d'Or
St-Cyr-au-Mt-d'Or
CALUIRE-
Caluire
Écully
Charbonnières-les-Bains
Marcy-l'Étoile
Château de la Poupée
Bois de Serres
Bois de Lairineuse
PARC DÉPARTEMENTAL DE LACROIX-LAVAL
la Croix Rousse
les Brotteaux
PARC DE LA TÊTE D'OR
PORTE DE ROCHECARDON
PORTE DE VAISE
PORTE DU VALVERT
Vaise
Fourvière
LYON
la Part-Dieu
Presqu'île
la Guillotière
Perrache
Gerland
PORT ÉDOUARD HERRIOT
PORTE DE GERLAND
St-Genis-les Ollières
TASSIN-LA DEMI-LUNE
Craponne
Francheville
STE-FOY-LÈS-LYON
la Mulatière
OULLINS
Chaponost
Arches de Chaponost
ST-GENIS-LAVAL
Pierre-Bénite
Brignais
Soucieu-en-Jarrest
Vourles
Irigny
SAÔNE
RHÔNE

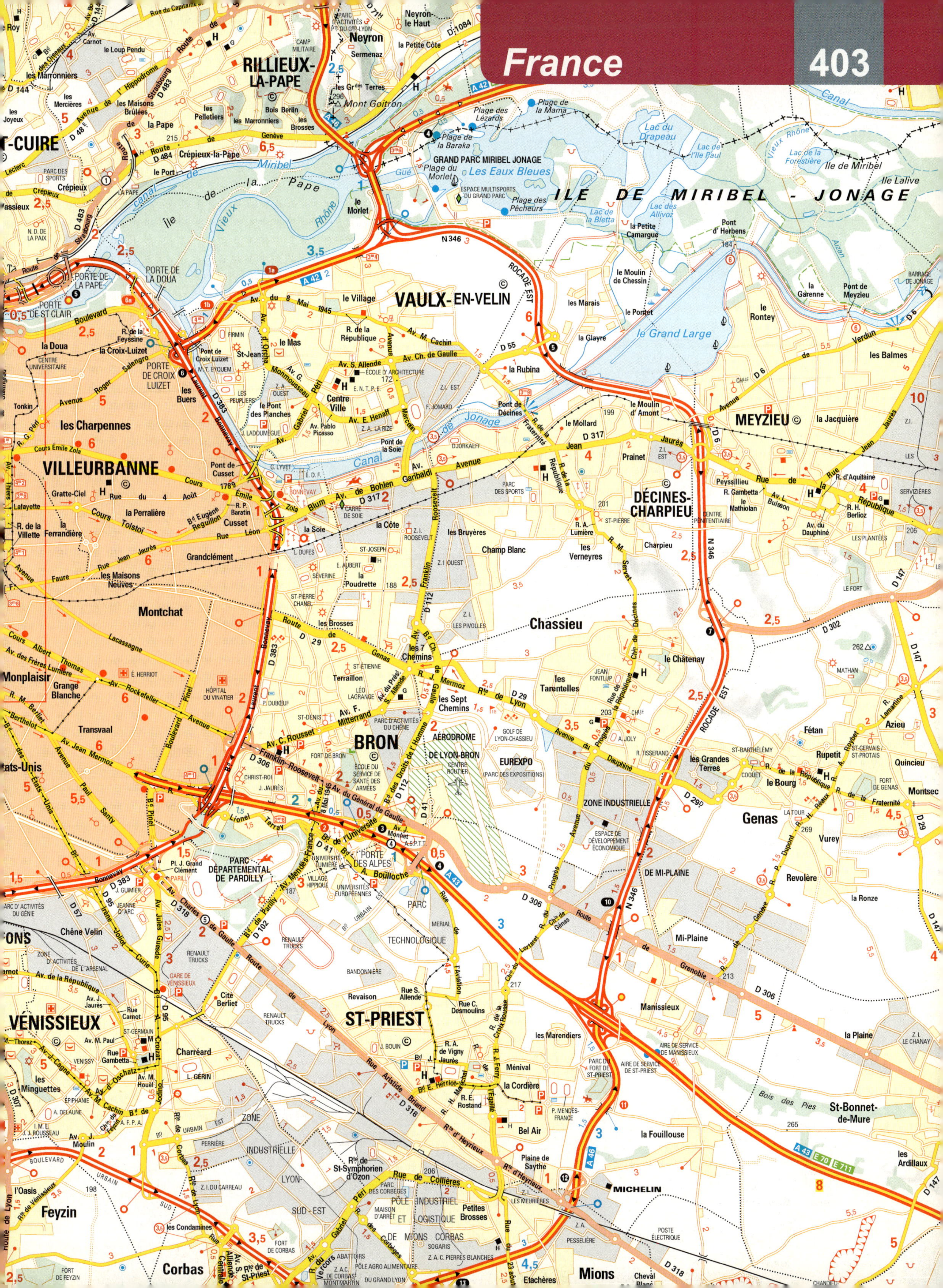
RILLIEUX-LA-PAPE
Neyron
Sermenaz
Neyron-le Haut
la Petite Côte
Mont Goiton
CALUIRE
Crépieux-la-Pape
Crépieux
Caluire
les Marronniers
le Loup Pendu
Carnot
la Pape
Bois Berlin
les Brosses
Canal de Miribel
Plage des Lézards
Plage de la Mama
Plage de la Baraka
GRAND PARC MIRIBEL JONAGE
Les Eaux Bleues
Plage du Morlet
ESPACE MULTISPORTS DU GRAND PARC
Plage des Pêcheurs
Lac du Drapeau
Lac de l'Île Paul
Vieux Rhône
Lac de la Forestière
Île de Miribel
Île Lalive
ÎLE DE MIRIBEL - JONAGE
Lac des Allivoz
Lac de la Bletta
la Petite Camargue
Pont d'Herbens
le Morlet
Île
Vieux Rhône
Rhône
PORTE DE LA PAPE
PORTE DE LA DOUA
PORTE DE ST CLAIR
VAULX-EN-VELIN
le Village
ROCADE EST
le Marais
le Moulin de Chessin
le Pontet
le Grand Large
la Glayre
la Garenne
Pont de Meyzieu
le Rontey
BARRAGE DE JONAGE
les Balmes
la Doua
la Croix-Luizet
CENTRE UNIVERSITAIRE
PORTE DE CROIX LUIZET
les Buers
Tonkin
les Charpennes
VILLEURBANNE
Gratte-Ciel
la Perralière
la Ferrandière
Grandclément
les Maisons Neuves
Montchat
Monplaisir
Grange Blanche
Transvaal
le Mas
St-Jean
Centre Ville
le Pont des Planches
la Rubina
Pont de Décines
Canal de Jonage
Pont de la Soie
le Mollard
le Moulin d'Amont
MEYZIEU
la Jacquière
Prainet
DÉCINES-CHARPIEU
Peyssillieu
Charpieu
les Verneyres
la Soie
la Côte
les Bruyères
Champ Blanc
la Poudrette
Chassieu
les Brosses
les 7 Chemins
Terraillon
les Sept Chemins
les Tarentelles
le Châtenay
BRON
AÉRODROME DE LYON-BRON
EUREXPO
Fétan
Azieu
Rupetit
Quincieux
Montsec
les Grandes Terres
le Bourg
Genas
ZONE INDUSTRIELLE
Vurey
Revolère
la Ronze
PARC DÉPARTEMENTAL DE PARILLY
PORTE DES ALPES
PARC TECHNOLOGIQUE
DE MI-PLAINE
Mi-Plaine
Manissieux
Chêne Velin
VÉNISSIEUX
Charréard
Cité Berliet
ST-PRIEST
Revaison
les Marendiers
Ménival
la Cordière
la Plaine
les Minguettes
Bel Air
la Fouillouse
St-Bonnet-de-Mure
Bois des Pies
les Ardillaux
ZONE INDUSTRIELLE LYON-SUD-EST
St-Symphorien d'Ozon
Plaine de Saythe
MICHELIN
Feyzin
l'Oasis
Corbas
PÔLE INDUSTRIEL ET LOGISTIQUE DE MIONS CORBAS
Petites Brosses
Mions
Etachères
Cheval Blanc
A 42
A 46
A 43
N 346
D 306
D 318

LYON

Annonciade (R. de l') .... FV 5
Antiquaille (R. de l') .... EY 7
Basses Verchères
(R. des) .... EY 10
Bonaparte (Pt) .... FY 12
Burdeau (R.) .... FV 16
Carmélites (Mtée des) .... FV 21
Churchill (Pt W.) .... GV 31
Courmont (Q. J.) .... FX 33
Croix Rousse
(Gde-R. de la) .... FV 35
Duvivier (R. P.) .... GZ 180
Épargne (R. de l') .... HZ 41
Farges (R. des) .... EY 46
Favre (Bd J.) .... HX 48
La-Fayette (Pont) .... GX 88
Ferry (Pl. J.) .... HX 51
France (Bd A.) .... HV 57
Gallieni (Pt) .... FY 65
Gerlier (R. Cardinal) .... EY 69
Grenette (R.) .... FX 71
Guillotière (Grande-R. de la) . GYZ
Guillotière (Pt de la) .... FY 73
Herbouville (Cours d') .... FV 75
Jean-Jaurès (Av.) .... GY
Joffre (Quai Mar.) .... EY 82
Juin (Pont Alphonse) .... FX 84
Kitchener Marchand
(Pt) .... EY 85
Koening (Pt Gén.) .... EV 86
Lassagne (Quai A.) .... FV 93
Lattre-de-Tassigny (Pt de) .... FV 164
Marius-Vivier-Merle (Bd) ..... HY 101
Morand (Pont) .... FVX 107
Moulin (Quai J.) .... FX 109
La Part Dieu .... HXY
Pradel (Pl. L.) .... FX 123
Prés.-Édouard-Herriot
(R. du) .... FX 127
Repos (R. du) .... GZ 131
République (R. de la) .... FXY 136
Rolland (Quai Romain) .... FX 140
St-Antoine (Q.) .... FX 147
St-Barthélémy
(Montée) .... EX 149
Sarrail (Quai du Gén.) .... GX 157
Terme (R.) .... FV 166
Université (Pont de l') .... FY 171
Université (R. de l') .... GY 172
Victor-Hugo (R.) .... FY 176
Villette (R. de la) .... HY 178
Vitton (Cours) .... HV
Wilson (Pont) .... FY 182
1re Div.-Fr.-Libre (Av. de la) ... EY 186

VILLEURBANNE

Dutrievos (Av. A.) .... HV 39
Galline (Av.) .... HV
Philip (Cours A.) .... HV
Rossellini (Av. R.) .... HV 144
Tonkin (R. du) .... HV
Zola (Cours Émile) .... HV
11 Novembre 1918 (Bd du) .. HV

Lussan *30* .... 284 B 3
Lussan *32* .... 296 C 4
Lussan-Adeilhac *31* .... 316 D 4
Lussant *17* .... 201 E 3
Lussas *07* .... 266 C 3
Lussas-et-Nontronneau *24* .. 222 B 3
Lussat *23* .... 208 B 1
Lussat *63* .... 210 A 5
Lussault-sur-Loire *37* .... 152 B 2
Lusse *88* .... 96 C 4
Lusseray *79* .... 202 C 1
Lustar *65* .... 315 G 4
Lustrac *Moulin de* *47* .... 258 D 5
Luthenay-Uxeloup *58* .... 174 D 3
Luthézieu *01* .... 214 D 3
Lutilhous *65* .... 333 G 1
Luttange *57* .... 46 B 4
Luttenbach-
près-Munster *68* .... 120 C 3
Lutter *68* .... 143 G 4
Lutterbach *68* .... 143 F 1
Lutz-en-Dunois *28* .... 110 A 4
Lutzelbourg *57* .... 68 A 4
Lutzelhouse *67* .... 96 D 2
Luvigny *88* .... 96 C 2
Lux *21* .... 160 B 1
Lux *31* .... 318 C 2
Lux *71* .... 177 H 4
Luxé *16* .... 203 F 4
Luxe-Sumberraute *64* .... 311 G 4
Luxémont-et-Villotte *51* .... 62 D 5
Luxeuil-les-Bains *70* .... 141 G 2
Luxey *40* .... 273 H 2
Luxiol *25* .... 162 C 2
Luyères *10* .... 91 F 4
Luynes *13* .... 306 A 5
Luynes *37* .... 151 G 2
Luz-Ardiden *65* .... 332 D 3
Luz-Saint-Sauveur *65* .... 333 E 3
Luzancy *77* .... 60 A 2
Luzarches *95* .... 38 C 5
Luzay *79* .... 168 A 2
Luzé *37* .... 169 F 1
Luze *70* .... 142 B 3
Luzech *46* .... 259 G 5
Luzenac *09* .... 336 C 5
Luzeret *36* .... 188 B 2
La Luzerne *50* .... 32 B 4
Luzillat *63* .... 210 B 3
Luzillé *37* .... 152 C 4
Luzinay *38* .... 231 F 2
Luzoir *02* .... 25 F 1
Luzy *58* .... 176 A 4
Luzy-Saint-Martin *55* .... 27 G 5
Luzy-sur-Marne *52* .... 117 E 4
Ly-Fontaine *02* .... 24 B 3
Lyas *07* .... 266 D 1
Lyaud *74* .... 198 B 3
Lye *36* .... 153 F 4
Lynde *59* .... 7 G 2
Lyoffans *70* .... 142 A 3
Lyon *69* .... 213 E 5
Lyon-Saint-Exupéry
Aéroport de *69* .... 231 G 1
Lyons-la-Forêt *27* .... 36 D 2
Lys *58* .... 157 F 3
Lys *64* .... 314 B 5
Lys-Chantilly *60* .... 38 C 5
Lys-lez-Lannoy *59* .... 9 E 2
Lys-Saint-Georges *36* .... 189 F 1

M

Maast-et-Violaine *02* .... 40 C 3
Maâtz *52* .... 139 H 4
Mably *42* .... 211 G 2
Macau *33* .... 237 F 3
Macaye *64* .... 311 E 4
Macé *61* .... 54 C 5
Macey *10* .... 90 C 5
Macey *50* .... 80 D 2
Machault *08* .... 42 B 2
Machault *77* .... 88 C 4
Maché *85* .... 165 F 4
Machecoul *44* .... 165 E 1
Mâchecourt *02* .... 25 F 4
Machemont *60* .... 39 G 1
Macheren *57* .... 67 E 1
Machézal *42* .... 212 A 4
Machiel *80* .... 11 G 1
Machilly *74* .... 197 H 4
La Machine *58* .... 175 E 3
Machine *Col de la* *26* .... 250 A 4
Machy *10* .... 114 D 3
Machy *80* .... 11 G 1
Macinaggio *2B* .... 345 G 1
Mackenheim *67* .... 97 G 5
Mackwiller *67* .... 67 H 2
Maclas *42* .... 230 D 5
Maclaunay *51* .... 60 D 3
Macogny *02* .... 40 A 5
Mâcon *71* .... 195 E 4
Maconcourt *52* .... 93 E 4
Maconcourt *88* .... 94 B 4
Maconge *21* .... 159 F 4
Macornay *39* .... 179 E 5
Mâcot-la-Plagne *73* .... 234 D 2
Macqueville *17* .... 202 C 5
Macquigny *02* .... 24 C 2
Madaillan *47* .... 276 B 2
Madecourt *88* .... 94 D 5
Madegney *88* .... 95 E 5
La Madelaine-
sous-Montreuil *62* .... 6 C 4
La Madeleine *44* .... 147 H 3
La Madeleine *54* .... 95 E 1
La Madeleine *59* .... 8 D 2
Madeleine *Col de la* *73* .... 234 A 3
Madeleine *Grotte de la* *07* .... 284 C 1
La Madeleine-Bouvet *61* .... 85 E 3
La Madeleine-
de-Nonancourt *27* .... 56 B 4
La Madeleine-sur-Loing *77* .. 112 B 2
La Madeleine-Villefrouin *41* . 132 B 3
Madeloc *Tour* *66* .... 343 G 4
Madic *15* .... 226 C 5
Madière *09* .... 336 A 1
Madières *34* .... 302 B 2
Madirac *33* .... 255 H 1
Madiran *65* .... 294 D 5
Madone de Fenestre *06* .... 291 F 2
Madonne-et-Lamerey *88* .... 119 E 2
La Madrague *83* .... 327 G 4
La Madrague-de-la-Ville *13* . 326 D 2
La Madrague-
de-Montredon *13* .... 326 D 3
Madranges *19* .... 224 D 4
Madré *53* .... 82 D 3
Madriat *63* .... 227 H 4
Maël-Carhaix *22* .... 77 E 4
Maël-Pestivien *22* .... 77 F 3
Maennolsheim *67* .... 68 B 5
Maffliers *95* .... 58 C 1
Maffrécourt *51* .... 43 E 5
Magagnosc *06* .... 309 E 3
Magalas *34* .... 321 G 2
La Magdeleine *16* .... 203 E 2
La Magdeleine
Chapelle de *44* .... 126 B 5
La Magdeleine-sur-Tarn *31* . 298 A 2
Le Mage *61* .... 84 D 3
Magenta *51* .... 61 G 1
Les Mages *30* .... 283 H 2
Magescq *40* .... 292 C 2
Magland *74* .... 216 C 2
Magnac-Bourg *87* .... 224 B 2
Magnac-Laval *87* .... 188 A 5
Magnac-Lavalette-
Villars *16* .... 221 F 3
Magnac-sur-Touvre *16* .... 221 F 1
Magnan *32* .... 294 D 2
Magnant *10* .... 115 G 3
Magnanville *78* .... 57 F 2
Magnas *32* .... 296 C 1
Magnat-l'Étrange *23* .... 207 H 5
Magné *79* .... 184 D 4
Magné *86* .... 186 C 4
Magnet *03* .... 192 C 5
Magneux *51* .... 41 E 3
Magneux *52* .... 92 C 3
Magneux-Haute-Rive *42* .... 229 H 1
Magneville *50* .... 29 F 5
Magnicourt *10* .... 91 G 3
Magnicourt-en-Comte *62* .... 7 H 5
Magnicourt-sur-Canche *62* .... 12 D 2
Magnien *21* .... 159 E 5
Magnières *54* .... 95 G 3
Magnieu *01* .... 214 D 5
Les Magnils-Reigniers *85* .... 183 E 2
Magnivray *70* .... 141 H 2
Magnoncourt *70* .... 119 E 5
Le Magnoray *70* .... 141 E 5
Magny *28* .... 85 H 5
Le Magny *36* .... 189 G 2
Magny *68* .... 142 D 3
Les Magny *70* .... 141 H 5
Le Magny *88* .... 118 D 4
Magny *89* .... 158 A 1
Magny-Châtelard *25* .... 162 C 4
Magny-Cours *58* .... 174 C 3
Magny-Danigon *70* .... 142 A 2
Magny-en-Bessin *14* .... 33 E 3
Magny-en-Vexin *95* .... 37 G 5
Magny-Fouchard *10* .... 115 H 2
Magny-Jobert *70* .... 142 A 3
Magny-la-Campagne *14* .... 54 A 1
Magny-la-Fosse *02* .... 24 A 1
Magny-la-Ville *21* .... 158 D 1
Magny-Lambert *21* .... 138 B 4
Magny-le-Désert *61* .... 82 D 2
Magny-le-Freule *14* .... 34 A 5
Magny-le-Hongre *77* .... 59 F 3
Magny-lès-Aubigny *21* .... 160 B 5
Magny-les-Hameaux *78* .... 58 A 4
Magny-lès-Jussey *70* .... 140 D 2
Magny-lès-Villers *21* .... 159 H 5
Magny-Lormes *58* .... 157 G 3
Magny-Montarlot *21* .... 160 D 4
Magny-Saint-Médard *21* .... 160 C 2
Magny-sur-Tille *21* .... 160 B 3
Magny-Vernois *70* .... 141 H 4
Magoar *22* .... 77 G 3
Magrie *11* .... 337 G 2
Magrin *81* .... 298 D 5
Magstatt-le-Bas *68* .... 143 G 2
Magstatt-le-Haut *68* .... 143 G 3
Maguelone *34* .... 302 D 5
Mahalon *29* .... 99 E 2
Mahéru *61* .... 55 E 5
Maîche *25* .... 163 G 3
Maidières *54* .... 65 G 3
Maignaut-Tauzia *32* .... 295 H 1
Maigné *72* .... 107 F 5
Maignelay-Montigny *60* .... 22 D 5
Mailhac *11* .... 320 D 4
Mailhac-sur-Benaize *87* .... 188 B 4
Mailhoc *81* .... 279 G 5
Mailholas *31* .... 317 G 4
Maillane *13* .... 304 C 2
Maillas *40* .... 274 B 2
Maillat *01* .... 214 B 1
Maillé *37* .... 169 G 1
Maillé *85* .... 184 B 4
Maillé *86* .... 168 D 5
Maillé *Château de* *29* .... 71 F 4
Maillebois *28* .... 85 G 2
La Mailleraye-sur-Seine *76* .... 35 G 1
Maillères *40* .... 273 H 4
Mailleroncourt-Charette *70* .. 141 F 3
Mailleroncourt-
Saint-Pancras *70* .... 118 D 5
Maillet *03* .... 190 D 3
Maillet *36* .... 189 E 2
Mailley-et-Chazelot *70* .... 141 E 5
Maillezais *85* .... 184 B 3
Maillot *89* .... 113 G 3
Mailly *71* .... 193 G 5
Mailly-Champagne *51* .... 41 H 5
Mailly-la-Ville *89* .... 136 C 5
Mailly-le-Camp *10* .... 61 H 5
Mailly-le-Château *89* .... 136 B 5
Mailly-Maillet *80* .... 13 F 5
Mailly-Raineval *80* .... 22 D 3
Mailly-sur-Seille *54* .... 65 H 3
Les Maillys *21* .... 160 C 5
Maimbeville *60* .... 38 D 2
Mainbresson *08* .... 25 H 3
Mainbressy *08* .... 25 H 4
Maincourt-sur-Yvette *78* .... 57 H 5
Maincy *77* .... 88 B 3
Maine-de-Boixe *16* .... 203 F 4
Mainfonds *16* .... 221 E 3
Maing *59* .... 14 D 2
Mainneville *27* .... 37 F 2
Mainsat *23* .... 208 B 2
Maintenay *62* .... 6 C 5
Maintenon *28* .... 86 B 2
Mainterne *28* .... 56 B 5
Mainville *54* .... 45 E 4
Mainvillers *57* .... 66 D 2
Mainvilliers *28* .... 86 A 4
Mainvilliers *45* .... 87 G 5
Mainxe *16* .... 220 C 2
Mainzac *16* .... 221 H 3
Mairé *86* .... 170 A 3
Mairé-Levescault *79* .... 203 E 1
Mairieux *59* .... 15 H 2
Mairy *08* .... 27 F 4
Mairy-Mainville *54* .... 45 E 4
Mairy-sur-Marne *51* .... 62 B 3
Maisdon-sur-Sèvre *44* .... 148 A 5
Maisey-le-Duc *21* .... 138 B 2
Maisières-Notre-Dame *25* .... 162 A 5
Maisnières *80* .... 11 F 4
Le Maisnil *59* .... 8 C 3
Maisnil *62* .... 12 D 2
Maisnil-lès-Ruitz *62* .... 8 A 4
Maisod *39* .... 196 C 2
Maison-des-Champs *10* .... 115 H 2
La Maison-Dieu *58* .... 157 G 2
Maison-du-Roy *05* .... 270 D 2
Maison-Feyne *23* .... 189 E 4
Maison-Jeannette *24* .... 240 B 4
Maison-Maugis *61* .... 84 D 4
Maison-Neuve *07* .... 284 A 1
Maison-Neuve *16* .... 221 G 2
Maison-Ponthieu *80* .... 12 B 3
Maison-Roland *80* .... 11 H 3
Maison-Rouge *77* .... 89 F 2
Maisoncelle *62* .... 7 E 4
Maisoncelle-et-Villers *08* .... 27 E 5
Maisoncelle-Saint-Pierre *60* .... 38 A 1
Maisoncelle-Tuilerie *60* .... 22 B 5
Maisoncelles *52* .... 117 G 3
Maisoncelles *72* .... 108 C 5
Maisoncelles-du-Maine *53* .. 106 A 5
Maisoncelles-en-Brie *77* .... 59 H 3
Maisoncelles-
en-Gâtinais *77* .... 112 B 3
Maisoncelles-la-Jourdan *14* .... 52 C 3
Maisoncelles-Pelvey *14* .... 53 E 1
Maisoncelles-sur-Ajon *14* .... 53 F 1
Maisonnais *18* .... 190 A 1
Maisonnais *79* .... 202 D 1
Maisonnais-sur-Tardoire *87* . 222 C 1
Maisonneuve *86* .... 168 C 5
Maisonnisses *23* .... 207 E 2
Maisons *11* .... 338 B 3
Maisons *14* .... 32 D 3
Maisons *28* .... 86 D 4
Maisons-Alfort *94* .... 58 C 4
Les Maisons Blanches *79* .... 203 F 1
Maisons-du-Bois *25* .... 180 D 1
Maisons-en-Champagne *51* .... 62 C 4
Maisons-Laffitte *78* .... 58 A 2
Maisons-lès-Chaource *10* .... 115 E 4
Maisons-lès-Soulaines *10* .... 92 B 5
Maisonsgoutte *67* .... 96 D 4
Maisontiers *79* .... 168 A 4
Maisse *91* .... 87 H 4
Maissemy *02* .... 24 A 2
Maixe *54* .... 95 F 1
Maizeray *55* .... 64 D 1
Maizeroy *57* .... 66 B 1
Maizery *57* .... 66 B 1
Maizet *14* .... 33 F 5
Maizey *55* .... 64 C 3
Maizicourt *80* .... 12 B 3
Maizière *58* .... 156 B 4
Maizières *14* .... 53 H 1
Maizières *52* .... 92 D 3
Maizières *54* .... 94 C 2
Maizières *62* .... 13 E 2
Maizières *70* .... 161 H 1
Maizières-
la-Grande-Paroisse *10* .... 90 B 3
Maizières-lès-Brienne *10* .... 91 H 4
Maizières-lès-Metz *57* .... 45 H 4
Maizières-les-Vic *57* .... 67 E 5
Maizières-sur-Amance *52* .... 140 A 2
Maizilly *42* .... 211 H 1
Maizy *02* .... 41 E 2
Majastres *04* .... 288 B 5
Malabat *32* .... 315 F 2
La Malachère *70* .... 162 A 1
Malafretaz *01* .... 195 G 4
Mâlain *21* .... 159 G 3
Malaincourt *88* .... 118 A 2
Malaincourt-sur-Meuse *52* .... 117 H 2
Malakoff *92* .... 58 B 4
Malancourt *55* .... 43 G 4
Malancourt-la-Montagne *57* .... 45 G 5
Malandry *08* .... 27 G 5
Malange *39* .... 161 F 4
Malans *25* .... 180 A 1
Malans *70* .... 161 E 3
Malansac *56* .... 125 F 3

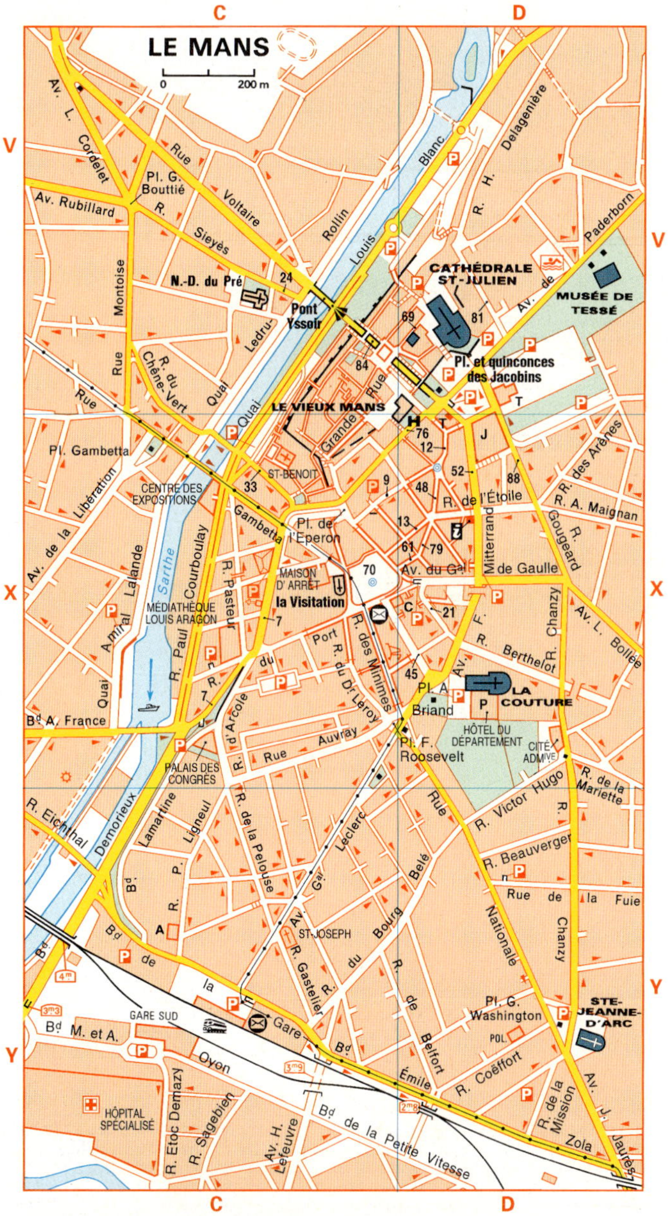

Barbier (R.) .... CX 7	Marchande (R.) .... DX 48	République (Pl. de la) .... CX 70
Barillerie (R. de la) .... CX 9	Mendès-France (R. P.) .... DX 52	Rostov-s-le-Don (Av. de) .... DX 76
Blondeau (R. C.) .... DX 12	Minimes (R. des) CX	St-Jacques (R.) .... DX 79
Bolton (R. de) .... DX 13	Nationale (R.) .... DY	Triger (R. Robert) .... DV 81
Courthardy (R.) .... DX 21	Perle (R. de la) .... DX 61	Wright (R. Wilbur) .... CV 84
Dr-Gallouëdec (R.) .... CV 24	Reine-Bérengère (R. de la) .... DV 69	33e-Mobiles (R. du) .... DX 88
Galère (R. de la) .... CX 33		
Gambetta (R.) CX		
Levasseur (Bd René) .... DX 45		

A B C D E F G H I J K L M N O P Q R S T U V W X Y Z

MARSEILLE

Aix (R. d') ES
Athènes (Bd d') FS 2
Ballard (Cours Jean) EU 3
Barbusse (R. Henri) ET 4
Belges (Quai des) ET 5
Belles Écuelles (R.) ES 6
Bir-Hakeim (R.) EFT 8
Bourdet (Bd Maurice) FS 12
Busquet (R.) GV 14
Canebière (La) FT
Carnot (Pl. Sadi) ES 15
Colbert (R.) ES 18
Curiol (R.) FT 7
Daviel (Pl.) DT 19
Davso (R. Francis) EFU 24
Delphes (Av. de) GV 20
Delpuech (Bd) GV 21
Dessemond (R. Cap.) DV 22
Dugommier (Bd) FT 23
Estienne-d'Orves (Crs d') EU 25
Fabres (R. des) FT 27
Fort du Sanctuaire (R. du) EV 29
Garibaldi (Bd) FT 30
Gaulle (Pl. Gén.-de) ET 31
Grand'Rue ET 33
Grignan (R.) EU 34
Guesde (Pl. Jules) ES 35
Iéna (R. d') GV 37
Liberté (Bd de la) FS 42
Moisson (R. F.) ES 45
Montricher (Bd) GS 46
Paradis (R.) FUV
Philipon (Bd) GS 50
Raynouard (Traverse) GV 53
Ste-Barbe (R.) ES 57
Ste-Philomène (R.) FV 58
St-Ferréol (R.) FTU
St-Laurent (R.) DT 55
St-Louis (Cours) FT 56
Sembat (R. Marcel) FS 60
Sibié (R.) FT 67
Thiars (Pl.) EU 62
Thierry (Crs J.) GS 63
Tourette (Quai) DS 64
Trois Mages (R. des) FT 66
Vaudoyer (Av.) DS 65

Malarce-sur-la-Thines *07* 265 H 5
Malataverne *26* 267 E 4
Malaucène *84* 285 H 3
Malaucourt-sur-Seille *57* 66 B 4
Malaumont *55* 64 C 5
Malaunay *76* 36 A 1
Malause *82* 277 E 4
Malaussanne *64* 294 A 5
Malaussène *06* 289 H 5
Malauzat *63* 209 G 5
Malaville *16* 220 D 3
Malavillers *54* 45 E 3
Malay *71* 194 D 1
Malay-le-Grand *89* 113 G 3
Malay-le-Petit *89* 113 H 3
Malbo *15* 245 E 4
Malbosc *07* 283 H 1
Malbouhans *70* 142 A 2
Malbouzon *48* 263 H 2
Malbrans *25* 162 A 5
Malbuisson *25* 180 C 3
Mâle *61* 108 D 2
Malegoude *09* 336 D 1
Malemort-du-Comtat *84* 285 H 5
Malemort-sur-Corrèze *19* 242 C 2
La Malène *48* 282 B 2
Malepeyre *Sabot de* *48* 282 A 1
Malesherbes *45* 87 H 5
Malestroit *56* 125 E 2
Malétable *61* 84 D 2
Maleville *12* 279 G 1
Malfalco *Anse de* *2B* 345 E 4
Malguénac *56* 101 H 2
La Malhoure *22* 78 D 4
Malicornay *36* 188 D 1
Malicorne *03* 191 E 5
Malicorne *89* 135 F 3
Malicorne-sur-Sarthe *72* 129 G 2
Maligny *21* 177 E 1
Maligny *89* 136 C 2
Malijai *04* 287 G 4
Malincourt *59* 14 C 5
Malintrat *63* 209 H 5
Malissard *26* 249 F 5
Malle *Château de* *33* 256 B 4
Mallefougasse *04* 287 F 4
Malleloy *54* 65 H 4
Mallemoisson *04* 287 H 4
Mallemort *13* 305 G 3
Malléon *09* 336 C 2
Malleret *23* 226 B 1
Malleret-Boussac *23* 189 H 4
Mallerey *39* 179 E 5
Mallet *Belvédère de* *15* 245 H 5
Malleval *42* 230 D 4
Malleval-en-Vercors *38* 250 B 2
Malleville-les-Grès *76* 19 F 2
Malleville-sur-le-Bec *27* 35 G 4
Mallièvre *85* 166 D 2
Malling *57* 45 H 2
Malloué *14* 52 C 2
La Malmaison *02* 41 G 1
Malmerspach *68* 120 C 5
Malmy *51* 43 E 4
Malnoue *77* 59 E 3
Malo-les-Bains *59* 3 G 2
Malons-et-Elze *30* 265 G 5
Malouy *27* 35 E 5
Malpart *80* 22 D 4
Malpas *25* 180 C 3
Malras *11* 337 F 2
Malrevers *43* 247 G 3
Malromé *Château de* *33* 256 B 3
Malroy *57* 45 H 5
Maltat *71* 175 H 5
Maltot *14* 33 G 5
Malval *23* 189 F 4
Malval *Col de* *69* 212 C 5
Malvalette *43* 229 H 5
Malves-en-Minervois *11* 320 A 4
Malvezie *31* 334 B 2
Malvières *43* 229 E 5
Malviès *11* 337 G 1
Malville *44* 147 E 2
Malvillers *70* 140 C 3
Malzéville *54* 65 H 5
Le Malzieu-Forain *48* 264 B 1
Le Malzieu-Ville *48* 264 B 1
Malzy *02* 25 E 1
Mambouhans *25* 163 E 2
Mamers *72* 84 A 5
Mametz *62* 7 G 2
Mametz *80* 13 G 5
Mamey *54* 65 F 3
Mamirolle *25* 162 B 4
Manas *26* 267 G 3
Manas-Bastanous *32* 315 H 3
Manaurie *24* 241 E 4
Mance *54* 45 F 4
La Mancelière *28* 56 A 5
La Mancellière *50* 52 A 5
La Mancellière-sur-Vire *50* 32 B 5
Mancenans *25* 162 D 1
Mancenans-Lizerne *25* 163 F 3
Mancey *71* 195 E 1
Manchecourt *45* 111 H 2
Manciet *32* 295 E 2
Mancieulles *54* 45 F 4
Mancioux *31* 316 D 5
Mancy *51* 61 F 2
Mandacou *24* 258 B 2
Mandagout *30* 282 D 5
Mandailles-Saint-Julien *15* 244 D 3
Mandelieu-la-Napoule *06* 309 E 4
Manderen *57* 46 B 2
Mandeure *25* 142 B 5
Mandeville *27* 36 A 4
Mandeville-en-Bessin *14* 32 C 3
Mandray *88* 96 B 5
Mandres *27* 55 H 4
Mandres-aux-Quatre-Tours *54* 65 E 4
Mandres-en-Barrois *55* 93 F 3
Mandres-la-Côte *52* 117 F 4
Mandres-les-Roses *94* 58 D 5
Mandres-sur-Vair *88* 118 B 2
Mandrevillars *70* 142 B 3
Manduel *30* 304 A 2
Mane *04* 287 E 5
Mane *31* 334 D 1
Manéglise *76* 18 D 5
Manéhouville *76* 20 B 2
Manent-Montané *32* 316 B 3
Manerbe *14* 34 C 4
Mangiennes *55* 44 C 3
Manglieu *63* 228 B 2
Mangonville *54* 95 E 3
Manhac *12* 280 C 2
Manheulles *55* 64 D 1
Manhoué *57* 66 B 4
Manicamp *02* 24 A 5
Manicourt *80* 23 G 3
Manigod *74* 216 A 4
Manin *62* 13 E 2
Maninghem *62* 6 D 3
Maninghen-Henne *62* 2 B 5
Maniquerville *76* 18 D 4
Manlay *21* 158 D 5
Manneville-ès-Plains *76* 19 G 2
Manneville-la-Goupil *76* 18 D 5
Manneville-la-Pipard *14* 34 C 3
Manneville-la-Raoult *27* 34 D 2
Manneville-sur-Risle *27* 35 F 2
Mannevillette *76* 18 C 5
Mano *40* 255 F 5
Le Manoir *14* 33 E 3

MARSEILLE

Aix (R. d')	BY	
Briançon (Bd de)	BX	13
Canebière (La)	BY	
Catalans (R. des)	AY	16
Chartreux (Av. des)	CY	17
Guesde (Pl. Jules)	BY	35
Guigou (Bd)	BX	36
Lesseps (Bd Ferdinand de)	AX	40
Moulin (Bd Jean)	CY	47
Paradis (R.)	BYZ	
Pologne (Pl. de)	CY	51
Pompidou (Prom. Georges)	BZ	52
Sartre (Av. Jean-Paul)	CX	59
Strasbourg (Bd)	BX	61
Verdun (R. de)	CY	70

Le Manoir 27 .... 36 B 3
Manois 52 .... 93 F 5
Manom 57 .... 45 H 3
Manoncourt-en-Vermois 54 .... 95 E 1
Manoncourt-en-Woëvre 54 .... 65 F 4
Manoncourt-sur-Seille 54 .... 65 H 3
Manonville 54 .... 65 F 4
Manonviller 54 .... 95 H 1
Manosque 04 .... 306 C 1
Manot 16 .... 204 C 3
Manou 28 .... 85 F 3
Manre 08 .... 42 D 3
Le Mans 72 .... 107 H 4
Mansac 19 .... 241 H 2
Mansan 65 .... 315 F 3
Mansat-la-Courrière 23 .... 207 E 3
Manse *Col de* 05 .... 269 H 3
Mansempuy 32 .... 296 C 3
Mansencôme 32 .... 295 H 1
Manses 09 .... 336 C 1
Mansigné 72 .... 129 H 3
Mansle 16 .... 203 F 4
Manso 2B .... 346 B 4
Mansonville 82 .... 276 D 5
Manspach 68 .... 143 E 3
Mant 40 .... 294 A 4
Mantaille *Château de* 26 .... 249 F 1
Mantallot 22 .... 72 D 3
Mantenay-Montlin 01 .... 195 G 3
Mantes-la-Jolie 78 .... 57 F 2
Mantes-la-Ville 78 .... 57 F 2
Mantet 66 .... 341 H 4
Manteyer 05 .... 269 G 4
Manthelan 37 .... 152 A 5
Manthelon 27 .... 56 A 2
Manthes 26 .... 231 G 5
Mantilly 61 .... 82 A 2
Mantoche 70 .... 161 E 2
Mantry 39 .... 179 E 4
Manvieux 14 .... 33 E 2
Many 57 .... 66 C 2
Manzac-sur-Vern 24 .... 240 B 3
Manzat 63 .... 209 F 3
Manziat 01 .... 195 F 4
Maquens 11 .... 319 H 5
Marac 52 .... 117 E 5
Marainville-sur-Madon 88 .... 94 D 4
Marainviller 54 .... 95 G 1
Le Marais *Château* 91 .... 87 F 2
Le Marais-la-Chapelle 14 .... 54 A 3
Marais-Vernier 27 .... 35 E 2
Marambat 32 .... 295 G 2
Marandeuil 21 .... 160 C 3
Marange-Silvange 57 .... 45 G 5
Marange-Zondrange 57 .... 66 C 1
Marangea 39 .... 196 C 2
Marans 17 .... 183 G 4
Marans 49 .... 128 A 4
Maransin 33 .... 238 B 3
Marant 62 .... 6 C 4
Maranville 52 .... 116 C 3
Maranwez 08 .... 26 A 3
Marast 70 .... 141 G 5
Marat 63 .... 228 D 2
Marat-la-Grande 55 .... 63 H 3
Marault 52 .... 116 D 2
Maraussan 34 .... 321 F 3
Maravat 32 .... 296 C 3
Maray 41 .... 154 A 4
Maraye-en-Othe 10 .... 114 C 3
Marbache 54 .... 65 G 4
Marbaix 59 .... 15 F 4
Marbeuf 27 .... 36 A 5
Marbéville 52 .... 92 D 5
Marbotte 55 .... 64 D 4
Marboué 28 .... 109 H 3
Marboz 01 .... 195 H 4
Marby 08 .... 26 B 2
Marc-la-Tour 19 .... 243 E 2
Marçais 18 .... 173 E 5
Marçay 37 .... 151 E 5
Marçay 86 .... 186 B 3
Marcé 49 .... 129 E 5
Marcé-sur-Esves 37 .... 169 H 1
Marcei 61 .... 54 B 5
Marcelcave 80 .... 22 D 2
Marcellaz 74 .... 216 A 1
Marcellaz-Albanais 74 .... 215 F 4
Marcellois 21 .... 159 F 3
Marcellus 47 .... 257 E 5
Marcenais 33 .... 238 B 3
Marcenat 03 .... 192 B 5
Marcenat 15 .... 245 F 1
Marcenay 21 .... 137 H 2
Marcenod 42 .... 230 B 2
Marcevol 66 .... 342 B 2
Marcey-les-Grèves 50 .... 51 G 4
Marchainville 61 .... 85 E 2
Marchais 02 .... 25 E 5
Marchais-Beton 89 .... 135 F 3
Marchais-en-Brie 02 .... 60 C 3
Marchal 15 .... 226 D 4
Marchamp 01 .... 214 C 5
Marchampt 69 .... 212 C 1
Marchastel 15 .... 245 E 1
Marchastel 48 .... 263 H 3
Marchaux 25 .... 162 A 3
La Marche 58 .... 156 B 5
Marché-Allouarde 80 .... 23 G 3
Marchélepot 80 .... 23 G 2
Marchemaisons 61 .... 84 A 3
Marchémoret 77 .... 59 F 1
Marchenoir 41 .... 132 B 3
Marcheprime 33 .... 254 D 2
Marches 26 .... 249 H 4
Les Marches 73 .... 233 F 3
Marcheseuil 21 .... 158 D 5
Marchésieux 50 .... 31 H 4
Marchéville 28 .... 85 H 5
Marcheville 80 .... 11 H 2
Marchéville-en-Woëvre 55 .... 64 D 1
Marchezais 28 .... 57 E 4
Marchiennes 59 .... 9 E 5
Marchon 01 .... 196 C 4
Marciac 32 .... 295 F 5
Marcieu 38 .... 250 D 4
Marcieux 73 .... 232 D 2
Marcigny 71 .... 193 G 5
Marcigny-sous-Thil 21 .... 158 D 2
Marcilhac-sur-Célé 46 .... 260 D 4
Marcillac 33 .... 237 G 1
Marcillac-la-Croisille 19 .... 243 F 1
Marcillac-la-Croze 19 .... 242 D 4
Marcillac-Lanville 16 .... 203 E 4
Marcillac-Saint-Quentin 24 .... 241 G 4
Marcillac-Vallon 12 .... 262 C 5
Marcillat 63 .... 209 G 2
Marcillat-en-Combraille 03 .... 208 D 1
Marcillé-la-Ville 53 .... 82 C 5
Marcillé-Raoul 35 .... 80 C 4
Marcillé-Robert 35 .... 104 D 5
Marcilloles 38 .... 231 H 5
Marcilly 50 .... 51 H 5
Marcilly 77 .... 59 G 1
Marcilly-d'Azergues 69 .... 212 D 4
Marcilly-en-Bassigny 52 .... 117 H 5
Marcilly-en-Beauce 41 .... 131 G 3
Marcilly-en-Gault 41 .... 154 A 2
Marcilly-en-Villette 45 .... 133 F 3
Marcilly-et-Dracy 21 .... 159 E 2
Marcilly-la-Campagne 27 .... 56 B 3
Marcilly-la-Gueurce 71 .... 194 A 3
Marcilly-le-Châtel 42 .... 229 G 1
Marcilly-le-Hayer 10 .... 90 A 5
Marcilly-lès-Buxy 71 .... 177 F 5
Marcilly-Ogny 21 .... 158 D 4
Marcilly-sur-Eure 27 .... 56 C 3
Marcilly-sur-Maulne 37 .... 130 A 5
Marcilly-sur-Seine 51 .... 90 B 2
Marcilly-sur-Tille 21 .... 160 B 1
Marcilly-sur-Vienne 37 .... 169 G 1
Marck 62 .... 2 D 3
Marckolsheim 67 .... 121 F 2
Marclopt 42 .... 229 H 2
Marcoing 59 .... 14 B 4
Marcolès 15 .... 262 B 1
Marcollin 38 .... 231 G 5
Marcols-les-Eaux 07 .... 266 B 1
Marçon 72 .... 130 C 4
Marconnay *Château de* 86 .... 185 H 2
Marconne 62 .... 7 E 5
Marconnelle 62 .... 6 D 5
Marcorignan 11 .... 321 E 5
Marcoule 30 .... 285 E 3
Marcoussis 91 .... 87 G 2
Marcoux 04 .... 288 A 3
Marcoux 42 .... 229 G 1
Marcq 08 .... 43 F 3
Marcq 78 .... 57 G 3
Marcq-en-Barœul 59 .... 8 D 2
Marcq-en-Ostrevant 59 .... 14 B 2
Marcy 02 .... 24 B 2
Marcy 58 .... 157 E 3
Marcy 69 .... 212 D 4
Marcy-l'Étoile 69 .... 212 D 5
Marcy-sous-Marle 02 .... 25 E 3
Mardeuil 51 .... 61 F 1
Mardié 45 .... 133 G 2
Mardilly 61 .... 54 D 3
Mardor 52 .... 139 F 2
Mardore 69 .... 212 A 2
Mardyck 59 .... 3 F 2
La Mare-d'Ovillers 60 .... 38 B 4
Mareau-aux-Bois 45 .... 111 G 4
Mareau-aux-Prés 45 .... 133 E 2
Marèges *Barrage de* 19 .... 226 B 5
Mareil-en-Champagne 72 .... 107 E 5
Mareil-en-France 95 .... 58 C 1
Mareil-le-Guyon 78 .... 57 G 4
Mareil-Marly 78 .... 58 A 3
Mareil-sur-Loir 72 .... 129 G 4
Mareil-sur-Mauldre 78 .... 57 G 3
Mareilles 52 .... 117 F 2
Marenla 62 .... 6 C 4

Marennes *17* ... 200 C 4
Marennes *69* ... 231 F 2
Maresché *72* ... 107 G 2
Maresches *59* ... 15 E 2
Maresquel-Ecquemicourt *62* ... 6 D 5
Marest *62* ... 7 G 4
Marest-Dampcourt *02* ... 24 A 5
Marest-sur-Matz *60* ... 39 F 1
Marestaing *32* ... 297 E 5
Marestmontiers *80* ... 22 D 4
Maresville *62* ... 6 B 4
Les Marêts *77* ... 60 B 5
Maretz *59* ... 14 C 5
Mareugheol *63* ... 227 H 4
Mareuil *16* ... 202 C 5
Mareuil *24* ... 221 H 4
Mareuil-Caubert *80* ... 11 G 4
Mareuil-en-Brie *51* ... 61 E 2
Mareuil-en-Dôle *02* ... 40 D 4
Mareuil-la-Motte *60* ... 39 F 1
Mareuil-le-Port *51* ... 61 E 1
Mareuil-lès-Meaux *77* ... 59 G 2
Mareuil-sur-Arnon *18* ... 172 C 3
Mareuil-sur-Ay *51* ... 61 G 1
Mareuil-sur-Cher *41* ... 153 E 4
Mareuil-sur-Lay *85* ... 183 E 1
Mareuil-sur-Ourcq *60* ... 39 H 5
Marey *88* ... 118 B 3
Marey-lès-Fussey *21* ... 159 H 5
Marey-sur-Tille *21* ... 139 E 5
Marfaux *51* ... 41 F 5
Marfontaine *02* ... 25 E 3
Margaux *33* ... 237 F 3
Margencel *74* ... 198 A 3
Margency *95* ... 58 B 2
Margerides *19* ... 226 B 4
Margerie-Chantagret *42* ... 229 G 3
Margerie-Hancourt *51* ... 91 H 2
Margès *26* ... 249 G 2
Margilley *70* ... 140 A 5
Margival *02* ... 40 B 2
Le Margnès *81* ... 300 B 4
Margny *08* ... 27 H 4
Margny *51* ... 60 D 2
Margny-aux-Cerises *60* ... 23 G 4
Margny-lès-Compiègne *60* ... 39 F 2
Margny-sur-Matz *60* ... 39 F 1
Margon *28* ... 85 E 5
Margon *34* ... 321 H 2
Margouët-Meymes *32* ... 295 F 3
Margueray *50* ... 52 A 2
Marguerittes *30* ... 304 A 2
Margueron *33* ... 257 F 1
Marguestau *32* ... 295 E 1
Margut *08* ... 27 H 5
Mariac *07* ... 248 B 5
Mariaud *04* ... 288 C 1
Maricourt *80* ... 23 F 1
Marie *06* ... 289 H 4
Marienthal *67* ... 69 E 4
Marieulles *57* ... 65 G 2
Marieux *80* ... 12 D 4
Marigna-sur-Valouse *39* ... 196 B 3
Marignac *17* ... 219 H 3
Marignac *31* ... 334 B 3
Marignac *82* ... 296 D 2
Marignac-en-Diois *26* ... 268 A 1
Marignac-Lasclares *31* ... 317 F 4
Marignac-Laspeyres *31* ... 317 E 5
Marignana *2A* ... 346 C 5
Marignane *13* ... 326 C 1
Marigné *49* ... 128 C 3
Marigné-Laillé *72* ... 130 B 3
Marigné-Peuton *53* ... 128 A 2
Marignier *74* ... 216 B 1
Marignieu *01* ... 214 D 5
Marigny *03* ... 191 H 1
Marigny *39* ... 179 G 5
Marigny *50* ... 32 A 5
Marigny *51* ... 61 F 5
Marigny *71* ... 177 E 5
Marigny *79* ... 185 E 5
Marigny-Brizay *86* ... 169 F 4
Marigny-Chemereau *86* ... 186 A 3
Marigny-en-Orxois *02* ... 60 A 1
Marigny-le-Cahouët *21* ... 159 E 1
Marigny-le-Châtel *10* ... 90 B 4
Marigny-l'Église *58* ... 158 A 3
Marigny-lès-Reullée *21* ... 178 A 1
Marigny-les-Usages *45* ... 111 E 5
Marigny-Marmande *37* ... 169 G 2
Marigny-Saint-Marcel *74* ... 215 F 4
Marigny-sur-Yonne *58* ... 157 G 4
Marillac-le-Franc *16* ... 221 H 1
Le Marillais *49* ... 148 C 2
Marillet *85* ... 184 C 1
Marimbault *33* ... 256 B 5
Marimont-lès-Bénestroff *57* ... 67 E 3
Marin *74* ... 198 B 3
Marines *95* ... 37 H 5
Les Marines-de-Cogolin *83* ... 329 F 2
Maringes *42* ... 230 A 2
Maringues *63* ... 210 A 4
Mariol *03* ... 210 C 3
Marions *33* ... 274 C 1
Marissel *60* ... 38 A 2
Marizy *71* ... 194 B 1
Marizy-Saint-Mard *02* ... 40 A 5
Marizy-Sainte-Geneviève *02* ... 40 A 5
Le Markstein *68* ... 120 C 4
Marle *02* ... 25 E 3
Marlemont *08* ... 26 A 3
Marlenheim *67* ... 97 F 1
Marlens *74* ... 216 A 5
Marlers *80* ... 21 G 3
Marles-en-Brie *77* ... 59 G 5
Marles-les-Mines *62* ... 7 H 4
Marles-sur-Canche *62* ... 6 C 4
Marlhes *42* ... 248 B 1
Marliac *31* ... 318 A 5
Marliens *21* ... 160 B 4
Marlieux *01* ... 213 G 2
Marlioz *74* ... 215 F 2
Marly *57* ... 65 H 1
Marly *59* ... 9 G 5
Marly-Gomont *02* ... 25 E 1
Marly-la-Ville *95* ... 58 D 1
Marly-le-Roi *78* ... 58 A 3
Marly-sous-Issy *71* ... 176 A 5
Marly-sur-Arroux *71* ... 193 H 1
Marmagne *18* ... 172 D 1
Marmagne *21* ... 137 H 5
Marmagne *71* ... 176 D 3
Marmande *47* ... 257 E 4
Marmanhac *15* ... 244 C 4
Marmeaux *89* ... 137 F 5
Marmesse *52* ... 116 C 4
Marminiac *46* ... 259 G 3
Marmont-Pachas *47* ... 276 B 4
Marmouillé *61* ... 54 C 5
Marmoutier *67* ... 68 B 5
Marnac *24* ... 259 E 1
Marnand *69* ... 212 A 2
Marnans *38* ... 231 H 5
Marnaves *81* ... 279 E 4
Marnay *70* ... 161 G 3
Marnay *71* ... 178 A 5
Marnay *86* ... 186 B 3
Marnay-sur-Marne *52* ... 117 E 4
Marnay-sur-Seine *10* ... 90 A 3
Marnaz *74* ... 216 B 1
La Marne *44* ... 165 F 1
Marne-la-Vallée *11* ... 59 E 3
Marnefer *61* ... 55 F 3
Marnes *79* ... 168 C 3
Marnes-la-Coquette *92* ... 58 B 3
Marnézia *39* ... 196 C 1
Marnhagues-et-Latour *12* ... 301 F 2
Marnoz *39* ... 179 G 2
Marœuil *62* ... 13 F 2
Maroilles *59* ... 15 F 4
La Marolle-en-Sologne *41* ... 133 E 5
Marolles *14* ... 34 D 5
Marolles *41* ... 132 A 5
Marolles *51* ... 62 D 5
Marolles *60* ... 39 H 5
Marolles-en-Beauce *91* ... 87 G 5
Marolles-en-Brie *77* ... 60 A 4
Marolles-en-Brie *94* ... 58 D 5
Marolles-en-Hurepoix *91* ... 87 G 2
Marolles-lès-Bailly *10* ... 115 G 2
Marolles-les-Braults *72* ... 108 A 2
Marolles-les-Buis *28* ... 85 E 5
Marolles-lès-Saint-Calais *72* ... 108 D 5
Marolles-sous-Lignières *10* ... 114 D 5
Marolles-sur-Seine *77* ... 89 E 4
Marollette *72* ... 84 A 4
Marols *42* ... 229 G 4
Maromme *76* ... 36 A 1
Mâron *36* ... 172 A 4
Maron *54* ... 94 C 1
Maroncourt *88* ... 94 D 5
Maroué *22* ... 78 D 4
Maroutière *Château de la* *53* ... 128 B 2
Marpain *39* ... 161 E 3
Marpaps *40* ... 293 G 4
Marpent *59* ... 15 H 2
Marpiré *35* ... 104 D 2
Marquaix *80* ... 23 H 1
Marquay *24* ... 241 F 5
Marquay *62* ... 7 G 5
Marquefave *31* ... 317 G 4
Marquéglise *60* ... 39 F 1
Marquein *11* ... 318 C 4
Marquenterre *Parc du* *80* ... 11 E 1
Marquerie *65* ... 315 F 4
Marques *76* ... 21 F 3
Marquette-en-Ostrevant *59* ... 14 B 2
Marquette-lez-Lille *59* ... 8 D 2
Marquigny *08* ... 26 D 5
Marquillies *59* ... 8 C 3
Marquion *62* ... 14 A 3
Marquise *62* ... 2 B 4
Marquivillers *80* ... 23 E 4
Marquixanes *66* ... 342 B 2
Marray *37* ... 130 D 5
La Marre *39* ... 179 F 4
Marre *55* ... 43 H 4
Mars *07* ... 248 A 4
Les Mars *23* ... 208 C 3
Mars *30* ... 282 D 5
Mars *42* ... 212 A 1
Mars-la-Tour *54* ... 65 F 1
Mars-sous-Bourcq *08* ... 42 C 2
Mars-sur-Allier *58* ... 174 B 3
Marsa *11* ... 337 F 4
Marsac *16* ... 221 E 1
Marsac *23* ... 206 C 2
Marsac *65* ... 315 E 3
Marsac *82* ... 296 D 1
Marsac-en-Livradois *63* ... 229 E 4
Marsac-sur-Don *44* ... 126 C 4
Marsac-sur-l'Isle *24* ... 240 C 2
Marsainvilliers *45* ... 111 G 2
Marsais *17* ... 201 G 1
Marsais-Sainte-Radégonde *85* ... 183 H 1
Marsal *57* ... 66 D 4
Marsal *81* ... 299 G 1
Marsalès *24* ... 258 D 2
Marsan *32* ... 296 C 4
Marsaneix *24* ... 240 D 3
Marsangis *51* ... 90 C 2
Marsangy *89* ... 113 G 3
Marsannay-la-Côte *21* ... 160 A 3
Marsannay-le-Bois *21* ... 160 B 2
Marsanne *26* ... 267 F 3
Marsas *33* ... 237 H 3
Marsas *65* ... 333 G 1
Marsat *63* ... 209 H 4
Marsaz *26* ... 249 F 2
Marseillan *32* ... 315 G 2
Marseillan *34* ... 322 C 4
Marseillan *65* ... 315 F 4
Marseillan-Plage *34* ... 322 D 5
Marseille *13* ... 326 D 3
Marseille-en-Beauvaisis *60* ... 21 H 5
Marseille-lès-Aubigny *18* ... 174 B 1
Marseillette *11* ... 320 A 5
Marsillargues *34* ... 303 G 4
Marsilly *17* ... 183 F 5
Marsilly *57* ... 66 B 1
Marsinval *78* ... 57 H 2
Marsolan *32* ... 296 A 1
Marson *51* ... 62 C 2
Marson-sur-Barboure *55* ... 93 G 1
Marsonnas *01* ... 195 G 4
Marsoulas *31* ... 335 E 1
Marsous *65* ... 332 C 2
Marspich *57* ... 45 G 3
Marssac-sur-Tarn *81* ... 299 E 1
Martagny *27* ... 37 F 2
Martailly-lès-Brancion *71* ... 195 E 2
Martainneville *80* ... 11 F 4
Martainville *14* ... 53 G 2
Martainville *27* ... 35 E 3
Martainville-Épreville *76* ... 36 C 1
Martaizé *86* ... 168 C 3
Martel *46* ... 242 C 5
Marthemont *54* ... 94 C 2
Marthille *57* ... 66 D 3
Marthod *73* ... 216 A 5
Marthon *16* ... 221 H 2
Martiel *12* ... 279 E 1
Martigna *39* ... 196 D 3
Martignac *46* ... 259 F 4
Martignargues *30* ... 284 A 5
Martignas-sur-Jalle *33* ... 237 E 5
Martignat *01* ... 196 C 5
Martigné-Briand *49* ... 149 H 4
Martigné-Ferchaud *35* ... 127 E 2
Martigné-sur-Mayenne *53* ... 106 A 2
Martigny *02* ... 25 H 2
Martigny *50* ... 52 A 5
Martigny *76* ... 20 B 2
Martigny-Courpierre *02* ... 40 D 1
Martigny-le-Comte *71* ... 194 A 2
Martigny-les-Bains *88* ... 118 B 3
Martigny-les-Gerbonvaux *88* ... 94 A 3
Martigny-sur-l'Ante *14* ... 53 H 2
Martigues *13* ... 325 H 3
Martillac *33* ... 255 G 2
Martimpré *Col de* *88* ... 120 B 3
Martin-Église *76* ... 10 B 5
Martincourt *54* ... 65 F 4
Martincourt *60* ... 37 H 1
Martincourt-sur-Meuse *55* ... 27 G 5
Le Martinet *30* ... 283 H 2
Martinet *85* ... 165 F 5
Martinpuich *62* ... 13 G 5
Martinvast *50* ... 29 E 3
Martinvelle *88* ... 118 C 4
Martisserre *31* ... 316 D 3
Martizay *36* ... 170 C 4
Martot *27* ... 36 A 3
Martragny *14* ... 33 E 3
La Martre *83* ... 308 B 2
Martres *33* ... 256 C 2
Les Martres-d'Artière *63* ... 210 A 5
Martres-de-Rivière *31* ... 334 B 1
Les Martres-de-Veyre *63* ... 227 H 1
Martres-sur-Morge *63* ... 210 A 4
Martres-Tolosane *31* ... 317 E 5
Martrin *12* ... 300 B 1
Martrois *21* ... 159 E 3
La Martyre *29* ... 75 H 2
Les Martys *11* ... 319 G 3
Maruéjols-lès-Gardon *30* ... 283 H 5
Marval *87* ... 222 D 2
Marvaux-Vieux *08* ... 42 D 3
Marvejols *48* ... 264 A 4
Marvelise *25* ... 142 A 4
Marville *55* ... 44 B 2
Marville-les-Bois *28* ... 85 H 2
Marville-Moutiers-Brûlé *28* ... 56 D 5
Mary *71* ... 194 B 1
Mary-sur-Marne *77* ... 59 H 1
Marzal *Aven de* *07* ... 284 C 1
Marzan *56* ... 125 F 5
Marzens *81* ... 298 D 4
Marzy *58* ... 174 C 2
Le Mas *06* ... 308 D 1
Mas-Blanc-des-Alpilles *13* ... 304 C 2
Mas-Cabardès *11* ... 319 H 3
Mas Camargues *48* ... 283 F 1
Le Mas-d'Agenais *47* ... 257 F 5
Le Mas-d'Artige *23* ... 225 H 1
Mas-d'Auvignon *32* ... 296 A 1
Le Mas-d'Azil *09* ... 335 H 1
Mas-d'Azil *Grotte du* *09* ... 335 H 1
Mas-de-Londres *34* ... 302 C 2
Le Mas-de-Tence *43* ... 248 B 3
Mas-des-Cours *11* ... 337 H 1
Mas-d'Orcières *48* ... 265 E 5
Mas-Grenier *82* ... 297 G 1
Mas-Saint-Chély *48* ... 282 B 2
Mas-Saintes-Puelles *11* ... 318 D 4
Le Mas-Soubeyran *30* ... 283 G 4
Mas-Thibert *13* ... 304 C 5
Masbaraud-Mérignat *23* ... 206 D 3
Mascaraàs-Haron *64* ... 294 C 5
Mascaras *32* ... 295 G 5
Mascaras *65* ... 315 F 5
Mascarville *31* ... 298 C 5
Masclat *46* ... 259 H 1
Masevaux *68* ... 142 D 1
Maslacq *64* ... 313 G 2
Masléon *87* ... 224 C 1
Maslives *41* ... 132 B 5
Masmejan *48* ... 283 E 1
Le Masnau-Massuguiès *81* ... 300 A 3
Masnières *59* ... 14 B 4
Masny *59* ... 9 E 5
Los Masos *66* ... 342 B 3
Masparraute *64* ... 311 G 3
Maspie-Lalonquère-Juillacq *64* ... 314 D 2
Masquières *47* ... 277 E 1
Massabrac *31* ... 317 H 5
Massac *11* ... 338 B 3
Massac *17* ... 202 C 4
Massac-Séran *81* ... 298 D 4
Massaguel *81* ... 319 F 2
Massais *79* ... 167 H 1
Massals *81* ... 300 A 2
Massanes *30* ... 283 H 5
Massangis *89* ... 137 E 5
Massat *09* ... 335 H 3
Massay *18* ... 154 B 5
Le Massegros *48* ... 281 H 2
Masseilles *33* ... 256 D 5
Massels *47* ... 276 D 2
Massérac *44* ... 126 A 4
Masseret *19* ... 224 B 3
Masseube *32* ... 316 A 2
Massiac *15* ... 246 A 1
Massieu *38* ... 232 C 4
Massieux *01* ... 213 E 4
Massiges *51* ... 42 D 4
Massignac *16* ... 204 C 5
Massignieu-de-Rives *01* ... 214 D 5
Massillargues-Attuech *30* ... 283 G 5
Massilly *71* ... 194 D 2
Massingy *21* ... 116 A 5
Massingy *74* ... 215 F 4
Massingy-lès-Semur *21* ... 158 D 1
Massingy-lès-Vitteaux *21* ... 159 F 2
Massognes *86* ... 168 C 4
Massoins *06* ... 289 H 5
Massongy *74* ... 198 A 4
Massoulès *47* ... 276 D 1
Massugas *33* ... 257 E 1
Massy *71* ... 194 C 2
Massy *76* ... 20 D 4
Massy *91* ... 58 B 5
Mastaing *59* ... 14 C 2
Matafelon-Granges *01* ... 196 C 5
Les Matelles *34* ... 302 D 3
Matemale *66* ... 341 G 3
Matha *17* ... 202 B 4
Mathaux *10* ... 91 H 4
Mathay *25* ... 142 B 5
Mathenay *39* ... 179 F 2
Les Mathes *17* ... 200 C 5
Mathieu *14* ... 33 G 3
Mathons *52* ... 92 D 4
Mathonville *76* ... 20 D 5
Matignicourt-Goncourt *51* ... 62 D 5
Matignon *22* ... 50 A 5
Matigny *80* ... 23 H 3
Matougues *51* ... 62 A 2
Matour *71* ... 194 B 4
Matra *2B* ... 347 G 4
Matringhem *62* ... 7 F 3
Mattaincourt *88* ... 94 D 5
Mattexey *54* ... 95 G 3
Matton-et-Clémency *08* ... 27 G 4
Mattstall *67* ... 68 D 1
Matzenheim *67* ... 97 G 3
Maubec *38* ... 232 A 2
Maubec *82* ... 296 D 2
Maubec *84* ... 305 F 1
Maubert-Fontaine *08* ... 26 B 2
Maubeuge *59* ... 15 G 2
Maubourguet *65* ... 315 E 2
Maubuisson *33* ... 236 B 3
Mauchamps *91* ... 87 G 3
Maucomble *76* ... 20 C 4
Maucor *64* ... 314 B 3
Maucourt *60* ... 23 H 4
Maucourt *80* ... 23 F 3
Maucourt-sur-Orne *55* ... 44 C 4
Maudétour-en-Vexin *95* ... 37 G 5
Mauguio *34* ... 303 E 4
Maulain *52* ... 117 H 4
Maulais *79* ... 168 B 2
Maulan *55* ... 63 H 5
Maulay *86* ... 169 E 2
Maulde *59* ... 9 G 4
Maule *78* ... 57 G 3
Mauléon *79* ... 167 E 2
Mauléon-Barousse *65* ... 334 A 3
Mauléon-d'Armagnac *32* ... 294 D 1
Mauléon-Licharre *64* ... 311 H 5
Maulers *60* ... 22 A 5
Maulette *78* ... 57 E 4
Maulévrier *49* ... 167 E 1
Maulévrier-Sainte-Gertrude *76* ... 19 G 5
Maulichères *32* ... 294 D 3
Maumusson *44* ... 148 C 1
Maumusson *82* ... 296 D 1
Maumusson-Laguian *32* ... 294 D 4
Mauny *76* ... 35 H 2
Maupas *10* ... 115 E 3
Le Maupas *21* ... 158 D 4
Maupas *32* ... 294 D 2
Maupas *Château de* *18* ... 155 G 4
Mauperthuis *77* ... 59 H 4
Maupertuis *50* ... 52 A 1
Maupertus-sur-Mer *50* ... 29 F 3
Mauprévoir *86* ... 204 B 1
Mauquenchy *76* ... 20 D 5
Mauran *31* ... 317 E 5
Maure *64* ... 314 D 3
Maure *Col de* *04* ... 288 B 1
Maure-de-Bretagne *35* ... 103 G 5
Maurecourt *78* ... 58 A 2
Mauregard *77* ... 59 E 1
Mauregny-en-Haye *02* ... 41 E 1
Maureilhan *34* ... 321 F 3
Maureillas-las-Illas *66* ... 343 E 4
Mauremont *31* ... 318 B 2
Maurens *24* ... 239 H 5
Maurens *31* ... 318 C 2
Maurens *32* ... 296 D 5
Maurens-Scopont *81* ... 298 C 5
Maurepas *78* ... 57 H 4
Maurepas *80* ... 23 F 1
Mauressac *31* ... 317 H 4
Mauressargues *30* ... 283 H 5
Maureville *31* ... 298 C 5
Mauriac *15* ... 244 B 2
Mauriac *33* ... 256 D 2
Mauries *40* ... 294 B 4
Maurin *04* ... 271 F 3
Maurin *34* ... 302 D 5
Maurines *15* ... 245 H 5
Maurois *59* ... 14 D 5
Mauron *56* ... 103 E 3
Mauroux *32* ... 296 C 1
Mauroux *46* ... 259 E 5
Maurrin *40* ... 294 B 2
Maurs *15* ... 261 H 2
Maurupt-le-Montois *51* ... 63 E 4
Maury *66* ... 338 B 4
Maury *Barrage de* *12* ... 262 D 3
Mausoléo *2B* ... 346 D 2
Maussac *19* ... 225 G 4
Maussane-les-Alpilles *13* ... 304 D 3
Maussans *70* ... 162 B 1
Mausson *Château de* *53* ... 81 G 3
Mautes *23* ... 208 B 4
Mauvages *55* ... 93 G 2
Mauvaisin *31* ... 318 A 3
Mauves *07* ... 249 E 3
Mauves-sur-Huisne *61* ... 84 C 4
Mauves-sur-Loire *44* ... 148 A 3
Mauvezin *31* ... 316 D 3
Mauvezin *32* ... 296 D 3
Mauvezin *65* ... 333 G 1
Mauvezin-d'Armagnac *40* ... 274 C 5
Mauvezin-de-Prat *09* ... 335 E 2
Mauvezin-de-Sainte-Croix *09* ... 335 G 1
Mauvezin-sur-Gupie *47* ... 257 E 4
Mauvières *36* ... 187 H 2
Mauvilly *21* ... 138 B 4
Maux *58* ... 175 H 1
Mauzac *31* ... 317 G 3
Mauzac-et-Saint-Meyme-de-Rozens *24* ... 240 D 5
Mauzé-sur-le-Mignon *79* ... 184 C 5
Mauzé-Thouarsais *79* ... 168 A 2
Mauzens-et-Miremont *24* ... 241 E 4
Mauzun *63* ... 228 B 1
Mavaleix *24* ... 223 E 3
Maves *41* ... 132 A 4
Mavilly-Mandelot *21* ... 177 G 1
La Maxe *57* ... 45 H 5
Maxent *35* ... 103 G 4
Maxéville *54* ... 65 H 5
Maxey-sur-Meuse *88* ... 94 A 3
Maxey-sur-Vaise *55* ... 93 H 2
Maxilly-sur-Léman *74* ... 198 C 3
Maxilly-sur-Saône *21* ... 160 D 3
Maxou *46* ... 260 B 4
Maxstadt *57* ... 67 E 1
May-en-Multien *77* ... 59 H 1
Le May-sur-Èvre *49* ... 148 D 5
May-sur-Orne *14* ... 33 G 5
Mayac *24* ... 241 E 1
Mayenne *53* ... 82 B 5
Mayet *72* ... 130 A 3
Le Mayet-de-Montagne *03* ... 210 D 2
Le Mayet-d'École *03* ... 210 A 1
Maylis *40* ... 293 G 3
Maynal *39* ... 196 A 1
Les Mayons *83* ... 328 D 2
Mayot *02* ... 24 B 4
Mayrac *46* ... 242 C 5
Mayran *12* ... 280 B 1
La Mayrand *63* ... 227 G 4
Mayrègne *31* ... 334 A 4
Mayres *07* ... 248 D 4
Mayres *07* ... 265 H 3
Mayres *63* ... 228 D 5
Mayres-Savel *38* ... 250 D 5
Mayreste *Belvédère de* *04* ... 307 H 2
Mayreville *11* ... 318 D 5
Mayrinhac-Lentour *46* ... 261 E 1
Mayronnes *11* ... 338 A 2
Maysel *60* ... 38 C 4
Mazamet *81* ... 319 H 2
Mazan *84* ... 285 H 4
Mazan-l'Abbaye *07* ... 265 H 2
Mazangé *41* ... 131 F 3
Mazaugues *83* ... 328 A 2
Mazaye *63* ... 209 F 5
Mazé *49* ... 150 A 1

Le Mazeau 85 184 C 4
Mazeirat 23 207 F 1
Mazeley 88 95 E 5
Mazerat-Aurouze 43 246 C 2
Mazeray 17 201 G 4
Mazères 09 318 B 4
Mazères 33 256 B 4
Mazères *Église de* 65 295 E 5
Mazères-de-Neste 65 334 A 1
Mazères-Lezons 64 314 B 4
Mazères-sur-Salat 31 335 E 1
Mazerier 03 209 H 2
Mazerny 08 26 C 5
Mazerolles 16 222 B 1
Mazerolles 17 219 G 3
Mazerolles 40 294 A 1
Mazerolles 64 314 A 2
Mazerolles 65 315 G 3
Mazerolles 86 187 E 3
Mazerolles-du-Razès 11 337 F 1
Mazerolles-le-Salin 25 161 G 4
Mazerulles 54 66 B 5
Mazet-Saint-Voy 43 248 A 3
Mazeuil 86 168 D 4
Mazeyrat-d'Allier 43 246 C 3
Mazeyrolles 24 259 E 3
La Mazière-aux-Bons-Hommes 23 208 C 4
Mazières 16 204 B 5
Mazières-de-Touraine 37 151 F 2
Mazières-en-Gâtine 79 185 E 2
Mazières-en-Mauges 49 167 E 1
Mazières-Naresse 47 258 C 3
Mazières-sur-Béronne 79 185 F 5
Mazille 71 194 C 3
Mazingarbe 62 8 A 4
Mazinghem 62 7 G 3
Mazinghien 59 15 E 5
Mazion 33 237 G 2
Mazirat 03 190 C 5
Mazirot 88 94 D 4
Le Mazis 80 21 G 2
Mazoires 63 227 G 5
Mazouau 65 333 H 2
Mazuby 11 337 E 4
Les Mazures 08 26 C 1
Mazzola 2B 347 F 4
Méailles 04 288 D 4
Méallet 15 244 B 1
Méasnes 23 189 E 3
Meaucé 28 85 F 3
Méaudre 38 250 C 2
La Meauffe 50 32 B 4
La Méaugon 22 78 B 3
Meaulne 03 190 D 1
Méaulte 80 23 E 1
Méautis 50 31 H 3
Meaux 77 59 G 2
Meaux-la-Montagne 69 212 B 2
Meauzac 82 277 G 4
Mecé 35 81 E 5
Mechmont 46 260 B 4
Mécleuves 57 65 H 1
Mecquignies 59 15 F 2
Mécrin 55 64 C 4
Mécringes 51 60 C 3
Médan 78 57 H 2
Médavy 61 54 B 5
La Mède 13 325 H 4
Medeyrolles 63 229 E 4
Médière 25 142 A 5
Médillac 16 239 E 1
Médis 17 218 D 1
Médonnet *Chapelle du* 74 216 C 3
Médonville 88 118 A 2
Médous *Grotte de* 65 333 F 2
Médréac 35 103 E 1
Le Mée 28 110 A 5
Mée 53 128 A 2
Le Mée-sur-Seine 77 88 B 3
Les Mées 04 287 G 4
Mées 40 292 D 3
Les Mées 72 83 H 5
Mégange 57 46 C 4
Megève 74 216 C 4
Mégevette 74 198 B 5
Mégrit 22 79 F 5
Méharicourt 80 23 F 3
Méharin 64 311 F 4
Méhers 41 153 F 3
Méhoncourt 54 95 F 2
Méhoudin 61 82 D 3
Mehun-sur-Yèvre 18 154 D 5
La Meignanne 49 149 F 1
Meigné 49 150 A 4
Meigné-le-Vicomte 49 151 E 1
Meigneux 77 89 E 3
Meigneux 80 21 H 3
Meilhac 87 223 G 1
Meilhan 32 316 B 2
Meilhan 40 293 G 1
Meilhan-sur-Garonne 47 256 D 4
Meilhards 19 224 C 3
Meilhaud 63 227 H 3
Meillac 35 80 A 3
Meillant 18 173 F 4
Meillard 03 192 A 4
Le Meillard 80 12 C 4
La Meilleraie-Tillay 85 166 D 4
Meilleray 77 60 C 4
La Meilleraye-de-Bretagne 44 127 E 5
Meillerie 74 198 C 2
Meillers 03 191 H 2
Meillier-Fontaine 08 26 D 2
Meillon 64 314 B 4
Meillonnas 01 196 A 5
Meilly-sur-Rouvres 21 159 F 4
Meisenthal 57 68 A 2
Meistratzheim 67 97 F 2
Le Meix 21 138 D 5
Le Meix-Saint-Epoing 51 60 D 5
Le Meix-Tiercelin 51 62 B 5
Méjanes 13 304 A 5
Méjannes-le-Clap 30 284 B 2
Méjannes-lès-Alès 30 283 H 4
Mela 2A 349 E 5
Mélagues 12 301 E 3
Mélamare 76 19 E 5
Melan 04 287 H 2
Melay 49 149 F 4
Melay 52 118 B 5
Melay 71 193 G 5
Le Mêle-sur-Sarthe 61 84 A 3
Mélecey 70 141 H 5
Melesse 35 104 B 2
Melgven 29 100 B 4
Mélicocq 60 39 F 1
Mélicourt 27 55 E 2
Méligny-le-Grand 55 93 G 1
Méligny-le-Petit 55 93 G 1
Melin 70 140 C 3
Melincourt 70 118 D 5
Mélisey 70 142 A 2
Mélisey 89 115 E 5
Meljac 12 280 C 4
Mellac 29 100 D 4
Mellé 35 81 F 3
Melle 79 185 G 5
Mellecey 71 177 G 4
Melleran 79 203 E 1
Melleray 72 108 D 3
Melleray *Abbaye de* 44 127 E 5
Melleray-la-Vallée 53 82 B 3
Melleroy 45 135 E 2
Melles 31 334 C 4
Melleville 76 11 E 5
Mellionnec 22 77 F 5
Mello 60 38 C 4
Meloisey 21 177 G 1
Melrand 56 101 G 4
Melsheim 67 68 C 4
Melun 77 88 B 3
Melve 04 287 G 1
Melz-sur-Seine 77 89 H 3
Membrey 70 140 B 5
La Membrolle-sur-Choisille 37 151 H 2
La Membrolle-sur-Longuenée 49 128 B 5
Membrolles 41 110 A 5
Méménil 88 95 G 5
Memmelshoffen 67 69 E 2
Le Mémont 25 163 F 4
Mémorial Canadien 62 8 B 5
Menades 89 157 H 2
Ménarmont 88 95 H 3
Menars 41 132 B 5
Menat 63 209 F 2
Menaucourt 55 93 F 1
Mencas 62 7 E 3
Menchhoffen 67 68 C 3
Mende 48 264 C 4
Mendionde 64 311 E 4
Menditte 64 331 E 1
Mendive 64 330 C 1
Ménéac 56 102 D 2
Menée *Col de* 38 268 D 1
Ménerbes 84 305 G 2
Ménerval 76 21 F 5
Ménerville 78 57 E 2
Menesble 21 138 D 3
Méneslies 80 11 E 4
Ménesplet 24 239 E 4
Ménesqueville 27 36 D 2
Ménessaire 21 158 B 5
Menestreau 58 156 D 2
Ménestreau-en-Villette 45 133 F 4
Menet 15 244 D 1
Menetou-Couture 18 174 A 1
Menetou-Râtel 18 155 H 3
Menetou-Salon 18 155 F 4
Menetou-sur-Nahon 36 153 H 4
Ménétréol-sous-Sancerre 18 156 A 3
Ménétréol-sur-Sauldre 18 155 E 2
Ménétréols-sous-Vatan 36 172 A 2
Ménetreuil 71 195 G 1
Ménétreux-le-Pitois 21 138 A 5
Ménétrol 63 209 H 4
Menétru-le-Vignoble 39 179 F 4
Menétrux-en-Joux 39 179 G 5
Ménévillers 60 39 E 1
Ménez-Bré 22 72 D 5
Ménez-Hom 29 75 G 4
Ménez-Meur *Domaine de* 29 75 H 3
Menglon 26 268 C 2
Ménigoute 79 185 G 2
Ménil 53 128 D 3
Le Ménil 88 120 A 5
Ménil-Annelles 08 42 B 1
Ménil-aux-Bois 55 64 C 4
Le Ménil-Bérard 61 55 E 5
Le Ménil-Broût 61 83 H 3
Le Ménil-Ciboult 61 52 D 4
Le Ménil-de-Briouze 61 53 G 5
Ménil-de-Senones 88 96 B 3
Ménil-en-Xaintois 88 94 C 5
Ménil-Erreux 61 83 H 3
Ménil-Froger 61 54 D 4
Ménil-Glaise 61 53 H 4
Ménil-Gondouin 61 53 G 4
Le Ménil-Guyon 61 84 A 2
Ménil-Hermei 61 53 G 3
Ménil-Hubert-en-Exmes 61 54 C 3
Ménil-Hubert-sur-Orne 61 53 G 3
Ménil-Jean 61 53 H 4
Ménil-la-Horgne 55 64 C 5
Ménil-la-Tour 54 65 F 5
Ménil-Lépinois 08 42 A 2
Le Ménil-Scelleur 61 83 F 2
Ménil-sur-Belvitte 88 95 H 3
Ménil-sur-Saulx 55 63 H 5
Le Ménil-Vicomte 61 54 D 4
Ménil-Vin 61 53 G 3
Ménilles 27 56 D 1
Ménillot 54 94 A 1
La Ménitré 49 150 A 2
Mennecy 91 87 H 2
Mennessis 02 24 A 4
Mennetou-sur-Cher 41 154 A 4
Menneval 27 35 F 5
Menneville 02 41 G 2
Menneville 62 6 C 2
Mennevret 02 24 D 1
Mennouveaux 52 117 G 3
Ménoire 19 242 D 3
Menomblet 85 167 E 4
Menoncourt 90 142 C 2
Ménonval 76 21 E 3
Menotey 39 161 E 5
Menou 58 156 D 3
Menouville 95 38 A 5
Le Menoux 36 188 D 2
Menoux 70 141 E 2
Mens 38 251 E 5
Mensignac 24 240 B 1
Menskirch 57 46 B 3
Mentheville 76 19 E 4
Menthon-Saint-Bernard 74 215 H 4
Menthonnex-en-Bornes 74 215 G 2
Menthonnex-sous-Clermont 74 215 F 3
Mentières 15 245 H 3
Menton 06 291 G 5
Mentque-Nortbécourt 62 3 E 5
Menucourt 95 57 H 1
Les Menuires 73 234 C 5
Les Menus 61 85 E 3
Menville 31 297 G 4
Méobecq 36 171 F 5
Méolans 04 270 C 5
Méolans-Revel 04 270 C 5
Méon 49 150 D 1
Méounes-lès-Montrieux 83 328 A 2
Mépieu 38 214 B 5
Mer 41 132 C 4
Mer de Sable *La* 60 39 E 5
Méracq 64 294 B 5
Méral 53 105 G 5
Méras 09 317 G 5
Mercatel 62 13 G 3
Mercenac 09 335 E 2
Merceuil 21 177 H 2
Mercey 21 159 E 5
Mercey 27 56 D 1
Mercey-le-Grand 25 161 F 4
Mercey-sur-Saône 70 140 B 5
Mercin-et-Vaux 02 40 B 2
Merck-Saint-Liévin 62 7 E 3
Merckeghem 59 3 F 4
Mercœur 19 243 F 4
Mercœur 43 246 A 2
Mercuer 07 266 B 3
Mercuès 46 259 H 5
Mercurey 71 177 G 3
Mercurol 26 249 F 3
Mercury 73 234 A 1
Mercus-Garrabet 09 336 B 4
Mercy 03 192 C 3
Mercy 89 114 A 4
Mercy-le-Bas 54 45 E 3
Mercy-le-Haut 54 45 E 3
Merdrignac 22 102 D 1
Méré 78 57 G 4
Méré 89 136 D 2
Méreau 18 154 C 5
Méréaucourt 80 21 H 3
Méréglise 28 85 G 5
Mérélessart 80 11 G 5
Mérens 32 296 A 3
Mérens-les-Vals 09 341 E 2
Mérenvielle 31 297 F 4
Méreuil 05 269 E 5
Méréville 54 94 D 1
Méréville 91 87 F 5
Merey 27 56 D 2
Mérey-sous-Montrond 25 162 A 4
Mérey-Vieilley 25 162 A 2
Merfy 51 41 F 3
Mergey 10 90 D 4
Meria 2B 345 G 2
Mérial 11 337 E 5
Méribel 73 234 C 4
Méribel-Mottaret 73 234 C 4
Méricourt 62 8 B 5
Méricourt 78 57 F 1
Méricourt-en-Vimeu 80 21 H 2
Méricourt-l'Abbé 80 22 D 1
Méricourt-sur-Somme 80 23 E 1
Mériel 95 58 B 1
Mérifons 34 301 G 4
Mérignac 16 220 D 1
Mérignac 17 220 B 5
Mérignac 33 237 F 5
Mérignas 33 256 D 1
Mérignat 01 214 B 2
Mérignies 59 8 D 4
Mérigny 36 187 G 1
Mérigon 09 335 F 1
Mérilheu 65 333 F 1
Mérillac 22 103 E 1
Mérinchal 23 208 C 4
Mérindol 84 305 G 3
Mérindol-les-Oliviers 26 285 H 2
Mérinville 45 112 D 4
Le Mériot 10 89 H 3
Méritein 64 313 G 3
Merkwiller-Pechelbronn 67 69 E 2
Merlande *Prieuré de* 24 240 B 1
Merlas 38 232 D 4
La Merlatière 85 166 A 4
Merlaut 51 62 D 4
Merle *Tours de* 19 243 G 3
Merle-Leignec 42 229 G 5
Merléac 22 78 A 5
Le Merlerault 61 54 D 5
Merles 82 277 E 4
Merles-sur-Loison 55 44 C 3
Merlette 05 270 A 2
Merlevenez 56 123 G 2
Merlieux-et-Fouquerolles 02 40 C 1
Merlimont 62 6 B 4
Merlimont-Plage 62 6 A 4
Merlines 19 226 C 2
Mernel 35 103 H 5
Mérobert 91 87 E 4
Méron 49 150 B 5
Mérona 39 196 C 1
Mérouville 28 86 D 5
Meroux 90 142 C 3
Merpins 16 220 B 1
Merrey 52 117 H 4
Merrey-sur-Arce 10 115 G 3
Merri 61 54 A 3
Merris 59 4 A 5
Merry-la-Vallée 89 135 H 3
Merry-Sec 89 136 A 4
Merry-sur-Yonne 89 136 C 5
Mers-les-Bains 80 10 D 4
Mers-sur-Indre 36 189 F 1
Merschweiller 57 46 B 2
Mersuay 70 141 E 2
Merten 57 46 D 4
Mertrud 52 92 C 4
Mertzen 68 143 E 3
Mertzwiller 67 68 D 3
Méru 60 38 A 4
Merval 02 41 E 3
Mervans 71 178 B 4
Mervent 85 184 B 2
Merviel 09 336 C 2
Mervilla 31 318 A 2
Merville 31 297 G 3
Merville 59 8 A 2
Merville-Franceville-Plage 14 33 H 3
Merviller 54 96 A 2
Merxheim 68 121 E 5
Méry 73 233 F 1
Méry-Corbon 14 34 A 5
Méry-ès-Bois 18 155 E 3
Méry-la-Bataille 60 23 E 5
Méry-Prémecy 51 41 F 4
Méry-sur-Cher 18 154 B 4
Méry-sur-Marne 77 60 A 2
Méry-sur-Oise 95 58 B 1
Méry-sur-Seine 10 90 C 3

METZ

Allemands (R. des) DV 2
Ambroise-Thomas (R.) CV 3
Armes (Pl. d') DV 5
Augustins (R. des) DX 6
Chambière (R.) DV 10
Chambre (Pl. de) CV 12
Champé (R. du) DV 13
Chanoine-Collin (R. du) DV 15
Charlemagne (R.) CX 17
Chèvre (R. de la) DX 19
Clercs (R. des) CV
Coëtlosquet (R. du) CX 22
Coislin (R.) DX 23
Enfer (R. d') DV 25
En Fournirue DV
Fabert (R.) CV 26
Faisan (R. du) CV 27
La-Fayette (R.) CX 47
Fontaine (R. de la) DX 29
Gaulle (Pl. du Gén.-de) DX 31
Grande-Armée (R. de la) DV 34
Hache (R. de la) DV 39
Jardins (R. des) DV
Juge-Pierre-Michel (R. du) CV 46
Lasalle (R.) DX 49
Lattre-de-T. (Av. de) CX 51
Leclerc-de-H. (Av.) CX 52
Mondon (Pl. R.) CX 57
Paix (R. de la) CV 61
Palais (R. du) CV 62
Paraiges (Pl. des) DV 63
Parmentiers (R. des) DX 64
Petit-Paris (R. du) CV 65
Pierre-Hardie (R. de la) CV 66
Pont-Moreau (R. du) CDV 70
Prés.-Kennedy (Av. J.-F.) CX 73
République (Pl. de la) CX 75
Ste-Croix (Pl.) DV 83
Ste-Marie (R.) CV 84
St-Eucaire (R.) DV 76
St-Gengoulf (R.) CX 77
St-Georges (R.) CV 78
St-Louis (Pl.) DVX
St-Simplice (Pl.) DV 80
St-Thiébault (Pl.) DX 82
Salis (R. de) CX 86
Schuman (Av. R.) CX
Sérot (Bd Robert) CV 87
Serpenoise (R.) CV
Taison (R.) DV 88
Tanneurs (R. des) DV 90
Tête d'Or (R. de la) DV
Trinitaires (R. des) DV 93
Verlaine (R.) CX 97

Le Merzer 22 73 F 5
Mésandans 25 162 C 1
Mésanger 44 148 B 1
Mésangueville 76 21 E 5
Mesbrecourt-Richecourt 02 24 C 4
Meschers-sur-Gironde 17 218 D 2
Mescla Balcons de la 04 307 H 2
Mescoules 24 257 H 2
Le Mesge 80 22 A 1
Mesgrigny 10 90 C 3
Mésigny 74 215 F 2
Meslan 56 101 E 3
Mesland 41 152 D 1
Meslay 14 53 G 2
Meslay 41 131 G 3
Meslay Grange de 37 152 A 2
Meslay-du-Maine 53 106 B 5
Meslay-le-Grenet 28 86 A 5
Meslay-le-Vidame 28 110 A 2
Meslières 25 142 C 5
Meslin 22 78 C 4
Mesmay 25 179 G 1
Mesmont 08 26 B 5
Mesmont 21 159 G 3
Mesnac 16 202 B 5
Mesnard-la-Barotière 85 166 C 3
Mesnay 39 179 G 2
Les Mesneux 51 41 G 4
La Mesnière 61 84 B 3
Mesnières-en-Bray 76 20 D 3
Le Mesnil 50 31 E 2
Le Mesnil-Adelée 50 52 B 4
Le Mesnil-Amand 50 51 H 2
Le Mesnil-Amelot 77 59 E 1
Le Mesnil-Amey 50 32 A 5
Le Mesnil-Angot 50 32 A 4
Le Mesnil-au-Grain 14 53 E 1
Le Mesnil-au-Val 50 29 F 3
Le Mesnil-Aubert 50 51 G 2
Le Mesnil-Aubry 95 58 C 1
Le Mesnil-Auzouf 14 52 D 1
Le Mesnil-Bacley 14 54 C 1
Le Mesnil-Benoist 14 52 B 3
Le Mesnil-Bœufs 50 52 A 5
Le Mesnil-Bonant 50 51 H 2
Mesnil-Bruntel 80 23 G 2
Le Mesnil-Caussois 14 52 B 3
Mesnil-Clinchamps 14 52 B 3
Le Mesnil-Conteville 60 22 A 4
Mesnil-Domqueur 80 12 B 4
Le Mesnil-Drey 50 51 G 3
Le Mesnil-Durand 14 54 C 1
Le Mesnil-Durdent 76 19 G 2
Mesnil-en-Arrouaise 80 13 H 5
Le Mesnil-en-Thelle 60 38 B 5
Le Mesnil-en-Vallée 49 148 D 2
Le Mesnil-Esnard 76 36 B 2
Le Mesnil-Eudes 14 34 C 5
Le Mesnil-Eudin 80 21 F 2
Le Mesnil-Eury 50 32 A 4
Mesnil-Follemprise 76 20 C 3
Le Mesnil-Fuguet 27 56 B 1
Le Mesnil-Garnier 50 51 H 2
Le Mesnil-Germain 14 54 C 1
Le Mesnil-Gilbert 50 52 B 4
Le Mesnil-Guillaume 14 34 D 5
Le Mesnil-Hardray 27 56 A 2
Le Mesnil-Herman 50 52 A 1
Le Mesnil-Hue 50 51 H 2
Le Mesnil-Jourdain 27 36 B 5
Mesnil-la-Comtesse 10 91 E 3
Le Mesnil-le-Roi 78 58 A 2
Le Mesnil-Lettre 10 91 F 3
Le Mesnil-Lieubray 76 37 E 1
Mesnil-Martinsart 80 13 F 5
Le Mesnil-Mauger 14 34 B 5
Mesnil-Mauger 76 21 E 4
Le Mesnil-Opac 50 52 B 1
Le Mesnil-Ozenne 50 51 H 5
Mesnil-Panneville 76 19 H 5
Le Mesnil-Patry 14 33 F 4
Le Mesnil-Rainfray 50 52 B 5
Mesnil-Raoul 76 36 C 2
Le Mesnil-Raoult 50 52 B 1
Le Mesnil-Réaume 76 10 D 5
Le Mesnil-Robert 14 52 C 3
Le Mesnil-Rogues 50 51 G 2
Mesnil-Rousset 27 55 F 3
Le Mesnil-Rouxelin 50 32 B 4
Le Mesnil-Saint-Denis 78 57 H 4
Le Mesnil-Saint-Firmin 60 22 C 5
Mesnil-Saint-Georges 80 22 D 4
Mesnil-Saint-Laurent 02 24 B 2
Mesnil-Saint-Loup 10 90 B 5
Mesnil-Saint-Nicaise 80 23 G 3
Mesnil-Saint-Père 10 115 G 2
Mesnil-Sellières 10 91 F 5
Le Mesnil-Simon 14 34 B 5
Le Mesnil-Simon 28 57 E 3
Le Mesnil-sous-Jumièges 76 35 H 2
Mesnil-sous-les-Côtes 55 64 C 1
Mesnil-sous-Vienne 27 37 F 2
Le Mesnil-sur-Blangy 14 34 D 3
Le Mesnil-sur-Bulles 60 38 C 1
Mesnil-sur-l'Estrée 27 56 C 4
Le Mesnil-sur-Oger 51 61 G 2
Le Mesnil-Thébault 50 52 A 5
Le Mesnil-Théribus 60 37 H 3
Le Mesnil-Thomas 28 85 G 2
Le Mesnil-Tôve 50 52 B 4
Mesnil-Val 76 10 D 4
Le Mesnil-Véneron 50 32 A 4
Mesnil-Verclives 27 36 D 3
Le Mesnil-Vigot 50 31 H 4
Le Mesnil-Villeman 50 51 H 2
Le Mesnil-Villement 14 53 G 3
Le Mesnilbus 50 31 H 4
Le Mesnillard 50 52 B 5
Mesnois 39 196 C 1
Les Mesnuls 78 57 G 4
Mespaul 29 71 G 4
Mesplède 64 293 G 5
Mesples 03 190 B 3
Mespuits 91 87 G 5
Mesquer 44 145 H 3
Messac 17 220 B 5
Messac 35 126 B 2
Messais 86 168 C 3
Messanges 21 159 H 5
Messanges 40 292 B 2
Messas 45 132 C 3
Messé 79 186 A 5
Messei 61 53 F 4
Messein 54 94 D 1
Messeix 63 226 C 2
Messemé 86 168 D 1
Messery 74 197 H 3
Messeux 16 203 G 2
Messey-sur-Grosne 71 177 G 5
Messia-sur-Sorne 39 179 E 5
Messigny-et-Vantoux 21 160 A 2
Messilhac Château de 15 244 D 5
Messimy 69 230 D 1
Messimy-sur-Saône 01 213 E 2
Messincourt 08 27 G 4
Messon 10 114 C 2
Messy 77 59 E 2
Mesterrieux 33 256 D 3
Mestes 19 226 B 3
Mesves-sur-Loire 58 156 B 4
Mesvres 71 176 C 3
Métabief 25 180 C 4
Les Métairies 16 220 C 1
Métairies-Saint-Quirin 57 96 B 1
Méteren 59 4 A 5
Méthamis 84 286 A 5
Métigny 80 11 H 5
Metting 57 68 A 4
Mettray 37 151 H 2
Metz 57 65 H 1
Metz-en-Couture 62 14 A 5
Metz-le-Comte 58 157 G 2
Metz-Robert 10 115 E 4
Metz-Tessy 74 215 G 3
Metzeral 68 120 C 4
Metzeresche 57 46 B 4
Metzervisse 57 45 H 3
Metzing 57 47 F 5
Meucon 56 124 B 3
Meudon 92 58 B 4
Meuilley 21 159 H 5
Meulan 78 57 H 1
Meulers 76 20 C 2
Meulin 71 194 B 4
Meulles 14 54 D 2
Meulson 21 138 B 4
Meunet-Planches 36 172 B 4
Meunet-sur-Vatan 36 172 A 1
Meung-sur-Loire 45 132 D 3
Meurcé 72 107 H 2
Meurchin 62 8 C 4
Meurcourt 70 141 F 3
La Meurdraquière 50 51 G 3
Meures 52 116 D 2
Meurival 02 41 E 3
Meursac 17 219 E 1
Meursanges 21 178 A 2
Meursault 21 177 G 2
Meurville 10 116 A 2
Meuse 52 117 H 4
Meusnes 41 153 F 4
Meussia 39 196 D 2
Meuvaines 14 33 F 3
Meuvy 52 117 H 3
Meux 17 220 B 4
Le Meux 60 39 F 2
Meuzac 87 224 B 3
Mévoisins 28 86 B 3
Mévouillon 26 286 C 2
Meximieux 01 213 H 4
Mexy 54 45 E 1
Mey 57 45 H 5
Meyenheim 68 121 E 4
Meylan 38 251 E 1
Meylan 47 275 E 4
Meymac 19 225 G 3
Meynes 30 304 B 1
Meyrals 24 241 F 5
Meyrand Col de 07 265 H 3
Meyrannes 30 283 H 2
Meyrargues 13 306 B 4
Meyras 07 266 A 2
Meyreuil 13 306 A 5
Meyriat 01 214 A 1
Meyrié 38 232 A 2
Meyrieu-les-Étangs 38 231 H 3
Meyrieux-Trouet 73 233 E 1
Meyrignac-l'Église 19 225 E 5
Meyronne 46 242 C 5
Meyronnes 04 271 E 4
Meyrueis 48 282 B 3
Meys 69 230 B 1
Meyssac 19 242 D 3
Meysse 07 267 E 3
Meyssiez 38 231 G 3
Meythet 74 215 G 3
La Meyze 87 223 G 2
Meyzieu 69 213 G 5
Mézangers 53 106 C 2
Mèze 34 322 D 3
Mézel 04 288 A 4
Mezel 63 228 A 1
Mézenc Mont 43 247 H 5
Mézens 81 298 B 3
Mézeray 72 129 G 2
Mézères 43 247 G 2
Mézériat 01 195 G 5
Mézerolles 80 12 C 3
Mézerville 11 318 C 4
Mézidon 14 34 A 5
La Mézière 35 104 A 2
Mézières-au-Perche 28 109 H 2
Mézières-en-Brenne 36 170 D 4
Mézières-en-Drouais 28 56 D 5
Mézières-en-Gâtinais 45 112 A 4
Mézières-en-Santerre 80 22 D 3
Mézières-en-Vexin 27 37 E 5
Mézières-lez-Cléry 45 133 E 3
Mézières-sous-Lavardin 72 107 G 3
Mézières-sur-Couesnon 35 80 D 5
Mézières-sur-Issoire 87 205 E 2
Mézières-sur-Oise 02 24 B 3
Mézières-sur-Ponthouin 72 108 A 2
Mézières-sur-Seine 78 57 G 2
Mézilhac 07 266 B 1
Mézilles 89 135 G 4
Mézin 47 275 F 4
Méziré 90 142 C 4
Mézos 40 272 C 4
Mézy-Moulins 02 60 C 1
Mézy-sur-Seine 78 57 G 2
Mezzavia 2A 348 C 3
Mhère 58 157 H 4
Mialet 24 223 E 3
Mialet 30 283 G 4
Mialos 64 294 B 5
Miannay 80 11 F 3
Michaugues 58 157 F 4
Michelbach 68 143 E 1
Michelbach-le-Bas 68 143 G 3
Michelbach-le-Haut 68 143 G 3
Michery 89 89 F 5
Midi de Bigorre Pic du 65 333 F 3
Midrevaux 88 93 H 4
Mièges 39 180 A 4
Miel Maison du 63 209 G 4
Miélan 32 315 G 2
Miellin 70 142 B 1
Miermaigne 28 109 F 2
Miers 46 260 D 1
Miéry 39 179 F 3
Mietesheim 67 68 D 3
Mieussy 74 216 B 1
Mieuxcé 61 83 G 4
Mifaget 64 332 B 1
Migé 89 136 B 4
Migennes 89 114 A 5
Miglos 09 336 B 5
Mignafans 70 141 H 5
Mignaloux-Beauvoir 86 186 C 2
Mignavillers 70 141 H 5
Migné 36 171 E 5
Migné-Auxances 86 186 B 1
Mignères 45 112 B 4
Mignerette 45 112 B 4
Mignéville 54 96 A 2
Mignières 28 86 A 5
Mignovillard 39 180 B 3
Migny 36 172 C 2
Migré 17 201 G 2
Migron 17 201 H 5
Mijanès 09 337 E 5
Mijoux 01 197 F 3
La Milesse 72 107 G 4
Milhac 46 259 H 1
Milhac-d'Auberoche 24 241 E 3
Milhac-de-Nontron 24 222 D 4
Milhaguet 87 222 D 2
Milhars 81 279 E 4
Milhas 31 334 C 2
Milhaud 30 303 H 2
Milhavet 81 279 F 5
Milizac 29 70 C 5
Millac 86 204 C 1
Millam 59 3 F 4
Millançay 41 153 H 2
Millas 66 342 D 2
Millau 12 281 H 4
Millay 58 176 A 3
Millebosc 76 11 E 5
Millemont 78 57 F 4
Millencourt 80 13 F 5
Millencourt-en-Ponthieu 80 11 H 3
Millery 21 158 D 1
Millery 54 65 H 4
Millery 69 231 E 2
Les Milles 13 305 H 5
Millevaches 19 225 G 2
Millières 50 31 G 4
Millières 52 117 G 3
Millonfosse 59 9 F 5
Milly 50 52 B 5
Milly 89 136 C 3
Milly-la-Forêt 91 88 A 4
Milly-Lamartine 71 194 D 4
Milly-sur-Bradon 55 43 H 2
Milly-sur-Thérain 60 37 H 1
Milon-la-Chapelle 78 58 A 5
Mimbaste 40 293 E 4
Mimet 13 327 E 1
Mimeure 21 159 E 5
Mimizan 40 272 B 2
Mimizan-Plage 40 272 B 2
Minard Pointe de 22 73 G 3
Minaucourt-le-Mesnil-lès-Hurlus 51 42 D 4
Mindin 44 146 C 3
Minerve 34 320 C 3
Mingot 65 315 F 3
Mingoval 62 7 H 5
Miniac-Morvan 35 79 H 3
Miniac-sous-Bécherel 35 103 H 1
Minier Col du 30 282 C 4
Les Minières 27 56 B 3
Le Minihic-sur-Rance 35 50 C 5
Minihy-Tréguier 22 73 E 3
Minorville 54 65 F 4
Minot 21 138 D 4
Minversheim 67 68 D 4
Minzac 24 239 E 4
Minzier 74 215 F 2
Miolans Château de 73 233 H 2
Miolles 81 300 A 1
Miomo 2B 345 G 4
Mionnay 01 213 F 4
Mions 69 231 F 1
Mios 33 254 D 3
Miossens-Lanusse 64 314 B 2
Mirabeau 04 287 H 4
Mirabeau 84 306 C 3
Mirabel 07 266 C 3
Mirabel 82 277 H 4
Mirabel Parc d'attractions 63 209 H 4
Mirabel-aux-Baronnies 26 285 H 1
Mirabel-et-Blacons 26 267 H 2
Miradoux 32 276 C 5
Miramar 06 309 E 5
Miramas 13 305 E 5
Mirambeau 17 219 G 4
Mirambeau 31 316 D 3
Miramont-d'Astarac 32 296 A 5
Miramont-de-Comminges 31 334 C 1
Miramont-de-Guyenne 47 257 G 3
Miramont-de-Quercy 82 277 F 3
Miramont-Latour 32 296 B 3
Miramont-Sensacq 40 294 B 4
Mirande 32 295 H 5
Mirandol-Bourgnounac 81 279 G 4
Mirannes 32 295 H 4
Miraumont 80 13 G 4
Miraval-Cabardès 11 319 H 3
Mirbel 52 92 D 5
Miré 49 128 D 3
Mirebeau 86 168 D 4
Mirebeau-sur-Bèze 21 160 C 2
Mirebel 39 179 G 5
Mirecourt 88 94 D 5
Mirefleurs 63 228 A 1
Miremont 31 317 H 3
Miremont 63 209 E 4
Mirepeisset 11 320 D 4
Mirepeix 64 314 C 5
Mirepoix 09 336 D 1
Mirepoix 32 296 B 3
Mirepoix-sur-Tarn 31 298 B 2
Mireval 34 323 F 3
Mireval-Lauragais 11 319 E 4
Miribel 01 213 F 5
Miribel 26 249 H 1
Miribel-Lanchâtre 38 250 D 4
Miribel-les-Échelles 38 232 D 4
Mirmande 26 267 F 2
Le Miroir 71 196 A 2
Miromesnil Château de 76 20 B 2
Mirvaux 80 12 D 5
Mirville 76 19 E 5
Miscon 26 268 C 3
Miserey 27 56 C 1
Miserey-Salines 25 161 H 3
Misérieux 01 213 E 3
Misery 80 23 G 2
Mison 04 287 F 2
Missé 79 168 A 2
Missècle 81 299 E 3
Missègre 11 337 H 2
Missery 21 158 D 3
Missillac 44 125 G 5
Missiriac 56 103 E 5
Misson 40 293 E 4
Missy 14 33 F 5
Missy-aux-Bois 02 40 A 3
Missy-lès-Pierrepont 02 25 E 4
Missy-sur-Aisne 02 40 C 2
Misy-sur-Yonne 77 89 E 5
Mitry-le-Neuf 77 59 E 2
Mitry-Mory 77 59 E 2
Mitschdorf 67 69 E 2
Mittainville 78 57 F 5
Mittainvilliers 28 85 H 3
Mittelbergheim 67 97 F 3
Mittelbronn 57 68 A 4
Mittelhausbergen 67 97 G 1
Mittelhausen 67 68 D 5
Mittelschaeffolsheim 67 68 D 5
Mittelwihr 68 121 E 2
Mittersheim 57 67 F 3
Mittlach 68 120 C 4
Mittois 14 54 B 1
Mitzach 68 120 C 5
Mizérieux 42 211 H 5
Mizoën 38 251 H 3
Mobecq 50 31 G 3
Moca-Croce 2A 349 E 4
Modane 73 252 D 1
Modène 84 285 H 4
Moëlan-sur-Mer 29 100 C 5
Les Moëres 59 3 H 2
Mœrnach 68 143 F 4
Moëslains 52 92 C 2
Mœurs-Verdey 51 61 E 5
Mœuvres 59 14 A 4
Moëze 17 200 D 3
Moffans-et-Vacheresse 70 141 H 4
La Mogère Château de 34 303 E 4
Mogeville 55 44 C 4
Mognard 73 215 F 5
Mogneneins 01 213 E 1
Mognéville 55 63 F 4
Mogneville 60 38 D 3
Mogues 08 27 H 4
Mohon 56 102 D 3
Moidieu-Détourbe 38 231 G 3
Moidrey 50 80 C 2
Moigné 35 104 A 3
Moigny-sur-École 91 88 A 4
Moimay 70 141 G 5
Moineville 54 45 F 5
Moings 17 220 B 3
Moingt 42 229 G 2
Moinville-la-Jeulin 28 86 C 4
Moirans 38 232 C 5
Moirans-en-Montagne 39 196 D 3
Moirax 47 276 B 3
Moiré 69 212 C 3
Moiremont 51 43 E 5
Moirey 55 44 B 4
Moiron 39 179 E 5
Moiry 08 27 H 5
Moisdon-la-Rivière 44 127 E 4
Moisenay 77 88 C 2
Moislains 80 23 G 1
Moissac 82 277 F 4
Moissac-Bellevue 83 307 G 3
Moissac-Vallée-Française 48 283 E 3
Moissannes 87 206 C 4
Moissat 63 210 B 5
Moisselles 95 58 C 1
Moissey 39 161 E 4
Moissieu-sur-Dolon 38 231 G 4
Moisson 78 57 F 1
Moissy-Cramayel 77 88 B 2
Moissy-Moulinot 58 157 G 3
Moisville 27 56 B 3
Moisy 41 132 A 2
Moïta 2B 347 G 4
Les Moitiers-d'Allonne 50 28 D 5
Les Moitiers-en-Bauptois 50 31 G 2
Moitron 21 138 C 4
Moitron-sur-Sarthe 72 107 G 2
Moivre 51 62 D 2
Moivrons 54 65 H 4
Molac 56 125 E 3
Molagnies 76 37 F 1
Molain 02 14 D 5
Molain 39 179 G 3
Molamboz 39 179 F 2
Molandier 11 318 C 5
Molas 31 316 C 3
Molay 39 178 D 1
Molay 70 140 B 3
Môlay 89 137 E 4
Le Molay-Littry 14 32 C 3
La Môle 83 329 E 3
Moléans 28 110 A 3
Molèdes 15 245 G 1
Molène Île 29 74 B 2
Molère 65 333 G 1
Molesme 21 115 G 5
Molesmes 89 136 A 5
Molezon 48 282 D 3
Moliens 60 21 G 4
Molières 24 258 D 1
Molières 46 261 F 1
Molières 82 277 H 3
Les Molières 91 58 A 5
Molières-Cavaillac 30 282 D 5
Molières-Glandaz 26 268 B 2
Molières-sur-Cèze 30 283 H 2
Moliets-et-Maa 40 292 B 1
Moliets-Plage 40 292 B 1
Molinchart 02 24 C 5
Molines-en-Queyras 05 271 E 1
Molinet 03 193 F 3
Molineuf 41 131 H 5
Molinges 39 196 D 3
Molinghem 62 7 G 3
Molinons 89 114 A 2
Molinot 21 177 F 1
Molins-sur-Aube 10 91 G 4
Molitg-les-Bains 66 342 A 2
Mollans 70 141 G 4
Mollans-sur-Ouvèze 26 285 H 2
Mollard Col du 73 252 A 1
Mollau 68 120 B 5
Mollégès 13 305 E 2
Molles 03 210 C 2
Les Mollettes 73 233 G 3
Molleville 11 318 D 4
Molliens-au-Bois 80 22 C 1
Molliens-Dreuil 80 21 H 2
La Mollière 80 11 E 2
Mollkirch 67 97 E 2
Molompize 15 245 H 1
Molosmes 89 137 E 2
Moloy 21 159 H 1
Molphey 21 158 C 3
Molpré 39 180 A 4
Molring 57 67 F 3
Molsheim 67 97 F 1
Moltifao 2B 347 E 2
Les Molunes 39 197 E 3
Momas 64 314 A 2
Mombrier 33 237 G 3
Momères 65 315 E 5
Momerstroff 57 46 C 5
Mommenheim 67 68 D 4
Momuy 40 293 H 4
Momy 64 314 D 3
Mon Idée 08 26 A 2

Monacia-d'Aullène *2A* 351 E 3
Monacia-d'Orezza *2B* 347 G 3
Monampteuil *02* 40 D 1
Monassut-Audiracq *64* 314 C 2
Le Monastère *12* 280 D 1
Le Monastier *48* 264 A 4
Le Monastier-sur-Gazeille *43* 247 G 5
Monay *39* 179 F 3
Monbadon *33* 238 D 4
Monbahus *47* 257 H 4
Monbalen *47* 276 C 2
Monbardon *32* 316 B 3
Monbazillac *24* 257 H 1
Monbéqui *82* 297 G 1
Monblanc *32* 317 E 2
Monbos *24* 257 G 2
Monbouan *Château de 35* 104 D 4
Monbrun *32* 297 E 4
Moncale *2B* 346 C 2
Moncassin *32* 316 A 2
Moncaup *31* 334 B 2
Moncaup *64* 314 D 2
Moncaut *47* 275 H 3
Moncayolle-Larrory-Mendibieu *64* 313 F 4
Moncé-en-Belin *72* 130 A 2
Moncé-en-Saosnois *72* 84 A 5
Monceau-le-Neuf-et-Faucouzy *02* 24 D 3
Monceau-le-Waast *02* 25 E 5
Monceau-lès-Leups *02* 24 C 4
Monceau-Saint-Waast *59* 15 G 3
Monceau-sur-Oise *02* 25 E 1
Les Monceaux *14* 34 C 5
Monceaux *60* 38 D 3
Monceaux-au-Perche *61* 84 D 3
Monceaux-en-Bessin *14* 33 E 3
Monceaux-l'Abbaye *60* 21 G 4
Monceaux-le-Comte *58* 157 G 3
Monceaux-sur-Dordogne *19* 243 E 3
Moncel-lès-Lunéville *54* 95 G 1
Moncel-sur-Seille *54* 66 C 4
Moncel-sur-Vair *88* 94 A 4
La Moncelle *08* 27 F 4
Moncetz-l'Abbaye *51* 62 D 5
Moncetz-Longevas *51* 62 B 2
Moncey *25* 162 A 2
Monchaux *80* 11 E 1
Monchaux-Soreng *76* 11 E 5
Monchaux-sur-Écaillon *59* 14 D 2
Moncheaux *59* 8 D 4
Moncheaux-lès-Frévent *62* 12 D 2
Monchecourt *59* 14 B 2
Monchel-sur-Canche *62* 12 C 2
Moncheux *57* 66 B 3
Monchiet *62* 13 F 3
Monchy-au-Bois *62* 13 F 3
Monchy-Breton *62* 7 H 5
Monchy-Cayeux *62* 7 F 5
Monchy-Humières *60* 39 F 1
Monchy-Lagache *80* 23 H 2
Monchy-le-Preux *62* 13 H 2
Monchy-Saint-Éloi *60* 38 D 3
Monchy-sur-Eu *76* 10 D 4
Moncla *64* 294 C 4
Monclar *32* 294 D 1
Monclar *47* 257 H 5
Monclar-de-Quercy *82* 278 C 5
Monclar-sur-Losse *32* 295 H 5
Moncley *25* 161 H 3
Moncontour *22* 78 C 4
Moncontour *86* 168 C 3
Moncorneil-Grazan *32* 316 B 2
Moncourt *57* 66 D 5
Moncoutant *79* 167 F 4
Moncrabeau *47* 275 G 5
Moncy *61* 53 E 3
Mondavezan *31* 317 E 5
Mondelange *57* 45 H 4
Mondement-Montgivroux *51* 61 E 4
Mondescourt *60* 23 H 5
Mondevert *35* 105 F 3
Mondeville *14* 33 H 4
Mondeville *91* 87 H 3
Mondicourt *62* 13 E 4
Mondigny *08* 26 C 3
Mondilhan *31* 316 B 4
Mondion *86* 169 G 2
Mondon *25* 162 C 1
Mondonville *31* 297 G 4
Mondonville-Saint-Jean *28* 86 D 5
Mondorff *57* 45 H 1
Mondoubleau *41* 109 E 5
Mondouzil *31* 298 A 4
Mondragon *84* 285 E 2
Mondrainville *14* 33 F 5
Mondrecourt *55* 63 H 1
Mondrepuis *02* 25 G 1
Mondreville *77* 112 B 3
Mondreville *78* 57 E 3
Monein *64* 313 H 3
Monès *31* 317 E 3
Monesple *09* 336 A 1
Monestier *03* 191 H 5
Monestier *07* 248 C 2
Monestier *24* 257 G 1
Le Monestier *63* 228 D 3
Monestier-d'Ambel *38* 269 F 1
Monestier-de-Clermont *38* 250 D 4
Le Monestier-du-Percy *38* 268 D 1
Monestier-Merlines *19* 226 C 2
Monestier-Port-Dieu *19* 226 C 4
Monestiés *81* 279 G 4
Monestrol *31* 318 B 4
Monétay-sur-Allier *03* 192 A 4
Monétay-sur-Loire *03* 193 E 3
Monéteau *89* 136 B 2
Monêtier-Allemont *05* 269 F 5
Le Monêtier-les-Bains *05* 252 C 3
Monfaucon *24* 239 F 5
Monfaucon *65* 315 F 2
Monferran-Plavès *32* 316 B 2
Monferran-Savès *32* 297 E 5
Monflanquin *47* 258 C 4
Monfort *32* 296 D 2
Monfréville *14* 32 B 3
Mongaillard *47* 275 F 3
Mongausy *32* 316 C 2
Mongauzy *33* 256 D 4
Monget *40* 294 A 5
La Mongie *65* 333 F 3
Monguilhem *32* 294 C 1
Monheurt *47* 275 G 1
Monhoudou *72* 84 A 5
Monieux *84* 286 B 4
Monistrol-d'Allier *43* 246 D 4
Monistrol-sur-Loire *43* 247 H 1
Monlaur-Bernet *32* 316 A 3
Monléon-Magnoac *65* 316 A 4
Monlet *43* 247 E 2
Monlezun *32* 315 G 2
Monlezun-d'Armagnac *32* 294 D 2
Monlong *65* 315 H 5
Monmadalès *24* 258 B 1
Monmarvès *24* 258 B 2
Monnai *61* 55 E 3
Monnaie *37* 152 A 1
Monneren *57* 46 B 3
La Monnerie-le-Montel *63* 210 D 4
Monnerville *91* 87 F 5
Monnes *02* 40 A 5
Monnet-la-Ville *39* 179 G 4
Monnetay *39* 196 B 2
Monnetier-Mornex *74* 197 H 5
Monneville *60* 37 H 4
Monnières *39* 160 D 5
Monnières *44* 148 A 5
Monoblet *30* 283 F 5
Monpardiac *32* 315 G 2
Monpazier *24* 258 D 2
Monpezat *64* 294 D 5
Monplaisant *24* 259 E 1
Monprimblanc *33* 256 B 3
Mons *16* 202 D 4
Mons *17* 202 B 5
Mons *30* 283 H 4
Mons *31* 298 B 4
Mons *34* 301 E 5
Mons *63* 210 B 3
Mons *83* 308 C 3
Mons-Boubert *80* 11 F 3
Mons-en-Barœul *59* 8 D 2
Mons-en-Chaussée *80* 23 H 2
Mons-en-Laonnois *02* 40 D 1
Mons-en-Montois *77* 89 F 3
Mons-en-Pévèle *59* 8 D 4
Monsac *24* 258 C 1
Monsaguel *24* 258 B 2
Monsec *24* 222 B 4
Monségur *33* 257 E 3
Monségur *40* 293 H 4
Monségur *47* 258 D 5
Monségur *64* 315 E 2
La Monselie *15* 226 C 5
Monsempron-Libos *47* 259 E 5
Monsireigne *85* 166 D 4
Monsols *69* 194 C 5
Monsteroux-Milieu *38* 231 F 4
Monsures *80* 22 B 4
Monswiller *67* 68 B 4
Mont *64* 313 H 2
Mont *65* 333 H 4
Mont *71* 193 E 1
Le Mont *88* 96 B 3
Mont *Signal de 71* 193 E 1
Mont-Bernanchon *62* 8 A 3
Mont-Bertrand *14* 52 C 1
Mont Blanc *Tunnel du 74* 217 E 3
Mont-Bonvillers *54* 45 E 3
Le Mont-Caume *83* 328 A 4
Mont-Cauvaire *76* 20 B 5
Mont-Cenis *Col du 73* 235 F 5
Mont-Cindre *69* 213 E 5
Mont-d'Astarac *32* 316 A 4
Mont-Dauphin *05* 270 D 2
Mont-de-Galié *31* 334 B 2
Mont-de-Lans *38* 251 H 3
Mont-de-Laval *25* 163 E 4
Mont-de-l'If *76* 19 H 5
Mont-de-Marrast *32* 315 H 3
Mont-de-Marsan *40* 294 A 1
Mont-de-Vougney *25* 163 F 3
Mont des Cats *59* 4 A 5
Mont-devant-Sassey *55* 43 G 2
Le Mont-Dieu *08* 27 E 5
Mont-Disse *64* 294 D 5
Mont-Dol *35* 80 A 2
Le Mont-Dore *63* 227 E 3
Mont-d'Origny *02* 24 C 2
Mont du Chat *73* 233 E 1
Mont-et-Marré *58* 175 G 1
Mont-Laurent *08* 42 B 1
Mont-le-Franois *70* 140 A 5
Mont-le-Vernois *70* 141 E 4
Mont-le-Vignoble *54* 94 B 1
Mont-lès-Lamarche *88* 118 B 4
Mont-lès-Neufchâteau *88* 93 H 4
Mont-lès-Seurre *71* 178 B 2
Mont-l'Étroit *54* 94 A 3
Mont-l'Évêque *60* 39 E 4
Mont-Louis *66* 341 G 4
Mont Noir *59* 4 A 5
Mont-Notre-Dame *02* 40 D 3
Mont-Ormel *61* 54 C 3
Mont-près-Chambord *41* 153 F 1
Mont-Roc *81* 299 H 2
Mont Roland *Sanctuaire du 39* 161 E 5
Mont-Rond *Sommet du 01* 197 F 3
Le Mont-Saint-Adrien *60* 37 H 2
Mont-Saint-Aignan *76* 36 B 1
Mont-Saint-Éloi *62* 8 A 5
Mont-Saint-Jean *02* 25 H 3
Mont-Saint-Jean *21* 158 D 3
Mont-Saint-Jean *72* 107 F 2
Mont-Saint-Léger *70* 140 C 4
Mont-Saint-Martin *02* 40 D 3
Mont-Saint-Martin *08* 42 D 3
Mont-Saint-Martin *38* 232 D 5
Mont-Saint-Martin *54* 45 E 1
Le Mont-Saint-Michel *50* 51 F 5
Mont-Saint-Père *02* 60 C 1
Mont-Saint-Remy *08* 42 B 2
Mont-Saint-Sulpice *89* 114 A 5
Mont-Saint-Vincent *71* 194 B 1
Mont-Saxonnex *74* 216 B 2
Mont-sous-Vaudrey *39* 179 F 1
Mont-sur-Courville *51* 41 E 4
Mont-sur-Meurthe *54* 95 F 2
Mont-sur-Monnet *39* 179 G 4
Mont Thou *69* 213 E 4
Mont-Villers *55* 64 C 1
Montabard *61* 54 A 3
Montabès *Puy de 12* 262 D 3
Montabon *72* 130 B 4
Montabot *50* 52 A 2
Montacher-Villegardin *89* 113 E 3
Montadet *32* 316 D 2
Montady *34* 321 F 5
Montagagne *09* 335 H 3
Montagna-le-Reconduit *39* 196 A 2
Montagna-le-Templier *39* 196 B 4
Montagnac *04* 307 F 2
Montagnac *30* 303 F 1
Montagnac *34* 322 C 3
Montagnac-d'Auberoche *24* 241 E 2
Montagnac-la-Crempse *24* 240 B 4
Montagnac-sur-Auvignon *47* 275 H 3
Montagnac-sur-Lède *47* 258 D 4
Montagnat *01* 213 H 1
Montagne *33* 238 C 5
Montagne *38* 249 H 2
La Montagne *44* 147 F 4
La Montagne *70* 119 H 5
Montagne de Dun *71* 194 A 5
Montagne-Fayel *80* 11 H 5
Montagney *25* 162 C 1
Montagney *70* 161 F 3
Montagnieu *01* 214 B 5
Montagnieu *38* 232 B 3
Montagnol *12* 301 E 2
Montagnole *73* 233 F 2
Montagny *42* 211 H 2
Montagny *69* 231 E 2
Montagny *73* 234 C 3
Montagny-en-Vexin *60* 37 G 4
Montagny-lès-Beaune *21* 177 H 2
Montagny-lès-Buxy *71* 177 G 5
Montagny-les-Lanches *74* 215 G 4
Montagny-lès-Seurre *21* 178 C 1
Montagny-près-Louhans *71* 178 C 5
Montagny-Sainte-Félicité *60* 39 F 5
Montagny-sur-Grosne *71* 194 C 4
Montagoudin *33* 256 D 3
Montagrier *24* 239 H 1
Montagudet *82* 277 F 2
Montagut *64* 294 A 5
Montaignac-Saint-Hippolyte *19* 225 F 5
Montaigu *02* 41 F 1
Montaigu *39* 179 E 5
Montaigu *85* 166 A 1
Montaigu *Butte de 53* 106 C 2
Montaigu-de-Quercy *82* 277 E 1
Montaigu-la-Brisette *50* 29 G 4
Montaigu-le-Blin *03* 192 C 5
Montaigu-les-Bois *50* 51 H 2
Montaiguët-en-Forez *03* 193 E 5
Montaigut *63* 209 E 1
Montaigut-le-Blanc *23* 206 D 2
Montaigut-le-Blanc *63* 227 H 3
Montaigut-sur-Save *31* 297 G 4
Montaillé *72* 108 C 5
Montailleur *73* 233 H 1
Montaillou *09* 336 D 5
Montaimont *73* 234 A 4
Montain *39* 179 E 4
Montaïn *82* 297 F 1
Montainville *28* 110 B 2
Montainville *78* 57 G 3
Montal *Château de 46* 261 E 1
Montalba-d'Amélie *66* 342 D 4
Montalba-le-Château *66* 342 C 2
Montalembert *79* 203 F 1
Montalet-le-Bois *78* 57 G 1
Montalieu-Vercieu *38* 214 B 5
Montalivet-les-Bains *33* 218 B 4
Montalzat *82* 278 B 3
Montamat *32* 316 D 2
Montambert *58* 175 G 4
Montamel *46* 260 B 3
Montamisé *86* 186 C 1
Montamy *14* 52 D 1
Montanay *69* 213 E 4
Montanceix *24* 240 B 2
Montancy *25* 163 H 2
Montandon *25* 163 G 2
Montanel *50* 80 D 3
Montaner *64* 315 E 3
Montanges *01* 214 D 1
Montangon *10* 91 G 4
Montans *81* 298 D 2
Montapas *58* 175 F 1
Montarcher *42* 229 G 4
Montardit *09* 335 F 1
Montardon *64* 314 B 3
Montaren-et-Saint-Médiers *30* 284 B 5
Montargis *45* 112 C 5
Montarlot *77* 88 D 5
Montarlot-lès-Champlitte *70* 140 A 4
Montarlot-lès-Rioz *70* 161 H 2
Montarnaud *34* 302 C 4
Montaron *58* 175 G 3
Montastruc *47* 257 H 5
Montastruc *65* 315 H 5
Montastruc *82* 277 G 4
Montastruc-de-Salies *31* 334 D 2
Montastruc-la-Conseillère *31* 298 B 3
Montastruc-Savès *31* 317 E 3
Le Montat *46* 278 B 1
Montataire *60* 38 C 4
Montauban *82* 277 H 5
Montauban-de-Bretagne *35* 103 G 2
Montauban-de-Luchon *31* 334 B 4
Montauban-de-Picardie *80* 13 G 5
Montauban-sur-l'Ouvèze *26* 286 C 2
Montaud *34* 303 E 3
Montaud *38* 250 C 1
Montaudin *53* 81 G 4
Montaulieu *26* 286 A 1
Montaulin *10* 115 E 2
Montaure *27* 36 B 4
Montauriol *11* 318 D 4
Montauriol *47* 258 B 3
Montauriol *66* 342 D 3
Montauriol *81* 280 B 4
Montauroux *83* 308 D 3
Montaut *09* 318 B 5
Montaut *24* 258 B 2
Montaut *31* 317 G 3
Montaut *32* 315 H 3
Montaut *40* 293 H 3
Montaut *47* 258 C 3
Montaut *64* 314 C 5
Montaut-les-Créneaux *32* 296 B 3
Montautour *35* 105 F 2
Montauville *54* 65 G 3
Montay *59* 14 D 4
Montayral *47* 259 E 5
Montazeau *24* 239 E 5
Montazels *11* 337 G 3
Montbard *21* 137 H 5
Montbarla *82* 277 F 3
Montbarrey *39* 179 F 1
Montbarrois *45* 111 H 4
Montbartier *82* 297 G 1
Montbavin *02* 40 C 1
Montbazens *12* 261 H 5
Montbazin *34* 302 C 5
Montbazon *37* 151 H 4
Montbel *09* 337 E 3
Montbel *48* 265 E 4
Montbéliard *25* 142 B 4

MONACO MONTE-CARLO

Albert II (Av.) CZ 42
Albert I (Bd) CYZ
Armes (Pl. d') CZ 2
Basse (R.) CDZ 3
Castro (R. Col.-de) CZ 7
Comte-Félix-Gastaldi (R.) DZ 10
Crovetto-Frères (Av.) CZ 12
Gaulle (Av. du Gén.-de) DX 14
Grimaldi (R.) CYZ
Kennedy (Av. J.-F.) DY 23
Larvotto (Bd du) DX 25
Leclerc (Bd du Gén.) DX 26
Libération (Pl. de la) DX 27
Madone (Av. de la) DX 28
Major (Rampe) CZ 29
Monte-Carlo (Av. de) DY 30
Moulins (Bd des) DX 32
Notari (R. L.) CYZ 33
Ostende (Av. d') DY 34
Palais (Pl. du) CZ 35
Papalins (Av. des) CZ 36
Pêcheurs (Ch. des) DZ 40
Porte-Neuve (Av. de la) DZ 41
Princesse-Antoinette (Av.) CY 46
Princesse-Caroline (R.) CZ 48
Princesse-Charlotte (Bd) DXY
Princesse-Marie-de-Lorraine (R.) DZ 54
Prince-Pierre (Av.) CZ 44
République (Bd de la) DX 58
Ste-Dévote (Pl.) CY 63
Spélugues (Av. des) DX 62
Suffren-Reymond (R.) CZ 64

MONTPELLIER

Anatole-France (R.) ..... BU 3
Arceaux (Bd des) ...... AU 7
Bazille (R. F.) .... BCV 12
Blum (R. Léon) .... CU 13
Broussonnet (R. A.) ..... AT 18
Chancel (Av.) .... AT 25
Citadelle (Allée) .... CU 26
Clapiès (R.) .... AU 28
Comte (R. A.) .... AU 29
Délicieux (R. B.) .... CT 31
États-du-Languedoc (Av.) CU 35
Fabre-de-Morlhon (Bd) .. BV 36
Fg-Boutonnet (R.) ...... BT 37
Fg-de-Nîmes (R. du) .... CT 41
Flahault (Av. Ch.) .... AT 43
Fontaine-de-Lattes (R.) .. CU 44
Henri-II-de-Montmorency (Allée) .... CU 51
Leclerc (Av. du Mar.) .... CV 58
Millénaire (Pl. du) ...... CU 62
Nombre-d'Or (Pl. du) ... CU 64
Ollivier (R. A.) .... CU 66
Le Polygone .... CU
Pont-de-Lattes (R. du) .... CU 69
Pont-Juvénal (Av.) .... CDU 70
Près-d'Arènes (Av. des) . BV 71
Prof.-E.-Antonelli (Av.) .... CDV 72
Proudhon (R.) .... BT 73
René (R. H.) .... CV 74
Villeneuve-d'Angoulême (Av.) .... ABV 88

Montbéliardot 25 ..... 163 E 4
Montbellet 71 ..... 195 E 2
Montbenoît 25 ..... 180 D 1
Montberaud 31 ..... 317 F 5
Montbernard 31 ..... 316 C 4
Montberon 31 ..... 298 A 3
Montbert 44 ..... 147 H 5
Montberthault 21 ..... 158 B 1
Montbertrand 38 ..... 231 H 1
Montbeton 82 ..... 277 G 5
Montbeugny 03 ..... 192 C 2
Montbizot 72 ..... 107 H 3
Montblainville 55 ..... 43 F 4
Montblanc 04 ..... 289 E 5
Montblanc 34 ..... 321 H 3
Montboillon 70 ..... 161 H 2
Montboissier 28 ..... 110 A 2
Montbolo 66 ..... 342 C 4
Montbonnot-Saint-Martin 38 ..... 251 E 1
Montboucher 23 ..... 206 D 3
Montboucher-sur-Jabron 26 ..... 267 E 4
Montboudif 15 ..... 227 E 5
Montbouton 90 ..... 142 C 5
Montbouy 45 ..... 134 D 2
Montboyer 16 ..... 221 E 5
Montbozon 70 ..... 162 B 1
Montbrand 05 ..... 268 D 3
Montbras 55 ..... 94 A 2
Montbray 50 ..... 52 B 2
Montbré 51 ..... 41 G 4
Montbrehain 02 ..... 24 B 1
Montbrison 26 ..... 267 G 5
Montbrison 42 ..... 229 G 2
Montbron 16 ..... 221 H 1
Montbronn 57 ..... 68 A 1
Montbrun 46 ..... 261 E 5
Montbrun 48 ..... 282 C 1
Montbrun *Château de* 87 ..... 223 E 2
Montbrun-Bocage 31 ..... 335 G 1
Montbrun-des-Corbières 11. 320 C 5
Montbrun-Lauragais 31 ..... 318 A 2
Montbrun-les-Bains 26 ..... 286 C 3
Montcabrier 46 ..... 259 F 4
Montcabrier 81 ..... 298 C 4
Montcaret 24 ..... 239 E 5
Montcarra 38 ..... 232 B 2
Montcavrel 62 ..... 6 C 4
Montceau 38 ..... 232 A 2
Montceau-et-Écharnant 21 .. 177 F 1
Montceau-les-Mines 71 ..... 176 D 5
Montceaux 01 ..... 213 E 2
Montceaux-les-Meaux 77 ..... 59 H 2
Montceaux-lès-Provins 77 ..... 60 C 5
Montceaux-lès-Vaudes 10 ... 115 E 3
Montceaux-l'Étoile 71 ..... 193 G 4
Montceaux-Ragny 71 ..... 195 E 1
Montcel 63 ..... 209 G 3
Le Montcel 73 ..... 215 F 5
Montcenis 71 ..... 176 D 4
Montcet 01 ..... 195 G 5
Montcey 70 ..... 141 F 4
Montchaboud 38 ..... 251 E 2
Montchal 42 ..... 212 A 5
Montchâlons 02 ..... 41 E 1
Montchamp 14 ..... 52 D 2
Montchamp 15 ..... 246 A 3
Montchanin 71 ..... 177 E 4
Montcharvot 52 ..... 118 A 5
Montchaton 50 ..... 51 G 1
Montchaude 16 ..... 220 C 4
Montchauvet 14 ..... 52 D 2
Montchauvet 78 ..... 57 F 3
Montchauvrot 39 ..... 179 E 3
Montchavin 73 ..... 234 D 2
Montchenot 51 ..... 41 G 5
Montchenu 26 ..... 249 G 1
Montcheutin 08 ..... 43 E 3
Montchevrel 61 ..... 84 A 2
Montchevrier 36 ..... 189 E 3
Montclar 04 ..... 270 B 5
Montclar 11 ..... 337 G 1
Montclar 12 ..... 300 B 1
Montclar-de-Comminges 31 ..... 317 E 5
Montclar-Lauragais 31 ..... 318 C 3
Montclar-sur-Gervanne 26 .. 267 H 1
Montclard 43 ..... 246 C 1
Montcléra 46 ..... 259 G 3
Montclus 05 ..... 268 D 5
Montclus 30 ..... 284 B 2
Montcombroux-les-Mines 03 ..... 192 D 4
Montcony 71 ..... 178 C 5
Montcorbon 45 ..... 113 E 5
Montcornet 02 ..... 25 G 4
Montcornet 08 ..... 26 C 2
Montcourt 70 ..... 118 C 5
Montcourt-Fromonville 77 ..... 88 B 5
Montcoy 71 ..... 178 A 4
Montcresson 45 ..... 134 D 2
Montcuit 50 ..... 31 H 5
Montcuq 46 ..... 277 G 1
Montcusel 39 ..... 196 C 3
Montcy-Notre-Dame 08 ..... 26 D 3
Montdardier 30 ..... 302 B 1
Montdauphin 77 ..... 60 C 3
Montdidier 57 ..... 67 F 2
Montdidier 80 ..... 22 D 4
Montdoré 70 ..... 118 D 5
Montdoumerc 46 ..... 278 B 2
Montdragon 81 ..... 299 F 3
Montdurausse 81 ..... 298 A 1
Monte 2B ..... 347 G 2
Monte Cecu 2B ..... 347 E 4
Monte d'Oro 2A ..... 349 E 1
Monteaux 41 ..... 152 D 1
Montebourg 50 ..... 29 G 4
Montech 82 ..... 297 G 1
Montech *Pente d'eau de* 82 ..... 277 G 5
Montécheroux 25 ..... 163 G 2
Montegrosso 2B ..... 346 C 2
Montégut 32 ..... 296 B 4
Montégut 40 ..... 294 C 1
Montégut 65 ..... 334 A 1
Montégut-Arros 32 ..... 315 F 3
Montégut-Bourjac 31 ..... 317 E 4
Montégut-en-Couserans 09. 335 F 2
Montégut-Lauragais 31 ..... 318 D 2
Montégut-Plantaurel 09 ..... 336 A 1
Montégut-Savès 32 ..... 317 E 2
Monteignet-sur-l'Andelot 03 ..... 210 A 2
Le Monteil 15 ..... 244 C 1
Le Monteil 43 ..... 247 F 3
Le Monteil-au-Vicomte 23 ... 207 F 4

Monteille 14 34 B 5
Monteils 12 279 F 2
Monteils 30 284 A 4
Monteils 82 278 C 3
Montel-de-Gelat 63 208 D 4
Montéléger 26 249 F 5
Montélier 26 249 G 4
Montélimar 26 267 E 4
Le Montellier 01 213 G 3
Montels 09 336 A 2
Montels 34 321 E 4
Montels 81 298 D 1
Montemaggiore 2B 346 C 2
Montembœuf 16 204 B 5
Montenach 57 46 B 2
Montenay 53 81 H 5
Montendre 17 219 H 5
Montendry 73 233 H 2
Montenescourt 62 13 F 2
Monteneuf 56 103 F 5
Montenils 77 60 C 3
Montenois 25 142 A 4
Montenoison 58 157 E 4
Montenoy 54 65 H 4
Montépilloy 60 39 E 4
Monteplain 39 161 F 4
Montépreux 51 61 H 5
Monterblanc 56 124 C 2
Montereau 45 134 B 2
Montereau-Fault-Yonne 77 88 D 4
Montereau-sur-le-Jard 77 88 B 2
Monterfil 35 103 H 3
Montérolier 76 20 D 4
Monterrein 56 103 E 5
Montertelot 56 102 D 5
Montescot 66 343 F 3
Montescourt-Lizerolles 02 24 A 3
Montespan 31 334 D 1
Montesquieu 34 301 G 5
Montesquieu 47 275 H 3
Montesquieu 82 277 F 3
Montesquieu-Avantès 09 335 F 2
Montesquieu-
des-Albères 66 343 E 4
Montesquieu-Guittaut 31 316 C 3
Montesquieu-Lauragais 31 318 B 3
Montesquieu-Volvestre 31 317 G 5
Montesquiou 32 295 G 5
Montessaux 70 141 H 3
Montesson 52 140 B 2
Montesson 78 58 A 3
Montestruc-sur-Gers 32 296 B 2
Montestrucq 64 313 F 2
Le Montet 03 191 G 3
Montet-et-Bouxal 46 261 F 2
Monteton 47 257 F 3
Montets *Col des* 74 217 E 2
Monteux 84 285 G 4
Montévrain 77 59 F 3
Monteynard 38 250 D 4
Montézic 12 262 D 2
Montfa 09 335 G 1
Montfa 81 299 G 4
Montfalcon 38 249 H 1
Montfarville 50 29 H 3
Montfaucon 02 60 C 2
Montfaucon 25 162 A 4
Montfaucon 30 285 E 4
Montfaucon 46 260 C 2
Montfaucon-d'Argonne 55 43 G 3
Montfaucon-en-Velay 43 248 A 2
Montfaucon-montigné 49 148 B 5
Montfavet 84 304 D 1
Montfermeil 93 58 D 3
Montfermier 82 277 H 3
Montfermy 63 209 E 4
Montferney 25 162 C 1
Montferrand 11 318 D 3
Montferrand 63 209 H 5
Montferrand-
du-Périgord 24 258 D 2
Montferrand-la-Fare 26 286 C 1
Montferrand-le-Château 25 161 H 4
Montferrat 38 232 C 3
Montferrat 83 308 A 4
Montferrer 66 342 C 5
Montferrier 09 336 C 3
Montferrier-sur-Lez 34 302 D 4
Montfey 10 114 C 4
Montfiquet 14 32 C 4
Montfleur 39 196 B 4
Montflours 53 106 A 2
Montflovin 25 180 D 1
Montfort 04 287 G 4
Montfort 24 259 G 1
Montfort 25 179 H 1
Montfort 49 150 A 4
Montfort 64 313 F 3
Montfort-en-Chalosse 40 293 F 3
Montfort-l'Amaury 78 57 G 4
Montfort-le-Gesnois 72 108 A 4
Montfort-sur-Argens 83 307 F 5
Montfort-sur-Boulzane 11 337 H 5
Montfort-sur-Meu 35 103 H 2
Montfort-sur-Risle 27 35 G 3
Montfranc 12 300 B 2
Montfrin 30 304 B 1
Montfroc 26 286 D 3
Montfuron 04 306 C 1
Montgaillard 09 336 B 3
Montgaillard 11 338 B 3
Montgaillard 40 294 A 3
Montgaillard 65 333 F 1
Montgaillard 81 298 B 1
Montgaillard 82 296 D 1
Montgaillard-de-Salies 31 334 D 2
Montgaillard-Lauragais 31 318 C 2
Montgaillard-sur-Save 31 316 C 4
Montgardin 05 270 A 3
Montgardon 50 31 F 3
Montgaroult 61 54 A 4
Montgauch 09 335 E 2
Montgaudry 61 84 A 4
Montgazin 31 317 G 4
Montgé-en-Goële 77 59 F 1
Montgeard 31 318 B 3
Montgellafrey 73 234 A 4
Montgenèvre 05 252 D 4
Montgenost 51 90 A 2
Montgeoffroy
Château de 49 150 A 1
Montgérain 60 38 D 1
Montgermont 35 104 B 2
Montgeron 91 58 D 5
Montgeroult 95 57 H 1
Montgesoye 25 162 B 5
Montgesty 46 259 G 4
Montgey 81 318 D 2
Montgibaud 19 224 B 3
Montgilbert 73 234 A 2
Montgirod 73 234 C 2
Montgiscard 31 318 B 2
Montgivray 36 189 G 1
Montgobert 02 40 A 3
Montgon 08 42 D 1
Montgothier 50 52 A 5
Montgradail 11 337 E 1
Montgras 31 317 E 2
Montgreleix 15 227 F 5
Montgru-Saint-Hilaire 02 40 B 4
Montguers 26 286 C 2
Montgueux 10 90 D 5
Montguillon 49 128 B 3
Montguyon 17 238 C 1
Les Monthairons 55 64 B 2
Montharville 28 109 H 3
Monthault 35 81 F 2
Monthaut 11 337 F 1
Monthelie 21 177 G 2
Monthelon 51 61 F 2
Monthelon 71 176 C 2
Monthenault 02 40 D 1
Montheries 52 116 C 3
Montherlant 60 38 A 3
Monthermé 08 26 D 1
Monthiers 02 40 B 5
Monthieux 01 213 F 3
Monthion 73 234 A 1
Monthodon 37 131 E 4
Monthoiron 86 169 H 5
Monthois 08 42 D 3
Montholier 39 179 F 2
Monthou-sur-Bièvre 41 153 E 1
Monthou-sur-Cher 41 153 E 3
Monthuchon 50 31 G 5
Monthurel 02 60 D 1
Monthureux-le-Sec 88 118 C 2
Monthureux-sur-Saône 88 118 C 4
Monthyon 77 59 F 1
Monti 06 291 G 5
Monticello 2B 344 C 5
Montier-en-Der 52 92 B 3
Montier-en-l'Isle 10 116 A 2
Montiéramey 10 115 F 2
Montierchaume 36 171 H 3
Montiers 60 38 D 1
Montiers-sur-Saulx 55 93 E 2
Monties 32 316 B 3
Montignac 24 241 F 3
Montignac 33 256 B 2
Montignac 65 315 F 5
Montignac-Charente 16 203 F 5
Montignac-de-Lauzun 47 257 H 4
Montignac-le-Coq 16 221 F 5
Montignac-Toupinerie 47 257 G 4
Montignargues 30 303 G 1
Montigné 16 202 D 5
Montigné 79 185 F 5
Montigné-le-Brillant 53 105 H 4
Montigné-lès-Rairies 49 129 F 5
Montigné-sur-Moine 49 148 B 5
Montigny 14 53 F 1
Montigny 18 155 G 4
Montigny 45 111 F 3
Montigny 50 52 A 5
Montigny 54 96 A 2
Montigny 72 83 H 3
Montigny 76 36 A 1
Montigny 79 167 F 4
Montigny-aux-Amognes 58 174 D 1
Montigny-devant-Sassey 55 43 G 1
Montigny-en-Arrouaise 02 24 C 1
Montigny-en-Cambrésis 59 14 C 4
Montigny-en-Gohelle 62 8 C 5
Montigny-en-Morvan 58 157 H 5
Montigny-en-Ostrevant 59 9 E 5
Montigny-la-Resle 89 136 C 2
Montigny-l'Allier 02 39 H 5
Montigny-le-Bretonneux 78 57 H 4
Montigny-le-Chartif 28 85 G 5
Montigny-le-Franc 02 25 F 4
Montigny-le-Gannelon 28 109 H 5
Montigny-le-Guesdier 77 89 G 4
Montigny-le-Roi 52 117 G 4
Montigny-Lencoup 77 89 E 4
Montigny-Lengrain 02 39 H 2
Montigny-lès-Arsures 39 179 G 2
Montigny-lès-Cherlieu 70 140 C 2
Montigny-lès-Condé 02 60 D 2
Montigny-lès-Cormeilles 95 58 B 2
Montigny-les-Jongleurs 80 12 B 3
Montigny-lès-Metz 57 65 H 1
Montigny-les-Monts 10 114 D 3
Montigny-lès-Vaucouleurs 55 93 H 2
Montigny-lès-Vesoul 70 141 E 4
Montigny-Montfort 21 137 H 5
Montigny-
Saint-Barthélemy 21 158 C 2
Montigny-sous-Marle 02 25 E 3
Montigny-sur-Armançon 21 158 D 2
Montigny-sur-Aube 21 116 B 5
Montigny-sur-Avre 28 56 A 5
Montigny-sur-Canne 58 175 G 3
Montigny-sur-Chiers 54 44 D 2
Montigny-sur-Crécy 02 24 D 4
Montigny-sur-l'Ain 39 179 G 4
Montigny-sur-l'Hallue 80 22 D 1
Montigny-sur-Loing 77 88 C 5
Montigny-sur-Meuse 08 17 E 5
Montigny-sur-Vence 08 26 C 4
Montigny-sur-Vesle 51 41 E 3
Montigny-
sur-Vingeanne 21 139 H 5
Montilliers 49 149 G 4
Montillot 89 157 G 1
Montilly 03 192 A 1
Montilly-sur-Noireau 61 53 E 3
Montils 17 219 H 1
Les Montils 41 153 E 1
Montipouret 36 189 F 1
Montirat 11 320 A 5
Montirat 81 279 G 3
Montireau 28 85 F 4
Montiron 32 296 D 5
Montivernage 25 162 D 2
Montivilliers 76 18 C 5
Montjardin 11 337 E 2
Montjaux 12 281 F 4
Montjavoult 60 37 G 4
Montjay 05 286 D 1
Montjay 71 178 C 4
Montjay-la-Tour 77 59 E 3
Montjean 16 203 F 2
Montjean 53 105 G 4
Montjean-sur-Loire 49 149 E 2
Montjézieu 48 264 A 5
Montjoi 11 338 A 2
Montjoi 82 276 D 3
Montjoie 63 209 E 1
Montjoie-en-Couserans 09 335 F 2
Montjoie-le-Château 25 163 G 2
Montjoie-Saint-Martin 50 81 E 2
Montjoire 31 298 A 3
Montjouvent 39 196 C 2
Montjoux 26 267 H 4
Montjoyer 26 267 F 5
Montjustin 04 306 B 1
Montjustin-et-Velotte 70 141 G 4
Montlandon 28 85 F 4
Montlandon 52 139 H 2
Montlaur 11 338 B 1
Montlaur 12 300 D 1
Montlaur 31 318 B 2
Montlaur-en-Diois 26 268 B 3
Montlaux 04 287 F 4
Montlauzun 46 277 G 2
Montlay-en-Auxois 21 158 C 3
Montlebon 25 181 E 1
Montlegun 11 319 H 5
Montlevicq 36 189 H 2
Montlevon 02 60 D 2
Montlhéry 91 87 G 2
Montliard 45 111 H 4
Montlieu-la-Garde 17 238 B 1
Montliot-et-Courcelles 21 138 A 2
Montlivault 41 132 B 5
Montlognon 60 39 E 5
Montloué 02 25 G 4
Montlouet 28 86 C 3
Montlouis 18 172 D 4
Montlouis-sur-Loire 37 152 A 2
Montluçon 03 190 D 4
Montluel 01 213 G 4
Montmachoux 77 89 E 5
Montmacq 60 39 G 1
Montmagny 95 58 C 2
Montmahoux 25 180 A 1
Montmain 21 178 A 1
Montmain 76 36 C 2
Montmajour *Abbaye de* 13 304 C 3
Montmalin 39 179 F 2
Montmançon 21 160 D 2
Montmarault 03 191 G 4
Montmarlon 39 179 H 3
Montmarquet 80 21 G 3
Montmartin 60 39 E 1
Montmartin-en-Graignes 50 32 A 3
Montmartin-le-Haut 10 115 H 2
Montmartin-sur-Mer 50 51 F 1
Montmaur 05 269 F 3
Montmaur 11 318 D 3
Montmaur-en-Diois 26 268 B 2
Montmaurin 31 316 B 5
Montmédy 55 44 B 1
Montmeillant 08 26 A 4
Montmelard 71 194 B 4
Montmelas-Saint-Sorlin 69 212 C 3
Montmélian 73 233 G 3
Montmerle-sur-Saône 01 212 D 2
Montmerrei 61 54 B 5
Montmeyan 83 307 F 3
Montmeyran 26 267 G 1
Montmin 74 215 H 4
Montmirail 51 60 D 3
Montmirail 72 108 D 3
Montmiral 26 249 H 2
Montmirat 30 303 F 1
Montmirat *Col de* 48 264 C 5
Montmirey-la-Ville 39 161 E 4
Montmirey-le-Château 39 161 E 4
Montmoreau-
Saint-Cybard 16 221 E 4
Montmorency 95 58 C 2
Montmorency-Beaufort 10 91 H 3
Montmorillon 86 187 F 3
Montmorin 05 268 C 5
Montmorin 63 228 B 1
Montmorot 39 179 E 5
Montmort 51 61 F 2
Montmort 71 176 B 5
Montmotier 88 118 D 4
Montmoyen 21 138 C 3
Montmuran *Château de* 35 80 A 5
Montmurat 15 261 H 3
Montner 66 338 C 5
Montoillot 21 159 F 4
Montoir-de-Bretagne 44 146 C 2
Montoire-sur-le-Loir 41 131 F 3
Montois-la-Montagne 57 45 G 5
Montoison 26 267 F 1
Montoldre 03 192 B 4
Montolieu 11 319 G 4
Montolivet 77 60 C 3
Montonvillers 80 22 B 1
Montord 03 192 A 5
Montory 64 331 F 2
Montot 21 160 C 5
Montot 70 140 A 5
Montot-sur-Rognon 52 93 F 5
Montouliers 34 320 D 4
Montoulieu 09 336 B 3
Montoulieu 34 302 C 1
Montoulieu-
Saint-Bernard 31 316 D 5
Montournais 85 167 E 4
Montours 35 81 E 3
Montourtier 53 106 B 2
Montoussé 65 333 H 1
Montoussin 31 317 E 4
Montoy-Flanville 57 66 B 1
Montpascal 73 234 A 5
Montpellier 34 302 D 4
Montpellier-de-Médillan 17 219 F 2
Montpellier-la-Paillade 34 302 D 4
Montpellier-le-Vieux
Chaos de 12 282 A 4
Montpensier 63 210 A 2
Montperreux 25 180 C 3
Montpeyroux 12 263 F 3
Montpeyroux 24 239 E 5
Montpeyroux 34 302 A 3
Montpeyroux 63 228 A 2
Montpezat 04 307 F 2
Montpezat 30 303 F 2
Montpézat 32 317 E 3
Montpezat-d'Agenais 47 275 H 1
Montpezat-de-Quercy 82 278 B 2
Montpezat-
sous-Bauzon 07 266 A 2
Montpinchon 50 51 H 1
Montpinçon 14 54 B 2
Montpinier 81 299 G 4
Montpitol 31 298 B 3
Montplonne 55 63 H 5
Montpollin 49 129 F 5
Montpon-Ménestérol 24 239 F 4
Montpont-en-Bresse 71 195 G 1
Montpothier 10 89 H 2
Montpouillan 47 257 E 5
Montpoupon
Château de 37 152 D 4
Montrabé 31 298 A 4
Montrabot 50 32 C 5
Montracol 01 195 G 5
Montravers 79 167 E 3
Montréal 07 266 A 4
Montréal 11 319 F 5
Montréal 32 275 F 5
Montréal 89 158 B 1
Montréal *Château de* 24 239 H 4
Montréal-la-Cluse 01 196 C 5
Montréal-les-Sources 26 268 A 5
Montrécourt 59 14 D 3
Montredon 11 319 H 5
Montredon 46 261 H 3
Montredon-
des-Corbières 11 321 E 5
Montredon-Labessonnié 81 299 H 3
Montregard 43 248 B 2
Montréjeau 31 334 A 1
Montrelais 44 148 D 2
Montrelet 80 12 C 4
Montrem 24 240 B 2
Montrésor 37 152 D 5
Montret 71 178 B 5
Montreuil 28 56 D 4
Montreuil 53 82 C 4
Montreuil 62 6 C 4
Montreuil 85 183 H 3
Montreuil 93 58 D 3
Montreuil-au-Houlme 61 53 H 5
Montreuil-aux-Lions 02 60 A 1
Montreuil-Bellay 49 150 B 5
Montreuil-Bonnin 86 186 A 2
Montreuil-des-Landes 35 81 E 5
Montreuil-en-Auge 14 34 B 4
Montreuil-en-Caux 76 20 B 4
Montreuil-en-Touraine 37 152 B 1
Montreuil-Juigné 49 149 G 1
Montreuil-la-Cambe 61 54 B 3
Montreuil-l'Argillé 27 55 E 2
Montreuil-le-Chétif 72 107 F 2
Montreuil-le-Gast 35 80 B 5
Montreuil-le-Henri 72 130 D 2
Montreuil-sous-Pérouse 35 105 E 2
Montreuil-sur-Barse 10 115 F 2
Montreuil-sur-Blaise 52 92 C 3
Montreuil-sur-Brêche 60 38 B 1
Montreuil-sur-Epte 95 37 F 5
Montreuil-sur-Ille 35 80 B 5
Montreuil-sur-Loir 49 128 D 5
Montreuil-sur-Lozon 50 32 A 4
Montreuil-sur-Maine 49 128 B 4
Montreuil-sur-Thérain 60 38 B 2
Montreuil-sur-Thonnance 52 93 E 3
Montreuillon 58 157 H 5
Montreux 54 96 A 2
Montreux-Château 90 142 D 3
Montreux-Jeune 68 142 D 3
Montreux-Vieux 68 142 D 3
Montrevault 49 148 C 3
Montrevel 38 232 B 3
Montrevel 39 196 B 3
Montrevel-en-Bresse 01 195 G 4
Montrichard 41 152 D 3
Montricher-Albanne 73 252 B 1
Montricoux 82 278 C 4
Montrieux-en-Sologne 41 153 H 1
Montrigaud 26 249 H 1
Montriond 74 198 C 5
Montriond *Lac de* 74 198 D 5
Montroc-le-Planet 74 217 E 2
Montrodat 48 264 B 4
Montrol-Sénard 87 205 E 3
Montrollet 16 205 E 3
Montromant 69 230 C 1
Montrond 05 269 E 5
Montrond 39 179 G 4
Montrond 73 252 A 1
Montrond-le-Château 25 162 A 5
Montrond-les-Bains 42 230 A 2
Montrosier 81 279 E 4
Montrottier 69 212 B 5
Montroty 76 37 F 2
Montrouge 92 58 C 4
Montrouveau 41 131 E 4
Montroy 17 200 D 1
Montrozier 12 281 E 1
Montry 77 59 F 3
Monts 37 151 H 4
Monts 60 37 H 4
Monts-de-Vaux 39 179 G 3
les Monts d'Olmes 09 336 C 4
Monts-en-Bessin 14 33 E 5
Monts-en-Ternois 62 12 D 2
Monts-sur-Guesnes 86 169 E 2
Montsalès 12 261 F 5
Montsalier 04 286 D 4
Montsalvy 15 262 C 2
Montsaon 52 116 D 3
Montsapey 73 234 A 2
Montsauche-les-Settons 58 158 B 4
Montsaugeon 52 139 G 4
Montsaunès 31 334 D 1
Montsec 55 65 E 3
Montsecret 61 53 E 3
Montségur 09 336 D 4
Montségur-sur-Lauzon 26 285 F 1
Montselgues 07 265 G 4
Montséret 11 338 D 1
Montsérié 65 333 H 2
Montseron 09 335 G 2
Montseugny 70 161 E 2
Montseveroux 38 231 F 4
Montsoreau 49 150 C 4
Montsoué 40 294 A 3
Montsoult 95 58 C 1
Montsûrs 53 106 B 3
Montsurvent 50 31 G 5
Montsuzain 10 91 E 4
Montureux-et-Prantigny 70 161 F 1
Montureux-lès-Baulay 70 140 D 2
Montursin 25 163 H 2
Montusclat 43 247 H 4
Montussaint 25 162 C 1
Montussan 33 237 H 5
Montvalen 81 298 B 2
Montvalent 46 242 C 5
Montvalezan 73 235 E 1
Montvendre 26 249 G 5
Montverdun 42 229 G 1
Montvernier 73 234 A 5
Montvert 15 243 G 4
Montvicq 03 191 E 4
Montviette 14 54 B 1
Montville 76 20 B 5
Montviron 50 51 G 4
Montzéville 55 43 H 4
Monviel 47 257 H 4
Monze 11 338 A 1
Moon-sur-Elle 50 32 B 4
Moosch 68 120 C 5
Mooslargue 68 143 E 4
Moraches 58 157 F 4
Moragne 17 201 E 3
Morains 51 61 G 4
Morainville 28 86 D 4
Morainville-Jouveaux 27 35 E 4
Morainvilliers 78 57 H 2
Morancé 69 212 D 4
Morancez 28 86 A 4
Morancourt 52 92 C 4
Morand 37 131 G 5
Morangis 51 61 F 2
Morangis 91 58 C 5
Morangles 60 38 B 4
Morannes 49 128 D 3
Moranville 55 44 C 5
Moras 38 231 H 1
Moras-en-Valloire 26 231 G 5
Morbecque 59 7 H 2

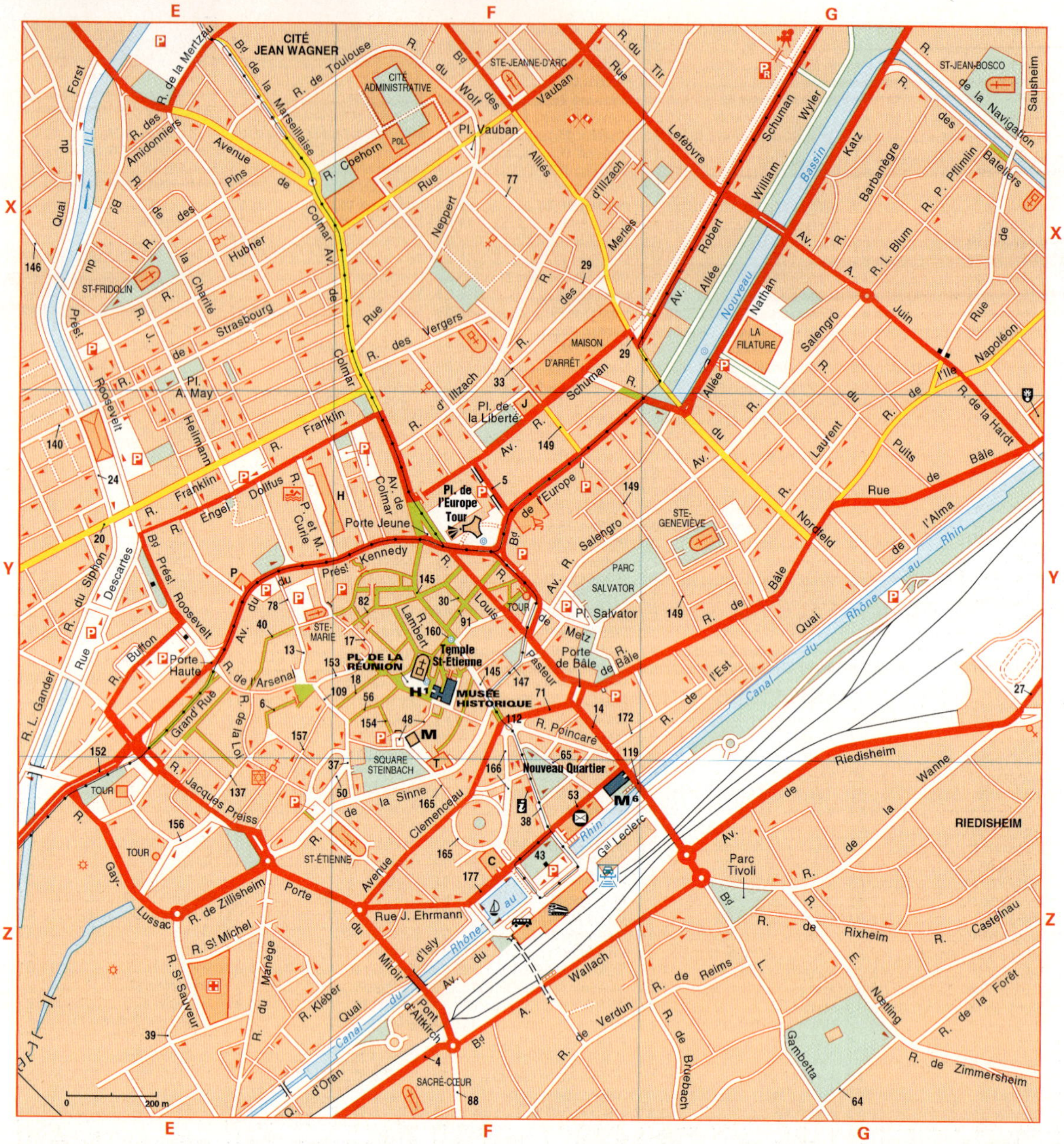

MULHOUSE

Altkrich (Av. d') .... FZ 4
Anvers (R. d') .... FY 5
Augustins (Passage des) .... EY 6
Bonbonnière (R.) .... EY 13
Bonnes-Gens (R. des) .... FY 14
Bons-Enfants (R. des) .... FY 17
Boulangers (R. des) .... FY 18
Briand (Av. Aristide) .... EY 20
Cloche (Quai de la) .... EY 24
Colmar (Av. de) .... EFXY
Dollfus (Av. Gustave) .... GY 27
Dreyfus (R. du Capit.) .... FX 29
Engelmann (R.) .... FY 30
Ensisheim (R. d') .... FX 33
Fleurs (R. des) .... FYZ 37
Foch (Av. du Mar.) .... FZ 38
Fonderie (R. de la) .... EZ 39
Franciscains (R. des) .... EY 40
Gaulle (Pl. du Gén.-de) .... FZ 43
Guillaume-Tell (Pl. et R.) .... FY 48
Halles (R. des) .... FZ 50
Henner (R. J.-J.) .... FZ 53
Henriette (R.) .... FY 56
Jardin-Zoologique (R. du) .... GZ 64
Joffre (Av. du Mar.) .... FYZ 65
Lambert (R.) .... FY
Lattre-de-Tassigny (Av. Mar.-de) .... FY 71
Loisy (R. du Lt de) .... FX 77
Lorraine (R. de la) .... EY 78
Maréchaux (R. des) .... FY 82
Montagne (R. de la) .... FZ 88
Moselle (R. de la) .... FY 91
Président-Kennedy (Av. du) .... EFY
Raisin (R. du) .... EFY 109
République (Pl. de la) .... FY 112
Riedisheim (Pont de) .... FZ 119
Ste-Claire (R.) .... EZ 137
Ste-Thérèse (R.) .... EY 140
Sauvage (R. du) .... FY 145
Schoen (R. Anna) .... EX 146
Somme (R. de la) .... FY 147
Stalingrad (R. de) .... FY 149
Stoessel (Bd Charles) .... EYZ 152
Tanneurs (R. des) .... EFY 153
Teutonique (Passage) .... FY 154
Tour-du-Diable (R.) .... EZ 156
Trois-Rois (R. des) .... EY 157
Victoires (Pl. des) .... FY 160
Wicky (Av. Auguste) .... FZ 165
Wilson (R.) .... FYZ 166
Zuber (R.) .... FY 172
17-Novembre (R. du) .... FZ 177

Morbier *39* .... 197 F 1
Morcenx *40* .... 273 E 4
Morchain *80* .... 23 G 3
Morchamps *25* .... 162 C 1
Morchies *62* .... 13 H 4
Morcourt *02* .... 24 B 2
Morcourt *80* .... 23 E 2
Mordelles *35* .... 104 A 3
Moréac *56* .... 102 A 4
Morée *41* .... 131 H 2
Moreilles *85* .... 183 F 3
Morello *Col de* *2B* .... 347 F 5
Morelmaison *88* .... 94 B 5
Morembert *10* .... 91 F 3
Moréno *Col de la* *63* .... 227 G 1
Morestel *38* .... 232 B 1
Moret-sur-Loing *77* .... 88 C 5
Morêtel-de-Mailles *38* .... 233 G 4
Morette *38* .... 232 B 5
Moreuil *80* .... 22 D 3
Morey *54* .... 65 H 4
Morey *70* .... 140 B 3
Morey *71* .... 177 F 4
Morey-Saint-Denis *21* .... 160 A 4
Morez *39* .... 197 F 1
Morfontaine *54* .... 45 E 2
Morganx *40* .... 293 H 4
Morgat *29* .... 75 E 4
Morgemoulin *55* .... 44 C 4
Morgny *27* .... 37 E 2
Morgny-en-Thiérache *02* .... 25 G 3
Morgny-la-Pommeraye *76* .... 36 C 1
Morhange *57* .... 66 D 3
Moriani-Plage *2B* .... 347 H 3
Moriat *63* .... 228 A 4
Morienne *76* .... 21 F 3
Morienval *60* .... 39 G 3
Morières-lès-Avignon *84* .... 285 F 5
Moriers *28* .... 110 A 2
Morieux *22* .... 78 C 3
Moriez *04* .... 288 C 5
Morigny *50* .... 52 B 2
Morigny-Champigny *91* .... 87 G 4
Morillon *74* .... 216 C 1
Morimond *Abbaye de* *52* .... 118 A 4
Moringhem *62* .... 3 E 5
Moriond *73* .... 234 D 4
Morionvilliers *52* .... 93 G 4
Morisel *80* .... 22 D 3
Moriville *88* .... 95 F 4
Moriviller *54* .... 95 F 3
Morizécourt *88* .... 118 B 3
Morizès *33* .... 256 C 3
Morlaàs *64* .... 314 C 3
Morlac *18* .... 173 E 5
Morlaincourt *55* .... 93 F 1
Morlaix *29* .... 71 H 4
Morlancourt *80* .... 23 E 1
Morlanne *64* .... 293 H 5
Morlet *71* .... 177 E 2
Morley *55* .... 93 E 2
Morlhon-le-Haut *12* .... 279 G 2
Morlincourt *60* .... 23 H 5
Mormaison *85* .... 165 H 2
Mormant *77* .... 88 D 2
Mormant-sur-Vernisson *45* .... 112 C 5
Mormès *32* .... 294 D 2
Mormoiron *84* .... 286 A 4
Mornac *16* .... 221 G 1
Mornac-sur-Seudre *17* .... 218 D 1
Mornand-en-Forez *42* .... 229 H 1
Mornans *26* .... 267 H 3
Mornant *69* .... 230 D 2
Mornas *84* .... 285 E 3
Mornay *21* .... 139 H 5
Mornay *71* .... 194 A 2
Mornay-Berry *18* .... 174 A 1
Mornay-sur-Allier *18* .... 174 B 4
Moroges *71* .... 177 G 4
Morogues *18* .... 155 G 4
Morosaglia *2B* .... 347 F 3
Morre *25* .... 162 A 4
Morsain *02* .... 40 A 2
Morsains *51* .... 60 D 4
Morsalines *50* .... 29 G 4
Morsan *27* .... 35 F 4
Morsang-sur-Orge *91* .... 58 C 5
Morsang-sur-Seine *91* .... 88 A 2
Morsbach *57* .... 47 F 5
Morsbronn-les-Bains *67* .... 68 D 2
Morschwiller *67* .... 68 D 3
Morschwiller-le-Bas *68* .... 143 F 1
Morsiglia *2B* .... 345 F 1
Le Mort-Homme *55* .... 43 H 4
Mortagne *88* .... 96 A 5
Mortagne-au-Perche *61* .... 84 C 3
Mortagne-du-Nord *59* .... 9 G 4
Mortagne-sur-Gironde *17* .... 219 E 3
Mortagne-sur-Sèvre *85* .... 166 D 1
Mortain *50* .... 52 C 5
Mortcerf *77* .... 59 G 4
La Morte *38* .... 251 F 3
Morteau *25* .... 163 E 5
Morteaux-Couliboeuf *14* .... 54 A 2
Mortefontaine *02* .... 39 H 3
Mortefontaine *60* .... 39 E 5
Mortefontaine-en-Thelle *60* .... 38 B 4
Mortemart *87* .... 205 E 2
Mortemer *60* .... 23 E 5
Mortemer *76* .... 21 E 3
Mortemer *Abbaye de* *27* .... 37 E 2
Morterolles-sur-Semme *87* .... 205 H 1
Mortery *77* .... 89 G 2
Morthemer *86* .... 186 D 3
Morthomiers *18* .... 172 D 1
Mortiers *02* .... 24 D 4
Mortiers *17* .... 220 B 4
Morton *86* .... 150 C 5
Mortrée *61* .... 54 B 5
Mortroux *23* .... 189 F 4
Mortzwiller *68* .... 142 D 2
Morval *39* .... 196 B 3
Morval *62* .... 13 H 5
Morvillars *90* .... 142 C 4
Morville *50* .... 29 F 5
Morville *88* .... 118 A 2
Morville-en-Beauce *45* .... 111 G 2
Morville-lès-Vic *57* .... 66 D 4
Morville-sur-Andelle *76* .... 36 D 1
Morville-sur-Nied *57* .... 66 C 2
Morville-sur-Seille *54* .... 65 H 3
Morvillers *60* .... 21 G 5
Morvillers-Saint-Saturnin *80* .... 21 G 3
Morvilliers *10* .... 92 A 4
Morvilliers *28* .... 55 H 5
Mory *62* .... 13 G 4
Mory-Montcrux *60* .... 22 C 5
Morzine *74* .... 198 C 5
Mosles *14* .... 32 D 3
Moslins *51* .... 61 F 2
Mosnac *16* .... 220 D 2
Mosnac *17* .... 219 G 3
Mosnay *36* .... 188 D 1
Mosnes *37* .... 152 C 2
Mosset *66* .... 342 A 2
Mosson *21* .... 116 A 5
Mostuéjouls *12* .... 282 A 3
Motey-Besuche *70* .... 161 F 3
Motey-sur-Saône *70* .... 140 B 5
La Mothe-Achard *85* .... 165 F 5
La Mothe-Saint-Héray *79* .... 185 G 4
Mothern *67* .... 69 G 2
Motreff *29* .... 76 D 5
La Motte *22* .... 102 B 1
La Motte *83* .... 308 B 5
La Motte-au-Bois *59* .... 7 H 2
La Motte-Chalancon *26* .... 268 B 4
La Motte-d'Aigues *84* .... 306 A 2
La Motte-d'Aveillans *38* .... 251 E 4
La Motte-de-Galaure *26* .... 249 F 2
La Motte-du-Caire *04* .... 287 G 1
La Motte-en-Bauges *73* .... 233 G 1
La Motte-en-Champsaur *05* .... 269 G 1
La Motte-Fanjas *26* .... 250 A 3
La Motte-Feuilly *36* .... 189 H 2
La Motte-Fouquet *61* .... 82 D 2
La Motte-Saint-Jean *71* .... 193 F 2
La Motte-Saint-Martin *38* .... 250 D 4
La Motte-Servolex *73* .... 233 E 2
La Motte-Ternant *21* .... 158 D 3
La Motte-Tilly *10* .... 89 H 3
Mottereau *28* .... 109 G 2
Motteville *76* .... 19 H 4
Mottier *38* .... 232 A 4
Motz *73* .... 215 E 3
Mouacourt *54* .... 66 D 5
Mouais *44* .... 126 C 3
Mouans-Sartoux *06* .... 309 E 3
Mouaville *54* .... 45 E 5
Mouazé *35* .... 80 B 5
Mouchamps *85* .... 166 C 4
Mouchan *32* .... 295 G 1
Mouchard *39* .... 179 G 1
La Mouche *50* .... 51 H 3
Mouchès *32* .... 295 H 5
Mouchin *59* .... 9 F 4
Mouchy-le-Châtel *60* .... 38 B 3
Moudeyres *43* .... 247 H 4
Mouen *14* .... 33 F 5
Mouettes *27* .... 56 D 3
Mouffy *89* .... 136 B 4
Mouflaines *27* .... 37 E 4
Mouflers *80* .... 12 B 5
Mouflières *80* .... 11 F 5
Mougins *06* .... 309 E 4
Mougon *79* .... 185 F 4
Mouguerre *64* .... 292 A 5

Mouhers 36 189 E 2
Mouhet 36 188 C 4
Mouhous 64 294 C 5
Mouillac 33 238 B 4
Mouillac 82 278 C 2
La Mouille 39 197 F 2
Mouilleron 52 139 F 4
Mouilleron-en-Pareds 85 166 D 5
Mouilleron-le-Captif 85 165 H 4
Mouilly 55 64 C 2
Moulainville 55 44 C 5
Moularès 81 279 H 4
Moulay 53 82 B 5
Moulayrès 81 299 E 3
Moulédous 65 315 G 5
Moulès 13 304 C 4
Moulès-et-Baucels 34 302 C 1
Mouleydier 24 240 B 5
Moulézan 30 303 F 1
Moulhard 28 109 F 2
Moulicent 61 84 D 2
Moulidars 16 220 D 1
Mouliets-et-Villemartin 33 256 D 1
Mouliherne 49 150 C 1
Moulin *Château du* 41 153 G 3
Moulin-Chabaud 01 214 B 1
Le Moulin-des-Ponts 01 196 A 4
Moulin-Mage 81 300 D 3
Moulin-Neuf 09 337 E 1
Moulin-Neuf 24 239 E 4
Moulin-Neuf *Petit Musée auvergnat* 63 227 G 3
Moulin-sous-Touvent 60 39 H 1
Moulineaux 76 36 A 3
Moulines 14 53 G 1
Moulines 50 81 G 2
Moulinet 06 291 G 3
Moulinet 47 258 B 4
Le Moulinet-sur-Solin 45 134 C 2
Moulins 02 41 E 2
Moulins 03 192 A 2
Moulins 35 104 D 4
Moulins 79 167 E 2
Moulins-en-Tonnerrois 89 137 E 4
Moulins-Engilbert 58 175 H 2
Moulins-la-Marche 61 55 E 5
Moulins-le-Carbonnel 72 83 F 4
Moulins-lès-Metz 57 65 G 1
Moulins-Saint-Hubert 55 27 G 5
Moulins-sur-Céphons 36 171 G 2
Moulins-sur-Orne 61 54 A 4
Moulins-sur-Ouanne 89 135 H 4
Moulins-sur-Yèvre 18 173 F 1
Moulis 09 335 F 3
Moulis-en-Médoc 33 237 E 3
Moulismes 86 187 F 4
Moulle 62 3 F 5
Le Moulleau 33 254 B 2
Moulon 33 238 B 5
Moulon 45 112 B 4
Moulot 58 157 E 2
Moulotte 55 65 E 1
Moult 14 33 H 5
Moumoulous 65 315 G 3
Moumour 64 313 G 4
Mounes-Prohencoux 12 300 D 3
Mourède 32 295 G 2
Mourens 33 256 C 3
Mourenx 64 313 H 3
Mouret 12 262 C 4
Moureuille 63 209 F 1
Mourèze 34 301 H 4
Mouriès 13 304 D 3
Mouriez 62 11 H 1
Le Mourillon 83 328 A 4
Mourioux-Vieilleville 23 206 C 2
Mourjou 15 262 B 2
Mourmelon-le-Grand 51 42 B 5
Mourmelon-le-Petit 51 42 A 5
Mournans-Charbonny 39 180 A 4
Mouron 08 43 E 3
Mouron-sur-Yonne 58 157 G 5
Mouroux 77 59 H 4
Mours 95 38 B 5
Mours-Saint-Eusèbe 26 249 G 3
Le Mourtis 31 334 C 3
Mourvilles-Basses 31 318 C 2
Mourvilles-Hautes 31 318 D 3
Mouscardès 40 293 F 4
Moussac 30 284 A 5
Moussac 86 187 E 5
Moussages 15 244 C 1
Moussan 11 321 E 5
Moussé 35 105 E 5
Les Mousseaux 78 57 G 4
Mousseaux-lès-Bray 77 89 F 4
Mousseaux-Neuville 27 56 C 3
Mousseaux-sur-Seine 78 57 F 1
Moussey 10 115 E 2
Moussey 57 67 E 5
Moussey 88 96 B 3
Les Moussières 39 197 E 4
Mousson 54 65 G 3
Moussonvilliers 61 84 D 2
Moussoulens 11 319 G 4
Moussy 51 61 F 1
Moussy 58 157 E 5
Moussy 95 37 H 5
Moussy-le-Neuf 77 59 E 1
Moussy-le-Vieux 77 59 E 1
Moussy-Verneuil 02 40 D 2
Moustajon 31 334 A 4
Mousterlin 29 99 H 4
Moustéru 22 73 E 5
Moustey 40 273 F 1
Le Moustier 24 241 F 4
Moustier 47 257 G 3
Moustier-en-Fagne 59 16 A 4
Moustier-Ventadour 19 225 G 5
Moustiers-Sainte-Marie 04 307 G 1
Le Moustoir 22 76 D 4
Moustoir-Ac 56 102 A 5
Moustoir-Remungol 56 102 A 3
La Moutade 63 209 H 3
Moutaine 39 179 H 2
Moutardon 16 203 G 2
Le Moutaret 38 233 G 4
Moutchic 33 236 B 3
Mouterhouse 57 68 B 2
Mouterre-Silly 86 168 C 2
Mouterre-sur-Blourde 86 204 D 1
Mouthe 25 180 B 4
Le Moutherot 25 161 F 4
Mouthier-en-Bresse 71 178 D 3
Mouthier-Haute-Pierre 25 180 C 1
Mouthiers-sur-Boëme 16 221 E 3
Mouthoumet 11 338 A 3
Moutier-d'Ahun 23 207 G 2
Moutier-Malcard 23 189 G 4
Moutier-Rozeille 23 207 H 4
Moutiers 28 86 D 5
Moutiers 35 105 E 4
Moutiers 54 45 F 4
Moûtiers 73 234 C 3
Moutiers-au-Perche 61 85 E 3
Les Moutiers-en-Auge 14 54 B 2
Les Moutiers-en-Cinglais 14 53 G 1
Moutiers-en-Puisaye 89 135 G 5
Les Moutiers-en-Retz 44 146 D 5
Les Moutiers-Hubert 14 54 D 2
Moutiers-les-Mauxfaits 85 182 D 2
Moutiers-Saint-Jean 21 137 G 5
Moutiers-sous-Argenton 79 167 H 2
Moutiers-sous-Chantemerle 79 167 F 5
Moutiers-sur-le-Lay 85 183 F 1
Mouton 16 203 F 4
Mouton Rothschild *Château de* 33 237 E 1
Moutonne 39 196 B 2
La Moutonne 83 328 B 4
Moutonneau 16 203 F 4
Moutoux 39 179 H 4
Moutrot 54 94 B 1
Mouvaux 59 8 D 2
Moux 11 320 B 5
Moux-en-Morvan 58 158 C 5
Mouxy 73 233 F 1
Mouy 60 38 C 3
Mouy-sur-Seine 77 89 F 4
Mouzay 37 170 B 1
Mouzay 55 43 H 1
Mouzeil 44 148 A 1
Mouzens 24 259 E 1
Mouzens 81 298 D 5
Mouzeuil-Saint-Martin 85 183 G 2
Mouzieys-Panens 81 279 E 4
Mouzieys-Teulet 81 299 G 2
Mouzillon 44 148 A 5
Mouzon 08 27 G 4
Mouzon 16 204 B 5
Moval 90 142 C 3
Moy-de-l'Aisne 02 24 B 3
Moyaux 14 34 D 4
Moydans 05 268 C 5
Moye 74 215 E 4
Moyemont 88 95 G 4
Moyen 54 95 G 3
Moyencourt 80 23 G 4
Moyencourt-lès-Poix 80 22 A 3
Moyenmoutier 88 96 B 3
Moyenneville 60 39 E 1
Moyenneville 62 13 G 3
Moyenneville 80 11 G 4
Moyenvic 57 66 D 4
Moyeuvre-Grande 57 45 G 4
Moyeuvre-Petite 57 45 G 4
Moyon 50 52 A 1
Moyrazès 12 280 C 1
Moyvillers 60 39 E 2
Mozac 63 209 H 4
Mozé-sur-Louet 49 149 G 2
Muchedent 76 20 B 3
Mudaison 34 303 E 4
Muel 35 103 F 2
Muespach 68 143 G 4
Muespach-le-Haut 68 143 G 4
Mugron 40 293 G 2
Muhlbach-sur-Bruche 67 96 D 2
Muhlbach-sur-Munster 68 120 C 3
Muides-sur-Loire 41 132 C 4
Muidorge 60 38 A 1
Muids 27 36 C 4
Muille-Villette 80 23 H 3
Muirancourt 60 23 H 4
Muizon 51 41 F 3
Les Mujouls 06 289 F 5
La Mulatière 69 231 E 1
Mulcent 78 57 F 3
Mulcey 57 67 E 4
Mulhausen 67 68 C 3
Mulhouse 68 143 F 1
Mulsanne 72 130 A 2
Mulsans 41 132 B 4
Mun 65 315 G 4
Munchhausen 67 69 G 2
Munchhouse 68 121 F 5
Muncq-Nieurlet 62 3 E 4
Mundolsheim 67 68 D 5
Muneville-le-Bingard 50 31 G 5
Muneville-sur-Mer 50 51 G 2
Le Mung 17 201 F 4
Munster 57 67 F 3
Munster 68 120 D 3
Muntzenheim 68 121 F 2
Munwiller 68 121 E 4
Mur-de-Barrez 12 262 D 1
Mur-de-Bretagne 22 77 H 5
Mur-de-Sologne 41 153 G 2
Muracciole 2B 349 F 1
Murasson 12 300 C 3
Murat 03 191 F 3
Murat 15 245 F 3
Murat-le-Quaire 63 227 E 2
Murat-sur-Vèbre 81 300 D 4
Murato 2B 345 F 5
La Muraz 74 215 H 1
Murbach 68 120 D 4
La Mure 04 288 C 4
La Mure 38 251 E 4
Mureaumont 60 21 G 5
Les Mureaux 78 57 H 2
Mureils 26 249 F 1
Mûres 74 215 G 4
Muret 31 317 H 2
Le Muret 40 255 E 5
Muret-et-Crouttes 02 40 C 3
Muret-le-Château 12 262 D 5
La Murette 38 232 C 4
Murianette 38 251 E 1
Murinais 38 250 A 1
Murles 34 302 C 4
Murlin 58 156 C 5
Muro 2B 346 C 2
Murol 63 227 F 3
Murols 12 262 D 2
Muron 17 201 E 2
Murs 36 170 D 3
Murs 84 286 A 5
Mûrs-Erigné 49 149 G 2
Murs-et-Gélignieux 01 232 D 1
Murtin-et-Bogny 08 26 C 2
Murvaux 55 43 H 2
Murviel-lès-Béziers 34 321 F 2
Murviel-lès-Montpellier 34 302 C 4
Murville 54 45 E 3
Murzo 2A 348 C 1
Mus 30 303 G 3
Muscourt 02 41 E 2
Musculdy 64 331 E 1
Musièges 74 215 F 2
Musigny 21 159 E 5
Musseau 52 139 F 4
Mussey 55 63 G 3
Mussey-sur-Marne 52 93 E 4
Mussidan 24 239 G 3
Mussig 67 97 F 5
Mussy-la-Fosse 21 159 E 1
Mussy-sous-Dun 71 194 A 5
Mussy-sur-Seine 10 115 H 5
Mutigney 39 161 E 3
Mutigny 51 61 G 1
Mutrécy 14 53 G 1
Muttersholtz 67 97 F 4
Mutzenhouse 67 68 C 4
Mutzig 67 97 F 2
Le Muy 83 308 B 5
Muzeray 55 44 D 3
Muzillac 56 124 D 5
Muzy 27 56 C 4
Myans 73 233 F 3
Myennes 58 156 A 2
Myon 25 179 H 1

N

Nabas 64 313 F 3
Nabinaud 16 239 F 1
Nabirat 24 259 H 2
Nabringhen 62 2 C 5
Nachamps 17 201 G 2
Nadaillac 24 241 H 4
Nadaillac-de-Rouge 46 260 B 1
Nades 03 209 G 1
Nadillac 46 260 B 4
Naftel 50 52 A 5
Nagel-Séez-Mesnil 27 55 H 2
Nages 81 300 C 4
Nages-et-Solorgues 30 303 G 2
Nahuja 66 341 F 5
Nailhac 24 241 F 1
Naillat 23 188 D 5
Nailloux 31 318 B 3
Nailly 89 113 F 2
Naintré 86 169 G 4
Nainville-les-Roches 91 88 A 3
Naisey 25 162 B 4
Naives-devant-Bar 55 63 H 3
Naives-en-Blois 55 93 G 1
Naix-aux-Forges 55 93 F 1
Naizin 56 102 A 4
Najac 12 279 F 3
Nalliers 85 183 G 2
Nalliers 86 187 F 1
Nalzen 09 336 C 3
Nambsheim 68 121 G 4
Nampcel 60 39 H 1
Nampcelles-la-Cour 02 25 G 3
Nampont-Saint-Martin 80 11 G 1
Namps-au-Mont 80 22 A 3
Namps-au-Val 80 22 A 3
Nampteuil-sous-Muret 02 40 C 3
Nampty 80 22 B 3
Nan-Sous-Thil 21 158 D 2
Nanc-lès-Saint-Amour 39 196 A 3
Nançay 18 154 D 3
Nance 39 178 D 4
Nances 73 233 E 2
Nanclars 16 203 F 4
Nançois-le-Grand 55 64 B 5
Nançois-sur-Ornain 55 64 B 5
Nancras 17 201 E 5
Nancray 25 162 B 3
Nancray-sur-Rimarde 45 111 H 4
Nancuise 39 196 B 2
Nancy 54 65 H 5
Nancy-sur-Cluses 74 216 C 2
Nandax 42 211 H 2
Nandy 77 88 A 2
Nangeville 45 87 H 5
Nangis 77 89 E 2
Nangy 74 197 H 5
Nannay 58 156 C 4
Nans 25 162 C 1
Les Nans 39 179 H 4
Nans-les-Pins 83 327 H 2
Nans-sous-Sainte-Anne 25 180 A 1
Nant 12 282 A 5
Nant-le-Grand 55 63 H 5
Nant-le-Petit 55 63 H 5
Nanteau-sur-Essonne 77 87 H 5
Nanteau-sur-Lunain 77 112 C 2
Nanterre 92 58 B 3
Nantes 44 147 G 4
Nantes-en-Ratier 38 251 E 4
Nanteuil 79 185 F 3
Nanteuil-Auriac-de-Bourzac 24 221 G 5
Nanteuil-en-Vallée 16 203 G 3
Nanteuil-la-Forêt 51 41 F 5
Nanteuil-la-Fosse 02 40 C 2
Nanteuil-le-Haudouin 60 39 F 5
Nanteuil-lès-Meaux 77 59 G 2
Nanteuil-Notre-Dame 02 40 C 4
Nanteuil-sur-Aisne 08 42 A 1
Nanteuil-sur-Marne 77 60 A 2
Nantey 39 196 A 3
Nantheuil 24 223 E 4
Nanthiat 24 223 E 4
Nantiat 87 205 G 3
Nantillé 17 201 H 4
Nantillois 55 43 G 3
Nantilly 70 161 E 1
Nantoin 38 232 A 4
Nantois 55 93 F 1
Nanton 71 195 E 1
Nantouard 70 161 F 1
Nantouillet 77 59 E 2
Nantoux 21 177 G 1
Nantua 01 214 C 1
Naours 80 12 C 5
La Napoule 06 309 E 4
Napt 01 196 B 5
Narbéfontaine 57 46 C 5
Narbief 25 163 F 4
Narbonne 11 321 E 5
Narbonne-Plage 11 321 G 5
Narcastet 64 314 B 4
Narcy 52 92 D 2
Narcy 58 156 B 4
Nargis 45 112 C 3
Narnhac 15 245 E 5
Narp 64 313 F 3
Narrosse 40 293 E 3
La Nartelle 83 329 G 2
Narthoux 81 279 F 4
Nasbinals 48 263 G 3
Nassandres 27 35 G 5
Nassiet 40 293 G 4
Nassigny 03 190 D 2
Nastringues 24 239 E 5
Nattages 01 214 D 5
Natzwiller 67 96 D 3
Naucelle 12 280 B 3
Naucelles 15 244 B 4
Naujac-sur-Mer 33 236 C 1
Naujan-et-Postiac 33 256 C 1
Naurouze *Seuil de* 11 318 D 3
Nauroy 02 24 A 1
Naussac 12 261 G 4
Naussac 48 265 F 2
Naussac *Barrage de* 48 265 F 2
Naussannes 24 258 C 2
Nauvay 72 108 A 2
Nauviale 12 262 B 4
Nauzan 17 218 C 1
Navacelles 30 284 A 3
Navacelles *Cirque de* 34 302 A 1
Navailles-Angos 64 314 B 2
Navarosse 40 254 B 5
Navarrenx 64 313 G 3
Naveil 41 131 G 3
Navenne 70 141 F 4
Naves 03 209 H 1
Naves 07 283 H 1
Naves 19 242 D 1
Naves 59 14 C 3
Naves 73 234 B 2
Navès 81 299 G 5
Nâves-Parmelan 74 215 H 3
Navilly 71 178 B 2
Nay 50 31 H 3
Nay 64 314 C 5
Nayemont-les-Fosses 88 96 B 4
Le Nayrac 12 262 D 3
Nazelles-Négron 37 152 B 2
Néac 33 238 C 4
Néant-sur-Yvel 56 103 E 4
Neau 53 106 C 3
Neaufles-Auvergny 27 55 G 3
Neaufles-Saint-Martin 27 37 F 3
Neauphe-sous-Essai 61 83 H 2
Neauphe-sur-Dive 61 54 B 3
Neauphle-le-Château 78 57 H 4
Neauphle-le-Vieux 78 57 G 4
Neauphlette 78 57 E 2
Neaux 42 211 H 3
Nébian 34 302 A 4
Nébias 11 337 F 3
Nébing 57 67 F 3
Nébouzat 63 227 F 1
Nécy 61 54 A 3
Nedde 87 225 E 1
Nédon 62 7 G 4
Nédonchel 62 7 G 4
Neewiller-près-Lauterbourg 67 69 G 2
Neffes 05 269 G 4
Neffiès 34 301 H 5
Néfiach 66 342 C 2
Nègrepelisse 82 278 B 4
Négreville 50 29 F 4
Négron 37 152 B 2
Négrondes 24 222 D 5
Néhou 50 29 F 5
Nehwiller 67 68 D 2
Nelling 57 67 F 2
Nemours 77 112 B 2
Nempont-Saint-Firmin 62 6 B 5
Nénigan 31 316 B 3
Nenon 39 161 E 5
Néons-sur-Creuse 36 170 B 5
Néoules 83 328 B 2
Néoux 23 207 H 4
Nepvant 55 27 H 5
Nérac 47 275 G 3
Nerbis 40 293 G 2
Nercillac 16 220 C 1
Néré 17 202 C 3
Néret 36 189 H 2
Nérigean 33 238 B 5
Nérignac 86 187 E 5
Néris-les-Bains 03 190 D 5
Nermier 39 196 C 2
Nernier 74 197 H 3
Néron 28 86 B 2
Néronde 42 212 A 5
Néronde-sur-Dore 63 210 C 5
Nérondes 18 173 H 2
Ners 30 283 H 5
Nersac 16 221 E 2
Nervieux 42 211 H 5
Nerville-la-Forêt 95 58 B 1
Néry 60 39 F 3
Neschers 63 227 H 2
Nescus 09 335 H 2
Nesle 80 23 G 3
Nesle-et-Massoult 21 137 H 3
Nesle-Hodeng 76 21 E 4
Nesle-la-Reposte 51 90 A 2
Nesle-le-Repons 51 61 E 1
Nesle-l'Hôpital 80 11 F 5
Nesle-Normandeuse 76 11 F 5
Nesles 62 6 B 2
Nesles 77 59 G 5
Nesles-la-Montagne 02 60 C 1
Nesles-la-Vallée 95 38 B 5
Neslette 80 11 F 5
Nesmy 85 182 D 1
Nesploy 45 111 H 5
Nespouls 19 242 B 3
Nessa 2B 346 C 2
Nestier 65 334 A 1
Nettancourt 55 63 F 3
Netzenbach 67 96 D 2
Neublans 39 178 C 2
Neubois 67 97 E 4
Le Neubourg 27 35 H 5
Neuchâtel-Urtière 25 163 F 2
Neuf-Berquin 59 8 A 2
Neuf-Brisach 68 121 F 3
Neuf-Église 63 209 F 2
Neuf-Marché 76 37 F 2
Neuf-Mesnil 59 15 G 2
Neufbosc 76 20 D 4
Le Neufbourg 50 52 C 5
Neufchâteau 88 94 A 4
Neufchâtel-en-Bray 76 20 D 3
Neufchâtel-en-Saosnois 72 83 H 4
Neufchâtel-Hardelot 62 6 B 3
Neufchâtel-sur-Aisne 02 41 G 2
Neufchef 57 45 G 3
Neufchelles 60 39 H 5
Neuffons 33 256 D 3
Neuffontaines 58 157 G 3
Neufgrange 57 67 G 1
Neuflieux 02 24 A 5
Neuflize 08 42 A 2
Neufmaison 08 26 B 3
Neufmaisons 54 96 A 3
Neufmanil 08 26 D 2
Neufmesnil 50 31 G 2
Neufmoulin 80 11 H 3
Neufmoulins 57 67 G 5
Neufmoutiers-en-Brie 77 59 F 4
Le Neufour 55 43 F 5
Neufvillage 57 67 E 2
Neufvy-sur-Aronde 60 39 E 1
Neugartheim 67 68 C 5
Neugartheim-Ittlenheim 67 68 C 5
Neuhaeusel 67 69 G 3
Neuil 37 151 G 5
Neuilh 65 333 E 1
Neuillac 17 219 H 3
Neuillay-les-Bois 36 171 F 4
Neuillé 49 150 C 3
Neuillé-le-Lierre 37 152 B 1
Neuillé-Pont-Pierre 37 151 G 1
Neuilly 27 56 D 2
Neuilly 58 157 F 4
Neuilly 89 136 A 2
Neuilly-en-Donjon 03 193 F 4
Neuilly-en-Dun 18 173 H 4

NANCY

Adam (R. Sigisbert) .... BX 2
Albert-1er (Bd) .... DV 3
Anatole-France (Av.) .... DV 6
Armée-Patton (R.) .... DV 7
Auxonne (R. d') .... DV 8
Barrès (R. Maurice) .... CY 10
Barthou (Bd L.) .... EX 12
Bazin (R. H.) .... CY 13
Benit (R.) .... BY 14
Blandan (R. du Sergent) .... DX 15
Braconnot (R.) .... BX 19
Carmes (R. des) .... BY 20
Chanoine-Jacob (R.) .... AX 23
Chanzy (R.) .... AY 24
Cheval-Blanc (R. du) .... BY 25
Clemenceau (Bd G.) .... EX 26
Craffe (R. de la) .... AX 27
Croix de Bourgogne (Espl.) .... AZ 28
Dominicains (R. des) .... BY 29
Doumer (Av. P.) .... EX 30
Erignac (R. C.) .... BY 31
Europe (Av. de l') .... DX 32
Europe (Bd de l') .... DEY 33
La-Fayette (Pl. de) .... BY 47
Foch (Av.) .... DV 34
Frère (R. Gén.) .... DY 35
Gambetta (R.) .... BY 36
Gaulle (Pl. Gén.-de) .... BX 37
Grande-Rue .... BXY
Haussonville (Bd d') .... DX 38
Haut-Bourgeois (R.) .... AX 39
Héré (R.) .... BY 40
Ile de Corse (R. de l') .... CY 41
Jeanne-d'Arc (Av.) .... DEY 45
Jeanne-d'Arc (R.) .... DEX 44
Jean-Jaurès (Av.) .... DXY 42
Jean-Jaurès (Bd) .... EX 43
Keller (R. Ch.) .... AX 46
Leclerc (Av. Gén.) .... DY 48
Linnois (R.) .... EX 49
Louis (R. Baron) .... AXY 50
Loups (R. des) .... AX 51
Majorelle (R. Louis) .... DX 52
Mazagran (R.) .... AY 54
Mengin (Pl. Henri) .... BY 55
Mgr-Ruch (Pl.) .... CY 63
Molitor (R.) .... CZ 60
Monnaie (R. de la) .... BY 62
Mon-Désert (R. de) .... ABZ 61
Mouja (R. du Pont) .... BY 64
Nabécor (R. de) .... EX 65
Oudinot (R. Maréchal) .... EX 68
Poincaré (R. H.) .... AY 69
Poincaré (R. R.) .... DX 71
Poincaré (R. R.) .... AY 70
Point-Central .... BY 72
Ponts (R. des) .... BYZ 73

Primatiale (R. de la) .... CY 74
Raugraff (R.) .... BY 75
République (R. de la) .... EX 76
Résistance (Av. de la) .... CV 78
Rhin (Av. du) .... CV 79
St-Dizier (R.) .... BCYZ
St-Épvre (Pl.) .... BY 82
St-Georges (R.) .... CY
St-Jean (R.) .... BY
St-Lambert (R.) .... DV 84
St-Léon (R.) .... AY 85
Source (R. de la) .... AY 99
Stanislas (R.) .... BY 100
Strasbourg (Av. de) .... EX 102
Tomblaine (R. de) .... EV 103
Trois-Maisons (R. du Fg des) .... AX 104
Trouillet (R.) .... AXY 105
Verdun (R. de) .... DV 106
Victor-Hugo (R.) .... DV 107
Visitation (R. de la) .... BY 109
XXe-Corps (Av. du) .... EV 110

Neuilly-en-Sancerre 18 .... 155 G 3
Neuilly-en-Thelle 60 .... 38 B 4
Neuilly-en-Vexin 95 .... 37 H 5
Neuilly-la-Forêt 14 .... 32 B 3
Neuilly-le-Bisson 61 .... 83 H 3
Neuilly-le-Brignon 37 .... 170 A 2
Neuilly-le-Dien 80 .... 12 B 3
Neuilly-le-Malherbe 14 .... 33 F 5
Neuilly-le-Réal 03 .... 192 B 3
Neuilly-le-Vendin 53 .... 82 D 3
Neuilly-lès-Dijon 21 .... 160 B 3
Neuilly-l'Évêque 52 .... 117 G 5
Neuilly-l'Hôpital 80 .... 11 G 3
Neuilly-Plaisance 93 .... 58 D 3
Neuilly-Saint-Front 02 .... 40 A 5
Neuilly-sous-Clermont 60 .... 38 C 3
Neuilly-sur-Eure 61 .... 85 E 3
Neuilly-sur-Marne 93 .... 58 D 3
Neuilly-sur-Seine 92 .... 58 B 3
Neuilly-sur-Suize 52 .... 117 E 4
Neulette 62 .... 7 F 5
Neulise 42 .... 211 H 4
Neulles 17 .... 219 H 3
Neulliac 56 .... 101 H 2
Neung-sur-Beuvron 41 .... 154 A 1
Neunhoffen 67 .... 68 C 1
Neunkirchen-lès-Bouzonville 57 .... 46 C 3
Neure 03 .... 174 B 5
Neurey-en-Vaux 70 .... 141 F 3
Neurey-lès-la-Demie 70 .... 141 F 5
Neussargues-Moissac 15 .... 245 G 3
Neuve-Chapelle 62 .... 8 B 3
Neuve-Eglise 67 .... 97 E 4
La Neuve-Grange 27 .... 37 E 2
La Neuve-Lyre 27 .... 55 G 2
Neuve-Maison 02 .... 25 G 1
Neuvecelle 74 .... 198 C 3
Neuvéglise 15 .... 245 G 5
Neuvelle-lès-Champlitte 70 .... 140 A 5
Neuvelle-lès-Cromary 70 .... 162 A 2
Neuvelle-lès-Grancey 21 .... 139 E 4
Neuvelle-lès-la-Charité 70 .... 140 D 5
La Neuvelle-lès-Lure 70 .... 141 H 3
La Neuvelle-lès-Scey 70 .... 140 D 3
Neuvelle-lès-Voisey 52 .... 140 C 2
Neuves-Maisons 54 .... 94 D 1
La Neuveville-devant-Lépanges 88 .... 119 H 2
La Neuveville-sous-Châtenois 88 .... 94 B 5
La Neuveville-sous-Montfort 88 .... 118 C 2
Neuvic 19 .... 225 H 5
Neuvic 24 .... 239 H 3
Neuvic-Entier 87 .... 224 C 1
Neuvicq 17 .... 238 C 1
Neuvicq-le-Château 17 .... 202 C 5
Neuvillalais 72 .... 107 F 3
Neuville 03 .... 191 F 3
Neuville 19 .... 243 E 3
La Neuville 59 .... 8 D 4
Neuville 63 .... 228 B 1
La Neuville-à-Maire 08 .... 27 E 5
Neuville-au-Bois 80 .... 11 G 5
Neuville-au-Cornet 62 .... 12 D 2
Neuville-au-Plain 50 .... 29 G 5
La Neuville-au-Pont 51 .... 43 E 5
Neuville-aux-Bois 45 .... 111 F 4
La Neuville-aux-Bois 51 .... 63 E 2
La Neuville-aux-Joûtes 08 .... 25 H 1
La Neuville-aux-Larris 51 .... 41 F 5
La Neuville-aux-Tourneurs 08 .... 26 A 2
Neuville-Bosc 60 .... 37 H 4
La Neuville-Bosmont 02 .... 25 F 4
Neuville-Bourjonval 62 .... 14 A 5
La Neuville-Chant-d'Oisel 76 .... 36 C 2
Neuville-Coppegueule 80 .... 21 G 2
La Neuville-d'Aumont 60 .... 38 A 3
Neuville-Day 08 .... 42 D 1
Neuville-de-Poitou 86 .... 169 E 5
La Neuville-du-Bosc 27 .... 35 H 4
Neuville-en-Avesnois 59 .... 15 E 3
Neuville-en-Beaumont 50 .... 31 F 2
La Neuville-en-Beine 02 .... 24 A 4
Neuville-en-Ferrain 59 .... 5 E 5
La Neuville-en-Hez 60 .... 38 C 2
La Neuville-en-Tourne-à-Fuy 08 .... 42 B 3
Neuville-en-Verdunois 55 .... 63 H 2
Neuville-Ferrières 76 .... 20 D 4
La Neuville-Garnier 60 .... 38 A 3
La Neuville-Housset 02 .... 25 E 3
La Neuville-lès-Bray 80 .... 23 E 1
Neuville-les-Dames 01 .... 213 F 1
Neuville-lès-Decize 58 .... 174 D 4
Neuville-lès-Dieppe 76 .... 10 B 5
La Neuville-lès-Dorengt 02 .... 24 D 1
Neuville-lès-Lœuilly 80 .... 22 B 3
Neuville-lès-This 08 .... 26 C 3
Neuville-lès-Vaucouleurs 55 .... 93 H 2
La Neuville-lès-Wasigny 08 .... 26 A 4
Neuville-près-Sées 61 .... 54 C 5
Neuville-Saint-Amand 02 .... 24 B 2
La Neuville-Saint-Pierre 60 .... 38 B 1
Neuville-Saint-Rémy 59 .... 14 B 3
Neuville-Saint-Vaast 62 .... 8 B 5
La Neuville-Sire-Bernard 80 .... 22 D 3
Neuville-sous-Arzillières 51 .... 62 D 5
Neuville-sous-Montreuil 62 .... 6 C 4
Neuville-sur-Ailette 02 .... 41 E 1
Neuville-sur-Ain 01 .... 214 A 2
Neuville-sur-Authou 27 .... 35 F 4
Neuville-sur-Brenne 37 .... 131 F 5
Neuville-sur-Escaut 59 .... 14 C 2
La Neuville-sur-Essonne 45 .... 111 H 3
Neuville-sur-Margival 02 .... 40 B 1
Neuville-sur-Oise 95 .... 58 A 1
Neuville-sur-Ornain 55 .... 63 G 3
La Neuville-sur-Oudeuil 60 .... 21 H 5
La Neuville-sur-Ressons 60 .... 23 F 5
Neuville-sur-Saône 69 .... 213 E 4
Neuville-sur-Sarthe 72 .... 107 H 4
Neuville-sur-Seine 10 .... 115 G 4
Neuville-sur-Touques 61 .... 54 D 3
Neuville-sur-Vannes 10 .... 114 B 2
La Neuville-Vault 60 .... 37 H 1
Neuville-Vitasse 62 .... 13 G 3
Neuviller-la-Roche 67 .... 96 D 3
Neuviller-lès-Badonviller 54 .... 96 A 2
Neuviller-sur-Moselle 54 .... 95 E 3
Neuvillers-sur-Fave 88 .... 96 C 5
Neuvillette 02 .... 24 C 2
La Neuvillette 51 .... 41 G 3
Neuvillette 80 .... 12 D 3
Neuvillette-en-Charnie 72 .... 107 E 3
Neuvilley 39 .... 179 F 2
Neuvilly 59 .... 14 D 4
Neuvilly-en-Argonne 55 .... 43 G 4
Neuvireuil 62 .... 8 C 5
Neuvizy 08 .... 26 C 4
Neuvy 03 .... 192 A 2
Neuvy 41 .... 153 G 1
Neuvy 51 .... 60 C 4
Neuvy-au-Houlme 61 .... 53 H 3
Neuvy-Bouin 79 .... 167 G 5
Neuvy-deux-Clochers 18 .... 155 G 4
Neuvy-en-Beauce 28 .... 110 D 2
Neuvy-en-Champagne 72 .... 107 F 4
Neuvy-en-Dunois 28 .... 110 B 2
Neuvy-en-Mauges 49 .... 149 E 3
Neuvy-en-Sullias 45 .... 133 H 3
Neuvy-Grandchamp 71 .... 193 F 1
Neuvy-le-Barrois 18 .... 174 B 3
Neuvy-le-Roi 37 .... 130 D 5
Neuvy-Pailloux 36 .... 172 A 3
Neuvy-Saint-Sépulchre 36 .... 189 F 1
Neuvy-Sautour 89 .... 114 C 4
Neuvy-sur-Barangeon 18 .... 154 D 3
Neuvy-sur-Loire 58 .... 156 A 1
Neuwiller 68 .... 143 H 4
Neuwiller-lès-Saverne 67 .... 68 B 3
Neuzy 71 .... 193 G 2
Névache 05 .... 252 C 3
Nevers 58 .... 174 C 2
Névez 29 .... 100 B 5
Névian 11 .... 320 D 5
Néville 76 .... 19 G 2
Néville-sur-Mer 50 .... 29 G 2
Nevoy 45 .... 134 C 4
Nevy-lès-Dole 39 .... 179 E 1
Nevy-sur-Seille 39 .... 179 F 4
Nexon 87 .... 223 G 1
Ney 39 .... 179 H 4
Neydens 74 .... 215 G 1
Neyrac-les-Bains 07 .... 266 A 3
Les Neyrolles 01 .... 214 C 1
Neyron 01 .... 213 F 5
Nézel 78 .... 57 G 2
Nézignan-l'Évêque 34 .... 321 H 3
Niafles 53 .... 127 H 2
Niaux 09 .... 336 B 4
Niaux *Grotte de* 09 .... 336 B 4
Nibas 80 .... 11 E 3

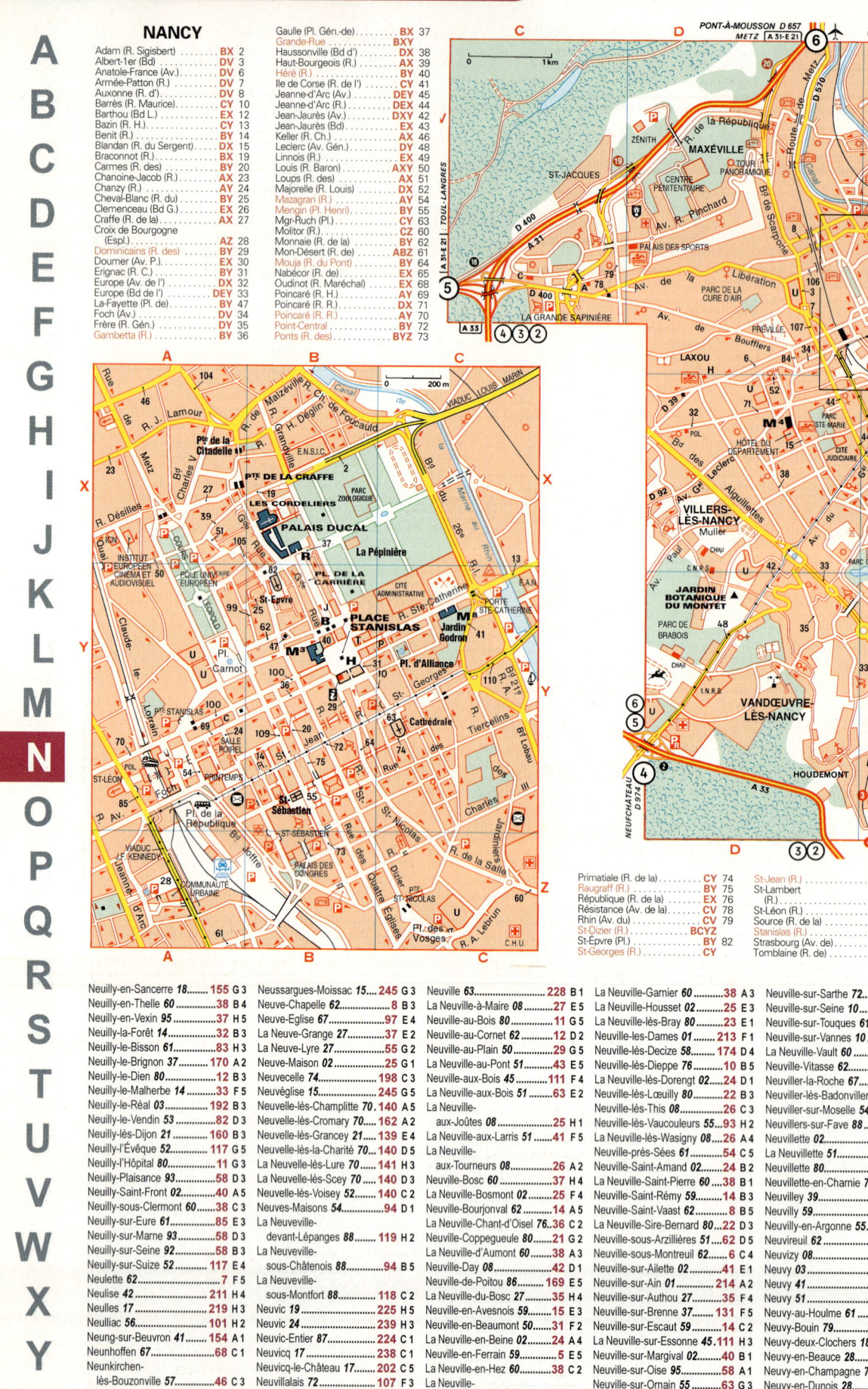

NANTES

Aiguillon (Q. d') .... BX 2
Anglais (Bd des) .... BV 4
Beaujoire (Bd de la) .... CV 10
Belges (Bd des) .... CV 12
Bocquerel (Bd H.) .... CV 14
Bouley Paty (Bd) .... BV 22
Cassin (Bd R.) .... BV 34
Chapelle-sur-Erdre (Rte) .... BV 39
Cholet (Bd Bâtonnier) ..... BX 42
Churchill (Bd W.) .... BX 43
Clemenceau (Pont G.) .... CX 45
Coty (Bd R.) .... BX 55
Courbet (Bd Amiral) .... CV 58
Dalby (Bd E.) .... CV 61
Dos-d'Ane (R.) .... CX 68
Doulon (Bd de) .... CV 70
Dreyfus (R. Commandant A.) .... CV 71
Einstein (Bd A.) .... BV 75
Fraternité (Bd de la) .... BX 84
Gabory (Bd E.) .... CX 85
Gaulle (Bd Gén.-de) .... CX 87
Jean XXIII (Bd) .... BV 100
Jouhaux (Bd L.) .... BX 102
Juin (Bd Mar.) .... BX 103
Koenig (Bd Gén.) .... BX 107
Landreau (R. du) .... CV 108
Le Lasseur (Bd) .... BV 112
Lauriol (Bd G.) .... BV 110
Liberté (Bd de la) .... BX 115
Luther-King (Bd M.) .... CV 118
Michelet (Bd) .... CV 127
Mollet (Bd G.) .... CV 128
Monod (Bd du Prof.-J.) .... CV 130
Orieux (Bd E.) .... CV 133
Petite Baratte (R.) .... CV 141
Pirmil (Pont de) .... CX 145
Poilus (Bd des) .... CV 147
Roch (Bd Gustave) .... CX 160
Romanet (Bd E.) .... BX 163
St-Jacques (R.) .... CX 169
St-Joseph (Rte de) .... CV 171
St-Sébastien (Côte) .... CX 178
Sarrebrück (Bd de) .... CX 184
Say (R. L.) .... BV 186
Stalingrad (Bd de) .... CX 190
Tertre (Bd du) .... BX 193
Tortière (Pont de la) .... CV 196
Victor-Hugo (Bd) .... CX 201
Viviani (R. René) .... CX 204

ORVAULT

Ferrière (Av. de la) .... BV 80
Goupil (Av. A.) .... BV 88
Mendès-France (Bd) .... BV 124
Rennes (Rte de) .... BV 156

REZÉ

Gaulle (Bd Gén.-de) .... CX 87

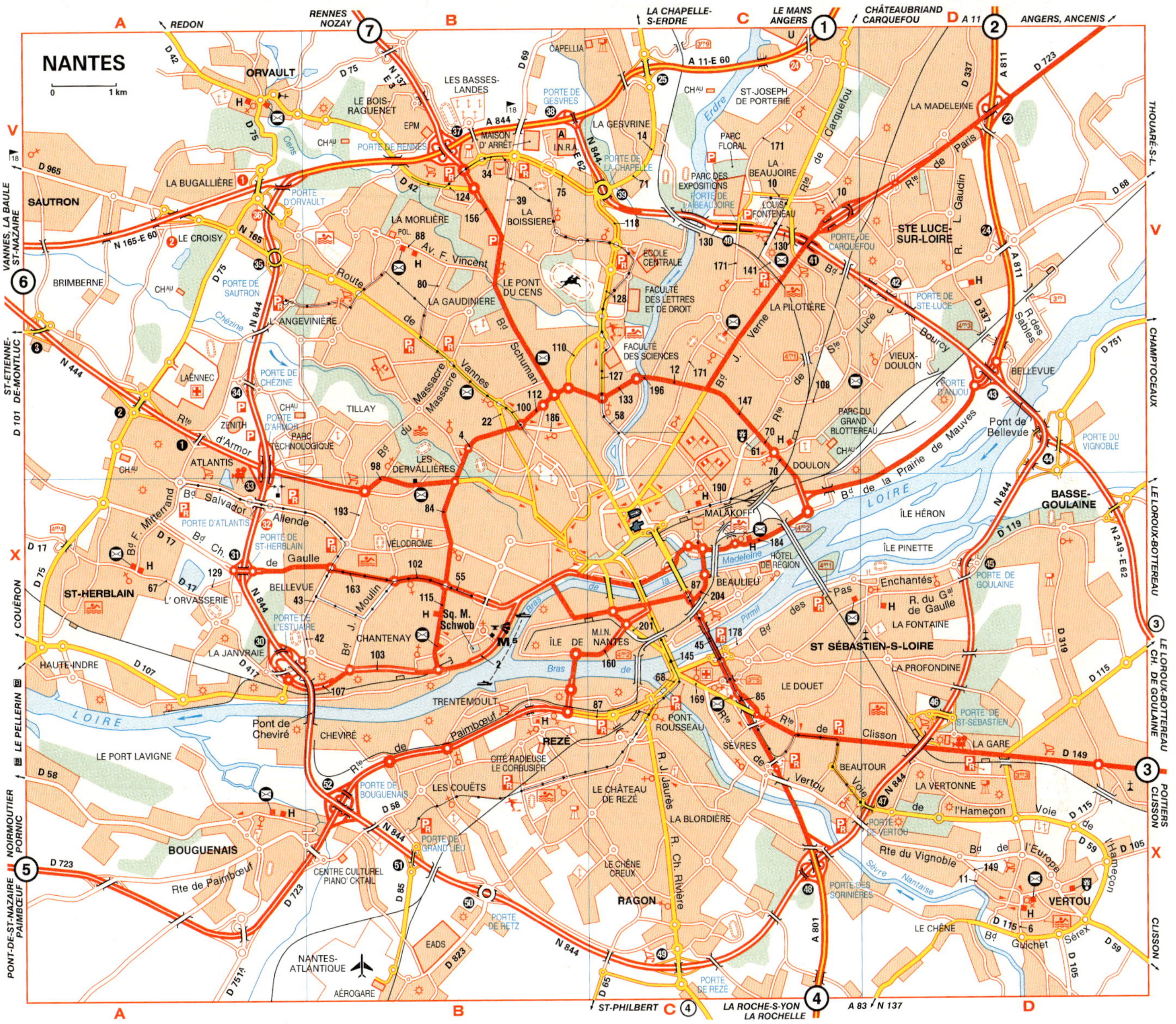

Nibelle 45 .... 111 H 4
Nibles 04 .... 287 G 1
Nice 06 .... 309 H 2
Nicey 21 .... 137 H 2
Nicey-sur-Aire 55 .... 64 B 3
Nicole 47 .... 275 G 1
Nicorps 50 .... 51 G 1
Nideck *Château et Cascade du* 67 .... 96 D 1
Niderhoff 57 .... 96 B 1
Niderviller 57 .... 67 H 5
Niederbronn-les-Bains 67 .... 68 D 2
Niederbruck 68 .... 142 C 1
Niederentzen 68 .... 121 E 4
Niederhaslach 67 .... 97 E 2
Niederhausbergen 67 .... 68 D 5
Niederhergheim 68 .... 121 F 4
Niederlarg 68 .... 143 E 4
Niederlauterbach 67 .... 69 G 1
Niedermodern 67 .... 68 D 3
Niedermorschwihr 68 .... 120 D 2
Niedernai 67 .... 97 F 2
Niederrœdern 67 .... 69 G 2
Niederschaeffolsheim 67 .... 68 D 4
Niederseebach 67 .... 69 F 2
Niedersoultzbach 67 .... 68 B 3
Niedersteinbach 67 .... 68 D 1
Niederstinzel 57 .... 67 G 3
Niedervisse 57 .... 46 D 5
Nielles-lès-Ardres 62 .... 2 D 4
Nielles-lès-Bléquin 62 .... 7 E 2
Nielles-lès-Calais 62 .... 2 C 3
Le Nieppe 59 .... 3 G 5
Nieppe 59 .... 8 B 2
Niergnies 59 .... 14 B 4
Nieudan 15 .... 243 H 4
Nieuil 16 .... 203 H 4
Nieuil-l'Espoir 86 .... 186 C 2
Nieul 87 .... 205 G 4
Nieul-le-Dolent 85 .... 182 C 1
Nieul-le-Virouil 17 .... 219 G 4
Nieul-lès-Saintes 17 .... 201 F 5
Nieul-sur-l'Autise 85 .... 184 C 3
Nieul-sur-Mer 17 .... 183 F 5
Nieulle-sur-Seudre 17 .... 200 D 5
Nieurlet 59 .... 3 F 5
Niévroz 01 .... 213 G 4
Niffer 68 .... 143 H 2
Niherne 36 .... 171 G 4
Nijon 52 .... 117 H 2
Nilvange 57 .... 45 G 3
Nîmes 30 .... 303 H 2
Ninville 52 .... 117 G 3
Niort 79 .... 184 D 4
Niort-de-Sault 11 .... 337 E 4
Niort-la-Fontaine 53 .... 82 B 3
Niozelles 04 .... 287 F 5
Nissan-lez-Enserune 34 .... 321 F 4
Nistos 65 .... 334 A 2
Nitry 89 .... 136 D 4
Nitting 57 .... 67 G 5
Nivelle 59 .... 9 G 4
Nivillac 56 .... 125 F 5
Nivillers 60 .... 38 A 2
Nivolas-Vermelle 38 .... 232 A 2
Nivollet-Montgriffon 01 .... 214 B 3
Nixéville 55 .... 43 H 5
Le Nizan 33 .... 256 B 5
Nizan-Gesse 31 .... 316 B 5
Nizas 32 .... 317 E 2
Nizas 34 .... 321 H 2
Nizerolles 03 .... 210 D 2
Nizon 29 .... 100 B 4
Nizy-le-Comte 02 .... 25 G 5
Noailhac 12 .... 262 B 4
Noailhac 19 .... 242 C 3
Noailhac 81 .... 299 H 5
Noaillac 33 .... 256 D 4
Noaillan 33 .... 255 H 4
Noailles 19 .... 242 B 3
Noailles 60 .... 38 B 3
Noailles 81 .... 279 F 5
Noailly 42 .... 211 G 1
Noalhac 48 .... 263 H 1
Noalhat 63 .... 210 B 4
Noards 27 .... 35 E 4
Nocario 2B .... 347 G 3
Nocé 61 .... 84 C 4
Noceta 2B .... 347 F 5
Nochize 71 .... 193 H 3
La Nocle-Maulaix 58 .... 175 H 4
Nod-sur-Seine 21 .... 138 A 3
Nods 25 .... 162 C 5
Noé 31 .... 317 G 3
Noé 89 .... 113 H 3
La Noë-Blanche 35 .... 126 B 2
Noë-les-Mallets 10 .... 115 H 3
La Noë-Poulain 27 .... 35 E 3
Noël-Cerneux 25 .... 163 F 5
Noëllet 49 .... 127 G 4
Noërs 54 .... 44 C 2
Les Noës 42 .... 211 E 2
Les Noës-près-Troyes 10 .... 90 D 5
Nœux-lès-Auxi 62 .... 12 C 3
Nœux-les-Mines 62 .... 8 A 4
Nogaret 31 .... 318 D 2
Nogaro 32 .... 295 E 3
Nogent 52 .... 117 F 4
Nogent-en-Othe 10 .... 114 C 3
Nogent-l'Abbesse 51 .... 41 H 4
Nogent-l'Artaud 02 .... 60 B 2
Nogent-le-Bernard 72 .... 108 B 2
Nogent-le-Phaye 28 .... 86 B 4
Nogent-le-Roi 28 .... 57 E 5
Nogent-le-Rotrou 28 .... 84 D 5
Nogent-le-Sec 27 .... 56 A 2
Nogent-lès-Montbard 21 .... 137 H 5
Nogent-sur-Aube 10 .... 91 F 3
Nogent-sur-Eure 28 .... 86 A 4
Nogent-sur-Loir 72 .... 130 B 4
Nogent-sur-Marne 94 .... 58 D 3
Nogent-sur-Oise 60 .... 38 D 3
Nogent-sur-Seine 10 .... 89 H 3
Nogent-sur-Vernisson 45 .... 134 D 2
Nogentel 02 .... 60 C 1
Nogna 39 .... 196 C 1
Noguères 64 .... 313 H 3
Nohan 08 .... 27 E 1
Nohanent 63 .... 209 G 5
Nohant-en-Goût 18 .... 173 G 1
Nohant-en-Graçay 18 .... 154 A 5
Nohant-Vic 36 .... 189 G 1
Nohèdes 66 .... 341 H 3
Nohic 82 .... 298 A 1
Noidan 21 .... 158 D 3
Noidans-le-Ferroux 70 .... 140 D 5
Noidans-lès-Vesoul 70 .... 141 E 4
Noidant-Chatenoy 52 .... 139 G 3
Noidant-le-Rocheux 52 .... 139 G 2
Noilhan 32 .... 296 D 5
Nointel 60 .... 38 D 2
Nointel 95 .... 38 B 5
Nointot 76 .... 19 E 5
Noir *Lac* 68 .... 120 C 2
Noircourt 02 .... 25 G 4
Noirefontaine 25 .... 163 F 2
Noirémont 60 .... 22 B 5
Noirétable 42 .... 211 E 5
Noirlac *Abbaye de* 18 .... 173 F 5
Noirlieu 51 .... 63 E 2

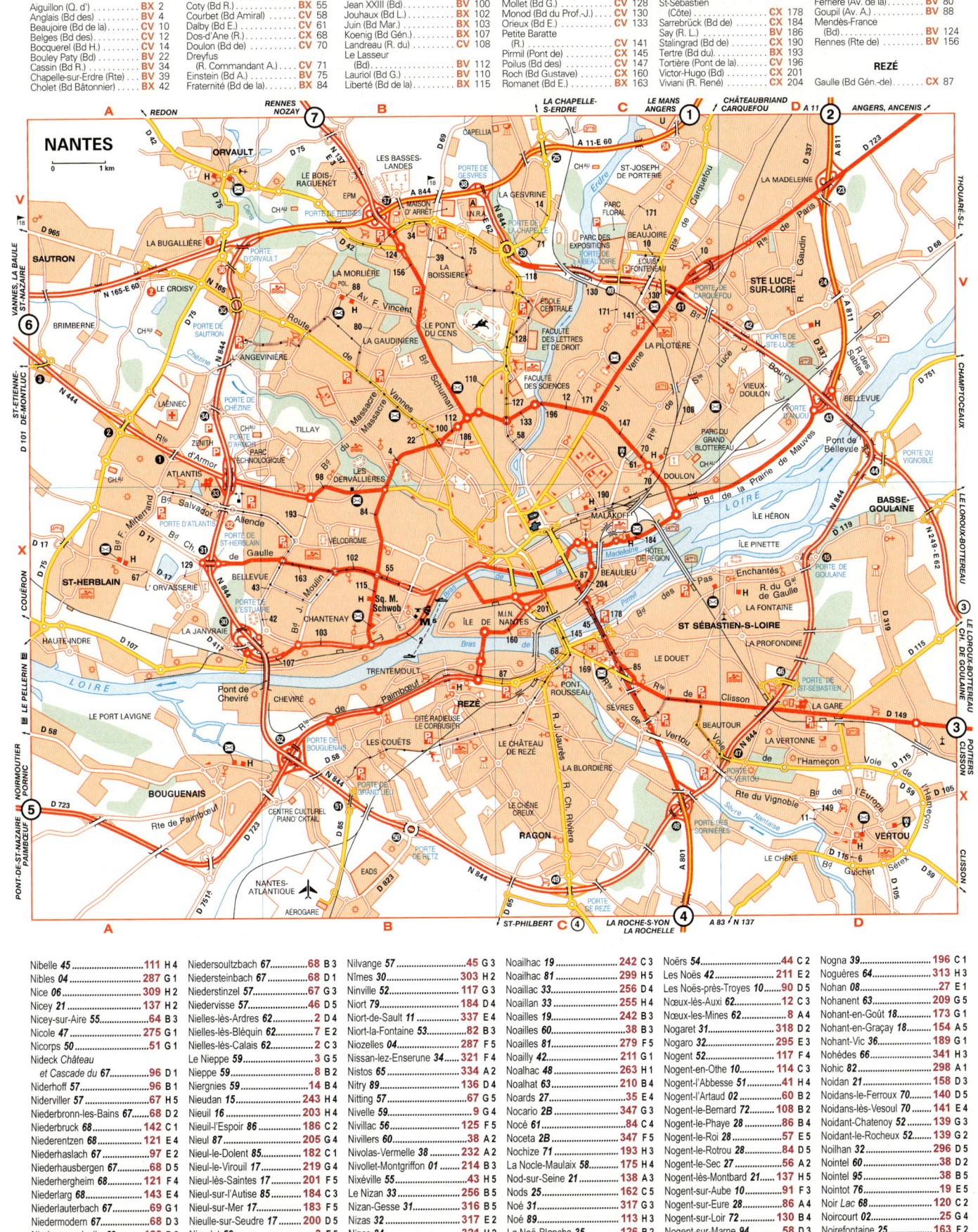

Albert (R. du Roi) . . . . . . GY 3
Anne-de-Bretagne (Pont) . . . . . FZ 5
Audibert (Pont Gén.) . . . . . HZ 7
Barillerie (R. de la) . . . . . GY 9
Belleville (R. de) . . . . . EZ 13
Boileau (R.) . . . . . GZ 15
Bossuet (R.) . . . . . GY 16
Boucherie (R. de la) . . . . . GY 18
Bouhier (Pl. R.) . . . . . EZ 19
Bouille (R. de) . . . . . GY 21
Bourse (Pl. de la) . . . . . GZ 24
Brasserie (R. de la) . . . . . EZ 25
Bretagne (Pl. de la) . . . . . GY 27
Briand (Pont A.) . . . . . HZ 28
Brunellière (R. Ch.) . . . . . FZ 30
Budapest (R. de) . . . . . GY 31
Calvaire (R. du) . . . . . FY 33
Ceineray (Quai) . . . . . GY 36
Change (Pl. du) . . . . . GY 37
Château (R. du) . . . . . GY 40
Clemenceau (R. G.) . . . . . HY 46
Clisson (Crs Olivier de) . . . . . GZ 48
Commerce (Pl. du) . . . . . GZ 49
Constant (Bd Clovis) . . . . . EY 51
Contrescarpe (R. de la) . . . . . GY 52
Copernic (R.) . . . . . FZ 54
Coulmiers (R. de) . . . . . HY 57
Crébillon (R.) . . . . . FGZ 60
Delorme (Pl.) . . . . . FY 63
Desgrées-du-Lou (R. du Col.) . . . . . EY 64
Distillerie (R. de la) . . . . . GY 66
Douet Garnier (R. du) . . . . . EY 69
Duchesse-Anne (Pl.) . . . . . HY 72
Duguay-Trouin (Allée) . . . . . GZ 73
Estienne-d'Orves (Crs d') . . . . . HZ 76
Favre (Quai F.) . . . . . HYZ 78
Feltre (R. de) . . . . . GY 79
Fosse (R. de la) . . . . . GZ 81
Frachon (Bd B.) . . . . . EZ 82
Guinaudeau (R.) . . . . . FZ 89
Haudaudine (Pont) . . . . . GZ 90
Hélie (R. F.) . . . . . FY 91
Henri IV (R.) . . . . . HY 93
Hermitage (R. de l') . . . . . EZ 94
Herriot (R. É.) . . . . . GY 95
Hôtel-de-Ville (R. de l') . . . . . GY 96
Ile Gloriette (Allée de l') . . . . . GZ 97
Juiverie (R. de la) . . . . . GY 104
J.-J. Rousseau (R.) . . . . . FGZ 99
Kennedy (Cours J.-F.) . . . . . HY 105
Kervégan (R.) . . . . . GZ 106
Lattre-de-Tassigny (R. Mar.-de) . . . . . FGZ 109
Leclerc (R. Mar.) . . . . . GY 114
Littré (R.) . . . . . EY 117
Marne (R. de la) . . . . . GY 120
Martyrs-Nantais-de-la-Résist. (Bd) . . . . . HZ 121
Mathelin-Rodier (R.) . . . . . HY 122
Mazagran (R.) . . . . . FZ 123
Mercœur (R.) . . . . . FGY 125
Merson (Bd L.-O.) . . . . . EY 126
Motte Rouge (Q. de la) . . . . . GY 131
Nations-Unies (Bd des) . . . . . GZ 132
Orléans (R. d') . . . . . GZ 135
Painlevé (R. Paul) . . . . . EY 136
Paix (R. de la) . . . . . GZ 138
Pelleterie (R. de la) . . . . . EFY 139
Petite-Hollande (Pl.) . . . . . GZ 142
Pilori (Pl. du) . . . . . GY 144
Poitou (R. du) . . . . . FY 148
Pommeraye (Pas.) . . . . . GZ 150
Porte-Neuve (R.) . . . . . FGY 151
Racine (R.) . . . . . FZ
Raspail (R.) . . . . . EYZ 152
Refoulais (R. L. de la) . . . . . HY 153
Reine Margot (Allée de la) . . . . . HY 154
République (Pl. de la) . . . . . GZ 157
Riom (R. Alfred) . . . . . EZ 159
Rollin (R.) . . . . . EZ 162
Roosevelt (Crs F.) . . . . . GZ 165
Rosière d'Artois (R.) . . . . . FZ 166
Royale (Pl.) . . . . . GZ
Ste-Croix (R.) . . . . . GY 179
St-André (Cours) . . . . . HY 168
St-Mihiel (Pont) . . . . . GY 172
St-Pierre (Cours) . . . . . HY 174
St-Pierre (Pl.) . . . . . GY 175
St-Rogatien (R.) . . . . . HY 177
Salengro (Pl. R.) . . . . . GY 180
Sanitat (Pl. du) . . . . . FZ 181
Santeuil (R.) . . . . . GY 183
Scribe (R.) . . . . . FZ 187
Sibille (R. M.) . . . . . FZ 188
Simon (R. Jules) . . . . . EY 189
Talensac (R.) . . . . . GY 192
Thomas (Bd A.) . . . . . EY 195
Verdun (R. de) . . . . . GY 199
Villebois-Mareuil (R.) . . . . . FY 202
Voltaire (R.) . . . . . FZ 205
Waldeck-Rousseau (Pl.) . . . . . GHY 207
50-Otages (Crs des) . . . . . GYZ 208

Noirlieu **79** .... **167** H 2
Noirmoutier-en-l'Ile **85** .... **164** B 1
Noiron **70** .... **161** F 2
Noiron-sous-Gevrey **21** .... **160** B 4
Noiron-sur-Bèze **21** .... **160** C 2
Noiron-sur-Seine **21** .... **115** H 5
Noironte **25** .... **161** G 3
Noirpalu **50** .... **51** H 3
Noirterre **79** .... **167** H 3
Noirval **08** .... **43** E 1
Noiseau **94** .... **58** D 4
Noisiel **77** .... **59** E 3
Noisseville **57** .... **45** H 5
Noisy-le-Grand **93** .... **58** D 3
Noisy-le-Roi **78** .... **58** A 3
Noisy-le-Sec **93** .... **58** D 3
Noisy-Rudignon **77** .... **88** D 5
Noisy-sur-École **77** .... **88** A 5
Noisy-sur-Oise **95** .... **38** C 5
Noizay **37** .... **152** B 2
Noizé **79** .... **168** B 3
Nojals-et-Clotte **24** .... **258** C 2
Nojeon-en-Vexin **27** .... **37** E 3
Nolay **21** .... **177** F 2
Nolay **58** .... **156** D 5
Nolléval **76** .... **37** E 1
Nollieux **42** .... **211** G 5
Nomain **59** .... **9** E 4
Nomdieu **47** .... **275** H 4
Nomécourt **52** .... **92** D 3
Nomeny **54** .... **65** H 3
Nomexy **88** .... **95** F 5
Nommay **25** .... **142** C 4
Nompatelize **88** .... **96** A 4
Nonac **16** .... **221** E 4
Nonancourt **27** .... **56** B 4
Nonant **14** .... **33** E 3
Nonant-le-Pin **61** .... **54** C 5
Nonards **19** .... **243** E 4
Nonaville **16** .... **220** D 3
Noncourt-sur-le-Rongeant **52** .... **93** E 4
Nonette **63** .... **228** A 4
Nonglard **74** .... **215** F 3
Nonhigny **54** .... **96** A 2
Nonières **07** .... **248** C 5
Les Nonières **26** .... **268** C 1
Nonsard **55** .... **65** E 3
Nontron **24** .... **222** C 3
Nonville **77** .... **112** C 2
Nonville **88** .... **118** C 3
Nonvilliers-Grandhoux **28** .... **85** G 5
Nonza **2B** .... **345** F 3
Nonzeville **88** .... **95** H 5
Noordpeene **59** .... **3** G 4
Nordausques **62** .... **3** E 4
Nordheim **67** .... **68** C 5
Nordhouse **67** .... **97** G 2
Nore *Pic de* **11** .... **320** A 3
Noreuil **62** .... **13** H 4
Norges-la-Ville **21** .... **160** A 2
La Norma **73** .... **252** D 1
Normandel **61** .... **55** G 5
Normandie *Pont de* **14** .... **34** D 2
Normanville **27** .... **56** B 1
Normanville **76** .... **19** F 4
Normée **51** .... **61** G 4
Normier **21** .... **159** E 3
Norolles **14** .... **34** C 4
Noron-la-Poterie **14** .... **32** D 4
Noron-l'Abbaye **14** .... **53** H 2
Noroy **60** .... **38** D 2
Noroy-le-Bourg **70** .... **141** G 4
Noroy-lès-Jussey **70** .... **140** C 2
Noroy-sur-Ourcq **02** .... **40** A 4
Norrent-Fontes **62** .... **7** G 3
Norrey-en-Auge **14** .... **54** B 2
Norrey-en-Bessin **14** .... **33** F 4
Norrois **51** .... **62** D 5
Norroy **88** .... **118** B 2
Norroy-le-Sec **54** .... **45** E 4
Norroy-le-Veneur **57** .... **45** G 5
Norroy-lès-Pont-à-Mousson **54** .... **65** G 3
Nort-Leulinghem **62** .... **3** E 5
Nort-sur-Erdre **44** .... **147** H 1
Nortkerque **62** .... **3** E 4
Norville **76** .... **35** F 1
La Norville **91** .... **87** G 2
Nossage-et-Bénévent **05** .... **287** E 1
Nossoncourt **88** .... **95** H 3
Nostang **56** .... **123** G 2
Noth **23** .... **188** D 5
Nothalten **67** .... **97** E 4
Notre-Dame-d'Aiguebelle *Abbaye de* **26** .... **267** F 5
Notre-Dame-d'Allemont **76** .... **20** C 2
Notre-Dame-d'Allençon **49** .... **149** H 3
Notre-Dame-d'Aurès **12** .... **281** E 3
Notre-Dame d'Ay *Sanctuaire de* **07** .... **248** D 2
Notre-Dame-de-Bellecombe **73** .... **216** B 4
Notre-Dame-de-Bliquetuit **76** .... **35** G 1
Notre-Dame-de-Boisset **42** .... **211** H 3
Notre-Dame-de-Bondeville **76** .... **36** A 1
Notre-Dame-de-Briançon **73** .... **234** B 2
Notre-Dame de Buglose **40** .... **293** E 2
Notre-Dame-de-Cenilly **50** .... **51** H 1
Notre-Dame de Clausis **05** .... **271** F 2
Notre-Dame-de-Commiers **38** .... **250** D 3
Notre-Dame-de-Courson **14** .... **54** D 1
Notre-Dame-de-Fresnay **14** .... **54** B 2
Notre-Dame-de-Garaison **65** .... **316** A 5

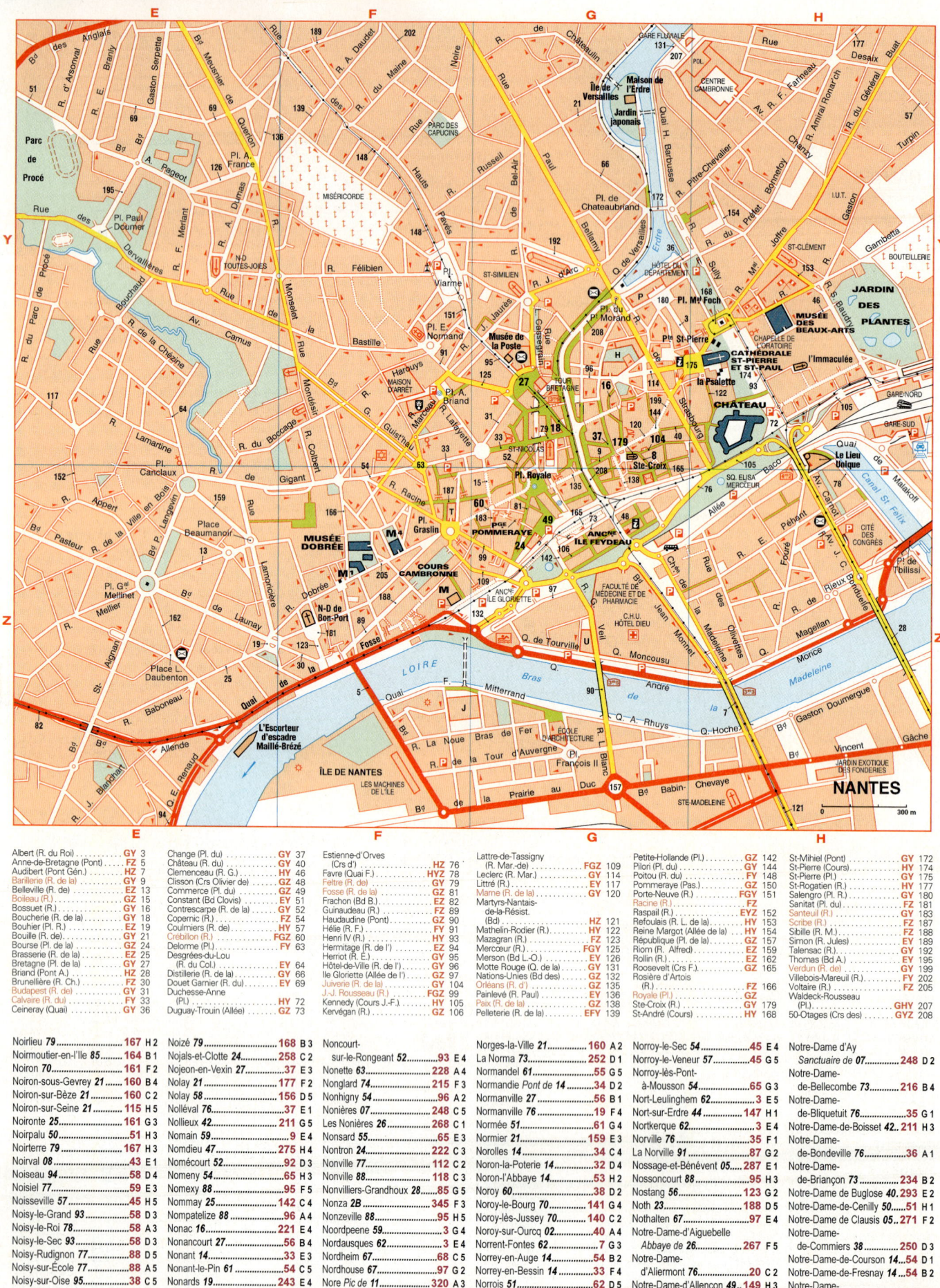

Notre-Dame-de-Grace 44.... 126 A 5
Notre-Dame-de-Gravenchon 76.............35 F 1
Notre-Dame de Kérinec Chapelle 29........................99 F 2
Notre-Dame-de-la-Cour 22.....73 G 5
Notre-Dame-de-la-Gorge 74.................216 D 4
Notre-Dame-de-la-Grainetière Abbaye de 85..................166 C 3
Notre-Dame-de-la-Mer Chapelle 78........................57 E 1
Notre-Dame-de-la-Rouvière 30...........283 E 5
Notre-Dame-de-la-Salette 38 ....251 G 5
Notre Dame de la Serra Belvédère de 2B.............346 B 2
Notre-Dame-de-l'Aillant 71.. 176 B 1
Notre-Dame-de-Laus 05...... 269 H 4
Notre-Dame-de-l'Espérance 22..............73 H 4
Notre-Dame-de-l'Isle 27.........36 D 5
Notre-Dame-de-Livaye 14......34 B 5
Notre-Dame-de-Livoye 50......52 A 4
Notre-Dame-de-Londres 34.................302 C 2
Notre-Dame-de-Lorette 62.......8 A 5
Notre-Dame de l'Ormeau Chapelle 83.....................308 C 3
Notre-Dame-de-l'Osier 38... 250 B 1
Notre-Dame de Lure Monastère de 04.............287 E 3
Notre-Dame-de-Mésage 38. 251 E 3
Notre-Dame-de-Montplacé Chapelle 49.....................129 F 5
Notre-Dame-de-Monts 85.... 164 C 3
Notre-Dame-de-Piétat Chapelle de 64................314 B 5
Notre-Dame-de-Riez 85...... 164 D 4
Notre-Dame-de-Sanilhac 24.................240 C 3
Notre-Dame-de-Timadeuc Abbaye de 56..................102 B 3
Notre-Dame-de-Tréminou Chapelle 29........................99 F 4
Notre-Dame-de-Tronoën 29...99 F 4
Notre-Dame de Valvert Chapelle de 04................288 D 5
Notre-Dame-de-Vaulx 38..... 251 E 4
Notre-Dame de Vie Ermitage 06 ....309 E 4
Notre-Dame-d'Elle 50.............32 C 5
Notre-Dame-d'Épine 27..........35 F 4
Notre-Dame-des-Anges Prieuré 83 ....328 D 2
Notre-Dame-des-Dombes Abbaye de 01..................213 G 2
Notre-Dame des Fontaines Chapelle 06.......................291 H 2
Notre-Dame-des-Landes 44................147 F 2
Notre-Dame-des-Millières 73...............234 A 1
Notre-Dame-des-Misères Chapelle de 82................278 B 4
Notre-Dame-d'Estrées 14.......34 B 5
Notre-Dame-d'Igny Abbaye 51..........................41 E 4
Notre-Dame-d'Oé 37........... 151 H 2
Notre-Dame-d'Or 86........... 168 C 4
Notre-Dame-du-Bec 76..........18 C 5
Notre-Dame-du-Crann Chapelle 29........................76 C 5
Notre-Dame-du-Cruet 73..... 234 A 4
Notre-Dame-du-Groseau Chapelle 84......................285 H 3
Notre-Dame-du-Guildo 22......50 A 5
Notre-Dame-du-Hamel 27......55 E 3
Notre-Dame du Haut Chapelle 22.........................78 C 5
Notre-Dame-du-Mai Chapelle 83......................327 H 5
Notre-Dame-du-Parc 76.........20 B 3
Notre-Dame-du-Pé 72......... 129 E 3
Notre-Dame-du-Pré 73........ 234 C 2
Notre-Dame-du-Rocher 61.....53 G 4
Notre-Dame-du-Touchet 50....81 G 2
Nottonville 28...................... 110 B 3
La Nouaille 23 .... 207 G 5
Nouaillé-Maupertuis 86....... 186 C 2
Nouainville 50........................29 E 3
Nouan-le-Fuzelier 41.......... 154 B 1
Nouan-sur-Loire 41 .... 132 C 4
Nouans 72.......................... 107 H 2
Nouans-les-Fontaines 37.... 153 E 5
Nouart 08............................43 F 1
Nouâtre 37......................... 169 G 1
La Nouaye 35...................... 103 H 2
La Noue 17......................... 200 A 1
La Noue 51............................60 D 4
Noueilles 31........................ 318 A 3
Nougaroulet 32.................... 296 C 3
Nouhant 23......................... 190 B 5
Nouic 87............................. 205 E 2
Nouilhan 65........................ 315 E 2
Les Nouillers 17.................. 201 F 3
Nouillonpont 55 ....44 D 3
Nouilly 57.............................45 H 5
Noulens 32......................... 295 F 2
Nourard-le-Franc 60..............38 C 1
Nourray 41......................... 131 G 4
Nousse 40 .... 293 F 3
Nousseviller-lès-Bitche 57......48 B 5
Nousseviller-Saint-Nabor 57 ..47 G 5
Nousty 64 .... 314 C 4
Nouvelle-Église 62 ....3 E 3
Nouvion-en-Ponthieu 80.........11 G 2
Le Nouvion-en-Thiérache 02..15 F 5
Nouvion-et-Catillon 02...........24 C 4
Nouvion-le-Comte 02 ....24 C 4
Nouvion-le-Vineux 02............40 D 1
Nouvion-sur-Meuse 08...........26 D 4
Nouvoitou 35...................... 104 C 4
Nouvron-Vingré 02.................40 A 2
Nouzerines 23.................... 189 H 4
Nouzerolles 23 .... 189 E 4
Nouziers 23....................... 189 G 3
Nouzilly 37........................ 152 A 1
Nouzonville 08......................26 D 2
Novacelles 63.................... 228 D 4
Novalaise 73...................... 233 E 2
Novale 2B.......................... 347 G 4
Novéant-sur-Moselle 57.........65 G 2
Novel 74............................ 198 D 3
Novella 2B......................... 345 E 5
Noves 13 .... 304 D 1
Noviant-aux-Prés 54..............65 F 4
Novillard 90 .... 142 D 3
Novillars 25....................... 162 A 3
Novillers 60..........................38 B 4
Novion-Porcien 08.................26 B 5
Novy-Chevrières 08...............26 B 5
Noyal 22..............................78 D 4
Noyal-Châtillon-sur-Seiche 35.................. 104 B 3
Noyal-Muzillac 56............... 125 E 4
Noyal-Pontivy 56................ 102 A 3
Noyal-sous-Bazouges 35.......80 B 3
Noyal-sur-Brutz 44 .... 127 E 3

NICE

Alberti (R.)	GHY	2
Alsace-Lorraine (Jardin d')	EZ	3
Armée-du-Rhin (Pl. de l')	JX	5
Auriol (Pont V.)	JV	7
Bellanda (Av.)	HV	10
Berlioz (R.)	FY	12
Bonaparte (R.)	JY	13
Carnot (Bd)	JZ	15
Desambrois (Av.)	GHX	18
Diables-Bleus (Av. des)	JX	19
Europe (Parvis de l')	JX	21
Félix-Faure (Av.)	GZ	22
France (R. de)	DFZ	
Gallieni (Av.)	HJX	24
Gambetta (Bd)	EXZ	
Gautier (Pl. P.)	HZ	25
Gioffredo (R.)	HY	
Hôtel-des-Postes (R. de l')	HY	30
Ile-de-Beauté (Pl.)	JZ	31
Jean-Jaurès (Bd)	HYZ	32
Liberté (R. de la)	GZ	35
Lunel (Quai)	JZ	37
Masséna (Pl. et Espace)	GZ	
Masséna (R.)	FGZ	43
Médecin (Av. J.)	FGY	44
Meyerbeer (R.)	FZ	45
Monastère (Av. Pl.)	HV	46
Moulin (Pl. J.)	HY	47
Paradis (R.)	GZ	55
Passy (R. F.)	EY	57
Pastorelli (R.)	GY	58
Phocéens (Av. des)	GZ	59
Ray (Av. du)	FV	63
République (Av. de la)	JXY	64
Rivoli (R. de)	FZ	65
St-François-de-Paule (R.)	GHZ	72
St-Jean-Baptiste (Av.)	HY	73
Saleya (Cours)	HZ	82
Sauvan (R. H.)	EZ	84
Verdun (Av. de)	FGZ	89
Walesa (Bd Lech)	JYZ	91
Wilson (Pl.)	HY	92

Noyal-sur-Vilaine 35 .... 104 C 3
Noyales 02 .... 24 C 2
Noyalo 56 .... 124 C 4
Noyant 49 .... 150 D 1
Noyant-d'Allier 03 .... 191 H 3
Noyant-de-Touraine 37 .... 151 G 5
Noyant-et-Aconin 02 .... 40 B 3
Noyant-la-Gravoyère 49 .... 127 H 3
Noyant-la-Plaine 49 .... 149 H 3
Noyarey 38 .... 250 D 1
Noyelle-Vion 62 .... 13 E 2
Noyelles-en-Chaussée 80 .... 11 H 2
Noyelles-Godault 62 .... 8 C 5
Noyelles-lès-Humières 62 .... 7 F 5
Noyelles-lès-Seclin 59 .... 8 D 3
Noyelles-lès-Vermelles 62 .... 8 A 4
Noyelles-sous-Bellonne 62 .... 14 A 2
Noyelles-sous-Lens 62 .... 8 B 5
Noyelles-sur-Escaut 59 .... 14 B 4
Noyelles-sur-Mer 80 .... 11 F 2
Noyelles-sur-Sambre 59 .... 15 F 4
Noyelles-sur-Selle 59 .... 14 C 2
Noyellette 62 .... 13 F 2
Noyen-sur-Sarthe 72 .... 129 F 2
Noyen-sur-Seine 77 .... 89 G 4
Le Noyer 05 .... 269 G 2
Le Noyer 14 .... 34 D 2
Le Noyer 18 .... 155 G 3
Le Noyer 73 .... 233 G 1
Noyer *Col du* 05 .... 269 G 2
Le Noyer-en-Ouche 27 .... 55 G 1
Noyers 27 .... 37 F 4
Noyers 45 .... 134 B 2
Noyers 52 .... 117 G 4
Noyers 89 .... 137 E 4
Noyers-Bocage 14 .... 33 F 5
Noyers-le-Val 55 .... 63 F 3
Noyers-
Pont-Maugis 08 .... 27 F 4
Noyers-Saint-Martin 60 .... 22 B 5
Noyers-sur-Cher 41 .... 153 F 4
Noyers-sur-Jabron 04 .... 287 F 3
Noyon 60 .... 23 H 5
Nozay 10 .... 91 E 3
Nozay 44 .... 126 C 5
Nozay 91 .... 58 B 5
Nozeroy 39 .... 180 A 4
Nozières 07 .... 248 C 3
Nozières 18 .... 173 E 5
Nuaillé 49 .... 149 E 5
Nuaillé-d'Aunis 17 .... 183 H 5
Nuaillé-sur-Boutonne 17 .... 201 H 2
Nuars 58 .... 157 G 2
Nubécourt 55 .... 63 H 1
Nuces 12 .... 262 C 5
Nucourt 95 .... 37 G 5
Nueil-les-Aubiers 79 .... 167 F 2
Nueil-sous-Faye 86 .... 169 E 2
Nueil-sur-Argent 79 .... 167 F 2
Nueil-sur-Layon 49 .... 149 H 5
Nuelles 69 .... 212 C 4
Nuillé-le-Jalais 72 .... 108 B 4
Nuillé-sur-Ouette 53 .... 106 B 4
Nuillé-sur-Vicoin 53 .... 105 H 4
Nuisement-
sur-Coole 51 .... 62 A 3
Nuits 89 .... 137 G 4
Nuits-Saint-Georges 21 .... 160 A 5
Nullemont 76 .... 21 F 3
Nully 52 .... 92 B 4
Nuncq 62 .... 12 C 2
Nuret-le-Ferron 36 .... 171 F 5
Nurieux-Volognat 01 .... 214 B 1
Nurlu 80 .... 14 A 5
Nuzéjouls 46 .... 259 H 4
Nyer 66 .... 341 H 3
Nyoiseau 49 .... 127 H 3
Nyons 26 .... 285 H 1

NÎMES

Arènes (Bd des) .... CV 2
Aspic (R. de l') .... CUV
Auguste (R.) .... CU 4
Bernis (R. de) .... CV 6
Chapitre (R. du) .... CU 12
Courbet (Bd Amiral) .... DUV 14
Crémieux (R.) .... DU 16
Curaterie (R.) .... DU 17
Daudet (Bd Alphonse) .... CU 18
Fontaine (Quai de la) .... CU 20
Gambetta (Bd) .... CDU
Grand'Rue .... DU 24
Guizot (R.) .... CU 26
Halles (R. des) .... CU 27
Horloge (R. de l') .... CU 28
Libération (Bd de la) .... DV 30
Madeleine (R. de la) .... CU 32
Maison Carrée
(Pl. de la) .... CU 33
Marchands (R. des) .... CU 35
Nationale (R.) .... CDU
Perrier (R. Gén.) .... CU
Prague (Bd de) .... DV 42
République (R. de la) .... CV 43
Saintenac (Bd E.) .... DU 45
Victor-Hugo (Bd) .... CUV
Violettes (R.) .... CV 49

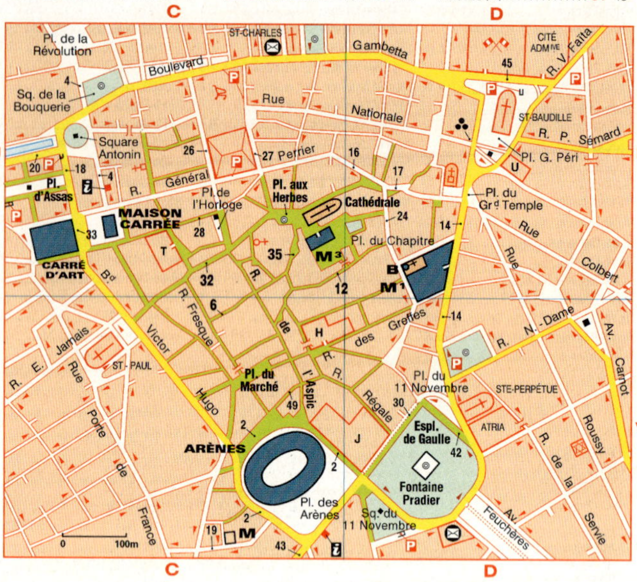

NEVERS

Ardilliers (R. des) .... Y 2
Banlay (R. du) .... V 3
Barre (R. de la) .... Y 4
Bourgeois (R. Mlle) .... V 5
Champ-de-Foire (R. du) .... Z 6
Charnier (R. du) .... Y 7
Chauvelles (R. des) .... V 8
Cloître-St-Cyr (R. du) .... Z 9
Colbert (Av.) .... Y 10
Coquille (Pl. G.) .... Y 12
Docks (R. des) .... V 13
Fer (R. du) .... Y 47
Fonmorigny (R.) .... Y 48
Francs-Bourgeois
(R. des) .... Y 14
Jacobins (R. des) .... Z 16
Lattre-de-Tassigny
(Bd Mar.-de) .... V 17
Mancini (Pl.) .... Y 50
Mantoue (Quai de) .... Z 18
Marceau (Av.) .... Y 19
Midi (R. du) .... Z 20
Mirangron (R.) .... Y 49
Nièvre (R. de) .... Y 21
Ouches (R. des) .... YZ 22
Passière (Rue de la) .... Y 23
Pelleterie (R. de la) .... Y 24
Petit-Mouësse (R. du) .... X 26
Porte-du-Croux (R. de la) .... Z 51
Préfecture (R. de la) .... Y 27
Récollets (R. des) .... Z 52
Remigny (R. de) .... Y 28
Renardats (R. des) .... V 30
République (Bd de la) .... VX 32
République (Pl. de la) .... Z 34
Roy (R. Ch.) .... Y 36
St-Martin (R.) .... Y 38
St-Sébastien (Pl.) .... Y 39
Tillier (R. C.) .... Z 40
Vaillant-Couturier
(R. Paul) .... V 42
14-Juillet (R. du) .... Z 45

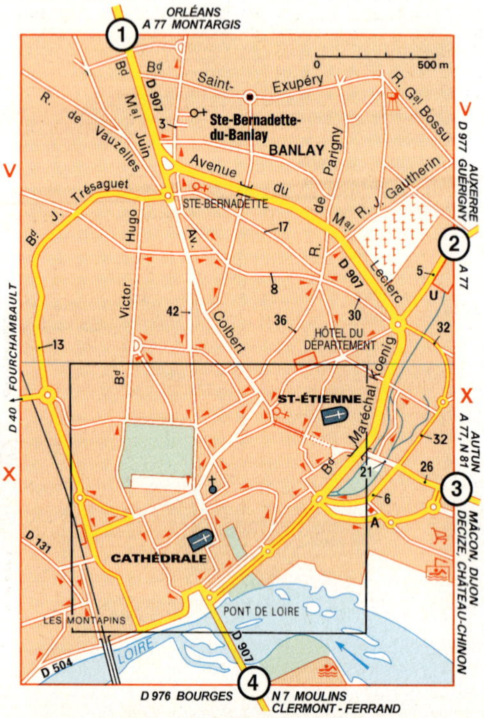

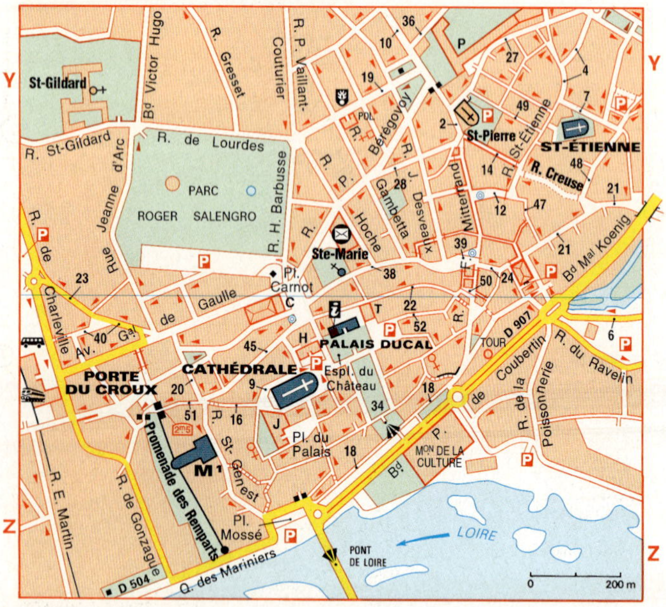

O

O *Château d'* 61 .... 54 B 5
Obenheim 67 .... 97 G 3
Oberbronn 67 .... 68 C 2
Oberbruck 68 .... 142 C 1
Oberdorf 68 .... 143 F 3
Oberdorf-Spachbach 67 .... 69 E 2
Oberdorff 57 .... 46 D 4
Oberentzen 68 .... 121 E 4
Obergailbach 57 .... 47 H 5
Oberhaslach 67 .... 97 E 1
Oberhausbergen 67 .... 97 G 1
Oberhergheim 68 .... 121 E 4
Oberhoffen-
lès-Wissembourg 67 .... 69 F 1
Oberhoffen-sur-Moder 67 .... 69 E 4
Oberkutzenhausen 67 .... 69 E 2
Oberlarg 68 .... 143 F 5
Oberlauterbach 67 .... 69 G 2
Obermodern 67 .... 68 C 3
Obermorschwihr 68 .... 121 E 3
Obermorschwiller 68 .... 143 F 2
Obernai 67 .... 97 F 2
Oberrœdern 67 .... 69 F 2
Obersaasheim 68 .... 121 G 4
Oberschaeffolsheim 67 .... 97 G 1
Obersoultzbach 67 .... 68 B 3
Obersteigen 67 .... 68 A 5
Obersteinbach 67 .... 68 D 1
Oberstinzel 57 .... 67 G 4
Obervisse 57 .... 46 D 5
Obies 59 .... 15 F 2
Objat 19 .... 241 H 1
Oblinghem 62 .... 8 A 3
Obrechies 59 .... 15 H 3
Obreck 57 .... 66 D 3
Obsonville 77 .... 112 A 2
Obterre 36 .... 170 C 3
Obtrée 21 .... 115 H 5
Ocana 2A .... 348 D 3
Occagnes 61 .... 54 A 4
Occey 52 .... 139 G 5
Occhiatana 2B .... 346 D 2
Occoches 80 .... 12 C 4
Ochancourt 80 .... 11 F 3
Oches 08 .... 43 F 1
Ochey 54 .... 94 B 2
Ochiaz 01 .... 214 D 1
Ochtezeele 59 .... 3 G 4
Ocquerre 77 .... 59 H 1
Ocqueville 76 .... 19 G 3
Octeville 50 .... 29 E 3
Octeville-l'Avenel 50 .... 29 G 4
Octeville-sur-Mer 76 .... 18 C 5
Octon 34 .... 301 H 4
Odars 31 .... 298 B 5
Odeillo 66 .... 341 F 4
Odenas 69 .... 212 D 2
Oderen 68 .... 120 B 5
Odival 52 .... 117 F 4
Odomez 59 .... 9 G 4
Odos 65 .... 315 E 5
Odratzheim 67 .... 97 F 1
Oeillon *Crêt de l'* 42 .... 230 D 4
Oëlleville 88 .... 94 C 4
Oermingen 67 .... 67 H 2
Œting 57 .... 47 F 5
Oëtre *Roche d'* 61 .... 53 G 3
Œuf-en-Ternois 62 .... 7 F 5
Œuilly 02 .... 41 E 2
Œuilly 51 .... 61 E 1
Œutrange 57 .... 45 G 2
Oëy 55 .... 93 F 1
Oeyregave 40 .... 292 D 5
Oeyreluy 40 .... 292 D 3
Offekerque 62 .... 3 E 3
Offemont 90 .... 142 C 2
Offendorf 67 .... 69 F 4
Offignies 80 .... 21 G 3
Offin 62 .... 6 D 4
Offlanges 39 .... 161 E 4
Offoy 60 .... 22 A 4
Offoy 80 .... 23 H 3
Offranville 76 .... 20 A 2
Offrethun 62 .... 2 B 5
Offroicourt 88 .... 94 C 5
Offwiller 67 .... 68 C 2
Ogenne-Camptort 64 .... 313 G 3
Oger 51 .... 61 G 2
Ogeu-les-Bains 64 .... 314 A 4
Ogéviller 54 .... 95 H 2
Ogliastro 2B .... 345 F 2
Ognes 02 .... 24 A 5
Ognes 51 .... 61 F 5
Ognes 60 .... 39 F 5
Ognéville 54 .... 94 C 3
Ognolles 60 .... 23 G 4
Ognon 60 .... 39 E 4
Ogy 57 .... 66 B 1
Ohain 59 .... 16 A 5
Oherville 76 .... 19 G 3
Ohis 02 .... 25 G 1
Ohlungen 67 .... 68 D 3
Ohnenheim 67 .... 97 F 5
L'Oie 85 .... 166 B 3
Oigney 70 .... 140 C 3
Oignies 62 .... 8 C 4
Oigny 21 .... 138 C 5
Oigny 41 .... 109 E 4
Oigny-en-Valois 02 .... 40 A 4
Oingt 69 .... 212 C 3
Oinville-Saint-Liphard 28 .... 111 E 2
Oinville-sous-Auneau 28 .... 86 C 3
Oinville-sur-Montcient 78 .... 57 G 1
Oiron 79 .... 168 B 2
Oiry 51 .... 61 G 1
Oiselay-et-Grachaux 70 .... 161 H 2
Oisemont 80 .... 11 G 5
Oisilly 21 .... 160 D 2
Oisly 41 .... 153 E 2
Oison 45 .... 111 E 3
Oisseau 53 .... 82 A 4
Oisseau-le-Petit 72 .... 83 G 5
Oissel 76 .... 36 B 3
Oissery 77 .... 59 F 1
Oissy 80 .... 22 A 1
Oisy 02 .... 15 E 5
Oisy 58 .... 157 E 1
Oisy 59 .... 9 G 5
Oisy-le-Verger 62 .... 14 A 3
Oizé 72 .... 129 H 3
Oizon 18 .... 155 F 2
OK Corral
Parc d'attractions 13 .... 327 G 3
Olargues 34 .... 300 D 5
Olby 63 .... 227 F 1
Olcani 2B .... 345 F 2
Oléac-Debat 65 .... 315 F 4
Oléac-Dessus 65 .... 315 F 5
Olemps 12 .... 280 C 1
Olendon 14 .... 53 H 2
Oléron *Île d'* 17 .... 200 B 4
Oléron *Viaduc d'* 17 .... 200 C 4
Oletta 2B .... 345 F 5
Olette 66 .... 341 H 3
Olhain *Château d'* 62 .... 8 A 5
Olivese 2A .... 349 E 4
Olivet 45 .... 133 E 2
Olivet 53 .... 105 H 3
Olizy 08 .... 42 D 2
Olizy 51 .... 41 E 5
Olizy-sur-Chiers 55 .... 27 H 5
Ollainville 88 .... 94 A 5
Ollainville 91 .... 87 G 2
Ollans 25 .... 162 B 1
Ollé 28 .... 85 H 4
Ollencourt 60 .... 39 H 1
Olley 54 .... 45 E 5
Ollezy 02 .... 24 A 3
Ollières 55 .... 44 D 3
Les Ollières 74 .... 215 H 2
Ollières 83 .... 306 D 5
Les Ollières-sur-Eyrieux 07 .... 266 D 1
Olliergues 63 .... 228 D 1
Ollioules 83 .... 327 H 4
Olloix 63 .... 227 G 2
Les Olmes 69 .... 212 C 4
Olmet 63 .... 228 D 1
Olmet-et-Villecun 34 .... 301 H 3
Olmeta-di-Capocorso 2B .... 345 F 3
Olmeta-di-Tuda 2B .... 345 F 5
Olmeto 2A .... 348 D 5
Olmi-Cappella 2B .... 346 D 2

Olmiccia 2A 349 E 5
Olmo 2B 347 G 2
Olonne-sur-Mer 85 182 A 1
Olonzac 34 320 C 4
Oloron-Sainte-Marie 64 331 H 1
Ols-et-Rinhodes 12 261 F 5
Oltingue 68 143 G 4
Olwisheim 67 68 D 5
Omaha Beach 14 32 D 2
Omblèze 26 250 A 5
Omécourt 60 21 G 5
Omelmont 54 94 D 2
Les Omergues 04 286 D 3
Omerville 95 37 F 5
Omessa 2B 347 F 4
Omet 33 256 B 3
Omex 65 332 D 1
Omey 51 62 C 3
Omicourt 08 27 E 4
Omiécourt 80 23 F 3
Omissy 02 24 B 2
Omméel 61 54 C 4
Ommeray 57 67 E 5
Ommoy 61 54 A 3
Omont 08 26 D 5
Omonville 76 20 A 3
Omonville-la-Petite 50 28 C 2
Omonville-la-Rogue 50 28 D 2
Omps 15 243 H 5
Oms 66 342 D 3
Onans 25 142 A 4
Onard 40 293 F 2
Onay 70 161 F 2
Oncieu 01 214 B 3
Oncourt 88 95 F 5
Oncy-sur-École 91 88 A 4
Ondefontaine 14 53 E 1
Ondes 31 297 G 3
Ondres 40 292 A 4
Ondreville-sur-Essonne 45 111 H 2
Onesse-et-Laharie 40 272 C 4
Onet-le-Château 12 280 D 1
Oneux 80 11 H 3
Ongles 04 287 E 4
Onglières 39 180 A 3
Onival 80 10 D 3
Onjon 10 91 F 4
Onlay 58 176 A 2
Onnaing 59 9 H 5
Onnion 74 198 B 5
Onoz 39 196 C 2
Ons-en-Bray 60 37 H 2
Ontex 73 215 E 5
Onville 54 65 F 2
Onvillers 80 23 E 5
Onzain 41 152 D 1
Oô 31 334 A 4
Oost-Cappel 59 4 A 3
Opio 06 309 E 3
Opme 63 227 H 1
Opoul-Périllos 66 338 D 4
Oppède 84 305 G 2
Oppède-le-Vieux 84 305 F 2
Oppedette 04 286 D 5
Oppenans 70 141 G 4
Oppy 62 13 H 2
Optevoz 38 214 A 5
Or Mont d' 25 180 C 4
Oraàs 64 311 H 3
Oradour 15 245 F 5
Oradour 16 202 D 4
Oradour-Fanais 16 204 D 2
Oradour-Saint-Genest 87 187 H 5
Oradour-sur-Glane 87 205 F 4
Oradour-sur-Vayres 87 222 D 1
Orain 21 139 H 5
Orainville 02 41 G 2
Oraison 04 287 G 5
Orange 84 285 F 3
Orbagna 39 196 B 1
Orbais-l'Abbaye 51 61 E 2
Orban 81 299 F 2
Orbec 14 55 E 1
Orbeil 63 228 A 3
Orbessan 32 296 B 5
Orbey 68 120 D 2
Orbigny 37 152 D 4
Orbigny-au-Mont 52 139 H 2
Orbigny-au-Val 52 139 H 2
Orbois 14 33 E 5
L'Orbrie 85 184 B 2
Orçay 41 154 C 4
Orcemont 78 86 D 2
Orcenais 18 173 E 5
Orcet 63 227 H 1
Orcevaux 52 139 G 3
Orchaise 41 131 H 5
Orchamps 39 161 F 5
Orchamps-Vennes 25 163 E 5
Orches 86 169 E 3
Orchies 59 9 E 4
Orcier 74 198 B 4
Orcières 05 270 A 2
Orcinas 26 267 H 4
Orcines 63 209 G 5
Orcival 63 227 F 1
Orconte 51 62 D 5
Ordan-Larroque 32 296 A 3
Ordiarp 64 331 E 1
Ordizan 65 333 F 1
Ordonnac 33 219 E 5
Ordonnaz 01 214 C 4
Ore 31 334 B 2
Orègue 64 311 G 3
Oreilla 66 341 H 3
Orelle 73 252 C 1
Oresmaux 80 22 B 3
Orezza Couvent d' 2B 347 G 3
Organ 65 316 A 4
Orgeans 25 163 F 3
Orgedeuil 16 221 H 1
Orgeix 09 341 E 2
Orgelet 39 196 C 2
Orgères 35 104 B 4
Orgères 61 54 D 4
Orgères-en-Beauce 28 110 C 3
Orgères-la-Roche 53 83 E 2
Orgerus 78 57 F 3
Orges 52 116 C 3
Orgeux 21 160 B 2
Orgeval 02 41 E 1
Orgeval 78 57 H 2
Orgibet 09 334 D 3
Orglandes 50 29 F 5
Orgnac Aven d' 07 284 B 1
Orgnac-l'Aven 07 284 B 2
Orgnac-sur-Vézère 19 224 B 5
Orgon 13 305 F 2
Orgueil 82 297 H 1
Oricourt 70 141 G 4
Orient Forêt d' 10 91 G 5
Orieux 65 315 G 5
Orignac 65 333 F 1
Origne 33 255 G 4
Origné 53 106 A 5
Orignolles 17 238 C 1
Origny 21 138 B 4
Origny-en-Thiérache 02 25 G 1
Origny-le-Butin 61 84 B 4
Origny-le-Roux 61 84 A 4
Origny-le-Sec 10 90 B 3
Origny-Sainte-Benoite 02 24 C 2
Orin 64 313 G 4
Orincles 65 333 E 1
Oriocourt 57 66 C 3
Oriol-en-Royans 26 250 A 4
Oriolles 16 220 C 5
Orion 64 313 F 2
Oris-en-Rattier 38 251 F 4
Orist 40 292 C 4
Orival 16 239 E 1
Orival 76 36 A 3
Orival 80 21 G 3
Orléans 45 133 E 2
Orléat 63 210 B 4
Orleix 65 315 F 5
Orliac 24 259 F 2
Orliac-de-Bar 19 224 D 5
Orliaguet 24 241 H 5
Orliénas 69 230 D 1
Orlu 09 341 E 2
Orlu 28 87 E 5
Orly 94 58 C 4
Orly-sur-Morin 77 60 A 3
Ormancey 52 117 E 5
Ormeaux 77 59 H 5
Ormenans 70 162 B 1
Ormersviller 57 48 B 5
Ormes 10 91 E 2
Ormes 27 56 A 1
Ormes 45 110 D 5
Ormes 51 41 G 4
Ormes 71 195 F 1
Les Ormes 86 169 H 2
Les Ormes 89 135 H 2
Ormes-et-Ville 54 94 D 3
Les Ormes-sur-Voulzie 77 89 F 3
Ormesson 77 112 B 2
Ormesson-sur-Marne 94 58 D 4
Ormoiche 70 141 F 2
Ormoy 28 86 A 2
Ormoy 70 118 C 5
Ormoy 89 114 A 5
Ormoy 91 88 A 2
Ormoy-la-Rivière 91 87 F 4
Ormoy-le-Davien 60 39 G 4
Ormoy-lès-Sexfontaines 52 116 D 2
Ormoy-sur-Aube 52 116 B 4
Ormoy-Villers 60 39 F 4
Ornacieux 38 231 H 4
Ornaisons 11 320 D 5
Ornans 25 162 B 5
Ornel 55 44 D 4
Ornes 55 44 C 4
Ornex 01 197 G 4
Ornézan 32 296 B 5
Orniac 46 260 C 4
Ornolac-Ussat-les-Bains 09 336 B 4
Ornon 38 251 F 3
Ornon Col d' 38 251 F 3
Orny 57 65 H 2
Oroër 60 38 A 1
Oroix 65 314 D 4
Oron 57 66 C 3
Oroux 79 168 B 5
Orphin 78 86 D 2
Orpierre 05 287 E 1
Orquevaux 52 93 F 5
Les Orres 05 270 C 4
Orret 21 138 C 5
Orriule 64 313 F 2
Orrouer 28 85 H 4
Orrouy 60 39 G 3
Orry-la-Ville 60 38 D 5
Ors 59 15 E 4
Orsan 30 284 D 3
Orsanco 64 311 G 4
Orsans 11 319 E 5
Orsans 25 162 C 3
Orsay 91 58 B 5
Orschwihr 68 120 D 4
Orschwiller 67 97 E 5
Orsennes 36 189 E 3
Orsinval 59 15 E 2
Orsonnette 63 228 A 4
Orsonville 78 86 D 3
Ortaffa 66 343 F 3
Ortale 2B 347 G 4
Orthevielle 40 292 D 5
Orthez 64 293 G 5
Orthoux-Sérignac-Quilhan 30 303 E 1
Ortillon 10 91 F 3
Ortiporio 2B 347 G 3
Orto 2A 348 D 1
Ortoncourt 88 95 G 4
Orus 09 336 A 5
Orval 18 173 F 5
Orval 50 51 G 1
Orvault 44 147 G 3
Orvaux 27 56 A 2
Orve 25 163 E 2
Orveau 91 87 G 4
Orveau-Bellesauve 45 111 H 2
Orville 21 139 F 5
Orville 36 154 A 5
Orville 45 111 H 2
Orville 61 54 D 3
Orville 62 12 D 4
Orvillers-Sorel 60 23 E 5
Orvilliers 78 57 F 3
Orvilliers-Saint-Julien 10 90 C 4
Orx 40 292 B 4
Os-Marsillon 64 313 H 2
Osani 2A 346 A 4
Oschesne 55 63 H 1
Osenbach 68 120 D 4
Oslon 71 177 H 4
Osly-Courtil 02 40 A 2
Osmanville 14 32 B 2
Osmery 18 173 G 3
Osmets 65 315 G 4
Osmoy 18 173 F 1
Osmoy 78 57 F 3
Osmoy-Saint-Valery 76 20 C 3
Osne-le-Val 52 93 E 3
Osnes 08 27 G 4
Osny 95 58 A 1
L'Ospédale 2A 351 F 2
Osquich Col d' 64 311 G 5
Ossages 40 293 F 5
Ossas-Suhare 64 331 E 1
Osse 25 162 B 3
Ossé 35 104 D 3
Osse-en-Aspe 64 331 H 3
Osséja 66 341 F 5
Osselle 25 161 G 5
Osselle Grottes d' 25 161 G 5
Ossen 65 332 D 1
Ossenx 64 313 F 3
Osserain-Rivareyte 64 311 H 4
Ossès 64 311 E 5
Ossey-les-Trois-Maisons 10 90 B 4
Ossun 65 314 D 5
Ossun-ez-Angles 65 333 E 1
Ostabat-Asme 64 311 G 5
Ostel 02 40 D 2
Ostheim 68 121 E 2
Osthoffen 67 97 F 1
Osthouse 67 97 G 3
Ostreville 62 7 G 5
Ostricourt 59 8 D 4
Ostwald 67 97 H 1
Ota 2A 346 B 5
Othe 54 44 B 2
Othis 77 59 E 1
Ottange 57 45 F 2
Ottersthal 67 68 B 4
Otterswiller 67 68 B 4
Ottmarsheim 68 143 G 1
Ottonville 57 46 C 4
Ottrott 67 97 E 2
Ottwiller 67 68 A 3
Ouagne 58 157 E 2
Ouainville 76 19 F 3
Ouanne 89 136 A 4
Ouarville 28 86 D 5
Les Oubeaux 14 32 B 3
Ouchamps 41 153 E 2
Ouches 42 211 G 3
Oucques 41 132 A 3
Oudalle 76 34 D 1
Oudan 58 156 D 3
Oudeuil 60 21 H 5
Oudezeele 59 3 H 4
Oudincourt 52 116 D 2
Oudon 44 148 A 2
Oudrenne 57 46 B 3
Oudry 71 193 H 1
Oueilloux 65 315 F 5
Ouerre 28 56 D 5
Ouessant Ile d' 29 74 A 1
Ouézy 14 34 A 5
Ouffières 14 53 F 1
Ouge 70 140 B 2
Ouges 21 160 A 4
Ougney 39 161 F 4
Ougney-Douvot 25 162 C 2
Ougny 58 175 G 1
Ouhans 25 180 C 1
Ouides 43 247 E 5
Ouillat Col de l' 66 343 F 4
Ouillon 64 314 C 3
Ouilly-du-Houley 14 34 D 5
Ouilly-le-Tesson 14 53 H 1
Ouilly-le-Vicomte 14 34 C 4
Ouistreham 14 33 H 3
Oulches 36 188 B 1
Oulches-la-Vallée-Foulon 02 41 E 2
Oulchy-la-Ville 02 40 B 4
Oulchy-le-Château 02 40 B 4
Oulins 28 56 D 3
Oulles 38 251 F 3
Oullins 69 231 E 1
Oulmes 85 184 C 3
Oulon 58 157 E 5
Ounans 39 179 F 1
Oupia 34 320 C 4
Our 39 161 F 5
Ourcel-Maison 60 22 B 5
Ourches 26 267 G 1
Ourches-sur-Meuse 55 94 A 1
Ourde 65 334 A 3
Ourdis-Cotdoussan 65 333 E 2
Ourdon 65 333 E 2
Ouroüer 58 174 D 1
Ourouer-les-Bourdelins 18 173 H 3
Ouroux 69 194 C 5
Ouroux-en-Morvan 58 158 A 5
Ouroux-sous-le-Bois-Sainte-Marie 71 194 A 4
Ouroux-sur-Saône 71 178 A 5
Oursbelille 65 315 E 4
Ourscamps Abbaye d' 60 39 G 1
Les Oursinières 83 328 B 5
Ourtigas Col de l' 34 301 E 4
Ourton 62 7 H 4
Ourville-en-Caux 76 19 F 3
Ousse 64 314 C 4
Ousse-Suzan 40 273 F 5
Oussières 39 179 E 2
Ousson-sur-Loire 45 134 D 5
Oussoy-en-Gâtinais 45 134 C 2
Oust 09 335 G 4
Oust-Marest 80 10 D 4
Ousté 65 333 E 1
Outarville 45 111 E 2
Outines 51 92 A 2
Outreau 62 6 A 2
Outrebois 80 12 C 3
Outremécourt 52 118 A 2
Outrepont 51 62 D 4
Outriaz 01 214 C 2
Ottersteene 59 4 A 5
Ouvans 25 162 D 3

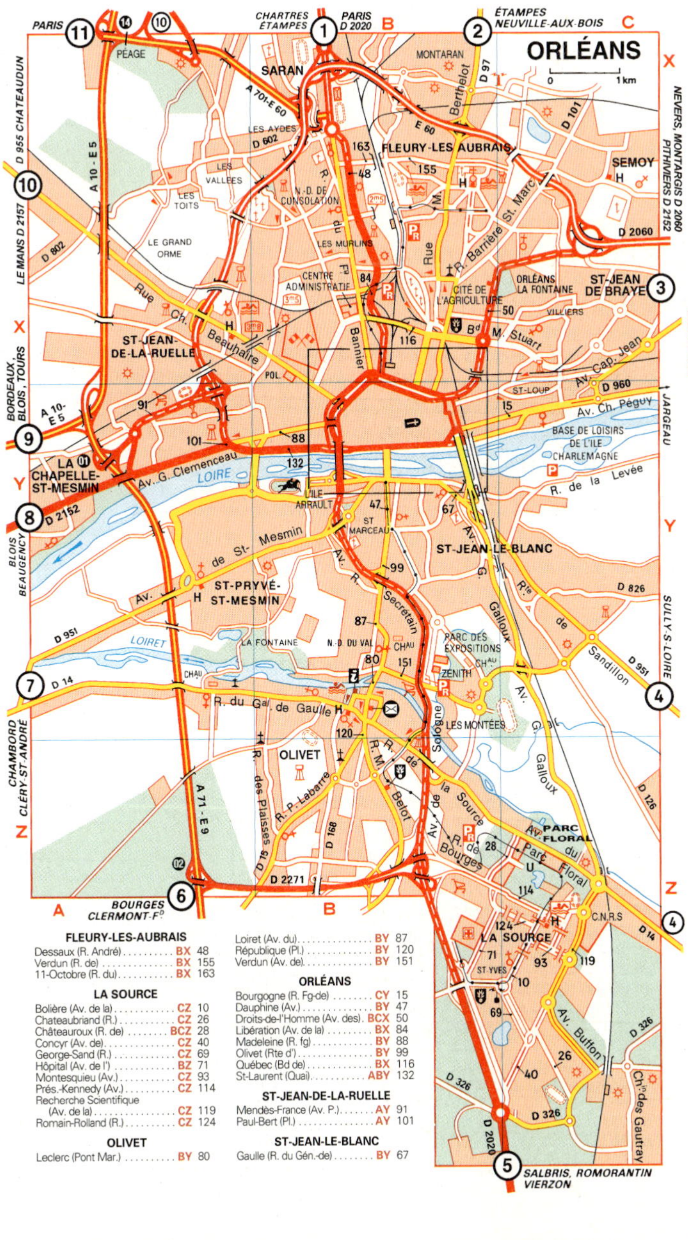

FLEURY-LES-AUBRAIS
Dessaux (R. André) BX 48
Verdun (R. de) BX 155
11-Octobre (R. du) BX 163

LA SOURCE
Bolière (Av. de la) CZ 10
Chateaubriand (R.) CZ 26
Châteauroux (R. de) BCZ 28
Concyr (Av. du) CZ 40
George-Sand (R.) CZ 69
Hôpital (Av. de l') BZ 71
Montesquieu (Av.) CZ 93
Prés.-Kennedy (Av.) CZ 114
Recherche Scientifique (Av. de la) CZ 119
Romain-Rolland (R.) CZ 124

OLIVET
Leclerc (Pont Mar.) BY 80
Loiret (Av. du) BY 87
République (Pl.) BY 120
Verdun (Av. de) BY 151

ORLÉANS
Bourgogne (R. Fg-de) CY 15
Dauphine (Av.) BY 47
Droits-de-l'Homme (Av. des) BCX 50
Libération (Av. de la) BX 84
Madeleine (R. fg) BY 88
Olivet (Rte d') BY 99
Québec (Bd de) BX 116
St-Laurent (Quai) ABY 132

ST-JEAN-DE-LA-RUELLE
Mendès-France (Av. P.) AY 91
Paul-Bert (Pl.) AY 101

ST-JEAN-LE-BLANC
Gaulle (R. du Gén.-de) BY 67

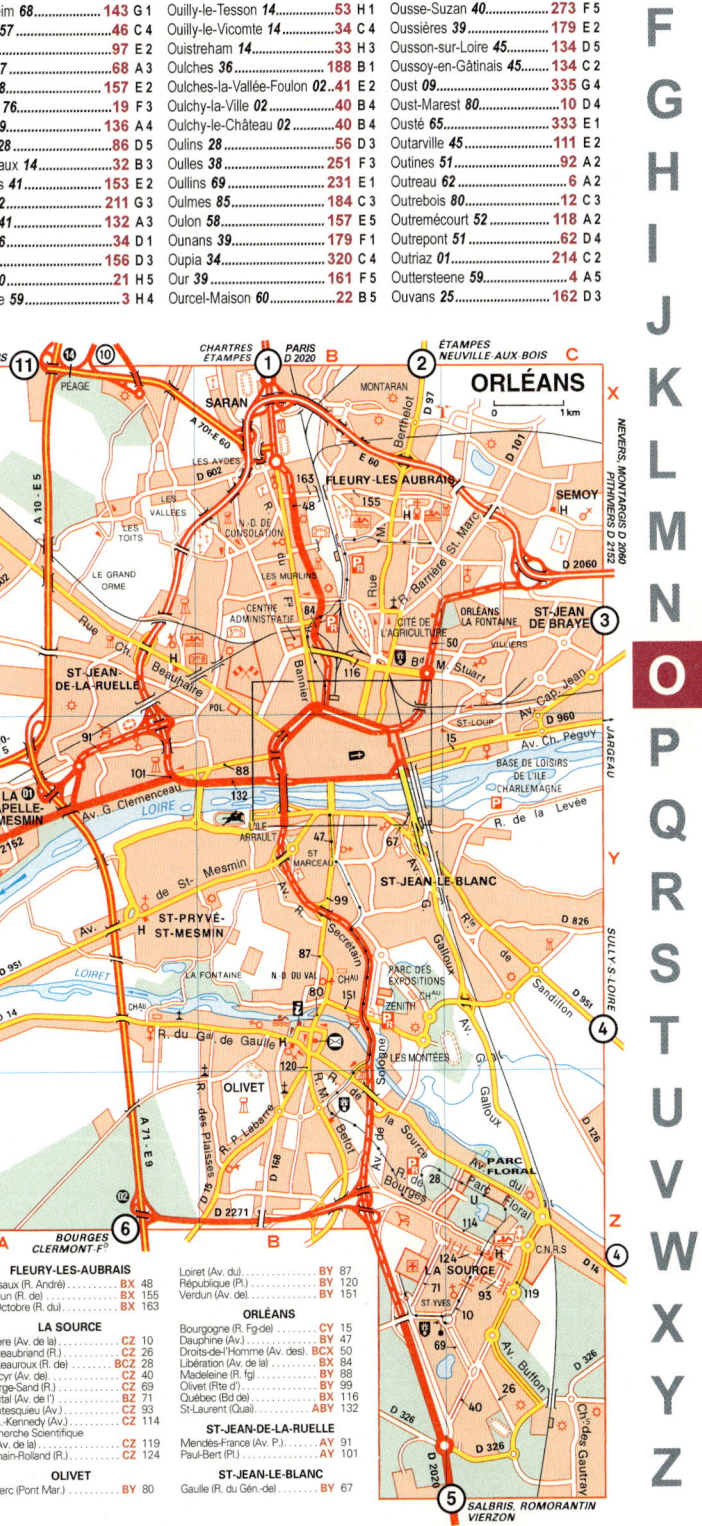

ORLÉANS

Antigna (R.) ..... DY 4
Bannier (R.) ..... DY
Bothereau (R. R.) ..... FY 14
Bourgogne (Fg de) ..... FZ 15
Bourgogne (R. de) ..... EFZ
Brésil (R. du) ..... FY 16
Bretonnerie (R. de la) ..... DEY 17
Briand (Bd A.) ..... FY 19
Champ-de-Mars (Av.) ..... DZ 25
Charpenterie (R. de la) ..... EZ 34
Châtelet (Square du) ..... EZ 32
Chollet (R. Théophile) ..... EY 36
Claye (R. de la) ..... FY 38
Coligny (R.) ..... FZ 39
Croix-de-la-Pucelle (R.) ..... EZ 43
Dauphine (Av.) ..... EZ 47
Dolet (R. Étienne) ..... EZ 49
Ducerceau (R.) ..... EZ 51
Dupanloup (R.) ..... EFY 53
Escures (R. d') ..... EY 55
Étape (Pl. de l') ..... EY 56
Ételon (R. de l') ..... FY 57
Folie (R. de la) ..... FZ 58
Fort-des-Tourelles (Q.) ..... EZ 60
Gaulle (Pl. du Gén.-de) ..... DZ 65
Hallebarde (R. de la) ..... DY 70
Hôtelleries (R. des) ..... EZ 71
Jeanne d'Arc (R.) ..... EY
Lin (R. au) ..... EZ 81
Loire (Pl. de la) ..... EZ 85
Madeleine (R. Fg) ..... DZ 88
Manufacture (R. de la) ..... FY 89
Motte-Sanguin (Bd de la) ..... FZ 95
N.-D.-de-Recouvrance (R.) ..... DZ 97
Oriflamme (R. de l') ..... FZ 98
Parisie (R.) ..... EZ 100
Poirier (R. du) ..... EZ 106
Pothier (R.) ..... EZ 112
Prague (Quai) ..... DZ 113
Pressoir (R. du) ..... FY 115
Pte-Madeleine (R.) ..... DY 108
Pte-St-Jean (R.) ..... DY 109
Rabier (R. F.) ..... EY 117
République (Pl.) ..... EZ 121
République (R. de la) ..... EY
Roquet (R.) ..... EZ 124
Royale (R.) ..... EZ 125
Ste-Catherine (R.) ..... EZ 135
Ste-Croix (Pl.) ..... EYZ 139
St-Euverte (Bd) ..... FYZ 126
St-Euverte (R.) ..... FY 127
Secrétain (Av. R.) ..... DZ 140
Segellé (Bd P.) ..... FY 141
Tabour (R. du) ..... EZ 145
Tour Neuve (R. de la) ..... FZ 147
Verdun (Bd de) ..... DY 152
Vieux-Marché (Pl.) ..... DZ 159
Weiss (R. L.) ..... FY 160
6-Juin 1944 (Pl. du) ..... FY 162

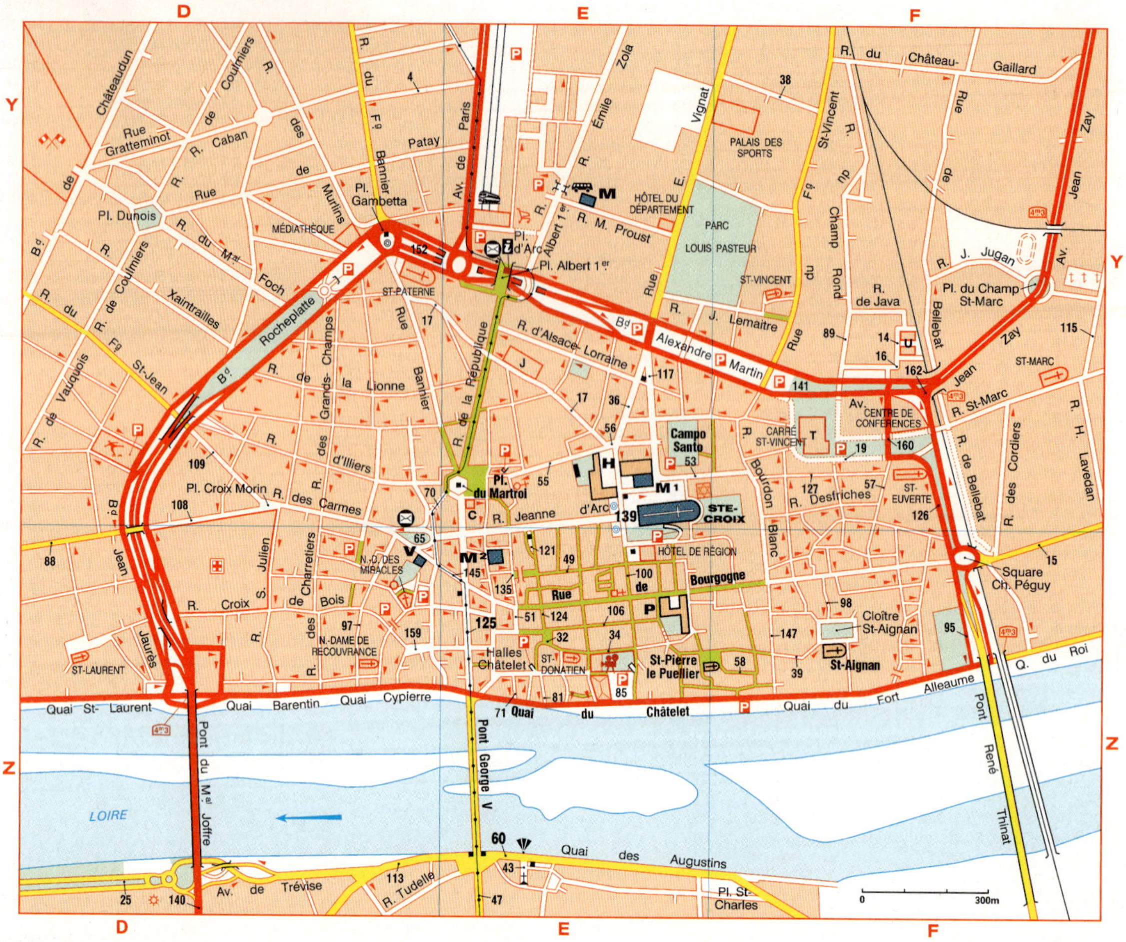

Ouve-Wirquin *62* ..... 7 E 2
Ouveillan *11* ..... 321 E 4
Ouville *50* ..... 51 H 1
Ouville-la-Bien-Tournée *14* ..... 54 A 1
Ouville-la-Rivière *76* ..... 20 A 2
Ouville-l'Abbaye *76* ..... 19 H 4
Ouvrouer-les-Champs *45* ..... 133 H 3
Ouzilly *86* ..... 169 F 4
Ouzilly-Vignolles *86* ..... 168 C 3
Ouzouer-des-Champs *45* ..... 134 C 2
Ouzouer-le-Doyen *41* ..... 109 H 5
Ouzouer-le-Marché *41* ..... 132 C 2
Ouzouer-sous-Bellegarde *45* ..... 112 A 5
Ouzouer-sur-Loire *45* ..... 134 B 3
Ouzouer-sur-Trézée *45* ..... 134 D 4
Ouzous *65* ..... 332 D 2
Ovanches *70* ..... 140 D 4
Ovillers-la-Boisselle *80* ..... 13 F 5
Oxelaëre *59* ..... 3 H 5
Oxocelhaya et Isturits *Grottes d' 64* ..... 311 F 4
Oyé *71* ..... 193 H 4
Oye-et-Pallet *25* ..... 180 C 3
Oye-Plage *62* ..... 3 E 3
Oyes *51* ..... 61 E 4
Oyeu *38* ..... 232 B 4
Oyonnax *01* ..... 196 C 5
Oyré *86* ..... 169 H 3
Oyrières *70* ..... 140 A 5
Oysonville *28* ..... 87 E 4
Oytier-Saint-Oblas *38* ..... 231 G 2
Oz *38* ..... 251 G 2
Ozan *01* ..... 195 F 3
Oze *05* ..... 269 E 4
Ozenay *71* ..... 195 E 2
Ozenx *64* ..... 313 F 2
Ozerailles *54* ..... 45 E 4
Ozeville *50* ..... 29 G 4
Ozières *52* ..... 117 G 2
Ozillac *17* ..... 219 H 4
Ozoir-la-Ferrière *77* ..... 59 E 4
Ozoir-le-Breuil *28* ..... 110 A 5
Ozolles *71* ..... 194 A 4
Ozon *07* ..... 249 E 2
Ozon *65* ..... 315 G 5
Ozouer-le-Repos *77* ..... 88 D 2
Ozouer-le-Voulgis *77* ..... 59 F 5
Ozourt *40* ..... 293 F 3

P

Paars *02* ..... 40 D 3
Pabu *22* ..... 73 E 5
La Pacaudière *42* ..... 211 F 1
Pacé *35* ..... 104 A 2
Pacé *61* ..... 83 F 3
Pact *38* ..... 231 G 5
Pacy-sur-Armançon *89* ..... 137 F 3
Pacy-sur-Eure *27* ..... 56 D 1
Padern *11* ..... 338 B 4
Padiès *81* ..... 280 B 5
Padirac *46* ..... 260 D 1
Padirac *Gouffre de 46* ..... 260 D 1
Padoux *88* ..... 95 G 5
Pageas *87* ..... 223 E 1
Pagney *39* ..... 161 F 3
Pagney-derrière-Barine *54* ..... 65 F 5
Pagnoz *39* ..... 179 G 2
Pagny-la-Blanche-Côte *55* ..... 94 A 2
Pagny-la-Ville *21* ..... 178 B 1
Pagny-le-Château *21* ..... 178 B 1
Pagny-lès-Goin *57* ..... 65 H 2
Pagny-sur-Meuse *55* ..... 94 A 1
Pagny-sur-Moselle *54* ..... 65 G 2
Pagolle *64* ..... 311 H 5
Pailhac *65* ..... 333 H 3
Pailharès *07* ..... 248 C 3
Pailhères *Port de 09* ..... 337 E 5
Pailherols *15* ..... 244 D 5
Pailhès *09* ..... 335 H 1
Pailhès *34* ..... 321 G 2
Paillart *60* ..... 22 C 4
Paillé *17* ..... 202 B 3
Paillencourt *59* ..... 14 B 3
Paillet *33* ..... 255 H 2
Pailloles *47* ..... 258 B 5
Le Pailly *52* ..... 139 H 3
Pailly *89* ..... 89 G 5
Paimbœuf *44* ..... 146 D 3
Paimpol *22* ..... 73 F 3
Paimpont *35* ..... 103 F 3
Pain de Sucre *14* ..... 53 F 2
Painblanc *21* ..... 159 F 5
Pair-et-Grandrupt *88* ..... 96 B 5
Pairis *68* ..... 120 C 2
Paissy *02* ..... 41 E 2
Paisy-Cosdon *10* ..... 114 B 2
Paizay-le-Chapt *79* ..... 202 C 2
Paizay-le-Sec *86* ..... 187 F 1
Paizay-le-Tort *79* ..... 202 C 1
Paizay-Naudouin *16* ..... 203 E 2
Pajay *38* ..... 231 H 5
le Pal *Parc d'attractions et animalier 03* ..... 192 D 2
Paladru *38* ..... 232 C 3
Palagaccio *2B* ..... 345 G 4
Palaggiu *Alignements de 2A* ..... 350 D 3
Palairac *11* ..... 338 B 3
Le Palais *56* ..... 144 B 4
Le Palais-sur-Vienne *87* ..... 205 H 4
Palaiseau *91* ..... 58 B 5
Palaiseul *52* ..... 139 H 3
Palaja *11* ..... 319 H 5
Palaminy *31* ..... 317 E 5
Palante *70* ..... 142 A 3
Palantine *25* ..... 161 H 5
Palasca *2B* ..... 344 D 5
Palau-de-Cerdagne *66* ..... 341 F 5
Palau-del-Vidre *66* ..... 343 F 3
Palavas-les-Flots *34* ..... 303 E 5
Palazinges *19* ..... 242 D 2
Paley *77* ..... 112 D 2
Paleyrac *24* ..... 259 E 1
Palhers *48* ..... 264 A 4
Palinges *71* ..... 193 H 2
Pâlis *10* ..... 90 B 5
Palise *25* ..... 162 A 2
Palisse *19* ..... 225 H 4
Palladuc *63* ..... 210 D 4
Pallanne *32* ..... 295 G 5
Palleau *71* ..... 178 A 2
Pallegney *88* ..... 95 F 5
Le Pallet *44* ..... 148 A 5
Palleville *81* ..... 319 E 2
La Pallice *17* ..... 200 B 1
La Pallu *53* ..... 82 D 3
Palluau *85* ..... 165 G 3
Palluau-sur-Indre *36* ..... 171 E 2
Palluaud *16* ..... 221 F 5
Pallud *73* ..... 234 A 1
Palluel *62* ..... 14 A 2
Palmas *12* ..... 281 F 1
La Palme *11* ..... 339 E 3
La Palmyre *17* ..... 218 B 1
Palneca *2A* ..... 349 F 3
Palogneux *42* ..... 229 F 1
Palombaggia *Plage de 2A* ..... 351 G 3
La Palud-sur-Verdon *04* ..... 307 H 2
Paluden *29* ..... 70 C 4
Paluel *76* ..... 19 F 2
Pamfou *77* ..... 88 D 4
Pamiers *09* ..... 336 B 1
Pampelonne *81* ..... 279 H 4
Pamplie *79* ..... 184 D 2
Pamproux *79* ..... 185 G 3
Panassac *32* ..... 316 A 3
Panazol *87* ..... 205 H 5
Pancé *35* ..... 104 B 5
Pancey *52* ..... 93 F 3
Pancheraccia *2B* ..... 347 G 5
Pancy-Courtecon *02* ..... 40 D 1
Pandrignes *19* ..... 243 E 2
Pange *57* ..... 66 B 1
Panges *21* ..... 159 G 2
Panilleuse *27* ..... 37 E 5
Panissage *38* ..... 232 B 3
Panissières *42* ..... 212 A 5
Panjas *32* ..... 294 D 2
Panlatte *27* ..... 56 A 4
Pannecé *44* ..... 148 B 1
Pannecières *45* ..... 87 F 5
Pannes *45* ..... 112 B 4
Pannes *54* ..... 65 E 3
Pannesière-Chaumard *Barrage de 58* ..... 157 H 5
Pannessières *39* ..... 179 F 5
Panon *72* ..... 84 A 5
Panossas *38* ..... 231 H 1
La Panouse *48* ..... 264 D 2
Pantin *93* ..... 58 C 3
Panzoult *37* ..... 151 F 5
Papleux *02* ..... 15 G 5
La Pâquelais *44* ..... 147 F 2
Paradou *13* ..... 304 C 3
Paramé *35* ..... 50 C 5
Parassy *18* ..... 155 F 4
Parata *2B* ..... 347 G 3
Parata *Pointe de la 2A* ..... 348 B 4
Paray-Douaville *78* ..... 86 D 4
Paray-le-Frésil *03* ..... 192 C 1
Paray-le-Monial *71* ..... 193 G 3
Paray-sous-Briailles *03* ..... 192 B 5
Paray-Vieille-Poste *91* ..... 58 C 5
Paraza *11* ..... 320 D 4
Parbayse *64* ..... 313 H 3
Parc-d'Anxtot *76* ..... 19 E 5
Parçay-les-Pins *49* ..... 150 D 2
Parçay-Meslay *37* ..... 152 A 2
Parçay-sur-Vienne *37* ..... 151 G 5
Parcé *35* ..... 81 E 5
Parcé-sur-Sarthe *72* ..... 129 F 2
Parcey *39* ..... 179 E 1
Parcieux *01* ..... 213 E 4
Parcoul *24* ..... 239 E 2
Le Parcq *62* ..... 7 E 5
Parcy-et-Tigny *02* ..... 40 B 4
Pardailhan *34* ..... 320 D 2
Pardaillan *47* ..... 257 F 3
Pardies *64* ..... 313 H 3
Pardies-Piétat *64* ..... 314 B 5
Pardines *63* ..... 227 H 3
Paréac *65* ..... 333 E 1
Pareid *55* ..... 64 D 1
Parempuyre *33* ..... 237 F 4
Parennes *72* ..... 107 E 3
Parent *63* ..... 228 A 2
Parentignat *63* ..... 228 A 3
Parentis-en-Born *40* ..... 272 D 1
Parenty *62* ..... 6 C 3
Parey-Saint-Césaire *54* ..... 94 C 2
Parey-sous-Montfort *88* ..... 94 C 5
Parfondeval *02* ..... 25 H 3
Parfondeval *61* ..... 84 B 3
Parfondru *02* ..... 41 E 1
Parfondrupt *55* ..... 44 D 5
Parfouru-l'Éclin *14* ..... 32 D 5
Parfouru-sur-Odon *14* ..... 33 E 5
Pargnan *02* ..... 41 E 2
Pargny *80* ..... 23 G 3
Pargny-Filain *02* ..... 40 D 1
Pargny-la-Dhuys *02* ..... 60 D 2
Pargny-les-Bois *02* ..... 24 D 3
Pargny-lès-Reims *51* ..... 41 F 4
Pargny-Resson *08* ..... 42 B 1
Pargny-sous-Mureau *88* ..... 93 H 4
Pargny-sur-Saulx *51* ..... 63 E 4
Pargues *10* ..... 115 F 4
Parignargues *30* ..... 303 G 1
Parigné *35* ..... 81 F 3
Parigné-le-Pôlin *72* ..... 129 H 2
Parigné-l'Évêque *72* ..... 108 A 5
Parigné-sur-Braye *53* ..... 82 B 5
Parigny *42* ..... 211 G 3
Parigny *50* ..... 81 G 2
Parigny-la-Rose *58* ..... 157 E 3
Parigny-les-Vaux *58* ..... 174 C 1
Pariou *Puy de 63* ..... 209 G 5
Paris *75* ..... 58 C 3
Paris-Charles-de-Gaulle *Aéroport 95* ..... 58 D 1
Paris-l'Hôpital *71* ..... 177 F 2
Paris-Orly *Aéroport de 91* ..... 58 C 5
Parisot *81* ..... 298 D 2
Parisot *82* ..... 279 E 2
Parlan *15* ..... 261 G 1
Parleboscq *40* ..... 274 D 5
Parly *89* ..... 135 H 3
Parmain *95* ..... 38 B 5
Parmilieu *38* ..... 214 A 4
Parnac *36* ..... 188 C 3
Parnac *46* ..... 259 H 5
Parnans *26* ..... 249 H 2
Parnay *18* ..... 173 G 3
Parnay *49* ..... 150 C 4
Parné-sur-Roc *53* ..... 106 A 4
Parnes *60* ..... 37 F 4
Parnot *52* ..... 117 H 4
Les Paroches *55* ..... 64 C 3
Parois *55* ..... 43 G 5
Paron *89* ..... 113 F 3
Paroy *25* ..... 179 H 1
Paroy *77* ..... 89 F 3
Paroy-en-Othe *89* ..... 114 A 4
Paroy-sur-Saulx *52* ..... 93 E 3
Paroy-sur-Tholon *89* ..... 113 H 5
Parpeçay *36* ..... 153 H 4
Parpeville *02* ..... 24 C 3
Parranquet *47* ..... 258 D 3
Parroy *54* ..... 66 D 5
Pars-lès-Chavanges *10* ..... 91 H 3

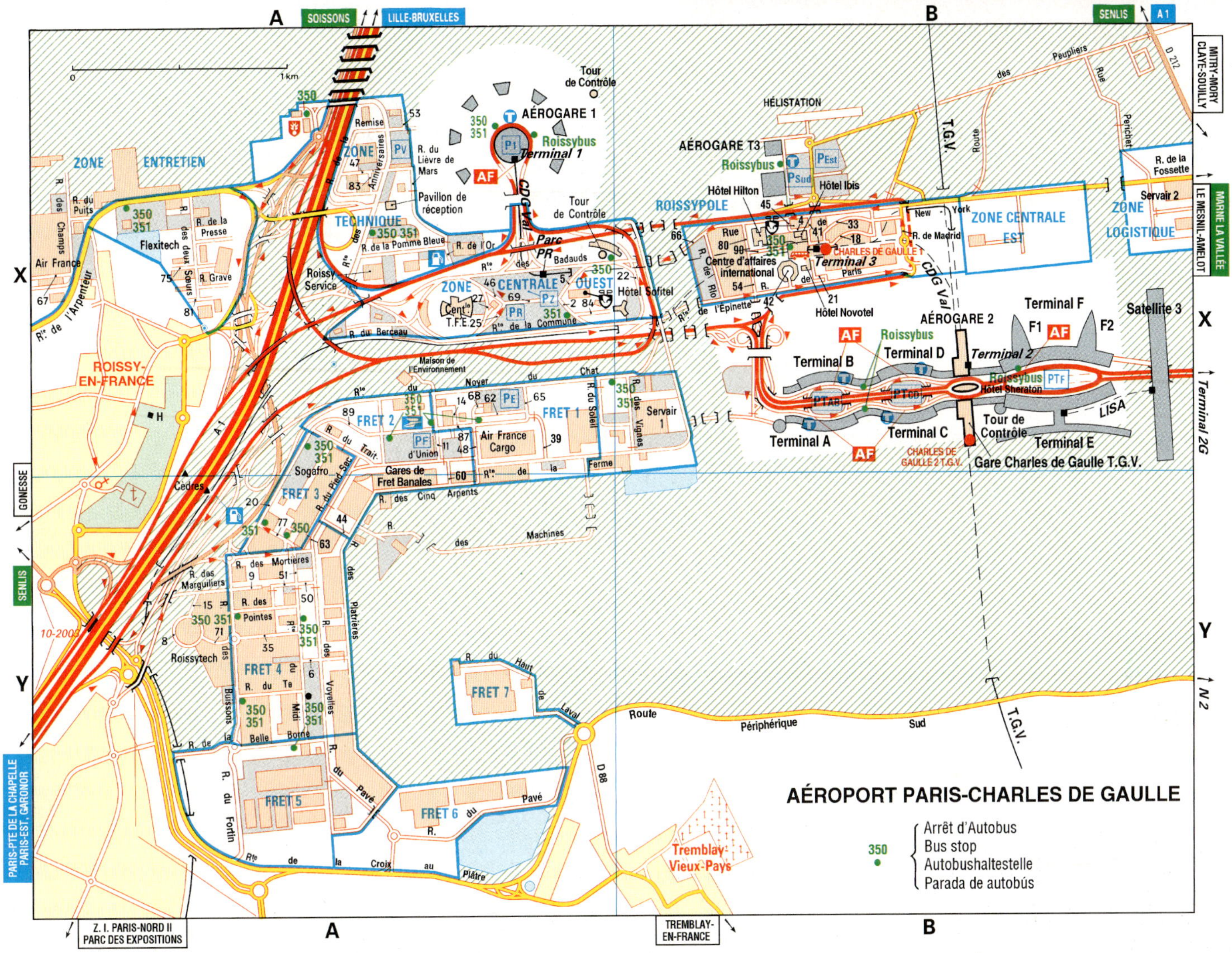

Archet (r. de l')	AX	12
Bruxelles (r. de)	BX	14
Bruyères (r. des)	BX	15
Carnet (r. de)	AY	16
Cercle (r. du)	AY	17
Chapelier (r. du)	AY	19
Chapitre (r. du)	AX	11
Collets (r. des)	AX	14
Collier (r. du)	AY	15
Copenhague (r. de)	BX	18
Deux-Cèdres (r. des)	AY	20
Dublin (r. de)	BX	21
Echelle (r. de l')	BX	22
Fer (r. du)	AX	25
Grand-Rond (r. du)	AX	27
Haye (r. de la)	BX	33
Jeune-Fille (r. de la)	AY	35
Laves (r. des)	AX	39
Lisbonne (r. de)	BX	41
Londres (pl. de)	BX	42
Loup (r. du)	AY	44
Luxembourg (r. du)	BX	45
Métronome (r. du)	AX	46
Miroir (r. du)	AX	47
Mots (r. des)	AX	48
Mouettes (r. des)	AY	50
Moulin Fret 4 (r. du)	AY	51
Moulin Zone technique (r. du)	AX	53
Néflier (r. du)	BX	54
Palans (r. des)	AY	60
Palombes (r. des)	AX	62
Pâtis (r. des)	AY	63
Pélican (r. du)	AX	65
Peupliers (rte des)	BX	66
Plumiers (r. des)	AX	67
Poirier (r. du)	AX	68
Poste (r. de la)	AX	69
Pré (r. du)	AY	71
Registre (r. du)	AX	75
Remblai (r. du)	AY	77
Rome (r. de)	BX	80
Ruisseau (r. de)	AX	81
Ségur (r. de)	AX	83
Signe (r. du)	AX	84
Tarteret (r. du)	AX	87
Terres-Noires (r. des)	AX	89
Verseau (r. du)	BX	90

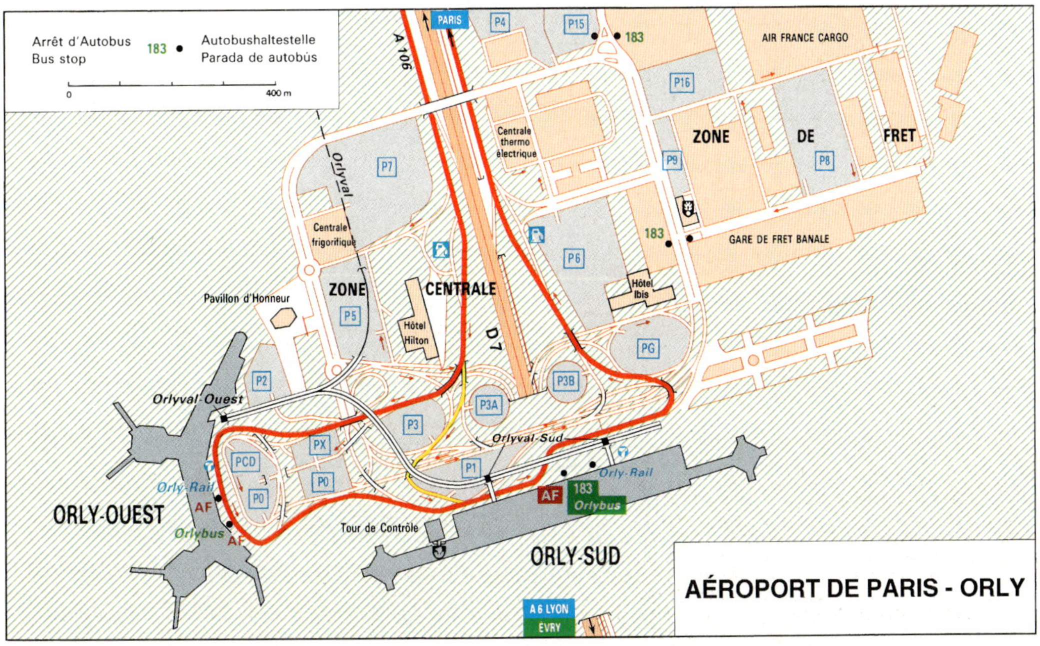

A
B
C
D
E
F
G
H
I
J
K
L
M
N
O
P
Q
R
S
T
U
V
W
X
Y
Z

COURBEVOIE
LA DÉFENSE
PUTEAUX
NEUILLY-S-SEINE
LEVALLOIS-PERRET
CLICHY
BATIGNOLLES
17E
PORTE DE ST-OUEN
PORTE POUCHET
PORTE DE CLICHY
PORTE D'ASNIÈRES
PORTE DE CHAMPERRET
PORTE DE COURCELLES
PORTE DE VILLIERS
PORTE DES TERNES
PORTE MAILLOT
PALAIS DES CONGRÈS
TERNES
PARC MONCEAU
GARE ST-LAZARE
ÉTOILE
ARC DE TRIOMPHE
STE-MARIE-MADELEINE
8E
PORTE DE NEUILLY
PORTE DES SABLONS
PORTE ST-JAMES
PORTE DE LA SEINE
PORTE DE BAGATELLE
PORTE DE MADRID
PORTE DAUPHINE
BOIS DE BOULOGNE
PORTE DE LA MUETTE
LA MUETTE
16E
TROCADÉRO
PALAIS DE CHAILLOT
PALAIS DE TOKYO
GRAND PALAIS
PETIT PALAIS
OBÉLISQUE
JARDIN DES TUILERIES
ASSEMBLÉE NATIONALE
MUSÉE D'ORSAY
MUSÉE DU QUAI BRANLY
TOUR EIFFEL
CHAMP DE MARS
HÔTEL DES INVALIDES
7E
ÉCOLE MILITAIRE
PORTE DE PASSY
PASSY
MAISON DE RADIO-FRANCE
PORTE D'AUTEUIL
ROLAND GARROS
AUTEUIL
PORTE MOLITOR
PARC DES PRINCES
BEAUGRENELLE
15E
VAUGIRARD
GARE MONTPARNASSE
TOUR MONTPARNASSE
MONTPARNASSE
DENFERT ROCHEREAU
ALÉSIA
ST-GERMAIN-DES-PRÉS
PORTE DE ST-CLOUD
PORTE DU POINT DU JOUR
QUAI D'ISSY
PORTE DE SÈVRES
PORTE D'ISSY LES MOULINEAUX
PORTE DE VERSAILLES
PARIS EXPO
PORTE DE PLAISANCE
PORTE DE LA PLAINE
PORTE BRANCION
PORTE DE VANVES
PORTE DIDOT
PORTE DE CHÂTILLON
PORTE DE MONTROUGE
PORTE D'ORLÉANS
BOULOGNE-BILLANCOURT
VANVES
ISSY-LES-MOULINEAUX
MALAKOFF
MONTROUGE
CAEN ROUEN
BOULEVARD PÉRIPHÉRIQUE
SEINE
Ile de la Jatte
Ile de Puteaux
Ile de St-Germain
Ile de Billancourt
0 1 km

ST-OUEN
ST-DENIS
AUBERV
PORTE DE LA CHAPELLE
PORTE D'AUBERVILLIERS
PORTE DE CLIGNANCOURT
PORTE DES POISSONNIERS
BOULEVARD PÉRIPHÉRIQUE
PANTIN
CITÉ DES SCIENCES ET DE L'INDUSTRIE
PARC DE LA VILLETTE
ZENITH
GRANDE HALLE
Canal de l'Ourcq
PORTE DE PANTIN
LE PRÉ-ST-GERVAIS
18E
SACRÉ-CŒUR
MONTMARTRE
PIGALLE
19E
PORTE DE CHAUMONT
PORTE BRUNET
PORTE DU PRÉ ST GERVAIS
LES LILAS
GARE DU NORD
GARE DE L'EST
BUTTES CHAUMONT
Bassin de la Villette
Canal St-Martin
9E
PORTE DES LILAS
10E
OPÉRA GARNIER
BOURSE
BELLEVILLE
MÉNILMONTANT
PORTE DE MÉNILMONTANT
BAGNOLET
2E
SENTIER
RÉPUBLIQUE
PORTE DE BAGNOLET
LILLE
PALAIS ROYAL
ST EUSTACHE
LES HALLES
FORUM
3E
BEAUBOURG
CENTRE POMPIDOU
11E
PÈRE LACHAISE
20E
CHARONNE
MUSÉE DU LOUVRE
1ER
CHÂTELET
CONCIERGERIE
HÔTEL DE VILLE
4E
BASTILLE
OPÉRA BASTILLE
PORTE DE MONTREUIL
MONTREUIL
NOTRE-DAME
ODÉON
SÉNAT
6E
LUXEMBOURG
PANTHÉON
QUARTIER LATIN
5E
JARDIN DES PLANTES
MUSEUM
GARE D'AUSTERLITZ
GARE DE LYON
NATION
PORTE DE VINCENNES
12E
PORTE DE ST-MANDÉ
PORTE DE MONTEMPOIVRE
ST-MANDÉ
PALAIS OMNISPORT
BERCY
B. N. F. F. MITTERRAND
PORTE DE REUILLY
PORTE DORÉE
ITALIE
13E
PORTE DE CHARENTON
BOIS DE VINCENNES
PORTE DE BERCY
QUAI D'IVRY
PORTE DE VITRY
PORTE D'IVRY
POTERNE DES PEUPLIERS
PORTE D'ARCUEIL
STADE CHARLÉTY
PORTE DE CHOISY
PORTE DE GENTILLY
PORTE D'ITALIE
IVRY-S-SEINE
CHARENTON-LE-PONT
SEINE
MARNE
METZ, NANCY
GENTILLY
LE KREMLIN-BICÊTRE
LYON
A
B
C
D
E
F
G
H
I
J
K
L
M
N
O
P
Q
R
S
T
U
V
W
X
Y
Z

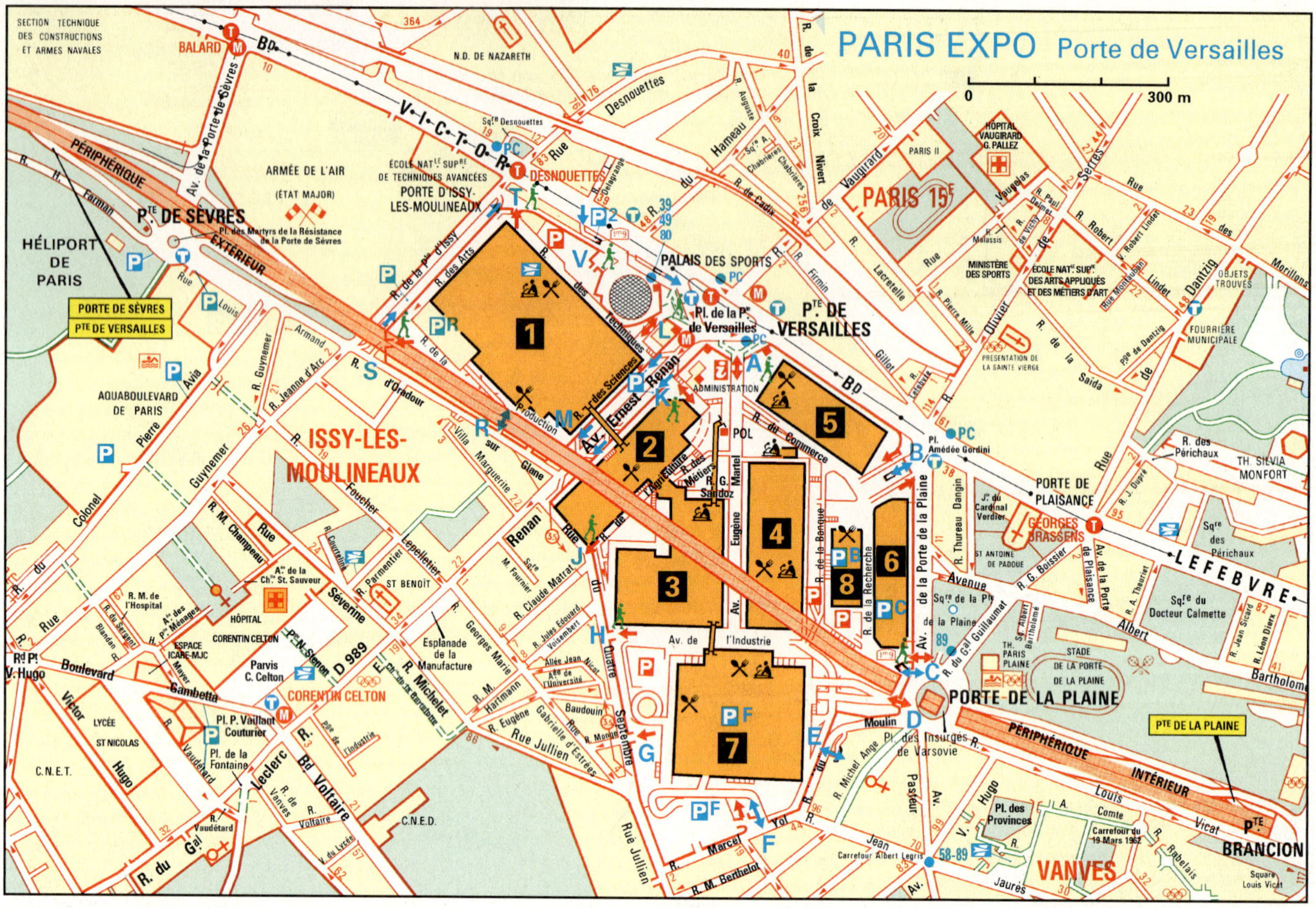

Pars-lès-Romilly *10*......90 B 3
Parsac *23*......207 G 1
Parsac *33*......238 D 5
Parthenay *79*......168 A 5
Parthenay-de-Bretagne *35*..104 A 2
Partinello *2A*......346 B 4
Parux *54*......96 B 2
Parves *01*......214 D 5
Parville *27*......56 B 1
Parvillers-le-Quesnoy *80*......23 F 3
Parzac *16*......203 H 3
Les Pas *50*......51 G 5
Le Pas *53*......82 A 3
Pas-de-Jeu *79*......168 C 2
Pas de la Graille *04*......287 F 3
Pas de l'Echelle *74*......197 G 5
Pas de l'Ours *11*......336 D 4
Pas-des-Lanciers *13*......326 C 1
Pas-en-Artois *62*......13 E 4
Le Pas-Saint-l'Homer *61*......85 E 3
Pasciolo *Fort de* *2B*......347 E 5
Pasilly *89*......137 F 4
Paslières *63*......210 C 4
Pasly *02*......40 B 2
Pasques *21*......159 H 2
Le Pasquier *39*......179 H 3
Passa *66*......343 E 3
Le Passage *38*......232 C 3
Le Passage *47*......276 B 3
Passais *61*......82 A 2
Passavant *25*......162 C 3
Passavant-en-Argonne *51*......63 F 1
Passavant-la-Rochère *70*......118 C 4
Passavant-sur-Layon *49*......149 H 5
Passay *44*......147 G 5
Passel *60*......23 G 5
Passenans *39*......179 F 4
Passin *01*......214 D 3
Passins *38*......232 B 1
Passirac *16*......220 D 5
Passonfontaine *25*......162 D 5
Passy *71*......194 C 2
Passy *74*......216 C 3
Passy *89*......113 G 3
Passy-en-Valois *02*......40 A 5
Passy-Grigny *51*......41 E 5
Passy-sur-Marne *02*......60 D 1
Passy-sur-Seine *77*......89 G 4
Pastricciola *2A*......348 D 1
Patay *45*......110 C 4
Patornay *39*......196 D 1
Patrimonio *2B*......345 F 4
Pau *64*......314 B 5
Paucourt *45*......112 C 4
Paudy *36*......172 B 1
Paugnat *63*......209 G 4
Pauilhac *32*......296 B 1
Pauillac *33*......237 E 1
Paule *22*......77 E 4
Paulhac *15*......245 F 4
Paulhac *31*......298 A 3
Paulhac *43*......246 B 1
Paulhac-en-Margeride *48*......246 B 5
Paulhaguet *43*......246 C 2
Paulhan *34*......302 A 5
Paulhe *12*......281 H 3
Paulhenc *15*......245 F 5
Paulhiac *47*......258 D 4
Pauliac *Puy de* *19*......242 D 2
Pauligne *11*......337 F 1
Paulin *24*......241 H 4
La Pauline *83*......328 B 4
Paulinet *81*......300 A 2
Paulmy *37*......170 A 2
Paulnay *36*......170 D 3
Paulx *44*......165 F 1
Paunat *24*......240 D 5
Pause *Col de* *09*......335 F 5
Paussac-et-Saint-Vivien *24*.222 B 5
Pautaines-Augeville *52*......93 F 4
Pauvres *08*......42 B 2
Pavant *02*......60 B 2
Pavezin *42*......230 D 4
Pavie *32*......296 B 4
Pavillon *Col du* *69*......212 A 2
Le Pavillon-Sainte-Julie *10*......90 C 4
Les Pavillons-sous-Bois *93*......58 D 3
Pavilly *76*......20 A 5
Pavin *Lac* *63*......227 F 3
Payns *10*......90 D 4
Payra-sur-l'Hers *11*......318 D 4
Payrac *46*......260 B 1
Payré *86*......186 A 4
Payrignac *46*......259 H 2
Payrin-Augmontel *81*......319 H 2
Payros-Cazautets *40*......294 B 4
Payroux *86*......186 C 5
Payssous *31*......334 B 2
Payzac *07*......265 H 5
Payzac *24*......223 G 5
Pazayac *24*......241 H 3
Paziols *11*......338 C 4
Pazy *58*......157 G 4
Le Péage *38*......231 G 2
Le Péage-de-Roussillon *38*.231 E 5
Péas *51*......61 E 4
Peaugres *07*......249 E 1
Péaule *56*......125 E 4
Péault *85*......183 E 2
Pébées *32*......317 E 2
Pébrac *43*......246 C 4
Pech *09*......336 B 5
Pech-Luna *11*......318 D 5
Pech Merle *Grotte du* *46*......260 C 4
Péchabou *31*......318 A 2
Pécharic-et-le-Py *11*......318 D 5
Péchaudier *81*......299 E 5
Pechbonnieu *31*......298 A 3
Pechbusque *31*......298 A 5
Le Pêchereau *36*......188 D 1
Pécorade *40*......294 B 4
Le Pecq *78*......58 A 3
Pecquencourt *59*......9 E 5
Pecqueuse *91*......87 F 2
Pécy *77*......59 H 5
Pédernec *22*......72 D 5
Pégairolles-de-Buèges *34*...302 B 2
Pégairolles-
de-l'Escalette *34*......301 H 2
Pégomas *06*......309 E 4
Le Pègue *26*......267 G 5
Péguilhan *31*......316 C 4
Peigney *52*......139 G 2
Peillac *56*......125 G 3
Peille *06*......291 G 5
Peillon *06*......291 F 5
Peillonnex *74*......216 A 1
Peintre *39*......161 E 4
Les Peintures *33*......238 D 3
Peipin *04*......287 G 3
Peïra-Cava *06*......291 F 4
Peisey-Nancroix *73*......234 D 2
Pel-et-Der *10*......91 G 4
Pélissanne *13*......305 F 4
Pellafol *38*......269 F 1
Pelleautier *05*......269 G 4
Pellefigue *32*......316 C 2
Pellegrue *33*......257 E 2
Pelleport *31*......297 F 3
Pellerey *21*......159 G 1
Le Pellerin *44*......147 F 4
La Pellerine *49*......150 D 1
La Pellerine *53*......81 G 5
Pellevoisin *36*......171 F 2
Pellouailles-les-Vignes *49*...149 H 1
Pelonne *26*......268 B 5
Pelouse *48*......264 D 4
Pelousey *25*......161 H 3
Peltre *57*......65 H 1
Pélussin *42*......230 D 4
Pelves *62*......13 H 2
Pelvoux *05*......252 C 5
Pelvoux *Belvédère du* *05*......252 C 5
Pen-Guen *22*......50 A 5
Pen-Lan *Pointe de* *56*......124 D 5
Penchard *77*......59 G 2
Pencran *29*......75 G 2
Pendé *80*......11 E 3
Pendu *Col du* *07*......265 G 3
Pénestin *56*......124 D 5
Penguily *22*......78 D 4
Penhir *Pointe de* *29*......74 D 4
Penhors *29*......99 E 3
Penin *62*......13 E 2
Penly *76*......10 C 5
Penmarch *29*......99 F 5
Pennautier *11*......319 H 5
La Penne *06*......289 G 5
Penne *81*......278 D 4
Penne-d'Agenais *47*......276 D 1
La Penne-
sur-Huveaune *13*......327 F 3
La Penne-sur-l'Ouvèze *26*...286 A 2
Pennedepie *14*......34 C 2
Pennes-le-Sec *26*......268 A 3
Les Pennes-Mirabeau *13*......326 D 1
Pennesières *70*......162 A 1
Penol *38*......231 H 4
Pensol *87*......222 D 2
Penta-Acquatella *2B*......347 G 2
Penta-di-Casinca *2B*......347 G 2
Penthièvre *56*......123 H 4
Pentrez-Plage *29*......75 F 4
Penvénan *22*......72 D 2
Penvins *Pointe de* *56*......124 C 5
Péone *06*......289 F 3
Pépieux *11*......320 C 4
Pérassay *36*......189 H 3
Peray *72*......108 A 2
Perceneige *89*......89 H 5
Percey *89*......114 C 5
Percey-le-Grand *70*......139 H 5
Percey-le-Pautel *52*......139 G 3
Percey-
sous-Montormentier *52*......139 G 5
Le Perchay *95*......37 H 5
La Perche *18*......190 D 1
Perchède *32*......294 D 2
Le Percy *38*......268 D 1
Percy *50*......52 A 2
Percy-en-Auge *14*......54 A 1
Perdreauville *78*......57 F 2
Perdrix *Crêt de la* *42*......230 C 5
Péré *17*......201 E 1
Péré *65*......333 G 1
Péréandre *Roche* *07*......248 D 1
Péreille *09*......336 C 3
Perelli *2B*......347 G 4
Pérenchies *59*......8 C 2
Péret *34*......301 H 5
Péret-Bel-Air *19*......225 F 4
Péreuil *16*......220 D 3
Péreyres *07*......266 A 1
Pergain-Taillac *32*......276 B 4
Peri *2A*......348 D 2
Le Périer *38*......251 F 4
Périers *50*......31 G 4
Périers-en-Auge *14*......34 A 3
Périers-sur-le-Dan *14*......33 G 3
Pérignac *16*......221 E 4
Pérignac *17*......219 H 2
Pérignat-lès-Sarliève *63*......227 H 1
Pérignat-sur-Allier *63*......228 A 1
Périgné *79*......202 C 1
Périgneux *42*......229 H 4
Périgny *03*......192 C 5
Périgny *14*......53 E 2
Périgny *17*......200 C 1
Périgny *41*......131 H 4
Périgny *94*......58 D 5
Périgny-la-Rose *10*......90 A 3
Périgueux *24*......240 C 2
Périllos *66*......338 D 3
Périssac *33*......238 B 3
Perles *02*......40 D 3
Perles-et-Castelet *09*......336 C 5
Pern *46*......277 H 1
Pernand-Vergelesses *21*......177 H 1
Pernant *02*......40 A 2
Pernay *37*......151 G 2
La Pernelle *50*......29 G 3
Pernes *62*......7 G 4
Pernes-lès-Boulogne *62*......2 B 5
Pernes-les-Fontaines *84*......285 H 5
Pernois *80*......12 C 5
Pero *Plage de* *2A*......348 A 1
Pero-Casevecchie *2B*......347 G 3
Pérols *34*......303 E 5
Pérols-sur-Vézère *19*......225 F 3
Péron *01*......197 E 5
Péronnas *01*......213 H 1
Péronne *71*......195 E 3
Péronne *80*......23 G 1
Péronne-en-Mélantois *59*......9 E 3
Péronville *28*......110 B 4
Pérouges *01*......213 H 4
La Pérouille *36*......171 F 5
Pérouse *90*......142 C 3
Pérouse *Rocher de la* *89*......158 A 3
Péroy-les-Gombries *60*......39 F 5
Perpezac-le-Blanc *19*......241 H 2
Perpezac-le-Noir *19*......224 C 5
Perpezat *63*......227 E 1
Perpignan *66*......343 E 2
Les Perques *50*......29 E 5
Perquie *40*......294 C 1
Perrancey-
les-Vieux-Moulins *52*......139 G 2
Le Perray-en-Yvelines *78*......57 G 5
Perrecy-les-Forges *71*......193 H 1
La Perrena *39*......180 A 5
Le Perréon *69*......212 C 2

CHEVILLY-LARUE
RUNGIS
WISSOUS
Bretagne
Renards
les Closeaux
A 6
A 106
N 186
N 7
D 165
D 160
D 126
D 7
BL 49
BL 50
BL 51
BM 49
BM 50
BM 51
BN 50
BN 51
BP 50
BP 51
A 6 - E 15 - E 50
PALAISEAU
BORDEAUX-NANTES
RUNGIS
ANTONY
VERSAILLES
FRESNES
LILLE
METZ-NANCY
CRÉTEIL
ORLY
AUTRES SECTEURS DE RUNGIS
Secteurs de RUNGIS :
CTRE COMMERCIAL RAL
CENTRE ROUTIER
M.I.N. (Péage)
SÉNIA
SILIC
Z.A. DU DELTA
SOGARIS
ZONE HÔTELIÈRE
Z.A. DU DELTA
M.I.N. (Péage)
RUNGIS-VILLE
SILIC
L'HAŸ LES ROSES
ORLY VILLEJUIF
CHEVILLY LARUE THIAIS
CTRE COMMERCIAL RÉGIONAL
M.I.N. Centre administratif
M.I.N. péage
CENTRE ROUTIER
Centre de Secours
PARIS-RUNGIS INTERNATIONAL
CENTRE ROUTIER
M.I.N. péage
CTRE COMMERCIAL RÉGIONAL
SOGARIS
M.I.N.
SOGARIS (Péage)
Zone Industrielle
ORLY - VILLE
SILIC
ORLY - ZONE INDUSTRIELLE-NORD
ORLY-VILLE
SÉNIA
Aire de Rungis Delta
CARREF. BELLE ÉPINE
DOUANES
DOUANE
ZONE HÔTELIÈRE
Z.A. MEDICIS
PARC MUNICIPAL DES SPORTS
PARC DÉPARTEMENTAL PETIT LEROY
TERMINAL RATP
CENTRE HORTICOLE
CENTRE SPORTIF ÉVASION
ORLYTECH
ORLYVAL
Péage
Cité
CENTRE DE PNEUMOLOGIE
MONASTÈRE ST-MICHEL
SÉMINAIRE DES PÈRES DU ST-ESPRIT
SALLE DES FÊTES
CENTRE CULTUREL
PORTE DE PARIS
PORTE DE CHEVILLY-LARUE
PORTE DE THIAIS
PORTE DE VITRY
PORTE DE PARAY
PORTE DE RUNGIS
FONTAINEBLEAU
STALINGRAD
LES SECTEURS
M.I.N. DELTA
SILIC
SOGARIS CTRE ROUTIER
SÉNIA
LA SIGNALISATION
D 65
RUNGIS-VILLE
SILIC
Panneau et itinéraire d'accès dans la couleur du secteur
MARCHÉ D'INTÉRÊT NATIONAL
Centre administratif
P.R.I. Paris-Rungis International
Fruits et légumes
Marée
Produits laitiers et traiteur
Fleurs et plantes
Viandes
Distribution-Entrepôts

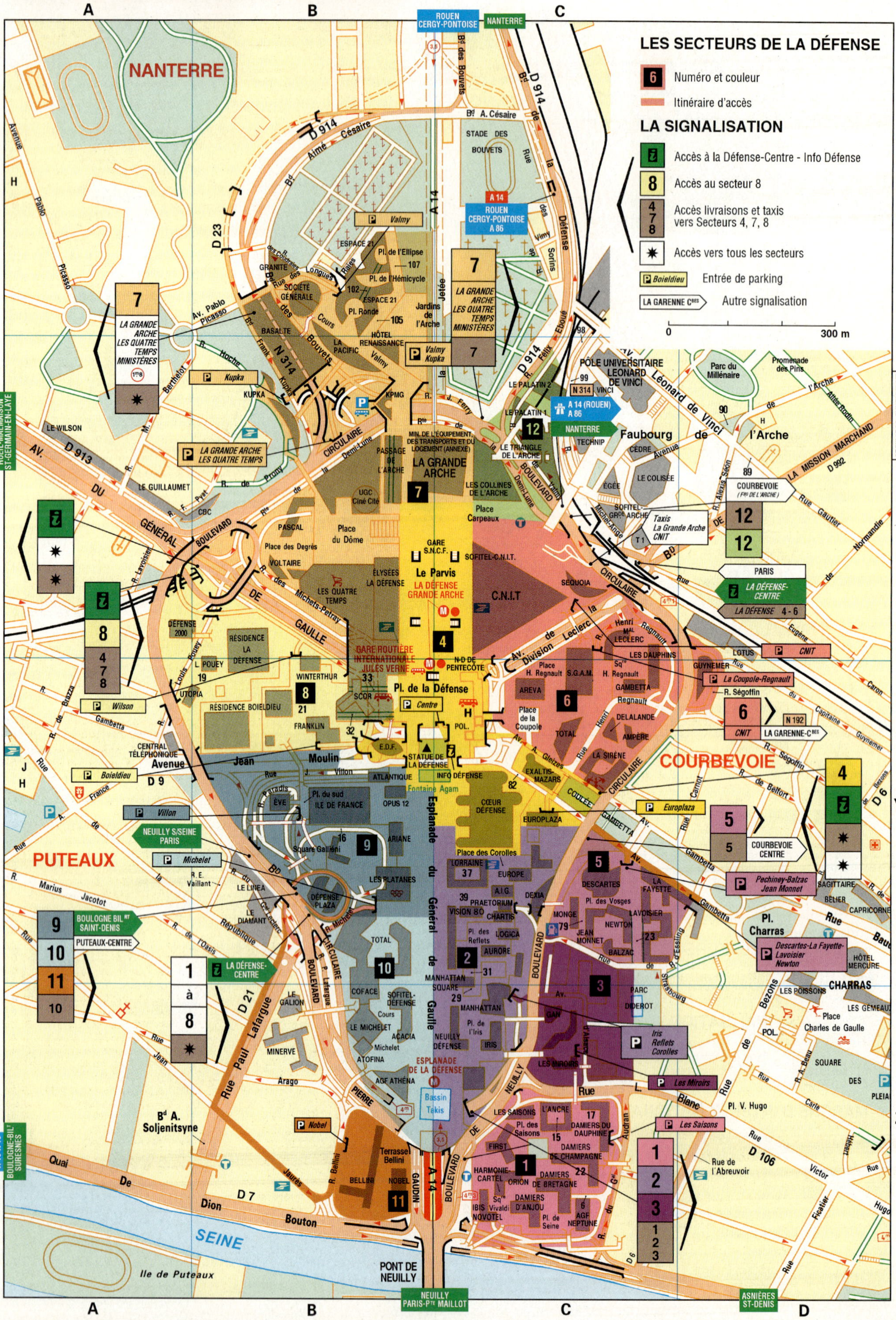

A B C D E F G H I J K L M N O P Q R S T U V W X Y Z

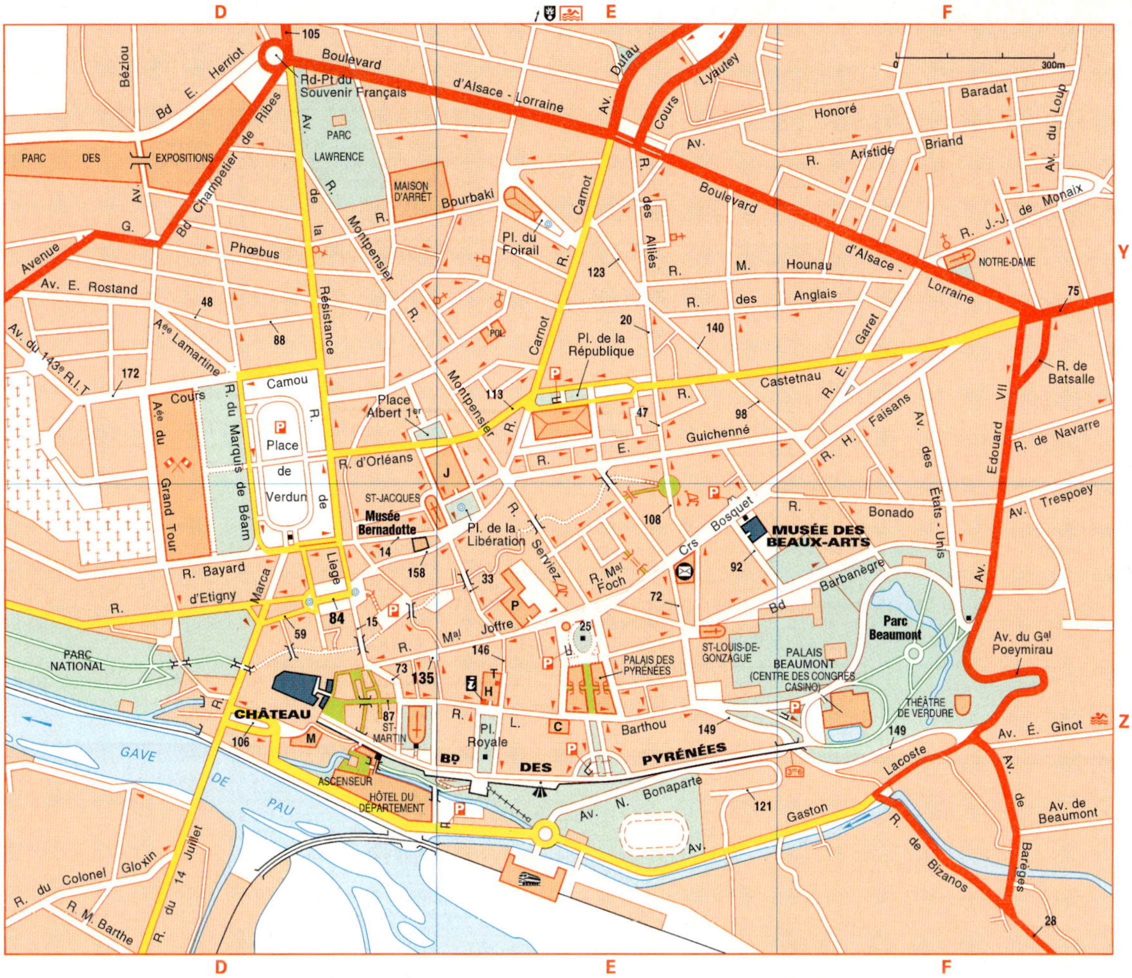

PAU

Barthou (R. Louis) ...... EFZ
Bernadotte (R.) .... DZ 14
Bordenave-d'Abère (R.) .. DZ 15
Cassin (R. René) .... EY 20
Clemenceau (Pl. Georges) .... EZ 25
Clemenceau (R. Georges) .... FZ 28
Cordeliers (R. des) .... EZ 33
Despourrins (R.) .... EY 47
Ducasse (R. Amiral) ..... DY 48
Espalungue (R. d') ...... DZ 59
Gambetta (R.) .... EZ 72
Gassion (R.) .... DZ 73
Gaulle (Av. Gén.-de) ..... FY 75
Gramont (Pl.) .... DZ 84
Henri-IV (R.) .... DZ 87
Jeanne-d'Arc (R.) .... DY 88
Lalanne (R. Mathieu) .... EZ 92
Lespy (R.) .... EFY 98
Mermoz (Av. Jean) ...... DY 105
Monnaie (Pl. de la) ...... DZ 106
Monnet (R. J.) .... EYZ 108
Nogue (R.) .... EY 113
Ossau (Av. d') .... EZ 121
Palassou (R.) .... EY 123
Reine-Marguerite (Pl.) .... EZ 135
Réveil (R. Jean) .... EY 140
St-Louis (R.) .... EZ 146
Say (Av. L.) .... EFZ 149
Serviez (R.) .... EZ
Tran (R.) .... EZ 158
218e-R.I. (R. du) .... DY 172

Perret **22** ... 77 G 5
Perreuil **71** ... 177 F 4
Perreuse **89** ... 156 C 1
Perreux **42** ... 211 H 2
Perreux **89** ... 135 G 2
Le Perreux-sur-Marne **94** ... 58 D 3
Perrex **01** ... 195 F 5
Perrier **63** ... 227 H 3
Le Perrier **85** ... 164 D 3
La Perrière **61** ... 84 B 4
La Perrière **73** ... 234 C 3
Perrières **14** ... 54 A 2
Perriers-en-Beauficel **50** ... 52 B 4
Perriers-la-Campagne **27** ... 35 G 5
Perriers-sur-Andelle **27** ... 36 D 2
Perrignier **74** ... 198 A 4
Perrigny **39** ... 179 F 5
Perrigny **89** ... 136 B 3
Perrigny-lès-Dijon **21** ... 160 A 3
Perrigny-sur-Armançon **89** .. 137 G 4
Perrigny-sur-l'Ognon **21** ... 160 D 3
Perrigny-sur-Loire **71** ... 193 E 2
Perrogney **52** ... 139 F 2
Le Perron **50** ... 32 C 5
Perros-Guirec **22** ... 72 C 2
Perrou **61** ... 82 B 2
Perrouse **70** ... 162 A 2
Perroy **58** ... 156 C 2
Perruel **27** ... 36 D 2
Perrusse **52** ... 117 G 3
Perrusson **37** ... 170 C 1
Pers **15** ... 243 H 5
Pers **79** ... 185 H 5
Pers-en-Gâtinais **45** ... 112 D 3
Pers-Jussy **74** ... 215 H 1
Persac **86** ... 187 E 4
Persan **95** ... 38 B 5
Perse *Église de* **12** ... 263 E 4
Persquen **56** ... 101 G 3
Pertain **80** ... 23 G 3
Perthes **08** ... 42 A 1
Perthes **52** ... 63 E 5
Perthes **77** ... 88 A 3
Perthes-lès-Brienne **10** ... 91 H 4
Pertheville-Ners **14** ... 54 A 3
Le Perthus **66** ... 343 E 4
Le Pertre **35** ... 105 G 4
Le Pertuis **43** ... 247 G 3
Pertuis **84** ... 306 A 3
Pertuis *Col du* **63** ... 210 D 5
Le Pertuiset **42** ... 230 A 4
Perty *Col de* **26** ... 286 C 1
La Péruse **16** ... 204 B 4
La Pérusse **04** ... 287 H 3
Pervenchères **61** ... 84 B 4
Perville **82** ... 276 D 3
Pescadoires **46** ... 259 F 5
Peschadoires **63** ... 210 C 5
Le Pescher **19** ... 242 D 3
Péseux **25** ... 163 F 2
Peseux **39** ... 178 D 1
Peslières **63** ... 228 C 4
Pesmes **70** ... 161 E 3
Pessac **33** ... 255 F 1
Pessac-sur-Dordogne **33** ... 257 E 1
Pessan **32** ... 296 B 4
Pessans **25** ... 161 H 5
Pessat-Villeneuve **63** ... 209 H 4
La Pesse **39** ... 197 E 4
Pessines **17** ... 201 F 5
Pessoulens **32** ... 296 D 2
Pesteils *Château de* **15** ... 244 D 5
Petersbach **67** ... 68 A 3
Le Petit-Abergement **01** ... 214 C 2
Petit-Appeville **76** ... 10 A 5
Petit-Auverné **44** ... 127 F 4
Petit Ballon **68** ... 120 C 4
Petit-Bersac **24** ... 239 F 1
Le Petit-Bornand-les-Glières **74** ... 216 A 2
Le Petit-Celland **50** ... 52 A 4
Petit-Cœur **73** ... 234 B 2
Petit-Couronne **76** ... 36 A 2
Petit-Croix **90** ... 142 D 3
Le Petit Drumont **88** ... 120 B 5
Petit-Ébersviller **57** ... 67 E 1
Petit-Failly **54** ... 44 C 2
Petit-Fayt **59** ... 15 F 4
Petit-Fort-Philippe **59** ... 3 E 2
Le Petit-Fougeray **35** ... 104 B 5
Petit-Landau **68** ... 143 H 1
Petit-Mars **44** ... 147 H 2
Le Petit-Mercey **39** ... 161 G 4
Petit-Mesnil **10** ... 91 H 5
Petit Minou *Pointe du* **29** ... 74 D 3
Petit-Noir **39** ... 178 D 2
Petit-Palais-et-Cornemps **33** ... 238 D 4
Le Petit-Pressigny **37** ... 170 B 3
Le Petit-Quevilly **76** ... 36 A 2
Petit-Réderching **57** ... 68 A 1
Petit Saint-Bernard *Col du* **73** ... 217 E 5
Petit-Tenquin **57** ... 67 F 2
Petit-Verly **02** ... 24 C 1
Petit-Xivry **54** ... 44 C 2
La Petite-Boissière **79** ... 167 E 3
Petite-Chaux **25** ... 180 B 5
Petite-Forêt **59** ... 9 G 5
La Petite-Fosse **88** ... 96 C 4
La Petite-Marche **03** ... 208 D 1
La Petite-Pierre **67** ... 68 A 3
La Petite-Raon **88** ... 96 B 3
Petite-Rosselle **57** ... 47 F 4
Petite-Synthe **59** ... 3 G 2
La Petite-Verrière **71** ... 176 C 1
Petitefontaine **90** ... 142 D 2
Les Petites-Armoises **08** ... 43 E 1
Les Petites-Dalles **76** ... 19 F 2
Les Petites-Loges **51** ... 42 A 5
Petitmagny **90** ... 142 C 2
Petitmont **54** ... 96 B 1
Les Petits-Robins **26** ... 267 E 1
Petiville **14** ... 33 H 4
Petiville **76** ... 35 F 1
Petosse **85** ... 183 H 2
Petreto-Bicchisano **2A** ... 348 D 5
Pettoncourt **57** ... 66 C 4
Pettonville **54** ... 95 H 2
Peujard **33** ... 237 H 3
Peumérit **29** ... 99 F 3
Peumerit-Quintin **22** ... 77 F 3
Peuplingues **62** ... 2 C 3
Peuton **53** ... 128 A 3
Peuvillers **55** ... 44 B 3
Peux-et-Couffouleux **12** ... 300 D 3
Pévange **57** ... 66 D 3
Pévy **51** ... 41 F 3
Pexiora **11** ... 319 E 4
Pexonne **54** ... 96 A 2
Pey **40** ... 292 C 4
Peymeinade **06** ... 308 D 3
Peynier **13** ... 327 G 1
Peypin **13** ... 327 F 1
Peypin-d'Aigues **84** ... 306 B 2
Peyrabout **23** ... 207 E 2
La Peyrade **34** ... 323 E 3
Le Peyrat **09** ... 336 D 3
Peyrat-de-Bellac **87** ... 205 F 1
Peyrat-la-Nonière **23** ... 207 H 2
Peyrat-le-Château **87** ... 206 D 5
La Peyratte **79** ... 168 B 5
Peyraube **65** ... 315 G 5
Peyraud **07** ... 231 E 5
Peyre **40** ... 293 H 5
Peyre-Haute *Table d'orientation de* **05** .. 270 D 2
Peyrecave **32** ... 276 D 5
Peyrefitte-du-Razès **11** ... 337 E 2
Peyrefitte-sur-l'Hers **11** ... 318 D 5
Peyregoux **81** ... 299 G 4
Peyrehorade **40** ... 292 D 5
Peyreleau **12** ... 282 A 3
Peyrelevade **19** ... 225 G 1
Peyrelongue-Abos **64** ... 314 D 2
Peyremale **30** ... 283 H 2
Peyrens **11** ... 319 E 3
Peyrepertuse *Château de* **11** ... 338 B 4
Peyresourde **65** ... 333 H 4
Peyresourde *Col de* **31** ... 333 H 4
Peyrestortes **66** ... 338 D 5
Peyret-Saint-André **65** ... 316 A 4
Peyriac-de-Mer **11** ... 339 E 1
Peyriac-Minervois **11** ... 320 B 4
Peyriat **01** ... 214 B 1
Peyrière **47** ... 257 G 4
Peyrieu **01** ... 232 D 1
Peyrignac **24** ... 241 G 2
Peyriguère **65** ... 315 G 4
Peyrilhac **87** ... 205 F 3
Peyrillac-et-Millac **24** ... 241 H 5
Peyrilles **46** ... 259 H 3
Peyrins **26** ... 249 G 3
Peyrissac **19** ... 224 D 3
Peyrissas **31** ... 316 D 4
Peyro-Clabado *Rocher* **81** ... 299 H 4
Peyrol *Pas de* **15** ... 244 D 3
Peyrole **81** ... 298 D 2
Peyrolles **11** ... 337 H 3
Peyrolles **30** ... 283 F 4
Peyrolles-en-Provence **13** ... 306 B 4
Peyroules **04** ... 308 B 1
Peyrouse **65** ... 332 D 1
Peyrouzet **31** ... 316 D 5
Peyruis **04** ... 287 G 4
Peyrun **65** ... 315 F 3
Peyrus **26** ... 249 H 5
Peyrusse **15** ... 245 G 2
Peyrusse-Grande **32** ... 295 G 4
Peyrusse-le-Roc **12** ... 261 G 5
Peyrusse-Massas **32** ... 296 A 3
Peyrusse-Vieille **32** ... 295 F 4
Peyssies **31** ... 317 F 4
Peyzac-le-Moustier **24** ... 241 F 4
Peyzieux-sur-Saône **01** ... 213 E 1
Pézarches **77** ... 59 H 4
Pezé-le-Robert **72** ... 107 F 2
Pézenas **34** ... 322 C 3
Pézènes-les-Mines **34** ... 301 G 5
Pezens **11** ... 319 G 4
Pézilla-de-Conflent **66** ... 338 A 5
Pézilla-la-Rivière **66** ... 342 D 2
Pezou **41** ... 131 H 2
Pezuls **24** ... 240 D 5
Pézy **28** ... 86 B 5
Pfaffenheim **68** ... 121 E 4
Pfaffenhoffen **67** ... 68 C 3
Pfalzweyer **67** ... 68 A 4
Pfastatt **68** ... 143 F 1
Pfetterhouse **68** ... 143 E 4
Pfettisheim **67** ... 68 D 5
Pfulgriesheim **67** ... 68 D 5
Phaffans **90** ... 142 C 2
Phalempin **59** ... 8 D 4
Phalsbourg **57** ... 68 A 4
Philippsbourg **57** ... 68 C 1
Philondenx **40** ... 294 A 5
Phlin **54** ... 66 B 3
Pia **66** ... 339 E 5
Piacé **72** ... 107 G 2
Le Pian-Médoc **33** ... 237 F 4
Le Pian-sur-Garonne **33** ... 256 B 3
Piana **2A** ... 346 A 5
Pianella *Pont de* **2A** ... 346 B 5
Pianello **2B** ... 347 G 4
Piano **2B** ... 347 G 3
Pianottoli-Caldarello **2A** ... 351 E 3
Les Piards **39** ... 197 E 2
La Piarre **05** ... 268 D 4
Piau-Engaly **65** ... 333 F 4
Piazzali **2B** ... 347 G 4
Piazzole **2B** ... 347 G 3
Piblange **57** ... 46 B 4
Pibrac **31** ... 297 G 4
Picarreau **39** ... 179 G 4
Picarrou **31** ... 318 B 4
Picauville **50** ... 31 H 2
Pichanges **21** ... 160 B 1
Picherande **63** ... 227 E 4
Picquigny **80** ... 22 A 1
Pie-d'Orezza **2B** ... 347 G 3
Pied-de-Borne **48** ... 265 G 5
Pied-la-Viste *Table d'orientation de* **05** .. 270 D 2
Piedicorte-di-Gaggio **2B** ... 347 G 5
Piedicroce **2B** ... 347 G 3
Piedigriggio **2B** ... 347 E 3
Piedipartino **2B** ... 347 G 3
Piégon **26** ... 285 H 1
Piégros-la-Clastre **26** ... 267 H 2
Piégut **04** ... 269 H 4
Piégut-Pluviers **24** ... 222 C 2
Piémanson *Plage de* **13** ... 325 F 4
Piencourt **27** ... 35 E 5
Piennes **54** ... 45 E 4
Piennes **80** ... 23 E 5
Piépape **52** ... 139 G 3
Pierlas **06** ... 289 G 4
La Pierre **38** ... 233 F 5

A B C D E F G H I J K L M N O P Q R S T U V W X Y Z

Pierre-Bénite 69 ... 231 E 1
Pierre-Buffière 87 ... 223 H 1
Pierre-Carrée *Col de la* 74 .. 216 C 2
Pierre-Châtel 38 ... 251 E 4
La Pierre Couverte
Dolmen de 49 ... 129 G 5
Pierre d'Avenon 83 ... 329 E 4
Pierre-de-Bresse 71 ... 178 C 3
Pierre Frite *Menhir de* 49 ... 127 F 3
Pierre-Gourde
Château de 07 ... 249 E 5
Pierre-la-Treiche 54 ... 94 B 1
Pierre-Levée 77 ... 59 H 3
Pierre-Morains 51 ... 61 G 3
Pierre-Percée 54 ... 96 B 2
Pierre-Perthuis 89 ... 157 H 2
La Pierre Plantée 48 ... 264 D 4
Pierre-Plantée *Col de la* 48 . 264 D 3
Pierre-qui-Vire
Abbaye de la 89 ... 158 B 3
Pierreclos *Château de* 71 ... 194 D 4
Pierrecourt 70 ... 140 A 4
Pierrecourt 76 ... 21 F 2
Pierrefaites 52 ... 140 B 2
Pierrefeu 06 ... 309 F 1
Pierrefeu-du-Var 83 ... 328 C 3
Pierrefiche 12 ... 263 G 5
Pierrefiche 48 ... 265 E 2
Pierrefiques 76 ... 18 D 4
Pierrefitte 19 ... 224 C 4
Pierrefitte 23 ... 207 H 1
Pierrefitte 79 ... 168 A 3
Pierrefitte 88 ... 118 D 2
Pierrefitte-en-Auge 14 ... 34 C 3
Pierrefitte-en-Beauvaisis 60 ... 37 H 1
Pierrefitte-en-Cinglais 14 ... 53 G 2
Pierrefitte-ès-Bois 45 ... 155 H 1
Pierrefitte-Nestalas 65 ... 332 D 2
Pierrefitte-sur-Aire 55 ... 64 B 3
Pierrefitte-sur-Loire 03 ... 193 E 2
Pierrefitte-sur-Sauldre 41 ... 154 C 1
Pierrefitte-sur-Seine 93 ... 58 C 2
Pierrefonds 60 ... 39 G 3
Pierrefontaine-
lès-Blamont 25 ... 163 G 2
Pierrefontaine-
les-Varans 25 ... 163 E 4
Pierrefontaines 52 ... 139 F 3
Pierrefort 15 ... 245 F 5
Pierregot 80 ... 12 D 5
Pierrelatte 26 ... 285 E 1
Pierrelaye 95 ... 58 A 1
Pierrelongue 26 ... 286 A 2
Pierremande 02 ... 24 A 5
Pierremont 62 ... 7 F 5
Pierrepont 02 ... 25 E 4
Pierrepont 14 ... 53 G 2
Pierrepont 54 ... 44 D 2
Pierrepont-sur-Avre 80 ... 22 D 4
Pierrepont-sur-l'Arentèle 88 ... 95 H 5
Pierrerue 04 ... 287 F 5
Pierrerue 34 ... 321 E 2
Pierres 14 ... 52 D 3
Pierres 28 ... 86 B 2
Pierreval 76 ... 20 C 5
Pierrevert 04 ... 306 C 2
Pierreville 50 ... 28 D 5
Pierreville 54 ... 94 D 2
Pierrevillers 57 ... 45 G 4
Pierric 44 ... 126 B 3
Pierry 51 ... 61 F 1
Pietra-di-Verde 2B ... 347 G 4
Pietracorbara 2B ... 345 G 3
Pietralba 2B ... 347 E 2
Pietranera 2B ... 345 G 4
Pietraserena 2B ... 347 G 5
Pietricaggio 2B ... 347 G 4
Pietrosella 2A ... 348 C 4
Pietroso 2B ... 349 F 1
Piets-Plasence-
Moustrou 64 ... 294 A 5
Pieusse 11 ... 337 G 1
Les Pieux 50 ... 28 D 4
Piève 2B ... 345 F 5
Piffonds 89 ... 113 F 4
Le Pigeon 46 ... 242 B 5
Pigeonnier *Col du* 67 ... 69 E 1
Pigerolles 23 ... 207 G 5
Pigna 2B ... 344 C 5
Pignan 34 ... 302 C 5
Pignans 83 ... 328 C 2
Pignicourt 02 ... 41 G 2
Pignols 63 ... 228 A 2
Pigny 18 ... 155 F 5
Pihem 62 ... 7 F 2
Pihen-lès-Guînes 62 ... 2 C 4
Pila-Canale 2A ... 348 D 4
Pilat *Mont* 42 ... 230 C 4
Pilat-Plage 33 ... 254 B 3
Le Pilhon 26 ... 268 D 3
Pillac 16 ... 221 F 5
Pillemoine 39 ... 179 H 5
Les Pilles 26 ... 285 H 1
Pillon 55 ... 44 C 3
Pimbo 40 ... 294 B 5
Pimelles 89 ... 137 G 2
Pimorin 39 ... 196 B 2
Pimprez 60 ... 39 G 1
Le Pin 03 ... 193 F 3
Le Pin 14 ... 34 D 4
Le Pin 17 ... 220 B 5
Le Pin 30 ... 284 C 4
Le Pin 38 ... 232 C 3
Le Pin 39 ... 179 E 5
Le Pin 44 ... 127 F 5
Pin 70 ... 161 G 3
Le Pin 77 ... 59 E 3
Le Pin 79 ... 167 F 3
Le Pin 82 ... 277 E 5
Pin *Haras du* 61 ... 54 C 4
Le Pin-au-Haras 61 ... 54 C 4
Pin-Balma 31 ... 298 A 4
Le Pin-en-Mauges 49 ... 148 D 4
Le Pin-la-Garenne 61 ... 84 B 4
Pin-Moriès 48 ... 264 A 5
Le Pin-Murelet 31 ... 317 E 3
Pinarellu 2A ... 349 G 5
Pinas 65 ... 333 H 1
Pinay 42 ... 211 H 4
Pincé 72 ... 128 D 3
Pinçon *Mont* 14 ... 53 E 1
Pindères 47 ... 274 D 2
Pindray 86 ... 187 F 2
Les Pineaux 85 ... 183 F 1
Pinel-Hauterive 47 ... 258 B 5
Pinet 34 ... 322 C 4
Pineuilh 33 ... 257 F 1
Piney 10 ... 91 G 4
Pino 2B ... 345 F 2
Pinols 43 ... 246 B 3
Pinon 02 ... 40 C 1
Les Pins 16 ... 203 H 5
Pins-Justaret 31 ... 317 H 2
Pinsac 46 ... 260 B 1
Pinsaguel 31 ... 317 H 2
Pinsot 38 ... 233 G 4
Pintac 65 ... 315 E 4
Pinterville 27 ... 36 B 4
Pintheville 55 ... 64 D 1
Les Pinthières 28 ... 57 E 5
Piobetta 2B ... 347 G 4
Pioggiola 2B ... 346 D 2
Piolenc 84 ... 285 E 3
Pionnat 23 ... 207 F 1
Pionsat 63 ... 208 D 2
Pioussay 79 ... 203 E 2
Pipriac 35 ... 126 A 2
Piquecos 82 ... 277 H 4
Pirajoux 01 ... 196 A 3
Piré-sur-Seiche 35 ... 104 D 4
Pirey 25 ... 161 H 3
Piriac-sur-Mer 44 ... 145 G 3
Pirmil 72 ... 107 F 5
Pirou 50 ... 31 F 4
Pis 32 ... 296 C 2
Pisany 17 ... 219 E 1
Piscop 95 ... 58 C 1
Piseux 27 ... 56 A 4
Pisieu 38 ... 231 G 4
Pisse *Cascade de la* 38 ... 251 H 3
Pisseleu 60 ... 38 A 1
Pisseleux 02 ... 39 H 4
Pisseloup 52 ... 140 B 2
La Pisseure 70 ... 141 F 2
Pissos 40 ... 273 F 1
Pissotte 85 ... 184 B 2
Pissy 80 ... 22 A 2
Pissy-Pôville 76 ... 36 A 1
Pisy 89 ... 158 B 1
Pitgam 59 ... 3 G 3
Pithiviers 45 ... 111 G 3
Pithiviers-le-Vieil 45 ... 111 G 3
Pithon 02 ... 23 H 3
Pîtres 27 ... 36 C 3
Pittefaux 62 ... 2 B 5
Pizançon 26 ... 249 G 3
Pizay 01 ... 213 G 4
Pizieux 72 ... 84 A 5
Le Pizou 24 ... 239 E 4
Le Pla 09 ... 337 F 5
Pla-d'Adet 65 ... 333 G 4
Plabennec 29 ... 70 D 5
Placé 53 ... 82 A 5
Les Places 27 ... 35 E 5
La Placette *Col de* 38 ... 232 D 5
Placey 25 ... 161 G 3
Plachy-Buyon 80 ... 22 B 2
Placy 14 ... 53 G 1
Placy-Montaigu 50 ... 52 C 1
Le Plagnal 07 ... 265 G 2
Plagne 01 ... 196 D 5
Plagne 31 ... 317 E 5
La Plagne 73 ... 234 D 2
Plagnole 31 ... 317 E 3
Plagny 58 ... 174 C 2
Plaigne 11 ... 318 C 5
Plailly 60 ... 39 E 5
Plaimbois-du-Miroir 25 ... 163 E 4
Plaimbois-Vennes 25 ... 163 E 4
Plaimpied-Givaudins 18 ... 173 F 2
La Plaine 49 ... 167 F 1
Plaine 67 ... 96 C 3
Plaine-de-Walsch 57 ... 67 H 5
Plaine-Haute 22 ... 78 A 3
Plaine-Joux 74 ... 216 D 2
La Plaine-sur-Mer 44 ... 146 B 4
Plainemont 70 ... 141 F 2
Plaines-Saint-Lange 10 ... 115 H 5
Plainfaing 88 ... 120 C 2
Plainoiseau 39 ... 179 E 4
Plainpalais *Col de* 73 ... 233 F 1
Les Plains-
et-Grands-Essarts 25 ... 163 G 2
Plaintel 22 ... 78 B 4
Plainval 60 ... 38 C 1
Plainville 27 ... 35 E 5
Plainville 60 ... 22 D 5
Plaisance 12 ... 300 A 1
Plaisance 32 ... 295 E 4
Plaisance 34 ... 301 E 4
Plaisance 86 ... 187 F 4
Plaisance-du-Touch 31 ... 297 G 5
Plaisia 39 ... 196 C 1
Plaisians 26 ... 286 B 2
Plaisir 78 ... 57 H 4
Plaisir Fontaine
Grotte de 25 ... 162 B 5
Plaissan 34 ... 302 A 5
Plaizac 16 ... 202 D 5
Plampinet 05 ... 252 D 3
Le Plan 31 ... 317 F 5
Plan 38 ... 232 B 5
Plan-d'Aups 83 ... 327 G 2
Plan-de-Baix 26 ... 267 H 1
Plan-de-Campagne 13 ... 326 D 1
Plan-de-Cuques 13 ... 327 E 2
Le Plan-de-Grasse 06 ... 309 E 3
Plan-de-la-Tour 83 ... 329 F 2
Plan-d'Orgon 13 ... 305 E 2
Plan-du-Var 06 ... 291 E 5
Planaise 73 ... 233 G 3
Planay 21 ... 137 H 3
Planay 73 ... 234 D 3
La Planche 44 ... 165 H 1
Plancher-Bas 70 ... 142 B 2
Plancher-les-Mines 70 ... 142 B 1
Plancherine 73 ... 234 A 1
Les Planches 27 ... 36 B 5
Planches 61 ... 54 D 5
Les Planches-
en-Montagne 39 ... 180 A 5
Les Planches-
près-Arbois 39 ... 179 G 3
Planchez 58 ... 158 A 5
Plancoët 22 ... 79 F 3
Plancy-l'Abbaye 10 ... 90 D 2
La Planée 25 ... 180 C 3
Planès 66 ... 341 G 4
Planèzes 66 ... 338 B 5
Planfoy 42 ... 230 B 5
Planguenoual 22 ... 78 C 3
Planioles 46 ... 261 F 3
Le Planois 71 ... 178 D 4
Le Planquay 27 ... 35 E 5
Planquery 14 ... 32 D 4
Planques 62 ... 7 E 4
Las Planques *Église de* 81 .. 279 H 4
Planrupt 52 ... 92 B 3
Les Plans 30 ... 284 A 3
Les Plans 34 ... 301 G 3
Le Plantay 01 ... 213 G 2
Les Plantiers 30 ... 283 E 4
Le Plantis 61 ... 84 A 2
Planty 10 ... 114 A 2
Planzolles 07 ... 265 H 5
Plappeville 57 ... 45 G 5
Plascassier 06 ... 309 E 3
Plasne 39 ... 179 F 3
Plasnes 27 ... 35 F 5
Plassac 17 ... 219 G 3
Plassac 33 ... 237 F 2
Plassac-Rouffiac 16 ... 221 E 3
Plassay 17 ... 201 F 4
Plateau-d'Assy 74 ... 216 D 3
Plats 07 ... 249 E 4
Plaudren 56 ... 124 C 2
Plauzat 63 ... 227 H 2
Plavilla 11 ... 336 D 1
Plazac 24 ... 241 F 4
Pleaux 15 ... 243 H 3

PERPIGNAN

Alsace-Lorraine (R.) .... BY 2
Anciens-Combattants-d'Indochine (Pl. des) .... BY 3
Ange (R. de l') .... BZ 4
Arago (Pl.) .... BZ 5
Argenterie (R. de l') .... BY 6
Barre (R. de la) .... BY 7
Bartissol (R. E.) .... BY 8
Batllo (Quai F.) .... BY 9
Castillet (R. du) .... BY 21
Clemenceau (Bd G.) .... BY
Cloche d'Or (R. de la) . BYZ 22
Côte des Carmes (R.) .... CZ 23
Fabriques d'En Nabot (R. des) .... BY 24
Fabriques d'En Nadal (R. des) .... BY 25
Fontaine-Neuve (R.) .... CZ 26
Fontfroide (R.) .... BY 27
Gambetta (Pl.) .... BY 28
Grande la Monnaie (R.) .... BZ 31
Lattre-de-Tassigny (Quai de) .... BZ 32
Loge (R. et Pl. de la) .... BY 33
Louis-Blanc (R.) .... ABY 34
Marchands (R. des) .... BY 35
Mermoz (Av. J.) .... CZ 36
Mirabeau (R.) .... BY 37
Payra (R. J.) .... BY 38
Péri (Pl. Gabriel) .... BZ 39
Petite la Monnaie (R.) .... BZ 40
Porte d'Assaut (R.) .... BZ 41
Porte de Canet (R.) .... CZ 42
Remparts la Réal (R. des) .... BZ 43
République (Pl. de la) .... BZ 44
Résistance (Pl. de la) .... BY 45
Révolution Française (R. de la) .... CY 46
Rigaud (Pl.) .... BZ 47
Sadi-Carnot (Quai) .... BY 50
St-Jean (R.) .... BY 52
Théâtre (R. du) .... BZ 55
Trois-Journées (R. des) .... BY 58
Vauban (Quai) .... BY 60
Verdun (Pl. de) .... BY 64
Victoire (Pl. de la) .... BY 67
Vielledent (R. J.) .... CZ 69
Waldeck-Rousseau (R.) .... CZ 72

POITIERS

Abbé-Frémont (Bd) .... DY 2
Alexandre (R. J.) .... DZ 4
Blossac (R. de) .... CZ 10
Boncenne (R.) .... CDY 12
Bouchet (R. Jean) .... DY 14
Bretonnerie (R. de la) .... DY 16
Carnot (R.) .... CZ 17
Chaine (R. de la) .... DY 20
Champagne (R. de) .... DY 21
Clos-des-Carmes (Pl. du) .... DY 22
Coligny (Bd) .... DZ 23
Cordeliers (R. des) .... DY 25
Descartes (R. René) .... DY 28
Fg-du-Pont-Neuf .... DZ 30
Gabillet (R. H.) .... DY 34
Gambetta (R.) .... DY 35
Gaulle (Pl. Ch.-de) .... DY 36
Grand-Rue .... DY
Grignon-de-Montfort (R.) .... DY 40
Hôtel-Dieu (R. de l') .... DY 45
Intendant-le-Nain (R. de l') .... DY 46
Jeanne-d'Arc (Bd) .... DY 48
Jean-de-Berry (Pl.) .... DY 47
Leclerc (Pl. du Mar.) .... DZ 49
Libération (Av. de la) .... CZ 50
Liberté (Av. de la) .... BV 51
Liberté (Pl. de la) .... DY 52
Macé (R. Jean) .... DY 53
Marché-Notre-Dame (R. du) .... DYZ 55
Marne (R. de la) .... CY 56
Mouton (R. du) .... DY 63
Oudin (R. H.) .... DY 67
Puygarreau (R. du) .... DZ 70
Rat (R. Pierre) .... DY 71
Riffault (R.) .... DY 74
St-Cyprien (R.) .... DZ 76
St-Germain (R.) .... DY 77
Solférino (Bd) .... CY 89
Thezard (R. Léopold) .... CZ 90
Tison (Bd de) .... CZ 92
Verdun (Bd de) .... CY 94
3-Rois (R. des) .... DY 95
125e-R.-I. (R. du) .... CZ 97

Pléboulle 22 .... 79 E 2
Pléchâtel 35 .... 104 A 5
Plédéliac 22 .... 79 E 4
Plédran 22 .... 78 B 4
Pléguien 22 .... 73 G 4
Pléhédel 22 .... 73 F 4
Pleine-Fougères 35 .... 80 C 2
Pleine-Selve 02 .... 24 C 3
Pleine-Selve 33 .... 219 G 5
Pleine-Sève 76 .... 19 G 2
Pleines-Œuvres 14 .... 52 B 2
Plélan-le-Grand 35 .... 103 G 4
Plélan-le-Petit 22 .... 79 F 4
Plélauff 22 .... 77 G 5
Plélo 22 .... 73 G 5
Plémet 22 .... 102 C 2
Plémy 22 .... 78 C 5
Plénée-Jugon 22 .... 79 E 5
Pléneuf *Pointe de* 22 .... 78 D 2
Pléneuf-Val-André 22 .... 78 D 2
Plénise 39 .... 180 A 3
Plénisette 39 .... 180 A 3
Plerguer 35 .... 80 A 2
Plérin 22 .... 78 B 3
Plerneuf 22 .... 78 A 3
Plescop 56 .... 124 B 3
Plesder 35 .... 79 H 4
Plésidy 22 .... 77 G 2
Pleslin 22 .... 79 G 3
Plesnois 57 .... 45 G 5
Plesnoy 52 .... 117 G 5
Plessala 22 .... 78 C 5
Plessé 44 .... 126 A 5
Plessier-de-Roye 60 .... 23 F 5
Le Plessier-Huleu 02 .... 40 B 4
Le Plessier-Rozainvillers 80 .... 22 D 3
Le Plessier-sur-Bulles 60 .... 38 C 1
Le Plessier-sur-Saint-Just 60 .... 38 D 1
Le Plessis-aux-Bois 77 .... 59 F 2
Plessis-Barbuise 10 .... 90 A 2
Le Plessis-Belleville 60 .... 59 F 1
Le Plessis-Bouchard 95 .... 58 B 2
Le Plessis-Bourré *Château* 49 .... 128 C 5
Le Plessis-Brion 60 .... 39 G 1
Le Plessis-Chenet 91 .... 88 A 2
Le Plessis-Dorin 41 .... 109 E 4
Plessis-du-Mée 89 .... 89 G 5
Le Plessis-Feu-Aussoux 77 .... 59 H 5
Le Plessis-Gassot 95 .... 58 C 1
Le Plessis-Grammoire 49 .... 149 H 1
Le Plessis-Grimoult 14 .... 53 E 2
Le Plessis-Grohan 27 .... 56 B 2
Le Plessis-Hébert 27 .... 56 D 2
Le Plessis-Josso *Château* 56 .... 124 D 4
Le Plessis-Lastelle 50 .... 31 G 3
Le Plessis-l'Échelle 41 .... 132 B 3
Le Plessis-l'Évêque 77 .... 59 F 1
Le Plessis-Luzarches 95 .... 38 D 5
Le Plessis-Macé 49 .... 128 B 5
Le Plessis-Pâté 91 .... 87 H 2
Le Plessis-Patte-d'Oie 60 .... 23 H 4
Le Plessis-Picard 77 .... 88 B 2
Le Plessis-Placy 77 .... 59 H 1
Le Plessis-Robinson 92 .... 58 B 4
Plessis-Saint-Benoist 91 .... 87 E 4
Plessis-Saint-Jean 89 .... 89 G 5
Le Plessis-Sainte-Opportune 27 .... 55 H 1
Le Plessis-Trévise 94 .... 58 D 4
Plessix-Balisson 22 .... 79 G 3
Plestan 22 .... 78 D 4
Plestin-les-Grèves 22 .... 72 B 4
Pleubian 22 .... 73 F 2
Pleucadeuc 56 .... 125 E 2
Pleudaniel 22 .... 73 E 3
Pleudihen-sur-Rance 22 .... 79 H 3
Pleugriffet 56 .... 102 B 4
Pleugueneuc 35 .... 79 H 4
Pleumartin 86 .... 170 A 5
Pleumeleuc 35 .... 103 H 2
Pleumeur-Bodou 22 .... 72 C 2
Pleumeur-Gautier 22 .... 73 E 2
Pleure 39 .... 178 D 2
Pleurs 51 .... 61 F 5
Pleurtuit 35 .... 50 B 5
Pleuven 29 .... 99 H 4
Pleuvezain 88 .... 94 B 4
Pleuville 16 .... 204 B 2
Pléven 22 .... 79 E 3
Plévenon 22 .... 79 E 1
Plévin 22 .... 76 D 5
Pleyben 29 .... 76 A 4
Pleyber-Christ 29 .... 71 H 5
Le Pleyney 38 .... 233 G 5
Pliboux 79 .... 203 F 1
Plichancourt 51 .... 62 D 4
Plieux 32 .... 296 C 1
Plivot 51 .... 61 G 1
Ploaré 29 .... 99 F 2
Plobannalec-Lesconil 29 .... 99 G 5
Plobsheim 67 .... 97 H 2
Ploemel 56 .... 123 H 3
Ploemeur 56 .... 123 F 2
Ploërdut 56 .... 101 F 2
Ploeren 56 .... 124 B 3
Ploërmel 56 .... 102 D 4
Plœuc-sur-Lié 22 .... 78 B 5
Ploëven 29 .... 75 G 5
Ploëzal 22 .... 73 E 3
Plogastel-Saint-Germain 29 .... 99 F 3
Plogoff 29 .... 98 D 2
Plogonnec 29 .... 99 G 2
Ploisy 02 .... 40 B 3
Plomb 50 .... 51 H 4
Plombières-les-Bains 88 .... 119 G 4
Plombières-lès-Dijon 21 .... 160 A 3
Plomelin 29 .... 99 G 3
Plomeur 29 .... 99 F 4
Plomion 02 .... 25 G 2
Plomodiern 29 .... 75 G 5
Plonéis 29 .... 99 G 2
Plonéour-Lanvern 29 .... 99 F 4
Plonévez-du-Faou 29 .... 76 B 4
Plonévez-Porzay 29 .... 75 G 5
Plorec-sur-Arguenon 22 .... 79 F 4
Plottes 71 .... 195 E 2
Plou 18 .... 172 C 1
Plouagat 22 .... 73 F 5
Plouaret 22 .... 72 C 4
Plouarzel 29 .... 74 C 2
Plouasne 22 .... 103 H 1
Plouay 56 .... 101 E 4
Ploubalay 22 .... 50 B 5
Ploubazlanec 22 .... 73 F 2
Ploubezre 22 .... 72 C 3
Ploudalmézeau 29 .... 70 B 4
Ploudaniel 29 .... 71 E 5
Ploudiry 29 .... 75 H 2
Plouëc-du-Trieux 22 .... 73 E 4
Plouédern 29 .... 71 E 5
Plouégat-Guérand 29 .... 72 A 4
Plouégat-Moysan 29 .... 72 B 5
Plouénan 29 .... 71 G 4
Plouër-sur-Rance 22 .... 79 H 3
Plouescat 29 .... 71 F 3
Plouézec 22 .... 73 G 3
Plouezoc'h 29 .... 71 H 4
Ploufragan 22 .... 78 B 3
Plougar 29 .... 71 F 4
Plougasnou 29 .... 72 A 3
Plougastel-Daoulas 29 .... 75 F 2
Plougonvelin 29 .... 74 C 3
Plougonven 29 .... 72 A 5
Plougonver 22 .... 77 F 2
Plougoulm 29 .... 71 G 3
Plougoumelen 56 .... 124 A 3
Plougourvest 29 .... 71 F 5
Plougras 22 .... 72 B 5
Plougrescant 22 .... 73 E 2
Plouguenast 22 .... 78 B 5
Plouguerneau 29 .... 70 C 4
Plouguernével 22 .... 77 F 5
Plouguiel 22 .... 73 E 2
Plouguin 29 .... 70 C 5
Plouha 22 .... 73 G 4
Plouharnel 56 .... 123 H 4
Plouhinec 29 .... 99 E 2
Plouhinec 56 .... 123 G 3
Plouider 29 .... 71 E 4
Plouigneau 29 .... 72 A 5
Plouisy 22 .... 73 E 5
Ploulec'h 22 .... 72 C 3
Ploumagoar 22 .... 73 E 5
Ploumanach 22 .... 72 C 2
Ploumilliau 22 .... 72 C 4
Ploumoguer 29 .... 74 D 2
Plounéour-Ménez 29 .... 76 B 2
Plounéour-Trez 29 .... 71 E 3
Plounérin 22 .... 72 B 5
Plounéventer 29 .... 71 E 5
Plounévez-Lochrist 29 .... 71 E 4
Plounévez-Moëdec 22 .... 72 C 5
Plounévez-Quintin 22 .... 77 F 4
Plounévézel 29 .... 76 D 4
Plourac'h 22 .... 76 D 2
Plouray 56 .... 101 E 2
Plourhan 22 .... 73 G 4
Plourin 29 .... 70 B 5
Plourin-lès-Morlaix 29 .... 72 A 5
Plourivo 22 .... 73 F 3
Plouvain 62 .... 13 H 2
Plouvara 22 .... 78 A 3
Plouvien 29 .... 70 D 5
Plouvorn 29 .... 71 G 4
Plouyé 29 .... 76 C 3
Plouzané 29 .... 74 D 2
Plouzélambre 22 .... 72 B 4
Plouzévédé 29 .... 71 F 4
Plovan 29 .... 99 F 3
Ployart-et-Vaurseine 02 .... 41 E 1
Le Ployron 60 .... 23 E 5
Plozévet 29 .... 99 E 3
Pludual 22 .... 73 G 4
Pluduno 22 .... 79 F 3
Plufur 22 .... 72 B 4
Pluguffan 29 .... 99 G 3
Pluherlin 56 .... 125 E 3
Plumaudan 22 .... 79 G 5
Plumaugat 22 .... 103 F 1
Plumelec 56 .... 102 C 5
Pluméliau 56 .... 101 H 4
Plumelin 56 .... 102 A 5
Plumergat 56 .... 124 A 2
Plumetot 14 .... 33 G 3
Plumieux 22 .... 102 C 2
Plumont 39 .... 161 F 5
Pluneret 56 .... 124 A 3
Plurien 22 .... 79 E 2
Plusquellec 22 .... 77 E 2
Plussulien 22 .... 77 H 4
Pluvault 21 .... 160 C 4
Pluvet 21 .... 160 C 4
Pluvigner 56 .... 124 A 2
Pluzunet 22 .... 72 D 4
Pocancy 51 .... 61 H 2
Pocé-les-Bois 35 .... 105 E 3
Pocé-sur-Cisse 37 .... 152 C 2
Podensac 33 .... 255 H 3
Le Poët 05 .... 287 F 1
Le Poët-Célard 26 .... 267 H 3
Le Poët-en-Percip 26 .... 286 B 2
Le Poët-Laval 26 .... 267 G 4
Le Poët-Sigillat 26 .... 286 A 1
Pœuilly 80 .... 23 H 2
Poey-de-Lescar 64 .... 314 A 3
Poey-d'Oloron 64 .... 313 G 4
Poëzat 03 .... 210 A 2
Poggio-di-Nazza 2B .... 349 G 2
Poggio-di-Venaco 2B .... 347 F 5
Poggio-d'Oletta 2B .... 345 G 5
Poggio-Marinaccio 2B .... 347 G 3
Poggio-Mezzana 2B .... 347 H 3
Poggiolo 2A .... 348 D 1
Pogny 51 .... 62 B 3
Poids-de-Fiole 39 .... 196 C 1
Poigny 77 .... 89 G 3
Poigny-la-Forêt 78 .... 57 F 5
Le Poil 04 .... 288 A 5
Poil 58 .... 176 B 3
Poilcourt-Sydney 08 .... 41 H 2
Poilhes 34 .... 321 F 4
Poillé-sur-Vègre 72 .... 106 D 5
Poilley 35 .... 81 E 3
Poilley 50 .... 51 H 5
Poilly 51 .... 41 F 4
Poilly-lez-Gien 45 .... 134 C 4
Poilly-sur-Serein 89 .... 136 D 3
Poilly-sur-Tholon 89 .... 136 A 2
Poinchy 89 .... 136 C 3
Poinçon-lès-Larrey 21 .... 137 H 2
Le Poinçonnet 36 .... 171 H 4
Poincy 77 .... 59 G 2
Poinsenot 52 .... 139 E 4
Poinson-lès-Fayl 52 .... 140 A 3
Poinson-lès-Grancey 52 .... 139 E 4
Poinson-lès-Nogent 52 .... 117 F 4
Point Sublime 04 .... 307 H 2
Point-Sublime 48 .... 282 A 2
Pointel 61 .... 53 G 5
Pointis-de-Rivière 31 .... 334 B 1
Pointis-Inard 31 .... 334 C 1
Pointre 39 .... 161 E 4
Pointvillers 25 .... 161 H 5
Poinville 28 .... 111 E 3
Le Poiré-sur-Velluire 85 .... 183 H 3
Le Poiré-sur-Vie 85 .... 165 G 4
Poiroux 85 .... 182 C 2
Poisat 38 .... 251 E 2
Poiseul 52 .... 117 G 5
Poiseul-la-Grange 21 .... 138 C 5
Poiseul-la-Ville-et-Laperrière 21 .... 138 B 5
Poiseul-lès-Saulx 21 .... 139 E 5
Poiseux 58 .... 156 D 5
Poisieux 18 .... 172 C 1
Le Poislay 41 .... 109 F 4
Poisoux 39 .... 196 A 3
Poisson 71 .... 193 H 4
Poissons 52 .... 93 E 4
Poissy 78 .... 58 A 2
Poisvilliers 28 .... 86 A 3
Poisy 74 .... 215 G 3
La Poitevinière 49 .... 148 D 4
Poitiers 86 .... 186 B 1
Poivres 10 .... 62 A 5
Poix 51 .... 62 C 2
Poix-de-Picardie 80 .... 21 H 3
Poix-du-Nord 59 .... 15 E 3
Poix-Terron 08 .... 26 C 4
Le Poizat 01 .... 214 D 1
Pol *Chapelle* 29 .... 71 E 3
Polaincourt-et-Clairefontaine 70 .... 118 D 5
Polastron 31 .... 317 E 4
Polastron 32 .... 296 D 5
Poleymieux-au-Mont-d'Or 69 .... 213 E 4
Poliénas 38 .... 250 B 1
Polignac 17 .... 238 B 1
Polignac 43 .... 247 F 3
Poligné 35 .... 104 B 5
Poligny 05 .... 269 G 2
Poligny 10 .... 115 G 3
Poligny 39 .... 179 F 3
Poligny 77 .... 112 C 2
Polincove 62 .... 3 E 4
Polisot 10 .... 115 G 4
Polisy 10 .... 115 G 4
Pollestres 66 .... 343 E 2
Polliat 01 .... 195 G 5
Pollieu 01 .... 214 D 5
Pollionnay 69 .... 212 D 5
Polminhac 15 .... 244 D 5
Polveroso 2B .... 347 G 3
Pomacle 51 .... 41 H 3
La Pomarède 11 .... 319 E 3
Pomarède 46 .... 259 F 4
Pomarez 40 .... 293 F 4
Pomas 11 .... 337 G 1
Pomay *Château de* 03 .... 192 B 1
Pomayrols 12 .... 263 G 5
Pomerol 33 .... 238 C 4
Pomérols 34 .... 322 C 4
Pomeys 69 .... 230 B 2
Pommard 21 .... 177 G 1
Pommera 62 .... 12 D 4
La Pommeraie-sur-Sèvre 85 .... 167 E 3
La Pommeraye 14 .... 53 F 2
La Pommeraye 49 .... 149 E 2
Pommeret 22 .... 78 C 3
Pommereuil 59 .... 15 E 4
Pommereux 76 .... 21 F 5
Pommeréval 76 .... 20 C 3
Pommerieux 53 .... 128 A 2
Pommérieux 57 .... 65 H 2
Pommerit-Jaudy 22 .... 73 E 3
Pommerit-le-Vicomte 22 .... 73 F 4
Pommerol 26 .... 268 C 5
Pommeuse 77 .... 59 H 4
Pommevic 82 .... 276 D 4
Pommier 62 .... 13 F 3
Pommier-de-Beaurepaire 38 .... 231 H 4
Pommiers 02 .... 40 B 2
Pommiers 30 .... 302 B 1
Pommiers 36 .... 189 E 2
Pommiers 42 .... 211 G 5
Pommiers 69 .... 212 D 3
Pommiers-la-Placette 38 .... 232 D 5
Pommiers-Moulons 17 .... 220 B 5
Pomoy 70 .... 141 G 4
Pompaire 79 .... 185 F 1
Pompéjac 33 .... 256 B 5
Pompertuzat 31 .... 318 A 2
Pompey 54 .... 65 H 4
Pompiac 32 .... 317 E 2
Le Pompidou 48 .... 282 D 3
Pompierre 88 .... 94 A 5
Pompierre-sur-Doubs 25 .... 162 D 1
Pompiey 47 .... 275 F 3
Pompignac 33 .... 237 H 5
Pompignan 30 .... 302 D 1
Pompignan 82 .... 297 G 2
Pompogne 47 .... 274 D 2
Pomponne 77 .... 59 E 3
Pomport 24 .... 257 H 1
Pomps 64 .... 293 H 5
Pomy 11 .... 337 F 2
Poncé-sur-le-Loir 72 .... 130 D 3
Poncey-lès-Athée 21 .... 160 D 4
Poncey-sur-l'Ignon 21 .... 159 G 1
Le Ponchel 62 .... 12 B 3
Ponches-Estruval 80 .... 11 H 1
Ponchon 60 .... 38 B 3
Poncin 01 .... 214 A 2
Poncins 42 .... 229 H 1
Pondaurat 33 .... 256 C 4
Le Pondy 18 .... 173 G 4
Ponet-et-Saint-Auban 26 .... 268 A 1
Ponlat-Taillebourg 31 .... 334 B 1
Pons 12 .... 262 C 2
Pons 17 .... 219 G 2
Ponsampère 32 .... 315 H 2
Ponsan-Soubiran 32 .... 316 A 3
Ponsas 26 .... 249 E 2
Ponson-Debat-Pouts 64 .... 314 D 3
Ponson-Dessus 64 .... 314 D 3
Ponsonnas 38 .... 251 E 5
Pont 21 .... 160 C 4
Pont-à-Bucy 02 .... 24 C 4
Pont-à-la-Planche 87 .... 205 E 4
Pont-à-Marcq 59 .... 8 D 4
Pont-à-Mousson 54 .... 65 G 3
Pont-à-Vendin 62 .... 8 C 4
Pont-Arcy 02 .... 40 D 2
Pont-Audemer 27 .... 35 E 2
Pont-Authou 27 .... 35 G 4
Pont-aux-Moines 45 .... 133 G 2
Pont-Aven 29 .... 100 B 5
Pont-Bellanger 14 .... 52 B 2
Pont-Calleck *Château et Forêt de* 56 .... 101 E 3
Le Pont-Chrétien-Chabenet 36 .... 188 C 1
Pont-Croix 29 .... 99 E 2
Pont-d'Ain 01 .... 214 A 2
Pont-d'Arc 07 .... 284 B 1
Pont-d'Ardres 62 .... 2 D 3
Pont-de-Barret 26 .... 267 G 3
Le Pont-de-Beauvoisin 38 .... 232 D 3
Le Pont-de-Beauvoisin 73 .... 232 D 3
Pont-de-Braye 72 .... 130 D 3
Pont-de-Briques 62 .... 6 B 2

A B C D E F G H I J K L M N O P Q R S T U V W X Y Z

Pont-de-Buis-lès-Quimerch 29 75 H 4
Pont-de-Chazey-Villieu 01 213 H 4
Pont-de-Chéruy 38 213 H 5
Le Pont-de-Claix 38 250 D 2
Pont-de-Crau 13 304 B 4
Pont-de-Dore 63 210 C 5
Pont de Gau (Parc ornithologique du) 13 324 B 3
Pont-de-la-Chaux 39 179 H 5
Pont-de-la-Maye 33 255 G 1
Pont-de-Labeaume 07 266 A 3
Pont-de-l'Arche 27 36 B 3
Pont-de-Larn 81 319 H 2
Pont-de-l'Étoile 13 327 F 2
Pont-de-l'Isère 26 249 F 4
Pont-de-Lunel 34 303 G 3
Pont-de-Menat 63 209 F 2
Pont-de-Metz 80 22 B 2
Le Pont-de-Montvert 48 283 E 1
Pont-de-Pany 21 159 G 3
Le Pont-de-Planches 70 140 D 5
Pont-de-Poitte 39 196 C 1
Pont-de-Roide 25 163 F 2
Pont-de-Ruan 37 151 G 4
Pont-de-Salars 12 281 E 2
Pont-de-Vaux 01 195 F 3
Pont-de-Veyle 01 195 E 5
Pont-des-Pierres 01 215 E 1
Pont-d'Espagne 65 332 C 4
Pont-d'Hérault 30 283 E 5
Pont-d'Héry 39 179 H 3
Pont-d'Ouche 21 159 G 5
Pont-d'Ouilly 14 53 G 3
Pont-du-Bois 70 118 D 4
Pont-du-Casse 47 276 B 2
Pont-du-Château 63 210 A 5
Pont-du-Châtel 29 71 E 4
Pont du Diable *Gorges du* 74 198 C 4
Pont du Dognon 87 206 B 4
Pont-du-Fossé 05 270 A 2
Pont du Gard 30 304 A 1
Pont-du-Loup 06 309 E 2
Pont-du-Navoy 39 179 G 4
Pont-en-Royans 38 250 A 3
Pont-et-Massène 21 158 D 1
Pont-Évêque 38 231 F 3
Pont-Farcy 14 52 B 2
Pont-Hébert 50 32 A 4
Pont-James 44 165 G 1
Pont-la-Ville 52 116 C 3
Pont-l'Abbé 29 99 G 4
Pont-l'Abbé 50 31 G 2
Pont-l'Abbé-d'Arnoult 17 201 E 4
Pont-lès-Bonfays 88 118 D 2
Pont-les-Moulins 25 162 C 2
Pont-l'Évêque 14 34 C 3
Pont-l'Évêque 60 23 G 5
Pont-Melvez 22 77 F 2
Pont-Noyelles 80 22 C 1
Pont-Péan 35 104 B 4
Pont-Réan 35 104 A 4
Pont-Remy 80 11 H 4
Pont-Royal 13 305 G 3
Pont-Saint-Esprit 30 284 D 2
Pont-Saint-Mard 02 40 B 1
Pont-Saint-Martin 44 147 G 5
Pont-Saint-Pierre 27 36 C 3
Pont-Saint-Vincent 54 94 D 1
Pont-Sainte-Marie 10 91 E 5
Pont-Sainte-Maxence 60 39 E 3
Pont-Salomon 43 230 A 5
Pont-Scorff 56 101 E 5
Pont-sur-l'Ognon 70 141 G 5
Pont-sur-Madon 88 94 D 4
Pont-sur-Meuse 55 64 C 4
Pont-sur-Sambre 59 15 G 3
Pont-sur-Seine 10 90 A 3
Pont-sur-Vanne 89 113 H 3
Pont-sur-Yonne 89 89 F 5
Pont-Trambouze 69 212 A 2
Pontacq 64 314 D 5
Pontaillac 17 218 C 1
Pontailler-sur-Saône 21 160 D 3
Pontaix 26 268 A 1
Pontamafrey 73 234 A 5
Pontanevaux 71 195 E 5
Pontarion 23 207 E 3
Pontarlier 25 180 C 2
Pontarmé 60 38 D 5
Pontaubault 50 51 H 5
Pontaubert 89 157 H 1
Pontault-Combault 77 59 E 4
Pontaumur 63 208 D 4
Pontavert 02 41 F 2
Pontcarré 77 59 E 4
Pontcey 70 140 D 4
Pontchardon 61 54 D 2
Pontcharra 38 233 G 4
Pontcharra-sur-Turdine 69 212 B 4
Pontcharraud 23 207 H 4
Pontchartrain 78 57 H 4
Pontchâteau 44 146 C 1
Pontcirq 46 259 G 4
Ponte-Leccia 2B 347 E 3
Ponte Nuovo 2B 347 F 2
Pontécoulant 14 53 E 3
Ponteilla 66 343 E 2
Ponteils-et-Brésis 30 283 G 1
Pontempeyrat 43 229 F 5
Pontenx-les-Forges 40 272 C 2
Le Pontet 33 237 G 2
Le Pontet 73 233 H 3
Le Pontet 84 285 F 5
Les Pontets 25 180 B 4
Pontevès 83 307 F 4
Ponteyraud 24 239 F 2
Pontfaverger-Moronvilliers 51 42 A 3
Pontgibaud 63 209 F 5
Pontgouin 28 85 G 3
Ponthévrard 78 87 E 3
Ponthierry 77 88 A 3
Ponthion 51 62 D 4
Ponthoile 80 11 F 2
Le Ponthou 29 72 B 5
Ponthoux 39 196 D 3
Pontiacq-Viellepinte 64 314 D 3
Pontigné 49 129 G 5
Pontigny 89 136 C 2
Pontis 04 270 B 4
Pontivy 56 101 H 3
Pontlevoy 41 153 E 2
Pontlieue 72 107 H 5
Pontmain 53 81 G 3
Pontoise 95 58 A 1
Pontoise-lès-Noyon 60 23 H 5
Pontonx-sur-l'Adour 40 293 E 2
Pontorson 50 80 C 2
Pontours 24 258 C 1
Pontoux 71 178 B 2
Pontoy 57 66 B 2
Pontpierre 57 66 D 1
Pontpoint 60 39 E 3
Pontrieux 22 73 E 4
Pontru 02 24 A 1
Pontruet 02 24 A 1
Ponts 50 51 H 4
Les Ponts-de-Cé 49 149 G 2
Ponts-et-Marais 76 10 D 4
Les Ponts-Neufs 22 78 C 3
Pontvallain 72 130 A 3
Popian 34 302 A 4
Popolasca 2B 347 E 3
Porcaro 56 103 F 5
Porcelette 57 46 D 5
Porchères 33 238 D 3
Porcheresse 16 221 E 4
La Porcherie 87 224 C 3
Porcheux 60 37 H 3
Porcheville 78 57 G 2
Porcieu-Amblagnieu 38 214 B 4
Pordic 22 73 H 5
Le Porge 33 236 C 5
Pornic 44 146 C 5
Pornichet 44 145 H 5
Porquéricourt 60 23 G 5
Porquerolles *Île de* 83 328 C 5
Porri 2B 347 G 3
Pors-Even 22 73 F 2
Porsmilin 29 74 D 2
Porspoder 29 70 A 5
Port 01 214 C 1
Le Port 09 335 H 4
Port *Col de* 09 336 A 3
Port-à-Binson 51 61 E 1
Port-Barcarès 66 339 E 4
Port-Blanc 22 72 D 2
Port-Brillet 53 105 G 3
Port-Camargue 30 303 F 5
Port-Coton *Aiguilles de* 56 144 B 4
Port-Cros *Île de* 83 329 E 5
Port-d'Atelier 70 140 D 3
Port-de-Bouc 13 325 G 3
Port-de-Carhaix 29 76 D 4
Port-de-Gagnac 46 243 E 5
Port-de-Groslée 01 232 C 1
Port-de-la-Meule 85 164 A 4
Port-de-Lanne 40 292 C 4
Port-de-Miramar 83 328 D 4
Port-de-Piles 86 169 H 2
Port-d'Envaux 17 201 F 4
Port-des-Barques 17 200 C 3
Port-Donnant 56 144 B 4
Port-du-Salut *Trappe du* 53 106 A 4
Port-en-Bessin 14 32 D 2
Port-Goulphar 56 144 B 4
Port-Grimaud 83 329 F 2
Port-Haliguen 56 123 H 5
Port-Jérôme 76 35 F 1
Port-Joinville 85 164 A 4
Port-la-Nouvelle 11 339 F 2
Port-Launay 29 75 H 4
Port-Lauragais 31 318 C 3
Port-le-Grand 80 11 G 3
Port-Lesney 39 179 G 1
Port-Leucate 11 339 F 4
Port-Louis 56 123 F 2
Port-Manech 29 100 B 5
Port-Maria 56 144 C 4
Le Port-Marly 78 58 A 3
Port-Miou 13 327 F 3
Port-Mort 27 36 D 5
Port-Navalo 56 124 A 4
Port Royal des Champs *Abbaye de* 78 57 H 4
Port-Saint-Louis-du-Rhône 13 325 F 4
Port-Saint-Père 44 147 F 5
Port-Sainte-Foy-et-Ponchapt 24 257 F 1
Port-Sainte-Marie 47 275 G 2
Port-sur-Saône 70 141 E 4
Port-sur-Seille 54 65 H 3
Port-Vendres 66 343 G 4
Port-Villez 78 57 E 1
Porta 66 341 E 4
La Porta 2B 347 G 3
Portbail 50 31 E 2
Porte *Col de* 38 233 E 5
Porte-Joie 27 36 C 4
Porté-Puymorens 66 341 E 3
Le Portel 62 6 A 2
Portel *Sommet de* 09 335 H 3
Portel-des-Corbières 11 338 D 2
Portes 27 56 A 1
Portes 30 283 G 2
Portes *Calvaire de* 01 214 B 4
Portes *Chartreuse de* 01 214 B 4
Les Portes-en-Ré 17 182 C 4
Portes-en-Valdaine 26 267 F 4
Portes-lès-Valence 26 249 F 5
Portet 64 294 C 5
Portet-d'Aspet 31 334 D 3
Portet d'Aspet *Col de* 31 334 D 3
Portet-de-Luchon 31 334 A 4
Portet-sur-Garonne 31 297 H 5
Portets 33 255 H 2
Porticcio 2A 348 C 4
Porticciolo *Marine de* 2B 345 G 2
Portieux 88 95 E 4
Portiragnes 34 321 H 4
Portiragnes-Plage 34 321 H 4
Portivy 56 123 G 5
Porto 2A 346 B 5
Porto-Pollo 2A 348 C 5
Porto-Vecchio 2A 351 G 2
Ports 37 169 G 1
Portsall 29 70 B 4
Posanges 21 159 E 2
Poses 27 36 C 3
Possesse 51 63 E 3
La Possonnière 49 149 F 2
La Possonnière *Manoir* 41 130 D 3
La Postolle 89 113 H 2
Postroff 57 67 H 3
Potangis 51 90 A 2
Potelières 30 284 A 3
Potelle 59 15 E 3
La Poterie 22 78 D 3
La Poterie-au-Perche 61 84 D 2
La Poterie-Cap-d'Antifer 76 18 C 4
La Poterie-Mathieu 27 35 E 4
Pothières 21 115 H 5
Potigny 14 53 H 2
Potte 80 23 G 3
Pouan-les-Vallées 10 90 D 3
Pouançay 86 168 B 1
Pouancé 49 127 F 3
Pouant 86 169 E 2
Poubeau 31 334 A 4
Poucharramet 31 317 F 3
Pouchergues 65 333 H 4
Poudenas 47 275 F 4
Poudenx 40 293 H 4
Poudis 81 299 E 5
Poudrey *Gouffre de* 25 162 B 4
Poueyferré 65 332 D 1
La Pouëze 49 128 A 5
Pouffonds 79 185 G 5
La Pouge 23 207 F 3
Le Pouget 34 302 A 5
Pougnadoires *Cirque de* 48 282 B 1
Pougnadorisse 30 284 C 4
Pougné 16 203 G 3
Pougne-Hérisson 79 167 H 5
Pougny 01 215 F 1
Pougny 58 156 B 3
Pougues-les-Eaux 58 174 C 1
Pougy 10 91 G 4
Pouillac 17 238 B 1
Pouillat 01 196 B 4
Pouillé 41 153 E 3
Pouillé 85 183 H 2
Pouillé 86 186 D 2
Pouillé-les-Côteaux 44 148 B 1
Pouillenay 21 159 E 1
Pouilley-Français 25 161 G 4
Pouilley-les-Vignes 25 161 H 3
Pouillon 40 293 E 4
Pouillon 51 41 F 3
Pouilloux 71 194 A 1
Pouilly 57 65 H 1
Pouilly 60 38 A 4
Pouilly-en-Auxois 21 159 F 4
Pouilly-en-Bassigny 52 117 H 4
Pouilly-le-Fort 77 88 B 2
Pouilly-le-Monial 69 212 D 3
Pouilly-lès-Feurs 42 211 H 5
Pouilly-les-Nonains 42 211 F 2
Pouilly-sous-Charlieu 42 211 G 1
Pouilly-sur-Loire 58 156 A 4
Pouilly-sur-Meuse 55 27 G 5
Pouilly-sur-Saône 21 178 B 1
Pouilly-sur-Serre 02 24 D 4
Pouilly-sur-Vingeanne 21 139 H 5
Le Poujol-sur-Orb 34 301 F 5
Poujols 34 301 H 3
Poul-Fétan 56 101 G 4
Poulaines 36 153 H 5
Poulains *Pointe des* 56 144 B 3
Poulainville 80 22 C 1
Poulan-Pouzols 81 299 F 2
Poulangy 52 117 E 4
Poulay 53 82 C 4
Pouldavid 29 99 F 2
Pouldergat 29 99 F 2
Pouldouran 22 73 E 3
Pouldreuzic 29 99 F 3
Le Pouldu 29 123 E 2
Poule-les-Écharmeaux 69 212 B 1
Pouliacq 64 294 B 5
Les Poulières 88 120 A 2
Pouligney 25 162 B 2
Pouligny-Notre-Dame 36 189 G 2
Pouligny-Saint-Martin 36 189 G 2
Pouligny-Saint-Pierre 36 170 C 5
Le Pouliguen 44 145 H 5
Poullan-sur-Mer 29 99 E 2
Poullaouen 29 76 C 3
Poullignac 16 220 D 4
Poulx 30 303 H 1
Poumarous 65 315 F 5
Poupas 82 276 D 5
Poupry 28 110 D 4
Pouques-Lormes 58 157 H 3
Pourcharesses 48 265 F 5
Pourchères 07 266 C 2
Pourcieux 83 306 D 5
Pourcy 51 41 F 5
Pourlans 71 178 C 2
Pournoy-la-Chétive 57 65 H 2
Pournoy-la-Grasse 57 65 H 2
Pourrain 89 136 A 3
Pourrières 83 306 C 5
Poursac 16 203 G 3
Poursay-Garnaud 17 201 H 3
Poursiugues-Boucoue 64 294 B 5
Pourtalet *Col du* 64 332 A 4
Pouru-aux-Bois 08 27 G 3
Pouru-Saint-Remy 08 27 G 4
Pourville-sur-Mer 76 10 A 5
Poussan 34 323 E 3
Poussanges 23 207 H 5
Poussay 88 94 D 4
Pousseaux 58 157 F 1
Poussignac 47 275 E 1
Poussy-la-Campagne 14 33 H 5
Pousthomy 12 300 B 2
Le Pout 33 255 H 1
Pouvrai 61 84 B 5
Pouxeux 88 119 G 3
Pouy 65 316 A 4
Pouy-de-Touges 31 317 E 3
Pouy-Loubrin 32 316 B 2
Pouy-Roquelaure 32 275 H 5
Pouy-sur-Vannes 10 90 A 5
Pouyastruc 65 315 F 4
Pouydesseaux 40 274 A 5
Pouydraguin 32 295 E 4
Pouylebon 32 295 G 5
Pouzac 65 333 F 1
Le Pouzat 07 248 B 4
Pouzauges 85 166 D 4
Pouzay 37 169 G 1
Pouze 31 318 A 2
Pouzilhac 30 284 D 4
Le Pouzin 07 267 E 1
Pouzioux 86 187 E 2
Pouzol 63 209 G 2
Pouzolles 34 321 G 2
Pouzols 34 302 A 4
Pouzols-Minervois 11 320 D 4
Pouzy-Mésangy 03 174 B 5
Poyanne 40 293 F 2
Poyans 70 160 D 1
Poyartin 40 293 F 3
Poyols 26 268 B 3
Pozières 80 13 G 5
Pra-Loup 04 270 D 5
Le Pradal 34 301 F 4
Les Pradeaux 63 228 A 3
Pradeaux *Col des* 63 229 E 3
Pradel *Col du* 11 336 D 5
Pradelle 26 268 A 3
Pradelles 43 265 F 1
Pradelles 59 4 A 5
Pradelles-Cabardès 11 320 A 3
Pradelles-en-Val 11 338 A 1
Pradère-les-Bourguets 31 297 F 4
Prades 07 266 A 3
Prades 09 336 D 5
Prades 43 246 D 4
Prades 48 282 C 1
Prades 66 342 A 3
Prades 81 299 E 4
Prades-d'Aubrac 12 263 G 4
Prades-de-Salars 12 281 E 2
Prades-le-Lez 34 302 D 3
Prades-sur-Vernazobre 34 321 E 2
Le Pradet 83 328 B 4
Pradettes 09 336 C 2
Pradières 09 336 B 3
Pradiers 15 245 F 1
Pradinas 12 279 H 3
Pradines 19 225 E 3
Pradines 42 211 H 3
Pradines 46 259 H 5
Pradons 07 266 B 5
Prads 04 288 C 2
Prafrance *Bambouseraie de* 30 283 G 4
Pragnères *Centrale de* 65 333 E 4
Prahecq 79 185 E 5
Prailles 79 185 F 4
Pralognan-la-Vanoise 73 234 D 4
Prâlon 21 159 G 3
Pralong 42 229 G 2
Pramousquier 83 329 E 4
Pramouton 05 270 C 4
Prangey 52 139 G 3
Pranles 07 266 C 1
Pranzac 16 221 G 1
Prapoutel-les-Sept-Laux 38 251 F 1
Le Prarion 74 216 D 3
Praslay 52 139 F 3
Praslin 10 115 F 4
Prasville 28 110 C 2
Prat 22 72 D 4
Prat-Bonrepaux 09 335 E 2
Prat de Bouc 15 245 E 3
Prato-di-Giovellina 2B 347 E 3
Prats-de-Carlux 24 241 H 5
Prats-de-Mollo-la-Preste 66 342 B 5
Prats-de-Sournia 66 338 A 5
Prats-du-Périgord 24 259 F 2
Pratviel 81 298 D 4
Pratz 39 196 D 3
Pratz 52 116 C 2
Prauthoy 52 139 G 4
Pray 41 131 H 4
Praye 54 94 D 3
Prayet *Col du* 38 268 D 1
Prayols 09 336 B 3
Prayssac 46 259 G 5
Prayssas 47 275 H 2
La Praz 73 252 C 1
Le Praz 73 234 C 3
Praz-Coutant 74 216 D 3
Les Praz-de-Chamonix 74 217 E 3
Praz-sur-Arly 74 216 C 4
Le Pré-d'Auge 14 34 C 5
Pré de Madame Carle 05 252 B 4
Pré-en-Pail 53 83 E 3
Pré-Saint-Évroult 28 110 A 3
Le Pré-Saint-Gervais 93 58 C 3
Pré-Saint-Martin 28 110 A 2
Préaux 07 248 D 2
Les Préaux 27 35 E 3
Préaux 36 171 E 2
Préaux 53 106 C 5
Préaux 76 36 C 1
Préaux 77 112 D 2
Préaux-Bocage 14 53 F 1
Préaux-du-Perche 61 84 D 5
Préaux-Saint-Sébastien 14 54 D 2
Prébois 38 268 D 1
Précey 50 51 G 5
Préchac 32 296 B 2
Préchac 33 255 H 5
Préchac 65 332 D 2
Préchac-sur-Adour 32 295 E 4
Préchacq-Josbaig 64 313 G 4
Préchacq-les-Bains 40 293 F 2
Préchacq-Navarrenx 64 313 G 4
Précieux 42 229 H 2
Précigné 72 129 E 3
Précilhon 64 331 H 1
Précorbin 50 32 C 5
Précy 18 174 A 1
Précy-le-Sec 89 136 D 5
Précy-Notre-Dame 10 91 G 4
Précy-Saint-Martin 10 91 G 4
Précy-sous-Thil 21 158 D 2
Précy-sur-Marne 77 59 F 2
Précy-sur-Oise 60 38 C 4
Précy-sur-Vrin 89 113 G 5
Prédefin 62 7 F 4
Préfailles 44 146 B 4
Préfontaines 45 112 B 3
Prégilbert 89 136 C 5
Préguillac 17 219 G 1
Préhy 89 136 C 3
Preignac 33 256 B 3
Preignan 32 296 B 3
Preigney 70 140 C 3
Preixan 11 337 G 1
Prélenfrey 38 250 D 3
Prelles 05 252 C 5
Prémanon 39 197 F 2
Premeaux-Prissey 21 159 H 5
Prémery 58 156 D 5
Prémesques 59 8 C 2
Prémeyzel 01 232 D 1
Prémian 34 300 D 5
Premières 21 160 C 4
Prémierfait 10 90 D 3
Prémilhat 03 190 C 4
Prémillieu 01 214 C 4
Prémont 02 14 C 5
Prémontré 02 24 C 5
Prendeignes 46 261 G 2
Préneron 32 295 G 3
La Prénessaye 22 102 C 1
Prenois 21 159 H 2
Prénouvellon 41 110 B 5
Prénovel 39 197 E 2
Prény 54 65 G 2
Préporché 58 175 H 3
Prépotin 61 84 C 2
Les Prés 26 268 D 4
Présailles 43 247 G 5
Préseau 59 15 E 2
Présentevillers 25 142 B 4
Préserville 31 298 B 5
Présilly 39 196 C 1
Présilly 74 215 G 1
Presle 70 141 F 5
Presle 73 233 G 3
Presles 14 52 D 3
Presles 38 250 B 3
Presles 95 38 B 5
Presles-en-Brie 77 59 F 5
Presles-et-Boves 02 40 D 2
Presles-et-Thierny 02 40 D 1
Presly 18 155 E 2
Presnoy 45 112 A 5
Presque *Grotte de* 46 261 E 1
Pressac 86 204 B 1
Pressagny-l'Orgueilleux 27 36 D 5
Pressiat 01 196 A 4
Pressignac 16 204 C 5
Pressignac-Vicq 24 240 C 5
Pressigny 52 140 B 3
Pressigny 79 168 B 4
Pressigny-les-Pins 45 134 D 2
Pressins 38 232 C 3
Pressy 62 7 G 4
Pressy-sous-Dondin 71 194 B 2
La Preste 66 342 A 5

La Prétière 25 142 A 5
Pretin 39 179 G 2
Prétot-Sainte-Suzanne 50 31 G 2
Prétot-Vicquemare 76 19 H 3
Prêtreville 14 54 D 1
Préty 71 195 F 2
Pretz-en-Argonne 55 63 G 2
Preuilly 18 172 D 1
Preuilly *Abbaye de* 77 89 E 4
Preuilly-la-Ville 36 170 B 5
Preuilly-sur-Claise 37 170 B 3
Preures 62 6 C 3
Preuschdorf 67 69 E 2
Preuseville 76 21 E 2
Preutin-Higny 54 45 E 3
Preux-au-Bois 59 15 E 4
Preux-au-Sart 59 15 E 2
Préval 72 108 C 2
Prévelles 72 108 B 3
Prévenchères 48 265 F 4
Préveranges 18 190 A 3
Prévessin-Moëns 01 197 G 4
La Prévière 49 127 F 3
Prévillers 60 21 H 5
Prévinquières 12 279 H 1
Prévocourt 57 66 C 3
Prey 27 56 C 2
Prey 88 119 H 2
Preyssac-d'Excideuil 24 223 F 5
Prez 08 26 A 2
Prez-sous-Lafauche 52 93 G 5
Prez-sur-Marne 52 92 D 2
Priaires 79 201 G 1
Priay 01 214 A 2
Priez 02 40 B 5
Prignac 17 202 B 4
Prignac-en-Médoc 33 218 D 5
Prignac-et-Marcamps 33 237 G 3
Prigonrieux 24 239 G 5
Primarette 38 231 G 4
Primat 08 42 D 2
La Primaube 12 280 D 2
Primel-Trégastel 29 72 A 3
Primelin 29 98 D 2
Primelles 18 172 D 3
Prin-Deyrançon 79 184 C 5
Prinçay 86 169 E 2
Princé 35 105 F 2
Pringé 72 129 H 4
Pringy 51 62 C 4
Pringy 74 215 G 3
Pringy 77 88 A 3
Prinquiau 44 146 D 2
Prinsuéjols 48 263 H 3
Printzheim 67 68 C 4
Prisces 02 25 F 3
Prisches 59 15 F 4
Prissac 36 188 B 2
Prissé 71 194 D 4
Prissé-la-Charrière 79 201 H 1
Pritz 53 106 A 3
Privas 07 266 D 2
Privezac 12 279 H 1
Prix-lès-Mézières 08 26 D 3
Priziac 56 101 E 2
Prizy 71 193 H 4
La Proiselière-et-Langle 70 141 H 2
Proissans 24 241 G 5
Proisy 02 25 E 1
Proix 02 24 D 1
Projan 32 294 C 4
Promilhanes 46 279 E 1
Prompsat 63 209 H 4
Prondines 63 226 D 1
Pronleroy 60 38 D 1
Pronville 62 14 A 3
Propiac 26 286 A 2
Propières 69 212 B 1
Propriano 2A 350 D 2
Prosnes 51 42 A 4
Prouais 28 57 E 5
Prouilly 51 41 F 3
Proumeyssac *Gouffre de* 24 241 E 5
Proupiary 31 316 D 5
Proussy 14 53 F 2
Prouvais 02 41 G 1
Prouville 80 12 B 4
Prouvy 59 14 D 2
Prouzel 80 22 B 2
Provemont 27 37 F 3
Provenchère 25 163 E 3
Provenchère 70 141 E 3
Provenchères-lès-Darney 88 118 C 3
Provenchères-sur-Fave 88 96 C 4
Provenchères-sur-Marne 52 92 D 5
Provenchères-sur-Meuse 52 117 H 4
Provency 89 158 A 1
Proverville 10 116 A 2
Proveysieux 38 250 D 1
Proville 59 14 B 4
Provin 59 8 C 4
Provins 77 89 G 2
Proviseux-et-Plesnoy 02 41 G 1
Proyart 80 23 E 2
Prudemanche 28 56 B 5
Prudhomat 46 243 E 5
Prugnanes 66 338 A 4
Prugny 10 114 D 2
Pruillé 49 128 B 5
Pruillé-le-Chétif 72 107 G 5
Pruillé-l'Éguillé 72 130 B 2
Pruines 12 262 C 4
Prunay 51 41 H 4
Prunay-Belleville 10 90 B 5
Prunay-Cassereau 41 131 F 4
Prunay-en-Yvelines 78 86 D 3
Prunay-le-Gillon 28 86 C 5
Prunay-le-Temple 78 57 F 3
Prunay-sur-Essonne 91 87 H 5
Prunelli-di-Casacconi 2B 347 G 2
Prunelli-di-Fiumorbo 2B 349 G 2
Prunet 07 266 A 3
Prunet 15 262 C 1
Prunet 31 298 C 5
Prunet-et-Belpuig 66 342 C 3
Prunete 2B 347 H 4
Prunières 05 270 A 3
Prunières 38 251 E 5
Prunières 48 264 B 1
Pruniers 36 172 C 4
Pruniers 49 149 G 1
Pruniers-en-Sologne 41 153 H 3
Pruno 2B 347 G 3
Prunoy 89 135 G 2
Prusly-sur-Ource 21 138 B 2
Prusy 10 114 D 5
Pruzilly 71 194 D 5
Puberg 67 68 A 2
Publier 74 198 B 3
Publy 39 179 F 5
Puceul 44 126 C 5
Le Puch 09 337 F 5
Puch-d'Agenais 47 275 F 1
Puchay 27 37 E 3
Puchevillers 80 12 D 5
Le Puech 34 301 H 4
Puéchabon 34 302 B 3
Puéchoursi 81 318 D 2
Puechredon 30 303 F 1
Puellemontier 52 92 A 3
Puessans 25 162 C 1
Puget 84 305 G 2
Puget-Rostang 06 289 G 4
Puget-sur-Argens 83 308 C 5
Puget-Théniers 06 289 F 5
Puget-Ville 83 328 C 2
Pugey 25 161 H 4
Pugieu 01 214 C 4
Puginier 11 318 D 3
Pugnac 33 237 G 3
Pugny 79 167 G 4
Pugny-Chatenod 73 233 F 1
Puichéric 11 320 B 5
Le Puid 88 96 C 3
Puigmal 66 341 G 5
Puihardy 79 184 D 2
Puilacher 34 302 A 5
Puilaurens 11 337 G 5
Puilboreau 17 183 F 5
Puilly-et-Charbeaux 08 27 H 5
Puimichel 04 287 G 5
Puimisson 34 321 G 2
Puimoisson 04 307 F 1
La Puisaye 28 85 F 2
Puiseaux 45 112 A 2
Puiselet-le-Marais 91 87 G 4
Puisenval 76 21 E 2
Le Puiset 28 110 D 2
Le Puiset-Doré 49 148 C 4
Puiseux 08 26 C 5
Puiseux 28 86 A 2
Puiseux-en-Bray 60 37 G 2
Puiseux-en-France 95 58 D 1
Puiseux-en-Retz 02 40 A 3
Puiseux-le-Hauberger 60 38 B 4
Puiseux-Pontoise 95 57 H 1
Puisieulx 51 41 H 4
Puisieux 62 13 F 4
Puisieux 77 59 G 1
Puisieux-et-Clanlieu 02 24 D 2
Puissalicon 34 321 G 2
Puisseguin 33 238 D 5
Puisserguier 34 321 E 3
Puits 21 138 A 3
Le Puits-des-Mèzes 52 117 F 3
Puits-et-Nuisement 10 115 H 2
Puits-la-Vallée 60 22 B 5
Puivert 11 337 E 3
Pujaudran 32 297 F 5
Pujaut 30 285 E 5
Pujo 65 315 E 3
Pujo-le-Plan 40 294 B 1
Les Pujols 09 336 C 1
Pujols 33 256 D 1
Pujols 47 276 C 1
Pujols-sur-Ciron 33 255 H 4
Le Puley 71 177 F 5
Puligny-Montrachet 21 177 G 2
Pullay 27 55 H 4
Pulligny 54 94 D 2
Pulney 54 94 C 4
Pulnoy 54 66 B 5
Pulvérières 63 209 F 4
Pulversheim 68 121 E 5
Punchy 80 23 F 3
Punerot 88 94 A 3
Puntous 65 316 A 4
Puntous de Laguian 32 315 G 2
Pupillin 39 179 G 3
Pure 08 27 G 4
Purgerot 70 140 D 3
Pusey 70 141 E 4
Pusignan 69 213 G 5
Pussay 91 87 E 5
Pussigny 37 169 G 2
Pussy 73 234 B 2
Pusy-et-Épenoux 70 141 E 4
Putanges-Pont-Écrepin 61 53 H 4
Puteaux 92 58 B 3
Putot-en-Auge 14 34 A 4
Putot-en-Bessin 14 33 F 4
Puttelange-aux-Lacs 57 67 F 1
Puttelange-lès-Thionville 57 45 H 1
Puttigny 57 66 D 3
Puxe 54 45 E 5
Puxieux 54 65 F 1
Le Puy 25 162 B 2
Le Puy 33 257 E 3
Puy Crapaud 85 167 E 4
Puy-d'Arnac 19 242 D 4
Puy de Dôme 63 209 G 5
Puy-de-Serre 85 184 C 1
Puy du Fou *Château du* 85 166 D 2
Puy-du-Lac 17 201 F 3
Le Puy-en-Velay 43 247 F 3
Puy-Guillaume 63 210 C 3
Puy-l'Évêque 46 259 F 4
Puy-Malsignat 23 207 H 3
Le Puy-Notre-Dame 49 150 A 5
Puy-Saint-André 05 252 C 4
Le Puy-Saint-Bonnet 49 166 D 1
Puy-Saint-Eusèbe 05 270 B 3
Puy-Saint-Gulmier 63 208 D 5
Puy-Saint-Martin 26 267 G 3
Puy-Saint-Pierre 05 252 D 4
Puy-Saint-Vincent 05 252 C 5
Le Puy-Sainte-Réparade 13 306 A 3
Puy-Sanières 05 270 C 3
Puybarban 33 256 D 4
Puybegon 81 298 D 2
Puybrun 46 242 D 5
Puycalvel 81 299 F 4
Puycasquier 32 296 C 3
Puycelci 81 278 D 5
Puycornet 82 277 H 3
Puydaniel 31 317 H 4
Puydarrieux 65 315 H 4
Puydrouard 17 201 E 1
La Puye 86 187 F 1
Puygaillard-de-Lomagne 82 276 D 5
Puygaillard-de-Quercy 82 278 C 5
Puygiron 26 267 F 4
Puygouzon 81 299 F 1
Puygros 73 233 G 2
Puyguilhem 24 257 G 2
Puyguilhem *Château de* 24 222 C 4
Puyjourdes 46 279 E 1
Puylagarde 82 279 E 2
Puylaroque 82 278 C 2
Puylaurens 81 299 E 5
Puylausic 32 316 D 2
Puyloubier 13 306 C 5
Puymangou 24 239 E 2
Puymartin *Château de* 24 241 F 5
Puymaurin 31 316 C 3
Puyméras 84 285 H 2
Puymiclan 47 257 G 4
Puymirol 47 276 C 3
Puymorens *Col de* 66 340 D 3
Puymoyen 16 221 F 2
Puynormand 33 238 D 4
Puyol-Cazalet 40 294 B 4
Puyoô 64 293 E 5
Puyravault 17 201 E 1
Puyravault 85 183 F 3
Puyréaux 16 203 F 4
Puyrenier 24 221 H 4
Puyricard 13 306 A 4
Puyrolland 17 201 G 2
Puys 76 10 B 5
Puységur 32 296 B 3
Puysségur 31 297 E 3
Puysserampion 47 257 G 3
Puyvalador 66 341 G 2
Puyvert 84 305 H 2
Puzeaux 80 23 F 3
Puzieux 57 66 B 3
Puzieux 88 94 D 4
Py 66 342 A 4
Pyla-sur-Mer 33 254 B 2
La Pyle 27 35 H 4
Pyrénées 2000 66 341 F 4
Pys 80 13 G 4

Q

Quaëdypre 59 3 H 3
Quaix-en-Chartreuse 38 250 D 1
Quantilly 18 155 F 4
Quarante 34 321 E 3
Quarouble 59 9 H 5
Quarré-les-Tombes 89 158 A 3
La Quarte 70 140 B 3
Le Quartier 63 209 E 2
Quasquara 2A 349 E 3
Quatre-Champs 08 42 D 1
Les Quatre Chemins 85 183 F 2
Quatre-Routes-d'Albussac 19 242 D 3
Les Quatre-Routes-du-Lot 46 242 C 4
Quatre Vios *Col des* 07 266 B 1
Quatremare 27 36 B 4
Quatzenheim 67 68 C 5
Quéant 62 13 H 3
Queaux 86 187 E 4
Québriac 35 80 A 4
Quédillac 35 103 F 1
Queige 73 216 B 5
Quelaines-Saint-Gault 53 105 H 5
Les Quelles 67 96 C 3
Quelmes 62 3 E 5
Quelneuc 56 125 H 2
Quéménéven 29 75 H 5
Quemigny-Poisot 21 159 H 4
Quemigny-sur-Seine 21 138 B 4
Quemper-Guézennec 22 73 F 3
Quemperven 22 72 D 3
Quend 80 11 F 1
Quend-Plage-les-Pins 80 11 E 1
Quenne 89 136 C 3
Quenoche 70 162 A 1
Quenza 2A 349 F 5
Quercamps 62 3 E 5
Querciolo 2B 347 H 2
Quercitello 2B 347 G 3
Quérénaing 59 14 D 2
Quéribus *Château de* 11 338 B 4
Quérigut 09 341 G 2
Quernes 62 7 G 3
Quéroy *Grottes du* 16 221 G 2
Querqueville 50 29 E 2
Querré 49 128 C 4
Querrien 29 100 D 4
Querrieu 80 22 C 1
Quers 70 141 G 3
Quesmy 60 23 H 4
Quesnay-Guesnon 14 32 D 4
Le Quesne 80 21 G 2
Le Quesnel 80 23 E 3
Le Quesnel-Aubry 60 38 C 1
Le Quesnoy 59 15 E 3
Le Quesnoy 80 23 E 3
Le Quesnoy-en-Artois 62 12 B 2
Quesnoy-le-Montant 80 11 F 3
Quesnoy-sur-Airaines 80 11 H 5
Quesnoy-sur-Deûle 59 4 C 5
Quesques 62 6 D 2
Quessigny 27 56 C 2
Quessoy 22 78 C 4
Quessy 02 24 B 4
Questembert 56 125 E 3
Questrecques 62 6 C 2
Quet-en-Beaumont 38 251 F 5
Quetigny 21 160 B 3
Quettehou 50 29 G 3
Quettetot 50 29 E 4
Quetteville 14 34 D 3
Quettreville-sur-Sienne 50 51 G 1
Queudes 51 61 E 5
La Queue-en-Brie 94 58 D 4
La Queue-les-Yvelines 78 57 G 4
Queuille 63 209 F 3
Quevauvillers 80 22 A 2
Quéven 56 101 E 5
Quévert 22 79 G 4
Quevillon 76 36 A 2
Quevilloncourt 54 94 D 3
Quévreville-la-Poterie 76 36 B 3
Queyrac 33 218 D 4
Queyrières 43 247 H 3
Queyssac 24 240 B 5
Queyssac-les-Vignes 19 242 D 4
Quézac 15 261 H 2
Quézac 48 282 C 1
Quiberon 56 123 H 5
Quiberville 76 20 A 2
Quibou 50 32 A 5
Quié 09 336 B 4
Quiers 77 88 D 2
Quiers-sur-Bézonde 45 111 H 5
Quiéry-la-Motte 62 8 C 5
Quierzy 02 24 A 5
Quiestède 62 7 G 2
Quiévelon 59 15 H 3
Quiévrechain 59 9 H 5
Quiévrecourt 76 20 D 3
Quiévy 59 14 D 4
Quilen 62 6 D 4
Quilinen *Calvaire de* 29 99 H 2
Quillan 11 337 F 4
Quillane *Col de* 66 341 G 3
Quillebeuf-sur-Seine 27 35 F 1
Le Quillio 22 102 A 1
Quilly 08 42 C 2
Quilly 44 146 D 1
Quily 56 102 D 5
Quimerch 29 75 H 4
Quimiac 44 145 G 3
Quimper 29 99 H 3
Quimperlé 29 100 D 4
Quincampoix 76 36 B 1
Quincampoix-Fleuzy 60 21 G 3
Quinçay 86 186 B 1
Quincerot 21 137 G 5
Quincerot 89 115 E 5
Quincey 10 90 A 3
Quincey 21 160 A 5
Quincey 70 141 F 4
Quincié-en-Beaujolais 69 212 C 1
Quincieu 38 250 B 1
Quincieux 69 213 E 4
Quincy 18 154 C 5
Quincy-Basse 02 40 B 1
Quincy-Landzécourt 55 43 H 1
Quincy-le-Vicomte 21 137 G 5
Quincy-sous-le-Mont 02 40 D 3
Quincy-sous-Sénart 91 58 D 5
Quincy-Voisins 77 59 G 3
Quinéville 50 29 G 4
Quingey 25 161 H 5
Quinquempoix 60 22 C 5
Quins 12 280 B 3
Quinsac 24 222 C 4
Quinsac 33 255 G 1
Quinsac 87 223 G 4
Quinson 04 307 F 3
Quinssaines 03 190 C 4
Quint-Fonsegrives 31 298 A 5
Quintal 74 215 G 4
La Quinte 72 107 G 4
Quintenas 07 248 D 2
Quintenic 22 79 E 3
Quintigny 39 179 E 4
Quintillan 11 338 C 3
Quintin 22 78 A 4
Le Quiou 22 79 H 5
Quirbajou 11 337 F 4
Quiry-le-Sec 80 22 C 4
Quissac 30 303 E 1
Quissac 46 260 D 3
Quistinic 56 101 G 4
Quittebeuf 27 36 A 5
Quitteur 70 140 B 5
Quivières 80 23 H 2
Quœux-Haut-Maînil 62 12 B 2

R

Rabastens 81 298 C 2
Rabastens-de-Bigorre 65 315 F 3
Rabat-les-Trois-Seigneurs 09 336 A 4
La Rabatelière 85 166 A 3
Rablay-sur-Layon 49 149 G 3
Rabodanges 61 53 G 3
Rabodanges *Barrage de* 61 53 G 4
Le Rabot 41 133 F 5
Rabou 05 269 G 3
Rabouillet 66 337 H 5
Racécourt 88 94 D 5
Rachecourt-sur-Marne 52 92 D 3
Rachecourt-Suzémont 52 92 C 3
Raches 59 8 D 5
Racines 10 114 C 4
La Racineuse 71 178 B 3
Racou-Plage 66 343 G 3
Racquinghem 62 7 G 2
Racrange 57 67 E 3
Raddon-et-Chapendu 70 141 H 2
Radenac 56 102 B 4
Radepont 27 36 C 3
Radinghem 62 7 E 3
Radinghem-en-Weppes 59 8 C 3
Radon 61 83 G 3
Radonvilliers 10 91 H 4
Radule *Bergeries de* 2B 346 C 4
Raedersdorf 68 143 G 4
Raedersheim 68 121 E 5
Raffetot 76 19 F 5
Rageade 15 246 A 3
Raguenès-Plage 29 100 B 5
Rahart 41 131 G 2
Rahay 72 108 D 5
Rahling 57 67 H 2
Rahon 25 163 E 2
Rahon 39 178 D 1
Rai 61 55 F 4
Raids 50 31 H 4
Raillencourt-Sainte-Olle 59 14 B 3
Railleu 66 341 G 3
Raillicourt 08 26 C 4
Raillimont 02 25 H 4
Raimbeaucourt 59 8 D 4
Rainans 39 161 E 5
Raincheval 80 12 D 5
Raincourt 70 140 C 2
Le Raincy 93 58 D 3
Rainfreville 76 20 A 3
Rainneville 80 22 C 1
Rainsars 59 15 H 5
Rainville 88 94 B 4
Rainvillers 60 37 H 2
Les Rairies 49 129 F 4
Raismes 59 9 G 5
Raissac 09 336 C 3
Raissac-d'Aude 11 320 D 5
Raissac-sur-Lampy 11 319 F 4
Raix 16 203 F 3
Raizeux 78 86 C 2
Ramasse 01 196 A 5
Ramatuelle 83 329 G 3
Ramaz *Col de la* 74 198 B 5
Rambaud 05 269 H 3
Rambervillers 88 95 H 4
Rambluzin-et-Benoite-Vaux 55 64 B 2
Rambouillet 78 86 D 2
Rambucourt 55 65 E 4
Ramburelles 80 11 F 5
Rambures 80 11 F 5
Ramecourt 62 7 G 5
Ramecourt 88 94 D 5
Ramerupt 10 91 F 3
Ramicourt 02 24 B 1
Ramillies 59 14 B 3
Rammersmatt 68 142 D 1
Ramonchamp 88 120 A 5
Ramonville-Saint-Agne 31 298 A 5
Ramoulu 45 111 G 2
Ramous 64 293 F 5
Ramousies 59 15 H 4
Ramouzens 32 295 F 2
Rampan 50 32 A 4
Rampieux 24 258 D 2
Rampillon 77 89 E 3
Rampont 55 43 H 5
Rampoux 46 259 H 3
Rancé 01 213 E 3
Rancenay 25 161 H 4
Rancennes 08 17 E 4
Rances 10 91 H 3
Ranchal 69 212 B 1
Ranchette 39 196 D 3
Ranchicourt 62 7 H 5
Ranchot 39 161 F 5
Ranchy 14 32 D 3
Rancogne 16 221 H 1

Rançon *76*....19 G 5
Rancon *87*....205 G 1
Rançonnières *52*....117 H 5
Rancoudray *50*....52 C 5
Rancourt *80*....13 H 5
Rancourt *88*....118 D 2
Rancourt-sur-Ornain *55*....63 F 3
Rancy *71*....195 G 1
Randan *63*....210 B 3
Randanne *63*....227 F 1
Randens *73*....234 A 2
Randevillers *25*....162 D 3
Randonnai *61*....55 F 5
Rânes *61*....53 H 5
Rang *25*....142 A 5
Rang-du-Fliers *62*....6 B 5
Rangecourt *52*....117 G 4
Rangen *67*....68 C 5
Ranguevaux *57*....45 G 4
Rannée *35*....105 E 5
Ranrupt *67*....96 D 3
Rans *39*....161 F 5
Ransart *62*....13 F 3
Ranspach *68*....120 C 5
Ranspach-le-Bas *68*....143 G 3
Ranspach-le-Haut *68*....143 G 3
Rantechaux *25*....162 C 5
Rantigny *60*....38 D 3
Ranton *86*....168 C 2
Rantzwiller *68*....143 G 2
Ranville *14*....33 H 4
Ranville-Breuillaud *16*....202 D 4
Ranzevelle *70*....118 C 5
Ranzières *55*....64 C 2
Raon-aux-Bois *88*....119 G 3
Raon-lès-Leau *54*....96 C 2
Raon-l'Étape *88*....96 A 3
Raon-sur-Plaine *88*....96 C 2
Rapaggio *2B*....347 G 3
Rapale *2B*....345 F 5
Rapey *88*....95 E 4
Raphèle-les-Arles *13*....304 C 4
Rapilly *14*....53 G 3
Rapsécourt *51*....63 E 1
Raray *60*....39 F 4
Rarécourt *55*....43 G 5
Rasiguères *66*....338 B 5
Raslay *86*....150 C 5
Rasteau *84*....285 G 2
Le Rat *19*....225 F 1
Ratenelle *71*....195 F 2
Ratières *26*....249 F 2
Ratilly *Château de* *89*....156 C 1
Ratte *71*....178 C 5
Ratzwiller *67*....68 A 2
Raucoules *43*....248 A 2
Raucourt *54*....65 H 3
Raucourt-au-Bois *59*....15 E 3
Raucourt-et-Flaba *08*....27 F 5
Raulecourt *55*....65 E 4
Raulhac *15*....244 D 5
Rauret *43*....265 E 1
Rauville-la-Bigot *50*....29 E 4
Rauville-la-Place *50*....31 G 2
Rauwiller *67*....67 H 4
Rauzan *33*....256 C 1
Raveau *58*....156 B 5
Ravel *63*....210 B 5
Ravel *69*....230 D 2
Ravel-et-Ferriers *26*....268 C 2
Ravenel *60*....38 D 1
Ravennefontaines *52*....117 H 4
Ravenoville *50*....29 H 5
Raves *88*....96 C 5
Raviège *Lac de la* *81*....300 B 5
Ravières *89*....137 G 4
Ravigny *53*....83 F 3
Raville *57*....66 C 1
Raville-sur-Sânon *54*....95 F 1
Ravilloles *39*....196 D 3
La Ravoire *73*....233 F 2
Ray-sur-Saône *70*....140 C 5
Raye-sur-Authie *62*....11 H 1
Rayet *47*....258 C 3
Raymond *18*....173 G 2
Raynans *25*....142 B 4
Rayol-Canadel-sur-Mer *83*....329 E 4
Rayssac *81*....299 H 2
Raz *Pointe du* *29*....98 C 2
Razac-de-Saussignac *24*....257 F 1
Razac-d'Eymet *24*....257 H 2
Razac-sur-l'Isle *24*....240 B 2
Raze *70*....140 D 5
Razecueillé *31*....334 C 3
Razengues *32*....297 E 4
Razès *87*....205 H 3
Razimet *47*....275 F 1
Razines *37*....169 F 2
Ré *Île de* *17*....182 D 5
Réal *66*....341 G 2
Réalcamp *76*....21 F 2
Réallon *05*....270 B 3
Réalmont *81*....299 G 3
Réalville *82*....278 B 4
Réans *32*....295 E 1
Réau *77*....88 B 2
Réau (Ancienne
Abbaye de la) *86*....204 B 1
Réaumont *38*....232 C 4
Réaumur *85*....167 E 4
Réaup *47*....275 E 4
Réauville *26*....267 F 5
Réaux *17*....220 B 3
Les Réaux *Château* *37*....150 D 4
Rebais *77*....60 A 3
Rebecques *62*....7 G 2
Rébénacq *64*....314 A 5
Rebergues *62*....2 D 5
Rebets *76*....36 D 1
Rebeuville *88*....94 A 4
Rebigue *31*....318 A 2
Rebouc *65*....333 H 2
Rebouillon *83*....308 A 4
Rebourguil *12*....300 C 1
Rebourseaux *89*....114 B 5
Reboursin *36*....172 A 1
Rebréchien *45*....111 F 5
Rebreuve-Ranchicourt *62*....7 H 5
Rebreuve-sur-Canche *62*....12 D 2
Rebreuviette *62*....12 D 3
Recanoz *39*....179 E 3
Recey-sur-Ource *21*....138 D 3
Réchésy *90*....143 E 4
Réchicourt *55*....44 D 3
Réchicourt-la-Petite *54*....66 D 5
Réchicourt-le-Château *57*....67 F 5
Récicourt *55*....43 G 5
Réclainville *28*....86 C 5
Reclesne *71*....176 C 1
Reclinghem *62*....7 F 3
Réclonville *54*....95 H 2
Recloses *77*....88 B 5
Recologne *25*....161 G 3
Recologne *70*....140 C 5
Recologne-lès-Rioz *70*....161 H 1
Recoubeau-Jansac *26*....268 B 2
Recoules-d'Aubrac *48*....263 G 2
Recoules-de-Fumas *48*....264 B 3
Recoules-Prévinquières *12*....281 G 1
Récourt *52*....117 G 5
Récourt *62*....14 A 3
Récourt-le-Creux *55*....64 B 2
La Recousse *62*....3 E 4
Recouvrance *90*....142 D 3
Le Recoux *48*....281 H 1
Recques-sur-Course *62*....6 C 4
Recques-sur-Hem *62*....3 E 4
Recquignies *59*....15 H 2
Le Reculey *14*....52 C 2
Reculfoz *25*....180 B 4
Recurt *65*....315 H 5
Recy *51*....62 A 2
Rédange *57*....45 F 2
Rédené *29*....100 D 5
Réderis *Cap* *66*....343 G 4
Redessan *30*....304 A 2
Réding *57*....67 H 4
Redon *35*....125 G 4
La Redorte *11*....320 B 4
Redortiers *04*....286 D 4
Réez-Fosse-Martin *60*....39 G 5
Reffannes *79*....185 F 2
Reffroy *55*....93 G 1
Reffuveille *50*....52 A 5
Refranche *25*....180 A 1
Régades *31*....334 C 2
Régat *09*....336 D 2
Regnauville *62*....11 H 1
Regnévelle *88*....118 C 4
Regnéville-sur-Mer *50*....51 F 1
Regnéville-sur-Meuse *55*....44 B 4
Regney *88*....95 E 5
Régnié-Durette *69*....212 D 1
Regnière-Écluse *80*....11 G 1
Regniowez *08*....26 B 1
Regny *02*....24 C 2
Régny *42*....211 H 3
La Regrippière *44*....148 B 4
Réguiny *56*....102 B 4
Réguisheim *68*....121 E 5
Régusse *83*....307 F 3
Rehaincourt *88*....95 F 4
Rehainviller *54*....95 F 2
Rehaupal *88*....119 H 2
Reherrey *54*....95 H 2
Réhon *54*....45 E 1
Reichsfeld *67*....97 E 3
Reichshoffen *67*....68 D 2
Reichstett *67*....69 E 5
Reignac *16*....220 C 4
Reignac *33*....237 G 1
Reignac-sur-Indre *37*....152 B 4
Reignat *63*....228 B 1
Reigneville-Bocage *50*....29 F 5

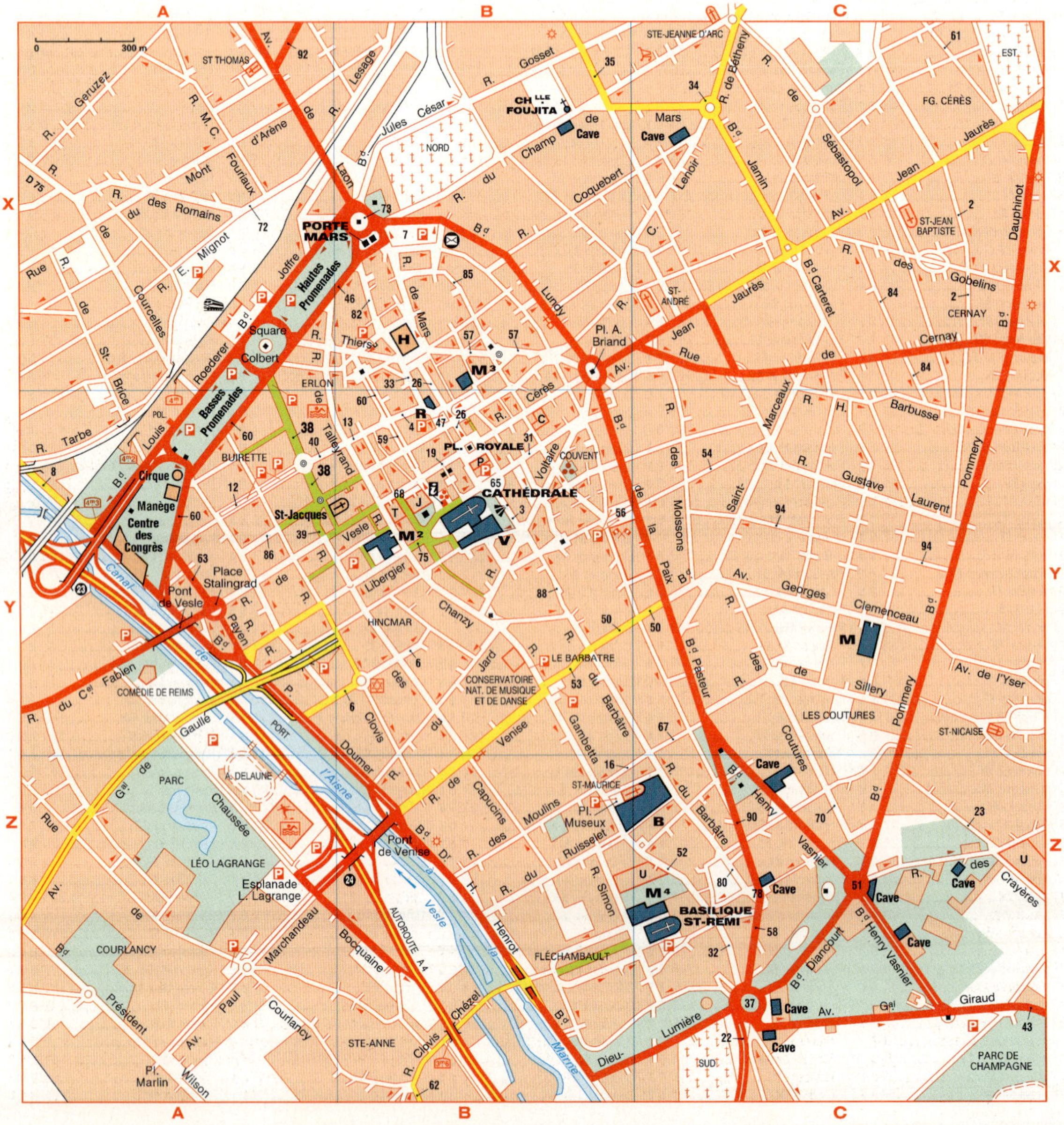

REIMS

Alsace-Lorraine (R. d') . . . . CX 2
Anatole-France (Cours) . . . BY 3
Arbalète (R. de l') . . . . BY 4
Boulard (R.) . . . . BY 6
Boulingrin (Pl. du) . . . . BX 7
Brébant (Av.) . . . . AY 8
Buirette (R.) . . . . AY 12
Cadran St-Pierre (R.) . . . . . . BY 13
Carmes (R. des) . . . . BZ 16
Carnégie (Pl.) . . . . BY 17
Carnot (R.) . . . . BY 19
Champagne (Av. de) . . . . . . CZ 22
Chemin Vert (R. du) . . . . . . CZ 23
Colbert (R.) . . . . BXY 26
Desteuque (R. E.) . . . . BY 31
Dieu-Lumière (R.) . . . . CZ 32
Dr-Jacquin (R.) . . . . BXY 33
Dr-Knoéri (Pl. du) . . . . CX 34
Dr-Lemoine (R.) . . . . BX 35
Droits-de-l'Homme
(Pl. des) . . . . CZ 37
Drouet d'Erlon (Pl.) . . . . AY 38
Dubois (R. Th.) . . . . AY 39
Étape (R. de l') . . . . AY 40
Farman (Av. H.) . . . . CZ 43
Foch (Bd) . . . . ABX 46
Forum (Pl.) . . . . BY 47
Gerbert (R.) . . . . BCY 50
Gouraud (Pl. Gén.) . . . . CZ 51
Grand-Cerf (R. du) . . . . CZ 52
Herduin (R. Lt) . . . . BY 53
Houzeau-Muiron (R.) . . . . . CY 54
Jamot (R. Paul) . . . . BY 56
Jean-Jaurès (Av.) . . . . BCX
J.-J.-Rousseau (R.) . . . . BX 57
Lambert (Bd Victor) . . . . . . CZ 58
Langlet (Crs J.-B.) . . . . BY 59
Laon (Av. de) . . . . ABX
Leclerc (Bd Général) . . . . . AX 60
Lefèbvre (R. E.) . . . . CX 61
Louvois (R. de) . . . . BZ 62
Magdeleine (R.) . . . . AY 63
Martyrs-de-la-
Résistance (Pl. des) . . . . BY 65
Montlaurent (R.) . . . . CY 67
Myron-Herrick (Pl.) . . . . BY 68
Philipe (R. Gérard) . . . . CZ 70
Prés.-F.-Roosevelt (R.) . . . . AX 72
République (Pl. de la) . . . . . BX 73
Rockefeller (R.) . . . . BY 75
St-Nicaise (Pl.) . . . . CZ 78
Salines (R. des) . . . . CZ 80
Sarrail (R. Gén.) . . . . BX 82
Strasbourg (R. de) . . . . CX 84
Talleyrand (R. de) . . . . ABY
Temple (R. du) . . . . BX 85
Thillois (R. de) . . . . AY 86
Université (R. de l') . . . . BY 88
Vesle (R. de) . . . . ABY
Victor-Hugo (Bd) . . . . CZ 90
Zola (R. Émile) . . . . AX 92
16e-et-22e-Dragons
(R. des) . . . . CY 94

Reignier 74 ..... 215 H 1
Reigny 18 ..... 190 B 2
Reilhac 15 ..... 244 B 4
Reilhac 43 ..... 246 C 3
Reilhac 46 ..... 260 D 2
Reilhaguet 46 ..... 260 B 2
Reilhanette 26 ..... 286 C 3
Reillanne 04 ..... 306 B 1
Reillon 54 ..... 95 H 1
Reilly 60 ..... 37 G 4
Reimerswiller 67 ..... 69 E 2
Reims 51 ..... 41 G 4
Reims-la-Brûlée 51 ..... 62 D 4
Reine Jeanne
Pont de la 04 ..... 287 G 2
Reinhardsmunster 67 ..... 68 A 5
Reiningue 68 ..... 143 E 1
Reipertswiller 67 ..... 68 B 2
Reithouse 39 ..... 196 B 1
Reitwiller 67 ..... 68 D 5
Réjaumont 32 ..... 296 A 2
Réjaumont 65 ..... 315 H 5
Rejet-de-Beaulieu 59 ..... 15 E 5
Relanges 88 ..... 118 C 3
Relans 39 ..... 179 E 4
Le Relecq-Kerhuon 29 ..... 75 F 2
Relevant 01 ..... 213 F 2
Rely 62 ..... 7 G 3
Remaisnil 80 ..... 12 C 3
Rémalard 61 ..... 84 D 4
Remaucourt 02 ..... 24 B 2
Remaucourt 08 ..... 25 H 5
La Remaudière 44 ..... 148 B 4
Remaugies 80 ..... 23 E 5
Remauville 77 ..... 112 C 2
Rembercourt-aux-Pots 55 ..... 63 H 2
Rembercourt-sur-Mad 54 ..... 65 F 2
Rémécourt 60 ..... 38 D 2
Remelange 57 ..... 45 G 3
Rémelfang 57 ..... 46 C 4
Rémelfing 57 ..... 47 G 5
Rémeling 57 ..... 46 C 2
Remennecourt 55 ..... 63 F 3
Remenoville 54 ..... 95 F 3
Rémérangles 60 ..... 38 B 2
Réméréville 54 ..... 66 C 5
Rémering 57 ..... 46 D 4
Rémering-lès-Puttelange 57 ..... 67 F 1
Remicourt 51 ..... 63 E 2
Remicourt 88 ..... 94 C 5
Remiencourt 80 ..... 22 C 3
Remies 02 ..... 24 C 4
La Remigeasse 17 ..... 200 B 3
Remigny 02 ..... 24 B 4
Remigny 71 ..... 177 G 3
Rémilly 57 ..... 66 B 2
Rémilly 58 ..... 175 H 4
Remilly-Aillicourt 08 ..... 27 F 4
Remilly-en-Montagne 21 ..... 159 G 3
Remilly-les-Pothées 08 ..... 26 C 3
Remilly-sur-Lozon 50 ..... 32 A 4
Remilly-sur-Tille 21 ..... 160 B 3
Remilly-Wirquin 62 ..... 7 F 2
Réminiac 56 ..... 103 F 5
Remiremont 88 ..... 119 G 4
Remoiville 55 ..... 44 B 2
Remollon 05 ..... 269 H 4
Remomeix 88 ..... 96 B 5
Remoncourt 54 ..... 67 E 5
Remoncourt 88 ..... 94 C 5
Rémondans-Vaivre 25 ..... 163 F 2
Rémonville 08 ..... 43 F 2
Remoray-Boujeons 25 ..... 180 C 4
Remouillé 44 ..... 166 A 1
Remoulins 30 ..... 304 B 1
Removille 88 ..... 94 B 4
Rempnat 87 ..... 225 E 1
La Remuée 76 ..... 35 E 1
Remungol 56 ..... 102 A 4
Rémuzat 26 ..... 268 B 5
Remy 60 ..... 39 E 2
Rémy 62 ..... 13 H 3
Renac 35 ..... 125 H 3
Renage 38 ..... 232 B 5
Renaison 42 ..... 211 F 2
La Renaissance 17 ..... 200 D 3
Renansart 02 ..... 24 C 3
Renaucourt 70 ..... 140 C 4
La Renaudie 63 ..... 229 E 1
La Renaudière 49 ..... 148 C 5
Renauvoid 88 ..... 119 F 2
Renay 41 ..... 131 H 2
Renazé 53 ..... 127 G 2
Rencurel 38 ..... 250 B 2
René 72 ..... 83 H 5
Renédale 25 ..... 180 C 1
Renescure 59 ..... 3 G 5
Renève 21 ..... 160 D 2
Réning 57 ..... 67 F 2
Rennemoulin 78 ..... 58 A 3
Rennepont 52 ..... 116 B 3
Rennes 35 ..... 104 B 3
Rennes-en-Grenouilles 53 ..... 82 C 3
Rennes-le-Château 11 ..... 337 G 3
Rennes-les-Bains 11 ..... 337 H 3
Rennes-sur-Loue 25 ..... 179 G 1
Renneval 02 ..... 25 G 3
Renneville 08 ..... 25 H 4
Renneville 27 ..... 36 C 2
Renneville 31 ..... 318 C 3
Renno 2A ..... 346 C 5
Le Renouard 61 ..... 54 B 2
Rentières 63 ..... 227 H 4
Renty 62 ..... 7 E 3
Renung 40 ..... 294 B 3
Renwez 08 ..... 26 C 2
La Réole 33 ..... 256 D 3
La Réorthe 85 ..... 183 G 1
Réotier 05 ..... 270 D 2
Repaix 54 ..... 96 A 1
La Répara-Auriples 26 ..... 267 G 3
Réparsac 16 ..... 220 C 1
Repel 88 ..... 94 C 4
Repentigny 14 ..... 34 B 4
Replonges 01 ..... 195 E 4
Le Reposoir 74 ..... 216 B 2
Les Repôts 39 ..... 178 D 5
Reppe 90 ..... 142 D 2
Requeil 72 ..... 129 H 3
Réquista 12 ..... 280 C 5
Résenlieu 61 ..... 54 D 4
La Résie-Saint-Martin 70 ..... 161 E 3
Résigny 02 ..... 25 H 3
Resson 55 ..... 63 H 4
Ressons-l'Abbaye 60 ..... 38 A 3
Ressons-le-Long 02 ..... 40 A 2
Ressons-sur-Matz 60 ..... 39 F 1
Les Ressuintes 28 ..... 85 E 2
Restigné 37 ..... 151 E 4
Restinclières 34 ..... 303 E 3
Restonica *Gorges de la* 2B ..... 347 E 5
Le Retail 79 ..... 184 D 1
Rétaud 17 ..... 219 F 1
Reterre 23 ..... 208 C 2
Rethel 08 ..... 42 A 1
Retheuil 02 ..... 39 H 3
Rethondes 60 ..... 39 G 2
Rethonvillers 80 ..... 23 G 3
Réthoville 50 ..... 29 G 2
Retiers 35 ..... 104 D 5
Retjons 40 ..... 274 B 4
Retonfey 57 ..... 46 B 5
Rétonval 76 ..... 21 E 2
Retournac 43 ..... 247 G 2
Retournemer *Lac de* 88 ..... 120 B 3
Retschwiller 67 ..... 69 E 2
Rettel 57 ..... 46 B 2
Rety 62 ..... 2 C 5
Retzwiller 68 ..... 142 D 3
Reugney 25 ..... 180 B 1
Reugny 03 ..... 190 D 3
Reugny 37 ..... 152 B 1
Reuil 51 ..... 61 E 1
Reuil-en-Brie 77 ..... 60 A 2
Reuil-sur-Brêche 60 ..... 38 B 1
Reuilly 27 ..... 56 C 1
Reuilly 36 ..... 172 C 1
Reuilly-Sauvigny 02 ..... 60 D 1
Reulle-Vergy 21 ..... 159 H 4
Reumont 59 ..... 14 D 4
La Réunion 47 ..... 275 E 2
Reutenbourg 67 ..... 68 B 5
Reuves 51 ..... 61 F 4
Reuville 76 ..... 19 H 3
Reux 14 ..... 34 C 3
Revard *Mont* 73 ..... 233 F 1
Réveillon 51 ..... 60 C 4
Réveillon 61 ..... 84 C 3
Revel 31 ..... 319 E 2
Revel 38 ..... 251 F 1
Revel-Tourdan 38 ..... 231 G 4
Revelles 80 ..... 22 A 2
Revémont 54 ..... 44 D 2
Revens 30 ..... 282 A 4
Reventin-Vaugris 38 ..... 231 E 4
Revercourt 28 ..... 56 B 5
Revest-des-Brousses 04 ..... 287 E 5
Revest-du-Bion 04 ..... 286 C 4
Le Revest-les-Eaux 83 ..... 328 A 4
Revest-les-Roches 06 ..... 289 H 5
Revest-Saint-Martin 04 ..... 287 F 4
La Revêtizon 79 ..... 184 D 5
Reviers 14 ..... 33 F 3
Revigny 39 ..... 179 F 5
Revigny-sur-Ornain 55 ..... 63 F 3
Réville 50 ..... 29 H 3
Réville-aux-Bois 55 ..... 44 B 3
Révillon 02 ..... 41 E 2
Revin 08 ..... 26 C 1
Revollat *Croix de* 38 ..... 251 F 1
Revonnas 01 ..... 214 A 1
Rexingen 67 ..... 67 H 3
Rexpoëde 59 ..... 3 H 3
Reyersviller 57 ..... 68 B 1
Reygade 19 ..... 243 E 4
Reynel 52 ..... 93 F 5
Reynès 66 ..... 342 D 4
Reynier 04 ..... 287 H 1
Reyniès 82 ..... 297 H 1
Reyrevignes 46 ..... 261 E 3
Reyrieux 01 ..... 213 E 3
Les Reys-de-Saulce 26 ..... 267 E 2
Reyssouze 01 ..... 195 F 3
Reyvroz 74 ..... 198 B 3
Rezay 18 ..... 172 D 5
Rezé 44 ..... 147 G 4
Rézentières 15 ..... 245 H 3
Rezonville 57 ..... 65 F 1
Rezza 2A ..... 348 D 1
Rhèges 10 ..... 90 D 2
Le Rheu 35 ..... 104 A 3
Le Rhien 70 ..... 142 A 2
Rhinau 67 ..... 97 H 4
Rhodes 57 ..... 67 F 4
Rhodon 41 ..... 132 A 3
Rhodon 78 ..... 58 A 5
Rhuis 60 ..... 39 E 3
Ri 61 ..... 54 A 4
Ria-Sirach 66 ..... 342 A 3
Riaillé 44 ..... 127 E 5
Le Rialet 81 ..... 300 A 5
Rians 18 ..... 155 G 5
Rians 83 ..... 306 C 4
Riantec 56 ..... 123 F 2
Riau *Château du* 03 ..... 192 A 1
Riaucourt 52 ..... 117 E 2
Riaville 55 ..... 64 D 1
Ribagnac 24 ..... 257 H 1
Ribarrouy 64 ..... 294 C 5
Ribaute 11 ..... 338 B 1
Ribaute-les-Tavernes 30 ..... 283 H 5
Le Ribay 53 ..... 82 C 4
Ribeaucourt 55 ..... 93 F 2
Ribeaucourt 80 ..... 12 B 4
Ribeauville 02 ..... 25 H 2
Ribeauvillé 68 ..... 97 E 5
Ribécourt 60 ..... 39 G 1
Ribécourt-la-Tour 59 ..... 14 A 4
Ribemont 02 ..... 24 C 3
Ribemont-sur-Ancre 80 ..... 22 D 1
Ribennes 48 ..... 264 B 3
Ribérac 24 ..... 239 G 1
Ribes 07 ..... 266 A 5
Ribeyret 05 ..... 268 C 5
Ribiers 05 ..... 287 F 2
Ribouisse 11 ..... 318 D 5
Riboux 83 ..... 327 H 2
La Ricamarie 42 ..... 230 B 4
Ricarville 76 ..... 19 F 4
Ricarville-du-Val 76 ..... 20 C 3
Ricaud 11 ..... 318 D 3
Ricaud 65 ..... 315 G 5
Les Riceys 10 ..... 115 G 5
La Richardais 35 ..... 50 C 5
Richardménil 54 ..... 94 D 1
Richarville 91 ..... 87 E 4
La Riche 37 ..... 151 H 2
Riche 57 ..... 66 D 3
Richebourg 52 ..... 116 D 4
Richebourg 62 ..... 8 B 3
Richebourg 78 ..... 57 F 4
Richecourt 55 ..... 65 E 3
Richelieu 37 ..... 169 E 1
Richeling 57 ..... 67 G 1
Richemont 16 ..... 220 B 1
Richemont 57 ..... 45 H 4
Richemont 76 ..... 21 F 3
Richemont *Col de* 01 ..... 214 D 2
Richerenches 84 ..... 285 F 1
Richet 40 ..... 273 F 1
Richeval 57 ..... 96 A 1
Richeville 27 ..... 37 E 4
Richtolsheim 67 ..... 97 G 5
Richwiller 68 ..... 143 F 1
Ricourt 32 ..... 315 F 2
Ricquebourg 60 ..... 23 F 5
Riec-sur-Belon 29 ..... 100 C 5
Riedheim 67 ..... 68 C 3
Riedisheim 68 ..... 143 F 1
Riedseltz 67 ..... 69 F 1
Riedwihr 68 ..... 121 F 2

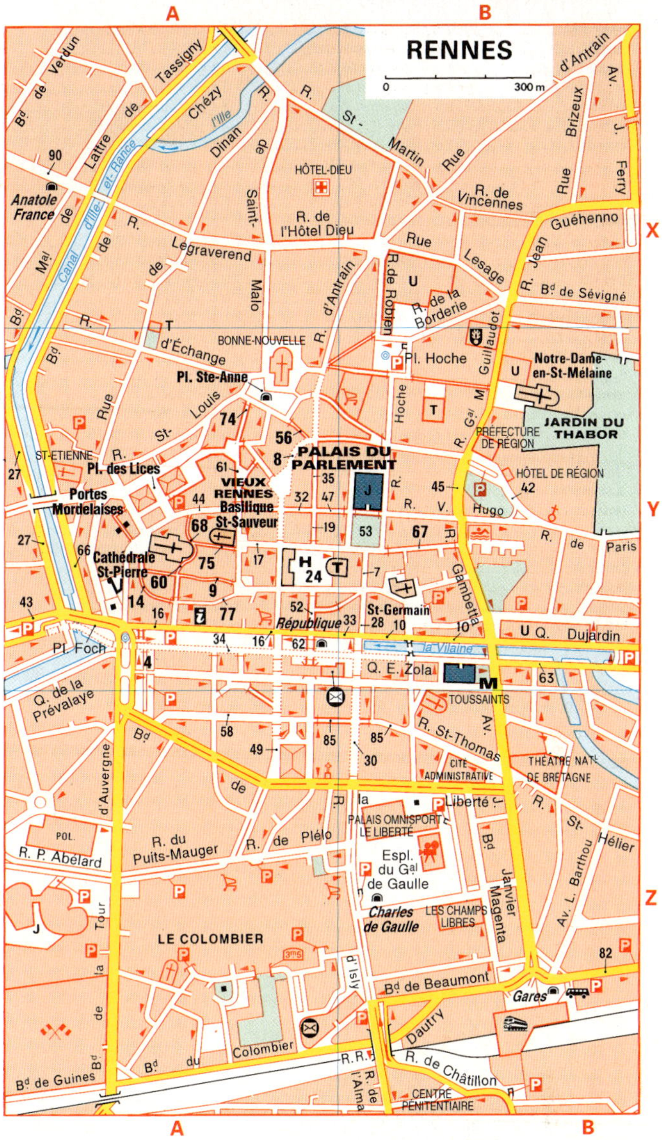

Rue	Carré	N°
Le-Bastard (R.)	AY	35
Bretagne (Pl. de)	AY	4
Cavell (R. Édith)	BY	7
Champ-Jacquet (R. du)	AY	8
Chapitre (R. du)	AY	9
Chateaubriant (Quai)	BY	10
Dames (R. des)	AY	14
Duguay-Trouin (Quai)	AY	16
Du-Guesclin (R.)	AY	17
Estrées (R. d')	AY	19
La-Fayette (R.)	AY	32
Hôtel-de-Ville (Pl. de l')	AY	24
Ille-et-Rance (Quai)	AY	27
Jean-Jaurès (R.)	BY	28
Joffre (R. Mar.)	BZ	30
Lamartine (Quai)	ABY	33
Lamennais (Quai)	AY	34
Liberté (Bd de la)	ABZ	
Martenot (R.)	BY	42
Mitterrand (Mail F.)	AY	43
Monnaie (R. de la)	AY	44
Motte-Fablet (R.)	AY	46
Motte (Cont. de la)	BY	45
Nationale (R.)	ABY	47
Nemours (R. de)	AZ	49
Orléans (R. d')	AY	52
Palais (Pl. du)	BY	53
Pont-aux-Foulons (R. du)	AY	56
Poullain-Duparc (R.)	AZ	58
Psalette (R. de la)	AY	60
Rallier-du-Baty (R.)	AY	61
République (Pl. de la)	AY	62
Richemont (Q. de)	BY	63
St-Cast (Quai)	AY	66
St-Georges (R.)	BY	67
St-Guillaume (R.)	AY	68
St-Michel (R.)	AY	74
St-Sauveur (R.)	AY	75
St-Yves (R.)	AY	77
Solférino (Bd)	BZ	82
Vasselot (R.)	AZ	85
41e-d'Infanterie (R.)	AX	90

Riel-les-Eaux 21 ..... 116 A 5
Riencourt 80 ..... 22 A 1
Riencourt-lès-Bapaume 62 ..... 13 H 4
Riencourt-lès-Cagnicourt 62 ..... 13 H 3
Riervescemont 90 ..... 142 C 1
Riespach 68 ..... 143 F 4
Rieucazé 31 ..... 334 C 1
Rieucros 09 ..... 336 C 1
Rieulay 59 ..... 9 E 5
Rieumajou 31 ..... 318 C 3
Rieumes 31 ..... 317 F 3
Rieupeyroux 12 ..... 279 H 2
Rieussec 34 ..... 320 C 3
Rieutort-de-Randon 48 ..... 264 C 3
Rieux 31 ..... 317 G 4
Rieux 51 ..... 60 C 3
Rieux 56 ..... 125 G 4
Rieux 60 ..... 38 D 3
Rieux 62 ..... 7 H 3
Rieux 76 ..... 11 E 5
Rieux-de-Pelleport 09 ..... 336 B 2
Rieux-en-Cambrésis 59 ..... 14 C 3
Rieux-en-Val 11 ..... 338 A 1
Rieux-Minervois 11 ..... 320 B 4
Riez 04 ..... 307 F 1
Rigarda 66 ..... 342 B 2
Rigaud 06 ..... 289 G 4
Rignac 12 ..... 279 H 1
Rignac 46 ..... 260 D 1
Rignat 01 ..... 214 A 1
Rignaucourt 55 ..... 63 H 2
Rigné 79 ..... 168 A 2
Rigney 25 ..... 162 B 2
Rignieux-le-Franc 01 ..... 213 H 3
Rignosot 25 ..... 162 B 2
Rignovelle 70 ..... 141 H 2
Rigny 70 ..... 161 F 1
Rigny-la-Nonneuse 10 ..... 90 B 4
Rigny-la-Salle 55 ..... 94 A 1
Rigny-le-Ferron 10 ..... 114 A 2
Rigny-Saint-Martin 55 ..... 94 A 1
Rigny-sur-Arroux 71 ..... 193 G 2
Rigny-Ussé 37 ..... 151 E 4
Riguepeu 32 ..... 295 H 4
Rilhac-Lastours 87 ..... 223 F 2
Rilhac-Rancon 87 ..... 205 H 4
Rilhac-Treignac 19 ..... 224 D 3
Rilhac-Xaintrie 19 ..... 243 H 2
Rillans 25 ..... 162 C 1
Rillé 37 ..... 151 E 2
Rillieux-la-Pape 69 ..... 213 F 5
Rilly-la-Montagne 51 ..... 41 G 5
Rilly-Sainte-Syre 10 ..... 90 D 4
Rilly-sur-Aisne 08 ..... 42 C 1
Rilly-sur-Loire 41 ..... 152 D 2
Rilly-sur-Vienne 37 ..... 169 G 1
Rimaucourt 52 ..... 93 F 5
Rimbach-
près-Guebwiller 68 ..... 120 D 5
Rimbach-
près-Masevaux 68 ..... 142 C 1
Rimbachzell 68 ..... 120 D 5
Rimbez-et-Baudiets 40 ..... 274 D 4
Rimboval 62 ..... 6 D 4
Rimeize 48 ..... 264 B 2
Rimling 57 ..... 48 B 5
Rimogne 08 ..... 26 C 2
Rimon-et-Savel 26 ..... 268 A 2
Rimondeix 23 ..... 189 H 5
Rimons 33 ..... 256 D 2
Rimont 09 ..... 335 G 2
Rimou 35 ..... 80 C 4
Rimplas 06 ..... 289 H 3
Rimsdorf 67 ..... 67 H 2
Ringeldorf 67 ..... 68 C 3

A
B
C
D
E
F
G
H
I
J
K
L
M
N
O
P
Q
R
S
T
U
V
W
X
Y
Z

Ringendorf *67* 68 C 3
Rinxent *62* 2 B 4
Riocaud *33* 257 F 1
Riolan *Clue du 06* 289 G 5
Riolas *31* 316 D 3
Riols *34* 320 C 2
Le Riols *81* 279 E 3
Riom *63* 209 H 4
Riom-ès-Montagnes *15* 244 D 1
Rioms *26* 286 C 2
Rion-des-Landes *40* 273 E 5
Rions *33* 255 H 2
Riorges *42* 211 G 2
Riotord *43* 248 B 1
Rioupéroux *38* 251 F 2
Rioupes *Col de 05* 269 F 2
Rioux *17* 219 F 2
Rioux-Martin *16* 238 D 1
Rioz *70* 162 A 1
Ripaille *Domaine de 74* 198 B 3
Riquet *Obélisque de 11* 318 D 3
Riquewihr *68* 121 E 2
Ris *63* 210 C 3
Ris *65* 333 H 3
Ris-Orangis *91* 58 C 5
Riscle *32* 294 D 4
Risoul *05* 270 D 2
Risoul 1850 *05* 270 D 2
Ristolas *05* 271 F 1
Ristz *Château du 03* 192 A 3
Rittershoffen *67* 69 F 2
Ritzing *57* 46 C 2
Riunoguès *66* 343 E 4
Riupeyrous *64* 314 C 2
Riva-Bella *14* 33 H 3
Rivarennes *36* 188 B 1
Rivarennes *37* 151 F 4
Rivas *42* 230 A 2
Rivau *Château du 37* 151 E 5
Rive-de-Gier *42* 230 D 3
Rivecourt *60* 39 F 3
Rivedoux-Plage *17* 200 B 1
Rivehaute *64* 313 F 3
Rivel *11* 337 E 3
Riventosa *2B* 347 F 5
Rivèrenert *09* 335 G 3
Riverie *69* 230 C 2
Rivery *80* 22 C 2
Les Rives *34* 301 G 2
Rives *38* 232 C 5
Rives *47* 258 C 3
Rivesaltes *66* 338 D 5
Le Rivier *38* 232 B 4
La Rivière *33* 238 B 4
Rivière *37* 151 E 5
La Rivière *38* 250 C 1
Rivière *62* 13 F 3
La Rivière-de-Corps *10* 90 D 5
La Rivière-Drugeon *25* 180 B 3
La Rivière-Enverse *74* 216 C 1
Rivière-les-Fosses *52* 139 G 4
Rivière-Saas-et-Gourby *40* 292 D 3
La Rivière-Saint-Sauveur *14* 34 D 2
Rivière-sur-Tarn *12* 281 H 3
La Rivière-Thibouville *27* 35 G 5
Rivières *16* 203 G 5
Rivières *30* 284 A 2
Rivières *81* 299 E 1
Les Rivières-Henruel *51* 62 C 5
Rivières-le-Bois *52* 139 H 3
Riville *76* 19 F 3
Rivolet *69* 212 C 3
Rix *39* 180 A 4
Rix *58* 157 E 2
Rixheim *68* 143 G 1
La Rixouse *39* 197 E 2
Rizaucourt *52* 92 C 5
Roaillan *33* 256 B 4
Roaix *84* 285 G 2
Roanne *42* 211 G 2
Roannes-Saint-Mary *15* 262 B 1
Robécourt *88* 118 A 3
Robecq *62* 7 H 3
Robehomme *14* 34 A 4
Robersart *59* 15 E 4
Robert-Espagne *55* 63 G 4
Robert-le-Diable
Château de 76 36 A 3
Robert-Magny *52* 92 B 3
Robertot *76* 19 G 3
Roberval *60* 39 E 3
Robiac-Rochessadoule *30* 283 H 2
Robien *Château 22* 78 A 4
Robin *Mont 50* 52 A 2
La Robine-sur-Galabre *04* 288 A 2
Robion *04* 308 A 1
Robion *84* 305 F 1
Le Roc *46* 260 B 1
Le Roc-Saint-André *56* 102 D 5
Rocamadour *46* 260 C 1
Rocbaron *83* 328 B 2
Rocé *41* 131 H 3
Roche *38* 231 H 2
Roche *41* 132 B 3
Roche *42* 229 F 2
La Roche aux Fées *35* 104 D 5
Roche-Béranger *38* 251 F 2
La Roche-Bernard *56* 125 F 5
La Roche-Blanche *44* 148 C 1
La Roche-Blanche *63* 227 H 1
La Roche-Canilhac *15* 263 G 2
La Roche-Canillac *19* 243 F 2
La Roche-Chalais *24* 238 D 2
Roche-Charles *63* 227 G 4
La Roche-Clermault *37* 151 E 5
La Roche Courbon
Château de 17 201 E 4
Roche-d'Agoux *63* 208 D 2
La Roche-de-Glun *26* 249 F 4
La Roche-de-Rame *05* 270 C 1
La Roche-Derrien *22* 73 E 3
La Roche-des-Arnauds *05* 269 G 3
Roche du Prêtre *25* 163 E 4
La Roche-en-Brenil *21* 158 C 2
Roche-en-Régnier *43* 247 F 1
Roche-et-Raucourt *70* 140 B 4
La Roche-Guyon *95* 57 F 1
La Roche-Jagu
Château de 22 73 E 3
Roche-la-Molière *42* 230 A 4
La Roche-l'Abeille *87* 223 G 2
Roche-le-Peyroux *19* 226 B 4
Roche-lès-Clerval *25* 162 D 2
Roche-lez-Beaupré *25* 162 A 3
La Roche-Mabile *61* 83 F 3
La Roche-Maurice *29* 71 E 5
La Roche-Noire *63* 228 A 1
La Roche-Posay *86* 170 A 4
La Roche-qui-Boit
Barrage de 50 51 H 5
La Roche-Racan
Château 37 130 C 5
La Roche-Rigault *86* 168 D 2
Roche-Saint-Secret-
Béconne *26* 267 G 4
La Roche-sur-Foron *74* 215 H 1
La Roche-sur-Grane *26* 267 F 2
La Roche-sur-le-Buis *26* 286 B 2
Roche-sur-Linotte-
et-Sorans-les-Cordiers *70* 162 B 1
La Roche-sur-Yon *85* 165 H 5
La Roche-Vanneau *21* 159 E 1
La Roche-Vineuse *71* 194 D 4
Rochebaudin *26* 267 G 3
La Rochebeaucourt-
et-Argentine *24* 221 G 3
Rochebloine *07* 248 C 3
Rochebonne
Château de 07 248 B 4
Rochebrune *05* 269 H 4
Rochebrune *26* 286 A 1
Rochebrune
Château de 16 204 D 4
Rochechinard *26* 250 A 3
Rochechouart *87* 204 D 5
Rochecolombe *07* 266 B 4
Rochecorbon *37* 152 A 2
Rochefort *17* 200 D 3
Rochefort *21* 138 B 3
Rochefort *73* 232 D 2
Rochefort *Rocher de 42* 211 F 3
Rochefort-du-Gard *30* 285 E 5
Rochefort-en-Terre *56* 125 F 3
Rochefort-en-Valdaine *26* 267 F 4
Rochefort-en-Yvelines *78* 87 E 2
Rochefort-Montagne *63* 227 E 1
Rochefort-Samson *26* 249 H 4
Rochefort-sur-la-Côte *52* 117 E 2
Rochefort-sur-Loire *49* 149 F 2
Rochefort-sur-Nenon *39* 161 E 5
La Rochefoucauld *16* 221 H 1
Rochefourchat *26* 268 A 3
La Rochegiron *04* 286 D 5
Rochegude *26* 285 F 2
Rochegude *30* 284 A 2
Rochejean *25* 180 C 4
La Rochelambert
Château de 43 247 E 3
La Rochelle *17* 200 C 1
La Rochelle *70* 140 B 3
La Rochelle-Normande *50* 51 G 4
Rochemaure *07* 267 E 3
La Rochénard *79* 184 C 5
Rochepaule *07* 248 B 3
La Rochepot *21* 177 G 2
Rocher *07* 266 A 4
Rocher-Portail
Château du 35 80 D 3
Le Rochereau *86* 168 D 5
Les Rochers-Sévigné
Château 35 105 F 3
Roches *23* 189 G 5
Roches Blanches
Panorama des 83 329 E 2
Les Roches-
de-Condrieu *38* 231 E 4
Roches-lès-Blamont *25* 142 C 5
Les Roches-l'Évêque *41* 131 F 3
Roches-Prémarie-
Andillé *86* 186 C 2
Roches-sur-Marne *52* 92 D 2
Roches-sur-Rognon *52* 93 E 5
Rocheservière *85* 165 G 2
Rochessauve *07* 266 D 2
Rochesson *88* 120 A 4
Rochetaillée *42* 230 B 4
Rochetaillée *52* 139 F 2
Rochetaillée-sur-Saône *69* 213 E 4
Rochetoirin *38* 232 B 2
Rochetrejoux *85* 166 C 4
La Rochette *04* 289 F 5
La Rochette *05* 269 H 3
La Rochette *07* 248 A 5
La Rochette *16* 203 G 5
La Rochette *23* 207 G 3
La Rochette *73* 233 G 3
La Rochette *77* 88 B 3
La Rochette-du-Buis *26* 286 B 2
Rocheville *06* 309 E 4
Rocheville *50* 29 E 4
Rochonvillers *57* 45 G 2
Rochy-Condé *60* 38 B 2
Rocles *03* 191 G 3
Rocles *07* 266 A 4
Rocles *48* 265 E 2
Roclincourt *62* 13 G 2
Rocourt *88* 118 A 3
Rocourt-Saint-Martin *02* 40 B 5
Rocquancourt *14* 33 G 5
La Rocque *14* 53 E 2
Rocquefort *76* 19 G 4
Rocquemont *60* 39 F 4
Rocquemont *76* 20 C 5
Rocquencourt *60* 22 C 4
Rocquencourt *78* 58 A 3
Rocques *14* 34 C 4
Rocquigny *02* 15 H 5
Rocquigny *08* 26 A 4
Rocquigny *62* 13 H 5
Rocroi *08* 26 B 1
Rodalbe *57* 67 E 3
Rodelinghem *62* 2 D 4
Rodelle *12* 262 D 5
Rodemack *57* 45 H 2
Roderen *68* 142 D 1
La Roderie *44* 147 F 4
Rodern *68* 97 E 5
Rodès *66* 342 C 2
Rodez *12* 280 D 1
Rodilhan *30* 304 A 2
Rodome *11* 337 F 5
La Roë *53* 105 F 5
Roëllecourt *62* 7 G 5
Rœschwoog *67* 69 G 3
Rœulx *59* 14 C 2
Rœux *62* 13 H 2
Roézé-sur-Sarthe *72* 129 H 2
Roffey *89* 137 E 2
Roffiac *15* 245 G 3
Rogalle *09* 335 F 3
Rogécourt *02* 24 C 4
Rogerville *76* 34 D 1
Rogéville *54* 65 F 4
Roggenhouse *68* 121 F 5
Rogliano *2B* 345 G 1
Rogna *39* 196 D 4
Rognac *13* 305 G 5
Rognaix *73* 234 B 2
Rognes *13* 305 H 3
Rognon *25* 162 C 1
Rognonas *13* 304 D 1
Rogny *02* 25 E 3
Rogny-les-Sept-Écluses *89* 135 E 4
Rogues *30* 302 B 1
Rogy *80* 22 B 4
Rohaire *28* 55 H 5
Rohan *56* 102 B 3
Rohr *67* 68 C 5
Rohrbach-lès-Bitche *57* 68 A 1
Rohrwiller *67* 69 F 4
Roiffé *86* 150 C 5
Roiffieux *07* 248 D 1
Roiglise *80* 23 F 4
Roilly *21* 158 D 2
Roinville *28* 86 C 4
Roinville *91* 87 F 3
Roinvilliers *91* 87 G 5
Roisel *80* 23 H 1
Les Roises *55* 93 H 3
Roisey *42* 230 D 4
Roissard *38* 250 D 5
Roissy-en-Brie *77* 59 E 4
Roissy-en-France *95* 58 D 2
Roiville *61* 54 C 3
Roizy *08* 41 H 2
Rolampont *52* 117 F 5
Rolbing *57* 48 C 4
Rollainville *88* 94 A 4
Rollancourt *62* 7 E 5
Rolland *33* 238 D 3
Rolleboise *78* 57 E 1
Rolleville *76* 18 C 5
Rollot *80* 23 E 5
Rom *79* 186 A 4
Romagnat *63* 227 H 1
La Romagne *08* 26 A 4
Romagne *33* 256 C 1
Romagné *35* 81 E 4
La Romagne *49* 166 C 1
Romagne *86* 186 B 5
Romagne-sous-les-Côtes *55* 44 B 4
Romagne-
sous-Montfaucon *55* 43 G 3
Romagnieu *38* 232 D 2
Romagny *50* 52 B 5
Romagny *68* 142 D 3
Romagny-
sous-Rougemont *90* 142 C 2
Romain *25* 162 C 1
Romain *39* 161 F 4
Romain *51* 41 E 3
Romain *54* 95 E 2
Romain-aux-Bois *88* 118 A 3
Romain-sur-Meuse *52* 117 H 2
Romaines *10* 91 F 3
Romainville *93* 58 C 3
Roman *27* 56 A 3
Romanèche *01* 196 B 5
Romanèche-Thorins *71* 212 D 1
Romange *39* 161 E 5
Romans *01* 213 F 1
Romans *79* 185 F 4
Romans-sur-Isère *26* 249 G 3
Romanswiller *67* 68 B 5
Romazières *17* 202 C 3
Romazy *35* 80 C 4
Rombach-le-Franc *68* 96 D 4
Rombas *57* 45 G 4
Rombies-et-Marchipont *59* 9 H 5
Rombly *62* 7 G 3
Romegoux *17* 201 E 4
Romelfing *57* 67 G 3
Romenay *71* 195 G 2
Romeny-sur-Marne *02* 60 B 2
Romeries *59* 14 D 3
Romery *02* 25 E 2
Romery *51* 41 F 5
Romescamps *60* 21 G 4
Romestaing *47* 256 D 5
Romette *05* 269 H 3
Romeyer *26* 268 B 1
La Romieu *32* 275 H 5
Romigny *51* 41 E 5
Romiguières *34* 301 G 2
Romillé *35* 103 H 2
Romilly *41* 109 F 5
Romilly-la-Puthenaye *27* 55 H 1
Romilly-sur-Aigre *28* 109 H 5
Romilly-sur-Andelle *27* 36 C 3
Romilly-sur-Seine *10* 90 B 3
Romont *88* 95 G 4
Romorantin-Lanthenay *41* 153 H 3
Rompon *07* 267 E 1
Rônai *61* 54 A 3
Ronce-les-Bains *17* 200 C 5
Roncenay *10* 114 D 2
Le Roncenay-Authenay *27* 56 A 3
Roncey *50* 51 H 1
Ronchamp *70* 142 A 2
Ronchaux *25* 179 H 1
Ronchères *02* 40 D 5
Ronchères *89* 135 G 4
Roncherolles-en-Bray *76* 20 D 5
Roncherolles-sur-le-Vivier *76* 36 B 1
Ronchin *59* 8 D 3
Ronchois *76* 21 F 3
Roncourt *57* 45 G 5

Admyrault (R. G.) CYZ 2
Aufrédy (R.) CY 4
Augustins (R. des) CDY 6
Balangerie (R.) CZ 7
Bancs (Pl. des Petits) CZ 8
Barentin (Pl.) CZ 10
Bletterie (R.) CZ 12
Carmes (R. des) CZ 14
Chaîne (R. de la) CZ 16
Champ-de-Mars (Av. du) DY 17
Chaudrier (R.) CY 19
Chef-de-Ville (R.) CZ 21
Commanderie (Cour de la) CZ 27
Dames (Cours des) CZ 31
Dupaty (R.) CY 35
Duperré (Quai) CZ 37
Escale (R. de l') CZ 39
Fabrique (R. de la) DZ 41
Fagots (R. des) CZ 43
Ferté (R. de la) DZ 45
Fonderies (R. des) DYZ 49
Fromentin (R. E.) CY 51
Gargoulleau (R.) DY 53
Gentilshommes (R. des) CDZ 55
Grille (R. de la) DYZ 57
Hôtel-de-Ville (R. de l') CDZ 60
Marché (Pl. du) DY
Maubec (Quai) DZ 66
Merciers (Gde R. des) DY 70
Minage (R. du) DY
Monnaie (Av. de la) CZ 73
Noue (R. de la) CY 75
Palais (R. du) CZ 77
Pas-du-Minage (R. du) DY 79
Pernelle (R.) CY 81
Port (Petite R. du) CZ 83
Port (R. du) CDZ 85
St-Côme (R.) CY 94
St-François (R.) DY 96
St-Jean-du-Pérot (R.) CZ 98
St-Nicolas (R.) DZ 99
St-Sauveur (R.) DZ 100
St-Yon (R.) DY
Sur-les-Murs (R.) CZ 110
Temple (Cour du) CZ 112
Temple (R. du) CZ 115
Vespucci (Av. Amerigo) CZ 117
11-Novembre-1918 (Av. du) DY 121

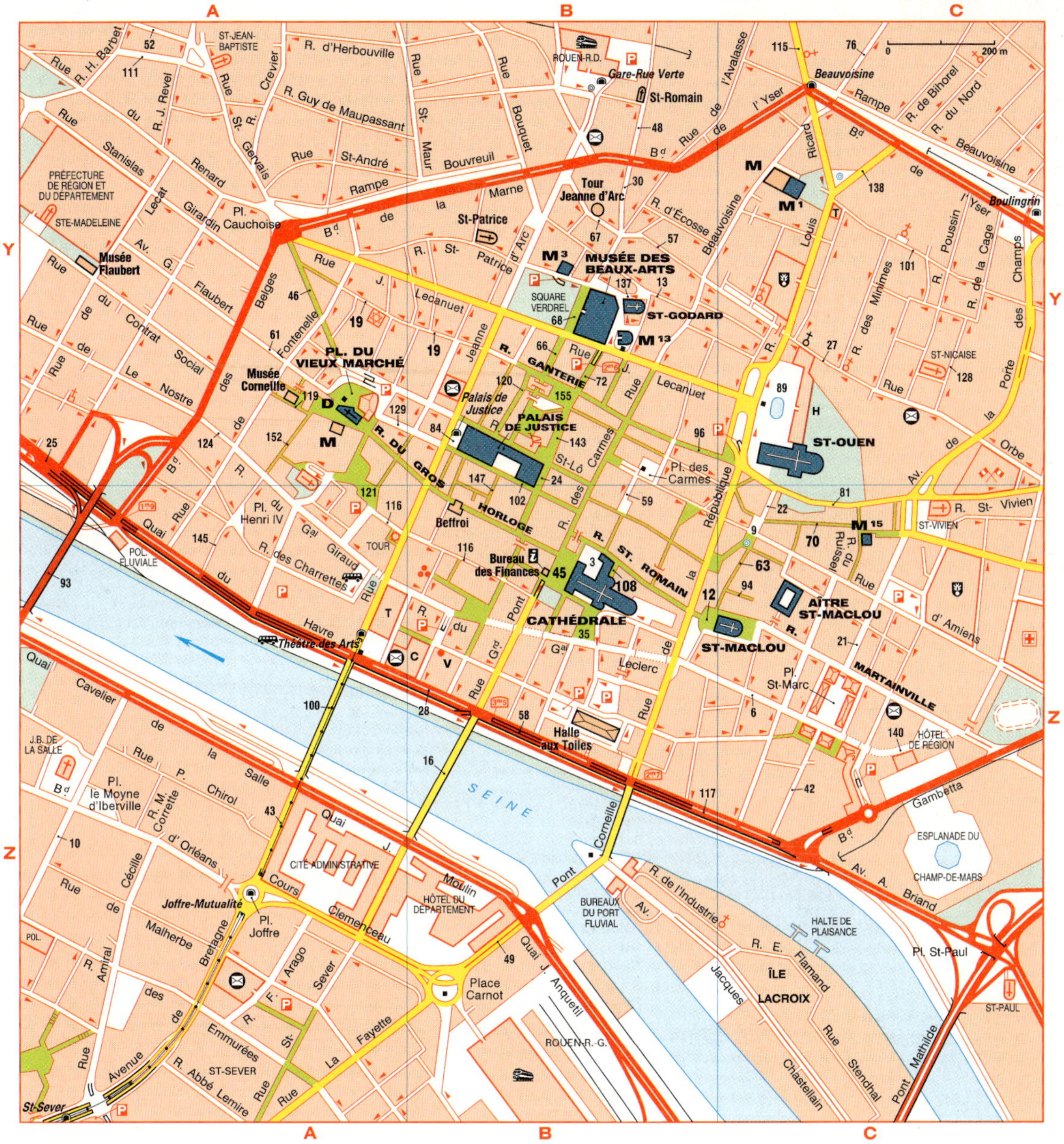

ROUEN

Albane (Cour d') .... BZ 3
Alsace-Lorraine (R. d') ..... CZ 6
Aubert (Pl. du Lieutenant) .. CZ 9
Barbey-d'Aurevilly (R.) ..... AZ 10
Barthélemy (Pl.) .... BZ 12
Belfroy (R.) .... BY 13
Boieldieu (Pont).......... BZ 16
Bons-Enfants (R. des) .... ABY 19
Boucheries-Saint-Ouen (R. des) .... CZ 22
Boudin (R. E.) .... BY 24
Boulet (Quai G.) .... AY 25
Bourg-l'Abbé (R.) .... CY 27
Bourse (Quai de la) .... BZ 28
Bouvreuil (R. St-André)..... BY 30
Calende (Pl. de la) .... BZ 35
Carmes (R. des) .... BYZ
Carrel (R. A.) .... CZ 42
Cartier (Av. Jacques)........ AZ 43
Cathédrale (Pl. de la)....... BZ 45
Cauchoise (R.)............. AY 46
Champlain (Av.)............ BZ 49
Champ-des-Oiseaux (R. du) .... BY 48
Chasselièvre (R.).......... AY 52
Cordier (R. du)............. BY 56
Corneille (Quai Pierre)...... BZ 57
Croix-de-Fer (R.) .... BYZ 59
Crosne (R. de)............. AY 61
Damiette (R.).............. CZ 63
Delacroix (Allée Eugène) ... BY 66
Donjon (R. du)............. BY 67
Duchamp (Espl. M.) .... BY 68
Eau-de-Robec (R.)......... CZ 70
Écureuil (R. de l')........... BY 72
Ernemont (R. d') .... CY 76
Faulx (R. des).............. CZ 81
Foch (Pl.) .... BY 84
Ganterie (R.) .... BY
Gaulle (Pl. Général-de) ..... CY 89
Grand-Pont (R.) .... BZ
Gros-Horloge (R. du) .... ABYZ
Guillaume-le-Conquérant (Pont).................. AZ 93
Hauts-Mariages (Impasse des) .... CZ 94
Hôpital (R. de l')............ BY 96
Jeanne-d'Arc (Pont) .... AZ 100
Jeanne-d'Arc (R.) .... BYZ
Joyeuse (R.) .... CY 101
Juifs (R. aux)............ BYZ 102
Leclerc (R. du Gén.) .... BZ
Libraires (Cour des)........ BZ 108
Mesnager (R. Nicolas) ..... AY 111
Neufchatel (Rte de) .... CY 115
Ours (R. aux) .... ABZ 116
Paris (Quai de)............ BZ 117
Pie (R. de la) .... AY 119
Poterne (R. de la) .... BY 120
Pucelle-d'Orléans (Pl. de la) .... AZ 121
Racine (R.)............... AY 124
République (R. de la) ...... BZ
Requis (R. des) .... CY 128
Rollon (R.) .... AY 129
Ste-Marie (R.) .... CY 138
Saint-Godard (Pl.) .... BY 137
Schuman (R. Robert) ...... CS 140
Socrate (R.) .... BY 143
Thouret (R.)............. BYZ 147
Vieux-Marché (Pl. du) ...... AY
Vieux-Palais (R. du) .... AY 152
19-Avril-1944 (Pl. du)....... BY 155

Roncourt **88**.......................... 118 A 2
Roncq **59**................................4 D 5
La Ronde **17**.......................... 184 B 4
La Ronde **79**.......................... 167 F 4
La Ronde-Haye **50**...................31 G 5
Rondefontaine **25**................. 180 B 4
Ronel **81**............................... 299 G 2
Ronfeugerai **61**.......................53 F 4
Rongères **03**.......................... 192 B 5
Ronnet **03**............................. 209 E 1
Ronno **69**.............................. 212 B 3
Ronquerolles **95**......................38 B 5
Ronsenac **16**.......................... 221 F 4
Ronssoy **80**............................24 A 1
Rontalon **69**........................... 230 D 1
Ronthon **50**.............................51 G 4
Rontignon **64**......................... 314 B 4
Ronvaux **55**.............................64 C 1
Roôcourt-la-Côte **52**............ 117 E 2
Roost-Warendin **59**..................8 D 5
Roppe **90**............................... 142 C 2
Roppenheim **67**.......................69 G 3
Roppentzwiller **68**................ 143 F 4
Roppeviller **57**.........................48 C 5
La Roque-Alric **84**................ 285 H 3
La Roque-Baignard **14**...........34 B 4
La Roque-d'Anthéron **13**..... 305 H 3
La Roque-Esclapon **83**......... 308 B 2
La Roque-Gageac **24**.......... 259 G 1
La Roque-Sainte-Marguerite **12**....... 282 A 4
La Roque-sur-Cèze **30**........ 284 C 3
La Roque-sur-Pernes **84**..... 285 H 5
Roquebillière **06**................... 291 F 3
Roquebrun **34**........................ 321 E 2
Roquebrune **32**...................... 295 G 3
Roquebrune **33**...................... 256 D 3
Roquebrune-Cap-Martin **06**. 291 G 5
Roquebrune-sur-Argens **83**. 308 C 5
La Roquebrussanne **83**....... 328 A 2
Roquecor **82**........................... 277 E 1
Roquecourbe **81**.................... 299 G 4
Roquecourbe-Minervois **11** . 320 B 5
Roquedols *Château de* **48**... 282 C 3
Roquedur **30**.......................... 282 D 5
Roquefère **11**......................... 319 H 3
Roquefeuil **11** .... 337 E 4
Roquefixade **09**..................... 336 C 3
Roquefort **32**.......................... 296 B 3
Roquefort **40**.......................... 274 A 4
Roquefort **47**.......................... 276 B 3
Roquefort-de-Sault **11** .... 337 G 5
Roquefort-des-Corbières **11** .... 339 E 2
Roquefort-la-Bédoule **13** ..... 327 F 3
Roquefort-les-Cascades **09**. 336 C 3
Roquefort-les-Pins **06**.......... 309 F 3
Roquefort-sur-Garonne **31** .. 317 E 5
Roquefort-sur-Soulzon **12**... 281 G 5
Roquelaure **32**....................... 296 B 3
Roquelaure *Château de* **12**. 263 F 5
Roquelaure-Saint-Aubin **32**. 297 E 4
Roquemaure **30**..................... 285 E 4
Roquemaure **81**..................... 298 B 2
Roquepine **32**........................ 296 A 1
Roqueredonde **34**................ 301 G 2
Roques **31**.............................. 317 H 2
Roques **32**.............................. 295 G 2
Roqueséríère **31**................... 298 B 3
Roquessels **34**....................... 301 G 5
Roquesteron **06**.................... 289 G 5
Roquestéron-Grasse **06**...... 289 G 5
Roquetaillade **11**................... 337 G 2
Roquetaillade *Château de* **33** .... 256 B 4
Roquetoire **62**............................7 G 2
La Roquette **27**.........................36 D 4
La Roquette-sur-Siagne **06**. 309 E 4
La Roquette-sur-Var **06**....... 291 E 5
Roquettes **31**......................... 317 H 2
Roquevaire **13**...................... 327 F 2
Roquevidal **81** .... 298 D 4
Roquiague **64**........................ 331 F 1
La Roquille **33** .... 257 F 1
Rorbach-lès-Dieuze **57**...........67 F 4
Rorschwihr **68** ....97 E 5
Rorthais **79**........................... 167 F 2
Les Rosaires **22** ....73 H 5
Rosanbo *Château de* **22** ....72 B 4
Rosans **05**.............................. 268 C 5
Rosay **39**................................ 196 B 2
Rosay **76**....................................20 C 4
Rosay **78**....................................57 F 3
Rosay-sur-Lieure **27**...............36 D 2
Rosazia **2A**............................. 348 C 1
Rosbruck **57** ....47 F 5
Roscanvel **29**............................75 E 3
Roscoff **29** ....71 G 3
Rosel **14**.....................................33 F 4
Roselend *Barrage de* **73** ..... 216 C 5
Roselier *Pointe du* **22**............73 H 5
Rosenau **68**........................... 143 H 2
Rosendaël **59** ....3 G 2
Rosenwiller **67**..........................97 E 2
Roset-Fluans **25**................... 161 G 4
Rosey **70** .... 141 E 5
Rosey **71** .... 177 G 4
Rosheim **67**...............................97 F 2
La Rosière **70**........................ 119 H 5
La Rosière-1850 **73**.............. 235 E 1
Rosières **07** .... 266 A 5
Rosières **18** .... 172 D 2
Rosières **43** .... 247 G 2
Rosières **60** ....39 F 4
Rosières **81** .... 279 G 5
Rosières-aux-Salines **54**........95 E 1
Rosières-devant-Bar **55** ....63 H 3
Rosières-en-Blois **55**...............93 G 2
Rosières-en-Haye **54** ....65 G 4
Rosières-en-Santerre **80**........23 E 2
Rosières-près-Troyes **10**..... 115 E 2
Rosières-sur-Barbèche **25**.. 163 E 2
Rosières-sur-Mance **70**....... 140 C 2
Rosiers-de-Juillac **19**.......... 241 H 1
Rosiers-d'Égletons **19**......... 225 F 5
Les Rosiers-sur-Loire **49**..... 150 A 3
Rosis **34** .... 301 E 4
Rosnay **36**............................. 170 D 5
Rosnay **51** ....41 F 4
Rosnay **85**............................. 183 E 1
Rosnay-l'Hôpital **10**.................91 H 3
Rosnes **55** ....63 H 3
Rosnoën **29**...............................75 G 4
Rosny-sous-Bois **93** ....58 D 3
Rosny-sur-Seine **78**.................57 F 2
Rosoy **60** ....38 D 3
Rosoy **89** .... 113 G 3
Rosoy-en-Multien **60** ....39 H 5
Rosoy-le-Vieil **45** .... 112 D 3
Rosoy-sur-Amance **52**......... 140 A 2
Rospez **22** ....72 D 3
Rospigliani **2B** .... 347 F 5
Rosporden **29**....................... 100 B 3
Rossay **86** .... 168 D 2
Rosselange **57** ....45 G 4
Rossfeld **67** ....97 G 4
Rossillon **01**.......................... 214 C 4
Rosteig **67** ....68 A 2
Rostrenen **22**.............................77 F 5
Rosult **59** ....9 F 4
Rosureux **25**.......................... 163 F 3
Rotalier **39**............................ 196 B 1
Rotangy **60** ....22 A 5
Rothau **67**..................................96 D 3
Rothbach **67** ....68 C 2
Rothéneuf **35**.............................50 C 4
Rotherens **73**......................... 233 G 3
La Rothière **10**...........................91 H 5
Rothois **60** ....21 H 5
Rothonay **39**.......................... 196 B 2
Les Rotours **61** ....53 H 4
Rots **14**.......................................33 F 4
Rott **67**.......................................69 E 1
Rottelsheim **67** ....68 D 4
Rottier **26**.............................. 268 B 4
Rou-Marson **49**..................... 150 B 4
Rouairoux **81** .... 320 B 2
Rouans **44** .... 147 E 4
La Rouaudière **53**............... 127 F 2
Roubaix **59** ....9 E 2
Roubia **11** .... 320 D 5
Roubion **06**........................... 289 H 3
Roucamps **14** ....53 E 1
Roucourt **59**...............................14 A 2
Roucy **02** ....41 E 2
Roudouallec **56** .... 100 C 2
Rouécourt **52**.............................92 D 5
Rouède **31**............................. 334 D 2
Rouellé **61** ....82 A 2
Rouelles **52** .... 139 E 3
Rouelles **76** ....34 C 1
Rouen **76**....................................36 B 2
Rouessé-Fontaine **72**..............83 G 5
Rouessé-Vassé **72** .... 107 E 3
Rouet **34**................................ 302 C 2
Rouez **72**............................... 107 E 3
Rouffach **68** .... 121 E 4
Rouffange **39**........................ 161 F 4
Rouffiac **15** .... 243 G 4
Rouffiac **16** .... 239 E 1
Rouffiac **17** .... 219 H 1
Rouffiac **81** .... 299 F 1
Rouffiac-d'Aude **11** .... 337 G 1
Rouffiac-des-Corbières **11**... 338 B 4
Rouffiac-Tolosan **31**............. 298 A 4
Rouffignac **17** .... 219 H 5
Rouffignac **24** .... 241 E 3
Rouffignac *Grotte de* **24**...... 241 E 4

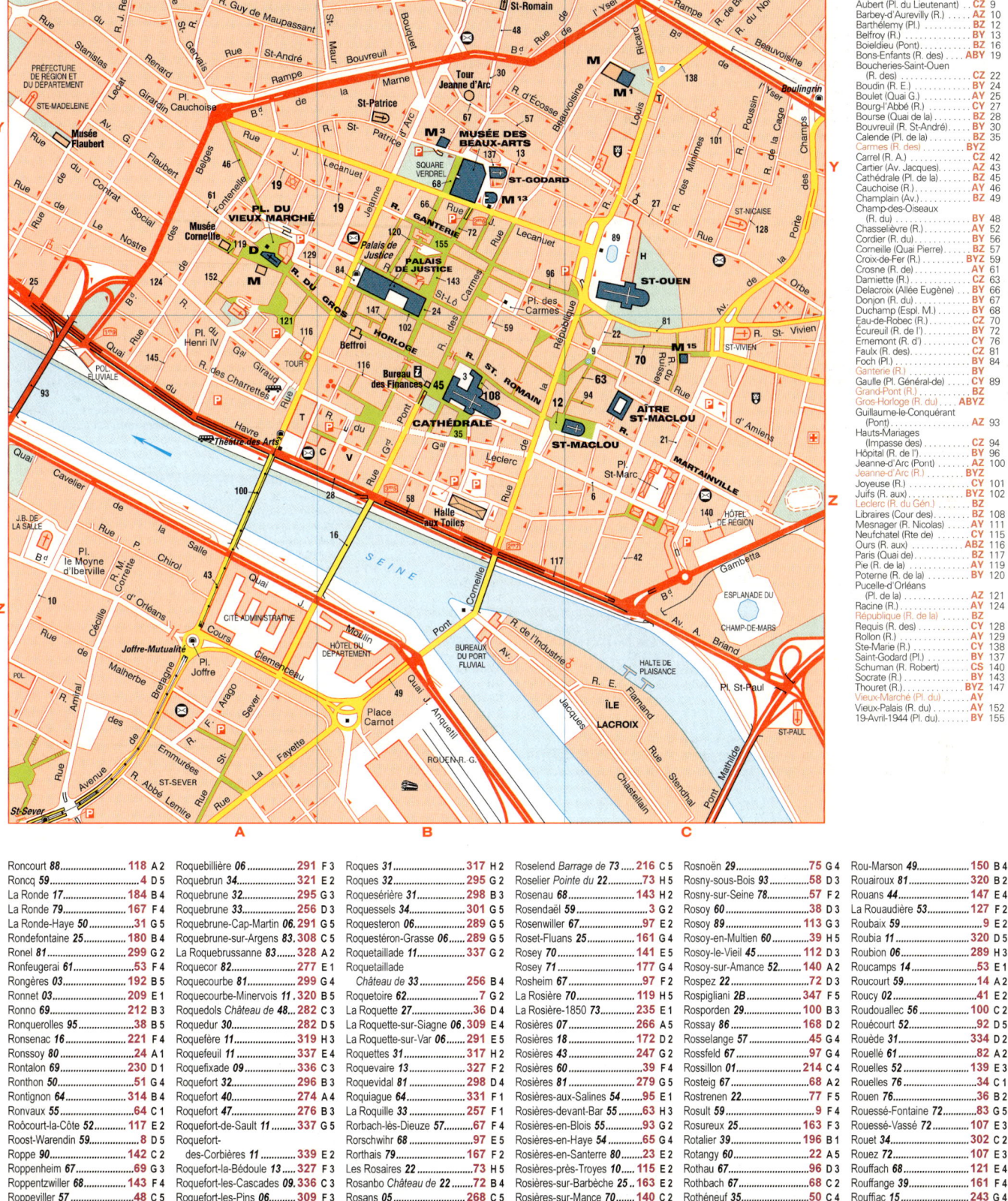

Rouffignac-de-Sigoulès 24 .. 257 H 1
Rouffigny 50 .. 51 H 3
Rouffilhac 46 .. 259 H 1
Rouffillac 24 .. 241 H 5
Rouffy 51 .. 61 H 2
Rougé 44 .. 126 D 2
La Rouge 61 .. 84 D 5
Rouge-Perriers 27 .. 35 H 5
Rougefay 62 .. 12 C 2
Rougegoutte 90 .. 142 C 2
Rougemont 21 .. 137 G 4
Rougemont 25 .. 162 C 1
Rougemont-le-Château 90 .. 142 C 2
Rougemontiers 27 .. 35 G 2
Rougemontot 25 .. 162 B 2
Rougeou 41 .. 153 G 3
Rougeries 02 .. 25 E 3
Les Rouges-Eaux 88 .. 96 A 5
Le Rouget 15 .. 261 H 1
Rouget *Cascade du* 74 .. 216 D 2
Rougeux 52 .. 140 A 2
Rougiers 83 .. 327 H 1
Rougiville 88 .. 96 A 5
Rougnac 16 .. 221 G 3
Rougnat 23 .. 208 C 2
Rougon 04 .. 307 H 2
Rouhe 25 .. 161 H 5
Rouhling 57 .. 47 G 5
Rouillac 16 .. 202 D 5
Rouillac 22 .. 79 E 5
Rouillas-Bas 63 .. 227 G 2
Rouillé 86 .. 185 H 3
Rouillon 72 .. 107 G 4
Rouilly 77 .. 89 G 2
Rouilly-Sacey 10 .. 91 F 5
Rouilly-Saint-Loup 10 .. 115 E 2
Roujan 34 .. 321 H 2
Roulans 25 .. 162 B 3
Le Roulier 88 .. 119 H 2
Roullée 72 .. 84 A 3
Roullens 11 .. 319 G 4
Roullet 16 .. 221 E 2
Roullours 14 .. 52 C 3
Roumagne 47 .. 257 G 3
Roumare 76 .. 36 A 1
Roumazières 16 .. 204 B 4
Roumazières-Loubert 16 .. 204 B 4
Roumégoux 15 .. 261 H 1
Roumégoux 81 .. 299 G 2
Roumengoux 09 .. 336 D 1
Roumens 31 .. 318 D 2
Roumoules 04 .. 307 F 1
Rountzenheim 67 .. 69 F 3
Roupeldange 57 .. 46 C 4
Rouperroux 61 .. 83 F 2
Rouperroux-le-Coquet 72 .. 108 B 2
Roupy 02 .. 24 A 3
La Rouquette 12 .. 279 F 2
Roure 06 .. 289 H 3
Le Rouret 06 .. 309 E 3
Rousies 59 .. 15 H 2
Roussac 87 .. 205 G 2
Roussas 26 .. 267 E 5
Roussay 49 .. 148 C 5
Roussayrolles 81 .. 279 E 4
Rousseloy 60 .. 38 C 3
Roussennac 12 .. 261 H 5
Roussent 62 .. 6 C 5
Les Rousses 39 .. 197 F 2
Rousses 48 .. 282 D 3
Rousset 05 .. 270 A 4
Rousset 13 .. 306 B 5
Le Rousset 71 .. 194 B 1
Rousset *Col de* 26 .. 250 B 5
Rousset-les-Vignes 26 .. 267 G 5
La Roussière 27 .. 55 F 2
Roussieux 26 .. 286 C 1
Roussillon 38 .. 231 E 5
Roussillon 84 .. 305 G 1
Roussillon-en-Morvan 71 .. 176 B 1
Roussines 16 .. 222 B 1
Roussines 36 .. 188 B 3
Rousson 30 .. 283 H 3
Rousson 89 .. 113 G 4
Roussy-le-Village 57 .. 45 H 2
Routelle 25 .. 161 G 4
Routes 76 .. 19 G 3
Routier 11 .. 337 F 1
Routot 27 .. 35 G 2
Rouvenac 11 .. 337 F 3
Rouves 54 .. 65 H 3
La Rouvière 30 .. 303 G 1
Rouvignies 59 .. 14 D 2
Rouville 60 .. 39 G 4
Rouville 76 .. 19 E 5
Rouvillers 60 .. 39 E 2
Rouvray 21 .. 158 B 2
Rouvray 27 .. 56 C 1
Rouvray 89 .. 136 C 2
Rouvray-Catillon 76 .. 21 E 5
Rouvray-Saint-Denis 28 .. 111 E 2
Rouvray-Saint-Florentin 28 . 110 B 2
Rouvray-Sainte-Croix 45 .. 110 C 4
Rouvre 79 .. 185 E 3
Rouvrel 80 .. 22 C 3
Rouvres 14 .. 53 H 1
Rouvres 28 .. 56 D 3
Rouvres 77 .. 59 F 1
Rouvres-en-Multien 60 .. 39 H 5
Rouvres-en-Plaine 21 .. 160 B 4
Rouvres-en-Woëvre 55 .. 44 D 5
Rouvres-en-Xaintois 88 .. 94 C 5
Rouvres-la-Chétive 88 .. 94 A 5
Rouvres-les-Bois 36 .. 171 H 1
Rouvres-les-Vignes 10 .. 116 B 2
Rouvres-Saint-Jean 45 .. 87 G 5
Rouvres-sous-Meilly 21 .. 159 F 4
Rouvres-sur-Aube 52 .. 139 E 2
Rouvrois-sur-Meuse 55 .. 64 C 3
Rouvrois-sur-Othain 55 .. 44 D 3
Rouvroy 02 .. 24 B 2
Rouvroy 62 .. 8 C 5
Rouvroy-en-Santerre 80 .. 23 E 3
Rouvroy-les-Merles 60 .. 22 C 4
Rouvroy-Ripont 51 .. 42 D 4
Rouvroy-sur-Audry 08 .. 26 B 3
Rouvroy-sur-Marne 52 .. 93 E 4
Rouvroy-sur-Serre 02 .. 25 H 3
Le Roux 07 .. 265 H 2
Rouxeville 50 .. 32 C 5
La Rouxière 44 .. 148 C 1
Rouxmesnil-Bouteilles 76 .. 10 B 5
Rouy 58 .. 175 F 1
Rouy-le-Grand 80 .. 23 G 3
Rouy-le-Petit 80 .. 23 G 3
Rouze 09 .. 337 F 5
Rouzède 16 .. 222 B 1
Rouziers 15 .. 261 H 1
Rouziers-de-Touraine 37 .. 151 H 1
Le Rove 13 .. 326 C 2
Roville-aux-Chênes 88 .. 95 G 4
Roville-devant-Bayon 54 .. 95 E 3
Rovon 38 .. 250 B 1
Roy-Boissy 60 .. 21 H 5
Royan 17 .. 218 C 2
Royas 38 .. 231 G 3
Royat 63 .. 227 G 1
Royaucourt 60 .. 22 D 5
Royaucourt-et-Chailvet 02 .. 40 C 1
Royaumeix 54 .. 65 F 4
Royaumont *Abbaye de* 95 .. 38 C 5
Roybon 38 .. 250 A 1
Roye 70 .. 141 H 4
Roye 80 .. 23 F 4
Roye-sur-Matz 60 .. 23 F 5
Royer 71 .. 195 E 1
Royère-de-Vassivière 23 .. 207 E 5
Royères 87 .. 206 B 4
Roynac 26 .. 267 F 3
Royon 62 .. 6 D 4
Royville 76 .. 20 A 3
Roz-Landrieux 35 .. 80 A 2
Roz-sur-Couesnon 35 .. 51 F 5
Rozay-en-Brie 77 .. 59 G 5
Le Rozel 50 .. 28 D 4
Rozelieures 54 .. 95 F 3
Rozérieulles 57 .. 65 G 1
Rozerotte 88 .. 94 D 5
Rozès 32 .. 295 H 2
Rozet-Saint-Albin 02 .. 40 B 4
Le Rozier 48 .. 282 A 3
Rozier-Côtes-d'Aurec 42 .. 229 H 5
Rozier-en-Donzy 42 .. 212 A 5
Rozières 52 .. 92 B 4
Rozières-en-Beauce 45 .. 110 C 5
Rozières-sur-Crise 02 .. 40 B 3
Rozières-sur-Mouzon 88 .. 118 A 3
Roziers-Saint-Georges 87 .. 224 C 1
Rozoy-Bellevalle 02 .. 60 C 2
Rozoy-sur-Serre 02 .. 25 H 4
Ruages 58 .. 157 G 3
Ruan 45 .. 111 E 3
Ruan-sur-Egvonne 41 .. 109 G 4
Ruaudin 72 .. 107 H 5
Ruaux 88 .. 119 F 4
Rubécourt-et-Lamécourt 08 .. 27 F 4
Rubelles 77 .. 88 B 2
Rubempré 80 .. 12 D 5
Rubercy 14 .. 32 C 3
Rubescourt 80 .. 22 D 5
Rubigny 08 .. 25 H 4
Rubrouck 59 .. 3 G 4
Ruca 22 .. 79 E 2
Ruch 33 .. 256 D 1
Rucqueville 14 .. 33 E 3
Rudeau-Ladosse 24 .. 222 B 4
Rudelle 46 .. 261 E 2
Rue 80 .. 11 F 1
La Rue-Saint-Pierre 60 .. 38 B 2
La Rue-Saint-Pierre 76 .. 20 C 5
Ruederbach 68 .. 143 F 3
Rueil-la-Gadelière 28 .. 56 A 5
Rueil-Malmaison 92 .. 58 B 3
Ruelisheim 68 .. 143 F 1
Ruelle-sur-Touvre 16 .. 221 F 1
Les Rues-des-Vignes 59 .. 14 B 4
Ruesnes 59 .. 15 E 2
Rueyres 46 .. 261 E 2
Ruffec 16 .. 203 F 2
Ruffec 36 .. 188 A 1
Ruffey-le-Château 25 .. 161 G 3
Ruffey-lès-Beaune 21 .. 177 H 1
Ruffey-lès-Echirey 21 .. 160 A 2
Ruffey-sur-Seille 39 .. 179 E 4
Ruffiac 47 .. 274 D 1
Ruffiac 56 .. 125 F 2
Ruffieu 01 .. 214 D 2
Ruffieux 73 .. 215 E 4
Ruffigné 44 .. 126 D 3
Rugles 27 .. 55 G 3
Rugney 88 .. 95 E 4
Rugny 89 .. 137 F 2
Rugy 57 .. 45 H 5
Ruhans 70 .. 162 A 1
Ruillé-en-Champagne 72 .. 107 F 4
Ruillé-Froid-Fonds 53 .. 106 A 5
Ruillé-le-Gravelais 53 .. 105 G 4
Ruillé-sur-Loir 72 .. 130 D 3
Ruisseauville 62 .. 7 E 4
Ruitz 62 .. 8 A 4
Rullac-Saint-Cirq 12 .. 280 C 4
Rully 14 .. 52 D 3
Rully 60 .. 39 F 4
Rully 71 .. 177 G 3
Rumaisnil 80 .. 22 A 3
Rumaucourt 62 .. 14 A 3
Rumegies 59 .. 9 F 4
Rumengol 29 .. 75 H 3
Rumersheim 67 .. 68 D 5
Rumersheim-le-Haut 68 .. 121 F 5
Rumesnil 14 .. 34 B 4
Rumigny 08 .. 26 A 2
Rumigny 80 .. 22 B 3
Rumilly 62 .. 6 D 3
Rumilly 74 .. 215 F 4
Rumilly-en-Cambrésis 59 .. 14 B 4
Rumilly-lès-Vaudes 10 .. 115 F 3
Ruminghem 62 .. 3 E 4
Rumont 55 .. 63 H 3
Rumont 77 .. 112 A 2
Runan 22 .. 73 E 4
Rungis 94 .. 58 C 4
Ruoms 07 .. 266 B 5
Rupéreux 77 .. 89 G 2
Ruppes 88 .. 94 A 3
Rupt 52 .. 92 D 4
Rupt-aux-Nonains 55 .. 63 G 5
Rupt-devant-Saint-Mihiel 55 .. 64 B 3
Rupt-en-Woëvre 55 .. 64 C 2
Rupt-sur-Moselle 88 .. 119 H 5
Rupt-sur-Othain 55 .. 44 C 2
Rupt-sur-Saône 70 .. 140 D 4
Rurange-lès-Thionville 57 .. 45 H 4
Rurey 25 .. 162 A 5
Rusio 2B .. 347 F 4
Russ 67 .. 96 D 2
Russange 57 .. 45 F 2
Le Russey 25 .. 163 F 4
Russy 14 .. 32 D 2
Russy-Bémont 60 .. 39 G 4
Rustenhart 68 .. 121 F 4
Rustiques 11 .. 320 A 5
Rustrel 84 .. 306 A 1
Rustroff 57 .. 46 B 2
Rutali 2B .. 345 G 5
Ruvigny 10 .. 91 E 5
Ruy 38 .. 232 A 2
Ruyaulcourt 62 .. 14 A 4
Ruynes-en-Margeride 15 .. 246 A 4
Ry 76 .. 36 D 1
Rye 39 .. 178 D 3
Ryes 14 .. 33 E 3

S

Saâcy-sur-Marne 77 .. 60 A 2
Saales 67 .. 96 C 4
Saales *Col de* 67 .. 96 C 4
Saâne-Saint-Just 76 .. 20 A 3
Saasenheim 67 .. 97 G 5
Sabadel-Latronquière 46 .. 261 G 2
Sabadel-Lauzès 46 .. 260 C 4
Sabaillan 32 .. 316 C 2
Sabalos 65 .. 315 F 4
Sabarat 09 .. 335 H 1
Sabarros 65 .. 315 H 4
Sabazan 32 .. 295 E 3
Sablé-sur-Sarthe 72 .. 129 E 2
Les Sables-d'Olonne 85 .. 182 A 2
Sables-d'Or-les-Pins 22 .. 79 E 2
Sablet 84 .. 285 G 3
Les Sablettes 83 .. 328 A 5
Sablières 07 .. 265 H 4
Sablonceaux 17 .. 219 E 1
Sablonnières 77 .. 60 B 3
Sablons 33 .. 238 C 3
Sablons 38 .. 231 E 5
Sabonnères 31 .. 317 E 2
La Sabotterie 08 .. 26 D 5
Sabran 30 .. 284 C 3
Sabres 40 .. 273 F 3
Saccourvielle 31 .. 334 A 4
Sacé 53 .. 106 A 2
Sacey 50 .. 80 D 2
Saché 37 .. 151 G 4
Sachin 62 .. 7 G 4
Sachy 08 .. 27 G 4
Sacierges-Saint-Martin 36 .. 188 B 2
Saclas 91 .. 87 F 5
Saclay 91 .. 58 B 5
Saconin-et-Breuil 02 .. 40 A 3
Sacoué 65 .. 334 A 2
Le Sacq 27 .. 56 A 3
Sacquenay 21 .. 139 G 5
Sacquenville 27 .. 56 A 1
Sacy 51 .. 41 G 4
Sacy 89 .. 136 D 4
Sacy-le-Grand 60 .. 38 D 3
Sacy-le-Petit 60 .. 39 E 3
Sadeillan 32 .. 315 H 3
Sadillac 24 .. 257 H 2
Sadirac 33 .. 255 H 1
Sadournin 65 .. 315 H 4
Sadroc 19 .. 242 C 1
Saessolsheim 67 .. 68 C 5
Saffais 54 .. 95 E 2
Saffloz 39 .. 179 H 5
Saffré 44 .. 147 G 1
Saffres 21 .. 159 F 2
Sagelat 24 .. 259 E 1
Sagnat 23 .. 188 D 5
Sagnes-et-Goudoulet 07 .. 266 A 1
Sagone 2A .. 348 B 1
Sagonne 18 .. 173 H 3
Sagy 71 .. 196 A 1
Sagy 95 .. 57 H 1
Sahorre 66 .. 342 A 3
Sahune 26 .. 268 A 5
Sahurs 76 .. 36 A 2
Sai 61 .. 54 B 4
Saignes 15 .. 226 C 5
Saignes 46 .. 261 E 1
Saigneville 80 .. 11 F 3
Saignon 84 .. 306 A 1
Saiguède 31 .. 297 F 5
Sail-les-Bains 42 .. 193 E 5
Sail-sous-Couzan 42 .. 229 F 1
Sailhan 65 .. 333 G 4
Saillac 19 .. 242 C 4
Saillac 46 .. 278 D 1
Saillagouse 66 .. 341 F 4
Saillans 26 .. 267 H 2
Saillans 33 .. 238 B 4
Saillant 63 .. 229 F 4
Saillat-sur-Vienne 87 .. 204 D 4
Saillé 44 .. 145 H 4
Saillenard 71 .. 178 D 5
Sailly 08 .. 27 G 4
Sailly 52 .. 93 E 3
Sailly 71 .. 194 C 2
Sailly 78 .. 57 G 1
Sailly-Achâtel 57 .. 66 B 3
Sailly-au-Bois 62 .. 13 F 4
Sailly-en-Ostrevent 62 .. 13 H 2
Sailly-Flibeaucourt 80 .. 11 G 2
Sailly-Labourse 62 .. 8 A 4
Sailly-Laurette 80 .. 23 E 1
Sailly-le-Sec 80 .. 22 D 1
Sailly-lez-Cambrai 59 .. 14 B 3
Sailly-lez-Lannoy 59 .. 9 E 2
Sailly-Saillisel 80 .. 13 H 5
Sailly-sur-la-Lys 62 .. 8 B 2
Sain-Bel 69 .. 212 C 5
Saincaize-Meauce 58 .. 174 B 3
Sainghin-en-Mélantois 59 .. 9 E 3
Sainghin-en-Weppes 59 .. 8 C 3
Sainneville 76 .. 18 D 5
Sainpuits 89 .. 156 D 1
Sains 35 .. 80 C 2
Sains-du-Nord 59 .. 15 H 4
Sains-en-Amiénois 80 .. 22 C 2
Sains-en-Gohelle 62 .. 8 A 4
Sains-lès-Fressin 62 .. 7 E 4
Sains-lès-Marquion 62 .. 14 A 3
Sains-lès-Pernes 62 .. 7 G 4
Sains-Morainvillers 60 .. 22 D 5
Sains-Richaumont 02 .. 25 E 2
Le Saint 56 .. 100 D 2
Saint-Aaron 22 .. 78 D 3
Saint-Abit 64 .. 314 B 5
Saint-Abraham 56 .. 102 D 5
Saint-Acheul 80 .. 12 C 3
Saint-Adjutory 16 .. 203 H 5
Saint-Adrien 22 .. 77 G 2
Saint-Adrien *Roches de* 76 .. 36 B 2
Saint-Affrique 12 .. 300 D 1
Saint-Affrique-les-Montagnes 81 .. 299 G 5
Saint-Agathon 22 .. 73 F 5
Saint-Agil 41 .. 109 E 4
Saint-Agnan 02 .. 60 D 1
Saint-Agnan 58 .. 158 B 3
Saint-Agnan 71 .. 193 F 2
Saint-Agnan 81 .. 298 C 4
Saint-Agnan 89 .. 89 E 5
Saint-Agnan-de-Cernières 27 .. 55 E 2
Saint-Agnan-en-Vercors 26 . 250 B 4
Saint-Agnan-le-Malherbe 14 .. 53 E 1
Saint-Agnan-sur-Erre 61 .. 84 D 5
Saint-Agnan-sur-Sarthe 61 .. 84 B 2
Saint-Agnant 17 .. 200 D 4
Saint-Agnant-de-Versillat 23 .. 188 C 5
Saint-Agnant-près-Crocq 23 .. 208 B 5
Saint-Agnant-sous-les-Côtes 55 .. 64 D 4
Saint-Agne 24 .. 258 B 1
Saint-Agnet 40 .. 294 C 4
Saint-Agnin-sur-Bion 38 .. 231 H 3
Saint-Agoulin 63 .. 209 H 2
Saint-Agrève 07 .. 248 B 4
Saint-Aignan 08 .. 27 E 4
Saint-Aignan 33 .. 238 B 4
Saint-Aignan 41 .. 153 E 4
Saint-Aignan 56 .. 77 H 5
Saint-Aignan 72 .. 108 A 2
Saint-Aignan 82 .. 277 F 5
Saint-Aignan-de-Couptrain 53 .. 82 D 3
Saint-Aignan-de-Cramesnil 14 .. 33 H 5
Saint-Aignan-des-Gués 45 .. 134 A 2
Saint-Aignan-des-Noyers 18 .. 173 H 4
Saint-Aignan-Grandlieu 44 .. 147 G 5
Saint-Aignan-le-Jaillard 45 .. 134 B 4
Saint-Aignan-sur-Roë 53 .. 127 G 2
Saint-Aignan-sur-Ry 76 .. 36 D 1
Saint-Aigny 36 .. 187 H 1
Saint-Aigulin 17 .. 238 D 2
Saint-Ail 54 .. 45 F 5
Saint-Albain 71 .. 195 E 3
Saint-Alban 01 .. 214 B 1
Saint-Alban 22 .. 78 D 2
Saint-Alban 31 .. 297 H 4
Saint-Alban-Auriolles 07 .. 266 A 5
Saint-Alban-d'Ay 07 .. 248 D 2
Saint-Alban-de-Montbel 73 .. 233 E 2
Saint-Alban-de-Roche 38 .. 231 H 2
Saint-Alban-des-Hurtières 73 .. 234 A 3
Saint-Alban-des-Villards 73 . 233 H 5
Saint-Alban-du-Rhône 38 .. 231 E 4
Saint-Alban-en-Montagne 07 .. 265 F 2
Saint-Alban-les-Eaux 42 .. 211 F 3
Saint-Alban-Leysse 73 .. 233 F 2
Saint-Alban-sur-Limagnole 48 .. 264 B 1
Saint-Albin-de-Vaulserre 38 .. 232 D 3
Saint-Alexandre 30 .. 284 D 2
Saint-Algis 02 .. 25 E 1
Saint-Allouestre 56 .. 102 B 4
Saint-Alpinien 23 .. 207 H 3
Saint-Alyre-d'Arlanc 63 .. 228 D 5
Saint-Alyre-ès-Montagne 63 .. 227 G 5
Saint-Amadou 09 .. 336 C 1
Saint-Amancet 81 .. 319 F 2
Saint-Amand 23 .. 207 H 3
Saint-Amand 50 .. 52 C 1
Saint-Amand 62 .. 13 E 4
Saint-Amand-de-Belvès 24 . 259 E 2
Saint-Amand-de-Coly 24 .. 241 G 3
Saint-Amand-de-Vergt 24 .. 240 C 4
Saint-Amand-des-Hautes-Terres 27 .. 36 A 4
Saint-Amand-en-Puisaye 58 .. 156 B 1
Saint-Amand-Jartoudeix 23 . 206 C 4
Saint-Amand-le-Petit 87 .. 206 D 5
Saint-Amand-les-Eaux 59 .. 9 F 4
Saint-Amand-Longpré 41 .. 131 G 4
Saint-Amand-Magnazeix 87 .. 205 H 1
Saint-Amand-Montrond 18 .. 173 F 5
Saint-Amand-sur-Fion 51 .. 62 C 3
Saint-Amand-sur-Ornain 55 .. 93 F 1
Saint-Amand-sur-Sèvre 79 .. 167 E 3
Saint-Amandin 15 .. 227 E 5
Saint-Amans 09 .. 336 A 1
Saint-Amans 11 .. 318 D 5
Saint-Amans 48 .. 264 C 3
Saint-Amans-de-Pellagal 82 .. 277 F 3
Saint-Amans-des-Cots 12 .. 262 D 2
Saint-Amans-du-Pech 82 .. 276 D 2
Saint-Amans-Soult 81 .. 320 A 2
Saint-Amans-Valtoret 81 .. 320 A 2
Saint-Amant 16 .. 221 F 4
Saint-Amant-de-Boixe 16 .. 203 F 5
Saint-Amant-de-Bonnieure 16 .. 203 G 4
Saint-Amant-de-Graves 16 .. 220 D 2
Saint-Amant-de-Nouère 16 . 203 E 5
Saint-Amant-Roche-Savine 63 .. 228 D 3
Saint-Amant-Tallende 63 .. 227 H 2
Saint-Amarin 68 .. 120 C 5
Saint-Ambreuil 71 .. 177 H 5
Saint-Ambroix 18 .. 172 C 3
Saint-Ambroix 30 .. 284 A 2
Saint-Amé 88 .. 119 H 4
Saint-Amour 39 .. 196 A 3
Saint-Amour-Bellevue 71 .. 194 D 5
Saint-Anastaise 63 .. 227 G 4
Saint-Andelain 58 .. 156 A 3
Saint-Andéol 26 .. 268 A 1
Saint-Andéol 38 .. 250 C 4
Saint-Andéol-de-Berg 07 .. 266 C 4
Saint-Andéol-de-Clerguemort 48 .. 283 F 2
Saint-Andéol-de-Fourchades 07 .. 266 A 1
Saint-Andéol-de-Vals 07 .. 266 B 2
Saint-Andéol-le-Château 69 .. 230 D 2
Saint-Andeux 21 .. 158 B 2
Saint-Andiol 13 .. 305 E 2
Saint-Andoche 70 .. 140 B 4
Saint-André 16 .. 219 H 1
Saint-André 31 .. 316 D 4
Saint-André 32 .. 296 D 5
Saint-André 66 .. 343 F 3
Saint-André 73 .. 252 C 1
Saint-André 81 .. 300 A 1
Saint-André *Chapelle* 46 .. 259 G 3
Saint-André-Capcèze 48 .. 265 G 5
Saint-André-d'Allas 24 .. 241 F 5
Saint-André-d'Apchon 42 .. 211 F 2
Saint-André-de-Bagé 01 .. 195 F 4
Saint-André-de-Boëge 74 .. 198 A 5
Saint-André-de-Bohon 50 .. 32 A 3
Saint-André-de-Briouze 61 .. 53 G 4
Saint-André-de-Buèges 34 .. 302 B 2
Saint-André-de-Chalencon 43 .. 247 G 1
Saint-André-de-Corcy 01 .. 213 F 3
Saint-André-de-Cruzières 07 .. 284 A 1
Saint-André-de-Cubzac 33 .. 237 H 4
Saint-André-de-Double 24 .. 239 G 2
Saint-André-de-la-Marche 49 .. 148 C 5
Saint-André-de-la-Roche 06 .. 309 H 2
Saint-André-de-Lancize 48 .. 283 F 2
Saint-André-de-l'Épine 50 .. 32 B 4
Saint-André-de-l'Eure 27 .. 56 C 3
Saint-André-de-Lidon 17 .. 219 F 2
Saint-André-de-Majencoules 30 .. 282 D 5
Saint-André-de-Messei 61 .. 53 F 5
Saint-André-de-Najac 12 .. 279 F 3
Saint-André-de-Roquelongue 11 .. 338 D 1
Saint-André-de-Roquepertuis 30 .. 284 C 2
Saint-André-de-Rosans 05 .. 268 C 5
Saint-André-de-Sangonis 34 .. 302 A 4

Saint-André-de-Seignanx 40 292 B 4
Saint-André-de-Valborgne 30 283 E 3
Saint-André-de-Vézines 12 282 A 3
Saint-André-d'Embrun 05 270 C 3
Saint-André-des-Eaux 22 79 H 5
Saint-André-des-Eaux 44 146 B 2
Saint-André-d'Hébertot 14 34 D 3
Saint-André-d'Huiriat 01 195 F 5
Saint-André-d'Olérargues 30 284 C 3
Saint-André-du-Bois 33 256 C 3
Saint-André-en-Barrois 55 63 H 1
Saint-André-en-Bresse 71 178 B 5
Saint-André-en-Morvan 58 157 H 2
Saint-André-en-Royans 38 250 A 3
Saint-André-en-Terre-Plaine 89 158 B 1
Saint-André-en-Vivarais 07 248 B 3
Saint-André-et-Appelles 33 257 F 1
Saint-André-Farivillers 60 22 B 5
Saint-André-Goule-d'Oie 85 166 B 3
Saint-André-la-Côte 69 230 C 2
Saint-André-Lachamp 07 265 H 4
Saint-André-le-Bouchoux 01 213 G 1
Saint-André-le-Coq 63 210 A 3
Saint-André-le-Désert 71 194 C 2
Saint-André-le-Gaz 38 232 C 2
Saint-André-le-Puy 42 230 A 2
Saint-André-les-Alpes 04 288 C 5
Saint-André-les-Vergers 10 90 D 5
Saint-André-lez-Lille 59 8 D 2
Saint-André-sur-Cailly 76 20 C 5
Saint-André-sur-Orne 14 33 G 5
Saint-André-sur-Sèvre 79 167 F 4
Saint-André-sur-Vieux-Jonc 01 213 G 1
Saint-André-Treize-Voies 85 165 H 2
Saint-André-Val-de-Fier 74 215 E 3
Saint-Androny 33 237 F 1
Saint-Ange-et-Torçay 28 56 B 5
Saint-Ange-le-Viel 77 112 D 2
Saint-Angeau 16 203 G 4
Saint-Angel 03 191 E 4
Saint-Angel 19 225 H 3
Saint-Angel 63 209 F 3
Saint-Anthème 63 229 F 3
Saint-Anthot 21 159 F 3
Saint-Antoine 05 252 C 5
Saint-Antoine 13 326 D 2
Saint-Antoine 15 262 B 2
Saint-Antoine 25 180 C 3
Saint-Antoine 29 71 H 4
Saint-Antoine 32 276 D 5
Saint-Antoine 33 237 H 3
Saint-Antoine-Cumond 24 239 F 1
Saint-Antoine-d'Auberoche 24 241 E 2
Saint-Antoine-de-Breuilh 24 257 E 1
Saint-Antoine-de-Ficalba 47 276 C 1
Saint-Antoine-du-Queyret 33 256 D 1
Saint-Antoine-du-Rocher 37 151 H 1
Saint-Antoine-la-Forêt 76 19 E 5
Saint-Antoine-l'Abbaye 38 249 H 2
Saint-Antoine-sur-l'Isle 33 239 E 3
Saint-Antonin 06 289 G 5
Saint-Antonin 32 296 C 3
Saint-Antonin-de-Lacalm 81 299 G 3
Saint-Antonin-de-Sommaire 27 55 F 3
Saint-Antonin-du-Var 83 307 H 5
Saint-Antonin-Noble-Val 82 278 D 3
Saint-Antonin-sur-Bayon 13 306 B 5
Saint-Aoustrille 36 172 B 2
Saint-Août 36 172 B 5
Saint-Apollinaire 05 270 B 3
Saint-Apollinaire 21 160 B 3
Saint-Apollinaire-de-Rias 07 248 D 5
Saint-Appolinaire 69 212 B 3
Saint-Appolinard 38 250 A 2
Saint-Appolinard 42 230 D 5
Saint-Aquilin 24 239 H 2
Saint-Aquilin-d'Augerons 27 55 E 2
Saint-Aquilin-de-Corbion 61 55 E 5
Saint-Aquilin-de-Pacy 27 56 D 1
Saint-Araille 31 317 E 3
Saint-Arailles 32 295 H 4
Saint-Arcons-d'Allier 43 246 C 3
Saint-Arcons-de-Barges 43 265 F 1
Saint-Arey 38 251 E 5
Saint-Armel 35 104 B 4
Saint-Armel 56 124 C 4
Saint-Armou 64 314 B 2
Saint-Arnac 66 338 A 5
Saint-Arnoult 14 34 B 3
Saint-Arnoult 41 131 F 4
Saint-Arnoult 60 21 G 5
Saint-Arnoult 76 35 G 1
Saint-Arnoult-des-Bois 28 85 H 3
Saint-Arnoult-en-Yvelines 78 87 E 2
Saint-Arroman 32 316 A 2
Saint-Arroman 65 333 H 2
Saint-Arroumex 82 277 E 5
Saint-Astier 24 239 H 2
Saint-Astier 47 257 F 2
Saint-Auban 04 287 G 4
Saint-Auban 06 308 C 1
Saint-Auban-d'Oze 05 269 F 4
Saint-Auban-sur-l'Ouvèze 26 286 B 1
Saint-Aubert 59 14 C 3
Saint-Aubert-sur-Orne 61 53 G 4
Saint-Aubin 02 40 A 1
Saint-Aubin 10 90 A 3
Saint-Aubin 21 177 G 2
Saint-Aubin 36 172 B 3
Saint-Aubin 39 178 C 1
Saint-Aubin 40 293 G 3
Saint-Aubin 47 258 D 5
Saint-Aubin 59 15 G 3
Saint-Aubin 62 6 B 4
Saint-Aubin 91 58 A 5
Saint-Aubin-Celloville 76 36 B 2
Saint-Aubin-Château-Neuf 89 135 H 3
Saint-Aubin-d'Appenai 61 84 A 3
Saint-Aubin-d'Arquenay 14 33 H 3
Saint-Aubin-d'Aubigné 35 80 B 5
Saint-Aubin-de-Baubigné 79 167 F 2
Saint-Aubin-de-Blaye 33 237 G 1
Saint-Aubin-de-Bonneval 61 54 D 2
Saint-Aubin-de-Branne 33 256 C 1
Saint-Aubin-de-Cadelech 24 257 H 2
Saint-Aubin-de-Courteraie 61 84 B 2
Saint-Aubin-de-Crétot 76 19 F 5
Saint-Aubin-de-Lanquais 24 258 B 1
Saint-Aubin-de-Locquenay 72 83 G 5
Saint-Aubin-de-Luigné 49 149 F 3
Saint-Aubin-de-Médoc 33 237 F 5
Saint-Aubin-de-Nabirat 24 259 G 2
Saint-Aubin-de-Scellon 27 35 E 4
Saint-Aubin-de-Terregatte 50 81 E 2
Saint-Aubin-d'Écrosville 27 36 A 5
Saint-Aubin-des-Bois 14 52 A 3
Saint-Aubin-des-Bois 28 86 A 3
Saint-Aubin-des-Châteaux 44 126 D 3
Saint-Aubin-des-Chaumes 58 157 G 2
Saint-Aubin-des-Coudrais 72 108 C 3
Saint-Aubin-des-Grois 61 84 C 5
Saint-Aubin-des-Hayes 27 55 G 1
Saint-Aubin-des-Landes 35 105 E 3
Saint-Aubin-des-Ormeaux 85 166 C 1
Saint-Aubin-des-Préaux 50 51 F 3
Saint-Aubin-du-Cormier 35 80 D 5
Saint-Aubin-du-Désert 53 83 E 5
Saint-Aubin-du-Pavail 35 104 C 4
Saint-Aubin-du-Perron 50 31 H 4
Saint-Aubin-du-Plain 79 167 G 2
Saint-Aubin-du-Thenney 27 55 E 1
Saint-Aubin-en-Bray 60 37 G 2
Saint-Aubin-en-Charollais 71 193 H 2
Saint-Aubin-Épinay 76 36 B 2
Saint-Aubin-Fosse-Louvain 53 81 H 3
Saint-Aubin-la-Plaine 85 183 G 2
Saint-Aubin-le-Cauf 76 20 B 2
Saint-Aubin-le-Cloud 79 167 H 5
Saint-Aubin-le-Dépeint 37 130 B 5
Saint-Aubin-le-Guichard 27 55 G 1
Saint-Aubin-le-Monial 03 191 G 2
Saint-Aubin-le-Vertueux 27 55 F 1
Saint-Aubin-Lébizay 14 34 B 4
Saint-Aubin-lès-Elbeuf 76 36 A 4
Saint-Aubin-les-Forges 58 156 C 5
Saint-Aubin-Montenoy 80 21 H 2
Saint-Aubin-Rivière 80 21 G 2
Saint-Aubin-Routot 76 34 D 1
Saint-Aubin-sous-Erquery 60 38 D 2
Saint-Aubin-sur-Aire 55 64 C 5
Saint-Aubin-sur-Algot 14 34 B 5
Saint-Aubin-sur-Gaillon 27 36 C 5
Saint-Aubin-sur-Loire 71 193 E 2
Saint-Aubin-sur-Mer 14 33 G 3
Saint-Aubin-sur-Mer 76 19 H 2
Saint-Aubin-sur-Quillebeuf 27 35 F 1
Saint-Aubin-sur-Scie 76 20 B 2
Saint-Aubin-sur-Yonne 89 113 G 5
Saint-Augustin 03 174 B 4
Saint-Augustin 17 218 C 1
Saint-Augustin 19 225 E 4
Saint-Augustin 77 59 H 4
Saint-Augustin-des-Bois 49 149 E 1
Saint-Aulaire 19 241 H 1
Saint-Aulais-la-Chapelle 16 220 D 4
Saint-Aulaye 24 239 E 2
Saint-Aunès 34 303 E 4
Saint-Aunix-Lengros 32 295 E 5
Saint-Aupre 38 232 D 4
Saint-Austremoine 43 246 B 3
Saint-Auvent 87 205 E 5
Saint-Avaugourd-des-Landes 85 182 C 1
Saint-Avé 56 124 C 3
Saint-Aventin 31 334 A 4
Saint-Avertin 37 152 A 3
Saint-Avit 16 239 E 1
Saint-Avit 26 249 F 2
Saint-Avit 40 273 H 5
Saint-Avit 41 109 E 4
Saint-Avit 47 257 F 4
Saint-Avit 47 258 D 4
Saint-Avit 63 208 C 4
Saint-Avit 81 319 F 2
Saint-Avit-de-Soulège 33 257 E 1
Saint-Avit-de-Tardes 23 207 H 4
Saint-Avit-de-Vialard 24 240 D 5
Saint-Avit-Frandat 32 276 B 5
Saint-Avit-le-Pauvre 23 207 F 3
Saint-Avit-les-Guespières 28 109 H 2
Saint-Avit-Rivière 24 258 D 2
Saint-Avit-Saint-Nazaire 33 239 F 5
Saint-Avit-Sénieur 24 258 D 1
Saint-Avold 57 67 E 1
Saint-Avre 73 234 A 4
Saint-Ay 45 132 D 2
Saint-Aybert 59 9 H 4
Saint-Aygulf 83 329 G 1
Saint-Babel 63 228 A 2
Saint-Baldoph 73 233 F 2
Saint-Bandry 02 40 A 2
Saint-Baraing 39 178 D 2
Saint-Barbant 87 204 D 1
Saint-Bard 23 208 B 4
Saint-Bardoux 26 249 F 3
Saint-Barnabé 22 102 B 2
Saint-Barthélemy 38 231 G 5
Saint-Barthélemy 40 292 B 5
Saint-Barthélemy 50 52 C 5
Saint-Barthélemy 56 101 H 4
Saint-Barthélemy 70 142 A 2
Saint-Barthélemy 77 60 B 4
Saint-Barthélemy-d'Agenais 47 257 G 4
Saint-Barthélemy-d'Anjou 49 149 G 1
Saint-Barthélemy-de-Bellegarde 24 239 F 3
Saint-Barthélemy-de-Bussière 24 222 C 2
Saint-Barthélemy-de-Séchilienne 38 251 E 3
Saint-Barthélemy-de-Vals 26 249 F 2
Saint-Barthélemy-Grozon 07 248 D 4
Saint-Barthélemy-le-Meil 07 248 C 5
Saint-Barthélemy-le-Plain 07 249 E 3
Saint-Barthélemy-Lestra 42 230 A 1
Saint-Basile 07 248 C 4
Saint-Baslemont 88 118 C 2
Saint-Baudel 18 172 D 4
Saint-Baudelle 53 82 B 5
Saint-Baudille-de-la-Tour 38 214 A 5
Saint-Baudille-et-Pipet 38 269 E 1
Saint-Bauld 37 152 A 5
Saint-Baussant 54 65 E 3
Saint-Bauzeil 09 336 B 1
Saint-Bauzély 30 303 G 1
Saint-Bauzile 07 266 D 2
Saint-Bauzile 48 264 C 5
Saint-Bauzille-de-la-Sylve 34 302 B 4
Saint-Bauzille-de-Montmel 34 303 E 3
Saint-Bauzille-de-Putois 34 302 C 1
Saint-Bazile 87 222 D 1
Saint-Bazile-de-la-Roche 19 243 F 2
Saint-Bazile-de-Meyssac 19 242 D 3
Saint-Béat 31 334 B 3
Saint-Beaulize 12 301 F 1
Saint-Beauzeil 82 276 D 1
Saint-Beauzély 12 281 G 3
Saint-Beauzile 81 279 E 5
Saint-Beauzire 43 246 A 1
Saint-Beauzire 63 209 H 5
Saint-Bénézet 30 283 H 5
Saint-Bénigne 01 195 F 3
Saint-Benin 59 14 D 5
Saint-Benin-d'Azy 58 175 E 2
Saint-Benin-des-Bois 58 157 E 5
Saint-Benoist-sur-Mer 85 182 D 3
Saint-Benoist-sur-Vanne 10 114 B 2
Saint-Benoît 01 232 C 1
Saint-Benoît 04 289 E 5
Saint-Benoît 11 337 F 2
Saint-Benoît 28 109 F 4
Saint-Benoît 86 186 B 2
Saint-Benoît-de-Carmaux 81 279 G 5
Saint-Benoît-des-Ombres 27 35 F 4
Saint-Benoît-des-Ondes 35 50 D 5
Saint-Benoît-d'Hébertot 14 34 D 3
Saint-Benoît-du-Sault 36 188 B 3
Saint-Benoit-en-Diois 26 268 A 2
Saint-Benoît-en-Woëvre 55 65 E 2
Saint-Benoît-la-Chipotte 88 95 H 4
Saint-Benoît-la-Forêt 37 151 E 4
Saint-Benoît-sur-Loire 45 134 A 3
Saint-Benoît-sur-Seine 10 90 D 4
Saint-Bérain 43 246 D 4
Saint-Berain-sous-Sanvignes 71 176 D 5
Saint-Bérain-sur-Dheune 71 177 F 3
Saint-Bernard 01 212 D 3
Saint-Bernard 21 160 A 5
Saint-Bernard 38 233 F 5
Saint-Bernard 57 46 B 4
Saint-Bernard 68 143 E 2
Saint-Béron 73 232 D 3
Saint-Berthevin 53 105 H 3
Saint-Berthevin-la-Tannière 53 81 G 4
Saint-Bertrand-de-Comminges 31 334 A 2
Saint-Biez-en-Belin 72 130 A 2
Saint-Bihy 22 77 H 3
Saint-Blaise 06 291 E 5
Saint-Blaise 74 215 G 2
Saint-Blaise *Fouilles de* 13 325 G 3
Saint-Blaise-du-Buis 38 232 C 4
Saint-Blaise-la-Roche 67 96 C 3
Saint-Blancard 32 316 B 3
Saint-Blimont 80 11 E 3
Saint-Blin 52 93 G 5
Saint-Boès 64 293 F 5
Saint-Bohaire 41 132 A 5
Saint-Boil 71 177 G 5
Saint-Boingt 54 95 F 3
Saint-Bois 01 232 C 1
Saint-Bomer 28 109 E 2
Saint-Bômer-les-Forges 61 53 E 5
Saint-Bon 51 60 C 5
Saint-Bon-Tarentaise 73 234 C 3
Saint-Bonnet 16 220 D 3
Saint-Bonnet *Signal de* 69 212 C 2
Saint-Bonnet-Avalouze 19 243 E 1
Saint-Bonnet-Briance 87 224 B 1
Saint-Bonnet-de-Bellac 87 205 E 1
Saint-Bonnet-de-Chavagne 38 250 A 2
Saint-Bonnet-de-Chirac 48 264 A 4
Saint-Bonnet-de-Condat 15 245 E 1
Saint-Bonnet-de-Cray 71 193 H 5
Saint-Bonnet-de-Four 03 191 F 4
Saint-Bonnet-de-Joux 71 194 B 2
Saint-Bonnet-de-Montauroux 48 265 E 1
Saint-Bonnet-de-Mure 69 231 G 1
Saint-Bonnet-de-Rochefort 03 209 H 1
Saint-Bonnet-de-Salendrinque 30 283 F 5
Saint-Bonnet-de-Salers 15 244 C 2
Saint-Bonnet-de-Valclérieux 26 249 H 1
Saint-Bonnet-de-Vieille-Vigne 71 193 H 2
Saint-Bonnet-des-Bruyères 69 194 B 5
Saint-Bonnet-des-Quarts 42 211 E 1
Saint-Bonnet-du-Gard 30 304 A 1
Saint-Bonnet-Elvert 19 243 E 2
Saint-Bonnet-en-Bresse 71 178 B 3
Saint-Bonnet-en-Champsaur 05 269 G 2
Saint-Bonnet-la-Rivière 19 241 H 1
Saint-Bonnet-le-Bourg 63 228 D 4
Saint-Bonnet-le-Chastel 63 228 D 4
Saint-Bonnet-le-Château 42 229 G 4
Saint-Bonnet-le-Courreau 42 229 F 2
Saint-Bonnet-le-Froid 43 248 B 2
Saint-Bonnet-le-Troncy 69 212 B 2
Saint-Bonnet-l'Enfantier 19 242 B 1
Saint-Bonnet-lès-Allier 63 228 A 1
Saint-Bonnet-les-Oules 42 230 A 3
Saint-Bonnet-les-Tours-de-Merle 19 243 G 3
Saint-Bonnet-près-Bort 19 226 B 3
Saint-Bonnet-près-Orcival 63 227 F 1
Saint-Bonnet-près-Riom 63 209 H 4
Saint-Bonnet-sur-Gironde 17 219 F 5
Saint-Bonnet-Tronçais 03 190 D 1
Saint-Bonnot 58 156 D 4
Saint-Bouize 18 156 A 4
Saint-Brancher 89 158 A 2
Saint-Branchs 37 152 A 4
Saint-Brandan 22 78 A 4
Saint-Brès 30 284 A 2
Saint-Brès 32 296 C 2
Saint-Brès 34 303 E 4
Saint-Bresson 30 302 B 1
Saint-Bresson 70 119 G 5
Saint-Bressou 46 261 F 2
Saint-Brevin-les-Pins 44 146 C 3
Saint-Brevin-l'Océan 44 146 C 3
Saint-Briac-sur-Mer 35 50 B 5
Saint-Brice 16 220 B 1
Saint-Brice 33 256 C 2
Saint-Brice 50 51 H 4
Saint-Brice 53 128 D 2
Saint-Brice 61 82 B 2
Saint-Brice 77 89 G 2
Saint-Brice-Courcelles 51 41 G 3
Saint-Brice-de-Landelles 50 81 F 2
Saint-Brice-en-Coglès 35 80 D 3
Saint-Brice-sous-Forêt 95 58 C 2
Saint-Brice-sous-Rânes 61 53 H 5
Saint-Brice-sur-Vienne 87 205 E 4
Saint-Brieuc 22 78 B 3
Saint-Brieuc-de-Mauron 56 103 E 3
Saint-Brieuc-des-Iffs 35 80 A 5
Saint-Bris-des-Bois 17 201 H 5
Saint-Bris-le-Vineux 89 136 C 3
Saint-Brisson 58 158 B 4
Saint-Brisson-sur-Loire 45 134 C 5
Saint-Broing 70 161 F 1
Saint-Broing-les-Moines 21 138 D 4
Saint-Broingt-le-Bois 52 139 H 3
Saint-Broingt-les-Fosses 52 139 G 3
Saint-Broladre 35 51 E 5
Saint-Bueil 38 232 D 3
Saint-Cado 56 123 G 3
Saint-Calais 72 108 D 5
Saint-Calais-du-Désert 53 83 E 3
Saint-Calez-en-Saosnois 72 84 A 5
Saint-Cannat 13 305 H 4
Saint-Caprais 03 191 E 2
Saint-Caprais 18 172 D 2
Saint-Caprais 32 296 C 5
Saint-Caprais 46 259 F 3
Saint-Caprais-de-Blaye 33 219 G 5
Saint-Caprais-de-Bordeaux 33 255 H 1
Saint-Caprais-de-Lerm 47 276 C 3
Saint-Capraise-de-Lalinde 24 258 B 1
Saint-Capraise-d'Eymet 24 257 H 2
Saint-Caradec 22 102 A 1
Saint-Caradec-Trégomel 56 101 E 3
Saint-Carné 22 79 G 4
Saint-Carreuc 22 78 B 4
Saint-Cassien 24 258 D 2
Saint-Cassien 38 232 C 5
Saint-Cassien 86 168 D 2
Saint-Cassin 73 233 F 2
Saint-Cast-le-Guildo 22 50 A 5
Saint-Castin 64 314 B 3
Saint-Célerin 72 108 B 3
Saint-Céneré 53 106 B 3
Saint-Céneri-le-Gérei 61 83 F 4
Saint-Céols 18 155 G 4
Saint-Céré 46 261 E 1
Saint-Cergues 74 197 H 5
Saint-Cernin 15 244 B 3
Saint-Cernin 46 260 C 4
Saint-Cernin-de-Labarde 24 258 B 1
Saint-Cernin-de-Larche 19 241 H 3
Saint-Cernin-de-l'Herm 24 259 E 3
Saint-Cernin-de-Reilhac 24 241 E 4
Saint-Césaire 17 201 H 5
Saint-Césaire 30 303 H 2
Saint-Césaire-de-Gauzignan 30 284 A 5
Saint-Cézaire *Grottes de* 06 308 D 3
Saint-Cézaire-sur-Siagne 06 308 D 3
Saint-Cézert 31 297 G 3
Saint-Chabrais 23 207 H 1
Saint-Chaffrey 05 252 C 4
Saint-Chamant 15 244 C 3
Saint-Chamant 19 243 E 3
Saint-Chamarand 46 260 B 3
Saint-Chamas 13 305 F 5
Saint-Chamassy 24 241 E 5
Saint-Chamond 42 230 C 4
Saint-Champ 01 214 D 5
Saint-Chaptes 30 284 A 5
Saint-Charles 54 45 E 1
Saint-Charles-de-Percy 14 52 D 2
Saint-Charles-la-Forêt 53 106 B 5
Saint-Chartier 36 189 G 1
Saint-Chartres 86 168 C 3
Saint-Chef 38 232 A 2
Saint-Chels 46 260 D 4
Saint-Chély-d'Apcher 48 264 A 1
Saint-Chély-d'Aubrac 12 263 F 4
Saint-Chély-du-Tarn 48 282 B 1
Saint-Chéron 51 62 C 5
Saint-Chéron 91 87 F 3
Saint-Chéron-des-Champs 28 86 A 2
Saint-Chinian 34 321 E 3
Saint-Christ-Briost 80 23 G 2
Saint-Christau 64 331 H 2
Saint-Christaud 31 317 F 5
Saint-Christaud 32 295 G 5
Saint-Christo-en-Jarez 42 230 C 3
Saint-Christol 07 248 B 5
Saint-Christol 34 303 F 3
Saint-Christol 84 286 C 4
Saint-Christol-de-Rodières 30 284 C 2
Saint-Christol-lès-Alès 30 283 H 4
Saint-Christoly-de-Blaye 33 237 G 2
Saint-Christoly-Médoc 33 219 E 5
Saint-Christophe 03 210 C 1
Saint-Christophe 16 239 E 1
Saint-Christophe 17 200 D 1
Saint-Christophe 23 207 E 2
Saint-Christophe 28 110 A 3
Saint-Christophe 69 194 C 5
Saint-Christophe 81 279 F 3
Saint-Christophe 86 169 F 3
Saint-Christophe-à-Berry 02 40 A 2
Saint-Christophe-d'Allier 43 265 E 1
Saint-Christophe-de-Chaulieu 61 52 D 4
Saint-Christophe-de-Double 33 238 D 3
Saint-Christophe-de-Valains 35 80 D 4
Saint-Christophe-des-Bardes 33 238 C 5
Saint-Christophe-des-Bois 35 105 E 2
Saint-Christophe-Dodinicourt 10 91 H 4
Saint-Christophe-du-Bois 49 166 D 1
Saint-Christophe-du-Foc 50 28 D 4
Saint-Christophe-du-Jambet 72 107 G 2
Saint-Christophe-du-Ligneron 85 165 E 3

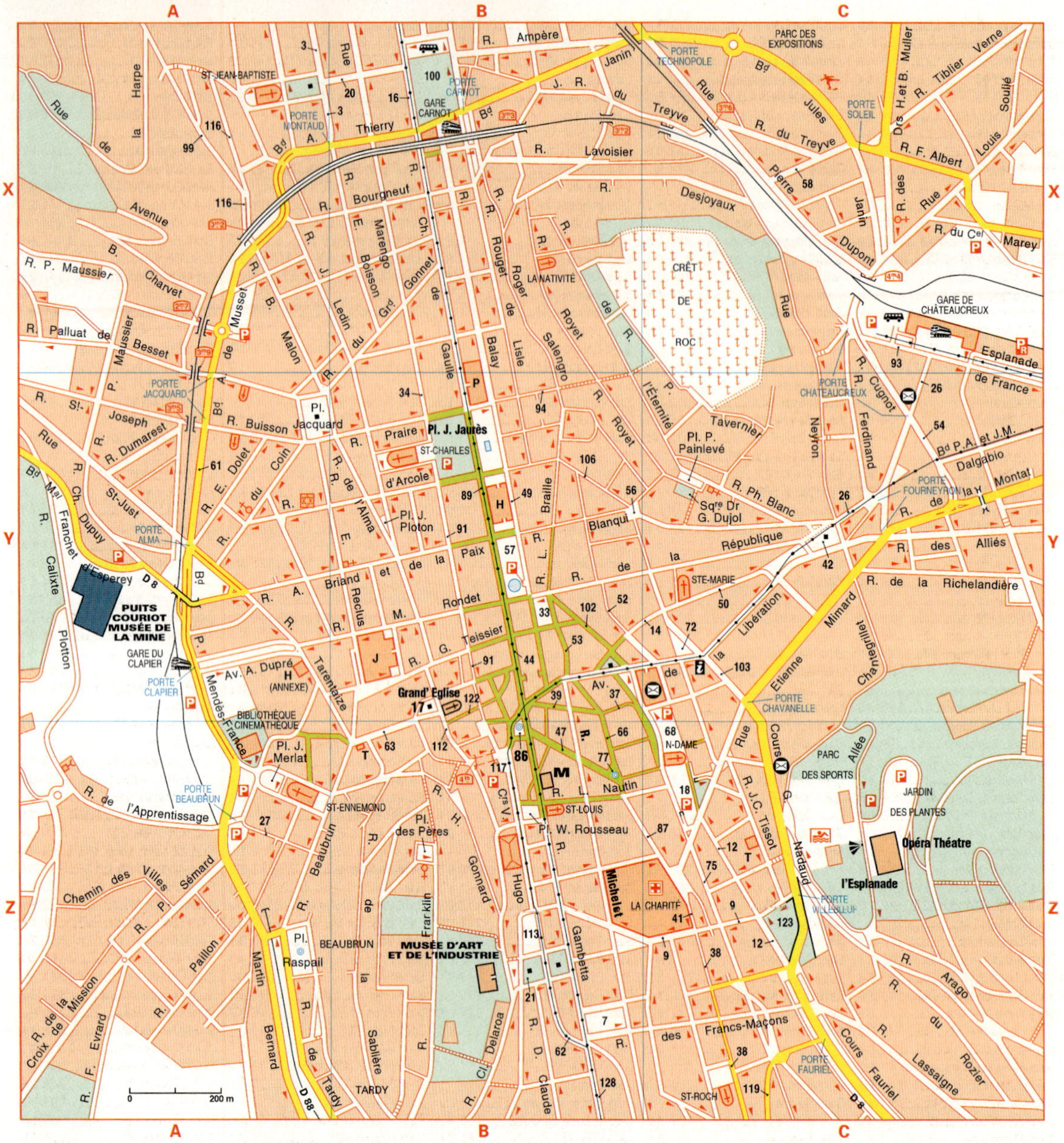

ST-ÉTIENNE

Albert-1er (Bd) . . . . ABX 3
Anatole-France (Pl.). . . . . BZ 7
Badouillère (R. de la). . . . . . . CZ 9
Barbusse (R. H.) . . . . CZ 12
Bérard (R. P.). . . . . BCY 14
Bergson (R.) . . . . BX 16
Boivin (Pl.) . . . . BY 17
Chavanelle (Pl.) . . . . CZ 18
Clovis-Hugues (R.) . . . . BX 20
Comte (Pl. Louis) . . . . BZ 21
Denfert-Rochereau (Av.) . . CY 26
Descours (R.) . . . . AZ 27
Dorian (Pl.). . . . . BY 33
Dormoy (R. M.) . . . . BXY 34
Dupré (R. G.). . . . . BY 37
Durafour (R. A.) . . . . CZ 38
Escoffier (R. D.) . . . . BY 39
Fougerolle (R.). . . . . CZ 41
Fourneyron (Pl.) . . . . CY 42
Foy (R. Gén.). . . . . BY 44
Frappa (R. J.). . . . . BZ 47
Gambetta (R.) . . . . BZ
Gaulle (R. Ch.-de). . . . . BXY
Gérentet (R.). . . . . BY 49
Gervais (R. E.) . . . . CY 50
Gillet (R. F.) . . . . BY 52
Grand Moulin (R. du) . . . . . BY 53
Gris de lin (R. du) . . . . CY 54
Guesde (Pl. J.). . . . . BY 56
Hôtel-de-Ville (Pl. de l') . . . . BY 57
Jacob (R.) . . . . CX 58
Krumnow (Bd F.). . . . . AY 61
Leclerc (R. du Gén.) . . . . BZ 62
Libération (Av. de la) . . . . BCY
Loubet
(Av. du Président E.). . . . BZ 63
Martyrs-de-Vingré
(R. des) . . . . BYZ 66
Michelet (R.). . . . . BYZ
Moine (Pl. Antonin) . . . . . CYZ 68
Moulin (Pl. J.) . . . . CY 72
Mulatière (R. de la) . . . . CZ 75
Neuve (Pl.). . . . . BZ 77
Peuple (Pl. du). . . . . BZ 86
Pointe-Cadet (R.) . . . . BCZ 87
Président-Wilson (R.) . . . . . BY 89
République (R. de la) . . . . BCY
Résistance (R. de la). . . . . . BY 91
Rivière (R. du Sergent). . . . CX 93
Robert (R.). . . . . BY 94
Ruel (R. A.) . . . . AX 99
Sadi-Carnot (Pl.) . . . . BX 100
St-Jean (R.) . . . . BY 102
Sauzéa (Cours H.). . . . . CY 103
Servet (R. M.) . . . . BY 106
Stalingrad (Square de) . . . . CY 109
Théâtre (R. du) . . . . BYZ 112
Thomas (Pl. A.) . . . . BZ 113
Tilleuls (R. des). . . . . AX 116
Ursules (Pl. des) . . . . BZ 117
Valbenoite (Bd) . . . . CZ 119
Villeboeuf (Pl.) . . . . CZ 123
Ville (R. de la). . . . . BY 122
11-Novembre (R. du) . . . . . BZ 128

Saint-Christophe-du-Luat *53*........................ 106 C 3
Saint-Christophe-en-Bazelle *36*.................... 153 H 5
Saint-Christophe-en-Boucherie *36*.............. 172 C 5
Saint-Christophe-en-Bresse *71*.................... 178 A 4
Saint-Christophe-en-Brionnais *71*............... 193 H 5
Saint-Christophe-en-Champagne *72*........... 107 E 5
Saint-Christophe-en-Oisans *38*.................... 251 H 4
Saint-Christophe-et-le-Laris *26*.................... 249 G 1
Saint-Christophe-la-Couperie *49*................. 148 B 3
Saint-Christophe-la-Grotte *73*....................... 233 E 3
Saint-Christophe-le-Chaudry *18*.................. 190 B 1
Saint-Christophe-le-Jajolet *61*........................54 B 5
Saint-Christophe-les-Gorges *15*.................. 243 H 3
Saint-Christophe-sur-Avre *27*.55 H 5
Saint-Christophe-sur-Condé *27*......................35 F 3
Saint-Christophe-sur-Dolaison *43*................ 247 E 4
Saint-Christophe-sur-Guiers *38*................... 233 E 4
Saint-Christophe-sur-le-Nais *37*.................. 130 C 5
Saint-Christophe-sur-Roc *79*....................... 185 E 3
Saint-Christophe-Vallon *12*.. 262 B 5
Saint-Cibard *33*...................... 238 D 4
Saint-Cierge-la-Serre *07*..... 266 D 1
Saint-Cierge-sous-le-Cheylard *07*......... 248 B 5
Saint-Ciergues *52*................. 139 G 2
Saint-Ciers-Champagne *17*. 220 B 4
Saint-Ciers-d'Abzac *33*........ 238 B 3
Saint-Ciers-de-Canesse *33*. 237 G 3
Saint-Ciers-du-Taillon *17*..... 219 F 4
Saint-Ciers-sur-Bonnieure *16*............. 203 G 4
Saint-Ciers-sur-Gironde *33*. 219 G 5
Saint-Cirgue *81*..................... 299 H 1
Saint-Cirgues *43*................... 246 B 2
Saint-Cirgues *46*................... 261 G 2
Saint-Cirgues-de-Jordanne *15*............... 244 D 4
Saint-Cirgues-de-Malbert *15*.................. 244 B 3
Saint-Cirgues-de-Prades *07*................... 266 A 3
Saint-Cirgues-en-Montagne *07*.............. 265 H 2
Saint-Cirgues-la-Loutre *19*.. 243 G 3
Saint-Cirgues-sur-Couze *63*................... 227 H 3
Saint-Cirice *82*...................... 276 D 4
Saint-Cirq *24*......................... 241 E 5
Saint-Cirq *82*......................... 278 C 4
Saint-Cirq-Lapopie *46*......... 260 C 5
Saint-Cirq-Madelon *46*........ 259 H 1
Saint-Cirq-Souillaguet *46*.... 260 B 2
Saint-Civran *36*..................... 188 B 2
Saint-Clair *07*........................ 248 D 1
Saint-Clair *46*........................ 259 H 2
Saint-Clair *82*........................ 277 E 3
Saint-Clair *83*........................ 329 E 4
Saint-Clair *86*........................ 168 C 3
Saint-Clair-d'Arcey *27*............55 F 1
Saint-Clair-de-Halouze *61*......53 E 5
Saint-Clair-de-la-Tour *38*..... 232 B 2
Saint-Clair-du-Rhône *38*...... 231 E 4
Saint-Clair-sur-Epte *95*..........37 F 4
Saint-Clair-sur-Galaure *38*.. 249 H 1
Saint-Clair-sur-l'Elle *50*..........32 B 4
Saint-Clair-sur-les-Monts *76*...19 H 5
Saint-Clar *32*......................... 296 C 1
Saint-Clar-de-Rivière *31*...... 317 G 2
Saint-Claud *16*...................... 203 H 4
Saint-Claude *39*.................... 197 E 3
Saint-Claude-de-Diray *41*.... 132 B 5
Saint-Clément *02*....................25 G 3
Saint-Clément *03*.................. 210 D 2
Saint-Clément *07*.................. 248 A 4
Saint-Clément *15*.................. 244 D 4
Saint-Clément *19*.................. 224 D 5
Saint-Clément *30*.................. 303 E 2
Saint-Clément *50*....................52 C 5
Saint-Clément *54*....................95 G 2
Saint-Clément *89*.................. 113 G 2
Saint-Clément-à-Arnes *08*......42 B 3
Saint-Clément-de-la-Place *49*................. 149 F 1
Saint-Clément-de-Régnat *63*.................. 210 A 3
Saint-Clément-de-Rivière *34*.................. 302 D 4
Saint-Clément-de-Valorgue *63*............... 229 F 3
Saint-Clément-de-Vers *69*... 194 B 5
Saint-Clément-des-Baleines *17*.............. 182 C 5
Saint-Clément-des-Levées *49*................. 150 B 3
Saint-Clément-les-Places *69*.................. 212 B 5
Saint-Clément-sur-Durance *05*............... 270 C 2
Saint-Clément-sur-Guye *71*. 194 C 1
Saint-Clément-sur-Valsonne *69*............. 212 B 4
Saint-Clémentin *79*.............. 167 G 2
Saint-Clet *22*...........................73 E 4
Saint-Cloud *92*........................58 B 3
Saint-Cloud-en-Dunois *28*... 110 A 4
Saint-Colomb-de-Lauzun *47*.................. 257 H 3
Saint-Colomban *44*.............. 165 G 1
Saint-Colomban-des-Villards *73*............ 233 H 5
Saint-Côme *33*...................... 256 C 5
Saint-Côme *Chapelle de* *29*...75 G 5
Saint-Côme-de-Fresné *14*......33 E 2
Saint-Côme-d'Olt *12*............ 263 F 4
Saint-Côme-du-Mont *50*.........31 H 2
Saint-Côme-et-Maruéjols *30*................. 303 G 2
Saint-Congard *56*................. 125 F 2
Saint-Connan *22*.....................77 H 3
Saint-Connec *22*................... 102 A 1
Saint-Constant *15*................ 261 H 3
Saint-Contest *14*.....................33 G 4
Saint-Corneille *72*................ 108 A 4
Saint-Cornier-des-Landes *61*.52 D 4
Saint-Cosme *68*.................... 142 D 2
Saint-Cosme-en-Vairais *72*....84 B 5
Saint-Couat-d'Aude *11*........ 320 B 5
Saint-Couat-du-Razès *11*.... 337 F 2
Saint-Coulitz *29*......................75 H 5
Saint-Coulomb *35*...................50 C 4
Saint-Coutant *16*.................. 203 H 3
Saint-Coutant *79*.................. 185 H 5
Saint-Coutant-le-Grand *17*.. 201 F 3
Saint-Créac *32*...................... 296 C 1
Saint-Créac *65*...................... 333 E 1
Saint-Crépin *05*..................... 270 D 1
Saint-Crépin *17*..................... 201 F 2
Saint-Crépin-aux-Bois *60*.......39 G 2
Saint-Crépin-d'Auberoche *24*............... 240 D 3
Saint-Crépin-de-Richemont *24*............. 222 B 4
Saint-Crépin-et-Carlucet *24*. 241 G 4
Saint-Crépin-Ibouvillers *60*.....38 A 4
Saint-Crespin *14*.....................34 B 5
Saint-Crespin *76*.....................20 B 3
Saint-Crespin-sur-Moine *49* 148 B 5
Saint-Cricq *32*...................... 297 E 3
Saint-Cricq-Chalosse *40*..... 293 G 4
Saint-Cricq-du-Gave *40*....... 293 E 5
Saint-Cricq-Villeneuve *40*.... 294 B 1
Saint-Cybardeaux *16*........... 202 D 5
Saint-Cybranet *24*................ 259 G 1
Saint-Cyprien *19*.................. 241 H 1
Saint-Cyprien *24*.................. 241 F 5
Saint-Cyprien *42*.................. 230 A 3
Saint-Cyprien *46*.................. 277 G 2
Saint-Cyprien *66*.................. 343 F 3
Saint-Cyprien-Plage *66*....... 343 F 2
Saint-Cyprien-sur-Dourdou *12*.............. 262 B 4
Saint-Cyr *07*......................... 249 E 1
Saint-Cyr *39*......................... 179 G 2
Saint-Cyr *50*............................29 F 4
Saint-Cyr *71*......................... 177 H 5
Saint-Cyr *86*......................... 169 F 5
Saint-Cyr *87*......................... 205 E 5
Saint-Cyr *Mont* *46*............... 260 B 5
Saint-Cyr-au-Mont-d'Or *69*.. 213 E 5
Saint-Cyr-de-Favières *42*.... 211 G 3
Saint-Cyr-de-Salerne *27*........35 G 4
Saint-Cyr-de-Valorges *42*.... 212 A 4
Saint-Cyr-des-Gâts *85*......... 183 H 1
Saint-Cyr-du-Bailleul *50*.........82 A 2
Saint-Cyr-du-Doret *17*......... 183 H 5
Saint-Cyr-du-Gault *41*......... 131 G 5
Saint-Cyr-du-Ronceray *14*......54 D 1
Saint-Cyr-en-Arthies *95*..........57 F 1
Saint-Cyr-en-Bourg *49*........ 150 C 4
Saint-Cyr-en-Pail *53*...............83 E 4

A B C D E F G H I J K L M N O P Q R S T U V W X Y Z

Saint-Cyr-en-Retz 44 165 E 1
Saint-Cyr-en-Talmondais 85 183 E 2
Saint-Cyr-en-Val 45 133 F 3
Saint-Cyr-la-Campagne 27 36 A 4
Saint-Cyr-la-Lande 79 168 B 1
Saint-Cyr-la-Rivière 91 87 F 5
Saint-Cyr-la-Roche 19 241 H 1
Saint-Cyr-la-Rosière 61 84 C 5
Saint-Cyr-le-Chatoux 69 212 C 2
Saint-Cyr-le-Gravelais 53 105 G 4
Saint-Cyr-l'École 78 58 A 4
Saint-Cyr-les-Champagnes 24 223 H 5
Saint-Cyr-les-Colons 89 136 C 3
Saint-Cyr-les-Vignes 42 230 A 1
Saint-Cyr-sous-Dourdan 91 87 F 2
Saint-Cyr-sur-le-Rhône 69 231 E 3
Saint-Cyr-sur-Loire 37 151 H 2
Saint-Cyr-sur-Menthon 01 195 F 5
Saint-Cyr-sur-Mer 83 327 G 4
Saint-Cyr-sur-Morin 77 60 A 3
Saint-Cyran-du-Jambot 36 170 D 2
Saint-Dalmas-de-Tende 06 291 H 2
Saint-Dalmas-le-Selvage 06 289 F 1
Saint-Dalmas-Valdeblore 06 291 E 2
Saint-Daunès 46 277 G 1
Saint-Denis 11 319 G 3
Saint-Denis 30 284 A 2
Saint-Denis 79 185 E 2
Saint-Denis 89 113 G 2
Saint-Denis 93 58 C 2
Saint-Denis-Catus 46 259 H 4
Saint-Denis-Combarnazat 63 210 A 3
Saint-Denis-d'Aclon 76 20 A 2
Saint-Denis-d'Anjou 53 128 D 3
Saint-Denis-d'Augerons 27 55 E 2
Saint-Denis-d'Authou 28 85 F 5
Saint-Denis-de-Cabanne 42 211 H 1
Saint-Denis-de-Gastines 53 81 H 4
Saint-Denis-de-Jouhet 36 189 F 2
Saint-Denis-de-l'Hôtel 45 133 G 2
Saint-Denis-de-Mailloc 14 34 D 5
Saint-Denis-de-Méré 14 53 F 3
Saint-Denis-de-Palin 18 173 F 3
Saint-Denis-de-Pile 33 238 C 4
Saint-Denis-de-Vaux 71 177 G 4
Saint-Denis-de-Villenette 61 82 B 3
Saint-Denis-des-Coudrais 72 108 B 3
Saint-Denis-des-Monts 27 35 H 4
Saint-Denis-des-Murs 87 206 C 5
Saint-Denis-des-Puits 28 85 G 4
Saint-Denis-d'Oléron 17 200 A 2
Saint-Denis-d'Orques 72 106 D 4
Saint-Denis-du-Béhélan 27 56 A 3
Saint-Denis-du-Maine 53 106 B 5
Saint-Denis-du-Payré 85 183 E 3
Saint-Denis-du-Pin 17 201 H 3
Saint-Denis du Tertre *Chapelle* 72 108 A 4
Saint-Denis-en-Bugey 01 214 A 3
Saint-Denis-en-Margeride 48 264 C 2
Saint-Denis-en-Val 45 133 F 2
Saint-Denis-la-Chevasse 85 166 A 3
Saint-Denis-le-Ferment 27 37 F 3
Saint-Denis-le-Gast 50 51 H 2
Saint-Denis-le-Thiboult 76 36 D 1
Saint-Denis-le-Vêtu 50 51 G 1
Saint-Denis-lès-Bourg 01 195 H 5
Saint-Denis-lès-Martel 46 242 C 5
Saint-Denis-les-Ponts 28 109 H 4
Saint-Denis-lès-Rebais 77 60 A 3
Saint-Denis-Maisoncelles 14 52 C 1
Saint-Denis-sur-Coise 42 230 B 2
Saint-Denis-sur-Huisne 61 84 B 3
Saint-Denis-sur-Loire 41 132 B 5
Saint-Denis-sur-Ouanne 89 135 G 3
Saint-Denis-sur-Sarthon 61 83 F 3
Saint-Denis-sur-Scie 76 20 B 4
Saint-Deniscourt 60 21 G 5
Saint-Denœux 62 6 D 4
Saint-Denoual 22 79 E 3
Saint-Derrien 29 71 F 5
Saint-Désert 71 177 G 4
Saint-Désir 14 34 C 5
Saint-Désirat 07 249 E 1
Saint-Désiré 03 190 B 2
Saint-Dézery 19 226 B 3
Saint-Dézéry 30 284 A 5
Saint-Didier 21 158 C 3
Saint-Didier 35 104 D 3
Saint-Didier 39 179 E 5
Saint-Didier 58 157 F 3
Saint-Didier 84 285 H 5
Saint-Didier-au-Mont-d'Or 69 213 E 5
Saint-Didier-d'Allier 43 246 D 4
Saint-Didier-d'Aussiat 01 195 G 4
Saint-Didier-de-Bizonnes 38 232 A 3
Saint-Didier-de-Formans 01 213 E 3
Saint-Didier-de-la-Tour 38 232 B 2
Saint-Didier-des-Bois 27 36 A 4
Saint-Didier-en-Bresse 71 178 B 3
Saint-Didier-en-Brionnais 71 193 H 4
Saint-Didier-en-Donjon 03 193 E 3
Saint-Didier-en-Velay 43 248 A 1
Saint-Didier-la-Forêt 03 192 B 5
Saint-Didier-sous-Aubenas 07 266 B 3
Saint-Didier-sous-Écouves 61 83 F 2
Saint-Didier-sous-Riverie 69 230 C 2
Saint-Didier-sur-Arroux 71 176 B 4
Saint-Didier-sur-Beaujeu 69 212 C 1
Saint-Didier-sur-Chalaronne 01 213 E 1
Saint-Didier-sur-Doulon 43 246 C 1
Saint-Didier-sur-Rochefort 42 211 E 5
Saint-Dié-des-Vosges 88 96 B 5
Saint-Dier-d'Auvergne 63 228 C 1
Saint-Diéry 63 227 G 3
Saint-Dionizy 30 303 G 2
Saint-Disdier 05 269 F 1
Saint-Divy 29 75 F 2
Saint-Dizant-du-Bois 17 219 G 4
Saint-Dizant-du-Gua 17 219 F 4
Saint-Dizier 52 63 F 5
Saint-Dizier-en-Diois 26 268 C 4
Saint-Dizier-la-Tour 23 207 G 1
Saint-Dizier-les-Domaines 23 189 G 4
Saint-Dizier-l'Évêque 90 142 D 5
Saint-Dizier-Leyrenne 23 206 D 3
Saint-Dolay 56 125 G 5
Saint-Domet 23 207 H 2
Saint-Domineuc 35 80 A 4
Saint-Donan 22 78 A 3
Saint-Donat 63 227 E 4
Saint-Donat *Église de* 04 287 G 4
Saint-Donat-sur-l'Herbasse 26 249 G 2
Saint-Dos 64 292 D 5
Saint-Doulchard 18 173 E 1
Saint-Drézéry 34 303 E 3
Saint-Dyé-sur-Loire 41 132 B 4
Saint-Eble 43 246 C 3
Saint-Ébremond-de-Bonfossé 50 32 A 5
Saint-Edmond 71 193 H 5
Saint-Égrève 38 250 D 1
Saint-Élier 27 56 A 2
Saint-Éliph 28 85 F 4
Saint-Élix 32 316 C 2
Saint-Élix-le-Château 31 317 F 4
Saint-Élix-Séglan 31 316 D 5
Saint-Élix-Theux 32 316 A 2
Saint-Ellier 49 149 H 3
Saint-Ellier-du-Maine 53 81 G 4
Saint-Ellier-les-Bois 61 83 F 3
Saint-Éloi 01 213 H 3
Saint-Éloi 22 72 D 4
Saint-Éloi 23 207 E 2
Saint-Éloi 58 174 C 2
Saint-Éloi-de-Fourques 27 35 H 4
Saint-Eloy 29 75 H 3
Saint-Éloy-d'Allier 03 190 B 3
Saint-Éloy-de-Gy 18 155 E 5
Saint-Éloy-la-Glacière 63 228 C 3
Saint-Éloy-les-Mines 63 209 F 1
Saint-Éloy-les-Tuileries 19 223 H 4
Saint-Éman 28 85 G 5
Saint-Émiland 71 177 E 3
Saint-Émilien-de-Blain 44 147 F 1
Saint-Émilion 33 238 C 5
Saint-Ennemond 03 175 E 5
Saint-Épain 37 151 G 5
Saint-Epvre 57 66 C 2
Saint-Erblon 35 104 B 4
Saint-Erblon 53 127 G 2
Saint-Erme-Outre-et-Ramecourt 02 41 F 1
Saint-Escobille 91 87 E 4
Saint-Esteben 64 311 F 4
Saint-Estèphe 16 221 E 2
Saint-Estèphe 24 222 C 2
Saint-Estèphe 33 237 E 1
Saint-Estève 66 343 E 2
Saint-Estève 84 286 A 3
Saint-Estève-Janson 13 305 H 3
Saint-Étienne 42 230 B 4
Saint-Étienne-à-Arnes 08 42 B 3
Saint-Étienne-au-Mont 62 6 B 2
Saint-Étienne-au-Temple 51 62 B 1
Saint-Étienne-aux-Clos 19 226 C 3
Saint-Étienne-Cantalès 15 243 H 5
Saint-Étienne-Cantalès *Barrage de* 15 243 H 5
Saint-Étienne-d'Albagnan 34 300 D 5
Saint-Étienne-de-Baïgorry 64 330 B 1
Saint-Étienne-de-Boulogne 07 266 C 2
Saint-Étienne-de-Brillouet 85 183 G 2
Saint-Étienne-de-Carlat 15 244 D 5
Saint-Étienne-de-Chigny 37 151 G 3
Saint-Étienne-de-Chomeil 15 226 D 5
Saint-Étienne-de-Crossey 38 232 D 4
Saint-Étienne-de-Cuines 73 234 A 4
Saint-Étienne-de-Fontbellon 07 266 B 3
Saint-Étienne-de-Fougères 47 258 B 5
Saint-Étienne-de-Fursac 23 206 B 1
Saint-Étienne-de-Gourgas 34 301 H 3
Saint-Étienne-de-Lisse 33 238 C 5
Saint-Étienne-de-l'Olm 30 284 A 4
Saint-Étienne-de-Lugdarès 07 265 G 3
Saint-Étienne-de-Maurs 15 261 H 2
Saint-Étienne-de-Mer-Morte 44 165 F 2
Saint-Étienne-de-Montluc 44 147 F 3
Saint-Étienne-de-Puycorbier 24 239 G 3
Saint-Étienne-de-Saint-Geoirs 38 232 A 5
Saint-Étienne-de-Serre 07 266 C 1
Saint-Étienne-de-Tinée 06 289 F 1
Saint-Étienne-de-Tulmont 82 278 B 5
Saint-Étienne-de-Valoux 07 249 E 1
Saint-Étienne-de-Vicq 03 210 C 1
Saint-Étienne-de-Villeréal 47 258 C 3
Saint-Étienne-des-Champs 63 208 D 5
Saint-Étienne-des-Guérets 41 131 G 5
Saint-Étienne-des-Oullières 69 212 D 2
Saint-Étienne-des-Sorts 30 285 E 3
Saint-Étienne-d'Orthe 40 292 C 4
Saint-Étienne-du-Bois 01 196 A 4
Saint-Étienne-du-Bois 85 165 G 3
Saint-Étienne-du-Grès 13 304 C 2
Saint-Étienne-du-Gué-de-l'Isle 22 102 C 2
Saint-Étienne-du-Rouvray 76 36 B 2
Saint-Étienne-du-Valdonnez 48 264 C 5
Saint-Étienne-du-Vauvray 27 36 C 4
Saint-Étienne-du-Vigan 43 265 F 1
Saint-Étienne-en-Bresse 71 178 A 5
Saint-Étienne-en-Coglès 35 81 E 4
Saint-Étienne-en-Dévoluy 05 269 F 2
Saint-Étienne-Estréchoux 34 301 F 4
Saint-Étienne-la-Cigogne 79 201 H 1
Saint-Étienne-la-Geneste 19 226 B 4
Saint-Étienne-la-Thillaye 14 34 C 3
Saint-Étienne-la-Varenne 69 212 C 2
Saint-Étienne-l'Allier 27 35 F 3
Saint-Étienne-Lardeyrol 43 247 G 3
Saint-Étienne-le-Laus 05 269 H 4
Saint-Étienne-le-Molard 42 229 G 1
Saint-Étienne-les-Orgues 04 287 E 4
Saint-Étienne-lès-Remiremont 88 119 H 4
Saint-Étienne-Roilaye 60 39 H 3
Saint-Étienne-sous-Bailleul 27 36 D 5
Saint-Étienne-sous-Barbuise 10 91 E 3
Saint-Étienne-sur-Blesle 43 245 H 1
Saint-Étienne-sur-Chalaronne 01 213 E 1
Saint-Étienne-sur-Reyssouze 01 195 F 3
Saint-Étienne-sur-Suippe 51 41 H 2
Saint-Étienne-sur-Usson 63 228 B 3
Saint-Étienne-Vallée-Française 48 283 F 3
Saint-Eugène 02 60 C 1
Saint-Eugène 17 220 B 3
Saint-Eugène 71 176 C 5
Saint-Eulien 51 63 E 5
Saint-Euphraise-et-Clairizet 51 41 F 4
Saint-Euphrône 21 158 D 1
Saint-Eusèbe 71 177 E 5
Saint-Eusèbe 74 215 F 3
Saint-Eusèbe-en-Champsaur 05 269 G 1
Saint-Eustache 74 215 G 4
Saint Eustache *Col de* 2A 349 E 5
Saint-Eustache-la-Forêt 76 19 E 5
Saint-Eutrope 16 221 E 4
Saint-Eutrope-de-Born 47 258 C 4
Saint-Évarzec 29 99 H 3
Saint-Evroult-de-Montfort 61 54 D 4
Saint-Evroult-Notre-Dame-du-Bois 61 55 E 4
Saint-Exupéry 33 256 C 3
Saint-Exupéry-les-Roches 19 226 B 3
Saint-Fargeau 89 135 F 5
Saint-Fargeau-Ponthierry 77 88 A 3
Saint-Fargeol 03 208 D 1
Saint-Faust 64 314 A 4
Saint-Félicien 07 248 D 3
Saint-Féliu-d'Amont 66 342 D 2
Saint-Féliu-d'Avall 66 342 D 2
Saint-Félix 03 192 C 5
Saint-Félix 16 220 D 5
Saint-Félix 17 201 G 2
Saint-Félix 46 261 G 3
Saint-Félix 60 38 B 3
Saint-Félix 74 215 F 4
Saint-Félix-de-Bourdeilles 24 222 B 4
Saint-Félix-de-Foncaude 33 256 C 3
Saint-Félix-de-l'Héras 34 301 G 2
Saint-Félix-de-Lodez 34 302 A 4
Saint-Félix-de-Lunel 12 262 C 4
Saint-Félix-de-Montceau *Ancienne Abbaye de* 34 323 E 3
Saint-Félix-de-Pallières 30 283 G 5
Saint-Félix-de-Reillac-et-Mortemart 24 241 E 4
Saint-Félix-de-Rieutord 09 336 B 2
Saint-Félix-de-Sorgues 12 301 E 1
Saint-Félix-de-Tournegat 09 336 C 1
Saint-Félix-de-Villadeix 24 240 C 5
Saint-Félix-Lauragais 31 318 D 2
Saint-Fergeux 08 25 H 5
Saint-Ferjeux 70 141 H 5
Saint-Ferme 33 257 E 2
Saint-Ferréol 31 316 C 3
Saint-Ferréol 31 319 E 2
Saint-Ferréol 74 216 A 5
Saint-Ferréol-d'Auroure 43 230 A 5
Saint-Ferréol-des-Côtes 63 228 D 3
Saint-Ferréol-Trente-Pas 26 268 A 5
Saint-Ferriol 11 337 G 4
Saint-Fiacre 22 77 H 2
Saint-Fiacre 56 100 D 3
Saint-Fiacre 77 59 G 2
Saint-Fiacre-sur-Maine 44 147 H 5
Saint-Fiel 23 207 E 1
Saint-Firmin 05 269 G 1
Saint-Firmin 54 94 D 3
Saint-Firmin 58 175 E 1
Saint-Firmin 71 177 E 3
Saint-Firmin-des-Bois 45 112 D 5
Saint-Firmin-des-Prés 41 131 H 2
Saint-Firmin-sur-Loire 45 134 D 5
Saint-Flavy 10 90 B 4
Saint-Florent 45 134 B 4
Saint-Florent 79 184 D 4
Saint-Florent 2B 345 F 4
Saint-Florent-des-Bois 85 183 E 1
Saint-Florent-le-Vieil 49 148 C 2
Saint-Florent-sur-Auzonnet 30 283 H 2
Saint-Florent-sur-Cher 18 172 D 2
Saint-Florentin 36 171 H 1
Saint-Florentin 89 114 B 5
Saint-Floret 63 227 H 3
Saint-Floris 62 7 H 2
Saint-Flour 15 245 H 4
Saint-Flour 63 228 C 1
Saint-Flour-de-Mercoire 48 265 F 2
Saint-Flovier 37 170 C 2
Saint-Floxel 50 29 G 4
Saint-Folquin 62 3 E 3
Saint-Fons 69 231 E 1
Saint-Forgeot 71 176 D 2
Saint-Forget 78 57 H 5
Saint-Forgeux 69 212 B 4
Saint-Forgeux-Lespinasse 42 211 F 1
Saint-Fort 53 128 B 3
Saint-Fort-sur-Gironde 17 219 F 3
Saint-Fort-sur-le-Né 16 220 B 2
Saint-Fortunat-sur-Eyrieux 07 266 D 1
Saint-Fraigne 16 203 E 3
Saint-Fraimbault 61 82 A 3
Saint-Fraimbault-de-Prières 53 82 B 4
Saint-Frajou 31 316 D 3
Saint-Franc 73 232 D 3
Saint-Franchy 58 157 E 5
Saint-François-de-Sales 73 233 G 1
Saint-François-Lacroix 57 46 C 3
Saint-François-Longchamp 73 234 A 4
Saint-Frégant 29 70 D 4
Saint-Fréjoux 19 226 B 3
Saint-Frézal-d'Albuges 48 265 E 4
Saint-Frézal-de-Ventalon 48 283 F 2
Saint-Frichoux 11 320 A 4
Saint-Frion 23 207 H 4
Saint-Fromond 50 32 B 4
Saint-Front 16 203 G 4
Saint-Front 43 247 H 4
Saint-Front-d'Alemps 24 222 D 5
Saint-Front-de-Pradoux 24 239 G 3
Saint-Front-la-Rivière 24 222 C 4
Saint-Front-sur-Lémance 47 259 E 4
Saint-Front-sur-Nizonne 24 222 B 4
Saint-Froult 17 200 C 3
Saint-Fulgent 85 166 B 3
Saint-Fulgent-des-Ormes 61 84 B 5
Saint-Fuscien 80 22 C 2
Saint-Gabriel *Chapelle* 13 304 C 2
Saint-Gabriel-Brécy 14 33 F 3
Saint-Gal 48 264 B 3
Saint-Gal-sur-Sioule 63 209 G 2
Saint-Galmier 42 230 A 2
Saint-Gand 70 140 C 5
Saint-Ganton 35 126 A 3
Saint-Gatien-des-Bois 14 34 C 2
Saint-Gaudens 31 334 C 1
Saint-Gaudent 86 203 G 1
Saint-Gaudéric 11 337 E 1
Saint-Gault 53 105 H 5
Saint-Gaultier 36 188 C 1
Saint-Gauzens 81 298 D 3
Saint-Gayrand 47 275 G 1
Saint-Gein 40 294 B 2
Saint-Gelais 79 185 E 3
Saint-Gelven 22 77 G 5
Saint-Gély-du-Fesc 34 302 D 3
Saint-Génard 79 202 D 1
Saint-Gence 87 205 F 4
Saint-Généroux 79 168 B 3
Saint-Genès-Champanelle 63 227 G 1
Saint-Genès-Champespe 63 227 E 4
Saint-Genès-de-Blaye 33 237 F 2
Saint-Genès-de-Castillon 33 238 D 5
Saint-Genès-de-Fronsac 33 238 B 3
Saint-Genès-de-Lombaud 33 255 H 1
Saint-Genès-du-Retz 63 210 A 2
Saint-Genès-la-Tourette 63 228 C 3
Saint-Genest 03 190 D 5
Saint-Genest 88 95 G 4
Saint-Genest-d'Ambière 86 169 F 4
Saint-Genest-de-Beauzon 07 265 H 5
Saint-Genest-de-Contest 81 299 F 3
Saint-Genest-Lachamp 07 266 B 1
Saint-Genest-Lerpt 42 230 A 4
Saint-Genest-Malifaux 42 230 B 5
Saint-Genest-sur-Roselle 87 224 B 1
Saint-Geneys-près-Saint-Paulien 43 247 E 2
Saint-Gengoulph 02 40 A 5
Saint-Gengoux-de-Scissé 71 194 D 2
Saint-Gengoux-le-National 71 194 D 1
Saint-Geniès 24 241 G 4
Saint-Geniès-Bellevue 31 298 A 4
Saint-Geniès-de-Comolas 30 285 E 4
Saint-Geniès-de-Fontedit 34 321 G 2
Saint-Geniès-de-Malgoirès 30 303 G 1
Saint-Geniès-de-Varensal 34 301 E 4
Saint-Geniès-des-Mourgues 34 303 E 3
Saint-Geniez 04 287 G 2
Saint-Geniez-d'Olt 12 263 G 5
Saint-Geniez-ô-Merle 19 243 G 3
Saint-Genis 05 269 E 5
Saint-Genis 38 251 E 5
Saint-Genis-de-Blanzac 16 221 E 4
Saint-Genis-de-Saintonge 17 219 G 3
Saint-Génis-des-Fontaines 66 343 F 3
Saint-Genis-d'Hiersac 16 203 E 5
Saint-Genis-du-Bois 33 256 C 2
Saint-Genis-l'Argentière 69 230 C 1
Saint-Genis-Laval 69 231 E 1
Saint-Genis-les-Ollières 69 212 D 5
Saint-Genis-Pouilly 01 197 F 5
Saint-Genis-sur-Menthon 01 195 F 4
Saint-Genix-sur-Guiers 73 232 C 2
Saint-Genou 36 171 E 3
Saint-Genouph 37 151 H 2
Saint-Geoire-en-Valdaine 38 232 D 3
Saint-Geoirs 38 232 A 5
Saint-Georges 15 245 H 4
Saint-Georges 16 203 G 3
Saint-Georges 32 296 D 3
Saint-Georges 33 238 C 5
Saint-Georges 47 259 E 5
Saint-Georges 57 67 G 5
Saint-Georges 62 7 E 5
Saint-Georges 82 278 C 3
Saint-Georges *Gorges de* 11 337 G 5
Saint-Georges-Armont 25 163 E 2
Saint-Georges-Blancaneix 24 239 G 5
Saint-Georges-Buttavent 53 82 A 5
Saint-Georges-d'Annebecq 61 53 H 5
Saint-Georges-d'Aunay 14 53 E 1
Saint-Georges-d'Aurac 43 246 C 2
Saint-Georges-de-Baroille 42 211 H 4
Saint-Georges-de-Bohon 50 31 H 3
Saint-Georges-de-Chesné 35 81 E 5
Saint-Georges-de-Commiers 38 250 D 3
Saint-Georges-de-Cubillac 17 219 H 3
Saint-Georges-de-Didonne 17 218 D 2
Saint-Georges-de-Gréhaigne 35 80 C 2
Saint-Georges-de-la-Couée 72 130 D 2
Saint-Georges-de-la-Rivière 50 31 E 2
Saint-Georges-de-Lévéjac 48 282 A 2
Saint-Georges-de-Livoye 50 52 A 4
Saint-Georges-de-Longuepierre 17 202 B 2

Saint-Georges-
de-Luzençon *12* ... 281 G 4
Saint-Georges-de-Mons *63*. 209 F 4
Saint-Georges-
de-Montaigu *85* ... 166 A 2
Saint-Georges-
de-Montclard *24* ... 240 B 5
Saint-Georges-
de-Noisné *79* ... 185 F 2
Saint-Georges-
de-Pointindoux *85* ... 165 F 5
Saint-Georges-
de-Poisieux *18* ... 173 F 5
Saint-Georges-
de-Reintembault *35* ... 81 E 2
Saint-Georges-
de-Reneins *69* ... 212 D 2
Saint-Georges-de-Rex *79* ... 184 C 4
Saint-Georges-
de-Rouelley *50* ... 82 A 2
Saint-Georges-d'Elle *50* ... 32 C 4
Saint-Georges-
des-Agoûts *17* ... 219 F 4
Saint-Georges-
des-Coteaux *17* ... 201 F 5
Saint-Georges-
des-Gardes *49* ... 149 E 5
Saint-Georges-
des-Groseillers *61* ... 53 E 4
Saint-Georges-
des-Hurtières *73* ... 234 A 3
Saint-Georges-
des-Sept-Voies *49* ... 150 A 3
Saint-Georges-
d'Espéranche *38* ... 231 G 2
Saint-Georges-d'Oléron *17*. 200 A 3
Saint-Georges-
d'Orques *34* ... 302 C 4
Saint-Georges-du-Bois *17* ... 201 F 1
Saint-Georges-du-Bois *49* ... 150 A 1
Saint-Georges-du-Bois *72* ... 107 G 5
Saint-Georges-du-Mesnil *27* .. 35 F 4
Saint-Georges-
du-Rosay *72* ... 108 B 2
Saint-Georges-du-Vièvre *27* ... 35 F 4
Saint-Georges-en-Auge *14* ... 54 B 1
Saint-Georges-
en-Couzan *42* ... 229 F 1
Saint-Georges-
Haute-Ville *42* ... 229 H 3
Saint-Georges-la-Pouge *23*. 207 F 3
Saint-Georges-Lagricol *43* .. 247 F 1
Saint-Georges-
le-Fléchard *53* ... 106 B 4
Saint-Georges-le-Gaultier *72*. 83 F 5
Saint-Georges-
lès-Baillargeaux *86* ... 169 F 5
Saint-Georges-
les-Bains *07* ... 249 E 5
Saint-Georges-
les-Landes *87* ... 188 B 4
Saint-Georges-Montcocq *50* .. 32 B 5
Saint-Georges-Motel *27* ... 56 D 4
Saint-Georges-
Nigremont *23* ... 207 H 5
Saint-Georges-sur-Allier *63*. 228 A 1
Saint-Georges-
sur-Arnon *36* ... 172 C 2
Saint-Georges-
sur-Baulche *89* ... 136 B 3
Saint-Georges-sur-Cher *41*. 152 D 3
Saint-Georges-sur-Erve *53*. 106 D 2
Saint-Georges-sur-Eure *28* ... 85 H 4
Saint-Georges-
sur-Fontaine *76* ... 20 B 5
Saint-Georges-
sur-la-Prée *18* ... 154 B 4
Saint-Georges-sur-l'Aa *59* ... 3 F 3
Saint-Georges-
sur-Layon *49* ... 149 H 4
Saint-Georges-sur-Loire *49*. 149 E 2
Saint-Georges-
sur-Moulon *18* ... 155 E 5
Saint-Georges-
sur-Renon *01* ... 213 G 1
Saint-Geours-d'Auribat *40* ... 293 F 2
Saint-Geours-
de-Maremne *40* ... 292 C 3
Saint-Gérand *56* ... 102 A 2
Saint-Gérand-de-Vaux *03* ... 192 B 4
Saint-Gérand-le-Puy *03* ... 192 C 5
Saint-Géraud *47* ... 257 E 3
Saint-Géraud-de-Corps *24* .. 239 F 4
Saint-Géréon *44* ... 148 B 2
Saint-Germain *07* ... 266 C 4
Saint-Germain *10* ... 114 D 2
Saint-Germain *54* ... 95 E 3
Saint-Germain *70* ... 141 H 3
Saint-Germain *86* ... 187 G 2
Saint-Germain
Ermitage de *74* ... 215 H 4
Saint-Germain-
au-Mont-d'Or *69* ... 213 E 4
Saint-Germain-
Beaupré *23* ... 188 D 4
Saint-Germain-
Chassenay *58* ... 175 E 4
Saint-Germain-
d'Anxure *53* ... 106 A 2
Saint-Germain-d'Arcé *72* ... 130 A 5
Saint-Germain-d'Aunay *61* ... 54 D 2
Saint-Germain-
de-Belvès *24* ... 259 F 1
Saint-Germain-
de-Calberte *48* ... 283 E 3
Saint-Germain-
de-Clairefeuille *61* ... 54 C 5
Saint-Germain-
de-Confolens *16* ... 204 C 2
Saint-Germain-
de-Coulamer *53* ... 83 E 5
Saint-Germain-
de-Fresney *27* ... 56 C 2
Saint-Germain-
de-Grave *33* ... 256 B 3
Saint-Germain-de-Joux *01* .. 196 D 5
Saint-Germain-
de-la-Coudre *61* ... 84 C 5
Saint-Germain-
de-la-Grange *78* ... 57 H 3
Saint-Germain-
de-la-Rivière *33* ... 238 B 4
Saint-Germain-de-Livet *14* ... 34 C 5
Saint-Germain-
de-Longue-Chaume *79* ... 167 H 5
Saint-Germain-
de-Lusignan *17* ... 219 H 4
Saint-Germain-
de-Marencennes *17* ... 201 F 2
Saint-Germain-
de-Martigny *61* ... 84 B 2
Saint-Germain-
de-Modéon *21* ... 158 B 2
Saint-Germain-
de-Montbron *16* ... 221 H 2
Saint-Germain-
de-Montgommery *14* ... 54 C 2
Saint-Germain-
de-Pasquier *27* ... 36 A 4
Saint-Germain-
de-Prinçay *85* ... 166 C 4
Saint-Germain-
de-Salles *03* ... 210 A 1
Saint-Germain-de-Tallevende-
la-Lande-Vaumont *14* ... 52 C 3
Saint-Germain-
de-Tournebut *50* ... 29 G 4
Saint-Germain-
de-Varreville *50* ... 29 H 5
Saint-Germain-
de-Vibrac *17* ... 220 B 4
Saint-Germain-d'Ectot *14* ... 32 D 5
Saint-Germain-d'Elle *50* ... 32 C 5
Saint-Germain-
des-Angles *27* ... 36 B 5
Saint-Germain-des-Bois *18*. 173 F 3
Saint-Germain-des-Bois *58*. 157 F 3
Saint-Germain-
des-Champs *89* ... 158 A 2
Saint-Germain-
des-Essourts *76* ... 36 C 1
Saint-Germain-
des-Fossés *03* ... 210 B 1
Saint-Germain-des-Grois *61* .. 85 E 4
Saint-Germain-des-Prés *24*. 223 E 5
Saint-Germain-des-Prés *45*. 112 D 5
Saint-Germain-des-Prés *49*. 149 E 2
Saint-Germain-des-Prés *81*. 299 F 5
Saint-Germain-des-Vaux *50* ... 28 C 2
Saint-Germain-d'Esteuil *33*. 219 E 5
Saint-Germain-d'Étables *76* ... 20 B 2
Saint-Germain-
du-Bel-Air *46* ... 260 B 3
Saint-Germain-du-Bois *71* ... 178 C 4
Saint-Germain-
du-Corbéis *61* ... 83 G 4
Saint-Germain-du-Crioult *14* .. 53 E 3
Saint-Germain-du-Pert *14* ... 32 B 2
Saint-Germain-du-Pinel *35* .. 105 F 4
Saint-Germain-du-Plain *71* .. 178 A 5
Saint-Germain-du-Puch *33* .. 238 B 5
Saint-Germain-du-Puy *18* ... 173 F 1
Saint-Germain-
du-Salembre *24* ... 239 H 2
Saint-Germain-
du-Seudre *17* ... 219 F 3
Saint-Germain-du-Teil *48* ... 263 H 5
Saint-Germain-du-Val *72* ... 129 G 4
Saint-Germain-
en-Brionnais *71* ... 194 A 4
Saint-Germain-en-Coglès *35* .. 81 E 4
Saint-Germain-en-Laye *78* ... 58 A 3
Saint-Germain-
en-Montagne *39* ... 179 H 4
Saint-Germain-et-Mons *24* .. 258 B 1
Saint-Germain-
la-Blanche-Herbe *14* ... 33 G 4
Saint-Germain-
la-Campagne *27* ... 55 E 1
Saint-Germain-
la-Chambotte *73* ... 215 E 5
Saint-Germain-la-Gâtine *28* ... 86 A 3
Saint-Germain-
la-Montagne *42* ... 212 A 1
Saint-Germain-la-Poterie *60* ... 37 H 2
Saint-Germain-la-Ville *51* ... 62 B 3
Saint-Germain-l'Aiguiller *85*. 166 D 5
Saint-Germain-Langot *14* ... 53 G 2
Saint-Germain-Laprade *43* .. 247 G 3
Saint-Germain-Laval *42* ... 211 G 5
Saint-Germain-Laval *77* ... 89 E 4
Saint-Germain-Lavolps *19* ... 225 H 2
Saint-Germain-Laxis *77* ... 88 B 2
Saint-Germain-
le-Châtelet *90* ... 142 C 2
Saint-Germain-
le-Fouilloux *53* ... 105 H 3
Saint-Germain-le-Gaillard *28* .. 85 H 4
Saint-Germain-le-Gaillard *50* .. 28 D 4
Saint-Germain-
le-Guillaume *53* ... 105 H 2
Saint-Germain-
le-Rocheux *21* ... 138 B 3
Saint-Germain-le-Vasson *14* .. 53 G 1
Saint-Germain-le-Vieux *61* ... 84 A 2
Saint-Germain-Lembron *63*. 228 A 4
Saint-Germain-lès-Arlay *39*. 179 E 4
Saint-Germain-
lès-Arpajon *91* ... 87 G 2
Saint-Germain-
les-Belles *87* ... 224 B 2
Saint-Germain-lès-Buxy *71*. 177 G 5
Saint-Germain-lès-Corbeil *91*. 88 A 2
Saint-Germain-
les-Paroisses *01* ... 214 C 5
Saint-Germain-
lès-Senailly *21* ... 137 G 5
Saint-Germain-
les-Vergnes *19* ... 242 C 1
Saint-Germain-
Lespinasse *42* ... 211 F 2
Saint-Germain-l'Herm *63* ... 228 C 4
Saint-Germain-
près-Herment *63* ... 226 D 1
Saint-Germain-
sous-Cailly *76* ... 20 C 5
Saint-Germain-sous-Doue *77*. 60 A 3
Saint-Germain-sur-Avre *27* ... 56 C 4
Saint-Germain-sur-Ay *50* ... 31 F 3
Saint-Germain-sur-Bresle *80* .. 21 F 2
Saint-Germain-sur-Eaulne *76*. 21 E 3
Saint-Germain-sur-École *77* ... 88 A 3
Saint-Germain-sur-Ille *35* ... 80 B 5
Saint-Germain-
sur-l'Arbresle *69* ... 212 C 4
Saint-Germain-sur-Meuse *55*. 93 H 1
Saint-Germain-
sur-Moine *49* ... 148 B 5
Saint-Germain-sur-Morin *77* ... 59 G 3
Saint-Germain-
sur-Renon *01* ... 213 G 2
Saint-Germain-
sur-Rhône *74* ... 215 E 2
Saint-Germain-sur-Sarthe *72*. 83 G 5
Saint-Germain-sur-Sèves *50* .. 31 H 3
Saint-Germain-
sur-Vienne *37* ... 150 D 4
Saint-Germain-Village *27* ... 35 E 3
Saint-Germainmont *08* ... 41 H 1
Saint-Germé *32* ... 294 D 3
Saint-Germer-de-Fly *60* ... 37 G 2
Saint-Germier *31* ... 318 C 2
Saint-Germier *32* ... 297 E 4
Saint-Germier *79* ... 185 G 3
Saint-Germier *81* ... 299 G 4
Saint-Géron *43* ... 228 A 5
Saint-Gérons *15* ... 243 H 5
Saint-Gervais *16* ... 203 G 3
Saint-Gervais *30* ... 284 D 3
Saint-Gervais *33* ... 237 H 3
Saint-Gervais *38* ... 250 B 1
Saint-Gervais *85* ... 164 D 2
Saint-Gervais *95* ... 37 G 5
Saint-Gervais-
d'Auvergne *63* ... 209 E 3
Saint-Gervais-de-Vic *72* ... 131 E 2
Saint-Gervais-
des-Sablons *61* ... 54 B 2
Saint-Gervais-du-Perron *61* ... 83 H 2
Saint-Gervais-en-Belin *72* ... 130 A 2
Saint-Gervais-
en-Vallière *71* ... 178 A 2
Saint-Gervais-la-Forêt *41* ... 132 A 5
Saint-Gervais-les-Bains *74* .. 216 D 3
Saint-Gervais-
les-Trois-Clochers *86* ... 169 F 3
Saint-Gervais-
sous-Meymont *63* ... 228 D 1
Saint-Gervais-
sur-Couches *71* ... 177 F 2
Saint-Gervais-sur-Mare *34* .. 301 E 4
Saint-Gervais-
sur-Roubion *26* ... 267 F 3
Saint-Gervasy *30* ... 304 A 1
Saint-Gervazy *63* ... 228 A 4
Saint-Géry *24* ... 239 G 4
Saint-Géry *46* ... 260 C 5
Saint-Géry *Château de* *81* ... 298 C 2
Saint-Geyrac *24* ... 241 E 3
Saint-Gibrien *51* ... 62 A 2
Saint-Gildas *22* ... 77 H 3
Saint-Gildas *Pointe de* *44* ... 146 B 4
Saint-Gildas-de-Rhuys *56* ... 124 B 5
Saint-Gildas-des-Bois *44* ... 125 H 5
Saint-Gilles *30* ... 304 A 4
Saint-Gilles *35* ... 104 A 2
Saint-Gilles *36* ... 188 C 3
Saint-Gilles *50* ... 32 A 5
Saint-Gilles *51* ... 40 D 3
Saint-Gilles *71* ... 177 F 3
Saint-Gilles-
Croix-de-Vie *85* ... 164 D 4
Saint-Gilles-de-Crétot *76* ... 19 F 5
Saint-Gilles-de-la-Neuville *76*. 19 E 5
Saint-Gilles-des-Marais *61* ... 82 A 2
Saint-Gilles-du-Mené *22* ... 102 C 1
Saint-Gilles-les-Bois *22* ... 73 F 4
Saint-Gilles-les-Forêts *87* ... 224 C 2
Saint-Gilles-Pligeaux *22* ... 77 H 3
Saint-Gilles-
Vieux-Marché *22* ... 77 H 5
Saint-Gineis-en-Coiron *07* ... 266 C 3
Saint-Gingolph *74* ... 198 D 3
Saint-Girod *73* ... 215 F 5
Saint-Girons *09* ... 335 F 2
Saint-Girons-
d'Aiguevives *33* ... 237 G 2
Saint-Girons-en-Béarn *64* ... 293 F 5
Saint-Girons-Plage *40* ... 272 A 5
Saint-Gladie-
Arrive-Munein *64* ... 311 H 4
Saint-Glen *22* ... 78 D 5
Saint-Goazec *29* ... 76 B 5
Saint-Gobain *02* ... 24 B 5
Saint-Gobert *02* ... 25 E 3
Saint-Goin *64* ... 313 G 4
Saint-Gondon *45* ... 134 B 4
Saint-Gondran *35* ... 80 A 5
Saint-Gonéry *Chapelle* *22* ... 73 E 2
Saint-Gonlay *35* ... 103 G 3
Saint-Gonnery *56* ... 102 A 2
Saint-Gor *40* ... 274 B 4
Saint-Gorgon *56* ... 125 F 4
Saint-Gorgon *88* ... 95 H 4
Saint-Gorgon-Main *25* ... 180 C 1
Saint-Gouéno *22* ... 102 C 1
Saint-Gourgon *41* ... 131 G 4
Saint-Gourson *16* ... 203 G 3
Saint-Goussaud *23* ... 206 C 2
Saint-Gratien *80* ... 22 C 1
Saint-Gratien *95* ... 58 B 2
Saint-Gratien-Savigny *58* ... 175 G 3
Saint-Gravé *56* ... 125 F 3
Saint-Grégoire *35* ... 104 B 2
Saint-Grégoire *81* ... 299 G 1
Saint-Grégoire-
d'Ardennes *17* ... 219 H 3
Saint-Grégoire-du-Vièvre *27* .. 35 F 4
Saint-Griède *32* ... 294 D 3
Saint-Groux *16* ... 203 F 4
Saint-Guen *22* ... 102 A 1
Saint-Guénolé *29* ... 99 F 5
Saint-Guilhem-le-Désert *34*. 302 B 3
Saint-Guillaume *38* ... 250 C 4
Saint-Guinoux *35* ... 80 A 2
Saint-Guiraud *34* ... 302 A 4
Saint-Guyomard *56* ... 124 D 2
Saint-Haon *43* ... 265 E 1
Saint-Haon-le-Châtel *42* ... 211 F 2
Saint-Haon-le-Vieux *42* ... 211 F 2
Saint-Héand *42* ... 230 B 3
Saint-Hélen *22* ... 79 H 4
Saint-Hélier *21* ... 159 F 2
Saint-Hellier *76* ... 20 B 3
Saint-Herblain *44* ... 147 F 4
Saint-Herblon *44* ... 148 C 2
Saint-Herbot *29* ... 76 B 3
Saint-Hérent *63* ... 227 H 4
Saint-Hernin *29* ... 76 C 5
Saint-Hervé *22* ... 78 A 5
Saint-Hilaire *03* ... 191 G 2
Saint-Hilaire *11* ... 337 H 1
Saint-Hilaire *16* ... 220 C 4
Saint-Hilaire *25* ... 162 B 2
Saint-Hilaire *31* ... 317 G 3
Saint-Hilaire *38* ... 233 F 5
Saint-Hilaire *43* ... 228 B 5
Saint-Hilaire *46* ... 261 G 2
Saint-Hilaire *63* ... 208 D 2
Saint-Hilaire *91* ... 87 F 4
Saint-Hilaire-au-Temple *51* ... 62 B 1
Saint-Hilaire-Bonneval *87* ... 223 H 1
Saint-Hilaire-Cottes *62* ... 7 G 3
Saint-Hilaire-
Cusson-la-Valmitte *42* ... 229 G 5
Saint-Hilaire-
de-Beauvoir *34* ... 303 E 3
Saint-Hilaire-de-Brens *38* ... 232 A 1
Saint-Hilaire-
de-Brethmas *30* ... 283 H 4
Saint-Hilaire-de-Briouze *61* ... 53 G 4
Saint-Hilaire-
de-Chaléons *44* ... 147 E 5
Saint-Hilaire-de-Clisson *44* .. 166 A 1
Saint-Hilaire-de-Court *18* ... 154 B 5
Saint-Hilaire-
de-Gondilly *18* ... 174 A 1
Saint-Hilaire-de-la-Côte *38* .. 232 A 4
Saint-Hilaire-
de-la-Noaille *33* ... 256 D 3
Saint-Hilaire-de-Lavit *48* ... 283 F 2
Saint-Hilaire-de-Loulay *85* ... 166 A 1
Saint-Hilaire-
de-Lusignan *47* ... 275 H 3
Saint-Hilaire-de-Riez *85* ... 164 D 4
Saint-Hilaire-
de-Villefranche *17* ... 201 G 4
Saint-Hilaire-de-Voust *05* ... 184 C 1
Saint-Hilaire-des-Landes *35* ... 80 D 4
Saint-Hilaire-des-Loges *85* .. 184 C 2
Saint-Hilaire-d'Estissac *24* .. 239 H 4
Saint-Hilaire-d'Ozilhan *30* ... 284 D 5
Saint-Hilaire-du-Bois *17* ... 219 H 4
Saint-Hilaire-du-Bois *33* ... 256 D 2
Saint-Hilaire-du-Bois *49* ... 149 G 5
Saint-Hilaire-du-Bois *85* ... 166 D 5
Saint-Hilaire-du-Harcouët *50* .. 81 F 2
Saint-Hilaire-du-Maine *53* ... 105 G 2
Saint-Hilaire-du-Rosier *38* ... 250 A 2
Saint-Hilaire-
en-Lignières *18* ... 172 D 5
Saint-Hilaire-en-Morvan *58*. 176 A 1
Saint-Hilaire-en-Woëvre *55* ... 64 D 1
Saint-Hilaire-Foissac *19* ... 225 G 5
Saint-Hilaire-Fontaine *58* ... 175 G 4
Saint-Hilaire-la-Croix *63* ... 209 G 2
Saint-Hilaire-la-Forêt *85* ... 182 C 2
Saint-Hilaire-la-Gérard *61* ... 83 G 2
Saint-Hilaire-la-Gravelle *41*. 109 G 5
Saint-Hilaire-la-Palud *79* ... 184 B 5
Saint-Hilaire-la-Plaine *23* ... 207 F 2
Saint-Hilaire-la-Treille *87* ... 188 B 5
Saint-Hilaire-le-Château *23*. 207 E 3
Saint-Hilaire-le-Châtel *61* ... 84 B 2
Saint-Hilaire-le-Grand *51* ... 42 B 4
Saint-Hilaire-le-Lierru *72* ... 108 B 3
Saint-Hilaire-le-Petit *51* ... 42 B 3
Saint-Hilaire-le-Vouhis *85* ... 166 B 5
Saint-Hilaire-
les-Andrésis *45* ... 113 E 4
Saint-Hilaire-
les-Courbes *19* ... 225 E 2
Saint-Hilaire-
les-Monges *63* ... 208 D 5
Saint-Hilaire-les-Places *87* .. 223 G 2
Saint-Hilaire-lez-Cambrai *59* .. 14 C 3
Saint-Hilaire-Luc *19* ... 225 H 5
Saint-Hilaire-Petitville *50* ... 32 A 3
Saint-Hilaire-Peyroux *19* ... 242 C 2
Saint-Hilaire-
Saint-Florent *49* ... 150 B 4
Saint-Hilaire-
Saint-Mesmin *45* ... 133 E 2
Saint-Hilaire-
sous-Charlieu *42* ... 211 H 1
Saint-Hilaire-
sous-Romilly *10* ... 90 B 3
Saint-Hilaire-
sur-Benaize *36* ... 187 H 2
Saint-Hilaire-sur-Erre *61* ... 84 D 5
Saint-Hilaire-sur-Helpe *59* ... 15 G 4
Saint-Hilaire-
sur-Puiseaux *45* ... 134 C 2
Saint-Hilaire-sur-Risle *61* ... 55 E 4
Saint-Hilaire-sur-Yerre *28* ... 109 H 4
Saint-Hilaire-Taurieux *19* ... 243 E 3
Saint-Hilarion *78* ... 86 C 2
Saint-Hilliers *77* ... 89 G 2
Saint-Hippolyte *12* ... 262 D 2
Saint-Hippolyte *15* ... 245 E 2
Saint-Hippolyte *17* ... 201 E 3
Saint-Hippolyte *25* ... 163 G 2
Saint-Hippolyte *33* ... 238 C 5
Saint-Hippolyte *37* ... 170 C 1
Saint-Hippolyte *63* ... 209 G 4
Saint-Hippolyte *66* ... 339 E 5
Saint-Hippolyte *68* ... 97 E 5
Saint-Hippolyte-
de-Caton *30* ... 284 A 4
Saint-Hippolyte-
de-Montaigu *30* ... 284 C 5
Saint-Hippolyte-
du-Fort *30* ... 283 F 5
Saint-Hippolyte-
le-Graveyron *84* ... 285 H 3
Saint-Honorat *Île* *06* ... 309 F 5
Saint-Honoré *38* ... 251 E 4
Saint-Honoré *76* ... 20 B 3
Saint-Honoré-les-Bains *58* .. 175 H 3
Saint-Hostien *43* ... 247 G 3
Saint-Hubert *57* ... 46 B 4
Saint-Hubert *78* ... 57 G 5
Saint-Huruge *71* ... 194 C 1
Saint-Hymer *14* ... 34 C 4
Saint-Hymetière *39* ... 196 C 3
Saint-Igeaux *22* ... 77 G 4
Saint-Igest *12* ... 261 G 5
Saint-Ignan *31* ... 316 B 5
Saint-Ignat *63* ... 210 A 4
Saint-Igneuc *22* ... 79 E 4
Saint-Igny-de-Roche *71* ... 212 A 1
Saint-Igny-de-Vers *69* ... 194 B 5
Saint-Illide *15* ... 244 B 3
Saint-Illiers-la-Ville *78* ... 57 E 2
Saint-Illiers-le-Bois *78* ... 57 E 2
Saint-Ilpize *43* ... 246 B 2
Saint-Imoges *51* ... 41 G 5
Saint-Inglevert *62* ... 2 C 4
Saint-Isidore *06* ... 309 G 2
Saint-Isle *53* ... 105 H 3
Saint-Ismier *38* ... 251 E 1
Saint-Izaire *12* ... 281 E 5
Saint-Jacques *04* ... 288 B 5
Saint-Jacques *06* ... 309 E 3
Saint-Jacques-
d'Aliermont *76* ... 20 C 2
Saint-Jacques-d'Ambur *63* .. 209 E 4
Saint-Jacques-
d'Atticieux *07* ... 230 D 5
Saint-Jacques-
de-la-Lande *35* ... 104 B 3
Saint-Jacques-de-Néhou *50* ... 29 E 5
Saint-Jacques-
de-Thouars *79* ... 168 A 2
Saint-Jacques-
des-Arrêts *69* ... 194 C 5
Saint-Jacques-
des-Blats *15* ... 245 E 3
Saint-Jacques-
des-Guérets *41* ... 131 E 3
Saint-Jacques-
en-Valgodemard *05* ... 269 G 1
Saint-Jacques-
sur-Darnétal *76* ... 36 C 2
Saint-Jacut-de-la-Mer *22* ... 50 A 5
Saint-Jacut-du-Mené *22* ... 78 D 5
Saint-Jacut-les-Pins *56* ... 125 G 3
Saint-Jal *19* ... 224 C 5
Saint-James *50* ... 81 E 2
Saint-Jammes *64* ... 314 C 3
Saint-Jans-Cappel *59* ... 4 A 5
Saint-Jean *06* ... 309 E 4
Saint-Jean *31* ... 298 A 4
Saint-Jean *Chapelle* *27* ... 36 D 2
Saint-Jean *Chapelle* *29* ... 75 F 2
Saint-Jean *Col* *04* ... 270 B 5
Saint Jean *Église* *2B* ... 347 E 4
Saint-Jean-
aux-Amognes *58* ... 174 D 2
Saint-Jean-aux-Bois *08* ... 26 A 3
Saint-Jean-aux-Bois *60* ... 39 G 3
Saint-Jean-Balanant *29* ... 70 D 5

A B C D E F G H I J K L M N O P Q R S T U V W X Y Z

Saint-Jean-Baptiste *Chapelle de 2A* 349 E 5
Saint-Jean-Bonnefonds 42 230 B 4
Saint-Jean-Brévelay 56 102 B 5
Saint-Jean-Cap-Ferrat 06 309 H 2
Saint-Jean-Chambre 07 248 C 5
Saint-Jean-d'Abbetot 76 35 E 1
Saint-Jean-d'Aigues-Vives 09 336 D 3
Saint-Jean-d'Alcapiès 12 301 E 1
Saint-Jean-d'Angély 17 201 H 3
Saint-Jean-d'Angle 17 200 D 4
Saint-Jean-d'Ardières 69 212 D 1
Saint-Jean-d'Arves 73 252 A 1
Saint-Jean-d'Arvey 73 233 F 2
Saint-Jean-d'Assé 72 107 G 3
Saint-Jean-d'Ataux 24 239 H 2
Saint-Jean-d'Aubrigoux 43 229 E 5
Saint-Jean-d'Aulps 74 198 C 4
Saint-Jean-d'Avelanne 38 232 D 3
Saint-Jean-de-Barrou 11 338 D 3
Saint-Jean-de-Bassel 57 67 G 4
Saint-Jean-de-Beauregard 91 58 A 5
Saint-Jean-de-Belleville 73 234 B 3
Saint-Jean-de-Beugné 85 183 G 2
Saint-Jean-de-Blaignac 33 256 C 1
Saint-Jean-de-Bœuf 21 159 G 4
Saint-Jean-de-Boiseau 44 147 F 4
Saint-Jean-de-Bonneval 10 114 D 3
Saint-Jean-de-Bournay 38 231 H 3
Saint-Jean-de-Braye 45 133 F 2
Saint-Jean-de-Buèges 34 302 B 2
Saint-Jean-de-Ceyrargues 30 284 A 4
Saint-Jean-de-Chevelu 73 233 E 1
Saint-Jean-de-Côle 24 222 D 4
Saint-Jean-de-Corcoué 44 165 G 1
Saint-Jean-de-Cornies 34 303 E 3
Saint-Jean-de-Couz 73 233 E 3
Saint-Jean-de-Crieulon 30 283 G 5
Saint-Jean-de-Cuculles 34 302 D 3
Saint-Jean-de-Daye 50 32 A 3
Saint-Jean-de-Duras 47 257 G 2
Saint-Jean-de-Folleville 76 35 E 1
Saint-Jean-de-Fos 34 302 B 3
Saint-Jean-de-Gonville 01 197 F 5
Saint-Jean-de-la-Blaquière 34 301 H 3
Saint-Jean-de-la-Croix 49 149 G 2
Saint-Jean-de-la-Forêt 61 84 C 4
Saint-Jean-de-la-Haize 50 51 H 4
Saint-Jean-de-la-Léqueraye 27 35 F 4
Saint-Jean-de-la-Motte 72 129 H 3
Saint-Jean-de-la-Neuville 76 19 E 5
Saint-Jean-de-la-Porte 73 233 G 2
Saint-Jean-de-la-Rivière 50 31 E 2
Saint-Jean-de-la-Ruelle 45 133 E 2
Saint-Jean-de-Laur 46 261 E 5
Saint-Jean-de-Lier 40 293 F 2
Saint-Jean-de-Linières 49 149 F 1
Saint-Jean-de-Liversay 17 183 H 4
Saint-Jean-de-Livet 14 34 C 5
Saint-Jean-de-Losne 21 160 C 5
Saint-Jean-de-Luz 64 310 B 3
Saint-Jean-de-Marcel 81 279 H 5
Saint-Jean-de-Marsacq 40 292 C 4
Saint-Jean-de-Maruéjols-et-Avéjan 30 284 A 2
Saint-Jean-de-Maurienne 73 234 A 5
Saint-Jean-de-Minervois 34 320 D 3
Saint-Jean-de-Moirans 38 232 C 5
Saint-Jean-de-Monts 85 164 C 3
Saint-Jean-de-Muzols 07 249 E 3
Saint-Jean-de-Nay 43 246 D 3
Saint-Jean-de-Niost 01 213 H 4
Saint-Jean-de-Paracol 11 337 F 3
Saint-Jean-de-Pourcharesse 07 265 H 5
Saint-Jean-de-Rebervilliers 28 85 H 2
Saint-Jean-de-Rives 81 298 C 3
Saint-Jean-de-Sauves 86 168 D 3
Saint-Jean-de-Savigny 50 32 B 4
Saint-Jean-de-Serres 30 283 H 5
Saint-Jean-de-Sixt 74 216 A 3
Saint-Jean-de-Soudain 38 232 B 2
Saint-Jean-de-Tholome 74 216 A 1
Saint-Jean-de-Thouars 79 168 A 2
Saint-Jean-de-Thurac 47 276 C 3
Saint-Jean-de-Thurigneux 01 213 E 3
Saint-Jean-de-Touslas 69 230 D 2
Saint-Jean-de-Trézy 71 177 F 3
Saint-Jean-de-Valériscle 30 283 H 2
Saint-Jean-de-Vals 81 299 G 4
Saint-Jean-de-Vaulx 38 251 E 3
Saint-Jean-de-Vaux 71 177 G 4
Saint-Jean-de-Védas 34 302 D 5
Saint-Jean-de-Verges 09 336 B 2
Saint-Jean-Delnous 12 280 C 5
Saint-Jean-des-Baisants 50 32 C 5
Saint-Jean-des-Bois 61 52 D 4
Saint-Jean-des-Champs 50 51 G 3
Saint-Jean-des-Échelles 72 108 D 3
Saint-Jean-des-Essartiers 14 52 D 1
Saint-Jean-des-Mauvrets 49 149 H 2
Saint-Jean-des-Ollières 63 228 B 2
Saint-Jean-des-Vignes 69 212 D 4
Saint-Jean-d'Estissac 24 239 H 4
Saint-Jean-d'Étreux 39 196 A 3
Saint-Jean-devant-Possesse 51 63 E 3
Saint-Jean-d'Eyraud 24 239 H 4
Saint-Jean-d'Hérans 38 251 E 5
Saint-Jean-d'Heurs 63 210 B 5
Saint-Jean-d'Illac 33 255 E 1
Saint-Jean-d'Ormont 88 96 B 4
Saint-Jean-du-Bois 72 129 G 2
Saint-Jean-du-Bouzet 82 276 D 5
Saint-Jean-du-Bruel 12 282 B 5
Saint-Jean-du-Cardonnay 76 36 A 1
Saint-Jean-du-Castillonnais 09 334 D 3
Saint-Jean-du-Corail 50 52 C 5
Saint-Jean-du-Corail-des-Bois 50 52 A 4
Saint-Jean-du-Doigt 29 72 A 3
Saint-Jean-du-Falga 09 336 B 1
Saint-Jean-du-Gard 30 283 F 4
Saint-Jean-du-Marché 88 119 H 2
Saint-Jean-du-Pin 30 283 G 4
Saint-Jean-du-Thenney 27 55 E 1
Saint-Jean-en-Royans 26 250 A 3
Saint-Jean-en-Val 63 228 B 3
Saint-Jean-et-Saint-Paul 12 301 E 1
Saint-Jean-Froidmentel 41 109 H 5
Saint-Jean-Kerdaniel 22 73 F 5
Saint-Jean-Kourtzerode 57 67 H 4
Saint-Jean-la-Bussière 69 212 A 3
Saint-Jean-la-Fouillouse 48 264 D 2
Saint-Jean-la-Poterie 56 125 G 4
Saint-Jean-la-Rivière 06 291 E 4
Saint-Jean-la-Vêtre 42 211 E 5
Saint-Jean-Lachalm 43 247 E 4
Saint-Jean-Lagineste 46 261 E 1
Saint-Jean-Lasseille 66 343 E 3
Saint-Jean-le-Blanc 14 53 E 2
Saint-Jean-le-Blanc 45 133 F 2
Saint-Jean-le-Centenier 07 266 C 3
Saint-Jean-le-Comtal 32 296 A 5
Saint-Jean-le-Priche 71 195 E 4
Saint-Jean-le-Thomas 50 51 F 4
Saint-Jean-le-Vieux 01 214 A 2
Saint-Jean-le-Vieux 38 251 F 1
Saint-Jean-le-Vieux 64 330 C 1
Saint-Jean-lès-Buzy 55 44 D 5
Saint-Jean-les-Deux-Jumeaux 77 59 H 2
Saint-Jean-lès-Longuyon 54 44 B 2
Saint-Jean-Lespinasse 46 261 E 1
Saint-Jean-Lherm 31 298 B 3
Saint-Jean-Ligoure 87 223 H 1
Saint-Jean-Mirabel 46 261 G 3
Saint-Jean-Pied-de-Port 64 330 C 1
Saint-Jean-Pierre-Fixte 28 85 E 5
Saint-Jean-Pla-de-Corts 66 343 E 4
Saint-Jean-Poudge 64 294 C 5
Saint-Jean-Poutge 32 295 H 3
Saint-Jean-Rohrbach 57 67 F 1
Saint-Jean-Roure 07 248 B 4
Saint-Jean-Saint-Germain 37 170 C 1
Saint-Jean-Saint-Gervais 63 228 B 4
Saint-Jean-Saint-Maurice-sur-Loire 42 211 G 3
Saint-Jean-Saint-Nicolas 05 270 A 2
Saint-Jean-Saverne 67 68 B 4
Saint-Jean-Soleymieux 42 229 G 3
Saint-Jean-sur-Couesnon 35 80 D 5
Saint-Jean-sur-Erve 53 106 C 4
Saint-Jean-sur-Mayenne 53 106 A 3
Saint-Jean-sur-Moivre 51 62 C 2
Saint-Jean-sur-Reyssouze 01 195 G 3
Saint-Jean-sur-Tourbe 51 42 D 5
Saint-Jean-sur-Veyle 01 195 F 5
Saint-Jean-sur-Vilaine 35 104 D 3
Saint-Jean-Trolimon 29 99 F 4
Saint-Jeannet 04 287 H 5
Saint-Jeannet 06 309 F 2
Saint-Jeanvrin 18 190 A 1
Saint-Jeoire 74 216 B 1
Saint-Jeoire-Prieuré 73 233 F 2
Saint-Jeure-d'Andaure 07 248 B 3
Saint-Jeure-d'Ay 07 248 D 2
Saint-Jeures 43 247 H 3
Saint-Joachim 44 146 B 2
Saint-Jodard 42 211 H 4
Saint-Joire 55 93 F 2
Saint-Jores 50 31 G 3
Saint-Jorioz 74 215 G 4
Saint-Jory 31 297 H 3
Saint-Jory-de-Chalais 24 222 D 3
Saint-Jory-las-Bloux 24 223 E 5
Saint-Joseph 42 230 D 3
Saint-Joseph 50 29 F 4
Saint-Joseph-de-Rivière 38 232 D 4
Saint-Joseph-des-Bancs 07 266 B 2
Saint-Josse 62 6 B 4
Saint-Jouan-de-l'Isle 22 103 F 1
Saint-Jouan-des-Guérets 35 50 C 5
Saint-Jouin 14 34 B 4
Saint-Jouin-Bruneval 76 18 C 4
Saint-Jouin-de-Blavou 61 84 B 4
Saint-Jouin-de-Marnes 79 168 B 3
Saint-Jouin-de-Milly 79 167 F 4
Saint-Jouvent 87 205 G 3
Saint-Juan 25 162 C 3
Saint-Judoce 22 79 H 5
Saint-Juéry 12 300 C 1
Saint-Juéry 48 263 H 1
Saint-Juéry 81 299 G 1
Saint-Juire-Champgillon 85 183 G 1
Saint-Julia 31 318 D 2
Saint-Julia-de-Bec 11 337 G 4
Saint-Julien 21 160 B 2
Saint-Julien 22 78 B 3
Saint-Julien 34 301 E 5
Saint-Julien 39 196 B 3
Saint-Julien 56 123 H 5
Saint-Julien 69 212 D 2
Saint-Julien 70 140 B 3
Saint-Julien 88 118 B 4
Saint-Julien-aux-Bois 19 243 G 3
Saint-Julien-Beychevelle 33 237 F 2
Saint-Julien-Boutières 07 248 B 4
Saint-Julien-Chapteuil 43 247 G 4
Saint-Julien-d'Ance 43 247 F 1
Saint-Julien-d'Armagnac 40 274 C 5
Saint-Julien-d'Arpaon 48 282 D 2
Saint-Julien-d'Asse 04 287 H 5
Saint-Julien-de-Bourdeilles 24 222 B 5
Saint-Julien-de-Briola 11 319 E 5
Saint-Julien-de-Cassagnas 30 284 A 3
Saint-Julien-de-Chédon 41 152 D 3
Saint-Julien-de-Civry 71 193 H 4
Saint-Julien-de-Concelles 44 148 A 3
Saint-Julien-de-Coppel 63 228 A 1
Saint-Julien-de-Crempse 24 239 H 4
Saint-Julien-de-Gras-Capou 09 336 D 2
Saint-Julien-de-Jonzy 71 193 H 5
Saint-Julien-de-Jordanne 15 244 D 3
Saint-Julien-de-la-Liègue 27 36 C 5
Saint-Julien-de-la-Nef 30 283 E 5
Saint-Julien-de-Lampon 24 259 H 1
Saint-Julien-de-l'Escap 17 201 H 3
Saint-Julien-de-l'Herms 38 231 G 4
Saint-Julien-de-Mailloc 14 34 D 5
Saint-Julien-de-Peyrolas 30 284 D 2
Saint-Julien-de-Raz 38 232 D 5
Saint-Julien-de-Toursac 15 261 H 2
Saint-Julien-de-Vouvantes 44 127 F 4
Saint-Julien-des-Chazes 43 246 D 3
Saint-Julien-des-Landes 85 165 F 5
Saint-Julien-des-Points 48 283 G 2
Saint-Julien-d'Eymet 24 257 H 2
Saint-Julien-d'Oddes 42 211 G 4
Saint-Julien-du-Gua 07 266 B 1
Saint-Julien-du-Pinet 43 247 G 2
Saint-Julien-du-Puy 81 299 F 3
Saint-Julien-du-Sault 89 113 G 4
Saint-Julien-du-Serre 07 266 B 3
Saint-Julien-du-Terroux 53 82 C 3
Saint-Julien-du-Tournel 48 264 D 5
Saint-Julien-du-Verdon 04 288 D 5
Saint-Julien-en-Beauchêne 05 269 E 3
Saint-Julien-en-Born 40 272 B 4
Saint-Julien-en-Champsaur 05 269 H 2
Saint-Julien-en-Genevois 74 215 G 1
Saint-Julien-en-Jarez 42 230 C 4
Saint-Julien-en-Quint 26 250 A 5
Saint-Julien-en-Saint-Alban 07 266 D 2
Saint-Julien-en-Vercors 26 250 B 3
Saint-Julien-Gaulène 81 280 B 5
Saint-Julien-la-Geneste 63 209 E 2
Saint-Julien-la-Genête 23 208 C 1
Saint-Julien-la-Vêtre 42 211 E 5
Saint-Julien-Labrousse 07 248 C 5
Saint-Julien-l'Ars 86 186 D 2
Saint-Julien-le-Châtel 23 207 H 2
Saint-Julien-le-Faucon 14 54 B 1
Saint-Julien-le-Montagnier 83 307 E 3
Saint-Julien-le-Pèlerin 19 243 G 4
Saint-Julien-le-Petit 87 206 D 5
Saint-Julien-le-Roux 07 248 D 5
Saint-Julien-le-Vendômois 19 223 H 4
Saint-Julien-lès-Gorze 54 65 F 2
Saint-Julien-lès-Metz 57 45 H 5
Saint-Julien-lès-Montbéliard 25 142 B 4
Saint-Julien-les-Rosiers 30 283 H 3
Saint-Julien-lès-Russey 25 163 F 4
Saint-Julien-les-Villas 10 91 E 5
Saint-Julien-Maumont 19 242 D 4
Saint-Julien-Molhesabate 43 248 B 2
Saint-Julien-Molin-Molette 42 230 D 5
Saint-Julien-Mont-Denis 73 234 B 5
Saint-Julien-près-Bort 19 226 B 4
Saint-Julien-Puy-Lavèze 63 226 D 2
Saint-Julien-sous-les-Côtes 55 64 D 4
Saint-Julien-sur-Bibost 69 212 C 5
Saint-Julien-sur-Calonne 14 34 C 3
Saint-Julien-sur-Cher 41 153 H 4
Saint-Julien-sur-Dheune 71 177 F 4
Saint-Julien-sur-Garonne 31 317 F 5
Saint-Julien-sur-Reyssouze 01 195 G 3
Saint-Julien-sur-Sarthe 61 84 A 3
Saint-Julien-sur-Veyle 01 195 F 5
Saint-Julien-Vocance 07 248 C 2
Saint-Junien 87 205 E 4
Saint-Junien-la-Bregère 23 206 D 4
Saint-Junien-les-Combes 87 205 F 2
Saint-Jure 57 65 H 3
Saint-Jurs 04 307 G 1
Saint-Just 01 195 H 5
Saint-Just 07 284 D 2
Saint-Just 15 246 A 5
Saint-Just 18 173 F 2
Saint-Just 24 221 H 5
Saint-Just 27 36 D 5
Saint-Just 34 303 F 4
Saint-Just 35 126 A 2
Saint-Just 63 229 E 4
Saint-Just-Chaleyssin 38 231 G 2
Saint-Just-d'Avray 69 212 B 3
Saint-Just-de-Bélengard 11 337 E 1
Saint-Just-de-Claix 38 250 A 3
Saint-Just-en-Bas 42 229 F 1
Saint-Just-en-Brie 77 89 E 2
Saint-Just-en-Chaussée 60 38 C 1
Saint-Just-en-Chevalet 42 211 E 4
Saint-Just-et-le-Bézu 11 337 G 4
Saint-Just-et-Vacquières 30 284 A 4
Saint-Just-Ibarre 64 330 D 1
Saint-Just-la-Pendue 42 212 A 4
Saint-Just-le-Martel 87 205 H 4
Saint-Just-Luzac 17 200 D 5
Saint-Just-Malmont 43 230 A 5
Saint-Just-près-Brioude 43 246 B 1
Saint-Just-Saint-Rambert 42 230 A 3
Saint-Just-Sauvage 51 90 B 2
Saint-Just-sur-Dive 49 150 B 5
Saint-Just-sur-Viaur 12 280 B 4
Saint-Justin 32 315 F 2
Saint-Justin 40 274 B 5
Saint-Juvat 22 79 G 5
Saint-Juvin 08 43 F 3
Saint-Lactencin 36 171 F 3
Saint-Lager 69 212 D 1
Saint-Lager-Bressac 07 267 E 2
Saint-Lamain 39 179 F 4
Saint-Lambert 14 53 F 2
Saint-Lambert 78 57 H 5
Saint-Lambert-des-Levées 49 150 B 3
Saint-Lambert-du-Lattay 49 149 F 3
Saint-Lambert-et-Mont-de-Jeux 08 42 C 1
Saint-Lambert-la-Potherie 49 149 F 1
Saint-Lambert-sur-Dive 61 54 B 3
Saint-Langis-lès-Mortagne 61 84 B 3
Saint-Lanne 65 294 D 4
Saint-Laon 86 168 C 2
Saint-Lary 09 334 D 3
Saint-Lary 32 296 A 3
Saint-Lary-Boujean 31 316 C 5
Saint-Lary-Soulan 65 333 G 4
Saint-Lattier 38 249 H 3
Saint-Launeuc 22 103 E 1
Saint-Laure 63 210 A 4
Saint-Laurent 08 26 D 3
Saint-Laurent 18 154 D 4
Saint-Laurent 22 73 E 4
Saint-Laurent 23 207 F 1
Saint-Laurent 31 316 C 4
Saint-Laurent 47 275 G 2
Saint-Laurent 74 216 A 2
Saint-Laurent-Blangy 62 13 G 2
Saint-Laurent-Bretagne 64 314 C 3
Saint-Laurent-Chabreuges 43 246 B 1
Saint-Laurent-d'Agny 69 230 D 2
Saint-Laurent-d'Aigouze 30 303 G 4
Saint-Laurent-d'Andenay 71 177 E 4
Saint-Laurent-d'Arce 33 237 H 3
Saint-Laurent-de-Belzagot 16 221 E 4
Saint-Laurent-de-Brèvedent 76 18 D 5
Saint-Laurent-de-Carnols 30 284 C 3
Saint-Laurent-de-Cerdans 66 342 C 5
Saint-Laurent-de-Céris 16 203 H 3
Saint-Laurent-de-Chamousset 69 230 B 1
Saint-Laurent-de-Cognac 16 219 H 1
Saint-Laurent-de-Condel 14 53 G 1
Saint-Laurent-de-Cuves 50 52 A 4
Saint-Laurent-de-Gosse 40 292 C 5
Saint-Laurent-de-Jourdes 86 186 D 3
Saint-Laurent-de-la-Barrière 17 201 F 2
Saint-Laurent-de-la-Cabrerisse 11 338 C 1
Saint-Laurent-de-la-Côte 73 234 B 3
Saint-Laurent-de-la-Mer 22 73 H 5
Saint-Laurent-de-la-Plaine 49 149 E 3
Saint-Laurent-de-la-Prée 17 200 D 3
Saint-Laurent-de-la-Salanque 66 339 E 5
Saint-Laurent-de-la-Salle 85 183 H 1
Saint-Laurent-de-Lévézou 12 281 G 3
Saint-Laurent-de-Lin 37 151 E 1
Saint-Laurent-de-Mure 69 231 G 1
Saint-Laurent-de-Muret 48 264 A 3
Saint-Laurent-de-Neste 65 334 A 1
Saint-Laurent-de-Terregatte 50 81 E 2
Saint-Laurent-de-Trèves 48 282 D 2
Saint-Laurent-de-Vaux 69 230 D 1
Saint-Laurent-de-Veyrès 48 263 H 2
Saint-Laurent-des-Arbres 30 285 E 4
Saint-Laurent-des-Autels 49 148 B 3
Saint-Laurent-des-Bâtons 24 240 C 4
Saint-Laurent-des-Bois 27 56 C 3
Saint-Laurent-des-Bois 41 132 B 2
Saint-Laurent-des-Combes 16 221 E 5
Saint-Laurent-des-Combes 33 238 C 5
Saint-Laurent-des-Hommes 24 239 F 3
Saint-Laurent-des-Mortiers 53 128 C 3
Saint-Laurent-des-Vignes 24 257 H 1
Saint-Laurent-d'Oingt 69 212 C 3
Saint-Laurent-d'Olt 12 263 H 5
Saint-Laurent-d'Onay 26 249 G 2
Saint-Laurent-du-Bois 33 256 C 3
Saint-Laurent-du-Cros 05 269 H 2
Saint-Laurent-du-Mont 14 34 B 5
Saint-Laurent-du-Mottay 49 148 D 2
Saint-Laurent-du-Pape 07 267 E 1
Saint-Laurent-du-Plan 33 256 C 3
Saint-Laurent-du-Pont 38 232 D 4
Saint-Laurent-du-Tencement 27 55 E 3
Saint-Laurent-du-Var 06 309 G 3
Saint-Laurent-du-Verdon 04 307 F 3
Saint-Laurent-en-Beaumont 38 251 F 5
Saint-Laurent-en-Brionnais 71 194 A 5
Saint-Laurent-en-Caux 76 19 H 3
Saint-Laurent-en-Gâtines 37 131 E 5
Saint-Laurent-en-Grandvaux 39 197 E 1
Saint-Laurent-en-Royans 26 250 A 3
Saint-Laurent-la-Conche 42 229 H 1
Saint-Laurent-la-Gâtine 28 57 E 5
Saint-Laurent-la-Roche 39 196 B 1
Saint-Laurent-la-Vallée 24 259 F 2
Saint-Laurent-la-Vernède 30 284 C 4
Saint-Laurent-l'Abbaye 58 156 B 3
Saint-Laurent-le-Minier 30 302 B 1
Saint-Laurent-les-Bains 07 265 G 3
Saint-Laurent-les-Églises 87 206 B 3
Saint-Laurent-les-Tours 46 243 E 5
Saint-Laurent-Lolmie 46 277 G 2
Saint-Laurent-Médoc 33 237 E 2
Saint-Laurent-Nouan 41 132 C 4
Saint-Laurent-Rochefort 42 211 F 5
Saint-Laurent-sous-Coiron 07 266 C 3
Saint-Laurent-sur-Gorre 87 205 E 5
Saint-Laurent-sur-Manoire 24 240 D 2
Saint-Laurent-sur-Mer 14 32 C 2
Saint-Laurent-sur-Othain 55 44 C 3
Saint-Laurent-sur-Oust 56 125 F 2
Saint-Laurent-sur-Saône 01 195 E 4
Saint-Laurent-sur-Sèvre 85 166 D 2
Saint-Laurs 79 184 C 2
Saint-Léger 06 289 F 4
Saint-Léger 16 221 E 4
Saint-Léger 17 219 G 2
Saint-Léger 47 275 G 2
Saint-Léger 50 51 G 3
Saint-Léger 53 106 C 3
Saint-Léger 62 13 G 3
Saint-Léger 73 234 A 3
Saint-Léger 77 60 A 3
Saint-Léger *Pont de 06* 289 F 4
Saint-Léger-aux-Bois 60 39 G 1
Saint-Léger-aux-Bois 76 21 E 2
Saint-Léger-Bridereix 23 188 D 5
Saint-Léger-de-Balson 33 255 G 5
Saint-Léger-de-Fougeret 58 176 A 1
Saint-Léger-de-la-Martinière 79 185 G 5
Saint-Léger-de-Montbrillais 86 168 C 1
Saint-Léger-de-Montbrun 79 168 B 2
Saint-Léger-de-Peyre 48 264 A 4

Saint-Léger-de-Rôtes 27 ... 35 F 5
Saint-Léger-des-Aubées 28 ... 86 C 4
Saint-Léger-des-Bois 49 ... 149 F 1
Saint-Léger-des-Prés 35 ... 80 B 4
Saint-Léger-des-Vignes 58 ... 175 E 4
Saint-Léger-du-Bois 71 ... 177 E 1
Saint-Léger-du-Bourg-Denis 76 ... 36 B 2
Saint-Léger-du-Gennetey 27 ... 35 G 3
Saint-Léger-du-Malzieu 48 ... 246 A 5
Saint-Léger-du-Ventoux 84 ... 286 A 2
Saint-Léger-Dubosq 14 ... 34 A 4
Saint-Léger-en-Bray 60 ... 37 H 2
Saint-Léger-en-Yvelines 78 ... 57 G 5
Saint-Léger-la-Montagne 87 ... 206 B 3
Saint-Léger-le-Guérétois 23 ... 207 E 1
Saint-Léger-le-Petit 18 ... 156 B 5
Saint-Léger-lès-Authie 80 ... 13 E 4
Saint-Léger-lès-Domart 80 ... 12 B 5
Saint-Léger-les-Mélèzes 05 ... 269 H 2
Saint-Léger lès-Paray 71 ... 193 G 2
Saint-Léger-les-Vignes 44 ... 147 F 5
Saint-Léger-Magnazeix 87 ... 188 A 5
Saint-Léger-près-Troyes 10 ... 115 E 2
Saint-Léger-sous-Beuvray 71 ... 176 B 3
Saint-Léger-sous-Brienne 10 ... 91 H 4
Saint-Léger-sous-Cholet 49 ... 148 D 5
Saint-Léger-sous-la-Bussière 71 ... 194 C 4
Saint-Léger-sous-Margerie 10 ... 91 H 3
Saint-Léger-sur-Bonneville 14 ... 34 D 3
Saint-Léger-sur-Bresle 80 ... 21 F 2
Saint-Léger-sur-Dheune 71 ... 177 F 3
Saint-Léger-sur-Roanne 42 ... 211 G 2
Saint-Léger-sur-Sarthe 61 ... 84 A 3
Saint-Léger-sur-Vouzance 03 ... 193 F 3
Saint-Léger-Triey 21 ... 160 D 3
Saint-Léger-Vauban 89 ... 158 B 2
Saint-Léomer 86 ... 187 G 3
Saint-Léon 03 ... 192 D 3
Saint-Léon 31 ... 318 A 3
Saint-Léon 33 ... 256 B 1
Saint-Léon 47 ... 275 F 2
Saint-Léon-d'Issigeac 24 ... 258 C 2
Saint-Léon-sur-l'Isle 24 ... 239 H 3
Saint-Léon-sur-Vézère 24 ... 241 F 4
Saint-Léonard 32 ... 296 C 2
Saint-Léonard 51 ... 41 H 4
Saint-Léonard 62 ... 6 B 2
Saint-Léonard 76 ... 18 D 3
Saint-Léonard 88 ... 96 B 5
Saint-Léonard-de-Noblat 87 ... 206 B 5
Saint-Léonard-des-Bois 72 ... 83 F 4
Saint-Léonard-des-Parcs 61 ... 54 D 5
Saint-Léonard-en-Beauce 41 ... 132 B 3
Saint-Léons 12 ... 281 G 3
Saint-Léopardin-d'Augy 03 ... 174 C 5
Saint-Léry 56 ... 103 F 3
Saint-Leu-d'Esserent 60 ... 38 C 4
Saint-Leu-la-Forêt 95 ... 58 B 1
Saint-Lézer 65 ... 315 E 3
Saint-Lézin 49 ... 149 E 4
Saint-Lieux-Lafenasse 81 ... 299 G 3
Saint-Lieux-lès-Lavaur 81 ... 298 C 3
Saint-Liguaire 79 ... 184 D 4
Saint-Lin 79 ... 185 F 2
Saint-Lions 04 ... 288 B 4
Saint-Lizier 09 ... 335 F 2
Saint-Lizier-du-Planté 32 ... 317 E 3
Saint-Lô 50 ... 32 B 5
Saint-Lô-d'Ourville 50 ... 31 F 2
Saint-Lon-les-Mines 40 ... 292 D 4
Saint-Longis 72 ... 84 A 5
Saint-Lormel 22 ... 79 F 3
Saint-Lothain 39 ... 179 F 3
Saint-Loube 32 ... 317 E 2
Saint-Loubert 33 ... 256 C 4
Saint-Loubès 33 ... 237 H 5
Saint-Loubouer 40 ... 294 A 3
Saint-Louet-sur-Seulles 14 ... 33 E 5
Saint-Louet-sur-Vire 50 ... 52 B 1
Saint-Louis 57 ... 67 H 5
Saint-Louis 68 ... 143 H 3
Saint-Louis-de-Montferrand 33 ... 237 G 4
Saint-Louis-en-l'Isle 24 ... 239 G 3
Saint-Louis-et-Parahou 11 ... 337 H 4
Saint-Louis-lès-Bitche 57 ... 68 A 2
Saint-Loup 03 ... 192 B 4
Saint-Loup 17 ... 201 G 3
Saint-Loup 23 ... 207 H 1
Saint-Loup 39 ... 178 C 1
Saint-Loup 50 ... 51 H 5
Saint-Loup 51 ... 61 F 4
Saint-Loup 58 ... 156 B 2
Saint-Loup 69 ... 212 B 4
Saint-Loup 82 ... 276 D 4
Saint-Loup *Pic* 34 ... 302 D 3
Saint-Loup-Cammas 31 ... 298 A 4
Saint-Loup-de-Buffigny 10 ... 90 A 4
Saint-Loup-de-Fribois 14 ... 34 B 5
Saint-Loup-de-Gonois 45 ... 112 D 4
Saint-Loup-de-Naud 77 ... 89 F 3
Saint-Loup-de-Varennes 71 ... 177 H 5
Saint-Loup-des-Chaumes 18 ... 173 E 4
Saint-Loup-des-Vignes 45 ... 111 H 4
Saint-Loup-d'Ordon 89 ... 113 F 4
Saint-Loup-du-Dorat 53 ... 128 D 2
Saint-Loup-du-Gast 53 ... 82 B 4
Saint-Loup-en-Champagne 08 ... 41 H 1
Saint-Loup-en-Comminges 31 ... 316 A 4
Saint-Loup-Géanges 71 ... 177 H 2
Saint-Loup-Hors 14 ... 33 E 3
Saint-Loup-Lamairé 79 ... 168 B 4
Saint-Loup-Nantouard 70 ... 161 F 2
Saint-Loup-sur-Aujon 52 ... 139 E 2
Saint-Loup-sur-Cher 41 ... 154 A 4
Saint-Loup-sur-Semouse 70 ... 119 E 5
Saint-Loup-Terrier 08 ... 26 C 5
Saint-Loyer-des-Champs 61 ... 54 B 5
Saint-Lubin-de-Cravant 28 ... 56 B 5
Saint-Lubin-de-la-Haye 28 ... 57 E 4
Saint-Lubin-des-Joncherets 28 ... 56 B 4
Saint-Lubin-en-Vergonnois 41 ... 131 H 5
Saint-Luc 27 ... 56 C 2
Saint-Lucien 28 ... 57 E 5
Saint-Lucien 76 ... 36 D 1
Saint-Lumier-en-Champagne 51 ... 62 D 4
Saint-Lumier-la-Populeuse 51 ... 63 E 4
Saint-Lumine-de-Clisson 44 ... 148 A 5
Saint-Lumine-de-Coutais 44 ... 147 F 5
Saint-Lunaire 35 ... 50 B 5
Saint-Luperce 28 ... 85 H 4
Saint-Lupicin 39 ... 196 D 3
Saint-Lupien 10 ... 90 B 5
Saint-Lyé 10 ... 90 D 5
Saint-Lyé-la-Forêt 45 ... 111 E 4
Saint-Lyphard 44 ... 146 B 1
Saint-Lys 31 ... 317 F 2
Saint-Macaire 33 ... 256 B 4
Saint-Macaire-du-Bois 49 ... 150 A 5
Saint-Macaire-en-Mauges 49 ... 148 C 5
Saint-Maclou 27 ... 35 E 2
Saint-Maclou-de-Folleville 76 ... 20 B 4
Saint-Maclou-la-Brière 76 ... 19 E 4
Saint-Macoux 86 ... 203 F 1
Saint-Maden 22 ... 79 G 5
Saint-Magne 33 ... 255 F 4
Saint-Magne-de-Castillon 33 ... 238 D 5
Saint-Maigner 63 ... 208 D 2
Saint-Maigrin 17 ... 220 B 4
Saint-Maime 04 ... 306 D 1
Saint-Maime-de-Péreyrol 24 ... 240 B 4
Saint-Maixant 23 ... 207 H 3
Saint-Maixant 33 ... 256 B 3
Saint-Maixent 72 ... 108 C 4
Saint-Maixent-de-Beugné 79 ... 184 C 2
Saint-Maixent-l'École 79 ... 185 F 3
Saint-Maixent-sur-Vie 85 ... 165 E 4
Saint-Maixme-Hauterive 28 ... 85 G 2
Saint-Malo 35 ... 50 C 5
Saint-Malo-de-Beignon 56 ... 103 F 4
Saint-Malo-de-Guersac 44 ... 146 C 2
Saint-Malo-de-la-Lande 50 ... 31 F 5
Saint-Malo-de-Phily 35 ... 104 A 5
Saint-Malo-des-Trois-Fontaines 56 ... 102 D 3
Saint-Malô-du-Bois 85 ... 166 D 2
Saint-Malo-en-Donziois 58 ... 156 D 3
Saint-Malon-sur-Mel 35 ... 103 G 3
Saint-Mamert 38 ... 231 F 4
Saint-Mamert 69 ... 194 C 5
Saint-Mamert-du-Gard 30 ... 303 G 1
Saint-Mamet 31 ... 334 B 5
Saint-Mamet-la-Salvetat 15 ... 261 H 1
Saint-Mammès 77 ... 88 C 4
Saint-Mandé 94 ... 58 C 3
Saint-Mandé-sur-Brédoire 17 ... 202 B 2
Saint-Mandrier-sur-Mer 83 ... 328 A 5
Saint-Manvieu-Bocage 14 ... 52 B 3
Saint-Manvieu-Norrey 14 ... 33 F 4
Saint-Marc 15 ... 245 H 5
Saint-Marc 44 ... 146 B 3
Saint-Marc-à-Frongier 23 ... 207 G 4
Saint-Marc-à-Loubaud 23 ... 207 F 5
Saint-Marc-du-Cor 41 ... 109 E 5
Saint-Marc-Jaumegarde 13 ... 306 B 5
Saint-Marc-la-Lande 79 ... 185 E 2
Saint-Marc-le-Blanc 35 ... 80 D 4
Saint-Marc-sur-Couesnon 35 ... 80 D 5
Saint-Marc-sur-Seine 21 ... 138 B 4
Saint-Marcan 35 ... 51 E 5
Saint-Marceau 08 ... 26 D 3
Saint-Marceau 72 ... 107 G 2
Saint-Marcel 08 ... 26 C 3
Saint-Marcel 27 ... 36 D 5
Saint-Marcel 36 ... 188 C 1
Saint-Marcel 54 ... 65 F 1
Saint-Marcel 56 ... 125 E 2
Saint-Marcel 70 ... 140 C 2
Saint-Marcel 71 ... 177 H 4
Saint-Marcel 73 ... 234 C 2
Saint-Marcel 81 ... 279 F 4
Saint-Marcel-Bel-Accueil 38 ... 231 H 1
Saint-Marcel-d'Ardèche 07 ... 284 D 1
Saint-Marcel-de-Careiret 30 ... 284 C 3
Saint-Marcel-de-Félines 42 ... 211 H 4
Saint-Marcel-du-Périgord 24 ... 240 C 5
Saint-Marcel-d'Urfé 42 ... 211 F 4
Saint-Marcel-en-Dombes 01 ... 213 F 3
Saint-Marcel-en-Marcillat 03 ... 208 D 1
Saint-Marcel-en-Murat 03 ... 191 G 4
Saint-Marcel-l'Éclairé 69 ... 212 B 4
Saint-Marcel-lès-Annonay 07 ... 248 D 1
Saint-Marcel-lès-Sauzet 26 ... 267 E 3
Saint-Marcel-lès-Valence 26 ... 249 F 4
Saint-Marcel-Paulel 31 ... 298 B 4
Saint-Marcel-sur-Aude 11 ... 321 E 5
Saint-Marcelin-de-Cray 71 ... 194 C 1
Saint-Marcellin 38 ... 250 A 2
Saint-Marcellin-de-Vars 05 ... 270 D 2
Saint-Marcellin-en-Forez 42 ... 229 H 3
Saint-Marcellin-lès-Vaison 84 ... 285 H 2
Saint-Marcet 31 ... 316 C 5
Saint-Marcory 24 ... 259 E 2
Saint-Marcouf 14 ... 32 C 3
Saint-Marcouf 50 ... 29 G 5
Saint-Mard 02 ... 40 D 2
Saint-Mard 17 ... 201 F 2
Saint-Mard 54 ... 95 E 2
Saint-Mard 77 ... 59 E 1
Saint-Mard 80 ... 23 F 4
Saint-Mard-de-Réno 61 ... 84 C 3
Saint-Mard-de-Vaux 71 ... 177 G 4
Saint-Mard-lès-Rouffy 51 ... 61 H 2
Saint-Mard-sur-Auve 51 ... 62 D 1
Saint-Mard-sur-le-Mont 51 ... 63 E 2
Saint-Mards 76 ... 20 A 3
Saint-Mards-de-Blacarville 27 ... 35 E 2
Saint-Mards-de-Fresne 27 ... 55 E 1
Saint-Mards-en-Othe 10 ... 114 C 3
Saint-Marien 23 ... 190 A 3
Saint-Mariens 33 ... 237 H 2
Saint-Mars-de-Coutais 44 ... 147 F 5
Saint-Mars-de-Locquenay 72 ... 108 B 2
Saint-Mars-d'Égrenne 61 ... 82 A 2
Saint-Mars-d'Outillé 72 ... 130 B 2
Saint-Mars-du-Désert 44 ... 147 H 2
Saint-Mars-du-Désert 53 ... 83 E 5
Saint-Mars-en-Brie 77 ... 60 B 4
Saint-Mars-la-Brière 72 ... 108 A 4
Saint-Mars-la-Jaille 44 ... 127 F 5
Saint-Mars-la-Réorthe 85 ... 166 D 3
Saint-Mars-sous-Ballon 72 ... 107 H 3
Saint-Mars-sur-Colmont 53 ... 82 A 4
Saint-Mars-sur-la-Futaie 53 ... 81 G 3
Saint-Marsal 66 ... 342 C 3
Saint-Marsault 79 ... 167 F 4
Saint-Martial 07 ... 248 A 5
Saint-Martial 15 ... 245 G 5
Saint-Martial 16 ... 221 E 5
Saint-Martial 17 ... 201 H 2
Saint-Martial 30 ... 283 E 5
Saint-Martial 33 ... 256 C 3
Saint-Martial-d'Albarède 24 ... 223 F 5
Saint-Martial-d'Artenset 24 ... 239 F 4
Saint-Martial-de-Gimel 19 ... 243 E 1
Saint-Martial-de-Mirambeau 17 ... 219 G 4
Saint-Martial-de-Nabirat 24 ... 259 G 2
Saint-Martial-de-Valette 24 ... 222 C 3
Saint-Martial-de-Vitaterne 17 ... 219 H 4
Saint-Martial-Entraygues 19 ... 243 F 3
Saint-Martial-le-Mont 23 ... 207 G 2
Saint-Martial-le-Vieux 23 ... 225 H 2
Saint-Martial-sur-Isop 87 ... 204 D 1
Saint-Martial-sur-Né 17 ... 220 B 2
Saint-Martial-Viveyrol 24 ... 221 G 5
Saint-Martin 32 ... 295 H 5
Saint-Martin 50 ... 51 F 2
Saint-Martin 54 ... 95 H 1
Saint-Martin 56 ... 125 F 3
Saint-Martin 65 ... 315 E 5
Saint-Martin 66 ... 338 A 5
Saint-Martin 67 ... 96 D 4
Saint-Martin 83 ... 306 D 4
Saint Martin *Casella* 2B ... 347 F 4
Saint-Martin-au-Bosc 76 ... 21 F 2
Saint-Martin-au-Laërt 62 ... 3 F 5
Saint-Martin-aux-Arbres 76 ... 19 H 4
Saint-Martin-aux-Bois 60 ... 38 D 1
Saint-Martin-aux-Buneaux 76 ... 19 F 2
Saint-Martin-aux-Champs 51 ... 62 C 3
Saint-Martin-aux-Chartrains 14 ... 34 C 3
Saint-Martin-Belle-Roche 71 ... 195 E 3
Saint-Martin-Bellevue 74 ... 215 G 3
Saint-Martin-Boulogne 62 ... 2 B 5
Saint-Martin-Cantalès 15 ... 243 H 3
Saint-Martin-Château 23 ... 207 E 5
Saint-Martin-Chennetron 77 ... 89 H 2
Saint-Martin-Choquel 62 ... 6 D 2
Saint-Martin-d'Abbat 45 ... 133 H 2
Saint-Martin-d'Ablois 51 ... 61 F 1
Saint-Martin-d'Août 26 ... 249 G 1
Saint-Martin-d'Arberoue 64 ... 311 F 4
Saint-Martin-d'Arc 73 ... 252 B 1
Saint-Martin-d'Arcé 49 ... 129 F 5
Saint-Martin-d'Ardèche 07 ... 284 D 2
Saint-Martin-d'Armagnac 32 ... 294 D 3
Saint-Martin-d'Arrossa 64 ... 311 E 5
Saint-Martin-d'Ary 17 ... 238 C 1
Saint-Martin-d'Aubigny 50 ... 31 H 4
Saint-Martin-d'Audouville 50 ... 29 G 4
Saint-Martin-d'Auxigny 18 ... 155 E 5
Saint-Martin-d'Auxy 71 ... 177 F 5
Saint-Martin-de-Bavel 01 ... 214 D 4
Saint-Martin-de-Beauville 47 ... 276 D 3
Saint-Martin-de-Belleville 73 ... 234 B 4
Saint-Martin-de-Bernegoue 79 ... 185 E 5
Saint-Martin-de-Bienfaite 14 ... 54 D 1
Saint-Martin-de-Blagny 14 ... 32 C 3
Saint-Martin-de-Bonfossé 50 ... 32 A 5
Saint-Martin-de-Boscherville 76 ... 36 A 2
Saint-Martin-de-Bossenay 10 ... 90 B 4
Saint-Martin-de-Boubaux 48 ... 283 F 3
Saint-Martin-de-Bréthencourt 78 ... 87 E 3
Saint-Martin-de-Brômes 04 ... 307 E 2
Saint-Martin-de-Caralp 09 ... 336 A 2
Saint-Martin-de-Castillon 84 ... 306 A 1
Saint-Martin-de-Cenilly 50 ... 51 H 1
Saint-Martin-de-Clelles 38 ... 250 D 5
Saint-Martin-de-Commune 71 ... 177 E 3
Saint-Martin-de-Connée 53 ... 107 E 2
Saint-Martin-de-Cornas 69 ... 230 D 2
Saint-Martin-de-Coux 17 ... 238 D 2
Saint-Martin-de-Crau 13 ... 304 D 4
Saint-Martin-de-Curton 47 ... 274 D 1
Saint-Martin-de-Fenollar *Chapelle de* 66 ... 343 E 4
Saint-Martin-de-Fontenay 14 ... 33 G 5
Saint-Martin-de-Fraigneau 85 ... 184 B 3
Saint-Martin-de-Fresnay 14 ... 54 B 2
Saint-Martin-de-Fressengeas 24 ... 222 D 4
Saint-Martin-de-Fugères 43 ... 247 F 5
Saint-Martin-de-Goyne 32 ... 275 H 5
Saint-Martin-de-Gurson 24 ... 239 E 4
Saint-Martin-de-Hinx 40 ... 292 C 4
Saint-Martin-de-Juillers 17 ... 202 B 3
Saint-Martin-de-Jussac 87 ... 205 E 4
Saint-Martin-de-la-Brasque 84 ... 306 B 2
Saint-Martin-de-la-Cluze 38 ... 250 D 4
Saint-Martin-de-la-Coudre 17 ... 201 G 2
Saint-Martin-de-la-Lieue 14 ... 34 C 5
Saint-Martin-de-la-Mer 21 ... 158 C 4
Saint-Martin-de-la-Place 49 ... 150 B 3
Saint-Martin-de-la-Porte 73 ... 252 B 1
Saint-Martin-de-Lamps 36 ... 171 G 2
Saint-Martin-de-Landelles 50 ... 81 F 2
Saint-Martin-de-Lansuscle 48 ... 283 E 3
Saint-Martin-de-l'Arçon 34 ... 301 E 5
Saint-Martin-de-Laye 33 ... 238 C 3
Saint-Martin-de-Lenne 12 ... 263 G 5
Saint-Martin-de-Lerm 33 ... 256 D 3
Saint-Martin-de-Lixy 71 ... 211 H 1
Saint-Martin-de-Londres 34 ... 302 C 2
Saint-Martin-de-Mâcon 79 ... 168 B 1
Saint-Martin-de-Mailloc 14 ... 34 D 5
Saint-Martin-de-Mieux 14 ... 53 H 3
Saint-Martin-de-Nigelles 28 ... 86 B 2
Saint-Martin-de-Peille *Église* 06 ... 291 G 5
Saint-Martin-de-Queyrières 05 ... 252 C 5
Saint-Martin-de-Ré 17 ... 182 D 5
Saint-Martin-de-Ribérac 24 ... 239 G 1
Saint-Martin-de-Saint-Maixent 79 ... 185 F 3
Saint-Martin-de-Salencey 71 ... 194 B 2
Saint-Martin-de-Sallen 14 ... 53 F 2
Saint-Martin-de-Sanzay 79 ... 168 A 1
Saint-Martin-de-Seignanx 40 ... 292 B 5
Saint-Martin-de-Sescas 33 ... 256 C 3
Saint-Martin-de-Tallevende 14 ... 52 C 3
Saint-Martin-de-Valamas 07 ... 248 B 5
Saint-Martin-de-Valgalgues 30 ... 283 H 3
Saint-Martin-de-Varreville 50 ... 29 H 5
Saint-Martin-de-Vaulserre 38 ... 232 D 3
Saint-Martin-de-Vers 46 ... 260 C 4
Saint-Martin-de-Villeréal 47 ... 258 D 3
Saint-Martin-de-Villereglan 11 ... 337 G 1
Saint-Martin-d'Écublei 61 ... 55 G 4
Saint-Martin-d'Entraigues 79 ... 202 D 1
Saint-Martin-d'Entraunes 06 ... 289 E 3
Saint-Martin-des-Besaces 14 ... 52 C 1
Saint-Martin-des-Bois 41 ... 131 E 4
Saint-Martin-des-Champs 18 ... 156 A 5
Saint-Martin-des-Champs 29 ... 71 H 4
Saint-Martin-des-Champs 50 ... 51 H 5
Saint-Martin-des-Champs 77 ... 60 B 4
Saint-Martin-des-Champs 78 ... 57 F 3
Saint-Martin-des-Champs 89 ... 135 F 4
Saint-Martin-des-Combes 24 ... 240 B 4
Saint-Martin-des-Entrées 14 ... 33 E 3
Saint-Martin-des-Fontaines 85 ... 183 H 1
Saint-Martin-des-Lais 03 ... 175 G 5
Saint-Martin-des-Landes 61 ... 83 E 2
Saint-Martin-des-Monts 72 ... 108 C 3
Saint-Martin-des-Noyers 85 ... 166 B 4
Saint-Martin-des-Olmes 63 ... 229 E 3
Saint-Martin-des-Pézerits 61 ... 55 E 5
Saint-Martin-des-Plains 63 ... 228 A 4
Saint-Martin-des-Prés 22 ... 78 A 5
Saint-Martin-des-Puits 11 ... 338 B 2
Saint-Martin-des-Tilleuls 85 ... 166 C 2
Saint-Martin-d'Estréaux 42 ... 211 E 1
Saint-Martin-d'Hardinghem 62 ... 7 E 3
Saint-Martin-d'Hères 38 ... 251 E 1
Saint-Martin-d'Heuille 58 ... 174 D 1
Saint-Martin-d'Ollières 63 ... 228 B 4
Saint-Martin-Don 14 ... 52 C 2
Saint-Martin-d'Oney 40 ... 273 G 5
Saint-Martin-d'Ordon 89 ... 113 F 4
Saint-Martin-d'Oydes 09 ... 318 A 5
Saint-Martin-du-Bec 76 ... 18 C 5
Saint-Martin-du-Bois 33 ... 238 B 3
Saint-Martin-du-Bois 49 ... 128 B 4
Saint-Martin-du-Boschet 77 ... 60 C 4
Saint-Martin-du-Canigou *Abbaye de* 66 ... 342 A 4
Saint-Martin-du-Clocher 16 ... 203 F 2
Saint-Martin-du-Fouilloux 49 ... 149 F 2
Saint-Martin-du-Fouilloux 79 ... 185 G 1
Saint-Martin-du-Frêne 01 ... 214 C 1
Saint-Martin-du-Lac 71 ... 193 G 5
Saint-Martin-du-Limet 53 ... 127 H 2
Saint-Martin-du-Manoir 76 ... 18 D 5
Saint-Martin-du-Mesnil-Oury 14 ... 54 C 1
Saint-Martin-du-Mont 01 ... 214 A 1
Saint-Martin-du-Mont 21 ... 159 G 2
Saint-Martin-du-Mont 71 ... 195 H 1
Saint-Martin-du-Puy 33 ... 256 D 2
Saint-Martin-du-Puy 58 ... 157 H 3
Saint-Martin-du-Tartre 71 ... 194 C 1
Saint-Martin-du-Tertre 89 ... 113 G 2
Saint-Martin-du-Tertre 95 ... 38 C 5
Saint-Martin-du-Tilleul 27 ... 35 F 5
Saint-Martin-du-Touch 31 ... 297 H 5
Saint-Martin-du-Var 06 ... 291 E 5
Saint-Martin-du-Vieux-Bellême 61 ... 84 B 4
Saint-Martin-du-Vivier 76 ... 36 B 1
Saint-Martin-d'Uriage 38 ... 251 E 2
Saint-Martin-en-Bière 77 ... 88 A 4
Saint-Martin-en-Bresse 71 ... 178 A 4
Saint-Martin-en-Campagne 76 ... 10 C 5
Saint-Martin-en-Coailleux 42 ... 230 C 4
Saint-Martin-en-Gâtinois 71 ... 178 A 2
Saint-Martin-en-Haut 69 ... 230 C 1
Saint-Martin-en-Vercors 26 ... 250 B 3
Saint-Martin-Gimois 32 ... 296 C 5
Saint-Martin-la-Campagne 27 ... 56 A 1
Saint-Martin-la-Garenne 78 ... 57 F 1
Saint-Martin-la-Méanne 19 ... 243 F 2
Saint-Martin-la-Patrouille 71 ... 194 C 1
Saint-Martin-la-Plaine 42 ... 230 C 3
Saint-Martin-la-Sauveté 42 ... 211 F 5
Saint-Martin-Labouval 46 ... 260 D 5
Saint-Martin-Lacaussade 33 ... 237 F 2
Saint-Martin-Laguépie 81 ... 279 F 4
Saint-Martin-l'Aiguillon 61 ... 83 E 2
Saint-Martin-Lalande 11 ... 319 E 4
Saint-Martin-l'Ars 86 ... 186 D 5
Saint-Martin-Lars-en-Sainte-Hermine 85 ... 183 G 1
Saint-Martin-l'Astier 24 ... 239 G 3
Saint-Martin-le-Beau 37 ... 152 B 3
Saint-Martin-le-Bouillant 50 ... 52 A 3
Saint-Martin-le-Châtel 01 ... 195 G 4
Saint-Martin-le-Colonel 26 ... 250 A 4
Saint-Martin-le-Gaillard 76 ... 10 D 5
Saint-Martin-le-Gréard 50 ... 29 E 4
Saint-Martin-le-Hébert 50 ... 29 E 4
Saint-Martin-le-Mault 87 ... 188 A 4
Saint-Martin-le-Nœud 60 ... 38 A 2
Saint-Martin-le-Pin 24 ... 222 B 3
Saint-Martin-le-Redon 46 ... 259 E 4
Saint-Martin-le-Supérieur 07 ... 266 D 3
Saint-Martin-le-Vieil 11 ... 319 F 4
Saint-Martin-le-Vieux 87 ... 223 F 1
Saint-Martin-le-Vinoux 38 ... 250 D 1
Saint-Martin-les-Eaux 04 ... 306 C 1
Saint-Martin-lès-Langres 52 ... 139 G 2
Saint-Martin-lès-Melle 79 ... 185 F 5
Saint-Martin-lès-Seyne 04 ... 270 A 5
Saint-Martin-Lestra 42 ... 230 A 1
Saint-Martin-l'Heureux 51 ... 42 B 4
Saint-Martin-l'Hortier 76 ... 20 D 3
Saint-Martin-l'Inférieur 07 ... 266 D 3
Saint-Martin-Longueau 60 ... 39 E 3
Saint-Martin-Lys 11 ... 337 G 4
Saint-Martin-Osmonville 76 ... 20 C 4
Saint-Martin-Petit 47 ... 257 E 4
Saint-Martin-Rivière 02 ... 14 D 5
Saint-Martin-Saint-Firmin 27 ... 35 F 3

A B C D E F G H I J K L M N O P Q R **S** T U V W X Y Z

Saint-Martin-Sainte-Catherine 23 206 C 3
Saint-Martin-Sepert 19 224 B 4
Saint-Martin-sous-Montaigu 71 177 G 4
Saint-Martin-sous-Vigouroux 15 245 E 5
Saint-Martin-sur-Armançon 89 137 F 2
Saint-Martin-sur-Arve 74 216 C 3
Saint-Martin-sur-Cojeul 62 13 G 3
Saint-Martin-sur-Ecaillon 59 14 D 3
Saint-Martin-sur-la-Chambre 73 234 A 4
Saint-Martin-sur-la-Renne 52 116 C 3
Saint-Martin-sur-le-Pré 51 62 A 2
Saint-Martin-sur-Nohain 58 156 B 3
Saint-Martin-sur-Ocre 45 134 C 4
Saint-Martin-sur-Ocre 89 135 H 3
Saint-Martin-sur-Oreuse 89 89 G 5
Saint-Martin-sur-Ouanne 89 135 F 2
Saint-Martin-Terressus 87 206 B 4
Saint-Martin-Valmeroux 15 244 B 3
Saint-Martin-Vésubie 06 291 E 2
Saint-Martinien 03 190 C 4
Saint-Martory 31 334 D 1
Saint-Mary 16 203 H 5
Saint-Mary-le-Plain 15 245 H 2
Saint-Masmes 51 42 A 3
Saint-Mathieu 87 222 C 1
Saint-Mathieu *Pointe de* 29 74 C 3
Saint-Mathieu-de-Tréviers 34 302 D 3
Saint-Mathurin 85 182 B 1
Saint-Mathurin-Léobazel 19 243 F 4
Saint-Mathurin-sur-Loire 49 150 A 2
Saint-Matré 46 277 F 1
Saint-Maudan 22 102 B 2
Saint-Maudez 22 79 F 4
Saint-Maugan 35 103 G 2
Saint-Maulvis 80 11 G 5
Saint-Maur 18 190 A 1
Saint-Maur 32 315 H 2
Saint-Maur 36 171 G 4
Saint-Maur 39 196 C 1
Saint-Maur 60 21 H 5
Saint-Maur-de-Glanfeuil *Abbaye de* 49 150 A 2
Saint-Maur-des-Bois 50 52 A 3
Saint-Maur-des-Fossés 94 58 D 4
Saint-Maur-sur-le-Loir 28 110 A 3
Saint-Maurice 52 139 H 2
Saint-Maurice 58 175 F 1
Saint-Maurice 63 228 A 2
Saint-Maurice 67 97 E 4
Saint-Maurice 94 58 C 4
Saint-Maurice-aux-Forges 54 96 A 2
Saint-Maurice-aux-Riches-Hommes 89 89 H 5
Saint-Maurice-Colombier 25 142 A 5
Saint-Maurice-Crillat 39 197 E 1
Saint-Maurice-d'Ardèche 07 266 B 4
Saint-Maurice-de-Beynost 01 213 F 4
Saint-Maurice-de-Cazevieille 30 284 A 5
Saint-Maurice-de-Gourdans 01 213 H 5
Saint-Maurice-de-Laurençanne 17 219 H 5
Saint-Maurice-de-Lestapel 47 258 B 4
Saint-Maurice-de-Lignon 43 247 H 1
Saint-Maurice-de-Rémens 01 214 A 3
Saint-Maurice-de-Rotherens 73 232 D 2
Saint-Maurice-de-Satonnay 71 195 E 3
Saint-Maurice-de-Tavernole 17 219 H 3
Saint-Maurice-de-Ventalon 48 283 F 1
Saint-Maurice-des-Champs 71 194 C 1
Saint-Maurice-des-Lions 16 204 C 3
Saint-Maurice-des-Noues 85 184 B 1
Saint-Maurice-d'Ételan 76 35 F 1
Saint-Maurice-d'Ibie 07 266 C 4
Saint-Maurice-du-Désert 61 82 D 2
Saint-Maurice-en-Chalencon 07 248 D 5
Saint-Maurice-en-Cotentin 50 28 D 5
Saint-Maurice-en-Gourgois 42 229 H 4
Saint-Maurice-en-Quercy 46 261 F 2
Saint-Maurice-en-Rivière 71 178 A 3
Saint-Maurice-en-Trièves 38 268 D 1
Saint-Maurice-en-Valgodemard 05 269 G 1
Saint-Maurice-la-Clouère 86 186 C 4
Saint-Maurice-la-Fougereuse 79 167 G 1
Saint-Maurice-la-Souterraine 23 206 B 1
Saint-Maurice-le-Girard 85 167 E 5
Saint-Maurice-le-Vieil 89 135 H 3
Saint-Maurice-les-Brousses 87 223 G 1
Saint-Maurice-lès-Charencey 61 55 G 5
Saint-Maurice-lès-Châteauneuf 71 193 H 5
Saint-Maurice-lès-Couches 71 177 F 3
Saint-Maurice-l'Exil 38 231 E 4
Saint-Maurice-Montcouronne 91 87 F 2
Saint-Maurice-Navacelles 34 302 A 2
Saint-Maurice-près-Crocq 23 208 B 4
Saint-Maurice-près-Pionsat 63 208 D 2
Saint-Maurice-Saint-Germain 28 85 F 3
Saint-Maurice-sous-les-Côtes 55 64 D 2
Saint-Maurice-sur-Adour 40 294 A 2
Saint-Maurice-sur-Aveyron 45 135 E 2
Saint-Maurice-sur-Dargoire 69 230 D 2
Saint-Maurice-sur-Eygues 26 285 G 1
Saint-Maurice-sur-Fessard 45 112 B 5
Saint-Maurice-sur-Huisne 61 84 D 4
Saint-Maurice-sur-Mortagne 88 95 G 4
Saint-Maurice-sur-Moselle 88 120 A 5
Saint-Maurice-sur-Vingeanne 21 139 H 5
Saint-Maurice-Thizouaille 89 135 H 2
Saint-Maurin 47 276 D 3
Saint-Max 54 65 H 5
Saint-Maxent 80 11 F 4
Saint-Maximin 30 284 C 5
Saint-Maximin 38 233 G 4
Saint-Maximin 60 38 D 4
Saint-Maximin-la-Sainte-Baume 83 327 H 1
Saint-Maxire 79 184 D 3
Saint-May 26 268 A 5
Saint-Mayeux 22 77 H 5
Saint-Méard 87 224 C 2
Saint-Méard-de-Drône 24 239 H 1
Saint-Méard-de-Gurçon 24 239 F 5
Saint-Médard 16 220 C 3
Saint-Médard 17 220 B 4
Saint-Médard 23 207 G 2
Saint-Médard 31 334 D 1
Saint-Médard 32 316 A 2
Saint-Médard 36 170 D 2
Saint-Médard 40 294 A 1
Saint-Médard 46 259 G 4
Saint-Médard 57 66 D 4
Saint-Médard 64 293 H 5
Saint-Médard 79 185 F 5
Saint-Médard-d'Aunis 17 200 D 1
Saint-Médard-de-Guizières 33 238 D 4
Saint-Médard-de-Mussidan 24 239 G 3
Saint-Médard-de-Presque 46 261 E 1
Saint-Médard-des-Prés 85 184 B 2
Saint-Médard-d'Excideuil 24 223 F 5
Saint-Médard-d'Eyrans 33 255 G 2
Saint-Médard-en-Forez 42 230 B 2
Saint-Médard-en-Jalles 33 237 F 5
Saint-Médard-Nicourby 46 261 F 2
Saint-Médard-sur-Ille 35 80 B 5
Saint-Méen 29 71 E 4
Saint-Méen-le-Grand 35 103 F 2
Saint-Melaine 35 104 D 3
Saint-Melaine-sur-Aubance 49 149 G 2
Saint-Mélany 07 265 H 4
Saint-Méloir-des-Bois 22 79 F 4
Saint-Méloir-des-Ondes 35 50 C 5
Saint-Même-le-Tenu 44 165 E 1
Saint-Même-les-Carrières 16 220 C 2
Saint-Memmie 51 62 B 2
Saint-Menge 88 94 C 5
Saint-Menges 08 27 E 3
Saint-Menoux 03 191 H 1
Saint-Merd-de-Lapleau 19 243 G 1
Saint-Merd-la-Breuille 23 226 B 1
Saint-Merd-les-Oussines 19 225 F 2
Saint-Méry 77 88 C 2
Saint-Meslin-du-Bosc 27 35 H 4
Saint-Mesmes 77 59 E 2
Saint-Mesmin 10 90 C 4
Saint-Mesmin 21 159 F 3
Saint-Mesmin 24 223 G 5
Saint-Mesmin 85 167 E 4
Saint-Mexant 19 242 C 1
Saint-Mézard 32 275 H 5
Saint-M'Hervé 35 105 F 2
Saint-M'Hervon 35 103 G 1
Saint-Micaud 71 177 F 5
Saint-Michel 02 25 H 1
Saint-Michel 09 336 A 1
Saint-Michel 16 221 E 2
Saint-Michel 31 317 F 5
Saint-Michel 32 315 H 2
Saint-Michel 34 301 H 2
Saint-Michel 45 111 H 4
Saint-Michel 52 139 G 3
Saint-Michel 64 330 C 1
Saint-Michel 82 277 E 5
Saint-Michel-Chef-Chef 44 146 C 4
Saint-Michel-d'Aurance 07 248 C 5
Saint-Michel-de-Bannières 46 242 D 4
Saint-Michel-de-Boulogne 07 266 B 2
Saint-Michel-de-Castelnau 33 274 C 2
Saint-Michel-de-Chabrillanoux 07 266 D 1
Saint-Michel-de-Chaillol 05 269 H 2
Saint-Michel-de-Chavaignes 72 108 C 4
Saint-Michel-de-Cuxa *Abbaye de* 66 342 A 3
Saint-Michel-de-Dèze 48 283 F 2
Saint-Michel-de-Double 24 239 G 3
Saint-Michel-de-Feins 53 128 C 3
Saint-Michel-de-Frigolet *Abbaye* 13 304 C 1
Saint-Michel-de-Fronsac 33 238 B 4
Saint-Michel-de-la-Pierre 50 31 H 4
Saint-Michel-de-la-Roë 53 105 F 5
Saint-Michel-de-Lanès 11 318 C 4
Saint-Michel-de-Lapujade 33 257 E 3
Saint-Michel-de-Livet 14 54 C 1
Saint-Michel-de-Llotes 66 342 C 2
Saint-Michel-de-Maurienne 73 252 B 1
Saint-Michel-de-Montaigne 24 238 D 5
Saint-Michel-de-Montjoie 50 52 B 4
Saint-Michel-de-Mourcairol *Château de* 34 301 F 5
Saint-Michel-de-Plélan 22 79 F 4
Saint-Michel-de-Rieufret 33 255 H 3
Saint-Michel-de-Rivière 24 238 D 2
Saint-Michel-de-Saint-Geoirs 38 232 A 5
Saint-Michel-de-Vax 81 278 D 4
Saint-Michel-de-Veisse 23 207 G 3
Saint-Michel-de-Villadeix 24 240 C 4
Saint-Michel-de-Volangis 18 155 F 5
Saint-Michel-des-Andaines 61 82 C 2
Saint-Michel-des-Loups 50 51 F 4
Saint-Michel-d'Euzet 30 284 C 3
Saint-Michel-d'Halescourt 76 21 F 5
Saint-Michel-en-Beaumont 38 251 F 5
Saint-Michel-en-Brenne 36 170 D 4
Saint-Michel-en-Grève 22 72 B 3
Saint-Michel-en-l'Herm 85 183 E 3
Saint-Michel-Escalus 40 292 C 1
Saint-Michel-et-Chanveaux 49 127 G 4
Saint-Michel-Labadié 81 280 C 5
Saint-Michel-le-Cloucq 85 184 B 2
Saint-Michel-l'Écluse-et-Léparon 24 239 E 2
Saint-Michel-les-Portes 38 250 C 5
Saint-Michel-l'Observatoire 04 306 C 1
Saint-Michel-Loubéjou 46 243 E 5
Saint-Michel-Mont-Mercure 85 166 D 3
Saint-Michel-Peyresq 04 288 D 4
Saint-Michel-sous-Bois 62 6 D 4
Saint-Michel-sur-Loire 37 151 F 3
Saint-Michel-sur-Meurthe 88 96 B 4
Saint-Michel-sur-Orge 91 87 G 2
Saint-Michel-sur-Rhône 42 231 E 4
Saint-Michel-sur-Savasse 26 249 H 2
Saint-Michel-sur-Ternoise 62 7 G 5
Saint-Michel-Tubœuf 61 55 G 4
Saint-Mihiel 55 64 C 3
Saint-Mitre-les-Remparts 13 325 G 3
Saint-Molf 44 145 H 3
Saint-Momelin 59 3 F 5
Saint-Mont 32 294 D 4
Saint-Montan 07 266 D 5
Saint-Moré 89 136 D 5
Saint-Moreil 23 206 D 5
Saint-Morel 08 42 D 3
Saint-Morillon 33 255 G 3
Saint-Mury-Monteymond 38 251 F 1
Saint-Myon 63 209 H 3
Saint-Nabor 67 97 E 3
Saint-Nabord 88 119 G 3
Saint-Nabord-sur-Aube 10 91 F 3
Saint-Nauphary 82 297 H 1
Saint-Nazaire 30 284 D 3
Saint-Nazaire 33 239 G 5
Saint-Nazaire 44 146 B 3
Saint-Nazaire 66 343 F 2
Saint-Nazaire *Pont de* 44 146 C 2
Saint-Nazaire *Site de* 19 226 B 4
Saint-Nazaire-d'Aude 11 320 D 5
Saint-Nazaire-de-Ladarez 34 321 F 2
Saint-Nazaire-de-Pézan 34 303 F 4
Saint-Nazaire-de-Valentane 82 277 E 3
Saint-Nazaire-des-Gardies 30 283 G 5
Saint-Nazaire-en-Royans 26 250 A 3
Saint-Nazaire-le-Désert 26 268 A 3
Saint-Nazaire-les-Eymes 38 251 E 1
Saint-Nazaire-sur-Charente 17 200 C 3
Saint-Nectaire 63 227 G 2
Saint-Nexans 24 258 B 1
Saint-Nic 29 75 G 4
Saint-Nicodème 22 77 F 3
Saint-Nicodème *Chapelle* 56 101 H 4
Saint-Nicolas 62 13 G 2
Saint-Nicolas *Cascade* 68 120 B 5
Saint-Nicolas *Chapelle* 56 101 E 3
Saint-Nicolas-aux-Bois 02 24 C 5
Saint-Nicolas-aux-Bois *Abbaye de* 02 24 C 5
Saint-Nicolas-Courbefy 87 223 F 2
Saint-Nicolas-d'Aliermont 76 20 C 2
Saint-Nicolas-d'Attez 27 55 H 4
Saint-Nicolas-de-Bliquetuit 76 35 G 1
Saint-Nicolas-de-Bourgueil 37 150 D 3
Saint-Nicolas-de-Brem 85 165 E 5
Saint-Nicolas-de-la-Balerme 47 276 C 4
Saint-Nicolas-de-la-Grave 82 277 E 4
Saint-Nicolas-de-la-Haie 76 19 F 5
Saint-Nicolas-de-la-Taille 76 35 E 1
Saint-Nicolas-de-Macherin 38 232 C 4
Saint-Nicolas-de-Pierrepont 50 31 F 2
Saint-Nicolas-de-Port 54 95 E 1
Saint-Nicolas-de-Redon 44 125 H 4
Saint-Nicolas-de-Sommaire 61 55 F 4
Saint-Nicolas-de-Véroce 74 216 D 4
Saint-Nicolas-des-Biefs 03 211 E 2
Saint-Nicolas-des-Bois 50 52 A 4
Saint-Nicolas-des-Bois 61 83 G 3
Saint-Nicolas-des-Eaux 56 101 H 4
Saint-Nicolas-des-Laitiers 61 55 E 3
Saint-Nicolas-des-Motets 37 131 G 5
Saint-Nicolas-du-Bosc 27 35 H 4
Saint-Nicolas-du-Bosc-l'Abbé 27 55 F 1
Saint-Nicolas-du-Pélem 22 77 G 4
Saint-Nicolas-du-Tertre 56 125 G 2
Saint-Nicolas-en-Forêt 57 45 G 3
Saint-Nicolas-la-Chapelle 10 89 H 3
Saint-Nicolas-la-Chapelle 73 216 B 4
Saint-Nicolas-lès-Cîteaux 21 160 A 5
Saint-Nizier-d'Azergues 69 212 B 2
Saint-Nizier-de-Fornas 42 229 G 4
Saint-Nizier-du-Moucherotte 38 250 D 2
Saint-Nizier-le-Bouchoux 01 195 G 2
Saint-Nizier-le-Désert 01 213 G 2
Saint-Nizier-sous-Charlieu 42 211 H 1
Saint-Nizier-sur-Arroux 71 176 C 4
Saint-Nolff 56 124 C 3
Saint-Nom-la-Bretèche 78 57 H 3
Saint-Offenge-Dessous 73 215 F 5
Saint-Offenge-Dessus 73 215 F 5
Saint-Omer 14 53 F 2
Saint-Omer 44 147 E 1
Saint-Omer 62 3 F 5
Saint-Omer-Capelle 62 3 E 3
Saint-Omer-en-Chaussée 60 37 H 1
Saint-Ondras 38 232 C 3
Saint-Onen-la-Chapelle 35 103 F 2
Saint-Oradoux-de-Chirouze 23 226 B 1
Saint-Oradoux-près-Crocq 23 208 B 4
Saint-Orens 32 296 D 3
Saint-Orens-de-Gameville 31 298 A 5
Saint-Orens-Pouy-Petit 32 295 H 1
Saint-Ost 32 316 A 3
Saint-Osvin 50 51 H 4
Saint-Ouen 17 202 C 4
Saint-Ouen 41 131 G 3
Saint-Ouen 80 12 B 5
Saint-Ouen 93 58 C 3
Saint-Ouen-d'Attez 27 56 A 4
Saint-Ouen-d'Aunis 17 183 G 5
Saint-Ouen-de-la-Cour 61 84 C 4
Saint-Ouen-de-Mimbré 72 83 G 5
Saint-Ouen-de-Pontcheuil 27 36 A 4
Saint-Ouen-de-Sécherouvre 61 84 B 2
Saint-Ouen-de-Thouberville 27 35 H 2
Saint-Ouen-des-Alleux 35 80 D 4
Saint-Ouen-des-Besaces 14 52 C 1
Saint-Ouen-des-Champs 27 35 F 2
Saint-Ouën-des-Toits 53 105 H 3
Saint-Ouën-des-Vallons 53 106 B 2
Saint-Ouen-Domprot 51 91 G 2
Saint-Ouen-du-Breuil 76 20 A 4
Saint-Ouen-du-Mesnil-Oger 14 34 A 5
Saint-Ouen-du-Tilleul 27 36 A 3
Saint-Ouen-en-Belin 72 130 A 2
Saint-Ouen-en-Brie 77 88 D 2
Saint-Ouen-en-Champagne 72 107 E 5
Saint-Ouen-la-Rouërie 35 80 D 3
Saint-Ouen-l'Aumône 95 58 A 1
Saint-Ouen-le-Brisoult 61 82 D 3
Saint-Ouen-le-Houx 14 54 C 2
Saint-Ouen-le-Mauger 76 20 A 3
Saint-Ouen-le-Pin 14 34 B 5
Saint-Ouen-lès-Parey 88 118 A 2
Saint-Ouen-les-Vignes 37 152 C 2
Saint-Ouen-Marchefroy 28 57 E 3
Saint-Ouen-sous-Bailly 76 10 C 5
Saint-Ouen-sur-Gartempe 87 205 F 1
Saint-Ouen-sur-Iton 61 55 G 4
Saint-Ouen-sur-Loire 58 174 D 3
Saint-Ouen-sur-Maire 61 53 H 5
Saint-Ouen-sur-Morin 77 60 A 3
Saint-Oulph 10 90 C 3
Saint-Ours 63 209 F 5
Saint-Ours 73 215 F 5
Saint-Outrille 18 154 A 5
Saint-Oyen 73 234 B 3
Saint-Oyen-Montbellet 71 195 E 2
Saint-Pabu 29 70 C 4
Saint-Paër 27 37 F 3
Saint-Paër 76 35 H 1
Saint-Pair 14 33 H 4
Saint-Pair-du-Mont 14 34 B 5
Saint-Pair-sur-Mer 50 51 F 3
Saint-Pal-de-Chalencon 43 229 F 5
Saint-Pal-de-Mons 43 248 A 1
Saint-Pal-de-Senouire 43 246 D 1
Saint-Palais 03 190 A 3
Saint-Palais 18 155 E 4
Saint-Palais 33 219 G 5
Saint-Palais 64 311 G 4
Saint-Palais-de-Négrignac 17 238 C 1
Saint-Palais-de-Phiolin 17 219 G 3
Saint-Palais-du-Né 16 220 B 3
Saint-Palais-sur-Mer 17 218 C 1
Saint-Pancrace 04 306 C 2
Saint-Pancrace 06 309 G 2
Saint-Pancrace 24 222 C 4
Saint-Pancrace 73 234 A 5
Saint-Pancrace 2B 346 D 4
Saint-Pancrasse 38 233 E 5
Saint-Pancré 54 44 D 1
Saint-Pandelon 40 292 D 3
Saint-Pantaléon 46 277 G 1
Saint-Pantaléon 71 176 D 2
Saint-Pantaléon 84 305 G 1
Saint-Pantaléon-de-Lapleau 19 225 H 5
Saint-Pantaléon-de-Larche 19 242 B 2
Saint-Pantaléon-les-Vignes 26 267 G 5
Saint-Pantaly-d'Ans 24 241 E 1
Saint-Pantaly-d'Excideuil 24 223 E 5
Saint-Papoul 11 319 E 4
Saint-Pardon-de-Conques 33 256 C 4
Saint-Pardoult 17 201 H 3
Saint-Pardoux 63 209 G 2
Saint-Pardoux 79 185 E 1
Saint-Pardoux 87 205 H 2
Saint-Pardoux-Corbier 19 224 B 4
Saint-Pardoux-d'Arnet 23 208 B 4
Saint-Pardoux-de-Drône 24 239 H 1
Saint-Pardoux-du-Breuil 47 257 F 5
Saint-Pardoux-et-Vielvic 24 259 E 1
Saint-Pardoux-Isaac 47 257 G 3
Saint-Pardoux-la-Croisille 19 243 F 1
Saint-Pardoux-la-Rivière 24 222 C 3
Saint-Pardoux-le-Neuf 19 226 B 2
Saint-Pardoux-le-Neuf 23 207 H 4
Saint-Pardoux-le-Vieux 19 225 H 2
Saint-Pardoux-les-Cards 23 207 G 2
Saint-Pardoux-l'Ortigier 19 242 C 1
Saint-Pardoux-Morterolles 23 207 E 4
Saint-Pargoire 34 302 A 5
Saint-Parize-en-Viry 58 175 E 4
Saint-Parize-le-Châtel 58 174 C 3
Saint-Parres-aux-Tertres 10 91 E 5
Saint-Parres-lès-Vaudes 10 115 F 3
Saint-Parthem 12 262 B 3
Saint-Pastour 47 258 B 5
Saint-Pastous 65 332 D 2
Saint-Paterne 72 83 G 4
Saint-Paterne-Racan 37 130 C 5
Saint-Pathus 77 59 F 1
Saint-Patrice 37 151 E 3
Saint-Patrice-de-Claids 50 31 G 3
Saint-Patrice-du-Désert 61 82 D 2
Saint-Paul 06 309 F 2
Saint-Paul 19 243 E 2
Saint-Paul 33 237 G 2

Saint-Paul 60 ... 37 H2
Saint-Paul 61 ... 53 E4
Saint-Paul 65 ... 334 A1
Saint-Paul 73 ... 233 E1
Saint-Paul 87 ... 224 B1
Saint-Paul 88 ... 94 B4
Saint-Paul-aux-Bois 02 ... 40 A1
Saint-Paul-Cap-de-Joux 81 ... 299 E4
Saint-Paul-de-Baïse 32 ... 295 H2
Saint-Paul-de-Fenouillet 66 ... 338 A4
Saint-Paul-de-Fourques 27 ... 35 H4
Saint-Paul-de-Jarrat 09 ... 336 B3
Saint-Paul-de-Loubressac 46 ... 278 B2
Saint-Paul-de-Salers 15 ... 244 C3
Saint-Paul-de-Serre 24 ... 240 B3
Saint-Paul-de-Tartas 43 ... 265 F1
Saint-Paul-de-Varax 01 ... 213 G1
Saint-Paul-de-Varces 38 ... 250 D3
Saint-Paul-de-Vern 46 ... 261 F1
Saint-Paul-de-Vézelin 42 ... 211 G4
Saint-Paul-des-Landes 15 ... 244 B5
Saint-Paul-d'Espis 82 ... 277 E3
Saint-Paul-d'Izeaux 38 ... 232 B5
Saint-Paul-d'Oueil 31 ... 334 A4
Saint-Paul-du-Bois 49 ... 167 G1
Saint-Paul-du-Vernay 14 ... 32 D4
Saint-Paul-d'Uzore 42 ... 229 G1
Saint-Paul-en-Born 40 ... 272 C2
Saint-Paul-en-Chablais 74 ... 198 C3
Saint-Paul-en-Cornillon 42 ... 230 A4
Saint-Paul-en-Forêt 83 ... 308 C4
Saint-Paul-en-Gâtine 79 ... 167 F5
Saint-Paul-en-Jarez 42 ... 230 C3
Saint-Paul-en-Pareds 85 ... 166 C3
Saint-Paul-et-Valmalle 34 ... 302 C4
Saint-Paul-la-Coste 30 ... 283 G3
Saint-Paul-la-Roche 24 ... 223 E4
Saint-Paul-le-Froid 48 ... 264 D1
Saint-Paul-le-Gaultier 72 ... 83 F5
Saint-Paul-le-Jeune 07 ... 283 H1
Saint-Paul-lès-Dax 40 ... 292 D3
Saint-Paul-les-Fonts 30 ... 284 D4
Saint-Paul-lès-Monestier 38 ... 250 D4
Saint-Paul-lès-Romans 26 ... 249 H3
Saint-Paul-lez-Durance 13 ... 306 C3
Saint-Paul-Lizonne 24 ... 221 G5
Saint-Paul-Mont-Penit 85 ... 165 F3
Saint-Paul-sur-Isère 73 ... 234 B2
Saint-Paul-sur-Risle 27 ... 35 F3
Saint-Paul-sur-Save 31 ... 297 G3
Saint-Paul-sur-Ubaye 04 ... 271 E3
Saint-Paul-Trois-Châteaux 26 ... 285 E1
Saint-Paulet 11 ... 318 D3
Saint-Paulet-de-Caisson 30 ... 284 D2
Saint-Paulien 43 ... 247 E2
Saint-Pavace 72 ... 107 H4
Saint-Pé-d'Ardet 31 ... 334 B2
Saint-Pé-de-Bigorre 65 ... 332 C1
Saint-Pé-de-Léren 64 ... 292 D5
Saint-Pé-Delbosc 31 ... 316 B4
Saint-Pé-Saint-Simon 47 ... 275 E5
Saint-Pée-sur-Nivelle 64 ... 310 C4
Saint-Pellerin 28 ... 109 G4
Saint-Pellerin 50 ... 32 A3
Saint-Péran 35 ... 103 G3
Saint-Péravy-Épreux 45 ... 111 E2
Saint-Péravy-la-Colombe 45 ... 110 C5
Saint-Péray 07 ... 249 F4
Saint-Perdon 40 ... 293 H1
Saint-Perdoux 24 ... 258 B2
Saint-Perdoux 46 ... 261 F3
Saint-Père 35 ... 50 C5
Saint-Père 58 ... 156 A2
Saint-Père 89 ... 157 G2
Saint-Père-en-Retz 44 ... 146 D4
Saint-Père-sur-Loire 45 ... 134 A3
Saint-Péreuse 58 ... 175 H1
Saint-Pern 35 ... 103 H1
Saint-Perreux 56 ... 125 G3
Saint-Péver 22 ... 77 H2
Saint-Pey-d'Armens 33 ... 238 C5
Saint-Pey-de-Castets 33 ... 256 D1
Saint-Phal 10 ... 114 D3
Saint-Philbert-de-Bouaine 85 ... 165 G1
Saint-Philbert-de-Grand-Lieu 44 ... 165 G1
Saint-Philbert-des-Champs 14 ... 34 D4
Saint-Philbert-du-Peuple 49 ... 150 C2
Saint-Philbert-du-Pont-Charrault 85 ... 166 C5
Saint-Philbert-en-Mauges 49 ... 148 C5
Saint-Philbert-sur-Boissey 27 ... 35 G4
Saint-Philbert-sur-Orne 61 ... 53 G3
Saint-Philbert-sur-Risle 27 ... 35 F3
Saint-Philibert 21 ... 160 A4
Saint-Philibert 56 ... 124 A4
Saint-Philibert-d'Entremont 38 ... 233 E4
Saint-Philippe-d'Aiguille 33 ... 238 D5
Saint-Philippe-du-Seignal 33 ... 257 F1
Saint-Piat 28 ... 86 B3
Saint-Pierre 04 ... 289 G5
Saint-Pierre 15 ... 226 B5
Saint-Pierre 31 ... 298 B4
Saint-Pierre 39 ... 197 E1
Saint-Pierre 51 ... 62 A2
Saint-Pierre 67 ... 97 F3
Saint-Pierre-à-Arnes 08 ... 42 B3
Saint-Pierre-à-Champ 79 ... 167 H1
Saint-Pierre-à-Gouy 80 ... 22 A1
Saint-Pierre-Aigle 02 ... 40 A3
Saint-Pierre-Avez 05 ... 287 E2
Saint-Pierre-Azif 14 ... 34 B3
Saint-Pierre-Bellevue 23 ... 207 E4
Saint-Pierre-Bénouville 76 ... 20 A3
Saint-Pierre-Bois 67 ... 97 E4
Saint-Pierre-Brouck 59 ... 3 F3
Saint-Pierre-Canivet 14 ... 53 H2
Saint-Pierre-Chérignat 23 ... 206 C3
Saint-Pierre-Colamine 63 ... 227 G3
Saint-Pierre-d'Albigny 73 ... 233 H2
Saint-Pierre-d'Allevard 38 ... 233 G4
Saint-Pierre-d'Alvey 73 ... 232 D1
Saint-Pierre-d'Amilly 17 ... 201 G1
Saint-Pierre-d'Argençon 05 ... 268 D4
Saint-Pierre-d'Arthéglise 50 ... 28 D5
Saint-Pierre-d'Aubézies 32 ... 295 F4
Saint-Pierre-d'Aurillac 33 ... 256 C3
Saint-Pierre-d'Autils 27 ... 36 D5
Saint-Pierre-de-Bailleul 27 ... 36 D5
Saint-Pierre-de-Bat 33 ... 256 B2
Saint-Pierre-de-Belleville 73 ... 233 H3
Saint-Pierre-de-Bœuf 42 ... 231 E4
Saint-Pierre-de-Bressieux 38 ... 232 A5
Saint-Pierre-de-Buzet 47 ... 275 F2
Saint-Pierre-de-Caubel 47 ... 258 B5
Saint-Pierre-de-Cernières 27 ... 55 E2
Saint-Pierre-de-Chandieu 69 ... 231 G2
Saint-Pierre-de-Chartreuse 38 ... 233 E5
Saint-Pierre-de-Chérennes 38 ... 250 B2
Saint-Pierre-de-Chevillé 72 ... 130 B4
Saint-Pierre-de-Chignac 24 ... 240 D3
Saint-Pierre-de-Clairac 47 ... 276 C3
Saint-Pierre-de-Côle 24 ... 222 D5
Saint-Pierre-de-Colombier 07 ... 266 A2
Saint-Pierre-de-Cormeilles 27 ... 35 E4
Saint-Pierre-de-Coutances 50 ... 51 G1
Saint-Pierre-de-Curtille 73 ... 215 E5
Saint-Pierre-de-Frugie 24 ... 223 E3
Saint-Pierre-de-Fursac 23 ... 206 B1
Saint-Pierre-de-Genebroz 73 ... 232 D3
Saint-Pierre-de-Jards 36 ... 172 B1
Saint-Pierre-de-Juillers 17 ... 202 B3
Saint-Pierre-de-la-Fage 34 ... 302 A2
Saint-Pierre-de-Lages 31 ... 298 B5
Saint-Pierre-de-Lamps 36 ... 171 F2
Saint-Pierre-de-l'Ile 17 ... 201 H2
Saint-Pierre-de-Maillé 86 ... 170 A5
Saint-Pierre-de-Mailloc 14 ... 54 D1
Saint-Pierre-de-Manneville 76 ... 36 A2
Saint-Pierre-de-Méaroz 38 ... 251 E5
Saint-Pierre-de-Mésage 38 ... 251 E3
Saint-Pierre-de-Mézoargues 13 ... 304 B1
Saint-Pierre-de-Mons 33 ... 256 B4
Saint-Pierre-de-Nogaret 48 ... 263 H5
Saint-Pierre-de-Plesguen 35 ... 79 H4
Saint-Pierre-de-Rivière 09 ... 336 A3
Saint-Pierre-de-Salerne 27 ... 35 F4
Saint-Pierre-de-Semilly 50 ... 32 B5
Saint-Pierre-de-Soucy 73 ... 233 G3
Saint-Pierre-de-Trivisy 81 ... 300 A3
Saint-Pierre-de-Varengeville 76 ... 36 A1
Saint-Pierre-de-Varennes 71 ... 177 E3
Saint-Pierre-de-Vassols 84 ... 285 H4
Saint-Pierre-dels-Forcats 66 ... 341 G4
Saint-Pierre-d'Entremont 38 ... 233 E4
Saint-Pierre-d'Entremont 61 ... 53 E3
Saint-Pierre-d'Entremont 73 ... 233 E4
Saint-Pierre-des-Bois 72 ... 107 E5
Saint-Pierre-des-Champs 11 ... 338 B2
Saint-Pierre-des-Corps 37 ... 152 A2
Saint-Pierre-des-Échaubrognes 79 ... 167 E1
Saint-Pierre-des-Fleurs 27 ... 36 A4
Saint-Pierre-des-Ifs 14 ... 34 C5
Saint-Pierre-des-Ifs 27 ... 35 F3
Saint-Pierre-des-Jonquières 76 ... 20 D2
Saint-Pierre-des-Landes 53 ... 81 G5
Saint-Pierre-des-Loges 61 ... 55 E4
Saint-Pierre-des-Nids 53 ... 83 F4
Saint-Pierre-des-Ormes 72 ... 84 A5
Saint-Pierre-des-Tripiers 48 ... 282 A3
Saint-Pierre-d'Exideuil 86 ... 203 G1
Saint-Pierre-d'Extravache 73 ... 253 E1
Saint-Pierre-d'Eyraud 24 ... 257 G1
Saint-Pierre-d'Irube 64 ... 292 A5
Saint-Pierre-d'Oléron 17 ... 200 B3
Saint-Pierre-du-Bosguérard 27 ... 35 H4
Saint-Pierre-du-Bû 14 ... 53 H3
Saint-Pierre-du-Champ 43 ... 247 F1
Saint-Pierre-du-Chemin 85 ... 167 F5
Saint-Pierre-du-Fresne 14 ... 52 D1
Saint-Pierre-du-Jonquet 14 ... 34 A4
Saint-Pierre-du-Lorouër 72 ... 130 C3
Saint-Pierre-du-Mesnil 27 ... 55 F2
Saint-Pierre-du-Mont 14 ... 32 C2
Saint-Pierre-du-Mont 40 ... 294 A1
Saint-Pierre-du-Mont 58 ... 157 E2
Saint-Pierre-du-Palais 17 ... 238 C2
Saint-Pierre-du-Perray 91 ... 88 A2
Saint-Pierre-du-Regard 61 ... 53 F3
Saint-Pierre-du-Val 27 ... 34 D2
Saint-Pierre-du-Vauvray 27 ... 36 C4
Saint-Pierre-Église 50 ... 29 G2
Saint-Pierre-en-Faucigny 74 ... 216 A1
Saint-Pierre-en-Port 76 ... 19 E2
Saint-Pierre-en-Val 76 ... 10 D4
Saint-Pierre-en-Vaux 21 ... 177 E1
Saint-Pierre-es-Champs 60 ... 37 F2
Saint-Pierre-Eynac 43 ... 247 G3
Saint-Pierre-la-Bourlhonne 63 ... 229 E1
Saint-Pierre-la-Bruyère 61 ... 84 D5
Saint-Pierre-la-Cour 53 ... 105 G3
Saint-Pierre-la-Garenne 27 ... 36 D5
Saint-Pierre-la-Noaille 42 ... 211 G1
Saint-Pierre-la-Palud 69 ... 212 C5
Saint-Pierre-la-Rivière 61 ... 54 C3
Saint-Pierre-la-Roche 07 ... 266 D3
Saint-Pierre-la-Vieille 14 ... 53 E2
Saint-Pierre-Lafeuille 46 ... 260 B4
Saint-Pierre-Langers 50 ... 51 G3
Saint-Pierre-Laval 03 ... 211 E1
Saint-Pierre-Lavis 76 ... 19 F4
Saint-Pierre-le-Bost 23 ... 190 A3
Saint-Pierre-le-Chastel 63 ... 209 F5
Saint-Pierre-le-Déchausselat 07 ... 265 H5
Saint-Pierre-le-Moûtier 58 ... 174 C4
Saint-Pierre le Potier 53 ... 106 A4
Saint-Pierre-le-Vieux 48 ... 264 A1
Saint-Pierre-le-Vieux 71 ... 194 C5
Saint-Pierre-le-Vieux 76 ... 19 H2
Saint-Pierre-le-Vieux 85 ... 184 B3
Saint-Pierre-le-Viger 76 ... 19 H2
Saint-Pierre-les-Aubagne 13 ... 327 F2
Saint-Pierre-lès-Bitry 60 ... 39 H2
Saint-Pierre-les-Bois 18 ... 190 A1
Saint-Pierre-lès-Elbeuf 76 ... 36 A4
Saint-Pierre-les-Étieux 18 ... 173 G5
Saint-Pierre-lès-Franqueville 02 ... 25 E2
Saint-Pierre-lès-Nemours 77 ... 112 B2
Saint-Pierre-Montlimart 49 ... 148 C3
Saint-Pierre-Quiberon 56 ... 123 H5
Saint-Pierre-Roche 63 ... 227 F1
Saint-Pierre-sur-Dives 14 ... 54 A1
Saint-Pierre-sur-Doux 07 ... 248 B2
Saint-Pierre-sur-Dropt 47 ... 257 F3
Saint-Pierre-sur-Erve 53 ... 106 C4
Saint-Pierre-sur-Mer 11 ... 321 G5
Saint-Pierre-sur-Orthe 53 ... 107 E2
Saint-Pierre-sur-Vence 08 ... 26 D4
Saint-Pierre-Tarentaine 14 ... 52 D2
Saint-Pierre-Toirac 46 ... 261 F4
Saint-Pierremont 02 ... 25 F3
Saint-Pierremont 08 ... 43 F1
Saint-Pierremont 88 ... 95 G3
Saint-Pierreville 07 ... 266 C1
Saint-Pierrevillers 55 ... 44 D3
Saint-Plaisir 03 ... 191 G1
Saint-Plancard 31 ... 316 A5
Saint-Planchers 50 ... 51 F3
Saint-Plantaire 36 ... 189 E3
Saint-Point 71 ... 194 C4
Saint-Point-Lac 25 ... 180 C3
Saint-Pois 50 ... 52 B4
Saint-Poix 53 ... 105 G5
Saint-Pol-de-Léon 29 ... 71 G3
Saint-Pol-sur-Mer 59 ... 3 G2
Saint-Pol-sur-Ternoise 62 ... 7 G5
Saint-Polgues 42 ... 211 F4
Saint-Polycarpe 11 ... 337 G2
Saint-Pompain 79 ... 184 C3
Saint-Pompon 24 ... 259 F2
Saint-Poncy 15 ... 245 H2
Saint-Pons 04 ... 270 D5
Saint-Pons 07 ... 266 D3
Saint-Pons Parc de 13 ... 327 G2
Saint-Pons-de-Mauchiens 34 ... 302 A5
Saint-Pons-de-Thomières 34 ... 320 C2
Saint-Pons-la-Calm 30 ... 284 D4
Saint-Pont 03 ... 210 A1
Saint-Porchaire 17 ... 201 E4
Saint-Porquier 82 ... 277 F5
Saint-Pôtan 22 ... 79 F3
Saint-Pouange 10 ... 114 D2
Saint-Pourçain-sur-Besbre 03 ... 192 D3
Saint-Pourçain-sur-Sioule 03 ... 192 A4
Saint-Prancher 88 ... 94 C4
Saint-Préjet-Armandon 43 ... 246 C1
Saint-Préjet-d'Allier 43 ... 246 D5
Saint-Prest 28 ... 86 B3
Saint-Preuil 16 ... 220 C2
Saint-Priest 07 ... 266 C2
Saint-Priest 23 ... 208 B2
Saint-Priest 69 ... 231 F1
Saint-Priest-Bramefant 63 ... 210 B3
Saint-Priest-d'Andelot 03 ... 209 H2
Saint-Priest-de-Gimel 19 ... 243 E1
Saint-Priest-des-Champs 63 ... 209 E3
Saint-Priest-en-Jarez 42 ... 230 B4
Saint-Priest-en-Murat 03 ... 191 F4
Saint-Priest-la-Feuille 23 ... 206 C1
Saint-Priest-la-Marche 18 ... 190 A3
Saint-Priest-la-Plaine 23 ... 206 C1
Saint-Priest-la-Prugne 42 ... 211 E3
Saint-Priest-la-Roche 42 ... 211 G4
Saint-Priest-la-Vêtre 42 ... 211 E5
Saint-Priest-le-Betoux 87 ... 205 G1
Saint-Priest-les-Fougères 24 ... 223 E3
Saint-Priest-Ligoure 87 ... 223 H2
Saint-Priest-Palus 23 ... 206 C4
Saint-Priest-sous-Aixe 87 ... 205 F5
Saint-Priest-Taurion 87 ... 205 H4
Saint-Prim 38 ... 231 E4
Saint-Privat 07 ... 266 B3
Saint-Privat 19 ... 243 G3
Saint-Privat 34 ... 301 H3
Saint-Privat-d'Allier 43 ... 246 D4
Saint-Privat-de-Champclos 30 ... 284 B2
Saint-Privat-de-Vallongue 48 ... 283 F2
Saint-Privat-des-Prés 24 ... 239 F1
Saint-Privat-des-Vieux 30 ... 283 H3
Saint-Privat-du-Dragon 43 ... 246 B2
Saint-Privat-du-Fau 48 ... 246 B5
Saint-Privat-la-Montagne 57 ... 45 G5
Saint-Privé 71 ... 177 F5
Saint-Privé 89 ... 135 F4
Saint-Prix 03 ... 192 D5
Saint-Prix 07 ... 248 C4
Saint-Prix 71 ... 176 B2
Saint-Prix 95 ... 58 B1
Saint-Prix-lès-Arnay 21 ... 159 E5
Saint-Projet 15 ... 262 B3
Saint-Projet 46 ... 260 B2
Saint-Projet 82 ... 278 D2
Saint-Projet-de-Salers 15 ... 244 C3
Saint-Projet-Saint-Constant 16 ... 221 G1
Saint-Prouant 85 ... 166 D4
Saint-Pryvé-Saint-Mesmin 45 ... 133 E2
Saint-Puy 32 ... 296 A1
Saint-Python 59 ... 14 D3
Saint-Quantin-de-Rançanne 17 ... 219 G3
Saint-Quay-Perros 22 ... 72 C2
Saint-Quay-Portrieux 22 ... 73 H4
Saint-Quentin 02 ... 24 B2
Saint-Quentin-au-Bosc 76 ... 10 C5
Saint-Quentin-de-Baron 33 ... 256 B1
Saint-Quentin-de-Blavou 61 ... 84 B3
Saint-Quentin-de-Caplong 33 ... 257 E1
Saint-Quentin-de-Chalais 16 ... 239 E1
Saint-Quentin-des-Isles 27 ... 55 F1
Saint-Quentin-des-Prés 60 ... 37 G1
Saint-Quentin-du-Dropt 47 ... 258 B2
Saint-Quentin-en-Mauges 49 ... 148 D3
Saint-Quentin-en-Tourmont 80 ... 11 E1
Saint-Quentin-en-Yvelines 78 ... 57 H4
Saint-Quentin-Fallavier 38 ... 231 G2
Saint-Quentin-la-Chabanne 23 ... 207 G4
Saint-Quentin-la-Motte-Croix-au-Bailly 80 ... 10 D4
Saint-Quentin-la-Poterie 30 ... 284 C4
Saint-Quentin-la-Tour 09 ... 336 D2
Saint-Quentin-le-Petit 08 ... 25 G5
Saint-Quentin-le-Verger 51 ... 90 B2
Saint-Quentin-les-Anges 53 ... 128 A3
Saint-Quentin-lès-Beaurepaire 49 ... 129 F5
Saint-Quentin-les-Chardonnets 61 ... 52 D4
Saint-Quentin-les-Marais 51 ... 62 D4
Saint-Quentin-lès-Troo 41 ... 131 E3
Saint-Quentin-sur-Charente 16 ... 204 C5
Saint-Quentin-sur-Coole 51 ... 62 A3
Saint-Quentin-sur-Indrois 37 ... 152 C4
Saint-Quentin-sur-Isère 38 ... 232 C5
Saint-Quentin-sur-le-Homme 50 ... 51 H5
Saint-Quentin-sur-Nohain 58 ... 156 B3
Saint-Quentin-sur-Sauxillanges 63 ... 228 B3
Saint-Quintin-sur-Sioule 63 ... 209 G2
Saint-Quirc 09 ... 318 A4
Saint-Quirin 57 ... 96 C1
Saint-Rabier 24 ... 241 F2
Saint-Racho 71 ... 194 A5
Saint-Rambert-d'Albon 26 ... 249 E1
Saint-Rambert-en-Bugey 01 ... 214 B3
Saint-Rambert-l'Ile-Barbe 69 ... 213 E5
Saint-Raphaël 24 ... 241 F1
Saint-Raphaël 83 ... 329 H1
Saint-Régis-du-Coin 42 ... 248 B1
Saint-Règle 37 ... 152 C2
Saint-Remèze 07 ... 284 C1
Saint-Remimont 54 ... 95 E2
Saint-Remimont 88 ... 94 B5
Saint-Rémy 01 ... 195 H5
Saint-Rémy 12 ... 279 F1
Saint-Rémy 14 ... 53 F2
Saint-Rémy 19 ... 225 H2
Saint-Rémy 21 ... 137 G5
Saint-Rémy 24 ... 239 F4
Saint-Remy 70 ... 141 E2
Saint-Rémy 71 ... 177 H4
Saint-Rémy 79 ... 184 D3
Saint-Remy 88 ... 96 A4
Saint-Rémy-au-Bois 62 ... 6 C5
Saint-Rémy-aux-Bois 54 ... 95 F3
Saint-Rémy-Blanzy 02 ... 40 B4
Saint-Rémy-Boscrocourt 76 ... 10 D4
Saint-Remy-Chaussée 59 ... 15 G3
Saint-Rémy-de-Blot 63 ... 209 F2
Saint-Rémy-de-Chargnat 63 ... 228 A3
Saint-Rémy-de-Chaudes-Aigues 15 ... 263 G2
Saint-Rémy-de-Maurienne 73 ... 233 H4
Saint-Rémy-de-Provence 13 ... 304 D2
Saint-Rémy-de-Salers 15 ... 244 C3
Saint-Rémy-de-Sillé 72 ... 107 F2
Saint-Rémy-des-Landes 50 ... 31 F3
Saint-Rémy-des-Monts 72 ... 84 A5
Saint-Remy-du-Nord 59 ... 15 G3
Saint-Rémy-du-Plain 35 ... 80 C4
Saint-Rémy-du-Val 72 ... 83 H5
Saint-Remy-en-Bouzemont-Saint-Genest-et-Isson 51 ... 62 D5
Saint-Remy-en-l'Eau 60 ... 38 C1
Saint-Rémy-en-Mauges 49 ... 148 C3
Saint-Rémy-en-Montmorillon 86 ... 187 G5
Saint-Rémy-en-Rollat 03 ... 210 B1
Saint-Remy-la-Calonne 55 ... 64 D2
Saint-Rémy-la-Vanne 77 ... 60 A4
Saint-Rémy-la-Varenne 49 ... 150 A2
Saint-Remy-le-Petit 08 ... 42 A2
Saint-Rémy-lès-Chevreuse 78 ... 58 A5
Saint-Rémy-l'Honoré 78 ... 57 G4
Saint-Remy-sous-Barbuise 10 ... 91 E3
Saint-Remy-sous-Broyes 51 ... 61 E5
Saint-Rémy-sur-Avre 28 ... 56 C4
Saint-Remy-sur-Bussy 51 ... 62 C1
Saint-Rémy-sur-Creuse 86 ... 169 H2
Saint-Rémy-sur-Durolle 63 ... 210 C4
Saint-Renan 29 ... 74 D2
Saint-René 22 ... 78 C3
Saint-Restitut 26 ... 285 E1
Saint-Révérend 85 ... 165 E4
Saint-Révérien 58 ... 157 F4
Saint-Rieul 22 ... 79 E4
Saint-Rigomer-des-Bois 72 ... 83 H4
Saint-Rimay 41 ... 131 F3
Saint-Riquier 80 ... 11 H3
Saint-Riquier-en-Rivière 76 ... 21 E2
Saint-Riquier-ès-Plains 76 ... 19 G2
Saint-Rirand 42 ... 211 E2
Saint-Rivoal 29 ... 76 A3
Saint-Robert 19 ... 241 H1
Saint-Robert 47 ... 276 C2
Saint-Roch 37 ... 151 G2
Saint-Roch-sur-Égrenne 61 ... 82 A2
Saint-Rogatien 17 ... 200 C1
Saint-Romain 16 ... 239 F1
Saint-Romain 21 ... 177 G2
Saint-Romain 63 ... 229 F3
Saint-Romain 86 ... 186 C5
Saint-Romain Mont 71 ... 194 D2
Saint-Romain-au-Mont-d'Or 69 ... 213 E4
Saint-Romain-d'Ay 07 ... 248 D2
Saint-Romain-de-Benet 17 ... 219 E1
Saint-Romain-de-Colbosc 76 ... 18 D5
Saint-Romain-de-Jalionas 38 ... 213 H5
Saint-Romain-de-Lerps 07 ... 249 E4
Saint-Romain-de-Monpazier 24 ... 258 D2
Saint-Romain-de-Popey 69 ... 212 C4
Saint-Romain-de-Surieu 38 ... 231 F4
Saint-Romain-des-Iles 71 ... 213 E1
Saint-Romain-d'Urfé 42 ... 211 E4
Saint-Romain-en-Gal 69 ... 231 E3
Saint-Romain-en-Gier 69 ... 230 D2
Saint-Romain-en-Jarez 42 ... 230 C3
Saint-Romain-en-Viennois 84 ... 285 H2
Saint-Romain-et-Saint-Clément 24 ... 222 D4
Saint-Romain-la-Motte 42 ... 211 F2
Saint-Romain-la-Virvée 33 ... 237 H4
Saint-Romain-Lachalm 43 ... 248 A1
Saint-Romain-le-Noble 47 ... 276 C3
Saint-Romain-le-Preux 89 ... 113 G5
Saint-Romain-le-Puy 42 ... 229 H3
Saint-Romain-les-Atheux 42 ... 230 B5
Saint-Romain-sous-Gourdon 71 ... 194 B1
Saint-Romain-sous-Versigny 71 ... 193 H1
Saint-Romain-sur-Cher 41 ... 153 F3
Saint-Romain-sur-Gironde 17 ... 219 F4
Saint-Roman 26 ... 268 B2
Saint-Roman Abbaye de 30 ... 304 B2
Saint-Roman-de-Bellet 06 ... 309 G2
Saint-Roman-de-Codières 30 ... 283 E5
Saint-Roman-de-Malegarde 84 ... 285 G2

Saint-Romans *38* 250 A 2
Saint-Romans-des-Champs *79* 185 E 5
Saint-Romans-lès-Melle *79* 185 F 5
Saint-Rome *31* 318 B 3
Saint-Rome-de-Cernon *12* 281 G 5
Saint-Rome-de-Dolan *48* 282 A 2
Saint-Rome-de-Tarn *12* 281 F 5
Saint-Romphaire *50* 52 B 1
Saint-Rouin *Ermitage de* *55* 63 F 1
Saint-Rustice *31* 297 H 2
Saint-Saëns *76* 20 C 4
Saint-Saire *76* 21 E 4
Saint-Salvadou *12* 279 G 2
Saint-Salvadour *19* 224 D 5
Saint-Salvi-de-Carcavès *81* 300 B 2
Saint-Salvy *47* 275 H 2
Saint-Salvy-de-la-Balme *81* 299 H 5
Saint-Samson *14* 34 A 4
Saint-Samson *53* 83 E 3
Saint-Samson-de-Bonfossé *50* 32 A 5
Saint-Samson-de-la-Roque *27* 35 E 2
Saint-Samson-la-Poterie *60* 21 F 5
Saint-Samson-sur-Rance *22* 79 G 3
Saint-Sandoux *63* 227 H 2
Saint-Santin *12* 261 H 3
Saint-Santin-Cantalès *15* 243 H 4
Saint-Santin-de-Maurs *15* 261 H 3
Saint-Sardos *47* 275 H 1
Saint-Sardos *82* 297 F 1
Saint-Sardos-de-Laurenque *47* 258 D 4
Saint-Satur *18* 156 A 3
Saint-Saturnin *15* 245 E 1
Saint-Saturnin *16* 221 E 1
Saint-Saturnin *18* 190 A 2
Saint-Saturnin *48* 282 A 1
Saint-Saturnin *51* 90 C 2
Saint-Saturnin *63* 227 H 2
Saint-Saturnin *72* 107 G 4
Saint-Saturnin-de-Lenne *12* 263 G 5
Saint-Saturnin-de-Lucian *34* 302 A 4
Saint-Saturnin-du-Bois *17* 201 G 1
Saint-Saturnin-du-Limet *53* 127 G 2
Saint-Saturnin-lès-Apt *84* 286 B 5
Saint-Saturnin-lès-Avignon *84* 285 G 5
Saint-Saturnin-sur-Loire *49* 149 H 2
Saint-Saud-Lacoussière *24* 222 D 3
Saint-Sauflieu *80* 22 B 3
Saint-Saulge *58* 175 F 1
Saint-Saulve *59* 9 G 5
Saint-Saury *15* 261 G 1
Saint-Sauvant *17* 201 H 5
Saint-Sauvant *86* 185 H 4
Saint-Sauves-d'Auvergne *63* 226 D 2
Saint-Sauveur *05* 270 C 3
Saint-Sauveur *21* 160 D 2
Saint-Sauveur *24* 240 B 5
Saint-Sauveur *29* 76 A 2
Saint-Sauveur *31* 297 H 3
Saint-Sauveur *33* 237 E 1
Saint-Sauveur *38* 250 A 2
Saint-Sauveur *54* 96 B 2
Saint-Sauveur *60* 39 F 3
Saint-Sauveur *70* 141 G 2
Saint-Sauveur *79* 167 H 3
Saint-Sauveur *80* 22 B 1
Saint-Sauveur *86* 169 H 4
Saint-Sauveur *Chapelle* *64* 330 D 2
Saint-Sauveur-Camprieu *30* 282 C 4
Saint-Sauveur-d'Aunis *17* 183 H 5
Saint-Sauveur-de-Carrouges *61* 83 F 2
Saint-Sauveur-de-Chaulieu *50* 52 C 4
Saint-Sauveur-de-Cruzières *07* 284 A 2
Saint-Sauveur-de-Flée *49* 128 A 3
Saint-Sauveur-de-Ginestoux *48* 264 D 2
Saint-Sauveur-de-Landemont *49* 148 B 3
Saint-Sauveur-de-Meilhan *47* 256 D 5
Saint-Sauveur-de-Montagut *07* 266 C 1
Saint-Sauveur-de-Peyre *48* 264 A 3
Saint-Sauveur-de-Pierrepont *50* 31 F 2
Saint-Sauveur-de-Puynormand *33* 238 D 4
Saint-Sauveur-d'Émalleville *76* 18 D 5
Saint-Sauveur-des-Landes *35* 81 E 4
Saint-Sauveur-en-Diois *26* 267 H 2
Saint-Sauveur-en-Puisaye *89* 135 G 5
Saint-Sauveur-en-Rue *42* 248 C 1
Saint-Sauveur-Gouvernet *26* 286 B 1
Saint-Sauveur-la-Pommeraye *50* 51 G 3
Saint-Sauveur-la-Sagne *63* 228 D 5
Saint-Sauveur-la-Vallée *46* 260 C 3
Saint-Sauveur-Lalande *24* 239 F 4
Saint-Sauveur-le-Vicomte *50* 31 G 2
Saint-Sauveur-Lendelin *50* 31 G 4
Saint-Sauveur-les-Bains *65* 333 E 4
Saint-Sauveur-lès-Bray *77* 89 F 4
Saint-Sauveur-Levasville *28* 85 H 2
Saint-Sauveur-sur-École *77* 88 A 3
Saint-Sauveur-sur-Tinée *06* 289 H 3
Saint-Sauvier *03* 190 B 4
Saint-Sauvy *32* 296 D 3
Saint-Savin *33* 237 H 2
Saint-Savin *38* 232 A 2
Saint-Savin *65* 332 D 2
Saint-Savin *86* 187 F 2
Saint-Savinien *17* 201 F 4
Saint-Saviol *86* 203 G 1
Saint-Savournin *13* 327 F 1
Saint-Sébastien *23* 188 D 4
Saint-Sébastien *38* 251 E 5
Saint-Sébastien *Chapelle* *29* 75 H 4
Saint-Sébastien-d'Aigrefeuille *30* 283 G 4
Saint-Sébastien-de-Morsent *27* 56 B 1
Saint-Sébastien-de-Raids *50* 31 H 4
Saint-Sébastien-sur-Loire *44* 147 H 4
Saint-Secondin *86* 186 D 4
Saint-Ségal *29* 75 H 4
Saint-Séglin *35* 103 G 5
Saint-Seine *58* 175 H 5
Saint-Seine-en-Bâche *21* 160 D 5
Saint-Seine-l'Abbaye *21* 159 G 2
Saint-Seine-sur-Vingeanne *21* 160 D 1
Saint-Selve *33* 255 G 2
Saint-Senier-de-Beuvron *50* 81 E 2
Saint-Senier-sous-Avranches *50* 51 H 4
Saint-Senoch *37* 170 B 1
Saint-Senoux *35* 104 A 5
Saint-Sériès *34* 303 F 3
Saint-Sernin *07* 266 B 4
Saint-Sernin *11* 318 C 5
Saint-Sernin *47* 257 F 2
Saint-Sernin-du-Bois *71* 177 E 3
Saint-Sernin-du-Plain *71* 177 F 3
Saint-Sernin-lès-Lavaur *81* 299 E 5
Saint-Sernin-sur-Rance *12* 300 B 1
Saint-Sérotin *89* 113 F 2
Saint-Servais *22* 77 E 3
Saint-Servais *29* 71 F 5
Saint-Servan-sur-Mer *35* 50 C 5
Saint-Servant *56* 102 C 5
Saint-Setiers *19* 225 G 1
Saint-Seurin-de-Bourg *33* 237 G 3
Saint-Seurin-de-Cadourne *33* 219 E 5
Saint-Seurin-de-Cursac *33* 237 F 2
Saint-Seurin-de-Palenne *17* 219 G 2
Saint-Seurin-de-Prats *24* 257 E 1
Saint-Seurin-d'Uzet *17* 219 E 3
Saint-Seurin-sur-l'Isle *33* 238 D 4
Saint-Sève *33* 256 D 3
Saint-Sever *40* 293 H 2
Saint-Sever-Calvados *14* 52 B 3
Saint-Sever-de-Rustan *65* 315 G 3
Saint-Sever-de-Saintonge *17* 219 H 1
Saint-Sever-du-Moustier *12* 300 C 3
Saint-Séverin *16* 221 F 5
Saint-Séverin-d'Estissac *24* 239 H 3
Saint-Séverin-sur-Boutonne *17* 201 H 2
Saint-Siffret *30* 284 C 5
Saint-Sigismond *45* 110 C 5
Saint-Sigismond *49* 148 D 1
Saint-Sigismond *74* 216 C 1
Saint-Sigismond *85* 184 B 4
Saint-Sigismond-de-Clermont *17* 219 G 4
Saint-Silvain-Bas-le-Roc *23* 190 A 4
Saint-Silvain-Bellegarde *23* 207 H 3
Saint-Silvain-Montaigut *23* 206 D 1
Saint-Silvain-sous-Toulx *23* 190 A 5
Saint-Siméon *27* 35 F 3
Saint-Siméon *61* 82 A 3
Saint-Siméon *77* 60 A 4
Saint-Siméon-de-Bressieux *38* 232 A 5
Saint-Simeux *16* 220 D 2
Saint-Simon *02* 24 A 3
Saint-Simon *15* 244 C 4
Saint-Simon *16* 220 D 2
Saint-Simon *46* 261 E 2
Saint-Simon-de-Bordes *17* 219 H 4
Saint-Simon-de-Pellouaille *17* 219 F 2
Saint-Sixt *74* 216 A 2
Saint-Sixte *42* 211 G 5
Saint-Sixte *47* 276 C 4
Saint-Solen *22* 79 H 4
Saint-Solve *19* 241 H 1
Saint-Sorlin *69* 230 D 2
Saint-Sorlin-d'Arves *73* 251 H 1
Saint-Sorlin-de-Conac *17* 219 F 5
Saint-Sorlin-de-Morestel *38* 232 B 2
Saint-Sorlin-de-Vienne *38* 231 F 3
Saint-Sorlin-en-Bugey *01* 214 A 4
Saint-Sorlin-en-Valloire *26* 231 F 5
Saint-Sornin *03* 191 G 3
Saint-Sornin *16* 221 H 1
Saint-Sornin *17* 200 D 5
Saint-Sornin *85* 182 D 2
Saint-Sornin-la-Marche *87* 205 E 1
Saint-Sornin-Lavolps *19* 223 H 5
Saint-Sornin-Leulac *87* 205 H 1
Saint-Soulan *32* 316 D 2
Saint-Souplet *59* 14 D 5
Saint-Souplet-sur-Py *51* 42 B 4
Saint-Soupplets *77* 59 F 1
Saint-Sozy *46* 242 C 5
Saint-Stail *88* 96 C 3
Saint-Suliac *35* 79 H 3
Saint-Sulpice *01* 195 G 4
Saint-Sulpice *46* 260 D 4
Saint-Sulpice *49* 149 H 2
Saint-Sulpice *53* 106 A 5
Saint-Sulpice *58* 174 D 1
Saint-Sulpice *60* 38 A 3
Saint-Sulpice *63* 226 D 2
Saint-Sulpice *70* 141 H 5
Saint-Sulpice *73* 233 E 2
Saint-Sulpice *81* 298 B 3
Saint-Sulpice-d'Arnoult *17* 201 E 5
Saint-Sulpice-de-Cognac *16* 202 B 5
Saint-Sulpice-de-Faleyrens *33* 238 C 5
Saint-Sulpice-de-Favières *91* 87 G 3
Saint-Sulpice-de-Grimbouville *27* 35 E 2
Saint-Sulpice-de-Guilleragues *33* 257 E 3
Saint-Sulpice-de-Mareuil *24* 221 H 4
Saint-Sulpice-de-Pommeray *41* 132 A 5
Saint-Sulpice-de-Pommiers *33* 256 C 2
Saint-Sulpice-de-Roumagnac *24* 239 G 2
Saint-Sulpice-de-Royan *17* 218 D 1
Saint-Sulpice-de-Ruffec *16* 203 G 3
Saint-Sulpice-des-Landes *35* 126 C 3
Saint-Sulpice-des-Landes *44* 127 F 5
Saint-Sulpice-des-Rivoires *38* 232 C 3
Saint-Sulpice-d'Excideuil *24* 223 E 5
Saint-Sulpice-en-Pareds *85* 183 H 1
Saint-Sulpice-et-Cameyrac *33* 237 H 5
Saint-Sulpice-la-Forêt *35* 104 C 2
Saint-Sulpice-Laurière *87* 206 B 2
Saint-Sulpice-le-Dunois *23* 189 E 5
Saint-Sulpice-le-Guérétois *23* 207 E 1
Saint-Sulpice-le-Verdon *85* 165 H 2
Saint-Sulpice-les-Bois *19* 225 G 2
Saint-Sulpice-les-Champs *23* 207 F 3
Saint-Sulpice-les-Feuilles *87* 188 B 4
Saint-Sulpice-sur-Lèze *31* 317 H 4
Saint-Sulpice-sur-Risle *61* 55 F 4
Saint-Supplet *54* 44 D 3
Saint-Sylvain *14* 53 H 1
Saint-Sylvain *19* 243 E 2
Saint-Sylvain *76* 19 G 2
Saint-Sylvain-d'Anjou *49* 149 H 1
Saint-Sylvestre *07* 249 E 4
Saint-Sylvestre *74* 215 F 4
Saint-Sylvestre *87* 205 H 3
Saint-Sylvestre-Cappel *59* 3 H 5
Saint-Sylvestre-de-Cormeilles *27* 35 E 4
Saint-Sylvestre-Pragoulin *63* 210 B 2
Saint-Sylvestre-sur-Lot *47* 276 D 1
Saint-Symphorien *04* 287 G 2
Saint-Symphorien *18* 173 E 4
Saint-Symphorien *27* 35 E 3
Saint-Symphorien *33* 255 G 5
Saint-Symphorien *35* 80 A 5
Saint-Symphorien *37* 151 H 2
Saint-Symphorien *48* 264 D 1
Saint-Symphorien *72* 107 F 4
Saint-Symphorien *79* 184 D 5
Saint-Symphorien-d'Ancelles *71* 194 D 5
Saint-Symphorien-de-Lay *42* 211 H 3
Saint-Symphorien-de-Mahun *07* 248 C 2
Saint-Symphorien-de-Marmagne *71* 176 D 3
Saint-Symphorien-de-Thénières *12* 263 E 2
Saint-Symphorien-des-Bois *71* 194 A 4
Saint-Symphorien-des-Bruyères *61* 55 F 4
Saint-Symphorien-des-Monts *50* 81 G 2
Saint-Symphorien-d'Ozon *69* 231 E 2
Saint-Symphorien-le-Château *28* 86 C 3
Saint-Symphorien-le-Valois *50* 31 F 3
Saint-Symphorien-les-Buttes *50* 52 C 1
Saint-Symphorien-sous-Chomérac *07* 267 E 2
Saint-Symphorien-sur-Coise *69* 230 B 2
Saint-Symphorien-sur-Couze *87* 205 G 2
Saint-Symphorien-sur-Saône *21* 160 C 5
Saint-Thégonnec *29* 71 G 5
Saint-Thélo *22* 102 A 1
Saint-Théodorit *30* 303 F 1
Saint-Théoffrey *38* 251 E 4
Saint-Thibaud-de-Couz *73* 233 E 3
Saint-Thibault *10* 115 E 2
Saint-Thibault *18* 156 A 3
Saint-Thibault *21* 159 E 2
Saint-Thibault *60* 21 G 4
Saint-Thibault-des-Vignes *77* 59 E 3
Saint-Thibaut *02* 40 D 3
Saint-Thibéry *34* 322 C 4
Saint-Thiébaud *39* 179 H 2
Saint-Thiébault *52* 117 H 2
Saint-Thierry *51* 41 G 3
Saint-Thois *29* 76 A 5
Saint-Thomas *02* 41 E 1
Saint-Thomas *31* 297 F 5
Saint-Thomas *Col de* *42* 211 E 4
Saint-Thomas-de-Conac *17* 219 F 4
Saint-Thomas-de-Courceriers *53* 82 D 5
Saint-Thomas-en-Argonne *51* 43 E 4
Saint-Thomas-en-Royans *26* 250 A 3
Saint-Thomas-la-Garde *42* 229 G 3
Saint-Thomé *07* 266 D 4
Saint-Thonan *29* 70 D 5
Saint-Thual *35* 79 H 5
Saint-Thurial *35* 103 H 4
Saint-Thuriau *56* 101 H 3
Saint-Thurien *27* 35 F 2
Saint-Thurien *29* 100 C 3
Saint-Thurin *42* 211 F 5
Saint-Thyrse *Chapelle* *04* 308 A 1
Saint-Tricat *62* 2 C 3
Saint-Trimoël *22* 78 D 4
Saint-Trinit *84* 286 C 3
Saint-Trivier-de-Courtes *01* 195 G 2
Saint-Trivier-sur-Moignans *01* 213 F 2
Saint-Trojan *33* 237 G 3
Saint-Trojan-les-Bains *17* 200 B 4
Saint-Tropez *83* 329 G 2
Saint-Tugdual *56* 101 E 2
Saint-Tugen *29* 98 D 2
Saint-Ulphace *72* 108 D 3
Saint-Ulrich *68* 143 E 3
Saint-Uniac *35* 103 G 2
Saint-Urbain *29* 75 G 2
Saint-Urbain *85* 164 D 2
Saint-Urbain-sur-Marne *52* 93 E 4
Saint-Urcisse *47* 276 D 3
Saint-Urcisse *81* 298 B 1
Saint-Urcize *15* 263 G 2
Saint-Ursin *50* 51 G 3
Saint-Usage *10* 116 A 3
Saint-Usage *21* 160 C 5
Saint-Usuge *71* 178 C 5
Saint-Utin *51* 91 H 2
Saint-Uze *26* 249 F 2
Saint-Vaast-de-Longmont *60* 39 F 3
Saint-Vaast-d'Équiqueville *76* 20 C 2
Saint-Vaast-Dieppedalle *76* 19 G 3
Saint-Vaast-du-Val *76* 20 A 4
Saint-Vaast-en-Auge *14* 34 B 3
Saint-Vaast-en-Cambrésis *59* 14 C 3
Saint-Vaast-en-Chaussée *80* 22 B 1
Saint-Vaast-la-Hougue *50* 29 H 3
Saint-Vaast-lès-Mello *60* 38 C 4
Saint-Vaast-sur-Seulles *14* 33 E 5
Saint-Vaize *17* 201 G 5
Saint-Valbert *70* 142 B 3
Saint-Valentin *36* 172 A 2
Saint-Valérien *85* 183 H 2
Saint-Valérien *89* 113 E 3
Saint-Valery *60* 21 F 3
Saint-Valery-en-Caux *76* 19 G 2
Saint-Valery-sur-Somme *80* 11 F 2
Saint-Vallerin *71* 177 G 5
Saint-Vallier *16* 238 D 1
Saint-Vallier *26* 249 E 2
Saint-Vallier *71* 194 A 1
Saint-Vallier *88* 95 E 5
Saint-Vallier-de-Thiey *06* 308 D 2
Saint-Vallier-sur-Marne *52* 139 H 2
Saint-Varent *79* 168 A 3
Saint-Vaury *23* 206 D 1
Saint-Venant *62* 7 H 2
Saint-Venec *Chapelle* *29* 75 H 5
Saint-Vénérand *43* 246 D 5
Saint-Vérain *58* 156 B 1
Saint-Véran *05* 271 F 1
Saint-Vérand *38* 250 A 2
Saint-Vérand *69* 212 C 4
Saint-Vérand *71* 194 D 5
Saint-Vert *43* 228 C 5
Saint-Viance *19* 242 B 2
Saint-Viâtre *41* 154 B 1
Saint-Viaud *44* 146 D 3
Saint-Victeur *72* 83 G 5
Saint-Victor *03* 190 D 4
Saint-Victor *07* 248 D 3
Saint-Victor *15* 243 H 4
Saint-Victor *24* 239 H 1
Saint-Victor-de-Buthon *28* 85 F 4
Saint-Victor-de-Cessieu *38* 232 B 3
Saint-Victor-de-Chrétienville *27* 55 E 1
Saint-Victor-de-Malcap *30* 284 A 2
Saint-Victor-de-Morestel *38* 232 B 1
Saint-Victor-de-Réno *61* 84 D 3
Saint-Victor-d'Épine *27* 35 F 4
Saint-Victor-des-Oules *30* 284 C 4
Saint-Victor-en-Marche *23* 207 E 2
Saint-Victor-et-Melvieu *12* 281 F 5
Saint-Victor-la-Coste *30* 284 D 4
Saint-Victor-la-Rivière *63* 227 F 3
Saint-Victor-l'Abbaye *76* 20 B 4
Saint-Victor-Malescours *43* 248 A 1
Saint-Victor-Montvianeix *63* 210 D 4
Saint-Victor-Rouzaud *09* 336 A 1
Saint-Victor-sur-Arlanc *43* 229 E 5
Saint-Victor-sur-Avre *27* 55 H 5
Saint-Victor-sur-Loire *42* 230 A 4
Saint-Victor-sur-Ouche *21* 159 G 4
Saint-Victor-sur-Rhins *42* 212 A 3
Saint-Victoret *13* 326 C 1
Saint-Victour *19* 226 B 4
Saint-Victurnien *87* 205 E 4
Saint-Vidal *43* 247 E 3
Saint-Vigor *27* 56 C 1
Saint-Vigor-des-Mézerets *14* 53 E 2
Saint-Vigor-des-Monts *50* 52 B 2
Saint-Vigor-d'Ymonville *76* 34 D 1
Saint-Vigor-le-Grand *14* 33 E 3
Saint-Vincent *31* 318 C 2
Saint-Vincent *43* 247 F 2
Saint-Vincent *63* 227 H 3
Saint-Vincent *64* 314 C 5
Saint-Vincent *82* 278 B 3
Saint-Vincent-Bragny *71* 193 H 2
Saint-Vincent-Cramesnil *76* 34 D 1
Saint-Vincent-de-Barbeyrargues *34* 302 D 3
Saint-Vincent-de-Barrès *07* 267 E 3
Saint-Vincent-de-Boisset *42* 211 H 3
Saint-Vincent-de-Connezac *24* 239 H 2
Saint-Vincent-de-Cosse *24* 259 F 1
Saint-Vincent-de-Durfort *07* 266 D 1
Saint-Vincent-de-Lamontjoie *47* 275 H 4
Saint-Vincent-de-Mercuze *38* 233 F 4
Saint-Vincent-de-Paul *33* 237 H 4
Saint-Vincent-de-Paul *40* 293 E 2
Saint-Vincent-de-Pertignas *33* 256 C 1
Saint-Vincent-de-Reins *69* 212 B 2
Saint-Vincent-de-Salers *15* 244 C 2
Saint-Vincent-de-Tyrosse *40* 292 B 3
Saint-Vincent-des-Bois *27* 56 D 1
Saint-Vincent-des-Landes *44* 126 D 4
Saint-Vincent-des-Prés *71* 194 C 2
Saint-Vincent-des-Prés *72* 84 A 5
Saint-Vincent-d'Olargues *34* 300 D 5
Saint-Vincent-du-Boulay *27* 35 E 5
Saint-Vincent-du-Lorouër *72* 130 C 2
Saint-Vincent-du-Pendit *46* 261 E 1
Saint-Vincent-en-Bresse *71* 178 B 5
Saint-Vincent-Jalmoutiers *24* 239 F 2
Saint-Vincent-la-Châtre *79* 185 G 5
Saint-Vincent-la-Commanderie *26* 249 H 4
Saint-Vincent-le-Paluel *24* 241 G 5
Saint-Vincent-les-Forts *04* 270 B 4
Saint-Vincent-Lespinasse *82* 277 E 4
Saint-Vincent-Puymaufrais *85* 183 F 1
Saint-Vincent-Rive-d'Olt *46* 259 G 5
Saint-Vincent-Sterlanges *85* 166 C 4
Saint-Vincent-sur-Graon *85* 182 D 2
Saint-Vincent-sur-Jabron *04* 287 E 3
Saint-Vincent-sur-Jard *85* 182 C 3
Saint-Vincent-sur-l'Isle *24* 240 D 1
Saint-Vincent-sur-Oust *56* 125 G 3
Saint-Vinnemer *89* 137 F 2
Saint-Vit *25* 161 G 4
Saint-Vital *73* 234 A 1
Saint-Vite *47* 259 E 5
Saint-Vitte *18* 190 C 2
Saint-Vitte-sur-Briance *87* 224 C 2
Saint-Vivien *17* 200 D 2
Saint-Vivien *24* 239 E 5
Saint-Vivien-de-Blaye *33* 237 G 2
Saint-Vivien-de-Médoc *33* 218 C 4
Saint-Vivien-de-Monségur *33* 257 E 3
Saint-Voir *03* 192 C 3
Saint-Vougay *29* 71 F 4
Saint-Vrain *51* 63 E 5
Saint-Vrain *91* 87 H 3
Saint-Vran *22* 102 D 1
Saint-Vulbas *01* 214 A 4
Saint-Waast *59* 15 F 2
Saint-Wandrille-Rançon *76* 35 G 1
Saint-Witz *95* 58 D 1
Saint-Xandre *17* 183 F 5
Saint-Yaguen *40* 293 G 1
Saint-Yan *71* 193 G 3
Saint-Ybard *19* 224 B 4
Saint-Ybars *09* 317 H 5
Saint-Ylie *39* 178 D 1
Saint-Yon *91* 87 G 2

A B C D E F G H I J K L M N O P Q R S T U V W X Y Z

Saint-Yorre 03 ..... 210 C 2
Saint-Yrieix-la-Montagne 23 ..... 207 F 4
Saint-Yrieix-la-Perche 87 ..... 223 G 3
Saint-Yrieix-le-Déjalat 19 ..... 225 F 4
Saint-Yrieix-les-Bois 23 ..... 207 F 2
Saint-Yrieix-sous-Aixe 87 ..... 205 F 4
Saint-Yrieix-sur-Charente 16 ..... 221 E 1
Saint-Ythaire 71 ..... 194 C 1
Saint-Yvi 29 ..... 100 A 3
Saint-Yvoine 63 ..... 228 A 2
Saint-Yzan-de-Soudiac 33 ..... 237 H 2
Saint-Yzans-de-Médoc 33 ..... 219 E 5
Saint-Zacharie 83 ..... 327 G 1
Sainte-Adresse 76 ..... 34 B 1
Sainte-Agathe 63 ..... 210 D 5
Sainte-Agathe-d'Aliermont 76 ..... 20 C 2
Sainte-Agathe-en-Donzy 42 ..... 212 A 5
Sainte-Agathe-la-Bouteresse 42 ..... 229 G 1
Sainte-Agnès 06 ..... 291 G 5
Sainte-Agnès 38 ..... 251 F 1
Sainte-Agnès 39 ..... 196 B 1
Sainte-Alauzie 46 ..... 277 H 2
Sainte-Alvère 24 ..... 240 D 5
Sainte-Anastasie 15 ..... 245 G 2
Sainte-Anastasie 30 ..... 303 H 1
Sainte-Anastasie-sur-Issole 83 ..... 328 C 2
Sainte-Anne 04 ..... 271 E 4
Sainte-Anne 25 ..... 180 A 2
Sainte-Anne 32 ..... 297 E 3
Sainte-Anne 41 ..... 131 G 3
Sainte-Anne-d'Auray 56 ..... 124 A 3
Sainte-Anne-d'Evenos 83 ..... 327 H 4
Sainte-Anne-du-Castellet 83 ..... 327 H 3
Sainte-Anne-la-Condamine 04 ..... 271 E 4
Sainte-Anne-la-Palud 29 ..... 75 G 5
Sainte-Anne-Saint-Priest 87 ..... 224 D 1
Sainte-Anne-sur-Brivet 44 ..... 146 D 1
Sainte-Anne-sur-Gervonde 38 ..... 231 H 3
Sainte-Anne-sur-Vilaine 35 ..... 126 B 3
Sainte-Aulde 77 ..... 60 A 2
Sainte-Aurence-Cazaux 32 ..... 315 H 3
Sainte-Austreberthe 62 ..... 7 E 5
Sainte-Austreberthe 76 ..... 20 A 5
Sainte-Avoye 56 ..... 124 A 3
Sainte-Barbe 57 ..... 46 B 5
Sainte-Barbe 88 ..... 95 H 3
Sainte-Barbe *Alignements de* 56 ..... 100 D 3
Sainte-Barbe-sur-Gaillon 27 ..... 36 C 5
Sainte-Baume *Gorge de la* 07 ..... 266 D 5
La Sainte-Baume *Massif de* 93 ..... 327 G 2
Sainte-Bazeille 47 ..... 257 E 4
Sainte-Beuve-en-Rivière 76 ..... 21 E 3
Sainte-Blandine 38 ..... 232 B 2
Sainte-Blandine 79 ..... 185 F 5
Sainte-Brigitte 56 ..... 77 G 5
Sainte-Camelle 11 ..... 318 C 4
Sainte-Catherine 62 ..... 13 G 2
Sainte-Catherine 63 ..... 228 C 4
Sainte-Catherine 69 ..... 230 C 2
Sainte-Catherine-de-Fierbois 37 ..... 151 H 5
Sainte-Cécile 36 ..... 153 H 5
Sainte-Cécile 50 ..... 52 A 3
Sainte-Cécile 71 ..... 194 C 3
Sainte-Cécile 85 ..... 166 B 4
Sainte-Cécile-d'Andorge 30 ..... 283 G 2
Sainte-Cécile-du-Cayrou 81 ..... 278 D 5
Sainte-Cécile-les-Vignes 84 ..... 285 F 2
Sainte-Céronne-lès-Mortagne 61 ..... 84 B 2
Sainte-Cérotte 72 ..... 130 D 2
Sainte-Christie 32 ..... 296 B 3
Sainte-Christie-d'Armagnac 32 ..... 295 E 2
Sainte-Christine 49 ..... 149 E 3
Sainte-Christine 63 ..... 209 F 2
Sainte-Christine 85 ..... 184 C 4
Sainte-Christine *Chapelle* 29 ..... 75 F 3
Sainte-Colombe 05 ..... 286 D 1
Sainte-Colombe 16 ..... 203 G 5
Sainte-Colombe 17 ..... 238 B 1
Sainte-Colombe 25 ..... 180 C 2
Sainte-Colombe 33 ..... 238 D 5
Sainte-Colombe 35 ..... 104 C 5
Sainte-Colombe 40 ..... 293 H 3
Sainte-Colombe 46 ..... 261 F 2
Sainte-Colombe 50 ..... 29 F 5
Sainte-Colombe 69 ..... 231 F 3
Sainte-Colombe 76 ..... 19 G 3
Sainte-Colombe 77 ..... 89 G 3
Sainte-Colombe 89 ..... 137 E 5
Sainte-Colombe-de-Duras 47 ..... 257 E 2
Sainte-Colombe-de-la-Commanderie 66 ..... 342 D 3
Sainte-Colombe-de-Peyre 48 ..... 264 A 2
Sainte-Colombe-de-Villeneuve 47 ..... 276 B 1
Sainte-Colombe-des-Bois 58 ..... 156 C 3
Sainte-Colombe-en-Auxois 21 ..... 159 E 2
Sainte-Colombe-en-Bruilhois 47 ..... 275 H 3
Sainte-Colombe-la-Commanderie 27 ..... 36 A 5
Sainte-Colombe-près-Vernon 27 ..... 36 C 5
Sainte-Colombe-sur-Gand 42 ..... 212 A 4
Sainte-Colombe-sur-Guette 11 ..... 337 G 5
Sainte-Colombe-sur-l'Hers 11 ..... 337 E 3
Sainte-Colombe-sur-Loing 89 ..... 135 G 5
Sainte-Colombe-sur-Seine 21 ..... 138 A 2
Sainte-Colome 64 ..... 332 A 1
Sainte-Consorce 69 ..... 212 D 5
Sainte-Croix 01 ..... 213 G 4
Sainte-Croix 02 ..... 41 E 1
Sainte-Croix 12 ..... 261 F 5
Sainte-Croix 24 ..... 258 D 2
Sainte-Croix 26 ..... 268 A 1
Sainte-Croix 46 ..... 277 F 1
Sainte-Croix 71 ..... 195 H 1
Sainte-Croix 81 ..... 279 G 5
Sainte-Croix *Barrage de* 83 ..... 307 F 2
Sainte-Croix *Prieuré de* 60 ..... 39 G 2
Sainte-Croix-à-Lauze 04 ..... 306 B 1
Sainte-Croix-aux-Mines 68 ..... 96 D 5
Sainte-Croix-de-Caderle 30 ..... 283 F 4
Sainte-Croix-de-Mareuil 24 ..... 221 H 4
Sainte-Croix-de-Quintillargues 34 ..... 302 D 3
Sainte-Croix-du-Mont 33 ..... 256 B 3
Sainte-Croix-du-Verdon 04 ..... 307 F 2
Sainte-Croix-en-Jarez 42 ..... 230 D 3
Sainte-Croix-en-Plaine 68 ..... 121 E 3
Sainte-Croix-Grand-Tonne 14 ..... 33 F 4
Sainte-Croix-Hague 50 ..... 28 D 3
Sainte-Croix-sur-Aizier 27 ..... 35 F 2
Sainte-Croix-sur-Buchy 76 ..... 20 D 5
Sainte-Croix-sur-Mer 14 ..... 33 F 3
Sainte-Croix-sur-Orne 61 ..... 53 G 4
Sainte-Croix-Vallée-Française 48 ..... 283 E 3
Sainte-Croix-Volvestre 09 ..... 335 F 1
Sainte-Dode 32 ..... 315 H 2
Sainte-Eanne 79 ..... 185 G 3
Sainte-Engrâce 64 ..... 331 F 3
Sainte-Enimie 48 ..... 282 B 1
Sainte-Eugénie-de-Villeneuve 43 ..... 246 D 2
Sainte-Eugienne 50 ..... 51 H 4
Sainte-Eulalie 07 ..... 265 H 1
Sainte-Eulalie 11 ..... 319 G 5
Sainte-Eulalie 15 ..... 244 B 3
Sainte-Eulalie 33 ..... 237 H 5
Sainte-Eulalie 48 ..... 264 C 1
Sainte-Eulalie-d'Ans 24 ..... 241 E 1
Sainte-Eulalie-de-Cernon 12 ..... 281 H 5
Sainte-Eulalie-d'Eymet 24 ..... 257 G 2
Sainte-Eulalie-d'Olt 12 ..... 263 G 5
Sainte-Eulalie-en-Born 40 ..... 272 C 2
Sainte-Eulalie-en-Royans 26 ..... 250 A 3
Sainte-Euphémie 01 ..... 213 E 3
Sainte-Euphémie-sur-Ouvèze 26 ..... 286 B 1
Sainte-Eusoye 60 ..... 22 B 5
Sainte-Fauste 36 ..... 172 A 3
Sainte-Féréole 19 ..... 242 C 1
Sainte-Feyre 23 ..... 207 E 1
Sainte-Feyre-la-Montagne 23 ..... 207 H 4
Sainte-Flaive-des-Loups 85 ..... 165 G 5
Sainte-Florence 33 ..... 256 D 1
Sainte-Florence 85 ..... 166 B 3
Sainte-Florine 43 ..... 228 A 4
Sainte-Foi 09 ..... 336 D 1
Sainte-Fortunade 19 ..... 242 D 2
Sainte-Foy 40 ..... 294 B 1
Sainte-Foy 71 ..... 193 H 5
Sainte-Foy 76 ..... 20 B 3
Sainte-Foy 85 ..... 182 B 1
Sainte-Foy-d'Aigrefeuille 31 ..... 298 B 5
Sainte-Foy-de-Belvès 24 ..... 259 E 2
Sainte-Foy-de-Longas 24 ..... 240 C 5
Sainte-Foy-de-Montgommery 14 ..... 54 C 2
Sainte-Foy-de-Peyrolières 31 ..... 317 F 2
Sainte-Foy-des-Vignes 24 ..... 239 H 5
Sainte-Foy-la-Grande 33 ..... 257 F 1
Sainte-Foy-la-Longue 33 ..... 256 C 3
Sainte-Foy-l'Argentière 69 ..... 230 B 1
Sainte-Foy-lès-Lyon 69 ..... 231 E 1
Sainte-Foy-Saint-Sulpice 42 ..... 211 H 5
Sainte-Foy-Tarentaise 73 ..... 235 E 1
Sainte-Gauburge 61 ..... 84 C 5
Sainte-Gauburge-Sainte-Colombe 61 ..... 55 E 5
Sainte-Gemme 17 ..... 201 E 5
Sainte-Gemme 32 ..... 296 C 2
Sainte-Gemme 33 ..... 257 E 3
Sainte-Gemme 36 ..... 171 E 3
Sainte-Gemme 51 ..... 40 D 5
Sainte-Gemme 79 ..... 168 A 3
Sainte-Gemme 81 ..... 279 H 4
Sainte-Gemme-en-Sancerrois 18 ..... 155 H 2
Sainte-Gemme-la-Plaine 85 ..... 183 F 2
Sainte-Gemme-Martaillac 47 ..... 275 E 1
Sainte-Gemme-Moronval 28 ..... 56 D 4
Sainte-Gemmes 41 ..... 132 A 3
Sainte-Gemmes-d'Andigné 49 ..... 128 A 4
Sainte-Gemmes-le-Robert 53 ..... 106 D 2
Sainte-Gemmes-sur-Loire 49 ..... 149 G 2
Sainte-Geneviève 02 ..... 25 G 3
Sainte-Geneviève 50 ..... 29 G 3
Sainte-Geneviève 54 ..... 65 G 3
Sainte-Geneviève 60 ..... 38 B 3
Sainte-Geneviève 76 ..... 20 D 4
Sainte-Geneviève-des-Bois 45 ..... 134 D 3
Sainte-Geneviève-des-Bois 91 ..... 87 H 2
Sainte-Geneviève-lès-Gasny 27 ..... 57 E 1
Sainte-Geneviève-sur-Argence 12 ..... 263 E 1
Sainte-Hélène 33 ..... 236 D 4
Sainte-Hélène 48 ..... 264 D 4
Sainte-Hélène 56 ..... 123 G 2
Sainte-Hélène 71 ..... 177 F 4
Sainte-Hélène 88 ..... 95 H 5
Sainte-Hélène-Bondeville 76 ..... 19 E 3
Sainte-Hélène-du-Lac 73 ..... 233 G 3
Sainte-Hélène-sur-Isère 73 ..... 234 A 1
Sainte-Hermine 85 ..... 183 G 1
Sainte-Honorine-de-Ducy 14 ..... 32 D 5
Sainte-Honorine-des-Pertes 14 ..... 32 D 2
Sainte-Honorine-du-Fay 14 ..... 33 F 5
Sainte-Honorine-la-Chardonne 61 ..... 53 F 3
Sainte-Honorine-la-Guillaume 61 ..... 53 G 4
Sainte-Innocence 24 ..... 257 G 2
Sainte-Jalle 26 ..... 286 A 1
Sainte-Jamme-sur-Sarthe 72 ..... 107 H 3
Sainte-Julie 01 ..... 214 A 4
Sainte-Juliette 82 ..... 277 F 2
Sainte-Juliette-sur-Viaur 12 ..... 280 C 3
Sainte-Léocadie 66 ..... 341 F 5
Sainte-Lheurine 17 ..... 220 B 3
Sainte-Livière 52 ..... 92 B 2
Sainte-Livrade 31 ..... 297 F 4
Sainte-Livrade-sur-Lot 47 ..... 276 B 1
Sainte-Lizaigne 36 ..... 172 B 2
Sainte-Luce 38 ..... 251 F 5
Sainte-Luce-sur-Loire 44 ..... 147 H 3
Sainte-Lucie-de-Porto-Vecchio 2A ..... 349 G 5
Sainte-Lucie-de-Tallano 2A ..... 349 E 5
Sainte-Lunaise 18 ..... 173 E 3
Sainte-Magnance 89 ..... 158 B 2
Sainte-Marguerite 43 ..... 246 D 2
Sainte-Marguerite 88 ..... 96 B 5
Sainte-Marguerite *Île* 06 ..... 309 F 4
Sainte-Marguerite *Presqu'île de* 29 ..... 70 C 4
Sainte-Marguerite-de-Carrouges 61 ..... 83 E 2
Sainte-Marguerite-de-l'Autel 27 ..... 55 H 3
Sainte-Marguerite-de-Viette 14 ..... 54 B 1
Sainte-Marguerite-d'Elle 14 ..... 32 B 4
Sainte-Marguerite-des-Loges 14 ..... 54 C 1
Sainte-Marguerite-en-Ouche 27 ..... 55 F 1
Sainte-Marguerite-Lafigère 07 ..... 265 G 5
Sainte-Marguerite-sur-Duclair 76 ..... 35 H 1
Sainte-Marguerite-sur-Fauville 76 ..... 19 F 4
Sainte-Marguerite-sur-Mer 76 ..... 10 A 5
Sainte-Marie 05 ..... 268 C 4
Sainte-Marie 08 ..... 42 D 2
Sainte-Marie 15 ..... 245 F 5
Sainte-Marie 16 ..... 239 E 1
Sainte-Marie 25 ..... 142 B 4
Sainte-Marie 32 ..... 296 D 4
Sainte-Marie 35 ..... 125 H 3
Sainte-Marie 44 ..... 146 C 5
Sainte-Marie 58 ..... 175 E 1
Sainte-Marie 65 ..... 334 B 2
Sainte-Marie 66 ..... 339 E 5
Sainte-Marie *Col de* 88 ..... 96 C 5
Sainte-Marie-à-Py 51 ..... 42 C 4
Sainte-Marie-au-Bosc 76 ..... 18 C 4
Sainte-Marie-aux-Anglais 14 ..... 54 B 1
Sainte-Marie-aux-Chênes 57 ..... 45 F 5
Sainte-Marie-aux-Mines 68 ..... 96 D 5
Sainte-Marie-Cappel 59 ..... 3 H 5
Sainte-Marie-d'Alloix 38 ..... 233 F 4
Sainte-Marie-d'Alvey 73 ..... 232 D 2
Sainte-Marie-de-Campan 65 ..... 333 F 2
Sainte-Marie-de-Chignac 24 ..... 240 D 2
Sainte-Marie-de-Cuines 73 ..... 234 A 5
Sainte-Marie-de-Gosse 40 ..... 292 C 4
Sainte-Marie-de-Ré 17 ..... 200 B 1
Sainte-Marie-de-Vars 05 ..... 270 D 3
Sainte-Marie-de-Vatimesnil 27 ..... 37 E 4
Sainte-Marie-de-Vaux 87 ..... 205 F 4
Sainte-Marie-des-Champs 76 ..... 19 G 5
Sainte-Marie-des-Chazes 43 ..... 246 D 3
Sainte-Marie-du-Bois 50 ..... 81 H 2
Sainte-Marie-du-Bois 53 ..... 82 C 3
Sainte-Marie-du-Lac-Nuisement 51 ..... 92 B 2
Sainte-Marie du Ménez-Hom *Chapelle* 29 ..... 75 G 4
Sainte-Marie-du-Mont 38 ..... 233 F 4
Sainte-Marie-du-Mont 50 ..... 32 A 2
Sainte-Marie-en-Chanois 70 ..... 141 H 2
Sainte-Marie-en-Chaux 70 ..... 141 G 2
Sainte-Marie-Kerque 62 ..... 3 E 3
Sainte-Marie-la-Blanche 21 ..... 177 H 2
Sainte-Marie-la-Robert 61 ..... 53 H 5
Sainte-Marie-Lapanouze 19 ..... 226 B 4
Sainte-Marie-Laumont 14 ..... 52 C 2
Sainte-Marie-Outre-l'Eau 14 ..... 52 B 2
Sainte-Marie-Sicché 2A ..... 348 D 4
Sainte-Marie-sur-Ouche 21 ..... 159 G 3
Sainte-Marine 29 ..... 99 G 4
Sainte-Marthe 27 ..... 55 H 2
Sainte-Marthe 47 ..... 257 E 5
Sainte-Maure 10 ..... 90 D 5
Sainte-Maure-de-Peyriac 47 ..... 275 E 5
Sainte-Maure-de-Touraine 37 ..... 151 H 5
Sainte-Maxime 83 ..... 329 G 2
Sainte-Même 17 ..... 201 H 4
Sainte-Menehould 51 ..... 43 E 5
Sainte-Mère 32 ..... 276 B 5
Sainte-Mère-Église 50 ..... 29 G 5
Sainte-Mesme 78 ..... 87 E 3
Sainte-Mondane 24 ..... 259 H 1
Sainte-Montaine 18 ..... 155 E 1
Sainte-Nathalène 24 ..... 241 G 5
Sainte-Néomaye 79 ..... 185 F 3
Sainte-Odile *Mont* 67 ..... 97 E 3
Sainte-Olive 01 ..... 213 F 2
Sainte-Opportune 61 ..... 53 F 4
Sainte-Opportune-du-Bosc 27 ..... 35 H 5
Sainte-Opportune-la-Mare 27 ..... 35 F 2
Sainte-Orse 24 ..... 241 F 2
Sainte-Osmane 72 ..... 130 D 2
Sainte-Ouenne 79 ..... 184 D 3
Sainte-Pallaye 89 ..... 136 C 5
Sainte-Paule 69 ..... 212 C 3
Sainte-Pazanne 44 ..... 147 E 5
Sainte-Pexine 85 ..... 183 F 1
Sainte-Pezenne 79 ..... 184 D 4
Sainte-Pience 50 ..... 51 H 4
Sainte-Pôle 54 ..... 96 A 2
Sainte-Preuve 02 ..... 25 F 5
Sainte-Radegonde 12 ..... 280 D 1
Sainte-Radegonde 17 ..... 201 E 4
Sainte-Radegonde 24 ..... 258 C 2
Sainte-Radegonde 32 ..... 296 B 2
Sainte-Radegonde 33 ..... 256 D 1
Sainte-Radegonde 71 ..... 176 B 5
Sainte-Radegonde 79 ..... 168 A 2
Sainte-Radegonde 86 ..... 187 E 1
Sainte-Radégonde-des-Noyers 85 ..... 183 G 3
Sainte-Ramée 17 ..... 219 F 4
Sainte-Reine 70 ..... 161 G 1
Sainte-Reine 73 ..... 233 G 2
Sainte-Reine-de-Bretagne 44 ..... 146 C 1
Sainte-Restitude 2B ..... 346 C 2
Sainte-Roseline *Chapelle* 83 ..... 308 B 5
Sainte-Ruffine 57 ..... 65 G 1
Sainte-Sabine 21 ..... 159 F 4
Sainte-Sabine 24 ..... 258 C 2
Sainte-Sabine-sur Longève 72 ..... 107 G 3
Sainte-Savine 10 ..... 90 D 5
Sainte-Scolasse-sur-Sarthe 61 ..... 84 A 2
Sainte-Segrée 80 ..... 21 H 3
Sainte-Sève 29 ..... 71 H 5
Sainte-Sévère 16 ..... 202 C 5
Sainte-Sévère-sur-Indre 36 ..... 189 H 3
Sainte-Sigolène 43 ..... 248 A 1
Sainte-Solange 18 ..... 155 F 5
Sainte-Soline 79 ..... 185 H 5
Sainte-Souline 16 ..... 220 D 5
Sainte-Soulle 17 ..... 183 G 5
Sainte-Suzanne 09 ..... 317 H 5
Sainte-Suzanne 25 ..... 142 B 4
Sainte-Suzanne 53 ..... 106 D 3
Sainte-Suzanne 64 ..... 313 F 2
Sainte-Suzanne-en-Bauptois 50 ..... 31 G 3
Sainte-Suzanne-sur-Vire 50 ..... 32 B 5
Sainte-Terre 33 ..... 256 C 1
Sainte-Thérence 03 ..... 190 C 5
Sainte-Thorette 18 ..... 172 D 1
Sainte-Tréphine 22 ..... 77 G 4
Sainte-Trie 24 ..... 241 G 1
Sainte-Tulle 04 ..... 306 C 2
Sainte-Valière 11 ..... 320 D 4
Sainte-Vaubourg 08 ..... 42 C 1
Sainte-Verge 79 ..... 168 A 1
Sainte-Vertu 89 ..... 137 E 3
Sainteny 50 ..... 31 H 3
Saintes 17 ..... 201 G 5
Saintes-Maries-de-la-Mer 13 ..... 324 C 3
Saintines 60 ..... 39 F 3
Saintry-sur-Seine 91 ..... 88 A 2
Saints 77 ..... 59 H 4
Saints 89 ..... 135 H 5
Saints-Geosmes 52 ..... 139 G 2
Sainville 28 ..... 86 D 4
Saires 86 ..... 169 E 3
Saires-la-Verrerie 61 ..... 53 F 5
Saisies *Col des* 73 ..... 216 B 5
Saissac 11 ..... 319 F 3
Saisseval 80 ..... 22 A 2
Saisy 71 ..... 177 F 2
Saivres 79 ..... 185 F 3
Le Saix 05 ..... 269 F 4
Saïx 81 ..... 299 G 5
Saix 86 ..... 150 C 5
Saizenay 39 ..... 179 H 2
Saizerais 54 ..... 65 G 4
Saizy 58 ..... 157 G 3
Sajas 31 ..... 317 E 3
Salagnac 24 ..... 241 G 1
Salagnon 38 ..... 232 A 1
Salaise-sur-Sanne 38 ..... 231 E 5
Salans 39 ..... 161 G 4
Salasc 34 ..... 301 H 4
Salaunes 33 ..... 237 E 4
Salavas 07 ..... 284 B 1
Salavre 01 ..... 196 A 3
Salazac 30 ..... 284 C 2
Salbris 41 ..... 154 C 2
Les Salces 48 ..... 263 H 4
Saléchan 65 ..... 334 B 3
Saleich 31 ..... 335 E 2
Saleignes 17 ..... 202 C 3
Saleilles 66 ..... 343 F 2
Les Salelles 07 ..... 265 H 5
Les Salelles 48 ..... 264 A 5
Salency 60 ..... 23 H 5
Salenthal 67 ..... 68 B 5
Saléon 05 ..... 287 E 1
Salérans 05 ..... 287 E 2
Salerm 31 ..... 316 C 4
Salernes 83 ..... 307 G 4
Salers 15 ..... 244 C 3
Sales 74 ..... 215 F 4
Salesches 59 ..... 15 E 3
La Salette-Fallavaux 38 ..... 251 G 5
Salettes 26 ..... 267 G 4
Salettes 43 ..... 247 G 5
Saleux 80 ..... 22 B 2
Salève *Mont* 74 ..... 215 G 1
Salice 2A ..... 348 C 1
Saliceto 2B ..... 347 F 3
Saliès 81 ..... 299 F 1
Salies-de-Béarn 64 ..... 311 H 3
Salies-du-Salat 31 ..... 334 D 1
Salignac 04 ..... 287 G 3
Salignac 33 ..... 237 H 3
Salignac-de-Mirambeau 17 ..... 219 H 5
Salignac-Eyvigues 24 ..... 241 H 4
Salignac-sur-Charente 17 ..... 219 H 1
Saligney 39 ..... 161 F 4
Saligny 85 ..... 165 H 3
Saligny 89 ..... 113 G 2
Saligny-le-Vif 18 ..... 173 H 1
Saligny-sur-Roudon 03 ..... 193 E 3
Saligos 65 ..... 332 D 3
Salin-de-Badon 13 ..... 324 D 3
Salin-de-Giraud 13 ..... 325 E 3
Salindres 30 ..... 283 H 3
Saline Royale d'Arc-et-Cenans 25 ..... 179 G 1
Salinelles 30 ..... 303 F 2
Salins 15 ..... 244 B 2
Salins 77 ..... 89 E 4
Les Salins-d'Hyères 83 ..... 328 C 4
Salins-les-Bains 39 ..... 179 H 2
Salins-les-Thermes 73 ..... 234 C 3
Salives 21 ..... 138 D 5
Sallagriffon 06 ..... 289 F 5
Sallanches 74 ..... 216 C 3
Sallaumines 62 ..... 8 C 5
La Salle 71 ..... 195 E 3
La Salle 88 ..... 96 A 4
La Salle-de-Vihiers 49 ..... 149 F 5
La Salle-en-Beaumont 38 ..... 251 F 5
La Salle-et-Chapelle-Aubry 49 ..... 148 D 3
La Salle-les-Alpes 05 ..... 252 C 4
La Salle-Prunet 48 ..... 282 D 2
Sallebœuf 33 ..... 237 H 5
Sallèdes 63 ..... 228 A 2
Sallèles-Cabardès 11 ..... 319 H 4
Sallèles-d'Aude 11 ..... 321 E 4
Sallen 14 ..... 32 D 5
Sallenelles 14 ..... 33 H 3
Sallenôves 74 ..... 215 F 2
Sallertaine 85 ..... 164 D 2
Les Salles 33 ..... 238 D 5
Salles 33 ..... 254 D 4
Les Salles 42 ..... 211 E 5
Salles 47 ..... 258 D 4
Salles 65 ..... 332 D 2
Salles 79 ..... 185 G 3
Salles 81 ..... 279 F 4
Salles-Adour 65 ..... 315 E 5
Salles-Arbuissonnas-en-Beaujolais 69 ..... 212 D 2
Salles-Courbatiès 12 ..... 261 G 5
Salles-Curan 12 ..... 281 E 3
Salles-d'Angles 16 ..... 220 B 2

Salles-d'Armagnac 32 295 E 2
Salles-d'Aude 11 321 F 5
Salles-de-Barbezieux 16 220 C 4
Salles-de-Belvès 24 259 E 2
Salles-de-Villefagnan 16 203 F 3
Les Salles-du-Gardon 30 283 G 3
Salles-en-Toulon 86 187 E 2
Salles-et-Pratviel 31 334 B 4
Salles-la-Source 12 262 C 5
Salles-Lavalette 16 221 F 5
Les Salles-Lavauguyon 87 222 C 1
Salles-lès-Aulnay 17 202 B 2
Salles-Mongiscard 64 293 F 5
Salles-sous-Bois 26 267 F 5
Salles-sur-Garonne 31 317 F 4
Salles-sur-l'Hers 11 318 C 4
Salles-sur-Mer 17 200 D 1
Les Salles-sur-Verdon 83 307 G 2
Sallespisse 64 293 G 5
Salmagne 55 64 B 5
Salmaise 21 159 F 1
Salmbach 67 69 G 1
Salmiech 12 280 D 3
Salomé 59 8 B 3
Salon 10 61 G 5
Salon 24 240 C 4
Salon-de-Provence 13 305 F 4
Salon-la-Tour 19 224 B 3
Salonnes 57 66 C 4
Salornay-sur-Guye 71 194 C 2
Salouël 80 22 B 2
Salperwick 62 3 F 5
Salsein 09 335 E 3
Salses-le-Château 66 339 E 4
Salsigne 11 319 H 4
Salt-en-Donzy 42 230 A 1
Les Salvages 81 299 G 4
Salvagnac 81 298 C 1
Salvagnac-Cajarc 12 261 E 5
Salvagnac-Saint-Loup 12 261 F 4
La Salvetat-Belmontet 82 298 A 1
La Salvetat-Lauragais 31 298 C 5
La Salvetat-Peyralès 12 279 H 3
La Salvetat-Saint-Gilles 31 297 G 5
La Salvetat-sur-Agout 34 300 C 5
Salvezines 11 337 H 5
Salvi *Col de* 2B 346 C 2
Salviac 46 259 G 3
Salvizinet 42 212 A 5
Salza 11 338 A 2
Salzuit 43 246 C 2
Samadet 40 294 A 4
Saman 31 316 C 5
Samara 80 22 B 1
Samaran 32 316 A 3
Samatan 32 316 D 2
Samazan 47 257 E 5
Sambin 41 153 E 2
Sambourg 89 137 E 3
Le Sambuc 13 304 C 5
Saméon 59 9 F 4
Samer 62 6 C 2
Samerey 21 160 D 5
Sames 64 292 C 5
Sammarçolles 86 168 D 1
Sammeron 77 59 H 2
Samoëns 74 216 D 1
Samognat 01 196 C 5
Samogneux 55 44 B 4
Samois-sur-Seine 77 88 C 4
Samonac 33 237 G 3
Samoreau 77 88 C 4
Samouillan 31 316 D 4
Samoussy 02 25 E 5
Sampans 39 160 D 5
Sampigny 55 64 C 4
Sampigny-lès-Maranges 71 177 F 3
Sampolo 2A 349 E 5
Sampzon 07 266 B 5
Samson 25 179 H 1
Samsons-Lion 64 314 D 2
Samuran 65 334 B 2
San Cervone *Col de* 2B 347 F 4
San-Damiano 2B 347 G 3
San-Gavino-d'Ampugnani 2B 347 G 3
San-Gavino-di-Carbini 2A 349 F 5
San-Gavino-di-Fiumorbo 2B 349 F 2
San-Gavino-di-Tenda 2B 345 F 5
San-Giovanni-di-Moriani 2B 347 H 3
San-Giuliano 2B 347 H 4
San-Lorenzo 2B 347 F 3
San-Martino-di-Lota 2B 345 G 4
San Michele de Murato *Église* 2B 345 F 5
San-Nicolao 2B 347 H 3
San-Peïre-sur-Mer 83 329 G 2
San-Pellegrino 2B 347 H 2
San Quilico *Chapelle de* 2A 351 F 3
San Quilico de Cambia *Chapelle* 2B 347 F 3
San Stefano *Col de* 2B 345 F 5
Sana 31 317 E 5
Sanadoire *Roche* 63 227 F 2
Sanary-sur-Mer 83 327 H 4
Sancé 71 195 E 4
Sancergues 18 156 A 5
Sancerre 18 155 H 3
Sancey-le-Grand 25 163 E 3
Sancey-le-Long 25 163 E 3
Sancheville 28 110 B 3
Sanchey 88 119 F 2
Sancoins 18 174 A 4
Sancourt 27 37 F 3
Sancourt 59 14 B 3
Sancourt 80 23 H 3
Sancy 54 45 F 3
Sancy 77 59 G 3
Sancy *Puy de* 63 227 E 3
Sancy-les-Cheminots 02 40 C 2
Sancy-lès-Provins 77 60 C 5
Sand 67 97 G 3
Sandarville 28 85 H 5
Sandaucourt 88 94 B 5
Sandillon 45 133 F 2
Sandouville 76 34 D 1
Sandrans 01 213 F 2
Sangatte 62 2 C 3
Sanghen 62 2 D 5
Sanguinaires *Îles* 2A 348 A 4
Sanguinet 40 254 C 4
Sanilhac 07 266 A 4
Sanilhac-Sagriès 30 284 C 5
Sannat 23 208 B 2
Sannerville 14 33 H 4
Sannes 84 306 A 2
Sannois 95 58 B 2
Sanous 65 315 E 3
Sanry-lès-Vigy 57 45 H 5
Sanry-sur-Nied 57 66 B 1
Sans-Vallois 88 118 D 2
Sansa 66 341 G 3
Sansac-de-Marmiesse 15 244 B 5
Sansac-Veinazès 15 262 C 2
Sansais 79 184 C 5
Sansan 32 296 B 5
Sanssac-l'Église 43 247 E 3
Sanssat 03 192 C 5
Santa-Lucia-di-Mercurio 2B 347 F 4
Santa-Lucia-di-Moriani 2B 347 H 3
Santa-Maria 2B 345 G 3
Santa-Maria-di-Lota 2B 345 G 4
Santa-Maria-Figaniella 2A 349 E 5
Santa-Maria-Poggio 2B 347 F 3
Santa-Maria-Poggio 2B 347 H 4
Santa-Reparata-di-Balagna 2B 344 C 5
Santa-Reparata-di-Moriani 2B 347 G 3
Sant'Andréa-di-Bozio 2B 347 F 4
Sant'Andréa-di-Cotone 2B 347 H 4
Sant'Andréa-d'Orcino 2A 348 C 2
Santans 39 179 F 1
Sant'Antonino 2B 346 C 2
Sant'Appiano *Cathédrale* 2A 348 B 1
Santeau 45 111 F 4
Santec 29 71 G 3
Santenay 21 177 G 3
Santenay 41 131 H 5
Santeny 94 58 D 5
Santes 59 8 C 3
Santeuil 28 86 C 4
Santeuil 95 37 H 5
Santigny 89 137 F 5
Santilly 28 110 D 3
Santilly 71 194 D 1
Santo-Pietro-di-Tenda 2B 345 F 5
Santo-Pietro-di-Venaco 2B 347 E 5
Santoche 25 162 D 1
Santosse 21 177 F 1
Santranges 18 155 H 1
Sanvensa 12 279 F 2
Sanvignes-les-Mines 71 176 D 5
Sanxay 86 185 H 2
Sanzay 79 167 H 2
Sanzey 54 65 E 5
Saon 14 32 D 3
Saône 25 162 A 4
Saonnet 14 32 C 3
Saorge 06 291 H 3
Saosnes 72 83 H 5
Saou 26 267 G 3
Le Sap 61 54 D 3
Le Sap-André 61 54 D 3
Le Sapey 38 251 E 3
Sapignicourt 51 63 E 5
Sapignies 62 13 G 4
Sapogne-et-Feuchères 08 27 E 4
Sapogne-sur-Marche 08 27 H 5
Sapois 39 179 H 4
Sapois 88 120 A 4
Saponay 02 40 C 4
Saponcourt 70 118 C 5
Le Sappey 74 215 G 1
Le Sappey-en-Chartreuse 38 251 E 1
Saramon 32 296 C 5
Saran 45 110 D 5
Saraz 25 179 H 1
Sarbazan 40 274 A 5
Sarcé 72 130 A 4
Sarceaux 61 54 A 4
Sarcelles 95 58 C 2
Sarcenas 38 233 E 5
Sarcey 52 117 F 4
Sarcey 69 212 C 4
Sarcicourt 52 116 D 3
Sarcos 32 316 B 3
Sarcus 60 21 G 4
Sarcy 51 41 F 4
Sardan 30 303 E 1
Sardent 23 207 E 2
Sardieu 38 231 H 5
Sardon 63 210 A 3
Sardy-lès-Épiry 58 157 G 5
Sare 64 310 C 4
Sargé-lès-le-Mans 72 107 H 4
Sargé-sur-Braye 41 109 E 5
Sari-d'Orcino 2A 348 C 2
Sari-Solenzara 2A 349 G 4
Sariac-Magnoac 65 316 A 4
Sarlabous 65 333 G 1
Sarlande 24 223 F 4
Sarlat-la-Canéda 24 241 G 5
Sarliac-sur-l'Isle 24 240 D 1
Sarniguet 65 315 E 3
Sarnois 60 21 H 4
Saron-sur-Aube 51 90 B 2
Sarp 65 334 A 2
Sarpourenx 64 313 G 2
Sarragachies 32 294 D 3
Sarrageois 25 180 B 4
Sarraguzan 32 315 G 3
Les Sarraix 63 210 D 4
Sarralbe 57 67 G 2
Sarraltroff 57 67 G 4
Sarran 19 225 F 4
Sarrance 64 331 H 2
Sarrancolin 65 333 H 2
Sarrans *Barrage de* 12 263 E 1
Sarrant 32 296 D 3
Sarras 07 249 E 2
Sarrazac 24 223 E 4
Sarrazac 46 242 C 4
Sarraziet 40 294 A 3
Sarre-Union 67 67 H 2
Sarrebourg 57 67 G 4
Sarrecave 31 316 B 5
Sarreguemines 57 47 G 5
Sarreinsberg 57 68 B 2
Sarreinsming 57 67 H 1
Sarremezan 31 316 B 5
Sarrewerden 67 67 H 2
Sarrey 52 117 G 4
Sarriac-Bigorre 65 315 F 3
Sarrians 84 285 G 4
Sarrigné 49 149 H 1
Sarrogna 39 196 C 2
Sarrola-Carcopino 2A 348 C 2
Sarron 40 294 C 4
Sarron 60 39 E 3
Sarrouilles 65 315 F 4
Sarroux 19 226 C 4
Sarry 51 62 B 2
Sarry 71 193 G 4
Sarry 89 137 F 4
Le Sars 62 13 G 5
Sars-et-Rosières 59 9 F 4
Sars-le Bois 62 12 D 2
Sars-Poteries 59 15 H 3
Le Sart 59 15 F 5
Sartène 2A 350 D 2
Sartes 88 94 A 5
Sartilly 50 51 G 4
Sarton 62 12 D 4
Sartrouville 78 58 A 2
Sarzay 36 189 F 1
Sarzeau 56 124 B 5
Sasnières 41 131 F 4
Sassangy 71 177 F 5
Sassay 41 153 F 2
Sassegnies 59 15 F 3
Sassenage 38 250 D 1
Sassenay 71 177 H 3
Sassetot-le-Malgardé 76 19 H 3
Sassetot-le-Mauconduit 76 19 F 2
Sasseville 76 19 G 3
Sassey 27 56 C 1
Sassey-sur-Meuse 55 43 G 2
Sassierges-Saint-Germain 36 172 A 4
Sassis 65 332 D 3
Sassy 14 54 A 1
Sathonay-Camp 69 213 E 5
Sathonay-Village 69 213 F 4
Satillieu 07 248 D 2
Satolas-et-Bonce 38 231 G 1
Saturargues 34 303 F 3
Saubens 31 317 H 2
Saubion 40 292 B 3
Saubole 64 314 D 3
Saubrigues 40 292 B 4
Saubusse 40 292 C 3
Saucats 33 255 F 2
Saucède 64 313 G 4
La Saucelle 28 85 F 2
Sauchay 76 10 C 5
Sauchy-Cauchy 62 14 A 3
Sauchy-Lestrée 62 14 A 3
Sauclières 12 282 B 5
Saucourt-sur-Rognon 52 93 E 5
Saudemont 62 14 A 3
Saudoy 51 61 E 5
Saudron 52 93 F 3
Saudrupt 55 63 G 5
Saugeot 39 196 D 1
Saugnac-et-Cambran 40 293 E 3
Saugnacq-et-Muret 40 255 E 5
Saugnieu 69 231 G 1
Saugon 33 237 G 2
Saugues 43 246 C 4
Sauguis-Saint-Étienne 64 331 E 1
Saugy 18 172 C 2
Saujac 12 261 E 5
Saujon 17 218 D 1
La Saulce 05 269 G 5
Saulce-sur-Rhône 26 267 E 2
Saulces-Champenoises 08 42 B 1
Saulces-Monclin 08 26 B 5
Saulcet 03 192 A 4
Saulchery 02 60 B 2
Le Saulchoy 60 22 A 5
Saulchoy 62 11 G 1
Saulchoy-sous-Poix 80 21 H 3
Saulcy 10 92 B 5
Le Saulcy 88 96 C 3
Saulcy-sur-Meurthe 88 96 B 5
Saules 25 162 B 5
Saules 71 177 G 5
Saulgé 86 187 G 4
Saulgé-l'Hôpital 49 149 H 3
Saulges 53 106 C 5
Saulgond 16 204 D 3
Sauliac-sur-Célé 46 260 D 4
Saulieu 21 158 C 4
Saulles 52 140 A 3
Saulmory-et-Villefranche 55 43 G 1
Saulnay 36 171 E 3
Saulnes 54 45 E 1
Saulnières 28 56 C 5
Saulnières 35 104 B 5
Saulnot 70 142 A 4
Saulny 57 45 G 5
Saulon-la-Chapelle 21 160 B 4
Saulon-la-Rue 21 160 A 4
La Saulsotte 10 89 H 3
Sault 84 286 B 4
Sault-Brénaz 01 214 B 4
Sault-de-Navailles 64 293 G 5
Sault-lès-Rethel 08 42 A 1
Sault-Saint-Remy 08 41 H 2
Saultain 59 15 E 2
Saulty 62 13 E 3
Saulx 70 141 F 3
Saulx-en-Barrois 55 64 C 5
Saulx-en-Woëvre 55 64 D 1
Saulx-le-Duc 21 139 E 5
Saulx-les-Chartreux 91 58 B 5
Saulx-Marchais 78 57 G 3
Saulxerotte 54 94 B 3
Saulxures 52 117 H 5
Saulxures 67 96 C 3
Saulxures-lès-Bulgnéville 88 118 B 2
Saulxures-lès-Nancy 54 66 B 5
Saulxures-lès-Vannes 54 94 A 2
Saulxures-sur-Moselotte 88 120 A 4
Saulzais-le-Potier 18 190 C 1
Saulzet 03 210 A 1
Saulzet-le-Chaud 63 227 G 1
Saulzet-le-Froid 63 227 F 2
Saulzoir 59 14 D 3
Saumane 04 287 E 4
Saumane 30 283 E 4
Saumane-de-Vaucluse 84 305 F 1
Sauméjan 47 274 D 2
Saumeray 28 109 H 2
Saumont 47 275 H 4
Saumont-la-Poterie 76 21 F 5
Saumos 33 236 C 4
Saumur 49 150 B 4
Saunay 37 131 F 5
La Saunière 23 207 F 1
Saunières 71 178 B 3
Sauqueuse-Saint-Lucien 60 38 A 1
Sauqueville 76 20 B 2
Saurais 79 185 G 1
Saurat 09 336 A 4
Sauret-Besserve 63 209 E 3
Saurier 63 227 G 3
Sausheim 68 143 F 1
Saussan 34 302 C 5
Saussay 28 56 D 3
Saussay 76 20 A 4
Saussay-la-Campagne 27 37 E 3
La Saussaye 27 36 A 4
Saussemesnil 50 29 F 4
Saussenac 81 279 H 5
Saussens 31 298 C 5
Sausses 04 289 E 4
Sausset-les-Pins 13 325 H 4
Sausseuzemare-en-Caux 76 18 D 4
Saussey 21 177 F 1
Saussey 50 51 G 1
Saussignac 24 257 G 1
Saussines 34 303 F 3
Saussy 21 159 H 1
Saut de la Mounine 12 261 E 5
Saut des Cuves 88 120 B 3
Sautel 09 336 C 3
Sauternes 33 255 H 4
Sautet *Barrage du* 38 251 F 5
Sauteyrargues 34 302 D 2
Sauto 66 341 G 4
Sautron 44 147 F 3
Sauvage-Magny 52 92 B 4
La Sauvagère 61 53 F 5
Les Sauvages 69 212 B 4
Sauvagnac 16 222 C 1
Sauvagnas 47 276 C 2
Sauvagnat 63 208 D 5
Sauvagnat-Sainte-Marthe 63 228 A 2
Sauvagney 25 161 H 3
Sauvagnon 64 314 B 2
Sauvagny 03 191 E 3
Sauvain 42 229 F 1
Sauvan *Château de* 04 287 E 5
Sauvat 15 244 C 1
Sauve 30 303 E 1
La Sauve 33 256 B 1
Sauvelade 64 313 G 2
Sauverny 01 197 G 4
Sauvessanges 63 229 F 5
La Sauvetat 32 296 A 2
La Sauvetat 43 265 F 1
La Sauvetat 63 227 H 2
La Sauvetat-de-Savères 47 276 C 3
La Sauvetat-du-Dropt 47 257 G 3
La Sauvetat-sur-Lède 47 258 C 5
Sauveterre 30 285 E 5
Sauveterre 32 316 D 2
Sauveterre 65 315 F 2
Sauveterre 81 320 A 2
Sauveterre 82 277 G 2
Sauveterre-de-Béarn 64 311 H 3
Sauveterre-de-Comminges 31 334 B 2
Sauveterre-de-Guyenne 33 256 D 2
Sauveterre-de-Rouergue 12 280 B 3
Sauveterre-la-Lémance 47 259 E 4
Sauveterre-Saint-Denis 47 276 C 3
Sauviac 32 315 H 3
Sauviac 33 256 C 5
Sauvian 34 321 G 4
Sauviat 63 228 C 1
Sauviat-sur-Vige 87 206 C 4
Sauvignac 16 238 D 1
Sauvigney-lès-Gray 70 161 F 1
Sauvigney-lès-Pesmes 70 161 E 3
Sauvigny 55 94 A 3
Sauvigny-le-Beuréal 89 158 B 1
Sauvigny-le-Bois 89 158 A 1
Sauvigny-les-Bois 58 174 D 2
Sauville 08 27 E 5
Sauville 88 118 A 2
Sauvillers-Mongival 80 22 D 4
Sauvimont 32 317 E 2
Sauvoy 55 93 H 1
Saux 46 277 F 1
Saux-et-Pomarède 31 316 C 5
Sauxillanges 63 228 B 3
Le Sauze 04 270 D 5
Sauze 06 289 F 3
Le Sauze-du-Lac 05 270 A 4
Sauzé-Vaussais 79 203 E 1
Sauzelle 17 200 B 3
Sauzelles 36 170 C 5
Sauzet 26 267 E 3
Sauzet 30 284 A 5
Sauzet 46 259 G 5
La Sauzière-Saint-Jean 81 298 B 1
Sauzon 56 144 B 3
Savagna 39 179 E 5
Savarthès 31 334 C 1
Savas 07 230 D 5
Savas-Mépin 38 231 G 3
Savasse 26 267 E 3
Savenay 44 146 D 2
Savenès 82 297 G 2
Savennes 23 207 E 2
Savennes 63 226 C 2
Savennières 49 149 F 2
Saverdun 09 318 B 5
Savères 31 317 F 3
Saverne 67 68 B 4
Saverne *Col de* 67 68 A 4
Saveuse 80 22 B 2
Savianges 71 177 F 5
Savières 10 90 D 4
Savigna 39 196 C 3
Savignac 12 279 F 1
Savignac 33 256 C 4
Savignac-de-Duras 47 257 F 2
Savignac-de-l'Isle 33 238 B 4
Savignac-de-Miremont 24 241 E 4
Savignac-de-Nontron 24 222 C 3
Savignac-Lédrier 24 223 G 5
Savignac-les-Églises 24 241 E 1
Savignac-les-Ormeaux 09 336 C 5
Savignac-Mona 32 317 E 2
Savignac-sur-Leyze 47 258 C 5
Savignargues 30 283 H 5
Savigné 86 203 G 1
Savigné-l'Évêque 72 108 A 4
Savigné-sous-le-Lude 72 129 H 5
Savigné-sur-Lathan 37 151 F 2
Savigneux 01 213 E 3
Savigneux 42 229 G 2
Savignies 60 37 H 1
Savigny 50 31 H 5
Savigny 52 140 B 3
Savigny 69 212 C 5
Savigny 74 215 F 2
Savigny 88 95 E 4
Savigny-en-Revermont 71 178 D 5
Savigny-en-Sancerre 18 155 H 2
Savigny-en-Septaine 18 173 F 1
Savigny-en-Terre-Plaine 89 158 B 1
Savigny-en-Véron 37 150 D 4
Savigny-le-Sec 21 160 A 2
Savigny-le-Temple 77 88 B 2
Savigny-le-Vieux 50 81 G 2
Savigny-lès-Beaune 21 177 H 1
Savigny-Lévescault 86 186 C 2
Savigny-Poil-Fol 58 175 H 4
Savigny-sous-Faye 86 169 E 3
Savigny-sous-Mâlain 21 159 G 3
Savigny-sur-Aisne 08 42 D 2
Savigny-sur-Ardres 51 41 E 4
Savigny-sur-Braye 41 131 E 2
Savigny-sur-Clairis 89 113 E 4
Savigny-sur-Grosne 71 194 D 1
Savigny-sur-Orge 91 58 C 5
Savigny-sur-Seille 71 195 G 1
Savilly 21 158 C 5
Savine *Col de la* 39 197 F 1
Savines-le-Lac 05 270 B 3
Savins 77 89 F 3
Savoillan 84 286 B 3
Savoisy 21 137 H 3
Savolles 21 160 C 2
Savonnières 37 151 G 3
Savonnières-devant-Bar 55 63 H 4
Savonnières-en-Perthois 55 92 D 2
Savonnières-en-Woëvre 55 64 D 3

A B C D E F G H I J K L M N O P Q R S T U V W X Y Z

Savouges 21 160 A4
Savournon 05 269 E5
Savoyeux 70 140 B5
Savy 02 24 A2
Savy-Berlette 62 7 H5
Saxel 74 198 A4
Saxi-Bourdon 58 175 E1
Saxon-Sion 54 94 C3
Sayat 63 209 G5
Saze 30 304 C1
Sazeray 36 189 H3
Sazeret 03 191 G4
Sazilly 37 151 F5
Sazos 65 332 D3
Scaër 29 100 C3
Les Scaffarels 04 289 E5
Scata 2B 347 G3
Sceau-Saint-Angel 24 222 C4
Sceautres 07 266 D3
Sceaux 89 158 A1
Sceaux 92 58 B4
Sceaux-d'Anjou 49 128 C5
Sceaux-du-Gâtinais 45 112 B4
Sceaux-sur-Huisne 72 108 C3
Scey-en-Varais 25 162 A5
Scey-sur-Saône-et-Saint-Albin 70 140 D4
Schaeferhof 57 68 A5
Schaeffersheim 67 97 G3
Schaffhouse-près-Seltz 67 69 G2
Schaffhouse-sur-Zorn 67 68 C4
Schalbach 57 67 H3
Schalkendorf 67 68 C3
Scharrachbergheim 67 97 F1
Scheibenhard 67 69 G1
Scherlenheim 67 68 C4
Scherwiller 67 97 E4
Schillersdorf 67 68 C3
Schiltigheim 67 97 H1
Schirmeck 67 96 D2
Schirrhein 67 69 F3
Schirrhoffen 67 69 F3
Schleithal 67 69 G1
Schlierbach 68 143 G2
Schlucht *Col de la* 88 120 C3
Schmittviller 57 67 H1
Schneckenbusch 57 67 H5
Schnepfenried 68 120 C4
Schnersheim 67 68 C5
Schœnau 67 97 H4
Schœnbourg 67 68 A3
Schœneck 57 47 F4
Schœnenbourg 67 69 F2
Schopperten 67 67 G2
Schorbach 57 48 C5
Schwabwiller 67 69 E2
Schweighouse 68 120 D4
Schweighouse-sur-Moder 67 68 D3
Schweighouse-Thann 68 143 E1
Schwenheim 67 68 B5
Schwerdorff 57 46 D3
Schweyen 57 48 C5
Schwindratzheim 67 68 C4
Schwoben 68 143 F3
Schwobsheim 67 97 G5
Sciecq 79 184 D3
Scientrier 74 216 A1
Scieurac-et-Flourès 32 295 F5
Sciez 74 198 A3
Scillé 79 184 D1
Scionzier 74 216 B1
Scolca 2B 347 G2
Scorbé-Clairvaux 86 169 F4
Scoury 36 188 B1
Scrignac 29 76 C2
Scrupt 51 63 E4
Scy-Chazelles 57 65 G1
Scye 70 141 E4
Séailles 32 295 F3
La Séauve-sur-Semène 43 248 A1
Sébazac-Concourès 12 280 D1
Sébécourt 27 55 H2
Sébeville 50 31 H2
Seboncourt 02 24 C1
Sebourg 59 15 E2
Sébouville 45 111 F3
Sébrazac 12 262 D4
Séby 64 314 B2
Secenans 70 142 A4
Séchault 08 42 D3
Sécheras 07 249 E2
Sécheval 08 26 C2
Le Séchier 05 269 G1
Séchilienne 38 251 E3
Séchin 25 162 C2
Seclin 59 8 D3
Secondigné-sur-Belle 79 202 B1
Secondigny 79 185 E1
Secourt 57 66 B2
Secqueville-en-Bessin 14 33 F4
Sedan 08 27 F3
Sédeilhac 31 316 A5
Séderon 26 286 C2
Sedze-Maubecq 64 314 D3
Sedzère 64 314 C3
Seebach 67 69 F1
Sées 61 83 H2
Séez 73 234 D1
Le Ségala 11 318 D4
Ségalas 47 257 H3
Ségalas 65 315 F3
La Ségalassière 15 243 H5
Séglien 56 101 G2
Ségny 01 197 F4
Segonzac 16 220 C2
Segonzac 19 241 G1
Segonzac 24 239 H2
Ségos 32 294 C4
Ségoufielle 32 297 F4
Segré 49 128 A4
Ségreville 31 318 C2
Ségrie 72 107 G2
Ségrie-Fontaine 61 53 G3
Segrois 21 159 H5
Ségry 36 172 C3
La Séguinière 49 166 D1
Ségur 12 281 F2
Le Ségur 81 279 G4
Ségur-le-Château 19 223 H4
Ségur-les-Villas 15 245 F2
Ségura 09 336 B2
Séguret 84 285 G3
Ségus 65 332 D1
Séhar *Pointe de* 22 72 B3
Seich 65 334 A2
Seichamps 54 66 B5
Seichebrières 45 111 G5
Seicheprey 54 65 E3
Seiches-sur-le-Loir 49 128 D5
Seignalens 11 337 E1
Seigné 17 202 C3
Seignelay 89 136 B2
Seigneulles 55 63 H3
Seignosse 40 292 B3
Seigny 21 138 A5
Seigy 41 153 F4
Seilh 31 297 H4
Seilhac 19 224 D5
Seilhan 31 334 A2
Seillac 41 152 D1
Seillans 83 308 C3
Seillonnaz 01 214 B5
Seillons-Source-d'Argens 83 306 D5
Sein *Île de* 29 98 B2
Seine *Sources de la* 21 159 G1
Seine-Port 77 88 A3
Seingbouse 57 47 F5
Seissan 32 316 B2
Seix 09 335 F4
Le Sel-de-Bretagne 35 104 B5
Selaincourt 54 94 C3
Selens 02 40 A1
Sélestat 67 97 E5
Séligné 79 202 B1
Séligney 39 179 E2
Selincourt 80 21 H2
La Selle-Craonnaise 53 127 G2
La Selle-en-Coglès 35 81 E3
La Selle-en-Hermoy 45 112 D5
La Selle-en-Luitré 35 81 F5
La Selle-Guerchaise 35 105 F5
La Selle-la-Forge 61 53 F4
La Selle-sur-le-Bied 45 112 D4
Selles 27 35 E3
Selles 51 42 A3
Selles 62 6 D2
Selles 70 118 D4
Selles-Saint-Denis 41 154 B3
Selles-sur-Cher 41 153 G4
Selles-sur-Nahon 36 171 F2
Sellières 39 179 E3
Selommes 41 131 H3
Seloncourt 25 142 C5
Selongey 21 139 F5
Selonnet 04 270 A5
Seltz 67 69 G2
La Selve 02 25 G5
La Selve 12 280 C4
Selvigny 59 14 C5
Sem 09 336 A5
Sémalens 81 299 F5
Semallé 61 83 H3
Semarey 21 159 F4
Sembadel 43 246 D1
Sembadel-Gare 43 247 E1
Sembas 47 276 B1
Semblançay 37 151 G1
Sembleçay 36 153 H4
Sembouès 32 315 F2
Séméac 65 315 F4
Séméacq-Blachon 64 294 D5
Semécourt 57 45 G5
Sémelay 58 175 H3
Semène 43 230 A5
Semens 33 256 B3
Sementron 89 135 H5
Sémeries 59 15 H4
Semerville 41 110 A5
Semezanges 21 159 H4
Sémézies-Cachan 32 296 C5
Semide 08 42 C3
Semillac 17 219 G4
Semilly 52 93 G5
Semmadon 70 140 C3
Semnoz *Montagne du* 74 215 G5
Semoine 10 61 H5
Semond 21 138 B4
Semondans 25 142 B4
Semons 38 231 H4
Semousies 59 15 G3
Semoussac 17 219 G4
Semoutiers 52 116 D4
Semoy 45 111 E5
Sempesserre 32 276 B5
Sempigny 60 23 G5
Sempy 62 6 C4
Semur-en-Auxois 21 158 D1
Semur-en-Brionnais 71 193 G5
Semur-en-Vallon 72 108 C4
Semussac 17 218 D2
Semuy 08 42 D1
Le Sen 40 273 H3
Sénac 65 315 F3
Senaide 88 118 B4
Sénaillac-Latronquière 46 261 G1
Sénaillac-Lauzès 46 260 C3
Senailly 21 137 G5
Senan 89 135 H2
Sénanque *Abbaye de* 84 305 G1
Senantes 28 57 E5
Senantes 60 37 G1
Senard 55 63 F1
Senarens 31 317 E3
Senargent 70 141 H5
Senarpont 80 21 F2
Sénart 11 88 A2
Sénas 13 305 F3
Senaud 39 196 A3
Senaux 81 300 B3
Sencenac-Puy-de-Fourches 24 222 C5
Senconac 09 336 C5
Sendets 33 256 C5
Sendets 64 314 C4
Séné 56 124 C4
Sène *Mont de* 71 177 G2
Sénéchas 30 283 G1
Sénèque *Tour de* 2B 345 F2
Sénergues 12 262 C3
Senesse-de-Senabugue 09 336 D2
Sénestis 47 257 F5
Séneujols 43 247 E4
Senez 04 288 B5
Sénezergues 15 262 B2
Sengouagnet 31 334 C2
Séniergues 46 260 B2
Senillé 86 169 H4
Seninghem 62 7 E2
Senlecques 62 6 D2
Senlis 60 39 E4
Senlis 62 7 E3
Senlis-le-Sec 80 13 E5
Senlisse 78 57 H5
Senneçay 18 173 F2
Sennecé-lès-Mâcon 71 195 E4
Sennecey-le-Grand 71 177 H5
Sennecey-lès-Dijon 21 160 B3
Sennely 45 133 G4
Sennevières 37 170 C1
Senneville-sur-Fécamp 76 19 E3
Sennevoy-le-Bas 89 137 G3
Sennevoy-le-Haut 89 137 G3
Senon 55 44 D4
Senonches 28 85 F2
Senoncourt 70 141 E2
Senoncourt-les-Maujouy 55 64 B2
Senones 88 96 B3
Senonges 88 118 C2
Senonnes 53 127 F2
Senonville 55 64 D3
Senots 60 37 H4
Senouillac 81 299 E1
Sénoville 50 28 D5
Senozan 71 195 E3
Sens 89 113 G2
Sens-Beaujeu 18 155 H3
Sens-de-Bretagne 35 80 C4
Sens-sur-Seille 71 178 C4
Sentein 09 334 D4
Sentelie 80 22 A3
Sentenac-de-Sérou 09 335 H3
Sentenac-d'Oust 09 335 F4
Sentheim 68 142 D1
Sentilly 61 54 A4
La Sentinelle 59 9 G5
Sentous 65 315 H4
Senuc 08 43 E3
Senven-Léhart 22 77 H3
La Séoube 65 333 G2
Sépeaux 89 113 F5
Sepmeries 59 14 D2
Sepmes 37 169 H1
Seppois-le-Bas 68 143 E4
Seppois-le-Haut 68 143 E4
Sept-Fons *Abbaye de* 03 192 D2
Sept-Forges 61 82 B3
Sept-Frères 14 52 B3
Sept-Meules 76 10 D5
Sept-Saulx 51 42 A5
Sept-Sorts 77 59 H2
Sept-Vents 14 32 D5
Septème 38 231 G3
Septèmes-les-Vallons 13 326 D1
Septeuil 78 57 F3
Septfonds 82 278 C3
Septfonds 89 135 F4
Septfontaines 25 180 B1
Septmoncel 39 197 E3
Septmonts 02 40 B3
Septsarges 55 43 G3
Septvaux 02 24 B5
Sepvigny 55 93 H2
Sepvret 79 185 G4
Sepx 31 316 D5
Sequedin 59 8 C2
Sequehart 02 24 B1
Le Sequestre 81 299 F1
Serain 02 14 C5
Seraincourt 08 25 H5
Seraincourt 95 57 G1
Sérandon 19 226 B5
Séranon 06 308 C2
Serans 60 37 G4
Serans 61 54 A4
Seranville 54 95 G3
Séranvillers-Forenville 59 14 B4
Seraucourt 55 63 H2
Seraucourt-le-Grand 02 24 A3
Seraumont 88 93 H3
Serazereux 28 86 A2
Serbannes 03 210 B2
Serbonnes 89 89 F5
Serches 02 40 C3
Sercœur 88 95 G5
Sercus 59 7 H2
Sercy 71 194 D1
Serdinya 66 342 A3
Sère 32 316 B3
Sère-en-Lavedan 65 332 D2
Sère-Lanso 65 333 E1
Sère-Rustaing 65 315 G4
Serécourt 88 118 B4
Séreilhac 87 205 F5
Serémange-Erzange 57 45 G3
Sérempuy 32 296 D3
Sérénac 81 299 H1
Sérent 56 124 D2
Sérévillers 60 22 C4
Séreyrède *Col de la* 30 282 C4
Serez 27 56 D2
Sérézin-de-la-Tour 38 232 A2
Sérézin-du-Rhône 69 231 E2
Sergeac 24 241 F4
Sergenaux 39 179 E3
Sergenon 39 178 D2
Sergines 89 89 G5
Sergy 01 197 F4
Sergy 02 40 D4
Séricourt 62 12 D2
Sériers 15 245 G4
Sérifontaine 60 37 G3
Sérignac 16 239 E1
Sérignac 46 259 F5
Sérignac 82 297 E1
Sérignac-Péboudou 47 257 H3
Sérignac-sur-Garonne 47 275 H3
Sérignan 34 321 G4
Sérignan-du-Comtat 84 285 F3
Sérignan-Plage 34 321 H4
Sérigné 85 183 H2
Sérigny 61 84 C4
Sérigny 86 169 F3
Sérilhac 19 242 D3
Seringes-et-Nesles 02 40 C4
Séris 41 132 B3
Serley 71 178 C4
Sermages 58 175 H1
Sermaise 49 150 B1
Sermaise 91 87 F3
Sermaises 45 87 G5
Sermaize 60 23 G5
Sermaize-les-Bains 51 63 F4
Sermamagny 90 142 C2
Sermange 39 161 F4
Sermano 2B 347 F4
Sermentizon 63 228 C1
Sermentot 14 33 E5
Sermérieu 38 232 B1
Sermersheim 67 97 F4
Sermesse 71 178 B3
Sermiers 51 41 G5
Sermizelles 89 157 H1
Sermoise 02 40 C2
Sermoise-sur-Loire 58 174 C2
Sermoyer 01 195 F2
Sermur 23 208 B3
Sernhac 30 304 B1
Serocourt 88 118 B3
Séron 65 314 D3
Serpaize 38 231 F3
La Serpent 11 337 F3
Serques 62 3 F5
Serqueux 52 118 A4
Serqueux 76 21 E5
Serquigny 27 35 G5
Serra-di-Ferro 2A 348 C5
Serra-di-Fiumorbo 2B 349 G2
Serra di Pigno 2B 345 G4
Serra-di-Scopamène 2A 349 E5
Serrabone *Prieuré de* 66 342 C3
Serralongue 66 342 C5
Serrant *Château de* 49 149 F2
Serraval 74 216 A4
La Serre 12 300 C1
Serre *Col de* 15 245 E3
La Serre-Bussière-Vieille 23 208 B2
Serre-Chevalier 05 252 C4
Serre-les-Moulières 39 161 F4
Serre-les-Sapins 25 161 H4
Serre-Nerpol 38 250 B1
Serre-Ponçon *Barrage et Lac de* 93 270 A4
Serres 05 269 E5
Serres 11 337 H3
Serres 54 66 C5
Serres-Castet 64 314 B3
Serres-et-Montguyard 24 257 H2
Serres-Gaston 40 294 A4
Serres-Morlaàs 64 314 C3
Serres-Sainte-Marie 64 313 H2
Serres-sur-Arget 09 336 A3
Serreslous-et-Arribans 40 293 H3
Serriera 2A 346 B5
Serrières 07 231 E5
Serrières 54 65 H4
Serrières 71 194 D4
Serrières-de-Briord 01 214 B5
Serrières-en-Chautagne 73 215 E4
Serrières-sur-Ain 01 214 B1
Serrigny 89 137 E2
Serrigny-en-Bresse 71 178 B3
Serris 77 59 F3
Serrouville 54 45 F3
Serruelles 18 173 E3
Sers 16 221 G2
Sers 65 333 E3
Servais 02 24 B5
Serval 02 41 E3
Servance 70 142 A1
Servanches 24 239 F2
Servant 63 209 F1
Servas 01 213 H1
Servas 30 284 A3
Servaville-Salmonville 76 36 C1
Serverette 48 264 B2
Serves-sur-Rhône 26 249 E2
Servian 34 321 H2
Servières 48 264 B4
Servières-le-Château 19 243 F3
Serviers-et-Labaume 30 284 B5
Serviès 81 299 E4
Serviès-en-Val 11 338 A1
Servignat 01 195 G3
Servigney 25 162 C1
Servigney 70 141 F3
Servigny 50 31 G5
Servigny-lès-Raville 57 66 C1
Servigny-lès-Sainte-Barbe 57 45 H5
Serville 28 56 D4
Servilly 03 192 C5
Servin 25 162 D3
Servins 62 8 A5
Servion 08 26 B3
Servon 50 51 G5
Servon 77 59 E5
Servon-Melzicourt 51 43 E4
Servon-sur-Vilaine 35 104 C3
Servoz 74 216 D3
Sery 08 26 A5
Sery 89 136 E5
Séry-lès-Mézières 02 24 C3
Séry-Magneval 60 39 F4
Serzy-et-Prin 51 41 E4
Sessenheim 67 69 F3
Sète 34 323 E4
Setques 62 3 E5
Les Settons 58 158 B4
Seudre *Pont de la* 17 200 C4
Seugy 95 38 C5
Seuil 08 42 B1
Seuillet 03 210 C1
Seuilly 37 150 D5
Seur 41 153 E1
Le Seure 17 202 B5
Seurre 21 178 B1
Seux 80 22 A2
Seuzey 55 64 C2
Sevelinges 42 212 A2
Sevenans 90 142 C3
Sévérac 44 125 G5
Sévérac-le-Château 12 281 H2
Sévérac-l'Église 12 281 F1
Seveux 70 140 B5
Sevi *Col de* 2A 346 C5
Sévignac 22 79 E5
Sévignacq 64 314 C2
Sévignacq-Meyracq 64 332 A1
Sévigny 61 54 A4
Sévigny-la-Forêt 08 26 B1
Sévigny-Waleppe 08 25 G5
Sévis 76 20 B4
Sevrai 61 53 H5
Sevran 93 58 D2
Sèvres 92 58 B4
Sèvres-Anxaumont 86 186 C1
Sevrey 71 177 H4
Sévrier 74 215 G4
Sévry 18 155 H5
Sewen 68 142 C1
Sexcles 19 243 F4
Sexey-aux-Forges 54 94 C1
Sexey-les-Bois 54 65 G5
Sexfontaines 52 116 D2
Seychalles 63 210 B5
Seyches 47 257 G4
Seyne 04 270 B5
La Seyne-sur-Mer 83 328 A5
Seynes 30 284 A4
Seynod 74 215 G3
Seyre 31 318 B3
Seyresse 40 292 D3
Seyssel 01 215 E3
Seyssel 74 215 E3
Seysses 31 317 G2
Seysses-Savès 32 317 E2
Seyssinet-Pariset 38 250 D2
Seyssins 38 250 D2
Seyssuel 38 231 E3
Seythenex 74 216 A5
Seytroux 74 198 C4
Sézanne 51 61 E5
Sézéria 39 196 C2
Siarrouy 65 315 E3
Siaugues-Saint-Romain 43 246 D3
Sibiril 29 71 G3
Sibiville 62 12 D2
La Sicaudais 44 146 D4
Siccieu-Saint-Julien-et-Carisieu 38 214 A5
Sichamps 58 156 D5
Sickert 68 142 C1
Sideville 50 29 E3
Sidiailles 18 190 B2
Siecq 17 202 C4
Siegen 67 69 G1
Sièges 39 196 D4
Les Sièges 89 114 A3
Sierck-les-Bains 57 46 B2
Sierentz 68 143 G2

Siersthal 57 68 A 1
Sierville 76 20 A 5
Siest 40 292 D 3
Sieurac 81 299 F 2
Sieuras 09 317 H 5
Siévoz 38 251 E 5
Siewiller 67 67 H 3
Sigale 06 289 G 5
Sigalens 33 256 D 5
Sigean 11 339 E 2
Sigean *Réserve africaine de* 11 339 E 2
Sigloy 45 133 H 3
Signac 31 334 B 3
Signes 83 327 H 2
Signéville 52 93 F 5
Signy-l'Abbaye 08 26 B 4
Signy-le-Petit 08 26 A 1
Signy-Montlibert 08 27 H 5
Signy-Signets 77 59 H 2
Sigogne 16 220 C 1
Sigolsheim 68 121 E 2
Sigonce 04 287 F 5
Sigottier 05 268 D 5
Sigoulès 24 257 G 2
Sigournais 85 166 C 5
Sigoyer 04 287 G 1
Sigoyer 05 269 G 4
Siguer 09 336 A 5
Sigy 77 89 F 3
Sigy-en-Bray 76 21 E 5
Sigy-le-Châtel 71 194 C 2
Silfiac 56 101 G 2
Silhac 07 248 D 5
Sillans 38 232 B 5
Sillans-la-Cascade 83 307 G 4
Sillars 86 187 F 3
Sillas 33 274 D 1
Sillé-le-Guillaume 72 107 E 2
Sillé-le-Philippe 72 108 A 3
Sillegny 57 65 H 2
Sillery 51 41 H 4
Silley-Amancey 25 180 B 1
Silley-Bléfond 25 162 C 2
Sillingy 74 215 F 3
Silly-en-Gouffern 61 54 B 4
Silly-en-Saulnois 57 66 B 2
Silly-la-Poterie 02 40 A 4
Silly-le-Long 60 39 F 5
Silly-sur-Nied 57 46 B 5
Silly-Tillard 60 38 A 3
Silmont 55 63 H 4
Siltzheim 67 67 G 1
Silvacane *Ancienne Abbaye de* 13 305 H 3
Silvareccio 2B 347 G 3
Silvarouvres 52 116 B 4
Simacourbe 64 314 C 2
Simandre 71 195 F 1
Simandre-sur-Suran 01 196 A 5
Simandres 69 231 F 2
Simard 71 178 B 5
Simencourt 62 13 F 3
Simeyrols 24 241 H 5
Simiane-Collongue 13 327 E 1
Simiane-la-Rotonde 04 286 D 5
Simorre 32 316 C 2
Simplé 53 105 H 5
Le Simserhof *Fort* 57 68 B 1
Sin-le-Noble 59 8 D 5
Sinard 38 250 D 4
Sinceny 02 24 A 5
Sincey-lès-Rouvray 21 158 B 2
Sindères 40 272 D 4
Singles 63 226 C 3
Singleyrac 24 257 H 2
Singly 08 26 D 4
Singrist 67 68 B 5
Sinsat 09 336 B 5
Sinzos 65 315 F 5
Sion 32 295 E 3
Sion 54 94 C 3
Sion-les-Mines 44 126 C 3
Sion-sur-l'Océan 85 164 D 4
Sioniac 19 243 E 4
Sionne 88 93 H 4
Sionviller 54 95 G 1
Siorac-de-Ribérac 24 239 G 2
Siorac-en-Périgord 24 259 E 1
Siouville-Hague 50 28 C 3
Sirac 32 297 E 3
Siracourt 62 7 F 5
Siradan 65 334 B 2
Siran 15 243 G 5
Siran 34 320 B 4
Siran *Château* 33 237 F 3
Sireix 65 332 C 2
Sireuil 16 221 E 2
Sireuil 24 241 F 5
Sirod 39 180 A 4
Siros 64 314 A 3
Sisco 2B 345 G 2
Sissonne 02 25 F 5
Sissy 02 24 C 3
Sistels 82 276 C 4
Sisteron 04 287 G 2
Sivergues 84 305 H 2
Sivignon 71 194 B 3
Sivry 54 65 H 4
Sivry-Ante 51 63 E 1
Sivry-Courtry 77 88 C 3
Sivry-la-Perche 55 43 H 5
Sivry-lès-Buzancy 08 43 F 2
Sivry-sur-Meuse 55 43 H 3
Six-Fours-les-Plages 83 327 H 5
Sixt-Fer-à-Cheval 74 216 D 1
Sixt-sur-Aff 35 125 H 2
Sizun 29 75 H 2
Smarves 86 186 B 2
Smermesnil 76 20 D 2
Soccia 2A 348 C 1
Sochaux 25 142 C 4
Socoa 64 310 B 3
Socourt 88 95 E 4
Socx 59 3 G 3
Sode 31 334 B 4
Sœurdres 49 128 C 3
Sognes 89 89 H 5
Sognolles-en-Montois 77 89 F 3
Sogny-aux-Moulins 51 62 B 2
Sogny-en-l'Angle 51 63 E 3
Soignolles 14 53 H 1
Soignolles-en-Brie 77 59 E 5
Soilly 51 60 D 1
Soindres 78 57 F 2
Soing 70 140 C 5
Soings-en-Sologne 41 153 G 2
Soirans 21 160 C 4
Soissons 02 40 B 2
Soissons-sur-Nacey 21 160 D 3
Soisy-Bouy 77 89 G 3
Soisy-sous-Montmorency 95 58 B 2
Soisy-sur-École 91 88 A 3
Soisy-sur-Seine 91 58 D 5
Soize 02 25 G 4
Soizé 28 109 E 3
Soizy-aux-Bois 51 61 E 4
Solaize 69 231 E 2
Solaro 2B 349 G 3
Solbach 67 96 D 3
Soleilhas 04 308 B 1
Solemont 25 163 F 2
Solente 60 23 G 4
Solenzara 2A 349 G 4
Le Soler 66 342 D 2
Solérieux 26 285 F 1
Solers 77 59 F 5
Solesmes 59 14 D 3
Solesmes 72 129 E 2
Soleymieu 38 232 A 1
Soleymieux 42 229 G 3
Solférino 40 273 E 3
Solgne 57 66 B 2
Soliers 14 33 H 5
Solignac 87 223 G 1
Solignac-sous-Roche 43 247 G 1
Solignac-sur-Loire 43 247 F 4
Solignat 63 227 H 3
Soligny-la-Trappe 61 84 B 2
Soligny-les-Étangs 10 89 H 4
Sollacaro 2A 348 D 5
Sollières-Sardières 73 235 E 5
Solliès-Pont 83 328 B 3
Solliès-Toucas 83 328 B 3
Solliès-Ville 83 328 B 4
Sologny 71 194 D 4
Solomiac 32 296 D 2
Solre-le-Château 59 15 H 3
Solrinnes 59 15 H 3
Solterre 45 134 D 2
Solutré-Pouilly 71 194 D 4
Somain 59 9 E 5
Sombacour 25 180 C 2
Sombernon 21 159 G 3
Sombrin 62 13 E 3
Sombrun 65 315 E 2
Somloire 49 167 F 1
Sommaing 59 14 D 2
Sommaisne 55 63 G 2
Sommancourt 52 92 D 3
Sommant 71 176 C 1
Sommauthe 08 43 F 1
Somme-Bionne 51 42 D 5
Somme-Suippe 51 42 C 5
Somme-Tourbe 51 42 D 5
Somme-Vesle 51 62 C 1
Somme-Yèvre 51 62 D 2
Sommecaise 89 135 G 2
Sommedieue 55 64 C 1
Sommeilles 55 63 F 2
Sommelans 02 40 B 5
Sommelonne 55 63 G 5
Sommepy-Tahure 51 42 C 4
Sommerance 08 43 F 3
Sommerécourt 52 117 H 2
Sommereux 60 21 H 4
Sommermont 52 92 D 3
Sommeron 02 25 F 1
Sommervieu 14 33 E 3
Sommerviller 54 95 E 1
Sommery 76 20 D 5
Sommesnil 76 19 G 4
Sommesous 51 61 H 4
Sommet-Bucher 05 271 E 1
La Sommette 25 162 D 4
Sommette-Eaucourt 02 23 H 3
Sommeval 10 114 D 3
Sommeville 52 92 D 2
Sommevoire 52 92 B 4
Sommières 30 303 F 2
Sommières-du-Clain 86 186 B 5
Somport *Col du* 64 331 H 4
Sompt 79 202 D 1
Sompuis 51 62 B 5
Somsois 51 91 H 2
Son 08 26 A 5
Sonac 46 261 E 2
Sonchamp 78 86 D 2
Soncourt 88 94 B 4
Soncourt-sur-Marne 52 116 D 2
Sondernach 68 120 C 4
Sondersdorf 68 143 F 4
La Sône 38 250 A 2
Songeons 60 21 G 5
Songeson 39 179 G 5
Songieu 01 214 D 3
Songy 51 62 C 4
Sonnac 12 261 G 4
Sonnac 17 202 B 4
Sonnac-sur-l'Hers 11 337 E 2
Sonnay 38 231 F 5
Sonnaz 73 233 F 1
Sonneville 16 202 D 5
Sons-et-Ronchères 02 24 D 3
Sonthonnax-la-Montagne 01 196 B 5
Sonzay 37 151 G 1
Soorts-Hossegor 40 292 B 3
Sophia-Antipolis 06 309 F 3
Soppe-le-Bas 68 142 D 2
Soppe-le-Haut 68 142 D 2
Sor 09 335 E 3
Sorans-lès-Breurey 70 162 A 2
Sorba *Col de* 2B 349 F 1
Sorbais 02 25 F 1
Sorbets 32 295 E 3
Sorbets 40 294 B 4
Sorbey 55 44 C 3
Sorbey 57 66 B 1
Sorbier 03 192 D 4
Sorbiers 05 268 C 5
Sorbiers 42 230 B 3
Sorbo-Ocagnano 2B 347 G 2
Sorbollano 2A 349 E 5
Sorbon 08 26 A 5
Sorbs 34 301 H 1
Sorcy-Bauthémont 08 26 C 5
Sorcy-Saint-Martin 55 64 D 5
Sorde-l'Abbaye 40 292 D 5
Sore 40 273 G 1
Soréac 65 315 F 4
Sorède 66 343 F 3
Sorel 80 14 A 5
Sorel-en-Vimeu 80 11 H 4
Sorel-Moussel 28 56 D 3
Sorèze 81 319 F 2
Sorgeat 09 336 D 5
Sorges 24 240 D 1
Sorgues 84 285 F 5
Sorigny 37 151 H 4
Les Sorinières 44 147 G 4
Sorio 2B 345 F 5
Sormery 89 114 B 4
Sormonne 08 26 C 2
Sornac 19 225 H 2
Sornay 70 161 F 3
Sornay 71 195 G 1
Sornéville 54 66 C 5
Sorquainville 76 19 F 4
Sorrus 62 6 B 4
Sort-en-Chalosse 40 293 E 3
Sortosville 50 29 F 5
Sortosville-en-Beaumont 50 28 D 5
Sos 47 275 E 4
Sospel 06 291 G 4
Sossais 86 169 F 3
Sost 65 334 A 3
Sotta 2A 351 F 3
Sottevast 50 29 E 4
Sotteville 50 28 D 4
Sotteville-lès-Rouen 76 36 B 2
Sotteville-sous-le-Val 76 36 B 3
Sotteville-sur-Mer 76 19 H 2
Soturac 46 259 E 5
Sotzeling 57 66 D 3
Souain-Perthes-lès-Hurlus 51 42 C 4
Soual 81 299 F 5
Souancé-au-Perche 28 109 E 2
Souanyas 66 341 H 3
Souastre 62 13 E 4
Soubès 34 301 H 3
Soubise 17 200 D 3
Soublecause 65 295 E 5
Soubran 17 219 G 5
Soubrebost 23 207 E 3
Soucé 53 82 B 3
Soucelles 49 128 D 5
La Souche 07 265 H 3
Souché 79 184 D 4
Souchez 62 8 B 5
Soucht 57 68 A 2
Soucia 39 196 D 1
Soucieu-en-Jarrest 69 230 D 1
Soucirac 46 260 B 2
Souclin 01 214 B 4
Soucy 02 39 H 3
Soucy 89 113 G 2
Soudaine-Lavinadière 19 224 D 3
Soudan 44 127 E 3
Soudan 79 185 G 3
Soudat 24 222 B 2
Souday 41 109 E 4
Soudé 51 62 A 4
Soudeilles 19 225 G 4
Soudorgues 30 283 F 4
Soudron 51 61 H 3
Soueich 31 334 C 2
Soueix-Rogalle 09 335 G 3
Souel 81 279 F 5
Soues 65 315 F 5
Soues 80 22 A 1
Souesmes 41 154 D 2
Souffelweyersheim 67 69 E 5
Soufflenheim 67 69 F 3
Souffrignac 16 221 H 2
Sougé 36 171 F 2
Sougé 41 131 E 3
Sougé-le-Ganelon 72 83 F 5
Sougéal 35 80 C 2
Sougères-en-Puisaye 89 156 D 1
Sougères-sur-Sinotte 89 136 B 2
Sougraigne 11 337 H 3
Sougy 45 110 D 4
Sougy-sur-Loire 58 175 E 3
Les Souhesmes 55 43 H 5
Souhey 21 158 D 1
Le Souich 62 12 D 3
Souilhanels 11 318 D 3
Souilhe 11 318 D 3
Souillac 46 242 B 5
Souillé 72 107 H 3
Souilly 55 63 H 1
Souilly 77 59 E 2
Soula 09 336 B 3
Soulac-sur-Mer 33 218 C 3
Soulages 15 246 A 3
Soulages-Bonneval 12 263 E 3
Soulaincourt 52 93 F 3
Soulaines-Dhuys 10 92 A 4
Soulaines-sur-Aubance 49 149 G 2
Soulaire-et-Bourg 49 128 C 5
Soulaires 28 86 B 3
Soulan 09 335 G 3
Soulanges 51 62 C 4
Soulangis 18 155 F 5
Soulangy 14 53 H 2
Soulatgé 11 338 A 4
Soulaucourt-sur-Mouzon 52 118 A 2
Soulaures 24 259 E 3
Soulce-Cernay 25 163 G 2
Soulgé-sur-Ouette 53 106 B 4
Le Soulié 34 300 C 5
Soulières 51 61 F 3
Soulièvres 79 168 B 3
Soulignac 33 256 B 2
Souligné-Flacé 72 107 F 5
Souligné-sous-Ballon 72 107 H 3
Soulignonne 17 201 E 5
Souligny 10 114 D 2
Soulitré 72 108 B 4
Soullans 85 164 D 3
Soulles 50 52 A 1
Soulom 65 332 D 2
Soulomès 46 260 C 3
Soulor *Col du* 65 332 C 2
Soulosse-sous-Saint-Élophe 88 94 A 4
Soultz-Haut-Rhin 68 120 D 5
Soultz-les-Bains 67 97 F 1
Soultz-sous-Forêts 67 69 E 2
Soultzbach-les-Bains 68 120 D 3
Soultzeren 68 120 C 3
Soultzmatt 68 120 D 4
Soulvache 44 126 D 2
Soumaintrain 89 114 C 4
Soumans 23 190 B 5
Soumensac 47 257 G 2
Souméras 17 219 H 5
Soumont 34 301 H 3
Soumont-Saint-Quentin 14 53 H 2
Soumoulou 64 314 C 4
Soupex 11 318 D 3
Soupir 02 40 D 2
Souplicourt 80 21 H 3
Souppes-sur-Loing 77 112 C 3
Souprosse 40 293 G 2
Le Souquet 40 272 C 5
Souraïde 64 310 D 4
Sourans 25 142 A 5
La Source 45 133 F 3
Source-Seine 21 159 F 1
Sourcieux-les-Mines 69 212 D 5
Le Sourd 02 25 E 2
Sourdeval 50 52 C 4
Sourdeval-les-Bois 50 51 H 2
Sourdon 80 22 C 4
Sourdun 77 89 G 3
Le Sourn 56 101 H 3
Sournia 66 338 A 5
Sourniac 15 244 B 1
Sourribes 04 287 G 3
Sours 28 86 B 4
Soursac 19 243 H 1
Sourzac 24 239 G 3
Sous-la-Tour 22 78 B 3
Sous-Parsat 23 207 F 2
Sousceyrac 46 243 F 5
Sousmoulins 17 220 B 5
Souspierre 26 267 G 4
Soussac 33 256 D 2
Soussans 33 237 F 3
Soussey-sur-Brionne 21 159 E 3
Soustelle 30 283 G 3
Soustons 40 292 B 2
Sousville 38 251 E 4
Souternon 42 211 G 4
La Souterraine 23 188 C 5
Soutiers 79 185 F 1
Souvans 39 179 E 1
Souvignargues 30 303 F 2
Souvigné 16 203 E 3
Souvigné 37 151 F 1
Souvigné 79 185 E 3
Souvigné-sur-Même 72 108 C 2
Souvigné-sur-Sarthe 72 128 D 2
Souvigny 03 191 H 2
Souvigny-de-Touraine 37 152 C 2
Souvigny-en-Sologne 41 133 G 5
Souyeaux 65 315 F 4
Souzay-Champigny 49 150 C 4
Souzy 69 230 B 1
Souzy-la-Briche 91 87 F 3
Soveria 2B 347 E 4
Soyans 26 267 G 3
Soyaux 16 221 F 2
Soye 25 162 D 1
Soye-en-Septaine 18 173 F 2
Soyécourt 80 23 F 2
Soyers 52 140 B 2
Soyons 07 249 F 5
Spada 55 64 C 3
Sparsbach 67 68 B 3
Spay 72 107 G 5
Spechbach-le-Bas 68 143 E 2
Spechbach-le-Haut 68 143 E 2
Speloncato 2B 346 D 2
Spelunca *Gorges de* 2A 346 B 5
Spéracèdes 06 308 D 3
Spézet 29 76 C 5
Spicheren 57 47 F 4
Spin'a Cavallu *Pont génois* 2A 350 D 2
Spincourt 55 44 D 3
Sponville 54 65 E 1
Spoy 10 116 A 2
Spoy 21 160 B 1
Spycker 59 3 G 3
Squiffiec 22 73 E 4
Staffelfelden 68 121 E 5
Stains 93 58 C 2
Stainville 55 63 H 5
Stangala *Site du* 29 99 H 2
Staple 59 3 H 5
Stattmatten 67 69 F 3
Stazzona 2B 347 G 3
Steenbecque 59 7 H 2
Steene 59 3 G 3
Steenvoorde 59 3 H 4
Steenwerck 59 8 B 2
Steige 67 96 D 4
Steinbach 68 143 E 1
Steinbourg 67 68 B 4
Steinbrunn-le-Bas 68 143 F 2
Steinbrunn-le-Haut 68 143 F 2
Steinseltz 67 69 F 1
Steinsoultz 68 143 F 3
Stella-Plage 62 6 A 4
Stenay 55 43 G 1
Sternenberg 68 142 D 2
Stetten 68 143 G 3
Stigny 89 137 G 3
Still 67 97 E 1
Stiring-Wendel 57 47 F 4
Stival 56 101 H 2
Stonne 08 27 F 5
Storckensohn 68 120 B 5
Stosswihr 68 120 C 3
Stotzheim 67 97 F 3
Strasbourg 67 97 H 1
Strazeele 59 4 A 5
Strenquels 46 242 C 4
Strueth 68 143 E 3
Struth 67 68 A 3
Stuckange 57 45 H 3
Stundwiller 67 69 F 2
Sturzelbronn 57 68 C 1
Stutzheim-Offenheim 67 68 D 5
Suarce 90 142 D 3
Suaucourt-et-Pisseloup 70 140 B 4
Suaux 16 203 H 4
Le Subdray 18 172 D 2
Sublaines 37 152 C 4
Subles 14 32 D 3
Subligny 18 155 H 2
Subligny 50 51 H 4
Subligny 89 113 F 3
Suc-au-May 19 225 E 4
Suc-et-Sentenac 09 336 A 5
Succieu 38 232 A 3
Sucé-sur-Erdre 44 147 H 2
Sucy-en-Brie 94 58 D 4
Suèvres 41 132 B 4
Sugères 63 228 B 2
Sugny 08 42 D 2
Suhescun 64 311 F 5
Suilly-la-Tour 58 156 B 3
Suin 71 194 B 3
Suippes 51 42 C 5
Suisse 57 66 D 2
Suizy-le-Franc 51 61 E 2
Sulignat 01 213 F 1
Sully 14 32 D 3
Sully 60 21 G 5
Sully 71 177 E 2
Sully-la-Chapelle 45 111 G 5
Sully-sur-Loire 45 134 A 3
Sulniac 56 124 D 3
Sumène 30 283 E 5
Sundhoffen 68 121 F 3
Sundhouse 67 97 G 5
Super-Barèges 65 333 F 3
Super-Besse 63 227 F 3
Super-Bolquère 66 341 G 4
Super-Lioran 15 245 E 3
Super-Sauze 04 270 D 5
Superbagnères 31 334 A 5
Superdévoluy 05 269 F 2
Supeyres *Col des* 63 229 E 2
Supt 39 179 H 3
Le Suquet 06 291 E 4
Surat 63 210 A 4
Surba 09 336 B 4
Surbourg 67 69 E 2
Surcamps 80 12 B 5
Surdoux 87 224 C 2
Suré 61 84 A 4
Suresnes 92 58 B 3
Surfonds 72 108 B 5
Surfontaine 02 24 C 3
Surgères 17 201 F 1

STRASBOURG

Abreuvoir (R. de l') LZ 3
Arc-en-Ciel (R. de l') KLY 7
Austerlitz (R. d') KZ 10
Auvergne (Pont d') LY 12
Bateliers (R. des) LZ 14
Bonnes-Gens (R. des) JY 19
Bouclier (R. du) JZ 20
Castelnau (R. Gén.-de) KY 25
Cathédrale (Pl. de la) KZ 26
Chaudron (R. du) KY 28
Cheveux (R. des) JZ 29
Corbeau (Pl. du) KZ 31
Cordiers (R. des) KZ 32
Courtine (R. de la) LY 34
Dentelles (R. des) JZ 36
Division-Leclerc (R.) JKZ
Écarlate (R. de l') JZ 43
Escarpée (R.) JZ 45
Étudiants (R. et Pl. des) KY 46
Faisan (Pont du) JZ 47
Fonderie (Pont de la) KY 52
Fossés-des-Treize (R. du) KY 58
Fossé-des-Tanneurs (R. du) JZ 57
Francs-Bourgeois (R. des) JZ 60
Frey (Quai Charles) JZ 63
Grandes-Arcades (R. des) JKY
Grande-Boucherie (Pl. de la) KZ 76
Gutenberg (R.) JKZ 78
Hallebardes (R. des) KZ 80
Haute-Montée (R.) JY 82
Homme de Fer (Pl. de l') JY 90
Hôpital-Militaire (R. de l') LZ 91
Humann (R.) HZ 94
Ill (Quai de l') HZ 95
Kellermann (Quai) JY 100
Kléber (Pl.) JY
Krutenau (R. de la) LZ 106
Kuss (Pont) HY 108
Lamey (R. Auguste) LY 109
Lezay-Marnésia (Quai) LY 114
Luther (R. Martin) JZ 117
Maire Kuss (R. du) HY 120
Marché-aux-Cochons-de-Lait (Pl. du) KZ 124
Marché-aux-Poissons (Pl. du) KZ 125
Marché-Gayot (Pl. du) KYZ 126
Marché-Neuf (Pl. du) KYZ 127
Maroquin (R. du) KZ 129
Mercière (R.) KZ 135
Mésange (R. de la) JKY 136
Monnaie (R. de la) JZ 141
Munch (R. Ernest) LZ 142
Noyer (R. du) JY 147
Nuée-Bleue (R. de la) KY
Obernai (R. d') HZ 150
Outre (R. de l') KY 153
Paix (Av. de la) KLY 154
Parchemin (R. du) KY 156
Pierre (R. du Fg-de) JY 160
Pontonniers (R. des) LY 167
Récollets (R. des) KLY 172
Ste-Madeleine (Pont et R.) KLZ 192
St-Étienne (Quai) LY 183
St-Michel (R.) HZ 187
St-Nicolas (Pont) KZ 189
St-Pierre-le-Jeune (Pl.) JKY 190
Salzmann (R.) JZ 193
Sanglier (R. du) KY 194
Saverne (Pont de) HY 195
Schoelcher (Av. Victor) LY 199
Sébastopol (R. de) JY 202
Serruriers (R. des) JKZ 205
Temple-Neuf (Pl. du) KY 213
Temple-Neuf (R. du) KY 214
Théâtre (Pont du) KY 216
Thomann (R. des) JY 217
Tonneliers (R. des) KZ 220
Turckheim (Quai) HZ 225
Vieil-Hôpital (R. du) KZ 228
Vieux-Marché-aux-Poissons (R. du) KZ 229
Vieux-Marché-aux-Vins (R. et Pl. du) JY 230
Vieux-Seigle (R. du) JZ 231
Wasselonne (R.) HZ 238
Wodli (R. Georges) HY 242
22-Novembre (R. du) HJYZ

Surgy 58 157 F 1
Suriauville 88 118 B 2
Surin 79 184 D 2
Surin 86 203 H 2
Suris 16 204 C 4
Surjoux 01 215 E 2
Surmont 25 163 E 3
Surques 62 2 D 5
Surrain 14 32 C 2
Surtainville 50 28 D 5
Surtauville 27 36 A 4
Survie 61 54 C 3
Surville 14 34 C 3
Surville 27 36 B 4
Surville 50 31 F 3
Survilliers 95 38 D 5
Sury 08 26 C 3
Sury-aux-Bois 45 111 H 5
Sury-en-Vaux 18 155 H 3
Sury-ès-Bois 18 155 H 2
Sury-le-Comtal 42 229 H 3
Sury-près-Léré 18 156 A 1
Surzur 56 124 C 4
Sus 64 313 F 3
Sus-Saint-Léger 62 12 D 3
Suscinio *Château de* 56 124 C 5
Susmiou 64 313 F 3
Sussac 87 224 C 2
Sussargues 34 303 E 3
Sussat 03 209 G 1
Sussey 21 158 D 4
Susville 38 251 E 4
Sutrieu 01 214 C 3
Suzan 09 335 H 2
Suzanne 08 42 C 1
Suzanne 80 23 F 1
Suzannecourt 52 93 E 3
Suzay 27 37 E 3
Suze 26 267 H 1
Suze-la-Rousse 26 285 F 2
La Suze-sur-Sarthe 72 129 G 2
Suzette 84 285 H 3
Suzoy 60 23 G 5
Suzy 02 24 C 5
Sy 08 43 E 1
Syam 39 179 H 5
Sylvains-les-Moulins 27 56 B 2
Sylvanès 12 301 E 2
Le Syndicat 88 119 H 4

T

Tabaille-Usquain 64 311 H 4
Tabanac 33 255 H 2
La Table 73 233 H 3
Le Tablier 85 183 E 1
Tabre 09 336 D 2
La Tâche 16 203 G 4
Tachoires 32 316 B 2
Tacoignières 78 57 F 3
Taconnay 58 157 E 3
Taden 22 79 H 4
Tadousse-Ussau 64 294 C 5
Taglio-Isolaccio 2B 347 G 3
La Tagnière 71 176 C 4
Tagnon 08 42 A 2
Tagolsheim 68 143 F 2
Tagsdorf 68 143 F 3
Tailhac 43 246 C 4
Taillades 84 305 F 2
Le Taillan-Médoc 33 237 F 5
Taillancourt 55 94 A 2
Taillant 17 201 G 4
Taillebois 61 53 F 3
Taillebourg 17 201 G 4
Taillebourg 47 257 F 5
Taillecavat 33 257 E 3
Taillecourt 25 142 C 4
La Taillée 85 183 H 3
Taillefontaine 02 39 H 3
Taillepied 50 31 F 2
Taillet 66 342 C 4
Taillette 08 26 B 1
Tailleville 14 33 G 3
Taillis 35 105 E 2
Tailly 08 43 G 1
Tailly 21 177 H 2
Tailly 80 11 H 5
Tain-l'Hermitage 26 249 E 3
Taingy 89 136 A 5
Taintrux 88 96 B 5
Taisnières-en-Thiérache 59 15 F 4
Taisnières-sur-Hon 59 15 F 2
Taisnil 80 22 A 3
Taissy 51 41 H 4
Taïx 81 279 G 5
Taizé 71 194 D 2
Taizé 79 168 B 2
Taizé-Aizie 16 203 G 2
Taizy 08 42 A 1
Tajan 65 315 H 5
Talairan 11 338 B 2
Talais 33 218 C 3
Talange 57 45 H 4
Talant 21 160 A 3
Talasani 2B 347 H 3
Talau 66 341 H 3
La Talaudière 42 230 B 4
Talazac 65 315 E 3
Talcy 41 132 B 3
Talcy 89 137 F 5
Talence 33 255 G 1
Talencieux 07 249 E 1
Talensac 35 103 H 3
Talissieu 01 214 D 4
Talizat 15 245 G 3
Tallans 25 162 C 1
Tallard 05 269 G 4
Tallenay 25 162 A 3
Tallende 63 227 H 2
Taller 40 292 D 1
Talloires 74 215 H 4
Tallone 2B 347 G 5
Le Tallud 79 185 F 1
Tallud-Sainte-Gemme 85 166 D 5
Talmas 80 12 D 5
Talmay 21 160 D 2
Talmont-Saint-Hilaire 85 182 B 2
Talmont-sur-Gironde 17 218 D 3
Talmontiers 60 37 F 2
Taloire 04 308 A 1
Talon 58 157 F 3
Talus-Saint-Prix 51 61 E 3
Taluyers 69 230 D 2
Tamaris-sur-Mer 83 328 A 5
La Tamarissière 34 322 C 5
Tamerville 50 29 F 4
Tamié *Abbaye de* 73 234 A 1
Tamnay-en-Bazois 58 175 G 1
Tamniès 24 241 F 4
Tanavelle 15 245 G 4
Tanay 21 160 C 2
Tancarville 76 35 E 1
Tancarville *Pont de* 76 35 E 1
Tancoigné 49 149 H 4
Tancon 71 212 A 1
Tanconville 54 96 B 1
Tancrou 77 59 H 2
Tangry 62 7 G 4
La Tania 73 234 C 3
Taninges 74 216 C 1
Tanis 50 51 G 5
Tanlay 89 137 F 2
Tannay 08 27 E 5
Tannay 58 157 F 3
Tanneron 83 308 D 4
Tannerre-en-Puisaye 89 135 G 4
La Tannière 53 81 G 4
Tannières 02 40 D 3
Tannois 55 63 H 4
Tanques 61 54 A 5
Tantonville 54 94 D 3
Le Tanu 50 51 H 3
Tanus 81 280 B 4
Tanville 61 83 F 2
Tanzac 17 219 G 2
Taponas 69 213 E 1
Taponnat-Fleurignac 16 203 H 5
Tappa *Site préhistorique* 2A 351 F 3
Tarabel 31 318 B 2
Taradeau 83 308 A 5
Tarare 69 212 B 4
Tarascon 13 304 B 2
Tarascon-sur-Ariège 09 336 B 4
Tarasteix 65 315 E 3
Tarbes 65 315 E 4
Tarcenay 25 162 A 4
Tardais 28 85 F 2
Tardes 23 208 B 1
Tardets-Sorholus 64 331 F 1
La Tardière 85 167 E 5
Tardinghen 62 2 B 4
Tarentaise 42 230 C 5
Tarentaise *Belvédère de la* 73 235 F 3
Tarerach 66 342 B 2
Targassonne 66 341 F 4
Targé 86 169 G 4
Target 03 191 G 5
Targon 33 256 B 2
Tarnac 19 225 F 1
Tarnès 33 237 H 4
Tarnos 40 292 A 5
Taron-Sadirac-Viellenave 64 294 C 5
Tarquimpol 57 67 E 4
Tarrano 2B 347 G 4
Tarsac 32 294 D 4
Tarsacq 64 313 H 3
Tarsul 21 160 A 1
Tart-l'Abbaye 21 160 C 4
Tart-le-Bas 21 160 C 4
Tart-le-Haut 21 160 B 4
Tartaras 42 230 D 3
Tartas 40 293 F 2
Tartécourt 70 140 D 2
Tartiers 02 40 A 2
Tartigny 60 22 C 5
Tartonne 04 288 B 4
Le Tartre 71 178 D 4
Le Tartre-Gaudran 78 57 E 5
Tarzy 08 26 A 2
Tasdon 17 200 C 1
Tasque 32 295 E 4
Tassé 72 129 F 2
Tassenières 39 179 E 2
Tassillé 72 107 F 4
Tassin-la-Demi-Lune 69 213 E 5
Tasso 2A 349 E 3
Tatinghem 62 3 F 5
Le Tâtre 16 220 C 4
Taugon 17 183 H 4
Taulanne 04 308 A 1
Taulé 29 71 H 4
Taulignan 26 267 G 5
Taulis 66 342 C 4
Taupont 56 102 D 4
Tauriac 33 237 G 3

Tauriac 46 242 D 5
Tauriac 81 298 B 1
Tauriac-de-Camarès 12 301 E 3
Tauriac-de-Naucelle 12 279 H 3
Tauriers 07 266 A 4
Taurignan-Castet 09 335 F 2
Taurignan-Vieux 09 335 F 2
Taurinya 66 342 B 3
Taurize 11 338 A 1
Taussac 12 262 D 1
Taussac-la-Billière 34 301 F 4
Taussat 33 254 C 2
Tautavel 66 338 C 4
Tauves 63 226 D 3
Tauxières-Mutry 51 41 H 5
Tauxigny 37 152 A 4
Tavaco 2A 348 D 2
Tavant 37 151 F 5
Tavaux 39 178 D 1
Tavaux-et-Pontséricourt 02 25 F 3
Tavel 30 285 E 5
Tavera 2A 348 D 2
Tavernay 71 176 C 1
Tavernes 83 307 E 4
Taverny 95 58 B 1
Tavers 45 132 C 3
Tavey 70 142 B 4
Taxat-Senat 03 209 H 1
Taxenne 39 161 F 4
Tayac 33 238 D 4
Taybosc 32 296 C 2
Tayrac 12 279 H 3
Tayrac 47 276 D 3
Tazilly 58 176 A 4
Le Tech 66 342 B 5
Têche 38 250 B 2
Técou 81 299 E 2
Teghime *Col de* 2B 345 G 4
Le Teich 33 254 C 3
Teigny 58 157 G 2
Le Teil 07 266 D 4
Teilhède 63 209 G 3
Teilhet 09 336 C 1
Teilhet 63 209 E 2
Teillay 35 126 D 2
Teillay-le-Gaudin 45 111 E 3
Teillay-Saint-Benoît 45 111 F 3
Teillé 44 148 A 1
Teillé 72 107 H 2
Teillet 81 299 H 2
Teillet-Argenty 03 190 C 5
Le Teilleul 50 81 H 2
Teillots 24 241 G 1
Teissières-de-Cornet 15 244 B 4
Teissières-lès-Bouliès 15 262 C 1
Télégraphe *Col du* 73 252 B 1
Telgruc-sur-Mer 29 75 F 4
Tellancourt 54 44 D 1
Tellecey 21 160 C 3
Tellières-le-Plessis 61 84 A 2
Teloché 72 130 A 2
Le Temple 33 236 C 5
Le Temple 41 109 E 5
Le Temple 79 167 E 2
Le Temple-de-Bretagne 44 147 F 2
Temple-Laguyon 24 241 F 1
Le Temple-sur-Lot 47 275 H 1
Templemars 59 8 D 3
La Templerie 35 81 F 5
Templeuve 59 9 E 4
Templeux-la-Fosse 80 23 H 1
Templeux-le-Guérard 80 24 A 1
Tenaille *Ancienne Abbaye de la* 17 219 G 4
Tenay 01 214 B 3
Tence 43 248 A 3
Tencin 38 233 F 5
Tende 06 291 H 2
Tende *Col de* 06 291 H 2
Tendon 88 119 H 2
Tendron 18 174 A 2
Tendu 36 188 D 1
Teneur 62 7 F 4
Tennie 72 107 F 3
Tenteling 57 47 F 5
Tercé 86 186 D 2
Tercillat 23 189 H 3
Tercis-les-Bains 40 292 D 3
Terdeghem 59 3 H 5
Térénez 29 71 H 3
Térénez *Pont de* 29 75 G 4
Tergnier 02 24 B 4
Terjat 03 208 D 1
Termes 08 43 E 3
Termes 11 338 B 2
Termes 48 263 H 1
Termes-d'Armagnac 32 295 E 4
Termignon 73 235 E 5
Terminiers 28 110 C 4
Ternand 69 212 C 3
Ternant 17 201 G 3
Ternant 21 159 H 4
Ternant 58 175 H 4
Ternant-les-Eaux 63 227 H 4
Ternas 62 12 D 2
Ternat 52 117 E 5
Ternay 41 131 E 4
Ternay 69 231 E 2
Ternay 86 168 C 1
Ternay *Barrage du* 07 230 D 5
Les Ternes 15 245 G 4
Ternuay-Melay-et-Saint-Hilaire 70 142 A 1
Terny-Sorny 02 40 B 2
Terramesnil 80 12 D 4
Terrans 71 178 C 3
La Terrasse 38 233 F 5
Terrasse *Panorama de la* 69 212 C 1
La Terrasse-sur-Dorlay 42 230 C 4
Terrasson-Lavilledieu 24 241 H 3
Terrats 66 342 D 3
Terraube 32 296 A 1
Terre-Clapier 81 299 G 2
Terrebasse 31 317 E 5
Terrefondrée 21 138 D 3
Terrehault 72 108 A 2
Terrenoire 42 230 B 4
Les Terres-de-Chaux 25 163 F 2
La Terrisse 12 263 F 2
Terroles 11 337 H 2
Terron-sur-Aisne 08 42 D 1
Terrou 46 261 F 1
Tersanne 26 249 G 1
Tersannes 87 187 H 5
Terssac 81 299 F 1
Le Tertre Rouge *Parc zoologique* 72 129 G 4
Le Tertre-Saint-Denis 78 57 E 2
Tertry 80 23 H 2
Terves 79 167 G 4
Terville 57 45 G 3
Tessancourt-sur-Aubette 78 57 H 1
Tessé-Froulay 61 82 C 2
Tessé-la-Madeleine 61 82 C 2
Tessel 14 33 E 4
Tessens 73 234 C 2
Tesson 17 219 F 2
Tessonnière 79 168 A 4
La Tessoualle 49 167 E 1
Tessy-sur-Vire 50 52 B 1
La Teste-de-Buch 33 254 B 3
Tétaigne 08 27 G 4
Tête des Cuveaux 88 119 H 3
Téteghem 59 3 G 2
Téterchen 57 46 D 4
Téthieu 40 293 E 2
Teting-sur-Nied 57 66 D 1
Teuillac 33 237 G 3
Teulat 81 298 C 4
Le Teulet 19 243 G 4
Teurthéville-Bocage 50 29 G 3
Teurthéville-Hague 50 28 D 3
Teyjat 24 222 B 2
Teyran 34 303 E 4
Teyssières 26 267 H 5
Teyssieu 46 243 F 5
Teyssode 81 298 D 4
Thaas 51 61 F 5
Thaims 17 219 E 2
Thairé 17 200 D 2
Thaix 58 175 G 3
Thal-Drulingen 67 67 H 3
Thal-Marmoutier 67 68 B 5
Thalamy 19 226 C 3
Thann 68 142 D 1
Thannenkirch 68 97 E 5
Thanvillé 67 97 E 4
Thaon 14 33 F 3
Thaon-les-Vosges 88 95 F 5
Tharaux 30 284 B 2
Tharoiseau 89 157 H 2
Tharon-Plage 44 146 C 4
Tharot 89 157 H 1
Thaumiers 18 173 G 4
Thauron 23 207 E 3
Thauvenay 18 156 A 3
Thèbe 65 334 A 3
Théding 57 47 F 5
Thédirac 46 259 H 3
Thégra 46 260 D 1
Théhillac 56 125 G 5
Le Theil 03 191 H 4
Le Theil 15 244 C 3
Le Theil 23 206 C 3
Le Theil 50 29 F 3
Le Theil 61 108 C 2
Le Theil-Bocage 14 52 D 2
Le Theil-de-Bretagne 35 104 D 5
Le Theil-en-Auge 14 34 D 3
Le Theil-Nolent 27 35 F 5
Theil-Rabier 16 203 E 2
Theil-sur-Vanne 89 113 H 3
Theillay 41 154 B 3
Theillement 27 35 H 3
Theix 56 124 C 4
Theizé 69 212 C 3
Thel 69 212 B 1
Théligny 72 108 D 3
Thélis-la-Combe 42 230 C 5
Thélod 54 94 C 2
Thelonne 08 27 F 4
Thélus 62 8 B 5
Théméricourt 95 57 H 1
Thémines 46 261 E 2
Théminettes 46 261 E 2
Thénac 17 219 F 1
Thénac 24 257 G 2
Thenailles 02 25 F 2
Thenay 36 188 C 1
Thenay 41 153 E 2
Thenelles 02 24 C 2
Thénésol 73 216 A 5
Theneuil 37 169 F 1
Theneuille 03 191 F 1
Thénezay 79 168 C 5
Thénioux 18 154 B 4
Thenissey 21 159 F 1
Thénisy 77 89 F 3
Thennelières 10 91 E 5
Thennes 80 22 D 3
Thenon 24 241 F 2
Thénorgues 08 43 F 2
Théoule-sur-Mer 06 309 E 5
Therdonne 60 38 A 2
Théret *Château du* 23 207 F 2
Thérines 60 21 H 5
Thermes-Magnoac 65 316 B 5
Thérondels 12 245 E 5
Thérouanne 62 7 F 2
Thérouldeville 76 19 F 3
Thervay 39 161 F 4
Thésée 41 153 E 3
Thésy 39 179 H 2
Theuley 70 140 C 4
Théus 05 269 H 4
Theuville 28 86 B 5
Theuville 95 38 A 5
Theuville-aux-Maillots 76 19 F 3
Theuvy-Achères 28 85 H 2
Thevet-Saint-Julien 36 189 H 1
Théville 50 29 G 3
Thevray 27 55 G 2
They-sous-Montfort 88 118 C 2
They-sous-Vaudemont 54 94 C 4
Theys 38 233 F 5
Théza 66 343 F 2
Thézac 17 219 E 1
Thézac 47 259 E 5
Thézan-des-Corbières 11 338 C 1
Thézan-lès-Béziers 34 321 F 3
Thèze 04 287 F 1
Thèze 64 314 B 2
Thézey-Saint-Martin 54 66 B 3
Théziers 30 304 B 1
Thézillieu 01 214 C 4
Thézy-Glimont 80 22 C 3
Thiais 94 58 C 4
Thiancourt 90 142 D 4
Thianges 58 175 F 3
Thiant 59 14 D 2
Thiat 87 187 G 5
Thiaucourt-Regniéville 54 65 F 3
Thiaville-sur-Meurthe 54 96 A 3
Thiberville 27 35 E 5
Thibie 51 62 A 2
Thibivillers 60 37 H 3
Thibouville 27 35 G 5
Thicourt 57 66 D 2
Thiébauménil 54 95 G 1
Thiéblemont-Farémont 51 62 D 5
Thiébouhans 25 163 G 3
Thieffrain 10 115 G 2
Thieffrans 70 141 G 5
Thiéfosse 88 120 A 4
Thiel-sur-Acolin 03 192 C 2
Thiembronne 62 7 E 3
Thiénans 70 162 B 1
Thiennes 59 7 H 2
Thiepval 80 13 F 5
Thiergeville 76 19 E 3
Thiernu 02 25 E 3
Thiers 63 210 C 4
Thiers-sur-Thève 60 38 D 5
Thierville 27 35 G 4
Thierville-sur-Meuse 55 44 B 5
Thiéry 06 289 G 4
Thiescourt 60 23 G 5
Thiétreville 76 19 F 3
Le Thieulin 28 85 G 4
Thieulloy-la-Ville 80 21 H 3
Thieulloy-l'Abbaye 80 21 H 2
Thieuloy-Saint-Antoine 60 21 H 4
La Thieuloye 62 7 G 5
Thieux 60 38 C 1
Thieux 77 59 E 1
Thiéville 14 54 A 1
Thièvres 62 13 E 4
Thiézac 15 244 D 4
Thignonville 45 111 G 2
Thil 01 213 G 5
Thil 10 92 B 5
Le Thil 27 37 E 3
Thil 31 297 F 3
Thil 51 41 G 3
Thil 54 45 F 2
Thil-la-Ville 21 158 D 2
Thil-Manneville 76 20 A 2
Le Thil-Riberpré 76 21 E 4
Thil-sur-Arroux 71 176 B 4
Thilay 08 27 E 2
Le Thillay 95 58 D 2
Thilleux 52 92 B 4
Les Thilliers-en-Vexin 27 37 E 4
Thillois 51 41 G 4
Thillombois 55 64 B 3
Thillot 55 64 D 2
Le Thillot 88 120 A 5
Thilouze 37 151 G 4
Thimert 28 85 H 2
Thimonville 57 66 B 2
Thimory 45 134 C 2
Thin-le-Moutier 08 26 B 3
Thines 07 265 G 5
Thiolières 63 228 D 2
Thionne 03 192 C 3
Thionville 57 45 H 3
Thionville-sur-Opton 78 57 E 4
Thiouville 76 19 F 4
Thiraucourt 88 94 C 5
Thiré 85 183 G 1
Thiron Gardais 28 85 F 5
This 08 26 C 3
Thise 25 162 A 3
Thivars 28 86 A 4
Thivencelle 59 9 H 4
Thiverny 60 38 C 4
Thiverval-Grignon 78 57 H 3
Thivet 52 117 F 4
Thiviers 24 223 E 4
Thiville 28 110 A 4
Thizay 36 172 B 3
Thizay 37 150 D 5
Thizy 69 212 A 2
Thizy 89 137 F 5
Thoard 04 287 H 3
Thodure 38 231 H 5
Thoigné 72 83 H 5
Thoiras 30 283 F 4
Thoiré-sous-Contensor 72 83 H 5
Thoiré-sur-Dinan 72 130 C 3
Thoires 21 116 A 5
Thoirette 39 196 B 4
Thoiria 39 196 D 1
Thoiry 01 197 F 5
Thoiry 73 233 G 2
Thoiry 78 57 G 3
Thoissey 01 213 E 1
Thoissia 39 196 A 3
Thoisy-la-Berchère 21 158 D 4
Thoisy-le-Désert 21 159 E 4
Thoix 80 22 A 4
Thol-lès-Millières 52 117 G 3
Thollet 86 187 H 3
Thollon-les-Mémises 74 198 C 3
Le Tholonet 13 306 A 5
Le Tholy 88 120 A 3
Thomer-la-Sôgne 27 56 B 3
Thomery 77 88 C 4
Thomirey 21 177 F 1
Thonac 24 241 F 4
Thônes 74 216 A 3
Thonnance-lès-Joinville 52 93 E 3
Thonnance-les-Moulins 52 93 F 4
Thonne-la-Long 55 44 B 1
Thonne-le-Thil 55 44 B 1
Thonne-les-Prés 55 44 B 1
Thonnelle 55 44 B 1
Thonon-les-Bains 74 198 B 3
Les Thons 88 118 B 4
Thonville 57 66 D 2
Le Thor 84 305 E 1
Thorailles 45 112 D 4
Thoraise 25 161 H 4
Thorame-Basse 04 288 C 3
Thorame-Haute 04 288 D 3
Thorame-Haute-Gare 04 288 D 4
Thoras 43 246 C 5
Thoré-la-Rochette 41 131 F 3
Thorée-les-Pins 72 129 H 4
Thorenc 06 308 D 1
Thorens-Glières 74 215 H 2
Thorey 89 137 F 2
Thorey-en-Plaine 21 160 B 4
Thorey-Lyautey 54 94 C 3
Thorey-sous-Charny 21 159 E 3
Thorey-sur-Ouche 21 159 G 5
Thorigné 79 185 F 4
Thorigné-d'Anjou 49 128 B 4
Thorigné-en-Charnie 53 106 D 4
Thorigné-Fouillard 35 104 C 2
Thorigné-sur-Dué 72 108 B 4
Thorigny 85 183 E 1
Thorigny-sur-le-Mignon 79 201 G 1
Thorigny-sur-Marne 77 59 E 3
Thorigny-sur-Oreuse 89 89 H 5
Le Thoronet 83 307 H 5
Thoronet *Abbaye du* 83 307 H 5
Thorrenc 07 249 E 1
Thors 10 92 B 5
Thors 17 202 B 4
Thory 80 22 C 4
Thory 89 137 E 5
Thoste 21 158 C 2
Le Thot 24 241 F 4
Le Thou 17 201 E 1
Thou 18 155 G 2
Thou 45 135 E 5
Thouarcé 49 149 G 3
Thouaré-sur-Loire 44 147 H 3
Thouars 79 168 A 2
Thouars-sur-Arize 09 317 G 5
Thouars-sur-Garonne 47 275 G 2
Thouarsais-Bouildroux 85 183 H 1
Le Thoult-Trosnay 51 61 E 3
Le Thour 08 25 G 5
Le Thoureil 49 150 A 2
Thourie 35 126 D 2
Thouron 87 205 G 3
Thourotte 60 39 G 1
Thoury 41 132 C 5
Thoury-Férottes 77 88 D 5
Thoux 32 297 E 4
Thubœuf 53 82 C 3
Le Thuel 02 25 G 4
Thuellin 38 232 B 1
Thuès-entre-Valls 66 341 H 4
Thueyts 07 266 A 2
Thugny-Trugny 08 42 B 1
La Thuile 73 233 G 2
Les Thuiles 04 270 C 5
Thuilley-aux-Groseilles 54 94 C 2
Thuillières 88 118 C 2
Thuir 66 342 D 2
Thuisy 10 114 C 2
Le Thuit 27 36 D 4
Le Thuit-Anger 27 36 A 3
Thuit-Hébert 27 35 H 3
Le Thuit-Signol 27 36 A 4
Le Thuit-Simer 27 35 H 4
Thulay 25 142 C 5
Thumeréville 54 45 E 5
Thumeries 59 8 D 4
Thun-l'Évêque 59 14 C 3
Thun-Saint-Amand 59 9 G 4
Thun-Saint-Martin 59 14 C 3
Thurageau 86 169 E 4
Thuré 86 169 F 4
Thuret 63 210 A 3
Thurey 71 178 B 4
Thurey-le-Mont 25 162 A 2
Thurins 69 230 D 1
Thury 21 177 E 1
Thury 89 135 H 5
Thury-en-Valois 60 39 H 5
Thury-Harcourt 14 53 F 1
Thury-sous-Clermont 60 38 C 3
Thusy 74 215 F 3
Thuy 65 315 G 4
Thyez 74 216 B 1
Thyl 73 252 B 1
Tibiran-Jaunac 65 334 A 2
Ticheville 61 54 D 2
Tichey 21 178 C 1
Tieffenbach 67 68 A 3
Tiercé 49 128 D 5
Tiercelet 54 45 E 2
Le Tiercent 35 80 D 4
Tierceville 14 33 F 3
Tieste-Uragnoux 32 295 E 5
La Tieule 48 281 H 1
Tiffauges 85 166 C 1
Tigeaux 77 59 G 4
Tigery 91 88 A 2
Tignac 09 336 C 5
Tigné 49 149 H 4
Tignécourt 88 118 B 4
Tignes 73 235 E 3
Tignes *Barrage de* 73 235 F 2
Le Tignet 06 308 D 3
Tignieu-Jameyzieu 38 213 H 5
Tigny-Noyelle 62 6 B 5
Tigy 45 133 H 3
Til-Châtel 21 160 B 1
Tilh 40 293 F 4
Tilhouse 65 333 G 1
Tillac 32 315 G 2
Tillay-le-Péneux 28 110 D 3
Tillé 60 38 A 1
Tillenay 21 160 D 4
Le Tilleul 76 18 C 4
Tilleul-Dame-Agnès 27 55 H 1
Le Tilleul-Lambert 27 56 A 1
Le Tilleul-Othon 27 35 G 5
Tilleux 88 94 A 5
Tillières 49 148 B 5
Tillières-sur-Avre 27 56 A 4
Tilloloy 80 23 F 4
Tillou 79 202 D 1
Tilloy-et-Bellay 51 62 C 1
Tilloy-Floriville 80 11 F 5
Tilloy-lès-Conty 80 22 B 3
Tilloy-lès-Hermaville 62 13 E 2
Tilloy-lès-Mofflaines 62 13 G 2
Tilloy-lez-Cambrai 59 14 B 3
Tilloy-lez-Marchiennes 59 9 F 5
Tilly 27 37 E 5
Tilly 36 188 A 3
Tilly 78 57 E 3
Tilly-Capelle 62 7 F 4
Tilly-la-Campagne 14 33 G 5
Tilly-sur-Meuse 55 64 B 2
Tilly-sur-Seulles 14 33 E 4
Tilques 62 3 F 5
Tincey-et-Pontrebeau 70 140 C 5
Tinchebray 61 52 D 4
Tincourt-Boucly 80 23 H 1
Tincques 62 7 H 5
Tincry 57 66 C 3
Les Tines 74 217 E 2
Tingry 62 6 B 3
Tinqueux 51 41 G 4
Tinténiac 35 80 A 4
Tintry 71 177 E 2
Tintury 58 175 F 2
Tiranges 43 247 G 1
Tirent-Pontéjac 32 296 C 5
Tirepied 50 51 H 4
Tissey 89 136 D 2
Le Titre 80 11 G 2
Tiuccia 2A 348 B 2
Tivernon 45 111 E 3
Tiviers 15 245 H 3
Tivolaggio 2A 350 D 2
Tizac-de-Curton 33 256 B 1
Tizac-de-Lapouyade 33 238 B 3
Tizzano 2A 350 D 3
Tocane-Saint-Apre 24 239 H 1
Tocqueville 27 35 F 2
Tocqueville 50 29 G 2
Tocqueville-en-Caux 76 19 H 3
Tocqueville-les-Murs 76 19 E 4
Tocqueville-sur-Eu 76 10 C 4
Tœufles 80 11 F 4
Toges 08 42 D 2
Togny-aux-Bœufs 51 62 B 3
Tolla 2A 348 D 3
Tollaincourt 88 118 A 3
Tollent 62 11 H 1
Tollevast 50 29 E 3
La Tombe 77 89 E 4
Tombebœuf 47 257 H 4
Tomblaine 54 65 H 5
Tomino 2B 345 G 2
Les Tonils 26 267 H 3
Tonnac 81 279 E 4
Tonnay-Boutonne 17 201 F 3
Tonnay-Charente 17 201 E 3
Tonneins 47 275 G 1
Tonnerre 89 137 E 2
Tonneville 50 28 D 3
Tonnoy 54 95 E 2

A B C D E F G H I J K L M N O P Q R S T U V W X Y Z

Tonquédec **22**....72 D 4
Tonquédec *Château de* **22**....72 C 4
Torcé **35**....105 E 3
Torcé-en-Vallée **72**....108 A 3
Torcé-Viviers-en-Charnie **53**....106 D 3
Torcenay **52**....139 H 2
Torchamp **61**....82 A 2
Torchefelon **38**....232 B 3
Torcheville **57**....67 F 3
Torcieu **01**....214 A 3
Torcy **62**....6 D 4
Torcy **71**....177 E 4
Torcy **77**....59 E 3
Torcy-en-Valois **02**....60 B 1
Torcy-et-Pouligny **21**....158 C 1
Torcy-le-Grand **10**....91 E 3
Torcy-le-Grand **76**....20 B 3
Torcy-le-Petit **10**....91 E 3
Torcy-le-Petit **76**....20 B 2
Tordères **66**....342 D 3
Tordouet **14**....54 D 1
Torfou **49**....166 B 1
Torfou **91**....87 G 3
Torigni-sur-Vire **50**....52 B 1
Tornac **30**....283 G 5
Tornay **52**....140 A 4
Le Torp-Mesnil **76**....19 H 4
Torpes **25**....161 H 4
Torpes **71**....178 D 3
Le Torpt **27**....34 D 3
Le Torquesne **14**....34 C 4
Torre **2A**....351 G 2
Torreilles **66**....339 E 5
Torsac **16**....221 F 3
Torsiac **43**....228 A 5
Tortebesse **63**....226 D 1
Tortefontaine **62**....11 H 1
Tortequesne **62**....14 A 2
Torteron **18**....174 B 2
Torteval-Quesnay **14**....32 D 5
Tortezais **03**....191 F 3
Tortisambert **14**....54 B 2
Le Tortoir **02**....24 C 5
Torvilliers **10**....114 D 2
Torxé **17**....201 G 3
Tosny **27**....36 D 4
Tosse **40**....292 B 3
Tossiat **01**....214 A 1
Tostat **65**....315 F 3
Tostes **27**....36 B 4
Totainville **88**....94 C 4
Tôtes **14**....54 B 2
Tôtes **76**....20 A 4
Touchay **18**....172 D 5
La Touche **26**....267 F 4
Touche-Trébry *Château de la* **22**....78 C 5
Les Touches **44**....147 H 1
Les Touches-de-Périgny **17**....202 C 4
Toucy **89**....135 H 4
Toudon **06**....289 H 5
Touët-de-l'Escarène **06**....291 F 5
Touët-sur-Var **06**....289 G 5
Touffailles **82**....277 E 2
Toufflers **59**....9 E 2
Touffou *Château de* **86**....186 D 1
Touffréville **14**....33 H 4
Touffreville **27**....36 D 3
Touffreville-la-Cable **76**....35 F 1
Touffreville-la-Corbeline **76**....19 G 5
Touffreville-sur-Eu **76**....10 C 4
Touget **32**....296 D 4
Touille **31**....335 E 1
Touillon **21**....137 H 4
Touillon-et-Loutelet **25**....180 C 3
Toujouse **32**....294 C 2
Toul **54**....94 B 1
Toul Goulic *Gorges de* **22**....77 F 4
Toulaud **07**....249 E 5
Toulenne **33**....256 B 4
Touligny **08**....26 C 4
Toulis-et-Attencourt **02**....25 E 4
Toullaëron *Roc de* **29**....76 C 5
Toulon **83**....328 A 4
Toulon-la-Montagne **51**....61 F 3
Toulon-sur-Allier **03**....192 B 2
Toulon-sur-Arroux **71**....176 C 5
Toulonjac **12**....279 F 1
Toulouges **66**....343 E 2
Toulouse **31**....298 A 5
Toulouse *Croix de* **05**....252 D 4
Toulouse-le-Château **39**....179 F 3
Toulouzette **40**....293 G 2
Toulx-Sainte-Croix **23**....190 A 5
Touques **14**....34 C 2
Le Touquet-Paris-Plage **62**....6 A 4
Touquettes **61**....55 E 4
Touquin **77**....59 H 5
La Tour **06**....291 E 4
La Tour **74**....216 A 1
La Tour-Blanche **24**....221 H 5
La Tour-d'Aigues **84**....306 B 3
La Tour-d'Auvergne **63**....227 E 3
Tour-de-Faure **46**....260 D 5
La Tour-de-Salvagny **69**....212 D 5
La Tour-de-Scay **25**....162 B 2
La Tour-du-Crieu **09**....336 B 1
La Tour-du-Meix **39**....196 C 2
Le Tour-du-Parc **56**....124 C 5
La Tour-du-Pin **38**....232 B 2
Tour-en-Bessin **14**....32 D 3
La Tour-en-Jarez **42**....230 B 3
Tour-en-Sologne **41**....153 F 1
La Tour-Fondue **83**....328 C 5
La Tour-Saint-Gelin **37**....169 F 1
La Tour-sur-Orb **34**....301 F 4
Tourailles **41**....131 H 4
Les Tourailles **61**....53 G 4
Tourailles-sous-Bois **55**....93 G 3
Tourbes **34**....321 H 2
Tourcelles-Chaumont **08**....42 C 2
Tourch **29**....100 B 3
Tourcoing **59**....5 E 5
Tourdun **32**....295 F 5
La Tourette **19**....226 B 3
La Tourette **42**....229 G 4
La Tourette-Cabardès **11**....319 H 3
Tourette-du-Château **06**....289 H 5
Tourgéville **14**....34 B 3
La Tourlandry **49**....149 F 5
Tourlaville **50**....29 F 3
Tourliac **47**....258 D 2
Tourly **60**....37 H 4
Tourmalet *Col du* **65**....333 F 3
Tourmignies **59**....8 D 4
Tourmont **39**....179 F 3
Tournai-sur-Dive **61**....54 B 3
Tournan **32**....316 C 2
Tournan-en-Brie **77**....59 F 4
Tournans **25**....162 C 1
Tournavaux **08**....26 D 2
Tournay **65**....315 G 5
Tournay-sur-Odon **14**....33 E 5
Le Tourne **33**....255 H 2
Tournebu **14**....53 G 2
Tournecoupe **32**....296 C 2
Tournedos-Bois-Hubert **27**....56 A 1
Tournedos-sur-Seine **27**....36 C 3
Tournedoz **25**....163 E 2
Tournefeuille **31**....297 H 5
Tournefort **06**....289 H 5
Tournehem-sur-la-Hem **62**....3 E 4
Tournemire **12**....281 G 5
Tournemire **15**....244 C 3
Tournes **08**....26 C 2
Le Tourneur **14**....52 D 2
Tourneville **27**....36 B 5
Tourniac **15**....243 H 2
Tournières **14**....32 C 3
Tourniol *Col de* **26**....249 H 4
Tournissan **11**....338 B 1
Tournoël *Château de* **63**....209 G 4
Tournoisis **45**....110 B 5
Tournon **73**....234 A 1
Tournon-d'Agenais **47**....277 E 1
Tournon-Saint-Martin **36**....170 B 5
Tournon-Saint-Pierre **37**....170 B 5

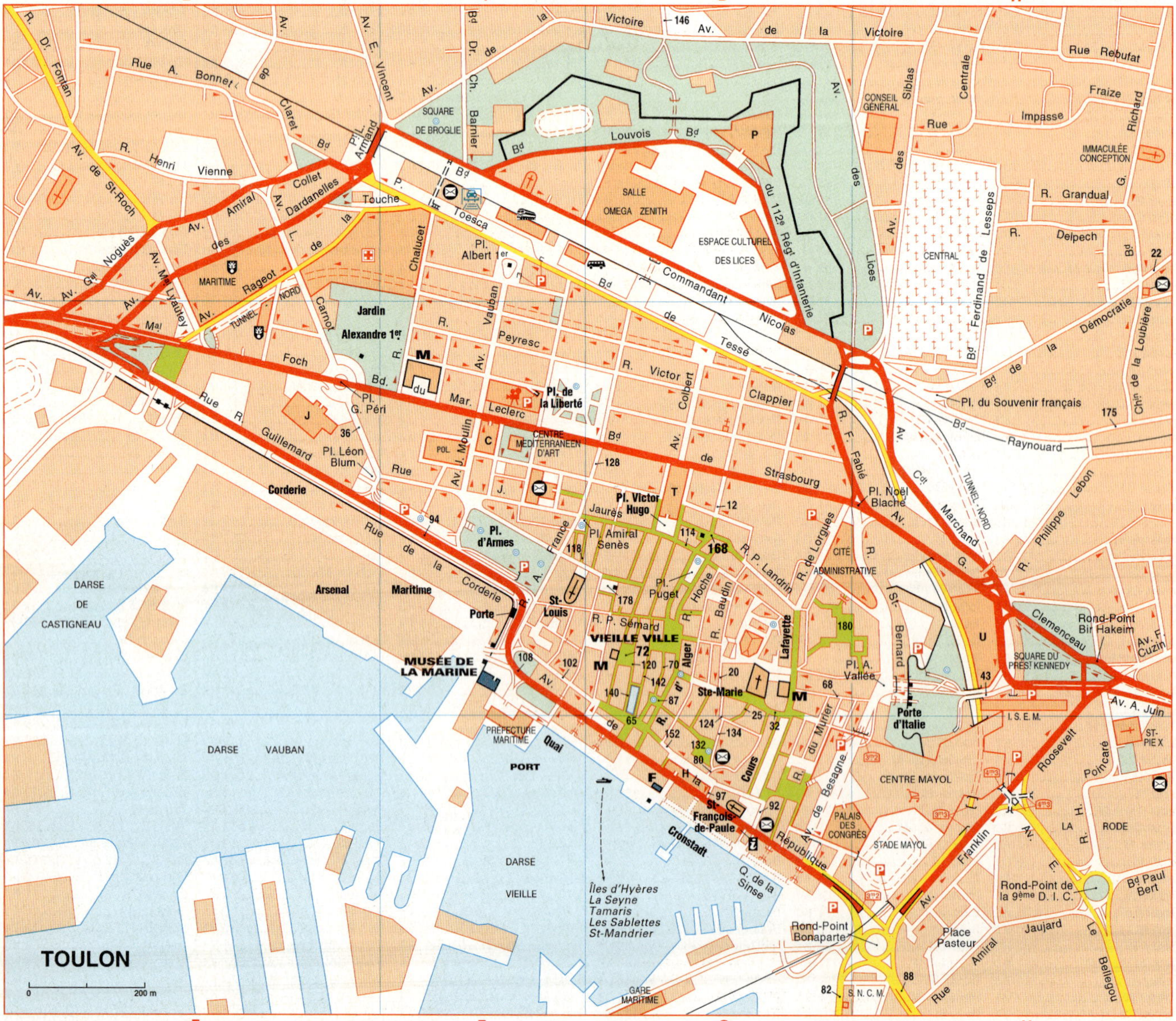

Berthelot (R.)	GY	12	Gambetta (Pl.)	GYZ	65	Lambert (Pl. Gustave)	GY	87	Micholet (Av. V.)	FY	102	Orfèvres (Pl. des)	GYZ	124	Seillon (R. H.)	GZ	152
Boucheries (R. des)	GY	20	Garibaldi (R.)	GY	68	Lattre-de-Tassigny (Av. Mar.-de)	CV, HZ	88	Monsenergue (Pl. Ingénieur-Gén.)	FY	108	Pastoureau (R. H.)	GY	128	Trois Dauphins (Pl. des)	GY	168
Bozzo (Av. L.)	HX	22	Glacière (R. de la)	GY	70	Louis-Blanc (Pl.)	GZ	92	Muraire (R.)	GY	114	Poisssonnerie (Pl. de la)	GZ	132	Vert Coteau (Av.)	HY	175
Brunetière (R. F.)	GYZ	25	Globe (Pl. du)	GY	72	Magnan (Av. Gén.)	FY	94	Notre Dame (R.)	GY	118	Pressencé (R. F. de)	GZ	134	Vezzani (Pl. César)	GY	178
Cathédrale (Traverse)	GYZ	32	Huile (Pl. à l')	GZ	80	Méridienne (R.)	GZ	97	Noyer (R. du)	GY	120	Raimu (Pl.)	GY	140	Visitation (Pl. de la)	GHY	180
Churchill (Av. W.)	EY	36	Infanterie de Marine (Av. de l')	CV, GZ	82							Riaux (R. des)	GY	142	9e D.I.C. (Rond-Point de la)	HZ	188
Daudet (R. Alphonse)	HY	43															

Tournon-sur-Rhône 07 .... 249 E 3
Tournous-Darré 65 .... 315 H 4
Tournous-Devant 65 .... 315 H 4
Tournus 71 .... 195 E 1
Tourny 27 .... 37 E 5
Tourouvre 61 .... 84 C 2
Tourouzelle 11 .... 320 C 4
Tourreilles 11 .... 337 F 2
Les Tourreilles 31 .... 334 A 1
Tourrenquets 32 .... 296 B 3
Tourrette *Château de la* 07 .. 248 D 5
Tourrette-Levens 06 .... 291 E 5
Les Tourrettes 26 .... 267 E 2
Tourrettes 83 .... 308 C 3
Tourrettes-sur-Loup 06 .... 309 F 2
Tourriers 16 .... 203 F 5
Tours 37 .... 151 H 2
Tours-en-Savoie 73 .... 234 B 1
Tours-en-Vimeu 80 .... 11 F 4
Tours-Saint-Symphorien
Aéroport de 37 .... 152 A 2
Tours-sur-Marne 51 .... 61 H 1
Tours-sur-Meymont 63 .... 228 C 2
Tourtenay 79 .... 168 B 1
Tourteron 08 .... 26 C 5
Tourtoirac 24 .... 241 F 1
Tourtour 83 .... 307 H 4
Tourtouse 09 .... 335 F 1
Tourtrès 47 .... 257 H 4
Tourtrol 09 .... 336 C 2
Tourves 83 .... 328 A 1
Tourville-en-Auge 14 .... 34 C 3
Tourville-la-Campagne 27 .... 35 H 4
Tourville-la-Chapelle 76 .... 10 C 5
Tourville-la-Rivière 76 .... 36 B 3
Tourville-les-Ifs 76 .... 19 E 3
Tourville-sur-Arques 76 .... 20 B 2
Tourville-sur-Odon 14 .... 33 F 5
Tourville-
sur-Pont-Audemer 27 .... 35 E 3
Tourville-sur-Sienne 50 .... 31 F 5
Toury 28 .... 111 E 2
Toury-Lurcy 58 .... 175 E 5
Toury-sur-Jour 58 .... 174 D 5
Tourzel-Ronzières 63 .... 227 H 3
Toussaint 76 .... 19 E 3
Toussieu 69 .... 231 F 1
Toussieux 01 .... 213 E 3
Tousson 77 .... 88 A 5
La Toussuire 73 .... 233 H 5
Toussus-le-Noble 78 .... 58 A 4
Toutainville 27 .... 35 E 2
Toutenant 71 .... 178 B 3
Toutencourt 80 .... 13 E 5
Toutens 31 .... 318 C 2
Toutes Aures *Col de* 04 .... 288 D 5
Toutlemonde 49 .... 167 E 1
Toutry 21 .... 158 B 1
Touvérac 16 .... 220 C 4
Le Touvet 38 .... 233 F 4
Touville 27 .... 35 G 3
Touvois 44 .... 165 F 2
Touvre 16 .... 221 G 1
Touzac 16 .... 220 C 3
Touzac 46 .... 259 F 5
Tox 2B .... 347 G 5
Toy-Viam 19 .... 225 F 2
Trabuc *Grotte de* 30 .... 283 G 4
Tracol *Col de* 43 .... 248 B 1
Tracy-Bocage 14 .... 33 E 5
Tracy-le-Mont 60 .... 39 H 1
Tracy-le-Val 60 .... 39 H 1
Tracy-sur-Loire 58 .... 156 A 3
Tracy-sur-Mer 14 .... 33 E 2
Trades 69 .... 194 C 5
Traenheim 67 .... 97 F 1
Tragny 57 .... 66 B 2
Traînel 10 .... 89 H 4
Traînou 45 .... 111 F 5
Le Trait 76 .... 35 H 1
Traitiéfontaine 70 .... 162 A 2
Traize 73 .... 232 D 1
Tralaigues 63 .... 208 D 4
Tralonca 2B .... 347 F 4
Tramain 22 .... 79 E 4
Tramayes 71 .... 194 C 4
Trambly 71 .... 194 C 4
Tramecourt 62 .... 7 E 4
Tramery 51 .... 41 E 4
Tramezaïgues 65 .... 333 G 4
Tramolé 38 .... 232 A 3
Tramont-Émy 54 .... 94 B 4
Tramont-Lassus 54 .... 94 C 4
Tramont-Saint-André 54 .... 94 B 4
Tramoyes 01 .... 213 F 4
Trampot 88 .... 93 G 4
Trancault 10 .... 90 A 4
La Tranche-sur-Mer 85 .... 182 D 3
La Tranclière 01 .... 213 H 1
Trancrainville 28 .... 110 D 2
Trangé 72 .... 107 G 4
Le Tranger 36 .... 170 D 2
Trannes 10 .... 91 H 5
Tranqueville-Graux 88 .... 94 B 3
Trans 53 .... 82 D 5
Trans-en-Provence 83 .... 308 A 5
Trans-la-Forêt 35 .... 80 C 2
Trans-sur-Erdre 44 .... 148 A 1
Le Translay 80 .... 11 F 5
Le Transloy 62 .... 13 H 5
Tranzault 36 .... 189 F 1
La Trappe *Abbaye de* 61 .... 55 F 5
Trappes 78 .... 57 H 4
Trassanel 11 .... 320 A 3
Traubach-le-Bas 68 .... 143 E 2
Traubach-le-Haut 68 .... 142 D 2
Trausse 11 .... 320 B 4
Travaillan 84 .... 285 F 3
Travecy 02 .... 24 B 4
Traversères 32 .... 296 B 5
Traves 70 .... 140 D 4
Le Travet 81 .... 299 H 2
Le Trayas 83 .... 309 E 5
Trayes 79 .... 167 G 5
Tréal 56 .... 125 G 2
Tréauville 50 .... 28 D 4
Trébabu 29 .... 74 C 2
Treban 03 .... 191 H 3
Tréban 81 .... 280 B 4
Trébas 81 .... 300 A 1
Trébédan 22 .... 79 F 4
Trèbes 11 .... 320 A 5
Trébeurden 22 .... 72 B 3
Trébons 65 .... 333 F 1
Trébons-de-Luchon 31 .... 334 A 4
Trébons-sur-la-Grasse 31 ... 318 C 2
Tréboul 29 .... 75 F 5
Tréboul *Pont de* 15 .... 245 F 5
Trébrivan 22 .... 77 E 4
Trébry 22 .... 78 D 5
Tréclun 21 .... 160 C 4
Trécon 51 .... 61 H 3
Trédaniel 22 .... 78 C 4
Trédarzec 22 .... 73 E 3
Trédias 22 .... 79 F 5
Trédion 56 .... 124 D 2
Trédrez-Locquémeau 22 .... 72 B 3
Tréduder 22 .... 72 B 4
Trefcon 02 .... 23 H 2
Treffay 39 .... 180 A 4
Treffendel 35 .... 103 G 3
Treffiagat 29 .... 99 F 5
Treffieux 44 .... 126 D 4
Treffléan 56 .... 124 D 3
Treffort 38 .... 250 D 4
Treffort-Cuisiat 01 .... 196 A 4
Treffrin 22 .... 76 D 4
Tréflaouénan 29 .... 71 F 4
Tréflévénez 29 .... 75 H 2
Tréflez 29 .... 71 E 4
Tréfols 51 .... 60 C 4
Tréfumel 22 .... 79 G 5
Trégarantec 29 .... 71 E 4
Trégarvan 29 .... 75 G 4
Trégastel 22 .... 72 C 2
Trégastel-Plage 22 .... 72 C 2
Tréglamus 22 .... 72 D 5
Tréglonou 29 .... 70 C 4
Trégomar 22 .... 79 E 3
Trégomeur 22 .... 73 G 5
Trégon 22 .... 50 A 5
Trégonneau 22 .... 73 E 4
Trégourez 29 .... 100 B 2
Trégrom 22 .... 72 C 4
Tréguennec 29 .... 99 F 4
Trégueux 22 .... 78 B 3
Tréguidel 22 .... 73 G 5
Tréguier 22 .... 73 E 3
Trégunc 29 .... 100 A 4
Tréhet 41 .... 130 D 4
Tréhorenteuc 56 .... 103 E 4
Le Tréhou 29 .... 75 H 2
Treignac 19 .... 224 D 3
Treignat 03 .... 190 B 4
Treigny 89 .... 156 C 1
Treilles 11 .... 339 E 3
Treilles-en-Gâtinais 45 .... 112 B 4
Treillières 44 .... 147 G 2
Treix 52 .... 117 E 3
Treize-Arbres *Les* 74 .... 215 G 1
Treize-Septiers 85 .... 166 B 1
Treize-Vents 85 .... 166 D 2
Tréjouls 82 .... 277 G 2
Trélans 48 .... 263 H 5
Trélazé 49 .... 149 H 1
Trélechamp 74 .... 217 E 2
Trélévern 22 .... 72 D 2
Trelins 42 .... 229 G 1
Trélissac 24 .... 240 D 2
Trélivan 22 .... 79 G 4
Trelly 50 .... 51 G 1
Trélon 59 .... 15 H 5
Trélou-sur-Marne 02 .... 60 D 1
Trémaouézan 29 .... 71 E 5
Trémargat 22 .... 77 F 4
Trémauville 76 .... 19 F 4
Trémazan 29 .... 70 B 4
La Tremblade 17 .... 200 C 5
Tremblay 35 .... 80 D 3
Le Tremblay 49 .... 127 H 4
Tremblay-en-France 93 .... 58 D 2
Le Tremblay-les-Villages 28 ... 86 A 2
Le Tremblay-Omonville 27 .... 35 H 5
Le Tremblay-sur-Mauldre 78 .. 57 G 4
Tremblecourt 54 .... 65 F 4
Le Tremblois 70 .... 161 E 2
Tremblois-lès-Carignan 08 .... 27 H 4
Tremblois-lès-Rocroi 08 .... 26 B 2
Trémeheuc 35 .... 80 B 3
Trémel 22 .... 72 B 4
Tréméloir 22 .... 73 G 5
Trémentines 49 .... 149 E 5
Tréméoc 29 .... 99 G 4
Tréméreuc 22 .... 79 G 3
Trémery 57 .... 45 H 4
Trémeur 22 .... 79 F 5
Tréméven 22 .... 73 F 4
Tréméven 29 .... 100 D 4
Trémilly 52 .... 92 B 4
Tréminis 38 .... 269 E 1
Trémoins 70 .... 142 B 4
Trémolat 24 .... 240 D 5
Trémons 47 .... 276 D 1
Trémont 49 .... 149 H 5
Trémont 61 .... 84 A 2
Trémont-sur-Saulx 55 .... 63 G 4
Trémonzey 88 .... 119 E 4
Trémorel 22 .... 103 E 1
Trémouille 15 .... 226 D 5
Trémouille-Saint-Loup 63 .... 226 C 4
Trémouilles 12 .... 280 D 2
Trémoulet 09 .... 336 C 1
Trémuson 22 .... 78 A 3
Trenal 39 .... 179 E 5
Trensacq 40 .... 273 F 2
Trentels 47 .... 258 D 5
Tréogan 22 .... 76 D 5
Tréogat 29 .... 99 F 3
Tréon 28 .... 56 C 5
Tréouergat 29 .... 70 B 5
Trépail 51 .... 41 H 5
Trépassés *Baie des* 29 .... 98 C 2
Trépied 62 .... 6 B 4
Le Tréport 76 .... 10 D 4
Trépot 25 .... 162 B 4
Tréprel 14 .... 53 G 2
Trept 38 .... 232 A 1
Trésauvaux 55 .... 64 D 1
Tresbœuf 35 .... 104 C 5
Trescault 62 .... 14 A 4
Treschenu-Creyers 26 .... 268 C 2
Trescléoux 05 .... 287 E 1
Trésilley 70 .... 162 A 1
Treslon 51 .... 41 F 4
Tresnay 58 .... 174 C 5
Trespoux-Rassiels 46 .... 277 H 1
Tresques 30 .... 284 D 4
Tressaint 22 .... 79 G 4
Tressan 34 .... 302 A 5
Tressandans 25 .... 162 C 1
Tressange 57 .... 45 F 2
Tressé 35 .... 80 A 3
Tresserre 66 .... 343 E 3
Tresserve 73 .... 233 E 1
Tresses 33 .... 237 H 5
Tressignaux 22 .... 73 G 5
Tressin 59 .... 9 E 3
Tresson 72 .... 130 D 2
Treteau 03 .... 192 C 4
La Trétoire 77 .... 60 A 3
Trets 13 .... 327 G 1
Treux 80 .... 23 E 1
Treuzy-Levelay 77 .... 112 C 2
Trévans 04 .... 288 A 5
Trévé 22 .... 102 B 1
Trévenans 90 .... 142 C 4
Tréveneuc 22 .... 73 G 4
Tréveray 55 .... 93 F 1
Trévérec 22 .... 73 F 4
Trévérien 35 .... 79 H 5
Trèves 30 .... 282 B 4
Trèves 69 .... 230 D 3
Trèves-Cunault 49 .... 150 B 3
Trevey 70 .... 141 F 5
Trévezel *Roc* 29 .... 76 A 2
Trévien 81 .... 279 G 4
Trévières 14 .... 32 C 3
Trévignin 73 .... 233 F 1
Trévillach 66 .... 342 B 2
Tréville 11 .... 319 E 3
Trévillers 25 .... 163 G 3
Trévilly 89 .... 158 B 1
Trevol 03 .... 192 A 1
Trévou-Tréguignec 22 .... 72 D 2
Trévoux 01 .... 213 E 3
Le Trévoux 29 .... 100 C 4
Trévron 22 .... 79 G 4
Trézelles 03 .... 192 C 4
Trézény 22 .... 72 D 3
Trézien *Phare de* 29 .... 74 C 2
Tréziers 11 .... 337 E 2
Trézilidé 29 .... 71 F 4
Trézioux 63 .... 228 C 1
Triac-Lautrait 16 .... 220 D 1
Le Triadou 34 .... 302 D 3
Triaize 85 .... 183 F 3
Triaucourt-en-Argonne 55 .... 63 G 1
Tribehou 50 .... 32 A 4
La Tricherie 86 .... 169 F 5
Trichey 89 .... 115 E 5
Triconville 55 .... 64 B 5
Tricot 60 .... 23 E 5
Trie-Château 60 .... 37 G 3
Trie-la-Ville 60 .... 37 G 3
Trie-sur-Baïse 65 .... 315 H 4
Triel-sur-Seine 78 .... 57 H 2
Triembach-au-Val 67 .... 97 E 4
Trieux 54 .... 45 F 3
Trigance 83 .... 308 A 2
Trigavou 22 .... 79 G 3
Trignac 44 .... 146 C 2
Trigny 51 .... 41 F 3
Triguères 45 .... 113 E 5
Trilbardou 77 .... 59 F 2
Trilla 66 .... 338 A 5
Trilport 77 .... 59 G 2
Trimbach 67 .... 69 F 2
Trimer 35 .... 79 H 5
La Trimouille 86 .... 187 H 3
Trimouns
Carrière de talc de 09 .... 336 C 4
Trinay 45 .... 111 E 4
La Trinitat 15 .... 263 G 2
La Trinité 06 .... 309 H 2
La Trinité 27 .... 56 C 2
La Trinité 50 .... 51 H 3
La Trinité 73 .... 233 H 3
Trinité *Chapelle de la* 29 .... 99 E 3
Trinité *Ermitage de la* 2A ..... 351 F 4
La Trinité-de-Réville 27 .... 55 E 2
La Trinité-de-Thouberville 27 .. 35 H 2
La Trinité-des-Laitiers 61 .... 54 D 4
La Trinité-du-Mont 76 .... 19 F 5
La Trinité-Langonnet 56 .... 77 E 5
La Trinité-Porhoët 56 .... 102 C 2
La Trinité-sur-Mer 56 .... 123 H 4
La Trinité-Surzur 56 .... 124 D 4
Triors 26 .... 249 H 3
Le Trioulou 15 .... 261 H 3
Tripleville 41 .... 110 A 5

TOULOUSE

Alsace-Lorraine (R. d') ...... EXY
Arnaud-Bernard (R.) .... EX 4
Astorg (R. d') .... FY 5
Baronie (R.) .... EY 9
Boulbonne (R.) .... FY 18
Bouquières (R.) .... FZ 19
Bourse (Pl. de la) .... EY 20
Cantegril (R.) .... FY 23
Capitole (Pl. du) .... EY
Cartailhac (R. E.) .... EX 26
Chaîne (R. de la) .... EX 31
Cujas (R.) .... EY 36
Daurade (Quai de la) .... EY 38
Esquirol (Pl.) .... EY 54
La-Fayette (R.) .... EY
Fonderie (R. de la) .... EZ 60
Frères-Lion (R. des) .... FY 62
Henry-de-Gorsse (R.) .... EZ 76
Jules-Chalande (R.) .... EY 79
Lapeyrouse (R.) .... FY 85
Magre (R. Genty) .... EY 91
Malcousinat (R.) .... EY 92
Marchands (R. des) .... EY 95
Mercié (R. A.) .... EY 103
Metz (R. de) .... EFY
Peyras (R.) .... EY 113
Pleau (R. de la) .... FZ 114
Poids-de-l'Huile (R.) .... EY 115
Polinaires (R. des) .... EZ 116
Pomme (R. de la) .... EFY 117
Rémusat (R. de) .... EX
Riguepels (R.) .... FY 127
Romiguières (R.) .... EY 129
Roosevelt (Allées) .... FXY 130
Ste-Ursule (R.) .... EY 137
St-Antoine-du-T. (R.) .... FY
St-Rome (R.) .... EY
Suau (R. J.) .... EY 146
Temponières (R.) .... EY 147
Trinité (R. de la) .... EY 149
Vélane (R.) .... FZ 158
Wilson (Pl. Prés.) .... FY
3-Piliers (R. des) .... EX 164
3-Journées (R. des) .... FY 162

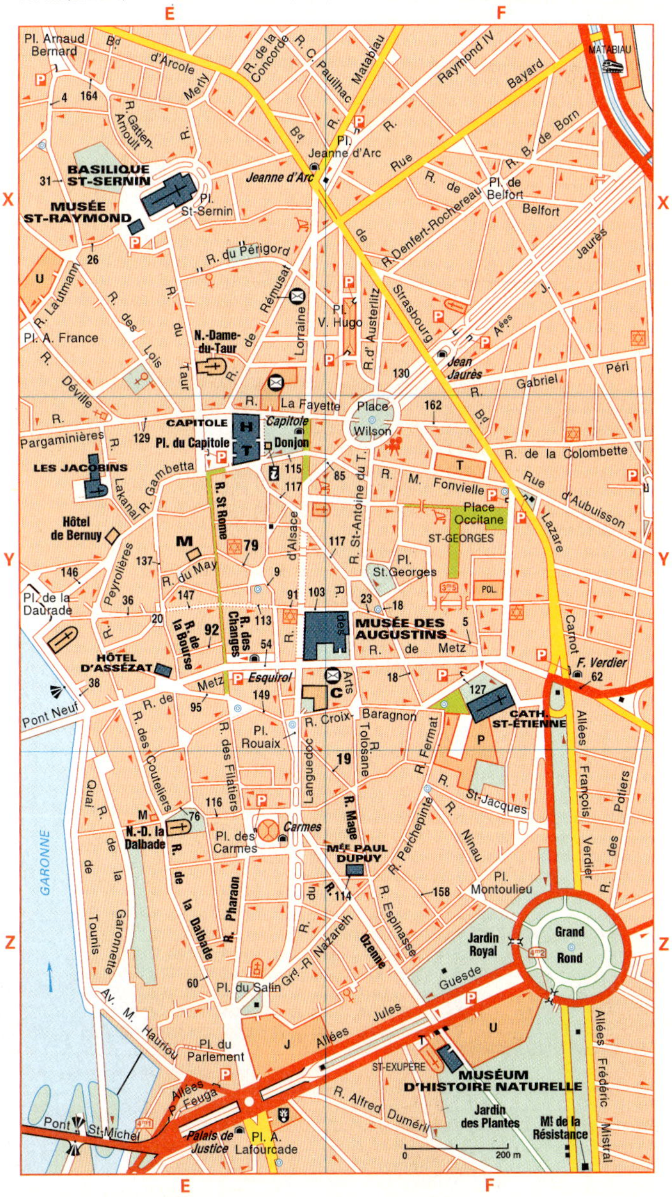

A B C D E F G H I J K L M N O P Q R S T U V W X Y Z

TOURS

Amandiers (R. des) .... CY 4
Berthelot (R.) .... BCY 7
Bons Enfants (R. des) .... BY 8
Bordeaux (R. de) .... CZ
Boyer (R. Léon) .... AZ 10
Briçonnet (R.) .... AY 13
Carmes (Pl. des) .... BY 16
Châteauneuf (Pl. de) .... BY 17
Châteaunuef (R. de) .... AY 18
Coeur-Navré (Passage du) .... CY 21
Commerce (R. du) .... BY
Constantine (R. de) .... BY 24
Corneille (R.) .... CY 25
Courier (R. Paul-Louis) .... BY 27
Courteline (R. G.) .... AY 28
Cygne (R. du) .... CY 29
Descartes (R.) .... BZ 33
Dolve (R. de la) .... BZ 35
Favre (R. Jules) .... BY 38
Fusillés (R. des) .... BY 41
Gambetta (R.) .... BZ 43
Giraudeau (R.) .... AZ 46
Grammont (Av. de) .... CZ
Grand-Marché (Pl. du) .... AY 49
Grand Passage .... CZ 50
Grégoire-de-Tours (Pl.) .... DY 52
Grosse-Tour (R. de la) .... AY 55
Halles (Pl. des) .... AZ
Halles (R. des) .... BY
Herbes (Carroi aux) .... AY 56
Lavoisier (R.) .... CY 60
Manceau (R.) .... DY 61
Marceau (R.) .... BYZ
Merville (R. du Prés.) .... BY 65
Meusnier (R. Gén.) .... DY 66
Monnaie (R. de la) .... BY 68
Mûrier (R. du) .... AY 71
Nationale (R.) .... BYZ
Paix (R. de la) .... BY 73
Petites-Boucheries (Pl. des) .... DY 80
Petit-Cupidon (R. du) .... DY 77
Petit-St-Martin (R. du) .... AY 78
Racine (R.) .... DY 84
Rapin (R.) .... AZ 85
St-Pierre-le-Puellier (Pl.) .... ABY 93
Scellerie (R. de la) .... BCY
Sully (R. de) .... BZ 96
Victoire (Pl. de la) .... AY 103
Vinci (R. Léonard de) .... BZ 104

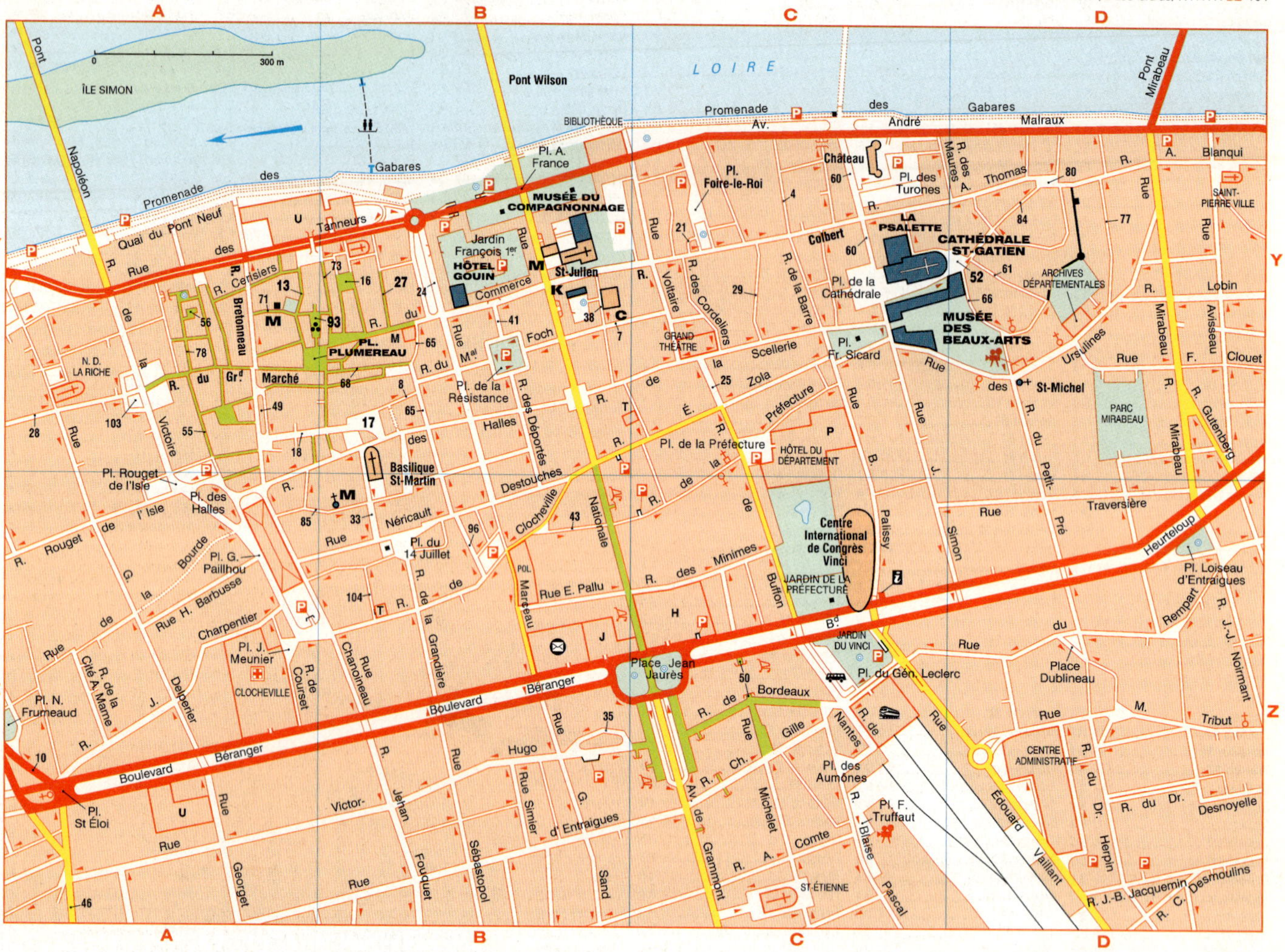

Triquerville *76* .... 35 F 1
Triqueville *27* .... 35 E 3
Trith-Saint-Léger *59* .... 14 D 2
Tritteling-Redlach *57* .... 66 D 1
Trivy *71* .... 194 B 3
Trizac *15* .... 244 C 1
Trizay *17* .... 201 E 4
Trizay-Coutretot-Saint-Serge *28* .... 85 E 5
Trizay-lès-Bonneval *28* .... 109 H 2
Troarn *14* .... 33 H 4
Troche *19* .... 224 B 5
Trochères *21* .... 160 C 3
Trocy-en-Multien *77* .... 59 G 1
Troësnes *02* .... 40 A 4
Troguéry *22* .... 73 E 3
Trogues *37* .... 151 G 5
Trois Communes *Pointe des* *06* .... 291 G 3
Les Trois-Épis *68* .... 120 D 2
Trois-Fonds *23* .... 190 A 5
Trois-Fontaines-l'Abbaye *51* .... 63 F 4
Trois-Maisons *57* .... 68 A 4
Trois-Monts *14* .... 53 F 1
Les Trois-Moutiers *86* .... 168 C 1
Trois-Palis *16* .... 221 E 2
Les Trois-Pierres *76* .... 19 E 5
Trois-Puits *51* .... 41 G 4
Trois Termes *Pic des* *66* .... 343 F 4
Trois-Vèvres *58* .... 175 E 3
Trois-Villes *64* .... 331 F 1
Troischamps *52* .... 139 H 2
Troisfontaines *52* .... 92 D 2
Troisfontaines *57* .... 67 H 5
Troisgots *50* .... 52 B 1
Troissereux *60* .... 38 A 1
Troissy *51* .... 61 E 1
Troisvaux *62* .... 7 G 5
Troisvilles *59* .... 14 D 4
Tromarey *70* .... 161 F 3
Tromborn *57* .... 46 D 4
Tronçais *Forêt de* *03* .... 191 E 1
Troncens *32* .... 315 G 2
La Tronche *38* .... 250 D 1
Le Tronchet *35* .... 80 A 2
Le Tronchet *72* .... 107 G 2
Tronchoy *52* .... 117 F 5
Tronchoy *80* .... 21 G 2
Tronchoy *89* .... 137 E 2
Tronchy *71* .... 178 B 4
Le Troncq *27* .... 35 H 4
Trondes *54* .... 65 E 5
Tronget *03* .... 191 G 3
Tronjoly *Château de* *29* .... 71 F 3
Le Tronquay *14* .... 32 D 4
Le Tronquay *27* .... 36 D 2
Tronsanges *58* .... 174 B 1
Tronville *54* .... 65 F 1
Tronville-en-Barrois *55* .... 63 H 4
Troo *41* .... 131 E 3
Trosly-Breuil *60* .... 39 G 2
Trosly-Loire *02* .... 40 A 1
Trouans *10* .... 62 A 5
Troubat *65* .... 334 A 2
La Trouche *88* .... 96 A 3
Trouhans *21* .... 160 C 5
Trouhaut *21* .... 159 G 2
Trouillas *66* .... 343 E 3
Trouley-Labarthe *65* .... 315 G 4
Troumouse *Cirque de* *65* .... 333 E 5
Troussencourt *60* .... 22 B 5
Troussey *55* .... 64 D 5
Troussures *60* .... 37 H 2
Trouvans *25* .... 162 C 1
Trouville *76* .... 19 F 5
Trouville-la-Haule *27* .... 35 F 2
Trouville-sur-Mer *14* .... 34 B 2
Trouy *18* .... 173 E 2
Troye-d'Ariège *09* .... 336 D 2
Troyes *10* .... 91 E 5
Troyon *55* .... 64 C 2
La Truchère *71* .... 195 F 2
Truchtersheim *67* .... 68 D 5
Trucy *02* .... 40 D 1
Trucy-l'Orgueilleux *58* .... 157 E 2
Trucy-sur-Yonne *89* .... 136 C 5
Le Truel *12* .... 281 E 5
Trugny *21* .... 178 B 2
Truinas *26* .... 267 H 3
Trumilly *60* .... 39 F 4
Trun *61* .... 54 B 3
Trungy *14* .... 32 D 4
Truttemer-le-Grand *14* .... 52 D 4
Truttemer-le-Petit *14* .... 52 D 4
Truyes *37* .... 152 A 4
Tubersent *62* .... 6 B 4
Tuchan *11* .... 338 C 4
Tucquegnieux *54* .... 45 F 4
Tudeils *19* .... 242 D 4
Tudelle *32* .... 295 G 4
Tuffé *72* .... 108 B 3
Tugéras-Saint-Maurice *17* .... 219 H 5
Tugny-et-Pont *02* .... 24 A 3
Les Tuileries *42* .... 211 G 2
La Tuilière *42* .... 211 E 3
Tuilière *Roche* *63* .... 227 E 2
Tulette *26* .... 285 F 2
Tulle *19* .... 242 D 1
Tullins *38* .... 232 B 5
Tully *80* .... 11 E 3
Tupigny *02* .... 24 D 1
Tupin-et-Semons *69* .... 231 E 3
La Turballe *44* .... 145 G 4
La Turbie *06* .... 309 H 5
Turcey *21* .... 159 G 2
Turckheim *68* .... 121 E 3
Turenne *19* .... 242 C 3
Turgon *16* .... 203 H 3
Turgy *10* .... 114 D 4
Turini *Col de* *06* .... 291 F 3
Turny *89* .... 114 B 4
Turquant *49* .... 150 C 4
Turquestein-Blancrupt *57* .... 96 C 1
Turqueville *50* .... 29 H 5
Turretot *76* .... 18 C 5
Turriers *04* .... 269 H 5
Tursac *24* .... 241 F 4
Tusson *16* .... 203 E 3
Tuzaguet *65* .... 333 H 1
Le Tuzan *33* .... 255 G 5
Tuzie *16* .... 203 F 3

U

Uberach *67* .... 68 D 3
Ubexy *88* .... 95 E 4
Ubraye *04* .... 289 E 5
Ucciani *2A* .... 348 D 2
Ucel *07* .... 266 B 3
Uchacq-et-Parentis *40* .... 293 H 1
Uchaud *30* .... 303 G 3
Uchaux *84* .... 285 E 3
Uchentein *09* .... 335 E 3
Uchizy *71* .... 195 E 2
Uchon *71* .... 176 C 4
Uchon *Signal d'* *71* .... 176 C 4
Uckange *57* .... 45 G 4
Ueberkumen *68* .... 143 E 2
Ueberstrass *68* .... 143 E 4
Uffheim *68* .... 143 G 2
Uffholtz *68* .... 143 E 1
Ugine *73* .... 216 A 5
Uglas *65* .... 333 H 1
Ugnouas *65* .... 315 F 3
Ugny *54* .... 44 D 2
Ugny-le-Gay *02* .... 24 A 4
Ugny-l'Équipée *80* .... 23 H 2
Ugny-sur-Meuse *55* .... 94 A 1
Uhart-Cize *64* .... 330 C 1
Uhart-Mixe *64* .... 311 G 5
Uhlwiller *67* .... 68 D 3
Uhrwiller *67* .... 68 C 3
Ulcot *79* .... 167 H 1
Les Ulis *91* .... 58 B 5
Ully-Saint-Georges *60* .... 38 B 3
Les Ulmes *49* .... 150 B 4
Umpeau *28* .... 86 C 3
Unac *09* .... 336 C 5
Uncey-le-Franc *21* .... 159 F 3
Unchair *51* .... 41 E 3
Ungersheim *68* .... 121 E 5
Unias *42* .... 229 H 2
Unienville *10* .... 91 H 5
Unieux *42* .... 230 A 4
L'Union *31* .... 298 A 4
Untermuhthal *57* .... 68 C 2
Unverre *28* .... 109 G 2
Unzent *09* .... 318 A 5
Upaix *05* .... 287 F 1
Upie *26* .... 267 G 1
Ur *66* .... 341 E 4
Urau *31* .... 334 D 2
Urbalacone *2A* .... 348 D 4
Urbanya *66* .... 341 H 2
Urbeis *67* .... 96 D 4
Urbeis *Col d'* *67* .... 96 D 4
Urbès *68* .... 120 B 5
Urbise *42* .... 193 F 5
Urçay *03* .... 190 D 1
Urcel *02* .... 40 D 1
Urcerey *90* .... 142 B 3
Urciers *36* .... 189 H 2
Urcuit *64* .... 292 B 5
Urcy *21* .... 159 H 4
Urdens *32* .... 296 C 2
Urdès *64* .... 313 H 2
Urdos *64* .... 331 H 4
Urepel *64* .... 330 A 2
Urgons *40* .... 294 A 4
Urgosse *32* .... 295 E 3
Uriage-les-Bains *38* .... 251 E 2
Uriménil *88* .... 119 F 3
Urmatt *67* .... 97 E 2
Urost *64* .... 314 D 3
Urou-et-Crennes *61* .... 54 B 4
Urrugne *64* .... 310 B 3
Urs *09* .... 336 C 5
Urschenheim *68* .... 121 F 2
Urt *64* .... 292 B 5
Urtaca *2B* .... 345 E 5
Urtière *25* .... 163 G 3
Uruffe *54* .... 94 A 2
Urval *24* .... 259 E 1
Urville *10* .... 116 A 3
Urville *14* .... 53 G 1
Urville *50* .... 29 F 5
Urville *88* .... 118 A 2
Urville-Nacqueville *50* .... 28 D 2
Urvillers *02* .... 24 B 3
Ury *77* .... 88 B 5
Urzy *58* .... 174 C 1
Us *95* .... 37 H 5
Usclades-et-Rieutord *07* .... 265 H 1

TROYES

Boucherat (R.) ... CY 4
Champeaux (R.) ... BZ 12
Charbonnet (R.) ... BZ 13
Clemenceau (R. G.) ... BCY 15
Comtes-de-Champagne (Q. des) ... CY 16
Dampierre (Quai) ... BCY 17
Delestraint (Bd Gén.-Ch.) ... BZ 18
Driant (R. COl.) ... BZ 20
Girardon (R.) ... CY 22
Hennequin (R.) ... CY 23
Huez (R. Claude) ... BYZ 27
Israël (Pl. Alexandre) ... BZ 28
Jaillant-Deschaînets (R.) ... BZ 29
Jean-Jaurès (Pl.) ... BZ 31
Joffre (Av. Mar.) ... BZ 33
Langevin (Pl. du Prof.) ... BZ 35
Libération (Pl. de la) ... CZ 49
Marché aux Noix (R. du) ... BZ 36
Michelet (R.) ... CY 39
Molé (R.) ... BZ 44
Monnaie (R. de la) ... BZ 45
Paillot-de-Montabert (R.) ... BZ 47
Palais-de-Justice (R.) ... BZ 48
République (R. de la) ... BZ 51
St-Pierre (Pl.) ... CY 52
St-Rémy (Pl.) ... BY 53
Siret (R. Nicolas) ... CZ 79
Synagogue (R. de la) ... BZ 54
Tour-Boileau (R. de la) ... BZ 59
Trinité (R. de la) ... BZ 60
Turenne (R. de) ... BZ 61
Voltaire (R.) ... BZ 64
Zola (R. Émile) ... BCZ
1er-R.A.M. (Bd du) ... BZ 69

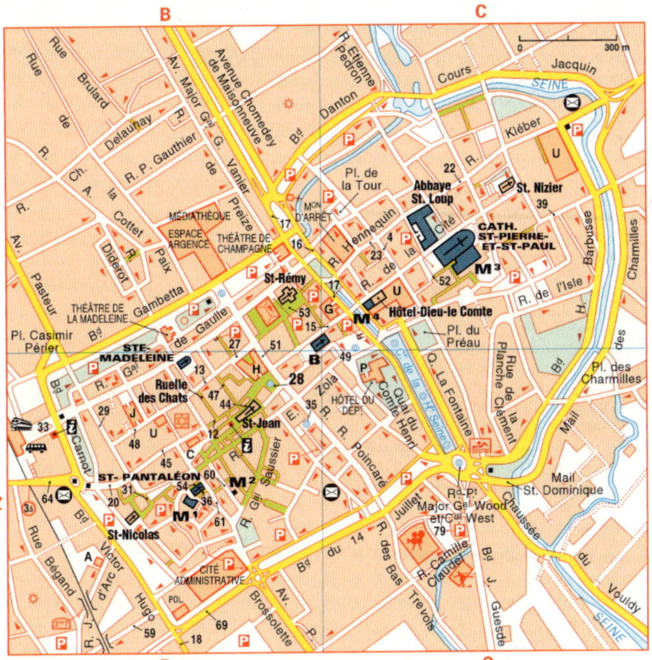

Usclas-d'Hérault 34 ... 302 A 5
Usclas-du-Bosc 34 ... 301 H 3
Usinens 74 ... 215 E 2
Ussac 19 ... 242 B 2
Ussat 09 ... 336 B 4
Ussé Château d' 37 ... 151 E 4
Usseau 79 ... 201 G 1
Usseau 86 ... 169 G 3
Ussel 15 ... 245 F 3
Ussel 19 ... 226 B 3
Ussel 46 ... 260 B 4
Ussel-d'Allier 03 ... 209 H 1
Usson 63 ... 228 B 3
Usson-du-Poitou 86 ... 186 D 5
Usson-en-Forez 42 ... 229 F 5
Ussy 14 ... 53 H 2
Ussy-sur-Marne 77 ... 59 H 2
Ustaritz 64 ... 310 D 3
Ustou 09 ... 335 G 5
Utelle 06 ... 291 E 4
Utelle Madone d' 06 ... 291 E 4
Uttenheim 67 ... 97 G 3
Uttenhoffen 67 ... 68 D 2
Uttwiller 67 ... 68 C 3
Uvernet-Fours 04 ... 270 D 5
Uxeau 71 ... 176 B 5
Uxegney 88 ... 119 F 2
Uxelles 39 ... 196 D 1
Uxem 59 ... 3 H 2
Uz 65 ... 332 D 2
Uza 40 ... 272 B 4
Uzan 64 ... 314 A 2
Uzay-le-Venon 18 ... 173 F 4
Uzech 46 ... 259 H 4
Uzein 64 ... 314 A 2
Uzel 22 ... 78 A 5
Uzelle 25 ... 162 D 1
Uzemain 88 ... 119 F 3
Uzer 07 ... 266 B 4
Uzer 65 ... 333 F 1
Uzerche 19 ... 224 C 4
Uzès 30 ... 284 B 5
Uzeste 33 ... 256 B 5
Uzos 64 ... 314 B 5

V

Vaas 72 ... 130 B 4
Vabre 81 ... 299 H 4
Vabre-Tizac 12 ... 279 G 2
Vabres 15 ... 246 A 4
Vabres 30 ... 283 F 5
Vabres-l'Abbaye 12 ... 300 D 1
Vacherauville 55 ... 44 B 5
Vachères 04 ... 286 D 5
Vachères-en-Quint 26 ... 268 A 1
Vacheresse 74 ... 198 C 3
La Vacheresse-et-la-Rouillie 88 ... 118 A 2
Vacheresses-les-Basses 28 ... 86 B 2
La Vacherie 27 ... 36 B 5
Vacognes 14 ... 33 F 5
Vacon 55 ... 93 H 1
La Vacquerie 14 ... 32 C 5
Vacquerie 80 ... 12 C 4
La Vacquerie-et-Saint-Martin-de-Castries 34 ... 302 A 2
Vacquerie-le-Boucq 62 ... 12 C 2
Vacqueriette-Erquières 62 ... 12 B 2
Vacqueville 54 ... 96 A 2
Vacqueyras 84 ... 285 G 3
Vacquières 34 ... 303 E 2
Vacquiers 31 ... 298 A 3
Vadans 39 ... 179 F 2
Vadans 70 ... 161 E 2
Vadelaincourt 55 ... 43 H 5
Vadenay 51 ... 62 B 1
Vadencourt 02 ... 24 D 1
Vadencourt 80 ... 13 E 5
Vadonville 55 ... 64 C 4
Vagnas 07 ... 284 B 1
Vagney 88 ... 119 H 4
Vahl-Ebersing 57 ... 67 E 1
Vahl-lès-Bénestroff 57 ... 67 E 3
Vahl-lès-Faulquemont 57 ... 66 D 1
Vaiges 53 ... 106 C 4
Vailhan 34 ... 301 H 5
Vailhauquès 34 ... 302 C 4
Vailhourles 12 ... 279 E 2
Vaillac 46 ... 260 B 3
Vaillant 52 ... 139 F 4
Vailly 10 ... 91 E 4
Vailly 74 ... 198 B 4
Vailly-sur-Aisne 02 ... 40 C 2
Vailly-sur-Sauldre 18 ... 155 G 2
Vains 50 ... 51 G 4
Vairé 85 ... 165 E 5
Vaire-Arcier 25 ... 162 B 3
Vaire-le-Petit 25 ... 162 B 3
Vaire-sous-Corbie 80 ... 22 D 1
Vaires-sur-Marne 77 ... 59 E 3
Vaison-la-Romaine 84 ... 285 H 2
Vaïssac 82 ... 278 C 5
Vaite 70 ... 140 B 5
La Vaivre 70 ... 119 F 5
Vaivre-et-Montoille 70 ... 141 E 4
Le Val 83 ... 328 B 1
Val Château de 15 ... 226 C 4
Le Val-André 22 ... 78 D 2
Val-Claret 73 ... 235 E 3
Le Val-d'Ajol 88 ... 119 G 5
Val-d'Auzon 10 ... 91 G 4
Le Val-David 27 ... 56 C 2
Val-de-Bride 57 ... 67 E 4
Val-de-Chalvagne 04 ... 289 F 5
Val-de-Fier 74 ... 215 E 3
Le Val-de-Gouhenans 70 ... 141 H 4
Le Val-de-Guéblange 57 ... 67 G 2
Val-de-la-Haye 76 ... 36 A 2
Val-de-Mercy 89 ... 136 B 4
Val-de-Reuil 27 ... 36 C 3
Val-de-Roulans 25 ... 162 B 2
Val-de-Saâne 76 ... 20 A 4
Val-de-Vesle 51 ... 41 H 4
Val-de-Vière 51 ... 62 D 3
Val-d'Épy 39 ... 196 A 3
Val-des-Prés 05 ... 252 D 4
Val d'Esquières 83 ... 329 G 2
Val-d'Isère 73 ... 235 F 3
Val-d'Izé 35 ... 105 E 2
Val-et-Châtillon 54 ... 96 B 2
Val-Louron 65 ... 333 H 4
Val-Maravel 26 ... 268 C 3
Le Val-Saint-Éloi 70 ... 141 F 3
Le Val-Saint-Germain 91 ... 87 F 2
Le Val-Saint-Père 50 ... 51 G 5
Val-Sainte-Marie 25 ... 162 A 5
Val-Suzon 21 ... 159 H 2
Val-Thorens 73 ... 234 C 5
Valady 12 ... 262 B 5
Valailles 27 ... 35 F 5
Valaire 41 ... 153 E 2
Valanjou 49 ... 149 G 4
Valaurie 26 ... 267 F 5
Valavoire 04 ... 287 H 1
Valay 70 ... 161 F 3
Valbeleix 63 ... 227 G 4
Valbelle 04 ... 287 F 3
Valberg 06 ... 289 G 3
Valbonnais 38 ... 251 F 5
La Valbonne 01 ... 213 G 4
Valbonne 06 ... 309 E 3
Valbonne Ancienne Chartreuse de 30 ... 284 C 2
Valcabrère 31 ... 334 A 2
Valcanville 50 ... 29 G 3
Valcebollère 66 ... 341 F 5
Valchevrière Calvaire de 38 ... 250 C 3
Valcivières 63 ... 229 E 2
Valcourt 52 ... 92 C 2
Valdahon 25 ... 162 C 4
Valdampierre 60 ... 38 A 3
Valdeblore 06 ... 291 E 2
Le Valdécie 50 ... 29 E 5
Valdelancourt 52 ... 116 D 3
Valderiès 81 ... 279 H 5
Valderoure 06 ... 308 C 1
Valdieu-Lutran 68 ... 142 D 3
Valdivienne 86 ... 187 E 2
Valdoie 90 ... 142 C 2
Valdrôme 26 ... 268 D 4
Valdurenque 81 ... 299 H 5
Valeille 42 ... 230 A 1
Valeilles 82 ... 276 D 1
Valeins 01 ... 213 E 1
Valempoulières 39 ... 179 H 3
Valençay 36 ... 153 G 5
Valence 16 ... 203 G 4
Valence 26 ... 249 F 4
Valence-d'Agen 82 ... 276 D 4
Valence-d'Albigeois 81 ... 280 B 5
Valence-en-Brie 77 ... 88 D 4
Valence-sur-Baïse 32 ... 295 H 1
Valenciennes 59 ... 9 G 5
Valencin 38 ... 231 G 2
Valencogne 38 ... 232 C 3
Valennes 72 ... 108 D 5
Valensole 04 ... 307 E 1
Valentigney 25 ... 142 C 5
La Valentine 13 ... 327 F 1
Valentine 31 ... 334 B 1
Valenton 94 ... 58 D 4
Valergues 34 ... 303 F 4
Valernes 04 ... 287 G 2
Valescourt 60 ... 38 C 1
Valescure 83 ... 308 D 5
Valette 15 ... 244 D 1
La Valette 38 ... 251 F 4
La Valette 42 ... 212 A 5
La Valette-du-Var 83 ... 328 A 4
Valeuil 24 ... 222 B 5
Valeyrac 33 ... 218 D 4
Valezan 73 ... 234 D 2
Valferrière Col de 06 ... 308 C 2
Valff 67 ... 97 F 3
Valfin-lès-Saint-Claude 39 ... 197 E 2
Valfin-sur-Valouse 39 ... 196 B 3
Valflaunès 34 ... 302 D 2
Valfleury 42 ... 230 C 3
Valframbert 61 ... 83 G 3
Valfréjus 73 ... 252 D 1
Valfroicourt 88 ... 118 D 2
Valgorge 07 ... 265 H 4
Valhey 54 ... 66 C 5
Valhuon 62 ... 7 G 5
Valiergues 19 ... 225 H 4
Valignat 03 ... 209 G 1
Valigny 03 ... 173 H 5
Valines 80 ... 11 F 4
Valjouffrey 38 ... 251 G 5
Valjouze 15 ... 245 G 2
La Valla-en-Gier 42 ... 230 C 4
La Valla-sur-Rochefort 42 ... 211 F 5
Vallabrègues 30 ... 304 B 2
Vallabrix 30 ... 284 C 4
Vallan 89 ... 136 B 3
Vallangoujard 95 ... 38 A 5
Vallans 79 ... 184 C 5
Vallant-Saint-Georges 10 ... 90 C 3
Vallauris 06 ... 309 F 4
Valle-d'Alesani 2B ... 347 G 4
Valle-di-Campoloro 2B ... 347 H 4
Valle-di-Mezzana 2A ... 348 C 2
Valle-di-Rostino 2B ... 347 F 3
Valle-d'Orezza 2B ... 347 G 3
Vallecalle 2B ... 345 F 5
La Vallée 17 ... 201 E 4
Vallée Étang de la 45 ... 111 G 5
La Vallée-au-Blé 02 ... 25 E 2
Vallée d'Avérole 73 ... 235 G 4
La Vallée-Mulâtre 02 ... 14 D 5
Vallègue 31 ... 318 C 3
Valleiry 74 ... 215 F 1
Vallenay 18 ... 173 E 4
Vallentigny 10 ... 91 H 3
Vallerange 57 ... 67 E 2
Vallérargues 30 ... 284 B 4
Valleraugue 30 ... 282 D 4
Vallères 37 ... 151 G 3
Valleret 52 ... 92 C 3
Vallereuil 24 ... 239 H 3
Vallerois-le-Bois 70 ... 141 F 5
Vallerois-Lorioz 70 ... 141 E 5
Valleroy 25 ... 162 A 2
Valleroy 52 ... 140 B 4
Valleroy 54 ... 45 F 5
Valleroy-aux-Saules 88 ... 94 D 5
Valleroy-le-Sec 88 ... 118 C 2
Vallery 89 ... 113 E 2
Vallerysthal 57 ... 67 H 5
Vallesvilles 31 ... 298 B 5
Vallet 17 ... 220 B 5
Vallet 44 ... 148 A 4
Valletot 27 ... 35 F 2
Vallica 2B ... 346 D 2
Vallière 23 ... 207 F 4
Vallières 10 ... 115 E 5
Vallières 74 ... 215 F 3
Vallières-les-Grandes 41 ... 152 D 2
Valliguières 30 ... 284 D 5
Valliquerville 76 ... 19 G 5
Valloire 73 ... 252 B 1
Valloires Abbaye de 80 ... 11 G 1
Vallois 54 ... 95 G 3
Les Vallois 88 ... 118 D 2
Vallon-en-Sully 03 ... 190 D 2
Vallon-Pont-d'Arc 07 ... 266 B 5
Vallon-sur-Gée 72 ... 107 F 5
Vallorcine 74 ... 217 E 1
Vallouise 05 ... 252 C 5
Valmagne Abbaye de 34 ... 322 D 3
Valmanya 66 ... 342 B 3
Valmascle 34 ... 301 H 5
Valmeinier 73 ... 252 B 1
Valmestroff 57 ... 45 H 3
Valmigère 11 ... 337 H 2
Valmondois 95 ... 38 B 5
Valmont 57 ... 67 E 1
Valmont 76 ... 19 F 3
Valmorel 73 ... 234 B 3
Valmunster 57 ... 46 C 4
Valmy 51 ... 43 E 5
Valognes 50 ... 29 F 4
Valojoulx 24 ... 241 F 4
Valonne 25 ... 163 E 2
Valoreille 25 ... 163 F 3
Valouse 26 ... 267 H 5
Valprionde 46 ... 277 F 1
Valprivas 43 ... 229 G 5
Valpuiseaux 91 ... 87 H 4
Valras-Plage 34 ... 321 H 5
Valréas 84 ... 267 G 5
Valros 34 ... 321 H 3
Valroufié 46 ... 260 B 4
Vals 09 ... 336 C 1
Vals-le-Chastel 43 ... 246 C 1
Vals-les-Bains 07 ... 266 B 3
Vals-près-le-Puy 43 ... 247 F 4
Valsaintes 04 ... 286 D 5
Valsemé 14 ... 34 B 4
Valsenestre 38 ... 251 G 4
Valserres 05 ... 269 H 4
Valsonne 69 ... 212 B 3
Le Valtin 88 ... 120 C 3
Valuéjols 15 ... 245 F 3
Valvignères 07 ... 266 D 4
Valz-sous-Châteauneuf 63 ... 228 B 4
Valzergues 12 ... 261 H 5
Van Pointe du 29 ... 98 C 2
Vanault-le-Châtel 51 ... 62 D 3
Vanault-les-Dames 51 ... 63 E 3
Vançais 79 ... 185 H 4
Vancé 72 ... 130 D 2
La Vancelle 67 ... 97 E 4
Vanclans 25 ... 162 C 5
Vandeins 01 ... 195 G 5
Vandelainville 54 ... 65 F 2
Vandelans 70 ... 162 B 2
Vandeléville 54 ... 94 C 3
Vandélicourt 60 ... 39 F 1
Vandenesse 58 ... 175 H 3
Vandenesse-en-Auxois 21 ... 159 F 4
Vandeuil 51 ... 41 E 3
Vandières 51 ... 41 E 5
Vandières 54 ... 65 G 2
Vandœuvre-lès-Nancy 54 ... 94 D 1
Vandoncourt 25 ... 142 C 5
Vandré 17 ... 201 F 2
Vandrimare 27 ... 36 D 2
Vandy 08 ... 42 D 1
Les Vanels 48 ... 282 D 3
Vanlay 10 ... 114 D 4
Vannaire 21 ... 115 H 5
Vanne 70 ... 140 C 4
Le Vanneau-Irleau 79 ... 184 C 4
Vannecourt 57 ... 66 D 3
Vannecrocq 27 ... 35 E 3
Vannes 56 ... 124 C 3
Vannes-le-Châtel 54 ... 94 A 2
Vannes-sur-Cosson 45 ... 133 H 4
Vannoz 39 ... 179 H 4
Vanosc 07 ... 248 C 1
Les Vans 07 ... 283 H 1
Vantoux 57 ... 45 H 5
Vantoux-et-Longevelle 70 ... 161 G 1
Vanves 92 ... 58 B 4
Vanvey 21 ... 138 B 2
Vanvillé 77 ... 89 E 2
Vanxains 24 ... 239 G 1
Vany 57 ... 45 H 5
Vanzac 17 ... 220 B 5
Vanzay 79 ... 186 A 5
Vanzy 74 ... 215 E 2
Vaour 81 ... 278 D 4
Varacieux 38 ... 250 A 1
Varades 44 ... 148 C 2
Varages 83 ... 307 E 4
Varaignes 24 ... 222 B 2
Varaire 46 ... 278 D 1
Varaize 17 ... 201 H 3
Varambon 01 ... 214 A 2
Varanges 21 ... 160 B 4
Varangéville 54 ... 95 E 1
Varaville 14 ... 34 A 3
Varces-Allières-et-Risset 38 ... 250 D 3
Vareilles 23 ... 188 C 5
Vareilles 71 ... 194 A 4
Vareilles 89 ... 113 H 3
Varen 82 ... 279 E 3
Varengeville-sur-Mer 76 ... 10 A 5
Varenguebec 50 ... 31 G 2
La Varenne 49 ... 148 A 3
Varenne-l'Arconce 71 ... 193 H 4
Varenne-Saint-Germain 71 ... 193 G 3
La Varenne-Saint-Hilaire 94 ... 58 D 4
Varennes 24 ... 258 C 1
Varennes 31 ... 318 B 2
Varennes 37 ... 170 B 1
Varennes 80 ... 13 E 5
Varennes 82 ... 298 A 1
Varennes 86 ... 168 D 4
Varennes 89 ... 136 D 2
Varennes-Changy 45 ... 134 C 2
Varennes-en-Argonne 55 ... 43 F 4
Varennes-Jarcy 91 ... 58 D 5
Varennes-le-Grand 71 ... 177 H 5
Varennes-lès-Mâcon 71 ... 195 E 5
Varennes-lès-Narcy 58 ... 156 B 4
Varennes-Saint-Honorat 43 ... 246 D 2
Varennes-Saint-Sauveur 71 ... 195 H 2
Varennes-sous-Dun 71 ... 194 A 5
Varennes-sur-Allier 03 ... 192 B 4
Varennes-sur-Amance 52 ... 117 H 5
Varennes-sur-Fouzon 36 ... 153 G 4
Varennes-sur-Loire 49 ... 150 C 4
Varennes-sur-Morge 63 ... 209 H 4
Varennes-sur-Seine 77 ... 88 D 5
Varennes-sur-Tèche 03 ... 192 D 4
Varennes-sur-Usson 63 ... 228 A 3
Varennes-Vauzelles 58 ... 174 C 1
Varès 47 ... 257 G 5
Varesnes 60 ... 23 H 5
Varessia 39 ... 196 B 1
Varetz 19 ... 242 B 2
Varilhes 09 ... 336 B 2
Varinfroy 60 ... 39 H 5
Variscourt 02 ... 41 G 2
Varize 28 ... 110 B 4
Varize 57 ... 46 C 5
Varmonzey 88 ... 95 E 4
Varnéville 55 ... 64 D 3
Varneville-Bretteville 76 ... 20 A 4
Varney 55 ... 63 G 3
Varogne 70 ... 141 F 3
Varois-et-Chaignot 21 ... 160 B 3
Varouville 50 ... 29 G 2
Varrains 49 ... 150 C 4
Varreddes 77 ... 59 G 2
Vars 05 ... 270 D 2
Vars 16 ... 203 F 5
Vars 70 ... 140 A 5
Vars Col de 05 ... 270 D 3
Vars-sur-Roseix 19 ... 241 H 1
Varsberg 57 ... 46 D 5
Varvinay 55 ... 64 D 3
Varzay 17 ... 219 F 1
Varzy 58 ... 157 E 3
Vascœuil 27 ... 36 D 2
Vasles 79 ... 185 H 1
Vasouy 14 ... 34 C 2
Vasperviller 57 ... 96 C 1
Vassel 63 ... 228 A 1

A B C D E F G H I J K L M N O P Q R S T U V W X Y Z

Vasselay 18 155 E 5
Vasselin 38 232 B 2
Vassens 02 40 A 1
Vasseny 02 40 C 3
Vassieux-en-Vercors 26 250 B 5
Vassimont-et-Chapelaine 51 61 H 4
Vassincourt 55 63 G 3
Vassivière *Lac de* 74 207 E 5
Vassogne 02 41 E 2
Vassonville 76 20 B 4
Vassy 14 53 E 3
Vassy 89 137 G 5
Le Vast 50 29 G 3
Vastérival 76 10 A 5
Vasteville 50 28 D 3
Les Vastres 43 248 A 4
Vatan 36 172 A 1
Vathiménil 54 95 G 2
Vatierville 76 21 E 3
Vatilieu 38 250 B 1
Vatimont 57 66 C 2
Vatry 51 62 A 3
Vattetot-sous-Beaumont 76 19 E 4
Vattetot-sur-Mer 76 18 D 3
Vatteville 27 36 C 3
Vatteville-la-Rue 76 35 G 1
Vaubadon 14 32 D 4
Vauban 71 193 H 5
Vaubecourt 55 63 G 2
Vaubexy 88 95 E 5
Vaucé 53 82 A 3
Vaucelles 14 32 D 3
Vaucelles *Abbaye de* 59 14 B 5
Vaucelles-et-Beffecourt 02 40 D 1
Vauchamps 25 162 B 3
Vauchamps 51 60 D 3
Vauchassis 10 114 D 2
Vauchelles 60 23 G 5
Vauchelles-lès-Authie 80 13 E 4
Vauchelles-lès-Domart 80 12 B 5
Vauchelles-les-Quesnoy 80 11 H 3
Vauchignon 21 177 F 2
Vauchonvilliers 10 115 H 2
Vauchoux 70 140 D 4
Vauchrétien 49 149 G 3
Vauciennes 51 61 F 1
Vauciennes 60 39 H 4
Vauclaix 58 157 H 4
Vauclerc 51 62 D 5
Vaucluse 25 163 F 3
Vauclusotte 25 163 F 3
Vaucogne 10 91 G 3
Vauconcourt-Nervezain 70 140 C 4
Vaucottes-sur-Mer 76 18 D 3
Vaucouleurs 55 93 H 1
Vaucourt 54 67 E 5
Vaucourtois 77 59 G 3
Vaucresson 92 58 A 3
Vaudancourt 60 37 G 4
Vaudebarrier 71 194 A 3
Vaudelnay 49 150 A 5
Vaudeloges 14 54 B 2
Vaudemange 51 42 A 5
Vaudémont 54 94 C 3
Vaudémont *Signal de* 54 94 C 3
Vaudes 10 115 F 3
Vaudesincourt 51 42 B 4
Vaudesson 02 40 C 1
Vaudeurs 89 114 A 3
Vaudevant 07 248 D 3
Vaudeville 54 94 D 3
Vaudéville 88 95 G 5
Vaudeville-le-Haut 55 93 H 3
Vaudherland 95 58 D 2
Vaudigny 54 94 D 3
Le Vaudioux 39 179 H 5
Vaudoncourt 55 44 D 4
Vaudoncourt 57 46 C 5
Vaudoncourt 88 118 B 2
Le Vaudoué 77 88 A 5
Vaudoy-en-Brie 77 59 H 5
Vaudreching 57 46 C 4
Vaudrecourt 52 117 H 2
Vaudrémont 52 116 C 3
Le Vaudreuil 27 36 C 4
Vaudreuille 31 319 E 3
Vaudreville 50 29 G 4
Vaudrey 39 179 F 2
Vaudricourt 62 8 A 4
Vaudricourt 80 11 E 3
Vaudrimesnil 50 31 G 4
Vaudringhem 62 7 E 2
Vaudrivillers 25 162 D 3
Vaudry 14 52 C 3
Vaufrey 25 163 G 2
Vaugines 84 305 H 2
Vaugneray 69 230 D 1
Vaugrigneuse 91 87 F 2
Vauhallan 91 58 B 5
Vaujany 38 251 G 2
Vaujours 93 58 D 2
Vaulandry 49 129 G 5
Le Vaulmier 15 244 D 2
Vaulnaveys-le-Bas 38 251 E 2
Vaulnaveys-le-Haut 38 251 E 2
Vaulry 87 205 F 3
Vault-de-Lugny 89 157 H 1
Vaulx 62 12 B 2
Vaulx 74 215 F 3
Vaulx-en-Velin 69 213 F 5
Vaulx-Milieu 38 231 H 2
Vaulx-Vraucourt 62 13 H 4
Le Vaumain 60 37 G 3
Vaumas 03 192 D 3
Vaumeilh 04 287 G 1
Vaumoise 60 39 G 4
Vaumort 89 113 H 3
Vaunac 24 222 D 5
Vaunaveys-la-Rochette 26 267 G 1
Vaunoise 61 84 B 5
La Vaupalière 76 36 A 1
Vaupillon 28 85 F 3
Vaupoisson 10 91 F 3
Vauquois 55 43 G 4
Vauréal 95 57 H 1
Vaureilles 12 261 H 5
Vaurezis 02 40 B 2
Le Vauroux 60 37 H 2
Vausse *Prieuré de* 89 137 F 5
Vausseroux 79 185 G 2
Vautebis 79 185 G 2
Vauthiermont 90 142 D 2
Vautorte 53 81 H 5
Vauvenargues 13 306 B 5
Vauvert 30 303 G 3
Vauville 14 34 B 3
Vauville 50 28 C 3
Vauvillers 70 118 D 5
Vauvillers 80 23 E 2
Vaux 03 190 D 3
Vaux 31 318 D 2
Vaux 57 65 G 1
Vaux 86 186 A 4
Vaux 89 136 B 3
Vaux *Château de* 49 128 C 3
Vaux-Andigny 02 14 D 5
Vaux-Champagne 08 42 C 1
Les Vaux de Cernay 78 57 H 5
Vaux-devant-Damloup 55 44 C 5
Vaux-en-Amiénois 80 22 B 1
Vaux-en-Beaujolais 69 212 C 2
Vaux-en-Bugey 01 214 A 3
Vaux-en-Dieulet 08 43 F 1
Vaux-en-Pré 71 194 C 1
Vaux-en-Vermandois 02 23 H 2
Vaux-et-Chantegrue 25 180 C 3
Vaux-la-Douce 52 140 B 2
Vaux-la-Grande 55 93 G 1
Vaux-la-Petite 55 93 G 1
Vaux-Lavalette 16 221 F 4
Vaux-le-Moncelot 70 161 H 1
Vaux-le-Pénil 77 88 B 3
Vaux-le-Vicomte
Château de 77 88 C 2
Vaux-lès-Mouron 08 43 E 3
Vaux-lès-Mouzon 08 27 G 4
Vaux-lès-Palameix 55 64 C 2
Vaux-les-Prés 25 161 H 4
Vaux-lès-Rubigny 08 25 H 4
Vaux-lès-Saint-Claude 39 196 D 3
Vaux-Marquenneville 80 11 G 5
Vaux-Montreuil 08 26 C 5
Vaux-Rouillac 16 202 D 5
Vaux-Saules 21 159 G 1
Vaux-sous-Aubigny 52 139 G 4
Vaux-sur-Aure 14 33 E 3
Vaux-sur-Blaise 52 92 C 3
Vaux-sur-Eure 27 56 C 1
Vaux-sur-Lunain 77 112 D 2
Vaux-sur-Mer 17 218 C 1
Vaux-sur-Poligny 39 179 G 3
Vaux-sur-Risle 27 55 G 3
Vaux-sur-Saint-Urbain 52 93 E 4
Vaux-sur-Seine 78 57 H 2
Vaux-sur-Seulles 14 33 E 3
Vaux-sur-Somme 80 22 D 1
Vaux-sur-Vienne 86 169 G 3
Vaux-Villaine 08 26 B 3
Vauxaillon 02 40 C 1
Vauxbons 52 139 F 2
Vauxbuin 02 40 B 3
Vauxcéré 02 40 D 3
Vauxrenard 69 194 D 5
Vauxtin 02 40 D 3
Vavincourt 55 63 H 3
Vavray-le-Grand 51 62 D 4
Vavray-le-Petit 51 62 D 3
Vaxainville 54 95 H 2
Vaxoncourt 88 95 F 5
Vaxy 57 66 D 3
Vay 44 126 B 5
Vaychis 09 336 C 5
Vaylats 46 278 C 1
Vayrac 46 242 D 5
Vayres 33 238 B 5
Vayres 87 204 D 5
Vayres *Château de* 86 169 F 5
Vayres-sur-Essonne 91 87 H 4
Vazeilles-Limandre 43 246 D 3
Vazeilles-près-Saugues 43 246 D 5
Vazerac 82 277 G 3
Veauce 03 209 G 1
Veauche 42 230 A 3
Veauchette 42 230 A 3
Veaugues 18 155 H 4
Veaunes 26 249 F 3
Veauville-lès-Baons 76 19 G 4
Veauville-lès-Quelles 76 19 G 3
Vèbre 09 336 C 5
Vebret 15 226 C 5
Vebron 48 282 D 2
Vecchio *Pont du* 2B 347 E 5
Veckersviller 57 67 H 3
Veckring 57 46 B 3
Vecoux 88 119 H 4
Vecquemont 80 22 D 2
Vecqueville 52 92 D 3
Vedène 84 285 F 5
Védrines-Saint-Loup 15 246 A 3
Véel 55 63 G 4
Végennes 19 242 D 4
Vého 54 95 H 1
Veigné 37 152 A 4
Veigy-Foncenex 74 197 H 4
Veilhes 81 298 D 4
Veillac 15 226 C 4
Veilleins 41 153 H 2
Veilly 21 159 F 5
Veix 19 225 E 3
Velaine-en-Haye 54 65 G 5
Velaine-sous-Amance 54 66 B 5
Velaines 55 64 B 5
Velanne 38 232 D 3
Velars-sur-Ouche 21 159 H 3
Velaux 13 305 G 5
Velennes 60 38 B 1
Velennes 80 22 A 3
Velesmes 70 161 F 2
Velesmes-Essarts 25 161 H 4
Velet 70 161 E 2
Vélieux 34 320 C 3
Vélines 24 239 E 5
Vélizy-Villacoublay 78 58 B 4
Velle-le-Châtel 70 141 E 4
Velle-sur-Moselle 54 95 E 2
Vellèches 86 169 G 2
Vellechevreux-
et-Courbenans 70 141 H 5
Velleclaire 70 161 G 1
Vellefaux 70 141 E 5
Vellefrey-et-Vellefrange 70 161 G 1
Vellefrie 70 141 F 3
Velleguindry-
et-Levrecey 70 141 E 5
Velleminfroy 70 141 G 4
Vellemoz 70 161 G 1
Velleron 84 285 G 5
Vellerot-lès-Belvoir 25 163 E 2
Vellerot-lès-Vercel 25 162 D 3
Velles 36 171 G 5
Velles 52 140 B 2
Vellescot 90 142 D 3
Vellevans 25 162 D 3
Vellexon-Queutrey-
et-Vaudey 70 140 C 5
Velloreille-lès-Choye 70 161 F 2
Velluire 85 183 H 3
Velogny 21 159 E 2
Velone-Orneto 2B 347 H 3
Velorcey 70 141 F 2
Velosnes 55 44 B 1
Velotte-et-Tatignécourt 88 94 D 5
Vélu 62 13 H 4
Velving 57 46 C 4
Vélye 51 61 H 3
Velzic 15 244 C 4
Vémars 95 58 D 1
Venables 27 36 C 4
Venaco 2B 347 E 5
Venansault 85 165 G 5
Venanson 06 291 E 2
Venarey-les-Laumes 21 159 E 1
Venarsal 19 242 C 2
Venas 03 191 E 3
Venasque 84 285 H 5
Vence 06 309 F 2
Vence *Col de* 06 309 F 2
Vendargues 34 303 E 4
Vendat 03 210 B 1
Vendays-Montalivet 33 218 C 5
Vendegies-au-Bois 59 15 E 3
Vendegies-sur-Écaillon 59 14 D 2
Vendeix *Roche* 63 227 E 3
Vendel 35 81 E 5
La Vendelée 50 31 G 5
Vendelles 02 23 H 1
Vendémian 34 302 B 5
Vendenesse-
lès-Charolles 71 194 A 3
Vendenesse-sur-Arroux 71 193 G 1
Vendenheim 67 68 D 5
Vendes 14 33 E 5
Vendes 15 244 B 1
Vendeuil 02 24 B 4
Vendeuil-Caply 60 22 B 5
Vendeuvre 14 54 A 1
Vendeuvre-du-Poitou 86 169 E 5
Vendeuvre-sur-Barse 10 115 H 2
Vendeville 59 8 D 3
Vendhuile 02 14 B 5
Vendières 02 60 C 3
Vendin-le-Vieil 62 8 C 4
Vendin-lès-Béthune 62 8 A 3
Vendine 31 298 C 5
Vendœuvres 36 171 E 4
Vendoire 24 221 G 4
Vendôme 41 131 G 3
Vendranges 42 211 H 3
Vendrennes 85 166 B 3
Vendres 34 321 G 4
Vendresse 08 27 E 5
Vendresse-Beaulne 02 40 D 2
Vendrest 77 59 H 1
La Vendue-Mignot 10 115 E 3
Vénéjan 30 284 D 3
Venelles 13 306 A 4
Vénérand 17 201 G 5
Venère 70 161 F 2
Vénérieu 38 232 A 1
Vénérolles 02 24 D 1
Venerque 31 317 H 2
Vènès 81 299 G 3
Venesmes 18 173 E 4
Vénestanville 76 19 H 3
Venette 60 39 F 2
Veneux-les-Sablons 77 88 C 5
Vénevelles *Manoir de* 72 129 H 4
Veney 54 96 A 3
Vengeons 50 52 C 4
Venise 25 162 A 2
Venisey 70 140 D 2
Vénissieux 69 231 F 1
Venizel 02 40 B 2
Venizy 89 114 B 4
Vennans 25 162 B 2
Vennecy 45 111 F 5
Vennes 25 163 E 4
Vennezey 54 95 F 3
Venon 27 36 A 5
Venon 38 251 E 2
Venosc 38 251 G 3
Venouse 89 136 C 2
Venoy 89 136 B 3
Vensac 33 218 C 4
Vensat 63 209 H 2
Ventabren 13 305 H 5
Ventadour *Ruines de* 19 225 G 5
Ventavon 05 269 F 5
Ventelay 51 41 E 3
Ventenac 09 336 C 2
Ventenac-Cabardès 11 319 G 4
Ventenac-en-Minervois 11 320 D 5
Venterol 04 269 H 4
Venterol 26 267 H 5
Les Ventes 27 56 B 2
Les Ventes-de-Bourse 61 84 A 3
Ventes-Saint-Rémy 76 20 C 4
Venteuges 43 246 C 4
Venteuil 51 61 F 1
Venthon 73 234 A 1
Ventiseri 2B 349 G 3
Ventouse 16 203 G 4
Ventoux *Mont* 84 286 A 3
Ventron 88 120 B 4
La Ventrouze 61 84 D 2
Venzolasca 2B 347 G 2
Ver 50 51 G 2
Ver-lès-Chartres 28 86 A 4
Ver-sur-Launette 60 39 E 5
Ver-sur-Mer 14 33 F 3
Vérac 33 238 B 4
Véranne 42 230 D 5
Vérargues 34 303 F 3
Véraza 11 337 G 2
Verberie 60 39 F 3
Verbiesles 52 117 E 4
Vercel-Villedieu-
le-Camp 25 162 D 4
Verchain-Maugré 59 14 D 2
Verchaix 74 216 C 1
Vercheny 26 268 A 2
Les Verchers-sur-Layon 49 150 A 5
Verchin 62 7 F 4
Verchocq 62 7 E 3
Vercia 39 196 B 1
Verclause 26 268 B 5
Vercoiran 26 286 B 1
Vercourt 80 11 F 1
Verdaches 04 288 B 1
Verdalle 81 319 F 2
Verde *Col de* 2B 349 F 2
Verdelais 33 256 B 3
Verdelles *Château de* 72 106 D 5
Verdelot 77 60 B 3
Verdenal 54 96 A 1
Verderel 60 38 A 1
Verderonne 60 38 D 3
Verdes 41 110 A 5
Verdèse 2B 347 G 3
Verdets 64 313 G 4
Le Verdier 81 279 E 5
La Verdière 83 307 E 4
Verdigny 18 155 H 3
Verdille 16 202 D 4
Verdilly 02 60 C 1
Verdon 24 258 B 1
Verdon 51 60 D 2
Verdon
Grand Canyon du 93 307 H 2
Le Verdon-sur-Mer 33 218 C 2
Verdonnet 21 137 H 3
Verdun 09 336 B 5
Verdun 55 44 B 5
Verdun-en-Lauragais 11 319 E 3
Verdun-sur-Garonne 82 297 G 2
Verdun-sur-le-Doubs 71 178 A 3
Verdus *Musée de* 07 266 C 2
Vereaux 18 174 A 3
Verel-de-Montbel 73 232 D 2
Verel-Pragondran 73 233 F 2
Véretz 37 152 A 3
Vereux 70 161 F 1
Verfeil 31 298 B 4
Verfeil 82 279 E 3
Verfeuil 30 284 C 3
Vergaville 57 67 E 3
Vergéal 35 105 E 4
La Vergenne 70 141 H 4
Le Verger 35 103 H 3
Le Verger *Château* 49 128 D 5
Verger-sur-Dive 86 168 C 4
Vergeroux 17 200 D 3
Verges 39 179 F 5
Vergetot 76 18 D 4
Vergezac 43 247 E 4
Vergèze 30 303 G 3
Vergheas 63 208 D 3
Vergies 80 11 G 5
Vergigny 89 114 B 5
Vergio *Col de* 2B 346 C 5
Vergisson 71 194 D 4
La Vergne 17 201 G 3
Vergné 17 201 H 2
Vergoignan 32 294 C 3
Vergoncey 50 80 D 2
Vergongheon 43 228 A 5
Vergonnes 49 127 G 3
Vergons 04 288 D 5
Vergranne 25 162 C 1
Vergt 24 240 C 4
Vergt-de-Biron 24 258 D 3
Le Verguier 02 24 A 1
Véria 39 196 A 2
Vérignon 83 307 H 3
Vérigny 28 85 H 3
Vérin 42 231 E 4
Vérines 17 183 G 5
Vérissey 71 178 B 5
Vérizet 71 195 E 3
Verjon 01 196 A 4
Verjux 71 178 A 3
Verlans 70 142 B 4
Verlhac-Tescou 82 298 A 1
Verlin 89 113 F 4
Verlincthun 62 6 B 2
Verlinghem 59 8 C 2
Verlus 32 294 C 4
Vermand 02 24 A 2
Vermandovillers 80 23 F 2
Vermelles 62 8 B 4
Vermenton 89 136 C 4
Vermondans 25 163 F 2
Le Vermont 88 96 C 3
Vern-d'Anjou 49 128 A 5
Vern-sur-Seiche 35 104 B 3
Vernais 18 173 H 4
Vernaison 69 231 E 2
Vernajoul 09 336 B 2
Vernancourt 51 63 E 3
Vernantes 49 150 C 2
Vernantois 39 179 F 5
La Vernarède 30 283 G 2
Vernas 38 214 A 5
Vernassal 43 246 D 2
Vernaux 09 336 C 5
Vernay 69 212 C 1
La Vernaz 74 198 C 4
Verne 25 162 C 2
Verne *Chartreuse de la* 83 329 E 3
Vernègues 13 305 G 3
Verneiges 23 190 B 5
Le Verneil 73 233 H 3
Verneil-le-Chétif 72 130 A 3
Verneix 03 190 D 4
La Vernelle 36 153 G 4
Le Vernet 03 210 B 2
Le Vernet 04 288 B 1
Le Vernet 09 318 B 5
Vernet 31 317 H 2
Le Vernet 43 246 D 4
Vernet-la-Varenne 63 228 B 4
Vernet-les-Bains 66 342 A 3
Le Vernet-
Sainte-Marguerite 63 227 G 2
Verneugheol 63 208 C 5
Verneuil 16 204 C 5
Verneuil 18 173 G 4
Verneuil 51 40 D 5
Verneuil 58 175 F 3
Verneuil-
en-Bourbonnais 03 192 A 4
Verneuil-en-Halatte 60 38 D 4
Verneuil-Grand 55 44 B 1
Verneuil-le-Château 37 169 F 1
Verneuil-l'Étang 77 88 C 2
Verneuil-Moustiers 87 187 H 4
Verneuil-Petit 55 44 B 1
Verneuil-sous-Coucy 02 40 B 1
Verneuil-sur-Avre 27 55 H 4
Verneuil-sur-Igneraie 36 189 G 1
Verneuil-sur-Indre 37 170 C 1
Verneuil-sur-Seine 78 57 H 2
Verneuil-sur-Serre 02 24 D 4
Verneuil-sur-Vienne 87 205 F 5
Verneusses 27 55 E 2
Vernéville 57 45 G 5
Vernie 72 107 G 2
Vernierfontaine 25 162 C 5
Vernines 63 227 F 2
Verniolle 09 336 B 1
Vernioz 38 231 F 4
Vernix 50 52 A 4
Vernoil 49 150 D 2
Le Vernois 39 179 F 4
Vernois-le-Fol 25 163 H 2
Vernois-lès-Belvoir 25 163 E 2
Vernois-lès-Vesvres 21 139 F 4
Vernois-sur-Mance 70 140 C 2
Vernols 15 245 F 1
Vernon 07 266 A 4
Vernon 27 57 E 1
Vernon 86 186 C 3
Vernonvilliers 10 92 A 5
Vernosc-lès-Annonay 07 248 D 1
Vernot 21 160 A 1
La Vernotte 70 161 G 1
Vernou-en-Sologne 41 153 H 1
Vernou-la-Celle-sur-Seine 77 88 D 4
Vernou-sur-Brenne 37 152 A 2
Vernouillet 28 56 D 5
Vernouillet 78 57 H 2
Vernoux 01 195 G 2
Vernoux-en-Gâtine 79 167 G 5
Vernoux-en-Vivarais 07 248 D 5
Vernoux-sur-Boutonne 79 202 C 1
Le Vernoy 25 142 A 4
Vernoy 89 113 F 4
Vernusse 03 191 G 5
Verny 57 65 H 2
Vero 2A 348 D 2
Véron 89 113 G 3
Véronne 26 268 A 2

Véronnes *21* 139 G 5
Verosvres *71* 194 B 3
Verpel *08* 43 F 2
La Verpillière *38* 231 H 2
Verpillières *80* 23 F 4
Verpillières-sur-Ource *10* 115 H 4
Verquières *13* 305 E 2
Verquigneul *62* 8 A 4
Verquin *62* 8 A 4
Verrens-Arvey *73* 234 A 1
La Verrerie *Château de 18* 155 F 2
Verreries-de-Moussans *34* 320 C 2
Verrey-sous-Drée *21* 159 F 2
Verrey-sous-Salmaise *21* 159 F 2
Verricourt *10* 91 G 4
Verrie *49* 150 B 4
La Verrie *85* 166 C 2
La Verrière *78* 57 H 4
Verrières *08* 43 E 1
Verrières *10* 115 E 2
Verrières *12* 281 H 3
Verrières *16* 220 B 2
Verrières *51* 63 E 1
Verrières *61* 84 D 4
Verrières *63* 227 G 3
Verrières *86* 186 D 3
Verrières-de-Joux *25* 180 D 2
Verrières-du-Grosbois *25* 162 C 4
Verrières-en-Forez *42* 229 G 3
Verrières-le-Buisson *91* 58 B 4
Verrines-sous-Celles *79* 185 F 5
Verrue *86* 168 D 3
Verruyes *79* 185 F 2
Vers *46* 260 C 5
Vers *71* 195 E 1
Vers *74* 215 F 1
Vers-en-Montagne *39* 179 H 3
Vers-Pont-du-Gard *30* 284 C 5
Vers-sous-Sellières *39* 179 E 3
Vers-sur-Méouge *26* 286 C 2
Vers-sur-Selles *80* 22 B 2
Versailles *78* 58 A 4
Versailleux *01* 213 G 3
Versainville *14* 53 H 2
La Versanne *42* 230 C 5
Versaugues *71* 193 G 4
Verseilles-le-Bas *52* 139 G 3
Verseilles-le-Haut *52* 139 G 3
Versigny *02* 24 C 4
Versigny *60* 39 F 5
Versols-et-Lapeyre *12* 301 E 1
Verson *14* 33 F 4
Versonnex *01* 197 G 4
Versonnex *74* 215 F 3
Le Versoud *38* 251 E 1
Vert *40* 273 G 4
Vert *78* 57 F 2
Le Vert *79* 202 B 1
Vert *Lac 74* 216 D 3
Vert-Bois *17* 200 B 4
Vert-en-Drouais *28* 56 C 4
Vert-la-Gravelle *51* 61 F 3
Vert-le-Grand *91* 87 H 2
Vert-le-Petit *91* 87 H 3
Vert-Saint-Denis *77* 88 B 2
Vertain *59* 14 D 3
Vertaizon *63* 210 A 5
Vertamboz *39* 196 D 1
Vertault *21* 115 G 5
Verte *Île 13* 327 F 4
Verteillac *24* 221 G 5
Vertes-Feuilles *02* 40 A 3
Verteuil-d'Agenais *47* 257 G 5
Verteuil-sur-Charente *16* 203 F 3
Verthemex *73* 233 E 1
Vertheuil *33* 237 E 1
Vertilly *89* 89 G 5
Vertolaye *63* 228 D 2
Verton *62* 6 B 5
Vertou *44* 147 H 4
Vertrieu *38* 214 A 4
Vertus *51* 61 G 2
Les Vertus *76* 20 B 2
Vertuzey *55* 64 D 5
Vervant *16* 203 F 5
Vervant *17* 201 H 3
Vervezelle *88* 95 H 5
Vervins *02* 25 F 2
Véry *55* 43 G 3
Verzé *71* 194 D 3
Verzeille *11* 337 H 1
Verzenay *51* 41 H 5
Verzy *51* 41 H 5
Vesaignes-sous-Lafauche *52* 93 G 5
Vesaignes-sur-Marne *52* 117 F 4
Vesancy *01* 197 G 3
Vesc *26* 267 H 4
Vescemont *90* 142 C 2
Vescheim *57* 68 A 4
Vescles *39* 196 C 3
Vescours *01* 195 F 2
Vescovato *2B* 347 G 2
Vesdun *18* 190 B 2
Vésigneul-sur-Marne *51* 62 B 3
Vésines *01* 195 E 4
Vésines *45* 112 C 4
Le Vésinet *78* 58 A 3
Vesles-et-Caumont *02* 25 E 4
Veslud *02* 41 E 1
Vesly *27* 37 F 4
Vesly *50* 31 G 3
Vesoul *70* 141 E 4
La Vespière *14* 55 E 1
Vesseaux *07* 266 B 3
Vessey *50* 80 D 2
Vestric-et-Candiac *30* 303 G 3
Vesvres *21* 159 E 2
Vesvres-
sous-Chalancey *52* 139 F 4
Vétheuil *95* 57 F 1
Vétraz-Monthoux *74* 197 H 5
Vétrigne *90* 142 C 2
Veuil *36* 153 G 5
Veuilly-la-Poterie *02* 60 A 1
Veules-les-Roses *76* 19 H 2
Veulettes-sur-Mer *76* 19 F 2
Le Veurdre *03* 174 B 5
Veurey-Voroize *38* 250 C 1
La Veuve *51* 62 A 1
Veuves *41* 152 D 2
Veuvey-sur-Ouche *21* 159 G 4
Veuxhaulles-sur-Aube *21* 116 B 5
Vevy *39* 179 F 5
Vexaincourt *88* 96 C 2
Le Vey *14* 53 F 2
Veynes *05* 269 E 4
Veyrac *87* 205 F 4
Veyras *07* 266 C 2
Veyre-Monton *63* 227 H 2
Veyreau *12* 282 A 3
Veyrier-du-Lac *74* 215 H 4
Veyrières *15* 226 B 5
Veyrières *19* 226 B 4
Veyrignac *24* 259 H 1
Veyrines *07* 248 C 2
Veyrines-de-Domme *24* 259 F 1
Veyrines-de-Vergt *24* 240 C 4
Veyrins *38* 232 C 2
Les Veys *50* 32 A 2
Veyssilieu *38* 231 H 1
Veyziat *01* 196 C 4
Vez *60* 39 H 4
Vézac *15* 244 C 5
Vézac *24* 259 F 1
Vézannes *89* 136 D 2
Vézaponin *02* 40 A 1
Vèze *15* 245 G 1
La Vèze *25* 162 A 4
Vézelay *89* 157 G 2
Vézelise *54* 94 C 3
Vézelois *90* 142 C 3
Vezels-Roussy *15* 262 D 1
Vézénobres *30* 283 H 4
Vézeronce-Curtin *38* 232 B 1
Vezet *70* 140 C 5
Vézézoux *43* 228 B 5
Le Vézier *51* 60 C 4
Vézières *86* 168 D 1
Vézillon *27* 36 D 4
Vézilly *02* 41 E 4
Vezin-le-Coquet *35* 104 A 3
Vézinnes *89* 137 E 2
Vezins *49* 149 F 5
Vezins *50* 51 H 5
Vezins *Barrage de 50* 81 E 2
Vézins-de-Lévézou *12* 281 G 2
Vezot *72* 84 A 5
Vezou *Belvédère du 15* 245 F 5
Vezzani *2B* 347 F 5
Via *66* 341 F 4
Viabon *28* 110 C 2
Viala-du-Pas-de-Jaux *12* 301 F 1
Viala-du-Tarn *12* 281 F 4
Vialas *48* 283 F 1
Vialer *64* 294 C 5
Viam *19* 225 E 2
Viane *81* 300 B 3
Vianges *21* 158 D 5
Vianne *47* 275 G 3
Viâpres-le-Grand *10* 90 D 2
Viâpres-le-Petit *10* 90 D 2
Viarmes *95* 38 C 5
Vias *34* 322 C 5
Viaur *Viaduc du 12* 280 B 4
Viazac *46* 261 G 3
Le Vibal *12* 281 E 2
Vibersviller *57* 67 F 3
Vibeuf *76* 19 H 4
Vibrac *16* 220 D 2
Vibrac *17* 220 B 5
Vibraye *72* 108 D 4
Vic *09* 335 G 4
Vic *36* 189 G 1
Vic *Roche de 19* 242 D 3
Vic-de-Chassenay *21* 158 C 1
Vic-des-Prés *21* 159 F 5
Vic-en-Bigorre *65* 315 E 3
Vic-Fezensac *32* 295 G 3
Vic-la-Gardiole *34* 323 F 3
Vic-le-Comte *63* 228 A 2
Vic-le-Fesq *30* 303 F 1
Vic-sous-Thil *21* 158 D 3
Vic-sur-Aisne *02* 39 H 2
Vic-sur-Cère *15* 244 D 4
Vic-sur-Seille *57* 66 D 4
Vicdessos *09* 336 A 5
Le Vicel *50* 29 G 3
Vichel *63* 228 A 4
Vichel-Nanteuil *02* 40 B 4
Vichères *28* 109 E 2
Vicherey *88* 94 B 4
Vichy *03* 210 B 2
Vico *2A* 348 C 1
La Vicogne *80* 12 D 5
La Vicomté-sur-Rance *22* 79 H 3
Vicq *03* 209 H 1
Vicq *52* 117 H 5
Vicq *59* 9 H 5
Vicq *78* 57 G 4
Vicq-d'Auribat *40* 293 F 2
Vicq-Exemplet *36* 189 H 1
Vicq-sur-Breuilh *87* 223 H 2
Vicq-sur-Gartempe *86* 170 A 5
Vicq-sur-Nahon *36* 171 G 1
Vicques *14* 54 A 2
Victoire *Abbaye de la 60* 39 E 4
Victot-Pontfol *14* 34 B 4
Vidai *61* 84 A 3
Vidaillac *46* 279 E 1
Vidaillat *23* 207 E 3
Vidauban *83* 329 E 1
Videcosville *50* 29 G 4
Videix *87* 204 C 5
Videlles *91* 87 H 4
Vidou *65* 315 G 4
Vidouville *50* 32 C 5
Vidouze *65* 314 D 2
Viefvillers *60* 22 A 5
Vieil-Armand *68* 120 D 5
Le Vieil-Baugé *49* 150 B 1
Le Vieil-Dampierre *51* 63 E 1
Le Vieil-Évreux *27* 56 C 1
Vieil-Hesdin *62* 7 E 5
Vieil-Moutier *62* 6 D 2
Vieille-Brioude *43* 246 B 1
Vieille-Chapelle *62* 8 A 3
Vieille-Église *62* 3 E 3
Vieille-Église-en-Yvelines *78* 57 G 5
La Vieille-Loye *39* 179 F 1
La Vieille-Lyre *27* 55 G 2
Vieille-Toulouse *31* 298 A 5
Vieilles-Maisons-
sur-Joudry *45* 134 B 2
Vieillespesse *15* 245 H 3
Vieillevie *15* 262 B 3
Vieillevigne *31* 318 B 3
Vieillevigne *44* 165 H 1
Vieilley *25* 162 A 2
Vieilmoulin *21* 159 F 3
Viel-Arcy *02* 40 D 2
Viel-Saint-Remy *08* 26 B 4
Viella *32* 294 D 4
Viella *65* 333 E 3
Vielle-Adour *65* 315 F 5
Vielle-Aure *65* 333 G 4
Vielle-Louron *65* 333 H 4
Vielle-Saint-Girons *40* 272 A 5
Vielle-Soubiran *40* 274 C 4
Vielle-Tursan *40* 294 A 3
Viellenave-d'Arthez *64* 314 A 2
Viellenave-
de-Navarrenx *64* 313 F 3
Viellenave-sur-Bidouze *64* 311 G 3
Vielleségure *64* 313 G 3
Vielmanay *58* 156 C 4
Vielmur-sur-Agout *81* 299 F 4
Vielprat *43* 265 G 1
Viels-Maisons *02* 60 C 3
Vielverge *21* 160 D 3
Viennay *79* 168 A 5
Vienne *38* 231 F 3
Vienne-en-Arthies *95* 57 F 1
Vienne-en-Bessin *14* 33 E 3
Vienne-en-Val *45* 133 G 3
Vienne-la-Ville *51* 43 E 4
Vienne-le-Château *51* 43 E 4
Viens *84* 306 B 1
Vienville *88* 120 A 2
Vier-Bordes *65* 332 D 2
Viersat *23* 190 B 5
Vierville *28* 87 E 4
Vierville *50* 32 A 2
Vierville-sur-Mer *14* 32 C 2
Vierzon *18* 154 C 4
Vierzy *02* 40 B 3
Viesly *59* 14 D 4
Viessoix *14* 52 D 3
Viéthorey *25* 162 D 1
Vieu *01* 214 D 4
Vieu-d'Izenave *01* 214 B 2
Vieugy *74* 215 G 4
Vieure *03* 191 F 2
Vieussan *34* 301 E 5
Vieuvicq *28* 109 G 2
Vieuvy *53* 81 H 3
Vieux *14* 33 G 5
Vieux *81* 279 E 5
Vieux-Berquin *59* 8 A 2
Vieux-Boucau-les-Bains *40* 292 B 2
Vieux-Bourg *14* 34 D 3
Le Vieux-Bourg *22* 77 H 3
Le Vieux-Cérier *16* 203 H 3
Vieux Chambord
Château du 03 192 C 4
Vieux-Champagne *77* 89 F 2
Vieux-Charmont *25* 142 C 4
Vieux-Château *21* 158 B 1
Le Vieux Château *85* 164 A 4
Vieux-Condé *59* 9 G 4
Vieux-Ferrette *68* 143 F 4
Vieux-Fumé *14* 54 A 1
Vieux-lès-Asfeld *08* 41 H 1
Vieux-Lixheim *57* 67 H 4
Vieux-Maisons *77* 60 B 5
Vieux-Manoir *76* 20 C 5
Le Vieux-Marché *22* 72 C 4
Vieux-Mareuil *24* 221 H 4
Vieux-Mesnil *59* 15 G 2
Vieux-Moulin *60* 39 G 2
Vieux-Moulin *88* 96 B 3
Vieux-Moulins *52* 139 G 2
Vieux-Pierrefeu *06* 289 H 5
Vieux-Pont *61* 53 H 5
Vieux-Pont-en-Auge *14* 54 B 1
Vieux-Port *27* 35 F 2
Vieux-Reng *59* 15 H 2
Vieux-Rouen-sur-Bresle *76* 21 F 2
La Vieux-Rue *76* 36 C 1
Vieux-Ruffec *16* 203 H 3
Vieux-Thann *68* 143 E 1
Vieux-Viel *35* 80 C 2
Vieux-Villez *27* 36 C 5
Vieux-Vy-sur-Couesnon *35* 80 C 4
Vieuzos *65* 315 H 4
Viévigne *21* 160 C 2
Viéville *52* 117 E 2
Viéville-en-Haye *54* 65 F 3
Viéville-sous-les-Côtes *55* 64 D 2
Viévy *21* 177 E 1
Viévy-le-Rayé *41* 132 A 2
Viey *65* 333 E 5
Vif *38* 250 D 3
Viffort *02* 60 C 2
Le Vigan *30* 282 D 5
Le Vigan *46* 260 B 2
Le Vigean *15* 244 B 2
Le Vigeant *86* 187 E 5
Le Vigen *87* 223 H 1
Vigeois *19* 224 B 5
Viger *65* 332 D 1
Vigeville *23* 207 G 1
Viggianello *2A* 350 D 2
Viglain *45* 133 H 4
Vignacourt *80* 12 C 5
Vignage *Rochers du 61* 83 G 3
Vignale *2B* 347 G 2
Vignats *14* 54 A 3
Le Vignau *40* 294 C 2
Vignaux *31* 297 F 4
Les Vigneaux *05* 252 C 5
Vignec *65* 333 G 4
Vignely *77* 59 F 2
Vignemont *60* 39 F 1
Les Vignères *84* 305 E 1
Les Vignes *48* 282 A 2
Vignes *64* 294 B 5
Vignes *89* 158 B 1
Vignes-la-Côte *52* 93 F 5
Vigneul-sous-Montmédy *55* 43 H 1
Vigneulles *54* 95 E 2
Vigneulles-
lès-Hattonchâtel *55* 64 D 2
Vigneux-de-Bretagne *44* 147 F 2
Vigneux-Hocquet *02* 25 G 3
Vigneux-sur-Seine *91* 58 C 5
Vignevieille *11* 338 A 2
Vignieu *38* 232 B 2
Vignoc *35* 80 A 5
Vignol *58* 157 G 3
Vignoles *21* 177 H 1
Vignolles *16* 220 D 3
Vignols *19* 223 H 5
Vignonet *33* 238 C 5
Vignory *52* 92 D 5
Vignot *55* 64 D 5
Vignoux-sous-les-Aix *18* 155 F 5
Vignoux-sur-Barangeon *18* 154 C 5
Vigny *57* 65 H 2
Vigny *95* 57 H 1
Vigoulant *36* 189 H 3
Vigoulet-Auzil *31* 318 A 2
Vigoux *36* 188 C 2
Vigueron *82* 297 E 1
Vigy *57* 46 B 5
Vihiers *49* 149 G 5
Vijon *36* 189 H 3
Vilbert *77* 59 G 5
Vilcey-sur-Trey *54* 65 F 3
Vildé-Guingalan *22* 79 F 4
Le Vilhain *03* 191 E 2
Vilhonneur *16* 221 H 1
Vilhosc *Prieuré de 04* 287 G 2
Villa-Algérienne *33* 254 A 2
Villabé *91* 88 A 2
Villabon *18* 173 G 1
Villac *24* 241 G 2
Villacerf *10* 90 D 4
Villacourt *54* 95 E 3
Villadin *10* 90 B 5
Villafans *70* 141 H 5
Village-Neuf *68* 143 H 3
Villaines-en-Duesmois *21* 138 A 4
Villaines-la-Carelle *72* 84 A 4
Villaines-la-Gonais *72* 108 C 3
Villaines-la-Juhel *53* 82 D 5
Villaines-les-Prévôtes *21* 137 H 5
Villaines-les-Rochers *37* 151 G 4
Villaines-sous-Bois *95* 58 C 1
Villaines-sous-Lucé *72* 130 C 2
Villaines-
sous-Malicorne *72* 129 F 3
Villainville *76* 18 D 4
Villalbe *11* 319 G 5
Villalet *27* 56 A 2
Villalier *11* 319 H 4
Villamblain *45* 110 B 5
Villamblard *24* 240 B 4
Villamée *35* 81 E 3
Villampuy *28* 110 B 4
Villandraut *33* 255 H 5
Villandry *37* 151 G 3
Villanière *11* 319 H 4
Villanova *2A* 348 B 3
Villapourçon *58* 176 A 2
Villar-d'Arêne *05* 252 A 3
Villar-en-Val *11* 338 A 1
Villar-Loubière *05* 251 H 5
Villar-Saint-Anselme *11* 337 G 2
Villar-Saint-Pancrace *05* 252 D 5
Villarceaux *Château de 95* 37 F 5
Villard *23* 189 E 4
Le Villard *48* 264 A 5
Villard *74* 198 A 5
Villard-Bonnot *38* 251 F 1
Villard-de-Lans *38* 250 C 3
Villard-d'Héry *73* 233 G 3
Villard-Léger *73* 233 H 3
Villard-Notre-Dame *38* 251 G 3
Villard-Reculas *38* 251 G 2
Villard-Reymond *38* 251 G 3
Villard-Saint-Christophe *38* 251 E 4
Villard-Saint-Sauveur *39* 197 E 3
Villard-Sallet *73* 233 G 3
Villard-sur-Bienne *39* 197 E 2
Villard-sur-Doron *73* 216 B 5
Villardebelle *11* 337 H 2
Villardonnel *11* 319 H 4
Villards-d'Héria *39* 196 D 3
Les Villards-sur-Thônes *74* 216 A 3
Villarembert *73* 252 A 1
Villargent *70* 141 H 5
Villargoix *21* 158 D 3
Villargondran *73* 234 A 5
Villariès *31* 298 A 3
Villarlurin *73* 234 C 3
Villarodin-Bourget *73* 252 D 1
Villaroger *73* 235 E 1
Villaroux *73* 233 G 3
Villars *24* 222 C 4
Villars *28* 110 B 2
Villars *42* 230 A 4
Le Villars *71* 195 F 2
Villars *84* 305 H 1
Villars *Grottes de 24* 222 D 4
Villars-Colmars *04* 288 D 2
Villars-en-Azois *52* 116 B 4
Villars-en-Pons *17* 219 G 2
Villars-et-Villenotte *21* 158 D 1
Villars-Fontaine *21* 159 H 5
Villars-le-Pautel *70* 118 C 5
Villars-le-Sec *90* 142 D 5
Villars-lès-Blamont *25* 163 G 2
Villars-les-Bois *17* 201 H 5
Villars-les-Dombes *01* 213 G 3
Villars-Saint-Georges *25* 161 G 5
Villars-Saint-Marcellin *52* 118 B 5
Villars-Santenoge *52* 139 E 3
Villars-sous-Dampjoux *25* 163 F 2
Villars-sous-Écot *25* 142 B 5
Villars-sur-Var *06* 289 H 5
Villarzel-Cabardès *11* 320 A 4
Villarzel-du-Razès *11* 337 G 1
Villasavary *11* 319 E 4
Villate *31* 317 H 2
Villaudric *31* 297 H 2
Villautou *11* 336 D 1
Villavard *41* 131 F 3
Villaz *74* 215 H 3
Ville *60* 23 G 5
Villé *67* 97 E 4
La Ville *69* 212 A 1
Ville-au-Montois *54* 45 E 2
Ville-au-Val *54* 65 G 4
La Ville-aux-Bois *10* 92 A 4
La Ville-aux-Bois-lès-Dizy *02* 25 G 4
La Ville-aux-Bois-
lès-Pontavert *02* 41 F 2
La Ville-aux-Clercs *41* 131 G 2
La Ville-aux-Dames *37* 152 A 2
La Ville-aux-Nonains *28* 85 F 2
Ville-d'Avray *92* 58 B 3
Ville-devant-Belrain *55* 64 B 4
Ville-devant-Chaumont *55* 44 B 4
Ville-di-Paraso *2B* 346 D 2
Ville-di-Pietrabugno *2B* 345 G 4
La Ville-Dieu-du-Temple *82* 277 G 5
Ville-Dommange *51* 41 F 4
La Ville-du-Bois *91* 58 B 5
Ville-du-Pont *25* 180 D 1
Ville-en-Blaisois *52* 92 C 3
Ville-en-Sallaz *74* 216 A 1
Ville-en-Selve *51* 41 G 5
Ville-en-Tardenois *51* 41 E 4
Ville-en-Vermois *54* 95 E 1
Ville-en-Woëvre *55* 64 D 1
La Ville-ès-Nonais *35* 79 H 3
Ville-Houdlémont *54* 44 D 1
Ville-Issey *55* 64 D 5
Ville-la-Grand *74* 197 H 5
Ville-Langy *58* 175 F 2
Ville-le-Marclet *80* 12 B 5
Ville-Saint-Jacques *77* 88 D 5
Ville-Savoye *02* 40 D 3
Ville-sous-Anjou *38* 231 F 5
Ville-sous-la-Ferté *10* 116 B 3
La Ville-sous-Orbais *51* 61 E 2
Ville-sur-Ancre *80* 23 E 1
Ville-sur-Arce *10* 115 G 3
Ville-sur-Cousances *55* 43 G 5
Ville-sur-Illon *88* 119 E 2
Ville-sur-Jarnioux *69* 212 C 3
Ville-sur-Lumes *08* 26 D 3
Ville-sur-Retourne *08* 42 B 2
Ville-sur-Saulx *55* 63 G 4
Ville-sur-Terre *10* 92 B 5
Ville-sur-Tourbe *51* 43 E 4
Ville-sur-Yron *54* 65 F 1
Villeau *28* 110 B 2
Villebadin *61* 54 C 4
Villebarou *41* 132 A 5
Villebaudon *50* 52 A 1
Villebazy *11* 337 H 2
Villebéon *77* 112 D 2
Villebernier *49* 150 C 4
Villeberny *21* 159 F 2
Villebichot *21* 160 A 5
Villeblevin *89* 89 E 5
Villebois *01* 214 B 4
Villebois-Lavalette *16* 221 G 3
Villebois-les-Pins *26* 286 D 1
Villebon *28* 85 G 4
Villebon-sur-Yvette *91* 58 B 5

Villebougis 89 113 F 2
Villebourg 37 130 C 4
Villebout 41 109 G 5
Villebramar 47 257 H 4
Villebret 03 190 D 5
Villebrumier 82 298 A 1
Villecelin 18 172 D 4
Villecerf 77 88 D 5
Villecey-sur-Mad 54 65 F 2
Villechantria 39 196 B 3
Villechauve 41 131 F 4
Villechenève 69 212 B 5
Villechétif 10 91 E 5
Villechétive 89 114 A 4
Villechien 50 81 G 2
Villecien 89 113 G 5
Villécloye 55 44 B 1
Villecomtal 12 262 D 4
Villecomtal-sur-Arros 32 315 F 3
Villecomte 21 160 A 1
Villeconin 91 87 F 3
Villecourt 80 23 G 3
Villecresnes 94 58 D 5
Villecroze 83 307 H 4
Villedaigne 11 320 D 5
Villedieu 15 245 G 4
La Villedieu 17 202 B 2
Villedieu 21 115 G 5
La Villedieu 23 225 E 1
Les Villedieu 25 180 C 4
La Villedieu 48 264 C 2
Villedieu 84 285 G 2
La Villedieu-du-Clain 86 186 C 3
La Villedieu-en-Fontenette 70 141 F 3
Villedieu-la-Blouère 49 148 C 5
Villedieu-le-Château 41 130 D 4
Villedieu-lès-Bailleul 61 54 B 3
Villedieu-les-Poêles 50 52 A 3
Villedieu-sur-Indre 36 171 G 3
Villedômain 37 171 E 1
Villedômer 37 152 B 1
Villedoux 17 183 G 5
Villedubert 11 319 H 5
Villefagnan 16 203 E 3
Villefargeau 89 136 A 3
Villefavard 87 205 G 1
Villeferry 21 159 E 2
Villefloure 11 337 H 1
Villefollet 79 202 C 1
Villefontaine 38 231 H 2
Villefort 11 337 E 3
Villefort 48 265 F 5
Villefranche 32 316 C 2
Villefranche-d'Albigeois 81 299 H 1
Villefranche-d'Allier 03 191 F 4
Villefranche-de-Conflent 66 342 A 3
Villefranche-de-Lauragais 31 318 C 3
Villefranche-de-Lonchat 24 239 E 4
Villefranche-de-Panat 12 281 E 4
Villefranche-de-Rouergue 12 279 F 1
Villefranche-du-Périgord 24 259 F 3
Villefranche-du-Queyran 47 275 F 2
Villefranche-le-Château 26 286 C 2
Villefranche-Saint-Phal 89 113 F 5
Villefranche-sur-Cher 41 153 H 4
Villefranche-sur-Mer 06 309 H 2
Villefranche-sur-Saône 69 212 D 3
Villefrancœur 41 131 H 4
Villefrancon 70 161 F 2
Villefranque 64 310 D 3
Villefranque 65 295 E 5
Villegagnon 77 60 A 5
Villegailhenc 11 319 H 4
Villegardin 89 113 E 3
Villegats 16 203 F 3
Villegats 27 56 D 2
Villegaudin 71 178 B 4
Villegenon 18 155 G 2
Villegly 11 320 A 4
Villegongis 36 171 G 3
Villegouge 33 238 B 4
Villegouin 36 171 E 2
Villegruis 77 89 H 2
Villegusien 52 139 G 3
Villehardouin 10 91 G 4
Villeherviers 41 154 A 3
Villejésus 16 203 E 4
Villejoubert 16 203 F 5
Villejuif 94 58 C 4
Villejust 91 58 B 5
Villelaure 84 306 A 3
Villeloin-Coulangé 37 152 D 5
Villelongue 65 332 D 2
Villelongue-d'Aude 11 337 F 2
Villelongue-de-la-Salanque 66 339 E 5
Villelongue-dels-Monts 66 343 E 4
Villeloup 10 90 C 5
Villemade 82 277 G 4
Villemagne 11 319 F 3
Villemagne-l'Argentière 34 301 F 4
Villemain 79 202 D 2
Villemandeur 45 112 C 5
Villemanoche 89 89 F 5
Villemardy 41 131 H 4
Villemaréchal 77 112 D 2
Villemareuil 77 59 G 2
Villematier 31 298 A 2
Villemaur-sur-Vanne 10 114 B 2
Villembits 65 315 G 4
Villembray 60 37 G 1
Villemer 77 88 C 5
Villemer 89 136 A 2
Villemereuil 10 115 E 2
Villemervry 52 139 E 4
Villemeux-sur-Eure 28 56 D 5
Villemoiríeu 38 231 H 1
Villemoiron-en-Othe 10 114 B 2
Villemoisan 49 148 D 1
Villemoisson-sur-Orge 91 58 C 5
Villemolaque 66 343 E 3
Villemomble 93 58 D 3
Villemontais 42 211 F 3
Villemontoire 02 40 B 3
Villemorien 10 115 F 4
Villemorin 17 202 B 3
Villemoron 52 139 F 4
Villemort 86 187 G 2
Villemotier 01 196 A 4
Villemoustaussou 11 319 H 4
Villemoutiers 45 112 A 5
Villemoyenne 10 115 F 3
Villemur 65 316 A 4
Villemur-sur-Tarn 31 298 A 2
Villemurlin 45 134 A 4
Villemus 04 306 C 1
Villenauxe-la-Grande 10 90 A 2
Villenauxe-la-Petite 77 89 G 4
Villenave 40 273 E 5
Villenave-de-Rions 33 256 B 2
Villenave-d'Ornon 33 255 G 1
Villenave-près-Béarn 65 314 D 3
Villenave-près-Marsac 65 315 E 3
Villenavotte 89 113 F 2
Villeneuve 01 213 E 2
Villeneuve 04 306 D 1
Villeneuve 09 335 E 3
Villeneuve 12 261 F 5
La Villeneuve 23 208 B 4
Villeneuve 33 237 F 3
La Villeneuve 71 178 B 2
La Villeneuve-au-Châtelot 10 90 A 3
Villeneuve-au-Chemin 10 114 C 4
La Villeneuve-au-Chêne 10 115 G 2
La Villeneuve-Bellenoye-et-la-Maize 70 141 F 3
Villeneuve-d'Allier 43 246 B 2
Villeneuve-d'Amont 25 180 A 2
Villeneuve-d'Ascq 59 9 E 2
Villeneuve-d'Aval 39 179 G 2
Villeneuve-de-Berg 07 266 C 4
Villeneuve-de-Duras 47 257 F 2
Villeneuve-de-la-Raho 66 343 F 2
Villeneuve-de-Marc 38 231 G 3
Villeneuve-de-Marsan 40 294 B 1
Villeneuve-de-Mézin 47 275 F 5
Villeneuve-de-Rivière 31 334 B 1
Villeneuve-d'Entraunes 06 289 E 3
Villeneuve-des-Escaldes 66 341 F 4
Villeneuve-d'Olmes 09 336 D 3
Villeneuve-du-Bosc 09 336 B 2
Villeneuve-du-Latou 09 317 H 5
Villeneuve-du-Paréage 09 336 B 1
La Villeneuve-en-Chevrie 78 57 E 1
Villeneuve-en-Montagne 71 177 F 4
Villeneuve-Frouville 41 132 A 3
Villeneuve-la-Comptal 11 318 D 4
Villeneuve-la-Comtesse 17 201 H 2
Villeneuve-la-Dondagre 89 113 F 3
Villeneuve-la-Garenne 92 58 C 2
Villeneuve-la-Guyard 89 89 E 5
Villeneuve-la-Lionne 51 60 C 4
Villeneuve-la-Rivière 66 343 E 2
Villeneuve-la-Salle 05 252 C 4
Villeneuve-l'Archevêque 89 114 A 2
Villeneuve-le-Comte 77 59 F 4
Villeneuve-le-Roi 94 58 C 5
Villeneuve-Lécussan 31 316 A 5
Villeneuve-Lembron 63 227 H 4
Villeneuve-lès-Avignon 30 285 E 5
Villeneuve-lès-Béziers 34 321 G 4
Villeneuve-les-Bordes 77 89 E 3
Villeneuve-lès-Bouloc 31 297 H 3
Villeneuve-les-Cerfs 63 210 A 3
La Villeneuve-lès-Charleville 51 61 E 4
Villeneuve-lès-Charnod 39 196 B 4
La Villeneuve-les-Convers 21 138 B 5
Villeneuve-les-Corbières 11 338 C 3
Villeneuve-les-Genêts 89 135 F 4
Villeneuve-lès-Lavaur 81 298 C 5
Villeneuve-lès-Maguelone 34 302 D 5
Villeneuve-lès-Montréal 11 319 F 5
Villeneuve-les-Sablons 60 38 A 4
Villeneuve-Loubet 06 309 F 3
Villeneuve-Loubet-Plage 06 309 G 3
Villeneuve-Minervois 11 320 A 4
Villeneuve-Renneville-Chevigny 51 61 G 2
Villeneuve-Saint-Denis 77 59 F 4
Villeneuve-Saint-Georges 94 58 D 5
Villeneuve-Saint-Germain 02 40 B 2
Villeneuve-Saint-Nicolas 28 86 B 5
Villeneuve-Saint-Salves 89 136 C 2
Villeneuve-Saint-Vistre-et-Villevotte 51 90 B 2
Villeneuve-sous-Charigny 21 158 D 2
Villeneuve-sous-Dammartin 77 59 E 1
Villeneuve-sous-Pymont 39 179 E 5
La Villeneuve-sous-Thury 60 39 H 5
Villeneuve-sur-Allier 03 192 A 1
Villeneuve-sur-Auvers 91 87 G 3
Villeneuve-sur-Bellot 77 60 B 3
Villeneuve-sur-Cher 18 172 D 2
Villeneuve-sur-Conie 45 110 C 4
Villeneuve-sur-Fère 02 40 C 5
Villeneuve-sur-Lot 47 258 C 5
Villeneuve-sur-Tarn 81 300 A 1
Villeneuve-sur-Verberie 60 39 E 4
Villeneuve-sur-Vère 81 279 F 5
La Villeneuve-sur-Vingeanne 21 139 H 5
Villeneuve-sur-Yonne 89 113 G 4
Villeneuve-Tolosane 31 297 H 5
Villeneuvette 34 301 H 4
Villennes-sur-Seine 78 57 H 2
Villenouvelle 17 201 H 2
Villenouvelle 31 318 B 2
Villenoy 77 59 G 2
Villentrois 36 153 F 5
Villeny 41 132 D 5
Villepail 53 82 D 4
Villeparisis 77 59 E 2
Villeparois 70 141 F 4
Villeperdrix 26 268 A 5
Villeperdue 37 151 H 4
Villeperrot 89 113 F 2
Villepinte 11 319 F 4
Villepinte 93 58 D 2
Villeporcher 41 131 G 5
Villepot 44 127 F 3
Villepreux 78 57 H 3
Villequier 76 35 G 1
Villequier-Aumont 02 24 A 4
Villequiers 18 173 H 1
Viller 57 66 D 2
Villerable 41 131 G 3
Villerbon 41 132 A 4
Villeréal 47 258 C 3
Villereau 45 111 E 4
Villereau 59 15 E 3
Villerest 42 211 G 3
Villeret 02 24 A 1
Villeret 10 91 H 3
Villereversure 01 196 A 5
Villermain 41 132 C 2
Villeromain 41 131 H 4
Villeron 95 58 D 1
Villerouge-la-Crémade 11 338 C 1
Villerouge-Termenès 11 338 B 2
Villeroy 77 59 F 2
Villeroy 80 11 F 5
Villeroy 89 113 F 3
Villeroy-sur-Méholle 55 93 H 1
Villers 42 211 H 1
Villers 88 94 D 5
Villers-Agron-Aiguizy 02 41 E 5
Villers-Allerand 51 41 G 5
Villers-au-Bois 62 8 A 5
Villers-au-Flos 62 13 H 5
Villers-au-Tertre 59 14 B 2
Villers-aux-Bois 51 61 F 2
Villers-aux-Érables 80 22 D 3
Villers-aux-Nœuds 51 41 G 4
Villers-aux-Vents 55 63 F 3
Villers-Bocage 14 33 E 5
Villers-Bocage 80 12 D 5
Villers-Bouton 70 161 H 1
Villers-Bretonneux 80 22 D 2
Villers-Brûlin 62 7 H 5
Villers-Buzon 25 161 G 4
Villers-Campsart 80 21 G 2
Villers-Canivet 14 53 H 2
Villers-Carbonnel 80 23 G 2
Villers-Cernay 08 27 F 3
Villers-Châtel 62 8 A 5
Villers-Chemin-et-Mont-lès-Étrelles 70 161 G 1
Villers-Chief 25 162 D 4
Villers-Cotterêts 02 39 H 4
Villers-devant-Dun 55 43 G 2
Villers-devant-le-Thour 08 41 G 1
Villers-devant-Mouzon 08 27 F 4
Villers-Écalles 76 19 H 5
Villers-en-Argonne 51 63 F 1
Villers-en-Arthies 95 57 F 1
Villers-en-Cauchies 59 14 C 3
Villers-en-Haye 54 65 G 4
Villers-en-Ouche 61 55 E 3
Villers-en-Prayères 02 40 D 2
Villers-en-Vexin 27 37 E 4
Villers-Farlay 39 179 G 1
Villers-Faucon 80 23 H 1
Villers-Franqueux 51 41 F 3
Villers-Grélot 25 162 B 2
Villers-Guislain 59 14 B 5
Villers-Hélon 02 40 A 4
Villers-la-Chèvre 54 44 D 1
Villers-la-Combe 25 162 D 3
Villers-la-Faye 21 159 H 5
Villers-la-Montagne 54 45 E 2
Villers-la-Ville 70 141 H 5
Villers-le-Château 51 62 A 2
Villers-le-Lac 25 163 F 5
Villers-le-Rond 54 44 C 2
Villers-le-Sec 02 24 C 3
Villers-le-Sec 51 63 E 3
Villers-le-Sec 55 93 F 1
Villers-le-Sec 70 141 F 4
Villers-le-Tilleul 08 26 D 4
Villers-le-Tourneur 08 26 C 4
Villers-les-Bois 39 179 E 2
Villers-lès-Cagnicourt 62 14 A 3
Villers-lès-Guise 02 24 D 1
Villers-lès-Luxeuil 70 141 F 2
Villers-lès-Mangiennes 55 44 C 3
Villers-lès-Moivrons 54 65 H 4
Villers-lès-Nancy 54 94 D 1
Villers-les-Ormes 36 171 G 3
Villers-les-Pots 21 160 D 4
Villers-lès-Roye 80 23 F 4
Villers-l'Hôpital 62 12 C 3
Villers-Marmery 51 41 H 5
Villers-Outréaux 59 14 C 5
Villers-Pater 70 162 B 1
Villers-Patras 21 115 H 5
Villers-Plouich 59 14 A 5
Villers-Pol 59 15 E 2
Villers-Robert 39 179 E 2
Villers-Rotin 21 160 D 5
Villers-Saint-Barthélemy 60 37 H 2
Villers-Saint-Christophe 02 23 H 3
Villers-Saint-Frambourg 60 39 E 4
Villers-Saint-Genest 60 39 G 5
Villers-Saint-Martin 25 162 D 2
Villers-Saint-Paul 60 38 D 3
Villers-Saint-Sépulcre 60 38 B 3
Villers-Semeuse 08 26 D 3
Villers-Sir-Simon 62 13 E 2
Villers-Sire-Nicole 59 15 H 2
Villers-sous-Ailly 80 11 H 4
Villers-sous-Chalamont 25 180 A 2
Villers-sous-Châtillon 51 41 E 5
Villers-sous-Foucarmont 76 21 E 2
Villers-sous-Montrond 25 162 A 5
Villers-sous-Pareid 55 65 E 1
Villers-sous-Prény 54 65 G 3
Villers-sous-Saint-Leu 60 38 C 4
Villers-Stoncourt 57 66 C 1
Villers-sur-Auchy 60 37 G 1
Villers-sur-Authie 80 11 F 1
Villers-sur-Bar 08 27 E 4
Villers-sur-Bonnières 60 37 H 1
Villers-sur-Coudun 60 39 F 1
Villers-sur-Fère 02 40 C 4
Villers-sur-le-Mont 08 26 D 4
Villers-sur-le-Roule 27 36 C 4
Villers-sur-Mer 14 34 B 3
Villers-sur-Meuse 55 64 B 2
Villers-sur-Nied 57 66 D 3
Villers-sur-Port 70 141 E 3
Villers-sur-Saulnot 70 142 A 4
Villers-sur-Trie 60 37 G 3
Villers-Tournelle 80 22 D 4
Villers-Vaudey 70 140 B 4
Villers-Vermont 60 21 F 5
Villers-Vicomte 60 22 B 4
Villerserine 39 179 F 3
Villersexel 70 141 H 5
Villerupt 54 45 F 2
Villerville 14 34 C 2
Villery 10 114 D 3
Villes 01 214 D 1
Villes-sur-Auzon 84 286 A 4
Villesalem *Ancien Prieuré de 86* 187 G 2
Villeselve 60 23 H 4
Villeseneux 51 61 H 3
Villesèque 46 277 H 1
Villesèque-des-Corbières 11 338 D 2
Villesèquelande 11 319 G 5
Villesiscle 11 319 F 5
Villespassans 34 320 D 3
Villespy 11 319 F 4
Villetaneuse 93 58 C 2
La Villetelle 23 208 B 4
Villetelle 34 303 F 3
Villethierry 89 113 E 2
Villeton 47 275 F 1
Villetoureix 24 239 G 1
Villetritouls 11 338 A 1
Villetrun 41 131 H 3
La Villette 14 53 F 2
Villette 54 44 C 2
Villette 73 234 C 2
Villette 78 57 F 2
Villette-d'Anthon 38 213 G 5
Villette-de-Vienne 38 231 F 2
Villette-lès-Arbois 39 179 G 2
Villette-lès-Dole 39 179 E 1
Villette-sur-Ain 01 213 H 3
Villette-sur-Aube 10 91 E 3
Villettes 27 36 A 5
Les Villettes 43 247 H 1
Villeurbanne 69 213 F 5
Villevallier 89 113 G 4
Villevaudé 77 59 E 2
Villevenard 51 61 E 3
Villevêque 49 128 D 5
Villeveyrac 34 322 D 3
Villevieille 04 289 E 5
Villevieille 30 303 F 2
Villevieux 39 179 E 4
Villevocance 07 248 C 1
Villevoques 45 112 B 4
Villexanton 41 132 B 4
Villexavier 17 219 H 5
Le Villey 39 179 E 3
Villey-le-Sec 54 94 C 1
Villey-Saint-Étienne 54 65 G 5
Villey-sur-Tille 21 139 F 5
Villez-sous-Bailleul 27 36 D 5
Villez-sur-le-Neubourg 27 35 H 5
Villié-Morgon 69 212 D 1
Villiers 36 170 D 3
Villiers 86 168 D 5
Villiers-Adam 95 58 B 1
Villiers-au-Bouin 37 130 A 5
Villiers-aux-Bois 52 92 C 2
Villiers-aux-Chênes 52 92 C 4
Villiers-aux-Corneilles 51 90 B 2
Villiers-Charlemagne 53 106 A 5
Villiers-Couture 17 202 C 3
Villiers-en-Bière 77 88 B 3
Villiers-en-Bois 79 202 B 1
Villiers-en-Désœuvre 27 56 D 2
Villiers-en-Lieu 52 63 F 5
Villiers-en-Morvan 21 158 C 5
Villiers-en-Plaine 79 184 D 3
Villiers-Fossard 50 32 B 4
Villiers-Herbisse 10 61 H 5
Villiers-le-Bâcle 91 58 A 5
Villiers-le-Bel 95 58 C 1
Villiers-le-Bois 10 115 F 5
Villiers-le-Duc 21 138 B 2
Villiers-le-Mahieu 78 57 G 3
Villiers-le-Morhier 28 86 B 2
Villiers-le-Pré 50 80 D 2
Villiers-le-Roux 16 203 E 2
Villiers-le-Sec 14 33 F 3
Villiers-le-Sec 52 116 D 3
Villiers-le-Sec 58 157 E 3
Villiers-le-Sec 95 58 C 1
Villiers-lès-Aprey 52 139 F 3
Villiers-les-Hauts 89 137 F 4
Villiers-Louis 89 113 H 3
Villiers-Saint-Benoît 89 135 G 3
Villiers-Saint-Denis 02 60 B 2
Villiers-Saint-Fréderic 78 57 G 4
Villiers-Saint-Georges 77 60 C 5
Villiers-Saint-Orien 28 110 A 3
Villiers-sous-Grez 77 88 B 5
Villiers-sous-Mortagne 61 84 C 3
Villiers-sous-Praslin 10 115 F 4
Villiers-sur-Chizé 79 202 B 2
Villiers-sur-Loir 41 131 G 3
Villiers-sur-Marne 52 93 E 5
Villiers-sur-Marne 94 58 D 4
Villiers-sur-Morin 77 59 G 3
Villiers-sur-Orge 91 58 B 5
Villiers-sur-Seine 77 89 G 4
Villiers-sur-Suize 52 117 E 5
Villiers-sur-Tholon 89 135 H 2
Villiers-sur-Yonne 58 157 F 2
Villiers-Vineux 89 114 C 5
Villiersfaux 41 131 G 3
Villieu-Loyes-Mollon 01 213 H 3
Villing 57 46 D 4
Villognon 16 203 E 4
Villon 89 137 G 2
Villoncourt 88 95 G 5
Villons-les-Buissons 14 33 G 4
Villorceau 45 132 C 3
Villosanges 63 208 D 4
Villotran 60 37 H 3
Villotte 88 118 A 3
La Villotte 89 135 H 3
Villotte-devant-Louppy 55 63 G 2
Villotte-Saint-Seine 21 159 G 2
Villotte-sur-Aire 55 64 B 4
Villotte-sur-Ource 21 138 B 2
Villouxel 88 93 H 4
Villuis 77 89 G 4
Vily 08 27 H 5
Villy 89 136 C 2
Villy-Bocage 14 33 E 5
Villy-en-Auxois 21 159 F 2
Villy-en-Trodes 10 115 G 2
Villy-le-Bois 10 115 E 3
Villy-le-Bouveret 74 215 G 2
Villy-le-Maréchal 10 115 E 2
Villy-le-Moutier 21 178 A 1
Villy-le-Pelloux 74 215 G 2
Villy-lez-Falaise 14 54 A 2
Villy-sur-Yères 76 10 D 5
Vilory 70 141 F 3
Vilosnes 55 43 H 2
Vilsberg 57 68 A 4
Vimarcé 53 107 E 2
Vimenet 12 281 F 1
Viménil 88 95 H 5
Vimines 73 233 E 2
Vimont 14 33 H 5
Vimory 45 112 B 5
Vimoutiers 61 54 C 2
Vimpelles 77 89 F 4
Vimy 62 8 B 5
Vinaigre *Mont 83* 308 D 5
Vinantes 77 59 F 1
Vinassan 11 321 F 5
Vinax 17 202 C 2
Vinay 38 250 B 1
Vinay 51 61 F 1
Vinça 66 342 B 2
Vincelles 39 196 B 1
Vincelles 51 40 D 5
Vincelles 71 178 C 5
Vincelles 89 136 B 4
Vincelottes 89 136 C 4
Vincennes 94 58 C 3
Vincent 39 179 E 4
Vincey 88 95 E 4
Vincly 62 7 F 3
Vincy-Manœuvre 77 59 G 1
Vincy-Reuil-et-Magny 02 25 G 4
Vindecy 71 193 G 4
Vindefontaine 50 31 G 2
Vindelle 16 221 E 1
Vindey 51 61 E 5
Vindrac-Alayrac 81 279 E 4
Vinets 10 91 F 3
Vineuil 36 171 G 3
Vineuil 41 132 B 5
Vineuil-Saint-Firmin 60 38 D 4
La Vineuse 71 194 C 2
Vinezac 07 266 B 4
Vingrau 66 338 C 4
Vingt-Hanaps 61 83 H 3
Vinnemerville 76 19 F 2

Vinneuf 89 ... 89 F 5
Vinon 18 ... 155 H 4
Vinon-sur-Verdon 83 ... 306 D 3
Vins-sur-Caramy 83 ... 328 C 1
Vinsobres 26 ... 285 G 1
Le Vintrou 81 ... 300 A 5
Vinzelles 63 ... 210 B 4
Vinzelles 71 ... 194 D 5
Vinzier 74 ... 198 C 3
Vinzieux 07 ... 230 D 5
Viocourt 88 ... 94 B 4
Viodos-Abense-de-Bas 64 ... 313 F 4
Violaines 62 ... 8 B 3
Violay 42 ... 212 A 4
Violès 84 ... 285 G 3
Violot 52 ... 139 H 3
Viols-en-Laval 34 ... 302 C 3
Viols-le-Fort 34 ... 302 C 3
Vioménil 88 ... 118 D 3
Vion 07 ... 249 E 2
Vion 72 ... 129 E 2
Vions 73 ... 215 E 4
Vionville 57 ... 65 F 1
Viozan 32 ... 316 A 3
Viplaix 03 ... 190 B 3
Vira 09 ... 336 C 2
Vira 66 ... 337 H 5
Virac 81 ... 279 F 5
Virandeville 50 ... 28 D 3
Virargues 15 ... 245 F 3
Virazeil 47 ... 257 F 4
Vire 14 ... 52 C 3
Viré 71 ... 195 E 3
Viré-en-Champagne 72 ... 106 D 5
Vire-sur-Lot 46 ... 259 F 5
Vireaux 89 ... 137 F 3
Virecourt 54 ... 95 E 3
Virelade 33 ... 255 H 2
Viremont 39 ... 196 C 3
Vireux-Molhain 08 ... 17 E 4
Vireux-Wallerand 08 ... 17 E 4
Virey 50 ... 81 F 2
Virey 70 ... 161 G 2
Virey-le-Grand 71 ... 177 H 3
Virey-sous-Bar 10 ... 115 F 3
Virginy 51 ... 42 D 4
Viriat 01 ... 195 H 5
Viricelles 42 ... 230 B 2
Virieu 38 ... 232 B 3
Virieu-le-Grand 01 ... 214 C 4
Virieu-le-Petit 01 ... 214 D 3
Virigneux 42 ... 230 A 1
Virignin 01 ... 214 D 5
Viriville 38 ... 231 H 5
Virlet 63 ... 209 E 1
Virming 57 ... 67 E 2
Viroflay 78 ... 58 B 4
Virollet 17 ... 219 F 2
Vironchaux 80 ... 11 G 1
Vironvay 27 ... 36 C 4
Virsac 33 ... 237 H 3
Virson 17 ... 201 E 1
Virville 76 ... 18 D 5
Viry 39 ... 196 D 4
Viry 71 ... 194 A 2
Viry 74 ... 215 F 1
Viry-Châtillon 91 ... 58 C 5
Viry-Noureuil 02 ... 24 A 5
Vis-en-Artois 62 ... 13 H 3
Visan 84 ... 285 G 1
Viscomtat 63 ... 210 D 5
Viscos 65 ... 332 D 3
Le Viseney 39 ... 179 F 3
Viserny 21 ... 137 G 5
Visker 65 ... 315 E 5
Vismes-au-Val 80 ... 11 F 4
Visoncourt 70 ... 141 G 3
Vissac-Auteyrac 43 ... 246 D 3
Vissec 30 ... 302 A 1
Vissec *Cirque de* 30 ... 302 A 1
Visseiche 35 ... 105 E 5
Viterbe 81 ... 298 D 4
Viterne 54 ... 94 C 2
Vitot 27 ... 35 H 5
Vitrac 15 ... 262 B 1
Vitrac 24 ... 259 G 1
Vitrac 63 ... 209 F 3
Vitrac-en-Viadène 12 ... 263 F 1
Vitrac-Saint-Vincent 16 ... 203 H 5
Vitrac-sur-Montane 19 ... 225 F 5
Vitrai-sous-l'Aigle 61 ... 55 G 5
Vitray 03 ... 190 D 1
Vitray-en-Beauce 28 ... 110 A 2
Vitray-sous-Brézolles 28 ... 56 B 5
Vitré 35 ... 105 E 3
Vitré 79 ... 185 F 4
Vitreux 39 ... 161 F 4
Vitrey 54 ... 94 C 3
Vitrey-sur-Mance 70 ... 140 B 2
Vitrimont 54 ... 95 F 1
Vitrolles 05 ... 269 G 5
Vitrolles 13 ... 326 C 1
Vitrolles-en-Lubéron 84 ... 306 B 2
Vitry-aux-Loges 45 ... 111 G 5
Vitry-en-Artois 62 ... 13 H 2
Vitry-en-Charollais 71 ... 193 G 3
Vitry-en-Montagne 52 ... 139 E 2
Vitry-en-Perthois 51 ... 62 D 4
Vitry-la-Ville 51 ... 62 B 3
Vitry-Laché 58 ... 157 F 4
Vitry-le-Croisé 10 ... 115 H 3
Vitry-le-François 51 ... 62 C 4
Vitry-lès-Cluny 71 ... 194 C 2
Vitry-lès-Nogent 52 ... 117 F 4
Vitry-sur-Loire 71 ... 175 G 5
Vitry-sur-Orne 57 ... 45 G 4
Vitry-sur-Seine 94 ... 58 C 4
Vittarville 55 ... 44 B 3
Vitteaux 21 ... 159 E 2
Vittefleur 76 ... 19 F 2
Vittel 88 ... 118 C 2
Vittersbourg 57 ... 67 F 2
Vittoncourt 57 ... 66 C 2
Vittonville 54 ... 65 G 2
Vitz-sur-Authie 80 ... 12 B 3
Viuz-en-Sallaz 74 ... 198 A 5
Viuz-la-Chiésaz 74 ... 215 G 4
Vivaise 02 ... 24 D 5
Vivans 42 ... 211 F 1
Vivario 2B ... 349 E 1
Viven 64 ... 314 B 2
Viverols 63 ... 229 F 4
Vivès 66 ... 342 D 4
Vivey 52 ... 139 E 3
Le Vivier 66 ... 338 A 5
Vivier-au-Court 08 ... 27 E 3
Le Vivier-sur-Mer 35 ... 50 D 5
Vivières 02 ... 39 H 3
Viviers 07 ... 266 D 5
Viviers 57 ... 66 C 3
Viviers 89 ... 137 E 3
Viviers-du-Lac 73 ... 233 F 1
Viviers-le-Gras 88 ... 118 C 3
Viviers-lès-Lavaur 81 ... 298 C 4
Viviers-lès-Montagnes 81 ... 299 F 5
Viviers-lès-Offroicourt 88 ... 94 C 5
Viviers-sur-Artaut 10 ... 115 H 3
Viviers-sur-Chiers 54 ... 44 D 2
Viviès 09 ... 336 C 2
Viviez 12 ... 261 H 4
Viville 16 ... 221 F 1
Vivoin 72 ... 107 G 2
Vivonne 86 ... 186 B 3
Vivy 49 ... 150 C 3
Vix 21 ... 138 A 2
Vix 85 ... 183 H 3
Vizille 38 ... 251 E 3
Vizos 65 ... 333 E 3
Vizzavona 2B ... 349 E 1
Vizzavona *Col de* 2B ... 349 E 1
Vocance 07 ... 248 C 2
Vodable 63 ... 227 H 3
Vœgtlinshofen 68 ... 121 E 3
Vœlfling-lès-Bouzonville 57 ... 46 D 3
Vœllerdingen 67 ... 67 H 2
Vœuil-et-Giget 16 ... 221 F 2
Vogelgrun 68 ... 121 G 3
Voglans 73 ... 233 E 1
Vogüé 07 ... 266 B 4
Voharies 02 ... 25 E 3
Void 55 ... 93 H 1
Le Voide 49 ... 149 G 5
Voigny 10 ... 116 B 2
Voile de la Mariée
Cascade du 05 ... 252 A 5
Voile de la Mariée
Cascade du 2A ... 349 E 2
Voilemont 51 ... 63 E 1
Voillans 25 ... 162 C 2
Voillecomte 52 ... 92 B 3
Voimhaut 57 ... 66 C 2
Voinémont 54 ... 94 D 2
Voingt 63 ... 208 C 5
Voinsles 77 ... 59 H 5
Voipreux 51 ... 61 G 2
Voires 25 ... 162 B 5
Voiron 38 ... 232 C 4
Voiscreville 27 ... 35 G 3
Voise 28 ... 86 C 4
Voisenon 77 ... 88 B 2
Voisey 52 ... 118 A 5
Voisines 52 ... 139 F 2
Voisines 89 ... 113 H 2
Voisins-le-Bretonneux 78 ... 58 A 4
Voissant 38 ... 232 D 3
Voissay 17 ... 201 G 3
Voiteur 39 ... 179 F 4
La Voivre 70 ... 141 H 2
La Voivre 88 ... 96 B 4
Les Voivres 88 ... 119 E 4
Voivres-lès-le-Mans 72 ... 107 G 5
Volckerinckhove 59 ... 3 G 4
Volesvres 71 ... 193 H 3
Volgelsheim 68 ... 121 G 3
Volgré 89 ... 135 H 2
Volksberg 67 ... 68 A 2
Vollore-Montagne 63 ... 210 D 5
Vollore-Ville 63 ... 210 D 5
Volmerange-lès-Boulay 57 ... 46 C 5
Volmerange-les-Mines 57 ... 45 G 2
Volmunster 57 ... 48 B 5
Volnay 21 ... 177 G 2
Volnay 72 ... 108 B 5
Volon 70 ... 140 B 4
Volonne 04 ... 287 G 3
Volpajola 2B ... 347 G 2
Volstroff 57 ... 45 H 3
Volvent 26 ... 268 B 4
Volvic 63 ... 209 G 4
Volx 04 ... 306 D 1
Vomécourt 88 ... 95 G 4
Vomécourt-sur-Madon 88 ... 94 D 4
Voncourt 52 ... 140 B 3
Voncq 08 ... 42 D 1
Vonges 21 ... 160 D 3
Vongnes 01 ... 214 D 4
Vongy 74 ... 198 B 3
Vonnas 01 ... 195 F 5
Voray-sur-l'Ognon 70 ... 162 A 2
Voreppe 38 ... 232 D 5
Vorey 43 ... 247 F 2
Vorges 02 ... 40 D 1
Vorges-les-Pins 25 ... 161 H 4
Vorly 18 ... 173 F 2
Vornay 18 ... 173 G 2
Vors 12 ... 280 C 2
Vosbles 39 ... 196 B 4
Vosne-Romanée 21 ... 160 A 5
Vosnon 10 ... 114 C 3
Vou 37 ... 170 B 1
Vouarces 51 ... 90 C 2
Vouciennes 51 ... 62 B 3
Voudenay 21 ... 176 D 1
Voué 10 ... 91 E 3
Vouécourt 52 ... 93 E 5
Vouël 02 ... 24 B 4
Vougécourt 70 ... 118 C 5
Vougeot 21 ... 160 A 5
Vouglans 39 ... 196 C 3
Vouglans
Barrage et lac de 39 ... 196 C 3
Vougrey 10 ... 115 F 4
Vougy 42 ... 211 H 2
Vougy 74 ... 216 B 1
Vouharte 16 ... 203 E 5
Vouhé 17 ... 201 E 1
Vouhé 79 ... 185 F 2
Vouhenans 70 ... 141 H 4
Vouillé 79 ... 185 E 4
Vouillé 86 ... 186 A 1
Vouillé-les-Marais 85 ... 183 G 3
Vouillers 51 ... 63 E 5
Vouillon 36 ... 172 B 4
Vouilly 14 ... 32 B 3
Voujeaucourt 25 ... 142 B 5
Voulaines-les-Templiers 21 ... 138 C 2
Voulangis 77 ... 59 G 3
Voulême 86 ... 203 F 2
Voulgézac 16 ... 221 E 3
Voulon 86 ... 186 B 4
Voulpaix 02 ... 25 E 2
La Voulte-sur-Rhône 07 ... 267 E 1
Voultegon 79 ... 167 G 2
Voulton 77 ... 89 G 2
Voulx 77 ... 112 D 2
Vouneuil-sous-Biard 86 ... 186 B 1
Vouneuil-sur-Vienne 86 ... 169 G 5
Vourey 38 ... 232 C 5
Vourles 69 ... 231 E 1
Voussac 03 ... 191 G 4
Voutenay-sur-Cure 89 ... 136 D 5
Voutezac 19 ... 242 B 1
Vouthon 16 ... 221 H 1
Vouthon-Bas 55 ... 93 H 3
Vouthon-Haut 55 ... 93 H 3
Voutré 53 ... 106 D 3
Vouvant 85 ... 184 B 1
Vouvray 01 ... 214 D 1
Vouvray 37 ... 152 A 2
Vouvray-sur-Huisne 72 ... 108 B 4
Vouvray-sur-Loir 72 ... 130 C 4
Vouxey 88 ... 94 B 4
Vouzailles 86 ... 168 D 5
Vouzan 16 ... 221 G 2
Vouzeron 18 ... 154 D 4
Vouziers 08 ... 42 D 2
Vouzon 41 ... 133 G 5
Vouzy 51 ... 61 H 2
La Vove *Manoir de* 61 ... 84 C 4
Voves 28 ... 110 B 2
Vovray-en-Bornes 74 ... 215 G 1
Voyenne 02 ... 25 E 3
Voyennes 80 ... 23 G 3
Voyer 57 ... 67 H 5
La Vraie-Croix 56 ... 124 D 3
Vraignes-en-Vermandois 80 ... 23 H 2
Vraignes-lès-Hornoy 80 ... 21 H 2
Vraincourt 52 ... 116 D 2
Vraiville 27 ... 36 A 4
Vrasville 50 ... 29 G 2
Vraux 51 ... 62 A 1
Vrécourt 88 ... 118 A 2
Vred 59 ... 9 E 5
Vregille 70 ... 161 H 3
Vregny 02 ... 40 C 2
Vrély 80 ... 23 E 3
Le Vrétot 50 ... 28 D 5
Vriange 39 ... 161 E 4
Vrigne-aux-Bois 08 ... 27 E 3
Vrigne-Meuse 08 ... 27 E 3
Vrigny 45 ... 111 G 4
Vrigny 51 ... 41 F 4
Vrigny 61 ... 54 A 5
La Vrine 25 ... 180 C 1
Vritz 44 ... 127 G 5
Vrizy 08 ... 42 D 2
Vrocourt 60 ... 37 G 1
Vroil 51 ... 63 F 3
Vron 80 ... 11 G 1
Vroncourt 54 ... 94 C 3
Vroncourt-la-Côte 52 ... 117 G 3
Vroville 88 ... 94 D 5
Vry 57 ... 46 B 5
Vue 44 ... 147 E 4
Vuillafans 25 ... 162 B 5
Vuillecin 25 ... 180 C 2
Vuillery 02 ... 40 B 2
Vulaines 10 ... 114 A 2
Vulaines-lès-Provins 77 ... 89 F 2
Vulaines-sur-Seine 77 ... 88 C 4
Vulbens 74 ... 215 F 1
Vulmont 57 ... 66 B 3
Vulvoz 39 ... 196 D 4
Vy-le-Ferroux 70 ... 140 D 5
Vy-lès-Filain 70 ... 141 F 5
Vy-lès-Lure 70 ... 141 H 4
Vy-lès-Rupt 70 ... 140 C 4
Vyans-le-Val 70 ... 142 B 4
Vyt-lès-Belvoir 25 ... 163 E 2

W

Waben 62 ... 6 B 5
Wackenbach 67 ... 96 D 2
Wacquemoulin 60 ... 39 E 1
Wacquinghen 62 ... 2 B 5
Wadelincourt 08 ... 27 F 4
Wadimont 08 ... 25 H 4
Wadonville-en-Woëvre 55 ... 64 D 1
Wagnon 08 ... 26 B 4
Wahagnies 59 ... 8 D 4
Wahlbach 68 ... 143 F 3
Wahlenheim 67 ... 68 D 4
Wail 62 ... 12 B 2
Wailly 62 ... 13 G 3
Wailly 80 ... 22 A 3
Wailly-Beaucamp 62 ... 6 B 5
Walbach 68 ... 120 D 3
Walbourg 67 ... 69 E 2
La Walck 67 ... 68 C 3
Waldersbach 67 ... 96 D 3
Waldhambach 67 ... 67 H 2
Waldhouse 57 ... 48 C 5
Waldighofen 68 ... 143 F 3
Waldolwisheim 67 ... 68 B 4
Waldweistroff 57 ... 46 C 3
Waldwisse 57 ... 46 C 2
Walheim 68 ... 143 F 3
Walibi Rhône-Alpes
Parc d'attractions 38 ... 232 C 2
Walibi-Schtroumpf 57 ... 45 H 4
Walincourt 59 ... 14 C 5
Wallers 59 ... 9 F 5
Wallers-Trélon 59 ... 16 A 5
Wallon-Cappel 59 ... 3 H 5
Walschbronn 57 ... 48 C 5
Walscheid 57 ... 67 H 5
Waltembourg 57 ... 67 H 4
Waltenheim 68 ... 143 G 2
Waltenheim-sur-Zorn 67 ... 68 D 4
Waly 55 ... 63 G 1
Wambaix 59 ... 14 C 4
Wambercourt 62 ... 7 E 5
Wambez 60 ... 37 G 1
Wambrechies 59 ... 8 D 2
Wamin 62 ... 7 E 5
Wanchy-Capval 76 ... 20 D 2
Wancourt 62 ... 13 H 3
Wandignies-Hamage 59 ... 9 F 5
Wanel 80 ... 11 H 4
Wangen 67 ... 97 F 1
Wangenbourg 67 ... 96 D 1
Wannehain 59 ... 9 E 3
Wanquetin 62 ... 13 F 2
La Wantzenau 67 ... 69 E 5
Warcq 08 ... 26 D 3
Warcq 55 ... 44 D 5
Wardrecques 62 ... 7 G 2
Wargemoulin-Hurlus 51 ... 42 D 5
Wargnies 80 ... 12 C 5
Wargnies-le-Grand 59 ... 15 E 2
Wargnies-le-Petit 59 ... 15 E 2
Warhem 59 ... 3 H 3
Warlaing 59 ... 9 F 5
Warlencourt-Eaucourt 62 ... 13 G 4
Warlincourt-lès-Pas 62 ... 13 E 4
Warloy-Baillon 80 ... 13 E 5
Warluis 60 ... 38 A 2
Warlus 62 ... 13 F 2
Warlus 80 ... 11 H 5
Warluzel 62 ... 13 E 3
Warmeriville 51 ... 41 H 3
Warnécourt 08 ... 26 C 3
Warneton 59 ... 4 C 5
Warsy 80 ... 23 E 4
Warvillers 80 ... 23 E 3
Wasigny 08 ... 26 A 4
Wasnes-au-Bac 59 ... 14 B 2
Wasquehal 59 ... 8 D 2
Wasselonne 67 ... 68 B 5
Wasserbourg 68 ... 120 D 4
Wassigny 02 ... 15 E 5
Wassy 52 ... 92 C 3
Le Wast 62 ... 2 C 5
Watigny 02 ... 25 H 1
Watronville 55 ... 64 C 1
Watten 59 ... 3 F 4
Wattignies 59 ... 8 D 3
Wattignies-la-Victoire 59 ... 15 H 3
Wattrelos 59 ... 9 E 2
Wattwiller 68 ... 120 D 5
Wavignies 60 ... 22 C 5
Waville 54 ... 65 F 2
Wavrans-sur-l'Aa 62 ... 7 E 2
Wavrans-sur-Ternoise 62 ... 7 F 5
Wavrechain-sous-Denain 59 ... 14 D 2
Wavrechain-sous-Faulx 59 ... 14 C 2
Wavrille 55 ... 44 B 3
Wavrin 59 ... 8 C 3
Waziers 59 ... 8 D 5
Wé 08 ... 27 G 4
Weckolsheim 68 ... 121 F 3
Wegscheid 68 ... 142 C 1
Weinbourg 67 ... 68 B 3
Weislingen 67 ... 68 A 2
Weitbruch 67 ... 69 E 4
Weiterswiller 67 ... 68 B 3
Welles-Pérennes 60 ... 22 D 5
Wemaers-Cappel 59 ... 3 G 4
Wentzwiller 68 ... 143 G 3
Werentzhouse 68 ... 143 G 4
Wervicq-Sud 59 ... 4 D 5
West-Cappel 59 ... 3 H 3
Westbécourt 62 ... 3 E 5
Westhalten 68 ... 120 D 4
Westhoffen 67 ... 97 E 1
Westhouse 67 ... 97 G 3
Westhouse-Marmoutier 67 ... 68 B 5
Westrehem 62 ... 7 G 3
Wettolsheim 68 ... 121 E 3
Weyer 67 ... 67 H 3
Weyersheim 67 ... 69 E 4
Wickerschwihr 68 ... 121 F 2
Wickersheim 67 ... 68 C 4
Wicquinghem 62 ... 6 D 3
Wicres 59 ... 8 B 3
Widehem 62 ... 6 B 3
Widensolen 68 ... 121 F 3
Wiège-Faty 02 ... 25 E 2
Wiencourt-l'Équipée 80 ... 23 E 2
Wierre-au-Bois 62 ... 6 C 2
Wierre-Effroy 62 ... 2 C 5
Wiesviller 57 ... 67 H 1
Wignehies 59 ... 15 H 5
Wignicourt 08 ... 26 C 5
Wihr-au-Val 68 ... 120 D 3
Wihr-en-Plaine 68 ... 121 F 2
Wildenstein 68 ... 120 B 4
Wildersbach 67 ... 96 D 3
Willeman 62 ... 12 B 2
Willems 59 ... 9 E 2
Willencourt 62 ... 12 B 3
Willer 68 ... 143 F 3
Willer-sur-Thur 68 ... 120 C 5
Willeroncourt 55 ... 64 B 5
Willerval 62 ... 8 B 5
Willerwald 57 ... 67 G 1
Willgottheim 67 ... 68 C 5
Williers 08 ... 27 H 4
Willies 59 ... 15 H 4
Wilshausen 67 ... 68 C 4
Wilwisheim 67 ... 68 C 4
Wimereux 62 ... 2 B 5
Wimille 62 ... 2 B 5
Wimmenau 67 ... 68 B 2
Wimy 02 ... 25 G 1
Windstein 67 ... 68 D 1
Windstein *Château de* 67 ... 68 D 1
Wingen 67 ... 69 E 1
Wingen-sur-Moder 67 ... 68 B 2
Wingersheim 67 ... 68 D 4
Wingles 62 ... 8 B 4
Winkel 68 ... 143 F 5
Winnezeele 59 ... 3 H 4
Wintersbourg 57 ... 67 H 4
Wintershouse 67 ... 68 D 4
Wintzenbach 67 ... 69 G 2
Wintzenheim 68 ... 121 E 3
Wintzenheim-
Kochersberg 67 ... 68 C 5
Wintzfelden 68 ... 120 D 4
Wirwignes 62 ... 6 C 2
Wiry-au-Mont 80 ... 11 G 5
Wisches 67 ... 96 D 2
Wisembach 88 ... 96 C 5
Wiseppe 55 ... 43 G 1
Wismes 62 ... 7 E 2
Wisques 62 ... 3 F 5
Wissant 62 ... 2 B 4
Wissembourg 67 ... 69 F 1
Wissignicourt 02 ... 40 C 1
Wissous 91 ... 58 C 5
Witry-lès-Reims 51 ... 41 H 3
Wittelsheim 68 ... 143 E 1
Wittenheim 68 ... 143 F 1
Witternesse 62 ... 7 G 3
Witternheim 67 ... 97 G 4
Wittersdorf 68 ... 143 F 3
Wittersheim 67 ... 68 D 4
Wittes 62 ... 7 G 2
Wittisheim 67 ... 97 G 4
Wittring 57 ... 67 H 1
Wiwersheim 67 ... 68 D 5
Wizernes 62 ... 7 F 2
Woël 55 ... 65 E 2
Wœlfling-
lès-Sarreguemines 57 ... 67 H 1
Wœllenheim 67 ... 68 C 5
Wœrth 67 ... 68 D 2
Woignarue 80 ... 11 E 3
Woimbey 55 ... 64 C 2
Woincourt 80 ... 11 E 4
Woinville 55 ... 64 D 3
Woippy 57 ... 45 H 5
Woirel 80 ... 11 G 5
Wolfersdorf 68 ... 143 E 3
Wolfgantzen 68 ... 121 F 3
Wolfisheim 67 ... 97 G 1
Wolfskirchen 67 ... 67 G 3
Wolschheim 67 ... 68 B 5
Wolschwiller 68 ... 143 G 4
Wolxheim 67 ... 97 F 1
Wormhout 59 ... 3 H 4
Woustviller 57 ... 67 G 1
Wuenheim 68 ... 120 D 5
Wuisse 57 ... 66 D 3
Wulverdinghe 59 ... 3 F 4
Wy-dit-Joli-Village 95 ... 37 G 5
Wylder 59 ... 3 H 3

X

Xaffévillers 88 ... 95 G 3
Xaintrailles 47 ... 275 F 3
Xaintray 79 ... 184 D 2
Xambes 16 ... 203 E 5
Xammes 54 ... 65 F 2
Xamontarupt 88 ... 119 H 2
Xanrey 57 ... 66 D 5
Xanton-Chassenon 85 ... 184 B 2
Xaronval 88 ... 94 D 4
Xermaménil 54 ... 95 F 2
Xertigny 88 ... 119 F 3
Xeuilley 54 ... 94 C 2

Xirocourt *54* .... 94 D 3
Xivray-et-Marvoisin *55* .... 65 E 4
Xivry-Circourt *54* .... 45 E 3
Xocourt *57* .... 66 B 3
Xonrupt-Longemer *88* .... 120 B 3
Xonville *54* .... 65 E 1
Xouaxange *57* .... 67 G 5
Xousse *54* .... 95 H 1
Xures *54* .... 67 E 5

Y

Y *80* .... 23 G 3
Yainville *76* .... 35 H 1
Yaucourt-Bussus *80* .... 11 H 3
Le Yaudet *22* .... 72 C 3
Ychoux *40* .... 272 D 1
Ydes *15* .... 226 C 5
Yébleron *76* .... 19 F 4
Yèbles *77* .... 88 C 2
Yenne *73* .... 232 D 1
Yermenonville *28* .... 86 B 3
Yerres *91* .... 58 D 5
Yerville *76* .... 19 H 4
Yeu *Ile d'* *85* .... 164 A 4
Yèvre-la-Ville *45* .... 111 H 3
Yèvre-le-Châtel *45* .... 111 H 3
Yèvres *28* .... 109 G 2
Yèvres-le-Petit *10* .... 91 H 3
Yffiniac *22* .... 78 C 3
Ygos-Saint-Saturnin *40* .... 273 F 5
Ygrande *03* .... 191 F 2
Ymare *76* .... 36 B 3
Ymeray *28* .... 86 C 3
Ymonville *28* .... 110 C 2
Yolet *15* .... 244 C 5
Yoncq *08* .... 27 F 5
Yonval *80* .... 11 G 3
Youx *63* .... 209 E 1
Yport *76* .... 18 D 3
Ypreville-Biville *76* .... 19 F 4
Yquebeuf *76* .... 20 C 5
Yquelon *50* .... 51 F 3
Yquem *Château* *33* .... 256 B 4
Yronde-et-Buron *63* .... 228 A 2
Yrouerre *89* .... 137 E 3
Yssac-la-Tourette *63* .... 209 H 4
Yssandon *19* .... 241 H 2
Yssandon *Puy d'* *19* .... 241 H 2
Yssingeaux *43* .... 247 H 2
Ysson *Puy d'* *63* .... 227 H 3
Ytrac *15* .... 244 B 5
Ytres *62* .... 13 H 5
Yutz *57* .... 45 H 3
Yvecrique *76* .... 19 H 4
Yvernaumont *08* .... 26 C 4
Yversay *86* .... 169 E 5
Yves *17* .... 200 D 2
Les Yveteaux *61* .... 53 G 5
Yvetot *76* .... 19 G 5
Yvetot-Bocage *50* .... 29 F 4
Yvias *22* .... 73 F 3
Yviers *16* .... 238 D 1
Yvignac-la-Tour *22* .... 79 F 5
Yville-sur-Seine *76* .... 35 H 2
Yvoire *74* .... 197 H 3
Yvoy-le-Marron *41* .... 133 E 5
Yvrac *33* .... 237 H 5
Yvrac-et-Malleyrand *16* .... 221 H 1
Yvrandes *61* .... 52 D 4
Yvré-le-Pôlin *72* .... 129 H 3
Yvré-l'Évêque *72* .... 107 H 4
Yvrench *80* .... 11 H 2
Yvrencheux *80* .... 11 H 2
Yzengremer *80* .... 11 E 4
Yzernay *49* .... 167 F 1
Yzeron *69* .... 230 C 1
Yzeure *03* .... 192 B 2
Yzeures-sur-Creuse *37* .... 170 B 4
Yzeux *80* .... 22 A 1
Yzosse *40* .... 293 E 3

Z

Zaessingue *68* .... 143 G 3
Zalana *2B* .... 347 G 4
Zarbeling *57* .... 67 E 3
Zegerscappel *59* .... 3 G 4
Zehnacker *67* .... 68 B 5
Zeinheim *67* .... 68 C 5
Zellenberg *68* .... 121 E 2
Zellwiller *67* .... 97 F 3
Zermezeele *59* .... 3 H 4
Zérubia *2A* .... 349 E 5
Zetting *57* .... 67 H 1
Zévaco *2A* .... 349 E 3
Zicavo *2A* .... 349 E 3
Zigliara *2A* .... 348 D 4
Zilia *2B* .... 346 C 2
Zilling *57* .... 68 A 4
Zillisheim *68* .... 143 F 2
Zimmerbach *68* .... 120 D 3
Zimmersheim *68* .... 143 G 2
Zimming *57* .... 46 D 5
Zincourt *88* .... 95 F 5
Zinswiller *67* .... 68 C 2
Zipitoli *Pont génois de* *2A* .... 348 D 3
Zittersheim *67* .... 68 A 3
Zœbersdorf *67* .... 68 C 4
Zollingen *67* .... 67 G 3
Zommange *57* .... 67 F 4
Zonza *2A* .... 349 F 5
Zoteux *62* .... 6 C 3
Zouafques *62* .... 3 E 4
Zoufftgen *57* .... 45 G 2
Zoza *2A* .... 349 E 5
Zuani *2B* .... 347 G 4
Zudausques *62* .... 3 E 5
Zutkerque *62* .... 3 E 4
Zutzendorf *67* .... 68 C 3
Zuydcoote *59* .... 3 H 2
Zuytpeene *59* .... 3 G 5

Franconville
Montigny-lès-Cormeilles
Eaubonne
Sannois
Cormeilles-en-Parisis
St-Gratien
Enghien-les-Bains
Epinay-s-S.
FORÊT DE ST GERMAIN
Achères
Maisons-Laffitte
le Mesnil-le-Roi
Sartrouville
ARGENTEUIL
Port de Gennevilliers
Gennevilliers
Houilles
Bezons
Colombes
Bois-Colombes
Carrières-s-S.
Asnières-s-S.
Clichy
Montesson
le Vésinet
Chatou
SEINE
NANTERRE
LA DÉFENSE
Courbevoie
Levallois-Perret
NEUILLY
ST-GERMAIN-EN-LAYE
Fourqueux
le Pecq
le Port Marly
Croissy-s-Seine
Puteaux
Rueil-Malmaison
Suresnes
Marly-le-Roi
L'Étang-la-Ville
Bougival
Louveciennes
La Celle-St-Cloud
Forêt de la Malmaison
Bois de Boulogne
ARC DE TRIOMPHE
INVALIDES
MICHELIN
St-Cloud
Garches
Vaucresson
Noisy-le-Roi
Bailly
Rocquencourt
BOULOGNE-BILLANCOURT
Parc de St-Cloud
MONTPARNASSE
Marnes-la-Coquette
Ville-d'Avray
le Chesnay
Sèvres
Meudon
Issy-les-Moulineaux
Vanves
Malakoff
Montrouge
Fontenay-le-Fleury
St Cyr-l'École
VERSAILLES
Clamart
Châtillon
Bagneux
Chaville
Viroflay
Vélizy-Villacoublay
Fontenay-aux-Roses
Le Plessis-Robinson
Buc
Guyancourt
Jouy-en-Josas
Châtenay-Malabry
Sceaux
Les Loges-en-Josas
Bièvres
Verrières-le-Buisson
Antony
Fresnes
Toussus-le-Noble
Igny
Magny-les-Hameaux
Châteaufort
Vauhallan

Gonesse
Groslay
Pierrefitte
Garges-lès-Gonesse
Arnouville-lès-Gonesse
Bonneuil-en-France
AÉROPORT DE PARIS-LE BOURGET
Villepinte
Tremblay-en-France
Mitry-le-Neuf
Stains
Dugny
St DENIS
le Blanc-Mesnil
Aulnay-s/s-Bois
Sevran
Villeparisis
le Bourget
la Courneuve
Drancy
Vaujours
Livry-Gargan
Coubron
Courtry
Aubervilliers
BOBIGNY
Bondy
les Pavillons-s/s-Bois
Clichy-s/s-B.
Pantin
Noisy-le-Sec
Romainville
le Raincy
Montfermeil
Gagny
Chelles
les Lilas
Villemomble
Rosny-s/s-B.
Neuilly-Plaisance
Bagnolet
Montreuil
Vincennes
Fontenay-s/s-Bois
Neuilly-s-M.
Gournay-s-Marne
Champs-s-Marne
Noisy-le-Gd
St Mandé
Bois de Vincennes
Nogent-s-M.
le Perreux-s-M.
Bry-s-M.
MARNE
Charenton-le-Pont
Joinville-le-Pont
Villiers-s-M.
St Maurice
Champigny-s-M
le Plessis-Trévise
Ivry-s-Seine
Maisons-Alfort
Alfortville
le Kremlin-Bicêtre
Gentilly
St Maur-des-Fossés
Chennevières-s-Marne
Pontault-Combault
la Queue-en-Brie
Villejuif
Vitry-s-Seine
CRÉTEIL
Ormesson-sur-Marne
l'Haÿ-les-Roses
Chevilly-Larue
Choisy-le-Roi
Bonneuil-s-M.
Sucy-en-Brie
Noiseau
Thiais
Orly
Valenton
Limeil-Brévannes
Boissy-St-Léger
Grosbois
Lésigny
Forêt de Notre-Dame

L'Isle-Adam
Forêt de L'Isle-Adam
Nerville-la-Forêt
Maffliers
Montsoult
Baillet-en-France
Valmondois
Butry-s-Oise
Auvers-s-Oise
Mériel
Villiers-Adam
Béthemont-la-Forêt
Chauvry
Bouffémont
Forêt de Montmorency
Génicourt
Montgeroult
Boissy-l'Aillerie
Ennery
Puiseux-Pontoise
Osny
PONTOISE
Méry-s-Oise
Frépillon
Vauréal
Cergy
CERGY-PONTOISE
St-Ouen-l'Aumône
Bessancourt
Taverny
Boisemont
Jouy-le-Moutier
Neuville-s-Oise
Éragny
Pierrelaye
Beauchamp
St-Leu-la-Forêt
St-Prix
Montlignon
Margency
Andilly
Écancourt
Maurecourt
Conflans-Ste H.
Herblay
le Plessis-Bouchard
Ermont
Eaubonne
Soisy-s-Montmorency
Triel-s-Seine
Andrésy
Montigny-lès-Cormeilles
Franconville
Sannois
St-Gratien
Enghien-les-Bains
Chanteloup-les-Vignes
Forêt de St Germain
la Frette-s-S.
Cormeilles-en-Parisis
Épinay
Carrières-s/s-Poissy
Achères
Maisons-Laffitte
Argenteuil
Poissy
le Mesnil-le-Roi
Sartrouville
Bezons
Houilles
Gennevilliers
Colombes
Bois-Colombes
Asnières-s-S.
Clichy
Chambourcy
Carrières-s-S.
Montesson
la Garenne-Colombes
Courbevoie
Aigremont
ST-GERMAIN-EN-LAYE
le Vésinet
Chatou
le Pecq
Nanterre
La Défense
Levallois-Perret
Neuilly
Fourqueux
Mareil-Marly
le Port Marly
Croissy-s-Seine
Rueil-Malmaison
Puteaux
Suresnes
l'Étang-la-Ville
Marly-le-Roi
Bougival
Louveciennes
La Celle-St Cloud
St-Cloud
Bois de Boulogne
Arc de Triomphe
Noisy-le-Roi
Bailly
Seine
Oise
MICHELIN

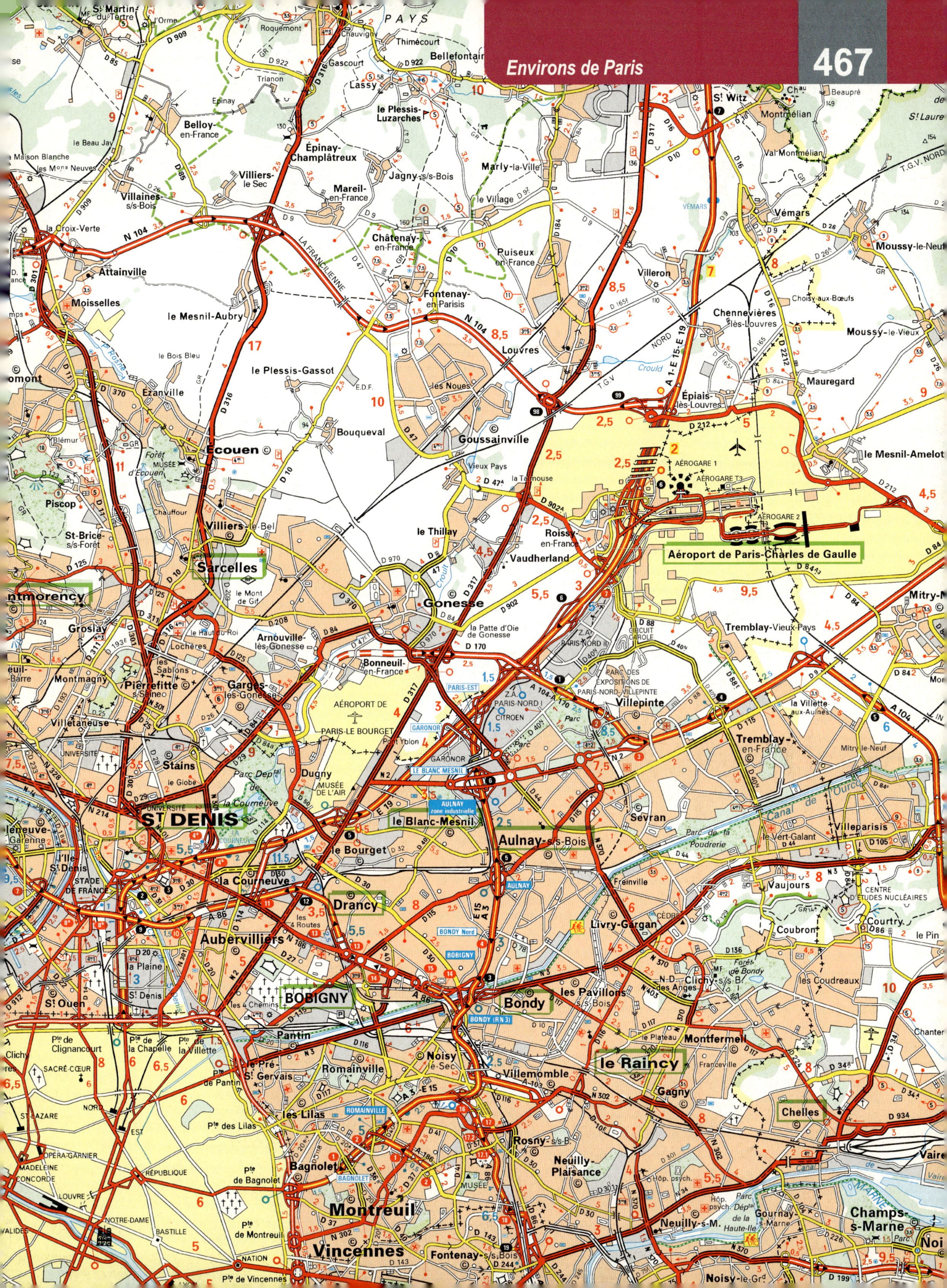
Belloy-en-France
Épinay-Champlâtreux
Le Plessis-Luzarches
Lassy
Villiers-le Sec
Mareil-en-France
Jagny-s/s-Bois
Marly-la-Ville
Villaines-s/s-Bois
Attainville
Moisselles
Châtenay-en-France
Puiseux-en-France
Fontenay-en-Parisis
Louvres
Villeron
Vémars
Moussy-le-Neuf
Chennevières-lès-Louvres
Moussy-le-Vieux
Mauregard
le Mesnil-Aubry
le Plessis-Gassot
Écouen
Ézanville
Bouqueval
Goussainville
Épiais-lès-Louvres
le Mesnil-Amelot
Piscop
St-Brice-s/s-Forêt
Villiers-le-Bel
Sarcelles
le Thillay
Roissy-en-France
Vaudherland
Aéroport de Paris-Charles de Gaulle
Gonesse
Montmorency
Groslay
Arnouville-lès-Gonesse
Tremblay-Vieux-Pays
Mitry-Mory
Montmagny
Pierrefitte
Garges-lès-Gonesse
Bonneuil-en-France
Villepinte
Villetaneuse
Stains
Dugny
Tremblay-en-France
St DENIS
Le Blanc-Mesnil
Sevran
Villeparisis
Le Bourget
Aulnay-s/s-Bois
La Courneuve
Vaujours
Drancy
Livry-Gargan
Coubron
Aubervilliers
Courtry
BOBIGNY
Bondy
les Pavillons-s/s-Bois
Clichy-s/s-B.
Montfermeil
St Ouen
Pantin
Noisy-le-Sec
le Raincy
Romainville
Villemomble
Gagny
Chelles
les Lilas
Rosny-s/s-B.
Bagnolet
Neuilly-Plaisance
Montreuil
Neuilly-s-M.
Gournay-s-Marne
Champs-s-Marne
Vincennes
Fontenay-s/s-Bois
Noisy-le-Gd
A 1 - E 15 - E 19
A 104
A 86
A 3
N 104
N 2
N 3
D 317
LA FRANCILIENNE

St-Cloud
BOULOGNE-BILLANCOURT
Garches
Vaucresson
Marnes-la-Coquette
Ville-d'Avray
Parc de St-Cloud
Sèvres
Meudon
Clamart
Châtillon
Malakoff
Vanves
Issy-les-Moulineaux
Bagneux
Fontenay-aux-Roses
Le Plessis-Robinson
Sceaux
Châtenay-Malabry
Antony
Verrières-le-Buisson
Massy
Palaiseau
Champlan
Longjumeau
Chilly-Mazarin
Villebon-s-Yvette
Saulx-les-Chartreux
Ballainvilliers
Villejust
Nozay
Villiers-s-Orge
Épinay-s-Orge
La Ville du Bois
Montlhéry
Linas
Marcoussis
Leuville-s-Orge
Brétigny-s-Orge
Longpont-s-Orge
Ste Geneviève-des-Bois
Versailles
Le Chesnay
Rocquencourt
Bailly
Noisy-le-Roi
Rennemoulin
Villepreux
Fontenay-le-Fleury
Bois-d'Arcy
St Cyr-l'École
Viroflay
Chaville
Vélizy-Villacoublay
Jouy-en-Josas
Bièvres
Buc
Guyancourt
Montigny-le-Bretonneux
Voisins-le-Bretonneux
Les Loges-en-Josas
Toussus-le-Noble
Châteaufort
Magny-les-Hameaux
Saclay
Vauhallan
Igny
Orsay
Gif-s-Yvette
Bures-s-Yvette
Les Ulis
St Aubin
Villiers-le-Bâcle
St Rémy-lès-Chevreuse
Chevreuse
Milon-la-Chapelle
St Lambert
Gometz-le-Châtel
Gometz-la-Ville
Boullay-les-Troux
Les Molières
Limours-en-Hurepoix
Forges-les-Bains
Briis-s-Forges
Fontenay-lès-Briis
Janvry
Vaugrigneuse
Bois d'Ardeau
Pecqueuse
Choisel
Breteuil
Courcelle
Villeziers
St Jean-de-Beauregard
Marcoussis
PARC NATUREL RÉGIONAL
MICHELIN

Bagnolet
Montreuil
Vincennes
Fontenay-s/s-Bois
Nogent-s-M.
le Perreux-s-M.
Bry-s-M.
Noisy-le-Gd
MARNE
St Mandé
Bois de Vincennes
Charenton-le-Pont
St Maurice
Joinville-le-Pont
Villiers-S-M.
Champigny-s-M
le Plessis-Trévise
Ivry-s-Seine
Maisons-Alfort
Alfortville
St Maur-des-Fossés
Gentilly
le Kremlin-Bicêtre
Arcueil
Cachan
Villejuif
Vitry-s-Seine
Chennevières-s-Marne
Pontault-Combault
la Queue-en-Brie
Ormesson-sur-Marne
CRÉTEIL
Mont Mesly
l'Haÿ-les-Roses
Chevilly-Larue
Thiais
Choisy-le-Roi
Bonneuil-s-M.
Sucy-en-Brie
Noiseau
Forêt de Notre-Dame
Lésigny
Rungis
Orly
Valenton
Limeil-Brévannes
Boissy-St Léger
Grosbois
Marolles-en-Brie
Santeny
Wissous
Villeneuve-le-Roi
Villeneuve-St Georges
Yerres
Villecresnes
Aéroport de Paris-Orly
Ablon-s-Seine
Crosne
Servon
Mazarin
Athis-Mons
Paray-Vieille-Poste
Vigneux-s-Seine
Montgeron
Brunoy
Mandres-les-Roses
Périgny
Brie-C
Morangis
Juvisy-sur-Orge
Épinay-s-Sénart
Boussy-St Antoine
Savigny-sur-Orge
Viry-Châtillon
Draveil
Mainville
FORÊT DE SÉNART
Quincy-s/s-Sénart
Varennes-Jarcy
Villemeneux
Morsang-sur-Orge
Grigny
Champrosay
Soisy-s-Seine
Combs-la-Ville
Croix de Villeroy
Ris-Orangis
Étiolles
Tigery
Lieusaint
SÉNART (Ville Nouvelle)
Moissy-Cramayel
Fleury-Mérogis
EVRY
St Germain-lès-Corbeil
Bondoufle
Agglomération d'Évry
Courcouronnes
Corbeil-Essonnes
St Pierre-du-Perray
Carré Sénart
Réau
LA FRANCILIENNE
SEINE

Crédits

Couverture: Word Pictures / Sunset
Créateur textes: Jean-Remy Macchia

Cet atlas tient compte des conditions de tourisme et des réglementations de la circulation connues au moment de sa rédaction. Certains renseignements (prix, adresses, numéros de téléphones, équipements ou numérotation des axes routiers) peuvent se trouver modifiés, de même que certains établissements peuvent fermer ou changer de catégorie. Michelin Cartes et Guides ne saurait être tenu responsable des conséquences dues à ces éventuels changements.

Malgré tout le soin apporté à la réalisation de cet ouvrage, il se peut qu'un exemplaire défectueux ait échappé à notre vigilance. Dans ce cas, veuillez le rapporter à votre libraire qui vous l'échangera ou contacter:

Michelin
Cartes et Guides
46, av. de Breteuil
75324 PARIS CEDEX 07
www.ViaMichelin.com

Édition 2011 par la Manufacture Française des Pneumatiques Michelin
Société en commandite par actions au capital de 304 000 000 EUR
Place des Carmes-Déchaux - 63 Clermont-Ferrand (France)
R.C.S. Clermont-Fd B 855 200 507

Dépot légal Novembre 2010
Imprimé en Italie 08-2010
Impression: CANALE - Borgaro Torinese (Italie)